# 中華民國史檔案資料滙編

第四輯（二）

中國第二歷史檔案館編

鳳凰出版傳媒集團　鳳凰出版社

# 二 军 事

# 〔一〕军事机构设置和人员任免

## 1 军政府特任汤廷光为海军部长令①

（1920年11月1日）

军政府令

特任汤廷光为海军部长。此令。

中华民国九年十一月一日

〔外交部驻云南省特派员办公署档案〕

## 2 军政府免林葆怿海军部长等职令②

（1920年11月1日）

军政府令

海军部长兼海军第一舰队司令林葆怿着免去本兼各职。此令。

中华民国九年十一月一日

〔外交部驻云南省特派员办公署档案〕

## 3 军政府任命林永谟为海军第一舰队司令兼署海军总司令令③

（1920年11月1日）

### （1）令之一

注：①此件载中华民国九年十二月四号《军政府公报》光字第一号。
②此件载中华民国九年十二月四号《军政府公报》光字第一号。
③此件载中华民国九年十二月四号《军政府公报》光字第一号。

军政府令

任命林永谟为海军第一舰队司令。此令。

中华民国九年十一月一日

（2）令之二

军政府令

特任林永谟兼署海军总司令。此令。

中华民国九年十一月一日

〔外交部驻云南省特派员办公署档案〕

## 4 林永谟为就海军第一舰队司令职与唐绍仪等往来电①

（1920年11月）

（1）林永谟呈报就舰队司令职电②（11月10日）

唐总裁、伍总裁钧鉴：庚电敬悉。林总裁业经离粤，计日内当可赴沪。永谟蒙委舰队司令，自顾铨材，曷克胜任。惟念前程总长、今总裁护法南来，未竟素志，因特勉遵前程总长遗训，并今林总裁临行训词，谨为维持现状，以待共策大计，而利进行。永谟遵即派饶参谋代表继续赴沪接洽，仍恳随时赐教，用作南针。林永谟叩。蒸。印。（十一月十日）

（2）唐绍仪等电（11月14日）

唐、伍两总裁覆林总司令永谟电

广州海珠林总司令籁亚鉴：接诵蒸电，欣慰莫名。执事供职

---

注：①此件载中华民国九年十二月四号《军政府公报》光字第一号。

②此系原标题。

海军，勋劳久著，统率舰队，深庆得人，尚望鼓三年护法之热诚，继程公未竟之素志，海军之誉，亦国家之光也。唐绍仪、伍廷芳。（十一月十四日）

〔外交部驻云南省特派员办公署档案〕

## 5 军政府特任赵恒惕为湖南各军总司令令①

（1920年11月29日）

军政府令

特任赵恒惕为湖南各军总司令，管理全省军务。此令。

中华民国九年十一月二十九日

〔外交部驻云南省特派员办公署档案〕

## 6 军政府以蒋尊簋暂代参谋部部务令②

（1920年12月7日）

军政府令

参谋部长李烈钧现在出差，以参谋部次长蒋尊簋暂行代理部务。此令。

中华民国九年十二月七日

〔外交部驻云南省特派员办公署档案〕

---

注：①此件载中华民国九年十二月四号《军政府公报》光字第一号。

②此件载中华民国九年十二月八号《军政府公报》光字第二号。

## 7 车庆云关于孙文任命李德奎为援赣后路军司令致参陆办公处报告

（1922年7月23日）

右据驻沪第三营报告：兹探悉青帮首领李德奎（浙江湖州人），现受孙文之命，任为援赣后路司令，于本月十六日乘嘉采轮船来沪，寓法界三益里一号。该首领拟在沪逗留数日，与在沪民党重要人物接洽一切，事毕即返湖州招集旧日党羽，赴赣援应。并闻该首领党羽甚众，枪械亦甚充足。等情前来。理合报告鉴核。谨报告参陆办公处。

司令车庆云

〔北洋政府参陆办公处档案〕

## 8 大元帅准将陆军教导团改为陆军讲武学校训令

（1924年4月24日）

大元帅训令第一七七号

令财政委员会

为令饬事：案据大本营军政部长程潜呈称：呈为呈请事：窃部长鉴于历次革命迄无圆满成功之事实，尝推求其故，虽其中直接间接之原因不一，而真正服膺革命之军事干部人材过于缺乏，以致不能组成纯粹革命军之干部军队，实为至大原因。部长为补救前项缺点起见，曾呈请组设中央陆军教导团，以为培养军事干部人材，备他日效命国家之用。业奉钧令，准予照办，并经部长遵照招选合格员生于上年十月间开办，并经呈报各在案。嗣因本党创办陆军军官学校，奉令填出黄埔陆军学校地址，因此感于种种困难，遂改计缩小范围，将陆军教导名义取消，改为陆军讲武学校，就原招之学生中挑选优等生约二百名及由滇、粤、桂、湘各军挑送考取约百余名（在教导团时期内，各军送请收录者甚多，因额限未收）合组一校，即原中央陆军医院为校址。其教职各员，大半由东西洋留学及本国军官学校毕业就中优秀者，于帅座三民主义、五权宪法，尤能绝对服从，充分了解。部长并拟将该校课程于军事上应有学科外，兼授以较浅之政治、经济、社会诸学科，以期能得充分之常识。又于每星期日，请各名人讲演本党主义。此讲演虽不拘题，而于现代思潮，本国情势及钧座提倡革命之原理，与夫三民五权之主张，尤当特别注重。此部长前后办理教导团及陆军讲武学校之经过情形，及其主张之大概也。惟查自奉令准办理教导团以来，一切招募设备、枪枝伙食等费用，皆苦无着，除由部长设法垫借外，仅就邹前财政厅长任以拨归职部之土丝台炮经费项下，每月平均约九千元左右，一款稍资挹注（此款原系拨充军政部经费），实在不敷甚巨。现在战事未息，国储奇绌，筹款自属不易。拟恳钧座暂将上项土丝台炮经费，俯赐明令，指定作为该校常费。其不足者，仍由部长另行筹补。似此办法于政府收入所关甚微，而培养人材之效益，亦不可计量。部长实已筹之再三，非敢冒昧渎听也。除造具预算，另文赍呈外，所有职部前后办理陆军教导团及陆军讲武学校，并恳指定土丝台炮经费，月计九千元为学校经费各缘由。理合呈请钧座俯赐察核，指令祇遵，不胜惶恐待命之至等情。据此。当经指令：呈悉。该校经费，准予由广东土丝台炮经费项下，每月拨九千元，至该校归并军官学校之日为止。候即令行财政委员会转行广东财政厅遵照办理可也。此令。等语。除指令印发外，合行仰该委员会即便转行广东财政厅遵照办理。切切。此令。

中华民国十三年四月二十四日

〔陆海军大元帅大本营公报1924年第12号〕

## 9 西路讨贼军刘震寰呈请辞职电

(1924年10月)

### (1)刘震寰电(10月2日)

□□□□偪铸幸复健康，故累岁兵间，大小百数十战，尚能上托国威，粗收宕寸。讵自前次入粤以来，驱陈讨沈两役，军事稍定，偶涉宴安，顿忘困苦，优游浙渍，正气日消，阴邪竞进，虽中西医剂兼施，无如药恒忌苦，不能勉进，遂致元神亏耗，深入膏肓。论者谓粤地温和，尽可仰赖天床，徐支岁月。无如东江未靖，北伐方殷，谬总师干，岂能栖迟床日，偃仰妨贤。且震寰孩提失怙，依托廷闱，戎马沧桑，久虚定省，劫余白首，目断征人，坐拥高牙，实惭名教。夫军国事重，既非羸弱所能滥任，而亲恩罔极，尤当及时孝养，仰答乌私。再因思惟，惟有吁恳鸿廷，俯赐准予罢免，放归田里，庶几仅存皮骨，藉避地以复元，晚景灵萱，因孤儿而色喜，此后庭帏余日，莫非复帱深仁。自震寰所部将士，或久共艰危，或相期道义，震寰虽去，无论代将何人，但求能本震寰素志，不怕死，不要钱，以国家人民为职志，则决不至自外生成，儒违节制。所有多病思亲恳请罢免缘由，谨即日派员奉还印绶，就近请由广州大本营胡总参议验收外，肃电陈情，伫候德命。西路讨贼军总司令刘震寰呈。冬。叩。

### (2)孙文致刘震寰密电(10月16日)

万急。广州胡留守转刘总司令鉴：总密。闻足归省，具见患难与共之情，至为感叹。多事之秋，正当奋斗，望兄与诸军戮力共集大勋。孙文。铣亥。印。

中华民国十三年十月十六日下午九时四十分到

〔广州国民政府档案〕

## 10 刘震寰同意取消战时军需筹备处致胡汉民等电

（1924年10月6日）

广州大本营胡留守，滇军杨总司令，湘军谭总司令勋鉴：捷密。组公微电以战时军需筹备处久无成绩，拟请绍公主稿挈衔呈请取消。寰极表同情，绍公迅予实行，以符财政统一。震寰叩。鱼。印。

〔广州国民政府档案〕

## 11 田桐谢持等为党团结请收回成命加派张继为军事委员致孙文电

（1924年10月21日）

先生钧鉴：展堂、精卫、仲恺、汝为、介石诸兄同鉴：溥泉诚洁戆直，入党以来，忠党忠先生，历历有据。此次电请辞职，请准出党，实因爱党，爱先生太过，激于上海党事，民国日报事。然在先生应加优容，俾得共国事，今竟允其出党，人将谓非溥泉离先生，是先生弃溥泉，且北方事变急，冯、胡势成骑虎。孙岳有连带关系，溥泉于北所系最巨，转移孙岳，非溥泉不能，当此图北之时，尤应同志团结一致，不宜龃龉。伏恳先生收回成命，并加派溥泉为军事委员。诸兄于党休戚与共，务希一致力请。再王用宾所请令慰问各使，亦恳速下明令。田桐、谢持、林业明叩。马。（上海来电）

〔广州国民政府档案〕

## 12 大元帅关于建国第二军遵令改编指令

(1924年10月23日)

大元帅指令　第二〇三九号

令建国第二军军长柏文蔚

呈报遵令改编情形，乞鉴核由。

呈悉。此令。

中华民国十三年十月二十三日

附原呈

呈为呈复事：奉本月十三日训令内开：自吾党倡行革命以来，垂二十一年，满州政府固已颠覆，唯因军阀与帝国主义者狼狈为奸，致吾党终难达此素志。今北方友军为时势之转移，与大义之所在，同时并起挞伐曹、吴。卢永祥抗长江数省之敌于嘉杭，张作霖进攻旬日，殆占热河全部。譬曹、吴之爪牙，已形左支右绌，各地向义之士，皆在观机欲动。西南各省深知团结之必要。吾党内势，更形巩固。此诚数年来未有之良好时机。吾党应集合全力，谋打破此恶劣军阀，再进而图之策。爰编建国军如左：

一、谭延闿所部编为建国湘军。

一、杨希闵所部编为建国滇军。

一、许崇智所部编为建国粤军。

一、刘震寰所部编为建国桂军。

一、沈鸿英所部编为广西建国军。

一、樊钟秀所部编为建国豫军。

一、朱培德所部编为建国第一军。

一、卢师谛所部编为建国第三军。

一、柏文蔚所部编为建国第二军。

一、刘玉山所部编为建国第七军。

一、何成濬所部编为建国鄂军。

一、李明扬、董福开所部编为建国赣军。

一、吴铁城所部编为建国警卫军。

一、郑彦华所部编为大本营卫士部。

一、路孝忱所部编为建国山陕军。

一、黄明堂所部编为建国第四军。

一、唐继尧所部编为云南建国军。

一、熊克武所部编为建国川军。

一、唐继虞所部编为贵州建国军。

一、方声涛所部编为福建建国军。

右列各节，仰即迅速遵编。所有印信后发，未发之前，准用从前所颁发者。至其各部之编制，着准用原有建制编成之等因。奉此。职军所部编为建国第二军，除遵令暂用前颁印信，并转饬所属一体改编外，理合具复。伏乞垂鉴。谨呈

大元帅。

建国第二军军长柏文蔚

中华民国十三年十月二十日

〔陆海军大元帅大本营公报1924年第30号〕

## 13　常德盛为就任建国奉军总司令并表示服从孙文指挥通电

(1924年12月—1925年1月)

### (1)常德盛致内务部秘书处电（1924年12月29日）①

---

注：①此系内务部发文日期。

孙大元帅、段执政、冯总司令、胡副司令、各部长，盛京张总司令、张、李、姜各军长，上海各报馆，锦州胡留守、杨、阚、刘各总司令，云南唐总司令，贵阳刘总司令，探送熊总司令、谭总司令、方部长、宋、朱两总指挥、各省各〔各系衍字〕省长、总司令、军、师、旅长公鉴：顷奉到大【元】帅孙特任状开：特任常德盛为建国奉军总司令。此状。等因。奉此，遵于十二月一日就职。除呈报大本营外，特电奉闻。建国奉军总司令常德盛叩。此电系由常总司令部参谋廖永福携稿来韶拍发，特此申明。

（2）常德盛致内务部秘书处电（1925年1月10日）

孙大元帅、段执政、冯总司令、胡副司令、各部长、各省省长、总司令鉴：德盛自奉大元帅特任以来，已于十二月一日通电就职。惟恐赣省北部不易达到，特遣参谋建〔廖〕永福携稿到韶拍发在案。窃德盛生长沈阳，从戎塞北，于今四十余年，一介武夫，颇解大义，只知为国奉公，不识侯门结纳。慨自曹、吴祸国，排除异己，枉杀宝德全于中州，迫走德盛于闽北，强我有为卫国之师以作同室操戈之用。德盛不忍，引退赣东，乃吴氏愈形疑忌，重兵威迫，严令犯粤。德盛深知吾粤为义师根本重地，又为我大元帅驻节之处，是有心肝，何敢盲从。无已暂驻三南，忍辱待命。今我北伐联军大举驱蔡，铲除吴氏余孽，德盛逢此盛会，即无一兵一卒，亦当执鞭随镫，以为诸公之后，何幸如之。又蒙我大元帅委以重任，自当鼓舞三军谨听帅令，努力杀贼，以期建国大纲可立，三民要义得申，尚望诸公暨各友军将士特加训诲，用匡不逮。倚剑陈辞，祈为亮察。建国奉军总司令常德盛、第一师师长常锡荣、第二师师长李象山暨全军将士同叩。蒸。

〔北洋政府陆军部档案〕

## 14 韦冠英就任建国桂军第一军军长职通电

（1925年2月4日）

〔衔略〕钧鉴：前奉大元帅简任状开：任命韦冠英为建国桂军第一军军长等因。曾经沥陈下情，吁请辞谢在案。兹复简命重颁，并发下印信一颗，文曰：建国桂军第一军军长印，等因。奉此。窃冠英才惭樗栎，谬领师干，已虞竭蹶，一旦投艰遗大，更虑兼顾未遑，用是不避方命，一再恳辞，语出至诚，情非矫饰。不意耿耿寸衷，未邀鉴谅，阶前小草，仍劳雨露之加，枥下驽骀，暂竭涓士之献。际此军事发动，改组军团，亦为战时上一种编制。军人以服从为天职，迫得牺牲个人之成见，谋指挥统一之进行。一俟战事结束，仍当请释重负，藉遂初衷。兹谨于二月四日就职视事，启用印信。伏恳大元帅，总司令训诲时颁，免贻陨越。尤望袍泽诸公，贶我嘉谟，俾资弦佩，一德一心，共成伟烈。仍希通饬所部，一体查照，无任感盼。并仰王、丁、熊、覃各旅长，饬属知照为要。建国桂军第一军军长兼第一师师长韦冠英呈叩，前敌总指挥。支。印。（广州来电）

〔广州国民政府档案〕

## 15 赵成梁关于奉令改编混成旅经过电

（1925年2—3月）

### （1）2月25日电

广州胡留守，粤军许总司令，桂军刘总司令，攻鄂军程总司令，南雄谭总司令，方部长钧鉴：广州分送建国军第一军朱军长，桂军韦军长、伍军长，粤军梁军长、李军长，滇军范军长、胡军长、廖师长、朱师长、曾师长、胡师长，江防李司令，警卫军吴司令，黄埔军官学校蒋校长，虎门陈司令，长洲马司令，乐昌王师长，仁化鄂军何总指挥，广州胡省长，大本营军需总局罗局长，财政厅古厅长，各军、师、旅长，各司令均鉴：顷奉总司令官杨号电开：火急。韶关滇军第一师赵师长览：梗密。顷奉大元帅令五四号开：为令遵事：查建国军第三军部第一旅饶勋、第二旅王天任、第三旅谷春芳、警备司令杨向葵等部队，始终逗留韶州，并未遵令出发，殊属有违明令。仰该总司令即转饬赵师长就近严密将各该部队一体缴械解散，以肃军纪，仍将遵办情形呈报，此令。等因。奉此。合行特令该师长遵即照办。但当兹东江有事，若能妥为收编，更免他虞，仰即决办可也。仍将遵办情形报查。总司令官杨。号。印。等因。奉此。成梁窃查该建国第三军部队，原属建国健儿，徒以易将问题，遂起纠纷，猝未解决，日趋于穷鸠之告哀，幸未如强鹿之走险，所幸该军将领，尚能统御有方，以故相安无事。我大元帅豁达大度，赤心爱人，智深虑沉，明烛万里，故能久事默容，不忍遽加谴责。成梁仰体帅座胞与之心，总司令爱士之意暨卢军长平昔交谊之雅，虽无向戍弭兵之才，窃效鲁连排难之志。兹既奉令前因，遵即将该军驻韶部队，一律改编为敝师混成旅，并请委该军前参谋长明德恒为混成旅长。从兹和辑将士，共奋良图，永矢厥诚。成兹丕绩，上以纾帅座宵日之忧，下以绥该军士众之志。除将收编请委各原由呈报备案给委外，谨此电闻，伏乞明察。建国滇军第一师师长赵成梁叩。有。印。（韶州赵行营来电）

（2）3月5日电

提前。万急。广州胡留守、军政部杨总司令、许总司令、刘总司令、程总司令，南雄谭总司令、方部长钧鉴：广州胡省长、朱军长、范军长、胡军长、廖师长、朱师长、粤军李军长，梁军长，黄军长，公安局、军需总局，江海防徐司令，黄埔蒋校长，虎门要塞司令，各局分送各军军长、师长均鉴：窃建国第三军卢锡卿部，此次因易代军长之故，竟致相率离异，吁请收编，并声言如不予允许，则入山为寇。百般譬解，置若罔闻。当时各走极端，情势险恶，深虑双方铤而走险，遗祸地方，公谊私情，两难坐视。故一面安慰官兵，严守纪律；一面陈报政府，请示办理。去后。旋奉大元帅严令解散，以申炯戒，而肃纪纲。遵于本日将该军在韶部队解除武装，各官兵分别给资遣散。除将详情另行呈报外，诚恐道远未悉真相，致劳悬系。谨电奉闻。师长赵成梁呈叩。五日。印。（韶州赵行营来电）

〔广州国民政府档案〕

## 16　万世勋等关于改编山陕军情形呈

（1925年2—3月）

### （1）2月25日呈

呈为遵令点验军队毕，具报梗概，仰祈钧鉴事：案于本月二十日，奉部长第三一四号训令内开：奉代帅谭发下山陕军官佐兵夫花名清册一本。等因。合行令仰该参谋万世勋、副官汪钺克日驰往该军驻扎地，切实点检具报。附清册一本，公函一件等因。奉此。职等遵于本月二十一日由营出发，二十二日抵江口该军驻扎地，当即进谒该混成团团长刘沛，交以公函，声明来意，并将花名册交该团长，遇有差假病缺，粘签注明，勿稍含混。又以器械表式一纸交该团长，将所有枪械子弹，按式填载，限二十三日午前准备齐全，听候点验。去后，旋于二十三日上午十一时，准该团长声称：官兵器械均经陈列齐整，请即点验。职等当即偕往按照表册逐一点验。册载官佐兵夫五百一十员名，除差假病缺及赴马鞍防匪不计外，实到应点三百五十八员名，其间年力富强完全可用者十分之八，而动作欠熟尚须训练者十分一二。表载手步枪枝一百六十五支，除出差防匪不计外，实到应点一百三十九支，其间机件齐全，完全快枪约一百一十支，勉强可用者约三十支，子弹每枪分配平均约七十粒。炮连有闽造四生七快炮一尊，子弹约五十粒，鄂造三生七快炮二尊，子弹约一百二十粒，机件完全。据云：屡次作战，深资得力。职等点验完毕，当日首途，二十四日下午六时回营。除详情口述报告外，理合备文呈请钧鉴，伏乞备案施行。谨呈

部长方

附花名清册一本〔原缺〕

器械表册一本〔原缺〕

人数报告表一纸〔原缺〕

参谋　万世勋

副官　汪　钺

中华民国十四年二月二十五日

(2) 3月2日呈

呈为呈请事：案奉大本营参谋部训令内开：为令遵事。案据参谋万世勋、副官汪钺报称：贵军到点人数共计三百五十八员名，而枪枝只百六十五枝，可作战者百十余枝，若按颁定编制表办理，即以乙种论，亦只足编为两连，加以未到点之自来得二十余枝，亦只能勉强编为三连。又所留非战斗员太多，均与定制不合，本应从严裁编后，再为规定应发给养之数，惟查贵部久告困穷，先为暂定日给七十元，以维军食，并归宋旅长世科指挥整理，限二星期内将全部按章编为一致后，再行核定，每月薪饷给养之数，

照章发给，仰即遵照。此令。等因。奉此。事关改编重任，不得不详细陈明者。查山陕军系职司令拍卖山陕公产，破家垫充之款，购械招兵，组织成立，并未领得政府丝毫公款。成立后职司令惨淡经营，亲自训练，军纪风纪，严为遵守，造成完全党军，以为各友军后盾，听候大元帅指挥调遣。甲子春，陈逆谋叛，山陕军加入东江作战，归总座指挥。烂石之役，员兵死伤过半，枪械损失过半，旋奉令调省收容。职司令几经筹画，东挪西扯，又购枪数百枪〔枝〕。去冬北伐，师出江西，攻破大小梅关，俘虏甚众，北伐先声颇著劳债〔绩〕。吉水之役，以预备队变作先遣队，奋勇当先，后无救援，伤亡员兵损失枪枝又数百计。幸赖总座鸿福，及将士奋勇，不致全军扑灭，回粤整理。职司令为大局计，为私人名誉计，不得已请假出省，设法补充，以图恢复，委职代行训练士卒。临行时谆谆告戒，嘱职服从总座命令，与湘军取一致行动，言尤在耳，未敢或忘。奉令移驻江口防卫土匪，该处商民无不欣幸，军民相安，交通恢复，职之责任差告无罪。奈给养一项，总座令饬宋旅日拨军米五百十六觔，前月十八日起至今只领得百四十觔，方部长训令日定洋七十元，至今一钱莫名，全军员兵嗷嗷待哺，日饮一粥，苦已极矣。然不敢稍事因循，仍然督率员兵，认真防卫，尽我军人天职，保全山陕军名誉，以副职司令首创之苦心。昨职军员兵闻令改编，不胜骇异，众称追随司令有年，东江、江西先后各役，出入阵地，几频于危。且多籍隶山陕拍变公产，休戚相关。此次无故改编，宁为玉碎，不作瓦全，如取消山陕军名义，虽脑肝涂地，在所不辞。职遵守从违，事出两难，只得电呈职司令请示办法。职猥以菲材，丁此巨艰，午夜维思，惶恐已极，用特缕呈颠末，呈请钧鉴，垂念职司令惨淡经营，保存山陕军名义，全军生殁，感德无既。理合将山陕军成立之历史，职司令经营之苦心，兵士战功，职之责任，给养之困难，员兵之心理，一一备文，

呈请察核，指令祗遵。谨呈
北伐军总司令谭

建国山陕军混成团团长刘沛

中华民国十四年三月二日

〔批〕：所谓改编系指按到点人员、枪枝、照颁发饷章而言也。至归宋旅指挥，系就近而言，并非完全归宋旅指挥。至名义一层，此后自有全体议决之通令，勿须较较为也。仍饬照前令，切实商请宋旅长办理，照知。

〔广州国民政府档案〕

## 17 杨虎关于遵令改编为建国第二军第一师请颁关防呈

（1925年2月28日）

呈为呈请鉴核示遵事：前奉钧令开：北伐各军一律改为建国军，关防未颁给前，仍用旧发关防。等因。奉此。遵即将北伐第二军第一师名称改为建国第二军第一师，呈报军部转呈在案。职部前进，深入赣界，因交通不便，新颁关防尚未领到。当此整理之初，行使旧印与名称上不符，殊多未便，理合具文呈请钧帅鉴核，恳乞转饬将新铸关防颁给，以便具领启用，以符名称，而昭信用。是否之处，伏候示遵，实为公便。谨呈
代帅谭

建国第二军第一师师长杨虎

中华民国十四年二月二十八日

〔批〕：大本营参谋处核办，俟改编后一并发给。

三月二日

〔广州国民政府档案〕

## 18　罗翼群报告组织建国潮梅军经过及现状电

（1925年3月29日）

汕头许总司令钧鉴：广州胡留守，杨总司令，谭总司令，刘总司令钧鉴：余衔略。昔者大元帅轸念岭东人民困于水火数载，而以翼群生长岭东，情形较熟，当赴京之日，任命翼群为建国潮梅军军长，并面加训示。一面条谕胡留守酌拨军费，俾资进行。奉命之余，无任惶悚，诚恐不能有所裨补，致负帅座知人之明。顾念翼群迭荷殊遇，未报万一，而于国于党于乡亦复义难固辞，不揣绵薄，勉效驰驱。当经先后呈请任命周潜为军第一路司令，汤天会为第二路司令，邱鸿钧为第三路司令，陈保群为第四路司令，杨侃为第五路司令，李少如为第六路司令或令运动敌军，或令乘时反正。复一面派员潜往敌方宣传主义，摇敌军心，徒以翼群德薄能鲜，收效无多。差周司令潜举义于潮阳，李司令少如反正于澄海，邱司令鸿钧、陈司令保群，身入敌境，极力联络敌方之明大义者，以致敌后方大为摇动。我许总司令、蒋校长遂以百战百胜之声威，直取潮汕，扫除逆窟。今者潮梅各属行告肃清，惟所余残敌仍窜留于粤闽、粤赣边境，难保其不燃已死之灰，兹图难之蔓，用是翼群不能不整饬所部，协助友军，近之谋歼灭残敌，固吾粤之边陲，远之为全民革命，竟总理之志。连日躬赴本军驻地，点验各部队，除周司令潜已奉许总司令改编为粤军游击第一路司令，又汤司令天会率部驱敌在大埔方面，杨司令侃所部在惠州方面另有任务，林、洪、叶各部中有事前通款，现因障碍未能前来者均不计外，所有邱司令鸿钧，陈司令保群，李司令少如等部，已点验者计步枪二千二百余枝，机关枪十五挺，已令分驻澄海、东里、樟林、饶平、钱东、黄冈、南澳等处，听候翼群秉承许总司令授予任务。其未点验者，亦已令分别集中听候点验，一俟全部点验完毕，再行呈请许总司令检阅训示。现本军军司令部暂设澄海县城，并设办事处于汕头，为此合将本军经过情形及现在情形通电奉告，所望同志袍泽，邦人君子，随时惠教，示我周行至祷。建国潮梅军军长罗翼群叩。艳。印。（汕头来电）

〔广州国民政府档案〕

## 19 谭启秀就任建国军第一师第二旅旅长电

（1925年6月6日）

广州胡代帅、胡省长、汕头许总司令、黄埔蒋校长、广东大学邹校长、韶关谭总司令、朱军长培德、广州李军长福林、江门梁军长鸿楷、虎门要塞陈司令肇英、各军军长、师长、旅长、各司令、报界公会、各团体均鉴：现奉大本营任命启秀为建国军第一师第二旅旅长，又奉师长林训令：饬本旅改编为建国军第一师第二旅各等因。奉此，遵于本月六日改编就职。窃念启秀所部原系中央直辖，数载以来，无不服膺政府命令，今既奉令改编，自当遵照，第任重责大，深虑陨越，只勉竭绵力，图济时艰，仍乞随时指导，以维大局，无任企祷。建国军第一师第二旅旅长谭启秀叩。鱼。印。

〔广州国民政府档案〕

## 20 国民革命军总司令部组织大纲

（1926年7月7日）

一、国民政府特任国民革命军总司令一人，凡国民政府下之陆、海、空各军均归其统辖。

二、国民革命军总司令对于国民政府与中国国民党在军事上须完全负责。

三、总司令兼任为军事委员会主席。

四、总司令部参谋长，以军事委员会参谋部长兼任之，或由总司令呈请国民政府委任之。

五、总司令部设置参事厅，以参谋长、总参议、高等顾问若干人组织之，参赞戎机，襄助总司令处理进行事宜。

六、总司令部设于军事委员会内，以作战之进步，随时进出于前方。

七、政治训练部、参谋部、军需部、海军局、航空局、兵工厂等各军事机关，均直属于总司令部。

八、出征动员令下后，即为战事状态，为图军事便利起见，凡国民政府所属军民财政各部机关，均须受总司令之指挥，秉承其意旨办理各事。

九、总司令出征时，设立治安委员会代行总司令职权，该会受政治委员会之指挥，其议决案关于军事者交由总司令部执行之。

十、总司令部之编制及规则另定之。

委员会议主席　　汪兆铭

常务委员　　汪兆铭

胡汉民

谭延闿

伍朝枢

古应芬

张人杰

宋子文

〔国民政府公报1926年第38号〕

## 21 国民革命军总司令部参谋处检送各军名称驻地一览表函

（1927年7月13日）

径启者，准贵处函开：案奉国民政府令开：特任胡汉民、冯玉祥、阎锡山、李烈钧、蒋中正、杨树庄、李济深、何应钦、李宗仁、温寿泉、李鸣钟、李福林、朱培德、王天培、白崇禧、朱绍良、陈铭枢、赖世璜、曹万顺、周凤歧、陈调元、柏文蔚、王晋、贺耀祖、叶开鑫、杨森、刘湘、赖心辉、刘成勋、邓锡侯、田颂尧、刘文辉、周西成、胡若愚、陈可钰、黄绍鸿、钮永建、商震、鹿钟麟、向传义、张之江、陈绍宽、陈季良、李景曦为国民政府军事委员会委员。此令。等因。奉此。当经另填特任状，呈请签发在案。查军会委员业经特任，成立之期在迩，亟应召集各委员会议，惟各委员驻在地，敝处不甚明晰，无从发电通知，相应函请贵部查照，迅将各军名称及驻在地，即希见复为荷。等因。准此。查各委员驻在地，前经敝部函复在案。兹检同最近各军名称驻地一览表，复请查照为荷。此致

国民政府秘书处

总司令部参谋处启

国民革命军各军师旅驻地一览表

| 军队名称 | 主官姓名 | 驻　地 | 驻宁办事处 |
|---|---|---|---|
| 第一军 | 何应钦 | 扬州、上海、镇江、南京 | |
| 第二军 | 谭延闿 | | |
| 第三军 | 李培德 | 九江、南昌 | |
| 第四军 | 李济琛 | 广东 | |

| | | | |
|---|---|---|---|
| 第五军 | 李福林 | 广东 | |
| 第六军 | 杨　杰代 | 一师费县，一师清江浦、宿迁 | |
| 第七军 | 李宗仁 | 徐州、浦镇 | |
| 第八军 | 唐生智 | 湖北 | |
| 第九军 | | | |
| 第十军 | 王天培 | 韩庄、利国驿 | |
| 第十一军 | 陈铭枢 | 湖北 | 该军已被共产压迫改编 |
| 第十二军 | 任应岐 | 预〔豫〕南、皖、鄂之交 | |
| 第十三军 | 白崇禧 | 李家庄 | 所部尚未集中 |
| 第十四军 | 赖世璜 | 海州、莒县、汤头镇一带 | |
| 第十五军 | 刘佐龙 | 徐州、汉口 | |
| 第十六军 | 范石生 | 四川 | |
| 第十七军 | 曹万顺 | 青口镇、日照、涛雒 | |
| 第二十军 | 杨　森 | 秭归 | |
| 第二十一军 | 刘　湘 | 川东 | |
| 第二十二军 | 赖心辉 | 四川 | |
| 第二十三军 | 刘成勋 | 四川 | |
| 第二十四军 | 刘文辉 | 四川 | |
| 第二十五军 | 周西成 | 湘西、贵杨〔阳〕 | |
| 第二十六军 | 周凤歧 | 一师东台、盐城，二师上海吴淞 | |
| 第二十七军 | 王　普 | 浦镇 | |
| 第二十八军 | 邓锡侯 | 四川 | |
| 第二十九军 | 田颂尧 | 四川 | |
| 第三十一军 | 郑组昱代 | 清江浦、海州、板浦 | |

| | | | |
|---|---|---|---|
| 第三十三军 | 柏文蔚 | 正阳间徐州 | |
| 第三十五军 | 何健〔键〕 | 阳逻、团风、武穴 | |
| 第三十六军 | 刘　兴 | 广水、汉口间 | |
| 第三十七军 | 陈调元 | 一师青驼寺，二师蒙阴 | |
| 第三十八军 | 龙　云 | 云南 | 据报该部已被胡、张解决 |
| 第三十九师 | 胡若愚 | 云南 | |
| 第四十军 | 贺耀祖 | 利国驿、徐城、安谥 | |
| 第四十三军 | 李　燊 | 贵州、湘西 | |
| 第四十四军 | 叶开鑫 | 郯城、临沂附近 | |
| 第四十五军 | 樊钟秀 | 河南 | |
| 新编第一军 | 谭曙卿 | 福建 | |
| 新编第七军 | 钮永建 | | 尚未成军 |
| 新编第九军 | 于学忠 | 河南 | |
| 新编第十军 | 夏斗寅 | 宿松、太湖 | |
| 暂编第二军 | 李纪才 | 河南 | |
| 暂编第三军 | 梁寿恺 | 河南 | |
| 暂编第四军 | | | |
| 暂编第五军 | 庞炳勋 | 河南 | |
| 暂编第六军 | 石德纯 | 颖上、阜阳 | |
| 暂编第八军 | 姜明玉 | | |
| 暂编第十一军 | 马祥斌 | 砀山 | |
| 暂编第十三军 | 李镇亚 | | |
| 暂编第二十一军 | 张得胜 | | |

〔国民政府档案〕

# 〔二〕颁布军事法令

## 1 大元帅颁发临时军律训令

（1923年6月27日）

大元帅训令　　第215号

令广东省长兼广州卫戍总司令

兹因广州市内竟有白昼抢劫情事，惊扰闾阎，妨害治安，经令行该省长兼卫戍总司令督饬所属一体严防密查，遇有抢劫案犯，一经拿获讯明，即依军法从事在案。近闻更有冒充军人，擅自逮捕商民，或入民居搜索，或滥封船渡，或强拉夫役等类情事，愈堪痛恨。兹颁发临时军律六条，开列于后，合行令仰该省长转饬公安局兼卫戍总司令执行，并出示布告，俾众周知。除分令外，仰即遵照办理，以安闾阎而清匪患。切切。此令。

临时军律

一、抢劫财物者，枪决。一、冒充军队，及不知会警察，擅自拉夫者，枪决。一、未奉长官命令，不知会警察，擅自逮捕商民，或入铺屋搜索者，枪决。一、不经由兵站擅自封用船渡者，枪决。一、强占商民铺屋者，枪决。一、掳人勒索，及打单吓诈者，枪决。

中华民国十二年六月廿七日

〔广州国民政府档案〕

## 2 大元帅关于节省民伕及要求变通募伕办法饬各军长官遵照办理令

（1923年9月1日）

大元帅训令　第二七九号

兼广州卫戍总司令
中央直辖滇军总司令杨希闵
兼中央直辖滇军第一军军长
中央直辖第一军军长朱培德
中央直辖西路讨贼军总司令刘震寰
东路讨贼军总司令许崇智
令　东路讨贼军第三军军长李福林
中央直辖第三军军长卢师谛
中央直辖第七军军长刘玉山
中央直辖广东讨贼军第四军军长梁鸿楷
中央直辖滇军第二军军长范石生
中央直辖滇军第三军军长蒋光亮

据大本营兵站总监罗翼群呈称：现据职部交通局长周演明梗电称：前六月四日据职局第一科科长梁鸣一报称：募伕困难，市民惊惧，拟请变通募伕办法，当将为难情形，呈请变通办理，奉钧部第一八零号指令内开：当经据情转呈大元帅，奉第二四六号指令内开：准如所请，办理在案。惟职局虽奉到此项指令，仍然设法雇募伕后，务使源源解送，以应各方之需求，迄今两月余，从不敢意存卸责，解单俱在，有案可稽，无如迩来各军纷纷开赴东江，需伕尤众，每次到取，动辄以数百名为额，稍有不足，则责以贻误戎机，竭力代募，又苦于苦力无几。窃思募伕数月，计达二万余名，本市苦力中人雇募殆尽。即或间有漏网，亦忍俄〔饿〕不敢出门，四乡小贩相戒，不敢来城。而取伕者，函电纷驰，急如星火。连日迭据各军催取伕役，经即派委员冯达材到公安局屡次商请代募。旋据复称：经往谒公安局各科长等，佥称广州市面已绝少苦力之人，即使有之，亦均佩有襟章，一经被募，群来交涉，现惟有将轻罪人犯数十名解来充伕，从此更难招募等语。似此情形，益难为继。更闻近日有因伕役逃走，被军士开枪乱击，当场击毙者多起，并有在各街上向途人强拉乱殴情事，以致行人奔避，商旅裹足，募伕前途越加一层障碍。且本市伕役有限，而各军到取者无穷，累千盈百，一呼即至，一若片刻可以制造而成者。来日方长，虽海水，亦有时而涸，况职局只靠各区募集，今后有种种困难，每日所募者，至多不过数十名，少则十余名不等，一旦各军到取，职局实无从应付，各军责备，有口难言。除仍竭力募集外，迫得飞电陈明，重申前请，伏乞转呈大元帅明令各军节省伕力，并依照前令通令各军变通办理，各在原驻地点就近警区商会代为招募，以补职局之不足。一面优待伕役，给以工值，以免逃亡，而杜强拉。是否可行，伏候令遵。不胜急切待命之至等情。据此。查前据该局长呈称：募伕困难，拟请变通办法等情。当经转呈帅座，并奉第二四六号指令，准如所请在案。据电前情，合再备文转呈察核，通令各军查照办理，并候指遵等情。据此。

除指令照准，并分令各军长官遵办外，合行令仰该总司令/军长即便遵照办理。此令。

中华民国十二年九月一日

〔陆海军大元帅大本营公报1923年第28号〕

## 3 军政部拟订暂行陆军官佐士兵薪饷等级表等呈暨大元帅批准令

(1924年2月)

(1)程潜呈 (2月11日)

呈为拟订暂行陆军官佐士兵薪饷等级表暨暂行陆军军师旅团营连公费马乾表，仰祈鉴核公布事：窃查职部掌管军政，亟应将各项章制分别拟订,以便有所依据,庶易整齐划一。兹谨先将陆军官佐士兵薪饷等级暨军师旅团营连公费、马乾等项分别列表拟就，是否有当，合呈请钧座鉴核公布施行，并候指令祇遵,实为公便。谨呈

大元帅

附呈暂行陆军官佐士兵薪饷等级表一纸

暂行陆军军师旅团营连公费马乾表一纸

军政部长　程潜

中华民国十三年二月十一日

〔孙文亲批〕：准

文

中华民国大本营暂行陆军官佐士兵薪饷等级表

| 官阶 | 俸给 |
|---|---|
| 上将 | 八〇〇、〇〇〇、 |
| 中将 | 六〇〇、〇〇〇 |
| 少将 | 四〇〇、〇〇〇 |
| 上校 | 三〇〇、〇〇〇 |
| 中校 | 二二〇、〇〇〇 |
| 少校 | 一六〇、〇〇〇 |

| | |
|---|---|
| 上　尉 | 八〇、〇〇〇 |
| 中　尉 | 六〇、〇〇〇 |
| 少　尉 | 四〇、〇〇〇 |
| 准　尉 | 三〇、〇〇〇 |
| 上　士 | 一六、〇〇〇 |
| 中　士 | 一〇、〇〇〇 |
| 下　士 | 九、〇〇〇 |
| 上等兵 | 八、五〇〇 |
| 一等兵 | 八、〇〇〇 |
| 二等兵 | 八、〇〇〇 |

附记：一、凡马伕，伙伕月饷与一、二等兵同。

二、凡军用文官一等书记与上尉相当，二等书记与中尉相当，三等书记与少尉相当发给薪俸，其他雇员与准尉上士相当发给薪俸。

中华民国大本营暂行陆军军师旅团营连公费马乾表

| 区分 | 每月公费 | 马乾 每马一月数 | 炮费 每炮一月数 | 附记 |
|---|---|---|---|---|
| 总司令部 | 一、五〇〇 | 一、二〇〇 | 四、〇〇〇 | |
| 军司令部 | 一、〇〇〇 | | | |
| 师司令部 | 六〇〇 | | | |
| 旅　部 | 四〇〇 | | | |
| 团　部 | 二〇〇 | | | |
| 营　部 | 一〇〇 | | | |
| 连（甲种）部 | 三〇 | | | |
| 连（乙种）部 | 二五 | | | |

连(丙种)部　　　　　　　二〇
连(丁种)部　　　　　　　一五

〔孙文亲批〕：准

文

(2) 大元帅指令稿(2月19日)①

大元帅指令　第一五三号

令大本营军政部长程　潜

呈为拟订暂行陆军官佐士兵薪饷等级表暨暂行陆军军师旅团营连公费马乾表祈予核准由。

呈悉。所拟暂行陆军官佐士兵薪饷等级表暨暂行陆军军师旅团营连公费马乾表、尚属妥协，应准如拟施行，仰即由部录令通行各军一体遵办。表存。此令。

大元帅孙文

〔广州国民政府档案〕

## 4　程潜关于军队点验令呈

(1924年6月2日)

大元帅钧鉴：前奉命拟定点验军队办法，当由潜拟具军队点验令，业经提出政务会议通过。兹特缮就该件点验令二份，伏祈俯赐裁核，明令公布，俾共遵行。敬叩钧安。附呈拟具军队点验令二份。军政部长程潜谨呈。

中华民国十三年六月二日

〔批示〕：即行公布。

---

注：①此系拟稿日期。

## 军队点验令

**第一条** 凡大本营所管辖之军队，须遵照本令受军政部呈请派定之委员，施行严格认真之点验，即以点得之枪炮实数为编制该部之基础。

**第二条** 凡军队遵照本令，实行点验，经大元帅核定编制、饷额者，按月发给饷项，按季给与服装。

**第三条** 点验日期，由大元帅明令定之。

**第四条** 凡被派充点验军队任务者，概称为点验委员，由军政部长，就左列机关中，选择陆军出身人员，呈报大元帅明令派充之。

1. 军政部部员。
2. 参谋处之高级参谋、上中校参谋。
3. 参谋处之参军、副官。
4. 各军之参谋、顾问、参议。

**第五条** 点验委员之编组，及其点验之部队，由军政部长开单定之。但每组须指定资深者一员为长，以资领率。

**第六条** 点验委员，须遵照大元帅令定之时日，到达指定之部队，认真点验。

**第七条** 凡部队于点验委员到达时，应听该组点验委员长区处严格施行。

**第八条** 各部队长官于点验委员到达时，即须呈出所部官兵花名、枪炮种类、号码册于点验委员长或点验委员。

花名册式样如左：

| 职　别 | 姓　名 | 年龄 | 籍贯 | 到差（或入伍）年月 | 枪枝种类数　目 | 枪枝号码 |
|---|---|---|---|---|---|---|
| | | | | | | |

**第九条** 各军长官于点验该军部队时，宜亲自莅场监受点验。并有事先严切督率，准备点验之责。如军队散处各地，除在最前线任警戒勤务者外，宜按营预为集合，并派遣要员随同点验委员，前往军队驻扎地，指挥各部遵令受点。

**第十条** 各军长官于点验日期，及人员派定后，即宜派出要员与该组点验委员长商定关于点验之事项。

**第十一条** 凡在同一方向之部队，须分头同时点验。

**第十二条** 点验委员宜注意军队枪炮之种类号码，按册点验明确有注记之必要者，应详加注记。

**第十三条** 官兵花名册内，应将枪炮种类、号码填写清楚，如无号码之枪枝，各部队长官应饬于未点验前，于枪壳上用火印烙编号码，造册点验。

**第十四条** 点验之枪枝以五响、单响、九响、村田驳壳、左轮、各式机关枪为限。其他用粉药之枪，猎枪等概不准列册报点。

炮须有炮闩装置者，方能合格。

**第十五条** 点验所得之枪炮号码，如有重复时，以先点者为实，后点者为虚。

**第十六条** 各组点验委员长应于点验后，即将名册及点验情形呈报大元帅及军政部长。

**第十七条** 官兵花名册，步、炮、工兵以每营为一册，其他无营编制者，以及总、军、师、旅、团部各为一册。

**第十八条** 点验委员之旅费，按照陆军旅行章程办理，由大元帅令拨款项，交军政部分别发给。

**第十九条** 各点验委员有徇情虚冒行为，致枪炮数目不实在时，治以溺职之罪。

**第二十条** 本令由公布日施行。

〔广州国民政府档案〕

## 5　大元帅批准军政部公布施行军人宣誓词及军人宣誓条例指令

（1924年6月28日）

大元帅指令　第六五五号

令大本营军政部长程　潜

呈为拟具军人宣誓词及宣誓条例请核定公布施行由。

呈悉。军人以服从命令，捍卫国家为天职，非经宣誓，实不足表示至诚。所拟宣誓条例九条暨宣誓词，均尚妥协，应准如拟施行，仰即由部通行遵照可也。条例及誓词均存。此令。

中华民国十三年六月二十八日

附原呈

呈为呈请事：窃维军人以服从命令为天职，捍卫国家为义务，非经宣誓，不足表示至诚。部长现拟订军人宣誓词及军人宣誓条例，理合具文呈请察核，公布施行。谨呈

大元帅

计呈送军人宣誓词及军人宣誓条例一扣

军政部长程　潜

中华民国十三年六月廿四日

军人宣誓词

某誓以至诚，实行三民主义，服从长官命令，捍卫国家，爱护人民，克尽军人天职。此誓。

军人宣誓条例

**第一条** 军人宣誓礼节及方法，依本条例施行。

**第二条** 军政部、各级司令部及各军事机关，由各该长官先行宣誓，然后监督所属各员依次行之。

**第三条** 各部队每团或每营连为一组，由团长或营、连长先行宣誓，然后监督各员兵依次行之。

**第四条** 军人宣誓时，向国旗、军旗脱帽行三鞠躬礼，高声宣读誓词。宣毕，行一鞠躬礼退下。

**第五条** 部队宣誓时，整队向国旗及军旗脱帽行三鞠躬礼，由右翼第一名起，依次高声宣读誓词。宣毕，行一鞠躬礼退下。

**第六条** 各部队宣誓后，将宣誓日期，并造箕斗名册，报告直属长官。

**第七条** 各级司令部及各军事机关长官于所属全部宣誓完毕后，将箕斗册汇送军政部存案。

**第八条** 军政部长于全体宣誓完毕后，将办理情形呈报大元帅。

**第九条** 本条例自公布日施行。

〔陆海军大元帅大本营公报1924年第19号〕

# 〔三〕重大的军事战役

## (一)粤桂之战和驱除岑陆

### 1　莫荣新关于取消自主率将士退出广州通电

(1920年10月26日)

百万火急。北京徐菊人先生、靳翼青先生、各部院，保定曹巡阅使、奉天张巡阅使，洛阳吴巡阅副使，各省督军、省长、都统、护军使、镇守使、省议会、总商会钧鉴：两广自主原为设法讨贼。迨义师云集，国会南迁，粤省遂为护法之中枢。荣新一介武夫，力微德薄，适以时艰，出肩粤事，支撑三载，心力交疲。乃近者西南各省自生纠纷，国会内部复呈分裂，时局变幻如丝益棼，荣新蒿目时变，一年以来迭思引退，只以中国久形分立，内政外交日陷绝地，将及沦胥。兹幸安福已倒，障碍已除，正旋乾转坤之机，故始终竭诚翊戴军府，以待南北之平成。奈实现终无定期，徒辜国民之期望，于是总裁敬日通电撤销军府，解除职务，以期回复国家原状，是荣新拥护军府之责，亦可从此告终。谨于本月敬日起率同将士宣布取消自主，粤事应听中央政府主持。现在战乱纷起，全省绎骚，四民失业，长此相失，无论最终之胜负谁属，均徒苦吾民，遗害地方。故自岑、林两总裁及粤中各界领袖提倡调和之议，荣新即首先赞成，一面派出代表切实磋商，一面迭电前方各军相机撤回，赶办收束。兹为保全粤民，减免战祸起见，于中央政府未任专员以前，先率将士让出广州市区，所有维持地方治安事宜，应由粤民所举之新督军负此责任。凡我将士皆能贯彻和平本旨，决无糜烂粤局之心，当亦可为粤人所共谅，从此南北一家，粤桂一体，相期捐嫌，戮力共巩国基，是则荣新之所厚望也。莫荣新叩。宥。印。

〔北洋政府陆军部档案〕

## 2　周鼎关于陈炯明回师广州就任省长及粤军总司令大举西征致罗开榜函

（1920年11月3日）

仲芳次长钧鉴：陈炯明到省，汤极力将督军、省长两职交与陈担任，陈亦让汤。顷沪来电，令：广东督军缺，着即实行裁撤，特任陈炯明为广东省长兼粤军总司令，管理全省军务，陆海军均归节制调遣。陈拟将副司令与汤。陈以潮流所趋，废督之议刻不容缓，如汤氏不允任事，拟将督、省两印暂为封存，俟人民公意解决，一切政令仍以总司令名义执行。议定将粤全省军队暂编为五军：第一军陈兼任；第二军许崇智；第三军洪兆麟；第四军李福林；第五军魏邦平。收编就大举西征，以三军驻肇庆。桂军残余后队马、沈所部退出省垣，向北江、清远一带驻扎，约有三四千人时与民军剧战。陆荣廷饬韦荣昌固守肇庆，又饬谭浩明出驻梧州策划，着马济残余兵合韦集中肇庆。顷闻肇城被粤军攻下，魏、李联军调兵进攻西江。桂省以肇、梧为门户有失，恐老巢不保。肇、梧亦为粤东咽喉。肇、梧一日不得，粤垣一日危急。双方势所必争，将来肇、梧间有剧战发现。谨此奉呈。敬请钧安。

差遣周鼎呈

十一月三日

〔北洋政府陆军部档案〕

## 3 李绮庵关于一九二〇年广东江大等舰起义讨伐陆荣廷事略

(1920年)

### (一)讨贼之起原

先是民国六年军阀以武力解散国会，且张勋乘机复辟，致民国有累卵之危。孙总理愍然忧之，乃率北洋舰队来粤。由省议会通电欢迎国会南来，召集开非常会议，选任总理为大元帅，建设帅府，纠集西南各省健儿，护法勘乱。无奈柄粤政者陆荣廷、谭浩明、陈炳焜、莫荣新等，一面暗通北廷，一面阻挠大计。迨八年尤变本加厉，挟以武力，诱以利禄，嗾令国会提案改组元帅府，耸用政学系岑春煊任主席，迫走大元帅，以遂私图。是时群龙无首，南北皆非，阴雾㳽漫于全国，大元帅乃在沪召集同志再筹彻底办法，以定国是。适李绮庵抵沪晋谒，贡〔实〕以运动粤舰队为主力军，并联络陆军以响应之，先肃清粤省为革命策源地，然后率海陆军分道北伐以扫除军阀而奠安民国，大元帅韪之。时适李烈钧出巡南路，为桂军袭击，大元帅闻耗，愤其无道，遂命绮庵迅速回粤筹备讨贼各事。

### (二)【讨贼之筹备】

绮庵奉令旋粤后，即召集海军陈策、丁培龙、李福游诸同志密商运动粤舰队事宜。嗣努力奔走，果获粤舰江大、江固、江巩、准捷、安北、新安、雷乾、雷震等十六艘，一致赞同，候命起义，并派各热心同志分投游说粤籍陆军官兵，晓以大义，动以乡情，亦得驻扎潮、汕、钦、廉、香、顺及四邑等处军队同情，允于发难时，响应海军共伸义愤。又由李安邦组织讨贼第一军，绮庵及陈巽简、李济源、曾咏燊、黄增霭、林德民等组织讨贼第二军，为海陆军起义之援助，此当时筹备之大概情形也。

（三）讨贼之定期

绮庵于筹备海陆军诸事完竣，即呈报大元帅，旋奉委绮庵为广东讨贼军海陆军总指挥兼讨贼第二军总司令，委陈策为广东讨贼军海陆军副指挥兼海军陆战队司令，委居正为总司令，黄大伟为参谋长，后因居正不暇来粤，改委徐绍桢为总司令，其余各舰舰长及各路司令均分别委任，并授予方略，俾依照进取，仍嘱静候明令，方可发动。大元帅遂迭电漳洲陈炯明，令速拔队回粤，以期共同讨贼。不料炯明动员无期，而西北军阀日益肆恣，将危及国本，当此一发千钧之际，大元帅遂毅然决然电令绮庵等于九年七月十五日率海陆军先行起义，拟先平粤乱，再定中原，完成革命。

（四）讨贼之发动

讨贼将发动时，徐绍桢已抵香港，策划进行。绮庵既奉到起义之明令，即转达各海陆军同志，着依期发动，并照方略进行，毋得逾越。届七月十五日，粤舰队即云集所约地点，无一后至者。各陆军同志亦领取发动费及各种旗帜，预备响应，绮庵及陈策、李福游即率同陳巽简、杨孚祥、袁柳溪、周贵持、周少棠等乘江大舰，以为临时指挥部，通电全国，颁发命令，布告有众，义声雷动，轰震遐迩。

（五）讨贼之中折

粤省海汉纷岐，舰队为主要之战斗力。此次粤舰队既一致起义，于战术上可操胜券，故莫荣新闻讯之下，如霹雳一声，惊惶失措。不幸天未厌乱，适各舰燃料短绌，不足以供进取，乃绕道澳门采购，而葡吏见粤舰纷集，顿起猜疑，一面电询莫荣新，一面制止航行，并令澳兵军舰及炮台发炮轰击。绮庵以为系属误会，上舰面向葡人解释，有一同志竟为所害，乃知不可以口舌谕，乃冒险驶出澳外，俾直入香顺，绕出江门，会各〔合〕大小各舰，纠率陆军，进攻羊城。抑知莫荣新既接澳电，即贿嗾北洋之豫章等舰驶来截击。江大舰才到九澳海面，适与豫章等舰相遇，原粤舰与北洋舰早有息壤之约，今虽与相遇，亦冀其退避三舍，以践前言。不料彼受贿寒盟，竟开炮遥攻，江大舰又适搁浅，失却战斗力，致讨贼大计，竟中途蹉跌，桂贼之苟延残喘，岂冥冥中亦有数存耶。

## (六)同志之遇难

江大舰既忽搁浅，豫章舰又迎头截击，在舰各同志，即分乘舢板渡登九澳。惟此乃孤悬海岛，无路逃生，且驻扎葡兵，又开枪扫射，弹如雨下。故是役乘舰同志百余人中李福游、张全福、潘美河、卢二、张标、卢三、吴根、梁满、梁松、王四、朱槐、陈到、梁胜等十三人殉焉。(其遗体，越数日由旅港同志备棺，暂葬于九澳，嗣讨贼功成，于十年二月由省政府派员运棺回粤，改葬于四望岗，义冢巍巍，令人起敬，英名亦与黄花岗流芳于万祼矣。)此外陈策、周少棠等二十三人为葡兵所获，入澳狱，兼旬，几经交涉，始回复自由。其余各同志分匿于严林间，饥寒数日，俟逻者稍懈，乘隙脱险。绮庵与杨孚祥、袁柳溪、周贵持等九人雇渔船逃出大澳，而中途又遇狂风暴雨，为数十年所罕见，船几复者屡。迨抵大澳，以为化险而夷，抑知否运未终，复来水警干涉，横加以海盗之名，辱囚三日后，港督知是党人，即行释放。陈巽简、刘铁戎、李锡赞等六人岩栖二昼夜，乘月光沿岸伏行，忽闻鸡声喔喔，知有村落，循声而往，乃抵一腐竹厂，幸主人粤籍，慨然收容，匿于草堆，翌晨驾艇回澳，易装登岸，安然抵寓。又有凫水溺水而亡者，惜姓名未祥。呜呼！惨矣。

## (七)讨贼之再起

爰及九月，粤军返旆，凡在粤之海陆军同志，不以七月之蹉跌而志稍衰，仍继续奋斗。绮庵率健儿起义于香山，顺德等处，与桂军鏖战四昼夜，始占领小榄镇，旋拔队出发虎门，进攻宝安，其余各陆军同志亦纷纷起义响应。莫荣新知大势已去，遂率残部窜桂，粤局遂以底定，亦足稍慰七月十五日阵亡烈士之灵矣。

（八）附录各电文及布告

徐鹤仙兄鉴：已派李绮庵兄回粤，解协和之围，请即转致协和兄，以励士气。孙文叩。

绮庵、安邦兄同鉴：电汇万元，为安邦计划用。筹备后须与协和代表徐鹤仙接洽，查确协和无调和，乃可动；若协和已调和，宜息。再则，绮庵须另备钦、廉、潮、汕，同时发动，为粤军回粤之先导可也。孙文。卅一。叩。

绮庵兄鉴：汇哲生交安邦万元，想已收到，广属筹划如何？有把握否？钦廉若确能起争〔事〕，再筹五千元来，务望与竞存同时动作。幸甚。下电译交东京酒店徐鹤仙鉴：函悉。竞存后路现已肃靖，即日动员回粤，望传达协和，振作士气，同时攻击可也。孙文。冬。

绮庵兄鉴：微电悉。海军果确，则省城可袭，北舰可夺，二事得手，大功便成，不待粤军回矣。如省城不能袭，只能夺北舰，亦可。先握〔据〕花地、河南及黄埔、虎门各要塞，然后功成，合各路围攻。省城方面，以舰队进攻西江，节节取之，至梧州为止，握而守之。若然得手，则以舰队收三水以下各邑为根据，而合水陆进攻西江如前，以待粤军之回，则大功可成也。下电译交粤舰队同志鉴：顷得丁、陈代表电，悉诸公有志杀贼，以救桑梓，三千万同胞将有出水火之望，快慰。如何进行方略，请与绮庵兄详商，谋定后动，务期一举破贼可也。孙文覆。鱼。

绮庵兄鉴：欠煤当在港设法为便，连发动费需款几何？竞存广属一动，即必出兵，能先动否？如不能动，则候竞存定期再报。

下电译转陈策君鉴：今电委丁倍〔培〕龙正指挥，黄达观为副指挥，统率舰队协力讨贼。孙文。灰。

绮庵兄鉴：皓电悉。要他方一致动作，始能持久者，则不宜先发，须照前电，钦先、潮次、广后，此办法非得极佳之机，或逼于万不得已之故，切不可更改。竞存动期未定，然若汕潮得手，彼必随时回粤。煤价不能多备，尽此五千元，请告陈君酌量善用可也。孙文。号。

绮庵兄鉴：今日由广东银行电汇二万元，以五千元备钦廉用，五千元备买煤用，三千元备汕头用，二千元备朱本夫所谋之路用。以上皆当与绮庵详慎查明，确有把握，乃可支用。又支五百元，由绮庵交马伯麟用，余款作香港筹备用，应酌量开支。各路筹备妥当，钦廉可先发，相机自由动作；潮汕次发，与粤军共同动作；广属后发，水陆一致动作。孙文。删。

绮庵兄鉴：竞存必动，惟期未定，广属须静候。闻刘志陆部下林百民有意来面请绮庵派人密访，此人如何？究可靠余〔否〕，查实即覆。孙文。梗。

绮庵兄鉴：齐电悉。甚慰。总司令十日左右可到。到后当赶促发动潮汕与广属各起，粤军亦同时返攻，望赶促预备一切。孙文。佳。

绮庵兄鉴：徐总司令乘广利来，所定之期必动，切勿失约，幸慰。一失约，则七月十五日以后，当由总司令另行招集大众，以图发动可也。孙文。勘。

绮庵、子瑜兄同鉴：钦廉尚无发动消息，恐不能办，款用之几何？如不能办，该处款能收回几何？桂贼集重兵于东江，子瑜所联络营兵乡团，当能活动。如不能，则当改响应为发难，与各路同时并起，以牵制敌之后路，如何之处盼覆。孙文。俭。

绮庵兄鉴：两函悉。甚痛。粤舰果有八艘能来起义，则粤省已在掌握中。惟所虑者，兄等非军事专家，恐临时不善运用，致为敌所乘耳。故特派居正来粤为总司令，黄大伟为参谋长，由予面授作战方略，望各同志一律称几路，不得称军，而各路司令悉所总司令指挥，而成功后，再定等级。此次事成，兄之功尚居第一，务望勉称〔旃〕。孙文。灰。

绮庵兄鉴：钦廉能起，甚佳。竞存不日动，各宜先后继起。舰队若遇被令分防，宜立即集中江门，与附近各营同时起事。立起少步队与数小舰进攻三水，握而守之，以断其交通之路。以大队水陆并进，取香山、顺德，握而守之。以容奇为舰队根据，以大良为步队大本营，以甘竹、勒楼、黄莲、紫泥□〔蒙〕焦〔旧〕门一带之水为防线，水陆军握而守之。为持久计，此防布置妥当，即分军进取虎门、东莞、石龙一带为右翼，以绝彼东江之交通。然后分东西路水陆夹攻，西路取道官窑、石门水路，以攻石井；东路取广九铁路，进攻长洲、牛山各炮台。得手，进攻河南、花地，与西路联络而包围佛山、陈村敌军，尽缴其械，如此省城可不攻而下矣。此作战方略之大要也。务望与舰队同志谨识而执行之。觉生现改派往湘指挥，如兄等能临机应变，实行方略，则不必派人来，否则另择妥人来总粤事。子瑜款筹得即汇。孙文。卅一。

绮庵兄鉴：林良儒即仲循者，是人前兄误告其名耳。慎密探查之。闻其人以权利为依归，如能设法消其阻力亦佳也。钦改期甚是，惟到时务望果决猛进，如得手，则广属与舰队继之，此时粤军必能回也。孙文。

总理钧鉴：桂人破坏西南大局，普天同愤。顷悉先生派李绮庵君回粤讨逆，敝舰队同人志切同仇，一惟先生马首是瞻，谨先电陈，应如何筹备进行，伏乞电示。代表丁培龙、陈策。上电系广东海军全体会议表决，代表与绮庵商，嘱秘密请覆电，以坚其志。绮庵。径。

总理钧鉴：冬电敬悉。协和回省，情形稍变，再商方能动作。钦廉极力进行，潮汕在蹉商中。奉文、鱼两电悉。舰队拟设统率处，公推广金舰长丁培龙、江大舰长黄达观为正副指挥，名目是否有当，伏乞裁夺。陈策叩。上电系舰队来稿，发动时，舰须款，备电汇。乞明令委任讨贼。竞存何日能出兵？绮庵。灰。

总理钧鉴：舰队发难，煤斤关系甚〔綦〕重，应先行筹备供给，以免临事局章，请由〔曲〕先生妥商三井洋行，预备购办。绮庵。灰。

总理钧鉴：灰电敬悉。舰队发动，约需款一万元，请筹备。陈策叩。上电系舰队来稿，现与舰队同志磋商，约定五月佳日可能发难，乞即转电竞存及云南协和，各路能否如期举行，一致动作。绮庵。皓。

总理钧鉴：汕已准备，候机发，放洲昨日抵港候讯。漳事如何，恳电示。放洲、绮庵。元。

总理钧鉴：号电敬悉。钦廉报告未到，动期未定。潮汕原定候竞存先发，方动。广属先发，恐难久持，须有他方同时响应，或先动，方能成功，甚望竞存促动。绮庵叩。

总理钧鉴：舰队风声甚急，恐消息泄漏，乞促总司令即来。绮庵。篠。

总理钧鉴：俭电敬悉。钦廉已与黄志〔必〕云部下联络，因其参谋力主缓起，故未能早发，昨已派人催促，限三星期内发动。东江新调桂军约三十余营布置要点。邓子瑜所联络乡团实不能发难，粤军如返攻潮汕，此间各路即可响应，否则虽能发，恐亦无济。舰队同志虑桂贼将令各舰分防，调往各地，致失联络，故皆望急办。粤军何时动，乞预电示。绮、瑜、科叩。艳。

（衔略）慨天祸中华，变乱频仍，自国会被迫解散，我西南兴师护法，以救危亡。倘能共膺艰巨，何难立剪凶残，巩固共和。不料岑贼春煊、陆贼荣廷、莫贼荣新等阴谋险狠、狼子野心，驱迫正人，揽权独断，自私自利，祸国残民，蹂躏我粤疆，杀戮我粤民，朘削脂膏以豢养桂省无赖，开赌、贩烟、奸淫、焚劫，搬迁、枪弹、机器、书籍，尽卖公产、屯田、衙署，以土地、矿产、森林押借洋款，以威迫利诱谋占钦、廉；粤籍军人，铲除殆尽；教育、实业、舆论摧残备致。盘据粤东，视为征服。吾粤何辜，遭此荼毒。尤可恨者，假护法之名，谋利己之实，暗通北廷，月受三千薪俸，私订五条办法，绝国会经费，迫而使散，凌军府总裁，辱而使去，川滇则煽惑而诱乱，湘、滇、闽则侵伐而谋并；驻粤滇军、海军则诱迫兼施，使其团体自溃自灭，此其扰乱之狡恶也。对于民国，毫无拥护之诚，时图倾覆。张勋复辟，则获殿前议政大臣、两广总督等职，继而拥戴亡清太傅徐世昌为大总统，朋比为奸，潜伺机缘，以逞其复辟之谋，遂其臣仆之愿。今竟联名密保张勋复职。司马昭之心，路人皆知。此等强盗、游勇、官僚，对于国家、地方均为元凶巨憝，罪无可逭。苟不是刈是锄，民国宁有幸存，闾阎岂能乂安。绮庵等奉孙大总统〔裁〕命令，率海陆军兴师讨贼，以奠民国，扫除虐政，以安黎庶，幸大兵所至，全省军民咸知大义，四方景从，黎庭扫穴，指顾间耳。除告天下外，特电台端，伏冀进而教之，以匡不逮。吾粤幸甚，民国幸甚。广东讨贼海陆军总指挥兼讨贼第二军总司令李绮庵、副指挥兼海军陆战队司令陈策同叩。删。

嗟呼！我粤三千万同胞，至于今日，有能隐忍，甘受桂贼之淫威者乎！我信未之有也。桂贼自民国五年入粤，迄今四载，果有善政以及于粤民乎？我未之闻也。彼本蛮峒游勇，贪暴性成，曾不识书，曾不识有世界，曾不识有政治，更不识有共和，不过恃其牛羊之力，凡种烟开赌、运米强夺，可以厚自封殖，可以重苦粤民者，悉为之不而不厌。凡诸罪恶，绳之以法，有一于此，无所逃形，犹复口含天宪弛，侈言护法也。绮庵等今宣布桂贼陆荣廷、莫荣新等之罪状，谨语其大者，略其小者，愿我粤父老昆弟垂察焉。桂贼前之占据广西宣告自主者，无非藉拥护国会为口实，不然称兵者为叛逆，律以内乱，其将何辞？是国会者，桂贼之护苻〔符〕，而桂贼得以长此割据，保持禄位，无非托庇于国会。不图北庭一旦以权利相啖，彼即视国会如寇仇，不恤以兵围之，复没收其岁费，使议员逼于饥寒，不得不离去，而国会无形解散矣。此其罪恶之最著者也。桂贼入粤，即视粤人为被征服之民，凡要官要职，非桂人不得为之，不然则为豢养者，其粤人得为之者，则寡廉鲜耻，甘为鹰犬者也。视官途如利薮，以囊括为奇能，昔之窭人，今为殷富，辇金归者，不绝于途，宁闻粤人呻吟疾苦之声乎！此又其罪恶之显著者也。桂贼于共和制度，未能了解，迹其举动，悉以复辟有关，秘密遣使与张、胡结交，而张勋是其义弟，起用张勋之电，腾之报章者，宁能掩人耳目。民国六年复辟之际，其态度实暧昧而不明，往事昭然，于今尤烈。暗结帝孽，谋危民国，实无可饰。此又其罪恶之显著者也。六年讨龙之役，桂贼入粤之兵，不过数千，以今衡昔，奚啻十倍。悉罢粤省民政、教育各费，不足以供其伯什，以致变卖公产，靡有孑遗，抵借洋款，延及学校，不惜为外人所讥议。近且增兵不已，迹其用心，无非以灭绝粤人以为快。此又其罪恶之显著者也。凡此数端，皆其巨恶之暴露者，而种烟、开赌、运米、劫夺种种尤未与焉。绮庵正告我粤人曰：今日之广东政府，是杀人越货之政府，语其政策，于增募军队之外无所事；语其才智于削夺民财之外，无他能，及今不讨，不独贻粤省破产之忧，必使粤人万劫而不可复。吾党夙以济世救民为职志，今者厚集义师，驱除桂贼，以与粤人更始。义师所至，除拘捕二三尤贪暴者置之于法外，其非抗拒义师，悉置不问。若有粤人甘为桂贼指供，刺探我军，杀无赦。至岑春煊者，本宗社之余馂党，初无护法之志，徒以希图权位，不惜自贬人格，寄生于桂贼之下，乞其□余，义师至日，应以与驱逐。为此檄告，俾众咸知。

（衔略）溯自桂贼入寇粤省，凡百施为，无不本其强盗天性，行其暴民政策，视我粤二千万方里为附庸，三千万人民为奴隶，奸淫、焚杀、朘削劫夺，罪恶弥天。弛赌禁、种罂粟，夺书籍，移器械，卖公产，借洋债，抽苛捐，运银毫，此劫夺我粤之财物也。暗杀程总长，妄戮陈记者，枪毙金司令，杀福军，散肇军，近复启衅粤军，交锋惠州，炮轰村落，百里成为坵墟，屠杀乡民，孩童亦难幸免。此涂炭我粤之生民也。更而破坏护法，私订五款条件，阴谋复辟，联结帝党罪魁，迫去总裁，驱逐国会，扰湘攻闽，图蜀谋滇。此扰乱西南之大局也。总之，桂贼岑春煊、陆荣廷、莫荣新等祸粤祸国，罪无可逭。庆父不除，鲁难未已。绮庵愤国法之沦亡，悲桑梓之颠沛，爰奉孙大总统命令，于前月率海陆军起义讨贼，未告厥成。今幸粤军回粤，克复潮惠，绮庵夙任讨贼之责，宁敢后人，是用再整我师旅，修我戈矛，举义香顺，占据小榄、岗尾一带，俟编竣队伍，即捣羊城，扫平桂贼。凡我西南护法诸公及粤省军民，谅必同仇敌忾，尚冀早日会师岭表，以救粤救国。此绮庵所预祝者也。临电屏营，翘企指南，以匡不逮为祷。广东讨贼第二军总司令李绮庵叩。养。印。此通电系再起讨贼发。

照得桂贼祸粤，于兹五载，残杀刻剥，涂炭生民，复假名护法，肆行乱纪，明降北逆，暗谋复辟。本总司令悯枌榆颠沛，悲大法凌夷，忧国家阽危，奉孙大总统命令，联络舰队，组织陆军，廓清桂贼，绥奠乡邦。爰于去月绮江大等舰出发，督率海军同时夹攻，不图中道坎坷，事与愿违，然于平空霹雳，妖贼丧胆，尤足以兴起我军民自决心。今幸陈总司令率粤军回粤，不旬日而恢复潮梅，师次韶惠，直捣五羊，荡平百粤，指顾间耳。本总司令与粤军夙盟讨贼，职责所在，宁敢放弃，是用再砺戈矛，率我健儿，应援协剿，俾贼焰早清，黎庶咸苏。此次兴师，志在诛锄贼魁岑春煊、陆荣廷、莫荣新等，不事株连。从义师者友，抗义师者敌。大兵所至，原驻各军，应促反正，免被剿伐，纪律严明，秋毫无犯，商民人等，亦宜各安职业，毋自惊扰，致干咎戾。为此合行布告，仰军民人等一体知照。此布。

广东讨贼第二军总司令李绮庵

（此布告系再起讨贼发）

〔国民党中执会档案〕

## 4 谭浩明就任广西督军电

（1921年1月9日）

北京国务院靳总理钧鉴：各部总次长，各省巡阅使、都统、督军、省长钧鉴：奉京色之电开：大总统令：特任谭浩明为广西督军。此令。等因。谨当遵照命令，赓续任事，尚望箴言时锡，俾匡不逮，不胜企盼。特电奉闻，统希亮察。浩明叩。佳。印。

〔北洋政府陆军部档案〕

## 5 陆荣廷就任广西边防军务督办及组织督办署电

（1921年2—4月）

（1）2月20日电

北京大总统钧鉴：国务院、陆军部鉴：奉大总统令：特派陆荣廷以耀武上将军督办广西边防军务，闻命之余，悚惭无地。念荣廷锋镝余生，无裨于世，久思退引，藉养残年，乃蒙钧座不弃衰庸，畀兹重任，只以时局艰危，何敢再惜残躯。谨遵于本月养日就职任事，益当勉竭驽驾，用效驱策，上报国家，下卫桑梓，一俟大局底定，仍请解除职责，以遂初服。除将详情另文呈报外，所有就职日期暨感激下忱，谨先电陈察核。耀武上将军督办广西边防军务陆荣廷呈。荣廷叩。号。印。

（2）4月1日电

北京大总统钧鉴：国务院、陆军部鉴：案奉大总统令：特派陆荣廷督办广西边防军务等因，业经呈报就职在案。谨于四月一日将督办组织在邕成立，遵照院电，暂刊木质关防一颗，即日启用。谨电禀核。陆荣廷呈叩。东。印。

〔北洋政府陆军部档案〕

## 6 陈炳焜就任广西护军使发表政见通电

（1921年4月6日）

北京大总统、国务院，南宁陆督办钧鉴：北京各部总次长，各省巡阅使、督军、省长、各都统、各护军使、各镇守使、各师旅团长、各省议会、各报馆钧鉴：炳焜奉大总统令，任命为广西护军使，谨于四月一日就职。当此民穷财尽，人心厌乱，军阀专横，久为全国诟病，对于军事目前无论何省，只有减缩，决无扩张之理。况桂省频年苦兵，正宜谋收束，与民休养，军事机关本已完备，尤无设立护军使之必要，炳焜何人，钜〔讵〕敢逆此潮流，自增咎戾。惟民国自成立以来，变故迭生，累年不息。炳焜前在督办广西军务任内，正值南北相持之际，目睹民生凋敝，国势阽危，亟须早谋统一，庶足奠定邦家。因秉承陆督办与当局诸公暨海内贤达之士，力图转圜，发生沪上和平会议。和会成立以后，炳焜即卸兵柄，归隐田园，以为统一告成指顾间事，从此渐进永平，朝野一致，共谋建设。国是既定，民治发扬，难〔难字衍〕力挽狂澜，日臻上理。钜〔讵〕料时阅三年，和会则无形解散，大局则日就泯棼，对内则事事停顿，对外则事事失败，分崩离折〔析〕之忧已在目前，灭国亡种之祸恐不旋踵。乃犹有假名救国以联省政府为号召党徒响应之具，复以自治为涂饰人民耳目之资，以个人权利为前提，置国家存亡于不顾，不知联邦本欧美之成规，自治为共和之正轨，然必先有全国统一之政府，方足以图发展而策进行。若任长此借美名阻抗统一，推其所至举国沦胥，万劫不复，不特炳焜求为太平之民而不可得，即举国人民宁复更有噍类。用是不避谤议，出任艰危，誓与邦人君子协力同心，以促成统一为职志，以恢复和平为要图，涤荡瑕秽，扫除凶邪，务使统一观成，全国人民群趋正轨，实行民治，共谋乐利。俟统一告成之后，炳焜复当解甲归农，决不假寸柄以自私，决不拥一卒以自卫，有渝此旨，神明殛之。敢布腹心，统希亮察。陈炳焜呈叩。鱼。印。

〔北洋政府陆军部档案〕

## （二）第一次北伐

### 1　陈光远关于滇黔赣联军筹备北伐孙文决意亲征致大总统等电①

（1921年9月24日）

北京大总统钧鉴：国务院，保定曹巡阅使，宜昌吴巡阅使鉴：盛密。顷据赣南张镇守使之傑梗电称：据元日报称：驻桂林滇、黔、赣联军杨、胡、李、赖所部各师，寒日已向全州出动。胡汉

注：①此电系大总统府抄交件。

民由衡回粤，向孙文报告，陈总司令对于北伐极端赞成。盖以西南各省如能全力同时发动，大功定可告成，否则，必受人各个击破。故刻下积极筹备，已将柳州、桂林两属划归滇、黔、赣军就食地，以便筹备北伐事宜。孙文现将李福林所部编为先锋军，决意亲征，俟华侨款到即行出发。任彭成〔程〕万为赣军总司令，就职桂林。滇、黔、赣应用械弹，由收桂之军械充分接济，不足仍由军府供给。现在川、滇、黔日有向军府请愿北伐之电。湘如宋、鲁等，亦日有电乞援军府，并派多员莅粤效秦庭之哭。闻有以湘南税收，作粤出兵条件。近数日，孙、陈互派要人，乘舶船往行邕粤间，协商北伐各事宜，且数日内，昼夜赶造子弹。唐继尧已允用全力援助北伐，并助以巨款。等情。职查西南各省日有北伐热潮，制止恐属不易，欲大张挞伐，须用全力，万难议和，甚有一部仍暗乞援，纯系缓兵之计，恳及时策画应付，勿受其乘。等语。查孙文野心勃勃，希图大举，迭据探报，自属实在情形。除饬沿边军队妥为警戒外，谨电奉陈，敬祈鉴察。光远。敬。印。

〔北洋政府参陆办公处档案〕

## 2　陈光远关于广东北伐军进攻赣省请增援致大总统等电

（1921年9—10月）

### （1）陈光远致大总统等电（9月4日）

万急。北京大总统、国务总理钧鉴：参陆部鉴：治密。迭据赣南镇守使吴鸿昌电称：据探报：广州至韶州火车，近十余日间屡见运兵由广赴韶。又据探报：现在李烈钧、彭程万部下充当军官及兵士之赣籍人，藉口和议不成，在广州江西会馆特开军事大会，先遣前锋队一梯团二千余人逼近赣边驻扎，并要求李烈钧下令攻赣，士气甚为激昂。彭程万已就援赣总司令职，业经通电西南各省。查李烈钧、彭程万自癸丑亡命以来，野心未死，复以赣人治赣之说，鼓动赣人，号召党羽，上年暗招赣籍人民充兵及旧部充官。送至潮汕训练成军。其蓄意谋赣积之已久，现在诡谋首先侵略赣南，与闽湘两省成一平行线形势，然后顺流直下。窃恐省城不免吃紧，况两地均有彼党暗中运动，希图乘机响应，须以主力保守赣南，其输送补充要端，亟应先事筹备。查上几年援粤，先后招募输送队八千余名，分配遣用尚多不敷，然用兵之道犹在信庾、三南两路。今则当四战之冲，内地伏莽未靖，李党到处皆是，人民向背难测，就地招募，不独不能集事，且亦临时逃亡，拟请派员速赴北方招募，需用临时兵费，亦请赶紧筹拨。至如何增兵济械，如何运弹输粮，不误戎机，免悔噬脐，统乞电示。各等语。查彼军业已开动，战祸即在眉睫。该使前今电陈各节，皆系目前筹防备战刻不容待之图。光远承乏岩疆，处此危局，守土之责，自无旁贷。惟赣省地广兵单，饷械两缺，无饷则军虞哗溃，无弹则兵同徒手。光远负督兵守境责任，至于筹饷备械权操中央，不得不据情请命，仰禀指挥，应如何迅筹拨济，即恳指授机宜，俾得奉以从事。临电无任迫切待命之至。光远叩。支。

(2)陈光远致大总统等电(10月26日)

北京大总统、国务总理钧鉴：参陆部鉴：盛密。近据各路探报：孙文主张北犯，入桂视师。唐继尧初欲分兵回滇，恢复地盘，经粤政府疏通作罢。顾品珍感激孙氏，渠允出兵贵州。卢焘于真电宣布亲驱援鄂，已派谷正伦为第一路司令，胡瑛为第二路司令，窦居仁为第三路司令。孙文所统有：福军一师，已入郴州，洪兆麟卅营，许崇智五十营，李烈钧九混成旅。湘省宋、凌两师残部现在湘西改编，其他部队亦纷调湘西，空出永衡一路为孙、李进兵地。李烈钧于号日抵桂林，其所部杨益谦一旅已进衡州，定以衡州为大本营。孙以广州造弊〔币〕厂及他工厂押借一千二百万，已得三百万，兵费有著，故令各路队伍陆续向湘开拔。详察各路情报，孙文北犯之举，愈逼愈紧，川、湘、滇、黔又从而附和之，彼合群力以谋我，声势极为浩大。敌情如昔之重，战事即在旦晚。江西紧接衡湘，首当其冲，沿边防务非常吃重，战守之备，如输卒兵站均非赶紧募设无以待敌。敌〔我〕以无款，遂致束手。前迭电请中央筹拨，至今未拨一文。军兴在即，何以支拄〔柱〕。赣如不保，长江岂能瓦全？务恳中央统筹全局，预为战守之备，一面迅饬财部赶拨款项汇赣，以便布置防务，免误疆事。□〔临〕电无任迫切待命之至。光远叩。宥。印。

〔北洋政府陆军部档案〕

## 3 冉绍雍关于孙文变更北伐计划等情电

(1921年10—12月)

### (1)冉绍雍致陆军部电(10月14日)

急。北京陆军部部长钧鉴：卓密。谨将探查各处情形报告如下：一、孙文北侵计画现有变更，即以李烈钧所部联军，附粤军一部，积极攻赣；以许崇智之第二军任湘北防御；李福林第三军进驻湘中策应各方。对于赵恒惕地位，仍与维持，共防国军南下。惟各路军队尚无发动确报。二、湘中倒赵之声闻已平息，前传赵恒惕接近粤陈，力说粤军攻赣，似已证实。三、沈鸿英军队经地方绅商出为调停，有将和平解决之说。沈已离开军队，其部众现由该军木旅长统御。谨闻。绍雍叩。寒。

### (2)冉绍雍致陆军部电(12月20日)

急。北京陆军部部长钧鉴：卓密。谨将调查各处要情报告如下：一、孙文北侵，预定兵力使用，据闻许崇智所部，约六混成旅，对岳州防御；李福林第三军，约一万二千人，预定进驻长沙；李烈钧攻赣联军，约两万左右。并闻军队出动后，孙文将大本营移驻衡阳，其随从军队约三四千人。二、近日纷传驻桂粤军集中永州，先头部队到达祁阳。经向各处调查，尚未证实。三、沈鸿英军队对湘赵强令出境通电，迄未答复，和议决裂，沈军大部已被湘军击散，余众退走平江，向鄂省乞援，闻萧督已电吴使请示。谨闻。绍雍叩。号。

〔北洋政府陆军部档案〕

## 4　陈光远关于孙文定桂林为大本营督师北伐向湖南进军情形致大总统等密电

（1921年10月28日）

北京大总统钧鉴：国务总理、参陆部，保定曹巡阅使，汉口吴巡阅使鉴：盛密。宥电想蒙鉴及。顷又得赣南镇守使张之傑宥电：据韶州坐探报称：孙文篠日已抵梧州。李烈钧所率第一军李明扬、赖世璜、胡若愚、李友勋、杨益谦、朱培德、张怀信、谷正伦、胡瑛、邓泰忠各师旅于国庆日誓师后，已陆续向衡州、宝庆出动。李、赖各部已至永州。第二军许崇智及福军游击队，均集韶州、昭平。第四、第七、第八、第九各旅已过湘之坪石。叶荃任福军总指挥。孙文名虽出巡，实至桂林督师北伐。行时将伪府职员，并差湘滇失意军官、政客完全带往，定桂林为大本营，以便指挥各军。胜则在鄂设立政府，败则退归川滇。赵炎午前派李椿赴粤求援。近又派高审厅长李汉丞赴韶欢迎。周震麟、程潜、蒋作宾、孔庚、夏斗寅、廖粿芸等，现已入湘。乐昌至湘之军用路，已完全修妥。各等情。据此。查孙文北犯之举已成事实，虽号称有兵数十万，素无节制，本不难一鼓荡平。惟我军饷费均绌，兵站输卒，非款不行。中央必须宽筹的款，专备此次战事之用。饷项既足，何事不办。傥不能先事筹及，则各军一切俱不应手，恐有贻误之虞。除饬仍前严防，密探续报外，谨贡愚虑，伏乞垂察。光远叩。勘。印。

〔北洋政府陆军部档案〕

## 5　陈光远转报孙文以李烈钧邓铿等部进攻赣南等情电

（1921年11月5日）

万急。北京大总统、国务院总理钧鉴：参陆部鉴：盛密。据赣南镇守使张之傑歌电称：孙文以李烈钧、魏邦平、李福林、杨益谦、李明扬等所部共约六师集中湘南，进攻长岳；邓铿、赖傍〔世〕璜、蔡国斌等所部约三师集中南韶，进攻赣南。邓部第一旅及红十字会等已到雄。刻韶州尚封有民船六十余只，备第二旅来雄之用。江日邓部军官多人同地方绅士，在黄坑、仙人岭脚下等处，窥查地形等情。孙派军队麇集韶雄，节节进逼，岭防万分吃紧。除饬该使督饬严防外，谨电驰陈。光远叩。微。印。

〔北洋政府陆军部档案〕

## 6　孙文以廖仲恺等为代表商讨对吴佩孚用兵之法电

（1921年12月22日）

万火急。广州财政部次长廖仲恺暨精卫先生鉴：亲译。总密。电悉。徐君来，慰我数年谒望，且我等已积极进行。由粤至桂，往返动需月余，虑于彼此所事有所妨碍，兹请两兄及介石为我代表，与切商军事之进行。现我军决于旧历年后用兵。吴逆若来，则用小包围之法，击之于衡宝一带。彼若退守武汉,则用大围之法,以荆汴、长岳为正面攻击，由汉水出萍樊为左翼，由赣出九江、黄州为右翼，三路以制其死命。两者皆以有他军为援，应为我之大利。闽王攻赣之背面，鄂孙乱吴之后方,尤须应时请先注意于此。形势既利，浙卢皖马即可据长江下游，而豫赵鲁田共起，使直系更无归路。自来战略因于政略，吾人政略既同,斯为南北一致,以定中国，其庶几也。此电已兼示汝为。孙文。养。印。

〔广州国民政府档案〕

## 7 孙文请蒋介石来粤商讨作战计划电

（1921年12月23日）

广州总统府谢秘书长转介石先生：总密。电悉。作战计划昨电略告廖、汪两兄可询之。一切仍俟兄来商榷,望即偕季陶兄来。孙文。梗。印。

〔广州国民政府档案〕

## 8 刘汉超侦获林森关于粤省拟具北伐计划致王文俊函之密呈

（1922年1月）

步军统领稽查处女稽查员刘汉超敬禀将军大人钧鉴：敬禀者，汉超前奉谕令，对于王案复再切实详查，随时呈报，以备核办。等因。奉此。汉超当即前往，细心设法侦查，以明真象，冀得确据。惟现该党进行诡密，防范甚严，入内调查，困难实多。汉超审慎再三，除勾通广州孙氏秘书姚善初，与上海机关干部主任周华轩君遥为援助，就近侦查，举凡孙氏阴谋毒计，有碍中央各省治安，危及政府之事，随时暗为通知，以便呈报鉴核，易资防范。至北京王文俊，号稚阶，与顾名、朱谦之等所设机关，汉超复极力设法投入该党，联络伊党心腹要员，暗查机谋举动，及王之信用仆役赏予金钱，许以权利，暗为眼线，冀得确据。兹将探得孙文之秘书长兼非常国会参议长林森最近致王文俊等密要信函一件，及朱谦之所著革命书一册①，呈请察阅外，侦闻有委任状及王著革命建设各稿，收藏甚密，颇不易得。但其阴谋毒计，关系社会治安，人心变动非常重大，实为国法所不容。至所宣传过激共产党主义，尤为国际友邦所禁止。是孙氏党徒之卑劣行为，不仅亡国害民，亦实各国所共弃。若认真预防取缔，则国家实利赖之。是否有当，敬请察核遵行。专肃敬叩勋绥。

刘汉超谨呈

稚阶仁兄同志大鉴：顷奉敬东二函，得悉种切，无任快慰。吾兄热心国事，尽忠党务，荩筹硕画，策略宏大，定可收最后之功。极峰□闻依畀维殷，所有北方之事，望兄与思甫、谦之、舍我、乐田诸兄积极进行，以便明春同时发动，完成奇勋，大法早复，不仅国家之幸，亦吾党之福也。平大学校与兵工学会，希早成立。革命建设稿成，希早刷印，以资宣传鼓吹，期其实行，使早觉悟，共起自决，遥为援助，则收效宏巨，当与苏维埃、华盛顿、石头城等视。兹因中和北来公干，先带上港纸伍百元，收到祈即示复为盼外，北庭乱象已动，时机已熟，则徐、梁二逆入瓮之期不远，此间通缉令已下。昨日在观音山本部开全体大会，预备北伐。兹将议决数条，录之如下，希通知同志急速进行可也。一、运动北兵，使自觉悟响应。二、运动土匪，在各处聚集扰乱，委一相当

---

注：①朱谦之所著革命书一册，缺。

职官。三、运动工人，结合团体，以备利用。四、联络报界，鼓吹舆论。五、联络各法团，一致进行。六、运动学生，加入平大，以备驱策。以上六条，均在急先，务祈告同人，妥慎进行，万勿迟延，尤为盼切。专此敬颂学安。伏乞爱照不宣。

弟林森谨启

〔北洋政府步军统领衙门档案〕

## 9　陈光远关于孙文下北伐动员令致大总统等密电

（1922年2月10日）

万急。北京大总统钧鉴：颜代总理、参陆部，保定曹巡阅使，洛阳吴巡阅使，武昌肖督军鉴：昌密。据赣西方镇守使电报：迭据派赴桂林、永州、衡州坐探先后报称：现在桂林军队有滇军朱培德所部三旅，黔军谷正伦一旅，赣军彭程万所部李明扬、赖世璜两梯团，粤军许崇智所部谢文炳、关国雄、吴忠信三旅。其军官佐眷属业限一月十五以前送回原籍，或移居广州、香港。孙文于二月一日下动员令，分两路出发，会师武汉。第一路由李烈钧率滇、黔、赣各军，经过永州扰赣，以趋鄂。据衡州驻探庚日报称：李、赖两部先头部队已过永明，即到永州。第二路由许崇智率领，经过宝庆、湘乡会合湘军，直接攻鄂。各部队现均齐集全州，即续入湘等语。并据各路探报及检查邮电所得情报，均属相同。查孙文自到桂林约集各部队麇聚一隅，人数既众，供给无继，其必出湘，以求一逞，本情势之所必至。现其部队已入湘边，则犯赣攻鄂即在指顾。除饬沿边各军严密布置防御，并饬探续报外，事关大局，军务至急，应如何统筹防御之处，祈早酌定施行。光远叩。灰。印。

〔北洋政府京畿卫戍总司令部档案〕

## 10　陈光远转报孙军一部已抵黄沙河并探悉北伐计划电

（1922年2月13日）

十万急。北京大总统钧鉴：颜代总理、参陆部，保定曹巡阅使，洛阳吴巡阅使，武昌萧督军鉴：昌密。灰电计达。兹复据赣西方镇守使电报：孙军一部已抵黄沙河。该军官长多人随带卫队已到衡，在城内财神殿设参谋部行营办事处，首领姓欧阳。湘当局对鄂赣则虚与委蛇，对南则纯取放任。查黄沙河距永州六十里，至衡仅需五日。又据桂探报称：孙、李北伐计划，第一线在衡州，第二线在永州，湘军移往常德，将长沙让开，乘机以主力扰鄂，并分兵窥赣，以破鄂赣之应援。俟占武汉，再组织政府。其飞机厂选定耒阳沙滩。各等语。孙、李已深入湘境，除饬沿边军队密为布防严加戒备外，应如何统筹全局之处，祈酌定施行为盼。陈光远。元。印。

〔北洋政府陆军部档案〕

## 11　吴佩孚关于北伐军离永衡不远请饬毅军预备应援致王怀庆电

（1922年2月15日）①

照录洛阳吴巡阅使来电　二月十五日到

北京王步军统领鉴：盛密。连日接各方报告。孙文北犯，业已证实。其前站已离永衡不远，祈密饬毅军，整饬军队，预备两路，以应缓急，俾便调遣，至为感祷。吴佩孚。印。

〔北洋政府步军统领衙门档案〕

---

注：①此系收文日期。

## 12 刘汉超关于孙中山预备北伐派张子久等在华北一带进行活动情报

（1922年2月22日）

### （1）刘汉超呈王怀庆情报

步军统领稽查处女稽查员刘汉超谨呈

将军大人钧鉴：敬呈者：汉超前日呈报粤逆孙文预备北伐，委派张某来京联络，并结合皖派徐逆，希图报复。该派陈、魏迎接段某出京以备活动等事。兹汉超复细心调查其真实内容，孙文与徐逆因接济条件不合，意见不一，徐随潜避，容俟机会。而孙逆北伐确已进行，规定三路，委陈炯明为左翼，刘湘为右翼，李烈钧军为中部，分兵十三支队进攻。其实陈、刘并未同意，李仅三千残兵，虚声大言，徒苦民耳。并派乱党多人来北捣乱。另委张秋白、居正、田桐、王士功等在沪设立北伐讨贼军机关部，以便联络内地。而北京方面，系张子久、张剑白担任筹备破坏接洽各事。现勾通眼线入内侦查，得知张剑白由沪来京，带来通启密函各件交张子久主持筹办，随又去津。刻张子久与其同党，进行极密，防范森严，汉超与内中眼线再三设法，始得来张处通启一纸，其他闻均藏在津部，以防泄露。兹谨将张子久处通启一纸呈上察核①，敬候训示遵行，专肃恭叩勋安，伏乞垂鉴。

汉超谨呈

### （2）刘汉超呈王怀庆情报

步军统领稽查处女稽察刘汉超谨呈

注：①通启一纸缺。

将军大人钧鉴：敬呈者：汉超同时复查有与张子久合谋破坏，屡次扰乱大局，曾经山西督军阎呈请通缉之人姚以价，现已潜来北京，与该党乱徒张子久等密谋不法，行动诡秘，恐于治安有关。汉超当即留心侦查，细探动静，以备防范。兹察得姚名以价，号维藩，山西人，扰乱大局不止一次，孙文逆党信用之人，曩曾赴日留学陆军，投入同盟会，担任革命，辛亥举义，姚率领乱军占据娘子关，战败逃去。丙辰云南起兵，姚复勾通兵匪在山西河东发难，扰害商民，抢杀劫夺，遗害地方甚巨，并密派亡命党羽多人暗杀阎锡山，幸经觉查呈请通缉。戊午西南独立，姚复勾结王天纵同投孙、唐部下，运动鄂西兵变，在荆州组织靖国晋军、豫军，自称总司令，扰乱川、陕、鄂、豫一带，后为鄂川两督击败潜逃。及孙文赴粤，去秋湘鄂开战，姚担任鄂事骗孙巨款。今孙氏狂言北伐，闻委姚为援陕军司令，同伊弟来京联络一切，派人赴陕、晋一带运动破坏，以扰大局。查姚寓内藏有手枪及援陕军用信笺等件，因事关大局治安，用将调查情形恭呈鉴察，核示遵行。

汉超谨呈

二月廿二日

〔北洋政府京畿卫戍总司令部档案〕

## 13 陈光远关于戒备北伐军攻赣致大总统电

（1922年2月29日）

北京大总统钧鉴：国务院、参陆部鉴：昌密。顷据衡州坐探报告：湘军宋鹤庚、鲁涤平、吴剑学、罗先闿、陈嘉猷五司令于十九日在衡州开军事会议，赣军第一梯团已抵永州，到郴州者已有万人。闻不日即趋茶陵，进击江西。孙文大本营已移全州。此次北伐其名，实以主力攻赣，以免吴军进入长沙，意在牵制赣军，待赣边扰动不暇他顾，然后乘便攻鄂，以达其会师武汉之目的。等语。除饬沿边各军严加戒备，待其犯赣即予迎头痛击外，谨电驰陈，伏希鉴察。陈光远叩。艳。印。

〔北洋政府陆军部档案〕

## 14 王时报告赵恒惕派金永炎到鄂筹商对付粤军攻湘办法致陆军部长电

(1922年3月1日)

十万急。北京陆军部部长钧鉴：总密。昨谒鄂督，闻湘赵特派代表金永炎、邹礼来鄂，谓粤军尚未入湘，亟欲和解。据张参谋长云：粤军已向湘境，宜速设法应付，否则恐即牵动大局，甚望钧座主持，并希孙静帅南下时令回湘，当相机宣达德意，疏通一切。余续禀。王时叩。东。印。

〔北洋政府陆军部档案〕

## 15 陈光远报告孙中山组织北伐军由粤湘攻赣情况电

(1922年4—5月)

(1)致大总统等电(4月14日)

万急。北京大总统钧鉴：国务院、参陆部鉴：保定曹巡阅使、吴巡阅使鉴：昌密。顷据赣南岳使兆麟急电报称：据驻龙南杨营长富荣专差飞报：接虔南县报：粤军乘我虔南驻兵太单，突来三支队，并合土匪约共二千余人，窜入虔南县境，猛扑县城，经我军竭力坚守一昼夜，营长闻警立率所部发往痛剿，期解城围等情。除电饬该使加派队伍，并力痛剿战情续报外，谨电驰陈。光远叩。寒。印。

## (2)致大总统等电(4月23日)

万急。北京大总统钧鉴:国务院、参陆部、财政部鉴:昌密。顷据赣南岳镇守使兆麟养电称:据探报:孙文因由湘边犯赣,转输不便,日前由桂林、梧州亲率轻兵回粤,其前锋各部队由连州径赴韶雄,陈炯明已于马日退职。孙、李各军分道并进,赣边万分吃紧。等语。已饬南赣各军积极备战,并调樟树省〔省字衍〕省城各营赴赣,已备策应。军事方兴,需款万急,请饬财政部速筹拨巨款即汇来赣,以救燃眉,至所恳祷。光远叩。漾。印。

## (3)致大总统等电(4月24日)①

万火急。北京大总统钧鉴:国务院、参陆部、保定曹巡阅使、武昌萧督军鉴:昌密。湘军集中茶陵,永莲告急情形已于梗三电驰报在案。顷据方使电报:湘军已进至九路冲,距莲花界仅五里。又一部据高陇、安泉一带,敌军环驻,永莲空虚,急迫请援。等情。查自南赣吃紧,江西所有兵力已尽调赴南赣,永莲宁为吉安藩篱,而吉安乃赣南、赣西两边后路,关系赣省全局,急切实无兵可拨,筹维再四,惟有鄂省距赣较近,驰援易及,曹、吴两使及萧督军皆公忠体国,夙与赣疆素共急难,拟请饬下萧督军速派一旅,星夜来赣援助,以保岩疆而维大局。光远。敬。印。

## (4)致大总统等电(4月24日)

万火急。北京大总统钧鉴:国务院、参陆部,保定曹巡阅使,吴巡阅使,武昌萧督军鉴:昌密。据岳使兆麟漾亥电报:庚防板

---

注:①此件上有王怀庆批:"步王子春后尘矣"。

棚下地方突来敌军步炮队约三千余人向我攻击，自漾日上午十点钟开战，至夜九点仍未停战。青龙圩方面，下午三钟亦来敌兵三千余，即时开战。又据敬电报：小梅关今早亦开战。各路正在激战中。等情。除饬各军尽力痛剿外，谨电驰闻。光远叩。敬二。印。

### （5）致大总统等电（4月24日）①

万火急。北京大总统钧鉴：国务院、参陆部鉴：盛密。顷据岳使兆麟敬戌电报：现在各路大部敌军同时向前方各处猛攻，均在剧战中，纷纷来电请援，请示办法。等情。现在各军均在前线，后路一空，无队可援。除饬尽力支持相机办理外，请飞速派队来赣援助，方能御此大敌，保全危局。恳迅示方略，俾有遵循。光远叩。敬三。印。

### （6）致大总统等电（5月26日）

万急。北京大总统钧鉴：国务院、参陆部鉴：昌密。大庚、信丰接战情形，已于敬日迭电驰报。顷据岳使兆麟、张使之杰、王旅长永贵、刘旅长玉崐、周旅长荫人等各电称：此次孙文北伐军，分三路：李烈钧为攻赣总司令率滇军朱培德三旅，黔军谷正伦三旅、赣军李明扬一旅为前线，曾昭滇赣联军十营为第二线，攻我大庾南康一路；其右翼为粤军黄大伟一旅，李福林八营、赣军赖世璜一旅为前线，粤军梁鸿楷一师为第二线，攻我信丰三南；其左翼乃为伪前敌总指挥许崇智所领关国雄、吴忠信、黄国华粤军三旅，由仁化、汝城与湘军联络分窥崇犹及赣西边境，粤军第二

---

注：①王怀庆批："彼方寸似已乱矣。疆吏守土有何方略之可言，与我多伦丁君所发请示机宜之电如出一辙。吁嗟乎！岳君之能力，吾在十年前会领略过矣。"

师及边文炳一旅为后路总预备队。现在三南、信丰、大庾、新城与我军接战者有十一旅之众，我军在庾信、崇犹前线者仅第九混成旅、二十三旅与二十四旅之一团，战线延长五六百里，环境连山叠嶂，途径纷岐，敌以三倍于我之众，百道进攻，更休迭进我大小梅关、长江、青龙、游仙、九渡水等处，已与敌军激战三昼夜，伤敌甚众，彼军日增，我无后继，前敌险象环生，异常危急。查孙文大举北伐，蓄谋本久，其纠合亦甚众，断非一省之力所能独支，矧我军又少于敌数倍，而守此数百里防线，势分力单，众寡悬绝，各军现已血战数日之久，形见力竭，后方空虚，敌固推测而知。若不飞筹济援，无以救此危局。等情前来。综查连日战报，前方敌情至重，激战正烈，除严饬各该将领激励士兵，尽力痛击，坚忍待援，不准轻退一步，敢有贻误即以军法从事外，特电驰陈。光远叩。宥。印。

### （7）致大总统等电（5月27日）

万火急。北京大总统钧鉴：国务院、参陆部，保定曹巡阅使、吴巡阅使鉴：昌密。信庾前线激战情形已于宥电详报。综查前敌连日战报，尤以犯老新城一路之敌，众而且悍。新城为信庾两防后路总枢，乃由南雄入赣之间道，该处之得失，关系南赣全局。敌军以三混成旅之众，分据长江墟、凤凰城、青龙圩、黄龙圩，战线长四十里，横断大庾，南康交通，百路齐进，直扼板棚下，猛攻新城。我军自漾日上午十时据险力守，血战至三昼夜之久，毙敌甚众，敌仍前仆后继，猛攻不退，宥日电饬周旅长荫人率队由赣县疾驰赴援，是夜即抵新城。顷据前敌电报：周旅于宥日拂晓进战，分两路抄其侧背，激战至上午十二时，板棚下敌军败退，我军追剿五十余里，当将青龙圩、黄龙圩之敌全数击退。惟大庾文电至今不通，前方情形尚未得报。三南为突击部队，粤道径密如珠网，我军虽于删、铣等日将敌击退，然非一混成旅不能固守。而信丰为南赣左侧，所关尤重，敌既以大部兵力猛攻信防、九渡水、河秋背等处，不得不将九旅出剿三南之兵飞调回援，以保信防。据报三南自我军回信后，文报已断，大约已为敌据。赣东上游门户洞开。明知空虚可虑，而亲兵派往扼堵，焦灼万状，除严饬信防军队尽力坚守待援外，谨电驰陈。光远叩。沁。印。

## (8)致大总统等电(5月27日)①

万飞火急。北京大总统钧鉴：国务院、参陆部，保定曹巡阅使，吴巡阅使鉴：盛密。顷据岳使兆麟感三电称：据大庾县薛知事锦在崇义报称：大庾方面敌军约一师两旅，我二旅自号日起血战至敬日，游仙、青龙圩均失守。有日黄龙、沙口、广金、金莲山相继失守。敌众我寡，四面包围，刻下李代旅长鸿猷在大小梅关及荣城一带与敌誓决死战，知事奉李旅长面谕突围送信。又据崇义吴知事恺称：文英，聂都、荣抱被汝城大敌围困。又据王旅长报称：包丰、大塘、铺铁、石台等处敌来犯扰，今日已接战，敌援日增。九渡水，河秋背仍在激战中，信丰危急万分。各等情。查敌军以大部兵力分路包围庾信两防，我军少于敌数，幸各官兵以寡敌众，在四面包围之中血战七昼夜之久，此皆仰托钧座威德所致。除仍饬各将士坚忍力战，以期最后之胜利外，谨先驰陈，伏希钧鉴。陈光远叩。沁二。印。

〔北洋政府步军统领衙门档案〕

---

注：①此件上有王怀庆批："赣督战报危急。值此时机，宜有赏以励之。"

## 16 陈光远转报孙文设大本营于韶并调军入赣请求增援密电

(1922年5月)

### (1)陈光远致大总统等密电(5月9日)

万万万万火急。北京大总统钧鉴：国务院、参陆部鉴：盛密。顷迭据赣南岳使兆麟电报：孙文自回粤后，现已将大本营移驻韶州，调集李烈钧、许崇智及粤桂各军，前锋已到南雄，步哨业至我梅关、仙人岭下，前方万分吃紧等语。查此次孙、李纠合粤桂全力，分窥南赣，而赣边自寻邬、宁都迤西，以迄崇义、上犹，沿边千余里，皆与粤连，处处可以侵入，地广兵单，顾此失彼。江西一省扼五岭之咽喉，为长江之屏蔽，其安危得失，关系于大局甚重，必须赶筹增援。南赣距浔千八百里，沂、浣输运兼旬难达，务恳饬下院部迅速筹调两师来赣增援，以保岩疆。何师来援，祈先电示，不胜迫切待命之至。光远叩。青。印。

### (2)陈光远致大总统等密电(5月13日)

百万万火急。北京大总统钧鉴：国务院、参陆部，保定曹巡阅使，吴巡阅使鉴：昌密。顷据赣南镇守使岳兆麟真电报称：转据大庾刘旅长电称：孙文于七日赴韶，其大本营设韶州，于八日成立。南雄续到滇赣军步兵两旅，山炮八门，机关枪十六架，先头已抵中站，后续大部于十三日前完全集中南雄，要求商民助饷四万元，米四千石，挑夫三千名，商会已允。各等语。除仍饬严行准备，俟其来犯，即予痛击外，谨电奉陈。陈光远叩。元。

〔北洋政府陆军部档案〕

## 17 孙文关于与浙卢商讨会攻江苏事项电

（1922年5月12日）

沧兄：展密。一、已电达浙卢，派兄就商大计。二、答卢及应商者如下：甲、协和、汝为皆当留主持中央事务，不使涔赣政；乙、已屡促竞存出任军事，竞语精卫云，要我同时分踔出具粤中，实若饷弹不足，莫如专用于一方面，较有把握；丙、切盼浙闽皆与我军同时一致动作；丁、浙能于我军攻赣时即攻江苏，据南京为上策。我军得赣后会攻江苏为中策。然中策非我志也。我计由九江夹攻武汉；戊、海军可助卢守沪，亦可助嫦〔长〕南京，不知卢欢迎否，能助饷否？三、第二各节，望切探速复。文。伏。

〔广州国民政府档案〕

## 18 陈光远转报孙中山督师北伐向赣南挺进情形电

（1922年5月20日）

百万火急。北京大总统钧鉴：国务院、参陆部鉴：昌密。顷据赣南岳使兆麟电报：孙文北伐军已由韶雄分道进窥，一支犯三南，一支犯信丰，一支犯大庾，一支犯崇义，前锋已逼赣边各隘，庾雄交通业断绝三日，各路接战即在旦晚。等情。查孙文纠合群不逞之徒，席据岭海财富之地，倾巢北犯，倡言推翻政府，词亟狂悖。此系南北兵争，而赣省首当其冲，以赣现有兵力，实苦敌众我寡，有守御之兵，即无策应之师，能顾一路，而不能兼顾各路，两电请援请弹，乃奉院部真寒两电，一无所应。光远惟有殚竭心力，激励部曲，勉尽撑持，至于利钝所不敢计也。陈光远叩。号。印。

〔北洋政府陆军部档案〕

## 19 陈光远转报孙中山准备北伐遭陈炯明等反对情形致参陆部函

(1922年5月26日)

敬启者：顷据驻粤调查员密呈：广东孙文北犯，陈叶反对及李烈钧积极进行谋赣等牒报，所叙内情，尚属详切，足资参考。兹特照抄一份，函送贵处，即请察阅为荷。肃此祗颂勋绥。

附抄件　　　　　　　　　　陈光远启　五月二十六日

五月二十五日到(十三日发)

粤报：

一、孙文令粤军洪兆麟第二师第二旅长尹骥速率本旅赴韶。(该旅现驻潮州，今未表示开拔期。)

二、孙文现将前锋滇、黔、赣三军及许军黄大伟等兵均已发给月饷，奖令奋进。

三、孙文现有作战军数开列于左：

(1)李烈钧部滇军三旅，赣军两混成旅，滇赣联军第五军第四支队曾昭十营；

(2)黔军总司令谷正伦部共六营；

(3)许崇智部共六旅，警备队共千人；(前线有四旅，留两旅在省防陈炯明，警备队在韶城。)

(4)李福林部共十八营；(今调八营在前线，余留省防陈。)

(5)粤军黄大伟一混成旅；

(6)粤军第一师梁鸿楷一师；(该师步兵全，炮两营，第二旅旅部未设。)

（7）粤军第二师。（该师长洪兆麟仍在沪，第一旅长已奉孙命开赴韶，今孙调第二旅，该旅现驻潮未动。）

四、李烈钧现亲赴南雄指挥各军前进。今朱培德率滇军三旅，谷正伦率黔军六团由南雄中站分扑大人岭、仙人岭直趋大庾，赣军李明扬一混成旅，滇赣联军曾昭十营为后备军。

五、黄大伟率本混成旅及李福林部八营，赣军赖世璜率本混成旅由始兴仙村、万山、分水均分攻信丰、龙南、定南，粤军第一师梁鸿楷部为后备，并相机为朱培德之援。

许军关国雄、吴忠信、黄国华等三旅则绕翁源马坝、河头分袭【信】丰、南康、赣州。粤军第二旅及谢文炳一旅为后备。

六、李烈钧现电令杨蓁（滇人充孙参议）速来雄，任为前锋指挥。

七、孙文现任胡毅生为中央兵站总监，胡仍拟用钟秀南前办兵站时之人员，以资熟手，速筹设立。

八、兵工厂现开，夜工赶造子弹。

九、陈炯明部叶举现将主力军屯集肇庆，本月十日叶举在肇密集所部长官（预请钟景棠等派代表与议）议决：二十二日通电公请陈炯明回省，维系地方，声讨孙文。引滇、黔、赣客军入粤，骚扰地方，而粤重负担以驱之。第陈三师旅长陈章甫由梧率部回粤，是日抵肇，叶请其谯饮，微讽孙文不是，冀章甫从而拥炯明。章甫谓：我魏师长服从孙总统，我唯魏师长之命是听，不敢评他人长短，受人嫌疑。叶当知说不动，即以他语辩之。陈炯明得悉，力责钟景棠等不可妄动，立遣员赴肇，饬叶静待时机，陈谓：拥孙之魏邦平等军均在省，防卫之力不单，而海军已属孙，现在我动，省垣不能固守，许崇智、李烈钧等亦可提兵回战，并受民党群起斥弃，今时机尚未至，切不轻举妄动，静待我最后之命。

〔北洋政府陆军部档案〕

## 20　陈光远转报大庾失守信丰告急等情电

（1922年5月29日）

百万万火急飞。北京大总统钧鉴：国务院、参陆部，保定曹巡阅使，吴巡阅使鉴：盛密。大庾、信丰危困情形，已于沁二电详陈。顷据岳使兆麟电称：近察敌方大庾、南康第一线兵力，除土匪不计外，其正式部队约计七旅，且富于冒险性质，前仆后继顽强异常。大庾方面，我以一旅之众相持七日之久，后路被敌军隔断，围困垓心，周旅长自新城墟赶战，至青龙、黄龙等墟，方期打通庾城后路，驰解城围。而二旅军士昼夜防守，粮弹两绝，为保全兵力计，不得已暂向崇义方面退守。九渡水、河秋背、大塘铺等处，亦因敌援日增，众寡悬殊，九旅只能固守信丰，以待援应。二十三旅占板棚下、青龙、黄龙一带阵地，尚属坚固。恳速增援队。各等情。综查以上情形，皆由我军防线过长，兵力有限，以致周旅连日转战，虽称得手，而大庾军士苦战坚守至一星期，竟以敌来过众，后路全断，不能待援，退守崇义。信丰同时告急，尤苦兼顾不及。现已严饬二旅整顿军队，九旅坚守待援，并饬二十四旅前往增援。惟前方布置，不得不尽力支撑。湘边则连日探报愈逼愈紧，仅余第三旅分扼吉、万、永、莲，空虚实甚。应恳速饬蔡总司令、常师长率师星夜来赣。特电驰陈，伏希垂察。陈光远叩。艳。印。

〔北洋政府陆军部档案〕

## 21 蔡成勋请明令发表周荫人为十二师师长致大总统等密电

（1922年6月27日）

万万急。北京大总统钧鉴：国务院、陆军部鉴：昌密。案查陈前督军光远六月尤电请简周荫人为十二师师长一案，日久未奉明令。刻下大敌当前，战机已迫，而前方军队统系不一，恐难收指臂之效。成勋以后方事繁任重，一时尚不克亲赴前线，现派周荫人为前敌总指挥，以专责成而资统一。尤电所请，务恳迅赐发表，俾便指挥而利军事。时机迫切，无任□企之至。蔡成勋叩。感。印。

〔北洋政府陆军部档案〕

## 22 蔡成勋转报沈鸿英所部进占宁冈县城情形电

（1922年6月28日）

万万急。北京大总统钧鉴：国务院、参陆部均鉴：昌密。顷据沈司令鸿英电称：现据本部萧团长报称：职号日率队进至宁属平闲悦歼灭敌军守兵。旋探得逆军别动队中路司令官孙绍康、总指挥胡谦、第三大队长龚䅲圣，率队千余人扼守七溪岭，并有伪营长约三百余人分守龙源口。我军巧〔？〕晨拔队进至该处，逆军率众顽抗。相持至上午十句钟，督队猛攻，将士奋勇直进，敌势不支，先击溃龙源口逆军。各将士更猛勇前进，分两路包抄七溪岭，伤敌数十名，敌负创溃遁。我军进至县城，城匪亦遁，遂于下午六时完全将宁冈县城恢复，并搜获伪印信文牍多件，除谕抚居民并派队剿除解〔余〕孽外，谨此飞报等因。理合电闻。据此。查赣西敌氛猖獗，迭电沈司令相机进军，兹将宁冈县完全恢复，足寒敌胆。除去电嘉勉并激劝进剿外，特电飞闻，余容续报。蔡成勋。勘。印。

〔北洋政府陆军部档案〕

## 23 梁华堂请令沈鸿英返桂主持军事阻止卢焘张开儒部假道北伐进入柳州致大总统等电

(1922年7月5日)

十万火急。北京黎大总统、各部院、参众两院，保定曹巡帅，洛阳吴巡帅，沈总司令钧鉴：我桂不幸，祸乱相寻，自客军退出，公推林俊廷为总司令，维持秩序，以收残局。乃就职未及旬日，卢焘与张开儒等声言北伐，假道融县、雒容等处，经于东日袭据柳州，大肆掳掠，全省阽危，有如累卵，人民迁徙，呼吁无门，倘非得一威望素孚者，不足以资镇慑。惟沈公鸿英治军严明，爱民如子，伏恳钧座迅令从速返旆，救桂人于水深火热之中。代特请命，心与电驰。广西桂林公民自治军总司令梁华堂呈。微。印。

〔北洋政府陆军部档案〕

## 24 蔡成勋转报北伐军退出宜黄等县情形电

(1922年7月13日)

十万急。北京大总统钧鉴：国务院、参陆两部鉴：昌密。顷据常师长德盛由抚州真电称：据郑旅长报告：六日上午十二点，由团长陈家魁率二、三两营进抵宜黄县探查敌匪先已逃遁。据该县知事面称：敌匪约有三营，见我军龙骨渡一役异常奋勇，自知不敌，先已逃遁。当经分路搜索二十余里，始行收队入城，秩序恢复。又据骑兵团团附张万贵报称：七日率队进至鸿寅、大庭，遇敌匪数十人，当经击退远窜。复于八日早五点向崇仁县进发，行至距城十五里地方，据该县知事报告：盘据城内之匪业向乐安方面逃遁。遂于县城附近分队搜索，已无匪踪，即于八日早十时入城安民。等语。除仍饬常师以后将匪早日肃清外，谨此奉闻。蔡成勋。元。印。

〔北洋政府陆军部档案〕

## 25 许世英报告李烈钧部退据皖境拟缴其械电①

（1922年7月21日）

北京大总统钧鉴：国务院总理赐鉴：内务总长、陆军总长均鉴：据报婺源县城愿日被赣省溃兵数百占据，迭电祁、绩、休、歙、黟各县知事，召集团防与祁门之猎户，妥为防备，互为援助，并以其遣散出境。现据报称：该溃兵系李烈钧之部属，拟假道由屯溪赴浙，在婺招兵搜械。等语。查徽属各县，向少驻兵，仅屯溪驻有陆军一连，昨已案准马帮办拨驻宣城大通之宜〔宋〕乔两营前往。皖省素称贫瘠，又值灾祲之后，民命难堪，世英素抱保境安民宗旨，今溃兵何扰婺城，是蹂躏吾皖，世英已电该县各团体，劝令缴械遣散，如不服制止只有以武力对待也。伏乞训示。许世英谨呈叩。箇。印。

〔北洋政府陆军部档案〕

## 26 孙文着蒋介石来探询卢凤冈函

（1922年）

卢凤冈君新由吴佩孚处来，知彼方之情甚悉，特着来见，以

注：①许世英时任安徽省省长。

备兄探询一切。此致

蒋介石兄鉴

孙文

〔广州国民政府档案〕

## （三） 讨伐陈炯明

### 1 李厚基等关于陈炯明派人赴厦与闽督接洽反攻广东往来电

（1918年11月）

（1）李厚基来电（11月17日）

府抄送李厚基来电

日前广东取消陈炯明潮梅筹饷督办，绝其饷源。陈炯明曾派人来见，声称：渠愿拥护中央，已恳请中央接济饷械，以便反攻广东，请闽军缓攻漳州等语。并派伊弟陈觉明在厦候商。厚基以为渠果诚意归顺，自亦不便峻拒，已派人赴厦与之接洽，察其意果诚否，尚未据复。拟俟复到，再行具报。谨此陈明，敬候训示遵行。李厚基叩。篠。印。

（2）国务院等复电（11月30日）

致福州李总司令电

急。统密。贵督篠日电呈大总统，所称派人赴厦与陈接洽一事，究竟是何情形，日来是否继续商洽，希电复为盼。院、参、陆部。卅。印。

〔北洋政府陆军部档案〕

## 2　孙文要蒋介石速来电

（1922年6月18日）

宁波。江北岸引仙桥10号蒋纬国先生：介密。事紧急，盼速来。孙文。巧。

〔广州国民政府档案〕

## 3　广东省议会推陈炯明为临时省长电

（1922年6月21日）

北京总统府、国务院、各部总次长，各省巡阅使、督军、省长、总司令、省议会、各都统、各镇守使、各师旅长，广东粤军叶总指挥、洪魏关各师长、各旅长、各司令，探送许军长、梁师长、李协和先生、粤军各司令，上海广肇公所，粤侨商业联合会，北京、天津、汉口各广东同乡会，各省各团体、各报馆均鉴：旧会复开，薄海欢腾。前大总统孙公经粤军将领敦劝下野，伍省长又以因劳成疾，无力攒持告退。经新本日将省长印信咨送本会暂为保存，致粤局几陷于无政府地位。本会为全省代表民意最高机关，关怀桑梓，粤局不可一日无人主持，特于六月箇日开会议决，一致公推前省长竞存为广东临时省长，以维统局。谨此奉闻，广东省议会。箇。印。

〔北洋政府多防镇守使署档案〕

## 4　江苏公团联合会声讨陈炯明背叛孙中山毁法弄兵罪状通电

（1922年7月20日）

广州海军部转大总统、伍总长、汤总长、居总长及虎门各要塞，参众两院，省议会分转议员诸公，报界公会转各报，香港晨报转各报，韶州大本营各处长，赣州分投李总长、许军长、黄总司令、谢省长，滇、黔、川、湘、桂各省长，各总司令，各省议会，各报馆，浙江督办、沈省长、省议会、各报馆暨全国团体国民公鉴：国有大法，系于国会，国之大纲，厥为政府。陈炯明背主投逆，弄兵称叛，迹其大罪，总约十端：兵毁两院，诛逐议员。段、倪再围国会而不敢烧，袁、黎解散议员而不敢逐。陈氏灭毁大法，盗贼行为。大罪一。府院各部，政府所在，称兵杀掠，抢烧一空。督军团之犯关兵谏，假名直隶派之逐徐，法言藉口迹彼北洋，犹知自饰，矧任正统，竟尔横揽。大罪二。西南护法，六载播迁，讨贼出师，今方发轫，忍效王敦之乱，致旋陶侃之师，奸慝弹冠，苍黎扼腕，大功中隳。大罪三。报章喧载：吴佩孚以伪廷副座相给，黎元洪以两广地盘为饵，陈逆不思，小朝偏任曹氏久图百越山河。孙公不□北伐之大军既发，南疆之重任已畀，而遽利令智昏，贪生活怙恶〔不〕悛后。大罪四。昔年救桂，疮痍之难未平，今日反兵，余孽之衅又启。浔水柳江，潮翻血浪，龙山邕阜，尸化瘴烟。竟抛百战之辛，以逞一人之愤。桂民何罪，兵燹重经。大罪五。广州自治，世界楷模。全省菁华，于焉荟萃。养兵供费，粤人不薄于陈；焚市戮民，陈氏何仇于粤，必使羊城糜烂，劫甚于洪杨，珠海掠残，远过岑莫。大罪六。城门之火未起，池鱼之殃可忧。粤当道极尽周旋之术，而不能收制大之声。粤公团恳作吁呼之请，而不能已贪狼之欲。是何心肝，必欲残民，□□□无恻隐，竟甘流血称豪。大罪七。总统之于陈氏久获帡幪、深资卵翼，出驻漳汀，则资根厚赍，挥戈潮惠，则器械频供。十年父事之恩，忍为吕布毕世亲情之谊，竟效禄山枭獍同行。良心何在？豺虎不食，凉血同伦。大罪八。论国法，总统即是君亲；论党纲，总理实居魁首。陈遂夙誓服从，未乾口血，忽冒不韪，尚何靦颜为全国军阀不敢为之创举，造世界党派未曾有之奇闻，武人尤效，列国腾讥。大罪九。认贼作父，为北洋正统之虏臣；报德以怨，作民主共和之障碍。纪纲废弃，胥五族而无颜；法典沉沦，将万劫而不复。大罪十。按诸十罪，恶极穷凶，一有于兹，万死不宥。陈炯明兼而有之古无其人。上溯丹霄，普天同怒；下穷碧壤，薄海腐心。本公团等愤慨无既，气奋实深，未能执殳前驱，誓愿挥管后盾。所幸峨峨军舰大义凛存，振振师干，群雄激发。尚望赣中大队，拨轻骑以言旋，各省贤能，率义师以会剿。为法网而杀贼，不难收釜底之游魂。聚海陆而进攻，会看扫林间之落叶，先期削平内难，再图挞伐远奸，使贼知所惕而乱庶可已。江苏公团联合会叩。号。

〔北洋政府京畿卫戍总司令部档案〕

## 5　叶举等议决恢复粤军总司令名义请陈炯明复职电

（1922年8月25日）

万急。北京参众两院、各部院，各巡阅使，各省议会、督军、总司令、省长、护军使、各都统、各师旅长、各镇守使、各道尹，上海各报馆，广州省议会、商会联合会、总商会、总工会、自治研究社、九邑善堂院、报界公会、钟厅长、莫代厅长、吴代市长、各县县议会、县长均鉴：粤人抱亡省之痛者七年，我陈总司令手提一旅越在汀漳，尝胆卧薪，粤军以立，庚申一战，遂复邦乡。举等得与我父老诸姑脱客军之羁阨，乐故山之游、钓者，今两载矣。天不厌乱，谗夫孔张，遽移北伐之师，陈于久安之粤外，乱变更戎略阴趋，觊觎地盘。我陈总司令不屑以军旅供党争，不忍以桑梓作孤注。百端求解，卒莫可愉，用谢军民解职以去。况法统之既复，已护法为无名。举等仰体粤民厌乱之心，因有促孙下野之事。不图群小蓄谋翦灭粤军，布置多方，定时待发，及兹冲突，竟动兵戈，苦我闾阎，言之滋痛，顾其不浃，望而北伐部队，业次第来归，海内外现亦同情。惟应人心，天意昭昭，可知法之尚待以解决。现全粤已定，亟当恢复秩序，安集流离，不宜使兵燹余生，犹陷无政府地位。我粤军全体久同患难之袍泽，尤不能长此旁皇无主。爰一致议决，恢复粤军总司令名义，即日联电公戴我陈总司令复职，以妥谋善后，永遏乱萌。除列电陈请外，诸公关怀粤局，谨以奉闻，敬希荃鉴。叶举、梁鸿楷、洪兆麟、陈章织、关国阶、李炳荣、熊略、邓本殷、陈德春、翁式亮、谢文炳、罗绍阶、郑潭湲、杨坤如、陈炯光、钟景棠、黄强、胡彪卿、黄志桓、冯铭试、赖世璜、陆崔清、邱而西、陈小岳、黄凤纶、袁带陈、陈永善、蕴世安、黄叶兴、黄任寰同叩。有。

〔北洋政府内务部档案〕

## 6　陈炯明与张绍曾秘密勾结来往函件

(1922年9月)

(1) 陈炯明致张绍曾函①（9月5日）

敬舆我公伟鉴：秀丰兄抵粤，得两展惠缄，并闻伟略，拳拳

---

注：①张绍曾时任北京政府陆军部总长职。

之谊，在远不遗，曷任铭纫。法统恢复数月矣，纠纷犹多，忧危未解，海内期望，翳在中枢。我公既闳天下为公之心，抱通力合作之愿，但使各方调协，则天下事固尚可为。炯虽无似，凡可辅成隆治者，亦极愿竭此棉薄。兹因唐君北行，特先泐数行，表此忱悃。此间情形，唐君必能一一面为详达风便，仍幸续示嘉音，以慰驰企。耑此致意，即颂勋绥。

陈炯明敬启

九月五日

## （2）张绍曾复陈炯明函稿（9月）

覆广东陈总司令

竟存先生伟鉴：唐君北来，欣奉惠书，并与畅谈，得悉种切。方今法统虽已重光，全局尚未统一，猥以梼昧，备位阁员，瞻念前途，忧心如捧，过承推奖，惭悚盍胜。惟是人定可以胜天，舆情久已厌祸，苟各方面化除意见，共图建设，拨乱返治，似尚非难。来示所云，诚为卓识，先生海疆坐镇，望重西南，调协斡旋，舍公谁属。鄙意以为非法政府取消之日，正吾共谋建设之时。为今之计，各省惟有一致以尊重宪法，共策政治之改良，为赞襄统一之举。若仍各据一隅，以私见相峙，则国家不可救药矣。敢乞早定大计，用奠邦基。南望岭云，无任跂祷。专复敬颂勋绥。

张〇〇拜启

九月　日

## （3）张绍曾致曹锟等函稿（9月）

致曹、吴巡阅使

仲珊三哥
子玉仁哥巡帅座右：顷得陈竞存书，对于统一颇愿赞襄。谨录原函，呈祈察阅，亦藉可知此公近来态度也。并将复函一并录呈一阅。专肃敬颂
勋祺

如弟张〇〇拜启

九月　日

附抄件

〔北洋政府陆军部档案〕

## 7　京师宪兵司令车庆云关于上海各界拟开会欢迎孙文致参陆办公处报告

（1922年9月15日）

右据驻沪密探报告：兹探悉沪上一百二十余团体，拟开会欢迎孙文，现设筹备处于英界贵州路一百四十四号。查此次欢迎会确有孙派人物在内主使，其开会宗旨，表面上虽为欢迎，而内容实系孙文与各团体暗行联合，以为将来澎涨势力之一助。等情。前来。理合报告鉴核。谨报告参陆办公处。

司令车庆云

中华民国十一年九月十五日

〔北洋政府参陆办公处档案〕

## 8　孙文为《广州蒙难记》作序

（1922年10月10日）

陈逆之变，介石赴难来粤，入舰日侍余侧，而筹策多中乐与

余及海军将士共死生。兹纪殆为实录，亦直其荦荦大者其详，乃未遽更仆数，余非有取于其溢词，仅冀掬诚与国人相见而已。余乏知人之鉴，不及豫寝逆谋，而卒以长乱诒祸，贼焰至今为烈，则兹编之纪亦聊以志吾过，且以矜吾海军及北伐军诸将士之能为国不顾其私，其视于世功罪何如也。民国十一年双十节。孙文序于上海。

〔大本营档案〕

## 9 孙文关于讨贼重任托许崇智等并着廖仲恺相助电

(1922年11月19日)

福州。(Chiaowo)江持硕寒函甚愕。我以〔已〕回粤讨贼重任，托汝为与兄。无论如何困难，总须完此任务，方能释肩，万勿轻去，以致偾事。如有为难，当随时【为】兄解除。仲恺即来相助。孙文。皓。(由上海发)

〔大本营档案〕

## 10 孙文盼蒋介石速来商议秘密接收美运械船货电

(1922年12月10日)

濠河头转蒋介石先生：介密。美运械船因讼事停沪过久，超武舰不能待致相失。该船现往香港，已电其将货转运福，已约本星期六可到，届时要秘密设法接收，盼兄速来商议，并速返长设法。孙文。蒸。(由上海发)

〔大本营档案〕

## 11　孙文关于吴佩孚以孙传芳为总司令图闽望各同志当机立断假道闽南直冲潮汕等情致蒋介石函

（1922年12月28日）

介石兄鉴：近日吴佩孚在北京政治失败，四面楚歌，其欲为自救计，乃纠合其长江之羽党四、五万人，以孙传芳为总司令，向福建发展。其初，苏齐赣蔡，皆有怀疑反对，近已疏通，一致协力图闽矣。此吾人生死危急之秋，不可不速为逃生也。逃生之道，只有效法南雄退兵之事，假道闽南，直冲潮汕。潮汕一得，则阵内部必立即瓦解而无疑。时机紧急，不可终日，稍迟则无路可逃矣。盖臧陈联合，已发其端，虽未成熟，但他日孙传芳一入闽界，臧必软化，而求陈为之对吴佩孚求恕。而陈必乐利用其军队以制我也。吴之图闽以自救，乃与陈有密切之结合。我速击陈，不独可以逃生，且必可破彼之合，从而转危为安。得失之机，间不容发。务望各同志当机立断，不可半刻迟疑，以解决生死之关头也。福州之地盘可让与张贞或臧致平，以为借路之贷价。至出发及入粤善后费，杨西岩有法筹之。兹着他到来面详一切。现泊汕头之"肇和"、"楚豫"两舰必可响应不悞也。孙文。

〔广州国民政府档案〕

## 12　国务院关于时功玖等提出在粤被陈炯明军大劫案如何处置质问书与内务部往来函

（1922年12月—1923年1月）

（1）国务院致内务部函（1922年12月5日）

国务院公函　第二千五百四十三号

径启者：奉大总统发交众议院咨送议员时功玖等为广东大劫案提出质问政府如何处置书一件，请答复等因。相应钞录原质问书，函请贵部查照，迅速拟具答复送院，以凭议定转咨。此致
内务部
中华民国十一年十二月五日

为质问事：当今年夏季，政府方以恢复法统昭示国人之际，忽有惠匪头目陈炯明围攻议员公寓，洗劫广州市民之变。当时国会护法在粤，虽迭接移北开会之讯，然因寄居数载，迁徙为难，或整装需时，或卖〔买〕舟乏位，或其他凌杂牵率未清，因而滞留粤垣，分住于海珠酒店、大市街、士敏土厂三公寓及赁居人家者尚不下二百人。不意六月十六日揭早，突有类似军人之匪徒数十人持枪带剑踏露入室，其势汹汹，如将噬人，并有小头目赖永忠及他一最凶恶而不知姓名之某率领声称奉陈总司令命令，前来保护议员。乃入门之后，即分赴各房，肆行抢劫，击掌为号，吹膺啸徒，把门巡风，持枪指吓。有家眷者指索金珠首饰，无家眷者胁索钞票钱财。饱掠之余，群集楼下分赃，一面催逼同人限一点钟内离开广州。当此抄抢之余，衣物行李狼藉满地，不堪寓目，亦无从措手，不得已遂各草草收拾，以备他徙。乃该匪徒等暴如虎狼，急于星火，举步出门，不许回顾，簇拥登舟，不容他往，荷枪前引，握刀殿后，几与押赴刑场无异。所有行装，概留不发，遂致琴书飘零，衣履荡尽，跣足下堂，袒服过市，女眷则褫及下裳，仆役则脱其革履。所留衣箱被囊，公然以汽车辇归，彼所自称为司令部之贼巢。商店住户，同罹斯酷，所得赃物，当街拍卖，被抢之家，彰身无具，利其价廉，往来行人稍稍买之，才经买得，旋被夺去。如此展转数月不已，或白昼拦路，或黑夜破扉，四关五市，无幸免者。其强奸惨杀诸恶尚不在内。该处报馆，怵于暴

力不敢直言，但称之为黄衣大汉世界，其横暴可知矣。使该匪而仅劫议员公寓，犹可委为政治之牵连，今遭难者数千家，损失财产逾万万，扰乱地方遍于两广，掠卖广西妇女于香港、澳门者数千名口，虽昔之宋江，今之白狼，未足以比其凶悍，是纯为江洋大盗之行，而贪残无赖者也。国家岁糜巨金，兴办警政，以期达到法治之目的。今出此强劫巨案，政府不为迅予追办，法统谓何，警察何用？倘或匪势猖狂，裹胁甚众，非警察之力所能了，即当迅派劲旅合力剿捕，务期弋获匪首，调取原赃，尽法惩治，以安闾阎，而警凶顽，方不负恢复法统之本旨。本会二期会移北之始，为日无多，未暇他及，亦以为政府对此奇变，必有相当之处置。今三期会开会又逾月矣，悉心考查曾不闻政府有若何之举动，岂将纵匪殃民耶，养寇自重耶，抑决弃珠崖，置百越于化外耶？不能无疑。爰依法提出质问，限文到三日内明白答复。实为公便。

提出者　时功玖　陈尚裔

连署者　黄肇河　赖庆晖　王　恒　邓　元
王　杰　角显清　赖德嘉　潘学海
戴维藩　黄元白　张海若　张大昕
卢元弼　王国祜　汪哕鸾　汤用彬
蔡达生　石　铭　钱崇恺　邱冠棻
李式璠　李燮阳　尚镇圭　张　峄

### (2) 内务部复国务院函稿(1923年1月15日)

内务部公函　十二年　字五五号

径复者：准贵院第二千五百四十三号函开：奉大总统发交众议院咨送议员时功玖等为广东大劫案提出质问政府如何处置书一件，钞录原质问书，函请查照，迅速拟具答复送院，以凭议定转咨。等因。到部。查此案属西南区域，现在南北尚未统一，本部

碍难答复，相应函复贵院查照可也。此致
国务院
中华民国十二年一月　　日

〔北洋政府内务部档案〕

## 13　李易标关于会同滇军讨伐陈炯明占领三洲屯

（1923年1月7日）

百万急。大总统、国务总理、各部总长、参众两院议长，保定曹巡阅使，洛阳吴巡阅使，热河王巡阅使，各省督军、总司令、督办、省督军、总司令、督办〔省督军、总司令、督办系衍文〕、省长、各都统、各护军使、各镇守使、各师旅长、各司令，上海岑云师〔帅〕、孙中山先生、温钦甫先生、广肇公所同乡诸先生、陆干帅、探呈沈将军、黄副司令、邹参谋长、林总司令、省议会、广东省议会、总商会、九大善堂、各法团、各报馆均鉴：□〔炯〕明祸粤，人神共愤。易标奉令，率师回粤征讨，经于冬电详呈，谅邀鉴及。江晨追敌至华表□，支晨击新〔敌〕我军于〔于系衍文〕□渌水，敌败溃。是日下午，收复德庆县城。微（五日）午我军行抵九市，当据探报：逆军林□〔虎〕、叶举、熊略、梁鸿楷、杨坤如等率众五六千、战舰三艘、轮船七八艘，分据于六都对面之三洲要隘及河面，请速逼攻。等语。易标督同三四两旅，及卫兵机关枪各营，即于鱼（六日）日午前九时进发，分一小部会同滇军攻敌之正面，余则向敌右后方迂回袭击。敌死力抵抗，并发舰炮以为掩护，相持至午后，易标乃身先士卒，抄过一〔三〕洲之河岸，极力猛攻，并击中其战舰，敌势不支，纷纷逃走于肇庆方面。我军占领三洲。是役毙敌三百余，俘虏千余，夺获大炮二尊，机关枪十余架〔挺〕，步枪千余枝，炮弹、子弹、辎重无算。我军亦略有伤亡。经此一击，敌胆已破，陈逆不足平也。广西陆军第一军中路指挥官李易标叩。阳。印。

〔北洋政府多防镇守使署档案〕

## 14 李易标声述攻占肇庆情形通电

（1923年1月9日）

万火急。北京大总统、国务总理、各部总长、参众两院议长，保定曹巡阅使，洛阳吴巡阅使，承德王巡阅使，各省督军、总司令、督办、省长、各都统、各护军使、各镇守使、各师旅长、各司令，上海岑云帅、孙中山先生、莫日初先生、章太炎先生、温钦甫先生、广肇公所同乡诸先生，龙州陆干帅，梧州沈将军，平乐钱参谋长，南宁林总司令、蒙省长，广东省议会、商会、九大善堂、各法团、各报馆均鉴：我军占领三游〔洲〕，经于阳日电呈。庚日敌军会合全力踞于禄步各险要地点，我军暗从左翼水南白土村包围，极力猛攻，敌势不支，即分向肇庆、四会方面溃退。佳晨易标复率部众追击，敌闻风不战先逃，向三水而去，我军即于是日下午一时，克复肇庆城。是役我军在禄步，毙敌二百余人，夺获退管炮一门，机关枪数架〔挺〕，步枪二百余杆，各种子弹军用品无算。我军阵亡正兵一，伤八名。此番联军讨贼，节节胜利，会师羊城，当在指顾间也。陆军第一军中路总指挥李易标叩。佳。印。

〔北洋政府内务部档案〕

## 15 陈炯明宣告解职离省通电

（1923年1月15日）

万急。北京参众两院、国务院、各部院，各省巡阅使、各督军、省长、各特别区都统，下关海军杜总司令，上海各报馆鉴：炯明本日发出布告，乃谨以奉闻。文曰：为布告事：前者炯明不忍各省之□，而有回粤之役，不忍故乡之乱，而有复职之举。负山知重，履冰心竞，为桑梓故，故不自惴方冀竭我材智，保境息民，谅此家邦，稍苏元气。不意敬恭之忱，反招速祸之憎，遂令政争之徒，各以夺粤为帜，既召群匪分扰地方，复嗾客军侵噬邦族，更且阴谋运动，懈我一部分之士心。自梧州事变以来，凡百诡谋，一一□□，壹若炯明不去，粤不□安者。炯明负有从政立身本末，邦人父老所熟知，回粤二年，饷既苦重，当为邦人父老所共喧传，有之君子不欲以其所以养人者害人，粺万辆以争政，赌百粥于一掷，独显违素守，抑且志不屑为默祝。宣告解职，完全下野，以谢父老。省城治安，责成保安司令李炳荣维持，悉冀邦人父老妥谋解决。炯明既去，则争政者自无所资以为口实，当然不至再遑其戈，望我邦人父老，体此微衷，各安生业，是所切盼。为此布告，仰各知照。此布。等语。炯明经于本日离省，特闻。炯明。删。印。

〔北洋政府热察绥巡阅使署档案〕

## 16　蔡成勋转报洪兆麟在汕独立及部分援闽粤军投诚孙中山讨伐陈炯明情形致参陆部密电

(1923年1月29日)

急。北京参陆部鉴：肃密。须〔顷〕接方镇守使感二电称：顷据岳营长宥电称：据南雄赦瘦曾知事函称：顷据南雄来书，并转来效日广州发来沈荣光部队于马日有少数抵韶肇，洪兆麟已于汕头宣布独立，为中山响应。又第一、第四各师均同时反戈，陈总司令亲信队伍损伤甚大。现省中由魏邦平任卫戍兼讨贼军总司令云。除加派侦探常驻南雄外，谨禀。等语。谨电奉闻等语。旋又接该使感四电称：顷据刘团附宥称：兹据李督云：尹总指挥面称：此次援闽粤军回粤，系洪、翁两长主张招集潮梅军队长官到汕会议，决定投诚顺〔顺字衍〕孙文等语。又赖旅在上杭、武平一带挑并招马步队一营，似此闽粤行将一气，江西之祸肇不远矣。伏乞我宪预筹良策，以备应付。现王师已派曹团长率两营收复上杭、武平等县。等语。除派稽查王一羲、敖子卿、万虎贵分赴粤东、闽南侦探外，谨电禀闻。等语。谨电并闻，即希鉴察。蔡成勋。艳。印。

〔北洋政府陆军部档案〕

## 17 沈子良关于孙文回粤和温树德与陈沈相互勾结等情电

（1923年2月23日）①

香港调查员沈子良来电　十二年二月二十三日下午二时到

保定巡阅使署刘浩春省长钧鉴：量密。孙文箇日往省，由滇军拱卫，现将江门舰队调集省河。温树德为孙所疑，已将海舰开往赤湾，饷绌势迫，已派人来港与陈炯明、沈冠南磋商结合。惟无款可筹，尚在观望。沈、陈联合条件已订妥，陈任先扑汕头，后剿许部，沈则担任省城方面，惟军事须相机动作耳。谨闻。子良呈。

〔北洋政府直鲁豫巡阅使署档案〕

## 18 陆锦关于粤军林虎部在粤东获胜情报请交各报发表致王怀庆函

（1923年5月15日）

懋宣大哥惠鉴：敬启者，顷据探报：川军何旅及粤军林部近

注：①此系收文时间。

日大获胜利各情形，相应抄原件函送察阅。即希转饬京师各报登载，俾众周知为荷。专此顺颂勋祺。

弟陆锦拜启

五月十五日

据探报称：粤军林虎所部，中路齐已占领罗峰、平铺，右路占领兴宁，左路占领新铺、大拓等处，毙敌甚多，获大炮五尊，机枪八架，步枪五百余支，敌军向曼铺、梅县溃退。

〔北洋政府京畿卫戍总司令部档案〕

## 19 卢师谛奉命集中石滩经过报告

(1923年6月2日)

报　告 六月二日午后十时 于石龙车站第三军行营

案奉钧令开：着该军长所部除饶旅驻防蒜兰外，其余各部限本日午后三时前集合石滩，切勿延误为要。此令。等因。奉此。除职部第一路司令杨向葵，第三旅第六团长杨伯康，独立第一营长冯孝箴各率所部，担任保护新塘至石龙一带铁路外，遵即令饬第一旅长饶勋统率所部进驻蒜兰担任警戒，并令第一梯团长王天任率部开赴石滩集中候命。去讫，旋据第一旅长饶勋报称：职旅遵于二日午前六时由李波水向蒜兰前进，八时半到达。当即择地驻防，分令各部严密警戒。并据探员及土人报称：现有一部附逆土匪退隐福田墟、罗浮一带，其匪徒多系谢平、博罗、沙鉴人，每值战败即退隐各地，俟大军过后，遂乘机扰乱后方。现已通报左翼胡旅长，互商警戒，以备不虞。再职旅于五月三十一日奉令出发蒜兰，与敌接战，阵亡兵士二名，业已掩埋，特此奉闻。又据第二梯团长王天任报称：职部于本日上午十时由李波水开到石滩集中候命，并派连哨向福田、联和两墟严密警戒，惟步枪各种子弹、机关枪子弹及附属应用器具均形缺乏，请速发给各等情前来。理合转呈伏乞钧鉴。谨呈

大元帅

中央直辖第三军军长卢师谛

中华民国十二年六月二日

〔大本营档案〕

## 20 胡汉民关于军队调动函电

(1923年6月2日)

### (1) 6月2日函

介石吾兄鉴：顷上帅座电如左：

一、李济深之陈济棠团及炮兵第二营如到，应即调往何处，乞即示知。

二、李福林之兵到省无期，恐系林枢之报告不确，增援增城须另筹拨。

又，今午徐虚丹滇军秘书长来言，韶关专人到，催杨绍基往催款，且云前方已接触，而二杨兵力单薄，颇可虞虑云云。惠州无线电报言，昨晚无大攻击，城未下(此指府城)。专此即颂

荩安

弟汉民顿首

民国十二年六月二日

### (2) 6月2日电

广州元帅府来电

石龙大元帅钧鉴：定密。李济深东电所报，来省之兵，到后应

调赴何方，登同尚无兵归，增城之援，望另筹调。汉民。冬。印。
民国十二年六月二日到

〔广州国民政府档案〕

## 21 胡谦报告正果增城一带情况电

（1923年6月）

### （1） 6月2日电

昨日进攻失利，及本午一哄而退，正果情形，经详东戌、冬申两电。此间作战部队为福军与巩卫军两部，又谢旅长愤生百余人。福军经两次退却，士气颓极，万难任战。巩卫军一部，枪不过四五百枝，万不足以当二千余众之敌，谢旅长愤生所部异常勇敢，惜人数不多，经两次失败，损失殆尽。如敌再进，谦实无力阻福军不再一哄而散。事关大局，惟有实陈，万恳飞调有二千余枪枝步队，星夜赶来，再行进攻。否则，正果、增城同时并失之虑。胡谦叩。冬亥。印。

### （2） 6月9日电

大元帅钧鉴：敬呈者：前日得逆匪分路退却之报，当即派队出城搜索。昨日督率各军分途前进，除巩卫军外，皆于昨日进占罗家坳、黄沙市、白石洞之线。巩卫军之未前进，其原因如下：一、该军本有勇于杀贼之志，因可用枪不过二百余枝，每临战于一小区域，亦无单独作战之力，故与敌交锋之际，自力不敷分布，友军又难合手，致两次交战，两次受包围，营、连长等皆有徒供牺牲，无裨大局之感。二、曼利哈枪无子弹补充，不能用，是以不愿再进，王旅长晓谕再三，仍无转环。但福军新编队多，而老兵少，单独在前战守，俱无把握。巩卫军官长固肯负责，其枪枝太少，难当一面，亦属实情。不知现在有无方法补充其枪枝数百枝，或曼利哈子弹否也？如无，请另调有五响枪千枝左右之部队前来，亦可协同前进。查西江、江门、高雷等处情况稍缓，如有可调之处，务请设法抽调，或移此间新编各部队前往换调亦可，左翼能早肃清之日，则于攻惠定潮皆可少一方之牵制也。是否有当，敬乞睿裁。恭候崇安。

胡谦呈六月九日午后十时<br>于正果传达所

（3） 6月10日电

石滩来电

万急。石龙大本营蒋介石先生鉴：千密。九日十时训令奉悉。许总司令七日宿麻坡、柏塘一带，观其计画，似未分兵进攻龙门，专注重先与惠博各军会合，似此龙门专注重先与惠博各军会合①，似此龙门逆股，全须尽增城方面派兵进剿。但现在增城、正果各部队多属怕闻枪声，以身当先督率前进匪易，欲其临阵不退，则把握毫无。此层务乞先生筹及。无论如何，请调有好枪千枝之部队前来协助取龙门，以巩固攻惠各军之后路，殊关紧要。又李登同军长所部以后任务如何？巩卫军王旅是否调护广九铁路？海军陆战队能否调来？统祈示知。胡谦叩。灰。

〔大本营档案〕

## 22 陈宗鉴报告许崇智率部抵博罗军食困乏致孙文函

（1923年6月9日）

大元帅钧鉴：两次奉发饬送刘、许总司令及范师长各信，业

---

注：①原文如此。

经派员分途转递，现许总司令经亲率部队万余人到县属柏塘地方，前站军需人员已于本午先行抵县城。肃此具陈，敬叩
钧安

博罗县县长陈宗鉴谨禀

再禀者：闻许军粮食异常困乏，请即运米食前来博城，俾资接济。

宗鉴再禀

中华民国十二年六月九日

〔大本营档案〕

## 23 喻毓西关于惠州布置地雷情形致孙中山报告①

(1923年6月9日)

报　告

一、水北之敌约千余人，于七日午后移至两惠。其余敌情如前。

二、据三师参谋处云：地雷壕之起点系在惠州西门外，附近处有民房数间，与城接近，本月五日由刘总司令所部开始作业，六日范师长亦派兵士十二人帮同作业，以期速成。

三、七日午后四时毓西视察我三师警戒地带，六时三十分归来，闻大元帅巡阅飞鹅岭，当即赶至该处，适已返博罗，旋晤刘总司令、范师长，询及地雷情形。据云：地雷壕之直道已达到城根，现正由直道之端掘与城平行之两横道，约一二日后竣工。

四、八【日】午后三时卅分，据范师云：本日上午八时廖旅长已到东江右岸水北，我(范师长)已派人与之联络。

注：①此件报告前有"大元帅钧鉴"、"高级参谋喻毓西谨呈"、"元月九日午后一点发"等字样。

五、本日午后六时范师长得刘总司令电话谓：我军许总司令汝为所部万伍千余人已克复河源，本月五日即由河源向惠州前进，本日约可进至派尾。云云。

六、两惠之敌已被我军实行包围，想该城不日即可攻下。现我大元帅巡阅战地日久，省政诸多待理，拟请速返省，以定人心。

完了。

〔大本营档案〕

## 24 明德恒关于派员调查东江敌情致蒋介石函

(1923年6月10日)

介石参谋长钧鉴：顷接到敝军第四路第四梯团长宁克烈派员调查东江敌人现有兵力及驻扎地点详函二件，同封束呈，希乞赐阅为荷。……以便派员前赴办理。敝军第二梯团全部已到正果，敌人在龙华，谨此奉闻。学书示恭。耑此敬颂
勋安

明德恒谨呈

六月十号

军长钧鉴：叩禀者，昨晚报告各情，度呈钧览。即午后据探员陈启平返省报告云：日来惠州府城内之敌决意死守，即将横沥、水口、泰尾、杨村、井头等处，敌分路包抄抵抗。其包抄之目的，即由杨村出响水、横河绕福田，抄我博罗，因响水、横河、罗浮各处，皆有熊略、谢平等部散聚于此，其抵抗即由泰尾、公庄、井头增援龙华、龙门方面之敌，并拟调海陆丰翁、马残部及澳头等处练之残部袭我淡水、龙岗，使我右翼影响，惠州自可解围。而海陆丰、澳头方面敌之行动如何？固启平未亲到调查，未尽深悉。至于泰尾、杨村等方面，敌日来颇有移动。当启平在泰尾时，见

有陈炯光部七百余人及杨坤如部三百余人出发龙华方面，谅必是增援龙华方面之敌。此启平沿途调查所得情形也。等因。据此。理合具亟报告钧座察核。

再禀者：职部委员梁北庭前奉命赴龙门调查敌情，在龙华遭敌惨杀各情，经呈报在案。为该员老母、妻子皆住省垣，目前闻得此情，合家凄惨异常。后职派人前往安慰一切并给银三十元，与该员亲属为家费之用。而是早，该员老母陈氏、妻周氏亲到职处云：儿既遭不幸，我等在省无人可靠，虽得司令照料，但年长日久终非得当，现拟请设法给资回籍。种种悲楚，殊属可悯。复查该员梁北廷随职入粤以来，办事颇称得力，此次不幸遭难，身后萧条，遗留七旬老母、一妻数子，其种种困难，确属实情。但该员原籍雷州，返籍必须由香港转往，而该员家属所请给资回籍一层，是否应给？或给发若干？伏候钧裁，并乞赐示一切，以得遵照办理。专肃敬叩钧安。

职宁克烈谨肃

再禀者：□心痛已少愈，肚疮请西医施以手术，痛甚少减，不昨晚之甚也。

中华民国十二年六月九日

军长钧鉴：叩禀者，现据职部委员黄述周报告云：述周前日奉命往增，赴泰尾等处探查敌情。述周抵各该处，必从事探查，务得其实情，然后转往他处。现查敌军由惠州以上水口、七汝湖、横沥、观音阁、泰尾、公庄、井头、麻坡、杨村等处。以上各处敌人，以横沥、泰尾、公庄、井头等处为最多，统计约五千余敌，有杨坤如部旅长钟子廷、李祥等部及陈炯光一部分。分驻麻坡，则陈修爵部四五百人；杨村，则熊略部七百余人；惠州、马鞍等处，则杨坤如部络凤祥旅韩振陞、黄世华等部，约二千五百余人（此部即钟作新部)，钟济川部九百余人亦驻于其间。福田、罗浮山则有谢毅部谢恃团六百余人散驻，出没无定，专以扰我后方为目的。横河、响水等处熊略部七万余人散处于此，出没仍属无定，游匪无异。至于龙门、龙华方面，敌仍属陈修爵、谢平两部，其进退仍属联同泰尾、井头等处为根据地。述周观察敌人刻下之形势一味死守惠城，万一退却，必分三路：一路直退河源；一路由马鞍退三多祝，出海陆丰；一路由泰尾退柏塘、公庄联龙门方面之逆。如欲将敌一网打尽，必须先行占领泰尾、横沥等处，断其退路，截其联络，然后可。述周谨将各处探得敌情及愚见所及陈诸司令，是否可行？伏乞裁决等情。据此。理合将该员报告情形转呈钧座核鉴。……肃此谨叩

钧安

再禀者：闻林梯团长荫生奉大元帅委派为博罗安抚使之又重。

职宁克烈谨肃

〔大本营档案〕

## 25 刘震寰等关于攻惠未克希许崇智前来主持电

(1923年6月11日)

### (1) 刘震寰等电

汝为仁兄大鉴：惠州师久无功，尤日敌以重兵自马鞍袭石生攻县城部队之后，一时前方既迫近城下，不易撤退，后方则突近攻城部队之后，以致队伍撤退于敌人压迫之下，元气为之大伤。刻下攻防万端，必得吾兄来飞鹅岭一商，方有遵循也。此祝军祺。

弟刘震寰

范石生

十一晚

同 上
七 时

(2) 刘震寰电

博罗大本营蒋参谋长译呈大元帅睿鉴：临密。(一)本日拂晓，敌由县城出城冲击范师长阵地，激战甚烈。上午八时寰抽第二师前往增援，敌又由南门冲出，□覃旅拦击，剧战约二小时，敌始退入城。下午二时廖旅开到，即行增加前线，□已仍将原阵地夺回，是役范师颇受损伤。二〔(二)〕□寰伤势迁延，现尚未能行坐，不得亲往前线督战，甚□重咎。许总司令先已行抵博罗，□饬许总司令即来惠主持一切，以利行阵而期速功。是否有当，伏惟□裁。震寰呈。真申。印。

〔大本营档案〕

## 26 罗翼群关于惠城敌情致刘震寰等电

(1923年6月11日)

罗翼群来电

飞鹅岭刘总司令转博罗大元帅行营秘书处。万急。石龙大元帅行营蒋介石先生鉴：临密。据港探报称：(一)陈炯明、叶举、张□〔醁〕村暨各要人多在惠城，城内约五千，子弹药告罄；(二)陈党因东惠城危急，均甚惊惶；(三)城下之日，应大索诸逆，明正典刑，以彰国法。翼群叩。真。印。

〔大本营档案〕

## 27 陈适为提供攻击惠州办法致蒋介石函

(1923年6月12日)

昔吴诸葛恪围合肥新城，而同时蜀姜维出围狄道。“司马昭问虞松曰：今东西有事，二方皆急，若何？松曰：昔周亚夫坚壁昌邑，而吴楚自败。事有似弱而强，或似强而弱，不可不察也。今恪悉其锐众，足以肆暴而坐守新城，欲以致一战耳。若攻城不拔，请战不得，师老众疲，势将自走，此不进为利也。姜维有重兵而县兵应恪，投食我麦，非深根之寇也。且谓我并力于东，西方必虚，足以径进；今若使关中诸军倍道急赴，出其不意，殆将走矣。已而维果退”。右一节，与我现在形势极其类似。陈逆乘沈贼败溃之余，邀我疲劳之时，发难东江，扰乱大局，此从狄道之兵，不可不急为收拾也。北兵重来，其气方张，而失之于地形；其众虽多，而作战之道，仅能沿向铁道，决不敢设奇绕道，别出攻击也。此犹新城合肥之围，利在守，而不在急攻，一俟东江勘定，则并力北击，胡难一鼓荡平。不然不计缓急，不惜兵力，双方兼顾，两头并跑，恐北兵未出，而东江亦未易扑灭也。我军之在东江，不为不多，而惠州累旬不下，其故在于不成器之部队，攻惠之不得法耳！攻惠之法，府城则非重围不可，县城则不可围也，仅能以一部强壮部队，范师廖旅伏于马鞍附近高地，一向后方警戒，一向前方截击，如有县城出入通讯，谍查之敌，可捕则捕，可放则放，捕则得知其虚实，放则故纵其增援，而我按程计时，用奇设伏，似较死围为善。死围则死守，死守则难攻，敌援一到，我策左矣。虽然攻惠尽用步兵不得，并用炮击不得，非用飞机投掷炸弹不为功，非用地雷轰爆城堞不为功；今飞机地雷并用矣，而敌尚死守者，其故在于投掷之太少也。苟能运载药料，设置博罗，一日之间，能使飞机由博罗前往投掷有五六次之多，则胜我步兵万万矣。惠州既下，则当急令各部并力穷追，非将逆类，扑丧殆尽不可，免再遗患因循也。守惠之兵，似以刘玉山不成器之部为上，千万嘱其以多数警戒城外，免为残逆扰乱后方，彼则又惊慌虚张遥报也。

此时有两种顾虑，不得不预筹。一、当令许部严守河源一带，可免余逆窜溃赣边。二、海陆丰一下，急令沿海兵舰，随时联络，以备北江之急也。

如果东江已行肃清，则北兵亦不可如前此因循误事，非将其尽行逐出南雄不可，逐出之后，南雄亦当驻防重兵（约须一师，南雄尽足给养）。不然，愤激之下，难免敌不卷土再来也。

于是大局一定，急应裁兵，非谓裁精兵也；裁不成器之兵也。如刘玉山、卢师谛、何克夫、谢愤生、周伯甘以及由土匪收编之部队，宁以巨款遣散，万万不可遗留。此次随役长征，目击各该部队，焚烧劫掠，骚扰滋难，真为痛心，此不过关于人民方面耳。最所太息者，则临敌之时，闻枪即溃，一溃百里，贻误大局，扰乱闾阎，其肉岂足食哉？

介石乡老前辈勋鉴

后学陈适谨上

六月十二日下午

海陆丰及汕头地图并请发给$\frac{1}{25000}$一份为祷。

〔大本营档案〕

## 28 直系侦探宪浩关于粤省讨陈情况致陆锦电

（1923年6月16日）

局转保定巡阅使署陆参谋长钧鉴：荣密。□日□抵港，查询各方实况，报告如下：(一)洪部占领潮汕后，驻闽许部何成濬旅，纠合民军张贞窥汕，业为洪部击溃，退回诏安，无力再举。(二)惠州叶、林、洪等部已克复县城南津河岸一带，尅日向包围惠州之逆军行总攻击，闻定可得手。(三)许军残余约千人退守博罗，均无战斗能力。(四)北江方、沈与滇逆军相持于乌石、马坝之间；西江沈军已下至都城，但能力甚微，故不能直下。(六)闻吴光新入闽，闽局恐生波折。浩已约王永泉兄代表刘金镛偕赴港。(七)王永泉现有四混成旅以上兵力驻闽，实力在孙以上，闻其对于大帅甚为钦佩。(八)乞电达闽孙督、王帮办前往接洽，并盼复汕头洪处长。(九)臧与李烈钧联合已成事实，对闽对粤均属为患，乞格外注意。(十)林、叶、洪等军费支绌，乞源源接济，俾粤省早定。宪浩叩。铣。

〔北洋政府直鲁豫巡阅使署档案〕

## 29 陈汉文关于在东江追战敌军情况电

(1923年6月)

广州兵站第三支部罗部长转告孙大元帅、廖省长、宋运使、河南同泽堂、福军李军长、李司令区坚、够司令湖钧鉴：汉文奉命出发东江，收编旧部，赶赴前敌，于五月卅夜杨逆坤如调派旅长骆凤翔统率逆兵一千余人，由马安圩过三栋，欲反攻我军右翼后路，被汉文探悉，即统领部队奖(五)六百人预先埋伏黄洞悄子头地方摊头截戟，包抄后路，围困逆军数小时，当场戟毙排长一名，兵士数名，擒获兵士六名，缴有步枪二十二枝，军用品物甚多。我军微伤数名，现追戟逆军，退回马克〔安〕。我联军既占领鹅岭，四面包围，惠于即日可下。谨电呈报，希为钧鉴。东路讨贼军第三军别动队第一路总指挥陈汉文叩。

〔大本营档案〕

## 30 陆锦关于桂粤军在粤获胜滇粤联军告急情报请交各报发表致王怀庆函

(1923年6月)

懋宣大哥惠鉴：顷据港探确报：略谓北江战事，我军极为得手，西江桂军已进驻德庆，东江陈军已下博罗。滇粤联军迭电告急，孙文以饷械两缺迄无以应等语。综观近日粤局情形，勘定之期当不远矣。用特照录原报，函达察阅，即希转饬京中各报登载，俾资宣传，而期周知，是为至盼。专布敬颂

勋祺

附抄件

弟陆锦拜启

中华民国十二年六月

### 照抄报告

现滇军之在北江者，不过七千人上下。昨日省中接杨希闵告急电，如雪片飞来，省中已无兵可派，且滇桂联军以屡败之余，伤亡过众，兼之久战疲乏，闻枪即溃，以是反击数次，仍不能取胜。现我军正在逼迫追击中。此北路战事之情形也。东江前被敌困惠州，幸陈军由潮汕赴援之大队已至，将敌击退，追至博罗以下。此间已接陈军克复博罗捷电。同时西江沈桂军，又由梧州蜂拥而下，连克封川、都城，前锋已进驻德庆，肇庆已大震动。此路敌军只有魏邦平第三师一小部分，梁鸿楷一团，陈策之舰队，及陆战队，统计不过五千人，心寒胆落，已不堪一战。魏邦平连日电孙请援，竟无以应。魏邦平以饷械俱缺，又无援兵，且李耀汉所称桂军，又在四邑一带遥为声援，大肆活动，以是牵制江门之兵，又不能越

雷池一步。魏知大势已去，已提出辞职。总各方观之，戡定广东，不出旬日矣。

〔北洋政府京畿卫戍总司令部档案〕

## 31 齐燮元关于孙军攻惠情况致曹锟电

(1923年8月11日)

保定曹巡帅钧鉴：敬密。据香港沈炽昌① 佳电称：陈军坚守惠城，孙军进攻不利，变更计画，中路取守势，以刘震寰、刘玉山任之。拟厚集右翼兵力，由平湖、樟木头冲入淡水，取道平山、三多祝，直趋海陆丰，出潮汕，以滇军蔡、范两部及李福林之一部任之。鱼日范部二千余人开赴深秸，阳日复有蔡部二千余人出发，合计此路约七千人，不日当有剧战。叶举驻平山，洪兆麟已派二旅由揭阳、河婆、公平来援，陈炯明以孙军放弃攻惠，刻调沫源黄业兴部加入惠州。伯熙佳日乘俄国皇后船来宁回保，杨如轩因暗示一、二两师关饷不关，赴南雄，孙迭派蒋光亮、朱培德送四千元，劝二杨就大本营高级参谋，随孙督战，杨因此一时未能离港，故伯熙先行。俟巡帅电召，炽昌即偕如轩前来请示一切。据二杨担任，池生结合内部，如轩为北军响导，收服驻雄韶一、二两师，直取广州，如做不到，二杨愿请枪决。李仪亭经刘晓岚向王孝伯处保荐，现已来港，正遇蒋光亮来劝二杨之便与李接洽，当由李电呈巡帅。云已与蒋接洽就绪。炽昌审度滇军内容，蒋如能与二杨内外同时齐举，收效较易也。等语。特录奉闻。齐燮元。真。印。

〔北洋政府直鲁豫巡阅使署档案〕

---

注：①沈炽昌时为参议。

## 32　陆锦关于闽粤战事情报请交各报发表致王怀庆函

（1923年8月12日）

懋宣大哥大鉴：顷得闽省各处报告，情况甚佳。用特抄录原件，函达台阅，并希就近转送北京各报照登为荷。专肃敬颂勋祺。

弟陆锦拜启

附抄件

中华民国十二年八月十三日

兹将近日所得各处情报列左：

（一）顷得厦电：林虎所部于阳日克复台州，臧致平已逃。

（二）又得港电：惠州陈炯明军连日大胜，克复淡水、泉湖两处，现攻石滩。

（三）又得闽电：王永泉军队由海安方面会同海军分路进击，臧氏四面受敌，已无反抗能力，势将被擒云。

〔北洋政府京畿卫戍总司令部档案〕

## 33　孙大元帅东征日记①

（1923年8月23日—11月12日）

十二年秋，西北两江之贼悉败退，而东路之敌，仍负固顽抗。总理躬自督师，应芬于十二年八月二十三日，奉命随军，亲侍左右者八十余日，尝见其筹划战守，征调各军，审察形势，措置粮

注：①此件原标题为"古应芬志"。

刍，终日无须臾之暇。不以溽暑而少息，亦不因挫折而见沮，其坚刚勇迈之气，求之于古所未曾有，而况于今哉。兹谨于日记册中，撮其大概，以志于篇。先是六月我军第一师既平苍梧之敌，而北江又为北虏侵犯，曲江再失，已进至英德附近，我第一师复会合滇军击走之，曲江、始兴、南雄相继收复。时前东江陈逆各军，仍据险固守，杨逆坤如死守惠城，屡攻不能下。总理决督率云南、广东各军躬行讨伐。拟以石龙为大本营，调度军事。八月二十三日，以大南洋轮船为座驾，十二时向东江进发，下午九时许抵石龙。时天气奇热，船复湫隘，总理所处之室，仅容一席，泰然无所苦。披图握管，决策定计，昼夜不少息。从者虽欲陈请节劳，不敢也。行营编制简略，仅设秘书长一员，秘书一员，参谋副官各四员，侦缉及侍卫军队百十名而已。抵石龙之夜，许总司令崇智由博罗来谒，总理授以机宜，匆匆复返，盖前方已屡得警报矣。

八月二十四日

上午八时，座驾船由石龙开动，向博罗进发，下午抵博罗。许总司令偕滇军师长杨廷培来迓。许云：据报逆军现分三路来袭，李逆易标率千余众已抵博罗二十余里之汤村；陈逆修爵所部亦到，敌将接近，崇智不意帅座冒险来此也。当夕泊博罗城南河岸。县城先为逆军蹂躏，居民流离远徙，烟火阒寂，只闻刁斗森严，与远迎虫声而已。

二十五日

上午一时，许总司令偕团长邓演达来，密语应芬曰：李逆易标已过汤村，决以全力率各部出击。天明时河岸必冒炮火，务转恳帅座速离。许去后，应芬以此为请。上午四时，船乃下驶，仅行四里，船搁浅，逾时始脱，遥闻城下枪炮声密作。十一时抵石龙，得从惠州飞鹅岭到行营转来博罗电报，谓：我方兵力单薄，退守博罗飞鹅岭待援。帅座一方电令张民达旅，全力攻平山，以分博罗之敌。时又得增城报告：林虎率众来犯。乃命飞机传达命令至广州，檄调滇军来援。是日姚雨平君指陈援敌之策，帅座以招抚使名义与之，使发博罗，但其部队仅至苏村而已。

二十六日

许总司令电博罗飞鹅岭先后失守，敌已占铜鼓岭、北岭一带高地，北门已被围，城中兵力单薄，粮弹将尽，帅座乃命飞机发博罗，使守城者知有援应，更命差舰载粮弹冒险输送，并亲函许总司令，嘱其坚守。又屡电广州，促援军飞急来援。羽檄如雪片，而军行转缓。盖广州滇军，待饷乃发，不问博罗诸守将被围之急也。

二十七日

博城许行营陈参谋翰誉，从间道来报告云：博城东西北三门，已受包围，只余南岸，仅能与惠州飞鹅岭刘行营通气，粮弹两绝，情势益险，帅座虽急切，而援队电告已准备，候至夜深，尚未见一卒到达。蒋光亮部在石龙者，约有一旅，严令其前进，则以未得军长命令为言，是日大风雨，水渐涨，帅座乃遣应芬回省，严促滇军开发。且命曰：若滇军索饷不克来，可先调福军与吴铁城所部即行。并以铁城一团援增城，应芬受命于下午四时到省，见蒋光亮于沙面某洋行之楼上。蒋先语曰：吾知博罗之危急，即帅座无命令，吾部亦应驰援，汝即不来，吾以〔已〕准备，今晚出发，现所虑者火车未备耳。芬即驰赴大沙头车站军车管理处询问，知各车已完备，乃使人走告之。

二十八日

是日晨，应芬回石龙覆命。福军前部奉令开到。吴铁城所部已据报开抵增城，另遣马队数十名来供侦察。李军长福林、朱军长益之来觐帅座喜慰有加。蒋光亮迄不见来，其所部亦不允前进，芬生平遇人狂语者，未有逾于蒋者也。是日郑次长洪年来陈各军霸占财权，及财政困难情形。前方军需窘甚，行营金库带至万元已告罄，邓运使泽如解到万元，顷刻间又为滇军支领殆尽，犹未移动也。

二十九日

连日大雨，石龙水高涨七尺。是日晨，滇军罗旅得饷，已允赴敌，天明移动。帅座复由石龙向博罗前进，至礼村止焉。沿途风急雨躁，座驾小舟颠簸甚，帅座安之，舟中于计划军事稍暇，而犹以民元以前革命史诏示吾辈也。当博罗围城之际，惠州逆军更冲出飞鹅岭，刘行营告急。帅座亲复电刘震寰云：敌人当然有计划，所幸其数不多，自易击灭。绍基已亲率五千精锐出击淡水，兄之后方断无危险。少泉闻博罗被围，非常焦急，已征集所有，赶速出发，大约两日后可到信之亦以全部来援，大约三日后，其他西北江各队，亦陆续调来。今日省城以运到米粮四十余万斤，当陆续运来。此次东江之事，无人不焦急万分，断无见危不救，想不出十日，贼必消灭。我俟各军出发后，当再来梅湖，亲督攻城。故望兄急调一队渡白沙堆，一以绝敌人后路；一可保我航线。闻敌人粮食辎重，皆在风门坳附近，若兄能照行此事，可悉夺之，则博围可解，我军实亦加利莫大也。幸速图之。云云。

三十日

由礼村开赴苏村，风雨继至，水流激湍，座驾船阻于铁岗。时吴部马队及福军，为风雨所滞，不能进。

三十一日

由铁岗开抵松村，讵滇军蒋部到着者，不足五百人，蒋光亮亦不果来，幸博罗城外水涨数尺，敌不能逼近，仅于北门外山地，以炮遥击而已。是日得谭延闿总司令由湘南来电报捷。

九月一日

帅座分令石龙到着各军，及抵苏村之福军、滇军攻击前进。座驾船由苏村向博罗开驶，至夜泊第七碉，及令福军及滇军禄国藩一部，田钟谷一部，登山警戒。帅座更饬副官于山颠架设烽火，使博罗城得瞭知主帅所在地。

二日

帅座由第七碉登上北岭，察看形势。其与胡汉民总参议函云：吾今日兼尽一排长之职务。凡侦查敌情，考察地势，吾悉为之。时滇军到石龙者，仍逗留不进。帅座下午复回石龙督促，沿途见有零星队伍开来者，总计不及二三百人，决不足以解博城之围也。

三日

帅座在石龙时，蒋光亮大部到着，蒋仍不来。帅座令其参谋禄国藩来商军事，且许以便宜指挥各军之权。如解博罗围，予以重赏。禄不惟不听，且自由行动，索饷据舰。赵参谋宝贤，责以大义，始允开拔一部。应芬密察其决不足恃，乃以电致胡总参议，飞檄粤军第一师来石龙候令。其时左翼指挥胡谦方来电告急，帅座已令一师卓旅赴援增城，调援博罗之议，尚未得帅座许可也。

四日

水大退，张师长民达来觐，报告淡水之捷，以阻于水，平山尚未得手。是日福军全部开到。帅令滇军禄国藩部为右翼，由雄鸡拍翼前进，福军为左军，向义和墟前进，与博罗城内各军，取夹击之势。滇军四师既到着，复以索饷未得，全队引返。帅令止之，无效。

五日

天气晴。水大退。福军既到着义和墟布防，杨希闵由淡水来觐。帅座指示机宜，匆匆又去。是日电报北海为邓本殷攻陷。帅座令永丰舰往援之。

六日

福军既达义和墟，滇军禄国藩所部罗旅，不待命令，由第七碉弃阵地，引回石龙。惟时右翼福军不及知，犹严阵待敌。帅座以水既退，敌若大队攻城，城必不守，船室之内，见帅座懊恨蹀躞，疾草命令，时复击脑奋兴，为状良苦，终决计亲往察视。应芬尼止不及，二时抵第七碉，泊溏子唇，飞机探报回，知敌尚在博罗东北角山地，未与我军接触。

七日

许行营报告，决定冲围出击计划，惟援军单薄，敌已移动。八时许，义和墟福军，已与敌千余人接触，田钟谷率滇军三百人及卓旅张弛团一营，登雄鸡拍翼山岭，帅座率侍从登山督战。时左翼之福军至义和墟，初获小捷，继为敌军大队所乘，不支，引退。敌乃乘机大进，沿义和墟以向苏村，欲断吾军归路。座驾船下午三时下驶，至苏村时，遥见姚招抚使旗帜，询之，尚不见敌踪，急促帅座复返石龙，至蒜兰时已深夜。黝黑间，遥见军船联舢上驶，应号知卓旅已至，即命加紧开赴苏村探险登陆，是夜泊宿石龙。

八日

晨。帅座复率杨廷培一部，由石龙开拨，二时到苏村。卓旅与福军已联络驱逐义和墟之敌，攻击前进。

九日

座驾由雄鸡拍翼，开至谭公庙，帅座率幕僚登山观察，时卓旅福军杨部，分途追击。下午帅座复渡河登山瞭望，知敌我两军冲击至烈，我军节节胜利。

十日

博罗守军杨廷培部，已冲围攻占铜鼓岭，敌军死伤甚伙，向派尾响水退却。博罗解围，帅座进城抚慰，定追击计划，以卓旅五团向派尾，邓团向惠阳，福军向响水，杨师死伤太重，着回广州休养。更下令奖杨廷培万元，其余论等赏犒，部署毕，以一师蟠龙舰护送帅座赴梅湖，察看重炮阵地。

十一日

当博罗急迫之际，平山未得手，帅座以蒋光亮不来博罗，乃使其全部出平湖，归杨希闵指挥，以攻平山、淡水之敌。时澳头亦有失，帅座亲电胡总参议云：速由无线电传令永丰舰长，澳头我军退却。但两日后可恢复。现杨总司令希闵。亲率滇军由龙岗出击淡水、平山之敌，该舰长搜击海上偷渡之敌，毋使漏网，并相机与杨总司令联络，协同动作。若无线电不通，着盐运使派安北舰传令，并助永丰击敌。再绍基已赴龙岗淡水矣。可慰也。电发后，绍基即出发，是日晨，帅座巡视葫芦岭飞鹅诸阵地，得东路捷报，我军已克平山。

十二日

帅令飞机队，向惠城抛掷实弹。

十三日

帅座再抵梅湖重炮阵地，亲发五弹，时飞鹅岭刘震寰部，久屯师于坚城下，不能破敌。帅座复亲往巡视，严令谨守，以待大举。

十四日

帅座回广州。时增城之敌，亦为朱、吴各部击退。

十八日

帅座以攻惠之部署稍定，复乘大南洋船出发，随行者增王柏龄、马晓军等三人。

十九日

座驾船驻石龙。

二十日

座驾船到白沙堆，大元帅亲赴飞鹅岭，筹策攻惠城。午十一时到着，桂军各师来迓。至炮兵阵地，为惠城之敌窥见。未几敌炮继续向帅座射击，有距不寻丈者，从者多为帅座危，谕曰：但毋恐。盖敌炮表尺已用尽，纵密发，不相及，其后敌弹密发，果于我无丝毫损也。帅座与各部商定攻城计划后，命程部长潜与参谋留飞鹅岭，仍返梅湖。至中途，忽闻爆炸声甚厉，未几侦缉员趋来报告：白沙泊轮遇事同时爆炸，飞机队长杨仙逸，长洲要塞司令苏从山，鱼雷局长谢铁良遇难。帅座闻之，哀伤不已。固不仅痛惜同志，盖攻城之计划，实受一大打击也。

二十一日

下令追赠杨仙逸陆军中将，谢、苏恤典同极优厚。帅座亲察遇难地，血肉模糊，同行者为之扼腕。午后，帅座复至梅湖重炮阵地，向惠城亲发六弹。

二十二日

仍泊梅湖，攻惠城之计议，已改定为翌日之夜半十二时。乃遣程部长潜复赴飞鹅岭，主持攻城，是日下泊白沙堆。

二十三日

凌晨，座驾从白沙堆复开梅湖，发七弹，复回泊。夜半飞鹅岭与惠城方面，枪炮声陡起，知攻城计已实施。先是预期二十一日总攻击，杨、谢遇难，鱼雷尽毁，乃电省重运，改期本夜十二时，以鱼雷炸城基。各部队冲锋前进，作拂晓战；一方面以飞机抛掷炸弹。

二十四日

早，得报告，鱼雷失效，步队死亡甚众，卒不能破城。帅座虽不怿然，犹鼓励将士，作第二次总攻击焉。邓团追击已抵七女湖，开发横沥。

二十五日

座驾回博罗。

二十六日

许总司令至横沥。帅座筹策全部军事计划，决以许任中央军总指挥，杨希闵任右翼，朱培德任左翼，部署既定。

二十七日

帅座返广州，留程颂云于博罗。

十月廿一日

帅座偕夫人暨俄顾问鲍罗廷，及诸幕僚，巡视虎门要塞，悉调海防诸舰，会于虎门，后赴太平墟。

二十二日

得廖省长电：高州失陷，河源三日内不得援，恐不守。帅座复率各舰返广州。

二十八日

据报：河源平山相继失陷，省城谣言蠭起。

二十九日

敌将洪兆麟诸逆，已迫至平湖。蒋光亮部不战，退至石龙。

三十日

许总司令电：林虎率贼攻柏塘、派尾，我张、莫、卓各旅，及朱、李各部击退之，得枪数千杆。敌向黄麻坡溃退。帅令滇二军范石生部开赴石龙，将茶山、樟木头来犯之洪逆击退。蒋部仍不进。

三十一日

刘震寰全部退出飞鹅岭。

十一月三日

大元帅以飞鹅岭军不守，恐博罗有失，牵动全局。又闻各军不进，乃乘专车向石龙出发，李参谋长协和亦随行，十二时，抵石龙。召胡思舜、卢师谛、范石生诸军长会议军事，蒋光亮后至。帅座责令前进。彼云：今晚须返省，明日当再来。帅曰：今日只有军令，若返省，吾将以尔徇耳。蒋是夜不顾而去。

四日

各部队伍遵令拂晓出发，以范部主力军肃清沿铁路之敌，以达平湖；令胡思舜合东路一支队，溯河岸横达博罗，与许、刘各军连络。上午九时，敌将钟景棠、熊略各部犯茶山，范石生部迎战。约一时许，击退之，追至张坑。午间帅复乘专车赴横沥察视，敌濒退时沥墟纵火，帅座到时，余火犹未熄也。时李根澐部由西江来附，亦开至横沥。

五日

胡思舜部迟迟不发。帅座乃命罗翼群从水路赴苏村，东路一支队梁国一部，出蒃兰，赴博罗。夜后增城胡所长谦急报：林虎率队千人占龙门，犯增城，陈策、李天德各部先退。帅座震怒，乃令朱培德、胡思舜部援之。

六日

许总司令博罗来电：与到军出击，大胜。敌退回惠城，但冬日杨、朱两部未达到河源，我卓旅部队邓团，占回石坝。是日右翼追击已达樟木头，李根澐部向鸭仔步，卢师谛至深圳。

七日

帅座返广州，行营仍设石龙。

八日

追击部队范军，已完全到着鸭仔步，将由间道攻惠城。正午十二时得急报：中路及左翼军，为敌所乘，退出博罗。许总司令是夜回石龙。桂军、滇军相继退却。

九日

帅座得各军退却之报，与李参谋长协和，急乘车至石龙。少顷，滇军已退至狗仔潭，东西路许、刘各部，已退至蒃兰。帅座严令制止，无效。即席召集会议，发令反攻，同时右翼已攻克鸭仔步，帅令赏给范部二万元，令鼓勇攻惠城，以牵制敌之后方。

十日

赏朱培德、杨希闵部各五千元，令反攻。东路西路各军，已续渐收容，帅令再退却者枪决。

十一日

晨，帅座移驻石滩车站。探报：逆将钟景棠、熊略、杨坤如、洪兆麟各贼，沿河岸冲至蒙兰，我军亦准备十二日拂晓，分三路反攻。是夜师长李济琛等来见，帅座嘱其明晨赴援增城。

十二日

天甫晓，石滩车站已遥闻增城方面炮声，应芬虑李师及王师（中央军朱部）未进，亲赴石滩村（离车三里许中隔一河）敦促之。至则李师已行，而王之参谋长凌霄，亦已跨马督队前进。应芬与罗君翼群，向增城方面，沿途探视，离石滩村数里，登一小山，见二、三滇军步哨，在此瞭望，询之，知敌人已逼近，后为我军击退。枪炮声已自近而远，旋觅归路，途中闻东北方枪炮声转剧，知蒙兰铁墙方面，我军中右两翼，已有激战，急回车站报告。至则得石龙参谋电告，知蒙兰铁墙两方面战甚烈，我军似有不支之势，望速派援。时则李根澐部在石龙，即檄其向石湾前进。移时，令邓副官彦华运米一车，分给石龙各军。十一时许，车站站长来报，前方有兵数车，未得车牌，遽行开来，中途似有危险。不移时，果有火车至，察之则李根澐部也。李随登车谒见帅座，仍令开石湾，攻击前进。李即如命开进，迄下午十二时二十分，蒙兰铁墙各军并溃，已有大部退至石滩者，帅座即下车制止之。应芬与协和随行，见沿铁路皆溃兵，既不辨其为何军，亦不知其因何而退，询其长官，则皆不知所在。但各溃军得帅座喝令，亦少阻，不敢反走。旋见李根澐亦至，帅座曰：武城（根澐字）汝应率队严守此间河岸，待敌至以图反攻。李唯唯。时有溃兵所乘之车开至，向帅座之车冲动，帅座之车乃逆行。帅座仅得上车，而沿铁路之兵乃大奔，应芬不及随行，只得徒步迫〔追〕逐至新塘。复登车。知帅座已乘机关车返省，心为之一慰。到省之夜，知邓副官彦华在石龙闻败耗，即赴横沥，报于范小泉，请其回援。范不待炊，即率队来赴，卒破洪逆于石龙，几溺毙之。使敌挫折，不能穷迫〔追〕我军，范之劳绩可纪也。应芬在归途中，默念如溃兵到省，数逾万人，秩序必大乱，然当时实无法以处此。及抵省知帅座早已派兵一部，在大沙头悉缴散兵枪械，故省城仍安堵如常。又电湘南谭组菴先生，克日来援，不五日谭部至矣。

〔国民政府国防部史政局战史编纂委员会档案〕

## 34 陆锦等关于孙文讨伐陈炯明以及北军图粤和拉拢滇军等情与吴佩孚等往来电

(1923年10月—1924年5月)

### (1) 陆锦致吴佩孚电稿(1923年10月16日)

洛阳吴巡阅使鉴：元密。顷接港探报称：孙文以东江不日反攻，近从梧州、高州抽调李济琛、莫雄等部队约五千人增援河源。又因财政枯竭，准将广州堤案展至海珠，声明准外商永租，以充军饷。浔州因刘炳宇残部协同黄绍雄部夹攻，已被孙军占据。陆云高等近驻鹏化大山。等语。特此电达。陆〇。皓。印

### (2) 军事处致吴佩孚电稿(10月20日)

急。洛阳吴巡阅使鉴：景密。顷奉大总统交谕：据港探报称：北江滇军现调两千余人回省，拟开赴东江应援。现惠州战事激烈，省城空虚，北军正宜乘此时机迅速进攻。等语。望即转电沈督军、方总司令及常、樊各部会同杨师长如轩火速前进，乘虚直捣广州，

歼灭逆氛等因。特此电达，敬祈查照。军事处。漾。印。

### (3) 沈子良致军事处电(11月1日)

上海局转北京总统府军事处陆处长钧鉴：港密。东江确讯：一、平山滇军不战而退，被粤军直迫平湖，丧失千余人，后范石生由石龙派援，粤军改取守势。二、粤军得河源后直下泰尾、柏塘，被杨希闵、朱培德击退，反迫至河源，粤军损失颇大。查粤东军队可胜不可败，如非北路速下，恐粤军一蹶不振，匪特北部战略须临时变更，且外交方面影响极大。闻赣边各军本已齐集，若开拨无费，似宜立饬筹济，免失时机。迫切陈词，伏祈钧夺。子良叩。东。

### (4) 军事处致吴佩孚等电(11月15日)

洛阳吴巡阅使，南京齐督军，南昌蔡督理鉴：怡密。奉主座交下香港沈子良阳电称：一、平湖一路粤军，支日进至离石龙不远之茶山。滇军因粤军不守原约反攻，愤而力战，至微日，粤军败退七八十里，樟木头、平湖各站均复入孙手。二、惠州围解，粤军分一部援河源，方混战中，双方均无胜负确讯。三、南路申葆藩部已抵阳江境之儒洞两阳危。等语。奉谕：着电吴使暨齐、蔡两督查照等因。特此电达，即希察照。军事处。咸申。印。

### (5) 军事处致吴佩孚电稿(11月20日)

洛阳吴巡阅使鉴：怡密。顷奉主座交下王副使蒸电，内称：前以滇军内幕复杂，及我方联络滇军究竟到何程度，电询李鸿祥、刘云峰查核电复。去后，兹据阳电复称：鱼电敬悉。林隐青向来负气，故有滇军须以兵力□迫，及滇军以胜负为转□□□想，其实滇军将领决心均甚坚确，矧杨希闵、范石生系孙氏党，原不在接洽之列，此间未便制止其行动。至四、五、六三师由鸿与王秉钧、禄国藩、吴震东接洽。据王秉钧等到港面称：驱孙决心甚坚，毫无犹豫，直待时而□耳。一、二两师由峰与金汉鼎、杨池生接洽。据金、杨云确有把握，故此次四、六两师由平山退回，期与五师集中石龙，并与他部联合举事。不意一被袭击于平湖，再被袭击于石龙，则陈军之不能信可想而知，滇军又岂能不怀疑哉？总之，滇军在□举□必须结合一方，始易善后。陈军既一再违约，惟有恳请即电北军乘北江空虚之际，火速前进，与滇军合作，则奠定粤局易于反掌；粤既定，其他不难迎刃而解，统一之局可拭目俟之。再，朱世贵原由金接洽，因乏饷时，津款未到，陈代表金章允助三万，而又悔之，经孙文饵之以款，杨希闵竭力引诱，始赴前敌，合并声明。等语。谨电肃陈。等语。奉谕：看饬沈督、方使速进，并转吴使知照等因。特电转达，即希察照。军事处。智申。印。

（6）军事处致吴佩孚等电（11月23日）

特急。洛阳吴巡阅使、南京齐巡阅使、天津王副使钧鉴：恰密。奉大总统交下萧巡阅使谏电：顷据探报刘震寰拥戴陈炳琨回桂。陈竞存已与唐蓂赓携手倡言自治。等语。合肃电闻。等语。奉谕：着电吴、齐二使暨王使妥筹应付，促进统一为要。等因。特电奉达，即希察照。军事处。漾。印。

（7）军事处致吴佩孚电（11月24日）

急。洛阳吴巡阅使鉴：恰密。顷接港探报称：联军在省，据险扼守。巧日，粤军由广九经石牌站及龙眼洞，两路袭攻，均被击退，颇有损失。谭延闿巧日抵省。近日粤汉车站谭、樊溃兵到省，樊部千余已加入战线，谭部已到二千余，孙得谭、樊增援，势又复振。等语。奉主座谕：着电吴巡阅使转饬沈、方各部火速前进，以赴戎机，而奠粤局。等因。特达。即希察照为荷。军事处。敬二。印。

(8) 军事处致蔡成勋电稿(11月24日)

急。南昌蔡督理鉴：永密。赣州方总司令鉴：昌密。奉大总统交下王督理篠电，转据李鸿祥、刘云峰删电称：自我军四六两师由平山撤退，陈军背约尾追，遂致原定计划尽为迟滞。然自此役后，中、左两路许崇智、刘宸〔震〕寰、杨希闵等部均闻风溃退，麇集省东十里内外，我军胡思清、王秉钧即径退省城西关一带，与方部衔接，俟陈军到省，别有行动，再行设法区处，共维全局。此意请飞电方部，共策进行。孙文日内约可出走，并闻。等语。奉谕：着电知蔡督理，方总司令等因。特达查照。军事处。回。印。

(9) 军事处致吴佩孚等电稿(11月30日)

洛阳吴巡阅使，南京齐巡阅使，南昌蔡督理鉴：怡密。顷奉主座交下萧巡阅使养电称：顷接香港沈局长子良箇电称：孙、陈巧、皓、号连日相持于东北郊。洪部逼近东山、耽文岬、龙洞，进攻皆为孙击退，现尚在相持中。计集中广州者，滇军将近二万。谭组安〔祖庵〕已到广州，其残部留屯乐昌。樊残部约千人，亦调赴广州。许、李、刘、卢等部溃散将尽。等语。谨电驰呈。等语。奉谕：着电吴使、齐使、蔡督知照等因。特此电达，即希察照。军事处。卅酉。印。

(10) 军事处致吴佩孚电稿(11月30日)

洛阳吴巡阅使鉴：元密。箇电敬悉。当经转呈主座。奉谕：沈军、湘军、方使各部，现既令其一致飞速前进，慰甚慰甚等因。特复察照。军事处。卅。印。

### (11) 齐燮元致陆锦电(12月21日)

特急。北京公府陆处长鉴：恰密。效电奉悉。粤乱日久未能荡平，致□元首南顾之忧，读之曷胜惶悚。第粤局之不能猝定者，原因极其复杂，不谋根本解决之方，难收事半功倍之效。燮元统筹兼顾，拟定合围广州纲要，于智日电商吴巡阅使、王副使。其文曰：近以援粤各军殊少发展，不胜焦灼。兹拟合围广州纲要如下：一、孙之所以不灭，恃有滇军，不速解决滇军，则粤局终不能定。而刘、李两君屡向滇军接洽，未收若何效果者，鄙意以为虽许以利益，而无具体办法，且无保障以坚其信，是以藉口他因迭次反复。今拟由孝兄电刘、李两君与滇军商驱孙以后。如志在将滇军酌编师、旅加以任命，并任命一北江护军使，其大部驻北江，余驻广州附近，则无妨明言，切实复告；如志在回滇，由中央资助若干，刘、李与滇军约定后，电由吾三人电复照办，以资保证。至滇军自动驱孙，办法颇多，不能藉故推诿。二、沈湘各军由玉兄电沈、赵确定援粤兵力方面日期，以便与方、林、洪各军同时分道合围。三、林督在桂情形，谅已洞察，莫若任为梧肇边防督办，令其率队由西江攻孙，任干老督桂，但必须为林后援。四、任申葆藩为钦廉高雷护军使，任苏廷有为高雷镇守使，以其进攻广州。但此次命令须俟攻至广州附近，再行发表。五、粤军战争能力。以林、叶、洪为最，能以位置先固其心，不惟粤局易于收拾，且可以戢陈之野心，不至发生他故。兹拟以叶督粤，以洪为帮办，林仍为潮梅护军使。如是，林、叶、洪均无问题，则他事即易解决矣。总之，以滇军自动驱孙为第一重要，关键以申苏迫其南，林督迫其西，林、叶、洪迫其东，沈湘万各军迫其北与西，孙纵健者，恐难逃我彀中矣。第一得之愚，两兄以为何如？伫候明教等语。祈代陈，并请示机宜。齐燮元叩。箇。印。

(12)　军事处致吴佩孚电稿(12月31日)

急。洛阳吴巡阅使鉴：怡密。顷据港探报告：粤中最近情形如下：(一)东江确讯，日前林隐青部以粤军中左两路同时卷退，由右翼反攻，分路进逼石滩。增城战事颇胜利，奈中左两路兵力过疲，不能合作，敌军得以回援，遂又退却。现隐青退柏塘，暂取守势待援。(二)孙文委赣军旅长高凤桂为中央直辖第二师师长，闻李烈钧已派党徒多起回赣。(三)林支宇、宋鹤庚将来粤。(四)孙电法、美两国国民，谓关款资中央购械攻粤，若用海军阻止永留污默〔点〕。等语。此间已商申葆藩向北海各外领郑重声明：孙文并非代表全粤。惟闻孙党最后办法，拟逼外团全扣关余不放，似须豫为防备。等语。特达。军事处。世四。印。

(13)　军事处致吴佩孚电稿(1924年1月11日)

急。洛阳吴巡阅使，南昌蔡督理均鉴：怡密。顷据萧巡阅使及港探先后电称：宋鹤庚已就湘军总指挥职。孙文连日由省调滇、湘各部约七千人，赴北路攻沈军，又调湘军数千，向连江口、英德一带布防。现东江方面既不能牵制，请即催方、赵两部刻日会同进攻，以免敌军专注一路。又称：续接省中探报，连日粤路输运军队，其一部系开赴英德，拟由该处取道新丰，各等语。特转奉闻。并希转饬前方注意为祷。军事处。真戌。印。

(14)　岑任诚致陆锦电(1月16日)①

上海局转北京公府军事处陆处长钧鉴：港密。滇军冲突，自

注：①此电经陆锦〔呈大总统阅〕后，大总统曹锟批：〔函陈秀峰派亲信人持函招回为要。〕

粤令范石生武力调停，已于元夜停战。滇军四师一部溃散，一部归范收编，开回东路，现驻广三路者，有滇军五师及豫军等各军，以该路收入颇丰，争权取为防地，蒋具呈辞职，孙尚无表示。孙又拟委陈光远为北伐军第一军长。子良呈。任诚代。铣。

## (15) 军事处致吴佩孚等电稿(1月26日)

急。洛阳吴巡阅使，天津、徐州线转南京齐巡阅使，南昌蔡督理均鉴：恰密。顷据港探报称：(一)滇军事孙令既下，鱼日蒋光亮始通电宣布王秉钧与中央密使李鸿祥辈通款曲，得贿八万，并拟代蒋为军长等语。有无变化，俟探确再报。(二)鱼日美国水兵在广州登岸，与摊馆人因口角欧〔殴〕，各有损伤，聚众千余。后由警局将美水兵保护送回沙面。(三)曲同丰仍留粤，并约在沪同党吕定邦等南来。等语。又侵电报告：粤局最近变化内幕，系湘、豫两军暗结孙部粤桂军队压迫滇军，使向东江进攻，并阻其一部北附，滇军原有英德一带防地，业被湘军占驻。同时复以滇军收容逃兵，在省发生小冲突，蒋光亮迫于环境，通电自明，诿过王秉钧等数人。王不甘服，乃嗾驻佛山四师炮围暨东路前敌之八旅抗蒋，并拟宣布蒋氏秘密。八旅猝由石龙开拔回省，嗣经杨、范等调停，饬该旅仍开回前敌，故广三路灰日解严，讵该旅甫去复回。现滇军六、四两师业于尤午在广三路开战，至今早未息。王秉钧拟率所部改隶希闵。其间互轧情形，复杂难诘。查孙部分裂之兆已见，拟请电知前敌各军积极准备，如孙部内争扩大，不难一鼓而下也。等语。特达。军事处。寝酉。印。

## (16)军事处致吴佩孚电稿(1月26日)

急。洛阳吴巡阅使鉴：元密。顷据港探报称：兹将最近粤闻分报如下：(一) 孙谋组织建国政府甚力，谓可取得国际地位。

(二)闻孙拟琼崖圹〔矿〕产抵日款百万，十年为期。(三)蒋光亮东电表明后，孙派谓蒋显系事前预闻，主张去蒋，蒋地位颇动摇。又称：滇军冲突事，因孙令范石生武力调停，业于元夜停战，滇军四师，一部溃散，一部归范收编。等语。特达。军事处。宥亥。印。

(17)军事处致吴佩孚等电稿(1月26日)

急。洛阳吴巡阅使，天津、徐州线转南京齐巡阅使，南昌蔡督理均鉴：恰密。顷据港探报称：蒋光亮部特别戒严，佳日广三路停轨，魏邦平谋任粤军总司令，梁鸿楷、郑润琦等多数军官来港密议进行等语。又据盐电报称：滇军四师八旅约千余人，真夜渡河向六师后方袭击。六师不敌，一部退佛山，一部回省。王部占领石围塘，广三铁路管理局暨车站被毁。侵日再有滇军自东路调回，是夜沿路激战至元早未息。孙派豫军弹压，尚无结果。湘军乘滇内乱，拟尽据北江防地，势恐决裂。又沙面后方民筑坦地，孙查系前清时由外领发给准筑执照。现闻每井限缴产价六百元，可得百余万，拟全充向外发展经费。等语。特达。军事处。寝亥。印。

(18)军事处致王承斌电稿(1月30日)

天津王副使鉴：恰密。谏电诵悉。并已转呈主座阅悉矣。卓见极佩。滇军既欲北合，我军总以设法往应为妥。除电蔡督、方总司令相机饬属前往会合外，请即转达前途是盼。特复。军事处。卅。印。

(19)军事处致吴佩孚电稿(1月30日)

洛阳吴巡阅使鉴：元密。顷接王副使谏电称：据李鸿祥、刘云峰俭电称：王秉钧谋去蒋事，昨已发动驻东江王部戕杀蒋新委旅长，宣布与之脱离，真日全部进省，攻占石围塘东杜部之军部，王部驻佛山者，亦来会合，声势颇大。杨希闵旁观不理，胡思舜、朱世贵等暗助。孙令樊钟秀、李福林两部弹压，又令永豪舰开炮，战斗甚烈，相持至昨日午间，豫军尚未渡河，复邀人奔走调蒋。然一发牵动，以后趋势将不仅为王蒋问题。又北江滇军地盘被湘军压迫，韶关滇军总部办事处已撤省，此中亦伏有绝大暗潮。总之，此时孙已偏重湘、豫，滇军积不能平，勿论此次王部成败若何，以后运用之机会已多。除分头派人积极进行外，谨撮要奉闻。又据杨池生称：驻北江滇军一师二、四两团约日内向大庾开拔，与北军合。特此附闻。等情。当复一电文曰：王谋去蒋，既已发动，正予我以运用之机会，即请乘此内讧激烈之时，设法鼓动，使孙部日益纷裂，则粤局不难收拾。时不可失，希速进行。至滇军一师二、四两团开赴大庾岭会合北军一节，用意若何，不无疑虑，如能设法制止，暂勿移动，最为妥当。等语。特电奉闻。等语。特转奉闻。军事处。卅酉。印。

(20)军事处致吴佩孚电稿(2月20日)

急。洛阳吴巡阅使鉴：元密。顷接萧巡阅使鱼电称：据港探报称：卅一日孙召集会议，从速解决东江，议决各情如下：(一)湘、豫两军陆续集中南雄。前锋已开拔，取道江西之南，绕出五华、兴宁，包围粤军后路。(二)滇军及各军俟湘、豫两军抵兴宁、五华后，即约同动作，前后夹攻。(三)北江现由滇、湘两军各留一旅驻防，并由蔡巨猷陆续派兵同守。(四)谭延闿现筹二十万，孙再拨三十万已到手，湘军各长官准日间尽数出发。(五)孙计画先平东江，即行北犯。等语。特电奉闻。等语。特达。军事处。哿。印。

## (21)军事处致吴佩孚电稿(2月22日)

急。洛阳吴巡阅使鉴：恰密。勘电诵悉。顷接萧巡阅使东电称：据港探报告：(一)竞存近日态度仍坚持开南北统一会议，先议后会，定好条件，方可北归。(二)林部军队现在退守河源。闻林因陈仍唱高调，并要求复职，与林本昌不合，故林已于昨日由汕赴沪。(三)叶举又发起复竞存总司令职，求洪签字，洪未赞成，作罢。(四)舜日前曾向林、洪、叶驻港代表接洽，请一致通电赞助统一。因请张川藩赴惠，请洪发起，洪在惠与各将领联络，多表同情，准备通电。不料被竞存闻知，亲到惠州，表面虽未反对，心实不愿弃自己主张，其后政客从中破坏，以致通电中止。(五)滇军内斗，经调停息战，以撤蒋复王为条件。刻下蒋未撤而王秉钧、王汝为仍受查办。至该部第四师由孙委朱世贵接充，因二王愤甚，在港与粤军接洽，欲粤军发动，将全师响应，无如粤军现情涣散，尚未有自动能力。二王迫不及待，已于昨日率其驻广九路第八旅千余人投入粤军防线。(六)粤军内部主张不一致，隐青赴沪后，益无主力提挈之人，洪、叶力量薄弱，傥非滇湘等军发生暗潮，未肯猛力进攻，则东江恐将不支。竞存堂弟炯光已病没，唱联省者，又少一人矣。(七)北江方面自冠南抵连县后，克阳山，逼英德，势紧张。惟方、赵未动，沈孤军恐难成功，孙已调湘、豫军堵截矣。等语。特电奉闻等语。当经转呈大总统奉谕：粤省方面军事无人主持，颇为可畏，着电商吴巡阅使设法办理等因。奉此。卓见若何？即希裁夺示复为盼。军事处。养。印。

## (22)军事处致吴佩孚等电稿(2月23日)

急。洛阳吴巡阅使，南京齐巡阅使，南昌蔡督理均鉴：恰密。顷接港探文电报称：此次滇军进攻，系因孙文再发饷一月，并允下惠后，省垣收入仍交回滇军。博罗之役，粤军仅支持四小时，即退出。现粤军内部散涣，与去年不同，惠城恐难保全云。复据愿电称：闻黄强、陈觉民于湘臣回汕后，初不愿，隐青返粤，拟拥竞存再出。嗣以洪部李云复等，迭电服从中央，又急电隐青速回主持，但据最近消息，隐青所部已从河源再退。又孙军右翼，昨已沿广九铁路进至樟木头。各等语。特达。军事处。漾酉。印。

(23)吴佩孚致大总统等电(2月23日)

急。北京大总统钧鉴：国务院鉴：恰密。顷接港电云：湘军集中省垣，迭经前报。孙党内幕风云，逐渐扩大，湘军与滇军争，太子派与元老派争，资本华侨派又与共产派争，各视自身利害，互生离合，原因纠缠，几难乎诘。总其要，则因湘军来粤，愤滇军独占收入，阳倡财政统一，阴实迫胁滇军，且结合太子派，藉口杨庶堪联络熊有功，拥充省长以为已助，同时华侨派谢英伯、黎〔冯〕自由等反对国民党改组，亦与朋比。此湘军一方之临时结合情形也。元老派胡、汪、廖等自去年失败不甘退处，近藉国民党加入共产党之机会，势极不弱。杨希闵、刘震寰以利害关系共合因亦倚张故民复仿省长①，阻杨庶堪上台。而范石生一部又提出市长用人权为财政统一亦〔交〕换条件。此□滇军一方之临时结合情形也。今次内争，实以军队为主体，政见为附庸，结果扩至若何地步，殊【难】解决。等语。粤局内乱，亟应乘此时机以谋统一，所需款项，务请迅行筹措，以资应用为祷。吴佩孚叩。漾。印。

(24)蔡成勋致军事处等电(4月2日)

急。北京公府军事处，南京齐巡阅使均鉴：昌密。萧巡阅使

---

注：①原文如此。

世电谅已鉴及。孙文拟向东江进攻，赖、刘两军纷纷后退，闽、粤前途将有重大变化。我公关怀时局，对于闽、粤事有何卓见，而解纠纷，尚希随时惠示，藉资镜考悬祷。蔡成勋。冬亥。印。

(25)军事处致洪兆麟电稿（5月3日）

大津、香港两电局，接交大东北公司水线转汕头洪将军鉴：丞密。顷奉大总统谕：号电悉。近年以来，国家多故，东南一隅，受害尤烈。今幸大法告成，遵循有道。凡我袍泽，自应赞成统一，以苏民困。乃臧致平包藏祸心，扰乱闽、粤，不惜颠覆邦家，甘为戎首，以致城庐为墟，生民涂炭。每念及此，至深痛恨。该将军义奋填胸，越境助剿，具征热忱谋国，见义勇为，殊堪嘉慰。着即督饬所部绥定南疆，克竟全功，是为至要。等因。奉此。特达察照。军事处。江。印。

〔北洋政府大总统府档案〕

## 35　上海中国晚报关于惠州战况消息

(1923年10月30日)①

向在陈炯明部下之军官陆芝桐，日前由粤来沪医足，记者昨日晤之于同仁医院，询以惠城近来之形势及陈军真实之现状。陆云：孙、陈两军相持半载，以兵力论，孙军较胜于陈，以地势论，则陈军较胜于孙，各有所长，故一时难定胜负。今则孙军闻曹锟登台后出师助陈，莫不心焉忧之而思，亟以自救，且其上级军官，每晨每晚宣传其危急之情况与战败后之痛苦，故其士卒莫不以背城一战之决心，而相进攻。讵知陈军以后援有人，地势险要，自命

---

注：①此系报刊登载日期。

必胜，致为所乘，故竟存所恃为根本地之惠城，亦危在旦夕矣。盖惠城四面临水，所恃以接济者，则有平山、淡水，所恃以进取者，则有龙门、河源，中河源前可以窥博罗，后可以通兴宁，而联络潮汕由龙川而趋增城，沿车路以扑广州，天赋之地势，而不知利用，骄以自逸，此自取之咎也。今则平山、淡水，已为滇军所据，观音阁、三多祝，又为许军所占，龙门要道，亦为许崇智所破，龙华粮食且为联军所有，河源、龙川相继俱失。截至余来，惟紫金尚未攻下，况孙军更大调其精锐，以拚惠城。今则既无实力以相抗，又无粮食以接济，此惠城之可守与否，无待智者而后知之。至竟存之进取计划，在得广州，他则非所知也。观此联军之在东江，胜负之数可知矣。

〔北洋政府京畿卫戍总司令部档案〕

## 36　江维华赴厦门联系援助进攻潮汕等情电

（1923年□月31日）

江维华来电

大元帅钧鉴：（一）维华于三十日午抵厦，当即晋谒和斋总司令，接洽一切，极蒙优待。（二）出兵事和公已派刘司令所部一团，集中平和，其余一团，现在漳州拟继续开拔，为实力上之援助。惟赖部现驻南靖等处，迟不开拔，态度暧昧，赖本人并有主张与洪兆麟言和之言，和公对此不能无虑。拟请帅座电令协和，若赖、苏两部能一致协攻潮汕固佳，否则应饬早日开赴龙岩、永定等处，以免牵掣漳厦前进之师，致误时机。（三）嘉帅前允接济之子弹，除已拨二十万外，现和公允即日先拨十五万，惟运送一事，和公意以由粤省派妥实可靠之兵舰接运为妥。请即派舰来厦，并电知和公为祷。（四）维华拟于日内赴南靖协和处一行。江维华叩。卅一。

〔广州国民政府档案〕

## 37　大总统府军事处关于粤桂军事等情致吴佩孚等电

（1924年3－6月）

（1） 3月1日电

洛阳吴巡阅使鉴：元密。顷接萧巡阅使箇电称：据香港探员皓日电称：湘军集中省垣，倡财政统一，结太子派为援。杨希闵、刘震寰又联共产派之胡、廖等以与之抗。现闻滇军五师业调回石滩，表示抗湘，内争有扩大之势。等语。特电奉闻。即希查察。等语。特转奉闻。军事处。东酉。印。

（2） 4月22日电

洛阳吴巡阅使鉴：恰密。奉大总统交下香港电局十六日电称：东江陈军全由广九路退出，毁轨道多处。孙军进至平湖。惟孙军中路已由博罗进至惠州等语。奉此特达。军事处。祃。印。

（3） 5月9日电

洛阳吴巡阅使，南京齐巡阅使，南昌蔡督理钧鉴：怡密。顷据港探报称：孙部左翼湘军入河源后，被原驻迴龙之粤军从后袭取，闻损失颇大。中右两路连日无大发展。惟粤军练演雄部，本日又自平湖冲出，将刘震寰所辖之黎鼎鉴部队完全击散，平湖以下各站均被夺回。孙派黄霖生赴海丰，孙陈调和说复盛等语，特达。军事处。佳。印。

（4） 5月13日电

急。洛阳吴巡阅使，南京齐巡阅使，武昌萧巡阅使，南昌蔡督理，福州孙督理钧鉴：怡密。顷据港探支电称：闻孙氏对惠州城暂取监视，计划先从淡水方面下海陆丰，再合师攻惠。竞存日间自海丰赴汕，有离粤意。谨闻，等情。除已转呈主座钧阅外，特此奉闻。敬祈注察。军事处。覃。印。

(5) 5月13日电

洛阳吴巡阅使，南京齐巡阅使，南昌蔡督理钧鉴：恰密。奉主座交下港探庚电报称：一、闻孙派许崇智回粤后，注重结合南路粤籍军队，以与客军抗衡。滇军对孙此举意颇不满。杨希闵因有要求许部加入作战之议，故此刻东江军事进行稍缓。二、接桂函：沈部围攻桂林未下，谭月波出驻南宁，林莆田则趁谭未到，先于上月卅日离邕回粤。三、孙文饬拨沈部子弹廿万及饷十万元，子弹闻已领去半数。四、据叶举驻港代表言，竞存于三日起程赴汕等因。奉此。特达。军事处。元。印。

(6) 5月15日电

洛阳吴巡阅使，南京齐巡阅使，南昌蔡督理钧鉴：恰密。奉主座交下港探鱼电报称：广九沿路练部闻因孙军注重淡水，昨已全数退去，现仍由刘震寰部进取。许崇智回省后，极力设法统一南路粤军，现拟分编五军，以梁鸿楷、李福林等为军长等因。奉此。特达。军事处。咸。印。

(7) 5月16日电

急。洛阳吴巡阅使，南京齐巡阅使，武昌萧巡阅使，南昌蔡督理钧鉴：恰密。顷据港探元电称：许崇智昨通电就粤军总司令，孙部粤军及江防舰队统受节制。又隐青燕日抵汕等情。除已转呈主座钧阅外，特此奉闻。军事处。铣。印。

(8) 6月14日电

急。洛阳吴巡阅使，南京齐巡阅使，武昌萧巡阅使，南昌蔡督理钧鉴：恰密。顷据港探佳电报称：一、豫军加入右翼作战，进占龙岗，王秉钧部闻有变动。二、胡汉民以行职权为客军及太子派所忌，现提议组总裁制倒胡。三、市厅因马路业权案推翻，无法筹款，改由该厅发行市库券一种，以吸收现金。又造币厂前以生银价高停滞，现决定鼓铸成色更低之银毫，于日间再行开铸。四、陈竞存已回海丰原籍等语。特此奉闻。军事处。盐。印。

〔北洋政府大总统府档案〕

## 38 沈子良关于粤桂闽军事等情报致陆锦密电

(1924年3月)

(1) 3月11日电

局鉴：致京军事处密电，已奉部准，嗣后请照代转港。真。北京、上海、公府军事处陆处长钧鉴：港密。沈冠南代表邓士瞻确领孙款二万及广西总司令委任，虽尚无正确表示，但影响颇大。沈之不满，闻系因中央向少供给，陆干卿又收回桂林地盘，断后方接济，故有此举。中央如能稍事调停，设法打消，似于粤局不无少补。又林莆田派温雄飞联孙，闻亦系桂事反响。谨闻。子良呈。任诚代。真。

(2) 3月11日电

上海局转北京公府军事处陆处长钧鉴：港密。一、东江中路三日刻闻有小接触，宋部连日续向石龙出发。二、孙因奉皖反对共产，特派伍朝枢赴奉祝寿解释一切。三、滇军洪团反正后，孙将湘军鲁部酌留一部防守韶州。四、南路各军乏员指挥，近因林莆田代表抵省，孙以有机可乘，迭促许崇智回粤主持进行。五、樊钟秀再派员赴汉，专招豫鲁工人来粤，力图扩充。六、曲同丰闻日间再南下。子良呈。任诚代。轸。印。

(3) 3月14日电

上海局转北京公府军事处陆处长钧鉴：港密。据桂省及高州消息，林莆田以陆氏见逼，即拟离桂赴钦，嗣因绅商及申部军官电留，允再维持二十日，但邓本殷不愿林返粤，到时恐有冲突等语。谨闻。子良呈。任诚代。寒。

(4) 3月17日电

上海局转北京公府军事处陆处长钧鉴：港密。探闻臧致平、何成濬昨电孙文谓：臧、何两部业于铣日渡海，准备即攻漳州，杨化昭等均归臧指挥，请孙饬东路速攻惠州，以示牵制等语。谨闻。子良呈。任诚代。洽。

(5) 3月21日电

上海局转北京公府军事处陆处长钧鉴：港密。粤乱经年，迄未戡定，近沈、林两方又有派代表到省之举，求其远因，似均发生于桂局问题。刻闻关于此事暗中挑拨者仍多，即如接近隐青一派之军官、政官于桂局统一办法亦暗持反对，若不设法消弭，诚恐牵及大局问题。伏思粤、桂两省辅车相依，桂频年离乱，财力俱穷，粤局苟平，桂自不难收拾。为今之计，统一之进行程序似宜先粤后桂，庶免牵动内部发生困难，是否有当，伏候核夺。子良呈。任诚代。马。

(6) 3月24日电

上海局转北京公府军事处陆处长钧鉴：港密。漳州闻已于养日失守，现东路滇军因湘军霸收赌饷，多调回省。子良呈。任诚代。敬。

(7) 3月29日电

上海局转北京公府军事处陆处长钧鉴：港密。杨希闵昨赴石龙，孙军向东江总攻击之期似已甚近。闽南方面，赖世璜闻退至永定，刘志达退至平和。子良呈。任诚代。艳。

(8) 3月31日电

上海局转北京公府军事处陆处长钧鉴：港密。沈冠南闻已于梗日自连县起程，豫备回桂。又探闻协和派吴介璋往联隐青，隐青答称：可不攻孙，惟不能降孙等语。谨闻。子良呈。任诚代。世。

〔北洋政府大总统府档案〕

## 39 沈子良关于粤桂军事等情报致陆锦电

(1924年4月)

(1) 4月3日电

上海局转北京公府军事处陆处长钧鉴：港密。西江刘、李冲突，略详前报。现刘玉山部已于卅日在都城地方被李济琛、黄绍雄、郑润琦三部及江防舰队合围，将刘部大半缴械。孙、李感情日恶，沈部移桂，孙饬朱培德填防连阳，除续探闻。子良呈。任诚代。江。

(2) 4月8日电

上海局转北京公府军事处陆处长钧鉴：港密。一、据滇军军官说，该军前出发东江只给饷一月，如非孙再给现饷，断不能进攻等语。二、湘臣部回防潮汕，林、叶等派极表赞同，谓洪部以乡谊关系，多受谭派运动，战时颇危险。三、孙委方声涛为福建省长，并着方接洽海军，勿攻厦门。谨闻。子良呈。任诚代。庚。

(3) 4月11日电

上海局转北京公府军事处陆处长钧鉴：港密。八九两日滇军朱淮、徐德及湘军吴剑学各部向中路前进，闻已围攻博罗，左右两翼闻亦接触，详情探确再闻。子良呈。任诚代。真。

(4) 4月12日电

上海局转北京公府军事处陆处长钧鉴：港密。此次滇军进攻，系因孙文再发饷一月，并允下惠后省垣收入仍交回滇军。博罗之役，粤军仅支持四小时即退出。现粤军内部散涣，与去年不同。惠城恐难保全。子良呈。任诚代。文。印。

(5) 4月14日电

上海局转北京公府军事处陆处长钧鉴：港密。闻黄强、陈觉民于湘臣回汕后，初不愿隐青返粤，拟拥竞存再出。嗣以洪部李云复等迭电服从中央，又急电隐青速回主持。但据最近消息，隐青所部已从河源再退。又孙军右翼昨已沿广九铁路进至樟木头。谨闻。子良呈。任诚代。愿。印。

(6) 4月16日电

上海局转北京公府军事处陆处长钧鉴：港密。一、广九沿路东江粤军业尽退出，惟孙军以路轨未修复，尚未完全进驻。二、孙军中路克博罗后，现进窥惠州。三、据接近隐青者言：林、洪、陈三派各不相能，隐青无回粤意，倘惠不守，决令一部退入赣南，一部交由刘志陆统率，维持粤局。四、陆、沈军队闻已在灌阳接触，平乐沈军亦向桂林移动。子良呈。任诚代。铣。印。

(7) 4月17日电

上海局转北京公府军事处陆处长钧鉴：港密。最近东江战情，孙军左翼由博罗之泰尾向甫前迥龙前进；中路已压逼惠州；右翼则开抵淡水鹿头。传闻杨坤如部派员与孙接洽，是否诚意，尚未探悉。谨闻。子良呈。任诚代。篠。

〔北洋政府大总统府档案〕

## 40 方本仁关于粤省军事情报致陆锦等电

(1924年4月)

(1) 4月10日电

特。北京军事处长陆，洛阳巡帅吴，南京巡帅齐，武昌巡帅萧，南昌督帅蔡钧鉴：巡密。顷接海丰陈竞存齐酉电云：现据惠州叶总指挥电称：连日敌向东江运动，本早博罗、百足岭地方已发现敌人，与我前线接触等语。查敌分全力图我东江，现既开始来犯，务请我兄迅予援助，藉灭敌势，是为至祷。又接河源刘军长志陆庚亥电云：顷据探报：正果原驻湘军两团，已开一团至麻榨，昨又由增境开三十一团仆〔赴〕正果，二十九团仆〔赴〕麻榨。湘军第三军谢国光所部驻石滩附近之筏子岭一带，第四军则驻增城石滩间之上下罗岗等语。查湘滇内部内潮未息，急遽来攻，本非易事，第湘臣全部来汕，惠防空虚，敌即来乘，亦情势所许可者，现陆惟有沉沉处之，俟得详报，再电奉告。又接海丰钟师长景棠庚电云：本日湘敌在蓑蓝、鼋厘向我军攻击，我军在博罗前方之苏村抵抗，洪部回潮，该线甚形单薄，应如何援助，请迅卓裁各等语。除分别电复，并饬职属各军队准备出动外，谨电禀陈。本仁叩。蒸。印。

(2) 4月11日电

特。北京公府军事处长陆，洛阳巡帅吴，南京巡帅齐，武昌巡帅萧，南昌督帅蔡钧鉴：巡密。蒸电计邀垂察。顷接河源刘军长志陆佳酉电云：庚亥电计达。顷得惠州电话：今晨滇敌分向博罗、响水两路来攻，略与接触，即照原定计划缩防线，现拟固守惠城，正在配备中，等语。查敌已进占博罗，其动作如何，容再奉告。至麻榨、正果之敌，虽略有增加，仍未较前进，或系先图惠城，再以重兵向敝处来攻也，顷已一面电请惠州勿退，镇静御敌，一面以迴龙河为依据相机应付，务恳尊处先事准备，以便协作为感。再接汕头来电：闽南之敌，仍在小溪、山城之线云云。或者藏有后顾回固根本，亦未可知也等语。除电复并饬属准备相机协同动作外，谨电禀陈。本仁叩。真。印。

(3) 4月12日电

急。北京军事处长陆，洛阳巡帅吴，南京巡帅齐，武昌巡帅萧，南昌督帅蔡钧鉴：巡密。顷接职部派赴汀州之陈参谋及汀州黎知事真电称：顷龙岩赵团长电称：接赖军刘参谋长自山城通报：周使已到泉州，会合张、高、杨、叶四部进攻安海，甚为顺利。海军开有军舰四艘围攻厦门，限臧致平十二小时离闽，漳州仅有陈团副留守，俟赖军长回永定即计画进攻，请预为准备等语。查王师自钧座接济子弹十万粒后，军气大振，拟俟由龙岩相机进攻，正在准备中。余情续报，谨先电闻，等情。除复电外，谨电禀陈。本仁叩。文。印。

（4）4月16日电

急。北京军事处长陆，洛阳巡帅吴，南京巡帅齐，武昌巡帅萧，南昌督巡蔡钧鉴：巡密。顷据驻汀陈参谋寒电称：顷得前方消息，赣军易团复由适中向后退却，王师前由龙岩派出之一营两连，尚在距适中十里之高山据守，刘旅长定日内率生力军五营向龙岩增援。又据该参谋删电称：龙岩赵团已与苏部在距龙十里之平头山激战，势甚危急，现龙岩电话不通。各等情。除复电饬其续报，并令赣边防军加意戒备外，谨电禀陈。本仁叩。铣。印。

〔北洋政府大总统府档案〕

## 41 林警魂报告香山县属安静如常致大元帅等电及孙文批

（1924年10月12日）

韶关大本营分送孙大元帅睿鉴：广州胡代帅兼省长、许总司令钧鉴：本日职属地方治安、商场秩序一切如常，请抒廑念。署香山县县长林警魂叩。侵。印。

〔孙文批〕：当严行防，如有煽动罢市之人，即行枪决，罢市之店，即行充公，切勿姑息为要。

文

〔广州国民政府档案〕

## 42 前大总统卫士队长姚观顺等请奖在粤秀楼拒敌有功卫士往来呈批

(1926年10月)

### (1)姚观顺等致国民政府委员会呈(10月)

呈为呈请事：窃查前孙大总统卫士五十七人，于民国十一年六月十六日，由参军兼队长姚观顺，侍卫副官兼队副黄惠龙、马湘、陈煊等督率拒敌时，陈逆炯明部队四千余众，而卫士仅数十名，奋战一昼夜，率能歼敌数百，至孙夫人出险后，始持械冲出，转赴黄埔永丰舰，随卫先帅。迨先大元帅旆返珠江，重组卫士队，蒙先帅俯念卫士前功，饬令凡曾在民国十一年六月十六日拒敌之卫士，准以后每名按月发给恩饷十五元，并赐以功章、功牌，用彰功绩在案。惟自东江战事发生，及南路邓逆叛乱后，原日有功之卫士间有请缨讨贼，转战各路，行踪靡定，故恩饷手续未能完全给领。近且有赋闲在外之原日有功卫士，穷苦颠连，饔飧不继，或有供职于各机关，及国民政府差遣者，均以不隶属于卫士队，致恩饷无着。查该卫士等同属于十一年六月十六日讨贼有功，而此得彼失似欠公平，用仅〔谨〕具文呈请察核，伏乞俯准，将凡民国十一年在粤秀楼拒敌有功之卫士，一律永给恩饷十五元，以示轸念前功，而照〔昭〕平允，实为德便。谨呈

国民政府委员会

计附呈护卫先帅拒敌有功之卫士名单一纸

前大总统卫士队长姚观顺<br>前大总统卫士队副黄惠龙 谨呈

中华民国十五年十月

请给讨贼奖章名册

| | | | | | | |
|---|---|---|---|---|---|---|
| 队　　长 | 姚观顺 | | | | | |
| 侍卫副官 | 黄惠龙 | 马　湘 | 陈　煊 | | | |
| 侦缉员 | 陈龙韬 | | | | | |
| 卫　　士 | 冯　俊 | 黄　森 | 何　良 | 陈海廷 | 李东兴 | 郑　耀 |
| | 容卓廷 | 邹　海 | 冯　朝 | 曾　明 | 黄仲篪 | 梁有贤 |
| | 陈桂标 | 刘少溪 | 冯建廷 | 刘礼泉 | 蔡铁侠 | 陈　成 |
| | 曾国辉 | 梁全胜 | 区锦由 | 黄作卿 | 邓国兴 | 曾维垣 |
| | 周文胜 | 谭卫全 | 冯振彪 | 陈　胜 | 黄　成 | 何福廷 |
| | 谭　森 | 丘　堪 | 蒋福卿 | 张　停 | 陆福卿 | 冯汉明 |
| | 丘炳权 | 梁表云 | 王桂昭 | 邓胜钦 | 张　禧 | 王　玉 |
| | 陈　标 | 杨　带 | 王　基 | 杨　勋 | 李　球 | 蒋安廷 |
| | 蒋桂林 | 冯桂林 | 彭　启 | 蒋庆禧 | 邝景云 | 江　德 |
| | 陈　松 | 韦汉雄 | 黄世祥 | | | |

以上六十二名在粤秀楼拒敌

（2）国民政府批稿（10月）

国民政府批　第七七三号

前大总统卫士队长姚观顺等呈请准将民国十一年在粤秀楼拒敌有功之卫士，一律永给恩饷十五元由。

呈悉。仰即将先帅准给恩饷之手令抄呈。并将凡曾参予十一年六月十六日之役、现已不在卫士队服务者之姓名及现任何职或赋闲，逐一查明，造册呈报，再行核办。此批。

中华民国十五年十月

〔广州国民政府档案〕

# （四）讨伐沈鸿英

## 1　谢文炳请示驻防地点代电及孙文批

（1923年3月10日）

万急。广州大总统钧鉴：歌电计达。炳部实力毫无差损，但寄驻湘边殊非长策。闻沈军调防西江，乐、连一带原为炳部防地，是否仍驻原防或另有划拨，恳迅电示遵。谢文炳叩。蒸。印。

〔孙文亲批〕：不理

〔广州国民政府档案〕

## 2　胡思舜为防范沈鸿英部请发给薪饷弹药函及孙文批

（1923年4月10日）

大元帅钧鉴：职部自移驻西南以来，幸托大元帅福庇，军民尚属相安。至对于防务亦仰体钧座及杨总司令之命令，协同各友军极力戒备，请释锦注。惟迭据探报，沈氏野心依然不死，近日于四会、芦苞、广利各方面陆续增加兵力，虽小丑跳梁，不足有为，然防患未然，应早定大计，免为所乘。职当谨率所部，静待后命。再职部自到粤以来，官兵伙食，虽蒙杨总司令源源接济，然杯水车薪，常虞不接，且薪饷一关未发，比较之他军发三关、四关饷者，不啻天壤。现官兵痛苦已深，维持抚慰实属为难。万望大元帅体念官兵痛苦，设法发给薪饷，以慰军心，并请发给各种弹药，以资军用。肃此敬叩钧安。

直辖滇军第二旅长胡思舜

中华民国十二年四月十日

〔孙文亲批〕：不理

〔广州国民政府档案〕

### 3　杨希闵报告在北江讨伐沈鸿英情形电

（1923年5月11日）

（1）电之一

杨总司令来电

万万火急。石龙转惠州刘总司令转博罗大元帅行营秘书处。万万火急。石龙大元帅孙钧鉴：肇密。灰电计达。本军□夜占领大坑车站后，敌仍于大坑后踞险抵抗，今昼希闵仍督队进攻。惟查敌今系分两路，北军及沈军大部，韶关方面，沿铁路与我剧战，为我大创。而我之右翼由小道抄出。英德欠缺兵力，尽在前线，翁源、英德一带甚觉空虚，且右翼情形尚不分明。务恳钧座迅速抽调胡、王两旅星夜开来，则北江巩固，粤局可安。胡、王两旅何时出发，谨候电示。杨希闵叩。真。印。

（2）电之二

杨希闵来电

急。石龙大元帅孙钧鉴：肇密。本日敌我仍在相持中，希闵已定明日与敌决战，胡、王两旅凡〔未〕知何日可到。顷湝〔据〕俘虏言：北江之敌，奉洛吴命分兵，一由仁化绕道东江，联络陈逆，意图牵制我军，令知各部注意。谨□〔电〕奉闻。杨希闵叩。真。

〔广州国民政府档案〕

## 4 参议员郭椿森关于勾结沈鸿英倒孙致陆锦函

（1923年5月22日）

绣山先生参谋长赐鉴：梁范西趋谒，谅已洞悉各情。顷接冠南来电，另纸录陈，请转呈仲帅核阅。如何援济，立盼示知。又弟另接港电报告，择陈于左：一、林隐青在五华、兴宁等处，已发动员击许，连战皆捷，前锋已到翁源。一、杨仲〔坤〕如在惠州亦分攻石龙及河源。一、邓本殷已占雷州。一、申葆藩（桂军与沈一致）、李宗仁（林隐青部）已进攻高州。一、李耀汉已占恩平、开平，进攻江门。一、沈部及桂军刘炳宇、刘达庆部已集中肇庆，乘胜进攻三水。等语。似此情形，中山败已旦夕间事。惟仍请注意二事：一、恳曹、吴两帅大力主持调和沈、林，共维国事。一、请勿假竞存名义，免再倡联省自治，破坏统一。弟此次回京，本拟再赴保面陈一切，因侧身议席，一时未能分身，倘蒙赐教，乞时函示为盼。专此敬请

勋安。

弟名正肃

五月廿二日

宜密。巧电悉。英感蒙曹、吴两帅知遇付托之重，无论如何艰苦，此志终始不渝。英本日亲率部队抵始兴，准明日向韶关前进。据确报：三水兵变、东西两江战事甚烈，敌情吃紧，敌军已集中省城，留一部守韶。顷得方使来电：准马日启行，预限三日抵南雄，英俟方使抵雄，即行反攻，务期积极进取，以报知遇。乞代陈帅座，蒙允加拨饷械，并乞催请从速拨济，由汉转解。何日

拨发，乞探明电示。鸿英。由马市发叩。效。

〔北洋政府直鲁豫巡阅使署档案〕

## 5 大本营兵站总监关于沈鸿英部状况报告

（1923年5月31日）

报　告　五月三十一日午后四点三十分
发于长堤兵站总监部

一、据职部参战员何方甫二十七日由韶州报称：

1．仁化方面，沈军残部骚扰地方，被该地民团痛击。

2．方本仁派一团由江口渡河向乐昌方面进发。

3．滇军步哨线在八里寨长霸山，由第二旅担任警戒，黄岗岭沙头（在帽子峰前）由第二师担任警戒，火山大桥一带双方均无兵驻守。

4．韶城附近滇军第一、二两师及第七旅旅长朱世贵（每旅人数约二千人左右）。

5．沈军现改编为粤军，名目为卫戍第一、二两团，人数尚足，惟枪枝甚少，每班仅枪七枝。闻吴佩孚已接济沈军新枪一千枝。

6．桂北两军由南雄出发，总数不过三四千人之左右。北军方本仁抵南雄，随行士兵二大队。

7．沈鸿英在始兴召集士兵演说，谓：各位总愿意取回韶州及广州否？兵士云：不愿意。沈之本意实欲再由韶州取道回桂等语。

二、据职部第一支部第一分站长方柳门，二十八日由韶州报称：

1．敌人兵力为北军第一、第二、第四、第九旅，沈逆鸿英残余共改编为一旅，散布于大桥、南、始一带，伪赣南镇守使方本仁闻已到南雄指挥。

2. 我军情况无甚变更。等语。

以上各报理合据情转报

大元帅睿鉴

大本营兵站总监罗翼群

〔广州国民政府档案〕

## 6　杨池生等报告沈鸿英企图反攻韶关电

(1923年6月1日)

韶关来电　六月二日到

据职部第二游击第三支队侯支队长报告确情：(一)沈逆急图反攻，全部集中周田、江口。(二)北军约七千余人在南雄、始兴准备增援，并派一团向隘子方向前进，意在抄击逼□。(三)职队兵力单薄、万难防守，请速派大兵堵剿等情。同时接职部侦探报告：【一、】方本仁确抵南雄，沈逆由始兴前往会商后折回始兴，极力准备返攻。二、李易标现在江口准备进发。其余情况同前侯支队长增援报告。线〔综〕合种种情报，沈逆极图反攻，北兵□〔大〕举增援，事实显露，正下〔不〕得徒以牵制视之。务恳钧座速命胡旅集中英德，准备增援，并恳速莅韶城主持一切。职意韶城系北江根本，韶地为敌人集矢之的，稍有疏虞，关系极巨，幸即垂察。师长杨池生、杨如轩，旅长朱世贵同叩。东。印。

〔广州国民政府档案〕

## 7 蔡成勋关于阻止沈鸿英驻桂各部借道湘南集中赣边致曹锟等密电

(1923年10月)

### (1)蔡成勋致曹锟密电(10月12日)

特急。北京大总统钧鉴：巡密。顷据沈督理卦电开：英以筹对闽，迭经派员回桂调队来赣，并力进行。顷据去员回部赍到复函称：驻桂各部业于冬日由桂开拔，假道藟〔兰〕山、临武来赣集合。际兹湘事未平，中途复生窒碍，请驾临主持等语。窃以湘乱未平，燎原足虑，由湘援粤，终必受湘牵制，必先平湘，令粤隐受赣、湘、桂、闽之大包围，然后定粤，则粤易定，此为廓清南服之根本办法。事前经派员商洽，赵公业经赞同，并嘱即日进发，先平湘乱，然后合力对粤。英拟乘机援湘，先定湘局，俟援军入粤，英即率师由宜奉〔章〕进乐昌，直攻韶，此对粤决不放弃，异途终以同归。此间有师部办事人员及医院，仍留驻上犹，并酌留部队维持后方。惟英处困难，兄所深知。此次入湘，论公论私，务乞赐以接济，拟恳电方总司令就近先拨七九子弹十万颗，俾补充而倍实力。除电陈吴巡帅外，并恳我兄将此情节代电曹总统，迅赐明令援湘，早奠南服，而期统一。兄为总统所畀倚，英所有一切均付我兄，祈维系。倚马陈词，敬候示复。等语。查湘乱之消长，切以粤患能否铲除为转移。盖西北两江果能如期恢复，则湘省谭系逆军□源断绝，不攻自破。当此援粤积极进行之际，而沈督如驻桂各部先行来赣集合，率之入湘，□论赣省艰窘，接济困难，而影响将来援粤前途，顿使西江空虚，右翼暴露，关系甚大。况事实上，驻桂各部亦断无超过敌境再集赣边，复拔而入湘之理。究应如何办理，尚祈主座巡帅迅赐主持，径电沈督祗遵为盼。蔡成勋叩。文亥。印。

(2)蔡成勋致曹锟等密电(10月19日)

南昌。万急。北京大总统，洛阳吴巡帅，南京齐督军，武昌萧督军均鉴：协密。顷接沈督理篠电开：此次敝部入湘，系承赵省长同意，并奉吴巡帅电令，迅集坪石、乐昌候命，经将出发情形电达左右。一俟援军入粤，英即率部由坪石出乐昌，会师韶关，实与援粤计划不〔?〕无抵触。在桂部队，业已行抵蓝山、临武一带，将来集合地点，即在湘南，以便遵照巡帅命令办理。等语。特转奉闻，即希鉴察。蔡成勋。效亥。印。

〔北洋政府大总统府档案〕

## 8 大总统府军事处关于沈鸿英击退围攻郴城之敌并拟部集临武电

(1923年11月17日)

急。南昌蔡督理鉴：永密。顷奉大总统交下沈督理宋电内称：卅晨敌军陈嘉佑、王德庆、王道等部约共三千余人，分路围攻郴城，当将敌人击退，分向宜章、永兴纷纷溃逃。现英为摭断湘粤交通起见，即派一部进驻桂阳，由桂省开来队伍已抵临武，拟即就此集合，静候钧命，再行进取。等因。奉谕：逆敌围攻郴城，当被击退，甚慰。桂军既已集合，着即与方总司令连络，相机进取为要。等因。除电复沈督外，即希转饬方使察照为荷。军事处。篠酉。印。

〔北洋政府大总统府档案〕

## （五）平定商团叛乱

### 1 大元帅关于认真查究广州商团枪杀卫戍司令部排长蔡海清等指令

（1924年2月8日）

大元帅指令　第一一五号

令中央直辖滇军总司令兼广州卫戍总司令杨希闵

呈报广州市商团因行使手票击毙所部排长蔡海清等情形乞令有司严密防范由

呈悉。已令行广东省长认真查究矣。仰即知照。此令。

中华民国十三年二月八日

附原呈

为呈报事：案据职部警卫二团团长刘廷珍于二月四日午后八时呈称：为呈报事：窃职团于本日请领薪饷，获短期手票八百元，深虑此项纸票初次发行，市面尚未周知，骤然发给士兵行使，难免不无冲突，乃先派一排长李忍持票试用能否通行。既据该排长归报：初至小市街口英美烟公司分销处购物，该舖始则拒绝，嗣经该处商团开导，晓以此票系经财政委员会、商会及各善堂议决，政府核准，市面一律通用，言明后，该舖即已收受。职团又再三审慎，仍恐发交士兵，致生他虑，令各士兵将欲购物品，报请本属长官代为出外购取，防患未然，不为不周。乃以二连三排长蔡海清、三班长张升平两人，于本日午后六时，徒手持票同至双门底品南茶店三元钱舖兑换银钱，以资采买各物。讵该店主坚持不收，声称：此系滇军伪造。彼此互相口角，该店主遽鸣笛召团。是时，商团巡街者络绎不绝，一闻笛声蜂拥而来，不问是否，不明皂白，遽然开枪厮射，竟将该排长蔡海清、班长张升平登时当场击毙。时也一排长李忍亦徒手出街购物，道经该处，该商团丁见其身着军服，又率尔开枪乱射，该排长回首便跑，以至头部仅受重伤。职团闻警，当即派员前往调查，但见该排长及军士死尸横陈，血肉狼藉，惨不忍言，随检该尸袋中，尚有血渍原票二张，于是全团官兵观此现象，愤不欲生，佥谓我等军人为国战死，死固其宜。今以行使政府颁发纸票之故，遂被该团丁击毙。自斯以往，团丁益横行，吾辈其危矣。兔死狐悲，物伤其类，愿得一拚死命，以报手足冤仇。等语。职团见其愤激如此，极力制止，喻以凡事自有长官作主，静待解决，万勿躁动。职团自蒙委任，其于军纪风纪，罔不极力讲求，乃不意祸从天降，竟至于此。惟有叩恳钧长向彼商团严重交涉，非将该凶犯归案抵罪，万不足以得其平而安将士。理合呈请衡核施行。计附呈血渍原票二张。等情。据此。同时，又据职部副官长报称：职处闻警时，即派上尉差遣伍继会速往调查，该差遣还称：职至永汉马路，岗警引职到警察第五区署面会鲍区员，询其详情。据云：午后六时，有徒手军人二名，未有表示属于何军，持纸票在品南饼舖购物，声称除应给购价外，下余之数应找还现金。该舖不允，彼此口角。该舖遂鸣笛召团丁，一时枪声四起，竟击毙军人二名，又击伤路上行人二名。职又亲至发生地点调查，亦同前由。等语。又据卫生队军士郑光宗报称：本晚过年，长官派职到维新路高地街十三号购买火炮。该舖商人先不允卖，继以生银示之，乃答以卖，而要银十二元。职遂以毫银十二元与之，又不给火炮，暗地使人唤团警。乃不多时，竟有商团百余人蜂拥聚集，情势汹汹，将欲动武。经职等婉为说明，不卖火炮，须还钱来。该商乃退还毫洋七元六角，其余四元四角卒以商团过多，不准分辩，遂至损失，且几吃亏。又谍查报告：本晚西关及城市各处商团，与湘、滇、粤、桂各军滋闹事件，实有七八起之多等语。职处复查无异。理合据情报请钧核。等情。据此。职部查商团巡街，维持市面，固属天职，然若非真有聚众抢劫，或持械拒捕，与不法滋事者，万不可轻率开枪，致酿人命。况该排长蔡海清、班长张升平执政府颁发手票，出街购物，属于正当行为，既系徒手，自然无能为力，又值查街警团往来如林，万目所视，该排长等虽欲违法捣乱，势必不敢，即使该排长等果有违法举动，而手无武器，该商团亦易会警，捕交职部办理。乃计不出此，竟尔孟浪若是。反复推察，若非寻私报仇，必系受敌运动，故意捣乱。诚如近来各方谍查侦探所报告，陈逆炯明极力运动商团，意图在省捣乱。不然桑梓地方，何致草菅人命，任意妄为，不顾治安有如此者。当此战事未息，正尔用兵，万一激生变故，影响大局，此种责任其谁负之。职部奉命兼卫戍斯土，原有保护军民维持地方之责，对于此等事件，亟宜公平处理，严密防范，勿为逆敌所愚外，理合具情呈请鉴核，饬令有司严密防范，以杜奸谋，实为公便。谨呈

陆海军大元帅

附呈血渍原票二张〔缺〕

滇军总司令
兼广州卫戍司令 杨希闵印

〔陆海军大元帅大本营公报1924年第5号〕

### 2 孙文着蒋介石将载运军器被扣之船押省听候处分令

（1924年8月10日）

于大本营

着长洲要塞蒋司令即饬江固舰迅赴沙角附近，将载运军器已

被扣留之船监押来省，听候处分。此令。

孙文

〔广州国民政府档案〕

## 3 陈廉伯等关于订购枪枝子弹请予随时起卸与大本营内政部往来呈令

(1924年8月11—13日)

### (1)陈廉伯等致内政部呈(8月11日)

呈为呈请事：窃团因地方盗贼如毛，各地商民入团者有数千之多，原有枪械，实不敷分配。两年以来，迭经设法请领，复以时局多艰,未能领用。前拟向南利洋行定购步枪四千八百五十杆，配子弹一百一十五万颗，驳壳手枪四千三百三十一杆，配子弹二百〇六万颗，又大小手枪六百六十枝，另配子弹一十六万四千二百颗。当经先行呈奉军政部核准发给务字五十三号护照一纸，准予分饬沿途关卡查验放行,各在案。现该项军械已付那〔挪〕威商轮运载,经抵省河。惟据税务司面称：前由粤海关监督函知,军械入口，除有护照外，仍须有帅令,方准起运等语。因念职团购械,全系团军出资订购，为自卫公安辅助军警起见,与大元帅尊重民治,扶植民权之旨，并不相违，且钧座服务乡邦，主持军政，体念商艰,扶持民治,职团幸托帡幪，至深爱戴，用敢具呈吁恳，伏乞俯予转请大元帅令行粤海关监督，转知税务司,随时准予职团起卸,以免疏虞而重民治，不胜迫切待命之至。谨呈

内务部部长徐

粤省商团正团长陈廉伯

副团长李颂韶

副团长邓介石

中华民国十三年八月十一日

（2）大本营内政部指令稿（8月13日）

大本营内政部指令　第　号

令粤省商团长陈廉伯

呈一件　呈请转呈帅府令行转知税司将订购枪枝子弹随时准予起卸由。

办理商团为自卫，政府于商民自卫之方，尤思极力扶助。该团定购枪弹，系为补充实力起见，既经呈明军政部核准发给护照，政府自已认可。现在海关尚未放行，当是手续关系，俟据情呈请大元帅令行粤海关查明准予起卸，该团长并即转告各团勿生误会为要。此令。

大本营内政部部长徐绍桢

中华民国十三年八月十三日叙稿

〔广州国民政府档案〕

## 4　岑任诚关于孙中山扣留广州商团军械情报致北京军事处密电

（1924年8月）

### （1）8月13日电

上海局转北京公府军事处陆处长钧鉴：港密。（一）胡思舜自进兵广三后，蒋部只得李根云、周伯甘等约千人，知不能敌，即行退出，即由杨希闵委胡代蒋为滇军第三军长。（二）粤省商团向外洋购七九步枪四千八百余杆，配弹二百万发，驳壳手枪四千三百余杆，配弹二百万发，孙政府已给运照起运。讵昨自那〔挪〕威轮船哈活号运到，突由省署禁阻起卸，派永丰舰监视，欲将该枪弹一部充公，创办工团军，以与商团为敌。商团现正请求，准危〔否〕如何续报。（三）沙面华人罢工风潮，外领愿复用华俗，已告解决。

准铣日全复职。(四)潮汕自军兴以来，搜凑几穷，近筹饷局复强行税契登记，青、蒸两日，汕头商店全体罢市，经洪使声明取消，现已复业。任诚代。元。

(2)8月15日电

上海局转北京公府军事处陆处长钧鉴：港密。孙文扣留商团军械一节，详寒电。但此间尚有种种内幕，兹再为钧座陈之。查商团团长陈廉伯系广州汇丰银行买办，人本凡庸，向与魏邦平结纳，魏自去年被沈冠南、杨希闵，排挤失去兵柄，益仇视客军。近乘商团改组，饬其私人陈恭受运动，选充副部长，本为恢复势力之地步。此次所购军械，确由商民团备价者仅得半数，其余则为魏氏私购，及经手人借以牟利。又该团向孙政府领运照时声明，自欧洲起运，三月后可到。讵甫及一周，械即抵粤。孙政府遂得藉词数目、时期不符，扣留查究。现两陈以情虚，均已逃港。商团继抗争，恐只能领回确购之数。适接省讯并传孙已勒令将全数械弹卸存黄埔军官学校，确否容再探报。再，售械之南鞅洋行闻为德商，货自比利时下船舱，口单只称机械。合并附陈。任诚代呈。删一。

(3)8月20日电

上海转北京公府军事处陆处长钧鉴：港密。一、接桂讯：李宗仁部到柳后，联邓瑞征合攻韩彩凤部。李派又暗唆邓右文请冠南下野，惟邓在沈等向不得众心，度无大影响。等语。二、商团因受孙政府种种牵制，将办事处迁往佛山。任诚代呈。号。

(4)8月25日电

上海局转北京公府军事处陆处长钧鉴：港密。接省急讯，广州全市商界今日已总罢市。惟军团尚无冲突。谨闻。任诚代呈。有。

〔北洋政府大总统府档案〕

## 5 北京大总统府军事处为粤省商团运械向使团交涉与外交部等往来函电稿

(1924年8—9月)

(1)致外交部陆军部函稿(8月20日)

致外交部<br>陆军部函

径启者：顷奉主座交下吴巡阅使合电称：顷接广东造币厂长刘焕元电称：顷据团绅报称：商团由那〔挪〕威船运来步枪四千八百十杆，配子弹二百一十五万，驳壳手枪四千五百五十一杆，配子弹二百零六万，大小手枪六百六十杆，配子弹十六万四千二百。合共一千一百二十九箱。十日已抵珠江。伪军政部即照会税务司，取销前准商团购枪运照，并派兵舰监视；一面要求商团将械借用。现孙氏经函该船移泊黄浦，现仍未解决。闻沙面各领事亦极不欲此械为孙氏所有。事关增长势力，乞即电中央迅速设法咨会使团令原船出口，或由卖械人商洋行将械起运沙面，两方暂不准提取，以遏敌势，如何，伏乞察核等语。用特转陈，即乞呈明主座，饬下外交、陆军两部，迅向使团严重交涉，务将前项械弹设法扣留，以免益敌兵而增寇势。无任盼祷之至。等因。奉此。除函

陆军部<br>外交部外，事关械<br>外商运弹<br>械相应函达，即希查照办理为荷。此致

外交部

陆军部

启八月廿日

（2）北京外交部致大总统府军事处函（9月3日）

外交部公函　年亲字第五八三号

径复者：接准函称：粤省商团由那〔挪〕威船运来步枪四千八百十杆，配子弹二百十五万，驳壳手枪四千五百五十一杆，配子弹二百零六万，大小手枪六百六十杆，配子弹十六万四千二百，合一千一百二十九箱，十日已抵珠江。伪军政部照会税务司，取消前准商团购枪运照，派舰监视；一面要求商团将械借用。现该船移泊黄埔，请向使团严重交涉，务将前项械弹扣留。等因。业已由部向驻京那〔挪〕威使馆交涉，转令该那〔挪〕威船，勿得将此项军械交付；并请驻京英、美、法、义、日本各国公使转行驻粤领团，暂将该械等起存沙面。除俟得复再达外，相应函复贵处查照可也。此致

大总统府军事处

中华民国十三年九月三日

〔北洋政府大总统府档案〕

## 6 北京大总统府军事处关于粤省商团以扣械事声称罢市等情致吴佩孚等电稿

（1924年8月21日）

洛阳吴巡阅使，南京齐巡阅使，武昌萧巡阅使钧鉴：恰密。顷据港探巧电称：昨派员赴黄埔及省城侦察，顷据回称：商团军械并未起卸。该械系德货，由比利时之安替窝堡埠出口，现滇、湘、粤、桂各军群思沾润，争执不决。孙派又拟将一半发还商团，一半缴价请领，办法尚未确定。至罢市一节，恐难实行。等语。查各军业存耽视之心，即使任商团起卸，到时亦难保不发生问题。理合电陈，乞筹应付。又皓电称：接省急讯，商团以扣械事，致哀

的美敦书于孙文，限今晚答复，否则一律罢市。孙亦下令解除商团武装，双方似有决裂之势各等语。除已转呈主座钧阅外，特此奉达，即祈查照。军事处。马。印。

〔北洋政府大总统府档案〕

## 7 孙文着蒋介石将所扣留商团部分枪械为甲车队之用令

（1924年8月23日）

大元帅令

着蒋校长将扣留之械内，交李縻将军驳壳枪一百七十五枝，手机关枪十八枝及两项足用之子弹，为甲车队之用。此令。

孙文（印）

中华民国十三年八月二十三日

〔广州国民政府档案〕

## 8 粤省商团军要求发还购械致大本营内政部等电

（1924年8月24日）

快邮代电。大本营内政部徐部长、军政部程部长，廖省长，滇军杨总司令，湘军谭总司令，桂军刘总司令，粤军许总司令，豫军樊总司令钧鉴：本月漾日，由职团全体团军邮电肃复大元帅一呈文曰：大元帅睿鉴：前奉帅座派秘书林直勉、连声海，副官邓彦华亲赍帅谕一函，迩时职团代表以函示各节，异常重要，非得全体团军公意，碍难切实呈复。连日以来，分头征求各团军意见，佥以帅谕所开其一其二两点，各团军既尚未附逆，无从检举，更何从指出执迷不悟之人。现查此项团械，政府一日不发还，即全省商民一日不得安居乐业，正不独职团团军为然也。民心所在，即天意所归，尚望帅座本扶植民治之旨，勿事压抑，勿过摧残，庶几上下相维，官民相谅，乃能巩固政府，徐图发展于将来。否则，购械一案关系全省安危，虽职团懔遵帅令，静候政府核办，不敢稍有暴动，而全省商团，众情汹汹，万一激成意外，固非职团之力所能制止，亦恐政府乏术以善其后。千钧一发，利害所关，势难再事缄默。愿帅座察纳雅言，谘诹善道，俯将所购团械，迅予照数发还，则全省商团方感激之不暇，又安有轨外之行动乎。先此电复，余俟续呈。等语。事关阖省安危，除分电外，理合电呈鉴核。仰恳俯念全粤商民丧失自卫能力，迅予设法维持，实叨德便。粤省商团全体团军同叩。敬。印。

中华民国十三年八月二十四日

〔广州国民政府档案〕

## 9 北京大总统府军事处关于粤省商团事件致吴佩孚等电稿

（1924年8—9月）

### （1）致吴佩孚密电稿（8月26日）

洛阳吴巡阅使鉴：怡密。兹据港探电称：最近消息，挪威轮入之军火货物，均已由孙强硬起卸。其号、马等日举动，系一面归罪陈廉伯个人，下令通缉，以离间商团；一面缴调北江豫军，回驻市内，以压阻罢市。计划分三大戒严区域：老城、新城由粤军担任，东关、长堤由湘、滇军担任。西关由豫、赣军担任。商团对此亦建节街闸，力拒军队入驻，惟罢市实行，官商两方受害相等，在孙派固有所顾忌，在商界亦未能一致。故昨日又有商业维持会出而调停。主张商勿罢市，军退郊外。又称：适接省确讯，南海之佛山、三水之西南、顺德之陈村、石龙等重要商埠，均已于今日罢市。原驻西南少数滇军出而干涉，被商民团围攻，全数缴械。至省城方面，闻拟暂不发动。正发电间，又传佛山亦已发生冲突，是否确实，查明再报。等语。除转呈主座钧阅外，特电奉达。军事处。寝。印。

(2)致吴佩孚密电稿（8月27日）

洛阳吴巡阅使鉴：恰密。顷接港探敬电报称：商团副团长陈恭受，自称攻城司令，由佛山商团缴滇军枪约一连，滇军昨调援兵往佛，军团确已冲突，驻省军队加紧戒严。又有电称：接省急讯，广州全市商界今日已总罢市，惟军团尚无冲突。等语。除转呈主座钧阅外，特电奉达。军事处。感。印。

(3)致萧耀南密电稿（8月28日）

武昌萧巡阅使鉴：巡密。有电诵悉。孙文奸狡性成，无理取闹，至酿商埠罢市，咎有攸归。除将原电业经转呈主座阅悉外，特电奉复。军事处。俭。印。

(4)致吴佩孚密电稿（8月30日）

洛阳吴巡阅使鉴：恰密。顷接萧巡阅使沁电称：据香港张顾问光舜有电称：本日广州罢市，商团集中佛山，陈恭受任攻城总司令，孙调各军集中广州，日内将有大战等语。除电复外。特电奉闻等语。除业转呈主座阅悉外，特转奉闻。军事处。卅。印。

(5)致吴佩孚密电稿（9月1日）

洛阳吴巡阅使鉴：景密。勘电敬悉。除将原电业经转呈主座阅悉，并函达外交部查照办理外，特复。军事处。东。印。

(6)致吴佩孚函稿（9月3日）

致吴巡阅使函

敬启者：兹据交通部转来港探东日报告，内称：昨午孙文派兵四、五千巡逻西关一带，并勒即复业，否则缴械。商团外无联络，渐形屈服，已多复业。等语前来。相应函达，即请查照为荷。此致

直鲁豫巡阅使署

启九月三日

(7)致吴佩孚函稿(9月4日)

致吴巡阅使函

敬启者：前准合电，据广东造币厂长刘焕元电称：伪军政府扣留商团枪械一案，当经转函外、陆两部查照办理，并已电复在案。顷准陆军部函开：前准贵处函开，奉主座交下吴巡阅使电称：接广东造币厂长刘焕元电称：商团由那〔挪〕威船运来步枪各种手枪暨子弹等，现为孙氏扣留一案，除原文已有不再照录外，当以此项军械关系重要，应转知粤海关，暂勿开舱放行。业经咨行税务处去后，兹准复称：即令总税务司迅电粤海关税务司遵照办理。一俟得复，再行核办咨达。等语到部。相应函请查照。等因。准此。相应函达，即祈查照为荷。此致

直鲁豫巡阅使署

启九月四日

〔北洋政府大总统府档案〕

## 10 广州市工人代表会不承认调停罢市风潮议定条件电

(1924年9月1日)

大本营孙大元帅睿鉴：廖省长，各部长，滇军总司令杨，湘

军总司令谭，豫军总司令樊，桂军总司令刘，各军长、各师长、各旅长，各县长，报界公会转各报馆、教育会、农会、新学生社、各社团、各工会，上海民国日报，天津益世报、北京晨报鉴：昨阅报载，罢市风潮已由滇军第二军长范石生、第二师长廖行超出任调停，议定六项条件，并担任发还全数枪弹，殊深骇异。夫陈廉伯、陈恭受等假借商团名义，私通北洋军阀，勾结英国帝国主义者瞒运大帮军械进口，阴谋推翻革命政府，阻止国民革命进行，其罪已无可逭。所扣留之军火，实无发还理由。至商团军平日之摧残工人，固属屈指难数，而此次之附和两陈铁轨行动，亦应严加惩劝，以策将来，庶革命障碍于以扫除，革命事业以兹长进。若履行所订条件，于政府惩办两陈之通缉令则取消之，于两陈瞒运进口之军火则发还之，试问革命政府之威信何在？革命前途之危险何极？若此案可以容忍屈服，则以后革命政府尚有何事可办？革命军队之纲纪又复何存？敝会为代表全广州工人利益计，为拥护国民革命政府计，对于此项不允当之条件，暂不承认。邦人君子，尚祈垂鉴。广州市工人代表会叩。东。印。

〔广州国民政府档案〕

## 11 孙文着蒋介石发给朱培德等枪枝令

(1924年9月)

（1） 8日令

着蒋介石先发给朱培德部步枪一千枝。此令。

孙文不用印

（2）12日令

着发给干部学校长枪二百杆。此令。

长洲要塞司令蒋中正

孙文

（3）12日令

着发给军官学校长枪六百杆。此令。

长洲要塞司令蒋中正

孙文

（4）12日令

着发给讲武学校长枪二百杆。此令。

长洲要塞司令蒋中正

孙文

（5）12日令

着发给教导团长枪一千杆。此令。

长洲要塞司令蒋中正

孙文

（6）12日令

着发给滇军第二军军长范石生长枪五百杆、短枪五百枪〔杆〕。此令。

长洲要塞司令蒋中正

孙文

（7）12日令

着发给桂军总司令刘震寰长枪五百杆。前令给发之短枪着即取消。此令。

长洲要塞司令蒋中正

孙文

（8）12日令

着发给豫军总司令樊锺秀长枪五百杆。前令给发之短枪着即取消。此令。

长洲要塞司令蒋中正

孙文

〔广州国民政府档案〕

## 12 孙文取消发给范石生枪枝令

（1924年9月12日）

前令交范军长长枪一千枝，今因商团已就范围，当先发还商团，故当取消前令。此令。

长洲要塞司令蒋

孙文

〔广州国民政府档案〕

## 13 北京大总统府军事处关于东江留港各派拟定对孙中山作战计划致吴佩孚等电稿

（1924年9月19日）

吴巡阅使鉴：邮代。武昌萧巡阅使，南昌蔡督理均鉴：怡密。顷据港探支电称：罢市潮未解决之先，孙本拟炮攻示威，嗣得英领函：接到香港水师提督电令，孙军炮攻商场时，英舰即合击。孙军已有所恐，故急求解决。现陈廉伯一派反对前订条件，各军政以范、廖独占美名，多不满意，双方均未履行，且有牵入政潮之势。东江留港各派，昨在港协议拟请竞存，定作战计画，由隐青修改，交若卿执行，以和内部而速进行。等语。除业呈主座阅悉外，特电奉闻。军事处。皓申。印。

〔北洋政府大总统府档案〕

## 14 东三省民报登载孙中山抗议外人干涉内政电

(1924年9月22日)①

商团风潮中之陈廉伯，其人本为汇丰银行广东支行买办，已经由政府搜寻证据，但犹优容忍耐之，故一经范军长、廖师长斡旋，政府即俯从一切，商店既完全开市，各方亦多以为从此风潮平息矣。讵不知此罢市风潮，尚属内部小事，而竟因此引起驻粤英总领事之抗议，干涉吾内政，助陈廉伯扬眉吐气，曾通牒外部谓：闻政府军队有炮击广州市之预策，英为维护外侨计，不得不出一自卫之法。现已奉到驻港英国舰队司令命令，如贵政府果有炮击广州市之举，敝国（指英）海军必以全力对付之。等语。兹译录其通牒原文大意如下：

径启者：领事团因昨闻各方传述，中国当局，拟炮击广州市，而尤注重于西关方面，故由领袖领事于昨日上午（二十八日）向省长口头抗议如下：(一)如外国人民或产业，因之受有损失，当由中国政府负责。(二）领事团对于炮击无守卫城市之野蛮举动，提出抗议。(三）如外国人民或产业，因之受有损失，领事团得施行适当之举动。本总领事，现正接到英国驻粤海军司令来讯谓，经奉香港英国海军舰总司令命令，如遇中国当道有向城市开火之时，英国海军即以全力对待之。等语。相应函达，并颂日祺。翟比南启。八月二十九日。

---

注：①此系"东三省民报"登载该文日期。

此哀的美敦书性质之公函，达于傅交涉员后，傅即特向伍外长请示。伍梯云部长阅函大骇，以为此等恫吓之词，竟出现于公函，关系十分重大，当即持往大本营，见大元帅、胡总参议，秉商此事。大元帅即召集廖省长、郭次长、傅交涉员、陈友仁局长、孙市长、吴局长及帅府重要人物，密议对付之策，均认为蔑视侮辱，干涉内政，非严重抗议不可。然是日适值商团开市条约签字，三十日即全市开市，帅意以为如即日宣布，不甚洽当，直至全市开市宣告解严。九月三日大元帅乃以英文电致英首相麦克唐纳尔，对此事提出严重抗议。兹将此电英文原意，译录如下：

汇丰银行广州支行买办（陈廉伯）近组织一所谓中国法西斯蒂党之团体，其倾覆本政府之目的现已披露，叛党拟俟由欧来粤之哈佛（译音）船所运入口之军械到手，即将实行之。该哈佛轮已于八月十日行抵广州，即被本政府扣留，由是叛党及反革命党在广州藉罢市名目，即已呈现谋叛状态。惟时余正拟适当方法戡定叛乱，不意忽接驻粤英总领事致本政府一函，内有数言如下："本总领事现接驻粤英国海军舰队领袖军官来讯谓，经奉香港舰队司令命令，如遇中国当道有向城市开火之时，英国海军即以全力对待。"夫中国反革命党既获得英国历来政府之外交的及经济的援助，而本政府又实为今日反革命党之唯一抵抗中心，故余迫于深信此哀的美敦书之主旨，乃倾灭本政府。对于最近此种帝国主义干涉中国内政之举，余特提出严重抗议。孙文。

自此项电文拍发后，大元帅又发出对世界各国及全国国人宣言一道。其原文如下：

自广州汇丰银行买办陈廉伯反叛政府逆谋发见之始，余即拟〔碍〕其此种反国民运动，必有英国帝国主义为之后盾。然尚未敢深信此说，以英国现为工党主政，而工党固尝于其党员会员及政纲中屡有同情于被压迫民族之宣言者也。故余仍望以工党政府既获政权，必将履行其主义，至少亦能放弃其向来为祸而屈辱中国之炮舰政策，而能在此邦辟一国际信义之新纪元，以实践其政治理想也。

吾人今乃知其真相矣。八月二十九日英国总领事对吾政府通牒言：沙面领事团抗议对无防卫都市开火之强暴举动，并为下列之强横态度，且近似宣战之通告曰："本总领事现接驻粤英国海军军官来讯谓，经奉香港舰队司令命令，如遇有中国当道有向城市开火之时，英海军即以全力对待之。"

吾政府否认对无防卫都市有开火残暴举动。盖广州市中政府有用武力镇压之必要者，只有为陈廉伯叛党所作为根据地之西关一隅之地。然此不名誉之诬语，乃出诸新加坡残杀案之主使者，及屡施暴政于印度、埃及及爱尔兰者之口，则可知帝国主义者之伪妄矣。

即在我国最近发生之万县案而论，须牺牲我国民之未经审判而斩首者二人，始得免于受英国海军炮击之祸，则又可知帝国主义者之残暴为如何矣。

今英国海军在广州河面，又有轰击中国政府之威吓，岂非以我国现当分崩衰弱，得以横行无忌耶。然余对于帝国主义之英国此种挑战行为，尚有更深远之见解，即对于帝国主义诸强于此十二年来所授与反革命者之外交上精神上及数万万之借款援助，不能不信此种帝国主义的举动，实欲以之摧残国民党之政府而已。盖此次之叛乱，指挥之者，为英国帝国主义在中国最有势力之机关之职员，而英国之所谓工党政治者，乃以轰击恐吓中国政府，使不能以威力平乱，以维持其存在者也。

帝国主义所欲摧残之国民党政府，究为何物乎？盖此实今日中国唯一之革命团体，反抗反革命运动之中心势力。惟其然也，故英国乃以炮指之。

吾人前此革命之口号曰："排满"，至今日吾人之口号，则改为"推翻帝国主义者之干涉，以排除革命成功之最大障碍"。

记者按：此宣言原系英文。此文乃从英文中译成华文。盖英文乃对外，华文对内者也。英人尝利用一公司，而亡印度。吾知爱国国民读此宣言，必恍然大悟，景从于革命政府之后矣。

〔北洋政府京畿卫戍总司令部档案〕

## 15 胡汉民关于商团未改组未许以交枪等情致李登同电稿

(1924年9月23日)

提前。火急。广州滇军第二军李参谋长鉴：养电悉。商团并未改组履行手续，何云今日许以交枪？即给范、李、廖三处之令，亦声明改组后负责按政府手续交还，何云失信？兄乃理屈词穷，殊不可解。汉民。漾子。

中华民国十三年九月廿三日时交发

〔广州国民政府档案〕

## 16 孙文批准解决团械办法望火速从事致胡汉民电

(1924年9月28日)

韶州发来电

广州胡留守鉴：总密。感电悉。团械既有办法，当准照行，只望火速从事，使军队立即出发。着组安饬令湘军赶紧集中南始，不可再滞韶关。因初拟湘军由原防进攻三南，故未筹韶关住所，各处现已住满矣。并促组安速来韶助理一切。孙文。俭巳。

〔广州国民政府档案〕

## 17 孙文允准李福林所拟发还团械三条办法着蒋介石照办令

(1924年10月9日)

于大本营

据广东省长胡汉民电呈民团督办李福林所拟发还团械办法三条：(一)由民团督办担任召集殷实商人，筹借二十万元，由租捐项下拨还；(二)团械交民团统率处发还，其数在五千枝以上发还之数，须商团负责人之签字，不得异议；(三)团械发还之日，由商团通电解释以前误会，表明自卫心迹等语。应准照办，仰该校长将所存团械发交民团督办李福林依照所拟办法发还商团收领。此令

右令陆军军官学校校长蒋中正
孙文。印。汉民代行。

〔广州国民政府档案〕

## 18 孙文为平定广东商团叛乱致胡汉民等密电

(1924年10月)

### (1)10月9日电

万万火急。广州胡留守鉴：总密。转蒋校长鉴：两函俱悉。以我推测，或不至如此危急。然我来韶之始，便有宁弃广州为破釜沉舟之北伐，今兄已觉得广州有如此危险，望即舍弃黄埔一孤岛，将所有枪弹并学生一齐速来韶关为北伐之孤注。此事电到即行，切勿留恋！盖我必不回救广州也。当机立断，勿迟疑！孙文。青亥。

（2）10月13日电

韶州大本营来电

十万火急。广州胡留守译转李军长鉴：总密。文电悉。枪已发还，罢市愈烈，商团叛形既露，应立即由民团统率长宣布其罪状。令各地民团协力防乱，毋为所惑。孙文。元亥。印。

中华民国十三年十月十三日十二时到

（3）10月14日电

无限火急。提前飞转广州胡留守鉴：总密。并译转杨、许、刘、范、李、廖诸兄。今日情况如何，收缴商团枪枝刻不容缓，务于二十四点钟内办理完竣，以免后患。否则，东江逆敌反攻，必至前后受敌。望诸兄负责速行，不可一误再误。盼复。孙文。盐酉。印。

中华民国十三年十月十四日下午九时到

（4）10月15日电之一

韶州大本营来电

万火急。广州胡留守鉴：总密。删电悉。商团既用武力以抗政府，则罪无可逭。善后处分，必将商团店户、货物、房屋，悉行充公。其为首之团匪严行拿办。万勿再事姑息。除贻后患；其在省外之商团，当限期自首悔罪，永远脱离商团，否则亦照在省团匪一律惩办。为要。孙文删午。印。

中华民国十三年十月十五日

（5）10月15日电之二

韶州大本营来电

万急。广州胡留守鉴：总密。商团缴械，想已办妥也。未入商团之商店，应严令即日开市。其已入商团者，应分别处罚：为首者没收财产，附从者处以罚金，论情罪轻重，由数百至万元，作北伐军费。宜及此时，迅速办理，免致日久生怠。孙文。咸戌。印。

中华民国十三年十月十五日午后七时三刻到

(6)10月16日电之一

韶州来电

提前飞送。万火急。广州胡留守鉴：总密。据李福林报告：团匪高踞西濠口大新公司楼上放枪，密击我军。着即将该公司占领充公，不必畏惧外人干涉，以彼先破中立故也。务要令到即刻执行。切切。此令。孙文。铣戌。印。

中华民国十三年十月十六日下午九时卅分到

(7)10月16日电之二

提前。万火急。广州胡留守、杨、刘、许总司令鉴：捷密。已着杨虎率其全部解杜、邓两犯来韶。铣已电暂不执行。孙文。铣亥。印。

中华民国十三年十月十六日下午十二时到

(8)10月19日电之一

急。广州胡留守、许总司令鉴：总密。并转精卫、仲恺兄。电均悉。路孝忱部队已调韶，严加整顿，无枪部队均应一律解散。此次惩乱经过，宜有宣言，想已发布。孙文。皓巳。印。

(9)10月19日电之二

韶州大本营来电

广州胡留守鉴：总密。准照办理。着留守勒令前来；否则，在省缴械遣散。孙文。效未。印。
中华民国十三年十月十九日午后四时五十分到

〔广州国民政府档案〕

## 19 蒋介石请严办商团致孙文密电暨孙文批

（1924年10月10日）

急。韶州孙大元帅钧鉴：密。顷据许总司令电话，言工团军及学生游街时，被商团击伤数人，现已了事云。而据鲍尔〔罗〕廷君来电话，言工团及学生被商团击毙数十人，现在尚有工团军潜伏各处，不敢出来者。属中正代问总理如何处置！中正之意，非责成许总司令及李登同严办商团不可。如何？乞覆。中正叩。灰戌。

〔孙中山批〕代答并令：当着省长、总司令、民团统率处处长，严行查办。文。

〔广州国民政府档案〕

## 20 中国国民党越南海防支部望速削平惨杀工人学生之广州商团呈大元帅电

（1924年10月10日）

广州大元帅鉴：顷读西报快电：惊知广州商团军于双十节日，向巡游队徒手工人、学生乱枪截击，死伤男女数十人，失踪又数十名，当堂被剖肚挖心脏、割阳具、耳朵之工人一名。同人等骇闻之下，异常悲愤。此种无人道之行为，世界各国所未见，今竟出于广州商团，实与野蛮生番之残忍无异。工人何罪？学生何罪？

双十巡游，与商团何干？乃商团竟于光天化日之下，罔顾法纪，惨杀工人、学生，举世界之人所不敢为不忍为而为之，丧心病狂至于此。况复私运军械，接济贼党，四出造谣，强迫罢市，断绝粮食，危及人民，其私心无非欲制我北伐义军后方之经济，希图倾覆革命政府。此种甘为祸首，大逆不道，实属罪无可逭。天理人道，当复何存。凡有血气，莫不切齿愤恨，皆曰可杀。用特电达，伏望诸公振发严威，同申天讨，迅电各军殄灭此种藉商为名，判〔叛〕乱为实之匪徒，以谋我党政府之巩固，百粤人民真正之自卫，而申正谊于天下。我义军此举，为公理，为人道，不得不出此非常之军事行动。同人等虽营商海外，关山远隔，而羊石尚有产业与亲戚故奋〔旧〕，固爱乡之情，犹耿耿不忘也。大义所在，难以姑惜，宁为玉碎，不愿瓦存，敢竭忠诚，誓为诸公后盾。临电陈词，不胜悲愤。中国国民党越南海防支部同人叩。

〔陆海军大元帅大本营公报1924年第29号〕

## 21　孙文特派廖仲恺等为革命委员会全权委员令

（1924年10月11日）

大元帅令

特派许崇智、廖仲恺、汪精卫、蒋中正、陈友仁、谭平山为革命委员会全权委员。此令。

会长　　孙文

中华民国十三年十月十一日

〔广州国民政府档案〕

## 22 孙文着蒋介石将商团各种子弹运到韶关令

（1924年10月11日）

着蒋介石将商团各种子弹悉运到韶关，听候发落。此令。

孙文

〔广州国民政府档案〕

## 23 孙文着用革命委员会会长名义打消商团罢市和收回关余令

（1924年10月11日）

着革命委员会委员用本会长名义便宜行事，用种种方法打消商团罢市，并立即设法收回关余。此令。

孙文

〔广州国民政府档案〕

## 24 谭延闿关于查办团商事件致胡汉民密电

（1924年10月）

（1）10月11日电

急。广州胡留守鉴：总密。西濠口商团与工人代表等团体冲突一案，已由介石灰戌电呈帅座，奉批：令省长、许总司令、民团统率处处长严行查办。除复介石外，已将原件原批寄上矣。希即核办。延闿。真戌。印。

（2）10月13日电之一

十万火急。广州胡留守鉴：捷密。并转仲恺先生。帅令杨师长虎率所部回省，听候革命委员会调遣。该部给养无着，到时请接济补充。延闿。元申。印。
中华民国十三年十月十三日下午五点到

（3）10月13日电之二

飞火急。广州胡留守鉴：总密。译转宋总指挥鉴：西村一带由湘军担任弹压，希速派得力军队千人前往驻扎，以资策应，并通电粤汉沿路各部队一体警戒。诸事请商承留守办理。延闿。元亥。印。
中华民国十三年十月十三日十二时到

〔广州国民政府档案〕

## 25 杨虎关于攻击商团情况致谭延闿电

（1924年10月16日）

（1）电之一

广州来电

韶关大本营谭总司令钧鉴：职部抵省后，革命委员会议决，解决商团时间甚短，不必另组军事指挥机关。同时职部准卫戍司令通告于今早五时警戒惠爱路、长庚路等地，并协同各友军由西门太平桥、白糖桥进攻，占领商团各公所。残敌向西北方退却，正在追击中。同时火起，已派救护。杨虎呈叩。
中华民国十三年十月十六日

（2）电之二

广州来电

韶州〔关〕大本营谭总司令钧鉴：密。删电谅达。敌团副杜、邓自首，请和缴械、职部令开拔西村附近，警戒待命。敬闻。杨虎叩。谏。

〔广州国民政府档案〕

## 26 罗翼群请将保护令径电各县商团商会以安商心致广州省长公署政务厅长电

(1924年10月28日)

广州省长公署李政务厅长鉴：捷密。一、现晤韶州商团各人，尚未知省署有除省佛商团外，其他应予保护之令，拟请由省署径电各县商团商会以安商心。二、翼明日早车回省，烦转敝属。翼群叩。勘。

〔广州国民政府档案〕

# （六）第二次北伐

## 1 大元帅关于移师北伐令

(1924年9月5日)

大元帅令：

本大元帅于去岁之春，重莅广州，北望中原，国本未宁，危机四布，而肘腋之地，伏莽纵横，乘隙思逞，始欲动之以大义，结之以忠信，故倡和平统一之议，以期消弭战祸，扶植民本。不图北方跋扈武人曹琨〔锟〕、吴佩孚等，方欲穷兵黩武，摧锄异己，以遂其僭窃之谋。乃勾结我叛兵，调唆我新附，资以饷械，嗾其变乱。遂使百粤悉罹兵燹，北江群寇蜂拥而至，东江叛兵乘时蠢动，西江南路亦跳梁并进。当此之时，以一隅之地，撑四面之敌，赖将士之戮力，人民之同心，兵锋所指，群贼奔溃，广州根本之地，危而复安。在将士劳于征战，喘息不遑，在人民疲于负担，筋力易敝。然革命军不屈不挠之精神，已渐为海内所认识矣。曹、吴诸贼既不获逞于粤，日暮途远，姑窃名器以自娱，于是有觥法行贿黩乱选举之事，反对之声遍于全国。正义公理本足以褫奸宄之魄，然天讨未申，元凶稽戮，转足以坚其盗憎主人之念。湖南讨贼军入定湘中，四川讨贼军规复重庆，形势甫展，而大功未就。曹、吴诸贼，乃益无忌惮，既吮血于福建，遂磨牙于浙江，因以有东南之战事。逆料此战事，且将由东南渐及于东北，去岁贿选时代所酝酿之大战，至此已一发而不可遏。以全国言，一切变乱之原动力在于曹、吴，其他小丑不过依附以求生存，苟能锄去曹、吴，则乱源自息。以广东言，浙江、上海实为广东之藩篱，假使曹、吴得逞志于浙江、上海，则广东将有噬脐之祸，故救浙江、上海亦即以存粤。职此之故，本大元帅已明令诸将，一致北响〔向〕讨贼，并克日移大本营于韶州，以资统率，当与诸军会师长江，饮马黄河，以定中原。此后方留守之事，责诸有司。去岁以来，百粤人民，供亿军费，负担綦重。用兵之际，吏治财政动受牵掣。所以苦吾父老兄弟者甚至，然存正统于将绝，树革命之模型，吾父老子弟所有造于国家者，亦甚大。当此全国鼎沸之日，吾父老子弟尤当蹈厉奋发，为民前驱。扫除军阀，实现民治，在此一举，其各勉旃。毋忽。

中华民国十三年九月五日

〔陆海军大元帅大本营公报一九二四年第二五号〕

## 2 国闻通讯社旅沪赣民自治促进会促请孙中山北伐开会记

（1924年9月7日）

国闻通信社云：江西旅沪赣民自治促进会，昨日下午二时开会，到者职员等廿余人，郭木堂主席，议题如下：（一）电呈广州孙中山出师北伐。（二）电请李参谋处长转呈中山速令各军先行解决江西问题，以甦民困。（三）函请江西旅粤各军司令全体军官即日返赣，以救危亡。以上各案逐一议决通过，公推邱振哉起草，议毕散会。兹将该会致广州电文录下：广州孙大元帅睿鉴：奸瞒窃位，将近一年，祸国殃民，罄竹难纪。乃者臧杨守正，起义门由闽入赣，息军浙疆，曹氏党羽，以为异己，思加排除，遂由齐燮元进兵松沪，幸浙卢不畏强御，转战数日，节节顺利，刻已义旗高举矣。我公革命三十年，护法十余载，爱国爱民，同此心理。际此江浙称兵之会，正我扫穴犁庭之时，务请整率六军，剋日北指，剪彼凶顽，尊我国本。除派代表来府〔请〕愿外，谨先电陈。江西旅沪赣民自治促进会叩。麻。

〔北洋政府京畿卫戍总司令部档案〕

## 3 孙文鉴于当前广东形势以北伐为善策致蒋介石函

（1924年9月9日）

介石兄鉴：长函悉。从根本办去，以练一党军而负革命之责任，此志正与兄同。惟广东一地，现陷于可致吾人于死之因有三。其一，即英国之压迫。此次罢市风潮，倘再多延一日，必有冲突之事发生。而英舰所注意者必大本营、永丰、黄埔三处，数十分钟便可粉碎，吾人对彼绝无抵抗之力，此因此次虽幸免，而此后随时可以再行生。此不得避死就生一也。其二，即东江敌人之反攻，现在已跃跃欲动，如再石牌之事发生，则鹿死谁手，殊难逆料。其三，则客军贪横造出种种之罪孽，亦必死之。因有此三死因，则此地不能一刻再居，所以宜速舍去一切，另谋生路。现在之生路，即北伐为最善况。现在奉正入关，浙可支持，人心悉欲倒曹吴，武汉附近我有响应之师，乘此决心奋斗，长驱直进，以战场为学校，必有好果也。吾党之士切勿游予。大局幸甚。余面详。

此致

孙文

中华民国十三年九月九日

〔武汉国民政府档案〕

## 4 方本仁与大总统府军事处关于粤省军事等情报来往电

(1924年9月)

### (1)方本仁致陆锦等电(9月17日)

急。北京公府军事处长陆,洛阳巡帅吴,南京巡帅齐,武昌巡帅萧,南昌督帅蔡钧鉴:巡密。顷据邓总指挥如琢转据该部侦探长陈福祥删电报称:(一)韶州专函报告:孙文在韶招集谭延闿、李烈钧、刘震寰等各高级官开军事会议,均未到,闻系因东江不能骤行放弃之故。(二)南雄探兵回庾报告:南雄原拟雇夫五百名往始兴江口挑运军实,因该夫款商会尚未筹妥,且韶兵亦未开动,故元日未能果去。(三)雄城原驻之滇军第四团拟调回韶州,以该师之第一旅填防。(四)广州专函报告:省城商界军械未发还,孙文发行中央银纸取怨各军,所留香港米船,以致米市仍停办,佛山仍完全罢市,广州恐不久有绝粮之势。(五)湘军一部约千余人开驻军田江东车站。(六)韶州来函报告:前省城所来之兵,时乘车上下,现尚无出动消息。(七)南雄侦探回庾报告:雄城商会因属筹米,夫费刻已力竭,夫款一节实难再担,县署现正妥议办法等语。除饬续探具报并分行各军知照外,谨电禀陈。方本仁叩。篠。印。

### (2)大总统府军事处致方本仁电(9月28日)

赣州方督办鉴:巡密。敬电诵悉。适据周督理养电称:据张师长毅巧电称：据探报告，孙拟率粤军约两万人日内进驻韶关，窥侵赣南。又报：洪护军使率兵进驻惠州，有进驻广州之意等情。查所报告各节，尚属实在，除饬汀漳驻军严行戒备外，应请转饬赣南各军严为准备，以免疏虞等语。并经转呈主座钧阅，奉谕着电方督办饬属加意严防为要等因。奉此。特达。军事处。俭。印。

〔北洋政府大总统府档案〕

## 5 军事处关于孙中山拟率军进驻韶关绕出东江北伐致蔡成勋等电

(1924年9月)

### (1)电稿之一(9月19日)

南昌蔡督理鉴：恰密。篠电诵悉。业转呈主座钧阅，嗣得续报，尚希电知。顷据港探电称：孙因接浙卢请援电多起，大本营定寒移韶关，留守府委胡汉民办理。滇军之胡思舜、思清亦出发北路，省及东江专责杨、范、许维持。又任程潜为援湘总司令。窥其计画，似图绕出东江后方，或分窜赣闽。等语。特电附闻。军事处。效申。印。

### (2)电稿之二(9月29日)

北京吴总司令鉴：捷密。邮代。顷据周督理养电称：据张师长毅巧电称：据探报告：孙拟率粤军约两万余人，日内进驻韶关，窥侵赣南。又报：洪护军使率兵进驻惠州，有进驻广州之意。等情。查所报各节尚属实在，除饬汀漳驻军严行戒备外，应请转饬赣南各军严为准备，以免疏虞。等语。除转呈主座钧阅，并已转嘱方督办饬属加意严防外，特达。军事处。艳。印。

〔北洋政府大总统府档案〕

## 6 大总统府军事处关于孙中山部向韶州调集等情报致吴佩孚电

（1924年9月29日）

北京吴总司令鉴：捷密。邮代。武昌萧巡阅使，南昌蔡督理均鉴：怡密。顷据港探报称：孙部自豫赣军及零星部队出发后，余滇、桂、粤各部均未动，已到韶者约七八千人，孙改委卢师胆为总指挥。陈觉民等暗主孙陈调和，竟存颇为所动，但武人不赞成，殊难实现。广西庆远为李沈攻破，韩彰龙部全部降，陆福祥部亦被击星散。等语。特达。军事处。艳。印。

〔北洋政府大总统府档案〕

## 7 孙文等欢迎许世英来韶会谈电

（1924年9月）

（1）孙文电（9月29日）

火急。广州胡留守转许俊人先生鉴：艳电敬悉。请即枉驾，无任欢迎。孙文。艳。午。

（2）焕龙电（9月29日）

万急。广州广东省警卫军司令部吴司令、欧阳参谋长钧鉴：今日南韶连举行赞助北伐大会，帅座躬亲到会，我军亦参与祝捷。顷奉帅谕：着将花车迎接许代表静仁来韶会谈。现派曾差遣押护花车回省，计本晚十一时前可到此间。兵棚已搭成二十个，均驻满。计湘军第五军、直辖第一军及何总指挥全部，均于前昨两日到韶。地方安谧如常，我公何日回韶，乞电示。焕龙叩。艳。印。再，我军火食已缺，望速接济至盼。

（3）邓彦华电（9月29日）

万急。广州留守府转柏军长烈武、吴司令铁城、黄司长昌谷勋鉴：顷奉帅座交下柏军长艳电敬悉。许代表抵省，甚慰。并谕着将花车回省迎接静仁代表来韶会谈。等因。该车已由韶开行，计本晚十一时可到，谨闻。邓彦华叩。艳午。印。

（4）孙文密电（10月8日）

广州胡留守鉴：总密。科量阳悉。此间所持不在总统，而在建国大纲。许世英来已面告之，可本此意向津奉各方表明：主义上决不敷衍。孙文。庚已。印。

〔电文批示〕：照转誉虎、哲生。已转沪。九日。

〔广州国民政府档案〕

## 8 大总统府军事处关于在粤湘军赴韶准备北伐等情报致吴佩孚电稿

（1924年10月2日）

北京吴总司令鉴：捷密。邮代。顷据港探报称：自起有湘军多营自东江返省，已乘车赴韶者约二千余，韶城连日拉夫封船，颇形忙碌。又闻组安要冠南协同出湘，冠南尚未允。孙科日内赴奉。等语。特达。军事处。冬。印。

〔北洋政府大总统府档案〕

## 9　蒋作宾等关于方本仁在赣反正驱逐蔡成勋密电

（1924年10—11月）

（1）蒋作宾电（10月7日）

孙大元帅钧鉴：方本仁可望其必反正，惟不敢速动，祈以兵力压迫，一面派员接洽，当极力欢迎大军也。蒋作宾叩。阳。（七日）

（2）谭延闿电（11月22日）

南雄孔委员鉴：养电悉。款到即汇寄。方与蔡开战确否。延闿。祃。

（3）谭延闿密电（11月27日）

急。广州胡留守鉴：4920密。顷接南雄转来李翊东漾电，特转如下：啸电谨悉，已将尊意转达。兹将方君电复大意报告于下：(一)方已智日亲率所部军队，实行驱蔡，以践前约，而昭信义。方既出动，非空言敷衍可知也。方并愿以后以诚意与我谭公为友谊上之联络。(二)驱蔡虽曰解决局部问题，实即剪除吴佩孚之羽翼，出师武汉，即在计划之中，但南昌未下之前，不便宣露。(三)方驱蔡因系解决江西局部问题，故单独用其所部兵力，至驻赣南之常师鲁旅、滇师均立于客军地位，故未加入。(四)帅座既与合肥合作，而大局应由二公主持解决，刘、方君亦当唯二公是听。据实谨呈，伏乞鉴核电示为盼。翊东叩。漾。等语。延。感。印。

（4）谭延闿转方本仁密电稿（11月27日）

广州胡留守鉴：密。顷接方本仁敬电照转如下：马电敬悉。

仁与尊处相关綦切，故前曾将诚恳之意，托由中山先生代表李君西屏代达。业奉组公来电，曲予容纳，无任钦忭。自应始终不渝，以孰信义。至对于大局，因合肥既经出山与中山先生共商国是，一切当听其主持，自不便妄有论列也。披沥奉复，伏祈垂察。方本仁叩。敬。等语。延。沁。印。

〔广州国民政府档案〕

## 10　孙文拟放弃广州将黄埔军校学生弹药移韶北伐致蒋介石密电

（1924年10月9日）

万万火急。广州胡留守鉴：总密。转蒋校长鉴：两函俱悉。以我推测或不至如此危急。然我来韶之始，便有宁弃广州为破釜沉舟之北伐。今兄已觉得广州有如此危险，望即舍去黄埔一孤岛，将所有枪弹并学生一齐速来韶关，为北伐之孤注。此事电到即行，切勿留恋，盖我必不回救广州也。当机立断，切勿迟疑。孙文。青亥。印。

〔广州国民政府档案〕

## 11　孙文令速筹款北伐致胡汉民密电

（1924年10月17日）

万火急。广州胡留守鉴：总密。铣电悉。沪电希分别回答，并望速筹款北伐，万勿延误。孙文。篠未。印。

〔广州国民政府档案〕

## 12　陈兴汉关于由连江往韶专车被炸等情电

（1924年10月18日）

大本营胡留守、各部长、省长、各军总司令、广州卫戍总司令，广东全省警务处，市政厅，公安局、国民党中央执行委员会，广州特别市党部均鉴：据河站电称：篠晚由连江往韶之专车，系运载朱军长培德队伍，驶至河头以上之板前桥，忽被该处土匪炸烂，以致出轨。该处电线亦被割断等情。据此。除星夜分派员工火速修理外。谨闻。管理粤汉铁路事务陈兴汉印。巧。

〔广州国民政府档案〕

## 13　谢持报告蔡成勋向吉安集中电

（1924年10月）

（1）10月18日电

南昌（十一日）尤函。蔡令近畿二旅及一师骑团，分两路集中吉安，冯（孝先）旅长尤日离省赴吉。谢持叩。篠。（上海来电）

（2）10月21日电

南昌元函。泰和知事逃，我军有抵距吉安四十里大庙消息。蔡防吉安队伍，除冯旅至全部及骑团外，又增调暂编三旅及廿三旅十一部。已抵省候船。又电方本仁派军援吉。据此。大军如不速进，则樊部颇危，大势必遭顿挫。再，齐燮元已饬绘粤省地图，并闻。持。皓。十九日。（上海来电）

〔广州国民政府档案〕

## 14 熊克武为江浙战起请示大计密电

（1924年10月19日）

大元帅钧鉴：赤密。前在遵□及奉命由遵出发，均有函电呈报，未审一一得达钧座否？武已于删日索部到达黔东与湘西边境之铜仁县城。铣日江浙战讯，即已传来，此于大局所关至巨。业已迭电请呈锯司令，如能得其同意，便可大举出兵，会师武汉，否则武率川军全部及蔡军各部径出湘西，以达湖北上游，牵制武汉以上之敌，不令加入下游战事，俾浙得以专力对苏，亦于大局辩万一之补。现在帅定大计如何，闻已出赣攻闽，确否？务恳时颁训示，俾有遵式。此后武处情况，仍当随时奉呈。克武叩。皓。

〔广州国民政府档案〕

## 15 大本营大元帅为北伐军需支付一切款项应由会计司负责训令

（1924年10月28日）

大元帅训令　　第一四号

令会计司司长黄昌穀

现在大军北伐，军需支付宜有统一办法，以专责成。此后大本营一切款项，应由会计司负收管之责，军需总监负支发之责，所有北伐部队应领款项一律解交会计司，由军需总监核实发给。此令。

中华民国十三年十月二十八日

〔广州国民政府档案〕

## 16 南雄县团防局等关于军米运仁化有困难与大本营来往电

（1924年10月）

（1）南雄团防局等电 （10月25日）

韶州大本营参谋处钧鉴：现奉县令开：奉大元帅令派委员谢竹醒来雄，提取军米二十万斤，运往仁化等因。奉此。查南雄迭年兵燹，人民困苦尚未复元。前闻大军北伐，雄属首当其冲，经县召集各界会议，结果在大本营兵站未成立之前，应设临时兵差办事处，应付一时，并拟定由县预筹军米五十万斤，柴一百万斤，由各约分摊。现计收到军米不满二万斤。迭次严催，因未见大军到境，人民将存观望，及县长杨嘉修会议后，即已请假赴韶，迄今未返，对于兵差事务，尚属茫然，致劳钧处派员空走。窃南雄原定之米柴各项，原为免除大军到境搔扰，即所以谋公众安宁，区区柴米，尚恐不敷，若移提仁化，将来各军抵境，雄人又何以善后。诚恐人民因此疑虑，前途阻碍，设想何堪。况赣军江旅业已到雄，每日供需柴米，负担无期，正拟恳请大元帅设法接济，现奉提军米事上，实难办到。为此不忖冒昧，联恳钧处代呈大元帅免令其提，以安众心，而惠雄民。临电不胜惶恐之至，南雄团防局、商会、教育会暨全县公民同叩。有。钤。

（2）参军处电 （10月27日）

万急。南雄杨县长鉴：大军集中仁化，米食缺乏，前经电达贵县长，将所有之米转解仁化，至今因何尚未解到，以致仁化米食非常恐慌。且军事上关系甚巨，接电后，星夜解送接济至要。事关军食，毋再延缓，并希见覆为要。参军处。沁申。印。

(3)参军处电　　(10月28日)

万急。南雄杨县长鉴：宥电悉。着即收集以二十万斤解仁化，余三十万斤留为南雄保障，将来大军过境尽三十万拨给，不再增加人民负担。如将来所需不上三十万斤，可照数匀摊，政府再不提拨。此次因仁化无米，不能不变通办理，智救燃眉，慎毋于救死不暇之时，尚从容咬文嚼字，嫂溺援手，岂拘常法。南雄连年苦况，政府深悉，不过权衡轻重，实出无奈，仰即遵照前令，速解为要。参谋处参军处。俭亥。印。

(4)方声涛电　(10月28日)

南雄县知事暨各绅商鉴：案查本处委员谢石醒，奉令往贵县兵差办事处提军米二十万斤，解运仁化。顷据该员电称：屡催无效等情。查仁化大军云集，军米缺乏，仰该知事迅遵帅令，协助谢委员照数解送仁化，交中央总指挥收，切勿延误。方声涛。俭。印。

中华民国十三年十月二十八日下午

〔广州国民政府档案〕

## 17　李翔东关于时局锐变请速与北伐联军合作致王金镜电

(1924年11月8日)

赣州电局吴子祥君转杜蔼如兄：翊密。耀庭[1]吾兄伟鉴：江电谅达。时局锐变，吾兄表示不容再迟，万望当机立断，速与北伐联军合作，共奠中原。识时势者为俊杰。甚愿我兄勿失此良好

注：①王金镜字耀庭。

机会也。弟准佳日偕湘军代表詹君西园来赣面谏一切。京电数则如下(一)(二)(三)合并电奉闻。弟李翔东。庚。印。

(一)孙中山先生勋鉴：本日下午六时，曹已宣告退职，并将玉玺派员送交国务院保管矣。特电奉闻。冯玉祥叩。冬。印。

十一月五日大本营秘书处抄发

(二)辛亥革命未竟全功，致令先生政策无由展施。今幸偕同友军勘定首都，此后一切建设大计仍请先生指示，万望速驾北来，俾亲教诲是祷。冯玉祥、胡景翼、孙岳、田桐溪、刘守中、景定成、凌毅、李石曾、李含芳、岳维峻、张之江、李鸣钟、鹿钟麟、邓宝珊、李云龙、刘霭如、史宗法、何遂、李乾三、李仲三、周耀武、李养倬、赵德夫、刘廷森、张璧、刘贤、刘士养、续范亭、徐永昌。支。

(三)翼军江晚到津，地方安堵。请先生命驾北来，谨率三军欢迎。胡景翼。支。

大本营秘书处抄发十一月七日

〔广州国民政府档案〕

## 18　英德县长关于筹措北伐军费请勿派军惊扰百姓等情电

(1924年11月20日)

急。韶州大本营参军处钧鉴：并转葛副官昆山鉴：啓午电奉悉。奉筹北伐军饷，业已陆续收解，今日复加派游击队，随同湘军胡军需家骥，下乡催收。涵象僻乡，交由滇军派队分途提取，日间收回，自可随时解征，以应急需。子明忝管县篆，奉办筹饷，无不竭力遵行，藉付帅座暨列宪厉精图治之至意。惟是地方苦瘠，商民凋弊，困难情形，谅邀洞鉴。日前河头、望埠、沙口各处，纷纷筹饷、拉夫，影响所及，合属惶然。因而妨碍提解稽迟。子明竭诚开导，舌敝唇焦，各乡乃始渐次复业，所筹军饷，交渐次可收。兹忽奉电开派大军来县，即据商民环呈，大有相率罢业之势。在商民又属过虑之举，在地方即呈岑寂之象，将所筹军饷如何提取，万一各乡市纷纷躲避，纵处之以化外之民，究于事，仍属无补。鄙意与其操之过急，不如约之以势，拟请暂缓派队来办，一俟胡军需暨滇军派赴涵象两乡提取回县，如仍始宕不交，再派大队前来，相机办理，则商民已无可藉词，办事亦较易为。理合特电陈，伏维鉴谅。英德县县长王子明叩。哿。印。

〔广州国民政府档案〕

## 19 滇军黄士俊报告由该师催收北伐军费请勿派湘军前来电

(1924年11月20日)

急。韶州大本营参军处葛副官勋鉴：顷奉贵处哿午电开：由台端率湘军一连，建国军一营，来英催提北伐军饷一案。查英德情形，台端洞悉，迩来英城建醮演戏，四乡人民集处，尤恐大军到来，人民发生误会，于军饷前途，反多窒碍。且下乡催提款能〔项〕，已由敝师派兵协同委员分头下乡催收，目前无须加兵之必要。除电呈参军处，请予收回成命，阻止大军出发外，特联电台端，祈从中竭力阻止，勿任盼祷之至。英德城防司令部正泰滇军第四师参谋长黄士俊叩。哿。印。

〔广州国民政府档案〕

## 20 谭延闿关于北伐军攻赣密电稿

(1924年12月)

### (1) 12月4日密电稿

转龙南探送冯代表朝宗鉴：○4141密。陷、冬两电均悉。宋、朱两总指挥已抵南雄，所有前方军情，请随时就近接洽，以免延误，而利戎机。延○。支戌。

中华民国十三年十二月四日

### (2) 12月8日密电稿

急。南雄专送信丰探投孔委员长勋鉴：○密。支午、支晚电均悉。(1)常被监视，至念。想已安全返信。曾发江电请先将信丰雷部之一营解散，再经赣州，向兴国前进。当已由杨、赖译转。如该营果能一致，则请促常率同速进。烈武赴沪一时难返。(2)方军较顺，至慰。近情仍盼探告。我军已兼程前进，大部已到南安，不必再由信丰入赣。蔡如负固，则助方驱逐。(3)征发筹款，望就近商宋、朱两总指挥办理。延○。齐。

### (3) 12月16日密电稿

赣州宋总指挥、朱总指挥均鉴：○密。顷接常总司令由雩都来寒电云，元日鲁军一旅发后，本日五时并由雷师长率鲁军全部，直向宁部开进。明晨当令敝部第二师继续开拔德盛，准于铣、篠两日，督率两部出动，分路前进，直取临川。并请我军协同动作。等语。业已电复，照所定计划进行，望饬各军一致动作为荷。延○。铣。印。

中华民国十三年十二月十六日

（4）12月16日密电稿

雩都探送常总司令勋鉴：删电奉悉。铣午电谅达。密本已于昨日邮寄，寒电所示，已电转宋、朱两总指挥行知各军一致动作，知注特闻。贵部进止情形，并盼随时见告。延〇。铣酉。印。
中华民国十三年十二月十六日

（5）12月19日密电稿

万急。赣州奉军冯参谋、吉参谋勋鉴：〇密。奉大元帅令，发常总司令所部犒赏洋一万元。已电唐司令心涤拨发，应如何解运，请与商办为盼。延〇。皓辰。
中华民国十三年十二月十九日

（6）12月22日密电稿

万火急。南雄湘军卢参谋、朱营长鉴：成密。今日出发，有日抵南，朱营先行集中，以便随同赴赣。三南情形，随时探报。延〇。养辰。

（7）12月24日电

上海44转汪精卫先生鉴：我军昨克吉安，正进行猛攻。延闿明日可达南雄赴赣，请转陈。延〇。敬。
中华民国十三年十二月廿五日

〔广州国民政府档案〕

## 21 谭延闿发布北伐命令

(1925年1月8日)

命令 一月八日午后九时<br>发于南雄行营

一、我军以巩固南雄始兴为目的，特分配各军任务如下：

1. 建国赣军李司令明扬所部及建国豫军全部，驻守南安择要布防。

2. 建国第七军刘军长玉山着率所部，由里和墟移驻南亩墟，向三南方面警戒。

3. 建国第三军宋旅长世科着率所部驻新田墟，向信丰方面警戒。

4. 建国湘军第一师方师长鼎英着率所部移驻水口墟，向龙南、虔南方面警戒。

5. 建国湘军第三师谭师长道源，着率所部移驻大塘，向青龙、新城方面警戒。

6. 建国湘军第一纵队廖司令家栋着率所部移驻邓坊墟，向茶头背方向警戒，并策应三师。

二、各军应向警戒方面多派侦探，并彼此确实联络。

三、各军布防后，应将配备情形绘图具报。

四、予在南雄中学校行营。

右四项附略图〔略〕

谭延闿

〔广州国民政府档案〕

## 22 王鸣周报告龙南敌情呈

(1925年1月8日)

建国湘军第一纵队一旅二团团长王鸣周报告

总座钧鉴：窃职部一营于本月二日令营长湛德宽率全营二连开驻距雄九十里之南亩墟警戒。龙南方面敌情，兹据湛德宽派探侦悉：敌人因龙南一路我军队伍节节驻守，退驻虔南，拟由坡头墟进攻。考察该路，现无我军驻守，而职营部虽守水口墟为各路进南雄之总地，但兵力单薄，恐难负责。昨又据探报敌人李易标分一部折向龙南驻守，是否进窥何方，尚未探有确讯。除现派侦骑四出查察敌情随时报告外，理合将所得敌情报告察核施行。谨呈。王鸣周。

中华民国十四年一月八日

〔广州国民政府档案〕

## 23 粟显扬报告蔡成勋复起方本仁退守吉安等情函①

(1925年1月8日)

参谋长钧鉴：豫军陈师长、赣军李司令由南安来齐午电：蔡军复起，方退吉安塘江圩。南康方面，尚无敌踪等语。总座已复电促该两部坚守南安，择地布置，另定巩固南始配备。奉谕抄览，即希察收。敬叩

晚安

显扬谨上一月八日午后十一时

〔广州国民政府档案〕

注：①粟显扬时任建国北伐军总司令。

## 24 余辉照请移驻大庾致谭延闿呈

（1925年1月13日）

呈为呈报事：昨据留庾张营长电称：康赣无敌，李司令准备前进等语。现职已令第一团刘营长率领士兵两连，由流地开赴南安。职部亦拟不日移驻大庾，相机前进，可否之处，伏乞训令祗遵。谨呈

北伐军总司令谭

建国赣军独立旅旅长余辉照

中华民国十四年一月十三日

〔广州国民政府档案〕

## 25 北伐总司令参谋处报告复进大庾杨如轩部被缴械电

（1925年1月19日）

急。广州胡留守，杨、许、刘各总司令、各军长，湘军总部，各处长，各报馆，韶州朱军长、赵师长，湘军张参军、赵县长，始兴黄县长、过营长并转岳参谋长、吕秘书同鉴：铣日我豫军任正面，据梅关高地，我赣军及湘二纵队任左翼，自□小梅关，我宋旅及湘一纵队湘三师十团任右翼，自邓吃墟绕敌侧后，自篠日拂晓同时开始攻击，敌殊顽抗，激战三昼夜，敌更增重兵，直扑我正面。经我炮兵猛烈射击，弹中敌总预备队驻地，我各路步兵乘势猛进，毙敌无算，敌始溃却。本日午刻，我军复进大庾，敌之杨如轩大部业被我军包围缴械，余向南康逃窜，现正分途追击中，

特此捷闻。北伐总司令部参谋处。皓未。印。（南雄来电）

〔广州国民政府档案〕

## 26　李明扬报告克复大庾电

（1925年1月19日）

提前。广州胡留守、许、杨、刘总司令钧鉴：扬部于本日午后三时克复庾城，截获敌步枪二百余枝，军用品甚夥，敌向南康溃退，尚在追击中。李明扬叩。皓申。（南雄来电）

〔广州国民政府档案〕

# （七）第一次东征

## 1　司徒非报告占领云林电

（1925年2月3日）

　　　胡代帅
万急。刘总司令钧鉴：江早拂晓，我军与敌接触于碧头，剧
　　　许总司令
战数小时，经我军奋勇冲锋，敌势不支，向沙井方面逃却。我军乘势追击，敌不成阵，遂即占领云林。敌人死伤甚众，夺获步枪百余杆，辎重无算。我军仍在追击中。特先电闻。旅长司徒非叩。江。印。

〔广州国民政府档案〕

## 2 黎鼎鉴报告占领三江墟电

(1925年2月4日)

广州大元帅睿鉴：杨联军总指挥、许总司令、本军刘总司令、韦总指挥钧鉴：胡省长、滇军范军长、胡军长勋鉴：增城滇军曾总指挥勋鉴：廖师长勋鉴：南雄谭总指挥钧鉴；虎门林师长勋鉴：仙村联军总指挥部，并探送前敌各军、师、旅长均鉴：捷报。我桂军遵照东江作战方略，于本日拂晓，由罗岗初溪渡河，取道福田、三江墟，进攻石龙。敌军杨坤如部驻三江墟一带，约千人，与我军顽强抵抗，剧战数小时，敌势不支，纷向石龙、蒙兰等处退却。我军是日上午十时完全占领三江墟一带。除派队追击外，是役毙敌百余名，俘虏伪营长一员，士兵数十名，夺获步枪百余枝。我军阵亡士兵二名，伤排长二员，兵士十余名。特电奉闻。桂军代总指挥第三师师长黎鼎鉴呈叩。支。印。(罗冈行营来电)

〔广州国民政府档案〕

## 3 许崇智报告击退杨坤如部向淡水进攻电

(1925年2月13日)

〔衔略〕：探报：本早六时，敌杨坤如、熊略、锺景棠、谢平、练演雄、吴伯等部约四千余人，由淡水、连塘畔、面镇、龙圩三路向我新圩反攻，经张师许旅及余团迎头痛击，战三小时，敌人狼狈溃退。俘杨逆部旅长、团长各一名，毙官长十余名，敌四五百人，俘虏三百余名，获枪八百余枝，机关枪六挺，辎重甚多。我军伤亡约四十余人。是役我军将士奋勇异常，余团司徒师宗营尤为勇敢。现我军追击，既至离淡水墟七里之远，淡水当在占领中。知注特闻。崇智。元申发于塘头厦。印。

〔广州国民政府档案〕

## 4　许崇智请饬各军保障广九路照常通车电

(1925年2月14日)

李军长福林，吴司令铁城、杨旅长锦龙、黎旅长，虎门王指挥体端，石龙转蒋参谋长中正、张师长民达、许旅长济、王旅长若周、徐司令树荣、张团长我东、余团长鹰扬、林团长，第一独立团周代团长址钧鉴：广九全路，现已完全肃清，不出三日，当能修理竣，照常通车。唯作战部队每有占驻车站，阻碍铁路员司办公情事，甚或强迫开车，至乱运输时间，尤为危险。兹为先事预防，以裕交通而利戎机起见，合亟严电，除护路军队必须驻车外，不许仍有前项情事，否则，应归各该管长官，是为至要。除电各友军饬属一体查照外，仰即转令所部切实遵照。切切此令。总司令许。寒。

〔国民政府军委会档案〕

## 5　杨蓁报告到达博罗电

(1925年2月17日)

广州胡代帅，范军长、胡军长,石龙许总司令，韦、严军长，南雄谭总司令均鉴：蓁本日到达博罗，敌人逃窜无踪。谨闻。杨蓁叩。篠。印。(石龙来电)

〔广州国民政府档案〕

## 6 邓泽如贺克淡水电

（1925年2月17日）

万急。石龙送粤军电信队总机，速转塘头厦探送许总司令、蒋校长勋鉴：淡水鏖兵，要塞□克，擒渠扫穴，早成不朽之功。拔朽摧枯，用竟澄清之志，次虞捷报，谨电贺忱。邓泽如叩。篠。

〔国民政府军委会档案〕

## 7 冯铁裴报告右翼军攻占平山海丰电

（1925年2—3月）

### (1) 2月18日电

万急。广东各局送各总司令勋鉴：各指挥、各司令、各军、师、旅、团长，各机关均鉴：顷据今日敝军由前方派员回报：敝军自删日歼灭淡水城附近之敌人后，留一部退守该处后方高山。铣日本军仍继续进攻。正攻击间，忽有由平山方面向增援约四五千之敌人一纵队，行将到达，乃被敝军逐次击破，俘获无数。敌向平山败退，狼狈不堪。我军猛进，篠日已到白茫花。（我中央左翼联军，亦于篠午确实占领博罗。）现因石龙省城间电线待理，故消息稍迟滞，并闻。建国粤军总司令部参谋处长冯铁裴。巧戌。印。

### (2) 3月1日电

广州分送杨总司令、刘总司令、胡省长、古部长、廖部长、范军长、吴局长，沙田江局长，本军李军长、陈旅长铭樟、杨旅长锦龙、何旅长克夫，江门梁军长、李处长，罗定黄军长，梧州李师长并转李督办、黄会办，四会郑师长，肇庆陈旅长得平，李处长召山转广海梁司令，香山吴司令勋鉴：捷报：顷接本部黄参谋振兴淡水电话略称：二月廿八日在平山时已得廿七日辰我军占领海丰，随即进攻汕尾，俘获无算之讯等语。特闻。冯铁裴。东。印。(广州许行营来电)

〔广州国民政府档案〕

## 8 廖仲恺关于惠州城内情况和宁波会馆出款等情电

(1925年2月19日)

提前。特急。淡水前敌飞送蒋校长鉴：校密。据博罗捕得惠州来船中人口称：惠州城内外皆掘壕沟，内沟注水，各处通路皆设铁网，并灌电流。现款来源，不能接续，宁波会馆事由翼群经手愿出三万元了事。翼已电兄，尚未得复。如合办，即复，切盼。恺。效。

〔国民政府军委会档案〕

## 9 严兆丰报告攻击杨坤如部战报电

(1925年2月20日)

万急。广州胡代帅，联军杨总指挥，桂军刘总司令、韦总指挥，淡水粤军许总司令钧鉴：左翼滇军范总指挥，右翼粤军张总指挥，胡军长、廖师长勋鉴：丰率所部于号日午前六时，由布仔圩出发，向惠城攻击前进，逆军杨坤如部，在城外附近高地抵抗，经我军猛行攻击，于午后一时占领飞鹅岭、挂榜山一带，敌遂入城。刻正准备攻城，逆军胆寒，指日可下。中路桂军代总指挥严兆丰呈叩。号。印。

〔广州国民政府档案〕

## 10 李烈钧报告洪兆麟谋叛电

(1925年2月25日)

广州大元帅崇鉴：洪逆兆麟潜越玛常，诱军谋叛，罪在必讨，即督师蹑其后。钧治军无能，咎有应得，已专员觐谒请处。惟霁察之。烈钧叩。有。印。

〔广州国民政府档案〕

## 11 许崇智报告张民达部进攻海丰战况电

(1925年2月26日)

广州胡省长、廖代表、伍部长、古部长、杨总司令、刘总司令，滇军范军长、胡军长、朱军长益之，南雄谭总司令，石龙桂军韦军长，并转飞鹅岭严军长，滇军第二军后方办事处转博罗杨总指挥，并转第三军曾总指挥，广州吴司令铁城、邓运使，沙田江处长，军车管理处胡处长，冯参谋处长，转梁军长、李军长，本部各师、旅长，各司令，各财政处局长均鉴：径亥捷报谅达。在增光圩西方溃退之洪兆麟、谢文炳、锺景棠等部，本日被张师长民达亲率该部及余团衔尾追击，沿途不能成军，退至过埔山三十里之分水坳时，被张师派出一部，从别路拦头截击，死伤甚众。我军俘获洪部卫队团官兵五百余人，缴械五百余枝，并沿途追击，共得枪八百余枝。我军于午后二时，占领分水坳，现已进至离海丰二十里之地，准明上午可占领海丰城。又我军所至，人民皆诚心倾向，如本日张师一部从别路至分水坳截击敌人，亦有土人向导，率成此功。得道多助，我军有焉。特闻。发于埔心圩。崇智。宥戌。印。

〔广州国民政府档案〕

## 12 第一次东征记略①

(1925年2—6月)

陈逆背叛，负嵎东江，内联军阀，外结强邻。我联军以十万之众，血战两年，横尸遍野，血流成渠。东江人民，受兵匪之蹂躏，十室九空。人填沟壑，燕归巢林。粤中兵燹，未有惨于东江者也。十四年春，政府再颁东征之令，联军重整平陈之旅。而黄埔校，以三千主义之师，当东征先锋之任，攻城陷阵，摧枯拉朽，不越月而东江肃清，陈军逃窜闽赣。虽云敌之无能，实先大元帅以主义勖勉同志之所致也。爰志其历次战斗之概略于次：

其一 淡水之役

十四年二月，滇、粤、桂联军重举东征，军分三路：桂军任中路，攻惠州；滇军任左路，攻河源，以进取兴宁梅县；粤军任右路，沿广九铁道，攻淡水、平山、海陆丰，以进取潮汕。此联军预定之作战计划也。黄埔军校教导两团，以成立未久，兵力甚微，故随粤军作战，然训练颇精，且官兵均明主义，奋斗之精神，则可为联军冠，每战必先，虽陷于危，而无有退者。

二月一日，联军开始动员。六日，东莞、石龙为我粤军占领。十日，广九路肃清，敌向淡水而逃。此右路之情形也。中、左路则尚未前进焉。

二月十四日，黄埔教导团及粤军张民达师，与许济旅追敌至

注：①此系沿用原标题。

淡水附近，敌复行抵抗。我军分三路围攻，初教导团由平湖、龙冈前进。粤军由樟木头、新圩之道前进，至是教导团攻淡水之南，粤军第二师攻淡水之西北，第七旅攻淡水之东北。战两小时，敌城外阵地，均被我占领，遂闭城以守，待惠州方面洪兆麟、叶举等之来援也。

十四日午后三时，教导第一团占领淡水城东南门外高地。第二团占领南门外高地，距城约千米达，可以瞰制城中，然敌以城墙为掩体，步枪射击罔效，惟炮火则可得良好之命中。粤军由西北及东北两方进攻，亦已迫近距城约千余米达之阵地，惟阻于河，敌得据城壕以行良好之射击，欲图登城，殊非易事，遂相持至夜未能奏功。蒋校长乃不顾牺牲，必攻破此城。午后六时，下命令如左：

一、敌情如当面所见。

我粤军第二师及第七旅担任攻淡水东北及西北一带地区。

二、我军拟于敌援未至以前，攻破淡水守城残敌。

三、教导第一团务于明十五日早五时三十分攻击淡水东南端，右翼与粤军联络，左翼与第二团联络。

四、教导第二团务于明十五日早五时三十分攻击淡水西南端，右翼与第一团联络，左翼与粤军联络。

教导各团奉到上之命令，暂在阵地彻夜，而从事明日攻城之部署。然敌人虽受四面包围，而成釜底之鱼，但淡水城墙，上下均有枪眼，可以层层射击，而距城三百米达以内，多系开阔地，接近甚难，加之淡水城东方山中，尚有敌之一部，可以扰乱我之侧方，惠州距淡水不过七十里，朝发而夕可至。据俘虏言（洪兆麟、叶举等部约七千余人，来电话云，明日午前十一时可抵淡水），若我不乘拂晓以攻破此城，迟延时日，则敌援至，而我腹背受害矣。当此千钧一发之顷，蒋校长有见及此，遂于午后十一时，复下如左之命令：

陈贼余孽，久稽天讨。本校长党代表率师申讨，誓歼此獠。经于本月十四日兵临淡水，跳梁小丑，胆敢据城。本校长党代表不忍我将士兵卒，久暴荒野，爰特挑选奋勇队，誓于最短期攻破淡水。仰尔将士务体此心，抱定为党为国牺牲之决心，奋勇迈进，可进不可退，则蕞尔淡水，不足平焉。仰各勉旃此令。

附挑选奋勇队及攻城办法如左：

一、奋勇队　每团挑选奋勇官兵一百零五员名，分七组，每组十五员名，附梯一架。

二、攻城梯　每团七架，现经做就，仰即至玉虚宫校本部领取。

三、奋勇队之武器　每组以驳壳当先，手机关枪继进，步马枪为殿。

四、攻城预备队　每周各派第三营任之，预先接近架梯处掩伏，候奋勇队得手后，即奋起登城，为其后援。

五、地区守备队　除奋勇队外，概守原线，并以猛烈火力援助之。

六、攻城地点　第一团在淡水城东北角小高地附近；第二团在淡水城西南角河旁大道附近。

其有特别适宜登城之处，各团长得自由择定之。

七、攻城时间　奋勇队须于明十五日拂晓前接近预定地点，闻炮声即须准备动作，俟敌势摇动，即乘机奋勇攀登，驱逐附近城上守卒，掩护续进部队，同时立青天白日旗于城上。

八、奖励　攻城得手后，凡奋勇队官兵，一律呈请大元帅奖给奋勇金牌，以资鼓励，并仰将奋勇队官兵名册报部备查。

九、予在涧井高地炮兵阵地，各团准备完毕后，应即报告。

十五日午前五时，我步兵均已就阵，敌火亦渐发展，但我以在原阵地射击难收效力，故除以少数火力应酬敌人外，其余仍不发射，惟静待我炮兵之响声，以齐起攻城耳。午前五时四十分，蒋校长至炮兵阵地观察情形，知已准备完妥，于是命炮兵准备射击。午前六时，我炮兵隆然一声响矣，步枪、机关枪继之。炮兵距城不过八百米达，效力极佳。步枪、机关枪则以城墙之阻，不过助奋勇队前进之雄心耳。此时粤军方面与教导团同时开始攻击，淡水城实成四面射击之焦点矣。

六时二十五分，教导团奋勇队冒敌火用各个跃进法，匍匐前进，然以地形开阔，敌火猛烈，前进非易，奋勇队十余人，已前进距城墙不过二十米达，乃潜伏沟渠，不敢再进。蒋校长遂命炮兵施猛烈之射击，敌火暂被压倒。而第一团长何应钦，亦已前进至距城约百五十米达之处，督促奋勇队前进。第一团第一营长沈应时，奋勇队员也，遂身先士卒，直趋城脚，至距约十米达处，伤脚而仆，士兵畀之而退。同时，第一营三连之掌旗兵，目睹前线迟迟不敢进，愤然请示于连长曰：我认为城上敌人不多，我敢进城去。如是高擎其旗，由山上大步迈进，直趋城之东南门，至距城约五米处，困甚坐地稍憩，几忘其在敌火下也。继而即趋至城脚，大摇其旗，示后方以急进，奋勇队群起应之，至城脚者数十人。教官刘尧宸、第一团党代表缪斌、团附王俊均趋至城脚。而第一团之各路，亦继进，接近东南门者，由城墙之被炮毁处，用刺刀洞而破之，入者三人击毙守卒一人，余敌逃。我校军旗帜，遂飘扬于淡水城上。东南门以开，其余各路，或用人梯，或破城门，均蜂拥入城矣。当第一团前进之际，第二团方面攻击尤猛，敌火更盛，地形尤复不利，然士兵勇往直前，不顾损害，故伤亡较第一团尤多。第一团已登城，第二团亦斩关，可谓尽协同一致之能事矣。自开始攻击，以至城破，不过一时三十分耳。教导团既入城，敌向东门逃窜，而粤军已由城东北前进，千余之众，尽作俘虏。

此役缴获步枪千余、机关枪十余架、子弹数万，其余战利品无算。

初洪兆麟部本已集中惠州、博罗，拟由增城、石龙以攻省城。当联军中、左路之正面，及我军抵淡水，乃悉师来援。中、左路亦不前进，仍徘徊于增城、石滩间，同时叶举部亦由平山来援，故淡水城甫被我占领，敌援即至，若非我军破城之速，则必受敌包围，前后被夹击矣。

十五日午前八时，搜索城内后，在淡水东门外集合整顿，仍有一部追敌至东门外十余里之山中。粤军第七旅亦有一部在该处警戒，敌援忽至，遂接战。敌来渐众，第七旅亦逐渐增加，午后一时许，该方面战斗，益臻激烈。此时敌之大部复向我左侧移动，拟由我之侧背包围。我粤军第二师，即由我左翼迎战，互相冲锋，午后三时第七旅及第二师方面战斗激烈。敌向我左翼包围，益加无已。此时蒋校长见此情形，乃以教导团策应两 方。下 命 令 如左：

一、本日由惠州、平山等处增援之敌，现与我张师、许旅、余团在店仔冈、黄竹勒、鹧鸪坑一带对峙中。

二、我校军为策应各方，计决定分赴城外集中。

三、教导第一团务于本十五日午后四时以前，向郑屋、方屋附近集中，相机向余团增援。

四、教导第二团（缺一营）务于本十五日午后四时以前，在淡水城东南地区集中，但须派出一部在大银坳、涧井附近，对于司前及企岭各道路严密警戒。

五、教导第二团第一营为守城部队，务严密检查城门出入人等，遇有警时，应各在原地上城抵抗。

教导各团奉命后，即分头布署。此时第二师方面之敌，仍向我左翼包围，张师长乃亲率步兵两营冲锋，卒将敌击退二十余里，左翼战况转佳。忽第七旅方面，因子弹已罄，全部退却，右翼敌人，直簿淡水城下矣。当时城内辎重行李，纷纷退却，人马惊惶，秩序大乱。蒋校长乃率教导第二团及学生等占领淡水城南门外阵地，以收容右翼。此时教导第一团正在淡水北门外，位置于左翼后，见右翼已退，遂与张师长约定，请其固守左翼，第一团反攻右翼，敌人已至城脚，则逆袭之。但彼此务须联络前进。如是，何团长率一二两营（第三营在右翼与许旅同火线）（此时尚集合）用密集队形前进，至仙人石南方，敌适来占此山。我第二营四、五两连捷足先登，敌被击，连退数山头。此时右翼敌人，果已近淡水城，忽见我大队由其右翼压迫，遂纷退。洪叶七千余人，竟乘此宵遁。淡水城危而复安矣。

其二　羊塘围之役

洪兆麟、叶举等部来援淡水，被我击败，退返平山、白芒花一带。二月二十日，复来反攻，与我遇于羊塘围，作一次之遭遇战。是日，我军亦已决定进攻平山。当时之计划，大略如左：

一、作战方针

在淡水为我击退之逆军洪兆麟部约三千人，目下似退据平山；又练演雄部约四五百人，似退守稔山；逆军杨坤如等部，似仍据惠州。我军以歼灭逆军主力之目的，拟先向王大塘、永湖之线前进、搜索白芒花、马鞍一带敌情，再向竹头坝、白芒花、上下坦湖一带前进，以期围击敌于平山。

二、军队部署

1．第十六团（余团）为右侧支队，由淡水经常山仔、石径、西坑尾、蚺蛇埔前进，占领凌坑洞，对稔山敌人警戒，并相机威胁平山逆军。

2．第二师及第七旅为右翼队，第七旅由淡水—店仔冈—王大塘—莲塘—陈屋—白芒花道攻击前进；第二师由淡水—通湖圩—红大利—黄田—竹头坝道攻击前进。

3. 教导第一、二团为左翼队，由淡水—仙人石—羊塘围—鼓山下—永湖圩—湖尾—丰门汛—下竜径道，向上下坦湖一带攻击前进。

4. 第十五团(林团)为左侧支队，于二十日由新圩向稻田—长岭排一带转进，对于惠州逆军，警戒我军左侧背。

二月二十日，我军各部按照右之计划，分途向平山前进。午前九时十五分，教导第一团行抵羊塘围北方，忽发现敌人向该团侦探队射击。第一团团长何应钦即赴前线观察敌情，令前卫占领阵地，掩护后方开进；一面报告蒋校长，令第二团迅速前进。敌人既与我接触，乃将主力向我右翼移动，故第二团即时增加右翼迎击之同时，第二师及第七旅亦在教导第二团之右翼与敌接触。敌我两军，遂激战于羊塘围北方一带山岭间矣。

洪逆作战惯用冲锋队，激战约一小时，洪之冲锋队向教导第一团方面冲突，敌我相距不过百米，冲锋三次，均被我军击退。卒之将其冲锋队之副营长一人、连长一人、士兵六七名同时击毙，冲锋队遂退。我军乘之，如是左翼敌人溃矣。同时，我右翼第七旅及第二师与教导第二团，均向敌冲击，敌之第一线，完全溃矣。后方敌人，不惟不增援，且见第一线摇动，先行逃窜矣。此役自接触以迄战斗结局，为时不过两小时。敌之死伤虽少，而自此以后，则已胆寒，失其战斗力矣。

洪、叶等部，自羊塘围被我击溃，连日逃窜，我军追奔逐北，跟踪前进。敌在三多祝东之增光圩被我军追及，曾作一度之抵抗，与粤军激战数小时，仍被击溃。粤军乘胜克海丰。教导团亦会师于海丰，以作进攻潮汕之计划。

我军既分三路追击洪逆等部，以进取潮汕。左路追至鲤湖时，敌又作一度之反攻。此时左路为教导两团及第七旅，以第七旅为先行部队，施猛烈之追击。既遇敌，两军激战。敌悉全力来攻，率被第七旅击溃。至是陈军之属于洪、叶者，已完全失抵抗力。我军乘胜以克潮汕。以上为羊塘围战后，我军追击之情形也。

其三　棉湖之战

我军虽败洪、叶，克服潮汕，犹未可抱乐观也。盖派军深入，后方空虚。滇桂军迟迟不进，居心叵测。洪叶残敌，未尽消灭。林虎大敌，仍据河源。惠城未下，东江之障碍未除。兴梅不克，敌人之巢穴犹在。果尔，滇桂军与林虎勾通，使其来击我教导团及粤军。此所以有棉湖之战也。

二月十二日，我军以林虎部来攻，决定以教导两团及粤军第七旅迎击之。而粤军第二师留驻潮汕，以防洪、叶残敌。教导团由揭阳向棉湖前进，第七旅由潮安经揭阳向棉湖北方之狗肚前进。是日晚，各达目的地。敌人亦是日达距棉湖约十余里之和顺地方。我军遂决定明十三日前进攻击之。此时所知之敌情如左：

1. 由马路上棚向我前进之敌人，午后四时，其先头部队已抵红湖，旋复退回和顺。

2. 和顺东北端高地有六七千人，似有占领该高地之模样。

3. 鲤湖之敌约四五千人，似尚未向我前进。

蒋校长决定于十三日攻击敌人。下命令如左：

一、总合各情报，约与我兵力相等之敌，其大部似在河左岸红湖，北自和顺附近，南迄红湖南方，(地点不明)，一部在河右岸鲤湖附近，明(十三日)晨，有向我前进之模样。

二、第七旅于明晨七时三十分以前至塔头埠，向敌左侧包抄攻击之。

三、教导第一团于明晨五时三十分渡河，六时三十分前进，攻击河左岸之敌。

四、教导第二团于明五时三十分出发，攻击河右岸之敌。以一营由下洞经安仁至鲤湖道附近前进。如第一团业经开始攻击，须掩护其左侧，或相机渡河助攻。主力由京北岭—松柏山—白坑之线向左迂回，向鲤湖攻击前进。京北岭之一连，如未派出，明晨六时以前定须到达位置。

五、予于五时三十分以前，到达湖尾。

二月十三日早，各部按照命令前进。教导第二团主力向鲤湖前进；第七旅由狗肚向塔头埠前进，但塔头埠距和顺敌人尚有二十余里；教导第一团由棉湖向和顺前进，距敌不过十里，接触甚易。故此役以教导第一团之战斗，为最激烈也。

十三日午前六时三十分，教导第一团渡河已毕，即向和顺前进。当时何团长所下之出发命令如左：

一、敌情及友军(如上蒋校长命令所述)。

二、本团以攻击和顺敌人之目的，准于本十三日午前五时三十分渡河，六时三十分向和顺前进。

三、步兵第一营为前卫(机关枪两架)，待本队渡河后，前卫原在河左岸警戒于六时三十分，由现在地出发，经过上北湖以北之路，向和顺搜索前进。

四、侦探队以三分之一在前卫先头二千米达处搜索前进，其余在前卫，本队后跟进。

五、学兵连为右侧卫，经过红湖、王厝仔，掩护本团右侧，並与塔头埠之许旅联络。

六、本队按团本部、特务连、步兵第三营、机关枪连（缺一排)、炮兵连、步兵第二营、通信队、卫生队之次序，在前卫后跟进。

七、大行李辎重队暂在棉湖待命。

八、予在前卫本队先头行进。

午前七时二十分，教导第一团行抵距和顺约四里之曾塘，得知敌人王定华等部约五六千人，在和顺东端高地，占领阵地。此时塔头埠之第七旅，尚未与第一团联络。教导第二团向鲤湖前进，但鲤湖之敌人，已转向和顺前进，与和顺敌人合在一起。而第二团与第一团之联络，亦未确实。何团长以距敌已近，遂决心攻击之。其处置如左：

1．令前卫占领曾塘附近之高地，掩护本队开进。

2．令本队在曾塘东方之小高地后开进。

此时观察地势，左前方为开阔断绝地，右前方有数小高地，可以利用，且敌人较我为优势，非利用地形，难以前进。遂决定攻击计划如左：

1．以第一营即前卫、第三营为第一线，每营附机关枪两挺。第一营由曾塘前进，攻击敌之正面；第三营由曾塘北方地区，绕攻敌之左翼。

2．以第二营及特种部队为第二线，位置于中央后。

午前八时，第一营进至曾塘村附近，见该村北端高地，发现敌人数百名，该村西方，亦发现敌人侦探数名。该营第三连，即就曾塘村北端稻田内，以二排散开攻击，一排为援队，散开将半，敌人竟下山向该连前进。如是，该连开始射击，彼此相距不过二百米达因地形荫蔽故未能早接战耳。

第一营既与敌接战，第三营亦已进至第一营之右前方高地，占领阵地。（但两营相距约四五千米达，联络困难，然该高地为右翼最好之阵地，得此，则可瞰制敌人，而向敌右翼包围，故正面虽大亦不得不如此。）以九连在左，七连在右，八连为预备队，见第一营开始攻击，亦即向敌攻击前进。

两营已开始射击，炮兵亦进入曾塘村东北方小高地之阵地，见对面高山麇集敌人甚多，乃向之射击，以距离在四千米达以外，故效力甚微，只能为两营之声援耳。

当教导第一团开始攻击时，第七旅尚在塔头埠，相距数十里。

第二团正向鲤湖前进，均未知第一团之情形也。午前八时三十分，敌以我寡彼众，乃用主力向我左翼包围。此时第一营除第三连之援队增加外，第一连继续散开于三连之右，第二连接第三连之左，散开于河岸，敌人愈来愈众，各官兵虽沈着射击，以白刃相待，竟被包围，官兵死伤数十人，第二连遂被缴去枪枝数十杆，幸第一连已占领第三连右翼小高山，向敌冲锋，第三连亦即移至小高地，强行抵抗，敌始不敢进。第三营方面，亦向敌猛烈攻击，但敌太多，其后方敌人仍向我左翼移动，企图包围我左翼也。

第一营既受巨创，左翼敌人遂占领曾塘村，乘虚前进，距团部及炮兵阵地不过三四百米达矣。何团长乃命第二营长刘峙，亲率预备队第六连，用刺刀向敌冲锋；同时，炮兵亦向该前进之敌散兵射击，四炮均命中，毙敌数十名，敌乃后退。炮兵掩护队复起而追之，曾塘村仍为我夺回矣。

左翼受敌包围，战斗激烈之际，右翼战况，同时紧张。第三营几与第一营沦于同样之悲境，幸第七旅(午前十一时三十分)赶至，增加该营方面。如是，右翼转败为胜，无足顾虑。惟左翼敌人，仍有加无已。何团长乃命第二营长刘峙，率全营增加左翼，复命学生连长曹石泉，率学生全连增加第二营之左。敌以三四千之众向我包围者数次均被第二营及学生连击退，卒与敌相峙至于天黑，敌以我陈铭枢及吴铁城旅后堵于河婆圩，遂退。此实我官兵指挥与射击沉着之所致也。而学生连以数十人抗敌千余之众，尤见学兵之善战与曹连长指挥之巧妙焉。

两军激战至午后二时三十分，左翼战况，已在相持之状态。中央第一营亦现沈寂。因敌概在两翼，而我军亦不敢前进，故无枪声。右翼许旅与第三营方面，则战斗异常激烈。我军猛向敌冲，敌遂不支，向和顺村退却，第三营及第七旅跟踪追击，中央第一营亦起而随进。不意我军进至和顺附近，敌用总预备队向我反攻，许旅受此打击，竟向后奔逃。第一、三营受此牵连，虽极力抵抗，而敌势甚猛，两营至此，死伤冲散几尽。第三营党代表章琰、副营长杨厚卿，及连排长数人，均死之。第一营长蒋鼎文受伤。共计官兵之死伤者二百余。皆此一退之结果也。若非左翼支持得力，则全线溃矣。此时，何团长见此景况，除左翼外，中、右两方面，已无一人。而敌距团部不过五六百米达，且第二团之消息未知，后方亦无援队。若此不守，不惟全团复没，大局亦从此不堪设想。如是，收拾余卒及团部官兵，共数十人，用镇静之态度，下坚确之决心，将与敌作最后之奋斗，并多插旗帜，以作疑兵，敌于是徘徊顾盼，踌躇而不敢进矣。初，第二团至鲤湖，未遇敌，将待后命，隐闻和顺方面，炮声隆隆，侧知为第一团与敌激战，团长钱大钧与刘营长尧宸，遂决心来援，鲤湖距和顺不过十里，而可击和顺之背。当敌人踌躇之际，二团已赶至，直攻和顺之敌司令部，敌以后方受攻，又狼狈而退，被二团缴去枪枝百余，时已天黑，敌乘夜向五径富、河婆方面而遁。此役自早八时接战，以至午后五时结局，计敌万余，初由教导第一团独战，至十二时而许旅增加，至午后四时而第二团来援，敌人虽众，卒被击败，林虎军从此几与洪兆麟相等矣。而我军则以教导第一团伤亡最多，官兵共约四五百人。敌之死亡，则有甚于我，共计两军死伤，当在千余之众也。

### 其四　夜克五华城

王定华、刘志陆、黄任寰等部被我击败于棉湖，向五径富、河婆两路分窜。三月十四日，我第七旅即向五径富、汤坑之道追击，教导两团向河婆追击。初，我军以后方空虚，虑林虎来袭，曾调第一师陈铭枢旅及警卫军吴铁城所部。吴未至，所部由参谋长欧阳驹指挥，增防东江，遇林之一部于河田败之。三月十三日，进至河婆，复遇刘志陆等败至，腰击之，夺械数百，敌复转逃与王定华等合于横流渡。教导团追至河婆，亦与陈部等合向横流渡跟踪追击。十七日午后二时，追至横流渡，万余之敌，不敢抗，向兴宁逃窜。此时林虎仍驻兴宁，拟亲督战，以水口、河口为第一防御线，驻重兵于此；以五华、兴宁为第二线。盖逆料我军必由锡坑、横陂、水口之道以趋兴宁、五华也。蒋校长至横流渡，知敌主力已向横陂、水口之道奔兴宁，遂决心以警卫军之一部，向横陂水口追击，以牵制敌之主力。而以我军主力教导两团及陈铭枢旅，由左侧间道先取五华城，以拊兴宁之侧背。当日遂进至周江圩。周江距五华，尚有百余里，限定翌日占领之。遂下如左之命令：

一、本日由安流退却之敌，其主力似向锡坑，一部（约千人）于十一时退至蓝坑（周江正东十五里），及闻我军追至，狼狈向横陂退去。一说向锡坪五华退去。

二、本军决于明（十八）日占领五华城。

三、教导第一团于明晨五时，由现在地出发，经龙部、锡坪、海金、沙□门、高竹园、西林坝之道，向五华前进。校本部及教导第二团于明晨六时出发，跟第一团前进。

第一旅于明晨六时出发，向五华前进。

四、校本部及教导第一、二两团大行李，在第二团后，第一旅大行李，在第一旅后跟进。

五、占领五华后之警戒，归教导第一团任之。另派队占领电报局，先窃收来电，检查已发电稿，切断通兴宁、老隆两头电线。又派队占领各公署，搜查军用物品，及可作谍报之资料。且须占领邮局，检查邮件。

六、警卫军明十八日占领锡坑，后日占领河口，占领后，向畬坑及梅县方向攻击前进。

十八日午前五时，各部遵命陆续出发，教导第一团为前卫，该团用急行军法，于午后六时，抵距五华城四里之林坝。得知敌情如左：

1. 五华城内外之敌，约有千余人，系王达庆由老隆来之湘军二、三百人，杨秉为部四五百人及新由横陂退却来之溃军二、三百人。

二、杨秉为部驻南门城内，王达庆部驻东门外，其余溃兵均散驻城内。

三、敌人未知我军已到，尚未派警戒部队在城外。

何团长得此敌情，遂实行占领之任务，决定乘夜攻城。但当时困难之点有三：(一)本团经棉湖之创，全团不过六七百人，而本日行军百余里，疲劳实甚。(二)天已黑暗，观察地形敌情不易。(三)无详细地图，道路不明了，所幸者敌无备，可以从容布署。乃规定严密之计画如左：

一、乘敌未知，将城东南西三门包围，以防敌之逃窜。

二、侦察明了后，即开始攻城，务于本夜间占领之。

三、将情报告校长，并通报第二团，迅速前进，位置于高竹园附近，以为策应。

四、以第三营进至西门外，以一部监视西门，其余位置于适宜地点，对于老隆方面，严密警戒，以防敌之援军。

五、以第一营位置于东南门外，监视东门，对于通兴宁之道路，尤须特别注意，以防敌逃往兴宁，及阻截该方面之援军。

六、侦探队位置于西林坝西南高地，警戒由横陂方面来之溃兵。

七、以第二营及特务连为预备队，位置于三方桥附近。

八、敌情道路侦察明了后，由预备队之一部开始由南门攻击，其余部队，非有命令及敌袭，不得放枪及移动位置，以防误会。

计画既定，即从事布署，以天黑运动困难，至夜间九时，始布置完毕。十时三十分，适获得出城拉夫之敌连长一名，讯知敌人预料我军明后日可到，去电话往水口调王伦部来援，约千余人，明日十时可到。铁场有敌一营，明日亦来五华集中。云云。如是，何团长即用该敌连长为向导，令诱敌开城，而命彭党【代】表干臣率第四连之一排随之以行。夜十二时至南门外，利用该敌连长，街中木栅，已诱开二道，抵城门，守兵坚不开城，遂击之，破门入，城中闻警，纷向东北夺门而出，向江西及兴宁之道逃窜。以天黑未尽获，俘王达庆参谋长及司令部多人，缴获水机关枪二挺，步枪六七百杆，其余军用品无算。遂克五华。

其五　兴宁激战

三月十九日，教导第一团占领五华，蒋校长即以第一团留驻五华整顿。命教导第二团及陈铭枢旅，即日进攻兴宁。此时，林虎在兴宁，敌之大部王定华等仍在水口(水口距兴宁二三十里)一带集中。我警卫军已跟踪前进至横陂(距水口六七十里)。蒋校长给各部命令如左：

一、五华城内之敌，已为我教导第一团击退，由东北门向兴宁、江西方面逃去，逐渐向梅县退却。闻林逆司令部，尚在兴宁城中。

河口方面之敌，逐渐向畲坑、梅县方向移动。

综计各方情报，敌军在兴宁、河口一带设置阵地抵抗，有掩护其本队退却模样。

二、本军已占领五华城，即于今日向兴宁、河口方面进攻。

三、教导第一团派步兵一营在城内搜索，其余在南门外集合候命。

四、粤军第一旅于本（十九）日上午七时，由现在地出发，协同教导第二团向兴宁攻击前进。

五、教导第二团与第一旅取五百米达之距离，向兴宁前进，协同一旅，攻击兴宁之敌。

六、余预定本日上午九时，由五华出发，向兴宁前进。

兴宁距五华三十里，道路平坦，运动甚易。教导第二团及第七旅于午前九时，陆续经过五华，向兴宁进发。蒋校长于正午亲赴兴宁督战。午后四时，我军已将敌城外守卒驱逐，迫进兴宁城。教导第二团围攻南西北门，陈铭枢旅以一团占领兴宁城外之神光山，一团集结山下。敌我两军，激战一时许，南门方面，忽背后发现敌人，盖从水口方面来援之军也。教导第二团之第一连及第四、五连攻击南门者，腹背受敌，同时陷于受包围之状态。营长刘尧宸从容指挥，前后分击，与敌猛战时余，卒将敌击退。蒋校长以南门地势不利，亦即将该连移归西门方面，此时天已入黑，我军遂在阵地彻夜。

二十日天未晓，神光山第一旅之侧背，发现大部敌人，向该旅施行包围。盖林虎之精华部队黄业兴等，新由水口来援也。第一旅乃施以猛烈之攻击，激战至午前七时，卒将敌击败。敌人一围，全被缴械。俘团附一、营长五、士兵六七百人，敌之死亡枕籍，黄业兴之第五旅，失却战斗力矣。然犹有第六旅在，不过不及第五旅之精强耳。

此时守城者，为王达庆之残部，林虎仍在城中督战。教导第二团之攻城部队仍未得手。盖守城之敌虽少，城外来援之敌尚多也。午后三时，我军再施猛烈之攻击。教导第二团第一营攻南门外第一村落，其余攻城。第一旅攻第二、三村落，由敌侧背包抄攻击，因敌人麇集南门外，顽强抵抗也。至午后八时，第一旅已将黄业兴之第六旅击败，俘获甚众。同时，教导第二团，亦尽全力以攻城。午后六时，该团第三营，猛向西门攻击，攀登西门外之家屋。此处高楼，可以瞰制城内，而侧射南门外之敌人。南门敌人受此猛烈之侧射，乃转向西门，亦以猛烈之火力击之。该团第八连遂乘隙由南门入城，城内敌人，乃纷向东门逃窜，林虎仅以身免。时二十日午后八时也。至是，林虎数年之巢穴既陷，残敌余孽，鸟散兽奔，向赣南而去矣。

附记二则

一、当兴宁激战之际，水口仍有刘志陆、李易标等部麇聚，约七八千人。二十日，蒋校长乃命教导第一团留一营防守五华，以二营协同警卫军进攻水口之敌，使其不能增援兴宁也。二十一日，教导第一团与警卫军会于河口，乃协同由河之两岸向水口前进，午后四时抵水口附近，敌稍事抵抗，乘夜而遁。

二、林虎军与我军战于棉湖兴宁之顷，洪兆麟曾率残敌反攻潮安，被粤军第二师及黄埔校学生击败，自此逃窜闽边。而第二师乃得转师，扫清梅县、潮梅各属，至是肃清矣。

其六　杨刘叛变及回师平乱

杨希闵、刘震寰等，以东征告成，我党军及粤军，势益雄厚。杨、刘等北结段氏，西联唐继尧，谋据广州，以推翻革命政府。滇军胡思舜部于惠州、河源一带布防，盘马弯弓，情势日亟。至是廖仲恺及党中同志，乃力持旋师之议。一面运动各工团罢工、商界罢市，钳制逆军运输及给养；一方令湘军及朱培德部之在北江者扼要布防，断杨、刘与北军之联络，逆军遂成坐困。刘震寰以我军旋师知难抵抗，将所部调驻新街。滇军之在东江者，亦先后撤回，集中广州东北郊及龙眼洞一带，冀图抵抗。我军自六月一日由潮汕出动，至十一日到达龙眼洞附近，遂与黄埔联络，决定两路夹攻之策。我军主力由龙眼洞进击趋白云山，黄埔入伍生队由赤冈塔、猎德渡河，向东山进击，舰队炮击逆军在石牌、猎德附近亡之阵地以威胁之。十一日午，龙眼洞方面开始攻击，遂占领之。十二日晨，逆军指挥赵成梁被炮击毙，统驭无人，逆军遂溃向石井一带。斯时，桂军刘震寰部之在新街者，亦被我联军击败，退至石井，遂与滇军同时缴械。杨希闵、刘震寰等皆乘机遁逃。是役，自接触以迄乱平，为时不过两日，数万逆军，三年虎踞羊城，雄视一切，至是一扫而荡除之矣。

〔国民政府军委会档案〕

## 13 许崇智报告所部攻击洪兆麟部战报电

（1925年3月4日）

广州胡留守、廖代表、杨总司令、刘总司令、伍部长、古部长、林部长、邓运使、邹校长，滇军范军长、胡军长，博罗探送杨总指挥，曾总指挥，杨代总指挥，飞鹅岭桂军总指挥严师长，南雄谭总司令均鉴：江门本军梁军长，河南李军长，梧州李师长，广州总部各处，石龙探送淡水黄参谋、吴司令，陈旅长，曾参谋、平山张团长、多祝林司令，海丰关主任均览：顷据第三旅长许济报告：职旅奉命于本月三日午前十一时五十分，由河婆出发，向鲤湖前进，行至距十里之大坪、圆头山、苹古岩一带时，我前卫第十三团谭团长与敌接触，敌已占领阵地与我军抵抗，激战四小时，敌势不支，即向普宁方面纷纷溃退。查此次敌军系洪部生力军李云复、钟绍斌之七、八两团暨李春芬之补充旅，并军官讲习所学员三百零，共不下伍千余人，并由李逆云复亲自督战，一击溃退，其力量可知。是役毙敌第十七团第一营长两名，又钟绍斌旅部副官长一名，士兵七十余人，并俘虏二百余人，缴获枪支二百余杆，子弹六万余发。职旅已从尾追击，现已追过鲤湖十里等语。查逆军精锐尽在于此，不独海丰系逆军完全歼灭，即洪兆麟部亦扫尽无遗矣。收复潮汕，指日可待。智本晚到黄塘宿营，明日续进。顺闻。发于河田行营。许崇智叩。支。印。

〔广州国民政府档案〕

## 14　许崇智报告安流至河婆圩一带情况电

（1925年3月10日）

急。揭阳蒋校长鉴：总密。一、汕头探送许总司令钧鉴：刻据路上侦探队报告：本日上午八时，有林虎部下王定华率领全部由安流开来罗经坝，约三四十人。二、又据侦探张志海报告：本日午后三时，黄任寰率领全部由安流开来上沙宿营，约二三千人。现在刘黄业兴集中，安流约五六千人，由安流至河婆圩一带，极已紧慌。所业本日午后五时尽行逃走。属官周祥报告：河婆圩来鲤湖发现此情况，兄意如何，请即电复。崇智。灰。

〔国民政府军委会档案〕

## 15　宪治通信社关于陈炯明召集军事会议决乘孙中山逝世机会向粤发动三路进攻消息

（1925年3月12日）

宪治通信社三月十二日

陈炯明三路反攻

△灰日在饶平召集将佐会议

△决定分三路反攻

△惟一说　陈已离开汕头

宪治通信社云：陈炯明自揭阳失守后，全线军队均向后方退却。兹据沪电：陈本拟将军队退入闽边，静候时机。特张毅已与李凤翔联防，对陈表示合作，一面将漳浦、云霄、诏安、平和、永定各县划与陈军为必要退却时休养之所；一面将所部民军抽调四团，由分水关入粤，表示担任前线。陈军乘势顿整，灰（十日）

在饶平召集各将领会议，林虎亦列席。最后议决三路反攻，除洪兆麟、叶举率所部会同张毅民军扼黄山，阻潮安方面联军之占入外：（一）林虎率部由河源出动，迅速增防。（二）刘志陆攻海丰、味田。（三）王定华攻揭阳，海筹、楚同戒严韩江。陈氏此举，似已预知孙中山逝世，粤中孙军哀悼之际，而乘虚一击也。

〔北洋政府京畿卫戍总司令档案〕

## 16 周自得关于学生团开赴增城待命电

（1925年3月25日）

分送胡留守、廖党代表、中央执行委员会、程部长、谭总司令、刘总司令、朱军长、赵师长、廖师长、胡师长、石龙联军杨总指挥、胡军长钧鉴：博罗曾师长、英德朱师长、汕头许总司令、蒋校长、浔川范军长勋鉴：窃陈逆背义叛党，罪不容诛。然大元帅宽大为怀，不忍生灵涂炭，解惠州之危，予自新之路。讵意陈逆罔识大体，不知悛悟，盘踞东江，仍前抗拒。政府忍无可忍，下令讨伐。经许总司令克复潮汕，惠州指日可破，陈逆余孽，不难一鼓荡平。兹本校及教导团奉命出发，遵于本月廿五日率领干校第二期学生及教导团全部，开赴增城待命前进，灭此丑类，永奠国基。肃此电呈，伏乞垂鉴。建国滇军干部学校校长周自得叩。

〔国民政府军委会档案〕

## 17 陈铭枢报告所部进攻梅县电

（1925年3月26日）

万急。广州胡留守、廖代表、南堤二马路粤军第一师办事处陈副官转李师长钧鉴：总密。职部攻进兴宁后，二十三日进攻梅县，第二师先进城，敌林子云全部溃散。职收编其营长彭和华一营。张师长追击至大柘，俘虏李易标部数百人。林逆残部已窜赣边。职现向三河坝大甫截击洪逆残敌。特此奉闻。旅长陈铭枢呈。寝。发于梅县。

〔广州国民政府档案〕

## 18 张民达报告攻占海丰城电

（1925年3月27日）

万急。北京孙大元帅睿鉴：广州胡留守、杨总、刘总司令、廖、伍、林各部长，各军、师、旅长均鉴：民达于本月念六日与敌在浦心、分水坑一带血战一昼夜，经于本早念七率师直捣海丰城，洪、叶各逆纷向陆丰城窜去。此役夺获枪弹、军实无算，陈逆所部精神物质损失无数。东江事业已过其半，望我中左同袍，努力挺进，以竟全功，不胜厚盼。张民达。感。印。（石龙来电）

〔广州国民政府档案〕

## 19 许崇智报告击溃谢文炳部情况电

（1925年3月27日）

广州胡省长，廖代表，伍部长、胡部长，杨总司令、刘总司令、滇军范军长、胡军长、朱军长益之，南雄谭总司令、石龙桂军韦军长并转飞鹅岭严军长，滇军第二军后方办事处转博罗杨总指挥，并转第三军曾总指挥，广州吴司令铁城、邓运使，沙田江处长，军车管理处胡处长，冯参谋处长转梁军长、李军长、本部各师长、旅长，各司令均鉴：梗未捷报谅达。本日敌人被我张师许旅余团击败后，均向豪石、埔心、七斗种、三跳，狼狈向海丰退，行李辎重遗弃满路。谢逆文炳弹伤腿部。查此次敌人死伤约两百人，我军伤亡甚微，获枪一千杆。各部现跟踪追击中。查敌人平日一味横征暴敛，战时前〔则〕抢掠、奸淫人民，无不行险，故我军所至，皆壶浆以迎。敌暴我仁，胜算可预卜也。崇智。敬亥发于三多祝。印。

〔广州国民政府档案〕

## 20 方本仁转报林虎助陈炯明反攻潮汕失败请筹济林军饷械致执政府等密电

（1925年3月28日）

急。北京执政府军务厅、陆军部均鉴：昌密。顷据上杭赖师长敬电称：潮梅已失，粤军退赣，闽兵力尚有三万余众，惟饷弹两缺，士气不振，职亦无法挽回战局。请钧座设法维持粤军饷弹，再图恢复，否则闽赣多事矣。等语。查赣省自经驱蔡拒谭之后，民生凋敝，财政困难，自顾犹虞不暇，遑言接济友军。惟查林总指挥倾向中央，力谋统一，久为各方所洞悉，若以此次失利，饷弹不济，因而一蹶不振，匪特闽赣之患，实与大局有密切关系。除于无可设法中勉筹三万暂为济急外，究应如何维持之处，务恳转陈执政核示祗遵，至为盼祷。方本仁叩。俭。印。

〔北洋政府陆军部档案〕

## 21 陆海军大元帅大本营留守胡汉民告东江陈军将士书

（1925年3月）

自陈炯明负固于东江，比年以来，曾无宁岁。政府因腹心之患，不得已而用兵。故联军衔，奉国威，特信大义，陈师鞠旅，戮力同心，未及浃旬，而深入其阻，役不再举，今日之谓也。本留守悯东江陈军将士譬之鸲鹆，寄于苇苕，乃激之以存亡，示之以祸福，殷勤之旨，或足相动，诸将士其敬听之。夫陈逆者，叛国之人也。凡叛国之人，小则肆诸市朝，大则陈诸原野，虽国家多事，仍收九伐之征。然而罪止其魁，他非所问。回溯去年九月十三日我大元帅之明令，可谓宽仁覆载矣。以陈逆肆行凶忒，为国法所必诛，而犹解网任投，许其以功自赎，假使幡然悔悟，我大元帅已申三宥之恩。乃冥顽不灵，抗命如故，今已复劳挞伐，在国家自有常刑。若夫懔累卵之危，念覆巢之语，是所望于诸将士之见机而作也。傥诸将士明于去就之义，一旦输诚，有奇异能者，皆我国家良宝利器，大元帅开弘旷荡，推赤心置人腹中，必将赦罪责功，弃瑕取用。否则，迷而不反，亦惟见其相随颠没，同为鲸鲵而已。盖奉联军以攻一惠州，强弱既殊，顺逆又异，且林、洪诸逆，各不能容，互相长雄，人为仇敌，陈逆久失其统率之能力。此犯上者，无以驭其下，必然之势也。联军声讨，长驱东征，彼不土崩，亦应瓦解，愿诸将士犹为之争旦夕之命，果何为者。大丈夫固当喋血沙场，以马革裹尸还葬耳。独是诸将士登叛人之党，生不过一逆贼，死不过一愚鬼，纵肝脑涂地，尚不及匹夫匹妇之为小谅矣。而况诸将士亦有与于革命之役者，何必不自爱惜如此。彼陈逆置身吾党，初未尝无奔走之劳，岂期弃休令之嘉名，造鸱枭之逆谋，而终始参差，苍黄翻覆。人莫不有一死，死何面目见七十二烈士乎。诸将士习闻主义，讵负初心，奈何效陈逆之所为，倒行而逆施之也。方今天下艰难，苟怀报国之心，斯即立功之会，诛其无恶，相率来归，庶几百里之甲兵，不劳而定。政府宽仁为怀，未有不予以容纳者。于此而知自拔，以就功名，我大元帅自能拔将取才，各尽其用。视与陈逆同烬，其得失荣辱又何如耶。昔谢遁有言：恨不以此为勤王之帅，徒因岐路徘徊，卒至狼藉都市。诸将士可以为鉴已。又，若东江民力，久困诛求，诸将士多粤人，宁不恻然动念。一念及此，尤必倒戈杀贼拯孤城，能为地方留几许生机，即为国家保几许元气，斯又爱国爱乡之士，当如是耳。本留守意深辞逊，悉本至诚，亟宜审识安危，权衡利害，如其迷谬，或致增骄，适见其愚不足惜也。

〔陆海军大元帅大本营公报1925年第7号〕

## 22 蒋介石主张苏世安罗翼群部在东江上游集中密电

(1925年4月10日)

广州胡留守钧鉴：中密。许总司令函，拟请苏世安等部及罗翼群部均赴东江上游老隆、河源、龙川、和平一带，中【正】极端主张，并须速办，务请即日下令实行为祷。中正叩。灰。

〔广州国民政府档案〕

## 23 蒋介石请乐昌等地驻防军保护新兵过境密电

(1925年4月20日)

广州胡留守钧鉴：克密。现本校派有委员萧钰驻南雄，邓俊在砰〔坪〕石招募新兵二千名，请电饬韶、雄、乐昌、砰〔坪〕石各驻防军队，切实保护，新兵经过，请不盘阻为祷。中正叩。号。

〔广州国民政府档案〕

## 24 蒋介石报告陈炯明残部向赣南移动密电

(1925年5月7日)

广州胡省长并转谭司令均鉴：中密。据各方确报，在闽陈逆残部渐向赣南移动。而林部移驻三南已成事实。弟料其或由赣南先图省城。务请严防密图，如何盼复。中正叩。虞。

奉谕：即转谭总司令、胡军长。

〔广州国民政府档案〕

## 25 罗翼群为滇军部属开向蓝口深恐误会请令速回河源密电

（1925年5月10日）

万急。广州胡代帅，汕头许总司令，廖部长，蒋校长钧鉴：新密。迭据报告：滇军近日有向东江上游开动，其前锋第五师第十九团胡团长业已进抵蓝口，且布告东江系滇军防地，不容他军驻防等语。窃翼群奉帅命率军东江，责在剿匪，本拟率部兼程开老隆，肃清匪患，以尽职责。今忽接此报告，殊为骇异。查老隆距蓝口仅七十里，万一翼部开至老隆，滇军再行进，倘彼此发生误会，不但有伤友军感情，且大启赣南孽余之窥伺。除电请胡军长、曾师长饬部仍回河源从事协商外，用特电请迅赐示遵。翼群叩。蒸戌。印。（兴宁来电）

〔广州国民政府档案〕

## 26 国民党中执会为东江战事已平请整顿内部致胡汉民函

（1925年5月30日）

径启者：日前本会发表宣言，以广东为革命政府根据地，值兹东江战事已平，亟应及时整顿内部。兹更根据宣言对于整顿内部之条件议决如下：整理内部，当从整理军队入手。十二年以来，广东境内战事频仍，致无整理军队之余暇，于是军队各自为政，虽有最高军事机关，形同虚设，军队更以饷源为藉口，对于地方政事，肆行干涉，用人行政之权，掠夺殆尽。同时对于财政机关，亦各以其势力所及，争先占据。由是行政经费教育经费等，悉被吞食，全省政务尽归停滞，民政、财政诸机关不但仰承鼻息，且至虚有其名。其影响及于人民者，生命财产失其保障，交通梗塞，市廛彫敝，工失其业，农失其事。凡此苦痛擢发难尽。夫以广东为革命根据地，而其一切现象无不与革命之主义及政策相反，痛心之事孰过于此。故整理军队实为整理内之先著。其整顿军队之方法，最少限度列举于下：（一）军令统一，严禁军队各自为政之习。（二）民政统一，严禁军队干涉用人行政之习。（三）财政统一及军需独立，严禁军队分割及霸占财政之习。（四）所有军队，悉须经政治训练，使成为有主义，有纪律的革命军队。以上四者，若能实现，则军令机关得收整齐统一之效，而民政机关，财政机关亦得回复自由，以行使职权。在军队一方面可日益精练，在人民一方面可保其安宁，然后他一切整理计画，始得有实施之机会，而本党之主义及政策始得有实现之可能。为使以上四项能迅速实行，不落空谈，则对于实行不能不有确实之保障，政府于此应有决心并预备实力。对于抗命者与以严厉之制裁，对于阳奉阴违者与以严厉之惩罚，务使此等最少限度于最短期间充分实现。同时各党部当从种种方面努力，以为政府之援助，目前最要之图无过于此。兹经本会议决，相应函达，务祈察纳施行为荷。此致

代行大元帅职权胡

中国国民党中央执行委员会

中华民国十四年五月三十日

〔广州国民政府档案〕

## 27 程潜为广九铁路关系东江作战不得停滞训令

(1925年6月7日)

大本营军政部训令 第一七八号

令广九铁路局局长陈兴汉

为令遵事，奉大元帅令开：广九铁路关系东江作战，不得稍有停滞。该路军车管理处，业经明令裁撤后，一切行车事务应由局长陈兴汉于本日接管负责办理，毋稍宕延，致贻误戎机。着军政部饬令遵照。此令。等因。奉此。仰该局长即日前往接管该路行车事务，毋令停滞而误戎机为要。切切。此令。

中华民国十三年六月七日

部长 程 潜

〔广州国民政府档案〕

# (八)平定刘杨之乱

## 1 范石生关于刘震寰叛乱致胡汉民函

(1925年5月27日)

展堂留守吾兄赐鉴：迭电请注意刘逆震寰叛国阴谋，并请设法剿除，以免肘腋生变，想邀鉴察。兹搜得刘逆死党黎鼎鉴布告一纸，耑函奉上，恳吾兄转示同人，俾知刘逆派遣死党黎鼎鉴、陈天太等扰乱桑梓，危害党国，根据确凿，并非弟等臆造，及今不图，后悔无及。迫切陈词，立待嘉音。耑此并颂勋安，诸维爱照不一。

弟范石生拜启 五月二十七日

附黎鼎鉴布告一纸〔略〕

〔广州国民政府档案〕

## 2 胡汉民关于严重处分叛军杨希闵刘震寰部通电

(1925年6月7日)

自二月初旬东江战起，杨希闵所统之滇军，刘震寰所统之桂军，皆观望不战。初犹以为苟且懒惰故。及三月中旬攻破兴宁，在敌军总司令部搜获杨希闵等与敌军往来密电，始尽悉其勾结奸谋。同时刘震寰则亲赴云南纳款于唐继尧，嗾使引兵入桂，以为图粤之张本。而杨希闵复于五月初旬潜赴香港，与北京密使共谋颠覆革命政府。其通敌谋叛种种事实，先后已查获确据。政府以变生肘腋，不得不加意防范。杨、刘知叛迹已露，遂于五月中旬开始军事行动，滇军集中省垣，桂军由东江调赴北江，皆自由行动，不复关白政府，并捏造风说，请政府将实行共产，以冀摇惑人心。其他种种挑拨离间之谋，不胜缕举。六月四日遂公然占领广东省长公署、财政部等机关，反形尽揭。六日下午省河已发生战事，惟政府对于此等叛军已有严重之处分及周密之布置，将士用命，人心愤发，预料旬日以内，必可荡平。先此奉达，以慰廑系。胡汉民。阳。

〔陆海军大元帅大本营公报1925年第14号〕

## 3 中国国民党中央党部告滇桂军士兵书

(1925年6月)

国民党政府对无论那一省的穷苦人民，都是赞助的。国民党政府赞助穷苦的兵士，不管他们是属于那一省的。广东人不是你们的仇敌。国民党政府不是你们的仇敌，你们的仇敌是你们的长官。

你们的长官既剥削了人民，又剥削了你们。你们连年战争，你们得到的是什么？什么也没有。现在你们又预备去死，试问，为谁的。并不是为你们自己，又不是为你们的家族，又不是为你们贵省的人民，更不是为全国的人民。你们是为你们的长官去死。他们已经很富了，他们时常遗弃你们，不顾你们的冻饥，并叫你们受人的痛恨。你们不是痴子，决不至于这样做的。为什么刘震寰到香港去？他去把他的银钱存储在外国银行里，这些钱是从人民，从你们抢了来的。为什么杨希闵到香港去？他去那里是卖你们，卖东西，卖给愿分多钱的。你们的长官知道他们要打败仗，所以他们的家眷到香港去了，因为那里有好许多银钱，他可以过安乐日子。但是你们怎样呢？你们没有钱。国民党政府可以照顾你们。你们有要回家的，可以送你们回去，有要编入革命军队中的，无任欢迎，我们将一向为人民与士兵的利益奋斗。士兵们，打走你们的长官，顺从国民党政府。你们一个人来，全营人来，或全团人来，国民党政府一定欢迎你们，照顾你们。中国国民党中央执行委员会。

〔陆海军大元帅大本营公报1925年第14号〕

## 4　邓泽如转报盐务缉私处请发还讨伐刘杨叛乱费用垫款呈令

（1925年7月）

（1）邓泽如致国民政府委员会呈（7月11日）

呈为呈请事：现据代办两广盐务缉私处事宜叶剑英报称：窃职处侯故代办山，于杨刘叛乱之际，奉命就大本营暂编舰队副指挥职，率领部属进剿叛逆，幸告成功，搀氛悉平。所有战役期内临时支出经费，故前代办判行待发，而遽遭奸人暗算，卒丧其年。剑英奉命代办处事，曾查照原卷呈报钧使，蒙转呈大本营核夺在案。维时大本营适告改组，致前案延阻，未奉给领。现据侯故前代办遗族报告，前项临时支出经费，系由故前代办以私人名义竭蹶筹垫，近该项债主日临门环索，请求转呈给领，俾资归垫等情。查核前情，委属实在，理合据情呈请钧使，恳予转呈财政部查照原案，迅赐将前项垫支临时经费早日核准发给，俾得转饬具领，藉资归垫，实为公便等情。据此。查本案先于本年六月间，据叶代办剑英将已故两广盐务缉私处代办侯山前在兼充暂编舰队副指挥任内垫支过临时经费毫银一万三千六百六十三元二毫，开列数目清表，连同单据粘存册各一本，报请转咨两广盐务稽核所签支归垫等情。运使当以侯故代办在兼充暂编舰队副指挥任内垫支之款，既属临时战费，自应由国库拨还归垫，以昭公允。惟未经呈奉前大本营核准饬由何项机关拨付，运使即未便率尔咨所签支提给，致涉专擅。且现值盐税收入奇绌，若由盐款项下拨还，一时亦难办到。经将原送表册一并转呈前大本营，请予核示遵办在案。兹据续报前情，理合照录原案，备文呈请钧府察核，俯赐检核前呈大本营表册指令祗遵，实为公便。谨呈

国民政府委员会

两广盐运使邓泽如

民国十四年七月十一日

（2）国民政府指令（7月14日）

中华民国国民政府指令　第33号

令两广盐运使邓泽如

呈据代办两广盐务缉私处事宜，叶剑英请将故前代办侯山所垫战时支出经费发还，请检核前呈表册指令祗遵由。

呈悉。查此案已据该运使前呈检同表册交由军事委会核办，仰即转饬知照。此令。

中华民国十四年七月十四日

〔广州国民政府档案〕

## （九）第二次东征

### 1　周荫人为许（崇智）洪（兆麟）开战在即请补充饷弹以便派队援洪致北京执政府军务厅密电

（1925年8月15日）

北京执政府军务厅勋鉴：檝密。查粤军洪、许两部近来情形，迭经电陈在案。当许军让出潮汕时，以洪、刘两部八个星期入闽为交换条件。迨许入广州，残部尚屯集揭阳、普宁约数千人。现因限期已届，许催洪、刘入闽，洪、刘以许军未退出为词，请速让防，否即以兵戎相见。许窥知洪、刘不能合作，命蒋介石军集中石龙进窥潮汕。现林虎、叶举、洪兆麟、刘志达对普宁、揭阳许军亦积极备战，双方正相对峙，决裂即在目前。但战端一开，倘洪、林再败，则赤党披猖，不第危及长江，且恐祸延全国。荫人为维持大局起见，仍拟按前定计划，决以实力援助，惟贫瘠如闽，饷弹万分竭蹶，仍请查照迭电，充分补充，以便派队挞伐，早除大憝，闽省幸甚，大局幸甚。除详情续报外，特电奉闻，并祈转呈执政鉴核为荷。周荫人。删。印。

〔北洋执政府军务厅档案〕

### 2　王懋功关于陈部在漳州等地退窜情况电

（1925年9月4日）

蒋校长钧鉴：校密。一、据冬日轶裴饶平来报告：洪部约千人及熊略率海丰系残部共窜平和。有退漳州、永定消息。又贺瑞庭部三、四百人，在诏安。二、据世日许济罗冈来率海王德庆系四百人在留车；王定华在留车上二十五里之龙国村；赖世璜、谢杰部约千人，在�门岭、吉潭；张化如部在两广亭，刘志陆、黄业兴两部约数千人，在篚乡公平等处。三、总面谕敌林虎主力，仍在篚乡、留贮附近，应即追使远扬，拟请钧座速回，约束一切。云云。如何，乞电示。懋功。支午。

〔国民政府军事委员会档案〕

## 3 周勃雄报告潮局情况电

(1925年9月6日)

党军司令部徐军法处长圣禅兄鉴：新部密。顷得确息如下：一、赣方助林子弹一百廿万，昨已运到六十万，款廿万亦经交付矣。二、洪已将永定交回闽周，履行周陈条件。三、潮局财政集中，军队除集中汤坑外，李云复部开到潮安，林部亦由兴宁出发，李易标已受前敌总指挥委任，担任中路，熊略任右翼，洪任左翼，驻汕陈部职员各眷多已离汕，其闲散职员又纷纷到汕赴潮。上述各情，系陈部某要人与干兄有旧者告弟，嘱即电干兄，克日回防。谨此奉闻，乞代报告蒋校长，以便应付。福建建国军总指挥处参谋周勃雄叩。鱼。印。

〔国民政府军事委员会档案〕

## 4 刘尧宸等关于解决石龙敌情电

(1925年9月21日)

(1)刘尧宸电

蒋军长钧鉴：新校密。昨奉钧电，本拟今早六时向石龙前进，因接谭旅长成电，谓莫旅长业已解决，故中止。现职团集中东莞待命。谨闻。职刘尧宸叩。马。

（2）陆瑞荣电

蒋校长钧鉴：二十晚九时，由南社送东莞刘团长转呈报告一件，计邀赐察。当即截击，第三师所部已收缴枪六百余枝。石龙莫部经谭旅长完全解决，俟东公参谋长到商，再行前进，肃清余孽。陆瑞荣叩。

〔国民政府军事委员会档案〕

## 5 王懋功关于学生队驻守省城和宝安防敌情形电

（1925年10月18日）

（1）电之一

自广州蒋行营电

万急。黄埔王教育长、虎门张团长、译转陈司令勋鉴：顷奉总座篠电开：如逆荀来退〔攻〕，可将第四团严守宝安，并派张我东团一营协助。敌如登岸，必由赤溪也，沙角不必注重。学生队调驻省城可也。等因。特奉达。如何处置，希示知。懋功。巧。叩。

（2）电之二

王教育长、虎门陈司令、张团长钧鉴：新校密。顷奉总座篠电开：兹派第四团惠代团长东升率部前往宝安防敌，在赤崎庙登岸。归虎门陈司令指挥。又经令饬张我东团派兵一营驻宝安，听惠代团长指挥。除虎门已有张贞部及要塞守卫队及飞鹰舰外，加上述配置，当可无虞。并闻导因特转达，究竟如何办理，希电示。懋功叩。巧。

〔国民政府军事委员会档案〕

## 6 蒋介石关于攻克惠州情况电

（1925年10月）

### （1）10月18日电

蒋校长自石龙行营电

八旗会馆第一军王师长并转黄埔王教育长鉴：军密。第四团已于昨夜由惠出发，约是日可以到虎门，补充须从速完备。入伍生第一团，从速开来惠州，限廿二日以前，由陆行军到达惠城。六八枪全给入伍生队为要。博罗医院当未开设，各伤兵三百余人，无药调治，无人照管，惨不忍睹。何军医监办事迟缓，至此催其速来。运回省城之伤兵，其中有第四团先锋队，每人赏项卅元，当未领收，仍由省部发给。如非先锋队，每伤兵亦应给十元。而受伤官长应先给其卅元，如有重伤，应入颐养园调治。此次第一、二期椋〔?〕受伤最多，须特别招待，并请汪先生亲赴各院慰藉，以资鼓励。卫生材料缺乏，已极望速购办为要。中正。

### （2）10月20日电

蒋校长自惠州行营电

王教育长转各学生同志鉴：本军克复惠城。刘团长以下第一、二期学生伤亡至三百人之多，名城虽克，实不能偿本校精华之损失也。继起奋斗，责在诸君，服务之外，尚有自修学课，以期早日毕业，为党尽职也。教育目的，重在一心一至〔意〕为党奋斗，为国牺牲，主义不行，党员之耻，革命不成，本校之羞，切有同志努力之上，以继续先总理、廖党代表以及本校已死同志之生命，而保今日之光荣也。中正。智。发于惠州。印。

(3) 10月24日电

汪主席钧鉴：八旗会馆王师长、黄埔王教育长鉴：军密。第一师昨、前两日击破海丰、公坪之敌。漾日在公坪宿营，本日照预定计划，跟坪追击。第四军本日可达紫金，第三师本日可达龙窝，截敌归路。中本日在哆心宿营，前由汕攻开来，留在黄埔之吉安船，请饬开至汕尾，但下要载物。中正。敬戌。

〔国民政府军事委员会档案〕

## 7　汪精卫饬学生军遵令开拔虎门电

(1925年10月25日)

军官学校王教育长鉴：军密。敬戌电悉。当此战事剧烈之际，前方将士在枪林弹雨中往来危险，劳苦一切置之度外，□第二大队学生往来虎门、黄埔间，即以不堪忍受，真令人骇愕惭忿。前因第四团防守宝安，故令第二大队回黄埔。今因江门告急，省防重要，故令第四团来省服务卫戍，而令第二大队往虎门。若第二大队即视为难堪，则第四团于攻惠伤亡之余，喘息未定，即往来宝安省城者，又将何如？务将此意训饬诸生，毋忘军人之本分，毋忝本校之名誉。兆铭今谨企校党代表资格，向诸生训饬，尚未报告军事委员会，否则诸生将以何面目见国民革命骝诸将士乎。仍希将遵令开拔情形，及日时详报备查为要。汪兆铭。径未。

〔国民政府军事委员会档案〕

## 8 林振雄关于谭师轻进受挫电

(1925年11月2日)

电自惠州

军校王教育长茂如大鉴：济深军长已抵惠。据云：我军自蓝塘一役后，势如破竹，前队殿达兴宁矣。唯谭师及程部稍欠整练，且喜功轻进，致前在华阳、南湖两处为敌所乘，不免小挫耳。特闻。振雄叩。冬。印。

〔国民政府军事委员会档案〕

## 9 何应钦关于东征惠州情形电

(1925年11月)

### (1)11月3日电

万急。广州分送各机关、各团体、黄埔军校王教育长、各军军长、各师长、各报馆钧鉴：顷上中央执行委员会、国民政府各委员诸公电文曰：应钦奉命东征，于兹十月，仰系我先大元帅之威灵，诸公德威及总指挥之宏略，帅行所至，敌军风靡。现已于今晨占领潮汕，余敌向闽边溃退，东江行告肃清，实行主义，已无障阻。爰谨将第一纵队第一师自惠州出发后，本军经过情形概陈于左，乞垂察之。第一师自协同各友军于十月十四日攻碎〔破〕惠州城，□十七日由惠州出发，陆续将永湖、白云、市吉、陉平攻，各处之敌，驱逐扫清，遂于廿日到进赤石。此时，洪逆兆麟所部二千余名，在东都岭、宋公岭、羊蹄岭一带，扼要布防，应钦率同幕僚前往侦察，佛遂决定以一部分向宋公岭、羊蹄岭，以主力向东都岭攻击前进。廿二日午前五时，各部队依照计划分途攻击前进，遂屏午前九时占领梅随，敌向海丰退却。我第一师乘胜尾追，即于午后六时占领云丰，谢逆文炳所部分向公平、陆丰方向退却。廿三日，除留第五团暂驻海丰，授〔扫〕清海丰附近及汕尾一带之敌外，应钦仍率第一师伏欠第三团向公平追击前进。当我先头部队抵公平时，敌据公平、东北旭一带高地顽强抵抗，经第一师第二团猛烈攻击，敌向河田溃退。我第一师即于是日午后四时占领公平。不意向陆丰方面退却之谢文炳，闻我主力已向公平前进，海丰兵力单薄，乃于廿四日午前三时，亲率所部与陆学文等部共若三千余人，利用夜暗，挑选冲锋队，向我海丰近击。我第三团除派往汕尾等处肃清余敌之役队外，在海丰之部队仅余五连与敌肉搏，相接鏖战五小时，毙敌百余人，敌不支，狼狈遁逃，为我追至赤岸河边，俘虏三百余人，缴枪三百余枝。乃先胜陆丰至我主乳、旭面，于廿五午后八时，进至河田附近，与敌李云复、罗应平等部二千余人接战。经我发炮猛击后，敌旋向河婆、棉湖方向退去。我师即于廿六日进占河婆。此时因我第二纵队旭面情况尚未明了，第三团亦尚未赶到，故暂驻河婆。旋我第三团于廿八日赶到，是时中路之旨于廿七日在塘湖附近与我第三师接【战】。我第三师略受顿挫，退守华阳。乃率同退守棉湖、鲤湖一带之洪逆所部，以全力分三路，转而图我，一路由黄任寰率领，若四千余人，出罗甘坝；一路由李易标率领，全约五千余人，出上沙、黄塘；一路由洪兆麟率领，均三千余人，出井屋向河婆、夹朗。黄任寰部于廿九日午前九时达附退〔近〕，与我第二团接触，激战终日，我官兵奋勇异常，迭次冲锋，毙敌无算。敌乃向罗甘坝退守。卅日，应钦留第一团在河婆防守，率其余部队向罗甘坝追击。是时，李易标部因闻黄任寰失败，又节我第二纵队跟踪尾追，由上沙转来，至罗甘坝北方，被我第一师系欠第一团系与第二纵队夹击，分向双头溃退。到双头时，被我截击部队勿〔包〕围，就地将其全部缴械。而敌之中路主力部队于焉灭。是日洪兆麟闻应钦率部向罗甘坝追击，乃亲率李云复、谢文炳等部于午前九时，向河婆袭击。我第一师拿战于九时樟树地一带，自晨及午，经我累次猛烈冲锋，敌死伤枕藉，洪逆亦被击伤大腿，遂分途溃去。应钦以中路之敌既经解决，洪逆余伟尚累魄湖、普宁一带，乃于卅一日率第三团转回河婆集中，十月一日进占鲤湖。二日进占普宁。三日进占偈阳。五日占领潮安、汕头。现洪逆兆麟已向饶平、黄冈溃退。潮安、汕头秩序业已完全恢复矣。谨此奉闻。东征军第一纵队长第一师师长何应钦叩。江。印。

(2) 11月3日电

何应钦自海丰电

中央执行委员会、国民政府、广东省政府诸公钧鉴：各军长、各师长、王代卫戍司令、黄埔军校王教育长勋鉴：民国日报并转各报馆钧鉴：钦于十一月三日率第一师占领揭阳，敌向潮安溃退，现正追击中。特电奉闻。东征军第一纵队长何应钦叩。江。印。

(3) 11月5日电

何应钦自潮州电

中央执行委员会、国民政府、广东省政府诸公钧鉴：各军军长、各师长勋鉴：民国日报并转各报馆钧鉴：应钦于十一月五日晨率第一师占领潮州、汕头，敌军已向饶平、黄冈溃退。应钦现驻潮城，潮汕秩序业已完全恢复。除呈报总指挥外，谨先电闻。东征军第一纵队长何应钦。微午。叩。

(4) 11月6日电

何应钦自汕头电

王师长东臣兄、吴师长铁城兄、黄埔军校王教育长茂如兄钧鉴：征密。钦于十一月五日晨率第一师占领潮汕，余敌向闽边溃退，东江肃清，已不成问题矣。南路方面情形如何，当希随时电示是荷。现在奉总指挥令兼代及潮汕善后督办，经于昨日在潮就职。知注特闻。弟何应钦叩。鱼。

〔国民政府军事委员会档案〕

## 10　蒋介石关于克复潮汕情况电

（1925年11月7日）

校长自汕头电

王教育长转各官长、学生诸同志鉴：本军支日克复潮汕。逆敌残部多来乞降，亦有向闽边溃退者，我各纵队正在追击中。期歼余孽，永除民害。此次本军作战，皆以少胜众，如在海丰、河婆等处，每以一营抵敌四五千人。昔我先总理常望练成以一当十之革命军，今竟实现矣。中鱼日抵汕，群众来埠欢迎者，逾数万人，道为之塞。即自省城出发以来，一路男女老幼夹道观瞻，望尘如不及。唯此聊足自慰于跋山涉水生活中也。诸同志殉身本党，或不以群众爱戴为奇，就知此为革命成功唯一之佳兆。盖群众避敌人，迎我军，于此足征本军诚能为国奋斗，为民牺牲之程度也。自今任务将毕，回忆伤亡诸将士，不禁尽然心伤，此后唯望诸生努力学业，以继总理及本校本军诸先烈未竟之志，是则余所馨香祷祝者也。区区不尽，诸维察照。中正。虞。印。

〔国民政府军事委员会档案〕

## 11 周荫人关于陈炯明败退闽赣边境闽省危急请筹拨饷款致北洋执政府军务厅密电

(1925年11月11日)

急。北京执政府军务厅鉴：樾密。查粤军陈、洪各部反攻情形，迭经电谘在案。顷接陈炯明、刘志达等电称：迭战失利，已抛弃潮汕，近至闽、赣边境。又接师长张毅电称：蒋逆率赤化军约十团之众，追击洪、刘等部，已达平和境内，意在传播赤化主义，且有窥伺闽、赣，向外发展情形。各等语。查赤化为祸也邪说，亟应趁早扑灭，若任其猖獗，微特闽省之忧，实为全国之害，蒋逆志不在小，已可概见。闽省祸迫眉睫，惟有迎头痛击，祗因地方贫瘠，饷糈俱缺，前助粤军反攻，进至潮梅，已觉筋力疲尽，现在悍敌当前，应如何应付之处，希即转呈执政鉴核，迅予指示方略，筹拨饷赈，无任切盼。周荫人。真。印。

〔北洋执政府军务厅档案〕

## 12 张毅关于国民党军攻占惠潮逼近闽边等情致陶筱轩密电①

(1925年11月11日)

后门内慈慧殿陶帮办筱轩兄勋鉴：静密。静安兄返漳，谈及诸承眷爱，至深感激。粤军洪部退到诏安、平和，林部退到〔永〕定。赤党占据惠潮梅之后，凶焰日张，有向赣、闽侵略之势。现党军约万余人进据饶平，约三千人进据黄岗，逼近闽边。若不急图扑灭，星星之火，足可燎原。粤军屡遭挫败，实难复振，再图反攻诚非

注：①张毅系闽军师长。

易事。我方现已扼要防守，先行固守闽边，至于勘平粤乱，须得充分实力，始克有济。拟请我兄转禀执政，并请按静安兄在京要求之件，赐予拨发，自当统率健儿为国努力，以释我执政南顾之忧。如何之处，伏乞赏示遵行。再，周督未离闽，兵力集中延平，知注并闻。弟张毅叩。真。

〔北洋执政府军务厅档案〕

## 13　第二次东征记略①

(1925年9—11月)

前次东征被击出境之陈逆余党，洪、林、刘、熊等逆甘为帝国主义走狗，乘我政府全力对付外交之际，既回潮汕，复占惠州、海陆丰各县，甚且窥视近郊，迫及省垣，并行勾结假革命军队，腹肘为患，以用内外夹击之计，推倒我国民政府，计亦狠毒矣。

政府既已剿灭魏、梁等叛逆，并遣散不忠诚之熊克武川军全部。内祸消除，邦基已固，则重当出兵，肃清东江，岂可任逆寇重乘，以阻碍国民革命进行之路。于九月某日，开军事会议于造币厂，决定出兵东江，肃清余逆，并请蒋校长任总指挥。于是重征东江一大战剧，遂告开幕矣。

幸托先总理在天之灵，我革命健儿努力之效，刚一周月，既破惠州，复定潮汕，东江又告肃清矣。爰志其历次战斗之经过略情如次：

### 其一　攻破惠州

惠州名城，素称天险，枕东江，凭西湖，三面环水，又为东路要隘。军事所必争之地，城垣既已坚固异常，敌人据之，复加

注：①此系沿用原标题。

防御工事，铁网尖钉，沙包竹栅，层层不已，颇有一夫当关，万夫莫开之势。杨逆坤如，负隅于此，数年之久。滇桂联军尝以十万之师围攻频年，卒莫得手。其坚险可知矣。

出发之日，蒋总指挥曾于石龙车中，亲致杨坤如一电，劝其输诚政府，免相见以戈，伤及民众，决宽其既往，予以自新之路。讵杨逆怙恶不悛，不知逆顺，竟置电不复，叛逆之迹已露，于是蒋总指挥，不得不以武力克服矣。

九日午前十时，蒋总指挥，即颁布攻城计划于各部，遵照施行。其概要如左：

攻城计划

一、攻城部队任务之区分：

1．第四团担任惠州府城北门、西门之攻城，并任野炮兵之掩护。

2．第三师先行占领上下马庄、飞鹅岭，担任攻破惠州府城南门及惠阳城。

3．野炮兵应在梅湖与下角之间地区，占领阵地。

二、第一纵队，其余各部，在博罗策应，并准备敌由水北窜出时之兜击。

三、第二纵队，对于平山增援惠城之敌，相机迎击，并策应我攻城部队。

四、攻城材料由副官处准备分配。

五、炮火集中如左：

1．野炮连之火力，集中于府城北门城内之敌，第四团应准备爬城队，以待炮火奏效，立即冲赴城脚，勇敢登城。

2．山炮之火力，应集中于南门城内之敌，第三师应准备登城队，以待炮火奏功后，立即冲赴城脚，勇敢登城。

六、登城队携带武器，宜多配合携带短枪及手榴弹之兵。

七、登城奖金：

首先登城者，奖一百元。

其余奖二十元，但不在敌火下登城者，不得请奖。

八、飞机队应准备多量炸弹，协同炮兵攻城。

九、参加攻城之炮兵，概归炮兵营长蔡忠□指挥。

十、第一师工兵队准备材料，协助攻城。

十一、第四团通信队，应迅速购成交通网。

十二、攻城指挥官，本总指挥兼任。

十日，蒋总指挥进驻博罗，以便筹划一切，十一日午前八时，又下左述命令及攻城要领与何纵队长。

一、命令：

为令遵事，照得杨逆坤如，负嵎惠州，祸国殃民，久稽天讨。本军俯顺舆情，前拟出师，直捣巢穴，迨潮梅底定，该逆奴颜婢膝，到汕投诚。我政府格外施恩，业经准予归顺，原冀其洗心革面，努力合作，藉盖前愆。不料，该逆怙恶不悛，近又伺隙复叛，若不亟予歼灭，何以登惠民于衽席。除攻城计划，另文饬遵外，为此令仰该纵队长，迅即遵照转饬第三师各团各选士兵五十名，第二师第四团挑选士兵二百名，共六百五十名，编为攻城先锋队。所有先锋队队员，每名犒赏三十元，最先登城者，得头等奖洋一百元。此项赏金，即发由各团团长存放，俟登城后给领，如有报名后，临时故避不往，即将赏金扣发，并应严惩不贷，以昭赏罚，而资激劝。此次给赏，系求攻城速效起见，嗣后不得援以为例，并仰转饬知照此令。

二、攻城要领

（一）、攻城队（即先锋队）之选出

1. 第三师第七、八两团及第一补充团，每团一百五十名，共四百五十名，分三队。

2。第二师之第四团二百名，分二队。

(二)、先锋队分为五队，其编组如下：

1。第四团选出者为第一、二队；

2。第七团选出者为第三队；

3。第八团选出者为第四队；

4。第一补充团选出者为第五队；

5。第一、二两队编为五小队，每小队士兵二十名，其余各队亦编为五小队，每小队士兵三十名。

6。每小队以五人为一班，每班携带竹梯一个。

7。每班以长短枪或手机关兵，手榴弹兵，匀配编成。

8。每队设临时队长一员，每小队设临时小队长一员，每班临时指定班长一人。

三、攻城时之指挥及其动作

(一) 各队长任各队攻城实施之指挥。其责任如下：

1。集中先锋队，编成小队及班，并编造名册三份，一份存团部，一份呈师部，一份呈总指挥部。

2。领取竹梯，分配各班，教以携带前进各方法。

3。预先侦察前进路，及途中可利用之地物，以为部署登城及冲锋之根据。

4。攻城时限之前，各队长应即集合先锋队于预定之地位，使各小队就准备前进之位置，遵照时刻，冲锋前进。

5。各队长对于所担任前进路地之湖水河流，宜于十一日晚，多派知水士兵侦察各地水之深浅，并将侦察情形，详细报告。

6。各班登城，以短枪、手机关枪兵及携有手榴弹者充当。其余继续前进，当先之第一名，不携竹梯，携竹梯者应派第二、三名任之。

7。各队长应随同各小队前进，并示明各部下之职责。

（二）各小队长应协助队长，编成相当之班数，分配竹梯。如竹梯不足，或损坏时，应即新造或修理之。指挥各班使就进攻地位，并侦察湖水河流之深浅，分配各班以前进路，维持各班静肃行进。并任登城后之射击指挥，为进攻之领导。

（三）各班长之责任

1．领取竹梯，或修理制造。

2．侦察前进路附近湖水河流之深浅，但须于夜间行之。

3．领导全班士兵，按照规定，勇敢前进。

4．督率士兵，实行各分配之动作。

四、各士兵登城，应遵照小队长指定之先后行之。其要领如下：

1．各班之士兵，到达城脚下，以二人或三人竖立竹梯，其余二人或三人，应即向城上放枪。

2．竹梯竖立后，第一名者，应即登城，到达城上，如敌不退应相机掷手榴弹或射击，将敌击退；如敌已退，应向敌方为示威之射击，俟全班到齐，即冲锋前进。

3．如第一名受阻碍时，第二、三名，猛烈继进。

4．第一、二、三名登梯时，第四、五名之士兵，应对城上之敌射击，掩护其登城。

5．竹梯上能同时站立之人数，应预先试验，登城时即将试验之人数，继续行之。

6．如有临阵退缩者，枪决。

五、炮兵目标

1．城内公园敌人之炮兵阵地。

2．电灯局。

3．敌之司令部。

4．东门桥。

5。北门城上之敌人兵棚。

6。北门。

7。南门及城之东南角。

8。西门。

六、各先锋队准备完毕时，即用电话报告总指挥部。

七、总指挥明十二日上午十时前，到达炮兵阵地。

八、林振雄部为县城攻城队，任攻克县城之责。

九、各团长将所部同时为跟随先锋队前进之部署，机关枪则配置于要点，先锋队前进时，向城上之敌猛烈扫射，掩护其前进。各营步兵，则同时在各先锋队后继进。

十、先锋队登城后，以一部击敌，以一部开城门。

十一、实施总攻击，以党旗左右摇动，各炮齐响为记号。(由本部临时派员任党旗之摇动)

十二、各机关枪，为实行掩护先锋队之前进，应预先选定阵地。

何纵队长奉到上述之命令及计划，即分别转饬攻城军各部队，确实遵照施行，蒋总指挥即于十二日午前十时，由博罗乘坐电轮出发，于白沙堆登岸，随即至飞鹅岭观察阵地。同时给与何纵队长之命令如左：

一、杨坤如率众背叛，据城死守，兵心焕散，绅民痛恨，日望我军之救援。

二、我军为俯顺舆情，讨伐叛逆起见，拟于明十三日午后二时，向惠城之敌，施行总攻击。

三、第一纵队(缺第三师及第四团)除于响水、派尾、水口、七女湖各处，酌派部队警戒外，并于水北方面，派步兵一营，机关枪一连，炮四门，协助攻城，归第二团沈团长应时指挥。其战斗要领另纸指示。其余部队，在原地待命。第二纵队，即在官□、永湖三线，准备策应。并派出一小部于马鞍附近，与攻惠阳县城之我军联络。第三纵队到达博罗南岸菜园后，主力留在该地待命，另派一团位置于枚湖附近。

攻城队各团营，于本十二日午后五时以前，占领攻城准备位置。规定战斗要领如左表：

飞机队应于明十三日午前十时，向惠城抛掷炸弹，午后二时，更应向惠州城逆军抛掷多量炸弹。

军部野战病院，未到以前，第一师军医处，在博罗开设野战医院。

四、水北之电话线，由第二团通信队担任架设。

花园水与野炮阵地及惠阳攻城部队之电话，由军部交通处督同各师团部通信队分段架役〔设〕之，攻城队给养，应将数量，预先通知经理处采买，送白沙堆，备价给领。

五、余明后日均在花园水附近。

攻城军各部队于十三日午前九时三十分，完全占领阵地，准备完毕。野炮兵即向惠城之敌，开始射击矣。山炮兵亦继续发射，一时炮声隆隆，攻城之战，从此开幕矣，我炮兵开始射击时，敌人炮兵亦向我射击，幸均未命中。十二时，我炮兵开击益烈，蒋总指挥在飞鹅岭附近山炮兵阵地指挥。何纵队长在野炮兵阵地，炮弹无不命中。午后二时，北门城楼城垛倒崩甚多，我第四团步兵先锋队，开始前进矣。呐喊呼杀之声，与炮声枪声，混成一片，直透云霄。我飞机亦飞翔空际，抛掷炸弹。同时，第三师谭师长、第七团陆副师长亦冒敌火前进。是时，枪炮之声尤烈，攻城部队，渐渐迫近城楼脚下矣。

自炮兵开始射击，至午后四时，城内房屋被炮毁者甚多，并有数处起火，至夜方息。

五时十分，何纵队长得第四团报告：谓敌之侧防机关枪向我

| 队别 | 兵种 | 攻击准备位置及阵地 | 进攻路 | 攻击目标 |
|---|---|---|---|---|
| 第四团 | 步兵工营 | 下南村及苏堤附近 | 苏堤—平湖—下角—北门 | 惠州城北门 |
| | 机关枪 | 下角村附近二挺 | | 北门城正面之敌 |
| | | 西湖塔附近二挺 | | 北门沿河城垛敌兵之背射 |
| | 山炮兵 | 下角塔附近一门 | | 北门城楼敌之司令部及炮兵阵地 |
| | | 下角村南方高地一门 | | |
| 第三师 | 第八团 步兵 | 西湖塔、大小黄塘 | 陈堤—甘公堤 | 西门一带 |
| | 第八团 机关枪 | 大小黄塘、西方高地各二挺 | | 同右并射南门城垛之敌行背射 |
| | 第七团 | 竹园角、横冈 | 竹园角南较场—子西岭 | 小西门以南至南门一带 |
| | 第一补充团步兵一营 | 上马庄 | 馒头岭—河南岸之间渡河 | 惠州城东南门 |
| | 山炮兵 | 花园水北方高地 | | 西门南门之敌 |
| 第一师 | 机关枪连 | 飞鹅岭四挺 | | 侧射南门城垛及西门城垛之敌 |
| | 山炮兵连 | 花园水东侧高地 | | 南门城之敌 |
| 野炮连 | | 大中堂附近 | | 北门城全部 |
| 东江警备队 | | 南津八仙岭 | | 惠阳城东门北门 |

军猛射，我军伤亡甚众，以致前进停顿。等语。而野炮兵又以前方森林遮蔽，不能破坏其侧防机关枪阵地，遂改变目标射击。同时何纵队长复给如左命令与刘团长尧宸，现天将晚，野炮子弹所存无多，若不于此时登城，将无登城之机会矣。

刘团长奉到命令，即督率部队，鼓勇前进，刚欲登城，不幸为敌弹所中，士兵见团长受伤，又以伤亡过众，士气遂稍顿挫，何纵队长得到团长受伤报告后，即驰至团部，命团附李庚护代理团长，不幸天已入晚，不得不暂行停止攻击矣。

先是何纵队长，犹欲鼓余勇，限十三日晚登城，继见第四团队伍已散漫，而欲调来之第八团，又不能立时到达，遂决定暂行停止。

是夜，蒋总指挥，何纵队长及俄顾问数人终夜筹划，决定明十四日再行攻击，并调第八团协同攻击北门。

十四日上午十二时，我炮兵又开始轰击，卒将敌人机关枪阵地破坏。午后三时许，我步兵见敌人已为我炮火压倒，遂冲锋前进，前仆后继，不稍畏缩，讵料敌人昨十三日已为我炮火丧胆，今又见继猛进，早已逃遁大半矣。午后三时三十五分，我第四团第八连之爬城队，即由北门被炮破坏之缺口蜂拥登城，鱼贯而入。我党军青天白日之旗帜，从此飘扬于惠州城矣。是时，士兵追杀之声，及四周拍掌叫欢，声若雷动。

自步兵攻击前进，至完全克服惠州城，经过不过二小时，素称难攻之惠城，果难攻击?!于此愈足见我革命健儿之神勇可佩也。

其二　华阳之役

敌军三黄及刘、李等部约万余人，经我各部驱逐后，复联合占据塘湖、龙村一带，张化如、黎生等部约二千余人，占据琴口、梅林一带，欲与河婆谢文炳、洪兆麟等部联合，意图大举反攻。是时，第二纵队在中心坝、紫金一带，第一师在河田附近。

十月二十五日午后六时，第三师谭师长，奉到第二纵队长命令。其要旨如下：

1．敌军三黄、刘、李等部约万余人，已于二十五日向五华、兴宁方面退却。

2．第三师应即向该敌跟踪追击。

谭师长奉到命令，即决心驱逐该敌。二十六日午前六时，由黄田前进，至华阳圩时，得土人报告：敌确有万余在塘湖、龙村、梅林、琴口一带，占据要隘，取攻击防御。当即命第七团在官田一带警戒，其余部队在华阳宿营，决于明（二十七）日拂晓，向塘湖、琴口之敌，施行攻击。

二十七日午前五时，各部开始运动，向敌攻击，第八团为前卫，由陆副师长兼团长率领，向塘湖搜索前进；第七团机关枪营、炮兵连由谭师长率领，为预备队；第一补充团由周团长率领，从华阳附近之官田，向左翼琴口之敌攻击。

午前七时许，前卫第八团与敌接触（距塘湖五里）。至八时三十分，火力较烈，师长即命第七团二、三两营占领附近右翼一带高地，对龙村之敌相机驱逐之。并注意与第八团联络。其第一营位置于正面适中地点，策应各部，炮兵连即随同第一营占领阵地，开始放列，机关枪营增加前方，用火力压迫敌人，协助第八团猛进。至十一时，敌人知我兵力单薄，施行猛烈之射击，并屡次冲锋，均被我军击退，惟敌兵过多，增加不已。

午后一时许，补充团来报，周团长在琴口附近负伤阵亡，官兵受伤甚众。师长即命第七团第一营长，注意左后方之敌。周团万一摇动，则第一营可以增援，不致被其击断。

午后二时三十分，在龙村之敌，向我右侧背迂回，作包围之势，节节逼近。此时，我第三师以兵力单薄，不能延长火线，已陷于被动之势，且官兵伤亡极众。

午后三时，敌人包围之势已成，第一补充团火线不支，渐由阵地背进，于是敌人企图更欲进取华阳，断我后方，全部因之牵动。此时谭师长见情况不佳，即决心以第七团第一营掩护退却。固守华阳，候第二纵队增援，再图反攻。

午后五时，全部背进至华阳附近，但华阳已由琴口而来一小部之敌，先行占领，向我截击。而我军以一部驱逐该敌，大部由河之右岸，徐徐退却。是时蒋总指挥，刚由龙窝抵此，遂亲率卫队上前督战，并枪毙退却之士兵数名，士气因之复振。时天色已晚，敌人亦以伤亡过多，不敢追击。是晚，蒋总指挥在羊高宿营，督率三师，勿再退却，因预料是晚敌人不但不敢追击，且必星夜退却也。

二十八日拂晓，我第二纵队一部，由紫金向华阳攻击，一部同时向梅林、安流前进。第一师即在河婆附近，向揭阳方面进逼，敌知势已不佳，陷于重重包围，遂由华阳向罗经坝掩旗息鼓而退，意欲与河婆、安流之敌会合。午后四时，我冯指挥部已进占华阳、安流一带，二十九日，敌知河婆已失，即纷向安流溃退矣。

是役也，我第三师仅一师兵力，抗敌万余之众，酣战竟日，不为不勇，继以子弹告罄，几濒于危，幸赖蒋总指挥亲临阵地，乃转危复安。否则，华阳不守，被敌直冲，截断我军联络，胜负如何，尚未敢定也。

其三　河源之役

第三纵队□鄂军赣军编成，在本军此次东征计划中，担任左路，由纵队长程潜统率。经沙源、老隆直捣五华、兴宁、梅县敌之老穴。本军攻击惠州之时，曾一度集中博罗。嗣惠城攻破后，仍依照原定计划，由左路前进，一路破敌，尚称得手。

十月二十一日午后，程纵队长在石公神，探报高望一带，尚有敌人马雄韬部，但兵力未详。程纵队长为达占领河源之任务，拟先肃清此敌，遂决心攻击之。下命令如左：

一、据探报高望尚有敌人，但兵力未详。

四方围北端高地之敌，本日傍晚已为我军攻鄂军第二团、第三师第九团击破，向高望方向退却。

二、本纵队以占领河源之目的，决于明（二十二）日先行肃清此敌。

三、本纵队之攻击部署如左：

1. 第三师第九团卫团长任右翼指挥，率领所部，于明日拂晓由邓村经麻庄前进，向高望攻击。

2. 攻鄂军第二团王团长任左翼指挥，率领所部，于明日拂晓由四方围、乐田前进，向高望攻击。

3. 攻鄂军第三、四两团为总预备队，明日拂晓，第三团跟随第九团，第四团跟随第二团，取一千米达之距离跟进。

攻鄂军第一团位置于石公神通河源东岸大道，对河源方面严密警戒。

4. 余率督战队，于明（二十二）日午前七时三十分赴乐田东北端高地。

二十二日，程纵队长在途搜得敌人信件，知河源城无十分准备，决心先取河源，遂令攻邓军第三团改道向河源前进，午后三时，程纵队长已抵石下。此刻第三团已在石下占领阵地，与新丰江北岸及河源城之敌接触，战至一小时，无甚进步，纵队长即令第三团迅速在石下徒涉渡河。当时官兵虽在敌火猛烈之下，仍勇往迈进，不稍畏退，约十五分钟，第三团遂完全渡河，向城内之敌攻击。敌见我军猛进不已，势渐不支，分向城西北角溃退。我军遂完全占领河源城。

新丰江对岸之敌，既被我军击退，向南湖方向退却。程纵队长命第三师九团卫团长派兵两营追击，并令攻鄂军第四团王团长率领所部，由本京开赴河源，担负回龙方面之警戒，随时策应第三师第九团。依照原定计划，第三纵队应于十月二十六日占领老隆，河源既已克服，程纵队长期达到占领老隆任务即率第三纵队各部，于二十四日由河源沿东江向老隆前进。

二十三日午后三时五十分，第九团即与向南湖退却之敌接触于马蹄障附近，敌约三千人，据大道两侧高山。当令第三营由敌左翼攻击，第一营由敌右翼攻击，其余为预备队，战至两小时，亦无进步，天已黄昏，遂在原阵地激夜。

二十四日拂晓，敌大部自左翼高山，用机关枪掩护，向我军猛攻，激战数小时之久，此时攻鄂军第四团团长王茂泉率所部到来应援，向敌乘机反攻，冲锋数次，敌势始衰。

午后二时三十分，敌复以千人由左翼高山向密石寨而来，截击第九团、第四团之后路，取包围形势。我第四、九两团以子弹缺乏向南坑方面冲出。及抵南坑，将到黄沙，适我豫军因是日向老隆前进，与攻鄂军第二团失联络，在即冈附近，与敌遭遇激战。以敌众过多，我军伤亡甚众，遂向山羌水铺前进。却我潮梅留守河源之第一团第一营，在双下、阿婆庙占领高地，掩护各军渡河。同时回龙对河揽子坝之敌，亦有渡河进逼之势，因无后援，亦退古岭。此时豫军师长陈青云，攻鄂军第四团团长王茂泉，第三师第九团长卫立煌会议，以给养无接济，子弹无补充，不如就观音阁水道之便，俾收迅速接济之效。于是各部遂退守观音阁，再图反攻，河源城于是又落敌人手中矣。

二十六日，潮梅军长罗翼群得探报：河源、南湖及揽子坝一带敌人，向曾田退去。即派第一团开向南湖跟踪追击，于南湖老圩，与敌黄定谋等部约四五百人激战一小时，敌不支，纷向登塔退去。

二十七日午后五时，卫团长、王团长、陈师长得蒋总指挥给养及子弹之补充，并得总指挥各别命令：紫金、海丰、义容等处之敌已先后为我第一、二纵队击溃，应即向河源前进，与程纵队长恢复联络。二十八日拂晓，各部由观音阁出发，向河源前进。据探报：河源敌人，因我第三纵队向老隆突进，恐被截击，大部业已退去。是日正午十二时，我军遂复入河源城。

其四　河婆之战

当何纵队长于三十日率领第一师（欠第一团）向罗甘坝、安流前进后，前被我击退至棉湖鲤湖之逆敌洪兆麟、谢文炳、李云复等部约三千人，复于是日分三路反攻河婆。午前十时，敌之右、中两路，由九斗、东方海银山麓及河之两岸前进，与我第一团第二营之步哨接触。该营遂即占领九斗山前方及象山附近一带高地，向敌猛烈射击。我炮兵亦即进入阵地，在狮山、老虎峡山顶及其西北方之高地放列。

午前十一时二十分，敌之右路亦与我第一团第一营之步哨接触，我第一团之机关枪，即向之猛烈射击，敌人死伤甚众，于是复向我左方移动。是时，我工兵队，适由黄塘到达河婆，乃即位置于樟树坑附近高地，向南山市方面警戒，以固我第一团左翼。我第一团与敌激战约二小时许，我右翼方面之敌，已被我第二营将其完全击退，但左翼方面之敌，其火力似甚猛烈。我第一团刘团长峙，遂令该团第二营除派一部向右翼之敌追击外，以主力夹击左翼敌人之侧背。至午后三时，敌仍顽强抵抗，我工兵队遂向敌之右翼行侧面攻击。同时，我机关枪亦以猛烈之火力，向该敌扫射，敌遂不支，向南山市方面溃退。

是日午后四时，何纵队长在罗甘坝接到河婆第一团刘团长报告称：该团第二营在象山之步哨，于午前九时三十分与敌接触，现正在相持中。

其五　双头歼敌

敌人三黄、刘、李等部，在华阳与我第三师激战后，元气已伤；继又见我第一纵队第一师与第二纵队渐断其后路，仓惶退去，逗遛于安流、双头一带，欲与河婆方面之谢、洪等逆联络。

十月三十日上午十二时，冯指挥奉到总指挥会击之命令，决心向双头截击。即下命令与各部如左：

一、罗经坝之敌，于今（三十）日上午向双头以北逃遁。我第一支队，已由大都向双头追击中。

二、第二支队迅速觅向导，取捷径，由大都随第一支队跟踪追击该敌为要。

三、该支队进至南蛇塘之时，应派出一部搜索罗经坝之残敌后，全部向双头方向追击。

总指挥给与各部命令后，在华阳休息一日，复向罗经坝前进，途中即得张、余两支队捷报。兹录如次：

（一）张支队长和报告：

一、敌主力三黄、刘、李等部万余人，本（三十）日由李塘经向双头方面退却。

二、职率所部于本（三十）日午前八时，由安流出发，至午后一时，即到达李塘附近，将溃退之敌截击，激战至五时，职部猛攻，敌遂不支，纷纷溃散。

三、敌人退却系绕过李塘，经左翼大山背，仍由双头方面退去，异常狼狈。

四、是役，职部毙敌官兵无算，俘虏五千余人，缴获七生的半管退炮三门，三八式连珠炮一支，水旱机关枪二十余挺，步枪四千五百余杆，辎重、军马、军用品甚伙。

五、职部今夜在李塘径激夜。对双头方面严重警戒。

（二）余支队长鹰扬报告：

1，职部于十月三十日在罗径坝附近之北斗埔与敌主力三黄、刘、李等部遭遇。自上午九时，激战至午后三时，始将该敌击破，即进至双头附近。共夺获步枪六百五十六杆，大炮一门，水机关二挺，旱机二挺，俘虏四百余名。

2。职部今夜在李塘附近高地激夜。

是役敌人三黄、刘、李等部，虽号万余，然已疲困不堪，故经我左翼队冯指挥所部，稍稍接触，即行缴械。此次夺获步枪四千九百五十余枝，水旱机关枪二十余挺，大炮六门，俘虏五千余众，并沿途失散，或被民团截击者，亦计千数百杆。综计其损失步枪八九千。其侥幸逃脱者，不过一千余人，且系各部混杂，已不能成军，无战斗能力矣。

蒋总指挥接得各部捷报，欣慰无量，当即复电嘉许。原文如下：

冯指挥、薛副指挥、张、余两支队长暨各将领均鉴：顷奉昨三十日之报告，欣悉逆敌李易标、黄任寰、黄业兴、王定华等部完全被我解决，缴获敌械四千余杆，俘虏四千余人，破竹之势已成，肃清之期不远。上慰我先总理在天之灵，下登粤民于衽席之上，丰功伟绩，可增百粤遗史之光，岂独鄙人欣幸而已。兹派本部总参议罗翼群，驰赴慰劳。希即传谕各将士，奋勇杀贼，以期歼灭，而竟全功，是所至盼。蒋中正、汪兆铭叩。

其六　闽边赣南方面之追击

十一月四日，我第一纵队即将汕头、潮州先后克服，第三纵队同时亦先后克服五华、兴宁、梅县。并已进追至大埔一带。是时，程纵队长，即赴汕头，面商蒋总指挥，筹划追击事宜。

筹划结果，以敌人两次破胆，然为祸之心未死，且尚有数千之众，难免不图死灰复燃，不如乘势追击，以收歼灭之效。遂着第三纵队及冯指挥所部第二纵队之左翼队，编为左翼追击队，归程纵队长指挥，并与福建第三师取联络，向该敌施行追击。当即拟定追击计划如下：

追击计划

刘志陆、三黄等逆残部约五千余人，枪三千余枝，大部退至泰溪，小部仍留下洋。

在曲江、和平之张毅部，态度未明。

洪兆麟拟输诚，现在接洽中。

熊略现在盘踞焦岭、平远。

二、我左翼追击队，以第三纵队及冯指挥所部编成之，协同福建第三师，以追击刘、黄等逆，拟向高头、泰溪附近前进。

三、追击各部之任务如左：

1．第三纵队各部，须于十一月十二日以前，集中大埔，经挑头坝，务于十一月十四日向泰溪、高头一带之敌，开始攻击。

2．冯指挥各部，次于十一月十一日以前，集中饭箩墩附近，向泰溪、高头一带前进，务于十一月十四日，开始攻击该敌左侧背。但须注意曲江、和平张毅部队为要。

四、请福建第三师李师长、曹、杜两旅长所部，十一月十二日以前集中永定，经上新村城里古竹，务于十四日以前，实施攻击高头、下洋敌之右侧背。并请派一部占领湖雷。以断该敌北遁之路。

五、拟请总指挥饬令第一师，务于十一月十三日以前开到白土附近，对平和方向取威胁态度，以牵制张毅所部及洪部，不使参加泰溪、高头方面之战斗为要。

十一月十三日，程纵队长得各方情报：下洋、泰溪之敌，约五六千人已完全退至永定附近。依情况判断，不宜迟延，恐该敌远扬，于是决定令冯指挥所部于十四日务到达下洋，取监视姿势。第三纵队于十三日午后七时，由大埔出发，以夜行军向永定前进，于是追击部队，渐入闽边矣。

第三纵队前卫及本队，由大埔出发，次第到达焦岭。据土人报称：永定城确有敌人万人之甫。程纵队长即令前卫攻鄂军第二团占领永城大道右方高山，第四团占领左方高山，余为预备队。后见城内并无动静，判断敌人必无预备，遂向永定城猛进。

午前十时，攻鄂军第三团，由大道进逼，至距城四五里之李村，有敌兵一团，见我部队即射击，我军猛进，后续部队亦陆续到达，将该敌包围，战约二十分钟，将该敌完全缴械。时城内大部闻枪声，军心大乱，无心抵抗，分向上坑、湖雷退却。我军遂占永定城。

永定城既得，程纵队长仍督率所部继续追击。十四日午后，攻鄂军第二团王团长到达金沙圩。据情况判断，由永定溃退之敌，必向下溪方向退走，遂向古木乡向下溪前进。

至十五日午前六时，各团由宿营地出发，向古木乡前进。及至古木乡北端，即见敌部络绎不绝，仓皇退走，王团长遂决心施行追击。

一、第二团第一营向大道左侧高地追击前进。

二、第二团第二、三两营向大道右侧追击前进。

十五日八时三十分，我军部署已毕，即攻击前进。敌亦拼命抵抗，并猛力反攻。幸赖我将士同心协力，率将该敌追击数十里，始行休息。

嗣后程纵队长，奉到政府命令，嘱其对闽，须加审慎，幸勿猛进，遂决定回师大埔驻防。此第三纵队对退闽之敌施行追击之情形也。

闽南退却之敌，经第三纵队追击，愈狼狈不堪，已无成军之能力。其余小部，遁走焦岭、平远一带，时总指挥为予各军以休息起见，遂不再命追击。十一月二十日午后十时，于汕头行营，下如左之通令于各部：

一、敌逆三黄、刘志陆等部，已于本月十四日经我第三纵队在永定痛击缴械外，大部分窜上坑、龙岩溃散。洪兆麟、谢文炳等残部经我第二纵队压迫，已向漳州退却。

焦岭、平远一带，尚有残敌一小部，被赣边守备队阻止北窜。

二、我军拟即从事休养整顿，并同时清扫境内残逆土匪，以备时局发展之应付。

三、兹为补充便利起见，将各部队之驻地分配如左：

1. 第一纵队：

第一师驻潮汕。

第三师第七团驻澄海，第九团驻庵埠，第八团驻俟独立第一师接防后，由黄冈开驻东陇。

独立第一师驻饶平、黄冈，务于十一月二十五日以前到达。

2. 第二纵队：

第十一师俟独立第一师接防后，着开拔回省。

左翼队驻揭阳、潮阳、普宁，务于十一月二十六日以前到达。

3. 第三纵队：

攻鄂军驻梅县，并派一部剿办焦岭、平远一带残逆及土匪，务于本月三十日以前肃清。

鄂军驻大埔。

豫军驻梅县。

潮梅军驻老隆。

赣军驻惠州。

四、各部队到达驻地后，应即努力整顿，勤加训练，并将到达日期及布防情形具报。

五、总指挥部仍驻汕头。

其七　结　论

第二次东征目的，在扫清叛逆，巩固革命策源地。计分三纵队，兵力总计约二万三千余人。敌人之众，约数倍于我。不出一月攻破惠州，克服潮汕，驱逐残逆，肃清边境。亦蒋总指挥计划之周密，革命健儿努力之所致也。自惠州攻破以后，敌人胆寒，已成破竹之势。当第一纵队直趋海陆丰，同时我中路第二纵队亦驱敌至华阳、安流之间，遂将敌之主力三黄、刘、李等部，完全缴械，归于歼灭。我第三纵队，亦努力次第克复河源、老隆，直达五华、兴宁，使一、二纵队，无左侧之顾虑，专心致力于当面之敌，诚不愧为国民政府下之革命军人也。

一月之间，战斗大小凡百数十次，其中虽间有濒于危险，如第三师华阳之役，及第一师第三团海丰之役，均受敌人包围是也。然终自信有最后之胜利，以少击众，卒将敌击败，得告统一之功。此后北定中原，指日可待。笔叙至此，不禁高呼孙总理精神不死！

国民政府万岁！

国民革命军万岁！

〔国民政府军委会档案〕

## 14 何应钦关于率师移驻梅县进入三河坝电

（1926年2月28日）

何应钦自汕头电

汪主席、黄埔蒋总监钧鉴：特密。胡总参谋长感电计达钧鉴：查残逆深入，为害地方，应速痛剿，以除后患。胡总参谋长计画周详，职已复电照办。并一面令冯师涂、周两团作速准备，一面将伙食、行军费汇梅。款到，即冯率涂、周两团照胡总参谋长计画前进。并令该师于出发之日起，暂归胡总参谋长指挥，以归统一。至冯师驻夕埔之薛部，亦令即日移驻梅县，以资镇摄。而令策应夕浦方面，已令第一师第九团进驻三河坝矣。谨闻。是否有当，仍乞示遵。应钦叩。俭。

〔国民政府军事委员会档案〕

## 15 何应钦关于东征情况电

(1926年3月)

### (1) 3月1日电

何应钦自汕头电

汪主席、黄埔蒋总监钧鉴：特密。俭电敬悉。顷接老隆胡总参谋长勘电开：林、刘等残逆陈修爵、点生两部约三千数百人，编成四团，概由下车入和平。黄任宠部约四百人，编成一团，由鹅公圩到上坪。王定华部三百余人，编成一团。黄业兴部四百余人，编为一团，均由天芳寺向罐坳子、贝岭。李易标部约千人，亦编成一团。经计残逆确有枪五千余枝，但皆丧胆无斗志，有涂、周两团合第十八师两团，足以解决之。请速籌发伙食，早日会剿，了此一事为祷。等语。职于本日已解冯师伙食、行军费二万元赴梅，令该师长于款到后，即率涂、周两团照原计画前进，暂归胡总参谋长指挥，严行进剿，务灭残敌矣。谨闻。职何应钦。印。东。

### (2) 3月1日电

何应钦自汕头电

汪主席、黄埔蒋总监钧鉴：特密。沁电敬悉。翁逆叛兵之两统领联名所呈各节，是否属实，职当分电程军长、邓指挥华就近严密查察，分别核。程军长三月三日以前可到平山附近。邓指挥于三月以前可到达海丰。谨闻，职应钦叩。东。

### （3）3月10日电

汪主席、蒋总监钧鉴：最密。顷接兴宁胡参谋长佳电开：改编潮梅军罗团令已发，兹侦得该军决意反抗，本晚恐有变乱，务请颂公速调攻鄂军全部，星夜移驻罗冈，以颂部进驻大龙田，请敬之兄飞派冯师星夜出石马。余后续。谦叩。佳戌。等语。职已分电程、冯两部照办，并径电松口冯师周团先赴梅县，听候胡参谋长使用外，谨闻。唯查汕兴电报仍照通无阻，想昨晚当无变故发生。职何应钦叩。灰。

### （4）3月13日电

何应钦自汕头电

万急。广州汪主席、蒋总监钧鉴：特密。文电计达。顷得谕胡总参谋长东水发文酉电开：遁入大坝之李易标、黄业兴两部请求改编条件如下：一、发给编官长旅费。二、各私人手枪给还原价。三、保护其长官之安全。四、所没送官兵请一体待遇。查上开条件,尚属情理之要求,允其请任。弟拟饬和平县陈修爵摊筹之款，作收编费。兄意如何？请斟酌见示。等由。又据冯师长铺前发文午电称：职顷抵平浦前，探得溃敌会窜石正圩。二、顷率涂、薛团经黄坡追蹑。三、并分令周团抵罗浮后经尹峰叮、石正包围。等情。除电复胡总参谋长可行，唯须严重监视，勿被狡脱。并令冯师长石正残敌须努力迅速解决外，谨闻。职何应钦叩。元。

### （5）3月14日电

何应钦自汕头电

汪主席、蒋总监钧鉴：特密。顷据冯师长于黄陂发来元卯电称：被击破残敌三千余人满窜，经黄陂、石正、大拓，职率薛、涂两团追击，至黄陂、新圩宿营。二、昨晚接周团报告及苏团通报称：昨晚到罗冈；又称陈修爵一股号称四团，约三千余众，原拟开去罗冈麇集，闻文晨由蕉坑窜入尺平远。三、职率薛、涂两团既向石正追蹑，并饬周团由罗冈续进。四、料该两股残寇志在会合窜扰。职师以分灭该敌目的，经通报苏团开来石正，相机策应。又接胡总参谋长元电称：李春芳率部投程军长收编。本日抵蕉岭，已饬向石正、新铺堵缴逆械。赖世璜部昨日开到，留防剿陈逆，各等情。除饬第九团即刻由仍河向松口前进，以资策应，并便监视李春芳部外，谨闻。职何应钦叩。寒。

（6）3月17日电

何应钦自汕头电

万急。广州军事委员会汪主席、黄埔蒋总监钧鉴：特密。顷据冯师长删电称：职率周、薛两团暨五十一团于删午占领平远城，残敌陈修爵部三千余人被我痛击后，向着吉圩下坝溃窜。职已派队分途追击。等语。又据冯师涂团长报告：职率部追击残敌，于删日进占蕉岭城。敌向岩前向狼狈溃退，现正追击中。等语。现粤境残逆已完全肃清，为根本歼灭，以绝后患起见，职除已严令冯师长率各团分途追击外，并电闽军第三师、赣军赖师扼要堵截矣。职应钦叩。篠。

（7）3月18日电

何应钦自汕头电

军事委员会汪主席、蒋总监钧鉴：特密。顷接上杭曹旅长铣电开：敝师已派大队向闽粤边界分途截击，请贵军派队分途尾追，以期一鼓扑灭。等语。谨闻。职应钦。印。巧。

〔国民政府军委会档案〕

## 16 程潜关于令第十九师派队剿办平海残敌电

(1926年3月1日)

程潜自惠州电

军事委员会蒋主席钧鉴：捷密。东电敬悉。李绍金残部扰乱平海，职处亦接有报告。已令第十九师派队剿办，后情容再呈报。程潜叩。东。

〔国民政府军委会档案〕

## 17 胡谦关于进剿和平残敌情形电

(1926年3月)

### (1) 3月2日电

胡谦自老隆电

汪主席、蒋总监钧鉴：汕头何军长平山探呈程军长勋鉴：捷密。一、残逆探悉兴华空虚，于本日由贝岭窜抵罗冈，明日兴宁危，交通断，请飞派大队进剿。二、和平方面之残逆定明日进剿。三、请饬第二军派队出连平。谦叩。冬戌。

### (2) 3月13日电

胡谦自东水行营电

汪主席、蒋总监、谭部长、李部长、惠州程军长钧鉴：捷密。李逆易标、黄逆业兴两部在下昆与陈逆修爵分离，退走大坝。昨日洹沱表请求收条件如下：一、发给编余官长旅费。二、各私人手枪给还代价。三、保护长官之安全。四、所送官兵务请一体待遇。查残敌乘败四窜，扑灭之方，似宜兼用权术。现所开条件，尚属情理之要求，除电何委员商酌外，特电请示。如准予暂为收编，拟饬和平县收缴，陈逆修爵摊筹尾数，作收编经费，并以详明。谦叩。元。印。

### （3）3月13日电

汪主席、蒋总监、谭部长、李部长、汕头何军长、惠州程军长钧鉴：捷密。本月初分途回窜和平、贝岭、罗冈一带之残逆，经督队分途进剿，除龙和两县早经肃清外，现兴宁境亦定全无敌踪。该逆东窜蕉平，第十八、十四两师各团跟踪追蹑中，大约三日内可完全驱逐出境。谦定叩。元午。

### （4）3月16日电

胡谦自老隆电

万望急。广州中央执行委员会、国民政府军事委员会各会员、汪主席、蒋总监钧鉴：谭、李、宋、古、陈各部长，谭、李、李、朱各军长，监察委员，参谋团罗主任，省政府、各厂长、黄埔行营蒋校长、汕头何委员、周委员、何军长、惠州程军长勋鉴：全省各党部、各师长、各县长、各报馆钧鉴：陈逆修爵率合林、刘残部约六千人，于二月□底由赣之定南、安远城分途回窜我和平城及龙川尾之贝岭、岩下，兴宁尾之罗浮、罗冈一带。本月四日，谦率第十八师易鄂军，向和平进剿，以重兵出油竹坝，进取下车，将该敌冲作三股，不能联绊。该逆已退路危险，星夜奔逃，即于是晚克复和平城。十一日，我第十四师及第十八师、第五十二师向罗浮附近之残逆进攻。冯师长轶裴率第十四师薛团、涂团及周团之符营奋勇进取，剧战四小时，即在合水附近将该残逆击溃。敌乘夜分向蕉厕溃退。十三日，涂团击敌于东石，俘虏数百名，缴获敌械二百余枝。删晨涂团进抵蕉岭。冯师长率薛团、何团及第五十二团亦于同日午前九时复平远城。该残逆叠被我军痛击，逆散大半，残余约二千有多溃退闽之武平，赣之寻邬。除饬第十四师冯师长督饬所部跟踪追剿，务期扑清外，现下粤境已无逆迹。谨电奉闻。胡谦叩。铣。

### （5）3月20日电

胡谦自老隆电

万急。广州军事委员会汪主席、蒋总监、谭部长、参谋部李部长钧鉴：捷密。主座两皓电敬悉。一、古萠叶逆柏质部四五百人，已于篠日电令顺道回惠之攻鄂军率一、四两团前往剿办矣。二、现残逆称肃清，已令冯师回驻平远。又调第五十二团回老隆监视李易标、黄业兴两部之改编，及准备移防。谨复。职谦叩。帑。

〔国民政府军委会档案〕

## 18　冯轶裴关于陈炯明残部流窜闽赣粤边境情况电

（1926年3月16日）

冯轶裴自平远电

提前。十万火急。分送汪主席、蒋总监、古厂长、汕头何绥靖委员钧鉴：一、陈炯明残部共编九团，约七八千人，罗策群、陈修爵各指挥三四千人，流窜闽、赣、粤边境。二、罗逆部自被赖世璜驱逐窜回平远边境罗浣一带。陈逆部窜回和平，自被胡总参谋长率部驱逐，仍窜蕉坑，合罗逆部。三、职部周团奉调在胡总参谋长直接指挥，奉令率薛、涂两团灰日由兴宁出发，进至含水。真午，罗逆率四千余众，由罗冈分路，经黄陂、深旌、向氲前进，经职部在含水迎头痛击，纷向黄陂、石正、东石溃窜，当中俘获不少。逆众两倍于我，官兵奋勇杀贼，伤亡较多。四、元日，向东石追袭，复夺步枪百余杆，掳伪团长二员、士兵数百人，残逆分蕉岭、平远逃窜。五、寒日，饬涂团向蕉岭穷追。周团归队。职率同薛团向平远进剿陈逆。佳日，克复平远。涂团亦同日克复蕉岭，粤境肃清。刻查罗逆一股，经此巨创，丧失过半，逆一股尚虽剿灭，除饬涂团追击罗逆，赶入闽边外，职拟率薛、周两团越赣边追蹑，务尽歼灭逆部，以除后患。谨电奉闻，余情续报。师长冯轶裴、党代表徐坚叩。铣晨。

〔国民政府军事委员会档案〕

## 19　周恩来请查封陈部刘志陆屋产电

（1926年3月16日）

周恩来自汕头电

万急。广州分送国民政府汪主席、蒋总监、省政府钧鉴：征密。删日接行营口胡总参谋长谦寒电：此次残逆回窜和平、龙川、兴宁三县，完全出于王逆冠文之诡谋。该逆向充刘逆志陆之团长，请饬县查封该逆屋产，等由。除令饬兴宁县长罗师扬遵照查封外，谨电呈。恩来叩。铣。印。

〔国民政府军委会档案〕

## 20　林振雄请加派精兵一团来惠电

（1926年3月16日）

林振雄自惠州电

黄埔蒋校长钧鉴：据探杨逆部杨启明、徐武东潜回横沥、派尾等处，希图扰乱，并有罗坤在大鹏、所城一带各竖旗帜，召集旧部及股匪响应。蒙兰著匪苏跛手忠互通声气，狡然思逞。查有旧恶探黄福芝在港惠运动杨坤如，卖产联吴，事实确凿。惠城为东江咽喉，广州屏障，现虽有程部驻扎，仍恳加派精兵一团，从速来惠，以资控制。职林振雄呈。铣。

〔国民政府军委会档案〕

## 21 薛岳关于击溃侵犯兴宁残敌电

（1926年3月27日）

第十四师四十团团长薛岳等自平远电

提前。万急。广州中国国民党中央执行委员会、国民政府汪主席、蒋总监、李部长钧鉴：三月十一日，逆军残部由赣边来犯兴宁。职团由大蒲星夜赶至合水，与逆军剧战半日，被我击溃，向平远逃走。十三日，追至东石，被我夜袭。十八日，追至大宗桃，我又雨袭击，敌伤亡数百人，我伤亡百余人。职团获步枪五百余枝，驳壳枪廿余枝，马匹数十，军用品无数，俘虏四百余名。现敌一部退往福建，一部退往江西，敌之将官，俱已退往香港、上海。国民革命军第一军第十四师第四十团团长薛岳、党代表贾伷濠呈叩。沁。自平远。

〔国民政府军委会档案〕

## 22 程潜关于遵令解散林海山部情形电

（1926年5月3日）

程潜自惠州电

万急。广州军事委员会蒋主席钧鉴：捷密。前奉钧会令开：着即将林海山部解散。等因。奉此。当将林部解散在案。东日，该部连长丁一率兵五十余名，快枪十二枝，杂枪卅余枝，来职部请编。除令第十八师收容办理外，据丁一报告：林海山到横沥率其余部百人向三多祝方面开去，不知用意所在。等语。理合呈报，伏恳察核示遵。程潜叩。江。

〔国民政府军委会档案〕

### 23 郭大荣请示返出惠城防地问题电

（1926年5月26日）

郭大荣自惠州电

急。黄埔军校校长蒋、党代表汪、教育长邓钧鉴：新校密。顷第六军来员称：该军教导团将由省开拔，何军长复电告程军长率队会剿翁逆，约江日前后可到。查惠城原系该军防地，职团是否候该军到即返。乞示遵。郭大荣叩。宥。

〔国民政府军委会档案〕

## （十） 李宗仁统一广西

### 1 孙文慰勉全桂底平协力肃清余孽致黄绍雄电

（1924年10月15日）

南宁黄总指挥鉴：敬电悉。兄奋其武勇，全桂底平，殊堪欣慰。今曹吴已倾，扰桂者无人，兄正可乘此时机，与沈总司令协力肃清余孽，安集流亡，共襄治理，不胜期望之至。孙文。感。

〔广州国民政府档案〕

## 2 唐继尧公布建国联军暂行组织大纲致外交司训令

（1924年10月17日）

建国联军总司令部训令　第六三号

令外交司

照得本总司令部业于本年九月十五日以靖国联军总司令部改组成立，兹制定本部暂行组织大纲公布施行。除分令外，合检发组织大纲一本，仰该司查照，并转饬所属一体知照。此令。

计发组织大纲一份

总司令官唐继尧

中华民国十三年十月十七日

建国联军总司令部暂行组织大纲

**第一条**　建国联军总司令部为统辖联军之最高机关。

**第二条**　联军总司令部之目的在削平祸乱，建设国家。

**第三条**　建国联军总司令统辖全军，总揽部务，发布命令，任免联军各官职。

**第四条**　建国联军总司令部分设各部，表列如左：

- 联军总司令官
  - 副官
  - 参军
  - 侍从武官
  - 参赞
  - 参议
  - 顾问
  - 咨议
  - 建设部
    - 战区临时行政管理处
    - 经费统筹处
    - 联治筹画处
    - 政务讨论处
  - 参谋部
    - 兵战处
    - 作战处
    - 谍候处
  - 军务部
    - 医务处
    - 训练处
    - 执法处
    - 经理处
  - 总务部
    - 机要处
    - 宣传处
    - 铨叙处

**第五条** 参赞、参议、顾问、咨议备联军总司令官之咨询，由联军总司令官分别聘任之。

**第六条** 参谋部设总参谋长一人，次长一人，其余各部各设部长一人，各处酌设处长、副处长各一人，均由联军总司令官任命之。

**第七条** 总参谋长、各部长秉承联军总司令官命令，管理各部事务；各处长秉承联军总司令官及总参谋长、各部长之命令，处理各本处一切事务。

**第八条** 各部所属各处视事务之繁简，分科办理，其组织及办事细则另定之。

**第九条** 侍从武官，设正副长各一人，率领参军、副官秉承联军总司令官命令，掌管承宣、请谒及一切庶务。

**第十条** 建国联军之军队，其编制及配备概由联军总司令以划一之编制法编成之。

**第十一条** 依作战方略，建国联军之分路进行及军团之编成，兵力之分配，军团长或总指挥之派遣，概由联军总司令官以统一之计划命令行之。

**第十二条** 本大纲由联军总司令官核定施行，其有未尽事宜，得随时修改之。

〔外交部驻云南省特派员办公署档案〕

## 3 谭延闿劝告沈鸿英勿以武力夺梧州电

(1924年12月25日)

提前。柳州八步探投沈总司令鉴：陈、张代表来，备悉垂爱至感。闻公将以武力取梧州，陆师长已出发，想不确。鄙见同立政府之下，不当取强硬手段，滋生反响。桂事须有步骤，望公坚忍，俟时不可横决。弟军已过吉安，弟明日入赣，相去日远，特进忠言，乞鉴察。延闿。有。

〔广州国民政府档案〕

## 4 沈鸿英为派兵出巡被李宗仁部截击请令撤防免开兵衅电

(1925年2月1日)

北京孙大元帅睿鉴：参众两院广西议员诸先生，广州胡代帅，军政部钧鉴：刘省长显臣，韶州探送刘军长玉山、陈师长昇平，上海岑云帅、莫日帅、马君武先生，天津陈舜帅，太原赵竹垣先生，旅京、旅沪、旅港、旅澳、旅粤同乡诸公，南宁省议会，张省长，宾州林督办，莆田、梧州李处长应潮，广西各局分送各师、旅长，各纵队支队司令，各县知事、各法团、各报馆均鉴：鸿英派队出巡浔、濛各处，收束军队，问民疾苦，业于养日通电报告，并请李督办、黄会办通饬所部一体知照在案。乃师行甫出象县蒙山，即据陆师长云高、邓师长右文电称：被李宗仁、黄绍雄派兵截击，不予通过等语。查李、黄于鸿英就广西建国军总司令职时，曾于武宣、勒竹、京南各处，节节增加重兵，初尚以为防备寇盗，不意心存叵测，一至于此。鸿英虽无行能，忝膺疆寄，就职以后，巡视各属，以为应有之责。李、黄同隶大元帅层幢之下，对于帅座任命封圻大吏，竟敢公然抗拒，甘为戎首，是诚何心，鸿英德不足以感人，武不足以戡乱，然为保存政府威信，行使自身职权起见，现已严饬部属，仅于防卫暂缓进行，以待解决。伏望帅座迅令李督办黄会办速行撤防，勿得抗拒政府命官，免开兵衅，诸公或情殷袍泽，或关怀桑梓，仗义执言，仍秉公判断。广西苦兵久矣，值此喘息未定之际，统一甫有转机，何堪再行破坏，沦于万劫不复之地。临电挥涕，伏候裁夺。沈鸿英呈叩。东。印。(平乐来电)

〔广州国民政府档案〕

## 5 李宗仁宣布沈鸿英罪状及击败经过电

(1925年2月)

### (1) 2月1日电

万火急。广州胡代帅钧鉴：许总司令、杨总司令、谭总司令、刘总司令，范军长、朱军长、胡军长、鲁军长、宋军长、各军、师、旅、团长，廖省长，各部总次长，梧州李联军总指挥勋鉴：并转沪、粤、港、澳广西各同乡，各报馆均鉴：西南不幸，战乱频仍，创剧痛深，害吾八桂。追原祸始，无一不由沈贼鸿英险狠反复，好乱逞兵所致。及去岁藉倒陆之名，行争地之实，纵容匪部，糜烂吾柳，使各郡数十县人民流离，饥馑满途。宗仁忍桑梓孑遗。重遭战祸，举兵定桂，促进和平，陆、谭下野，沈贼遂得平桂休养，又以饷薪不敷，请让数县，供其驻兵。仁以同属桂军，当然让以桂象各属，方冀共抚绥人民，共图生聚，而沈贼肆毒地方，人民咸来诘责宗仁不援焚溺，然仁固与共进而不与共退也。殊沈贼贪狠益肆，狡谋侵我防地，间我友军，诱我部队，杀我僚佐，近更调兵征饷，扬言攻梧。仁犹以为同属桂人，同服国务，未必敢甘为戎首，轻起衅端。不意其又藉名出巡浔、濛，突于一月艳日竟决然进攻我军也。沈贼师长邓瑞徵、邓右文率其一、三师约四千余人，围我武宣。宗仁闻变滋起，急为自卫，简饬军旅，相与周旋。而沈部张希拭攻我江口，陆云高、陈春光攻我濛江、平南；沈锡纲、周炳权攻我抚河，同时并举，四面急攻。幸我将士用命，各路迭克。俞、夏两司令既破之于蒙山，获枪千余枝，敌人大溃，平南、江口亦经黄会办调兵剿平，抚河亦被我军击散。唯武宣一路，实为沈贼主力，志在取浔之后，上驰邕垣，下拊苍梧，猛将精兵，悉萃于此。经仁指挥部众，相机迎敌，血战两昼夜，击毙沈贼团、营、连长三十余员，士兵四百余名，俘获二百余名，获枪千余枝，大炮二尊，水旱机关枪四挺，敌人大溃，分向柳州、象县、修仁各属遁窜，沿途奸杀、焚掠，惨无人道。敌师长邓右文率兵二百余人，遁入猺〔傜〕山，业已不复成军。现饬各军分途追剿，会师桂林，为桑梓除蟊贼，为西南去公敌。近年粤、赣、湘各省曾受蹂躏，尚未消灭之积匪，至今罪恶贯盈，授首之期，会当不远。倚马陈词，伏惟谅察。广西全省绥靖督办李宗仁呈叩。东。印。(浔州来电)

（2） 2月2日电

万火急。广州胡代帅钧鉴：许总司令、杨总司令、谭总司令、刘总司令、范军长、朱军长、胡军长、鲁军长、宋军长，各军、师、旅长，各部总次长，廖省长，沪、粤、港、澳、广西同乡会暨各报馆均鉴：沈贼鸿英好乱成性，宣言出巡浔梧，实竟向我攻击。前月艳日，派其第一师长邓瑞徵，第三师长邓右文统率大队，围攻武宣及来宾，业于东电陈明在案。宗仁在浔闻报，即督饬所部，于世日将武宣之敌击败，伤毙敌兵百余，夺枪百数十杆，俘其营长罗某一员，官兵数十。邓右文溃窜于黄茅，军心极为惶恐，遂星夜调其两师，全部于本月冬日大举而来，图决死战。昨日辰刻两军遭遇于二塘，我军猛攻，激战殊烈。敌又大溃，击毙其官长廿余员，士兵无算，夺获枪六七百杆，机关枪二挺，俘虏营长江某、黄某等四员，官兵甚多。敌战斗力完全丧失，分向柳州、象县、修仁各处乱窜。邓右文大旌、关防遗弃道傍，随身仅百人，狼狈逃命。我军亦伤亡官兵数十人。现在分兵追击，今致龙穿山、象县各处，已无敌人踪影。此次战斗检获敌军作战计画，系以其主力第一、第三两师袭我浔州，以陆云高、陈春光、张希拭分扰濛江、江口，浔濛得手，再合抚河方面余部，图占梧州。今两部既崩溃于武宣，陆、张又为我军第一路剿灭于濛山、鹏化，沈贼全军精锐已消失殆尽，扫荡余孽，计日可期。先此奉闻，余情续告。粤桂联军第二路指挥李宗仁呈叩。冬。印。（浔州来电）

〔广州国民政府档案〕

## 6 李宗仁等报告沈鸿英部被击溃不难荡平电

（1925年2月4日）

广州胡留守钧鉴：杨总司令、许总司令、谭总司令、刘总司令、廖代表、各军长、各师、旅长，各司令勋鉴：沈贼鸿英侵犯浔、梧，扰乱大局，经迭电陈明，谅已洞察。宗仁等为国为乡计，不得不扑灭此獠，以固大局而安闾阎计。沈贼原拟以邓瑞徵、邓右文等部众四千余人，□〔沿〕柳河〔寨〕攻武宣犯浔州；以一部约千余人犯来宾，欲扰邕宁；以陆云高、陈春光等三千余人，由濛山、太平直犯濛江，张希拭匪众约千余人侵犯大湟江口，意欲先得大河上游，即便乘势攻梧。又以杨子德、沈荣光、沈剑飞等约二千余人，在富贺、公会、昭平以下，取势防御，俟大河上游得手，即会攻梧州。经我联军分头抵御，柳河方面，于全世、东等日，与敌激战于武宣附近，敌势不支，败退于石龙一带。江日又被我军猛击，遂向柳州溃窜。来宾之敌，亦同时被我击退，现正向柳州追击中。蒙山方面，于世日与敌激战于太平，东日再战于均常，均被我击败，分向昭平、濛山方向溃窜。江日我军占领濛山、刻正在追击中。江口之敌亦于东日被我军击溃。先后数役伤亡敌官长六十余员，兵千余名，俘虏甚众，获械颇多。敌已尽失战斗能力，桂、平、柳等处，当可长驱直入。抚河、富贺、八步方面由李处长率部，及第三师郑师长一部，于东、冬两日已向该敌围攻，沈逆窝窠，谅不难一鼓荡平，肃清逆贼直指顾间事耳。知关廑注，谨电奉闻。宗仁、绍竑呈叩。支。印。（浔州来电）

〔广州国民政府档案〕

## 7　李宗仁报告击败沈鸿英情形电

（1925年2月9日）

万火急。广州胡代帅钧鉴：许总司令、杨总司令、谭总司令、刘总司令、范军长、李军长、胡军长、鲁军长、宋军长、各军、师、旅长，各部总次长，省长，上海、香港、广州、广西同乡会暨各报馆均鉴：查我军击败沈逆情形，曾于东、冬、歌各电陈明在案。现沈逆残部纷纷来请收编，先头部队业于阳日长驱直进柳州，沿途均无抵抗。第一路左翼于歌日进驻荔浦，右翼于庚日进驻昭平，顷正分兵围攻贺县、八步、平乐。宗仁日内即行率队直上桂林，肃清沈逆，指日可待。谨再电闻，余情续报。宗仁呈叩。佳。印。(浔州来电)

〔广州国民政府档案〕

## 8　沈鸿英为被李宗仁等部击退大宁一带请求解职电

(1925年2月17日)

万火急。北京孙大元帅睿鉴：广州胡代帅钧鉴：北京广西旅京同乡诸先生，天津陈舜老，上海岑云帅、莫日帅，广州杨总司令、朱军长，韶关探送谭总司令均鉴：英德薄能鲜，谬膺广西总司令职务，就职以来，日以保境安民为前提，以和平友军为职志。讵李宗仁、黄绍竑、李济深等藐视功令，图占地盘，分派大队，节节进逼。英不忍既残之桂局再受糜烂，经亲率所部退驻贺县属之大宁、桂岭一带，并分驻一部于桂林、全州，以期暂事休息。惟对于广西总司令一职，应请大元帅准予解除，嗣后关于桂事悉不过问。惟是所带部伍尚多，应如何维持处置之处，应恳大元帅迅颁明令，当道诸公主持公道，不胜迫切待命之至。沈鸿英叩。篠。印。(连县行营来电)

〔广州国民政府档案〕

## 9 白崇禧报告击败邓右文及围攻桂林等情电

（1925年2月17日）

万急。广州孙大元帅睿鉴：胡代帅、许、杨、谭、刘各总司令，浔州李督办，梧州李联军总指挥，黄会办钧鉴：南宁张省长，郑参谋，苏财政厅长，龙州李代处长，百色刘省长，武鸣曾主任，浔州笃主任，梧州龚主任，黄指挥官，柳州张总参谋，抄送上电探送韩总指挥，广西各局抄送各机关，各报馆均鉴：崇禧奉命肃清桂林沈贼，师长邓右文势穷力竭，来电称与沈贼脱离关系，维持地方。对省政府语气含推，毫无诚意表示，且一派兵掘壕筑路，设防良丰一带。铣日我军前进，数约一千余人，擅阻接防，经我军猛烈攻击，激战约二十分钟，敌人不支，纷向桂林城遁窜。适我军吕团已至南门截击，敌人不能入城，经我前后夹击，纷纷四散，当时击毙伪指挥官莫显臣一名，敌官兵约二百余名，俘获百数十人，缴步枪四百余枝，旱机关枪二挺，敌人不复成军。现邓右文尚率四五百人固守桂林，我军四面围攻。桂林城指日可下。特先电呈。粤桂联军前敌指挥官白崇禧呈叩。篠。借印。〔柳州来电〕

〔广州国民政府档案〕

## 10 唐继尧乘孙文逝世就副元帅职通电

（1925年3月19日）

万火急。北京铁狮子胡同汪精卫、孙哲民〔生〕先生，分送李协和、杨沧白、石青阳、但怒刚、褚慧僧、谢慧生诸先生，周惺甫、王竹邨、徐保权、马伯安各代表，上海唐少川、章太炎先生，广州胡留守、廖仲恺、邹海滨、方韵松诸先生，谭组庵总司令、许汝为总司令、刘显丞总司令、孔雯掀总司令、杨绍基总司令、范小泉军长、胡慕赓军长、韦冠英军长、胡濯斋师长、廖品卓师长、赵济民师长，各法团，各报馆，长沙赵总司令、常德熊总司令、余总司令、汤师长、蔡总司令，贵阳刘副帅、彭总司令、卢委员长，南宁刘如渊总司令、毕节周总司令，并送天柱李总司令，重庆送刘甫澄督办、袁总司令、赖总司令、王植之师长，新津刘禹九总司令，并探送綦江吕汉群总司令，余又〔叙府〕刘自乾师长，桂林长安探送唐总司令、张总司令，百色胡总司令，南宁龙总司令，林甫田督办，龙州李绥靖督办、黄副督办、谭招抚使、李镇守使、邓先遣军司令官，云南送吴总司令，蒙自送何总司令均鉴：前准大元帅孙咨开：窃以大盗恣横，尚稽显戮，中原俶扰，群起义师，期集大勋，端赖贤哲。爰于九月十一日召集政务军事联合大会，佥谓执事勤劳国家，功绩迭著，宜有崇号，以董戎行，是用推公为副元帅，藉为提挈之用，以成康〔匡〕济之勋，相应咨行。等因。准此。先后并准函电，叙同前由。时以军国大事，夙赖大元帅主持，未便遽膺崇秩。今不幸大元帅在京逝世，一切未竟之主张，皆吾辈应负之责任。为〔爰〕遵咨电，谨于三月十八日在滇就副元帅职，惟望同志袍泽，协力一心，匡我不逮，庶期贯彻主义，奠定邦家〔基〕，以慰大元帅在天之灵。特电公布，统希鉴查。唐继尧。皓。印。〔云南来电〕

〔广州国民政府档案〕

## 11　五族新闻社关于孙中山逝世后国民党对唐继尧态度新闻稿

（1925年3月27日）

五族新闻社云：中山死后，民党内部颇见涣散。昨唐继尧突有就副元帅之通电到京，未始非民党将来之好音，但民党同人今后对唐之感情如何，实堪研究者。兹闻政府方面因唐继尧就职，深恐西南又将组织新政府，与北方对峙，南北统一问题再起纠纷。日昨曾由某要人以私人资格探民党某君意见，据某君所称：唐氏穷兵黩武，抱有地盘野心，与民党主义完全枘凿，不足以领袖西南，唐氏苟欲单独组成政府，殊非其力所能胜任云。又讯云：据某方消息：唐继尧就副元帅职，民党大多数人对之均鲜好感，且胡汉民、许崇智等，因唐氏乘中山逝世机会，进兵粤桂，衔恨已深。今唐氏虽欲利用副元帅名义，统一西南各省区，其目的能否达到，实不无问题。又在京之民党，对于唐氏就职一事，态度甚为冷淡，多数主张俟中山出殡西山后即行返粤，与胡汉民共筹善后，将来广州政府如不取销，应改为多数委员之合议制而非现在大元帅之独裁制云。

〔北洋政府京畿卫戍总司令部档案〕

## 12　黄绍竑报告击溃滇军收复宾阳电

（1925年3月28日）

万急。广州胡留守、杨总司令、许总司令、谭总司令、朱军长、梁军长、李军长、胡军长、许军长、黎军长、韦军长、卢军长，梧州李处长，北海邓总指挥，灵山邓旅长、徐主任钧鉴：滇唐肆行侵略政策，分兵入寇桂境，扰乱西南大局，绍竑恭承帅令，督师进剿，业将逆众击散，感日收复宾阳，当即派遣劲旅，分途跟追，想敌残败之余，不难一鼓荡平也。谨此奉闻。黄绍竑叩。俭。印。（宾州来电）

〔广州国民政府档案〕

## 13 李济深转报宾阳高田大捷电

（1925年4月2日）

急。广州胡代帅钧鉴：克密。顷接浔州李督办宗仁东电开：顷接黄会办电话，全日我军在宾阳属之高田附近与敌接触，敌人初尚强顽抵抗，经我军奋勇异常，剧战二昼夜，敌势不支，遂被我军攻破，夺获敌军大炮两门，缴械千余，俘掳无算。是役过于激烈，我军亦被伤官长数员，士兵六十，现残敌已向南宁方面溃窜。请饬俞、伍两部追击外，余情续报。特闻等语。理合驰电陈报。职济深呈叩。冬。印。

〔广州国民政府档案〕

## 14 范石生等请讨伐唐继尧密电

（1925年4月20日）

万急。广州胡代帅并转谭总司令、许总司令、杨总司令均鉴：定密。唐贼野心勃勃，处心积虑，首欲鲸吞川粤及黔。既徇其望，乃转而大举图粤，刻下龙【云】迭败，困于南宁，扑灭之期，当不在远。惟闻唐三、张汝骥等取道宝庆、衡州。征粤湘桂之师虽追袭其后，但粤中亦不可不早为防范。查唐贼蛇毒很〔狠〕贪，私心极险，非将全国收为私物概归直辖不止。若不乘此斩草除根，为祸无穷，望诸公速起图之，勿因他故而与之。否则，恐反受其愚，必致后悔也。对于公然降唐之刘震寰，更宜早为之惩。当否乞卓裁。范石生、杨蓁叩。廿。印。

〔广州国民政府档案〕

## 15 张左丞报告龙云侵桂战况密电

（1925年5月5日）

万急。广州胡代帅钧鉴：诚密。支晚抵贵县，以战事故，至邕交通断绝。顷电籙公请派军用船来迎，计滞留此间当在四、五日。傥军用船不乘而乘木船往永，非六日不可，沿途虽艰亦惟设法前进。据黄季宽之后方办事员报，龙云初入桂共七团，自高田八塘战后损失略在三团之多。胡若愚之军不过二千余，械利者仅千余。李、黄所部迫近一塘，范部在沿江左右，邓本殷部在亭子墟。城中困乏已极，计下邕之期不远。知注奉闻。并请君佩兄顺告丞家，复电由贵县黄会办行营转即得。左丞叩。微。印。（贵县来电）

〔广州国民政府档案〕

## 16 唐继尧关于组织大本营临时幕僚处致外交司训令

（1925年5月）

(1)训令之一（5月5日）

建国联军总司令部训令　第22号

令外交司司长张维翰

前以国势凌夷，缨冠义切，爰整师旅，分道出征，旬日以来，丑虏迭摧，障碍悉除，亟应建扬威武，亲出视师，励我戎行，进筹全局。兹特组织大本营临时幕僚处，随节出征。着以陈维庚办理作战、谍报、兵站事宜，白之瀚办理机要、铨叙、执法、宣传事宜，李鸿纶办理财政、经理、兵器事宜，杨德源办理交际、承宣事宜。齐荣北、伍庄、江映枢三员职务另候临时委派。此外人员随时再以命令加派，俾资襄赞，而利进行。其已派定职务各员，着将应行组织准备事项迅速筹画呈核，克期竣事。如须调用人员，应商同各该管长官，查酌办理，汇呈核办。除分令外，合行令仰该司长即便知照。此令。

总司令官唐继尧

民国十四年五月五日

(2) 训令之二(5月14日)

建国联军总司令部训令　第五四号①

令外交司

本总司令现拟亲赴前敌视师，亟应组织大本营临时幕僚处，酌带人员，轻装出发，襄助一切。兹特任命张维翰兼充本总司令部参赞，白之瀚为总务部机要处处长并代行总务部部务，并委任参谋部作战处长陈维庚代行参谋部部务，军务部经理处长李鸿纶代行军务部部务。除给状委分行并饬克期准备妥当随同出发外，合行令仰该司查照。此令。

总司令官唐继尧

中华民国十四年五月十四日

(3)训令之三(6月15日)

建国联军总司令部训令　第四三号

令云南外交司

兹委任本总司令部建设部经费统筹处处长徐之琛代行建设部部务，随同出征，除令委分行外，合行令仰该司知照。此令。

总司令官唐继尧

中华民国十四年六月十五日

〔外交部驻云南省特派员办公署档案〕

---

注：①训令编号原文如此。

## 17　李宗仁报告邕城附近战况并请发给子弹电

（1925年5月6日）

提前。万急。广州胡代帅钧鉴；廖代表勋鉴；府密。我联军自高田一度与敌接触后，迭获胜利。敌遂不支，退据邕城，死力抗拒，以待救援。邕城附近，俱无地形不能据以瞰制，故急切不能攻破。四月篠日，敌军胡若愚率队二千人，由武鸣方面来援，当经范军右翼部队击退，正追击中。墩八之敌突向范军左翼冲击，该部杨旅长阵伤，兵心摇动，以是不支，波及全线。我联军遂于同日退守蒲庙长塘一带。宥日我联军复向敌反攻，敌不支，仍退回邕城。惟邕城基固，图之过急，则牺牲太大，困之愈密，则敌势成负隅，殊非得计。乃商同范军长，暂解邕围，退守七塘、长塘之线，诱敌剗野，以便一鼓歼灭。惟仁、竑所部转战经年，此次战事发生，复在驱沈之后，子弹消耗为数颇巨，现待补充之，急如星火，伏望赐给七九弹二十万，六八弹十万，俾充军实，而资杀贼。桂省之幸，亦西南之幸也。谨电陈词，不胜待命之至。李宗仁、黄绍竑呈叩。鱼。印。

〔广州国民政府档案〕

## 18　国民党第三次中执会全体会议声告列名同志俱乐部者应速声明脱离并声讨唐继尧就职副元帅通告

（1925年5月23日）

通告　第一四七号

本党依据总理之遗教，以革命的手段推翻世界帝国主义，与国内军阀两重压迫，建设独立自由之国家，而达到三民主义。如是，则全体党员非有严明之纪律，坚固之团结不可。乃查有党员冯自由、马素、江伟藩等于总理在世之日，竟敢与军阀及帝国主义者深相结纳，受其金钱，供其奔走，捏造蜚言，污蔑本党。又在北京组织中国国民党同志俱乐部，冒借本党名义，以淆乱社会群众之观〔视〕听，希图动摇本党之基础。似此显系违背党义，破坏纪律之反革命的行动，前经本党加以除名之处分，并否认所谓中国国民党同志俱乐部，业经分别通告全国各级党部在案。今再申告同志，今后切须认请〔清〕本党革命之途径，努力前驱，勿受反革命者之所惑，而徘徊于岐路。至于曾被冯自由等假冒列名同志俱乐部之同志，即应速予声明否认，其被冯自由等以欺蒙手段而列名同志俱乐部之同志，更应迅速声明脱离，否则本党纪律所在，自当加以制裁也。再者，军阀唐继尧，阳假联省自治之名，实欲遂其割据之私。我总理在世之时，唐继尧之逆迹未彰，故我总理当北伐之时，曾授以副元帅之职，意欲勉以大义，励其将来。不意唐继尧绝无悔祸之萌，拒绝我总理之任命。迨总理北上，以废除不平等条约与召集国民会议二事，以验北洋军阀有无悔祸之心。乃北洋军阀内而欺我国民，以善后会议抵制国民会议，外而结合帝国主义，以外崇国信，抵制取消不平等条约。我总理为全国人民福利计，势不能与之合作。乃唐逆竟于此时派遣代表参加善后会议，是其甘心与卖国之段祺瑞为伍，昭然甚明。当我总理逝世，中外之人同声悲悼，乃唐逆乘我大丧，勾结陈逆炯明，同时反噬，东西跳梁。尤可恨者，于此时突然宣告就副元帅之职。我总理在世之时，显抗命以纵恣。我总理即世之后，假名义以专横。狡诈反复，凡有血气莫不发指。因是本党宣布其罪状，训令各级党部，并以召告国人。乃唐逆鬼域〔蜮〕成性，合作谰言，入党诡语，四出传播，淆乱人心。兹故不得不再为全体党员重申言之，须知唐逆之罪恶与陈逆炯明同等，无复回旋之余地。务各遵从训令，敌忾同仇，所有与唐逆一切政治关系皆应迅速宣告脱离。如有违反党义，甘心与唐逆联络勾结者，本党惟有执行纪律，决不宽贷。特此通告。

中国国民党第三次中央执行委员会全体会议
中华民国十四年五月二十三日

〔广州国民政府档案〕

## 19　国民党梅县第一区党部声讨唐继尧出师广西通电

（1925年6月4日）

广州中国国民党中央执行委员会胡代帅、汕头至丰海许总司令、蒋校长暨前敌将领、各法团、各报馆公鉴：唐逆继尧乘我总理新丧，伪窃副帅，出师广西，其居心不止扩张地盘，祸害民生而已，实则欲推翻革命政府，以遂其卖国之野心。为党为国，同人誓死反对，作政府后盾，灭此朝食。中国国民党梅县第一区党部叩。支。（嘉应来电）

〔广州国民政府档案〕

## 20　中山县农协会声讨唐继尧代电

（1925年6月6日）

万急。广州分送中国国民党中央执行委员会、胡代帅兼省长、工人部农民部廖部长、各军总司令、各军长、各师长、蒋校长、中华全国总工会、广州工人代表会、广东省农民协会、全国各工会、广东工会联合会、各县农民协会、各省学生联合会、各县党部、各社团、各报馆钧鉴：窃我劳农所受压迫皆由帝国主义者勾结军阀、贪赃〔官〕污吏、劣绅土豪，朋比为奸，鱼肉我等，痛苦情状，不堪言喻。幸蒙革命政府提倡解放，护助劳农，庶有一寸生机。乃有反革命派之唐继尧，是拥兵殃民之军阀，反复无耻之强暴。此次攻打广西，妄想推翻革命政府。我们最信仰的是革命政府，系保障劳农的政府。反叛革命政府，就是我们的敌人。我们希望联军将帅齐起，把这个反革命唐继尧杀了。更希望全国工农界奋起，用血肉相搏的决心，一致起来加入革命战线，声讨反革命派，拥护革命政府。中山县农民协会执行委员会叩。鱼。印。

〔广州国民政府档案〕

## 21 张一气报告唐继尧侵占南宁等情致段祺瑞等电

(1925年7月16日)

段执政、各部院钧鉴：我桂兵燹频仍，交通梗阻。本年春月，桂柳战事方殷，南宁偏处一隅，调兵筹饷，诸多不便。一气遂与军事当局商定，设行署于浔州，以期敏捷。讵云南唐继尧狼子野心，利我内乱，乘我空虚，诡托北伐，始则寇我边疆，继竟占我都邑。现正会师痛剿，悉力围攻，敌军困守南宁，未敢越雷池一步。顷已力竭智穷，弹尽援绝，聚而歼之，直指顾间事矣。远承廑注，敬以奉闻。如有公文电报，请径递浔州行署为祷。广西省长张一气呈叩。铣。

〔北洋政府内务部档案〕

## 22 国民党梧州市党部请任命李宗仁等组织桂省政府代电

(1925年7月21日)

广州中国国民党中央执行委员会、中华民国国民政府钧鉴：我国外受帝国主义者列强之压迫，内为军阀官僚所扰乱，以致国几不国，人民呻吟于重重压制之下，不见天日。我党继承孙总理遗志，负革命之使命，于此千钧一发之际，组织国民政府，指导民众，从事国民革命，以求达到国家于自由平等之地位，斯诚为救国唯一之良图也。今广东省政府已组织完备，宣布成立。而广西省政府，仍未闻着手改组，群情疑惑殊甚。查现任全省绥靖督办李宗仁、会办黄绍竑，梧州善后处长李济深，均为本党党员，且又为先大元帅所委任，对于国民政府命令，向来服从，广西一省，久已隶属于本党旗帜之下。两粤为从事建设之模范省，岂可单独注重粤省而置桂省于不顾，致使桂省人民不得与蒙本党党治之惠，而徘徊于革命与反革命之岐路者，益增其暧昧耶。桂省绅士阶级，类多不明大义，只图压抑平民，以维持其地位。日以勾通逢迎北方军阀为得计，反革命之空气满布于绅士阶级之社会，若不迅速施行党治，使反革命之绅士阶级得以把持政权，则国民革命之前途，将大受其妨碍。务乞即下决心任命得力党员，组织广西省政府，两粤一致实施党治，使本党政策得以推行，两粤人民俱受其赐。本党幸甚，两粤幸甚。中国国民党梧州市党部呈。养。印。

〔广州国民政府档案〕

## 23 汪兆铭等关于组织广西省政府问题函稿

(1925年7月22日)①

德邻季宽仁兄督办会办同鉴：粟代表来，获诵手书，并述近况，敬悉一切。两公戡定桂局，劳苦功高，至深钦佩。桂省新定，建设之事，条理万端，诚非咄嗟可以具举。叩徵两公言，弟等固已深喻，此间

---

注：①此件系发稿时间。

同人，于削平叛乱之后，欲深体先大元帅之遗志，求本党主义政纲之实现，故接受中国国民党之决议，成立国民政府、省政府、市政府诸机关，复成立军事委员会，以期共同负荷国民革命之责任。前后所颁布组织法及宣言，想均承鉴及。同人以期粤者期桂，甚望桂省政府与粤省政府同一组织。惟桂省所处或有特殊情形，造车能否合辙，诚未易言，必须经详细之商榷，郑重之考虑，始能折衷至当。此间迭次会议，对于此事均有讨论，结果由中央执行委员会政治委员会暨国民政府委员会，推定委员林子超先生为代表，前来与两公面商一切，并由军事委员会推定李师长任潮关于军事有所就商，敬祈两公开诚相见，关于左列诸问题详加讨论：

一、广西省政府组织问题。

二、广西省关于党事组织、宣传诸问题。

三、广西现在军政、民政情形及其整顿方法。

四、熊军由黔经桂入粤问题。

五、范军由桂入滇问题。

六、对于北京及邻省如何应付。

以上六条皆目前要务，亟待解决者。两公荩筹所及，乞与林委员暨李师长从容商榷，若能得两公命驾偕同前来，共同议定大计，则尤为民国之福，两粤之幸。无任欢企，专此布臆，余托林委员、李师长面详，恕不偻偻，敬候戎绥，惟照不备。

委员会议主席　汪兆铭

常务委员　汪兆铭

常务委员　谭延闿

常务委员　林　森

〔广州国民政府档案〕

## 24 广西联合工会请从速改组省政府电

(1925年7月23日)

广州中国国民党中央执行委员会、国民政府钧鉴：杨、刘覆灭，国民政府成立，实为党治之先声。今粤省政府既告改组成功，而同隶国民政府下之广西政府，理应亦须从速改组，以便实施党治。谨请明令李督办、黄会办、李处长及遴派忠实有为之同志，依照省政府组织法，组织广西正式之省政府，以免官僚绅士乘机攘夺政权，以革命前途之梗。桂省之官僚绅士平昔对于劳工已极形嫉视，使其一旦侥幸得势，后患何堪。为革命前途计，为我工人本身利害计，不能不请我最高级党部及我国民政府于此为相当之注意，使本党政策得以在广西推行无阻。广西幸甚。广西联合总工会呈叩。梗。印。

〔广州国民政府档案〕

## 25 国民政府令李宗仁等负责广西军政令

(1925年8月6日)

中华民国国民政府令

广西总司令、广西省长均着裁撤。于筹备改组以前，所有广西全省军政、民政、财政着李宗仁、黄绍竑暂以广西全省绥靖处名义负责办理。此令。

民国十四年八月六日

〔广州国民政府档案〕

## 26　国民政府着李宗仁等以绥靖名义督理桂省军政训令

（1925年8月6日）

中华民国国民政府训令　第102号

令广西全省绥靖处督办李宗仁<br>会办黄绍竑

为令遵事：政府委员会于八月四日，第十四次会议议决，广西总司令，广西省长均着裁撤，于筹备改组以前，所有广西全省军政、民政、财政着李宗仁、黄绍竑暂以广西全省绥靖处名义，负责办理。合行令仰该督办、会办即便遵照，并将办理情形具报。此令。

民国十四年八月六日

〔广州国民政府档案〕

## 27　李宗仁派代表报告桂省政治状况函

（1925年11月28日）

国民政府政务诸公钧鉴：迭聆捷报，欣悉东南各路次第戡定，统一粤局指顾可期，仰企勋猷，弥殷额颂。兹陈君勉恕，因敝省党务代表赴粤，所有桂省政治状况，并托其代为报告，乞赐接洽，俾得陈述。再，前者先君灵榇过粤，辱承诸公躬赐吊奠。并荷关照一切，隆情稠叠，感均殁存，未申谢悃，殊为歉仄。兹特由陈君代为陈谢，并希赐察。专肃敬敏政安，诸维垂鉴。

制

李宗仁谨启十一月二十八日

〔广州国民政府档案〕

## 28 国民政府抄送筹议两广政治军事财政统一委员会议决事项令

（1926年3月19日）

国民政府令　　第一二四号

令国民政府秘书长陈树人

为令知事：两广军民财政亟当妥筹统一办法，现经筹议两广政治军事财政统一委员会议决各事项，均甚妥协，自应照行。查此议决事项，与军政各机关多有关系，除分令外，合行抄录议案，令仰该秘书长转饬所属一体知照。此令。

计抄发筹议两广政治军事财政统一委员会议决事项一件

中华民国十五年三月十九日

委员会会议主席　汪兆铭

常　务　委　员　汪兆铭

胡汉民

谭延闿

伍朝枢

古应芬

筹议两广政治军事财政统一委员会议决事项

一、关于政治者：

（一）广西省政府于中国国民党指导监督之下，受国民政府之命令处理全省政务。

（二）凡应归中央直辖之机关，如交涉员、高等审判厅等，由国民政府直接管辖之。

（三）依照国民政府所颁布之省政府组织法，成立广西省政府，各厅组织法由广西省政府斟酌参照订定之。

二、关于军事者：

(一)广西现有军队，全部改编为国民革命军，其应编地方军与否及其数量，呈军事委员会决定及由改组委员会拟具办法，呈军事委员会决定。

(二)广西现有军队按国民革命军编制法编为两军。

(三)此两军编为国民革命第八军、第九军。

(四)任李宗仁、黄绍竑为军长。

(五)根据军事委员会组织法，任八、九两军军长为军事委员会委员。

(六)八、九两军受军事委员会之指挥，但经过下列军事委员会所辖各机关参谋部、政治训练部及军需部。

(七)关于军事及政治教育计划，及各种军实上之补充给与，均按照国民革命军现定章程实施之。

(八)八、九两军之驻扎地点，由该两军长呈报军事委员会核准之。

(九)为指挥及改编现有广西军队起见，指定李宗仁为主席，黄绍竑、白崇禧、胡宗铎、余作柏、黄旭初、夏威及中央特派员为委员，组织改组委员会。

三、关于财政者：

(一)凡两广之财政机关及财政计划，均应受国民政府财政部之指挥监督。

(二)凡两广财政上之税率及税捐制度，应由国民政府财政部核定施行。

(三)凡两广财政上之收入，均应归国民政府财政部征收，解交国民政府之国库。

(四)凡两广财政上之支出，由国民政府所委之财政长官会同地方长官，拟具预算，呈请国民政府核准。

(五)凡两广财政官吏，均由国民政府委任。

(六)两广省政府根据国民政府财政部所定之原则及计划，对于各该省财政厅施行指挥监督。

〔广州国民政府档案〕

## (十一) 北伐战争

### 1 谭延闿关于讨伐孙传芳发表宣言问题致蒋介石等便函

(1926年4月)

#### (1) 谭延闿致蒋介石便函(4月11日)

蒋总司令鉴：密。赣战已进展，是否宜即宣言讨孙？如须发表，拟以本党名义发布大意，先述讨吴不及其他军阀之初衷，□〔再〕述与孙周旋，彼无诚意之实况。则暂不发表亦可，请就敌情判断示遵。真。

#### (2) 谭延闿致张静江便函(4月21日)

对英帝国主义政□□□〔府之现〕在态度，已由老鲍详电嘉伦转告介石。弟意吾辈亦当略告。公谓如何？请酌夺。

静江先生左右

弟闿□〔启〕

#### (3) 谭延闿致张静江便函(4月29日)

顷查蒋总司令讨孙电，系用政府名义，非党名义，则似于登报外，应用通电发出如何？请酌之。

静江先生

第阎启廿九

〔张静江档案〕

## 2 国民革命军北伐战斗序列①

(1926年6月)

| | |
|---|---|
| 总司令 | 蒋中正 |
| 前敌总指挥 | 唐生智 |
| 总参谋长 | 李济深 |
| 行营参谋长 | 白崇禧 |
| 第一军军长 | 何应钦 |
| 副军长 | 王柏龄兼总预备队指挥官 |
| 参谋长 | 蒋伯诚 |
| 第三师师长 | 谭曙卿 |
| 副师长 | 顾祝同 |
| 第十四师师长 | 冯轶裴 |
| 副师长 | |
| 独立第四师师长 | 张　贞 |
| 副师长 | |
| 总预备队指挥官 | 王柏龄 |
| 参谋长 | 叶剑英 |
| 第一师师长 | 王柏龄由副师长王俊代 |
| 副师长 | 王　俊 |
| 第二师师长 | 刘　峙 |
| 副师长 | 陆树荣 |

注：①此系沿用原标题。

| | |
|---|---|
| 第二十师师长 | 钱大钧 |
| 副师长 | |
| 第二军军长 | 谭延闿由副军长鲁涤平代 |
| 副军长 | 鲁涤平 |
| 参谋长 | 岳　森 |
| 第四师师长 | 张辉瓒 |
| 副师长 | 王捷俊 |
| 第五师师长 | 谭道源 |
| 副师长 | 成光曜 |
| 第六师师长 | 戴　岳 |
| 副师长 | 朱耀华 |
| 教导师师长 | 陈嘉佑 |
| 副师长 | |
| 第三军军长 | 朱培德 |
| 副军长 | |
| 参谋长 | 黄　实 |
| 第七师师长 | 王　钧 |
| 副师长 | 张近德 |
| 第八师师长 | 朱世贵 |
| 副师长 | 杨渻涵 |
| 第九师师长 | 朱培德由副师长李明扬代 |
| 副师长 | 李明扬 |
| 第四军军长 | 李济深由副军长陈可钰代 |
| 副军长 | 陈可钰 |
| 参谋长 | 邓演存 |
| 第十师师长 | 陈铭枢 |
| 副师长 | 蒋光鼐 |

| | |
|---|---|
| 第十二师师长 | 张发奎 |
| 副师长 | 朱辉日 |
| 第五军军长 | 李福林 |
| 副军长 | |
| 参谋长 | 刘　敏 |
| 第十六师师长 | 练炳章 |
| 副师长 | 王若周 |
| 第六军军长 | 程　潜 |
| 副军长 | |
| 参谋长 | 唐　蟒 |
| 第十七师师长 | 邓彦华 |
| 副师长 | |
| 第十九师师长 | 杨源浚 |
| 副师长 | 王邦吉 |
| 第七军军长 | 李宗仁 |
| 副军长 | |
| 参谋长 | 王应榆 |
| 第．旅旅长 | 钟祖怀 |
| 第　旅旅长 | 陶　钧 |
| 第八军军长 | 唐生智 |
| 副军长 | |
| 参谋长 | 张一鹏 |
| 第一师师长 | 李品仙 |
| 副师长 | |
| 第二师师长 | 刘　兴 |
| 副师长 | |
| 第三师师长 | 何　健 |

| | |
|---|---|
| 副师长 | |
| 独立第一师师长 | 夏斗寅 |
| 副师长 | |
| 教导师师长 | 唐生智由副师长周澜代 |
| 副师长 | 周　澜 |
| 航空队 | |
| 航空处长 | 林伟成由党代表张静愚指挥 |
| 党代表 | 张静愚 |
| 兵站 | |
| 兵站总监 | 俞飞鹏 |
| 参谋长 | 冯(竹贤)宝森 |

〔国民政府军事委员会档案〕

## 3　蒋介石就国民革命军总司令职通电

(1926年7月9日)

(衔略)现奉国民政府令：特任蒋中正为国民革命军总司令。此令。等因。中正猥以辁材，谬膺重寄，闻命之下，惭悚交并。当此内忧丛集，外患环生，救国重心，属在吾党。论才固不敢就；论义实不容辞。兹于本月九日敬谨就职，勉肩艰巨，誓以至诚，继承先大元帅之遗志，服从政府之命令，努力国民革命，实行三民主义，苟利党国，生死以之，好恶同民，险夷弗计。尚望严加督责，时锡规箴，协力同心，匡扶大局。特电奉闻，诸察希照。蒋中正叩。佳(九日)。印。

〔国民政府军委会档案〕

## 4 蒋介石北伐誓师词

(1926年7月9日)

嗟我将士，尔肃尔听。国民痛苦，火热水深。土匪军阀，为虎作伥。帝国主义，以枭以张。本军兴师，救国救民。总理遗命，炳若日星。吊民伐罪，歼厥凶酋。保我平等，还我自由。实行主义，牺牲个人。有进无退，革命精神。嗟我将士，同德同心。毋忘耻辱，毋弹艰辛。毋惜尔死，毋偷尔生。壮烈之死，荣于偷生。嗟我将士，保此国家。嗟我将士，保此人民。遵守纪律，服从司令。唯纪与律，可以致胜。生命为私，纪律为公。生命为轻，命令为重。嗟我将士，团结精神。彻始彻终，相爱相亲。毋惧强敌，毋轻小丑。万众一心，风雨同舟。我不杀贼，贼岂肯休。势不两立，义无夷犹。我不牺牲，国将沉沦。我不流血，民无安宁。国既沉沦，家孰与存。民不安宁，民孰与生。嗟我将士，矢尔忠诚，三民主义，革命之魂。嗟我将士，共赋同仇。革命不成，将士之羞。嗟我将士，如兄如弟。生则俱生，死则俱死。存亡绝续，决于今兹。不率从者，军法无私。

〔国民政府军委会档案〕

## 5 国民革命军第四军关于叶挺独立团渌田龙家湾之役战斗详报

(1926年7月18日)

战斗详报 十五年六月三日—四日<br>渌田龙家湾之役

渌田龙家湾之役　现据职军独立团团长叶挺详报战斗前后我

之情形及移动阵地反攻破敌经过如下：

职五月三十一日晚于永兴途次接唐总指挥电开：综合各方报告，判断敌即日必行总攻击，安仁兵力单薄，贵团务速赴援。等因。职即率所部（缺第一营）强行军，六月二日上午十一时到达安仁。但第一营因解军需处子弹，由郴州出发迟一天至，二日下午十二时，始达到安仁。我军连日冒雨强行，疲劳殆甚，但为慎重起见，三日晨乃令第二营、第三营开赴渌田龙家湾前线，午后二时敌即来犯，相持至四日晨，始将敌击退。其详情如下：

(一)战斗前彼我情况之概要：

二日晚得知敌情如左：

1．前数天谢文炳率全部(四团)及赣军二团到达攸县长岭之线。

2．攸县有谢文炳部两团、赣军两团，(即正面之敌)昨天已有谢部约百余人到达陈家铺，(距渌田十余里)因攸县浮桥未竣工，故大部尚在攸县。

我方情况如左：

1．我方第一线防御阵地在渌田黄茅铺之线（距安仁约四十里）。

2．黄茅铺只有第八军三十九团一连(五十余人)，渌田阵地施有工事，有三十九团第二营防守，但已派一连在江口(渌田左翼)附近警戒。

3．第八军三十九团只有十连、四连驻来阳，在安仁、渌田仅六连，并新兵占半数。

职详查得知各情后，拟敌来犯时，应以主力由黄茅铺方面出击，故拟三日晨派第二营赴渌田，职率各部赴龙家湾（距黄茅铺四里）。嗣后因张团长（三十九团长）云：龙家湾、黄茅铺房屋绝少，而前方敌情尚不吃紧，坚留在安仁休息一天。并说总指挥部派詹参谋筠松来慰劳，三日可到安仁，当待面晤，职亦以为然，三日晨乃先令第二营开赴渌田、第三营开赴龙家湾，并令派一连赴黄茅铺。

(二)战斗经过：

1．三日午后一时三十分，谢部二团来犯渌田，此时职在安仁，接张团长通报：谓顷接渌田王营长（三十九团第二营）电话报告：谓敌少数搜索部队与我警戒部队接触，但不要紧，待同贺营长（职团第二营）赴阵地（距渌田墟四里）侦察敌情如何，再行报告。等语。职因初到达，各情未十分详悉，张团长亦以为系小冲突。而职当时亦以敌非拂晓攻击，或系小冲突。如敌情吃紧时，贺营长当有报告，并渌田已有王营、贺营两营兵力，并第三营已开赴龙家湾。如敌真来犯，亦能稍为应付。当即令第三营，如渌田有敌来犯时，可相机援助。

2．此后虽接渌田王营（三十九团第二营）电话报告二次，但均以敌情不要紧。至午后五时，接第三营长午后三时由龙家湾报告：谓职营到龙家湾时，即派第八连赴黄茅铺警戒。当第八连到达时，敌千余来犯，第八连已占领阵地，与敌死力抵抗中，职率第七、第九连赴援矣。同时接第二营长报告：谓敌千余向渌田阵地进攻甚猛，职营全部已向三十九团阵地增加矣。等语。职当即令周参谋长率侦察队、担架队（有武装）、第三连赴援渌田。职率第一营（缺第三连)、机关枪连、通信队（有武装）赴援龙家湾。在途中见三十九团士兵由阵地逃回安仁者甚多，并接阅三十九团三营长致张团长之报告：谓敌约二千向渌田阵地攻击极猛，因三十九团第六连先退却，致阵地被敌冲破，职营已退出阵地。但第四军独立团贺营仍死守。等语。同时接第三营长报告：谓职营现与敌激战中，但因友军（三十九团第十二连）退却，第八连被敌大包围，三排长均受伤，并士兵死伤甚众，现仍死守黄茅铺一带高地，请速增援。等语。不久又接贺营长报告：谓敌数次冲锋甚猛，友军均退出阵地，幸第五连第一排冲退敌一部，但职营死守至七时被敌大包围，敌已抄出我右侧背，迫不得已，将阵地移动至距渌田南端四百米达处之一带小高地，现正与敌相持，请速增援。等语。职即令参谋长率各部（指定者）赶赴增援，因夜黑如漆，并寒雨霏霏，夜十一时始达到。职率第一营(缺第三连)、机关枪连、通信队亦夜十一时到达龙家湾附近。此时在各高地均有枪声、流弹四面飞来，而黑夜之中，分不出敌我所在，判断第三营必系与敌成混战状态，当即派第一连向前搜索，并寻第三营所在。

3. 不久接周参谋长报告，详知敌今日谢部两团进攻渌田甚猛。当时第二营正达到渌田墟(距阵地四里)，仓卒加入友军阵地，与友军颇多混杂。而贺营第四连又在左翼距离数里（因当时敌向左翼进攻)，而正面只有第五、第六连，后友军第六连先行退却，阵地多半被敌占领。而敌竟抄出我右侧背，故贺营不得不将阵地移动。现贺营在渌田南端约四百米达处之一带高地，王营在左翼一带高地，距敌约一千米达，仍在相持中。贺营正当敌之正面，敌有一部抄出贺营右侧，职现派担架队接贺营右翼，向敌警戒，第三连侦探队为预备队，但此处居民稀少，贺营官兵尚未得吃晚餐，兼以寒雨霏霏，北风刺人，竟夜在风雨之下，饥寒交作，困苦异常。而各士兵多要求即刻冲锋，职经与三十九团张团长（此时由安仁来)、王营长、贺营长商量，拟明晨反攻。等语，职即令周参谋长率我在渌田部队（三十九团二营）协同王营准明晨四时向渌田之敌猛攻，务须击破该敌。令第一营（缺第三连）附俄造机关枪两挺，务明晨四时向黄茅铺正面之敌攻击，与我渌田部队联络。第三营（此时已寻着）附粤造机关枪一挺，务于明晨四时四十分向黄茅铺右侧高地之敌攻击。(该地敌人在高山上，似已失联络，第一营奏效后，必无归途，故决心稍迟进攻。)职率侦探队、特务队亲到前线指挥。

4．四日晨，各部均照以上计划攻击，但四日上午二时，敌已陆续退却。（后查敌系掳得我士兵，知我军到达安仁，并进攻不效，故退却。）故当我军攻击时，只有半数敌人抵抗。但我军进攻极猛，至上午七时，敌不支，纷向攸县退却，沿途溃散极多。向在黄茅铺右侧高地，尚有赣军约百余人，被第三营包围，乃越上高山向茶陵方面溃退。第七连追二十余里，终被逃脱。

5．我各部队将敌击退后，分途追二十余里。职见敌已退远，并料敌必退回攸县，我军即穷追，临时亦无法渡攸县之河，故即令收队。但友军（三十九团二营）及职团贺营第四连尾追到攸县河南岸，敌在城中恐慌万状，乱射击至一小时之久，友军及第四连见无法渡河，（敌退后，即将攸县浮桥毁坏，当毁坏时，被我军击毙数人。）即行退回。

6．至五日晨，探知攸县之敌被我追击部队尾追，已于昨日陆续向黄土岭退却。职团五日下午二时进驻攸县。

## 战斗详报附表第一

十五年
七月十八日

国民革命军第四军渌田龙家湾之役战斗死伤表

| 区分<br>队号 | 参加战斗人马 | | | 死 | | | 伤 | | | 生死不明、 | | |
|---|---|---|---|---|---|---|---|---|---|---|---|---|
| | 军官 | 准尉官士卒 | 马匹 | 军官 | 准尉官士卒 | 马匹 | 军官 | 准尉官士卒 | 马匹 | 军官 | 准尉官士卒 | 马匹 |
| 军部 | | | | | | | | | | | | |
| 第十师 | | | | | | | | | | | | |
| 第十二师独立团 | | | | | 8 | | 3 | 21 | | 1 | 30 | |
| 合计 | | | | | 8 | | 3 | 21 | | 1 | 30 | |
| 备考 | | | | | | | | | | | | |

## 战斗详报附表第二

十五年
七月十八日

国民革命军第四军渌田龙家湾之役战斗武器弹药损耗表

| 种类/区分/队号 | 消费 | | | | | | 损坏 | | | | | | | 遗失 | | | | |
|---|---|---|---|---|---|---|---|---|---|---|---|---|---|---|---|---|---|---|
| | 炮弹 | | 枪弹 | | | 手榴弹 | 武器 | | | | | | | 弹药 | | | 其他武器 | |
| | 榴 | 榴霰 | 枪 | 机关枪 | 手枪 | 手榴弹 | 炮车 | 弹药车 | 预备品车 | 机关枪 | 步枪 | 马枪 | 短枪 | 榴 | 榴霰 | 枪 | 刺刀 | 步枪 |
| 第十师 | | | | | | | | | | | | | | | | | | |
| 第十二师独立团 | | | 29754 | | 179 | 7 | | | | | | | | 1 | | 5100 | | 58 |
| 合计 | | | 29754 | | 179 | 7 | | | | | | | | 1 | | 5100 | | 58 |
| 备考 | | | | | | | | | | | | | | | | | | |

〔国民政府军委会档案〕

## 6 国民革命军第四军关于张发奎等师（含叶挺独立团）醴陵战役战斗详报

（1926年7月）

战斗详报七月十日<br>于醴陵战役

据第十师陈师长铭枢详报如下：

一、第十师战斗前之概况

七月二日，第十师长陈铭枢率二十九团到达攸县，奉总指挥六月三十日通告，第八军协同第七军于五日拂晓，开始向湘江西岸之敌进攻。其与我军之任务及作战区域如左：

一、我军协同第八军第五团相机向醴陵前进。

二、作战区域，以湘江东岸（含江）归第四军。（第四军未加入作战以前，由叶团协同第五团担任之。）

接右通告，陈师长铭枢与张师长发奎协商作战计划，决以一部警戒莲花方面，俟左翼进展，我军两师主力略为齐头，一举破敌，占领醴陵，遂以二十八团驻攸县。对于茶陵、莲花方面警戒，三十六团饬其迅速前进，其余已到，着各部之区分与位置如左：

| 战斗区分 | 队号 | 七日位置 | 八日位置 | 九日位置 |
|---|---|---|---|---|
| 右翼队 | 第二十九团 | 新市 | 高枧 | 美田桥 |
| | 第三十五团 | 黄土岭附近 | 鹏江桥附近 | 承仙桥附近 |
| 左翼队 | 独立团 | 同右 | 同右 | 船湾横岭铺 |
| 总预备队 | 第三十团 | 新市 | 笙塘铺 | 黄土岭附近 |

同时，接到军部之作战计划，其大要如右：

一、敌情无变化，我军中、左两路于五号拂晓向敌分途进攻。

二、本军以牵制湘江东岸之敌，促成中、左路主力奏功，相机占领醴陵、株州为目的。

三、本军以一部在攸县策应茶陵、莲花方面，其主力拟于七日进至新市、黄土岭之线。八日进至高枧、鹏江桥之线候命。

七月八日午前六时，于新市接到司令部醴陵攻击命令如左：

一、敌情如贵官所知。

二、本军以协同左、中路作战，占领醴陵为目的。

三、张师长发奎率领三十五团、二十九团为右翼队，九日晨经清水港—承仙桥向沈潭、醴陵攻击前进。

四、叶团长挺率所部为左翼队，九日晨由鹏江桥船湾—横岭铺向泗汾、醴陵攻击前进。

五、陈师长铭枢率三十团为总预备队，九日晨到达黄土岭相机推进，接应各方。

六、前进时，右翼队应注意美田桥通萍乡道路警戒，左翼应注意豆田方面警戒，并须确实联络。

七月八日所得敌情如左：

泗汾之敌人大部退龙山铺，泗汾、横岭铺之小数敌人部队，于下午始撤退抵抗线，似在泗汾北五里一带高地。又沈潭附近早禾洞有敌兵两连，茶子山有敌一连，瓦子街均有敌人一连左右，炮兵阵地亦在龙山铺。

七月九日接十二师张师长通报：三十五团已占领将军岭，并未遇敌。二十九团再向美田桥前进。各部仍照原计划实施。夏家桥之敌已向萍乡退却。沈潭之敌亦退。

同日接总指挥处参谋处阳电如左：

一、刘师昨由娄底渡河，今日向右翼进出。

二、何师今早偕锺旅由谷水渡河，敌向秕糟鳜退却。

三、周师已抵朱津渡、山枣等处，现正设法渡河中。

四、胡指挥率总预备队明日随行，由永丰向虞塘出发，其先头一团今午已抵虞塘，援应周师渡河。

五、右翼陈、张两部向醴陵攻击时，请略为齐头，一举破敌以防反攻。

据第十二师师长张发奎详报如下：

二、第十二师战斗前之概要

张师长发奎先率三十五团、炮兵营及各直属队，于六月三十日到达安仁，翌日奉到北伐前敌总指挥唐六月三十日于衡州发来作战命令及作战计划。关于我军第四军之要旨如左：

1．湘江东岸，第四军叶团进至新市后，受张师长之指挥，协同第五团相机向醴陵前进，第五团由李师长令其协同叶团相机向渌口前进。

2．第四军张师向攸县集中，以一部监视茶陵方面，俟左翼奏功后，会同叶团即向醴陵前进。陈师继续向张师推进，以期分路进占醴陵、株州。

3．第四军如占领醴陵后，以一部停止醴陵，对赣监视；以大部直趋浏阳，与攻长部队联络，向平江追击前进。

张师长受令后，即率部于七月二三两日到达攸县集中，陈师长亦于四日由衡到攸。张师长以副座未到，即请暂由陈师长指挥，以一事权。旋奉到陈师长代发副座命令如下：

1．敌情无变化：

我军中、左两路于五日拂晓向敌分途进攻。

2．本军以牵制湘江东岸之敌，促成我中、左路主力奏功，相机占领醴陵、株州之目的。留一部在攸县策应茶陵方向，其主力拟于八日进至东山铺、清水港、船湾之线。

3．十二师（欠三十六团）暨独立团于七日到黄土岭附近候令。

4．第十师于七日以前至新市候令。

职奉令后，即率缪团、炮营及直属队，于六日到新市宿营，得叶团长由黄土岭电话报称：据第八军保安司令罗定称：黄土岭东十余里之高枧，有路经清水港可达沈潭，即商请陈师长分高枧、黄土岭两路进攻，职于七日到达高枧。是夜十二时报告陈师长大要如下：

1．查此间（高枧）有小路至美田桥，通过时敌人不能察觉，拟派一团由此路绕出敌之侧背，一团由高枧、清水港向沈潭攻击前进。此二路相距甚近，可切实联络。

2．明早〔日〕下午侦探路程，官长可以回报，拟后日（九日）下午将部队移到攻击准备地位（清水港、美田桥背后山下），十日拂晓攻击。

3．叶团亦应令其进至佯攻地位。

4．先率戴团后日移至黄土岭附近，能策应两方之地位。

5．黄团如到攸县，即电催其前来。

七月八日奉到陈师长代副座发醴陵攻击命令。（录在第十师战斗前之概要栏不另抄）

职奉令后，即于八日下午十时下如左之命令：

1．综合各方情报，敌军唐福山部一旅，现占领泗汾、豆田、沈潭、夏家桥、瓦子街之线，尚有敌军谢文炳部，在铁河口、神福港一带防守。我左翼第七、八军已占领湘乡，余同副座令，从略。

2．各部队动作如左：

二十九团于九日进至美田桥附近，就准备攻击位置。十日拂晓，分一部在美田桥附近，占领阵地，向萍乡方面警戒。其主力协同缪团侧击沈潭之敌，如敌退却，则率全团追击至双东桥附近停止，向萍乡方面警戒候命。三十五团九日进至清水港附近，就准备攻击位置，十日拂晓向夏桥、沈潭之敌攻击前进。如敌退后，即负占领醴陵之任务，并派大部向浏阳方面警戒候命，作战时应与范团联络。工兵队于明（九日）随师部进至清水港附近。十日拂晓进至清水港之北大道，向沈潭警戒。右翼左侧，应与三十五团确实联络、左与左翼队（叶团）联络。

炮兵营随同师部前进，候令占领阵地，向沈潭之敌射击，协助步兵前进。（余略）

九日上午九时至十二时，我右翼队（范二十九团、缪三十五团）陆续由原驻向各目的地前进。职随缪团队尾于下午四时到达清水港前方高地。见承仙桥及将军岭一带并无敌踪，即令缪团长令占领承仙桥之第一营，进占将军岭。又令派第二营位置于承仙桥附近与范团之左翼切实连络。同时并令范团以一部位置于美田桥□□□□乡方面警戒，以大部开至麻石桥附近，左翼缪团连络以上部□□□□十日拂晓攻击之概要也。

据张师长发奎详报如下：

三、沈潭泗汾附近战斗经过之概要：

十日拂晓，我军向沈潭、夏家桥前进，职于上午六时到将军岭附近，即闻枪声由疏而密，急登最高之山观察。旋据缪团长报告云：敌在沈潭湖下占领防御阵地，职团第一营追击，已与该敌接触；第二营亦与夏家桥之敌开击，职率第三营及直属队为预备队，在将军岭前右方高地。等语。据报及在高地细察情形，判断敌人系凭沈潭之河防守无疑，决心仍依原计划，以主力从右翼进攻。其处置如左：

1．令缪团长转饬第二营由夏家桥方面设法渡河，猛攻前进，以击沈潭之侧面。

2. 即选择将军岭前右方高地为炮兵阵地，令炮兵放列向敌射击。

3. 令范团长速率所部向瓦子街绕出敌之侧背。

4. 将情形报告陈师长，并请率戴团长前进。

5. 通报叶团长，并询泗汾情况。

不久，三十五团第二营已向夏家桥渡河，二十九团之一部（第三营）亦至瓦子街，与三十五团第二营会合，向沈潭之侧背攻击。同时，我三十五团第一营，即向桥上（沈潭之桥）猛冲，枪炮声甚猛烈，约十分钟，敌势不支，即向三星里退却，我军遂于十日上午七时许进占沈潭矣。又接缪团长报告：沈潭之敌，已被我军击破，现向三星里退去，正率预备队会同廿九团之第三营追击中。我第一营暂在沈潭前左地整顿，警戒左侧等语。职率炮兵营及直属队推进至三星里附近时，缪团长等又向东富追击。泗汾方面仍闻枪声甚密，谅我独立团尚未奏功。而总预备队（戴团）现时尚未知进到何处。当下决心先协助独立团，将泗汾之敌击破，然后再向醴陵前进。其处置如左：

1. 令三十五团第一营进占夏家坊，向敌左侧后压迫，以助独立团攻击前进。

2. 令缪、范两团长不宜追击过急，致失连络。

3. 将情形报告陈师长，率总预备队前进，并一面通报叶团长，我军已向泗汾之敌左侧后攻击，希协同猛攻。

职再向东富推进，途中接缪团长报告：敌之一部又向老关退却，一部向醴陵退却，范团长已率第一、二营及直属部队跟踪向老关方面追击中。职率第二、三营向醴陵追击。二十九团第三营在东富附近整顿候令。职驰赴东富与缪团、廿九团三营会合，以范团长经向老关方面追击，彼方之敌可无顾虑。但廿九团距离过远，未免有失连络，则发如左之命令：

1．令范团长追击至西林附近应即停止，以截敌之归路，俟缪、叶两团击灭泗汾之敌后，相机再向楚东桥前进。

2．令缪团长率预备队进至承天桥附近，与该团第一营连络，相机援助该营向泗汾之敌压迫。又令廿九团第三营与缪团长连络。

上午十时半，闻夏家坊前方枪声又起，知三十五团第一营已向敌进攻。职再进前三里许之附近高地瞭望，见泗汾之敌，已形动摇，由距我高地里许之大道退却，因迅令工兵队及停止东富之廿九团第三营直出截击。并令炮营迅即在我瞭望之高地放列。时用远镜观察，见敌用战旗（敌旗系红黄三角式远望与我旗无甚分别）向我摇向，又见敌之彩色大轿杂溃兵中逃走。我截击部队（工兵队廿九团三营）即向敌猛击，敌仍且战且走，及我炮弹命中，遂狼狈溃散。同时缪团长亦已令该团预备队，由成仙桥横出兜截，迎头痛击，毙敌俘获甚多。而三十五团第二营在三星里破敌后，跟踪直追，已于上午十时到达距醴陵八里许之柳树坳停止。（此坳系东富、泗汾必经之道）该敌一部，退到柳树坳，又为我第二营所截，夺获军实俘虏尤多。吾军各营向五里堆追击，陆续到达柳树坳附近。职亦于下午三时到柳树坳。见我独立团已由左翼来会合，其一部追到醴陵城矣。职在柳树坳望醴陵，似无敌踪。其处置如左：

1．通知范团依原计划向楚东桥前进，对老关、萍乡警戒。

2．令缪团长率所部进占醴陵城，并派大部在醴陵东北高地向浏阳方面警戒，一小部向萍乡警戒。

3．令独立团派一部在醴陵西北高地向株州警戒。

二十九团第三营暂在北车站附近宿营。

我军均在城外露营，不得入城驻扎。

各部队依令出发后，时已四时五十分，适陈师长亦到，即将经过及处置情形面告，五时三十分随同进城，该城民处集会欢迎我军，甚为热闹。此乃职率队由将军岭占领沈潭，经三星里一东富一杨家井一成仙桥一柳树坳攻击前进，克复醴陵之经过情形也。并将各团之战斗经过附说如左：

据三十五团缪团长培南详报如下

四、第三十五团之战斗经过情形：

十日午前五时三十分钟，职（缪团长自称）团第一营由将军岭向沈潭前进，六时即与敌接触于湖下，惟河道阻隔，而第二营以距离颇远，未能协同一致前进，见第二营未入战线，恐第一营受敌侧射，即亲率第三营先行占领夏家桥前方高地，以促第一营前进，并一面将敌情形报告张师长。旋我第二营即接第一营右翼加入战线，而廿九团第三营亦与我第二营会合，协力将右前方之敌击退，以迫沈潭之侧背。同时第一营以机关枪掩护，向万寿桥(沈潭之桥)猛冲前进。我炮兵亦向敌射击约十分钟，敌势不支，纷纷向三星里方面溃退。第一营遂于七时完全占领沈潭。职一面报告张师长，一面令第二营会同廿九团第三营向三星里追击败走之敌，及督率预备队推进。但泗汾枪声正密，又令第一营在沈潭北方高地整顿集合警戒，我之左翼，我追击部队至三星里附近，果见敌人增加兵力抵抗，职即派机关枪二挺归第二营林营长指挥，参加战斗，并令第三营第九连向左翼增加连络第二营攻击前进，敌势不支，复向东富退却，林营长跟踪追击。职亦率预备队继续推进，至东富附近，上午九时奉副师长朱命令开：泗汾之敌未击退，该团前进不可过急。等因。职即在东富停止待命。旋据林营长报告：该营乘胜直追，已于午前十时到达距醴陵八里许之柳树坳，占领阵地，以待后续部队，再进醴城。等语。随即将范团长向老关追击及林营长追击情形报告张师长。职于十时在东富得口授命令如下：

泗汾方面之敌，尚顽强抵抗，已令该团第一营，由沈潭占领夏家坊，向敌之左翼压迫，以助独立团之攻击前进。该团长应即率预备队到成天桥附近，与第一营连络，相机援助第一营向泗汾压迫。等因。

职即率预备队到成天桥停止，见泗汾敌人情形动摇，有向萍乡大道退却之样，即派第三营利营长带兵两连向杨家井兜截，果见败敌狼狈逃走，出其不意，迎头截击，缴获步枪数十枝，机关二挺。而第二营亦在柳树坳附近截击，夺获子弹百余箱，步枪数十枝，七米五炮弹三十余颗，行李辎重无算。职率第一营及预备队于午后二时三十分到达柳树坳。旋奉师长口授命令：

该团即进占醴陵城东北端高地，向浏阳萍乡大道警戒。

职随即率队前进，于午后五时到达醴陵东门外车站，派第三营向浏阳方面警戒。此乃战斗结局经过之大概情形也。

据独立团团长叶挺详报如下：

五、独立团之战斗情形：

职团（叶团长自称）于十日午前三时许，在黄土岭击退敌之排哨，旋以第九连勇猛冲锋，即占领泗汾桥北岸街市。九连长胡焕文及士兵一名，即于该处阵亡。

天微亮时，以实行牵制敌主力之企图，第三营及总预备队（第二营及各队）均进入桥南岸街市。未几，敌炮兵向泗汾桥射击，弹着点相距甚近，幸士兵沉着，且有房屋掩蔽，敌实不知，故发二弹而止（此时我射击暂停）。至上午八时，泗汾方面尚未闻沈潭方面枪声，仅微闻炮声一发，知我右翼已与敌接触。又接侦探队长报告，（侦探队、通信队在发冷港附近，向沈潭之敌警戒，并有待沈潭之敌摇动后，即渡河向龙山铺威胁敌侧之任务。）职队及通信队已渡河，将该处敌排哨击退，夺枪十余枝，但沈潭方面尚无影响，而前面一带高山之敌，似甚镇定，其炮兵亦间向我射击。等语。忽有土人报告：谓泗汾右侧约二里处北岸高山发现敌人百余，并有数十名已到河边。等语。职此时各情不得十分明了，除派武装担架队到该处河南岸警戒外，及决心暂行停止。同时将各情就近报告陈师长，并请率三十团向右翼前进。又令侦探队与三十五团连络，及派人与第一营连络。

至上午十时三十分，见高地敌人为我右翼队向其侧背压迫，有动摇之样，职即令第二营附粤造机关枪一挺，由右翼向成天桥方面前进，抄出敌之侧背；第三营附俄造机关枪二挺，向五里堆龙山铺攻击前进。职亲率特务队、担架队向夏家坊前进。

至第一营向豆田之敌攻击已于七时三十分即以一连掩护，二连在敌前强行渡河占领阵地，三连亦相继渡河与敌激战，渡河时伤亡颇多。至八时三十分，敌向龙山里方面退却，二、三两连分途追击。一连亦渡河前进。二连追至龙山铺附近，忽遇谢文炳部约一团。（系由唐家渡方面增援）同时三连亦遇谢逆一部，约数百人互相混战。二连冲锋数次，敌人随散随集，二连长吴兆生重伤而亡。后得一连增加，将敌冲散，分向丁仙山五里堆窜逃。适第三营已击退五里堆之敌，追到龙山铺与第一营会合，第二营亦由龙山里方面抄出龙山铺之后，此时道姑岭、猿木岭一带敌人，狼狈不堪，尚有一部与第一、第三营抵抗中，令第二营向盘树铺急进，断敌归路。未几，该敌亦向丁仙山五里堆（离醴陵五里）窜也。

职下午二时三十分到达五里堆，已有第一营之一部及三十五团、二十九团一部占领附近高山，向醴陵城警戒。据土人云：尚有谢部约一旅，今天由铁河口松洋渡方面退回。此时我军到达者，只第二营一连之一排、八连担架队、特务队及三十五团之一部，即令四连在原地警戒，其余向醴陵城进攻，约距城里许，两傍高山忽发现敌少数部队，乃令第二营驱逐，并占领该高山。职到该高地观察，见城中之敌分途退却，即令第二营及担架队相接冲入城中，至南门桥边，敌尚有少数部队抵抗，旋为我搜索部击退，遂于十日午后四时三十分占领醴陵，即令第八连担架队向西北门追击，第二营（缺第四连）向东门追击。因敌已远逃，转令各部在高地警戒，我军各部陆续达到。旋奉张师长令职团担任西门警戒，遵令集合担任警戒矣。

据第十师二十九团范团长汉杰详报如下：

六、第二十九团战斗经过情形：

职团（范团长自称）于十日午前四时三十分，留侦探队于美田桥东北方高地，对萍乡、湘东、老关之道警戒。其余各营队，概由职统率经瓦子街，向沈潭之敌人之左侧背前进。时三十五团已与敌接触，即由第三营会同第三十五团第二营向敌侧击，奋勇将敌击退。同时，得土人报告：敌预备队在东富，因命第一营接连第三营向三星里、东富攻击前进，职率机关枪连及第二营为预备队，激战至上午八时，敌向东富之东北方退却，敌仍留机关枪连在东富之东南角森林中掩护，旋为我第一营击破，毙敌连长一员，士兵数十名。同时，我第三营追击至东富附近，毙敌排长一员，夺获水机关一挺（无架）。该营第八连长刘汉忠亦伤足部。其时当面之敌，既经击破，且与缪团会合，遂留第三营在东富整顿。照原计划率第一营、第二营及机关枪连向楚东桥跟踪追击，午前十一时至分水坳。职奉到张师长命令：泗汾之敌，尚与叶团对峙中，第廿九团应与三十五团连络，暂在西林附近停止，截敌之归路。职遂率队折向西林附近停止。

午后二时，我第一营进至西林135高地附近，遇敌之江西陆军第一师第四团第二营，正在集合，遂出敌不意猛烈攻击，不及半时，敌遂向老关方面溃退，追击数里，毙敌排长二员，伤敌营长一员、团附一员，获枪十余枝。

午后三时，又遇敌之第四团长刘某，乘蓝色轿车率兵一营，由醴陵退至西林北约四百米之殷家山，我第一营又向该敌猛攻，伤毙官兵甚多，获步枪约三十枝、驳壳一枝，敌向插岭关狼狈逃窜。午后四时，三十团黄营奉令来会合，即依计划向楚东桥追击，于下午七时三十分到达楚东桥停止候令，并派第二营在插岭关对萍乡警戒。侦探队亦由美田桥赶到，即在第二营右翼莲花村附近，对分水坳、登官等来路警戒，黄营在楚东桥西端警戒。此乃二十九团由美田桥进击沈潭、东富之敌，又折向楚东桥，节节兜截，及追击敌之经过情形也。

七、战斗地之状态：

沈潭之敌，或以节省兵力不守将军岭、承仙桥之线，然自夏家桥、沈潭至泗汾、豆田之线，大河横亘，不能徙涉。故就地形判断，总以主力越过夏家桥，向敌左侧压迫，方易奏功。但自夏家桥以北，均属坵阜连绵，小松深密，敌人从此窜退，极难监视，故此次战役，我军伤亡之官兵，多由于河流之阻碍难冲；敌人之部队逃窜，多由山林之荫蔽易遁也。

八、敌人之兵力及部队号：

与我作战之敌，系江西陆军第一师第二旅全部，该旅长为傅应珩。沈潭、夏家桥之敌，为第三团长张同新。泗汾之敌，为第四团长张协和。在后增援者，为谢逆文炳全部，约千余人。其识别旗为红黄色，其队号旗为红底白字，其灯号与我无异。

九、官兵之伤亡及弹药之损耗：

此役伤亡之官兵，大都在敌密火之下，强迫冲过障碍地区所致。(详附表)各官兵具此牺牲精神，故能顷刻破敌，使无顽抗及收容之余地，各谷团营尚能遵守弹不轻发之要旨，弹药损耗非多，(详附表）故在火线上观察枪声之疏密，亦可见敌我之程度悬异也。

十、战斗之成绩：

此役敌之退却，左右翼相差数小时，故迟退者为我军节节兜截，卤获敌之官兵武器为数颇巨，（详附表）该敌傅旅之中级官，被俘几尽。不但当时不能成军，即此后之收容，谅亦非易。至战地内之乡民欢迎我军之情感，甚为热烈，如送茶带路，报告敌情，帮抬大炮等等，举凡可为我军之助力者，俱属无微不至，可见我革命军为民意所归也。

## 战斗详报附表第一

十五年 月 日

### 国民革命军第四军醴陵之役战斗死伤表

| 区分<br>部队号 | 参加战斗人马 | | | 死 | | | 伤 | | | 生死不明 | | |
|---|---|---|---|---|---|---|---|---|---|---|---|---|
| | 军官 | 准尉官士卒 | 马匹 | 军官 | 准尉官士卒 | 马匹 | 军官 | 准尉官士卒 | 马匹 | 军官 | 准尉官士卒 | 马匹 |
| 军部 | | | | | | | | | | | | |
| 第十师 | | | | 1 | 5 | | 1 | 6 | | | | |
| 第十二师 | | | | 4 | 12 | | 2 | 34 | | | 7 | |
| 合计 | | | | 5 | 17 | | 3 | 40 | | | 7 | |
| 备考 | | | | | | | | | | | | |

# 战斗详报附表第二

十五年 月 日

国民革命军第四军醴陵之役战斗卤获表

| 种类 | 俘虏 | | 战利品 | | | | | | | | | | | | | | |
|---|---|---|---|---|---|---|---|---|---|---|---|---|---|---|---|---|---|
| 区分／部队号 | 军官 | 准尉官士卒 | 马匹 | 炮 | 步枪 | 短枪 | 水机关枪 | 旱机关 | 枪弹 | 电话机 | 望远镜 | 手榴弹 | 各种枪机 | 刺刀 | 机关枪架 | 炮弹 |
| 第十师 | 10 | 54 | | | 52 | 1 | | | 12000<br>27箱 | | | | | 9 | | |
| 第十二师 | 8 | 273 | 4 | 1 | 236 | 1 | 1 | 2 | 22500 | 3 | 1 | 1 | 20 | | | 32 |
| 合计 | 18 | 327 | 4 | 1 | 288 | 2 | 1 | 2 | 39500 | 3 | 1 | 1 | 20 | 9 | | 32 |

备考：一枪弹栏有水机关弹二千发、旱机关弹七箱。

## 战斗详报附表第三

十五年 月 日

### 国民革命军第四军醴陵之役战斗武器弹药损耗表

| 区分 种类 队号 | 消费 | | | | | | 损坏 | | | | | | | 遗失、 | | | | |
|---|---|---|---|---|---|---|---|---|---|---|---|---|---|---|---|---|---|---|
| | 炮弹 | | 枪弹 | | | | 武器 | | | | | | | 弹药 | | | 其他武器 | |
| | 榴 | 榴霰 | 枪 | 机关枪 | 手枪 | 手榴弹 | 炮车 | 弹药车 | 预备品 | 机关枪 | 步枪 | 手枪 | 炮 | 炮弹 | 机关枪弹 | 步枪 | 手枪 | 刺刀 |
| 第十师 | | | 12803 | 700 | 120 | | | | | | 2 | | | | | | | 4 |
| 第十二师 | | 4 | 53224 | 2550 | 841 | 6 | | | | | 2 | 1 | | | | 1005 | | 11 |
| 合计 | | 4 | 66027 | 3250 | 961 | 6 | | | | | 4 | 1 | | | | 1005 | | 15 |
| 备考 | 是役第十师部及二十八团、三十团、三十六团均未参加战斗。 | | | | | | | | | | | | | | | | | |

〔国民政府军委会档案〕

## 7 国民革命军第四军关于张发奎等师（含叶挺独立团）湖南平江之役战斗详报

（1926年8月）

战斗详报 十五年八月十九—二十日<br>湖南平江之役

I、战斗前彼我情况之概要：

（一）军部于六月三十日已刻由广州黄沙出发，经乐昌、郴州、安仁、攸县于七月十七日抵醴陵（我第十师、第十二师十日克复醴陵），奉命暂驻醴城，向萍乡及平江方面警戒，至八月二日始进驻浏阳。

八月九日，我第十师派二十八团到古港接防，警戒我军右侧。其余除派一连驻枫林铺，一营赴丁家墈剿匪，以保持后方交通外，均驻浏阳。

我第十二师已于八月三日推进至社港之线。

（二）八月十四日，军部参谋处所得平江、浯口方面确实敌情如左：

1. 第七军参谋处通报：平江至浯口河川侦察，敌人兵力配备，及第七军浯口市附近兵力配备，如附图第一。（略）。

2. 据第十二师参谋处十三日下午十时报告，转据黄团长琪翔十二日午后五时由社港报称：

据三眼桥坐探本日亲往中洞探得敌情如左：

a、九十七团全部及炮四门，确经到达中洞，团长余端现驻中洞。

b、敌人全团人数约一千，枪只七八百枝。

据派往平江方面侦探余玉麟报称：

a、陆潭于九日抵平江城，带来卫队数十名，现驻李家巷同仁社。

b、敌军于十号在我南洪家墩、审思岭、童家岭、下长冲一带装置电网。

3．据本部派驻献钟之谍报员报称：据九日由平江县城起程到献钟之严同志报称：

a、平江城附近除北军九十七、九十八、九十九三团外，尚有讨贼联军桂军第一路司令韩彩凤、游击司令周寿皝（前任平江知事)所部。

韩彩凤所部现驻北门外附近。

b、九十九团现驻东西南各门外，其南门外之部队已驻到石子岭，西门外之部队驻到澄潭，离三角塘、小塘铺约十五里。

c、茶子坳埋有地雷，平江城北岩上也置有地雷。

d、九十七团驻中洞、李家坪等处。

e、九十八团有一营驻南江。

f、长寿街现无军队驻扎。

4．第七军司令部转据李旅长报称：现据职部派出侦探迭次报告，及土人言所得敌情如左：

a、敌兵之位置：

平江方面为九十七、九十九二团，臂章书镇字，并杂以李柱中残部约一营，韩彩凤全部约二百人。

塔头、杨梅江至张家碑为孙建业所部两团。(内一团本月四、五两日开来，臂章建字)

b、敌人兵力配备：

平江附近之鲁肃山、天岳山、甲山(在河南岸一带)及五里牌、茶子坳、杨树坑岭(距澄潭约四里)、黄甲山(距澄潭约二、三里)、澄潭等处高地，均构筑工事。而鲁肃山、天岳山、五里碑等处并筑炮兵阵地，其附近各要点装置地雷。杨梅江至张家碑之线，自鹅□脊至宝鸡山一带高地，均筑防御阵地。浯口市方面，牛神庙附近筑有散兵壕。

十四晚八时，军部所下命令如左：

一、敌人在平江、浯口、长乐、南渡沿江之线设防，其在平江者占领鲁肃山、天岳山、破壁滩、横差大山之线。

我第七军各部现在更古台、花门楼、蒲塘、长江源之线。

我第九军已集中常德附近。

我第八军各部现在鲤鱼洞、新市、栗桥、营田之线。

我第三军已集中醴陵，对赣边警戒。

我第二军已集中茶陵，对赣方警戒。

我第一军已集中株州。

二、我军为歼灭该敌之目的，拟迅速向攻击准备位置集中。

三、本军应于十七日以前集中献宝台、安定桥、滑石江之线。

四、第十师准十六日向献宝台、杨家坊前进，应于十七日在两地集中完毕。

五、第十二师明（十五）日向安定桥、滑石江前进，应于十七日在两地集中完毕。

六、军部十六日向社港、龙湾前进，定于十七日到龙湾附近。

七、余于十七日到达龙湾。

附　记

各师长务于十七日下午到龙湾本部会议。

十六晚，副军长自〔长〕沙会议返社港，携唐总指挥八月十五日在长沙总指挥部所发训令（见附录）回。同日晚，接右纵队司令李军长铣电并刻奉总座谕：第六军于十八日方可由浏阳出发，不能按时在我右翼推进。兹将我右纵队攻击日期改为十九日，请于十八日以前占领指定地区，严密侦察渡河地点，于十九日拂晓开始攻击为要。

综上彼我情况，于八月十七日上午五时，军部在社港下攻击平江之命令如左：

一、敌情如连日通报所述：

我右翼军（总指挥朱培德，指挥第二、三军及第五军之第四十六团及南雄之第五师、云都、宁都一带之独立第一师）各部，现在醴陵、攸县、茶陵、南雄、云都一带，对赣方取攻势防御。我左翼军（总指挥袁祖铭，指挥第九、十军）于中央军开始攻击以前，肃清澧州附近残敌，迅速占领荆沙。

我中央军（总指挥唐军长，第八军、鄂军为中央军左纵队指挥官唐军长兼；第四七军为中央军右纵队指挥官李军长）为迅速占领武汉之目的，拟歼灭敌人于黄盖湖以南地区。以左纵队经浯口与营田以北之地区，向长安、驲云溪岳州之线攻击前进；以右纵队经浯口与平江以北之地区，向大沙坪、羊楼洞、横板桥之线攻击前进，务以迅速之动作，压迫敌人侧背，而截其归路。

二、本军为达成右纵队目的起见，拟于十九日拂晓攻击平江附近之敌。

三、第十师务于十八日下午占领三眼桥，即在三眼桥附近占领攻击准备位置，于十九日早四时出发，经肥田、红石咀、团山铺，向平江城攻击前进。但从三眼桥前进时，须派一部歼灭溪江附近之敌。

四、第十二师（欠三十五团）务于十八日下午进至白雨湖附近，占领攻击准备位置，于十九日上午五时出发，经横槎、许家洞、茅源金窝向平江城攻击前进；第三十五团应于十八日进至江村市、露大桥坳之线，十九日上午六时向鲁肃山、天岳山前进，对于该敌施行攻击。

五、各部队前进攻击时，其时间之位置须按左表规定：

| 位置 时间 部队 | 十九日上午六时 | 上午八时 | 上午九时 |
| --- | --- | --- | --- |
| 第十师 | 红石咀附近 | 团山铺附近 | 古竹岭附近 |
| 第十二师 | 槎横附近 | 许家洞附近 | 狮子岩附近 |
| 三十五团 | 通过甲山、蛇湾之线须上午九时后 | | |

六、攻击奏功后，各师应组织追击队，向敌追击，但不得过梅仙以北地区。

七、军部十八日经岳田塅、安定桥进驻桑枣桥，十九日拟随作战之进步经渡头、横槎向平江前进。

据张师长发奎详报如左：

Ⅱ第十二师战斗经过：

第十二师于十七日下午进至滑石江、安定桥附近，奉到攻击命令后，因正面鲁肃山、天岳山之敌，阵地坚固，又隔大河，进攻困难。白雨湖下游约三里之处，及止马铺附近，均有徒涉点，决心以一部向正面佯攻，主力由右翼迅速前进，绕攻敌之侧背。十八日上午九时三十分发如左要旨之命令：

一、第三十五团及炮营，应于十八日下午三时进至江村市、大桥坳之线，为攻击之准备，十九日上午六时出发，向鲁肃山、天岳山之敌施行攻击。至我右翼主力包围奏功，敌势摇动时，迅速猛进，以收夹击之效。

二、第三十六团应于本月十八日午后五时进至白雨湖附近，为攻击之准备，于十九日早四时三十分在白雨湖下游约三里之徒涉点渡河完毕，五时出发，经摘公坳、许家洞、需茅源、金窝向平江攻击前进，占领平江后，即在平江城西北高地向张家碑方向警戒。

三、独立团应于本月十八日午后五时进至浮潭、止马铺附近，为攻击之准备，于明十九日上午四时四十分在止马铺附近徒涉点渡河完毕，派一部(特别大队)沿河之左岸向羊三市攻击前进，以大部经中县坪、破壁滩、狮子岩向平江城攻击前进，前进时应时常注意左岸特别大队之动作。

四、炮兵营归第三十五团团长缪培南指挥，应于主力与敌接触时，以最猛烈之大力向敌射击，使敌误认我主攻之所在。

五、师部及直属队于本月十八日午后五时进至花园附近宿营，十九日早五时三十分到横槎，尔后随战斗进步，跟独立团前进。

1．各部队准备二日间粮食，以便不能采买时用。

2．各部队非指定者，不得进城驻扎。

十九日上午五时三十分，师部到达横槎，各团已经依时出发，随即前进距横槎约五里之高地，闻我右翼淡江附近枪声骤发，继又有炮声，知我第十师开始与敌接触矣。

师长率直属队再进登高地观察，我右翼第十师攻击部队似已进步，即令三十六团及独立团依原定计划，迅速挺进，务将平江附近之敌，完全扑灭。旋至破壁滩附近，接叶团长报告如下：

1．我团进至狮子岩时，特别大队在左岸已与审思岭、童子岭之敌接触。该敌据坚固工事抵抗，战斗颇烈。经令第三营及第四连在狮子岩附近攻击该敌之侧背，并相机渡河夹攻。

2．据土人云：我三十六团已将韩彩凤击退至平江城北门一带高地等语。

3．闻鲁肃山方面炮声甚烈，亦有枪声颇密，谅系我三十五团已攻击该敌矣。

4．团长现率一、二两营向平江搜索前进中。

师长接报告后，知我右翼三十六团已迫平江城，遂报告军部及令叶团长速率一、二两营向平江前进，与三十六团会合，迅将平江城之敌悉数扑灭。并着相机派一部由平江城渡河，向鲁肃山、天岳山攻敌之背。同时亦令缪团长猛烈进攻，以收夹击之效。发令完毕，随率直属队至狮子岩，此处战斗极烈，但我军仍占优势。略事布置及观察各方情形，即超过狮子岩，直到金窝（此处在平江狮子岩之间）指挥一切。旋接黄团长报告如左：

1．职团于上午九时在小西坑与敌韩彩凤部接触，即被我前卫击溃。

2．职团于上午十时四十分由北门攻入平江城，但城中残敌现仍负隅于西门一带与我激战中。

3．现派二、三两营在平江城西北占领一带高地，截击城中残敌，并对团山铺、张家碑方面严重警戒。

4．职率其余部队肃清城内之敌。

师长接右报告后，即转报军部（当时军部早已推进至狮子岩南边高地），一面令该团长迅速会同叶团肃清城内残敌，并应注意鲁肃山方面战况；随即一面督饬独立团第三营及特别大队向童子岭之敌猛攻。同时三十五团之一部亦由审思岭前来协攻，战约半小时，将敌阵攻破，伤毙敌官兵甚多，大部缴械，有一小部由该处渡河逃窜。又令工兵队截击，将敌完全缴械，俘获颇多。是时平江城及鲁肃山方面亦无枪声，师长即率特务队、工兵队向平江城前进。又据黄团长面报告如左：

1．据西门大屋之敌，已被职团侦探队攻破，伪敌旅长陆沄已击毙，余众悉俘。

2．鲁肃山方面之敌，亦被职团协同三十五团将该敌完全消灭，独立团在河边截击，毙敌甚夥。

师长据报告后，即转报军部，随即进城维持治安，一面令各团在指定区警戒，整顿补充，一面通报各友军。旋各团长送来俘虏。约共千余人到部，即令集合由军参谋长、顾问及师长等解释我革命军之三民主义，及彼等受军阀之蒙蔽，各俘虏官兵大为醒悟。此系十九日克服平江战斗经过之实在情形也。其伤亡、卤获、消耗见附表，并将各团战斗经过详情附录于左：

（按缪团长培南详报）

一、三十五团十九日上午五时三十分，第一营由宿营地出发，沿石子岭、长冲，通审思岭、平江之龙湾前进。团长率预备队第二营及炮兵营随第一营前进。六时许，闻我右翼枪炮之声甚密，知我右翼友军已开始与敌接触，即派预备队之第七连，由石子岭向破壁滩搜索前进，右与我独立团，左与我第一营取连络以警戒团之右翼。同时，第二营由大桥坳经象鼻咀向天岳山搜索前进。八时许，第一营前进至长冲东北方面高地，与审思岭之敌开始接触。并派出该营第二连位置于长冲西北端高地，向审思岭之敌攻击。同时，炮兵营亦在长冲东端高地占领阵地，向审思岭之敌开始射击，以掩护步兵前进。团长率预备队位置于长冲西北端高地。八时三十分，据第二连长潘标报告：鲁肃山南端之敌，纷纷向审思岭西端田地之阵地前进，似有向我出击之势。团长据报：即派预备队之第八连及机关枪两挺增加第二连之左翼，向该敌警戒。十时第二营到达天岳山南方之高地，即向天岳山之敌开始攻击。此时团长查审思岭之敌，其工事虽属坚固，但敌兵无多，不难一鼓而破，只因限于佯攻之任务，未便冲锋，故仅在原阵地对峙，牵制敌之主力，以使我右翼友军容易收包围之效。十一时，闻平江附近枪声骤起，料知我三十六团已抄出敌后，团长即派监视队前进，至机关枪阵地，对审思岭西端田地之敌警戒。并令一、三两营同时向审思岭及其以东一带之敌猛攻，敌仍顽强抵抗，经我第三营奋勇前进，破坏敌之防御，抄出审思岭敌阵地之右侧背，该敌仍据其坚固阵地与我第一营酣战。我第三营即乘机突进，与敌白刃相接，敌遂不支，完全缴械，审思岭既为我有。其以东一带阵地之敌，又次第为第一营包围缴械。同时我第二营向天岳山攻击前进，与敌剧战约二时，敌恃险顽抗，适我三十六团由平江渡河，将敌包围，卒将敌全数歼灭。顷刻之间遂将平江以南一带之敌，完全肃清。战斗结局，团长随即集合队伍进平江城，并派第三营出小西在黄家埚附近对张家碑方向警戒。

（据黄团长琪翔详报）

二、三十六团十九日上午三时三十分，在白雨湖渡河完毕。随将军队区分就绪后，五时出发，经摘江坳、许家洞、蜀水、霑茅源、金窝，向平江搜索前进。一面搜索，一面前进，于六时十五分，将抵许家洞时，闻中洞方面枪声间作，盖我右翼之第十师已经与敌接触。本团仍继续前进，自浊水以至霑茅源，一路俱无敌踪。上午八时，团长在本队先头，到达距霑茅源东南端的三里处，据土人报称：敌军韩彩凤部约三百余人分布于金窝、小西坑一带，并觉我前卫之进路，稍有迂误，乃改前卫改为右侧卫，而另派第二营为前卫。驱逐金窝、小西坑之敌，继续前进。八时三十分，接前卫司令官报告如左：

1．小西坑东端一带发见敌人步哨数名，但未向我射击，并缴出步枪二枝，声言韩彩凤部愿全数缴械，请勿进攻等语。

2，前卫现一面派人前往接洽，一边严密监视该敌。

团长当一面令前卫切实监视，以迅速手段解决之；一面令第三营占领小西坑东北端高地，以资控制。旋窥破该敌实系托词，缓我前进，以便率队退走，遂命前卫□行追击。该敌稍事抵抗，即向张家碑方面狂窜。我前卫仍向平江急进。是时，敌之一部占领画桥东方一带高地，拒我前进。经我前卫驱逐，乃退回城之东北端，据小河以守。我团遂于九时三十分占领古城岭一带高地，继续攻击前进。

时城内之敌陆续增加于城之东北一带，并扼守画桥，猛烈向我射击。此际正面前进不容易，且天岳山、鲁肃山方面亦经发见枪炮之声，实有迅行占领城之西北一带高地，以威胁敌之侧背，及遮断其张家碑方面援兵之必要。团长乃派二、三两营向西北高地实行抄击，而自率第一营及直属各连队由正面进攻。

第二、三两营既经占领西北一带高地，我正面各部队亦节节猛进，敌势不支，遂被我歼灭一部，其残余溃退入城，经我第一营及第二营之一部蹑尾紧追，遂由北门攻入。十一时在画桥南端，接第二营长之报告如左：

1．职营第六连现经由北门攻入城。

2．城中之敌仍似在西门一带顽强抵抗。

3．职现率四、五两连协同第三营在西北高地截击敌人，及对张家碑方面警戒。

团长当即命令二、三两营在西北高地切实截击城中残敌，及监视张家碑、团山铺方面，并派副官呈送左之报告于师长。

一、职团于上午九时在小西坑与敌韩彩凤接触，即被我前卫击溃。

第二、三、四条与师部所接报告同。（从略）

非特独立团，亦有一部到达，协同攻击，敌人与我巷战约四十分钟，率被分头击破。唯其镇守使兼平通防御司令陆澐，率领僚属及卫队百余名，欲由西门突围而出。经我军迎头痛击，复敌回城内，负隅于西门之某大屋，死力抵抗，一时未能攻下。时南门枪声甚急，而团山铺、张家碑方面亦恐有敌军来援之顾虑。团长仍为左之处置；

1．留侦探队围攻西门大屋之残敌。

2．命第二营入城之部队，仍回西北高地，归还建制。

3．派机关枪连赴西北高地，归第三营欧营长之指挥，协同第二营对团山铺、张家碑方面警戒。

4．派监视队在画桥附近监视通团山铺大路。

5．派特务队搜索城内残敌及维持秩序。

6．自率第一营出南门相机动作。

午后〇时十分，各部队既各就预定位置，而西门大屋之敌，亦为侦探队攻下。天岳山、鲁肃山方面枪声仍甚激烈。团长乃令第一营由南门徒涉渡过汨水，直拊鲁肃山之背，经我军直冲其炮兵阵地，将其炮火扑灭，始全线动摇，我军遂于零时五十分完全占领鲁肃山之敌阵地，以猛烈射击威胁天岳山之侧背。此时，我三十五团亦由正面猛烈进攻，将敌阵地次第击破，敌既完全崩溃，被我分途俘缴，时下午一时三十分也。

（据叶团长挺详报）

三、独立团十九日上午四时，职团由止马铺出发，达到横槎时，特别大队即渡河在河左岸前进。第一营为前卫，经破壁滩、狮子岩向平江搜索前进。此时中洞方面枪声甚剧，知第十师已与敌接触，旋奉师长令改前卫为右侧卫，沿右侧一带高地前进，以图与三十六团保持连络。而以第三营为前卫，继续向平江搜索前进，到达狮子岩时，特别大队在左岸已与审思岭、童子岭之敌接触。又据土人云：三十六团已进至平江城北门附近，但平江城尚有北兵等语。并闻鲁肃山方面炮声颇烈，继又有枪声。而童子岭、审思岭之敌，被我特别大队攻击，尚未动摇，即令第三营攻击该敌之侧，团长即率其余各部继续向平江前进。将达金窝时，据土人云：我三十六团已将韩彩凤部击退，进至北门等语。团长又令第四连在狮子岩附近高地，向童子岭敌背射击，第三营强行渡河。当时团长在平江北门高地，望见天岳山、鲁肃山、审思岭等处之敌，仍与我三十五团及特别大队抵抗。但职团第一营及机关枪连已随三十六团进入北门，与敌巷战中。不久，该敌即为第一营及三十六团完全缴械。第一营及机关枪连继续出南门渡河，攻击天岳山、鲁肃山敌背。敌即分前后抵抗，其炮兵转向后，向我渡河部队射击。此时又见有敌密集部队约二、三百人，在审思岭山麓村庄中发现，即令周参谋率第二营(缺第四连)渡河攻击。此时战况均转剧烈。当第二营前进到童子岭、审思岭山麓时，团长遥见敌约二百余名，抄出第二营后，似欲渡河向北岸逃遁，即令特务队赶赴截击，适师部直属各队亦到，即协同将该敌完全缴械。此时各处之敌，被我各团完全缴械俘虏。战斗结局，适天忽降大雨，即行收队，时已下午三时。职团即照本师原定计画，在北门外村庄宿营等情。

四、炮兵营十八日十二时由岳田段出发，下午三时到达江村市附近露营。十九日上午六时，由露营地随三十五团向平江攻击前进。八时许，我先头步兵经与敌接触，我炮兵已在长冲右侧高地占领阵地，向审思岭敌人堡垒射击，以便敌人不能判断我军主力之所在。九时，步兵渐次迫近敌阵地，我炮兵乃变换阵地至六百米达处之高地，再向审思岭一带射击，甫发数弹而敌炮兵亦向我阵地还击。我炮兵以位置太近预备队，恐招不利，再向左前方变换阵地，对鲁肃山敌炮兵阵地射击，至十二时，东北方一带枪声渐密，知我右翼已经包围追近平江城。旋闻平江城北亦发现枪声，缪团长即决心以时机已至，即令猛攻，以期迅速歼灭该敌。我炮兵为援助步兵冲锋起见，亦即向审思岭、蔡家巷等处猛烈射击。我步兵藉炮火之威，随即占领审思岭、蔡家巷一带阵地，复追击至平江城。至下午一时，已将平江城以南之敌完全歼灭，炮兵于午后四时进抵三羊市宿营。等情。

据第十师师长陈铭枢详报如下：

Ⅱ第十师战斗经过：

八月十五日令各团队准备，十六日出发，向献宝台、杨家坊集中，十七日正午十二时，职部各团队于杨家坊集中完毕。下午二时接十二师通报：该师同日正午左右，三十六团到安定桥，三十五团到滑石江，师部及独立团到长田市、岳田段一带集中。

八月十八日正午十二时，接到军部昨（十七）日由社港市发来攻击平江命令（见前篇不赘）后，是日下午二时，于杨家坊给与各团就攻击准备位置之命令。其大要如左：

一、平江之敌，约二千余；中洞之敌，约一团。十五日敌平通镇守使陆澐，又率一营增加平江。

二、本军为达成右纵队目的起见，决于十九日拂晓攻击平江附近之敌。我十二师（欠三十五团）云：照录军部命令第四条。

三、本师以歼灭平江敌人为目的，于十九日拂晓以一部攻击中洞附近之敌，以主力经肥田—红石咀—密岩寨—团山铺西南约五里之300米标高附近，向平江之敌攻击前进。

四、第二十八团于本（十八）日下午五时，由献宝台出发，经鹤塘向三眼桥前进。务于下午八时以前到达该地，于明日（十九）四时三十分向中洞之敌攻击前进。

五、第二十九团于本（十八）日下午七时，由杨家坊出发，经低坪到托田为师预备队候命推进。

六、第三十团于本（十八）日下午五时三十分，由杨家坊出发，经鹤塘向三眼桥前进，以一部占领肥田附近，向平江警戒。

七、师司令部及直属部队，于本（十八）日下午八时，由杨家坊出发，经献宝台到达鹤塘。

八、炮兵营在司令部后跟进。

九、监视队押运大行李，在杨家坊待命。

下午十时职部到达鹤塘，又给第二十九、第三十两团之命令。

大要如左：

一、顷接三十六团通报称：该团到达白雨湖，探知止马铺有敌探出没，白石岭有敌炮兵阵地。

二、第三十团于明（十九）日上午四时三十分出发，经红石咀、密岩寨向团山铺西五里300米标高占领阵地，向平江城攻击。

三、第二十九团为总预备队，在原宿营地候命推进。

八月十九日上午六时，职部进出三眼桥。六时三十分，接二十八团报告：该团于上午六时到达大希里与敌接触，敌占据半升米大山一带，即占领大希山与其对峙。第三营则由石湾进攻淡江，是处为敌主力所在。七时三十分，又派一连前往援助，剧战至九时二十分，敌始不支，撤退阵地，淡江因之完全占领。而大希山方面之敌，因工事强固，尚坚强抵抗。九时三十分，经第二营猛烈冲锋数次，十时三十分大希山阵地亦被我军占领。敌合淡江溃退余众，纷向中洞退却。第一营随同第二、三两营向之追击，十一时占领中洞。第三十团于午前七时三十分通过红石咀、密岩寨，沿途驱逐少数之敌，十二时到达团山铺。敌约一连，闻风向板口退窜。午后一时四十分占领彼立标高300米高地。闻报十二师于十一时已进平江城，全部之敌悉经缴械，敌将陆沄被击毙。遂留一营于团山铺向板口警戒，余向平江前进。驻北关外第二十九团随职部推进，于上午九时到达红石咀，令其搜索附近残敌，并向团山铺进出。晚宿营于燕壁，(距团山铺五里)向团山铺、三眼桥、天牛关警戒。夜九时，二十八团亦到达燕壁。斯役中洞之战，阵亡排长一员，负伤二员，第二十八团长蔡廷锴臂部受伤，士兵死伤十余名。其与我对抗之敌为陆沄所部第二十五师第二十八团全部，敌团长余端。我军参战人数、死伤人数、消耗子弹如附表。

Ⅳ　战斗后彼我之概要：

一、敌既被我军悉数歼灭，其天岳山方面向张家碑逃脱者，约二百余人，被我第七军缴械。

二、我军此次能于最短时间内，将据有坚固工事之吴逆劲旅歼灭，此皆我军之行动敏捷，及民众之热烈帮助，用迅雷不及掩耳之动作，包抄敌之后方，故能将逆主将击毙，余众悉俘也。

五、敌军在要道埋藏地雷，冀阻我军前进，幸得民众引导，免遭敌算。至我军将敌攻破时，敌众溃退，反将地雷踏着，轰毙者不少。

四、当我军出发，经安定桥附近时，有男女民众送茶送粥，以解饥渴，内有一妇女云：你们赶快将北古佬打死，以救我们痛苦，如拿获北古佬，我出钱向你买来剐之云云。可见湖南民众受军阀之压迫，对于逆兵已恨深刺骨，欲食其肉，而寝其皮。但对我军在狮子岩、金窝附近战斗时流弹横飞，乡中男女仍敢纷纷送茶送粥前赴阵地，其热不能入口者，则在旁以扇拂之，令其速凉易饮，则民众之助我，可谓无微不至。可见湖南民众之富有革命性，我军受党的训练纪律严明也。

五、由第十二师讯各重要俘虏，及捡得敌之电报，详悉在通城之敌约五千人。并陈逆嘉谟未电云：不日亲率援军至汀泗桥策应各方，并派队增防平江等语。故我军应乘其敌援未集，以迅速向通城前进，将敌个个击破也。

V　追击进趋通城之情况：

八月十九日下午四时，军部入城，驻平江商会，处理善后事宜。二十日上午三时二十分，下进趋通城命令如左：

一、昨（十九）日在平江及中洞附近被我击溃之残敌，预测系向通城附近退却。又据各方情报推测，通城新到之敌约有四团。

我第七军攻击浯口附近地区，预计本日下午应占领浯口、张家碑附近地区。

二、我军决定向通城附近前进，歼灭现在通城附近之敌，俾迅速到达武昌。

三、各师前进时所取之路径，并各时期到达目的地如左：

第十师二十日抵梅仙附近，二十一日抵马鞍山附近。

第十二师二十日抵八里岭附近，二十一日抵南江附近。

四、军部于二十日午后五时由平江出发，到团山铺宿营，二十一日到酱田宿营。

二十日下午六时第十师全部到达梅仙附近，所得彼我之情况如左：

被我击溃之敌，本（二十）日尚有小部队经梅仙向南江方面退却。据探报：距梅仙西三十里之谈家坊附近，有敌驻扎，人数未详。

我第七军于昨（十九）日占领张家碑，今（二十）日可到达谈家坊附近。

我第十二师本（二十）日晚在八里岭附近宿营，明(二十一)日在南江宿营，其先头部队明日下午一时可到南江口。

八月二十一日下午四时第十师各团均到达马鞍山。军部到达酱田，下命令如左：

一、通城附近敌情如何，尚未有详细报告。如敌在通城据守，其兵力当有五团，且敌为坚守通城计，必派有一部在九岭附近防御。

我左翼之第七军明日可与本军齐头前进。

二、本军为达迅速占领武汉之目的，定明（二十二）日向通城附近之南方地区前进，预定二十三日通过通城之线。

三、明日各师应到达之目的地，及出发时刻如左：

第十师　太平市、白家塅附近(早六时出发完毕)。

第十二师　何家水黄家附近(早六时出发)。

四、为驱逐九岭附近之敌起见，各师先头部队，应于明日下午一时到达左之地点：

第十师　双港桥；第十二师　杨塘坳。

五、军部明日随第十师前进，下午一时至彭家滩、胡家祠附近，进至百丈潭宿营。

八月二十二日午前四时二十分，第十师三十团任前卫，依规定行进路，由马鞍山出发，经白家坳、上荅市，向彭家滩方向搜索前进。余为本队，午前九时四十分，前卫先头行抵西园陈家西端约三里高地附近。前卫司令官戴戟接前兵长报告：于西园陈家获敌探二名。据云：九岭高地有王献臣所部两团，昨夜开来，正在占领阵地中，通城内有第二十五师之九十七、九十九两团，由平江中洞败退之残部。其时前卫前兵即占领西园陈家西端高地，决驱逐九岭之敌。午前十时十分，九岭之敌向我射击，前卫第二营接前兵左翼占领阵地，与之相持。至十时四十分敌势不支，纷向通城退却。前卫第一线全部追击前进。本队则经彭家滩、双港桥向太平市绕出通城右侧。午后五时于太平市附近，第十师长接前卫追击队报告：已于三时进占通城，九岭败走及通城内之敌，现向大沙坪溃退。六时第十师全部到达通城，以第二十九团向大沙坪方向警戒。二十三日晨，第十二师及军部均到达通城。得吴佩孚密电言：即日由武昌亲率大队南下。云云。

附　录

训令 八月十五日<br>于长沙总指挥部

一、综合各方情报：自汨罗江北岸至岳州间之逆军，为董政国所部李乐滨、王梦弼两旅（约枪六千），及其军官团（约枪一千）宋大霈师（由新旅扩充，实际开来前方者仅一旅，约枪三千枝，余为新兵在武昌训练），孙建业师（新由旅扩充约枪四千余），余荫森旅(约枪三千余枝)，娄云鹤所部两团（约枪二千）及叶开鑫残部(约枪三千余枝)，此外二十五师陆沄旅(约枪四千枝)，刻下由蒲通一带移至平江方面者。

萍乡方面，为唐福山部(约枪四千枝)，又谢文炳部（约枪一千枝),现在赣境万载及上栗市附近。

刻下在汨罗北岸与我七、八两军对峙之逆军，我左翼河夹塘及南渡以西方面为余荫森旅及叶开鑫残部之一部；南渡至长乐之间为董政国、孙建业两部及叶逆邹鹏振部；长乐至张家碑方面为宋大霈部。右翼平江方面，为陆沄旅及娄云鹤部。其后方之黄沙街、关王桥、岑川、梅仙及新墙、杨林街、版桥、南江桥与破塘口、莞口、月塘、长安桥、牛车铺、九岭、天岳关并岳州、桃林、北港、通城之数线，概筑以工事，均派有少数之警戒部队，岳州仅有赵而信之四十二团(约枪五百)。我国民革命军北伐军先行占领武汉之目的，对江西暂取攻势防御，以主力于最短期间击破汨罗河北岸地区之敌，攻取武汉。

我右翼军（总指挥朱军长，指挥第二军、第三军、第五军之四十六团及南雄之第五师雩都、宁都一带之独立第一师)，以第三军集结于醴陵，俟第六军由浏阳前进后，即派一团至浏阳；第二军以主力集结于攸县至泗汾间，以一部位于茶陵，对万载、萍乡、莲花之敌严行警戒。如确知敌人有向我攻击之企图时，即以主力迅向萍乡出击，并以第四十六团、第五师、独立第一师(赖世璜)协同进取赣州、吉安，以肃清赣南之敌。

我左翼军（总指挥袁督办，指挥第九、第十军)，于中央军攻击开始以前肃清澧州附近之残敌，迅速占领荆沙。

我总预备队(第一军、第六军、炮兵团)，以一军于十八日以前移至长沙，尔后随中央军左翼作战之进步推进，而为本中央军左翼之策应。以第六军于十八日以前达到浏阳，以后随中央军右翼作战之进步推进，以警戒本中央军右翼侧背安全。炮兵团在长沙待命。

我航空队飞机升降场在衡州、大托铺两处。

二、本中央军（分为左纵队司令与右纵队司令，左纵队司令由中央总指挥兼任，右纵队司令以李军长任之。）为达迅速占领武汉之目的，应歼灭敌人于黄盖湖以南之地区。以左纵队（第八军之二、三、四各师及鄂军第一师）经涪口市与营田以北之地区，向长安驲、云溪、岳州之线攻击前进。以右纵队（四七军）经涪口与平江以北之地区，向大沙坪、羊楼洞、横板桥之线攻击前进。期务以迅速之动作，压迫敌人之侧背，而截其退路。

三、左纵队在右纵队未渡河以前，须在原地阻止敌人，俟右纵队渡河后，即开始向涪口市、长安桥、横板桥以西之敌人攻击前进。但主力须经长乐街、关王桥、西塘、桃林，向长安驲攻击前进，俟主力到长安驲附近后，除派遣追击队向新店追击外，并相机策应。右纵队第七军教导师暂在常德附近待命，但须派一部移驻沅江。益阳防务，以本部第三补充团移驻。鄂军第一、第三两团，俟第三补充团到达益阳后，即调归第八军主力方面随同作战。

四、右纵队须令第四军于八月十七日以前，接收分水岭以东一带之阵地后，第七军同时占领涪口市至分水岭一带之攻击准备位置，于十八日开始向涪口市、长安桥、横板桥之线以东地区之敌人攻击（线上归第七军警戒）。但第七军应以主力经涪口市、岑川、长安桥、七狮崖、北港，向羊楼洞攻击前进，一部经张家碑、牛车铺、七狮崖与主力会合。在主力未到达长安桥以前，须留意策应。第八军主力已达沈家山东侧附近后，须派一小支队经桃花岭、沙滩、桃树坳向梧桐铺西侧附近前进。第四军应以主力经平江、梅仙、南江桥、九岭向大沙坪攻击前进，但须以相当兵力对天岳关攻击。主力到达大沙坪后，依当时情况，宜派遣一部向蒲圻追击前进。为使第四军之前进迅速起见，应给以比较狭小之攻击正面，使其勿顾虑左侧连络，以独立迅速之动作，向大沙坪及羊楼洞猛进为要。

五、右纵队为期将敌人歼灭于黄盖湖以南之地区，务须迅速之动作进出敌之侧背为要。

六、左纵队及右纵队可在其区域以内自行斟酌情况，选择平行道前进。其一切详细计划，由各该军另定之，但各部队之预备队，最初至少须三分之一，乃至四分之一为要。

七、铜官附近对敌舰之警戒，及长潭一带江防，由卫戍司令负责警备。

八、兵站分站部及派出所，并野战医院与交通机关之设备，由各军自行理处。

九、余暂在长沙总指挥部，开战后，拟先至白水附近。

## 战斗详报附表第一

十五年
八月十九日

### 国民革命军第四军平江之役战斗死伤表

| 区分 / 部队号 | 参加战斗人马 | | | 死 | | | 伤 | | | 生死不明 | | |
|---|---|---|---|---|---|---|---|---|---|---|---|---|
| | 军官 | 准尉官士卒 | 马匹 | 军官 | 准尉官士卒 | 马匹 | 军官 | 准尉官士卒 | 马匹 | 军官 | 准尉官士卒 | 马匹 |
| 军部 | | | | | | | | | | | | |
| 第十师 | | | | 1 | 14 | | 8 | 50 | | | | |
| 第十二师 | | | | 1 | 24 | | 3 | 72 | | | | |
| 合计 | | | | 2 | 38 | | 11 | 122 | | | | |
| 备考 | | | | | | | | | | | | |

# 战斗详报附表第二

十五年
八月十九日

国民革命军第四军平江之役战斗卤获表

| 种类 | 俘虏 | | | 战利品 | | | | | | | | | | | | |
|---|---|---|---|---|---|---|---|---|---|---|---|---|---|---|---|---|
| 区分 / 部队号 | 军官 | 准尉官士卒 | 马匹 | 炮 | 步枪 | 短枪 | 水机关 | 旱机关 | 枪弹 | 炮弹 | 电话机 | 望远镜 | 手榴弹 | 各种枪机 | 刺刀 | 机关枪架 |
| 第十师 | 15 | 325 | | 3 | 199 | | 1 | | 百箱 | | | | | | | |
| 第十二师 | 64 | 736 | 12 | 8 | 577 | 15 | 2 | | 100165 | 705 | 1 | | 六箱 | 八箱 | 88 | |
| 合计 | 79 | 1061 | 12 | 11 | 776 | 15 | 3 | | 如右列 | 705 | 1 | | 6箱 | 8箱 | 88 | |

备考

1. 大炮共十一门，内有大正年式山炮二门，迫击炮七门，山炮、野炮各一门。
2. 炮弹项内，有山炮弹二八一颗，余系迫击炮弹。
3. 外地雷十个未列表内。

# 战斗详报附表第三

十五年
八月十九日

## 国民革命军第四军平江之役战斗武器弹药损耗表

| 种类 区分 队号 | 消费 | | | | | | 损坏 | | | | | | | 遗失 | | | | | |
|---|---|---|---|---|---|---|---|---|---|---|---|---|---|---|---|---|---|---|---|
| | 炮弹 | | 枪弹 | | | 手榴弹 | 武器 | | | | | | | 弹药 | | 其他武器 | | | |
| | 榴弹 | 榴霰弹 | 枪 | 机关枪 | 手枪 | | 炮 | 炮车 | 弹药车 | 预备品车 | 机关枪 | 步枪 | 手枪 | 炮弹 | 机关枪弹 | 步枪 | 手枪 | 刺刀 | |
| 第十师 | | 3 | 29761 | 1570 | 778 | | | | | | | | | 2 | | | | 2 | |
| 第十二师 | | 21 | 66878 | 9095 | 2408 | 7 | | | | | | 5 | | | | | | 6 | |
| 合计 | | 24 | 96639 | 10665 | 3186 | 7 | | | | | | 5 | | 2 | | | | 8 | |

备考
1. 所有消耗子弹即由缴获敌弹中自行补充。
2. 损坏之枪即由夺获敌枪中自行补充。

〔国民政府军委会档案〕

## 8 国民革命军第四军关于陈铭枢等师汀泗桥之役战斗详报

(1926年8月)

战斗详报 十五年八月二十三日—二十七日<br>汀泗桥之役

I、战斗前彼我之情况：

通城既下，八月二十三日下午一时三十分，军部下进出汀泗桥镇之命令。大要如左：

一、在通城附近被我驱逐之残敌，判断其系向羊楼洞及沿铁道之线向北退却。第七军依其二十一日所来之通报判断，当可与本军齐头前进。

二、本军为策应友军作战容易，及截断敌之归路，决定迅速向中和铺、汀泗桥前进，俾达到占领铁道之目的。

三、各师前进时，其应取之道路及时机、到达之地点如左：

| 到达日朔地点 / 部队 | 二十三日 | 二十四日 | 二十五日 | 二十六日 |
|---|---|---|---|---|
| 第十师 | 程家里铺附近 | 浪口畈谢家畈附近 | 岑湾山峡冲附近 | 汀泗桥镇附近 |
| 第十二师 | 太平市以南附近地区 | 金竹报鹿门铺附近 | 中和铺五里界附近 | |

四、军部本晚在通城宿营。明日沿十二师之前进路前进，预

期二十四日正午大沙坪休息，宿营地在共家桥市。二十五日正午在金竹报、鹿门铺附近休息，宿营地在石坑渡。二十六日正午到张家铺宿营。

同日下午二时，军部检得敌陈嘉谟致王献臣电称：敌势方张，宜加痛击，嘉谟率第三十混成旅全部及二十五师改编之一团，即日开到汀泗桥策应各方云。据俄顾问判断，陈逆亲率三团到汀泗桥镇策应，假使该部系增援平江方面，昨二十二日由武昌出发，本日可到达石坑渡附近。若今日由武昌出发，则应到达汀泗桥附近。彼我两军必在崇阳或石坑渡附近遭遇。各师应行处置如左：

一、第十师应以最敏捷之动作，包围该敌，且进步时，应竭力宣传，系向蒲圻。

二、第十二师到达石坑渡后，改道分水咀，向张家铺附近前进，协同第十师歼灭汀泗桥之敌。

夜十时三十分，复得各友军情报：我第七军胡指挥宗铎所部，于本（二十三）日午后七时占北港；夏指挥威所部占南冲，明日亦可到达北港。胡部明日由北港向崇阳、羊楼洞之间直趋蒲圻。

八月二十四日晚九时，军部兼程赶到崇阳宿营。沿途所得彼我情况如左：

一、唐总指挥训令，促我军迅速依照总司令命令勿顾虑，以最敏捷动作，径趋出汀泗桥铁道破坏而占领之。

二、第六军第十九师于昨今两日陆续由平江向通城前进，第十七师明日可到平江。

三、第八军第三师第十八团于本日下午七时到达羊楼洞。

四、第七军到达大沙坪。

五、崇阳电局接羊楼洞电话：赵李桥二十二日到有北军，系由五里排退来者，本日又向他处退去，蒲圻北军亦于二十三日晚退出蒲圻。

军部按照以上情报，命令第十师主要部队，务于明(二十五)日下午三时到达李湾石峡冲。

八月二十五日下午二时，军部到达石坑渡宿营。彼我情况如左：

一、第十师今日向山峡冲进出，□沿途山岭重叠，道路迂迴，行军困难，先头第二十九团于午后五时到达山峡冲附近之杨泉畈。其余各团陆续继至。

二、我独立团本日到达中伙铺，刚值孙建业（第二团）团长李金门率残兵数百，由火车退却到该处，被我独立团猛击，完全解除武装。

三、我第七军胡宗铎旅长所部之四团，于昨夜到达大沙坪。

四、综各方情报，岳州通城退却之敌宋大沛、董政国部及军官团，并后方增援之陈嘉谟部第一百团、马济、娄云鹤部之游击队，合计约万余人，炮数门，由宋大沛指挥，在汀泗桥凭河固守。其迤东高地筑有坚固工事。

午后十时，军部由石坑渡发下攻击汀泗桥命令。其要旨如左：

我军决定以最迅速之手段，解决汀泗桥之敌。

一、第十师明（二十六）日早四时，由山峡冲附近之宿营地出发，主力经陈家湾、张家桥、饶家湾、赤岗亭附近之道路，对敌取包围之势，攻击前进。

二、第十二师（欠三十六团）明早六时，由宿营地出发，沿铁道分进，对汀泗桥西方及其西北。协同第十师对敌包围攻击。

三、第三十六团明早六时，由石坑渡出发，一部经马家湾、叶家边，一部经分水咀、石金山、余湾向汀泗桥之西南方协同第十师对敌包围攻击。

四、军部明早六时，经分水咀、金石山、余湾随作战之进步，向汀泗桥前进。

二十六早，军部向汀泗桥前进，晚军部在汀泗桥南端小山露营，督各队照命令猛烈攻击。二十七早攻下汀泗桥。于是武汉天险之门户，便为我军所得。早九时，第八军第十五团王团长锡焘亦到达汀泗桥北端，归本军指挥。午时第七军队头亦到。

据陈师长铭枢详报经过如下：

Ⅱ、第十师战斗经过之概况：

八月二十六日午前四时，按照军部命令，分给各团攻击汀泗桥之命令如左：

一、据各方情报，汀泗桥之敌，为陈嘉谟第二十五师一团及军官团沿河配备，其余均系岳州及长乐街退回残部，极其纷乱。

我独立团于昨（二十五）日到中和铺，晤第八军营长称：第三师于同日抵蒲圻。

二、我军决定向汀泗桥之敌进攻。

我十二师于本（二十六）日上午六时，叶独立团及三十五团由中和铺出发，三十六团由石坑渡出发，向汀泗桥之西南至西北一带包围。

三、本师以歼灭敌人为目的，拟向汀泗桥之敌攻击前进。

四、第三十团为前卫，于本月二十六日上午七时三十分，由现驻地出发，经土岩岭—易家港—三义路，向直岗亭前进。

五、第二十九团于上午八时三十分，由现驻地出发，经土岩岭—易家港—三义路—骆家湾，在三十团之右翼，向汀泗桥之敌攻击前进。

六、第二十八团及炮兵营为总预备队，在二十九团后方约三里随行。

分发命令后，职部依时出发，午十二时抵达骆家湾附近。闻汀泗桥方面枪炮声甚密，知十二师已与敌接战，迟三十分，前卫第三十团亦占领丛毛岭高地。而十二师三十六团亦进出占领该团之左翼阵地。于是令其二十九团接三十团右翼延伸，占领松子山、毛山一带阵地，对玛璃山、高岭之敌攻击。十二时，炮兵营到着即饬进出一把扇放列，协同三十团攻击正面之敌。第二十八团为预备队，位置于骆家湾附近。下午二时，第二十九团右翼徐家后山有敌发见，似有迂迴企图，令二十八团推进至张兴国。四时战斗略有进步，二十九、三十两团均有推进。七时，又令第二十八团进出二十九团右翼之尖山寺附近，向咸宁方面警戒。相持至夜十时三十分，敌因阵地坚固，仍顽强抵抗，我十二师正向汀泗桥正面，适值洪水大涨，不易接近。乃以二十九团协同三十六团，于子夜十二时实行突击，冲破其中央，第二十八团则迂迴朱家铺、山窝廖、万安春进出铁道，截其退路。因军部调独立团一营为预备队，位置于张兴国，是日前面之敌，系由汀泗桥北岸斜击以左之高地，占领阵地，绵延约十里。而左翼之高岭，尤属坚固，及敌阵之撑点。当第二十九团协同三十六团冲击时，第三十团第二营营长，亲率所部奋勇直前，受敌机关枪扫射，死伤三四十员名，团长戴戟亦受伤，夺敌阵地玛璃岭之半，又经迭次冲锋，始将玛璃岭完全占领。而第二十九团协同三十六团亦突进数次，始占领高岭。时二十七日上午六时三十分敌阵突破之后，遂沿铁道分向咸宁溃退，极形狼狈，挤迫入水死者无数。俘获甚众。所有卤获枪械及消耗子弹并参与战斗官兵员数，另表列次。

据张师长发奎详报经过如下：

Ⅱ、第十二师战斗经过概况：

二十五晚，在中火铺车站接军部攻击汀泗桥命令后，职遵于二十六早由中火铺车站出发，以三十五团为前卫，独立团为本队，于上午十时三十分，尖兵到达高猪山附近。我三十六团亦由石坑渡出发，于午后零时三十分到达汀泗东南一带高地。

一、第三十五团，三十五团尖兵到达高猪山附近时，高猪山一带之敌约一、二连，即向我军射击，旋为我军驱逐，向汀泗桥退去。我前卫尾追至铁道桥头，因敌之机关枪三挺扫射，不能通过，即在该处与敌对峙，水深河阔仅此一桥，不能飞渡，故其它部队，即于高猪山后，安全休息。汀泗桥东北方高地之敌炮一门，为我炮炸毁，故此方面敌之炮声已少。入夜后，枪声不绝，至二十七日上午七时三十分，因我右翼三十六团之猛攻，敌已陷于包围之中，沿铁道退却。我团遂强袭通过铁桥，跟踪追击，协同独立团追至咸宁县北数里之灯笼铺附近停止。

二、第三十六团到达汀泗桥东南高地附近时，即闻其南端发现枪声，而前面之敌，亦据高瞰射，枪炮交发，乃以第一营之第一连，取疏开队形前进，以侦敌阵配备。迨敌情既明了，即□□监视，待机突进。少顷，我三十团亦经到达，接本团左翼展开。

敌人地势极优，且火力猛烈，一时未易单独前进，乃团结兵力，以待友军之齐头。未几，而二十八、九团亦接本团右翼展开，敌虽企图由左翼出击，卒为本团所击退。

天将入黑，两翼仍无进步，乃决心令第三营加入前线，与第一营切实联络，乘夜接近敌阵，将其中央阵地突击，以便拂晓攻击，并约同二十八、九团一齐动作。

入夜后，敌人步枪、机关枪之声甚密，但我军绝少还枪，只步步接近，以白刃迎袭，卒突破其中央阵地之一部，占领敌阵地数处，以为攻击之据点，我第一营因受敌扫射，死伤将近百人。

二十七拂晓，我军全线同时突进，本团以一、三营由正面进攻，以第三营及侦探队包其左翼。敌虽顽强抵抗，数次冲锋，欲夺回所失阵地。卒以我军奋勇沉着，终不得逞，遂至首尾不连，陷于逐步击破。激战二时许，东南一带高地，全为本团所占领。敌兵大部或死或俘，其一部由铁路方面北退者，亦为我第二营及二十八团截击缴械，战斗遂以结局。时二十七日午前九时也。

三、师部及独立团：二十六日，职率独立团及炮兵营、直属队在三十五团队尾跟进。因观察汀泗桥正面甚险，除令炮营发炮击敌外，其余部队无庸展开。且以地形判断，敌人不能向我出击。我三十五团大部，尚无进攻之路，遂决心于二十七日上午四时，率独立团沿我右翼开进至鼓角塘，增入第十师之右，包围逆敌。讵再抵鼓角塘时，敌已全线败退，我独立团即跟踪追击至咸宁县，截获溃敌官兵数百名。

四、卤获及伤亡消耗之概数：

此次以突击敌之中央阵地，将敌分做两截，包抄击溃，故卤获之数最钜。亦因突击敌阵时，官兵伤亡之数亦多。另表报告。

Ⅳ、追击之概况：

克复汀泗后，军部进驻竹树节，即命第十二师派队跟踪追击。

午后三时三十分，接张师长发奎报告如左：

一、顷据叶团长挺本（二十七）日上午十一时三十分，自咸宁报告如左：

1、职团于本日上午十一时追至咸宁县城，经分向敌方警戒。

2、昨日有宋、董、娄各残部在此处，数日来仅有第一百团开来，此后敌后方绝无生力军开到。

3、职团追至咸宁城时，尚有小数残兵未退完，现经肃清，火车上有米及子弹一卡车。

4、敌大约退到土地堂收容防守。

5、咸宁附近内铁路两边，均为水淹，通过极险，请促本部火速前进。

二、职已饬三十五团即赶赴前方，与叶团连络。

二十七日午后六时五十分，接张师长报告如左：顷据缪团长培南本日一时三十分报称：

1、本日午前八时命令奉悉，职即率全团追击，于本（二十七）日十二时前占咸宁北端约二里东山附近，停止候命，并协同叶团向敌方警戒。

2、据东山车站站长报称：吴逆佩孚已于前（二十五）天由河南带兵二师到汉口，昨夜敌人增加汀泗桥之一团，是吴逆由河南带回之队伍云。

综上情况，军部一面报告总司令、总指挥、李军长，并决心明天率第十、第十二师全部向贺胜桥追击焉。

## 战斗详报附表第一

十五年八月廿五日

国民革命军第四军汀泗桥之役战斗死伤表

| 区分 / 部队号 | 参加战斗人马 | | | 死 | | | 伤 | | | 生死不明 | | |
|---|---|---|---|---|---|---|---|---|---|---|---|---|
| | 军官 | 准尉官士卒 | 马匹 | 军官 | 准尉官士卒 | 马匹 | 军官 | 准尉官士卒 | 马匹 | 军官 | 准尉官士卒 | 马匹 |
| 军部 | | | | | | | | | | | | |
| 第十师 | | | | 3 | 66 | | 2 | 125 | | | | |
| 第十二师 | | | | 2 | 63 | | 4 | 125 | | | 5 | |
| 合计 | | | | 5 | 129 | | 6 | 250 | | | 5 | |
| 备考 | | | | | | | | | | | | |

## 战斗详报附表第二

十五年八月二十五日

国民革命军第四军汀泗桥之役战斗卤获表

| 种类 | 俘虏 | | 战利品 | | | | | | | | | | | | | |
|---|---|---|---|---|---|---|---|---|---|---|---|---|---|---|---|---|
| 部队区分号 | 军官 | 准尉官士卒 | 马匹 | 炮 | 步枪 | 短枪 | 水机关 | 旱机关 | 枪弹 | 炮弹 | 电话机 | 望远镜 | 手榴弹 | 各种枪机 | 刺刀 | 机关枪架 |
| 第十师 | 112 | 1684 | | 4 | 145 | 10 | 2 | | 12箱 | 9箱 | | | | | 34 | |
| 第十二师 | 45 | 612 | 14 | | 1381 | 6 | 6 | 1 | 41050又十七箱 | 228又五箱 | | | | 58 | 2 | 1 |
| 合计 | 157 | 2296 | 14 | 4 | 1526 | 16 | 8 | 1 | 如右列 | 如右列 | | | | 58 | 36 | 1 |

备考

1. 炮栏内野炮一门、迫击炮三门。
2. 步枪栏内有马枪三十六杆。
3. 枪弹栏内有九箱系迫击炮弹。

## 战斗详报附表第三

十五年
八月二十五日

### 国民革命军第四军汀泗桥之役战斗武器弹药损耗表

| 种类 区分 队号 | 消费 | | | | | | 损坏 | | | | | | | 遗失 | | | | |
|---|---|---|---|---|---|---|---|---|---|---|---|---|---|---|---|---|---|---|
| | 炮弹 | | 枪弹 | | | 手榴弹 | 武器 | | | | | | | 弹药 | | | | 其他武器 |
| | 榴弹 | 榴霰弹 | 枪 | 机关枪 | 手枪 | | 炮 | 炮车 | 弹药车 | 预备品车 | 机关枪 | 步枪 | 手枪 | 炮弹 | 机关枪弹 | 步枪 | 手枪 | 刺刀 |
| 第十师 | | 8 | 89026 | 4672 | 1122 | | | | | | | 9 | | 9 | | | | 3 |
| 第十二师 | | 28 | 24778 | 4520 | 2422 | 17 | | | | | 1 | 5 | | | | | | |
| 合计 | | 36 | 113804 | 9192 | 3544 | 17 | | | | | 1 | 14 | | 9 | | | | 3 |
| 备考 | | | | | | | | | | | | | | | | | | |

〔国民政府军委会档案〕

## 9 国民政府关于省港罢工委员会请求改善乐昌北伐运输工人苦况致蒋介石令

（1926年8月26日）

中华民国国民政府令 第四五二号

令国民革命军总司令蒋中正

为令遵事：现据省港罢工委员会呈称：呈为呈请事：案据敝会北伐慰劳队主任陆燕芳呈称：呈为呈报事：职部奉钧会命令，出发乐昌，慰劳运输工友，于八月五日安抵乐昌，现已进行办事。查乐昌地方乃北伐军必经之地，亦工友往返要冲，但运输工友本非聚集乐昌，计由乐昌直达湖南境内，沿途皆有工友运输，并无一定地点集合，只可就地将药品按名分送难收普及之效。若沿途前进，则尖峰峻岭，山道崎岖，达到前方亦未必有特别效果，并非职部畏难偷安，不过事实确属困难，劳而无效。近日乐昌地方疫症流行，蔓延甚速，极为危险，职部亦有数人精神欠安，但无大碍。连日调查工友状况，痛苦不堪，莫不形容枯槁，面如印人，众皆齐〔异〕口同声，甲则曰：饷银全无，两餐不饱。乙则曰：艰辛痛苦，梦想不到，倘若在途中偶染意外事务或疾病，毫无医治，形同待毙。运输工友渡日如年，希望回广州之心极切，是以一见职部旗帜，莫不欢喜交集，要求代其向兵站部交涉遣回广州者有之，要求代其向兵站部借银者亦有之。职部虽不能事事代其办到，倘若理由充足，亦当竭力援助。更有一事令工友受莫大打击者，如到前方，距离韶州市站有七八日路程，因该地有土人挑夫，无庸工友运输，蒙长官许可遣回广州，既不赁船将工友运回，只发一二元伙食就地遣散，以至令工友手足无措，进退维谷，因一二元款项不能支持到韶州。此种苦况，难宣楮墨。更有公安局伕役因不同待遇，沿途乞食，实属可怜。均会可否将此种情形通告公安局，设法将此等伕役运回广州免至流为乞丐，以符政府爱护工人之至意也。奉令前因，理合将经过情形，备文呈请查核。等情前来。查据所称各节，如果属实，未免令北伐运输工友以难堪。窃以为，此次罢工工友，慨然担任北伐运输，纯为爱国心所冲动，故离乡别井，危苦万状，有所不辞。则各军军官，原应一视同仁，予以优遇。对于带病工友，尤应转饬军医官，设法收容救治，以免死亡。今各军军官对待运输工友，如此刻薄，实未免令将来者裹足不前，不合革命军人之主义，亦失我政府爱护工人之意旨。据呈前情，理合转呈钧府察核，恳请电饬前方各军，对于运输工友，应予优待，并确因病或任务完毕遣回者，应予照发薪饷，俾得回省，以免流离死亡，实沾德便。等情。据此。当批呈悉，仰候令行国民革命军总司令部电饬前方各军及兵站，对于运输工人，一律优待，其染病者，应饬军医一律收容救治，因病不能服务或任务完毕者，应照发薪饷，遣回省城，勿任流离可也。此批。等语。除批示印发外，合行令仰该部即便电饬前方各军及兵站遵照办理。此令。

中华民国十五年八月廿六日

委员会议主席　汪兆铭
常务委员　汪兆铭
胡汉民
谭延闿
伍朝枢
古应芬
张人杰
宋子文

〔国民政府公报第43号〕

## 10 国民政府关于查办淡水奸商勾结逆党攻占淡水扰乱北伐致蒋介石令

（1926年8月26日）

中华民国国民政府令　第四五五号

令国民革命军总司令蒋中正

为令饬事：现据广东省农民协会惠州办事处代电称：查淡水乃惠州香港交通要道，东江所销洋货多由此经过，故罢工会特派纠察队于此截捉仇货。我农友与我们兄弟工友通力合作，封锁港澳，因此惹起帝国主义忠仆淡水私运仇货之奸商的仇视，竟勾结逆党罗坤、徐武东于七月十五日晨四点钟率匪二百余人进占淡水城，当即惨毙罢工纠察队淡水主任聂平，掳去队员谭荣、范俊杰、黄俊、黄计、刘金、刘玉阶、刘国珍、陈祥、余自维、丘发及中央党部农民部特派员黄超凡等共十二人。从死里逃生者有全国总工会干事李国英、农会职员戴云芳、戴日华及党部职员等数人。所有农会、工会、党部、平民义学、各革命团体概被捣毁，抢掠一空。查当时商团军竟荷枪合混逆匪，巡行市上，一若自鸣得意也者。翌日逆匪向各商店取饷，多数奸商表示欢迎之态，说出得抵，出得抵，但未将捉获工农去打靶，要钱较难耳。等语。匪当即将此言面报罗逆，罗即将被执之工友、农友提出八名到晒布场枪决。当时一般奸商围看如堵，欢然相庆曰：不要这样快打他，剥了衣服晒干些，然后慢慢做作他未迟(是日天气十分酷热)。但就义诸同志毫不畏怯，演说者有之，大声呼工农万岁，罢工胜利者有之，革命党宁死不屈者亦有之，气概壮烈，实足令人矜佩。及至二十一日革命军救援至，逆党因势不支，仍将纠察队陈祥、余自维、丘发三名一并掳去而遁。详查此次惨变，实淡水奸商勾结逆党所为，其确据有足证明者，实有十三点：守淡水城者为商团军，在逆党入城之先，四点钟逆党有数十人在南门山岗等候，而守城商团十余人竟诈作不知，及入城时，已不抵抗，又不告警。农会与逆匪抵抗一点钟之久，商团百余枪并不发一声。其证一。平日淡水城门须到六时才开，是日晨四时就开放城门，预让逆匪闯进。其证二。商团团长系逆匪罗坤之弟，名叫罗恩。其证三。商会会长陈史云前曾充陈逆炯明筹饷局局长，近日信使往来。其证四。逆匪缴得农军枪枝悉存商会，而商团军则荷枪与逆匪同行上街。当匪入城时，有人向商团军告急，说叫伊等快跑，商团军回答，匪是伊等好兄弟，不要怕等语。其证五。是夜商会重要职员均往外歇宿，可见伊等事前已预知，其与逆匪合谋无疑。其证六。逆匪入城后，党部、农会、工会及各革命团体被围攻抢掠，而商界独毫无骚扰，与农会密接左邻之商会，更煌煌然安然无事。其证七。当逆匪罗坤部向淡水各商借饷时，奸商辈大声说出得抵，出得抵，但可惜欠些周到，未能将工头、农头一概拿去打靶等语。罗部乃回报，罗坤即将被获农友、工友提出枪决。其证八。逆党捆缚农友、工友时，商会派员沙玉指明何人为重要犯，何人为轻犯，及押往枪决时，商会诸人围观如堵，临难时奸商尤说不要这样快，再晒多一晒未迟等语。其证九。本年四月，商会包庇奸商黄纶华私运仇货惹起风潮后，十七师四十九团调解了事。其证十。陈史云等与罗坤在沙鱼涌、盐埗头等处组织公司，专运仇货。其证十一。逆党进城，陈史云爪牙古君蔚等殷勤招待。其证十二。援军到后，农会有些家私在商会找回。其证十三。统上以观，此次惨变其为淡水奸商勾结逆匪而无疑。其余种种事实，足以证明者尚书不胜书。总之，此次事变直接为逆匪，间接实为该奸商所主谋，亦因以该奸商为主要犯。呜呼！黄超凡、聂平等同志为革命而奋斗，为党国而牺牲，死固有光荣，但该淡水奸商竟敢在青天白日旗帜之下勾结帝国主义与逆匪，罔顾国家，惨杀救国同胞，实堪痛恨。且此次惨变，应以为该奸商并不止图杀数个救国同胞，实欲乘机扰乱北伐后方，危害我国民政府。似此反动行为，若不将该淡水奸商严重惩处，何以靖逆匪而巩固革命政府之基础。敝处经被难同志家属及各方之要求，特决议七项如左：

一、将商团军枪械缴交该区农民协会。

二、补回死难烈士恤金，至被掳去之三名限期交回。

三、赔偿各机关及农民自卫军之损失。

四、查封商会。

五、查封附逆商会各人员店屋财产。

六、悬赏侦缉此次惨案之要犯陈史云、古君蔚、黄君超等，逆党罗坤、徐武东、严治标、严师、严信、罗恩等归案严办，其赏金应由该商会负责缴交惠阳县党部备领。

七、将已获归案之要犯邓顺等解回淡水枪决。

以上七项要求，望我政府迅予转饬惠阳县长及就地防军执行，并希各界起而援助，俾得早日解决，以慰我被难同志之英魂而杜逆匪将来之祸患。农工幸甚。党国幸甚。临电不胜迫切之至。等情。据此。合行令仰查明，该处奸商果有勾结逆党残害农工确据，即将该商会解散，商团军缴械，严拿附逆奸商，务获惩办，并查封其财产，优恤死者；已获之犯，速交该管法庭迅〔讯〕明严办，仍将查办情形具报查核。此令。

中华民国十五年八月廿八日

委员会议主席　汪兆铭

常务委员　汪兆铭

胡汉民

谭延闿

伍朝枢

古应芬

张人杰

宋子文

〔国民政府公报第43号〕

## 11 国民政府出师北伐告全国人民书①

（1926年9月7日）

自革命领袖孙中山先生推翻专制，创立共和，于兹十有五年。人民始则抱无穷之希望，以为积年威焰一旦推倒，出幽谷，迁乔木，官僚苛虐从兹可以永绝，不料事与愿违，渐失所望。辛亥革命虽已除去中国独立之一大障碍，惟种种困难复从而滋生。前朝达官遗老，藉革命之名盗窃政柄，殃国害民，不为人民谋解放。始则袁世凯帝制自为，继则黎元洪酿成复辟，此后冯、徐、黎、曹、段相继窃位，莫不假共和之名，行军阀之实，兵柄所在，即政权所归，虽有国会，不过掩饰专横之御用机关耳。先总理痛革命未成而国益颠危也，于是继续努力，以广东为根据地，起与反革命者抗。惟时敌势方张，孙总理之志卒不得遂，故至今北方民众尚呻吟于反革命派虐政之下，而反革命派更互相倾轧，延长内乱，涂炭生灵，北方军阀实为厉阶，而吴佩孚穷兵黩武，分裂中华，尤为罪魁祸首。帝国主义者乘机侵略，谋遂大欲，北方军阀日事扩充私人势力，不惟不以国家为念，反甘作帝国主义者之傀儡，以压迫同胞，爱国志士奔走呼号，促其醒悟，辄被惨杀，以为不如是不足以尽忠于帝国主义者也。长此以往，国且不国，是以孙总理临终遗嘱，命同志继续努力，完成革命。今南方军阀次

注：①此系沿用原标题。

第消灭，国民政府方苦心经营，以求实施孙总理之主义，凡政府与人民之合作，人民之扶助政府，皆足征国民政府所履为正途也。国民政府对内力求廓清军阀，对外努力推倒帝国主义，力抗英帝国主义者年余未尝稍懈。北方军阀见南方军阀既已肃清，国民政府之基础已固也，乃靦颜与帝国主义者勾结，冀有以消灭革命事业。此等危害国民革命，阻障中国自由独立之贼，真我爱国人民所宜起而扑灭者也。国民政府秉总理之遗嘱出师北伐，以蒋校长为总司令，委以讨贼吊民完成革命之重任。盖用兵虽危，顾不如是，则中国难免亡于军阀及帝国主义者之手也。敌人拥兵甚众，据地甚广，铲除虽未易言，而革命主义之毕竟成功，大足以坚吾人之信念也。革命成功唯一之要素，在得民众扶助。前此国民政府得以成功于南方者，实赖南方民众之力。此次北伐，深望全国民众亦与以同等之扶助焉。

此伟大历史之问题，帝国主义及贪劣之军阀将继续压迫吾国乎，抑吾人之革命成功，而吾国人民将得解放而获安居之幸福乎，已无可犹豫，即当解决。结果如何，将以吾人行动断之。

吾人奋斗之初步，已令吾人获得可喜之消息，而现时人民之表同情于吾人者，亦已日渐昭彰。此种表现，实出于自然。盖无良之军阀，方予国民以无量之痛苦，而尤以农民所受者为最残酷。盖农民之痛苦，各界人士已尽明了，而彼等生活之惨状，虽有生花之笔，亦难描写尽致。农民因受军阀与年俱增之压迫蹂躏，遂致被逼而联群结队离去生斯长斯之家乡，而糊其口于四方矣。苛细之捐税，高额之田租，放高利债者之盘剥及政治之不公，皆为农民生活艰苦之原因也。不独农民为然，即其他各界如商人、劳工及智识阶级等，亦莫不因军阀之横暴专政而受生活艰苦之祸矣。

本政府根据其昔日政策，谨郑重向吾民宣告，愿努力为全国国民解放奋斗，尤深愿农民得脱离其因担负苛税所生之痛苦。为使吾国经济——尤其是农业——得以发展，本政府谨提出修改征税法及取消额外征收二事，俾得实行，以苏民困。同时，本政府亦愿担任保护佃农免受地主之压迫。关于改善农民政治状况一事，本政府将设法消除鬻卖官职陋习，改良各法院组织，并予农民以组织团体及购置军械以自卫及防盗之自由。至于工人方面，本政府特提出保护劳工，改良劳工生活，及劳工应得组织自由权各口号。至其他各界，如商人经营大企业者，本政府亦担任谋彼等之经济发展，使国家财富亦得因而加增焉。欲达此目的，则调剂金融，实行统一各种币制，改良交通，取消厘金，保护商业各事为首要之举矣。若吾人能战胜军阀，而组织全国统一国民政府之后，将召集国民会议，以巩固革命，并决定吾国之需要焉。

总之，吾民反对帝国主义斗争中之各种重要要求，如取消不平等条约，取消领事裁判权及关税自主各项，皆当首先设法使得实现也。

中国若能消除国内之公敌，如军阀、反动派、贪官污吏等后，将能成一自由独立之国家，而其对外关系亦可自视为有自主权及独立之国家矣。此时内部之组织如何，可由人民会议依据人民公意决定之。孙总理之三民主义（即民族、民权、民生主义）。吾人务须实现之，而欲实现此三民主义，则非自有全国人民拥护之统一政府建设于吾国之后不可。此时吾国吾民之巨大痛苦，亦将同时消灭矣。

对本政府之宣言，凡为吾国之忠诚公民及热心爱国者皆当奋起，以应吾人之要求。此种历史上之伟大重任，吾人必须负担，而欲完成吾人之任务，则非全国国民努力与革命军合作不可。盖吾人之敌，力强而心狠，欲战胜之，殊非易事，故吾人欲自行挽救免陷死亡，舍决志牺牲，别无他法。凡忠诚勇敢于革命者，其速来就吾人之革命旗下。吾人伟大导师吾人先总理之前轨其感格吾人乎！

国民革命成功万岁！北伐胜利万岁！被压迫民族及国民政府大联合万岁！

中华民国十五年九月七日

〔国民政府公报1926年第44号〕

## 12 国民革命军进攻武汉南昌经过概要

（1926年11月）

### 国民革命军第一、二期作战经过概要

自民国十三年以后，岭南逆氛次第戡定，革命策源地，始无内顾之忧，两广团结声势益壮。中央党部暨国民政府秉承第二次全国代表大会之使命，首在打倒军阀，解除民困，且致力全国统一，以与帝国主义者抗争，跻我国于自由平等，而完成国民革命。故于东江南路两役奏捷后，即将吾党主义之师分编七军，任何应钦、谭延闿、宋培德、李济深、李福林、程潜、李宗仁为军长，简练精锐，准备北伐。适唐生智、袁祖铭等闻风兴起，相率来归，复编唐部为第八军，袁部为九、十两军，而以唐生智、彭汉章、王天培为军长。北伐军编组既竟，其在两粤各军酌留必要兵力镇摄后方，余悉抽调出动，遂于十五年六月五日特任军事委员会蒋主席中正为国民革命军总司令督师出征。

时吴逆佩孚遣赵恒惕、李济臣、唐福山等分道寇湘。我第八军拒守衡山附近，四、七两军奉令驰援，七月十日前陆续到，着安仁、永丰集中，即先期提取攻击。以七军钟旅及八军刘、何两师，由娄底河市朱洋渡之线出湘乡、宁乡；八军周、李两师由花石、三门之线出湘潭、株州，直趋长沙；四军陈、张两师由新市、船湾之线出醴陵、浏阳，所响披靡，竟驱敌于汨罗河北岸。其唐福

山一部，则溃退萍乡。我军因待后续部队之到达，乃暂守汨罗河南岸。七月廿六日总司令发广州，八月十二日抵长沙，商定第二期作战计划。编配四、七、八各军为中央军，直趋武汉，封锁武胜关；二、三、十四（赖世璜所部）各军及第五军之一团为右翼军，监视江西；九、十两军为左翼军，进出荆宜；一、六两军为总预备队，【随】中央军推进。

议既决，遂令中央军（四、七军为右纵队，八军为左纵队）于十八日开始总攻击，向岳州、羊楼峒、蒲圻之线攻击前进，务以主力出平江、通城，迅速截断敌人退路，歼之于黄盖湖以南地区，以便攷〔攻〕取武汉。各军受令，勇迈异常。十九日，右纵队猛扑平江，敌将陆澐屡凭险困斗，激战甚久，卒将敌九十七、九十九两团消灭，陆澐自杀，余众悉溃。左纵队亦自长乐街蹑击至破塘口．敌毁桥，据河固守，我由文明桥强迫渡河，将敌摧破，遂于廿二日进克岳阳。敌赵恒惕、李济臣各部狼狈北窜。我随向云溪追击前进。斯时，我右纵队四军克复通城，七军进占羊楼司，残敌纷向咸宁溃退，黄盖河以南，不复有敌踪矣。我因使敌无整顿余裕，急应乘胜追击，乃于二十三日令中央军以右纵队沿武常路追击前进，占领武昌，相机协同左纵队攷〔攻〕取阳夏；以左纵队主力（以二师或三师编为江左先遣纵队）于武昌上游渡江攻取汉阳、汉口。第一军二师于左纵队渡河点下游占领阵地，掩护渡江，监视敌舰。二十四日，右纵队四、七军即进占崇阳，分向蒲圻、咸宁进发。二十六日四军与敌相持于汀泗桥，血战一昼夜，我以一部涉水包围敌之一百团及军官团歼焉。我军团长戴戟阵伤，官兵伤亡亦达四百余人。翌晓，卒攻下之，遂复咸宁。七军胡部则由右侧向咸宁前进，夏部由蒲圻向鄂城前进，抚敌侧背，防其旁窜。敌自汀泗桥败，复退据贺胜桥一带，扼险顽抗。吴逆佩孚率刘玉春、陈德麟各部南来增援，亲自督战。并电孙传芳、刘如琢褚〔诸〕

逆迅由赣边进犯，扰我后方。二十九日拂晓，我四、七军在驾城铺、袁家铺、钟家村、王本立之线实施猛烈攻击。四军攻夺铁桥，尤为奋勇，冲锋肉搏，前仆后继。方敌阵动摇时，吴屡手又退将，冀挽危局，卒莫能御，被我完全突破，吴乘车遁窜至武昌附近，犹复抽闸决堤，企图淹灌我军。幸我早抽调一军刘师及四军陈师集结掌握，专任追击，故敌溃后，我以生力军蹑击，敌无所措，遂于九月一日进逼武昌。三日，七军夏部占领鄂城，缴获甚众，敌之东路亦已覆灭。惟武昌城极峻固，敌因据以死守。我顿兵坚城，势宜急取，决于五日拂晓攷〔攻〕击，令四、七军及第一军二师选拔二百人组织奋勇队，挟炸弹、手枪续梯而登，余部随之同时进攻。炮兵则住洪山阵地，猛射掩护。敌集中火力，俯瞰扫射。我军牺牲极大，未能奏功。然士气不稍顿挫，益加愤激。嗣我左纵队连克阳夏城，敌已陷于四面包围，乃改用封锁政策，敌因外援已绝，军心涣散。至十月十日黎明，我四、八军之一部乘机由中和门、保安门攻入，擒敌将陈嘉谟、刘玉春，人马、械弹全数俘获。

我右纵队自崇阳进发时，左纵队江左先遣纵队，即在嘉鱼附近渡江，直向阳夏前进，沿途堤多水淹，纡回甚苦。另两师，则沿大江南岸行警戒江面，要击敌军宋大霈等部，于五里牌大破之。八月廿五日遂复蒲圻。刘师即于金口附近渡江，九月三日江左先遣纵队何师占领大军山。而以夏师进击蔡甸之敌主力，则由黄石矶、十里铺进逼汉阳，时敌高汝相部，配置于仙女山、扁担山、十里铺之线，蔡家岭、沌口亦有重兵扼守，我军十四日分道进攻，节节苦战矣。迫龟山时，敌以炮火及炸弹向我猛击，我军伤亡达七百余，仍沉着应战，义不反顾，卒于六日拂晓占领龟山。因克汉阳，敌精锐始撤，退保夏口。旋因刘佐龙制其后，乃向黄陂、孝感逃窜。我既略定，留下何、刘两师由刘家庙、滠口向黄陂追击。夏师早由蔡甸径出幸感望风溃走，足无停趾。我遂连克黄陂、孝感、广水，十四日进达东□店附近。适敌将田维勤率五六千人，自豫南援，向我反攷〔攻〕，并以铁甲车冲锋，势甚凶猛。我正面极力抵御，复由右翼抄袭，敌始向后撤退，然犹步步抵抗。我勇往迈进，不避艰险，竟于十八日占领武胜关，鸡公山敌窜回信阳，南来之众，幸存无几。我中央军此期作战任务，于斯告成矣。

我中央军对鄂作战之初，孙逆传芳思利用时机，伸张势力于湘鄂，纷纷调兵入赣。我右翼军已集结醴、攸间，严为之备，后我进逼武昌，逆谋益亟。九月一日，敌谢鸿勋部已抵修水；杨振东部抵铜鼓，大股则由九江、德安一带推进；邓如琢各部亦分布樟树至萍乡及吉安至莲花之线。我乃决心乘敌集中未竣，采取攻势，予以各个击破。总司令自鄂电令二、三两军由醴陵出萍乡进攻宜春、万载；另一部相机由茶陵驱逐莲花之敌。复调六军折回通城，出修水；一军王师由浏阳趋铜鼓，分途迎击。更令十四军协同南雄谭师汝城陆团扑灭赣南杨如轩、杨池生两股，均于六日开始攻击前进。各军奉令，如期发动。六日二、三军收复萍乡。十四军进袭赣州。六军又于七日晨破敌谢鸿勋部于马坳。三路同时大捷。南雄谭师亦攻克梅关、大庾，长驱入赣州会师。

洎中央军占领武胜关后，总司令乃亲率一军刘师转赣督征，时我二、三军已连下宜春、分宜，在新喻附近，与敌邓如琢等部激战三昼一夜，团长邓赫绩阵亡，卒将敌主力摧破，进克清江。敌溃乱渡河，据守樟树，与我隔河对峙，乃留二军监视隔岸之敌。三军则进向高安，附近渡河，拊樟树之背，途闻我六军及王师已克南昌，及抵高安而退出南昌之耗亦至。先是敌杨震东部被我王师击破于铜鼓，退至奉新，复遭我六军截击几尽，于是乘胜挺进。十九日遂入南昌。廿二日敌援四集，大举反攻。我以众寡不敌，撤至奉新、安义之线，与高安三军连络，徐图进取。当是时孙逆各部集结南浔铁路一带，约五万众，邓如琢、蒋镇臣等犹与我军相持于樟树、吉安。总司令乃令一、六两军及王师暂在原防取攻势防御，命刘师至清江警戒三湖峡江之线。而以二军转向吉安，协同十四军解决蒋镇臣部，沿赣江东岸进攻樟树，直下南昌，一面电调七军及独立第一师分道入赣。廿四日，我攷〔攻〕克吉安。二军以一部协同十四军向永丰、抚州方面追击，主力则向樟树攷〔攻〕击前进。洎我二军压樟树，刘师亦由三湖渡河袭敌侧后，至十月五日遂克樟树。敌分窜南昌、抚州。

七军既奉入赣之令，乃自阳新出动，向德安进发。九月廿七日达王家铺，闻敌谢鸿勋引兵箬溪已深入我腹地，决计先歼灭之。于三十日拂晓挥兵纵击，经长时间之激战，将敌包围全部缴械，毙伪旅长龙广荫、谢鸿勋重伤遁死。同日，敌郑俊彦、王良田、彭德铨等犯我三军招山、白仙岭阵地。我三军悉锐出击，十月二日大破之于万寿宫大庙上，残敌退守牛行。

总司令因敌迭被重创，急宜乘时合击，乃以三军攻牛行；六军及王师攻建昌、涂家埠；七军攻德安；二军及刘师围攻南昌；十四军出抚州，堵截敌军东窜，于六日开始总攻击。未开始攻击以前，七军已于三日向德安攻击前进，至距城约十里，与敌卢香亭、颜景琮、李俊义等部接战。自晨至午，敌渐向我左翼包围，我预备队使用已尽，势殊危急，幸官兵冲锋肉搏阅一小时之久，始将悍敌击溃，毙敌千余，俘虏无算。我军团长陆受祺于是役战殁，官兵伤亡亦达千余人，卒占领德安。但以三、六各军未及同时并进，敌得集中兵力反攻。刘凤图、毕化东等复由瑞昌，蹑我后路。我七军遂于五日引还箬溪。六军及王师适于七日占领永修、建昌，闻报转移阵地，至白槎林马附近，与七军切取连络。我三军仍向牛行猛力进击，促我围攻南昌部队之进展。时我二军及十四军之一部协同向南昌进逼，敌岳思寅、唐福山、张凤岐等闭城固守。我二军以一部向抚州方面警戒，主力及刘师合围攻之。十一日拂晓，强冒敌火，缘梯登城，死伤枕藉，鏖战益力。十二日晚，敌乘我酣战之际，遣敢死队数百人，潜出狙袭，我尽歼之于城下。我军连日亦阵殁团长廖新甲、文志文、张汉章等三员，伤亡官兵数百人。初敌围困城中，则纵火泄忿，延烧数日，城且尽烬。总司令徇民众之请，乃于十三日下令撤围，以二军戴师于丰城监视南昌之敌，主力向抚州转进，协同十四军扑灭抚州之敌。同日，敌刘凤图、毕华东果来袭我七军及王师，逆击之王家铺大破之，我团长吕演新亦战殁。自后我因改变战略，乃暂中止攻击。其时南浔铁路一带为敌主力所在，利用铁道运输，战态敏洽。而据南昌者，仅邓如琢残部，我若摧其中坚，则余敌迎刃而解。

总司令乃于十九日颁肃清江西残敌计划，因武昌已下，即电调四军入赣。二十日，我克抚州，乘胜至进贤，封锁抚河东岸。二十八日，四军独立第二师已先后集中武宁。于是颁总攻击令，以四、七军及独立第一师攻德安、涂家埠；六军攻乐化，奏功后，夹击涂家埠；三军以一部牵制牛行之敌，主力由蛟桥攻其右后；二、十四两军以一部向东乡追击溃敌，主力向谢埠市、邓家埠之线进逼。南昌部署既定，遂于十一月二日开始攻击。是日，四军攻克德安，敌自马回岭来援，又击破之。三日，独立第二师经马回岭，直趋九江。七军向涂家埠攻击前进，在九仙岭附近与敌激战，至四日，卒将敌击溃。六军及王师亦破敌于芦坑，追过乐化，进击涂家埠。独立第二师于是夜占领九江、德安、马回岭间，敌归已断，尽被缴械。五日，六军占领涂家埠，敌卢香亭退走吴城，适七军自德安来会，简锐猛追，敌军全覆。俘其旅长刘士林。卢香亭仅以身免。至牛行、瀛上之敌，凭藉坚固阵地与我三军抗战毕〔异〕常激烈。嗣我二军戴师及警卫团补充第四团陆续加入作战，分翼出击，敌始摇动。又以白参谋长崇禧率军由涂家埠南下增援，乃乘夜渡河，向余干方面窜去。六日晨，白参谋长即率七军陶旅及二、三军之一部为追击队，跟踪追剿，至滁槎附近，将敌完全消灭。俘官兵一万五千余人，执伪军长李彦清、王良田、杨广和以归。时敌蒋镇臣部逼困在附城，亦被我三军缴械。岳思寅、唐福山、张凤岐等部弃城窜七里铺。我三军悉数围缴，擒唐福山、张凤岐。遂于七日入南昌。自此次开始攻击，阅时凡七日，孙逆入赣之师丧失殆尽，江西全境次第收复。虽云：我军革命军具有伟大牺牲精神，故能奏此奇绩，然非吾党主义深入人心，又曷能至是也。

〔国民政府军委会档案〕

## 13　蒋介石等在南昌军务善后会议上报告

（1927年1月）

### （1）蒋介石致开幕词（1月1日）

总司令致词

今天是本会开幕的纪念这一天。当去年出师北伐的时候，在长沙曾开过第一次会议，现在这一回算是第二次了。自去年广州出发北伐，到现在为止，已有了六个月。这六个月的中间，本军所得着的教训、经验和种种的缺点，都要从这回会议来改进。不仅是改进我们本军的缺点，并且要改进我们中华民国十五年来不良的军制、军政，通同要有〔由〕这回善后会议来改良，所以这回会议是要把我们中华民国以后的军政、军制以及一切的法令通同来确定。如果这回会议，没有很好的成绩，那末，我们国民革命军的军政、军制、军费是不能够精确统一。既不能精确统一，则总理所遗下的责任，恐怕我们不容易达到完成目的。所以这一回军务善后会议，虽名叫做善后会议，实在是预备建设的一个善议。诸位要知道，我们这会的责任是这么重大，务要大家慎重讨论，将来供给军事进行的方法，就在此一举呢。

总理去世已一年多了，从前他常说：平生所念念不忘的，是中华民国徒有其名而无其实，尤其是对于我们军人非常愤慨。因为多数军人，都是戴着革命的假面具，不肯努力，不肯奋斗，使他一切的主张，不能够实现，所以弄得中华民国十几年来，国家分崩离析，人民痛苦流离，没有一点革命成绩，能达到总理所希望的这一种政纲政策。这是我们本党全体的同志各个人所应该引咎的，并且是我们各个人所应该担负的责任。

民国十几年来为什么国家不能建设，革命不能成功，弄得人民痛苦流离，无所依归。这种原因，固然复杂，但明显的多半是一般不肖的军人，只知自私自利，做了一个党员，不负党员的责任，不晓得党员的意义，往往为一般政客所利用，争权夺利，弄得军政、军需不能统一，民政不能独立，人民的生活一天困难一天，兵士的生活困难更甚。若长此是这个样子下去，则革命前途自无希望，恐怕还要失败。那末，我们诸位做国民革命的武装同志，不独是对不起先总理及一般已死的同志们，并且是中华民国一个千古的罪人。

假使我们军人早有觉悟，当民国元年我们总理创造中华民国的时候，本党的武装同志、革命军人，通同能够遵照总理的意志，服从总理的命令，军政、军制通同能统一起来，军需财政通同能独立起来，事事都照总理政纲政策进行，使得军队通同能够真正成党化的军队，主义化的军队，人民化的军队，那末，现在我们中国，不会成这样了。

现在我们革命军的军队，表面上固然是很整齐，然里面，对于纪律、系统、统计还没有十分改良，名为革命军，事实上不能照我们真正的革命方针做去，所以才要开这个军务会议，由这个会议来改良我们从前一切不统一的、复杂的、纷乱的及一切不良的种种弊病，同时促进我们的军制统一、军政统一、军需统一，并确定我们的兵制、兵额、军饷，必须使我们的士兵个个能够有很好的生活。我们军事进行、政治工作，通同能够依我们党的方案做去，使军队同人民真正能够起来做一个民众化的军队，廉洁纯粹的军队，这是我们这回会议各位所担负的使命。所以我们对于这回会议，一定要郑重的、精密的来讨论，方可得到一个圆满的结果。我希望诸位对于上面所说的几件事情格外注意，实实在在做到。

现在革命的责任，还没有完成，军事还没有结束。鄂西的敌人虽然被我们打败了，但是鄂西情形还是混乱的，不但是军政混乱，民政财政尤其纷乱。其所以弄成这样地步的缘故，大概是地盘主义的思想还没有打破。我们以后，一定要打破这种见解。如果能够注意这一点，革命一定可以成功，革命的胜利，一定可以操左券。

现在敌人是很明显的正等待我们去攻击他，等待我们去消灭他。所以我们要快把军队里面的种种重要事情，大家来详细精确的来讨论决定。决定之后，敌人是不成问题的。我们要知道，中国国内的军阀，不足当我们的敌人。我国的敌人，是外国帝国主义者。但是我们内部，有很好的军政、军制，能够统一团结，那末，帝国主义者在中国的势力，一定可以驱逐、消灭，没有问题。所以我们这回军务善后会议，又可以说是建筑我们打倒军阀、打倒一切帝国主义的一个基础。基础定了之后，那末，我们的革命一定可以成功，我们的国民革命一定可以得到最后的胜利。到那时候，我们军务善后会议的责任，才可以说完成了。我希望诸位对于这个会议，格外郑重，一定要达到成功的目的。

### （2）加伦演说（1月1日）

加伦将军演说

我们革命军的责任，是在解除民众的痛苦，解放一切被压迫的人民。所以我们的革命，必须抱有一个条件，才可以说得出来。什么是条件呢？就是为主义而战的条件。因为我们到了江西后，军事现在还没有整顿，所以要开这个善后会议，来改进一切军事，补充军队，统一经济，以为我们进行的基础，完成自由平等的独立国，作为世界上民族的模范。但是现在敌方军队表示南下，我们可决定这敌军南下是快的，所以我们要积极的整理军务，才可以对付，才可以得着胜利。刚才蒋总司令不是曾经宣布一切应行改良的方法范围吗，所以这回开会的情形，责任上是很重大的。诸位能本此意来讨论，结果必然是很好的。诸位以为何如呢？

（3）蒋介石致闭幕词（1月7日）

各位同志：这回的会议——军务善后会议——正是今天闭会了。这一回大会，因时间很匆促，不能够详细的讨论，所有各种的法规，虽是要经过整理委员会整理之后，才发表，才公布，但我相信这一回会议的结果，比未开会议以前，一定要进步得多。现在举行闭幕典礼的时候，兄弟有几句话，趁这个机会贡献各位同志。

当现在革命的时代——尤其是在军事时期，革命的过程中间，无论是“政治”、“经济”统计，这种时间上的逼迫，发生出来的现象，实在是革命的过程中间，一定要经过的阶级，比较起来，现在中国的革命过程中间，种种的要求，比各国都好得多。各国革命，在革命期间，正是军书旁午的时候，那有十几天的功夫，从从容容的集合各高级官长，来开这样重要的一个会议。现在各军的事情，虽是很觉纷乱，但是我们可以仍旧集合在一块，讨论整理的方法。这一点是我们很可以安慰而且快乐的。不过，经过这一回军务善后会议之后，各位对于这回会议的意义和精神，始终要保存着，不然便辜负了这种难能可贵的会议了。这回会议的意义，最重要的就是要各军急速从新整理，整理之后，预备第二期的北伐，赶紧完成总理遗交给我们革命的责任。

整理的要点，大概讲起来，就是事业要有系统，有条理，有统计。我们中国的大毛病，不仅是军事、政治杂乱无章，就是一切的事都是一样的有个病根。这个病根是没有系统、没有条理，没有统计。所以一切的事情都弄不好，譬如想整理军队，就要晓得各军的现状，同各军的数目，不仅是人员、马匹、枪炮、子弹，种种数目要明白，就是士兵生活，士兵教育，很细微的事都要明了的。各军里面，无论如何，先要有一个详细的调查统计的报告。根据调查和报告，才可以做一个整理的计划。现在我们各军，虽是有一个系统和统计，但我断言，这种的系统和统计，是不精确的。外国人常常讲我们中国人没有统计能力，这种话我们中国人也须自己承认的。我们中国什么都做不好，都没有条理，我们要晓得就是没有统计才力的原故。所以大家要从统计上加以注意，至低度也必须要同外国人一样。那末，以后各军务必要有精确的统计，详细且确实的报告。军长监督师长，师长监督团长，团长监督营长，营长监督连长，这样子的认真切实做去才好。现在统计不明白不精确，要补充也补充不了。发饷项的数目也没有标准。单就经理一方面讲，也是一个样子的。从前军队里最大的毛病，就是经理的整理。经理的毛病，就是没有统计。譬如发饷，无论发了几多，或按照规定发给，下级官总是不足。往往拿经常费作临时费用，把临时费用了，还不报告。诸如此类的事很多，这不过是一种罢了。设若没有统计，那么补充、检阅，统统都困难。不能够有一个整个的计划来整理。请各位对于这经理上更加要特别的注意。不然的话——上级机关对于下级机关，总是要蹈不敢催他造销报告的覆辙。照道理说，本来下级机关对于上级机关应该随时或按期有报告的。现在多不是这样子的做。这实在是一个大毛病。至于要他报告的时候，他的报告总是钱不够，不管他是应该在报销，不应该在报销之列，笼统的报销上来。这样子的情形弄得下面不能整理，上面各机关也不能整理。所以各军、师、团、营、连要是再不改变过来的时候，国民革命军一定还没有好的结果，一定要失败的。设若我们要想不失败，就是先要整理军队。要整理军队，就是要有很精确切实的统计。因为没有统计，没有系统，各军的毛病就层叠出的发生出来。设若有了统计，那么一丝一毫都有很精密的记载，办理起来，都是极有秩序而且应付裕如的了。所以我们真正做革命军人，完成革命的责任。无论是关于全体或者是一部分，一师一团乃至于一营一连，总希望大家把本身的任务认认真真的担负起来，切切实实的整顿起来。不然的时候，很难希望得一很好的结果。现在我们国民革命军的通病，都是从没有统计中间发生出来的。以后要请各位照着法规做去，时时刻【刻】的留意，照规定的方法，按时报告才好。这一次各军还是没有报告齐全，各军统计还不能够精确，所以无论补充，无论统计，都感困难。平时如此，战时更加困难的了。这就是军务善后会议最主要的一点。国民革命军将过去的事实，预备以后的计划，设若统计不了，系统仍是杂乱没有条理的时候，那末各位从千百里来到这里，真是徒劳往返，与会议的精神违反的了。实是一种无意义的了。以后各军务望切实的做到，并且报告还要很详细很切实才行的。

我们要求革命成功，是没有第二方法的，是什么呢？就是要整个的，无论什么事情，设若联起来，组织起来，成一个具体的整个的——就有他的意义和价值，并且是很有力量的了。我们革命是联合起弱小的民族起来奋斗、自尊、自重、求解放，集中在一个党国上面，所以是一个整个的。不然的话，无论军队，无论党员，就无所遵从，一定很难得一个很好的成绩。譬如军饷、军械和兵士，尤其是要就全盘来规划，换句话说，就是要整个的统计，不是各军现在得了许多枪械、子弹或金钱，就由各军自己补充好了。各军的人员、军饷等也有多的，也有少的。若没有一个全盘的计划，无论得几多东西，十分充足，却是自家充足，旁的军队不充足。那么军事上的关系——知己知彼百战百胜，自己便不知自己，那么一定不能存在，一定给敌人打破！我们国民革命的成功，是全体的成功，失败是全体的失败。没有自家成功，而全体失败的；也没有全体失败，而自己会成功的。我以为革命军要整个儿的，换句话说，国民革命军是统一的，是同隶属于一个党的民众的。如以军饷说，财政不统一，各人在各地上仍旧包揽各个的。所谓防区包办制度，割据式，那么一年无论有多少收入，到后来一定失败的。一人如此，各军就受很大的影响。从前革命之所以不成功，原因就在这一点。十五年来，弄得民不聊生，试看国内的军队，那一军发生出来的时候，顶多三年，再不能出三年之外。从前三年内起起伏伏的军队，都是这种原因使他失败，使他消灭的。现在没有失败表现出来，只有唐继尧是例外的。却是他的病点，是在什么地方呢？就是在个人揽个人的，没有整个的计划，没有就全体着想。不能照政府所定的方针处置一切。所谓不患无法，患在法不能行。所以军队怎么好怎么多。一定同旁的军队一个样子失败。所以我们希望军队成功，不是希望一军可以成功，是希望各军都是一个样子，然后才可以成功！不然的话，或者军饷我多一点，补充多一点，或者军械充足一点，这是不相干的。革命没有整个计划，一定失败的！所以以后，要详细找出现在所发现的缺点和毛病来。从前革命为什么失败，所有的缺点毛病，一条一条的详细研究出来。拿这个毛病完全改掉，缺点把他补上，所有的事权集中在政府里面，由政府的力量去处置。我们军人不能干涉一点，要是干涉一点的时候,不仅是自家不能成功，并且把累全体。不啻自家宣布破产一个样子；现在国民革命是“公开的”和“整个的”两个原则。不然早已失败的了。我们细细想一想既往的历史，设若有一点为个人，是自私自利的。这种心事从那一天起的，我这一军一团就从那一天失败。失败的原因就是动念的那个动机，所以我们同志们，革命的经验，所得的缺点，希望我们大家赶紧补救起来，赶紧改正过来。一定成功一个整个的国民革命军！一定成功一个真正为国、为党、为军队、为民众而革命的。要是这个样子，不仅是各军可以成功。就是我们革命军的责任也可以告完成了。各位对于革命的成功，务须要注意到在整个的这一点。

我从前在广东，同各位同志讨论建设国民革命军的时候，我常讲演我们革命军除主义之外，还有三个原则可以使我们革命成功，主义是我们革命成功最紧要的中心。主义之外三个原则：第一是编制；第二是纪律；第三是精神。倘若我们的编制比敌人的好，比敌人编制相宜，即单就编制的妥善，就可以打破敌人。至于我们的纪律好，军队一定是有秩序的，有训有练的，将士是同心的一贯的，我们也必然的打破敌人，那没有纪律的乌合之众的军队。说到精神，更是要紧的了。精神是万事的主宰，如果我们有精神，敌人没有精神，我们一定打破他的。现在我们的敌人怎么样呢？我们的敌人奉军已经改编了新的编制，不过他完全是乱七八糟。也有旧的在里面，对于各国的编制也没有研究。就是抄袭外国的老文章。外国是这个样子，我们也是这个样子。不管外国的编制对于中国适宜不适宜，一概不管。他们和我们有研究而编制的军队作战，我们一定是可以得胜利的。我们一门炮可以打敌人十门炮。一枝枪是可以打敌人十枝枪的。在江西作战就是这个样子。敌人的炮差不多比我们多十倍、百倍；枪也比我们多十倍、百倍。但是我们得胜利了，是在那里呢？就是我们编制研究得好，可以打胜敌人。其次就是纪律问题。现在我们敌人没有纪律，不仅是对于人民骚扰没有纪律，就是对于他自家本军，士兵同官长，下级对于中级，中级对于上级，统统没有一个纪律。只是自私自利，只是奸淫掳掠，子女玉帛的搜索。上级官不能禁止下级官，下级官比上级官更抢得厉害。所谓上下交争利，那么下级官更是不守纪律的了。这样子的军队，没有不失败的。如果我们军队比敌人的好，当然敌人失败。所以作战的胜负，纪律的好坏是预先可以知道的。至于上行下效，更是紧要。今天统统是军长、师长在这块地方。设若我们高级官长先守纪律起来，就可以使在中下级的守纪律。要是高级官长不守纪律，要下级的守，是做不到的事。这种事情，高级官长要特别注意。我们以身作则，无论什么事情，要照我们党的纪律，要照军队的纪律，拿总理教训，一条一条的做到。这个样子我们革命军可以打胜敌人的。此外，精神方面，刚才讲过的。精神本来是无形的。不可〔过〕也可以会有形的表现出来。我们军队有个主义，用政治工作来表现他，就是具体的东西。政治工作这一点，是敌人万万不能及我们的。我们有这个精神，所以能打胜敌人。我以为国民革命军累次打胜仗的要素，除主义之外，革命军没有其他长处。物质、体格、教育、训练统统比不上敌人的。我们所长的，我们所战胜敌人的，就是在这三个原则。所以我在黄埔学校里头对各同志所讲的，我们以后的军队要注意这三个原则：（一）编制；（二）纪律；（三）精神。现在我们革命军已发展到这个程度，我们打胜仗的要素，就是除主义之外，还有这三个原则。要请各位保持这三个要素。不仅是要保持，并且更加要比从前进步才好！可是，现在比从前不如的了！凡是军队经过一回战斗，纪律就要坏一回，精神一定低一回。我们要晓得，现在已经有这种毛病了！精神堕落下去了！纪律要废得差不多了！我们更加要经心致意的、时时刻刻的防着。要使得经过一回战事，能够保持从前的历史，保持从前的胜利。除保持从前胜利之外，要将优点维持住，并且还要使他进步才好。这是对于各位同志贡献的三点。

刚才所讲的归纳起来：(一)就是我们国民革命军的要素：(一)编制；(二)纪律；(三)精神。其次，就是要注意统计。军队一定要有统计，没有统计是不能成功的。并且统计还要有很精确的才好。此外，要紧的地方很多，各位在战斗经验上一定是宏富的，不要兄弟来讲的了。我所贡献的就是统计，各军的统计，就是我们胜利三要素里面共通的一点。今天趁这会议闭幕的时候，特为大家提出来贡献送各位同志的。

〔国民政府军委会档案〕

## 14　李大钊关于主持北京政治分会报告书

(1927年1月25日)

北京政治分会关于军事、政治、外交之最近报告，附致季龙、烈武、孟余、励斋一函。兹将北京各方最近情形，分别报告于后：

(一)关于靳云鹗之第一次报告：

靳云鹗派其参议杨湘为正式代表，于去年十一月廿六日由信阳抵津，与张【作】霖接洽一切。

去年一月在靳未被免职之先，杨为其驻京办公处处长。

靳所最亲信者，乃其参赞张淑平（兼督战司令），其次则惟杨湘。靳之机密，惟张、杨等四人得知。关于靳方之消息，皆由杨处得来。兹分述如下：

甲、靳代表杨湘与张作霖之接洽：

杨湘携靳云鹗致张作霖之亲笔函于廿六日到津，经靳云鹗(无日不在张处谋组阁)之先，容于廿八日晤张于蔡园，当以靳函交张。其函大意如下：

(首为普通应酬语从略)河南大多饷绌，我【公】亦必知之，倘贵军入豫，势必引起无穷之纠纷，想我公亦筹之熟矣。以今日河南之兵，足讨平赤贼之用，其所以屡言进攻而终不能者，纯以饷械缺乏之故。倘我公能接济饷械，规复武汉易如反掌。兹派杨湘晋谒崇阶，乞赐示训。

此函原文不长，其拒绝奉军措辞，则十分坚决。右不过述概，且不完全。张读靳函后，乃与杨为下列之问答。其十分之六七，乃其原语。

(杨)：现京汉军事非补充饷械不足言发展，靳将军的意思，是想上将军对于饷械方面有充分接济。

(张)：接济饷械是可量力办的，但必有具体办法，容与翼青详商之。请你回去向靳将军说：只要他能努力作战，功名是有的。

(杨)：靳将军讨赤心决始终不渝，功名之念，却极淡泊。

(张)：那更好办了，好让我与翼青商妥办法后，再告诉你。(作送客状，杨乃辞去。)

张与人正式接洽，只寥寥数语，其与杨之谈话，亦只此而已。

廿七日，奉张与翼青秘密兹事。张云：只要你老弟能加入安国军(即拥其为总司令之意)，接济饷项便可照办。请你把这个意思告诉杨湘，这里有我答你老弟一信，亦交杨带去。

靳翼青以奉张之言告杨。杨云：这事我不能作主，我离信阳时不知有安国军的组织，只好回去请示。

奉张答靳之函，完全的大意如左，间有数语，亦系原文。

杨参谋来述志弟意旨，并承惠书，亦经解悉，所谓讨赤决心，始终不渝，深与鄙意相合。作霖入关后，迭与各方交换意见，签〔佥〕谓挽救危亡，惟有澄清赤祸。武汉居全国中心，倘任赤祸盘据，流毒无穷，敝军拟南下，绝为助谋规复武汉，绝无地盘之念。近来迭与玉帅商洽，只须豫军进攻，敝军定又中心南下。至于贵处饷械缺乏，深望量力为助，务望志弟联络各部，克日进攻。再魏君益三处亦望志弟时相励勉，自郭贼伏诛，所有郭部除魏而后皆已反正来归，作霖无不宽容，一体优遇。孙君馨远曩为我仇，今亦为我友，此皆魏君所明瞭者也。作霖早有将魏部收回之意，只明〔因〕讨赤正在进行，不能不暂归玉帅节制。作霖对于魏君固无芥蒂，且望其有所发布。现在规复武汉刻不容缓，魏君若能努力，前途未可量也。（张之劝魏实为劝靳之暗示）

云鹏以亲笔函致乃弟，交杨带去。其函大意如下：

（一）述奉张为十五省区之拥劝，靳不可轻北重南；

（二）述奉张亦颇愿吴之下野，而以靳；

（三）述奉张极欲拉拢靳云鹗。

云鹏时以函电劝乃弟勿附党，而靳终致答其兄弟感情极不洽，今春以新直系之运动，一度归于和好，最近则又水火不相容。云鹗接云鹏函时，语又曰：动不动摆其哥哥架子，我十七岁便自立于外，军功尚不求保，现在还有求保的不〔必〕要吗？

奉当时已两度许靳云鹏组阁，因始终不能为奉拉拢乃弟，故组阁终不能实现。

得天津电话：云鹗又会翁参议来京，携有靳致奉张之第二函，请杨再赴天津，将第一函交张，杨遂于是夜八时再到津，当夜将第二函交张。其大概如次：

（首述杨参议携第一函来京接洽，次述饷械支绌，仍望进攻。）鄙意以为赤祸固当讨伐，然释其真赤者而讨之，其不赤，或似赤而非赤者不当讨伐，且当怀柔之，以张讨赤之势，夫然后真赤乃可歼灭。

是夜张阅靳第二函后，当谓杨曰：兹事体大，容我考虑。杨参议先归，将来由云鹏转达令弟可也。

杨亦知奉张一时不易答复，而云鹗亦告翁参议云：第二函只须交与奉张即得，不必听其答复，故杨遂于二月〔日〕晨八时返，因来之车头为路局夺去，再三交涉，于三日十二时始行放还，乃定于四日晨返信阳。

杨之此行，可谓毫无结果，然靳之意，亦非真欲与奉张携手者。其重者，为拒绝奉军南下。至于第二函，则为进一步之表示，奉方曰：吾已与南方之一部分将领相结合，倘奉军而竟南下，则惟有联党抗奉，不可谓言之不宣也。

乙、靳方之一切

第一步联陈调元：靳第一步联陈调元，前月已完全成功。其结合性质，颇似攻守同盟。其与陈关系，实为最亲切。靳、陈二人无日无电函之往返。陈之如何对付鲁军、孙军？如何与党方接洽？事先一一得靳之同意，对付南北双方，实取同一步调。

旬日前靳陈二方即已商洽，如果一方受奉鲁之迫胁，他方起而应援之。

为防止孙鲁奉之压迫，陈望靳能占领海路，在靳为谋自身之发展，亦未赞同，陈告靳云：只约靳军能至陇海线，则皖军可拨若干驻陇海线。倘能将郑保间之一段占领，则豫皖两省之防御外患，当有相当把握。

关于靳在陇海线之秘密布置详后。靳之联陈，在靳自视为得计，对北抗奉南下，对南谋优越条件之取得及避免党军势力之侵入，且可进而谋与党军中之一部将领组织一种新势力。

第二步联党：去年十一月中旬，靳尝语左右曰：吾不联党有何可以联络，消极而言保存；积极而谋发展，皆有与党方携手之必要。惟我所疑虑者，党方无诚意耳，恐党不能许我优越条件耳。

靳确有联党诚意，对生智两次派来代表，俱优礼有加，田军所获侦探内有女的二名，中有一十八岁者，削其发乔装为男子应募入田军为所发现，田欲杀之而靳反对，至今二女犹存。靳对樊亦有〔友〕好，武汉失守败退信阳时，靳司令车殿后，车辆拥塞阻于信阳以南，樊军追赶至急，靳及僚属颇为震骇。及后樊忽终止追击，未几樊派人告靳曰：闻前为靳将军之车，立即下令停攻，靳深感之。靳语人曰：或与党方携手之意甚坚决，当谓战吃紧之际，武胜关之党军□方郑州会议，玉帅严词诘责，何不进攻，而我俱以饷械缺乏为言，不肯下令。当日田维勤急欲进攻，非我按兵不动，则武【汉】早非党有矣。我曾为党方大大出力，不知党方察觉否？

在未与党方妥协之先，靳不能公然反奉，故靳对外仍辩其与党方无关。但自认党军之中之一部带有温和色彩者有所接洽。去年十一月间，党方派至信阳之代表，实皆以唐生智之名义派出，在靳氏及其僚属，亦明知与唐妥协，即与党方妥协，蒋、唐固完全一致也。第二次派至信阳之代表年廿余，其言辞固完全代表党方，而非有温和色彩者，故靳及僚属亦称之为党之代表。

靳口口声声恐党方无诚意，乃恐党方无优越条件之许。所谓优越条件者，乃在代表至信阳曾谓唐拟许靳自由驻兵湖北之条件，在靳殊不满，与张淑平（参议）等推敲研究，从前我们不是已得报告吗？党军已划河南为国军，好象是西北军归入党军条件之一，党军对豫不过助西北军进攻，不对西北军未出潼关，故党军对豫迄未用兵。此说仍系事实，否则党军何必要我到湖北。由此见党方之尚不欲向西北进展。不然何以不要我取直鲁，而到湖北呢？如果我到湖北，未免太无意义了。我还要担个国民党之名，太犯不着了。靳与左右研究结果，询问党方是否不攻直鲁。如果不攻直鲁，则请以河南让彼，肃清后归彼之地盘。杨湘以十二月四日返信阳，三日晚得靳来电，谓与党方接洽，已大进步，言外之意，嘱杨不必与奉周旋也。

第三步抗奉去吴：靳已切实决定，非与党方正式协定，且得饷械之援助时，不能为露骨的抗奉去吴行动。

以前靳因疑党方之无诚意，颇觉与党方之正式协定一时难以圆满成立，而奉方尚有调军入豫之准备，乃认对奉有行缓兵计之必要，遂派杨湘到津。既示其倔强，复露其柔软，二者维系兼施。然究重于柔软，使奉知靳非毫无联络之可能者。及后又派翁参谋北上，以暗示党方一部将领已成立谅解，对奉示威，则又纯然示其倔强意思，即与党方之谈判将有进步之故耳。即此一端，已可见靳在未与党方协定之时，决不肯明白抗奉也。靳氏所以必须先与联络，而后始可抗奉去吴者，重要原因如下：（一）饷械缺乏，比较殊属不易之若大军，本年以来只发饷三成，给养方面，近月以来已由白面改吃黑面，日发几分钱之菜钱，（兵士二分，中级军官四分）军心实即疲乏。（二）田维勤尚不一致，前线军队惟田、靳、魏三军，其分配情形如下：

| | |
|---|---|
| 东 | |
| 右翼 | 任师 |
| 右路 | 魏益三军 |
| 中路 | 田维勤 |
| 左路 | 靳云鹏军 |
| 左翼 | 庞、梁二师（靳部） |
| 西 | |

武汉失守以来，豫南实未交战一次，党军与北军在两月以前早将一切军事行动撤销，南下旅客至信阳下车，步行二十里至柳林（党军所在地），可搭车至武汉，双方皆不检查。

三军中田军纪律最佳，魏军最坏，靳军则介乎魏田之间。

魏与靳完全一致，魏与田则颇隔关；靳之性暴，田则素有奸滑之名，双方不能投契。二三月来，田固时欲与党方谋妥协，而樊钟秀不信田，明示不屑为伍，因既不得志于党方，乃不得不忠吴。

靳之意，正式联络党方以后，抗奉去吴，而抗奉又在去吴之后。盖吴去，始可得陇海线；得陇海线，然后可以抗奉也。

在去年十一月初旬，靳已暗为夺取陇海线之军事准备。张英华就豫后，实业、教育、财政三厅皆靳参议，三厅长承靳之暗嘱早为暗出陇海线之准备，其最要者即为联络沿线土匪与军队也。

靳之性暴，不甘屈服，不愿受人指挥，然治事确能负责任，事必躬亲，不假手，体弱，食鸦片每日三两。目前财产一空，其妻首饰即早充军饷，鸡公山别墅亦被抄毁，现其妻寓汉口法界。论靳之性怪，有一事为证。当武汉紧急时，吴派蒋雁行至靳，请靳督战。靳怒谓蒋曰：既用我，复疑我；无事时，不让姓靳的；有事时，可以卑屈相求，我非可以任人事摆弄者。蒋旋求至再，声泪俱下，靳不为顾；蒋不得已，双膝跪下，靳仍不顾；甚至克〔跷〕其两足于床之栏上作睡眠状，蒋狼狈归去。左右谓靳曰：大帅是上官，总不能亲自求，派参谋长为代表，隆重已极，蒋且居总长之职，亦有相当资格，将军任其长跪，太令吴难堪，将军似应函吴应其所求。靳忽然曰：不行，不行，谁要他跪也，不过三十分钟非数小时之久。

由此可见靳之性情如何矣？靳云：愿望不仅在作一省主人，实欲作时局重要人物，且有操纵北方时局之宏愿。故新直系之失败后，欲作再造新势力之企图。对奉鲁，且主张驱奉鲁于关外。盖靳之地盘目的第一在山东，第二在直隶，欲大江以北，长城以南之地，尽居于新势力之下。外传靳与党方一部分将领及陈调元之联络，乃系实执行其新直系之计划者，即奉鲁亦非如此观察，且疑孙传芳亦在其内。孙之北上请兵，即欲完成此种阴谋。凡此实皆完全不确。

孙靳之间，自去夏靳自免职之后，恶感甚深。靳对人骂孙曰：这小子太毒辣了，我被免职，他即望风转托〔舵〕，我已上他的当，不能再上他的当了。最近靳孙二人仍无往来。

当日新直系运动，陈文剑、王维城、王维蔚等皆在，陈为靳旧部，今者皆弃靳而忠吴，皆因靳性情太坏之故。孙传芳复归于奉，新直系之计划无实现之可能。

靳氏认其自身终不与党方联络，北方无可与联络之人，惟联党方面有生存之〔必〕要，其与党方正式协定久未成立者，实欲党方能予较优之条件。新势力之计划实建筑于党方联络之基础上。盖系拟与党方之温和派及陈调元等，甚至而西南、川黔等省之将领联络而成一新势力也。

预计靳氏与党方正式发生关系，取得河南后，必积极设新势力之实现也。

右系十五年十二月所得报告。

（二）关于靳云鹗之第二次报告

兹篇所述，乃十二月中旬前（反吴攻讨前）靳云鹗之一，然就中在在皆足注意。当兹吾方与靳发生关系之际，欲自后对靳为相当合宜之对待或处置，尤非明瞭。兹篇之内容，不可轻忽视之也。

兹篇附带述及佩孚、宗昌及奉派方面，并奉吴最近关系及中央政局之种。

此篇系六、七两日随时访得随时录出者，故前后必有不一贯之处。

一、靳与党方谈判久未成功之原因，根本由于未得地盘，认第三势力可以成立，先取河南为基本地盘，倒寇失败，转向吴输诚。

二、吴决示讨靳，靳输诚无效，乃准备抗吴，吴讨靳之前一旬，靳即准备抗御矣。

三、靳与宗昌之接洽，亦提议联唐讨蒋，宗昌绝无与党军立战之意，待孙攻取上海。

四、靳云鹗、李景林之谈片，奉方真愿扶植云鹗，吴佩孚之太太派靳云鹗之拉拢景林，靳氏兄弟性情，云鹗□之兴迁，初时谋加入党军，将来再组第三势力后即不加入党军，急组织第三势力，欲立足于党军之间，进行倒党，联络奉鲁。

五、被讨后之靳云鹗，魏〔未〕必一致，奉不重视佩孚于京政局。靳云鹗二次派参议杨湘为代表，于十二月十七日由信阳出发，先与张宗昌接洽，继而北上与张作霖接洽等情。前已根据信阳来电，具有报告。兹杨湘已于前日（五日）午后一时由南京经过天津来京，其在郑州、在南京、在济南之全部接洽情形及其所见所闻纵属十分秘密之事，探访皆一一得悉无遗。依据此信阳至郑、宁、洛、津之后次序，一一记录于后：十二月十七日在信阳，靳与党方谈判久未成功之原因，根本由于未得地盘。谓第三势力可能成立，先取河南为根据地盘，第一步逼寇下野失败，因畏吴，转向吴输诚。靳云鹗第一次派杨湘与作霖接洽，其接洽详细情形，当时已依据事实报告之矣。杨湘已于十二月四日由京南下。杨离津时颇以靳与党方之合作，业已签订成立。盖靳氏来电谓：谈判已大有进步。而靳又派翁参议北上，以第一函致张作霖。温和分子似与党方谈判，联络党方。乃杨十一日到信阳，而后则靳党间之谈判依然未得具体成立，是时党方派党代表四人到信阳，已十七日晚间离信北上，四代表则于同时离信阳南下返汉也。

靳与吾民党接洽已有如许之久，信使往还频繁已极，而谈判迄未具体成立，其故果安在？第一，靳不欲归附国民政府，而欲联络吾党之温和分子樊钟秀、陈调元、冯玉祥，或并西南，川黔等省组织第三势力。第二，吾民党未许以适当之地盘。第三，欲以一已之力驱除吴系，尽先取得河南为已有。兹将右之三项更为详细之说明，并附带说明：自十一月以迄十二月中旬，靳氏对南、对北之态度、言动〔论〕，十一月以前之情形已详细前时报告。第前次报告书已言，靳有组织第三势力之决心，惟在九、十两月及一月上旬，靳以吾党各重要将领〇致颇认今日第二势力殊难成立，在将来则有成立之望，故拟先与国民政府发生关系，取得地盘，将来机会来到，则再图第三势力之组织。乃至十一月中下旬，靳复派遣代表到汉与吾党一部分将领接洽，意在试探组织第三势力是否可能。盖靳氏以本人对于国民党之主义，既不了解，一旦遽加入国民党，必受种种束缚，难于发展，与本人之性情抱负，皆有不合；国民政府又未许以优越之条件，因此种种原因，遂又觉第三势力有提前组织之可能与必要。在十一月中下旬之内，一方面对南对北虚与委蛇，一面暗地力谋第三势力之组织。十一月下旬，即第一次派杨湘北上致第二函与张作霖，主张联络吾党将领中之温和分子。

第一，关于地盘问题：在靳方实视为与党方谈判之中心问题。只须地盘问题有满意之解决，便可正式归入革命军。靳氏实亦十分热中名利之人，野心甚大。在今日，凡所作为，无非以根本地盘为标的。惟国民政府既以河南许与西北军势力，不能以河南再与靳，而靳最所垂涎者为直鲁。而直鲁一时又不能攻，将来攻直鲁者，亦必为西北军。是直鲁又无归北军之望，故靳乃思及湖北，希望党方能以湖北地盘与之。但湖北乃国民政府所在地，以靳之新加入国民党，且又未建何功，决不能以湖北许彼。至唐生智拟以湖北之西北部如平耒阳一带划归靳军驻防，而靳则认为不满，谓此偏僻之地何等于一镇守使，彼决不能受之。

第二，靳与党方谈判既不能谋地盘问题之解决，一时自无归附党方之可能，纵能组织第三势力，在本人尚无确实地盘以前，号召亦属不易。鄂、直、鲁三省皆无归已之望，则惟有谋河南之倦〔优〕先取得。倘能倦〔优〕先取得河南，第三势力固易组织，而先归附党方，党方势必要求以河南让于西北军，以践先约，则自予本人以相当之交换之条件。换言之，即本人以河南让与西北军，党方自另畀本人以具体相当之地盘也。故靳乃毅然决然力谋驱吴占豫。自十二月初边以至十二月初十左右，此旬日间，乃靳谋驱吴占豫之时期也。前次报告书已言之矣。靳最所亲近者之左右，乃其参议张叔平(名镜寰)。张原系李景林亲信，继舍李而改事寇英杰。数月前，因寇未畀以烟酒公卖局之缺，乃急而舍寇改事靳。此人性情激烈，颇有才气，靳最倚畀之。十二月初，彼主倒吴最力，谓吴不倒，靳不能为直系之新领袖，而河南之地盘亦即不能归靳，河南地盘一日不能归靳，第三势力便一日无组织之望，纵归附党方，亦难取得优良之条件。此张力主讨吴之措词也。是时靳适以种种琐屑之事，恨吴益为深切，几于无时而不痛骂吴氏，复有张叔平从旁怂动，使靳驱吴之念，更为急切。报端所载：靳【致】吴佩孚之书即出张叔平之手也。靳之讨吴，早有相当之准备，其拢络陇海线上之土匪与军队，已于前次报告中略言之矣。十二月初五日靳嘱张叔平致电寇英杰，讽寇下野，寇置之不理。八月又以张之个人名义致电寇氏，威胁寇氏辞职，力谓：河南饷项公既无法筹措，应即知机下野，否则三十万大军因公之溺职而受冻饿不能再堪之时，则必起而兴师问罪，则公之身家性命皆不能保矣。公果为维持生命财产计，应及早引退，勿再【恋】栈云云。寇接此电，立赴郑州向吴辞职，报端曾略载之。而吴之于靳，自靳以上吴佩孚书张贴各地，已恨之刺骨，今靳复为逼寇辞职之举；同时又以靳与党方信使往还不绝，谈判有已成之说，其恨靳之心乃亦俱进，每有除靳之表示。自十二月初十日至二十日，则又为靳向吴输诚之时期。缘靳以本人饷弹缺乏，无以武力去吴之可能，计惟有逼寇辞职，以为吴既对寇早有不满，必可准寇辞职，而本人继任督理。河南既已到手，去吴自易，河南地盘终必为已所有。不意吴竟慰留寇氏，复得蝉联。靳之去寇已不得遂，而又对吴着更深之反抗痕迹，恐吴必有不利自己之举，自身既未归附党军，倘吴竟愤而剿灭已之所部，则自身终为危险。适杨湘于十一日返信阳，杨固极端主张暂不去吴者，因闻有暂不逼吴下野之意向，乃联络其他左右僚属偕同谒靳，劝靳暂不去吴。其措词大致谓：（一）吴在则可以对奉之缓冲。（二）与党尚未携手，实际上亦难灭吴。（三）去吴而后则直系各军未必拥靳为领，但若任吴暂存将来至吴为他人所逼去之时，则靳起而代之，光明正大，必可受直系各军之拥戴也。（四）田维勤既与靳不相一致，信阳已由田军混驻一起，倒吴殊属不易云云。靳颇然其说，决定设法暂和缓吴氏，向吴输诚。此十二月十三日之事也。靳既决定对吴输诚，和缓吴氏，同时又本人与党军谈判仍无成立之望，乃觉有同时和缓奉鲁之必要，遂派杨湘二次北上，先至济南见张宗昌（是时张尚未南下），再北上见张作霖。靳与张宗昌今春在鲁南徐州方面相处极为融洽，是时张宗昌与李景林在鲁抵抗国民军，而靳云鹗未尝乘机取得山东，此张宗昌所最感激者。再则，张宗昌与吴佩孚之成立妥协，亦纯由靳云鹗居间斡旋之力。此靳氏之大功也。某日靳在济南会见宗昌、景林，谓孔陵仿桃园三结义之故事，结为弟兄，靳居长，张次，李更次之。此事外间知者甚少。其后靳由济南至保大，有图取直鲁之意，因与宗昌、景林复稍捍格之。及靳为新直系之运动，则又亲李景林而疏张宗昌。宗昌以新直系最后目的在倒奉鲁，恨靳益深。怂恿吴佩孚北上免靳之职，谓可举全力相助吴佩孚。至宗昌实不敢北上免靳也。最近报端载宗昌有助吴灭靳之意，实为吴方放出之空气，不可信也。惟在靳自不免于恐慌，而认有与宗昌联欢之必要。靳与宗昌之间既有种种破裂之痕迹，今日联欢，惟有追溯孔陵结拜弟兄之谊以为根据。故其派杨湘往谒宗昌，所携致宗昌之函，亦即请宗昌顾念孔陵结义之谊而合作也。杨湘十七日由信阳动身，十八日至郑州。十五日靳向吴输诚计，特派贺国光师长（号静元）由信阳先至开封见寇英杰，极力解释，谓：逼寇辞职之电，纯系张叔平个人所发，靳并不知情，现时为靳查出，靳甚抱歉，特派彼来道歉意。寇闻贺言，极力表示谅解。贺于十七日由开封至郑州见吴佩孚，两谒均被挡驾。至十八日，杨湘至时，贺第三次谒吴，吴始予接见。贺向吴述靳意：（一）各方不能进攻，纯以饷粮子弹缺乏之故，且须接济若干饷械可进攻。（二）靳与党军绝未发生关系。（三）对吴始终服从，毫无贰心，望吴勿疑。吴当以正重之容态对贺言曰：自有办法。贺问曰：大帅有何办法？吴曰：七日后定可明了。贺曰：大帅何妨明言之。吴曰：汝且去，不必问，我现在不便宣布。贺退而语杨，佥谓吴时曰：（十七日）召集寇、田、王等开秘密会议，必已决定解除靳之武装，应请靳早日防备。杨当以密函致靳，并请贺从速返信，请靳速谋御吴。廿日杨得靳复函云：吴之密谋去，已在吾预料之中，今既将见实在，自当积极防御，我已有所准备。杨遂二十日离郑州，由陇海车返。在未动身前，复由郑州吴之探部探悉，十七日吴召集寇、田、王等开秘密会议。

田维勤当场声言，只须能筹二十万元作为前方发给粮饷之用，则即可以解决靳部，破除障碍，反攻武汉。吴当立即允准。会散后，张英华适携二十万元至郑州，吴立嘱张英华拨二十万元交田氏。乃王维蔚私自由张英华处田氏廿万元内取得八万五为后方饷粮之用，王乃主持后方事宜者也。田闻之大怒，立即谒吴谓：大帅拨廿万系作前方之款，王笑予不应擅挪作后方之用，如果笑予不能交还，则此十一万五千元绝不能专前方之用。吴装作不知（实则知之，王维蔚究系吴之嫡系，吴颇袒之也），嘱副官长虞际唐查明属实，乃命王将此八万五交出，王与田乃构为仇隙。十九日王与田扠麻雀为一张白板而起冲突，王、田二人皆出手枪作互击状，若非护兵从中阻挡，则已开枪互射矣。因十七日吴与田、王、寇等在上述之秘密会议中有讨靳之决定，故吴对贺国光有七日后便有明了之语。杨二十离郑州之时，复以此等情形具函告靳，请靳从速防御，勿为吴氏所乘。杨湘告又在田、寇等向杨开始进兵讨靳之前一旬(即十二月十八日，十二月廿日)，靳氏即已接到余之密报及贺国光之返信报告，即行准备抗御。故可以断言，靳之由信阳向南撤退，纯为自动的，绝不至有丧失大部队分队伍之事。

杨湘以廿日乘陇海车离郑州，廿一日到徐，闻宗昌已赴宁，乃由徐南下，廿二日到宁，廿三日访见宗昌，皖之陈调元适亦在座。兹将其谈话情形照录如左：杨湘谓靳之于效帅实觉异常亲切，无非系由孔陵之结义，同时实以十分钦佩效帅之故。就时局论，靳亦深觉有与效帅合作一致之必要。宗昌谓：我与荐青素具好感，深望其为国家做一番大事业。我这次率师南下矣，在是完全为国家讨赤，绝对不是为着地盘，这我可以发誓的，大概你们可以从事实看的出来。外传荐青与赤党勾结，我是始终不相信的。究竟荐青之具体意见如何？杨云：靳嘱我以三事商陈效帅：(一)今后彼此时局实行合作一致，时时互通声息；(二)党军中有一部分温和分子的将领，实为反对赤化之人，靳迭接洽极为融洽，外间不查，疑靳加入党军，殊属非是。靳认定欲谋赤化之及早铲除，除非联络党军之一部分温和分子和将领不可。(三)请效帅接济粮饷子弹。吴玉帅惟保安进攻而不顾前线之将士，黑面亦不得饱，饷金之积欠未发尚其次焉者，他如子弹异常缺乏，只须效帅能接济若干，便可实行反攻武汉（这是当然的官话）。宗昌第一条当然合作，即日起我当时时与之通迅。第二，联络党军中之一部分反赤将领，果如荐青所言，亦我所言，愿即当酌办。第三，饷弹我当接济。总之合作讨赤实余所深愿，不过第一须推诚相与，绝对不可滑头。(以目视陈调元)你（指陈调元）看是不是？

调元对杨湘云：效帅之言极不错，合作讨赤，非相见以诚不可，效帅说不为地盘，我从来也不以地盘为念。但求讨赤牺牲个人生命财产亦所不顾。效帅军队为讨赤而入皖，我总是极力欢迎，且请效帅军队多多入皖，我与效帅总算真正合作了。

杨与宗昌、调元会谈之要点，尽如前述。宗昌复问杨以豫中之现状，杨详举以告之。谈约一小时，杨乃辞去。在杨认宗昌对靳颇有若干好意，其愿与靳合作亦有若干诚意。惟以于与鲁张自身无特殊之利益，故不积极以为之耳。现时宗昌既与佩孚不甚融洽，自可拉拢云鹗也。靳派杨与吴接洽之最初动机，乃以宗昌有助吴除靳之说，倘竟成为事实，则靳危险殊甚。缘靳在当时颇以吴无除己之实力，根本饷弹至缺，无作战之可能。而陈文钊等近虽与己不合，而往昔之渊源则甚深，纵吴令彼等攻讨本人，彼等亦必不好意思实行攻讨。然苟宗昌由徐迳兵入豫助吴攻讨，及吴之各军甚或奉军加入进攻，则本人所联合魏益三所部出而抵抗，以饷弹之如此缺乏，殆必为宗昌所败灭，此靳联欢宗昌之最初动机也。至联欢宗昌之积极作用，则为第三势力。见后杨在南京复与其老友师景云晤谈数次，师现经张宗昌委为总参议，乃宗昌来宁之第一红人也。师之所以能有此者，纯以为宗昌拉拢陈调元之故渊源甚深。陈亦恃师为之与宗昌接洽一切，作一居间缓冲之人也。据杨与师密谈之结果，其在宁浦观察之所得，宗昌目下决无主与党军直接交战之意，故亦无直接交战之准备。其所图第一在皖北，皖北既得之矣。惟有待孙传芳为浙江党军击败之际，迳而据有淞沪之地，除非党军败于浙，豫与宗昌以可弃之机，则宗昌必攻赣以拣便宜，否则宗昌断不至与党军直接交战也。宗昌与上海当年之历史关系颇深知，上海之富，固宗昌之所以极欲攫权，惟当有一点，乃宗昌之部属人人所知者，是即上海可以供宗昌之发挥也，慾也。此非虚言，乃其性情也。其军队则更视此层为重要。去冬鲁军人人恨未进至江南，向江南一家索花姑娘，其江北败退之际，沿门逼索大闺女，已闹的不成人世矣。总之，宗昌之于今日，惟求占有苏皖之全部地盘，和平的占有苏皖，不假武力，必待孙传芳为党军所灭时而后进占之。鲁军不占，则必落于党军之手，光明正大，何以不能加以讥议。宗昌在今日既决定不乘传芳之危，以武力攻击其后，而侵夺孙传芳之地盘，则不争地盘之风凉话，宗昌固可以发誓以言之也。师景云密召杨效坤真糟糕，终日花天酒地外便是赌博（可见无战意），置正事于不顾。现在把一切事都交付于我办，我初至此，诸事都不摸头，不道这里特别乱，真是一塌糊涂，不可言状，叫人无法下手。效坤一任其乱，罪到什么样子，他们不管。按帅之言，俱系真相，至其总部凌罪之状令人惊讶，而宗昌及彼中之人，皆泰然处之，不以为怪。至前方与后方与任何机关，除一二师团部外，殆无不乱，幸未打败仗，一败则必成一盘散沙，如今春在徐州为传芳所败，转瞬全军溃散，若非传芳停止攻击，宗昌必下台矣。

杨湘以廿四日离宁北上，无机车，阅七日始到津（现在津浦特别快车受军事影响，须二三日到津），廿八日到济南，闻潘鸿钧言吴佩孚实行讨靳，靳部有丧失大部分说，白坚武有通敌之嫌，而被软禁。杨闻潘言亦不甚惊异，在郑时杨已知之矣。至云靳大部分丧失，杨颇不信，以靳旬日前即有所准备，并非事起仓卒也。至白坚武被软禁，可谓当然。白属靳之一派，故不得势于吴，且深受太太派之倾轧。所谓太太派，即吴之妻为首领之张其锽、符定一辈也。至去冬吴之再起，其妻则时时不离吴之左右，干预一切。前时汀泗桥党军与吴血战，吴亲督战于桥旁，继而党军敢死队冲锋而至，吴乘马狼狈而逃，吴有两骑随吴之后，则其妻与婢也。

近吴氏困居郑州，因环境日恶，确有神精病，除特别重要外，吴皆置之不理，日惟沉迷于诗酒之中，于是一切事权渐入吴妻之掌握，迄于今日，吴妻已参与一切重要机密，张其锽为第一策士，于是郑州人皆所谓太太派矣。凡有求于吴者，非先疏通太太派不可，否则太太不允，则不能实行，张其锽之握权纳贿，皆吴妻为其背影也。靳前与魏等联名电吴远小人，罢免张其锽（报端已载之），历数张卖官鬻缺之罪状，间接击吴妻也。吴妻因此恨靳，日近复有张鼓动于旁，吴妻乃极力劝吴讨靳。吴之决定除靳，其妻之怂恿亦其一因。此中内幕，杨在郑即已闻之，故认白坚武之被软禁，乃当然之事也。因吴妻及张其锽大约势，吴之他幕僚因利害之关系，自深恨之，皆谓国家将亡，必有妖孽，今竟有一女妖出现，吴之末日至矣。杨于卅一日到津，首访云鹏，问其曾接到乃弟消息否？云鹏愤言曰：现在打听老二的消息有何用，不用说，当然他的军队被吴收过去了，纵然能剩少数残部有何用处？老二真不中用，糊涂。我早令之倒吴，他不倒，现在叫人家倒他了。该死该死。顿足而言，按：云鹏前数月确劝乃弟倒吴，缘云鹏深恨吴氏之人。今春鹏由日本返国时，吴本与奉商定以彼为第一任阁揆，乃鹏到日后大摆其老师架子（与吴有师生关系），骂吴不要亲近。吴设宴为之洗尘，又大发反对护宪之论，骂议员皆非人类，座中皆议员，翌晨各在机关上一致痛骂靳氏，靳见报端如此，立即不辞而别，自是遂与吴构为深仇。靳氏兄弟性情皆极暴烈骄狂，然亦偏狭，非正直之人，靳大则简直下人耳。十一月奉张入京后，确定卅日入京组阁，廿九日忽闻吴以武力解决乃弟，闻讯大惊失色，立即打消翌日入京之意。缘彼对张作霖纯用买空卖空之手段，谓彼能调度乃弟，使乃弟归顺奉方。张亦十分刁滑之人，明知彼兄弟二人不能一致，且极不相合，然不妨姑以组阁之事许之，故口口声声称赞靳为一政治家以激励之，使彼端全力拉拢乃弟。如果拉成，亦不妨令其组阁，好在无他敢干之人，拉拢不成，那就对不起，只好另觅他人。靳大组阁，为拉拢乃弟之关系，适靳二派杨湘于十一日来津谒见张作霖，在靳二不过缓和敷衍之计，在靳大则自夸于奉，谓已拉拢成功，如是靳阁呼声乃骤然增高，实在靳二与靳大绝不一致，不惟无促成靳大组阁之意，且积极反对靳大组阁，曾一再致电靳大，劝其不必上台，谓既拥有百万之家产，何必出来受罪。而靳大则官味太浓，毫无觉悟。所谓靳阁之行【市】，在天津蔡家花园内一日数变，忽高忽低。有时靳大与张作霖推牌九，赢了靳大一些钱，于是鸦片榻上说了两句请靳组阁的话，有时靳大得了乃弟一两通电报纸，只电中对奉表示若干好意，便急忙送给张作霖看，于是作霖又说了两句组阁的话。这便是靳阁忽低忽高的由来。张作霖入京之前后两三日，乃行市最高之时，缘靳告诸奉张，乃弟不日将有贺电到津，实则靳二自始至终即拒绝贺张，左右劝之无效，靳大每当行市最高时，见人则辄摆其总统架子，倨傲异常，行市低时，见人立呈可怜丧沮之容态。最近受靳二影响，组阁根本绝望，逢人即骂乃弟不中用，津地一般政客近日莫不指此为笑柄，皆谓靳氏兄弟气派太小，但会要数年前似巧实拙之手段，根本不知政治为何物，更不明今日政治之新趋向与新手段之运用，绝无做大事之望也。靳氏兄弟皆刻薄吝啬，遇下甚苛，故左右无一人才，而尤以靳大为甚。靳大之旧日僚属无一人不背地痛骂之。至吝啬之性，亦兄弟二人所同，其靳大甚于靳二，故有守财奴之称。杨在津并访晤李景林于某日界浪花街私寓内，亦代表靳氏也（杨与李私交甚好）。李与靳交谊颇厚，孔陵结义时，靳李二人曾舍宗昌而密订永久合作之约，后李加入新直系，与靳之关系更臻密切。现李重出入之希望（前于张入京到津时，经宗昌疏通），均两度谒张。李与宗昌渊源甚深，最近感情亦渐恢复，而靳以为组织第三势力，仍有邀李加入之必要（李确实有才能，惟锋忙〔芒〕太露），故特嘱杨到津时访晤之。李对杨所表示者如下：我（李）为荐青打算，也是先取河南地盘较为妥当也。既取河南，且须逐吴，这我也极赞成，很愿意从旁帮助荐青，将来都好。我和荐青关系至密，总算是特别深厚。现在河南我的旧部很多，我当叫他们都帮荐青。至于我自己，雨帅至津时曾叫我出来做事，不过我已决定不干，看奉鲁都是很危险，而尤以鲁为最。效坤到江南便即迷女色，置正事而不管，部下如此凌乱，凭什么战胜党军？鲁军败之日，奉军之末日亦至，北方军阀表面是轰轰烈烈的，后台却不置一顾，谓内部皆极乱且弱。这次吴子玉以武力解决荐青，据我想荐青一定可以保持其实力，只要实力保得，联奉仍旧是可以成立的。北方军阀的心里〔理〕，我最清楚的，张雨亭是真正愿意拉拢荐青，扶植荐青的。为拉拢荐青，特许翼青（靳大）组阁，总算是雨亭聪明的地方。他拉拢扶植荐青，当然是为着奉方自己的利益。其利益有四：（一）靳乃反吴之最有利者，有靳，纵吴不灭，亦可利用靳以牵制吴，使吴不能有所发展；吴不能发展，使奉方灭一政治劲敌，大可把北方做成奉方清一色的天下。（二）利用靳为对党军之缓冲者，且当进步，而使靳实行讨赤，奉军安然坐观，而其后待收渔人之利。（三）靳果归附党军，则河南必立归党方所有，河南已归党方，则奉方势须立与党军发生直接关系。然战，既无必胜之把握；和，则受党方之胁迫。无论是和是战，战〔战系衍字〕皆不利于奉方也。故余为奉方计，亦有拉拢荐青之必要；奉方之所以必请翼青组阁者，亦无非联络荐青耳。余深望荐青今次能保存实力，处今日举足轻重之地位，正本人之大事发展之时，不可错失此良机也。

杨深以上述李景林之所为然者，于奉张拉拢云鹗亦属诚意一节，尤为确切。盖云鹗本人亦深知奉方有拉拢扶植之诚意，南方之党军（订立正式之协定者）既亦拉拢本人，遂更觉本身他〔地〕

位之高超，而本身之希望则更奢。其所以迄未与党军订立正式协定者，其实为重要原因也。总之，云鹗对河南，对北之方针其变相乃如左述。九、十及十一月上旬专谋与党方携手，十一月中下旬暂不加入党，谋第三势力之创造。十二月初旬谋先取得河南，以为创造第三势力之根基。十二月中旬谋南北方输诚，联络奉鲁，俾第三势力将来可立于南北之间，左右全国时局。云鹗何以于十二月中旬忽又向北方奉鲁输诚，真耶，伪耶，就事迹论，自完全属于伪，所谓敷衍缓兵之计也。然若以云鹗心理论，则又带有两三分之真意，盖为第三势力而联络奉鲁也。云鹗自十一月中旬以迄十二月中旬，其一个月间（即被吴讨之前一个月）。惟谋第三步势力之创造。在十一月上旬以前，云鹗第三势力之最初计划，据其于九、十两月（正当党方积极谈判时）对于左右所表示者，乃南倾党方之第三势力，作为党方之一温和性的独立派。盖斯时之云鹗已决定加入党军，只待党军许以优越之地盘也。及至十一月中旬，以迄十二月中旬，则云鹗理想之第三势力渐由南倾党方，变而为倾南亦倾北之第三势力，是即本身不正式加入党军，将来于取得地盘，组成第三势力之后，立于南北之间，以超然之地位操纵全国时局。其所使云鹗理想之第三势力，由南倾党方变而为倾南亦倾北；由加入党军变而为不加入党军者，其最重要之原因如左：初时（十一月上旬）以党军未许以优越之条件，后（十一月上旬以后）因奉方之对彼极力拉拢。（初时）云鹗本人仇奉最深，与奉方感情最恶，与鲁方之嫌亦甚深，奉鲁复言将以重兵压迫河南第三势力，第三势力惟有南倾党军，本人惟有加入党军，可得党军之助，抗击奉鲁军。倘不加入党军，则必为入豫之奉鲁军所宰割，将无以存在也。后时云鹗忽见奉方对本人之极力拉拢，同接其兄云鹏之电每至两三起，力言奉张之如何愿加以扶植。云鹗恐乃兄之利用已身为求官之具也，尚不敢深信，乃派杨湘第一次十一月中旬北上到津谒张，一探究竟，结果认张确有诚意，如于深觉，本人有立于党奉（倾党复倾奉）之可能，同时则更觉第三势力有立于南北之间之望。党方既未许优越之地盘，盖河南既早已许与西北军，而湖北又为国民政府所在地，断不能与之给予新加入，未尝建功，未受训练之云鹗也。初时联络党军中一部将领之计划未见成效，以为党军中之重要，乃完全一致不可分离者也。后时联络党军之一部分将领，在靳已为大有可能，遂觉第三势力可望谋创造，且觉第三势力无南倾党方之必要，而有立南北间之可能，云鹗既决定督〔暂〕不加入党军，而专谋理想中之第三势力之实现。如是第一步乃谋驱逐吴系，优先取得河南地盘为基本，自身既决定督〔暂〕不加入党军，驱逐吴系一时自无相当之能力（饷弹不足），于是先谋驱寇，冀河南督理之归于已。及至倒不成，乃转向吴输诚讨好，恐吴愤而讨伐之举也。顾吴与云鹗结仇甚深，不复可能，竟实行讨伐矣。第二步联络奉鲁两方，不惟消极方面，使奉鲁不予第三势力之阻碍，且积极而使奉鲁能与第三势力以相当之援助，不惟奉鲁不阻碍其攫取地盘（不助吴驱彼），且欲奉鲁之能接济饷械，即〔助〕其攫取河南地盘，其派杨湘之往见宗昌、作霖主要动机也。其派杨湘访谒李景林，亦冀李在今日能助其攫取河南，在将来能助其组织第三势力也（李亦今春新直系运动之人）。杨湘到津后，向各方探询吴攻讨靳（云鹗）之结果如何，迄未得确实消息，各方皆未得云鹗之来电，但凭吴片面之通电，伤〔扬〕言靳军已大部分已经受编或击散，只小部分逃窜各地。各方面因不信，杨则更认为不确，以为云鹗既于事变发生旬日前而即知之，且有所准备，断不至有何损失，必以寡不敌从〔众〕，联络魏益三自动向南撤退，与唐生智及樊钟秀部联合一起，谋异日之合力攻吴。杨离信北来（十二月十七日）之际，云鹗专谋第三势力之创造，不欲与党方成立合作之约，其后与党方之谈判如何尚不知，或因行将攻讨之故，急将方针改变，已与党方签约，亦属意中之事。纵云鹗于事变之前犹未与党方签约，然云鹗与驻豫之党军将领感情甚佳，必自动撤退其军队至信阳，迄至柳林一带及信阳东南各地，而与党军联合一起。杨在信阳时，靳曾与左右闲谈，谓如果吴竟以武力对彼，则彼当移兵豫东及皖北各地，再图发展，决不与吴计一日之长。虽云昨日（六日）杨得有报告，谓靳军之大部分实督〔暂〕退至信阳之东南，与党军第七军在一起。假令靳尚未与党军签立合作之约，然处于今日之地境，势非签定不可矣。至于魏益三自必与靳取一致之行动，在杨亦认为毫无疑义。两三个月以来，魏与靳同居信阳袁家大楼之上，其房门为斜对面，魏之隔室为靳之秘书长所居，食则一席，出则时时同行，隔三月必作一麻雀之戏，遇事则互相商而后行，二人之亲切可谓已臻极点矣。无论如何，魏决不能背靳而助吴也。杨以云鹗之确实景况如何，尚不可知，故来津后决定督〔暂〕不见张作霖，且于自身之来京尚守秘密，倘日【后】云鹗方面仍无消息，则拟乘津浦车南下赴信阳见云鹗也。云鹗被讨之消息传来，虽云鹗之丧失队伍之真象如何，尚未得知，然奉方之对于吴已由轻视而变为重视，奉方虽不愿吴之声势复振能一振矣。

奉方究不能不稍等重之也。最近月余以来，奉方之内定以靳大（吴之仇人）为阁揆，而将【直】系内阁推倒，对吴可谓重视极矣。梁士诒之旧交通系，上月下旬本已与奉张翻脸，奉张到京后，靳阁已流产，除梁氏外，无他适当之人，遂不得不拟及于梁。然至两日前，终以次等重吴之故，而取消梁之拟议矣。因梁乃吴反对之人也。警厅不准备报登载不利于吴之新闻，亦尊重吴氏之意见。靳事未发生前，则任各披露于不利于吴之消息，故致吴愤而下令不准京津报纸在豫发行也。

（二）关于杨宇霆者

张作霖拟以旧历年前入京，谋于元旦实行主政，或以临时总统之名义，或以临时大元帅之名义，或仍用安国军总司令之名义，在张自已以为已有相当之把握，只须受外交团之为非正式之欢迎而即已过得去。至国内各方，如鲁晋及豫中，吴佩孚并靳云鹗虽心中皆甘心反对，但本人登台，而后大家在情面上、历史上不好意思不赞成。南方党军及西北国民军从未为反奉之表示，对于本人之主政，当然持其缄默之态度。

张自认为主政不成，故入京时秘嘱军警迎接以元首之礼，且已准备于元旦日在太和殿受外交团之觐贺矣。不期十二月二十七日起，不良之消息纷至沓来，第一使张氏受重大打击者，厥为吴之解决靳云鹗一部，是时但凭吴之片电传捏称已将靳部如何击【败】，如何改编，明知吴之善作夸诡之言，然吴本人及部下将领日必有通电之拍来，同时公私各方俱未得信阳靳云鹗之反证电讯，于是奉张及其左右遂亦认靳军之瓦解为可信矣。

奉张预订之计划以为靳氏既未正式附南，本人主政后以乃兄为国【务】总理，有其拉拢云鹗为河南督办，更助之以充分之饷械，不愁云鹗之不反而为奉所用也。既以云鹗为河南督办，不愁云鹗之不倒吴也。吴既倒，奉方又少一劲敌，夙愿得偿。云鹗既与党军及西北军有相当之联络，正可居南北间而为缓冲者，奉方之于京汉线上可以无忧矣。乃忽有云鹗所部被吴解决之讯传来，是吴之势力已大为之一振，是即奉方在北方之声势颇为之一减，张果实行主政，吴必起而反对之，处处与奉方之政府为难，非张所能堪也。故张一闻佩孚之解决靳部之消息，其主政之心便已冷却一半矣。北京外交团之不能承认北京政府，在奉张亦认为当然无疑，后亦只望外交团之能非正式的欢迎之，于实行主政之元旦，一致〔至〕太和殿行觐贺之礼。乃奉方之一与外交团已经疏通接洽。各国公使最后但允之以元旦日以私人资格各自赴顺城王府觐贺新年；至赴太和殿觐贺就职，则极端不可，避正式承认之嫌也。张氏至此其主政之念完全冷却矣。张主政之决心既以受上述之内外两重打击而不能不取消。惟有退于讲求不主政之办法。是时之奉张沮丧已极，环顾左右，皆拥其主政之旧派吴俊陞及其公子派之张学良等，无一可与商大事者。吴俊陞等皆老而无用之人，昏聩无识。张学良一见乃父，则畏不敢言（其父至今仍呼其乳名"小六"）。张望〔乃〕不能不求教于其惟一智囊杨宇霆也。其召杨来京之电，辞意极为挚切，中有心乱如麻之语，亦可见张当时之颓丧矣。杨初不肯来，谓自身既经人(旧派吴俊陞等)指为有罪，在未证明冤屈之前，一切不便预闻。嗣经张亲电话慰劝之，再而杨又闻积极拥张主政之吴俊陞、张学良等，因事失败噤若寒蝉。而张之于彼等亦颇有责言，固杨更证明其入京无何危险，张之相召且极欲就商一切，然后始实行于正月二日入京。杨因张之入京主政，其新派已濒于灭亡，不得已而为最后之奋斗，密谋东三省之独立，以此首向奉张告密者，吴俊陞也。吴且谓杨已与党方联络，谋东三省之独立，正为党方谋全国之统一；又谓哈尔滨之杨卓与杨有密切之关系，杨卓乃担任谋北满方面独立者也。按杨卓因谋北满独立，事机败露，被捕枪决。其在北满方面之布置已臻完妥，联胡匪及一部分之军队所购军火颇多，东三省各机关之俄员多与之有关系，已定阳历年后起事。据奉方人曰：彼乃受国民政府之命令，得海参威俄当局之协助。又杨在中东铁路充监察员之职，固一重要之职员也（关于杨卓事，报端曾略载之，以谋东三省独立之罪，归于郑谦一人）。杨宇霆二日到京后，经奉张极力慰劳怀柔，如实行为奉张筹划一切。杨以月之十九日出京返奉，奉方对于一切问题之方针策略，至此可谓已为全部之确立。兹一一述之如左：

（甲）临时办法，维持顾维钧内阁：（一）维护吴佩孚系统之预内阁，所以尊重吴之表示，吴既解决靳部而声势复振，奉方有尊重之必要。倘再如从前数月之藐至视之态度，则吴必有种种不利奉之举。尚有更重要之一点，即利用吴佩孚在河南抵御党军及西北军。奉方初用靳云鹗，今靳已为吴所解决（当日之消息如此），靳之军队纵尚保存（是时关于靳军已渐知之），其势力亦必归附党方。豫中之北方势力，惟吴与靳而已，靳既不堪利用，则惟有利用吴矣。（二）奉张本人在今日既不能主政，而靳云鹏、梁士诒又皆吴佩孚所反对之人，又不能当组阁之任，靳、梁而外，无第三人敢任阁席，除维持顾阁外，无他法。（三）永久办法，张为总统。奉张元旦日主政之试图既遭失败，其所富有虚荣心，令其十分羞愤，惟恐报端之披露讥讽，乃对报馆通信社施行严厉之检查。惟有羞愤恼恨，故其尝试总统之念乃益烈，于杨宇霆到京后之数日，对杨曰：我终久必要干电〔它〕一下。即谓其无论如何，终必一任总统而后已矣。前者杨宇霆反对张之入京主政，因恐开罪于张，其措词只敢谓：今日非大帅主政之时，大帅何不稍缓做正式总统。今张欲待时（先充分准备）而为正式总统，杨殊无反对之理由。倘再反对，乃恐新派自身之失利，故对张乃预许杨以种种利益条件。杨既取得种种利益条件，乃改变其从来之态度，允助奉张谋取正式总统，故奉方新派至此乃与旧派一致，为张谋总统矣。条件之内容如何？他人不得知之。学良方面，谓张已许杨以直隶之地盘，此说可靠与否？尚不得而知。然学良乃预定为本人所有，惟恐杨之攫夺，因此有种种神经过敏之推测，亦意中事。惟张之必许杨以较好之地盘，殆无疑意。杨日夜所欲望者，亦惟求一优厚之地盘，如直隶、江苏等。因杨在东三省所处之地位及其权利固至高大，然其实利所得甚薄。东三省吏治甚好，贿赂之事极不多见，常有以舞弊数元即入模范监狱者（不论职位如何高）。

杨之积蓄殊不丰，去岁在江苏所获八十万，仓皇离任反奉时，途次徐州尽为陈调元所截去。杨近年复受种种刺激（如郭松龄之事），益觉□固人财富为不可缓矣。此亦杨之所怂，又赞成张之为总统也。阳历年后以迄今日，奉张最所注重者即为自身总统问题，奉方之人，日所谈者亦即奉张之总统问题。奉张对于外交、财政、军事以及对于其他一切事宜所决定之方针，所取之策略，莫不以企图正式总统为其惟一之标的。如何可以达到总统之标的，如何可以利用总统之企图，便决定如何之外交，军事、财政上方针策略，故在记述奉方其他一切之前述中央政府问题，奉张之总统问题也。兹将奉张与杨宇霆所议定企图正式总统之步骤、办法，一一述之如后，其中有一部分见之事实矣。(一)今次所图必谋正式总统，决探〔採〕乎合法乎革命之手段、方式，所有大元帅、总司令等类临时非正式之名义，决不采用。(二)先积极为充分之准备正式总理〔统〕之实现，在准备未臻完妥以前，决不造就〔次〕实行(财政、外交等亦必先有准备)。今次奉张力促二五附税之实行矣，实为作总统之一种准备。(三)必须在北洋系现有势力范围内，无一反对之人，始实行就总统，其素持不甚赞成之态度者，必先一一疏通妥贴(对张宗昌等)，或以妥善之方法刬除之(利用靳云鹗辈对吴佩孚)。最近已明瞭豫南之真相，靳非特未为吴军之解决，且与魏益三等与党方联络起而实行驱吴。于是奉张乃立召靳云鹏来京，许以来春组织新阁，嘱其速为奉方拉拢乃弟。(四)在吴佩孚尚未实行下野以前，虽可就任总统亦决不实行就任总统。(五)吴佩孚下野之后，必须河南之新首领为可与奉妥协之，又如靳辈，始实行就任总统。(六)河南如果为党军或国民军所占领，无论如何决暂不就总统。(七)倘长江流域党军势力范围已又推展而不能实现。(八)倘至河南为党军或国民军所据，或长江现局又为党军所破坏时，奉方若与党军弃战言和，则亦可以就总统之任。(九)奉方迫不得已，或利用适当有利之机会，而对党军及国民军直接用兵之时，必当搁弃政治，暂不就任总统之任。(十)关于政党方面，设法拢络安福系、交通系、研究系及直系政客等，使其消极方面多为梗阻，且望其种种方面能加以赞助，而许之以将来之利益。（十一）关于总统之产生方法及新政府之组织方法，请奉方以外之各方人物筹议决定之，使各方皆负有若干责任，免除日后反对纠扰，且藉以示新政府非奉系一家之政府。十、十一两项即设置外交、财政、政治三项讨论会之用意也。（十二）在张未能实行就任总统之前，倘时局上遇有必要时，当先以恢复段琪瑞之临时执政为过渡性，必先与安福系为实切之约定。过渡之时间现定为若干日，在过渡时间内该系在台上应以全力助张谋正式总统，不得反颜。惟恐（为安福系所欺）右之第十二项，如安福系加入三讨论会之条件，亦设置三大讨论会用意之一也。（十三）财政之准备，先谋二五附税之实行征收，继谋公债之发行与关税会议之重开。其办法由财政讨论会议定之。（十四）外交之准备，疏通各国之事由外交讨论会担任之，只希各国予以正式的承认。（十五）总统产生方法，有主张召集如民国元年之参政院以选举之者，有主张恢复旧国会或恢复参议院以选举之者，有主张以段政府之国民代表会议以选举之者，此项代表尚差两省未选，但可以令两省于一个月选出。此等议员近有七八十人在京津两地活动，连日派代表向奉鲁往谒。（十六）拟以阴历明年三月初一日为张就任总统之期。

又据另有报告：奉张在京日，惟迷恋于总统最高酣梦最乐，闻又与商量总统问题，除此以外，全不入耳。某君曾访杨宇霆时，曾问之曰：以君之明晳胡继奉张之自蹈复辙而不之阻。杨慨然答曰：袁项城作洪宪之迷梦时难道他身边没有一个明白人吗？不过他一定要做，谁能拦阻得住他呢？亦只好听其去作，赞成他去作罢了。我于奉张亦是如此。奉张因迷恋总统而迷恋京华，故虽岁云暮矣而犹不愿归计。杨归去时曾力劝张归奉，张诺之，杨不敢定其必归，故对人言为奉张年前不返奉，彼乃当来京劝彼也。

杨宇霆在京时，曾由杨度传达间接有所接洽，最后距杨离京前一日，石曾曾经被邀到杨处，亲自晤谈。杨向石曾明白表示，奉军即入河南解决吴靳各部，据武胜关后再与吾党议和。曾约石曾与他同伴出京，转赴南方主持和议。任可澄携带伪阁员共同署名致吴佩孚的信赴郑州，劝吴下野，让郑州于张学良。寇英杰派石龙川请奉军速入河南，攻武汉，谓武汉此时尚易攻，迟则防御之事完成，便不易攻击了云云。

北京临时报告书

十六年一月廿二日

（三）关于晋阎之报告。此间与晋阎之交通（间接电报）至今未断，当奉军进迫包绥之顷，晋阎又有电来，谓："奉军决取五原，再三交涉，毫无效果，何以情形，如国民军不退五原，则战事不可免，且恐牵及本号，望筱仙诸君（指石曾、守常）一商之。"（大意如此）接此电后，即与此间军事专家开一紧急会议，讨论此事。结果佥谓：无论如何，不可退去五原，因如此则在局上不能牵制奉方军事，决定后，即由我方通知晋方，旋接奉方复电谓：此议既经党决定，只得赞成。盖彼固希望国军退出五原，一以冀国民军之离晋境日远，一以避免晋军之冲突，不因国奉之冲突而暴发也。嗣接宁夏方面来电，所谓固守五原，而孰知奉军抵包后，仍继续向西逶迫，国民军惨败之后，士气疲靡，不堪一战，一闻奉军之来，即闻风退去。却近依各方报告，国民军不战而退五原，系又是事实矣（晋代表亦云确系事实）。晋阎既对我们有间接接洽，于是我便以记〔纪〕廷梓、王振翼两同志及许多之人在大同被捕之事托其代表转电晋阎，此即得太原复电谓：已电大同查明开释矣。王、纪两同志既被释，而于各人尚不得解其原因者，晋阎释彼等时尚附一条，即放出后仍留晋境，不得他往，所以二人便到太原了。可是王、纪虽释，而其余二友尚未释，故我仍向晋交涉，结果如何，仍不得知。

在此时顷，晋阎又有电云：太原军官学校决为外者同志开放，望我们选择吾党党员派往该校。我们更复电问他需要多少学生，他回电说，现在营治校址颇需些政治教官和学生数目，开学再详报告。据太原报告：阎本办有军官传习所，其中学生有数十人，已秘密加入吾党，阎夙知之，至此阎遂表示接近他们，并想和他领袖谈话。此班同志很幼稚，以为晋阎对他们无善意，故拟全数退出。嗣后知晋阎之态度，遂复留校，并派人与晋阎接洽，结果甚好。

晋阎代表孔繁蔚师长来京，托人要与我们相见时，他遂于孔某〔于孔某三字衍〕约孔某于温寿泉（晋驻代表）一同到守常处相见，本亦约石曾来，派段子均代表他来会，是孔对我们所谈之要点如下：

（一）晋颇欲造一势不甘居冯下，现已联络陈调元、靳云鹗、魏益三、米振标、张治公等部，直系之王金标一旅、鲁之孙宗先一师、董鸿达一师、李征五两旅组织北方国民革命军。据闻：此议实发自靳云鹗，由晋派人联络晋阎，而以领袖饵之，闻晋颇为动。（参观靳之种种）

（二）晋阎希望党军攻入浦口后，然后由靳、皖陈首先发难，占据陇海，截断津浦路，同时党【军】由武胜关，国民军由潼关向郑州进展，同晋出兵截断京汉、京绥两线，国民军亦出五原攻包绥（但以现在形势而论，国民军恐不能出五原矣）。

（三）晋阎曾商之孔，欲办一军官学校。孔向他说，如果仍旧贯〔贯字衍〕的军官学校，我不愿办，要办非黄埔的不可。阎颇有此倾向，孔希望在校供给政治教官和学生。

综合孔之来意，系观察党方与国民军方面对于晋阎之态度如何，是晚谈，本约他们九点钟来，先同我们谈，约定国民军方面的人十点钟来。不意孔等来迟了半点钟，所以谈未顷刻而国民军人至。

孔等告我最好我们谈完后，再请他们来，于此可见吾国间当不无芥蒂。孔说国民军士气不振已极，当奉军迫进包头之际，国民军仓猝逃去，失夫炮弹千余枚，子弹好几万发，飞机廿余架。此项飞机晋方曾欲得之（在韩复渠投降之际），国民军不与，今竟入奉，殊为惋惜。孔又谓：奉方拟将绥远以北铁路完全拆毁，经晋再三劝止暂留。我们当时赞成晋方能在北方另造成一势力参加国民革命战线。惟此北方二字恐冯发生误会，最好另换一名词。但当时若遽未有所决定。我们谈后，国民军入与他们晤见，只谈了些（不打不交）的话，但是他们过二天，又在另一地方晤面，所谈较为亲切。孔等说冯等派赴山西的代表多不重要，而且在谈话内往往有命令我的口吻，以致阎对冯深资不快，希望冯宜善于辞令之人，或可挽回许多。

在这个时候，郭新涛、林勉之、胡廷珍等同志一行四人欲赴西北，无路可通。我们乃向晋阎为他们办交涉，晋阎复电云：谓彼等赴大同，经赴镇守使署，彼已派军用汽车到大同迎候他们了，并无有到西安、平凉之消息，彼亦可代达。又有电来说：太原兵工厂积弊太深，他想改革一下，如党方及工人方面不予以援助，则改革不易。我们当即复电告以改善工人生活，许工人集会结社自由，然后党方可向工人求谅解。晋阎又复电云：太原兵工厂工人待遇甚优，系包工制，一等工人月薪三百以上，二等工人月薪在二百以上，三等工人在八十以上云云。我们得此电后，不解这是一种什么工，而又没有得到太原方面关于此事的报告。正好这时我们正想派人到太原与阎商量一个通西北消息的办法，故此遴选了王光临同志与郭新涛等同行往太原，实地调查兵工厂事，并与阎商量此后通西北消息的办法。现王同志尚未来京，结果如何不得而知。

孔留京直到前日才返晋，频行我托人告诉他说：我极赞成晋阎的北方革命军运动，并且知道汉口方面干部中人亦极赞成，不久必须有正式答复，足令百川满意，尚望积极进行，助进革命统一，厥功甚伟。至于军事方面，晋军宜急速与革命总部及国民军总部发生密切关系，作一通盘筹划，及如何动作，最好听国民政府军事中央部的命令而行，孔对此亦首肯。

顷晋驻京代表来告：近来日本人屡到太原与阎接洽，表示深恶奉张的意思。晋阎以不知日本此种表示是否真意，抑或为探消息而来，故以山西始终与奉张一致答之。又最近太原民众曾以当地吾党指导举行盛大的反奉游行示威，奉方闻之即派专人向晋阎质问，晋阎说这都是些青年学生干的，我已警告他们不许再干了。五原自国民军去后，即归奉军占有，现在奉撤回了三旅，只留二旅守五原，在名义上以五原交付晋军，实际上财政机关仍在奉军手中。

四、关于最近外交团的态度的报告。

（一）英国：汉案发生后，唐悦良（国民军外交处长）曾访英使蓝普森氏，蓝氏对他大发牢骚。他说：此次来华深望把中英邦交弄好，对于国民政府尊重其地位，并且深致同情。故抵华后，即先赴南方接洽，随时即发表对华新提案，其用意完全在促进英国与国民政府间之良好关系，不意其结果适得其反，不能不令我深抱悲观了。我在汉时曾晤陈友仁君六、七次，陈君意甚恳挚，如能按照此言办法，或有良好结果，亦未可知，但我自始即怀疑陈君是否能如其所说去办。今我离汉不久，即发生汉案，前途正未乐观。唐君答称：中国民众及国民政府都认为新提案有援助北方的意思，故对英起反感。蓝氏说：这是误会，试思广州政府已自行征收二五附加税，而无所阻难，北方军阀焉有不尤而效之呢，我们已不能阻止南方，又何能阻止北方呢。新提案之意，亦不过预知此事之必来而先自承认之，以自保其体面而已，非有他意，或者将疑吾承认北方政府，此事南方政府请放心，英国此时决不承认北京政府云云。翌日，国闻社记者胡政之访蓝氏，蓝氏所言，则视与唐所言更为露骨。蓝氏说：英国亦是一个国家，亦是个民族，他的忍耐有一定的限度，现在恐已达到忍无可忍的限度了。胡云：君对北京政府的感想如何？蓝氏云：毫无希望。胡云：对北已无希望，则希望仍在南方，然则非继续忍耐下去不可，民众运动在其性质上容或有过甚的地方，不能因此小小波澜而使邦交有大大的变更也。蓝云：我觉南办外交，真是一种难事，蒋介石、唐生智则忙于军事，无暇及此，陈友仁、孙科、宋子文等仍皆无大力量可以主持此事，然则操纵民众运动，主持外交方针者鲍罗廷一人耳。今我向谁去办外交呢？蓝氏向人表示，虽然如此，但张【作】霖访他的时候，则又大张盛典礼〔礼字衍〕陈列件件兵器于门首以欢迎之，礼〔礼字衍〕食甚隆重，前未曾有，相谈有二时之久，日本甚忌妒之，谓英人甚鄙，以迎皇帝之礼迎张作霖。当晚北京警察即干涉北京国民〔闻社〕不令继续出版了。大约这是蓝、张会见后之一端。

（二）日本：自清浦子来北京与石曾、寅村等见面后，接着左分利又到南方，临行时亦曾与石曾、寅村等见面直到现在，日本外交有关人们和石曾等间接接洽不曾中止。日本人又有大内畅三者，系众议院某大学的教授，中日文化事业协会秘书，他到南方视察后，即回北京与石曾、沈尹默等继续商量中日关系的问题。自然在北京芳泽日使，板西顾问在〔原文模糊〕亦曾参与此事。在东京，日本政府当局及政党干部皆有与闻。有一天内请石曾拟出几条纲领来，以便据此非正式的征求国民政府及日政府两方对此政纲的意见。石曾说不便拟，最好由文化事业协会中的中日两国朋友们第三者的地位拟出来，再由日本朋友征求日本政府及朝野的同意，然后交我们转达国民政府，由是由大内、沈尹默等拟出六条。大内说已约〔经〕日本朝野的同意。其条件如下：

一、中国、日本以平等互助之精神，共同解决国际间对东洋一切束缚，并谋两国国民经济的提携，以彼此互惠为根据。

二、关于主权的中国定期收回治外法权，按期取消一切租借条约，日本以诚意协助之。

三、关于经济的废除厘金，收回关税完全自主，日本以诚意协助其成功；

四、东三省境内，日本政府、日本国民一切既【得】权利应俟中国统一后，中日两国自动的让步，以好意改善于两国不利益的条约。

五、中、日两国通商条约及税则，应以双方最惠的精神，订立平等互惠条件，双方尊重而实〔行〕之。

六、关于中国暂时的政局，日本以友谊的精神促成南北一致，或中国南北首领之双方完全同意南北分治，再根据全国民意以法律统一，如至不得已时南北作战，日本必绝对中立，承认南北为对等交战团体。

此外尚有一条关于防止赤化的，这大概是芳泽的意思，经中国方面反对，便删去了。大内在这一般人中比较开明。他说：赤化在日本虽为可怕的东西，但于中国或适宜亦未可知，可不提。大内本想于一个星期前由京赴汉，持此条文与我政府要人接洽，后接东京来电，政府要他先往东京一行然后往汉，他在未定前向石曾要求与守常面谈，守常遂约他当晚在俄款委员会相见。是晚九时，大内自带一通译方梦超与他们同来，寒暄数语后，守常即告彼日方条【件】已经看过，不过有些点还望先生予以更明晰的说明可乎？大内说：好。

以下便是守常和大内的问答了：

问：第一条中"共同解决国际间东洋一切的束缚"的意义，是否含有本愿以行为行协助中国废除一切不平等条约意思？

答（大内）：是的，含有这个意思。不过日本在国际上因为不能孤立之故，故不能明示其态度，因为日本若在国际上孤立，虽欲助中国而不能。

问：第一条谋国民经济的提携，以彼此互惠为根据，是否有具体的提议？

答(方梦超)：这是指棉纱一类的商品，是日本输入中国的主要物品，如果中国不与以提携而增加关税以障之，则日本产业界将不堪此重大打击。

答(大内)：日本地狭人多，如中国不予经济的提携，则日本民族不能生存。(守常说)我们所主张的革命，不是国家主义的革命，而是民族主义的革命，我们决不主张专为自己民族的利益而至牺牲其他民族的生存。(大内说)国家主义的革命，是旧式的革命，如今已成过去了。

问：第二条"定期收回治外法权，按期取消一切不平等条约"，是否把租界(如天津、汉口等)租借地(如大连等)内的领事裁判权、外国行政权都包在内？又所谓"定期"、"按期"是何意义？

答(大内)：依我解释，当然全包在内。至如定期、按期云者，是指收回治外法权一类的事，不是仓猝所能办到的，必须与关系国约达一定的期间，即当交还。君曾在日本读书，当知日本当年收回法权税收的维新运动，人民亦曾受多大的牺牲，大限伯一条腿就系为此断送了。(守常说)我当时读日本史，读到此节，曾起最昂奋的兴味，就我的所知，日本在大限伯出任外交以前，是当外国是一个外交团来办的，很难得有效果。大限伯出来，便主张采"国际谈判"的政策，把各国分开，一个一个的交涉。大限伯因当时民众不了解，炸去一足而去职，但继他而起的外交家，用他的政策究竟成功。还有一个最值得记忆的便是当时日本最难交涉的国家，便是英国，一旦与英外交办好了，其他各国便迎刃而解。中国今日情形与日本当日有些相同。

问：第三条中"收回关税完全自主，是否含有中国把数十年来为英国所把持的海关行政完全收回的意思在内？

答：(大内)就是这个意思（很郑重的说了二、三次，这一条很要紧)。(守常说：上次关税会议的时候，英委员很怕中日提起这个问题，故赶快借着段政府倒台就把关会闭会了。大内说：就是这次对华的新案，英国亦想维持其海关行政的系统，故虽承认了南方征收二五附加税，却要求仍须由海关征收，正是这个意思。守常说：诚然，但是南方政府征收附税其目的并不在增多收入，而在当作一种内地税由中国的自设机关征收，而不经海关的手，用意亦在打破英国所把持的海关行政权。)

问：第四条中"以好意改善于两国不利益之条约"，是把那些于日本利益于中国不利益那些条约除外了，但是以我看来，关于东省条约，大概都是于日本利益于中国不利益的？〔那些包括在内，当时讨论到此条时，因为顾虑到日本人骤见起来反对，从而发生阻力，故用此语以掩饰之。〕

答：(方梦超)这当然对于那些包在内，当时讨论到此条时，因为顾虑到日本人起来反对而发生阻力，故用此语以掩饰之。

问：第五条的意义是否希望与中国订立一种差等税率的协定关税条约？

答：(大内)就是这样。

问：第六条中"日本以友谊的精神促成南北一致"，国民政府方面极欲与奉方谋和平，但是奉方对南是否愿意和平，还是问题，日本对奉天有没有把握使之不对南作战？

答：(大内)我于南方倒有些朋友，于奉方却很是〔少〕，亦有二三相熟者，相见即以此劝之。

答：(方)大约先生是文人，此次与武【人】商议，此次与坂西商议，坂西颇赞成此议，故武人方面由坂西去办，因为现在的陆军大臣是坂西同学，又是同乡，故好说话。此次大内回东京，即是与参谋本部和陆军大臣商洽此事。

问：第六条中“如至不得已时南北作战，日本必决〔绝〕对中立”，此在内战，日本应如此，但有一事我欲请问的，如中英发生冲突，日本是否守中立？

答：（方）这是涉及第三国问题，故未谈及。

答：（大内）（关于此点，他答复颇含糊）中国如与他国冲突，日本自应中立，为于两国有利。此次回京后，将更往武汉一行，便是奔走此事。日本朝野本是方针以处理之；同时亦望中国民众本此方针以避免二国间之冲突。

问答已完。守常乃表示几点意见，不是代表国民党或国民政府，而是个人的。第一，欲中日两国建立一种良好的关系，须根据在政治上日本对中国让步，经济上中国对日本让步的原则，即关于废除不平等条约，日本须予中国以赞助，关于两国国民经济【一】点，系中国须予日本国民以提携。

第二、南北分治只是一个过渡的视线，中国国民党究是要谋中国的统一。可是谋中国的统一，国民党自有其建国的方略的进行，勿助军阀而予以妨碍，因为中国不统一，于中日二国经济的提携上亦甚不利。

谈至此，大内以为守常的主张或有国民党将以武力解决奉张的意思，故复加以辩解说，在统一之先，南北分治或不可免，可是南北分治便是统一的必经阶段，我在南方见民党友人便劝其暂时休息，整理内部，不必急于谋扬子江以北的发展。守常说：此言甚是。我们取得的地方，不仅在武力的占领便算了事，我们要把党的基础深植于民，从在政治上方能算取得了那个地方，否则徒以武力解决与军阀的武力统一何以异之，失整理内部的忠告，盛意可感。

第三、日本在满洲关系吾人早有所谅解。

大内听守常言后，颇现欣悦之色，乃悄然告守常：日中两国以外，还有一国当联合，便是苏俄。其理由，我今不明言了。守常即答他道 即不便明言，我亦明白了。乃与之寒暄数语而去。

从这次谈话和六个条件，我们可以看见日本注重的几个要点来：(一)主张中国暂时南北分治。(二)在分治期间，日本政府及其国民在东省内的免〔既〕得权不生动摇。(三)怂恿中国收回数十年为英把持之海关行政权。(四)日本希望与中国订立一种差别税率的协定关税条约。这是六条的骨干，此外的辞句，都为装饰外面的好看服罢了。

大内与守常见面后的一日，大内即乘晚车回东【京】了。

(三)美国：美使馆态度忽变，似表同情于英。唐悦良曾与美使及其代办晤谈，言下深不与于国民政府，美使我实为夙表同情于南方之一人，但近南方对外态度深令失望，如何排英至于如此急烈呢。我与蓝普森同船来华，所谈至为详悉。他此次来华，抱着满腔热望，想和国民政府开诚相见，把中英关系弄好，不图发生汉口事件，出乎意料之外。若云承认北方政府征收二五附税，那末试想有无英使的新案，见南方征收毫【无】阻止，北方军阀焉有不自行征收之理。听说以群众运动占领了汉口英界之后，而欲以同一手段占领日、法租界，这种办法实在危险的很。以后唐氏又见他的代办，他更说：你们收回租界是可也，但是为何又仇视教会呢？这不是仇洋排外是什么。我们教士在闽的已陷于危险状中，美驻闽领事已有数电告急。由西安跑来的教士说，西安城被困围数月，困在城中的教士真是万死一生，好容易祷告上帝，若大旱望雨一般的冯玉祥来了，西安以为这可得救星了，谁知冯到西安后，把教堂占了，求冯玉祥保护，而冯不理，这样看来，冯已入了布尔什克。你们南北打成一片了，以苏俄为后背主人，我在〔再〕不能与以同情了和辩护了。玛慕瑞全使离京前一月，他的代办又致电乙函，再次申明此意。并云：他所谈的玛慕瑞今俱已完全同意，此次回国，即将此真相报告于美云云。唐得此函后，立来与守常商议。我们认定美使馆这种态度其用意在取瑟而歌，使之闻之，或许是希望我们对于美教士不加危迫，故严其辞，以促成我们注意。于是商请唐君再往美使馆一谈，其措词看下我们“国民军国民党人”听到美使馆人员们突变对我态度，不胜诧异。因大家都知道首先到广州访国民政府的玛慕瑞公使，对此事实，不但中国民众对美起一种好感，即世界的外交界亦曾予以多大的注意。现在美若还定用这种精神办理对中国的外【交】，相信由此事实所生的良好影响，当更发展而况〔扩〕大，俾益二国邦交不少。我们不解美国为什么忽然要踏英国走狗？民众运动有时过火一点，容或不免，而且一般民众在反英的狂潮之下，对于美国教士未便细辨，亦或不免作了殃及美国教士之举，究系一个小小事件，焉能以小小关系而更变二国邦交的大计呢？如有事须我们代达国民政府者，我们可以代达云云。美代办听了这些话以后，声明：希望你们以行为证明你们对美的友谊。最近何应钦到福州，美总领事两次访何，何均拒不见，希望转达国民政府转告何将军能够接见美总领事，以便有交涉时可以商量云云。唐答：我们可以去电转达。我们当即将美使馆的态度，如其希望何应钦接见美领事的事电告国民政府了，不知可曾收到否？以我们所知，美突变其原因有三：最近在国际上，东方的离合变迁，似乎是英美互相提携以对日本；而日本为对英美之故，一面联合，更有接近苏俄的趋势。此次英美向远东大调海军，藉口对于华实行项庄舞剑，意在沛公，英美殆欲将海军向太平洋移动集中，颇有对日本示威之形势。英美同种，在剧烈排英怒潮中，英、美实有许多地方利害一致。有人说此次对英新提案赞同，原以美政府方针不合，故美政府召还美使，美使以自己由因此事受一打击，而陈友仁同志又迳美政府反对英提案，故玛氏对南殊不快，现在玛氏又被命中止回国，不知是何原故？

（四）法国：法帝国主义者，虽与奉鲁有相当关系，但是他对吾党的态度似较他国为和缓。天津法界前次捕拿党人旋即释放，便可知道了。最近天津同志廿四人在法界开会为所捕去，因为是星期日，法领不知此事，翌晨法领闻之，便立令放出。是日委闻讯石曾即向法使交涉释放，至少勿引渡。恰巧是日早晨法使请石曾晤面（其实或系天津法界捕人事法领请示彼之命释放，故彼作不知，先向石曾温一温交情）。以下便是法使与石曾的问答。法使先说：好久不见了，所以请你来谈一谈。现在各国都有害怕的样子，好象仇洋排外的惨祸近在眼前。我在中国的朋友如你呀、蔡孑民呀、褚民谊呀，都是多年好友，我知道中国人最讲和平的。但是人人传说，现在国民党的外交是俄国指挥着，究竟真相如何？石曾答他说，我们是老友了，不能对你说谎话。国民政府实在有些俄国朋友在那里帮忙，但这并不奇怪。奉天方面有他的日本朋友，他们有他们的朋【友】，我们有我们的朋友。设法国朋友亦愿来帮助我们，亦是一律欢迎的。法使说，这一点我明白了。后又说，英国总想把各国卷入旋窝，但是法国不肯，但看对英之新提案表示反对便可明了。此次汉口事件，只须国民党不以对英手段对付法界，法决不与英一致行动。不过有些在法国外交部办事的法国人思想旧，他们还想拿廿年前对华的外交来对今日的华人，完全不对的，是办不到的。我们常常有报告到法政府去，说现在中国民众与从前完全不同了。不过我们的力量不够转移他们的旧观念，最好你和蔡孑民先生常常打电给穆德一流社会上的领袖，从社会作作工夫，亦可影响我们的政府，只我一人说，他们或以我太过了至了一步。石曾又去，关于法界捕人的事去找他，他说他不知道此事，容他去电告津领事，万勿引渡是了（其实此时释放了）。务望以后有事先由我们在此商量，以免彼此隔阂的地方。石曾说：那末你可以给电各地领事，凡有关于国民党的事，不可直接与国民党发生冲突，不可轻率的处理，务须电告北京法使馆，以便我们彼此商洽。我亦同样的电国民党各地支部，你以为如何？法使答云：这办法很好，很好。这就最近对吾党所表示的态度。

附言：日本坂西不久将南下，临行前，拟与守常一谈，讨论我军将来到上海时关于处理租界如何应付英国的问题，详情当候谈话后报告。

政治会议北京分会

烈武、励斋
季龙、孟余先生均鉴：兹随吴渊同志赴汉之便，特将所有重要材料汇上。报告阅后，即刻送交中央政治会议作为参考。此间经费困难，阳历年关即由弟及石曾借贷勉强过去，迄今月余，屡电中央而并一字之答复亦不可得，真令人不解。现在旧债已负约未还，而阴历年间又复迫人，为吾党所补助之机关将交迫而来索款，究不知从何应付。此外心声晚报将谋重刊，前国民新报已由达尔逊与美国人FOX商妥在京编辑，在津刊行，亦因经费茫然不可靠致生迟滞而不能进行。中央以为北方工作均当停止，即望代请中央明白告知，长此消极对北京分会不合作，不是一个好办法。又中央向来不与我们以任何政治消息，亦足令人起奇异之感，例如此次移都南昌问题，何能〔等〕重大，听在武昌和南昌的中执同志争持甚烈，而京分会同人并消息亦不得知。以此可知中央如何看待我们了。夫国民政府定都何所，中外观瞻所系，岂能朝令夕更，视若儿戏。以今日论，广州为革命根据，武汉为全国中心，不留于广州，必迁于武汉，百思而不可得可以迁移南昌之理由。如为集中起见，如果不为一时军事上的必需，即介石同志及总司令部亦宜坐镇武汉。今忽轻易的提起移都南昌，致令外团对我内部频生怀疑，以为我之内部中有危机，不然何以遽弃武汉耶？至于敌党报纸，如晨报，则讽嘲迭出，画一旅行的箱子，上书党政府，贴上些广东旅馆，汉口旅馆，九江旅馆的条子。人必自侮，然后人侮之，这真是我们自取之侮了。自移都南昌的消息传入北京，吾党同志骇然莫释，尚望公等力持大计，毅然决计设都武汉，以定人心而安国本，则党国之幸也。敌军内部较受吾党之影响，至如详细情形，此时应守严重秘密，故暂不报告，只好事后再请中央追认罢了。胡政之君不久当赴汉口，他的国闻社和大公报对于吾党表示相当的好意，望兄等与为比较的亲切之接洽。康心之同志为人明快干练，将来高培五旅如须派政治委员时，望兄等荐之于邓演达同志。又吴渊同志亦至老成稳妥，亦望予以相当工作。又北京市党部选举均已商洽就绪，似无偏倚不平之处，故可望无纠纷发生。南中军政消息有须吾等知道的，幸兄等时电好音，吾侪企领以盼，所不能得于中央者，只有望于兄等矣。童冠贤同志来京助益我等之处实多，数月以来，所还至感，后于中央者，惟此而已。匆匆不尽，望于武汉择一最妥当的通信处，便中示知。

弟李大钊一月廿四日

〔国民党中央宣传部档案〕

## 15　重庆商务日报关于靳云鹗魏益三向北伐军接洽投降讯

(1927年2月16日)

南昌通讯云：去岁靳二代表要求独树一帜（与冯焕章相等），未得蒋介石之容纳，致无效果之际，马叙伦进亟取浙之策，蒋氏亦心怀桑梓，遂决计调兵进攻东南。不图闽中海军，不依前订条件，民军又问题复杂，致何应钦之师不能如期入浙，杭州失之唾手。斯时魏益三之代表郭玉书、杨家荫突偕沈卓吾等至汉，由政洽部副主任郭沫若函介来赣接洽，谓魏军长不忘茂将军之遗教，誓与奉张不两立，且决为先将军复仇，愿与党军合作。惟要求军费若干万，及取得河南后，即以为该军屯驻地，并要求械弹补充等。蒋对于第二项，谓如革命，须彻底成功乃有休息，无所谓屯驻，其余无问题。两代表电魏，魏复派代表至汉，要求取河南后，以为根据地，仍进行北伐，为先总理吐气，先将军复仇。同时，柏文蔚及西北军驻汉代表刘骥，均来电说项，李烈钧到赣，更极力促成。是时，奉军复连营入豫，吴佩孚突免靳职，魏回忆北京屯兵不进之嫌，既惧奉张寻仇，又恐洛吴修怨，为靳氏之续，遂电赣鄂，无条件的降顺党军。而靳二亦到鄂接洽。蒋氏先行电鄂，委魏为第三十军军长，因赴汉指示外交之便，慨然面允助靳子弹。（十六年二月十六日重庆商务日报）

〔中华民国史史料长编稿十六年一月〕

## 16　蒋介石关于国民革命军北伐作战经过报告书

（1927年3月）

我革命军肃清两广反动分子后，正拟秉承总理遗训，扫平国内军阀，完成国民革命工作，适帝国主义者勾结吴逆佩孚陈师三湘，将危及我策源地。本党为主义而奋斗，势不得不诉诸武力，以纾国难。于是政府于十五年六月五日任中正为国民革命军总司令，专命北伐。中正不敏，谨于六〔七〕月九日就职誓师。赖总理之灵，我党同志暨全军将士之努力，民众之援助，阅数月勘定湘、鄂、赣、闽。兹将各期作战经过，撮要报告如左：

七月一日，颁布动员令，分令各军集中湖南醴陵、衡州、永州一带，为巩固策源地起见，酌留相当兵力外，编定北伐部队如左：

第一军之第一、第二师；

第二军之第四、五、六师；

第三军之第七师、第八师（缺二营）第廿五团；

第四军之第十、第十二师；

第五军之第十六师；

第六军之第十七、第十九师；

第七军之第一、二、八、九旅。

是时，第八军已固守衡州附近，待援进攻，遂决定先令第四、七军于七月六号以前集中醴陵、永州一带，协同第八军以行掩护。七月十号以前，四、七军已到达指定地点。是时，湘江秋潦顿涨，我军可溯江而下，唐总指挥认为有机可乘，电请协同四、七军提起反攻。拟以第四军及八军一部出醴陵进攻浏阳；以八军主力协同七军全部渡娄底、易浴两河，进攻宁湘，再转取湘乡，迫敌于狭小地域而歼灭之。中正认为适当，电允进攻，遂于七月十二日克长沙，敌旅长刘雪轩伏诛，于是各军乘胜占领益阳、湘阴、浏阳之线。斯时我军尚未完全集中，因命固守汨罗之线，以待后续部队之来到。

七月廿日以前，各军由广州开拔完毕，而前方各部已进展至汨罗江之线。中正为指挥便利计，于廿七日率部属向衡州进展，于八月十日到达，即电约各将领同赴长沙，会商次期作战计划。

八月十五日，中正以会议之结果，决定以第四、七、八军编为中央军，以前敌总指挥唐生智指挥之。

第二、三军为右翼军，以第三军军长朱培德指挥之。

第九、十军为左翼军，以袁祖铭指挥之。

第一、六军为总预备队，随中央军推进。

各军之攻击目标；

1．中央军第一步歼灭敌人在黄盖湖以南地区；第二步占领武汉，最后封锁武胜关。

2．右翼军肃清江西，占领九江、湖口、马珰各要塞。

3．左翼军夺取荆沙，肃清鄂西后，占领枣阳、樊城。

斯时，江西方面情况尚未显明，令右翼军暂取监视状态，而左翼军尚未完全集中，先令贺龙师及八军周师向公安、石首警戒。惟中央军强敌当前，大有一触即发之势。我军为先发制人计，预令各军准备作战，遂于八月十八日开始攻击矣。初，汨罗江北岸敌之位置，在平江及其以东之线，为陆沄、娄云鹤等部，防御甚坚；张家碑至浯口之线，为孙建业部；河夹塘、长乐街之线，为宋大霈、董政国、余荫森及叶开鑫等部。我中央军以四、七军为右纵队，在三服桥、浯口瓮江铺之线；以第八军为左纵队，在长乐街至湘阴之线。总预备队第一军隔一日行程，随左纵队推进；第六军同距离，随右纵队第四军推进。而我四军应以最敏捷手段，出平江、通城、崇阳直趋汀泗桥，迫敌于黄盖湖以南，而达歼灭之目的。其任务尤为重要，部署既定，攻击前进，遂于八月十九日，我四军攻克平江城，歼敌九十七、九十八两团，敌将陆沄自戕。斯时，我第七军进至将军亭之线，第八军进至长乐街，前方继续攻进。

八月廿一日，我第四军克复通城。廿二日，第八军破敌于破塘口，进占岳阳，向云溪追击前进。敌人迭经重创后，沿武长路溃散，敌将宋大霈率残部乘车退武昌。而我第八军之第三师努力追击，进至五里牌附近，适宋逆乘车败逃经过其地，施以截击，敌弃车奔窜，益形狼狈，不能成军矣。

八月廿三日，令中央军右纵队，沿武长路尾敌追击，直取武昌；右纵队在嘉鱼附近渡河，进取汉阳。各军均按照计划，继续进攻。我第四、七军于廿四日克复崇阳，第八军次日克蒲圻，于是中正于廿七日自长沙入鄂，亲率各军进攻武昌城。

初，鄂军第一师尚在湘西，唐总指挥命开赴前线协同作战，并命第二师师长何键任进攻江左先遣纵队指挥，率该师及鄂军由临湘、嘉鱼一带地区渡河，向汉阳前进；以第三、四师沿铁道以西，向武昌前进。斯时，敌之兵舰出没于洞庭湖，企图扰乱，因令第一军一师进驻岳州、城陵〔矶〕一带，以资镇慑。八月廿六日，我四军由崇阳直至汀泗桥，敌以第一百团、军官团、大刀队及王献臣部共约七八千人前来增援，与我四军对峙，鏖战竟日，始将敌之中央阵地突破，同向其左翼施以包围，敌乃溃退，向咸宁追击。而我第七军肃清崇阳后，亦经柏墩向咸宁前进。

孙逆传芳受帝国主义者之利诱，吴佩孚之勾结，狡焉思逞，乘我酣战之际，顿集中所部入赣，先令谢洪勋、杨镇东辈由九江入修水、铜鼓，志在进犯长岳，威胁我侧背；并令邓如琢各部向赣西前往。因令总预备之第六军，向修水转进；第一军第一师由岳州转浏阳，向铜鼓前进，迎头痛击。并电令第二、三两军及十四军协同第二军谭师、第五军之四十六团分向赣南、赣西前进，对赣作战，从此始矣。

吴逆佩孚迭接败耗，亲率王梦弼、李乐滨、陈德霖、刘玉春等旅赶赴武昌增援，在贺胜桥、王本立各要隘，节节布防，固守待机，企图俟孙逆挽回战况，再行反攻。我军利在速战，决定乘胜夺取武汉重镇，以壮声威，再以全力对赣。八月卅日，我四、七军与贺胜桥、王本立之敌激战。吴逆亲率大刀队督战，斩馘退却官兵，以行威慑。经我军反复冲锋，肉搏数时，敌仍节节抵抗，战斗之烈，以此为最。卒赖将士之奋勇将敌击溃。吴逆乘车逃遁，余者四窜，俘获甚多。我第四军之十二师亦有损伤。因令总预备队第一军之第二师迅速前进，以行追击。我第七军将王本立之敌击溃后，经金牛向鄂城前进。敌经此创后，乃窜入武昌城据守待援。

我第四、七军及第二师于九月一日占领洪山、南湖一带，准备攻城。时适我第七军一部于三日克鄂城，敌之溃散官兵均被俘获，声势丕振，遂下令各军实行攻城。其担任区域如左：

第一军第二师，忠孝门至武胜门附近；

第四军第十师，宾阳门至忠孝门附近；

第四军第十二师(缺一团)，通湘门北方附一近；

第七军第二路，中和门至望山门以西地域；

第十二师之一团，在洪山附近为总预备队。

各军奋勇先登，卒因城坚械利，牺牲甚众，不得不暂停进攻也。

当我第四、七军在贺胜桥、王本立之决战也，第八军之第二、四师及鄂军第一师已渡过扬子江，向汉阳前进。时秋涨未退，举目汪洋，前进极形困难。而守汉阳之敌将高士桐在仙女山、蔡家岭、十里铺一带顽强抵抗，进展不易，得十五军长刘佐龙部响应，以制其后，遂乃溃走，即于九月六日克复汉阳城。八军何师占领龟山及兵工厂。鄂军夏师于九日克复黄坡，由蔡甸直趋孝感。李师由咸宁开驻汉口，沿铁路前进。敌将田维勤自豫南来援，我第八军破之于东篁店。其李师于十四日克复广水，遂乘胜直下武胜关，一部占领鸡公山，田维勤逃入河南。武汉战事遂暂告一段落。

是时，江西方面正在鏖战中，孙逆传芳主力尽行入赣，诚未可忽视。中正以武汉军事讬于唐总指挥，亲率第一军第二师驰赴江西督师，转战近月，至双十节后，在高安行营遥闻我军攻克武昌城，俘获逆将陈嘉谟、刘玉春等，恍见我青天白日之旗帜高树于武昌城上迎风招展矣。

初，右翼军作战目标，在长沙会议决定第二期作战计划时，已经决定，惟当时敌人态度尚未十分明显，故令第二、三军在茶陵、醴陵一带监视。时江西境内之敌人唐福山部，新由醴陵败退至萍乡附近，陈修爵、谢文炳等残部在莲花、安福，蒋镇臣部在吉安，杨如轩、杨池生两部在赣州、大庚一带，张凤岐在袁州、新喻间，南昌、樟树则为邓如琢之第一师，赣东抚州方面则为刘宝题部，兼之孙逆传芳已有援赣之消息，福建周荫人亦有援赣，或直入潮梅，以扰我后方之计划。此时中正遂决以二、三军由文家市、醴陵出萍乡、万载向袁州、新喻进攻；以茶陵二军一部出莲花、安福，相机解决吉安之敌；以四十六团由汝城出上犹；以第五师由南雄出大庚，协助驻会昌一带之第十四军，会攻赣州。

九月三日，我方侦得孙逆传芳已下四路进攻之伪命，中正遂电令各军于六日各就准备位置，开始攻击。据报：孙逆派谢鸿勋师、杨镇东旅间道赴修水、铜鼓，出平江、通城，以截我后方联络。于是抽调中央军总预备队第六军由通城出修水，迎击谢部；第一师由浏阳出铜鼓，迎击杨部。七日，我第三军克萍乡，向袁州追击前进。同时赖军占赣州，会同五师及第四十六团向吉安进攻。六军于十日击败谢鸿勋于修水，敌退武宁。铜鼓杨镇东同时被吾第一师击破，溃不成军。而我第一军死伤之众，足以表示牺牲之精神矣。

九月十七日，中央军虽未下武昌，而封锁武胜关之任务已达成，同时赣西、南、北三部已入于战争状态。中正有亲临前敌，就近指挥之必要，遂于是日率部属及第二师折赴萍乡。而我二、三军以大败敌人于新喻，闻并已追击前进，准备向樟树攻击矣。此时，赣江船舶已为敌人掳尽，右翼朱总指挥遂自新喻率所部第三军出高安，拟向赣江下游渡河进攻。

九月廿七日，军次新喻，我一、六两军以孤军深入，败弃南昌，闻盖已在数日前事。至此，而益证实时我赣南之部队尚未到达吉安，而清江之第二军又不能飞渡赣河。中正遂以第二师固守清江，监视樟树之敌，抽调二军四、六两师协同赣南各部先行解决吉安之敌，然后由赣江右岸直趋樟树。

廿九日，中正达清江，巡视前线毕，知一、六军已集中奉新附近，急待整理折赴高安。

十月二日，我三军大败郑俊彦师、彭德铨、杨赓和两混成旅于万寿宫大庙上。当一、六军由南昌撤退至万寿宫，即与我三军遇，朱总指挥知其疲乏，令暂休息，即以所部第三军任前方警戒。而敌竟以四旅之众徘徊观望不敢前进。入暮，第三军以百余众抄袭敌后方司令部，大奏肤功，一时死伤枕籍，不可以数计，残敌溃守牛行。

三日，中正集合一、六两军官兵于奉新训话，大加勉励，一时士气颇为激昂，争为党国效死。此时七军李军长报告：已于二日击破敌人于王家铺，进至箬溪，准备出击德安之敌。盖七军原调赴兴国、瑞昌之线，应付九江、富池口之敌。此时侦知敌已潜出万家铺，欲进窥我武宁、奉新，故七军亦改道来击破于王家铺也。同时，又知蒋逆镇臣放弃吉安，向宜黄、临川遁走。而二军已向樟树攻击前进。中正乃令一、六军由奉新、安义向涂家埠、建昌之敌攻击。期与第七军联络，令三军向牛行之敌攻击。令十四军向临川、东乡剿灭蒋逆残部，一面更促白参谋长率二、四、六三师迅取樟树后，会攻南昌，电令于六日并举，第以交通梗阻，敌又强弱不同，未能一致达成。

五月，七军以死伤近千，肉搏数小时而获得之德安，又为敌利用铁路增援而夺回。六日，一、六军一部已进驻永修，得闻七军退箬溪，遂退回柘林、白滩之线，与七军取联络。三军则于八日午与牛行之敌接触，相峙一周之久，以敌阵地坚固，未能进展。二、四、六师则于十一晚进搏南昌，中正亦亲赴城下，躬自指挥。南昌城廓，本无武昌之坚强，可旦夕下，无如困兽犹斗之郑俊彦岳思寅、张凤岐、唐福山等残民以逞，大肆焚掠，绅商泣请暂退，徐图解决。我军原为解放民众痛苦而战，中正遂决令撤退，另划攻取之策。

十月十四日，令第二师由南昌撤退开赴奉新；第二军之四、五、六师撤退至丰城、三江口之线；三军撤退至草山、祥符观一带；一、六军在奉新、安义间集合；七军仍在箬溪。此时，十四军已占领临川，令肃清附近之敌，各在原地整顿补充，以待后命。此次攻击未能奏效者，各军因交通之困难，动作不能协调所致。中正于十五日抵高安后，遂令将各军师间交通网绵密组成，更尽量补充各军之子弹，暂取攻势防御，略事休息。

斯时，孙逆传芳复数派遣蒋尊簋等先后来奉新求和，中正语以接受本党主义，服从国民政府，促开国民会议，不干涉本党党员在所辖境内宣传诸大端，迄未答复。推孙逆之心，议和实非本意，不过为一时之缓兵计耳。十月中旬，中正更增调第二独立师及第四军之大部加入赣北地区作战，月终各到达指定地点，遂改组区分如左：

左翼军，第四、七军及第二独立师属之，归李军长宗仁指挥；

中央军，第六军编成之，程军长潜指挥；

右翼军，朱军长培德指挥：

1．左纵队，第三军及第六师属之，朱军长培德指挥；

2．右纵队，第二军（缺一师）及第十四军属之，鲁副军长涤平指挥。总预备队，第一军一、二师编成之，刘师长峙指挥。

各军之攻击目标及顺序：

左翼军攻下德安后，以一部出击马迴岭，向九江警戒，以主力折向建昌，协同六军夹击涂家埠。

中央军先行突破乐化，截断南浔路后，即向北进，与七军协击涂家埠之敌。

右翼左纵队以一部攻击长头埈，以主力攻击狗子山下罗家，于截断蛟龙桥后，即折向牛行，夹击固阵拒守之敌。

右翼军右纵队之四、五两师向谢埠、佛头岗之线推进，相机攻击南昌之敌，十四军于临川、东乡一带肃清赣东之敌。

十一月二日拂晓开始总攻击，各军于各所担任务，按计划努力实施。三日，左翼军克德安，占马迴领。五日进取九江，惟斯烈部遁，余悉就俘。中央军于三日在卢坑附近铁道线与敌激战，敌援由右翼增加，斯时中正亦正在前线，当命第一师由右翼加包围敌之侧背，敌遂不支，纷退乐化，乘胜追击至吴城，而尽俘焉。此部为卢逆香亭之第二师，顽强异常，亦为孙逆中坚部队，孙逆实力至此丧失殆尽矣。右翼军左纵队因敌于牛行附近利用铁道材料作大规模之坚固阵地，一时难以突破，五日后乐化以北之敌完全消灭，遂由白参谋长率左、中两军之六团南来增援，是夜敌火异常猛烈，判断敌人将行退却，遂令各军作追击之准备。六日晨，敌已向赣东退却，仍由白参谋长率队跟踪追击，一面更令十四军由进贤方面截击至滁槎，敌已不及退走，缴械请降，俘虏敌将王良田、杨赓和、李彦清以归。当时南昌尚有唐福山等少数残敌，闭门请降，乃令出城听编。南昌遂不废一弹而入我军之手矣。时十一月八日也。

当我军肃清武汉，酣战南浔一带时，长江上游形势仍属混沌，如南昌之卢金山师及杨森部，荆沙南北岸之王都庆师及杨森之一部，沙洋之于学忠师及张福臣旅，襄樊之张联陞师；岳口、彭市、河天门一带各有于、张（福臣）之前进部队，时有协同川军，分路窥袭我武汉之企图。遂责成前敌总指挥唐生智指挥第八军及鄂军第一师肃清鄂西。唐总指挥计划：以主力迅渡襄河，直捣宜昌，断敌退路；以一部占领荆门，对襄阳监视。区分兵力二部：江左军为第八军之一、二两师，鄂军第一师；江右军为第九军、第十军、第八军之教导师。

十一月廿八日，据报：敌人除于逆学忠所部外，余悉在江南石首、公安一带布置防御工事。唐总指挥下令动员，限各部以十二月四日前集中完毕。九日，唐总指挥抵旧口，指挥各部开始总攻。石首已于六日为周教导师占领，公安又于十日为王天生师克服，卢、周两逆部溃退。石首、公安遂无敌踪。十一日，夏师完全占领荆门，遂协同叶师，经当阳趋南昌西北地区，以截杨森西遁之路，何师助攻，包围荆河及南岸之敌。十二日，曾指挥所部占领荆沙，俘虏极众。追击队到达宜都附近，敌遂急急溃退，何指挥率部追击之。而贺龙所部自先后占领杨林寺、拓口、藕池各要隘，节节进展。十三日又进占宝石山，以遮断当阳之敌退路，江南岸既已肃清，全部即向江北岸协同围攻宜昌。自我军连日各路猛烈围攻，敌人纷纷溃退，于学忠等遁走襄樊，保康张福臣残部随川军逃巴东，阎曰仁余众在双林寺为我军截击无遗，敌人恃为老巢之宜昌，于十七日完全为我军克服。除追击缴械外，鄂西已无反动派之逆部存在余地矣。

当我北伐军入湘之后，周逆荫人欲乘虚以扰我后方，调集劲旅进迫潮梅并约陈逆炯明为内应。当时东路军总指挥何应钦掌握兵力，惟第三师、第十四师及张贞之补充团，嗣虽增第五十八团，而内则逆党四伏，外则强敌压境，潮梅一隅有岌岌不可终日之势。何总指挥审度形势，定以少制胜之策，于是集结兵力于梅县、留隍二处，侦敌人主力所在，迎头痛击，以期破其中坚，使全体闻风而溃。果也，周逆率重兵进犯大埔，何总指挥军迎击，即于三河坝擒敌旅长一名，周逆在大埔抱头鼠窜，值曹万顺等正式附义，闽南民军组织参谋团为我内应，声势既宏，进展极利，张逆毅不战自溃。闽海军亦复附义，我军乃长驱而入福州，李春生见大势已去，投诚听编。斯时周逆荫人尚集合残余，在建延一带，图最后之抵抗，卒以孙逆大败于南浔，无所依恃，遂退入浙。何总指挥抚循军民，编遣降卒，颇费周章。一面遣师北指，期绝根株，而李春生迟迟其行，中怀叵测。何总指挥乃密令各部就近缴械，反侧既除，军行无阻，遂督率所部及自赣入闽之第十四军共行，赴浙从事于长江下游之工作。

附：

国民革命军现编军师兵额调查概数表

十六年三月一日

总司令部参谋处

| 队号 | 姓名 | 备考 |
|---|---|---|
| 第一军 | 何应钦 | 三师（九团） |
| 第二军 | 谭延闿 | 四师（十三团） |
| 第三军 | 朱培德 | 二师（十四团）李先遣支队在内 |
| 第四军 | 李济深 | 四师（十四团） |
| 第五军 | 李福林 | 二师（九团） |
| 第六军 | 程潜 | 三师（十一团） |
| 第七军 | 李宗仁 | 二师五旅（二十六团）广西省防军在内 |
| 第八军 | 唐生智 | 一师三旅（十七团）湖南省防军在内 |
| 第九军 | 朱绍良 | 二师 |
| 第十军 | 王天培 | 六师（十八团） |
| 第十一军 | 陈铭枢 | 二师（七团） |

| 队号 | 姓名 | 备考 |
| --- | --- | --- |
| 第十二军 | 任应歧 | |
| 第十三军 | 白崇禧 | 二师(六团) |
| 第十四军 | 赖世璜 | 二师(八团) |
| 第十五军 | 刘佐龙 | 三师(十六团) |
| 第十六军 | 范石生 | |
| 第十七军 | 曹万顺 | 二师(七团) |
| 第十九军 | 陈仪 | 一师一支队(六团) |
| 第二十六军 | 周凤岐 | 二师(六团) |
| 第二十七军 | 王普 | |
| 第三十三军 | 柏文蔚 | 二师二旅 |
| 第三十五军 | 何键 | 二师(八团) |
| 第三十六军 | 刘兴 | 二师(十团) |
| 第三十七军 | 陈调元 | 一师四旅(十八团) |
| 第四十军 | 贺耀祖 | 三旅(九团) |
| 新编第一军 | 谭曙卿 | 三师 |
| 新编独立第一师 | 卢兴邦 | 二旅 |
| 独立第二师 | 刘峙 | 四团 |
| 独立第四师 | 张贞 | 三团 |

| 队号 | 姓名 | 备考 |
|---|---|---|
| 独立第十四师 | 夏斗寅 | 六团 |
| 独立第二十师 | 钱大钧 | 六团 |
| 独立第廿一师 | 严重 | 三团 |
| 独立第廿二师 | 陈继水 | 三团 |
| 中央第一混成旅 | 贺对廷 | 二团 |

以上计二十六军七师一旅已编为作战部队约五十余万人

| | | |
|---|---|---|
| 第二十军 | 杨森 | 改编为九师四指挥 |
| 第廿一军 | 刘湘 | 原有十一师二旅 |
| 第廿二军 | 赖心辉 | 原有一师五旅 |
| 第廿三军 | 刘成勋 | 原有三师三旅 |
| 第廿四军 | 刘文辉 | 原有四师六旅 |
| 第廿五军 | 周西成 | 原有一师 |
| 第廿八军 | 邓文侯 | 原有五师六旅 |
| 第廿九军 | 田颂尧 | 原有三师二旅 |

以上计八军为待编部队

统计　三十四军七独立师一旅

附记：一、已编为作战各部队，有点验未毕者，有随时增减者，故所计兵额五十余万，不过概数。

二、待编部队兵员数目不甚确实。故未记数。

三、其余向我军输诚已委任而未就职者，概未列入。

四、本部直辖炮兵团、工兵团、警卫团、卫士大队等各部队兵数约计一万人。

〔国民政府军委会档案〕

# 〔四〕军　费

## 1 广东省筹饷总局请通令各军保护八十字有奖义会以卫饷源呈

（1924年3月）

### （1）范石生呈　（3月28日）

呈为呈报事：案奉钧部训令第一〇〇号内开：据报告广州八十字有奖义会，前经滇军第一师师长赵成梁批准宝恒公司商人承办。现湘军第一军军长宋鹤庚，湘军第五军第十六旅旅长张以祥等，复先后批准利源、天利等商人，同时布告开办。一捐三公司，恐滋纷扰等情。并据滇军第一师旅长曾万钟等灰电称：一师伙食，向恃省垣八十字有奖义会接济，近有湘军另招商承办，原商束手，伙食断绝。等词前来，各据此。查广东筹饷总局业经成立，所有与防务经费性质相近各种收入，自应由该总局办理，以专责成，而资统一。所有各军先后批准广州八十字有奖义会承商宝恒、利源、天利各公司，着即一律撤销。至此项义会应否开办，并各该军原在该义〔会〕饷项内固有收入应如何划拨之处，仰该督办统筹兼顾，妥慎办理，呈候核夺。除分令外，合行令仰该督办遵照，切切。此令。等因。奉此。自应遵照办理。当经函令将宝恒、天利、利源三公司撤销，一面招商投承在案。兹据宏益公司商人李怀典，愿每日缴纳正饷三千三百元，另一次过报效公礼二万元，承办此项八十字有奖义会，以一年为期，定期旧历三月初一日起饷接办。自初一日起至初五日止，每日缴饷二千四百元，初六日起即照案每日缴足三千三百元。即经由职局批准承办，并据该商先缴银单万元，作为保证金，经局核收在案。查此项义会饷项，从前滇军第一师每日收银一千三百元，第二师每日收银六百元，第三师每日收银五百元，拟请仍照固有数目，照旧拨付。旧历三月初六日以后，每日增加饷银九百元，拟请以二百元留充职局每月经常费，其余之七百元及公礼二万元，一俟届收款时期，再行报告财政委员会支配分拨。所有招商、加饷、投承广州市八十字有奖义会，暨拟议支配饷项各缘由，理合备文呈请鉴核。是否有当，伏候训示祗遵，并乞通令各军一体查照保护，以卫饷源，实为公便。谨呈

海陆军大元帅孙

督办范石生

中华民国十三年三月二十八日

（2）大元帅训令　（3月31日）

大元帅训令　第130号

令大本营军政部部长程潜<br>　财　政　委　员　会

为令饬事<br>　　知事：案据广东筹饷总局督办范石生呈称：呈为呈报事云云。以卫饷源等情。据此。当经指令：呈悉。云云。此令。除指令即发，并分令外，合行令仰该部即便遵照，<br>委员会即便知照，通行各军一体保护。此令。

民国十三年三月卅一日

〔广州国民政府档案〕

## 2　广东省筹饷总局请保护老新城东南北关杂赌公司以卫饷源呈令

(1924年4月)

(1)范石生致大元帅呈　(4月13日)

呈为呈报事：案据承办老新城东、南、北关等处杂赌合德公司商人陈必有等呈称：窃现因军饷紧急，所有广州市河北一带，除西关水陆警界范围内，一切杂赌招商承办，征收饷项，以济军需。同人等集合资本，组织合德公司名目，呈请承办广州市河北一带警界范围内一切杂赌，以一年为期，期内如无欠饷，别商不得加饷撸承。每天缴纳正饷银一千元，公礼一百元，另先缴按饷银五千元正，请给谕开办。所有承办事件，恳照附呈节略各款办理。为此具呈请求钧局察核，迅予批准，给谕开办，实为公便。附呈承办节略一扣等情。据此。查核所拟节略，大致尚洽，认饷亦属核实。除批准给示，自本月十一日起起饷开办，暨函报财政委员会，将饷项支配指定拨付外，理合呈报钧府察核备案，并乞通令各军一体切实保护，以卫饷源，实为公便。谨呈

海陆军大元帅孙

督办范石生

中华民国十三年四月十三日

(2)大元帅训令稿　(4月17日)①

大元帅训令　　第161号

令大本营军政部长程潜

---

注：①此件拟稿日期四月十五日，十七日发稿。

为令行事：据广东筹饷总局督办范石生呈称：案据承办老新城东、南、北关等处杂赌云叙至实为公便等情。据此。除指令：呈悉。准予备案，并候令饬军政部通行各军，一体保护可也。此令。印发外，合行令仰该部长即便遵照办理。此令。

孙文

〔广州国民政府档案〕

### 3 广东筹饷总局请保护承办河北及河面防务经费公司以重饷源呈令

（1924年4—5月）

（1）范石生致大元帅等呈 （4月30日）

呈为呈请事：案据裕成公司商人李福棠呈称：窃商公司承办省会河北及河面防务经费，计至本年四月底，已满一周年之期。查原办批照内载：如期满应准该商优先承办等因。现值军事时期，待需孔亟，商公司情愿加认饷项，以济急需，请予批回续办。由本年五月一日起，仍以一周年为期，每日认缴省会并河面正饷，共毫银一万一千五百元，如开办后五日，不能取销各项杂赌，每日扣回两千元，以免受累，而昭平允。另缴公礼银四十万元，均分十个月匀缴，以每月十五日为缴公礼款期。所有上认饷项，均依时解缴，不稍延欠，惟承办未满期，无论何人不得加饷搀夺。如因地方发生事故，公司自愿退办，除将按饷抵扣外，余款甘愿充公，不得强迫办至期满或办至接办有人，始准辞退，致受重累。商公司此次加认巨饷，继续承办，负担实为重大，无论各军，各机关均不得向商公司强借勒索。其前时河面饷及一切津贴、保护伙食、伤兵费等，种种名目，亦概请尽行革除，以免负担。倘仍有人胆敢到商公司藉词讹索者，准随时指名密控，立予拘捕严惩。并请出示严行禁戒，以资儆惕，而维血本。所有商公司加认饷项、请准续办省会及河面防务经费各缘由，并修正章程条文，汇列清册一本，具文呈请察核，伏乞迅赐批准，刻日发给布告、批领，俾得继续承办，实为公便。附呈章程一份前来。查核所拟章程尚属妥协，认缴正饷亦与前相符，当经批准该公司于五月一日继续承办，并着于开办后，按月匀缴公礼等项在案。除给示开办外，理合备文呈请鉴核，俯赐通令驻防省会各军，饬属切实保护，以重饷源。是否有当，伏候训示祇遵，实为德便。谨呈
海陆军大元帅孙

督办　范石生
会办　韦冠英

中华民国十三年四月三十日

（2）大元帅训令稿　（5月2日）①

大元帅训令　第1100号

令大本营军政部长程潜

为令行事：据广东筹饷总局督办范石生、会办韦冠英呈称：案据裕成公司商人李福棠呈称云云叙至实为德便。等情。据此。除指令照准外，合行令仰该部即便通行现驻省城各军，转饬所属一体保护，以重饷源。切切。
此令。

孙文

〔广州国民政府档案〕

注：①五月二日拟稿，五日发稿。

## 4 大本营财委会关于分配军费呈暨大元帅指令

（1924年7月）

（1）财政委员会致大元帅呈 （7月5日）

呈为呈请察核事：窃查粤省以一隅之地，供应十万之师，各机关分任军费，极力支撑，诚非易事。欲求财政充裕，非力谋统一，从事清理，难以为功。现各军正筹统一之方，而政府亦谋整理之法。然值此青黄不接，应付终觉为难。现核计七月份军需收支预算，合计每日应支发各军之费二万四千一百八十三元，而每日实收之数一万五千七百元，每日不敷之数八千四百八十三元，罗掘俱穷，无法应付。拟自本月七日起，除有防地各军队由各军自行给养外，尚不敷支八千四百八十三元，其余无防地各军队，一律按照政府现在收入数目，尽数分配，以期收支暂能适合。此乃一时权宜不得已之计，将来整理之后，收入稍裕，再行照原额支发。至各军子弹费，另案规定筹拨。是否有当，理合呈请睿核令遵。谨呈
陆海军大元帅

财政委员会主席 叶恭绰 廖仲恺
委　　　员 鲁涤平 张毅代
郑洪年
胡　谦
林　翔
梅光培
范石生
陈其瑗
孙　科
古应芬
李纪堂

中华民国十三年七月五日

## （2）大元帅指令（7月7日）

大元帅指令　　第七〇一号

令财政委员会

呈报分配军费乞核令饬遵由。

呈悉。据称军需收支每日相差过巨，拟自本月七日起，除有防地各军队令其自行维持给养外，其无防地各军队，一律按照现在收入数目，尽数支配，暂期收支适合，以便徐图整理。自系救济财政，平均军需起见，应准照办。仰即径行分咨各军队知照可也。此令。

民国十三年七月七日

大元帅

汉民代行

〔广州国民政府档案〕

# 5　广东省筹饷总局关于五邑防务经费为防军阻扰如何扣拨抵还欠款呈暨大元帅训令

（1924年7月）

## （1）范石生呈（7月8日）

呈为呈请察核示遵事：案查承办五邑防务经费德和公司商人张敬三，前于四月缴到职局按饷公礼共五万七千元，当报由财政委员会照案支配，并由职局分别拨给清楚各在案。嗣为该处防军阻扰，致令该商无从开办。及许总司令回粤以后，亦经职局将上项情形详为婉商，亦未蒙见纳，早经职局将前后各情，迭呈睿鉴请示办理，又未蒙批饬遵办。查该商张敬三系由黄军长明堂介绍前来。黄军长硕望老成，素孚信用，该商故敢毅然投此巨资，以附政府。今一旦以无法办理之故，致不能上副我帅座统一财政苦心，又不能行使职局职权，复无以固黄军长平昔信用。言念老成，心滋弗怿。兹于无可为之中，而勉筹方法。查裕成防务经费公司，分月匀缴之公礼，共四十万元，政府应得之数为二十万元。在此二十万元以内，经由财政委员会议决，指定由职局代偿还商会欠滇军总部之款之用。并经职局呈明滇军总部，订定此项代偿还之款，分为九个月摊拨，每月照付一万六千六百六十六元。现在即拟将此款扣出六千六百六十六元，以为抵还承办五邑防务经费德和公司所预缴公礼四万元之款，其余该公司所缴之按饷一万七千元，则仍由职局负责另筹办法，统计六个月便可清偿。其在扣拨期内，则每月暂拨滇军总部一万元，俟期满后，再行全数拨付。如此拟于两方之间，胥称平允。但案关调剂双方盈虚起见，自应呈请鉴核。所有关于扣发抵还饷项各缘由，理合呈请睿鉴，伏候批令祗遵。谨呈
陆海军大元帅

广东全省筹饷总局督办范石生

中华民国十三年七月八日

(2) 大元帅训令稿 (7月11日)

大元帅训令　第351号

令财政委员会

为令饬事：据广东筹饷总局督办范石生呈称：案查承办五邑云云。指令祗遵等情。据此。查所拟办法究竟是否可行，事关财政分配，合行令仰该委员即便遵照妥议具复核夺。此令。

民国十三年七月十一日

大元帅

汉民代行

〔广州国民政府档案〕

## 6　陈箇民请派员押解巨款接济北伐军致黄昌谷密电

（1924年10月16日）

万急。广州留守鉴：密。译转黄司长贻孙崇鉴：函电谅达。此间因省罢市，遽绝接济，各军断炊，十居五六，群求帅座令给火食。本司积款悉被取罄，车站解款又以货物停运，通告明日止解，窘急万状，现奉帅谕，转电台端，明早切切派员押解巨款来韶接济，以免危险等因。奉此。谨照转达，乞速办理。至车站款，亦奉帅谕转电陈总理兴汉，暂由黄河设法继续收解外，仍请台端就近电催为荷。如何？请先电复。陈箇民叩。谏已。

〔广州国民政府档案〕

## 7　陈箇民关于省款全无解到致李福林电稿

（1924年10月27日）①

径启者：省款全无解到，此间窘急万状。尊款可于明后日陆续来领，余俟省款解，当即找足不误。此复。

福兄总指挥

弟箇民谨复

中华民国十三年十月廿七日

〔广州国民政府档案〕

注　①此件日期系拟电稿时间。

## 8　粤军总司令部元月份收支各机关款项报告表

（1925年1月）

（1）粤军总司令部民国十四年元月份收入各机关款项报告表

| 机关名称 | 主任姓名 | 款别 | 总部军需处 金额 | 西江财政处 金额 | 五邑财政处 金额 | 香顺筹饷局 金额 | 总计 | 备考 |
|---|---|---|---|---|---|---|---|---|
| 沙田清理处 | 江维华 | 沙田捐 | 一一、一〇〇〇〇〇 | | | | 一一三、一〇〇〇〇〇 | |
| 新会沙捐兼清佃局 | 邓　刚 | 沙田捐 | | | 二、〇〇〇〇〇〇 | | 二、〇〇〇〇〇〇 | |
| 大元帅令中央银行 | 拨　来 | 出发费 | 五〇、〇〇〇〇〇〇 | | | | 五〇、〇〇〇〇〇〇 | |
| 香山县 | 卢家驹 | 粮　税 | | | | 一三、〇〇〇〇〇〇 | 一三、〇〇〇〇〇〇 | |
| 顺德县 | 邓　雄 | 粮　税 | | | | 一八、〇〇〇〇〇〇 | 一八、〇〇〇〇〇〇 | |

续　表

| | | | | | | | | |
|---|---|---|---|---|---|---|---|---|
| 高要县 | 龙思鹤 | 粮　税 | 三、四九五七八〇 | 二〇、一九五〇〇〇 | | | 二三、六九〇七八〇 | |
| 新兴县 | 朱宗瀚 | 粮　税 | | 一、〇〇〇〇〇〇 | | | 一、〇〇〇〇〇〇 | |
| 鬱南县 | 刘觉非 | 粮　税 | | 九、六三五〇〇〇 | | | 九、六三五〇〇〇 | |
| 鹤山县 | 易廷彦 | 粮　税 | | 一、五〇〇〇〇〇 | | | 一、五〇〇〇〇〇 | |
| 四会县 | 赵　机 | 粮　税 | | 五〇〇〇〇〇 | | | 五〇〇〇〇〇 | |
| 德庆县 | 李璋莹 | 粮　税 | | 三、七〇〇〇〇〇 | | | 三、七〇〇〇〇〇 | 内有旧粮一成奖金七百元 |
| 广宁县 | 蔡鹤朋 | 粮　税 | | 一、八〇〇〇〇〇 | | | 一、八〇〇〇〇〇 | |
| 云浮县 | 李少白 | 粮　税 | | 四、〇〇〇〇〇〇 | | | 四、〇〇〇〇〇〇 | |

续　表

| | | | | | | | | |
|---|---|---|---|---|---|---|---|---|
| 封川县 | 吴燊奎 | 粮　税 | | 二、〇〇〇〇〇〇 | | | 二、〇〇〇〇〇〇 | |
| 开建县 | 李汉勋 | 粮　税 | | 一、〇〇〇〇〇〇 | | | 一、〇〇〇〇〇〇 | |
| 新会县 | 陈永惠 | 粮　税 | | | 三六、八一五〇四八 | | 三六、八一五〇四八 | |
| 台山县 | 刘裁甫 | 粮　税 | | | 五、九〇〇〇〇〇 | | 五、九〇〇〇〇〇 | |
| 恩平县 | 黄其藩 | 粮　税 | | | 三、七八八六二四 | | 三、七八八六二四 | |
| 开平县 | 梁振楷 | 粮　税 | | | 六、九六〇〇〇〇 | | 六、九六〇〇〇〇 | |
| 黄江税厂 | 信义公司 | 税　款 | | 二五、九一七〇〇〇 | | | 二五、九一七〇〇〇 | |
| 后沥厘厂 | 和成公司 | 厘　款 | | 三三、八〇〇〇〇〇 | | | 三三、八〇〇〇〇〇 | 内有财政厅加二厘款银一、五〇〇、〇〇〇 |

续　表

| | | | | | | | | |
|---|---|---|---|---|---|---|---|---|
| 四会厘厂 | 合益公司 | 厘　款 | | 九、一六二六二四 | | | 九、一六二六二四 | 内有财政厅加二厘款银一、九一六、六七〇 |
| 江门厘厂 | | 厘　款 | | | 一〇、〇〇〇〇〇〇 | | 一〇、〇〇〇〇〇〇 | |
| 罗定桂税局 | 纪树先 | 税　款 | | 一、〇九七八四四 | | | 一、〇九七八四四 | |
| 禄步桂税分卡 | 陈庆龙 | 税　款 | | 三〇八〇四七 | | | 三〇八〇四七 | |
| 罗定县 | 陈公鼎 | 粮　税 | 六、九七〇〇〇〇 | | | | 六、九七〇〇〇〇 | |
| 高明县 | 张琼苑 | 粮　税 | 五〇〇〇〇〇 | | | | 五〇〇〇〇〇 | |
| 磨刀口厘厂 | | 厘　款 | | | | 五、一四五〇〇〇 | 五、一四五〇〇〇 | |
| 高要属 | 德利公司 | 防　费 | | 二三、二〇二九一七 | | | 二三、二〇二九一七 | |

续 表

| | | | | | | | |
|---|---|---|---|---|---|---|---|
| 高明属 | 明利公司 | 防　费 | | 二、七五〇〇〇〇 | | 二、七五〇〇〇〇 | |
| 鹤山属 | 荣生公司 | 防　费 | | 九、八三三三三三 | | 九、八三三三三三 | |
| 新兴属 | 大同公司 | 防　费 | | 三、六五九七三一 | | 三、六五九七三一 | |
| 郁南属 | 宏利公司 | 防　费 | | 八、六三三一六七 | | 八、六三三一六七 | |
| 罗定属 | 泰和公司 | 防　费 | | 二、四五八七五〇 | | 二、四五八七五〇 | |
| 云浮属 | 联合公司 | 防　费 | | 一、四〇〇〇〇〇 | | 一、四〇〇〇〇〇 | |
| 封川属 | 同益公司 | 防　费 | | 二、七九〇〇〇〇 | | 二、七九〇〇〇〇 | |
| 四会属 | 利生福利公司 | 防　费 | | 三三、〇二五〇〇〇 | | 三三、〇二五〇〇〇 | |

续　表

| | | | | | | | | |
|---|---|---|---|---|---|---|---|---|
| 德庆属 | 大利公司 | 防　费 | | 六、〇二一六六七 | | | 六、〇二一六六七 | |
| 开建属 | 民生公司 | 防　费 | | 八三三三三三 | | | 八三三三三三 | |
| 高明属 | 福利公司 | 防　费 | | 四〇〇〇〇〇 | | | 四〇〇〇〇〇 | |
| 鹤山属 | 裕丰公司 | 酒　税 | | 三、〇〇〇〇〇〇 | | | 三、〇〇〇〇〇〇 | |
| 肇罗八属 | 荣发公司 | 酒　税 | | 五、一〇四〇〇〇 | | | 五、一〇四〇〇〇 | |
| 四会属 | 陶陶公司 | 酒　税 | | 一、三〇〇〇〇〇 | | | 一、三〇〇〇〇〇 | |
| 高要属 | 德源公司 | 烟　税 | | 一、三八〇〇〇〇 | | | 一、三八〇〇〇〇 | |
| 高明属 | 联益公司 | 烟　税 | | 三〇〇〇〇〇 | | | 三〇〇〇〇〇 | |

续　表

| | | | | | | | | |
|---|---|---|---|---|---|---|---|---|
| 鬱南属 | 合安公司 | 烟　税 | | 一、一九四六六六 | | | 一、一九四六六六 | |
| 罗定属 | 国兴公司 | 烟　税<br>屠捐捐 | | 五〇〇〇〇〇 | | | 五〇〇〇〇〇 | |
| 四会属 | 广发公司 | 烟　税 | | 四五一〇五六 | | | 四五一〇五六 | |
| 德庆属 | 永德<br>合成公司 | 烟　税 | | 一、八五一六六七 | | | 一、八五一六六七 | |
| 云浮属 | 合益公司 | 烟　税 | | 二九〇〇〇〇 | | | 二九〇〇〇〇 | |
| 新兴属 | 福兴公司 | 烟　税 | | 四六八〇〇〇 | | | 四六八〇〇〇 | |
| 鬱南属 | 同和公司 | 屠　捐 | | 四三〇〇〇〇 | | | 四三〇〇〇〇 | |
| 高要属 | 同和公司 | 屠　捐 | | 九七〇〇〇〇 | | | 九七〇〇〇〇 | |

续　表

| | | | | | | | | |
|---|---|---|---|---|---|---|---|---|
| 开建属 | 侯积之 | 屠　捐 | | 九〇〇〇〇 | | | 九〇〇〇〇 | |
| 封川属 | 常兴公司 | 屠　捐 | | 一三二〇〇〇 | | | 一三二〇〇〇 | |
| 鹤山属 | 裕丰公司 | 屠　捐 | | 八〇〇〇〇〇 | | | 八〇〇〇〇〇 | |
| 四会属 | 永生公司 | 屠　捐 | | 五九七五〇〇 | | | 五九七五〇〇 | |
| 云浮属 | 联合公司 | 屠　捐 | | 一七〇〇〇〇 | | | 一七〇〇〇〇 | |
| 鹤山属 | 裕丰公司 | 牛皮捐 | | 一二〇〇〇〇 | | | 一二〇〇〇〇 | |
| 高明属 | 大益公司 | 牛皮屠猪捐 | | 一八四六六〇 | | | 一八四六六〇 | |
| 肇罗八属 | 利就公司 | 牛皮捐 | | 九六八六三〇 | | | 九六八六三〇 | |

续 表

| | | | | | | | | |
|---|---|---|---|---|---|---|---|---|
| 会宁两属 | 义德公司 | 铺票饷 | | 二、二八二一九〇 | | | 二、二八二一九〇 | |
| 四会属 | 卫安公司 | 花捐附加 | | 二二九六〇〇 | | | 二二九六〇〇 | |
| 西　江 | 禁　烟筹备处 | 还　款 | | 一〇〇〇〇〇 | | | 一〇〇〇〇〇 | |
| 新会属 | | 酒　税 | | | 三、一五〇〇〇〇 | | 三、一五〇〇〇〇 | |
| 台溪属 | | 酒　税 | | | 二、四三六四〇〇 | | 二、四三六四〇〇 | |
| 开平属 | | 酒　税 | | | 二、六二六七〇〇 | | 二、六二六七〇〇 | |
| 恩平属 | | 酒　税 | | | 四三一〇〇〇 | | 四三一〇〇〇 | |
| 新会属 | | 烟　税 | | | 四、〇〇〇〇〇〇 | | 四、〇〇〇〇〇〇 | |

续　表

| | | | | | | | | |
|---|---|---|---|---|---|---|---|---|
| 恩开台赤四属 | | 烟　税 | | | 七〇〇〇〇〇 | | 七〇〇〇〇〇 | |
| 新会属 | | 屠　捐 | | | 七、二六六六六〇 | | 七、二六六六六〇 | |
| 恩平属 | | 屠　捐 | | | 二六〇〇〇〇 | | 二六〇〇〇〇 | |
| 开平属 | | 屠　捐 | | | 一、二五〇〇〇〇 | | 一、二五〇〇〇〇 | |
| 台新开三　属 | | 牛皮捐 | | | 一、一六六〇〇〇 | | 一、一六六〇〇〇 | |
| 恩平属 | | 牛皮捐 | | | 四八五〇〇 | | 四八五〇〇 | |
| 五邑全属 | | 糖　捐 | | | 一七、〇二三二七八 | | 一七、〇二三二七八 | |
| 新会属 | | 筵席捐 | | | 一、二六六六六〇 | | 一、二六六六六〇 | |

续　表

| | | | | | | | | |
|---|---|---|---|---|---|---|---|---|
| 江门属 | | 旅馆捐 | | | 五五三九六〇 | | 五五三九六〇 | |
| 台山属 | | 旅馆捐 | | | 四七〇〇〇〇 | | 四七〇〇〇〇 | |
| 开平属 | | 旅馆捐 | | | 八〇〇〇〇 | | 八〇〇〇〇 | |
| 江门属 | | 花捐附加 | | | 一、八五〇〇〇〇 | | 一、八五〇〇〇〇 | |
| 台山属 | | 花捐附加 | | | 一、一八七五〇〇 | | 一、一八七五〇〇 | |
| 开平属 | | 花捐附加 | | | 二二〇〇〇〇 | | 二二〇〇〇〇 | |
| 新会属 | | 赌馆租捐 | | | 一、二八〇〇〇〇 | | 一、二八〇〇〇〇 | |
| 台山属 | | 赌馆租捐 | | | 二七五〇〇〇 | | 二七五〇〇〇 | |

续表

| | | | | | | | | |
|---|---|---|---|---|---|---|---|---|
| 开平属 | | 赌馆租捐 | | | 五九五二〇〇 | | 五九五二〇〇 | |
| 台山属 | | 砖捐附加 | | | 二三三四〇〇 | | 二三三四〇〇 | |
| 江门属 | | 防费 | | | 四四、七〇五〇〇〇 | | 四四、七〇五〇〇〇 | |
| 会城属 | | 防费 | | | 一七、九七五〇〇〇 | | 一七、九七五〇〇〇 | |
| 台山属 | | 防费 | | | 六六、九六〇〇〇〇 | | 六六、九六〇〇〇〇 | |
| 开平属 | | 防费 | | | 一九、〇五〇〇〇〇 | | 一九、〇五〇〇〇〇 | |
| 恩平属 | | 防费 | | | 五、四四九八〇〇 | | 五、四四九八〇〇 | |
| 江门属 | | 白鸽票饷 | | | 五、七〇〇〇〇〇 | | 五、七〇〇〇〇〇 | |

续　表

| | | | | | | | | |
|---|---|---|---|---|---|---|---|---|
| 会城属 | | 白鸽票饷 | | | 四、二〇〇〇〇〇 | | 四、二〇〇〇〇〇 | |
| 赤溪属 | | 白鸽票饷 | | | 二〇〇〇〇〇 | | 二〇〇〇〇〇 | |
| 新会属 | | 铺票饷 | | | 一八、〇〇〇〇〇〇 | | 一八、〇〇〇〇〇〇 | |
| 台山属 | | 麻雀捐 | | | 二四〇〇〇〇 | | 二四〇〇〇〇 | |
| 新宁铁路 | | 附　加 | | | 六、〇〇〇〇〇〇 | | 六、〇〇〇〇〇〇 | |
| 江门商会 | | 枪照费 | | | 四、〇〇〇〇〇〇 | | 四、〇〇〇〇〇〇 | |
| 台山属 | | 屠　捐 | | | 二、五九三三五〇 | | 二、五九三三五〇 | |
| 顺德属 | | 酒　税 | | | | 一三、四五八三三〇 | 一三、四五八三三〇 | |

续　表

| | | | | | | | | |
|---|---|---|---|---|---|---|---|---|
| 顺德属 | 荣济公司 | 烟　税 | | | | 六、〇〇〇〇〇〇 | 六、〇〇〇〇〇〇 | |
| 顺德属 | 永和公司 | 屠　捐 | | | | 二、九四二一五〇 | 二、九四二一五〇 | |
| 顺德属 | 顺和公司 | 牛皮捐 | | | | 二三〇〇〇〇 | 二三〇〇〇〇 | |
| 顺德属 | 同兴公司 | 硝矿附加 | | | | 三〇〇〇〇〇 | 三〇〇〇〇〇 | |
| 顺德属 | | 上盖税 | | | | 二、〇〇〇〇〇〇 | 二、〇〇〇〇〇〇 | |
| 顺德属 | 大成公司 | 爆竹印花 | | | | 三、二五九七〇〇 | 三、二五九七〇〇 | |
| 顺德属 | 裕昌利公司 | 铺票饷 | | | | 六、一四〇〇〇〇 | 六、一四〇〇〇〇 | |
| 顺德属 | | 防　费 | | | | 四三、七四五〇〇〇 | 四三、七四五〇〇〇 | |

续　表

| | | | | | | | |
|---|---|---|---|---|---|---|---|
| 石岐关 | | 税　款 | | | 一、九八三八五三 | 一、九八三八五三 | |
| 香山航政分局 | | 船照费 | | | 四〇〇〇〇〇 | 四〇〇〇〇〇 | |
| 香山属 | 鸿发公司 | 烟　税 | | | 二、七〇八二五〇 | 二、七〇八二五〇 | |
| 香山属 | 有兴公司 | 酒　税 | | | 六、二九七一〇〇 | 六、二九七一〇〇 | |
| 香山属 | 富益公司 | 屠　捐 | | | 二、五九〇二七〇 | 二、五九〇二七〇 | |
| 香山属 | 顺和晋利公司 | 糖　捐 | | | 四〇八三四〇 | 四〇八三四〇 | |
| 香山属 | | 防　费 | | | 四八、一一九一四〇 | 四八、一一九一四〇 | |
| 香山属 | | 杂　赌 | | | 二、九九六〇〇〇 | 二、九九六〇〇〇 | |

续　表

| | | | | | | | |
|---|---|---|---|---|---|---|---|
| 香山属 | 利益公司 | 山铺票饷 | | | | 八〇〇〇〇〇 | 八〇〇〇〇〇 |
| 香山属 | | 义会饷 | 四、〇〇〇〇〇〇 | | | 二、七〇〇〇〇〇 | 六、七〇〇〇〇〇 |
| 西江禁烟总局 | 吴　枬 | 税　饷 | 一〇、〇〇〇〇〇〇 | | | | 一〇、〇〇〇〇〇〇 |
| 香属护运谷石所 | 邱炳椿 | 护运费 | 二、八八九四〇〇 | | | | 二、八八九四〇〇 |
| 大新轮船 | | 罚　款 | 四、〇〇〇〇〇〇 | | | | 四、〇〇〇〇〇〇 |
| 总　部副官处 | | 用　余 | 二二五〇〇〇 | | | | 二二五〇〇〇 |
| 合　计 | | | 一九、一八〇一八〇 | 二二、三五三七二八二 | 三〇、八九〇六九八〇 | 一八、三二二三一三三 | 九一、〇八四七六七五 |

(2) 粤军总司令部民国十四年一月份支出各部队薪饷伙食暨各机关经临费报告表

| 部别 | 长官姓名 | 款别 | 总部军需处金额 | 西江财政处金额 | 五邑财政处金额 | 香顺筹饷局金额 | 总计 | 备考 |
|---|---|---|---|---|---|---|---|---|
| 第一军 | 梁鸿楷 | 经临费 | | 一二、六九〇〇〇七 | 六三、一一四一八〇 | | 七五、八〇四一八七 | 十二月二〇、二四七、六七七。十四年一月四六、六四二、三三〇。临时费八、九一四、一八〇。 |
| 第二军 | 黄明堂 | 经临费 | 二、七〇〇〇〇〇 | 七、九〇〇五〇〇 | | | 一〇、六〇〇五〇〇 | 一月份二、三〇〇、〇〇〇。二月五、六〇〇、五〇〇。军衣费二、七〇〇、〇〇〇。 |
| 第三军 | 李福林 | 经临费 | | | | 二二、〇〇〇〇〇〇 | 二二、〇〇〇〇〇〇 | |
| 第一师 | 李济深 | 经临费 | 二、〇二〇三三〇 | 九一、四三七五〇〇 | | | 九三、四五七八三〇 | 内十三年十一月五、六六五、〇〇〇。十二月份一七、八八〇、〇〇〇。一月六七、六六七、五〇〇临时费二、二四五、三三〇 |

续　表

| | | | | | | | | |
|---|---|---|---|---|---|---|---|---|
| 第二师 | 张民达 | 经临费 | 五六、三五七〇四〇 | | | | 五六、三五七〇四〇 | 内二月六、〇〇〇、〇〇〇招募费二、〇〇〇、〇〇〇 |
| 第三师 | 郑润琦 | 经临费 | 四、三八一一三四 | 一〇〇、四一七五七八 | 四、二七〇〇〇〇 | | 一〇九、〇六八七一二 | 十三年十月至十二月六六、〇六〇、五六一。十四年一月三一、七四二、七一七临时费一一、二六五、四三四 |
| 第三旅 | 萧　组 | 经临费 | 六、三一三四六〇 | | | | 六、三一三四六〇 | 内二月份一、〇一八、三〇〇 |
| 第七旅 | 许　济 | 经临费 | 四五、〇七一二六七 | | | | 四五、〇七一二六七 | 内二月火食六、〇〇〇、〇〇〇 |
| 第八旅 | 杨锦龙 | 经临费 | | | 三〇、九一六〇〇〇 | | 三〇、九一六〇〇〇 | 十二月份火食三〇、四二〇、〇〇〇临时费四、九六〇、〇〇〇 |

续　表

| | | | | | | | | |
|---|---|---|---|---|---|---|---|---|
| 第十一旅 | 陈得平 | 经临费 | 三、〇一六四五〇 | 一六、六九九六〇〇 | | | 一九、七一六〇五〇 | 一月一四、四九〇、〇〇〇。二月八〇〇、〇〇〇临时费四、四二六、〇五〇 |
| 第十二旅 | 卓仁机 | 经临费 | | | 二六、四九八八〇〇 | | 二六、四九八八〇〇 | 十二月份火食 |
| 第十四旅 | 何克夫 | 经临费 | | 九〇〇〇〇〇 | | | 九〇〇〇〇〇 | 内火食六〇〇、〇〇〇开拔费三〇〇、〇〇〇 |
| 第一警备司　令 | 梁士锋 | 经临费 | | | 九、〇二〇〇〇〇 | | 九、〇二〇〇〇〇 | 内军衣费九六〇、〇〇〇 |
| 第二警备司　令 | 邓　刚 | 经临费 | | | 一二、七〇四〇〇〇 | | 一二、七〇四〇〇〇 | 内邓部军衣费三〇〇、〇〇〇 |
| 第三警备司　令 | 吴泽理 | 经临费 | 一〇〇〇〇〇 | | 六、三八五八〇〇 | | 六、四八五八〇〇 | 内军衣费五八五、〇〇〇开拔费六〇〇、〇〇〇 |

续表

| | | | | | | | | |
|---|---|---|---|---|---|---|---|---|
| 长洲要塞司令 | 蒋中正 | 火食 | 四、三〇〇〇〇〇 | | | | 四、三〇〇〇〇〇 | 内补十三年七八月一、二〇〇、〇〇〇 |
| 虎门要塞司令 | 陈肇英 | 火食 | 四、六五〇〇〇〇 | | | | 四、六五〇〇〇〇 | 内二月份一、五〇〇、〇〇〇 |
| 第一独立团 | 冯铁裴 | 火食 | | | | 六、三〇〇〇〇〇 | 六、三〇〇〇〇〇 | 一月份占四、九一二、〇〇〇。二月分占一、三八八、〇〇〇 |
| 两阳警备指挥 | 王体端 | 火食 | 四、八四五二〇〇 | | | | 四、八四五二〇〇 | |
| 宪兵营 | 林祥 | 薪饷 | 六、五二二三九九 | | | 一一八九八〇 | 六、六四一三七九 | 内二月份五七五、〇〇〇 |
| 特务连 | 萧汉斌 | 薪饷 | 二、〇一八〇〇〇 | | | | 二、〇一八〇〇〇 | 内二月份三八〇、〇〇〇 |
| 电信队 | 何权光 | 薪饷 | 九五三〇〇〇 | | | | 九三五〇〇〇 | 内十二月份一六六、〇〇〇。十四年一月六、五三二、〇〇〇二月一三三、八〇〇 |

续　表

| | | | | | | | |
|---|---|---|---|---|---|---|---|
| 舰务处 | 招桂章 | 杂项<br>洋煤 | 七、八八八〇〇〇<br>六、三四二〇〇〇 | | | 一四、二三一二〔〇〇〕〇〇 | |
| 光华舰 | 范应镛 | 薪饷 | 三六〇〇〇〇 | | | 三六〇〇〇〇 | |
| 雷坎鱼雷艇 | 黄重民 | 薪饷 | 五四一〇〇〇 | | | 五四一〇〇〇 | 内二月一八〇、三三〇 |
| 飞熊舰 | 黄雄 | 薪饷 | 四一二三〇 | | | 四一二三〇 | 内二月一〇、三三〇 |
| 江大舰 | 苏仰征 | 薪饷 | 二、五九三二八〇 | | | 二、五九三二八〇 | 内二月一、二七五、三二〇 |
| 东江舰 | 招振黄 | 薪饷 | 五一四〇〇〇 | | | 五一四〇〇〇 | |
| 东彝舰 | 梁植基 | 薪饷 | 七三五九九〇 | | | 七三五九九〇 | 内二月二四五、三三〇 |

续　表

| | | | | | | | |
|---|---|---|---|---|---|---|---|
| 广安舰 | 郑星槎 | 薪饷 | 七三五九九〇 | | | 七三五九九〇 | 内二月二四五、三三〇 |
| 西江舰 | 连　茹 | 薪饷 | 四一二六〇 | | | 四一二六〇 | 内十二月一〇、三〇〇 |
| 保卫舰 | 李贺元 | 薪饷 | 三一〇〇〇 | | | 三一〇〇〇 | |
| 安南舰 | 马廷佑 | 薪饷 | 五四〇〇〇〇 | | | 五四〇六六〔〇〇〕〇 | 内二月份一八〇、〇〇〇 |
| 西安舰 | 邓象贤 | 薪饷 | 二〇六六〔〇〇〕〇 | | | 二〇〇〇〇 | |
| 江汉舰 | 李　芳 | 薪饷 | 一、七三四九九〇 | | | 一、七三四九九〇 | 内二月五七八、三三〇 |
| 广贞舰 | 袁以宏 | 薪饷 | 一、二九九九〇〇 | | | 一、二九九九〇〇 | 内二月四三三、三〇〇 |
| 广海舰 | 蔡善海 | 薪饷 | 一九六八〇〇 | | | 一九六八〇〇 | 内二月六五、六〇〇 |

续表

| | | | | | | | |
|---|---|---|---|---|---|---|---|
| 巨安舰 | 吴尚实 | 薪饷 | 五四〇〇〇〇 | | | 五四〇〇〇〇 | 内二月一八〇、〇〇〇 |
| 西山舰 | 余恒堃 | 薪饷 | 二〇六六〇 | | | 二〇六六〇 | |
| 西兴舰 | 王会杰 | 薪饷 | 二二九三二〇 | | | 二二九三二〇 | |
| 雷震舰 | 傅汝霖 | 薪饷 | 四二二六八〇 | | | 四二二六八〇 | |
| 元和舰 | 许崇实 | 薪饷 | 七二〇〇〇〇 | | | 七二〇〇〇〇 | 内二月一八〇、〇〇〇 |
| 普安舰 | 李肇坚 | 薪饷 | 五四〇〇〇〇 | | | 五四〇〇〇〇 | 内二月一八〇、〇〇〇 |
| 海防舰 | 岑泽之 | 薪饷 | 六三〇〇〇〇 | | | 六三〇〇〇〇 | 内二月二七〇、〇〇〇 |
| 广亨舰 | 萧衍成 | 薪饷 | 三四〇九八〇 | | | 三四〇九八〇 | 内二月一一三、六六〇 |

续　表

| | | | | | | | |
|---|---|---|---|---|---|---|---|
| 电捷电轮 | 陈　涛 | 薪　饷 | 五〇〇〇〇 | | | 五〇〇〇〇 | |
| 安顺舰 | 李志楫 | 薪　饷 | 五四〇〇〇〇 | | | 五四〇〇〇〇 | 内二月一八〇、〇〇 |
| 雷乾舰 | 陈长文 | 薪　饷 | 四二二六八〇 | | | 四二二六八〇 | |
| 应捷舰 | 钱应宣 | 薪　饷 | 三四三九八〇 | | | 三四三九八〇 | |
| 龙骧舰 | 卢适祥 | 薪　饷 | 一、〇六六六六〇 | | | 一、〇六六六六〇 | |
| 新安舰 | 杨耀枢 | 薪　饷 | 三六〇〇〇〇 | | | 三六〇〇〇〇 | |
| 江固舰 | 陈　皓 | 薪　饷 | 一、七三四九九〇 | | | 一、七三四九九〇 | 内二月五七八、三三〇 |
| 福安舰 | 於鲁峰 | 薪　饷 | 一、四九七六〇〇 | | | 一、四九七六〇〇 | 内二月二四九、六〇〇 |

续 表

| | | | | | | | |
|---|---|---|---|---|---|---|---|
| 飞鹰舰 | 黄 振 | 薪饷 | 二、八六一二〇〇 | | | 一、八六一二〇〇〇 | 内二月三一〇、二〇〇 |
| 舞凤舰 | 周耀仁 | 薪饷 | 五四一二〇〇 | | | 五四一二〇〇 | 内二月九〇、二〇〇 |
| 第一野战医院 | 伍 榜 | 经费 | | 八四八二〇〇 | 三、二六五一〇〇 | 四、一一三三〇〇 | |
| 第二野战医院 | 刘承瑞 | 经费 | | 一、八〇〇〇〇〇 | | 一、八〇〇〇〇〇 | |
| 后方医院 | 李其芳 | 经费 | 三、五九九四〇〇 | | | 三、五九九四〇〇 | 十二月七一九、二〇〇。十四年一月二、四三四、二〇〇。二月四四六、〇〇〇 |
| 军乐队 | 吕定国 | 薪饷 | 五六六〇〇〇 | 一〇〇〇〇〇 | | 六六六〇〇〇 | |
| 军官学校 | 蒋中正 | 借支 | 七〇、〇〇〇〇〇〇 | | | 七〇、〇〇〇〇〇〇 | |

续 表

| | | | | | | | | |
|---|---|---|---|---|---|---|---|---|
| 讲武堂 | | 经费<br>修缮 | 七、二〇〇〇〇〇<br>三二八、一四〇 | | | | 七、五二八一四〇 | |
| 测量局 | 吴宗民 | 经费 | 六一四七五〇 | | | | 六一四七五〇 | |
| 顺德筹饷局 | 冯次琪 | 经费 | | | | 二、四八五五七〇 | 二、四八五五七〇 | |
| 顺德财政专员 | 施文藻 | 薪水 | | | | 一三〇〇〇〇 | 一三〇〇〇〇 | |
| 香山筹饷局 | 吕光棪 | 经费 | | | | 二、六三〇〇五〇 | 二、六三〇〇五〇 | |
| 香山财政专员 | 何伯庄 | 薪水 | | | | 一三〇〇〇〇 | 一三〇〇〇〇 | |
| 香山商团 | | 补助费 | | | | 七〇〇〇〇〇 | 七〇〇〇〇〇 | |

续　　表

| | | | | | | | | |
|---|---|---|---|---|---|---|---|---|
| 香山仁良都联团 | | 补助费 | | | | 六〇〇〇〇〇 | 六〇〇〇〇〇 | |
| 香山筹饷局发还 | 镇东防费 | 按饷 | | | | 一、〇〇〇〇 | 一、〇〇〇〇 | |
| 江门制弹厂 | 王经舫 | 经费 | | | 一、〇〇〇〇〇〇 | | 一、〇〇〇〇〇〇 | |
| 江门无线电台 | 张介眉 | 经费 | | | 五〇〇〇〇〇 | | 五〇〇〇〇〇 | 内预支二月份二〇〇、〇〇〇 |
| 江门军警督察处 | | 经费 | | | 一、二四二一五〇 | | 一、二四二一五〇 | 内修葺费二六二、〇五〇 |
| 五邑财政分处 | 李基鸿 | 经费 | | | 三、七二六〇七〇 | | 三、七二六〇七〇 | |
| 五邑财政分处卫队排 | 沈光宗 | 火食 | | | 三六八三〇〇 | | 三六八三〇〇 | |

续　表

| | | | | | | | | |
|---|---|---|---|---|---|---|---|---|
| 高雷绥靖处 | 林树巍 | 经费 | | | 三、五七七四〇〇 | | 三、五七七四〇〇 | |
| 广大学校 | | 补助费 | | | 八四四四四〇 | | 八四四四四〇 | |
| 新会教育费 | | 补助 | | | 九六八八九〇 | | 九六八八九〇 | |
| 江门电报局 | 卢崇章 | 补助 | | | 二〇〇〇〇〇 | | 二〇〇〇〇〇 | 预支二月份 |
| 恩平电报局 | | 补助 | | | 五〇〇〇〇 | | 五〇〇〇〇 | 十二月份 |
| 江门军警联欢社 | | 年赏 | | | 三〇〇〇〇 | | 三〇〇〇〇 | |
| 五邑财政专员委员 | | 薪水 | | | 二、二〇〇〇〇〇 | | 二、二〇〇〇〇〇 | |
| 恩平看守军桥 | | 经费 | | | 二四八〇〇〇 | | 二四八〇〇〇 | |

续表

| | | | | | | | | |
|---|---|---|---|---|---|---|---|---|
| 汇上海居觉生先生 | | 特费 | | | 二、二七二一〇〇 | | 二、二七二一〇〇 | 港纸一千元连加水 |
| 五邑财政分处发还 | 泰丰堂 | 糖捐按饷 | | | 八、六〇〇〇〇〇 | | 八、六〇〇〇〇〇 | |
| 日本重藤武官游历 | 台山 | 招待费 | | | 五一二一四〇 | | 五一二一四〇 | |
| 五邑财政分处拨 | 蒋林参议 | 津贴 | | | 二〇〇〇〇〇 | | 二〇〇〇〇〇 | |
| 五邑民团枪械注册 | 张海洲 | 垫款 | | | 三五〇〇〇〇 | | 三五〇〇〇〇 | |
| 韩侨 | 救济会 | 捐款 | | | 五〇〇〇〇 | | 五〇〇〇〇 | |
| 五邑财政分处解款 | | 汇水 | | | 六二一一二〇 | | 六二一一二〇 | |
| 西路军陆旅长 | 陆兰培 | 火食 | | 一、四〇〇〇〇〇 | | | 一、四〇〇〇〇〇 | |

续　表

| | | | | | | | | |
|---|---|---|---|---|---|---|---|---|
| 长冈电报局 | 吕福祥 | 补助 | | 三六〇〇〇〇 | | | 三六〇〇〇〇 | 内十二月补助六〇、〇〇〇迁移费三〇〇、〇〇〇 |
| 肇庆无线电局 | 张公博 | 经费 | | 三二二〇〇〇 | | | 三二二〇〇〇 | |
| 德庆电报局 | 莫锦秋 | 补助 | | 一〇五〇〇〇 | | | 一〇五〇〇〇 | |
| 肇庆电报局 | 冯少敏 | 补助 | | 四〇五〇〇〇 | | | 四〇五〇〇〇 | 内一月二七〇、〇〇〇。二月一三五、〇〇〇 |
| 悦城电报局 | | 补助 | | 四〇〇〇〇 | | | 四〇〇〇〇 | |
| 连滩电报局 | 郭青云 | 补助 | | 六〇〇〇〇 | | | 六〇〇〇〇 | 十二月份 |
| 开建地方 | | 学费 | | 三六三〇〇 | | | 三六三〇〇 | |

续　表

| | | | | | | | | |
|---|---|---|---|---|---|---|---|---|
| 禄步桂税分卡 | 陈庆龙 | 经　费 | | 一四四四〇〇 | | | 一四四四〇〇 | 十二月份 |
| 罗定桂税局 | 纪树先 | 经　费 | | 三七五九五〇 | | | 三七五九五〇 | 十二月份 |
| 黄江税厂 | | 减　饷 | | 一、八七五〇〇〇 | | | 一、八七五〇〇〇 | |
| 德庆属 | | 烟税按饷 | | 六五〇〇〇〇 | | | 六五〇〇〇〇 | |
| 西江财政处 | 李基鸿 | 经　费 | | 四、五五二二六六 | | | 四、五五二二六六 | |
| 西江财政专员委员 | | 薪　水 | | 二、〇八〇〇〇〇 | | | 二、〇八〇〇〇〇 | |
| 修理高要县属 | 南门操场 | 工　料 | | 六九五〇〇〇 | | | 六九五〇〇〇 | |
| 西江各驻所 | | 棚　租 | | 五六一八〇 | | | 五六一八〇 | |

续　表

| | | | | | | | | |
|---|---|---|---|---|---|---|---|---|
| 总司令部 | | 经　费 | 四四、二三九九○○ | | | | 四四、二三九九○○ | |
| 军械库 | 叶槐庭 | 经　费 | 九九八○○○ | | | | 九九八○○○ | 内二月一三○、○○○ |
| 粮服课 | | 服装费 | 一三、六四三三六○ | | | | 一三、六四三三六○ | |
| 修　缮 | | | 一、四九五七七○ | | | | 一、四九五七七○ | |
| 购　置 | | | 五七○五○二 | | | | 五七○五○二 | |
| 旅　费 | | | 一一○○○○ | | | | 一一○○○○ | |
| 犒　赏 | | | 二、二五六五○○ | | | | 二、二五六五○○ | |

续表

| | | | | | | | |
|---|---|---|---|---|---|---|---|
| 医药 | | | 一、〇三一七九〇 | | | 一、〇三一七九〇 | |
| 恤金 | | | 三、五六〇〇〇〇 | | | 三、五六〇〇〇〇 | |
| 特别 | | | 五〇、七六一六三〇 | | | 五〇、七六一六三〇 | |
| 遣散费 | | | 五〇〇〇〇〇 | | | 五〇〇〇〇〇 | |
| 输送队 | | 招募费 | 三〇〇〇〇〇 | | | 三〇〇〇〇〇 | |
| 谍报费 | | | 八〇〇〇〇〇 | | | 八〇〇〇〇〇 | |
| 月刊费 | | | 二、八四六三九〇 | | | 二、八四六三九〇 | |
| 各杂支 | | | 九八五三六五 | | | 九八五三六五 | |

续　表

| | | | | | | | | |
|---|---|---|---|---|---|---|---|---|
| 威远无线电台 | 陈孝牧 | 经　费 | 二二〇六〇〇 | | | | 二二〇六〇〇 | |
| 广东无线局 | 杨少河 | 经　费 | 三八八八〇〇 | | | | 三八八八〇〇 | |
| 合　计 | | | 三八五、七四四、四二七 | 二四五、九五〇、四八一 | 一九一、九三四、四九〇 | 三六、〇九四、六〇〇 | 八五九、七二三、九九八 | |

附　记

一　本表各数系按照直接给领，暨各处、局支拨数目分别汇计填列。

一　本表所列各部队支数系按照支拨时期及抵解印领计列，故与月额略有出入。

一　是月合计收入支出比照尚存银五万一千一百二拾三元六毫七仙七文，除十三年分修正报告总表不敷银六万七千四百一十七元六毫二仙一文外，仍不敷银一万六千二百九十三元九毫四仙。

中华民国十四年元月　　日　　　粤军总司令部代军需处长关道编订

〔广州国民政府档案〕

## 9　范石生等请维持该军饷糈至抵滇之日为止密电

（1925年5月4日）

急。广州胡代帅、杨总司令钧鉴：胡军长慕赓、朱军长益之、谭总司令组庵、赵师长济民、廖师长品卓、朱师长赓良、曾师长舶之、胡师长翟斋均鉴：新密。龙胡死守南宁，致延时日，第强弩之末，剿灭之期当亦不远。惟是饷糈一项，关系颇大，以后改编敌军，关放欠饷，且长途遥遥，各种设施均非钱莫办。本军全部收入，请维持到底，以抵滇之日为止，俾三军免冻馁之虞，实为公便。范石生、杨蓁叩。支。印。

〔广州国民政府档案〕

## 10　许崇灏为收入减少请暂停缴军政费一月呈

（1925年9月12日）

为呈请事：案查职路前以负担军政各费过重，办理困难，拟请酌予减轻，俾维现状一案。业经据实分别呈请察核，准予施行在案。旋奉财政部第九号令内开，略以该路所陈困难各节，尚属实情，惟军需浩繁，库收支绌，不能不暂资挹注。所有该路每日解款，暂仍照旧解足，一个月后，俟财政整理就绪，再行酌减，俾轻负担。合行令仰遵照办理等因。奉此。自应遵照。但职路近日收入之短，实为向所未见，系为时局影响有以致之。前月匀计每日收入尚有五千余元，除照旧提解军政费外，所余之数以之支付行车成本，已属不敷甚巨。然尚望旺月将至，车收渐裕，财力或可稍纾，办理不致如前竭蹶，是以不惜艰辛，设法筹挪，勉支危状。讵前债未清，粮期又到，筹借之术，亦已俱穷。加之兼旬以来，客货滞运尤甚，收入日见短少，现匀计每日仅得四千元左右，较之往年仅得三分之一。纵使暂停解款，将全数拨支行车必需之煤炭、偈油及工粮等项，不敷更巨，实无余力顾及他项。但军政各费系属重要之需，而工人薪粮又为刻不容缓之款，稍有延欠，势必相率鼓动工潮，停车立见。加之近日煤价飞涨，行车成本日见其重，车利收入，反得其轻，以致情形岌岌，几有不能开车之势。似此事机紧迫，若不维持，万难持久，诚恐不出旬日即无车行。此系现在实情，并非饰词耸听。兹职为维持目前危状起见，除附加军费仍遵令照解外，万不得已，拟自九月十六日起至十月十六日止，将四成军政各费，暂行停解一月，藉资支持，而维现状，俟收入稍裕，再行筹解。是否可行，理合具文呈请察核，如荷俯准，请分饬知照，并候示遵，实为公便。谨呈

国民政府

管理粤汉铁路事务许崇灏

中华民国十四年九月十二日

〔汪兆铭批示〕：不准。仍行财政部知照。

九月廿六日

〔广州国民政府档案〕

# 三　财政经济

# 〔一〕财经机构设置

## 1 大元帅批准财政委员会章程施行令

(1924年1月8日)

大元帅指令 第一六号

令大本营财政部长叶恭绰

呈为拟具财政委员会章程，请予核定公布由。

呈章均悉。查所拟章程尚属妥协，应准如拟施行，仰即知照。此令。

中华民国十三年一月八日

附原呈

呈为拟具财政委员会章程，仰祈鉴核公布事：窃自政府成立以来，军需浩繁，财政倍形困难，若非预谋整理之道，恐有难以接济之时。顾粤省战争频年，粤民负担较重，纵未至束手无策，又安忍竭泽而渔。故军事虽应以地方为根据，而财政尤宜合全局而统筹。当此北伐军事正拟积极进行，中央财政尤须亟谋整理。且军需实占财政上之大宗，而财政尤为军事上行军之命脉，举动在在需款，彼此息息相关，财政先有充分裕余，斯军事乃可预操胜算。本部总管度支，负其责任，但兹事体大，各有关联，端赖群策群力，始克成功，断非一手一足所能有济，欲收开源节流之效，宜有集思广益之方。爰拟由本部集合财政各机关长官，组织财政委员会，俾得各抒所见，相与有成，当将章程草案提出政务会议议

决在案。理合录呈钧座鉴核公布施行。谨呈

陆海军大元帅

附呈财政委员会章程一件

大本营财政部长叶恭绰

中华民国十三年一月六日

## 财政委员会章程

**第一条** 本会以统筹整理财政为宗旨。

**第二条** 本会会员由大元帅任命左列各员组织之，统称为委员；

1，财政部部长；

2，财政部次长；

3，广东省长兼筹饷局督办；

4．禁烟督办；

5．船民自治督办；

6．两广盐运使；

7．广州市市长；

8．广东财政厅长；

9．公安局局长；

10.造币厂长；

11.广州市财政局长；

12.广东沙田清理处处长。

**第三条** 本会会议由财政部长、广东省长轮流主席。部长、省长均缺席时，由出席委员公推临时主席。

**第四条** 本会会议事项，如与其他机关或各法团有关系时，得由本会函邀该机关或法团派员出席会议。

**第五条** 本会会议事项，如须各委员所管机关之职员出席议明时，得随时由该管机关委员饬令该职员出席说明。

**第六条** 本会事务员，由各委员调所管机关中相当职员充之。

**第七条** 本会会议事项以关于中央及地方财政为限。

**第八条** 本会议案范围如左：

1. 大元帅交议事项；
2. 本会委员提议事项；
3. 人民条陈事项。

**第九条** 本会会议须有过半数委员出席方能行之。

**第十条** 本会会议日期，分为常会、特别会两项：

1. 常会，每星期一次，以每星期一日行之。
2. 特别会，由大元帅临时召集，或委员四人以上之陈词。

**第十一条** 本会议决之案，应由各主管委员，呈请大元帅核准施行。前项议决案之呈请，如属中央财政交财政部，属地方财政交省长分别办理，仍应函复本会备案。

**第十二条** 本会委员及事务员除原有职务之薪俸外，概不开支薪津。

**第十三条** 本会办事细则另定之。

**第十四条** 本会章程经政务会议议决呈请大元帅公布施行。

〔陆海军大元帅大本营公报1924年第1号〕

## 2 国民政府公布广东省商务厅组织法令

(1925年7月17日)

中华民国国民政府令

兹制定广东省政府商务厅组织法公布之。此令

(照钞商务厅组织法)

民国十四年七月十七日

## 广东省政府商务厅组织法

**第一条** 商务厅依据省政府组织法，为省政府之一部，受省政府之指挥、监督，掌理广东全省地方商务行政，提倡矿业、农产、森林、垦殖、渔牧、丝茶暨工业制造各事业，并监督农商等实业团体。

**第二条** 本厅设左列二科：

第一科；

第二科。

**第三条** 第一科分掌事务如左：

一　关于调查商务状况，及编制商务统计报告事项；

二　关于调剂金融事项；

三　关于调节物价及出产销场事项；

四　关于商品原料输出入及国际贸易事项；

五　关于改良各种生产出品，及选择试验动植物种子及预防灾害病虫事项；

六　关于度量衡之检定事项。

**第四条** 第二科分掌事务如左：

一　关于商业及商标之注册立案事项；

二　关于特许专利及奖励补助事项；

三　关于工商出品之考核及赛会陈列事项；

四　关于产地山场之测勘及矿物之化验事项；

五　关于保护商业事项；

六　关于监督农商各实业团体及审核商事公断事项；

七　关于交易所与其他经纪之监督取缔事项。

**第五条** 本厅设厅长一人，秘书二人，科长二人，科员若干人。

**第六条** 厅长承省政府之命，掌理本厅主管事务，监督、指挥所属各机关、各职员。

**第七条** 秘书承厅长之命，分掌机要事务及监督会计、庶务等事。

**第八条** 科长承厅长之命，主管各科事务。

**第九条** 科员承长官之命，分理各科事务。

**第十条** 本厅因考察实业，得酌设视察员若干人。

**第十一条** 本厅因提倡专门实业及技术之必要，得设技正、技士若干人。

**第十二条** 本厅因缮写文件及办理特种事务，得酌用雇员。

**第十三条** 本厅办事细则，另行规定之。

**第十四条** 本法自公布日施执。

中华民国十四年七月十六日

〔广州国民政府档案〕

### 3 国民政府关于财政部制定盐务总处组织章程令

(1926年2月25日)

国民政府令 第八二号

令财政部部长宋子文

为令行事：查盐务总处组织章程，经于二月廿四日明令公布在案。兹将原章十一条照抄令发，仰该部即便遵办。并印刷成帙，分别转凡有关系各机关一体遵照。此令。

计发财政部盐务总处组织章程乙份

民国十五年二月廿五日

## 国民政府财政部盐务总处组织章程

**第一条** 盐务总处隶属于财政部，掌理盐务行政与场产运销及征税与稽核一切事宜。

**第二条** 盐务总处置左列各课：

第一课；

第二课。

**第三条** 第一课掌理事务如左：

一、关于盐务行政及交涉事宜；

二、关于盐务人员任免、薪费事宜；

三、关于改良盐场、仓栈、建筑事项；

四、关于调查考核盐类之制造及产额事项；

五、关于核定盐务机关之存废事项；

六、关于调查改良运盐手续及保护事项；

七、关于筹画支配销盐区域事项。

**第四条** 第二课掌理事务如左：

一、关于编制盐务收支预算决算事项；

二、关于编制盐务收支统计事项；

三、关于调查审订场产运销一切费用事项；

四、关于调查整理销盐数目事项；

五、关于考订盐税税率事项；

六、关于考核税收比较事项；

七、关于征解盐税款项事项。

**第五条** 盐务总处置处长、副处长各一人，承部长之命，指挥所属职员办理本处事务。

**第六条** 盐务总处置秘书若干人，承部长之命，辅助处长办理事务并审核一切文件，撰拟机要文牍。

**第七条** 盐务总处置课长二人，承长官之命，主管各课事务。

**第八条** 盐务总处置办事员若干人，承长官之命，分掌各课事务。视事务之繁简，得酌量雇员分任缮校等事。

**第九条** 对外文件均以财政部名义行之。

**第十条** 盐务总处之办事规则，另以部令定之。

**第十一条** 本章程自公布日施行。

〔广州国民政府档案〕

## 4 国民政府公布广东省政府实业厅组织法令

（1926年5月24日）

中华民国国民政府令

兹制定广东省政府实业厅组织法公布之。此令。

（照抄实业二厅组织法）

国民政府批 第三三六号

广东省政府

呈缴广东实业厅组织法草案，请核准公布由。

呈悉。查核所拟组织法草案尚无不合，惟第六条秘书三人，应改为二人，以期与各厅一律，已修正明令公布矣。仰即转饬知照。草案存。此批。

民国十五年五月廿四日

### 广东省政府实业厅组织法草案

**第一条** 实业厅依据省政府组织法为省政府之一部，受省政府之指挥监督，掌理广东全省农工商矿等实业行政事务。

**第二条** 实业厅设左列三科：

第一科；

第二科；

第三科。

**第三条** 第一科分掌事项如左：

一、关于工商业保护、监督、奖励，及改良推广事项；

二、关于官办工商业管理事项；

三、关于工商业团体事项；

四、关于工商业制造考察及赛会陈列事项；

五、关于工厂交易场监督、取缔及检查事项；

六、关于度量衡制造检查及推行事项；

七、关于各种公司注册立案事项；

八、关于商标特许及专卖事项；

九、关于国际贸易事项；

十、关于调节物价及出产销场事项；

十一、其他关于工商业一切事项。

**第四条** 第二科分掌事务如左：

一、关于农林渔牧保护监督奖励及改良提倡事项；

二、关于农产物、蚕、蜂养育事项；

三、关于农田、官荒处理事项；

四、关于气候测验及天灾虫害预防善后事项；

五、关于种畜检查及兽疫事项；

六、关于官有林、保安林、公海渔业事项；

七、关于农林渔牧各业团体事项；

八、关于万国农会及考察外国农业事项；

九、关于筹设林、水产试验传习场所、动植物园、农产陈列所事项。

**第五条** 第三科分掌事务如左：

一、关于矿业提倡奖励及监督事项；

二、关于矿权特许及撤销事项；

三、关于矿税核定征收事项；

四、关于矿业诉愿事项；

五、关于矿业及地质调查事项；

六、关于矿区勘定及矿质分析事项；

七、关于官营炼厂事项；

八、关于矿业用地事项；

九、关于冶业监督事项；

十、其他关于矿业一切事项。

**第六条** 实业厅设厅长一人，秘书二人，科长三人，课员若干人。

**第七条** 厅长承省政府之命，掌理全厅事务，监督之指挥所属各机关，各职员。

**第八条** 秘书承厅长之命，分掌机要事务及监督会计、庶务事事〔务〕。

**第九条** 科长承厅长之命，主管各该科事务。

**第十条** 课员承长官之命，分掌各该课事务。

**第十一条** 实业厅因考察实业，得酌设视察员若干人。

**第十二条** 实业厅因实业技术上之必要，得设技正、技士若干人。

**第十三条** 实业厅因管理部籍，缮写文件，得酌雇用书记、录事若干人。

**第十四条** 实业厅分课任务规程另订定之。

**第十五条** 本法自公布日施行。

通过。五、十四、延闿

〔广州国民政府档案〕

## 5　宋子文关于派员组织委员会解决佛山等地价问题呈及国民政府批

（1926年5—6月）

### (1) 宋子文致国民政府呈（5月27日）

呈为呈请事：窃照佛山四沙沿涌缴价原因，濠涌铺屋日久跨占官有由四沙清理处查明，饬令缴价给照以完业权。乃反对者怂恿贫民，藉词请愿。先经由厅布告准予查案核明停收，并委派佛山市政筹备专员会同兼办佛山四沙沿河清理处、南海县张县长核案呈覆。惟对于关系官涌者仍速查明催缴，以裕饷需。现因该处派人催收，而反对者复鼓动贫民赴厅请愿。当由厅饬各贫民将沿涌所居铺屋及姓名列册呈缴，以凭核明取销。所称由处拘留朱全等三人，行处查案分核省释。又据面请令处勿再将人拘押，复经允准，以安众心，并拟定呈请钧府派员会同组织委员会审查，用示大公。似此容纳所求，业已曲加体恤，而各贫民仍群聚不散，卒允行处将被押人交保释放，始各星散回佛。此四沙沿涌贫民请愿及本厅布告办理之情形也。复查此项缴价，对于沿涌贫民早经实行取销，而反对缴价者仍鼓动贫民请愿，显系有人主使，藉众要挟，自应组织委员会公开讨论，详核办法，以期解决，而维征收。兹拟核定数端：（一）涌内铺屋查勘列册，属于贫民者一律准免缴价，并于门首标贴缴字样，以安众心。（二）涌内铺屋除贫民准免缴价外，其余查有跨占者，应按照跨占丈尺秉公估价呈明饬缴。（三）关于缴价及免缴价均经划清界限，持平办理，其再有造谣演说，暨散布匿名揭帖，或传单者，应严拿主使之人解办。（四）此项缴价因其有跨占涌道，准予缴价给照，既为厘正业权，且系出于资本各家，纯与贫民无干。如再有敛钱聚众，集合请愿，即由清理处咨会驻防军队，先行就地解散。（五）缴价办法既经核定，纯与贫民无干，如再有聚众，赴省请愿，自系听从资本家主使，希图恃众要挟，应概不予受理，并知会公安局立即派队驱逐，敢于违抗者择尤惩究。以上各节，拟由会公同审定公报执行。且于贫民一方，既经划出免缴，则贫民无所藉口，关于党部农会亦无关系，自不必再代要求。倘尚有鼓众请愿发生，自系有意反对，不得不从严惩办，以戢刁风。至会内组织拟请愿，拟请钧府饬令财政部遴派委员一员，财政厅员一员，四沙清理处员一员，另由部选派佛山绅商界各一员、公同组织办理，期免隔阂，俾利进行。所有佛山四沙沿涌缴价拟组织委员会解决缘由。理合呈请察核示遵，以便委员会早日组织成立，实为公便。再查此案据南海县长兼佛山、四沙清理处长呈报，唆使商民反对缴价，内有佛山市党部陈雄志、梁敬熙二员等语。拟请照案函知党部，转饬佛山市党部责成陈雄志等勿再干预唆摆，如违准予呈请核究，合并陈明。谨呈

国民政府

广东省政府财政厅长宋子文(印)

中华民国十五年五月二十七日

(2) 国民政府批(6月11日)

国民政府批　第四〇七号

广东财政厅长　宋子文

呈为佛山四沙沿涌缴价，拟组织委员会解决，请令财政部遴派委员由。

呈悉。仰候令行财政部按照所拟办法遴员组织委员会公同解决可也。至请函知中央党部转饬佛山党部责成陈雄志等勿再干预一层，应候该案审查完竣后，再行酌办。此批。

民国十五年六月十一日

〔广州国民政府档案〕

## 6　国民政府财政部为修正盐务总处章程呈

（1926年7月2日）

呈为呈请事：现据本部盐务总处案呈，总处成立，依照部定总处组织章程第二条，第一课、第二课之下，酌分八股事项办理。惟查当时划分各股名义，原就从前行政稽核分权事项略为更定，未择主要。现在办理两月，按诸办事实际，不无窒碍。盖因总处系由两机关合并改组，事务纷繁，仅只设置两课，课长已难综理，其下分设八股支配事项繁简亦未平均，且有关于各股会办之件，手续未免迂折。总处为求办事妥捷起见，拟将前订八股办法取消，并将原章第二条修正，改为设置五课：一曰总务；二曰运销；三曰场产；四曰审核；五曰出纳。即将原日八股事项分配于五课之内，各设课长一员，以专责成，其余悉照原章办理。并据缮具修正章程一份，呈缴前来。查所陈各节不为无见，所拟修正章程亦无不合，拟请照准以便办事。理合检同原缴修正章程，备文呈请钧府察核，俯准照案修正，批饬遵办，实为公便。谨呈
国民政府

计呈原缴修正盐务总处章程一份

财政部长宋子文

中华民国十五年七月二日

### 修正财政部盐务总处组织章程

**第一条**　盐务总处隶属于财政部，掌理盐务行政与场产运销及征税与稽核事宜。

**第二条**　盐务总处设左列各课：

总务课；

运销课；

场产课；

审核课；

出纳课；

**第三条** 总务课掌理事务如左：

一、关于盐务行政及交涉事项；

二、关于盐务人员任免及功过惩奖事项；

三、关于核定盐务机关之存废事项；

四、关于盐务人员请假考勤事项；

五、关于盐务案卷及公物保管事项；

六、关于盐务调查及编辑事项；

七、关于盐务购置及修缮设备事项；

八、关于私盐案件处理事项。

**第四条** 运销课掌理事务如左：

一、关于税盐等销及督运事项；

二、关于整理运盐手续及保护事项；

三、关于支配销盐区域及考察水陆运道事项；

四、关于运商注册及办运事项；

五、关于运销考成及兴革事项；

六、关于运盐成本及产区销区盐价考核事项。

**第五条** 场产课掌理事务如左：

一、关于盐场组织及整理事项；

二、关于考核盐类之制造、改良、产额、场价，调剂供求事项；

三、关于产区测量及盐田增裁修筑事项；

四、关于盐场、仓坨及归堆验配事项；

五、关于盐田、盐灶、户丁注册、升科、验契及业权转移登记事项；

六、关于丁课漏饷、考核征解事项。

**第六条** 审核课掌理事务如左：

一、关于编制盐务收支预算决算事项；

二、关于编制盐务收支统计事项；

三、关于考定盐税税率事项；

四、关于考核税收比较事项；

五、关于制用各种照票、册表、簿记事项；

六、关于盐务收支费用数目审核事项。

**第七条** 出纳课掌理事务如左：

一、关于公款收支及数目报告事项；

二、关于盐税督管征解事项；

三、关于现金或有价证券之保管事项；

四、关于登录帐目及签发单照事项。

**第八条** 盐务总处设正副处长各一人，承部长之命，指挥所属职员办理本处事项。

**第九条** 盐务总处置秘书若干人承部长之命，辅助处长办理事务，并审核一切文件，撰拟机要文牍。

**第十条** 盐务总处置课长五人，承长官之命，掌管各课事项。

**第十一条** 盐务总处置办事主任八人，办事员若干人，承长官之命，分管各课事务，视事之繁简，得酌用雇员分任缮校等事。

**第十二条** 对外文件均以财政部名义行之。

**第十三条** 盐务总处之办事规则另以部令定之。

**第十四条** 本章程自修正公布日施行。

〔广州国民政府档案〕

## 7 广东省政府为划一权度设局检定等呈批

（1926年7月）

（1）广东省政府省务会议致国民政府呈　（7月7日）

呈为呈报事：现据实业厅呈称：窃维划一权度，所以便民利用，自古皆然。故虞书美舜政绩曰：同律度量衡，周礼质人一职同其度量，壹其淳利，而管子亦曰：权度本正不可以欺轻重，不可以差短长。近观欧美各国，亦无不以划一权度，为行政急务。我国权度紊乱，不特省自成风，抑更县自为制，参差不一，积习相沿，欺诈丛滋，争端时起。前大本营建设部有鉴于此，业将民国四年农工商部呈准公布之权度各法规，加以修正，呈奉大元帅，于十三年二月核准公布，并设所专司检定有案。原冀廓清积弊，使权度得规划一。只设所未久，奉令裁并，未竟推行。现在职厅既已成立，划一权度原属职掌所关，似应赓续进行，以期便民利用。兹拟规复权度检定，设局专司，定名为广东实业厅权度检定局，附设职厅。为节省经费起见，拟由厅派员兼办，并将全省地方酌分繁简划分为十三区，每区设一分局，切实施行检定，先从繁盛地方着手试办，逐渐推行各属。惟是库储支拙，政府举办一政，每苦经费难筹，若非未雨绸缪，举办实难着手。此项设局经费，拟在检定权度收入项下，酌提四成指拨支销，其余六成解交政府。至于检定实行细则、及征收检定费用各节，悉照民国十三年二月前建设部呈准公布办法办理，以利遄行。似此办法对于社会贸易，固可杜绝诈欺，即对于国库收入，亦未始无少补，一举两得，似属可行。所有拟议划一权度，设局检定，以及筹措经费办法各缘由，理合造备权度检定局分区表，并拟具权度检定局及分局各章程，具文呈请察核。是否有当，仍候批示祗遵。附呈表及章程各一本等情。据此。当经第一百二十七次省务会议议决，转呈钧府核示，并呈奉政治委员会审核照办在案。除先行批复外，理合据情具文呈请钧府察核，俯赐批示祇遵，实为公使。谨呈

中华民国国民政府

计附抄呈权度检定局分区表检定局及分局章程各一份

广东省政府省务会议

主席　孙　科代

古应芬假

宋子文

许崇清

李禄超

陈公博

周佩箴

中华民国十五年七月七日

权度检定局分区表

| 区别 | 所辖区域 | 设局地点 | 备考 |
|---|---|---|---|
| 省河 | 广州市　番禺县 | 广州市 | |
| 汕头 | 澄海　潮安　潮阳　揭阳　普宁　丰顺　饶平　大埔　梅县　镇平　兴宁　南澳　平远 | 汕头 | |
| 上东江 | 惠阳　博罗　河源　海丰　陆丰　五华　永安　和平　连平　龙川 | 惠阳 | |
| 佛山 | 南海　三水　四会　广宁 | 佛山 | |
| 香顺 | 顺德　香山 | 陈村 | |
| 下东江 | 东莞　增城　宝安　龙门 | 石龙 | |
| 五邑 | 新会　台山　恩平　开平　赤溪 | 江门 | |

续 表

| | | | |
|---|---|---|---|
| 两阳 | 阳江　阳春 | 阳江 | |
| 西江 | 高要　新兴　鹤山　德庆　封川<br>开建　罗定　郁南　云浮 | 肇庆 | |
| 高雷 | 电白　茂名　信宜　石城　徐闻<br>海康　遂溪 | 水东 | |
| 钦廉 | 合浦　灵山　钦县　防城 | 北海 | |
| 琼崖 | 全属 | 海口 | |
| 北江 | 南雄　始兴　连县　连山　阳山<br>乐昌　翁源　仁化　英德　清远<br>佛冈　花县　乳源　从化 | 韶州 | |

## 广东实业厅权度检定分局章程

**第一条**　权度检定分局，隶属于实业厅权度检定局，掌检定查验所属各种权度器具事项。

**第二条**　权度检定分局置职员如左：

（一）分局长；

（二）检定员；

（三）事务员。

**第三条**　各权度检定分局分局长由权度检定局荐请实业厅长委任。

**第四条**　分局长承局长之命，综理全局事务，监督所属职员。

**第五条**　检定员承分局长之命分理事务如下：

（一）关于副原器标准器之检定查验及錾印事项；

（二）关于官用民用权度器具之检定查验及錾印事项。

**第六条**　事务员承分局长之命，分理局内收支款项，收发撰拟文件，保管卷宗，编制预算决算，统计报告，填写表册及其他一切庶务事项。

**第七条** 检定员事务员之员额，由分局长酌定，呈由权度检定局核准，呈请实业厅加委。

**第八条** 权度检定分局，每月须将所办事务，详细报由权度检定局汇报实业厅，以资考核。

**第九条** 权度检定分局经费，由每月收入项下照章提成开支。

**第十条** 权度检定分局办事细则另定之。

**第十一条** 本章程自呈奉省政府核准之日施行，如有未尽事宜得随时修改呈请备案。

### （2）国民政府批稿（7月）

国民政府批　第五二三号

批广东省政府

呈据实业厅呈拟划一权度设局检定及筹措经费办法，请察核示遵由。

呈悉。准如所请办理，仰即转饬知照。附件存。此批。

民国十五年七月　日

〔广州国民政府档案〕

## 8　孙科为组织清理官市产审查委员会及条例经费预算等呈批

（1926年7—8月）

### （1）孙科致国民政府呈（7月19日）

呈为呈请察核示遵事：案查接管卷内奉钧府第一九一号令，关于饬组广州市官市产委员审查会一案，除原文有案邀免冗叙外，后开：仰候令催司法行政委员会、各机关派员迅将广州市官市产委员审查会组织成立可也。此批。印发并分令外，合行令仰该厅即便遵照可也。此令。等因。奉此。遵经职厅派前专员陈宝徵，会同监察院派员李宝同，司法行政委员会派员余垚，广东财政厅派员王仁辅，组织一清理官市产审查委员会。经开会议三次，议定组织条例九条，及月支经费预算表在案。又以苦乏办公地点，经函向律师公会借用休息室。据复称：该地址原系高审厅拨用，由公会建筑上盖，只以新建休息室尚欠工料银二千元，拟将上盖投变，经由高审厅备价承受，未便借用等情。复经函向高审厅借用，则未得复。至经费一项，则拟请省政府核拨，或由职厅与财政厅分拨又〔各〕在案。卒以办公地点，迄未觅就，又值前委员长去职，此案于以停顿。及委员长就职后，又由职厅等四机关所派委员于七月五日在监察院集会，只以司法行政委员会所派员未到，是以未得开议。此奉令组设审查会之经过情形也。伏查省政府所辖七厅派员组织之官市产审查委员会，业已成立，议决之案，亦已多起，且并无经费支出，办事地点，即在省政府内。而职厅等奉令组设之审查会，既须月支经费四百元，而又未得有相当办公地点，即成立之后，与省政府组设之审查会名称既同，职权亦等，两者并立，固为不可。若撤销省政府已行成立之审查会，匪独已成之局弃之可惜，即使由本审查会赓续办理，亦觉难收办事一贯之效。况查本审查会议定条例之第二条所审查案件，根据清理官市产办法第十条、第十一条之规定，即为人民不服职厅与财政厅之处分而上诉于省政府者，根据第四条之规定，则财政厅与职厅所派员，关于该管之上诉案件，均须回避。按官市产案件属于财政厅者，不过十之一二；属于职厅者，凡十之八九，是则职厅几无可以审查之机会，即似无参加审查之必要。然非如该条例第四条之规定，又属不合。为此，再四思维，目下职厅等奉令组织之审查会，既因故未即成立。除财政厅已属省辖七厅组织之官市产审查委员会中之一员外，拟请钧府就省政府已组织成立之审查会中，更派监察院及司法行政委员会加入，则与钧府设立该会之初意，既不相背，而对于官市产审查事项，更见缜密。是否有当，理合将奉令组织官市产审查会经过情形，暨管见所及，连同前此职厅及监察院、司法行政会、广东财政厅四机关派员会同议定之清理官市产审查委员会条例，及月支经费预算表各一份，呈请察核，伏乞批示祇遵，实为公便。谨呈

中华民国国民政府

计抄呈清理官市产审查委员会条例月支经费预算表各一份

广州市市政委员长孙科

中华民国十五年七月十九日

## 清理官市产审查委员会条例

**第一条** 官市产审查委员会系省政府呈请国民政府令由司法行政委员会、监察院、财政厅、市政厅各派一员组织之。

**第二条** 人民依照清理官市产办法第十条、第十一条应向省政府声明不服之案件，限于一个月内呈由本会审断。

**第三条** 本审查会由各委员互推一员为主席，监督全会行政事务。

**第四条** 审查上诉案件，以三人之合议行之，但原处分官厅之委员不得参与。

**第五条** 本审查会用书面审理，惟对核事实不明了时，得传两造到案讯问。

**第六条** 审查结果须作成处断书送达于当事人。

**第七条** 本审查会设书记员二人，掌理文牍、庶务、会计、卷宗等事务。

**第八条** 本会因缮写文件及其他特别事件，得酌用技士或雇员。

**第九条** 本条例自公布日施行。

官市产审查委员会月支经费预算表

| 款别/职别 | 名额 | 月支数 | 共支数 | 备考 |
|---|---|---|---|---|
| 委员舆费 | 四员 | 三〇 | 一二〇 | 本会遵照令行由监察院、司法行政委员会、财政厅、市政厅各派员一人组织成立，出席审查各委员均属兼职，不支薪俸，惟按期到会出席，酌拟每员按月支给舆车费毫银三十元，四员共支银一百二十元，如上数。 |
| 书记薪水 | 二员 | 六〇 | 一二〇 | 本会拟设收发兼管卷一员，速记兼会计、庶务一员，每员照定章月支薪水六十元，二员共支毫银一百二十元，如上数。 |
| 录事薪水 | 二员 | 三〇 | 六〇 | 本会缮写、文牍一切，拟雇用录事二员，每员月薪水三十元，共六十元，如上数。 |
| 杂役工食 | 二名 | 一六 | 三二 | 本会传达听事一切，拟酌用杂役二名，每名每月给工食一十六元，共支三十二元，如上数。 |
| 办公杂费 | | 六八 | 六八 | 本会文具纸张用款及杂项一切，暂定月给六十八元，盈绌月竣核实报销。 |

总计每月共支毫银四百元

（2）国民政府批（8月18日）

国民政府批　第630号

广州市市政委员长孙科

呈报奉令组织官市产审查会经过情形暨其意见，并抄呈该会条例及月支经费预算表，请察核示遵由。

呈悉。查政府一九一号令，系饬该厅派员与司法行政委员会、监察院、财政厅所派之员，合组一审查委员会，以暂时替代原由广东省政府所辖七厅派员组织之官市产审查委员会，并非饬于省政府所组设之审查会外，别设一机关，且此令系据省政府之呈请，于四月十三日发出，检据司法行政委员会、监察院、财市两厅会同拟具清理官市产办法十八条，呈经核准，于四月十七日令发广东省政府公布施行在案。按照前项办法之规定，人民对于下级官厅所为之官产处分，得向上级官厅声明不服，则各级各厅受理官产案件，自应各以其职权独立裁决，如何派员审查，亦应由各该官厅自行酌定，实无再由上下级官厅联合派员组织审查会之必要。政府一九一号令饬办各节，现可无庸办理，仰即知照。并候分令司法行政委员会、广东省政府、监察院、广东财政厅知照。此批。

民国十五年八月十八日

〔广州国民政府档案〕

## 9　宋子文请准制定戒烟药膏专卖总局组织章程及发买药料暂行规则呈批

（1926年9—10月）

（1）宋子文致国民政府呈（9月29日）

呈为呈报事：禁烟总处案呈：窃查广东全省戒烟药料，前因兴源公司开办，数月推销，殊无成绩。拟将该公司撤销，由本部设局专卖，经奉国民政府政务会议议决照办在案。现在改组伊始，亟应厘定专章，俾资遵守。兹经制定禁烟总处戒烟药膏专卖总局组织章程、职掌规则各九条，及收买药料暂行规则九条。除公布外，理合列折备文，呈报钧府察核备案。谨呈

国民政府

计呈缴禁烟总处戒烟药膏专卖总局组织章程、职掌规则、收买药料暂行规则共一册

财政部部长宋子文

中华民国十五年九月二十九日

## 财政部禁烟总处戒烟药膏专卖总局组织章程

**第一条** 戒烟药膏专卖局隶属于财政部禁烟总处，管理全国戒烟药膏之专卖，并附属药科专卖各事宜。

**第二条** 戒烟药膏专卖总局之职权如左：

(一)关于戒烟药科之采办专运事项；

(二)关于戒烟药膏之配制发行事项；

(三)关于戒烟药料、药膏私运、私售、私制、私藏、私吸之检查事项。

**第三条** 戒烟药膏专卖总局设局长一人，由财政部禁烟总处长兼任。

**第四条** 戒烟药膏专卖总局设左列各课，分掌局务：

一、总务课；二、营业课；三、会计课。

**第五条** 戒烟药膏专卖总局于各课内分设各股，处理课务：

一、总务课分设四股：文牍、庶务、稽察、检查。

三、营业课分设四股：发行、采运、销售、配制。

三、会计课分设四股；财务、收支、保管、秤量。

**第六条**　戒烟药膏专卖总局置职员如左：

课长，每课一人，承长官之命分掌各课事务。

股主任，每股一人，承长官之命分掌各股事务。

雇员若干人，承长官之命佐理本局事务。

检查员若干人，承长官之命分掌检查事务。

**第七条**　对外文件以财政部名义行之。

**第八条**　本局职掌规则另以部令定之。

**第九条**　本章程自公布日施行。

## 戒烟药膏专卖总局职掌规则

**第一条**　本局依组织章程之规定设左列各课：

一、总务课；二、营业课；三、会计课。

**第二条**　总务课设左列各股：

一、文牍股；二、庶务股；三、稽察股；四、检查股。

**第三条**　总务课各股分掌事务如左：

文牍股　掌理撰拟文件及收发事项。

庶务股　掌理局内一切庶务暨杂役管理事项。

稽察股　掌理卫士之调遣支配及稽查局内所辖各库、各工场、各工人之出入、勤惰，并执行搜检事项。凡对内应行稽察事宜属之。

检查股　掌理关于查缉戒烟药料、药膏之私制、私运、私售、私吸、私藏事项。凡对外须侦查事宜属之。

**第四条**　营业课设左列各股：

一、发行股；二、采运股；三、销售股；四、配制股。

**第五条**　营业课各股分掌事务如左：

发行股　掌理关于戒烟药料之批发，评价事项。

采运股　掌理关于戒烟药料之采办及转运事项。

销售股　掌理关于戒烟药膏之销售及管账、核算、登记报告等事项。

配制股　掌理关于戒烟药膏之配制及装置事项。其配制工场之管理事项亦属之。

**第六条**　会计课设左列各股：

一、账务股；二、收支股；三、保管股；四、秤量股。

**第七条**　会计课各股分掌事务如左：

账务股　掌理全局账目之登记，预决算之编制，账簿之保管事项。

收支股　掌理全局钱银款项之收入支出，及核算事项。

保管股　掌理戒烟药料膏之出纳与保存登记，及管账管仓事项。

秤量股　掌理戒烟药料药膏出入时秤量，及装盅、贴花、盖印等事项。

**第八条**　本规则如有未尽事宜得随时修正之。

**第九条**　本规则自公布日施行。

## 财政部戒烟药专卖总局收买药料暂行规则

**第一条**　本总局遵照政府此次实行专卖计划，所有各商店或行栈及水陆居民，藏有戒烟药原料(即已贴印花之烟土)，经财政部派员会警查封，验明呈报有案者，得依本规则第五条之规定，分别由局给价收买。

**第二条**　除前条规定外，其有商民人等藏有戒烟药原料（即已贴印花之烟土)，未经查封者，准自本规则布告之日起五日内，即月　　日起至　月　　日止，自行呈缴。专卖总局仍得依照第五条之规定，分别由局验明给价收买。倘逾期不缴，即依照禁烟条例私藏烟土罚办。

**第三条**　凡商民人等如有误藏未贴印花之烟土，能于第二条规定限期之内，自行呈缴者姑准从宽，由局分别验明照第五条规定价格五成给价收买。

**第四条** 如商民人等藏有贴印花之戒烟药料或未贴印花之烟土，逾限不呈缴专卖局者，无论何时得赴财政部禁烟总处专卖总局或缉私卫商处报告，引拿充公罚办，照缉获私烟估价五成充赏。

**第五条** 戒烟药料即已贴印花之烟土之种类，及其收买价格规定如左：

| | |
|---|---|
| （甲）云南产上货 | 每两二元二角 |
| （乙）云南产中货 | 每两二元一角 |
| （丙）贵州黄土坝产上货 | 每两二元一角 |
| （丁）贵州黄土坝产中货 | 每两二元 |
| （戊）贵州黄土坝产次货 | 每两一元九角 |
| （己）广西柳州产 | 每两一元九角 |
| （庚）波斯产油金 | 每两二元三角 |

其他种类比照前项种类酌予增减。

**第六条** 前条各项所定价格，虽依种类为别，但仍须验明成色，例如甲丙己庚四种药料，须有制膏在六成以上，七成左右之成色者为标准，否则按成核减其价值。其他中次货成色酌减。

**第七条** 验定药料成色，如有争执时，由本总局制药厂制成药膏证明之，其相差不及半成者，从宽照计。

**第八条** 本规则系临时办法，一俟限期届满即行失效。但认为必要时得酌量展限或修改之。

**第九条** 本规则自布告日施行。

（2）国民政府批（10月9日）

国民政府批　　第七二五号

批财政部部长宋子文

呈报制定禁烟总处戒烟药膏专卖总局组织章程、职掌规则、收买药料暂行规则，请备案由。

呈及章程、规则均悉，准予备案。附件存。此批。

民国十五年十月九日

〔广州国民政府档案〕

## 10 宋子文关于制定各属禁烟局职务规程呈

（1926年10月1日）

国民政府政务会议议决，由本部设局专卖。所有各属禁烟局职务规程，自应重加厘定，俾资遵守。兹经制定各属禁烟局职务规程十五条，除公布外，理合另列备文清折呈报钧府察核备案。谨呈

国民政府

计呈各属禁烟局职务规程一扣

财政部长宋子文

中华民国十五年十月一日

### 各属禁烟局职务规程

**第一条** 各属禁烟局，除分隶于禁烟支处或分处者外，均直隶于财政部禁烟总处。均应依本规程之规定，执行关于禁烟之法令，及征收专卖检查缉私各事宜。

**第二条** 各属禁烟局之职权如左：

（一）关于戒烟保证书之核发及收费事项；

（二）关于戒烟药膏药料之专卖事项；

（三）关于分销药膏药料商号之请领牌照事项；

（四）关于药膏药料输入检查事项；

（五）关于缉办私吸、私藏、私运、私卖、私制、私种及惩罚事项。

**第三条** 各属禁烟局，为分任职务起见，得附设机关如左：

（一）禁烟分局得择要分区设立之。

（二）药膏专卖分局（附专卖药料）应附设于禁烟局内，如遇必要时亦得分区设立。

（三）禁烟检查分卡，得于水陆输出入地点扼要设立。

（四）禁烟侦缉所附设于禁烟局，及其分局内。

前项各机关之设立，须呈报财政部核准立案，并布告周知。

**第四条** 各属禁烟局所发戒烟保证书及其收费收据，依该项规则之规定，须向财政部请领转发，不得自行制备。如私制者，即归无效，并依伪造文书例治罪。禁烟总处应随时派员检查。

**第五条** 各属禁烟局专卖之药膏药料，除呈奉特准自行采制者外，均须向财政部禁烟总处备价请领，并以本区域内准其专卖专利，不得侵销他属。如未奉特准，擅自采运制膏或侵销他处者，即作私运、私制论，查明一律充公惩罚。

前项销额，应先行规定比较，饬令各该局遵办。并由禁烟总处，给予九五以上，八折以下之手续费，视销额之增减，另以专卖分销各章程规定之。

**第六条** 各属禁烟局对于区域内各分销商号、商店须令其请领牌照，方准营业，否则即行查封。其牌照应取具保证金，解缴财政部代请禁烟总处核发，亦得由各该商迳自请领，但仍归各该管禁烟局随时考核，并按月照章征收牌照费。

**第七条** 各属禁烟局除自行请领药膏药料外，得由该禁烟局核准，各商备价向禁烟总处代领。于运入该属区域时，须报告该禁烟局所设之检查分卡检查重量，与部照相符，每两收检查费三仙，收回运照，盖戳呈缴禁烟总处，将运照核销。

禁烟总处非凭该禁烟局呈请不得核发运照。该禁烟局非查明领有牌照之商号，不得代请发照。如各该局擅自私发运照、护照，依第四条惩办。其无部发运照，侵入专利区域者，或由他处侵销者，无论何人所运，均作私运论，查明概予充公处罚。

**第八条** 各属禁烟局对于私吸、私藏、私运、私卖、私种、私制及侵销者，有侦查踩缉及照章充公处罚之权。得设侦缉所，预审罪状，并拘留一干人犯，并预由财政部咨请地方官防军警察一体协助。其刑事罪犯，得于预审后，连同证据供词，送交法庭或地方官审判定案。如情节重大者，应呈请财政部禁烟总处核示或解省究办。

前项充公变价及罚款，应以五成奖给线人及协助之军警，一成留为拘留人犯口粮，余四成以两成留局，两成解部，拨作侦缉费用及奖金。所有罚金及充公收据，应向禁烟总处请领，加盖该局关防填用，不得私自制备，违者依第四条例惩罚。

**第九条** 各属禁烟局设局长一人，由财政部委任，办事员、雇员等若干人，由局长任用，呈报禁烟总处核准备案。其办理专卖及检查分卡人员，须呈请禁烟总处加委。所有侦缉长、侦缉员均应取具商店担保，由局发给凭证方得执行职务，并将员名呈报禁烟总处核准，仍由部分行地方官防军警察备案，俾有协助。

**第十条** 各属禁烟局，如需侦缉队兵及侦缉巡舰，得呈请财政部核准后，分别募设。如无设立之必要者，即临时请求地方军警协助。

**第十一条** 各局禁烟局经费由各该局长于戒烟保证费、牌照费、检查费、充公罚款等，照章提成充作员薪、经费，由各该局长自行支配，不必造报。所有征收各款，除提成外，应逐项一律解交禁烟总处，分别核收或转解国库。

**第十二条** 各属禁烟局，对于专卖之药膏药料，除自行备款请领承销及分发领有牌照，各商代销外，得按财政部定额，招商统承或分承。但须取具商店保结，并一个月保证金，呈请财政部核准，并由部发给布告，分行地方官军警备案，各该局不得擅自核准。如有商家按照定额呈请财政部承销，并预定征收各费月额包缴者，得由其推举委员一人，经财政部同意，得委为局长。但止负行政上责任，依本规程执行职务。至公款解缴之保证，仍须该商负责。其局长如不称职者，得由部撤换另饬推举，或由该商呈请撤换。所有每月定额及承办期限另由部规定之。

**第十三条** 本规定施行后，凡旧章与本规程抵触者，废止无效。但各属原设之禁烟局，除委任者外，得依旧章办理，至交卸或自行呈请改照新章奉部核准之日为止。

**第十四条** 本规程如有增减修正之必要时，由禁烟处呈请财政部修正之。

**第十五条** 本规程自部令公布日施行。

〔广州国民政府档案〕

## 11 国民政府财政部关于收回航业公司委任沈仲毅为经理令

(1926年11月22日)

财政部令 第4902号

令国民航业公司

为令知事：查航行事务与财政有联带之关系，本部为利便税收起见，拟将国民航业公司由部出资偿还原本，收归国家营业，业经呈明国民政府察核在案。亟应遴员经理，以资整顿。兹查有沈仲毅堪以派委国民航业公司经理兼沪局经理。除令委外，合行令仰该公司即便遵照，将所有航业款项、文卷逐一列册点交沈经理接办，毋得违延。此令。

中华民国十五年十一月廿二日

部长　宋子文

〔张静江档案〕

## 12　国民政府秘书处抄送战时经济委员会组织条例函件

（1927年4月27日）

中华民国国民政府秘书处公函　　第一七一号

径启者：奉国民政府令，兹经中央执行委员会政治委员会议决战时经济委员会组织条例特公布之。此令。等因。奉此。除公布外，相应抄送战时经济委员会组织条例一份，请烦查照。此致

国民政府财政部长宋

中华民国十六年四月二十七日

### 战时经济委员会组织条例

**第一条**　战时经济委员会由国民政府特派委员五人组织之，由委员互推一人为常务委员。

**第二条**　战时经济委员会之职责，在采取必要的经济方法，以促进革命军作战之胜利。

**第三条**　战时经济委员会之重要事务及命令，经委员会议决后，由全体委员署名行之，惟例行公事由常务委员会负责署名行之。

**第四条**　战时经济委员会得设参事处，聘任熟识经济或与金融界实业界有关之团体人员为参事。

**第五条**　战时经济委员会设秘书处，以秘书长一人，秘书若干人组织之，秉承委员会之命令办理秘书事务。

**第六条**　战时经济委员公秘书处，分设统计、设计两科，每

科设科长一人，暂由秘书兼任之。科员书记及录事若干人，秉承长官命令掌理所属事务。

**第七条** 战时经济委员会因调查考察经济问题，得酌用特派员调查员若干人。

**第八条** 本条例自公布之日施行。

〔武汉国民政府档案〕

## 13 国民政府秘书处抄送实业部组织法函件

（1927年7月6日）

中华民国国民政府秘书处公函　　第二四一号

径启者：现奉国民政府令开：兹经中央执行委员会议决：制定“国民政府实业部组织法”特公布之，此令。等因。奉此。相应录令并检同组织法一份函达查照。此致

国民政府财政部

计送国民政府实业部组织法一件

中华民国十六年七月六日

### 国民政府实业部组织法

**第一条** 实业部直隶于国民政府管辖，全国农、工、商、水利、森林、垦殖、渔牧等实业，及其设计、组织、管理并监督、指导事项。

**第二条** 实业部置秘书处及左列各处：

农林处；

工商处；

矿务处；

水利处。

**第三条** 秘书处职掌如左：

一、关于机要文电之撰拟及保管事项；

二、关于收发文件保存案卷事项；

三、关于典守印信事项；

四、关于纪录职员进退事项；

五、关于编制统计报告及翻译宣传出版事项；

六、关于本部经费收支预算决算及会计事项；

七、关于稽核直辖各机关之会计事项；

八、关于本部所管之官产物事项；

九、关于本部庶务事项；

十、关于其他不属于各处之事项。

**第四条** 农林处职掌如左：

一、关于农林渔牧之设计、保护、监督及奖励事项；

二、关于农林渔牧之试验改良、推广、指导及选种事项；

三、关于农林渔牧之产物整理、改进、制造及消费事项；

四、关于整理耕地，改良土壤事项；

五、关于处分官荒，及奖进垦殖事项；

六、关于全国山林及林地之整理、登记及测勘事项；

七、关于国有林、保安林之经营及管理事项；

八、关于天然林之采伐、保护及更新事项；

九、关于气候之测验及天灾虫害之预防善后事项；

十、关于蚕丝茶棉等大宗农产品之检查指导事项；

十一、关于狩猎、畜种之检查及兽疫事项；

十二、关于其他农林渔牧等业之一切事项。

**第五条** 工商处职掌如左：

一、关于工商业之保护、监督及改良推广事项；

二、关于国营工商业之管理事项；

三、关于工商业之调查及商品陈列、检查、试验事项；

四、关于工厂交易场所之监督取缔事项；

五、关于度量衡制造检查及推行事项；

六、关于公司注册立案、商标特许及制造品之审查奖励事项；

七、关于发展国际贸易及保护华侨工商事项；

八、关于商埠之开辟及计划事项；

九、关于调节物价及出产销场事项；

十、关于经营监督指导及调济农、工、商业、金融事项；

十一、关于劳资仲裁事项；

十二、关于其他工商业一切事项。

**第六条** 矿务处职掌如左：

一、关于矿业之监督保护及奖进事项；

二、关于矿业权之特许及撤销事项；

三、关于矿税之核定、征收及矿业诉愿事项；

四、关于矿务警察事项；

五、关于矿业之调查事项；

六、关于矿区勘定及矿质分析事项；

七、关于国营矿业及炼冶工厂之管理事项；

八、关于矿业用地事项；

九、关于冶业监督事项；

十、关于地质调查事项；

十一、关于其他矿务一切事项。

**第七条** 水利处职务：

一、关于全国水利之整顿、建设及推广事项；

二、关于规定水利行政计划及审查报告事项；

三、关于水利之巡视监察及编纂统计事项；

四、关于水利之测绘及工程实施事项；

五、关于水利争议、请愿之处分事项；

六、关于水源之保护及水道之疏浚事项；

七、关于水灾之防御及救济事项；

八、关于江湖及河工之管理及修浚事项；

九、关于河堤海港之建筑事项；

十、关于沿岸垦务沟洫水利之调查计划及改良事项；

十一、关于其他水利一切事项。

**第八条** 实业部置部长一人，承国民政府之命，管理本部事务，监督所属职员及所辖各官署。

**第九条** 实业部置秘书长一人，秘书四人，承部长之命掌理秘书处职务。

**第十条** 实业部得聘参议若干人，建议关于实业上之应兴应革事宜，并答覆咨询及办理委托事项。

**第十一条** 实业部置处长四人，分长各处事务。

**第十二条** 实业部为办事利便起见，各处得按照掌职事务性质及繁简，分设数科，每科置科长一人，承长官之命分掌各科事务。

**第十三条** 实业部置科员若干人，承长官之命分掌各科事务。

**第十四条** 实业部置技工四人，技士八人，分派各处，承长官之命办理技术事务。

**第十五条** 实业部因缮写文件及其他特别事务，得酌用书记、录事等雇员若干人。

**第十六条** 实业部为提倡改良实业便利起见，得于本部设立专处，或附属机关专责办理，其组织章程，由实业部以部令公布之。

**第十七条** 实业部对于各省区最高行政机关之执行本部主管事务，有监察指示之权责。

**第十八条** 实业部于主管事务，对于各省区最高行政机关之命令或处分，认为违背法令或逾越权限，得呈请国民政府取消之。

**第十九条** 实业部为发展国外贸易，保护华侨工商事业起见，得派驻各国商务官及考察实业专员。

**第二十条** 本组织法自公布之日施行。

〔武汉国民政府档案〕

## 14 国民政府秘书处抄送经济委员会组织大纲函件

(1927年8月22日)

中华民国国民政府秘书处公函 第二七二号

径启者：现奉国民政府令开：兹经中央执行委员会议决："国民政府经济委员会组织条例"特公布之。除公布外，相应录令函达查照为荷。此致

国民政府财政部长宋子文

计送国民政府经济委员会组织大纲一件

中华民国十六年八月廿二日

### 国民政府经济委员会组织大纲

#### 第一章 总纲

**第一条** 经济委员会之设立，以调查全国经济状况，计划全国经济建设，制定经济法规，审查指导国民政府各部关于经济、财政、金融、交通、实业、农工行政之设施，以建立国家资本，促进建国方略实业计划之实现为目的。

**第二条** 经济委员会为国民政府最高之经济议决及指导机关。

**第三条** 经济委员会有指导国民政府财政部、交通部、实业部、农政部、劳工部及各省省政府关于经济行政之权。

**第四条** 属于左列事项，须经该管部将所拟计划办法提出经济委员会审查议决，交回该管部，方得执行。

(甲)属于财政部者：

1．中央财政整理计划案；

2．各省财政统一整理计划案；

3．改良租税制度计划案

4．增减租税计划案；

5．发行国内外公债及财政借款计划案，

6．整理及统一币制案；

7．发展中央银行计划案；

8．改良财政行政制度案；

9．救济金融计划案；

10．改善银行制度案；

11．其他关于财政金融之兴革问题。

(乙)属于交通部者：

1．发展交通建设计划案；

2．交通建设借款计划案；

3．商办交通事业特许案；

4．交通行政整理案；

5．其他关于交通事业之建设问题。

(丙)属于实业部者：

1．国有实业建设计划案；

2．国有实业经营整理案；

3．国有实业借款投资案；

4．民办实业奖励特许案；

5．其他关于国内实业之发展问题。

(丁)属于农政部者：

1．解决土地问题案；

2．改良农村经济案；

3．增进田地生产力计划案；

4．消灭耕农灾害计划案；

5．建设农民银行案；

6．保护佃农案；

7．发展荒地垦殖计划案；

8．其他关于农政之兴革问题。

(戊)属于劳工部者：

1．保护劳工法案；

2．改良劳工生活案；

3．建设劳工保险制度案；

4．工厂法案；

5．其他关于保护劳工之立法行政事项。

**第五条** 经济委员会所议决之重要议案及计划办法须经中央执行委员会之通过，方生效力。已通过之决议及计划办法，得由经济委员会主席交该管机关执行之。

## 第二章　组织

**第六条** 经济委员会由国民政府特任委员九人组织之，其中财政、交通、实业、农政、劳工各部部长为当然委员，并指定一人为主席。

**第七条** 经济委员会会议，每月至少开会二次，但遇必要时，得由主席招〔召〕集临时会议。

**第八条** 经济委员会会议，以委员过半数之出席为法定人数。

**第九条** 经济委员会会议之表决，以出席委员之过半数行之。

**第十条** 经济委员会会议，得由主席招〔召〕请有关系之国民政府各部部长及其所属职员列席咨询。

**第十一条** 经济委员会主席，处理经济委员会日常事务。

**第十二条** 经济委员会下设左列各处：

1．秘书处；

2．经济统计处；

3．经济设计处；

4．经济法制处。

各处组织条例及办事细则另定之。

**第十三条** 经济委员会各处处长，由经济委员会议决，呈请国民政府任免之。

**第十四条** 经济委员会得设顾问、参议若干人，由经济委员会议决，呈请国民政府聘任或任命之。

**第十五条** 经济委员会各处职员，由经济委员会主席任免之。

〔武汉国民政府档案〕

# 〔二〕财经法令章则

## 1　大元帅批准财政部整理纸币救济财政办法指令

（1923年8月10日）

大元帅指令　第三八六号

令大本营财政部长　叶恭绰

呈拟定整理纸币救济财政各办法，请鉴核施行由。

呈及总纲、附件均悉。应照准，已明令施行矣。仰即知照。此令。

中华民国十二年八月十日

附原呈

呈为拟定整理纸币，救济财政办法，仰祈鉴核事：窃广东省立银行纸币自停兑以来，国计民生两受其害。推原其故，实由于前此发行过滥，办理失宜，致使社会上纸币供求未能适合，故一蹶以后，政府之信用既失，人民之痛苦顿深。恭绰自筦度支，倏逾匝月，日与各界人士及僚属，苦心研究整理办法，参以各方条陈意见，窃以省立银行所发纸币，其账目颇多疑义，即应否全数承认，议论亦多异同。惟此项纸币，多已流入人民手中，虽大抵系以低价得来，未必曾受如何损失，然为政府信用计，自不应置之度外。第粤省现值军事时代，军、民、财三政，尚未完全统一，若欲为无限制之兑现，无论时机不许，且以经济及财政现情而论，若无标本兼治办法，清厘旧案，即以别启新机，恐仍为易涸之泉，稍通复塞，即人民之痛苦，亦终无了日。不得已，商拟统筹兼顾之策，图久远即以策目前，不敢云克，对商民，或庶几稍资补救。查广东省银行发行纸币，照该行清理处报告，为数系二千二百余万元，现时市价，几等于零。而此种纸币，辗转流通，已成为一种物品性质。若由政府筹款，照市价收回，未始非一劳永逸之计。惟政府既无从得此整款，且目下市面因缺乏纸币流通之故，极感困难。故设法使此项纸币恢复其流通之力，其重要实与兑现相同。而兑现与之流通，亦复有极大之因果关系，故二者不能不兼营并进。至粤省财政之败坏，固由地方之未统一，及行政系统秩序之紊乱，而财政与市面金融及社会经济向缺切实之提挈互助，亦实为一大主因。盖粤省货币之流通，只有硬币中之银辅币一种，致消息全操于港币银行，按揭证券交易，尤多以不动产及股票为本位，而绝无纸币公债之流通，此其间逐年耗失为数不知若干。故粤省经济，表面虽号繁荣，而实难期发展，此际妥筹补救：第一、须确定货币基础；第二、须养成证券流通习惯。兹二者，以从前政府失信之故，此后惟有公开示信，确定一贯之策，以经理权责完全分授之人民，政府为之巩固初基，俾其徐归正轨，庶信用得渐恢复，财用亦藉宽舒。兹谨参酌以上二项要义，酌拟整理纸币办法七条，附呈钧核。至所拟各项办法，系以人民个人经济状况各各不同，必任其择一而从，庶冀推行无碍。实行之际，应一律授权于法团办理（如商会等），政府有保障而无干涉。其精神所在，则在收回以前失信之纸币，而为以后各种证券昭信之初基。至详细办法，各有事则，并附于后。倘政府不久能筹有巨款，为多量之兑现，尽可提前办理，容再体察情形，拟请钧裁。抑恭绰更有请者，今日粤省财政，正如虚阳病体攻补两难，必须疏滞培元，逐加调养，方有复原之望。一切治法，似未能骤拘成例，即如发行纸币，本政府之特权，然各国规例，亦不一律，亦有可以通融办理者。

粤省今日商业日趋呆滞，实缘官商两方，均无可以流通之纸币之故。政府欲恢复信用，发行纸币，尚非旦夕所能。窃意可以特别准许各商行自办商库，联合发行纸币，政府为之定其额数，加以监察，庶市面得流通之益，金融无扰乱之虞。我大元帅视民如伤，度必特蒙鉴允。此又恭绰所敢仰承德意，轻以渎陈者也。所有酌拟整理纸币各办法，理合呈明鉴核，伏乞明令施行。除俟奉准后再行分别拟订详章，呈请公布外，此呈

大元帅

中华民国十二年八月五日

大本营财政部长叶恭绰印

**办法总纲**

谨将整理前广东省立银行纸币办法，录呈钧鉴。

计　开

整理省银行纸币办法总纲

(一)省银行纸币(以后简称纸币)发行大数为三千二百万元有奇，拟自奉今日起，限于二个月内一律送交整理纸币委员会(以后简称委员会)检验盖戳。(附件甲)①

(二)凡经盖戳之纸币，一律十足兑现，统由整理纸币委员会办理。

(三)检验办法，凡送来纸币一百元，由委员会将其中五十元公开销毁，其余五十元俟盖戳后，分别交回本人及政府(即财政部)。其交回本人办法，凡票面一元、五元、十元者，按十成发回二成，其票面五十元、一百元及二毫、五毫者，按十成发回一成，即交回政府(即财政部)，余类推。

---

注：①附件均略。

（四）按照前项办法，以省银行纸币大数三千二百万余元计，处理如左：

（甲）销毁十分之五：共计一千六百万元（零数从略）。

（乙）交回本人十分之二或一：共计四百八十九万元（零数从略）。

（丙）交回政府十分之三或四：共计一千二百十一万元（零数从略）。

（五）除销毁外，市面流通额，实减为一千六百万元。此一千六百万元，除兑现一项，预定一年办毕外，其余应设法于半年内收回清讫，其办法如左：

（甲）兑现四百三十二万元，拟一年半办毕。

（乙）流通券等，消纳一千二百五十万元，拟半年办毕。（附件丙）

（丙）银行股本，消纳四百万元，拟半年办毕。（附件丁）

（丁）搭缴欠饷及其他出售官产等，消纳二百万元，拟半年办毕。（附件戊）

合计二千二百八十二万元，以较市面流通额一千六百万元尚多六百八十二万元，因以上四项，除第一项外，其余确数难定，或有时互有出入，姑从宽预备如上。

（六）半年以后，尚有存在市面之此项纸币，以公开销毁，继续兑现，换发新券各办法消灭之，使财政上另开新局。

（七）未完全消灭以前，政府应用下列方法，维持其价格：

（甲）公私机关出纳，一律收用。

（乙）设法流通于全省各属。

（丙）速组能维持信用之金融机关，及速办省银行之善后。

（八）本总纲自呈奉大元帅核准施行。

〔陆海军大元帅大本营公报1925年第25号〕

## 2 大本营财委会关于修正广东全省奢侈品印花章程及施行细则等议程

（1925年5月7日）

财政委员会十四年五月十五日第八十六次特别会议事日程

（一）大本营秘书处函，奉胡代帅发下财政部呈送修正广东全省奢侈品印花税章程及施行细则，请予核定呈一件。奉谕着财政委员会详加审议，具覆核夺案。章程及细则附

（二）大本营交下建国滇军总司令杨希闵呈，请查照成案指拨该军制弹厂的款每月三万元，以便承领转发赶制备用。奉帅谕交会会议案。

（三）大本营交下建国湘军讲武堂堂长陈嘉佑呈，请发给该军建设兵棚津贴银柒千元。奉帅谕交会会议案。

（四）胡省长咨，准建国粤军总司令咨，请转饬市财局遵照官产沙坦成案，仍将坦案拨归沙捐兼清佃局办理案。【事】关变更定案，咨请提议见复案。

（五）财政厅古厅长提议，永康公司商人孙竞中承办面粉类捐一案。经会议决缓办，由厅布告在案。现准中山军舰欧阳舰长函，请维持原案，布告各商照旧承认捐输，否则须将前欠该舰伙食清发，应如何办理，请公决见复案。（此案经第八十五次会议公决先行调查前欠该舰伙食数目，俟下期提出再议，合注明。）

以下报告案。

（六）广东全省筹饷总局函送该局五月六日至十二日收支数目对照表，共六纸报告查照案。

财政部原呈

呈为呈复事：前奉钧府第一四五号训令，以奢侈品印花税有

无影响本国工业，捐〔损〕害工人利益，饬详细呈复核办等因。当经转令广东全省奢侈品印花税经理处查议具复。去后，现据该经理处复称：窃于四月二十八日奉钧部第九五号训令内开：现奉大元帅第一四五号训令开：据玉石四堂代表黄琼楼、象牙行代表区骧伯、顾绣行代表冼挺生、皮革行代表赵德祥、顾绣行工人代表许咏初、珠宝行【代】表何玉堂、金银首饰行代表陈善成、金行三益堂代表张忠、玛瑙行代表许耀文、洋装金银器工会代表辛志生、琥珀行代表曾昭良、玉器行代表陈慧佳等呈称：奢侈品印花税第二条第三、第五、第六、第八、第九、第十等类，有害本国工业，窒碍难行，请予撤销等情前来。查奢侈品施贴印花一案，前由大本营财政部提出，经财政委员会议决施行在案。兹据呈各节，倘果影响本国工业，损害工人利益，实非政府施行印花之本意，仰该部长即将上列各行出品印花条例暂缓执行，并一面调查所呈各节是否属实，该项印花施行有无影响本国工业，损害工人利益，详细呈复核办，是为至要。各呈附发。此令。等因。奉此。合将奉发各呈随令附发，仰该处长即便按照帅座令行事，理确切查明，妥议具复，以凭转呈核办，切速勿延。此令。等因。并附发各呈七件，奉此。遵即按类再行详细调查。查玉石一项，多由工人零碎购料车制成品，交玉器商店发卖，并且运销外埠为多，而该项工人又均皆劳苦贫民，全藉手工以营生计，似应准予豁免，以示体恤劳工。至象牙玩具一项，多半工贵于原质数倍，或十余倍不等，即如通花圆球之类，为粤省独一出品，亦系行销外洋为多，似亦应豁免，以奖励工业。其金银器类等物，用户均皆殷富之家，既属奢侈，自难豁免。惟念与工人不无关系，拟将此项税率，酌为轻减，以徇工情。余如皮革一项，在粤省出售者，均系由外省制成而来，与本省工人本无关系；珠宝一项，则尤与工人关系更微，且为特别奢侈品，似均不应豁免。顾绣一项，虽出自工人之手，然该项货品以戏服为大宗，穷奢之具，斗靡之资，踵事增华，且无顾惜，少加担负，奚碍销场，此必无碍工人生计。现为勉徇该行之请，拟将该项税率减轻。兹谨将章程第二条第三银器类规定每元须贴印花二分者拟减为一分，又每件价在一元以下者免拟改为五元以下者免，庶征贴稍低于金器类，以昭平允。并拟于各器皿饰品，属之句下，增加银质镀金者同六字，以杜取巧瞒贴。第四钟表类规定每件价在十元以下者免。查近日物价飞腾寻常，钟表亦价十元以上，拟改为价在十五元以下者免。第五顾绣类，凡用绒线或冷绣之服饰句下，拟加物品二字，以免遗漏。并将原定每值一元须贴印花二分减为一分。每件价在一元以下者免改为每件价在五元以下者免。第七玩具类，拟请将牙字取销，又每件原定价在三角以下者免改为每件价在五角以下者免。第八金器类，原定每价值一元须贴印花三分拟减为一分。又查细则第三条凡贩卖或零卖句拟请改为凡售卖奢侈品者，又拟于贴用印花句下，加发行者免贴五字，以示销场与出品之别。其原定“方准出售”四字，拟请删去。至原定如不贴印花除责令补贴外处以五十元以上五百元以下之罚金拟改为处以一十元以上一百元以下之罚金。又其贴不足数者除责令补贴外处以二十五元以上二百五十元以下之罚金拟改为处以五元以上五十元以下之罚金。第七条贩卖或零卖奢侈品之商人句，拟请改为凡售卖奢侈品者等字样，俾与第三条第一句符合。又查第十条罚款充赏之规定，对于警区只提拨二成五充赏微嫌过少，拟参照普通及烟酒印花成案提拨四成以示鼓励，改为以二成归举报人，四成归该管警区，二成归经理处，二成解部。至第十一条第十二条之规定，以二成五充赏等句，并请改为以二成充赏，俾与上文符合。所有遵令查复，并拟改订税率罚则，及拟改提罚款成数各缘由。是否有当，理合备文连同前发章程细则各一份，拟请修正章程细则各一份，暨奉发各呈七件，一并呈复钧座察核，并祈俯赐鉴核施行。又第八金器类，拟请将原定每值一元贴印花三分减为一分一案。先经由职处呈请核减在案。合并陈明等情，并附呈修正章程细则各一份前来，据此。查所拟议各条，除第二条第三、第五、第七、第八各项仍应删改外，余尚可行，理合备文连同修正章程细则各一份，转呈钧座核办，仍候指令祗遵。谨呈

大元帅

计呈修正广东全省奢侈品印花税章程暨施行细则各一份

大本营财政部部长古应芬印

中华民国十四年五月七日

**谨将修改广东全省奢侈品印花税章程拟议呈核**

计　开

**第一条**　奢侈品印花税暂以广东全省为试办区域，由本部设处经理之。

**第二条**　奢侈品以非民生日用所必需者为标准，按照左列各种分别贴用印花：

一、修饰品：凡各种香水、香枧、香纸、香膏、香油、脂粉之类属之。每价值一元须贴印花税票二分(余照类推，下仿此)，惟每件价在三角以下者免。

二、毡毯类：凡各种鹤绒被、棉被不在此限，海虎毡、骆驼毡、鸳鸯毡、地毡、枱毡、花毡之类属之。每价值一元须贴印花税票二分，惟每张价在十元以下者免。

三、钟表类：凡挂钟、台钟、自鸣钟以及金、银、钢、镍各表属之。每价值一元须贴印花税票二分，惟每件价在十五元以下者免。

四、皮革类：凡用各种兽皮制成之各种衣服、大氅、帽巾之

类属之。每价值一元须贴印花税票三分，惟每件价在三十元以下者免。

五、玩具类：凡竹、木、铜、铁、瓷各质制成之玩具，及儿童玩具、留声机器等属之。每价值一元须贴印花税票三分，惟每件价在五角以下者免。

六、珠宝类：凡珍珠、钻石、宝石、碧犀、玛瑙、琥珀、珊瑚之类属之。每价值一元须贴印花税票三分。

七、牌类：凡麻雀牌、牙牌、骨牌、骰子、纸牌、扑克之类属之。每价值一毫须贴印花税票一分。

**第三条** 粘贴印花之法，其有载具者，贴于载具开口夹缝之处。其无载具者，贴于发货单之上。惟此项发货单，须开列真正之卖价，倘经稽查员认为与真价不符，而有瞒税情弊时，得照其单开之价格收买之。

**第四条** 此项奢侈品印花税票系由用户负担，凡贩卖或零卖者，于贴用印花后，准将税款加入价内或另于价外向购用奢侈品之人收回。

**第五条** 嗣后发见之物品，如经本部认为属于奢侈品，而为前表所未列者，仍得随时宣布补入，以昭公允。

**第六条** 奢侈品印花税票分为左列之二十三种：

甲、绿色一分至九分计九种；

乙、青莲色一角至九角计九种；

丙、红色一元至五元计五种。

**第七条** 本章程如有未尽事宜，应由财政部修正之。

**第八条** 本章程自公布日施行。

**谨将修改征收广东全省奢侈品印花税施行细则拟议呈核**

计　开

**第一条** 奢侈品印花税经理处设于广州市，置处长、副处长各一人，由财政部任免之。

**第二条** 经理处得呈准财政部于各属适中地点酌设经理分处，分处长由处长荐请财政部委任之。

**第三条** 凡售卖奢侈品者，须照章贴用印花，发行者免贴，如不贴印花，除责令补贴外，处以一十元以上一百元以下之罚金。其贴不足数者，除责令补贴外，处以五元以上五十元以下罚金。

**第四条** 贴用印花，务须固贴，骑缝盖章或画押，若不固贴及盖章画押，则与未贴者处同等之罚金。

**第五条** 凡在广东省境内，人民对于不贴印花之奢侈品，不得购用，违者除责令补贴外，并处以五元以上五十元以下之罚金。

**第六条** 业经贴用之印花揭下再贴，或贴用伪印花希图朦混者，处以二十元以上一百元以下之罚金。

**第七条** 凡售卖奢侈品者，除于发货单上贴用奢侈品印花税票外，该项发货单向来应贴之普通印花仍须照章贴用。

**第八条** 伪造或改造奢侈品印花税票者，照刑律伪造纸币例罚办，其代为销售者依从犯治罪。

**第九条** 违犯本细则第三、第五、第六各条之规定者，应由经理处，或经理分处会同当地警察执行处罚，如违犯章程第八条之规定者，则将犯人送交法庭办理。

**第十条** 罚款充赏以二成归举报人，四成归该管警区，二成归经理处，二成解财政部。至所用罚款联单，应由经理处拟具式样，呈部核定，饬由经理处印刷编号，呈部盖印发还填用，仍须按月截存单根连同罚款呈核。

**第十一条** 凡未贴印花税票之奢侈品或贴不足额，及贴用伪票者，倘买者能当场举发，交警察或奢侈品印花税处稽查员证明，除免受同罚外，并以罚金之二成充赏。

**第十二条** 凡举发违犯本细则各项规定而为负责之见证者，以罚金之二成充赏。

**第十三条** 财政部及经理处得随时派遣稽查员到各商店检查，倘见有买卖奢侈品而不贴用印花或贴不足额及贴用伪票者，即会同警察按章科罚。

**第十四条** 本细则如有未尽事宜，得随时由财政部修正之。

〔广州国民政府档案〕

## 3 陈树人请公布禁烟条例致李文范函件

(1925年7月22日)

君佩秘书长大鉴：现奉廖部长谕，将国民政府禁烟条例理由送上，请依左列次序，同时公布为荷。耑此即颂。大安。

弟陈树人　七月廿二日

### 国民政府禁烟条例

(一)理由(二)条例条文(三)禁烟督办署章程(四)领牌章程

理由

我国古无鸦片，自明中叶始入中土，及清嘉庆吸食渐多。道光十六年以后，每年销数总额达数万箱以上，国计民生受祸最烈。林则徐言之尤切，有谓烟不禁绝，国日贫民日弱，数十年后，匪谓无可筹之饷，益且无可练之兵。于是禁烟之议起，清廷即遣林督粤，委以禁烟重任。不意英帝国主义者，竟以此酿成鸦片之战，不特不许我禁烟，并且逼我割地赔款，强我开五口通商。自是而后鸦片之来我国，有如水银泻地，无孔不入，病民弱种之害，日积日深。清末之季，满廷曾与英国订约，我禁吸食，英禁输出。

然以缔约双方皆无诚意，迁延数载，任其流毒。癸丑民三以还，国权傍落，各省官僚军阀，遍植莺粟，以为筹饷之资。而北方政府陷于军阀手中，亦复熟视无睹。英人遂乘机借口，大弛烟禁。而广东一省，自滇、桂军入粤，烟害更烈，藏垢纳污之谈话所，无论穷乡僻壤，军队所到，无不应有尽有。政府虽有禁烟总局之设，然格于形势，不能循名核实。今者政府荡平逆军，与民更始，鸦片毒物自在必禁之列。然禁烟无方，难免不蹈从前覆辙。查日本治台，号称禁烟，实行专卖，然行之三十年，尚未禁绝，说者犹谓为有效。兹政府所拟章程，比台湾更为进步，其办法概要在鸦片由政府设局专卖。凡有鸦片瘾者，务须于一定期限内，向禁烟机关报明每日吸食之定量，并请领牌照，凭牌买烟。而买烟定量登录牌上。其牌每年一易，每一易牌，即递减食量四分之一，四年禁绝，法较为善，而收效更速。吸食者有四年之宽限，则戒之者亦不觉其苦。倘能依照规程，四年之间，广东鸦片必然绝迹，则百余年来所以病国殃民之大患，自能摧陷廓清矣。

## 禁烟条例〔稿〕

**第一条** 国民政府决定，自本条例公布施行之日起，限四年内将鸦片烟完全禁绝。

**第二条** 国民政府特设禁烟督办署，管理一切禁烟事宜。

**第三条** 鸦片烟在未完全禁绝期内，由禁烟督办署专卖之。

**第四条** 国民政府所属人民，自本条例公布施行之日起，不得栽种、购运、制造、贩卖或收藏鸦片烟。但鸦片烟为疗病制药之用，经政府注册之医生证明负责并禁烟督办署给有特□证书者，不在此限。鸦片烟系包括罂粟、烟土、烟膏、烟灰、烟丸及其他与鸦片同类之吗啡、高根、海洛因等药品而言。

**第五条** 国民政府所辖各属土地，在本条例未公布施行以前，种有罂粟者，由该属地方长官限期三个月内，派员清查，督令一律铲除。

**第六条** 藏有烟土、烟膏者，不论何人或何机关，及有无粘贴印花，限于该地专卖处或分处成立后十日内，将鸦片烟种类、量数据实报明专卖处或分处，由禁烟督办署以相当价值收买之。

**第七条** 谈话处或招人吸食鸦片烟之馆舍，自本条例施行之日起一律禁绝。

**第八条** 人民请领得吸烟牌照，方准吸食鸦片烟。

**第九条** 在本条例未施行以前，制售戒烟药品者，应于施行日起十五日内，将药品呈准禁烟督办署验明，不含有鸦片烟质而适宜于戒烟之用者，发给准售凭照，方得发卖。在本条例施行后售戒烟等品者亦同。

**第十条** 〔原文删掉〕

**第十一条** 违犯第四条、第六条之规定者，除将鸦片烟及其运船或制具等没收或铲除外，科以所值二倍以下之罚金，并得处以五年以下之监禁。

**第十二条** 违犯第七条之规定者，除将所有鸦片烟及一切物品没收外，科以三千元以下之罚金或五年以下之监禁。

**第十三条** 本条例自公布日施行。

通过

## 禁烟督办署组织章程

**第一条** 禁烟督办署依据禁烟条例第二条组织之。

**第二条** 禁烟督办署受财政部之监督指挥管理禁烟专卖及稽核事务。

**第三条**　禁烟督办署设左列各处：

(一)查禁处；

(二)专卖处。

查禁处设以下各课所：

一、侦缉课；

二、宣传课；

三、牌照课；

四、戒烟留医所。

专卖处设左列各课：

一、采办课；

二、制造课；

三、保管课；

四、发行课；

五、总务课。

**第四条**　禁烟督办署设督办一人，由财政部呈请国民政府任命之。查禁处处长一人，专卖处处长一人，检验员、稽核员、医士若干人，课长、课员若干人，由督办呈请财政部分别荐任、委任之。

**第五条**　查禁处承长官之命，掌管左列事项：

一、办理查缉私种、水陆私运、私制、私存烟土、烟膏、烟灰事项；

二、办理宣传鸦片毒害，戒烟方法及制止一切诱人吸烟之广告；

三、办理新领、更改牌照事项；

四、办理无牌吸烟被拘入所戒烟及请愿入所戒烟之事项。

**第六条**　专卖处承长官之命，掌握左列事项：

(一)办理采买、输运本署烟土、烟膏、烟灰事务；

（二）办理配制烟膏事务；

（三）办理保管烟土、烟膏、烟灰事务；

（四）办理发卖烟膏事务；

（五）办理本署会计、收支、庶务、文书、预算、决算、统计及其他杂务。

**第七条** 检验员直接承督办之命，检查烟土及制造烟膏分配成色事务。

**第八条** 稽查员直接承督办之命，稽查烟土、烟膏、烟灰量数，发卖、存贮数目及款项会计事务。

**第九条** 禁烟督办得禀承财政部长于国民政府所辖各属地方设立禁烟局或分局，办理禁烟事务。

**第十条** 本章程自呈准公布日施行之。

通过

## 禁烟领牌章程

**第一条** 凡有鸦片瘾者，须依照禁烟条例规定年限，每年最少递减四分之一，四年戒绝。

**第二条** 凡有鸦片瘾者，须于居留地方所设之禁烟局或分局成立之日起，十日内注册请领吸烟牌照。

**请愿书当详注左列事项：**

一、姓名；二、年岁；三、籍贯；四、住址；五、职业；六、每日食烟额；七、按日购买抑按月购买；八、拟分若干年月戒断；九、吸食地方。

**第三条** 前条规定之期限已届，即停止发给牌照。

**第四条** 无牌吸烟之人，一经查出，立即拘送戒烟留医所，限期戒断方准释放。

**第五条** 前条被拘留之人，须自备留医费用。

**第六条** 吸烟牌照分为三等；每日吸烟六钱或六钱以上者为一等，每年征收牌费十元；每日吸食三钱，或三钱以上者为二等，每年征收牌费五元；每日吸食不足三钱者为三等，每年征收牌费一元。

**第七条** 领牌人如不能依照本章程第一条之规定每年最少递减四分之一食额，须请愿入所或强迫拘送留医戒断。

**第八条** 吸烟牌照，不得转让他人，及不得用以买烟转供他人。

**第九条** 领牌吸烟人于吸食时，须带备牌照，否则作无牌吸烟论。

**第十条** 吸烟牌照遇遗失时，须即报明取销并补领新牌。补领新牌费，照本章程第六条规定之半数。

**第十一条** 遗失牌照取销时即丧失效用。

**第十二条** 领牌人只许在指定区域内吸烟，如遇迁地时须向原领牌照机关请发迁地凭证，粘贴吸烟牌照上，方准向新迁区域之机关购烟。

前项迁地凭证免费发给。

**第十三条** 本章自公布日施行。

通过

〔广州国民政府档案〕

## 4 广东省政府缴送省金库条例章程呈

（1925年8月1日）

（1）广东省政府致国民政府委员会呈（8月1日）

为呈缴鉴核事：窃省政府奉令从新组织，经已宣布成立。惟查所辖省金库，对于省政府现金有出纳及保管之权，省金库条例，省金库收纳及支付章程不可不亟为订定，俾资遵守。兹谨将广东省金库条例，由第一条至第十条，广东省金库收纳及支付章程，由第一条至第七条，从新议定。理合缮正该广东省金库条例，广东省金库收纳及支付章程各一份。具文呈送钧府鉴核示遵，实为公便。谨呈

国民政府委员会议

计呈广东省金库条例广东省金库收纳及支付章程各一份

广东省政府省务会议

许崇智

古应芬

廖仲恺

许崇清

孙　科

宋子文

陈公博

中华民国十四年八月一日

## 广东省金库条例

**第一条**　广东省金库管理省政府之现金出纳及保管事项。

**第二条**　省金库设库长一人，承省政府之命，受财政厅长之监督，综理金库一切事务。

**第三条**　省金库认为必要时，得呈请财政厅设立支金库或分金库。

**第四条**　支金库、分金库，由省金库统辖之。

**第五条**　省金库、支金库及分金库收入之现金，须存储中央银行。

**第六条**　省金库得酌量情形，呈请财政厅于未设立中央银行

分行、支金库或分金库之地点，委托其他稳固银行或银号代理支金库或分金库之事务，或附设办理处于银行或银号内。

**第七条** 省金库出纳、保管章程另定之。

**第八条** 监察院财政部或财政厅，得随时检查省金库之款项及簿据，并得稽核中央银行之库款及簿据。

**第九条** 省金库于现金之管理除照本条例办理外，其依法律契据另有规定者，不在此限。

**第十条** 本条例自公布日施行。

通过

## 广东省金库收支章程

**第一条** 财政厅收入税款，均由省金库收纳，由中央银行代理保管。但依据法律契约另有规定者不在此限。

**第二条** 省金库于现金之收入，须先核明财政厅发给之准收通知单后，交由中央银行如数收入。

**第三条** 省金库于现款之支出，须核明财政厅发给之支付命令，交由中央银行付出。

**第四条** 省金库每月须制成收支报告书三份，一份送监察院，一份送财政部，一份送财政厅。其每月及每六个月（由一月一日起至六月底止为一期，由七月一日起至十二月底止为一期）之收支情形，应开列表册及报告书分送查核。

**第五条** 省金库之款项簿据，得由监察院、财政部或财政厅随时派员检查。

**第六条** 省金库收支须由库长负责。

**第七条** 本章程自公布日施行。

通过

交法典编纂委员会审查

（2）国民政府指令（8月）

中华民国国民政府指令　第129号

令广东省政府

呈缴广东省金库条例，广东省金库收支章程，请鉴核示遵由。

呈及条例章程均悉。查此项条例及章程，业经政府委员会于八月四日第十四次会议议决修正通过，仰即知照。条例章程抄发。此令。

计抄广东金库条例一件金库收支章程一件

民国十四年八月

〔广州国民政府档案〕

## 5　广东商务厅呈送商务行政计划书函

（1925年8月12日）

径启者：敝厅成立，头绪万端，不有方针，凭何举措。现经悉心筹度，因时势之需要，为设施之准绳，拟具行政计划一书。除按照切实进行外，相应检送二本，即希察收，用备查考。此致

国民政府秘书处

附送敝厅商务行政计划书二本

广东商务厅启

中华民国十四年八月十二日

广东商务厅筹议商务行政计划书

国民政府鉴于我国商务之疲困，实业之衰微，于广东省政府内特设本厅，任提倡维护之责，谋挽回补救之方，事属创始，诸多待

理。政府本居于主动地位，与其他机关情形不同，亟应预定方针，从事进行。乃自沙面惨案发生，各社团议决经济绝交，而对手方亦已施行封锁政策，于是因经济权久已旁落，市面金融首受影响。必需品向未储备，民间食用尤起恐慌。而本厅适于此时成立，调查统计初无册报可凭，应付殊觉困难，但责任所在，不得不勉力进行。兹经本厅联合各方调查概况，设法应付，一面并筹定根本计划，特举其荦荦大者如左：

（一）粮食　本省粮食以米为大宗，当时调查本省每日之需要约在一万石以上，预计市面所存储者，至夏历六月底止，一个半月以内足敷供给。转瞬各乡新谷登场，尚足三个月之用，仍奖劝各商源源输入，政府担任保护，故市面米价已较当时每石低减一元有余。最近暹罗华侨，亦拟集资设立公司，专运米石来粤接济，业经本厅允予立案保护。盖米价既平，而政府又保护其输入，奖劝其来源，则本省民食自不致有匮乏之虑。

（二）燃料　煤为交通上、实业上所必需之物，当约集该行巨商到厅迭次商议，如（甲）开辟来路；（乙）节制用途；（丙）特许输入。均已渐有把握。以本市每日约需煤千余吨，预计市内存煤足敷一个月之用。若移缓就急，则本市附近尚有两万余吨煤，各土法开采之矿，尚积存一万余吨，需要时均可运省济用。此外由本厅特许输入者，亦不在少数。另由煤商公会订租脑感轮专备运煤，以后尚有陆续输入，已由本厅证明特许保护。至国内各矿如山东之中兴等，亦经该公会电询价值，预备购运。

（三）煤矿　燃料之重要，既如上述，欲求经济之独立，惟有自行开采，以图根本解决。查北江地利公司，前经请领矿区试采，徒以运价与税捐相加成本太重，致当时市价不能与洋煤竞争，业务难以发达。现拟详细调查以后，责令该公司增加资本，修整机器大举开采，一面会商财政厅：（甲）减免其税捐，会商建设厅；

(乙)核减其运价，会商各机关；(丙)常期订约购用，分请各机关；(丁)选派得力军警保护。则成本既轻，销路又广，而公司资产亦有保障，庶投资者可以踊跃矣。

(四)丝业　土丝为本省输出大宗，每年进款达数千万元，以停止贸易于社会经济关系颇大，经各丝商之请求，拟特设法利便输出。惟据称洋商须开包检定方能装船起运。今为避免垄断计，拟令其售定后，直接输运出洋，万不得已则运由中国口岸再行转运。故对于检定一事，必须各丝商联合设一(甲)出口土丝检查所，聘请外国缫丝专门技师，从事检验，俾资证明，否则由本厅办理亦无不可。此为增加国际贸易信用及直接输出起见。一面并设(乙)蚕桑馆，以改良蚕种及收贮桑叶方法。而原设之(丙)丝业研究所，亦拟由本厅促令研究对外直接推销手续，俾价值公允，获利可操左券，即丝市之集中或日后可移于我国也。

(五)运输　本省运输可分为四：(甲)各江运输商、航商久苦盗贼之抢劫及抽收行水，已商由军事厅肃清河道，严厉取缔；(乙)海道运输，自经济绝交，轮只稀少，已商由建设厅转与招商局商定，对于粤汕港往来航线每星期至少须有两艘，仍加开插班以利交通；(丙)外洋运输，以大尾汊进口，海底淤浅，只能航行较小船只，对于国际之输出入，拟设法加增吨位较小之轮，直接往来外洋，或运由中国口岸转运，以避帝国主义者之垄断。最近有煤商公会租赁脑感船及暹罗华侨购置(孔夫子)接生等两轮，特辟航线直放外洋，经已特别核准；(丁)铁路运输虽归建设厅主管，而运价关系商品成本，当根据调查统计与建设厅随时协商办理。

(六)货币　货币为交易之媒介，发行货币本为政府特权，乃本省则外币既喧宾夺主，私铸又充斥市场，不独授人以柄，抑且太阿倒持，币制紊乱莫此为甚，商市金融，大受影响。故为今之计，首应统一币制，以固基础，而统一办法，尤应分为三项，并行不悖。(甲)重开造币厂，鼓铸合法国币，已商财政厅指拨的款为铸本。(乙)流通兑换货币，当商请中央银行另发，货币先施行法定虚本位制度，便于通用全国及对外。(丙)严缉私铸，并酌收轻质私币，依法改铸，当商由主管机关及中央银行合力办理。倘能切实进行，则良币驱除劣币，国币得代外币，于经济特权之独立，庶几易达目的矣。

(七)汇兑　商货贸易全恃汇兑而周转，方今金融之阻滞，实由于汇兑之不通。而受帝国主义嗾使者，每挟外资从中操纵，故本省对外几无汇兑之可言。依赖外人，仰其鼻息，一旦经济绝交，遂致为所遏阻，故本厅已与中央银行商定，于本省各属多设支分行，一面并劝令银业各商联合自办汇兑。(甲)先办本省汇兑，务使本省往来汇水减至最低度，则本省物价自能渐减，商务当渐发达；(乙)次与外省往来汇兑，以上海尤为急要，与本省往来货物素多，即应设法沟通；(丙)又次则外洋汇兑，以吾粤侨商之众，每年汇兑数逾数千万，倘上海汇兑既通，则外洋汇兑自可迎刃而解。本厅自当督促殷实各商，力助其成，藉以挽回利权，于本省金融尤裨益匪浅。

(八)仓库　仓库一项，为输出入之补助机关，亦为金融界之附属营业。各商除自设货仓外，均恃沙面洋栈为存储货物之所，非但利权外溢，且于商业为所把持操纵，初非计之得者。本厅有见及此，拟发起公共货仓，本依照有限公司组织，由商界集股开办，照章公举有经验者数人公同管理。况该栈提单(甲)对于本市可作银业中抵押放款之凭证；(乙)对于输出可作汇兑上根单、押汇之保障。在商市按揭尤为便利，将来或再由银业合资增设，或以储蓄及保险之存项兼营，自可日渐扩充，盖于各该业，均有联带之密切关系也。

(九)保险　按水火保险，在商业繁盛之区必益发达，本省各商家投保火险者鉴于每年漏卮甚巨，已自行有联保总会之组织，其用意可嘉，惟囿于一隅，偶罹灾及每至连累，即虑有不敷赔偿时生停保之弊，筹画仍未尽善。现拟由本厅采集各保险章程之优点，统一其规章及保费价目，订定草案，交由各联保商民或会社代表公同审议决定。一面劝导集资组织大规模之保险公司遵守。联合愈多，则资力愈厚，保障愈稳，设备愈周，救灾亦愈得力。洋公司保险概可谢绝，不但挽回利权，尤于商民有益无损者也。

（十）渔业　西南各省渔业本当首屈一指，沿海居民直接间接恃渔为生者数十万人。其出产之丰，种类之优，销行之广，天然之利，全国著闻。惟捕制及管理方法尚墨守成规，似应加以改良，以保海权而求进步。现拟按下列程序进行：（甲）划分渔区。拟将本省领海及各属海岸线，会商海防司令部，次第测勘，酌分区域，俾便管理。对于各江亦同。（乙）编查渔户。渔船出没无定，盗贼易于溷迹，良莠不齐，弱肉强食，亟应查明船户，编发渔照，并拨巡舰实行保护。（丙）组织公司，改良捕采，购置渔轮，并制罐诘，亟应提倡，以资改进。（丁）增置专职。拟分区设立渔立监督，管理其事，专其责任。容俟本厅拟具官制草案，提出省政府会议公决。一面设法组织渔业自卫团，补巡舰之所不及，严缉海盗，兼助海防，以杜〔维〕海面之公安，并足杜外人侵占领海私自捕采之弊。

（十一）森林　（甲）防御水灾。粤山秀丽，为世所称，乃所产林木每供樵采，民间燃料取给，于是旦旦而伐，遂不免牛山濯濯，纵有美质，不及成材。除依前述开采煤草〔矿〕，俾足供给民用，时渐使转移习惯外，须知本省年有水灾，虽关于江河之淤浅，而扶植森林尤为防护水灾减少水分之要务，亟应宣传植树，使上流山居民众知森林之大利，普编〔遍〕造林。其应编入国有林或公有林者，应责令保存。（乙）安置劳工。当此省港罢工以后，力争国民人格，自必坚持到底，果使原有山林于地利上、公益上，并无妨碍者，自应准其开采，为安置工友之一法。近据民生公司请领英德古兜山森林，经前建设部批示在案。拟由本厅派员实地查勘，察其利弊，详加考虑，再行提交省政府会议决定。

(十二)农产　本省所产粮食供不敷求，全恃外来接济，亟宜研究补救之法：(甲)湘省禾稻每年成熟三次，于本省之气候地力如何，能否仿行。(乙)日本因农田生产不足，有以利用瓦斯促其生产者，于设备及成本上是否合算。(丙)种子应如何改良。(丁)肥料应如何合宜。(戊)病虫应如何防阻。皆在应行研究之列。拟由本厅酌设农事试验场实地实验，以便随时供献国民作为改进之指导。一面并通饬各县长、各农会，搜集农产物品，调查生产概况，定为每年举行一次，以资比较而备研究。务使本省尽其地力，农产加增，即一时不能免于仰给他方，亦冀其渐有可恃之进步。至牧畜养蜂，在本省当农家副业，本厅亦当选择佳种，实行试验，以便分布。

(十三)商品　工艺出品，本省亦渐发达，有由私人设立工场自制者，有由公司设立工厂专制者，本省商民生计大半恃此。本厅为实行保护中国工厂出品起见：(甲)拟设立商品陈列所，先征集出品，分别陈列。(乙)拟续设商品展览会，定期开会，比赛审查其优劣，作改良之研究。(丙)提倡专利。(丁)奖励发明。(戊)登记商标，以保其权利，促其精进。当由本厅分行各县长，各商会，各工厂搜集工艺商品并拟订各项法规，次第实行，此亦亟应筹备者也。

(十四)消费合作　吾粤生活程度日高，人民生计亦日渐困难，欲求救济之道，惟有仿行消费合作制度，以减轻人民日用必须之生活费，则社会日渐宁静，公安亦可保障，否则工资日增，物价日贵，相因而至，绝无止境。盖消费合作制度，乃以其公共资本共购日用必需之品，仍以平价分配于出资者，其所得物品之价既廉，则生活之费用自减。本省团体组织，向称完备，则仿行自亦较易。现拟按照各国成法设立两种制度：(甲)消费合作公司，除供给合作分子而外，兼营商业，所得利益作为开支，余利仍为合作分子所得，参照有限公司组织；(乙)消费合作公会，完全供给合作分子，无营业性质，经费于货物上公摊，酌加百分之几，依团体之结合而组织之。至管理用人，限制分配，集资购置及监督取缔等程序手续，当由本厅拟订法规，实行提倡，以便推行。

(十五)国货保护　奖励出品，前节业经述及。当兹经济绝交之际，尚须有种种之应付，庶几乘此机会，国货得以畅销，用途不至缺乏。(甲)从消极方面入手，如：(子)必要品特许输入，以资应用；(丑)购存品特许发卖，以保商本，均须由本厅订定特许证分别核发以示限制，而期兼顾。(乙)从积极方面着想，如：(子)减轻额外捐杂，减免一切捐，轻其成本；(丑)利便其运输（如第五节），沟通其汇兑（如第七节），以扩充其销路；(寅)提倡其仿制，宣传其效用，以奖励其精进(如第十三节)。至挽回利权最要之道，必须输出超过输入而后可。今政府挈领提纲于上，尤赖商民通力合作于下，本厅已准备进行，商民宜乘时奋起矣。

其余如本厅行政方面，为增长商业道德，证明商人信用，所拟进行者：(甲)修正公司条例及其他商务行政规章，使无窒碍，而易实行；(乙)制造划一权度分别颁行，并定期检查，以统一其数量渐至统一其市价；(丙)普及商业注册，证明其资本，监督其营业，以长高其声誉；(丁)取缔经纪交易，以防阻碍商业之发达。更如草山之查勘，须设立测勘队，草质之分折〔析〕，须设立化验室。凡此皆属于行政范围，均须察夺情形而后核办者也。惟本厅本政府与商民合作之本旨，所有前列计划，拟于本厅附设一实业研究会，先行分别研究，以便次第进行。顾事非一蹴可几，似几非三数月所能尽行举办，亦惟视力之所能及，得进行一分即可收彼一分之实效，亦即尽吾一分之责任。故本厅对于实业研究会已拟定章程，从事组织。所冀商民谅解政府之苦心，政府体察商民之艰困，各举所知，各尽所长，各竭其学识才力，常时到会，互相讨论，以备本厅之咨询，俾本厅知商民公意之所在，则政府与商民日益接近，痛痒相关，利害与共，开诚布公，集思广益，于创办各种事业，力量既厚，观成自易。至对于各事业将来或任由商民自办，或由本厅与商民合办，或由本厅创办，尚待规章之拟订及该会之研究，并视事业之性质与资力而定。一面并拟罗致各项专门人才，期于各尽所长，事乃克举。此本厅所以昕夕竞竞〔兢兢〕从事计划，分期筹备，藉副政府设立本厅之本意，并以慰商民对于本厅之希望。子文不敏，深愿实践斯言。

广东省政府商务厅厅长　宋子文

〔广州国民政府档案〕

## 6　国民政府为拟订缉私赏罚条例令

(1925年8月15日)

国民政府令　第十二号

令两广盐运使邓泽如

为令饬事：现准军事委员会函开：据海军局长斯美诺夫呈称：窃为偷运鸦片、私盐等物，悬为例禁(云云照原函录至)转饬盐运使审订，并盼见复，以便饬遵等由。准此。查水上缉私与盐政至有关系，所拟赏罚条例五则，办法是否妥善，合行令仰该运使就该条例妥为审定，呈覆核夺勿延。此令。

计抄发原拟缉私赏罚条例一件

民国十四年八月十五日

国民政府军事委员会公函

径启者：据海军局长斯美诺夫呈称：窃为偷运鸦片私盐等物，悬为例禁。惟政府之禁令愈严，而民间私运之风益炽。况广州滨临洋海，港汊分歧，水上偷漏，犹觉防不胜防，自非严厉查缉，明定赏罚，无以清积弊而重功令。职局成立伊始，除经令行所属各舰长，广购眼线，严行查缉外，兹拟订水上缉私赏罚条例五则，理合备文呈请钧会察核，是否可行，伏乞指令祗遵，实为公便等情，并拟订缉私赏罚条例五则前来。据此。除指令外，相应抄送所拟订条例，函请查照转饬盐运使审订，并盼见复，以便饬遵为荷。

此致

国民政府委员会

计抄原拟订缉私赏罚条例五则

国民政府军事委员会

抄原拟缉私赏罚条例五则

一、缉获水上私烟，按照所得之数，除以七成半解归政府外，所余二成半提归海军充赏，藉资奖励。

一、缉获私盐及其他违禁物品办法与私烟同。

一、缉获私运之船只，应行充公，拨归海军方面驶用。

一、如有人民报告，因而缉获所私运之违禁品物，除提二成半归海军充赏外，另由政府酌量给予该报告人赏金。

一、缉获后如有私相授受舞弊情事，一经查明确实，即按军律惩办。

〔广州国民政府档案〕

## 7 李基鸿为整理财政意见代电

(1925年9月8日)

中国国民党中央执行委员会、国民政府委员会、军事委员会、外交部长、军事部长、财政部长钧鉴：监察院委员、惩吏院委员、谭总司令、朱总司令、程总司令、蒋总司令、各军总指挥、军长、师长、旅团长、大理院院长、总检察厅检察长，广东省政府民政厅长、军事厅长、农工厅长、商务厅长、建设厅长、教育厅长、广州市市政委员长、两广盐运使、中央银行、禁烟督办署、西江禁烟总局、西江筹饷总局、北江筹饷总局、宝龙筹饷局、广东交涉员、各海关监督、国立广东大学校长、广东高等审检厅长、广东邮务管理局、各团体、各报馆均鉴：基鸿此次奉我国民政府之命，长广东全省财政，自问无大学识，经验不足，以负此重任。惟是我廖先部长兼厅长，被奸人狙击后，使我统一整理方将就绪之财政，忽形停顿，是不啻与我以致命伤。我政府特别委员会议决予许部长以监督财政之权，并保荐财政长官。得邓运使之同意，以邓公长财部，以基鸿长财厅。自应遵照政府统一训令，切实奉行，以继我廖先部长兼厅长之志，完成其未竟之工作。基鸿对于整理意见：第一，清厘现有之田赋，厘税等项，使各县各商不得蒂欠。第二，现有之各种厘税，次第公投，务使增加。第三，剔除一切公礼中饱等积弊，化私为公。但向我政府有三种要求：第一，核实军政各费，确定预算案。如有增加，须由财政委员会通过。第二，实行统一财权，无论何项部队，不得截收。第三，自各高级机关以下，及各军各部队为彻底的财政公开，并实行军需独立，金库独立。至于整理币制及清丈田亩，为永久财政发展之企图，应俟财政稍裕时，再定办法，请政府核议施行。

基鸿总以竭智尽议从事职务，报我党国而已。谨电布闻，伫候明教。李基鸿叩。齐。印。
中华民国十四年九月八日

〔广州国民政府档案〕

## 8 宋子文关于拟订戒烟保证规则呈批

（1925年10月12日）

（1）宋子文致国民政府呈（10月12日）

呈为拟订戒烟保证规则，呈请鉴核备案事：查自禁烟条例及禁烟领牌章程颁行以来，对于普通吸烟国民自可加以严禁，不难逐渐程功。惟绅商及妇女有因疾病、年老或在外国上瘾未及戒绝，自愿呈请戒烟者，自与普通烟民不同，殊难施以同样之禁令。兹经拟订戒烟保证规则十二条，拟即公布施行，理合开折具呈，谨乞鉴核备案。谨呈
国民政府

附呈清折一扣保证书式一纸

财政部部长宋子文

中华民国十四年十月十二日

### 戒烟保证规则

**第一条** 禁烟条例施行后，凡国民吸食鸦片烟，因疾病、年老或在外国上瘾未及戒绝，自愿呈请限期戒烟者，得依本规则之规定，呈请财政部给予保证书。

**第二条** 请领戒烟保证书者，于呈请时须声明左列事项，并取具铺保经财政部核准，并令知禁烟督办遵照。

一、姓名、年岁、籍贯、住址及相片；

二、吸烟上瘾原因；

三、已吸年数；

四、吸食地点及烟膏种类；

五、自定戒绝期限；

六、请领何种保证书。

**第三条** 领有戒烟保证书者，未届戒绝期限，准其自行减量逐渐戒除，不必再领牌照。

**第四条** 此项保证书其分类如左：

一、特别证 妇女、绅商声请保证免粘相片者；

二、甲 种 不限制吸食地点及吸食种类；

三、乙 种 限制吸食种类，不限制吸食地点；

四、丙 种 限制吸食地点，不限制吸食种类。

**第五条** 请领戒烟保证书，应纳保证费其数目依左列规定：

特别证 每年一千元；

甲 种 每年三百六十元；

乙 种 每年二百四十元；

丙 种 每年一百二十元。

**第六条** 领有戒烟保证书者，在证书有效时期内，遇有禁烟职员或军警前往纠察，如不违犯本规则时，验明保证书相符，得免其检验，政府并依照本规则保护之。

**第七条** 已届期限或因病及其他事故，未能如期戒绝，在禁烟期限四年以内，仍得呈请再定期限续发保证书。

**第八条** 吸食鸦片未领戒烟保证书者，仍依禁烟条例及领牌章程之规定办理。

**第九条** 此项保证书，如有遗失毁灭，应另行纳费补领。

**第十条** 此项保证书，不得转借他人，遇有转借情事与受各按保证费，每年定额处十倍以上罚金，由财政部核定执行。

**第十一条** 此项保证书，以保证个人为限，其他违犯禁烟条例事项，仍依照禁烟条例之规定。

**第十二条** 本规则自民国十四年十月十六日施行。

（2）国民政府批（10月）

中华民国国民政府批 第二一二号

财政部长宋子文

呈为拟订戒烟保证规则请鉴核施行由。

呈悉。所拟戒烟保证规则尚属可行，应准照办。仰即知照。规则存。此批。

民国十四年十月

〔广州国民政府档案〕

## 9 国民政府关于所有公共关系之一切捐款概由机关捐助令

(1926年3月)

（1）3月2日令稿

中华民国国民政府令 第102号

令直辖各机关

为令饬事：查前经国民政府委员会第四次会议议决，所有公共关系之一切捐款，不必由个人认捐，概以各机关名义捐助，其数目不得过该机关职员俸给总额百分之五。当经通令遵办，并由各机关将此项签捐之款列入预算在案。现经通令，改为凡遇募捐，事关全国、全省者，应由国民政府，仅关广州一市者，由市政府，各以公款酌量拨助以襄善举。在官吏个人，概不许擅自认捐，在各机关，亦可不必再行捐助。所有各机关预算所列签捐一款，自奉到此次通令之日起，概不得再行支领，并责成财政部、军需部、财政厅于发款时，留以稽核，将此款照数扣除，专款保存，以备拨用。除通令外，合行令仰转饬所属一体遵照。此令。

民国十五年三月二日

（2）三月三日令

中华民国国民政府令　第九七号

令国民政府秘书长陈树人

为通令事：自政府改组以来，厉行剔除积弊，严惩贪婪，各官吏服务公家，除应得俸给外，分毫不许妄取。值兹生活高昂，各官吏薪俸所入，大都自赡。乃粤省凡遇兴办公益慈善，均向各机关长官及职员募捐，每月必有多起，为数颇属不资。若任习惯相沿，必致素履坚定者，债负日增，志行薄弱者，竟丧所守。实于廉洁政府前途有莫大障碍。嗣后凡遇募捐，事关全国、全省者，应由国民政府，事关广州一市者，则由市政府，各以公款酌量拨助，以襄善举。在官吏个人，概不许认捐。如有违反命令，擅自捐款者，应即予以减俸之处分。此为整饬吏治，培养廉洁起见。除通令外，合行令仰转饬所属一体遵照。此令。

中华民国十五年三月三日

〔广州国民政府档案〕

## 10　司法行政委员会为会同拟具清理官市产办法请予核准公布呈

（1926年4月8日）

呈为会同呈请察核施行事：案奉钧府第五四号令开：现据监察院委员林祖涵等呈称：为呈请事：窃维人民与官厅私法上之权利义务关系，视私人与私人相互之所为，形式虽殊，性质则一。故官民间之契约行为一经合法成立，苟原始无其他不适法之原因，则原契约之效力自可拘束，当事者之双方均不能以片面之意思，为某种变更或取销原契约之处分。如以物权而论，倘官厅与人民缔结买卖契约，以行政处分将或种官有物卖与人民，而买受之人民既依与官厅间之契约行为取得某种官有物之所有权，则此物之所有权一经确定，官厅即无再就此一物权而为两重买卖之权，此为私法上一定不易之原理。查前广东官产清理处，广州市产清理处办理变投官产业办法歧异，纠纷极多，经年累月缠讼不休，综其情形举其最普通者略有数种：（一）一业数投，先给甲，再给乙，复撤销甲、乙而给丙，致一业而争所有权者数人。（二）因已被撤销之甲或乙抗争。又准维持其原案，致丙再起抗争，甚或因丙之再争，复将甲或乙已得维持之原案重行撤销，而再予丙，致所有权亘数年不能确定。（三）撤销承案后或令承投人自行另觅官地抵补，或令以该投承人所不愿受与价值不相当之官地强为抵补，亦有虽自愿放弃原投承权，惟不愿受另业抵补，而至于缴价不获领还者。（四）一业权经过数次翻复，最后取得所有权之人，已将该产业变更或另行修筑，尚有原占有人请本系民业被官厅强夺，出而请求回复原状，或主张优先权者。职院自成立以来，收受此类呈诉，月必数起，其词意含蓄者尚不过以官厅威信莫保人民权利可危为言，其愤激者则每硬指经办官厅舞弊违法，惟利是视。均苦于情形复杂，轇轕错综而原处分官厅又久经裁并，无从质证。若概置不理，则确为一种行政诉讼，且非政府与民更始之道。若一一据以转行主管官署查案，持平核办，非惟理不胜理，即在主管官署，亦每因事过境迁，今昔情形不同，难为切实之答复。间询诸曾经供职司法界者言，前此官厅办理此类案件措施未能尽善，以致争讼纷起，即以息事宁人为怀，亦无法为之解决。以故一案发生，牵涉繁复，辄亘数年而难结。职院以为现在政府勤求民隙，对于已往之事，虽未便过事吹求，致多纷更，然为官厅威信及人民权利计，要不能不统筹一较为平允之法，庶免良懦者因讼受累，狡黠者籍端健讼。拟请钧府转令广东省政府斟酌情形，明令办法，通令遵行，以期善后，而杜纠纷等情。据此。当批呈悉。所见甚是。【仰】候令行广东财政厅、广州市政府、司法行政委员会，会同该院妥拟办法，呈候核定，通令遵行，以杜纠纷，仰即知照。此批。等语。除批示印发并分行知照外，合行令仰遵照。此令。等因。奉此。自应遵照办理。当由职市政厅函会职司法行政委员会、职监察院、职财政厅拟仿照从前三厅会议铺底顶手办法案，以市政厅为继续会议地点，各机关每派员一人或二人列席，组织一清理官市产办法会议。旋由职司法行政委员会，派委余垚一员，职监察院派委于若愚一员，职财政厅派委王仁辅一员，职市政厅派委前任专员陈芝昌，现任专员陈宝征二人，及所属市财政局黄馨山一员，经于本年二月二十五、三月三等日，会齐出席。由职市政厅根据历年判定官市产承领惯例，开具议草提出，公同讨论结果，拟具清理官市产办法十八条，复经职会等共同复核，佥认为可行。理合备文并缮具办法清折一扣，会呈钧府鉴核。如蒙照准，并恳公布施行，仍候批示祗遵。实为公便。再此案系由职市政厅主稿，会同职司法行政委员会、职监察院、职财政厅办理，合并陈明。

谨呈

国民政府

计附呈清理官市产办法清折一扣

司法行政委员会委员伍朝枢

林　翔

卢兴原

罗文庄

国民政府监察院委员林祖涵

黄昌谷
于若愚
陈孚木
广东财政厅厅长　宋子文
广州市市政委员长　伍朝枢

中华民国十五年四月八日

**清理官市产办法**

**第一条**　关于证明人民私有之产业，虽逾官厅布告期限未缴验契据者，仍不得剥夺其所有权。（但所有权人因懈怠或故意不遵守布告期限验契者，得施以相当处分。）

**第二条**　官市产之占有人，不于官厅布告期内承领者，视为抛弃其权力。但优先权人虽逾优先期限，而与第三人同时呈请承领时，若出价相等仍不失其优先效力。

**第三条**　关于庙产其优先承领之顺位如左：

一、场众团体；

二、有营业关系之租客；

三、场众个人。

**第四条**　官地（包濠涌言）、民业混合者，其优先承领之顺位如左：

一、管有人；

二、有营业关系之租客。

**第五条**　寺庵收归官有者，场众有优先承领权，其寺庵所有铺屋，租客有优先承领权。

**第六条**　优先期限之争议，以呈请时期为标准，但呈请在先，经主管官厅批令缴价，而不依期缴纳者不在此例。

**第七条**　一业数承领人致涉讼争时，除有优先权者应依法维持外，得用竞投办法以解决之。

**第八条** 以上七条之规定，从前官厅之处分有违反时得撤销之。

**第九条** 桥梁，海滩、码头及其他业权事项有争议时，依契照；其契照不明时，依习惯办理。

**第十条** 人民对于民国十四年七月以前，各该管官市产官厅所为之处分，于本办法施行三个月内，得分别向财政厅、市政厅声明不服。其对于民国十四年七月以后，财政厅、市政厅所为之处分，于本办法施行后一个月内，得向省政府声明不服。

**第十一条** 人民对于广东各属，在本办法施行后，所为官产之处分，限以两个月内向财政厅声明不服。对于市财政局在本办法施行后，所为市产之处分，限以一个月内向市政厅声明不服。其不服财政厅、市政厅于本办法施行后，所为官市产之处分，均限以一个月内向省政府声明不服。

**第十二条** 财政厅、市政厅及省政府受理人民声明不服之案，得迳为裁决。但调查案卷认为事实不明时，得发还原处分官厅再行处理。

**第十三条** 财政厅、市政厅受理关于前第十条声明不服案件，系经上级官厅所处分者，如果发见与本办法相违背时，仍得呈请上级官厅撤销之。

**第十四条** 省政府对于财政厅、市政厅所未受理之案，不予受理。

**第十五条** 省政府所处分之案，人民不服时，得呈请国民政府再为处理。前项处理不得再行声明不服。

**第十六条** 凡确定之案一年内，发见新证据者，得向该主管官厅请求再为处理。

**第十七条** 本办法有未尽事宜之处，得随时修改。

**第十八条** 本办法自公布之日施行。

〔广州国民政府档案〕

## 11 国民政府为奸商破坏国币信用并查拿严办请勿听流言等情布告函稿

(1926年5月)

国民政府布告　　第五七号

为布告事：

径启者：中央银行纸币久著信用，屡经风潮，无不如数照常兑现，可见准备之充，流通之广，商民自可不必疑虑。乃一般牟利之徒，每经一月或半月，非借政治为问题，即视个人作标帜，妄造谣言，播弄是非，故意拒绝行使，遂致发生挤兑。而银行仍照常开兑，初于纸币信用未损丝毫，在商民叠次试兑，当可了然。但以讹传讹，误听流言，每将手中纸币向各该银号低折售现，不啻自认亏损。若长此不予禁止，不独金融发生影响，直〔且〕与该造谣者以低折收买纸币，从中渔利之机会。如此已非一次，政府未便再事宽容。须知既有现金可兑，何有低折可言。乃有等奸商，故损国币信用，扰乱金融。此后如再查有低折或拒绝使用情事，即行查拿严办，勿谓言之不预也。除函达总商会转告各行商<br>布告商民一体周知外，为此

布告各商函达民人等一体遵照，毋再妄造谣言，希图渔利，自罹法<br>函达贵会，即希转告各行商及银行业一体知照。当此商民与政府<br>纲。各商民尽可到中央银行及兑换处随时兑现，勿受人愚自取损失。<br>合作，各正当商家深明大义，当不至盲从无稽流言也。<br>切切此布。

此致

广东总商会

谭延闿

伍朝枢

民国十五年五月

〔广州国民政府档案〕

## 12 广东省政府为划一各种商业公会章则呈批

(1926年7—8月)

(1)广东省政府政务会议致国民政府呈 (7月26日)

呈为呈报事：现据实业厅呈称：窃维集会结社本属人民自由，近年以来，潮流所趋，各种会社组织日新月盛，关于商业部分设会呈请立案者亦复实繁有促。吾华商务不振，原坐商情涣散，目下默察商情，多已群趋觉悟，亟谋团结，自应提携指导，促进改良。惟查现在已经成立各种商业公会，办理合法者，虽尚有人，而有名无实，甚或藉民便私图者，所在多有。

政府对于各业设会，前此原未定有何事项章制，在商民本无标准可资，因之所定会章，类多自为风气，而主管机关，核定一切，漫无根据，尤不足以昭划一，而示适从。厅长愚见所及，以为各种商业团体，一方固应绝对任其自由，一方亦宜引之率循轨道，方足以助长发达。现经斟酌适合情形，拟具划一各种商业工会章则暂行规则凡二十条，所有立会宗旨、组织以及职员选举、会议各重要事项皆经示以范围，尤复致详于立会手续，以谨其始。至于已经成立之案，并拟核明，如有抵触现章，令其照章修正，以昭一律。是否有当，理合将该项规则录折呈请钧府察核批示祗遵，计呈清折一扣。等情。据此。查核各规则尚无不合，当经第一百三十三次省务会议议决照办，并呈钧府备案，暨呈奉政治委员会审核照准在案。除批复外，理合具文呈报钧府察核，俯准备案，实为公便。谨呈

中华民国国民政府

计抄呈清折一扣

广东省政府省务会议

主席　孙　科代

古应芬假

宋子文

许崇清

李禄超

刘纪文

周佩箴

中华民国十五年七月二十六日

## 广东实业厅划一各种商业公会章则暂行规则

**第一条**　广东实业厅为划一各种商业公会章则起见，订定本暂行规则，组织商业公会均适用之。

**第二条**　各种商业公会设立之宗旨，应以不背研求营业上发达及骄正弊害为原则。

**第三条**　各种商业公会之设立，须由同业中三人以上之发起，先行成立筹备处，征求会员妥订章程，呈由该管行政官厅转呈实业厅核准立案注册，方得成立。其在市行政区域内者，得径呈实业厅办理。前项注册费大洋一百元，于呈请立案时附缴。

**第四条**　各种商业公会之组织，须有同一区域之同业三分之二以上加入为会员。

**第五条**　公会之会员应以商店为单位。

**第六条**　公会成立后，得设置干事若干人，由会员互选分掌会计、文牍、交际、庶务等事，另由干事互选二人为正副主席，综理会务。前项干事，应另选候补者若干人，以备缺额时按序补充。

**第七条** 前条干事、候补干事及正副主席选定后，应由正副主席呈报该管行政官厅转呈实业厅备案。其在市行政区域者，得径呈实业厅办理。

**第八条** 公会之会议，应分为会员会议，职员会议二种，会员会议每年一次，职员会议每月一次，遇有特别事故，有应开会必要时，均得召集临时会议。

**第九条** 公会职员之选举，会员、职员之会议，均照选举会议通例规定之。

**第十条** 公会之会员会议及选举，均应报由该管行政官厅派员监视。

**第十一条** 公会职员均为名誉职。

**第十二条** 公会职员均以一年为一任期，中途补充者须接前任之任期计算。

**第十三条** 公会职员任期满后，再被选者得连任一次。

**第十四条** 各种商业公会呈请立案时，应附具发起人名册会员名册、收支预算表、公会章程。

前项章程应载明左列各款：

一、名称及宗旨；

二、设会地点；

三、会员之权利义务；

四、职员之选举方法；

五、关于会议之规程；

六、关于同业入会及出会之规定；

七、关于费用之筹集方法；

八、关于违背规章者处分之方法。

**第十五条** 各种商业公会不得以公会名义为营利事项。

**第十六条**　各种商业公会，如有违背法令逾越权限，或妨害公益时，实业厅得命令解散。该管行政官厅亦得呈由实业厅核准解散之。

**第十七条**　各种商业公会之图记式样应定为营造尺一寸五分，四边宽一分，文曰某业公会之章，于核准成立后始得刊用之。

**第十八条**　本规则施行前，所有已经核准成立各种商业公会，均准照旧。但其现行章程有与本规则相抵触者，应查照修改并附缴注册费呈候核办。

**第十九条**　本规则自呈奉省政府核准日施行。

**第二十条**　本规则如有未尽事宜，得随时修改呈请核定。

（2）国民政府批　　（8月）

国民政府批　第五七〇号

批广东省政府

呈缴实业厅呈拟划一各种商业公会章则暂行规则，请察核备案由。

呈及清折均悉。准予备案。仰即转饬知照。此批。

民国廿五年八月

〔广州国民政府档案〕

## 13　九江总商会条陈维持中央钞票办法呈

（1926年12月21日）

九江总商会呈为条陈维持中央钞票办法，恳予采择施行事：窃维钞票行使全凭信用，而商业习惯端赖流通。九江居长江中枢，为赣省门户，对内对外贸易向以现金为本位通行，纸票以能兑现或能与上下游各埠通用为准。民四，院令中交停兑，紊乱全国金融。

九江中交两行犹得保持兑换。其后，蔡成勋督赣期内，严禁银行兑现，吾浔亦独邀变通，是地方有特殊之情形，亦即浔埠适用现金之历史。江西银行纸票以军阀囊括现金，不能充分兑换，又不能与他埠通用，虽官厅严禁折扣，而市情则每况愈下，已成为必然之趋势。我政府历行整理，分别规定江行旧票价格，及新票作废各办法，在江行固罪有应得，而民之无辜，只以日用便利之故，几于无一人一家而无此票，一旦成为废纸，其隐痛自无待言，因而痛定思痛，对于一切纸票咸具戒心，盖有由然也。九江自中央钞票行使以来，曾蒙总司令部在逆款存项下拨存敝会大洋一十万元，又经赣北财政处召集各机关会议责成敝会筹洋一十万元，组设临时代兑处，推出委员九人，并推敝会主持其事。旋经总司令部派员，将上项存款如数提去，代兑颇形困难。敝会以市面金融关系重要，公家虽无基金亦未便遽行停办，继续勉力支持，尚幸秩序粗安。惟九江商店照警厅铺捐册调查大小不过千数百家，其中以小贩居十分之七，容纳钞票之量有限，积累既久，即号称大店者，亦苦无法周转。况凡百货，买土货不收钞票，即武汉巨镇使用亦复被拒。而内地各处配购外庄之货，又复纷纷将中央钞票向浔市行使，来路宽而去路窄，譬之大水临堤势将溃决，蕞尔浔市其何能支，万一金融搁浅，商业受其危险事犹小，政府受其影响事乃大也。谨就管见所及，关于维持中央钞票办法条陈三事，幸垂察焉。

一、拟请开源，以充足兑换之准备金也。钞票兑换须有现金之准备，现金来源就江西全省而言，要以出产运售外埠，为吸收现金之唯一资料。九江向无出产，内地则食米、纸张、瓷器、木料、夏布、茶叶皆有大宗出产，每年出口额为数甚巨。军兴以来，交通梗阻，运输为难，今大局底定，若能减轻捐税，提倡出口营业，或由银行放款(钞票)，招商承办，或派委专办，所得代价自是现金，以之兑换自可周转活泼，而左右逢源矣。

一、拟请节流，以蕲求现金之储蓄法也。政府对于南昌方面，沿照从前旧制，不许现金出境，亦系节流之意。浔市为通商口岸，海关税项及轮船水脚，华洋贸易，绝对非现金不可，且货物多贩自上海及其他外埠，均非现金不办。现在关税尚未自主，下游又未肃清，钞票不行，现金易于外溢而无法停蓄。查食盐、蔗糖、海菜各项，广东有此出产，应由政府通令所辖区域，凡有可以代替舶来品之货物，尽量奖励商民减税或免税促其贩运应市，亦可稍塞漏卮而驯致无形之储蓄矣。

一、拟请推行，以增长民众之信用心也。中央钞票，政府曾有命令，凡各征收机关，各项税收概准收用，用意至善。惟闻西岸盐封比收宝纹，为无形减收中券之手腕，又闻各税局尚欲以收取现金为得计。如果传说非虚，亦足为推行中券之障碍，殊非政府统一币制之初心。最好更进一步仿照广东政府办法，凡盐封及各项税收，非中央钞票概不收用，则钞票之价值自高。又银行须兼营汇划事业，凡持有钞票者，只须贴补汇水，即可通行各埠，则钞票之用途自广矣。

综上条陈，由前二说，固属老生常谈，由后一说，政府当早有成见、似无庸敝会之赘渎。惟是在商言商，既稔知地方情形，不敢壅于上闻，又尝推求军商间互助之原理。窃以为中央钞票实与我革命军军民合作之精神，有至密切之关系，政府固力主维持民众，又谁敢破坏？现已由军事时期渐趋于建设时期，若不于开源节流，推行三者，加以缜密之考虑，通盘计划，以期息息相通，诚恐远之如俄罗斯之卢布，法兰西之纸佛郎，近之如奉天之军用票，江西之省券，虽有严刑峻法以绳其后，欲无兑换以求流通，未见其有当也。九江临时代兑处，原为维持中央钞票而设，敝会募借基金开办将及一月，而市面现金之缺乏，钞票之充斥，已呈一种恐慌状况。近且因中交两行发生挤兑，中央钞票尤受影响，民众甚有自愿低价求售而不可得者，固不必有人操纵于其间也。敝会力与愿违，敢请政府一面先行来浔，赶设兑换所，以免代兑中辍，一面组设驻浔大有力之中央分银行，采用敝会条陈上项办法，藉以调济九江之金融，即所以调济江西全省之金融。盖九江一埠实为江西全省进出口货之过载码头，金融机关非有大规模者不可。观于南昌只有中国银行，九江则中交并立，可为明证。且江西并不患贫，从前岁入不过千数百万元，而军阀如陈，如蔡，如邓类皆搜括现金，辄数十百万。我政府以廉洁自矢，必能剔除中饱，咸与维新，历行整理，岁入当可增加不少，以之分作银行基金，绰有余裕，固不必强制执行，而钞票自无人不乐用也。凡人情于充分兑现之纸票，往往珍藏不兑，于限制兑现之纸票往往争先挤兑，果使中央钞票，由商设之代兑处，一进而为政府自设之兑换所，再进而为政府自设之中央银行，其基本之厚薄不同，则信用之观念自异推行尽利夫固无待蓍龟矣。所有条陈办法，是否有当用特吁恳鉴核，酌予采纳，迅赐施行。并恳于最短时间在浔先行设立兑换所，以资救济。冒昧陈词，不胜迫切待命之至。谨呈
国民政府委员会

会长　王汝芳
副会长　黄云阶

〔武汉国民政府档案〕

## 14　国民政府财政部关于政府人员薪俸搭发国库券令

（1927年5月20日）

国民政府财政部令　　总字第529号

令本部泉币局

案查中国国民党中央执行委员会政治委员会第十九次会议决议：录第十五项内开：财政部张代部长提议，自五月份起，凡在政府服务人员薪俸搭发国库券案，决议照下列改正案通过：(一)一百元至二百元搭一成；(二)二百元至三百元搭一成五；(三)三百元至四百元搭二成；(四)四百元以上搭三成等因。除分行外，合行令仰该局即便遵照办理，并转饬所属一体知照。此令。
中华民国十六年五月廿日

部长　宋子文

〔武汉国民政府档案〕

# 〔三〕财　政

## （一）收支状况

### 1 大本营财政委员会历次会议议决案

（1923年12月30日—1924年12月9日）

财政委员会十二年十二月三十日第一次会议议决案

（一）孙委员科提议，沙田清理处章程案。

议决：讨论修正，即席通过。

（二）军政部提议，年假一日，各军给养等费，请指定机关预行拨付案。

议决：照常拨付。

（三）军政部提议，请帅令各征收机关，每日拨足二万八千元，免给养、输送、制弹、病院，再有短缺，迟误军事案。

议决：每日认拨如下：

财政部五百元，省长公署一千五百元，市政厅六千元，财政厅四千元，盐运使八千元，公安局八千元，共一万八千元。由十三年一月二日起，各机关按照上列数目，每日支拨军政部。

（四）大本营会计司提议，参军处裁员发薪案。

议决：十三年一月十号发薪分担如下：

财政部一千元，省长公署二千元，市政厅五千元，财政厅三千五百元，盐运使四千元，公安局四千元。

## 财政委员会十三年一月二日第二次特别会议决案

（一）财政部提出，拟发行支付券交议案。附有利支付券条例一纸。

议决：讨论修正，即席通过。

（二）市政厅提议，广东民产保证条例细则及组织章程案。

议决：讨论修正，即席通过。

## 财政委员会十三年一月三日第三次特别会议决案

（一）高凤桂师每月饷额可否规定三万五千元案。

议决：高凤桂师每月饷额三万五千元，由十三年一月份起算，除由财政部奉帅令已拨二万元外（帅令系指明十三年一月份饷），一月饷额，尚欠一万五千元，由左列机关于一月十六日起分担：

省长公署二千元，财政厅三千五百元，盐运使三千元，市政厅三千五百元，公安局三千元。

（二）十二年十二月份透支数内，尚差六万八千余元，请设法拨付，以免各军逼索案。

议决：军政部自十二年十二月底结止，透支各军给养，共六万八千元，除收财政厅土丝厘捐八千余元外，尚不敷六万元，应由征收各机关于一月十五后筹三万元，二月一日后筹三万元，其支配分担方法，俟下期会议另行公决。

（三）一月一日之给养各费二万八千元，除市政厅拨到四千五百元外，尚差二万三千五百元无着，应请摊拨俾资应付案。

议决：一月一日给养各费二万八千元，短收之数应由军政部直接按照原额数目，向各机关催收补足。

（四）财政委员会十二月三十日议决：每日拨足二万八千元交

军政部之案。关于盐运使分担之八千元，只承认六千元，财政厅分担之四千元，只承认二千元，应请再议案。

议决：由本委员会致函军政部，转请盐运使暨财政厅勉为其难，承认分担原定额数。

（五）谭司令启秀　请发伙食及给养费，应如何办理指定底款案。

议决：谭司令征收广州市第六、七两区商业牌照费，至少每月五、六百元，已足给养该部，毋庸再拨。

（六）奉帅令每日发给李安邦司令所部给养费四十元，请指定底款案。

公决：应由军政部酌量腾挪拨给。

（七）奉帅令拨杨总司令希闵架桥费一千元，请决定何处担任，以便转发案。

议决：由左列各机关分任负担：

财政厅三百元，市政厅三百元，公安局四百元。

（八）湘军谭总司令　请发薪饷、公费、开拔费案。

公决：应请军政部核定数目，俟下星期一会议再行讨论。

（九）声明伤兵费，不在每日二万八千元之内案。

议决：承认伤兵费，不在每日二万八千元之内，并准随时筹拨。

（十）每日二万八千元之数，务请担任各部、厅、局设法筹足照拨，以免子弹短缺，迟滞军事案。

公决：前期会议业经议决，现应无庸再行讨论。

（十一）故团长梁沾鸿恤金一千五百元，应请提拨，以便收转案。

公决：由左列各机关分任负担：

财政部三百元，　财政厅三百元，　盐运使三百元，市政厅三百元，公安局三百元。

以上各案均系军政部请求提议，合并注明。

财政委员会十三年一月七日第四次常会议决案

(一)大元帅交议，湘军请求提议筹拨该军毛毯费三万元，及湘军谭总司令函请提前筹拨军饷案。

议决：湘军毛毯费三万元，军饷五万元，两案合计八万元。由左列各机关担任，于本月十号内交足。

财政部五千元，　省长公署五千元，　市政厅三万元，

财政厅一万元，　盐运使一万元，　公安局一万元，

禁烟督办垫借一万元（此款由陈树人、郑洪年、孙科、赵士觐、吴铁城、梅光培、陈其瑗同立借据，尽一个月内负责归还）。

(二)提议开投广州市防务经费及各种有奖义会承饷案。

议决：由财、军两部定期一星期内开投广州市防务经费及各种有奖义会，以一年为期，以现在正附饷额为率。无论何人承办，须缴按饷两个月，交财政部收入国库，由财政委员会议决支配大本营特别费。现在各军经收之日饷仍照旧办理，如开投之饷额超过现在数目，其多出之数须缴交财政部。

(三)市政厅提议横水渡加捐（原定五文，现改为一仙）于十二月三十日在市财政局承办，年饷饷额三万元，现为奸商瞒承，请公决办法案。

议决：应归市政厅办理，并请军部商明卫戍司令部取销罗商承案。

(四)财政部报告，前期议决发行支付券，指定全省印花税、全省民产保证费，全省沙田登记费三项为基金。现拟全省印花税月拨一万元，民产保证费月拨六万元，沙田登记费月拨八万元。合共月拨一十五万元，请公定案。

公决：照此办理。

财政委员会第五次特别会议议决案相应开列于左，请烦贵查施行。

财政委员会启

一月十日

计　开

(一)大元帅交议案五件：

一　着本会提议筹给何雪竹出发费一万元案。

议决：由左列各机关分任，限至下星期一日交足。

财政部五百元，省长公署一千二百元，市政厅二千三百元，

盐运使二千元，财政厅二千元，公安局二千元。

二　邓家彦自德国来电云，即归国，请汇旅费，着财政委员会筹二千元换英金汇往案。

公决：下次会议再议。

三　着本会提议筹赔谭细船价一千二百元，黎顺船银七百五十元案。

公决：下次会议再议。

四　豫鲁招抚使赵杰呈为组织行署，编制卫队，仰祈酌给经费伙食，以资办公案。

公决：请军政部核定覆会再议。

五　豫鲁招抚使赵杰函陈服膺主义及经济窘迫情形，乞准予赏给行署经费及伙食，藉资维持案。

公决：请军政部核定覆会再议。

(二)军政部请求提议案七件：

一　杨总司令希闵请添补新兵服装费八千四百元案。

公决：另筹办法。

二　杨总司令希闵请提前发给棉衣一万套，需费约三万元案。

议决：由会函请国民党支部长邓泽如代制款，由各财政机关支配担任，其数目，请邓部长开列送会。

三　杨总指挥希闵请拨递步哨经常费二千元案。

议决：由左列各机关分任：市政厅五百元，财政厅五百元，盐运使五百元，公安局五百元。

四　湘军每日伙食五百元，由本年一月二日起计算，另子弹费一万八千元（一次过），应如何指拨案。

公决：每日伙食五百元另筹办法，子弹费一万八千元；函请军政部抄录原案，见复再解决。

五　本年一月一日起至八日止，不敷支七万三千零八十七元九角案。

公决：请军政部胡次长将各机关欠数抄列，以便查对。

六　姚安抚使给养每日一百元，曾奉帅令暂停交付，但停付之期已逾半月，应否继续发给案。

议决：停付。

七　请筹备十天给养费（一十五万元）备东江作战军前进之用案。

议决：由左列各机关分任，定本月十七日一律同日预拨，十七日以后在原定额支数按日摊扣。

财政部二千五百元，省长公署一万元，财政厅二万五千元，

市政厅四万元，盐运使四万元，禁烟督办一万五千元，

公安局一万五千元，陈财政局长垫借二千五百元。

财政委员会第六次常会议决案相应开列于左，请烦贵查照施行。

财政委员会启

一月十四日

计　开

(一)军政部提案，每日必不可缺少之给养、运输、制弹、医际等费，日少七千元之多，无法应付，请提前解决案。

议决：每日少交之七千元，由左列两机关分担，并由本月十六日起拨交军政部。

禁烟督办署五千元，广东沙田清理处二千元。

(二)大元帅交议，据滇军总指挥杨希闵呈请追加滇军兵站部经费案。

公决：俟届本月十七日筹妥，前次会议指定分担筹备东江作战前进费，一十五万元，后再另筹办法。

(三)大元帅交议，据航空局长陈友仁呈请，将该局经常、临时两费解决，迅速核办案。

议决：航空局每月经常费一万五千元，由禁烟督办署担任拨付，其临时费另筹办法。

(四)大元帅发下，据滇军总司令部函，呈请将市政厅每日拨给宪兵司令部经费二百元，改归警卫团领收，并请每日加拨三百元。奉谕交财政委员会酌夺案。

议决：呈请大元帅令行广州卫戍司令部经收横水渡火柴捐、娱乐捐一律取销，再议另筹办法。

(五)大元帅令，据朱军长培德要求增加该部给养费每日三百元，着财政委员会设法筹拨案。

议决：朱部每日给养费三百元，由禁烟督办署担任拨付。

(六)湘军总司令来函，各军应领薪饷、公费等项开列概算表，请提议解决筹给案。

公决：本月十九日开特别会再议。

(七)财政部提出，有利支付券基金委员会章程，请公定案。

议决：通过作为草案。

（八）财政厅提出，确定民业执照条例，请公定案。

公决：由财政部呈请大元帅训示解决。

（九）军政部提出，湘军每日伙食五百元，由本年一月二日起计算，另子弹费一万八千元（一次过）应如何指拨案。

公决：本月十九日开特别会议再议。

（十）财政部提出，以后各征收机关举办新税，须交财政委员会会议通过，方准施行。并呈请大元帅通令，凡一切军费须由军政部核定，再行交议支配，以昭划一案。

议决：照此办理。

（十一）广东全省沙田清理处提案三件：

（一）奉发暂行章程第三条，关于核定沙田所有权及登记给证事项。等语。

查现在奉行甫经特设之验领部照处，其权既与本处抵触，其章程亦多窒碍难行，请求收归本处办理案。

议决：由两处长会商，提出意见，书交财政委员会判决。

（二）财政厅现设之业佃保证局，查其办法系对于业户、佃人双方所订契约征收保证费，虽未专指沙田一项，然关于沙田部分，实于本处奉发暂行章程第八条权限抵触，应否将沙田、民田划分界限，庶并行不悖案。

议决：由校长、处长会商，提出意见书，交财政委员会判决。

（三）东莞沙捐兼清佃局，前经由处委任谭平前任办理，嗣因莞城被陷，局员暂行退避。旋经我军克复，为西路讨贼军刘总司令震寰所部驻扎，遂由严兆丰师长委员占管。当经分电省长暨刘总司令电饬制止，尚未解决。殊于本处筹款进行发生妨碍，应请大会咨达刘总司令迅饬严师长将所委之员撤销，以符统一，而明权责案。

议决：由财政委员会呈请大元帅令行刘总司令转饬严师长，将所委之员撤销。

财政委员会第七次特别会议议决案相应开列于左，请烦贵查照施行。

财政委员会

一月十七日

计　开

（一）大元帅发下，据广东兵工厂长马超俊呈，请按月发给德国技师制药经费每月港币六千五百五十余元，又开办费港币一万二千五百九十元，交会议办案。

公决：本月二十后开会再议。

（二）大元帅发下，据湘军总司令谭延闿呈报，军政部欠发各款情形，及请提前拨发阴历新正给养十日等情，交会议办案。

公决：十九日开特别会再议，并请军政部转知湘军谭总司令派员出席说明。

（三）国民党广东支部函复本会，请代制棉衣万套，非有现款定制恐失信用，请饬员直接到店定制，较省手续案。

议决：发款一万四千三百元，由左列各机关分担，准十七号后二十四号以前汇交财政部，仍转托由国民党邓支部长制办。

禁烟督办署五千元，省长公署一千元，财政部八百元，

市政厅二千五百元，盐运使二千元，财政厅二千元，

公安局一千元。

（四）军政部请求提议案三件：

一、旧透支一十六万八千七百二十八元六角四分，除收到补拨透支洋八万八千元外（因原定补拨透支一十万元内有盐运

使署一万元，财政部二千元未收到），尚应补拨透支洋八万零七百二十八元六角四分。

一、自本年一月一日起至十六日止，遵照帅令规定（给养、制弹、卫生、运输、伤兵等费），共应拨付本部毫洋四十六万四千元，除已收及转拨洋三十一万四千二百九十一元外，尚欠洋一十四万九千七百零九元。

以上两款共二十三万零四百三十七元六角四分，均属欠发各军、各机关给养、制弹、卫生、运输、伤兵等费，应请提议即日拨付过部以便转发。

议决：两款于阴历年内先补发一十万元，由左列各机关担任：

省长公署五千元，禁烟督办署三万元，市政厅一万五千元，
财政厅一万元，公安局一万二千元，盐运使署八千元，
沙田清理处二万元。

一、各军及各军事机关请领官佐阵亡或病故之殓埋费、抚恤费之件，日必数起，以最少限度筹计，每日必须三四百元，此款应请预拨若干以便应付。

议决：应抚恤之案，由军政部每五日提出一次。

财政委员会第八次特别会议议决案相应开列于左，请烦贵查照施行。

财政委员会启

一月十九日

计　开

（一）大元帅发下，据卸西江讨贼军总指挥魏邦平，呈缴任内收支数目书表，乞核销并发还垫款等情，交会办理案。（附书表簿共十二本）

议决：由会函交军政部核销。

(二)大元帅发下，据西路讨贼军刘总司令函，呈请设法筹拨该军饷糈等情，奉谕交本会开会公议案。

(三)准西路讨贼军刘总司令函请，会议筹拨该军饷糈等费，以资接济案。

(四)省长公署提议，改拨西路讨贼军刘总司令军糈案。

以上三案合并讨论。议决：由财政厅每日担负一百四十元，余另筹办法。

(五)东路讨贼军总司令部请求提议，请筹拨该军饷糈，维持阴历年关案。

公决：星期四开特别会再议。

(六)准湘军谭总司令函，请设法维持该军饷项，以资接济案。

公决；星期二开特别会再议。

财政委员会第九次常会议决案相应开列于左，请烦贵查照施行。

（再第七、八两案，请饬管案严守秘密，合并声明。）

财政委员会启

一月二十一日

计　开

(一)大元帅令，朱军长急需一万六千元，着财政委员会设法分筹案。

议决：由左列各机关分担，限二月二号以前缴交。

省长公署一千元，盐运使署五千元，财政厅二千元，

市政厅三千元，禁烟督办署二千元，公安局二千元，

沙田清理处一千元。

(二)大元帅发下，据舞凤兵舰折呈请款，交会公决办理案。

议决：请由军政部垫付，汇归透支数计算。

(三)准禁烟督办署函复，本会议决担任军政部之款，因无收入，无从拨支案。

(四)准禁烟督办署函复拨交航空局之经常费，无从筹付案。

(五)准禁烟督办署函复，饬拨朱军长培德，该部每日给养费，无从筹付案。

以上三案合并讨论。议决：仍由杨督办竭力随时应付，杨督办亦已当席承允。

(六)军政部特别提议，滇军杨总司人〔令〕请发棉衣一万套，请示以交付确实日期案。

议决：仍照前次议定办法办理，交货两星期。

(七)财政部提出，有利支付券总经理处办理规则、办事细则及派销额案。

议决：通过按照单开分派数目，由财政部咨省长公署遴派专员会县办理。广州市委托商会会同公安局派警按各区商店劝销。

(八)湘军谭总司令北伐开拔费二十万元案。

议决：由左列各机关先假定担任数目，限本月二十八日交足，但须星期三再开会议确定。

财政部三万元，省长公署一万元，财政厅二万元，

盐运使署一万元，市政厅五万元　禁烟督办署三万元，

公安局一万五千元，广三码头尾数三万元，

粤路总理陈兴汉五千元。

财政委员会第十次特别会议议决案相应开列于左，请烦贵查照施行。

财政委员会启

一月二十三日

计　开

(一)大元帅令，着财政委员会筹给许卓然办事费二千元案。

议决：由左列各机关分任，限三日内缴交。

省长公署四百元，财政厅四百元，市政厅四百元，

公安局四百元，盐运使署四百元。

(二)大元帅令，着本会于十日内筹备一万元，为军官学校开办费，交蒋介石收用案。

议决：由左列各机关担任，限十日内交清。

财政部五百元，省长公署一千元，市政厅二千元，

公安局一千五百元，财政厅一千五百元，盐运使署一千五百元，

沙田清理处五百元，禁烟督办署一千五百元。

(三)大元帅发下，据前兵站总监罗翼群呈请给发所部第二支部欠款一万七千三百余元，交会议办案。

公决：缓办。

(四)大元帅交下，香山朱县长呈，香港南展洋行数单交财政委员会办理案。

公决：缓办。

(五)大元帅发下，据豫军樊总司令呈，请于阴历年内发给军费二万元，着交财政委员会议办案。

公决：缓议。

(六)大元帅交议，邓家彦自德国来电，云即归，请汇旅费，着财政委员会筹给二千元换英金汇往案。

议决：由左列各机关分任，限十日内交财政部转汇。

省长公署四百元，财政厅四百元，市政厅四百元，

公安局四百元，盐运使署四百元。

（七）大元帅交议，着本会筹赔谭细船价一千二百元，黎顺船银七百五十元案。

议决：左列各机关担任，限五日交财政部汇交。

财政部三百元，省长公署三百元，市政厅三百元，

禁烟督办署四百五十元，财政厅三百元，公安局三百元。

（八）军政部请求提议，杨总司令希闵请添补新兵服装费八千四百元案。

公决：过阴历年关后再筹。

（九）陈委员树人提出，拟加入粤汉铁路总理陈兴汉为本会委员，征求同意经众赞成。（此案原于一月廿一日第九次常会议决，因未列报，兹查明附列合注明。）

（十）湘军北伐费二十万元，确定由左列各机关分担于下：

（系根据第九次会议假定廿三日覆议决定）

市政厅五万元，财政部四万二千元，禁烟督办署三万元，

财政厅二万三千元，省长公署一万元，公安局一万元，

盐运使署八千元，粤汉铁路公司五千元，沙田清理处二千元。

共一十八万元于本月二十八日前交清，余二万元再另开会议分担，十六天后交清。

财政委员会第十一次特别会议决案相应开列于左，请烦贵查照施行。

财政委员会

一月二十五日

计　　开

（一）大元帅令，着本会筹给马伯麟修理长洲要塞要件费一千元案。

议决：由左列各机关分任如下：

省长公署三百元，财政厅三百元，市政厅四百元。

（二）大元帅发下，据滇军总司令呈请迅饬财政厅、盐运使速予提拨现款案。

公决：由本会函财政厅、盐运使酌核办理。

（三）大元帅发下，据高检厅林云陔呈，请筹拨经费，以资接济案。

公决：事属司法、行政，非本会范围。

（四）沙田清理处许处长转准东路讨贼军函，需款八万元，请即开会解决案。

议决：俟阴历年关筹款有着照发。

（五）大元帅发下，杨总指挥函，请饬令财政当局特拨三五万元，以资接济等情，交本会会议设法案。

议决：自取销抽收盐税日起，由盐运使署每日拨一千元，交该军等分别发给。

（六）公安局提出，借租行将结束，收入短少，每日奉发各军费由二十六日起无法支付案。

议决：由二十六日起至三十日止，应拨军政部七千五百元，许部一千五百元，湘军五百元暂减半数发给，每日改向省长公署、盐运使署、市政厅具领。分任之数如下：

军政部由二十六日起至三十日止，每日向市政厅领一千五百元，许部由二十六日起至三十日止，每日向市政厅领四百元，向省长公署领三百五十元。

湘军由二十六日起至三十日止，每日向省长公署领五十元，向盐运使使署领二百元。

俟三十日后再确定担任支付机关及解决筹补其他半数。

（七）军政部提案八件：

一、军政部自去年九月间硝磺费停拨后，积欠本部薪饷半年有奇，请拨款三万元，以度年关。

二、财政部担任军政部永丰舰、测量局、虎门要塞司令部、第七路游击司令部，每月经常费共四万七百三十三元，奉帅令准予变通一案。除每日发给永丰舰五十元，测量局七十元，虎门要塞司令部三百元，第七路游击司令部四十元外，计每月尚差二万九千三百三十三元，应由何处指拨请公决。

公决：以上两案，俟阴历年款筹妥酌拨。

三、广九铁路管理局签呈军队乘车积欠车费共约二十余万元，请酌拨若干，聊资救济案。

又函称：总工程师以全路工资积欠太多，倘再延不发，恐酿成罢工之举，可否以中央银行支付券先给二十万元，设法推行以济急需。

公决：暂缓，俟年关款筹妥酌拨。

四、运输处预备十天燃料，需款约六千元。

议决：预备八天燃料四千八百元，由左列各机关分任如下：

省长公署五百元，市政厅一千元，盐运使署五百元，

财政厅一千元，公安局五百元，粤汉铁路公司五百元，

沙田清理处五百元。

五、广东公医院长达保罗函知留院伤兵积欠医药、饭食等费，除拨红花冈地价外，尚欠银一万二千五百七十元，请速归垫，否则停止医治。

议决：俟年关款决定酌拨。

六、湘军谭总司令咨报本部各军官、兵、夫埋葬费九千一百余元，系在给养代金内挪用，请查照发给。至各军直接垫发葬费，候各军呈报再行汇报由。

议决：由年关款决定酌拨。

七、广州制弹厂长夏声报称，年关在迩，清理积欠连同汇港取货等款，非有四万元左右万难继续办理，迫请设法筹给由。

八、孙旅长本戎在溪尾，王团安溪，胡营开拔及伙食二万元。

公决：以上两案，阴历年款筹妥酌拨。

财政委员会第十二次常会议决案相应开列于左，请烦贵查照施行。

财政委员会启

一月二十八日

计　开

(一)大元帅令，着提前发给航空局经费一万元案。

议决：仍由禁烟督办筹商办法。

(二)大元帅发下，据豫军樊总司令请于阴历年内发给军费二万元，着交财政委员会会议筹拨案。

议决：俟阴历年关筹款有着再酌拨。

(三)大元帅发下，据广东兵工厂长马超俊呈请指拨的款，按月发给德国技师制药费，暨开办费交会办理案。

议决，俟阴历年关筹款有着，先给开办费。

(四)大元帅令，着本会筹给杂费一千元交庶务司收用案。

议决：省长公署、财政厅各担任五百元，由省长公署汇交其财政厅之五百元，由应交会计司项下扣除。

(五)军政部提案十二项：

一、奉军第一师高师长凤桂所部二月份军饷三万五千元，请指拨过部，以资给领。

公决：二月初旬再议。

二、奉帅令肃清东江，奠定中原，时机已熟，饬部筹备即应准备各种子弹一百五十万发，需款约一十五万元，请分三星期筹拨，以资制造而利战争。

三、各病院病兵二千四百余人，近因天气寒冷，无被毯以资御寒，冻毙数十，重病日多，拟备棉被二千床，需价约七千元，如何筹拨，请公决。

四、本部前制各军夏衣及冬衣一部之费七万余元，现在催索急迫，应由何机关拨付之处，请即议决。

五、第七军长刘玉山呈，请每日增发伙食给养费一千元（原案每日发一千一百元）。

六、舞凤舰修理费四百九十二元（已由部垫发）。

七、李安邦部每日给养四十元（自一月一日起已由部垫发一千二百四十元）。

八、广东国民党支部长邓泽如函称，托制棉衣一万套，须速筹现款方能照办。

九、第三军长卢师谛请于旧历年关内，筹拨二三万元以清欠饷，并请每日增加给养三百元。

十、第二军长黄明堂请发军服费六千二百元。

十一、韬美医院函催，滇军官兵积欠医药费三千零二十元零九毫五仙。

十二、省署函知欠交克复石龙奖金九千五百元，无力担负，请提出会议解决。

公决：以上第二项至十二项，俟过阴历年关再决。

（六）军政部提出本部透支各款，虽迭经费会议决补还，而各财政机关仍未能如期照拨，以后透支者又逐渐增积，本部既不能保持支付之信约，对于各军、各机关实苦无以应付，应请提议从速解决，并附意见案。

公决：俟借款有着再决。

（七）湘军谭总司令因该部给养及军队开拔问题派员陈述案。

议决：所欠二万元，俟阴历年关借款有着，再酌拨。

(八)广州制弹厂费共一万二千元案。

议决：先筹六千元，限三日内交，其余六千元在年关借款项下筹拨。各机关分担之款如左：

财政部五百元，省长公署五百元，市政厅一千元，
禁烟督办署五百元，盐运使署五百元，财政厅一千元，
沙田清理处一千元，公安局一千元。

(九)第七军司令刘玉山请求每天增加给养一千元案。

议决：交军政部核议再定办法。

(十)大元帅谕，着筹给黄军长明堂旧历过年军费三千元，另每日给养五百元案。

议决：俟借款有着，酌拨给养，俟逞阴历年关再决。

(十一)广东全省沙田清理处，拟将设置清佃、登记两局名称修正案。

议决：清佃局名称不改，登记局改为登录局。

(十二)市政、教育两厅提议变更省河筵席捐征收办法案。

议决：省河筵席捐拨由市政厅、教育厅办理，指定为省、市教育费由省长公署训令市政厅、教育厅及两公司遵照。

财政委员会第十三次特别会议决案相应开列于左，请烦贵查照施行。

财政委员会启

一月三十一日

计　开

(一)大元帅令，着本会筹汇上海事务所经费一万元案。

(二)大元帅令，着本会筹给李福林所部军毡费一万五千元案。

议决：以上两案，俟年关借款有着再议。

(三)准广九铁路军车管理处函，请公议维持员役薪工，免致停办及煤觔事案。

议决：该处员役薪工另筹办法，煤炭费，每日定为七百元，先以一个月为期，由二月一日起，由左列各机关分任如下：

省长公署一百元，市政厅一百元，财政厅二百元，

禁烟督办署二百元，公安局一百元。

(四)公安局前次提出，军政部许部湘军每日奉拨各军费，俟三十日后，再确定担任支付机关及解决筹补其他半数案。

(五)广州制弹厂费共一万二千元，除先筹六千元，其余六千元在年关借款项下筹拨案。

议决：以上两案，俟年关借款有着再酌拨。

(六)准山陕讨贼军路司令函请，开会公议维持该军饷糈，以资接济案。

(七)准军政部函，豫鲁招抚使行署，每月薪公饷项数目列表送请查照案。

议决：以上两案俟过阴历年关后再决。

(八)沙田清理处许处长提出，奉大元帅手令，香山石岐上下基坦地，应由财政厅筹办等因。所有本处担任军政部及东路年内应拨款项。请改派财政厅筹拨案。

议决：该处坦地既经清理处核准石岐堤工会总承，缴价四万元，业已给照，应由清理处赶速收款，解交财政厅，由财政厅支配军费。

财政委员会第十四次特别会议决案相应开列于左，请烦贵查照施行。

财政委员会启

二月二日

计　开

(一)大本营会计司函各征收机关，欠解担任该司经费二万五千余元，请公议筹解，以便开支案。

议决：限阴历年内解交会计司一万元，由左列各机关分任如下：

财政部五百元，省长公署一千元，市政厅三千元，
盐运使署一千五百元，财政厅二千元，公安局一千元，
沙田清理处五百元，粤汉铁路公司五百元。

(二)大元帅令，着本会筹给宋品三旅费五百元案。

议决：由市政厅担任拨付。

(三)大元帅令，着本会筹给吴雅觉公费五百元案。

议决：由省长公署担任拨付。

(四)大元帅令北伐讨贼第一军陈军长光逵，第二军柏军长文蔚，着自二月起，每月由该会各发给办公费毫银一千元，仰即遵照案。

议决：陈军长每月办公费由财政部担任，柏军长每月办公费由财政厅担任。

(五)大元帅令，着本会筹汇上海事务所经费一万元案。

议决：省长公署担任二千元，财政厅担任二千元（均已拨付）。

(六)大元帅令，着本会筹给李福林部军毡费一万五千元案。

议决：承认此款，俟过阴历年关后再决。

(七)湘军军费案。

议决：拨款三万元，以商会善团发行之善后短期手票支付。

(八)东路讨贼军军费案。

议决：拨款二万元，以商会善团发行之善后短期手票支

付。

（九）兵工厂德国技师制药费案。

议决：拨款一万元，以商会善团发行之善后短期手票支付。

（十）豫军军费案。

议决：拨款八千元，以商会善团发行之善后短期手票支付。

（十一）卢师谛部军费案。

议决：拨款二千元，以商会善团发行之善后短期手票支付。

（十二）内政部经费案。

议决：照拨五千元，以商会善团发行之善后短期手票支付。

（十三）军政部提案：

一、一月十六日以前透支一十三万零四百三十七元。

议决：照拨，以商会善团发行之善后短期手票支付。

二、一月十七日以后，透支一十二万一千零九十一元。

议决：缓拨。

三、舞凤兵舰修理费垫款四百九十二元。

议决：照拨，以商会善团发行之善后短期手票支付。

四、李安邦每日给养四十元，一月一日起三十一日止，三十一天共一千二〔百〕四十元。

议决：照拨，以商会善团发行之善后短期手票支付。

五、韬美医院积欠医药费三千零二十元零九角五分。

议决：照拨，以商会善团发行之善后短期手票支付。

六、省长公署欠交克复石龙奖金九千五百元。

议决：缓拨。

七、广州制弹厂制弹经费欠六千元（前次议决一万二千元，拨过六千元）。

议决：照拨，以商会善团发行之善后短期手票支付。

八、军政部自去年九月间硝磺费停拨后，积欠薪饷半年有奇，请拨款三万元，以度年关。

议决：先拨一万五千元，以商会善团发行之善后短期手票支付。

九、永丰兵舰、测量局、虎门要塞司令部、第七路游击司令部，每月经常费共四万零七百三十三元，除每日由军政部酌予发给外，计每月尚差二万九千三百三十三元。

议决：拨半数计一万四千六百六十六元五角，以商会善团发行之善后短期手票支付。

十、积欠军服费七万元。

议决：暂拨三万元，以商会善团发行之善后短期手票支付。

十一、置备病院棉被二千床，需价约七千元。

议决：照拨，以商会善团发行之善后短期手票支付。

十二、积欠广东公医院医药、饮食等费，尚欠银一万二千五百七十元。

议决：拨半数计六千二百八十五元，以商会善团发行之善后短期手票支付。

十三、筹备子弹一百五十万，需款约一十五万元。

议决：缓拨。

十四、预备旧历年关十日给养等费二十二万，（制弹费已另提）。

议决：先拨阴历初一日一天二万二千元，以商会善团发行之善后短期手票支付。

十五、欠湘军制弹费四千八百元。

议决：照发，以商会善团发行之善后短期手票支付。

十六、欠煤炭费八千元。

议决：拨四千元，以商会善团发行之善后短期手票支付。

以上十六条除缓拨外，共应拨二十五万七千五百七十一元四角五分。

财政委员会第十五次特别会议议决案相应开列于左，请烦贵查照施行。

财政委员会启

二月八日

计　开

（一）大元帅发下樊总司令呈称，北伐在即，需款孔殷。谨将所筹数目共需洋一十五万元之谱，祈代恳提前发给案。

议决：交军政部核复，缓十日再核办。

（二）大元帅批交卢师谛函，杨庶堪详述困苦情形，恳求拨款接济，交会议办案。附致本会函二件。

议决：交军政部核复再议。

（三）大元帅交下，据伍外交部长呈送补造该部十一年一月至六月上半年报销清册，连同单据，请察核发还垫款等情，交会议办案。附粘存簿五本，计算书一本，附属表一本。

议决：交财政部核。

（四）大元帅令，着财政厅长发给湘军五军长各旅费一千元，共五千元交本会办理案。

议决：行财政厅办理。

（五）大元帅令，着本会提前发给军官学校开办经费六万元案。

议决：由本会函禁烟督办署提拨。

(六)大元帅交下，上海每月支出烈士家属特别费及每年支出家属学费，二共七千五百四十元沪洋，着财政委员会筹给案。

议决：由财政厅担任拨付。

(七)大元帅令，着本会筹拨上海议员旅费五千元，交谢惠生等分配案。

议决：连汇水伸算共银六千二百元，由左列各机关分担如下：

财政部一千元，　省长公署五百元，　市政厅一千元，

禁烟督办署五百元，　盐运使署一千元，　财政厅一千元，

公安局五百元，　沙田清理处七百元。

(八)准东路讨贼军总司令许崇智函，据大本营制弹厂周少棠提出意见书及报告书，制弹数目暨各机关欠数请商量维持案。

议决：交军政部核复再议。

(九)东路讨贼军第四军司令张国桢函开，欠发该部一月十五以前伙食费二千元，经财政厅指定新会沙佃存款项下拨还等由，请查照办理案。

议决：查案照办。

(十)奉发湘军总司令呈为粤省生活过高，所发给养不敷，请予每日官佐各发给养洋四角，士兵各发给养洋二角，并请指拨的款按日给领案。

议决：交军政部核复再议。

(十一)奉发粤闽湘军招抚使刘毅函，呈请暂发洋一千元藉资进行案。

议决：暂缓。

(十二)孙市长函，准航空局长陈友仁西文函，盐运使署收入除缴军政部，每日尚余四千元，拟请由市政厅呈帅令指拨或转财政委员会办理等由。兹将原文绎〔译〕出。另纸录出，请察收案。

(十三)两广盐运使署函，奉大元帅面谕，勉筹航空局每日经

费五百元，嗣后无论何种款项不再加派等因，函请查照，以后勿派负担案。

以上两案合并讨论。议决：由盐运使署拨付。

（十四）市政厅提议，请予将该厅每日认缴军费数目减为二千元，俾得勉力筹措，以免贻误军需，附意见书案。

议决：市政厅每日担任军费七千八百九十九元，从二月十一日起，由左列各机关分担如下：

市政厅每日拨二千元（交军政部），

盐运使署每日拨三千五百元（交军政部），

禁烟督办署每日拨一千八百元（交军政部），

又每日拨五百元（交会计司）。

（十五）市政厅提议，省河筵席捐变更办理，经奉省令依照财政委员会议决，拨由教育厅、市政厅会同办理，请另行指拨军费，以维原案案。

附意见书一纸。

议决：由会呈请大元帅令朱军长查照，其军费如何指拨，另由本会妥筹办法。

（十六）东路讨贼军总司令函，每日应拨该部一千五百元，伙食给养在在待发，前所短半数以及二月份之款，向何机关拨交，应请议决俾便领给案。

议决：下次再议。

（十七）朱军长函，本会议决由禁烟督办署每日担任拨交该军部给养费三百元，迄未领获，请设法维持案。

议决：交禁烟督办署速拨。

（十八）军政部提案，路司令孝忱所部伙食，请每日发给八〔百〕元，拟核发二百四十元案。

议决：禁烟督办署担二百元，财政部担四十元。

(十九)军政部提案，请指定电灯捐、旅馆捐收入为运输费案。

议决：指定旅馆捐由公安局汇交军政部。

(二十)克复石龙奖金九千五百元案。

(廿一)联军杨总指挥垫制军服费八千四百元如何指拨案。

(廿二)十日给养不敷数，请指定机关担任案。

以上三案，下次会议议决。

财政委员会第十六次常会议决案相应开列于左，请烦贵查照施行。

财政委员会启

二月十一日

计　开

(一)大元帅令，着本会于海防舰队未改编以前，每日暂发伙食、公费等六百元案。

议决：照原案，由西江财政处，于江门收入项下指拨。

(二)湘军总司令公函，需用急迫，师行乏食，每日应领给养费毫洋一万二千三百六十九元，请会提前议决，照数拨付，以维军食案。

议决：交军政部核定，复会再议，先解决前议定，北伐开拔费二十万元，除已交外，尚欠四万元由财政厅筹付。

(三)准粤闽湘军招抚使函，奉帅令，发给该军开办费一千元，已交本会查照，刻下需款甚殷，务望将此款提前发给案。

议决：缓办。

(四)东路讨贼军总司令函，每日应拨该部一千五百元，伙食给养在在待发，前所短半数以及二月份之款向何机关拨交，应请议决俾便领给案。

议决：沙田清理处每月担二万元，财政厅每月担五千元。

(五)军政部提案，克复石龙奖金九千五百元案。

(六)军政部提案，联军杨总指挥垫制军服八千四百元，如何指拨案。

以上两案经众讨论，一个月后筹拨。

(七)军政部提案，十日给养不敷，请指定机关担任案。

经众讨论，暂时未有办法。

(八)大元帅批交焦易堂函，请在京印刷《三民五权演说词》四万册，用款二千一百元。此款系由商家借来，现债主催迫甚急，请核准拨交会议办案。

议决：财政部担一千五百元，省长公署担六百元。

(九)军政部提案，奉帅令，每日加给第七军伙食毫洋二百元，此款应由何机关拨付案。

公决：暂缓。

(十)军政部提议，筹备子弹一百五十万颗，约需毫洋一十五万元案。

公决：暂缓。

(十一)军政部提议，电灯附加捐款，应仍拨归军政部指充各军运输费案。

公决：于第十五次会议已议，不必再议。

(十二)朱军长函，请转催禁烟督办认定之每日三百元迅即照拨案。

议决：由会转催。

(十三)市政厅提议，请将善后委员会输送团经费，月支三千六百元之数，另行指拨他机关担负案。

议决：由民产保证局，三法团奖金内动支。

(十四)禁烟杨督办提出，前月七日垫借拨交湘军张国元一万元，请各机关如约归还案。

议决：由会通函各机关查案归还。

财政委员会第十七次特别会议决案相应开列于左，请烦贵查照施行。

财政委员会启

二月十五日

计　开

（一）大元帅发下，据滇军第三军长蒋光亮呈，请加委谈继昌等为河口厘厂总办等职，交会议办案。

议决：由会函省署行财厅照委。

（二）大元帅发下，粤闽湘军招抚使刘毅函呈困难情形，请将前令发之壹千元，指定有款机关提前发给，交会办理案。

议决：暂缓。

（三）两广盐运使节略为各军借用缉私巡舰，迄未交回，以致私盐充斥，偷漏瞒税莫可究诘，如何催各军交还，以便缉私而裕税收之处，请提议公决案。

议决：由会呈请大元帅，令军政部派员提回。

（四）广九军车管理处王处长来函，以湘军出发在即，需用煤炭必多，请火速指定确能担任煤款之机关，切实函致，按日交处领用，免误戎机案。

议决：暂尽现有之款支给。

（五）准大本营参谋处接湘军谭总司令，转据赖司令天球呈述窘状，请查核会议维持案。附原签呈一纸。

议决：暂缓。

（六）准北伐第一军陈军长函，高凤桂师无饷，兹派姜、陈二员来省领饷，请交领案。

议决：由禁烟督办署于七日内先拨一万元。

（七）准大本营会计司函，经费窘迫，请会议设法维持，于两三日内筹措数千元拨解，以资应用案。

议决：由禁烟督办署先拨三千元。

（八）准公安局函，本会议决案内第十九条，指定旅馆捐由公安局汇交军政部，亟应照办。惟该局自租捐结束后，尚有奉令应拨之款不能照交，请议决以后支付方法案。

议决：由公安局将所收旅馆捐用途开出，再定办法。

（九）准大本营秘书处来函，奉大元帅面谕，着本会速即加筹豫军樊总司令现款一万元，勿稍延缓案。

议决：暂缓。

（十）省长公署提出，向来以筹饷局名义，所收各县钱粮，统交回财政厅征收，以后不再负担各种款项案。

议决：照办。

（十一）市政厅提出，省河筵席捐，已奉大元帅指令，准如本会议决指定全数拨充教育经费，前由裕源公司于筵席捐项下，认缴朱军长培德积欠军饷三十万元，另行筹拨案。

议决：应于财政未统一以前，由市政厅负担，另行筹拨，计每月二万五千元，至拨足三十万元为止。

（十二）军政部提出，议决各军给养暂时周转办法，计共五项案。

一、以夏历新年十天，抵发给养之短期手票二十万元，暂时由政府收回，作为欠发各军之款。

二、从二月十四日起（即夏历初十日）至二十三日止（即夏历十九日），将售出手票每日拨出现银二万元为各军给养，连同各机关所拨现银八千七百元，一并均匀支配（八千七百元之数，恐有不符，应另查明）。

三、所欠各军之二十万元，由财政委员会承认，设法于二十天后偿还。

四、十天以后给养，本星期五开财政委员会与军政部商定办法，另行报告。

五、收回各军手票，限商团警察十天内售竣，分别发还，左议各条系二月十三日由财政部郑次长<br>广东省长公署陈厅长当各军、各机关收款人员在军政部会议决定。

议决：照案追认。

财政委员会第十八次常会议决案相应开列于左，请烦贵查照施行。

财政委员会启

二月十八日

计　开

（一）准沙田清理处许处长提议，仿照香港厘印办法，施行银业印票，以裕收益。附意见书案。

议决：通过。交由财政厅办理，在收入项下拨三成充市教育补助经费。

（二）两广盐运使署公函，准本会函开，第十五次议决，该署分担上海议员旅费一千元，现因税收困难，负担增重，无从筹拨，实难照认，函复查照案。

议决：仍照拨，并由盐运使当席承认，照案拨付。

（三）市政厅提议，市区域内所有荒山坟墓，一律须到市财政局税契，附意见书案。

议决：通过。由财政厅将契发交，由市政厅、财政局代办，款作为省库还拨市政厅。

（四）湘军特别给养费六万元案。

议决：从开始攻击日起，分二十日均摊，由左列各机关担任如下：

财政厅二万元，　市政厅一万元，　盐运使署一万五千元，

禁烟督办署五千元，　公安局五千元，　沙田清理处五千元。

(五)孙委员科提议，加入广州市民产保证局局长李纪堂为本会委员案。

议决：照章由会呈请简派。

(六)本会第十七次会议议决，湘军北伐费二十万元，由各机关分任一十八万元，余二万元另议分担。现统算，除交尚欠五万六千元，另照郑委员洪年、孙委员科、吴委员铁城，临时所拟，由左列各机关重新担任，提出追认案。

附湘军北伐费二十万元各机关原认及交数目清表

| 机关 | 原认额 | 已交数 | 欠交数 |
|---|---|---|---|
| 财政部 | 四、二〇〇〇 | 四、二〇〇〇 | |
| 省长公署 | 一、〇〇〇〇 | 一、〇〇〇〇 | |
| 财政厅 | 二、三〇〇〇 | 二、三〇〇〇 | |
| 市政厅 | 五、〇〇〇〇 | 四、四〇〇〇 | 六〇〇〇 |
| 盐运使署 | 八〇〇〇 | 八〇〇〇 | |
| 禁烟督办署 | 三、〇〇〇〇 | 四〇〇〇 | 二、六〇〇〇 |
| 公安局 | 一、〇〇〇〇 | 一、〇〇〇〇 | |
| 沙田清理处 | 二〇〇〇 | 二〇〇〇 | |
| 粤汉铁路公司 | 五〇〇〇 | 八〇〇 | 四二〇〇 |
| 合计 | 一八、〇〇〇〇 | 一四、三八〇〇 | 三、六二〇〇 |

照二十万元算，除交一十四万三千八百元，实欠五万六千二百元。

议决：照案追认，限本月十四日内统交财政部，转交湘军，分

担如下：

省长公署五千元，　　财政厅二万元，　　市政厅五千元，

禁烟督办署五千元，　　盐运使署五千元，　　公安局三千元，

沙田清理处二千元，　　粤汉铁路公司二千五百元，

民产保证局二千五百元。　　以上共五万元。

财政委员会第十九次特别会议决案相应开列于左，请烦贵查照施行。

财政委员会启

二月二十八日

计　开

(一)大元帅令，着本会筹给简让之恤费一千元案。

议决：由财政厅照付。

(二)大元帅令，着本会筹给朱军长培德军队饷糈，以资接济案。

又准朱军长培德函称，禁烟督办署函复无款拨交该军给养等语。请提议设法另筹付案。

以上两案合并讨论议决录。

帅令，函禁烟督办署务必照付。

(三)大元帅交下，管理粤汉铁路陈总理呈为沥陈粤路困难情形暨拟整理方法，乞鉴核示遵等情，交会议办案。

(四)粤汉铁路陈总理提议，请免提路款三个月，以期修路，附意见书案。

以上两案合并讨论，议决：俟东江战事结束再议核减。

(五)大元帅交下大理院赵院长呈称，拟将总检厅缩小范围；及请令行财政部将该院及总检厅经费按月照拨，以免竭蹶等情，交会议办案。

公决：缓议。

（六）大元帅交下赵运使呈，为负担过重，筹拨维艰，请嗣后无论何种款项，暂勿再派该署分担，交会办理案。

又准赵运使函，前奉大元帅令，筹拨湘军总司令制弹费二万元，除由前伍运使交二千元外，尚有一万八千元请设法拨还案。

以上两案合并讨论，俟东江战事结束后再决。

（七）大元帅令，着本会发给张兆基旅费三百元案。

议决：由财政厅拨付。

（八）准滇军杨总司令来函，请设法筹措毫洋五万元，以解目前之急案。

（九）准滇军杨总司令函，该部购制新兵服装费八千四百元，现商号日来催迫，应请克日议拨，以便承领转发案。

以上两案合并讨论，俟财政统一实行后再办。

（十）准财政厅函，奉省长训令准第三军长咨称，拟派员办理酱园捐一案。提议请求本会议办案。

议决：交由财政厅核办。

（十一）准豫鲁招抚使函，以奉帅座批令，由二月一日起每日拨给敝署伙食毫洋一百元，当咨贵会筹拨，由军政部军需局给领。现该局函复推辞无款，而敝署待需孔亟，请迅筹议指拨，以救眉急案。

经众讨论，俟财政稍裕再拨。

（十二）准禁烟督办署函，本会第十五次议决，由该署担任每日拨交路司令所部伙食二百元，实无法筹拨，请公议另付指拨案。

又准禁烟督办署函，议决拨路司令所部伙食，先交过八百元，以后无力再支，请转查照案。

以上两案，合并讨论，议决：仍由禁烟督办署担任拨付。

（十三）大本营会计司函本会，前经议决由禁烟督办先行筹拨之三千元，尚未领获，现府中日常生活困难，请设法筹拨接济，并请将公安局每日应解五百元指定另外机关案。

议决：三千元之款，仍函杨督办照拨。公安局应解五百元，十日后，由盐运使酌量解缴。

（十四）准许处长代表提出请议案三项：

一、奉帅令，着本会公议筹给第三军长李福林部军毡费案。

经众讨论，已由沙田清理处付过三千余元，俟财政统一再酌付。

二、大本营制弹厂积欠甚巨，请设法维持案。

三、东路讨贼军补助费短欠二万元，应如何拨给请公决案。

以上两案经众讨论，俟财政统一再酌付。

（十五）准第三军卢军长函，请增加给养暨补发积欠各款案。经众讨论，俟财政统一再酌付。

（十六）市政厅提议，现接滇军第一师赵师长来咨称，由该部批准鸿源公司抽收广州市粪溺出口捐，请厅备案保护等由。未经财政委员会议决，请由会呈请大元帅明令撤销，附意见书案。

议决：由本会呈大元帅令行滇军总司令部，转饬将此项捐务撤销。

（十七）财政厅提出，本会第十七次会议议决，由禁烟督办署于七日内先拨高凤桂师军饷一万元，迭准杨督办函称，无款接济。兹拟由财政厅暂行垫付，仍由杨督办速筹归垫，以济急需案。

议决：照此办理。

（十八）财政部提出，湘军棉衣费约需三万元，此案俟另日列单报告，以清手续案。

议决：照此办理。

（十九）郑委员提议，照章新任广东杨省长应为本会主席委员案。

议决：由本会呈大元帅任命。

财政委员会第二十次特别会议决案相应开列于左，请烦贵查照施行。

财政委员会启

三月六日

计　开

（一）大元帅令，着本会发给广西总司令临时费二千元案。

议决：由两广盐运使署担任拨付。

（二）大元帅发下据滇军杨总司令请拨款维持军饷，着本会筹给一万元案。

议决：盐运使署担任六千元，财政厅担任四千元，限下星期一清交。

（三）大元帅发下统一财政委员会呈报该会办事经费月支数目，乞察核示遵等情。交会酌拨案。

议决：由财政部酌量核付，限两个月办竣。

（四）大元帅发下高师长凤桂急电，请速将三万五千元交该师营长张仲青带去，以应急需，交会办理案。

议决：三月份起由中央军需处拨付。

（五）大元帅发下湘军谭总司令呈，请发给修理枪械总计需毫洋一万一千三百七十九元，交会议办案。

议决：承认此案。该军修理枪械既交由兵工厂办理，由会与兵工厂接洽另行筹给。

（六）大元帅发下粤闽湘军招抚使刘毅函，请拨款派员前往招抚等情。着会先发给一千元，俾资应用案。

议决：除军需处已付五百元外，财政厅再付五百元。

（七）大元帅发下湘军谭总司令呈，请给领制办所部士兵夫单军服交会办理案。

议决：设法筹给。

(八)大本营参谋处李烈钧函筹饷局会办，已定贵会一席，特此函达，俾得遴员请简案。

议决：俟筹款就绪，再另案议。

(九)大本营参谋处交来奉大元帅发下，杨总指挥希闵呈，请令饬中央军需处发给该部军医处款项，勿再折扣，俾资维持，交会办理案。

议决：由中央军需总监酌办。

(十)大本营参谋处交来，奉大元帅发下侦探长李天德呈，请饬交财政委员会转饬各财政机关分担发给欠薪等情。交会办理案。

议决：应毋庸议。

(十一)豫军樊总司令函，请将帅座前时令拨万元未清之款，悉数拨禁烟督办署，克日发给，以济眉急案。

议决：函禁烟督办署补拨。

(十二)湘军谭总司令函称，本年一月份起至二月二十日止，各机关欠拨该军给养费共四万三千七百五十元，现已停拨，请另行指拨开单函请查照案。

议决：由本会函各机关清算，再行指拨。

(十三)湘军谭总司令函，请将本会议决所加该军给养款项，由各机关迅赐悉数拨付，俾利行军案。

议决：依照原案，从开始攻击日起再付。

(十四)吴委员铁城提议，嗣后各军请领军费，应先呈明中央军需总监核明，交会再行决定案。

议决：照此办理。

(十五)蒋军需总监提出，按日给养不敷，预算至三月底止，约不敷六十余万元，应请筹付案。

议决：请省长与筹饷局商防务经费先行开投，以所得预饷先拨应付。

财政委员会第二十一次特别会议决案相应开列于左，请烦贵查照施行。

财政委员会启

三月十三日

计　　开

(一)大元帅令，着本会筹给姚雨平部队解散费，五千元案。

公决：缓办。

(二)大元帅令，着本会筹拨接济何雪竹伙食费六千元案。

议决：由禁烟督办署拨付。

(三)大元帅发下，湘军谭总司令呈，请发给制办斗笠、米袋暨各连办公等费，合计洋五万四千六百余元。乞鉴核发给等情。交会议办案。

公决：暂缓。

(四)大元帅发下财政厅呈报，遵令将新侨公司承办树胶捐案撤销。拟照该商所请，将该捐由市政厅办理。拟咨请市政厅饬令岑念慈等，偿还新侨公司缴款，乞察核示遵等情，交会核议案。

(五)大元帅发下财政厅呈报，遵批令，将树胶捐新旧承商争执情形，乞察核示遵等情。交会核议案。

议决：以上两案，由市政厅、财政厅会商解决。

(六)大元帅发下郑师长润琦呈，西江整理财政处，短发该师伙食二万余元，请核准饬行拨给毫银一万五千元，并嗣后每日暂行补助伙食六七百元等情。交会核议案。

议决：财政厅拨付现洋三千元，手票二千元，市政厅拨付手票三千元。

(七)大元帅发下据湘军谭总司令呈，请迅饬发还葬费九千元。

(十)财政部提议，本部现须担任其他机关政费所有每日由印花项下付军需处之五百元，无力支付，请停止另由他机关担任案。

议决：改由禁烟督办署拨付。

(十一)财政部提出，银毫出口护照条例报告案。

议决：照此办理。

(十二)财政厅提出，本会第十七次会议议决，准北伐第一军陈军长函，高凤桂师无饷，派员请款案，议决由禁烟督办署于七日内先拨一万元一案。该师军饷万急，迫如星火，除由禁烟督办署拨过一千元外，经财政厅垫付九千元，又续付五千元，共一万四千元，内九千元于前期会议当席报告，应请追认，并由会函催禁烟督办署缴还财政厅，以清手续案。

议决：照办。

(十三)财政厅提议，本厅入款短绌，开支浩大，所有每日担任军需处之三千元，自十四日起至月底止，每日拟减为一千五百元，其余一千五百元，按五日汇付七千五百元，以免逐日支付不能周转案。

议决：照办。

(十四)准财政厅函，奉令将省河筵席捐拨充学费。拟定本月二十二日起，将省外各属筵席捐按照距省远近，分别日期在厅开投照案，送请议决案。

议决：照办。

(十五)准财政厅函，拟具游戏玩具印厘及罐头印厘章程，请查照议决案。

议决：游戏玩具印厘照行，至罐头印厘办法不无窒碍，应改为装饰品印厘(如香水、香枧等)，以便推销。

（十六）准财政厅函，拟举办广州市区以外及各县属坟茔税契，并拟定章程请本会公决案。

（十七）财政局提出，广州市坟茔税契章程案。

议决：以上两项章程统交陈委员其瑗修正，全省一律公布施行。

（十八）准市政厅函，广州市屠牛捐及牛皮捐附加战事军费，请会议决案。

经众讨论，佥以此项附加费用，类近烦苛，不能通过应作否决。

（十九）准赖司令天球函称：前奉帅令，核定每月暂发该军军费一千元，咨交本会会议在案，现因需饷亟函请即议决案。

（二十）准东路讨贼军总司令函，该部补助费，除由各机关分担外，尚不足二万元，请提议指拨案。

（廿一）准中央直辖第七军司令刘玉山函称，该军此次出发三罗，需开拔费一万五千元，请筹拨案。

公决：以上三案缓议。

（廿二）准中央军需处函称，各军军需联合处，以敝处旬日来发欠，据已逾十万元，应请提交财政委员会分别筹款发还等情，请会议决筹还办法案。

议决：由禁烟督办署筹付五万元。

（廿三）准沙田清理处函，以严师长等征收东莞县各属护沙费，有越权限，恳会转呈帅座，迅令刘总司令转饬该军，立即取销。并将东莞沙捐清佃局收入，划拨五成为严部军费，余五成实行解处请会议决案。

议决：照办。

（廿四）准沙田清理处函称，李旅长海云函，请准予抵解该军前在台山沙捐兼清佃局提取款项二千八百元一案，应否照准抵解，请会议决案。

议决：照办。

(廿五)准市政厅提议，商人承办省河戏捐案。

议决：停止办理。

(廿六)准市政厅提议，商人承抽广州市汽水捐，拨充平民教育运动经费案。

议决：照办。

财政委员会第二十二次常会议决案相应开列于左，请烦贵查照施行。

财政委员会启

三月十八日

计　开

(一)大元帅令，着财政委员会将湘军每日给养六千元，由三月十九日起至四月七日止共二十日之款，提前分作一、二次交足，以便湘军出发案。

财政厅四万元，　市政厅二万元，　盐运使署六万元。

俟十九日筹妥与否再覆。

再奉帅令，预期一起发湘军给养费一案，应改为从三月二十七日起算，着财政委员会遵照办理等因。合注明。

(二)大元帅令，着财政委员会筹拨紧急费二万元，交许总司令接济闽南各部队案。

(三)大元帅令，着财政委员会另设他法，速筹拨何雪竹之六千元案。

议决：以上两案，共二万六千元由左列各机关分担如下：财政厅一万二千元，十九日交六千元，余三日内交。

市政厅五千元，　盐运使署五千元，　沙田清理处四千元。

三日内交。

再奉帅面谕：闽南各部队改为给一万元，何雪竹改为给一万元，另议分担如下：财政厅八千元，市政厅四千元，盐运使署四千元，沙田清理处四千元合注明。

（四）大元帅发下，广九铁路代理总工程师石托勒敦函，着发给工费五千元案。

议决：由财政厅拨付。

（五）大元帅发下，据总指挥梁鸿楷等呈，肃清南路匪患作战计划，暨财政兵站计划，需用款数，着本会迅速从优核办案。附纲要书一本。

议决：由会函问参谋处南路军事缓急情形，再行核办。

（六）大元帅批，着财政委员会提前筹给黄焕记煤炭费三千七百余元案。

议决：由禁烟督办署拨付。

（七）财政厅提出，修正兴利公司承办广州市银市买卖章程案。

议决：照办。

（八）陈委员其瑗提出修正坟茔税契章程案。

议决：章程照准，从广州市区内办起，再推行各属。

（九）本会提议加入筹饷局督办范石生为本会委员案。

经众公决：由会呈请大元帅简派施行。

（十）大元帅发下军政部呈，请抚恤豫军官佐被难家属费二万元，乞核示施行等情，交会议办案。

（十一）参谋处交来，奉大元帅发下，据广东无线电报总局长冯伟呈，请令行禁烟督办拨款修整前山分局及修理电杆等费三千余元，交会办理案。

（十二）秘书处交来，奉大元帅发下，据军政部呈，开列检查邮电经费预算决算，乞饬财政委员会按月照拨，交会议决等。附预算决算表共三件。

（十三）秘书处交来，奉大元帅发下湘军谭总司令呈称：修理枪械需费一万一千三百九十七元，又军服破烂，拟添制单军服需费九万五千四百四十三元六角，请筹拨案。

（十四）准湘军谭总司令函，敝部给养竭蹶必须增加，请贵会将议决每日之三千元，从三月一日起逐日发给，并请将各机关欠款即日指拨案。

（十五）准广东兵工厂函称，敝厂代湘军各部修理军械工料费万元以上，请筹给案。

（十六）准滇军总司令部函称，敝部前购所属警卫团补充新兵服装共价毫洋八千四百元，已由贵会第十六次议决，限一个月后筹拨有案，现待需火急请从速筹拨案。

（十七）财政厅提出，核复酱园捐一案，似难举行，应否取销，请再公决案。

公决：以上共八案缓议。

财政委员会第二十三次常会议决案相应开列于左，请烦贵查照施行。

财政委员会启

三月二十四日

计　开

（一）准卸禁烟督办杨西岩函呈，奉大元帅批准，将关防小章暂行函送财政委员会保管，并请派员保管公物文卷，以免散失案。

议决：该督办关防小章，由本会暂行保管，至该署公物文卷，应由杨督办指定二人知会本会派委，以资管办。目下所存药料烟土、烟膏及将来移交新任，仍由杨督办办理。以清界限，本会只负保管关防小章及公物之责。

(二)准卸任杨督办函，据制药总所所长郑文华呈称，被水陆侦缉联合队闯进该所，将存有药料、药膏尽数封销，呈报察核等情，函会查照案。

议决：由会致函湘军总司令部查办。

(三)大元帅发下杨督办被控禁烟无成绩之原因文一件，着会彻底查办，清理积弊，以维饷源案。

议决：由杨督办将被控各节，自行明白答复，函交本会再行审查核办。

(四)大元帅着本会酌量补给林树巍所部伙食每日七十元案。

议决：由盐运使署拨付。

(五)大元帅令，着本会筹拨潘正道公费一千元案。

议决：由财政厅拨五百元，市政厅拨五百元。

(六)大元帅函，前令指拨赵杰所部每日给养一百元，至今尚未领得，着财政委员会指定何处领取案。

议决：自四月一日起由财政厅给付。

(七)大元帅训令，据湘军谭总司令呈，为财政委员会议决缓发职部各款，恳予转饬即日指拨，以利军行等情，着会迅将请拨各款尽先拨交案。

又准湘军代表张国元函，请被帅令中央军需处每日应解该军给养六千元，提前先交，二十日作一二次交足，并帅令先后着筹之一十五万元及特别给养六万元，三共除已付余数，乞特别筹付以利戎机案。

议决：俟各机关将欠拨该军数目函复后，再行核办。其雨笠、米袋等项，俟下星期会议再决。

(八)准市政厅函，称查省河猪捐承办年期届满，应如何办理请公议案。

议决：由市政厅招商开投，所得饷款，若超过原额，其超过之数，由市政厅处理。

（九）准赖司令天球函，请指拨该部前方官兵每月伙食一千元案。

（十）准统一财政委员会咨，准卫戍总司令杨咨开，为建议军粮短绌，请悉照原案补发等因。除由会签呈帅座核示外，咨请筹议办理案。

（十一）准中央军需处函称，该处总共垫支欠发两项，实不敷五十七万三千五百八十九元四角四分，请设法清偿。再本处每日收支不敷，平均约二万数千元，请议决由财政机关分担按日解交案。

公决：以上三案缓议。

（十二）准杨主席函交，奉大元帅致郑主席函，豫军今日领不到给养费，望财政委员会格外注意。现在军需总监每日有几许收入，能否对此军先为发给，并望与筹饷局酌量速筹解决方法案。

议决：由筹饷局在该局筹解现款一万元项下拨五千元，先交豫军领用，而目下东江作战军粮孔亟，应以五千元给滇军总兵站部以应急需。

（十三）准东路讨贼军总司令函，以各部队伙食给养欠发甚巨，请提出会议，每月筹拨三万元维持现状案。

公决：俟下期开会再议。

（十四）杨主席报告，接准滇粤桂联军杨总指挥来函，各机关欠发该军给养共九万余元，现奉令作战，前方日发给养，自难稍事羁延，请转呈帅座饬将旧欠清发，并请饬行市、财两厅设法于日内各拨现款三万元，盐运使署拨三万元，并交张兵站部长领收，以便定购米粮案。

议决：由市财两厅、盐运使署，共担任米六十万斤，约款六万元，分三期支付，由三机关与张兵站部长商定办法。

财政委员会第二十四次特别会议决案相应开列于左，请烦贵查照施行。

财政委员会启

三月二十七日

计　开

（一）准卸禁烟督办杨西岩函称，被控禁烟无成绩之原因，经派员密查，制药及侦缉流弊，尚无实据，函复本会查照案。

议决：据杨督办来函呈复。大元帅核办。

（二）大元帅发下朱军长培德函呈，该军奉命改由沙田清理处照拨给养后，沙田清理处通电声明，不能派拨，军需处又奉令停止，两无着落，请设法维持等情，交会筹措案。

（三）大元帅发下朱军长培德呈，请指拨给养用费等情，交会速议案。

以上二案合并讨论，议决：由沙田清理处酌量拨给。

（四）大元帅发下前欠大本营驻江办事处主任古应芬呈，请指拨款项偿还债务等情，交会办理案。

公决：缓议。

（五）大元帅发下邹鲁函，请令借租捐一个半月，以三分之二作军费，三分之一作大学经费等情，交会办理案。

议决：缓办。

（六）大元帅令，着本会迅即筹拨毫洋一千零八元，由军乐队长吕定国具领，制发该队服装六十套，仰即遵照给领具报案。

议决：财政厅担任四百零八元，公安局担任六百元。

（七）大元帅发下广州各商埠、柴行、竹行代电，为军队、土匪设卡抽费，民不堪命，乞令取销等情交会查酌拟办案。

议决：此案非本会范围，应呈请大元帅明令禁止。

（八）大元帅发下军政部长程潜呈，为兵工厂经费无着，势将停工，乞令中央军需处指定的款，按日发给等情，交会速议案。

议决：改由财政厅、市政厅酌量筹拨。

（九）大元帅发下军政部长程潜呈，请令饬盐运使署或市政厅筹发广东公医院及韬美医院欠款等情，交会速议案。

议决：仍由军政部在手票数内之款筹拨。

（十）大元帅发下军政部长程潜呈，为转呈卸任广东陆军医院院长朱宗显呈，请令饬财政厅准予欠款抵解国税，乞察核施行等情，交会议办案。

议决：此项欠款应另行筹付，毋得抵解国税。

（十一）黄石等条陈整顿江防附加军费办法，以卫商旅，而裕饷源案。

议决：交李纪堂局长审查接洽，函复本会，再行核办。

（十二）准柏军长文蔚函称，以该军部队需费日繁，呈请帅座除月给公费一千元外，再按日发给二百元。昨大本营秘书处公函，谓奉帅谕，交财政委员会会同军需处酌核办理等因，函请议决，由军需处照发案。

议决：俟东江军事结束再办。

（十三）准市政厅函，请省河猪捐维兴公司解财政厅款项及廖师长行超截留充饷一案。请会讨论案。

议决：猪捐、牛皮捐、屠牛捐三项，拨还财政厅办理。若所得超过原饷款项，拨一半交付市政厅，俟统一财政后，完全交还市政厅办理。

（十四）准中央直辖山陕讨贼军路司令函称，贵会议决每日核发敝部二百四十元，由禁烟督办担任二百元，财政部四十元，除领到尚欠五千元，请公议拨发案。

议决：四月六日后由租捐项下，每日拨二百元，目前先由财政部、市政厅各筹一千元。

（十五）准惠州安抚使姚雨平函，前奉帅座谕开：着财政委员会给发姚雨平解散部队费五千元，等因。经送贵会议发在案，恳请早日议决，迅将该款给发，俾得办理收束案。

议决：俟东江军事结束再决。

（十六）东路讨贼军第三军李军长函，前由财政厅拨给剿匪款项，明日便已满期，所有租雇民船，购买煤觔及一切费用，非指定的款，殊碍进行，恳请从速筹议，俾款项有着，庶利军行案。

议决：由财政厅拨付二千元，市政厅拨付二千元，煤炭费由谭礼庭暂赊，四月六日以后由租捐指拨。

（十七）陈委员兴汉提议，准广九铁路军车处长王函开：军车日用煤炭每日约计需款七百元，收入票费为数无多，未敷支发，商请出力维持，转函提出讨论，务请迅赐表决案。

议决：函军需处每日手票项下，至少拨五百元。

（十八）杨省长提议，滇军总司令部前奉帅令，饬商会筹五十万元，现商会已交过二十余万，其未交之款如何筹拨案。

议决：此款商会已不能担任，应由筹饷局于防务经费项下开投饷项拨给一十五万，如有不足，由财政厅分月分筹补足。

财政委员会第二十五次常会议决案相应开列于左，请烦贵查照施行。

财政委员会启

三月三十一日

计　开

（一）大元帅令，饬本会筹商滇军兵站，每日应领之四千元，指定切实机关按日拨付案。

（二）准滇军兵站快邮代电称，请将旧日欠之款清发，其二十四日以后日领之给养现款四千五百三十三元，指定切实机关按日拨发案。

（三）大元帅发下杨总司令希闵据卫生管理处明处长俭电称：奉调出发，立待费用、药品，俾资成行，转请迅拨的款，以资维持。奉批着范督办，无论如何为难，对于此款必须担任二十天案。

（四）大元帅发下杨总指挥快邮电称：据兵站部长张鉴藻俭午代电称，日领之款无着，兵站实无法维持，转请令行财政机关，按签发交供给，以资救济，庶免贻误师行。奉批，着范督办无论如何为难，对于此款必须担任二十天案。

（五）准滇军杨总司令函，将该部应领之款及各机关先后欠款数目，详细列单，并派姜秘书长出席，希赐接洽。所有欠付之款及按日应交之数，应由何种财政机关指拨，或径归盐务机关给领，请会议决案。

以上第一项至第五项共五案，合并讨论。议决：由每日应交中央军需处之款，财政厅扣出三百元，市政厅扣出三百元，自四月一日起至六日止，计共五天，该款共三千元，连财厅饬商会拨七千元，筹饷局拨二万元，另财政厅拨五千元，合共三万五千元，交滇军总部，为目前解决方法，一面再函知范督办力筹，并俟六日后租捐开收再行核拨。

（六）大元帅令，饬本会将禁烟督办署原有水陆侦缉联合队即日解散，原由各军选送兵士送归队案。

议决：照录帅令，函送鲁督办查照办理。

（七）大元帅发下湘军谭总司令呈，为续请令行军需处筹拨一十万元，交该部转请兵工厂赶制子弹，以资补充等情。交会办理案。

（八）大元帅发下湘军谭总司令呈，请发给制办斗笠、米袋暨各连办公等费，合计毫洋五万四千六百九十二元，乞鉴核发给等情。交会办理案。

（九）准湘军谭总司令函复，将各机关原欠给养共毫银四万三千七百五十元，请克日指拨机关支付以凭请领案。

（十）准湘军谭总司令复本会议决该部呈，请帅座发给修理枪械费计共毫洋一万一千三百七十九元一案，由会与兵工厂接洽，另行筹拨等因。查敝部欠付兵工厂修理枪械共银六千四百零六元，以之付还外，应余四千六百七十三元。此款系由给养项下挪用，发给敝部各军自行修理枪枝，应请将余款指定机关拨付，以清款目，函请办理案。

以上由第七项至第十项共四案，合并讨论，议决：应由禁烟督办署，赶将包商办妥，款项交到本会支配。

（十一）大元帅发下，军政部长程潜呈缴本年上半期及一、二、三月份预算书等件，并请饬行财政机关或中央军需处，按月筹拨毫洋三万四千元，俾资接济等情，交会筹拨案。

议决：录案函请军需处查核办理。

（十二）大元帅函示，朱军长益之处七日领不到给养费，已无力维持，其部队望代设法，俾得稍过难关案。

议决：暂由财政厅垫拨一千五百元，市政厅垫拨一千五百元，以上两款均系一次过，沙田清理处拨二千元，共五千元，暂维持一星期。

（十三）准军政部函称，后方各病院呈报，残废官兵酌予给恤共三千四百三十元，资遣回籍开单，请公决案。

（十四）大元帅发下，兵工厂长马超俊呈复，豫军制弹及工料价银共毫洋需六万三千一百九十元，列单呈请察核。至此项制弹费应向何处请领，请指令祇遵等情。交会办理案。

（十五）大元帅发下军需处总监蒋尊簋呈，请拨款发给联军军医处等机关卫生材料等费数万元，交会办理案。

（十六）大元帅发下军需总监蒋尊簋呈，请拨港洋四千五百六十六元，为购置广九路配件修理机车及客货车辆之用，交会办理案。

（十七）准中央军需处函，为收支短绌，需款急迫，所有兵工厂及无线电局、测量局、海军四舰，以及全恃敝处发给伙食之各军，此外因战事发生之临时特别等费，请关于上项各问题，速开会议，筹巨款以便拨付案。

以上由第十三项至第十七项共五案，合并讨论公决缓议。

（十八）郑委员洪年报告，日前议决广州市银业卖买捐及银毫出口条例两案，均拟由财政部、财政厅明令取销，请会公决案。

公决：照办。

（十九）郑委员提议，加入新任禁烟督办鲁涤平为本会委员案。

经众公决：由会呈请大元帅简派施行。

（二十）准李局长纪堂函复，审查黄石等条陈，整顿江防附加军费办法，希为查照案。

议决：此案先为承认，俟将征收细则草订完妥，送会再行核办。

（廿一）本会提议，中央军需处自成立以来，未据将每日收支数目报告到会，以致支配军饷时诸形窒碍，应如何办理请公议案。

议决：由会函请中央军需处，将自成立日起所有收支数目。按日列表报告到会，以资查考。嗣后每日均列表一份，逐日送会备查。

财政委员会第二十六次特别会议决案相应开列于左，请烦贵查照施行。

财政委员会启

四月三日

计　开

(一)大元帅令,着本会筹给朱培德所部开拔连阳费四千元案。

议决：十日后筹给。

(二)大元帅批,饬本会速筹二万元,拨给董福开新编军队饷项案。

议决：先交五千元一星期内交付，财政厅筹拨三千元，市政厅筹拨二千元。

(三)大元帅令，着本会提前筹拨刘觉民公费一千元案。

议决：由财政厅筹拨。

(四)大元帅发下第七军长刘玉山呈，请令饬梧州各财政机关每日发给该军伙食一千元等情，交会办理案。

公决：缓议。

(五)大元帅发下军政部长程潜呈，请拨款三万余元。补发滇军军医处欠款等情，交会办理案。

(六)大元帅发下据滇军第二军长范石生呈称，滇军兵站每日原领给养费四千五百三十三元，请按额发给并请清发前欠之款案。

以上两案合并讨论，议决查照廿五次议决案，暂行维持至六日止。

(七)大元帅发下军政部长程潜呈称，增发豫军新增官佐兵额伙食合计共需毫洋六百一十五元，惟迭准咨请均系千元之数，究应如何筹给，乞察核施行等情。交会办理案。

议决：将数目函送军需处核办，以高凤桂之饷抵拨。

(八)大元帅令，豫鲁招抚使署每日需用伙食公费准照表列数目支给，仰财政委员会知照筹拨案。

公决：缓议。

（九）大元帅发下广东造币厂监督黄骚呈称，该厂停铸日久，各机件恐生锈蚀，请筹拨四、五千元，俾得修理而免废坏案。

公决：缓议。

（十）大元帅发下据滇军总司令杨希闵呈称：请迅拨款恢复滇军制弹厂，俾得制弹应用案。

议决：交由中央军需处统筹办理。

（十一）大元帅函示，西路无米出发，望设法赊米，俾能火速出发案。

议决：财政厅与军需处接洽办理。

（十二）准西路刘总司令函，请设法将军政部及中央军需处积欠该军给养共银四万四千八百二十元，迅即指由何处拨给，并以后敝部每日给养一千七百元，仍恳贵会议决，指定机关拨付俾资接济案。

议决：另筹办法。

（十三）准两广盐运使赵士觐三十一日邮电称，都城第七军部参谋等，到都城查缉厂，勒令交代，希提出议决转呈严饬交还案。

议决：照案函送第七军刘军长严饬交还。

（十四）准省署政务厅长陈树人函称，接马招抚使函，请拨给该部军费二千元，希提出会议案。

议决：定为一千元，由财政厅给付。

（十五）大元帅令，着财政部筹给会计司经费一万元案。

（十六）准市政厅函称，准大本营会计司长函，大本营经费每月总在十万元以上，始足开支，请维持，务凑足每月十万之数，俾资周转案。

（十七）准大本营会计司黄昌谷公函，请通知各机关应拨该司之款，按日照数解足，并请将禁烟督办署，应解款项另行指定可靠征收机关，分任筹解，至前因各机关停解，或短欠之款，应请酌筹一宗款项，拨解敝司以资维持案。

以上三案合并讨论，议决：由筹饷局防务经费酌拨。

(十八)准中央军需处公函，据运输处马处长呈，请发给燃料费五千元一件。现敝处无款拨付，函请本会筹拨案。

(十九)准中央军需处总监蒋尊簋公函，为李司令安邦所部，十二年十二月份欠饷三千七百六十元零二毫，前经军政部交由贵会议决，希查照办理案。

(二十)准中央军需处公函，以该处每日额支三万六千元，请定期开会议决，指定各税收机关照额按日全数拨给，以资应付，并希见复案。

以上三案合并讨论，议决：另筹办法。

(廿一)中央军需处提出，每日各军给养费，现应由何机关筹给请会公决案。

议决：由左列各机关每日分担如下：

财政厅三千元　扣除预发湘军给养外，每日支付一千元，俟扣足日起，每日交付三千元。

市政厅二千元　扣除预发湘军给养外，每日支付一千元，俟扣足日起，每日交付二千元。

盐运使署六千元　由扣足预发湘军给养日起交付。

筹饷局一万六千元　由厅投防务经费后起交付。

公　安　局二千元　由厅收租捐日后三天起交付。

禁烟督办署五百元　由商人开办日起交付。

沙田清理处二千元　由四月十六日起每月缴足六万元。

(廿二)黄石等条陈整顿河防附加军费办法，以卫商旅而裕饷源案。

议决：不办。

(廿三)大元帅令，着本会通饬各财政机关，自四月一日起，每日将所收各款悉数解交本会，公决分配案。

议决：嗣后各财政机关逐日将收支数目列表，按每一星期汇报财政委员会，以资查考，其所收饷额比较原认额数若有盈余，应解交财政委员会，另行支配。

(廿四)本会前期提出，奉大元帅发下湘军谭总司令呈请发给制办斗笠、米袋暨各连办公等费，合计毫洋五万四千六百九十二元，乞鉴核发给等情，交会办理案。

议决：应由禁烟督办署将包商第一次所收之五万元先行拨付。

财政委员会第二十七次常会议决案相应开列于左，请烦贵查照施行。

财政委员会启

四月七日

计　开

(一)大元帅令，着财厅、市厅、运使于本月十日以前，预发湘军十日经常给养六万元，特别给养三万元，该三机关每日所担任中央军需处之款，准自本月七日起暂行停付，仰会查照案。

议决：盐运使担六万元(明日决定)，财政厅担一万五千元，市政厅担一万五千元，十号以前交付。

(二)大元帅令，着本会发还卸海防司令冯肇铭垫款一万二千四百四十九元六角案。

议决：现因军事吃紧，暂从缓议。

(三)准秘书处函，奉大元帅交下何总指挥成濬函，请拨汇三万元以应急需，着财政委员会速筹等因，函请查照筹拨案。

(四)大元帅令，着财政委员会筹给何雪竹部队军费二万五千元案。

以上二案合并讨论，经众议决，定为一万元，财政厅筹拨四千元，市政厅筹拨三千元，筹饷局拨三千元，下星期二照付。

（五）大元帅令，着财政委员会先筹给李明扬给养费十日，并出发费五千元案。

议决：先筹七千元，计财政部担二千元，市政厅担一千元，公安局担四千元，由给养项下扣还，拟下星期五拨付。

（六）大元帅令，着本会筹给航空局飞机运费及飞机师旅费共八千元案。

议决：俟下期开会再议。

（七）大元帅令，据谭总指挥报称，无线电报局长冯伟报称，电机不敷，曾定购三副，需找港币九千元，方可取出等语。请迅饬如数筹拨，以利军用等情。交会筹拨案。

议决：因每天给养尚无法筹备，暂缓办理。

（八）准湘军谭总司令函称，该部急需制办单军服，预计共需毫洋九万五千四百四十余元，又前在给养项下挪垫之埋葬费毫洋九千一百五十余元，请会拨付案。

议决：先由该军军需处与商店商办。至款项一层，再由各机关陆续认拨。

（九）大元帅发下湘军谭总司令呈，为官兵转战劳苦，乞发给全部薪饷公费一月，合计毫洋二十一万零四百一十八元等情，交会办理案。

议决：由禁烟督办署提一十万元，尽数支配。

（十）大元帅发下军政部长程潜呈，请指拨的款六百七十元，发给夏重民恤金等情，交会办理案。

议决：由财政厅拨付。

（十一）大元帅发下许总司令崇智呈，请将军政部轰烈品检查处每月收入款项拨充制弹厂经费呈一件，交会办理案。

议决：录案函送军政部核办。

（十二）大元帅发下滇军杨总司令希闵呈，为请令饬广州总商会迅即照案筹缴款项呈一件，交会办理案。

议决：照前第二十四次会议议决案办理。

（十三）准秘书处函，奉大元帅交下军政部长呈报卫生各机关困难情形，请指定的款，并饬军需处支给呈一件，转请筹拨案。

议决：军需处本月款已有着，由会函复军政部。

（十四）准警务处长吴铁城函送刘震寰请动议，将军政部并中央军需处积欠给养费，共四万四千八百二十元，如数拨还请会议决案。

议决：另筹办法。

（十五）准沙田清理处长许崇灏函称，西路第二师严师长提取东莞沙捐兼清佃局款项二千元，应否准予抵解请会议决案。

议决：由会呈明大元帅，嗣后不准抵解。

（十六）准中央军需处函，奉帅令，着该总监筹备发给滇军杨总司令所部士兵，春季单军服一万六千套，军帽一万六千顶，肩领章、绑腿悉如前数等因，函会筹拨巨款，以便赶办案。

议决：先由该军军需与商店商办。至款项一层再由各机关陆续认拨。

（十七）准秘书处函，奉大元帅交下军政部长程潜呈，请指拨的款，清发军医处欠款，又呈请拨给杨总司令军费，共呈二件，奉谕交会速办案。

议决：众议现无办法。

（十八）准秘书处函，奉帅座交下广东大学筹备主任邹鲁函呈，请以筹饷局开投赌饷六十万元，恳拨予半数为大学开办费。奉批，交财政委员会设法等因。函请查照办理案。

议决：开投赌饷，已指有用途，如能达到六十万元，可酌拨若干，以充学费，但不能限定半数。

（十九）准省长公署函，准豫鲁招抚使函，以请加给养一案，请财政厅不可将招抚使署经费每日百元，合为一事，并指定机关照拨，录案函请查照案。

议决：已分别开支，不是合为一事。

（二十）准市政厅长孙科函，请提议由本会呈请大元帅令大理院将坟山登记案撤销，候会公决案。

议决：由会呈请大元帅令饬大理院，将坟山登记案撤销。

（廿一）杨省长临时提出，滇军制弹厂一个月应需六万元案。

议决：承认此案，俟筹饷局有款再行酌拨。

（廿二）湘军临时提出，现因作战需用子弹，请会筹办案。

议决：暂由兵工厂酌量拨用，并由会呈请

大元帅饬遵办理。

财政委员会第二十八次特别会议决案相应开列于左，请烦贵查照施行。

财政委员会启

四月十日

计　开

（一）大元帅令，着筹饷总局督办垫给永丰、广北两舰，并陆战队官兵饷项一个月一万一千一百元案。

议决：照案办理并经由会函请筹饷总局拨付。

（二）大元帅令，着财政厅、市政厅、公安局先行筹垫各病院伙食、医药费每日一千元案。

议决：定为每日八百元，财政厅担三百五十元，市政厅担一百五十元，公安局担三百元。

（三）大元帅令，着本会筹给航空局飞机运费及飞机师旅费，共八千元案。

（四）大元帅令，着吴铁城发给定货费沪洋五千元案。

以上二案合并讨论，经众议决：飞机运费及飞机师旅费共八千元，暂缓筹给定货费五千元，沪洋（即即毫六千元），财政厅担二千元，市政厅担二千元，公安局担二千元。

（五）大元帅发下滇军总司令杨希闵呈，请指拨兵站的款，以资救济等情，交会办理案。

（六）大元帅发下范军长呈，请饬令财政委员会筹款兵站部欠款七万余元，原呈一件，交会办理案。

（七）大元帅发下杨总指挥希闵电呈，该军兵站部长张鉴藻电称，领款困难情形，请迅指拨的款，以应急需等情，交会办理案。

（八）大元帅发下杨总司令希闵呈，为筹饷总局无款发付，乞迅饬中央军需处查照原额，按日拨付一千元等情，原呈一件交会办理案。

（九）大元帅发下杨总指挥希闵代电，请指拨的款为该军前方军医卫生管理处，购备药材之用等情，交会办理案。

（十）准滇军总司令部参谋长周自得函，以该部伙食急需万分，请三日内尽先筹拨数万元，并将前欠之款赶速筹拨，以凭解济案。

以上第五项至第十项共计六案，合并讨论，经众议决：军医卫生管理处款项，由财政部在公安局解缴租捐项下酌拨。兵站部军米暂定三万元，计财政厅担一万元，市政厅担一万元，盐运使担一万元，限两星期交付。军米暂向商店赊入，由所收款项归还，并由筹饷局自四月十一日起每日付兵站部八百元。

（十一）大元帅发下军政部长程潜函称，兵工厂经费积欠甚巨，势将停工，请另行饬财政机关拨付的款交厂领用等情，交会办理案。

议决：另筹办法。

（十二）大元帅发下赖司令天球请本会每月发给军食一千元，原呈一件，交会查案办理案。

议决：由财政部拨付。

（十三）准统一财政委员会函，北伐讨贼军第二军请准月发千元，再饬军需总监按日拨给二百元。奉帅谕交贵会会同办理，祈速筹议案。

议决：月发该军一千元，已由财政厅照付。至日给二百元，应由会录案，函请军需处照案筹拨。

（十四）准筹饷局梅处长光培函，准本会第二十六次议决案，由该局担负一万六千元，因代表出席曾声明报请支配不能责令分担，自应提出否认，请会修正，以昭核实案。

议决：俟防务经费预饷公礼交到，再由本会支配。

（十五）准山陕讨贼军路司令函称，该部伙食每日不敷数十元，请公议增加六十元，连前议决每日二百四十元，共足三百元之数，以资维持案。

议决：在公局解缴租捐项下拨付。

（十六）准市政厅函，据永春公司呈报，滇军第三军军需筹备处将芳村花地、三五眼桥、二十四乡筵席捐，招商承办，强制搀收，谨将该处布告，抄请察核等情。函请查照，迅赐转呈大元帅令行蒋军长转饬该处停止争收案。

议决：录案呈请大元帅令行蒋军长转饬该处停止抽收。

（十七）准参谋处函，奉帅座发下军政部长呈，请令饬拨款维持该部军法处经费，并预算表各一件，请会从优办理案。

议决：缓办。

（十八）准中央直辖第一军朱军长培德函称，前准贵会函暂由财政厅等处拨款五千元，维持一星期等由。是否系指一日至六日之一星期，请查照筹拨案。

议决：前期议决五千元，系维持目前急需，以后由沙田清理处酌拨。

(十九)李局长纪堂提议，取销台山县长横揽属内各征收机关，附意见书案。

议决：录案呈请大元帅核办。

(二十)准谭秘书长延闿函请提议，每日筹给冯运输处长七百元，以济急需案。

议决：定为每日四百元，先筹十日共四千元，财政厅担二千元，市政厅担二千元。

(廿一)杨省长提议，设立市官产审查委员会案。

经众讨论议决：由财政厅、市政厅、官产处、民产保证局等机关共同组织，附设于省长公署。

(廿二)杨省长提出，卢军长师谛军费案。

议决：由财政部拨一千元，租捐项下拨二千元。

(廿三)郑次长报告西路讨贼军所欠军费，由财政厅担任米款二万元，现款五千元，市政厅担任一万五千元，筹饷局担任一万元，此款以军政部及中央军需处前欠西路之欠款单，交还作抵案。

议决：承认此案。

(廿四)杨省长提出，李军长剿匪经费如何拨付，请公决案。

议决：市政厅担任煤费四千元，由谭礼庭觅市产领价抵拨，余由财政厅酌付。

(廿五)财政厅、市政厅报告，今日由财、市两厅各筹滇军总司令部军费五千元，共一万元已交付，请追认案。

议决：承认此案。

财政委员会第二十九次常会议决案相应开列于左，请烦贵查照施行。

财政委员会启

四月十五日

计　开

（一）准秘书处函，奉大元帅交下广东地方善后委员会呈，整顿江防附加军费案。奉批，事属可行，着财政委员会妥善办理案。

（二）准财政部交来广东航运附加军费处章程，请提议公决案。

以上二案合并讨论，议决：由财政部委员办理，俟下次会议提出，将章程先行修正，再由部训令知照。但此项附加费凡柴、米、蔬菜均不准收。

（三）大元帅令，着本会速筹飞机出发博罗费二千元案。

议决：由公安局租捐项下拨付。

（四）大元帅令，着本会发给会计司特别费七千元案。

公决：下次再议。

（五）大元帅令，着本会迅筹豫军樊总司令伙食费用二万元案。

（六）大元帅令、着本会筹给福安、广北两舰，煤炭费各一千元案。

以上二案合并讨论，议决：一星期后由筹饷局先拨付一万二千元，余八千元下期再议。

（七）大元帅令，以西路各军一齐前进，而给养尚未充分，着本会统筹兼顾设法接济案。

议决：先由财政厅赊米一十万斤，七日后再由筹饷局筹拨一万元。

（八）准秘书处函，奉帅座发下广九铁路蒲总工程师来信一件，交会办理案。

公决：缓议。

（九）准秘书处函，奉帅座发下杨总司令希闵请发给架设电话，修复桥梁各款原电一件，请会办理。又准杨省长提出，以杨总司令函，请筹拨该军总司令部及兵站部军费案。

议决：该军架设电话费一千二百元，由筹饷局公礼项下拨付，并由筹饷局筹拨总司令部七千元，兵站部八千元，另由租捐项下拨付二千元。

（十）大元帅发下刘军长玉山呈，请饬令统一财政委员会拨还兵工厂工料费四百一十元，交会办理案。

议决：财政厅拨付。

（十一）准秘书处函，奉大元帅发下大理院长赵士北呈，请令饬市政厅拨给市产，俾抵揭款等情，交会办理案。

议决：由会函转市政厅酌核。

（十二）大元帅发下乐昌商会电，为裕源公司瞒禀当道，抽收鸡、鸭、蛋捐，乞撤销等情，交会办理案。

议决：由会函财政厅呈省长公署查案取销。

（十三）赵运使士觐提议，维持盐税办法，请会公决案。

议决：由会呈请大元帅明令维持。

（十四）准卸海防司令冯肇铭函，请将在任时垫支一万二千四百四十余元，迅赐发交收入机关，如数清偿案。

（十五）准黄焕记函，呈以禁烟督办署无款支给煤炭费，恳会设法迅将该款三千七百余元赐下案。

以上二案公决：暂缓。

（十六）准李司令明扬函，请将前帅令筹发开拔及给养费共一万一千元，除前期议决先筹七千元，实领得三千元外，余八千元请即先行筹发案。

议决：定为五千元，财政部筹拨二千元，筹饷局公礼项下筹拨三千元。

（十七）准何军长成濬函，请将前帅令筹二万五千元内未筹之一万五千元，请即议决拨付案。

议决：八日再开会筹拨。

（十八）准中央军需总监蒋尊簋函，停发给养五天，期满后如何办法，请会决定。又敝处发出欠单计五十五万有奇，得解款机关未便将认解之数直抵欠单，并请议决实行各解款机关发给各军款数，亦请列表送处案。

议决：应由各财政机关将发给各军军费款数，列表函送该处备查。

（十九）准杨省长咨，广东警卫军司令部经费月需六万二千余元，如何拨付之处，请会议决案。

公决：下期再议。

（二十）准财政厅函复，现经拟就装饰品印厘章程十一条，函送本会提出议决案。

议决：由财政厅酌办。

（廿一）准军政部长函，豫军欠项一万三千三百三十元，务乞代为极力设法案。

议决：现无办法，容再另筹。

（廿二）准军政部长函，兵工厂经费，据报经请市、财两厅暂垫二、三万元，迄无交付，请会转送特别设法维持案。

议决：仍照第二十四次议决案，由市、财两厅酌拨。

（廿三）准沙田清理处许处长文日邮电，请将廖司令湘云所委虎门护沙局长杨王超撤销，仍由本处东莞护沙费征收委员照案收拨，乞核示遵案。

议决：由会呈请大元帅令饬廖司令将所委虎门护沙局撤销。

（廿四）军政部提案三项：

一、本部经费向无的款，迭经呈请帅座指定拨付机关按月拨付，奉批，由贵会每月拨付二万元，即请拨发，以维部需案。

议决：俟航运附加开办有款核拨。

二、本部所派邮电报纸检查各员自开办以来，截至上月二十九日止，计共垫薪津等费毫洋二万四千五百四十余元，应请贵会迅筹归垫案。

议决：垫款暂缓拨付，其每月二千一百七十五元，由航运附加核拨。

三、手票劝销迟缓，日收至多不过三千元，各军责难备至，应请贵会转知公安局设法劝销或别筹款项先付案。

议决：由会函转公安局设法赶即劝销。

财政委员会第三十次特别会议决案相应开列于左，请烦贵查照施行。

财政委员会启

四月十七日

计　开

(一)大元帅令，着财政委员会速筹汇孙本戎军费一万元，张贞军费五千元案。

议决：财政厅筹拨一万元，由顺德县酒税项下拨付，市政厅担五千元，由代财政厅卖财政公所地价拨付。

(二)准湘军谭总司令函，请预发湘军四月二十六日至五月五日止，共十天给养费案。

议决：定为先筹五天给养，由各机关担任如左：

财政厅担一万五千元。

市政厅担一万五千元，由代财政厅卖财政公所地价拨付。

盐运使署担一万元。公安局垫付五千元。

(三)准李司令明扬函，请将前欠筹拨出发费三千元，迅即议决，由何机关拨付案。

议决：财政部筹拨。

财政委员会第三十一次常会议决案相应开列于左，请烦贵查照施行。

财政委员会启

四月二十一日

计　开

(一)大元帅函，着从速筹就何雪竹之款交詹大悲早日汇去，免误时机案。

议决：盐运使署筹拨一万元，财政厅筹拨五千元，下星期交付。

(二)大元帅令，着本会提前垫给无线电总局经费三千元案。

议决：财政厅担任一千元，一星期交付，市政厅担任一千元，公安局担任一千元，三天后交付。

(三)大元帅令，广西沈总司令请领枪弹，着会迅筹五千元交军政部转饬兵工厂先制五万颗发给案。

议决：由公安局先拨子弹一万颗，市、财两厅各拨五百元。

(四)大元帅令，着本会发给会计司特别费七千元案。

议决：财政厅筹拨二千元，七天后交付，盐运使署筹拨四千元，公安局筹拨一千元、五天后交付。

(五)滇军兵站部给养案。

议决：财政厅担任米一万元，十五天期，现洋二千元，盐运使署担任米二万元，十五天期，现洋一万元，一星期交付。

(六)准杨省长咨，广东警卫军司令部经费月需六万二千余元，事关军费，应如何拨付之处，请会公决案。

议决：每月不敷之一万四千余元及四月份之经费，由租捐项下拨付，自五月份起，财政厅每月担任二万元。

（七）大元帅令，着财政委员会发给特别费一千二百元，交孙科支给案。

议决：市政厅拨付。

（八）大元帅令，着财政委员会筹给佟君旅费五百元案。

议决：财政厅拨付。

（九）大元帅函示，姚雨平收束军费五千元，务要赶速筹备案。

议决：由姚军长先行收束，筹款再拨。

（十）大元帅令，各机关停发甚久，着本会每日酌量接济，以示体恤案。

议决：由会录案函请军需处核复再议。

（十一）大元帅令，着本会迅速筹商，指定收款机关，按日担任拨付杨总指挥行营公用杂费一千元案。

议决：归中央军需处案内办理。

（十二）大元帅发下，禁烟督办鲁涤平呈称，前任经收保证金，未准移交，请指令祗遵等情，交会议决办法案。

议决：由会录案函致杨督办查照办理。

（十三）准卸海防司令冯肇铭函，请将在任时垫支一万二千四百四十余元，迅赐发交收入机关如数清偿案。

议决：由会函请财政厅饬令五邑财政处分期清偿。

（十四）准财政部函，指令照准黄石等呈，请将航运附加军费处改称为航运保卫处，请会公决案。

议决：照办。

（十五）准财政部函，修正整顿江防附加军费章程，复会办案。

议决：照办。

（十六）准财政部函，据商民黄福等，以铜币充斥，遗害小民，请严禁私运，以维民生等情。应否准予定一限期，暂行禁止铜币入口，俾维币政，请会公决案。

议决：由财政部函广东善后委员会、商会、工会，会同审查复会核办。

(十七)准朱军长培德函，前奉帅令，批给开拔费四千元，请速发给，俾早日出发连阳案。

议决：下次再议。

(十八)准江海警委员会长杨庶堪咨，该会集议每月拨银一千元，作补助江防各舰煤费之用，请会议决案。

议决：由财政厅拨付。

(十九)准财政厅提议，转呈大元帅令饬各军长官，嗣后无论何项军队，不得往广州西税厂截收饷项，请会公决案。

议决：由财政厅录案，呈请省长公署核办。

(二十)准许处长崇灏函，请将台山县原拟自治办法审查修正以崇法制案。

议决：由沙田清理处修正，呈请省长公署核办。

(廿一)准许处长崇灏函，请维持收入办法，请会公决案。

议决：廖司令湘芸占收东莞沙捐，经二十九次议决，呈请大元帅令行撤销。现黎师长霸收宝安护沙费，应另呈大元帅明令制止，以免重收。

(廿二)准前会计司王棠函，前在会计司任内，以镍币按揭现毫一万六千元，呈请饬令指拨市产填还。奉令交会办理，提前议决案。

公决：缓议。

(廿三)大元帅令，着本会发给黄骚特别费一千元案。

公决：暂缓。

(廿四)临时提议西路讨贼军给养案。

议决：财政厅先拨一万元米款。

(廿五)本会提议各军军费，自四月廿六日及五月一日起，仍由各机关每日先行担任共二万元，分别解交中央军需处酌量支配案。

议决：由本会开具清单，呈请大元帅令行遵照。

财政委员会第三十二次特别会议决案相应开列于左，请烦贵查照施行。

财政委员会启

四月二十四日

计　开

（一）大元帅令，着本会迅筹二万元，交福建省长方声涛代表苏苍具领转汇案。

议决，先筹一万二千元。财政厅担任八千元，分两次交，五天内三千元，十天内五千元。

公安局担任四千元，分两次交，五天内一千元，十天内三千元。

（二）大元帅令，着财政委员会即筹给许卓然急用费二千元案。

议决：财政部担任一千元，市政厅担任一千元，三天交付。

（三）大元帅令，着财政委员会筹给东路军衣五千套价值案。

议决：函请国民党邓支部长办理。

（四）大元帅发下梁鸿楷等马电，呈德和公司减额瞒承五邑防务经费情形，乞核示遵等情，交会办理案。

议决：录案函交筹饷局核办。

（五）准朱军长培德函，前奉帅令，批给开拔费四千元，请速发给，俾早日出发连阳案。

议决：下次再议。

（六）准西路刘总司令震寰函，请将批交列入第二十九期议案之第七条、第十条，关于接济敝部之件，继续提议。给养一层，仍请遵帅批照滇军办法，至临时军费每日请拨三千元案。

议决：给养经遵帅令，照滇军办法。至临时军费俟财政稍裕，再拨。

（七）准省长公署咨，据全省田土业佃保证总局长邹琳呈，据台赤田土业佃保证局呈，准台山县咨，该县试办自治管理属内征收事务，咨请办理移交，请核示遵等情。查与贵会提议民业保证事同，一律咨请提议并行呈报帅座核办，以免纷歧案。

议决：由会查照沙田清理处，各县自治办法，呈请大元帅核办。

（八）准军需总监蒋尊簋函转，请将广九铁路军车管理处，每月增加经常费一百元案。

议决：照办。

（九）准参谋处函，请酌发广乾巡舰用费案。

议决：由会函交军需处酌核。

（十）准教育厅长许崇清函，请提议征收药品税以充教育经费，请会公决案。

议决：各属缓办。广州市由市政厅办理，除拨充市教育经费外，应与教育厅商洽，拨若干成充省教育经费。

（十一）准山陕讨贼军司令路孝忱函称，敝部每日伙食，贵会公议，所加六十元未能领取，恳予维持案。

议决：交军需处酌核办理。

财政委员会第三十三次常会议决案相应开列于左，请烦贵查照施行。

财政委员会启

四月二十八日

计　开

(一)军政部前欠发各军之款应于四月三十日止暂停补发，候东江战事解决后，再筹的款补发。

(二)剩余未发出之手票，应由公安局饬令各区缴还存储，由财政部、市政厅定期派员会同各法团，点验数目，公开烧毁。

(三)手票定于五月一日停止劝销。

(四)五月一日起，市民产保证局所收保证金，以现金手票各半收清，流在市面及连同应烧毁之数，共五十万元为止。

(五)由五月一日起，军需总监部应发各军给养及各费，承认由军需总监或裁、或减，定为每日二万七千元。由下列各机关，按日先担任二万四千元。按日发足，不得短欠。作战军队给养，每日发足。非作战机关，给养每五日汇发给一次，每五日由军需总监列表提出财政会议筹拨。

盐运使署六千元，

筹饷局四千元，

公安局租捐项下四千元，

航运保卫处三千元，

民产保证局三千元，

沙田清理处二千元，

财政厅一千元，

禁烟督办署五百元。

(六)本月二十六日至三十日止，各处解交中央军需处之款，共四万元，应规定暂行分配如下：

海防司令林若时二千元，

军政部各病院每日八百元，照给五日，

其余之款分配作战机关如下：

滇军总指挥部给养，

滇军总兵站部给养，

西路讨贼军给养，

滇军军医处给养。

财政委员会第三十四次特别会议决案相应开列于左，请烦贵查照施行。

财政委员会启

四月二十九日

计　开

（一）大元帅令，着本会由五月起，每月拨陆军军官学校经费三万元案。

议决：由公安局租捐项下，筹拨一万五千元，财政厅筹拨五千元，市政厅筹拨五千元，筹饷局筹拨五千元。

（二）大元帅令，着本会首先维持海防司令部每日经费，不得一日欠缺案。

议决：遵办。

（三）大元帅令，着本会提前发给路孝忱所部给养十五日，以备出发前方案。

议决：由中央军需处、财政部、公安局等照向来认额摊拨。

（四）大元帅令，据杨总司令希闵请给架设电话等费二千元，着会筹拨案。

此案已于第二十九次议决，由筹饷局拨过一千二百元。

（五）大元帅发下，赣军司令李明扬呈，请每日增加给养四百元，并发制弹费六千元等情，原呈一件，交会办理案。

议决：每日增加给养暂行缓议，子弹由公安局酌拨。

（六）大元帅发下军政部第一、三野战病院长陈武等，请每日每院着拨六七十元，俾资接济等情，原呈一件，交会办理案。

议决：仍归中央军需处范围内办理。

(七)准朱军长培德函称，前奉帅令，批给开拔费四千元，请速发给，俾早日出发连阳案。

公决：缓议。

(八)准湘军谭总司令函，该军给养承已分筹至五月五日止，请早日提议分筹给领案。

议决：定为先筹自五月六号至十五号十天额，定给养共六万元，另特别给养三万元。盐运使署担任六万元，(由担任军需处款自六号起逐日扣还)，财政厅担任一万五千元，市政厅担任一万五千元(由担任军需处款自六日起逐日扣还)。

(九)准军需处总监蒋尊簋公函，积欠军政部电信队款项一千五百七十余元，请筹的款拨付案。

议决：由财政厅拨付，二十日后付。

(十)准军需总监蒋尊簋公函，请筹拨湘军第一独立旅司令部故少校参谋梁达道一次恤金九百元案。

议决：暂缓。

(十一)准军政部长程潜公函，广东博济医院积欠药费六百九十六元一角，据情转请提前如数拨付案。

议决：由财政厅拨付，三星期后付。

(十二)准黄焕记函，呈以禁烟督办署无款支给煤炭费港纸三千七百余元，恳会设法迅将该款赐还案。

议决：由禁烟督办署包商所收五万元之款照拨。

(十三)准军政部提案。

一、东江战事正亟各军需弹补充，奉帅令，制弹款项，由贵会迅筹，陆续拨交本部，分别饬办一案请即决定案。

议决：交军需处酌核办理。

二、准滇军杨总司令函，该部每日经费一千元，请由盐运使署直接拨付，或仍由该部设局征收，应如何办理请即决定案。

议决：由会公函答覆，说明运使报告现状，并请其维持原议以纾困难。

三、本部四月份经费，待支孔亟。请依照帅令指拨二万元，以维部需案。

议决：现时未有办法，俟财政稍裕再议。

四、陆军讲武学校补助经费，奉帅令，由土丝台炮经费项下，每月拨解九千元，请迅转广东财政厅查照饬拨案。

议决：财政厅另筹不必由土丝台炮经费项下拨。

五、军法处经费每月一千六百六十九元，奉帅批，由贵会优办；又邮电报纸检查员三、四两月经费四千三百五十元，奉帅令，由贵会筹拨，应请并案迅予拨定案。

公决：暂缓。

财政委员会十三年五月六日第三十五次常会议决案相应开列于左，请烦贵查照施行。

财政委员会启

五月八日

计　开

（一）准杨省长函，据财政厅拟借各县铺租，办理战区善后各情。请会公决案。

议决：照办。

（二）准孙市长函，市筵捐永春公司请减年饷为六十万元，朱军长等费，如何办理，请提出公决案。

议决：每年饷额既减去三十万元，省市教育费应各减支十一万元，朱军长应摊还所欠军费，应减支八万元。

（三）准孙市长提议，内政部订定管理药品营业规则抽收药品注册费，多与本市施行捐例有所抵触，请会维持函请内政部撤销案。

议决：由会公函内政部查照办理。

(四)本会提议军需总监通电辞职，各军给养停支，现在战事方亟，应如何维持现状，请公决案。

议决：军需总监问题未解决以前，自五月七日起，各军给养及其他应支军费，由各机关照解财政部发给，共三案如下：

(一)每日支发作战各军各机关给养等费案。

滇军兵站四千二百三十二元，由筹饷局拨八百元。

西路一千七百元，东路一千九百二十元。

滇军总指挥部一千元，赣军八百元，军政部各病院八百元，

直辖第七军七百元，军车管理处七百元，联军军医处六百元，

东路第三军四百元，直辖第三军二百二十七元，

共一万三千零七十九元。

每日各机关担任解财政部数目如下：

公安局三千五百元，市政厅三千四百元，

财政厅一千二百元，

筹饷局三千元，范督办面允八百元，从五月七日起每日直接交滇军总兵站。

沙田清理处二千元，直接拨交东路军入解部帐，

以上共一万三千一百元，

内除筹饷局短拨二千二百元，实不足二千二百元，应另行筹拨。

(二)每五日一发军政部经费，各军机关给养等费及子弹案。

(甲)军费项下：

海防司令一千元，中央直辖第一军八百六十元，

军政部六百元，直鲁豫招抚使三百元，

海军二百四十六元，永丰舰一百三十六元，
海军三舰一百一十元，

北伐第二军二百二十元，东江缉匪司令部二百元，

测量局一百四十元，交通局一百二十元，

无线电一百元，卫戍司令部一百六十六元，

长洲要塞司令部一百元，电信队五十三元五角，

北伐第三军三十三元三毫。

以上每日共四千一百三十八元八角，每五日共二万零六百九十四元，系自五月七日起算，五月十一日支付。

(乙)子弹项下：

兵工厂三千元，飞来庙厂一千元，

大本营制弹厂(即东路)一千元，以上每日共五千元，

子弹之分配如左，现暂定一个月计划。

湘军专由兵工厂供给三十万发，滇军专由飞来庙厂供给三十万发，豫军专由兵工厂供给二十万发，桂军专由兵工厂供给二十万发，东路专由大本营厂供给三十万发，其他各军专由兵工厂供给二十万发，以上共一百五十万发。

以上甲、乙两项，该款每五日给一次，共四万五千六百九十四元。

各机关分担任如左：

财政厅一万二千元，市政厅五千元，盐运使三千元，

公安局一万元，

以上给养子弹案，每五日现筹足三万元，计每五日不足一万五千六百九十四元应另行筹拨。

以上甲、乙两项，系从五月七日起，算交款日期分别如左：

五月十一日付一次，五月十六日付一次，五月二十一日付一次。

五月二十六日付一次，五月三十一日付一次，六月五日付一次。

（三）每十日预发各军给养等费案。

湘军九千元，豫军二千四百六十元，山陕军三百元，

共一万一千七百六十元，每十日付一次，共十一万七千六百元。

盐运使署六万元，财政厅一万五千元，公安局一万五千元，

市政厅一万元，共十万元，不足一万七千六百元另筹。

湘军已发至五月十五日止，豫军已发至五月十三日止，

山陕军已发至五月十五日止，自本月十号须筹备，以便发给依期转解战地。

财政委员会五月八日第三十六次特别会议决案相应开列于左，请烦贵查照施行。

财政委员会启

五月九日

计　开

（一）本会第三十五次议决各军给养等费，由各机关照解财政部发给共三案，有应再提出者如下：

一、每日支发作战各军、各机关给养等费，共一万三千零七十九元，除各机关已担任之款，每日不足二千二百元。

二、每五日一发军政部经费、各机关给养等费，及子弹费共四万五千六百九十四元，除各机关已担任之款，计每五日不足一万五千六百九十四元。

三、每十日预发作战各军给养等费，共十一万七千六百元。除各机关已担任之款，计每十日不足一万七千六百元。以上三案，除每日支发不足之数应筹补外，其五日、十日一发不足之数，十一、十六两日，即届发款之期，应如何分别筹补请公决。

经众讨论议决如下：

一、每日支发各军给养等费，每日不足之二千二百元，自五月七日起至十一止共五日，计一万一千元案，议决由财政部筹垫，十一以后下次再提出分担。

二、每五日一发各军给养及子弹费，每五日不足之一万五千六百九十四元案。(甲)军费项下原案每五日共二万零六百九十四元，暂照七成摊发每五日尚不足四千五百元，由财政厅担任。(乙)子弹项下内列大本营制弹厂(即东路)每日一千元由沙田清理处担任。其核减单另列如下：

每五日一发军政部经费各军机关给养等费案，暂照七成，拨发列单如下：

海防司令一千元，每日暂拨七百元。

中央直辖第一军八百六十元，每日暂拨六百零二元。

军政部六百元，每日暂拨四百二十元。

直鲁豫招抚使三百元，每日暂拨二百一十元。

海军二百四十六元，永丰舰一百三十六元，每日暂拨九十五元二角，海军三舰一百一十元，每日暂拨七十七元。合实共一百七十二元二角。

北伐第二军二百二十元，每日暂拨一百五十四元。

东江缉匪司令部二百元，每日暂拨一百四十元。

测量局一百四十元，每日暂拨九十八元。

交通局一百二十元，每日暂拨八十四元。

无线电一百元，每日暂拨七十元。

卫戍司令部一百六十六元，每日暂拨一百一十六元二角。

长洲要塞司令部一百元，每日暂拨七十元。

电信队五十三元五角，每日暂拨三十七元四角五分。

北伐第三军三十三元三毫，每日暂拨二十三元三角一分。

以上每日共四千一百三十八元八角，每五日共二万零六百九十四元，照七成摊发每日二千八百九十七元一毫六仙，每五日共一万四千四百八十五元八角。

三　每十日预发各军给养，每十日不足之一万七千六百元，第一期商由筹饷局垫付，五月二十一日起，由盐运使署每期筹认一万元，此一万元之款暂作假定，俟下次会议再决定，余不敷柒千余元，再另定办法。

(二)财政部提出，拟办糖类落地税，并拟具简章请会公决案。

议决：照办。

(三)财政部提议举办广东善后储金券，请会公决案。

议决：由财政部咨请省长会商施行。

(四)准孙市长函，据滇军秘书叶农生称，联军总指挥部经费无着，积欠一万九千元，请设法补给并拟请于五月五日付一千元，五月六日付一千元，余一万七千元，延至六月一日至三十日分期酌给等情。请会卓夺案。

议决：由财政厅担任一千元，七日后付，市政厅担任一千元，余缓议。

(五)大元帅令，着本会筹济闽军总司令臧致平毫银一万元，由党务委员江董琴具领转汇案。

(六)大元帅令，福建省长兼民军总司令方声涛迭电请款，着会再发二万元交该省代表苏苍转汇案。

(七)大元帅令，广西总司令沈鸿英请发子弹款项，着会筹措毫银十万元，陆续汇济案。

(八)大元帅令，着本会筹拨沈总司令子弹费一万五千元，交兵工厂长案。

以上第五案，第八案合并讨论，议决：现在财政无可腾挪，俟款项稍裕再议。

(九)前奉大元帅【令】，着本会筹发豫军出发费二万元，除已给八千元应领一万二千元，预发给养费及医药费各十天，共三万六千六百元，其五月四日以前各机关短欠之款，着分期筹补一案。当经决定，财政部担任五千六百元，财政厅一万二千元，市政厅五千元，盐运使署四千元，公安局一万元，尽五月三日照发，业经付讫，请会追认案。

议决：承认此案。

(十)大元帅令，据杨总司令希闵请给架设电话等费，兹定发二千元着会筹发案。

议决：定为一千元，由财政厅拨付。五日内交。

(十一)大元帅令，着发给法制委员会开办费二千元案。

议决：定为一千元，由财政厅拨付。七日内交。

(十二)大元帅交下谭总司令延闿请发水瓶费三万零一百五十六元，原呈一件，交会办理案。

(十三)大元帅交下谭总司令延闿请发新丰、江渡河赏金八千九百余元，原呈一件，交会办理案。

又张国元出席提议，湘军葬埋特别等费案。

以上两案合并讨论，议决：第一项现无办法，赏金、特别费假定为一万五千元，容再筹款拨付。

(十四)准军政部函称，该部积欠各机关款项，经本会议拨的款，迄未能解决，请迅予筹付案。

(十五)准军政部长程潜咨，为手票既已发出，兑换又经约期，遽尔停止，窒碍殊多，应迅筹的款兑现案。

以上两案合并讨论。议决：积欠各机关之款，应以支付券拨补并设立基金委员会，由军政部派员监理，至手票现金兑换，暂无办法，俟三星期后另定计划，现时不能宣布。

(十六)准湘军谭总司令咨议，根据议案，请邓运使迅速制办单军服，以资分发案。

（十七）准中央军需总监蒋尊簋公函，杨总司令希闵请发单军衣一万六千套，应请会拨款交价，附合同一扣案。

（十八）奉帅令，东路许总司令军衣五千套，请会筹办案。

以上第十六项至第十八项共三案合并讨论，议决：由禁烟督办承商，自五月十九日开办，承商应交之五万元，尽数拨交邓运使代制，其分配如下：湘军三万元，滇军总部一万五千元，东路军五千元。

（十九）准许总司令崇智函，奉帅令，增给军衣三千套等因。请会筹给案。

议决：由邓运使代制，财政厅付款。

（二十）大元帅训令，本会转知担任筹拨航空局开拔经费各机关务须按照数目依期拨付案。

（廿一）准航空局长陈友仁函，请遵照帅令，着给经费八千元，如数拨付案。

以上两案合并讨论。公决：缓议。

（廿二）准中央军需总监蒋尊簋函，滇军廖师长行超请核发杜龄昌等恤金等情。请会筹拨案。

议决：暂缓。

（廿三）准朱军长培德函，以前奉拨开拔连阳费，因日久未领获，暂由伙食项下挪垫，现伙食告罄，各部催领急迫，请设法拨，俾偿垫款案。

议决：已由财政厅拨过二千元，此案作为了结。

（廿四）准东路讨贼军许总司令函陈，该部困难情形，经呈请帅座，着在军政部轰烈品检查处及市旅店码头两捐收入项下，每日拨足原款一千五百元。奉批，着会指拨的款等因，函请提前表决案。

议决：俟吴公安局长下次出席再议。

（廿五）准刘总司令震寰函，请分函将敝部借到范军长一万元，拨入筹饷总局开支，以清手续案。

议决：由会函范军长核办。

（廿六）准沙田清理处长许崇灏函称，敝处按日应解中央军需处协饷二千元，应请由军需处在刘总司令部每日领款项下扣除，请会公决附清单案。

议决：暂缓。

（廿七）准黄焕记函，为煤炭费三千七百六十七元，禁烟督办署尚未照拨，再请会极力设法发给，以恤商艰案。

议决：俟二个月后财政厅担任拨付。

（廿八）准杨省长提出，准中央直辖第三军卢司令函，请将盐运使署应交中央军需处拨给济急，并请增加给养若干，并望此后列入前方作战部队按日发给案。

议决：暂不能办。

（廿九）准杨省长提出，准杨总司令函，以需款紧急，请提议每日拨给敝军制弹及运输费二千元，以济眉急案。

议决：制弹已于第三十五次议决有办法，运输费现无办法。

（三十）豫军给养子弹案。

议决：由兵工厂五日内拨给子弹一十万颗。

（卅一）大元帅发下路司令孝忱请给出发费三千元，原呈一件，交会办理案。

议决：先由财政部、财政厅各担任一千五百元。

（卅二）准杨省长接滇军杨总司令函，请维持该军干部大队学校经费每月一万五千元案。

议决：由公安局于捐租项下酌筹。

（卅三）财政厅报告共五案。

一、西路需用军米，由财政厅拨过军米款六千元。

二、前奉大元帅令，着本会发给黄骚特别费一千元案。

经财政厅拨付一千元。

三、前奉大元帅函示，姚军长雨平收束军费五千元案。

经财政厅拨付，与姚军长面商，分期拨付。

四、前奉大元帅令，筹给李军长明扬伙食案。

经财政厅拨付三千元。

五、刘玉山军长给养案。

经财政厅拨付米款五千元。

以上五案请求追认。

经众议决：承认。

财政委员会十三年五月十二日第三十七次常会议决案相应开列于左，请烦贵查照施行。

财政委员会启

五月十三日

计　开

（一）准省长公署函，广州市政厅提议征收斋醮附加教育费，请会提出会议附抄议案一件案。

议决：照办。

（二）准市政厅函，前航空局长杨仙逸墓前立碑记石，需费三千元，奉令，着会筹拨，应请提出会议筹商办理案。

议决：财政厅担任一千元，公安局担任一千元，市政厅担任一千元。

（三）大元帅交下湘军总司令谭延闿〔闿〕请发三万元制办帆布船等件，以便组织架桥纵列等情，原呈一件，交会速商筹办案。

议决：现时财政窘迫，无法拨付。

（四）大元帅发下军政部长程潜函，请送给川军代表两人旅费共一千二百元交会速办案。

议决：此案已由财政厅拨过款项，现无问题。

（五）大元帅发下梁军长鸿阶等电称，西江驻军伙食全恃防务经费为挹注，请仍准旧商继续办理等情，着会查明秉公办理案。

议决：应由旧商呈请筹饷局核准，应得饷项按照五邑额支拨还。

（六）准财政厅函，请取销百货捐并鸡鸭蛋捐案。

议决：由会呈请大元帅饬第一军朱军长查案取销。

（七）准滇粤桂联军总指挥杨希闵函，前会议决：每日发给该总指挥部一千元，为前方用款；又运署商定该军总司令部护费一千元，在中央军需处领取，近日乃将两项混为一项，致前方用款无着，如不能应付，请明以示知案。

议决：请杨总司令将前由军政部中央军需处领款手续详细函知本会，再行另筹办理。

（八）准蒋军长光亮鱼日代电，为欠发兵站运输费一十一万八千元，无论如何须先拨发六、七万元，以便清付案。

议决：现财政困难，暂无办法。

（九）准东路讨贼军总司令函称，该部困难情形，经呈请帅座，着在军政部轰烈品检查处及本市旅店码头两捐收入项下，每日拨足原额一千五百元。奉批，着贵会指拨的款等因，函请提前表决案。

议决：轰烈品一项，函请军政部查明答复。旅店捐每月不过数千元，经前第十五次议决，指定用途。码头捐系属租捐，已并入公安局租捐范围办理。

（十）准军需总监蒋尊簋函，刘军长玉山请发夏季军服、军帽、脚绑各六千套，请会筹款俾便制发案。

议决：现财政窘迫，暂无办法。

（十一）准军需总监蒋尊簋函，请筹拨阵亡滇军赵连城一次恤金一千元，阵伤赵育民年金四百五十元，拨交过处发给案。

公决：下次再议。

（十二）准军需总监蒋尊簋函，第七路游击司令赖天球请给军衣二千套，相应转请贵会筹款，俾便制发案。

公决：现财政窘迫，暂无办法。

（十三）前期议决湘军埋葬费及赏金款，假定为一万五千元案，即第三十六次议案所列之特别费一万五千元。

议决：准十日内由各财政机关分担拨付。

（十四）准沙田清理处函覆，大本营制弹厂（即东路）每日一千元无力担负案。

议决：大本营制弹厂之每日一千元，即行停支，其发出支票，亦即收回。由第三十五次议决子弹案，其他机关项下二十万发，先拨归东路军应用。

（十五）准东路第三军李军长福林函称，敝军每日应领给养及剿匪费八百元，历经贵会议决施行，有案可稽。兹准来函，则敝军给养每日四百元，尚属无着，函请查照成案提议补给案。

议决：照案每日补给四百元。

财政委员会十三年五月十五日第三十八次特别会议决案相应开列于左，请烦贵查照施行。

财政委员会启

五月十六日

计　开

（一）大元帅发下湘军谭总司令呈，请饬发架设电线用款一万二千三百三十一元九角，如数饬发归垫等情，原呈一件，交会办理案。

议决：暂缓。

（二）大元帅交下谭总司令延闿请指定机关发给该部各军渡河材料等费一万八千五百元，原呈一件，交会办理案。

议决：由禁烟督办省河承商，五月十三日起至二十二日止，每日三千元共十天，饷额三万元内拨付一万八千元，剩余一万二千元拨付第三十六次湘军特别费一万五千元之案，仍不敷三千元，由财政厅担任一千元，筹饷局担任二千元，五月二十三日以后，由禁烟局每日代拨湘军给养五百元，财政部军需处应每日扣发五百元。

（三）大元帅交下谭总司令延闿请将赵佳白垫过款本息共五千元，原呈一件，交会办理案。

议决：暂缓。

（四）大元帅交下滇粤桂联军野战病院长陈敬湘等，为罗掘困难，如至五月十三日仍不能按照规定经费接济，则自行解散，原电一件，交会办理案。

议决：联军军医处，业经每天拨给六百元，应由会函军医处查明复会核办。

（五）大元帅交下杨总司令希闵请饬自职部成立之日起至本日止，共付给养费若干，由经拨之财政机关汇列详数见示等情，蒸电一件，交会办理案。

议决：由会函军政部查明拨给数目复会，以凭核办。

（六）准滇军总司令杨希闵函称，滇军总部及联军总指挥部两机关给养不能混合，请更正。仍将第三十五次议决，每日给养一千元，属之滇军总部，并将积欠之二万余元，补发其联军总指挥部月需四万余元，并请从速议决案。

议决：照从前所列滇军总指挥部之一千元，应归联军总指挥部领用，至原由盐运使每日拨六百元,是否即滇军总司令部之费，仍函军政部查明原案及经过情形复会，再行另筹办理。

（七）杨总指挥希闵公函,据军政部野战第三病院长呈报,各员请领伙食等费，困难情形，再请贵会迅速议拨案。

议决：军政部各病院业经每天拨给八百元，应由会函军政部查明，复会核办。

（八）大元帅发下法制委员会呈,请饬广东省长转令财政厅,将该会每月应支经常费三千一百六十元列入预算,按月照拨等情,交会照办案。

议决：交财政厅核发。

（九）大元帅发下韦师长冠英鱼电，轮渡附捐既经取销，乞饬军需当局酌量接济，交会酌核案。

议决：财政困难，现无办法。

（十）大元帅交下朱军长培德请发军服费七千二百元，并请给子弹十万颗，原呈一件，交会办理案。

议决：军服费暂无办法，子弹一项由兵工厂拨给五万颗。

（十一）准中央第一军军长朱培德公函,给养费减发七成,实苦难以维持，请照按日八百六十元之原数拨发案。

议决：请朱军长勉力维持至月底止，俟六月后另筹办法。

（十二）准财政部函送，拟定沙骨执照条例，请会公决案。

议决：由会录案函交沙田清理处审查，复会再议。

（十三）财政厅提议，试办打包厘金，请会公决案。

议决：照办。拨充省教育费。

（十四）准广东教育厅长许崇清公函，拟办全省罐头包装食品捐，充教育经费，请会议决案。

议决：此项食品捐，经第二十一次议驳有案，现不能办。

（十五）准军需总监蒋尊簋函，请筹拨阵亡滇军赵连城一次恤金一千元。阵伤赵育民全年四百五十元，拨交过处发给案。

公决：暂缓。

（十六）准无线电局长冯伟函，可否筹港纸二万元，以便恢复大报，台请提议公决案。

议决：俟四星期后由各机关分担。

（十七）准广东无线电局长冯伟函，敝局经费每日减实为一百元，请提出核议，按日拨给，勿再减折案。

议决：请冯局长勉力维持至月底止，俟六月后另筹办法。

（十八）准军政部运输处冯启民函，敝部奉令收束，经奉帅批，由会提前拨给七千元等因。函请迅赐交会议决拨给，俾早日收束案。

议决：俟一个月后再议核发。

（十九）本会提议，加入军政部长审计处长为本会委员案。

议决：依照办理，由会呈请大元帅简派施行。

（二十）筹给豫军出发东江作战费案。

议决：该军出发费，除前发过二万元外，现加八千元（先代办米）。由盐运使署担任三千元，财政厅一千元，市政厅二千元，公安局二千元，一个月期支票交财政部军需经理处。另子弹费，除由兵工厂拨五万发外，另发一万五千元，由该军自购。计财政厅担任五千元，市政厅担任五千元，公安局担任五千元，一个月期支票交财政部、军需处设法代为贴现。其以前欠发该军之六万余元，从出发之日起，每天摊还一千元，由财政次长代表本会与该军核算签约，先筹一万五千元，即以第三十五次第四案。（乙）项议决：兵工厂拨豫军子弹之二十万发，扣回十五万发之款（即每日扣兵工厂一千元，每日发豫军一千元，以十五日为度，先作十五日计划，十五日后再提出会议。

（廿一）准永丰军舰长欧阳琳函称，敝处每日应领之给养费一百三十六元七角五仙，若照七折发给，全军不能一饱，请提案改为按日原额给领案。

议决：请欧阳舰长勉力维持至月底止，俟六月后另筹办法。

财政委员会十三年五月十九日第三十九次常会议决案。

财政部提议，拟发行短期军需库券，请会公决案。

附提议案暨条例草案各一件。

议决：照办，录案呈请大元帅备核施行。

财政委员会报告

五月二十日

财政委员会十三年五月二十一日第四十次特别会议决案相应开列于左，请烦贵查照施行。

财政委员会启

五月二十二日

计　开

（一）大元帅令，着财政委员会发给东路第七、第八两旅出发费五万元案。

议决：照邓运使、郑厅长面承帅示，由财政厅拨四万元。

（二）准杨省长提出，四川讨贼军请给发五万元案。

又准大本营秘书处函，转送奉发程部长呈述四川代表行止及请款五万元各节原呈一件，并附林祖涵原电一件，奉批，交会办理案。

（三）准杨省长提出，石青阳军长请给发一万元案。

以上二案合并讨论，议决：此案应竭力筹款，俟下期再议分担数目。

（四）大元帅训令，着会筹给许卓然三千元，交江董琴收领转寄案。

议决：下次再议。

（五）准公安局函称，该局奉令代收租捐，接济军饷，因奉拨之款，浮于收入之款，先后在警饷项下挪借垫支长银二十九万元。现端节将届，无从扣回，迫得提出议案，听候公决案。

此案前次会议已讨论，暂以租捐与银行托借款项，俟吴局长出席再议。

（六）大元帅交下谭总司令延闿呈，请饬发兵夫蚊帐费小洋六万〇三百一十二元，交会核办案。

（七）大元帅交下谭总司令延闿呈，请饬发该部员兵出差旅费小洋一万六千五百一十二元八毫七分，交会核办案。

（八）大元帅交下谭总司令延闿呈请，发给募夫费小洋六千三百五十五元，交会核办案。

（九）大元帅交下谭总司令延闿呈，请核发受伤官兵调养费，交会办理案。

以上第六案至第九案共四案，合并讨论，议决：俟财政稍裕，再筹办法。

（十）准谭总司令延闿函称，将禁烟署收入尽拨敝部，以作帅座交由贵会提前指拨之款案。

（十一）准禁烟鲁督办函称，谭总司令函请，将承商应交之五万元，尽数提拨湘军，以济军用等由。请会查照案。

以上二案合并讨论，议决：照前期军衣案办理，湘军先尽三万元。制造仍请邓运使代制，如不敷用，俟财政充裕时再议。第十案仍照本会第三十六次议决案办理。

（十二）准军政部长程潜函，以前南路总司令黄明堂自行借垫之棉衣费，共银六千二百元，请会提议拨付归垫，以全政府信用案。

议决：俟财政稍裕，再行筹拨。

（十三）准财政部函送刘季谋条陈，办理征收广东全省人民遗产见证税并章程一扣，请提出公议案。

众议：不必办。

（十四）准财政部公函称，准各法团议决禁止私运铜元入口一案。应否如该法团等所议禁止入口，请会核明办理案。

议决：由会录案函送财政部，转请税务司照案禁止入口。

（十五）准许总司令崇智函，请将制弹厂经费，再予提会讨论维持，第三十五次议决每日拨给一千元之原案，仍由财政部照发案。

又准大本营制弹厂周厂长少棠函称，敝厂制弹经费每日一千元，现据沙田清理处声称，伊实无力担任，请仍向财政部请领等语。希查照案。

议决：东路子弹费由本月二十二日起，每日由军需经理处拨发一千元，交东路自办（连以前拨过之数拨足三万元为止）。此款应在给兵工厂每日之三千元子弹费内扣拨，其兵工厂第三十五次议案，所列其他各军子弹一案取销。

（十六）大元帅令，迅拨大本营技师杨子嘉毫洋二千元，俾制利器弹药以备攻惠州案。

众议：与事实无裨不必拨。

（十七）大元帅交下　刘军长玉山呈，请饬财政委员会拨交兵工厂料费三千三百一十五元九毫，交会核办案。

众议：缓议。

（十八）准大本营秘书处公函，奉大元帅交下前兵站总监罗翼群呈，请饬发结束费八千八百一十四元三角等情，着会办理案。

众议：从缓。

（十九）大元帅交下　李司令明扬呈，请拨给子弹七万颗，交会迅速议拨以应戎机案。

众议：暂缓。

（二十）准李司令明扬函，拟全部开赴博罗，请提前预发十日给养，以资周转案。

公决：现无办法。

（廿一）准朱军长培德公函，市筵席捐敝部准减支八万元。惟欠饷太巨，无法筹措，请在其他款下设法筹备案。

（廿二）准参谋处交来杨主任少河呈，积欠给养经费一千五百六十九元五毫，请转达财政当局补发，送会核办案。

（廿三）大元帅交下廖司令湘芸呈，请饬照核准每月一万八千三百三十四元一毫之原案，指拨的款，交会核办案。

（廿四）准廖司令湘芸函称，敝部给养费每日三百元，前经中央军需处照数发给在案，务请查照，该处移交原表，仍旧给领，以维军食案。

以上第廿一案至第廿四案共四案，合并讨论，议决：俟财政稍裕，再筹办法。

（廿五）大元帅指令，着会咨广东省长转饬全省田土业佃保证总局，将台山田土业佃保证事宜，移交县署接管案。

议决：由会呈明。

大元帅说明田土业佃总局不能将台山田土业佃保证事宜，移交县署接管之原因。

（廿六）准大本营参谋处交来广九护路司令周自得呈，请发给该部及第一团每日薪项、伙食、公干，杂支毫银一千〇三十七元，以资办公，送会核办案。

议决：财政厅每日二百元，自六月一日起拨付，市政厅担任二百元，自六月一日起拨付，筹饷局五百元，已请李参谋长伯英与范督办商允再定。

（廿七）准山陕讨贼军路司令孝忱函，敝军应领子弹若干，乞即拨给以便派员照领案。

议决：暂缓。

（廿八）大元帅令，着财政委员会由五月起，务要每日筹足大本营会计司经费三千五百元，不得短少案。

议决：由会分函原日担任会计司经费、各机关按日拨足，不得短少。

（廿九）准杨省长提出，奉帅令，着财政委员会发给谢远涵旅费一千元之案。

议决：由财政厅拨付。

（卅　）东路许总司令函，顷奉大元帅五十号手令，着财政委员会发给黄军长明堂出发费二千元等因。现黄军长本晚星夜出发，需款万急，希即如数提前筹给，以便开拔。附帅令一通案。

议决：由财政厅派员赴新会县提拨二千元。

（卅一）准军政部长程潜公函，该部取缔袭烈品护照费，每月收入不过三四千元，非常额税收可比，应留补部需函复查照案。

议决：此案系三十七次由东路军总司令部提议，应由会转函东路部查照。

财政委员会十三年五月二十七日第四十一次常会议决案相应开列于左，请烦贵查照施行。

财政委员会启

五月二十八日

计　开

（一）准广东省长公署公函，据市政厅呈，本市仪仗附加教育费征收章程请会查照提议见复，以凭饬遵案。

议决：照办。

（二）准广东省长公署咨送广州市化妆品捐征收章程，请会提出会议案。

议决：照办。

（三）本会第三十六次会议议决：第一案第三项每十日不足之一万七千六百元，第一期商由筹饷局垫付一次。五月二十一日起，由盐运使署每期筹认一万元，此一万元之款，暂作假定，俟下次会议再决，余不足七千余元，再定办法等因。应提出公决案。

议决：此案经邓运使承认每期担任五千元，自五月二十一日起支每十日实尚不足一万二千余元，俟另筹办法。

（四）本会提出修正财政委员会章程草案。附本会干事处组织规程。

议决：通过。呈请大元帅核准施行。

（五）准杨省长提出，四川讨贼军请给发五万元案。

又准大本营秘书处函，转送奉发程部长呈述四川代表行止及请款五万元各节，原呈一件，并附林祖涵原电一件，奉批交会办理案。

（六）准杨省长提出，石青阳军长请给发一万元案。

以上二案合并讨论。经众议决：财政厅担任一万元，声明由外县租捐拨付，两星期内交付，盐运使署担任五千元，（假定）余下次会议再提出分任。

（七）大元帅训令，着会筹给许卓然三千元，交江董琴转寄案。

（八）大元帅令，着本会筹济闽南军总司令臧致平毫银一万元，由党务委员江董琴具领转汇案。

以上二案共一万三千元，议决：由财政厅筹拨。端节后分期交付，此案声明由外县租捐项下筹拨。

（九）大元帅发下滇军第四师长朱世贵呈，请拨款五万元，俾资接资等情，交会办理案。

众议：现无办法。

（十）准陈政务厅长函称，奉帅令，着会拨黄总指挥绍竑军费二万元等因。转函查照案。

众议：下期再议。

（十一）大元帅批交，据北伐第一军参谋长徐效师函呈，为该军将士北归困苦情形，请准仍赴财厅领取五月公费，以济涸鲋等情。奉批，着财政部酌给解散费等因。提出公决案。

议决：由财政部筹拨该军解散费一千元，两星期后付。

（十二）准广东省长杨庶堪咨，准湘军总指挥宋咨，据该部采办军米委员王冕琳呈，以军食孔亟，咨请转饬东江产米各县源源接济，如非产米之县，准向县署提款采办等由，咨请本会议决见复，以凭办理案。

议决：由财政厅与该军接洽，指定某县及该县数目函复到会，然后由会去函各县照拨，共款若干仍在财厅应解该军给养项内照扣。

（十三）准湘军谭总司令函，该军待款紧急，请于十日内设法筹给十万元，俾资维持案。

议决：旧历端节前酌量筹拨，俟下期再议。

（十四）准谭司令延闿函送，统一印花税节略，又船业契税节略，又饷细开源节略各一份，请会采择案。

公决：先油印各一份送各委员审查，俟下期再议。

（十五）大元帅训令，据中央银行行长宋子文呈，以财政部准予裕广银号发行兑换券，及代理金库特权有抵触。

帅令暨侵夺该行权限，请察核令遵等情。令会确切查明呈复核夺案。

议决：由会录案交财政部核复。

（十六）准军政部公函，据广九护路司令周自得呈，请核发军服一千五百套，军帽、肩章、领章、绑腿配备完全暨需用各种子弹，请令发等情。函请提议筹办案。

议决：下期再议。

（十七）准军政部公函，为滇军赵师长成梁请领各种子弹十二万发，请会查照办理案。

议决：暂缓。

（十八）准大本营秘书处函，抄送滇军杨总司令希闵，请拨款加造各种子弹等情。原呈一件，奉批交会速办案。

议决：子弹费原案，仍属不敷，每五日一发，尚须减成支付。加增一层，现无办法。

（十九）大元帅令，着本会每月发给永丰等舰饷伙总额一万五千二百〇一元，以三十日计，每月匀发洋五百六十七元，交该舰长按日具领转发，藉资接济案。

议决：除第三十五次议决每日发给一百三十六元外，现再由民产保证局每日担任筹拨一百元，沙田清理处于每日担任二千元额之内，除拨东路一千九百二十元外，余八十元项下照付，盐运使署每日筹拨五十元。

（二十）准外交部伍朝枢公函称，近日乱党造谣，西报转讹传，影响国交，拟设对外宣传机关，月须二千元，请会每月指拨的款，为对外宣传之用案。

议决：财政厅担任六百元，市政厅担任五百元，公安局担任五百元，粤汉铁路二百元。

（廿一）大元帅训令，卫戍总司令部副官长洪锡龄阵亡恤金，仰会照数筹发案。

议决：照中将例给恤，由筹饷局拨付。

（廿二）准大本营秘书处公函，奉大元帅发下豫军总司令樊钟秀，请发豫军灰色单军服八千套。奉谕，着会迅予筹给价银，俾得自行购制案。

议决：定为五千套，请军政部胡次长与该军面商，需款若干，并分期拨付办法，再行提出公决。

（廿三）准大本营参谋处交来苏世安函称，所部艰困异常，经先后挪借亏空二万余元，请酌拨款项交詹质存设法汇兑，以资维系等情。送会酌筹接济案。

公决：现无办法。

（廿四）准东路讨贼军总司令许崇智函请，发给陆军测量局经费以免该局职员停滞影响军事案。

该局给养已于第三十五次议决有着。

（廿五）市政厅提议，该厅每日担负解饷六千五百六十六元，收支比对不敷甚巨，非缩少负担实难应付，拟请自六月一日起，每日改为解缴军费三千元，以免贻误军糈，请会公决案。

议决：俟下期孙市长出席再议。

（廿六）朱军长培德临时动议，请求增加该军给养案。

公决：下期再议。

（廿七）本会提议，加入大本营军政部次长胡谦为本会委员案。

经众公决：由会呈请大元帅简派施行。

财政委员会十三年五月三十日第四十二次特别会议决案相应开列于左，请烦贵查照施行。

财政委员会启

六月一日

计　　开

（一）准谭总司令延闿函送统一印花税节略，又船业契税节略，又饷绌开源节略各一份。请采择案。

议决：由会录案，函交财政部及财政厅审查，复会再行核办。

（二）本会第四十一次议决，准杨省长提出四川讨贼军请给发五万元案，及杨省长提出石青阳军长请给发一万元案。二案合并讨论。议决：财政厅担任一万元，声明由外县租捐拨付，两星期内交付。盐运使署担任五千元（假定），余下次会议再提出分任等因。合再提出公决案。

众议：此案除四十一次会议由财政厅担任一万元，盐运使担任五千元外，余俟财政稍裕时，再筹办法。

（三）广州市长孙科提议，自六月一日起，解各处军费改为三千元，请公决案。

众议：自六月一日起，市政厅应解财政部军需处给养每日三千四百元，减去一千四百元，即每日实解二千元，每十日一万元取销，每五日五千元按期拨付。

（四）准广州市孙市长函，邓代表士瞻来函，关于沈军接济款项，催询甚亟，特将原函送请查照案。

（五）军政部提议案共五项，请会查照拨付案。

（一）本部经费每月二万元。

（二）军法处经费每月一千六百六十九元。

（三）邮电报纸检查费每月二千二百元。

（四）残废官兵恤金三千四百三十元。

（六）准军政部公函，据中央陆军医院长李世圻等呈，请每日增加四百元，俾资救济等情。函请查照办理案。

（七）准军政部长函复，本会前拨每日之八百元，系充敝部各医院经费，与第三野病院无关，希查照案。

（八）准军政部公函，据广九护路司令周自得呈，请核发军服一千五百套，军帽、肩章、领章、绑腿配备完全，暨需用各种子弹请令发等情。函请提议筹办案。

（九）准湘军谭总司令函，该军待款紧急，请于十日内设法筹给十万元，俾资维持案。

（十）准湘军军医院副院长梁寒松邮电，敝院经费困难，前经呈奉帅座发交贵会核议，未蒙议决，现紧急万分，请迅速提议指拨的款，俾资救济案。

（十一）准滇军总司令部函，为贵会以滇军总部之盐款一千元，指作联军总指挥部之经费，以致窘迫万分，请会提议，俾两部各有给养案。

（十二）准滇军兵站部张鉴藻函称，米商催款紧急，请速将担任自三月二十四日至月底，四月初七日至十六日应发给养二万九千一百九十四元，又五月三日至六日给养一万六千九百三十二元，请即清发，以济军食案。

（十三）准陈政务厅长函称，奉帅令，着会拨黄总指挥绍竑军费二万元等因。转函查照案。

（十四）准朱军长培德函，敝部后方医院伙食无着，请将欠数清发，并按日提拨七十元，径交该院给领，以济眉急案。

（十五）朱军长培德临时动议，请求增加该军给养案。

（十六）准大本营参谋处送来大本营第七路游击司令赖天球报告。赣边军情暨请接济伙食等情，交会核办案。

以上第四案至第十六案，众议：现无办法，俟财政销〔稍〕裕时，再筹拨付。

（十七）准筹饷总局范督办函复，广九路护路司令该部及第一团每日薪项等款，议决敝局担任五百元等由。查敝局确无余款照拨，请查照案。

议决：由会录案函送周司令查照。

（十八）大本营会计司提议，前奉帅令，自五月起，每日筹足该司经费三千五百元案，尚有七百元无着落，请会筹足案。

议决：无着之七百元，俟财政销〔稍〕裕，另筹办法。

（十九）准广东沙田清理处长许崇灏公函，准会将拟定沙骨执照条例送处审查，复会再议一案。查此项沙骨费，系属沙田范围，现正核议章程，着手举办，相应函复查照案。

议决：此项沙骨费，既属沙田范围，请由沙田清理处妥拟章程复会备案。

（二十）准兵工厂长马超俊函复，朱军长培德五万颗子弹费，未悉有无指定的款，请查照见复，俾有依归案。

议决：由会函复兵工厂，现无的款可指，俟有款时再议。

（廿一）准刘司令震寰函称，敝军第四师每日给养费八十九元三毫，应请议决，速催财政部军需整理处继续发给案。

议决：俟财政销〔稍〕裕时，再筹办法。

（廿二）永丰舰欧阳舰长临时动议，前期提出增加给养，除各机关担任外，仍属不敷，请求继续筹拨案。

议决：前四十一次议决，沙田清理处每日担任之八十元，现因许处长报告收入短少，无力担任，即予取销，改由公安局每日担任一百元。

（廿三）公安局报告，因收入短绌，每月应解军需经理处之各军军费项下请减四万五千元，即每五日减七千五百元，请会查照案。

众议：照办。

财政委员会六月三日第四十三次常会议决案相应开列于左，请烦贵查照施行。

财政委员会启

六月五日

计　开

(一)准孙市长函，交湘军第六军杨代表思义函称，该军给养等费，请提出会议分派筹拨，并请从速先发两、三万元，原函转送查照案。

(二)准湘军谭总司令延闿函，为第六军一切军实接济问题，特派杨思义出席，希查照案。

公决：以上二案合并讨论，俟端节后再议。

(三)准杨省长咨送湘军临时筹饷处暂行条例及抵借证式样请汇案，提议公决见复案。

议决：交财部财厅审查，复会再议。

(四)准军政部函，请将手票兑现计划，迅予议定宣布案。

下次再议。

(五)准程军政部长函，敝部积欠商民谭寿山军服费三万余元，请会议准其领产承抵案。

众议：准谭寿山自行指定，呈请市厅核抵。

(六)准程军政部长函，请将积欠广东公医院医治伤兵费用洋一万四千余元，筹款过部，俾资转发案。

公决：节后再议。

(七)准军政部胡次长函，为豫军请领军服五千套，计洋一万二千五百元，商定分期请领，请会公决案。

公决：下次再议。

(八)准军政部函，以大本营军乐队伙食困难，请提议酌予筹拨，俾资接济案。

公决：下次再议。

(九)准军政部运输处长冯启民函，请将该处收束费七千元，迅赐议决，提前陆续拨给案。

公决：缓议。

（十）准广九护路司令部函，请将敝部所请补充子弹十万零八千发，连同军服一千五百套之案，迅赐议决，以便领发案。

公决：下次再议。

（十一）准刘总司令震寰函，兵工厂制弹经费，请从速筹交敝部，逐日拨付该厂，以便取领子弹案。

公决：下次再议。

（十二）准西路讨贼军第四师伍司令毓瑞函，该部给养费，请查照原案，每日八十九元三角之数，仍旧发给案。

（十三）准胡总参谋汉民函，以西路军围惠城，给养子弹俱不能缺乏，请查照原定额数，即发该军应用案。

（十四）准山陕讨贼军徐司令涛函，代路司令丹甫请求追加该军给养经费案。

公决：以上三案，俟财政稍裕再议。

（十五）准公安局公函，以该局担任过多，力有未逮，拟将前定每五日一万元者，改付五千元，每十日付一万五千元者，改付一万元。又陆军军官学校，滇军干部学校每月经费各一万五千元，请会议另行指定其他机关筹拨，以免临时拮据案。

（十六）准筹饷总局督办范石生函，该局经过困难情形，请会公决案。

众议：以上二案，应向政务会议提出公决。

（十七）准赣军司令李明扬函，缕陈苦况，请将给养费仍照八百元之原令，议决通过，以维现状案。

众议：此事已奉大元帅明令，毋庸由会再议。

（十八）邓运使提议，查本会原定常会及特别会等日期，与政务会议日期冲突，嗣后本会常会应改为星期二，特别会应改为星期五，请公决案。

众议：由下星期起，照此改定，并通函各委员知照。

（十九）市政厅、财政厅报告，惠州特别军费市厅支三千元，又财厅支四千元，交由廖前省长仲恺发给请会追认案。

众议：承认此案。

（二十）市政厅报告，自六月一日起，本厅负担会计司款每日加二百元，即每日共五百元，请会议决认可案。

议决：承认。

财政委员会十三年六月十日第四十四次常会议决案相应开列于左，请烦贵查照施行。

财政委员会启

六月十一日

计　开

（一）准财政厅请议拟于新会县属种葵田亩，每亩征收一次过军费，毫银一元，附送章程一扣，请会公决案。

议决：照办。

（二）准财政厅请议拟发行地方短期抵纳券三十万元，附章程一份，请会核议案。

议决：照办。

（三）大元帅令，着本会迅速发给何成濬所部给养二万元，于三日内给领，不得延误案。

（四）大元帅令，着本会于本月十一日午前先付何总指挥成濬五千元，其余一万五千元，亦于三日内全数交付，勿得迟延案。

以上二案，经众议决：由各机关分期筹付，先筹一万八千元，计财政厅担任一千元，市政厅担任二千元，盐运使署担任二千元，均三日内交付；又市政厅担任五千元，财政厅担任三千元，盐运使担任三千元，筹饷局担任一千元，公安局担任一千元，均一星期交付。

（五）大元帅令，饬筹军政部一万五千元，以度节关，并自六月起，遵照拟定二万元之数实足发给案。

议决：俟财政稍裕，再筹办法。

（六）准大本营秘书处函，奉大元帅交下，上海大学需款五千元，请速汇接济电呈一件，着会酌量设法等因。希查照案。

（七）准湘军谭总司令函，以该军第六军给养待用孔殷，请会先行筹拨若干，俾应急需案，并准杨代表思义函同前由。

以上二案，公决：缓议。

（八）准杨总司令希闵函，请将该部警卫团伙食，迅函市政厅查照原案，每日拨给二百元，并将积欠扫数补发或另行指拨案。

（九）准军政部程部长函，以中央直辖第一军朱军长培德请将该部后方医院伙食积欠即行补发后，按日提给七十元等由。转请会议酌予筹付案。

以上二案，众议：财政困难，现无办法。

（十）准孙市长函，以大元帅前在白鹅潭永丰舰时，曾由伍江丽莲女士息借港纸三千元，请会早日筹还案。

议决：承认此案，俟三个月后由市政厅筹还。

（十一）准财政厅咨，以粤省留学外洋各生，以及烈士家属学费，苦无的款可付。查拱北关收入，有带收附加二成军费一项，月计可得六七千元，拟将此项改充特定教育经费，并在盐运使署每日提拨四千元，拟具简章，送请公决见复案。

众谓：下期再议。

（十二）准孙市长函，以六月四日由市财政局拨付滇军总司令部积欠费二千元，又交叶农生特别费一千元，请会追认案。

（十三）准孙市长函，以该厅于六月四日付过韦玉君领去大本营对外宣传费港纸七百元，伸毫银九百四十一元二毫五仙，请会追认案。

以上二案，众议：承认。

(十四)准军政部程部长函，请将积欠广东公医院医治伤兵费用洋一万四千余元，筹款过部，俾资转发案。

议决：俟清理积欠时汇案办理。

(十五)准军政部胡次长函，为豫军请领军服五千套，计洋一万二千五百元，商定分期请领办法，请会公决案。

议决：先筹三千元，财政厅担任一千元，市政厅担任一千元，盐运使署担任一千元，限本星期内交胡次长转付，其余各款，俟过三星期后，再行分配。

(十六)准军政部函，以大本营军乐队伙食困难，请提议尽早筹拨，俾资接济案。

众议：此案由财厅照付，应由会函复军政部查照。

(十七)准军政部函，请将手票兑现计划，迅予议定布告案。

议决：俟造币厂开铸后三星期，体察所得造币余利如何情形，再筹以库券偿还。

(十八)本会提议，将筹饷总局、禁烟督办署合并，改组设立大本营筹饷处，由军政部及各军总司令、军长等共同组织，请众公决案。

议决：由会将此案提出政务会议公决。

(十九)准沈总司令鸿英代表邓士瞻函称，前蒙元首命令发给军饷十万元，迄今分文未有领得，恳为赞助先给三、四万元，俾得购弹运往前方应用案。

议决：先筹一万元，财政厅担任四千元，盐运使署担任三千元，市政厅担任三千元，二星期内交付。

(二十)准北伐讨贼军第三军长胡谦函，请维持所需伙食，特许免搭六成军需债券，请会公决案。

议决：照办。

财政委员会十三年六月二十四日第四十五次常会议决案相应开列于左，请烦贵查照施行。

财政委员会启

六月二十五日

计　开

（一）大元帅交下周道万条陈筹饷办法一件，着会核办案。

议决：由会录案，函交财政部、财政厅核议。

（二）财政厅提议，据第一科科长汪宗洙呈，拟筹设中央实业银行，维持省行纸币，调剂金融，附呈章程一扣，请察核令遵等情。请会公决案。

议决：由会录案，函交财政部、财政厅会核。

（三）准胡总参议函，奉谕豫军子弹须从速补充，其军衣费、给养费以及出发费尚有三万元，均应速为拨给，由财政各机关负责筹备，不得有误等因。希查照案。

议决：豫军军衣费，经于第四十一次已议有办法。子弹及给养亦经陆续拨付。至出发费，尚有三万元，现财政困难，暂行缓议。

（四）廖省长提出，豫军樊总司令每日请增伙食二千元，请会公决案。

众议：现值财政困难，未有办法。

（五）准财政部函，以经发每十日预付豫军给养，业向市政厅收取一万元，交由本部军需经理处，于六月九号转发（系六月十号起十九号止之给养）希会议追认案。

公决：承认此案。

（六）准大本营参谋处函，奉大元帅发下沈总司令鸿英支电一件，关于请发单军衣两万套事，着会酌办等因。希查照案。

（七）大元帅训令，着会迅速筹款，交由广东兵工厂赶造子弹，解交沈鸿英军，以资接济案。

（八）廖省长提议，沈总司令鸿英请拨子弹费，约四□□元，请众公决案。

（九）准大本营秘书处函，奉大元帅交下廖师长行超电呈，前线官兵死病相继，请迅拨巨款驰救一电，着会筹拨现款交杨总指挥派员护理救治等因。希查照附抄电一件案。

又杨总司令希闵藤日代电，敝部军需处兼前线卫生管理处每日共需临时费一千九百余元，又该处准由军政部核定，每日应领经费及卫生材料费八百八十元，请维持原案，如数拨发案。

又杨总指挥希闵咨，以前敌官兵病死相继，若不从速救治，前途何堪设想，请会仍照该部军医从前规定八百八十元之数，按日发给，俾便购药派医出发治疗案。

（十）准军政部公函，据中央陆军医院长李世圻将该院收容残废官兵列册补报，请予核转等情，送会查核并希遵照。

帅谕，从速筹拨过部，俾资转发附表一本案。

以上由（六）至（十）共五案，公决：缓议。

（十一）财政部函，以军政部函，请将五月份欠发士兵死亡棺殓费八百一十元拨款过部，俾资转发等由，请会议公决案。

公决：下期再议。

（十二）准湘军总司令部函，拟请将该部每日应领之九千元给养费，统改由盐运使署拨领案。

议决：目前不能办到。

（十三）大元帅训令，据湘军总司令谭延闿呈称，该部第六军拟率队援桂，请饬迅拨十万元等情，着会筹拨案。

议决：承认此案，十日后再议分担数目。

（十四）大元帅训令，本会迅将湘军所需修枪费毫洋一千三百七十九元，如数筹付兵工厂，以便该军将原修枪枝领回，藉资应敌案。

又湘军总司令部函，以子弹缺乏，险象环生，请迅备的款交厂赶造。又修理枪械费小洋一万一千三百七十九元，亦请查照原案迅予交付案。

又大本营秘书处公函称，奉大元帅发下湘军总司令谭延闿呈，请饬会速筹的款拨交兵工厂赶造子弹二百万发，函达查照，附原呈一件案。

又大本营秘书处函，奉大元帅交下湘军总司令谭延闿呈，请令拨兵工厂制弹欠款二万七千元。呈一件。着会迅速办理等因。希查照案。附原呈。

（十五）大本营秘书处函，奉帅座发下法国驻粤领事函，请饬将所欠韬美医院之留医伤兵费用广毫三千二百二十八元二毫五仙，从速请交函一件。奉批，着军政部、财政委员会从速办理等因。抄录原件，函达查照办理案。

（十六）准军政部公函，以东江现在战事方殷，各军需夫甚多，自应由输送团继续招募，以利运输，惟所需款项及以前积欠五千二百余元如何指拨，请会议见复案。

（十七）准广州市财政局长陈其瑗函，送广东地方善后委员会来函一件，关于输送团夫役经费，请会公决案。

（十八）陈政务厅长树人函，以地方善后委员会，请将输送团经费，提前解决等情，转达查照案。

以上由（十四）至（十八）共五案，公决：缓议。

（十九）大本营秘书处函，奉大元帅交下杨总司令希闵呈，请令行造币厂于赢余项下每日拨交该部给养费四千元，呈一件，着会核议等等，希查照案。

议决：碍难照办。

(二十)准滇军兵站部长张鉴藻邮电，请将积欠运输费十三万八千元，先拨数万元，俾资应济案。

又奉大元帅训令，据总司令杨希闵呈，请饬财政机关迅将积欠该军兵站部给养费一十一万一千六百零四元四角，克日清发等情，着会遵照拨发案。

又大本营秘书处函，奉大元帅交下滇军总司令杨希闵请饬按日拨款维持该军兵站部篠电一件，着会按日拨款，不得延误，希查照案。

又奉大元帅训令，前经令拨各部子弹费每月三万元，滇军兵站部运输费每月二万元，兹据联军杨总指挥等呈报，积欠已巨，特令按期如数支给案。

议决：俟财政统一后再办。

(廿一)准财政部函复，将核准裕广银号发行兑换券及代理金库原因，希查照核议案。

公决：承认此案。

(廿二)准大本营参谋处函，以该处签呈请拨留日陆军大学学生学费日金三千元案。奉帅批，交会筹拨希查照案。

公决：下期再议。

(廿三)准广东大学筹备处处长邹鲁函，以邓运使处昨与商订留学经费，运署每月可拨二千元，专此奉达案。

(廿四)准财政厅咨，以粤省留学外洋各生及烈士家属学费苦无的款可付，查九、拱两关收入有带收付加二费一项目许可得六、七千元。又诚兴公司屠羊捐每月五百元，拟将此项改充特定教育经费，并在盐运使署每日提拨四□元，拟具简章送请公议见复案。

以上二案合并讨论，议决：盐运使署照拨二千元，九、拱两关加二费约六、七千元，自八月分〔份〕起交邹校长转汇，其支配办法另由财厅订定，函邹校长查照。

（廿五）陈政务厅长树人提议，以东路讨贼军第三军李军长函，请筹给剿匪费，应如何给发之处，请会公决案。

又李军长福林函，以剿匪经费若不能按日支给办理，愈形困难，请提出会议转呈帅座核准，仍旧按日拨付，以免贻误案。

议决：由会函复李军长，请遵帅令实报实销办理。

（廿六）廖省长提议，黄绍雄请拨子弹数万发，费约四、五千元，另军费一万元，请会公决案。

公决：现财政困难，暂无办法。

（廿七）中央直辖第三军卢军长师谛函，以该军六月以前给养计，中央军需处共欠发二千七百零九元四毫，军政部共欠发一百七十七元，又前缴还军用手票洋一千二百余元，请会议补拨，俾便转给应用案。

议决：俟财政稍裕再议。

（廿八）大元帅交下杨总司令希闵电，请转饬速发直辖第七军给养寒电一件，着会查案速发案。

公决：应毋庸议。

（廿九）准公安局长吴铁城函，以借揭商办广东银行八万元，及□定租捐项下还款办法，请会备案。

公决：承认此案。

（三十）财政部函复，审查湘军总指挥部所拟发行抵借证券，政厅已拟发之抵借证性质相同，不如概由财政厅办理，以□□权。至湘军饷项，似应由在会各财政机关切实筹议，平均□勿令向隅，请会议公决案。

议决：照办。

（卅一）财政部提出，凡缉获私铸银币及熔化国币暨代为搅销劣币之奸商，当此军事时期内，应如何按照军法从严惩办之处，请会议公决案。

议决：照办。

(卅二)财政部公函，准军政部咨开，积欠广和昌军服店定制军服费尚欠约四万元一案，咨请交会别筹的款，俾资转发等由。函达查照，提议见复案。

议决：此项积欠军服费，俟清理手票案时，统筹办法。

(卅三)财政厅提议，以驻防东莞西路讨贼军筹饷局长覃桂秋，藉军饷急需为词，将东莞炮竹行厘费遽行收办，殊属有碍财政统一，应如何办理之处，请公决案。

议决：由会录案，呈请大元帅令行西路刘总司令转饬筹饷局长覃桂秋，将该炮竹行厘停止收办，以维统一。

(卅四)大元帅交下西路总司令刘震寰呈，请迅令财政委员会指定盐运使按日担任该军给养费一千七百元等情，呈一件，着会议办理案。

议决：俟盐运使收入稍裕再议。

(卅五)中央军需处函达收支总结数目，请将透支银三万六千九百二十四元五毫，如数筹拨，以便转给归垫，并请将前拨四、五两月未支经费八千七百八十二元一案，提前照拨，俾资结束案。

议决：俟将来清理积欠时，汇案办理。

(卅六)管理中上七校经费委员会主席邹鲁公函，请转朱军长勿再每日提省河筵席之教育经费八百元案。

议决：由会录案，呈请大元帅令饬朱军长查照办理。

(卅七)大本营参谋处函称，前杨总指挥希闵以战区电话架设未周，奉令拨款二千元，经会提议，仅拨半数，现拟加拨三四千元等语。函达查照案。

(卅八)大本营参谋处函，据滇军师长廖行超函称，该师营长赵联城阵亡给恤，又队长赵育民受伤给恤等案，函请查照筹给，附训一件案。

以上二案，公决：缓议。

（卅九）军政部函，以中央直辖第一军第一旅李国柱所部现已改编为大本营军政部陆军第一旅，请将其原奉帅令，批发每日一百元之给养，仍旧发给，以资接济案。

公决：下期再议。

（四十）大本营秘书处公函称，大元帅交下大理院长吕志伊呈，请明令各财政机关分拨该院经费，以资维持，函达查照附，原呈一件案。

议决：该院经费由坟山登记局收入项下拨付。

（四十一）孙市长函请，大元帅慨助中国机器总会建筑费一万五千元，准以太平南约菜园地拨给，请会备案追认案。

公决：承认此案。

（四十二）孙市长函，国立广东大学筹备处，请借毫银一万元，已饬财政局筹借，请会备案案。

公决：承认此案。

（四十三）本会提议，照章新任广东省长廖仲恺应为本会主席委员，又新任经界局督办兼广东沙田清理处长古应芬，又新任粤汉铁路总理许崇灏应为本会委员，请公决案。

议决：由会呈请大元帅简派施行。

财政委员会十三年六月二十七日第四十六次特别会议决案

相应开列于左，请烦贵查照施行。

财政委员会启

六月二十八

计　开

（一）廖省长临时提出紧要议案六项：

（一）黄绍雄子弹七九六八拾万发，约款一万元。

（二）川军军费一万五千元。

（三）湘军医药品费一万元。

（四）黄绍雄购办军用品费二千元。

（五）何雪竹部军费，财政厅欠尾发三千余元，请筹拨。

（六）樊部欠军费，前领二万元，余欠拟请发一万元。

议决：省长公署担任五千元，盐运使署担任五千元，一星期交付。

市政厅担任一万元，三日交付，又五千元一星期交付，上款系拨发第一、二两项，黄绍雄子弹费及川军军费。其余第三至六项因财政困难，一时无从筹拨。

（二）财政部提议，拟办广东火柴检验费，请会公决案。

议决：照办。

（三）财政厅提议，诚兴公司商人吴海常所办省佛屠羊捐，月缴饷银五百元，即以此种捐饷拨充东西洋留学经费当否，仍候公决案。

议决：照办。

（四）本会提议，此次修正本会章程及组织干事处规程内载，所有专任职员薪俸得比照财政部职员核定等因。经呈奉大元帅核准，令复并分函各委员查照。现本会经费每月暂定为九百元，财政部担任二百元，运使署担任二百元，民产保证局担任三百元，财政厅担任二百元，请公决承认案。

议决：承认此案，由担任各该机关按月照拨。

（五）大本营秘书处函，奉大元帅交下伍公纪念会干事长孙科等呈，为筹备伍公纪念乞援案拨款赞助，呈一件，着会议拨等因，希查照案。

议决：承认此案，再行分筹拨付。

(六)航空局长陈友仁函，拟将卸任开平县长胡汉贤，应解财厅之丁粮契税毫银五千零零二元六毫三仙五文，全数移交该局，以作飞机运费及飞机师旅费，希查照办理案。

议决：由财政厅划拨。

(七)财政厅提议，本会第四十一次会议，奉大元帅训令，着筹给许卓然三千元(除已领一千二百元外)，及筹济闽南总司令臧致平毫银一万元，交江董琴具领转汇案。议决：由财政厅端节后，分期交付，此案声明，由外县租捐项下筹拨，现租捐无着，应另行议办案。

议决：臧总司令之一万元，暂从缓议。许卓然欠拨之款，俟新任财政厅陈厅长接事，即筹拨一千元。

(八)乐昌商会快邮称，以中央直辖第一军朱军长所部，在乐昌平石设卡，重抽百货捐，迄未撤销。近日平石警署，更新抽生猪、生牛等捐，乞予维持案。

议决：由会录案，呈请大元帅令饬朱军长查案取销，另由会函复该县商会知照。

(九)财政部函，以军政部函，请将五月份欠发士兵死亡棺殓费八百一十元拨款过部，俾资转发等由，请会议案。

议决：由财政厅拨付。

(十)准大本营参谋处函，以该处签呈，请拨留日陆军大学学生学费日金三千元案。奉帅批，交会筹拨，希查照案。

议决：俟财政稍裕再议。

财政委员会十三年七月一日第四十七次常会议决案相应开列于左，请烦贵查照施行。

财政委员会启

七月三日

计　开

(一)大元帅令，着本会火速将豫军出发费三万元，及军衣费一万二千五百元，筹给勿延案。

议决：豫军军衣费除前已付三千元外，余欠九千五百元，由盐运使署担任五千元，市政厅担任四千五百元，四日内交付，(上款系由运使署、市政厅担任，第四十六次特别会议第一案之各五千元项下提前移拨)至出发费一项，俟财政稍裕再行筹拨。

(二)大元帅令，着本会火速筹款三万五千元，为何总指挥雪竹出发费，连一个月伙食在内，不得延误案。

议决：盐运使署担任一万元，财政厅担任一万元，梅监督担任五千元，以上二万五千元，限一星期内交付，余欠一万元俟财政稍裕，再行筹拨。

(三)李司令明扬请求每日筹拨给养四百元，请会公决案。

议决：由财政厅筹拨。

(四)准财政部郑次长交来军政部胡次长函，以七月一日转瞬将届，军需处应否成立，有无的款以资交付，请会公决案。

议决：先由会通电各军机关，说明现值财政困难，自七月七日起所有应发各费，除有地盘军队不发给养外，一律减成发给。至前欠之款，俟财政统一时，再为清理。将以上情形提出星期四政务会议决定。

(五)大元帅令，滇军兵站部赊借军米以六万元为限，由财政厅签字负责于七月内，如数筹还案。

议决：分三星期筹拨，俟下期会议再行支配。

财政委员会十三年七月四日第四十八次特别会议议决案相

应开列于左，请烦贵查照施行。

财政委员会启

七月六日

计　开

（一）财政部提议，拟筹办所得税，条举理由，请会公决案。

议决：缓办，俟拟妥章程再议。

（二）财政部提议，拟举办梧州烟酒印花及厘税加二，暨商业牌照等项，请会议公决案。

议决：照办。

（三）军政部胡次长提议，拟特制一种旂帜，发给各官商之火船、兵轮，以期肃清河道，如委员会承认此项旂费，当再提数目，请会公决案。

议决：暂行缓办。

（四）大元帅令，据滇军第二军长范石生呈，为促进财政统一，谨先将士敏土厂奉还政府，请核办等情。着财政委员会即日派员接收该厂，并妥拟办法呈候核夺案。

又胡总参议来函，关于处理士敏土厂办法，奉帅谕，前香港士敏土厂有承买石灰之意，较之自制获利加倍，可着陈友仁赴港磋商，如果仍有意承买，即将此厂停办，而另设厂于北江，否则另议，着会讨论案。

议决：由财政部派委，财政厅接收。

（五）大元帅交下广西沈总司令代表陈贞瑞笺函一件，以洛吴增派赵荣华援桂，大战在即，恳严令财政委员会，限日筹足子弹费交兵工厂赶造，并筹发军饷等情。着会议办理案。

又廖省长交来胡总参议函，以沈军子弹宜先筹拨的款使兵工厂速制发案。

又孙市长交来广西沈总司令，山陕军路司令来函，关于饷项给养困难情形，转达予以接济案。

议决：承认此案，设法筹拨。

(六)粤军第三军李军长福林函，以剿匪经费既不能照旧拨付，惟有实行辞去剿匪任务，将各舰调回原防，以免贻误滋咎，请提出会议，转呈帅座，准将剿匪任务克日解除案。

又胡总参议来函，奉帅谕，东路第三军奉令清剿香顺各属之匪，克日出发。查该军伙食久欠，而剿匪经费前已令其实报实销，着会速筹拨现款，俾得出发案。

议决：该军剿匪经费每日四百元，由财政厅担任，在补抽厘厂收入项下指拨。

(七)增城县公会长刘巨良来电，请迅赐转咨湘军总指挥部在该县发行之抵借证二十万元，准免发行案。

议决：由会录案，呈请大元帅令饬湘军总指挥照案取销发行抵借证。

(八)大本营秘书处函，奉大元帅交下豫军樊总司令呈，请每日准予加发伙食费二千元，呈一件，奉批交会及军需经理处议复案。

议决：由会函复大本营秘书处，现时财政困难，实无法增加。

(九)大本营秘书处函，奉帅座交下樊总司令呈，请核发子弹工料费，呈一件。奉批，交会及军需经理处速为核拨案。

又函达，奉帅座交下豫军樊总司令呈报，现需子弹种类数目，乞筹付工料费，呈一件。奉批，交会及军需经理处，速为筹付案。

议决：俟有的款再行议拨。

(十)大元帅交来许总司令呈一件，呈请提会讨论继续给发大本营制弹厂经费案。

议决：俟本月底另案筹拨。

(十一)大元帅训令，自七月一日起，按日拨付湘军军医院经费五百元案。

又湘军总司令部来函，同前由。

公决：下期再议。

(十二)西路刘总司令函，请将前欠造弹费一万六千五百元迅为指定各收入机关分别拨款，交兵工厂赶造，以凭领用案。

公决：下期再议。

(十三)财政部交来大本营秘书处函，转西路刘总司令来函，请速筹拨款项交由电政监督，限日修改飞鹅岭电线案。

公决：下期再议。

(十四)大元帅训令，着本会将认筹湘军第六军之援桂经费毫洋三万元，先行筹拨，以便早日开拔案。

又湘军总司令来函，同前由。

议决：先筹一万元，由财政厅筹拨五千元，盐运使五千元，期限七月十五日前交付。

(十五)军政部公函，以该部所辖各病院六月份棺殓费五百五十五元，请会议指拨的款过部转发，并请将此项棺殓费，仍旧□□清，以资应付案。

议决：由财政厅筹拨。

(十六)大元帅交下谭总司令呈，请在造币厂盈余项下每日指拨五千元，以偿各项垫款等情，呈一件，着会议办理案。

议决：造币厂并无盈余可拨。

(十七)大元帅交下联军军医处长明增灏呈，请将该处每日五百元给养费，另行指拨等情呈一件，着会办理案。

又奉大元帅交下联军军医处处长明增灏呈报禁烟署承允拨付该处给养呈一件，着会议办理案。

议决：已奉帅令，指定在禁烟署拨付，应遵令办理。

(十八)财政部郑次长交来孙市长函，以现接于右任自沪来函云，上海大学经费，业奉帅令，批交财政委员会处理，刻该校将放暑假，亟待款结束及筹备下期开学费用，请提出会议公决案。

议决：现值财政困难，暂无办法。

（十九）大元帅交下无线电局长冯伟呈，请将该局经费每日一百元，指定在公安局给领等情呈一件，着会议办理案。

议决：公安局现无款可拨。

（二十）军政部函，以豫军自到粤之日起，至本年五月三十日止计垫发官兵治丧费共毫洋九千三百八十元，请会筹拨的款交军需经理处转发案。

议决：俟财政稍裕，再行筹拨。

（廿一）大元帅令发滇军第三军雇夫经费每月一千五百元案。

又滇军第三军司令部副官处函，请拨发该军六月份募夫费一千五百元案。

议决：由会函复该军，雇夫经费请在该军截留征收机关所收款项内，自行拨用。

（廿二）大元帅令，滇军兵站部赊借军米以六万元为限，由财政厅签字负责于七月内如数筹还案。（经第四十次议决，分三期筹拨，俟下期会议再行支配，合提出请支配。）

公决：下期再议。

财政委员会十三年七月八日第四十九次常会议决案相应开列于左，请烦贵查照施行。

财政委员会启

七月九日

计　开

（一）大元帅令，现在军事紧急，关于兵工厂制造子弹经费□□拨定的款，按日发给该厂应用，以免贻误戎机案。

议决：兵工厂制弹费每月定为九万元，从七月起先，□□月计划，由各机关分担如下：计财政部一万四千元，□月二十六日后付，盐运使署二万元，市政厅一万元，财政厅一万五千元，财政局一万五千元，沙田清理处六千元，统交省署支配办理，余一万元，下次再议分担。

（二）大本营制弹厂厂长周少棠函，以该厂制弹费请仍照帅令指定，每日一千元，由有收入机关按日如数给足，以利戎机案。

议决：由省长公署在各机关担认制弹费项下酌拨。

（三）豫军给养每日五百元，约欠三万余元，又开拔费欠发三万元，请会筹拨案。

议决：开拔费先筹五千元（由财政厅借垫，交由省署转交，至本月底，由梅监督筹还），其余旧欠则八月内再设法偿还。

（四）廖省长提议，现值财政困难，拟向筹饷局将承商裕成公司公礼项下之五万元，提前拨交本会，以应军需案。

议决：由会函筹饷总局与该公司商妥备拨。

（五）大本营参谋处函，奉帅座批准，颁发王故营长春霖恤金签呈一件，请会按例筹拨案。

议决：王故营长恤金，按照阵亡恤款条例发给，由省长公署筹拨。

（六）胡总参议函，以海军练习舰队给养久欠不发，请设法维持案。

议决：该舰队给养已由军需处发给有案，其以前所欠之款，应由财政厅陆续分期拨还。

（七）湘军总司令部公函，请将各机关最近欠发该军给养费四万七千六百元，速催拨付，以资应用案。

又湘军总司令部函，以财政厅欠发太多，该部无法周转，恳转请陈厅长酌还二、三万元，以救危急案。

又胡总参议交来吕秘书苾俦函，以湘军给养无着，拟恳商廖省长于前欠应领给养项内酌予筹还三万元，以维现状案。

议决：该军积欠给养，先由省长公署筹拨一万元。

（八）大元帅训令，自七月一日起，按日拨付湘军军医院经费五百元案。又湘军总司令部公函，以该部呈请指拨医药费一案。奉指令，由贵会自七月一日起指拨的款，按日发给医药费洋五百元各等因。函请查照，指定拨付机关，按日照领案。

议决：查湘军前曾向禁烟署包商借银二十万元，系声明每日在承饷额内扣回二千元，现拟函请禁烟署转知该包商每日少扣五百元，即将此五百元拨充湘军医院医药费，暂以一个月为期，至该医院八月份经费，则随后再议分配。

（九）财政厅提议，准杨总司令函，以商人请承省河土丝军用协饷，事关增加税饷，谨将原办法提出讨论，敬候公决案。

议决：抽收省河土丝军用协饷，系额外征收，究嫌重复，应即取销，由会函财政厅查照转复。

（十）大元帅交下滇军杨总司令希闵呈，请令饬盐运使、财、市两厅长各拨给该军兵站部现款三、四万元，赶筹应济等情，交会速筹办法案。

议决：现值财政困难，无款筹拨。

（十一）大元帅令发蒋作宾旅费一千元，蔡济民运柩费一千元，该款着会计司向财政委员会领给令会遵照案。

议决：蒋作宾旅费一千元，蔡济民运柩费一千元，由大本营会计司先行筹付，由市政厅担任筹还。

（十二）市政厅公函，以建设部林部长函，请拨付经费毫洋一千元，该厅已在拨付大本营经费项下如数提拨，希查照追认案。

公决：承认此案。

（十三）大本营参谋处公函，以石滩、增城、正果一带电杆电线损失甚多，约计修理工程及材料各费共需三百四十余元，请酌予拨款俾资修理，而利戎机案。

议决：由运署担任拨付。

（十四）大本营秘书处函，奉帅座发下广东陆军测量局长吴宗民制印北江军用地图，请拨现款一千元，函一件。奉批，着会提前发给案。

议决：由财政厅担任，限二星期内，分五次拨付。

（十五）军政部公函，以手票兑现计划，前经议决俟造币厂开制后三星期，体察所得余利，再筹以库券偿还等由在案。现在约期已满，究应如何偿还之处，请议定见复案。

议决：下期再议。

（十六）西路刘总司令函，请将前欠造弹费一万六千五百元，迅为指定各收入机关分别拨款，交兵工厂赶造，以凭领用案。

议决：缓议。

（十七）大元帅令，拟将广东高等检察地方检察两厅经费，及监狱看守所囚粮，改由广东盐运使署照额支付，仰即查照办理案。

公决：下期再议。

财政委员会十三年七月十一日第五十次特别会议议决案相应开列于左，请烦贵查照施行。

财政委员会启

七月十二日

计　开

（一）大本营军需处公函，准秘书处函，奉大元帅交下滇军总司令杨希闵请发子弹二十万发呈一件。等因。相应抄呈，请会筹拨案。

议决：由会录案，函请省长公署酌拨。

（二）大本营军政部提议，残废官兵十二名遣送费三千四百八十元，应如何筹拨，请会公决案。

议决：由本会各委员分任劝捐。

（三）大元帅令，以永丰舰饷项、伙食与别种军队不同，着会照原定之数，提前发给，毋得延欠案。

议决：该舰给养每日五百六十元，除军需处每日拨三百元，盐运使五十元外，尚欠二百一十元，由各机关分担如下：计财政部六十元，盐运使加给五十元（连上共一百元），财政厅五十元，财政局五十元，于本月十三日起拨付。

（四）大元帅交下筹饷局督办范石生呈，请发还五邑防务经费承商德和公司所缴公礼按饷五万七千元等情呈一件，着会核办案。

议决：德和公司所缴公礼，按饷经盐运使承认偿还，惟盐运使署现值收入不敷，此时无法筹拨。

（五）大本营财政部公函，据粤海关监督呈，以税务司函称：九江滇军第三军第六师第十二旅长保荣光饬抽出口土丝捐、茧捐，呈请取销等情，函请提出会议撤销案。

议决：由会录案。呈请大元帅令滇军总司令部转饬保旅长荣光将抽收出口土丝捐、茧捐一案取销。

（六）大元帅交下谭总司令延恺呈，请令行财政委员会拨付军服欠款小洋六万五千四百四十三元六角等情，交会办理案。

议决：现值财政困难，暂无办法。

（七）高雷绥靖处处长林树巍咨，以敌人侵犯恩开，该部担任前锋作战，请将未经具领各种子弹一万五千五百颗，迅即如数发给，俾利戎机案。

议决：由会录案函，请省长公署酌拨。

（八）大元帅交下杨希闵呈，请令饬财政委员会清发交通局欠款四千四百余元等情，交会办理案。

（九）大元帅交下蒋尊簋呈报表册粘存簿等件，已令财政委员会筹拨垫款三万六千九百余元，欠发经费八千七百余元等情，交会办理案。

议决：以上二案，由会函交军需处查案核办。

（十）廖省长交来中央直辖第二军长黄明堂公函，请筹拨军费毫银五千元案。

议决：由会录案，函请省长公署酌核办理。

（十一）大本营军政部公函，以手票兑现计划。前经议决：俟造币厂开制后三星期，体察所得余利，再筹以库券偿还等由在案。现在约期已满，究应如何偿还之处，请议定见复案。

议决：造币厂现正亏本，实无余利可拨，应由会录案，函交财政部核复。

（十二）大元帅令，拟将广东高等检察、地方检察两厅经费及监狱看守所囚粮，改由广东盐运使署照额支付，仰即查照办理案。

议决：高检、地检两厅经费及监狱看守所囚粮共款四千五百元，由盐运使署、沙田清理处各担任二千二百五十元。

（十三）大元帅令，着本会对于海防司令部之经费，应照旧发给不得照有防地相待案。

议决：现值财政困难，暂无办法。

（十四）中央军需处函，以该处填发过欠单数目，共计四十五万四千七百一十六元六毫二仙，汇列清册并将截存第二联送请提案查核案。

议决：由会录案，函交军政部审计处会核，复会再议。

（十五）广九铁路总工程师来函，请将欠款七千五百元发给，俾得维持案。

议决：将军政部核减各病兵医院每日之三百元，改拨为该路每日经费。

财政委员会十三年七月十五日第五十一次常会议决案相应开列于左，请烦贵查照施行。

财政委员会启

七月十六日

计　　开

（一）廖省长提案三项：

（一）大本营特别需用子弹十二万发案。

（二）朱军长培德请发子弹五万发案（已发）。

（三）沈总司令鸿英请发子弹五万发案。

议决：以上三案，共需制弹费二万二千元，由各机关担任如下：计财政部二千元（二十日交付），盐运使署七千元（二十六日交付），财政厅三千元，上款共银一万二千元，余一万元，下期再议。

（二）大元帅令，着本会送蒋雨岩旅费一千元案。

此款已由市政厅拨付。

（三）大元帅令，着本会提前筹还樊钟秀旧欠伙食三万元，并加给伙食费一万元案。

议决：樊部旧欠伙食三万元，并加伙食一万元，共四万元，业由各机关担任如下：计盐运使署还旧欠一万五千元，财政局还旧欠一万元，财政厅还旧欠五千元，又财政厅加给伙食五千元，连前已筹还所欠出发费五千元，计已足四万元。

（四）财政厅提议，补税契价以增进产值而利业权，请会公决案。

议决：照办。

（五）财政部复函，以审查财厅第一科科长汪宗洙呈，拟筹设中华实业银行一案，于整理纸币前途殊多裨补，希查照核议案。

议决：照办。

（六）大元帅令，着本会筹拨何成濬部，截至七月十五日止不敷伙食一万一千八百元案。

又广东省长函，现准何总指挥成濬来函，陈述所部困难情形，请发伙食一万一千八百元等由。将原函并清单钞送，即希会议公决案。

议决：该部伙食业已由省署筹拨五千元，余欠之款，俟财政稍裕再议。

（七）大元帅令，每月给许卓然公费五百元，着会筹拨案。

议决：现值财政困难，俟财政稍裕再议。

（八）大元帅训令，据广东省长廖仲恺呈称，伍公纪念会需款甚巨，拟请援案酌拨公帑等情，着会查明前军政府暨广东督军署拨款补助程故总长璧光铸象成案，照数筹拨案。

议决：伍公纪念会查照，程故总长璧光铸象成案用款二万元，俟三星期后再议分担。

（九）本会第四十九次会议议决，兵工厂制弹费每月定为九万元，除各机关分担共八万元外，余一万元下次再议等因。提出公决案。

议决：制弹费每月九万元，除第四十九次议决各机关分担共八万元外，余欠一万元由造币厂担任（于月底在余利项下酌拨）。

（十）湘军总司令部函，以财政厅、盐运使署担任该部第六军之援桂经费各五千元，准派刘锦文按期具领，至欠筹二万元，仍请提前列议从速指拨，以便早日开拔案。

议决：该部第六军援桂军费前已议决，由财政厅、盐运使各拨付五千元，至欠筹二万元，现值财政困难，暂行缓议。

（十一）大本营秘书处函，奉大元帅交下滇军总司令杨希闵呈，请令厂制发各种枪弹五十万颗呈一件。奉谕，交财政委员会及军需处兵工厂办理等因，希查照案。

议决：由会函复该部，以现值财政困难，一时无款拨兵工厂制弹，请在该部统一财政项内，自行筹拨备制。

（十二）滇军总司令杨希闵咨，据交通局长曾镛呈称，该局奉令裁撤，请行会议发给结束费三百五十六元四毫等因，咨会查照，提前拨给，俾资结束案。

议决：由会录案，交军需处核办。

（十三）大元帅训令，发下海军练习舰队司令部暨所属各舰及海军练营经费，每月大洋一万八千五百二十一元，附原预算书两本，着会速行议定并指拨的款案。

议决：现值财政困难，暂无办法，只能照目前给养办法。

（十四）黄焕记煤庄函，请该号筹交各舰队煤炭价洋一万六千零六十三元八毫，务即设法拨付，以维商业案。（附大本营秘书处原函）

议决：俟梅监督筹有办法，再行拨付。

财政委员会十三年七月十八日第五十二次特别会议决案相应开列于左，请烦贵查照施行。

财政委员会启

七月十九日

计　开

（一）廖省长提议案三项：（经前次会议议决所余一万元未决之案合注明）

（一）大本营特别需用子弹十二万发案。

（二）朱军长培德请发子弹五万发案。（已发）

（三）沈总司令鸿英请发子弹五万发案。

以上三案，经第五十一次会议议决，共需制弹费二万二千元，由各机关担任如下：计财政部二千元（二十日交付），盐运使署七千元，（二十六日交付）财政厅三千元，上款共银一万二千元，余一万元下期再议等因，特提出公决案。

公决：下次再议。

（二）湘军总司令部函，以该部子弹费前经会议议决，自五月份起按月筹拨的款三万元，交付兵工厂制造三十万发案。迄今两月有余，所领子弹仅二十万有奇，请迅予指拨的款，以便催领案。

议决：由禁烟署与承商商借一万元，交兵工厂专给欠湘军制弹三十万发之尾数。（查湘军前曾向禁烟署包商借银二十万元，除按饷四万五千元，实借一十五万五千元。系声明每日在承饷额内每日扣回二千元，自五月二十三日起扣，已扣回借款约计十万零八千元，未扣者计约四万七千元，所欠该商借款为数无多，故拟商借一万元。）

（三）湘军总司令制弹厂厂长张国元函，以该厂经费异常支绌，请将湘军所欠造弹费毫洋二万七千元，迅予筹拨，俾资接济案。

公决：财政充裕时再议。

（四）豫军总司令樊钟秀函，以该军给养素称拮据，近因军需处缓发两日，殊属更难维持，请会函知军需处，仍由市政厅直接拨发，或指定市政厅每日所交之款专发该军，以利军食案。

议决：由军需处函市厅商办。

（五）大本营秘书处函，奉大元帅交下滇军总司令杨希闵呈，请发子弹二十万发一案。

呈一件。奉谕交军需处兵工厂等因。抄呈函请查照，迅将该子弹费议决筹拨案（此案经五十一次会议提出，因议决不能照行，特再提议合注明）。

议决：查照第五十一次该军请领五十万发议决案办理，即由会函复该部，以现值财政困难，一时无款可拨，请在该部统一财政项内自行筹拨备制。

（六）大本营制弹厂厂长周少棠以该厂制弹费，请仍照帅令指定每日一千元，由有收入机关按日如数给足，而利戎机案。（此案经五十一次会议提出，因议决办法不能照行，特再提议合注明。）

议决：此案经于七月十七日政务会议时议决，该厂经常子弹制费，由粤军自行支配，临时子弹由兵工厂拨。

（七）大本营军需处函，准滇军杨总司令以该部给养费，请照帅令每日八百五十元之数发给，并将七月七日以后短发之款如数补发等由，转达查照，增加认款，并希见复案。

议决：财政充裕时再议。

（八）大本营秘书处函，奉大元帅交下中央直辖第一军军长朱培德呈，为给养困难，恳仍照拨，以维现状等情。奉谕，交会议复等因，检同原呈，函请查照案。

公决：现无办法。

（九）筹饷总局范督办咨，该局收入经本会支配，实无余款留存，现奉帅令，饬每日拨付滇军第一师长赵师长成梁所部服装费三百元等因。只有在拨给滇军兵站总部每日八百元内，扣出三百元，希查照转咨军需处备案案。

议决：否认其在滇军兵站总部项内扣拨。至赵师长服装费，仍请该局筹款拨给。

（十）大本营秘书处函，奉大元帅交下许总司令灰电，并董总指挥函一件。奉谕，董总指挥福开所请补给六月份公费伙食洋五千九百五十元及维持现在伙食两项，着会速议办法等因。合将函电送达，请筹议见复案。

议决：临时费数千元，下次分配。至该部每日伙食额数，则由会函许总司令核实见复再议。

（十一）粤军总司令部函，请将陆军测量局经费，照帅座核准定案按月给足四千二百元以资维持，其积欠二万余元，请分期补发案。

公决：现无办法。

（十二）大元帅交下粤军总司令许崇智呈，请将该部第一旅参谋长周朝宗应得恤款发交财政委员会，提议拨给并行部领发等情，交会办理案。

议决：由财政部拨给，至该款若干，请查照军政部恤赏条例给发。

（十三）大本营秘书处函，奉大元帅发下粤军总司令转陈何总指挥所部每月应需伙食等费三万一千三百五十元，一时不及改编预算，请先饬会拨款，以免军食中断，代电一件，着会先行照数指拨的款，俾维军食等因，希查照案。

议决：由会函秘书处转知该军，核实人数数目，复会再议。

（十四）广九铁路代理总工程司石托勒敦函称，准会函称，议决：该路经费每日由军需处发给三百元等由。恳将前欠之款由六月二十四日起至七月十一日止，政府订明日给五百元，共计九千元之数，早日拨给，并望通令沿路各军减开专车次数，方可维持案。

议决：欠款第五十次已议过，暂无办法。至减开专车次数，则由会咨军政部订定军人乘车条例，颁行以示限制。

（十五）大本营外交部函，以巴色教会用船被封致受损失，请赔偿银九百三十四元九毫五仙一案。奉帅批，着会发还等因。希查照如数发还见复案。

议决：由会函复外交部转知该会查明系某军队封用该船，即由该军队负责赔偿。

（十六）山陕讨贼军路司令孝忱函，请将积欠给养一万零三百元提议补发以示体恤案。

议决：暂无办法。

（十七）大本营参谋处以架设黄埔军官学校至帅府军用电话，据电信队主任杨少何呈称，计须工料银一千三百四十六元五毫，相应将原呈及估价清单函送查核即拨款，以便兴工案。

议决：该款由运署照拨，八月十五日以前交付。

（十八）财政厅函，以抵借证既经该厅发行在先，又同属接济军用，似不必再由湘军另发，致嫌重复，希会议公决案。

议决：照办。由会函复湘军查照。

（十九）大元帅训令，据筹饷总局督办范石生呈称：拟在该局代偿还商会欠滇军总部之款项内，每月扣出六千六百六十六元以还承办五邑防务经费德和公司预缴公礼四万元款，计六个月偿清，其所缴之按饷一万七千元，仍由该局负责另筹等情，着会妥议具复案。

议决：此案经五十次会议时，已议有办法，即该项公礼按饷五万七千元，由运署承认，俟有款时偿还在案，仍应照该议决案办法办理。

（二十）廖省长交来中央直辖第二军长黄明堂公函，请筹拨军费毫银五千元案（此案经五十一次会议提出，因议决办法不能照行，特再提议，合注明）。

议决：运署担任一千元（七月十九日付），沙田清理处担任五百元（七月二十一日付），余再议。

财政委员会十三年七月二十二日第五十三次常会议决案相应开列于左，请烦贵查照施行。

财政委员会启

七月二十三日

计　开

（一）大元帅令，着本会提前筹备特别军费五万元，限三日内缴交大本营案。

议决：现筹拨二万元，各机关担任如下：计盐运使署筹拨一万元，梅监督筹借一万元。

（二）大本营秘书处函，奉大元帅交下许总司令灰电，并董指挥函一件，奉谕，董指挥福开所请补给六月份公费，伙食洋五千九百五十元，及维持现在伙食两项，着会速议办法等因。将函电送达，请议见复案。

此案经第五十二次会议议决，临时费五千余元，下次分配。至该部每日伙食额数，则由会函许总司令核实见复再议，等因。合注明。

又准胡总参议函，以董福开所部返粤已五十余日，伙食尚无着落，务请速行指定支付机关，以资维持案。

议决：先筹临时费三千元，各机关担任如下：计财政部五百元（二十四日交），省长公署五百元（二十四日交），财政厅一千元（二十五日交），盐运使署一千元（二十六日交），至该部每日伙食，俟下星期开会再议。

（三）中央直辖第三军卢军长师谛函，以该军六月以前给养，计中央军需处共欠发二千七百〇九元四毫，军政部共欠发一百七十七元，又前缴还军用手票洋一千二百余元，请会议补拨，俾便转给应用案。

议决：该军旧欠之款，由盐运使署、财政厅、市政厅分担筹拨，于一月内（计至八月二十二日止）交付。

（四）廖省长交来何总指挥成濬函，以出发在即，前欠发一万〇一百五十元，请特别设法补给，并请先拨三、四千元以应急需案。

又廖省长交来何总指挥成濬函二件，事同前由。

又廖省长交来詹大悲函一件，事同前由。

议决：该部欠发万余元之款，由省署挪拨一千元，由粤汉铁路公司担任一千元(二十五日交),余欠之款,俟财政充裕时再议。

财政委员会十三年七月二十五日第五十四次特别会议决案相应开列于左,请烦贵查照施行。

财政委员会启

七月二十六日

计　开

(一)大元帅令,着本会筹拨焦易堂特别费三千元案。

议决:特别费三千元,由各机关担任筹拨如下:计财政部一千元,省长公署五百元,盐运使署五百元,财政厅五百元,禁烟督办署五百元,限三日内统交王周宾君代收。

(二)董总指挥福开函,以所部每日伙食公费需洋三百元,请补给六月份公费伙食洋五千九百五十元,各官佐津贴洋三千元,再七月份公费伙食亦请一并发给案。

议决:该部伙食公费,除已拨三千元外,尚欠五千九百五十元,由财政部担任一千元(二十八日交付),盐运使署担任二千元(二十八日交付),余款俟八月一日以后再行筹议。

(三)大元帅令,着本会提前筹备特别军费五万元,限三日内缴交大本营案。

此案经五十三次常会议决,筹款二万元,计盐运使署拨一万元,梅监督筹借一万元,尚余三万元未分配,应请公决。合注明。

议决:特别费五万元,除第五十三次常会已筹拨二万元外,尚余三万元由省长公署另筹办法。

(四)廖省长提案三项。此案制弹费二万二千元内所余一万元未能分配,经五十一次及五十二次会议公决,留待下期再议,合注明。

(一)大本营特别需用子弹十二万发案。

（二）朱军长培德请发子弹五万发案（已发）。

（三）沈总司令鸿英请发子弹五万发案。

以上三案，经第五十一次会议议决，共需制弹费二万二千元，由各机关担任如下：计财政部二千元（二十日交付），盐运使署七千元（二十六日交付），财政厅三千元，上款共银一万二千元，余一万元下期再议等因。合再提出公决案。

公决：下期再议。

（五）广州制弹厂公函，以该厂制弹费，前奉帅令，由筹饷总局每日拨付八百元，该局以始终无款可拨为言，财厅每日之二百元只允发至七月六日止，以后本厂经费无着，请会提前议决拨款，按期给发，以免停工而误戎机案。

议决：此案业经七月十七日政务会议议决，经常子弹由粤军自行筹办，临时子弹，由兵工厂酌拨等因有案，自应根据政务会议议决案办理。

（六）大本营军需处函，以陆军各病院现因病兵日增，给养等费不敷甚巨。前经核减之每日三百元，拟自本月十一日起，至二十日止拨为广九铁路每日经费，此后仍归军政部各病院逐日领给，以示体恤，请议决见复案。（附军政部胡次长笺函一件，同前由）

（七）军政部公函，请将该部各病院经费，仍照原额每日七百五十元支付，至广九铁路积欠，请另行筹拨案。

以上（六）、（七）两案合并讨论，议决：照军政部来函办理，至广九铁路之三百元，另于下次会议时再议。

（八）大元帅训令，据江固舰长卢善矩造送舰内任职官兵薪饷每月共一千九百七十六元，连同清册，令会照册列数目迅予筹拨的款，由军需处提前发给案。

（九）大元帅训令，据江固舰长卢善矩呈，请发给舰内应用器物清册，令会迅即核实估计，照数筹交该舰长自行购制案。

以上(七)〔八〕、(八)〔九〕二案，议决：由会录案，函交海防司令部核办。

(十)湘军谭总司令函，准本会函开，敝军医院药费暂由禁烟署包商承饷额内每日少扣五百元，以一个月为期等由。八月以后，此项医药费务乞贵会仍在禁烟署继续拨付，函请查照见复案。

议决：照办。

(十一)滇军杨总司令函称，贵会第三十五次议决，敝总司令部内由军政部向拨之盐款一千元，混合为联军总指挥部给养费。经详细函请贵会赓续拨付，迄无着落。函请查照原额，提议赓续拨给，并希见复案。

(十二)大本营秘书处函，奉大元帅交下杨总指挥请指拨联军军医处给养呈一件。查此案前据明处长呈请，已交财政委员会议拨。兹复据呈称：联军军医处经费，现尚无着，应由会迅为议定。奉谕，函会查照案(附杨总指挥原呈一件)。

以上(十一)、(十二)二案，议决：俟财政充裕时再议。

(十三)军政部公函，据大本营军乐队长吕定国呈，请将积欠饷项伙食四千余元，分明支给。以后伙食，仍照原定每日三十元发给，以济军食等情。函请查照设法维持案。

议决：该队积欠，现无办法，暂行缓议，每日伙食，仍照二十元给发，由财政厅拨付。

(十四)廖省长交来胡总参议函，以海防司令伙食虽日有江门七百元给养费，而不敷甚巨，向日在财政部所领之一千元，万难停止案。

议决：现值财政困难，暂无办法。

(十五)廖省长交来刘总司令震寰笺函，以该部子弹前经大本营规定发给二十万发，除领过外，计欠一十六万发，将来支配子弹时，务请如数拨给案。

议决：由会查照备案。

(十六)江委员董琴函称，许卓然办公费每月五百元，非寻常可比，函请再议指定领款机关案。

议决：俟财政充裕时再议。

(十七)大本营军需处公函，以财政厅拨解该处之款，逢星期日往往积欠，请提议此后星期日应拨之数，须由星期一至星期六等日，按日摊付以凭发放案。

议决：财政厅星期日应解交军需处之款，星期一补拨。

(十八)军政部长程潜公函，奉大元帅令，据兵工厂长马超俊呈，以每月制弹工料费，多领不足。统计数月以来，军政部、中央军需处、财政部、军需经理处，湘军欠发子弹费及修枪炮费合共欠银一十三万八千七百二十一元四角七仙，请指定的款并筹统一计画，俾得遵照等情。令仰该部录令咨明财政委员会，暨军需经理处会同妥议办法呈覆核夺等因。函请查照妥议筹给见复案。

(十九)大本营财政部公函，拟将短期手票欠数列入政府积欠各军军费项下，除俟另筹办法，酌发库券，次第清理，庶于前案相符，而手票款项有着，函复查照，并转复军政部案。

(二十)大元帅训令，据湘军总司令谭延闿呈称，以前方各军给养困难，无法应支，以致王得庆藉口背叛降敌。请将职部先后呈请令饬财政委员会发给各款，从速筹拨，以固军心，令会查照，速拨免误戎机案。

(廿一)滇军杨总司令函称，该部前由军政部每日拨领之盐款一千元，讵至本年一月以后共积欠九千五百五十元，现在关于请假人员欠饷需款孔亟，函请迅予筹发，以济急需案。

(廿二)大本营军政部公函，奉大元帅发下湘军谭总司令延闿呈，请犒奖该部第九师河源、新丰两役赏款二千元一案，奉准由会筹拨等因。函请查照，迅予筹拨交谭总司令转给案。

以上由(十八)至(廿二)合共五案，公决：缓议。

(廿三)财政厅复函，以核议周道万所陈捐收住客房租一个月，及向各县筹募临时军饷各节，似应分别由广州公安局省长公署主裁办理，至所陈补收铺屋契税，该厅认为窒碍难行，希查照核办案。(此案四十五次议决交财部财厅核议)

议决：照财厅复函办法办理，由会函交省长公署、公安局查核。

(廿四)大元帅令，滇军兵站部赊借军米以六万元为限，由财政厅签字负责于七月内如数筹还案。

此案经第四十七次及四十八次议决，分三星期筹拨，俟下期会议再行支配等因，特提出公决。

议决：此案经财政厅办妥应无庸议。

(廿五)豫军讨贼军总司令部函，请将该军子弹工料费速拨兵工厂，以便照领而利戎机案。

此案经四十九次提出，因议决办法不能照行，特再提出公决。

议决：豫军子弹业经由兵工厂拨过五万发，又另已拨过毫洋一千五百元，此案应作终了。

财政委员会十三年七月二十九日第五十五次常会议决案相应开列于左，请烦贵查照施行。

财政委员会启

七月三十一日

计　开

(一)财政部报告，拟增办登录印花特种印花案。

议决：照办。

(二)大本营军需处函，以陆军各病院现因病兵日增，给养经费不敷甚巨，前经核减之每日三百元，拟自本月十一日起至二十日止，拨为广九铁路每日经费，此后仍归军政部，各病院逐日领给以示体恤，议决见复案。附胡次长笺函一件同前由。

又准军政部公函，请将该部各病院经费仍照原额，每日七百五十元支付。至广九铁路积欠，请另行筹拨案。

此案经五十四次议决，照军政部来函办理。至广九铁路之三百元，另于下次会议时再议等因。合注明。

议决：广九铁路经费每日三百元，由财政厅从七月三十日起，暂担任一星期，至该路加二经费，由会函外交部与其交涉。

（三）财政厅提议，仿照港例取缔外币之法，外国金银纸币，只准作为金银之一种，在金银市买卖，不得在市面交易通用，请会公决案。

议决：由会录案，函交财政部省长公署会拟取缔条例复会再议。

（四）市政厅提议，现因收入短绌，拟照向日担任军政各费原额，从八月一日起，每日减二千四百元，请会公决案。

议决：该厅自八月一日起停止拨付中央党部五百元，输送团四百元，军需处原额每日三千元，减为一千五百元，自八月一日起改由盐运使署担任，暂以一月为期，上款每日共减二千四百元。

（五）广东省长廖公函，准军政部以陆军校费月拨九千元不敷甚巨，七月份指拨之款，财政厅仅发八百元。兹派周监督前来申述，万恳设法救济等由，应如何拨给，请提出公决案。

议决：财政厅担任该校之款，陈厅长即席承认，该校经费八月份如数拨足。

（六）财政部糖捐项下拨款案。

议决：大本营会计司经费每月五千元，黄埔军官学校经费每月五千元，滇军干部学校经费每月五千元，均由九月份起由财政部在糖捐项下拨付。

财政委员会十三年八月一日第五十六次特别会议决案相应开列于左，请烦贵查照施行。

财政委员会启

八月二日

计　开

(一)财政部报告案五项如下：

一、兵工厂子弹费一万元。

二、何雪竹军费五千元。

三、林俊廷军费五千元由廖省长交胡总参议转。

四、豫军子弹费一万元。

五、还张民达手票欠款二千元，廖省长函交。

以上五款，计共三万二千元，系由廖省长与财政部接洽，均由财政部拨付，请会追认案。

公决：承认此案。

(二)廖省长交来湘军谭总司令函，以财政厅旧欠该军给养三万七千余元，又新欠二千余元及现期给养，请会设法筹拨案。

议决：所欠该军给养，由省长公署担任筹拨一万元，余欠由会函财政厅设法筹拨。

(三)中央直辖赣军司令李明扬函，以该军给养，从前规定八百元，嗣减至四百元，又不按日照领，实难维持，请会设法筹拨案。

议决：该军给养四百元，由会函财政厅设法如数筹拨。

(四)董总指挥福开公函，以所部每日伙食公费需洋三百元，请补给六月份公费伙食洋五千九百五十元，各官佐月薪洋三千元，再

七月份伙食公费亦请一并发给案。（另附董总指挥片函一件）

此案经五十四次议决，该部伙食公费，除已拨三千元外尚欠五千九百五十元，由财政部担任一千元（二十八日交），盐运使署担任二千元(二十八日交)，余款俟八月一日以后再行筹议等因。合注明。

又准粤军总司令部公函复称，查董总指挥部预算书所列编制，饷章原系未经该部规定，兹按书列人员兵额查照本部现发伙食日给数目，列表送核，应否如表办理，仍请核议。汇呈帅座核示祗遵。希为查照附送伙食表一纸案。

公决：此案除各机关分担及财政部多付五百元外，余欠二千四百余元，俟下期再议。

(五)大元帅交下粤军许总司令呈报，拟订发行短期军需借券还本章程请备案等情，交会办理案。

议决：由会录案，提交政务会议核办。

(六)粤军许总司令函送何雪竹部概算表一件，请查照核办见复案。

议决：由会录案，函交军政部核办。

(七)大元帅交下湘军谭总司令呈，据山陕讨贼军司令路孝忱呈，请酌拨七九子弹数万发，解往前方，以备应用，乞察核令遵等情，交会办理案。

议决：山陕军子弹由兵工厂筹拨一万发。

(八)外交部函复，巴色教会用船被封，损失九百三十四元九毫五仙，所请给恤款项为数无多。且奉帅批给还，又经函致该会知照，似未便更易拟请查照发给，以示体恤案。

议决：该教会用船被封，损失九百三十四元九毫五仙，由财政部三星期后发给。

(九)广东筹饷局范督办函称，准贵会函，请将裕成公司之公札〔礼〕项下五万元，提交贵会以应军需一案。据该公司呈称，现因西潦涨发，赌情冷淡，亏本拮据，无力筹垫等情，函复查照案。

议决：由会函请筹饷局，再与该公司勉力商筹，以应急需。

（十）禁烟鲁督办公函，贵会议决湘军军医院经费每日由敝署包商承饷项内少扣五百元，以充医药费一案，已获圆满解决。至本年端节代湘军总部向该商借发毫洋一万五千元，为发前方各军节费一案，并请追认案。

公决：承认此案。

（十一）市政厅公函，准贵会函开：第五十三次常会议决旧欠第三军卢军长所部之款，由运署、市厅、财厅分担筹拨一案。函厅查照办理等由。查本厅负担军费已疲于奔命，此项特别增加，实属无法筹措，函请另行指拨案。

议决：由会函知卢军长市政厅无法筹拨该部旧欠之款。

（十二）军政部公函，以江固舰应发给服装费，经帅令核准由部提会议筹计共价洋三百四十六元。除官长服装价一百五十六元，例不发给外，实一百九十元，请提前议拨案。

公决：缓议。

（十三）西路讨贼军第四师伍毓瑞函，敝师给养每日九十余元一案，自中央军需处撤销，迄今数月，分文无着，函请提议将案移交大本营军需处，照数发给案。

又准财政委员会函，同前事。

公决：财政困难，现无办法。

（十四）大元帅交下湘军谭总司令呈报，所部第六军各种情形，乞令饬财政委员会，迅将批准发给该军开拔费十万元，从速指定的款，限期给解等情，交会办理案。

议决：财政困难，现无办法。

（十五）大本营秘书处公函，奉大元帅发下湘军谭总司令据情转呈，广东讨贼军别动队司令孙统纲请发开拔服装给养各费呈一件。奉谕，着会酌予筹给，请会查照案。

议决：该队军费，已由省长公署发给五百元。

（十六）大本营财政部公函，据从化留省学会皓电称，迭接县议会等奔告湘军宋总指挥鹤庚，派委在县设筹饷局，发行抵借证及征收百货捐，请转电取销等情。查湘军发行抵借证经贵会议决录呈帅令取销在案，其百货捐一项应否照办，请提出议决见复案。

议决：由会录案，函送省长公署核办。

（十七）大本营秘书处函送，许总司令代陈第七军伙食无收，恳予维持原函一件。奉谕，着会仍予按日酌发给养，请会查照案。

公决：缓议。

（十八）廖省长提案三项，此案制弹费除各机关分担一万二千元外，所余一万元未分配，经五十一、二、四等次会议，留待下期再议，合注明。

一　大本营特别需用子弹十二万发案。

二　朱军长培德请发子弹五万发案。（已发）

三　沈总司令鸿英请发子弹五万发案。

以上三案，经前次会议议决，共需制弹费二万二千元，除由各机关担任共银一万二千元，余一万元下期再议。等因。合再提出公决案。

议决：制弹费共银二万二千元，除前次议决由各机关担任共银一万二千元外，其余一万元已由财政部拨付。

财政委员会十三年八月八日第五十七次特别会议决案相应开列于左，请烦贵查照施行。

财政委员会启

八月十日

计 开

(一)财政部提议，奉帅令，核议经界局古督办请将征收税款改为加二五补水一案，附理由书一件，应如何规定，尚希公决案。

公决：下期再议。

(二)董总指挥福开公函，以所部每日伙食公费需洋三百元，请补给六月份公费伙食洋五千九百五十元，各官佐月薪洋三千元，再七月份伙食公费亦请一并发给案。

又准董总指挥公函二件，同前事。

(三)湘军谭总司令公函，各机关最近欠发敝部给养数目，截至本年七月十五日止，计共欠毫洋四万七千六百元，除由省署拨收一万元外，尚欠毫洋三万七千六百元，刻值前方紧急，请查照速饬各欠款机关迅予拨付，以维军食案。

议决：财政困难，现无办法。

(四)军政部公函，准湘军谭总司令咨开，贵部前次发给敝部之欠款及短期手票，计共毫洋一万六千八百三十四元一角五分，前经分别抄录数目粘单函请清拨在案。现敝部款项拮据万分，咨请查照，迅咨财政委员会从速指拨以资应付，函请查照提议筹给案。

公决：缓议。

(五)大元帅训令，据粤军许总司令呈，虎门要塞司令已奉改委陈肇英接充，但该部伙食无着，理合按照廖前任所列伙食预【算】。

又准粤军总司令部函复，查董总指挥部预算书所列编制饷章，原系未经该部规定，兹按书所列人员兵额查照，本部现发伙食日给数目列表送核，应否如表办理，仍请核议。汇呈帅座核示祗遵，希为查照。附送伙食表一纸等由。合附列。

又准军政部第二五三二号公函及许总司令第三一号公函，共二件，同前事。

此案经五十六次会议议决，除各机关担任及财政部多付五百元外，尚欠二千四百五十元，俟下期再议等因。合注明。

议决：该部伙食公费除第五十四、六等次议决，由各机关担任筹拨六千五百元外，尚欠二千四百五十元，现由省长公署筹拨五百元，财政厅筹拨一千元，余欠九百五十元，及每日伙食，俟下期再议。

算每月共银一万零二百零二元八毫，伏乞俯赐批交财政委员会议定机关拨款给领，以维军食。仰会遵照案，附发预算表一本。

（六）大元帅交下粤军总司令许崇智等呈，请拨给故浙江司令长官夏尔玙一次恤金三千元，以便运柩建墓交会议办案。

以上（五）、（六）二案，公决：下期再议。

（七）广东海防司令部公函，准贵会函开，议决江固舰官佐士兵薪饷及舰内应用器物，由会录案，函交海防司令核办等因。函请照案核明办理等由。查江固舰原系敝部辖舰之一，本年六月间奉大元帅留作座舰之用，并经帅府核委卢舰长接管在案。只由敝部核发煤斤至一切饷项均由帅府核发，仍希径呈核办，似较简捷，函复查照案。

议决：照海防司令部复函办理。

（八）大本营禁烟鲁督办公函，贵会议决湘军制弹欠款之尾数，由禁烟署与承商商借毫银一万元一案，传知该商李大光遵照。据称，开办数月，入不敷支，无力担负，相应将该商所陈困难情形函复查照。暂缓提借，一俟期满，先行拨解案。

议决：由会函禁烟署再与承商勉力筹借。

（九）胡次长提案，广九铁路费每日三百元，财政厅担任一星期，现已期满。本日代理总工程师石托勒敦来部，请发给煤费，以资维持，应如何办法，请公决案。

议决：省长公署筹拨三百元（十一日付），财政厅筹拨三百元（十二日付），余俟下期再议。

（十）财政厅提议，现查欠发滇军积欠军米银六万元，又续欠军米银一万四千元，请会分别支配筹拨，以维军食案。

议决：财政厅担任筹拨一万元，余欠之款，俟下期再议。

财政委员会十三年八月十二日第五十八次常会议决案相应开列于左，请烦贵查照施行。

财政委员会启

八月十三日

计　开

（一）郑次长交来外交部伍部长函，以准广九铁路代理总工程师石托勒敦第三九四号函略称：车辆现已被封，并无车利收入，请政府拨款一万零五百元，俾得购煤，以应军车之需，否则必须停止。抄录原函转送，如何核办，请烦函复，以凭转达案。

又准外交部转托工程师，请发欠款三千六百元函一件。

议决：俟胡次长下期提案议定办法，再行函复。

（二）军政部胡次长提案，广九铁路经费每日三百元，财政厅担任一星期，现已期满，本日代理总工程师石托勒敦来部，请发给煤费，以资维持，应如何办法，请公决案。

此案经五十七次会议议决，省长公署筹拨三百元（十一日付），财政厅筹拨三百元（十二日付），余俟下期再议等因。合附列。

议决：除由财政部已筹付一千五百元外，余款俟下期再议。

（三）大元帅交下湘军谭总司令呈，据山陕讨贼军司令路孝忱呈，请酌拨七九子弹数万发，解往前方，以备应用，交会办理案。

此案经五十六次会议议决，山陕军子弹由兵工厂筹拨一万发，惟所需制弹费一千元，尚未指定机关拨付，提出公决，合注明。

议决：此项制弹费一千元，由财政部筹拨五百元，其余五百元下期再议。

(四)、(五)、(六)、(七)、(八)〔缺〕

议决：由会函复杨总司令，该总指挥部每日给养八百元，系经政务会议核定。

(九)大元帅交下滇军第一师长赵成梁电，请令饬财政委员会军需经理处拨给该师服装费案。

公决：缓议。

(十)大元帅交下刘军长玉山邮电，请迅赐拨发给养，并发给六八、七九毛瑟子弹各一万颗等情，交会办理案。

公决：下期再议。

(十一)财政厅长陈其瑗请议，据征抽新会县属葵亩专员林国裕等呈，以西江财政整理处五邑分处长李基鸿函，请将所征葵亩捐，每五日解交该处以印收作抵，并派员到局帮理，相应将案提送贵会，根据原案议决办理，以重专款案。

议决：查此案系经第四十四次议决，由财政厅委员办理，自应根据原案，以免纷歧，而符统一。

(十二)大元帅交下，据陆军军官学校校长蒋中正等呈，为公安局每月拨付该校经费一万五千元，经已停拨，乞另指定支付机关。又该校兵工科经常费月需五千元，亦祈指定机关拨付等情原呈一件，交会议办案。

议决：现无办法。

(十三)大元帅交下大本营经界局古应芬呈，报经界局每月经费四千零三十八元，附预算书表一本，交会办理案。

公决：承认此案。

(十四)财政部提议，奉帅令，核议经界局古督办请将征收税款，凡收大洋，若以毫银缴纳，应改为加二五补水，以大洋交收者准免补水，以昭平允，而免损失一案。事属可行，惟各征收机关情形不同，应如何规定，尚希公决案。

议决：征收税款，凡收大洋者，若以毫银缴纳，应改为加二补水，倘以大洋交收者，准免补水。

（十五）董总指挥福开公函，以所部每日伙食、公费需洋四百元，请补给六月份公费、伙食洋五千九百五十元，各官佐月薪洋三千元，再七月份伙食、公费，亦请一并发给案。

又准董总指挥公函二件，同前事。

此案经五十六、七两次会议议决，除由各机关担任外，余欠九百五十元，俟下期再议等因。合注明。

议决：该军给养每日四百元，暂假定自八月一日起，由财政部火柴捐项下每日筹拨三百元，其余再议。

（十六）准粤军总司令部函复，查董总指挥部预算书列编制饷章，原系未经该部规定，兹按书列人员兵额查照，本部现发伙食日给数目列表送核，应否如表办理，仍请核议，汇呈帅座核示祗遵，希为查照。附送伙食表一纸案。

又准军政部第二五三二号公函及许总司令第三一号公函共二件，同前事。

公决：下期再议。

（十七）大元帅训令，据粤军许总司令呈，虎门要塞司令已奉改委陈肇英接充，但该部伙食无着，理合按照廖前任所列伙食预算，每月共银一万零二百零二元八毫，伏乞俯赐批交财政委员会议定机关拨款给领，以维军食，仰会遵照案。附发预算表一本。

议决：该部伙食，现值财政困难，无款筹给。查廖前任系自行筹措者，仍请自行筹措。

（十八）大元帅交下粤军总司令许崇智等呈，请拨给故浙江司令长官夏尔玙一次恤金三千元，以便运柩建墓，交会议办案。

议决：俟财政充裕时再议。

（十九）准廖省长公函，以接何总指挥成濬来函，已率全队到达河头，并述雇夫购米困难情形，请将欠发三万余元特别筹给，原函抄送，希再提议解决见复案。

议决：该军军费造币厂经已筹拨五千元，目下财政困难，无款再筹。

（二十）大元帅交下粤军总司令许崇智呈，请仍令财政部军需经理处将制弹厂弹费继续发由职部领给，俾充军费原呈一件，交会办理案。

公决：下期再议。

（廿一）广东兵工厂长马超俊公函，以奉军政部令赶造各种子弹共计八万三千发，拨发朱军长培德领用，函达查照，迅将该项制弹费如数筹拨过厂，以备购料，饬工制造案。

又军政部程部长公函，以接中央直辖第一军长朱培德函开，敝军各种子弹极待补充。经呈请帅座发给各种子弹合共二十七万五千颗。现奉指令，以所领各种子弹为数过多，应由该军自行酌拟，报由军政部转饬厂制等因。函请查照，饬厂照制。当经敝部函复，酌给该军各种子弹共计八万三千发在案，请查照筹款发给赶造案。

公决：下期再议。

（廿二）滇粤桂联军总指挥部咨开，据本部军医处长明增灏呈，以该处经费自核减后，困难不敷情形，请将该处经费每日四百五十元之数，逐日支给，俾继续维持案。

议决：由会录案，函请军需处勉力拨付。

（廿三）军政部程部长函开，敝部所辖各病院棺殓费，五、六月份业经贵会议决，由财厅担负在案。兹查七月份棺殓费一千三百六十五元，应请照例议决，如数拨部，以凭转发案。

议决：七月份棺殓费一千三百六十五元，由财政厅担任拨付。

（廿四）财政厅提议，现查欠发滇军兵站部积欠军米银六万元，又续欠军米银一万四千元，请会分别支配筹拨，以维军食案。

此案经五十七次会议，议决：财政厅担任筹拨一万元，余欠之款俟下期再议。合注明。

议决：积欠滇军兵站米款，除五十七次财政厅筹拨一万元外，现财厅再筹拨五千元，连前共一万五千元，余欠之款，由省长公署与财政厅商筹。

（廿五）军政部程部长公函开：据广和昌军服店呈，以去年本部定制之军服费尚欠毫银二万余元，请转市厅饬公用局将商利公司手车饷项，每月划拨五千元，以还欠项等情。函请贵会转市厅转饬公用局以利行手车公司项下，每月划拨若干，俾清手续案。

议决：公用局手车饷项已拨充教育费，无款划拨，请军政部与该商另商办法，或由该商店指定市官产抵领。

（廿六）广东筹饷总局公函开：前准贵会公函，请由局再与裕成公司勉力商筹，以应军需，经令知该公司在案。现据呈称：此次因续办三月余，亏本数十万，现已罗掘俱穷，确难筹措，借垫解函复查照案。

议决：由会函筹饷局，请再向该公司商借，如不能达五万元之数，亦请勉力筹借三万元。

（廿七）财政厅提议，奉廖省长鱼电，准留美学生监督严电，请迅电汇美金一万元接济。又奉令拨留德官费生高元每年学费英金三百镑，黄显灏欠学费三百五十镑。一、二算约合毫银四千二百元，仰厅迅将上年积欠及本年应发学费分起筹汇。惟省库空虚，无可应付，应如何拨给，请公决案。

公决：现值财政困难，未有办法。

（廿八）郑次长交来西路讨贼军刘总司令函开：敝军子弹向来缺乏，顷奉帅令移防平湖，更不得不稍事补充，藉资攻敌，恳请拨给款项，转交兵工厂赶制子弹，以利戎机。兹派敝军军械处员罗振勋，前来乞予接洽案。

议决：俟该军械处员下期出席再议。

（廿九）本会委员邓运使提议，迩来委员缺席日多，拟在政务会议提出，嗣后本会开议时，各委员务须依期到会，如确因事未能出席时，亦应委派代表出席，以重会务，请公决案。

议决：由会拟具提议书，提交政务会议议决。

（三十）胡总参议来函，以樊部已准备出发，请会速为筹拨该军近欠伙食，免碍进行案。

议决：财政厅担任筹拨一千元至二千元（八月十三日付）。

（卅一）廖省长提议，大本营江固座舰，每月经费一千九百余元，请会筹拨案。

议决：该舰经费每月由省长公署筹拨五百元，财政厅筹拨三百元余款下期再议。

（卅二）赣军李司令明扬函，以该军给养减至每日四百元，五十六次议决由会函财厅如数筹拨。现财厅仍未按时照发，请会维持设法救济案。

议决：由会再函财政厅勉力筹拨。

（卅三）财政厅提议，拟用造币厂名义向商店担保揭借毫银八万元，即以造币厂将来溢利作按分期摊还，以为解决。目前欠发军需处及兵工厂制弹费，湘军给养等费，是否可行，敬候公决案。

议决：照办。

财政委员会十三年九月二日第五十九次常会议决案相应开列

于左，请烦贵查照施行。

财政委员会启

九月四日

计　开

(一)准赣军司令李明扬函称，贵会议决敝部伙食由糖类捐加二军费项下，每日拨付之一百二十元，已经陆续提取，惟补抽厂每日之二百八十元，藉口公文未到，因此拖延。用再函请贵会将议决之公文早日发下，指明由八月二十日起，照数缴解敝部，给予印收，以便抵解案。

议决：照办。

(二)财政厅提议，敝厅奉财政部令，饬派员赴部接收各种税捐，当经分别接收，赓续办理，惟现准卫戍总司令部函开：竟将火柴捐收入，悉数拨归该部，似与议决原案不符，相应提出讨论，请公决案。

议决：火柴捐仍由财政厅办理，以符原案。至卫戍总司令部每月经费五千元，应由财政厅在火柴捐项下指拨。

(三)财政厅提议，征收机关为各驻防军队截留，竟至无款收入，所有每月担负湘军饷项五万元之款，实属无力筹拨，拟请移归禁烟督办署发给，除已商准谭总司令外，相应提出讨论，请公决案。

又盐运使署提议，该署收入短绌，拟将担任湘军之款，每月减少二万四千元（即每日减八百元），改由禁烟署担任，以减轻负担案。

议决：财政厅每月担任之湘军饷项五万元，盐运使署减担之湘军饷项每月二万四千元，二柱〔桩〕合共每月七万四千元，均改由禁烟署担任。

(四)广东筹饷总局范督办公函开：奉令饬敝局于有奖义会等

日饷项下，拨给滇军第一师赵成梁所部服装费每日三百元，实属无法筹措，迫得仍援日前办法，由每日拨给兵站部之八百元内扣出三百元，以资抵拨，请查照备案。并转大本营军需处备案，迅饬滇军兵站部知照案。

议决：由会函复筹饷局，查照原案，每日拨给兵站部八百元。至滇军第一师部服装费每日三百元，仍请勉力筹措，不能在该八百元内扣拨。

(五)豫军军费案。

议决：该部军费原定每日二千四百六十元，议定财厅每日担任四百元，由九月一日起，运署每日担任八百元，由九月六日起，其余九月一日起至五日止之四千元，由财厅筹拨，暂维现状。

(六)本会提议，照章新任大本营禁烟督办谢国光，又新任粤汉铁路公司总理陈兴汉，应为本会委员，请公决案。

议决：由会呈请大元帅简派施行。

财政委员会十三年九月五日第六十次特别会议决案相应开列于左，请烦贵查照施行。

财政委员会启

九月八日

计　开

(一)本月二日第五十九次常会议决，财政厅每月担任之湘军饷项五万元，盐运使署减担之湘军饷项每月二万四千元，二柱〔桩〕合共每月七万四千元，均改由禁烟署担任一案。现准湘军谭总司令函，以禁烟署每月已奉拨敝军药费小洋一万五千元，近又奉拨积欠小洋三十三万余元，此外恐无余力再加负担，应请贵会取销前期议决，仍照原案办理，以维军食案。

议决：前期第五十九次第三案，财厅每月担负湘军五万元，盐运署担负湘军之款每月减少二万四千元，改由禁烟署发给一案。现议决：湘军饷项仍照原案办理，由财政厅、盐运使查照原额拨发。至豫军每日给养一千二百元，前期议决由财政厅、盐运使担任拨发，现财政厅、盐运使既照原案办理，仍担负湘军饷项，则豫军之给养另议筹拨。

（二）大本营经界局古督办代表陆英光提议，请将征收税款，凡收入大洋若以毫银缴纳，应改为加二五补水一案。前经议决，加二补水，现拟照原提案加二五征收，请公决案。

议决：仍照原提议案，凡收入大洋以毫银缴纳者应加二五补水征收。

（三）山陕军总司令部积欠六千余元，中央直辖第二军积欠三千五百元案。

议决：上两部积欠由省长公署于三日后酌量筹拨。

财政委员会十三年九月九日第六十一次常会议决案相应开列于左，请烦贵查照施行。

财政委员会启

九月十一日

计　开

（一）大元帅训令，着将从前所有征收各项税捐及附加军费，逐案核议，其涉于苛细者，一律蠲免，由广东省长转饬各主管征收机关实力举行案。

议决：由会录案，函各征收机关，将征收各项税捐及附加军费名目列表，复会再议。

至民产保证一项，查系为保障业权，杜绝捏报起见，且保证费值百抽三，为数亦微，与其他苛细杂捐不同，自不能蠲免。并指定该项收入，除每日应解交市政厅一千五百元，改由民产保证局直接解交大本营军需处外，余款扫数解交兵工厂，以备制弹之用。

(二)廖省长交来赣军董指挥公函，以奉许总司令面谕：速饬江旅长携款往前方整顿，以便出发。并请先筹三千元为前方伙食及整顿之资。兹派秘书长丘汉宗前来，尚希赐见案。

议决：赣军江旅长出发费，由财政局筹拨一千元。

(三)豫军军费案。

议决：豫军伙食每日一千二百元，由财政厅每日负担四百元，盐运使每日负担八百元。其财政厅原日认拨湘军军饷每月五万元项内每日应少拨四百元（即每月共少拨一万二千元）；盐运使署原日认拨湘军军饷每日六千八百四十元，每日应少拨八百元（即每月二万四千元）。上两款每日共减少拨付湘军军饷一千二百元，以之改拨为豫军伙食，至湘军军饷每日少拨之一千二百元，改由禁烟督办署照拨。

财政委员会十三年九月十二日第六十二次特别会议决案相应开列于左，请烦贵查照施行。

财政委员会启

九月十五日

计　开

(一)廖省长交来石军长青阳函，以近状艰窘，请筹拨五千元以济急需案。

议决：由省长公署筹拨。

(二)本月九日第六十一次常会议决，豫军每日伙食一千二百元，由财厅、运署担负。其财厅原日认拨湘军军饷每日少拨四百元，运署原日认拨湘军军饷每日少拨八百元，至湘军军饷每日少拨之一千二百元，改由禁烟署照拨一案。现准谭总司令函，以各机关积欠该部给养共三十三万余元，经呈请大元帅，准在禁烟署收入项下拨还在案。现该署每日收入有限，万不能再有移拨，所有贵会六十一次议决一案，务请提案撤销，以维军食案。

议决：湘军军饷每日减拨之一千二百元，由财政厅、盐运署仍照原定款额如数拨付。至豫军每日伙食由省长公署筹拨。

财政委员会十三年十月二十一日第六十三次常会议决案相应开列于左，请烦贵查照施行。

财政委员会启

十月二十二日

计　开

（一）大元帅手令，着本会速筹款交邓泽如，即办棉衣三万套，毛毡三万张案。

议决：先办棉衣二万套，约需款五万元，由财政厅、盐运使、公安局会筹担任。

（二）大元帅训令，据内政部长徐绍祯呈，以该部经费困难情形，已遵令将经费裁减，每月以四千元为限，请予指定的款，按月照拨令会妥筹案。并准内政部函，同前事。

公决：下期再议。

（三）广东财政厅古厅长提议，准赣军李司令函，请查照每日给养八百元之原案，指拨的款或直接筹拨。查赣军给养，前准贵会议决，每日四百元，函厅如数筹拨，经陈任饬科照支在案。现准函请每日指拨八百元，应否照支，及由何处负担，抑仍照每日四百元之数核发之处，函请提议公决案。

议决：赣军给养仍由财政厅查照第五十六次议决案，每日筹拨四百元。

（四）大本营秘书处公函，奉帅座交下滇军杨总司令转据赵师长成梁呈，请暂准截留财厅新增商捐加二专款。奉谕交会妥议办理案。

议决：财政厅现在收入只有此种捐项，碍难准予截留。应由本会呈请大元帅令行杨总司令转饬赵师长，不得将该项商捐截留。

（五）大元帅训令，据广东国立大学校长邹鲁呈，拟将各县田赋附加，拨为国立广东大学经费，各军民机关不得将抵纳券债票抵解。除指令照准外，令仰转饬所属遵照案。

议决：遵办。

（六）胡省长鱼日代电，奉帅座江日自韶来电，关于北伐之湘军、豫军、直辖第一军、赣军、广东警卫军、北伐第二军，及何总指挥所辖等军，伙食须尽先筹拨，不得拖延，请查案转知案。

议决：遵办由会查案转知。

（七）大元帅训令，着会迅予筹拨兵工厂制弹费，以利军行案。

（八）广东兵工厂长马超俊公函，以该厂呈复造解韶关大本营子弹数目，及代各军所造子弹，请拨制弹费，俾得报解。奉帅令，候行贵会迅予筹拨，相应录令，函请查照办理见复案。

（九）大元帅训令，据湘军总司令谭延闿呈，请严令财会刻日拨付六、七、八、九等月应拨子弹费十二万元，另发专征子弹一百万发，仰遵前令迅办案。并准谭总司令函，同前事。

（十）大本营秘书处公函，奉帅座交下滇军杨总司令呈，请发给该部秋季军衣二万套，及军帽、绑腿、肩章等件，奉谕交会办理案。

（十一）赣军总指挥董福开公函，以该部伙食每日四百元，除财局每日所发二百元外，余二百元祈指定机关，按日照发。至七、八两月份，应领之伙食，务请即日补给。兹函由罗顾问则文面达，并代表一切，希赐接洽案。

(十二)大元帅训令，据军政部长程潜呈称，奉令裁员减薪，当即遵办，并请发收来费二万元，旋奉指令开，候饬财会筹拨一万元等因。迄今半月仍未经财会筹拨分文，请另于财政收入机关指拨现款二万元，以便收束令会查照前案，迅予筹拨案。

公决：由(七)至(十二)共六案，现值财政困难，暂无办法。

财政委员会十三年十一月十一日第六十四次常会议决案相应开列于左，请烦贵查照施行。

财政委员会启

十一月十五日

计　开

(一)财政部古部长函开：准徐君方济函，送拟办国民捐北伐筹饷局简章一扣，录送核办案。

议决：由会录案，函财政部核复再议。

(二)财政部古部长函，准外交部函，准广九铁路工程师保士卑函开：九月十三日因军事动作限制通车，将本路经济状况奉达，希贵政府协助，将欠交军队运输款项一部份付交本路，俾得照常通车。抄录原函送请查照，列入议案案。

议决：由会函财政厅查明积欠该路军队运输款项数目，复会再议。

(三)伍外交部长请议，以该部前送补造十一年一月至六月上半年报销清册，连同单据，请察核发还垫款一案，未准议复。查此项垫款，总数为八千七百六十九元五角二分，系从别处借贷，请提出公决，发还归垫，以免亏累案。

议决：承认此案，俟财政各机关收入稍裕，筹还归垫。

(四)财政部古部长函，准广东省长咨开：准滇军杨总司令咨，请维持第三军征收晒莨捐，以期救济一案。查粤省财政正在力谋统一，关于接收财政手续补苴军费办法，应请由部统筹酌办，函会提议公决案。

议决：由会函财政部统筹酌办。

(五)大本营秘书处函开，奉大元帅发下留日陆军大学学员陈铣、曹浩森请汇款接济代电一件。奉谕，前由熊学员式辉领去之一千五百元，该两学员既未分用，着财会即予酌量筹汇接济等因。检同原电，函达查照案。

议决：下期再议。

(六)大元帅交下广东陆军测量局长吴宗民邮电，为经费困迫万分，乞迅指拨的款维持等情。交会办理案。

议决：由会函财政厅，将该局经费酌量拨给。

(七)大本营秘书处公函，奉大元帅交下滇军总司令杨希闵呈，请提前制发该部棉衣二万套，及军帽、绑腿、肩领章等件呈一件。奉谕，交会迅速议复核办等因。检同原呈，函达查照案。

议决：现值财政困难，暂无办法。

(八)前大本营兵站总监罗翼群函，以该部结束后所欠各方债项共四十四万余元，责任所关又难恝置，请将呈准帅座拨给之旅馆附加捐照案提议，将十二年九月二十六日起至本年九月二十五日止，由公安局将所收数目，悉数拨还该部。其本年九月二十六日以后，该项附加捐请饬该局移交财厅代收，拨交该部，以清积欠，其不敷之数，并请设法筹拨案。

此案准前兵站总监罗翼群出席，谓该部结束后所欠各方债项，已奉帅令，着财政部转行财政厅设法筹还等因。

议决：遵照帅令办理。

(九)广东省长咨，据公路处长李纪堂呈，请筹拨经费建筑公路，咨请提出会议案。

议决：俟财政统一后再行筹办。

（十）财政部公函，准大本营秘书处函，奉帅谕，豫军后方维持费，着先拨二千元，余照案按月酌量支给。抄录原呈，请列入议案案。

议决：由会函会计司酌发。（此案准财政厅声称：已由厅如数拨支会计司，毋庸再发等由，合注明。）

（十一）前大本营游击司令李安邦函称，该部给养费奉帅令每日拨给四十元，由本年一月一日起，除领外，所欠余款尚巨，请会设法筹拨案。

公决：缓议。

（十二）广东省长公署函，据市厅呈据财政局呈称，每日负〔付〕给赣军董总指挥部福开二百元，永丰舰五十元，无力担任。函请一律免予追缴，请查察核办案。

议决：照办。

（十三）大元帅据广大校长兼中上七校经费主席委员邹鲁呈，拟办省河筵席捐，由会直接办理，及依原案二十二万元以内，悉归为七校经费。溢出二十二万元之余额，方能照三分之一分拨市教育经费，及其他经费各缘由。除令照准外，仰会查照办理案。

议决：遵办。由会函省长公署转行市厅知照。

（十四）大元帅训令，据广东电政监督兼报局长黄垣呈，以收入短绌，经费支出不敷，拟所有军电、官电，本省每字收费大洋一分，外省每字二分，以资弥补。除指令准如所拟办理，仰会遵照案。

（十五）粤军许总司令公函，据各处局呈报八月份收支数目并由军需处连同本部收支各款，汇列报告表前来，复核相符，相应备文连表函达查照案。

（十六）军政部副官处函开，前由贵会议决，捐资遣送残废官兵十三名一案，经敝部派员捐集毫洋一千三百余元，业经分给各残废官兵领取完毕，函达查照案。

(十七)广东财政厅公函，准本会函开，奉帅令，着会速筹款交邓泽如即办棉衣三万套，毛毡三万张一案。经六十三次会议议决：先办棉衣二万套，约需五万元，由财厅、运署、公安局会筹担任，等由。自应照办。除饬库筹拨外，函复查照案。

(十八)卸大本营经界局督办兼广东沙田清理事宜古应芬公函开：贵会第四十九次议决，兵工厂制弹费由沙田清理处担任六千元，本应照拨，奈以时局影响，收入短绌，故对于此款仅拨交五百元，函复查照案。

(十九)卸大本营经界局督办兼广东沙田清理事宜古应芬公函开：高等、地方两检厅经费，及监狱看守所囚粮，贵会第五十次议决，由沙田清理处担任二千二百五十元，当经查照议决数目，按月照拨。计自七月份下半月起至十月十七日交卸前一日止，共三个月零一天，拨过毫洋六千八千二十五元，函复查照案。

(二十)卸大本营经界局督办兼广东沙田清理事宜古应芬函开：贵会第五十二次议决，黄军长明堂军费，由沙田清理处担任五百元一案，当于七月二十四日查照议决数目拨交五百元，函复查照案。

以上第十四案至第二十案，议决：由会备案。

财政委员会十三年十一月十八日第六十五次常会议决案相应开列于左，请烦贵查照施行。

财政委员会启

计　开

(一)建国滇军干部学校校长周自得函，请提议将应拨该校经费，另行指定其他可靠机关按期照拨案。

议决：该校经费仍由财厅在糖捐项下，催收照拨。

（二）中央直辖第二军军长黄明堂公函开，该军长前充南路总司令时垫支所部棉衣二千套，共银六千二百元，请迅将该款提议拨付归垫，以全政府信用案。

议决：俟财政充裕时再议。

（三）大本营军乐队长吕定国呈，以奉公出发，无鞋穿用，拟请换发帆布皮鞋七十一对，共银一百二十七元八毫，乞核准迅行财政厅提前支给案。

议决：由会函军政部，查明该队购鞋款项，应属何处机关支给，复会再议。

（四）大本营秘书处函开，奉大元帅发下留日陆军大学学员陈铣、曹浩森请汇款接济代电一件。奉谕，前由熊学员式辉领去之一千五百元，该两学员既未分用，着财会即予酌量筹汇接济等因。检同原电，函达查照案。

议决：由财政厅酌量筹汇。

财政委员会十三年十一月二十一日第六十六次特别会议决案相应开列于左，请烦贵查照施行。

财政委员会启

十一月二十四日

计　开

（一）大本营军需总局长罗翼群提议，以现奉帅令，定于十一月二十一日起，所有建国军北伐各部队饷项，概由该局统一收支，务望各拨款机关遵照帅令如额拨足，俾转解前方，以足军实，而安军心案。

议决：由会函各拨款机关勉力如额筹拨，以利军行。

（二）滇粤桂联军总指挥部公函，将军需处及财政厅积欠该部给养数目列单，请查照原案，将欠数补发，以后仍请按日拨给案。

公决：下期再议。

（三）胡主席提议，加入新任大本营军需总局长罗翼群为本会委员，请众公议案。

议决：由会呈请大元帅简派施行。

财政委员会十三年十一月二十五日第六十七次常会议决案相应开列于左，请烦贵查照施行。

财政委员会启

十一月二十八日

计　开

（一）广州市公安局长吴铁城提议，征收自来水加二警费，请核议通过案。

议决：照办。并援照电灯附加带收办法，由公安局委托自来水公司代收转解。

（二）大本营军需总局长罗翼群公函，以各机关每日指拨北伐各军饷项，多未能如数解缴，统计每日约欠五千零四十元，殊难应付，相应列表，送请提议，设法宽筹，以裕饷糈，仍希见复案。

议决：财厅每日所担任之三千二百六十元，由会函财厅尽力筹拨。

（三）广东财政厅长古应芬提交广州卫戍总司令杨希闵公函，以现奉帅令，所有该部原在市政厅、公安局应行拨给之款，应径向财政厅并案拨领，以清权限，而符原案。函请查照拨给案。

（四）滇粤桂联军总指挥部公函，将军需处及财政厅积欠该部给养数目列单，请查照原案，将欠数补发，以后仍请按日拨给案。

以上二案合并讨论，议决：由会函财政局查明该局收入，何种系因负担军费而增设者，列表复会再议。

财政委员会十三年十一月二十八日第六十八次特别会议决案
相应开列于左，请烦贵查照施行。

财政委员会启

计　开

(一)大本营秘书处公函，奉大元帅交下卫士队长卢振柳呈，请规复军医呈一件。又呈请令饬会计司将该队月饷，加入大本营预算呈一件。又呈请令饬会计司迅将该队八、十等月欠饷清发呈一件。均奉谕，交会议复等因。检同原件，函达查照案。

此案公决：俟林会计司长出席再议。

(二)广东财政厅长古应芬函复，广九铁路军车煤费军费等项，支过数目列单送会，此外尚有由大本营军需处支给，至运输款项向非由厅核发，无从查核，烦为查照案。

此案公决：俟古厅长出席再议。

(三)大本营秘书处公函，奉大元帅交下内政部次长代理部务谢适群呈，请令饬财政部将李代表驻日费三千元，拨作该部经费。奉批，交财政委员会议办等因。检同原呈，函达查照案。

此案公决：俟古部长出席再议。

财政委员会十三年十二月二日第六十九次常会议决案相应开列于左，请烦贵查照施行。

财政委员会启

计　开

(一)大本营秘书处公函，奉大元帅交下卫士队长卢振柳呈，请规复军医呈一件，又呈请令饬会计司，将该队月饷加入大本营预算呈一件。

又呈请令饬会计司迅将该队八、十等月欠饷五千二百二十八元八角三分，清发呈一件。均奉谕，交会议复等因，检同原件，函达查照案。

公决：仍俟下期会计司长出席再议。

（二）广东财政厅长古应芬函复广九铁路军车煤费、军费等项，支过数目列单送会。此外，尚有由大本营军需处支给至运输款项，向非由厅核发，无从查核，烦为查照案。

议决：该路煤费经由财政厅每日筹拨四百元，已足敷用，应毋庸再行议拨。至该路积欠，则俟财政充裕时再议。

（三）大本营秘书处公函，奉大元帅交下内政部次长代理部务谢适群呈，请令饬财政部将李代表驻日公费三千元，拨作该部经费。奉批，交财政委员会议办，等因。检同原呈，函达查照案。

公决：俟财政部爆竹印花投成后再议。

（四）大本营军政部函，复大本营军乐队长吕定国呈，请发给该队帆布皮鞋一款，共银一百二十七元八角，拟由大本营军需总局支给案。

议决：该队购置帆布皮鞋款项，改由大本营会计司支给。

财政委员会十三年十二月九日第七十次常会议决案相应开列于左，请烦贵查照施行。

财政委员会启

计　开

（一）财政部古部长交来联军总指挥杨希闵、桂军总司令刘震寰函，请筹发给养输送等费，以应要需案。

议决：由会呈请大元帅，指定在租捐项下酌量拨给。

（二）财政厅古厅长提议，军用电信处经费月支一千零八十元八毫，惟计所需月薪杂支共银二百八十五元，便可敷用，应否占电话总局派员办理，将经费减为每月二百八十五元之处，请公决案。

议决：照办。

（三）大本营秘书处公函，奉大元帅交下大本营军需总局长罗翼群呈，请指拨福建建国军军部经常费呈一件。又军政部长程潜呈请令会筹拨萧学智恤金呈一件。均奉批，交财会会议等因。抄录原呈，函送查照案。

议决：福建建国军军部经常费，现值财政困难，暂无办法。萧学智恤金，俟财政稍裕，再行筹拨。

（四）广州市财政局王局长函，送各项军事附加费数目列表送请查照案。

查本会第六十七次会议，提出广州卫戍杨总司令函，请拨给该部原在市政厅、公安局应行拨领之款；又滇粤桂联军总指挥部函，请将军需处及财政厅积欠该部给养补发。两案合并讨论，议决由会函财政局，查明该局收入何种，系因负担军费而增设者，列表复会再议。合注明。

议决：由会录案，交财政厅审核。其已列入表内者，拨归财政厅办理，其未列入表内者，由厅查明补入，此项附加军费，应以之分拨联军总指挥部及卫戍总司令部积欠给养等费。

（五）大本营秘书处公函，奉大元帅交下卫士队长卢振柳呈，请规复军医呈一件。又呈请令饬会计司，将该队月饷加入大本营预算呈一件。又呈请令饬会计司迅将该队八、十等月欠饷五千二百二十八元八角三分，清发呈一件。均奉谕，交会议复等因。检同原件，函达查照案。

议决：该队军医开办费一百元，及每月经费一百六十二元，准予规复由民产保证局担任拨付，又该队十月份欠饷业已清发，至八月份欠饷，俟财政稍裕时再行筹拨。

（六）中央直辖第一军朱军长培德公函，奉帅座批，据该军参议王绍一呈，筹设两广纸烟附加军费局，节略一案。奉批交财会酌夺等因。请会查照议复案。

公决：俟烟类印花办妥后再议。

（七）中央直辖第二军黄军长明堂公函，以前充南路总司令时垫支棉衣费六千二百元，经呈准军政部归垫，现亟待此款续制棉衣，势难再缓，请求迅予再议归垫，俾济急用案。

议决：俟财政充裕时再行筹拨。

（八）广东筹饷总局督办范石生函称，收入短绌，前由贵会议决，由局筹拨黄埔军官学校每月五千元一项，此后实无余款腾拨，请撤销原案，以轻负担案。

议决：禁烟署现已归并该局，各项收入当有增加，请维持原案，勉力照拨。

（九）财政厅长古应芬提议，承领官市产应照章补税契案。

议决：照办。

〔广州国民政府档案〕

## 2　大本营财委会关于担任每日解交中央军需处款数呈

（1924年4月）

（1）叶恭绰致大元帅等呈　（4月24日）

呈为议决担任每日解交中央军需处数目，呈请令行事：案查中央军需处前因财政困难，曾于前月由蒋总监尊簋出席本会，提出暂行停止支发各处给养在案。本会委员等一月以来，因前敌战事正在吃紧，勉强支撑。对于前敌各军或代赊军米，或勉凑现款，或暂发期单，权宜应付，以济目前。查中央军需处之设置，系军需独立制度，前次暂停各处支发，系属万不得已，未便长此久悬，所有给养，自应由各机关就目前财政状况．切实认定，按照数目，仍解交军需处，统筹支配。旋于第三十一次会议，经委员等公同讨论，分别应付酌付，另列清单附呈。但事实上如何，仍由军需处考核情形，分别办理。此外，如有可收束之机关，并由该处核办。但前方给养关系至巨，必当勉力照办，以安军心。委员等议决此次担任之款，每日暂定二万零五百元，自四月廿六日、五月一日分别起支。但如湘军、滇军兵站等给养，有已发至本月月底及发至下月初五者。此数日间军需处腾挪周转，或可支持目前，一俟运使整理北江运道，届时可以酌加。而租捐现甫开收，一月后可望起色，届时亦可增加。现在前方节节胜利，若我军达到潮梅，自可腾出一部份给养，军需处自不为难，自可稍纾财力，渡过目前难关。其以前欠交军需处之款，由军需处清算列单，俟东江军事结束后，再当设法筹补。至一月来财厅、市厅、运使垫支各军军费，各军或以军需处欠单抵支，或另行支出，为数甚巨，统由该三机关列单，函送军需处核明，补回收据，以清手续。委员等并议决，嗣后凡中央直辖各军军费，除大元帅亲裁交议者外，其各军请求之案及关于临时请领各种军费，应请钧座交由军政部军需处复核，再交财政委员会会议。关于其他政费则交由省长核明，再交财政委员会会议，俾明权责而昭慎重。所有委员等议决担任每日解交中央军需处款数各缘由，理合开具清单二纸，备文呈请钧座鉴核，俯赐批示遵照，并令行军需处查照办理，实为公便。谨呈

大元帅

附呈清单二纸

财政委员会主席委员　叶恭绰

杨庶堪

中华民国十三年四月二十四日

〔孙文亲批〕：准如所拟办理，仍由中央军需处分别缓急，妥为分配。此批。文。

各机关暂时认解中央军需处军费数目清单

计　开

| | | | |
|---|---|---|---|
| 盐运使署 | 每日六千元 | | 四月廿六日起支付； |
| 筹饷总局 | 每日四千元 | 假定此数 | 五月一日起支付； |
| 航运保卫处 | 每日三千元 | | 五月一日起支付； |
| 公安局租捐 | 每日三千元 | | 五月一日起支付； |
| 沙田清理处 | 每日二千元 | | 四月廿六日起支付； |
| 财政厅 | 每日一千元 | 俟扣还垫款再规复每日三千元 | 四月廿六日起支付； |
| 市政厅 | 每日一千元 | 俟扣还垫款再规复每日三千元 | 四月廿六日起支付； |

禁烟督办署每日五百元，俟扣足预饷之日起支付。

合共二万零五百元

各军给养清单

计　开

湘军给养；

滇军兵站；

豫军给养；

滇军总指挥部；

东路讨贼军；

西路讨贼军；

兵工总厂　　每日二千元，每日原定三千元先支此数；

海防司令部林若时　每日一千元，此案奉帅谕必须充分接济；

军政部各病院；

军政部经费　　每日六百元，自五月一日起支；

刘玉山部队　　　　　　每日七百元。

以上应照付。

滇军卫生管理处；

军车管理处；

湘滇制弹厂　　　　　　每月规定三万元斟酌缓急酌付；

军政部检查邮电费　每月二百元；

北伐第二军司令部；

直鲁豫招抚使军队。

以上请酌付。

再，此外各机关应请军需处斟酌情形酌付。

民国十三年四月

（2）大元帅指令稿　　（4月24日）

大元帅指令　　第389号

令财政委员会主席委员　叶恭绰 杨庶堪

呈报该会第三十一次会议，决定每日由各机关，担任解交中央军需处款数，并开具清单二纸，请鉴核示遵，并令行军需处查照由。呈及清单均悉。准如所拟办理。候令行军需处分别缓急，妥为分配可也。此令。

〔广州国民政府档案〕

## 3　廖仲恺关于筹饷困难情况电

（1924年6月11日）

提前。万急。惠州飞鹅岭刘总司令转博罗大元帅行营秘书处。提前。万急。石龙、博罗探送大元帅行营蒋介石先生：本密。电悉。

省署今日可筹给许汝为、杨绍基各一万元。市厅筹给汝为二万，兵站一万。前日大本营备给海军四万，今只能交二万五千，而以一万五千给杨绍基。计先给共二万五千，尚欠杨二万五千，欠海军二万八千，兵站、兵工厂尚未顾及。今大本营又来提款，此间实无法招架。海滨因西岩抗不交印，愤欲他去，弟何能为役。无论如何，请加节省，否则自困更甚。仲恺。真。印。（石龙来电）

〔广州国民政府档案〕

## 4　大本营财委会为财政毫无收入暂行停会呈

（1924年8月26日）

为呈报事：窃查职会会议日期，原系规定每星期二日、星期五日各开常会、特别会一次，前经呈奉核准有案。向均依期开会，虽偶有流会，亦不停顿。现因市面风潮影响各财政机关毫无收入，即如期开议，而各委员以无款收入，在事实上亦无从担任筹拨。现拟从本星期二日即八月二十六日起，暂行停会两期，俟至九月二日再行开会，是否有当，理合备文呈请鉴核示遵。谨呈
大元帅

财政委员会主席委员　叶恭绰
　　　　　　　　　　廖仲恺

中华民国十三年八月二十六日

〔广州国民政府档案〕

## 5　陈箇民请黄沙站逐日解款电

（1924年10月16日）

万急。广州黄沙车站陈总理兴汉勋鉴：〇密。韶关大本营食

用全靠韶站解款供给。顷因省城罢市，运货较少，站员通告明日止解。韶营为帅座驻跸，何可断饮。现奉帅谕，代电贵总理，无论如何，请在黄沙站，设法逐日继续解交五百元，以免危险等因。奉此。谨照电达，烦为查照，并赐电复为荷。韶关大本营代理会计司长陈箇民叩。谏巳。

〔广州国民政府档案〕

## 6 国民政府财政部呈送各机关预算收支简表函件

（1925年10月16日）

径启者：现接谭军长函催，将各机关预算收支简表先行送交，以便开会，等因。查前项简表，现已赶办，约明后日即可送到。相应先行函达查照为荷。此致

国民政府秘书处

宋子文

十四年十月十六日

## 国民政府各机关造送预算列支数简明表

### 岁出经常门

| 类别 | 机关别 | 预算数 | 备考 |
|---|---|---|---|
| 政府经费 | 中国国民党中央执行委员会经费 | 六〇〇、〇〇〇 | 未准编列详细预算前奉行月约支五万元，兹暂照数开列，年支上数。 |
| | 国民政府经费 | 四四四、二四〇 | 前奉令开每月支出经常费预算，经于七月九日提出，第六次委员会议通过，月支毫银三万七千零二十元，仰部遵照按月照数呈解支拨。再，副官俸给一项，经同日委员会议议决，应比照官阶给与。除现在暂照表列数目开支外，一俟陆军官佐给与令制定公布后，即当各按官阶支俸。又电报室俸薪每月五百元一项，查现已有令，将电报室裁撤归并广东省政府。俟实行归并后，此项开支即可节省等因。兹以月支三万七千零二十元，计年支上数。 |
| 外交费 | 外交部经费 | 一五三、九三六 | 来册系编列年支数。 |

续　表

| | | | |
|---|---|---|---|
| | 广东交涉员署经费 | 四八、〇〇〇 | 该署前编呈八月份经费，据称呈奉外交部核准月支四千元，计年支上数。现仍照前核定数月支三千二百八十六元发给。合注明。 |
| | 交涉员署附设华洋上诉机关经费 | 七、七〇四 | 月支六百四十二元，年支上数。 |
| | 交涉员署所管前山洋务局经费 | 四、八〇〇 | 月支四百元，年支上数。 |
| 内务费 | 禁烟督办署经费 | 一三五、九六〇 | 月支一万一千三百三十元，年支上数。 |
| 财政费 | 财政部经费 | | 原月支四千三百五十二元，现拟分别设局改组，俟规定再行列报。 |
| | 两广监务稽核所经费 | 五〇、二六〇 | 预算每月毫银四千一百八十八元三毫七仙。 |
| | 盐运使署经费 | 七七、一八四 | 现编月支经费六千四百三十二元，计年支上数。 |

续表

| | | |
|---|---|---|
| 盐运使署所管东江七场及双恩场佐署经费 | 五七、二八八 | 月支四千七百七十四元，年支上数。 |
| 盐运使署所管各查缉查验厂经费 | 四〇、九六八 | 月支三千四百一十四元，年支上数。 |
| 盐运使署所管各督缉局各专员经费 | 八三、四四八 | 月支六千九百五十四元年支上数 |
| 盐运使署所管黄花冈烈士坟场经费 | 一、二〇〇 | |
| 粤海关监督署经费 | 三四、六五六 | 来册系编列年支数。 |
| 三水江门粤海等关委员俸薪 | 二、七六〇 | |
| 粤海常关杂支费 | 二二、八〇五 | 内粤海关收税处一万九千二百二十四元，陈村关银号二千零二十一元，粤关救生船水手工食八百四十元，粤关见习员薪水七百二十元，共如上数。 |

续　表

| | | | |
|---|---|---|---|
| | 粤海关担头一成办公经费 | 六、六四二 | |
| | 粤海关监督署所管各子口经费 | 五八、五一八 | |
| | 烟酒公卖处经费 | | 原月支二千一百二十元，现拟分别改组，俟规定再行列报。 |
| | 沙田清理处经费 | | 原月支二千七百五十六元，现拟分别改组，俟规定再行列报。 |
| | 各沙捐清佃局经费 | 六三、八四〇 | 南番局月支六百四十四元，中顺局月支一千六百六十二元东莞局月支六百三十八元，新会局月支六百六十三元，台山局月支七百三十七元，宝安局月支四百八十九元，恩开局月支四百八十七元，共月支五千三百二十元，年支上数。 |
| 教育费 | 国立广东大学经费 | 一、五〇〇、八六二 | 国立大学编列岁入款，年收二百一十七万八千一百八十八元。 |
| | 国立广东大学附属中学校经费 | 六三、九二四 | |

续　表

| | | | |
|---|---|---|---|
| | 国立广东大学附属小学校经费 | 三六、八一四 | |
| | 国立广东大学附属幼稚园经费 | 二、四四八 | |
| | 国立广东大学附属童子军部经费 | 一二、三〇二 | |
| 司法费 | 大理院经费 | 一〇七、七〇〇 | 来册列月支八千九百七十五元，年支上数。现每月暂发三千元。 |
| | 总检察厅经费 | 五一、〇九六 | 来册系编列年支数。 |
| | 监察院经费 | 一六七、八二〇 | 九月份经费表系列支一万二千五百五十元，现裁节经费应支若干，未准编送预算。 |
| | 法制委员会经费 | 三三、〇九六 | 十月分列支二千七百五十八元，年支上数。 |

续表

| | | | |
|---|---|---|---|
| 经常 | 合计 | 三、七〇二、四五一 | 财政部月支四千一百五十一元，烟酒公卖处二千一百二十元，沙田清理处二千七百五十六元，监察院一万二千五百五十元，计月共支二万一千七百七十八元，年共支二十六万一千三百三十六元，因拟分别规定，故未计在内。 |

岁出临时门

| 类别 | 机关别 | 预算数 | 备考 |
|---|---|---|---|
| 内务费 | 禁烟督办署经费 | 五四、〇〇〇 | 月支四千五百元，年支上数。 |
| 财政费 | 盐运使署及各场局修缮购置费 | 四、九八一 | |
| | 盐运使署临时派委员司川资旅费 | 三、一〇〇 | |
| | 盐运使署赏恤及活支费 | 一、六〇〇 | |

续　表

| | | | |
|---|---|---|---|
| | 粤海关监督经费 | 九八四 | |
| | 粤海关所管各子口临时费 | 五、〇八八 | |
| 教育费 | 国立广东大学临时费 | 一、二九六、一五〇 | |
| | 国立广东大学附属中学校临时经费 | 八、七〇〇 | |
| | 国立广东大学附属小学校临时经费 | 一三七、四五〇 | |
| | 国立广东大学附属童子军部临时经费 | 一〇、八九〇 | |
| 临时 | 合　　计 | 一、五二二、九四三 | |
| 经常临时 | 总　　计 | 五、二二五、三九四 | 财政部及烟酒公卖处沙田清理处、监察院因拟分别规定，未计在内。 |

## 广东省政府各机关造送预算列支数简明表

### 岁出经常门

| 类别 | 机关别 | 预算数 | 备考 |
|---|---|---|---|
| 内务费 | 省政府秘书处经费 | 四二、八五八元 | 前经由财政厅核明，提呈省务会议决定，月支三千四百五十一元五毫，现复奉省务会议饬知议决增设三等科员二员，月支薪俸共一百二十元，为原编九月分预算所无，兹一并计入，共月支三千五百七十一元五毫，年支上数。 |
| | 省务会议膳费 | 六〇〇 | |
| | 民政厅经费 | 九八、〇四〇 | 前经由财政厅核明，提呈省务会议决定，月支八千一百七十元，年支上数。 |
| | 建设厅经费 | 五一、五五二 | 前经由财政厅核明，提呈省务会议决定，月支四千二百九十六元，年支上数。 |
| | 治河处经费 | 一二〇、七四一 | 每年列支上数。 |

续表

| | | |
|---|---|---|
| 建设厅所管公路局经费 | 二五、九七四 | 前经由财政厅核明，提呈省务会议决定，月支二千一百六十四元五毫，年支上数。 |
| 建设厅所管航政局经费 | 三二、三六四 | 前经由财政厅核明，提呈省务会议决定，月支二千六百九十七元，年支上数。 |
| 建设厅所管电报局经费 | 一五五、〇一八 | 该局八月份经费列支一万二千九百一十八元，前奉省务会议令饬财政厅审查当以该局系属原有机关合并改组，现列员司薪水较前每月增加九百八十余元，计年增一万一千七百余元。值此库储奇绌，入不敷支，前奉财政部令饬审查预算，以各机关经费非大加核实，樽节至最低限度不足以继续维持。故凡原有机关支配经费，应较原支额数有减即使不能核减，亦只可以原支总数为限度，不能再有增益。现增支之款究应如何核减，即经咨请建设厅核明办理。至津贴一项，虽奉令取销，第各报生轮值夜班情形，似属不同，此项开支津贴似应以轮值夜班者为限。其补助各分局经费，一俟收入足以相抵，即行停给，以重公款。兹暂照原报每月预算，计年支上数。 |

续表

| | | | |
|---|---|---|---|
| | 广肇韶属各县行政经费 | 四二九、三六〇 | 此系照各县原定额支数开列，计南海，番禺、东莞、顺德、中山、新会。月各支一千二百五十四元，增城、三水、台山、清远、高要、罗定、曲江、英德、连县、南雄月各支一千零二十元，花县、宝安、四会、广宁、新兴、开平、恩平、德庆、鹤山、云浮、乐昌、阳山、连山、郁南月各支八百三十五元，龙门、从化、高明、封川、佛冈、仁化、翁源、始兴，月各支六百一十二元，开建、赤溪、乳源月各支四百九十元，计月共支三万五千七百八十元，年支上数。 |
| 财政费 | 财政厅经费 | | 财政厅经费前奉先大元帅核定，月准二万五千元，廖前厅长莅任后复将各职员大加裁减，核实厘定月支一万七千二百五十一元，提呈省务会议决定照支，现与财政部分别划分职权，俟规定再行列报。 |
| | 金库经费 | 二三、七六〇 | 前核定月支一千九百八十元，年支上数。 |

续　表

| | | | |
|---|---|---|---|
| | 广肇韶属各县征粮经费 | 一八八、二六六 | 各县征粮经费，民国元年间经前核计院核定，分别旺淡月开支，兹照原定额，年共应支上数。 |
| 教育费 | 教育厅经费 | 九二、五二〇 | 前奉省务会议饬财政厅核明，提呈省务会议决定，月支七千七百一十元，年支上数。至所管中上学校十四年度及现行月支预算，未准编送，无凭查列。合注明。 |
| 司法费 | 广东高等审检厅暨所属各厅庭登记局监所经费 | 一、三八九、四六五 | 新定每月预算，计二百一十处厅局所经费共支一十一万五千七百八十元八毫，年共支上数。 |
| 实业费 | 商务厅经费 | 五四、七二〇 | 前奉省务会议饬财政厅核明，提呈省务会议决定，月支三千四百六十元。又按办矿务事宜，月追加经费一千一百元，年共支上数。 |
| | 农工厅经费 | 八七、〇二四 | 前奉省务会议饬财政厅核明，提呈省务会议决定，月支七千二百五十二元，年支上数。 |
| | 合　　计 | 二、七九二、二六三 | 财政厅经费前经大加减定，现因与财政部划分职权，俟规定再列报。 |

## 国民政府财政部所管现行每月应支行政经费预算简明表

### 支出经常门

| 款别 | 机关别 | 预支数 | 实支数 | 备考 |
|---|---|---|---|---|
| 政府经费 | 中国国民党中央执行委员会经费 | 一十万元 | 一十万元 | |
| | 国民政府经费 | 三万七千三百三十七元 | 三万元 | |
| 外交费 | 外交部经费 | 六千九百七十三元 | 三千元 | |
| | 广东交涉员署经费 | 三千二百八十六元 | 二千元 | |
| | 交涉员署附设华洋上诉机关经费 | 六百七十二元 | 无 | 此款未经支过。 |
| | 交涉员署所属前山洋务局经费 | 四百元 | 四百元 | |

续　表

| | | | | |
|---|---|---|---|---|
| | 交涉员署所属东兴洋务局经费 | 四百元 | 四百元 | |
| | 汕头交涉分署经费 | 三百二十元 | 三百二十元 | |
| | 北海洋务局经费 | 四百元 | 四百元 | |
| 内务费 | 监察院经费 | 一万四千五百零一元 | 一万三千零四十元 | |
| | 惩吏院经费 | 四千六百七十元 | 三千元 | |
| | 年抚金 | 五百元 | 五百元 | 夏百子年金月支一百元，黄鹤鸣之每月支五十元，宋居仁养老费月支五十元，苏松山之父月支一百元，杨学龄年金月支一百元，此系无定之数，现暂计月支上数。 |
| | 上海烈士遗族陈英士黎仲实范鸿仙夏陈氏等月费 | 大洋五百元 | 大洋五百元 | |

续 表

| | | | | |
|---|---|---|---|---|
| | 上海烈士家属特别费及学费 | 五百元 | 五百元 | 前系由国立广东大学在代收九拱两关厘费项下匀拨，数目无定，兹暂计上数。 |
| | 国民政府秘书韦玉驻京办事交际费 | 大洋一千元 | 大洋一千元 | |
| 财政费 | 财政部经费 | 一万三千元 | 一万二千元 | |
| | 财政部烟酒公卖处经费 | 三千零七十七元 | 三千零二十元 | |
| | 财政部沙田清理处经费 | 四千零四十五元 | 四千零四十五元 | |
| | 财政部印花税处经费 | 四千五百元 | 四千五百元 | |
| | 财政部印花税处印刷各种印花税票工本 | 一万元 | 一万元 | |
| | 财政部禁烟总处经费 | 一万二千七百四十五元 | 一万一千九百四十五元 | |

续　表

| | | | |
|---|---|---|---|
| 财政部筹饷总处经费 | 四千三百二十元 | 四千零二十元 | |
| 财政部煤油类专卖处经费 | 三千四百八十元零七毫 | 三千四百八十元零七毫 | |
| 财政部爆烈品专卖处经费 | 二千九百四十八元 | 二千三百八十八元 | |
| 税务总处经费 | 三千九百九十五元 | 三千九百九十五元 | |
| 盐务总处经费 | 一万五千元 | 一万五千元 | |
| 盐务各场局厂所经费 | 四万零九百六十九元 | 一万六千九百四十三元 | 此款十五年上半年预算，月应支四万零九百余元，惟现行每月实支二万四千六百七十八元，系连盐运使署七千七百三十五元并计，兹照数剔除，每月实支上数。 |
| 旧盐务稽核所所属盐务各局卡经费 | 八千三百零四元 | | 此款系属坐支，兹照旧数开列，故不列实支数。 |

续 表

| | | | |
|---|---|---|---|
| 潮桥运副经费 | | | 未据造报，无从开列。 |
| 粤海关监督署经费 | 四千一百二十元 | | 此款系由税务司拨支，并无请领，兹暂照十五年上半年预算数开列，故不列实支数。 |
| 粤海关所属各子口经费 | 八千四百七十九元 | | 此系坐支之款，故不列实支数。 |
| 潮海关监督署经费 | | | 未据造报，无从开列。 |
| 琼海关监督署经费 | 一千九百九十四元 | | 此系坐支之款。 |
| 中顺西海沙捐征收局经费 | 一千八百三十二元 | | 查中顺沙捐兼清佃局，现改组中顺、西海、东海沙捐征收局，分设两局，其经费尚未规定，兹暂照十五年上半年预算开列，俟将来核定，再行分列开支。 |

续　表

| | | | |
|---|---|---|---|
| 潮州沙捐兼清佃局经费 | 一千六百九十元 | | |
| 南番沙捐征收局经费 | 八百二十八元 | | |
| 东莞沙捐兼清佃局经费 | 八百七十八元 | | |
| 新会沙捐征收局经费 | 八百四十三元 | | |
| 台山沙捐兼清佃局经费 | 九百一十七元 | | |
| 宝安沙捐兼清佃局经费 | 五百四十九元 | | |
| 恩平沙捐兼清佃局经费 | 五百四十七元 | | |
| 钦廉沙捐兼清佃局经费 | 八百一十五元 | | 以上沙捐局经费系照十五年上半年预算数开列，系属坐支之款，故不列实支数。 |

续　表

| | | | | |
|---|---|---|---|---|
| | 各属筹饷专员办事处经费 | 二万三千零五十元 | | 系由经收防务经费项下坐支，故不列实支数。 |
| 教育费 | 国立广东大学经费 | 一十三万六千七百九十六元 | 九万元 | 照编送十五年上半年预算数开列，现行月支九万元。 |
| | 教育行政委员会经费 | 四千八百四十四元七毫五仙 | 无 | 现尚未发给。 |
| | 李晓生黄桓陈春圃等学费 | 五百元 | 五百元 | 前系由国立广东大学在代收九拱两关厘费项下匀拨数目无定，兹暂计上数。 |
| 司法费 | 司法行政委员会经费 | 七千七百零一元五毫 | 二千元 | |
| | 大理院经费 | 七千九百七十六元 | 三千元 | |
| | 总检察厅经费 | 三千九百二十八元 | 三千元 | |
| | 法制委员会经费 | 二千七百五十八元 | 九百五十八元 | |

续　表

| | | | | |
|---|---|---|---|---|
| | 特别刑事审判所经费 | 四千七百二十四元 | 四千元 | |
| 农商会 | 粤汉铁路管理局经费 | | | 未据将应支经费编列预算呈报，故无数开列，系在收入车利坐支。 |
| | 广三铁路管理局经费 | 一十万零六千一百三十八元 | | 系照该局造缴十四年十月分预算，经监察院核定数目编列，系在收入车利坐支。 |
| | 广九铁路管理局经费 | 七万零七千六百九十元 | | 系在收入车利坐支。 |
| | 财政部实业研究会经费 | 四千一百四十四元 | 无 | 现尚未发给。 |
| 支出经常合计 | | 七十万零一千五百八十四元九毫五仙 | 三十四万九千八百五十四元七毫 | 凡由库直接支发之款，列为实支数。合注明。 |

支出临时门

| 款别 | 机关别 | 预算数 | 实支数 | 备考 |
| --- | --- | --- | --- | --- |
| 政府经费 | 先大元帅葬费 | 六万元 | 六万元 | |
| 外交费 | 外交秘密费 | 三十万元 | 三十万元 | 此系罢工一切经费，月约支上数。 |
| 内务费 | 监察院临时费 | 五百六十六元 | | 监察院编送十五年上半年预算，共列临时费三千四百元，匀计月约支上数。此款未经支过。合注明。 |
| 财政费 | 财政部禁烟总处临时费 | 二千二百元 | | 此款未经支过，系照预算案开列。 |
| | 财政部筹饷总处临时费 | 七千六百六十六元 | | 查该处临时费，现据编缴十五年上半年预算列支旅费一万八千元，汇费二万四千元，各属房租三千元，购置一千元，共四万六千元，匀计月支上数。此款未经支过。 |

续　表

| | | | | |
|---|---|---|---|---|
| | 财政杂支各费 | 六百元 | | 系随时支给，数目无定。 |
| 支出临时合计 | | 三十七万一千零三十二元 | 三十六万元 | 凡由库直接支发之款，列为实支数。合注明。 |
| 经常临时支出总计 | | 一百零七万二千六百一十六元九毫五仙 | 七十万零九千八百五十四元七毫 | |

（说　明）

财政部所管每月应支行政经费，经常、临时总计一百零七万二千六百一十六元九毫五仙，除实支数七十万零九千八百五十四元七毫外，又除由税务司拨支粤海关监督署经费四千一百二十元，广三、广九两铁路管理局经费系由收入车利坐支，共计一十八万三千八百二十八元。又尚未支付交涉署附设华洋上诉机关经费六百七十二元，教育行政委员会经费四千八百四十四元七毫五仙，财政部实业研究会经费四千一百四十四元，财政部禁烟总处临时费二千二百元，财政部筹饷总处临时费七千六百六十六元，合计二十万零七千四百七十四元七毫五仙外，其余计尚有坐支数一十五万五千二百八十七元五毫。合并注明。

## 广东省政府财政厅所管现行每月应支行政费预算简明表

### 支出经常门

| 类别 | 机关别 | 预算数 | 实支数 | 备考 |
|---|---|---|---|---|
| 内务费 | 省党部经费 | 七千七百八十三元 | 七千元 | 前准中国国民党广东省执行委员会来函，本党部经常费前由中央执行委员会议准，本党部每月经常费四千七百八十三元，特别费三千元，共银七千七百八十三元，并指定按月由省库拨给开支。兹照编列，现行系月支七千元。 |
| | 各县市党部经费 | 二万六千一百九十元 | | 各县、市党部经费照中央七十一次会议决议之预算案，每月二百七十元，计九十四县，另佛山、虎门、石龙三市，共九十七处，计每月应支上数，已通饬各县在地方款筹拨，如有不敷，准在钱粮项下坐支，故不列实支数。 |

续　　表

| | | | |
|---|---|---|---|
| 省政府秘书处连省务会议膳费及公报印刷费 | 四千五百一十九元五毫 | 四千五百一十九元五毫 | |
| 省政府电报室经费 | 四百零五元 | 四百零五元 | |
| 民政厅经费 | 八千三百七十元 | 八千三百七十元 | |
| 地土厅经费 | 八千四百九十九元 | | 暂照编送预算开列，尚未核定，故无从开列实支数。 |
| 课吏馆经费 | 二千三百八十二元 | 二千三百八十二元 | |
| 东江行政公署经费 | 五千六百八十四元 | | 现尚未核定，暂照编送预算数开列，由惠潮梅财政厅处拨支。 |
| 建设厅经费 | 五千三百二十五元 | 五千三百二十五元 | |
| 治河处经费 | 一万零七百四十二元 | | 系由税务司系在关余项下发给，并非由库支。 |

续　表

| | | | |
|---|---|---|---|
| 电报局经费 | 一万二千九百一十八元 | | 系在收入电报费拨给，并非由库支。 |
| 电报局所管水线费修理费特别费 | 二万二千二百元 | | 系在收入电报费拨给，并非由库支。 |
| 公路局经费 | 二千六百八十四元 | 二千一百六十四元五毫 | 每月发给二千一百六十四元五毫。 |
| 航政局经费 | 二千五百三十五元 | 二千五百三十五元 | 该局所管各航政分局系在收入项下扣提四成作为经费，数目无定，故不开列。合注明。 |
| 全省各县行政经费 | 七万八千六百九十二元 | | 此系由各县坐支，故不列实支数。 |
| 坟山公所币息 | 一百六十六元六毫 | 一百六十六元六毫 | |
| 恤嫠局经费 | 六百七十三元二毫 | | |
| 绥猺〔傜〕经费 | 三百九十元零四毫 | | 此系由连山县拨给。 |

续 表

| | | | | |
|---|---|---|---|---|
| 财政费 | 财政厅经费 | 一万七千二百五十元 | 一万七千二百五十元 | |
| | 财政厅特务委员薪水 | 二千一百元 | 二千一百元 | |
| | 财政厅卫队薪饷 | 三百五十元 | 三百五十元 | |
| | 金库经费 | 一千九百八十元 | 一千九百八十元 | |
| | 惠潮梅财政处经费 | 五千九百二十八元七毫五仙 | | 系照呈请数开列，以下各财政处经费系在所收税项领支，故不列实支数。 |
| | 佛山三水财政处经费 | 二千四百九十三元 | | 该处经费核定，月支上数。 |
| | 高要财政处经费 | 一千五百四十元 | | |
| | 罗定财政处经费 | 二千二百四十五元 | | 该处经费核定，月支上数。 |

续 表

| | | | |
|---|---|---|---|
| 阳江财政处经费 | 一千八百三十五元 | | 该处经费核定，月支上数。 |
| 高州财政处经费 | 二千二百一十元 | | 该处前呈缴预算列支二千八百余元，已饬令核减尚未据复，兹暂照本厅规定标准连各县专员，共约支上数。 |
| 南韶财政处经费 | 二千二百九十六元 | | 该处经费核定，月支上数。 |
| 英清连财政处经费 | 一千八百三十二元 | | 该处经费核定，月支上数。 |
| 钦廉财政处经费 | 二千元 | | 该处月支经费预算尚未编缴，兹暂照本厅规定标准连各县专员，共约支上数。 |
| 雷州财政处经费 | 一千七百七十九元 | | 该处经费核定，月支上数。 |
| 琼崖财政处经费 | 四千一百三十元 | | 该处月支经费核定，月支上数。 |

续　表

| | | | |
|---|---|---|---|
| 五邑财政处经费 | 一千三百六十五元 | | 该处系将原有五邑粮税监收专员办事处改组，兹照核定数开列。 |
| 全省各县征粮经费 | 二万九千三百六十五元 | | 各县征粮经费原有旺淡月之分，现以全年应支毫银三十五万二千三百八十一元，匀计月约支上数。 |
| 芦苞厘厂经费 | 一千四百五十四元二毫 | | 官办各厘厂开支经费，该厂经费前经提呈省务会议核定月支一千四百五十四元，现照编列。 |
| 佛山补抽厂经费 | 三百一十九元零八仙 | | 该厂现属官办，前经提呈省务会议核定月支三百一十九元零八仙，现照编列。 |
| 广九火车货厘局经费 | 六百二十元零四毫 | | 该局现属官办，前经提呈省务会议核定月支上数，现照编列。 |
| 财政厅印刷契纸工料费 | 五百元 | 五百元 | |

续　表

| | | | | |
|---|---|---|---|---|
| | 财政各杂费 | 六百元 | | 财务行政费如临时派委调查事务旅费，奖案花红，支出甚繁约计月需上数。 |
| 教育费 | 教育厅经费 | 七千八百九十元 | 七千八百九十元 | 连增加厅长公费三百元 |
| | 省立第一中学校经费 | 六千九百六十五元 | 六千七百六十七元 | |
| | 省立工业专门学校经费 | 一万零八百零四元 | 一万零八百零四元 | |
| | 省立女子师范学校经费 | 六千三百四十五元 | 六千三百四十五元 | |
| | 留学各国学生经理处经费 | 六百五十三元 | | |
| | 留学各国学生学费及回国川资 | 一万八千四百二十七元 | 港纸三千元 | 前准教育厅开送留日学生六十一名，年约毫银三万元。又欧美各国留学生名额，计英国四名，每年学费伸毫一万一千五百二十元；留美二十八名，年支学费毫银八万 |

续 表

| | | | |
|---|---|---|---|
| | | | 四千元；法国五名，一万八千元；德国三名，一万零八百元；俄国一名，一千八百元；法国里昂大学海外部，六万五千元。共支二十二万一千一百二十元，匀计月支上数。现每月支留日学费港纸三千元。 |
| 省立图书馆经费 | 四百元 | 四百元 | |
| 补助执信学校经费 | 六千二百元 | 六千二百元 | |
| 补助女子体育学校经费 | 一千元 | 五百元 | |
| 补助省立第七中学校经费 | 三百五十元 | 三百五十元 | |
| 补助省立第三师范学校经费 | 一百八十三元 | 一百八十三元 | |
| 补助省立第四师范学校经费 | 二百八十六元 | 二百八十六元 | |

续 表

| | | | | |
|---|---|---|---|---|
| | 补助省立第十中学校经费 | 二百八十六元 | 二百八十六元 | |
| | 补助省教育会经费 | 一千元 | 一千元 | |
| 司法费 | 高等审判厅经费 | 一万零六百零八元 | | 现系自行收支，并非全数由库发给。 |
| | 高等检察厅及广州监狱广州看守所经费 | 一万二千一百零九元五毫 | 一万元 | |
| | 广州地方审判厅经费 | 六千八百零九元 | | 现系自行收支，并非全数发给。 |
| | 广州地方检察厅经费 | 五千二百四十五元 | 五千元 | |
| | 澄海地方审判厅经费 | 二千三百七十七元五毫 | | 澄海各地方审检厅及各县分庭、各县监狱经费，现饬各县就近拨支，故不列实支数。 |
| | 澄海地方检察厅经费 | 一千九百二十二元五毫 | | |

续　表

| | | | |
|---|---|---|---|
| 惠阳地方审判厅经费 | 一千九百四十元 | | |
| 惠阳地方检察厅经费 | 一千四百四十七元五毫 | | |
| 高要地方审判厅经费 | 二千一百七十五元 | | |
| 高要地方检察厅经费 | 一千六百八十二元五毫 | | |
| 琼山地方审判厅经费 | 二千一百七十五元 | | |
| 琼山地方检察厅经费 | 一千六百八十二元五毫 | | |
| 茂名地方审判厅经费 | 一千八百七十元 | | |
| 茂名地方检察厅经费 | 一千四百四十七元五毫 | | |

续　表

| | | | |
|---|---|---|---|
| 曲江地方审判厅经费 | 二千一百七十五元 | | |
| 曲江地方检察厅经费 | 一千六百八十二元五毫 | | |
| 合浦地方审判厅经费 | 一千六百一十五元 | | |
| 合浦地方检察厅经费 | 一千二百一十二元五毫 | | |
| 各县司法分庭经费 | 二万一千一百九十二元五毫 | | 此系照巡回制各分庭经费数目开列。 |
| 各县监狱经费 | 二万三千一百零九元 | | |
| 广州登记局经费 | 三千七百五十九元 | | 各登记局经费系属坐支，故不列实支数。 |
| 各县登记局经费 | 七千三百七十一元 | | |

续　　表

| | | | | |
|---|---|---|---|---|
| | 法官学校不敷经费 | 一千九百四十八元 | 一千九百四十八元 | |
| 农商费 | 商务厅经费 | 四千五百六十元 | 四千五百六十元 | |
| | 农工厅经费 | 七千二百三十九元 | 七千二百三十九元 | |
| 支出经常合计 | | 四十七万四千四百九十五元一毫三仙 | 一十二万七千八百零五元六毫 | 凡由库直接支发之款，列为实支数。合注明。 |

## 岁　出　临　时　门

| 类别 | 机　关　别 | 预　算　数 | 实 支 数 | 备　　考 |
|---|---|---|---|---|
| 内务费 | 建筑公路经费 | 一万七千九百七十五元 | | 筹筑惠湖公路测量费三个月共六千三百元，添置仪器费二千五百元，建筑盘福路至西村口路费一万一千元，建 筑东山至东圃 公路，建桥、筑路两费共二万二千八百元，又追加一万五千三百六 |

续　表

| | | | |
|---|---|---|---|
| | | | 十二元，建筑中山公路费三万六千一百八十元，又追加一万三千七百一十元，合计共支一十万零七千八百五十二元。兹暂以六个月匀计，约支上数。此系陆续支给。 |
| 两阳恩平绥靖委员会经费 | 二千元 | | 一月以前已饬阳江财政处支给。 |
| 省党部特别委员会出发南路进行党务经费 | 六百元 | | 每月经费六百元，以三个月为限，已饬高州财政处酌拨。 |
| 省党部潮梅特别委员会经费 | 五百三十元 | | 此款由惠潮梅财政处拨支。 |
| 各项恤赏费 | 五百元 | | 此系无定之款，月约支上数。 |
| 越官阮福说口粮 | 八十八元 | | 此款系由曲江县拨给。 |
| 补助党立贫民医院经费 | 二百元 | 二百元 | |
| 民政厅遣派课吏馆学员考察各县行政薪给 | 六百元 | | 此款尚未支给，只系照案编列。 |

续　表

| | | | | |
|---|---|---|---|---|
| | 汕头孙文主义学会补助费 | 一千元 | | 此款由惠潮梅财政处支发。 |
| | 国民新闻补助费 | 二千元 | 二千元 | |
| | 汕头大岭东日报补助费 | 三百元 | | 此款由惠潮梅财政处支发。 |
| 支出临时合计 | | 二万五千七百九十三元 | 二千二百元 | |
| 经常临时支出合计 | | 五十万零零二百八十八元一毫三仙 | 一十三万零零零五元六毫 | 凡由库直接支发之款列为实支数，其余自行开支及由财政处并各县拨支之款只对项算数。合注明。 |

（说　　明）

财政厅所管每月应支行政经费，经常、临时总计五十万零零二百八十八元一毫三仙，除实支数一十三万零零零五元六毫外，又除尚未支付地土厅经费八千四百九十九元，东江行政公署经费五千六百八十四元，及由税务司在关余项下拨支治河处经费一万零七百四十二元。又电报局经费一万二千九百一十八元暨所管水线费、修理费、特别费共二万二千二百元，均由该局收入报费拨支，合计六万零零四十三元外，计尚有坐支数三十一万零二百三十九元五毫三仙。

## 财政部所管岁入预算简明表

### 岁入经常门

| 款别 | 预算数 | 备考 |
| --- | --- | --- |
| 盐税 | 四、〇〇〇、〇〇〇元 | 年约收四百万元，列如上数。 |
| 粤海关各子口常税 | 二一七、五三八 | 此系无定之款，以近月收数酌估开列。 |
| 太平关税 | 四三八、九〇〇 | 现系委员办理，尚无承商投承，兹照原包额大元二十九万二千六百元，连加二专款，以加二五伸毫上数。 |
| 印花税 | 一、〇九七、六〇〇 | 内普通及烟酒印花税、炮竹类印花税、奥加可印花税、火油类印花税等项。 |
| 矿税 | 九五、二五〇 | 此系前矿务处及北江矿务分处原报，年约收大元一十二万七千元，此系无定之款，暂以六成计，加二五伸毫上数，现归商务厅代征。 |

续　表

| | | |
|---|---|---|
| 烟酒税费 | 二、一四〇、八四二 | 查广东全省烟税系由荣发公司统承，每年认缴正饷大元一百一十三万二千二百元，此系全省数目。计广肇韶各属年约收大元七十万零六千八百二十八元。又酒类税费属于广肇韶各属，年约收大元一百万零零五千八百二十八元。计烟酒税费共年约收大元一百七十一万二千六百五十六元，加二五伸合毫银上数。 |
| 铁路收入 | 六八四、〇〇〇 | 粤汉铁路车利收入每日约一千四百元，广三每日约五百元，计月收五万七千元，年约收上数。 |
| 沙田清理收入 | 五四二、四二七 | 粤省清佃花息年约收大元五万八千六百元，沙捐三十七万五千三百四十二元，共大元四十三万三千九百四十二元，加二五伸毫上数。 |
| 防务经费 | 八、一六〇、〇〇〇 | 西江筹饷局月约收五十万元，北江筹饷局月约收一十万元，东增宝筹饷局月约收八万元，共月约收六十八万元，年约收上数。 |
| 禁烟收入 | | 禁烟收入尚无定数。 |
| 经常合计 | 一七、三七六、五五七 | |

## 岁入临时门

| 款别 | 预算数 | 备考 |
|---|---|---|
| 烟酒牌照附加 | 二〇、一六〇元 | 此款计省河烟酒附加每月约收三百元，酒税附加月约收一千三百五十元，新会烟酒附加月约三十元，年约收毫银上数。 |
| 各沙捐清佃局收解获沙费 | 四〇九、二六〇 | 此系无定之款，年计约可收上数。 |
| 沙田附加特别军费 | 三六八、三五〇 | 此系一次过征收，每亩收毫银四毫，计约收五十八万五千三百五十四元四毫，除收过二十一万七千零零四元五毫外，尚约应收上数。 |
| 临时合计 | 七九七、七七〇 | |
| 岁入经常临时总计 | 一八、一七四、三二七 | 另国立大学编列岁入款年收二百一十七万八千一百八十八元，未计在内。 |

## 广东财政厅所管岁入预算简明表

### 岁入经常门

| 款别 | 预算数 | 备考 |
|---|---|---|
| 各县钱粮契税杂税杂捐等款 | 三、四一九、四一四元 | 广肇韶属南海番禺等四十一县应收田赋、契税、杂税、杂捐，解缴省库款共毫银三百一十四万五千八百六十元，另加一元水，二十七万三千五百五十四元，共如上数。 |
| 各局厂征收行坐厘 | 三、三〇二、三五三 | |
| 各行商认缴坐厘台炮经费 | 六三二、二一九 | |
| 各府县商税 | 六五七、六三四 | |
| 广肇韶各属典税 | 二七七、〇九三 | |
| 广州市税验契收入 | 一八〇、〇〇〇 | |

续表

| | | |
|---|---|---|
| 船税 | 二八〇、八五二 | |
| 商承硝磺饷 | 一八〇、〇〇〇 | |
| 商承各属戏捐 | 五、八五二 | |
| 商承省外屠捐 | 三九〇、〇〇〇 | |
| 商承牛皮捐 | 六六、八四九 | |
| 商承糖类捐 | 二四〇、一〇〇 | |
| 全省汽水捐 | 二〇、〇〇〇 | |
| 经常合计 | 九、六五二、三六六 | |

续　　表

| | | |
|---|---|---|
| 临时合计 | 无 | |
| 岁入总计 | 九、六五二、三六六 | 另司法收入年收三十万零九千零四十元，未计在内。 |

财政部每月收入预算简明表

收入经常门

| 科　　目 | 每月预算数 | 备　　考 |
|---|---|---|
| 盐　　税 | 六十五万元 | |
| 关　　税 | 六万五千元 | |
| 铁路车利 | 一十万元 | |

续　表

| | | |
|---|---|---|
| 矿务收入 | 二千元 | |
| 国立广东大学收入 | 六万八千元 | |
| 印花税处收入 | 三十万元 | |
| 烟酒公卖处收入 | 三十一万八千元 | |
| 煤油专卖处收入 | 二十八万五千元 | |
| 爆烈品专卖处收入 | 三万五千元 | |
| 经常合计 | 一百八十二万三千元 | |

## 收入临时门

| 科目 | 每月预算数 | 备考 |
|---|---|---|
| 禁烟总处收入 | 三十一万元 | |
| 沙田清理处收入 | 一十万元 | |
| 筹饷总处收入 | 一百一十二万元 | |
| 杂项收入 | 五千元 | |
| 临时合计 | 一百五十三万五千元 | |
| 经常临时总计 | 三百三十五万八千元 | |

## 财政厅每月收入预算简明表

### 收入经常门

| 科目 | 每月预算数 | 备考 |
|---|---|---|
| 田赋 | 二十五万五千元 | |
| 丁米统征价 | 二十四万五千元 | |
| 丁米串票费 | 八千元 | |
| 租课 | 二千元 | |
| 厘金 | 五十二万五千元 | |
| 各厂厘费 | 四十七万五千元 | |
| 各行商厘费 | 五万元 | |

续 表

| | | |
|---|---|---|
| 各项税捐 | 五十三万五千九百元 | |
| 各府县商税 | 一十一万五千元 | |
| 契　　税 | 九万七千元 | |
| 典　　税 | 二万零五百元 | |
| 船　　税 | 三万五千元 | |
| 渔　业　税 | 八百元 | |
| 商业牌照费 | 一万四千元 | |
| 糖　类　捐 | 一万九千元 | |

续表

| | | |
|---|---|---|
| 各属屠捐 | 一十一万一千元 | |
| 牛　皮　捐 | 八千五百元 | |
| 各属戏捐 | 二百五十元 | |
| 各属房捐 | 三千六百元 | |
| 土丝保证 | 一十万元 | |
| 花捐附加 | 九千七百五十元 | |
| 屠牛捐加二专款 | 一千五百元 | |
| 官业收入 | 四万五千元 | |

续　表

| | | |
|---|---|---|
| 电报局报费 | 四万五千元 | |
| 杂　收　入 | 一十万零五千五百元 | |
| 司法收入 | 二万八千元 | |
| 中上四校收入 | 七万五千元 | |
| 杂款收入 | 二千五百元 | |
| 经常合计 | 一百四十六万六千四百元 | |

收入临时门

| 科目 | 每月预算数 | 备考 |
|---|---|---|
| 租捐 | 五千元 | |
| 各项杂收 | 五千元 | |
| 临时合计 | 一万元 | |
| 经临总计 | 一百四十七万六千四百元 | |

〔广州国民政府档案〕

## 7　宋子文关于一年间库款收入及整理财政经过情形呈

（1926年11月5日）

为呈报事：窃统一国家财政，实为发展国家之唯一基础。自广东境内肃清，统一军政、民政之后，改善广东财政之计划亦随之而实现，各种收支均已直接受承于财政部。政府之收入，自上年十月起，至本年九月底止，国、省两库一年间已达至八千零二十万元，每月平均收入为六百七十万元。考民国十三年全省库收为七百九十八万六千元比较已增加九倍，详稽细数，以厘捐一千一百八十九万五千元，筹饷一千一百五十五万元，盐税八百九十一万五千元为大宗；杂税四百零一万六千元，禁烟三百四十五万元，印花三百零四万二千元，田赋三百零一万八千元次之；烟酒二百四十四万三千元，杂项二百七十七万三千元，煤油一百七十九万八千元，税外一百六十一万九千元，沙田六十六万四千元，爆烈品四十五万八千元，关税二十七万五千元又次之。此外发行公债票、金库券收入二千四百二十八万三千元。库收既已加增，而支出亦较前增多，除坐支抵解并未到库不计外，尚共支出七千八百二十九万七千元，内以军费六千一百二十八万五千元，占金额十分之八为最巨，而行政费仅占金额百分之十五，其总支数为一千零八十六万五千元：分计国务一百七十七万六千元，外交三百五十万零七千元，省政府二百七十万零六千元，内务五十四万三千元，财政一百一十三万八千元，教育九十八万六千元，司法一十五万七千元，农商五万二千元，此外杂项支出三十二万六千元，还欠五百八十二万一千元。此国省两库最近一年来收支之概略也。支出之数，十四年冬财政部曾编制一精确预算，经预算委员会详加审定，呈奉国民政府批准，于本年正月实行。然往岁用兵东江，肃清南路，收编川军；本年出师北伐，奠定中原，留守后方，防御土匪，旧饷之结束，新饷之接济，弹械之补充，服装之制备，开拔之费用，随征之旅费，所需浩繁，故军费经临两项，此一年间仍支至六千一百余万元。其实原定预算，本省军费月支只四百万元也。其他政费，关于外交事项，又因人民受帝国主义压迫，罢工归国，不能不予以援助，外交之费故亦支出三百余万元；财政费因征收上关系，拟定种种计划次第设施，再三撙节，仍须年支一百一十余万元；他如内务、教育、司法、农商等行政费用，或格于时势，或限于范围，共支一百七十万元。此则非俟军事告竣，兵费减少，国家已达于和平建设时期，未由使所有用途皆能增进国家之福利，而亦子文所引为深疚者也。会计既有端倪斯不足者须图补救，则税课之整理，首当积极进行。以田赋之册籍湮没，无可稽考也，设田赋清理处以清理之，严定征收考成，责成各县长将旧欠新粮按程征解，扫除浮收巧取诸弊。若厘务税捐则名目繁多，稽核尤难，乃设改良税捐委员会公同研究，务将种种苛捐重税及一切不良之征收制度逐渐取销改善，而使之单简。又商人包承饷税之制度虽不能即予废除，亦宜将各厘税局厂公开竞投，并将土丝出口酌收保证，计一年内厘捐收数，每月平均几达一百万元，实三倍于前年。盐务收入，自本年春杪克复南路后，沿海各销区始稍恢复原状。四月间因鉴于从前行政稽核，各分权限，办事隔阂，提议裁并运署及稽核所，改组盐务总处归部直辖，事权既臻划一，始克统筹整顿。运销方面，如潮桥分区、招商包承，均能投出溢额，琼崖、雷州亦定章程，一律包销，中、西、北三柜，除中柜广属各县包销多能足额外，其西、北两路迭经派员分赴广西、湖南调查，随时改良补救。场产方面，确查产数、漏数及户丁名额，责成场盐归堆，取缔场配走漏，通令举行坐配，附场业盐领证办法，俾与运销联络一气。最近产销日形畅旺，比较前一年增加盐税近百万元。印花本为良好税源，无如前由支处分处承办，率多缴价领票而不粘贴，黠者且取盈于滥罚，商场每滋诟病，政府徒蒙恶名，岁收仅得六十余万元。上年十二月因改设印花总处，收回部办，一面将税法随时布告解释，使商民咸得瞭然，以养成粘贴印花之习惯；一面分区派员按日切实检查，并组设审理违反税法委员会，由各商会社团选员充任，凡有漏贴之案，悉本公意，依法处理，从前骚扰勒罚诸弊一扫而空。复推销奥加可、炮竹、烟酒各项印花，改由检查所于入口时代贴，收入遂较曩时大增，一年间竟达至三百零四万余元。烟酒本系奢侈税，向来分区招商承办，间或派员设局征收察看，办无起色。本年春间因将酒类牌照酌加等第，从前税则四等，改为税则十等，嗣又举办洋酒、药酒牌照及烟叶出产入境税，而于烟税承商只准其承办烟丝，将烟叶、烟骨剔出，以杜影射，去冬月收仅及十万元，今每月已超过三十万元。粤省沙田向称膏腴，海滨溢坦，子母相生，等如世业，占耕匿升，视为当然，爰拟大举清丈。四月间特派大员先从沙田最多之中、顺两属着手，沙匪则请调党军前往驻缉，以护农耕，于附加则裁撤自卫等费，以纾民力。然后催令业户按则升科，已熟之田，限期登录，占筑沙坦，查催补价。上年九、十月间月收仅数千元，经苦心整理，逐渐加增，至月收数万元，最近九月份实收十四万余元。禁烟一事，曾奉国民政府特颁条例，立法本意，原期于四年期内，用专卖之法，收禁绝之效，乃着手之始，全权付之。承商自十四年九月设禁烟办署起，至十一月止，公家所收仅获五十二万余元。自十二月改设禁烟总处，归部直辖，将药料准予总商公诚公司承办，而以禁烟溢利分批各属分承，并于西江设立检查所，设置巡舰，派员办理截缉私运，略见成效。然由去年十二月至本年四月亦只收款一百余万元。五月后初改官督商办，核准兴源公司承办运销，而归部指挥暨监督，每月限缴饷银三十五万元，额外溢利官七商三。试办两月，察看私烟充斥，仍不得力改其流弊，无非在药膏专卖徒有其名。熟思深虑，苟欲依照条例逐渐禁绝及图目前增加收入，非恃统计不可；欲求确实之统计，非施行牌照不可；欲施行牌照，非将药膏专卖不可；欲将药膏专卖，非并将药料专卖不可。此中连带关系极大，是以提出药料专卖议案于政治委员会，议决收归政府专卖，设立专卖总分各局，以经理其事。在市商购存经贴印花之药料，则提回总局秤收，发还料价；在各属从前包商者，则分别核定领销膏料底额，招商另投认销。仍于东兴、两阳、肇罗及西江下游等处分别添设检查所卡，认真严缉，以杜绕越，而期统一。改办伊始，布置未周，成效尚未昭著，而五月至九月已收入二百一十二万余元。倘得邻省从同，地方军警协助，预算岁中收入必可增加至千万以上也。筹饷总处原以西江筹饷总局归并改组，于去年十月二十三日成立。其时各属防务等饷多被驻军把持据收，或任意将饷款截留，故月额仅得五十八万五千元。经数月之惨淡经营，迭派干员分向驻军多方交涉，次第收回整理，按县改委专员接办，仍于各区加派督催，以督促监理之，并将向归军队附征之保护费呈准咨请军事委员会通令取消，一律化私为公，充作正饷。所有前由各部队批准之承商分别撤退，换批新商，加额承办，征收日有起色，近月收数已达一百四十余万元。明知此非良税，然北伐饷糈紧急，暂赖以资挹注，实非得已。权衡轻重，昔由恶军踞收，利在私囊，而害无已时，则何如忍痛须更，暂假以削平国难，俟军事结束，施禁终有期也。海常关税，远因受税率协商之羁勒，发展綦难，近因封禁港澳各处海口，停止输运，岁收仅得二十七万余元，为数极短。近将煤油特税及爆烈品专卖归并税务总处管辖，并举行出产运销物品内地税。盖为发展国内实业，并作废除厘金之预备，不能不于此特别注意着手施行新税也。至于募集内国公债，一以振兴实业，为办理土敏土厂、制革厂、造币厂之用，一从事于国家伟大经济之建设，集款以建筑黄埔商港。既将国库收入担保，以固信用，复定为有奖性质，吸引人民储蓄余资之兴趣，以期易于募集。又以时有款应支付，而用途尚当有待者，暂发短期金库券以行之，力矫从前滥发通知书，驯至无款可领之弊，不但国库赖以调节，社会经济得此周转，亦觉活泼适宜，政府商民交受其益。综计两项收入，亦达二千四百二十八万余元，此则上年十月至本年九月财务行政之大略也。回顾一年之中，前半年奋其全力将各军队及歧出机关之财政权收归本部直接管理，使统一日就完成。后半年废除庞杂无定之组织与其管辖之移置，使明统系而便稽察。然后取销不良之管理，改善租税之制度。究以时期尚短，人才缺乏，仅仅获此效果，实不敢谓可告成功。然基础幸已竖立后此本廉洁之精神，督饬所属淬励以图，陆续蠲除烦苛及不正当之收入，以臻于平均租税原则，此则于文薪胆卧尝，对于党国不敢一息自宽责备者也。所有一年间库款收入及整理财政之经过情形，理合具文呈报察核示遵。谨呈

国民政府

财政部长宋子文印

中华民国十五年十一月五日

〔国民政府公报1926年第51号〕

## 8　国民政府编造十五年上半年支付预算书和十五年度岁出预算书

（1926—1927年7月）

### （1）中华民国国民政府编造中华民国十五年上半年支付预算书

支出经常门

| 科目 | 上半年度预算数 | 本月份预算数 | 备考 |
|---|---|---|---|
| 第一款国民政府经费 | 二一五、六三二 ○○○ | 三五、九三七 ○○○ | |
| 第一项俸薪工食 | 一七、三四二 ○○○ | 二八、五五七 ○○○ | |
| 第一目俸给 | 八一、六○○ ○○○ | 一三、六○○ ○○○ | |
| 第一节委员俸给 | 八一、六○○ ○○○ | 一三、六○○ ○○○ | 委员十七员月各支八百元，合支如上数。 |
| 第二目俸给 | | 未定 | |

续　表

| | | | |
|---|---|---|---|
| 第一节参事俸给 | | 未　定 | 俟核定后再请追加。 |
| 第三目秘记处俸薪 | 五三、九一〇　〇〇〇 | 八、九八五　〇〇〇 | |
| 第一节简任官俸给 | 七、二〇〇　〇〇〇 | 一、二〇〇　〇〇〇 | 秘书长二员月各支六百元，合支如上数。 |
| 第二节荐任官俸给 | 二〇、二五〇　〇〇〇 | 三、三七五　〇〇〇 | 秘书九员月各支三百七十五元，合支如上数。 |
| 第三节委任官俸给 | 二五、九二〇　〇〇〇 | 四、三二〇　〇〇〇 | 办事员十三员，六员月各支二百四十元，七员月各支一百八十元，书记官十五员，十二员月各支一百二十元，三员月各支六十元，合支如上数。 |
| 第四节雇员薪水 | 五四〇　〇〇〇 | 九〇　〇〇〇 | 雇员二员月各支四十五元，合支如上数。 |
| 第四目副官差遣俸薪 | 二五、八六〇　〇〇〇 | 四三一〇　〇〇〇 | |

续 表

| | | | |
|---|---|---|---|
| 第一节副官长俸给 | 二、七○○ ○○○ | 四五○ ○○○ | 副官长一员，月支四百五十元。 |
| 第二节副官俸给 | 一六、九二○ ○○○ | 二八二○ ○○○ | 副官十一员，上校五员，月各支三百元，中校四员，月各支二百四十元，少校二员，月各支一百八十元，合支如上数。 |
| 第三节差遣薪水 | 六、二四○ ○○○ | 一、○四○ ○○○ | 差遣二十六员，月各支四十元，合支如上数。 |
| 第五目工食 | 九、九七二 ○○○ | 一、六六二 ○○○ | |
| 第一节卫弁工食 | 八一○ ○○○ | 一三五 ○○○ | 卫弁三名，月各支四十五元，合支如上数。 |
| 第二节汽车司机工食 | 一、八三○ ○○○ | 三○五 ○○○ | 汽车司机四名，一名月支八十元，三名月支各支七十五元合支如上数。 |
| 第三节号房信差工食 | 一、九九八 ○○○ | 三三三 ○○○ | 号房四名月支二十五元，信差目一名月支二十三元，信差十名，月各支二十一元，合支如上数。 |

续　表

| | | | |
|---|---|---|---|
| 第四节伕役工食 | 五、三三四　〇〇〇 | 八八九　〇〇〇 | 伕役四十八名，六名月各支二十三元，一名月支二十一元，五名月各支一十八元，二名各月支一十六元，十名各月支一十五元，打扫伕七名，月各支一十六元，厨伕二名，月各支四十元，茶房三名，月各支一十四元，枪匠三名，月各支一十八元，草伕一名，月支一十四元，电灯工匠三名，月各支二十元，留守前大元帅府公役四名，月各支一十八元，手车伕一名，月支二十四元。合支如上数。 |
| 第二项办公费 | 二七、四八〇　〇〇〇 | 四、五八〇　〇〇〇 | |
| 第一目文具 | 九、六〇〇　〇〇〇 | 一、六〇〇　〇〇〇 | |
| 第一节纸张 | 三、六〇〇　〇〇〇 | 六〇〇　〇〇〇 | |
| 第二节印铸 | 六、〇〇〇　〇〇〇 | 一、〇〇〇　〇〇〇 | |

续　表

| | | | |
|---|---|---|---|
| 第二目购置 | 一、八〇〇　〇〇〇 | 三〇〇　〇〇〇 | |
| 第一节购置 | 一、八〇〇　〇〇〇 | 三〇〇　〇〇〇 | |
| 第三目消耗 | 一五、〇〇〇　〇〇〇 | 二、五〇〇　〇〇〇 | |
| 第一节消耗 | 一五、〇〇〇　〇〇〇 | 二、五〇〇　〇〇〇 | |
| 第四目邮电 | 一、〇八〇　〇〇〇 | 一八〇　〇〇〇 | |
| 第一节邮电 | 一、〇八〇　〇〇〇 | 一八〇　〇〇〇 | |
| 第三项杂支交际费 | 一六、八〇〇　〇〇〇 | 二、八〇〇　〇〇〇 | |
| 第一目杂支 | 四、八〇〇　〇〇〇 | 八〇〇　〇〇〇 | |

续表

| | | | |
|---|---|---|---|
| 第一节杂支 | 四、八〇〇　〇〇〇 | 八〇〇　〇〇〇 | |
| 第二目交际 | 一二、〇〇〇　〇〇〇 | 二、〇〇〇　〇〇〇 | |
| 第一节交际 | 一二、〇〇〇　〇〇〇 | 二、〇〇〇　〇〇〇 | |
| 第二款临时费 | | 未定额 | |
| 第一项活支 | | 未定额 | 如大修缮及特别用款，实支实销。 |

中华民国十五年　　月

（2）国民政府编造中华民国十五年度十五年七月一日起<br>十六年六月底止岁出预算书

岁出经常门

| 科目 | 十五年度预算数 | | 备考 |
|---|---|---|---|
| 第一款国民政府经费 | 四七五、九二〇 | 〇〇〇 | |
| 第一项俸薪工食 | 三四四、六四〇 | 〇〇〇 | |
| 第一目俸给 | 七六、八〇〇 | 〇〇〇 | |
| 第一节委员俸给 | 七六、八〇〇 | 〇〇〇 | 委员十八员，约计支俸者仅八员，照额定月俸各支八百元计算，全年度合支如上数，将来在本府领俸者不止八员，当再按数追加。合注明。 |
| 第二目秘书处俸薪 | 一三四、四六〇 | 〇〇〇 | |

续　表

| | | | |
|---|---|---|---|
| 第一节简任官俸给 | 一四、四〇〇 | 〇〇〇 | 秘书长二员月俸各支六百元，全年度合支如上数。 |
| 第二节荐任官俸给 | 四九、五〇〇 | 〇〇〇 | 秘书十一员月俸各支三百七十五元，全年度合支如上数。 |
| 第三节委任官俸给 | 四〇、三二〇 | 〇〇〇 | 办事员十六员，八员月俸各支二百四十元，八员月俸各支一百八十元，全年度合支如上数。 |
| 第四节委任官俸给 | 二七、〇〇〇 | 〇〇〇 | 书记官二十二员，十四员月俸各支一百二十元，三员月俸各支九十元，五员月俸各支六十元，全年度合支如上数。 |
| 第五节雇员薪水 | 三、二四〇 | 〇〇〇 | 雇员六员月薪各支四十五元，全年度合支如上数。 |
| 第三目副官处俸薪 | 六一、九二〇 | 〇〇〇 | |
| 第一节副官长俸给 | 五、四〇〇 | 〇〇〇 | 副官支一员，月俸四百五十元，全年度合支如上数。 |

续　表

| | | | |
|---|---|---|---|
| 第二节副官俸给 | 三六、七二〇 | 〇〇〇 | 上校副官五员，月俸各支三百元，中校副官五员，月俸各支二百四十元，少校副官二员，月俸各支一百八十元，全年度合支如上数。 |
| 第三节差遣薪水 | 一九、八〇〇 | 〇〇〇 | 差遣三十三员，月薪各支五十元，全年度合支如上数。 |
| 第四目薪津 | 四八、〇〇〇 | 〇〇〇 | |
| 第一节参事薪津 | 四八、〇〇〇 | 〇〇〇 | 参事二十员，月支薪津各二百元，全年度合支如上数。 |
| 第五目工食 | 二三、四六〇〇 | 〇〇〇 | |
| 第一节卫弁工食 | 一、六二〇 | 〇〇〇 | 卫弁三名，月支工食各四十五元，全年度合支如上数。 |
| 第二节汽车司机工食 | 三、六〇〇 | 〇〇〇 | 汽车司机四名，月支工食各七十五元，全年度合支如上数。 |
| 第三节电船司机工食 | 九六〇 | 〇〇〇 | 电船司机一名，月支工食八十元，全年度合支如上数。 |

续　表

| | | | |
|---|---|---|---|
| 第四节号房信差工食 | 四、八〇〇 | 〇〇〇 | 号房四名，信差目一名，月支工食各二十八元，信差十名，月支工食各二十六元，全年度合支如上数。 |
| 第五节伕役工食 | 一二、四八〇 | 〇〇〇 | 伕役五十名，内五名月支工食各二十八元，四十五名月支工食各二十元，全年度合支如上数。 |
| 第二项办公费 | 八九、二八〇 | 〇〇〇 | |
| 第一目文具 | 一八、六〇〇 | 〇〇〇 | |
| 第一节纸张 | 四、八〇〇 | 〇〇〇 | |
| 第二节印铸 | 三、六〇〇 | 〇〇〇 | |
| 第三节印刷 | 六、〇〇〇 | 〇〇〇 | |
| 第四节笔墨 | 一、二〇〇 | 〇〇〇 | |

续表

| | | | |
|---|---|---|---|
| 第五节簿册 | 一、八〇〇 | 〇〇〇 | |
| 第六节杂件 | 一、二〇〇 | 〇〇〇 | |
| 第二目购置 | 四、八〇〇 | 〇〇〇 | |
| 第一节购置 | 四、八〇〇 | 〇〇〇 | |
| 第三目修缮 | 四、八〇〇 | 〇〇〇 | |
| 第一节土木修缮 | 二、四〇〇 | 〇〇〇 | |
| 第二节杂项修缮 | 二、四〇〇 | 〇〇〇 | |
| 第四目消耗 | 二三、六四〇 | 〇〇〇 | |

续　表

| | | | |
|---|---|---|---|
| 第一节茶水 | 一、二〇〇 | 〇〇〇 | |
| 第二节电灯 | 六、〇〇〇 | 〇〇〇 | |
| 第三节柴炭 | 八四〇 | 〇〇〇 | |
| 第四节电偈油 | 一五、六〇〇 | 〇〇〇 | |
| 第五目公捐 | 三六、〇〇〇 | 〇〇〇 | |
| 第一节公捐 | 三六、〇〇〇 | 〇〇〇 | |
| 第六目邮电 | 一、四四〇 | 〇〇〇 | |
| 第一节邮电 | 一、四四〇 | 〇〇〇 | |

续　表

| | | | |
|---|---|---|---|
| 第三项杂支交际费 | 四二、〇〇〇 | 〇〇〇 | |
| 第一目杂支 | 一二、〇〇〇 | 〇〇〇 | |
| 第一节杂支 | 一二、〇〇〇 | 〇〇〇 | |
| 第二目交际 | 三〇、〇〇〇 | 〇〇〇 | |
| 第一节交际 | 三〇、〇〇〇 | 〇〇〇 | |
| 第二款临时费 | | | |
| 第一项活支 | | | 查临时支出属于特别用途碍难预定，如遇必要时当临时请款，仍实支实销。合注明。 |

说　　明

查现定十五年度经费切实樽节，以最低限度定之，每月应支三万九千六百六十元，至交际公捐原无一定，所有本府经费查照历案办理，仍按款实支实销。合说明。

〔广州国民政府档案〕

## (二)赋税和杂捐

### 1 广州柴杉竹行为军队土匪设卡抽费民不堪命乞请取消电令

(1924年3—4月)

(1) 广州柴杉竹行代电(3月22日)

广州孙大元帅、程军政部长、杨省长、滇军杨总司令、范军长、蒋军长、湘军谭总司令、粤军许总司令、第三军兼清乡督办李军长、广东地方善后委员会、南海、三水两县长钧鉴:敝行向在广州附近各埠开设柴杉竹排生理。前赴西北两江采办货物,尤以西江支流之广宁、四会为多。计由四会开行,经马房、河口、西南、小塘、紫洞一带,沿最近河流分理省城及附城各埠。自军兴以来,沿河军队假护商之美名,干剥民之暴行。计由四会开行,沿途经马房、河口、西南三处,有滇军第五师护商队四处;上沙、下沙、马沙、狮山有滇军第六师护商队四处;狮山保卫团麦珍一处;陆洲、砖窑墩、长塘,新村、小塘、大湾、上滘、崩岗、头炮台、柴洞有滇军第六师护商队九处;黎、梁、李各姓三处;下滘有黎国谟二处。此外与护商队同一地点同时收费者,为附近土匪,计奇石街、西门炮台、下滘、南沙、沙墩、大湾、丰年窦七处,各有堂口一处,柴洞有堂口五处,兵匪合计共三十五处。至陆续增开之堂口,尚未计及。查由马房至柴洞,若用小轮行驶,不过四小时时间,而护商机关与土匪堂口,竟达至三十五处。沿河黄旗招展,极五步一楼,十步一阁之妙。就中以小塘滇军第六师收费最重。规定甲等排一百二十元;乙等排八十元;丙等排六十元，现在布告则略为减少，或五、六十元，三、四十元不等。本年旧历正月至今，被掳排佚五十七名，轰毙一名，因扣留而被冲散之排张，计共三次，损失十余万元，剥肤及髓，流毒无穷。柴薪为民生日用必需之品，即以每元四十斤算，尚须亏本。查省城护商机关，业经大元帅明令解散，而沿河兵匪勾结之护商队为祸尤烈，未蒙筹及。伏乞我大元帅暨秉国诸公，迅下明令，着予取销。若有阳奉阴违，视帅令如弁髦，置人民于绝地，则请由省派队解散，以苏民困。前阅省报，已有明令派李军长福林为番顺东清乡督办，而于贼匪最猖獗，河道最梗塞之南三两县，独付缺如。应请明令李军长一并举办，以除匪患，停止以待，贮盼维持。除渎呈外，谨先电闻。广州各商埠柴杉行同叩。祃。

(2) 大元帅训令(4月4日)

大元帅训令　第139号

令大本营军政部长程潜

为令遵事：前据广州各商埠柴行、竹行代电呈称：军队、土匪设卡抽费，民不堪命，乞令取销等情。经交财政委员会查酌拟办。兹据呈覆：案经本会三月二十七日第二十四次特别会议决，录案呈请明令禁止等因前来。应予照准。合行令仰该部长查照，通令各军一体禁止，以苏民困。此令。

民国十五年四月四日

〔广州国民政府档案〕

## 2　程潜关于撤销甘竹等处军队保护费呈

(1924年3月26日)

呈为呈覆事：案奉帅座第六十九号令开：财政统一为当今求

治要图，迭经三令五申分饬遵办在案。乃据广东全省内河商船总公会张耀名等呈内称：省南各埠军队沿江勒收之保护费，自奉明令多已停止，惟海防司令部仍复于甘竹、容奇等处，每日勒收银三十元，恳令饬撤销，以苏民困等情。据此。查省城拦河收费机关，前据商民吁请，业经令饬各军分别解散，以一政令而安商民在案。甘竹、容奇事同一律，即着海防司令迅即撤销，以顺舆情，毋得延抗，致干未便，特此令达，仰即遵照办理具报等因。奉此。窃查此案昨据广东全省内河商船总公会会长张耀名等具呈职部，业经部长令行代理广东海防司令冯肇铭迅予撤销，以苏民困在案。奉令前因。除再饬冯司令遵照即日撤销外，理合呈覆察核。谨呈
大元帅

军政部长程潜

中华民国十三年三月二十六日

〔广州国民政府档案〕

## 3　大本营财委会关于撤销乐昌等重抽百货捐呈令

(1924年7月)

### (1) 财政委员会呈（7月1日）

为呈请事：案据乐昌商会皓日快邮代电称：中央直辖第一军朱军长所部，在乐昌、平〔坪〕石设卡重抽百货捐，迄未撤销。近日平〔坪〕石警署，更新抽生猪、生牛等捐，乞予维持等由到会。当于六月二十七日第四十六次特别会议时提出会议议决，由会录案呈请钧座令饬朱军长查案取销，并另由会函复该县商会知照等在案。除汇案呈报睿鉴及分函该商会外，理合附抄该商皓日来电全文，呈请鉴核，迅赐明令朱军长，将重抽乐昌、平〔坪〕石百货捐撤销，以维统一，而恤商艰，实为德便。谨呈

大元帅

附抄呈乐昌商会皓日快邮代电全文

财政委员会主席委员 叶恭绰 廖仲恺

中华民国十三年七月一日

广州孙大元帅睿鉴：财政部叶部长、廖省长、中央直辖第一军朱军长，两广盐运邓运使、财政广〔厅〕郑广〔厅〕长、湘军谭总司令、财政委员会钧鉴：广东全省商会联合会、广州总商会、报界工会均鉴：窃平〔坪〕石弹丸之地，频年兵燹，勒捐匪劫，总总受害，民不聊生。现在中央直辖第一军朱军长所部驻防平〔坪〕石、乐昌军队，设卡数起，重抽百货捐。经各行迭禀各宪，恳请取销，以苏民困。蒙大元帅洞悉商艰，迭令该部取销在案。惟至今仍未撤销，不特有违帅令，而商民剥肤之痛，尚未超苏，犹冀日间必有实行撤销之希望，故不敢再渎，静候解决。讵料一波未平一波又起。近日平〔坪〕石警署，更新抽猪牛捐，生猪一只，抽银半毫，牛一头，抽银一毫。查敝埠警费向系埠上商场负完全责任，除收房捐、警费外，不敷则各行科派，支足规定之额，又何必再抽耶。不宁唯是，近日出船驾桥船户，固属枵腹从公，抑且货船上落经过军桥者，每船抽一元，另抽之又抽，剥之再剥矣。各行睹此惨状，即开全体大会讨论，佥谓商场末日，若不再行呼吁，势必绝商业之命脉。迫不得已，通禀前来，乞恤民艰疾苦，迅予咨详维持，饬即将先后重抽各款并遵帅令，立予撤销，以维法令，而苏民困。不胜待命之至。再平〔坪〕石商会会长邓锡光，因请求豁免苛抽，被王师长驻防平〔坪〕石所部扣留后，愤而辞职。敝埠商会无形停歇，不得已各行联合举代表恳求前来矣。盐业公所、泷河船户、济川堂、上河船户、同治堂、屠行牛栏、茶叶帮、麻行、油行、杂货行邓云龙、朱广俭、李维杨等数千人同叩。皓。

中华民国十三年六月十九日

（2）大元帅指令　　（7月8日）

大元帅指令　　第728号

令财政委员会

呈请令饬朱军长撤销乐昌、坪石重抽百货捐等款由。

呈悉。查此案昨据两广盐运使暨广东商会联合会，据乐昌、坪石各行商皓电转呈前来。当经令饬朱军长转饬驻防该处部队，立将重抽之百货捐及盐捐取销，以舒商困而维正税。至警署抽收猪牛捐事，属地方行政范围，已饬商联合会呈请广东省长查明核办矣。仰即知照。抄件存。此令。

民国十三年七月八日

大元帅胡汉民代行

〔广州国民政府档案〕

## 4　大本营财委会关于报销土丝捐茧捐以维统一而恤丝商呈令

（1924年7月26日）

（1）财政委员会呈　　（7月16日）

呈为呈请事：窃于本月九日准大本营财政部公函，据粤海关监督呈以税务司函称：九江滇军第三军第六师第十二旅旅长保荣光饬抽土丝捐、茧捐，呈请取销等因函请提出会议撤销一案。经于本月十一日第五十次特别会议议决，由职会录案呈请帅座令饬该旅长，将抽收出口土丝捐、茧捐一案取销等因在案。除汇案呈报外，理合具呈，仰恳钧座迅赐明令该旅长，将抽收九江出口土丝捐、茧捐撤销，以维统一，而恤丝商，实为公便。

谨呈
大元帅

财政委员会主席委员 叶恭绰
廖仲恺

中华民国十三年七月十六日

(2)大元帅指令稿(7月)

大元帅指令　　第779号

令财政委员会

呈请迅令滇军保旅长撤销抽收九江出口土丝捐茧捐等情由。

呈悉。此案前据蒋军长报称：已饬撤销。兹复据呈各情，候令行蒋军长迅予转饬实行，遵令撤销，以顺舆情可也。此令。

民国十三年七月

大元帅汉民代行

〔广州国民政府档案〕

## 5　大本营财政部关于各项税收改归财政厅对指拨经费无力应付等情呈令

(1924年8月)

(1)大本营财政部致大元帅呈(8月25日)

为呈覆事：窃职部所有收入，前经指拨各项经费，拟具概算，开列清单，呈报钧座鉴核在案。兹于八月二十一日奉大元帅第四三零号训令内开：案查前次政务会议，提议一切税捐，仍交地方主管官厅直接办理。除印花税，应归财政部经理外，其余糖捐、桑田、酒精、火柴各捐均应由广东财政厅征收，业经议决，应即实行。除分令广东省长转饬财政厅照办外，仰该部长即便遵照，仍各将交收日期，分报查核。此令。等因。奉此。自应遵照办理。惟查酒精一项，原属奥加可类，印花税系援职部所办烟酒印花税之例并案办理。乃酒类印花税之一种，曾于本年三月三十日由部订定施行，奥可加类印花章程，呈奉大元帅第三二零号指令，准予备案各在案。而火柴检验证，亦属于特种印花税之一，现时梧州业已开办，广东亦开办未久。今奉帅令，印花税应归财政部管理等因。则上两项税收，既属于印花税，应否一律交厅，似尚须考虑。但既奉令饬拟将广东火柴检验印花，改为火柴捐，于本月二十八日先行交厅。惟梧州业已开办，若只此一隅，仍留归部管，恐收入不足以供经费，自应将梧州一埠停办。至糖类捐系于七月二十八日开办，拟俟本月二十七日一个月期满，于二十八日移归财政厅接办，以便收支款项，划清界限，易于计算。此外如糖类捐附加二成军费及桑田特别税，拟均于本月二十八日移归该厅接办。但有不得不声明者：职部收入，本已指拨各项经费，均经分行呈报有案。如省河及各属普通烟酒两项印花税，已指定为短期军需库券还本付息基金，预计尚属不敷，正恃他种印花税以资挹注。而向在印花税项下开支之职部经费，本已等于无着。现各项税收，既奉令改归财政厅接办，则职部对于指拨各机关经费及其他军费，实已无此财力应付以后，今将部办税捐分别定期移归财厅接办，暨声明部管财政情形各缘由，理合备文呈请察核，仍乞指令祗遵。

谨呈

大元帅

大本营财政部部长　叶恭绰

次　长　郑洪年代

中华民国十三年八月二十五日

（2）大元帅训令稿

大元帅训令　　第450号

令财政委员会

为令行事：据大本营财政部长呈称：为呈覆事云云，照录原文至合并陈明。等情。据此。除指令：呈悉。已令行财政委员会查照矣。此令印发外，合行令仰该会查照。此令

大元帅汉民代行

〔广州国民政府档案〕

## 6　刘震寰关于撤销抽收面粉捐复呈

(1924年10月23日)

呈为呈覆事：窃职顷奉钧府第六号训令开：为训令事：案据广州市市商会代电称：现据广州糖面商业联合公会报称：窃敝会前以湘桂滇军战时军需筹备处第五分处，抽收面粉捐，当经投请贵会转达大元帅暨省长、各军总司令，将面粉捐撤销，以苏商困；而重民食在案。旋于八月二十六日接奉大函开：现奉省长公署第二二四三号指令，已准取销，理合录批函达请为查照等由。敝会当即通告各号，安心营业矣。讵料该第五分处，始终未布告撤销面捐。又于十月二日面客曾富有面来省，尚须缴纳捐款。岂该分处尚未奉令撤销面捐乎，抑有意故违帅谕，而置商困与民食而不顾乎。迫得再具投词吁恳贵会再电大元帅迅赐明令湘桂滇各军总司令，转核该第五分处，即将面粉捐一案取销，不独救敝行之垂亡，百粤人民咸当拜赐不浅矣。等情。据此。伏查此项面粉捐，经奉帅令取销，已奉廖省长第二二四三号指令到会，饬令转知在案。不料该分处尚未遵令撤销，仍旧抽捐，不独妨碍民食，抑且关系国信。据投前情，势迫电陈钧听，恳即饬令该战时军需筹备处第五分处，将面粉捐一案实行永远撤销，以维民食，不胜迫切待命之

至。等情。据此除分令外，合行令仰该总司令，转饬湘桂滇战时军需筹备处第五分处，迅将抽收面粉捐一案，即行撤销，切切。此令。等因。奉此。遵即严饬该处迅将抽收面粉捐一案即行撤销，所有奉令转饬缘由，理合备文呈覆钧座，伏乞鉴核。谨呈
大元帅孙

中央直辖西路讨贼军总司令刘震寰

中华民国十三年十月廿三日

〔广州国民政府档案〕

## 7　广东都市土地税条例草案理由书①

（约1925年3月以后）

土地为生产之要素，而又有限之物也。工业商务发达之区，人口繁殖，欲望增进需用土地，以为生产，日益多。求过于供，则地价自然腾贵，无待人工之改良。是以土地增价实为社会之产品。地价贵，则地租随之，地主不劳坐收增益。而商贾劳工，勤劳终岁，反博得负担之增加。物之不平，孰有过于此者。前英国财务大臣雷佐治之言曰，现在我国土地制度之最缺点，在使社会不能自收人民合作之利益，而反自处高抬地价之罪，以谢地主。言之可慨也。此种现象随处皆是，岂独英伦一隅已哉。我广州市自拆城辟路后，数年之间，地价骤增数倍，地租之贵，决非一般人民之力可能担负者。虽曰出诸自然趋势，岂非社会经济制度之不良，有以致之哉。我孙大元帅目睹社会失序，贫富悬殊，阶级战争，其端已肇，慨然以改革社会为己任，创平均地权之说，以为改良社

注：①此系原标题。

会经济之方，整理国家租税之具，其要旨系土地皆有税，且重课其不劳而获之收益。夫地价税良税也，重征之不以为苛。由社会道德方面言之，重税土地，则地价贱。地价贱，则地租低落，而使用土地之权，得以平均。请申言之。地价者，土地收益以普通利率还完之数也。地税者，不能转嫁之负担也。地税不能转嫁，自当向土地收益扣除，土地收益既减少，还完之数亦随之而小。埃尔兰学者巴氏谓经营土地，不过求收益而已。凡减少其收益者，即减少其售价，是土地价税减少地价之具也。地价未税之值也。地价既减，人人得以贱租使用土地，故曰：平均地权。不宁惟是，税重而不能转嫁，则繁庶区内向无收益之空地，当变为有建筑地，以求收益。有建筑地如逐渐增加，而需求居常不改，地租降落，可立而待也。由国家理财方面讨论之，土地为适宜课税之物，理由有数端：(一)土地为有形不动之物，按物徵收无可逃避；(二)地价易于考定，以相邻间土地之买卖价格，及其本身状态评定之，估价无过高或过低之弊；(三)土地不能伸缩，地价涨落比较别物为有常，税收额可预定；(四)我国田亩有赋，其他土地不徵。租税原贵普及，彼税而此免，岂得谓平。且纳税能力，宅地远胜于田亩；(五)我国近来国用浩大，杂税繁兴，制度紊乱，苛扰人民，亟待整理，以舒民困，而裕国计。倘土地价税全国举办，以四百万方英里之土地，其间名城大邑，何止千百，每年收入，当以百兆计。行之有效，则所有不良之税，自可一律废除。舍繁归简，即整理税制之道也。

## 广东都市土地税条例

### 第一章　总　　则

**第一条**　条文所用名词之解释

一、宅地　凡都市内人烟稠密处所，可作建筑住居营业或制造场所之用之土地，即为宅地。

二、无建筑宅地　宅地区域内之空地，或虽设有临时建筑物之宅地，均称为无建筑宅地。

三、农地　在都市内，除宅地区域外，所有农田、菜地、果园、苗圃、鱼塘、桑基及其他种植之土地均包括之。

四、旷地　都市区域内，除宅地或农地外，均属旷地。

五、土地改良　于都市土地上建筑、增筑，或改筑房屋、道路、沟渠及其他工作物等，有使土地增加效用而能耐久者，谓之土地改良。

六、土地改良费　改良土地有形之资本，谓之土地改良费。

七、地税　包括普通地税、土地增加税而言。

八、地价　指地价评议会判定之地价。

九、土地增价　凡土地现时价额超出于前判定之地价，其超出之价数，即为土地增价。

十、关系人　指有土地权利关系者而言。

十一、铺底顶手　指限于经领有登记局之铺底顶手登记完毕者。

十二、铺底权利人　即铺底顶手所有人。

**第二条**　城市商埠乡镇，其人口在五万人以上者，均适用本条例，但须依照第三条之规定行之。

**第三条**　各都市施行本条例之时期，由广东省长斟酌地方情形，随时以命令定之。

**第四条**　有税地分左三种：

一、宅地；

　　甲、有建筑宅地；

　　乙、无建筑宅地。

二、农地。

三、旷地。

**第五条** 施行本条例都市之行政长官，应依都市之情形，酌拟宅地区域，呈由省长核定公布之。都市行政长官认为有变更宅地区域界线之必须时，得将情形及酌拟变更界线绘图，附说，呈由省长核定公布之。

**第六条** 都市内未经公布为宅地区域之土地，而有建筑房屋能作住居营业或制造场所之用，作有建筑宅地论，但棚厂、蓬寮不在此限。

## 第二章 普通地税

**第七条** 每年征收普通地税之定率如左：

一、有建筑宅地　　征收地价千分之十；

二、无建筑宅地　　征收地价千分之十五；

三、农地　　征收地价千分之八；

四、旷地　　征收地价千分之四。

**第八条** 全年普通地税依左定期限征收之：第一期一月一日至一月三十一日；第二期七月一日至七月三十一日；地方遇有特别情形不能依前项所定期限纳税时，都市行政长官须将情形具报，由省长核明展期征收之。

**第九条** 都市行政长官，认为地方情形有必要时，得请求省长将第七条第二款规定之税率加重或减轻之。

**第十条** 免税土地依左列各款定之：

一、关于教育、慈善使用之土地；

二、寺庙、庵观、福音堂；

三、公立免费之游戏公园；

四、公共墓地；

五、公立劝业场；

六、其他土地，得省长或都市行政长官指定免税者。前项之规定，限于自己所有，或承典及永租土地适用之。

**第十一条** 前条所列一、二、三、五、六各款之土地，如有以一部或全部为有偿的，或赠与他人作营利事业者，不得享受第十条规定之待遇。

## 第三章 地价之判定及登记

**第十二条** 凡关于土地权利成立所有之书据，无论已未经登记局登记，限于本条例施行之日起，四个月内连同抄白书据一份，申报地价书一纸。呈缴土地局查验登记。

**第十三条** 缴验书据每件应征费银一元。

**第十四条** 申报地价书须依式慎〔填〕报左列事项：

一、姓名（地所有人、永租人、典主或铺底权人）；书据如系用堂名，须加该堂代表人名、如系店名，加该店主事人名。如系二人以上共有，则用第一人之名；

二、通信处所（如处所变更时，须即申报）；

三、土地种类；

四、座落；

五、面积；

六、每井价值；

七、全段地价；

八、改良费额；

九、前项投资时期；

十、年租；

十一、如有永租、典当或铺底关系，须详细报明；

十二、土地现充何用。

**第十五条** 各种地价当事人依限申报后，由地价评议会审查其申报地价之当否，分别判定之。但有铺底顶手关系者，须照第二十四条之规定办理。

**第十六条** 地价判定后，地价评议会即将判定之地价通知土地所有人、永租人或典主。

**第十七条** 土地所有人、永租人或典主认判定地价为不合时，得自收到通知书之日起，三十日内向地价评议会申述异议，请求覆判。

地价评议会，对于当事人申述异议所为之覆判，为最终之判决。

**第十八条** 土地所有人、永租人或典主认覆判地价为不满意时，得自收到通知书之日起，十五日内申请都市税务官署，将土地征收之。其征收地价之标准，规定如左：

一、覆判地价与申报地价相差百分之一十或以下者，由税务官署照覆判地价征收之；

二、覆判地价与申报地价相差超过百分之一十者，由税务官署照申报地价加百分之一十征收之。

**第十九条** 各有税地变更其种类时，土地所有人及关系人应于变更前将变更事由，呈由地价评议会核准，并于变更程序完毕后，十日内呈报土地局登记。

**第二十条** 凡有税地变为无税地，或无税地变为有税地，其土地所有人、关系人，应于变更前将变更事由，申请土地局核准，并于变更程序完毕后，十日内呈报登记。

**第二十一条** 无税地变为有税地，其土地所有人，限于变更程序完毕后，十日内应将地价申报，由地价评议会依于申报价额与土地状况，及相邻土地价格之比例判定登记。

**第二十二条** 凡土地之让与永租或典当，须于契约成立时，呈报登记。

**第二十三条** 永租权、典当权、铺底权及其他土地之地租为有变更或修改时，关系人限自变更或修改之日起，十日内申请土地局修正登记。

**第二十四条**　有铺底关系宅地之地价，以全年租金之十二倍及铺底顶手金额合成计算之。

**第二十五条**　土地改良费于地税征收时，应由地价项下扣出半数免除之，但以经地价评议会核定登记者为限。

**第二十六条**　土地局地价评议会规则，及登记规则另定之。

## 第四章　普通地税之纳税人

**第二十七条**　有铺底关系宅地之普通地税，其土地所有人，应照年租十二倍缴纳其铺底，权利人应照铺底顶手金额缴纳。

**第二十八条**　有典当关系土地之普通地税，由典主缴纳。

删去**第二十九条**　有按押关系土地之普通地税，其征收方法如左：

一、按主依照按款金额缴纳之；

二、土地所有人，依照全段地价与按款金额相差之数缴纳之。

**第三十条**　永租地税由永租人缴纳之。

**第三十一条**　其他地税，概由土地所有人缴纳之。

## 第五章　土地增价税

**第三十二条**　土地增价税率列左：

一、土地增价超过百分之一十至百分之五十者，课百分之一十；

二、超过百分之五十至百分之一百者，课百分之十五；

三、超过百分之一百至百分之一百五十者，课百分之二十；

四、超过百分之一百五十至百分之二百者，课百分之二十五；

五、超过百分之二百者，课百分之三十。

**第三十三条**　土地增价免税之定率列左：

一、土地增价在百分之一十或以下者；

二、农地或旷地每亩地价二百元以下者；

三、宅地段地价在五百元以下者。

**第三十四条** 土地增价税之征收办法列左：

一、土地转卖时，出卖人照现时地价扣除原价，或最后经纳增价税之地价额及改良费之半数所余之额，依率缴纳；

二、土地继承时，继承人照现时地价扣除被继承人原价，或最后经纳增价税之地价额，及改良费之半数所余之额依率缴纳；

三、土地权或永租权经十五年未有移转时，土地所有人或永租人照现时地价扣除前十五年地价及改良费之半数所余之额。依率缴纳。

**第三十五条** 土地所有人于土地典当满期赎回时，或典主于期满断典取得土地所有权时，应照现时地价扣除典产原契成立时所值地价，及典当后土地改良费之半数所余之额依率缴纳。

**第三十六条** 违背第十二条、第十九条至第二十三条之规定者，处以五元以上至一百元以下之罚金。

**第三十七条** 本条例如有未尽事宜，得随时修改之。

**第三十八条** 本条例由大元帅核准公布施行。

附说明

一、土地税，分为普通地税，土地增价税二种。前种按值抽税。凡价值相等之同种土地，一律受同等之待遇，办法本甚公平。但未足以对付不劳增益，是以普通地税之外，复设土地增价税，以补其罅漏。土地增价既系社会之产品，不劳之增益不应全入私人囊中，政府征收一部，以办社会事，自无不合之理。

二、土地亦有因人工改良而增价者，此种增价不得谓之不劳而获。地主之功亦有足纪者，拟免除改良费之半数，藉以奖励良好建筑。

三、繁庶都市中，无建筑宅地为最适宜之投机物，税率应较他种为重，以防止投机，并迫促弃地变为有用之地。

惟地方有时而衰落，衰落之地，其租必贱，无建筑物者，应减轻税率，以昭平允。

四、旷地征收普通地价千分之四，表面上似过轻，恐为投机家所利用，究其实，所谓旷地，大抵未经改良不能使用，难求近利，千分之四已属太重，过此恐难担负。

查英国旷地，每镑征半个边士，未及千分之三。有税无收已不适于投机，而况另有土地增价税以取缔之。

五、政府征收土地，其权利关系人直接或间接必受有一种损失，应照申报地价增加此少以为弥缝。

六、有铺底顶手关系之土地，其地租不得任意增加。若以相邻间无铺底顶手土地之价值为纳税之标准，则殊非平允。故以年租十二倍计之。

铺底项手权，已视为土地权，其金额亦应视为地价。

〔广州国民政府档案〕

## 8 范石生等为讨伐唐继尧请取消煤油捐以便运输密电

（1925年4月24日）

急。广州胡代帅钧鉴:古部长勋鉴:克密。此间讨唐各军后方接济输送，俱赖煤油及油渣浅水电船。而此间各水油、油渣商店，以政府下令抽收煤油捐，故拟一体联同罢市。似此于军事影响极大，可否暂将该捐取消，俟此间将唐逆所部击退后，然后推行之处，出自卓裁。军长范石生、督办李宗仁、会办黄绍竑、处长李济深同叩。廿四日。印。（永淳来电）

〔广州国民政府档案〕

## 9　古应芬关于承办面粉捐请议书

（1925年5月15日）

请议书为请议事：案照永康公司商人孙竞中承办面粉类捐一案，前经贵会议决，缓办。即经敝厅分别布告令行在案。现准中山军舰欧阳舰长函开：窃鄙人此次派孙竞中承办广州面粉捐，原属不得已之举，节经省署照准，并商承林次长在案。嗣以面粉商人偶有抗阻，复经财政委员会开议讨论，如何情形，均未得悉。惟鄙人一再奉省长面谕：照常征收。各商人并无异议。乃贵厅忽于昨日遍贴布告，谓：据糖面联合会、糕粉行、土面行等代表恳请撤销前来，自应照案办理等由。查敝舰前奉孙大元帅命令，每日规定伙食一百一十元。计按日由财政部领取六十元，财政厅领取五十元。自上年六月以迄今日，未曾领到分文，积欠至如是之巨，实属难以支撑。如执事别有主见，请将前欠伙食克日清发，并以后伙食担任维持，即当如议停办。但面粉捐一项，系与赵师长成樑合办，鄙人或可依议停止，而赵师长难免不单独自由开办。矧敝舰驻省历有年所，向未干涉何项捐务。此次因尊重政府威信，故再三慎重声明，倘执事维持原案，即祈布告各商照旧承认输捐，毋得设词阻挠。若不以鄙言为然，或前欠伙食又不能清发，鄙人惟有相机办理，勿谓置贵厅信用于不顾也等语。应如何办理之处，相应再行提送贵会，即祈公决见复为荷。此致

财政委员会

请议人兼广东财政厅厅长古应芬

〔广州国民政府档案〕

## 10 国民政府关于严加考核各县催粮征收令件

(1925年8月5—12日)

### (1)国民政府指令稿(8月5日)

中华民国国民政府指令　第120号

令财政部长廖仲凯

呈拟请重申定例,责成广东财政厅严加考核各县县长对于赋税事务,如不遵照定章征收批解,即行提出省政府省务会议公决罢免,以儆溺职而重考成由。

呈悉。查此案业经提交政府委员会第十三次会议议决照准。候令行广东省政府转饬广东财政厅遵照办理可也。此令。

民国十四年八月五日

### (2)广东省政府致国民政府委员会议呈(8月12日)

为呈报事:现据广东财政厅厅长廖仲恺呈称:案奉钧府训令内开:奉中华民国国民政府训令开:据财政部长廖仲恺呈称:为提案事:案照催科为县长之固有职权,亦即考成之最要条件。近查粤省各县县长其能尽力征收,源源批解者,虽有其人,而催征不力,并无丝毫解库者,比比皆是。现值建设伊始,需款尤殷,倘复仍前疲玩,深恐有误要政。拟请重申定例责成广东财政厅长,严加考核各县县长,对于赋税事务,如不遵照定章征收批解,即行提出省政府省务会议公决罢免,以儆溺职而重考成。是否有当,理合提请公决施行等情。据此。业经提交政府委会第十三次会议议决照准。除指令外,合行令仰即转饬广东财政厅遵照办理。此令。等因,转行到厅。奉此。查钱粮为国库收入大宗,赋课所关,不容丝毫蒂欠。定例本年新粮。依限全完,逾限分别递征滞纳罚金。现在早造登场，岁庆丰收，各业户有完纳赋课义务，自应及时清纳，期裕库款，而济饷需。惟是积习相沿，催科者多中于疲延，纳赋者遂安于拖欠。递年累计，为数极巨，非严加整理，不足以维税收。除由厅剀切布告，并严定考核各县征收批解简章，通行各县遵办外，理合将简章录呈察核，并请转呈备案等情。据此。伏查该厅长所陈各节，系属实情。所拟考核各县征收批解简章，查核均尚妥协。据呈前情，理合具文连同简章，录呈钧府察核备案，实为公便。谨呈

中华民国国民政府委员会议

计附呈简章一扣

广东省政府省务会议 许崇智

古应芬

廖仲恺

许崇清

孙 科

宋子文

陈公博

中华民国十四年八月十二日

## 考核各县催粮征收批解简章

**第一条** 各县本年应征新粮及带征递年旧粮，务各遵照新粮实征额及旧粮实欠额实力催征。

**第二条** 各县征收新、旧粮，暂限本年九月三十日以前，按照应征额汇计，最低限度须征及四成以上。自奉文日起，每届十日，将所征新粮及带征旧粮列折报告。征存粮款亦限每十日列折，批解，如有大宗收款并随时专款批解。

**第三条** 各县应振刷整理，协同催征委员督饬司役，分赴各

乡各站严催完纳，如按旬并无报告及无粮款报解者，予以左列之处分：

（甲）第一二旬无款解者记过一次；

（乙）第三旬无款解者记大过一次；

（丙）第四旬无款解者记大过二次；

（丁）第五旬无款解或批解征款不及定额，应审查提交省务会议分别罢免。

**第四条** 本厅另派专员分赴各县督催坐提。

**第五条** 所收粮款应悉数解厅，无论何项机关不准截留支拨，违者责成赔偿。

**第六条** 本简章呈明省政府备案，公布施行。

〔广州国民政府档案〕

## 11 国民政府财政部为禁烟局请准月终清算报解呈

（1925年9月26日）

呈为呈请核饬事：案查接管卷内奉钧府第六十号令开：查各机关应行解库款项，往往延不解缴，以致军政各费无从支付，殊属不成事体。嗣后凡征收机关，每日所有收入，限二十四点钟内，分别解缴国库、省库，不得任意留滞及划拨抵扣，违则严予惩处。仰财政部及广东省政府遵照，并饬属一体懔遵。此令。等因。奉此。当经邓前部长分行所属各机关，一体遵照在案。旋据禁烟督办范其务呈称：查职署每日以发卖烟膏收入为多，而所制烟膏其原料烟土，系向培元公司购买，每两价格二元一毫九，烟灰则在署门零收，每两价格约二元左右。每日购买制膏柴炭、山水以及制膏工人入盅工资，暨零碎收买烟灰，在在均须随时支给现款，不能延欠，类于备资营业性质，与其他单纯征收机关不同，每日收买物料即不能预定多寡，又不能按日用完，计算溢利，殊感困难。若不将原料及炭水价值工资，逐日清给，一律解缴国库，则商人、工人方面，又势难遵办。因此，种种困难情形，拟请对于职署收入，准予月终清算一次，照数报解。其各属商承禁烟局，认缴溢利额数，原定五日汇缴一次，其道路远者，另行变通办理。对于此项收入，仍然遵照，随收随解，以副政府整饬财政之至意。奉令前因。所有职署收入，未能按日依限呈解，并拟请变通解缴缘由。理合备文呈请部长察核，批令祇遵，实为公便等情，前来。查核所称各节尚属实情，惟应令将每日收款以禁烟督办名义，悉数存交中央银行，如有用款再向银行照支，庶于变通之中，仍有考核之实。此系变通办法，理合呈请钧府察核备案。除批饬该督办外。谨呈

国民政府

财政部长宋子文

中华民国十四年九月二十六日

〔广州国民政府档案〕

## 12　国民政府关于征收粤市房屋租捐需妥订章程与粤财政厅来往文件

（1925年10月）

### （1）国民政府令（10月14日）

中华民国国民政府令　第一二四号

令广东财政厅长宋子文

为令遵事：现在经费浩繁，入不敷出，自应特别筹措，以济要需。兹定征收广州市房屋租捐一个月，以半月为东征军费，以半月作接济省港罢工工人费用，即由该厅长参照以前办理租捐旧

案，妥订章程，克日开办，仍将办理情形具报。切切。此令。
民国十四年十月十四日

（2）宋子文致国民政府呈（10月17日）

呈为呈覆事：窃奉钧府第一二四号令开：现在经费浩繁，入不敷出，自应特别筹措以济要需。兹定征收广州市房屋租捐一个月，以半月为东征军费，以半月作接济省港罢工工人费用，即由该厅长参照以前办理租捐旧案，妥订章程，克日开办，仍将办理情形具报。切切。此令。等因。奉此。自应遵办。查历次征收租捐，向由广州市公安局办理。此次拟仍由广州市公安局征收，以利进行。奉令前因，除拟定征收广州市房屋租捐一个月章程十条，函请广州市公安局查照办理，暨布告周知外，理合备文连同章程一份。呈报钧府察核备案。谨呈
国民政府

计呈章程一纸

广东省政府财政厅长宋子文

广东省政府财政厅订定征收广州市房屋租捐一个月简章

一、此次征收租捐一个月，系奉国民政府饬遵办理。

一、此项租捐一个月，遵令以半月为东征军费，以半月作接济省港罢工工人费用。

一、此项一月租捐，照案请由广州市公安局征收，专款解交财政厅。

一、广州市警察范围内，所有自业或租赁各房屋，均须征收租捐一个月。

其征收办法如左：

（甲）租赁房屋，按照租额缴纳一个月，其租额以公安局警捐处存案租册数目为定。

（乙） 自居房屋照警捐办法产价每千元征收一元二角加五倍收捐多少类推，以一个月计算。

一、租赁之房屋，其租捐应由租客代缴，将收据持向业主扣抵租项。其自业者，应由业主缴纳。

一、此次征收一月租捐，奉令指定拨充东征军费及省港罢工工人费用，关系要需，应专款报解。如各户尚有十二年、十三年租捐、借租未曾清缴者，应准先将此项租捐提前缴纳，不得牵混以清界限。

一、公安局代收此项租捐，应责成各警区署长负完全负责，将收数按期直接解交中央银行专款存储，由行函厅按数分拨。其征收手续，由公安局及各区查照向办分核办理。

一、各户如经缴纳租捐，除给回正式收据外，并发租捐一月收讫长条一纸张贴门首，以资识别。

一、捐票用四联票，一联发给缴款人收执，二联缴财政厅及公安局核验，

一、联存区备查。

一、征收此次租捐由十月十九日起收。

〔广州国民政府档案〕

## 13 国民政府关于派员接收高雷等各税口请派军保护批稿

（1925年11月17日）

国民政府批 第286号

批粤海关监督傅秉常

呈为派员往高雷、阳江接收各税口，请饬各军随时保护，并令各军长官，如有派员暂行摄理者，亦须一律交回，俾重税收，而明统系由。

呈悉。准照所请办理，候分行南路朱总指挥、陈指挥铭枢遵照可也。此批。

民国十四年十一月十七日

〔广州国民政府档案〕

## 14 宋子文请通令各军不得请领烟土免税印花呈批

(1925年12月)

### (1) 宋子文致国民政府呈 (12月16日)

呈为呈请事：禁烟总处案呈：现禁烟事宜，业经归部设处办理，惟查各军时有到处请领免税印花情事，实于收入及烟禁前途两有妨碍。理合呈请察核，俯赐通令各军，嗣后不得请领免税印花，以维烟禁，实为公便。谨呈

国民政府

财政部长宋子文印

中华民国十四年十二月十六日

### (2) 国民政府批 (12月19日)

国民政府批　第三八三号

批财政部部长宋子文

呈请通令各军嗣后不得请领烟土免税印花由。

呈悉。应予照准。候函请军事委员会转饬各军一体遵照可也。此批。

民国十四年十二月十九日

### (3) 国民政府常务委员会公函稿 (12月19日)

国民政府常务委员会公函　第106号

径启者：现据财政部部长宋子文呈称：为呈请事：禁烟总处案呈，云云录至以维烟业，实为公便。等情。据此。自应照准。除批示外，相应函贵会查照，并希转饬各军一体遵照。此致
军事委员会
民国十四年十二月十九日

〔广州国民政府档案〕

## 15 国民政府关于制止海丰县额外苛征令

(1926年1月15日)

中华民国国民政府令　第十七号

令两广盐运使邓泽如
　东江行政委员周恩来

为令行事：据海丰县墩白场属盐民代表彭子贞等暨全体盐民呈称：窃民等前呈请取销程船运墩白场盐出口苛税，以轻负担一案，经蒙批候令行两广盐运使查明议复再行核夺等示。又奉两广盐运使批开：据该代表等呈，奉国民政府令行查议。此项勒抽军费公债，本属额外苛征，除呈，复请予通令取销，并令行场、县布告禁止各在案。民等奉批之日，雀跃莫名，仰见我政府体恤穷民之至意，喜幸苛征从此消除，民困可苏矣。讵料惠州财政处张〔长〕电令驻场委员通知：此项苛税仍旧征收，不得赫免。闻命之下，不胜惶惑。伏思此项苛税早蒙钧座暨两广盐运使通令取销，布告禁止征收在案。何该财政处又电令继续征收，前令后示，两无适从，其中有无误会，殊难揣测。民等痛念频年苛征，又加之军需负担连接叠至，民力已竭，继征奚堪。况东江肃清已久，百害俱除，何以独留此项苛税，以病盐民。既取销于前，又复继征于后，

其如政府保护劳工之至意何。迫不得已，惟有再恳乞钧座体恤民艰，准予电饬惠州财政处暨墩白场知事，海丰县之事，制止该委员征收此项苛税，并再布告豁免，以申前令而苏穷困，无任迫切待命之至。等情。据此。查此案前接蒋总指挥篠电，谓已饬墩白场知事将额外征加军费取销，何以惠州财政处犹复电令驻场委员抽取，

除令行东江行政委员查明该惠州财政处长是否有意违背命令，据
两广盐运使电饬墩白场知事暨海丰县长

实呈复核办 外，合行令仰该 运使电饬墩白场知事暨海丰县长迅即
迅即制止 行政委员查明该惠州财政处长是否有

制止，仍将办理情形具报。
意违背命令，据实呈复核夺。 此令。

中华民国十五年一月十五日

委员会议主席　汪兆铭

常务委员　汪兆铭

常务委员　谭延闿

常务委员　林　森

常务委员　伍朝枢

常务委员　古应芬

〔国民政府公报1926年第21号〕

## 16　广州国民政府关于预征粤全省田赋以应急需令

（1926年3月24日）

中华民国国民政府令　第138号

令广东财政厅长宋子文

为令饬事：查田赋乃国家维正之供，征解本省有一定期限，刻值军费浩繁，尤应上紧催收，以济急需。为此，令仰该厅长即便遵照，督饬各经征官吏，务将民国十五年分广东全省应征田赋，

于本年内征收足额，扫数解清，不许丝毫滞欠。此为该厅长及各经征官考成所系，务须实力奉行，勿稍玩忽，致干议处。切切。此令。

民国十五年三月廿四日

〔广州国民政府档案〕

## 17　国民政府决定预征粤省一年地丁钱粮令

（1926年4月）

国民政府令　第二〇二号

令广东财政厅长宋子文

为令饬事：现决定预征广东全省一年地丁钱粮及台炮经费，限两个月内一次征收。其已预征者，再征一年，以备绥靖地方，肃清土匪之用。除函请中央党部通饬各县各级党部协助外，合行令仰该厅督同各县遵照办理。此令。

民国十五年四月　　日

〔广州国民政府档案〕

## 18　新堤关监督关于竹木附收湘学捐办法呈令

（1927年1月）

### （1）彭国钧致财政部呈（1月10日）

呈为呈覆事：案奉湖北财政处总字十一号训令内开：为令遵事：案据旅鄂湖南学校校长熊亨灵呈称：窃职校于前清光绪二十九年成立，经湖广总督张之洞奏定于新堤关竹木附收湘学捐为常年经费。民国元年，复由湘商禀请前鄂督黎核准在案。查此项附学捐，初由校派人自行经收，嗣后改为监督署代收解校，职校出具收条，直接领取。旋又改为解至鄂财政厅转发到校，定为每三月解款一次。近年以来，或因军事影响，或以监督无意维持教育，常逾数月，尚无解款，即或文电催请，派员要求，往往不能按时接济。且新旧监督交替之际，旧监督将附学捐席卷而逃，已属司空见惯。如民国二年孙监督吞没银四千余两，本年九月胡监督卷去二千八余两，即其明证。又新堤关正税银每年三十余万两，按百分之六抽收湘学捐，每年应获二万两以上。而近年以来，平均每年仅收一万四千两左右，学校所受无形损失非常重大。加以此项湘学捐解至鄂财政厅后，须经过种种手续，方能领到，常有望梅止渴之叹。职校当此绝续之交，或典质衣物，或重息借贷，以维现状。现在债累重重，学捐请领展转耽搁，实系原因之一。按新堤关湘学捐原案，既由校直接派人经收，随收随解，手续敏捷，实为维持校务之良好办法。兹拟仍照旧案并仿照湖南小淹茶厘局安化附收学捐办法，另制湘学捐三联票，甲联存根，乙联随款缴校，丙联商人收执。经收学捐人即住关公署附近。于商人缴纳正税后，另将应缴湘学捐照数缴纳，掣取收条。在官厅可免代收代发之烦，而学校得随时接济之利，益校务之便，莫大于此。除呈请湖南省政府准将此项学捐，由校派人经收直接解校外，理合备文呈请钧座准予备案，并布告商人遵照办理，以维校务，至为学便等情到处。查该校长所拟办法是否可行，合亟令仰该监督调查前案，斟酌近情，详查具覆核夺。此令。等因。奉此。查职关前清文卷因兵燹散佚，现已无从查考。民元以来，湖南学校校长王祐、夏声骏为湘学捐发生纠纷，先后文电争持，在关署为代收代解亦已几费周折。兹该校长拟由校派员直接收解，以免展转羁延，既不增加捐额，于税收固无窒碍，复在关署附近驻征，于商民亦称便利。职检查原案，斟酌近情，此种办法在湘校既有利益，似属可行。惟该校长所拟办法，缴纳学捐在完纳正税之后，设有商人取得税票，径自开行，经征学捐人员无权制止，关署格于成案，不便干涉，疏漏之虞，恐所难免。况关署于此项附加，亦未便绝不过问。伏查鹦鹉洲竹木总会抽收该会会费，亦系在鹦鹉洲竹木征收局附近派员自收。惟商人须将会费缴纳，由会于草票上加盖会费收讫戳记，征收局始行换给大票。监督拟由该校仿照竹木总会办法，所制湘学捐三联票改为四联，以丁联给商人收执，以丙联给由商人缴呈关署制取税票，乙联缴校，甲联存根。是学捐缴纳在填发税票之先，关署仍有稽核之责，偷漏隔阂之弊既可免除，而于原案附关抽收之旨意亦相吻合。所有遵令呈覆湘学捐派员自收办法各缘由，是否有当，理合备文呈请钧部鉴核施行。谨呈

国民政府财政部部长宋

新堤关监督彭国钧

中华民国十六年一月十日

## （2）国民政府财政部令稿（1月）

国民政府财政部令　　第55号

令湖北财政处

案据湖北新堤关监督彭国钧称：案奉湖北财政处总字十一号训令内开云云叙至鉴核施行，等情到部。据此。除批：据呈查覆旅鄂湖南学校校长云云，照前稿叙至知照。此批。等因。印发外，合行令仰该处即便查照，并转行旅鄂湖南学校遵照办理。此令。

## （3）彭国钧致财政部呈（3月）

呈为呈报事：本年一月二十二日奉钧部总字第五五号批令职关呈覆旅鄂湖南学校校长熊亨灵所拟湘学捐，由校派员自收办法可行由。奉批开：据呈查覆旅鄂湖南学校校长熊亨灵请将新堤关代收之湘学附捐，由该校派员直接收解一案，于捐额既无增加于

税收亦无窒碍，似属可行。惟于该校原呈所拟纳捐办法，暨印制三联捐票不无疏漏之虞，拟由该校仿照鹦鹉洲竹木总会抽收会费办法，另制湘学捐四联捐票，俾学捐缴纳在未取税票之先，关署既有所稽核，且可免隔阂偷漏之弊。所呈不为无见，已令饬湖北财政处转行旅鄂湖南学校校长熊亨灵查照办理矣。仰即知照。此批。等因。奉此。三月一日准旅鄂湖南学校公函开：径启者：敝校自收新堤关湘学捐事，业经呈请中央财政部及湘鄂两省政府批准在案。经收委员已由敝校长呈请湖南教育厅委陶应芝充任，至原有贵关署员司津贴费百分之八，减为百分之四，仍归贵关署照收。惟经收委员之薪俸、火食、办公费，及工丁工食另由敝校每月给洋一百元，并拟从三月一日起实行。耑此函达，即希查照为荷。此致。等因。此项湘学捐于三月一日即由该校征收员陶应芝自行负责征收，职关代收代解责任从此解除，所有已用湘学捐票根，及未用之湘学捐票，一并交由该征收员点收矣。理合呈报钧部鉴核备案。谨呈

国民政府财政部部长宋

新堤关监督彭国钧

中华民国十六年三月　　日

〔武汉国民政府档案〕

## 19　广东中山县潭州农民协会等请取消赌博杂捐代电

（1927年2—3月）

（1）潭州农民协会等电（2月28日）

中国国民党中央执行委员会、中央各部长、中国国民政府、国民政府各部长、中央政治委员会政治会议广州分会、各省分会、中国国民革命总司令部、政治部、军事部、国民革命军各军长、

广东省政府、省政府各厅长、各省省政府、中国国民党广东省执行委员会、省党部、各部长、各省党部、内外各级党部、广东省农民协会、各省农民协会、内外各级农民协会、广东省商民协会、内外各级商民协会、中央军事政治学校①、各省分校、中华全国总工会、广东总工会、内外各工会、广州各学会、内外各学会、广东农工商学联合会、内外各联合会、广州善团总厅、内外各善堂院、广州各报馆、各通讯社，内外各报馆、各通讯社钧鉴：中山县政府、县政府各局长、各区区长、中山县党部、邑属各党部、中山县农民协会、邑属各农会、中山县商民协会、邑属各商会、邑属各工会、各报馆、中山县各善堂、各团体、广州中山公会、内外各中山会馆、中国各省、外国各埠、中山华侨均鉴：我闻在昔西汉聿兴，丰沛永为汤沐，前清崛起，长白定为陪都。一代之专制帝王，对于其先祖诞生之地，尚知特殊优待，而为人民矜式。况我先总理解放农工，联合世界弱小民族，共同革命，功被全球，泽及万世，断非一国一代之专制君主所能拟议于万一。则凡我党国对于先总理诞生之中山县宜知如何特殊优待，以为天下后世矜式。讵今日之中山县虽美其名曰：先行试办县政府制，以为各县模范，而夷考其实，不独不闻有特殊之优待，且欲求其如广州市之模范市办法，禁绝赌博而不可得。赌博遍地，以致盗贼之多，甲于全省。近更变本加厉，举凡满清官僚时代所不敢弛禁，龙王专制时代所不敢弛禁之白鸽票、花会、牛牌、啤牌、十二位等一切杂赌，尽行弛禁。赌而穷，穷而盗，盗而复赌，往复循环，不至先总理诞生之地，全邑破产，全邑盗贼化，全邑腐烂，陆沉不止，此我邑农、工、商、学，所为奔走呼号，痛哭流涕者也。夫所谓杂赌，即除番摊赌山、铺票外一切赌具之谓而杂赌之中，尤以白

---

注：①原文如此。

鸽票、花会、牛牌、啤牌、十二位等赌为害最烈。故白鸽票一赌，虽于前清光绪二十六年为前粤督李鸿章弛禁，未及两年即为继任粤督奏禁。且在弛禁白鸽票之时，亦有向无开设不得开设之条，以资救济，并非随地皆准开设。我中山全属，系在向无开设之列。故其时虽有二、三不肖禀准开设白鸽票，亦为邑人禀销，仍旧禁绝，案牍具在，可为覆按。至若花会、牛牌、啤牌、十二位等一切摊赌，则自前清迄今，虽迭次弛禁赌博时代，无不悬为厉禁，则其祸害之速且烈可想而知。方今政府与人民合作，凡事以公民意为依归，所有痛民之事，无不次第革除。近读国民政府财政部通令，以各省民众，久处北洋军阀铁蹄之下，饱受苛细杂捐之蹂躏，特令饬凡在革命军领域内之征收机关，如有苛细杂捐，即予取销，以苏民困等因。而杂捐之最细最苛者，莫如白鸽票、花会、牛牌、啤牌、十二位等一切杂赌捐。此固为我国政府及宋部长所认为病国病民，速宜取销者也。况民国十五年五月十三日广东民政厅令行中山县第七七八号令，奉省政府第五五二零号令，准财政部漾电，奉国民政府第二百号令，决定对于花会及八十字有奖义会等赌，限六个月一律禁绝等因。足见我政府我部长与民更始至意，阖邑人民无不感激零涕。现计政府议决六个月禁绝之期满后，且逾三阅月，乃不特八十有奖义会之白鸽票赌博依然存在，且更将向来严禁之花会、牛牌、啤牌、十二位等一切杂赌改名特别捐，用成发公司名义瞒准承饷，布告开办，以荼毒先总理故乡。凡我同志心焉痛之。而或者谓革命尚未成功，北伐军兴，需财孔亟，既为先总理桑梓之邦，尤宜忍痛一时，努力担负，以竟革命全功，不知中山全邑所有钱粮、沙捐、护沙费及一切捐项担负之重已较别邑为倍，全邑人民并无闲言。如果犹不足用，尽可向田亩、房屋或别项正当营业再行增加，以资抵补，不应弛禁白鸽票、花会、牛牌、啤牌、十二位等一切杂赌，以荼毒先总理故乡人民，而遗先总理羞。又况中山人民，农工占百分之九十而强，当此解放农工时代，尤不宜弛禁杂赌，遗害农工，违背党义。敝区会本先总理解放农民政策而成立，其所在地又为先总理故乡一部分，对于中山县弛禁杂赌，全区农民引为切肤之痛。理合电陈察核。伏恳俯念中山县为先总理诞生之地，且为实行党治之模范县，迅予实力援助，先将白鸽票、花会、牛牌、啤牌、十二位等一切摊赌取销承饷，遵即严禁，一面将番摊、山铺票、赌博并予禁绝，如需筹饷抵补宁愿在田亩、房屋或别项正当营业加饷抵补，以为特别优待先总理诞生之地，而为名实相副之模范县。此后如有瞒承赌饷，或得规包庇私开，无论何人均治以破坏革命，压迫农工，违背党义，侮辱先总理名誉之罪，以实行解放农工，而免留党治污点。先总理在天之灵，实式凭之。谨电呈。广东省中山县第九区潭州区农民协会、横档乡农民协会、龙古乡农民协会、毓桂乡农民协会、上村乡农民协会、岭东乡农民协会、南村乡农民协会、南顺乡农民协会、绍沙乡农民协会、雁企乡农民协会、大岑乡农民协会、放马乡农民协会、马前乡农民协会、小黄圃乡农民协会、大伞乡农民协会、北咀乡农民协会、高沙乡农民协会、黎茂乡农民协会、三联乡农民协会、眉蕉乡农民协会全体职员、会员，黄旗都乙种农业学校全体员生暨潭州区全体农民同叩。俭。印。
〔宋子文批函〕：令广东筹饷总处查复。文。

（2）国民政府财政部令稿（3月17日）

国民政府财政部令　　第255号

令广东筹饷总处

案据广东省中山县第九区潭州区农民协会等俭日代电称：我闻昔西汉聿兴，丰沛永为汤沐，全录至实式凭之。谨电呈等情到部。合行令仰该处即便查明具复。此令。

民国十六年三月十七日

〔武汉国民政府档案〕

## 20 国民政府财政部为江西财政厅周雍能卖缺串伙分肥请查拿究办令

（1927年5月20日）

国民政府财政部令　总字第530号

令本部泉币局

本年五月十二日奉国民政府令开：顷据江西省政府呈称：案奉中国国民党中央执行委员会函开：兹据江西民众熊吉先等呈称：江西财政厅长周雍能毫无经济学识，只知卖缺串伙分肥等情前来。特此检同原呈一件，随函送请查明核办等因。附原呈一件。奉此。经提交第六次省务会议讨论议决，由省政府通令缉拿周雍能及伙同舞弊人员归案究办，并呈请中央下令通缉等语。除通令外，理合备文并抄陈熊吉先等原呈一件。呈请钧府察核，迅赐施行，实为公便。等情。附抄呈熊吉先原呈一件。据此。应予照办。除批应予通缉，候令行各机关遵照印发外，合行令仰该部长遵照，转饬所属，一体缉拿，务获究办。此令。等因。计钞发熊吉先等原呈一件。奉此。除分行外，合行照钞原呈，令仰该局即便遵照转饬所属认真查拿。务获解究。切切。此令。

计抄发熊吉先等原呈一纸

中华民国十六年五月廿日

部长宋子文

抄　件

具呈人民众熊吉先等，为污吏卖缺，伙串分肥，公请铲除严办事：缘江西财政厅长周雍能者，经济学识毫无，鬼蜮伎俩偏多，利令智昏，不仁为富，大权在握，敢作敢为，查江西全省统税共四十一处，竟将上等优缺尽行伙串伊之叔侄、亲朋、同乡、故旧垄断而登，巧立名目为投标，实则周雍能暗中合伙分肥，饱其囊橐。与周若无密切关系，纵使革命工作巍巍，一概置之不理，大有一网打尽之思。窃思革命宗旨原为铲除贪官污吏，打倒军阀起见。不料青天白日旗帜之下，竟有污吏周雍能者，到任一月之余，便搜得金钱一百余万，较诸从前北派万恶军阀为尤烈。不独我赣人民不堪痛苦，即为党军筹之似亦失计。诸军士前敌拼命，军饷尚且不足，周雍能坐地发财，昂然作富家翁，似觉太不平等。当此铲除贪官污吏财阀之时，尤敢如此猖獗，若不即予抄家惩办，则铲除贪官污吏，打倒军阀、财阀之标语，亦仅口头禅矣。为此仅将周雍能串卖税缺胪列于后。再该厅长周雍能前□□省曾犯贪赃卷款巨案两次，有案可稽。

中华民国十八年五月廿日

部长宋子文

兹将查实舞弊投标分肥，委任各税局局长姓名列后：

龙开河税局局长周久恭，系周雍能胞叔，比原额只加四十余元，假名投标者。

神岗山税局局长胡同起系周雍能亲戚，名为投标，从中舞弊比原额只加一千余元。

乐平税局长周均平，系周雍能胞弟，舞弊投标比原额只加六十余元。

古县渡税局长熊勋，鄱阳人，是周雍能世谊，并是土豪之尤者。

瑞洪税局长方汉秋，系周雍能表叔。

谢埠税局长吴佑人全省各知□□代办，系周雍能妻舅。

景德镇税局长何无文,鄱阳人,系周雍能亲戚。

二套口税局长刘辉眉,系周雍能老师。

九江烟土进口税总转运涂孟顿，是周雍能的走狗，与其打伙分赃，是拥护蔡成勋土豪。

角山税局长杨芬，鄱阳人，是周雍能之叔，改名化身。

西岸榷运局长舒伟元,老官僚反革命派,与周雍打伙分赃，卑污龌龊，无所不为，是军阀余孽吴佩孚走狗。

以上各局长概是土豪劣绅，无革命工作者。

〔武汉国民政府档案〕

## （三） 公 债

### 1 大元帅批准财政部发行有利支付券令

（1924年1月12日）

大元帅指令 第四三号

令大本营财政部长叶恭绰

呈为拟订发行支付券条例，并指定该项本息基金，仰祈鉴核令遵由。

呈及附件均悉。该部以粤省军兴以来，赋敛已烦，不宜再增苛细捐税重扰商民，拟发行有利支付券总额三百万元，劝令殷富商民认购，并指定广东全省沙田登记费、民产保证费及印花税等项为还本付息基金，限二十五个月内本息还清，实属于民无损，于公有济。其余条例规定，亦尚妥协，应准如拟施行。仰即上紧劝募，期于最短时期如额募齐，藉裕饷源，而藉讨贼，仍将办理情形随时报查。各件均存。此令。
中华民国十三年一月十二日

附原呈

呈为拟订发行支付券条例并指定该项本息基金，仰祈鉴核令遵事：窃粤省自用兵以来，饷需浩繁，财政倍极困难，各项捐税，业经次第举办，各属粮赋，亦已分别预征，商民负担已巨。本部仰体钧座维护民生之至意，不忍再增苛细杂税重扰商民，然救济财政，调剂金融事，亦不容或缓，再四筹度，拟发行一种支付券，以借贷方法，向殷富商民劝令多数认购。并为普及起见，每张分为十联，俾一般便予分购，以资储蓄，务使商民于负担之余，仍有生利之望，并得随意变价，照市流通，推行似无窒碍。在商民，出其余资，不啻寄诸府库。在政府，负此债务，应各谅其苦衷。实为上足裕国，下不病民之唯一良法。但欲固信用，基金必须预筹，欲资推销，商民尤宜协力。故一方应由政府指定的款，以为还本付息之需，一方面应由商会负其责成，以当急公好义之任。当由本部提出条例草案十九条，交付财政委员会议决，由该会共同修正在案。惟该项支付券本息基金，共计三百四十六万五千元，按二十四个月平均核算，每月应拨十四万四千三百余元。现拟于全省民产保证费项下，每月拨毫银六万元；全省沙田登记费项下，每月拨毫银八万元，全省印花税项下，每月拨毫银一万元。自二月份起，按月照拨，均由各该机关每月径自拨交该基金委员会分存收存，以备支付本息。无论何项军政要需，不得挪借移用，应请明令颁布，以昭大信。除俟奉令核准，再由部根据条例拟订基金委员会组织章程及支付券发行细则，分别公布，并咨令遵办外，理合将拟订支付券条例，抄附清折，并指拨基金。各缘由，呈请钧座鉴核公布施行，并指令祗遵，实为公便。谨呈

大元帅

计呈清折一件表一件

大本营财政部长叶恭绰印

## 大本营财政部有利支付券条例

**第一条** 大本营财政部为救济财政，调剂金融起见，经财政委员会会议议决发行支付券。其发行总额，定为毫银三百万元，名曰大本营财政部有利支付券。

**第二条** 此项支付券利率，定为月息一分。

**第三条** 此项支付券之利息，按月计算，自发行后第二个月起，按月支付利息。

**第四条** 此项支付券还本办法，分为二十个月还清。自发行后第六个月起，每月抽签还本一次，每次抽还二十分之一。

**第五条** 此项支付券还本抽签日期，定为每月十五日在广州执行，即于下个月五日起还本付息。

**第六条** 此项支付券本息之基本金，由政府指定左列各项收入充之：

(一)各〔全〕省沙田登记费项下，每月拨八万元。

(二)全省民产保证费项下，每月拨六万元。

(三)全省印花税项下，每月拨一万元。

**第七条** 此项支付券本息之基本金，由政府按照前条规定数目，饬令该征收机关，每径解基金委员会分存中外殷实各银行，预备付息还本之用，无论何项机关有何项要需，不得挪借移用。

**第八条** 支付券基金委员会以广州总商会、广东商会联合会、地方善后委员会、广州总工会、广东工会联合会联合组织。其组织章程另行规定之。该委员会最大之权责，为维持支付券之信用，保障持券人之利益及监督支付券之发行。无论何项机关或个人，对于该委员会行使上列权责时，不得加以侵害，并应由地方官厅切实协助保护。

**第九条** 此项支付券还本付息，即由基金委员会委托广州总商会及各县商会办理，负其完全责任，亦得由该商会等转托当地各殷实银行商号代理。

**第十条** 此项支付券每张票面价额，分为两种。如左：

(一)五十元。

(二)一千元。

此项支付券，每张分为十联，每联载票面价额十分之一。

**第十一条** 此项支付券编印号码，讫于发行时，应由广州总商会或各县商号加盖戳记。

**第十二条** 此项支付券按照票面价额十足发售。

**第十三条** 此项支付券自中签还本日起，除海关税外，得用以向征收机关缴纳田赋捐，税厘金及代其他现款之用，不得拒绝收纳。

**第十四条** 此项支付券概不记名，认券不认人，如有遗失毁损，不挂失票，亦不再补发。

**第十五条** 此项支付券得随意买卖抵押，其他公务上交纳保证时，并得作为担保品。

**第十六条** 此项支付券得为银行之保证准备金。

**第十七条** 此项支付券如遇有伪造、改造及毁损信用之行为，依律从严惩罚。

**第十八条** 此项支付券之发行细则另定之。

**第十九条** 本条例自奉大元帅批准公布日施行。

〔陆海军大元帅大本营公报1924年第2号〕

## 2　大元帅批准广州地方善后委员会等联合发行善后短期手票令

（1924年2月3日）

### （1）大元帅令

大元帅令

据大本营财政部部长叶恭绰、广东省长廖仲恺呈称：据广州地方善后委员会、广州总商会、广东善团总所、九善堂院函称：经各界大集会议议决，由广州地方善后委员会、广州总商会、广善团总所、九善堂院联合发行善后短期手票五十万元，以各善堂院价值一百余万元产业为保证，其契照交由广州总商会存储，将广州市民产保证局交法定社团公推委员办理，规定广州市民产保证局概不收受现金，专收此项手票，以偿足五十万元为止，等情。呈请核准施行，明令办理前来。当此旧历年关紧迫，军饷急需，该善堂院等慨然提出巨产保证手票，该委员会、总商会、善团总所等相与联合发行，藉以应支军饷，鼓励士气，地方赖以又安，商民同资利便，本大元帅至为嘉慰。关于民产保证局既交由各法定社团办理，应即妥定便利办法，以期敏捷，而资保障。责成广州市长督饬妥速进行，勿滋扰累。至一切官产、市产一律停止举报，其未办结各案，应即速行办结，以苏民困。仰财政部长、广东省长分别转饬遵照。

此令。

中华民国十三年二月三日

### （2）大元帅指令

大元帅指令　第一〇四号

令大本营财政部长 叶恭绰
广 东 省 长 廖仲恺

呈一件。呈为发行短期手票五十万元，请予照准并分令各军队一体遵照，毋得藉此骚扰由。

呈悉。此项短期手票五十万元，应准发行，并如呈分令各军队不得藉此骚扰矣。仰即知照。此令。

中华民国十三年二月三日

附原呈

为会同呈请事：查年关迫近，军饷需急，节经部长等与各善堂院商定，由各善堂院提出产业价值一百余万元，按揭毫银五十万元以应急需。并经与银业公会、忠信堂、广州总商会筹商按揭办法。佥以忽遽之间难期速效。嗣于二月一日在广州总商会开各界大会议，讨论办法。当经公决发行善后短期手票五十万元，由广东善后委员会、广州总商会、广东善团总所、九善堂院联合发行。即以各善堂院价值百余万元产业契照作按。此项契照，交总商会存储，而以民产保证局交由各法定社团推举人员妥为办理。所有民产保证收入，专收此项短期手票，不收现金，以偿足五十万元为止。无论何项机关，虽万分紧急，不能提用。民产保证局对于此种手票，随收随截角，存候验明汇毁。订于民国十三年二月三日先发行三十万元，余由阳历二月八日起，按日分发二万元，俾行之以渐，免生窒碍，并准市面一律通用。所有议决办法，节经刊载手票，以资信守。准广东善后委员会、广州总商会、九善堂院、广东善团总所函请照办前来。当此旧历年关，军糈孔急，为巩固军心计，为地方安全计，舍此别无良法。但求办理得当，使军人不至骚扰，商民不生怀疑，自可通行无碍。所有发行善后短期手票缘由，理合备文呈请鉴核，令准施行，并分别令行各军一

体遵照，毋得藉此骚扰，以利进行。谨呈

大元帅

计呈短期手票办法手票式样各一纸

大本营财政部长叶恭绰印

广　东　省　长廖仲恺印

中华民国十三年　月　日

短期手票办法

1. 此票由广州地方善后委员会、广州总商会、广东善总团所、九善堂院联合发行，借贷于政府维持军费。

2. 此票以五十万元为限。

3. 此票由各善院以价值一百余万元产业为保证金，其契照交由广州总商会存储。

4. 广州市民产保证局专收用此票，概不收纳现金，以偿足五十万额为止。

5. 此票市面一律通用，不得拒绝收受。

6. 此票自民国十三年二月三日发行。

〔陆海军大元帅大本营公报1924年第4号〕

## 3　大元帅为发行短期军需库券致大本营财政部指令

（1924年5月29日）

大元帅指令　　第五四二号

令大本营财政部叶恭绰

呈为发行短期军需库券，拟订条例，并指定本息基金，乞鉴示遵由。

呈及条例均悉。准如所拟施行。条例存。此令。

中华民国十三年五月二十九日

附原呈

呈为发行短期军需库券，拟订条例并指定本息基金，仰祈鉴核令遵事：窃职部自附设军需经理处以来，所有各军给养子弹等经费经财政委员会议决：由各机关分担解部转发，预计不敷甚巨，尚待另筹，且以前积欠尤须清理，当将困难情形陈报在案。职部虽兼管军需，责无旁贷，奈直接收入向本无多，即印花税一项而论，亦经指拨殆尽，所余者已复无几。惟冀造币厂开铸，当有余利可资挹注，然未来者纵不无希望，而目前亦难应急需。当此作战期内，军需浩繁，固已刻不容缓，自非从速妥筹办法，源源接济，不足以安军心而鼓士气。再四筹思，依经济原理，惟有汇集零星之收入，以充大宗之用途，尤当挪移日后之盈余，以应一时之不足。爰拟发行一种库券，用济军需，即定名为短期军需库券。先以二十四万为定额，即于本年六月一日发行，并用抽签法于七月一日抽定还本之库券号码及其日期。自七月十一日起，三个月内，除例假日外，每日还本二千四百元，同时付其利息。当指定印花税款项下，每日拨一千元，造币厂余利，每日拨二千元。如造币事有中变，当改由民产保证处照拨。均自六月十一日起，拨存裕广银号，以充本息基金。仍规定由审计处长、公安局长及广州总商会、银业公会及各军军需长各公推代表一人，前往查察帐目与存款，以昭大信。且自还本到期日起，得用该券缴纳职部及财政厅所管一切田赋、税捐及抵解公款，视与现款相同。并准其买卖抵押，以便流通。查此次发行库券，定额较少，原拟保证券之进行为期较短，藉以引起人民之信仰。当由职部拟具条例草案，交财政委员会核议，兹据该会将条例拟决报告到部，并经职部征集各军军需同意，均乐予承受。理合钞附库券条例，呈请钧座鉴核，公布施行。至基金一项，无论何项军政要需，均不得挪借移用，以示维持，并祈指令祗遵，实为公便。谨呈

大元帅

附呈短期军需库券条例一件。

大本营财政部长叶恭绰

**大本营财政部短期军需库券条例**

**第一条** 政府为补充国军军费起见，由大本营财政部发行短期军需库券，以广东通用银毫二十四万元为定额。

**第二条** 此项库券专备财政部拨付国军军费之用。

**第三条** 此项库券月息一分二厘，于还本时一并核付。

**第四条** 此项库券发行时十足计算，概无折扣。

**第五条** 此项库券本年六月一日发行，七月一日在广州用抽签法，抽定还本之库券号码及其日期。

抽签时由财政部约集大本营审计处长、各法团及各界到场监视。其详细办法另行规定。

**第六条** 此项库券自本年十一月起，三个月内，除例假日外，每月还本二千四百元及付其利息，至本息全数付讫为止。

**第七条** 此项库券票面张数，规定如左，概不记名：

(一)一百元券　一千张　计十万元

(二)五十元券　二千八百张　计十四万元

**第八条** 此项库券之本息基金以左列各项充之：

(一)印花税款　自库券发行后，每日由广东省河及各属普通烟酒两项印花税项下，拨款一千元。

(二)造币余利　自广东造币分厂开工两星期后，每日由政府应得造币余利项下，拨款二千元。(如造币事有中变，改由民产保证处照拨。)

以上两项，自六月十一日起，预饬拨存裕广银号，至足敷还本付息为度。

前项基金，由财政部函请大本营审计处处长、广州市公安局局长及广州总商会、银业公会、各军军需长各推代表一人，于每星期一、星期四会同前往裕广银号，考核其基金存款账目，并于开始还本付息后，查验其存库备还本息之现款，证明实数，报告财政部及登报公布。

关于保管及考核查验基金详细办法，另以细则规定之。

**第九条** 此项库券之还本付息，由财政部委任裕广银号经理，并得由银号委托其他银业行号，或商店代理。

**第十条** 此项库券得自还本到期日起，用以缴纳财政部及广东财政厅所管一切田赋税捐，并抵解其他公款收入，视与现款相等。

**第十一条** 此项库券得随意买卖、抵押，并得充公务上应缴保证金及银业行号发行兑换券、准备金之担保品。

**第十二条** 此项库券如有伪造及毁损其信用者，无论何人得指交警察或法庭依律治罪。

**第十三条** 本条例自财政委员会议决，并由财政部呈请大元帅核准施行。

〔陆海军大元帅大本营公报1924年第15号〕

## 4 大元帅批准广东省财政厅发行地方短期抵纳券指令

(1924年7月7日)

大元帅指令 第六九六号

令广东财政厅厅长郑洪年

呈及章程均悉。准如所拟施行。章程存。此令。

中华民国十三年七月七日

附原呈

呈为呈请事：窃维粤省自军兴以来，饷糈浩繁，供亿之需，时虞不足，况各路军队正在出发，輓粟飞刍，不容少缓。惟当此淡征时期，青黄不接，挹注维艰，自应酌盈剂虚，另筹救济之法。查本厅前因偿还潮属各债户欠款，曾有发行抵纳券之举，当时群众称便。现仿照办法，发行一元暨五毫两种短期抵纳券，总额定为毫银三十万元。订于六月二十一日开始发行日起，一个月后除加二加五厘税专款外，凡各属钱粮契税及各厘税厂，各承商税捐厘金等一切饷项，均准抵纳。业经呈准广东省长，暨提交财政委员会议决汇案报告在案。职厅为增加临时收入起见，谨将发行抵纳券缘由，连同章程一份，具文呈请钧座察核，伏候训示祗遵。再，此次举办短期抵纳券，限一月发清，三个月内收回，款巨期迫，应另派员办理，俾专责成，藉收速效。所有印刷纸张、笔墨及员司薪水即在实收项下开支，以应急需。合并声明。谨呈
大元帅

计章程一份

广东财政厅长郑洪年

**广东财政厅发行地方短期抵纳券章程**

**第一条** 广东省政府为增加现时收入，应付急需起见，发行短期抵纳券，以毫银三十万元为额。

**第二条** 此项抵纳券系属短期，只予折扣，不计利息。

**第三条** 券额定为两种：一元券；五毫券。

**第四条** 此项抵纳券得完纳各县钱粮契税及各厘税厂、各承商税捐厘金等一切饷项。

**第五条** 此项抵纳券自发行之日起，一个月后，随时抵纳，各征收机关不得掯阻。

**第六条** 此项抵纳券缴纳时，照毫银十足计算。

**第七条** 此项抵纳券系无记名式，人民得自由买卖。

**第八条** 此项抵纳券如有伪造及毁损信用者，得送交法庭依法治罪。

〔陆海军大元帅大本营公报1924年第19号〕

## 5 大元帅准办宋子文拟定中央银行基金公债条例令

(1924年8月9日)

大元帅指令 第八八五号

令中央银行行长宋子文

呈拟订公债条例，呈请鉴核饬部制交该行转发，以符原案由。

呈及附件均悉。所拟中央银行基金公债条例尚属妥洽，应准照办，令行财政部照制发给可也。附件存。

此令。

中华民国十三年八月九日

附原呈

呈为拟订公债条例，呈请饬部制交职行转发，以符原案，仰祈监核施行事：窃职行资本奉准由政府担任，并以借款拨充，业经订入条例。并遵钧命与洋商商定借款合同条件，随时请示办理。依该项合同条件之规定，计借款额毫银一千万元，完全为拨充职行资本之用。应由政府发给债票与债权人，并订明十足交款，并无折扣。年息六厘，每年于六月一日付息一次。自债款交付后，前五年只付利息，第六年起开始还本，每年摊还十分之二，至第十年本息还讫。即以银行为债款抵押品，并准由债权者推举一人为职行监事，已密呈钧座核准在案。查职行资本，既由条例规定，由政府担任筹拨，则此项债票，自应由政府印发，将来债款本息亦应由政府筹还，方与原案相符。现合同条件已奉钧座核准签定，所有债票亟应按照合同印发，以便一方面得发交债权者收执，一方面即可如约交款，俾职行积集资金，从速开业，用固基础。兹特根据合同条件，拟具债票条例草案，即定名为中央银行基金公债，余即按照合同条例分别规定。是否有当，理合抄录清折，呈请钧座俯赐鉴核，训示祗遵。如荷核准，并祈饬下主管机关分别照制，交由职行转发，实为公便。谨呈

陆海军大元帅孙

计附呈中央银行基金公债条例草案一件

中央银行行长宋子文。印。

中华民国十三年八月六日

**中央银行基金公债条例**

**第一条** 中华民国政府(以下简称政府)为拨充中央银行资本起见，发行公债。以广东省通用毫银一千万元为额，定名曰中央银行基金公债。

**第二条** 此项公债十足收款，并无折扣。

**第三条** 此项公债利息，定为年息六厘。

**第四条** 此项公债自发行后，前五年只付利息；自第六年起，用抽签法每年还本十分之二，至第十年本息一律还清。届抽签时，每年于五月一日，由中央银行行长、董事、监事，并由债权者临时推举代表会同执行之。

**第五条** 此项公债每年付息还本一次，即定为每年六月一日。

**第六条** 此项公债还本付息之款，由政府如期拨交中央银行转付。

**第七条** 此项公债之发行及还本付息，由政府指定中央银行经理之。

**第八条** 此项公债以中央银行之资产为抵押。

**第九条** 此项公债之票额，概定为一千元。

**第十条** 此项公债概不记名，遗失后概不补给。

**第十一条** 此项公债由财政部长会同中央银行行长署名盖印。

**第十二条** 此项公债得自由买卖抵押。

**第十三条** 此项公债如有伪造及毁损其信用者，依律治罪。

**第十四条** 本条例自大元帅核准施行。

〔陆海军大元帅大本营公报1924年第22号〕

# 〔四〕金　　融

## 1　广东总工会请限制西纸价严办银棍以恤民生而重币政代电

（1924年8月7日）

大元帅睿鉴：外交部伍部长、内政部徐部长、财政部叶部长、郑次长、广东廖省长、财政厅陈厅长、孙市长、广州总商会、商团总部、商会联合会，银业公会、地方善后委员会、报界公会、各社团、各工会均鉴：窃自迩年以来，物价奇昂，米珠薪桂，生活程度高至极点。我辈工人竭其手足、耳目筋骨之劳，曾不能侥幸一饱。是物价之腾贵，乃工人之致命伤。而推求物价所以腾贵之故，系以西纸价格太高，为其最大原因。尽我粤日用必需之品，如洋米、布匹、货物概以西纸交易，故西纸贵，则物价昂，夫人皆知之。是西纸价格昂贵，又实为我工人之致命伤。乃一般银业之蠹棍，所谓好友者，常乘机行其操之术，务使西纸价格日高，毫银价值日低。纸价愈高，则彼辈之获利愈厚，银价愈跌，则我政府损失愈大，人民之痛苦愈深，可恨实甚。查西纸亦不外纸币之一种，系为代表银币之用。其价格之高低，应以银币为衡。而香港银币之成色，其大元至高不过九成，毫银至高不过七成，折合应以八成为标准。又发行纸币，应先有准备金，全世界各国银行发行纸币之币，准备金额至不一致。有定为四份一者，有定为三份一者，但最高不过十分六。今假定西纸发行之准备金为十分之六，即每西纸一千万，其准备金有六百万，又折合银币实在成色，应得四百八十万。而吾粤造币厂新近所铸之毫银，经各界会同监视，化验成色实为七成以外，并已经公布周知。至市面所行使之劣等毫银，一般工人认为成色最低者亦在五成以上。就此以观，则西纸与劣毫平换尚属相当。若西纸与新毫交换，则西纸每千实值银四百八十元，而新毫每千实值银七百元。是每毫银一千元，应换得西纸一千四百余元。何者为贵，何者为贱，虽至愚亦应明了。况香港自民五以前，限制大洋银出口，不许过五元。此例至今尚未取销，是其准备金有无变动，尚属疑问。乃吾粤银棍媚外心重，习焉不察，甘为外人鹰犬，贱视政府银币，而以西纸为无上之信用品，自诩其操纵之神，而私庆其沾润之厚，不惜牺牲三千万同胞之利益以自肥，致使我工人间接受其影响，几至无法生存，其肉尚足食乎。又查香港政府自民二而后，即不准我粤银币在市面行使，我政府至今犹准西纸在境内流通。夫银币，实质也，虽极低折，尚有成数可言，若纸币则不过假定以为代表，一经失效，即成废物。在人则禁，而我则流通，殊不可解。近自造币厂规复开铸之议起，一般奸友即假维持金融之美名，联结团体，抬高纸价，今竟涨至加二九、加三之多，其贻害民生实非浅鲜。及今不图长此坐受外国经济之压迫，其惨有不堪言者。现当兵燹之余，加以西〔雨〕潦为灾，旱〔旱〕造失收，米粮甚乏，全赖洋米接济，均以西纸交易，若不设法维持，城乡定多饿莩。敝总工会为避免大多数人痛苦，维持大多数人生计起见，用敢联恳政府立颁明令，将高抬西纸价格，防〔妨〕害工人生活之银棍，严拿究办，以平市价，而伸公愤。又凡有纸币流通粤境之外国银行，究有准备金若干，发出总数若干，亦请派员前往，切实查明宣布，以释群疑。并先由交涉处通知各领事，如政府派员前往时不得拒绝。倘有拒绝，即由政府仿照香港不准通用粤币成例，明令禁止西纸在市行使，以恤民生，而重币政。工人幸甚，全粤幸甚。广东总工会叩。虞。

〔广州国民政府档案〕

## 2 湖北财政处为武昌造币厂停工失业拟将余料鼓铸货币救济工众呈

（1927年1月21日）

呈为呈请事：据武昌造币厂工会呈称：窃属会工众，前因军兴被停工失业，迄逾半载有余，生活困状，经于上年十、十一、十二等月中两次呈文，一次请愿，历陈颠连，请速救济各缘由在案。仅得着各级机关一纸批示，或一纸空函，未见实施救济。由是属会领着工众，呼苍无门，泪尽血出，求死不速，求生不能之际，幸蒙大处垂悯，批准变卖厂存废料，得价救济工众生活。奉此。附随特派委员监视投标，开始售卖。迄至两旬，所得价款约计三千余元，尚存之废料约值数百元。若将来售尽时通盘约计价款四千余元之谱，以一千三百五十七名工友及厂内卫队士、公役等平均计算，每个人约得二元数角之谱，譬喻燎原之火，勺水焉能有济。况旧历年关已迫，承销废料，欲结算账项，似此情形工众倍感痛苦，属会无法筹济。伏查厂中现存有铜、铅各原料，只费二、三日之工，可铸出铜元八万串之谱，折合银元约二万余元。现厂存焦煤约五、六百吨，惟烟煤、梓油及零星杂料缺乏。若示期鼓铸，已有商人承办，不须大处筹付价款，俟铸出铜元时折算付还。其余之数，再行呈报核办，发给工众，俾沾实施救济，既不动支公家现金，又可广施德泽，一举二善，舍此难筹。谨抒众臆之见，是否可行，伏乞批示祗遵。等情。查此案于民国十五年十一月五日湖北财政委员会据武昌造币厂案呈，据该厂工会函称：厂中久未开工，谋生无术，拟恳将历年工等节省余下之二道焦炭，小生焦、铜渣、废铁、罐片等物，招商出售，将所入之款，暂作伙食之需等情。查所陈各节，确是实情，理合粘存原函转呈鉴核批示祗遵。十一月九日经陈主任公博批示如拟在案。十一月二十六日复据该厂拟具废料标价单请示到处，当经派清理股员查人汉会同技师方家耀前往，复行勘估，按照时价加以增减，开单具复前来。十二月十三日公布招商投承，定于十二月二十三日投标。复由部处加派委员周应龙、查人汉、林时纯、刘奇才莅厂监视无异，复指定周应龙、刘奇才、傅履谦监视出货。现在出货期间，尚未告竣，兹复据呈请以余料示期鼓铸，救济工众，事关铸造货币，权属大部，是否可行，理合呈请钧部核办。谨呈国民政府财政部长宋

湖北财政处处长李调生

中华民国十六年一月二十一日

〔武汉国民政府档案〕

### 3　汉口银行公会为汇丰等银行停止提款请严重交涉呈

(1927年1月22日)

呈为国外银行，不理存款商民资本攸关，请求严重交涉，以保商本事：窃查汇丰、麦加利两银行，自政府收回英租界时，无端停顿，将一般华人存款，概置不理，迄已兼旬，仍未复业。吾国商民存款于该银行者，其数不赀，即以公会各银行论，与该两银行有存款关系者几及十九。公会为维护商民血本起见，曾函致该两银行询问究竟，并经略呈钧部鉴核在案。兹接汇丰银行送来一条，内开：敬复者：敝行忽然休业，各存户未便提款，歉甚歉甚。一俟复业，自当照付也。等因。既非应用信笺，又无正式印信，形同儿戏，语涉含糊。至麦加利复函略谓：市面安全，自然复业云，亦无对存款明白答复之语。似此居心叵测，若不设法交涉，则商民资产势必为其封锁，于国家主权，于人民资本，前途概可想见。我政府保障民权钧部管理经济，不得已渎呈钧座，伏乞俯赐鉴核。

拟恳钧部咨行外交部转饬交涉员严重交涉，务使该银行迅将吾国商民存款，刻日应付，俾一般商民，不致牵累，全镇金融藉以周转。是否有当，敬祈睿裁批示祇遵。不胜惶悚迫切之至。谨呈
国民政府财政部长宋

汉口银行公会

中华民国十六年一月二十二日

〔武汉国民政府档案〕

## 4 国民革命军总司令部为衡阳商民协会关于中央纸币低折亦不收受请予维持咨

（1927年1月27日）

国民革命军总司令部咨　秘字第　　号

为咨行事：案据湖南衡阳县商民协会巧电内称：近闻中央纸币各低折，县长复解二千元办印花，财政厅不收，何处兑现，民众不知，市面滞行。属邑党团组设维持中央纸币委员会，因此送押商民日或数起，诚恐纠纷增剧，于后防有碍。应如何彻底维持，恳祈察核施行，并祈电示遵等语。据此。相应咨请贵部，希即严行查办，以维金融而巩基础，至纫公谊。此致
财政部部长宋

总司令蒋中正

中华民国十六年一月二十七日

〔武汉国民政府档案〕

## 5　俞飞鹏等请发大洋券收回赣省临时兑换券有关呈咨

（1927年2月）

（1）俞飞鹏致财政部呈（2月7日）

呈为呈复事：本年一月二十六日奉钧部批职会呈赣省发现伪币，请迅拨发大洋券五百万元，以便收回临时兑换券，并请迅设中央分行，以利金融由。奉批开：呈悉。该会所请拨发中央银行大洋券，专备收回临时兑换券之用。该项兑换券究竟发出若干，未据声明，仰即确查详复，以凭核办。此批。等因。奉此。当查此项临时兑换券系在长沙行营临时印制，经我军携带来赣行使者，究竟其数若干，无案可稽。即经函请总司令部军需处将实在数目查明去后，兹准复称：查是券发出之额敝处亦无定案可稽。惟朱处长所编第一期作战军费收支对照表所列由湖北财政委员会缴入临时兑换券共计三百六十五万元，此殆为江西发出之数等因。函复到会。理合将遵查临时兑换券数目情形，具文呈复钧部，俯赐察核。谨呈

国民政府财政部部长宋

江西财政委员会主任俞飞鹏

中华民国十六年二月七日

（2）蒋介石致财政部咨（2月25日）

为咨行事：案据江西财政委员会主任俞飞鹏呈称：呈为呈请事：案据九江关监督兼内地税局局长周雍能鱼代电称：二月一日奉国民政府财政部令，以本部直辖各征收机关所取税款，应自奉到本令之日起，一律以中央银行汉口分行发行之新票，及湘、鄂、赣

三省通用洋券为限。饬即转饬所属查照办理。等因。自应遵办。惟适值阴历年关，海、常两关均按向例停止办公,四日并无收数,即经规定二月五日起一律遵行。除分别布告并行九、姑两常关办事处，暨报关转运分会通告分栈一体遵照外，谨电奉闻。等情。据此。职会当以中央银行临时兑换券，赣省境内早已通用，曾经规定准予完粮纳税有案。九江商民持有此项钞券者恐不在少。若不能缴纳关局税款,势必引起民众怀疑,影响金融前途,关系匪细。似应与汉行新票，及湘、鄂、赣三省通用大洋券一律照收,以维信用。业经铣电呈请财政部准予照办,并电知该监督兼局长遵照各在案。查中央银行临时兑换券流通赣境，为数颇多，加以该项兑换券质料既非坚韧，流通过久，诚恐发生伪造。迭经呈请钧部转咨财政部，赶速以大洋券将该项兑换券尽数收回。职体察赣省情形，该项兑换券实有速予收回之必要。据电前情，理合重申前请，具文呈请总司令俯赐察核,转咨施行。等情。据此。查该主任所称:尚不为无见。理合据情转咨，请烦查照核夺施行为荷。此咨

国民政府财政部部长宋

国民革命军总司令蒋中正

中华民国十六年二月廿五日

〔武汉国民政府档案〕

## 6 国民党中执会和国民政府委员会临时联席会议秘书处关于刘宗汉请维持江西银行整理金融等情函件

（1927年2月16日）

径启者：据旅汉江西吉安县民刘宗汉等来呈，请维持江西银行整理金融，推广中央银行钞票，统一币制，恳分别办理，以裕财源，而利公私等情。相应据情检同原呈函达，烦为查照为荷。

此致

财政部

中国国民党中央执行委员会
国民政府委员会 临时联席会议秘书处启

附原呈一件

中华民国十六年二月十六日

为维持江行整理金融，推广中钞，统一币制，恳请分别办理，以裕财源，而利公私事：窃维江西自民国来，中经几次变更，筹饷派捐，人民之供应俱穷，现金尤取求殆尽。此商务之萧条，民生之凋敝，已非一日矣。迄于今兹，烧杀抢掠，更加厉焉。幸赖我委员诸公应运而兴，奄有全赣，虽稿苗之遇雨，涸鲋之复苏，亦不足以形容其群情欢悦之状。引领望治之不暇，尚何有民等赞词之地哉。然而小民至今未庆更生，商号至今不得开市者，非其欢悦之诚有不足也。只因现金既被吸尽，所存者惟有钞票。钞票又不作用，小民之生计绝矣。势将坐毙，乌从而庆更生。至于商货既被劫掠，现在现金缺乏，钞票复不通行，江行之积欠，又不设法归还，金融完全停滞矣，货物购买不来矣。虽欲开市，钱货两无，如何开市。我委员诸公，跋涉数千里，原为解除人民痛苦而来，睹此愁惨状况，毅然废止为邓如琢滥发之新钞，以保残余现金之外溢，所有旧钞定为二折行使，不准再有低落，其维持民命之苦心，凡属血气之伦，无不感佩。惟因二折与作废其间所差几何，小民得此亦不足以维持生活，商号如不能收回江行积欠，仅此二折旧钞，尤无裨益于活动之基金，苟无维持及整理之法，欲其开市恐终属不可能之事。即为市面计，强之使不得不开，然外强中干、开亦有名无实，不能持久，徒使有者居寄，物价愈益增高耳。不但无益于商，而于因钞票而受害之小民，更觉无益而有损也。钞票之为害，既如此其烈，人民之受害，既如此其深，已往者若置之不论，现在及将来者群将见而骇焉。事关钞票信用、其影响所及，恐将不止此而已。盖以军兴时期，人民亦知战胜之必要品首在军费，其势不能不取诸商与民，在商与民亦应有所补助，方足以表示其与政府合作之精神。似此政府之财源既在商与民，而商与民之财源惟在商业与农工等之苦力。政府若不维持商业活动之基金与苦力由艰难得来之代价则商与民之财源竭，又何从取而贡之政府，而政府之财源遂亦因之不得不竭矣。故民等再四筹维，爰就商务萧条之源，从民生凋敝之隐，谨拟裕财源利公私之下列七种办法。狂瞽之言请圣人择焉。

（一）维持江行旧钞。查江行旧钞发行之数为五百万整，近年以来因被种种之压迫吸收，致使现金缺乏，市面上完全恃钞票为生活基金并影响及于一般农工与小贩之苦力。小民由终日终岁勤劳而仅得此养民之源者，亦全属此项钞票，毫无现金收入之可言。一旦不准通用，殷商富户尚不足惜，所堪怜者此等多数之苦力小民，得来既甚艰难，存储尤属微末，即仍旧以现在生活程度之高，尽其存储，亦未必能足衣食而免饥寒。若作二折行使，则此等小民生命断绝，此卖妻鬻子及自经之惨状时有所闻也。岂但商人基金完全剥尽，商业从此不振已哉。况所谓五百万旧钞，历年损于水火已属不少，即全体通用亦并非不可能之事。故为小民生活计，为市面活动计，为中央银行信用计，此项钞票均不能不请我委员诸公，推其为民解除痛苦之宏愿，俯准仍旧一律通用也。

（二）废除江行注有复兴隆三字之新钞。查此项新钞，据闻约有六百余万之谱，确系本年军兴后，由邓如琢所发行。邓临行时随身携去或寄存于奸商豪猾之手者，当然不在少数。现在市面流通者，想来无几。若准其与旧钞一律通用或折成行使，则钞势必尽数发见，而我江西之现金，更将被其为第二次之吸收，殊非所以爱江西之道。故为江西大局计，为保全未被吸尽之残余现金计，惟有请将新钞完全作废，虽存有此项新钞之少数商民或不无因受损而发为怨言之处，然所失者小，所全者大，要亦为多数有识民众所感佩，而乐从者也。

（三）取消十年十四年之两次公债。查十年、十四年之两次公债已属过去之事实。有效无效均与现在无甚影响，取消实不为虐。缘购买公债出于资本家之投机者多，出于人民之自愿者少，虽云募集之时多由各县而来，各县知事又多由强迫人民而来，然实际上人民之认购公债者，不过为避祸起见，出钱了事而已，并未存有于若干年后再收回本息之心。故一经认购大都减成出售由富户殷商或银行各资本家收买而去，而被强迫之人民无论当初忍何痛苦而认购者，现在与公债早已脱离关系。此每遇签还之时，所得者尽属资本家，而少见有各县原购之人民者，即是故也。若取消之，移出此项基金另作整理财政及维持金融之用，揆诸我委员诸公节制资本家之至意，亦无不合，而原购之人民不但不受痛苦，且得因维持整理而蒙最大之福利也。

（四）发行新公债。查江行旧钞因受水火之损失已不及五百万，江行之积欠商号虽有一千一百余万之多，但除有应没收而不应清还者外，其数亦不及此。共计两项，江行负债约只一千四百余万之谱。现在现金缺乏，钞票失信，以致金融窘迫，至今不得开市者，其病皆在于此。兹如取消两次旧公债，则此两次公债之基金，计盐斤加价，每年收入约三百二十余万，十年抵补金及十四年二成附加税，每年收入约一百二十余万，又由内地商捐每年收入约一百万，又运米护照每年收入约八十余万，合计每年收入共约有六百余万。仅此项基金一年之收入，移为维持江行旧钞之基金即已有余。再以此后每年收入之基金，另发行一种新公债，以若干整理财政，以若干整理前财政厅积欠江行之债务，俾该行转偿商号之积欠，与湖北现在发行整理金融八厘公债，以若干救济商民因前军阀勒借债款所受之困难，以若干收回前官钱局钱票办法，一律办理，不但我委员诸公之对鄂、赣一视同仁，毫无厚薄于其间，且取消一种无甚关系之公债，移出基金，以作维持江行整理财政，清理积欠种种之用，既利公家，尤便民众。且不侵及正税，复不另筹的款，即一举而数善备焉。天下利国福民之政，诚无有逾于此者矣。

（五）取消盐斤加价，征收特税。查旧公债基金中之盐斤加价，本系当初为派捐筹饷强迫而设，行之已久。我委员诸公深仁厚泽为民解除痛苦，既敢取消公债，必不忍不取消此项有害民食之盐斤加价。但盐斤加价，乃占公债基金之一大部分，若径取消之，则于维持江行、整理财政、发行新公债各项政策又必受其影响，势不能不有抵补之策。抵补之策无他，惟有恳援湖北之例，征收特税，既不虐民，又可寓禁于征。湖北行之既善，江西仿之，其利当亦无穷。诚以湖北特税，年可收二千余万，我江西面积较湖北为大，如援例办理，纵不较湖北为多，要不能较湖北为少。即减半计之，亦可年收一千余万。以之抵补取消盐斤加价之基金而有余。再以其余扩充公债之基金，尚可增加募集总额，以为整理财政及一切金融之用，是更一举两得之道也。

（六）推广中央银行钞票。查中央钞票信用素孚，且为一种国家钞票，发行本无问题，不过商民中知之而信用之者，固属不乏，不知而不敢深信且引江钞以为例者，恐亦不能谓其必无。虽国家钞票原具有一种强制力于其中，不能任人之是否相信，以为发行之标准。然强制力虽强，究难必用之者之心悦而诚服。即不能谓事实上断然可以推行而无阻。如江行旧钞得蒙体恤准予照旧行使，则江西数千万人民均沐我委员诸公再生之德，谁不欢声雷动，共庆已停兑之省钞尚可使之死而复活，而素著信用之中钞，更复何嫌何疑，用之而不争先恐后者。其信用必一朝百倍，不待强制，敢断言至少发行五千万，而亦未必能足我江西全省民众之使用及存储也。

（七）统一币制。查币制之坏至今日而极，江省亦然。惟江省币制之坏，不坏于钞票之复杂，而坏于发行之太滥。故以一江省之大，仅一江行发行五百万之旧钞，其基金本无不足，只因现金被邓如琢滥发新钞所吸收，遂致无兑现之可能。现虽于无可设法之中，想出上述各种维持办法，使之仍旧一律通用，但省钞与中钞并行，既如我朱军长所宣言与现政府确定之政策不合，且恐将来金融上万一再生变化，又蹈今日之覆辙。欲预防其弊，惟有一面维持江行，先解除人民痛苦；一面即以维持江行一年之基金六百余万，抵借中央钞票，以作收回江行旧钞之用。似此中央银行仅以五百万之纸币即可换进六百余万之现金。至江行旧钞除通用外，只准兑换中央钞票，不准兑换现金，是一转移间不费丝毫现金，而江钞已可计日收回。一经收回即行销毁，追销毁净尽，而全省所用者不问而知其概为中央钞票，币制至此不统一而自统一矣。其公私交利尚可以数量计哉。综上七端，虽非救济我江西尽美尽善之策，要亦民等由各方面调查实情而来，与大多数人民之心理尚无不合。伏乞我委员诸公俯察舆情，准予议决，转饬所属遵照分别办理，必有以慰我江西人民之望，以解我江西现在财政及金融之困难，再进而收推广中钞统一币制之效果也。再查湖北官钱局钱票与商民前因军阀勒借之债款，均属过去之痛苦。我委员诸公冠盖莅止，尚立予设法分别救济及收回，以示体恤湖北人民之至意。若我江西关系全民众现在生命之旧钞，及江行欠款，其轻重已自有别，况我江西商场之局面小于湖北，而我江西此次所受之痛苦则大于湖北，此尤我委员诸公所目睹而心伤也。我委员诸公既为救民而来，其救我江西人民因其情节轻重之不同，当必视救湖北之人民为急，维持民命以裕富源，整理金融，俾利公私，想已早有成竹在胸，初无庸民等之冒渎清听也。惟泰山不遗土壤，河海不择细流，敢贡刍荛，伏维采择。所有恳请维持江行，整理金融，推广中钞，统一币制各缘由，是否有当，理合根据实情，胪列办法，呈请鉴核施行。谨呈

中国国民党中央执行委员会
国民政府委员
联席会议处

旅汉江西吉安县民 刘宗汉 郭德沛

中华民国十六年二月

〔武汉国民政府档案〕

## 7 俞飞鹏关于破获伪造中央银行临时兑换券机关呈

（1927年2月22日）

呈为呈明事：案查职会前因高安县属破获伪造中央银行临时兑换券机关，嗣于南昌市面又复发现伪造一元、五元之临时兑换券甚多，迭经文电呈报钧部在案。查南昌市面近来发现之一元、五元伪券花纹精致，字迹清明，忽遽颇难辨识。其不同之点，即一元伪券背面总司令行营朱印内，篆文命令二字中间无一小直，真券则均有之。五元伪券正面金库库长章内，金字上层一横系属平写，与真券篆文之向上湾〔弯〕曲者迥异。至正面号码不论一元、五元多有重复，券经检查明晰。除咨行南昌公安局设法查究外，理合检同一元、五元伪券各一张备文呈请钧部俯赐察核，并乞迅将该项临时兑换券悉数收回以利金融，实为公便。谨呈

国民政府财政部长宋

江西财政委员会主任俞飞鹏

计呈送一五元伪券各一张〔略〕

中华民国十六年二月二十二日

〔武汉国民政府档案〕

## 8　徐桴关于中央临时兑换券质地差易生流弊请予收回咨

(1927年2月25日)

径启者：案准南昌总司令部行营军需处刘处长纪文俭电称：倾奉总座发下朱处长芾报告内称：中央临时兑换券照条例行使三个月，第四个月即行收回。现过期已一月有余，票币纸张既不良，印刷又甚模糊，行使既久，流弊滋多，请设法收回云云。当经请示照准，饬电贵处转商宋部长妥为办理。特此转达，请为查照是荷。等由，准此。相应转函贵部查照，酌核办理，实纫公谊。此致

财政部长宋

总司令部军需处长徐桴

中华民国十六年二月二十五日

〔武汉国民政府档案〕

## 9　宜昌榷运局局长杨树芬关于盐商正税期票仍存中国银行呈

(1927年2月)

呈为呈请示遵事：案奉钧部泉字第二十五号令开：案照中央银行汉口分行现已开幕，所有各收入机关经收款项，应随时解交该分行存放，不得在其他银行或钱号积存，以归统一，而免危险。

业经本部通令遵行在案。嗣后凡属政府各机关对于款项存放及支用，均应与该分行直接往来，订明存支手续，以便随时交接。如有在其他银行钱号存储支用，以致发生危险，或一切纠葛，除责任各该经手员负责赔偿外，并应认为妨害财政统一，严加惩处。事关国帑出入，不惮一再申明，合行令仰该局长遵照办理，毋得违误干咎。切切。此令。等因。奉此。查宜昌盐商正税期票，向存宜昌中国银行代为保管，业于本年二月五日，将正税期票改为三十天，并仍存中国银行各办法呈报在案。现查宜镇尚无中央银行支行，正税期票应否仍行照旧办理之处，理合备文呈祈鉴核，指令饬遵，实为公便。谨呈

财政部部长宋

宜昌榷运局局长杨树芬

中华民国十六年二月

〔武汉国民政府档案〕

## 10 国民党湖南省党部请中央设法收回纸币或维持流通等情公函

（1927年3月10日）

中国国民党湖南省党部公函　省字第九三〇号

径启者：案据敝省衡阳县党部、市党部、商工农学大联合、农民协会、总工会、商民协会、县学联会、市学联会、女界联合会、商会、财产保管处代表、全县民众请愿代表蒋焜、曾鉴、胡光煊等，携带请愿书到会请愿。其请愿书称：为代表全县民众请愿，恳祈转请中央政府，收回中央纸币事：缘自我军革命以来，所向披靡，前线饷糈，转运不及，我中央政府，于是发行各项银元、毫洋券以利行师，而便转运。是此等纸币，实为促进革命成功间接

之武器。我前方将领，非有此间接之武器，虽百万貔貅，无由摧锋而陷阵，我后方民众，虽朝夕奔走呼号，无以补助实力于万一。属邑为湖南要区，得党化之先导，对于革命工作较他邑尤为热心。所以中央政府发行之湘、赣、桂三省通用券，及临时兑换券，并广西毫洋券，虽经中央政府迭次电令一律行用，而各省、各县仍有明拒暗拒，明抵暗抵，种种阻滞之不一。属邑为交通便利之地，夫岂不知各地之状况，与中央政府难于兑现之情形，不特不效尤低折，而且设立中央纸币维持会，以资厉行。迨城乡市面到处流通，各埠此等纸币纷纷输入，将属邑现金吸收殆尽，犹复忍痛撑持到底不懈，无非为裕饷源、厚军储、壮士气、促革命成功而计。故宁牺牲全县之金融而不惜。近由县署奉悉省主席有电略称：三项纸币久未兑现，致有暗盘低折低解各币，嗣后各县局一律停收。等因。奉闻之余：群情惶骇，伏思此项纸币为革命军人之命脉，奉令行使，一以服从政府之威信，一以扶助革命之精神。彼平日不热心革命，服从上令之邑，或全未收受或收受而不多，或低折而不足，一旦作废，受害尚浅，甚或因低折收受贩运他埠，吸收十足现金者转受其利。惟属邑则收受独多，受害独深，若不请求解救，诚恐将来各县以属邑为戒，使热心革命者、服从上令者为之寒心，而疲玩藐抗之邑且私心自喜。既有碍革命之前途，更有妨政府之威信，而饷源骤塞，军心不固，尤为岌岌可危。若以流弊滋多，亟应设杜绝，似可逐渐设法以善其后，何必操之一束，顿起恐慌。现计收受此项纸币最多者，除属邑外，尚不下数十县。此数十县中，其濒于破产者，合计不下数千家。以热心革命、服从上令之民众何堪受此痛苦。若属邑则全县金融尽流入此项纸币中，一旦机关不收，全城破产，阖县农、工、商贾皆失业无措，将来纠纷万端，殆无宁日。不已开全县各公法团会议，公举代表等前来请愿，伏恳钧部关怀大局，俯念民艰，迅予转请中央政府，即将各项票币收回，或设法兑现，使之流通，以裕饷源，而励服从，解纠纷而苏民困，不胜迫切待命之至。等情。据此。查我国民政府所发各项票币，既已换得人民之现金，自应设法维持，俾得流通。如因行使此项票币弊窦丛生，则无现可兑实弊窦之所起，断不能因使行不便，遽令废弃，使人民坐受其困。蹊田夺牛、其谓之何。兹据请愿各情，除指令呈悉。查中央纸币不能流通，前经本会电请中央设法维持在卷，据称各情，准予再行转请国民政府维持流通，或设法收回可也。此令抄发外，相应函请贵部查照办理，并盼复示，是为至荷。谨致

国民政府财政部长宋

湖南省执行委员会常务委员 李荣植 凌炳

中华民国十六年三月十日

〔武汉国民政府档案〕

## 11 国民党中执会关于划一制币以利流通函件

(1927年3月21日)

径启者：本会于本月十八日第二次政治会议，据后方政治工作联席会议主席孙炳文呈请划一纸币，以利流通案。当经决议交贵部核办。相应检同原呈，随函送请查核办理。此致

国民政府财政部

附原呈一件

中华民国十六年三月廿一日

自武汉发

呈为呈请事：二月十四日职会开第十八次后方政治工作联席会议，拟提议关于请划一纸币，以利流通案。其理由略称：查各

省市区中央银行所发纸币，多盖有该省市地名。缘因各地有以大洋为本位者，有以毫洋为本位者，一般无知奸商与狡诈之银业界，遂得藉为口实，随意操纵，从中渔利，以至彼此不能流通。例如盖有汕头二字，或湘鄂赣等之中央纸，在广州市面，竟有奸商任意低折，甚至中行不允照兑。而广州之中央银行之一元纸币，每百元加水一元至一元二、三角不等。试思同是中央纸币，竟有彼此之分轻重之别，此风一开，则中行信用及币制前途何堪设想。故统一币制，实为目前最大要务，而不容稍缓者也等语。并拟定办法五则：(一) 各省市区一律不准盖有各该地名称，庶免彼此之分，而收划一币制之效；(二)各省市区一律以中央纸币为本位，全国各省十足通用，不得任意压抑歧视；(三) 将全国银币改铸总理遗像银币，以补中纸零兑之流通；(四) 严禁奸商操纵金融违者处以紊乱金融罪；(五) 禁止各国纸币在中国境内行使一案，须严厉执行。各等情。据此。除分呈并咨财政部办理外，理合备文呈请钧会察核，迅恳明令施行，以利流通，而资整顿。是否有当，仍候示遵。谨呈

中国国民党中央执行委员会

后方政治工作联席会议主席孙炳文

中华民国十六年二月十七日

〔武汉国民政府档案〕

## 12　武汉政府集中现金经过概况抄件

(1927年3月—1928年12月)

十六年三月宁汉分裂，武汉政府感受财政上之困难，乃组织战时经济委员会，以汪兆铭、谭廷闿、宋子文（其时在申）、孙科，苏兆征为委员，筹谋集中现金，增发纸币，于四月十七日在

党部开会，并召集工会代表列席，由汪兆铭报告。大意为打开经济封锁，将现金集中银行，维持纸币信用，完成北伐。希望人民拥护政府，注意后方安定。是日下午即禁止现金出口，并颁布集中现金条例七条，其要点凡五：

一、只许中央、中国、交通纸币流通市面；

二、持有现银及其他银行钞票者，调换三行纸币；

三、收付银两均用纸币，以七钱一分折合，不得伸缩；

四、禁止现金出口；

五、禁止抑勒纸币价格或高抬物品价格，违犯者按律严办。

自条例颁布后立即执行。

按武汉金融，自十五年战乱之后，交通阻滞，洋厘高翔，各业咸事收缩，现银并不甚多，据估计约在三百至四百万之间。集中令下，以广东银行交出之七十万，香港国民银行之三十万最巨。而发行之钞票约有三四千万元，湖北历年铸造之当二十铜元之总数约六千万元（见全国财政会议张难先湖北财政报告书），又湖北言〔省〕官钱票约七千万串（其时已定整理办法用公债调回，每元换十串。已调回四百万串），仍在市面流通。

集中令下，汉市顿成纸币世界，内外均生重大影响。查汉口申汇行市平时约为洋例九百六十两，十八日即涨为一千两，十九日更涨为一千一百两。其实自十八日起，上海已与之断绝汇兑关系，虽出高价购买规元，亦无问津者。至于对内而言，铜元突涨。例如十七日兑价为三串五百八十二文，十八日为三串三百十七文，十九日为三串一百五十文。因钞票价格日落，物价转昂，一星期内物价即涨起十分之五。米、柴、煤炭为民食所需，存货无多，不能不步涨。其他商业亦情愿暂时关门歇业，一方将大批纸币购办轻便土产，设法运沪转售现金。上海现金虽不运往武汉，然亦有人在沪设立机关，以低价收买汉口钞票，运往武汉购办土货，再转至沪售现。因此社会生活大受影响。十九日夜，由财部召集银钱商会代表讨论维持办法，结果组织金融讨论会。其会员即由汉商会推举五人，银钱公会各推举三人，中、交两行各推一人，再由财长及中央银行行长共十五人组织之，于二十日成立。二十三日最先讨论申汉汇兑问题。当经决定：由该会暂行办理汇兑，中外商人在沪或在汉采办货物需要现银、或现洋，由汉口金融讨论会指定之汇兑机关如期照兑现款。关于商场一切汇兑往来，务恢复现金集中令未下以前之原状。商人以后倘能确实证明赴某地采办货物，并可持护照携带现洋出境，即个人确系接济家用者，亦可由会汇洋四百元。二十五日复议决五项：

一、洋价最低定三千二百文；

二、限令征收机关筹备铜元来部，以备无限制兑现；

三、禁抬物价；

四、汇兑交中、交二行活动；

五、请党部宣传，务达全民拥护。

以上二次议决，执行至如何程度，不甚明了。大致现金出境在八月以前恐未办到。物价虽涨，钞票同期内亦能十足通用，申汇亦活动，六、七、八三月均维持于洋例一千两左右，视现金初集中时稍平矣。

现金集中后，真相莫名，惟据事后调查可得而述者，厥为纸币之增发。按四月十八日以前钞券流通确数不得而知，约计为三四千万元。此后数目，据报告为六千二百五十六万元。

| | |
|---|---|
| 中央银行 | 一九·六三三·九九三元。 |
| 财政部发中国银行钞票 | 一二·〇〇〇·〇〇〇元。 |
| 中国银行 | 二一·六三八·四〇五元。 |
| 交通银行 | 九、二八九·〇〇〇元。 |

共计　　六二·五六一·三九八元。

又国库券一千三百三十九万元，分两次发行流通市面，与现金一律行使，两共达七千五百九十五万余元。

至于中央银行汉口分行亦有可述者。查该行系以湖北官钱局资产担保发行金融公债，转向汉口各商业银行抵借现款三百一十六万七千九百二十五元，作为该行资本金。其发行之钞票，全无现金或保证准备，其会计上之处理，除记入发行兑换券科目贷方外，同时作为发行课往来存款透支以后，以兑换券准备金科目冲转。故准备金为一虚设之科目。此项钞票大约全数由财部借去，因财部向该行透支之数达三千六百余万也。现金集中命令颁布以后，该行经理胡大昌及代财长张肇元犹违法支取现金，至九月二十三日只剩三万五千余元矣。其时各商业银行，以广东银行及香港国民银行所受影响最大，且丝毫未向中央银行支借，已见前述。他如上海、浙江、兴业、实业等银行，均乘三行钞票信用十足时就集中数目向中央银行陆续支借殆尽，所以结果可谓并无损失。其有钞票者各行为顾全本身信用计，如中国实业、浙江兴业早已在上海以申钞照兑，懋业则以上海汇票照兑，每百元只扣汇费五元等情不一。

武汉市面其时所恃以流通周转者，厥为三行钞票，价值虽较申钞、现洋略低，但在市面行使尚无阻滞。在国库券发行以后，三行钞票之信用且较库券为佳。数月以来，初无变态，因内则严法相绳，外则受交通阻隔之影响，市面虽饱含危险性质，尚无触发之机会。自八月以后，宁汉合作，财部东迁，当局弛用现之禁，而对于已发无准备之纸币，预先并无妥善周详之处置，于是跌价风潮乃一往而不可收拾。国库券最先落价，三行钞票随之。自九月中旬起，逐日着跌。其初钞票一元尚可值三四角，换铜元两串上下，至九月二十后只值现洋一角，有奇换铜元一串上下，物价飞涨，为从来所未有。至九月二十三日以后，市面对三行钞票竟有视若废纸，拒绝收用者矣。

考钞票价值所以难于维持之原因，大概不外下述三种：（一）政府吸收现金：宁汉合作后，现金集中令无形取消，复因财政竭蹶，政府于九月初将关税、厘金、特税，邮电、铁路等改收现银，于是现银之用途甚广，价值逐日高涨，而钞票自贱矣。（二）钱商操纵：当三行钞票跌落之际，财政当局乃酌量市价，放出现洋，收买钞票，定现洋一元收买钞票四元二角，交由各钱庄收买。讵各庄以为有利可图，乃故抑票价，始由四元跌至十元以上，彼乃居间获其余利。（三）内地早已跌价：鄂、湖、皖等省内地未全被现金集中之影响，所有流入之三行钞票早已跌价矣。

国库券跌价之时，当局即定整理办法三条：（一）弛放区内禁现；（二）特税等收现，以为整理之基本；（三）十一月十五日以后，陆续抽签收回。但空言无裨事实，迨钞券随落、其势甚猛，金融混乱不可终日，商店争藏货物非有现金不售。代财长张肇元乃密令中、交两银行启封现金暗中收买，但总难怯其势。九月二十二日，武汉政治分会财政委员成立，孔庚、王祺、邓寿荃任常务委员，亟谋收拾之方法。暂定钞票五元或国库券拾元易银洋一元。税收改为半现半用纸币，照价申合，并命武汉各银行自十月十二日起停止收付两个月。在此期间，由三行筹备现金照价开兑钞票。至于国库券，拟定倍征武阳夏三镇房租两月，将来用国债券归还。钞票开兑后，衹限在总商会一处。往兑者势如潮涌，尤以军人为多，因之竟有守候终日尚不得其门而入者。十四日遂限制军人兑换，暂停七天，而钱商又操纵其中，在外勒价收集，故二十五日又规定以十元为限，至三十一日财委会又下令停止兑现矣。至于开兑之现金，据云有三百余万，来源不甚明了，或以税收押借而来，而实际兑出者衹五十一余万元（合钞票二百五十五万余元），十二日复由财委邓寿荃及唐生智之副官长派兵二百余名全数劫去。至于钞票收回之总数则达一千三百六十六万余元，包括收买、兑现及税收搭用三项在内。自停止兑现后，流通在外者仍达四千八百八十九万余元。此项停兑纸币至十七年经第一次全国财政会议议决用公债整理，旋由财部发行十七年金融长期公债四千五百万元，全数收回。至于国库券，除经收回四百九十万余元外，在外流通者约为八百五十九万余元，如何整理，嗣后并未闻有结果。

因纸币跌落而连带发生问题者，为债务问题。在十六年四月十八日以前者为现金债务，十八日以后至废除现金集中令之日止为非现金债务。综计全部债务约为六千余万元。嗣后债权、债务双方自行结束者，有四千余万元。其余部分，发生纠纷，放款者坚欲收回现金，借债者定欲偿还原钞，彼此争执迁延年余，无法解决。最初拟仿辛亥兵灾前例，取公断式裁决，但因债权人多为钱业，有公会可推公断员，至债务人则殊分散，不免偏倚。故至十七年十二月，始由武汉政治分会命令湖北省政府会同湖北高等法院及武汉市政委员会选定审判员组成武汉临时商事法庭，专理债务，采取二级审判制，审判确定后，即由该庭以简便迅速之方法执行，不适用普通法庭之执行程序。

〔国民党政府资源委员会档案〕

## 13 广东北海市各界请筹设中央分行推行纸币吸收新毫以维民生电

（1927年4月3日）

武昌分送国民政府谭主席、财政部宋部长，广东省政府委员会、财政厅孔厅长钧鉴：钦廉高雷各属，前因邓本殷设厂鼓铸新毫，强迫行使，旧毫收熔既绝，伪币制出复多，银价日低，物价日涨，行使窒碍，亏损益巨，人民感受痛苦，奚啻火热水深。近自廉江、安铺、灵山相继拒用，影响所及，各处金融顿生摇动，工商各界更形恐慌，商店停止交收，承饷纷请退办，新毫不能市物，惄扰将无已时。万一饥民强徒，铤而走险，地方隐忧不堪设想。北海各界迭次集会讨论，极力维持，议决除铅、铜、铁、锡露面及哑板外，省板外，一律通用，违者罚办。晓谕宣传，人心稍定。第止沸扬汤，究非根本办法。用敢联恳迅赐救济，俾解倒悬。一面派员前来筹设中央分行，推行纸币，吸收新毫，改铸行用，以拯民生，藉维国计，大局攸资，实深利赖。临电屏营，不胜迫切待命之至。广东北海市各界维持金融委员会、商民协会、总工会、农工商学联合会、商会、保卫团局、学生联合会、妇女解放协会、农民协会、第四军第十一师司令部、北海市政筹备处、平南盐务支处、南路财政分处、北海口征收出产运销物品内地税局、南路筹饷支处、合浦审判厅、廉洋水师统带部、钦廉缉私分局、煤油局、第四军第十一师政治部、北海市党部同叩。江。印。

〔武汉国民政府档案〕

## 14　国民党中执会关于闽省莆田劣绅逃至汉口运动中央银行闽省分行请拒绝函件

（1927年4月12日）

径启者：现据总政治部广州留守主任孙炳文有电，转据福建莆田县党部筹备处电告，该县劣绅林期廉缉拿在案。现闻逃汉口，运动中央银行闽省分行，请拒绝等情。相应检同原电函请查照。

此致

国民政府财政部

计发原电一件

中国国民党中央执行委员会

中华民国十六年四月十二日

中国国民党中央执行委员会、国民政府委员会钧鉴：财政部宋部长勋鉴：顷接福建蒲田县党部筹备处工□来电称：该县劣绅林期廉十界掐〔控〕告缉拿在案。现闻逃往汉口，运动中央银行闽省分行，或请沏〔拒〕绝等语。特此电闻，请为注意。总政治部游〔留〕守主任孙炳文叩。有。印。

〔武汉国民政府档案〕

## 15　国民政府军委会关于第三军给养困难拟在赣设立分行等情公函

(1927年5月6日)

国民政府军事委员会公函　　经字第58号

径启者：顷据第三军军长朱培德报称：该军驻防江西，财政支绌，给养困难。特派军需处潘副处长来会，请即筹备经费，并乞转知财政部，克日派员赴赣，设立分行，兼带铜元数十万元，以维金融。等情，前来。查该军经费困难，系属实在。除将该军经费列入五月份预算，俟议决后，再请拨发外，所请在赣设立分行，调剂金融一节，是否可行，相应函达贵部，请烦查照核示为荷。此致

财政部

军事委员会

中华民国十六年五月六日

〔武汉国民政府档案〕

# 〔五〕工商业和邮电交通

## 1 孙中山关于修筑广州成都铁路与加拿大签定借款合同①

（1923年4月12日）

### 广州成都铁路金币借款合同

本合同于中华民国十二年四月十二日，即西历一九二三年四月十二日订立。其订立之双方，一为中华民国政府，以孙中山博士全权代表国家及地方当局（以下简称“政府”）；一为加拿大英属哥伦比亚温哥华北方建筑有限公司（以下简称“承造人”）。

政府与承造人议定之条款如下：

**第一条** 承造人或其让受人愿意代中华民国政府募集年息为七厘之金币借款（以下简称“借款”），其数额以建成由广东省之广州至四川省之成都铁路（以下简称“铁路”）及其支路，双方估计所需之款为限。

此项借款待第一期债票发行之日起，即称为“中国政府国家铁路七厘金币（借款）——广州成都铁路借款。

**第二条** 此项借款所实得之进款，用于建造此路及购置设备以及关于此项工程一切必需之费用。

**第三条** 此项借款还本付息，由中华民国政府良好信誉及其总税收担保，并以此路为特别抵押。

注：①此系英文本，由孙修福译成中文。

此特别抵押，为此路首次抵押，由承造人及其让受人代表债票持有者享有之(以下简称“受托人”)。凡此路已建成及正在建造者以及由此路所收之各项进款,连同为此路已购及拟购各种材料、车辆、建筑物皆作为抵押品。

如每半年应还之本息全部分期满不能偿还时，受托人有权代表债票持有者履行由特别抵押权限所规定之各种权利。

此特别抵押权应照本条以契约办理。但须特此声明：此路除由中国政府愿意担保及抵押外，实系中国财产。此路所用土地之契约，务须毫无各种纠葛，并应随买随写,用此路名义注册立案。在勘定线内所购地段之报告各件，连同地契，应由此路总办事处送交受托人代表收执，作为首次抵押之据。在中国政府未收回所有契据之前，照本条下文所载：凡地契存于受托人充作借款部分首次抵押之地亩，如未经中国政府字据允准，无论作何用处，一概不得出租或转售他人。如遇中国政府不能偿还借款本息时，受托人可依照抵押权限处理。所购土地务须毫无各种纠葛，并须依照中国法律规定应有各项契据妥善过契，由受托人之代表注册收执，依照本合同作为债票首次抵押，待借款本息及各项欠款还清后，即交还中国政府。如遇中国政府不能偿还本息时，受托人可依照抵押权限处理。

为进一步保实首次抵押起见，中国政府在债票赎回之前，不得将抵押之地亩、此路及此路产业出售,转让与他人,或使其受损害，亦不得稍有损碍首次抵押之权利，但有受托人缮据明确允准除外。允准与否视有无损害债票持有者之利益而定。

又议定，借款本息及各项欠款倘未还清之前，除受托人缮据明确允准外，中国政府不得将上述各产业再行抵押与他人，无论是华人还是外国人。

**第四条** 如债票每半年之利息不能如期照付，或依照偿还附表所载，分期应还本款不能清还，则全路及其产业抵押与债票持有者之受托人，由受托人依照法律处置，使债票持有者利益得到正当保护。如因有中国政府无力控制之种种原因，而不能照付到期之款，或政府要求受托人展期接管铁路，且限期不得超过六个月，可由中国政府与受托人之代表和衷议决。此项借款本息及其他各项欠款还清后，应照本合同各条所载将铁路及其全部产业完好合同，交还中国政府收管。

**第五条** 债票之利息每半年一算，即每年六月一日及十二月一日支付。每次摊还借本及利息之数目，以及经清还借款之代理人即承造人或其让受人之应得酬金，按每百元得一元之四分之一算（按二毫五算），一并如数于期前十四天付给承造人或其让受人。建路期内应付利息之数目及二毫五之酬金，均由发行债票银行应承造人及其让受人之请求，于期前十四天，在此借款所得之进项内提支，交给支付此项借款之代理人。建路期内未用之借款转存生息之利息，及建成之路段行车后所得之款，皆可充付利息。如尚不足，可从借款本款内提付。此路全线竣工后，债票利息及经理借款之酬金，由中国政府从其收入及铁路进款中交付，于期前十四天，一并如数付给承造人或其让受人。

中国政府担任依期清还此项借款之本息。无论何时，如此路进款及借款之现存余款不敷偿还债票利息及依照偿还附表所载分期应还之本款，中国政府应设法从他项进款拨补，以能于每届偿还期至少前十四天，将全数交付承造人或其让受人。

**第六条** 此项借款之债票应为中华民国政府债票。

**第七条** 此项借款之期限及其赎回之期限，将由双方互相商定。

一俟此项借款全数清还，本合同即无效，抵押亦取消。

**第八条** 债票式样，应由中国政府与承造人及其让受人，于合同签定后迅速确定。如今后票样因加拿大或其他国家银市之需要必须更改，可由承造人或其让受人与中国政府或其代表会商，酌情略改。但债额总数及中国政府负债之责任不得稍有更动。所有改易之处，应由承造人或其让受人呈报中国政府。

债票准用英文刻印。中国政府受权代表之签字及其印信亦均摹刻于上。

此项借款债票须每张编连贯号数由承造人或其让受人监督印刻，印数酌情而定。中国政府代表签押后，再由承造人或其让受人附加签押。

此项债票若有遗失或损毁，则其遗失或损毁之债票，可照数补发。惟须有遗失或损毁之确实证据，以通用形式，交与承造人或其让受人及中国政府代表，以便查核存案。承造人或其让受人应获得索补债票人必需之担保。索补债票人应负责关于补发债票等一切费用，并担保赔偿中国政府或承造人或其让受人所有因补发债票而受之损失。

**第九条** 所有借款招帖以及付息还本一切详细办法，本合同未予载明者，均由承造人或其让受人与中国政府代表商定，俟本合同签字后，即准承造人或其让受人迅速发出。此借款招帖遇有需共同办理之事，中国政府令其代表与承造人或其让受人协同酌办，并将此借款招帖签字。

**第十条** 此项借款债票分两期或数期出售。第一期数目为一百万至一千万美元，应于本合同签押后迅速发行。此债票发行之价额由政府及承造人或其让受人参照同类债票最近之市场价值预先酌定。

此债票发行之实价，除在各国发行之印花税及议定为发行债票应付酬金外，即为中国政府所得之实数。

**第十一条** 此项借款实得之进款，由承造人指定并担保存放发行债票之银行，列入“广州成都铁路”户下，并按该银行之例价取息。

建筑工程即将开始时，应将在中国六个月内所需之预算款额，汇交双方议定之中国银行，列入“广州成都铁路”户下。中国政府动用此款，须凭总帐房及总工程师之签名支单。此六个月所需之预算款额汇兑后，每月应陆续汇款，以便中国常有六个月预算之款项。中国存放银行应按中国银行利息时价付给利息。

**第十二条** 承造人或其让受人被任为债票持有者之受托人（以下简称“受托人”）。此后，中国政府与受托人有借款交涉之事由此产生的各种问题，受托人作为债票持有者之代表有权代表他们行事。将来建筑工程竣工后，受托人仍为债票持有者之代表。并从债票发行日起至清还之日止，每年获得债票持有者应交五千美元酬金。

**第十三条** 此路竣工后，如有出售债票剩余之款，此款应由中国政府支配，或照本合同后文所载赎回债票，或存入双方议定之银行，作为偿还借款利息之用，或用于利于此路其他事项，但须由中国政府先期通知受托人。

**第十四条** 全路所需在勘测界限内之地及岔道、车站、修理厂和车库所需之地，由中国政府照详细计划按实价购买。其购款及关于购地之必需费用，均由借款进项中支付。

**第十五条** 一俟提供此项借款，中国政府即于广州设立铁路总办事处，其存在时间，到全部债票清还完毕。此办事处设一中国督办，由中国政府委派，配一总帐房为副手（以下称“总帐房”），须加拿大人或英国人。加拿大人之代表或有名望之英国清帐公司代表亦可。工程完竣后所用之总工程师（以下称“工程完竣后总工程师”），亦须加拿大人或英国人。所有这些雇员及其后继人，由中国政府与受托人共同推荐。当其解雇时，亦得由中国政府与受托人双方同意。当雇员或其后继人因病故或解雇或辞职或退休造成空缺，且本条款有效时，则应照上述推荐委用各办法由英国人及上述有资格者补充。

兹因这些雇员职责，是为增进政府与债票持有者共同利益，故订明，如遇有争执，均通过政府与受托人代表和衷解决。工程完竣后总工程师及总帐之薪金及聘用合同之条款由政府与受托人商定。其薪金等费用均由铁路总帐中支付。

为办好此路，所有重要技术人员，应聘用富有经验有才干之外国人，如遇有同样能胜任之中国人应优先聘用。其聘任及其职责，经督办与工程完竣后总工程师协商后呈中国政府核准。聘任总帐房办事处之外籍人员，其手续相同。所聘外籍人员如有不正当行为或不能胜任者，由督办同工程完竣后总工程师商议后，经政府核准可免其职。聘用外籍人员合同应与通行格式相同。

总帐房帐务处所管此铁路建造及行车之收支帐目，应用中英两文书写。总帐房有组织及监督帐务处之责，并应经由督办将其所管之事报告政府，报告债票持有者代表即受托人。所有收支款项，得由总帐房签字经督办及工程完竣后总工程师核准，方可作证。

总帐房可雇用中国人员，其主要帐务人员应有熟悉帐务处整个帐务之各种机会。

全路告竣后，所需各种技术人员之安排，由督办与工程完竣后总工程师商定，并及时报告政府。

工程完竣后总工程师之职责，应是与督办商定既有效又经济维护及管理此路之办法。

在工程期内，每年从铁路借款中拨付一定款项，其数额由政府或为此而指派之官员与承造人或其让受人酌定，由政府或某专门负责之部门支配，经政府核定为办公费用。

督办经政府准许，可设立一学校，以教授中国学生铁路知识。

本条所言各节，不仅在工程期内有效，而且在债票未清还之前始终有效。

**第十六条** 一俟提供此项借款，即由政府与受托人协同推荐，并由政府委任一有名望之加拿大或英国顾问工程师（以下简称“顾问工程师”）与督办协同办理此路事务。其驻中国代表应是加拿大人或英国人，应是建造期内总工程师（以下即称“建造时总工程师”）。建造时总工程师及其后继人之免职或开除得经政府与受托人共同批准，方能生效。新任之建造时总工程师亦应是有名望之英国人，其委任办法与上述相同。

建造时总工程师应监督承造人最经济建成此路，以便依照本合同各条款保护政府和债票持有者之利益。

兹因顾问工程师及建造时总工程师负有增进政府与债票持有者共同利益之责，故双方议定：如遇有争执，均由政府与受托人之代表妥善解决。其薪金及聘用合同之条款应由政府与受托人酌定，薪金等项开支均由此路总帐中支付。

顾问工程师及建造时总工程师对于直接或经由督办转达之政府意旨或训令，应予以尊重执行。对于督办关于工程技术之训令，亦应遵守，但同时应视其有无妨碍有效建造此路及其设备之完善，以便使此路成为债票持有者之完好担保品。

此路各线设计书及其他一切图样均由顾问工程师备办，经督办监核。并须注意到工程及设备所需之资本，将来回收资本之能力，当地情形及需要，工程是否经济及此路大概运输量等等。还须顾及到线路设计合理，并有获利能力，确保此路设备完善等政府之意图，以便使此路成为债票持有者完好之担保品。

此路行车时所需之车辆包括机车应提供充足，其质量及数量由建造时总工程师会商督办视此路大概运输量及运输情形而定。

**第十七条** 如中国政府欲为此路行车、帐目及全路轨道材料钢轨等设备，制定统一规章，则此路之管理亦须遵守此规章，并不得有损于债票持有者之利益。

**第十八条** 兹委任承造人为中华民国负责此工程建筑及装配经理人。承造人应善于选用上等材料，按督办及建造时总工程师意图，依照设计书要求建成此路。承造人应遵照由督办转达之政府训令，按建造时总工程师之意勘定线路。

兹委任承造人于建造期内，为此铁路局购买所需国外进口一切材料设备经理人。凡督办要求购买一切重要材料要征得建造时总工程师同意。如所购材料系从国外进口，该经理人须用最便宜价格购买，按净价计算费用。兹特声明，所拟购材料及支取费用，得经督办及建造时总工程师核准，否则无效。

承造人应于所购国外材料之前，进行查验，其查验费用应照实开支。

督办及建造时总工程师亦应对在国内所购各重要材料进行查验，未经双方查验批准者不得点收。

**第十九条** 承造人应聘任一名中国政府合意有才干之经理人，并正式授予权利，代表承造人驻在工程或其附近，于建造期内代其负责此路工程。亦可酌情随时雇用能胜任之负责工程师、稽查员、监督总管、分管、工头及工人等。承造人还须备医供药为全路工程人员服务。

承造人担保所用外籍职员遵守中国风俗礼教，以及所订通商条约和中华民国政府关于寄居中国外籍人员规定。如上述外籍职员中有行为不正或不服管理或对中国地方官员不尊敬或虐待乡民等事发生，承造人一经通知后，即当根据犯事情形公平处理。

无论何时，如督办指控承造人所用之中外职员有行动不当或品行不端，则应立即查核，以便公平判决。如所指控确有证据，则犯事人应即开除。

建造此路所用之中国技术助手，承造人应为其提供熟悉铁路各部门情况之方便，并令工程人员尽力为其提供有关建路资料。

**第廿条** 全路所需及建造此路所需之地（包括道碴坑及取土坑），无论久用或暂用，以及便于此路或进入此路之地，均由政府及时备妥，便于承造人随时使用，不致延误工程进行。

**第廿一条** 中国政府所付承造人建造，装配此路及工程期内维持此路花费金额，应按承造人实际垫付之金额及为此应付花费金额百分之五酬金计算。此实际垫付之金额应包括购买设备器械、总管人员薪水、管理及工作等费用及承造人其他所支一切费用；从欧洲或他处特聘技术师及工人等国内外旅费；以及职员专为本合同事来往旅费；购买设备器械等物品，包括物品原价及运费之实际金额，机械之租金，以及为方便所雇职员而设立之伙食处、诊疗所所需之一切费用。

承造人未得督办及顾问工程师之许可，不得与工人或任何人议定包筑或转包业务，以致有他项垫出费用。如有上述情况，其垫出费用，未经督办及顾问工程师许可，其所垫之款或全部或部分，由督办及顾问工程师核定，不得列入承造人之帐。但承造人所雇职员及其薪金不在此例，由承造人自行处置。除承造人之经理人及其属下主要工程师外，其他外籍工程师及办事员之薪水与中国同类铁路人员相等。

所谓此路设备，应包括此路行车时所需一切必须之物，包括备足行车所需车辆、机车。兹特此声明：不包括此路完全建竣并设备齐全交于中国政府后，所购一切设备。所有为此路所购地亩费用，督办、总帐房、顾问工程师之薪金，各办事处及其职员所用一切费用，亦不在上述建造和设备范畴之内。

中国政府见经督办、建造时总工程师及总帐房核定之支出单据，即付与承造人为上述事百分之五酬金。

**第廿二条** 中国政府无论何时应为承造人因本合同事提供用款。为此，中国政府应实行随时付款办法，由承造人于每月底至少前七天，将下月工程估计用款帐单送交建造时总工程师，政府即于每月一日拨付所估之款，存入承造人所指定之银行，为承造人之存款。如上月有欠承造人之款，应一起拨付，或于承造人处有多余之款，亦可照数扣除。

**第廿三条** 承造人在建造及装配此路过程中，完全可自由使用此路及工厂。在建造期内，亦可完全自由使用为此路及岔道、车站、工厂、房屋、水塔等所用一切地亩，包括取土坑、采石场、道碴坑、砖窑等用地。俟此路建成后应全数交与中国政府。

**第廿四条** 勘测完成后，如政府以为可行，则可与承造人议定付给红利办法，根据政府所定用款及所定期限内完成建造及装配此路某段而定。如此项办法议定后，承造人不能用所定用款于所定期限内完成建造及装配此路某段，承造人不负责任，亦不受罚款。

**第廿五条** 中国政府应防止干预、阻碍和骚扰承造人之事发生，并须采取必要之防范措施，以保护承造人所雇人员及财产安全。

**第廿六条** 承造人所雇职员之财产及与工程有关之一切人和物，均须由中国政府保护。政府应注意地方安宁，不得有预谋妨碍工程之事发生。如遇有工人缺乏，而有碍工程进行，政府应尽力与承造人配合，妥为解决，并全力协助承造人雇到工人。

**第廿七条** 督办、建造时总工程师及承造人之代理人应就有关工程必须实行之事进行晤商，以求商定维护各自利益及原则、双方满意之办事细则及行动准则。如因有关此路装配、建造而引起之争论（除非另外订定），则应由不满意一方立即向政府提出，政府应迅速作出公正裁决。如某方觉得受亏或不满意，则应立即交双方所推之两中立公正人裁决。该公正人应按加拿大仲裁法，调查情况，作出公平判决。如两公正人所判不能一致，再立即交两公正人所推一公断人判决，此公断人之判决即为终判，双方不得再有争执。

**第廿八条** 承造人于建造期内，应视建造情况而起用临时轨道行车，一切车务应照督办所定之价目单及有关章则办理。行车进款，扣出由总帐房为行车支出费用后，承造人应得多余之款之三分之一。

**第廿九条** 如督办及建造时总工程师认为某路段竣工可行车时，承造人应依照本合同之规定交与中国政府。至于何段为竣，应于完成勘测后划定。

**第卅条** 为保护全段安全，应设中国铁路巡警队归督办指挥，其警官均用中国人。所有警饷及维持费用，完全由此路建造及维持费中支付。如此路遇有需请中国政府派兵保护时，应由铁路总办事处申请政府迅速派出，其费用由政府付给。

**第卅一条** 此路建造及行车所需各种材料，不论由国外进口，还是由各省运至建造工地，如中国其他现存及拟造铁路享有厘税豁免之待遇，则此路亦应享有。此路借款之债票及其息票以及此路进款，均应豁免中华民国政府各税。

**第卅二条** 中国制造和生产之材料，如价格及质量与进口材料相等，应优先购用，以促进中国工业发展。加拿大材料，如价格及质量与其他各国材料相等，亦应优先购用。

**第卅三条** 承造人经中国政府同意，可将其各种权利全部或部分转让或委托与其后继人或让受人。

**第卅四条** 如有必要适当发行为建造此路全部或部分之省债票，广东、广西两省依照本合同所定各条款，并以各省总税收及其良好信誉作保，可有权发行。其数额以建造本省境内路段所需款项而定。若各省直接与承造人订立合同，但本合同所定之各省管理与监督之权仍属广州政府或中华民国统一政府。各省应由稽核员向督办报告各省经费开支情况。

如日后需发行中华民国债票取代上述省债票，政府即行同意发行中华民国债票取代之，(如有必要的话）并以中华民国总税收及其良好信誉担保。

如本合同签订后十二个月内工程尚未开始，中国政府可终止本合同，双方均不为本合同付代价。但虽已期满，而正为财政事进行交涉，则可延长六个月，再展期得经双方互相商定。

**第卅六条** 一俟成立统一政府，中华民国政府及广东、广西省政府，保证中华民国统一政府批准并采纳本合同。若统一政府为此约原执行者，此种"批准"及"采纳"即为本合同发行债票之保证，并以中华民国总税收及良好信誉作担保。

**第卅七条** 本合同共缮写英文、中文五份。中国政府留存三份，送交英驻华大使或英驻广州总领事一份，承造人收执一份。如有疑义，应以英文为准。

本合同于中华民国十二年四月十二日即西历一九二三年四月十二日，由双方在广州签字。

中华民国十二年四月十二日

西历一九二三年四月十二日

孙中山（签字）(印)

加拿大北方建筑有限公司副董事长

卡明（签字）

见证人：陈友仁

〔北洋政府财政部档案〕

## 2 大本营军政部请令他种军事机关和地方官接办邮电检查并拨付所欠经费呈稿暨大元帅指令

（1924年2—3月）

### （1）程潜致孙文呈（2月29日）

呈为呈请事：窃查邮电信件，关系军事，至为重要，而报纸当军事进行时期，每刺探军事秘密动作，揭诸报端，殊于军事进行有碍。以故当去岁北江战事开始时，职部即派员专司邮政、电信及报纸检查员之责。除三水邮局检查员，当北江战事终止后，即行撤销外，其广州市范围内，每日邮件多在二十万件以上，殊非少数人员所能办到。计任用检查主任一名，检查员十余名，电报检查主任一名，检查员一名，报纸检查员四名。各员每日服务或自【晚】至早，或自【早】至晚，较他员特为辛劳，因每员每日特给津贴五毫。而自北江战事开始，以至于现今，军事进行迄未停止，殆无日不在军事紧急之中，以是未能将各检查事项停办。计自开办以来，截至本月二十九日止，应支三水局检查员薪水津贴、广州市检查主任及检查员薪水津贴洋共二万四千五百四十七元五角。此项开销，在经费上本无着落，纯由职挪垫。现在实已负累不堪，计穷力尽，再无维持之力。理合据情呈恳钧座迅准令行他种军事机关或地方官，将各检查事项，于本月二十九日以后派员接办。并恳将二万四千余元之垫款，指拨的款，以清负累，实为公便。职平生任事，向不意存推诿，兹实无法维持，迫而出此。伏祈谅察，俯予指令施行。谨呈

大元帅孙

军政部部长程潜

中华民国十三年二月二十九日

〔孙文亲批〕：着核实以后，每月多少，一并要财政委员会酌拨。

文批。

（2）大元帅指令稿（3月）

大元帅指令　第194号

令大本营军政部长程潜

呈请令他种机关接办检查事宜，并拨款清垫由。

呈悉。现在军事尚未结束，所有检查邮电、报纸事宜，未便停止，应仍由该部派员赓续办理，以一事权，而重军情。至以前垫支各款及以后每月应支经费，着核实一并开列，呈候核明交财政委员会拨给可也。此令。

〔广州国民政府档案〕

## 3　大本营秘书处为下令禁止军队骚扰铁路站致军政部公函

（1924年4月3日）

大本营秘书处公函　第一三六号

径启者：奉大元帅发下广九铁路总工程请出示严禁军队骚扰英文信一件，奉谕着由军政部出示严禁。并由部分咨湘、滇各军总司令示禁。等因。奉此。相应节译原信函达，即希遵谕办理。此致

大本营军政部部长程

计送原信译文一纸

节译原信如下

据运输课长呈称：据石龙站长报称，近日驻扎石滩之湘军，每

日约有三、四百人往石龙购买食物。彼辈往往三五成群，到石龙车站，要求以专车送之返石滩。各站长不能应其求，彼辈即侵入彼之办公室，任意扰害，毁损器物，并以非礼及威胁加之站长。三月三十一号有滇军军官搭由石龙开往广州之第二次特别车到石滩，将替班站长殴打。该替班站长当即被吓或因伤逃去，至今尚不知下落。（中略）拟请由大元帅及各军长官出示严禁官兵妨害铁路职员及火车行动。此种布告，拟请张贴于各车站显著之地。

民国十三年四月三日

〔广州国民政府档案〕

## 4 大本营关于广九铁路护路经费一律停拨令稿

（1924年5月5日）①

大元帅训令　第1223号

令广九铁路护路司令周自得

为令饬事：业查广九铁路护路司令一职，昨已明令裁撤，应即赶办结束。所有原由广东财政厅及广州市财政局担任筹拨之护路经费各二百元，应截至七月十四日止，一律停拨，以节经费。除分令外，合亟令仰该司令即便遵照。此令。

〔广州国民政府档案〕

## 5 大本营军政部关于广九铁路护路警备司令权限任务等情呈

（1924年5月31日）

呈为呈覆事：案奉钧令开：广九铁路，曾经令派周自得为护

注：①此系发稿时间。

路司令，责成保护路政，及沿铁路附近一切治安。旋据西路总司令刘震寰呈称：权派冯启民为广九铁路警备司令，并乞准予备案各在案。乃近据报告，驻在铁路附近之军队，有任意售卖客票，并加征二成之事。比年广九沿线以东江作战之故，地方咸感痛苦，驻防军队宜如何加意保护，以卫人民，而利交通。若任意加征，既妨路政，尤苦人民，应着严行制止，以昭至公。嗣后关于路政事宜，即由广九路局办理。除两司令权限任务，着由军政部拟定转行遵守外，并着分行驻扎广九沿路附近军队一体遵照毋违。切切。此令。等因。奉此。查军队售卖客票，并加征车费，自应遵照帅令，严行禁止。其关于护路司令权限任务，仰周司令遵照四月二十七日七六号帅令办理。查冯司令就职通电内声明，奉帅座面谕，护路司令专司保护来往车辆。车站以外沿路附近地方防务，仍由各该驻防军队照常负责维持等语。似此车站以外，沿路防地，应由冯司令负责警戒，沿路车站及来往车辆应责成周司令切实保护，以免疏虞。至关于路局收入，该两司令均不得干涉。等语，在词。除分令该两司令遵照，并分行外，所有拟定护路警备两司令权限任务各缘由，理合呈覆钧座察核备案，实为公便。谨呈

大元帅孙

大本营军政部部长程潜

中华民国十三年五月三十一日

〔广州国民政府档案〕

## 6　大本营秘书处关于广九路应领之购煤款按日拨交函呈

(1924年6月)

### (1)大本营秘书处笺函稿(6月25日)

径启者：顷奉大元帅交下广九铁路工程师蒲伯呈请饬军政部于军车管理处撤销之日起，按日将该处应领之款五百元拨交该公司，以充购煤之用等情。函一件，奉拟交陈兴汉办理等因。相应检同原件函达，即希查照为荷。此致

兼代广九铁路局长陈

大本营秘书处

民国十三年六月二十五日

(2)陈兴汉呈（6月27日）

呈为呈覆事：窃奉秘书处转奉帅座交下广九铁路工程师蒲伯呈请饬军政部于军车管理处撤销之日起，按日将该处应领之款五百元拨交该公司,以充购煤之用等情。函一件,奉拟交陈兴汉办理等因。并发原函一件，奉此。查该路购煤日领之款五百元，现已由财政部军需经理处按日拨交。奉批前因，理合呈覆鉴核。谨呈

大元帅

计呈缴原函一件(略)

陈兴汉谨呈印

中华民国十三年六月二十七日

〔广州国民政府档案〕

## 7　范石生关于士敏土厂交还政府函暨孙文着财政委员会接收批

(1924年7月)

(1)范石生致大元帅函（7月1日）

大元帅睿鉴：窃石生入粤之始，目击各友军将市内公共处所占领净尽。因士敏土厂，乃粤省官办实业之最著成绩者，思有以

保存之，免为无纪律之队伍占驻，致遭蹂躏，于是派拨队伍前往驻扎看守。嗣市内各征收机关，均既为军队霸占，职部伙食无着，乃将该厂招商承办，藉资维持。此去年三月以前事也。殆将沈军击退，而后得将彼所占征收机关夺回，斯时职部伙食始行有着。惟职部年来转战东北两江，阵亡将士为数不少，若不及早照章抚恤，抚躬自问，其何以慰幽魂，而激励来兹。且石生将来回滇，又将何以对死者家属，于是尽将士敏土厂收入，概作抚恤之用。惟东北两江战役，职部阵亡将士逾千，自去年四月起，逐月清厘给发，至今尚未及三分之一。当兹库储奇绌，此诚无可如何也。粤省用兵年余，罗掘俱穷，征收机关，复为军队占收殆尽，若不急谋财政统一，实不足以救目前之厄。但我帅座颁布统一财政命令而后，迄今已阅数月，而军队占收如故，其将征收机关奉还政府者，寂无闻焉。查抚阵亡将士之要点，既如上述，兹为先其所急，计谨先将士敏土厂，先行奉还政府，以为各军之倡，其余收入，一俟伙食有着，当陆续奉还，以符统一意旨。伏乞鉴核，俯赐即日派员莅厂接管。至抚恤一事，俟财政统一而后再行呈请核办。专肃。虔请钧安，伏维睿鉴。

中央直辖滇军第二军军长范石生签呈

中华民国十三年七月一日

〔孙文亲批〕：着财政委员会派员接收，酌量办法①。前香港士敏土厂有承买灰石之意，较之自制士敏土之利加倍。可着陈友仁再向港厂磋商。如港厂仍有意承买灰石，即将此厂停办而另设新厂于北江。否则另议办法。并作答嘉奖。文批。

---

注：①七月二日大元帅训令第 317 号，财政委员会即日派员接收该厂，并妥拟办法。

（2）财政委员会函（7月8日）

径启者：准贵总参议来函，关于处理士敏土厂办法，奉帅谕：前香港士敏土厂有承买灰石之意，较之自制获利加倍，可着陈友仁赴港磋商。如果仍有意承买即将此厂停办，而另设厂于北江。否则另议。着会讨论等因。准此。经于七月四日第四十八次特别会议时，附列于接收士敏土厂案内合并讨论。当议决由财政部派委财政厅前往接收。除汇案呈报大元帅及分行外，当由会函达财政部，请其转饬财政厅先与陈局长友仁接洽在案。相应函复，即希查照为荷。此致

大本营总参议胡

财政委员会

中华民国十三年七月八日

〔广州国民政府档案〕

## 8 孙文查办广东兵工厂密电

(1924年10月19日)

（1）密电之一

急。广州胡留守：总密。着胡留守令兵工厂查办员，限于本月二十二日将案查明详报。若有疑难之间〔处〕，为被查办人不甘服者，务着再造限本月二十四日到韶，由本大元帅询明办理。不准允延致误军机。切切。此令。孙文。效辰。印。

（2）密电之二

急。广州胡留守鉴：总密。巧电悉。着马超俊交代，交代后即与查办员一齐来韶对质。任黄骚代理兵工厂厂长。孙文。皓未。

印。

〔广州国民政府档案〕

## 9 大元帅关于粤汉铁路款改解大本营会计司训令

（1924年10月29日）

大元帅训令　第一五号

令大本营会计司司长黄昌谷

为令遵事：据管理粤汉铁路事务陈兴汉呈称：窃职路前拟具救济养路办法，呈请帅座核示。旋准大本营秘书处函开：顷奉大元帅交下贵管理呈一件。奉谕：所呈尚属可行。着先商之各提款机关，再行呈报核办。财政收支统一，前已明令各机关遵照在案。查呈内尚列有建设部向该公司每日提款二百元，殊不合手续，应即日截止。现在大本营需款浩繁，着将该款径解韶关大本营会计司应用。等因。奉此。除录谕函知建设部外，相应函达查照办理。等由。准此。当经分函提款各机关查照，并于十月二十一日在南堤小憩公同会议，理合将议决案呈报帅座鉴核。是否有当，仍候指令祇遵。等情。据此。除指令：呈及议决案均悉，准如所议办理，候令行各机关遵照可也。此令。印发外，合行令仰该司长即便遵照。此令。

计抄发公开路款议决案一件

中华民国十三年十月廿九日

公开路款议决案：

十月二十一日下午七时假座南堤小憩会议，公开路款议决案。

列席者：滇军总司令部参谋长周自得，

湘军总司令部军需处龙安华，
西路讨贼军总司令部军需处宋主任，
大本营会计司司长黄昌谷，
管理粤汉铁路事务陈兴汉。

议决三项：

(一)每日粤汉铁路收入车利，暂以四六支配。军费占四成，养路费占六成。

(二)军费每日大本营一千三百元，滇军总部一千元，西路讨贼军总部五百元，建设部二百元(已并入大本营会计司收)。以上四处额数，将每日所收四成之款平均支配。但滇军总部，每日所分之款，连同附加费不及一千元，则由大本营会计司应派之款内填足(非常时期不在此例)，余归会计司收。

(三)附加军费系临时专举，与路款无关，仍照原案办理。

〔广州国民政府档案〕

## 10　许崇灏请减轻粤路负担以维路政呈

(1925年8月11日)

呈为呈请事：窃粤路自军兴以来，负担军政各费之重已达极点，迭经各前管理将困难情形呈请核减。旋奉帅令：此后无论何军，皆不得再向粤路提款。现在军事尚未结束，所请暂从缓议各等因。业经遵照勉为支持。讵原有负担既未核减，而意外增支又复纷至。即如本年四月间，前林管理任内发生罢工风潮，工人要求加工，计每月约增支一万七八千元。又奉令在提拨四成车利项下盈余，拨付豫军军费，每月增支一万八千元。又杨、刘称兵时，林前管理与工人订立条件，预备工人罢工战时伙食及各项杂用约二万元。此外尚有战事期内，被逆军劫掠银仓及各站损失尚未计及。以上均属经支确款，并无虚饰。崇灏奉命管理该路之时，适沙基惨案甫发之后，受时局影响，煤价飞涨，商货滞运，收入因而锐减，支出更加浩繁。现匀计每日收入车利仅得五千余元，除以四成拨解军政各费外，所余仅得三千元左右。而每日支出最紧要之煤价已占约二千六百元，职工薪粮、路警饷项约二千八百余元，偈油煤油各项杂件约九百五十元，此系每日必需之款。以仅余区区全数拨付已属不足，若遇有枕木废栏〔烂〕或机车道损坏，随时抽换补置及其他用款，尚难预计。即每日提解财政厅之军政各费，急若星火，须臾难缓，维持之法，只有挪宽就急，苟延时日。现已筋疲力竭，挪借无门。凡此种种困难，倘不速谋补救，停车即在眉睫。但补救之法，舍核减军政各费之外，决无良谋。查职路原日拨付滇军十份凑足一千元，及桂军五份约四百元。两款自杨、刘败逃后，经林前管理呈奉核准截留，补给战事期内工人罢工之用，统计约共支过银七万元。经陆续清给。但清给之后，此款仍解还财厅核收，分别拨付。惟职路每日增支豫军六百元一款，虽奉令在提拨四成车利项下盈余拨解，但遇收入畅旺时，提出四成照额摊足，始有盈余，然仍不及每日六百之额，只以军食所关，不得不勉为筹借，照额拨足，以期毋误。现当此凋敝之余，收入奇绌，既无盈余，而百孔千疮，亦无术筹借。若仍责令职路按日拨解，实在力所不能，请准豁免。又原日拨付桂军一项，桂军业已销〔消〕灭，似应体念职路艰难，免予提解。至支过豫〔预〕备工人战事期内罢工伙食等项，系林前管理当时与工人订立条件，非此不足以制逆，运输纯为辅助政府进行起见，与补给工人罢工期内，一工三工之款无异。崇灏系继续照约履行，免生枝节，应请准予在解款项下，陆续扣抵，俾得稍轻负担，路务庶可维持。当战事发生之时，停车日久，绝无收入，职路已受巨大损失，至被逆军劫掠银仓，各站损失，亦属因公波累，应请酌予弥补，以恤困难。

总之，粤路为北江交通要冲，关系运输，而于军政各费，尤为重要，倘稍可支持，自必力维现状，以期毋负职责。但入不敷出，为数太巨，虽有巧妇亦难为炊，不得不据实直陈，以求补救，而免贻误。查广三路局，每日认解实只五百元，以职路较之多至数倍，虽不敢援案请求，但有上述各种为难，迫得呈请酌予核减，以维路政。所有粤路近日困难情形，拟请减轻负担各缘由，理合具文呈请察核，伏祈俯准分令遵照，并候示遵，实为公便。谨呈

中华民国国民政府

管理粤汉铁路事务许崇灏

中华民国十四年八月十一日

〔广州国民政府档案〕

## 11　政治委员会议决派林祖涵等参加查办粤汉铁路委员会并予监督整顿之权函

（1925年9月30日）

径启者：本会于九月三十日第六十四次会议议决，派林祖涵、甘乃光、孙科、陈公博、徐苏中及粤汉铁路总工会所推举出之代表一人，组织查办粤汉铁路委员会，澈查该路积弊，并授该委员会以监督及整顿之权。相应函达查照。此致

国民政府委员会

政治委员会代理主席　汪兆铭

中华民国十四年九月卅日

〔广州国民政府档案〕

## 12 陆枝关于粤汉铁路工会推代表参加查办粤汉路积弊函

(1925年10月5日)

敬覆者：昨准贵处十月一日函开：本日奉国民政府令开：派林祖涵、甘乃光、孙科、陈公博、徐苏中，及粤汉铁路总工会所推出之代表一人，组织查办粤汉铁路委员会，彻查该路积弊，并授该委员会以监督及整顿之权。此令。等因。奉此。除分函外，相应函达查照等由。准此。经于本月四日召集敝会全体执行委员会议决定，推举孙得珍代表出席查办粤汉铁路委员会。除发给证书外，相应函覆，希为查照。此致

国民政府秘书处

粤汉铁路总工会执行委员会委员长　陆枝　印

民国十四年十月五日

〔广州国民政府档案〕

## 13 广东省政府转报农工厅九月份办事报告册呈

(1925年10月28日)

为呈缴鉴核事：现准广东农工厅厅长陈公博呈缴十四年九月份办事报告册二本、图表六纸，请分别存转备案等情。当经省务会议议决照准。除抽存及批示外，理合检同该报告册一本、图表六纸，随文呈请钧府鉴核。谨呈

中华民国国民政府

计呈广东农工厅九月份办事报告册一本、图表六纸

广东省政府省务会议

古应芬
宋子文
许崇〔灏〕
孙　科
宋子文
陈公博

中华民国十四年十月二十八日

谨将农工厅九月份所有统计农工事项办理经过情形分别开列呈核：

第一　办理统计事项经过情形：

九月份办理统计事务，除仍继续编制广州历年物价指数，现已将衣料及杂项两类编制完妥外，尚有二种工作即历年十七种物价指数逐月升降图表之完成，及历年银元购买力逐月升降图表之制作是也。兹分述之如下：

（一）衣料及杂项物价指数之编制：查本厅编制广州历年物价指数所用物品共分为六类：一、米类；二、其他食品类；三、衣料；四、燃料；五、金属及建筑料；六、杂项。其一、二、四三类已于前月结束呈报在案。至金属及建筑料则因调查困难尚未蕆事，须俟下月方能结束。本月则从事于衣料及杂项指数之制作。其衣料所用之物品，则有五十一种，杂项所用之物品则为十九种。兹列举之如下：

衣料所用之物品：

| | | | | |
|---|---|---|---|---|
| 花纱四种 | 棉花三种 | 湖绉二种 | 纺绸三种 | 官纱一种 |
| 胶绸二种 | 点梅纱二种 | 茧绸一种 | 薯莨布一种 | 夏布一种 |
| 麻布一种 | 土布三种 | 蓝布二种 | 乌布一种 | 紫花一种 |
| 绒五种 | 缎二种 | 羽纱一种 | 竹纱三种 | 罗布一种 |

斜布二种　　洋布二种　　格布三种　　花布一种　　线衫三种

杂项所用之物品：

纸六种　皮三种　烟四种　枧二种　火酒一种　梳打一种
漂白粉一种　针一种

（二）历年十七种物价指数逐月升降图表之完成：此种图表已于七月份编制呈报在案。惟民国四、五两年之物价当时难于调查，无从得其确数，暂付阙如。现已设法将该两年物价查得，遂即编入，再行绘图制表，以补前所不足。

（三）银元购买力逐月升降图表之制作：银元购买力 prschaing power of Dollar国人向鲜注意，故其递降递升之情形绝不明了。查银元购买力之现象，实与物价指数为反比例，此升而彼降，此降而彼升。故银元购买力即为物价指数之倒数，是以必先求得物价指数，乃能求得之此图表。遂根据历年十七种物价指数而完成焉。银元购买力之变迁，自民国七年以来下降益甚，至民国十三年九月已低至百分之六四，即用银币一元购买物品，在民国二年值一百分，及至去年九月只值六十四分耳。此虽由于物价日趋腾贵，然近日伪币充斥，银元本身成色亦自降下，未始非一原因也。故一般人士所得之货币工值Meney Wages表面虽无减少，而实际所得之工值Rcal Wages则已减去三分之一以外矣。

附呈图表六纸

计　开

广州历年批发物价指数表三纸（衣料二、杂项一）；

广州历年批发（衣料、杂项）物价指数图一纸；

广州历年十七种物价指数及银元购买力逐月升降表一纸；

广州历年十七种物价指数及银元购买力逐月升降图一纸。

第二　办理农事案件经过情形：

（一）番禺县第二区农民协会报告，中山路线所经番禺珠村至鱼珠段内，农民损失极大，请颁发路线图表并准予派代表参加筑路案。

此案先准广东省农民协会，据番禺县农会具呈转函过厅，当以原呈所称各节系因维持农民痛苦，补助路政进行起见。查核尚属实情，经予分函罢工筑路委员会，暨广东公路局查核办理。旋准会局先后函复该区农会，请派人参加筑路系属正当办法，自应照准办理。惟派员参加如须支给薪工应另编预算，呈请追加，以备给发。至珠村直达鱼珠之路，尚未兴筑，一俟该段兴筑再行通知该区农会派人参加，并由局将路线图表检呈建设厅转发具领等由。业经函复省农会转饬知照，嗣准农民部以本案转函到厅，亦经照案函复查照矣。

(二)前公用局长姚观顺为农民协会逮捕殴伤案。

此案先据中山县东镇四都公民代表黄懋祯等删电称：该前局长因筹办乡团致为农会所忌，寒日在石岐地方被农会派队捕去殴至重伤。嗣据中山县联团总局长梁鸿洸等呈同前情。又据该前局长邮电称：九月十四日观顺由乡来岐，行经十八间马巷口，即被冼雄标预伏农团军截拿围殴，抢去手枪、银物，拘回农会锁禁，再行殴打重伤，复诬以反对革命等罪名锁解中山县署，经黄县长提讯验明遍体鳞伤，并经省农会特派员何友、李华炤等当堂指证，此事全系冼雄标、冼达元父子所为，农会并不知情，概不负责，特电请查究各等情到厅。均经先后令县分别查明妥办具报。

(三)顺德大洲乡农会委员长梁胜有等、农民部特派员黄泽南被劣绅何祝莲勾结民团局长吴近，福军营长李建宏捉去毒殴锁禁，请令释究办案。

此案据顺德县农会具呈到厅，当经批行该县查明办理，并咨请军事厅转饬粤军第三军严令该营长迅将农会长员释放，切实查明究办在案。旋准军事厅咨复，已咨请军事长官转令第三军长查明究办。并据顺德县长邓雄呈复内称：查此案准建国粤军第三军南番顺中剿匪司令驻顺行营函解何就成、陈尚联、梁胜有、陈启荣、梁骚仔五名请查收讯明办理等由到署。当堂提讯，均称务农，不认有与匪交游情事。惟陈尚联、梁骚仔二名均称未入农会，察其容貌尚非匪类，经即由李特派员民智，郭特派员剑华等具保领回等情到厅。当经批复并函省农会转饬该乡农会知照矣。

（四）中山县全属业佃代表杨遇春等控冼雄标等假冒自卫名义，据局制票滥收各费案。案经据情分咨民政厅查复，业准咨复。均以中山县沙田先经省务会议议决，准由农民自筹自卫并将自卫等费撤销。当即由民政厅核定，将原日所办之自卫护沙等局，连同向抽之自卫等费一律撤销。所有该县沙田防护事宜，即由当地真正农民组设协会，妥拟章则，呈候核准筹办，会同财政厅布告饬遵。如果该县农会并未妥拟章则呈报核准，遽行派人接收各局迫勒佃农照旧纳费，实属不合等由过厅。当经令行中山县长遵照，责令该县协会等迅将自卫各费停止征收，并将收过沙捐各费如数给还业佃。所有沙田收费事宜应依照民、财政厅会令所定各节，由县妥定办法，呈候核定饬遵。并饬布告农民一体知照矣。

（五）中山县东海区农民代表萧耀廷等呈请准予设局自卫案。

案经批据中山县长查明，该萧耀廷系教会中人，并非农民，所拟设局自卫，即是沙田自卫局之变相，经将该代表等呈请原案撤销。

（六）南雄县朔溪农民代表彭显善等组织农会呈缴简章名册，请准备案案。

查各乡农会应由当地真正农民联合组织，该彭显善等是否真正农民代表，所缴简章是否妥协，均应澈查明确，以杜弊混。案经函准广东省农会查复，并令县转饬该代表等亲到省农会切实陈明，以凭核办。

（七）东莞篁溪区及东南隅民团，强迫农民加入民团，苛抽田亩附费案。

此案系准农民部转函办理。查各属民团、联团不得强迫农民加入，并不得向农民加抽捐费，业经前省署通令禁止有案。该篁溪区及东南隅民团强迫农民加入，苛抽田亩捐费，自属违反政令，意图破坏农会。当经函复，并令东莞县长遵照，分别查明制止，究办具报。

（八）农民部函请将宝安县农会围缴谭启秀部枪械，拨归农会领用，并将附逆联团及劣绅文凤俦分别解散究办案。

案经令行宝安县长遵照迅将该县农民协会当日围缴谭启秀部枪械始未情形，暨该县联团及黄冈墟福生店东文凤俦附同逆军，伤毙人命各节澈查明确具报，再行核办。又准省农会以本案函请究办，复经令县查复核办。

（九）花县田主维持会，杀毙农会副委员长王福三案。

此案据花县农会，花县卢前县长先后邮电到厅，当经转呈国民政府军事部密令驻县攻鄂军，就近派队会县拘凶究办在案。嗣据花县徐县长及该县农会先后具呈，均称此案已由农民部派代表韦启瑞到县会同农会代表及各乡田主代表开和平会议，议决条件十四款，双方均悦服签约了案并附呈条件到厅，业经分行批复照准备案。

（十）驻广宁县第三师团长周汉铃在江屯农会募伕逾期不遣回案。

此案准省农民协会函据广宁农会报称，转请办理。查该江屯农会事前既代该周团军队雇募伕役，已属深明大义，乃该团逾期不将伕役遣回，实属不合。当经咨请军事厅转悉该周团长迅将伕役妥予悉遣回以安农民，并函复省农会转饬该县农会知照。

（十一）东莞县上溪乡农会副委员长郑健，被白濠乡卢、郭等纠众枪毙案。

此案准省农民协会函转办理。当经令行东莞县长遵照查明严缉卢、郭等十二人归案究办，一面督警会营驰赴该乡，严行制止械斗，具报查核。

（十二）深圳护沙局局长苛抽沙费拘禁蔡屋村农会会员案。

此案准中央执行委员会函转，据深圳区分部呈称：建国第一师第一旅委任王祝南为深圳护沙局长，自接任后苛收护沙费，并督队到蔡屋围村勒收，即将该乡农会副委员长蔡国安、会员蔡泽生二人拘禁等情，请严行查办等由过厅。当经咨请军事厅查照办理。旋准咨复，该师部队业已缴械，分别编散，自可无庸查办云，并经将案附卷存查。

（十三）曲江县农民协会会所被攻鄂军占驻案。

案经据情呈奉国民政府军事部函复，业经咨准攻鄂军程总司令咨复，已令行该军第三旅转令该处，即行移出，并饬随时保护该会进行矣。

（十四）惠阳县淡水鹧鸪岭农民协会，请领自卫枪枝案。

案经据情呈奉省务会议令复，函准国民政府军事委员会函复，现在无枪可发，应从缓办理，当经遵照转饬该会知照。

（十五）省政府令饬办理曲江县萧香北等毁厂抢物伤人案。

此案系由民政厅据曲江县长王钺具呈，转呈省政府省务会议议决交职厅办理，业经转行省农民协会澈查具复核办。余如东莞县梅沙乡被匪刘发仔等掳劫焚毙案，已令县查明究办。省农会函请转咨将著匪邓余培一名正法案，已咨请军事厅转饬虎门要塞司令，查明办理。亚东农场被匪纠党劫牛案，已批行县查缉究办。顺德濠涌农会被严在燊督率民团搜捕农民案，已令县查究。紫金县第三区农会被粤军阻止巡行案已咨军事厅查明办理。高要县洞源乡农会会员熊玉宗胞弟熊火照，被胡辛保等打死没尸案，已令县查办。中山县程健坤等聚匪洗劫掳勒案，已令县澈查究办。市郊第一区农会拿获凶犯蔡锦案,已咨请广州地方检察厅依法办理。饶平县农会筹备处请委任筹备员案，已函省农会查复办理。其他尚有正在核办各案，应俟下月再行汇报。

第三　办理工事案件经过情形：

(一)准广东牙刷抿扫工会立案案。

查业牙刷抿扫工人并未设立有何等工会在案。现据广东牙刷抿扫工会呈缴章程及职员名单、会员名册前来,恳请准予立案。经职厅派员查明确系纯粹工人之组织，所拟亦无不合，经即批示照准立案，并饬将进行情形随时报告。

(二)广东牙刷抿扫工会与广州制造牙擦工会争执案。

查广东牙刷抿扫工会前经职厅查明批准立案有案。讵该行尚有未入该会之工人，被东家播弄另行组织广州制造牙擦工会，以为对抗地步，致生争执。经职厅传集双方调处，责令该制造牙擦工会会员应即加入牙刷抿扫工会，以谋团结，不准另行组织同一业务之工会，以弭纠纷各在案。想不日当可解决也。

(三)准广州人力车工会立案案。

此案前据该会筹备委员会筹备员孙津西等呈,具连同人名册、章程职员表为改组广州人力车工会，以为联络感情,团结实力,共谋利益，恳请准予立案，以保劳工等情前来。经职厅派员澈查改组经过情形尚无不合，旋即批准立案。

(四)广泰来栈司理与广州旅业总工会争执案。

此案系因广州旅业总工会会员张来、何宽等十三名，被广泰来栈司理苏珠无理开除案，由该会呈请维持。经职厅传集双方来厅询问明白，责令该司理不得无故开除工伴,仇视工会会员在案。嗣据该司理呈覆，遵谕规复工伴四名。据此。经即令行旅业总工会转饬知照。讵又据该会代表投称：该司理所陈全属虚伪，复用工伴多非该会会员等语。经再传集双方来厅，面斥该司理不得任意推诿。嗣由该司理允即复用工伴十名，系由旅业总工会列荐，以备该司理录用后，克日返工。以后如有加增工伴时，仍应由旅业工会加荐，不得私用该会以外之工人作工等各条。经职厅职员见证，双方签字在案，讵后该司理又多方藉词，到期匿避不出，意图推翻签约。复经职厅派警保护旅业工会会员工伴十名，先行复工，以符签约，再定十月八日双方来厅互订复工后各种条件。

(五)准中山全县总工会立案案。

查中山县属各工会，向无设立何种团体，以资互相联络。现据该县长以据中华海员工业联合总会中山支部、中山县屠业工会等组织中山全县总工会呈请备案等情，转呈备案。查组织总工会以谋互相联络，系属应有之义，且该县并未有此种工会成立在前，经即批示照准。

(六)准广东邮差工会执行委员会修改章程，请备案案。

广东邮差工会执行委员长吴治，为修正章程呈请备案，经职厅查明妥合已准备案。

(七)佛山制饼工会为惨遭搀夺恳请澈查案。

查该工会于民国十一年因要求加薪罢工月余，解决后，讵有黎端等乘其罢工期内，竟与东家另行立约作工，搀夺工作，虽屡经讼诉以来，因政局变迁率未得直，以致失业四年，恳请澈查办理等情。据此。除即行佛山市政专员查明办理，以免失业而杜搀夺在案外，业经批示静候解决矣。

(八)广九铁路工人要求加薪案。

查广九铁路工人，以生活程度日高，而路局待遇未善，决议由该工人联合会提出加薪条件。嗣经该代理局长李承翼两次逐条驳辩，均有呈请备案。现又据该局呈将所公布加薪条件来厅，恳请备案，职厅以该局所公布之条件，尚属妥允，经即批准备案。

（九）自来水工人呈请对于帮升火及女工一律加薪案。

自来水工潮，前在职厅签定双方条件解决后，现据该厂职工代表投称，该公司虽已照约递加薪金，惟对于帮升火六人，长工女工十四人，尚未一律照加。同是水厂雇用，何得轻此重彼，恳请责令照加等语。当经职厅令行该公司查明，如果所陈属实，自应一律照加，不得歧视。嗣据该公司呈缴职工支薪数目册到厅，查明确无帮升火及女工支出之规定，故不能加入工人团体内计算，即不能照样要求加薪，业经分令知照在案。

（十）保护佛山唐洋履业工会案。

查佛山唐洋履业工会，前经依法呈请立案前来，并批准有案。现据该会来呈，以该县同业工人未入会尚多，对于该会未能谅解者，亦不少，恳请给示布告，以息群疑等情。据此。经即给示布告，凡属该县履业工人，饬均加入该会，以谋团结，而求进步。

（十一）准粤汉铁路总工会立案案。

此案前据该执行委员长陆枝呈缴章程，恳请准予立案，经职厅查明该章程尚多不合之处，批饬再行修正呈缴。嗣据遵令照呈再恳立案，业经查明妥允，批示照准。

（十二）准省港天面胶纸马路腊青工会立案案。

查该工会全数会员不过二百余人，俱系在香港做工，现因罢工回省者，已有七十余名。在港时曾发起设立工会，以图同业之固结，但被各洋行之拌工头，如张泗、杨古仔等暗唆港政府不准立案，以故迄今未克成立。此次罢工回省，因无团体之故，遂致散漫异常，大感不便。现该工会会长李焕卿等召集各工友设立筹备处，具备章程、名册呈请立案，经职厅查明无误，已批照准立案。

（十三）不准中山县瓜果职工工会立案案。

查中山县原有果菜工会，经政府查明批准立案有案。嗣因该果菜栏东家行意图倾覆该会，遂另立正式果菜工商会，历经中央执行委员会工人部查明不合，斥驳在案，旋即消减。现查该瓜果职工工会，全系该正式果菜工商会之变相，业经中山县查明呈由职厅批斥，不准立案。

（十四）电报局纠纷案。

此案系因该局工人，以该局长黄桓办理不善，遂致罢工纠众，包围该局，阻止工友复工。业经职厅派员劝谕，立即遵令全部散解。关于该局纠纷一案，现已由政府派员组织查办电报局委员会办理矣。

（十五）不准广州麸油店职业员工会立案。

查该工会组会理由，系以该麸油店职业员工人在本市做工者，共有千人之多，非组织工会，无以维持权利。但职厅以已有油业工会成立在先，恐有冲突，且该工人亦可加入油业工会，实无另组工会之必要，特批饬知照。嗣该工会以油业工会以前与东家所订条件，并不与该工人主张权利，□实两会并无冲突等情，再呈请准予立案。惟本厅以该工会与油业工会实属同一职业，若准其另组工会，将来必多纠纷，故召集该工会及油业工会代表来厅调处，旋由油业工会允许在油业工会添设杂务部，容纳该会工人。至如何组织，由双方从长讨论。

（十六）准广州天窗工会立案。

查该会组设理由，系以广州有操天窗业务工人千余，设立工会联络感情，维持权利，呈请立案前来职厅。据此。即派调查员调查。查得该天窗行以前虽有源顺堂之设立，但属东西家合办性质，极为工人所不满，故拟另组工会。旋复接工人部来函，请查明准予备案，故本厅即行批准该工会立案。及后源顺堂纠率工人数十人来厅请愿，将该堂改为工会，而本厅以源顺堂系属东西家合办，实与工会条例不符，且天窗工会已批准立案，碍难再设工会，致资纷纠，特派员劝谕该工人等，一致加入天窗工会，毋得滋扰。

（十七）准茶叶集成总工会立案案。

查茶叶集成总工会，以茶叶工人结合组织，其章程等尚无不合，惟入会基本金卅元，未免太多，特谕改为三元，后经该工会遵谕照改，特批准立案。

（十八）不准东江柴船工商联合会立案案。

查该会系以东江柴船工商两家所联合组织，实与工会组织条例不符，故批复不准立案。

（十九）广东轮渡船务工会，呈请令区派警协同催收案。

该工会以派员往各轮渡催收常费，恐与守船军士发生误会，特呈请职厅令区派警协同前往，以免误会等情到厅。职厅查所请尚属可行，故予照准，并令十二区派警协同催收。

（二十）粤海关监督公函，准税务司王称：请迅予转知罢工委员会，派员赴江门，制止工人干涉海关华人员司回关办公，仍请一面将截去电船交回案。

粤海关监督准税务司王称：有罢工工人纠察队在江门干涉华人员司回关办公，并将电船截去，来函请职厅迅予转知罢工委员会派员制止，并将截去电船交还等由。职厅准此，以事关税收，特函请省港罢工委员会查照办理。

（二一）驳载总工会呈，据报有人私行组织煤商载运船部工会及广东船业工会等情，请令局饬区制止案。

该工会以凡属运载工作，均归该工会。现据报有人私组煤商载运船部工会及广东船业工会，系为搀夺该工会工作，呈请令局饬区制止到厅。职厅据此当即批示听候查明核办。

（二二）制止罢工纠察队任意搜查石室来往行人，及禁止出入案。

职厅准广州市市政厅委员长伍朝枢来函，谓罢工纠察队对于往来石室行人，任意搜查，及禁止出入情事，似有未合，函请查明制止等由。职厅准此，即函罢工委员会查明制止矣。

(二三)未准烟业职工同志会立案案。

查该会组会理由，以本市及各属之烟丝工人，共有千余人，非组织工会，无以维持利益，并呈缴章程来厅，请准予立案。职厅查附呈章程尚多未妥，且名称亦有未合，并该会所发宣言似含有工商合组性，故职厅即传该会代表吴伟平、吴瑞平等来厅询问，饬令不准商人加入，并将章程改正及将名称改为广州各属烟业职工会。职厅之意以为俟该工会将章程名称修改完妥后，即可准其立案，讵吴伟平、吴瑞平等到厅面称：伊亲闻东家行人说，该东家行已贿买本厅职员，定不准伊工会立案等言。职厅以事关贿赂，虚实均应严究，当即令吴伟平等指出声言原人，以便查究。殊吴伟平不特不能指出原人，且迭传不到。职厅再细查核，该吴伟平等并非正式工人，其显系捏造谣言，冀以瞒准立案，希图混迹工会，已可概见。然职厅职员名誉所关，势难任其捏造，特函公安局转饬该管警区将吴伟平拿案澈究，俾明真相。至该工会后有卢太轩、张子禄等具呈来厅，以前职员不听众意，依法改组，请将前呈取消，另行立案等情。职厅据此，俟该会改组完善后，乃准予立案也。

(二四)未准广州广聚药片工会立案案。

该工会以在广州市内刨药工人共有千余人，特组织工会，维持利益。职厅本应准予立案。惟查附呈章程尚多未妥，特传该会代表来厅，饬将章程修改，俟章程修改完善后，即可准予立案也。

(二五)衣箱杂箱联合总会立案案。

查操作衣箱杂箱工作之工人，原有永桂、福桂、和合三堂所组织。现该工会乃和合一堂所改组，经职厅传永桂、福桂两堂代表来厅询问，该两堂工人实未加入，故称为衣箱杂箱联合总会，未免失当，后由职厅饬该会改为衣箱杂箱联合会，除去一总字，俟将章程改妥后，即可准予立案也。

(二六)东莞城饼业杂役工会呈请立案案。

该工会以东莞城饼业杂役所组织，特将章程呈请职厅立案，惟会员名册尚未呈缴，故批东莞县县长查明具复核办。

(二七)广州药材工会佛山支会呈请立案案。

该工会系广州药材工会之支会，但会员若干，未据将会员名册呈缴，特批函佛山市政专员查明见复核办。

(二八)广州宰牛全信工会立案案。

该工会以旧日之宰贩牛羊肉工会，内含工商两种职业，即贩牛为商业，宰牛为工业是也。故该工会请分别工商，另组工会，呈请职厅立案，职厅以事关工会分裂，特函工人部会同工人代表会调处。

(二九)中华爱国土制石笔石版工会立案案。

查广州市制造石笔、石版者有爱国公司，及恒益号两间。现该工会乃爱国公司内之工人、司理、总理等所组织，虽有会员二百余人，惟属工商合办性质，实与工会组织条例不符，故未便准予立案。

(三十)京沪反底履业工会呈请立案一案。

查该会系由广州京沪履业工会，并广州反底履业工会合组而成。此两工会均经民国十一年在省长公署立案。今以同一区域而有两会系同造履业者，与工会条例不符,且欲为联络同业之感情，研究出品之优美，以图谋福利起见，故将两会合组为一，呈请立案。经职厅派员查明，关于该会先后呈缴章程、名册及原结等大致尚属妥协，业于九月十日批示准予立案。

(三一)驳载工会抽收劳金案。

查该会前月欲抽收验关费，当经批示不准。至关于搬货到关核验，应否另议劳金，应由该工会自向商人妥议办法在案。乃该会并未向商人磋商，遂自行议定代收搬验劳金价格。又据报税行昭信堂代表呈称：驳载工会勒收劳金，拦截货物，恳请取销等情。职厅以驳载工会并未征求商人同意，擅自抽收劳金，殊属不合，当经批示不准，并函公安局通饬水陆警察遵照，如驳载工会有藉词抽收情弊，应即严行制止，以维商业。

（三二）中华海员工业联合总会，控万安祥盐号雇叶培记船擅自运载案。

据海员工会驻省代表林伟民函呈称，该会广州第一分部范围内之盐船，曾于八月十九日决定办法，须轮流载运。不料八月二十日万安祥盐号，不依办法，遽雇叶培记船运载，而叶培记又利令智昏，甘冒不韪，迫得将叶培记送请严究等情前来。职厅当即咨请两广盐运使查明实情见复，以凭办理。嗣又据海员工会驻省代表林伟民函呈，现叶培记以众怒难犯，自知不守会规，已向该分部同人道歉，及具悔过，以后不再破坏团体。据其所称系属实情，恳请注销究办，许以自新等情前来。当经批准备案矣。

（三三）省佛西竹工会请给示保护案。

查该工会系经本厅核准立案有案，自属合法工会。所请给示保护，应予照准。当即布告该行工商人等一体知照，并函广州市公安局暨佛山市政筹备专员分饬所属知照矣。

（三四）旅业总工会因征求会员请令局饬区保护案。

查工会征求会员，宜采取和平手段，妥为劝异，不得派出纠察，率队强迫，致滋纷扰，实无特别饬区保护之必要，当经批示不准。

（三五）省政府令，关于政府管理下之事业，及其他公用事业之工人，不得率尔罢工案。

此案经遵照转饬政府管理下之事业，及其他公用事业各工人团体遵照，嗣后如有要求，应先呈明政府核准，毋得率尔罢工，致干究办，并饬转各工人一体遵照。

（三六）广州英领事关于香港广东交界地方，每日均有事变发生，提出抗议案。

此案系奉省务会议令交职厅交涉署办理，当经呈复并会由交涉员署主稿，函请省港罢工委员会查复，再行会核驳复。

（三七）自来水公司股东呈请修改职工要求条件案。

查自来水厂职工要求条件，久经双方代表到厅签字有案。该公司董事局及股东，一再呈请再行召集修改，实属有意延抗，希图推翻原案，业经分别批饬，迅行派出代表来厅补签，分存条件。现尚未遵照来厅，以致该项条件未能切实履行。职厅为维持工人利益，及公共治安计，自应按照原案执行，以重功令。

〔广州国民政府档案〕

## 14　广东省政府为电报局收支发现疑点通缉罗锡田等呈

（1925年11月24日）

为呈复事：现奉钧府第一九五号令开：关于查办电报局委员会具报调查收支情况，发现疑点一案。现经常务委员议决：（一）将罗锡田、欧文广两人一并通缉归案究办。（二）著李卓峰于令到日起，一星期内交代，合行令仰分别遵照办理。此令。等因。计发抄呈一件。奉此。遵即令行建设厅厅长遵照办理具报在案。奉令前因，理合备文呈覆察核。谨呈

中华民国国民政府

广东省政府省务会议　　古应芬

宋子文

许崇清
孙　科
宋子文
陈公博

中华民国十四年十一月二十四日

〔广州国民政府档案〕

## 15　国民政府关于黄埔开港计划令件

(1926年2—10月)

### (1)国民政府令(2月9日)

中华民国国民政府令

派广东建设厅长孙科、广东财政厅长兼广东商务厅长宋子文、广东农工厅长陈公博、广州市政委员长伍朝枢为黄埔开港计画委员会委员。此令。

民国十五年二月九日

### (2)孙科致国民政府呈(6月4日)

敬陈者：窃科等前奉令派组织黄埔开港计画委员会，计划开埠事宜。遵经召集迭次会议，筹策进行，计议决各案要点。其属于工程事项者，已设立一计画工程处，聘定治河处柯维廉工程师为顾问，并雇用港埠工程专家荷人德京都拉为计画工程师，实行设计。其属于筹款经营事项者，已议决由政府与人民合组黄埔商埠公司，股额定为毫洋二千万元，政府担任筹拨一千万元，人民集股一千万元，业将公司章程照案议定呈报政治委员会鉴核在案。现奉政治委员会函开：案据黄埔开港计划委员会拟具黄埔商埠股份有限公司招股章程，并据中华各界开辟商埠促进会拟具修正前项招股章程，并附理由书前来。当经并案会议决定交宋、陈两委员审查再决。嗣据报告审查完毕，复经会议议决准照修正章程办理。用特录案函达查照，并即缮呈国民政府立案可也。附抄件。等因。奉此。自应遵照办理。查抄发议决修正章程第六条开：黄埔商埠急于经营，所有一切计画已由本公司执行委员会聘请筑港专家设计测量，准备进行第一步工作，不待总额招足然后兴工。又章程第十三条开：本公司未举出正式董事之前，暂以政治委员会一人，建设、市政、财政、农工、实业、土地六厅厅长六人，及由开辟黄埔商埠促进会选出六人组织执行委员会，对政府负责办理招股保管款项及开埠一切事宜。基上章程所列，现在黄埔开港事务，似应将章程公布，并照章明令组织执行委员会负责办理。职会自应结束撤销以符原案。奉函前因，理合备文，并将政治委员会抄发修正章程一份，缮呈钧府鉴核，分别施行，实为公便。谨呈
国民政府

附呈缮正修正章程一份

黄埔开港计画委员会主席　孙　科

中华民国十五年六月四日

（3）国民政府批（6月）

国民政府批　第四二四号

令黄埔开港计画委员会主席　孙　科

呈报筹议黄埔开港进行经过，请公布章程，明令组织执行委员会负责办理由。

呈及章程均悉。应准立案。仰即转知开辟黄埔商埠促进委员会，迅即遵照章程第十三条，选出执行委员会六人，呈报政府，以便组织执行委员会。俟执行委员会成立，该会始能结束撤销。章程存。此批。

民国十五年六月　日

（4）中华各界开辟黄埔商埠促进会致国民政府呈（6月10日）

敬呈者：案奉政治委员会议决黄埔商埠股份有限公司招股章程，并准黄埔开港计画委员会函请查照章程，推定六人为公司执行委员，径呈国民政府察核，以期敏捷，而利进行等由。敝会当经召集开会，选定林丽生、苏兆征、陈信明、许坚心、马伯年、陆绪贤六人为公司执行委员。理合备文呈报钧府察核。伏乞迅赐公布招股章程，并明令组织执行委员会，实为公便。谨呈

国民政府

中华各界开辟黄埔商埠促进会谨呈（印）

（5）中华各界黄埔商埠促进会致国民政府主席函（6月16日）

敬呈者：案奉政治委员会核准黄埔商埠股份有限公司招股章程，敝会即经查照章程第十三条之规定，选派林丽生等六人，呈报钧府察核在案。现迭蒙各界索取章程及准备附股前来。又查香港方面对于解决省港罢工毫无诚意，根据上述理由，开辟黄埔商埠，以收容省港罢工工人，及发展人民经济，实为刻不容缓之举。为此呈请钧府迅赐公布招股章程及明令组织公司执行委员会，冀便火速招股完成黄埔商埠，以慰省港罢工工友之渴望，实为公便。谨呈

国民政府主席谭

中华各界开辟黄埔商埠促进会谨（印）

中华民国十五年六月十六日

（6）国民政府令（6月23日）

中华民国国民政府令

派张人杰、孙科、宋子文、陈公博、李禄超、周佩箴、林丽生、

苏兆征、陈信明、许坚心、马伯年、陆绪贤为黄埔商埠股份有限公司执行委员。此令。

民国十五年六月廿三日

### （7）黄埔商务股份有限公司会议案（6月28日）

黄埔商埠股份有限公司执行委员会第一次会议案（十五年六月廿八日上午在东山陈公馆）

出席委员

张人杰　孙　科　李禄超　宋子文　林丽生　许坚心

苏兆征　马百年　陈信明

主席　张人杰

记录　冯百砺

（甲）报告事项

孙委员宣布计划委员会最近计划工作进行情形，及声明一俟执行委员会办事处成立时，即将计划委员会结束，并将案卷图册移交接管。

（乙）议决事项：

（一）推定孙科、马百年、陈信明为执行委员会办事细则起草委员。

（二）拟借用南堤航空局楼下为公司临时办事处，众推张主席函商航空局照办。

（三）呈请国民政府公布公司章程及颁发印信。

（四）委员等与各华侨往视察黄埔辟埠地点，时间临时商定。

（五）推定林委员丽生担任垫支办事处开辟经费。

（六）推定林委员丽生担任筹备布置委员会办事处。

### （8）黄埔埠公司执委会致国民政府呈（6月29日）

敬陈者：窃奉钧府令派人杰等为黄埔商埠股份有限公司执行

委员等因。遵经于本月廿八日召集各委员开第一次会议，佥以黄埔商埠公司章程亟待明令公布，并请颁发本公司执行委员会印信，俾资信守。理合备文连同议案一纸，呈请钧府察核、俯赐将公司章程公布，并颁发印信以利进行，实为公便。谨呈
国民政府

黄埔埠公司执行委员会　张人杰
孙　科
宋子文
李禄超
陈公博
周佩箴
林丽生
马百年
苏兆征
许坚心
陈信明

中华民国十五年六月廿九日

（9）统一广东各界代表大会致国民政府呈(10月22日)

敬呈者：窃自五卅惨案发生，继以沙基流血，此诚吾国有历史以来所未有之奇耻大辱也。旅港工人激于义愤，罢工归国，不惜茹苦含辛，挺身与英帝国主义者搏战。然在此次奋斗期中，英帝国主义方面，固因罢工封锁政策厉行，而香港工商业及对外贸易均受重大之打击，将日趋于荒凉之境地。在我国方面，亦因省港罢工之故，藉此以淬励国人，益加努力，无形中已获得莫大之权利，更能引起全世界被压迫民族对帝国主义增加无限反感，而益表同情于国民革命之运动。故此次省港罢工，虽属工人激于爱国热诚而为抗英之单独运动，实亦与全国民众生死存亡相关。故

应如何促其安心作战，均为目前亟待解决之举。迩者中英谈判告终，罢工解决无期，则此后长期之奋斗，断不能专委诸工人，任令其饥寒交迫，是则周恤援助之责任，政府与人民固义不容辞者也。现罢工工人，已身撄前锋，搏战年余，死生利害，全不芥蒂，颠连困苦，日益加增。敝会深念此情，感悯交集，且认为有急应设法救济之必要。为此具呈吁请钧府，敬祈俯赐鉴核，迅饬财政部酌拨巨款，交黄埔商埠公司执行委员会，以充开埠经费；并一面责成该黄埔公司执行委员会，赶速规划兴工。务使黄埔商埠早日实现，以安插罢工工人。既可免除其内顾之忧，可以安心作战，更能促其益加巩固，务求达到胜利。岂惟工人等之所厚幸，实亦国家前途之福也。

此呈

国民政府

统一广东各界代表大会谨呈

中华民国十五年十月二十二日

〔广州国民政府档案〕

## 16　宋子文关于办理矿业权暨征税费归商务厅管辖呈

（1926年2月12日）

呈为呈报事：案准钧府秘书处第三三号公函开：梅丙有利煤矿有限公司经理廖衡酌呈为政令纷歧，莫如适从，沥情叩询潮梅矿权应属何方，乞示遵一案。经国民政府常务委员一月十一日议决交广东商务厅办理，相应检同原件，函达查照等因。并计送原呈一件。准此。窃查广东全省矿务处奉令归并职厅办理。所有矿业权，暨征收税费自应概归职【厅】管辖办理，以一事权，而明统系。现拟呈请财政部令饬广东财政厅转饬惠潮梅财政整理处，嗣后关于矿务如矿商呈领矿业权者，其矿区税注册等费一切手续，均应直接到职厅呈请核办。惟征收矿产税一项，矿商请领运照，因路途辽远，往返需时，于东江未设征收矿税机关以前，则由该整理处暂行代办。至应用运照，仍由职厅印发该整理处填用，饬于月终将收之矿产税项并存查一联汇解职厅核收，以一事权，而明统系。除呈请财政部核示外，理合具文呈报察核备案，实为公便。谨呈
国民政府

广东商务厅厅长宋子文

中华民国十五年二月十二日

〔广州国民政府档案〕

## 17 国民政府交通部为广东邮务工友津贴与财政部来往咨电

（1927年3—4月）

### （1）交通部咨（3月23日）

为咨覆事：现准贵部咨开：案照邮务行政，隶属贵部范围，所有广东工友津贴并应由贵部主管，以明权限。关于此案，兹拟定二项办法：(一)自本月起，由贵部令广东邮务总局发付工友津贴洋一万五千元；(二)所有本部从前垫付款项，已电广东查复，俟得报告再行咨请拨还。相应咨达，请烦查照，实纫公谊。等由。准此。查津贴邮务工友一事，现全国邮工代表大会业已提出一致办法，在此项办法未实行以前，此项津贴广东邮务工友数目，仍请贵部暂照原案发给，以免歧异，实纫公谊。此咨
国民政府财政部宋

国民政府交通部长孙科

中华民国十六年三月二十三日

（2）财政部秘书厅复电（4月16日）

国急。1919上海宋部长钧鉴：通密。交通部咨津贴广东邮工事，现邮工代表大会已提出一致办法，在未实行以前，请照原案发给津贴。如何咨复，乞示遵。肇元叩。十六。印。

〔武汉国民政府档案〕

## 18 国民党中执会等关于解决武汉米荒与财政部往来函

（1927年6—8月）

（1）国民党中执会致财政部函（6月16日）

公启者：关于贵代部长报告缺米情形，请设法案。经本会政治委员会第二十八次会议决议：由国民政府电湖南省政府迅速运米来汉。相应函复贵部查照。此致

财政部部长

中国国民党中央执行委员会

中华民国十六年六月十六日

（2）武汉市政府致财政部公函（8月18日）

武汉市政府公函　　第1586号

径启者：案据港口米业公会呈称：自国库券发行以来，商等尽量收受，以拥护库券信用。岂知各米厂米粮售尽，不能在河下收买谷子，以是各米厂搁浅，不能开门。各米厂之资本已变为国库券，因之不能流通。此米厂之痛苦一也。而武汉素为产米之区，各产地以库券故，多不愿运米来汉。现武汉已现米荒状态，以故少数米厂有米者拥挤不堪，时有军士发生纠葛，无法应付。虽电请军警，已来不及。亦有因是不敢开门者。此米店之痛苦二也。况现在来源将绝，武汉人民恐有断食之虞。民食攸关，

于治安不无影响。为特具情呈请钧府，恳予设法维持，以维商业，即所以维民食也。伏乞赐予接见全体代表，训示祇遵。实为德便。正核办间，旋据汉口宝善公司禀称：敬禀者，属店前为收受国库券后，不能收买谷子，曾于本月七日将困难情形呈报钧府，恳请设法维持在案。昨奉批示，令向中央及财政部直接请求。但近来手有国库券之人，无不尽数向米店购米存储，甚有以中央钞票向钱摊掉换国库券买米者。以是米店国库券日益增多。属店截至昨日止米已售尽，国库券已有十一万之多，不能购买谷子，迫不得已，只好暂时关门停业，俟国库券有通融办法，再行复贸。除呈请财政部救济外，仍恳钧府代为转呈财政部，双方并行，较有信用。设国库券无妥善办法，各产地无谷米运汉，各米店不得已而停业，人民将有断食之虞。食为民天，于地方治安关系极巨，伏乞钧府特别注意，无任企祷。各等情。据此。当经敝政府第十九次会议议决，转函财政部，请特别设法维持等语在案。兹据各情，除分别批令外，相应据情函请贵部准予特别设法维持，是为至荷。此致

国民政府财政部

□□□
常务委员□□□（签名）
詹大悲

中华民国十六年八月十九日

（3）财政部致武汉市政府公函（8月24日）

国民政府财政部公函　总字第1025

径启者：案准贵政府函开：据汉口米业公会呈称，各厂米粮售尽，国库券不能流通，米源将绝，武汉人民恐有绝食之虞，恳予设法维持。正核办间，旋据汉口宝善公司禀称米已售尽，国库不能购谷，暂时停业，俟国库券有通融办法，再行复贸各等情。

据此。当经敝政府第十九次会议议决转函财政部特别设法维持等语在案。除分别批令外，函请准予特别设法维持等由。准此。查维持民食，本部已与总商会米业公会商妥办法，兹准前由，相应函复贵政府，请烦查照。此致

武汉市政府

中华民国十六年八月廿四日

〔武汉国民政府档案〕

# 四　外交

# 〔一〕政策法令与参加国际活动

## 1　中华新报刊载军政府对外之正式通告

（1918年8月16日）

军政府成立对外之正式通告

自各总裁宣告就职，军政府正式成立以来，军政府之进行计划，多已规划周备，而对于外交方面进行，犹不遗余力。伍总裁以军政府既正式成立，举国虽共知为根据国法成立之政府，惟成立之始，对于各友邦未尝为一度之正式通告。今政务会议将届开议，此种通告友邦之手续，自不能免。因于岑总裁未赴桂之前，关于此事特在督署与在粤各总裁及各方面要人开重要会议，佥以此事关系重要，而伍总裁名动中外，因群推伍公主稿，并请领衔，伍总裁已允担任。现此正式通告已经拟就，原文甚长，将特先探其大意，以供快赌〔睹〕。略谓：自段祺瑞非法解散国会与国民宣战以来，种种违法，中外共见。近更订立密约，私借巨债，种种卖国行为，天人共愤。如此次对德问题发生，最后已得国会多数同意，允为通过。然段祺瑞则恐无所藉口以解散国会，且对德问题之通过，实段祺瑞之所大忌。盖段祺瑞藉对德问题以愚弄各协约国，如其不然，何以一年以来对德宣战。试问段祺瑞有丝毫进步否？可见段祺瑞名为对德宣战，以欺骗我协约各国，实则实行巩固其北洋派势力，谋攫大总统之职权。我西南各省为拥护约法起见，组织护法各军，出而声讨，深恐段祺瑞联络各协约国以保全其违法行为。望我协约各国勿为所愚，并望承认我根据国法成立之西南政府，是不独西南各省之幸，亦中华民国之大幸也。云云。

〔外交部驻云南省特派员办公署档案〕

## 2　海防捷报刊载日本对于军政府态度新闻

（1918年10月12日）

十月十二日海防捷报

日本对于广东军政府之态度　广东国民党机关揭登东京来函，内开：日本政府允照本年六月间接受前国务总理唐绍怡君礼节，待遇广东军政府所派之陆军少将章士钊君。据此情形，是日本已非正式承认广东军政府，盖目前尚不能正式承认也。

〔外交部驻云南省特派员办公署档案〕

## 3　云南交涉署为送驻滇英总领事暨法交涉员与唐继尧谈话记录函稿

（1918年12月11日）

致英总领事、法交涉员函

敬启者：日前贵总领事、交涉员谒见督军，面呈各国公使关于希望南北和平之说帖，所有谈话，均经本署详细记录。兹特抄送一份，即请贵总领事、交涉员查阅为荷。专此。顺颂日祉

云南交涉署谨启　十二月十一日

计送谈话记录一份

民国七年十二月十一日发

〔附录〕：说帖

法、英、义〔意〕、日本、美诸国政府因此二年内，中国内乱已久不停，大有分崩景象，甚为悬系。此项可悲纷乱情形，不特与外国利益有损，且致中国治安之惨祸。因此，所生不靖之情，颇能鼓励敌人之气，而与大战紧急之转机，防〔妨〕碍中国与协和诸国实行会办之据。今该转机□已成过时黄花，各等国民正盼组织环球，以达各处人民安平公允之时，中国未能统一，则各等国民应为之事，更为□难。兹法、英、义〔意〕、日本、美诸国政府对于中国大总统解决内乱之所设施，滋冀望之怀；且对于南方各要人态度，亦乐观其有欲和平了结同等之趋向。是以各该政府就此声明，对于北京政府及南方各要人似欲废除个人私怀及泥守法律之意见，一面谨慎从事，免除障碍议和之行为，一面迅以慷慨会商之行，而□法律暨顾及中国国民利益之热心为根据，寻一良造和息之路，始克使华境以内平安统一。此各国政府同心暨殷盼之忱也。此时法、英、义〔意〕、日本、美诸国政府声明其切实赞同双方欲解决向日分裂之争端，惟拟欲使知毫无最后干涉之策，亦无指挥或谏劝此次议和条件之意。故此项条件，必须由中国国人自行规定。所欲者只系尽其所能，鼓励双方于所望所行各事上实达议和统一之目的。俾中国国民对于各国冀望重建之功，所肩之责，于中国历史上更为扩充矣。

谨将驻滇英总领事暨法交涉员与督军之谈话记录如下：

民国七年十二月初七日，英总领事奥泰蔚君、法交涉员纳齐亚君谒见督军，面呈驻京法、英、意、日、美五国公使关于希望南北和平之说帖。当由英领首先致词，略谓：此项说帖，系本总领事奉到本国驻京公使命令，面呈贵督军。因此时欧战已经终了，世界回复和平，故各国政府深望中国早日统一，恢复原状，以便从事于和平事业。并声明此系各国政府之希望，并无干涉之意。

五国公使既将此项说帖面呈北京政府，因命驻在广东五国领事同时面呈广东军政府，并声明呈递此项说帖并非承认军政府之意，今日特为此事前来晋谒，当将说帖呈阅。英领并谓：本总领事在贵国二十余年，与贵国人士感情极好，尤深望南北得早日统一也。法交涉员亦谓：本交涉员亦曾奉到本国公使训令，命将此项说帖面呈贵督军。兹谨备有法文说帖一份，文义与顷间奥泰蔚君所呈相同，即请贵督军鉴阅。督军答曰：本日承贵总领事、贵交涉员将此项说帖送阅，具见贵国政府及贵国公使以善意希望中国统一之盛意，甚为可感。说帖中并郑重声明，此系各国公使之希望，毫无干涉之意。仁言义举，尤堪钦佩。应请贵总领事暨贵交涉员将本督军感谢之忱转达贵国公使。盖以本督军素来主张和平。去年因段内阁破坏法律，欲以暴力压服一切，本督军恐国家法律为其蹂躏无余，劝告再三，均无效果，故不得不以武力盾其后。如北方能事事遵守法律，则本督军又复何求？！近来，段内阁已经退职，并闻北京政府亦有悔祸之意，此次政争当可和平解决。本督军对于和议主张三事，前曾开具节略，送交贵总领事、贵交涉员鉴阅。如北京政府欲以命令解决时局，或与南方为一部份之单独媾和，本督军殊难承诺。此次南北议和，必须以对等的性质，南北各派代表若干人，在一适中地点即如上海开一和平会议，将来法律、政治等问题均由该会解决，本督军自当竭力主持，以期促进和平，决不似北方武人之妄逞暴力也。法交涉员当询督军对于法律及政治问题之主张若何？曾否宣示意见。督军谓：关于法律、政治问题，本督军已有主张，现正与广东军政府交换意见，届时提出会议。至对于北京方面，则尚未表示也。谈至此，英总领事及法交涉员遂兴辞而退。

特派云南交涉员徐〇〇谨录

民国七年十二月

〔外交部驻云南省特派员办公署档案〕

## 4 特派广东交涉员李锦纶关于广东省颁布赌博治罪章程致各国领事照会①

(1920年12月4日)

### (1)致各国领事照会

为照会事：案奉广东省长陈奉命出示禁赌，颁布赌博治罪章程，经于本年十二月一日实行在案。用特照会，并将赌博治罪暂行章程抄送，即希查照，并转饬贵国侨粤商民一体知照是荷。须至照会者。

附送章程二纸

中华民国九年十二月四日

### 广东赌博治罪暂行章程

**第一条** 以赌博为常业者，处死刑、无期徒刑或一等有期徒刑。

**第二条** 聚众开设赌场以营利者，处死刑、无期徒刑或一等有期徒刑。

**第三条** 包庇开设赌场以营利者，处死刑、无期徒刑或一等有期徒刑。

**第四条** 赌博财物者，处三等至五等有期徒刑，或科二千元以下罚金。但以供人暂时娱乐之物为赌者，不在此限。

**第五条** 发行彩票者，处二等或三等有期从〔徒〕刑，并科三

---

注：①此件载中华民国九年十二月八号《军政府公报》光字第二号。

千元以下罚金；为买彩票之媒介者，作共犯论。

**第六条** 购买彩票者，处三等至五等有期徒刑，或科一千元以下罚金。

**第七条** 当场赌博器具，及犯人所有金钱，以供犯罪之物论。房主知情者，房屋没收。

**第八条** 卖买贩运赌具者，科一千元以下罚金。

**第九条** 本章程自公布日执行。

施行细则

**第一条** 犯本章各条之罪者，分别军民，由宪兵、警察专任检查。

**第二条** 犯本章各条之罪者，缉获后，省城附近送由军法处办理，各属由县知事详请军法处核准办理。

**第三条** 本章程所未备者，照普通刑律办理。

## （2）致广州英总领事照会

为照会事：案奉广东省长陈奉命出示禁赌，颁布治罪章程，业经照会贵总领事官查照在案。查赌博为盗贼之源，人民因睹〔赌〕而贫，因贫而盗，百工废弛，民德日堕，乡镇商埠遂无治安之望。此次广东政府不惜牺牲巨大饷源，禁绝害人之赌，无非欲维持地方安宁，以振兴商业，使通商各友邦咸受其益。惟查澳门地方与广东、香港毗连，现尚许可赌博，此禁彼开，澳门必成赌徒巢穴，盗匪渊薮，不特妨碍广东治安，即香港地方，及海面不免盗贼之踪迹，商务受重大之影响。夙谂贵国政府与葡国政府交谊最深，且香港素禁赌博，于此事当表同情。用恳贵总领事官代向澳门政府婉劝，请其协力一致，将澳门赌博禁绝，彼此均获裨益。如有关于禁赌未尽事宜，尽可由广东政府、香港政府及澳门政府三方酌委官员，择适宜地点开禁赌会议，妥商办法，以期禁绝赌博，清除盗贼，安乂地方，振兴商务。为此照会，即希查照见覆。须至照会者。

中华民国九年十二月四日

（3）致大西洋总领事照会

为照会事：案奉广东省长陈奉命颁布赌博治罪章程，严行禁赌，业经照会贵总领事官查照在案。查赌博贻害人民，不特风俗日偷，道德日落，务使由赌而贫，由贫而盗，乡镇商埠永无治安之望。此次广东政府不惜牺牲巨大饷源，禁绝害人之赌博，实欲维持地方安宁，振兴商务，使通商各友邦咸受其益。惟查澳门地方与广东接壤，若未将赌博禁绝，必为赌徒巢穴，盗贼渊薮，附近境地仍未安宁，于广东政府禁赌之令，尚多缺憾。夙仰贵国为欧洲文明之邦，而澳门为通商大埠，对于害人赌博，必荷协力赞助，一致申禁，使澳门及广东地方人民日臻安谧。用请贵总领事官转达澳门总督查照办理。若关于禁赌未尽事宜，有应协商之处，尽可由广东政府与澳门政府，并加入有关系之香港政府，酌派委员，择适宜地点开禁赌会议，妥商办理，务期禁绝赌博，清除盗贼，安乂地方，振兴商务。为此照会，即希查照见复。须至照会者。

中华民国九年十二月四日

〔外交部驻云南省特派员办公署档案〕

## 5　唐继尧关于否认岑春煊取消军政府致英日法领事照会稿

（1920年12月9日）

列靖国联军总司令官衔

为照会事：案查中国西南各省前在广东组织军政府时，曾由国会议员公推七总裁，并议定政务会议规则。凡属军政府宣布关于时局之重要命令，以及用人行政重要事宜，均由七总裁协议施行，业经通告中外周知有案。自粤事纠纷，孙、伍、唐各总裁先后离粤，继〇亦通电辞职，由是政务会议，不足法定人数。复经宣言：广东军政府，凡以岑春煊个人名义通电全国之事，继〇与孙、伍、唐各总裁均未与闻，不能认为有效。数月以来，正拟另谋改组军政府，复因障碍横生，未能就绪。乃值粤桂战争之际，岑春煊竟以个人名义电告北庭，取消军府，而北庭遂利用此毫无效力并与事实不符之通电，遽宣布统一伪令，报纸传来，殊堪诧异。续〇蒿目时艰，期望统一之念，更迫于拯溺救焚，当为全国人士所共谅。然必法律、外交两问题有正当之解决，立国根本，可望巩固，乃可以实行民治，咸与维新，似此毫无办法之统一，则绝对不能承认。除湘粤各省已由当轴诸公声明反对，并照会各该省

内之各国领事外，相应照会贵 交涉员／总领事／领事官 请烦查照。特此照会

大英钦命驻滇总领事官粤

大法驻滇交涉员业

大日本驻滇领事宫藤村

唐〇〇

中华民国九年十二月九日

〔外交部驻云南省特派员办公署档案〕

## 6 大元帅孙中山发表反对北方军阀祸国殃民并要求列强不干涉中国内政的对外宣言①

（1923年6月29日）

比年以来，军阀肆祸，中国骚然，人民受害，水深火热，情状之惨，殆难言罄。临城劫车一案，外人诧为奇闻，吾民则司空见惯。类此之案，且未可更仆数。试观临城，四周百英里以内，北方军阀奄有五省之地，拥有五十万之兵，而尚出此巨案，其祸国殃民，颟顸偾事，为何如耶。一年以来，北方政状之滑稽，有甚儿戏。所谓总统、总理、阁员者，爱之则呼之使来，恶之则挥之使去，一举一措，惟意所欲，以营其私利，填其欲壑，其败坏纲纪，任性妄为，为何如耶？吾民对此万恶之军阀，靡不异口同声表示厌恶，喁喁之望，厥惟南北统一与地方和平。文熟察国民心理，以为今日救国之道，莫急于裁无用之兵，而立一统一强有力之政府。故于去岁，建议召集军政各方领袖会议救国方案，如裁撤全国过量之兵，使操生产工作也。组织一能得各省拥护，而又能行使职权之开明的、进步的、民治的政府也。规定中央及各省建设程序也。解决有关于将来之和平幸福，及中央与各省之权限分配各政治问题也。凡此诸端，北方军阀虽不敢倡言反对，而暗中阻扰，藉词推诿，无所不用其极。盖上列各案实行，在彼辈失其凭藉挟持之具，故与彼辈谋裁兵，无异与虎谋皮也。不宁惟是，彼辈迷信其武力主义，近且资助叛将，遣派军队，以扰乱粤、川、闽诸省。其蔑视国民公意，彰明较著矣。然则彼辈果何所恃耶。亦因其蟠踞历代中央政府所在地，藉得列强之承认耳。北京政府职权不行，责任不属，法律事实两无可言，国民视之，有如无物。

---

注：①此件公报原注："原英文"。

然而列强尚承认之，得无存一慰情胜无之思，以为国际交涉之地乎。列强承认北庭，即不啻予北庭以精神上、物质上之援助，彼辈遂藉为荼毒吾民之资，否则，北庭不可以一朝居可断言也。列强固声言不干涉中国内政者，按之事实，竟强置全国否认之政府于吾民之上矣。华盛顿会议固决议给中国以完满之机会，使得自由发展，并维持一有力之政府者，竟妨碍之，使不能实现矣。战争延长，秩序紊乱，即列强之商务亦受巨大之损失矣。凡此种种，列强或未计及欤，即以交涉言之，承认北庭，于列强使馆亦无何等便利。盖北庭不能行使职权，有事仍须与各该省交涉，始克了结，虽有政府如无也。溯满清既倒，民国肇兴，列强未承认民国之期凡二十月，国际交涉无不便之感也。使北庭无列强之承认，则彼军阀辈威信扫地，饷源无出，其必赞成裁兵统一无疑。比者北庭轩然大波，陷于无政府状态，各派惟知互争虚荣，正宜保留承认，待有能代表全国而又为各省拥戴之政府产出，然后再予承认。吾民无他望，惟愿列强不干涉内政，严守条约，同谋列强之利益而已，列强其留意焉。

中华民国十二年六月二十九日

大元帅孙文

外交部长伍朝枢

〔陆海军大元帅大本营公报1923年第19号〕

## 7　广州市工人代表会反对英国限制华人进入沙面新禁律电

（1924年7月20日）

北京反帝国主义大同盟、废约同盟、湖南反帝国主义同盟均鉴：窃帝国主义之侵略中国也，先之以经济政策，继之以政治势力，且复勾结北洋军阀，以之祸乱中国，而遂其灭亡中国之野心。中国工商业之不能发展，政治之不得澄清，皆帝国资本主义压迫之结果。铁路共管案、长江联合舰队案、广东关税案，是其威迫中国最显著之事实。旅顺、大连、威海卫、广州湾各租借地，经华会协定，逾期不肯履行，是又其欺压中国之铁证。乃最近复以同等之态度胁迫苏俄友邦，要求其终止反帝国主义之宣传，使中国不得与苏俄携手，可长在其统治之下。更如目前广州沙面，借端颁布其奴隶式苛例，直置中国团体人格于无地。乃者见国人之愤不可扼，托政府出而调停，孰知合约已定，不终朝而反其险诈阴毒，实不可言道。总之，居今日之势，不欲救国则已，欲救国则非积极反抗帝国主义不可，尤其非运动废除一切不平等协约不可。贵会卓见高超，首先发起，登高一呼，群山皆应。本会敢代表广州市区三十万工人，共同热烈之反抗，并积极从事运动，催促各界发起同样永久团体，以资进行。特电布覆，尚期指示。南北相望，愤气可接。广州市工人代表会叩。智。印。

〔北洋政府京畿卫戍总司令部档案〕

## 8　中国国民党反对金佛郎案第三次宣言①

（1925年5月7日）

本党对于金佛郎案，屡经根据对外政纲，拥护国家利益，一再宣言，表示反对，盖以其无法律之根据，而重国民以负担也。全国舆论，风起云涌，异口同声，助我张目，方谓民嵒〔言〕可畏，北方政府，必不敢一意孤行。乃电讯传来，竟以解决见告矣。计此次之损失，不下七千余万，而犹自炫于众曰，仍照电汇方法〔法

注：①此系原标题。

方〕也；曰，中国对于中法实业银行，一反昔日之债务地位，而为债权地位也；曰，华府条约，可促法国批准，关税会议，可克期召集也。非不堂皇冠冕，耸听一时。夷考其实，则以电汇折美金，非以电汇付佛郎，究与付金佛郎无异，遗实取名，朝三暮四，国人具有智识，当不为甘言所绐。中法银行成绩何若，亦既中外共睹。以增重国库数倍负担之金佛郎代价，而希冀二十年后不可必得之利益，不智孰甚。若夫关税会议之召集，华府条约原有规定，八国俱已批准，而法独否，岂能以此要挟，而为金佛郎案之交换条件。恶例一开，后此外交，各国藉端要挟，将若之何。对法用金，意比西援例以请，又若之何。是金佛郎之损失，非仅对法而已，三国必将效尤，外交之失败，非仅一次而已，后患正未有艾。自来我国外交，全为帝国主义所支配，本党对外政纲，以废除不平等条约相号召者，职此之由。金佛郎案之解决，仍不脱此窠臼，帝国主义之压迫，尚有免除之望乎。且金佛郎一案，日前段执政遁迹津门时，曾借此以为推翻曹吴之口号，今一日握有政权，遽不惜躬蹈其覆辙，其将何辞以对国民。此案余款计一千余万，交还北京政府弥补军费，以促起国内军阀之战争，使人民重遭锋镝之祸，则此案之解决，只可谓有利于北京政府，而遗害于人民实非浅鲜也。夫未经国民代表机关通过，而增重国库负担，法律上之无根据也如彼，听人倜唱，不惜饮酖，事实上之不经济也如此。足见北方政府，匪独不能建基于国民利益之上，反从而损害之。本党特根据前此两次宣言，举其流弊，以告国人，凡我国人，其共鉴察。

中国国民党中央执行委员会十四年五月七日

〔广州国民政府档案〕

## 9 中国国民党中央执行委员会主张废除不平等条约第一次宣言

（1925年6月23日）

本日十二时，广州工人、农民、商民、大中小学男女学生及军官学校学生齐集东较场开上海惨杀事件追悼大会，通过本党中央执行委员会决议案。该决议案，系指明此次上海事件之所以发生，由于中国受种种不平等条约束缚，故以取消一切不平等条约为根本解决之方法，希望国民一致督责政府迅速实行。当时群众以满场一致通过此议决案，即从事巡行。其所持之标语，皆以此议决案为中心，而巡行秩序亦务合于此议决案之精神，和平肃穆，绝无可以引起误会之处。不料，于三时十分行经沙面对岸，突有沙面外国兵发枪向巡行群众射击，继以机关枪扫射，又继以外国兵舰之大炮。事起仓卒，路狭人稠，以致死伤枕藉。现时所知，巡行群众死伤之数已百余人，其中幼童及女学生，路人为流弹所毙及被挤落水者尚不胜计。群情痛愤，已达极点。自五月卅日上海租界惨杀事件发生以来，汉口租界等处对于上海被惨杀之同胞而表示同情者，莫不遭帝国主义者之同样惨杀。广州此次巡行群众所经行地，与沙面尚隔一水，且闸门紧闭，绝无闯入之虞。乃沙面外国兵竟向在内地巡行之中国民众肆行射击，多所杀伤，较之上海、汉口租界事件尤为暴戾。本党兹已组织调查委员会，对于此次事件为严密之调查，并已决定对于此次事件不依恃武力及其他狭隘的复仇手段，而惟以和平正当之方法，进行原有之目的，即取消不平等条约，是所望全国人民一致努力，以期贯彻。各国人民，对此事件，亦当主持公道。盖凡自命为人类者，必不容此等惨杀事件继续发现于世界也。特此宣言。中华民国十四年六月二十三日下午七时三十分。中国国民党中央执行委员会。

〔陆海军大元帅大本营公报1925年第14号〕

## 10 中国国民党中央执行委员会主张废除不平等条约第二次宣言

(1925年6月28日)

自帝国主义侵入中国以来，种种不平等条约束缚中国，使失其平等、独立、自由。本党不忍中国之沦于次殖民地，故倡导国民革命，以与帝国主义者奋斗，而废除不平等条约即为奋斗之第一目的。本党总理孙先生毕生努力于此，去岁北上，即以废除不平等条约，为与北京临时执政合作条件。盖深知废除不平等条约，必须国民革命之努力已能建设统一全国之政府，然后得见之实行。故对于北京临时执政不能不以此合作条件为严重之提出。无如北京临时执政方热中于外交团之承认，至不恤以尊重不平等条约为交换，以致先总理不能与之合作，以谋全国统一之进行，而废除不平等条约之主张，亦为之搁置，此可为太息痛恨者。自先总理逝世之后，帝国主义者益肆无忌惮，遂有五月三十日上海之惨杀事件，而青岛、九江、汉口相类事件亦络绎而至。本党鉴于时局，谋申先总理未竟之志，故于六月二十二日发表宣言，主张全体国民应一致督责北京临时执政，迅速宣布取消不平等条约，仿照前年中俄协定之例，另与各国重订双方平等互尊主权之条约。翌日而广州沙面惨杀事件复作，其惨酷情形，较之上海等处更有过之，愈足证明废除不平等条约为刻不容缓。乃顷见北京临时执政于二十五日致北京外交团之通牒，以修正条约为请。自表面言之，北京临时执政似已知废除不平等条约为国民革命运动大势所趋，不能复抗，故不得不降心相从，而按之实际，则大谬不然。盖我国之请求各国同意于修改条约屡矣。民国八年，在巴黎和会一度提出，遭和会之拒绝。民国十年，在华盛顿会议又为一度提出，遭会议之延宕。不特于不平等条约之根本废除毫无效果，即枝节问题之关税增加会议，亦延宕至今。前事俱在，所谓请求修改，结果如何，不难逆睹。北京临时执政之出此，宁不知与虎谋皮，为事至愚，特有见于废除不平等条约为国民一致之主张，故迫而出此下策。一方似顺从民意，实则延宕国民革命之进行；一方似改革外交方针，实则为帝国主义者谋迴旋之余地，对于废除不平等条约之主张，不复敢公然违反，而惟以支吾脱卸之伎俩使消失于无形。其胆则怯，其谋则诈。惟废除与请求修改截然二事，国民必不致为此似是而非之举动所惑，则北京临时执政之出此，正与从前满清政府欲以伪立宪抵制革命同一心劳日拙而已。本党兹再郑重宣言，对于不平等条约应宣布废除，不应以请求修改为搪塞之具。凡我国民，鉴于目前境遇，灼然于帝国主义之穷凶极恶，中国人民所受痛深创巨，宜一致拥护本党所主张，务使即时实现。

或者以为条约为双方同意所缔结。非双方同意不能变更，更不知所谓不平等条约，皆从前满洲政府及民国以后之军阀政府所缔结，何尝得中国人民之同意。且南京、天津、北京诸条约为一切不平等条约之中坚枢纽。南京条约成立于一八四二年，天津条约成立于一八五八年，北京条约成立于一八六〇年，距今远者已八十余年，近者亦六十余年，时移势易，岂能至今日而仍适用。考之国际历史，凡成立条约必以事实不变为默认要素，倘缔约国情状有根本上之变更，则可取消前约。例如一八一八年俄国取消柏林条约第五十九款，一九〇八年奥匈国取消柏林条约第二十五款，布加尔利亚国取消柏林条约第一款，是已废除条约，在国际上已有成例。况我国所受不平等条约之束缚，较之以上所述，其关系重大，不啻倍蓰，我国民岂能长此忍受。我国以受不平等条约之故，至于政治上、经济上均陷于次殖民地之境遇，则努力于解除此等束缚，实为我国民对于国家应尽之义务。同时亦为对于世界应得之权利。若不知以自决解除束缚，而惟仰首以待帝国主义者之加以宽释，古人有言：俟河之清，人寿几何。愿我国民深念此言，毋以北京临时执政府有请求修改条约之通牒，而宽其督责，致废除不平等条约之进行，又受顿挫。中国民族解放之机，悉系于此。特此宣言。中国国民党中央执行委员会。

中华民国十四年六月二十八日

〔陆海军大元帅大本营公报1925年第14号〕

## 11 胡汉民为要求各国人民主持正义赞助我国废除不平等条约发表告世界各国人民书

（1925年7月11日）

无论那个留心远东时事的，必能察觉中国反对他现时国际地位的民众运动已日益发展。然而，你们不免受人蒙蔽，致信为这种运动是因失意分子，受外来煽惑的影响而起。老实说，你们在这不仅对中国四万万人民幸福有关，并与你们政治、经济的利益有关之问题上，受人欺瞒过了，不知觉地渐渐地这问题将影响于世界和平之一出新的世界广的大惨剧又将重演于太平洋上。那时虽欲止其爆发，恐已不及。这问题是什么呢？就是中国人民已很痛苦地感觉到中国不是如日、俄、英、法、意、美等同样的独立国，甚至还不是一殖民地如印度、高丽一样受一国之统治，中国正是中山先生所称为公共殖民地，受庚子条款签字各国之统治。我们说统治，并没有一点言过其实之处。下述各种事实，可以完全证明。

自从鸦片战争以来，一个黑暗时期开始于中国。在这时期中，列强以一联串的条约加之于中国。这些条约阻碍中国经济与政治的发展。我国人民的一部分觉悟分子，已了解这些条约为不平等的、非正义的与无人道的。列强利用这种在我国衰弱时加之于我们的条约，可管理中国的一切咽喉，使其无制裁进出口之可能。中国对于其关税税则丧失发言权。你们熟悉你们本国历史的，定能知道关税政策在你们工业的发达上占何等重要的地位。这是各国的一种特权。一国缺少这种特权，即不能视为独立国，并不能有有系统的经济发展。如果你们自己的人民，没有外人的允许，或受外国之代理人所订章程之制裁时，即不能出入自国的国境，你们对于你们的国家作何感想。然而这样状况正盛行于我国，无论何时，我们都有被关闭在我们自己的房屋之外，或其内的危险，因为我们大门上的锁钥是不在我们的手里。不仅此也。我们经济发展上的其他要塞，亦在列强手里。近代工业与交通的发展，全靠海口，海口可与世界市场相衔接。我们海口，所谓通商口岸，都操之列强之手。

上海是我们的商业所经由的主要出口，完全在外人之手，上海在中国境内自成一国，不受中国法律而受外国法律之统治。在我们境内的这块外国土地内所有重要工业，都免于中国的征税，外人所办理的法庭，只顾自己的利益，不顾中国的利益。我们人民日夜为积累外人资本而劳苦。但是如在他们方面稍有抗议时，即被无情的枪炮所屠杀，有如古代罗马人屠杀外国奴隶一样。我们的财政同样受这些通商口岸的支配，因为我们的经济生命是在这些通商口岸，因此，财政的支配权，亦就天然在此等地方了。在中国泛发纸币，不顾我们的幸福，我们【对】这种特殊现象完全没有支配力。这种不堪的情况，不仅在上海存在，并在我国各地只要海船能到之地，都有这种情况。我们海面密布着范篱，以致中国在自己的国中，没有出入之路。

其次，就是你们所听见的割让领事裁判权、治外法权等等，无论那本字典都能告诉你们这些字的字义。住在天津、奉天、北京、汉口等大城市的居民，从他们的日常的经验，都能知道这些割让治外法权的真意义。我们在经济上、政治上道路偶有一步的前进，即有逾越外国管辖或受其管辖之虑。这割让权，从我国农村居民的莫大的后备队中吸收几十万廉价工人，到租借地的工厂中去做无抵抗的奴隶，受极残酷的剥削压迫，至绝对的屈服，还不惜以世界上最落后部分的军警以为惨杀之用。

在这同一租借地上，又把那从无人道的剥削我国人民来的金钱用之于所谓教育中国青年之事业，实则是使中国青年受恶化而堕落。因此他们可用之以进行他们剥削我国之可恨的计划，不管他们把这种教育说得怎样人道主义，其结果则极明白，即我国的一部分人民堕落为压迫的工具。

在这些同一租借地上，赖有治外法权之凭藉，成为我们内乱之策源地。军阀之所以能使中国扰乱分裂及造成不断的内乱，都发源于这些租借地。从这些租借地上他们获得援助与鼓励，一切反对我们自由与反对我们人民运动的阴谋，都孕育于此。在此种阴谋之背面，都有帝国主义者或其中国代理人。在自庚子条约强迫满清政府接收之后，满清政府已成为外国帝国主义之工具。满清既被自己人民所痛恨，遂想凭藉帝国主义或以列强互相抵制之政策，以图自存。正因其是如此，辛亥革命能给以制命之打击。但当其破裂后又有无数之军阀之产生，他们互争列强之援助。如此袁世凯得列强金钱之援助，而能倡立洪宪。袁氏倒后，别的军阀又继之以起，他们没有一个能逃得出是帝国主义列强的工具。列强用之以维持其在中国之经济、政治统治之地位。一个军阀倒后，别一个军阀代之以兴，即表示某一帝国主义国势力之减孖，与又一帝国主义国之势力澎涨。军阀近年来在中国一般人民之心目中，已与帝国主义在中国之恶势力相结合。我们反对吴佩孚，因为我们确信他是受某帝国主义国指使的代理人。他是列强能维持他们的经济、政治的特权。吴佩孚推翻后，张作霖代之以统治中国北部、中部，其所以能执政权者，即因又一组的帝国主义国给援助与他之故。他现在仍执政权，继续忠心于其外国主人，而忽视人民的愿望。他将与他的先辈同样的被人民所推倒。继之而起者，亦必如此结局。

这种情况对于普通的外国人似乎很难弄明白，但是对于我国的稍有头脑的人都已显然。我们确信这一种混乱是由中国不平等的国际地位所致，不平等条约存在一天，中国决不能使国内澄清。因此我们要求我们的国际地位，此后应改为与其他各国平等之地位，我们人民所要求的，就是他们要能在国际关系上与其他各国相平等，能有使主权之独立。这包涵着治外法权、经济特权的废除。这是属于单方面性质的。我们要求修订海关关税，使中国能为发展其经济起见，采取必要的经济政策，我们要求收回我们自己房屋的钥匙。

不平等的条约废除，立即可以斩除供养我们的一切祸根，而最先是我国政治、经济善后之根源。我国的军阀苟失其列强之凭藉，即将瓦解，于是人民才得建设真正民治主义之机会。我国疆土内外国政权的废除，可以终止一切外国军警枪杀我人民之无人道及野蛮之事件。这才能有造成中国与各国间有与一切民族有利之真正合作之可能，这才可以免除在华列强竞争之事。这种竞争再要延长数年，必将造成太平洋上新的世界大战。

世界各国人民不要受你们自国的少数帝国主义者的蒙蔽，中国不是由煽动者想激起反对外人的祸乱，中国民众的兴起，是因为他们有因受了一班无心肝的剥削者的委屈与不义所发生的深刻的感情，中国已不能再忍受这些委屈与不义。中国希望你们能主持公平，因为他们确信，如果你们能知道事实的真相，你们决不让你们的政府在中国的万恶的政策继续一天。你们能与我们同声为正义之要求，这种要求对于我们是国家独立，而对于你们则绝无损害。对于你们非特无害，并对于你们的经济事业将有更盛之发展，世界的和平或不至于生危险。无论如何，我们不会被我国各大城市所经受的屠杀所能灭绝的。这种屠杀只能刺激我们，使我们努力进行对帝国主义的解放。至于所采何种方法，则虽有先见者，亦难预言。世界各国人民，我们请求你们主持正义，赞助我们废除不平等条约之恶魔之行动。

国民政府外交部长　胡汉民

中国广州

中华民国十四年七月十一日

〔国民政府公报1925年第2号〕

## 12　国民政府关于不接待调查法权外国委员来粤令

（1926年4月10日）

中华民国国民政府令　第一七九号

令外交部长胡汉民<br>　司法行政委员会

为令饬事：国民政府唯一之职责在奉行先大元帅之遗嘱，其最先着手，即在废除不平等条约，领事裁判权当然收回，无须由外人调查。故对于此次调查法权外国委员来粤，决定不予接待。除分令外，合行令仰该部/委员会迅即转电各埠交涉员/各级法庭一体遵照。此令。

中华民国十五年四月十日

委员会议主席　汪兆铭

常务委员　汪兆铭

常务委员　胡汉民

常务委员　谭延闿

常务委员　伍朝枢

常务委员　古应芬

〔国民政府公报1926年第29号〕

## 13　国民政府发表关于主张召开国民会议解决纠纷请各国政府暂勿承认北京政府之对外宣言

(1926年4月22日)

中华民国国民政府对外宣言

比年以来，北京政府迭为军阀窃据，措施谬戾，显悖民意，为国民所深恶痛绝，久已无政府之实矣。自曹锟以贿选窃位总统，旋为军阀所驱逐，段祺瑞复仰军阀鼻息，竟假执政名义，窃处元首地位，以荼毒吾民。近以军阀互斗，喋血京畿，段祺瑞忽而逃匿，忽而恋位，此则并政府之名而亦丧失之。顾以名实交亡之北京政府，早已自绝于国民，而万恶之军阀，犹得挟为发号施令之资，屡演祸国殃民之举者，不过藉口北京政府为各国政府所承认。此其承认之结果，适足助长内争，此为历年来所不可掩之事实，我国民惩前毖后，所引为深虑者也。历年军阀之此起彼仆，不过以暴易暴，各国予以承认，不啻援助一派之军阀，以干涉我国内政而已。本政府遵照先帅遗嘱，主张召集国民会议解决纠纷，以求统一政府之实现。并查在民国元、二年之间，为时二十月无被承认之政府，而一切国际交涉，未尝有不便之感。故特郑重宣言：在国民会议未召集，统一政府未成立以前，任何军阀盘据北京，各国政府不应予以承认，免干涉我国内政，延长我国内争。尤望各国人民起而督促政府，俾毋蹈前此之覆辙，庶几我国人民得起而打倒一切军阀，统一政府得以实现，人民得从事建设，岂惟中国之幸，抑亦可间接增进各民族间之和平幸福矣。

中华民国国民政府委员会

中华民国十五年四月廿二日

〔国民政府公报1926年第31号〕

## 14 国民政府抗议英舰到梧州示威致陈友仁令

(1926年7月3日)

中华民国国民政府令　　第三五三号

令外交部长陈友仁

为令饬事：现据梧州各界代表大会电称：英帝国主义者乘我政府出师北伐之际，藉口土匪杀毙亚细亚公司买办案，擅派摩轩、鲁澹搭、伦士亚三舰来梧示威，群情愤激，一致拒绝带水上驶。乃英舰多方挑衅，以期达到其公开帮助吴、张军阀之目的。广西政府洞悉其奸，委曲求全，向轮舰工人解释，已得轮船工会承认，派带水二名，而英舰又固意靳予工资，复于勘日由该舰队司令官费志杰向广西省政府主席及梧州交涉员，提出最后通牒，限令廿四小时内承认其每日十五元工资雇定带水二人之条件，否则，实行封锁梧州港口。此种举动，直是对中国表示对敌，侮辱国体，莫此为甚。尤以一区区舰队司令官而提哀的美敦书式的通函，尤属荒谬。梧州市民愤激异常，梗日各界代表会议一致决议，电请钧座向英政府提出严重抗议，务将该舰队司令官撤退，废除西江舰队名义，并向我国政府道歉。梧州全体市民誓为政府后盾，临电不胜迫切之至。等情。据此。除电复外，合行令仰该部迅即提出严重抗议，仍将交涉情形随时具报。切切。此令。

中华民国十五年七月三日

委员会议主席　汪兆铭
常务委员　汪兆铭
常务委员　胡汉民
常务委员　谭延闿
常务委员　伍朝枢
常务委员　古应芬
常务委员　张人杰
常务委员　宋子文

〔国民政府公报1926年第38号〕

## 15　国民政府抗议英兵强占西堤望广州市民持镇静态度文告

(1926年9月9日)

此次英国水兵违背国际公法，强占西堤码头，并有其他横暴举动，推其用意，实欲藉此挑衅扰我后方。政府已依照正当外交手续与英领交涉，希望英国在我国不再作此无理之举，并已致电英国政府严重抗议，请其于最短期间答复，一俟接到回答，再当布告周知。在此交涉期内，凡我市民务持镇静态度，一切悉听外交当局办理，切勿轻举妄动惹起纠纷。至于地方治安，政府已饬陆海军警极力维持，市民可无顾虑也。

中华民国十五年九月九日

〔国民政府公报1926年第44号〕

## 16　全国学生联合总会为中比条约届期应废除电

（1926年10月27日）

广州国民政府鉴：中比商约为不平等条约之一种，本日届期，亟应废除，现全国民众一致主张不许延续。深望贵部本民意之主张，即日宣告该约无效，另订双方互惠之条约。国家幸甚。全国学生联合会总会叩。沁。

〔广州国民政府档案〕

## 17　熊光暄关于出席比京世界反帝国主义及殖民地侵略大会报告书

（1927年3月20日）

国民政府委员会钧鉴：敬陈者，窃光暄前奉电令代表出席反抗侵略殖民地大联盟比京国际会议。所有准备赴会及编印宣传小册等情，业经四次呈报，计荷垂察。比京大会于二月九日开幕，十六日结束。兹将大会经过及各项议决暨大联盟之组织，呈报如次。比京大会结束业已月余，光暄以由比返德后，偶染时疾，卧病兼旬，未能及早报告，负罪良深，稽延之处，尚祈

鉴谅。

熊光暄谨呈一六·三·二十·

（甲）大会经过

（a）大会招待新闻记者情形

二月九日下午五时在Palaris Egniand 举行，到者约二百五十余人，由比利时社会民主党左派之Dr. Marlaue致辞，说明大

会之旨趣，并谓一九一八年体〔休〕战时之和平宣言，尝博得全世界之同情，而尤其博得中国之同情。但当时此种和平主张均系纸上宣言，故不久即引起世界大多数民族之失望，同时又因被压迫民族已有觉悟之故，反帝运动亦有显著之进展。此次大会目的，在集中世界各民族运动之力量，并研究各民族共同工作之方法云云。

大联盟驻比书记Gerard报告大会筹备情形后，表示大联盟欢迎日本共产党代表片山潜、中国国民政府代表熊光暄、印度国民大会代表 Nepree、埃及代表 Hapy Ramadon Bey 诸氏参加大会。旋介绍其他各代表姓氏，并谓大会日程中有组织反帝运动永久机关及讲明帝国主义政策及其战争之危险诸点，请世界各国言论机关予以注意。

Nchru代表印度庆祝大会之成功，并谓各民族代表相聚一堂，确实讨论一切，将使吾人反帝国主义之奋斗获得伟大之效果。印度国民大会素以力争民族独立为职志，今兹中国国民革命军之进展，吾人衷心欢迎之，并极力反对英政府派遣印度军队赴华。印度人民深信中国革命成功，为全世界被压迫民族独立运动之曙光。

光暄代表国民政府向大会致祝，并略述中国革命最近情形，复谓：参加大会各民族之敌人几尽为中国之敌人，参加大会各民族或为某一国之殖民地，或受某一帝国主义者之压迫，中国则为列强之殖民地，受国际帝国主义者压迫。故中国现在反对其压迫者，即反对各殖民地国家之压迫者，换言之，中国虽为中国之自由平等而奋斗，同时亦为各被压迫民族之自由平等而奋斗。故大会将加讨论之关于中国的问题，实与各被压迫民族有密切之关系，甚望各地代表加以注意。

Hapy Ramadon Bey 谓：埃及为反对英帝国主义及保障埃

及人民权利而奋斗由来已久，一九一〇年在比京举行之埃及国民大会乃其明证，此次参加大会，盖亦所以谋尽其责任云。

高丽代表李克鲁谓：各地被压迫民族于其痛苦情形皆有对世界声诉之机会，惟日本帝国主义之残酷，则使高丽民族饱受痛苦而无从呼吁，职是之故，高丽民族对于大会前途尤抱无限希望。

安南代表Van Jiac 谓：法人之驻防政策，侵略安南之独立，彼此次出席大会，希望大联盟于安南情形加以注意。

Richard Uaaru代表美洲黑种工人大会谓：帝国主义为战争之母，并使人类文明时时受其祸害，今兹美洲黑人所受之痛苦已不忍述状，而黑人之解放，则当在帝国主义者根本打倒以后，故黑种工人对于此次大会之召集，抱有极大之希望。

法属非洲黑人大会代表 Lanire Scughor 陈说北非对于大会之希望，后德国 Goldsehuinds 继起发言谓：余从世界旅行归来尝有一种感想，以为世界所有之食料英〔及〕宝藏实足以分配于全世界人类。使世界各民族间无侵略压迫之事,则人类之幸运为何如乎。余为经济学者，故主张世间一切财货须平切〔均〕合理而分配之。今日得睹各民族代表相叙一堂，实余生平最快之事云云。Goldsehuinds辞毕。主席乃宣布散会。

(b) 第一次大会

二月十日晚八时在Palais Egmonf 举行，是晚演说者有英国矿工会代表 Jareis、比国国会议员会代表 Magdeane、法国代表 Hculi Baebeiese、中国国民党中央执行委员会代表廖焕星、印度国民大会代表Nchru、日本共产党代表片山潜、墨西哥代表 Jose Vsu Cancelog、英国独立工党代表Brackway 褚〔诸〕氏。兹录各人演辞如次：

Hener Barleuse 谓出席此会之各代表即被压迫民族解放运动中之先锋，务须万分努力以达吾人所期望之目的。Barleuse氏并尽量形容帝国主义者【在】中国、印度、麻络哥、叙里亚凶横残暴之情形及其预备向弱小民族积极进攻之野心。又谓：苏俄现为唯一之民族独立及社会和平国家，吾人极应友之云云。廖焕星谓：弱小民族与帝国主义者之冲突今日已达极点，帝国主义对吾人进攻不遗余力，吾人极应统一国际战线与之奋斗。帝国主义者知弱小民族被压迫阶级已开始合作，故不惜费无数金钱派遣重兵前往中国及尼卡拉瓜以扑灭各该地之革命运动。帝国主义者又知苏俄为世界唯一之无产阶级国家，且为唯一诚心援助弱小民族之国家，故殊恨之刺骨，大会现应注意各帝国主义者对苏俄之备战云云。

片山潜代表日本工人向大会致敬，并云此次大会表现弱小民族之意志，不惟必须与帝国主义者战争，且必须打倒帝国主义。弱小民族必须联络帝国主义国家之工人阶级，然后奋斗始有力量。中国为自由之争斗业已开始，其他殖民地半殖民地之被压迫民族亦应从速追随中国后之云云。

Beockueag谓：英国工人阶级原以各种方法阻止英国出兵干涉。中国及苏俄各代表演说毕，已十二时，遂散会。

(c) 第二次大会

十一日上午十时开会，Eda Fivmen主席。

中国总工会代表陈权演说，谓：孙中山先生尝云：吾人欲打倒帝国主义者在中国之势力，当惟中国工农是赖。故国民党谨依中山先生指示之方法以实行革命。余信弱小民族与被压迫阶级实行大联合，实足以制国际帝国主义者之死命。中国民族已与苏俄有友谊之联合，同时帝国主义者深知中俄联合为反对国际帝国主义者最有力量之联合，故以全力谋破坏之，但中国民族今日已认清敌友，帝国主义者终不能破坏中俄之联合云云。

Geocy Dedebaur 讲述帝国主义政策及其在殖民地半殖民地之影响，并述帝国主义在中国、麻络哥、叙里亚大受打击之情形。最后谓：社会党改良派领袖麦唐纳、王德尔等惟政府之鼻息是仰，绝不顾及一九〇七年Saockheben非殖民地会议之决议，致该会一切议案均成具文。又第二国际领袖每谓此次比京反英大会为共产党之傀儡，余愿一问在座之英工党左派领袖Broekway是否共产党，抑或共产党之傀儡云云。及谓弱小民族对于此点不可误会，应与大会通力合作，而大会亦应以全力阻止帝国主义者之侵略。吾人须知工人阶级之责任在以罢工为手段阻止帝国主义者对殖【民】地之压迫，战争，即吾人之口号，在此口号之下，无和平主义者立足之地。

(d) 第三次大会

同日晚间举行，首由埃及民党Moparurued Hapig Rawadau演说，谓：此次大会虽非正式公开之会议，但实含有重大意义，因此会系代表各民族之真正意志，而尤其是代表各弱小民族反帝之真正意志，在此情状之下，吾人极愿有一真正之国际联盟出现。埃及人民要求自由、独立之心甚切，希各民族予以援助云云。

爪哇自由党代表Mopamined Hapa谓：爪哇人民在荷兰资本主义蹂躏之下绝无集会、出版、言论、罢工等自由之可言，且受荷人文化政策之影响，百分之九十五都不识字，若工人阶级则虽终日勤劳，而所得工资尚不足以苟延其生命。但爪哇人民反对其压迫者虽常失败而被拘捕、放逐甚至处死，惟决不因此稍退而放弃吾人要求独立自由之责任云云。

北非黑种工人大会代表Seughor谓：黑人为世界上被压迫之民族，自法人以殖民者之资格将其所谓文明以枪刺送往非洲后，黑人大受其赐。吾人反对帝国主义，同时即为反对资本主义。世界和平必须被压迫各民族获得自由后始得实现。英国少数派代表Harry Paelph详言英国工人之经济地位状况之种种变更，并谓英国工人阶级愿与中国、印度工人阶级组织一永久不能破裂之统一战线，而用种种方法以阻止帝国主义之战争。帝国主义之末日，即资本主义之末日。俄国工农尝示吾人以打倒资本主义之方法，故吾人极应努力云云。

Ugana代表美洲工农群众向大会致祝词，并详述美帝国主义者蹂躏墨西哥、尼卡拉瓜两国之情形。

南非洲工会代表Calraiue向大会致祝词。

开会时主席团宣读英国矿工代表Caok及法国著作家Victory Margsierikes庆贺大会开幕电文。Caok来电大意：英帝国主义者对中国之武力干涉及资本主义者侵略之明证，希大会了解吾人极愿阻止英政府之横暴云云。

(e) 第四次大会

十二日上午十时开会，Nehru主席。

阿格利代表Messali、土尼斯代表Mussaph Chedeg、麻络哥代表Achmod先后演说法帝国主义者对待北非之残暴。Mussaph Chedeg以土尼斯人民党代表资格，希望大会对于前次反对英帝国主义而被拘之同志予以营救。Achmod则谓：吾人欲打倒帝国主义，当以俄国革命为模范云。

德国Goldsehuidy教授谓：今日帝国主义者之殖民政策较之上古、中古之残酷有过之无不及，其方法更日新而月异。吾人欲打倒帝国主义，恢复人类天赋之自由，必须研究帝国主义者之殖民方法，而根本破坏之。今兹观于参加大会各地代表之踊跃，即知弱小民族渴望恢复自由之迫切，故大会应团结被压迫阶级及弱小民族共起打倒帝国主义。

(f) 第五次大会

同日晚间举行，Moharamed Halfa主席。

Edo Funsimen氏演说，谓：余虽以个人资格出席大会，但深信余之意志，实可代表欧洲大部工人阶级。吾人若仅从事于革命议决，或议决后以转达工会，冀其实行，此殊无益。吾人应将本国工人阶级与殖民地民族联合成一战线，从事奋斗，而对于本国工人，解释殖民地民族与被压迫阶级之关系及其利害，尤为至要。现在资本主义者已联合成一战线压迫中国革命运动，吾人不特应反对此种资本主义之联合战线，而尤须反对白色资本主义与白色工人之联合战线，忆马克斯尝谓：中国将成一真正自由平等之共和国。吾人甚希望中国不成一法国式之假共和国，而成一苏俄式之真正共和国。在此意义之下，大会应转达各种工会一律援助中国革命。至援助方法，以直接行动为尚。然谓总【罢】工为援助中国革命之唯一有效方法，则亦未必。法人进占鲁尔流域之往事可为明证。是故吾人勿须吹牛。吾人现在之使命为宣传、组织、预备三种。

英国国会议员 Willkinson 演说谓：英国工党左派极愿援助中国，惟罢工能否实现，乃一问题。英国去年总罢工与矿工罢工之失败，固世人所周知者。惟无论如何，至万不得已时，罢工援助中国亦非预备不可。

Gunmed 代表南非黑人向大会致敬，并报告南非黑人在经济上、政治上所受之痛苦。又云能代表黑人之利益而受群众拥护者仅共产党云。

法国殖民地Marsing Guadclanpe代表 Blancase谓：帝国主义者所给殖民地政治独立乃纸上之欺骗语。现在美国欲与取Man-scnique Guadecoape 一带岛屿以为法国债款之一部，但吾人竭力反对此事。吾人既不欲听法人之宰割，亦不愿作美国之殖民地，吾人所要求者为完全之自由与独立云云。

法国工人统一会左派代表 Herdet 谓：法国有二工会，但工人统一会真正代表工人向资本主义宣战者。当麻络哥战事发生【之】际，吾人尝罢工二十四小时以表示抗议，并在军队中、工人中宣传联合里夫人民反对帝国主义。又谓：中国革命吾人将尽力援助之。吾人极赞成 Finemem 之主张，应将工人统一战线，但吾人并不与麦唐纳在一条战线，而与国际工会及工党中央之群众站在一条战线云云。

(g) 第六次大会

十三日上午十时举行，Finemen主席。

法国国会议员Aebert Faurniet谓：此次反抗侵略殖民地大会为人类历史上最可纪念之一事，吾人愿组织极有力之群众以打倒资本主义。又谓：中国之奋斗为世界史上一大事件，因中国之奋斗虽为民族解放运动，然同时亦为社会解放运动也。

次由praf Fheador Dassing及美国工党代表Maned Garneg相继演说，前者由伦理点出发阐明民族应自决之真理；后者报告美国工人状况，均极得会众同情。安南自由党代表Dramang Vou Giao报告安南工农之状况，并谓：安南之社会民主党政府Voreme者与法政府狼狈为奸，压迫安南人民，禁止工人组织。末谓：中国现在之革命即为吾人之革命，吾人愿竭全力以援助之。

波斯革命共和党代表Achmed Assadofa及高丽代表Voing Fu Ling报告波斯、高丽被压迫情形后，叙里亚革命党代表某氏继起演说，谓：德国欲打破叙里亚之统一战线，故尽力挑拨叙里亚民族内部之冲突，以收渔人之利，此外并用武力压迫叙里亚民族达马司哥之残杀，即叙里亚民气之表现及法帝国主义者之大耻辱也云云。

(h) 第七次大会

同日晚间举行，仍由Finemen主席。

Geory Lasburey 谓：此次大会乃全世界被压迫民族觉悟之表现，中国革命乃被压迫的各民族、各阶级之革命，英国工人阶级甚愿援助之。中国工农不惟欲打倒帝国主义以期中国之民族自由，且欲打倒资本主义以求社会主义之实现。余尝谓：资本主义打倒之日，乃和平主义实现之时。大不列颠工人曾大呼云：中国有自决之权，撤回在华之海陆军，中国国民政府必须承认之，不平等条约必须废除，凡此皆吾人应做之事。中国西北军代表鹿钟麟同志讲演，谓：中国之问题已成世界问题，故中国之革命亦世界革命之一部分，吾人与帝国主义者军阀正在激战之中，新世界不久即可实现。余为军人，余之责任在保护工农。此次大会实加强余为弱小民族奋斗之力量，故余愿接受大会之命令而为被压迫民族阶级奋斗。余以为吾人之胜利已不远，而大联盟第二次大会可以讨论吾人之建设矣。中国国民党万岁！世界革命万岁！

第二国际书记 Beonra 谓：此大会在将来世界史上有重大之意义，被剥削各民族之代表齐集一堂，共同工作，至为可嘉。将来此种联合战线实现后，弱小民族及工人阶级之胜利当无疑也。

次Juned Morpineg Toler两氏演说，最后主席团宣读孙夫人致大会庆祝电文及英国工党左派代表Beckety宣读中英印联合 战线议决文，并提议致电中国国民政府及印度国民大会勉其为弱小民族努力奋斗。是晚闭会后，中国代表团以国民政府及国民党中央执行委员会名义招待与会各地代表及新闻记者，由邵力子、鹿钟麟二同志报告国内最近军事政治状况。

(i) 第八次大会

Calraine代表教育者国际联合会谓：各殖民地民族在帝国主义者文化侵略政策之下，遂致大多数目不识丁，其少数得受普通教育者亦仅供帝国主义之利用，以为残害其同胞之工具。惟农工执政之苏俄则不然，当北京各大学经费无着相率罢教之际，加拉罕大使以俄国退回庚款接济各校，实其明证，吾人素以反帝为职志，今后更将努力教育吾人之学生，使成为革命之战士云云。

Saokes代表伦敦工会报告伦敦各工团大会之结果谓：参加伦

敦大会者有六百代表，五百〇三团体，其议决案中则有反对英国派兵赴华及要求在华英军撤退诸点，至不得已时，吾人且将以罢工为武器，而期上项主张之实现。又谓：在勿侵犯中国标语下之团体已遍及英伦全国云。

Holsne Stoekes女士代表国际非战大会，谓：吾人反对战争与旧绅士派的和平主义不同，吾人以为惟阶级争斗，实为反对战争之惟一方法，并盼大会勿忘却妇女界之自由运动。

Mleher Lchuiney表示国际反帝会对于此次大会之愿望，并宣读该会宣言。

陈权代表中国总工会谓：吾人之组织尚在幼稚时代，但无论何人，总不能谓吾人毫无经验、无阶级意识，近年中国各地之罢工，尤如上海、香港之罢工已证明吾人实为中国国民革命之主脑。Lausbewy希望吾人基于国际社会主义之精神互相团结，余敢断言中国工人实未尝无此精神，当吾人须援助数十万工友之际，犹筹集巨款接济英国矿工，即中国劳动阶级精神之表现。吾人今后更将以全力从事于国际合作。惟反观西欧工人团体之活动，则使吾人发生无限的惊讶。第二国际及荷兰国际工会对于中国革命除发表几件定〔空〕文的决议外，绝未表示其同情，而于上海工人之乞援且未以一语相报焉。

Migliole代表意大利天主教人民党谓：法西斯谛政府及意国报界以为意政府派兵赴华，系为保护其在华利益及教士，而出于必要实一欺人之谈。意大利在华原无若何的经济利益可言。其派兵赴华之真意，实为帮助英国攻击中国革命势力，冀得英人经济上之援助，以完成其侵略阿拉伯之计划云云。

(j) 第九次大会

十四晚间举行， Finemen主席。

Munegenbug 谓：此次大会之结果，实出吾人预期之外，代表证书审查委员会报告各地出席代表共百四十七人，此百四十七人者实八百万有组织的工人之代表，亦数千百万被压迫人类之代表也。帝国主义问题实为今日世界政治之中心问题。吾人之反对帝国主义运动已不若某派报纸之讥讽而待导演之撮合。吾人将以共同的困苦之驱迫而趋于一致。又谓：此次大会就一种意义言之，仅为未来的世界大会执行委员会已决定。反抗帝国主义、赞助民族独立之世界大联盟的组织大纲亦已拟定。吾人今日最大之任务为援助中国革命。大会执行委员会已一致决议，无论何国如以武力压迫中国，则全世界劳工团体誓以全力对付之。大会并已决定派Nansen、Shaw与Bardrisse三氏前往爪哇、苏门答腊之情形，本年六月并拟在中国汉口召集中印会议。又谓：吾人深信今后十年中，世界史之资料将以中国、印度及其他各要求独立之国家的发表而决定，且深信大联盟之基础十分稳固。

Cafoine发言希望南非白种工人及有色种工人一致团结，并盼荷兰国际工会勿忘其组织之初意。最后法国代表Boeriner请与会各代表以全力企谋大会决议之实行，勿使纸上空谈。陈权发言对于大会决议表示满意，并谓中国工人将以全力谋大会主张之贯澈云。

(k) 末次会议

Finemen主席。

代表证书审查委员会报告审查结果，大会出席代表百四十七人，代表三十七国百三十四团体。次主席以各地代表提案付表决，计一致通过者七件，另有提案十九件未及付大会表决，移交执行委员会审议执行。次通过大联盟暂行章程。又次推举Nckeu（印度）、廖焕星（中国）、Seughor（非洲）、Mobanned Hatha（南洋群岛）、Loasbery（英国）、Manzenbug（德国）、Manseaue（比国）、Mawal Ugarte（南美），Finemeca（荷兰）九人为执行委员Giharti Bacdinar Bridgema为候补执行委员。次议决致电荷兰政府要求特赦爪哇、苏门答腊各地被拘之独立运动者。次Gerard宣读大会宣言。当大会将闭时，印度国民大会会长来电：印度人民愿以全力与大联盟始终合作，并誓死反对英人以印度军队对华压迫。Calraiue动议，将此电文抄寄Saetlury氏，大会一致通过。最后Finemen致闭会词，谓：此次大会之召集实有极大之意义，大联盟工作前途虽多阻碍，然而吾人打倒帝国主义之主张不久定可贯澈，在反对吾人者，以为大联盟乃一共产党之机关，余愿于此郑重声明：吾人不受任何党派之操纵与卵翼。同时并愿声明：使无俄国之革命，则今番大会亦不能成功也。Finemen词毕，各地代表殿之以国际歌，而大会闭幕。

(乙)大会决议

大会经过情形已如上述，兹录最要议决案如左：

(a)中国代表团提出关于中国之议决案：(一)中国代表团请出席大会之各国代表转促其政府与中国国民政府发生合于正谊的关系，并请各国代表运动各方面承认中国国民政府为中国唯一的合法政府；(二)请大会致电各国政党竭力阻止各该国政府对于中国的干涉行为，并致电荷兰国际运输工人联合会，请勿从事于帮助帝国主义之工作，尤须拒绝英国军队及军火之输送，以阻止大战之爆发；(三)请大会要求英国自由党工党及共产党立即以最严正之举动，迫令英政府撤退在华及正在赴华途中之军队，如英政府坚决维持其干涉政策时，并预备总罢工；(四)中国情形每因帝国主义者所豢养的新闻记者造谣之故，常使世人不能明了，中国代表团因特建议于大会，如大联盟有认为必要时，请派代表赴华考察英帝国主义在华之种种行为，并特别注意“五卅”、沙基、万县各事件；(五)中国代表团严重抗议帝国主义诬指苏俄煽起中国民族解放运动，并抗议帝国主义者因此而发生之对俄的示威行为。

(b) 中、英、印三国代表提出关于中、英、印三国问题之议决案签名于下之中、英、印三国代表，现经一致决定，所有一切在帝国主义统治下之劳工阶级必须实行下列工作：(一)对于一切民族解放运动，彼此俱应互相援助以期达到完全独立之目的；(二)对于压迫殖民地的任何方式，俱应加以反对；(三)反对一切用于保持其武力以压迫各弱小民族之海陆及航空军费；(四)务须宣布帝国主义之残毒于一切民众及军士；(五)务须攻击帝国主义而努力于阶级战争之实行。关于中国现今之局势，则更有下列之决定：(一)吾人要求现今在华之海陆军立即离开中国之水陆地界；(二)吾人认定有采直接行动之必要，利用罢工以防〔妨〕碍军械、军需及军队之输送于中国或印度，或由印度以输送于中国；(三)所有为战争或预备战争而用之一切借款，吾人俱不承认；(四)在武力干涉或战争之情况下则必利用吾人所有之一切武器，以破坏或防止此种互相敌视之行为；(五)吾人要求无条件的承认国民政府废除一切不平等条约及治外法权，并退还一切租借地；(六)关于中、英、印劳工运动之政治的及经济的利益，吾人皆须负有义务以统一战线而促其实现。(签名人从略)

(c) 印度代表提出关于印度之议决案：大会以最诚挚之努力援助印度民族之独立运动，并以为印度脱离异族统治，乃世界民族独立运动史上至重大之一事。大会相信全世界劳工阶级与被压迫民族正与印度人民合作，并将以种种方法阻止输送军队于印度，以使英国在印度之驻防政策不能常此维持。大会更相信印度之民族运动以解放印度农工为目的，且此种运动常与各国民族解放运动相提携。

(d) 各地工会代表提议团结全世界劳工组织案：

代表十七个工会七百九十六万二千工人之各地代表谨宣言：

愿以至诚与各被压迫民族合作，以助其复得自由。当此英帝国主义者逐日输送军队、军火、飞机赴华压迫中国革命势力之际，吾人以为足以为足以阻止英国侵略政策之唯一有效方法，厥为组织国际间统一战线以抵制之，并拒绝一切关于军事上的运输工作，或总罢工，庶几帝国主义之光焰可望扑灭。吾人鉴于战机之迫切，并为援助被压迫民族力争天赋之权利起见，以为国际工人团体之合作，实至重要。吾人因此以七百九十六万二千工人之名义，要求荷兰国际运输工人联合会及莫斯科红色工人国际暨其他各地工人团体作速集合，以组织一统一之工人国际工人团体，而使各种族之工人站立一条战线之上，以与帝国主义者奋斗。各地工人并须痛切觉悟帝国主义者所以能维持其统治者之威权，乃因工人团体涣散之故，吾人因此更要求各地工人团体立即泯除阶级、国界、种族之成见，互相团结。殖民地半殖民地之工人因为了解工人之权利，惟经坚苦之奋斗可以得之，同时资本帝国主义国家之工人亦应觉悟帝国主义一日存在则彼一日不能获得自由，故为彼等自身计，亦应联合殖民地半殖民地之工人，以向帝国主义者进攻也。

扑灭资本主义之侵略与帝国主义的压迫！

工人与被压迫民族之联合万岁！

国际工人统一团体万岁！

(e) 大联盟组织大纲：(一)出席布鲁塞尔反抗帝国主义赞助民族独立大会之各机关各代表，议决创设一反抗帝国主义赞助民族独立之大联盟。(二)上项所称之大联盟，定名反抗帝国主义赞助民族独立大联盟。(三)凡反对资本主义者的及帝国主义者的权威而奋斗，并赞助民族自决、民族解放、人类平等、阶级平等之机关、政党、工会及个人均得加入反抗帝国主义赞助民族独立大联盟。(四)自本届大会闭会至下届大会召集止，为大联盟临时执行委员会之大会干事部，受大会委托草拟大联盟章程，并须将此项草案于下届大会开会前三个月送交加入大联盟之各机关、各政党、各工会讨论。(五)大联盟临时执行委员会之大会干事部，办理及主持大联盟一切事务。(六)大联盟临时执行委员会任命委员七人组织办事处，并定七人中之三人为书记。大联盟书记与办事处同受临时执行委员会之监督，并须于每届大会后改选之。大联盟临时执行委员会，鉴于中、印两国民族解放运动及反抗英帝国主义意义之重大，决定以中、印、英三国代表各一人为本届办事处书记，其他四人则以他国代表充之。(七)大联盟办事处地址之选择以适合民族解放运动，并办事不受阻碍之处所为标准。下届办事处地址暂定巴黎。(八)大联盟临时执行委员会及办事处受大会委托须力图各国反抗民族压迫运动之扩展，尤须注意于布鲁塞尔大会决议之宣传。(九)大联盟办事处须搜集帝国主义者在各国各地所施之侵略行为及压迫行为之结果，并将此类资料在各资本帝国主义国家讲演、陈列，以期各国民众之觉醒，而予被压迫各民族独立自由运动以有力之援助。(十)大联盟须在帝国主义之活动中心地，如拉丁亚美利加、中国、印度、南北美洲及埃及等处设立分办事处，以与大联盟协力从事于群众运动及群众组织之规划，分办事处须以与大联盟宗旨相同之人组织之。(十一)大联盟临时执行委员会及办事处初期的工作，以可望改组为分办事处之团体为基础而从事活动。大联盟临时执行委员会及办事处须尽力使各地分办事处及早成立，尤须注意于已成立团体之联络并促其早日加入大联盟。(十二)凡加入大联盟之团体均有协力辅助大联盟工作之义务，并须视其会员人数及经济状况，每年征纳会费于大联盟办事处。(十三)大联盟临时执行委员得增选分办事处代表，及加入六大联盟之劳工团体之代表增加之。(十四)于民族独立运动被压迫而有激成战事之趋势时，或帝国主义国家以武力压迫民族独立运动时，大联盟临时执行委员会须审察时势，采取适当的手段予被压迫者以有力之援助。如遇非常危急之际，并须联络工会及政治团体暨国际工人团体等以促大规模的农工合作之实现。

（丙）大会宣言

集会于布鲁塞尔，反抗帝国主义，赞助民众独立大会之全世界被压迫民族及劳动阶级代表，为保障其根本之权利并期彼此之发展起见，特结为亲爱如兄弟之同盟。

资本帝国主义者百年以来残暴惨酷之侵略行为，当使千百万人物质上、道德上陷于困苦可怜之境地而为其牺牲，同时帝国主义者又为取得又保持其利益之故，时有血战爆发之危险，而世界民族间之和平遂不可望。此则人类历史之耻辱，吾人所不能再忍者。抑近百年来欧洲资本主义之发滋、荣长，常以亚、非、美三洲民族之血汗为营养，而现代资本主义国家所异常宝爱之物质的精神的文明之建设，更以奴隶人类、强迫工作、屠灭异族为必要。惟是资本帝国主义之侵略及压迫愈甚，则被压迫民族之反抗及奋斗亦愈力。近代美洲新兴各国半为欧人征服土人后之建设，半亦欧人土人共同之集合，究其原始，固不能不谓为与帝国主义有深切之关系。然而此等国家犹不堪其自利主义之母国的压迫而力谋自卫，甚至不惜以兵戎与其所谓母国者相见而谋独立。吾人于此足知帝国主义者彼此之仇恨冲突，实为促成民族独立之前提。

任何帝国主义国家（例如十九世纪末叶之德意志、【意】大利），一旦国势隆盛，即视压迫殖民地民族为必要，一日不颠复弱小民族，则一日以为犹非资本主义之大国。其颠复弱小民族之方法，则以宗教侵略开其端，而干涉内政继之，务使被干涉者丧失独立主权，沦为奴隶，至最近而中古之封建制度及畜养奴隶制乃复见也。

当此资本主义国家鼎盛之秋，帝国主义之发达已臻极度。自十九世纪末叶以至二十世纪初期，世界弱小民族因帝国主义资本侵略之结果处于困迫呻吟之中，而世界之大遂为少数强国所分据。一九一四年之大战，盖列强争夺殖民地及势力范围并谋重新瓜分世界之战也。

此次大战虽流血两洲，然帝国主义终未因此消灭，各资本主义国家防制其殖民地独立之手段且益周密。英法殖民地人民为英法利益而战死者数十万人，亦未能使争夺殖民地之强国减少一二。法西斯蒂主义之意大利固已承袭德意志之地位，起而要求殖民地之占领，德意志一部分人民亦已忘却其在外力统治下之痛苦，而努力于经济的政治的势力之回复，以冀满足其侵略政策之欲望。抑就事实察之，在资本帝国主义下之现代经济制度，无殖民地利益已不能发展，而理论上，欧洲资本主义者在今日既无以使欧洲民众安居乐业，即不能不谋海外市场之获得与操纵，以期其货品之销售及资金之运用，尤为当然者。此战后资本主义发展之情形亦少数强国之所谓特权阶级者，醉心于统治世界之真因也。

虽然，大战之结果已明示资本帝国主义之自杀矣。大战之际，帝国主义者为时势所迫，诡言民族自决，以冀欺骗其殖民地民族，而求一时之苟安。然而战后经济之发展既使全世界人类渐感不安，帝国主义者民族自决之甘言又失其消灭殖民地民族奋斗决心之效果，于是亚、非、美三洲压迫民族独立运动之潮流，奔腾澎湃，不可遏抑。中国、印度及南洋群岛、墨西哥、菲律滨各地要求独立之旗帜后先揭起，而反抗侵略压迫之仇恨及期求独立自由之愿望乃充满世界矣。

欧战而后，为民族独立运动放一异彩者厥为俄国革命之成功。俄前皇室本为帝国主义之结晶，经此革命而崇尚平等之平民的新国家遂以成立。自世界政治史上言之俄皇室之崩坏及苏俄联邦共和国之建设，盖全世界被压迫民族独立运动中之曙光也。今日世界各被压迫民族要求独立自由之决心，任何人不能摇撼而销〔消〕

灭之。亦惟愚鲁无伦之所谓绅士者流，尚信今日之文明可以常此不变，而世界前途将不能超脱欧美资本帝国主义之范围。不知现今亚、非、美三洲之民族运动已成一种世界运动，使其进而与帝国主义国家之平民阶级联合奋斗，实足造成世界之文明，而人类历史亦将开一纪元焉。夫就中国革命言之，其意义之重大，固远在欧洲历史上震动一时之许多重大事实之上，即印度民族之独立运动，又何尝不足以供世界史之纪录，而最近尼加拉瓜反帝运动，不期而得全世界同情的援助，尤足证明今日世界运动之趋势。此则吾人甚愿帝国主义者痛切感觉其谬误，而毅然放弃其侵略政策者耳。

抑被压迫者无坚苦之抵抗，则帝国主义者决不自动的放弃其利益。土耳其以全力整顿军备并迁都亚洲，盖所以防帝国主义之强盗行为而保其独立也。欧战告终仅数年耳，然殖民地战争已一见之于麻洛哥，再见之于叙利亚。英国虽受民族运动潮流之激荡，表面允许埃及独立，究之则英人凭恃兵力，摧残埃及民治之政策，未尝终止，其于苏丹尤锲而不舍。

帝国主义者于其侵略弱小民族之行为，惯以保持和平名之。最近荷兰政府压迫爪哇、苏门答腊各地独立党及英人炮击万县民众之惨剧，盖为帝国主义真面目之流露，而哇台尔将军且以扫射印度亚姆利沙群众有功得膺殊赏焉。

帝国主义者为防制革命之爆发及企图战后经济的重造之故，暂相苟安，而和平主义一语遂成欧美外交家之天宠。究之实际，则所谓和平主义者，惟帝国主义国家内部适用之，其于殖民地半殖民地固知以暴力相加，铁掌相向也。

在此伪和平主义之声浪中，最堪令人注意之事实，则世界战争之场已由欧洲移至太平洋岸是也。中国、墨西哥为太平洋两岸之宝藏，而帝国主义者所各欲据为己有者。今兹中墨两国与帝国主义之奋斗殆即将来大战前哨之接触乎。

英国外交界努力不断，决心以求之者，厥为列强对华一致出兵实现，意大利在华利益本不甚多，然经邱吉尔、墨索黑〔里〕尼两氏之会议，意大利遂名为保全其强国之体面计，愿与英国一致行动而派遣军舰赴华矣。

今日英国对于中国国民党及国民政府领导下之革命势力，实际上已经宣战。其所以与国民政府开始交涉者，盖鉴于国民革命运动叠次胜利，并懼列强联合对华之不能实现耳。吾人第观英人一方与国民政府交涉，一方派遣重兵赴华，一方更援助与革命势力为敌之张作霖之事实，而英人心理烛照无遗矣。不特此也，英政府对于英国劳动阶级反对派兵赴华之抗议，既置诸不理，而于道德上援助中国独立之苏俄，则大肆其恫吓。故自中国言，独立运动大有遭受推〔摧〕折之危险，而自世界言，则英国正拟以新十字军对待苏俄也。

若夫太平洋东岸，则美墨风云亦殊紧急。顾理士、凯洛二氏所以未敢对墨宣战，而暂示退步者，徒以墨政府态度异常严正，及拉丁亚美利加各国感抱不平，与美国一部分民主党人之反对耳。然而北美帝国主义者与欧洲帝国主义者视殖民地民族等于可供买卖之家畜，则固无异也。

现代人类已显分两部，一部乃占人数最多，大多数之被压迫者，现正为要求独立自由而奋斗；又一部则为少数之强有力者，若辈专恃不正之特权，以运用资本经营商业，垄断原料而博取特别利益。

欧战已停止矣。在欧洲第二次大战爆发，或此浓密之战云吹赴太平洋岸之前，帝国主义者在亚非及中美各洲之所为，初不异于作战，特形式上无战事可言耳。抑帝国主义者口中之和平主义声调虽高，要未能改变事实于万一。今日世界仍在战争状态中固极明显，而帝国主义者对于殖民地及半殖民地之压迫，终为战祸之导火线，尤不待言也。

出席布鲁塞尔大会之代表鉴于上述之情势，而有反抗帝国主义，赞助民族独立之联盟。吾人今大联盟之成立，敬告全世界被压迫民族及被压迫阶级，并要求全世界不以压迫他人为事，不赖压迫他人为生，痛恨奴隶人类，渴爱平等自由者加入大联盟，而予吾人以援助。今日世界被压迫阶级所最切望者，固为各国较进步的劳动阶级之辅助，然而农民及中产阶级与智识阶级亦须认明自身之利害及感受帝国主义者横征暴敛，如军费负担等等之痛苦而速谋自救也。

被压迫民族之解放，不特无害现代物质的及精神的文明之演进，且促使之放一空前的异彩。因此之故，吾人深信人类前途实操诸全世界被压迫民族及无产阶级之手。愿被压迫民族及被压迫阶级大家团结起来。

〔国民党中执会档案〕

## 18　刘骥关于冯玉祥向英国政府提出不要干涉中国革命五点要求电

（1927年3月25日）

中央执行委员会公鉴：顷接冯同志虞日电开：刘菊村同志转伦敦英国工党中央执行委员会伦斯伯力同志，我看了贵会的宣言，我觉得非常的满意。我去年在列宁城和你见面时间很短，我在苏联的日子很少和你见面，以后不久我就回国。但是回国之后，我实在是不能忘记这个苏联共和国，因为在这个苏联共和国里边，一个半殖民地的公民与一个大帝国的公民能够有彼此很痛快谈话的机会。现在我积极准备领导着国民联军去和中国革命的公敌决战，很诚恳的请求你将我这种意思宣告英国的民众。我们认识英国业经三年了，英国政府对我们的要求，我们是已经很明白。我们中国革命党的要求略举五点如下：(一)我们要求英国的军队和军舰立即离开中国。因为象从前庚子年那种时候，现在已经过去了。我们中国人倘是碰见你一定是表示很诚的敬意，但是如果碰见英国很多的海军，将来恐怕对他们的敬意就不如对你的。宣言实在增加英国的荣誉不少，这种的宣言比较英国政府的哀的美敦书效力是强得多呢。(二)英国的政府商人和传教师不要干涉中国内部的事。因为中国的革命并没有这种干涉的必要，并且因干涉的缘故引起中国民众仇视英国恶感，如同革命时代的苏联仇视英国一般。这种情形对于英国实在没有什么利益，因为这种镇压他国革命而失败的经验，将来并且不能利用着去镇压自已的殖民地。(三)我们想，叫每一个英国人都知道不平等条约的时候，现在已经过去了。因为中国民众现在不但觉悟种种条约的不平等，并且还觉悟努力国民革命。这种觉悟力量是很大的，所以我们希望英国不要教五万万中国人完全绝望呵。(四)我们要求英国和其他各国不要强迫式的输入中国所不需要的货物，并且不要压迫中国一定要用已国的行政人员和工程师，我们所买的货物是我们所需要的货物，抽税的重轻须以对于中国国民工业有无利益为标准。(五)我们要取缔种种反对中国国民革命的谣言。但是我们所要特别讲明的，就是我们并非是反对欧洲的文化，并非是排外主义。英国和其他各国的社会团体的分子，如若到中国来我们一定以亲兄弟的态度去欢迎他，并且领导各处去参观。我们所领导参观的地方，就是那些英国兵士所永远不能到的地方和一般近视眼的外交家所不到之处。所以我请你们代我们国民军革命的团体，庆祝一般有觉悟的英国人能够在现在紧急的时期，高声的呼，警告政府，使其自然觉悟，不干涉中国的自由，并且请你再代我们庆祝一切英国民众了解中国革命伟大的目的。致同志敬礼。冯玉祥。一九二七年三月七日。等语。特闻。刘骥叩。径。

〔国民党中央党部档案〕

## 19　国民党中央党部等欢宴国际工人代表团大会记录

（1927年4月3日）

时　间：十六年四月三日下午六时

地　点：汉口华商总会

主　席：孙　科

记　录：张振翱

主　席：同志们：今晚中央党部、国民政府欢迎国际工人代表团及新到几位同志。这几位代表团同志，这回代表英国革命工人，美国革命工人以及全世界的革命势力来到中国，是慰劳和援助我们中国革命的同志。所以我们欢迎的时候，不止是欢迎他们个人，同时也是欢迎全世界的同志。（鼓掌）也就是欢迎全世界革命实力来援助中国的革命！中国的革命，到今日已经到了一个很严重，也很危险的时期，在革命政府之下，一面是民众的力量尽量发展，一面是军事的发展陡然增高，革命发展已快到了成功的阶段了。但因为革命工作已快到了成功的阶段。我们的敌人——帝国主义者，也就想趁着这个时期作最后的挣扎，要尽力向我们进攻，企图消灭中国革命的势力。同时因为在我们革命的堡垒中，也有反动发生，我们的敌人——帝国主义者，便更得了巧妙的进攻的方法。原本帝国主义者，从前是不注意中国国民党的，三年前中国国民党，是被他们看不起的。他们以为中国的革命运动不过是少数激烈分子、少数智识阶级的运动，于他们帝国主义的利益，没有多大的关系。因为当时中国国民党在民众的基础，也还没有建筑坚固，所以被帝国主义看轻了。但是现在怎么样呢？他们已经看见中国革命势力很伟大、很普遍的发展起来。帝国主义在中国的基础，已经日渐摇动，帝国主义者历来所享受的不平等条约的特殊利益，已经不能维持。因此他们之对付我们，以前不重视的现在一变而为十分注意了。他们第一步进攻的方法，是用军阀的势力来压迫我们，所以首先联络吴佩孚、孙传芳，最近又联络张作霖。现在这三个军阀中，已给我们打倒了二个，只剩下了张作霖。照现在的情势看来张作霖当然也是不能抵抗猛烈的革命高潮。国民革命一定成功很快了。于是帝国主义的进攻方式又为之一变。他们现在是想用分化革命势力的方法，来破坏我们，他们是要勾结革命队伍中游移的、不彻底的、有反动倾向的分子，来消灭革命的势力。这就是他们进攻我们的唯一方略。因此我们要认识在这时间，国际代表团来到，至少含有二个重大的意义：第一，令游移的分子认识中国革命就是世界革命的一部分，中国革命是不能脱离世界革命的。（鼓掌）中国革命的精神，必要联合起来，才能促革命的进行。（鼓掌）第二，领导中国革命的是以中国国民党中央执行委员会为唯一机关。（鼓掌）这个领导革命机关是与世界革命有密切关系的，（鼓掌）也是不能违背世界革命而去另辟革命途径的。（鼓掌）那些右倾的、游移的、不彻底的反动分子，以为中国革命不是与世界革命有关连的，在世界革命领导者——国际工人代表团——未到来以前，他们是有如此妄想的。但是，现在世界革命领导者到来，可以使他们更明瞭中国革命是世界革命的一部分。更看清楚，中国革命的领导者是中国国民党，代表中国国民党，是中央执行委员会，故违背中央的决议，不服中央的决议，就是反革命。（鼓掌）所以，国际工人代表团到此，不但表示同情于我们革命势力，并且令我们得到很深刻的印象，很热烈的奋发，更证明中国革命是世界革命重要的一部分。这都是此次国际工人代表团来到的最大涵义。他们的使命是要促进全世界革命成功。他们此次到中国来就是要使被压迫的民族，被压迫的阶级得到慰劳，得到援助，鼓励我们努力去进行革命。（鼓掌）我们中国革命既到了一个很严重也很危险的时期，我们的重大责任，就是要国内外各同志一致联合起来，反抗帝国主义，今晚此会，就是全世界革命同志，联合起来的表征。（鼓掌）在座不但有国际的同志们并有由广州来的同志们，此番欢宴，真可以说是革命同志大团结、大联合。我们现在要高呼：

打倒帝国主义！

打倒军阀！

肃清党内反动派！

国际工人代表团万岁！

国民革命成功万岁！

世界革命成功万岁！

汤　姆：主席以及各位同志！今日国际工人代表团，得到机会与诸同志相聚一堂，感觉非常荣幸！我们知道中国国民党是最有组织的，无国民党的领导与组织，中国革命前途是不能平安的。我是代表国际工人并且是代表英国工人。（鼓掌）各同志！今晚与其说照例普遍话或理论，究不如说点国际实在状况，及工人观念如何？资本主义观念如何？以及与世界革命关系又如何？英国人口有五千万，内有一千六百万是工人，真正有组织的工人有六百万人，现在工人正在抵抗资本主义压迫，而资本家正在用压力从事于延长工作时间，减低工资。以前所谓“工会”现在尚有“合作社”运动，会员有五百万人，与工会会员一样多，在“工会”与“合作社”，是代表八百万个家庭的。他们的运动是代表工人不满意于资本主义，而想在资本主义肘腋下求改善的。“工会”与“合作社”也是有党的组织的，也是有政治组织的。英国“工会”的政党组织，是对抗政府。他们只是想在资本主义求改善罢了。除此以外，有其他工人，明白的、坚决的来反抗资本制度，以及不满意于资本制度，不是在现代资本主义下求改善，是实行社会主义的。（鼓掌）在四十六年工会会员代表工会少数运动，是不满意在资本主义制度下求改善的，至少有一百万以上，是完全来消灭资本主义的。他们在各工会、分会，皆有此少数分子参加在内，极力宣传散布作谋增劳银、减少工作时间运动，现尚在奋斗中，是不在现代资本主义下谋改善的，是一定要消灭资本主义的。（鼓掌）现在大家很希望知道英国工人，在任何地方与时间，来帮助中国革命成功。英国不但能帮助中国并且刚才所说的少数（一百万工人）分子，在“工会”，在“合作社”做工作，这一百万工人们，个个知道，个个觉悟，自早至晚，时时奋斗，不感危险，不怕政府，不怕政府的子弹，只知道奋斗，这一百万工人晓得帝国主义，就是资本主义，压迫我们的资本主义，就是压迫你们的帝国主义。（鼓掌）现在英国政府，自工人头上起，已经开始请律师替他们辩护了，“工会”和“合作社”的工人是无言的，但是这一百万工人，无论他们如何的辩护，是不成的，尤其是不怕他们的，必与之奋斗到底。压迫我们，压迫你们，在印度，在非洲，在中国，在坎〔加〕拿大，资本主义的压迫，这一百万工人，都是晓得的，各地被压迫民族都起来了，尤其是看见你们的奋斗，更觉得十分欢喜！无限的同情！！（鼓掌）

除“工会”“合作社”以外，在英国有七百个工业区，有工人联合宣传，散布他们的工作，上面说的少数人运动，亦在此间。我是机器工会的一个会员，就是四十六年前弗里几地方工会，那个工会，就是伦敦的一部分，就是制造军火、军舰、大炮、鱼雷艇地方，就是这个工会工人在制造。但是而今，这些工人，都反对制造凶器来残杀你们，这不能说英国个个工人都知道，少数工人的确是知道的。他们正在准备反对本国政府，帮助中国革命得到

机会，得到公理，少数工人运动，即此可为有力的证明

参加机器工会的工作，是少数人运动，因为要深入工人运动，所以也参加了“工会”与“合作社”。去年英国要武力干涉中国时，曾经召集工人开会，于是决定反对侵略中国委员会，即制手义，要求英国政府不准干涉中国。此种委员会不限一地有、直扩大到七百个工业区，自北至南，自东至西，日日工作反英。此即英国工人帮助中国革命工作，是不断的宣传，历数英帝国主义压迫中国之罪恶，宣传到大会，是不怕政府的。少数工人运动们，叫我们到中国来看看你们的革命，并且来看帝国主义如何侵略中国，那末，更彻底明了中国最近局势。他们是要我在最短期间回去，报告他们一切的情形，象现在帝国主义压迫侵略中国，他们一定是反对此种行为的，如果英国继续侵略中国，机器工人可以坚决的反对英国政府。现在是少数工人运动，同多数工人都是一致主张的，(鼓掌）我敢断定多数工人必可继续主张公道、主张正义、停工、停船、停止兵工厂来反对这种行为的。(鼓掌)现在工作是非常危险的，就是他们正在军队中做有系统工作。一百万少数运动人，是个个都觉悟、勇敢，日日在帮助中国革命。我们是穷人，是不值钱的人，虽然是要帮助中国革命，要反对英帝国主义，不是等你们请我们才来帮助，不请我们也是来帮助的。(鼓掌)因为我们的革命，就是帮助中国革命，帮助中国革命，就是拥护世界革命。(鼓掌）现在我们高呼：

打倒英帝国主义！

打倒一切帝国主义

中国革命成功万岁！

中国国民党万岁！

中国革命民众起来！

世界革命民众起来！

白劳特：各位同志：今晚赴此宴会，非常引为荣幸！我是代表美国工人，他们是援助中国革命，使中国革命向前进、成功。(鼓掌)美国革命势力不多、不强，不象汤姆说的如英国之强之多，但是革命的精神与革命的决心，是帮助中国革命的，亦如英国的工人。(鼓掌)同时我要说一事是很有兴趣的，就是除美国革命工人以外，中美南美拉丁民族皆要起来革命，与中国革命性质深切同情，也组织反对英帝国主义侵略中国委员会来援助中国革命的。(鼓掌)美国帝国主义是世界上最危险的，因为美国是最富强，可也是她时时最危险的。她的政策有二：（1）孟〔门〕罗主义，是维持在美洲全利益，不许其他国家问鼎的。（2）开放门户政策，在东方对峙，以求他经济长足发展。孟〔门〕罗主义，是维持全美利益的；开放政策，是与英竟来压迫与剥削中国民族的。(鼓掌)在中美拉丁民族，他们尤其是反对美国此二种政策，所谓闭门的政策，是反对仇人进来的，所谓开门政策，是要侵略人家的。因此，中美人士都是从事反对此种政策运动的。(鼓掌)美国革命工人是赞助中美拉丁民族，也是反抗美国开与闭的政策，尤其是反对美国所谓开放门户政策，来侵略中国，他们是赞成中国革命，而十分同情中国革命的。所谓开欤？闭欤？名词虽然不同，一言以蔽之，皆是剥削世界上弱小民族，而维持帝国主义的权威。(鼓掌)我们国际工人代表团到中国来，特别是在中国革命胜利，军事胜利得尽量发展，当然这都是表现国民革命胜利，得到了沪宁克复消息，也就可以晓得克复北京、奉天，都在我们目前摆着。(鼓掌)现在全世界人们，都晓得帝国主义侵略中国，虽然帝国主义彼此间破裂了，但是帝国主义仍有破坏中国革命的冀图，在此过渡时期仍思破坏，欲利用中国军阀——帝国主义走狗——现在已经失败了，也许就要采直接武装干涉，那末，就是我们革命工人的责任到来，是要反抗其计，使不得逞的。(鼓掌)我们看现代帝国主义武装干涉计划已不能实现了，因为帝国主义下的工人们已在反对侵略中国了，但这不能叫帝国主义侵略中国就完全失败，尤其是美国，仍用她的全副财政、商业来侵略中国，破坏中国革命，故中国革命虽然在军事上告胜利了，仍须从事于经济上反对帝国主义之斗争。(鼓掌)我从中国革命成功看，是能获得胜利的事实是很多的，不必详为列举，现在稍为指出：就是世界大势，对中国革命是有利的，有苏联，同时有拉丁民族(中美)、有印度等等革命势力皆春笋般怒茁，因为受了中国革命的影响，他们运动更激烈、更得到同情、更向前发展。(鼓掌)因世界形势对中国革命更有利益，即系帝国主义之危机，如英国受大罢工之教训，是能使英国害怕与发抖的，政府受罢工的影响，每日每时都受恐怖的，亦如中国革命能使英国发抖。(鼓掌)我们更相信中国革命成功，因为中国国内革命势力，已兴起了！研究中国形势，国民党是很细心的。在国民党领导之下，中国革命是一定会成功的，因为中山先生主义对中国革命是非常适宜的。(鼓掌)在现在尚有一焦点，就是帝国主义资本主义发展到了最高阶段，何以民主革命运动发生迟迟？中国、印度革命发生在帝国主义起危机的时候，那末，这种革命定会毁灭帝国主义，也就是毁灭资本主义之一阶段。(鼓掌)所以，我们来到中国，非常喜悦，就是代表世界革命工人阶级与中国革命联合起来，中国革命定会成功。回国时定当鼓励工友帮助中国革命成功，打倒帝国主义，实现世界革命。(鼓掌)

多理越：各位同志：今天兄弟能代表法国革命工人来站在中国国民党的面前，兄弟是非常荣幸的！中国革命是解放人类，是在世界历史上最重要的一部分。(鼓掌)我们国民革命在俄国国民革命成功以后世界上各国国民革命已经都快成功了！我们不但对中国国情、组织，期以革新，并且是对世界情势，也是要革新的。(鼓掌)也就因此缘故，所以世界分二种趋向：(一)向中国革命进攻。

(二)帮助中国。帝国主义是要压迫中国的，所以他向中国革命进攻；另一对现代世界秩序不满意，而欲捣毁另建设一世界，是同情于中国的，是帮助中国的。(鼓掌)现在世界上，无论任何人，对中国革命不能以为不闻不问的，应该仔细想来表明态度与意见。世界革命是不能不管中国革命的，现在世界工人皆欲明了中国革命，因为就是他自已利益。(鼓掌)现在问题问帝国主义为何物?其如何来的？不外是压迫二种人：(一)西欧弱小民族；(二)东方弱小民族。帝国主义的历史与其构成兹分次述之：先是掠夺本国工人——无产阶级——养成强健力量，然后开始侵略殖民地、次殖民地，来剥削弱小民族，以取得利益。(鼓掌)我们知道帝国主义压迫阶级历史是很惨痛的!翻开英国的历史，都可以知道的，七八十年，英国是在压迫本国工人，与现在压迫中国一丝无二！据精确的调查，强迫幼年儿童做十四小时的长久工作。法国历史亦是如此，且较凶猛。在法国大革【命】时，残杀工人不知有多少次!?即如“巴黎公社”杀死工人有三万人之多！无论在英，在法帝国主义的养成，皆由剥削工人而来，我们决不能与之妥协的。简单的说，就是将其打倒！(鼓掌)帝国主义不但压迫工人，掠夺工人，养成他的势力，并压迫其他殖民地，并同时要求本国工人亦来压迫殖民地、次殖民地、弱小民族。如法之占叙里安〔利亚〕、安南………所用枪枝、军火，不是由资产阶级得来，是由〔从〕农工阶级榨取而来，来压迫殖民地、弱小民族，其结果必致酿成一次、二次的大战。一九一四——一九一八法国死去一千六百多万人，养成发展如此斗争所损失者为无产阶级，为农人，此点，我们要看得清楚。仅开言痛苦，是不补于事实，唯一方法就是将恶制度取消，将帝国主义打倒，只有如此办法，才是我们唯一出路。(鼓掌)今日在座诸同志都是领导革命的领袖，用不着我来如何分析的讲，以及我来代想如何的出路，或者比我是更清楚的，不过我有简单结论，就是东方无产阶级与西方无产阶级的休戚相关。(鼓掌)非常欣喜你们的胜利，因能与我们联合起来就能世界革命成功，无论帝国主义之如何妥协，与如何解说，皆是不行的，并且你们抵抗越强，与我们联结是越坚固的。(鼓掌)现在须了解西方工人与无产阶级革命，与东方革命是走一条路的，是同一方向的，举例就可以明白了。在我未离开法国时，在报纸上看见省港工人受国民党指导罢工，结果损失英金十万镑，本国矿工罢工，损失英金也是十万镑，此种争斗是相同的，虽然是一在求解放，一在将矿权改组，思想是不同的，结果使英国荷包内损失了廿万金镑则一。无论是国民党革命向帝国主义进攻，与工人向资本主义进攻而其使帝国主义消灭是无区别的。(鼓掌)所以现在如算一算帮助中国革命力量有多少?即将帝国主义之无产阶级、工人加起来，就是帮助中国革命。这种算法是不对的。必须无产阶级与工人向本国资本主义进攻，就是真正的帮助中国革命。此点，我们是不要忙〔忘〕记了。(鼓掌)现在我们如将革命势力检查一下：(1)苏俄工人力量应算在内，是整个的帮助中国。(2)中国自己力量不久会成功的。(3)世界工人无不帮助中国革命的，不用说，最后胜利是属于我们的。现在高呼：

国民革命万岁！

世界革命成功万岁！！

徐　谦：适才听见国际工人代表团诸同志讲话以后，都表示各国无产阶级工人力量皆来援助中国革命，英、美、法帝国主义皆在崩溃中，中国革命是一定可以操券打倒帝国主义胜利的。(鼓掌)他们热烈同情与勇气，是今我们深深地接受！这是我们应该欢迎的。同时也很惨痛的！就是我们在这里开会，日帝国主义正在惨杀我们的工人哪！各代表团中，尚无日本工人代表来暴露日帝国主义罪恶。(鼓掌)现在我们中国工人为日帝国主义惨杀而流血，是放在国际工人代表团诸同志的面前，所以我们革命能博的世界的同情，(鼓掌）就是断头绝脰，我们也是要奋斗的。（鼓掌）在东方最凶猛、最毒辣的帝国主义是日帝国主义者，（鼓掌）我们革命策略，将帝国主义同时打倒是不容易的。但是我们要知道：如打倒甲帝国主义者，而妥协乙帝国主义者是不可能的。（鼓掌）我们是为民众解放而革命，如何要遭帝国主义干涉与屠杀？（鼓掌）国际同志们已经在南京看见英帝国主义者兵舰屠杀了！又在武汉今日得看见日本帝国主义者的屠杀了，我们民众无论得到国际援助与否，我们是要自己奋斗的，是要自己解放的。（鼓掌）我们今天可以明白，要是想同帝国主义妥协，无论任何帝国主义者，都是不可能的，不能想做那个梦的。（鼓掌）今天得到英、美、法同志来援助我们，将英、美、法帝国主义的阴谋和盘托出。如非革命者，必定要替本国辩护的，何肯把帝国主义罪状尽量暴露？可见工人无国界、有世界性的。我们对外应打倒帝国主义，同时对内也要肃清与帝国主义勾结的反动派。（鼓掌）现在我们高呼：

国际工人代表团万岁！

赤色职工万岁！

世界革命大本营苏联万岁！

世界革命成功万岁！

打倒帝国主义！

打倒军阀！

打倒反动派！

苏兆征：国际工人代表团各同志：兄弟今日在中央执行委员会国民政府欢宴席上，得与诸同志相见，觉得非常荣幸。今日中国之局面，是日形紧张的，即如南京英帝国主义阴谋埋藏地雷，勾结反革命派，嫁祸于中国民众。此种阴谋，非现在的、非偶然的，然自省港罢工后，帝国主义者时时刻刻想来消灭及分化革命势力，已是他们的故技了。（鼓掌）我们革命势力到汉口时，英、美人皆跑走,这是他们故意做出散布的阴谋,想嫁祸中国民众,用破坏、分化方法,武力干涉,经济封锁,以及收买反动分子。这些阴谋是他们常常使用,过去他们都失败了。省港罢工,他们曾经用过武力干涉,曾经用过炮舰政策,无论如何威吓,我们是不怕的,武装干涉,经济封锁也是无济于事。从前曾经用过二千万来收买陈炯明,也是不能成功的。去年省港罢工,用利诱政策,曾经对人说:要借钱给工人。工人是不用借钱的,其政策又失败。这都是政治团结,可以打倒帝国主义的,虽是帝国主义阴谋继续行使,我们是不怕的,希望中央执行委员会国民政府与民众势力亲密的团结,帝国主义阴谋是失败的。兄弟简单所说如此。(鼓掌)

顾孟余:诸同志:今晚是我们中央执行委员会欢宴国际工人代表团诸同志,在诸同志未到中央之前,已经走过了好几省,他们都受了民众热烈的欢迎,现在中央欢迎诸同志的热烈,是较各处还加一倍的。诸同志未来到,我们引领盼望,既来到,我们非常的欣悦,这是甚么原故呢?第一因为我们所做与你们所做的是一件事。你们革命,我们也是革命,革命的人们相见一堂,自是高兴。第二,诸同志这番来到,使我们革命民众增加了万分勇气,他们可以看见中国革命不是单独行动的,是有全世界的被压迫的人们作后盾的。第三,你们来到中国,来到武汉,来到中央执行委员会以后,使帝国主义、军阀、反动派看见了恐慌惊惶。帝国主义、军阀反动派恐慌惊惶,便是我们的安慰。第四,中国革命还很幼稚,诸同志来自革命的先进国,有很长久的经验,所以中国革命幼稚,不完满的地方,你们可以指正。诸同志!我们中国国民党不但要对内扫除封建残余势力,对外反抗帝国主义,并且国民党是一个社会主义的党,与世界革命之连锁,在历史上处处可以证明,所以中国革命成功,当然是与世界革命息息相关的。一九一一年中国的革命所以失败,固然有种种原因,那时的帝国主义正在极盛时代,所以可以一致对待中国，也是一个很大的原因。最近一九二五年革命，在现在虽是尚未成功，但是很有成功希望，原因多由于帝国主义者的破裂，因此可见世界革命发展，中国革命便易成功。我们现在对外口号是打倒英帝国主义，因为英帝国主义是最凶猛的。欧战之前，俄帝国主义其凶猛不亚于英，自世界大革命爆发后，情势大变，俄帝国主义变成了今日的苏联，为我们最可靠的良友。因为他们为世界革命而来帮助中国，所以我们的革命前途，很可希望成功这又是中国革命与世界革命关系的明证。我们知道，国际工人是对于中国革命前途非常关心的，中国革命将得何种结果，揣测很多。去年社会民主党的人曾说：中国革命不久就会平息，一九二五年革命是与法国一八四八年革命同命运。此话是错误的。中国革命决不致象一八四八年法国革命，中国革命是在使民众获得政权，我们要知道国民革命是要使民众得到政治上的自由与经济上的平等的，并且又有世界无产阶级的帮助，这两种力量，决不会使中国革命成为法国一八四八年革命。诸同志！你们的革命事业就是我们的革命事业，我们的胜利就是你们的胜利，你们的成功就是我〔们〕的成功。今晚相聚一堂，非常欣幸，特举杯庆祝西方被压迫民众与东方被压迫民族的联合。

并祝

诸同志健康！

是晚，会场革命空气非常聚张，尤其是我们后进幼稚的革命同志得着世界革命领袖的指导与热烈的同情，使我们更加兴奋！英、法、美三革命领袖，所讲皆娓娓动人，洞见中国革命症结，昭示我们。恨我笔拙，不识能形容当日情形万一否耶？可是我环顾列座诸同志面目，一定个个都得着伟大深刻印象的。

振翱附识

〔国民党中执会档案〕

# 〔二〕重大事件

## （一）关税自主斗争

### 1 伍朝枢反对北方政府以西南关余偿还整理公债基金致上海总商会等电

（1923年12月11日）

上海总商会、银行公会、钱业公会<br>天津银行公会均鉴：奉孙大元帅交下贵会东日快邮代电备悉一切。<br>庚电备悉。查民国十年北京政府整理内国公债一案，西南政府始终并未承认。一因其为非法政府之行动；二因整理案内之公债，有为南北政府对敌时期内所借之债，其用途直接、间接有害于南方，其借债情状，高利重扣，有类赌博故也。即退一步言，整理公债案，原指定担保品三种：一为关余；二为盐余，年拨一千四百万；三为烟酒税，年拨一千万，在烟酒税未能拨足以前，由交通部收入年拨六百万，照案整理，绰绰有余。乃据整理公债处布告，盐务、交通两款，共交数月，即未照拨，截至本年八月底共欠整理公债款三千一百三十万，算至本月，当不下三千八百万。若谓盐款无余，则闻北庭最近尚得十月份盐余二百九十万，又汇理银行放还扣款二百一十八万，共得五百零八万，其有余可知。夫西南应得关余之一部，各方面久经承认，民八九年亦曾照交。整理公债，乃北庭自借之款，理应自还。乃凭总税司之力，恃外交团为护符，以西南之关余，已为还已债之基金，转移盐务、交通等税收入，以贿选总统，用兵西南，事之不平，孰逾于此。总税司既以保管基金自任，则不应专取之于关余，而置盐余，交通于不问。况盐款存在外国银行，北庭取用时，先得外人之许可。交通收入，如京奉铁路，亦有存款外国银行。总税司若履行职务，则整理各债还本付息，无须愆期，基金何至动摇。为贵会谋，应请总税司秉整理公债案付予之权，向保管盐务、交通各款之机关及银行直接交涉提拨，则西南虽提取关余，于公债基金仍无影响。要知西南对于关余，断不能齑盗以款，必据理力争，始终不懈，或更不得已而辟南方港口自由贸易，虽牺牲税收，亦与地方商务大有裨益。所虑破坏基金之责在北，而不在南，在浪费数千万盐交之款，而不在争区区一分之关余。尚望贵会详查真相，熟权利害，毋惑危词，致堕奸人宣传利用之狡计。掬忱奉复，诸希鉴察。伍朝枢。真。

〔陆海军大元帅大本营公报1923年第41号〕

## 2　军事处关于总税务司安格联拒绝广东政府分拨关余情况报告

（1923年12月14日）

民国十二年十二月十四日总税务司安格联来本处，会办接见。安云：孙文近日因我不允分拨关余，强占海关则有顾忌，而滇军饷项又无所出，恐其归附陈军反戈相向，是以不能不极力将广东财源搜刮净尽，以供滇军。其第一步办法，拟先鼓动人民行其过激主义，次则由渠另派党人为税务司，硬来海关接收。惟现任税司必不允让。此次来电，有无论如何必使关旂常在关上飞扬之语。但如以武力强迫税司退出之后，各国必派水兵登岸，仍将新来之税司逐出。孙如不服，势必与洋兵开战，陈军乘此机会亦必来攻，则孙文必致一败涂地矣。再孙文因知不易强占海关，故声明欲与海关华员家属为难，以为抵制。昨接该关税司报告：近有海关华员戴天泽之子，在街上为孙文党人用手枪由背后击毙等语。现已电令九龙关税司驰赴广州调查。近日情形因恐粤关所发电报为孙截留，俟得来电，当令粤关税司劝令中国关员先将家眷搬往香港暂避，免再发生危险，俾可安心办公。

告以孙文举动实属可恨，想因其近日强拉人伕，劳动界均甚切齿，必不为其鼓动。至关员家属自宜保护，个人亦应设法安置稳妥地方居住为要。

安云：海关华员个人当另设法，使在沙面租界居住。

〔北洋政府大总统府档案〕

## 3　新民国报关于美国使领阻挠广东政府接收南方关余报导

(1923年12月15日)①

粤政府接收关余问题，迭经伍部长向北京公使团、沙面各领事、香港总督各方面交涉多次，日来各方面对于粤政府提出各种理由，多已谅解。某某数领事及某督，均谓粤政府所持理由极为正大，即彼等设身处地，亦万无不力争之理，咸允电知本国政府及驻京公使，请勿坚持前议，坐使北廷坐收南方关余，而供军阀残民经费。因此沙面及北京二方面空气骤形一变，渐呈佳象。惟其中尚有一绝大阻力，即驻京美使及驻沙面美领均受曹锟运动，公然违背本国民意，反对粤政府收回关余事件。查驻京美使就职以来，日以谄媚吾国武人为事，曹锟未贿选前，美使曾亲赴保定谒曹，谓曹如当选，美可率先承认，内外人士闻者咸为诧异不置。此次接收关余事发生，美国使领均从中作梗，实阴受曹锟之意旨，

注：①此系《新民国报》登载日期。

近数日，美领复扬言，已电请菲律滨总督迅派兵舰六艘来监视等语，尤足动粤人公愤。日来广州市民闻此消息，异常激昂，群拟在十六日公民大会提议应付方法，大抵二十年前之抵制美货运动，又将见于今日。识者咸希望美国外交当局有所觉悟，免至为中美邦交之障碍云。

〔北洋政府京畿卫戍总司令部档案〕

## 4 谢英伯抗议美使派舰干涉广州政府接收关余致美参众两院议员电

(1923年12月15日)①

电云：美国华盛顿参众两院议员鉴：本议员前在贵国留学，素知贵国在于国际上为酷爱和平及主张公道之国家，故对于贵国常抱极好的友谊感想，即我国大多数人民亦莫不如是。今则此感想几乎完全消灭矣。其原因是因为贵国驻北京公使，对于此次曹锟贿选从而赞助之。曹锟与其部下吴佩孚，均为主张以武力管治中国之军阀，用此政策，遂造成中国近数年之内乱。今贵公使竟赞助曹锟，圆成其总统之梦，即无异于间接延长中国之内乱。此为最近之事实，为我国报纸宣传者。今我南方政府孙大总统收回广东关税余款，此事本属我国内政范围，外国人似不应出而干涉者，贵国驻北京公使竟声言以武力对待，大倡威吓之论调，于此数日间，竟命令战舰六艘集泊珠江河面，其意未知是否替曹锟压迫我南方政府。现在我国人民愤激之极，本议员与执事等均有代表人民之责，谨将贵国公使对华政策之失误大略电达，望执事等有以劝告该公使，所有举动切勿过伤我国人民之感情，俾太平洋东西两岸

注：①此系《新民国报》登载日期。

之共和国家，得克保其良好的友谊为要。中国众议院议员谢英伯。

〔北洋政府京畿卫戍总司令部档案〕

## 5 伍朝枢等反对外人干涉关余致总税务司安格联函

（1923年12月）

径启者：查本政府所辖地域内，凡各财政机关之收入，应归我政府处分，海关税收，当然亦在其列。前民国八九年间，护法政府曾经收取关余六次，成案具在。且现时北京政府系属非法，为国人所否认，当然无权处置我政府管辖地内之海关税款。至对外方面，经本外交部长按照约章迭次交涉，以外人对于海关税收，除偿还以关税作抵各外债及赔款外，所余之款谓之关余，其应如何处置，外人无权干预。本年十二月十一日，外交团答覆，对于此点，已完全承认，是此种关余，外人既不能过问，本政府辖境内之关余，又非北京非法政府所能擅取，其应归我政府所有，毫无疑义。本日奉大元帅令：本政府管辖地域内，本年各海关一切税收，除对于关税作抵之外债及赔款，应按比例摊扣清还外，所余之款，须妥为保管，候本政府命令支付。嗣后亦须按照以上办法，每月结算一次，以重税收。至于自民国九年三月以后所有积存本政府应得之关余，着由海关税收项下如数补还，由部转行总税务司遵照，等因。特达。此致

总税务司安

大本营外交部长伍朝枢<br>大本营财政部长叶恭绰

〔陆海军大元帅大本营公报1923年第41号〕

## 6 广东公民大会要求大元帅孙中山收回关余请愿文

（1923年12月16日）

为请愿事：窃以民为邦本，故环球各国莫不以民意为依归。我粤患兵祸久矣。综此祸患，无非北庭利用金钱饵军阀以贼吾民，贼民之资，亦即吾民血汗所输之关余款项，是则欲其澄清粤局，当以收回关余为要图。况我政府自与残贼军阀愤斗以来，所资以为军事之用者，亦纯为粤民捐输所得。是吾民之所以亟欲收回关余，无非欲轻担负，切肤之痛，众意相同。现经集合全省公民，一致表决，誓为政府后盾，请愿帅座即日收回关余。伏乞赐准施行，勿为强权所屈，用慰人群之望，不胜迫切待命之至。谨呈
大元帅孙

请愿收回关余广东公民大会印

中华民国十二年十二月十六日

〔陆海军大元帅大本营公报1923年第41号〕

## 7 湖南旅粤学会反对美泊菲舰队驶入广州干涉南方政府收回关余电

（1923年12月18日）

广州孙大元帅、各部总次长、各军总司令、军长、师长、廖省长，奉天张总司令，天津段芝泉先生，浙江卢总司令，云南唐总司令，四川熊总司令，全国各报馆、各社团、各学校钧鉴：西南关余，原系我国国有，税收主权在我，他人岂容过问。况我西南政府为民请命，取而用之，是亦分所宜然，不图各国驻华公使横行干涉。而美使更信奸言，嗾令该国泊菲舰队六艘驶入广州，藉示威胁，助桀为虐，实深发指。敝会为国家主权，西南大局

计，不得不誓死力争，以为政府后盾，尚望国人声而援之是幸。湖南旅粤学生会叩。巧。

〔陆海军大元帅大本营公报1923年第42号〕

## 8　军政府对海关问题宣言①

（1923年12月24日）

（一）中国海关实一中国国家机关，所有收入为国税之一部分。海关税收，按辛丑条约，作为拳匪赔款，及别项外债之抵押，除偿还此种债务本息外，所余之款则为关余。

（二）此项关余，平时系交与北京中央政府，迨民国六年因北京政府非法解散国会，并发生其他之种种叛国行为，护法政府遂以成立，于民国八年分得关余一部分，即百分之十三.七也。

（三）此份关余，按月交与护法政府，共有六次。迨民国九年三月，政府内部分裂，因而暂停交付，以后此间政府曾经迭催照旧付款。复于本年九月五日照会北京公使团，以关余之处分，全属中国内政问题，非列强之权限所能及，各国对于关税之关系，仅还付以关税作抵之各外债而已。用特商请公使团，饬令银行委员会，立将关余交与总税务司，由总税务司摊分与本政府，且须拨还民国九月三日以后西南应得之积存关余。

（四）九月廿八日外交团简单电复，谓本政府照会正在考虑中，迨历三阅月之久，仍无切实答复。本月三日外交团忽来一电，谓近闻本政府不俟使团答复九月五日之照会，拟径行迫胁收管广北税关，此种干涉税关之举动，使团断难承认，倘若竟然为此，当以相当之强硬手段对付。

---

注：①此件沿用原标题。

（五）本月五日本政府答称，中国海关始终为中国国家机关，本政府辖境内各海关，自应遵守本政府命令。且关税之汇交北京，不啻助资其战费，以肆其侵略政策，本政府今欲令关税官吏，以后不得将此款交与北京，应截留为本方之用。且声明并无干涉税关及迫胁收管海关行政之意。此乃完全中国内政问题，无与列强之事。本政府静候三月，未得答复，而公使团竟责备本政府不应急迫从事，殊失情理之平。然本政府为尊重使团之表示及证明本政府之谦让精神起见，仍复延期两星期，不作如何举动，以再待使团之解决。

（六）本月十四日接到公使团由北京十一日电达详细考虑之答复，声称根据幸〔辛〕丑条约，列强对于关税，只有还付以关税作抵之各外债本息，及该约第六条所订之赔款本息之优先权，而无处分关余之权。

（七）使团复文尤证明本政府所持之理由甚为正当，而从前所有对于本政府的举动之怀疑，亦可冰释。盖关余之处分，本政府与列强既同认为中国内问题，则本政府于所争收关余一事，仅须与总税务司交涉而已。即北京政府不服，可以武力阻止本政府取收关余，而列强借保护其尚未确定权利为名，集军舰于省河，实无异帮助北京政府，以压制本政府，诚不平之甚也。

（八）按以上情形，则本政府之应如何措施，显而易见。北京政府系属非法，且为全国所弃，当然无权处分本政府辖境内之关税余款。故本政府今日已经饬令总税务司：（甲）在本政府辖境内各关税收，除按比例摊扣还付以关税作抵之各外债及赔款外，其余应妥为保管，听候本政府命令交付。（乙）并将民国九年三月以后，所欠本政府应得之积存关余，照数归还。

（九）总税务司倘不遵命令，本政府当另委能忠于职务之人，为关税官吏，以免税务之废弛中断。苟因此而秩序有所紊乱，亦由总税务司之不允助协本政府管理各关税之所致也。

（十）关于此问题尚有道德上与法律上两要点，须略为声叙。就法律上言之，外债与赔款系以关税作抵押，非以海关屋宇及税关一切有形的产业作抵押。加遇必要时，本政府改委税关官吏，列强按诸条约，亦无干预其行使职务之权。且全国关税之收入，除本政府辖境内之收入以外，仍不下数千万，足以还付外债而有余，毫无疑义。列强明此，更无干预之理，是则则关税官吏之更动，亦不致有危及外债之虞矣。

（十一）就道德上而言，列强对于关税之关系，多因庚子赔款而发生也。查此系一种罚款性质，施诸战败之国家，在欧战以前则有之，今查世界各种条约上并无此种罚款。即以凡尔赛之约而论，亦未尝征取罚款，只要德国赔补修建费而已。况今日英、美、法、日列强对于庚子赔款，各皆有意退还中国，用诸有益于中国事业乎！

（十二）至于北京政府历年所发行国内公债，内有直接、间接为侵略南方及为贿赂选举总统之费用者。民国十年北京政府厘定整理内债案，以关余、盐余与烟酒税作基金，且委总税务司为保管人。十二月十一日公使团之答复本政府文内，亦谓此种债务之清还，与公使团无关，因事前并未曾与之商榷也。本政府对于北京整理内债案，无论就道德法律方面而言，当然不能认为有效。盖就法律上言之，自民国六年以来，始终认北京政府为非法，其一切行为当然不能承认。就道德上言之，何可齎盗以粮，其理至明。若人民因本政府收取关余，恐影响内债基金，是乃过虑。盖按北京整理内债案，尚有盐余、烟酒税作抵，北京政府果按该案条例办理，基金决不致动摇也。

〔陆海军大元帅大本营公报1923年第43号〕

## （二）反对关税会议

### 1　中国国民党虎门市党部对关税会议宣言①

（1925年12月9日）

关税会议现已在北京举行了，这种会议究竟对于中国前途有什么影响呢？本党部以为最近的可以和缓人心，将来的必至于败坏中国，怎么样说呢？因为这个会议举行在帝国主义者惨杀我们沪、汉、青、浔、粤各地人民失败之后，谋所以灭杀敌氛的计划。表面上似予小国以利益，其实含有作用，并含有使北京政府获得此增加税项，添兵购械，残杀同胞，延长内乱的毒心。帝国主义者怀抱此种阴谋，使其成功，我神明华胄之子孙，那堪设想。然则关税会议不宜于举行吗？这是不然，设有本党代表参加，设能极力主张自主，又未尝不可。北京系军阀、官僚、政客聚会之区，并非干净的地土。其列席会议代表中国的人，既非纯粹又无坚决的主张。设非有本党代表参加其间，怎能不中帝国主义的毒计呢？大凡一个国家其主权要完全无缺，才得称之曰国家。若主权受限制，其与亡国者比较相差有几何呢？况今日为经济潮流商战世界。关税受束缚，其不至洋货充斥，土货淹滞，利权外溢，血脉干枯不止，又怎能立足于世界呢？世人说：商战甚于兵战。这实是至当不易的话。我国人不愿商业战胜，不愿主权恢复，宁中帝国主义的阴谋毒计则已，苟其不然，要速起反对束缚式的关税会议，要力争关税自主，并要取消一切不平等的条约。

---

注：①此件系原标题。

中华民国十四年十二月九日

〔广州国民政府档案〕

## 2 国民政府反对重开关税会议宣言

（1926年8月3日）

中华民国国民政府反对重开关税会议宣言

中国关税，八十年来受不平等条约之束缚，税率由于协定关权操之外人，遂致门户洞开，外货侵入，国内产业不能与之竞争而日就衰败，输入额永远超过输出额，且逐年加甚，物资缺乏，民生凋敝，关税之不能自主，其流毒竟至此极。近年以来，中国人民受帝国主义者之侵略压迫太甚，渐知起与相抗，尤以五卅运动为最强烈而普遍。帝国主义者见而惊心，知纯恃武力之不能镇压，不得不别求缓和之法。于是数年前经华府会议决定之关税会议，乃能于去年十月实行召集开会。其时掌握北京政权者适为卖国之段政府。本党知此会之开，在列强不过欲藉以示惠，在段政府亦非真能为人民谋利益。故于其开会之初，即宣言北京政府不可信赖，即使其初所提条件不背人民公意，亦难保不虎头蛇尾，以争回自主权始，而以牺牲自主权终。今果不幸言中，会议未终，段氏出走，吴张继起窃据政权，各国关会代表乘此时机纷纷出京，欲推翻一切成议，仍照华会所议决，只允增征二五附加税。吴、张迫于财政困难，亟亟与各方接洽，欲图重开关会，且欲迁就让步，承认只解决二五附加税案，冀以此项附税抵借巨款，以资其扩充武力压抑革命之用。查二五附加税实行，每年所增收入不过三千余万，除以一部分挪作军费及偿还无担保之外债外，所余能有几何？断不足与裁厘损失之数相抵。而关税自主又以裁厘为条件。故承认增征二五附税，则不啻将全国各阶级人民所迫切要求之关税自主永远断送，且税率一般提高，无伸缩之自由，徒增人民负担，而绝不能收保护产业之效。本政府为保障人民全体利益计，对于张、吴此种卖国之举，绝不能予以承认。尤望全国人民急起反对，而益加努力于废除不平等条约之运动，庶本党主张之关税自主终有实现之一日。除由外交部向列邦提出抗议外，谨此宣言，惟国民鉴之。国民政府委员会。

中华民国十五年八月三日

〔国民政府公报1926年第41号〕

## 3 国民党广东遂溪县党部反对北洋政府关税会议复开要求彻底关税自主代电

(1926年8月29日)

中国国民党中央执行委员会、国民政府、国民革命军总司令、广东省党部、广东省政府钧鉴：广州、上海、北京各报馆转各社团鉴：中国之关税，自被列强夺取把持，纵横其经济的侵略，致中国数十年来，农、工、商等业为之摧败衰落不可收拾，民生因之凋弊而流离无所，国势因之日削而国将不国。呜呼，关税可不亟图自主哉。故本党有废除不平等条约，收回关税自主之主张，以救中国，以拯民生，而绝对不容有什么的附加修改等枝节问题。顾去岁帝国主义者因五卅惨案激起我全国民众之反抗，乃召集关税会议，为缓和我民族运动之计。惟未几，北京政局变化，段贼去位，而帝国主义者又以利益相冲突，于是所谓关税会议，遂告瓦解。而吾人得此会议之瓦解，亦自足额庆。讵卖国军阀吴贼佩孚得彼主人英帝国主义者之卵育，复燃死灰，重握北京政权。而于最近竟遣其走狗顾维钧、颜惠庆等竭力运动重开关税会议，希图解决二五附加税，作彼借债之抵押品，为扩大其之武力，增加其之军费，以图消灭北方之国民军与国民政府之革命势力，遂彼残民祸国之逞。而帝国主义者亦久欲藉关税会议之机会贷其走狗以巨款，延长中国之内乱，遂其侵略之野谋。呜呼，关税会议诚一旦复开，吾国将无噍类。当此千钧一发之秋，愿吾国人一致起来为激烈之反对，并参加于国民革命之一途，打倒吴贼及一切反动军阀，以求彻底废除不平等条约，收回关税自主之目的。临电不胜愤激之至。中国国民党遂溪县执行委员会叩。艳。印。

〔国民政府档案〕

## （三）汉浔惨案

### 1　贺耀祖报告接收九江租界情形致总司令部呈

（1927年1月7日）

贺耀祖师长昨将派兵维持英租界秩序经过情形，呈报总司令部云：窃职师自收复九江后，即行遣派本军部宪兵，于租界四周日夜梭巡，以资防范，以值此大敌当前之时，诚恐发生意外，致使军事受其影响。嗣见英租界内堆积沙袋、铁网，并有英兵持枪守护道口，并在界内往来梭巡，如临大敌。当派职部秘书范融往英领事馆，与该领事鄂克登交涉，劝其将沙袋、铁网等物撤去，并将英兵撤退，以免民众误会，发生反抗。当据该领事声称：须与英兵舰长磋商，再行答覆。又谓：闻租界内工人将有罢工之举，上年租界被毁，往事可鉴，不得不预为防范等语。未几，太古、怡和、日清三公司工人要求增加工资，实行罢工，并闻汉口租界内水兵均已撤退。职一面饬令政治部会同工会，参预工人代表，与太古、怡和、日清三公司代表谈判，从中调停；一面致书英领事，劝其援照汉口之例，速将水兵撤退，免致激成事端。旋据该领事函称：汉口英界驻有常备兵，加以巡捕及义勇队，设备较浔地为严密，九江租界内巡捕过少，不能不借水兵以为补助，现界内发现工人之纠察队甚多，又不许食物送入界内，且近日浔地发现激烈排英标语，本领事虽欲遵命撤退一切守备，此时尚不甚妥等语。继而怡和、太古与工人代表会议停顿，大有决裂之象。在此时期中，又传来汉口租界收回之信，英领事来函要求，请派代表磋商办法，当派秘书范融前往，提出援照汉口办法将水兵巡捕一律撤去，由我师派兵维持界内秩序之提议。英领事当答覆界内现尚安谧，俟有必要时，再请贵师设法维持。当日交涉，殊无结果，突于六日午后四时，闻江边发炮声两响，当据宪兵报告：江边被殴伤工人纠察员吴直山一名，炮系英舰所放等语。闻信后，除即派队往赴江岸准备外，复派秘书范融前往调查，旋又亲赴租界察看真象，并至医院亲见被伤工人。据云：英兵亦曾加入，以枪底击其背部等语。确查得英舰发炮原因，系由一外人雇华工将行李由租界搬上轮船，为罢工之纠察员吴直山所阻，遂至互相殴击，殴伤吴直山一名，当即昏去，受伤甚重，此即抬赴医院医治。当时情形，财政部宋部长之所目击也。职旋赴该领事馆严加质问，私人斗殴亦属细故，何得任意施行舰炮，致犯众怒。该领事回称：所放之炮系属信炮，因见群众聚集攻击租界，因以告警，并非有意开衅。再，英兵并未加入殴击等语。职因问该领事能否维持界内治安，倘不能维持，请将水兵巡捕一律撤去，由我师派兵入界维持，以免再发生意外之事。当据该领事覆称：俟必要时，再为讨论。职因两国并未断绝邦交，不便相强，因无结果而散。翌日午前十一时，英领事忽派人来部，请求派兵入界维持。除一面允其请求，派兵入界维持外；一面复派秘书范融前往，与该领事严重交涉，非将水兵一律撤尽，退回兵舰，及正式请求我师入界维持秩序，我师绝不能负此重大之责任。该领事初仅肯以口头之语作为暂时请求，再四交涉，始得其正式请求之公函一件，由该秘书携回。内开：敬启者，兹因风潮日形紧张，大有不可收拾之势，本领事业经定意携外侨退上兵舰，再行将本埠情形报告本国政府。至本租界之屋宇产业，则请贵师长负完全责任，以后如有何项损失，只得以贵师长是问，用特函恳贵师长，请即饬人前来，将各项屋宇封锁。是所祷盼等语。旋即覆该领事函云：此次为劳工问题，发生今日事端，殊属缺憾。贵领事既将率民侨退上兵舰，亟请敝师派兵入界维持秩序，治安所系，义岂容辞，惟屋宇内之器具什物，应请贵领事馆转饬各该屋主派人看守。倘有人擅自闯入，可报告当地长官指挥，以便惩办。至在敝师未行使租界内治安职权以前，所有一切，不能负责。理合声明等语。复由秘书范融将覆信带赴英舰，当面交涉，遂于是日下午四时半，正式接收租界，并派职部第三团团长龙宪驻扎界内，担任警卫职务。次日，即与总政治部邓主任、九江关周监督雍能、各友军长官、地方各团体，在职部开联席会议，讨论善后办法，共同议决由周监督向英领事提出抗议，并函催税务司回署供职；一面又组织九江市民对英行动委员会，处理租界一切事务。现在周监督业将抗议提出，嗣后交涉情形，当由该监督呈报。惟职师开拔在即，所有租界警卫职务，应请钧座另行委员接替。兹将此次职师接收九江租界各缘由，备文呈报，伏乞鉴核备案。(十六年二月十一日重庆商务日报)

〔中华民国史料长篇稿十六年一月〕

## 2　国民党中央执行委员国民政府委员临时联席会关于设立汉口英租界临时管委会管理市政通电

(1927年1月8日)

设立汉口英租界临时管理委员会，管理市政。先是三日，武汉市民庆祝胜利，行近英租界，英人阻之，至伤我五人，群情愤激，拥入界内，英人不复能维持，乃商请我国军警保护，九江之英租界亦然，我政府恐人民轻动，再三电饬保护外人：

此次英水兵在汉口残杀同胞，经政府采用严厉有效之方针，派遣军警管理汉英租界，组织管理委员会，为收回英租界之基础。民众对政府之方针，亦一致拥护，上下一心，苟能步骤整齐，成功当不甚远。各省英人所设教会学校，依教育独立之原则，自当即谋收回，而在政府未定办法以前，实不宜有直接行动。至于各省英人之生命财产，均在政府保护之列，地方当局亦应妥为保护。盖吾所反对者，为整个的帝国主义，而非修怨于私人。此意务须剀切通告，俾众周知。并督饬各属一体照行，是为至要。中央执行委员国民政府委员临时联席会。齐。（十六年一月十六日重庆商务日报）

〔中华民国史料长篇稿十六年一月〕

## 3　国民政府外交部报告办理汉浔事件电

（1927年1月）

（1）国民政府外交部电（1月11日）

广东外交部，汕头、长沙、宜昌、九江、福州、桂林、成都、重庆各交涉员鉴：自汉浔英租界相继由我方实行管理后，外交形势，为之一变。英国代表准明日到汉，开始交涉，订正彼此间之关系。本部长曾经一再宣言保护外侨生命财产。兹当交涉之际，仰该交涉员通知该地军民官长，切实保护外侨生命财产，并通知该地各党部、工会、学生会，转告人民援助政府，对于该地各国教会，以及一切外人事业，勿加攻击，以免引起各国反感，致碍外交前途。国民政府外交部。真（十一）。印。

（2）陈友仁电（1月12日）

革命各省各军民长官、各政治机关、南昌总司令部转政治会议均鉴：本年一月三日，武汉民众因新年庆祝北伐胜利，游行宣传。迨至毗连英界处，英人严行阻止，复调水兵登陆，民众愈集，群情激愤，至与英军冲突，伤我民众五人，其二人伤势尤重。英界当局无法维持，经部长与英领严重交涉，始行撤退水兵。英工部局职员巡捕纷纷弃职逃避。英领来部请求我国分设军警，入界保护，维持秩序。即日中央联席会议议决设立英租界临时管理委员会，以外交、财政、交通三部部长为委员，外交部部长为主席，于七日通告就职，管理界内一切公安市政事宜，秩序完全恢复，商民照常营业。九江英界亦仿照汉案办法管理。迭经部长剀切宣言，对于外侨生命财产完全保护，复向外国官商一再郑重声明，表示诚恳切实履行，业已宣示中外。世界各国对我政府保护侨民生命财产之设施，极为重视，不能稍有疏虞，致贻口实引起纠纷。现在英国代表已于昨日由北京到汉，今日到部开始交涉各项问题。用特电达，务须克日严令所属各县、各城军事、民事各官吏，一体遵照。对于外人生命财产，务须绝对周密慎重保护，不得有丝毫损害，并积极劝告民众，在此时间，毋再发生反教运动。如有逾轨行动，应即严行制止，免碍外交进行，而误革命前途。切祷切盼。外交部长陈友仁。文(十二)。印。

（十六年一月十六日重庆商务日报）

〔中华民国史料长篇稿十六年一月〕

## 4 译巴黎时报社论《中国政潮》

(1927年1月19日)

此篇大意以中国近日政潮，英国内阁对之极为注意，伦敦报界议论纷起，大抵均抱悲观。现在英国海军之派赴中国洋面者，计有巡洋舰五艘，炮舰两艘，又大西洋第八队驱逐舰亦一并出发。是项决定，在英政府之用意，固非谓对于中国欲诉武力，惟对于地方发生暴动未始不可防范于未然。列强在华共有责任，自仍应采取观望态度为宜云云。

英国内阁于昨日特别召集开会，讨论中国事件。其会议时间历数小时之久。虽如何决定，外间尚无所闻，惟据伦敦各报透出消息，则英国对于中国今日之情形，殊觉未能乐观也。鲍尔文首相与内阁重要各阁员皆已群集英京，而海军总司令勃来齐敏亦翩然莅止，以便亲自调派各舰队前行出发，则时局之重要可以概见矣。

据各方所译之消息：英国驻北京公使蓝博森暨派赴汉口与南军接洽之英国使署参赞欧玛莱，日来叠有报告到英。据其所述殊觉不甚顺手，而欧参赞之意，且并直言极抱悲观态度。总而言之，汉口英国租界之交还问题，双方现正从事磋商，尚无定议。而该处今日之情形，似亦觉无甚变动。至于上海方面，在伦敦之推测，以为将来南方势力扩充，必当乘势占领，而该处之外国人生命财产，必受绝大之胁迫。现在此等情况，亦并未能稍见末减。可以断言也。英国政府之用意似已决定，不复以强暴之相加有所退让，其所取之政策自仍根据于去年十二月二十一日之提案，不能任人自为。观于增派海军之决定，计有巡洋舰五艘、炮舰两艘，并有大西洋第八队驱逐舰，一并出发，是其态度如何，亦可从兹想见矣。英国此后或当与其他列强协议合作，或因时势所必需单独决定办法，亦固自在意中。惟对于上海公共租界必欲维持其现状，不容有所变更，似为已定之方针也。

伦敦报界对于英政府之主张，一时议论纷纭，莫衷一是。惟吾人意见，以为一切论调，要亦不可趋于极端。现在中国情形固属最为紧急，凡属列强皆应各有保护本国人民生命财产之责，惟必谓各国人民今日之在上海者，已濒于危险之域，此等揣测，尚觉未能征信。何以言之，因南军之军事发展，是否果有时机足以占据上海，尚属疑问。即使不幸发生变故，上海租界仍演汉口之续，而该处地方情形，既极复杂，人民意见尤属纷歧，对于反对外国人之风潮，一经爆发，亦属不易挽救。是为英国计，与为其他列强计，英国所取之方针，但为防范地方之暴动则可，若必对于中国一定之势力范围，准备为武力之冲突，本报对于此节，已迭有论列，期期以为不可矣。

派遣重大海军驶入中国水面，此等决定，并非谓英国对华之政策业已根本解决，亦非谓英国对于中国国家主义欲以武力免除之也。在英政府之用意，固谓此等防患未然之方法，以道德上之压力，足以消弭愈趋愈坏之时局，不至陷入无可收拾之地位，非谓海军一点调集，将来一切发言，必须借重于炮声也。伦敦外交家关于应付中国事件，自近数月以来，颇为国中舆论所不容。故欲为免除重蹈覆辙起见，亦不得不有所决定。在英内阁方面言之，固谓多日之时势如此，不得不如此对付耳。殆所谓因时制宜，暂顾目前之办法，初非根本大计也。

准是而论，是凡具有责任之列强，就良心之解决，必须出于审慎观望之态度，尤无疑义。盖因今日对华之政策，其性质如何与其将来之趋势如何均觉无从断定也。军事之决定，不惟不足以消除久持不决南北之战争，即使意存偏袒，亦究莫明以何方为宜，使此内争之局早告平息。现在消息传来，对于中国国家主义运动，恢复权利之请求，南北双方之主张已趋一致。并闻张作霖上将军关于此节，已有与南方首领接洽之可能。即就南北之意见论之，亦以但使广州脱离莫斯科之关系，不复倾向过激，专以苏俄为后援，则一切妥协自属易易，中国将来之统一与独立未始不基于此。盖国家主义，固以主权完整为定义，脱离外国之羁绊与脱离苏俄之关系，其事固如同一辙也。

惟近日之消息，尚有一事关系至为重大，不可不加以注意者，则为据布鲁塞尔新闻，比国政府业已通知北京政府拟将比国在天津租界交还中国。是项主张，在比国利益方面言之，固属无关重要，惟在其他列强方面言之，是明明因比国不能与其他列强同趋一致，特开先列，使中国有所藉口，予以可乘之机。比国对于海牙法院之诉讼，既允停止进行，又欲尽弃条约赋予之特权，以期与中国另订新约。是项筹议，自属社会党理想之主张，与中国之心理也多所隔膜，究其结果，必至远出布鲁塞尔意料之外，樊特文德氏殆尚未见及此也。须知中国情形正极混乱，无政府之状况益见蔓延，为列强计，正应戮力同心，为道德上之结合，不应各自纷歧，授人以隙，况条约赋予之权利，正足为文明各国保障利益之资，于自内之政策，即就今日之时局而论，亦初无违悖，揆之法理与国际法之原则均极正当，固无待于踌躇迁就，另有主张也。

〔北洋政府外交部档案〕

## 5 北京外交部关于英帝国主义因沪汉启衅事件派遣军舰来华示威情形与驻英等国使节往来电

(1927年1—2月)

### (1)外交部收驻英陈代办电(1月18日)

外交部：探悉昨日英阁议结果，对华事仍主镇静，惟对于强暴行为，不能屈伏。现派巡洋舰五艘赴华，系免英侨恐慌起见，并无武力对付之意。至防护上海问题，又详加讨论云。泰晤士报所载略同。城。十八日。

(2)外交部收驻英陈代办电(1月19日)

外交部：据泰晤士报载：英政府数次开会决定，愿与无论何方之中国负责当局讨论修改条约及租界管理事项，如Omalley在汉口，即可提出管理汉口英界之具体办法，英政府之让步，系适用于中国全部，而非止特别一区。又载法政府主张防卫上海，然不愿用武力政策。城。十九日。

(3)外交部收驻比王公使电(1月19日)

北京外交部总长钧鉴：英连日增派舰队赴华，意中有不用宣战格式，而实行作战举动。外侮如此，中立即为自戕。拟请我总长先向英使严行抗议，或劝阻英舰勿驶入长江及聚集中国海面，至少亦可免再演万县惨剧。如能乘机向诸帅建议，息争对外，共组统一政府，则我总理不朽之功，国人更将永矢弗谖矣。景歧。十九日。

(4)外交部致驻英陈代办电(1月22日)

十三日、十八日电悉。报载英国对华举动，路透电所载亦详。究竟英派舰队来华，并为种种军事准备，是否仅对南方示威，抑有用武决心，希向英外部询问，一面挽妥人探查该政府真意电复，以资应付。外交部。二十二日。

(5)外交部致驻和比各公使电(1月22日)

十九日电悉。近日英国举动，是否仅对南方示威，抑有用武决心，已电陈代办向英政府询问，并探查其真意所在。和、比政府看法如何？倘竟演成冲突，其范围至何限度？各国究持若何态度，希密向和、比外部探查一切电复，以资应付。外交部。二十二日。

(6) 外交部致驻日法美各公使电（1月22日）

近英因汉口事件，迭派舰队及飞机、养病船等来华，种种举动，殊堪注意。是否仅对南方示威，抑有用武决心，已电陈代办探查英政府真意，尚未据复。驻在国政府对于英国举动如何看法，倘竟发生冲突，其范围至何限度，各国究持若何态度，希密向外部及军政府两界探询一切电复，以资应付。外交部。二十二日。

(7) 外交部收驻日汪公使电（1月24日）

外交部：二十二日电悉。英向长江增舰派兵，此间观察，专为保护英侨，并无战意。至日政府，始终持不干涉主义，十八日币原在国会演说可证，想已入览。惟上海租界如有扰乱，列国当共同防御，日本亦须加入。此层请先生注意。特复。荣。二十四日。

(8) 外交部收驻法陈公使电（1月24日）

外交部鉴：二十二日电悉。我国目下事件，苏俄因历年在欧举动，志不得逞，利用我国抨击所谓帝国主义之列强，苏俄唯一目的，即我国与列强决裂，始能达其目的。英国深悉底蕴，故对于汉口事件，极力避免决裂。一因筹备未周，不为戎首，一因投鼠忌器，恐堕术中，然在华侨商生命财产，亦不能坐视无救。此所以迭派舰队，外为示威，于不得已时，恐亦不免出以武力。法政府态度，仍守不干涉我国内政主义。报界舆论，并无强硬之鼓吹，对于英国举动，亦不加以反对之品评。军政各界目下尚镇静观望。但上海租界如有发生事变，恐有关系各国势必合力抵抗。再，近闻苏俄政府令军官四百余员赶习华语，限六个月速成。并闻。箓。二十四日。

(9) 外交部收驻英陈代办电(1月24日)

外交部鉴：二十二日电悉。顷晤东方股长，询问派舰来华事，据答纯为预防起见，并无用武决心。惟英人在华利益甚大，势不能轻易抛弃，深愿无强暴行为发生，俾不致诉诸武力耳云云。又另托人探查，亦同此意。城。二十四日。

(10) 外交部收驻和王公使电(1月24日)

外交部鉴：二十二日电悉。顷往详谈，据彼观察，如局势不再恶化，用武尚无决心。范围一层，北方外人未有损失，自无问题。并闻和舰一艘，俟日本送葬礼毕，亦将驶往上海，坼诘以何必如此，彼称如无变化，即当离开云云。孙领事事允函拓殖部转爪督。再经费事，迭电计达。切盼速复。圻。二十四日。

(11) 外交部收驻美施公使电(1月25日)

开洛(Kellogg) 云英国并未向其谈及遣发英兵及战舰至中国之事，彼亦未尝对英言。两国同时出兵，乃不约而同之事。美国兵力只用以保护美侨之生命财产，遇有其他外侨来避难时，亦必加以援助。美国对于中国其意只在和平，并未与任何列强协商防守上海之事。或者威廉氏 (Wiuiams) 曾对驻在上海之各国海军司令等有谈及此事，但迄未接到该氏关于此种事件之报告。肇基。二十五日。

（12）外交部收驻比王公使电（1月26日）

外交部：二十二日电悉。英派舰已达七十五艘，计海军万人，陆军一万六千，尚在续派。昨同比外部某要人私谈，据云：英此时虽说是保护租界，而大军所至，变化宁有逆料。询以比外相前在议院声明，如有主张武力干涉中国者，比必不参与，即他国想亦如此，此种看法，昭然不变。答称：俟请示外相再复云云。但恐外相之言，亦不过堂皇官话，难得要领，特又私访顷由伦敦归来之新下野某有力政治家，交识极久，开诚畅谈。据告英决派兵周旋华境，悉本国主要军队中抽调，再加如许舰队，岂为白走一遭，又岂仅为保护区区上海租界。英若占据南方一部，日本宁肯不在北方下手，法、美继起，恐有瓜分之祸。为中国计，南北本无不解之仇，此时宜速泯内争，合组统一政府，抱一致政事，协力对外，时机已熟，稍缓恐将糜烂等语。查英政府实际动员事前几经重要会议，并向反对党领袖解释，内情虽密，然其用武决心人所共见。如此兵力，断非寻常局部保护，片面示威。不幸竟演冲突，有何范围可守，沿海岛屿港湾，无在不可占据。列强伺隙，惟利是图，此时甘言难弭后患。报载法似已与英同谋，亦添派军舰，危急如此，再事阋墙，受外人分割，历史上无论何方人物，均负莫大责任。拟请中央政府速决大计，协商群帅，顺天保民，互助解决纷纠，一致对外；一面抗议英军入华，或急诉国际联盟，以求公决。是否有当，敬候钧裁。景岐。二十六日。

（13）外交部收南京孙传芳电（1月29日）

北京国务总理、外交总长均鉴：近自汉口租界事件发生，屡闻英国有加派海陆军队运入我国消息。兹据江海关监督电以驻沪英领事面称：为维持上海英国租界治安，由轮运来兵士，随船带有军械，计日抵沪，请函税务司放行等语，前来请示，计已经达台端。芳以上海商埠为我国领土主权所在，租界不过根据条约所有，侨商生命财产之有我国军警负责保护，迭经切实声明。该国岂可藉口汉埠局部事端，侵我主权，徒使人民惊骇。误会果生，应请迅向驻京英公使严重抗议，以重邦交，而全国体。至于汉口租界问题，应俟和平解决。除已电饬江苏交涉员就近向驻沪英领事抗议外，特电奉陈，不胜迫切之至。孙传芳。艳。

### (14) 外交部收南京孙传芳电(1月29日)

北京各使馆、各院部、各省区、各领事馆、各军民长官、各交涉机关、各法团、各报馆均鉴：近因汉口租界事件，英国侨商惊疑迁徙，国内有识人士，已深抱憾。连日传闻英国将陆续派海陆军运到我国，报纸遍载，误会繁滋。传芳窃以英国为世界文明先进邻交，素主和平，与我国近数十年辑睦有加，汉口租界事件纯为局部问题，必不致谈及武力。顷据江海关监督电呈驻沪英领事面称：为维持上海英国租界治安，由轮运来兵士，带有军械，请函税务司放行等语。查上海本为我国惟一之商埠，租界属于条约关系，地方纯系中国领土，全埠治安，我国军警完全负责维持，所有外侨生命财产当切实保障，均经郑重声明。英国此次运兵来沪，碍及我国主权，复引人民疑惧之心，揆之事理，不惟易惹纠纷，抑且不增利益。在英国如以和平意见樽俎周旋，宜有圆满解决之效果。谋国交邻之道，何去何从，除已电饬江苏特派交涉员向驻沪英领事抗议，并电请中央政府向驻京英公使严重抗议外，剀切电达，伫候明教。孙传芳。艳。

### (15) 外交部收驻比王公使电(1月31日)

外交部鉴：二十六日电计达。二十二号比外部答称：外相言比国无派兵之举。英国局势如何，不便置词。各国态度，刻多观望。询以西葡派舰，是否与英合作，彼谓：该两国派兵无多，或仅为保护本国人生命财产起见云云。日来比报露出即政府不派兵，国民亦将组织义勇队赴华，如成事实，本馆如有应取态度，请电示遵行。景岐。二十一日。

(16) 外交部致各省区军长官电(2月1日)

英派陆海军来华事，顷由本部照会英使略称：此次英国派兵来华，虽经英外部及英称系保护英侨暨上海租界，中国政府以英不先征求同意，认为超越寻常行动，与华府会议尊重中国主权，并愿将在华军队撤退之议决，及国际联合会盟约第十条所载尊重保持各会员【国】之领土完全及政治独立，以防外来之侵犯等语之精神相背，且中国人民维护国家主权之观念近甚发达，恐因之引起重大误会。若为防护上海租界，该处并无危险，中国军警确能维护治安，忽增多数外军，易滋纠葛，中国不能负责，请转达英政府撤回来华军队等语。同时并电驻英代办照送英外部。特电接洽。外交部。东。

(17) 外交部收驻英陈代办电(2月1日)

外交部鉴：抗议派兵事，三十一日电敬悉。昨晤英外部，今日公布，并探该部意见。据云事关外、海、陆各部及其他阁员，须相互接洽，俟商定后，始达英使，并复本馆，容再电陈。安格联免职事，亦遵电非正式说明，彼方颇为歉意，无他表示。城。一日。

(18) 外交部收日内瓦朱代表电(2月2日)

外交部：英国派兵赴华，虽藉口保侨，难保不酿成战衅。国际舆论，动魄惊心。应否照盟约第十条、第十一条有所准备，对报界如何宣传，候电示遵。乞酌汇办事处维持费，俾全体面。莘。

二日。

(19) 外交部收驻仰光领事电(2月3日)

外交部崇鉴：英兵来华，印度公民反对甚烈，有愿为华人牺牲生命等情。最近中英交涉如何，纷纷来询。再,馆员无米为饮。统乞电示。鑫叩。

(20) 外交部收济宁褚玉璞电(2月3日)

外交部勋鉴：东电敬悉。查中英邦交素称和睦，乃以汉案局部问题，竟尔引兵东渡，逼我边陲，似此侵权背义，不独国际例法之所不许，尤为华府新约之所不容。贵部照会拒绝,理直气壮，凡我袍泽，定表同情。尚祈坚持到底，誓死力争，玉璞不敏，愿作后盾。特布区区，诸希亮誉。褚玉璞。江。印。

(21) 外交部收驻英陈代办电(2月3日)

外交部：报载英兵有改赴香港、威海卫之说，当赴英外部探询，并表示威海卫问题未决。为中英邦交计，英兵不宜前往。据云：此议尚未决定，明日阁议当将此意转达。又云政府已有新训令电阿参赞遵照接洽，期可继续谈判，以免军队冲突，并谓派兵系因南方乱事，故不能不与党军协商。城。三日。

(22) 外交部收驻美施公使电(2月3日)

北京外交部鉴：今日报载伦敦消息：在中国海面及其附近，美国现增加其海军及军舰。此间报纸亦载有美国增加海军于东方之事。

今日会见开洛，彼云：美国兵力纯为保护之用。基告开洛，一月十日彼对基言，威廉除乘旗船直由小吕宋出发外，并未加带其他军舰。

一月二十四日再见开洛，述及二十二日部电，并询其美国增加海军之意旨。彼云在太平洋岸并未增加海军。嗣提及一月十日彼所言，除旗船外，并未加带其他军舰来华，等语。彼云：此语诚有之。

今日基告格鲁云：一月二十四日曾问开洛，是否同意与威伯一见，请其将致威廉司令最近之训令相告，开洛答云彼将予基一节略，现特为此来见。格鲁云，此节略彼将询之开洛，但彼不敢臆断关于将来军舰之行动，开洛果能允许见告。基因重述当时与开洛会谈情形，彼云：其时彼不在座。肇基。三日。

(23) 外交部收驻法陈公使电(2月4日)

外交部：二十二日电询我国时局法政府态度一节，业于二十四日电复。法政府虽宣言仍守中立主义。然对于防护在华利益与英一致，颇生疑义。此所以二十四日电内所称：有关系各国势必合力抵抗二语，系隐指法国而言。连日各方刺探，终觉法政府态度不能明了，遂于本月一日用箓个人名义，在巴黎时报上发表宣言一篇。大致谓：美日态度极为光明，甚愿法政府亦将其所持态度明白表示等语。四日巴黎时报论说内有派遣舰队到华为预防侨民生命财产乃列强应尽之义务，不能视同违犯中国主权等语。其余论调亦足以证明于必不得已时法国将与英取同一态度。特闻。箓。四日。

(24) 外交部收驻美施公使电(2月8日)

北京外交部鉴：上星期六驻美英国大使告余，彼将访开洛，通知英国赞成上海提案，并请余力劝各方容纳此议。答以非俟列强撤退赴华海、陆各军，并表示诚意协商，余不愿从中斡旋等语。观此则美国提案仅先通知伦敦，并未候复。惟星期一（二月七日）报载开洛在会议中称：本案除顾理治总统外，并未与商。再密陈者，若部中不从速汇款，余思惟有闭馆而已。基。八日。

（25）外交部致驻美施公使电（2月8日）

三日电悉。顷美使向南北军总司令提出建议，因上海公共租界外侨众多，为贸易中心，亟应维持治安。向来各国政策不使该租界干与〔预〕党争，且不为何党利用。并奉美政府令：请华军总司令注意，立将上海租界划出战区，俾外侨得享适当保护，并愿就该租界将来处置，开正当会议行友谊及合法之谈判等语。查美政府既向南北两方提出建议，复于小吕宋集中舰队，究竟真意安在，是否与英预有接洽，采一致行动，统希设法探明电复。外交部。八日。

（26）外交部致南京孙传芳电（2月8日）

美使称：奉政府令，向安国军总司令及党军建议，大致以上海公共租界为贸易中心，外侨众多，亟应维持治安，请南北军总司令注意，立将上海租界划出战区，俾外侨得享适当保护等语。该件闻已由驻美领抄送尊处，未审确否，尊处如何答复，伫盼电复。外交部。庚。

（27）外交部收陕州刘镇华等电（2月9日）

各部院、各省区军民长官、各领事、各交涉员、各法团、各报馆鉴：全国父老昆弟均鉴：顷接孙馨帅艳电外交部东电，惊悉英国以局部问题，藉口维持上海英国租界治安，派遣陆海军来华，骇愤同深。查各国在华有租借地，实为丧失治外法权及不平等条约之最大污点。此次汉浔收回英界，按之独立国之主权及国际平等之精神，并无违反，乃英国竟有派舰来华之举。此等特殊动作，侵犯我领土，妨碍我国权。此可忍，孰不可忍。我全国上下蒙此奇辱大耻，誓当破釜沉舟，一致反抗，不达到目的不止。英国素重邦交，酷爱和平，当能容纳全国真正民意，立时撤退。否则，再接再厉坚持到底。尚祈全国同胞努力进行，用作后盾，并请外交当局尊重民意，竭力交涉，至为祷祝。刘镇华、张治公、柴云陞、王振、贾济川、梅发魁、武衍周、何梦庚、张得胜、姜明玉、万选才、李万如、徐加云、刘世杰、金纛同叩。佳。

（28）外交部收南京孙传芳电（2月10日）

外交部顾总长鉴：庚电敬悉。上海为江苏境内通商巨埠，租界外治安，苏省军民长官负有维持之责，自当以军警之力担任保护，战事所不能及，无有特别声明划出战区之必要。党军扰乱秩序，纯属暴徒行动，与党派战争不同，并无列于交涉之价值，各国外交团体无得受其恫喝欺诳。现上海租界决不致有危险发生，传芳可负完全责任。特复，即希察照转复为荷。孙传芳。蒸。

（29）外交部收日内瓦朱代表电（2月10日）

外交部鉴：英政府已将对华提案附说明书送国际联合会秘书长转达会员国，历述南方排英举动及派兵保侨之由来，仍望英兵无到沪必要。英国行动与盟约文字精神相离。此问题关系华会各约，此非国际联合会所能帮同解决。倘有可以交会调停之机会，英政府亦乐从云云。我国如何对付，应否将大部对英派兵抗议送会发表，候电示遵。再，办事处萃无款维持，电费亦无着，乞汇小款济急。萃。十日。

（30）外交部收驻英陈代办电（2月11日）

外交部：昨日英外相在下议院演说，略谓：阿参事已与汉口当局接洽妥协，汉口英租界仍交还英人，再由租界纳税人选举参事会正式接收。九江租界亦照此办理。俟该协定签字后，倘上海情势和缓，所有由英国及地中海派之舰队，即不再由香港前进云。城。十一日。

## （31）外交部收日内瓦朱代表电（2月11日）

外交部电敬悉。抗议派兵文通告会员国继无窒碍，惟英政府说明书语多偏袒，应否先行声明保留驳正权，俟大部接到全文时核办。急候电复。莘。十一日。

## （32）外交部收驻英陈代办电（2月18日）

外交部鉴：抗议派兵事，十四日电计达，连日催询。顷准英外部正式答复，仍以汉浔事为藉口，派兵系保护英侨，并无干涉侵略之意。全文想由英使送达，另钞邮寄。城。十八日。

## （33）外交部致南京孙传芳电（2月19日）

删电悉。美使建议上海划出战区事，此间拟暂不答复。特复。外交部。皓。

## （34）外交部收驻比王公使电（2月23日）

外交部：顷接可靠消息，英国添派兵三万赴华。谨闻。景歧。二十三日。

〔北洋政府外交部档案〕

## (四)南京事件

### 1　国民党中执会为英美兵舰轰击南京事件告美国民众书

(1927年4月8日)

数日前英、美兵舰向毫无戒备之南京加以轰击,同时在上海登陆之外国军队向手无寸铁之民众开枪,英国之飞机复炮击广东村市,而在重庆之英国水手有戕害华人多名之事。盖数日以来,警耗频传,英、美之军事代表,几无日无强暴野蛮之行为,达于吾人之耳鼓,而此两国新闻机关,及捏造事实,以虚伪之报告传布全球。中国人民兹为使美国民众稔知中国真相起见,特正告美人,俾知目前白宫所采对华之政策,实极诡谲之尤,结果所届,必于太平洋岸上引起流血之祸,其情形之重大,特远过十年以来所发生最可恐惧之案件也。

现在中国之南北战争,乃为国家之自由而战,为统一而战,为民生组织而战。际此战争,中国人民十、九皆拥护南方。盖久居中国者,咸知此一战争,为自由及奴隶之势力而战争,为反对国际经济侵略家并要求我国之主权而战争,为反对封建制要求公民权利而战争,为使人民脱离困苦使之增进经济地位而战争,为反对迷信趋向光明而战争。此战争也为民族主义与地方主义之战,为工业发达与国家经济衰微之战,为忠实与政治腐败之战。

国民革命军自广东出发之后,于数月之间,将国内之三系军阀,若吴佩孚,若孙传芳,若张宗昌,完全击败,今日中国之半,若武汉、宁沪诸饶富之区,已无革命军敌人之踪迹。此等敌人,方其与吾人作战之时,兵士之众,军实之充,固十百倍于我军,且同时复有帝国主义之列强与以助力也。

此种胜利，所以能在短期内奏功者，其唯一原因，在乎全国人民之同情及拥护。吾人可明白宣言，在三月之内可使国民政府之旗帜飘扬于北京城上，自南方海岸直至长城，可使敌氛尽息。吾人所深信不疑者，倘北方军阀不借于帝国主义之列强者，中国内乱固无发生之可能也。

吾人深信今日中国，决无一种重要之民众团体，愿虚縻其精力，以拥护垂死之封建军阀制度。此种制度，实与近世文明之进步，以无量阻碍者也。

但就事实上言之，此奄奄垂绝之局面，仍为外国之帝国主义者所竭力维持，此种帝国主义者中当推英人为巨擘。英人之政策，在使中国分裂，以遂其压迫四百兆民众之阴谋。

海军远射炮也，铁丝网也，坦克也，铁甲车也，皆英国政客用以解决远东复杂纠纷之国际与社会问题之武器。盖英国之外交政策，恒为极端保守，而与民主政治相背驰，因英国之强盛，完全由于疆域之吞并与人民之征服也。

距今六十五年以前，英国因欲染指于美国南部诸洲之棉花事业，遂征逋其贩奴之商人，与北美诸洲相战争，其对于南非之战争，亦因其垂涎非洲之金刚石有以致之。故今日英人之在中国，亦悍然不顾竭力谋保持其在华劫掠之机会，盖其磨牙吮血，以中国为鱼肉，先后已有八十年之久也。

英人之势力之文化之商业，其踪迹所至，均酿成流血之祸。数百万之青年均被惨杀，老弱妇女均受饥寒，村里为墟，宝藏被劫，皆所谓英人文化进步之结果，而诡诈强暴，则其常用之手段也。

夫英国经济领袖及资本主义者，及外交、军事长官所以痛恨我国，其理由甚为显著，设喻以譬之，盖英国贩奴之主人也，其对于奴隶，自取高压之手段，而不知其奴隶虽性耐劳苦，今已郁极思发，欲要求权利及自由也。

吾人固要求于屠杀为手段之英人，盖促成五卅、沙基及万县之大屠杀之英人，除劫掠杀害之外，固不知有他事。英国之商业及外交政策，为达经济、政治之目的，亦从无其他之手段。今日握英国外交之保守党人，均传袭从前拥护英国贩奴商人之政策，亦即从以军舰之力强迫华人服食鸦片者之政策也。

吾人所大惑不解者，厥为美国对华之政策，最近忽丕然一变与从前正式宣言者相背驰。吾人所欲指明者，即英国之殖民部及军事长官，已使美国在华经营一种新企图，对于美国毫无利益，其效果只使美国与新中国分裂，而促成太平洋海岸之大柄，使美国大蒙不利也。

华盛顿会议者，哈定总统所谓“使二十世纪之意识觉悟，而为各种民族之吉兆”也，吾人固不信其有此效力，吾人不料美国外交政策，其轻捩如此之速。从前美国所号召者，为门户开放政策，为撤退在华驻军之声明，为撤销一切特权，为在平等之基础上，以调停之手段，增进中国与他国间之关系。今则幡然一变矣，以大炮击南京矣，以海军集中上海矣，今美国人民离去中国以挑拨中人矣，以英国式之词句草拟对华通谍矣。

美国之造成此种局面，固非吾人意料所及，吾人固不料其不能自由行动，必至步英国之后尘，采取武力干涉中国之政策，而毁坏一切足使民族主义之中国与美国通力合作之关系也。

吾人欲问美人，美国在华之政治与经济利益是否要求美国对华政策如此之更变？吾人相信美国人民个个均知国民革命在华之胜利，决不至使美国人民或其财产受丝毫之损失。倘美国指挥外交政策之当局，最近未有新决议根本变更对华之政策，未有新决议以战争解决太平洋上日、英、美三国之困难，则当知国民革命之胜利与美国绝无损失也。

夫美国最近之侵略行动，及威吓之手段，为在华之美国外交与军事当局所采取者，只能以美国已根本变更对华政策解释之。此种行动对于中美两国之关系，有极恶劣之影响，只有美国蓄意与华开衅，然后南京之轰击，上海军队之集中，汉口美人之离去，美国报纸之宣传，才为适时。

果然如此，则美国人民与全世界各民族不可不知美国政客与财政家之奸计。

美国人民全体，须要知道，美国政府实领导美国人民于流血屠杀之途，此种屠杀，其情形之剧烈，必远过一九一四年至一九一八年之大战。无数老弱男子，必被屠杀、淹死、轰死及受毒气而死，无量之财富，及文化之成绩，必被摧毁。而无数之城市、必被夷为平地。

现在各列强对于太平洋之利益，有连鸡并栖之势，甘为戎首者，必至酿成燎原之大火也。

惟苟美国对华之意见，不如上所云云，倘美国不愿促成世界冲突之大祸，则最近对华政策之改变适足见其外交界目光之浅短。盖美国今尚未见，极其政策所至，将使美国参加武力干涉中国之谋，使之与英国勾结而促成中国之分崩离析。此种政策，为华盛顿政府所铸之大错。关于南京事件，美人之报告，其纯属子虚，尽人皆审。南京之事件，为英国挑拨北方反动军队余孽之结果，乃路人咸知之事实。国民革命军，一抵南京，即取严厉之办法，以保护外人之生命财产，事实所在，不容否认也。

现在美国正在于中、美两国之间，巩一误会之墙，美国正在明告世界大众，其历次严重宣言之政策，乃毫无诚意之行动。

但美国外交界之领袖，将知今日之中国与过去数年前之中国迥不相同。盖以前外人只须占领北京、上海、广州诸地，已足致中国之死命，在今日则不可能矣。

时至今日，倘有人欲向力争自由之中国民众，作流血之战争，非占领地域广表之中国之全部不为功。而今日中国，虽在穷乡僻壤，其民众皆已奋起合作，力求胜利，为自由而战，为独立而战，且愿以生命为孤注。

试问今日世界有何种势力，能遏抑四五〇．〇〇〇．〇〇〇民众力争自由之运动乎？

请美国人民自加决择，将与新中国合作乎？抑受英国保守党之惑而反对新中国乎？

美国之平民！农民！勿任汝之国家，再陷于流血屠杀行动，打倒武力干涉中国主义！

打倒英美帝国主义者企图压迫己国人民及中国之联合战线！！！

中国国民党中央执行委员会

〔国民党中执会档案〕

## 2 章杰关于在南京浦口一带秘密工作情况敬告民众书①

(1927年6月20日)②

### 章杰经过宁垣及浦口工作情形敬告民众书

三月三日，杰在沪奉中央江苏军事委员钮永建委宁垣军事特派员，联络军警合作，即于十三日乘瑞和轮船亲率所部于十五日由下关江边登陆。携带印信、布告等件，由下关仪凤门，密与警界接洽，内以维持地方秩序，外以响应北伐军。狮子山、雨花台各炮台，亦经说妥。当褚玉璞令各炮台向我军射击时，各台长官故意瞄射不准，而雨花台台长杨荣华因此遂为褚杀害。查城内外尚有直、鲁军六、七万之众，二十三日晨得悉敌方大军调防，将

注：①章杰时任国民革命军宁垣特派员。

②：此系国民政府秘书处收文日期。

前线队伍调入城内，以城内之生力军调出，以备向我北伐军对击。其时，杰并悉警厅闻各区署长联席会议，因赵永平厅长已出走，无人负责。杰甘冒万险，随身携带宁垣军事特派员印信及布告等件，亲往警厅，督促警界布置。当时由警界全体公推中区署长黄桂芳暂行代理厅长，由杰督促令各区岗警，假传命令，使城内敌军退往下关。一面由侧道开枪示威，宣传北伐军大队业已进城，使乱其军心。是日下午，果著成效。褚逆于午后四时逃往下关瀛洲旅馆，因其军心涣散，军令失效，不得已始渡江浦口，故大队紊乱拥挤，争先恐后，均欲渡江，军官亦欲渡江逃生，乃将机关枪击毙部兵无数，以便军官本身渡江。当晚十一时，得各区警署电话确息，始知敌军一部退往三牌楼，一部陆续渡江，通济门口，聚宝门口，已无敌军踪迹。但敌军在退却之先，预将炸弹、地雷埋伏城门中间，迨至我北伐军先锋队抵通济门及聚宝门。当时接该两门警察所电话报告，敌军确已完全溃退。杰当即电总商会会长苏民生到厅，面商善后办法。苏民生身着红十字会制服，手持会旗，偕红会会长余少彰来厅。正在商榷时，忽接钟鼓楼北区警署报告，敌军知北伐军并无动静，拟预备反攻，抱掳掠主义，已至大行宫（距离警厅一英里）等情。苏等得此消息，惶恐而去，警厅人员，亦呆若木鸡。经杰再三鼓励，始挟临时厅长黄桂芳，由侧道至慧圆街中四区警所，发电各区，安慰警察镇静，万勿慌乱。一面杰身着中山装，率同警厅保安队沈鹤松等十余名于枪林弹雨之下，由侧道出发，先开通济门接引第二军五师十五团团长朱刚伟进城。该团军队，只有三、四百人，绕道至聚宝门，迎入六师十七团三营营长萧阳初等，由杰代分十余组，每组由警察响导。一面由警察沿途宣传，因警察尽系北洋人，故敌军深信不疑，而盘据城内大队敌军，始惊慌逃逸。杰又恐城内地方辽阔，溃兵容易潜匿，特令保安队预伏要隘堵截，地方得未糜烂，治安藉以维持。

二十四日上午七时，北伐军始得安然入城，并于大队未入城之前，即发第一号布告，保护外侨生命财产，及敌方眷属，亦应维护，以示平等待遇。二十五日，据英领事派管事尹质卿报称：二十四日有溃兵滋扰。等情。杰亲自率领保安队长杨玉昆、卫队长沈鹤松及本处交际科长余汉廷前往该领事馆查勘，由余科长译述：革军素抱世界大同主义，决不仇视外人。一面将英领事及外侨，由杰会同红卍字会许会长及救护队保护伊等一律送至下关，照料登舰。离岸时，由各国侨民签字为证，以留永久纪念，而表示友邦亲善之意。至于残敌骚扰外侨生命财产，革军当然不能负何责任。以上情形乃杰在宁承乏军事特派员工作经过之大概也。旋五月二日，又奉蒋总司令委为浦口招抚特派员，受任于危难之间，奉命于苦战之际，杰绥辑地方责职所在，义不容辞，设办公处于下关中西旅馆。十五日上午四时，由三叉河率领特务队长朱淇、李克复，卫队长沈鹤松，差遣队张松年暨职员等，全部冒险渡江。其时残敌尚未退清，地方极为紊乱，流氓地痞，乘机抢劫，以至各货房货物均遭损失，敌人遗弃军用物品亦属不少。杰当即将军用品解送总部，并将检获货物暂行布告保管通知浦口商会接收，以便招商认领。杰一面劝告奉、鲁白俄军人，俾知去逆投顺，一面布告浦口商埠民众，俾知除暴救民。然而共产溷迹，匪徒思逞暴民路掠，败军骚扰，尤非从严镇摄，不足消弭隐患。是役，前后仅越两旬，措置幸未陨越。今者北伐军队全部过江，杰浦口招抚工作亦已靖事。杰目的已达，地方负职有人，已将办公处呈总部宣告结束。惟随同工作出力之黄桂芳、左浩等数十人置诸闲散，杰心殊抱不安。此后关于民权、民生主义继续奋斗。一面为民众谋幸福，一面聊尽国民本有之义务，决不敢偷安放弃以失国民之天职。特将经过事实，敬告诸同志及全国父老兄弟姊妹公鉴。并盼惠示教言，以匡不逮。幸甚。幸甚。

〔国民政府档案〕

# 五　文化教育

## 1 国民政府关于上海大学被英军占据饬财政部拨款补助令

（1925年9月7日）

中华民国国民政府令　　第三四号

令财政部长古应芬

为令行事：据前上海大学代理校长邵力子呈称：上海大学为同志于君右任等所创办，全校教职员、学生多能接受本党主义。去年本党第一次全国代表大会议决每月补助一千元，因本党经费支绌停寄已久，校务困难万状，全恃于同志在国民军方面募款维持。此次突被洋兵占领校舍，全校愤慨，团体决议自建校舍于华界闸北宋园，经费分头募集。前由于同志函请中央执行委员会拨助，并请先覆示数目，蒙于第九十次会议表决，候经费稍裕再行答覆，本应静待决议，无事渎陈。惟该校此次建筑，必须急速进行募集捐款，尤待本党提倡，力子来粤受有该校委托，再向政府请愿。力子自去年十一月下旬起代理该校校长，于该校情形知之最稔，敢再缕缕陈之：一、上海大学已成为上海反帝国主义运动之中心，其兴废于本党及中国革命前途有重大关系。去年十月十日，上海天后宫开党员大会，该校学生因宣传打倒帝国主义及军阀，被反动派攒殴，黄仁毙命，林钧、郭伯和等受伤。十一月中旬，先总理至上海，该校学生欢迎最为热烈，旗帜、口号皆对帝国主义猛攻，自是为帝国主义者所仇视。十二月八日，大队中西探捕至校搜索，控力子宣传过激，要求逐出租界，卒将搜去之中西文书报数百种焚毁。本年二月，日纱厂罢工事起，该校学生多助工人演讲及组织，捕房指为煽动工潮，又至校搜索。至五月下旬，学生朱义权等六人，因援助日纱厂二次罢工工人被捕。五月三十日之役，何秉彝被刺、瞿景白等被捕。六月三日，大队英兵占领校舍，直至今日尚未退出。帝国主义者，必摧毁上海大学而后快，实上海大学能与帝国主义决死奋斗之反证也。该校学生对于群众运动及团体事业，尤能尽量参加或更处于主动指导之地位。上海教育界之空气向极沉闷，得该校振荡之，乃日有生气，故就本党工作言，力子敢谓上大实应受我国民政府之特别培护，政府当亦不斥为谬妄也。二、此次上海大学建筑校舍限期落成，并非徒托空言，故捐款必于一定期内募集，方不误事。宋园董事，除一、二人未在上海外，均已签约承认。上大在宋园建筑校舍建筑计划全部拟定，日前已实行投标，即日开始动工。全校建筑经费预定为十二万元，惟第一期只须半数，现于右任同志担任向国民军方面募集二万元，全校教职员、学生担任募捐集二万元，余二万元则求我国民政府概赐拨助。预计第一期校舍于十月内落成，可容纳学生四百余人，房租既可免缴，校事即易维持，至第二期建筑，则固不妨从缓也。故上大此次募捐，在相当时期内，可称为根本的经济，国民政府必有以玉成之。综合以上所述，即请我国民政府准予拨助上海大学建筑经费大洋二万元。力子已另呈恳求中央执行委员会提前议决，俾得据以电达该校，使全校员生因感知奋，踊跃募集，达到预期目的。并求我政府分本月底、九月底、十月底三期将该款如数筹足汇沪，非只全校员生戴德已也。等情。据此。当经提出第十五次委员会议议决补助二万元，由财政部筹拨案，经议决。合行令仰遵照。此令。

委员会议主席　汪兆铭

财政部长　古应芬

中华民国十四年九月七日

〔国民政府公报1925年第8号〕

## 2 广东民政厅请准广东大学教授讲师兼职呈

（1925年10月23—27日）

（1）古应芬致国民政府呈（10月23日）

为呈请事：现据课吏馆馆长林云陔呈称：窃职馆设立伊始，亟须延揽人材，担任授课。惟此项人材甚形缺乏，故各门功课多由广东大学教授或专任讲师兼任。查广东大学近日忽发布特别规则，禁止该校教授及专门讲师在外兼职，致职馆教员纷纷辞退，殊于教务进行诸多妨碍。窃查职馆为造就县长人材，实现总理素所主张之县自治而设，广东大学，同是隶属于国民政府之下，似不能此疆彼界不予扶持。为此呈请钧厅转呈国民政府令饬广东大学，准予该校教授及专任讲师在职馆兼职，实为公便等情。据此。查核所陈自为延揽人材，用宏造就起见，理合据情，转呈钧府察核，令饬广东大学遵照。仍祈批示祗遵。谨呈

国民政府

广东民政厅厅长古应芬

中华民国十四年十月二十三日

（2）国民政府批稿（10月27日）

中华民国国民政府批　第二三四号

广东民政厅长古应芬

呈请令饬广东大学准予该校教授及专任讲师在课吏馆兼职由。

呈悉。应予照准。候令行广东大学校长查照。此批。

民国十四年十月廿七日

〔广州国民政府档案〕

## 3 国立广东大学请补助留俄孙文大学学生治装费呈令

(1925年11—12月)

### (1)邹鲁致国民政府呈(11月24日)

为呈请事：现据职校学生王志鸿等十八人呈称：窃生等昨经考入莫斯科孙文大学，并闻起程在即。惟查此次留俄学生，其治装费及川资共计大洋二百五十元，其中由中央党部津贴每人大洋一百元外，其余大洋一百五十元，须各生自备等。伏思本校为西南最高学府，且为先总理所创办，对于研究革命方策，发扬东方文化之举，自应极力鼓吹。今中国学生选派留俄孙文大学，即为中俄智识阶级第一次之携手，本校对此更应特别提倡。而对于本校学生之考取者，理宜津贴治装费。盖非此不足以奖励将来也。况查各军官学校，共保送留俄学生四十五人，及自行考取之军校生若干人，均由该校按人数发给治装费大洋一百五十元。并查执信学校，亦考取八人，该校亦各发给治装费优待学子，诚属得宜。且动程在即，生等多属家居远方，一时实难筹措。故敢据上情由，特呈请钧会转呈校长准予津贴治装费每人大洋一百五十元，谅区区小数，校中极易筹拨。且此举尤足表现本校热心革命之精神，不贻外人以口实，而不让执信、军校等校专美于前也。再生等入校时缴纳之保证金，亦请同时退还，俾充川资，其理固甚明。所呈各节，恳请照准，并即批示祇遵等情。据此。当以该生等赴俄留学，系为研究革命方策，且多属寒士，自应由校津贴治装费，以示优待。惟职校经费正值拮据，而该生等首途在即，未免延误，可否由钧府令行财政厅，将该生等应自备之治装费每人大洋一百五十元，共大洋二千七百元，由库拨发，俾该生等得早日成行。理合备文，连同名单一纸。呈请察核。伏候批示祇遵，实纫公便。谨呈

国民政府委员会

计附呈学生名单一纸

国立广东大学校长邹　鲁

中华民国十四年十一月二十四日

国立广东大学考取留俄孙文大学学生名单

| | | | | |
|---|---|---|---|---|
| 王志鸿 | 邹仕恬 | 黄　菊 | 朱　瑞 | 方　陶 |
| 廖化机 | 陆那杰 | 刘慕强 | 邵负昌 | 黄永伟 |
| 李　琳 | 朱国桢 | 邓汉钟 | 方　檀 | 林耀寰 |
| 李彦良 | 黄发莲 | 区就宪 | | |

(2)国民政府令(12月2日)

中华民国国民政府令　第二一八号

令广东财政厅长宋子文

为令行事：案据国立广东大学校长邹鲁呈称：为呈请事：现据职校学生云云，实纫公便等情。据此当批。呈悉云云，此批。等语。除批示印发外，合行令仰迅速遵照办理。此令。

附抄发学生名单一纸

民国十四年十二月二日

〔广州国民政府档案〕

## 4　国民政府为邹鲁把持教育经费阻挠政府政策革除其国立广东大学校长本职令

(1925年12月1日)

中华民国国民政府令

月前，广东大学校长邹鲁呈请中央执行委员会将广东大学改为中山大学，经决议通过。政治委员会以名义已定，不可不积极筹备，以期名实相符，故决议设调查委员会，调查广东大学之一切状况，以为实行改称中山大学之准备。乃邹鲁在北京突然发表文字，措辞荒谬，初犹以个人辩难之文辞，不足计较，不图十一月二十七日广东大学发表邹鲁致诸同事、同学之函，其措词大略相类似，此造谣惑众，实堪诧异。今夏讨平杨、刘之役，邹鲁始则托言调和，继则避居香港，态度模棱。事定之后，始逡巡回省，日与无聊政客、失意军人相勾结，对于中央执行委员会政治委员会及政府所施行之政策，往往藉端阻挠。例如此次邹鲁函中所资为抨击者，莫如谓政府破坏教育经费独立，然按之实际，邹鲁所斤斤致意者，特为教育经费之分割与教育经费独立，渺不相涉。数年以来，骄兵悍将分割财政，惟力是视，以致政纲解纽，民生憔悴，稍有常识莫不痛心。中上七〔四〕校感于经费无着，迫不得已，乃分割财政收入之一部，以资维持。此事远在邹鲁未任广东大学校长以前，邹鲁无从攘以为功。及邹鲁任广东高等师范校长以后，提议合并法政、农林两校为广东大学，遂藉口筹备对于教育经费任意把持。广东大学一切收支数目，从不呈报政府，不特用途不明，即对于收入之种类数目，政府亦无从知悉，遂得以广植私人势力。前此大憝未除，政府自无暇整顿及此。及祸乱削平，政府依据中央执行委员会统一财政之决议，将从前骄兵悍将分割财政之恶习，悉予扫除。特颁明令：一切文武官吏皆不得截留财政，违者以军法从事。令出惟行，岂能于中上四校独存例外。且政府此举，固为一切经费计，亦即为教育经费计。盖必财政统一，然后预算可以确定，必预算确定，然后用度始得不匮。当推行财政统一之第一步，中上四校向来分割所得之经费，骤被收回，虽立形拮据，然推行至第二步，则财政收入较裕，对于支出，亦随以较丰。教育经费为国家作育人才之根本，中上四校更为广东全省高等教育机关，政府岂有恝然置之之理。迩者全省将次底定，财政整理亦已就绪，政府对于教育经费，将度其力所能至，日谋增加。以视邹鲁之斤斤于把持一部分之收入，既不能充中上四校之用，又不能使全省学校平均分配，而徒割裂财政，贻害无穷者，其得失利害，岂可同日而语。邹鲁徒虏财政统一之后收支公开，不复能如以前把持垄断，遂剽窃党纲，以文饰其私，且藉以为厚诬政府之具，其用心实为可鄙。最近以调查委员会成立，更虑阴私揭发，遂不惜对于中央执行委员会政治委员会及政府架词构陷，所称共产云云，乃帝国主义及军阀所挟以为谣诼中伤之资。近来因事实不符，此种声响已归沉寂，邹鲁乃拾其唾余，用为构煽，可谓心劳日拙。邹鲁言论行动乖谬如此，不足以仪型多士，着即免去国立广东大学校长本职。此令。

委员会议主席　汪兆铭
常务委员　汪兆铭
常务委员　谭延闿
常务委员　林　森
常务委员　伍朝枢
常务委员　古应芬

中华民国十四年十二月一日

〔国民政府公报1925年第17号〕

## 5　平民讲演团杨俊荣请津贴宣传费呈

（1927年4月）

### （1）杨俊荣致财政部呈（4月2日）

为呈请事：窃教育为救国之阶梯，讲演促民智之进步，昔孟子尚游说良有以也。俊荣服务教育多年，继滥竽政途数载，睹兹帝国侵略，军阀专横，无限悲思，曷深浩叹，冀图挽救之法，须谋善诱之方。故改组归来，抱开通民智之心，宣传平民政治，经营惨淡，奔走四方，讲演七年，经过四十余县，曾经呈请湖南省政府唐主席批令保护在卷。数年以来，承各县之学界诸君谬采虚声，欢迎讲演，犹复摄影留别，情意殷勤，清夜自思，殊深抱愧。惟是才惭谫陋，题所发挥，当此革命尚未成功，宣传联俄、联工〔共〕、农工三大政策，自应积极进行。伏冀先生时赐南针，以匡不逮外，并恳酌予津贴，以资印刷传单，及游行宣传旅费之用。素仰我公热心社会，关怀国事，俯念民瘼，实深钦佩。对于宣传事业，自必乐予维持，毋任感荷之至。并候示遵。谨呈

国民政府财政部

代理部长张李钧鉴

附相片九张　收据一本〔缺〕

平民讲演团常务委员杨俊荣

中华民国十六年四月二日

### (2) 杨俊荣致财政部呈（4月）

为呈请给发津贴，以资印刷传单、标语，而维宣传事：窃俊荣来汉宣传，因病尚未工作，业将历年成绩及与军阀奋斗，宣传先总理主义，努力革命工作，于军阀铁蹄之下，遇难三次，履危蹈险各情，呈请鉴核在卷。惟仅承发还相片，未沐批示。兹因残病初痊，不但四三惨案发生，急待宣传，使民众了解打倒帝国之意义及巩固后方秩序，遵党指挥各情，拟定传单、标语，便赴前线工作，以期唤起民众，努力奋斗，拥护党军，早定京都，完成国民革命。用将传单、标语附呈，伏乞斧政外，并恳给发津贴，以资印刷经费，而利宣传，毋任感荷之至。并祈指令祗遵。谨呈

国民政府财政部

部长张

附标语原稿一件

平民讲演团常务委员杨俊荣

民国十六年四月　日　　呈

巩固后方秩序！　严防反动派乘机捣乱！

服从党的指挥！　请政府严重交涉四三惨案！

打倒帝国主义！　铲除封建思想余孽！

拥护国民政府！　实行联俄、联共、农工三大政策！

肃清反动分子！　惩办土豪劣绅！

打倒奉系军阀！　拥护中央军事委员会！

恪遵总理遗嘱！　努力国民革命！

速开省民会议！　速开县民会议！

通俗宣传利用歌词迎合社会人心，易于牢记。(仿十二月花歌)请看日本对华历年之侵略政策：

正月里，水仙花儿开，　思想起，日本人，欺我太不该，

甲午年，打一仗，割去台湾岛，　又赔了，二万万，大宗钱财。

二月里，红杏花儿开，　东琉球、北高丽，占去已多年，

最可恨、最可耻，是五月七日，　开条件，二十一，来夺我利权。

三月里，杨柳花儿风，　狼心肠、毒计策，暗占我辽东，

来杂居，来开垦，当做殖民地，　开金矿，造铁路，又夺我内蒙。

四月里，蔷薇花正香，　大连湾，旅顺口，期限又延长，

添警察，设裁判，反客来为主，　安奉路，最紧要，暗将军队藏。

五月里，榴花似火红，　不讲情，不讲理，硬要做股东，

大冶矿，萍乡煤，汉阳炼铁厂，　这是我，大富源，又入他手中。

六月里，荷花逐水摇，　胶州湾，济南府，东洋语嘈嘈，

湖北省，江西境，路线一直下，　通杭州，达福建，地土一齐包。
七月里，红蓼花儿多，　我中国，港湾曲，海岸好规模，
开商埠，辟航路，贪心仍不足，　假意的，代担保，偏要来张罗。
八月里，桂子花儿香，　借外交，侵内政，迫我伪中央，
军事上，财政上，种种要干涉，　我同胞，试想想，用心良不良。
九月里，秋菊花儿黄，　招警察，添军舰，藉口保侨商，
传教士，即牙爪，暗中增势力，　军械厂，硬合办，贪心狠似狼。
十月里，芙蓉花满园，　我中国，好江山，破碎不完全，
南满州，内蒙古，名存实已去，　扬子江，两岸地，他又来垂涎。
冬月里，大雪花儿飘，　我中华，文明胄，怎能忍这遭，
五三案，三一八，四三惨又起　无人道，施屠杀，誓死莫饶他。
腊月里，梅花又春回，　望民众，负责任，不可乱相推，
要报仇，要雪耻，不可凭意气，　去革命，去奋斗，才算好同胞。

〔武汉国民政府档案〕

## 6　广州学生联合会关于收回被外人操纵之教育权宣言

（1927年7月11日）

帝国主义者侵略弱小民族和半殖民地的国家，最高明、最狠毒的方式，除了在政治上以亡人国家外，便摇身一变取无形的文化侵略之手段，而达其有形的经济侵略之目的。因为经济侵略在封锁其海关，使其国内工业不能发展，一方面又勾结其国内军阀来压迫人民，以助其侵掠的作用。但是，这种方法（善则善矣，）究不能昧人良心灭人耳目，有时人民还会揭竿起来反抗，所以，他们很聪明的想出一种很绝妙的精神上也很软化的一文化侵略的政策。这就是帮助帝国资本主义之经济侵略的一种最高方式。他们不惜牺牲无数金钱和精神，极力在中国扩张其教育的势力，无

非想使中国人无一不在他们的教育支配之下，实施其亡国奴和殖民地的教育政策。同时在学校课程中正式编入圣经一科来教授，强迫学生上堂念圣经，使学生忘了其种族、国家、政治、社会的观念，脑袋里只知道有"洋大人"、"上帝"、"皇家"，不复有自己的中华民国。不信吗？圣三一校长英人对学生说："英国人所办的学校，有英领事在广州，断不能徇你们的心情，任你们中国人自由"；圣心校长法人对学生说："中国的命运早已在华府会议中决定了，无容你们去救，你们也是救不来的"；岭南大学美国人对学生说："此是教会学校，只可宣传宗教，不许谈论国事"；广西梧州建道学校美国人对学生说："我系不爱中国，所以不许你们同中国学生来往——共同救国，我要你们服从我，同我一样的来爱我们的美国"；上海三育大学美国人也对学生说："已入教会学校读书，应该断绝一切国家的观念，爱国二字断无存在之余地"。从这几个例子看起来，可以洞见外人在华所办的学校怎么样？非特不能有益于中国，且要使中国学生变为洋奴化，消灭其种族观念和爱国思想。这是很显著的，实可毫无疑义的。可怜瞎眼的中国人天天赞美外国人热心，讴歌外国人的厚意，跑来中国办学指导中国人，这是何等痛心的一回事。教育侵略，比任何形式的侵略都要厉害得多，而现在外国人在华所办的学校至少也在二千以上，学生人数亦有十万人以上。此种情形更令我们痛哭、流涕。我们知道文化侵略就是帝国主义者的工具。我们再不能被其愚弄多谢帝国主义者之教育。现在已有许多外人在华所办的学校，如圣三一、圣心、广益、三育、建道、协和、培心……各校学生起来为反抗帝国主义者之文化侵略而罢课或退学了，在中国由奉天卷地吹起，波及到珠江流域都沸腾起来响应。我们更明白外人在中国办学的毒谋与待遇学生的惨酷怎么样，看看今年那些从敌人营垒中飞出来的雪花似的宣言、传单，一片呼救的悲声，在我们大梦未醒的同胞，□上响了一声霹雳，使我们更明白一般洋奴在中国设教办学的野心了，其厉害狠毒与其内中黑幕真要令人痛心流涕呵！

我们最可爱的学生、工人、农民、商人、同胞们：帝国主义的经济侵略和文化侵略的政策，在中国已经根深蒂固了，他的黑幕亦由最近数间外人所办之学校的学生揭破出来了，我们应该一齐联合起来一致力争收回一切外人在华所办之教育权，收回我们已损失的主权和被恶化的青年。这是民族解放与独立的生死关头，我们万不可忽视的。我们现在特郑重提出几条纲目与运动的方法，希望同胞们一致力争：

（一）所有外人在华所办之学校，须要向中国政府注册与核准；

（二）所有课程及编制，须受中国教育机关之支配及取缔；

（三）凡外人所办学校，不许其在课程上正式编入圣经教授及宣传宗教，同时也不许其强迫学生赴礼拜堂念圣经；

（四）不许压迫学生，和剥夺学生之集会、结社、言论、出版等自由。

这几条纲目，我们誓要达到，愿我各界同胞，一致力争，因为这是中国的主权旁落在外人手上，我们应该要收回自己所有的主权。不看我们华侨在南洋所设立之学校要受英人、美人、荷人的限制吗？华侨学校所教的学生都是我们自己的中国人，外国人要来限制、来压迫，何况我们中国内地的中国学生为外人强奸式的施与他们侵略主义而设的教育而不收回。我们应该快快起来收回外人在华所办之学校，须受中国教育机关之支配及取缔权，才不致精神上变了亡国的国民呵！全国同胞们起来呀！近东病夫土耳其的人民，已经起来大声疾呼，收回教育权了！远东病夫的中国人呀，速醒！速起！快些起来收回外人在华所侵占之教育权啊！

〔北洋政府京畿卫戍总司令部档案〕

# 中華民國史檔案資料滙編

第五輯第二編

軍事（四）

中國第二歷史檔案館編

江蘇古籍出版社

# 目　录

## （十七）常德会战

## （十八）中原会战



## （十九）长衡会战

（二十）桂柳会战

## （二十一）滇缅会战

# （十七）常德会战

## 1. 第六战区关于湘鄂地区守势作战计划①

（1943年7月20日）

第六战区卅二年第一号（守势）作战计划

三十二年七月二十日

鄂西会战后修正

第一　方针

一、战区以巩固陪都之目的，应确保常德、石门、渔洋关、资邱、兴山、歇马河、南漳各点，及石牌、庙河两要塞，重点置于石牌、庙河要塞。沿江南北两岸地区，第一线兵团依纵深据点工事，逐次予以打击，最后以预行配备之部队固守常德、石门、渔洋关、资邱、石牌、庙河、兴山、歇马河、南漳各点，并依第二线兵团之机动与第一线兵团之侧击、尾击，以击灭进犯之敌。

二、敌如以小部队向我某一方面行局部攻击时，则主依第一线兵团击溃之。

第二　指导要领

甲、作战准备

三、现在第一线至常德、桃源、慈利、五峰、榔坪、秭归、兴山、马良坪、南漳、宜城之线中间，依作战计划选择必要地区及敌进攻必经之各道路，照阻塞战所规定破坏之方法，逐段实施破坏，并于破坏后切实检查之。

四、就已有工事，再行修补加强，或于必要地点新增构筑，先于

① 选自《第六战区第一号守势作战计划》第一、二、三部分。

石牌、庙河各完成一师用。常德及王家畈、诰赐山、腊树垭间，渔洋关、石门、南漳各完成一团用。津市、澧县、太阳山、太浮山、歇马河、刘侯集各两营用。暖水街、聂家河、木桥溪、资邱、椰树店、牛坪垭西北口、大峡口、黄狼坪、野三关、马良坪、保康各一营用。张家厂、龙潭坪（或大堰）、津洋口、偏岩、贺家坪、椰坪、殷家坪、焦庄垭、张家口、罗汉峪、峡口、巡检司、石佛寺各一连用之永久据点工事。该项工事不论用何种材料，须能维持五年以上，并各屯备一月以上之粮弹，预先指定部队守备之。其余据点工事由各集团依实地情况自行决定。以上工事于十月底完成，完成后，再抽调步、工兵部队在桃源、郑家驿、马底驿、慈利、五峰、鹤峰及巴万区要塞各点继续构筑工事。

五、石牌、庙河各要塞之居民，绝对施行军事管理。

六、常德、津市、公安以东及澧县、合口以北地区，侦察可行泛滥之地区，预为施行泛滥之准备。

七、湖防如酉港、毛家铺、鸭子港、游巡塘、小港、接港口、流花口、沧港、汇口、沙河口、太白洲、县河口、明山头、牛安铺、麻子口、南洲子、注磁口、马颈河、旗杆咀等处，无论已否封锁，应预为加强或增设之。

八、第一线兵团预行侦察防区内可以埋伏袭敌之地点，转进时留置部队，袭击敌人。

九、防敌空军陆战队之使用，后方各机场及重要城镇附近，完成对空设施，以后方控置部队及地方部队配合民众，仍继续演习对空军陆战队之战斗及警备。

十、重要道路口附近须预先存储地雷，适时埋设之。

十一、沅水、澧水、清江须预为封锁、阻塞之计划与准备。

十二、各级主管幕僚在规定之防区内及计划上，预想可能作战之地区，亲行侦察地形，修正地图，并作各项之预行演习。

乙　会战实施

十三、敌以一部兵力由石首、藕池向我攻击，企图占领南县、安乡、公安时（如附图一）〔略〕，第二九集团军及第十集团军部队依第一线守备部队之竭力抵抗与控置部队一部或大部之适时增加，击退敌人。

十四、敌由宜都附近渡江，同时，攻我公安，向西压迫，我十集团军部队于暖水街、聂家河以西地区转取守势，再转向澧县、石门、常德攻击时（如附图二）〔略〕

1. 十集团军主力向渔洋关附近地区集结，敌转向澧县、石门窜犯时，求其侧背攻击之。

2. 二九集团军依情况以一部固守津、澧、石门，依常、桃方面，机动兵团之参加，歼灭敌人于澧县、石门附近地区；或以石门为轴，将主力向石门以西地区转移，待敌到达常德附近时，协同常德守备部队，击破敌人于常德附近地区。

十五、敌仍如鄂西会战，先压迫我二九集团军部队于澧水以南，再以主力经渔洋关向资邱、宜昌西岸敌人向石牌正面攻击时（附图三）〔略〕

1. 二九集团军，应固守石门、津澧。

2. 十集团军部队，逐次打击敌人，主力向五峰附近转进，并于暖水街、渔洋关、聂家河各点留置部队固守，以迟滞敌人行动。乘敌发动过失或主力转用清江北岸地区时，转移攻势，协同江防军歼灭敌人。

3. 江防军固守石牌、庙河两要塞及资邱、木桥溪等据点，乘敌发生过失或攻势顿挫时，由右翼转移攻势。

4. 二六集团第一线部队应依攻势手段吸引当面之敌，并抽出一部控置于南沱附近，准备策应江防军之作战。

5. 三三集团军集结主力向涓溪河方面攻击，并以一部深入敌后袭击，以行牵制。

十六、敌以一部由宜昌西岸攻击石牌，主力由分乡场向雾渡

河、兴山攻击时（如附图四）〔略〕

1. 第二九集团军应攻击当面之敌。

2. 第二九、第十集团军应以有力一部，由松滋、宜都间渡过长江北岸攻击敌人，并集结大部兵力于渔洋关以北地区，准备由三斗坪附近渡江向北策应作战。

3. 二六集团军逐次打击敌人，主力向兴山西北地区集结，一部固守大峡口、兴山、黄粮坪各据点，江防军一部固守津洋口、偏岩、石牌之线，主力集结于秭归、太平溪间地区，三三集团军主力集结于洋坪附近地区，乘敌发生过失或攻势顿挫时，同时，转移攻势，歼灭敌人于大峡口、雾渡河间地区。

十七、敌一部向分乡场，主力由荆当间地区向马良坪、歇马河，再转攻秭归时（如附图五）〔略〕

第二九、第十江防军行动同十六条。二六集团军一部固守焦家垭、殷家坪、石佛寺、黄粮坪各据点，主力集结兴山附近。三三集团军逐次打击敌人，一部固守刘侯集、巡检司、峡口等据点，迟滞敌之行动，主力向保康、南漳间地区集结，于敌发生过失或攻势顿挫时，会同秭归、兴山方面之部队夹击敌人于兴山东北地区而歼灭之。

十八、第二线兵团以使用于长江两岸之决战为主，适时集中于恩施、建始、巴东间地区。依状况八七军得用以策应滨湖方面之作战。

十九、战区直辖炮兵，以少数配置大江右岸，主力配置渔洋头、资邱、野三关、兴山、歇马河、南漳各附近，协同第一线兵团阻敌西犯及封锁隘路江面，并与第二线机动兵团击灭敌人。

第三　兵团步署

二十、军队区分

甲、第二九集团军(六个师)

兼总司令王缵绪

第四十四军

第七十三军

炮四二团第九连之一排

工六团第二营

乙、第十集团军(五个师)

总司令王敬久

第六十六军

第七十九军

重迫击炮第一团第二营

八十七军炮兵营之一连

独立工兵第卅营

丙、江防军(七个师)

兼总司令吴奇伟

第十八军(暂欠三四师)

第三十军

第八六军

宜巴要塞守备队(归十八军指挥)

巴万要塞守备队

海军第二舰队

九四军炮兵团第五连

重迫炮第四团

炮四二团第二营

要塞工兵第二团(欠第三营)

工六团第四营

独立工兵第三六营

石工大队

丁、第二六集团军(四个师)

总司令周喦

第三二军(欠第五师)

第七五军（欠第十六师）

巴万重迫炮第一连

工六团第一营

戊、第三三集团军（六个师）

总司令冯治安

第五九军

第七七军

独立工兵第二二营

己、战区直辖部队

第七四军

第八七军

第九四军

第五师

炮八团

重迫炮第一团（欠一、二、三营）

炮四二团（欠第二营）

工六团（欠一、二、四营）

二一、各部队任务（如附图第六）〔略〕

甲、第二九集团军

1.以四四军之两个师守备梅田湖、官垱至青石碑之线，重点配置在左，与南县及华容以南地区第九战区之部队密切协同，掩护本年之秋收及抢粮，以一个师守备津市、澧县，以后以少数部队在第一线警戒，主力控置于澧县以南地区。

2.七三军在石门附近集结，并准备接替常德附近七四军之防务。

乙、第十集团军

1.以一部在甘家厂、公安、班竹、垱米、积台、新江口、松滋、枝江线上之警戒。

2.以主力控置于王家厂、暖水街、聂家河之线以西地区。

丙、江防军

1.以卅军守备茶店子、红茶套、长岭、岗平、善坝之线阵地及石牌要塞。

2.以十八军(暂欠三四师)在太平溪、三斗坪一带控置。

3.以八六军控置于窑湾溪、庙河一带，并任庙河要塞守备。

丁、第二六集团军

1.以一部任三游洞、黑湾垴、长岭岗、犬金山、阎王口之线阵地守备。

2.以主力控置牛坪垭、西北口及大峡口、兴山附近地区。

戊、第三三集团军

1.以一部任魏家岗、横店、栗溪、盐池、庙班、竹铺、转斗湾之线阵地守备。

2.以主力控置于洋坪、仙居之线。

已、战区直辖部队

1.第七四军暂以五七师任常德警备，主力在桃源、漆家河一带集结，机动使用。

2.第八七军在来凤、龙山、酉阳、秀山一带，归郭总指挥指挥，担任剿匪。

3.第九四军在巫山、奉节、建始(不含)各附近地区集结整理。

4.第五师在建始附近集结，并以一部任恩施警备。

5.炮八团以一营分别配置于庙河、泄滩、牛口各要塞附近，以一部火力封锁江面，主力对陆上射击，掩护各要塞之安全，以一营控置于建始，作沿巴咸公路各要点之机动使用。

6.工六团(欠一、二、四营)担任恩施既设据点工事之修补加强。

二二、作战地境

第九战区 —为燕子湾—新铺市—官仓—石门桥—牛鼻滩—沿围堤湖北岸—三仙湖市之线，线上属二九集团军。

第二九集团军—为洪家关—九甲圩—赵家坪—白沙渡—大堰垱—顺林驲—甘家厂—胡家厂—新开铺—驼杨树—陈家之线，线上属第十集团军。

第十集团军—为赵家湾—天池口—西湾—都镇湾—花桥—磨市—宜都(归)十集团军—安福寺之线，线上属江防军。

江防军—为龙王庙—八斗畈—林家垸子—红庙子—江南铺—黄金口—兆吉坪—三游洞—茶庵子—土门垭之线，线上属二六集团军。

二六集团军—为城口—对河店—荷花店—魏家岗—峡口之线，线上属三三集团军。

三三集团军—为竹溪—竹山—保康—南漳—宜城—沿襄河至沙
第五战区 洋之线，线上属三三集团军。

〔国民政府国防部史政局及战史会档案〕

## 2．第廿九集团军关于战前敌我形势报告①

（1943年10月）

第一、战斗前敌我形势之概要

一、敌自鄂西会战失败后，四十师团二三四联队退据华容、石首、藕池，而十三师团之六五联队据守阧湖堤、柘口、弥陀寺各要点，加强工事，赶筑道路，积极补充训练。自十一月上旬以来，滨湖长江一带之敌调动运输异常频繁。九江、信阳、安庆方面之敌亦向西南转用。战争状态，大有一触即发之势。

---

① 选自《第廿九集团军常德会议战斗详报》第一部分。成文时间无，据内容判断，当为1943年12月。

二、我四四军自鄂西会战后，奉命以一六二师守备梅田、湖官垱、萧家咀之线，一五〇师守备黄山、凤凰山、甘家厂之线主阵地，各于长江西岸及虎渡河东岸配置警戒阵地。九月初旬，八六军他调，我一六二师复接守南县、亘梅、田湖之线阵地，并以一营配置华容南烂泥沟子亘宋家咀之线警戒阵地。一六一师一部守备津澧，主力控制于大岩厂地区。军指挥所设于红庙。七三军之七七师位置于合口、新安地区。军部及暂五师位置于石门、白沙渡。十五师位置于石门、祖师殿整补。友军七四军以五七师位置于常德，五一师及五八师位置于桃源西深水港、郑家驿地区。

三、我自九月以来，即努力构筑津市、澧县、石门、太阳山、太浮山之国防工事，补充训练，不遗余力，并积极作反攻之准备。

四、敌我态势如附图第一〔略〕。

〔国民政府国防部史政局及战史会档案〕

### 3．第十集团军关于战前敌我态势分析及作战计划报告①

（1943年11月）

第一 会战前敌我态势

甲、我军

集团军自鄂西会战后，指挥七九、六六两军，以七九军（三个师）主力控制于王家厂、暖水街、西斋间地区；一部担任甘家厂（含）、公安、新江口（不含）间防务。六六军（两个师）主力控置于渔洋关、聂家河间地区（旋因渔洋关补给困难，将主力移置刘家场、聂家河间），一部担任新江口、松滋、宜都间防务。总司令部位置太平街（详细配备参阅附图第一）〔略〕

乙、敌军

① 选自《第六战区第十集团军常德会议战斗详报》第一、二两部分。成文时间无，据内容判断，当为1943年11月。

自十月中旬以来，先后由南昌、九江、武汉、孝感、应山、应城、当阳、荆门、宜昌各方面调经监利、郝穴、沙市各附近渡江之敌3D、13D、34D、39D、40D、58D、60D、68D、116D、17BS等不下十余万人。迄十月卅一日，已在华容、石首、藕池口、闸口、黄金口、弥陀寺、涴市、万城间地区完成攻击准备。十一月一日开始南犯，企图一举压迫本集团军于渔洋关以西山地，转锋南下进犯常德（敌军集中态势参阅附录第一，关于本会战中敌军兵力、编成、作战经过概要等参阅附录第二——敌情汇编）〔略〕

第二　作战准备

鄂西会战后，集团军基于经验教训，急整战备，概要如左：

（一）作战计划

遵照长官部"鄂西会战后修正第一号（守势）作战计划"，策定集团军渔字第一、二、三号及澧字第二、三号作战指导复案。其与本集团有关者指导要旨如次：

集团军以协力廿九集团军，歼敌于澧县、石门附近地区之目的，对由公安、宜都方面进犯之敌，以一部利用既设据点及阻塞工事，并依设伏及留置敌后部队之扰袭诸手段，逐次抵抗，迟滞疲惫、消耗敌人，最后确保方石坪、暖水街、刘家场西侧亘聂家河之线主阵地。第七九军主力集结子良坪、河口间地区，俟敌转锋南下，适时进出皂角市东南地区，求敌侧背而攻击之。第六六军以一个师兵力集结渔洋关附近，准备参加澧水方面之战斗。

〔国民政府国防部史政局及战史会档案〕

## 4. 第七十四军关于战前敌我态势报告①

（1943年11月）

第一章　战斗前敌我一般态势

---

① 选自《陆军第七十四军常德会战战斗详报》第一章。成文时间无，据内容判断，当为1943年12月。

甲、敌军

敌战前原据有华容、石首、藕池口、弥陀寺各桥头堡阵地，为攻占常德、威胁长沙、击破我野战军、掠夺物质〔资〕之目的，自十月上旬，分别由皖南、赣北、豫南、鄂中荆、沙等地，抽调第六十八师团、第一一六师团、第三师团、第十三师团全部，第三十九师团、第五十八师团及第三十四师团、第四十师团，独立第十七旅团各一部，附独立第四辎重师团之一部，及炮工兵联队、空军、伪军等，总兵力约十余万人，迄十月底，概已集中完毕。十一月一日乃开始发动攻势，分多数纵队作广正面之进犯。经我第一线部队诱敌于王家厂、暖水街、子良坪之山地，逐次予以消耗打击，继压迫其渡澧水。迄十四日，其第四十师团已到达西港东北，第六八师团、第一一六师团、第三师团、第十三师团、第三十四师团之佐佐木支队概已达澧水北岸石龟山、袁公渡间沿河附近之线，与我友军激战。

乙、我军（集中备战）

军于本年五月间参加鄂西会战，至七月初会战结束后即奉命开驻常、桃附近整训，并以第五十七师构筑常德城区及太阳山、太浮山之据点工事，第五十一、五十八两师及军直属部队则分别集结于桃源、郑家驿附近地区整训，并奉命由九月一日起实施突击作战训练纲要四个月，期于年底训练完成。迄九月底，各据点工事均已构筑完成，战区长官部工事组于十月中旬派员前来验收，对于各该处工事之战术技术均认为满意。迄十一月初，敌突发动攻势。军于三日奉命以五十七师守备常德，即日进入既设阵地，以主力控置于盘龙桥、羊毛滩、漆家河中间地区，保持机动，并召开第一次幕僚会议，策定作战指导腹案，当以作命甲第一号，令各部队行动。

五日开动，至七日晚集中完毕，时敌一部已到达津市附近，与我友军激战。另一部约千余，则在石门以北之柳垭附近与我友军激战。

十一日晚，准第九十九军通报：“昨在青鱼咀附近击毙敌军官，获得日记，此次敌确有攻占常德之记载”。军于当晚即在司令部召开第二次幕僚会议，策定作战指导。其要旨如左：

第一　方针

一、军以确保常德及击破进犯敌人之目的，以一师固守常德城（含太阳山），一部任浮海坪、亘太浮山之警戒，主力控置于盘龙桥、羊毛滩附近地区，相机占领阵地，以火力摧毁敌人后，转移攻势而歼灭之。

第二　指导要领

二、敌若以主力由石门、一部经慈利向我进犯时，我以一个师占领保宁桥以南山地，经观国山、白鹤山、两水井之线阵地，坚强阻击敌人，其余控制于盘龙桥附近（含固守太阳山），使敌之攻击威力挫折后，由任公桥方面转移攻势，将敌歼灭于我阵地前。

万一该线阵地被敌强行突破时，则依持久防御要领，将第一线部队转移占领骆家铺、潘家铺、羊毛滩、徐家长堰之线，继续阻击敌之前进。又为增强持久时日，以待友军增援到达，复于望仙市、龚氏祠、双桂山、聂家桥之线及望仙市、马鬃岭、香花冈、漆家河之线，设置纵深预备阵地，逐退防御，韧强阻击，以挫敌前进之锋，适时以预备队加入而击破之，然后转移兵力，击破由临澧方面南下之敌。

为使我部队占领阵地确实及准备时间之余裕，特于石门、澧水南岸之南山十九峰（后退配备）及慈利、澧水支流东岸之三都冈以北地区（直接配备）各附近，派出有力之前进部队，对敌严密警戒，并极力迟滞敌之前进。

三、敌若以主力由津市、澧县经临澧直向常德进犯时，我即以一部固守太浮山、观国山、白鹤山，对石门方面严密警戒，以掩护主力侧背之安全，主力即由盘龙桥经蔡家冈，求敌之侧背而攻击之，但渐水源附近须控制有力之一部，以防敌之后续部队。

四、万一盘龙桥、白鹤山间数线阵地全被敌人突破后，除常德、太阳山、太浮山之守备部队死守外，另派一部固守河洑之既设阵地，主力占领洪家桥、鸡笼山、漆家河之线，互相应援，确实固守，依状况由各方面转移攻势，将敌包围而歼灭之。

第五十七师于三日进入常德及其外围既设阵地后，增强工事，疏散民众，协同民众，搬运物资，枕戈待旦，磨厉以须，一寸山河一寸血，该师官兵早已咸知所务矣。

〔国民政府国防部史政局及战史会档案〕

## 5. 常德会战中参战部队致蒋介石等电①

（1943年11月—1944年1月）

（1）孟广珍致郭××密电（1943年11月19日）

限二小时到。重庆。七四军办事处郭处长：○密。即译呈军令部厅长张：连日激战，颇有斩获，原冀以最大之努力力歼顽寇，惟本十九日友军阵地羊毛滩忽被敌之一部侵入，迄黄昏时，迫进至福善岗部队，侵犯混乱〔?〕漆家河之连络线〔?〕与敌遭遇，恐不能保。又七三军毫无战力，四四军战力甚微，一百军尚未全部到齐，职军分割接援，现又三面受敌，出击守备独立支持，恐难负钧座之殷期。除再接再励外，谨电鉴核。第七十四军参谋长孟广珍卯。皓戌。第七十四军驻衡办事处转发。〔自衡阳发〕

（2）毛景彪致林忠培等电（11月28日）

即刻到。重庆。军令部林处长忠培兄、赵处长君粟兄，并呈厅长张：宥、感两日，王甲本军与由漆家河北窜之敌第三师团四、五千，拉锯战于羊毛滩、五通市、官桥、观国山间地区。俭卯，我全线猛攻，再克潘家铺，敌向临澧方面溃退。是役，先后斩敌二千五、六百，我伤亡近千。石门方面，我一八五师仍猛攻中、尚未得手。仁和坪方面之敌，五八师团、柏贺支队三个大队及卅九师团二三三联队，在我方靖军重重包围下，作困兽之斗。一九九师主力在卸甲

① 选自《王缵绪、王敬久等有关常德会战文电》。

坪、车溪河间南侧地区，一部在仁和坪以东产子坪一带，遮断归路，攻击侧面。该军养日以来，先后杀敌一千二百余，我伤亡七、八百，掳敌武器文件甚多。十八军在敌重重阻击下，已通过复杂之山地区，柳〔在?〕西斋、暖水街间地区，先后杀敌五、六百，向澧县、公安间挺进中。判断进犯之敌现已动摇，惟吾人今后之工作尚多：第一、应如何选择有利地形，遮断其归路，攻围败退之敌，一如鄂西会战磨市战役。第二、进出原阵地，乘敌立足未稳，克复敌江南据点，仍请吾兄教之。弟毛景彪。戌俭午。印。

（3）金定洲致蒋介石等电（11月28日）

限一小时到。委员长蒋、部长何钧鉴：职奉令之下，团部僚佐及直属连与第三营配属五七师守备常德，在副总司令王、副军长余领导之下，孤军苦战七昼夜，斗志益坚，全体官兵决与常德共存亡，为钧座尽忠，为国家效命。谨请鉴核。职金定洲叩。戌俭。(74)军驻衡办事处已收转。印。〔自衡山发〕

（4）施中诚致蒋介石密电（11月29日）

即到。渝委座蒋：13号密。我赵师一团，艳已开始向桃源之敌猛攻，申刻突破三里阪、烈女观、金龙庙、刷尧桥坪线上敌阵地，一部攻抵南门口，我便衣队已入城中，敌正向城西小河北岸退窜中。谨闻。职施中诚。戌艳戌。参。印。

（5）金定洲致蒋介石等电（11月30日）

限半小时到。委员长蒋、部长何钧鉴：孤城固守，弹尽，援军未到。虽士气奋勇，我步、炮均凭血肉与敌抢夺市街据点，但敌日增，我日减。职等牺牲事小，整个战局大，务恳严限援军协助逆袭为祷。职金定洲叩。戌陷。〔74〕军驻衡办事处陷酉收转。印。〔自衡阳发〕

（6）赵锡田致何应钦密电（12月1日）

总长何：密。生部来常、桃参战，戌皓到达常德附近，即派188R

守备常德，师部及187R、189R（各缺一连，在浏阳交兵站勤务，未赶到）遵军长令，于马在桃源西渡过沅江，即星夜向漆家河西南地区急进。养子，在泥窝潭西面与敌遭遇，激战至酉，予敌以重创，俘敌一及军用品，系敌三师团68联队后备队二千余。我伤亡官兵三百余。奉军长令向慈利与龙潭水急进，延伸74A右翼。有午到达指定地点，部署未完，敌已回窜。奉军长令向兴隆街渡沅江，攻击桃源敌中队。攻〔？〕令由西岸挺进，限艳午到达汀茳。〔？〕已到达桃城附近，待援向西南门外敌各据点攻击。迄酉，已将南门外各据点攻克，并一部进入南门，连夜续攻，敌增援顽抗。迄卅未，189R长负伤，副团长阵亡，续克数据点，敌伤亡惨重，遗尸数十具。迄亥东午，仍未能将敌全数扫荡，敌一再增援顽抗，我伤亡官兵七百，俘敌文件普通① 甚多（为敌三师团68联队竹训大队）。现生所率兵力不足三团，两次接战已伤亡官兵千余，力有不足。钧长一再传话励勉，全体官兵无任惭奋②，生蒙吾师爱护，益加奋勉，深知谨慎遵从上峰命令，努力服务。谨呈。生赵锡田叩。亥东未。印。〔自桃源发〕

（7）赵锡田致何应钦等密电（12月3日）

部长何、次长钱：5021密。生部攻击桃源之敌，连日激战，敌死伤惨重，于江午完全克复，残敌向陬市狼狈溃退，阵地遗尸百余具。我俘敌一名供称，敌计千三百余人及军用品甚多。是役，我陶团长负重伤，高副团长阵亡，其余官兵伤亡五百余。谨闻。生赵锡田叩。江酉。印。〔自桃源发〕

（8）施中诚致蒋介石密电（12月10日）

渝委员长蒋：锭密。本军六三师戌卅攻占桃源之役，该师一八九团团长陶绍唐亲率所部，身先士卒，将顽敌击溃。该员旋受重伤，亥江，因伤势过重殒命。除另案报情，请优予抚恤外，谨电奉

①② 原文如此。

闻。陆军第一百军军长施中诚。亥灰。务菉。印。〔自桃源发〕

（9）王耀武致蒋介石密电（12月10日）

即到。渝委员长蒋：七号密。据余兼师长报称：职亲率奋勇队七、八十名，于佳午协力新十一师卅二团强渡进攻常德城，并以潜伏城内官兵五十余人，内应外合，即攻占常城四分之三，尚有少数残敌退据西、北两门，我并协力友军相继攻击中。等情。除另饬该师长协力友军占领常德，清扫战场，掩埋阵亡官兵尸体，收容受伤官兵外，谨电呈察。职王耀武。亥灰巳。仁猿。印。〔自桃源发〕

（10）王耀武致徐永昌密电（12月13日）

重庆军令部部长徐钧鉴：职军此次奉令参加湘北之战，经时逾月，赖我将士奋命艰危，克成胜果。仰承钧座期望之厚，感励弥深。兹谨述战况之经过于次：

（1）此次进犯常德之敌，奉长官亥东刚电统计及掳获文件与俘供证明，有日军七个师团，另伪军五师，总共为十余万人。其目的在攻占常德，威胁长沙，故规模浩大，实不亚于历次长沙及前次鄂西会战。

（2）与本军交战之敌，亦奉知长官电令及俘供文件证明，确有四个师团之众。本军以一师固守常德，以两师与敌搏战于常德外围，敌众我寡，实力为三与一之比。自戌铣即与敌发生激战，反复冲杀，争夺之烈，实为罕见。迄卅日，常德城内核心阵地已悉数被敌之机炮炸毁，我官兵虽无立足之地，惟仍悴励忠愤，与敌继续肉搏。至亥江，因弹尽粮绝，始移至城郊，先捷据有利地形，继续与敌冲击，血肉横飞。迄鱼日，敌以伤亡惨重，又因后方交通线绵长，且不时遭我截击，敌乃开始总崩溃。迄文日，残敌已全部被我肃清。

（3）在战场获敌文件对本军估计过高。敌云：七十四军战意极盛，战力极强，实为渝方最有力之军（该文件已呈长官部转呈钧部）。敌因与本军接战，先怀畏俱之心，故其行动审慎，使本军颇占便宜，得以支持二十余日。而能杀敌致果者，皆仰委座德威与钧部各级长官指挥、训导及我将士忠勇用命，暨友军应援到达，获收合围之功；次则为敌之估计错误，亦为我致胜之一因。

（4）是役因激战过久，敌伤亡确实奇重，但本军伤亡亦较历次会战为大。惟掳获之战利品则较过去各次会战为多，现正待清整中。谨闻。余续电禀。职王耀武叩。亥元于常德。

（11）王缵绪致何应钦密电（12月22日）

总长何：1162密。据四十四军王军长泽浚亥马午冲电称，此次常德会战各师作战成绩及优、劣点，分呈如次：（一）一六二师优点：掌握确实，精诚团结，攻守均有韧性，能在命令下行动。劣点：装备坏。应列甲等。（二）一六一师优点：以保图战斗旺盛，装备较好，士兵素质佳。劣点：掌握少嫌确实，攻守均欠韧性。应列乙等。（三）一五〇师优点：富有牺牲精神，攻守钧有韧性。劣点：团结精神稍欠，装备坏，纪律稍差。应列乙等。一般优点：不铺张战果，夸大敌情。劣点：战报、情报稍觉迟慢，甚至不报战绩，到上峰查得奖励时始知。等情属实。除分报外，谨呈。职王缵绪。亥养午。印。〔自桃源发〕

（12）王敬久致徐永昌密电（1944年1月9日）

特急。渝军令部部长徐：奖密。（一）此次常德会战，在我掳获敌十一军、八三师团、卅九师团作命及其戌养、亥齐、亥文等日敌我态势图及其重要文件，见其参战兵力为3D、13D、116D、68D各大部，34D、58D、39D、40D各一部，户田、宫胁、柄田三支队，独立卅九联队，辎重第四联队，五二道路队，四四飞行战队，伪军两师及十一军直属部队等。在北正面系以39D、58D、68D及伪军一师，压迫我六六军于刘家场以北地区，掩护其主力之右侧背。南正面以强大部队3D、13D、34D、宫胁、柄田两支队及伪军一师，由公安南北地区向暖水街突进，转移迂回慈利，压迫我七九、七三、七四各军于河口、慈利以西地区接防。以宫胁、柄田、13D、34D各部，占领暖水街、石门亘黄〔石？〕市①间各要点、封锁我军。3D、116D、68D、40D及户田支队共犯常、桃。（二）本集团首当其冲，于暖水街、刘家场、聂家河及暖水街西南地区，与优势之敌激战兼旬，予敌以严重打击后，脱离敌之包围圈，转进至太平街、子良坪〔坪〕、仁和坪、聂家河之线，待机转移攻势。戌月下旬，我十八、七九两军，分由潘家湾、太平街越澧水南下，进占羊毛滩、临澧间地区，猛击敌之侧背，并以七九军之有力一部，钻隙至常德近郊救援。余师激战至感，敌渐呈动摇，先将炮、工兵及后勤部队络绎北撤。亥佳，敌全线崩溃，纷纷突围，经澧水向东北回窜。沿途遭我截击、伏击，死伤甚众。迄有，我先后攻占澧县、公安、新江口、米积台、恢复原阵地。（三）是役，与敌先后激战五五日，共毙敌万五千五百八十余，马四、五百匹，俘敌兵十七名，伪军卅七名，军马九十八匹，掳获山炮、毒气炮六门（内有在石门夺回友军所失俄式山炮四门），轻重机枪十三挺，步枪七零六枝，掷弹筒五六【具】，戒严刀四把，面具卅六个，火焰放射器二具，电话机三部，被覆线二万三千五百公尺，刺刀、钢盔、手枪、望远镜、烟幕罐、毒气罐、毒气弹、卫生器材三二六件，各种弹药九零八四颗，敌十一军作命等三五一号。我共伤亡官兵一二六五五员名。谨闻。王敬久。子佳巳。声。印。〔自太平溪发〕

〔国民政府国防部史政局及战史会档案〕

## 6. 第九战区关于常德会战两军作战目的兵力及作战经过要报②

（1943年12月）

### 甲、敌我两军作战目的及兵力

① “黄石市”疑为“黄石”之误。

② 选自《第九战区援救常德战斗要报》（1943年11月2日—12月21日）中的甲、乙两部分。

子、敌军

敌军此次作战企图：攻占常德、汉寿湘西门户，掌握洞庭湖全部资源，并击破我野战军攻势准备，确保占领区，期获局部胜利，以振作士气、安定民心，乃由长江两岸地区抽调第三、第十三、第卅四、第卅九、第四十、第五十八、第六十八、第一一六师团各一部，编成支队，以一部集中华容、石首，一部集中江陵，于十一月二日开始进犯。

丑、我军

战区以援助第六战区击破进犯之敌，确保滨湖资源之目的，除令鄂南新十六师、第三挺进纵队、湖北第二十军、第四挺进纵队于十一月七日起，攻击岳武铁道敌军，以策应作战外，当由衡阳、衡山、长沙、平江、分宜、修水抽调暂五四师、一四零师、第十军、五八军、七二军、暂二军（欠暂八师），向资水右岸地区集中，协同湖防部队九九军作战，以一部向南县、安乡，击敌侧后，确保沅江、益阳、汉寿，以主力先击破沅水右岸地区之敌，再击破沅水左岸地区之敌，克复常德，追歼残敌。

乙、战斗经过

子、南安方面攻击战

自十一月二日敌开始进犯。二日陷南县，六日陷安乡。我第九十九军于五日以有力一部向南县反击，九日克南县城，继向安乡方面之敌侧击。

丑、汉、太方面反击战

自十一月十四日至廿一日，敌续陷石门、澧县、慈利、临澧、桃源，围攻常德，十五日起，安乡及流碧潭之敌第四十、第六八师团四千余，配合汽艇百余只，分自东、西、北三面水陆夹攻汉寿城，并以二千余由德山方面经石门桥向太子庙进犯，击我侧背。我九十九军猛烈反击，激战十昼夜，至廿五日，先后攻克酉港、鸭子港、接港口、汉寿城。犯太子庙之敌亦经暂五四师击退。

寅、德山、常德方面攻击战

自十一月十八日起，敌向我常德守军五七师猛烈围攻。为速解常德守军之危，自廿七日拂晓起，九九军之一九七师及暂五四师，由汉寿麻石桥方面向沧港、毛家滩；第十军由资水左岸，向牛鹿滩、薛家铺、赵家桥、放羊坪一带之敌第四十、第六八、第一一六、第三、第十三师团之各一部猛攻。伤亡互重。九九军攻克沧港、毛家滩。第十军第一九零师、第十预备师被敌拒止，未获进展。第三师强力突进，于三十日申刻攻占德山，即以一团突进常德城南站，协助守军作战，为敌所阻击，无法渡江入城。嗣敌四千余，向德山猛烈围攻，血战至五日暮，该师以伤亡过重，敌又不断增加，遂行突围。旋我后继兵团五八军、七二军、暂二军（欠暂八师）到达战场，自十二月五日拂晓开始，向流碧潭、新兴咀、老渡口、伍家咀、石门桥、苏家渡、德山、二里岗、黄石港、苏家岗、斗姥湖、裴家码头地区之敌第四十、第六八、第一一六、第三、第十三师团各一部全面猛攻。至八日夜，九九军攻克流碧潭南岸新兴咀、伍家咀，第十军攻克石门桥，五八军攻克苏家渡、德山、常德南站，七二军攻克黄石港、苏家岗、沙市港、斗姥湖、裴家码头，遂将沅水右岸之敌完全肃清。

卯、南安方面追击战

第九九军肃清沅水两岸之敌后，十二月九日，以九二师之一团经三仙湖，向南县三岔镇截击，于二十日夜克复南县城，以一九七师之一团经酉港、白蚌口，九二师之一团经崇河市、涂家湖、上沙河口、北河口，均向安乡截击，于十九日夜克复安乡城。

辰、常、澧方面追击战

沅水右岸之敌肃清，第十军之一九零师于九日拂晓，由苏家渡渡河，经石公庙，向石公桥追击；五八军于八日夜，分由德山及常德南站渡河，于九日午前九时，攻占常德城。十日，敌反攻，窜据城西北隅。十一〔日〕夜，再将敌击退，续向大龙站、鳌山渡口追击，于十六日追占渡口。七二军于八日夜，分由斗姥湖及裴家码头渡河；九日午前十时，攻占常德城西关及河洑；十日，敌反攻河洑；十一〔日〕夜，再将敌击退，续向石板滩、鳌山、新洲追击，于十六日进占新洲。

〔国民政府国防部史政局及战史会档案〕

## 7. 陆军第七十四军第五十七师关于战前敌我态势及作战经过报告

（1943年12月）①

一、会战前敌我一般态势

甲、敌军

此次进犯常德之敌，以原有四十师团及第六十八师团各一部，并抽调第一一六师团、第三师团全部，附骑炮工辎兵联队，毒气大队一部、空军一部，总兵力约四万余，于安乡、南乡、南县、津市、澧县、石门、慈利，经我友军逐次予以打击后，分路向常德进犯。自十一月十八日第四十师团、第六十八师团开始向牛鼻滩、德山，第三师团、第一一六师团于十一月二十一日向花山、盘竟桥、河洑，分五路围攻常德，来势汹涌。

乙、我军

师于本年七月间，参加鄂西会战后，即奉命开驻常德附近，担任构筑常德外围据点及太阳山、太浮山工事，以一部集结于河洑附近整训。迄十一月初，敌发动攻势，师奉命守备常德，进入既设阵地，加强工事，准备战斗。

战斗开始前，师遵奉层峰命令，以一个团（欠一营）守备太阳山，以一个营占领德山附近，其余在常德城郊占领既设阵地。旋奉令将太阳山阵地交由第四十四军接替，河洑改由本师派一个营守备，并附军炮兵团（欠两营）、战车防御炮一连、高射炮一排。继奉命以第六十三师一一八团归本师指挥，接替德山市及其南岸乌

① 成文时间无，据内容判断，当为1943年12月。

峰岭之守备。其他外围各路友军，计汉寿为第九十九军、太阳山第四十四军、桃源第一百军，桃源西北地区为本军第五十一及五十八师。

二、敌我作战目的、兵力比较及战法〔略〕

三、作战经过

常德保卫战始于十一月十八日拂晓，开始外围据点之战斗，迄十二月三日，我孤军孤城，四面御敌，浴血苦战，计十五昼夜，官兵奋勇冲杀，前仆后继，喋血牺牲，誓死拼搏，其可歌可泣之壮烈事迹，罄竹难书，兹述其概要经过各期如左：

（1）常德外围据点战斗时期（十一月十八日——十一月二十日）

十一月十八日拂晓，堤工局方面敌先头部队约二、三百人，利用汽艇向我涂家湖市柴团前进据点阵地进犯。十九日，经我于沙泡、崇河市、淡家河、豪州庙等处逐次狙击。旋敌增至七、八百，于二十日向牛鼻滩猛犯，激战至午，我守兵英勇浴血牺牲，终因伤亡殆尽，于二十日□时转移至牛鼻滩□芷湾附近，继续激战。

另韩公渡方面敌两百余，石板滩方面敌三百余，于十九日午时许及二十日辰，先后向我大山咀、花山柴、孙两团警戒部队进犯，被我守兵坚强抵抗，敌无进展。

（2）常德外围战斗时期（十一月二十一日——十一月二十五日）

二十一日拂晓，牛鼻滩方面敌千余，在飞机三架掩护下，向我马家铺猛犯，另敌一股约三百余窜至落路口，与我柴团警戒部队发生激战。同日十一时，马家铺敌继增至千余，向德山市猛犯，与柴团孟营血战，争夺至烈。迄申，该处守兵白刃肉搏，伤亡殆尽，乃移至黄木关、新民桥、石公庙之线，继续剧战。同时，敌另一股约十余由蔡家咀南渡，向我老码头、乌峰岭第六十三师第一八八团进犯。同日八时，浮海坪之敌九百余，以其一部约五百余，附骑兵百余，在敌机三架掩护下，由戴家大屋向河洑山我杜团沅营阵地猛犯；一部约四百余，由缸市向黄土山我孙团前进据点进犯。同时，盘竟桥方面敌千余、炮十余门、骑兵百余，窜至陬市，一部利用木筏、民船南渡；一部五、六百、炮四门，转向河洑，与由戴家大屋之敌会合，向我杜团沅营阵地猛犯，苦战竟日。敌前后猛冲十余次，均未得逞。我生俘敌第三师团六十八联队军曹松村本次一员，毙敌高级指挥官一员，获轻机枪二艇、步枪五支、钢盔、文件等战利品甚多。

二十二日七时，河洑敌增至两千余，炮六、七门，骑兵百余，以飞机五、六架掩护，竟日猛扑。我守兵沉着应战，与敌血拼肉搏，反复急〔争〕夺，前后七次，终将敌击溃，但该营阵亡连长两员，其他官兵伤亡三分之二。迨晚，敌继续增至三千余，炮十门，于二十三日拂晓，集中炮火、毒气猛攻，我沅营官兵反复冲杀，喋血周旋，血□疆场、尸骸枕藉，鏖战至十二时许，该营长身先士卒，奋不顾身向敌数度逆袭，苦撑血拼，终以众寡悬殊，全营官兵牺牲殆尽，该营长遂壮烈牺牲，乃转移至黑家垱、南湖铺附近续战。

同时八时许，黄土山方面敌增至二千余，炮六门，自辰迄未，与我孙团鄄营前进据点栗木桥、新桥、高桥之线激战。敌前后六次向我冲扑，均经我守军奋勇击退。

是日，城郊敌陆续增至万余，炮三十余门，于二十三日夜，在岩坮、七里桥、沙港、白马庙、长安桥、落路口之线主阵地与敌展开四面血战，至二十四日，愈趋激烈，该团副团长冯继异勇往直前，率队反扑，敌受创伤最重。又，是日午，德山乌峰岭敌约千余，与由落路口西南南渡敌一股会合，于下午三时，企图由南站强渡，扑我南城，被我优良炮兵及战炮、轻重机枪集中火力猛击，我炮兵百发百中，击沉汽艇及民船甚多，毙敌亦众，敌计未逞。旋城东西两部，敌集中炮火、毒气，利用烟幕，以密集队形，分向我岩坮、七里桥、船码头、长安桥、落路口主阵地反复猛扑。尤以船码头、落路口争夺最烈，我孙团长进贤在落路口沉着应战，及该团副团长孟明五均数度率队果敢袭敌，敌死亡相继，尸积如山，并毙敌大队长中村东雄一员，获轻机枪五挺、步枪七十余支，生擒敌一一六师团一三三联队上等兵松江三郎、石川正一等二名。

是日，我炮兵团金团长定洲沉着指挥，在步炮密切协同下弹不虚发，敌血肉横飞，尸骸遍野。各该地相继争夺十余次，阵地失而复得，辗转恶战，该团鄷营长亲率队冲锋十数次。同时长安桥战况急紧，该团营长张宝林率队奋勇冲锋七次，负伤至再，仍拚命争夺，喋血陷阵，壮烈牺牲。迄申，终以敌炮集中火力，阵地全毁，我官兵伤亡惨重，乃在岩桥、三里港七里桥，由兴隆桥、渔父中□、落路口之线，继续剧战。

二十五日辰，敌于伤亡惨重后，其后续部队续增加万余，全线血战，敌势愈凶，城东西郊，敌在飞机廿余架滥炸、扫射助战，冲锋肉搏几十余次，杀声震天，我伤亡踵接，惨绝人寰。血拼至黄昏，阵地全毁，我牺牲殆尽，我炮弹亦于此时告罄，无法支援。敌炮火愈烈，攻势愈猛，还乘机钻隙迂回，迫近城垣。同时，南站敌五百余强渡成功，乘机由东南角水星楼附近攀登，一部偷入城内，与我杜团张营在东门与下南门附近街巷发生恶战，巷战于是开始，相□苦斗至廿六日十二时，师长以该敌为心腹之患，即命令杜团长鼎躬亲指挥，利用巧妙战法，奋勇捕杀，并命该团营长张照普专率手榴弹□□□①，将偷入城内敌全部消灭，并俘敌第三师团六十一联队一等兵铃木秀夫、藏木□□、村尾义一，第一一六师团第一三三联队军曹山本正一等四名，掳获敌轻机枪十七挺，重机枪十挺、步枪四十余支。

(3)常德城核心战斗时期（十一月廿六日——十一月廿七日）

---

① 此处原文模糊了清。

二十六日辰迄二十七日两日激战，东西南北城门尤烈，东门我柴团长意新奋不顾身指挥所部与敌格斗，反复冲杀，敌伤亡甚重，我获敌轻机枪五挺、步枪廿一支。至是我弹药库耗已百分之八十五以上。敌于相继伤亡惨重后，续增加七千余人，配合炮卅余门，飞机廿一架，轮流轰炸。两日来敌放毒二十四次，我官兵咸抱必死决心，受毒气应战，敌虽屡次以密集部队猛冲，我守兵沉着支撑，屹然不动，并以手榴弹猛投，侧防火猛射。敌尸层层堆积，终不得逞。两日内俘敌四十师团二三联队上等兵佐藤次郎、一等兵福本三郎及第一一六团一二〇联队二等兵中谷胜夫、角野义人等四名，夺敌轻机枪廿余挺、重机枪一挺、步枪百余支。

（4）常德城内巷战时期（十一月十八日——十一月卅日）

二十八日拂晓起，敌复全线猛攻，炮火连天，白刃肉搏，与敌血拼至午，东门北侧一部被击破，钻隙迂回，复集中炮火将碉堡逐次击毁，多数人枪被其掩埋，鏖战迄十五时，北门之敌一部又复冲入，空炸炮击毒攻之后，同时失攻。我官兵冒死搏杀，寸土必争，战斗员兵终因连日苦战伤亡殆尽，战斗力削弱，但我官兵忠勇，虽负伤二次、三次、甚至五次，犹继续参加战斗。连日各部队官佐、杂兵伕及全体政工人员，以及炮、工、辎、通、担架、卫生各兵种，概以编入，苦撑恶斗，拼命力争，一寸山河一寸血肉，惊天动地，惨烈空前。二十九日拂晓及黄昏后，敌之彻夜全线猛攻，不下十余次。至于局部猛攻不计次数。战至卅日五时许，敌又一部由北门里皇经台、小西门钻犯，愈逼愈紧，愈争愈烈。我官佐民伕三日来钻墙凿壁，辗转冲杀。同时，西门敌六、七百向我猛攻。我杜团卢副团长孔文舍生拼命，在敌掷弹筒、手榴弹滥投之下，作壮烈牺牲。下午六时，于小西门击毙敌第一一六师团联队长和尔吉隆一员，捕获敌作战命令、地图多件，夺获敌毁枪七支、步枪二十三支。

（5）常德街市复廊家屋据点及碉堡战斗时期（十二月一日——十二月三日）

十二月一日，战况推演愈形惨酷，敌机炮火非轰炸即焚，彻昼彻夜，并无停止，城内房屋尽成焦土。至是日晚，我仅据守西南隅家屋五所据点及少数残破碉堡，与敌挣扎。战局极呈危急。我柴团长意新前后五次率残余杂兵伕，以白刃及手榴弹向敌冲杀，卒将乱窜之敌痛予歼灭。迄十时许，得友军第三师侦探报告，始知该师已占领德山，我以期望援军心切，乃即派周指挥官义重率参谋、副官等乘夜暗偷渡南岸，钻隙迎接援军入城，不料援军到达南站附近约二华里处，即与该敌遭遇激战，致援军被敌击退。

是晚，敌全城撒毒，彻夜毒战，我官兵乘敌毒气浓厚之际，即一面尽力消毒，一面继续战斗，待毒气转入稀薄时，复行果敢逆袭。敌之伤亡较数倍于我，但至此，我人、弹、粮秣均将告罄。二日拂晓起情况更紧，因援军又复被敌击退，退守德山，被敌包围，无法进展。是日敌放大量毒气，炮击愈猛，空炸愈烈，火攻愈凶，窜逼愈近。我守兵与残破碉堡、阵地工事于惨烈斗争之后，复节节同归于尽，而城内外残余之建筑物及碉堡百分之九十五已被毁灭。战至下午十二时左右，我几无立足余地。敌有隙钻隙，有墙登墙，到处流窜。我仅存少数人、枪，有一人使一人，有一枪使一枪，无枪则使刀矛或砖石棒。枪声、炮声、冲锋喊杀声，血窟尸岸，厥壮之惨，实开抗〔战〕以来所未见。此时人少、弹尽、粮竭、援绝、火烧，无立足余地，以战事重心由核心移至外围作战，补给粮弹，迎接友军进城。

（6）常德内外线作战时期

三日二时许，我以柴团长意新率残部并杜团之一部，留置城内，牵制顽敌，并掩护伤兵继续死拼：以有力一部由西北城郊转移攻势，与友军协力夹击敌人；另一部向常德南岸强渡，打通友军向常城之进入路。同时，接运粮弹。至四时左右，该守城之柴团长意新苦斗苦挣，五次向敌冲杀，最后奋勇捐躯，壮烈殉国。至九日一时，我以杜团长率兵八十余名，协同友军新十一师第三十二团，由德山老码头渡江，由东门向常核心攻击，并与我原潜伏城内之一部外合内应，遂将城内之敌完全击灭，拂晓，常城遂告克保，我即搬运负伤官兵及掩埋尸首，并清扫战场，于是，辉煌灿烂之青天白日旗帜高举飘扬于常德城市上空矣。

〔国民政府国防部史政局及战史会档案〕

## 8．第六战区常德会战战斗要报

（1943年12月26日）

一、会战前敌我态势

甲、敌军

敌自鄂西会战后，凛于本战区加紧充实力量，积极准备反攻，惴惴不安。为先发制人计，于十月中下旬，在华容、石首、藕池间，先后集中40D、68D、116D主力、独17B一部；闸口、㪷湖堤间集中3D、34D主力、13D全部；弥陀寺、涴市及江陵、沙市间集中39D、58D各一部，并裹胁伪军5D、11D、12D、13D等共万余，合计兵力十万以上。同时在监利、沙市间江面集泊船舰三十余艘，滨湖各河汊集泊船汽艇三百余及民船千艘以上。另在宜昌增到坦克车十余辆，沙洋至当、宜间公路增到汽车四百余辆，运输频繁，企图击破我野战军，破坏我反攻准备，并占领要点，夺取资源。迄十月杪止，其准备概已完成，有弯弓待发之势。

乙、我军

战区以巩卫陪都、歼灭侵入之敌为任务，以廿九集团军之四十四军，任滥泥沟子、南县、甘家厂（不含）之线及津、澧守备；十集团军之七十九军主力、六十六军一部，任甘家厂、公安、新江口（不含）、宜都线之守备；江防军之三十军，任茶店子亘平善坝及石牌要塞之守备；廿六集团军之七十五军，任三游洞、毡帽山、阎王口之线守备；三十三集团军之七十七军主力、五十九军一部，任大木〔？〕岭、栗溪、转斗湾之线守备，主力分别控置于石门、暖水街、聂家河、三斗坪、窑湾溪、兴山、报信坡、刘侯集、安家集、建始各附近，准备歼灭侵入之敌。

二、会战经过

1．敌攻击前进及虎渡河西岸地区之战斗

十一月一日，敌先以一部向沙口、鲢鱼须（华容南）进犯，被我击退。二日下午五时起，即藉机炮掩护及多数汽艇，分十二路向滥泥沟子、百弓咀、章田寺、米积台亘新江口之线进攻。战区当依策定之守势作战计划，实施作战，指示第廿九及十集团军之第一线部队（一六二、一五〇、九八、暂六、一八五等师），依既设阵地，逐次坚强抵抗，予敌严重打击，对安乡尽可能保有之，至万不得已时，可留置一小部于敌后，尾击、侧击，主力退守江口、孟家溪、街河市、斯家厂、洋溪之线，继续坚强抵抗。廿九集团军特应指定四十四军以一师坚守津、澧，七十三军以一个师坚守石门，主力在石门西北新关、永盛桥间集结。一面请准以军委会直辖之七十四军，归战区直接指挥，以五十七师即日进入常德城，准备固守，主力向太浮山西南桃源、漆家河、鹿田坪、羊毛滩间地区集结，保持机动。我第一线部队于三日至六日间，先后于南县、官垱、甘家厂、公安、磨盘洲、新江口之线，及大堰垱、张家厂、街河市、西齐各附近，予以坚强抵抗。特以暂六师一部在街河市之巷战，及九十八师留置张家厂坚守之孤军一连，搏斗达四日，毙敌颇多。敌虽备受打击，仍挟其优势兵力，猛进不已。战区复调整部署，令二十九集团军之四十四军，指定一六一师坚守津、澧，以约一营兵力，尽可能保有安乡，一部继续逐次抵抗，主力移至新洲、李家铺间集结；七十三军七十七师以一个团守备合口、新安间及澧水南岸要点，主力即向笔架山附近集结。十集团军之七十九军以一部逐次抵抗，迟滞消耗敌人，主力即占领方石坪、暖水街、刘家场之线主阵地、坚强守备；六十六军以一部逐次抵抗迟滞消耗敌人，主力即占领王家畈、聂家河之线主阵地、坚强守备。江防军即抽调八十六军十三师向津洋口附近集结，准备策应十一集团〔军〕之作战。另请将第十八军推进至木桥溪、高昌堰、白果坪间地区集结，形成外线态势，迎合战机。第一线各部队于六日进入主阵地。

2.暖水街南北地区之战斗

六日，我十集团军第一线师概以转移于王家厂、暖水街、刘家场、洋溪之线，敌跟踪西犯，并以其主力十三师团全部及第三、第三十四师团各一部，指向暖水街地区。我暂六师与之反复争夺，战况至烈。黄昏，后续之敌分由两翼钻隙迂回。七日晨，其南钻之敌，被我九八师、一九四师于红土坡、岩壁下附近分别围击，北钻之敌受我一九九师一部邀击，死伤颇多。暖水街正面敌复不断增援，继续猛攻，我守兵凭工事奋击，血战越三昼夜，阵地屹然未动。八日，由斯家场前进之敌犯刘家场，我砦子山守兵（一九九师之一连）沉勇歼敌，卒以众寡悬殊，牺牲特大。敌陷该地后，续向我一九九师诰赐山阵地迂回，该地守兵不足一营，亦以有我无敌之精神奋战竟日，无或稍馁，亘会战全期，仍确保该点。当日，为使七十三军尔后作战容易，特令该军十五师向樊家桥、螺丝坝、黄木岗、分水岭、土地垭间地区集结，与石门互为犄角，侧击敌人。

八日，奉最高统帅手启阳酉令一元电令，着十集团军即刻集中主力，击破暖水街方向突进之敌。遂遵拟九日上午五时转移攻势、以二十九集团四十四军加强一师一部，攻击大堰挡之敌，主力相机进出敖家咀、西斋，断敌联络；七十三军、七十七师击破当面之敌，进出九里岗附近，十五师由新堰口向王家厂、方石坪之敌攻击，进出敖家咀、笔架山。十集团军固守暖水街部队，坚持至最后一人；其在闸口、马踏溪部队，应各向敌侧背竭力击破之；另以两团由颜家垭、刘家场间出击，挺进于阿弥桥、分水桥截击敌后。并令廿六、三十三两集团，各以约一师兵力，分向宜昌、当阳各附近求敌弱点攻击。是日，经张家厂进犯大堰挡敌，复占王家厂、闸口，进至八王岭、方石坪间，企图包围七十九军之右翼，如波逐浪，拥进不已。暖水街正面，虽经我一九四及一九九师各一部夹击，挫敌攻势，而以右侧背比较暴露，敌更不断增缓〔援〕，致九日攻势未及全部实施。

我七十九军为争取外线，乃转移正面于河口、子良坪之线。同时敌在刘家场进犯之一股，复向棉马城、两河口深入，我一八五师予以伏击，死伤甚多。另由洋溪渡江增援之敌千余，经佘家桥西窜，为我一八五师主力阻止于王家畈、肖家岩附近，但同日晨，我在澧水沿岸之一六一师、七十七师、十五师仍分向大珰堰〔堰垱〕、王家厂、燕子山等处攻击，克复大堰垱，且在王家厂毁敌弹药集积场。战区为巩固十集团军左侧，复令八十六军之十三师推进至潘家湾、聂家河间，归六十六军方军长指挥。十一日，西进之敌续陷马踏溪、赤溪河、子良坪、仁和坪，其在河口之104联队（属十三师团），被我一九四师包围于河口、木耳山附近，本可聚歼，卒以敌第三师团主力由新门寺方面之前进增援，遂得脱逃。战区因敌向北增援，乃令二十九集团之七十三军仍续猛攻当面之敌，并以有力部队追蹑敌后袭击；十集团军之七十九军于马踏溪、河口、二方坪、太平街、巴巴铺、渔洋关、子良坪间地区，机动歼敌，六十六军不得已时可退守升子坪、仁和坪、潘家湾、聂家河之线，确保渔洋关，并以九十四军一个师推进野三关附近集结，十八军以一个师推进至木桥溪附近集结。日没，敌陷太平街，我独立工兵第三十营虽曾奋起拒战，以众寡悬殊，未能遏止。

十一日入夜，十集团军各部，概依战区所示方略遂行战斗，敌我阵线交错，互无进展。

3.石门附近之战斗

十一月十二日，窜陷太平街、河口、子良坪、王家畈、肖家岩、宜都一带之敌，被滞于山峦丛叠之险峻山岳地带，凛于我第十集团军之坚强阻击，更鉴于鄂西会战未占石门之失败，乃以第三九及五八师团各一部（约两联队强），留置于仁和坪、王家畈亘宜都之线，以攻代守，企图牵制我第十集团军全部于北方山地。其第三、第十三两师团于十二日晚乘暗夜转锋南下，麕集于大堰垱、林家桥、分水岭（石门北）地区，于十三日亥刻起，向我新安、塘坊、樊家桥、螺丝坝七十七师及十五师阵地猛扑，我守军猛烈抵御，全线开展激战，伤亡互钜。迄十四日辰，敌续有增加，藉机炮掩护，并由易家渡强渡澧水南岸，企图南北夹击，合围石门。我军浴血搏斗，战况惨剧，使敌每一寸土地之进展，必付予同等血肉之代价。

战区以于澧水南岸常、桃附近地区与敌决战之目的，调整澧水两岸兵团部署。以四十四军坚守津、澧，续行前任务，并先以约一团之兵力，守备临澧，如敌由石门进犯临澧时，以有力部队向西侧击；如敌由正面压迫，不得已时，于青化驿、铜山及鳌山、临澧间逐次抵抗，尔后确保踏水桥、大龙站、斋杨桥、王化桥之线阵地。七十三军以一部坚守石门，主力转移澧水南岸，逐次抵抗，最后确保太浮山、观国山之线阵地。七十四军归王兼总司令指挥，以五十七师坚守常德，主力控置慈利、白鹤山、鸡公岩、燕子桥间地区，机动侧击敌人。一面令十集团军全线出击，先向曾家垭、河口、马踏溪、刘家场、茶元寺之线挺进；江防军即向宜昌西岸之敌相机攻击，并以小部攻击宜都；廿六集团即向龙泉铺、双莲寺之敌攻击，卅三集团即以一部向河溶突进，主力向荆、当之敌围攻，实行牵制。是晚，奉最高统帅电话指示，今后作战要领"以一部确守常德，主力在慈利附近地区与敌决战。"仰见最高统帅高瞻远瞩，灼见真知，实为此次常德会战致胜之主要关键。战区虽亦有俟敌主力南渡澧水后，由内线转为外线，以常德为核心，包围击破敌人之计划与准备，迄奉谕后，决心更为坚定，指导更形彻底。至十四日夜，石门阵地正面渐形缩小，终以全面被围，又复背水，态势不利，乃不及南下，主力向西转移，仍留暂五师固守石门要点。该师彭师长士量率部，自十四日晚起至十五日黄昏，独立与敌格斗，疾如骤雨之枪炮声，亘一昼夜未停，该师几全部作壮烈之牺牲，而我忠勇迈伦之彭师长，亦于焉殉城。十五日，奉最高统帅戌寒令（士）巳电，以此次参与鄂西作战之各部队，迭挫敌寇，殊堪嘉许，唯石门关系全般战局之得失，望转告所部，务须坚守。等因。以战地已被突破，继续坚守，势不可能，当经呈报。但此际我十集团军出击之七十九军，全部追蹑敌后，已先后克服〔复〕太平街、曾家垭、河口、子良坪等处，续向天门垭、螺丝坝、石门攻击前进。我九十八师曾以一部在扒岩附近设伏，毙敌甚多。同时，复奉最高统帅删令一元巳电，已令第一百军向桃源挺进，今后归王副总司令耀武指挥，参加常德西北地区之作战。战区为遵行最高统帅"在慈利附近地区与敌决战"之训示，并遵守"尽我所能使用之兵力，以发挥其优势于主决战方面"之原则，故决将增援之第一百军，主动使用于慈利方面，先令兼程赶至桃源后，再向黄石市附近推进，归入王副总司令耀武之指挥，转移攻势。

4.津、澧附近之战斗

敌于十一月三日陷南县后，其一一六师团主力及六十八师团之一部，即前进至三汊河、东港、清泥潭等处。我四十四军之一六二及一五〇师，为避免被敌各个击破，乃以一六二师之一个营守备安乡，主力转移于津、澧之线，并对滨湖西岸各渡口严密警戒。七日，安乡经激战后被陷。八日，敌千余由羌口犯石龟山，为一六二师一部阻止。十日晨，敌由红庙强渡，至晚敌千余突入津市，我一五〇师一营与之发生巷战，旋该师许师长亲率一团，以白刃驱逐该敌于市外。十一日，清泥潭、大堰垱敌三路犯澧县，我一六一师协力一五〇师坚强阻击，至十二日巳刻，卒将〔敌〕击退，乘胜追至九店，掳获颇多。石门战斗后，敌仍分由渡口、石龟山、新安等处强渡进犯，我四十四军阵线达百余里。为集结王〔主〕力打击深入之敌，即按原定部署，以一部守备津、澧，主力逐次转移至鳌山、临澧、观国山之线。至十七日，津市、澧县一度激战后陷敌。

5.澧水南岸及慈利附近之战斗

敌一一六师团由渡口、石龟山小渡口等处强行登陆，继续内侵。其第三、第十三两师团亦渡澧水南下，十七日已迫近辛家台、大岩厂、南岳寺之线，及慈利东北附近地区。我七十四军主力遂在祖师殿、赤松山、慈利、垭门关占领阵地，与敌展开前所未有之激烈战斗。十八日，大岩厂、九龙桥敌会犯临、澧，与我一六一师一部接战。

十九日，战区鉴于敌之主力已越澧水南下，遂决心放胆令七十九军举全力先向石门、慈利间地区挺进，越过澧水南岸，攻击敌之侧背。并饬十八军归王总司令敬久指挥，即日由聂家河、渔洋关间渡汉洋河，进出西斋、王家厂间地区，扰击敌之侧背，策应常德西北地区之作战。九十四军即向长阳、木桥溪间地区集结，归吴兼总司令指挥，巩固江防。另令七十三军汪军长即率余部向东岳观、杨家溪、石门一带袭击敌人。同时奉最高统帅手启戌皓未令（士）巳电令，以当面之敌补给困难日增，我七十四、四十四、一百军，应尽全力，在常德西北地区与敌决战，保卫常德，而与之共存亡。功过赏罚，绝不姑息。希饬一致奋勉。当经分别令遵。

迄午，敌陷临澧，并由青化驿犯鳌山，我四十四军仍以正面过大，兵力薄弱，其在踏水桥、大龙站、斋阳桥、王化桥、易家桥、观国山之线阵地，到处被优势之敌突破。复以一六二及一五〇两师主力进入太阳山、太浮山坚守，一六一师与敌保持接触，逐渐西移。同时，慈利附近之敌，续增至五个联队，藉机炮掩护，向我七十四军主力正面进犯益猛。该军与【敌】人鏖战五昼夜，并不时逆袭，敌受创益钜，尤于二十日白鹤山、羊角山之出击，毙敌近千，获步、机枪三百余支，马骡四十余匹及其他军品甚多。其二一六联队（属卅四师团），由东岳观经岩泊渡，绕至龙潭河，威胁我侧背。至二十二日，七十四军正面敌，已增至万余。而漆家河、羊毛滩我一六一师阵地，亦受优势之敌攻击，伤亡较钜。寻以我一百军第十九师之到达，遂即展开于漆家河东西之线，迎头阻击。七十四军主力虽正面未被突破，而右翼则已受敌包围，为反包围计，遂以一部留置于七姑山、二方坪诸要点，大部转移于邓家庙（漆家河西南）、陈家河、零阳山、簸箕湾之线，续兴攻势。太阳山及太浮山两重要据点，则为我一六二及一五〇师之一部所固守，终会战全期仍能确保。

其由澧水南渡直扑陬市、桃源之敌第三师团，于太浮山西侧，与我四十四军一部展开激战，猛向沅水涌进。廿一日申刻，敌编队机十六架于桃源上空投弹扫射，并趁势降落伞兵六十余，与地面之敌呼应袭击。该城守军不足一营，被迫西移，桃城遂以不守。我一五〇师许师长国璋，亲率该师一部，于陬市西北抵御，因以壮烈殉职。敌于陷城后，一部向西北急进，一部渡沅水东窜。

6．常德外围及核心之战斗

十一月十八日，敌六十八师团由洞庭湖西岸上陆，其先头七百余进攻牛鼻滩，被我五十七师警戒部队阻止。廿日，增加千余，图由小河强渡，并分向大山嘴、花山进犯，亦经遏阻。廿一日，牛鼻滩敌续增三千余，大举向芷湾等处进犯，同时，其由北南下之一一六师团到达马耳山、石板滩、河袱〔洑〕港北之线，与我外围守军一齐接战，该师〔五十七师〕绪战频捷，尤增兴奋。至二十二日，敌分五路并进，一股由苏家渡（沧港北）扑德山，一股由牛鼻滩扑德山市、新民桥，另三股分向七里桥、黄土山、河袱〔洑〕猛犯。该师喋血奋战，勇迈无前，敌亦藉机炮掩护，更番进袭，昼夜不息。

六十三师留置德山之一八八团，被迫撤离。此际常德外围之敌，增达万余，进攻甚猛。我五十七师官兵，决心与阵地共存亡，前赴后继，冲杀至烈，尤以黄土山之争夺，河袱〔洑〕之巷战，失而复得者凡五次。廿三日，由桃城东窜及陬市渡河之敌进至常德南站，遂以合围，敌总数已至二万以上，为敌第三师团一部，第一一六、六十八师团主力。自亥刻起，更以全力向我紧缩包围，我并用火力白刃逆袭，毙敌极众。同日，战区以戌亥删电令该师余兼师长，以常德存亡关系全局，着激励官兵，坚守待援，发扬革命军人牺牲之精神，毋得动摇决心。同时，奉最高统帅戌养酉电令一元巳电，节开：（一）第五十七师应固守常德，与该城共存亡。（二）第六十三师（欠一团）应即攻击桃源方面之敌。（三）第七十四军应以主力转移左外翼，继续攻击当面之敌。（四）第十集团军及第十八军主力任务不变，仰严督各该部积极攻击前进。（五）第九战区应加强策应作战，并注意湖防。（六）查敌久战疲惫，已成强弩之末，希鼓励所部，争取最后胜利。等因。经转令余兼师长及各部队遵照，并指示第四十四军之一六二师及一五〇师，除各以一部坚守太阳山、太浮山两据点外，该两师主力应南向河袱〔洑〕、黄土山间攻击敌之侧背，其一六一师应位置于三阳港附近，与六十三师夹击玉皇殿、陆家庙附近之敌，而令七十九军排除万难，于石门以西强渡澧水，进至慈利东南地区。

二十四日，敌续向常德城区猛扑，反复搏斗，异常壮烈，洛路口阵地全毁，守兵伤亡殆尽，该地于焉不守。余兼师长曾以戌敬云电复战区，节称：职师四面受敌，血战七昼夜，虽伤亡惨重，将所有杂兵均编入战斗，士气旺盛，全体官兵谨遵钧座意旨，咸抱决心，愿与常城共存亡。等语。廿五日丑刻，南岸敌约两联队，又行强渡攻城，一部五百余钻入城中，巷战通宵，大部就歼，并毙敌一一六师团之联队长和尔基隆以下两千余，击落敌机一架，掳获重机枪一挺，轻机枪八挺，步枪二十七支，及重要文件多种。廿六日晨，敌全线再攻，南岸之敌强渡更急，我浴血奋战，杀声震天，一日间又毙敌两千余，掳获轻机枪廿五挺，步枪两百余支。战区复以戌寝亥亲启电令余兼师长，以北方援军，已过盘龙桥、潘家河；南方援军，廿七日可到城南岸，务率余部，坚守要点。等情相告。敌既受创，仍倾全力猛冲，并不断使用毒气，鏖战至廿七日以后，敌机狂炸愈紧，巷战弥烈，积尸满街，流血成渠，续毙敌千余，掳获轻机枪十余挺，步枪百余支。廿八日晚，敌更用尽诸般毒辣手段，不断环攻，我战斗官兵，伤亡殆尽，替以杂兵、政工人员，壮烈空前。余兼师长迭电以城亡在即，请援，并接济弹药。当即督饬战区各部队，迅向常德挺进，并请薛长官转令沅水南岸友军猛攻，一面要求空军，设法输补粮、弹。同时，以俭申辉电令该师，以敌已纷纷北退，我一六二师已到城北沙港，第三师已到德山，务必拚死支持，以竟全功。

廿九日，敌机竟日投掷烧夷弹，城区大火蔽天，家屋、碉堡概成灰烬，我仍在城西南角拉锯搏斗，壮烈无比。据余兼师长艳申电称：弹尽、援绝、人无、城已破。职率副师长、指挥官、师附、政治部主任、参谋主任等，固守中央银行，各团长划分区域，扼守一屋，作最后抵抗，誓死为止，并祝胜利，七十四军万岁，委员长万岁，中华民国万岁。等情。壮烈情形，概可想见。卅日，敌焰更张，穿墙凿壁，节节紧逼，我余兼师长及各级幕僚，莫不亲任指挥，尺土之微，不肯轻弃。十二月一日，犹扼守中央银行，及西南一角。是日，代长官奉最高统帅电话谕，此次守卫常德，与史大林格勒之保卫战价值相等，实为国家民族之光荣，务必苦撑到底。经以东申辉电转令余兼师长后，苦撑至三日，该师残余无几，援军苦难入城，粮弹被毁告罄，飞机输送维艰。余兼师长，遂率仅存官兵向城南突围，与我沅江南岸友军会合。计五十七师固守常德，与敌血战十六昼夜，敌以飞机狂炸，火炮猛轰，毒气弥布，我兵亡官继，弹尽肉搏，终不为动。共伤、毙敌一万以上，掳获重机枪、轻机枪五十余挺，步枪三百七十余支，我伤亡官兵五千七百零三员名。

7.攻势转移及追击

十一月下旬，敌倾力围攻常德，西犯之敌，亦胶着于盘龙桥、漆家河、龙潭河之狭长地区内。我七十九军于太浮山迤西潘家铺、五通市间，猛攻敌之侧背，斩获特多，七十三军由九溪方面东向慈利攻击。廿五日，奉最高统帅戍〔戌〕敬申令一亨电，节开：（一）无论常德状况如何变化，决以六、九两战区协力包围敌人于沅江畔而歼灭之。（二）第九战区：第十军、九十九军主力、暂五十四师，归李副总司令玉堂指挥，速进攻洞庭湖南岸亘沅江右岸之敌，特须以重点指向德山方面，支援常德五十七师之作战。（三）第六战区：（甲）王耀武指挥第七十四军、第一百军，以一部扫荡桃源之敌，以主力进出陬市，攻击犯常德敌之右侧背，但五十七师仍固守常德。（乙）王敬久集团，并指挥第十八军，以一部扫荡子良坪、仁和坪一带残敌，另一部进出公安、津、澧，确实遮断敌后方，以主力渡过澧水，向羊毛滩、临澧方面，求敌侧背而攻击之。（丙）王缵绪集团之四十四军仍应在太浮山、太阳山一带，攻袭犯常德敌之侧背。七十三军速夺回慈利。（四）六、九战区作战地境，改为沅江。等因。

战区遵于廿六日转移攻势，部署如下：（一）廿九集团：（甲）四十四军一六二及一五〇师仍各留一部于太阳山、太浮山，主力应南向攻袭犯常德敌之侧背，一六一师暂移于麦家河附近控置。（乙）王耀武指挥七十四及一百军，应以一部扫荡桃源之敌，主力进出陬市、河袱〔洑〕，攻击犯常德敌之右侧背，并先各以三、四百人编成数支队，向常德附近钻进，以直接支援常德守军作战，五十七师仍固守常德。（丙）七十三军以全力迅速攻占慈利后，续向羊毛滩方向挺进。（二）十集团军：（甲）七十九军应向羊毛滩、石板滩间地区【挺进】，求敌侧背攻击。（乙）六十六军一八五师应以主力攻占石门而确保之，一部向临澧之敌攻袭，该军主力应继续扫荡子良坪、仁和坪一带残敌。（丙）第十八军应向津、澧、公安间进出，确实遮断敌之后方，依情况将主力转移于澧县方面。（三）廿九与十集团之作战地境为黄家铺（慈利北约六公里），寒渡桥、黄莲洞、白鹤山、青云桥、排头岗、北家山、石板滩之线，线上属右。当日，七十九军已排除万难，渡越澧水，攻占明月山、菖蒲垭、五通市、羊毛滩、潘家铺各地要点。七十三军亦收复慈利，予敌莫大威胁。同时常德外围之敌，死伤益重，战力已竭。廿六日，我全线转移攻势，空军亦更番出动，俱获局部进展。十八军复渡汉洋河，突入敌阵，首克刘家场，进出大堰垱、张家厂、西斋间地区，遮断敌之交通。廿七日，太阳山之一六二师一部南下，攻占灌溪寺、黄土山、沙港各地；五十一师进攻漆家河，激战至廿八日，生擒敌六五联队士兵数名，掳获战马十余匹，步枪二十余支。同日，五十八师攻击黄石市，歼敌百余，俘敌十三师团士兵十余名，掳获战马七十余匹，步枪百余支。一八五师已突入石门东、西两关，与敌巷战，而盘据仁和坪亘宜都一带敌，亦被我一九九师及十三师包围。廿九日，一八五师一度突入石门城内，白兵拚杀 歼敌极众。我卅师一部，攻占宜都。同时，五十一师争夺漆家河，失而复得者四、五次。五十八师续攻黄石市，血战至三十日晨，完全占领该处。同时，十九师迫河洑北高地，与敌正事争夺。十二月三日，六十三师攻占桃源，俘敌第三师团士兵三名，掳获战马、枪枝等件。同时，七十九军进占雷家铺、黄叶岗等地。四日，奉最高统帅江戌令一元电训令，节开：（一）犯常德之敌大部已退却，无论常德状况有无变化，决依既定计划，围歼敌人。（二）第九战区速肃清沅江南岸之敌，并准备以有力部队，进出沅江北岸，策应第六战区之作战。（三）第六战区之七十四军、第一百军、第七十九军应以必要一部，肃清各当面之敌，以主力围攻常德附近之敌。以上各军暂由王副总司令耀武指挥。十八军继续南下截击敌人。等因。遵经部署如下：（甲）廿九集团军：（1）四十四军之一六一师应确保桃源，其太阳山、太浮山部队，除各留一部外，太阳山其余部队即向石板滩、临澧间及鳌山、渡口一带，太浮山其余部队即向临澧、澧县间及青化驿一带破坏旧公路交通，截击敌人。（2）第七十四、第一百军、第七十九军遵照最高统帅指示分途攻击，其已在常德西北方面之暂六师应续先围攻常德，在桃源之施军长应即率六十三师向陬市附近推进。（3）七十三军肃清当面之敌，即在羊毛滩附近整理待命。（乙）十集团军：（1）一八五师攻占石门后，应速以一部向津市、澧县截击敌人。（2）十八军应仍渡澧水进出临澧附近。（3）六十六军应速将当面之敌扫荡后，向东进出，恢复原阵地。（丙）其余任务同前，各部队遵照实施。

河洑、陬市附近之敌，经我十九师连日奋击，迄六日，先后为我攻占。旋缸市〔亦作岗市〕方面敌千余分路反扑，经激战后，又为敌陷。同日，澧水北岸之十八军攻占新安、合口，一部仍截断公安至澧县敌之补给线路，旋渡澧水南下，直薄【逼】临澧，拊敌侧背，各部队节节进迫，空军亦痛予轰炸，敌势衰颓。迄九日，友军克复常德，一百军占攻〔攻占〕河洑，再克陬市，七十三军攻克热水坑，敌纷向临澧方向撤退，惟浮邱山、漆家河、九溪各地残置之敌，负隅顽抗。战区当即策定追击部署如下：(子)二十九集团：(1)四十四军之一六二师孙兼师长，应仍指挥该军留置太阳山、太浮山部队，迅向新洲、津市间地区进出，截击敌人。(2)王副总司令耀武指挥七十四及一百军，应即肃清当面之敌，尔后进出于临澧、常德间地区集结待命。(3)七十三军应速肃清热水坑、羊毛滩附近之敌，在原地待命。(丑)十集团军：(1)七十九军应即以暂六师先向临澧附近截击敌人，主力肃清花薮坪、潘家铺附近之敌后，即向澧县、新安间截击敌人。(2)十八军应以五十五师之一六五团速向津市、澧县北岸截击敌人，主力向河口附近集结控置。(3)六十六军(附十三师)除以一八五师攻占石门外，主力继续扫荡当面之敌。(寅)二十九与十集团军之作战地境，为羊毛滩、太浮山、槐花桥、新渡河、蔡家矶、顺林驿之线，线上属右。(卯)江防军仍相机以一部收复宜都、枝江。(辰)廿六、卅三集团仍守备原阵地，并各以一部继续攻击当面之敌。旋奉最高统帅亥青午令一元巳电，以常德敌已呈动摇，仰捕捉好机截击猛追，追击间两战区之作战地境，为河洑、石板滩、长岭岗、鳌山、新洲之线，线上属九战区。两战区之追击目标为长江沿岸之线。等因。复经转令，除四十四军依新作战地境改向津市进击外，余仍按原部署实施。各部队奋勇行动，至十三日，澧水以南之敌，全线被我击破，狼狈渡澧水北窜。澧水以北之敌，亦呈动摇。战区为捕歼残敌，收复原阵地，复经部署如下：(甲)二十九集团军：(1)四十四军进出新洲、津市、澧县(不含)间，肃清该地残敌后，应迅向石首(不含)、黄家渡场(郝穴西岸)之线追击，恢复原阵地。(2)

王副总司令指挥七十四及一百军，肃清当面之敌后，即在常德、临澧间集结待命。（3）七十三军肃清热水坑、太浮山一带残敌后，在原地待命。（乙）十集团军：（1）七十九军进出澧县、新安间，肃清该地区残敌后，即在澧县、新安、大堰挡间地区集结待命。（2）十八军俟七十九军进出澧县、新安后，即紧接向黄家渡厂（不含）、涴市之线追击。（3）六十六军（附十三师）除一八五师攻占石门后归制外，主力扫荡当面之敌，迅向涴市、宜都之线追击，恢复原阵地。（丙）二十九与十集团之作战地境，延伸为太浮山、土地垭、新渡河、蔡家矶、顺林驿、张家厂、柘口、麻濠口、黄家渡场之线，线上属右。（丁）工防军仍以一部协同六十六军收复宜都、枝江。（戊）二十六及三十三集团停止攻击，守备原阵地。同时，要求空军轰炸其退路要点及滨湖船只，妨碍其退却。

各部队分途迈进，十三日克复盘龙桥、羊毛滩、临澧。而盘据石门之敌，连日经我一八五师主力围攻，卒以不支东溃。迄十五日，四十四军迫津、澧，七十九军迫合口、新安以南，但敌残置于澧水南岸之一部约五、六千，因新安附近浮桥、船艇为我空军炸毁，一部被抑留于津、澧以南地区，大部被抑留于新安西南之铜山山脉附近，无法脱逸。同日，一八五师进抵新安西北协力合围，十八军亦先后迫〔向〕王家厂、暖水街攻击，敌犹作困兽斗，激战殊烈。十八日，退至澧水北之敌，为掩护铜山山脉敌之北渡，复纠集三、四千人，由王家厂、暖水街分八路向我十八军，迭施反扑，俱经挫败，我乘势猛击。迄二十日，遂将津市、澧县、合口、新安、王家厂、暖水街、仁和坪、枝江、洋溪，相继收复，敌遗尸东溃。其由赤溪河败退之敌，经卸甲坪时，遭我十一师一部伏击，伤亡尤众。二十一日，敌退据敖家嘴、西斋、刘家场之线，续图顽抗，又予击溃，分途猛追。至二十五日，四十四军进占汇口、清水港、于家台；七十九军进抵澧县、孟溪市、彭家厂各附近，十八军先后攻占公安、杨林市、狮子口、申津渡，续向藕池、黄金口、斟湖堤挺进；六十六军及十三师，先后攻克茶元寺、松滋、磨盘洲、新江口、米积台、沙道观、百里洲，续向弥陀市挺进，完全恢复本会战前之态势。

8．江北我军策应战斗

我江北各集团，为策应江南作战，于十一月八日开始向荆、当、宜之敌攻击。十三日，一四一师攻占二孔岩敌据点。十四日，预四师、第六师各一部，分袭南天山、求雨包、破山口敌据点，将其副防御工事大部摧毁。十六日，一七九师之挺进队，越清溪河，攻占清平河。十九日，卅八师向马家寨挺进，于九里岗与敌遭遇，激战至二十日，将其击退。同日，卅七师追近当阳东关，以黄磷炮弹轰击市区，多处大火。二十一日午，三十八师突入南桥铺，发生巷战，暂五十三师攻占王家集，斩获均多。二十三日，第六师攻占小雨淋包。二十四日，暂五十三师攻占山垱铺、枣树店两据点。二十五日，三十七师一部围攻当阳，激战竟日，先后突入西关、祖师庙，包围敌第三十九师团司令部，及东关敌空军指挥所，毙敌三十九师团大佐一员，参谋副官以下百五十余人，并焚其仓库数所，我伤营长以下六十余人。旋敌五百余驰援反攻，我乃移至当阳城郊续战。另一部袭敌机场，焚毁敌机两架，并掳获降落伞、毛毯等件。同日，一七九师一度突入慈化寺、三星寺。廿八日，预四师攻占东山寺，一四一师突入龙泉铺，一三九师一部突入双莲寺，毁敌营房，毙敌百余，三十八师亦冲进荆门关北，因敌增兵反扑，遂以后撤。廿九日，一四一师再克梅子垭敌外围据点三处，肉搏殊烈，毙敌甚众。三十日，鸦雀岭敌百余经水府庙，被我七十五军挺进队伏击，歼灭大半。同日，一八〇师攻占尖山坡后，伪保安第六团第一大队第一中队，悉数携械投诚。十二月一日，该师复突入财神庙，昼夜争夺，毙敌大佐以下百余。战至二日晨，敌放毒气反攻，我始被迫后移。同日，一七九师攻占官庄场，乘胜向河溶追击，将其弹药库击中爆炸。三日，该师继续围攻黄家集以南之敌，激战至午，将敌大部聚歼，并俘敌兵三名。四日，三十七师再攻当阳城垣，炮击街市，毙敌颇多。一三二师一部围攻当阳北各据点，斩获亦众。五日，一七九师突入淯溪河市，将敌营房尽毁。六日，复攻击谢化桥，与敌激战至晚，敌遗尸布野，我掳获山炮一门，轻机枪、步枪及其他军品甚夥。至十三日止，攻克敌大小据点三十余处，毙伤敌两千以上，并获大宗军品。寻以江南之敌，陆续北渡增援，因即停止攻击，仍守备原阵地。

〔国民政府国防部史政局及战史会档案〕

## 9. 常德会战中国民党空军及盟国空军历次出击战果表①

（1943年12月26日）

第六战区常德会战我空军及盟国空军历次出击战果纪录表

民国卅二年十二月廿六日

| 日／月 | 机属 | 轰炸（扫射）目标 | 战果 | 备考 |
|---|---|---|---|---|
| 2／11 | 盟机 | 沙市 | 炸毁敌仓库一所、船支甚多。 | |
| 3／11 | 盟机 | 监利 | 炸毁监利敌工厂一所，建筑多被中弹起火。 | |
| | | 石首 | 轰炸石首敌军营房，敌军狼狈逃窜，伤亡甚重。 | |
| 10／11 | 我机 | 津市<br>洋溪 | 炸沉津市河面敌木船八支，洋溪镇被炸起火。 | |
| | | 沙市 | 炸毁沙市江面敌运输木船十五支、小火轮一艘。 | |
| 11／11 | 我机 | 公安<br>澧县 | 扫射公安以西敌辎重骡马，及澧县东北敌军。 | |
| 12／11 | 我机 | 子良坪<br>萧家岩<br>十里铺 | 轰炸子良坪敌炮兵阵地及萧家岩敌三十九师团指挥所。大部命中目标并在十里铺炸毁敌军营房及农场，敌伤亡惨重。 | |

① 选自《第六战区常德会战概述》。

| 日／月 | 机属 | 轰炸（扫射）目标 | 战果 | 备考 |
| --- | --- | --- | --- | --- |
| 13／11 | 我机 | 西斋暖水街 | 西斋暖水街一有少数敌军活动，当予低空扫射。 | |
| 19／11 | 我机 | 慈利 | 掩护地上友军作战，并扫射敌阵。 | |
| 20／11 | 我机 | 澧水沿河 | 击毁澧水河面敌木船廿余支。 | |
| 21／11 | 我机 | 思施城上空 | 击毁来袭思施之敌机四架。 | 我机八架迎战敌机卅八架战况激烈。 |
| 22／11 | 我机 | 津市澧县 | 轰炸津市以东村落，炸中敌弹药油库两所，击毁澧水木船廿余支。 | |
| 23／11 | 盟机 | 澧县 | 轰炸澧县，城内数处中弹大火。 | |
| | 我机 | 公安 | 公安城内被我轰炸大火，并炸毁澧水敌木船二百余支及浮桥一座。 | |
| 24／11 | 我机 | 张公垱 | 炸毁东北面敌浮桥一座，并扫射附近敌兵，伤毙甚众。 | |
| 25／11 | 我机 | 张公垱 | 击毁张公垱河面敌木船一百余支。 | |
| 26／11 | 我机 | 常德城郊 | 向常德城郊敌阵低空扫射，并协助地上友军作战。 | |
| 27／11 | 盟机 | 河洑 | 击毁渡江敌小船卅余支，敌军大部跳水淹毙。 | |
| 28／11 | 我机 | 围堤湖西岸 | 击毁敌木船百余支。 | |
| 29／11 | 我机 | 澧县 | 与敌机遭遇空，我击落敌轰炸机三架、战斗机一架 | |
| 1／12 | 我机 | 牛鼻滩 | 扫射敌木船数十支，大部中弹着火。 | |
| 4／12 | 我机 | 常德 | 击落敌机一架，并轰炸常德，弹均落入城内。 | |

| 日／月 | 机属 | 轰炸（扫射）目标 | 战果 | 备考 |
|---|---|---|---|---|
| 6／12 | 我机 | 漆家河 | 轰炸敌军阵地，毙敌甚重。 | |
| | 盟机 | 常德 | 与敌机十五架空战，经击落敌战斗机一架，另二架可能击落，三架受伤。 | |
| 7／12 | 我机 | 荆门 | 轰炸掇刀石机场，并炸毁敌汽油库一所。 | |
| | 盟机 | 常德 | 轰炸常德城，大部命中，城内并有数处中弹大火。 | |
| 8／12 | 我机 | 津市<br>热水坑 | 炸毁津市河面敌小火轮一艘，并在热水坑掩护我七三军攻击。 | |
| 9／12 | 我机 | 沙市 | 轰炸沙市，炸弹大部命中市内。 | |
| 10／12 | 我机 | 临澧 | 扫射临澧以南公路上残敌，并轰炸陈耳铺。 | |
| 11／12 | 我机 | 石门 | 至石门投弹，城内大部烧毁。 | |
| | 盟机 | 石首<br>安乡 | 盟机四十架轰炸石首、安乡，投弹全部命中，敌军死伤极重。 | |
| 12／12 | 我机 | 方顶山<br>合口 | 轰炸石门西北敌据点，当时起大火，并在合口扫射，敌死伤甚重。 | |
| 13／12 | 我机 | 澧县<br>合口 | 扫射由澧县向东北运动之车马，并轰炸合口附近渡河之敌，毙敌极重。 | |
| 附记 | 一、本表系蒐集空军第一、二路司令部及前线部队报告汇制之。<br>二、间断期间，系因天候影响未能出动。 | | | |

〔国民政府国防部史政局及战史会档案〕

## 10. 常德会战日军使用毒气概况统计①

（1943年12月26日）

此次常德会战，敌惨无人道，使用毒气次数之多，为抗战以来所仅见。其概述如下：

（甲）敌先后总共用毒七十四次（次数不明者，以一次计算）。

（乙）敌对我用毒最多之地点：（一）常德城及其附近，卅五次。（二）仁和坪附近八次。（三）宜昌外围七次。（四）其他地点二十四次。

（丙）我受毒最多之部队：（一）我常德守军五十七师，被毒三十二次。（二）我仁和坪附近十三师，被毒七次。

（丁）敌一日中用毒最多之一次，为十一月廿六日，对我常德守军施毒十三次。

（戊）敌用毒规模最大之一次，为十二月七日仁和坪之敌，用山炮、迫击炮向我十三师傅家庙阵地，发射毒弹五百余发（我中毒一百余人）。

（己）我中毒人数最多之一次，为十一月廿九日，十三师在仁和坪附近中毒三百余名。

（庚）我各部队中毒伤亡情形：（一）中毒者，官兵共约五百卅五人（凡报全排、全连、全营大半中毒，而无确实数字者，概未加入。此仅根据电报中毒人员数字统计）。（二）中毒伤亡者共四人（十三师）。（三）我中毒最高人员，为十三师靳师长（在仁和坪师指挥所）。

（辛）敌用毒后对我之战况影响：（一）使我已攻入敌据点部队，

① 此件选自第六战区司令长官司令部：《第六战区常德会战战斗要报》附录。

因敌用毒被迫退回原阵地，不能达成任务者四次。(二)使我阵地陷敌者六次。(三)其他各次对我战况均不发生影响。

(子)敌对我用毒之时机：(一)午前四时至十时，对我用毒八次。(二)下午四时至七时，对我用者十二次。(三)上午十时以后至下午二时以前，对我用毒四次。(四)不明时间者四十次。

(丑)敌用毒之种类：(一)催泪性三次。(二)喷嚏性五次。(三)窒息性一次。(四)糜烂性一次。(五)窒息性烂糜〔糜烂〕性混合使用者一次。(六)窒息性催泪性混合使用者一次。(七)毒气烟幕混合使用者一次。(八)毒气种类不明者六十一次。根据所报中毒征〔症〕状，似以喷嚏性之二笨氰肿毒气为最多数。又敌用窒息性糜烂性毒气虽据报，但迄未证实(正查询中)。

(寅)敌用毒兵器：(一)飞机布毒一次(尚未证实)。(二)山、迫炮弹放射者十四次。(三)掷弹筒抛射者二次。(四)毒烟罐吹放者二次。(五)用毒武器不明者五十五次。

(卯)掳获敌用毒证据：(一)敌前崎部队迫击炮用毒命令原件。(二)毒烟罐三十七罐。(三)毒气掷榴弹十枚。

〔国民政府国防部史政局及战史会档案〕

## 11. 徐永昌关于常德会战之检讨

(1943年12月31日)

甲、战前敌我态势及工事设施

一、战前敌我态势，如要图第一。〔图略〕

二、第六战区荆江右岸防御工事设施，如要图第二。〔图略〕

乙、第一期作战——敌由沿江向西之推进

三、十月下旬间综合各方情报得知：

(1) 安庆一带之敌集中数千人，由师团长岩永汪率领，乘船赴武汉。

(2) 南浔路之敌亦有一部乘船西上。

(3) 通山以东之敌约二、三千，经崇阳向岳阳方向移动。

(4) 平汉南段之敌有大部向沔阳方向移动。

(5) 襄河左岸之敌约一、二千，沿汉宜路向沙市方向移动。

四、当时本部之判断如次：

敌将抽集其中战场之兵力，再向江湖三角地带进犯，以消耗、牵制我兵力，并掠夺物资之目的，先压迫我10AG、29AG于聂家河、暖水街以西山地，再向左旋回进趋石门、澧县，如战况顺利，则渡澧水，犯常德。

至十一月二日止，判明敌之集中态势，如要图第三〔图略〕。

五、本部基于上述之判断，于十月廿八日即签准部署如次：

(1) 第六战区10AG(王敬久辖66A、77A)、29AG(王缵绪辖44A、73A)以各集团军之各一部，于河沼地带阻击敌人，而以各军之主力，利用津、澧河流及暖水街一带之山地，以侧击、伏击方法，击破进犯之敌。

(2) 以74A(王耀武辖51D、57D、58D驻常德、桃源)之57D固守常德，军主力位置于大〔太〕浮山附近准备机动。

(3) 直接支援：

a.以100A(施中诚辖19D、63D驻浏阳)准备推进至益阳待命。

b.以中美空军即向沙市、监利、石首、华容之敌及沙市、岳阳间敌舰轰炸。

(4) 间接支援：

a.以26、33两集团军，各以二——三个师向当面敌之弱点深入攻击。

b.第九战区以二个师兵力，向岳阳以东地区敌之弱点深入攻击。

c.第五战区以二个师兵力，向京山、皂市袭击。

d. 各策应部队应于十一月四日以前，移于第一线附近待命，开始攻击。

六、十一月二日晚，敌以13D全部，3D、116D主力，34D、39D、40D、58D、68D及17BS各一部，开始从华容、松滋间向我攻击，其主力指向我公安方面。

七、十一月七日，敌已进抵羊溪——王家畈——暖水街——王家厂——大堰垱之线以东地区，我鉴于敌已深入，必将转兵南下，正我利用好机，予敌以反击之时，乃下达阳酉电令。令10AG以主力向暖水街突进之敌反击，以期与我29AG协力击破敌人于澧水以北地区——原电如附件第一。

惟因连日天雨，反攻行动颇受妨害，未能如预期而进展，但已迫使敌人进至石门以北之兵力，不得已复向北转用。

八、十一月十日，敌主力进至王家畈——仁和坪——河口——天门垭之线，其一部则进至安乡以西及津、澧东北地区，因感受我73A(汪之斌辖15D、77D、T5D)主力与44A(王泽浚辖150D、161D、162D)一部之攻击为致命之打击，乃忽转兵力南下，以主力向石门，以一部从石门以西地区转向慈利。敌指挥之被动，忽南忽北，追随我之意志，使我已奠胜利之基。

九、然我73A自上次鄂西会战以后，战力仍未恢复，当面之敌，人数既众，装备更优，石门之危自在意料中。我乃急电100A，即日向桃源前进，归王耀武指挥，参加常德西北地区之作战。

丙、第二期作战——敌转移主力向石门、慈利攻击。

一、十一月十一日，敌之西进果告沉寂，而我对石门之防御，已早有妥当之指示。

此时曾熟虑，是否需要以74A(欠57D)加入石门附近之战斗，由如左之考虑而决心。

(1) 可藉石门要点，以打破敌若干攻击力量的，不可放弃之。又敌如在石门附近，如果攻势顿挫，或将即行撤退；即或不然，亦可滞迟敌之行动，以待常德方面增援兵团之增援。

(2) 但74A除57D固守常德外，只有二师兵力，如参加石门【战斗】，不能形成决胜之力量。

(3) 且石门以东，我44A以兵力单薄，正面广大，似不能沿澧水坚定其阵地。敌有由该军正面突破直冲常德之虞。

(4) 又以74A于常德、慈利间，待100A到达，可得四师新锐兵力，于常德附近与敌决战为宜。

遂决心先以73A于石门附近。占领阵地，打击敌人。尔后再以74A、100A于常德、慈利间与敌决战。

二、十一月十二日至十五日之战斗，我73A损失达80%，因而石门失陷。十八日，敌已渡过澧水，开始向我慈利东南高地占领阵地之74A攻击。

三、十一月十九日，判断状况，深感常德附近兵力单薄，乃急电10A（方先觉辖3D、190D、R10D）即日由衡山向常德以南地区前进，切须由第九战区详报中补足之。又为威胁、截击敌后方起见，并令18A即日以11D、18D由三斗坪附近，向西斋、津、澧进出。

同日，以会同电令告知，连衔电6WA、29AG、74A、44A、57D、100A各指挥官，以全力在常德西北地区与敌决战，并保卫常德而与之共存亡。功过赏罚，绝不姑息。——原电如附件第二。

对100A须整个有效使用，不得分散兵力而致虚耗。——原电如附件第三、四。

四、十一月廿一日，桃源失陷。100A已开始与敌战斗。为增加敌右侧背之压力起见，乃令13D/86A归66A指挥，向仁和坪一带攻击。

丁、第三期作战——常德之固守及增援

一、十一月廿四日，我74A主力虽能始终保持慈利附近之高地，但常德之围渐急。我57D于常德城内伤亡过重，敌攻势益猛，我北、南两方面之增援部队不能立即到达常城，局势至为危急。此时本部殊不为状况所动摇而坚决把握要点，誓与倭寇拚斗到底。乃电第六、第九两战区，明申决心：无论常德状况有无变化，决于沅江两岸围歼敌人。并改两战区之作战地境为沅江之线，以便战斗之指导。更特别申明，应令10A以重点指向德山，以救援常德。——原电如附件第五。

二、十一月二十六日，我10A全部到达常德以南地区，开始与敌激战。卅日，本部感于第九战区未能将10A重点真正保持于左翼，用梯次态势前进，因而190D胶着于麻石桥、石门桥间，而R10D左翼暴露于敌，乃再电令纠正。——原电如附件第六。

三、十一月卅日，我3D/10A进抵德山及常德南岸；同时，我74A主力亦由慈利东南向常德西北反攻，迫近河洑西北，各与敌昼夜激战，誓死抵抗，我攻势进展迟滞，但基于种种征候判断，敌必退却。

十二月二日夜，我57D无线电连络忽断，判断常德或已不保。但鉴于常德会战为中外观瞻所系，不容稍馁，乃再电第六、第九两战区，重申于沅江沿岸打击敌人之决心，不因常德之存亡而变更。——原电如附件第七。

四、十二月三至六日，我3D于德山被敌围攻，连络断绝，R10D、190D俱已损失过重，无力救援。而74A、79A、100A之战斗亦因损失过重，无力进展。此时，所可希望发生效果之兵力仅有二：

（1）18A。（已令其迅速扫荡津、澧之敌，由新安、合口附近南下，向常德敌之侧背攻击。）

（2）欧震兵团。（该兵团为第九战区。鉴于该区左翼兵力单薄，而预先抽调者．计指挥58A（军长鲁道源，辖N10D、N11D，原驻江西分宜附近），现开来二团/N11D、一团/N10D、72A（军长傅翼，辖34D、N13D、N15D、N16D，原驻江西修水附近）。现开来二团/N15D、一团/N13D及T2A（军长古鼎华，辖R6D、T7D、

T8D，原驻衡阳附近)。现开来T7D，共有九个团(但军长、师长均到)，于十二月三日先后到达三堂街、马迹塘一带，六日开始向石门桥、放羊坪之线攻击)。

此时，常德附近之敌人兵力尚在八个联队以上。综合诸情报，虽证明敌已大部向东北撤退，但不能谓绝无久据常德之公算。若18A及欧震兵团反攻无效，耗用殆尽，转恐无力收拾常德战局，而诱起敌更奢之企图。于是，一面令第六、第九两战区准备守势部署，一面以电话连络，暂持续原态势，以观敌情之变化。

戊、第四期作战——追击

一、十二月八日欧震兵团逐次侦知，敌已由常德撤退。九日，遂以58A由常德之东，72A由常德之西，击溃当面残置之敌而入常德城。十二月九日，乃下达追击之命令。如附件第八。

二、十二月九日开始追击，各部队顺利进展，至廿一日已收复南县、安乡、津市、澧县、王家厂、枝江、洋溪等要地。廿三、廿五两日，又收复松滋、公安两要地而奠定完全之胜利。

三、第五、第九两战区及26AG、33AG之策应攻击，亦于十二月底停止，逐渐恢复原态势。

已、根据此次会战经过，检讨其得失如次：

A、得：

一、敌情判断确实——不但对于敌之企图、兵力、前进之方向及窜扰之目标，俱如判断而实现，即敌之退却，亦为我事先所料到。

二、作战指导坚定——常德危急不可终日，我则始终坚持其必守之决心，可以将守土精神昭示中外。虽余师长不能坚持最后之五分钟，而我仍能贯彻必于常德附近与敌决战，因得促敌之崩溃。

三、随时纠正前方各团战斗指导之过失，俾战斗得有利之进展——本会与前线距离虽远，但因电话畅通，每日均有多次通话，故战区之处置，本会亦均随时指示、纠正．因而两战区之协同始终无间。

四、我对于空军之使用，极适机宜——对于敌之集中、运动、战斗及交通补给，均随时予以至大之损害。

五、各部之战斗，除少数部队外，均极为努力认真。不但新锐兵力勇往直前，即迭经战斗、损失甚重者，亦能以旺胜〔盛〕企图心，反复进击。由我官兵之伤亡数推断，已可证此战斗之激烈、韧强，此乃国军最大之进步。

六、各部情报大都确实，已一扫以前虚报、捏报之习，并且俘获众多，能将敌之番号证明了如指掌，其成绩为抗战以来所仅见。

七、各军、师向敌隙突进之精神，颇足称道，可谓此次会战之特点。

B、失：

一、高级干部仍有牺牲精神不坚定者。如57D兼师长余程万之迭电乞援及擅自弃守常德，即为显著之例。

二、高级指挥官之位置，仍多未能遵照规定推进，每致不能把握战机，适切指导作战（原规定为师长距第一线3——5公里、军长8——9公里、总司令12——20公里）。

三、陆、空连络之训练不足。我虽有空军使用，但不能适切协同第一线部队之战斗。

四、各部之射击教育尚嫌不足，每遇好机，不能获得充分歼敌之效。此点以我所消耗之子弹与敌伤亡数之比率，即可判断之。

五、有线通信之设施不够，集团军以下每致连络中断，不得已使用无线电时，又易被敌窃译，恐有重要文电已泄露于敌。

庚、结论

此次会战，综计击毙敌联队长中畑护一①、布上照一②和尔基隆③等以下数十员，敌官兵伤亡约四万余人，我亦阵亡师长三员，

---

①②③ 原文如此。

伤亡官兵约五万余人，并俘获特多（详数正清查中），而能立即恢复常、桃、津、澧，驱敌于于江滨，打破敌之企图者，实因战略指导之坚确适当及各部队奋勇牺牲之结果也。

辛、附录①

一、作战经过，如要图第四。

二、主作战及策应作战全般态势，如要图第五。

三、我军参战各部队状况，如附表第一。

四、敌军参战各部队编成，如附表第二，其一及其二。

五、敌军伤亡概计，如附表第三。

六、敌我死伤概计，如附表第四，其一及其二。

七、我军掳获，如附表第五，其一及其二。

八、我军损耗，如附表第六，其一及其二。

附件第一——有线②

限即刻到。恩施孙代长官、太平街王总司令敬久：密。着第十集团军王敬久部即刻集中主力，击破向暖水街方面突进之敌，并将部署及实施情形具报。中〇手启。阳酉。令一元。

附件第二——有线③

限即到。恩施孙代长官、桃源王总司令缵绪、慈利王副总司令耀武、常德盘龙王军长泽浚、常德57D余师长：速转第一百军施军长中诚：密。（一）当面敌人补给之困难日增。（二）我第十集团军正向敌之右侧背奋力压迫中。（三）我第七十四军、第四十四军、第一百军应尽全力在常德西北地区与敌决战，保卫常德而与之共存亡，功过赏罚绝不姑息。希饬属奋勉为要。中〇。戌皓未。（1102）

① 附录中要图第四、第五；附表第一、二、三、四、五、六均略。

② 时间为1943年11月7日。

③ 时间为1943年11月19日。

巳。

附件三——有线①

即刻到。恩施孙代长官、桃源王总司令缵绪、慈利王副总司令耀武：密。(一)该区当面渡犯之敌，将因补给困难，攻势挫减。王副总司令耀武，指挥第七十四、第一百两军，务于大〔太〕浮山、慈利一带，将敌击破，期收决战之胜利。(二)对第一百军之使用，务俟该军全力到达战场后，选定有利时机，向最痛苦方面与〔予〕以有效之打击。(三)第四十四军，除以一部于澧、津以南地区，与敌周旋外，务集中主力，协力第七十四军太浮山以北地区之作战为要。中〇。戌巧午。令一元巳。

附件第四——有线②

即刻到。长沙薛长官：密。据施军长戌删电称：奉长官薛电话，着本军以一个师开常德、德山市等情。查常德方面，已有五十七师担任守备，该军无以一师开德山市之必要。除分电施军长仍遵前令，全部开桃源集结外，特电知照。中〇。戌筱午。令(1102)巳。印。

限即到。益阳探交第一百军施军长：戌删参一电悉。密。常德方面，已有五七师守备，该军无以一师开德山市之必要，仰全部遵照前令，仍向桃源集结。除分电薛长官外，希遵照，并将到达日期具报。中〇。戌筱午。令(1102)巳。印。

附件第五——有线③

限二小时到。恩施孙代长官、长沙薛长官：密。训令：(一)进犯常德之敌，三旬以来，经我迭次痛击，伤亡惨重，疲惫已极。其补

① 时间为1943年11月18日。

② 时间为1943年11月17日。

③ 时间为1943年11月24日。

给断绝，后方空虚，必将溃退。（二）无论常德状况有无变化，决以第六、第九战区协力包围敌人于沅江江畔而歼灭之。（三）第九战区：（甲）第十军（即改隶第九战区）、第九十九军主力、暂五十四师，归李副总司令玉堂指挥，速进攻洞庭湖南岸亘沅江右岸之敌。特须以重点指向德山方面，支援常德五十七师之作战。（乙）杨森、王陵基两集团，应加强出击兵力，积极攻袭敌人。（四）第六战区：（甲）王耀武指挥第一百军、第七十四军，以一部扫荡桃源之敌，以主力进出陬市，攻击犯常德敌之右侧背。但五十七师仍固守常德。（乙）王敬久集团并指挥第十八军及一八五师，以一部扫荡子良坪、仁和坪一带残敌，另一部进出公安、津、澧，确实遮断敌后方，以主力渡过澧水，向羊毛滩、临澧方向，求敌侧背而攻击之。（丙）王缵绪集团之四十四军，应仍在太浮山、太阳山一带攻袭犯常德敌之后方，七十三军速夺回慈利。（五）各线指挥官应掌握主力，迅速求敌而攻击之。切忌脱离掌握，或以广大一线专守防御，逸失战机，遗〔贻〕误全局。（六）第九、第六战区之作战地境，改为沅江之线，各集团军作战地境，由战区规定之。（七）中美空军继续轰炸湖内敌船，并任常德制空。（八）仰速将部署具报。中○。敬申。令一元。

附件第六——有线①

限两小时到。长沙薛长官，无线（十军军部转）李副总司令玉堂：密。训令：（一）羊毛滩附近敌第三师团已被击溃北窜。其桃源一部已向漆家河转用，仅余数百与四十四军一部，及六十三师主力对战中。敌十三师团主力仍在九溪一带被围歼中。（二）第九战区，应以速解常德围为主眼，着即将第十军主力保持重点于左翼，向德山及其以西地区突进为要。（三）对于石门桥以东、以北滨湖

① 时间为1943年11月29日。

之敌，应另以一部攻击之。（四）切忌以第十军参加对于沧港、石门桥一带港汊纷歧地区行正面攻击、迟滞前进为要。中〇。艳午。令一元。

附件第七——有线[1]

即到。长沙薛长官、恩施孙代长官：密。训令：（一）犯常德之敌大部已退却，常德余师本日状况不明。（二）无论常德状况有无变化，决依既定计划围攻敌人。（三）第九战区速肃清沅江南岸之敌，并准备以有力部队进出沅江北岸，策应第六战区之作战。（四）第六战区之第七十四、第一面第七十九军应以必要一部，肃清各当面之敌，以主力围攻常德附近之敌。以上各军，暂由王副总司令耀武指挥。第十八军应继续南下截击敌人。（五）其余由战区另行部署，并具报。中〇。江戌。令一元。

附件第八——有线[2]

限即到。长沙薛长官、恩施孙代长官：密。（一）常德之敌已动摇退却，仰捕捉好机，截击猛追，以收歼敌之效。（二）追击间，两战区间之作战地境为河洑、石板滩、长岭岗、阮山、新州、石首之线，线上属第九战区。（三）两战区之追击目标，为长江沿岸之线，但第九战区进出于新作战地境后，待再调整。（四）亥阳令一元电各节，缓待另令修正。中〇。亥青午。令一元巳。

（国民政府国防部史政局及战史会档案）

① 时间为1943年12月3日。

② 时间为1943年12月9日。

## 12. 陈诚关于常德会战的回忆①

（？年）

敌自鄂西大战后，凛于我军之实力日增，反攻日亟，惴惴不安。为先发制人计，故不得不铤而走险，于华中战场搜刮可能转用之兵力，喧嚣为秋季讨伐战。综其企图不外：(1)占领要点（如常德、石门），控制全局；(2)消耗我野战军，破坏我反攻力量；(3)掠夺物质。故自十月上旬起将皖南、赣北及武汉、随枣、信阳之敌，陆续密向本六战区进发。据已判明者有3D、13D、34D、39D、40D、58D、68D、111D、17B及伪军5D、12D、13D、11D、128D与敌十一军部直属之田岛队、小山队等，共约十万余人。自十一月二日至十二月十四日，与我鏖战于大江以南至常德附近之广大地区，结果遭我〔到〕惨败，狼狈溃退。兹将此会战经过概述于左：

1.澧水北岸地区之战斗

十一月一日以前，战区据各方情报，早已审知敌之行动。我各部官兵莫不勇气百倍，严阵以待。二日下午六时，战机勃发，敌于华容、百弓咀、闸口、黄金口、弥陀寺、新江口之线，分十二路向我阵地猛犯。我前进部队依预定计划沉着应战，逐步向西方山地转移；敌亦持重，未敢轻进。迄七日晨，敌北翼主力概到达王家厂、闸口、暖水街、刘家场、余家桥、洋溪之线，我各部遂开始猛烈反击。一时烟硝迷漫，激烈无比。我固守张家厂之一连及诰赐山之一营已受敌四面环攻，仍屹不为动。暖水街守军陷于匝围，犹怀臂奋战，斩杀无算。迄九日午，敌精锐之一〇四联队钻隙迂回至沙口附近，被我腰截堵击，几濒溃灭。十日朏树垭、卸甲坪及十一日赤溪河诸

---

① 选自国民党政府国防部资料室所编《陈总长私人资料》第十六节五目。成文时间不明。

役，俱予敌以歼灭打击。乃敌黔驴技穷，恣意施放毒气。激战至12日晚，我以诱敌深入，从容转移至太平街、升子坪亘汉洋河、宜都之线；敌亦知难引退，未敢进逼，主力沿河口、天门垭、桐子溪南下，另以古贺支队及卅九师团一部于仁和坪迤北迄宜都间拒止我之进出。

华容、百弓咀西犯之敌，迄被我遏止于津、澧东北，我雄踞石门部队亦不断向王家厂、天门垭敌侧背袭击，俱有斩获。十三日垂暮，敌以主力于石门东北挟其炽盛火力向我石门守军猛犯，彻夜断杀，达旦更趋激烈。我为争取外翼，守军主力转移于慈利东北，一部婴城固守，浴血搏斗，敌我伤亡均大。迄十五日晚，始突围归制。

2.澧水南岸地区之战斗

战区依据各方情形，已判断蠢动之敌有转锋南向，进窥常、桃之可能。九日，我于荐祖溪附近击毁敌运输船四艘，获敌兵团部署要图一张，以常德为会战目标，益堪注意。因是以战区有力兵团控置于慈利西南，待机夹击，另以余程万师固守常德。自十三日以降，滨湖、渡口、石龟山、红庙及津、澧迤北之敌至为活跃，十五日曾一度窜入津市市街，为我肉搏击退。十七日，敌分由石龟山、新洲、津、澧间窜青化驿、五泉铺等处；主力由石门南渡，沿澧水向慈利、夏家巷、临澧广正面前进。我某部于临澧东北亘铜山山脉之线击敌侧背。激战至十八日，晌午既过，我以确保太阳山、太浮山两要点，主力分头以赴，一部徐向龙盘桥、漆家河西移。其沿澧水侵入福星桥、广福桥之敌遭我军反击，受创特重，遂不断增援。祖师殿高地之争夺，敌尸累累。敌机亦连续侦察投弹，我迄不为动。廿日，我分由白鸽山、羊角山出击，收效颇大。廿二日下午五时，敌编队机群于桃源上空投弹扫射，并乘势降落伞兵百余，守兵撤离城垣。陷城后，敌一部向西北急进，一部渡沅水东窜。惟我慈利西南兵团藉机炮掩护攻击，卒为我击退。

3.常德之攻防

我余程万师奉命坚守常德，士气至为激昂。十一月十八日，由洞庭湖西窜之敌到达牛鼻滩附近；其由北南下之敌，先头俱到达柳叶湖、竹根潭、石板滩、河洑迤北之线，与我外围守军开始接战。同时，敌机亦开始狂炸。该师诸战频捷，尤增义愤。至廿二日，敌分五路并进，一股由苏家渡扑德山、一股由牛鼻滩扑德山市、新民桥，另三股分向七里桥、黄土山、河洑猛犯。该师喋血会战，勇迈无前。敌更番进袭，昼夜不息。激战至廿五日，由桃源东窜及陬市南渡之敌进至常德南站，常德遂以合围。该师凭城郊核心，痛创围攻之敌。敌为迅夺名城沟通沅水计，不惜驱彼偏氓，膏兹流弹；更悍然置国际公法之不顾，滥施毒弹，为人类正义所不容。廿七日，敌一部藉东北城垣突入城内，为我歼灭过半。敌寇一再增援，攻城之卒不下二万余人，与我于城东北角展开激烈巷战。廿九日一日内，毙敌一一六师团和尔基隆联队长以下千余名，获机枪卅余挺，步枪五百余支。敌机亦反复投弹，一日达十三次之多。守城之战，其壮烈无以逾此。十二月三日，我各路大军俱已抵达城郊。我以常城庐舍为墟，工事全毁，遂全部转移常城西北，继续开战。

4.江北地区之战斗

江北荆、当、宜、沙之敌自十月以来，即陆续抽调转移于江南方面，守备兵力遽形薄弱，不时以伪军及民众伪装炫惑。我强大兵团于十一月十三日起，概已进入有利之攻势地域，展开勇猛之攻击。我右翼兵团先后突入毛狗洞湾、雨淋包、营盘岗、陈家大包、土地岭各据点而占领之；并继续围攻龙泉铺，分途袭击土门垭、鸦鹊岭之敌，获有显著战果。尤以鸦鹊岭附近之役，歼敌一中队以上。我左翼兵团二十日突入当阳西关，与城内敌军展开激烈巷战，敌军事区域付之一炬，其卅九师团长有被我击毙说。荆门以北，连克山垱铺、南桥铺各据点，与荆门城垣之敌混战至烈。另有有力部队突入漳溪河、口溶间，遮断敌之交通通信，截击增援之敌，尤著宏效。综计旬日，连克敌据点廿余处，毙敌千余，获山炮、步机枪等甚多。敌虽增援挣扎，卒被我逐一歼灭，并继续扫荡中。

5.我攻势移转及敌惨败

敌主力既被胶着于常德附近及其西北漆家河、五通市之狭长地区内，我乃依兵力转用，跟踪追袭常德外围之敌。十一月廿五日，我渔洋关主力连宵〔?〕由石门西北排除困难，渡澧水南下，进出于太浮山、慈利间，攻击敌之侧背，于潘家铺、五通市附近捕捉北窜之敌，斩获在三千以上。另一部挺进于南北家山、盘龙桥附近，与常德守军呼应，攻击亦至为得手。十一月廿五日，攻克慈利部队续向热水坑，以某部渡澧水，直趋临澧西南。同时，我太阳山、太浮山部队四出袭击；更依九战区强大兵团之到达，次日全线遂行攻势转移。至是，敌以外线态势反居内线。我更运用大量空军不断予敌锥击，另以有力部队迫攻石门、津澧，主力开始作大规模向心战斗，逐渐压缩敌人。十二月三日，我一部克桃源，进逼陬市。六日晨，我更以强有力部队南渡澧水，加紧敌后压迫。九日，我友军攻克德山后，分渡沅水，进规常德。我各路军亦陆续攻占敌最后立足点陬市、漆家河、热水坑、五通市等处。敌遂全线崩溃，一部经由常德迤东退窜安乡，残破之主力亦经临澧、澧县退窜公安。沿途更遭我留置敌后方之部队截击，其狼狈形势难以言喻。我军追奔逐北，于十四日以破竹之势概抵澧水南岸之线，同时将临澧、石门、宜都等要点相继收复。

是役也，毙伤敌官兵约3万以上，马约一千匹；俘敌官兵78名，马256匹；获步枪930支，轻重机枪71挺；毁敌飞机15架，汽船33只，木船129只，仓库9所。其他战利品称是。

（国民政府国防部史政局及战史会档案）

# （十八）中原会战

## 1. 蒋鼎文拟中原会战经过概要

（1944年6月）

第一战区三十三年春夏间中原会战经过概要

第一、敌我之作战准备

其一　敌之集中及作战准备

一、敌于本年一月起，重建邙山头据点，抢修黄河铁桥，同时并将平汉铁路由小冀展伸至黄河北岸，敷设支线八条。二月来，敌机开始活动，对郑州、广武、巩县、汜水、尉氏、中牟、临汝、登封、密县一带，凡旧平汉路两侧地区，以及洞口附近不断侦察。同月下旬，敌调动频繁，逐次向豫北输送。至三月上旬，敌将豫北之第三十五师团调出，以独立第四、第五旅团接防。迄四月中旬，豫北敌复大量集中，计开封西南集敌万余，新乡南集敌二万余，温、孟、沁、济一带集敌万余。

其二　我之作战准备及部署

一、本部于三月初旬得悉豫北敌情有显著变化后，即通令各部队严整战备，并详侦敌情具报。

二、迄三月中旬判断，敌必将大举渡犯，妄期打通平汉线。三月十四日二十时，本部遵照委座寅支令一元甲电所指示，策定于嵩山附近与敌决战之作战指导方案，并将该案用命令下达。其内容如次：

1．扶沟、汜水间河泛防部队，应力阻敌人渡犯及突围。

2．如敌渡犯突围成功时，河防部队应凭藉许昌、洧川、长葛、新郑、郑州、荥阳一带据点，疲惫敌人。

3．同时汤兵团及第四集团军应以其控置部队，于登、密北侧山地，迄汜水间构成守势地带，于襄城、叶县、临汝、登封、密县、禹县地区构成攻势地带。如敌向我守势地带进犯时，守势地带之部队，应坚强抵抗；攻势地带之部队，应向左旋回，侧击敌人。如敌主力向我攻势地带进犯时，攻势地带之部队应与敌即行决战；守势地带之部队，即转移攻势，向右旋回，侧击敌人。

4．汤兵团以第十二军、第十三军、第七十八军、新一师、第二十师，隐密配置于登封、临汝、禹县、襄城、宝丰、叶县攻势地带，并抽集一个师，固守许昌。临泉附近部队，应有西移参加平汉路以西作战之准备。

5．第四集团军除固守原河防外，应以一个军固守老饭沟迄金沟主阵地，并以一部占领张庄、铁山，高山寨前进阵地，并确保虎牢关据点。

三、三月十七日，奉委座手启寅铣令一元及寅铣令一元甲两电，对于寅文令一元甲作战指示，均有补充之点。本部当即遵照，修正作战指导方案，并转汤副长官遵照。两电之大要如左：

子、手启寅铣令一元甲。1.遂平、许昌两城，各以两师之军固守。2.第十二军、第十三军、第二十九军，于战斗开始时，即密秘〔秘密〕控置密县、临汝以西地区，禹县、漯河、舞阳，亦应派一个师固守，勿失。

丑、寅铣令一元甲电。1.第七十八军、第八十九军，准备固守许昌、漯河、遂平、舞阳四个据点。 2.第十二军、第十三军、第二十九军，限寅月底集中叶县、宝丰、禹县、登封、临汝，由汤副长官直接指挥掌握。3.委座酉〔寅〕梗令一元甲电，对该部作战计划指示、兵团部署，仍应遵手启寅铣令一元电及同韵目电令要旨，以第七十八、第八十两军，担任许昌、遂平、郾城、舞阳之守备；第十二、第十三、第二十九各军，应先集中于襄城、叶县、宝丰、禹县、登封。4.泛区预定向汝南附近进发之各部队，希饬切实准备行动，并依状况增强其兵力。

四、汤副长官遵照委座寅支令一元甲、寅铣令一元甲及手启寅铣令一元等电，及本部作战指导方案之指示，以定该部之作战指导要领及部署，分别于三月十九日及二十四日具报本部。摘列要点如次：

1. 敌如以主力由北地区南犯，而南地区敌以一部窜扰牵制时，即以象河关、遂平附近兵团，与五战区协力将敌拒止于洪河南北地区，以主力于襄城、禹县、许昌附近地区，与由北南犯敌主力决战。

2. 敌如以主力由南北犯，而北地区敌以一部窜扰郑州、新郑、密县一带牵制时，即以原任河防之各军，将敌拒止于扶沟、长葛、密县以北地区，以主力于澧河、沙河附近地区，协同五战区与敌决战。

3. 敌如由南北地区均用强大兵力向平汉路之沙河地区会犯时，即依漯河、许昌、舞阳、襄城、叶县之固守，以主力由临、登、禹、密方面向敌右侧背行总反攻，而击破之于颍汝〔河〕、沙河一带。

4. 如敌南北两方面均非主力，而有时任何一方面均为局部窜扰时，即依当时情况，于各第一线守备地带附近，依防御战与自动①将敌击灭之。

5. 第二十八集团军之第八十五军，仍任邙山头原防，该军第二十三师除以一部守备密县外，主力控置禹县。暂十五军附四十二师仍任郑州、中牟一带防务。新二十九师担任许昌固守任务，新二十九师中牟一带泛防，交由暂二十七师接替。

6. 三十一集团军第十三军，仍控置登封、临汝，十二军以第二十师担任漯河、郾城据点之固守，该军之第二十二师，仍集结于襄县，第八十一师开叶县，接任第二十师所遗之固守防务。

7. 第十五、第十九集团军，除以第八十九军之新一师，限寅号开达遂平担任固守外，其它各部任务仍旧，惟应准备骑兵一个师，

---

① 原文如此，似有误。

步兵两个师，山炮一个营，待命进发汝南，参加平汉线会战，限寅有前准备完毕。

8.第二十九军于灵、陕交防后，移舞阳及其以南地区。该军以一个师担任固守舞阳任务，另于象河关、出山镇各置一个师备战待机，归三十一集团序列。

五、本部对汤兵团所呈之作战指导要领及部署，认为与大本营及本部之指示均不符令〔合〕，因于三月三十一日核复如次：

1.如敌以主力由北南犯，而南区敌以一部窜扰牵制时，贵兵团应以主力在襄城、禹县、许昌附近地区与敌决战，惟为期与第四集团军密切协同，及利用嵩山山地有利地形起见，应将登、密地区亦划入决战地带，并为攻势之重点，期收夹击、侧击之效。

2.如敌以主力由南北犯，而北区敌以一部窜扰郑州、新郑、密县一带牵制时，为排除我主力侧背之威胁，使尔后之决战有利计，应于南区会战之先，集中必要兵力，将北区渡犯之敌击退，并收复邙山头、中牟，再转兵南下，协力该地区之决战。在北区击敌之同时，南区部队应竭力迟滞敌之前进，以空间换取时间，俾导决战有利。

六、战区依据作战指导方案，立即实施如左之步骤，积极备战：

1.作战部队弹药、器材之补充及粮秣之集积。

2.派道路破坏技术班，归汤兵团指挥，发动民众完成主决战地带道路破坏及地形改造。

3.调整兵站设施，整理交通及通信。

4.令地方机关作动员民众参战准备。

5.重申前令，饬部队、机关严防空降部队及敌奸之活动。

6.疏散洛阳各机关、学校及民众。

7.令第四十军接替二十九军灵、陕一带河防，第二十九军开叶县，归汤副长官指挥。

8.加紧对华北各伪军策动工作，严密保持联系，并指示在必要时之行动及任务。

9.豫西各县藏枪枝甚多，迭次会商豫省府，办理登记动员训练事宜，并约作参战准备。

七、有关此次作战参考资料如次：

子、工事设施：

1.沿河泛有连系之工事。

2.平汉线及其以西各要点有据点工事。

3.临汝、登封迄金沟之线，有坚固国防工事。

4.洛阳、龙门、渑池均有既设阵地。

丑、兵要地志大要：

1.中牟、尉氏附近两岸，平坦开阔，泛水亦缓。

2.邙山头以西、邙山山脉，与黄河右岸密接，颇收瞰制之效，防守容易。

3.沿河泛除必要之补给线外，均已破坏。

第二、我敌之态势

一、敌在开战直前，在开封附近集中万余人，在黄河铁桥以北集中约两万人，在沁县、孟县、济源一带集中约万人，其后续部队正在沿平汉、平浦北下，沿陇海东段西运中。沿河泛均准备大量渡河器材。严捕我谍报人员，极力封锁消息。并不断派遣侦察机侦照我方部署及地形。

二、作战直前我各集团军之部署及态势如次：（附图第一）〔图略〕

甲、汤兵团（历据该兵团所报）

子、淮阳及其以东泛防：1.第十九集团军：第八十九军之暂三十三师及独立六旅，蒙城附近。暂九军(111D、112D、T30D)，太和附近。2.第十五集团军骑二军(骑三师、暂十四师)阜阳、项城一带，骑八师蒙城、南马店附近。

丑、第二十八集团军毕口迄牛口峪河泛防：1.泛东挺进军陈又新部（5ED、2ED、T2B、T3B），毕口迄柴桥泛防。2.暂十五军之暂二十七师，柴桥迄后陈。暂一旅后陈迄包河桥泛防。3.第八十五军之百十师主力，包河桥至邙山头河防，一部在荥阳为预备队。预十一师邙山头、监围及迄牛口峪河防，二十三师密县附近控置。

寅、控置部队：1.新一师遂平，第二十师郾城，暂十五军之新二十九师许昌附近。2.第七十八军新四十二师一团新郑，主力禹县，新四十三师方城，新四十四师镇平。3.第二十九军（91D、193D、T16D）舞阳以南地区。4.第十二军第二十二师襄城，第八十一师叶县，暂五十五师临泉。5.第十三军第八十九师、第一一七师，临汝附近；第四师登封附近。

乙、第四集团军

第九十六军、新十四师及挺进第四纵队，牛口峪迄马义沟河防；第一七七师，褚岭迄金沟。第三十八军（17D、N35D），老饭沟、张庄迄褚岭阵地守备。（第三十八军原在偃师以南地区集结控置）

丙、第十四集团军之第十五军（64D、65D），马义沟迄平庄河防。

丁、第三十六集团军之第四十七军（104D、178D）平庄迄杨家河防。

戊、第三十七集团军、河北民军（一个支队及一个大队）及新八军之暂二十九师，杨家迄史家滩河防；挺一纵队史家滩迄七里沟河防；新六师及挺进二十一纵队主力，渑池附近控置。

已、第四十军配属会阌区炮兵，计一〇六师七里沟迄北村，三十九师北村迄阌底镇河防。

庚、第十四军（83D、85D、94D）洛阳附近。

辛、暂四军（47D、74D）宜阳、龙门各附近。

壬、黄河北岸有力之各游击部队。

子、泛东挺进军第六纵队，考城；独一支队，兰封；独三支队，开封；独四支队，睢县各附近。

丑、冀鲁豫边区挺进军第二挺进纵队及第一支队，长垣附近。

寅、豫北挺进军十三纵队武陟，二十二纵队孟县，二十四纵队滑县，独立八支队及暂一支队获嘉，十一支队新乡，暂二支队浚县各附近。

卯、中条区河北民军一个支队、两个大队及二十一纵队一个支队，垣曲附近；二十六纵队及独十支队，闻喜以东地区。

辰、晋豫边区二十五纵队，阳城、壶关一带；独十二支队，陵川附近。

第三、会战经过

甲、河泛绪战迄登汜主阵地前之战斗（附图第二）〔图缺〕

一、中牟方面敌渡犯情形

四月十八日拂晓及二十日夜，由中牟、卢馆及其附近渡犯之敌，约八千余，炮三十余门，均遭我痛击。迨强行渡河后，一部三千余，炮七、八门，南向流窜，经我泛东挺进军之暂二旅及独一纵队，于朱西、洧川、南席逐步坚强抵抗，毙敌甚众，我伤亡亦甚大。二十三日，我分别转移于洧川、长葛以南地区及鄢陵附近。

敌主力五千余、炮二十余门渡河后，西南向流窜。我暂十五军之暂廿七师于念炉、官庄之线，与敌先头一部激战。至十九日，敌全部增至五千余，继续猛犯，同日十九时，我退守黄店街、薛店之线。廿日拂晓，我新阵地复被敌突破，该师遂转移新郑。廿一日拂晓，敌主力步、骑三千，炮十余门，飞机十余架，与窜和尚桥之敌二千，会犯新郑，被我新四十二师及廿七师予以痛击。至十四时，我新四十二师阵亡营长二、连长六，士兵伤亡过半。新郑情况不明。敌一部二千余，复于二十日早窜郭店，廿日午，该敌由郭店窜观音堂，我二十三师派兵一营堵击。廿一日十五时，敌二千迂经三叉口到达云幕山。廿二日拂晓，敌增至三千，在炮、空掩护下犯密县，午，被我第廿三师击退。同夜，该师袭击并克复七里冈。廿三日，敌增至万余，在炮、空掩护下，再度犯密县，该师遂向西转移，敌继占牛店、唐庄、月台、卢店等据点。

二、邙山头敌突围分窜情形

由邙山头突围之敌，不下万五千余，炮五、六十门，其主力系敌一一〇师【团】全部，于四月十九日拂晓，向我第八十五军监围阵地炮击，继以步兵二、三千，飞机十二架及毒气，攻击我预十一师。当时该师之卅一团伤亡颇重，卅三团团长负伤。至午，汉王诚情况不明。廿日拂晓，敌五、六千，炮数十门，在空军掩护下，再兴攻击，我阵地数处被敌突破，摩旗顶不守。十时，我转移于庙湾寨、乌云寨之线占领阵地。敌突围后，一部千余，廿日十时窜三官庙、七里沿，我预十一师与敌激战竟日，歼敌一中队，毁炮二门，获马二匹。同时敌骑五、六百即窜郑州、陇海、花园，与我暂一旅第一团激战。敌主力万余继续南犯我第八十五军。廿一日三时，敌千余窜曹李寨，七时与我一一〇师三二八团激战，后占领荥阳城。另敌一部窜塔山、三山。是日午，该军主力向南转移，同日夜，百十师到达崔庙附近。廿二日，敌分一部四、五千，南向会犯密县，主力五千余即西向对我第四集团【军】正面进犯。

经广武西窜之敌约四、五千，二十日十五时，各二百窜新店、刘村、前后丁村，十九时，敌千余窜尚街。【廿一日】五时敌五、六百，战车四辆，进犯汜水东之五里铺，先后经我新十四师四十二团第一、二营迎头痛击，计毙敌百余，我亦伤亡排长一、士兵数十。九时，该师以汜水城适在汜水河谷，地势低洼不利，事前并已请准大本营，以虎牢关为前进阵地，即行西撤。午后，敌步、骑一千七百余，在炮、空掩护下，两度犯虎牢关、三义寨、高山寨，均被我一七七师五三〇团第三营击退。廿二日七时，敌千余，午后敌三千，炮廿门，先后复犯虎牢关，均被我击退。廿四日晨，敌又犯高山寨、虎牢关，亦被我击退。

廿二日午，敌百余，廿三日午，敌八百余，先后犯我卅八军前进阵地之马驹岭，均被我击退。彼我伤亡均重。

三、铁谢对岸敌动态

十八日以来，铁谢对岸敌人万余，异常活动。战区于廿一日急令第四十七师，进驻铁谢南三十里铺附近，归第十四集团军刘总司令指挥。至廿二日后，敌渐向东转移。判系中牟渡犯及邙山头突围成功，拟经黄河铁桥渡河南犯，经处置如左：

1. 令第四集团军挺进第四纵队，石板沟以西河河防交第四十七师之一团接替，第四集团河防正面即向右短缩，节约新十四师之主力，以使用于重点方面。

2. 令第三支队李忠应部，开洛阳附近，归刘总司令指挥。

四、四月廿三日迄廿四日之一般战况

自廿三日后，作战焦点即集中于我登、汜阵地正面。截至廿四日上午十时止，综合各方面之状况如左：

1. 洧川、长葛敌千余，与鄢陵附近泛东挺进军对峙。和尚桥有敌千余，与我在石固镇附近之新四十二师、暂廿七师对峙中。新郑有敌千余，密县附近有敌万二千余，与我第十三军、八十五军各一部对战中。铁山至汜水，有敌八千，与我第四集团军对战中。

2. 新一师在遂平，骑三师在西平，第九十一师在舞阳，新四十三师、四十四师在方城、镇平，新廿九师在许昌，第廿二师在叶县，第廿师在襄城，暂十六师及第一九三师在禹县，第八十一师在宝丰，第二七师在临汝，第十三军在登封附近，第八十五军已撤至登封东北地区。

本以上之状况，本部于四月廿四日十时，判断状况如左：

战区以击破敌人之目的，应即按照预定计划，转移攻势。以一部固守登、汜阵地，主力包歼密县之敌，进出于河泛之线。

右之状况判断，因主力部队均在分散状态，调集不及，未能彻底实施。廿四日，因登封吃紧，为准备第二线兵团，经处置如次：

1. 令新六师在渑池附近集结。

2. 令一〇六师在灵、陕间集结。

3. 令第五十四师进驻登封西北府店镇附近。

4. 令冀察独立步兵团开洛阳附近，归暂四军谢军长指挥。

五、四月廿四日至卅日之战况（附图第三）〔图略〕

子、汤兵团

一、四月廿五日反攻部署

1. 南兵团除以一部守备漯、许、襄、禹外，主力即向当面之敌出击。第一攻击目标为新郑、密县之线，第二攻击目标为中牟、郑州（含）之线。

2. 北兵团即以全力出登封以东地区，向西犯之敌出击。第一攻击目标为密县、崔庙之线，第二攻击目标为郑州（含）、邙山头之线。

本部对汤兵团所呈反攻部署，认为攻击目标远在敌后，时间上不免延迟。当即指示应以二十九军全部及十三军之两师，先行击灭密县之敌，同时并令饬第四集团军为出击准备，一〇六师（两团）即开宜阳附近，新六师在洛阳附近，新廿四师到达后，即开白沙附近。

二、廿四日至卅日之战况

1. 廿五日，八十五军接替登封防务，十三军及廿九军之一部，反攻密县之敌。同日晚，我十三军克复马鸣寺。

2. 廿六日辰，攻击景店。至十时，敌千余由密县增援，我分由马鸣寺、大小烟村向敌包围。午，敌东窜，第八十五军亦由龙坡山地施行侧击。敌一股千余窜唐庄，被我包围；一股千余，窜月台。第十三军除以一部围击外，主力更向密县追击，毙敌千余。同日，第廿九军之暂十六师，越大隗镇向密县东挺进。

3.廿七日晨，我八十九师到达密县城、七里冈，与敌激战。暂十六师由大隗镇向西攻击，同日晚到达超化集。敌依密县北山地，三面环形防御。

4.廿八日，本部对汤兵团转委座指示节开：汤兵团在各要点配置守兵，集结主力于登封、禹县、临汝间地区。如敌继续西犯时，应即向敌右侧背转移攻势；如敌停止西犯，并判明敌尤后续部队，即转移攻势。等因。本部当即令饬汤兵团，以现态势攻击密县之敌。

5.廿九日十七时，我第十三军及暂十六师，由超化集、嵩林山、平陌、董庄、小寨沟、煤井沟之线，向密县进击。敌据工事顽抗，激战至午。我八十九军正面之敌不支，退入牛店以西，计毙敌七、八百，我负伤营长三、伤亡士兵三百余。第四师及暂十六师，同时亦攻占黑沟、甘寨沟，暂十六师并以一营在观音堂附近，伏击由新郑窜密县之敌汽车，俘敌十余，毙敌百余，毁汽车八辆，掳获军用品甚多。

6.困据密县敌五、六千，迄卅日十时，仍为我十三军监围中。

丑、第四集团军

第九十六军

1.廿四日十三时，敌六、七百迁窜虎牢关西之十里铺，我派一营增援，至十五时，敌退窜。

2.廿五日十八时，十里铺被敌占领，续犯虎牢关，至十九时，我撤至主阵地。同日十时，敌占领我高山寨。

3.廿六日十九时，敌犯寥子峪，被我击退。

第三十八军

1.廿四日下午，塔山敌犯铁山，被我击退，毙敌百余。

2.廿五日七时，米河镇、三家店敌四、五百，炮三门，犯铁山，十时回窜。同日，十七师一部在龙头嘴以西高地，袭击回窜之敌，毙敌五十余。

3.廿六日，我铁山部队袭击龙头嘴、米河镇、马勺〔驹〕岭。

4.廿七日十七时，敌犯铁山，被我击退。同日，发现虎牢关西十里铺敌筑工【事】，本部当令第四集团军派遣敌后游击部队，搜索敌情，集中局部优势兵力，略取敌之据点，并连系友军，相机转移攻势。

5.廿八日，本部又令第四集团军，以有力一部于廿九日拂晓，分别向老龙头、塔山、马窑、虎牢关敌各据点攻袭。

6.孙集团廿九日七时，各派小部队向敌出击，先后攻占北赵庙子、西河口、东西竹园、东坡、马驹岭等据点，毙敌百余。

7.卅日，我十七师进占米河、马驹岭之一营，午再攻塔山。敌一部三、四百，由赵沟、范沟向我侧背迂回，战二时，我向两河口以西地区转移。

寅、泛东方面陈又新部

1.廿五日十三时，敌百余犯黄龙店，被我击退。十五时，一度克复尉氏。

2.廿六日三时，暂二、三旅及独一纵队，向当面之敌反攻，八时占领南曹、石家镇，午后进据蔡庄、朱曲镇、曹念头，续向南席、洧川攻击。

3.廿九日，袭占尉氏，向南席追击。

4.迄卅日止，该部仍在尉氏、许由坟一带游击，并以有力一部分，向五女店、许昌敌进击中。

卯、在反攻密县之同时，由八战区方面增援之第九军后续部队，逐次到达本部。经于四月廿七日，令驻洛阳西谷水镇附近。同时，芮城方面敌颇形活跃。本部于四月廿八日，令冀察独立步兵团开交口，归四十军马军长指挥。

乙、许昌战斗及禹县附近战斗与临登汜主阵地被敌突破（附图第三〔略〕）

一、许昌附近之战斗及禹县附近战斗

1.四月三十日以前情况

自四月廿五日后，汜水、密县方面之敌，即逐渐向南转移，敌并调集驻绥远之战车第三师团，及独立战车第二联队南来参战。二十六日以来，敌约六、七千余窜抵许昌外围石象镇、五女店、和尚桥、石固镇，在空军掩护下，向许昌附廓各据点猛犯。经我新二十九师痛击，创敌甚重。迄艳，敌增至万余，战车、装甲车、汽车一百五十余辆，继续猛攻，阵地多被突破。该师以伤亡过重，不得已退守许昌城厢。激战至卅日早，我许昌已陷重围，迄夜仍在激战中。

2.四月三十日，奉委座电令要旨，对卯卅日早窜犯许昌附近之敌，汤兵团应予严重打击。当经转令如左：

（一）汤兵团对窜犯许昌附近之敌，应予以严重打击；对密县之敌，暂行监视，佯动牵制。

（二）孙集团军应即加强出击兵力，对当面之敌攻击。

3.汤副长官鉴于敌寇之流窜，拟于禹县附近集中有力部队，与以打击，因即将此意见具申于委座及长官。五月一日午，电转汤兵团。委座之传谕如次：

（一）对于汤副长官拟在禹县附近与敌会战意见，同意。

（二）禹县应以一个军死守。

（三）守许昌之师，应尽力支持，以吸引、牵制敌之兵力。

（四）着汤兵团除监视密县之敌外，应集中全力（第十二军、第十三军、第二十九军、第八十五军、暂十五军、第七十八军等），使用于禹县附近，与敌决战。

汤副长官奉谕后，立即请求将守备登、临之第十三军调出，另由本部派队接防。经本部权衡轻重，不得不使用战区控置兵力，以期加厚决战兵力。五月一日，本部经令暂四军之第四十七师，开临汝附近，暂四师开鸣皋、伊川、龙门各附近，第九军全部开登封附近，接替第八十五军防务。

4.汤副长官遵照委座传谕，五月二日午，所呈之部署如次：

（一）南兵团指挥官李总司令仙洲：

（1）第十二军贺军长指挥暂五五师、第八十一师，集结郏县、宝丰地区。

（2）第七十八军赖军长指挥第二十二师、新四十三师，限辰冬拂晓前推进襄县。

（3）第八十九军顾军长指挥新一师、骑二师，集结漯河、郾城。

（4）第二十二师仍在颍桥拒止进犯之敌。

（二）北兵团指挥官王总司令仲廉：

（1）第十三军以一团守备临汝，并以一部继续监围密县之敌，主力集结白沙、告成间地区。

（2）第八十五军于微日前，将登、临阵地之守备任务，交第九军接替后，集结登封。

（3）两兵团战斗地境为十里铺（临汝东）、赵庄、李子楼、黄岗店、马庄、许昌之线。线上属北兵团。

（4）第二十九军固守禹县，新二十九师固守许昌。

5.五月一日以后之战斗经过

（1）五月一日。犯许昌之敌万余，战车数十辆，一日晨，冲入南关，同时敌二、三千与我第一九三师一部，在无量庙、蜘蛛山（禹县北卅里）激战。另敌四、五千，炮十五门，窜楚河铺，另敌三、四千窜郭濂街，与我第一九三师主力激战。汤副长官经令第二十九军，迅速扑灭该敌。十六时，敌骑五百余，由许昌窜黄冈店，与我第九十一师激战。十八时，敌二千经颍桥窜襄县东十里铺，与我第二十师激战中。我伤亡三分之二。本日，我第四师到达大冶南之白沙，暂十六师到达禹县附近。

（2）五月二日。本日我各部队到达位置如次：第十二军军部及第二十二师，宝丰；第七十八军军部及新四十二师、暂二十七师，叶县；第四师，密县；新四十三师，新四十四师，舞阳。

楚河铺敌四、五千，战车十余辆，炮十余门；郭滩街敌三、四千，战车八辆，炮八门；无量庙敌二、三千。共敌万余，战车二十余辆，会攻禹县。同时，郏县东十五里之洪店，发现敌战车七、八十辆，至午增百余辆，与我第八十一师激战中。同午，颖桥南化行发现兵力不详之敌骑，窜至化行南二十里。同时，敌七、八千，战车二十五辆，炮二十门，向我襄城猛攻。漯河亦发现敌骑三百，步兵七、八百，与骑三师激战中。我第八十一师本晚仍在郏县城郊与敌激战中。

（3）五月三日。是日晨，郏县被敌突破，敌一股向我撤退部队追击，一股向宝丰、临汝进犯。敌汽车百余辆，战车四、五十辆，午窜抵薛店。又攻击禹县之敌万余，午将禹县城东、西、南三关占领，我二十九军之暂十六师守城，第一九三师在右，第九十一师在左，向敌反攻，敌分多数小股流窜。同日下午，襄城方面战况甚烈。又我第四十七师两团甫到临汝城，而临汝以东十里铺已发现敌踪。临汝正面过广，敌在正面牵制，主力自汝河南岸迂回该师后背猛击，该师不得已，分向临汝北山及汝河两岸转移。按同日早，本部曾对汤副长官下达命令如次：着第四十七师、第八十五军、第十三军担任临汝方面守备。同日十六时，汤副长官电话报称，已着第八十五军推进至临汝，协同第四十七师守备城防；第八十九军留一部对密县监围，主力开临汝；第二十九军一部守禹县，主力向登封推进云云。惜除第八十五军于当夜到达临汝以北山地外，余均未实现。

（4）五月四日。敌骑二百，战车二十辆，装甲车百辆，步兵一千余，于本日午已到达临汝镇东十里铺。十三时，敌战车通过临汝镇，十五时，战车八辆复窜至白沙，经我地方团队及刘团迎击，毁敌战车四辆。旋敌【战车】增至二十九辆，十六时，窜至水寨附近，十九时，敌装甲车及战车由水寨西渡伊河，沿洛嵩公路北犯，并向我第八十三师正面作威力侦查。

二、登密方面之战况

1.五月一日。第四师及第八十九师，各以少数部队对敌监视，主力在登封以东集结。此时之第八十五军，已进入登封阵地，接第十三军守备任务，暂十六师则已南调禹县。

2.五月二日。据报密县有敌三千构筑工事，七里岗敌正构筑飞机场。

3.五月三日。第九军全部已到达登封，接第八十五军防【务】。本日，牛店敌二千，上午经卢店有西窜样，入夜，卢店至牛店间敌汽车，往返运输频繁。

4.五月四日。敌千余于是日拂晓，攻我韩村、于村(卢店西)前进阵地。又昨三日午后，占领大冶之敌千余，于本晨向石羊关(大金店东、白沙西北)前进。同日午接第九军韩军长电话，报告本日十一时，敌向本军右翼阵地攻击甚烈。我右翼友军三一集团【军】总部及第十三军，均已撤退。刻，敌已占领告成云云。以后该方面电话中断，情况不明，事后得悉守登封阵地之第五十四师，因右侧背感受威胁，不得已于白昼撤【至】登封以西军部附近。韩军长当时感于右翼之开放，及背后之萼岭口发现敌情，于黄昏后开始向伊阳方面转移，登封阵地于以不守。

三、第四集团军方面之战况

1.五月二日。本日十六时，敌五、六百由庙子窜夹鱼沟，向我牛家寨主阵地进攻，另一股五、六百，窜柿树沟(老饭沟东)与我激战，我官兵士气甚佳。入夜，我攻牛家集之敌，续增至千余，战斗竟夜。

2.五月三日至八日。五月三日零时，薛沟及牛家寨当面之敌千余，以主力六、七百转攻冷沟寨，三时许，冷沟寨一度被敌突破，经我派队猛力反攻，五时许将冷沟寨克复。敌一部窜刘沟、羊圈河，被我硫璃庙部队侧击，敌退至东、西瓦台；另一部三百余，东窜荻坡、索峪、方家岭、郎凹一带地区，经我十七师派队协力围击，激战终日，双方伤亡惨重。四日一时许，敌增至千余，向我猛扑。拂晓前，敌突入洪河村我新三十五师师部。经该师师长率直属部队迎击，苦战三小时，毙敌甚多，我伤亡亦重。迄九时，敌复增兵，以一部与我对战，主力分向姜沟、涉村流窜。该集团即饬控置舞【阳】罗总预备队之一营，驰往堵击，与敌在涉村附近遭遇，激战时许。敌继增两千余，屡向我猛扑，我军奋勇应战，反复肉搏，战况激烈，双方损失均惨重，我迫不得已，于十时许转至铁生沟，继续抵抗。复由第九十六军抽调步兵两营驰援，激战终夜。五日拂晓，敌被迫向西南流窜，我新三十五师一〇五团跟踪追击，至圣水街附近激战二小时。敌复窜据张沟、摇岭附近，据险顽抗。敌我至此形成对峙状态。

本部于五月二日，为增援第四集团军之作战，经令第九军新二十四师在府店附近之第七〇团（欠一营），归第四集团军裴副总司令指挥。该副总司令接到命令后，即将该部配属新三十五师，饬在府店附近为预备队。五日，第九军第五十四师一六一团，由葶岭口退至府店，本部亦令裴副总司令指挥。裴副总司令当令该团及第七〇团，占领府店附近既设阵地，对葶岭口警戒。八日，该两团随第四集团军转进。

八日，第九军之一部约五千人，经口子镇、缑氏镇到达磁涧。同日，我第四集团军主阵地复被敌突破数点。此时，龙门之敌已到达赵村（关帝冢北），葶岭口之敌亦北进到达府店附近。该集团被迫撤【至】偃师、洛阳间继续抵抗。嗣虽奉令恢复阵地，但第十七师于折返黑石关之顷，敌已到达洛河东岸矣。

丙、龙门附近战斗（附图第四〔图略〕）

一、战斗前我军之部署

五月三日，突破郏县之敌，先头一部步、骑两、三千，战车百余辆，已窜抵临汝附近。战区为击破该敌，巩固洛阳起见，经作如左之部署：

（一）令第十四军以一个师担任洛阳守备，主力在洛阳以南，经龙门、伊川、平等(含)之线,亘伊河左岸占领阵地,构筑工事。

(二)暂四军(欠第四十七师〈欠一〇四团〉)配属炮五十二团第四连,即开鸣皋镇、嵩县附近,在平等(不含)迄嵩县之线,占领阵地,构筑工事。

(三)令配属第十四集团军之第十四军野战炮兵营,留一个连仍配属第十四集团军,担任河防,主力归还第十四军建制,开龙门附近,占领阵地,限五月四日到达。

(四)令四十七军由河防抽调一个师,在下陆沟(不含)、横水及妯娌之线,对东正面构筑阵地,限本(三)日夜到达。

(五)令新六师即开谷水镇附近,在李家村(不含)、下陆沟(含之线,构筑对东正面阵地,限本(三)日夜到达。

五月四日午,敌窜抵白沙,一部于十九时窜伊川附近。战区以击破当面敌人之目的,定于明(五)日拂晓,由龙门附近转移攻势,经处置如左:

(一)第四集团军及第九军应坚守登、汜主阵地。

(二)第九军之新二十四师,以一团暂拨归第四集团军指挥,以巩固其阵地。

(三)新六师于明(五)日拂晓前,到达龙门东南麻凹、梁沟、清泉寺、袁庄集间地区集结,并对临汝方向布防。

(四)第十四军(欠九十四师)、新六师、暂四军(欠四十七师),均归刘副总司令戡指挥(嗣后称刘戡兵团),于明(五)日俟敌接近龙门阵地,攻势顿挫时,即由龙门、伊川一带,对由白沙北窜之敌出击,一举而歼灭之。

二、战斗经过

(一)窜龙门以南地区之敌,陆续增加,于五日九时,分三路:一路千余,战车及装甲车百五、六十辆,犯我东龙门山之杨沟寨迄七〇五〇高地之线;一路五千余,战车六十余辆,犯我西龙门山;另一路步、骑兵千余,战车三十余辆,渡过伊河西岸,犯我李圪塔、瑶底、茶坊之线各阵地，经我予以痛击，敌未得逞。迄午，敌分向东龙门【山】及李圪塔一带增援，继续猛攻。伊河河谷布满敌战车、〔装〕甲车，硝烟蔽空，天地失色。嗣我杨沟寨及茶坊、瑶底先后被敌攻占，并续行猛攻，经我浴血苦战，奋力支持，敌未得进展。六日晨，敌攻势渐挫，我遂乘机全线向敌反攻，反复肉搏数次，卒将西龙门【山】及伊河左岸之敌全部击退，遗尸遍野，【装】甲车亦弃置十数辆，狼狈回窜右岸。东龙门【山】及敌攻势亦少杀。我第十四军当令八十三师抽派一个团，向北延伸，接替八十五师右翼，移八十五师主力于东龙门山，以加强该师左翼。

（二）战区为支援刘戡兵团之作战，经于六日令第十五军（留一个团）仍守孟津、铁谢河防，以主力推进关陵（洛阳南）、刘富村附近，以一个团归第八十五师陈师长指挥，增强该师左翼。七日拂晓，龙门方面我第八十五师向当面之敌猛烈出击，敌猝不及防，当将七〇五〇高地克复。嗣敌集中地、空全力及野、重炮多门，向我反扑，我全线守军均抱必死决心，浴血搏斗，战况至为激烈。迄十时，我七〇五〇高地阵地尽被轰毁。同时，另敌一部迂回该师左侧背。迄午，我遂转进至司马街东西之线。

（三）战区为击破侵入龙门之敌，经于五月七日午后三时，处置如次：

1.令刘戡指挥第十四军（欠九十四师）、暂四军（欠四十七师〈欠一团〉）、新六师及十五军之一团，对于占领东龙门山之敌，应即转移攻势。

2.令武庭麟指挥第十五军（欠一团）及第九十四师，守备洛阳，并指示须守备十乃至十五日。

3.令第四集团军及第九军，在原阵地尽力支持，以使反攻龙门有利。

4.令汤兵团以第十三军、第八十五军，迅速由临汝方面尾击窜犯龙门之敌，以收夹击之效。

（四）龙门之敌对刘兵团猛力进犯。同日（七日）入夜，刘兵团奉大本营令，酌留一部于西龙门山及龙门街，主力转移于磁涧、三山村、新店一带，占领阵地。五月八日午后十时二十分，复奉大本营电话指示节开：刘戡兵团应派一个师，明（九）日向龙门前进，对敌威力搜索，并准备一个师，在后跟进。注意前卫须配属平射炮，限令今晚准备完毕，候电话即出发。等因。经电转饬该部遵照准备。此时大本营以汤兵团已至白沙，如以刘戡兵团配合，夹击龙门之敌，必能成功，当经督促至再，惟第十三、第八十五两军，经暂四军几次派人连络，均未寻得其位置。

（五）五月九日上午七时顷，刘戡部照预定计划实施，先头一个师对敌威力搜索，另一个师跟进。下午一时，复奉大本营指导，当即分饬遵照。

1.刘戡兵团要稳当前进，驱逐敌警戒部队后，与汤恩伯部配合，克复龙门。

2.汤副长官于本晚亲赴前方，督饬第十三、第八十五两军，由伊川向龙门前进，攻击敌人，应注意密取连系。

3.孙尉〔蔚〕如对巩县及其附近阵地，应设法保持。

此时，敌已突破龙门街北犯，我八十三师之先头团被阻，即占领苗湾、三山村之线阵地，与敌接触。以一个团部署于前、后五龙沟，另一团在唐村附近，师部于孙旗屯设指挥所。第八十五师即向高家、马头寨地区前进，并于白营（辛店西南）配置警戒部队。

（六）五月九日，垣曲之敌由南村、白浪强渡，我新八军方面吃紧。当时预八师已由陕开至新安，对东布防，当急饬开渑池增援。五月十日下午七时，奉大本营令，着四集团速开宜阳，增援汤兵团之作战，刘兵团以主力集结石龙寨、李家寨、磁涧地区，侧击由渑池向洛宁或洛阳前进之敌。当即遵照指示，下达部署之命令。本部指挥所之位置，亦遵于十日上午二时，经宜阳转移于洛宁。龙门战斗于以结束矣。

丁、洛阳战斗(附图第五〔图略〕)

一、一般情况

1.五月九日,龙门方面步、骑、炮连合之敌一股两千余,战车百余辆,沿公路向北进犯,另一股两千余,由三山村附近渡河,攻击七里河。

2.五月十二日,占领七里河之敌,开始进击我西工守备部队。

3.五月十三日,偃师方面敌三千余,战车百余辆,开始进犯洛城。

4.同日,渑池、新安合股之敌,亦会犯洛阳。

二、我之作战准备及部署

本部于五月八日接林主任蔚文两次电话,转来委座传谕:

(一)洛阳及其附近各守备部队,应死守各该地区十至十五日。

(二)洛阳城防部队,应准备充分电台。

(三)洛阳应多囤粮弹,并注意巷战设备。

(四)洛阳城防部队,应注意陆、空连络,我飞机飞抵洛阳时,必在上空盘旋三匝,飞行特低。

以上各项当经分饬关系机关单位分办。

第十五军(附九十四师)洛阳及其附近之防御部署如次:

(一)西工区——以六十四师担任守备。

(二)邙岭区——以六十五师担任守备。

(三)城防区——以九十四师担任守备。

(四)军指挥所。1.灵官洞。2.西工。3.西车站。

三、战斗经过

突破龙门之敌两千余,战车百余辆,九日沿公路分向我安乐窝、茹家凹、桃园寨一带警戒阵地进犯,经予痛击,未逞。另一股两千余,战车五、六十辆,由三山村附近渡河,向兴隆砦、七里沟、五女冢进犯,经我守军奋战拒止。

十日拂晓,犯我警戒阵地之敌,施行猛攻,激战五小时,我七里河、兴隆寨当被敌攻占。

十一日晨，敌战车、装甲车共四十余辆，掩护步兵千余，由林森桥东、西地区，分向我西工及南关进犯，未逞。同时，另敌四、五百，向五女冢、东陡沟进犯，激战时许，亦被我击退。

十二日一时，七里河、兴隆砦敌，战车五、六十辆，步兵二千余，向我猛攻，激战至拂晓，敌续增二千余，战车七、八十辆，向我猛扑，我当退守邙山南麓、史家屯之线。同时，东、西下池亦被敌攻占。

十三日，偃师西进敌三千余，战车数十辆，向我陇海车站南北地区进犯，由十三时迄十八时，已进迫五里铺、北窑、猪龙嘴之线。西工方面，因遭敌猛攻，且地域过大，不便守备，我六十四师遂转移至史家屯、烧沟、岳村之线。

十四日拂晓，敌全线向我总攻，经我官兵奋勇应战，反复肉搏数次，迄十五日晨，敌迭次冲入东关、南关、山陕会馆各阵地，均被我击退。

十六日五时，西工之敌续犯史家屯。同时，另敌千余猛攻庄王山，激战竟日，敌未得逞。

十七日下午五时迄十九日十八时，敌在烟幕掩护下，数次向我全线猛攻，我守兵沉着应战，均抱必死之决心，战斗至为激烈。嗣敌数次增援，并倾陆、空全力猛扑，我敌肉搏数次，我邙岭西部阵地均被敌摧毁，遂转移岳村、史家沟①、后沟之线。

自廿日晚，敌复发动全线总攻，尤以后洞、上清宫、史家沟各地战斗最为激烈，敌我均无进展。

廿一日十二时，敌战车廿余辆，复猛扑我史家沟、上清宫迄后沟之线，激战至廿二日，除留一部固守东、西车站外，主力撤守洛阳城内。

廿四日拂晓，敌陆、炮、空联合，向我洛阳城总攻，先以炮兵、飞机集中火力，向我西面城墙及东北城角轰击，激战至午，敌步兵千

① 一作“史家屯”。

，窜入西门及西北城角之线，与我官兵肉搏。同时，东车站已成混战状态。至二十六日晨，我官兵以弹药已罄，通信亦无法连络，遂忍痛分别自城东南角向外突围。光荣之洛阳守备，前后共计十八日。

戊、新安、渑池附近战斗（附图第六〔图略〕）

一、一般状况

五月九日，龙门方面之敌继续北犯洛阳。十二日，并开始向磁涧方面进犯。九日，黄河北岸垣曲附近，集结之敌利用夜暗，分由南村、白浪强行渡河，压迫我新八军，积极向陇海路流窜。

二、战斗经过

1.渑池方面

五月三日，南村对岸板涧口附近之敌，一部乘夜偷行试渡，经我河防守军暂二十九师及河北民军协力猛击，终未得逞。至（五）月九日傍晚，垣曲附近各据点之敌，约四千余，分由白浪、石板沟、南村，先后强渡。我守军分别阻止，沉敌船多只，卒以敌火猛烈，我第一线阵地多被摧毁。此时渡过之敌，复以广正面向我突进，先后攻占红土坡、大小口门山、石门沟、段峪、中关等处，会合于双梨树。当夜，预八师之一团已自新安用火车输送渑池，已赶到坡头及大、小口门山，协力阻击犯敌。十日本部饬新八军依预八师之增援，力保坡头及大、小口门山，万不得已时，亦须确保渑池待援。同日，遵大本营令，指示刘戡兵团主力，转移于新安、宜阳中间地区，对渑池之敌进犯洛阳或洛宁时，予以侧击。当日午，预八师主力亦自新安开渑池。本日，我空军发现白浪、宝山敌续渡，而渡犯之敌，亦逐步扩张战果。十一日，敌已到达陇海铁路之英豪，分向两侧流窜，包围渑池，我新八军与敌短兵相接，毙敌无算，我军亦损失惨重，逐步南移，占领阵地，以拒止敌军南窜。十二日，敌分股沿铁路窜犯，一股攻观音堂，一股攻占义马，企图与磁涧方面西犯敌合股。我新安以北地区之三十六集团，以陷敌夹攻，一面抵抗，一面经新安以西，越陇海路向南转移，同（十二）日，我新八军之新六师，亦由龙门方面，沿洛河经宜阳、韩城赶到藉〔藕〕池附近，归军建制。又河北民军及魏纵队，亦分向硖石方面集结，由高总司令直接指挥，阻敌西犯。

2.新安方面

五月十二日，窜犯磁涧之敌，与我刘戡兵团暂四军（欠四十七师）激战一昼夜，毫无进展。

十三日，敌战车陆续增援，突破我阵地，沿铁路西进，分犯二十里铺、尤沟，战况至烈。下午四时许，敌战车约百五十余辆，续向磁涧猛扑。此时，我军均沉着异常，分守据点，与敌搏战。嗣以渑池方面东犯敌已合股，将我铁路南北部队截断，企图以各个击破之手段，分区向我包围。是时，固守原阵线之刘戡兵团，不得不重整态势，再图反攻。该兵团遂稍后移，于新安以南占领阵地。沿铁路线之敌继续南犯。同日，观音堂之敌三千余，窜渑池以南地区，其一股则西进，续犯硖石。

3.新安、渑池战斗后，经本部调整态势，此时我军之态势如次：

①第三十九集团总部及河北民军挺一纵队，在硖石附近，以一部对东警戒。新八军在藕池以南集结整理，并以新六师在白阜镇、孝村、藕池之线，对北布防。

②由偃师经北邙岭赶来之第四集团军，五月十二日，大部由新安附近过铁路，到达石陵附近；其第九十六军即于程庄东西之线，对义马方面布防。第三十八军接刘戡兵团右翼，于温村、韩城之线，对东布防。

③刘戡兵团于新安以南迄宜阳附近，对东占领阵地。

④第三十六集团军于新安以南、新宜公路两侧地区，对北占领阵地，并确实控制该路。

⑤十一日，集结程庄之预八师，十二日于赵家坡、后窑之线，

接新六师对东布防。

4．我军之反攻部署

五月十三日二十三时，奉委座电话谕节开：战区应集中兵力，对敌反攻等因。当经部署如次：

（一）对洛阳方面：

①第十三军应对白杨镇之敌攻击，歼灭收效后，即转向洛阳之敌围击。

②刘戡兵团应即攻击当面之敌，攻击目标洛阳。

③第三十八军应在刘戡兵团左翼，先行消灭磁涧及以北地区之敌后，即向洛阳围攻。以上各部统归刘戡统一指挥。

（二）对渑池方面：

①第三十六集团军应对渑池之敌迎头痛击。

②九六军应即猛攻渑池、义马间敌之右侧背。以上各部均由李总司令指挥。

③攻击开始时刻，为五月十四日拂晓。

此项命令虽经分别下达，卒因白杨之敌已窜连庄（沙坡头东十里），刘戡侧背及韩城均感威胁，以故无法实施。

己、豫西山地战斗（附图第七〔图略〕）

一、一般状况

自龙门方面刘兵团转移阵地后，诸种连合之敌三千余，战车百余辆，于五月十二日开始，由三山村附近渡过洛河，猛犯磁涧阵地。另一股步、炮之敌二千余，战车数十辆，由临汝方面经丰李镇、李王屯，沿洛河南岸西窜，进占宜阳东北高桥、北渡，渡河西犯，经我宜阳附近守军一〇六师阻击，未逞。自十三日磁涧、渑池之敌合股后，仍分头南犯，复与我刘兵团、李集团接触。

二、我军之部署

1．战区以各兵团先后转入豫西山地，须重新调整部署，再行攻击窜犯之敌，遂于五月十三日下午六时，在洛宁作如左之处置：

(一)刘戡兵团应于现地尽力支撑，万不得已时，转移于黄家窑、红土岭之线。

(二)第卅六集团军应于夫子庙、两郁口7867高地间，对北布防，并确守新宜公路。

(三)第四集团军之第九十六军，速于马廉沟、牛心寨、坡头、娄沟间，对北布防，左与新六师连击〔系〕。第卅八军速开韩城集结。

(四)第卅九集团军以新六师之一部，在藕池附近，主力在白阜镇、孝村间，占领阵地。胡军长率暂廿九师到藕池以南地区整顿。乔明礼、魏凤楼部归总部直接指挥，在硖石整理，并对北布防。

(五)预八师暂由本部指挥，速向程庄附近集结待命。

2.此时，宜阳之敌已近迫我一〇六师固守之据点段村。自嵩县窜白杨镇之敌步、骑千余，战车数辆，已经赵堡向韩城窜犯，我第十三军之四个营，已到达韩城对岸之沙坡头。第卅八军尚未到达。战区为确保韩城、洛宁，遂紧急处置如左：

(1)催卅八军速开韩城，占领阵地，并掩护刘兵团右侧背。急令第一〇六师派一个团南渡洛河，占领韩城对岸之连庄，拒止自白杨镇窜犯之敌。

(2)令十三军在沙坡头以南，协力一〇六师之一团拒止白杨镇之敌。

(3)刘戡兵团对当面之敌，应猛予痛击。

(4)第九十六军进击渑池窜犯之敌。

(5)着预八师即开三乡镇、凹里南北之线，对东布防，掩护洛宁。

(6)李集团应尽力猛攻渑池东窜之敌，协同刘兵团与第卅八军连击〔系〕，在石泉以南占领阵地，掩护其行动，并着各集(兵)，团注意连击〔系〕。

3.当时并对高树勋指示如左：

（1）预八师刻在渑池以南，程村附近集结待命。

（2）该集团军与所属各部，应速设法恢复连络，并尽力支持，万不得已时，应沿陇海路逐次抵抗。同时，通知第四十军，使有备战之余裕。

（3）应即令范龙章以一部留藕池，主力即开孝村、白阜镇间布防。其留藕池之一部，俟孙集团到达后，即西开归制。

二、战斗经过（附图一）〔图略〕

1.五月十二日，经龙门沿洛河西进步、炮连合之敌，其一部六百余，配属汽车卅余辆，由宜阳东北高桥渡河，北犯我段村据点阵地。我一〇六师（欠一团）猛予攻击，杀伤甚多。敌回窜。

2.五月十四日，宜阳方面西窜之敌，续增至三千余，战车廿余辆，与段村我一〇六师（欠一团）展开激烈战斗，毁敌战车十余辆，生擒敌官兵五人，毙敌四百余。同时，韩城以南连庄，窜至敌步、骑千余。当时我十三军之四营兵力，仍在沙坡头未动，在连庄附近阻敌【之】我一〇六师之一团，因段村危急，已使归制，并力御敌。

3.十五日，宜阳之敌突过段村，近迫韩城，此时我第卅八军部队尚未全部到着〔达〕，两面受敌，陷于苦战。十六日晨六时，连庄之敌已进出于洛河南岸，我十三军之一营北渡洛河，余部与敌接触后，均向南移动，敌遂沿洛河南岸西窜。战区为掩护卢氏后方，急调就近之预八师西移，使占领长水西侧高地，以防洛河南岸之敌再行西进。迄同日午，韩城状况不明。又急调刘戡兵团于洛宁东侧四里、三乡镇占领阵地，以拒止韩城敌人之突进。另令第四集团军速至长山以西高地，接替预八师，将预八师移占十八盘阵地，以直接掩护卢氏。不意情况急转直下，各部队尚未到达指定位置，而十七日拂晓，洛河南岸之敌已出现于长水，与预八师接触矣。本部指挥所位置，不得不由故县河东转移卢氏。

4.此后各兵团迭受敌之压迫，均经洛宁西北山地，向西转移，分述于后。

（一）五月十四日，第卅九集团军于硖石、白阜镇、藕池之线，一面阻止渑池方面敌之南窜，一面掩护第卅六集团军向西转进。自五月十六日，新安、渑池之敌合股后，复南犯白阜镇、孝村一带我阵地，又西犯，陷观音堂，复续行西窜。十八日，步、炮敌二千余，猛攻陕县、尤家湾等处，同时陕县对岸敌亦强渡，经我第四十军迭次击退。迄午，以阵地多已摧毁，陕县被敌攻占。至未，大营亦陷。是时，第四十军转移曲沃街南北之线，与敌对战。是晚，大营敌屡犯未逞。旋敌绕道犯稠桑镇、虢略镇我警戒阵地，我遂以一部南移，策应河防及第八师对东作战。

五月二十日，大营南窜敌被我第四十军一部，堵击于司谷凹，敌无法进展，灵宝仍为我控制。灵宝以东桥梁，均已彻底破坏。我卅九集团军除分别攻敌侧背，策应友军作战，并掩护友军行动外，则逐渐西移。经白阜镇、南岭、石板沟以北一线，沿途击敌，毙伤甚多。五月廿一日，其大部转至官道口附近地区。

（二）第卅六集团军于新安方面，阻敌东窜。至五月十五日，以我腹背受敌，为争取有利地形，经石陵、白阜镇、南岭关之线，向豫西山地转移。

观音堂之敌，十七日沿陇海路续行西犯，企图进犯陕县，并编组多数小股，向以南山地钻入。我军当随时侧击、截击。该集团为整理所部，以图再举计，遂逐步西移。

自敌陷陕州后，分股南窜，至廿日，其流窜小股，多被我高、李集团击退。另敌一股在姚凹，与我卅六集团军总部遭遇，旋为夺取有利地形，即向西突进，至秦家坡，李总司令不幸中弹殉难。当时四十七军李军长率部赶到，将敌击溃。至廿一日，大部抵南钥渡附近。

（三）刘戡兵团（第十四军及暂四军）自五月初于龙门、磁涧各地区苦战旬余，以连庄方面敌威胁我右翼，复以宜阳被敌攻占，为阻击敌之突窜，逐渐向西转移。

十五日，敌分股经宜阳西窜，十六日占韩城，我侧背受敌。当即由柳泉以北地区、经程村转移于三乡镇南北之线，占领阵地，阻敌西窜。旋被迫经焦河集、上戈、官道口，而至南岳渡五亩街一带集结。

（四）第四集团军守韩城之第卅八军，及对铁门、义马方面布防之第九十六军，以宜、渑、新方面之敌，同时进迫，遂逐步抵抗，经程村、洛宁、毛冈涧西移。五月十七日，西犯敌陷洛宁，与嵩县之敌同日会犯长水。当派队截击，数度与敌重创后，转经娘娘庙、大岭头、官道口，至十二日抵福地附近地区。

（五）我守段村之一〇六师，自十二日以来，与敌接触，日有斩获。迄十四日，敌数骤增，三面包围，酣战至烈，我阵地毫不动摇。嗣以顽敌续【增】战车三十余，集中炮击东寨门，门毁，敌步兵拥入巷战后，彼我横尸街衢，旋【敌】战车亦突入。【我】不得已突围西移，经藕池、白阜镇、南岭关西进，沿途迭创顽敌。廿二日，抵巴鲁附近，归军建制。

（六）第十四集团军刘总司令亲率直属部队，沿洛河南岸转进。五月十六日到达故县河东后，参加卢氏战斗，尔后随本部而至阌乡、南官庄附近。

庚、卢氏附近战斗（附图第八〔图略〕）

一、一般情况

自洛宁、嵩县陷敌后，一股步、炮之敌两千余，沿洛河两岸西犯，一股千余由嵩县分循小径向西钻进，企图进攻卢氏。

二、本部处置

1. 五月十八日，着预八师在十八盘占领阵地，对东布防，并着第九军布置卢氏城及近郊。

2. 奉委座辰巧申令一元甲电令，节开：

（一）洛阳仍在我军固守中，该战区应以必要兵力应付深入之敌，其余部队迅速整顿，准备向洛阳反攻。此次准备限一星期内完成，由战区制定方案具报。

(二)洛水以南为汤兵团活动根据地，应迅速调整部队，肃清该区敌人，准备反攻，归汤副长官统一指挥。

(三)洛水以北为第一战区(欠汤兵团)之活动根据地，一面整顿部队，一面随时打击该区敌人，并策应陕州方面之作战。

(四)卢氏据点由第九军固守，并由蒋长官火速抽调一军，至少以有力一个师转用，击沿洛卢公路进犯之敌，确实保持长水镇以西高地。当即遵照策定计划，并下达所要命令。

三、战斗经过(附图二〔图略〕)

五月十四日，宜阳方面战况紧张，预八师经程村开三乡镇、四里，对东布防。当时洛河南岸之敌已抵狮子岭。据汤副长官面告，有兵两军竭力阻止，并有李副总司令楚瀛率兵两师尾追，当无问题，遂令预八师西开，占领长水西侧高地，准备拒阻。该师于五日十六日到达，十七日拂晓，与该敌接触，激战竟日，但以韩城之敌亦突破洛宁进逼，受敌夹击，遂节节抵抗，并经长水以北山地向西转移。十八日，到达卢氏东十八盘山地，对东布防。是晚，嵩县方面西进之敌二千余，因正面汤兵团九十一师之一团抽调他往，循嵩、卢山地小径窜占文峪镇，连夜西犯。十九日，到卢氏南岸城郊，枪声骤起。廿日拂晓，分股会犯卢氏城。我第九军据城死守，被敌突入城内，该军受迫，渐向城郊西侧山地转移，旋与赶到之预八师协力围攻。迄廿一日辰，敌不支，分途东窜，我遂规复该城。

四、规复卢氏后之部署

1. 五月廿七日，第十四集团军刘总司令率暂四军进驻卢氏。

2. 第四集团军于五月廿六日，分途向洛宁方面推进，并先行驱逐长水之敌，以新十四师之一团，推进至王范镇，与敌保持接触，以主力占领长水两侧高地阵地，相机规复洛宁。

3. 第卅九集团军于五月廿八日进驻上戈，向渑池、观音堂挺进，以策应刘戡兵团攻击陕县。因虢略镇阵地放弃，敌窜五亩街、朱阳镇，遂令该集团转进官道口、杜关。六月十六日，以灵宝阵地规复，复令该集团进驻上戈、瓮关一带，相机进出渑池、观音堂。

4. 第四十军之新四十师及挺进第四纵队，五月下旬先后到达卢氏，新四十师在三川、马超营，四纵队在狮子庙附近，对嵩县方向警戒。

5. 第九军及预八师，先后归还八战区序列。

6. 第卅六集团军六月初参加陕州攻击，至本月七日任务完毕，集结卢氏以西沙河街、潘河一带整补。

第四、敌我伤亡及掳获与损耗

一、是役共毙伤敌二万余，毁敌战车数百辆，俘敌百余，获敌作战文件及其它军用品甚多，尤以第八十三师在延秋击毁敌战车五辆，于敌石川少佐（参谋）所乘战车内获得敌全部作战计划，为最有价值。该项文件已呈缴大本营研究。

二、我军伤亡损耗如附表〔表略〕。

第五、作战检讨

见另册

司令长官　蒋鼎文

中华民国三十三年六月

〔国民政府国防部史政局及战史会档案〕

## 2. 蒋鼎文关于中原会战溃败原因之检讨报告

（1944年6月）

### 前　言

前事不忘，后事之师。此次中原会战，挫师失地，罪戾难辞。然而追怀过去，冀策将来，此一段血的教训，深足警觉，确有坦白的检讨之价值。

此次中原会战，规模宏大，兵员众多，敌挟其蓄锐已久之华北、关东各军，及装甲师团以俱来，战区与之周旋亘两月之久。会战中间，一般将士用命，不乏壮烈可歌可泣之史实，至于局部之胜利，亦在在多有。然而卒不能摧破顽敌，挽回颓势者，自有必然之原因。兹谨就事论事，加以检讨，意在借鉴将来，以图补救也。

甲、战前准备

一、战区抽转兵力过多，以致兵力不敷分配

上年太行、山东相继弃守，敌人直迫河泛，所谓黄河天险，敌与我共。当时，战区判断敌人之行动，或确保其所谓华北兵站基地，或打通平汉陆上交通，或在欧战未结束前，先行摧毁我进出华北之作战基地之一切反攻准备，必将对河南有所举措。故战区在备战上，除积极完成反攻准备外，凡策动伪军，树立敌后武力，重整太行、中条各游击区，以牵制敌人者，无不积极进行，不敢稍懈。在党政方面，不仅对冀、察两省，而且远及于东北边区，亦竭力部署。同时，并力谋巩固河泛防务，以期确保豫中平原，冀在不患敌人之来攻，恃我有以待之也。当时，按战区情势，原有之兵力已深感不足，而以西南战区之开辟，及共匪企图蠢动关系，93A、98A、9A、17A、27A、92A等及〔即〕相继抽调他去，于此三面环敌，防广兵单状况下，既不免惹起敌人之觊觎，而敌人进犯时，确感兵力不敷分配，捉襟见肘之苦痛。在此次中原会战之直前，战区为应付事机、弥补缺乏计，曾请增派两军兵力，一驻龙门以南，以巩固临、陕；一驻渑池、观音堂一带，以加强河防，惜均未适时拨动。

二、河泛防之部署未能适合指导理想

黄、汜本为天险，其障碍力之伟大，迥非一般地障所能及，倘能遵照大本营所指示，以精强部队采用直接配备，周密部署，并加强工事，使敌无法越雷池一步，实与战区会战指导至上之理想。乃暂十五军及独一旅等部队，均系新成立部队，素质甚差，用以守备中牟、京水等重要渡口。而部署又系后退配备，希望【在】郑州以南平地与敌决战，既不能歼敌于水际，又不能歼敌于我岸，造成敌空前之渡河纪录，黄河天险未能表现其功效，殊为遗憾。

三、作战部署未能适合指导方针

依预想敌人进犯之可能方面，采取内线作战要领，先于登、汜、密、禹地区，击破由新乡方面渡犯之敌，再转兵南下，迎击由信阳北上之敌。最初即将主力部队（十二、十三、二十九各军）隐密配置于登、临一带地区，此为大本营所昭示，抑亦战区之理想方案。惜在会战前，登、临一带只有第十三军一个军，其第十二、第二十九两军，均分布于叶县、襄城、郾城、临泉及舞阳、象河关一带，兵力极度分散，且又配备重心过偏于南，以致敌人突过郑州，到达密县附近时，不得不临时调集，既不能适合战机，且蒙各个击破之不利。

又会战前，我七十八军在方城、镇平一带，新一师在漯河、遂平一带，骑二军在项城、阜阳一带，暂九军在太和、亮集一带，八十九军及骑八师则远在黄泛以东，兵力均陷于分散，其结果，亘会战中期，均未能使用。

四、对敌装甲部队缺少防战装备

战区各部队，除十二、十三、十四、二十九、八十五各军有战车防御炮装备外，余均无。当敌人集中时，屡报敌似有装甲部队，且于黄河北岸各村落，集积油料甚多。初未料其装甲第三师团之出现于当□也。战区为应付此种部队，曾经请派山炮兵及战防炮各两营，未获邀准。此后敌之装甲部队到处窜扰，给我以仅有之炮兵、地雷阻绝、极力应付，屡予重创。然以血肉之躯，当装甲部队之锋，终难限制其活动。敌骑兵与装甲部队配合，行动飘忽，势如疾风，以致战局全盘失利，不胜痛心。

查豫中平原，均系旱田，公路道路纵横交错，最适宜于装甲车辆部队之活动。道路破坏，无效力可言，地形改造，限于事实，亦不可能。经此教训，凡北方部队，对于装甲防御部队之装备，似须力为充实，所谓因地制宜，不可或忽也。

五、在战前对黄河铁桥未能彻底防止敌之修复。

上年曾获情报，敌自承渡河教练失败，良以黄河水势汹涌，流线不定，虽熟练之土著水手，对于黄河过渡，亦不能认为有把握。

敌在屡次试验失败后，深悉“敌”前渡河之难。故今春于渡犯之前，先行着手抢修黄河铁桥，不惜任何代价，必期其成，以为大军进出之经路。战区侦悉明确后，一方袭阻破坏，一方请求空军轰炸，惜航委会未能派机前来，实施轰炸。倘黄河铁桥未能完成，则敌之渡河必甚困难，绪战必能于我有利，装甲部队亦将无法长驱直入，此点影响甚大。

乙、会战实施

一、绪战未能予敌以严重打击，致遭尔后之不利

河泛防之部署，未能适合指导思想，以不精练之部队守备重要渡口，以及黄河铁桥，未能彻底防止敌人修复，已如前项所述，因之敌于绪战初期，未遭严重打击，即得轻意渡过河泛，占领有利地域，以掩护其主力及装甲部队之进出，而我遂陷于逐步的不利。

敌之谋我，处心积虑已久，邙山头之监围，敌虽突破，而以后退配备之关系，摩旗顶兵力过少，以致先行失陷。同时，我八十五军除邙山监围外，更任郑州及密县之守备，以致兵力劣势，被迫节节后退，敌如出柙猛兽，势唯〔难〕就范矣。

二、主力部队之使用未能捕捉战机

敌于四月二十三日窜达密、汜之线后，构筑工事，改取守势。迄五月一日，其装甲部队方出现于许昌附近。如我于二十四、五日乘其立足未稳，以主力猛攻密县，以拊其背，则可于其装甲部队未到达前，先将密县之敌击破，直逼郑州，虽不能全操胜算，最少可充分发挥我主力部队之威力，迫敌局促于郑州以北地区，而使其陷于被动，此实我整个作战计划之精神也。乃迟迟未能实行，良好战机稍纵即逝。迨敌主力挟装甲部队进出于许昌、禹县地区时，始集中主力部队，企图与敌决战。此时不仅实力、装备相差过远，抑且我使用部队，逐次参加，力量既不集中，决心又未彻底，遂遭敌之各个击破。从此我主力部队渗透于外翼，登封阵地不守，临汝立陷危急，虽移守备洛阳之兵，以实临汝、龙门之防，而内线兵单，核心暴

露，终无挽回之望矣。

三、缺乏控置兵团以致无法适应战况

在会战初期，战区鉴于敌之进犯，必有大企图，会战须有韧性，除请求大本营，获得第九军（两个师）之援军外，更抽集暂四军（两个师）于伊川附近，新六师于洛阳附近，一〇六师于宜阳附近，连同洛阳以北河防之十五军两个师，及预定守备洛阳之十四军三个师，共十一个师，均控置于洛阳及其西北、西南两地区，准备临、登、汜阵地万一突破时，再于洛阳附近与敌决战。五月一日，奉委座谕，着汤兵团集中全力，与敌在禹县决战。当时因汤副长官之请，即以第九军接登封一带防务，以暂四军之四十七师接临汝一带防务。讵意五月三日，四十七师之两团甫到临汝，立足未稳，而敌战车部队已到达。四日，敌已至水寨、彭婆。此时，我第十四军及暂四军之主力，均不得不于龙门、伊川迄嵩县间布防，新六师及十五军之主力，亦奉令开龙门一带增援。当时战区所有控制部队，惟一〇六师而已。

一〇六师于五月十一日开始，在段村与自龙门来犯之【敌】战车及骑兵部队发生战斗。而自八战区开来新安之预备第八师，亦在九日夜十日午，分别开往渑池堵击侵入坡头及大、小口门山之敌。至此，战区已无一兵一卒控制部队。此后，敌骑兵先后在洛河南岸之连庄、木材关、崇阳镇、文峪镇出现，对本战区右侧背不断威胁，对本部迭次袭击，战区均苦无法应付。盖以自嵩县向西进出之敌，行动过速，我所有部队均尚在前方，无法抽调赶到，为应急处置也。

四、任务遂行未能彻底，部队协同亦不确实

当登、汜、龙门各部队转进于豫西山地时，大本营曾告以汤兵团已至宜阳、韩城一带。迨本部到达洛宁后，方知仅十三军四个营到达韩城南、洛河对岸之沙坡头。五月十三日午夜，奉委座电话传谕，刘戡兵团、三十八军、十三军，前向洛阳反攻等因，当以辰元亥电，令十三军应对白杨之敌攻击，将敌歼灭后，转向洛阳之围击。刘戡兵团应即攻击当面之敌，攻击目标洛阳。三十八军应在刘戡兵团左翼，先行消灭磁涧及其以北地区之敌后，即向洛阳围攻，统限寒日拂晓开始攻击。此项命令虽经下达，然当时三十八军正在行动中，十三军亦连络困难，当时即以攻击开始时刻，不免迟延为患，而情况变化更有出人意表者。翌晨，刘戡兵团方在石陵东侧南北之线遵令攻击，不意白杨之敌千余，战车二十余辆，已窜连庄（沙坡头东十里），与我十三军之四个营接触矣。并悉三十八军已到石陵以北地区，因本部元亥电令尚未奉到，正遵灰亥电令，向宜阳方面推进中（转奉委座灰酉电话传谕，增援汤兵团而来）。此时，我宜阳附近之一〇六师两个团，已苦战多日，今则侧背再受威胁，势益危殆。本部为应付情况，乃即作断然处置，令三十八军迅速占领韩城以东既设阵地；九十六军占领温村南北之线，阻敌西窜，并掩护刘戡兵团及三十六、三十九两集团向西转进。迨三十八军到韩城后，一〇六师已突围转进。宜阳之敌三千余，战车七、八十辆，亦已向韩城猛进。该军部署未毕，遭此强袭，阵地致被突破。此际，刘戡兵团方进抵洛宁之程村，初拟饬令占领长水以西高地，使北与三十九、三十六两集团相衔接，先巩固长水迄观音堂之线，俟立足稳定，再图反攻。因种种关系未能实现，遂改令该兵团迅速占领三乡镇南北之线，阻击西进，并掩护第四集团军在长水镇西北地区集结。不意该兵团未及占领三乡镇，而由韩城西犯之敌装甲部队，已先过三乡、洛宁，进窥长水。该兵团当即在三乡以北地区，予敌侧击，此五月十六日事也。以上种种紧急部署，无非防止连庄及洛河北岸之敌向西深入，冀能将其顿挫，再以其它部队侧击之，以求歼敌于洛水两岸地区。无如各部队多不能预期行动，第四集团军既未到达指定地区，而沙坡头方面，我十三军之四个营一经与敌接触，亦即南撤，该敌遂沿洛河西窜，十七日晨，已直逼中山镇矣。北岸犯长水之敌，我预八师复未予韧强抵抗。自此，各部队均离宜卢公路之主作战线，纷向洛宁西北山地转进，通信亦陷中断。敌遂长驱深入，猖狂无忌，直逼卢氏东之十八盘隘路。五月十八日下午七时，接汤副长官电话，谓已饬九十一师之一团开抵卢氏，请示如何使用。当以十八盘方面情势严重，经商定即令该团星夜开十八盘占领阵地，阻击敌人。翌晨三时余，长官亲见该团经卢氏北城根向东运动，迄十时顷，得悉预八师已辗转至十八盘布防，并由长水西进之敌，已至北岸迂回该师侧背，情势危急。当饬速与九十一师之一团连络，协力击敌。旋复据预八师林师长电话报告，十八盘附近遍觅，实无九十一师部队云云。后悉该九十一师之一团过卢氏后，始终未向十八盘前进，竟自动不知去向。凡此经过，所有洛河两岸部队，既未能彻底遂行任务，复未能互相确实协同，遂使两岸之敌提携并进，会合于故县附近后，而直逼十八盘矣。

五、重要情况缺乏确实报告，以致部署不能周密

本部在洛宁及故县镇一带时，汤副长官在电话上屡次报告长官，谓嵩、卢大道可无顾虑。盖敌前既有我两个军阻击，敌后复有李副总司令楚瀛牵〔率〕领之两师追击，山岭崎岖，地势险阻，敌不能深入也等语。五月十七日，本部指挥所抵进卢氏。翌日十九时，接汤副长官电话，悉九十一师之一团已到卢氏，当时甚以为异。盖卢氏附近初无汤部，又何来之速耶。经询据称，前曾奉大本营命令，饬派两个师来守卢氏，此事钧座当能忆及，刻所到之团即系该两师之先头等语。其后经查始知，该九十一师之团，初本布防潭头、道上、三川附近，阻敌西窜者，嗣汤副长官将由登封转进而来之第九军残余两连，调往接防，该团遂撤来卢氏。所谓两师部队开卢固防，实无其事。孰意由嵩县经潭头西犯之敌，突于五月十八日循潭头通卢氏大道而来，我布防该该〔该字衍〕处之第九军两连兵力，自不足以当其凶锋，敌遂长驱直入，当晚窜抵文峪镇。十九日十三时顷，守十八盘之预八师林师长，因九十一师之一团迄未到达，以电话告急。长官方指示机宜，忽闻卢氏近郊枪声甚密，与本

部仅一水之隔，始犹以为军民误会所致，孰知潭头之敌已直追城下，如此严重情况，事前毫未据报，而潭头、道上仅有之九十一师一团兵力，复于紧急之际，实行抽调，致使卢城不战而陷。是布置之未周，实由于情报缺乏真实性所致也。

丙、军民不能协同，政治全然不能与军事配合

此次会战期间，所意想不到之特殊现象，即豫西山地民众到处截击军队，无论枪枝弹药，在所必取，虽高射炮、无线电台等，亦均予截留。甚至围击我部队，枪杀我官兵，亦时有所闻。尤以军队到处，保、甲、乡长逃避一空，同时，并将仓库存粮抢走，形成空室清野，使我官兵有数日不得一餐者。一方面固由于绝对少数不肖士兵不守纪律，扰及闾阎，而行政缺乏基础，未能配合军事，实为主因。其结果各部队于转进时，所受民众截击之损失，殆较重于作战之损失，言之殊为痛心。

又敌在行政下级干部阶层及各乡镇、各警所，多已隐伏汉奸分子，淆惑民众，阻扰国军，无不用其极。敌自龙门突破后，即窜大屯，开伪保甲长会议，当时民众竟尔持旗欢迎。当时宜阳县地方团队奉令破坏洛宜段、新、洛、潼公路，洛阳民众竟以不敢触怒倭军为辞，持械抵抗，入夜又潜将破坏处修复。以上不过举其一例，政治如此，更安所望于军民配合之原则耶？

司令长官　蒋鼎文

中华民国三十三年六月　日

〔国民政府国防部史政局及战史会档案〕

## 3．第十九集团军为策应中原会战于皖北豫中地区作战详报

（1944年7月）

第十九集团军策应中原会战诸役战斗详报

第一　阜颍战役

（一）战斗前彼我态势

敌六五师团太田米雄所部分布徐州以南宿县、蚌埠、田家庵一带，一部分驻凤台、寿县。四月中旬田家庵附近集结敌约六千余人，二十三日以前，一部窜抵寿县附近，企图西犯。

敌骑四旅团篠田所部（该旅团长原为小原一郎）分布于商邱、太康、鹿邑、亳县地区，与我汜九挺进军辛少亭部对峙中。

伪军花其望部散布怀远西南常家坟、五岔路一带，不时以小股出扰我军。

交通方面，蚌埠、田家庵、寿县、凤台间公路纵横，敌兵力转用极称便利。

集团军建制部队为暂九军（辖一一一师、一一二师、暂三十师）、八九军（辖新一师、二十师）、第三十三师、独六旅，指挥部队为骑二军（辖暂十四师、骑三师、骑八师 边区挺进第八、第十两纵队、长淮警备大队）及涡北挺进军所属各部队。骑二军（欠骑三师）位置于蒙城、阜阳、颍上间地区，担任涡河、淮河之守备，该军暂十四师位于阜阳附近，一部担任阜阳城防。该师构筑之阜阳外围工事，颇具韧性，堪作阜阳守备之凭藉。骑八师骑兵两团控置于蒙城西南武泊坊附近，保持机动，步兵一团担任蒙城一带涡河防务。嗣凤、寿之敌西犯，遂令该师马师长率骑兵一、二两团于四月二十三日移驻阜阳南七里铺附近集结待命，二十五日，复令进至阜阳南四十里铺至六十里铺间，相机协同补充团进袭当面之敌。

暂三十师（欠一团）于四月二十八日由临泉开抵程集（阜阳西十八里）、南傅庄附近，五月六日复移至后张寨附近集结待命。该师为暂九军建制部队，四月二十六日，本部以参字第一零六六号命令令该师归骑二军廖军长指挥。

挺进第八纵队位于阚疃集以南以东地区，对凤台、怀远之敌警戒。凤淶警备大队位于凤台、淶河口中间地区，施行警戒。挺进第十纵队位于河溜、龙亢间对宿县、固镇之敌警戒。

骑二军军司令部及直属营、连位于阜阳西程集附近，该军之骑三师位于汝南，归第十五集团军直接指挥。

暂九军(欠暂三十师)位置于涡阳、太和间地区，以一一二师守备涡河，其一一一师则控置于太和、界首间地区，担任各该地国防工事之修筑。该军军部位于太和西南五五里之亮集。

八九军位于郾城、漯河、遂平一带，归副长官部直接指挥。

涡北挺进军指挥涡河以北津浦铁路以东各挺进部队，及三十三师、独六旅，均散布游击区，担任敌后工作。

总司令部位于临泉北之于老庄，原任临泉警备之暂五五师，因增援中原会战西开后，临泉之警备由暂三十师之八九团担任。

淮河为我第一、第五战区之作战地境线，正阳关驻有二十一集团军之步兵一团，固始、潢川间驻有该战区之五一军。

(二)影响战斗之天气及战地状况

四月二十四日至五月十二日，均天气晴朗，极适于空军之活动，气候亦甚温和，彼我军队活动均无妨害。

皖北为广大平原，蒙城、阜阳、颍上间地区有涡河、黄河、淝河、沙河、淮河可资障碍。时麦苗长成，彼我均可用作掩蔽。

新间口、鲁口孜均位于淮河左岸，右临淮河，左濒焦岗湖，其间道路两侧多系淤泥；沫河口位于沙河入淮之口，自沫河口以迄阜阳，均沿沙河下游，河宽五十至百余公尺，水深五至十余公尺不等，大型民船及商用小汽轮可通行无阻，两岸尽属平原，地形开扩〔阔〕。杨湖镇位于沙河左岸，为沙河下游重镇，地势低凹，下掘三十公分，水即渗入，工事构筑颇感困难。

颍上位于沙河右岸，城垣已毁，东距正阳关六十华里，为阜阳门户。

阜阳为皖北重镇，形势极为重要，沙河东南有公路，经颍上直达正阳关，该地沟渠纵横，城厢外围筑有防御工事。

(三)敌我兵力及交战敌兵番号并指挥官姓名

敌军第六五师团太田米雄所部加川籐永及山浦津州两步兵独立大队，计三千余人，另骑兵三百余，山炮四门，小型军用汽轮四艘，飞机一架，附伪军花其望团千余，指挥官为敌六五师团参谋长重松义正。

我军骑二军（欠骑三师）全部，骑八师（欠一团），暂三十师（欠一团），挺进第八纵队全部及风沫警备大队，指挥官骑二军军长廖运泽。

暂九军（欠暂三十师）于五月二日向开封挺进，五月六日因状况变化，仍返原防，未参与阜阳战斗。

（四）各时期战斗经过及命令下达

四月二十四日，寿县敌步兵三百余，炮一门，轻、重机枪十余挺，晨五时沿淮河向我风沫警备大队李礼部新闸口防地进犯，与该部一、三两中队战斗四小时，往返争夺四次，敌死伤数十余名，我伤亡士兵二十余名。嗣因弹药缺乏，转进至鲁口孜。十时许，敌续向鲁口孜进犯，我骑二军军部补充团第九连设伏于鲁口孜以东，待敌接近约二百公尺，以猛烈火力施行奇袭，当毙敌山奇中尉一员，敌兵五十余名。该敌旋即向我还击，相持约五小时，因众寡不敌，并敌机一架助战，遂撤至沫河口占领阵地。

二十五日晨五时，敌续犯我补充团第九连阵地，战斗约二时，我因兵力单薄，逐次撤至杨湖镇既设阵地。七时许，敌后续部队到达后，共步、骑千二百余，炮三门，分四路：一路经沙河左岸牌坊集、沫河口，一路（主力）由鲁口孜经叶家岗、赵子楼，骑兵二百余由曹家集经焦岗湖以南，其后续敌兵一部由沫河口渡河，沿沙河右岸同时向杨湖镇进攻。上午八时，与我补充团第二营接触，十时许，敌机一架临空助战，向我阵地扫射，我官兵沉着应战，激战约四小时，我伤亡官兵四十余员名。时敌骑迂回至杨湖镇西北杨家岗附近，威胁我侧背，我以腹背受敌，且战且退，于薄暮逐次撤至杨湖镇西王家湾南北之线与敌对峙。是役，毙伤敌百余名。

二十六日敌续有增加。拂晓前步、骑二千余、炮四门，由杨湖镇沿沙河两岸进犯，上午八时窜抵李沟嘴以南之线，与我补充团第二营接触，激战二时，毙敌甚众。时敌汽轮四只驶抵李沟嘴以北，当被我击沉一只，该敌随即向我左侧背抄袭，时因受敌压迫，不得已撤至公路以西，准备侧击该进犯之敌。是时，敌一部跟踪进攻、以行牵制。十二时许，敌主力窜至十八里铺、王泊渡之线，向我补充团第三营猛扑，我官兵沉着应战，激战至晚，敌势始挫。本日计毙敌官兵百余名，我伤亡官兵六十余员名。廖纵队傅支队本日由谢桥以北向夏桥子之敌袭击，牛支队一部本晚向杨湖镇北叶井子、李茄楼之敌侧击。同时该军为击溃进犯之敌，即以卯寝忠岩电饬马师长率骑兵两团并指挥军补充团第二、三营，于感日拂晓向王泊渡附近之敌攻击。本部为增强阜阳守备并相机歼灭向颍上进犯之敌，于本(二十六)日以参字第一零六六号命令着临泉集结之暂三十师(欠一团)进驻阜阳，归廖军长指挥。

二十七日拂晓，马师长率骑兵两团并指挥军补充团第二、三两营，以补充团为左翼，骑二团为右翼，徒步向当面之敌攻击，骑一团由我右翼经王庄、邵圩子向敌左侧后强袭。七时十分开始攻击，我士气异常旺盛，官兵奋勇前进，颇为得手，敌被迫节节后退，连夺数村，我骑二团遂乘马冲击。时敌机一架自东南凌空向我乘马部队猛烈攻击，低空扫射，阵容因之大乱。骑一团因线路过远，被四、五百名之敌阻击于王泊渡西南附近。沙河东岸之敌以猛烈炮火向我补充团阵地射击，正面之敌遂乘势反扑，战斗异常激烈，十时许，我以伤亡过重，补充团转进至颍上城东南近郊抵抗，骑八师撤至新河口以西之线。时敌汽轮复溯河北上，在其飞机、炮火掩护下，续行猛犯，我守兵虽遭重大伤亡，仍坚守不退。终〔终字衍〕至下午二时，终以众寡不敌，被迫后撤，颍上遂陷敌手。骑八师旋即撤至颍上西北五里河、十里铺一带占领阵地，阻敌西犯。补充团以连日苦战，损伤颇大，乃撤至十八里铺附近整理。是役，毙敌二百余人。

当日，廖军长为策应骑八师作战，饬廖纵队、牛支队一部，协助凤台常备队，一度攻入杨湖镇，后即以另一部经叶圩子向张泊渡之敌攻击。傅支队感夜再攻真家桥之敌。

二十八日下午三时，盘据西北四里湾之敌向我骑八师十里铺附近阵地攻击，我奋勇抵抗，激战三时许，敌未得逞。

廖纵队本日中刻分向五台子、龙王庙、石家岗、新渡口、张泊渡等处之敌袭击，激战竟夜，敌不支，回窜河南。同时，为牵制敌人西犯，即以卯艳戌岩电饬廖纵队派队确实占领彭集、夏桥，向韩泊渡、新河口之敌猛袭，并阻敌沿河北窜，以一部向刘集、王泊渡尽力截击敌船只，并与五里河骑八师切取连系。暂三十师(欠一团)本日到达阜阳西程集附近集结。

二十九日下午三时，盘据四里湾之敌五、六百名，在飞机一架掩护下，分四路向我骑八师阵地进犯，敌火力异常猛烈，激战三小时，将敌击退，毙敌三十余名。三十日上午七时，敌步兵三百余、炮三门向我骑八师阵地进犯，经我迎头痛击，并以轻骑百余绕袭敌左侧背，敌不支，狼狈回窜。下午二时，该师以一部攻击四里湾之敌，敌仓徨〔惶〕应战。是役，毙敌十余，我安然撤回。

同日，本部奉副长宫临指卯卅躯二电转委座电话，着由何总司令柱国指挥暂九军及汜北挺进军辛少亭部、涡北挺进军王毓文部，即日渡汜北袭击商邱、开封，破坏陇海路交通，策动伪军反正，发展敌后游击，策应豫西作战。等因。即以电话饬霍军长令以一一二师之一团守备河防，余均向原墙集附近集中，并归十五集团军何总司令指挥。

五月二日上午六时，敌步、骑千五百余，分三路进犯我骑八师阵地，激战二小时后，敌向我两翼包围，更以猛烈炮火向我射击，战斗甚烈，阵地抵大部彼〔被〕毁，遂逐次撤至颍西十八里铺附近。十时许，敌复窜抵十八里铺东端，继续进犯，炮火极为猛烈，该师空马位置迭遭轰击，阵容情形紊乱，敌步兵逐步前进，我以该地无工事可守，徒遭损害，不得已又转进至颍西三十里铺以东地区。下午五时，该师抽出精干徒步官兵四百余附重机枪四挺，向窜抵十八里铺之敌反攻。敌立足未稳，狼狈窜回，我仍恢复十八里铺原阵地。

暂九军本日晚开始行动，向涡阳附近集结，军部进驻关集，江夜继续前进。同时，本部为增强阜阳、临泉间之防务，以参字第一一六一号命令着拟向津浦路推进之三十三师九九团开驻临泉担任警卫，原担任警卫之暂三十师八九团推进至杨桥构筑工事，破坏交通，并仍归本部直辖。

四日下午二时，敌八百余藉炮火及飞机掩护，分两路向十八里铺进犯，我骑八师守军沉着应战，毙敌甚众。三时十分，敌一股约步、骑三百余，由该师右侧背包围，并以炮火加强射击，空马、村落中弹起火，乃转进至三十里铺南北之线。此役，毙敌四、五十名。

下午六时，颖敌一部三百余沿河北犯，与我廖纵队、傅支队在鸟罐集附近发生战斗。五日拂晓前，敌二千五百余分两股：一股沿沙河右岸，一股沿颖阜公路西犯。上午八时，一股窜抵新集，另一股窜抵四十里铺，与骑八师对战，一时许，该师被迫撤至六十里铺附近。

本日上午十时，敌机一架袭击四十里铺骑八师司令部，投弹四枚，该师卢副师长殉职，并伤亡官兵五、六名。

挺进第八纵队指挥部本日推进至插花庙北，二十四支队进驻黎树庄附近，协力阜阳之守备。

连日以来，骑八师阻敌进犯，迭予重创，惟以敌机每日轰炸、扫射，为减少马匹损害，遂令暂十四师派队一部（第三团第一营，营长长黄冠伟）到达五十里铺以东占领阵地，归马师长指挥，骑八师控置公路以西保持机动。

暂三十师（欠一团）本日移驻后张寨附近。

同日，本部奉副长官部宋参谋长歌未电称，敌已突破叶县、临汝，进出龙门，边区应确实掌握部队、准备独立作战。等因。我进袭商邱、开封策应豫西作战已失时效，且到怀、凤、寿等处之敌，连日调动频繁，有进犯涡、蒙，策应颍上，扩大窜扰企图。我骑八师连日伤亡，战斗力量锐减，边区兵力实感单薄，乃请示何总司令令暂九军停止行动，并以辰鱼参电饬霍军长就近请示。

六日，据暂九军霍军长辰鱼参一电，该部已停止前进，即返原防。同日并因骑八师伤亡过大，开驻临泉整理，并令暂十四师之赵团（第三团）向前推进。

七日上午七时，敌步骑二千余、炮四门，在飞机一架掩护下，由四十里铺向我暂十四师赵团之黄营东五十里铺阵地进犯，激战三小时，同时新集之敌千余向该营侧背攻击，左翼第三连被敌包围，经第二连猛烈夹击，突围后转进至六十里铺附近。十一时许，该敌复挟优势兵力，利用麦田、壕沟，分三路续向六十里铺包围猛扑，遂即发生激战，并有敌一部向阵地左翼冲锋，该营一面发扬炽盛火力制压冲锋之敌，一面令第二连实行逆袭，短兵相接，我官兵奋勇异常，敌死伤枕藉，遂溃退至四十里铺，我乘胜追击至东五十里铺。是役，毙敌副指挥官一员，其余官兵百余，我伤亡官兵三十余员名。

退据四十里铺之敌，连日经我暂十四师潜伏小组利用麦田时予袭击，颇有伤亡，已处不利态势，似有回窜模样，遂饬暂十四师向该敌攻击，如发现敌有退却徵候，即断行追击。

十日，暂十四师黄营向四十里铺之敌攻击，激战三时，敌不支，节节败退，经该营继续压迫，下午五时占领该地，敌由张泊渡、新渡口，向沙河东岸溃退，我跟踪追击，至下午七时克复颍上。

廖纵队、牛支队一部今晨向凤台攻击，到达北关，敌以猛烈炮火还击，战斗至午。同时，傅支队一部袭击张泊渡之敌，以事牵制。

十一日，我赵团全部到达颍上，以一部向杨湖镇跟踪追击。

十二日，暂十四师第三团第二连将张湖镇残敌击溃后，当即占领该镇。阜颖战役至此遂告一段落。

### 第二　商水附近诸战役

(一)战斗前彼我态势

中原会战逆转后，郾城、漯河相继陷落，平汉南段由正阳北犯之敌与郾、漯南下之敌于五月五日会师于驻马店，郾、漯西之小高桥、青龙潭、五沟营等据点亦相继为敌占领。该敌为确守郾、漯，并不时派队出扰，以阻我路东部队之反攻。中牟、新郑、许昌、临颍小高桥等据点各据敌四、五百不等，郾、漯敌约两三千人，分驻豫庆公司及漯河之中心学校等处。平汉沿线各据点之敌因湘北会战关系，调动频繁，人数时有增减，故极难调查其确实数量与番号。

交通方面，平汉铁道虽暂难修复，但以两侧地势平坦，已破坏之公道及乡村大道稍加修理，即可通行汽车，故敌兵力运输上亟称便利。

我自阜颖战役告一段落后，东线已恢复原有态势，时以牵制敌情关系，将暂九军之一一一师开往商水南之雾台附近，骑三师控置于雷坡(商水西)。汎东挺进军陈又新部因豫西会战损失甚大，其控置之暂二、三旅亦因作战甚久，损失过重，于六月四日鄢陵陷落后，被敌节节压迫，转进至商水附近整理中。汎防左地区倪祖耀部之第四纵队位于邓城龙胜沟，对沙河以北之敌警戒，第一纵队康乐三部则位于谭庄、尚村之线，对漯河警戒中，第六纵队之一大队担任周口守备。

(二)影响战斗之天气及战地状况

自六月初至战斗结束止，天气渐热，雨量甚少，正午尤觉干燥，部队行动均感困难。商水、周口环抱沙河左岸，平坦广阔、枯河、汾河、马河诸河流交错于商水东南，惟以时逢夏末，又值天干，除沙河外，余均不成障碍，且道路纵横，虽经破坏，仍不能阻碍通行，残存桥梁经民众简单修复，仍可供徒步及牵马通行。商水城垣已经拆除，基土虽存，屏障力弱，且四郊村落毗接，接近亟为容易。民情方面，因中原会战影响，秩序较为紊乱，四乡亦常有散兵及股匪侵扰。

（三）敌我兵力及交战敌兵番号并指挥官姓名

敌似为六七师团（据其服装为复尔部队）、独立二八旅团之混合部队，约步、骑二千余人，汽车三十余辆，炮六门，指挥官据报为师团长朱俊人（化名），另配有轰炸机四架。我骑三师全部（该师因漯河战后尚未整理，战斗员仅千二百余名），一一一师全部，挺进第一、六、四三纵队，汎东挺进军之暂二、三两旅（该两旅武器不良，且久战疲劳，实力亟弱）。指挥官十九集团军总司令陈大庆。

（四）各时期战斗经过及命令下达

五月二十四日，奉委座辰皓酉令一元申电（由十五总部辰漾巳转），为策应该战区主力作战，十五、十九两集团军即抽调有力一个军，归十九集团军总司令陈大庆率领，兼程西进，限辰感开始攻击郾、漯、许、舞一带之敌，相机进出禹县、襄城以西山地，截敌后路与后方连络线，必要时转移铁路以西。又陈又新应以主力同时钻隙截断许昌以北、以西敌后方补给线，截敌辎重，并与陈大庆部切取连系。

当日复奉副长官汤辰漾午主电转委座辰筱令一元甲电，除前电所示要旨外，并饬平汉路以东其余各部队暂归何总司令柱国统一指挥，确保（鲁、苏、豫、皖）前四省边区根据地。

集团军奉令后，即以辰梗申亲电呈复副长官汤，拟即抽调暂九军全部兼程西进，遵令行动，阜、颍由李警备司令铣暂时负责，同以参信果乙字第零零一号命令，着暂九军之一一一师宥日分由现地出发，于夜间行动，由小道秘密开赴商水西南附近集结待命，并就近归十五集团军徐副总司令梁指挥，限感日前到达具报。

二十五日，为指挥便利，特组织集团军前进指挥所，于二十八日进驻周口东三里之水灌台，就近指挥。途中（二十七）日并策定下列之初期作战指导及部署，电令徐副总司令梁及陈总指挥又新遵奉委座辰筱、辰浩令一元电令，策定本军初期作战指导要领如次：（一）以全力分向平汉中段两侧之敌不断轮回袭击，并相机占领郾、漯、临颍、许昌各据点，适时进出襄、禹，以策应路西主力军之作战。（二）第百十一师、骑三师及康乐三纵队为左翼军，归徐副总司令梁指挥，向郾城、漯河、小商桥、新店、北舞渡等地之敌不断轮回猛烈袭击困挠，并相机占领郾城、漯河、北舞渡，适时进出襄城。（三）汎东挺进军及独立第二、第三旅为右翼军，归陈总指挥又新指挥，向临颍、大石桥、许昌和尚桥、石固、颍桥之敌不断轮回猛烈袭击困挠，并相机占领临颍、许昌，适时进出禹县。（四）两部作战地境为逍遥镇、瓦店、临颍、繁城、柏家、颍桥、阎店之线，线上属右。（五）各部应于五月二十九日前准备完毕，三十日夜开始行动。（六）作战开始及尔后行动，两翼军须密切连系协同，并宜配合地方武力。（七）凡奉行命令不力、谎报军情战绩及滋挠民间者概以军法从事。以上七项，希即遵照并将部署及进展情形具报。

同时，以上列之初期作战指导及部署以辰感戌电分呈委员长蒋、副长官汤、总司令何。

（1）袭击漯河战斗经过

五月二十九日，徐副总司令梁辰艳酉周电称：遵军初期作战指导要旨，令康纵队挑选精壮员兵一部，向漯河作小规模攻歼袭扰，并饬徐师长长熙亲率一个团进驻砖桥策应，限三十日夜动作奏功。本部当以辰艳信果良电指示，于袭扰奏功后即向西南二十里外撤出，迂回返部。

三十日夜二十三时，该纵队由康司令乐三亲率主力到达漯河东南郊，并编成突击队七组，分向美国医院、大兴公司、培英中学、农工银行、伪维持会、宣抚班等处袭击，当即进入漯河市，敌张皇失措，四散逃避，我以手榴弹、刺刀奋勇冲杀，毙敌数十，并将伪维持会捣毁，捕获伪主任科长以下八员，我连长一员负伤。时以大兴公司墙高屋坚，敌凭险顽抗，我各组一面将十字街及伪维持会等处占领，同时并向大兴公司猛烈攻击，激战一小时，郾城、漯河寨内之敌二百余分路来援，并以汽车输敌百余至五里庙附近，向我猛烈射击，我奋勇抵抗，激战至翌（一）日午时，终以敌内外夹攻，我乃逐次后撤，敌亦因我郊外援军，未敢深追，遂安然撤返原防。是役，除俘获伪主任科长以下八员外，并毙敌五、六十，我亦伤亡连长以下二十余员名。

（2）谭庄附近战斗经过

六月四日，敌陷鄢陵后即继续南窜，七日晨，约步骑联合之敌五百余人窜抵逍遥附近，九时许渡过沙河，盘据于东西苇窝、何庄附近。我四纵队沿邓城、龙胜沟布防，第一纵队康乐三部则固守张明、谭庄之线。

八日晨，逍遥之敌陆续增至步兵千余、骑兵二百余、汽车九辆、炮三门、战车二辆、重机枪十余挺，于清晨四时分两股南犯：一股汽车九辆、战车二辆、步兵二百余，经十哲店于八时四十分到达冷饭店；一股约步兵八百余、骑兵百余，窜据张明后，即分经黄梁口、曹庄，对谭庄我守军形成包围态势，九时许到达谭庄以北交成、柏树王之线。同时冷饭店之敌已窜抵谭庄、西冈王附近，同时向我谭庄守军第一纵队第一支队攻击。敌在攻击开始时，以密集部队向我猛扑，我守军沉着应战，俟敌到达最近距离后，即以轻重火器猛烈射击，当毙敌二百余，战马二十余匹，敌受创后乃以炮火向我寨内猛烈射击，并参放毒气弹，掩护其步兵向我反复冲击。至下午三时，敌一部约二百余曾三次突入西门，均被我击退，该敌虽死伤过半，仍利用麦草堆逐次向我寨壕进迫，并以掷弹筒参合炮兵猛烈向我寨内射击，时寨内多处起火，但经我军奋勇堵击，敌终未得逞。

四时许，该纵队以第三支队之第三大队由萧潭经韩村利用枯河向谭庄以北之敌出击，以策应我谭庄守军，五时许已达北门附近，但敌复由房庄、交成方向夹击，我因腹背受敌，乃由房庄以东转至老支家，向谭庄以南之敌袭击。十时许，第四纵队派出第十一支队（欠二大队）由该纵队之孟副司令率领，到达韩村、李庄附近，分三路沿枯河以北地区向交成、房庄、潭庄、柏树王之敌攻击，以策应我一纵队之谭庄作战，激战一时四十分，敌不支，向西老王庄溃退，当即与谭庄守军取得连络，旋以任务完成，仍返回原阵地。

九日晨二时许，敌一部援队到达后，在其炮火掩护下，复向谭庄猛扑，我军以伤亡过重，且谭庄守备之工事全部被毁，不得已乃向东转移阵地。是役，敌伤亡五百余，战马二十余匹，我一纵队伤亡官兵三百余员兵。

（3）周口守卫战斗经过

六月十七日晨十时，由漯河经贾店窜据谭庄、冷饭店步骑约千一、二百余，内骑兵两百余，附炮四门，于十八日晨以主力向我赵兰渡口、杨湖、八里湾之线进犯，晨七时许，接近我蒋门、赵棚之线，激战四小时，敌将我赵棚阵地突破，当即以一部经刘村、朱公桥、东西口头南窜商水，以遂行其攻占周口之企图。

十八日晨，敌主力开始向我赵兰渡口、杨湖、八里湾阵地猛扑，我守军第四纵队沉着应战，激战五小时，敌我伤亡均重，至午刻敌始将我赵棚、赵兰渡口阵地突破。旋以商水弃守，我四纵队腹背受敌，乃于午后三时经八里湾向周口东南之赵寨附近地区转进，其左翼入晚在飞机场以西与敌激战，至夜十时许被迫不得已向赵寨方向转进。

时我汛防左地区倪指挥官祖耀即令周口督察处马副处长继武率警备大队（第六纵队十三支队二大队欠一排）及保安第二大队（人枪百余）负责周口南北寨之守卫，该马副处长继武即命南寨督察分处郭主任寿丰率短枪十余支，指挥保安第二大队及警备大队之一连担任南寨守备，并以一部布置于飞机场附近，向东犯之敌严密警戒。

十八日晚七时，敌即接近城郊，与我警戒部队接触，战斗至为惨烈。我倪指挥官祖耀为激励士气，特亲赴前方监督指示，不幸在战斗激烈之际我倪指挥官足部负伤，不得已乃率特务连之一部向李埠口转进，周口军事乃全由马副处长继武代理指挥。时以周口情况特急，我徐副总司令即令骑三师急进，猛攻商水，以策应我周口守军之作战。

十八日晚十一时，敌一部已攻占西寨，并向我南寨西南郊进袭，我守军寅夜抵抗，至翌（十九）日拂晓，敌即大举总攻，其一股于晨三时突入西门，南寨于是摇动，三时三十分，郭主任及保安第二大队张大队长均以南寨兵力单薄，乃撤至洋桥北端抵抗。时因该保安第二大队系地方团队，漫无组织，竟于撤退之际乘机出北大堤经官路口向北退去。我郭主任不得已乃率警备大队之士兵两班竭力抵抗，死守洋桥，终以西寨之敌乘机渡河，窜据北寨磨盘街，我郭主任以前后受敌，弹尽援绝，不幸系〔系字衍〕全数被俘敌遂乘机窜入北寨，我守备北寨之警备大队奋勇堵击，激战两小时，死伤甚重，战斗至为惨烈。同时以通讯线路全被破坏，连络中断，不得已该马副处长偕警备大队胡大队长率残部经康湾拟向李埠口转进，不意商水之敌已乘周口市混战之际袭占李埠口，断我归路，当即往返冲杀，我军以自动火器过少，且刺刀缺乏，难以久战，且我警备大队胡大队长、侯连长相继阵亡，不得已乃被迫涉沙河北渡，周口守备战斗至此乃告一段落。计是役我伤亡官兵四百余，敌亦伤亡约三百余人。

（4）商水、周口反攻战斗经过

六月十八日，我军为策应周口守军作战，即将控置上蔡东岸之一一一师星夜向商水之敌攻击前进，当夜经两小时之激战，即将商水县城克复。兹为确保商水、相机规复周口，当即以一一一师（孙师）附骑兵一团，以一营固守商水县城，主力控置于商水东北龙门寺、周庄地区，相机攻略周口。另将原驻塔桥、雷音堂对上蔡敌警戒之骑三师抽调至雷坡、雾台附近，准备截击敌之外援，并机动使用，协助孙师之作战。

二十日晨，我骑兵及商水城守备之六六二团第三营均已先后到达指定地点，一一一师主力正战斗前进中。

二十日晨五时许，敌步骑七、八百，炮四门，汽车五辆，经由谭庄东犯，同时周口敌一部约二、三百，炮四门，亦沿沙河大堤南侧西犯赵兰渡口，与我配属孙师之骑九团接触，并逐次压迫，该团主力遂转进至三里桥附近。敌旋与谭庄东窜之敌会合，围犯商水。当为牵制周口之敌，窜扰其后方，使我主力作战容易，即令骑九团乘隙向周口南寨之敌袭击，该团一举突入南门，卒以敌兵力优势，以致功亏一篑。

同日早十时，敌两股会合，分由东西北三面将商水城包围，藉优势炮火支援下，施行猛烈攻击，激战三时余，敌一部突入西门，情势紧张，幸赖守军用命，反复冲杀，卒将顽敌驱出。斯时，孙师主力亦陆续赶到参加战斗，并以六六五团之一部由城南猛击敌右侧背。我雷坡之骑八团亦向城西槐沟沿吴庄挺进袭击敌背，始得转移有利态势。我六六一团第二营曾一度冲至敌炮兵阵地，几获敌炮，毙敌尤众。正顺利进展中，忽来敌机四架袭扰，同时周口敌主力四、五百，炮四门，复积极南犯，包围我六六一团于商水北张楼、王化台以北地区，经我猛烈反攻，将敌击退。同日下午五时，敌复由漯河增汽车二十四辆，载步兵五、六百名，协同周口之敌大举南犯。是时，我六六一团因受敌强大压迫，不得已乃变更方向，敌即乘机以主力指向城东，一部占领城南附近村落，将商水县城四面包围，并集中全力向东门强袭，一再冲入城门，均被我军奋勇击退。不幸我守东门之九连李连长登林饮弹殉国，士兵伤亡过重，敌复乘机突入，遂演成彻底争夺之激烈巷战。此时火光与弹声遍于城厢，敌包围愈行严密，双方伤亡奇重，战况至为惨烈。至翌日拂晓，我一一一师即以有力部队协同骑八团由城西南侧开辟道路，始掩护并接应我守城部队陆续撤出。我为尔后作战容易起见，当令骑三师转移至致和寨、化河、雾台之线，向商水警戒，并掩护我一一一师向平乡店西南转进。商水、周口反攻战役至此始告一段落。

第三、战斗成绩

颖阜战役时敌伪共约四、五千余，除策应敌平汉之作战外，并有进犯阜阳、窜扰边区企图，经我十余日之阻击，使其行动迟滞，并予以重大打击，计毙敌副指挥官一员，官兵九百余人，将其进攻阜阳企图完全粉碎。

我一一一师西调及漯河之袭击，原为策应我中原主力军之作战，旋以中原战争结束，敌即移转兵力，集中漯河，有进窥我边区模样。经我一月来之打击，终未得逞。尤以康支队对漯河之袭击，生俘伪维持会科长以下八员，对一般丧心病狂之汉奸，予以严重打击。

第四、战斗后敌我行动

凤台、怀远、宿县、亳县之敌于阜颖战役后，即恢复四月二十四日以前之态势。平汉沿线自周口、商水、上蔡陷落后，敌即加强工事，并不时以小部队出袭，以求保障其平汉路交通之安全。我军自策应中原会战诸役告一段落后，即奉总司令何巳寝艳杰代电饬，以巩固平汉路东地区、待机反攻之目的，划分游击区，建立根据地，预作尔后游击之准备。当即划分涡蒙、怀阜颖及亳太等三区，分由暂一军王军长、骑二军廖军长、暂三十师洪师长分别担任。迄七月上旬，各部均到达指定位置，暂九军军部则移驻项城之新桥集，一一一师项城北之李老家，一一二师临泉属之鲖城附近，归十五集团军指挥。

第五、可为参考之所见〔略〕

第六、部队及个人功勋〔略〕

第七、附件〔略〕

中华民国三十三年七月　日

〔国民政府国防部史政局及战史会档案〕

## 4．郭仲隗等要求严惩汤恩伯等提案及国民参政会决议

（1945年？月？日）

### 请申明军令严惩失机将领以明责任而利抗战案

（审一第二十六号）

郭参政员仲隗等一百零三人提

抗战至今，胜利在望，然前途困难尚多。敌人顽强异常，观密支那、腾冲之攻守即可证明。最近恢复失地之重大责任，当由我军之完全担任，不能俟友军之越俎代谋，其理至明。但赏罚必明，军心始振，如赏罚过差，则将领互相观望，恢复大业未知何日始能实现，此亦全国人人之所共喻，无待详述。返观近日之中原大战及湘鄂会战，则各军多未达成任务，隐忧颇多，除湘省失机将领已由中央按军法惩治、不再赘述外，余如敌人于四月十七日渡黄河陷中牟，十九日驻军即放弃郑县，而广武县之汉王城经营数年之坚固工事，亦复不战退去，敌人西犯虎牢关，被我军阻止，南越密县犯登封，又被我军阻止，乃分兵向南作大迂回，五月一日陷禹县，又南陷十里铺，二日窜郏县，三日分兵陷宝丰，是日晚又陷临汝，四日北陷临汝镇，又北陷白沙，五日已至洛阳外围之龙门。敌人不出四、五日中，窜犯四、五百里，如入无人之境，且其进兵路线，虽非山岳，却多丘陵，高下起伏，殊为崎岖，如稍有军队抵抗，何致令敌人毫无损失，即已达洛阳外围？四、五日间毫无抵抗，丧地四、五百里，驯至全国大震，忧覆亡之无日。如非湘南忠勇将士矢死鏖战，则今日大局何堪设想。七、八年艰苦抗战之成绩，数百万先烈牺牲性命之代价，几将一旦尽付流水。谁生厉阶，遂致此极？推其原

因，皆由该战区司令长官蒋鼎文、副司令长官汤恩伯素日不留心军政，而假藉地位经营商业，以至上行下效，大小军官腰缠累累，战斗意志消耗净尽。而刻扣军饷，士不宿饱，士兵名额不及半数，各部队领不到给养、向民间借食色谷等杂粮，士兵营养不足，影响作战。且部队所借杂粮，多需自磨而食，终日忙于筹粮及推磨等工作，尚有何暇顾及操练与防务？并因此惹起人民反感，使军民无法合作。而仓库陷敌时，尚存面粉一百万袋（第一战区北部驻军不过二十万人，每人每月一袋计，足供五月之食），连同存麦，足供二十万部队一年之用。汤恩伯之部队为中央整建后之精锐者，配备亦良，枪枝皆属中正式及捷克式，比敌之三八式尚属小逾，军械数目亦足，敌人所多者仅有三十余辆之小型坦克车而已。汤恩伯身负中原御敌之重责，而当敌人渡黄河犯郑县时，不亲到前敌指挥，而逃匿于鲁山西四十里之下汤，徜徉沐浴于下汤之温泉。负全责之长官现逍遥于五、六百里之外，则部队之望风逃窜，又复何怪一枪不发。使士兵、民伕搬迁累累之军官行李、财物者，皆汤恩伯所管属之精锐部队也。敌人入无兵之境，汤亦窜逃（战败而逃者死，汤却绝未见敌），带译电员一、二人，卫兵二、三十人，背负电机，抱头鼠窜，与部队完全失却联络。乃于其休息之际，捏禀中央统帅部，谓伊部队在某处与敌激战，或称伊将如何出击。试问彼早已不知其部队所在，何从知其激战？何法令其出击？捏报军情，罪恶难恕。无法诿过，乃又诬罔民众，谓河南老百姓受汉奸之簧鼓，缴国军之枪械。河南人民朴诚忠勇，全国皆知，当水旱迭乘之际而出丁出粮，冠绝全国黾勉往事，不敢告劳，所希望者为国家军队之能卫其祖宗坟墓及身家也。今乃一枪未发，窜逃劫掠，民众悲愤，起夺其枪械，以图自卫，事亦有之。然逼此忠勇良民使缴国军枪械者，伊谁之咎？驯致腾笑世界，为八年抗战中未有之大耻。即异日友军胜利，战局转变，而将来欲恢复北方各省、河南之重要基点已失，尚不知须增加若干困难。此等重大责任，皆当由河南该军事长官等负之。此外，战场将领虽未至如河南者之荒谬，而玩敌失机者亦未尝乏。如不重整军纪、严明赏罚，则抗建大业将致完成无期。近日，政府虽对于蒋、汤分别与以革职及革职留任之处分，而罪重罚轻，人心难服。常德守将坚守苦战若干日，徒以任务未全完成，现尚在议罪中，而未见敌即逃之汤恩伯犹复逍遥法外，赏罚不平，何以厌人心而激士气？且河南人民见政府令一未见敌先逃之将领来保卫家乡，则必自疑见弃于政府，其后患将有不堪胜言者。因此，特行提出，请慎重讨论公决，咨请统帅部申明军法，严惩失机将领，且持法求平，不因官职大小而有歧异，则功罪分明，军气大振，国家、民族前途实利赖之。

国民参政会决议文：

本案对于军纪、人心及抗战前途关系重大，应请政府切实查明，依法惩处。

（国民政府国防部史政局及战史会档案）

# （十九）长衡会战

## 1. 第二十军杨汉域部参加长衡会战密电

（1944年5月27日—9月4日）

一、副长官杨：密。谨将李师补报辰感至巳皓之战报摘要转呈：1.辰感至俭新墙河战斗——敌40D及17BS各一部，分五路犯新墙，渡河后，即包围职部，并以飞机连续轰炸。我59R赖营固守铜鼓岭，阵亡连长张学泉以下二百余人，毙敌一百余。

二〔2〕、俭至卅日——龙凤桥、大荆街据点战斗：A.俭午敌三千余，沿铁道南下，直趋黄沙街我60R第三营阵地，该营极力阻击，陷入重围，彻夜战斗，牺牲殆尽。至艳晨，仅存残部七十余人，由营长周唐率领，突围至龙凤桥，参加龙凤桥团据点之战斗。B.艳丑敌一股千余，攻我山西门60R之一营阵地，另一股二千余攻我龙凤桥据点。迄午□，敌以炮四门行破坏射击，敌机二十余架更番轰炸。至申刻，分四路向该据点一带猛攻，经反复肉搏，毙敌三百余。同时敌骑二百余，经桃林冲窜油榨塘，有迂回大荆街模样，于是我60R三面被围，伤亡狼藉。至黄昏，该团奉命突围，转进至三客坊附近，占领预备阵地。3〔3字衍〕.我守备大荆街团据点之五八团，于艳巳亦开始战斗，占领南岳庙迄洪桥之线之第二营，奋斗竟日，未失寸土。迄黄昏，当面之敌骑百余，窜至何盘铺附近，我营长蒋载群率部坚守不退，率将该敌全部歼灭。入夜敌占领龙凤桥后，复以一部千余直趋湖仙山核心据点，据〔经〕陈营痛击退出。陷晨拂晓，敌复大队转扑大荆街附近地区，与担任团预备队之第一营，短兵相接，血战达五小时，营长廖继华阵亡，全营牺牲惨重。4〔4字衍〕、从敌遗尸得悉进攻之敌为二三五及二三六两联队，自感戌迄卅日止，敌伤亡千余，遗尸三百余具。

三〔3〕。艳至陷日磊石山湖防战斗：1。艳□敌海军陆战队二百余，在磊石山登陆，同时黄沙街之敌便衣队百余名，亦向磊石山窜扰。迄陷酉止，经搜索连及湖防守备队于磊石山附近逐次抵抗，毙敌百余名，始退至汨罗东站，又为敌骑追蹑，除士兵十余突围生还外，均全部牺牲。

四〔4〕。辰世至巳东梓江附近战斗：1。卅亥师奉命驰赴平江，再经梓江时，突与梅仙、谭家坊方向窜来之敌快速部队数百遭遇，近迫至数十公尺，为敌袭击。60团仍占南山尖，与敌发生剧战。职率少数部队于午刻突围，至张家坡渡河。

以上各战斗，敌伤亡约二千余，我共伤亡校官五员，尉官九十五员，士兵一千八百五十三名，失踪官十八员，士兵四百三十三名，乘马三十四。我损失武器，计迫击炮七门，重机枪十三挺，轻机枪四十八挺，步枪六一二支，十一米冲锋枪一挺，驳壳手枪三三支，左轮枪五支，白朗林三支，掷弹筒四七具，枪榴弹筒三八具；消耗弹药、迫炮弹一四八三发，步机弹四十九万五千三百发，掷榴弹一千四百三十六颗，枪榴弹九百七十三颗，手榴弹六千八百七十五颗，驳壳弹二千三百一十七颗，左轮弹九百八十九粒，白朗林二百十一粒；通信器材损失廿门总机一部，十门总机六部，话机廿九部，被复线八十卷，无线电15W发电机两部，5W收发报机一部。

五〔5〕。巳东至齐日汨罗河南岸战斗：师渡过汨罗河后，奉令转兵三角塘，于瓮江被敌包围。突围后，向长田市转进到周洛洞，继转浏阳，攻击古港之敌。于本战斗，敌伤亡八百余名，毙敌骑卅余，汉奸卅余；我伤亡校官五员，尉官卅五员，士兵一千零一十三名，失踪官一二员，兵三百一十二名，乘马一三匹；我损失迫炮七门，重机枪十八挺，轻机枪四十二挺，步枪四百九十二支，驳壳枪二十一支，左轮枪四支，白朗林三支，枪榴弹筒卅具，掷弹筒十六具；消耗弹药、迫炮弹四百八十五发，步枪弹十八万二千三百发，掷榴弹八百六十四颗，枪榴弹一千八百二十七颗，手榴弹二千三百二十五颗，驳壳弹一千七百七十三粒，左轮弹四百廿九粒，白朗林弹一百粒；通信器材损失，单机十五部，线十八卷。

六〔6〕、巳佳至皓日——敌由官渡、永和南窜，我一三三师萧团占领古港，师展开香炉观亘萧家冲之线，向沿溪桥敌之后卫阵地攻击。文日，师又奉令攻击净溪桥之敌，以援赵团。文未，敌已包围浏阳以南地区。军既向北转进于陈家铺附近，与由分水垌窜来之敌战斗，乃日向枫林市之敌攻击，激战至皓寅，奉令向醴陵转进。本战敌伤亡二百五十余名，驮马十余匹，俘敌二名，军马三匹；我军伤亡尉官五员，士兵三百零二名；武器损失，步枪二支，迫击炮弹六五发，机步弹二万六千七百三十五发，枪榴弹二百八十三发，手榴弹四百五十二发。

二、立到。长官薛：另发副长官杨、副总司令欧：密。（一）寒晨，敌分由东北两面突入茶城，与我李师巷战。寒晨敌进展至朕莞里附近，经李师长亲率赵、向两团反击，敌炮数门向我猛烈轰击，我军前仆后继，与敌反复争夺于西门西站间。迄晚，仍在西站南端高地之线激战。（二）十八丘、泉水塘以北地区之敌，寒晨以来，数度向我周师萧团猛攻，均被我军奋勇击败。（三）另敌一股约三、四百，马数十匹，向黄塘市、沙洲里我周师彭团阵地猛犯，企图西渡洣水，包围军之右侧背未逞。（四）是日伤毙敌军约四百余、马一百余；我伤亡三百余。谨闻。马。杨汉域。午寒亥。战。印。

立到。长官薛：另发副长官杨、副总司令欧：密。（一）元卯以来，敌由黄塘市渡河之企图未逞，其主力由东由北向我猛攻，我李师向团（附赵团二营）扼守但塘、下羊、□岭之线。元未据李师报告，敌已渡过十八丘我59R赖营之守地，当令李师预备之赵团陈营给以重奖，将该敌驱逐。同时敌攻向团甚极〔急〕，已无预备队增加。（二）攻击黄沙铺、了尖之敌，被我萧团、陈团反复冲突，卒将该敌击退。但该敌击退但该敌又由便车东进。(三)寒子据李师报称，向团伤亡甚大，无队增援，只逐次西转，当令尽力扼守。一面飞调萧团向东移守十八丘，以便抽出陈营。忽然雷雨交加，电话不能连络，(四)刻令陈团以一部向马伏江转进，以固黄塘市方面军之侧背。并令死守茶城及洣水东段与北段之线。(五)元日我共伤亡六百余。谨闻。马伏江。杨汉域。率〔午〕寒寅。

立到。长官薛：另发副长官杨、副总司令欧：密。据赵团长寒戌电称：元申，该团长亲率陈营攻击由下湾村、大八丘北附近南渡洣水、企图向我中央突破之敌，白刃冲锋，激战三小时，遂恢复下塆，肃清敌人。是役该团连长周礼因身负重伤，督战不退阵亡；排长郭宪忠身先士卒，冲入敌阵，首行白刃，忠勇可嘉；中尉副官李寿昌，特务长张清云，与敌肉搏，负伤不退，尤足矜式。恳对各该员优予奖恤。计伤毙敌七十余，我伤亡三五员名，损耗另呈。马。杨汉域。午删午。尧战。印。

立到。副长官杨：另发副总司令欧，密。据后调团长谢祐（该部所有兵力约一连）寒晨报告称：(一)敌约四、五百，企图由栗溪向黄塘市渡河，元申经该部猛攻，敌因感受侧背威胁，遂未敢西渡洣水。(二)寒卯，栗溪附近之敌，大部向东门附近转移，我尾跟至浮桥东端小高地，猛袭该敌，激战约三小时，敌分兵三百余，向我右翼迂回。寒申，一部溯江而上，大部到达欧港桥，正向东南前进。我因众寡不敌，已转进至车铺以南高地，正严密监视该敌行动中。(三)计伤毙敌廿余，我伤亡上士以下四名。谨闻。马。杨汉域。午删午。尧战。印。

另发。副长官杨：赴衡破坏营由陈营长金声率领，并附工兵一班，准东晨兼程前往。除迳报长官薛外，谨鉴。浣。杨汉域。午世酉。亥战。

三、立到。副长官杨:另发长官薛、副总司令欧:密。(一)东亥，周师主力分向山口铺、安仁道及神州河、荷树下道推进。冬巳，除将大石岭、三只搭之线与宝塔岭、安仁城地区大部之敌便衣队驱逐外，其余未遇抵抗。(二)冬酉，周师三九七团已占领大石岭、三只搭之线，与宝塔岭、安仁城地区大部之敌对峙；三九九团已占领九女仙、狮形岭之线，向荷树下方向之敌警备。(三)李师在周师之后推进，东酉已到达石下山庄、庙前地区。(四)除扶竹冲有我九五师二八三团九连之一班外，所有山口铺、安仁、荷树下地区，均无友军。谨闻。浣。杨汉域。未冬亥。战。印。

立到。副长官杨：另发长官薛、副总司令欧：密。(一)① 刻周师三九七团一部已占领宝塔岭，三九九团一部已占领官上，与盘据凤凰桥、安仁、黄泥铺地区之大部敌军对峙中。蛇形铺。杨汉域。未江戌。战。印。

立到。副长官杨：另发长官薛、副总司令欧：密。(一)周师三九七团支日仍在宝塔湾、宝塔岭之线，与安仁东郊之敌对峙。(二)支子，敌八百余、马百余，由安仁经黄泥铺沿公路南窜，经三九九团一部堵击，敌沿公路西侧窜至荷树下附近，并经该团另一部堵击，敌遂西南窜。计伤毙敌十余，我伤亡士兵六。谨闻。蛇。杨汉域。未支戌。战。印。

立到。副长官杨：另发长官薛、副总司令欧：密。(一)我周师一部，仍在宝塔湾、宝塔岭及官上，与下石湾、凤凰桥、黄坭铺之敌

---

① "(一)"系原有，当为衍文。

对峙，终日仅有前哨战。(二)李师游击队于官桥附近俘获敌炮兵伍长藏正二一名。谨闻。蛇。杨汉域。未微戌。战。印。

立到。副长官杨：另发长官薛、副总司令欧：密。(一)鱼丑，周师三九七团及三九九团，分由东南两面之高陂口、虎形山、宝塔岭、官上向安仁之敌猛攻，敌军约千人，凭白沙山、凤凰桥一带坚工及黄坭铺以北地区之村落顽抗，激战至酉，我军已进展至白沙山附近亘虎形山、茶子坳、抬头渡、大水塘、七眼塘、东苇塘之线，与敌对战中。(二)是日，我敌伤亡，各数十人。谨闻。蛇。杨汉域。未鱼戌。战。印。

立到。副长官杨：另发长官薛、副总司令欧：密。虞晨迄酉，我周师对安仁之敌，猛力攻击，先后攻占刀石港、邓家湾、周家村、天雨林。刻自安仁城以东，所有永乐河西南岸之敌，已完全肃清，残敌约二千，退据白沙山、沙子坪、凤凰桥沿永乐河北岸迄麻田湾之线，安城北郊，继续□抗中。是日，毙敌一五名，我伤亡正清查中。谨闻。蛇。杨汉域。未虞戌。战。印。

急。副总司令欧：密。未虞午协电奉悉。已令周师于虞未派兵前往接替。谨复。蛇。杨汉域。未虞亥。战。印。

立到。副长官杨：另发长官薛、副总司令欧：密。齐晨，周师三九七团及三九九团续向白沙山、凤凰桥、安仁城、麻田湾一带之敌猛力攻击，敌东凭山地、南凭永河之坚工顽抗，激战至酉，无甚进展。刻仍在原线与敌相持。是日，我敌伤亡各十余。谨闻。蛇。杨汉域。未齐戌。战。印。

立到。副长官杨：另发长官薛、副总司令欧：密。(一)齐晚，周师以有力一部在天雨林我岸，将敌浮桥爆破一段。佳晨，敌一股约百余人，企图由西渡方面强渡；另一股约数十人，企图修复浮桥，均经我军奋勇击退。迄酉，我敌仍在原线相持。(二)是日，伤毙敌军廿余，我伤亡数名。谨闻。蛇。杨汉域。未佳戌。战。印。

立到。副长官杨：另发长官薛、副总司令欧：密。灰日，我周师三九七团及三九九团仍与安仁城东城南之敌对战，敌凭工事顽抗，双方仍在原线相持。谨呈。蛇。杨汉域。未灰戌。战。印。

立到。副长官杨：另发长官薛、副总司令欧：密。真申，周师与安仁城之敌炮战一时许，伤毙敌约十名。谨闻。蛇。杨汉域。未真戌。战。印。

立到。副长官杨：另发长官薛、副总司令欧：密【(一)】文晨，因永乐河水暴涨，周师炮击天雨淋〔林〕北岸未破坏完之浮桥，船即飘流江中，当敌百余出动捞救，与我对战，至巳仍相持于原线。计伤毙敌十余，我伤亡六名。(二)巳令三九九团之一营前往平田墟地区活动。谨闻。蛇。杨汉域。未文戌。战。印。

立到。副长官杨：另发长官薛、副总司令欧：密。安仁城敌以西渡桥梁连日遭我破坏，本元日敌兵二百余，由西渡北岸，掩护修桥。我周师三九九团之一部，即向该敌攻击约一小时，将敌击溃，向麻田湾逃窜。至未刻，敌据城垣顽抗，该团仍相持于原线。计伤毙敌十余，我伤亡各一，夺获刺刀一把，弹药盒一个，文件一束。谨闻。蛇。杨汉域。未元戌。战。印。

立到。副长官杨：另发长官薛、副总司令欧：密。元亥，周师一部袭击凤凰桥东北高地之敌，战至寒丑，未奏功。寒巳，敌六七十，企图强修天雨林北岸浮桥，经我击退。是日，共伤毙敌十余，我亦伤亡三人。谨闻。蛇。杨汉域。未寒戌。战。印。

立到。副长官杨：另发长官薛、副总司令欧：密。(一)军以堵击茶安敌人向西南窜扰之目的，删晨以来，我四〇一团主力已在观天坳、毛铺里(含)之线，新二十师主力已在毛铺里(不含)、马头市、钟家(含)之线，一三三师一部已在钟家(不含)、上庵里之线占领阵地完竣，刻正积极构筑工事中。(二)一三三师大部，刻仍在高陂口、宝塔岭、茶子坳、天雨林之线，与敌对峙；另一部仍在羊际市、平田墟各附近活动。谨闻。蛇。杨汉域。未删戌。战。印。

立到。副长官杨：另发长官薛、副总司令欧：密。【(一)】铣晚，军遵令调周师三九八团前往平田墟、鹅公项、谭湖市间地区堵击，敌向西向南窜扰，安仁敌遂乘此于篠丑以来，先头约六百、马百余，强渡永乐河，刻在东茅塘、新渡各附近，与我三九九团激战中。其后续部队，因雾不明。(二)巳令回调三九八团与三九九团，协力聚歼该敌。谨闻。蛇。杨汉域。未篠卯。战。印。

立到。副长官杨：另发长官薛、副总司令欧：密。(一)迄卯刻，窜至东茅塘附近之敌，被我周师三九九团一部痛击，激战至午，敌不支，企图西窜羊际市，复经该团另一部阻击，同时三九八团亦赶到，敌势稍挫。薄暮，敌复增援，三百余，向我一再反扑，均被击退。刻仍在东茅塘、杨家大屋西南之线对峙。(二)巳刻，三九七团以一部向凤凰山之敌攻击，未奏功。计是役伤毙敌约卅余，我伤亡廿余。谨闻。蛇。杨汉域。未篠戌。战。印。

立到。副长官杨：另发长官薛、副总司令欧：密。渡永乐河南窜之敌，刻巳增至约二千人，炮一门，其先头已窜至垅塘、东茅塘、高塘湾地区，与我五八团、三九八团、三九九团正激战中。除已严令周师长务督率所部围歼该敌外，谨闻。蛇。杨汉域。未巧未。战。印。

立到。副长官杨：另发长官薛、副总司令欧：密。(一)巧晨以来，我三九七团向安仁东北地区之敌攻击，刻已攻占观中冲附近高地。(二)巧午以后，约步骑二千、炮二门之敌，续窜至斋公塘、马头坳。当经我周师集中迫炮十六门，向该敌猛轰。并令三九九团一部由谭家湾、田山垅之线，五八团一部由回神庙(153)高地之线，三九八一部由石头坝(284)高地之线，向该敌围攻，激战至酉，敌大部已退据高塘湾，一部尚在马头坳继续顽抗中。是日，伤毙敌三百余，我伤亡连长叶万兆、闵子瑜以下官兵一百廿余，俘获苦力一，战马二，军品甚多。谨闻。蛇。杨汉域。未巧戌。战。印。

立到。长官薛(另发副长官杨、副总司令欧)：密。据破坏营陈营长未删由白莲寺报称：(一)淦衡段铁道，共桥八座，内铁桥三、钢筋石桥五。(二)寒晚，该营分向大桥塆红桥实施破坏，当将各该处钢筋石桥爆裂。(三)淦衡段铁道沿线，敌军利用车箱及板车，推运军用品；湘江西岸公路，敌汽车往来不断。(除迳报长官薛外)谨闻。蛇。杨汉域。未皓午。战。印。

立到。副长官杨：另发长官薛、副总司令欧：密。(一)皓寅迄酉，我周师三九七团仍继攻白沙山、凤凰楼之敌，三九九团、五八团、三九八团，仍继续围攻东茅塘、茅坪里、马头坳、石头坝地区之敌，【敌】大部亦数度由石头坝向我茅坪里、白竹山方面猛攻，互无进展。刻仍对峙中。(二)是日，伤毙敌五十余，我伤亡廿余。谨闻。蛇。杨汉域。未皓戌。战。印。

立到。副长官杨：另发长官薛、副总司令欧：○密。(一)自未寒以来，由茶陵经了尖向西南窜之敌约七千余；皓晚以来，永乐河南岸之敌续有增加。（二）龙家湾有敌二百余，抬头渡有敌数千，东茅塘、马头坳、白竹山、石头坝地区有敌约二千余，与我一三三师及新廿师一部激战。该敌主力及炮二门正向城角头我阵地猛攻中。（三）军之部署如次：（子）一三三师（欠三九八团）为右翼师，李师（附三九八团）为左翼师；（丑）两师作战地境为南木仙坪山金仙塘坪塘深塘垅之线，线上属李师；（寅）一三三师部位置苏家地，新二十师位置枫树下。（四）刻李师正就指定位置中。谨闻。蛇。杨汉域。未号巳。战。印。

立到。副长官杨：另发长官薛、副总司令欧：密。（一）龙家湾、山了塘之敌，迄酉巳，增至四百余，与我三九七团一部对峙中。（二）周师三九九团协力李师之作战，已攻占垅塘附近。（三）号巳以后，敌主力约二千，炮二门，由白竹山继续南窜，并向我左翼包围，我三九八团及羊际市守军伤亡惨重。迄未，羊际市失陷。当令六十团及五九团一部，协力三九八团恢复阵地。刻李师在仓下湾、（205）、黎子山、乌石塘、石塘、草塘洞之线，与敌激战中。（四）伤亡损耗，另报。（五）除令周、李两师明日全力反攻外，谨闻。蛇。杨汉域。未号戌。战。印。

立到。副长官杨：另发长官薛、副总司令欧：密。未号戌战电计呈。号日伤毙敌百余，我伤亡连长何安福、排长黄振华、白秉清以下官兵八十余。损耗另呈。谨闻。蛇。杨汉域。未马酉。战。印。

立到。副长官杨：另发长官薛、副总司令欧：密。（一）南渡永乐河之敌，马日续增千余，自晨以来，向羊际市以南地区猛犯。并以一部向托上坪方面迂回我侧翼，经我周、李两师堵击侧击，并经盟机协力轰炸，敌未得逞。激战终日，我仍在高陂口、宝塔岭、抬头渡、谭家湾、侯家、(205.4)、乌石塘、三眼塘之线，与敌对峙中。(二)是日，伤毙敌三百余、马二百余，我军伤亡、消耗，另呈。蛇。杨汉域。未马戌。战。印。

立到。副长官杨：密。马午，盟机轰炸安仁、羊际市之敌，误伤我士兵十余人，因我军遵令号日起用“T”字符号，盟机二架误认“T”字下端系指向轰炸之方向，当经美连络班马队长用无线电话询明后，临时即改用“个”字符号。谨闻。蛇。杨汉域。未汉①卯。印。

……

立到。副长官杨：另发长官薛、副总司令欧：密。(一)养子以来，敌一股千余、炮一门，猛攻周师三九九团阵地，迄午攻下新塘湾。当以预备队反击。因连排长均受伤，未果。敌即向我东侧山麓继续前进，一股攻占仓下湾，企图遮断公路。该团正苦撑中。(二)另敌一股约数百，与我李师在张家冲、(205)高地、乌石塘、三眼塘之线激战，迄午阵地无变化。(三)敌大部二千，炮二门，养子以来，向石山冲方面猛攻，并向左后迂回我三九八团阵地。该团自篠日以来，即与敌主力反复肉博〔搏〕，伤亡殆尽，连日陷于苦战。(四)是日，伤亡连长周南滨以下官兵百余。(五)军自篠日与敌激战以来，耗弹甚多，已感缺乏，请饬兵站运屯备补。谨闻。蛇。杨汉域。未养午。战。印。

立到。副长官杨：另发长官薛、副总司令欧：密。(一)养未，安仁敌百余，由观石冲东窜，企图策应永乐河南岸敌军之作战，经我周师三九七团猛烈堵击，申刻敌不支向白沙山方向退去。(二)养

---

① 原文如此，“汉”当为“马”或“养”之误。

未，新塘湾方面之敌，继向东南山地攻击，迄戌，我三九九团仍在虎口里、竹山背、张家塘之线，与敌对峙中。（三）养申，敌一股猛攻张家冲方面我李师五八团阵地，经我奋勇迎击，敌未得逞。（四）敌军大部养未以后，仍继向东冲、石山冲方面我三九八团阵地猛烈攻击，经派四〇一团两营增援，并令六十、五九两团各一部向老水车以西侧击南窜之敌。刻该团仍在东冲、蜈蚣嶂之线与敌对峙中。（五）是日，伤毙敌一九〇余，我又伤亡连长罗耀、李子模以下官兵一一〇余。（六）马日，我阵亡连长陈先朋以下官兵百余。并此补呈。蛇。杨汉域。未养戌。战。印。

立到。副长官杨：另发长官薛、副总司令欧：密。永乐河南岸之敌，养亥以来，大部向抬头渡、黄泥铺以东山地我周师阵地猛攻，一部向张家冲、九如山、山田冲我李师阵地攻击，激战终日。刻我周师仍在高陂口、宝塔岭、三只塔、寺冲垅，李师仍在大路湾、张家冲、九如山、钟家湾、山田冲、柳田冲之线，与敌苦撑中。是日，伤毙敌约一百十余；我伤亡连长罗云武以下官兵九十余。除令四〇一团接替三九八团防务，以三九八团及搜索营增援周师坚韧苦战外，谨闻。蛇。杨汉域。未梗戌。战。印。

立到。副长官杨：另发长官薛、副总司令欧：密。（一）军当面之敌，梗晚继到援军千余，梗亥以来，即向军发动全面攻击。敬日，敌两度猛攻周师三只塔阵地，九度猛攻李师九如山方面阵地，我军再接再励，坚忍苦战，敌虽发动一日夜之全线攻势，终未得逞。（二）敬日，敌军攻击重点指向九如山，我阵地九失九得，我六十团代团长吴壮猷身负二伤，犹裹创督战，我敌反复肉搏。迄戌，仍在原线与敌苦战中。（三）敬申，盟机九架飞临协助，投弹数十枚，低飞扫射数十次。（四）是日，伤毙敌六七〇余，我伤亡团长吴壮猷以下军官十二员、士兵一七〇余。（五）除令一六二师之两营归李师长指挥,继续苦战外,军之弹药已罄,请饬兵站立补。谨闻。蛇。杨汉域。未敬戌。战。印。

立到。长官薛:另发副长官杨、副总司令欧:密。(一)未敬戌战电计呈。查是日出力官兵有代团长吴壮猷,负伤不退,营长李剑平,代营长宋开钟,身先士卒,均属沈勇可嘉。除拟请宋开钟真除六十团第一营营长外,并拟恳钧座转请优叙奖。(二)军自筱迄敬,与敌激战,我伤亡官兵九五〇余,内有团长吴壮猷一员,连长罗耀等十二员,排长凌文彬等二十余员,防毒军官贺瑞桂一员。谨闻。蛇。杨汉域。未有辰。战。印。

立到。副长官杨:另发长官薛、副总司令欧:密。(一)军当面之敌六五及二一七两联队,自敬亥迄有戌,与我周师在高陂口、宝塔岭、茶子坳、虎口里、寺冲垅,李师在官上、(201)、黄田冲,何师在曾家湾、柏古、龙头庵、华王市、杨林田、钟古形之线对战中。(二)周师庞贵能营有巳反击,激战至酉,经三九九团协助,已将茶子坳、羊角亮、虎口里地区之敌肃清,遗尸八十余具。该营夺获轻机枪一挺,掷弹筒二,步枪十余,文件、军品甚多。(三)敬亥以来,敌分头进攻我李师张家冲、九如山、山田冲一带阵地,另以一部迂回至龙形山,企图包围该师左侧翼。该师因伤亡惨重,迄戌转移官上、黄田冲之线,继续苦撑。(四)华王庙敌卅余,有午经我何师一部肃清;有酉由罗家桥南窜之敌八百余,由观音阁北窜之敌三百余,正与该师在陈家冲、杨林田各附近激战中。(五)盟机卅二架分批轰炸扫射安仁、黄坭铺、羊际市地区之敌,协力军之作战,士气益振。(六)是日,伤毙敌四百余,我伤亡排长汤子名以下官兵一八〇余。谨闻。蛇。杨汉域。未有戌。战。印。

限一小时到。长官薛:另发副长官杨、副总司令欧:密。据一六二师何师长宥申电话：宥子以来，由耒阳方面经观音阁北上之敌，增至千余。继后又由羊际市增来敌约数百，共炮三门。其主力怀攻钩刀柴，一股攻陷廖古、界头、杨林田，师伤亡甚众，正苦撑中。等语。特呈。蛇。杨汉域。未宥申。战。印。

立到。副长官杨：另发长官薛、副总司令欧：密。(一)由耒阳经观音阁北上之敌千余，与由安仁经羊际市南下之敌七、八百，于宥午在杨林田附近会合后，正向东猛攻中。(二)宥子迄戌，敌一部约四、五百，炮二门，两度猛攻我周师茶子坳、杨家冲之线；另一部约七、八百，炮二门，两度猛攻我李师大坳山、黄田冲之线；敌大部二千，炮三门，敌机三架，猛攻我何师荷叶塘、钩刀柴之线，经我军反复肉搏，激战终日。刻我周师在高陂口、宝塔岭、樊家冲、寺冲垅，李师在官上、大坳山、荷树下、双排山，何师在官桥、天福山、谭古之线，浴血苦撑中。(三)是日，伤毙敌三百余，我伤亡军官邹济和等十一员，士兵三百四十余名。谨闻。蛇。杨汉域。未宥戌。战。印。

立到。副长官杨：另发长官薛、副总司令欧：密。(一)感子迄戌，我周师向当面之敌猛烈反攻，我三九七团与敌竟日激战于安仁城郊，三九九团先后将邓家湾、黄泥铺以东地区之敌完全肃清；我李师与敌竟日战斗，阵地无变化；我何师与敌千余反复肉搏，除天福山被敌攻占外，阵地无变化。戌刻，敌约数百，正向我李左刘右阵地猛烈夜袭中。(二)盟机二十架，临空协力军之作战，在羊际市、华王市间轰炸扫射，敌死伤甚众。(三)是日，伤毙敌八十余，我伤亡官兵五十余。谨闻。蛇。杨汉域。未感戌。战。印。

立到。副长官杨：另发副总司令欧：密。未宥、未感两戌战电计呈。顷据周师长报称：查该两日，师在安仁以南反攻敌二一七联队奏功，计有出力营长庞贵能，指挥有方，善捕战机，坚忍沉勇，迭奏肤功，故能所向披靡；连长饶大钧、张治清、刘宜成，身先士卒，冲入敌阵，集中手榴弹投掷，予敌重创；排长蒋昌志，冲入敌阵，反复肉搏，击破敌军逆袭；上等兵毛树清，奋勇冲杀，不顾牺牲，虽身负重伤，卒夺获敌轻机枪一挺。上述官兵，光荣战绩，可泣可歌，拟恳钧座转请从优勋奖，以昭激劝。谨呈。蛇。杨汉域。未俭午。尧。印。

立到。长官薛、副总司令欧：密。(一)俭日，我周师一部将水河南岸黄泥铺、新渡间残敌肃清，夺获军品弹药多种。(二)俭晨，我李师一部向九如山之敌攻击，激战约二小时，无甚进展。刻仍于原线相持。(三)感戌迄俭丑，四百余分向我何师官桥李左刘右樟木塘一带阵地猛袭，搏斗四次，敌势渐挫。俭寅迄戌，该师乘势反攻，已将荷叶塘、廖古、桥头冲、天福山(一半)阵地恢复。(四)是日，伤毙敌六十余，我伤亡官兵四十余。谨闻。蛇。杨汉域。未俭伐〔戌〕。战。印。

立到。长官薛：另发副总司令欧：密。(一)艳子迄戌，军已将新渡、羊际市、罗家桥、杨林田之线以东地区之敌完全肃清，敌大部已分向西北、西南退去。(二)周师以一部在高陂口、宝塔岭、邵家湾之线，攻钳安城之敌；以一部由东向西攻击羊际市之敌，激战一小时，于艳未即将该市确实占领，残敌向西北退去。(三)李师以有力一部分向九如山、罗家桥之敌攻击，各激战一小时，于艳巳占领九如山，艳未占领罗家桥，残敌向西南退去。(四)何师俭亥迄艳戌，猛力反攻当面之敌，激战终日，已将罗洞、界头、钩刀柴、杨林田一带之敌肃清，残敌向沈家冲、华王市退去。(五)是日，伤亡消耗另呈。谨闻。蛇。杨汉域。未艳戌。战。印。

立到。长官薛：另发副总司令欧：密。据破坏营陈营长未感由白莲市报称：(一)(二)(三)(四)(五)① 经我数次调查，总部特务营实有人七枪三，由蒋特务长率领，在此间游击队内，正向该部接洽中。等情。谨电鉴核。蛇。杨汉域。未卅未。战。印。

立到。长官薛：另发副总司令欧：密。(一)卅日周师主力在安仁东南，两面堵击敌人南窜，一部正扫荡由长江源方面钻穴回窜百流洞附近约三百余之敌中。(二)李师主力卅丑沿罗华道东西地区攻击前进，卅已到达门楼冲、龙头庵、谭家冲之线，与约三、四百之敌激战。卅午，敌三百余，经长江源向百流洞回窜，企图包围该师右翼，我正抽调五八团一部由罗家桥、东冲道侧击北窜之敌中。(三)何师自卅丑以来，先后击破沈家冲、南雷庙之敌后，卅午迫近华王市东北高地，与约三、四百，炮二门之敌激战，卅戌仍在对峙中。(四)是日，伤毙敌七十余，马十余，我军伤亡消耗另呈。(五)除已严令周、李、何各师，务于世午以前肃清百流洞、华王市地区之敌外，谨闻。蛇。杨汉域。印。②

立到。长官薛：另发副总司令欧：密。(一)卅丑迄戌，军猛力攻击百流洞、长江源、华王市地区第卅四师团二一六联队步约二千、炮三四门之敌，激战竟日。刻在猴舞仙、门楼冲、黎冲、谭古湾、道仙桥、老湾里之线，与敌对峙中。(二)周师仍以主力由东南两面攻钳安城之敌，有力一部世午将百流洞方面步三百余、炮一门之敌完全击退，该敌向西南退却；我军尾追，世申继将猴舞仙制高点攻占。(三)李师一部协力周师，由山田冲、东冲道围攻百流洞方面之敌，有力一部猛攻长江源、华王市地区步约七、八百、炮一门之

---

① 原文如此，不明何意。

② 此件无发电日期，当为8月30日或8月31日所发。

敌。刻已攻占门楼冲、黎冲之线。(四)何师主力与华王市、泉塘方面步约八、九百,炮二门之敌激战,反复争夺华王寺。刻在谭古湾、道仙桥、老湾理〔里〕之线,与敌对战。(五)是日,伤毙敌兵九十余,马十余;我周、李两师伤亡廿余,何师伤亡待查;夺获战马一,弹药、面具、军品甚多。谨闻。蛇。杨汉域。未世戌。战。印。

立到。长官薛:另发副总司令欧:密。(一)东子迄戌,我周师仍在东南两面围攻安仁城之敌,我李、何两师继向华王市南北地区之敌猛攻,东午再度克复华王寺。东未,盟机十架临空助战,旋有敌机四架赶至空战,被我机击退。东申,天雨如注,盟机不能活动,我军数度猛攻曾巴冲南北地区高地之敌,因其坚工顽抗,我军未能击破。刻李师在西冲、三江口、泉窠里之线,何师在园岭洞、泉塘、(281)高地之线,与敌对峙中。(二)是日,伤毙敌九十余,我伤亡排长单子元以下官兵五十余。谨闻。蛇。杨汉域。申东戌。战。印。

立到。长官薛:另发副总司令欧:密。(一)东亥以来,我攻钳安仁城之一三三师与攻击华王市方面敌人之一六二师,正逐次交换各团任务中。(二)冬巳,敌三百余,向我李师三江口方面阵地攻击,激战三小时,敌未得逞,仍相持于原线。(三)是日,伤毙敌廿余,我伤亡官兵十余。谨闻。蛇。杨汉域。申冬戌。战。印。

立到。长官薛:另发副总司令欧:密。(一)周师三九七团对安仁城东北之防务,于江酉交一六二师之四八六团接替完竣,于薄暮该师全部集结黄田铺附近。(二)李师本江日第一线各团无战斗,所担任西冲、三江口迄泉窠里之线防务,俟何师接替后,于午夜集结蒲塘。谨闻。蛇。杨汉域。申江戌。战。印。

立到。副长官杨、副总司令欧，密。(一)支日，周师已集结黄田铺，李师已集结朴塘，军部及直属部队已分头集结于蛇形铺、安平司。(二)军于微丑分两纵队出发，沿龙海塘、永兴道及其以东道路前进。谨闻。蛇。杨汉域。申支戌。战。印。

〔国民政府国防部史政局及战史会档案〕

## 2．王耀武关于薛岳命第七十九军集结宁乡附近策应长沙作战等情电①

（1944年6月15日）

抄王耀武巳删电

奉长官薛文正电，着七十九军于元夜集结宁乡东南之龙凤山、金盘山地区，积极准备，策应长沙之作战，不得延误。等因。经饬该军遵照去后，又奉长官薛元午正电开：梁军长汉明、王军长甲本；十五师、五十八师，均归彭副总司令位仁指挥。等因。除分令各军、师遵照外，谨电备查。

〔国民政府国防部史政局及战史会档案〕

## 3．王耀武转报第五十八师在宁乡浴血作战损失惨重密电

（1944年6月18日）

即到。渝军令部长徐、次长刘：盘密。据彭兼军长辰青电称：此次我58D以四个营兵力，坚守宁乡，官兵忠勇用命，力抗顽敌，浴血抗战，苦战历五昼夜。重伤官长计团长何謦、副团长罗英、团附蔡智锃、营长孙步武、宋纯龙，阵亡额外团附于金耀、营长王炎坍，暨伤亡连长、排长以下五十二员，且有因负伤而自杀者多人。但敌死伤枕藉，损失之大，更倍于我。壮烈辉侃，实堪矜式。除已另电

① 系摘要抄件。

呈请嘉奖外，谨电鉴核。等情。除转饬益矢忠贞、再接再励外，谨闻。职王耀武。巳巧戌。瑷言亭。印。
〔安化〕

〔国民政府国防部史政局及战史会档案〕

## 4. 王耀武报告日军犯湘兵力及其编制情况密电

（1944年6月20日）

限三小时到。渝军令部长徐、次长刘：丰密。顷据七三军呈解五八师自击毁敌机，检获之队号布板配当表：(一)证明敌犯湘北兵力，除3D、13D、27D、34D、40D、58D、68D、116D、17RS及大量特种兵外，尚有番号不明之预备兵团三个师团、一个独立步兵旅团；(二)敌军编成之特点：(1)控置强大之预备兵团，(2)特种兵除炮兵、工兵、通信兵、辎重兵外，尚有汽车联队一、独立汽车大队一、军铁道队一、铁道联队一、军船舶陆军第一舟艇队一；(三)敌116D已改为三联队制，58D、68D均已改为二旅团（八大队）制。详情容续呈。职王耀武。巳号酉。理忠治。印。〔自安化发〕

〔国民政府国防部史政局及战史会档案〕

## 5. 孙连仲转报第五十八师坚守宁乡损失惨重请予奖恤电

（1944年6月21日）

特急。重庆委员长侍从室林主任蔚公转呈委员长蒋、总长何、军令部徐部长次宸兄：求精中学长官陈盘密据王总司令耀武巳巧瑷言亮电称：据七三军彭兼军长铣辰青源电称：此次我58师以四个营兵力坚守宁乡，官兵忠勇用命，力抗顽敌，浴血英勇，历五昼夜，重伤官长计团长何澜、副团长罗英、团附蔡启锷、营长孙步武、宋纯龙及额外团附于金耀、营长王贵拐暨伤亡连排长以下五十二员，且有因负伤而自杀者多人。但敌死伤枕籍〔藉〕，损失之大，更倍于我。壮烈辉煌，实堪矜式。除已另电呈请嘉奖外，谨电鉴核。等情。除转饬益矢忠贞、再接再励外，谨闻。等情。拟请先予奖励，并赐特恤为祷。孙连仲。巳马。奇战。印。〔自恩施发〕

〔国民政府国防部史政局及战史会档案〕

## 6. 孙连仲转报第二十四集团军王耀武部在长衡会战中伤亡损失情况密电

（1944年6月26日）

特急。重庆委员长蒋、参谋总长何：据二四集团军王总司令巳梗未理言亮电，6207密，谨将职集团此次参战敌我伤亡及我方官兵概数如下：（一）74军：甲、51师西港、鸭土桥诸役，我伤官13员、士兵307名，阵亡官3员、士兵118名；伤敌510余，毙敌270余。乙、58师益阳、宁乡诸役，我伤官30员、士兵412名，阵亡官54员、士兵960名，失踪官15员、士兵131名；伤敌1697名，毙敌736名。（二）100军：甲、搜索营藕池、南县、安乡、益阳诸役，我伤官1员、士兵64名，阵亡士兵16名，失踪士兵15名；伤敌75名，毙敌32名。乙、19师南县、安乡、益阳、宁乡诸役，我伤官26员、士兵657名，阵亡官9员、士兵857名，失踪士兵69名；伤敌470余，毙敌210余。丙、63师藕池、安乡诸役，我伤官15员、士兵383名，阵亡官44员、士兵113名，失踪官1员、士兵65名；伤敌290余，毙敌150余。（三）79军宁乡附近及沩水南北地区诸役：甲、98师我伤官14员、士兵142名，阵亡官12员、士兵246名，失踪士兵46名；伤敌120余，毙敌340余。乙、194师我伤官13员、士兵335名，阵亡官7员、士兵486名，失踪32名；伤敌650余，毙敌510余以上。计我伤官112员、士兵2239名，阵亡官89员、士兵2967名，失踪官16员、士兵458名，总计我伤亡失踪官兵5842员名，敌伤亡共6460余人。（四）除73军、99军另行呈报外，谨电鉴核。等情。谨闻。职孙

连仲。巳宥。奇绩。印。〔自恩施发〕

〔国民政府国防部史政局及战史会档案〕

## 7. 孙连仲关于被俘日兵供述犯湘日军编制等情密电

（1944年6月28日）

特急。渝委员长蒋、部长徐：6270密。七九师于宁乡附近俘虏敌235R辎重二等兵川人博(□岛县人)、一等兵限本满义(爱爱县)二名，234R辎重一等兵片山义弘(神户县)等五名，据供：(一)四十师团长青木成一中将、235R联队长郎□胜已、第二大队长植野重利、234R联队长户田义直、第三大队长上村源吉。(二)均于昭和十九年一月间由十一师管区征召入四十师团服役，同时补充四十师团新兵约千人(内野本满义①系昭和十七年入营)。(三)235R、234R于昭和十九年三月十七日由岳阳开石首，六月初经安乡、南县、沅江、益阳附近，经我截击，南窜至伪水、宁乡，复经我五八师、十九师之打击，伤亡甚重。旋因被俘部队行动不明。(四)联队以下辖步兵三大队、联队通信队、作业卫生各一队；联队炮、辎重各一中队；每大队机枪一中队(重机枪)及大队炮二；每中队辖三小队，每小队八班、机枪分队(轻机枪)、步枪分队(步枪十支)、掷弹筒分队(掷弹筒二个)；又辎重中队有行李、弹药班一、驮马二百余匹。(五)此次进犯益阳之敌，共约一万五千余人，统归四十师团长青本〔木〕成一指挥。最初目的，攻占长沙，以后企图不明。(六)大队炮，随第一线作战；大队行军均用行军纵队，联队行军则分数纵队前进。(七)伤病兵均由中国民夫运送。等情。……除饬速解本部审研外，谨闻。孙连仲。巳俭。明本。印。〔自恩施发〕

〔国民政府国防部史政局及战史会档案〕

---

① 上文作“限本满义”。

## 8. 孙连仲转报王耀武所部宁乡之役所获战果密电

（1944年6月28日）

渝委员长蒋、军令部第二厅徐厅长：据王总司令耀武已有酉电称：2979密。谨将职集团宁乡之役战果呈次：(一)俘虏敌军十一联队九四名，计一百军俘敌军五名、伪军十一名，七三军十五师【俘】伪军七名，七四军五一师俘敌军三名、伪军十二名，五八师俘敌军二名、伪军四名；(二)各军计卤获重要文件百余件；(三)伤亡敌军六千余名；(四)卤获械弹，正清查中；(五)查伪军多系九五支队及原属便衣队，并无正式番号。现除率队感化训练以备宣传之用外，其余敌俘及文件，均即解送六战区长官部。等情。查俘虏及文件约午江可到沅陵。除已饬兵站派汽车接运外，谨（敬）闻。孙连仲。巳俭。明辉。印。〔自恩施发〕

〔国民政府国防部史政局及战史会档案〕

## 9. 孙连仲转报日师团长佐久于衡阳附近伤重毙命密电

（1944年8月5日）

即到。渝军令部第二厅郑厅长：据二十四集团军王总司令报称：4355密。俘敌68D三三等兵木村清源供称：该师团已感到衡阳附近，司令部驻欧家町。巳俭，师团长佐久中将、参谋长原田真三郎上校及上尉参谋某，在欧家町北天主堂附近视察，被我守军射中，三人同时受伤，师团长次日因伤重毙命。新师团长键谷中将，午东到职。等情。谨闻。职孙连仲。未微。明俘。印。〔自恩施发〕

〔国民政府国防部史政局及战史会档案〕

## 10. 王耀武报告所部各军师屡经战斗后现有兵力电

（1944年8月12日）

即到。渝军令部部长徐、次长刘：4355。谨将各部呈报现有战力呈次：(一)一百军十九师一个团强，六六师一个团另一营；(二)七四军五一师两个团另一营(内新兵四分之一)，五八师两个营；(三)七九军九八师一个团，一九四师两个营；(四)七三军十五师两个营强，七七师一个团强。邵王耀武。文辰。枢。印。〔自邵阳发〕

〔国民政府国防部史政局及战史会档案〕

## 11. 军令部拟长衡会战经过战斗要报①

（1944年8月26日）

〔上略〕

二、战斗经过概要

倭寇海上势力，节节失败，国内民情，转侧不安，为打击我野战军，防我反攻，与开拓大陆交通，求与南洋连络，并镇压国内厌战情绪起见，除于四月开始中原会战，打通平汉路外，续于五月发动湖南攻势，企图打通粤汉路，完成大陆交通线。

本年二月以来，敌即调动频繁，积极补充常德会战之损失，并自关东军与华北暨滨海各兵团，抽调一部兵员，增加驻湘、鄂、豫部队战力，另编组若干独立步兵旅，以四个旅开赴华中，担任守护任务，抽集兵团，向湘北、鄂南集中，迄五月廿六日，敌由崇阳南犯。廿七日，敌强渡新墙河，湘战于焉爆发。

---

① 摘自《湖南会战战斗要报》。

（甲）汨罗江初期消耗战

五月廿六日晨，崇阳敌以千余向通城以北我阵地进犯，当被阻止。廿七日晚，新墙河北之敌，分六路强渡南犯，同时崇阳一带之敌激增，直扑通城。我军以消耗敌人之目的，在通城山地与汨罗江两岸，逐次抵抗，使72A在通城山地、20A在汨罗江北岸、37A在汨罗江南岸，分别节节阻击，守备要点，并转向敌后袭击。至廿九晨，敌更依海军之协力，在营田登陆。我99D/99A，当予以坚强阻击，并由三战区转用一个军，由六战区转用三个军，准备长浏决战。

南犯之敌，移其主力续进，更以强大兵团，突破通城山地，直犯渣津、平江，并循洞庭湖南趋沅、益，形成广正面我全线与敌激战，使敌消耗。至六月一日，右翼之敌，图窜渣津，被我72A堵击，转犯长寿街，我续予尾击侧击；正面之敌，陷（一日）平江，抵汨罗江北岸，我20A除留一部袭击敌后外，转移平江东南，由37A续行对敌抵抗；左翼之敌，亦陷草尾趋南咀，我前线之72A、37A、99A与敌激烈战斗。及六月六日，敌窜至达浒市、山田、捞刀河迄沅江之线，我58A、44A、4A及王耀武兵团，先后加入战斗，开始浏长阻击战，但我99D、162D与37A一部，仍留金井暨三姐桥、湘阴地区，阻敌增援，攻击敌后交通线。

（乙）浏长阻击战

敌进至捞刀河北岸后，更犯芦林潭，陷湘阴，开放湘江，使海军部队挺进，维持其后方补给，连系湘江两岸交通，两翼分犯古港、益阳，保持广阔正面。我力阻敌军进犯，在两翼集结有力兵团，采取攻势行动，拟各个击破之。兹分述如次：

1. 古港包围战

陷长寿街南犯之敌，被我72A在其外翼侧击，我44A以一部逐次诱击，迨六月七日进陷古港，企图南趋萍乡。我以围歼该敌之目的，于六月八日晚完成如次之部署：

子、72A主力展开于东门市东侧及其以南地区，向东门市攻击前进。

丑、58A展开于横山高坪之线，保持主力于左翼，向浏阳河谷攻击前进。

寅、20A主力展开于双江口附近地区，对古港之敌攻击。

卯、44A一部在郭西湖南北之线，阻敌西犯。

六月九日晨，我攻势开始，先后击破古港、东门市之敌，追近永河沿溪，斩获颇多，予敌以重大打击。敌乃集其主力向我58A反扑，我余师长建勋负伤。十一日晚，在石湾附近，突破我58A左翼，向澄潭江、大瑶铺南窜。我72A主力及58A即移于追击，转向渌水与敌战斗。我20A主力，以小部尾击敌人，其他转向浏阳，阻击进犯之敌。

2.宁益争夺战

陷沅江之敌，东趋湘江，图与溯江进犯之敌会合，南窜益阳，图掩护其围攻长沙主力军之侧翼。我以直冲侧背、保障岳麓山外翼安全之目的，除以99A主力逐次抵抗外，使24AG依如次之部署，向敌攻势前进：

子、51D一部在汉寿东南地区，掩护主力军之集中。

丑、先头之77D，赶赴益阳固守。

寅、主力73A（欠77D）、100A、79A开资水以南集中，并先遣一部防御宁乡。

卯、总司令部进驻马迹塘，彭副总司令移驻宁乡。

六月九日，由沅江进犯敌40D（配属109R/1.CD）在益阳以东，渡过资水，企图截断宁乡益阳交通，并对益阳南方迂回，更以一部在益阳以北窜扰，当与我77D发生激战，我51D一部亦予以侧击。及十二日益阳城北之敌，窜入城厢，向西迂回之敌，窜至邓石桥、观音寨南窜之敌，进犯菁华铺，我19D赶到，加入战斗（一部协守益阳，主力攻击南岸之敌），向东予敌以痛击。十四日，敌以伤亡惨重，转向东南窜犯宁乡。同时我亦将益阳城厢之敌，肃清而确守之。

六月十四日，敌移其主力向宁乡、菁华铺、回龙铺各地进犯。我24AG主力已完成部署，迎击该敌，当于沩水两岸与宁乡城厢发生激战。同时我19D紧蹑南追，拟于沩水两岸分别聚歼敌军。十六日，我完成包围圈，连续四日，予以痛击，毙敌甚多。迄十九日以长沙失陷，敌得由白箬铺方面之敌支援，突围南窜，我军亦即跟蹑尾击。

3.正面阻击战

浏河为敌军主力(3D、68D、34D、116D)所趋，亦敌我两军冲突正面。我以44A主力固守浏阳，以4A固守长沙，以37A在捞刀河西岸施行坚强抵抗。六月六日，战斗继续进行，激战至烈。敌为消除长沙之犄角，先以优势兵力强夺浏阳。经九日血战，敌我伤亡均重。我44A主力，以战力残破，于十四晚退至浏城南郊。同时捞刀河之敌，自九日起，陆续强渡。迄十二日，大部移至浏阳河两岸，分趋渌水、长沙。我37A主力，反复与敌周旋八日，给敌打击甚大。十三日晚，脱离敌人，转移醴陵，参加渌水次期消耗战。

长沙正面之敌，忖一、二、三次会战之失败，初在捞刀河岸，仅与我警戒部队战斗，及断续炮击。待其后援到达，粮弹充实，始于十日在白沙洲西渡湘江，进犯岳麓，更依浏阳河南岸敌之迂回，完成包围态势，逐次迫近主阵地。迄十四日，与我守军发生主力战，反复肉搏，予敌以重大损害。迨十七日，长沙要点黄土岭、红山头相继失守，岳麓山主阵地，亦被敌突破。我为确保岳麓山起见，以总预备处西渡逆袭，不意核心亦告失守，乃于十八日以残部突围，赴永丰收容。

(丙)渌水次期消耗战

进犯之敌，兵力强大，浏、长未克决战。为诱该敌进犯衡阳，乘其疲困，施行反击之目的，以欧兵团(26A、T2A、3D、32D)在渌水两岸，再予敌以消耗，同时增加衡阳防务，更由七战区转用一个军，由四战区转用一个师，由六战区先后再转用一个军，准备衡阳外围战斗。

六月十三日，南窜之敌，由湘阴港迄东山一带，分渡浏阳河，逐次与我警戒部队接触。迄十五日，上栗市迄株州全线，发生激战，我20A、72A主力与58A南蹑敌军，亦协力尾击、侧击，我军逐次抵抗，消耗敌人。及二十日，先后放弃湘东醴陵、株州、渌口、湘潭，移战场于渌水南岸，续予敌以消耗，阻敌进犯。乃敌以钻隙突进之手段，沿湘江东岸猛扑，二十三日已抵衡阳外围，与我10A守军接触，并东犯攸县，西陷湘乡矣。我渌水两岸各军，仍阻敌援军，并向敌侧击、尾击中。

（丁）衡阳解围战

子、核心守备。我10A以固守核心、吸引敌军包围、佐我外线反击之目的，在衡阳附近完成防御配置。六月二十三日，敌突进之68D在湘江东岸，与我警戒部队开始战斗，炮毒交施，争夺四日。及六月二十七日晨，敌已渡湘江，包围衡阳，进攻主阵地，挟其炮毒威力，先后轰射冲扑。我10A坚强抵抗，反复肉搏，苦战撑鏖，阵地波澜迭起，工事随毁随修。迄八月四日，敌以雄厚兵力（68D、58D、116D及40D主力与13D一部）重行总攻，我复与敌血战五日，再与〔予〕敌以重创。八日晨，我守军伤亡殆尽，衡城遂陷敌手。

丑、东线战斗。六月二十四日，经醴陵南窜之敌，已陷攸县趋安仁，我急调20A、26A、37A、44A开茶水，予敌迎头痛击，企将敌压迫于湘江而歼灭之。迨七月二日，完成西向攻击之整然部署，对湘江东岸攻势前进。激战至七月八日，我陆续克醴陵，复新市，迫攸县，收平田，包围耒阳以南之敌，直迫湘江。敌乃推进其后方兵团，更以新来之27D加入战斗，向我反扑。七月十日，再陷醴陵，着着进逼，茶陵、耒阳，亦次第失守。我除力阻敌军外，经常奋勇攻击，更以一部挺进，于二十一日渡过耒河，策应衡阳近郊战斗。七月二十九日，敌又陷萍乡，移其整补后之34D，南趋莲花。我军重兴攻势，再克萍乡，直迫醴陵、莲花，攻抵茶陵、安仁南侧，并加强对耒阳附近敌军之围攻，战斗仍续进行中。

寅、西线战斗。敌40D、116D南窜后，我24AG紧蹑追击，并先遣79A经永丰开演陂桥，截堵敌之联络。七月一日，完成如次之部署

1.73A守备宁益，对沅江、长沙、湘潭、湘乡机动攻袭；

2.100A集永丰附近，迎击西犯之敌；

3.79A控置演陂桥以西，62A控置文明铺各附近，准备打击进犯之敌，并于渣江、新桥、白鹤铺之线，布置警戒。

七月二日，西犯永丰之敌，与我100A发生激战，反复争夺，至十日，将敌赶出永丰，迫其于东南改取守势。100A亦移其主力南下，参加衡阳战斗。同时我79A与敌连续周旋，正对金兰市、演陂桥攻击。62A亦向白鹤铺攻势前进。七月十五日，两军超越突进，抵达六塘东南及蒸水西岸，分别钻隙突击。十九日，我62A渗透至德城南之黄茶岭、欧家町，向敌夹击。我79A亦渡蒸水突进中。乃62A以补给不济，伤亡已大，侧背发生威胁，于二十二日撤至铁关铺以南地区整理。我79A适越蒸水攻达衡城西北郊，敌复抽集优势兵力反扑，至二十九日驱逐我军于杉桥西北地区。我再由四战区转用一个军，依铁道输送，增援前线，重行调整部署，施行整然攻势，逐次消灭敌之据点。八月二日，完成如次之部署：

A.62A在洪山庙以南地区，向东阳渡攻击前进；

B.100A(19D、N19D)攻击雨母山、杨柳井；

C.58D在鸡窝山，向贾里渡攻击前进；

D.79A在杉桥西北地区，向板桥、望城坳攻击前进；

E.63D在集兵滩以北袭敌交通，掩护主力军之侧翼；

F.46A主力突ZR及ⅣTK为总预备队；

G.王总部移驻佘田桥，李副总部进驻洪桥。

是时，即开展雨母山要点争夺战，反复冲扑，得而复失。至七

日，敌终顽抗。是晚，我以总预备队加入，施行总攻，直扑衡阳，求将包围核心之敌，压迫于湘江而歼灭之，以解衡阳之围。八日晨，我军豕突狼奔，进至五里牌附近，攻势终告顿挫，衡城亦已失守，我仍调整态势，续行攻击。

三、我军作战指导

第一、令薛长官准备决战（五月廿八日电）

（一）战区以现有兵力（6WA抽调一师增于益阳）准备于长沙附近，与南犯之敌决战。

（二）部署：

1.44A固守浏阳，4A固守长沙及岳麓山，

2.27AG及30AG（欠4A）在现阵地迟滞消耗敌人后，以主力向平江、浏阳附近地区转移；

3.37A在汨罗江沿岸迟滞消耗敌人后，向浏阳、永安市地区转移；

4.孙渡兵团（欠58A）应以持久战掩护战区之右翼，以58A即向浏阳以南地区转进；

5.应统一上述各军之行动。

（三）6WA应于24AG抽一师即开益阳，归99A梁军长指挥，拒止渡湖来犯之敌，掩护岳麓侧背。

第二、令会辖各军（归薛长官指挥）参战（五月廿九日电）

10A（附T54D主力）固守衡阳，但以一个师主力开易俗河，掩护湘潭、衡阳交通线。T2A以主力在渌口、朱亭间，掩护湘江右岸通衡阳之交通线；以一团位置于醴陵，掩护醴陵至攸县之交通线，均薛长官指挥，但无会令，不得参加长沙决战。

第三、由三、六两战区各转用一军参战（五月卅一日电）

即饬73A全部开汉寿附近（续开益阳），26A遵五月廿八日电迅速开攸县（后改向萍乡），均归薛长官指挥。

第四、调整六、九两战区作战地境（六月二日电）

第六、九两战区之作战地境，暂改为麻河口、涂家湖市、汉寿、南湖西岸太子庙、李家湾、胡家坳、三塘街，再沿资水至东坪，此线两端仍合于原作战地境，线上属6WA。

第五、令各兵团固守(六月二日电)

(一)饬薛长官转各总司令、各军师长，上下一致，争取最后胜利。并规定凡命令固守地点，不得擅自撤退，违者照连坐法治处。

(二)六月二日，薛长官电呈固守区域：92D——沅江；99D——湘阴；77D——益阳；162D——三姐桥。

(三)令固守长沙(岳麓山)、浏阳、衡阳三要地。

第六、转用王耀武兵团参战之指导(六月九日电)

王耀武兵团(73A、79A、100A)应于主力集中之后，对渡湖南犯之敌，以消极手段将其捕捉而歼灭之。至于益阳、宁乡等要地防御，务以用最小限之兵力任之。

第七、对王耀武兵团指导变更(六月十六日电)

(一)一部固守沩水、宁乡、益阳，主力向敌侧背攻击。

(二)歼灭进犯宁乡之敌后，即向围攻岳麓山之敌攻击。

第八、令各兵团向敌夹击(六月廿日电)

(一)国军以阻敌深入、确保衡阳为目的，以一部于渌口、衡山东西地区持久抵抗，以主力由醴陵、浏阳向西，由宁乡、益阳向东夹击深入之敌，而歼灭之。

(二)王副长官指挥72A、58A、26A，速击破醴陵东北地区之敌。攻击敌主力之左侧背。

(三)杨副长官指挥20A、44A，先击破醴陵以北地区之敌，尔后转移于王副长官所部之左翼，协力向西攻击敌人。

(四)欧副总司令指挥37A、T2A及3D，在渌口、衡山间，坚强持久抵抗，阻敌之深入。

(五)王总司令耀武指挥73A、79A、99A、100A及4A之残部，向湘江左岸之敌攻击，但以一部守备湘乡。

(六)李副总司令玉堂指挥10A、T54D固守衡阳。

(七)7WA开来之62A,仍归本会直辖，控置于衡阳西南地区待机。

第九、令死守衡阳(六月廿五日电)

令饬10A所属各师决心死守衡阳。

第十、防敌进犯零陵之指挥(六月卅日电)

(一)据报敌将分经衡阳、茅桐铺、白水市道,杉桥、洪桥、祁阳道及渣江、灵官道,三路袭击零陵。

(二)决乘敌突进,以两军协力,攻敌左侧，压迫于湘江而歼灭之。

(三)62A以一部固守白水市、祁阳城及南岸要点,阻敌渡河;主力限卅日晚秘密控置文明铺附近，准备向东侧击敌人。

(四)79A主力秘密控置灵官殿、金兰市附近,准备向东侧击敌人。

(五)两军归李副总司令指挥,应派队于茅桐铺、排山铺、演陂桥、洪乐庙之线以东警戒。

第十一、令各兵团乘敌后空虚击破进犯之敌(七月一日电)

(一)敌主力正围攻衡阳,敌13D由萍乡西窜,27D经平浏南窜,似有夺取衡阳打通粤汉路，并窜桂林企图。

(二)国军决乘敌深入后方空虚，并使用正面阻止及侧背猛攻而击破之。

(三)除已令10A固守衡阳外,即督促所部集结兵力,各向当面之敌猛攻而击破之。

(四)切忌分散兵力,处处设防,追随敌之行动，而自陷于被动地位，务须切戒。

(五)饬对沅江、益阳、宁乡方面之部队,应主动袭击敌后交通,牵制敌主力，协助主力作战。

第十二、令各兵团扫荡当面敌人(七月七日电)

(一)湘北进犯之敌,经我各路反攻,其势已挫,似有动摇模样。

(二)9WA附王耀武兵团及62A，除留10A守备衡阳外，应各猛力扫荡当面残敌,向浏阳河及湘潭、湘乡以北之线进出，务求在该线以南捕捉而歼灭之。

第十三、令两军解围衡阳(七月十二日电)

(一)围攻衡阳之敌,获得补给后,攻击再兴，颇为激烈。

(二)决加强外围兵力，速解衡阳之围。

(三)着李玉堂督率62A即由衡阳西南迅速猛攻敌背，一鼓歼灭围攻之敌;79A应协同62A向衡阳西北部猛攻，并以63D由北向南协力永丰方面之攻击，以资策应。

(四)湘江东岸各军，亦应各向预定目标猛攻，配合作战。

第十四、令薛长官加强耒阳方面兵力(七月十九日电)

尽量加强耒阳方面兵力，猛击该方面敌人。

第十五、变更衡阳外围援军部署(七月廿二日电)

(一)我衡阳外围援军，应集中全力先突破衡永公路附近之虎形山及汽车西站以西敌人阵地，再图扩张战果。

(二)62A应以一部监视衡阳外侧之敌，集中步炮主力于黄泥坳附近,向虎形山及其东南地区之敌阵地突击;二纵队即沿公路由黄泥坳西南地区向汽车西站虎形山方面推进,归入黄军长之指挥。

(三)79A应集中主力由贾里渡方面向汽车西站以西敌阵地突击，以收夹击之效。

(四)63D主力应攻占望城坳，以策应各军之作战。

(五)空军应集中力量轰炸虎形山及汽车西站以西之敌阵地，期发挥陆、炮、空协同战斗之全力,得突破之,迅速成功。

第十六、令衡阳救援军积极突击(七月廿三日电)

李副总部即日进驻62A军部，直接督促积极向指定之目标突击。

第十七、增调兵团再向围攻衡阳敌人反击之指导(七月廿七

日电）

（一）衡阳周围之敌，久战疲惫，我应趁后续部队之到达，先将鸡笼街之敌歼灭，继续增援前线，击破衡阳以西地区敌人，以贯彻打开敌围，与10A会合之目的。

（二）62A仍依既定计划，以主力向衡城西南地区进攻，4WA新开来之46A及彭璧生部归李副总司令直接指挥，先将鸡笼街一带之敌歼灭后，再沿公路加入62A右翼方面之战斗。

（三）79A仍以既定计划向衡阳汽车西站方面攻击，51D归王总司令直接指挥，适时加入有利方面之战斗。

（四）对于金兰市附近之敌，以100A（19D、58D）继续围歼之。

（五）各部即逐次向敌猛攻，勿因等待后续部队而停顿。

四、作战检讨

湖南会战开始于五月二十六日，迄八月八日衡阳失陷，共经七十五日，为近年会战时间之最长久者。兹检讨敌我两军之优劣，要择分述如次：

（甲）敌军

子、优点

（1）集中优势兵力，常为纵深部署。敌发动攻势之初，第一线兵力即使用六个师团（3D、13D、34D、40D、68D、116D、17BS）以上，更以两个师团（27D、58D）在第二线推进，约共十五万人。我当时可用于浏长决战之兵力，实仅约六十个团。及越浏阳河后，敌27D、58D先后加入前线。更以37D、64D及5iBS一部为第二线兵团，在后推进。故我虽逐次转用兵力增加，亘全战役期间，敌之实力，在全面计算，虽劣于我军，但在重点方面，均居优势。且对长浏衡三要点之攻略，概以绝对优势之兵力（多至二万余），纵深部署，施行攻击。

（2）广正面并进。战斗开始，敌即以约六个师团并列推进，保持140—200公里之广正面，两翼常保持有力掩护，防我包围，致我数度反击，均未成功。即对长衡围攻，亦伸张其两翼，阻我外援。

(3)选择山径，利用夜间行动。湘鄂边境通城山地，标高约750公尺；湘赣边境萍乡以南山地，标高约500公尺；南岳山地，标高600公尺，均属崎岖险道，敌竟以有力兵团，不顾一切，强行突破。又敌一般行动，常选山径僻道，并利用夜暗，减少我空军轰射效力。

(4)战场内迂回包围。我20A方在新墙南岸滞敌进犯，右翼之敌直陷平江，将其包围。我37A在汨罗南岸抵抗，敌自平江、营田两翼迂回，求捕捉该军。及浏阳战斗，敌亦自大瑶铺、洞阳市包围我两翼。长衡攻略，更施行重层四面包围。

(5)渗透钻隙，避实击虚。敌于突破通城山地后，连犯平江及长寿街，突破渌水后，急趋衡阳。我耒阳、莲花方面空虚，均先后钻隙突进，虽其后方连络线被截断，亦不回顾。在古港、宁乡战斗，集中力量，突破一点，亟向南窜。

(6)利用便衣队，运用伪军。敌窜扰时，多以便衣队为前驱，少者十余，多至百余为一组，随处扰袭，使我处处顾虑。且运用伪军在第二线，使在后方镇慑(如长沙一带伪军约有万余)，或胁同窜犯(如窜莲花时挟伪军4D、5D二千余)，张大其威力。

(7)守备要点坚强。敌以"打何处守何处"训示所部，故守备要点，均据险顽抗，如萧家山(安仁北)、小水铺(耒阳南)、水口山(常宁东)、雨母山、白鹤铺、金兰市等处，均以少数兵力坚守，我曾各以一师以上兵力攻击，多未收效。且敌即伤亡重大，亦绝不退避。如金兰市一地，敌已伤亡过半，积尸数百，且无法运埋，亦死守待援。

(8)小部队威力搜索，呐喊诱射。敌前线与我接近时，常用小部施行威力搜索，藉明我之兵力部。且常呐喊威胁，诱我发射，使我虚耗弹药。

(9)注重补给及交通。敌进至汨罗江后，即开始修复鄂南、湘北公路，并逐次清扫湘江，使其补给线路畅达。至衡阳将陷落时，长衡公路业通车矣。其前线推进约一百公里时,必停留数日,待其追送补给渡河时,概遣工兵一部(附便衣队)先行搜集民船,故敌渡渌水、涟水、涞水、耒河,概未发生困难。

丑、劣点

(1)顾前不顾后,补给不灵活。敌只注意钻隙突击,轻装行动(仅带弹药),待我将其后方截断或空军制压,则无法追送前线兵团,多分兵就地搜括粮食,乃至食菜菓根,弹药更行〔形〕缺乏。衡阳及小水馆各附近之敌,虽以空中输送补救,其炮兵仍数日间无弹可发。

(2)纪律废弛,轻视我军过甚。敌突破新墙河后,沿途奸淫烧杀,搜括虏掠,无所不为。且大肆搜虏妇女幼男,在萍乡一地,掳走妇女已达二百。对我军极端轻视。但我常于长浏及衡阳附近阻敌突进,并向敌后攻击袭截,断其补给线。

(3)厌战情绪益增。此次作战,俘敌计达二百,而俘虏供述,多侃侃而谈,一切行动及其国内状况,历言甚详,与抗战初期我所俘甚少,既俘亦缄口不言之情形相较,敌官兵厌战情绪,实日益增高矣。

(乙)我军

子、优点

(1)破坏交通,攻袭敌后。我前线地区公路,早经彻底破坏,变路为田,致敌野炮以上之重兵器及战车,无法运用。并于敌后分置有力部队,以山地为根据,不断对敌攻袭,破坏牵制敌援军,阻滞敌补给。

(2)突围巧妙。我军虽后路被截断,四面被包围,仍能选择空间、时间,突出重围。如37A在汨罗江及浏阳河南岸两次均由三面包围中突出;20A在汨罗江,44A在浏阳附近,99D、162D在三姐桥附近,均由四面重层包围中突出。

(3)始终维持指挥系统,行有组织之战斗。亘全战役期间,始终维持整然之指挥系统，行有组织之战斗，虽军以下兵团常被敌截成数段，然均逐次恢复或续行战斗。

（4）利用地形坚守阵地。敌对浏衡攻击，兵力居于绝对优势。但我装械窳乏之44A，利用山地，坚守浏阳至九日；10A利用河泊，坚守衡阳达四十七日，为抗战来坚守阵地发一异彩。

（5）经常实施侧击尾击。整个战场，我始终立于外翼，并经常寻求敌侧，实施攻击，亦即无日不行攻击，有机即对敌攻击；若敌超越进犯，则紧蹑敌尾猛击，迫敌与我对战。

（6）陆空协同良好，空中补给确实。我陆空两军，均互派参谋，担任连络，并于事前协定计划。关于破坏敌后交通与宁乡、衡阳各附近之战斗，均至良好。在衡城被包围时，弹药不济施行空中补给，地空连络确实，先后投送四十吨以上，均甚准确。

丑、劣点

（1）逐次使用兵力，步调不齐。战争开始之初，敌我兵力比较，显居劣势，虽逐次转用增加，而前线亦已逐次消耗，始终无机动兵团，无充足决战之兵，故虽准备长沙决战，不克实施。六月廿日，令各兵团向敌夹击，七月七日，令各兵团乘敌攻势顿挫，扫荡当面之敌，而湘右兵团亦无日不行攻击，但均无效果。及为解衡阳围之攻势，乃系逐次以不充分之兵力投入战场，且常步调不齐，当62A已突进至衡城南郊，而79A犹在蒸水北岸，及79A攻抵衡西，则62A早被敌摧破矣。即五、六两战区之策应作战，亦概无积极性之行动。

（2）缺乏机动。当敌突破渌水后，我20A、26A、37A、44A、58A、72A六个军麕集萍乡附近，对敌行无痛痒之攻击，正面则甚空虚。及将主力南调，而敌已轻骑窜据耒阳南我国防工事固守矣。七月一日，围衡之敌，攻势已颓，四出掠粮，炮兵停射空乏之象毕露。若使控置于祁阳西北之62A、79A两军适时突进，解围甚有希望，迨敌获援兵增补给后攻势再兴，我乃攻势前进，致终未达成目的。

（3）各兵团战斗未形成重点。各军以担任正面过广，均以所属部队并列前线，平均部署，未节约不必要方面之兵力，致预备队甚少，甚至全无预备队者。

（4）弃阵地与敌争夺，致增伤亡。4A原负固守长沙任务，兵力且居劣势，自宜藉工事之补助，先以火力挫折敌之攻势，乃一与接触，或某一点失陷，即行阵地外之逆袭，终于伤亡增大，阵地无兵可守。

（5）守军与野战军不配合。我62A突进至衡阳南郊之际，与核心守兵隔山相望，如适时配合，内外夹击，最少可收连系之效。乃内围突出时，外无援应，外围攻击时，内徒固守，坐失良机。

（6）侧背感受性太大。62A进至衡阳南郊，只再进一步，即可与核心守军会合，解名城之围，予整个战场以重大影响，对国军前途，放一异光。乃敌向其侧背威胁，即纷向后退，徒增伤亡，功败垂成，皆顾虑侧背太大之故耳。

（7）纪律废弛，战志不旺。整个战场，我军多为退却作战，军行所至，予取予求，民不堪扰。而部队之逃散，尤其惊人。如99A以四团（92D—R/197D）兵力仅在湖滨行持久抵抗，数日转至宁乡以东，残余兵力不及一团，沿途散兵骚扰，迄今犹未解决。又若于部队即奉攻击之命，对少数之敌，亦多长时对峙，虽由火力不足，终嫌攻击精神不旺。

（8）装备劣，兵员少。师以上兵团（一般仅有一部迫击炮），几全为步兵兵器，山炮以上之重兵器，甚少配属，故萧家山、水口山、金兰寺等要点之敌，始终顽抗。八月八日，我战车向衡西突击，亦以感炮兵火力不足，未得效果。再，近战武器之手榴弹，常不发火，有多至十分之八者。各军兵员，平时缺额甚多，战端一起，已属无法补救。乃令其破坏建制后之后调师恢复参战，不啻闭户造车，亘全战役期间，各军建制，员兵终未足额。

（9）补给不灵活。24A由萍乡向耒阳转用时，后勤机关均告落伍，致粮食不济，医药无闻。又62A进至衡南，两日不得饱食，影响战局极大。即一般部队，粮食亦多系就地设法，甚少由后方追〔运〕送者。缘兵站输送力甚小，平时无充分准备，仓卒无法编组地方纵列也。

（国民政府国防部史政局及战史会档案）

## 12．王耀武转报李玉堂所部第六十二军等参战部队伤亡失踪情况电

（1944年9月2日）

渝军令部长徐、次长刘：据李副总司令玉堂未艳称：4507密。谨将本部此次参战指挥之各单位伤亡、失迹〔踪〕人数列表如下：（一）六二军伤官89员，亡官80员，失踪官10员，伤兵2137名，亡兵1380名，失踪兵133名；（二）四六军伤官46员，亡官18员，伤兵552名，亡兵344名，失踪兵62名。等情。除七十九军伤亡已由本部汇报不再转呈，谨电鉴核。职王耀武。申冬午。亮。印。〔自邵阳发〕

（国民政府国防部史政局及战史会档案）

## 13．第九战区欧震兵团参加长衡会战战报

（1944年9月）

第九战区欧震兵团长衡会战战斗详报

一、时间：三十三年六月三日至九月七日，月龄闰四月十三日至八月初一日。

二、地点：浏阳、醴陵、株州、渌口、茶陵、攸县、安仁、耒阳一带。

三、天气〔略〕

四、战地状态〔略〕

五、战前敌我态势概要。

子、敌军：敌为击破我长衡野战军、占领粤汉湘桂大陆交通线之企图，先后以第三师团、第十三师团、第二十七师团、第三四师团、第一一六师团等五个师团及特种部队、伪军，共约十余万人，于五月二十七日突破我新墙河防线后，分路南犯，六月三日起，其先头部队到达东门市、新安铺之线及捞刀河以北地区，与我接触中。

丑、我军：我军以确保浏、醴诸要点，相机协力反击长沙外围敌人之目的，我第四四军原守备浏阳，我暂二军原守备株州、渌口，我三十七军(欠60D)由汨罗江向洞阳市，我五十八军由宜春向醴陵，第一八三师向蒋埠江东北地区，我第二十六军由新淦向萍乡各分头急进中。

六、战斗经过〔略〕

七、战绩：是役上仰委座之德威，长官之指导，下赖各军将士用命，大小战斗连续达三月之久，终予敌军以最惨重之损伤，统计伤毙达万人以上，我并俘获战利品甚多。我军损耗及卤获数量如附表一、二、三、四〔略〕。

八、敌我优劣之点：

子、敌军：(一)敌惯用钻隙乘虚之迂回战法，处处流窜，攻我不备。(二)敌颇善于运用便衣队，袭击我各级指挥所及后方机关，并肆放谣言，在我第一线后方到处扰乱。(三)敌因避免我机之轰炸，对于夜间及恶劣天气之战斗，颇有训练。(四)敌军官兵渐多老弱，且颇厌战，装具亦不如作战初期。(五)敌每于攻击顿挫或危殆时，用其卑鄙无耻手段施放毒气。

丑、我军：(一)战斗纪律不甚严肃。(二)机动性小，每于独立作战或兵力转用时，不能达到要求。(三)士兵体力不强，且有逃亡情事发生。（四）陆空连络欠确实，地面部队往往未能利用空军轰炸之成果。（五）一般官兵之战斗指挥及技术未能精练。

（国民政府国防部史政局及战史会档案）

## 14. 第四军参加长衡会战作战经过报告书

（1944年9月）①

### 第四军长沙第四次会战作战经过课报参谋报告书

一、战斗经过

1.自敌五月从新墙南犯平、浏、湘阴以来，我长沙（包括岳麓山炮兵第三旅之炮兵阵地）地区我第四军，以90D守岳麓山外银盘岭、望城坡、竹山口之线，59D、102D守长沙城北方附近。敌既陷湘，由霞凝港西渡万余。

2.六月九日，与我新河、三汊矶、白沙洲守军接触。

3.十三日，敌推进至银盘岭、望城坡以北地区，向岳【麓】山主阵地攻击。

4.十四日上午十时许，由东山、螽斯港偷渡之敌一一六师一部三千余，亦开始向城南攻击。日暮，敌占我乌龟冲、猴子石以北之间红山头我各据点，我五九师遂以四连兵力反攻，与敌在该据点以各半之势对峙。

5.十六日，敌增援部队到达，向该地猛攻，虽经炮三旅竭力制压，终因众寡悬殊，伤亡过大，午后被迫放弃该线。敌复转向南大十字路推进，日落后以便衣队数十名偷袭修械所，以致五九师全部动摇，撤守妙高峰、天心阁核心地带。同时，河西方面敌，由望城坡转用兵力，南攻桃花山要点。

6.十七日晨，敌在其空军掩护下，向妙高峰、天心阁及桃花山

---

① 原件无时间，此处年月系据报告内容推断。

阵地猛攻，我藉炮兵优【势】火力，死守到底。中午，敌数度增援，猛扑桃花山，并由红山头偷渡牛头洲及使用大量毒气（喷嚏性），企图扰乱我之指挥。敌我战斗激烈，双方死亡甚大，惟敌不断增加，反复冲击，我90D之268R已损伤过半，虽经增援，亦似有不支。是日，我军遂决心先将军预备突击部队西移岳麓山附近指挥，并【从】59D、102D各抽调一个团，增加桃花山正面，与敌作决死之斗，以确保岳麓山炮兵阵地，控制长沙。但因当时情况紧急，渡河未及，船舶、渡口、部队时间均未十分计划，渡河后之集中地点、指挥人员，亦未指派，以致秩序混乱，无法掌握，坠江溺毙者，不下千余。

7．直至十八日晨，增援部队始得渡河，斯时敌已突破竹山，冲至岳麓山，袭击我炮兵阵地。未及布置，桃花山亦告失守。适于战斗指挥所尚未预备，增援部队渡河未毕之际，岳麓山核心阵地已失，四面受敌包围，无法支持战【斗】，乃被迫退出岳麓山。其后复被尾击，队伍星散，无人撑〔掌〕握，至溃退至邵阳，始得收容，为数不及四千。而残留长沙之四个团，于是有一部分千余，由北门冲出东山，沿途与敌战斗，退至茶陵，归廿七集团军欧副总部收容、指挥。

二、失败主因及责任问题

1．教育方面：

（A）军自卅二年六月中旬驻防长沙以来，因修筑工事，部队教育无暇顾及。

（B）平时教练偏重基本教练，战斗动作生疏。

（C）忽略实弹射击演习，以致士兵射击技术不精。

（D）师各级主官忙于应酬，对部队训练敷衍塞责。

2．军纪方面：

（A）平时管教疏忽，虚图表面，实则官兵骄傲任性，对上级阳奉阴违。

（B）部队主官因营商应酬，脱离部队，致使部队精神不能团结。

3．战斗军纪废弛：

（A）六月三日，长沙疏散时，各级官兵擅入民房，攫取财物。

（B）军部副官处负责控制船只，该处长潘孔昭假公济私，擅扣商船，重价勒索，以饱私囊，并将攫取之财物，用五艘火轮装出，致长沙战斗紧急，转用兵力晚，渡河困难，贻误不少。

（C）城防团五九师之一七七团与警备部官兵，以强迫疏散为名，大肆发洋财。

（D）红山头守备部队，当敌攻击时，尚在掩护部中赌牌，以致失守，影响全线战斗。

4．战术方面：

（A）兵力薄弱，并无控置预备队。阵地、据点被敌突破后，无兵增援，重点无法形成。

（B）固守防御，并无逆袭计划。当敌由竹山口突入，冲上云麓宫时，无法歼灭，致使敌得以少数兵力，直捣我司令部核心，击破我指挥部。

（C）步、炮协同不良，以致炮弹时落我第一线阵地中。

（D）无空军助战，一任敌昼夜摧毁我炮兵阵地。

5．责任问题：

（A）军参谋军罗涛溪，未能辅助主官（张军长决心渡河时，并未拟定渡河计划，即饬迴日拂晓进袭），战斗间未派员视察阵地，获得紧急情况，又不指示部下办理。

（B）九十师长陈侃数，十时许失守岳麓山阵地，部队溃散。

（C）军副官处处长潘孔昭，派赴交涉船舶，失职舞弊，以致是夜渡河困难迟滞。

三、损失情形

1．本军于未退出以前，伤亡约三千余，渡江溺毙约千余，至于残留长沙城内四个团冲至茶陵，仅得千余。

2．炮三旅在岳麓山全部大炮约四十余门，未及破坏（仅少数卸下瞄准镜），军野炮营野炮九门、山炮营美式新山炮十二门，均损失。

3．步枪损失十分之七，轻机枪损失十分之八，重机枪损失十分之九，迫击炮及通信、防毒、工兵器材，全部损失。

四、战后补充及整训情形

1．战后经陆续收容，统计尚有官兵（战斗员及非战斗员）约六千五百余人。复由各兵站机关及师管区补充新兵约四千七百余人，共计现有兵力约万一百余。惟武器装备尚未补充。现每师编成两团（不足），驻郴州附近整训。

2．官兵精神萎糜〔靡〕，整训成绩不佳，在短期内，未能恢复元气。

陆军第四军谍报参谋职

（4A）杨家祺　丁广信

（59D）熊振华

（90D）严仲青　陈世师

（102D）陈尚厚　谨呈

（按：本件于八月廿六日，陆续由本部派驻九战区联参电转汇齐。关于责任问题部分，似尚有脱落处，正查询中。又据八月三十日《扫荡报》载，59D之一七七团团长杨继震、4A副官处处长潘孔昭、军务处长刘瑞卿、副官处中校股长陈继虞、长沙船舶管理所长夏德达，均于八月二十七判处死刑，执行枪决。合按复如右。）

〔国民政府国防部史政局及战史会档案〕

## 15. 第二十七集团军关于长衡会战战报①

（1944年9月）

一、战斗前敌我形势概要

豫北方面敌向我平汉路南段发动攻势后，五月中旬，华中敌第十一军团亦即开始异动，秘密集中军队于湘北蒲圻、崇阳地区，准备进犯长(沙)、衡（阳）。此时，集团军之第二十军一部在油港河东岸及新墙河南岸南山、段山、方山、潼溪街、笸口、新墙亘洞庭湖东岸鹿角磊、石山之线，与敌第四十师团主力第十七混成旅团一部对阵，并不时派出轮袭营与第四挺进纵队在临岳、岳阳地区袭击敌后，主力在关王桥一带，与集结汨罗江南岸之第卅七军积极整训，总司令部在平江。基于各方情报判断，敌将向我大举进犯，即令各部迅速加强战备。

二、影响于战斗之天候气象及战地之状态

时值初夏，即开始作战，故天候逐渐炎热，尤以在衡阳附近决战时期为尤甚。战场内天气晴朗，雨量较少，敌我空军活动极异。战地交通公铁路，皆已破坏。居民咸富爱国思想。

三、作战经过

甲、新墙河附近之战斗

五月二十七日黄昏，我当面敌第四十师团一部及卅四师团先头约三千余人，随鄂南通城友军方面敌第三师团之进展，突分由三港咀、彭子明、新墙、王街坊、七步塘、八仙渡强渡新墙河。二十八日，敌一股约千余人，复由忠防窜抵詹家桥南冲经黄岸市协同两翼敌分路南窜，势甚猖獗。我第二十军（一三三师、新二十师）在

---

① 原题为《第二十七集团军长衡会战战斗详报》。

新墙河南岸大荆街、黄板桥、黄沙街一带，依既设工事，逐次强韧抵抗，迟滞消耗敌后，六月一日奉命向平江及其东南地区转进。此时，平江发现敌人（第三师团一部），平江以北上搭市附近友军新十三师战况陷于不利，天岳关、龙门厂方面之状况，亦呈紧张现象。第二十军一部在平江东北陷于苦战，军主力遂由忘私桥、黄棠图渡汨罗江，沿途受陆续增援之第三师团主力猛烈攻击，死伤甚重，杨军长仅率新二十师脱离敌人，向思村附近集结。其第一三三师主力被敌隔断，留置平江西北山地，与敌苦战。六月二日，我右翼友军第卅集团军方面，敌经麦市、桃树港窜抵长寿街、献钟，一股西进，在安定桥与平江以南之敌会合，渡新墙河敌，亦在汨罗江南岸栗山巷、新市、双江口一带，与第三十七军激战。集团军为避免不利态势，缩小战斗正面，确实掌握部队，即以第二十军残部及总部特务营分布长寿街以东及思村以南山地，阻敌向西向南窜。总部位置白水，并请以第三七军直辖第九战区长官部，以利指挥。

乙、浏阳附近之战斗

六月五日晨，集团军总部奉令即到浏阳指挥第二十军（缺一三三师）、第四四军（一五〇师、一六一师），参加该方面之作战。六日十四时，总部以强行军到达浏阳东郊南流桥。八日九时，得知之情况如左：

1.由长寿街南窜东门市、官渡、沿溪桥、古港一带之敌第十三师团先头约二千余人，其一部于本（八日）晨窜高坪、永和市，在高坪、杨司、庙冲、黄土坎构筑工事中。另由献钟经浏阳坳、达浒到达官渡之敌步兵千余，炮二、三门，驼马三百余匹，满装弹药。其一部三百余，炮二门，由东冲经力田、大江冲至沿溪桥以南之上石王附近停止。

2.我第二十军、新二十师李副师长收容残部二千余人，到达浏阳。

3.归欧副总司令指挥之第五八军、新十师、新十一师计程本

（八日）晚可到达文家市、蒋埠江地区。其一八三师于昨（七日）晚已到田心、蒋埠江之线。第卅集团军之七二军本（八日）午在白沙（东门市东廿华里）集中完毕。王副长官已到铜鼓。

军委会别动第四纵队第一支队（美国装备）在浏阳附近完成进入敌后准备。基上情况，集团判断当面敌之行动，目下似为迟缓，宜制敌机先，断然出击，即决心于明（九）日开始行动，期于官渡沿溪桥间地区，与友军会师，聚歼敌人。随作如左处置：

1.令第二十军以逐次攻略方法，一部沿东门市、浏阳大道，求敌攻击，主力第一步确占溪江及其次北山地，第二步确占古港及其以北山地，第三步确占沿溪桥及其以北山地，第四步与第七二军会师官渡沿溪桥间，聚歼敌人。实施第二、三步骤时，特须注意山隘之封锁及监视。

2.令第四四军以一团在大小九岭东南地区，掩护第二十军左侧之安全，其余军力，须固守浏阳东北之线。

3.通报铜鼓王副长官及醴陵欧副总司令，请饬第七二军、第五八军（附一八三师），于明（九）日协同第二十军，各向东门市、官渡之敌猛烈开始攻击。

4.与军委会别动第四纵队第一支队（附第二十军四〇二团）协定，该队宜以石柱峰为根据，由西北向东南山地游击，以协力第二十军之作战，特须制敌于东刘大道以北山地之活动。

九日晨，各师开始攻击，盟机十一架亦协同地上部队，向官渡一带之敌轰炸。敌不顾一切，向南猛力突窜，在蒋埠江、高坪、沿溪桥附近之线，与我第五八军、一八三师、新十一师、第二十军、新二十军激战甚烈。惟七二军方面无战斗。十日，我右翼第五八军蒋埠江方面，敌续向南压迫。其后续部队陆续经长寿街、九岭向东门市前进。七二军奉命经东门市南下。我左翼方面敌二千余，由山田分路向四四军上涓口以北阵地进犯，即令第二十军由双江口渡河，与新十一师切取连系，向东南侧击敌军。令四四军逐次强韧抵抗，无论如何，须死守蕉溪岭之线，不得使敌东窜。如情形严重，可抽调浏阳城防部队一部，增厚蕉溪岭防御力量。十二日拂晓，五八军当面敌狼奔豕突，经孙家垠、亭子岭、荆坪，到达净溪桥。四四军当面敌已突破菖蒲岭、茼木岭阵地。集团军判断经荆坪南窜敌，似为湘北敌左翼兵团之主力，该敌将以有力一部直趋大瑶，协同菖蒲岭方面敌夹击浏阳后，有续窜醴陵企图。即调整如下之部署：

1．令二十军逐次向浏阳河北岸宝盖冲附近山地转进，威胁敌后。

2．令四四军确保浏阳城，不得已时，向浏阳以北山地转进，威胁敌后。

3．总司令部位置宝盖冲。

十三日，浏阳城北发生争夺战，四四军守蕉溪岭之一五〇师主力，被敌由东向西迂回，在蕉溪岭东北陷于苦战。翌日拂晓，进犯浏阳敌增至三千余，炮十余门，我南市街、宝塔峰、天马山阵地，因兵力单薄，为敌攻占，于辰刻强渡北岸西湖山及市郊核心阵地，腹背受敌，己亭、熊家亭、百宜轩、花树岭，亦被突破，敌遂逼攻浏阳街市，发生激烈巷战。此时，敌机轰炸，城内大火，浏阳市郊敌我死伤横积。我守城部队乃向东突围，王军长率特务营于溪江附近，督饬收容整顿。十五日，五八军当面敌经石湾窜抵醴陵白兔潭附近。集团军除令20A由官渡附近立向枫林铺、大瑶攻击前进外，并令四四军在浏阳东北山地收容，立图恢复浏阳。迄十八日，二十军已到达指定地点，继续与敌发生战斗。同时，得知由通城、平江经浏阳南窜敌，大部已突渡浏阳河。为彻底集中兵力，适应战机，即向长官部建议：1．以现在关王桥附近之第四挺进纵队留置汨罗江北岸，以在南江桥以东之新十三师留置平江附近，以在崇阳及平江、钟洞一带之第三挺进纵队留置浏阳附近，袭击敌后。2．以四四军、二十军尾击由浏阳附近窜醴陵之敌，期求益张战果。

廿一日，集团军奉委座号午令一元电，指挥第二十军、四四军，有先击破醴陵以北地区之敌，尔后转移于王副长官所部左翼，协力向西攻击敌人之任务。同时，奉司令长官薛马申堵电，令饬四四军经官庄、二十军经白兔潭向醴陵之敌攻击前进。即令：1、四四军由浏阳东南向上栗市以北地区前进，求敌攻击。2．二十军即经白兔潭向醴陵之敌攻击前进，两军均限廿二日到达醴陵北郊。3．总司令部经官渡、小河镇向慈化推进。

廿二日，醴陵敌侧背受我二十军严重威胁，以一部约千余之众迂回上栗市，在关下附近与我二十军激战甚殷。四四军亦向指定目标前进。

丙、攸县、茶陵附近之战斗

六月二十四日，敌第三师团突破层层抵抗，经醴陵湘东窜抵攸县附近，该敌与窜衡阳附近之敌协同一致，对南方之攻势甚为积极。集团军奉令由现地经莲花向茶陵、攸县前进。七月一日，二十军到达茶陵黄石铺。二日，四四军到达攸县附近清水一带时，衡阳近郊激战甚殷，安仁、耒阳附近下台斯、淝江口敌我战斗亦烈。集团军以先截击安仁、耒阳敌后方连络之目的，即饬四四军以全力攻击攸县之敌而占领之，并封锁攸县通茶陵道路。饬二十军攻击渌田、江口、草市之敌。三日，各军开始行动。四、五两日，二十军连克莱花坪、长塘、渌田、江口、草市，敌向西南撤退。四四军亦迫近攸县，力攻城垣。敌第三师团部被围困，踞城内顽抗，死伤枕藉。六日，鸾山、南山有敌二千余出现。七日，茶陵东郊老庙前羊角岭，即有敌数百窜入，与我二十军、新二十师开始接触。此时二十军一三三师主力由周师长率领，突出平江重围，已通过莲花，正向茶陵前进。集团军判断，茶陵东郊之敌，似由鸾山、南山窜来，有攻击茶陵、解除攸县敌威胁之企图，即令二十军务努力聚歼该敌，确保茶陵。该军一三三师即兼程向茶陵急进，限明（八）日到达，由东北向西南侧击该敌。并电商欧副总司令以二六军一部留置耒阳附近，主力协力四四军一举攻击攸县而占领之。如安仁无重要情况，以三七军向茶陵以南移动。电商王副长官，令黄土岭、鸾山附近部队由北向南协力会攻茶陵东郊之敌。七日黄昏，一三三师参入战斗，敌不支，开始向茶陵西北地区溃退。十一日，敌增援继续向南反扑，攸县之敌亦乘机向东南转移攻势。我二十军主力与攸县方面之四四军，东西夹击该敌于石陂、上下布庄地区，予敌重创后，以伤亡损耗过重，于十三日转移洣水南岸舲舫、嘉土、东江村、旗山、茶陵城、八角亭、把集关、了尖之线，布置新阵地，固守茶陵。十三日夜，敌由十八丘强渡步工兵百余，被我击退。十四日拂晓，敌乘我立足未稳，以主力猛攻茶陵北门。杨军长即命新二十师由东门转移攻势，并由战区督战官率兵一连，协力战斗。迄十时许，茶陵西南五里之三槐树附近阵地，为敌突破，茶陵遂沦入敌手。此时，我四四军已攻占腹陂、良陂，该军与二十军精忠苦战，伤亡惨重，粮弹两缺，现仅有兵力约五个营。集团军一面令二十军立恢复茶陵，对茶陵西南阵地必须巩固，一面慰四四军王军长，并饬即连系二十军击破茶陵近郊之敌，以尽全功。与集团军总司令部通信，由高陇接转。迄十八日，四四军由茶陵西北，向茶陵东南旋回，在茶陵东南郊与二十军取得确实连络，即以先到着之部队，展开于周家里、会仙寨亘黄塘市北岸之线，左与二十军连系，向茶陵东郊攻击前进。当日黄昏前攻击到达棕子塘、灵岩寺、栗溪、狮子岩之线，茶水北岸舲舫、黄塘市之敌，因以完全肃清。

二十日，四四军进展至茶陵东郊庙前、苏家岭、高家里、大吉岭、丹书塘、晒谷石之线。二十军在小东市、七里湾、石背岭、大布塘、茶花坪、紫云山之线，继续围攻茶陵之敌。七月廿二日廿时，集团军总司令部在莲花，由四四军王军长发来无线电，得知茶陵城及其东南郊之敌二千余、马七八百匹，经老虎山向东北移动。其一部分六七百已向我腰陂、石岩下、樟溪攻击。廿时四十分，据五禾塘欧副总司令部电话报告，耒阳敌（第十三师团）约二千余，本（廿二）

日北窜官桥、安平司、华王庙。窜官桥之敌，正与我第卅七军之一连激战。基上情况，集团军判断：由茶陵向东北窜扰之敌，有迂回攻击我四四军侧背、解除茶陵威胁企图。由耒阳北窜敌，似与茶陵敌配合行动，攻击我四四军、二十军。即训令四四军绵密搜索腰陂、石岩下、樟溪方面敌情，并择要占领阵地，确保侧后安全，俟明瞭敌情，再予痛惩。令二十军仍在茶陵西南郊石背岭原线，努力扰袭当面之敌。对安平司方面敌之行动，特须注意。廿四日，四四军当面敌向尧水市、冲头、会仙寨、狮子岩猛犯未已。安平司方面敌本（廿四）日拂晓已通过界首墟，我二十军一部留置正面原线监视茶陵西南郊之敌，主力于晨七时向南移动，在月岭下与敌发生遭遇战，茶陵敌亦乘机转移攻势，致该军腹背受敌，状况陷于不利。激战至廿五日，四四军在严塘墟、九里山、八角寨、八鸡栖之线，与敌形成对峙状态。二十军转移至湖口墟、杨柳仙、浣溪墟、白石尖之线，侧击由界首墟北窜之敌，情况逐趋好转。廿六日，四四军当面敌开始由白官渡、黄棠偷渡洣水，经马步江向安仁、耒阳转用。二十军当面敌大部亦西窜。廿八日，茶陵敌大部在界首墟附近，与我三十七军一部激战。迄三十日，各军就如左之新部署：

1. 四四军

a. 一六一师（缺四八一团，附一五〇师之一营），占领杉山尖、八脚寨、河坞、石井之线，归孙副军长指挥。

b. 四八一团接防二十军石井（不含）、石湖、杨柳仙之线。

c. 一五〇师俟一六一师接替完毕，即率四四八团集结湖口墟东北地区。

军各部部署完毕，即于明（卅一）日拂晓向茶陵转移攻势。

2. 二十军

a. 一三三师占领石湖（不含）、月岭下亘白石仙及其西南高地之线。

b. 新二十师占领白石仙西南高地亘西塘湾、穿石门、羊脑圩之线，各部阵地占领完毕，即于明（卅一）日拂晓向界首墟之敌猛烈攻击。

八月一日三时，我二十军一三三师主力、新二十师主力，分由蛇形铺、坪上圩攻击界首墟附近敌，与敌千余激战后，迄十八时连克界首墟、安平司，残敌向安仁逃窜。是日，四四军攻击茶陵，亦甚得手。

丁、安仁附近之战斗

当八月一日界首墟敌西溃时，敌第三十四师团自浏阳经上栗市、萍乡南下，是日攻陷莲花后，续窜茶陵，接替第三师团防务，第三师团则经安仁增援耒阳。集团军除以第二十军后调师管区之一三四师（仅干部、士兵共约二百余人）配合赣保六团反攻莲花外，以四四军攻击通过高陇、腰陂及茶陵之敌，以二十军全部进驻界首墟，派一师攻击安仁。二日，我第二十军一三三师分两纵队，一经山口铺、安仁道，一经神州河、荷树下道，向安仁城攻击前进，在大石岭、官上附近，驱逐少数之敌后，三日攻占宝塔湾、宝塔岭及官上东西之线。得知安仁之敌，其兵力至少约一联队以上，永乐河北岸肖家山、周家山、庙冲、白沙山、184、165各高地及莲塘湾、凤凰桥各要点，有敌坚固工事，南岸黄泥铺、大水塘、东茅塘、七眼塘、周家坪、天雨淋，敌亦设备阵地。天雨淋附近并有军桥一座。六日十二时，一三三师在高陂口、虎形山、宝塔岭、罗山垅、回神庙之线，就攻击准备位置，向当面之敌猛烈攻击，敌不支，纷向永乐河北岸撤退，永乐河南岸敌，遂告肃清。八日迄十六日，该师复连续猛攻，均因安仁之敌，凭借有利地形及坚固工事顽抗，我军奋勇前进，伤亡迭见，殊少进展。十六日夜，第二十军以莲花于十三日为我克复，敌正通过茶陵西进。四四军除茶陵东南地区留置攻钳部队外，主力正向茶陵、市口里地区搜敌攻击，堵截敌之向西向南窜，即以新二十师一部固守界首圩附近既设阵地，新二十师主力连系四四军经东岭向黄沙铺、渌田进出，搜敌攻击，以一三三师之一部驰赴平田圩、鹅公顶、潭湖市地区防敌向西向南窜，主力仍攻钳安仁。殊十七日一时，安仁敌乘我二十军兵力分散之际，即以先头步骑兵六百余、炮三门，在新渡附近强渡。其后续部队数千，亦乘晓雾，源源渡过永乐河，向羊际市以南地区急窜，在安仁灵官庙道两侧地区，与我激战甚殷。十九日，我一三三师在高陂口、宝塔岭、茶子坳、大水塘、回神庙、梨子山、2609高地之线，自东南向西北攻击白沙山、凤凰桥、杨家大屋、东茅塘一带之敌。新二十师亦转用一三三师左翼，以一部自西向东，主力自南向北，攻击深塘垅、斋公塘、马头坳、白竹山、石头坝之敌。廿一日以后，美国陆空连络班到达，我更得随时与盟机协同作战，士气甚锐。然敌攻势亦极猛烈。至二十五日，我一六二师已自莲花通过安平司，归杨军长指挥。三只塔阵地，四失四得，九如山阵地，九陷九复，敌遗尸累累。据夺获文件证实，此时二十军当面之敌，兵力位置及番号如次：

1. 白沙山、安仁、黄泥铺地区，为第三十四师团之二一七联队。

2. 羊际市、张家冲、九如山、罗家桥地区，为第十三师团之六五联队。

3. 观音阁南北地区，为第三十四师团之二一六联队。

二十六日一时，由羊际市南窜之敌，在华王庙附近，与初由观音阁向东北回窜之敌会合。我一三三师在高陂口、宝塔岭、茶子坳、寺冲垅之线，新二十师在官上、大坳山、荷树下、双排山之线，一六二师在官桥、天福山、钩刀柴之线，与敌形成拉锯战。次（廿七）日一时，一三三师以全力争夺白沙山、凤凰桥、邓家湾、黄泥铺，新二十师争夺观音打坐、黄田冲。敌主攻亦指向我一六二师方面，企图包围二十军左侧翼。自九时迄十七时，我盟机二十架，先后临空助战，一三三师连克邓家湾、黄泥铺、迫近安仁南郊。二十八日，一六二师乘机向荷叶塘、桥头冲、天福山、钟古形之敌转移攻势，先后将上列要点克复。敌攻势顿挫，企图未逞，遂一部退守安仁城，大部退守回神庙、羊际市、罗家桥、钩刀柴、华王庙地区。廿九日后，各部衔敌猛攻，一三三师克新渡、羊际市，新二十师克九如山、罗家桥，一六二师攻占罗洞、杨林田、小西冲。九月一日，一六二师克华王市，残敌气为之殂。一日二十时，杨军长以一三三师久战疲惫，为便利安仁城郊之作战，即调整部署如次：

1.以一三三师到华王庙以西，接替新二十师及一六二师一部之防务。

2.以新二十师在西冲、三江口、泉窝里之线，攻击西窜之敌。

3.以一六二师主力接替一三三师安仁、高陂口、宝塔岭、茶子坳、新渡、羊际市防务，一部占领园岭洞281高地之线，攻击西进之线〔敌〕。

当敌由莲花通过高陇地区时，四十四军实行侧击截击，予敌妨害甚大。安仁附近之战斗方酣，四四军围攻茶陵东南西郊敌阵，亦迭获胜利。

戊、道县附近之战斗

九月二日，集团军总司令部在宁冈得知敌第三、第十三两师团主力已转移于湘江西岸与衡阳附近，并分向常宁及永丰、余甲桥方面开始蠢动，似有以西翼师打击衡阳我军主力而进犯邵阳、零陵、全州等地，再节节深入广西之企图。此时集团军奉委座申东西令一元壬电，其要旨如次：第九战区应即抽调第二十、第四十四、第二十六军各主力，归杨副长官率领，秘密转移于零陵、新田间地区，准备参加湘南一带沿线之作战。但各军应酌留一部于原阵地，归欧副总司令指挥，牵制当面残敌，并掩护主力转用。

上令奉到后，次(三)日二时，复奉长官薛申冬酉堵电：(子)着第二十军于江日将安仁城及羊际市、华王市以西地区攻击任务，交一六二师接替后，支日由现地出发，经龙王铺、永兴、栖凤渡、太和圩、桂阳、新田、太平铺，开零陵，限申真到达。(丑)杨副长官随二十军后前进，移驻零陵指挥，限申寒到达。希遵照，并将每日到达地点具报。

基于以上电令，除遵令各军准备出发外，集团军以第二十军目前实力不足一师，如仅率该师西移，参加湘南一带之作战，恐难副长官殷期，为图有效打击敌人西窜，即向委座及长官薛请示，建议仍以四四军、二六军一同遵委座电令转用为宜。第二十军、四四军、二六军原任务，请由醴陵附近之五八军或安仁附近之九九军接替。五日，集团军据王军长微午电称：奉司令长官薛微辰堵电，第四四军仍应在茶陵、安仁服原任务，不能向西转用。总司令以四四军出发有待，惟时机迫切，即先率第二十军经永兴桂阳向零陵、新田间地区前进，第二十军原任务交一六二师接替。十二日，第二十军到达新田以西地区集结完毕。十三日，得知全州失守，由零陵经双牌陷道县敌第三师团正向灌阳西窜。集团军奉长官薛令，率第二十军恢复道县。十五日，第二十军经宁远到达天堂墟附近宿营。此时，集团军复奉长官薛申寒酉电，饬第二十军赶速经道县急向灌阳追击西窜之敌，饬在濂涛湾附近之第三十七军罗军长立率第五师经道县在第二十军后急向灌阳追击，归集团军兼总司令指挥。此时，第二六军正向零陵东南菱角塘急进。集团军为进出灌阳容易，即决心于明（十七）日以一部渡潇水攻击双牌单江铺，以主力秘密渡河攻击道县而歼灭之。即给予二十军、三七军、二六军申铣酉埏战电令如次：

1.盘锯潇水西岸之敌二千余，似有固定道县、掩护其主力西犯企图，其一部约二百余人，铣午在佛祖庙以西附近，与我新二十师搜索队接触中。

2.集团军为进出灌阳容易，决筱渡潇水攻击道县之敌。

3.三七军应于明（筱）日没后，由青口市（该地以东支流船只甚多）以北地区渡河，即以一部阻敌南下，主力协同二十军攻道县。

4.二十军应于巧拂晓前以一部由东洲行佯渡，主力由道县以南地区远敌秘密渡河，围攻道县之敌而歼灭之，北与三七军切取连络。

5.二六军应在桥下洞、宁远，务于申巧前集结天堂墟待命。

6.各军渡河材料，须就地尽量征集，努力达成任务。

7.遵办情形具报。

道县敌第三师【团】、十三师团主力，连日陆续向江华、永明前进。十七日，二十军一部在龙江桥、瓶塘一带，与由道县东渡约千余之敌战斗。二六军到达鲤溪、太平铺间地区。三七军到达拱桥头、保和墟。集团军即令三七军于明（十八）晨改在柑子园、天堂圩地区集结待命。十八日，道县敌先头千余陷江华。集团军即变更部署，给予各军以如次之申巧酉挺战电令：

1.敌情如贵官所知。

2.集团军有击破当面之敌、进出灌阳之目的。

3.二十军即以有力一部于巧晚渡河，努力搜索江华以北地区敌情，主力俟三七军皓已接替后，先集结于四眼桥、福禄岩、石马神间地区，尔后西越潇水攻击敌人。该军并须在莲花塘附近架设浮桥，限皓午完成。

4.三七军于明（皓）已前接替二十军龙江桥迄桐油坪以西之线，钳制道县之敌，并须注意两翼之搜索。军部位置广文铺。

5.二六军集结天堂墟、中镇墟间地区待命。

6.三七军与二十军之作战地境为岭牌、鸡公神、兴桥、岭江渡、小坪相连之线，线上属三七军。

十九日，二十军完成渡河准备时，零陵南下敌步兵、辎重兵各一大队，到达道县。永明永发现敌情。集团军即令二十军即乘夜渡河，以一部由南向北进攻道县之敌，主力进出新车渡以西山地，俟道县敌情明瞭后，向灌阳搜索前进。令二十六军在二十军后莲花塘附近。我岸先酌派一部在潇水以西之上江圩、大盘铺及东岸井塘之线，向永明、江华警戒搜索，并掩护集团军左侧。二十一日，二十军将新铺及新车渡南岸敌驱逐后，进至秀一峰、新一渡之线。廿二日，集团军奉长官薛养堵电，饬二十军立向灌阳兼程急进，二十军除留新二十师（欠五八团）切实攻击道县之敌，暂归长官部直接指挥外，该军一三三师、一三四师及三七军罗军长率九五师立向龙虎关兼程急进。同时奉委座申寒令一元丁电：杨副长官应即与张长官连络，迅速前进，归入第四战区张长官之指挥，不得有误为要。集团军以道县、江华、永明间地区之敌，为第三师【团】全部、十三师团主力、六师团炮兵联队，不击破该县〔敌〕，殊难进出永安关、龙虎关两要隘。即令：

1. 三七军应于明（廿三）日拂晓驱逐潇水东岸之敌，向道县攻击，进出十里铺、石厨头之线。

2. 二十军应于明（廿三）日拂晓迅速攻破岭江渡敌后，即攻占道县，右与三七军确取连系。

3. 二六军以一部掩护集团军左侧翼，并向永安关、江华、永明搜索敌情。

二十三日，永明敌二千余，经钱塘立福洞沿祥霖铺北窜，在赵家湾、新铺、祥霖铺以东高地亘杨林塘之线，向二十军猛犯。江华敌六七百，亦北窜大盘铺，与我二六军一部发生激战，企图将我二十、二六两军压迫于潇水地区，巩固道县。二十四日夜集团军奉令开始向龙虎关及恭城附近地区前进，战斗即告终止。

四、可为参考之所见

1. 第二、三次长沙会战时，敌因我施行尾击、侧击、伏击及反包围，造成两次大捷。故此次作战初期，敌放弃其锥形突进战法，在鄂南湘北广正面采用大包围，分数纵队并进。我未能集中兵力，争取主动，乘其分散，予以各个击破，殊为遗憾。

2. 敌每于正面攻击不下或遇我坚强阵地时，即由我之薄弱部实施中央突破，或转移一部兵力作侧翼运动，直扰我后方。敌由汉奸组成之便衣队，亦极活跃，行军时，以之任搜索警戒，破坏或代先遣队使用。遇我军，即断然实施扰袭。我若确实掌握战地民众，组训民众，严密情报网及武装便探组织，常能致胜。又敌行军多利用夜暗，战斗亦然，入暮时，每实施真面目之攻击，拂晓后，以情况而中止。我宜用夜袭队经常攻击敌人，昼间配合空军行动，予以痛击，敌即易受制。

3. 此次会战，各兵站机关遗弃粮秣军品甚多，对于弹药补充，难按时接济，因此影响部队战力之充实。如安仁之役，我二十军缺乏弹药，未奏全功。

4. 我二十军在安仁战斗，屡挫敌锋，实由于美国陆空连络班基于地上部队要求，与盟机连络确实之故。今后国军陆空协同作战，机会较多，军以上指挥部，宜配属美陆空连络班，俾利作战。

〔国民政府国防部史政局及战史会档案〕

## 16. 第九战区关于长衡会战国民党军败退经过情形战报

（1944年10月）

第九战区长衡阻击战战斗详报　卅三年五月廿五日至十月十日

第一、作战前敌我一般态势（参照附图第一〔略〕）

甲、敌军

子、配备情况

本战区当面之敌

一、在赣北者为第七旅团，守备莲塘市、汉街以北跨赣江亘厚田街、西山、万寿宫、向坊、安义、张公渡之线。

二、在鄂南者为六十八师团及第十二旅团，守备箬溪、大桥河、阳新、通山、崇阳、羊楼司之线。

三、在湘北者为第十七旅团之一部，守备忠坊、大云山、托坝、三港咀、麻塘之线。

四、在湘西者为第十七旅团之一部，守备殷马州、临江驿、华容、石首之线。

丑、作战企图及集中

敌狃于中原会战之幸胜，复鉴于国际环境之恶劣，及太平洋之步步失败，海运日感不安，遂作孤注一掷企图，攻略长衡，击破我野战军，摧毁我空军基地，使无反攻力量，掠夺我资源，以济其匮乏，并打通至南洋之大陆交通，减除海上运输之威胁。于是由第三、第五、第六各战区抽调大军，会合本战区之敌，以第十三、第三师团集中于崇通附近地区，第六八、第五八、第一一六、第卅四师团集中于临岳地区，第四十师团集中于华石地区，并由关东军抽调第廿七、卅七师团为后续兵团，第六四、第十七旅团为第二线兵团，守备湘北各据点，掩护后方交通，第七、第十二旅团分任赣北、鄂南警备，兵力共约二十余万人。此外，尚有第十一军直属骑兵联队独立山炮兵，第一、第二、第五、第卅九联队独立野战第九中队，野战重炮兵第八联队独立工兵，三个联队铁道兵团，两个联队独立电信，第三、第五联队战车，第三师团之一部。汽车三千余辆，飞机六百余架。于三十三年五月下旬，分从鄂南、湘北滨湖向我进犯。

乙、我军

子、配备概况

一、赣北方面：第一集团军以赣保九团及新三军之新十二师、一八三师与第一挺进纵队（附赣保四团），任梁家渡、市汉街跨赣江亘松湖街、高安、奉新、东堡之线警备；以五八军之新十师及赣保三团控置樟树、清江，新十一师控置分宜整训。

二、鄂南方面：第三十集团军以七二军之卅四师、鄂警十四大队第三挺进纵队之一部及新十三师，任大港、武宁、留咀桥、九宫山、塘口、通城、麦市、九岭、保定关之线警备；以新十五师控置修水附近整训。

三、湘北方面：第二十七集团军以第四挺进纵队、二十军一三师之一团及新二十师，任黄岸市、杨林街、新墙、八仙渡、鹿角之线警备；以一三三师控置长乐街附近整训。

四、湘西方面：第九九军以九九师及九二师，任营田、湘阴、芦林潭、沅江南咀小港、汉寿之线整备。

五、战区直辖部队

1.第卅七军一部任汨罗江警备，主力集结于瓮江铺、浯口地区整训。

2.第四军集结长沙地区整训，并任长沙警备。

3.第四四军集结浏阳地区整训。

4.暂二军集结株州、渌口整训。

5.第十军集结衡山、衡阳间地区整训。

丑、作战指导及兵力

战区以保卫国土粉碎敌寇企图，于湘江东岸新墙、汨罗、捞刀河、浏阳河、渌水间，湘江西岸资水、沩水、涟水间，节节阻击，消耗敌力；控置主力于两翼，在渌水、涟水北岸地区，与敌决战。于是由赣北抽调第五八军、第七二军及新三军之一八三师，请由第三战区抽调第廿六军，第六战区第七三、第七四、第七九、第一百各军，第四战区抽调第四六军，第七战区抽调第六二军，与原在湘北、长衡及滨湖地区之第二十、第卅七、第四四、第九九、第十各军合力，参加渌水、涟水以北地区之决战。惟因兵力不足，且第十、第六二、第四六各军因故不能按预定计划参加渌水、涟水以北之决战，致本计划未能实施。

第二、作战经过（参照附图第二〔略〕）

五月二十五日〔下略〕

五月二十六日〔下略〕

五月二十七日〔下略〕

五月二十八日

一、东路　午刻敌四千余，由白霓桥经鼓响岭向通城东南地区进犯，羊楼司南犯之敌二千余，经南冲向通县西南地区进犯，与我第三挺进纵队、新十三师在通城附近之高滩、瓦子棚、高冲、铁柱港、卢家垠、方山、麦市、九岭、杨台尖地区激战。为阻敌南窜，处置如左：

1.第二、第三挺进纵队自东向西侧击向通城南窜之敌。

2.第五挺进纵队不断袭击咸宁方面之敌，妨害其后方交通，牵制敌南窜。

3.鄂保安团任辛谭铺至南林桥之警戒。

…………

本部俭辰电示：五八军行动

着五八军即日密开醴陵，限巳江前到达；其在白上圩之一团，请上官副长官由第二十五军派一团接防。

本部巳俭电，变更卅七军与九九军作战地境，第卅七军与九九军作战地境改为霞凝港、官桥、苦竹坳、斩子石、斩儿桥、武昌庙、骆公桥、油埠滩、桃林冲之线，线上属九九军。

五月二十九日

…………

本部艳午电示：下摄司及衡阳部署

一、着第三师于卅日开下摄司，限世日到达，构筑下摄司附近湘江南岸据点工事，并指挥暂五四师任机场警备之一营。

二、第十军军部及一九〇师、预十师开往衡阳，修理加强衡阳东西两岸战略据点工事，并指挥暂五四师固守衡阳。

五月三十日

…………

本部卅辰电示：浏阳方面之部署

一、着新三军之一八三师立抽派加强步兵一团，配足携行弹药，于世晚轻装出发，经宜丰、万载开大瑶铺，限巳微到达。

二、着暂二军即派一营进驻江东，构成营据点，由该营推一连至镇头市，构成连据点；又一营进驻龙头铺，构成营据点，由该营推进一连至笔架山、柏嘉山，构成连据点。

本部已卅电规定：廿军、卅七军作战地境

第二十军与卅七军作战地境为古港、双江口、花桥、更鼓台、三角塘、鱼滩渡、忘私桥之线，线上属二十军。

五月卅一日

一、东路　由路口北南窜之敌，已抵长寿街，与我七二军一部激战，由南江桥经梅仙南窜之敌，被我二十军一部阻击于团山铺附近。又该两军之各一部，仍在平江西北地区，节节阻击南窜之敌。为策应平浏方面作战，当处置如次：

1.别动军第二纵队即开平江北约四十公里之红桥洞口地区，该该处山地为根据，袭击由通城经九岭、南江桥向平江方面及由麦市经白沙岭、龙门厂向长寿街方面南窜各敌之背后，破坏敌交通通信，断敌连络补给。

2.第三挺进纵队立向路口北白沙岭、白石桥、龙门厂南窜之敌尾击侧击。

3.第二挺进纵队立向通城、南江桥方面南窜之敌尾击。

二、中路　汨罗江北岸之敌，分由浯口市、长乐街、伍公市、新市、归义全面强渡汨罗江，我卅七军于瓮江铺、新市间，一六二师于骆公桥、归义间，九九师于归义以西汨罗江南岸猛烈阻击。为策应汨罗江方面之作战，当处置如左：

1.别动第四纵队即开平江北约廿五公里之方家洞、丁家洞地区，以该处山地为根据，袭击由新墙渡汨罗江之敌背后，破坏交通通信，断敌连络补给。

2.第四挺进纵队立向新墙河南北地区自东向西猛烈攻击敌后。

三、西路　三面围攻草尾之敌，被我九二师反击，激战甚烈。

但敌六百余由青鱼咀、沙港子向西南窜犯，我正阻击中。

奉委座世申令一元壬电示：长衡会战计划

一、敌将利用湘江洞庭湖水路为补给线，以主力四五个师团沿湘江东岸经浏阳以西，有力一部二三个师团分渡洞庭湖，沿湖西侧，经常德、益阳会攻长沙；同时并以有力兵团（或以降落伞部队配合）钻隙，奇袭衡阳；西广州之敌，亦将以约一个半师团之兵力攻击曲江，以配合其湘北之作战，而期打通粤汉线。

二、第九战区应以现有兵力（第六战区抽一师增于益阳），准备于长沙附近与南犯之敌决战；第七战区应以现有兵力，以曲江为中心，与北犯之敌决战；第六战区应拒止沿湖西犯之敌，策应第九战区作战。

三、部署

1.第四四军固守浏阳，第四军固守长沙及岳麓山。

2.第27集团军及卅集团军（欠第四军）在现阵地迟滞消耗敌人后，以主力向平江、浏阳附近地区转移。

3.第卅七军在汨罗江沿岸迟滞消耗敌人后，向浏阳、永安市地区转移。

4.孙渡兵团（欠五十八军）应以持久战掩护战区之右翼，以第五十八军即向浏阳以南地区转移。

5.第九战区应统一上述各军之行动，在长沙、浏阳间与敌决战。

四、第六战区应于廿四集团军抽一师即开益阳，归九九军梁军长指挥，拒止渡湖东犯之敌，掩护岳麓山侧背。

五、第十军以二师附暂五四师固守衡阳，一师主力开易俗河，一部开湘潭，掩护湘潭、衡阳之交通线，特须注意对敌空降部队之戒备。

六、暂二军主力在渌口、朱亭，掩护湘江通衡阳之交通线；以一团位置于醴陵，掩护醴攸交通。

七、第十军、暂二军归九战区直接指挥，但不得用于长沙之会战。

八、第九、第七两战区对主要河流之封锁及船只之疏散，应即拟具详细计划，指定负责人员，实施报备。

九、第九战区应即于岳麓山、朱亭、南岳及衡阳四处设置预备指挥所，构通信网，并密令各军注意，勿论情况如何，不得中断连络。

十、粤汉路交通路破坏，另有命令。

十一、我空军制压敌之空军及破坏敌之水陆运输，其计划另定之。

本部对浏、醴方面之部署：

一、令王副长官于铜鼓设指挥所。

二、令欧副总司令到达醴陵后，着暂二军、五八军、四四军，归其指挥。

三、令新三军、一八三师所派之加强团，改开黄茅，限巳支到达。

四、令暂二军在原驻地加强工事，积极备战。

六月一日

梅仙之敌，被我一三四师在团山铺阻击后，窜至平江附近，战况益烈。午后，平江失守，龙门厂之敌，窜至长寿街附近，我第二十军正向长寿街、平江以南地区转移。为聚歼进犯之敌，处置如左：

1.着七二军跟敌踪，努力侧击尾击。

2.第三挺进纵队经桃树港、大沙坪，向长寿街、平江尾击。

3.第二挺进纵队经麦市、天岳关、通城、上塔市，向南江桥、平江尾击。

4.第一八三师到达大桥之一团，星夜续开桐木，该师长率其余部队于江夜由现地出发，密经万载、株、潭，开桐木待命，限鱼日到达，

二、中路　我卅军、一六二师、九九师对渡汨罗江之敌反攻，在新桥桥墩、双江口与敌激战甚烈，九九师曾一度克复归义。为策应浏阳方面之作战，处置如左：

第卅七军着留步兵三团，归黄师长保德指挥，固守汨罗江沿岸；余由罗军长率领，即开洞阳市、普迹市之线，占领阵地，拒敌南犯。

三、西路　由草尾东南窜三码头，及由西港登陆向西南窜鸭子港、易家咀、下窖之敌，我九二师正分别猛烈阻击。

本部已东电示：各军任务

一、第四军死守长沙。

二、第十军死守衡阳。

三、第四四军死守浏阳。

四、第五八军死守醴陵。

五、暂二军死守株州、渌口。

六、第三师附第卅二师后调部队及入伍生第二团，死守湘潭、下摄司。

六月二日

一、东路　我七二军向窜龙门厂一带之敌侧击，在朱溪厂、白石桥与敌剧战，但敌经长寿街向南急窜；由通城南窜九岭之敌二千余，与我新十三师激战；平江之敌，西窜三角塘、瓮江铺，南窜安定桥，我第二十军正猛烈阻击、侧击，为阻敌南越浏东大山，处置如左：

1.第四四军派一团及浏岳师区梁司令以五八军后调浏阳之两团，编成枪兵两营，即开官渡；又新三军后调铜鼓之一团，编成枪兵一营，即开东门市，任通龙门厂、长寿街、嘉义、献钟南方山地各隘路，阻绝戒备，阻敌南窜，掩护平、浏我军右翼安全。

2.以上各部，均归梁司令指挥，梁司令归王军长指挥。

…………

六月三日

…………

奉委座巳冬侍参电：训令如左

此次作战，为国家存亡关键，亦即我革命军人成功立业之时机，务望同心同德，上下一致，争取最后胜利。凡命令规定固守之阵地，不得擅自弃退，违者勿论何人，一律照连坐法处治，并由该长官全权处理，彻底执行。

本部巳江电示：四六军一师之行动

着四六军抽一师及军炮兵营，用铁道输送衡阳，归方军长指挥。

六月四日

一、东路　由长寿街、嘉义、献钟沿各隘路南窜之敌，被我梁得奎部阻击于分水坳、浏阳坳、火子坳、石坳，激战甚烈；由安定桥经花桥南窜之敌千余，被我四四军一六一师、二十军一部阻击于社港市附近，激战终日。为拒敌南窜，处置如左：

1.第七二军以一团尾击，主力速由龙门厂、长寿街南方小路向长寿街急进，击敌侧背，限鱼日到达。

2.新十三师向梅仙急进击敌尾，限鱼日到达。

3.第二、第三挺进纵队确对各南窜之敌，猛烈侧击尾击，彻底破坏敌后交通通信，断敌后方连络。

4.赣保三团由现地出发，取捷径开桐木，限庚日到达，归一八三师余师长指挥。

…………

规定王、罗、沈、鲁各军作战地境：

一、第卅七军与四四军作战地境为枨市、龙王庙、庆知山、东山冲、两口塘、青田之线，线上属卅七军。

二、第五八军与暂二军作战地境为枫林、铁河口、东冲铺、蒋家桥、傅家桥之线，线上属暂二军。

六月五日

一、东路　由长寿街、嘉义、献钟、南越大山之敌抵达浒市、官渡市，由安定桥、更鼓台会窜社港市万余之敌，炮十余门，被我四四军、二十军阻击，激战甚烈。为歼灭敌人于浏阳附近，处置如左：

1.第五八军（附一八三师）在文家市、蒋埠、江高坪地区，就攻击准备位置，务于虞夜完成一切，待敌由东门市达浒市、官渡市向永和市进犯时，立自东向西奇袭攻击，迅歼此敌，再向浏阳方面参战。

2.第七二军不顾任何艰难，速由长寿街南越大山向白沙、东门市、达浒市、官渡市与五八军、二十军三面夹歼由长寿街、献钟南窜东门市、达浒市之敌，限虞夜到达东门市。

3.新十三师务于虞日到梅仙，向敌侧背攻击前进。

4.第二十军之一三三师及一三四师之一团，由杨军长率领，迅向东门市北方金坑及官渡市北方石坳前进攻击由长寿街、献钟企图南窜东门市、官渡市之敌，击破后，协同七二军向平江东南地区之敌侧背攻击。并以该军之一部，仍在献钟、安定桥南方山地，阻击由嘉义、献钟、安定桥南窜之敌。

…………

本部已微电示：醴陵、株州部署

着暂二军由渌口方面抽一团任醴陵城据点之死守，渌口、株州防务，着该军长妥当配置。

六月六日

…………

三、西路　沅江方面，昨夜以来，敌攻沅江益烈，我一九七师之五九一团被敌截击于郊外，九二师守城之姜营长阵亡，敌由新街口冲入，城遂陷。

第四军呈报长沙之配备

一、第五九师、第一〇二师各一部占领湘江东岸金盆岭、麻子坡、滴水井、丰边山、湖迹渡、陡岭、上颜家岭为警戒阵地，阿弥岭、杨家山、分路口、红花岭为前进阵地，主力占领红山头、修械所、红石咀、黄土岭、石子冲、造化塘、军储库、南元营、四方塘、蔡家坡、陈家山、砚瓦池、下麻园岭、木码头为主阵地带。两师各以一团分别控置于妙高峰、天心阁及小吴门、经武门间，作战地境为中山路、东车站、藕芳冲南端高地汽车路边之线，线上属五九师。

二、第九十师占领湘江西岸傅家洲北端银盆岭、孙家湖、分水坝、黄泥塘、笔架山、回龙潭、铁路坝为警戒阵地，望城坡、船形山、燕子山为前进阵地，天马山、牛形山、朱家塘、桃花山、荣子山至鱼湾市之线为主阵地带，保持重点于左翼。

丙〔三〕、炮兵主力配置于岳麓山、一部及山炮营配备于长沙，并以军战炮营配属一〇二师、五九师各一连，分任江面之封锁。

丁〔四〕、军部及直属部队位置于天鹅塘附近。

六月七日

一、东路　浏阳方面：由东门市、达浒市、官渡市以北山地进出隘路之敌，一部在沿溪桥、古港西北山地与四四军、二十军各一部激战，主力向西南窜，先头到达上下草坪及高坪东北地区，由社港市方面南窜之敌，仍在山田一带，与我四四军激战，当处置如左：

1. 第七二军速越大山向白沙、东门市、达浒市、官渡市急进，协同二十军、五八军夹歼古港之敌。

2. 第三挺进纵队经龙门厂向南尾击长寿街之敌。

3. 第一三三师以关王桥东方山地为根据，向汨罗江北岸，不断攻击敌援兵辎重高级司令部。

二、中路　长阴方面：由金井、福临铺、栗桥窜捞刀河北岸之敌第六八、第五八、第一一六、第卅四师团，在大桥市、路口畲、春华山、安沙、沙坪、桥头驿、霞凝港地区集结完毕。其一部由路口畲南窜，被我卅七军阻击于伍家渡。为严密警戒湘江，处置如左：

1. 第三师派一营开观音港，沿湘江西岸扼守炭塘子、观音港、张家湖、枯石塘一带大小各路口，左与靳江河九十师部队连系，阻止由湘江东岸企图向湘江西岸偷渡之敌，以保长潭间交通安全。

2. 南岳特训班陶主任组织游动封锁队，以其三个大队即开湘潭，配备于易家湾至长沙以南地区（两个大队在湘江西岸，一个大队在湘江东岸），担任警戒防谍防奸。

3. 别动军第四纵队之两个大队，以乌岩、石岭关山地为根据，以一部协力岳麓山至新康沿湘江西岸警戒，协助岳麓山方面之作战。

…………

六月八日

…………

二、中路　长阴方面：敌五八师团、六八师团自伍家渡、捞刀市间，本午强渡捞刀河，被我三七军一部在张家湾附近高地猛烈阻击；第四军警戒部队在东山、榘梨市、东屯渡、湖迹渡开始与敌战斗，敌第一一六、第卅四师团由霞凝港南北地区正西渡湘江。又窜洋桥、戴公桥、大娘桥、五伦铺、梅江桥一带之敌，三路围攻湘阴，我九九师湘阴守军伤亡殆尽，城陷。继九九师、一六二师在三姐桥、大娘桥铁道东西山地，对敌反击。

三、西路　沅江方面：窜茈湖口之敌，续窜白马寺，与我九二师守军激战；回窜土桥、百禄铺之敌，停止未进。为警备岳麓山左侧背，当令彭副总司位仁，以到达宁乡之先头部队派一营进占乌山，对冯家河、白沙洲、新康沿河一带派出警戒，与九二师及谷山九十师切取联系。

六月九日

东路　浏阳方面：窜官渡市、古港一带之敌，图窜小河镇、蒋埠江、高坪，斜出萍乡、醴陵。连日以来，被我五八军由小河镇、蒋埠江、高坪向北攻击。七二军由东门市向西南攻击。二十军由古港向东南攻击，在横山、观音堂、永和市、官渡市地区激战。由社港市向浏阳西北山田窜犯之敌，被我四四军阻击，仍在原阵地激战。为聚歼并阻止南窜之敌，处置如左：

1.黄保德所率之三个团，回至金井东南罗家洞一带山地，攻袭并夹击进犯浏阳、长沙之敌背。

2.第廿六军兼程向萍乡北小枧案山关、芭蕉塘间地区前进，对东北、正北、西北三方面严密戒备，限元旦到达。

3.新十三师、第二第三挺进纵队，专向安定桥、平江、南江桥地区之敌后攻击。

4.第七二军速向东门市，经田心、白石桥、观音堂、横山，向小河镇、蒋埠江急进，攻击南窜之敌背。

5.第二十军速由古港市、永和市，向蒋埠江、横山急进，攻击南窜之敌侧背。

二、中路　长沙方面：湘江东岸之敌第六八、第五八师团，由东山、槊梨市、东屯渡、湖迹渡、红山庙强渡浏阳河，向长沙主阵地，西岸之敌第一一六、第卅四师团，由白沙洲、回龙洲、樟木港、三汊矶，向岳麓山主阵地猛烈进犯，被我第四军反击，激战甚烈。第卅七军仍在张家湾附近阻敌南窜。第一六二、第九九师仍在三姐桥、大娘桥东西山地，与敌激战。为策应长沙方面之作战，处置如左：

1.第一三三师、第四挺进纵队专向汨罗江南北岸之敌攻击。

2.第一六二、第九九师以三姐桥、大娘桥东西山地为根据，专向石灰咀、水渡河、捞刀市、霞凝港间，樟树港、湘阴、大娘桥、栗桥、间地区之敌后攻击。

…………

本部已佳电规定：彭、梁、张各军作战地境

兹规定九九军转移沩水右岸后作战地境如次：

一、第九十师与九二师（附一九七师之一团）为冯家河、三目桥、双板桥、头人铺、码头坝、唐坊、东山湾、观音港之线，线上属右。

二、第九九军与彭副总司令所部为双江口、方家桥、金马桥、仙女山、螺头山、雷公塘、烧汤河之线，线上属右。

六月十日

…………

二、中路　长沙方面：洞阳市以北至永安市一带之敌，增至二千余，向我卅七军警戒部队猛攻。第四军在长沙外围阿弥岭、雨花亭、金盆岭主阵地及岳麓山北之谷山，之敌激战最烈。本晨敌四五百，乘汽船廿四只，在长沙北丁字湾向白沙洲偷渡湘江，被我空军击沉敌艇廿三只，毙敌三百余，残敌百余在白沙洲登陆后，被九十师追击，向黄山坝逃窜。又窜关公潭、南湖洲之敌，续经乔口、靖港南窜。我九二师因连日苦战，伤亡过重，已转移沩水南岸，继续阻敌南窜。

…………

指示第十军衡阳之部署

一、第十军衡阳防务，应依现有兵力及既设据点工事，迅速构筑加强，妥为部署。

二、着新十九师派一营至衡山城，对北及西北构筑据点工事，固守衡山。

三、衡阳、衡山守备部队，对敌空降部队，务特别注意警备，防敌袭扰。

六月十一日

…………

二、中路　长沙方面：第四军仍在长沙外围原阵地及谷山、排山，与敌惨烈搏战，乔口、靖港之敌，仍在沩水北岸，与九二师隔河对战。

…………

六月十二日

一、东路　浏阳方面：蒋埠江、石湾、高坪之敌，增至八千余，与我五八军、七二军、二十军激战竟日，向我四四军山田、黄荆坪、高昇桥进犯之敌约一师团，于炮空轰击掩护下，不断猛攻，我伤亡甚大。向我卅七军大原头、洞阳市进犯之敌，经我坚强反击，仍无进展。为确保浏阳歼灭来犯之敌，处置如左：

1.第七二军急向蒋埠江、文家市猛烈进击，与五八军协歼敌军。

2.第二十军以全力击灭窜扰大瑶铺、枫林铺间之敌。

3.第四四军死守浏阳城，在必要时，着廿军协同死守。

二、中路　长沙方面：由伍家渡、永安市南窜之敌，到达小埠港、湘阴港、枫树河各附近，企图强渡浏阳河，与我暂二军警戒部队隔河对战。第四军仍在阿弥岭、雨花亭、金盆岭及谷山、排山、尖山、银盆岭、望城坡、梅溪滩一带，与敌惨烈激战，敌我伤亡均重。

…………

本部已文电请调部队参战

此次作战，敌我战力比较，敌厚而集，我薄而未集，反击时深感兵力不足，拟恳令：

一、第十八军经马迹塘，速开宁乡西南地区，归二十四集团军王总司令指挥。

二、驻吉安之四十师（两团）经安福，速开萍乡，归廿六军丁军长指挥。

三、第四六军之一七五师，速开衡阳，以李副总司令指挥衡阳各部，负守备之责。以方军长率领十师，于必要时推进参加反击，俾斯获得决战之胜利。

六月十三日

一、东路 浏阳方面：蒋埠江、石湾、高坪之敌，续向南窜。我五八军仍在文家市西北山地与敌激战。七二军经蒋埠江向文家市前进。第四四军、二十军仍在浏阳城西北山地及浏阳城南岸与敌激战。第卅七军主力向醴陵急进，准备反击。为反击歼灭敌军，处置如左：

1.第四四军、第二十军协保浏阳及东北山地，待机反击。敌如窜醴陵，则自北向南夹击；敌如窜长沙，则自东向西夹击。该军之一三三师及第四挺进纵队，协向长乐街、新市、黄谷市一带之敌猛攻。

2.着新十三师及第二、第三挺进纵队向平江方面之敌后，猛烈攻击。

3.别动军第二纵队由衡山经石湾、龙凤桥、宝山湖、贺家桥开醴陵，归欧副总司令指挥，限删日到达。

二、中路 长沙方面：第四军仍在长沙外围及岳麓山原阵地，与敌惨烈激战。窜小埠港、湘阴港一带之敌，分由镇头市、小埠港、湘阴港、金塘、渡头市渡过浏阳河，被我暂二军警戒部队阻击。午后，敌先头窜至江东龙头铺、易家湾，与该军前进部队激战。

…………

第十军方军长巳元电报：衡阳配备

一、第一九〇师、暂五四师，守备江东岸；一九〇师（步兵两营）占领五马归槽之强固据点，并于耒湖西岸迄蜈蚣桥之线占领警戒阵地，主力则占领范家坪以东迄橡皮塘、冯家冲之线阵地；暂五四师（步兵一团）一部占领东家湾亘何家之线，主力占领冯家冲沿耒河左岸至耒河口之线。

二、新十九师、预十师守备衡阳市区；新十九师以一团由来雁塔以北市区、五里牌、望城坳、段塘地区内构成据点，并于五里亭、湖塘、月塘之线占领警戒阵地，主力占领青草桥、辖神渡南岸二里亭、胡坳亘马王塘之线；预十师以一部占领月塘、高岭、大眼塘、陈家井、白沙洲之线，主力占领马王塘、六里丘、衡阳西站、欧家町亘黄荣岭11703高地之线。

二、以上各师，均自己微开始构工，限巳巧完成。

六月十四日

一、东路　浏醴方面：窜枫林铺、大瑶铺之敌，先头已至白免潭，我五八军自东北向西南节节侧击截击。七二军向文家市方面，跟敌尾击中。守备浏阳之四四军连日受优势之敌猛攻，伤亡甚大，浏阳于九时失守。继与二十军在城郊及西北山地与敌激战。洞阳市、永安市之敌，由普迹市、镇头市续渡浏阳河，被我卅七军节节阻击，在官庄附近激战。该军留置敌后之六十师，正向普迹市、官庄急进，对敌夹击。为聚歼敌军，处置如次：

1．第七二军急向大瑶铺、枫林铺攻击前进，右与浏阳，左与醴陵友军切取连络。

2．第六十师指向洞阳市、普迹市、官庄、醴陵急进，猛攻敌背。

3．第二十军立向枫林埠、大瑶埠之敌后，攻击前进。

4．第四十四军对当面之敌，立取攻势，恢复浏阳。

二、中路　长株方面：窜长沙外围之敌，乘夜窜入阿弥岭、雨花亭、金盆岭、窜排山、尖山之敌，续向望城坡、熊家冲猛攻，与我第四军激战至烈。为策应长沙之作战，当令：九九师、一六二师第一步向捞刀市、霞凝港之敌后攻击，第二步向枫林港、竹洞港、黄花市、金塘、椝梨市、浏阳河南北之敌后攻击。

…………

六月十五日

一、东路　浏醴方面：窜枫林铺、大瑶铺、上栗市地区之敌约一师团，其先头被我卅九军阻击于醴陵东北地区。第五八军已至上栗市附近，猛击敌背。第四四军仍在浏阳西北山地，与敌激战。为迅歼进犯之敌，严令：五八军、七二军、二十军星夜分向上栗市、澄潭江、枫林铺，急击敌侧背，限铣日到达。

二、中路 长株方面：窜入阿弥岭、雨花亭、金盆岭之敌，拂晓向我红山头、黄土岭猛攻，迄午，守军大部牺牲，为敌占领。我当即反攻、血战至酉，激战仍烈。岳麓山方面，向银盆岭、望城坡进犯之敌，增至五千余，向我屡次猛扑，均被击退。又窜犯株州之敌，续有增加猛攻。一部迂至株州以南铁道附近，我暂七师寡不敌众，伤亡甚大，株州不守。继在渌水北岸与敌激战。另敌后续部队已渡浏阳河，南窜至姚家坝、白关铺、株州以北地区，准备猛犯。

…………

六月十六日

…………

二、中路 长株方面：昨陷红山头、黄土岭之敌，续向长沙核心阵地猛犯，迫近妙高峰、天心阁；岳麓山南北之敌，向我岳麓山主阵地猛犯，我第四军浴血苦战，肉搏惨烈，敌我伤亡尤重；另敌各二千余，分由易家湾、观音港西渡湘江，一窜黾头市，一犯湘潭，与我卅二师后调部队激战。

…………

六月十七日

…………

二、中路 长潭方面：犯长沙及岳麓山之敌第六八、第五八、第一一六、第卅四师团各全部，均已参加战斗，自昨夜以来，向我攻击愈烈，我第四军决死反击，反复冲杀，敌我伤亡均重，在妙高峰、天心阁、二里牌及岳麓山、桃花山主阵地激战未已。张军长为确保岳麓山，瞰制长沙城，以五九师、一〇二师各主力，乘夜西渡，增强岳麓山，留该两师各一团死守长沙城。窜渌水北岸之敌，被暂二军阻击于渌水北岸，由易家湾窜湘潭之敌，被卅二师阻击于湘潭以西地区。

…………

六月十八日

…………

二、中路　长株方面：围攻长沙及岳麓山之敌，拂晓起，以飞机卅余架，更番轰炸，低空扫射，长沙市南、岳麓山北，敌炮亦猛烈射击，内杂毒弹甚多。敌攻益烈，我击愈勇，官兵伤亡、中毒更多，敌乘势猛攻，岳麓山核心被突破，占我二里半、云麓宫、天马山，并陷桃花山。同时，长沙市亦混乱不堪。张军长一面收容，一面抵抗。窜株州以南之敌，与暂二军隔渌水对战，其一部由塘山口乘夜偷渡渌水，正拒击中。又株州敌一部渡湘江窜石壁口，第三师警戒部队正阻击中。

…………

本部已巧辰电示：六二军之行动

第六二军之先头师在衡阳西之二塘下车，集结于二塘南之雨母山地区，后尾师在观音桥下车，立开河田市集结。军部在观音桥下车，位置于廖田圩待命。

六月十九日〔下略〕

六月二十日

…………

奉委座号午令一元壬电训令：保卫衡阳之部署

一、国军以阻敌深入、确保衡阳为目的、于渌口、衡山东西地区持久抵抗，以主力由醴陵、浏阳向西，由宁乡、益阳向东，夹击深入之敌而击破之。

二、王副长官指挥第七二、第五八、第廿六军迅速击破醴陵东北地区之敌，攻击敌主力之右侧背。

三、杨副长官指挥第二十、第四四军，先击破醴陵以北地区之敌，尔后转移于王副长官所部之右翼，一部向西攻击敌人。

四、欧副总司令指挥第卅七军、暂二军及第三师在渌口、衡山间坚强持久抵抗，阻敌深入。

五、王总司令耀武指挥第七三、第七九、第九九、第百军及第四军之残部，向湘江右岸之敌后攻击，但以一部守备湘乡。

六、李副总司令玉堂指挥第十军（欠第三师）、暂五四师固守衡阳，但四六军仍归第四战区序列，其新十九师即开全州、黄沙河。

七、第六二军仍归本会直辖，控置于衡阳西南地区待机。

八、对战场之交通破坏，务依预定计划加强。

六月二十一日

…………

本部马戌电对湘江两岸之部署

子、对湘江东岸者

一、暂二军即以一部向朱亭，主力向石湾攻击南窜之敌，竭力迟滞敌人向衡阳进犯。

二、第卅七军以一部仍在横岭铺拒敌南窜（俟二十六军接替后归还），主力迅速密移安仁附近集结待命。

三、以上各师，归欧副总司令指挥，欧副总部位置于安仁。

四、第二六军即以一部接替横岭铺，卅七军一部之任务，主力向沈潭、泗汾铺、醴陵南郊之敌，攻击前进。

五、第五八军、第七二军即循萍醴铁道南北地区，向枧头洲、老关、登官、醴陵东郊之敌攻击前进。

六、以上各部归王副长官指挥，王总部推进于宣风。

七、第四四军、第二十军迅即分经官庄、白兔潭，向醴陵北郊之敌攻击前进。

八、以上各部归杨副长官指挥，杨总部推进于慈化。

五、对湘江西岸者

一、第七九军迅速集结永丰待命。

二、第七三军、第百军即向湘乡之敌攻击前进。

三、梁军长汉明指挥九二师、卅二师、新廿三师各部，竭力阻击湘乡之敌。

六月二十二日

…………

李副总司令养已电报：保卫衡阳之作战指导复案

一、集团军以确保衡阳之目的，以第十军及暂五四师占领衡阳市郊之既设据点工事，以六十二军控置于谭子山、曾坪附近，待敌渡过湘江及蒸水进犯时，由内外夹击，将敌压迫于湘江西岸及蒸水南岸而歼灭之。

二、敌主力沿铁路或长衡公路向衡阳进犯时，则守城部队应坚强固守，以机动部队由东阳铺、柿江桥方面向东北侧击，将敌压迫于蒸水南岸而歼灭之。

三、敌如由醴陵、攸县向衡阳迂回进犯时，则守城部队务坚强固守，以火力逆袭，消耗敌人于阵地前，机动部队即由东江、网头，将敌向北压迫，与守城部队夹击而歼灭之。

四、敌如小部队由湘乡南窜，则以机动部队乘敌串渡蒸水之际，截击而歼灭之。

五、敌如由长衡公路及湘乡方面同时进犯，则以机动部队先将外围之敌击破后，再会同守城部队，夹击衡阳附近之敌。

六、江东岸部队必要时，留置一营警戒各渡口，主力撤于城内，加强城内之守备。

七、本部位置于谭子山附近。

第六二军黄军长养戌电报行动

养酉奉委座电话谕：该军即开赴祁阳集结待命等因，遵于梗日由谭子山出发，敬日可到祁阳。

六月二十三日

一、东路　萍醴方面：由案山关湘东南犯之敌，与我第廿六、第五八、第七二各军激战于腊树下、五峰山、绞水桥、赤山桥一带甚烈，敌不断增援，萍乡城失陷。

二、中路　衡阳方面：窜衡山以南之敌，与我暂二军激战于大堡附近；敌六八师团主力窜至吴集、泉溪市，向我衡阳守军湘江东岸之暂五四师、一九〇师开始攻击。

…………

六月二十四日

一、东路　萍醴方面：……敌千余经新市，陷我攸县。我卅七军主力正向攸县反攻。

二、中路　衡阳方面：沿铁道南窜之敌，在泉溪市渡河，我五四师正猛烈阻击，我暂二军在朱亭东南山地向沿铁道南窜之敌侧背攻击，第三师仍阻击敌于中路铺附近。

…………

本部已敬未电，对茶、安、耒、郴之作战指示

一、第二十、第四四军及廿七集团军总部，立由现地出发，经萍乡东端及莲花，限已艳前到达茶陵集结待命。廿七集团军总部位置于莲花。

二、桂、郴及茶、醴两师区，即编足新兵一团开郴县东北之鸦鹊坪、桥口圩附近集结训练。

三、耒阳警备司令何世统指挥暂五四师之一营，湘省府特务团之一营，守备耒阳城，无令不得撤退。

六月二十五日

…………

三、中路　衡阳方面：暂二军仍在朱亭东南山地侧击南窜之敌。自二十三日以来，向我暂五四师衡阳东岸五马归槽猛犯之敌，迄昨晚止，仍在泉溪市、五马归槽附近激战。本晚由东阳渡偷渡湘江之敌，已窜黄茶岭西南。为协力衡阳守军作战及阻击敌南犯，处

置如左：

1.第四四、第二十军今晨由浏阳东南经莲花向茶陵转用。

2.第一六二、第九九师转向浏阳，新十三师转向萍、醴，击敌之背。

3.耒阳何警备司令，指挥一四〇师郭团（四个连）位置于公平圩附近，于南岭，上土地岭、武龙岭、大山头、白泥铺、公平圩各地区构筑据点工事，向耒阳、衡阳方面严密警戒。

…………

本部已有电报留置敌后部队之行队

一、留置金井东南之黄保德部，已转至官庄，续向醴陵以南转用中。

二、留置三姐桥、大娘桥东西山地之一六二师、九九师，已令向浏阳之敌背攻击，限有日到达。

三、留置南江桥东方山地之新十三师，已转至浏阳附近，正向该军归制参加萍乡方面作战。

四、留置关王桥以东山地之一三三师，已经归制。

五、第二、第三挺进纵队向平江方面，第四挺进纵队向汨罗河西岸之敌，继续攻袭。

六月二十六日

…………

二、中路　衡阳方面：暂二军仍在严湖、石咀头、生田阻击南窜之敌；犯衡阳东岸敌，续向暂五四师、一九〇师橡皮塘、湾塘、冯家冲、八尺岭阵地猛犯，激战至暮，我移至荷花圩、莲花塘、东站、飞机场西侧，与敌激战。敌我伤亡均重。又敌一一六师团一股千余，窜贾里渡，一股四千余，窜英陂以南地区。

三、西路　湘乡方面：益阳城郊之敌，复增加，向我七七师守城部队猛犯，激战至烈，我伤亡甚重，益阳城陷，我转向资水南岸。窜湘乡之敌第四十师团一部，出白果市、渣江向衡阳南窜。为策应衡阳作战，处置如左：

1.第七三军即经白果市、集兵滩，向衡阳西北郊之敌攻击前敌。

2.第七九军即经渣江、台源市向衡阳西南郊之敌攻击前进。

奉委座巳漾令一元电示：派白副总长来指挥作战

关于今后作战指导，特派白副总长前来指示，希遵照。

六月二十七日

…………

二、中路　衡阳方面：我衡阳东岸守军暂五四师、一九〇师，因连日苦战，伤亡甚重，乘夜移守衡阳城。

…………

六月二十八日

一、东路　萍、醴、攸、安方面：窜萍乡之敌第十三师团，全部被我军连日腹背夹击，被歼三千余，我五八军今晨攻克萍乡城，续向湘东攻击。……

二、中路　衡阳方面：衡阳西北郊之敌，各约一联队，四塘附近，亦有敌约一联队，开始向我第十军衡阳外围攻击。

三、西路　益、湘方面：益阳城内及果里桥附近之敌，被我七七师猛攻，不支溃退，我乘夜完全肃清城内之敌，续向七鸭子、枫木桥、土桥、百禄铺之敌攻击。……

本部俭申电，请饬六战区接替防务

为使王集团指挥便利，拟请转饬六战区，暂派队接替百军之六三师及七四军之五一师、五七师之防务，令该师暂归还建制，以利作战，可否？乞示。

本部巳俭未电指示：永兴、耒阳方面之部署：

一、第一六〇师于街洞车站下车后，立以一团开永兴北之竹叶塘圩、安福司间择险构筑据点工事；以一团开永兴，在城南北构筑据点工事，并固守之，均限卅日到达。对安仁、耒阳方面，各构成侦探网，严密搜索警戒，并确实与前方友军联络。

二、耒阳何警备司令指挥暂五四师，第一团任耒阳守备，如敌来犯，必须死战。

六月二十九日

…………

二、中路　衡阳方面：敌万余，炮廿余门，向我第十军瓦子坪、汽车西站、火车西站、五桂岭主阵地，彻夜猛攻，并施放烧夷弹、毒弹，更番猛冲，被我猛烈反击，血战至烈。又敌四五百，自江东岸丁家码头向西岸偷渡，均经我击退。

…………

六月三十日

…………

二、中路　衡阳方面：衡阳城郊之敌六八师团、一一六师团连日猛攻，被第十军歼灭甚多，阵前遗尸八百余具，现仍在两路枫树山、五桂岭原阵地激战。

…………

奉委座卅午令一元壬电训令：对敌进犯零陵作战指导

据报：

一、敌将分经衡阳、茅桐铺、白水市道，板桥、洪桥、祁阳道，及渣江、灵官殿道三路袭击零陵。

二、决乘敌突进，由六二军、七九军攻击敌右侧，压迫于湘江而歼灭之。

三、六二军以两营固守白水市，以两营固守祁阳城及南岸要点，阻敌渡河；军主力秘密控置文明铺附近，准备向东侧击敌人。

四、七九军主力秘密控置灵官殿、金兰市附近，准备向东侧击敌人。

五、六二军、七九军应派队于茅桐铺、演陂桥、洪罗庙之线以东，搜索敌情。

六、六二军、七九军归李副总司令指挥，并转属王总司令指挥。

七、我军固守衡阳前，如敌窜至零陵时，由六二军、七九军负责，并由白副总长派督战官于各该军。

…………

七月一日

…………

二、中路 衡耒方面：衡阳城郊之敌，续向我第十军猛攻，仍在瓦子坪、汽车火车西站、五桂岭原阵地激战。……

奉委座文金一元电示：作战指导如左

一、敌主力正围攻衡阳，第二线之十三师团由萍乡西窜，二十七师团经平、浏南窜，似有夺取衡阳、打通粤汉路，并窜犯桂林之企图。

二、国军决乘敌深入，后方空虚，并用正面阻止及侧背猛攻，以击破之。

三、除已令第十军固守衡阳外，仰严督所部集结兵力，各向当面之敌猛攻而击破之。

四、切忌分散兵力，处处设防，追随敌之行动，而陷于被动地位。

五、仰本此旨拟具战斗计划，积极实施具报。

七月二日

…………

二、中路 衡耒方面：衡阳西南郊之敌，仍与我第十军在辖神渡南岸及瓦子坪、汽车火车西站亘五桂岭之线激战。……

…………

七月三日〔下略〕

七月四日〔下略〕

七月五日〔下略〕

七月六日〔下略〕

七月七日

…………

二、中路　衡耒方面：衡阳西南郊之敌，仍以小部队利用夜暗向我第十军袭击，我乘其疲惫，猛烈反击，颇有斩获。……

三、西路　益湘方面：第七七师正向东兴垸、沅江之敌攻击；第十五师续攻湘乡之敌；永丰之敌，经五八师全力猛攻，一度克复永丰，旋敌增援反扑，续在冷水塘、永丰南端高地激战。

七月八日〔下略〕

七月九日

…………

中路　衡耒方面：衡阳城郊之敌，白昼以少数部队向我袭击，夜间则以空军彻夜轰炸。……

本部佳巳电对作战之指导

子、湘江右岸

一、第四四、第二十军应协力击破攸县之敌，确实占领之。

二、第三十七军应肃清安仁北方之敌。

三、第廿六军应肃清梧桥铺、耒阳间东西地区之敌，进至竹塔市、耒阳之线。

四、以上各军任务，限灰日完成。

五、第五八军以一师固守醴陵城，以主力向普迹市、镇头市攻击前进。

六、第七二军以一师固守横岭铺、黄土岭、泗汾铺各要点，以主力向铁河口、石亭、姚家坝、渌口攻击前进，确实占领姚家坝、渌口，断敌水陆交通。

七、以上两军，限真日拂晓开始行动。

丑、湘江左岸

一、第六二军循湘桂路前进，第一步肃清白鹤铺、鸡笼街、谭子山东西地区之敌，第二步肃清衡阳市郊西南地区之敌。

二、第七九军循衡宝路前进，第一步肃清金兰市、演陂桥南北地区之敌，第二步以主力进至西渡、台源市、渣江、洪罗庙地区，以有力之一支队向集兵滩、樟木市搜索前进，另以有力之一支队向蔡家铺、国清搜索前进。

三、李副总部循湘桂路，在六二军后前进。

四、第一百军以主力攻击永丰之敌。

五、第七三军继续攻击湘乡附近之敌。

六、以上各军，限灰日拂晓开始行动。

七月十日

一、东路　醴、攸、茶、安方面：在白兔潭附近被我九九师、一六二师截击之敌第廿七师团二千余，与柘塘坪之敌会合，复陷醴陵城，我五八军转移醴陵东南地区，与敌激战。……为策应衡阳作战，处置如左：

1.第三十军派一师于真晨由草市、南湾出发，分经杨林、贺家桥、塘江源、将军庙，向关集附近之敌搜索攻击前敌。

2.第卅七军派一师于真晨由潭湖市、平田圩出发，分经黄田铺、双王庙、冠市街、茶溪市向泉溪市附近之敌搜索攻击前进。

二、中路　衡耒方面：衡阳西南郊之敌千余，复向第十军五桂岭、南站不断猛攻，正激战中。……第二十六军仍在耒阳城及梧桥铺、小水铺、龙形圩一带，与敌激战，已攻克梧桥铺，但耒阳城失陷。

三、西路　湘乡方面：十五师仍钳攻湘乡之敌，十九师攻克永丰。

七月十一日

…………

二、中路　衡耒方面：衡阳西南郊之敌，与第十军对战仍旧；第六二军由东江以西地区向衡阳西南郊搜索攻击前进中；第七九军一部进抵新桥、高真寺附近，继向衡阳西北郊搜索前进，主力在演陂桥、洪罗庙附近，与敌战斗。……

王总司令真午电报攻击衡阳郊外之敌部署

一、集团军以一部牵制湘乡、岳麓山、沅江之敌，主力沿湘桂、衡宝两路向衡阳附近分进猛击，将敌压迫于衡阳附近，捕捉而歼灭之。

二、第六二军沿湘桂路两侧向衡阳西南郊攻击前进，重点保持于铁路北侧；第七九军沿衡宝路攻击前进，第一步攻占演陂桥、交阳铺之线，第二步续向五里牌、樟木市之线攻击；第一百军第一步先将永丰东南之敌歼灭，后以一部留置荷叶塘、双江口，掩护军之侧翼，第二步以主力肃清残敌，进占洪罗庙、渣江、童兴桥地区，掩护七九军左侧背，并派有力部队，向路坳进出；第七三军分向湘乡、岳麓山、沅江之敌攻击，牵制敌之行动。

七月十二日

…………

二、中路　衡耒方面：衡阳西南郊之敌，不时向第十军断续攻击。……

奉委座午文令一元壬电对衡阳作战之指导

一、围攻衡阳之敌，获得补给后，攻击再兴，颇为猛烈。

二、决加强外围兵力，速解衡阳之围。

三、着李玉堂督率第六二军，即由衡阳西南迅速猛攻敌背，务期一鼓歼灭围攻之敌；第七九军应协同六二军向衡阳西北郊猛攻，并以六三师由北向南协助永丰方面之攻击，以资策应。

四、湘江东岸各军，亦应各向预定目标猛攻，配合作战。

…………

七月十三日

…………

二、中路　衡耒方面：衡阳西南郊之敌，向五桂岭、南站猛攻，正激战中；六二军进至铁公铺，向衡阳西南郊攻击前进。……

七月十四日

一、东路　醴、攸、茶、安方面：……茶陵东北之敌第三师团卅四联队，连日续有增加，向二十军猛犯，十三时茶陵城陷，我二十军移茶陵以南，与敌续战。……

二、中路　衡耒方面：衡阳西南郊之敌，向第十军五桂岭、汽车火车西站猛犯，均被击退；第六十师由泉溪市向五马归槽攻进中；第六二、第七九军续对东面之敌攻击。……

七月十五日

…………

二、中路　衡耒方面：衡阳西南郊之敌，竟日向第十军枫树山、五桂岭、市民医院猛犯，战斗至烈；第六十师由泉溪市向五马归槽继续攻进；第六二军一部钳攻白鹤铺，主力向衡阳西南郊攻击前进中；第七九军一部钳攻金兰市，主力向衡阳西北郊攻击前进中。……

七月十六日〔下略〕

七月十七日〔下略〕

七月十八日

…………

二、中路　衡耒方面：衡阳西南郊之敌，向我第十军易赖街、青山街、杨林庙、西禅寺、雁峰寺、五桂岭阵地猛犯，被我奋勇反击，争夺甚烈；第六十师续向五马归槽、飞机场之敌进攻；第六二军攻抵石桥附近；七九军攻占鸡窝山；十九师续对金兰市攻击。……

奉委座巧午令一元壬电督导作战

仰严督第卅七军以主力攻占泉溪市，向五马归槽猛攻敌背；第二十军向茶陵之敌猛攻，以解衡阳之围，而免敌抽兵转用。

…………

七月十九日

…………

二、中路　衡耒方面：衡阳西南郊之敌，续向第十军易赖街、青山街、西禅寺、五桂岭、电灯厂、外新街阵地猛攻，日夜未休；第六十师续向五马归槽、飞机场之敌攻击，但进展甚缓；第六二军一部钳攻白鹤铺之敌，主力攻克黄茶岭、欧家町、黄泥坳、柿江桥；七九军攻占阳陂、西渡、铜钱渡；均续向衡阳南郊、西郊猛攻中；第十师续对金兰市之敌猛攻。……

七月二十日

…………

二、中路　衡耒方面：衡阳西南郊之敌，续向我第十军原阵地猛攻，激战甚烈；第六十师攻占长春铺；六二军攻占火车西站东南端及托托里坑南端，与第十军隔山相望；七九军攻占贾里渡；第六三师攻达望城坳、樟木市，均续向衡阳城郊之敌猛攻；第十九师攻克金兰市；敌退元公寨，正继续攻击。……

七月二十一日

…………

二、中路　衡耒方面：衡阳西南郊之敌，续向第十军易赖街、青山街、西禅寺、五桂岭、电灯厂、外新街阵地猛攻，激战至烈；第六十师由长岭铺向五马归槽、飞机场攻击前进中；本晨敌由衡阳近郊三塘、新桥、谭子山、白鹤铺各据点抽兵数千，向我六二军右翼东阳铺、两母山、灵官巷、石灰冲、古山寺反击，激战至晚，该军右翼移至马鞍山、郑家冲、七里山一带，与敌激战；七九军向新桥，其六三师向望城坳，第十九师向元公寨各敌攻击。……敌五八师团亦向衡阳增援，……

七月二十二日

…………

二、中路　衡耒方面：……本晨，敌复向六二军猛犯，激战至午，我伤亡甚众，向铁关铺西南盘古岭附近转进。……

七月二十三日

…………

二、中路　衡耒方面：第十军仍在原阵地对猛犯之敌反击，敌未获寸进。……

奉委座午漾令一元壬电示作战指导

一、我衡阳外围援军，应集中兵力，先突破衡永公路之虎形山及汽车西站以西敌阵地，再图扩张战果，以解衡阳之围。

二、第六十二军应以一部监视衡阳以南之敌，集中步炮主力于黄泥坳附近，向虎形山及其东南地区之敌阵地突击；彭璧生部即沿公路由黄泥坳西南地区向汽车西站、虎形山方面推进，归入黄军长之指挥。

三、第七九军应集中兵力由贾里渡方面向汽车西站以西敌阵地突击，以收夹击之效。

四、两军战斗地境，由李副总司令决定之。

五、第六三师主力应猛力攻占望城坳，以策应各军之作战。

六、空军应集中力量轰炸虎形山及汽车西站以西之敌阵地，期发挥陆炮空协同战斗，全力突破，迅速成功。

七、第六二军应不待彭璧生部到达，即开始行动，务于敬日以前开始攻击，并注意秘匿企图。

八、湘江东岸各军，应积极向当面之敌猛攻，尤其第卅七军应加强对衡阳东岸之攻击。

本部梗午电令各军，派突击队攻袭破坏敌后交通通信，断敌连络补给。为彻底破坏敌交通通信，断敌运输补给，袭击敌司令部，除空军不断侦炸敌水陆交通线外，下列各军应各以一营于有日起进入指定公铁路段，执行任务，不得违误。

一、廿六军：耒阳衡阳段公铁路；

二、卅七军：衡阳衡山段铁路；

三、廿军：衡山淦田段铁路；

四、七二军：淦田株州段铁路；

五、六二军：白鹤铺衡阳段公铁路；

六、七九军，湘潭长沙段公铁路。

七月二十四日〔下略〕

七月二十五日〔下略〕

七月二十六日

…………

二、中路 衡耒方面：衡阳西南郊之敌，自昨夜起，向第十军易赖街、青山街、西禅寺、五桂岭北之新街、电灯厂猛攻，激战至本晨四时，被我击退。……

七月二十七日

一、东路 萍醴茶安方面：九九师、一六二师击退高冈铺之敌后，进至芦溪东南地区，窜长坪里之敌，复陷萍乡城，五八军正猛烈反攻。……

二、中路 衡耒方面：衡阳西南郊之敌，续向我第十军原阵地猛攻，激战至夜半，萧家岭北端高地不守，余均击退；……

奉委座午感令元电对衡阳作战之指导

一、衡阳周围之敌，久战疲惫，我应不待后续部队之到达，先将鸡笼街附近之敌歼灭，继续增援前线，击破衡阳以西地区敌人，以贯彻打开包围与第十军会合之目的。

二、第六二军仍依既定计划，以主力向衡阳西南地区进攻，新十九师及彭璧生部归李副总司令玉堂直接指挥，先将鸡笼街一带之敌歼灭后，再沿公路加入第六二军左翼方面之战斗。

三、第七九军仍依既定计划，向衡阳汽车站附近进攻，第五一师归王总司令耀武直接指挥，适时加入有利方面之战斗。

四、对金兰市附近之敌，以第十九师及五八师主力继续围歼。

五、各部应即逐次向敌猛攻，勿因等待后续部队而停顿。

七月二十八日

…………

二、中路　衡耒方面：衡阳西南郊之敌，因援军到达，进攻益烈，第十军仍在易赖街亘萧家岭之线，与敌激战；第六十师向东阳渡攻击，被敌力阻，进展缓慢；第二六军攻占东江、小岭、魏家铺、黄母坳后，续攻占木厂边、尤家町，续向衡阳汽车西站攻击前进；七九军主力仍在新桥、鸡窝山，一部进至贾里渡、铜钱渡，与敌激战，其突击队渡过蒸水，向衡阳西郊之敌攻击；第六三师续向望城坳，第十九师续向元公寨攻击，但敌由洪罗庙增加，向聚湖峰进犯，我十九师派队驱逐，即退。……

七月二十九日

…………

二、中路　衡耒方面：衡阳西南郊之敌，继续向第十军易赖庙、前街、青山街亘电灯厂之线猛犯，被我击退。但敌援军到达，向我外围各军全面反攻，第六十师被迫退回耒河东岸，六二军退回东江、小岭、魏家铺、灵官巷，七九军退回蒸水北岸，六三师退至望城坳西北地区，第十九师续向元公寨、聚湖峰，五八师主力续向邹冈山南麓盐塘冲之敌攻击。……

七月三十日〔下略〕

七月三十一日

…………

二、中路　衡耒方面：衡阳近郊之敌，集中炮火并杂毒弹，猛烈轰击，掩护步兵，分组向第十军易赖庙、前街、青山街、西禅寺、五桂岭、电灯厂、外新街阵地猛攻，我官兵决死反击，敌终未逞。……六二军攻占灵官巷，续由马鞍山夹攻七里山之敌。……

八月一日

…………

第十军方军长先觉东城电报现况

本军固守衡阳，将近月余，幸我官兵忠勇用命，前仆后继，得以保全。但其中可歌可泣之事实与悲惨壮烈之牺牲，令人不敢回忆。

自开始构工迄今两月有余，我官兵披星戴月，寝食俱废，终处于烈日烘炙与雨浸中，与敌奋斗，均能视死如归，克尽天职。但其各个本身之痛苦与目前一般惨状，职不忍详述，但又不能不与钧座略呈之：一、衡阳房舍，被焚被炸，物质尽毁，幸米、盐均早埋藏，尚无若大损失。但现在官兵饮食，除米及盐外，别无若何副食，因之官兵营养不足，昼夜不能睡眠，日处于风吹日晒下，以致腹泻腹痛，转为痢疾者，日见增加，既无医药治疗，更无部队接换，只有激其容忍坚守待援。二、官兵伤亡惨重，东抚西调，捉襟见肘，弹药缺乏，飞补有限。自午陷辰起，敌人猛攻不已，其惨烈之战斗，又在重演，危急隐伏，可想而知。非我怕敌，非我叫苦，我决不出衡阳。但事实如此，未敢隐瞒，免误大局。

八月二日

…………

二、中路　衡耒方面：衡阳西南郊之敌，迭向第十军易赖庙、前街、青山街、天马山、五桂岭北之新街、电灯厂猛犯，均被击退。我外围各军攻击再兴，第六十师攻达泉溪市，六十二军攻占七里山，新十九师、十九师攻占雨母山、大旧塘、杨柳井，五八师攻占鸡窝山，七九军攻达贾里渡、铜钱渡、集兵滩，六三师攻达樟木市、江柏堰。但敌以优势兵力，不断反击，激战至烈。……

八月三日〔下略〕

八月四日

一、东路　萍醴茶安方面：第九九、第一六二师攻克萍乡城，敌二十七师团向醴陵回窜，……

二、中路　衡耒方面：猛犯天马山、西禅寺、苏仙井之敌，被我第十军击退；外围各军师，均在原阵地与反攻之敌猛烈激战。……

八月五日

一、东路　萍醴茶安方面：……为策应萍、醴、衡阳作战，处置如左：…… 3．第二十军即接替九五师攻击安仁任务，九五师交防后，由罗军长率领，于鱼日经黄田铺、冠市街向双王庙、茶溪市前进，与泉溪市之六十师会合，向衡阳东岸之敌攻击。

…………

八月六日

…………

二、中路 衡耒方面：衡阳西南郊之敌，以空炮协力，向我第十军西禅寺、天马山、五显庙、屏山、五桂岭北之新街、电灯厂，反复猛攻，迄午，西禅寺、花药寺南端无名高地为敌占领。入夜，敌攻益急，激战惨烈，双方死伤甚重。外围各军师与反攻之敌激战，日夜未停。……

奉委座未鱼辰令一元中电示作战计划

子、方针

一、国军以策应湘南作战之目的，第五、第六战区应即发动全面攻势，求主决战于当阳、荆门、钟祥、确山等地区，各个包围敌军而歼灭之。

二、两战区之攻势，除确山方面限于未筱以前开始外，余均限未文开始。

丑、指导要领

三、各对指定目标，以一部包围佯攻，以主力迂回至目标之后，破坏敌之交通暨后方设施，邀击敌之增援部队或据点守备队于当面而击破之。

四、迨敌战力消耗后，再转移主力，袭击指定之目标。

五、准备作一个月坚强之战斗，初期作战不攻坚，亦不过于深入，而以确保我之连络全线及机动为主眼。

六、第六战区方面，王集团及江防军对当面之敌，选定有利目标，各派两个师兵力，分别实施佯攻；周集团除以一个军以上之主力进攻宜昌之敌外，以一部协力马集团攻击当阳；马集团除以主力进攻当阳外，另一部攻击荆门。

七、第五战区方面，孙集团以一个军攻击钟祥，另以一部攻击京山；刘集团以一个军攻击确山（并以张兵团协助之），另以一部对当面之敌佯攻；李集团以两个师兵力向信阳、孝感间袭击，牵制并破坏交通。

八、第一战区应速派队接替第五五、第六八军在该战区地境任务，并以路东兵团集中兵力向项城一带攻击，期使确山之攻略容易。

八月七日

…………

二、中路　衡耒方面：衡阳西南郊之敌，向第十军进攻益烈，今晨敌五百余由小西门突入衡阳城，巷战之烈，惨状空前。外围之六十师攻占唐家桥，续向五马归槽、飞机场猛烈进攻；六二军、新十九师、十九师及新参战之彭璧生部，正向两母山、大旧塘之敌，猛烈反攻；七九军在杉桥南北地区及集兵滩西北，六三师在樟木市西北地区，各对当面之敌猛烈进攻。……

八月八日

…………

二、中路　衡耒方面：衡阳近郊之敌，连日向我第十军猛烈攻击，战斗空前惨烈，敌我伤亡均重。自昨晨敌入小西门后，续有增加，巷战彻底。本日午时后，无线电连络中断，情况不明。……

八月九日

…………

二、中路　衡耒方面：据空军侦报，衡阳城已陷敌。衡阳外围各军师，续向衡阳城郊之敌攻击。……

八月十日

…………

奉委座未蒸令一元壬电令反攻衡阳

一、衡阳之敌，伤亡甚大，刻极度疲惫。

二、我军决继续攻击，期恢复衡阳。

三、已令第五、第六战区发动全面攻势。

四、仰即督饬所部猛攻当面之敌，各个击溃之。

八月十一日〔下略〕

八月十二日

…………

奉委座文元令一元壬电训令调整部署

国军以阻敌向粤桂深入之目的，即调整部署，广领前方要地，以攻为守，并袭扰敌后方，同时整备桂林、全州、曲江、遂川诸要地之守备，相机再转攻势，其部署如左：

一、王副长官指挥第五八、第七二军，以一部攻袭醴陵之敌，以主力南移，协同第二十七集团军攻击莲花附近之敌；第九九、第一六二师应即转属杨副长官指挥。

二、杨副长官指挥第二十、第四四军及九九师，速集中主力围攻莲花附近之敌而歼灭之，以一部监围茶陵、安仁之敌。

三、欧副总司令指挥第二六、暂二、第九九军（欠九九师），以一部攻袭衡阳至耒阳间敌交通线，以主力攻袭耒阳西南方之敌；第三七军即渡过湘江，参加第六二军右翼之作战。

四、王总司令指挥：

1.李玉堂兵团〔含第三七、第六二、第四六、第一百军（欠六三师）〕，并配属彭璧生部，应调整部署，在现地附近占领坚固阵地，拒止敌人，并时派小部队攻袭当面之敌，并派出有力一部位置于谭子山、白鹤铺一带，占领坚固阵地。但战车营开回全州，转属第四战区指挥。

2.七四军（欠五七师）及七九军在蒸水西岸占领坚固阵地，拒止敌人，右与李玉堂兵团确取连系，并时派小部队攻袭当面之敌；又第六三师、第七三军续行原任务，特须固守永丰，掩护我主力之左侧。

五、军以上各部，均应派出小部队袭扰敌后方，并搜索敌情。

六、已令第九三军归张长官指挥，主力开全州，一部位置于黄沙河，占领坚固阵地，准备固守。

八月十三日

…………

本部元午电报现在状况

一、耒阳方面之敌〔下略〕

二、湘江西岸各军，由王总司令、李副总司令指挥，钧会直接命令，甚为适宜，此时以不变更为妥。且湘江东岸各军，苦战数月，均已残破无力，此时仍能继续战者，全赖电话不断指导。职指挥位置，暂不变更，则东西均能兼顾。

八月十四日〔下略〕

八月十五日〔下略〕

八月十六日〔下略〕

八月十七日

…………

奉委座未筱未侍参电示三十七军之行动

第三十七军渡江后，其六十师向铁关铺西南前进，与六二军右翼连络，其余由罗军长率领，先在松柏西南地区控置，视情况再行动。

八月十八日〔下略〕

八月十九日〔下略〕

八月二十日〔下略〕

八月二十一日〔下略〕

八月二十二日〔下略〕

八月二十三日〔下略〕

八月二十四日

…………

奉委座回申令一元电训令调整部署

一、敌主力向衡阳西郊集中，似有沿湘桂路西犯之企图。

二、国军决先期调整部署。

三、湘江西岸方面：

1.李玉堂（归王耀武指挥）指挥第六二、第七九、第三七军及彭璧生部，以有力一部于现阵地占领前进阵地，与敌保持接触，以主力于茅桐桥之线占领主阵地。但第三十七军应以第六十师渡湘江，延伸我之右翼，其余暂控置松柏西南地区警戒，防敌向常宁进犯，并扫荡水口山一带之敌。

2.王耀武直辖第七三、第七四（欠五七师）、第一百军，以一部在原阵地占领前进阵地，与敌保持接触，以主力在新桥以北蒸水西岸占领主阵地，并控置一部于金兰市一带，积极整补，构筑预备阵地；第五七师到邵阳后，择要构工，并积极整补；第一百军以一部攻袭永丰东南之敌，主力控置界岭一带，在永丰、邵阳间积极整补，构筑预备阵地；第七三军依原态势，继续对敌攻袭。

3.第四六军先调一个师集中柳州，改隶第四战区，即用火车输送，接替防务，其余一个师仍在现阵地，与敌保持接触。

四、湘江东岸各军，继续攻击当面之敌而击破之。

五、第一线各军应以小部队（至少一营）附必要之工兵及爆破器材，编为多数挺进队，采避实击虚战法，深入敌后，截其交通，破坏其后方诸设施。

八月二十五日〔下略〕

八月二十六日〔下略〕

八月二十七日〔下略〕

八月二十八日〔下略〕

八月二十九日〔下略〕

八月三十日

…………

王总司令耀武未卅电报作战指导腹案

子、敌情判断：

一、敌为确保衡阳，减少我军威胁，并控制我前进空军基地，调整部署后，将以优势兵力西犯，以一部行正面攻击，主力由永丰、渣江进出于余田桥附近，然后左旋南下，攻击祁阳、冷水滩，并以一部经常宁、白水市出祁阳攻击零陵。

二、如敌南犯，后续兵团增援时，将以主力犯邵阳，再转锋南下攻东安，另以有力一部出零陵，会攻黄沙河，西犯桂林。

丑、为争取外翼，打击敌人，免敌包围击破我军，似应如下指导作战：

一、以一部于现阵地逐次抵抗，竭力阻止敌前进，非万不得已，不得撤退，主力适时转移至平福桥、石溪铺、狮子铺、神仙桥、沙子铺、杨家桥、荷叶塘、邵阳、云阳山、老颜滓之线，打击敌人。

八月三十一日

…………

本部世午电报状况

一、……

二、衡阳附近之敌，为第五八、第六八师团，各约步兵五大队，附骑炮工兵，其企图似吸引我湘桂路正面作战兵团，待机攻击。

…………

九月一日

…………

奉委座申东令一元壬电令示如左：

一、敌第三、第十三两师团已转移于湘江西岸，与衡阳附近之敌，分向常宁及永丰、余田桥方面开始蠢动，似有以两翼包围态势，打击我衡阳掩护主力而进攻邵阳、零陵、全州，确息更有深入广西之企图。

二、第九战区应即抽调第二十、第四十四、第二十六各军主力，归杨副长官率领，秘密转移于新田、零陵间，准备参加湘桂沿线之作战，并限申微以前集结完毕。但各军应酌留一部于原阵地，归欧副总司令指挥，牵制当面残敌，并掩护主力转用。

三、第三十七军应照前令，归李副总司令指挥。

九月二日〔下略〕

九月三日〔下略〕

九月四日

…………

奉委座申支戌令一元南电示各兵团任务

一、李玉堂所率各军应在湘桂路两侧及湘江南岸，竭力迟滞敌之西犯，以护蔽全州构筑工事。

二、王耀武直辖各军，仍在原阵地竭力拒止敌人，确保邵阳并相机侧击沿湘桂路西犯之敌。

三、杨副长官所部第二十、第二六、第四四各军，仍遵原令速开新田、零陵地区，阻敌前进。

四、全州工事及其他作战诸准备，应迅速完成。

九月五日〔下略〕

九月六日〔下略〕

九月七日

…………

二、中路　耒常零方面：暂二军仍在两路口、黄泥坳及灶头市附近与敌对战；二六军由东家背、天塘、金龙岩继续西进中；三十七军之六十师仍固守常宁城，与敌激战；彭璧生部仍在零陵近郊与敌激战；罗军长率九五师进至零陵东北杨家巷附近，与西窜之敌激战；李兵团在东安东北地区，阻止进犯之敌；王军长甲本在冷水滩西北之山口铺，遇敌袭击阵亡。

…………

九月八日

…………

奉委座申齐酉令一元壬电训令对湘桂边区之部署：

一、沿湘桂路进犯之敌，已窜至零陵、东安附近，有犯全县、桂林之企图。

二、国军以乘敌突进与以打击之目的，决在黄沙河及全县附近夹击之。

三、杨副长官率第二十军、第二十六军、第四十四军，改向道县地区集结（第三十七军归入指挥），参加黄沙河、全县会战，向敌左侧背攻击。

四、李副总司令玉堂率第六二、第七九军，一面迟滞敌军，一面向新宁附近转移，掩护黄沙河及全县左侧背，向敌右侧攻击；新十九师即归还建制。

五、以上杨、李兵团即转属张长官指挥。

六、王总司令耀武归还第六战区序列，固守现阵地，确保邵阳，并积极攻袭湘桂路路之侧背，准备参加全州会战。

七、薛长官指挥第三十集团军欧震兵团、孙渡兵团，拒止敌沿粤汉路南窜。并在湘江东西两岸努力攻击敌军侧背，积极截破敌后交通。

九月九日〔下略〕

九月十日〔下略〕

九月十一日〔下略〕

九月十二日〔下略〕

九月十三日

…………

二、中路　耒常宁东方面：……第二六、第二十军正向零陵、道县前进；九五师向双牌、单江铺攻击，激战甚烈；沿湘桂路进犯之敌，已陷全县。

…………

九月十四日——九月二十九日〔略〕

九月三十日

…………

二、中路　耒常方面：暂二军仍在原阵地与敌对战。常宁外围之敌，攻城愈急，我六十师浴血拚战，自昨晚起，激战终宵，本日拂晓后，敌集中炮火，掩护步兵约三千，向西门外高地及南门猛犯，激战至午，西郊高地失陷，城垣被炮毁殆尽，敌一部侵入城内，巷战惨烈。第一四〇师昨晚向常宁、冷水洞、塔平岭、和尚坪攻击，激战至午，续战仍烈。基于以上状况，处置如左：

1.第六十师留一团固守常宁城为最有利，主力由黄师长率领，于夜间转移至板桥，与第一四〇师合力固守罗家桥、板桥间地区，阻敌南犯。

2.如留一团确不能固守常宁城，则以六十师全部于夜间移至板桥，与第一四〇师合力固守罗家桥、板桥地区，阻敌南犯。

三、西路　邵阳方面：第七四军、第百军与敌续在邵阳城厢激战，侵入城内之敌，进至中山公园，五七师正惨烈巷战。

十月一日〔下略〕

十月二日〔下略〕

十月三日

…………

三、西路　邵阳方面：犯邵阳之敌不断增加猛攻，我守军大部伤亡，本日城陷，我七四军、一百军转移城西及西北郊，与敌续战。

十月四日——十月八日〔略〕

第三、所得经验教训

一、凡会战必须备具歼灭敌人之决心，不可迟疑犹豫，先存畏敌之心理。在何地域决战，并应预为选定，决战地域既定，必须尽其所有，配以充分能期必胜之兵力，于该地域内，以求获得决战之胜利，万不宜于决战时期将应参与决战之不足兵力，再分用于决战地后方第二线之防守，或分用于敌非攻击方面之防守；否则，不仅不能达到歼灭敌人之目的，反致常遭失败。

二、在守城战时，其外围攻击部队，应使用优势兵力，且有统一之指挥，以收内外夹击之效，最忌逐次使用不充分兵力，遭敌各个击破。例如第十军死守衡阳，外围之六二军已攻至火车西站，七九军攻至贾里渡、铜钱渡，六三师攻抵望城坳，因无预备兵团增加扩张战果，致被敌反攻退回，功亏一篑。迨后逐次增加兵力，屡兴攻击，而敌亦不断增加，终不能达到解围之目的，殊为遗憾。

三、战斗激烈时，各级司令部位置，不可轻易移动，以免影响士气，动摇军心，纵在万不得已，必须移动时，应先对所属部队及后方机关作所要处置，并在新指挥所预构成通信网完毕后，始可离开旧指挥所，到达新指挥所，继续指挥，以免连络中断。

四、在战斗激烈时，尤昼夜除非不得已之情况外，不宜转用兵力，尤以背水战为然。

五、战时指挥系统不可紊乱，对配属部队尤然。例如甲师之某团配属乙师指挥时，则甲师长不能再干与或指示某团之行动；否则，某甲对命令，无所适从，往往发生重大恶果。

六、本会战中，我军攻击精神，尚属旺盛，惟部队行动，尚欠机动秘匿，各级干部，仍多欠缺独立作战能力，不善判断情况、地形，运用自己所属兵力，出奇制胜歼灭敌人。

七、我军防御，多不知采用机动战法，适时看破敌之弱点，转移攻势，今后对防御战斗应多研练。

八、阵地前之良好地形，必须利用为前进据点，在河川战行持久防御时，尤为重要。例如六十师在汨罗河南岸占领阵地时，于河北张家冲、长乐街构成强固前进据点，敌大部队虽在五月二十九夜到达长乐街以北地区，但经三昼夜之激战，敌付重大伤亡之代价，始能渡过汨罗江。此种迟滞消耗敌军之功效，全赖张家冲、长乐街之前进据点有以致之。

九、受有掩护军主力转进任务之部队，除按正规与敌作持久防御战外，应于敌必经之地点，派遣以三人为一组之多组兵力，赋与独立作战任务，利用地形地物，秘匿掩蔽，俟敌接近，猛予阻击，使敌行长久之搜索，方敢前进，以迟滞其行动，则达成任务甚易。例如六十师在汨罗河南岸掩护其军主力转进时，于新市、黄家铺、黄棠、三角塘以南地区，能以长时间迟滞敌人，使军主力到达新位置，即系采用此种战法。

十、敌此次作战，关于补给，全靠马骡输送，我军若大量派出小而勇部队，从间道或山林间专袭其马骡辎重，常收良好效果，使敌感受至大困难。

十一、敌攻击时，仍以多数小部队，采用钻隙渗透战法，不顾危险牺牲，一意猛进，使我军防不胜防。今后对敌此种战法，此种精神，应多效法，尤应讲求对策。

十二、敌军此次作战，往往通过崇山峻岭及人迹罕到之小径，以期出我意外。今后作战，不但交通辐辏，行动便捷之大道，应严密戒备，而在视为天险少通行人之高山溪径，对于戒备，亦不可稍有忽略。

十三、敌攻城时，其高级指挥官，往往冒敌火，亲临前线侦察指挥，其高级指挥官以下干部、士兵，尤能不顾死亡，前仆后继。此种精神，足为国军效法。

十四、敌攻据点时，常于拂晓及黄昏集中所有重火器，掩护轻装士兵，携带手枪、手榴弹，暴进冲击；而在白昼攻击时，多系阳动作拂晓黄昏攻击准备之侦察搜索。我守军如能沉着应战，借工事地形韧强抵抗，则敌必遭重大损失，不逞退去。

十五、敌攻我市街堡垒法，先用机枪秘匿置于街口或墙脚转弯处，瞄准堡垒枪眼，然后以二三人硬走试探，如发现我射击，即以机枪还射，以击毙我堡垒中射手。故我堡垒位置，宜力求秘匿，开设枪眼，宜采用斜式，并以最低限度之射界为满足。

十六、敌攻略我阵地未能奏功时，则使用毒气，迫我守军离开阵地，而乘机猛攻，尤以攻略长沙、衡阳、常宁时为尤然。

十七、敌战志坚强，攻击时不顾牺牲，勇往迈进，防御时不屈不挠，拚死抵抗，虽全部战死，不肯投降。

十八〔略〕

十九、我军作战忠勇果敢，多富牺牲精神，虽在战斗极形惨烈之际，犹能勇猛应战，且受伤不退，或续战阵亡，或力战歼敌，树立奇功者，往往有之。例如新十师营长李文龙、赵金龙及连排长等十余员，负伤后续战阵亡；新十一师排长谢宗鲁，五八军工兵营连长萧茂、士兵陈兴国等受伤后，力歼顽强，乃其一例。

二十——二七〔略〕

二八、平时对工事监护，应力求严密，以免敌谍侦知我弱点死角或指挥所地点。敌攻长沙时，多利用夜暗从弱点死角方面接近，直扑指挥所。似为平时监护不严有之致之，宜引为殷鉴。

二九、〔略〕

第四、所得战果〔略〕

第五、我军指挥系统〔略〕

第六、附图〔略〕

〔国民政府国防部史政局及战史会档案〕

## 17. 梁汉明报告所部第九十九军参加长衡会战经过概况密电

（1944年12月26日）

限即到。渝军令部长徐：4774密。本军参加长衡会战，详报另案寄呈，谨将概况陈次：（一）军指挥九二、九九、一六二师及一九七师五九一团，未东起固守新市、汨江、洞庭湖南岸迄沧港，横宽达一百廿余公里之正面。自辰艳起，与由新墙及南华安进犯敌，续增至四、五万之敌，鏖战至巳齐，敌终未突破湘江及三姐桥山地。由新市以东南犯敌，巳齐窜至捞刀河下游，迂回至军左侧后，转向三姐桥、湘阴包围攻击，我仍死守奋战，卒至我守营田、湘阴之九九师副师长兼团长周琦失踪，营长以下伤亡过半，守赤山岛之九二师邹团长重伤，守沅江之五九一团营长以下重伤、牺牲殆尽。职军指挥所仍在乔口以北督率余部，扼制湘江，死守益阳及三姐桥山地，【与】前后三面围攻之敌争夺。复因敌一部由沅江绕过益阳，向宁乡七三军进犯我军左侧后，始奉长官薛巳佳未电令，由乔口向百叶铺转进。但我死守三姐桥山地之九九师、一六二师余部，及配属指挥死守益阳之七七师，抱与阵地共存亡之决心，与优敌坚韧搏战中。(二)巳灰，军遵令由乔口转进至百叶铺后，督率九二师及五九一团残部，并指挥第十五师丁团，占领乌山以南地区。自巳真起，右连击岳麓山，左连击宁乡，及我军竭力阻击强渡沩水南犯约三千余之敌，激战迄巳筱，仍死守黑风寺、观音山、白鹤山等要点，岳麓山、湘潭均已相继陷落。及【敌】由湘乡以西地区南犯，亦窜过湘水以南，军复受三面包围，始奉总司令王巳卯电令，由道林附近向湘乡转进。同时令九九师、一六二师仍在三姐桥山地截敌，斩获颇多。又守益阳之七七师及守乌山之团，即奉令各归原制。(三)巳号卯，军遵令由道林转进，到湘乡西南山枣，即奉长官薛巳皓未堵电令，另配属指挥新廿三师、卅二师，守卫湘乡。同日，正部署间，至午由石潭西进及由宁、湘南下先头敌，约二千余，已迫近城郊，与我激战。此时军将直属仅余兵力，与陆续增至万余敌血战二昼夜。巳养，我新廿三师守城团长以下，全部牺牲，援弹俱无。当令钟师残余二百余向永丰，樊师将士向白果市转进。巳未，军率廿七师残部，由莲花桥移至蒋市街，即奉长官薛巳麻堵电令，经常宁向粤汉路高亭南进。复奉敬巳堵电令，九九师、一五〔六〕二师脱离三姐桥山地，突围冲向浏阳、醴陵之敌攻击前进中。(四)巳梗，军率廿七师及五九一团一部，遵令由蒋市街经常宁南进，沿途扫荡敌袭击之小部队，至午虞，到高亭司。又奉长官薛冬巳堵电令，统一指挥一六〇师、暂八师及暂五四师、一四零师各一部，占领公平坪以北东西之线。自奉令日起，协同二六军反攻击，经【与】耒阳南犯之敌，争夺拉锯至月半之久，卒于未寒将耒阳以南地区五千余敌全部击溃。又九九师、一六二师自巳梗遵令，由三姐桥突围，沿途觅粮觅弹，且战且走，并于巳感至午灰，先后击溃浏阳以南、醴陵东北之敌。后至午晓〔铣〕，复奉长官薛删戌、铣酉两电令，转用至萍乡附近。自午养致〔至〕有，该两师护渌水，次第将刘公庙、峡山口、黄花桥、牛栏桥、狮子石等处约二千之敌击溃。午寝，萍乡陷敌，未微，莲花又失，均经袂〔？〕该师并力奋战，未东、未寒相继克复。后更奉令，以一六二师向茶陵追击，归四四师原制。九九师经浣溪市击溃观音阁、通水铺、竹台圩一带之敌，于申支移抵耒阳以南附近，接替二六军攻击任务。申鱼，猛力克复南京桥、阴田圩等要点。迨我二六军申微向常宁西移后，而暂八师及暂五四师、一四〇师各部，亦先后奉令解除部属，归原制。旋奉长官薛戌梗西堵电令，铣〔铣字衍〕统一指挥暂二军，占领粤汉路小水铺以西之线，与耒阳敌对峙，如现态势。（五）以上各役，除先后配属指挥之七七师、暂七师一团、新卅三师、卅二师、暂八师及暂五四师、一四〇师各部，均因情况紧急，归制未据报外，总计毙敌13000余，马430余，俘敌32，马114匹，击沉敌气〔汽〕船40余艘，毁汽车2辆，获炮1门，轻重机枪、手枪70余支；我伤亡副师长、团长以下8500余员名，马30余匹。损耗武器另报。谨电鉴核。99军长梁汉明。亥宥。厚。印。〔自耒阳发〕

〔国民政府国防部史政局及战史会档案〕

# （二十）桂柳会战

## 1. 军令部拟桂柳会战有关战区作战指导要领

（1944年8月24日）

第四第七第九各战区今后作战指导要领

甲　第一期（敌未突破衡阳以西我现设主阵地以前）

一、第九战区

（子）湘江以东各军，就现态势续行攻夺要点，牵制消耗敌人，并相机击破之。

（丑）湘江以西各军，调整如次：

（天）李玉堂（归王耀武指挥）指挥37Ａ、62Ａ、79Ａ、46Ａ之新十九师及彭璧生部，以有力一部于现阵地占领前进阵地，与敌接触，其主力于茅桐桥、新桥之线占领主阵地，并抽一部于鸡笼街附近积极整补，构筑预备阵地。但37Ａ主力应暂控置于松柏西南地区，与主阵地之右翼连系。

（地）王耀武直辖73Ａ、74Ａ、100Ａ。

（1）74Ａ（欠57Ｄ）以一部于现阵地占领前进阵地，与敌接触，其主力在新桥以北、蒸水西岸占领主阵地，并控置一部于金兰市一带积极整补，构筑预备阵地。57Ｄ到邵阳后，择要构工，并积极整补，准备机动使用。

（2）100Ａ以一部攻袭永丰东南之敌，其主力控置界岭一带（永丰、邵阳间），积极整补，构筑预备阵地。

（3）73Ａ以原态势向敌攻击。

（寅）46Ａ先抽调控制部队一个师，集结于柳州，并担任柳州之防务，其余一个师（新十九师）仍在现阵地，服行原任务，与敌保持接触。

(卯)湖南作战各军，除服原任务外，应以小部队为单位，附必要工兵及爆破器材，编成多数游击队(但每军抽编兵力不得超过一团)，采取避实击虚战法，深入敌后，轮番截击敌水、陆交通，并与我空军配合，使敌补给困难。

二、第四战区

(子)46A之一个师调柳州后，将31A(欠135D)移驻桂林，担任固守。

(丑)93A以一部占领黄沙河阵地，以主力防守全州。

(寅)南宁以南各部队，防守现阵地，继续加强工事。

(卯)发动地方武力，积极予以组训，并分区酌设机构，俾收统一指挥之效。

(辰)南宁、玉林以南各公路及其他敌可利用之交通线，应继续动员民众，彻底破坏之，并切实疏散各交通线上之壮丁及粮食物资，加强坚壁清野。

(巳)扩修独山机场，俾我空军始终发挥威力，由航委会另拟办法呈核。

三、第七战区

(子)以现态势防阻敌人(即在粤汉路南段者，以主力利用南北山险及既设阵地，持久作战，以六个团兵力——必须以一个建制师为骨干——固守曲江)。

(丑)依状况先期抽调二个师，秘密分开连山、梧州，构筑工事而固守之。

乙　第二期(敌突破衡阳西侧我现役阵地后，大举侵桂时)

一、第九战区

(子)李玉堂所率之37A转移湘江南岸，62A、79A及彭璧生部转移湘桂路以南地区，而王耀武直辖各军，则在湘桂路以北地区，并以邵阳为根据地(须以有力一部固守之)，积极夹击侧击西犯之敌。

(丑)其他第九战区各部队，亦应在公铁路两侧，攻袭敌人，予以牵制消耗。

(寅)游击部队继续袭扰困疲敌人，并断其补给交通。

二、第四战区

(子)93A之任务，谨拟二案如下：

(甲)以一部占领黄沙河阵地，以主力死守全州。此案确实有效，但牺牲较大。

(乙)在黄沙河、全州、严关口(兴安附近)、大溶江各地区，逐次持久抵抗，再依状况参加桂林决战。此案牺牲较小，但不易确实实施。

右二案以何者为宜，乞钧裁。(应照甲案实施。中正。)

(丑)敌如钻隙深入桂林附近，则适时召集64A及由七战区转用之二个师，协力守军包围而歼灭之。

(寅)南宁以南各部队，采用机动战法，但如可能，仍依既设坚固工事，极力拒止敌人，俾能确实掩护柳州以西我后方交通。

(卯)越北敌如进犯河田路，则以桂绥独三团(主力龙州，一部靖西)向田东逐次转进，阻击敌人。

(辰)利用地方武力，配合正规军，积极打击敌人。

三、第七战区

(子)准备以一军长率两师，适时参加桂林决战。

(丑)梧州仍留一师固守之，并另以西江两侧之挺进部队及地方团队，准备攻袭沿江西犯之敌。

〔国民政府国防部史政局及战史会档案〕

## 2. 蒋介石于衡阳陷敌后下达关于第四第七第九战区之作战指导要领电

(1944年8月26日)

军政部何部长、后勤部俞部长：极机密。未回申令一元电计达。衡阳敌如突破茅桐栎、新桥、蒸水西岸我新设阵地，续行侵桂时，第四、第七、第九各战区之作战指导要领如下：一、第九战区。甲、李玉堂所率各部分别转移湘桂路以南地区及湘江南岸，王耀武直辖各军则在湘桂路以北地区，并以邵阳为根据地（须以有力一部固守之），积极夹击侧击西犯之敌。乙、该战区其他各部队及挺进队，继续攻袭敌人，并袭扰敌后，断其补给、交通。二、第四战区。甲、除第三十一军固守桂林外，第九十三军应以一部占领黄沙河阵地，以主力死守全州。乙、第四十六军在衡阳附近之一师，依状况先令开柳归制。该军暂控置柳州，担任防务，尔后参加桂林决战。丙、南宁以南各部队，采机动战法，但如可能，仍依既设工事，极力拒止敌人，俾能确实掩护柳州以西我后方交通。三、第七战区。依状况应先抽两师分调梧州、连山防守，尔后除留一师续守梧州外，应准备以一军（二个师）参加桂林决战。仰遵照以上各项，秘密准备为要。中〇。未宥。令一元。南。

（注意：本件尚未以合同命令下达于各战区及各部队，希参照，秘密准备，勿以全般状况转知所属之兵站与部队；如业务上有必要，亦只可告以应办事项。）

〔国民政府国防部史政局及战史会档案〕

### 3. 蒋介石令陈牧农第九十三军固守全州阻敌西犯密电稿

（1944年8—9月）

（1）8月26日密电稿

限即到。全州九十三军陈军长：6354密。一、该军应以一部占领黄沙河阵地，以主力固守全州，确实掌握该要地，与铁路两侧友军配合，阻敌西犯。二、应准备事项如下：甲、着在全州附近，利用地形，构筑适合于兵力之环状闭锁式子母堡垒群，以增强阵地韧性。乙、依地形设置防敌战车之各种设备，并准备在敌易于接近及攻击可能较大地区，适时敷设地雷群。丙、敌可利用各道路，必须准备彻底破坏，待命实施。丁、积储可供二个月用之粮弹，但储藏地点必求安全，并适当分散。戊、全州城内及其他重要据点仓库，应有防敌轰炸与防止火灾之各设施。仰遵照具报。中〇。未寝。令一元南。

(2) 9月2日密电稿

即刻到。全州第九十三军陈军长：7278密。一、衡阳一带之敌，正积极准备西犯中。二、该军应遵照未寝令一元南电，迅速完成作战诸准备。三、工事之构筑，务加紧实施，并切实讲求纵深配置及秘匿，各据点须能独立作战，并能相互支援。四、粮弹及其他战斗资材之准备，虽以二个月为基准，但须以极激烈之战斗计算，并须将可能之轰炸损耗计入，务期在敌人断续攻击之下，能固守三个月以上。五、仰将准备程度随即详报为要。中〇。申冬。令一元南。

〔国民政府国防部史政局及战史会档案〕

## 4. 蒋介石为准备桂林会战所作军事部署密电

（1944年8月29日）

限二小时。桂林白副总长、并摘转俞部长，柳州张长官，曲江余长官：密。训令：一、敌主力正围攻衡阳，似有续向湘桂路及粤汉路进犯之企图。二、国军决固守桂林坚固阵地，依第六、第九战区之夹击，及第四、第七战区之协力，先击灭进犯湘桂路之敌。三、第四十六军主力固守桂林，一部在全州、黄沙河占领阵地，任桂林之掩护。桂林阵地，应努力加强工事，储积足供三个月用之粮弹，以备能独立固守。四、第卅一军主力即秘密开柳州待命，准备参加桂林会战。该军后调师及独立一团，固守邕、龙一带现阵地，须确实掩护宜山、河池、南丹我后方交通。五、第六十三军暂位置祁阳，掩护湘桂路及零陵机场，依状况转移全州，参加桂林会战。六、第七战区应秘密准备一军，转移连山方面参加桂林会战，并即时以一师秘密先开连山附近。第卅五集团军除以一五五师续行原任务外，应秘密以一师即开梧州，担任固守，并准备于必要时参加桂林会战。七、南宁、郁林以南各公路，及其他敌可利用之交通线，由白副总长转饬四战区及桂省府动员民众，彻底破坏之，并切实疏散各交通线上之壮丁及粮食物资，以免资敌。以上七项，希将实施情形具报。中○。艳午。令一元。

〔国民政府国防部史政局及战史会档案〕

### 5．张发奎以日军拟南北夹击桂柳请集结重兵于梧州一带待敌与蒋介石往来电

（1944年9月）

（1）张发奎密电（9月2日）

特急。重庆委员长蒋：4992密。据报越敌五万余，由西贡开北圻，并控制交通运输，限期至申佳止等情。似有呼应湘敌企图蠢动模样。恳饬九十七军即开驰河池、宜山间。又前奉指定由七战区调来之三个师，恳饬分别向平乐及梧州附近分别集中，并请将各部行动电示，以便连络为祷。张发奎。申冬戌。国战童。印。〔自柳州发〕

（2）张发奎密电（9月4日）

即到。渝委员长蒋、副总长白：4992密。前据越北增敌五万余，并控制交通运输等情，经电呈察核在案。现据报：湘桂路敌二千余，支午窜抵黎家坪（祁阳北）、大忠桥（祁阳南）各附近，似有与越敌呼应、积极进犯企图。本战区对此情况，须对南北两面作战，

惟战区防广兵单，而陈、贺两军既奉令固守全、桂，则可能活用者，仅黎军一师兵力。以此有限兵力，能否应付各方情况，颇成疑问。拟恳迅饬九七军及七战区部队，速分向平乐、梧州、河池、宜山间集中，以应敌机。谨呈核示。张发奎。申支戌。国战伤。印。〔自柳州发〕

（3）蒋介石复密电稿(9月5日)

急。柳州张长官：申冬戌国战童电悉。4992密。第九十七军先头部队，即可开拔，仍应在黔桂边境控置，归本会机动使用。由七战区转用之部队，除梧州之一师，须依状况再令开该地外，已饬余长官先抽一个师开连山，并即准备以二个师(连山之一师在内)，适时参加桂林附近之决战。其遵办情形，俟据报后，再行饬知。中〇。申微。令一元南。

（4）蒋介石复密电(9月8日)

柳州张长官：申令戌国战伤电悉。4992密。申微未令一元南电到达，希仍遵该电办理。中正。申齐酉。令一元南。

〔国民政府国防部史政局及战史会档案〕

## 6. 蒋介石令李玉堂王耀武杨森所部分别阻敌沿湘桂路西进密电稿

（1944年9月4日）

限即到。郴县薛长官，并转宁冈杨副长官、邵阳王总司令、李家坪李副总司令、柳州张长官：〇密。一、李玉堂所率各军，应在湘桂路两侧及湘江南岸，竭力迟滞敌之西犯，以掩护全州构筑工事。二、王耀武直辖各军，仍在现阵地竭力拒止敌人，确保邵阳，并相机侧击沿湘桂路西进之敌。三、杨副长官所部20A、26A、44A，各军主力仍遵原令，速开新田、零陵地区，阻敌前进。四、全州工事及其他作战诸准备，应迅速完成。仰即遵办具报。中〇。申支戌。令一元南。

〔国民政府国防部史政局及战史会档案〕

## 7. 蒋介石为调兵遣将准备参加桂林会战与余汉谋往来电

（1944年9月）

（1）蒋介石密电稿（9月5日）

限即到。曲江余长官：4992密。一、湘敌续沿湘桂路西犯，似有侵桂企图。二、该战区应先抽一师，秘密速开连山防守，并即确实准备以两个师（连山之一师在内）归一军长率领，由连山方向参加桂林附近之决战。三、粤敌一部，如沿西江进犯，以策应湘敌作战，则除沿江两侧之挺进队及地方团队积极攻袭敌人外，西江防守兵力，应增至一个师，竭力拒止敌之西犯。不得已时，逐次向梧州转进而固守之。除以另电张长官外，仰即遵照调整部置〔署〕具报。中〇。申微午。令一元南。

（2）余汉谋复密电（9月6日）

限二小时到。渝委员长蒋：4992密。申微午令一元南电奉悉。本战区所有兵力已竭尽棉薄，历遵调出，现实极度薄弱，无可抽调。关于敌情、我方配备及本战区倘被敌控制，不特对大局影响，即对桂省亦难牵制各情，前经迭电详陈，谅邀睿鉴。兹奉前因，乞准免再抽调，俾保留现在仅有兵力，支撑危局。又西江方面，前以兵力及交通关系，奉准将一五八师后调之两团充实，担任守备，免另抽调一师，经饬遵办在案。现该方面连六四军留置之两团，已有正规军四个团。谨并奉闻，仍候示遵。余汉谋手禀。申鱼未。智健。印。〔韶关〕

〔国民政府国防部史政局及战史会档案〕

## 8. 张发奎关于令第九十三军死守全州与蒋介石往来密电

（1944年9月）

（1）张发奎密电(9月6日)

即刻到。渝委员长蒋：6057密。查本部对全州守军粮弹、器材之屯备，准后勤部电，系奉钧座电令，照两个月计算。兹据陈军长申支廉清电，奉钧座申冬令一元南电，饬完成作战诸准备，固守三个月。而本部奉钧座未宥令一元南电，电饬该军主力死守全州。至申冬，电尚未奉到。究应如何，谨乞核示。张发奎。申鱼。忠站方。印。

（2）蒋介石复密电(9月9日)

限即到。柳州张长官：申鱼忠站方电悉。密。全州应死守。至粮弹器材之屯备，限维持约三个月之用；作战三个月后，准备以空运补给。仰即遵照，并转饬陈军长遵照为要。中〇。申佳申。令一元南。

〔国民政府国防部史政局及战史会档案〕

## 9. 张发奎请抽调七九战区部队策应桂全作战与蒋介石等往来电

（1944年9月）

（1）张发奎密电(9月7日)

特急。渝委座蒋、副总长白：6057密。据报湘敌已进陷零陵、冷水滩，继续西犯。除饬全、桂守备军加紧备战，并令九三军以一部在黄沙河占领阵地，阻止敌之进犯，同时勿使国军后退，越过黄沙河，于必要时一并编入战斗外，惟零陵至道县、新宁至全县，俱为敌迂回桂林必经之道，请恳将七战区抽调之部队，速开恭城或道县；另请以九战区有力部队，转移新宁，以阻击敌之迂回，而策应桂、全作战。如何，恳速示遵。柳张发奎。申虞。国战。印。〔自柳州发〕

（2）蒋介石复密电(9月12日)

特急。柳州张长官：申虞国战电悉。4992密。为防敌由道县、新宁分向全、桂迂回，希速遵申齐酉令一元壬电，调整部署可也。中〇。申文午。令一元南。

〔国民政府国防部史政局及战史会档案〕

## 10. 蒋介石着第九十三军一部留守全州主力转移桂柳方面密电稿

（1944年9月12日）

限二小时到。桂林张长官：1871密。93A留一部坚守全州，不得已时节节抵抗，支持两星期以上时间，主力转移桂柳方面，照兄与白副总长所商定计划实施。黄沙河方面，仍须督饬努力支持为要。中〇。申文辰。侍参。印。

〔国民政府国防部史政局及战史会档案〕

## 11. 蒋介石令调第三十五集团军入桂作战密电

（1944年9月18日）

限即到。柳州张长官、曲江余长官、德庆邓总司令：密。着第卅五集团军全部即改归该长官(对张)、四战区张长官(对余、邓)指挥，担任两江方面之作战。除分令外，仰即遵照为要。中〇。申巧午。令一元南。

〔国民政府国防部史政局及战史会档案〕

## 12. 何应钦关于调整桂林作战指挥系统密电

（1944年9月28日）

有线电

桂林白副总长：〇密。桂申敬亥电悉。关于桂林作战指挥系统，经提作战会报研究，佥认为应如次部署：一、桂林防守区，由韦云淞指挥第卅一（欠第一三五师）、第四十六两个军；二、左地区军，由李玉堂指挥第七十九、第九十三两个军；三、韦云淞、李玉堂均归夏威指挥；四、右地区军，由杨森指挥第二十军、第二十六军、第卅七军、第六十四军（欠第一五五师）；五、南地区军，计第一三五师、第一五五师、第一五八师、第廿九补训处；南路方面地方团队及柳州防守区之第六十二军（似宜即令开驻柳州）、第一第二两纵队，均归邓龙光指挥。如何之处，希参考酌核电复。何应钦。申俭。令一元。南。

〔国民政府国防部史政局及战史会档案〕

## 13. 桂柳会战第四战区作战计划

（1944年10月13日）

第四战区作战计划 爱国字第二号<br>卅三、十、十三于柳州策定

第一 方针

一、战区以确保桂、柳，并掩护柳州空军基地之目的，决以有力兵力于荔浦、桂林各附近地区，拒止湘桂路及龙虎关方面之敌，以优势兵力集结于武宣东南附近地区，先击破进犯西江之敌，以利尔后作战。西江方面会战日期，预定十月二十日以后。

第二 指导要领

二、敌如以主力向西江方面进犯时，集结有力机动部队于武

宜、来宾以南地区，乘敌进出浔江、郁江北岸，兵力分离与态势不利之际，即取攻势，一举而击破之。此时荔浦及桂林方面军，各拒止当面之敌，极力迟滞敌人，俾西江方面之作战顺利。但荔浦方面军应以有力一部，策应西江方面之作战。

三、敌如以主力向荔浦方面进犯时，应在平乐、荔浦、阳朔间地区，竭力拒止敌之进犯，并予迟滞消耗。不得已时，应确保修仁隘口。

四、敌如以主力向桂林方面进犯时，外围军应协力防守军，极力拒止敌之进犯。不得已时，以有力部队确保永福隘口。

在敌采取上述二、三两项行动时，西江方面于集中完毕后，索敌而击破之。

五、如敌在西江、荔浦、桂林三方面同时进犯，并以有力一部由越南分向邕龙路进犯南宁及田靖路时，荔浦及桂林两方面，极力拒止敌之进犯。另集结并转用有力兵团，先击破西江方面之敌。靖西、南宁两指挥所，指挥地方团队，利用地形，极力拒止敌之进犯，依情况转用有力一部，击攘该方面之敌，确实掩护黔桂路，以策后方安全。

第三 兵团部署

六、军队区分(如另纸)〔略〕

七、各兵团之任务及行动如次列：

1.西江方面军：有击灭西江方面敌人之任务。以一部在江口圩及金田村南北之线占领阵地，拒止敌人，以掩护我主力之集结及进出，并特对黔江控制，封锁敌利用该河道；以有力一部配备于贵桂、石龙一带及其以南地区，对于桂平、社步、下湾一带渡河北犯之敌，相机予以击攘，掩护主力之进出。不得已时，亦须确保蓝田村、牛蓝及上龙村各隘口，以利主力军之作战。

转用葡萄附近及修仁附近之各一个军，利用铁道输送及徒步行军，迅速向桐冈乡及通挽乡附近地区集结，并限十月十九日前完毕及完成会战准备。尔后，主力保持于右翼，对敌攻击，压迫于黔江与浔江而歼灭之。

2.荔浦方面军：以一部固守阳朔，以主力在平乐、荔浦间地区，拒止敌之进犯，并竭力予以迟滞、消耗。不得已时，应确保修仁高地【一】带之要地。另以有力一部进出蒙山、大旺，攻击平南及其以西之敌，以使西江及荔浦两方面作之战容易。

3.桂林方面军：有固守桂林之任务。以主力之一军固守桂林，以一师位置于良丰附近.另以有力部队位置于桂林西北侧地区，占领阵地，与防守军协同，极力击攘进犯之敌。不得已时，除防守军应确实固守桂林外，其余应确保永福要地及百寿方面通桂林方面之后路，以保桂林之交通。并应先以有力部队，沿湘桂路、大榕〔溶〕江、灵川道，极力打击、迟滞、消耗敌之进犯，以挫折敌之企图。尔后，转移于桂林西北地区，协力防守军之作战。

4.靖西及南宁指挥所，任沿边要点警戒，遇敌进犯，极力拒止之，确实掩护黔桂路之安全。

5.各部作战地境如左：

| | |
|---|---|
| 桂林方面军<br>荔浦方面军 | —寨沙圩—狗瑶—白沙圩—兴平圩—杉木坪—定冈溢之线，线上属桂林方面军。<br>—桐木圩—马练圩—大王圩—太平圩—大滴口(不含)之线，线上属荔浦方面军。 |
| 西江方面军<br>南宁指挥所<br>靖江指挥所 | —五罗圩—小江圩—沿粤桂边境经公馆圩至海之线，线上属西江方面军。<br>—果德—龙茗—硕龙—水口—七溪之线，线上属南宁指挥所。 |

6.第六二军控置柳州，担任警备及工事构筑，依情况固守柳州或策应各方之作战。

7.第十军在宜山积极整训，准备尔后参加作战。

第四　航空及防空

八、航空：

1，于作战开始之前，要求战区内空军基地之空军主【力】，使用于西江、龙虎关、兴安以东及其以北公、铁、水路之侦察，及桥梁、渡口运输与敌密集部队之轰炸，一部协力西江、荔浦、桂林各方面军地面部队之战斗。

2。于西江方面军会战时，以主力协力该方面军之作战，一部侦察并轰炸敌后方之交通及运输，有力一部协力荔浦、桂林各方面军之作战。

九、防空：

防空部队由防空指挥官指挥，主【力】担任桂林、柳州空军基地之机场、铁桥及怀远、三江桥梁之防空，一部担任永福、雒容桥梁及南宁机场之防空。

第五　交通通信

十、交通设备：

1。会战间极力利用湘桂铁路及柳来铁路之铁道输送，并经常控置一个师使用之列车，并征集必要公、商汽车，以利军需品或兵之转用及输送。

2。将柳江及黔江之船舶，征集控置于柳州、武宣、石龙各地，以利运输。

3。迁江、来宾、镇隆圩、武宣附近各渡口，架设桥梁。在桥梁未架设前，应准备汽船拖渡，以使渡河容易。

十一、交通破坏：

1。湘桂铁路、黔桂铁路、柳桂公路及柳来铁路，应作破坏之计划与准备，其计划另定之。其实施依命令由方面军行之。

2。各战地之大小道路，视情况需要，由方面军督饬地方政府适时彻底破坏，以妨碍敌之行动。

十二、通信设施：

1。以柳州为通讯中枢，永福、桂林、修仁、荔浦、来宾、武宣为基点，构成纵横连络之通信网，尽量利用既设线，并由通信指挥部负责调整之。

2.来宾至武宣，由通信指挥部迅即架设电话线。

3.修仁由广西电信管理局开设长途报话局。

4.本部与各部队之无线电连络，由通信指挥部切实调整，务期畅通无阻。

第六　兵站设施及补给要领

十三、兵站之设施，应顾虑西江、荔浦、桂林各方面之会战补给圆滑，同时，特须注意西江方面之设备，以能适时推进而利其追击。

十四、兵站基地及兵站线：

1.兵站基地设于柳州。

2.兵站主地设于宾阳、来宾、武宣、修仁、永福。

3.兵站线路预定如左(其主要设施在右兵站线)：

(1)右兵站线——柳贵公路、柳江水道末地：黎塘圩、通椀圩、桐岭街、三才乡。

(2)中央兵站线——柳、桂及荔蒙公路末地：水秀乡、荔浦、阳朔。

(3)左兵站线——湘桂铁道及中渡、百寿道末地：良丰、苏桥。

十五、各兵站线担任部队之补给，概定如左：

1.右兵站线：西江方面军所辖46A之两师，64A之三师，周副总部之135D第一、二纵队及直配属部队。

2.中央兵站线：荔浦方面军所辖37A之一师，20A之两师，26A之两师及直配属部队。

3.左兵站线：桂林方面军所辖N19D、31A、93A、79A之各两师及直配属部队。

十六、粮弹按左记集积：

1.西江方面军应于十月十九日以前，按所补给部队，先屯积半个月份粮秣及两基数弹药，尔后适时追送补给之。

2.荔浦方面军及桂林外围军，应经常储屯半个月份粮秣及一基数弹药，尔后适时追送补给之。

3.控置及直配属部队，经常补给粮秣，同时对柳州防守军之粮弹，应按一个军三个月量屯储之。

第七　卫生

十七、应在各兵站主地设置病院及控置卫生列车及卫生船舶，以利伤患之后送。

十八、桂林、柳州之防守军，应各开设能容三千五百人之卫生机关。

〔国民政府国防部史政局及战史会档案〕

## 14. 第四战区司令长官部呈送第十六集团军司令部关于桂林方面军作战计划代电

（1944年10月25日）

第四战区司令长官司令部代电　柳指爱字第1902号

重庆委员长蒋钧鉴：兹谨将第十六集团军总司令部对桂林方面军作战计划桂字第三号第一份随电恭呈察核示遵。张发奎。酉有辰。国战炜。附呈桂林方面军作战计划第三号第一份一份。

桂林方面军作战计划　民国三十三年十月

十二日根据长官部爱柳字作命第一号策定于桂林总部指挥所

第一　方针

一、方面军以确保桂林、掩护柳州北翼安全之目的，应即以有力之一部固守桂林城及其城郊各要点，主力分别置于桂林西北地区及其以南地区，对由桂林西侧及其以南地区进出之敌，相机求其侧背而击灭之。

应准备以有力之一个军，能适时转用于本战区他方面之作战，作战开始时期，依敌进犯之日期而定。

第二　指导要领

二、桂林城区及近郊要点部队，无论状况如何变化，均须固守阵地，俾我外线兵团之攻势转移容易。

三、桂林外线兵团在各种状况之下，作战指导腹案如左：

第一案

1.以一部为前进部队，占领大小榕江附近要点，逐次迟滞敌之前进，掩护桂林方面各部完成作战诸准备。

2.以有力之一部于桂林西北侧占领侧面阵地，尔后会同前进部队，确保桂穗路及桂林西北侧要点，并相机侧击桂林、灵川间之敌。

3.将有力之一部控置于桂林、阳朔间地区，歼灭进出于桂林以南地区之敌，或适时参加本战区其他方面之作战。

4.于漓江以东，应派出有力搜索部队，尔后归还为桂林防守部队之预备队。

第二案

1.我桂林以南部队，须以全力于桂林—大圩—良丰间地区，对渡河之敌诱致于有利地区攻击而歼灭之。

第三案

1.原在桂林西北侧占领侧面阵地之部队，须留置一部于陁塘村、猴小隘、两路口各附近要点，行持久防御（此时应归桂林防守司令指挥），其余部队则在义宁、两江间地区占领侧面阵地，并相机协力桂林以南部队侧击敌人。

2.我桂林以南之有力一部，除以小部队于桂林、草平圩间之漓江西岸警戒，并渡江搜索外，其余应于桂林、苏桥间铁路以东地区，侧击沿铁道南下之敌。

第四案

1. 以一部固守金竹坳以北通百寿之隘路。

2. 以有力之一部占领桂林西南侧两路口、金山、黄村东北高地之弧形要点，待机与桂林以南部队协同攻击，进出于铁道附近之敌。

3. 桂林以南部队以一部与进出漓江西岸之敌保持接触，掩护右侧背之安全，其余转向沿铁路南下之敌，攻击而歼灭之。

第五案

1. 一部固守山口圩以北通百寿之隘路。

2. 主力迅速脱离敌包围圈，确保苏桥、罗锦、永福一带要点，并相机对敌钳形之一翼而击破之。

第六案

1. 桂林以南部队应诱致敌于良丰地区，与西北两面部队协同包围攻击而歼灭之。

2. 湘、桂正面部队应转用一部参加桂林以南之作战。

第七案

1. 桂林西北侧部队，仍须留置一部，保持扼塘村、猴山隘、两路口各要点（此时应列入桂林防守军之军队区分），其余应逐次抵抗，最后转于永福附近，确保要点，阻敌南下威胁柳州。

2. 以民团之一部潜伏良丰、罗锦以南山地，掩护永福右侧。

第三　兵团部署

四、军队区分

桂林防守军司令韦云淞

第三十一军（欠一三五师、一八八师）

第一七零师（欠五一〇团）

新十九师五七团第二营

第一七五师五二三团第一营

第一八八师五六三团第一营

炮兵第廿九团团部及山炮兵第八连

炮兵第十团第八连（十五榴）

第九十三军野炮连

炮兵四七团第四营

第九十三军代军长胡栋成

第十师

第八师

第七十九军代军长甘登俊

第九十八师

第一九四师

第四十六军

第一七五师（欠步兵一营）

第一八八师（欠步兵一营）

控置部队

新十九师（欠步兵一营）

第四十八师战车营

工兵学校教导团

税警第三团

桂永阳民团指挥官黄瑞华部

兴全灌民团指挥官陈恩元部

五、作战地境

初期作战地境如左：

| | |
|---|---|
| 桂林防守军 | 凉水井（将军桥南四公里）——大较场———一三·二高地（红头岭）—阳家山东东侧桥梁沿阳江西岸至太和山东侧阳江湾曲部—宝印东村向北沿小河—四维村之线，线上属七十九军 |

| | |
|---|---|
| 第七十九军<br>第九十三军 | 凤凰岭(义宁东南十公里)—马鞍村—唐村—大庙圩—大江桥—党里山之线，线上属九十三军(该线待九十三军由大小榕江转移阵地后始行划分) |

其余作战地境暂不划定。

六、各种状况下各部队之任务及行动如附表〔略〕

第四　搜索及防空

七、与第十四航空队密切协同，要求其担任战略搜索。特须注意：1.湘桂路正面沿线；2.广宁、怀集、贺县道；3.永明至龙虎关、恭城道；4.全县、灌阳、观音阁道；5.新宁至资源道；6.城步至龙胜道等道敌后运输状况之侦察，及对敌后辎重部队、桥梁之轰炸。

八、战术搜索，由各部搜索营连任之；至重要方面，得酌派步兵任之，兼任掩护。

九、桂林防守军之防空，除由防空部队担任外，各部队仍须派出对空射击部队。

十、桂林外围野战军之防空，以部队防空为主。

十一、谍报搜索，置重点于湘桂路沿线，其详细计划另定之。

第五　交通通信

十二、凡阵地前之道路可为敌利用者，一律彻底破坏，由各部队派员督促地方民众行之。情况紧急，如不及彻破时，亦须将桥梁或渡口船只破坏或焚毁之。

十三、桂柳公路、桂柳铁道、桂龙(桂林至龙胜)公路，为方面军主要交通线，其破坏时机，临时命令行之。

十四、良丰经罗锦至永福道路，应即修理，以能通行汽车为度，由永福、临桂两县府负责征集民工行之。

十五、方面军司令部与上级司令部之连络，以有线电信为主，无线电信电话为副；与友军，以无线电信为主；与直辖各军师，以有线电为主，无线电为副；与地方团队，以无线电及传令为主。其详细如下区分之：

1.与长官部、军令部，以有线电为主，无线电为副。

2.与广西绥靖公署、湘桂边区总指挥部、廿七集团军总司令部、卅五集团军总司令部、十六集团军周副总司令部、长官部南宁指挥所、桂一区专署之通信，以无线电为主，有线电为副。

3.与桂林防守军，初期以有线电为主，如线路被敌截断，以无线电报话为主。

4.与七十九、九十三两军、新十九师战车营、工校教导团、税警第三团，以有线电为主，无线电、传令为副。

5.与黄瑞华、陈恩元部，以无线电及传令为主。

十六、良丰、永福通信线，务即修理。

十七、各部使用无线电话及有线电话时，须使用密语，以保机密。

第六　兵站设施及补给如表规定：

| 被补给部队 | 补给机关 | 兵站线 | 弹药基数 | 粮秣日份 | 卫生通信防毒等器材 | 备考 |
|---|---|---|---|---|---|---|
| 桂林防守军 | 十 | 1.湘桂铁路<br>2.桂永公路 | 十基数 | 九十日份 | 装备量之一倍 | |
| 七十九军 | 六 | 同　右 | | 同 | 同 | 除贮备四个营之粮弹器材如桂林防守军同量外，余赓续补给。 |
| 七十三军 | 兵 | 同右两线及永福两江义宁道 | 赓 | 同 | 同 | |
| 新十九师 | 站 | 永福、良丰道 | 续 | | | |
| 战车营 | 分 | 同　右 | 补 | | | |

| | | | | | | |
|---|---|---|---|---|---|---|
| 工校教导团 | 监部 | 1.桂林龙胜道<br>2.永福两江义宁龙胜道 | 给 | | | |
| 税警第三团 | | 同右 | | 上 | 上 | |
| 黄瑞华部 | 自行筹办 | 就地补给为主 | 由分监部酌予筹拨 | 就地征发 | 由分监部酌予筹借 | |
| 陈恩元部 | | | | | | |

第七　地方武力之运用

十九、民团指挥官直辖之民团主力，以配合军队集中使用于要点方面为原则；各县自卫队则以使用于搜索、警戒、袭击及迟滞敌之行动为原则。

二十、地方武力，其主要任务区分如左：

Ⅰ．搜索、警戒

A．搜索敌兵力、兵种、番号、到达位置为主。

B．警戒我无军队通敌之道路、隘口、小径。

Ⅱ．袭击

A．袭击敌兵站地、防御薄弱地区、伪军所在地、骡马部队、辎重等为主。

Ⅲ．防守要点

地形险要之隘口。

Ⅳ．扰乱

A．纵火焚毁敌区之房屋、仓库。

B．刺杀敌军官。

C．放毒水源。

Ⅴ．截断敌后方连络线。

A．破坏铁道上之车站、机车、桥梁、煤库等。

B．破坏公路上桥梁、隘路。

C。电杆及通信线之截断。

D。运行中汽车、兽力辎重车之拦截。

Ⅵ。伪组织之消灭

A。袭击伪组织根据地。

B。以忠实分子参加伪组织，以行分化宣传。

C。袭杀伪组织主持人员。

D。夺取伪组织物资。

Ⅶ。防止敌利用桂北各县瑶人。

A。以通晓瑶人言语风俗人员深入瑶区，做政治工作，以免受敌利用。

B。设法将瑶人必要品（如盐、火柴等）供给其使用，并酌送其领袖人物，以增进汉瑶间感情。

第八　空室清野

二十一、凡预想可沦为战场之地区，均为彻底空室清野之准备，敌进犯时，彻底实施之。除由行政机关详订计划实施外，特应注意以下各点。

1.良丰、罗锦、永福、两江、义宁、灵川、高田、草坪圩间地区，须行彻底空室清野之准备，应分别疏散于良丰、罗锦以南及永福、龙胜以西山地地区。

2.义宁、龙胜间谷米、豆类、杂粮、牛马、家畜等，均运贮于义宁、龙胜以西之山地。

3.如敌接近，无法运搬之物品，应悉行焚毁之。

4.凡水碾、磨子、米臼、风柜等用具，均须运搬或毁坏之。

5.稻草、茹藤、米糠、麦皮等饲料，均须焚毁之。

第九　其他

二十二、防毒、防战车卫生等事项，由各部队斟酌实际情形，依典令原则适切筹划之。

〔国民政府国防部史政局及战史会档案〕

## 15. 桂柳会战参战日军番号主官一览表

（1944年10月）

桂柳会战参战敌军代字代码主官姓名编制类属一览表

| 代字 | 队 | 号 | 代码 | 主官姓名 | 编制属类 | 备考 |
|---|---|---|---|---|---|---|
| 幸 | 第三师团 | 师团司令部 | 三七〇〇 | 辰巳荣一 | 三联队制 | 该师团系常备兵团，长衡会战前，位置于平汉南段信阳附近地区。 |
| | | 步兵团部 | 三七〇一 | 长岭喜一 | | |
| | | 第六步兵联队 | 三七〇二 | 松山良政 | | |
| | | 第卅四步兵联队 | 三七〇三 | 二神力 | | |
| | | 第六八步兵联队 | 三七〇四 | 桥本熊喜 | | |
| | | 第三骑兵联队 | 三七〇六 | 宫崎次南 | | |
| | | 第三炮兵联队 | 三七〇七 | 村川武寿 | | |
| | | 第三工兵联队 | 三七〇八 | 沼崎宫平 | | |
| | | 第三辎重联队 | 三七一一 | 川畑繁纳 | | |
| 镜 | 第十三师团 | 师团司令部 | 六八〇一 | 赤鹿理 | 三联队制 | 该师团系常备兵团，长衡会战前驻防荆门、沙市一带。 |
| | | 步兵团部 | 六八〇二 | 多田保 | | |
| | | 第六五步兵联队 | 六八〇五 | 伊籐义彦 | | |
| | | 第一〇四步兵联队 | 六八〇四 | 海福三千雄 | | |
| | | 第一一六步兵联队 | 六八〇六 | 大坪进 | | |
| | | 第十七骑兵联队 | 六八〇八 | 铃木善康 | | |
| | | 第十九山炮兵联队 | 六八〇九 | 山本彦义 | | |
| | | 第十三工兵联队 | 六八一一 | 松木繁 | | |
| | | 第十三辎重联队 | 六八一二 | 田原亲雄 | | |

| 代字 | 队号 | | 代码 | 主官姓名 | 编制属类 | 备考 |
| --- | --- | --- | --- | --- | --- | --- |
| 冬 | 第三十七师团 | 师团司令部 | 三五四一 | 长野祐一郎 | 三联队制 | 该师团系常备兵团，曾参加中原会战，后又参加长衡会战。 |
| | | 步兵团部 | 三五四二 | 中岛吉三郎 | | |
| | | 二二五步兵联队 | 三五四三 | 镇目武治 | | |
| | | 二二六步兵联队 | 三五四四 | 冈村女人 | | |
| | | 二二七步兵联队 | 三五四五 | 皆滕喜代志 | | |
| | | 第卅七骑兵联队 | 三五四六 | | | |
| | | 第卅七炮兵联队 | 三五四七 | 入村松一 | | |
| | | 第卅七工兵联队 | 三五四八 | 八田三一郎 | | |
| | | 第卅七辎重联队 | 三五五〇 | 米冈三郎 | | |
| 鲸 | 第四十师团 | 师团司令部 | 六八八〇 | 宫泽齐四郎 | 三联队制 | 系常备兵团，原驻湘北岳阳、华容一带，长衡会战后再侵犯本战区。 |
| | | 步兵团部 | 六八八一 | 河野毅 | | |
| | | 二三四步兵联队 | 六八八二 | 户田义直 | | |
| | | 二三五步兵联队 | 六八八三 | 堀内胜身 | | |
| | | 二三六步兵联队 | 六八八四 | 小柴俊男 | | |
| | | 第四〇骑兵联队 | 六八八五 | 横山好雄 | | |
| | | 第四〇山炮兵联队 | 六八八六 | 白石久康 | | |
| | | 第四〇工兵联队 | 六八八七 | 五十岚庄七 | | |
| | | 第四〇辎重兵联队 | 六八八九 | 川崎宫次 | | |
| | | 师团司令部 | 七三〇五 | 毛利未广 | | |
| | | 五一旅团 | 七三〇六 | 野沟义彦 | | |

| 代字 | | 队　　号 | 代　码 | 主官姓名 | 编制属类 | 备　　考 |
|---|---|---|---|---|---|---|
| 广 | 第五八师团 | 独立九二步兵大队 | 七三一二 | 横井利秋 | 二旅团八大队制 | 系新增师团，长衡会战前，守备汉口、武昌一带。 |
| | | 独立九三步兵大队 | 七三一三 | 内田　宝 | | |
| | | 独立九四步兵大队 | 七三一四 | 前崎正雄 | | |
| | | 独立九五步【兵】大队 | 七三一五 | 稲垣　阳 | | |
| | | 五二旅团 | 七三〇七 | 古贺龙大郎 | | |
| | | 独立九六步兵大队 | 七三一六 | 西岛　刚 | | |
| | | 独立一〇六步兵大队 | 七三〇八 | 今崛元贞 | | |
| | | 独立一〇七步兵大队 | 七三〇九 | 今崛元贞 | | |
| | | 独立一〇八步兵大队 | 七三一七 | 木村行雄 | | |
| | | 炮兵队 | 七三一八 | 木村行雄 | | |
| | | 工兵队 | 七三一一 | 木村行雄 | | |
| | | 辎重队 | 七三一九 | 木村行雄 | | |
| 岚 | 第一一六师团 | 师团司令部 | 六二〇〇 | 岩　永　汪 | 三联队制 | 系后备司令团，原驻湘北。以上六个师团，系十一军。 |
| | | 步兵团部 | 六二一一 | ×　　× | | |
| | | 一〇九步兵联队 | 六二一三 | 龙寺保三郎 | | |
| | | 一二〇步兵联队 | 六二一二 | 儿玉思雄 | | |
| | | 一三三步兵联队 | 六二一六 | 加川胜永 | | |
| | | 一二〇骑兵联队 | 六二一七 | ×　　× | | |
| | | 一二二炮兵联队 | 六二一八 | 安井　清 | | |
| | | 一一六工兵联队 | 六二一九 | 池田金大郎 | | |
| | | 一一六辎重兵联队 | 六二二一 | 南喜代彦 | | |
| | | 师团司令部 | 七九三〇 | 平田正判 | | |

| 代字 | 队号 | | 代码 | 主官姓名 | 编制属类 | 备考 |
|---|---|---|---|---|---|---|
| 原 | 第二十二师团 | 步兵团部 | 七九三一 | 原田义和 | 三联队制 | 该师团系常备兵团。 |
| | | 八四步兵联队 | 七九三二 | 深野时之助 | | |
| | | 八五步兵联队 | 七九三三 | 能势润之 | | |
| | | 八六步兵联队 | 七九三四 | 中川纪士郎 | | |
| | | 搜索廿二联队 | 七九三五 | 山崎策郎 | | |
| | | 五二山炮兵联队 | 七九三六 | 本田和助 | | |
| | | 廿二工兵联队 | 七九三七 | 高诚安 | | |
| | | 廿二辎重兵联队 | 七九三九 | 锅岛英比古 | | |
| 凤 | 第一〇四师团 | 师团司令部 | 八九六〇 | 铃木贞一 | 三联队制 | 该师团系后备师团。 |
| | | 步兵团部 | 八九六一 | 竹内一郎 | | |
| | | 一〇八步兵联队 | 八九六五 | × × | | |
| | | 一三七步兵联队 | 八九六二 | 川上护 | | |
| | | 一六一步兵联队 | 八九六三 | 清永园 | | |
| | | 一〇四骑兵大队① | 八九六七 | 广濑重喜 | | |
| | | 一〇四炮兵联队 | 八九六八 | 小林渐 | | |
| | | 一〇四工兵联队 | 八九六九 | × × | | |
| | | 一〇四辎重联队 | 八九七一 | 林重夫 | | |
| 潮 | 独立十九混成旅团 | 旅团司令部 | 八九八〇 | 中川喜次郎 | 一旅团五个步兵大队，另炮工辎通讯大队或中队 | 该旅团一部仍留潮山守备。② |
| | | 独立九七大队 | 八九八一 | 小松润三 | | |
| | | 独立九九大队 | 八九八三 | 西川俊元 | | |

① 原文如此，“大队”似为“联队”之误。

② 原文如此，“潮山”似为“潮汕”之误。

| 代字 | 队 | 号 | 代码 | 主官姓名 | 编制属类 | 备考 |
| --- | --- | --- | --- | --- | --- | --- |
| 宪 | 独立廿三混成旅团 | 旅团司令部 | 九八四一 | 谷村静夫 | 同上 | 该旅团主力北犯，一部留守雷湾地区。 |
| | | 独立一二八步兵大队 | 九八四二 | 野木文雄 | | |
| | | 独立一二九步兵大队 | 九八四三 | 下边河宪二 | | |
| | | 独立一三〇步兵大队 | 九八四四 | 竹之内繁男 | | |
| 讨 | 第廿一师团 | 师团司令部 | 四二三一 | 三谷直福 | 三联队制 | 此次该师团仅以一部参战，主力留守越南。 |
| | | 步兵团长〔部〕 | 四二三二 | 永野龟一郎 | | |
| | | 八三步兵联队 | 四二三六 | 吉田皋 | | |
| 附记 | 一、此次犯桂敌军，计有三联队制师团七个，二旅团八大队制师团一个，独立混成旅团二个，另越南方面之廿一师团一个步兵联队。<br>二、本表系根据各方情报综合判断，并参照军令部第三厅卅三年九月颁发之《敌作战兵团番号代字号码及部队长姓名一览》调制。<br>三、三联队制师团及二旅团八大队制师团详细编制，请参看附表。〔略〕 | | | | | |

〔国民政府国防部史政局及战史会档案〕

## 16. 桂柳会战国民党参战部队概况表

（1944年10月）

| 桂柳会战参战部队概况表 | | | |
| --- | --- | --- | --- |
| 部队番号 | 主官姓名 | 一般状况 | 备考 |
| 第二十军 | 杨汉域 | 该军辖新二〇、一三三、一三四等三个师，自五月上旬起参加长衡会战，转战赣、湘各地，凡四阅月，未稍休息整理，残破不堪，战斗力薄弱。 | 一、该军新二〇师，未参加桂柳会战。<br>二、该军属廿七集团建制。 |

| 桂柳会战参战部队概况表 | | | |
|---|---|---|---|
| 部队番号 | 主官姓名 | 一般状况 | 备考 |
| 第二六军 | 丁治磐 | 该军辖三二、四一、四四等三个师，其一般状况与第二〇军略同。 | 一、该军三二师未参加桂柳会战。<br>二、该军属廿七集团建制。 |
| 第三一军 | 贺维珍 | 该军辖一三一、一三五、一八八等三个师，除一三五师为后调师外，余尚具作战力。惟防守桂林时，该军仅指挥一三一师及四六军之一七〇师（后调师），为桂林防守军基干，担任桂林核心守备。 | 该军一三五、一八八两师在西江方面作战。 |
| 第三七军 | 罗奇 | 该军辖六〇、九五、一四〇等三个师，自五月起参加长衡会战，损伤颇重，历时四月余，未加整理，疲惫残破不堪。 | 该军六〇、一四〇师未参加桂柳会战。 |
| 第四六军 | 黎行恕 | 该军辖新十九、一七〇、一七五等三个师，除一七五师尚称健全外，余新十九师参加衡阳外围战后，损伤颇重，未加整理。一七〇师为后调师，人员装备，均不完全，战斗力薄弱。 | |
| 第六二军 | 黄涛 | 该军辖一五一、一五七两个师，参加衡阳会战后，伤亡颇重，尤以一五一师为甚，数月来未加补充整理，战斗力薄弱。 | |
| 第六四军 | 张弛 | 该军辖一五五、一五六、一五九等三个师，各部于粤清远、雷湾等地转战累月，已形疲惫。 | |

| 桂柳会战参战部队概况表 | | | |
|---|---|---|---|
| 部队番号 | 主官姓名 | 一般状况 | 备考 |
| 第七九军 | 方靖 | 该军辖暂六、九八、一九四等三个师，参加衡阳会战后，伤亡惨重，未加整理补充，战斗力薄弱。 | 该军暂六师未参加桂柳会战。 |
| 第九三军 | 陈牧农<br>胡栋成（代）<br>甘丽初（兼） | 该军辖暂六、九八、一九四等三个师，素质、装备均较完善，乃本战区新增之精锐部队。 | 该军暂二师未参加桂柳会战。 |
| 附记 | 一、第九七军在本战区作战时间过短，其一般状况均未据报，故未列入表内。<br>二、其他地方团队，素质、装备均低劣，毫无作战力量，故不列入表内。 | | |

〔国民政府国防部史政局及战史会档案〕

## 17. 第二十军参加桂柳会战机密日记

（1944年10月30日—11月2日）

桂柳会战机密日记

一、状况　三十三年十月三十日

1.龙虎关方面：敌窜嘉会东南十余里白羊街六百余。

2.自古城南窜之敌六百余，于本日十二时前抵红花，其另有骑兵一百余，本日午后二时已抵牛庙。

二、处置：

1.请准总部将沙子街前进部四〇二团移平乐南岸，接替一三三师三九九团一营防务(天堂岭、狗庄岭之线)，限三十日拂晓前交接具报，三九七团之一营将防务交替后归建。

2．一三四师赵副师长率搜索营，并指挥荔浦、平乐自卫大队，于三十日到达大扒墟，阻击敌人，并掩护军之侧背（接平乐自卫大队分驻同兴、二塘、附城、荔浦，搜索营驻栗木。）

一、状况　三十三年十月三十一日

1．由红花墟西进之敌，其一部已渡过榕津。

2．派赵副师长所指挥之一大队，接马鞍岭、横滩防务，向长滩警戒。

3．午后十一时，总部令转移修仁附近占领阵地，其退却署部〔部署〕，如作令第一号命令。十一月一日午后四时，到修仁策定防御配备如作令。

二、处置　十一月二日

1．各师午前即就防御阵地位置。

2．令搜索营及五八团（及一三四师四百，团改棣〔隶〕新二十师后之番号）于荔浦附近迟滞敌之前进。

3．派配之炮兵第一连，命在老县村附近占领阵地，并受一三三师指挥。

一、状况　十一月五日

1．奉命转进雒容南北之线，再策后图，其部署如作命。

2．七时半，军长至四排，得一三三师当面之敌，以主力向烈士墓附近反复冲锋，同时左地区猪鼻岭敌，已入我阵地内，情形吃紧之际，忽电话不通。

二、处置：

1．命四〇一团占领石墙口南北附近高地，掩护军之撤退，非至六日拂晓军通过前后，不得撤退。

2．九时四十分函〔致〕一三四师刘席函：原以一三四师之一团占领石墙口，任公撤退掩护之任务，兹因一三三师当面之敌猛攻烈士墓，及在左鼻地区以电话中断，状况不明，为应时机宜，已令四〇一团担任；如五八团在四〇一团之前行进，即由五八团担任占领石墙口，任军转进之任务。希本此意为之。

3.派一三四师赵副师长在四排设情报收集所。

4.派副参谋长驰前线一三三师指挥所，传达军长意旨，并指挥先撤退之团，占领石墙口附近收容阵地。

一、状况　十一时许

军长离四排至榴途中，得知永福南下之敌，于六日午前可到榴江、雒容，有切断军退路之虞，乃电知情报收集所作如下处置。

二、处置：

1.命除已通过之部队外，之其余各部队，改道四排向运江前进。

2.命沿公路之部队，寅夜强行通过雒容。

对修仁战役之意见：

1.于4日应利用三七军在蒙山北上之有利形式，建议上峰命37A之侧敌态势，于五日对敌方急以彻底打击。

2.如虑集团之态势不良，应于四日十六时前即决心撤退，免于五日拂晓之战斗中撤退之不利。

3.于转进中临时改变退却目标，增加部队之混乱，且经路未加考虑，取捷径，多被敌遮断退路之危险。

4.撤退时间过迫，无占领收容阵地之时间。

5.退却战之通信机关，各部队未切实掌握，如无线电机，专随主官行进。

十一月六日

1.继五日之夜行军，由桐平圩向运江前进，至十六时随一三四师刘师长抵运江，准备渡河材料。

2． 三四师刘师长及本己，以行李及通信机关均由异道向柳江转进，致与军无法连络，且对一般地形无法明瞭。

十一月七日

1.待至七时许，一三三师周师长赶到，知前线情形，乃共同商妥，部队先向里雍前进，再策后图。

2.本已于八时许先向导江、雒容前进，殊行至导江，方知雒容情况不明，即转向江口前进。是晚，宿江口，终夜隐闻炮声。

十一月八日

晨经白沙、里推向柳州前进。是夜十时，即到城南。是时，虽已知军部在西站、鸡隆村，但夜黑无人为导，遂宿南城，并得知军有防守城西之任务。

十一月九日

午前九时许，赶上军部，约午刻前后，即到太阳村军战斗司令部，其时军已下命部署：

1.以一三四师任右接26A担任西站间之守备。

2.以一三三师任新圩及其以北地区。

3.以搜营右接一三三师、左与788D连络，担任警备。

4.军直属各部位置太阳村附近。

5.午后七时，军后知守柳城之友军788D已弃守，南移洛满。又闻炮声，即奉命以一三三师（一团）于十日前九时以① 到达洛满，直受总部指军〔挥〕。

十一月十日

一、状况：

---

① "以"字当为衍文。

1.午前六时，我26A守柳北城之部队，与敌激战，至午撤至城南向附城。其机场亦发生枪声。至午后二时以后，26A当面之情况不明，连络断绝。四时，洛满以北之188D，与敌竟日于南山村附近之线，与敌激战。

2.三七军闻转进于进德村，但终未得连络。至午后六时，仍不知其行动与我第一线之河防部队。迄午后六时，已发现窜柳城之敌，一部已沿河左岸侦察，似有南渡企图。午后七时，军长奉副长官杨指示机宜，相机向洛满转进，迟带〔滞〕敌【人】。

二、处置：

二十一时转令各部于明(十一)日拂晓前，分向洛满转进，但在马鞍岭之三九八团，仍在马鞍岭、桐木岭以北之线，掩护军之转进，并逐次抵抗敌人。

十一月十一日

午前四时，军部及直属部队由太阳村附近出发转进。八时稍前，军长抵洛满附近，得知情况如左。

一、状况：

1.南山方面，炮声猛烈，间闻隐隐之枪声。

2.总部已向三岔转进。

3.四〇一团、三九七团，已开始向流山圩转进。

二、处置：

1.命四〇一团于流山圩东南之线占领阵地。

2.命三九七团于流山圩西高地南北线占领阵地，掩护军之转进，并迟滞敌人。

三、午后六时到达石□得知情况：

1.四〇一团、三九七团已占领阵地于流山圩。

2.三九八团当面之敌，已发生接触。

3.搜营情况不明。

4.总部令知军在龙江以北之地区，自三岔亘中脉及其以北之线，防止敌人。

5.一八八师当面之敌一千余，在南山村南北之线，终日激战。其一部约四百余，在白沙渡河，溯江西上；一部在象鼻屯，与一八八师警戒部队对峙；主力西上，为〔有〕威胁流山侧背之企图。

四、决心：

1.先遣四〇一团渡龙江占领阵地，掩护军之渡河。

2.给各部以占领阵地之防御命令。

处置　十一月十四日午后四时，古隆

1.本军速开兰靛村、张鼓村，一三四师部速经古隆、下里乡赴兰靛村布防。本晚即宿古隆。闻罗城尚无敌人，若能取安全捷径更善。限明十五日务到指定地点。

2.令一三三师前往张鼓村布防，务于明十五日到指定地点；若不可能，另取其他捷路亦可。余明(十五)日到龙眼。

一、状况　十一月十五日午前十一时二十分

1.十一时四分，敌三、四十名已至门冷寨，向天斗阳前进中。我各团部队已就阵地位置。

2.转奉副长官杨电谕：46A仍在洛东与敌相持，但敌便衣队于十四日夜由龙江河左岸空隙潜入宜山城扰乱。该军应在小龙头圩东北之线，与46A连络，拒止当面之敌，必要时并侧击宜山、怀远之敌。军部应位置于冬田村附近。

二、处置：

1.电令各部保持指定地点，不得无令放弃。

2.令三九八团肖传伦以一营协力三九七团庞营，固守山貌山、凌霄村、凌字正东之四隘路口。

3.以一三四师为守势地区，应固守指定之线；以一三三师为攻势地区，抽调三九九团之一营，由天桥圩以南之附近地，向门冷寨侧击敌，援助三九七团恢复门冷寨附地之阵地。电知前线各部实施。

一、状况　十八时

1.十二时至十八时止，敌千余于攻陷3923、尖山各高地之后，迄十八时止，相继陷我300高地，仍继续向我山貌山各附近之线猛攻。

2.我三九七团庞营及三九八团之一部，于天斗隘附近及山貌山东端附近反复争夺中，伤亡欲达二百余人。

3.十五时半，敌炮击我冬田村附近。

4.宜山发现大火光，其余情形不同。

5.十七时，敌一部由小长沙向南移动。

二、处置：

1.军利夜暗，变更部署，占领天河、宜山公路西侧小龙圩至天桥圩间之焦山之线，拒止敌人，并相机侧击进犯宜山敌之侧背。

2.令一三四师占领小龙圩至冬田村东侧约三里之焦山东麓，拒止敌人。

3.令一三三师接一三四师之左天斗隘西侧高降村亘天桥圩北侧之线，占领阵地，拒止敌人。

4.两师作战地境：鲤鱼山、山巢岗、山貌山、尖山相连之线，线上属一三四师。

5.军部移祥贝乡。

一、状况　十一月十五日

1.午夜前后，敌两度向我冬田以东守军袭击，均未得逞。二十四时以后迄晨沉寂。

2.六时，敌残置少数守军于冬田村以东各隘口附近外，大部似向宜山前进。

二、处置　午前七时

1.将上项情形报副长官杨，得其同意，军部移祥贝乡。

2.命一三四师派兵一部驱逐残敌，并作战场清扫及搜索敌之动向。

一、状况：

1.午前八时，一三四师派一连由天冬村北侧向大长沙扫荡敌人，于公路交叉点至大长沙之间之地区，即与200高地之敌一百余接触。至午刻前后，尖山附近敌二百余南下向我扫荡连夹击。至十四时前后，敌被追向宜山方面南窜。

2.十八时，一三四师赵参谋长电话报称：敌经我扫荡部队与残留200高地及尖山附近之敌三百余，战斗半日以来，至十六时，南窜宜山之敌折回七、八百，于尖山以东附近，其企图不明。但我四〇一团之一部，仍在小长沙200以西之隘口附近，与敌战斗中。宜山情况不明。

3.二十时，二七集团军总部参谋长电，知军另有新任务。

一、状况　十一月十七日

1.二七集团军总【部】潘参谋长电话：贵军于对河屯、小隘村另有新任务。

2.一三三师方面无情况，一三四师方面与敌对峙中。

二、处置：

1.命一三三师先以三九七团、三九九团于四时撤退，通过古隆村至祥贝乡之道上，待命前进。

2.令辎团五时出发，经天河随总部后至福好乡，尔后一部至思恩运输弹药，但工兵营之一连至祥贝乡归制。

3.令工兵营于五时开至祥贝乡待命。

4.令医院及伤运站至天河到福好乡。

5.将企图电告一三四师。

一、状况：

二、时奉总部戌铣挺战令：向小隘村、对河屯之线转进，明（十七）日午前占领阵地，余详战令。

二、处置：

军转进部署及阵地占领部署，如作命第一四五号。

一、状况：

1.怀远镇西北，十六日十八时已发现敌踪。

2.二七集团军向思恩县转进，十七日午刻在福安圩，晚在背坝村。

二、状况：

1.敌已占领200高地以西寨门，我五八团在古隆村附近逐次抵抗中，祥贝乡可闻炮声。

2.二六军在安马圩渡河中，十七日晚河渡毕。

3.古隆、安马圩方面，可闻炮声。

三、处置：

军长于福好乡函副长官杨建议：怀远镇东岸既沦敌手，钧部所示职军所占小隘、喇沓屯、对河屯之阵地，似已不合情况，拟后退索敢圩西北占领阵地，可否乞示。

一、状况 十九时

一三四师主力已得祥贝乡，其五八团已越过古隆村，继续迟滞敌人；一三三师已转近至安马圩附近；军部及直属部队到达福好圩。

二、状况 二十一时

一三四师报称：向我尾追之敌六、七百已抵祥贝乡东南约五阻之处，与我五八团战斗中。师部拟即夜移祥贝乡西端。

三、状况　十一月十八日，由福好圩至索敢。

1.于索敢得知敌七、八百，炮四门，现在怀远镇以东地区，与我二六军对战中。

2.副长官面令本军应即转移至马安圩、九柱占领阵地，右与97A、左与26A连络，阻击敌人。

四、处置：

1.令一三三师于明(十九)日拂晓开始行动，由索取圩渡河，在九柱、马安圩之线布防，阻击敌人，右与44D、左与46A搜索营切取连络(俟97A到后接替搜索防务)，限十九日十四时以前部署完竣。师部位置中寨附近。

2.一三四师以一团位于中间村，师部率一团位置于莲花附近。

3.工兵营暂位索敢附近，俟两师通过后即撤去军桥，住勾平岭附近。

一、状况　十九时三十分

1.一三三师报称：小隘村、260高地附近发现敌五、六百人，与我三九七团接触中。又据谍报称，由南北犯之敌，已与三九九团第三营接触中。

二、处置：

函一三四师：小隘村附近发现敌五、六百人，希先部于十九日午前十时通过索敢，赴指定位置。盖一三三师十九日午前即撤收警戒，转移九柱、安马圩布防故也。

一、状况　十九时二十分

一三三师后卫报称：敌前进至祥贝乡后，仅十余名于西山口附近，向我警戒。

二、状况　二十时

1.怀远方面之敌一部，已于山脚附近北渡，约二百人。

2.在安孚至养洞间布防之一六集团军特务营，奉命于十九日他移。

三、处置　十九日，索敢

1.令搜索营于十九日十时以前，接替一六集团军防务。

2.令一三四师以一团于十九日入暮以前，接替搜索营防务；搜索俟防务交替后，移欧村待命。

3.一三三师、一三四师之作战地境为15514、中间寨、□台之线，线上属一三四师。

一、状况

闻漏电、安孚南之7—8里已发现敌情。

二、状况：

1.据报安马圩附近有敌百余，与我一三三师战斗中。

2.据一三四师报告：敌由安马圩方面渡河，约三、四百人，已通过隘底向拉弄前进中。

三、状况：

莲花附近已发现敌一百余，已将一三三师特务连突破，刻正与我三九七团激战中。

四、处置：

1.令一三四师协同一三三师，即以全力向拉弄将敌驱逐。

2.令一三三师即以全力连系一三四师，将敌驱逐于河之东岸。

3.电总部：职部于十九日十二时由索敢渡军桥，向安马、九柱前进布防中。原住安马、索敢、养峒间防务之一六集团军特营，于今(十九)日晨接替部队未到前即行撤去，致敌乘隙由安孚渡河，三、四百人于十三时前后到隘底向拉弄前进。刻已令一三三、一三四两师速即将该敌驱逐于河之东岸。

4.令三九九团受一三四师刘师长指挥，位置庙底、中良桥地区间。

一、状况：

1.安马方面，自十九时以来，敌后续部队陆续西渡中。

2.北关东岸拉昌附近敌集结三、四百人，有向北关、索敢间直趋德胜之企图。

3.我一三三、一三四两师，继续与敌激〔彻〕夜战斗中。

二、状况　十一月二十日，欧村

1.总部令：安马、索敢间之敌，非特影响友军之安全、且有【关】战区作战全局，该军务【以】全力不惜牺牲，将敌驱逐为要。

二〔三〕、状况：

敌一部已突入拉弄，向北猛窜中。

安马圩方面，敌百余向辜独山、5545间隘路口攻击，均被我击退。

三〔四〕、状况：

1.拉位中间附近敌，向我近接〔接近〕，被我以火力阻止，卒未得逞。

2.二六军预定于红人山、作楫山、模岭之线占领阵地，德胜及红人山方面，各以41D之一团①。师部住寨岗。44D暂集结新村附近。怀远尚有一营警戒。

3.怀远方面，仅江口村附近有敌出入，其他各处，未见敌活动。

4.据被俘之士兵回报称：敌数百人由祥贝乡渡河，一部在安马圩渡河，向我前进。

---

① 原文如此，疑有误脱。

……

四〔五〕、处置①：

1.将敌情及战况报告副长官，并请示机宜。

2.将当面状况通知二六军，并请迅速占领阵地。

3.命一三三师三九九团以火力支援九歪方面，并令一三四师以全力恢复阵地。

4.令搜工两营于调隘、勾平岭附近准备支援，并作收容之准备。

一、状况：

副长官命令该军相机转进至思恩乡东南地区，占领阵地，阻击敌人。

二、处置：

1.搜工两营于调隘、勾平岭之线，占领阵地，收容军之转进撤退时机待命。

2.令一三三师于马子前，除留置现地，主力由欧村经德胜过思恩道，向洛坪圩前进。

3.令一三四师即由索敢至人和乡道，向人和乡前进。

4.军部于四时经德胜向思恩前进。

一、状况：

1.军部至德胜，二六军已是前于德胜附近布防，惟兵力甚薄。

2. 前线枪声已至勾平岭之线。

二、状况：

1.敌一部于午前通过白山脚、麻春坪之线，与我后卫战斗中。

2. 军部已至思恩。

---

① 时间为11月21日。

3.令一三三与一三四师两师于背塘、麻春坪附近，占领阵地；令尚未发出，接前方情况，敌已通过该线。

三、状况：

敌一部已通过塘背、人和乡附近，与我战斗中。

四、处置：

1.令一三四师移至恩恩结集待命。

2.令一三三师以各团于洛平、施茶处之处，逐次抵抗敌人。

一、状况：

1.金城江南岸之敌，二十一日晨至①进至香炉山，将我四六军击破。江口方面，已发现敌情。

2.集团部至金城江、达温平附近，向水源折回，准备向荔波方面转进。军之行，非待考虑后，方令饬遵。

二、处置：

1.军为□内线作战，于二十二日先向洛阳圩前进，再策后图。

2.令一三三师以三九九团于洛平附近，逐次拒止敌人，掩护军之转进。但十时以前，不得通过恩恩五里外之高地南北之线。其余部队，于二十二日晨前通过恩【恩】，向洛阳圩东南叠石前进。

3.一三四师于二十二日晨前通过恩【恩】，向洛阳圩东南叠石前进。

十一月二十二日　恩恩——洛阳西北甫义村

一、状况：

1.军部一时出发，向洛阳圩前进。

2.敌二十一日一时以来，续增五六百、炮二门，于攻克司巴山主阵地后，即向龙川山、冷水坳之收容阵地攻击。二十二日四时前，乘虚突入恩恩城，将我军桥封锁，致我三九八团、三九九团退

---

①"至"字当为衍文。

路，被敌遮断。迄同日七时，与我在思恩城巷战中。

二、状况：

1.军部到达甫义村，一三三师（欠三九八团、三九九团）、一三四师部到洛阳圩，五八团、四〇一团后□村和叠石。

2.总部宿营由动乡。

三、处置：

1.令一三四师以一部（一营）在和平村、平字亘大方之线，占领阵地，以有力一部（一团，欠一营）在独立之叠石西北约五里高地之线，占领阵地，阻止敌人，限二十三日八时前配备完竣，并努力搜索思恩方面敌情。师率一团位置洛阳。

2.一三三师二十三日午前，集结甫义村，整顿待命。

一、状况　十一月二十三日，甫义村一古宾村

1.金城江、三江，二十一日先后被敌占领。黎军部二十一日晚在香炉，被敌袭后，行动不明。

2.我新装之九七军已向南州进出，其左侧支队已到达五门关、大沙坡。

3.本军暂在妙石村、甫义村、地巴休整待命。

4.二六军应向北来，即派人取连络。

一〔二〕、状况：

1.三九八、三九九两团已取得连络，明（二十四）日可归制。

2.二六军北来水源。

3.据一三四师报称：十七时半，我至思恩城威力搜索排，于叠石东南五、六里之处，与敌七、八人接触，其后续兵力，正侦察中。

二〔三〕、状况：

敌先头二百余，顷将叠石警戒突破后，续【向】独立、都立进攻中。

三〔四〕、敌将独立、都立主阵地突破后，已进至后团附近激进

中。

四〔五〕、处置：

1.令一三四师坚持阻敌，拂晓前不得通过后团，十二时前不得越过甫义村之线，俾一三三师之占领阵地容易。

2.令一三三师于二十四日一时出发，前往古宾南北附近之线，占领阵地，阻击敌人。

3.令后方机关准备逐次向大沙坡撤退。

……

一、状况　十一月二十四日，古宾一大沙坡

1.敌于九时以来，分头窜犯，一股三、四百迂回窜至河岸岭西北，其一部已渡过小河，与我战斗中。

2.另一部由后团向由动乡分窜中。

3.一三四师一部在洛阳圩附近，主力在玉梅。

4.搜索营已出发至由动乡、甘庶岭，警戒敌人。

二、处置：

1.令一三四师即由现在地撤退，于本（二四）日入暮前，至李烈屯、社村及河屯间占领阵地，逐次抵抗敌人，并掩护一三三师之撤退到李烈屯后，搜索营即受其指挥。

2.令一三三师于古宾村、土腊街各附近要隘占领阵地，抵抗敌人，先收容一三四师转进，尔后转移至大沙坡附近占领阵地，但于明(二五)日前不得撤过土腊街。搜索营暂归该师长指挥。

……

一、状况

1.敌一股三百余，攻击我翻背岭，并分一部向西侧高地迂回；一部百余名，攻我河岸岭西南侧本道；另一股二百余，迂回至河岸岭西渡至二、三百高地，向我左翼攻击我三九八团阵地。由二十四日晨至十九时，我三九八团任务已达，向大沙坡撤退。

2.我孙元良所率新军，在大山塘有新胜利。夏集团颇能支持。河池战斗激烈，二六军已令准来心温平以东附近。峒腊99A警戒兵力一营。

二、处置：

1.军以利集团作战之目的，确保大沙坡南端东西之线。

2.一三三师在大沙坡南端东西之线占领阵地，拒止敌人，非有命令，不得撤退。

3.一三四师应在现阵地（李烈屯及河屯）努力拒止敌人，在二十六日午前，不得撤过河之线，尔后集结峒腊附近待命。但对蒙塞岭、尚可岭之线，择要构筑预备阵地。

……

一、状况　十一月二十六日，峒腊

敌于攻击李烈屯至河岸北端后，迄二时，前线战况沉寂。旋即向社村转进。此后即枪声稀薄。

二、状况：

我五八团以任务已完，开始向河屯撤退中。

三、状况〔略〕

四、状况①：

1.据谍报称：立门关附近，五时敌一部与我立门关守军战斗中。

2.……

3.我在河屯岭之四○一团任务已达，于本（二七）日拂晓前，由河屯岭向峒腊转进。

4.副长官令派队侧击立门关之敌。

五、处置：

① 时间为11月27日，位置峒腊。

1.令搜索营即将防务交替五八团后，前立门关连络该处守军，攻击敌之侧背。

2.令五八团接替搜索营蒙塞村、黄茆山之警备。

……

一、状况：

总部命令：(一)社村之敌，昨(二十六)日入暮，窜立门关附近，与我五八七团警戒部队开始接触，本(二十七)日晨战斗较烈，我五八七团一部拟由立门关向敌左侧攻击。(二)着该军即派兵两营以马安山以北为目标前进，求敌左侧背，向敌攻击之。(三)我全军攻击时间为二十七日午刻，连络号音上下讲堂。(四)搜索营将任务交五八团后，即以马安山以北为目标，求敌左侧面攻击之，

二、状况：

……

3.奉总部令，即将一三四师开猺所转里根，受副长官杨指挥，阻击由立门关向西北前进之敌。

4.据五八团电称：板塞之友军部队已他移，敌一部十四时已至板塞西南之板黄。

三、处置：

1.令一三四师即开猺所，受副长官杨指挥，转里根，阻击由立门关向西北前进之敌。该师长先率四〇一团出发，五八团俟任务交代后即跟进。

2.令一三三师以三九九团接替五八团任务，其余在简腊附近占领阵地，阻击西犯之敌。

一、状况：

1.副长官杨电谕，一三三师及军部速向洞塘待命。

2.一九六师团团部现在里根，有撤退模样。我一三三师已由

大沙坡转进中。

二、处置：

1.令一三三师速即向洞塘转进，限十一时先头通过久安，但三九九团须俟搜营通过后，即随该师经路跟进。

2.令搜索营即向洞塘、联保转进。

……

一、状况　十一月二十八日，洞塘—拉竹

1.一三四师巳三时前占领李公平、□□□机倘至拉抑、拉扬间要隘，防务已竣。三九七团在白岩，三九八团在洞塘，占领预备阵地

2.三时，立门关之守军周团于〔巳〕开始撤退，五时许全部撤离战场，向荔波集中。其后尾已于七时通过完毕。

3.敌二、三百余，十时许向我李公平五八团阵地攻击，经我火力阻止。其另一部向我右翼石板隘迂回中。

4.我二六军于本晚可到翁昂，策应军之作战。

……

二、处置：

1.一三四师于现阵地占领阵地，努力迟【滞】敌人，非至二十九日拂晓前后，不得撤退。

2.一三三师以三九七团于洞塘、华山西南小道，必阜西南小路山口东南，名约二、三里之处，占领第一线阵地；以三九八团占领洞莫西端及洞塘北端亘老长之线，占领二线阵地，迟滞敌人。每团务持支〔支持〕一日以上。

3.军部向拉竹前进。

一、状况　十一月二十九日　拉竹—水杠

1.敌约七、八百向我山口阵地攻击，我三九七团以任务已达，向蒙家隘方面转进。

2.敌之一部已于九时迂回至蒙家隘南端第二号山，向我射击中；其主力四、五百向洞塘北端攻击，正与我三九八团激战中。

……

3.南丹已于今晨沦陷敌手。

二、处置：

1.令一三四师于孟兰至洞□间连系一三三师，设置纵深地带，阻击敌人。

2.令一三三师照前令占领阵地，并须加强工事固守之；其零七方面，以一部占领之，防敌迂回。

3.……

4.令一三四师以四〇一团及师部向茂兰转进，以五八团在茂兰以南地区择要占领阵地。

一、状况　十一月三十日，水杠—甲榜

1.敌七、八百自廿九日十八时迄二十一时猛攻隆用坡及其东北附近三九八团阵地。我三九八团以任务已达，廿三时向蒙隘变更入第二线阵地。迄晨至十七时，敌率兵力约一千余，向蒙家隘猛扑，反复冲锋。我三九八团已转入必洞以东占领阵地。

2.攻犯南丹之敌，向六寨猛进，卅晨，六塞沦敌手。

3.一三三师廿九日十六日以一部随□转至拉竹后，军长示以该师，须于蒙隘、甲榜间配置纵深阵地，在十二月一日前不得撤退甲榜之线。

……

二、状况：

1.三九八团于关口以南地区逐次迟滞敌人，目的已达，入暮时，后三九九团之掩护，撤至甲榜附近，并准备占领第二线阵地。

2.……

三、处置①

令一三四师以一营于洞坎附近掩护一三三师左翼，于十二时前后到达。

一、状况：

1. 七时，敌以主力攻破我三九九团第一关口后，复继向我第二关口猛攻，并以一部向拉竹东北迂回。迄十六时许，我三九九团遂转移至水杠附近，仍与敌敌〔人〕战斗中。……

2. 我二六军已于午前到荔波，正准备接收我一部防务。

二、处置：

令搜索营即开拉索附近，连系一三三师左翼，警戒敌人。

一、状况：

1. 入夜以后，敌继续猛窜至水杠附近，与我三九七团激战。

2. 总部令将一三三师防务交替，二六军于十二月二日三时前交接完毕，两军作战地境为荔波、大坳、水杠(不含)之线，线上属二六军。

二、处置：

1. 令一三四师附搜营及通信一排于洞梨、毛兰附近之线，以火力挫折敌人后，待命转移攻势。

2. 令一三三师暂固守现阵地，俟接收部队到来，将防务交代后，即位于旧县附近集结待命。

一、状况　十二月二日，荔波一水铺

1. ……其一部窜至拉所□附近，与我五八团战斗；一部百余，于十一时许，窜至巴灰，袭我二六军四一师。迄十四时，敌正于巴灰北端附近强搭浮桥，势将以主力转于巴灰方面，向我右侧迂回。

---

① 时间为12月1日。位置甲榜。

2．我二六军四一师之两团已被敌□巴灰附近遮断。其余直属部队一部由师长率至【荔】波城。迄十四时许，以两团于荔波城郊布署阵地中。我一三三师已到旧县附近集结。

3．……

二、处置：

令一三三师附以一部于荔波、樟木坳警戒外，于十五时即向水铺前进。

…………

〔国民政府国防部史政局及战史会档案〕

## 18．第二十军杨汉域部参加桂柳会战密电

（1944年10月31日—12月9日）

立到。副长官杨：密。同安之敌，世卯窜抵二塘附近，与我四〇一团第三营发生接触。迄巳，敌增到步、骑共七八百，正与该【营】在马鞍山南北之线激战中。谨闻。栗木。杨汉域。酉世巳。战。印。

立到。副长官杨：密。世午以后，二塘附近之敌，一面在凤凰村、马鞍山、石板桥村各附近，与我四〇一团第三营对战，一面分兵一股约三、四百，向我右翼柳塘村迂回。该营当派兵一部前往柳塘村附近阻击。迄申，二塘圩附近增到敌后续部队步千余、骑四、五百。刻仍在上述各地与我对战中。（二）是日，伤毙敌千余，我伤兵〔亡〕消耗另具。栗。杨汉域。酉世酉。战【印】。

立到。副长官杨：密。冬卯，平乐之敌约四、五百，炮二门，以橡皮艇十余强渡，我河防之七、九两中队，当予痛击，后转进至龙窝，复经搜营强烈抵抗激战。迄申，仍在分水坳附近对峙中。计伤

毙敌约十余，我搜营士兵伤亡五、自卫队三名。谨闻。杨汉域。戌冬。代战。印。

立到。副长官杨：密。(一)由荔浦西进之敌，于支拂晓，分由青山坪、荔江村、全福村，向我前进阵地天鹅岭、社坪屯(341.4)高地进攻，当即与我搜索营及一三三师三九七团二营发生激战，我三九七团二营于古侯岭毙敌官兵甚众。经夺获文件证明，西进之敌为中支派遣军(3703)部队，按即敌三师团六八联队。(二)截至支酉，敌陆续增至步骑一千五、六百人，炮数门，展开于天鹅岭、五里村、官叙岭、茶香街之线。其主力沿公路北侧地区，继续与我警戒部队战斗中。(三)是日，伤毙敌官兵九十余，我伤亡排长夏绍轩一员、士兵三十名，夺获战刀一柄，文件、军品甚多。谨闻。稻香村。杨汉域。戌支戌。战。印。

急。副长官杨：密。戌支戌战电计呈。支拂晓，敌一部由公背冲绕袭我古侯岭(修仁东)前进阵地。该岭守军一三三师三九七团二营机枪连排长夏绍轩重伤，射手阵亡，阵地沦陷。幸该岭北麓守军为该营六连中尉排长谢旋得闻枪声，立即率部向后仰攻，当与中士杨鸿轩、廖树祥等身先士卒，施行逆击，毙敌中尉一员，士兵十余，当将古侯岭阵地完全恢复。夺获战刃一把，文件、军品甚多，因得证明来犯之敌，为三师团六八联队。特电钧座，转请上峰，对该排长及中士等，从优叙奖。当否示遵。杨汉域。戌支亥。战。印。

立到。副长官杨：密。据周师长佳晨代电称：修仁方面，第三师团步骑五千余、炮数门之敌，支酉以一部千余进攻老县村，经我三九九团阻击，敌势稍挫。支戌，敌复分向老县村烈士墓猛扑，激战至支亥，该阵地先后被敌攻陷。当时正令该团恢复阵地，适奉钧座转奉上峰转进命令，乃以三九九团与敌保持接触，全力集结大冲岭待命。殊敌大部乘夜雨天黑之际，由烈士墓沿公路向我八里塘阵地猛扑。该地为我全阵地咽喉，当以三九七团死力抵抗，激战至微巳，该团反复争夺，伤亡惨重，八里塘阵地遂沦陷。当以师直属急驰增援，我彭团长并亲率残兵，身先士卒，向敌反攻，毙敌甚众。支午，因八里塘阵地恢复，师主力始得安全转进，而该团长竟壮烈殉国。是役，我阵亡团长彭泽生、连长张兴茂以下军官九员，其余负伤官兵，正清查中；伤毙敌兵约三百余。等情。谨呈。太阳村。杨汉域。戍灰辰。战。印。

立到。灵县副总司令欧：密。（一）酉世至戍微，本军在平乐、荔浦、修仁间，与敌三师团激战，我阵亡团长彭泽生等三〇〇余，敌之伤亡尤众。（二）本集团军自戍佳以来，在岩中山、鸡拉街、三门江、柳州、新圩、柳城之线，与敌激战中。军在柳州西站、新圩、古林村之线。（三）九战区及公当面情况，祈示。（四）陈副师长亲民所率本军人员眷属器材，恳钧座维护。柳州。杨汉域。戍灰巳。战。印。

急。副长官杨：密。戍灰辰战电计达。查一三三师三九七团团长彭泽生，沉勇善战，屡建殊功，支、微两日修仁之役，敌三师团步、骑、炮连合之敌五千余，攻陷我八里塘阵地，赖该团长奋力死战，不惜牺牲，军之主力，始得安全，抽调，转用于柳州方面，成仁取义，殊堪钦悼。特电恳钧座转请中央，从优抚恤，用慰忠魂，而昭激劝。谨呈。杨汉域。戍灰午。战。印。

立到。副长官杨：密。据刘师长灰午代电节称：有步、骑、炮连合之敌二千余，由平乐西进，于江子开始向我荔浦附近之阵地进攻，经该师五八团（附军搜索营）先后在芝麻岭、背村、大王岭及张玉岭、荔浦城、凤凰岭与金华村、大保岭各线阻击敌人，激战至江酉，始奉命逐次向修仁附近转进。是日，伤毙敌二百余，我伤亡连、排长三员、士兵八三名。谨闻。杨汉域。戌灰未。战。印。

立到。副长官杨：密。据刘师长戌灰代电等称，该师四〇一团一部于四排圩（修仁西）附近，掩护军主力之转进。鱼寅，敌便衣队三十余尾追前来，经我阻击，战斗半小时，敌不支溃退。是日，伤毙敌五名。谨闻。杨汉域。戌灰申。战。印。

急。副长官杨：密。据周师长佳未迟到代电称：该师三九八团一部，微未至酉，在石墙口（修仁西）与西进之敌六百余激战，敌数度猛攻，均未得逞。计伤毙五十余，我伤亡排长、士兵五。谨闻。罗屯。杨汉域。戌文酉。战。印。

急。副长官杨：密。戌灰辰战电计呈。兹据周师长佳酉迟到代电称：该师修仁之役，计阵亡团长彭泽生以下官兵一九八员名，负伤官兵二三六员名，失踪官兵二四一员名（因转进时被敌遮断四个连另一排），死驮马二匹。谨呈。罗屯。杨汉域。戌文戌。战。印。

立到。副长官杨：密。文申渡河始毕，闻敌已到中脉，当令萧团扼守六塘南北之线，陈团星夜扼守河九山、下渡之线，掩护军主力由三合墟通过碍路，取得有利态势后，再驱逐中脉之敌。殊元辰军甫至三合碍路口，即被千余之敌猛烈攻击，希图歼灭本军于绝地。乃令赵团换搜营扼守三合碍路，萧团向东支持景团由三江口至中和村，打破敌迂回封锁碍路之企图。职由三江沿河经岩口向北出碍路，酉巳刻已到白固。俟两师明日到达后，拟扼守三江口、中和村、龙村、土岭、基斗、班岗之线。可否示遵。白固。杨汉域。戌元伐〔戌〕。尧。战。

立到。副长官杨：密。（一）由中脉街分经三合圩、龙元西进之敌，寒寅继增步、骑约二千余、炮数门，一部七八百向我展开于龙江北岸江口村、中和村、太平之线之一三四师，其主力一千余向我展开于土泥岭、龙安村之线之一三三师，进攻激战。至寒午，敌一部包围我之左翼，并突入龙塘圩南端附近。迄寒酉，敌后续部队向我右翼运动，我在岩口、白固、藕塘及其以西之线，与敌对战中。是日，伤毙敌军百廿余名，我伤亡官兵五十余。（二）军现有战力约五个营。谨闻。杨汉域。戌寒戌。战。印。

立到。副长官杨：密。（一）军当面之敌，寒晚继有增援，军乃乘夜变更部署，以一三四师占领蒙山、尖山、200高地之线，以一三三师占领397.5、门冷寨、天桥圩之线。（二）删丑，敌步、骑千余、炮三门，猛攻337.5高地、门冷寨之线，经我一三三师奋勇迎击，激战至未，我397.5高地及门冷寨守军伤亡殆尽，阵地遂陷。（三）敌于攻略我337.5高地及门冷寨两要点后，另以一股约步、骑千余、炮数门，向我尖山356.3高地及其东南之线进攻，一三四师死力抵抗，陷于苦战。截至发电时止，我仍扼守小龙乡、小长沙、458.0高地、200高地以西隘口、天斗隘、天桥圩之线，与敌激战中。（四）是日，伤毙敌四百余，我伤亡连长张治武以下官兵三百余。谨闻。古隆村。杨汉域。戌删戌。战。印。

立到。副长官杨：密。（一）删亥至铣丑，敌十三师团一部，仍继续向200高地以西隘口我四二团阵地猛扑十余次。率以我军沉勇应战，敌未得逞，乃以主力向宜山方面窜去，一部约六百人于大长沙、门冷寨各附近占领据点。自铣辰经我134D猛烈攻击，迄申向宜山窜去之敌，回窜七、八百，至尖山200高地以东地区，至酉，仍与我在小长沙、455及200高地以西隘口之线战斗中。（二）我一三三师在天斗隘、天桥圩方面，无战斗。（三）是日，伤毙敌约百余，我伤亡副官尹朝杰以下官兵五十余。谨闻。祥贝乡，杨汉域。戌铣酉。战。【印】。

立到。副长官杨：密。（一）军遵命拉〔自〕篠寅开始，由小长沙、斗隘、天桥圩之线，向思恩东南地区转进。篠酉，军部及直属部队已到达福好圩，周师已到达鹿山圩，刘师主力已到达祥贝乡各附近。（二）敌步、骑千余，自篠寅以来，继续向我后卫五八团攻击。篠申，敌军先头已通过古隆村。刻我五八团仍在祥贝乡东南地区阻击该敌中。是日，我敌伤亡损耗，查明另呈。杨汉域。戌篠酉。战。印。

立到。副长官杨：密。职军皓午正过索敢、浮桥白向安马、九柱之线前进占领阵地中。原任安马、索敢河防之部队，于皓日拂晓撤退，以致河防空虚，敌先头约三百余，遂乘隙窜至安马以西及隘底、拉弄各附近。除正派队前往堵击驱逐外，谨呈。欧村。杨汉域。戌皓未。战。印。

立到。副长官杨：密。（一）据丁军长皓酉电话称：怀远镇方面之敌，正沿河向该军右侧背运动中。（二）安马圩方面，入晚后，已有敌后续部队到达；其渡过西岸之敌约三百余，迄酉，仍与我周、刘两师，在辜独、中间村、隘底、拉弄之线激战中。我、敌伤亡消耗另呈。欧村。杨汉域。戌皓酉。战。印。

立到。副长官杨：密。据周师长报称：安马圩方面，自皓戌以后，敌后续部队西渡中。又据刘师长报称：北关东岸拉冒附近集结，敌约三、四百名，有于北关、索敢间渡河，直趋得胜之企图。除饬周、刘两师阻击外，谨闻。欧村。杨汉域。戌皓亥。战。印。

急。副长官杨：密。巧戌至皓卯，周师三九七团及三九九团之各一部，先后在江岜、小隘各附近，阻击步、炮约八百余之敌，计毙敌六十余，我伤亡排长二、士兵廿八。谨闻。杨汉域。戌号午。

战。印。

立到。副长官杨：密。(一)由安马圩、拉冒西渡之敌，号子增至千余，炮数门，即以一部分由外山、隘底向西攻击，以主力向拉弄、北关攻击，激战至号卯，外山、隘底各附近之敌，未得逞。惟我固守拉弄、北关方面之四一〇团，因争夺三次，伤亡惨重，该两阵地遂先后沦陷。敌于攻占北关后，复由拉冒增援步、骑四、五百，旋回西攻我地良、拉位、板会诸阵地，我军寸地必争，战至最后一人，最后一弹，乃与阵地偕亡。迄未，我仍扼守九柱峰、独山、564.5、474.3、492、4067、上板潭、460.8、索敢圩、荞洞之线，与敌浴血苦战中。自皓午迄号未，伤毙敌约三百余，我阵亡连长雍朝福以下官兵一八〇余人，负伤连长杨益洲以下官兵一三〇余人。(二)军现有战力不足五营，且自新墙最初作战以来，未得休息补充，故均疲惫不堪。谨闻。笔正。杨汉域。戌号未。战。印。

立到。副长官杨：密。(一)奉钧座号未电谕，饬军死力阻击当面之敌，以争取时间等因。当派员分赴两师传谕官兵，并严定奖惩办法，全军官兵感奋，士气倍增。当由各团选派出击部队，以攻为守，号戌分向外山、隘底、地良三点之敌，施行强袭。殊步、炮连合约二千之敌，亦分三路向我夜袭，其主力指向调庙底之线，经我敌十余次反复争夺，敌在564.5、474.3、406.7各高地之攻击，均告顿挫，遗尸垒垒。马子，千余之敌，集中猛攻九歪一点，我四〇一团因连日苦战之后，全团只余五个步连单位，战斗兵不足二百，故血战至马丑，九歪阵地被敌突破，敌乘势席卷庙底，我五八团守军亦壮烈牺牲。斯时军乃以工兵营任收容，于马寅奉准向思恩东南地区转进。(二)敌约八、九百，炮四门，分两路跟追，一股经德胜圩、百山脚道，一股经索敢圩、后平村道。马未，其先头已到达九歪、麻村坪各附近，正与我后卫激战中。谨闻。思恩。杨汉域。戌马未。战。印。

立到。副长官杨：密。(一)步、炮连合二千余之敌，马子以一部向我安马圩、隘底间，主力向我九歪、庙底线之133 D 阵地，激〔彻〕底猛袭。迄马寅，调隘、九歪、庙底阵地，相继失守。斯时，军即以搜索营、工兵营于勾坪岭、龙头岭占领阵地收容，主力乃于马寅奉准向思恩东南地区转进。马申，周师到达洛平圩，周师① 转进至人和乡东南各附近。敌续猛进，一部于同时到重楼村，主力通过塘背。迄酉，与我周、刘两师在洛平圩、人和乡之线对峙中。(三)是役，敌伤亡约一百六十余，我阵亡排长袁朝禄以下四十余员，负伤官兵八十余名。谨闻。甫仪村。杨汉域。戌马酉。战。【印】。

立到。副长官杨：密。马亥奉申马酉埏战电，已令周师先将永明河南岸秀一塘敌肃清后，再策进【行】。刻周师正攻击中。以一小部控制新车渡、浮桥。新车渡以西山地，尚无敌踪。丁军所报，江华北上之敌，现未发现。永安关有无敌情，尚未回报。职意(一)集团军若以速到广西为目的，可否由江华、永明以南地区前进，路虽长，但无敌阻，或可早到。(二)若由永安关或永明西进，内线运动，不利相同；如取道永明，目前虽可前进，尔后困难亦大；如由永安关，势必会同罗军攻道县敌，收相当成果后，乃能前进；若被永明关敌阻，固可由山中向永明南下西转，但粮食□运更无法。(三)决心先攻取道县，再策进行，似较稳当。惟不知适合上峰之企图否？(四)职军态势不良，民众逃空，久滞于此，必为敌乘。如何？祈衡夺示遵。黄土坝。杨汉域。【戌】养午。

立到。副长官杨：密。越塘背、重楼村前进，与我对峙于洛平

① 原文如此，“周师”似为“刘师”之误。

圩、人和乡之敌，马晚增炮三门、马六百余，苦力约二千余，彻夜向我攻击，与我一三四师及一三三师先后激战于清潭村、乐岗及尖山、余邕与龙门山、冷水坳、余邕村① 各相连之线。血战至养寅，敌一部约八、九百，乘虚由我左侧背迂回至思恩外北龙安村强渡口进，一部分入思恩城。径〔经〕数次肉博〔搏〕后，我军大部得以西渡至洛阳圩南北地区，一部(三九八及三九九团)被敌遮断于思恩东南地区。除已令该两团向西北突围外，谨闻。甫仪村。杨汉域。戌养戌。战。【印】。

立到。副长官杨：密。(一)思恩敌步、骑千余，炮二门，梗西由思恩向北进，先后与我一三四师激战于叠石、都立、后团，才逕各东西之线。迄敬日拂晓，该师尚在洛阳圩继续堵击该敌中。(二)另敌一股约百人，于敬卯迂回至河岸岭当，向我一三三师25高地攻击；另敌一股约百余，于敬巳迂回至翻背岭附近，向我384高地攻击，均未得逞。敬午，复刘集敌四、五百人、炮二门，由正面猛攻我古宾岭阵地。迄酉，我一三三师仍在翻背岭、古宾岭之线，与敌激战中。谨闻。杨汉域。戌敬酉。战。印。

立到。副长官杨：密。(一)约步、骑千余，炮二门之敌，自敬戌至有未，继续与我一三三师在翻背岭，古宾岭及400高地马路边与尖山、龙须、土腊村各线，反复争夺。敌对我每一阵地之攻略，均先由两翼迂回，而后彻底集中优势兵力于正面，利用步、炮之紧密协同，敌我伤亡均众。(二)自有未迄有酉，敌复分三路，向李烈屯东西之线我一三四师及五八团阵地进攻。其一股约百余，由□马岭沿河左岸前进，其大部向李烈屯300高地之线猛攻。其另一股约三、四百，由土腊村北窜。我敌仍在李烈屯东西高地之线激战中。(三)计伤毙敌百余，我伤亡官兵九十余。(四)军经连日苦战，

① 原文如此。

现有战为约三营。谨闻。杨汉域。戌有酉。战。印。

立到。副长官杨：密。补呈戌佳至文战报：(一)佳卯，军在柳江渡河完竣，遵令一三四师在柳江南岸鹅岗屯、渡口屯之线担任河防，并派有力一部占领鹅山据点，协力二六军之作战；一三三师集结流山圩附近待命。(二)佳酉，敌一股约数百人，利用夜暗，数度向该师当面抢渡，均被击退。(三)灰未，另敌一股步、骑千余，炮数门，分由飞机场及柳江南街向该师阵地右侧背及鹅山据点猛攻。同时柳江东岸之敌千余，藉炮火掩护，分由西站及其上游抢渡，企图夹攻。迄真卯，该师尚在营盘岭、马安山岭、南村之线，与敌激战中。(四)真未，敌先头约步、骑六百余之敌，窜至新圩，当与我一三三师及搜索营激战。迄真戌，我敌仍在流山圩以东地区激战中。(五)文卯，敌步、骑千余，炮数门之敌，向我一三三师三九七团流山圩阵地猛攻，激战至文巳，该团始遵命经三岔街向北转进。(六)自佳至文，计伤毙敌二百余，我伤亡官兵一百余。谨闻。杨汉域。戌文亥。战。印。戌宥重发。

立到。副长官杨：密。(一)约步、骑八百余、炮二门之敌，自有戌以来，向我一三四师五八团及搜索【营】李烈屯东西之线阵地猛攻，经十数次之争夺，敌伤亡惨重。迄宥申，我敌尚在河屯南端东西高地之线激战中。(二)计伤毙敌八十余，我伤亡十余。谨闻。杨汉域。戌宥酉。战。印。

急。副长官杨：密。戌元、戌尧战电计呈。综合元日战况，补呈如次：(一)由中脉街西进之敌，其先头约步、骑、炮兵千余，于文晚潜至三合圩，乘夜分兵一股，向龙元窜犯。其后续一股，约步、炮兵八百余，于元卯窜抵茶村西端，当与我一三三师三九九团激战于冲良河、九山之线。经该团奋勇迎击，迄午，将敌压迫于茶村以东地区。(二)元晨，军搜索营行抵三合圩南端隘口，即与敌步、炮兵六百余遭遇，激战一小时许，当令一三四师四〇一团接替搜营作战。自巳至午，该敌四度向我猛扑，均被击退。敌乃分兵一股，攀登焦山，企图向我右翼包围，亦未得逞。元酉，该敌遂向龙元方面窜去。(三)计伤毙敌军二八〇余、马三〇余，我伤亡士兵五四名，夺获步、手枪共二支，文件军品甚多，证明当面之敌为十三师团部队。谨闻。杨汉域。戌元亥。战。印。戌感重发。

急。副长官杨：密。戌铣酉战电计呈。补呈铣戌至筱寅战况如次：(一)约步、骑千余、炮三门之敌，自铣戌以来，继续向我一三四师四〇一团458及200高地之线阵地猛攻，激战彻夜，我敌伤亡均众。筱日拂晓前，敌复有援军增到，遂于拂晓藉其机炮之掩护，以绝对优势兵力，分三路向该团阵地猛扑。其一股窜至冬田村以西高地，威胁该团侧背，该团苦战至筱寅，阵地遂被敌突破，几经逆袭，卒以寡众不敌，乃向古隆村转进。(二)计伤毙敌一五〇余，我伤亡连、排长十一员，士兵一百余名。谨闻。杨汉域。戌筱卯。战。印。戌感重发。

急。副长官杨：密。戌筱酉战电计呈。(一)自筱晨迄巧寅，我一三四师五八团在冬田村西端及古隆村、旦村、祥贝乡各附近阻击来犯之敌，反复争夺，我敌伤亡均众。(二)计伤毙敌一九〇余，我伤亡军官六员，士兵一七四名。谨闻。杨汉域。戌巧卯。战。印。戌感重发。

立到。副长官杨：密。(一)军为策应立门关方面友军之作战，感未以搜索营向圆锥山之敌攻击，激战至酉，敌不支，向马安山退去。(二)感亥，另敌一股，沿板寨、拉威大道窜犯，当为我工营遏阻，激战至俭丑，敌未得逞。(三)俭丑以来，步千余、炮二门之敌，不断向我涧究东南毕机岗以南高地之一三四师阵地猛犯。迄酉刻，该师任务已转移涧史敌以北占领阵地中。（四）酉刻以后，敌六百余分向我三九七团之必阜、白岩、山口之线攻击。迄艳卯，仍对峙中。以上各役，计伤毙敌百廿余，我伤亡官兵卅余。谨闻。杨汉域。戌艳卯。战。【印】。

立到。副长官杨：密。艳辰，敌一股四百余，向我洞塘北端萧团阵地数度猛犯。迄午，敌未得逞。巳刻，另敌一股五百余，由洞塘山经贪淋分向毛洞及540高地（蒙加隘南）钻隙突进，经我周师特务连及三九七团主力阻止。自午至申，敌不断猛扑，均经击退。刻我周师仍在甲堵山、癰用坡东南亘癰用东端战斗中。此役计伤毙敌约八十余，内军官一员；获望远镜一具，三八式步枪一支、防毒面具等甚多，我伤亡士兵四十余。谨闻。杨汉域。伐〔戌〕艳伐〔戌〕。战。【印】。

立到。副长官杨：密。艳戌，敌千余、炮二门，向我癰用坡阵地猛攻，经萧团阻击，激战至卅寅，敌我蒙加隘主阵地，并由两翼迂回，经我分头迎击，苦战至午刻，仍在必洞附近各高地与敌激战中。是役，伤毙敌百余，我负伤军官二员，伤亡士兵五十余。谨闻。杨汉域。戌卅酉。战。印。

立到。副长官杨：密。卅申以来，敌仍向我永康东之关口，继续猛攻，经我陈团奋力抵抗，激战至东卯，并以一部向我左翼迂回未逞。午刻，我遂逐次转进至水扛附近，敌仍跟踪猛攻。直至申刻，该团始后撤整顿。刻敌正向我占领穿洞阵地之王团攻击中。此役，毙敌四十余，我伤亡士兵廿余。谨闻。杨汉域。亥东戌。战。【印】。

立到。副长官杨：密。(一)冬未，奉命由荔波、周覃、三洞、坝街道向东转进。支寅，敌约二百，在三洞南端高地之线与我一三三师三九九团及搜索营激战。至支酉，我以掩护任务已达，遂向东撤退。(二)微寅，敌五百余、炮二门，由三都方面窜抵坝街西端高地，与我一三三师三九八团(附三九七团第三营)激战至酉，我一三四师及一三三师之三九九团遂被敌遮断，动向未明。(三)坝街方面之敌，鱼日大部向三都回窜，一部约百余已窜抵八蒙附近。(四)支、微两日，计伤毙敌八十余，我伤亡四十余。谨呈。八开。杨汉域。亥鱼酉。战。印。

立到。副长官杨：密。(一)丁军佳电炮团邱团长称：(1)三合、八寨之敌，已被我击溃，分向东回窜。连日复经本军于杨柳、三洞、已乃一带截击残敌甚夥，并获地图、文件多种，发现敌为第三师团。(2)广播战讯：三合、独山，虞日已相继克复。(二)刘师佳晨至八蒙，其先头周师搜连已至定旦。(三)职俟刘师到榕，准文日北进，周、刘两师跟进。职杨汉域。亥佳酉。尧。印。

〔国民政府国防部史政局及战史会档案〕

## 19. 杨森关于集团军各部作战任务及行动部署密电

(1944年11月5日)

限三小时到。第二十军杨军长：密。命令：(子)当面之敌第三师团全部已抵修仁，西江方面敌已窜抵武宣及来宾以南地区，湘桂方面敌已窜抵永福东南地区各附近，与友我各军激战中。综计进犯战区之敌，约七八个团。我西江方面军，正在武宣、来宾以南，桂林方面军正准备在路清江西岸地区击破敌人。(丑)集团军以固守柳江西岸战略要线要点之目的，以一部在四排圩、榴江之线以东地区极力阻敌进犯，主力即转移于象县、江口乡、雒容以西沿河之线，阻止敌之进犯，并相机击破之。（寅）各部队之任务及行动如次：（一）37A（附象县民团）应于戌鱼前在象县及上西乡、水山村、龙合村概要之线沿河直接配备，阻敌西进。（二）26A（附柳江民团）应于戌虞前以柳江民团在丹竹乡、双仁村之线，以一部在阳和、上村、静蓝村、雒埠（即实地雒垢不含）之线，沿河警戒，主力迅速集结柳州及其以南地区，担任该方面之作战。但须先以一师接替62A柳州防务，其阵地编成要图，在长官部参谋处）。（三）20A（附炮十八团第一营野炮兵一连及雒容团队）应一部在四排圩、榴江之线以东地区，尽力迟滞敌人主力，于戌虞前转移于雒容、大陆岭、石塔岭、高庙岭之线，沿河直接配备，阻敌西进，并相机击破之。对左翼黄冕、理定村方面友军，特须确取连系。（卯）作战地境：37A与江西方面军为太阳村、穿山乡、西塘、大樟圩、马练圩之线，线上属左；37A与26A为黎冲村、大合村、烟厂村之线，线上属右；26A与20A为东泉镇、洛埠乡、雒容、下大、白村、四排之线；20A与桂林方面军为大安村、中渡、黄冕街、黄泥坳、苦竹河、七塘之线，线上均属左。（辰）总司令部戌鱼后位置：洛满乡。（巳）后勤设施，另令规定。（午）遵办情形具报。杨森。戌微午。挻。战。印。

〔国民政府国防部史政局及战史会档案〕

## 20．杨森关于所部各军师防守柳州阻敌进犯命令

（1944年11月8日）

卅三年十一月八日七时

命令

于柳州战斗指挥部

一、窜象县敌六日以二、三百人在鸡沙渡河后，与我62军战斗中，雒容、洛埠昨（七）日亦由黄冕、中渡窜来敌一部，有分犯柳州、

柳城模样。

二、集团军以确保柳江西岸掩护黔桂路及宜山安全之目的，即以主力固守柳州，以有力一部在柳江以东地区拒止敌之进犯。

三、各部队任务及行动：

1.第三七军(附象县民团、炮二九团第八连)即以一部在上西乡、文明村之线，掩护第二十军主力由运江方面之渡河，主力连系穿山乡附近之六二军(属右兵团)在竹山、难村、基田村之线占领阵地，极力阻敌进犯，俾柳州城防部队护〔获〕得余裕时间。2.第二六军(附柳州民团、炮十八团第一营、九三军战防炮一连、炮四七团高射炮一排)固守柳州。奉长官张柳指爱字第二一四〇号命令节开：非奉命令，不得撤退。3.第一八八师(附柳江民团、四六军山炮一连)即进出长塘乡、东泉镇以东之线，阻敌西窜，以掩护柳江左侧后之安全，特须与柳州之二六军及太平乡附近地区之夏集团(左兵团)切取连系。4.第廿军(附九三军战防炮一连、炮四七团高射炮一排)应迅速在柳州西车站集结运江西渡之部队后，即开新圩村准备柳城方面之作战。

四、作战地境：

右兵团<br>第三七军 —三都乡—新兴村—新圩—庙王圩之线，线上属右

第二六军—思贤乡—莲花村—大塘村—六合村—山脚村之线，线上属左

第一八八师—社冲村—古林村—长塘乡（不含）—上西岸村、洛埠乡（不含）—大分村之线，线上属左

左兵团 —三塘街—大埔街—三板圩—鱼杯—礼让村之线，线上属左

五、炮一八团团部、九三军炮防营营部、炮四七团高射炮连，归佢部直辖，随集团军战斗指挥所行动。

六、后勤设施另示。

七、余在柳州窑埠战斗指挥所，总司令部在浴满乡。

右令

第二十军军长杨汉域

兼总司令杨　森

〔国民政府国防部史政局及战史会档案〕

## 21. 张发奎报告敌军攻陷柳江等地情形密电

（1944年11月9日）

急。委员长蒋、总长何、副总长白、军令部长徐：5738密。战报：（一）红水窜扰东岸敌先头百余人，戌佳卯窜抵独立（迁江东南十公里），后续于辰刻陷独秀村，刻与我六十四军警戒部队战斗中。（二）齐晚，在来宾、正隆一带渡河敌千余，今晨其一股窜陷来宾北十五公里之右雷圩，我六十二军正竭力拒止中。（三）由象县南鸡沙渡河敌数百，佳晨续向西犯，我一五七师与之激战，敌顽强突进，卒于巳刻攻陷马平圩。（四）由东泉镇西犯敌数百，佳巳猛攻我一八八师柳江东岸警戒阵地，我军与之激战，卒以众寡悬殊，向后撤退，柳城被侵陷。刻一八八师正隔河极力抵抗中。除详情续报外，谨闻。宜山张发奎。戌佳。国战炜。印。

〔国民政府国防部史政局及战史会档案〕

## 22. 张发奎转报柳州遭敌猛攻危在旦夕密电

（1944年11月13日）

渝军令部长徐：5738密。据二六军丁军长真辰电话称：（一）我军柳州之战，阳夜至佳夜渐被四面包围，蒸辰遵蒸丑电话，于西侧开放道路。(二)我指挥所于蒸午移至张公岭，晚即受敌迂回队之袭击。同时，城内守军受敌空、地猛攻，牺牲甚大。北岸守兵尚未完成渡河，敌又从侧翼渡河，袭我左侧背。(三)蒸申，逐次掩护与敌战，闻至真子，尚在巷战中。(四)为尔后战斗容易计，职于真辰率四十四师一部到六道附近收容，并即布防。等情。除遵钧座电话指示，向□江河北岸地区转进外，谨闻。河张发奎。戌元巳。国战炜。印。

〔国民政府国防部史政局及战史会档案〕

## 23. 张发奎报告日军于占领柳州后沿黔桂路西犯已作阻击部署密电

(1944年11月27日)

急。渝委员长蒋、总长何、副总长白、军令部长徐：5738密。战报：(甲)据报：(一)邕田路敌一千五百余，寝日陷罗圩，感未与我在鹰鹗附近战斗。(二)黔桂路正面敌共约六、七千人，感日与我九七军在大厂、车河、八圩之线激战。另一股八百余，由方田窜骆马村(南丹南四公里)，与我发生激战。(三)思恩方面敌约三千人，感日与我杨集团之廿军及九七军之一部，在垒石、洛阳村、黎明关各附近对战。各该方面敌似有彼此呼应、积极分进邕田路及黔桂路之企图。(乙)处置：(一)邓集团应确实领有关德、百色地区，阻敌进犯。(二)孙副总司令所部，应竭力拒止敌人，确保南丹。(三)夏集团应于东兰以北地区，积极侧击、尾追敌人，协力孙副司令所部之作战。(四)杨集团应确保黎明关及其附近地区，竭力阻敌西犯。(五)各该兵团非有命令，不得擅自撤退。等语。谨电核备。六寨张发奎。戌感戌。国战炜。印。

〔国民政府国防部史政局及战史会档案〕

## 24. 杨森关于立门关附近对敌作战部署等情密电

（1944年11月27日）

立到。杨军长：密。命令：(一)杜村乡敌昨(廿六)日入暮，窜立门关附近，与我五八七团警戒部队开始接触。本(廿七)日晨，战斗较烈，我五八七团一部拟由立门关向敌左侧攻击。(二)着该军即派兵两营，以马安山以北为前进目标，求敌右侧攻击而歼灭之。(三)友我各部攻击开始时间，为本(廿七)日正午十二时；连络号音，问：上讲堂，答：下讲堂。(四)余在久安乡，十二时后到洄塘。联保。杨森。戌感辰。埏战。

〔国民政府国防部史政局及战史会档案〕

## 25. 第三十七军罗奇部参加桂柳会战战斗经过要报

（1944年11月）

陆军第三十七军桂柳会战战斗经过要报

甲、平南附近之战斗

1.敌人兵力及分布状态

由广州经苍梧溯西江而上之敌，占领平南、桂平、蒙圩后，即停止前进。截止十月十七日止，综合各方情报，盘踞平南、丹竹附近浔江北岸之敌，共约三千余，其分布状态如附图第一〔略〕。

2.敌人动态及其企图

长衡会战以后，湘境作战之敌军及其后续兵团，以主力沿湘桂铁道前进占领全州后，其先头窜抵灵川，即集结于灵川、全州间地区，一部以第三师团为基干，经道县、江华、永明，窜抵龙虎关，即集结于龙虎关、道县间地区。另敌一股，由广东方面溯西江而上，窜占苍梧、平南、蒙圩后，集结于蒙圩、苍梧间西江沿岸地区。综合判断，敌似于上记各地区行战略开进调整，并组织其兵站线路，整顿作战准备，有分进合击桂柳之企图。

截至十月十七日止，平南、丹竹附近浔江北岸之敌，尚无积极活动，仅不时以小部队窜扰附近村乡，劫掠食粮，搜索我军状态，并加紧构筑工事。

3.我军任务及作战部署

本军自五月二十八日于湘省汨罗河开始战斗，尔后转战于浏阳河、醴陵、安仁、耒阳、常宁、零陵、道县各附近地区。至九月二十四日，军之态势如下：

一、第六十师及第一四零师（后调师）暂编之部队，作战于常宁城及其附近，归长官薛直接指挥。

二、军长率第九十五师向道县之敌攻击中，归杨副长官指挥。

九月二十四日夜，遵副长官杨申敬午挺战电令，脱离敌人，率第九十五师经由蓝山及桂境之富川，向恭城前进。

九月二十四日，军长率第九十五师于道县附近开始行动，经由蓝山及桂省富川、恭城县境，于十月六日及七日分别接替平乐属沙子街、二塘之警戒任务。军部八日抵平乐城，十月十日基于长官部十月九日柳指爱字第二零零五号命令，向新圩前进，十一日到达。

军长于十月十日应召赴柳，承长官张面授机宜，得悉战区以内线作战之指导，拟先击破西江沿岸之敌，本军应先进出水晏圩、陈村塘之线，完成攻击准备，先向平南附近浔江北岸之敌攻击而牵制之，以便利西江主力军之作战。部队于十月十三日开始行动，十月十六日全部秘密集结于水晏圩及其附近地区。王司令赞斌指挥陆超部归本军指挥，该部一部在陈村塘附近，其余部队之集结，尚须时日。配属本军之美山炮第八连（二门），十月十八日到达水晏圩以北地区报到。

十月十七日，遵长官部酉删寅国战电命令，决定攻击部署如下：

一、王司令指挥所部及陆超部，于十八日由陈村塘附近开始行动，向太平圩之敌攻击，尔后进出丹竹附近，索敌攻击，并相机占领之。

二、第九五师（附山炮兵第八连）以一部由大旺圩向右勉、罗密之线前进，尔后一面索敌攻击，一面努力向安怀乡、高田村之线进出，以便利师主力之作战。另以一部经八宝乡、官成村向平南城搜索前进，并掩护该师主力之右侧，该师主力先击溃平南东北牛路口、木棉、谷塘附近地区之敌后，即对平南城及其以东山地之敌攻击，占领平南城而确保之（攻击部署如附图第二〔略〕）。

…………

4．战斗经过

十月十八日十七时，第九五师将官成乡附近约百余之敌击溃，残敌向东逃窜，当将官成乡、十字墈之线占领，准备翌日之攻击。配属该师之美山炮兵第八连，亦到前线，并着于阵地之占领。十九日，第九十五师以一部向官成乡以南索敌攻击，主力向十字墈前进之。该师二八四团张营于经由古勉向大峡搜索前进中，于大峡东北之山隘遭遇敌之顽抗，该营决心攻击，招致颇大之伤亡，但终占领该山隘。施敌开始反攻，争夺颇烈，毙敌颇多。军指挥部当日推进至育梧村。二十日，二八四团张营继续攻击，仍无重大进展。九五师主力自拂晓起，在山炮兵支援下，向敌猛攻，当午迫近牛路口、河头、木棉之线，战况猛烈，山炮兵之射击效力良好。二十一日，九五师向平南城搜索前进之一营，于小桥附近遭受敌三百余之抵抗，发生激战。该师主力于拂晓攻击中，确实占领牛路【口】及其附近之村落。九时顷，复克服敌之顽抗抵抗，占领木棉及谷塘。根据卤获之杂乱文件，得知敌系波字八六一二部队，判断系敌第十九独立混成旅团。十六时顷，敌炮二门，掩护其增援部队约三百余，向木棉反攻，战斗激烈。当日决心于二十二日继续攻击。

九月二十一日廿四时，情况有重大演变，当面之敌向我猛烈夜袭。敌以约一中队为基干之数个部队，于较正面上向我猛扑，并不顾损害，楔入我阵线间隙。九五师部队凭村落据守。当时敌我阵线，遂成犬牙交错状态。由东平乡方面增援而来之敌约六百余，当晚已到达我阵地前。另由平南城方面北进之敌，约一大队、炮二门，向十字瑯方向急进中。据确实情报，东平之木棉间，尚有敌约三、四千集结，有西窜模样。基于当时之情况，遂作如左之处置：

子、九五师以一部固守本日既得阵地；

丑、任师预备队之二八四团(欠一营)于十字瑯附近占领阵地，准备迎击由平南北窜之敌；

寅、山炮兵变换阵地于八宝乡附近；

卯、向平南城搜索前进之部队(二八三团之一营)，秘密脱离当面之敌，迅速向十字瑯前进，求向该地前进之敌侧背而攻击之。

命令要旨于廿二日一时顷下达完毕，该师于二时开始就新部署，五时顷布署大致完成。

九月二十二日拂晓，木棉当面之敌，复向我攻击，敌炮四门猛射我木棉、谷塘阵地，战况极烈，该团陷于苦战，死伤特多。由平南北窜之敌，拂晓猛攻我十字瑯阵地，激战至午，我右翼被敌包围，至黄昏，我被迫攻守高良，复与近迫之敌激战。由安怀乡北窜之敌，约三百余，黄昏时与我二八四团张营激战于六楞以南之山隘。另敌骑约二百，步兵约一大队，由平南沿平南八宝乡道北窜，十五时猛攻我官成乡搜索营阵地，该地经激战后失守，入夜以后，敌全线向我夜袭。钻隙突进，竟夜激战，敌我死伤均重。

二十三日拂晓前，调整部署如下：

子、九五师二八四团之一营，仍固守六楞以南之山隘；

丑、九五师主力占领八宝乡以北之山隘及其东西之高地线；

寅、军搜索营占领八宝乡前进阵地；

卯、山炮兵连在八宝乡以北山隘附近占领阵地；

辰、藤县、蒙山团队向太平圩之敌攻击而牵制之。

二十三日拂晓，敌复开始攻击八宝乡，争夺极烈。十一时顷，敌一部围攻八宝乡，其余分向思旺、高登及八宝乡以北向我近迫，虽经我山炮兵及盟机之猛袭，予敌重大损害。但黄昏时，敌概已迫近我主阵地直前。入夜以后，仍施其夜袭之惯技，向我猛攻。二十时以后，各要点均发生极惨烈之肉搏争夺战。同日，我藤、蒙自卫队向太平圩附近之敌攻击，颇获战果（九月二十一、二十三日敌我态势如附图第三〔略〕）。

二十四日二十二时，所得之指示及所得情况如左：

子、副长官杨电话指示，本军万不得已时，应确实掩护蒙山；

丑、由安怀乡方向北窜之敌约千余击退我二八四团张营后，继续北窜，其先头部队约三百余，十五时窜抵同安乡西南侧山地，与我张营对峙中；

寅、九五师主力方面之敌，本（廿四）日仍继续向我猛攻，激战甚烈，至二十一时顷，复开始向我夜袭，但均经击退。

基于上述指示及情况，决定如下之处置：

子、军搜索营二八四团主力及二八三团之一个营，仍固守原阵地，二八四团张营应极力迟滞敌之前进；

丑、二八三团主力转用于水晏圩东南地区，截击北窜之敌；

寅、军司令部移水晏圩，指挥所移水晏以南约五公里之大和田。

二十五日拂晓，各部队概就新部署完毕。

二十五日十时顷，得知二八四团张营方面之情报，颇欠实在，该营仅与少数搜索部队接触，所谓后续部队千余，并未证实，仅据士民报告而已。十五时顷，敌搜索部队仍向南回窜。十二时顷，八宝乡以北之敌，被我痛击及盟机轰炸，似有动摇模样，该师立即转移攻势，进展颇为顺利。至二十二时，进占八宝乡、高登之线，敌向南回窜。二十六日，该师第一线推进之官成乡、十字塘、大峡之线。二十七日，第一线仅有搜索活动。二十八日，奉副长官杨酉宥申娫战电，令本军以一部侧击江口，主力攻击平南，以策应桂平方面之作战，当即决定如下之处置：

子、九五师之一部及军搜索营，对思旺及其东南地区之敌攻击，竭力向江口方面进出；

丑、九五师主力击破当面之敌后，竭力向平南城挺进；

寅、二八四团张营向安怀乡进出。

二十九日，二八三团之一部及军搜索营向思旺及其东西地区之敌攻击，至十四时，已到达竹几根、盘石间以北地区。九五师主力继续向官成乡以南及高田附近之敌攻击，进展极为顺利。三十日，奉副长官杨酉艳□战电令，着本军迅速秘密脱离敌人，兼程向新圩前进。惟当时九五师部队，分散于广大正面向敌攻击中，集结需时，三十日午夜开始行动，三十一日大部到达水晏、大旺圩之线，十一月一日向蒙山前进，二日军除搜索营及二八四团张营因命令传达需时尚未到达外，其余均到达蒙山、新圩间地区，准备尔后之行动。

5.经验与教训〔略〕

乙、柳州外围之战斗

（一）象县附近之战斗

1.敌入动态及其企图

自十月二十六日以来，以桂、柳为目标之敌军已发起行动，由江华、永明、龙虎关南犯之敌，进占慕城、平乐、荔浦后，继续前进。十月三日，其先头窜抵荔浦、修仁间地区，与我二十军部队隔荔江对峙中。该敌有沿公路进出鹿寨、雒容切断桂柳间之连络，再南向攻击柳州之企图。

2.我军任务及部署

十一月一日，接长官部李高参汉冲传达长官张命令要旨，饬本军迅开榴江待命。十一月二日，军除工兵营、搜索营及二八四团张营掩护军之转移，尚未到达蒙山外，其余部队，均已到达新圩及其附近地区。十一月三日，向修仁前进。同日十八时，于修仁附近接二十军杨军长十一月三日九时三十分通报，其要旨如下：“蒋副长官杨电话谕，贵军兼程赶赴运江、象县间布防，由修仁经四排分道前进。”当决心继续前进。二十二时到达三江附近时，第二十军军部尚在三江，因得与副长官杨通话，承谕以本军应迅速经四排向运江前进，渡柳江后，即于运江、象县间柳江西岸布防。当时之处置如左：

子、九十五师二八四团经四排兼程向运江急进，到达后，主力立即渡河，于运江、象县间柳江西岸择要布防，以一部由运江沿柳江东岸向象县城急进；

丑、军率第九五师，其余部队于十一月四日经四排向运江前进。

二八四团五日午后到达运江，因渡河工具困难，该团主力六日午始渡河完毕，当即着手布防，同日二十时部署完毕。

时敌约千人，已于六日晨进入象县。六日清晨，由运江向象县急进之二八四团一部到达城郊后，得悉该城沦陷，遂于该城北郊监视敌人。

军部率其余部队六日下午到达运江，即开始渡河，翌(七)日晨渡河完毕。当日十七时，军部到达同德圩，九五师二八四团（该团张营七日到达运江归制）及二八三团之一营，占领运江、象县间柳江西岸。该师部及二八三团主力，位置于东和乡及其以南地区。

此时工兵营与二八四团张营，均到达运江渡河完毕。惟军搜索营及辎重团通过修仁被阻，绕道猺山，向运江前进中。

3.战斗经过

二八四团周营之一部，六日十七时到达象县对岸之沙岗附近，受该地约三十余之敌射击，当即决心攻击，敌凭有利地形顽抗，双方成对峙状态。

七日黄昏后，象县之敌约二百，于象县以南渡柳江，与二八四团周营激战于黄皮沟、沙岗之线。八日，渡河之敌，续有增加，向我猛扑，经该营痛击，敌无进展。

七日二十四时，奉副长官杨戌虞酉挺战命令，着本军于中团乡、上西乡之线，占领阵地，阻敌北犯柳州，并掩护二十军由运江方面之渡河。当令任九五师预备队之张团，以一营星夜开赴马平，占领阵地，阻敌北犯。八日二十四时，奉副长官杨戌齐申挺战命令，着本军右翼连系六十二军，改占竹山、难村、基田村之线，除令二八四团周营竭力迟滞由象县北窜之敌，及二八三团席留置一部于马平村，以掩护军之新阵地外，主力于八日十六时概到达穿山、四方塘间地区，着手新阵地之占领。军部十六时到达四方塘西北约十华里之陈林村。

(二)朋田村、塘岸村及拉堡、双桥南北之线各附近之战斗

1.敌军动态及其企图

十一月八日，进犯柳州之敌，已迫近柳州外围。由象县、石龙间地区渡河之敌，继续北窜，有进出柳宜公路由西南方包围柳州之企图。

2.我军任务及部署

十一月九日，九五师部队于竹山、难村、基田村之线阵地占领中。十八时，奉副长官杨戌佳辰挺战命令如左："敌刻在六座社、湾村渡河，正与我二十六军战斗中，希速在土桥村、塘岸村、朋田村之线占领阵地"等因。复奉副长官杨戌佳子挺战命令，本军任务在与丁军连系，掩护通宜山之公路。

基于上述任务及命令，军之部署如下：

子、二八四团迅以一营向朋田村急进，右翼连系二十六军，于朋田村及其以南之线占领阵地；

丑、二八四团其余部队，左翼连系朋田村之营，于文笔山、塘岸村之线，迅速占领阵地；

寅、四方塘附近，留置有力之前进部队；

卯、二八三团于拉堡街南北之线布置第二线，派出一部于张公岭；

辰、象县、马平各附近之部队，仍应极力迟滞敌之前进，不得已时，逐次抵抗，向主阵地撤退；

巳、军部位置于木罗村，九五师师部位置于双桥。

十一月十日十时顷，已完成大体上之布署（配备如附图第四〔略〕）。

3.战斗经过

由象县西北窜之敌，节节压迫我周营后撤。至十月十日九时顷，与该营之一部激战于中团乡以东地区。

向朋田村急进之二八四团阵营，十日七时顷，于朋田村西侧，与由羊角山南端公路向飞机场方向进出之敌遭遇，发生战斗。该团张营以支援陈营作战之目的，向飞鹅乡急进，占领该地后，受由飞机场方向窜犯之敌之攻击，发生激战。

四方塘附近该师前进部队，于正午顷，与敌接触。二八四团周营脱离当面之敌，十日晚到达塘岸村。二八三团席营留置一小部于土桥村，主力于十日晚到达拉堡附近。

十月十日二十时之情况如左：

子、柳州城自十日午时即情况不明；

丑、当面之敌经我猛击，十日午后无积极行动；

寅、根据当时所接之报告及通报，柳州似已放弃；

卯、副长官部已无法连络，长官部指示本军应竭力迟滞敌之西进，不得已时，即沿柳宜公路，节节抵抗。

当时决心调整阵线如下：

子、九五师主力占领拉堡、双桥塘、岸村之线，置重点于拉堡街附近；

丑、军司令部移六道圩附近之章武村。

十一日拂晓，由柳州西窜之敌约百余，与我拉堡以北山地之侧翼警戒部队接触。十时顷，由柳州沿公路西窜步骑炮联合之敌约三千，窜抵我阵地前。十二时以后，在其炮兵掩护下，向我拉堡、双桥阵地猛攻，激战至烈。至十五时顷，奋战搏斗达于极点，敌我均有重大之伤亡，敌数次猛扑，均被击退（敌我态势如附图第五〔略〕）。

十六时顷，接长官部李高参及三十五集团军邓总司令传达长官命令，着本军脱离敌人，经大塘、宜山至怀远集结，归长官部直辖指挥。

十九时，第一线于极困难情形下，开始撤退，斯时敌已发起夜间攻击，任撤退掩护之二八三团张营陷于苦战。二十一时，该营脱离敌人，于行抵大道圩附近时，复受由百朋街方面北窜之敌截击，由于该营长之沉着处置，终安全脱离。

十二日午前，各部队概到达大塘附近。

4.经验与教训〔略〕

丙、北牙、拉利、大丈、可吾各附近之战斗

1.敌军动态及其企图

敌窜陷柳州后，即沿黔桂铁道两侧地区前进。柳宜公路至十一月十三日正午止，大塘附近尚未发现敌情。十四日以后，经由公路西窜之敌，其向北牙、北山方向前进者约五千余。十六日午，其先头窜抵石别圩，其骑兵一部，同日十六时顷，窜抵北山。该敌有经由北牙、拉利分向白土、龙头各以西地区进出，以迂回金城江、河池之企图。

2.我军部署及任务

十一月十三日，军沿柳宜公路向怀远前进中，于理苗附近接获副长官夏戌元未富战电，转奉长官张戌元辰国战炜电命令，要旨如左：

(1)着三十七军兼程开北牙乡附近，连系二十六军占领阵地，阻敌西进。该两军均限删日前占领阵地完毕。

(2) 二十六军与三十七军之作战地境，为怀远南河流及通宜山公铁路之线，线上属二十六军。

(3) 二十六军及三十七军，均归夏副长官指挥。

基于上述命令，军于理苗以西折向北牙前进，十四日午后到达，十五日占领阵地完毕（防御配备如附【图】第六〔略〕）。

3.战斗经过

十一月十七日正午，牛怀、马栏村附近已发现敌情，与我警戒部队战斗。尔后敌续有增加，压迫我警戒部队后撤。黄昏前，步炮联合之敌约千余，概已迫近我北牙及其以北之主阵地前；黄昏后，敌即开始向我猛烈攻击，敌我均有重大伤亡。北山方面，步骑联合之敌约六、七百，本晨西窜，有迂回我右侧后模样。

十八日拂晓，战斗尤烈，敌一部已钻入我阵地，在极惨烈之争夺战中，我二八三团姜营死伤殆尽，但仍死守北牙市街待援。该师以仅有之预备队两连增援，阵线始趋稳定。

十九日，敌在炮兵掩护下，继续反击。八时顷，北牙被敌突破，该师改守长利乡南北之线，布置第二线阵地，并于拉利以东新圩隘北之线。

十九日十时至十三时，敌我在长利乡以北向隘背前进。十五时，在北牙及长利乡与敌苦战之二八三团，转移于拉利附近集结为预备队。十六时许，敌复迫近我新圩、隘背之线阵地，并开始攻击，新圩方面，战斗尤烈。敌炮四门，集中向新圩我阵地猛射，二八四团陈营受甚大之伤亡。薄暮后，敌复向两翼移动兵力，包围态势，逐渐形成。

十九日正午起，敌一部约二百余，亦向我右翼河曲部亘大山之线攻击，敌无进展，此时我阵线已逐渐变换为对东南正面矣。

十一月十九日十一时，奉长官张戌巧戌国战炜电指示，本军万不得已时，以一部移拉利、王巷街、白土街一带，主力于喇仁龙头圩一带占领要地，逐次抵抗，以掩护金城江河□右侧之安全。

十一月十九日十六时，决定变更部署如下：

子、二八四团留置一部于拉利迟滞敌人、并掩护该师主力之阵地占领；

丑、九五师主力改占石牌、水洞、王巷街之线；

寅、军工兵营立即向龙头圩前进，占领该地而确保之，并应派出一部，远向拉仁方面进出；

卯、军部移王巷街。

二十日七时，二八四团阵地占领甫毕，即受由北牙西窜之敌约千余之攻击，该团陷于苦战，情势危急。其石牌附近之周营，受敌严重压迫，逐次向玉巷街附近该团主力转移。同日五时许，龙头街窜到敌先头约二百余，与我工兵营发生战斗。该敌有继续西窜模样。

二十日九时，决心以二八三团转用于丁峒圩、可吾村之线，以阻止由龙头向金城江前进之敌。二十一日，二八四团仍在水洞、玉巷街间，与敌苦战。该团受敌包围，团指挥所受敌袭击，与军、师部之连络断绝，当令该师转知该团突围。二八三团到达大丈、可吾之线后，正着手阵地占领中。军部位置于龙谷村。

二十二日，龙头圩之敌三、四百，炮四门，十二时顷窜抵可吾附近，十六时开始向我阵地炮击。二八四团之部队，仍未取得连络。军指挥所在龙谷。据确实报告，金城江、六圩已发现敌情，认为军现阵地已无价值，遂决心向五圩及其以北转移，以掩护河池右侧。

二十三日，军率九五师（二八四团未取得连络）向五圩前进，途中接桂绥第一纵队司令姚槐转下副长官夏戌马午指电令，着本军转移东兰集结警戒。二十七日，到达东兰。二十八日，到达中和乡。九五师二八四团部队突围后，先后钻隙到达集结地。

4.经验与教训〔略〕

〔国民政府陆军各部队档案汇集〕

## 26. 杨森命所部第二十、第二十六两军在水扛一带阻敌前进令

（1944年12月1日）

卅三年十二月一日十一时

命令　于荔波总司令部

一、当面之敌，仍为第十三师团，其主力在洞塘、联保道上及其以东地区，一部在水扛东西之线，与我第二十军战斗中。旬日以来，该敌迭受重创，极为残破疲惫。

二、集团军有固守荔波之任务，续在水扛、毛兰之线阻敌北窜，依火力摧毁敌人后，再求歼灭之。

三、各军任务：1.第二六军以一部在水扛东西之线占领阵地，并接替廿军一三三师防务，先阻敌北窜，尔后待命转移攻势，歼灭敌人。2.第二十军即在水扛（不含）以东同梨毛兰之线，阻敌北窜，尔后待命转移攻势，歼灭敌人。

两军在防御态势时，务尽诸种手段，封锁敌可能向我后方窜扰之小道，防范敌人对我各军侧翼之迂回及绝壁态岩之窃登瞰制。

四、作战地境为荔波、旧县、大坳至水扛、永康相连之直线，线上属二六军（用十万分之一图，并如背面附图）。

五、两军在水扛附近之阵地交代，限明（二）日午前三时实施完毕。

六、各军粮秣，由分监部在荔波交付，伤病官兵，送荔波，由分监部后送榕江。

七、明（二）日三时以后，第二六军用荔波至水扛乡村电话线，第二十军用荔波至毛兰乡村电话线，与本部通讯。

八、余在荔波县府。

右令

第二十军军长杨汉域

兼总司令杨　森

〔国民政府国防部史政局及战史会档案〕

## 27. 第四战区长官部参谋处编关于敌陷桂柳窜犯独山经过概要

（1944年12月11日）

第四战区敌军窜犯经过概述　三十三年十二月十一日

甲、桂北方面

由湘侵桂之敌第四十师团所部，于九月十一日攻占黄沙河后，续沿湘桂铁路向西南犯，九月十三日陷全州。其后续部队第五十八师团全部、第一一六师团一部，陆续到达。九月十五、十六两日间，其第五十八师团全部，续沿铁路犯兴安，其一一六师团一部南犯灌阳。九月廿一日，上列两地同陷敌手。其于灌阳方面之一股，随续南犯，经黄牛圩、桃花井而到达定冈隘附近。同时兴安敌亦派一部进出咸水以南，暂成对峙状态。其时，由湘零陵窜至永明、江华及道县之敌第九师团主力、第十三师团全部，暨第三师团之一部，亦已陆续于上列各地集中完毕。乃以第十三师团之一部，于九月廿五日窜陷龙虎关，继以一部进击九块田，与我对峙。斯时，各该地之敌，对其尔后行动之诸准备，进行甚为积极。洎于十月廿一日前后盘踞与兴安附近之敌第五十八师团，沿湘桂铁路向西南犯，自廿二日至廿七日与我激战于咸水及大榕江口各附近，敌无进展。此际，敌一股约三四千人，系第四十师团所部，由新宁侵出桂境之梅溪口，陷资源后，以一部西犯两渡桥，旋即回窜。其主力则向南犯，经枫木乡，于十月廿四、廿五两日陆续到达司门前附近，与由全州方面沿铁路窜来敌第四十师团会合，而接替第五十八师团大榕江附近之防务。同时敌第五十八师团主力，将向高上田进犯。十月廿五日，占领高上田，续与我对战于高上田西南附近，凡三日。迄十月廿八日，敌乘我攻势挫钝之际，向我反扑。廿八日黄昏，敌已进出灵田圩、海洋圩之线。此时大榕江及灌阳、定冈隘方面敌为呼应高上田敌之作战，于十月廿八日开始行动，当日陷大榕江，续沿铁路向西南进犯，经灵川，于十月三十日到达桂林北郊，与进出灵田与海洋两圩之敌会合，围攻桂林。至定冈隘方面敌，则经狗尾洞、铁坑西犯。十月廿九日，陷大圩镇，续向西南进犯。卅一日，陷良丰。随分二股，一股经界牌犯苏桥，一股经罗锦犯永福。十一月一、二两日，永福、苏桥同陷敌手。于是我桂林守军之后方连络线，被敌截断，围攻桂林之敌，乃乘此好机，自十一月四日起，由东西北三方面向我桂林守军猛扑，并使用毒气，战况至为残烈。鏖战至十一月九日，我北方之老君山、东方之七星岩、南方之将军桥阵地，均被敌突破，赓续向桂林核心冲扑，战况益烈。迄十一月十日，桂林方面连络中断，情况不明。至十一月十一日，桂林城似已全部被敌占领，其第四十师团抵达桂林北部后，除以一部协力第五十八师团攻桂林作战外，其主力于十一月二日沿湘桂路随第一一六师团前进，十一月六日到达黄冕，以一部经中渡向柳城进犯，主力仍沿铁路直驰柳州。另永明龙虎关方面，敌第十三师团及第三师团主力于十月下旬亦发动向南窜犯，其主力经麦岭、古城、红花二塘，一部由龙虎关经恭城会攻平乐。迄十一月一日，攻陷该城，续向南犯，十一月三日，陷荔浦，五日陷修仁，六日陷四排圩。后以一部北犯榴江，主力西犯柳州。八、九两日，陆续到达大桥附近，渡柳江，与由湘桂路南下敌围攻柳州。迄十一月十一日，柳州亦陷敌手。该敌复乘机以第十三师团主力沿公路西犯，十二日陷三都，十三日陷里高。十五日复向西北犯，十六日陷里苗，随以一部经石鳖，十九日陷北山，另一部陷拉烈圩，而掩护其主力左侧背之安全，其主力则沿公路犯宜山。其时，由永福经中渡向西南犯敌第四十师团一部约三千人，于十一月十一日中午已陷柳城。该敌主力复进出洛满，沿黔桂铁路西犯。十三、十四两日，与我激战于路东西各附近。十五日，该敌复乘我军转进之同时，会台沿公路来犯之敌第十三师团主力，及其由柳城经三界圩驰宜山之一部（该敌另分一小部犯罗城及天河），会攻宜山。十一月十六日，该城陷入敌手。十七日，敌第十三师团所部复沿公铁两路向怀远附近进犯。十八、十九两日，与我于怀远隔河对战。敌以计不得逞，乃以主力向西南，一部向东北迂回怀远侧背。迄廿日，敌迂回成功，我被迫向西转进。廿二日，敌复进陷德胜，会合由北山北窜之一股，经明江窜陷龙胜后，驰金城之南。其主力于德胜，得其后续部队第九师团一部增援后，共约六七千人，分二股，一股向西北犯，经思恩，复分二股，一股北窜宜北，一股向西北犯黎明关。十一月二十七日，该关陷入敌手。而侵入黔境一股，沿公铁路与由龙头向西北犯呼应，窜犯金城江车站。十一月廿二日，该站沦入敌手。廿三日，其一部复经九圩，主力仍沿公铁路经河池、六甲向南丹进犯。自廿四日至廿七【日】，与我激战于东河、大厂各附近之线。廿七日午后，我阵地被敌突破，大厂之敌，廿七日夜复窜陷南丹。廿九日，复西北犯，陷六寨。卅一日，再东北窜，而及黔境焉。

乙、桂东南方面

粤清远敌第十九独立旅团全部，另伪军一部，共约一万三千余人，自九月九日发动攻势，经石坑、北市、赤坑而侵入桂境。九月十四日，陷伍集，续向西北窜，分经冈平、铺门、黎木□〔根〕及开建，于九月廿一日攻陷梧州。同时敌第一〇四师团主力，由清远西南地区西犯，经四会、高要、德庆、封川，于九月廿三日至廿六日间，陆续到达梧州。又敌第廿二师团全部，由粤罗定方面侵入桂省。九月廿一日陷岭溪，继西北犯，到达坡塘圩后，其主力转向西北，经大坡圩而抵大安圩附近。一部北犯，经金鸡圩，十月三日陷籐县。又广州湾方面，敌第二十三独立旅团主力暨伪军一部，共约六千人，于九月二十一日开始北犯，廿二日陷廉江，转向东北，经石角圩、鸭篭圩、天靖圩、黎村圩、杨梅圩，与我节节战斗。迄九月廿七日，该敌进陷容县，再北窜，经平山，九月卅日窜至武林镇、隆间地区。其一部随渡浔江，十月一日进陷平南、丹竹。此时陷梧州之敌，开始向西移动，经古竜、太平，十月五、六两日，陆续到达东平望及丹竹间地区。迄九月，敌之兵力已于平南、丹竹及武林、大安、镇隆间地区集中完毕。十月十日，以第二十二师团一部约五千余人西犯，十二日陷桂平。另一部二千余向西南经油麻，于十一日陷蒙圩。其时，我军向蒙圩及平南之敌攻击，遂于平南北之十字墈东西之线，及思界附近地区暨蒙圩附近，展开激战，历时両周。迄十月廿三日，敌乘我平面方面攻击钝挫之际，以其第一〇四师团主力向我反扑，旋陷我右翼要点之思旺圩。随以一部北向大王圩，向我压迫，主力转向西南犯。同时平南西侧之敌，亦开始溯浔江西犯。十月二十六日，与由思旺圩南下敌，会陷江口圩，续西犯经新新圩、三江圩、东乡圩、五里圩。十一月五日，进陷武宣。同时敌一部千余人，由思旺圩向西北越猺山，十一月三日陷大獐圩，续西北犯。五日，陷象县。又蒙圩方面，敌与我对战至九月卅日，亦乘我部署变更，及其增援到达之同时，向西反扑。十一月一日，陷桂贵、石龙圩，复分二股，一股向西北犯，经寿石圩、寿脚圩。十一月九日，陷来宾，复分二股，一股三千余人北窜，经牛岩、七洞。十五日，陷思练圩，再向西犯。十六日，陷忻城，续西窜。十九日，陷金钗圩。廿日，转向东南，陷古蓬，再向西犯，经拉荒圩，于廿二日陷隆山县，刻该方情况欠明。至来宾敌另一股，十一月十日向西北犯，陷桥巩圩，转向西南犯迁江。此际桂贵、石龟之敌，另一股二千余人向西南。十一月三日，陷贵县，复向西北犯，经覃塘、樟木圩。九日，窜抵迁江南岸，会合前此由来宾窜来之敌。十一月十一日，攻占迁江城，复溯红水河北犯。迄十七日，已进出古万圩、马蹄圩、同安圩之线，企图会同同犯忻城之敌，围攻我野战军，而归失败。该敌大部，旋则向迁江回窜，而沿邕柳公路南犯宾阳。斯时贵阳方面敌陆续增至二三千人，十一月十八日，沿贵宾大道西犯，十一月廿一日，与由迁江南下敌会陷宾阳。另迁江敌一股三四千人（由来宾、象县方面窜来者），似系第二十二师团所部，沿公路南进，至邹圩附近，转向西经新圩西犯，十一月廿二日陷上林县，再向西南犯经马头圩，于廿三日其先头已窜进武鸣。旋以一部向南，会同由宾阳向西南窜犯之敌，于廿五日攻占南宁。其主力二千余人，向西北窜，经锣圩、膺圩，于十二月三日陷果德，四日图再西犯，被我痛击不支，乃沿右江向东南回窜，经隆安，七日退抵那桐后，其主力向南宁，一部向同正窜退，我正跟踪追击中。

丙、桂西(邕龙路)方面

越敌第廿一师团所部共约五千余人，十一月廿八日分二路，一路约二千余人，由谅山、同登侵入镇南关，十一月廿九日陷凭祥，续东北犯，与由七溪侵入水口关之敌约千余人会合，攻击龙州。迄十二月二日，该城陷入敌手。该敌续以一部约千余人，沿左江北岸东犯，六日陷上金，七日续东窜陷崇善。再以一部四五百人东窜，十日陷扶南。其由寺马(谅山东南)侵入爱店之另一股敌约千五百余人，于十一月卅日陷明江、宁明两县。其一部于十二月三日窜陷思乐后，续向东窜犯。又南宁敌一部，同时经吴圩、苏圩，窜陷绥绿，与思乐西犯敌会合，贯通邕龙公路。刻该方面敌寇日来拉伕甚多，似已分股修筑邕龙公路中。

丁、黔桂边区方面

由桂省宜北方面北犯敌第十三师团所部约二千余人，十一月廿八日进陷六都西南之威岩，廿九日续向三都窜犯，十二月二日三都陷入敌手。该敌随向八寨西进，八日窜抵八寨南侧地区，被我迎头痛击及空军猛炸，死伤颇重，其势不支，乃于七日向东南溃退，八日经三都，刻向宜北败退中。又由黎明关侵入黔境敌，系第十三师团一部，约二千余人，十一月廿八日续向北犯，廿九日到达板寨、焖腊之线，与我对敌。目下该敌有无向南撤退，待查。

十一月卅日，由六寨方面窜入黔境之敌，系第九师团部队（内一小部似系第十三师团所属），共约三千余人，窜经上下司，于十二月三日进陷独立，四日更北犯到达米郎坡(独山北廿五公里)附近，被我痛击不支，向南溃窜。我军乘胜于廿八日克复独山，十日续克六寨。该敌刻循原路向河池败退中。

〔国民政府国防部史政局及战史会档案〕

## 28. 第二十七集团军杨森部桂柳会战战斗要报

（1944年12月）

### 第二十七集团军桂柳会战战斗要报

三十三年十二月　日

兼总司令杨　森

参 谋 长潘蔚文

一、会战前

集团军之20A（133D、134D）、26A（41D、44D）、37A（95D）于九月廿四日夜先后开始逐次撤离湖南道县，江华、永明之敌，经半月之长行军，于十月十日在广西平乐、荔浦地区集中完毕。集中完毕后，湘桂边区总指挥部及炮十八团第一营加入集团军战斗序列。

此时西江方面之敌（19BS）已进至平南，湘桂边区之敌（3D）（13D）已进至麦岭、九板桥、观音阁（龙虎关附近）各以西地区，积极准备分进合击桂（林）、柳（州）。集团军奉命拒止龙虎关方面之敌，并先以一部进出平南，策应西江方面军之作战，即拟定作战指导概要如次：

1.以一部固守阳朔，以主力在平乐、荔浦间地区阻敌进犯，迟滞消耗敌人，不得已时，确保修仁高地带要地。

2.对西江方面，先以一部跨越作战地境，于十月十八日开始进出平南。

基上计划，总司令部在荔浦使各军就如左之配置：

1.37A（附炮廿九团第八连）经蒙山以南，向平南之敌攻击，并相机占领之。

2.20A以一部接替二塘、沙子街各附近警戒，主力集结栗木墟附近战备。

3.26A集结荔浦以东地区战备，派出一部接替46A阳朔之城防守备任务。

4.湘桂边区总指挥部所部仍在富川、恭城以北地区，监视敌之行动，阻敌进犯。

5.炮十八团位置修仁。

二、会战间

第一时期

十月十七日，37A在水晏乡、陈村塘以南地区完成攻击准备，十八日开始向平南附近平仲街、安怀乡一带之敌(19BS)攻击，进展极为顺利，廿一日迫近平南北郊，廿二日敌16B/104D由太平墟方面增援二千余西进，平南敌亦乘势向北反扑，我即令37A主动攻击敌人，完成任务，该军遂于廿六日迄廿八日逐次恢复八宝乡、六巧、平仲街、十字琅，并以一部侧击江口，主力续攻平南，牵制之西窜。

作战开始后二日，集团军以兴安方面敌(58D)于十月十七日窜高上街，有与湘桂铁道沿线敌会犯桂林企图，即以26A之44D(欠阳朔之一团)由荔浦向良丰前进。廿三日，该师归夏副长官指挥，参加16AG之作战。

第二时期

湘桂边区江华方面之敌(3D)，于十月廿六日开始由麦岭南窜，廿七日陷富川后，续经古城墟向平乐西进。廿九日，永明龙虎关方面敌(13D)复向南蠢动，均与我当地团队，节节发生战斗。卅一日，西江方面敌(22BS)、(19BS一部)、(104D)，窜抵武宣附近，一部向象县前进。富川敌已到二塘，与我20A警戒部队开始接触。兴安方面，亦在良丰、桂林城郊李家村各附近，与我友军激战。集团军以目下平乐、荔浦过于突出，为连系桂林友军协力作战容易，即基于长官张令，命：37A速经蒙山、新墟，取捷径集结修仁待命，限十一月三日前到达。20A（附野炮一连）以有力一部在荔浦以东地区，迟滞富恭方面之敌，主力限十一月二日前占领修仁附近既设阵地，阻敌西窜。26A之44D即经修仁、头排、满村急进，限十一月三日前到达，占领象县寺村墟之线，阻敌北窜。阳朔守备，由20A搜索营配合地方团队担任。炮十八团第一营（欠一连）限十一月二日到达榴江，归丁军长区处。湘桂边区总指挥所部仍在原区域内袭击敌后，破坏敌之交通通信及辎重。十一月四日，窜平乐敌（3D）经与我20A一部在平乐、荔浦地区节节激战后，进抵修仁附近，继续与我20A主力在6118高地、苏山岭、龙隐岭之线发生血战。至五日，敌我伤亡枕籍〔藉〕（20A133D397i团长彭泽生即在此阵地）。尔后情况推移，如以后各时期。

第三时期

当平乐敌之西进时，集团军决心在修仁附近高地竭力转移攻势，击破该敌，以巩固桂林右翼。十一月五日辰，得知西江方面敌，窜抵武宣及来宾以南地区。由龙虎关、阳朔地区窜桂林附近敌（13D）进抵永福东南，我友军正准备在路清西岸，击破敌人。此时集团军奉命固守柳江西岸战略要点要线，以26A接替柳州防务，即令：37A（附象县民团）于六日前在象县及上西乡、水山村、龙合村概略之线，沿河直接配备，阻敌西进。26A（附柳江民团）于七日前以柳江民国在丹竹乡、双仁村之线，以一部在阳和、上村、静蓝村、雒埠之线沿河警戒，主力迅速集结柳州及其以南地区，担任该方面之作战，先以一师接替62A柳州防务。20A（附雒容团队）以一部在四排墟、榴江之线以东地区，尽力阻敌进犯，主力于七日前转移于雒容、大陆岭、石塔岭、高庙岭之线，沿河直接配备，阻敌西进，并相机击破之。炮十八团第一营开柳州归还建制。各部正就布署间，殊窜象县敌，六日先头二三百人已在鸡沙渡河。永福东南敌六七千狼奔豕突，经矮岭于六日分由黄冕、鹿寨西渡。七日，雒容雒埠亦发现敌情。我20A主力在四排附近地区遂被后方之敌隔断，追向运江乡转进，一部先敌通过雒容到达柳州。26A主力七日匆促进入柳州南北市郊阵地。37A尚未取得确实连络。七日夜，集团军指挥20A、26A、37A、188D(附46A山炮兵一连)、18AR(欠Ⅱ Ⅲ)，九三军战防炮营、炮四七团二公分高射炮一连为中央兵团，奉命以主力固守柳州，以有力一部在柳州以东以北地区，连系左右两兵团，拒止敌之进犯，以掩护黔桂路及宜山之安全。基于上述，从新部署如次：

1.37A(附象县民团，原配属炮廿九团第八连仍旧)即以一部在上西乡、文明村之线，掩护20A主力由运江方面之渡河，主力连系穿山乡附近之62A，在竹山村、难村、基田村之线占领阵地，极力阻敌进犯。

2.26A(附柳州民团、炮十八团第一营、战防炮一连、高射炮一排)固守柳州，非奉命令，不得撤退。

3.188D(附柳城民团、原配属山炮兵一连仍旧)即进出长塘乡、东泉镇以东之线，阻敌西窜，以掩护柳州左侧背之安全，特须与26A及太平乡附近地区之左兵团切取连系。

4.20A (附战防炮一连、高射炮一排)迅速在柳州西火车站集结运江西渡之部队，即开新圩村，准备柳城方面之作战。

八日六时，敌(3D)先头一股约百余、炮一门，在雒埠北端与我26A派驻该地之警戒部队发生战斗后，沿铁道南下。八日晚，敌另一股约六七百，沿柳江东岸向南活动，乘夜由三门江、六座、杜湾村，屡行强渡，均被击退。此时，我37A正就七日之指定位置，罗军长到达四方塘附近，与在柳州南城之战斗指挥所取得连络。20A主力，亦赶到柳州西火车站，依总部当时指示，以134D在柳江南岸鹅岗屯、渡口屯之线，担任河防，派出有力一部，占领鹅山据点，协力26A之作战。133D集结流山圩。九日二时以后，敌复由三门江以北及六座、社湾村强渡，迫近柳州南北两岸，后续部队不断增加，我官兵沉着应战，毙敌甚众。是日黄昏，敌一股又由鸡拉街屡行强渡，当被击退，乃于鸡拉街下游我阵地外之洛维村，乘隙偷渡，被我阻于大桥附近，更向南迂回，与由象县北窜约千余之敌会合。20A方面，九日黄昏后，亦有敌数百迭次强渡未逞。十日九时，由鸡拉渡河之迂回部队，窜至柳州飞机厂南侧，与我26A、37A各一部激战。同时，城内守军，受敌空地猛攻，牺牲甚大，北岸部队受敌压迫，损失尤重，26A遂陷于三面包围。敌到达飞机场后，复以一股约步骑兵千余、炮数门，向我20A、133D阵地右侧背侧及鹅山据点猛攻。同时，柳江东岸之敌千余，藉炮火掩护，分由西火车站及其上游抢渡，企图夹击20A。我37A主力则在飞鹅乡、塘岸村、土桥村之线，一部在四方塘东北高地与敌激战。至188D方面，九日晨敌(13D)数百即陆续由白沙街及柳城西渡融龙两江，一股窜抵马安岭。我以柳城战斗关系柳州全局，遂严令该师务努力歼灭该敌，非奉命令，不得撤退。十一日，26A守备柳州市区之部队两团，围困柳州城内，与敌继续发生巷战。丁军长为尔后战斗容易，率一部到六道附近收容集结，布防警戒。20A续在流山圩以东地区，与敌血战。188D方面，敌千余已窜抵穿山、放架山、牧马场附近之线。

十一月十一日黄昏，集团军奉命为左兵团，指挥20A、26A、79A(残缺不足一师，长官部迳令开小长安乡占领阵地)转移于六塘、中胍、小长安乡附近之线，任龙江以北地区之作战。37A移怀远，归长官部直辖。即以20A立在洛满以西地区，掩护188D向理苗乡附近地区转进归制后，在六塘、中胍乡亘东墟之线占领阵地。26A经三都、水源、三岔乡集结罗城待命。十二日午后，20A在三岔乡渡河始毕，得知柳城敌已窜中胍乡，该军一部扼守六塘南北及阿九山、下坡之线，掩护军主力由三合墟进出隘路，企图获得有利态势后，再驱逐中胍之敌。十三日辰，甫至三合墟隘口，即遭遇千余之敌猛攻，激战数小时，将敌击退。此时，总部由龙元村宿营地正向四把乡出发，亦受敌之攻击，我特务营从容应战，毙敌甚众。十四日八时，沿黔桂铁路西犯之敌（以3D为基干）进抵洛东南北之线，与我友军46A一部激战。由柳城经中胍乡西犯之敌，窜抵龙潭以南地区。我26A暂归长官部直接指挥，已到太平乡（宜山以南）严整战备。20A在门冷寨（宜山以北）东西之线，阻击由龙潭西南窜之敌，掩护宜山左侧安全。我以罗城空墟，遂改令尚在融县附近之79A于十八日前集结罗城、四把乡间待命。

十一月十七日，怀远方面发现敌情，集团军以确保思恩附近地区之目的，令20A即由门冷寨附近秘密脱离敌人，向思恩东南地区转进。令79A于十八日辰前集结天河，准备连系20A作战。十九日拂晓，20A拟连系在怀远沿河对战之26A，占领九柱（不含）、安马墟之线，担任河防。午刻，甫通过索敢墟、浮桥，向九柱、安马之线前进，即受由怀远附近窜来约数百之敌（13D、3D各一部），乘隙由安马墟渡河攻击。该军自本年五月开始连续作战半年以来，现有实力仅足五个营，我为加强安马墟附近之防守，即令79A速由天河出发，于廿日前兼程到达思恩集结待命。廿日一时，由安马墟附近渡河之敌，已增至步骑兵二千余（属13D）、炮数门，我20A在九柱、辜独山、564.5、492、406.7各高地亘索敢墟、养洞之线，与敌浴血苦战，寸土必争。适26A回归集团军建制，我即于廿一日〇时卅分，令该军以一营在理底、怀远、九柱原阵地，监视敌人，主力即在德胜墟以东地区占领阵地。令20A在现阵地击破敌人，确保九柱、安马、索敢之线沿河以西要地。迄廿一日晚，20A当面敌（13D）增援猛攻，该军予敌重创后，一部在下远（人和乡西）、九歪及冷水坳、龙门山之线，逐次掩护军主力向思恩转进，与敌彻夜战斗。廿二日拂晓，敌一部约一加强大队，由20A、133D左侧迂回思恩，该师主力被敌隔断，仅一部随军，其他各部抵洛阳墟。26A于廿一日在德胜墟附近与敌（3D）激战后，闻三江口、金城江均有敌人，并知东江铁桥已破坏，沿铁道后方无法通过，正向温平乡前进。79A未取得连络，致我拟将该军转用宜北方面之计划无法实施。

第四时期

20A十一月廿三日后，在思恩西北地区李烈屯一带，逐次阻止敌之突窜。26A自廿四日晚脱离东江乡附近之敌，向荔波以南地区前进，期与20A会合各军进出山地，沿途迭受暴民劫扰。廿六日黄昏，20A当面社村乡之敌约步兵三四千，在黎明关附近，与我友军97A587i发生战斗。此时，集团军有掩护通独立要道，并即以有力一部接防黎明关之任务。即令正通过中南乡北进之26A先以一团星夜兼程前往，并通报587团尽力支持，俟交防后撤离。廿七日，该方面战斗较烈。是夜，黎明关为敌侵入。我以26A尚在下干乡，即抽调20A134D由峒腊星夜驰往板寨北侧亘峒腊之线，加入战斗；令杨军长率133D由大河坡集结洞塘、联保，原正面留置搜索营，严密监视敌人；总部进驻洞塘、联保指挥。迄十一月卅日，20A在板寨、蒙加隘（黎明关东北）一带地区，利用地形，迭挫敌锋。

十二月一日，20A与敌在水扛东西之线激战。26A亦经翁昂、寨马赶到荔波。惟79A仍未取得连络。我为确保荔波以策应南丹、六寨、独山方面之作战，决心续在水扛、毛兰之线阻敌北窜。随令26A以一部在水扛东西之线占领阵地，并接20A防务，20A即在水扛（不含）以东同黎、毛兰之线占领阵地，阻敌北窜。

二日，集团军对长官张之通信中断，粮弹两缺，兼无贵州军用地图，此时奉命向后转移之三合，又被经宜北、威岩之敌先陷，独山亦有敌人。在三面受敌中，十二月三日，乃向东突围。四日，击破横阻三洞之敌，向榕江前进。五日，都江之敌截击我于坝街隘路中，致我20A之134D及26A全部隔断。十二月十日以后1134D乃绕道南方来榕江，随军转移施秉附近整补。26A自十二月九日在三洞附近努力侧击截击由三合向东南回窜之敌。十二日，乃经丹寨向老黄平附近地区集结整补。

三、会战终

亘会战全期，获得战果及敌我伤亡损害比较如附表。各部队将士用命，不惧艰辛，尚能克服一切困难。

四、附件〔略〕。

〔国民政府陆军各部队档案汇集〕

## 29. 军令部编桂柳会战经过概要稿

（1945年2月8日）

桂柳会战战斗要报

三三年八月八日，敌陷衡阳后，在湘桂路方面，陆续集结3D、13D、40D、58D、116D、6TKB，共八九万人；在西江方面，集结22D、104D及19BS一部，约三四万人；雷州半岛方面，集结13BS三四千人，准备分途进犯，图陷桂柳，以贯彻其陆上交通企图（敌我态势如附图其一〔略〕）。我为打破其企图，乃于九月十三日行如下之部署：

一、93A推进全州，固守其阵地，非有命令，不得撤退。

二、杨副长官森率20A、26A、44A，取道零陵、宁远间，向道县前进，侧击敌人，阻敌西犯，并准备参加桂柳之决战。

三、李副总司令玉堂率10A、62A、79A，于湘桂路沿线迟敌行动，诱敌至全州附近时，向北转入湘西山地中，侧击东安向资源窜犯之敌，掩护我全州守备军左翼之安全。

四、31A、46A迅集结桂林，机动控置，并于城郊构筑永久工事，相机击破突入桂境之敌。

九月十日，由零陵方面西犯之敌58D一部，于十一日三时，其先头百余人，向我粟山、黄沙河右岸阵地攻击，五时，敌以其后续部队协力进犯，我93A之一营，以营长伤亡，致黄沙河阵地陷敌。十三日午，敌复集敌约四千，附炮八门，战车十余辆，向我93A全县阵地全线猛攻，激战至申，我中央阵地公路两侧地区，被敌突破。旋于城郊血战至黄昏，竟由东北门突入城内，我93A不得已逐次转进界首。

另敌一股约四五千人，炮十余门，十一日由零陵向道县进犯，十三日陷道县，至十四晨，分一部西犯永安关，一部南犯永明，十五日与我军激战于上江圩附近。

又新宁敌约一联队，其先头部队于十三日晚窜陷资源城，十四日续有南犯兴安之样。

同时，雷州半岛敌13BS三四千，由遂溪北犯，十二日午后窜至廉江、太平圩，十三日窜至石角。

广州敌以19BS之98KS为基干，约二千余，十一日窜广宁，十四日陷怀宁，续犯信都。同时，三水附近之敌一股，十一日窜高明，一股窜四会，另一股分趋高要，并向德庆进犯。

广州西江方面，敌104D、22D，约七八千，十一日窜四会、高平，十三日窜高要，有续向德庆进犯模样，于此更暴露敌犯桂柳之企图。十三日午，我又行如下之部署：

一、7WA西江方面之35AG，改归4WA指挥，率64A及各地方团队，以阻西江及南路进犯之敌。

二、97A到达南丹后，准备必要阵地，以固后方管钥。

三、93A主力应速移界首，并派一部在咸水车站附近阻止敌人。

四、全州预屯粮弹，即行破毁，以免资敌。

广东西江方面，四会敌增至四五千，十五日下午六时进占高要。我35AG之一团，与敌激战于禄步附近。另一股由高明、开平窜西江南岸，经我挺三纵队及地方团队尾击侧击，于十五日将开平克复。惟经怀集西犯之敌五千余，于是日下午三时，其先头四百余，窜抵信都。另以一股二千余，向开建进犯。判断敌人有分股趋我梧州企图，即行如下之处置：

一、令七、九两战区各以一部分向西江南路及湘桂路方面，截断敌后交通补给。

二、高雷守备区及西江35AG之两个团应努力迟敌行动，掩护桂柳东南门户，使主决战方面之作战容易。

我7WA以一部向清远之敌攻击，十五日克复太平市、三坑圩。155D亦取果敢行动，攻击由廉江北犯平南、丹竹之敌，竟于十六日攻克石角圩，敌避公路循小径，续向北流窜，并向陆川窜扰，十七日窜六青（容县东南50km），十八日续向容县进窜。

此刻犯桂柳之敌，经我93A猛烈阻击，十七日仍与我在咸水、界首附近激战。同日道县敌分一股二千余，于下午八时窜陷永明，一股二千余，于下午三时陷江华。而怀集、高要等处敌万余，亦全部经德庆向梧州进犯。其窜犯开建、信都之敌，于十八日午后窜至梧州东北黎木根附近。二十日晚，梧州陷敌。另敌一股，约四百余，附炮二门，由高明经云游关向罗定进犯，以侧击我梧州守军之右翼。我决定击破进犯西江及南路之敌，部署如下：

一、93A应在界首、白沙、大溶江之线，努力迟敌行动，以利西江作战。

二、杨副长官应率20A、26A、37A，迅以主力向道县之敌侧击，断敌交通，使西江方面作战容易。

三、135D以一团先进出籐县北岸地区，掩护该师主力在桂平集结，相机进出平南及其以东地区，击破西江进犯之敌。

四、邓总司令龙光指挥所有在南路及西江以南之高雷指挥部155D及156D各一个团，以及地方团队，先击灭进犯容县及其附近之敌。

道县敌二千余，经我20A一部攻击，敌负隅顽抗，激战甚烈。敌以一部由灌阳窜四富，一部由永明窜桃川，分别向龙虎关推犯，企图扼取桂东门户。我令湘桂边区甘总指挥丽初率该部迟敌行动，以利作战。在由全州西犯之敌，仍被我93A阻止于咸水、白沙、麻子渡之线。迄至二十三日，敌不逞。惟西江敌，二十日陷梧州，后续向西犯。同时容县亦于廿二日下午五时被13BS攻陷，廿四日窜达都萌(丹竹南30km)，续向丹竹机场进犯，判断敌似以主力沿湘桂路，以一部经龙虎关进犯平乐、荔浦，另一部由苍梧、容县西窜桂平，或北窜蒙山，破坏我防空情报，排除柳州空军威胁，以围攻桂林之企图。廿四日，我以确保桂林之目的，部署如下：

一、31A军长贺维珍，指挥170D、130D，固守桂林。

二、93A固守兴安、严关口、大榕江之线。

三、46A军长黎行恕，指挥188D、175D，以一部固守高地圩、海洋圩、朝田圩各隘口，主力控置桂林东南方大圩附近机动使用。

四、27AG应在江华、永明、道县间地区，以一部截击敌后补给，主力向沿湘桂线敌左翼侧击，以利桂林方面作战。

五、李副总司令玉堂率10A、79A，击敌之右翼，以利桂林作战。

六、135D即开桂平，协同155D，阻击苍梧、容县之敌。

廿五日，桃川敌千余，附炮、骑四百余，将龙虎关东北阵地突破，未刻敌陷龙虎关。而容县向丹竹进犯之敌，亦已迫近。梧州敌约万【人】，廿七日窜抵古龙市，廿八日窜抵太平圩。判断当面敌人似有彼此策应进犯桂柳企图，我决以有力一部远拒西江之敌，主力集结于荔浦附近地区，诱致龙虎关之敌于荔浦附近而歼灭之，部署如下：

一、46A秘密集结于阳朔西北地区，击破由荔浦进犯之敌。

二、64A于修二秘密选择占领阵地，协力46A夹击由荔浦来犯之敌。

三、93A沿湘桂铁路兴安行逐次抵抗，竭力拒敌，接近桂林，使我决战方面有利。

四、李玉堂部位置桂林以西地区，掩护桂林防守军之左翼。

五、杨森集团应以26A于江华、永明间地区，威胁敌后，截断交通；26A、37A应于十月一日推进富川，协同荔浦方面，攻击敌之侧背。

六、甘丽初部应于恭城附近迟敌行动，并协同杨集团主力，攻击敌之侧背。

七、玉林指挥所即于平南附近，竭力拒止西江敌人，如敌人主力由蒙江向蒙山企图与龙虎关之敌于荔浦附近会合时，应即向东侧击该敌。

八、35AG以一部袭击敌后，以主力击破容县、平南间之敌，协同玉林指挥所方面之作战。

九、62A即于柳州归战区直接指挥，准备作战。

十、桂林防守军应按原防守计划固守桂林。

廿九日下午，咸水敌数百窜抵兴安附近，另一股数百窜抵兴安东南九块田附近。同日由雷湾方面窜抵武林敌约五、六千，分股渡过蒙口、平南，丹竹遂告陷敌，我135D守备团即向西北撤退。

十一月一日晨，界首敌猛攻，突破我兴安东南邓家村阵地，我93A之10D微向后撤，兴安城遂于上午失陷。三日，敌集六、七千，大小炮四十余门，拂晓向我93A老堡村南北之线猛攻，我伤亡甚重，势难支持，晚八时撤至大溶江之线，续与进犯之敌激战。

梧州方面，窜抵太平圩之敌二千余，一日续向西犯，与丹竹、平南敌会合，与我135D、155D激战，我终以敌火制压，逐向西北撤退，敌一面向我尾击，一面即于浔江南岸构筑工事。六日，敌约二千余，分两股向桂平以东地区窜犯，与我155D隔河对战。我为确实掩护柳州空军基地之目的，利用桂贵、石龙、桂平、金田村、江口一带有利地形，相机击破桂平西犯之敌，即指示西江各部队任务如左：

一、135D、155D各以一部守备白沙及江口之线，主力分置蒙圩、金田村之线，构筑工事，拒止敌人。

二、桂绥第一、二两纵队，位置石龙及东中乡之线，构筑阵地，准备参加155D作战，并相机击破敌人。

三、466R、476R即向麻洞地区对玉江进犯之敌，侧击尾击，打击其渡河之企图。

四、邓总司令即赴武宣指挥；在邓总司令未到前，暂由周副总司令统一指挥西江各部队。

十一日至十二日晨，大榕江敌反复向N8D阵地攻击，及江华、永明、龙虎关等处对战之敌，均被我击退。而梧州敌万余与平南、丹竹敌会合后，十一日晨于桂平南官江圩渡河，攻占蒙圩，分向桂平城攻击我155D一部，激烈巷战。迄至十二日午，我守军全营壮烈牺牲，敌亦伤亡惨重。战区决击破平南、丹竹之敌，以利尔后作战，对西江各部队部署如下：

一、155D应迟滞由桂平西犯之敌，以掩护主力集结。

二、桂绥第一、二两纵队迅在石龙附近占领阵地，拒止敌人。

三、135D以一部占领金田村之战，支援37A，攻击由江口、思明向平南、桂平进犯之敌，并掩护主力集结。

四、46A黎军长指挥188D、175D车运武宣以南地区，机动使用。

五、64A速向武宣以南地区前进，须于廿一日前完成会战准备。

六、37A于十月十七日前于大王圩及其以南地区完成攻击准备，十六日开始向平南及其以西之敌攻击。

十月十一日，渡窜桂平、蒙圩敌，向官圩猛击，被我击退。其一部与我155D主力在蒙圩附近战斗。而湘桂正面敌，于十四日晨向大榕江，并分一部向松江口，企图迂回我阵地，亦被我10D阻击。迄十六日，大榕江阵地，敌我反复争夺，失而复得者再。十七日午，敌被我猛攻，不支，向东北败退，我当全克大榕江。又十四日晨，敌一部进犯高上田，一部犯松江口，我即部署如下：

一、派131D副师长郭少文率二营赴桂子隘，并向〔相〕机收复高上田。

二、N19D向海洋圩拒止敌人，接近漓江，并向〔相〕机收复高上田。

三、93A在小榕江之线极力拒止敌人，并驱逐松江口之敌。

犯松江敌为106B/58D之一大队，企图迂回小榕江我39A主阵地，即派10D向该敌攻击。十八日黄昏，敌大部被歼，我遂克复松江口。

敌58D另一部，十七日晨向兴安南高上田进犯，当被我31A搜索营阻止，该敌即就原地构筑工事，以待其后续部队到达。我为制机先计，廿一日晨在西江方面之我军，分两路向敌攻击。是日，155D攻占蒙圩西北地区，159D攻占蒙圩西南地区，敌伤亡甚重。廿五日，我155D及156D一部协同159D，围攻蒙圩，残敌筑工顽抗。廿七日，敌乘我转用兵力，向我左翼反攻，奋勇搏斗，竟窜陷石板、护村。迄午续犯新圩，与我桂绥二纵队激战。我军因黔江右岸战况不利影响，即令暂停攻击。且以敌情剧变，于廿六日抽62A之157D开赴武宣，归周副总司令祖晃指挥。我135D主力于廿八日申，先后由罗壁、牛冲之线，转移至三江圩附近，与桂绥二纵队协守新阵地。亥刻，敌约二千，便衣队三、四百，续向我阵地进犯，激战至廿九日卯，我伤亡甚重，独三团长李华负伤，不得已转移三江西南地区。迄午，我被迫逐次转移花雷以东附近之线。我157D增援至武宣，廿九日占领上洞、分龙、界顶之线，拒敌由花雷西侵。三十日午，敌千余犯界顶，无进展。三十一日亥，增敌四千，反复向我肉搏数次，卒赖将士抱必死之决心，于十一月一日未刻，终将顽敌击退，敌遗尸二千余，当经该师进占马岭、甘澜之线，掩护159D转进。

当西江战斗方酣，湘桂敌即猛攻高上田，与我N19D反复争夺。

迄廿七日，敌增五、六千，分三股窜犯，一窜城墙顶，一窜高上田西南地区，另一股窜马头尾。其在灌阳西南茅竹市敌二千，二十七日亦向西窜犯，先头部队已窜抵桂林东25km之铁坑附近，激战甚烈。同日，湘桂路正面，敌增至三千，与我98D桃子隘、长冈岭之线反复战斗，迄晚敌千余向雷公店、灵台攻击。卅日，敌一股约二千人，到达大面圩及大河圩，一股约千人，窜至桂林火车北站。三十一日晨，向桂林北极路攻击，当即发生激战。另敌一股经灵田圩，于卅日进出冷水圩附近，并以便衣队在桂林西郊大村、六合等处活动。其后续部队由灵田圩续向桂林前进。

龙虎关方面，敌约二千人，亦于卅日午南窜上下林村附近，另一部敌约五六百，经嘉会窜抵兴平圩东南地区。综计进犯之敌，约七师团，其先头已窜至桂贵、石龙以东及平乐、罗锦圩、苏桥各附近。我为确保桂柳，掩护黔桂路安全之目的，即行如下部署：

一、邓龙光方面军，以一部于武宣、来宾以南要地及二塘庙、王圩各附近地区，竭力阻敌北进；主力迅速转移于红水河北岸、柳江西岸直接配备，阻止敌渡河，并相机予以击破，并以一部使用迁江以西红水河右岸，掩护通宜山、河池道路。

二、杨森方面军，以一部在四排圩、榴江之线，极力阻敌进犯；主力迅移于象县、江口圩、雒容以西沿河之线，直接配备，拒止敌之渡河，相机予以击破；以26A（先以一师兼程开柳州接62A防务）开柳，准备阵地固守。

三、夏威方面军，对桂林漓江方面之敌，以主力在永福以北地区，竭力阻敌；并以一部在定安乡、百寿各概略线构筑阵地。

十一月十日①，桂林附近敌四、五百，炮二门，战车三辆，向我清风桥附近阵地攻击，被我击退后，敌即以一部分三股围攻桂林城，主力继续南窜。二日，城东、城北发生局部战斗。三日，敌步炮约三百余，攻击申山，我以一部逆袭击退，敌遗尸颇多。五日，敌

① 原文如此，“十日”似为“一日”之误。

数百以炮火支援，猛攻星子山，我守军连长阵亡，敌以一部约五十，突破我阵地。其另一部四百余，猛攻茅茅头，均被击退。是晚，敌分若干小队，于城四郊碍口钻隙迂回，肉搏攻击，我守军抱与阵地共存亡之决心，虽不断受敌陆、空、毒气之迫压，仍继续城东郊普陀山、星子山、申山、猫儿山与西北郊士敏土厂及东方隘路喋血恶战。五日申，猫儿山及星子岩两据点，复受优势之敌四面围攻，我守军以众寡悬殊，炮火支援不及，各据点遂于六日晨失陷，我守军亦全数殉职。敌续增援，向我屏风山、普陀山进攻，激战昼夜，卒于七日申刻被敌攻陷。未刻，敌即向中正桥及北地区激烈猛攻，大头山方面形成拉锯式争夺战。八日黄昏，敌集兵力约二千，猛攻四郊，尤以东郊战斗最烈，敌并施放大量毒气，我七星岩、月牙山守军全部牺牲，各据点亦相继陷敌。九日拂晓，敌渡过中正桥，一部突入东环路，一部突入皇城，我桂林城陷入苦战状态。延至十日午刻，此举世注目之名城——桂林陷于恶寇。

进犯桂林城之58D、13D、3D主力沿铁路南下，战区决吸引敌人于柳州附近地区，与敌决战：

一、邓龙光方面军，以有力一部沿红水河北岸、柳江西岸守备要点，主力在穿山圩、良塘各附近占领阵地，拒止敌人，必要时以一部控置大塘。

二、杨森方面军(附188D)，以有力一部在柳江、洛清江西岸及雒容山地区守备重要地点，拒敌进犯，以主力固守柳州。

三、夏威方面军，应将79A加入桂林防守军作战，对永福之敌，应极力阻止，尔后在中渡、三皇及其以东概略线占领阵地，拒止敌人；另以一部掩护通长安要道。

四、46A(欠188D)集结于三都附近。

经永福南下之敌，主力六日沿铁路陷榴江、鹿寨后，续南窜，七日陷雒容，续向柳州进犯，九日晨，柳州南北两岸敌夹击益烈，我26A沉着应战，毙敌颇众。旋以象县窜来敌千余，会合后，急袭我机场．激战三昼夜，敌我伤亡均重。十一日，我以桂林陷敌，柳州似无决守之价值，该军向西突围，逐次向宜山转进（附图其二〔略〕）。

龙虎关敌一部分向富川、钟山进援，其在平乐敌主力约1R，三日窜占荔浦城。我153D及134D各一部，于四日拂晓迄黄昏，在荔浦、江坪等处，迟敌行动，以掩护主力转进。五日，敌竟陷修仁。八日，与由黄冕进犯之敌会合后，续向西犯，企图迫我柳州。我35AG受左翼不利战况影响，逐渐向西转进。而蒙圩敌分两股，一股约千余，经大圩（贵县南30km）于三日窜占贵县，一股约二千余，三日午窜占桂贵、石龙。由三江圩经花雷进犯之敌，主力会合后，复窜东中乡，五日陷武宣，七日经南圩（武宣西北25km），八日窜正龙圩（武宣西北45km），企图渡红水河，以迫柳州，当被我62A击退。八日，武宣窜固岭、正隆等之敌，复分由迁江、来宾、正隆各渡口窜过红水河后，分两股，向朔河圩、周安圩（炘县南30km）进犯，与我64A发生激战竟日，终以炮火制压，朔河圩、周安圩（均炘城南15km）于五日陷敌。十六日，分窜金钗圩、隆广圩。十九日，向拉烈圩进犯。廿日晨，陷隆山，与我35ACT一部激战于城郊。其在迁江、宾阳之敌二千余，又分向武鸣、南宁窜犯。廿二日南宁、武鸣两处均陷敌手。我为竭力阻敌西犯，并相机击破敌之目的，处置大要如下：

一、着46A（欠188D）星夜兼程开三岔，限十一日午前达到，主力占冷水亘三岔乡，一部进出河北大塘、中脉乡之线，占领阵地，拒止柳城、大浦方面敌西窜。该军归杨兼总司令指挥。

二、27AG以一部进出龙江河，滞迟敌由柳城、大浦西犯，并掩护46A占领阵地。

三、35AG应以有力一部至大塘、思练之线，占领阵地，迟敌行动，以掩护三岔主阵地右翼之安全。

十三日晨，敌续向西犯，陷我三岔。十五日下午，窜过宜山。

十六日午，窜抵怀远河东岸。我为竭力阻敌西犯及相机击破，部署如下：

一、右兵团应于现阵地竭力拒止敌人，应确保都安区九渡附近之线。

二、中兵团应确保北牙怀远之线。

三、左兵团应迅速向西北转移，确保天河以北之线。

怀远东岸之敌，与我激战一昼夜，迄未得逞。十九日，敌以一部佯攻怀远，一部由江山、巴安马渡河，威胁我怀远侧背，主力则向北牙对我37A阵地猛攻，并更番肉搏，突破我阵地，即窜喇浪，廿日午后，窜抵三江口。其另一部窜保坪圩。我以情况紧急，即饬将此次湘桂线转运麇集之物资，彻底破坏。廿三日，敌千余窜抵金城江，是晚窜抵大山塘。我为确保黔边屏障陪都，相机击破敌人，即行如下调整：

一、六战区抽调94A、87A由现地向黄平镇集结，侧击北犯黔南敌之右翼，并须确保黄平、镇远地区，以利主决战方面之作战。

二、八战区抽运29A、98A、9A、13A、57A集结贵阳、马场坪、都匀、独山间地区，一举击破北犯黔南之敌，以确保贵阳。

三、以上各军及原在南丹、河池守备之97A，统归汤恩伯指挥，担任黔南之作战。

廿一日，占领河池之敌一股步炮二千余，沿黔桂路犯我97A大山塘前进阵地，激战至廿三日晨，阵地失得两次。迄至廿四日午，我因伤亡重大，复以另敌步炮千余由河池沿小径西窜大厂，同时思恩敌经黎明关窜至榕江、三合附近，我97A逐次撤退南丹、六寨等处。廿九日，敌窜下司。卅日，迂回黑石关。一部约一大队窜至三合东端附近，似有向都匀迂回企图。以我杨集团转战日久，逐次向北撤退。该敌续向西犯，十二月一日与我91D主力激战。三日，敌增至五千，猛攻黑石关、甲捞河一带，激战竟日，敌我伤亡均重，且我两翼受敌包围，竟于五日晨一部窜入独立城内，经我91D侧击，八日午刻，即将独山城克复。并以一团迂回独山以南地区，侧击南撤之敌。同时我169D之一团，向八寨搜索猛攻，卒于五日午后克复八寨，六日克复三合，十日克复荔浦。并协力我91D，续克上下司及六寨等处。十二日，克复南丹。十三日晚，克复东河。并与我46A协力，包围河池之敌。十四日晚，敌增援二千，向我反攻，喋血争夺，拉锯冲杀，敌我伤亡均重。我以各部转战日久，仍就现地相持，力求整补，以备反攻，桂柳会战遂告结束。(附图其三〔略〕)

经验及教训

第一、作战指导方面

甲、敌军

一、敌攻陷衡阳未及匝月，即进犯桂柳，可谓合兵贵神速之原则，超出过去敌会战间隔及会战准备之惯性，致我准备不克周到。

二、敌攻陷衡阳后，即积极从事先打通桂越路，致我增援不及，终达目的。

三、敌从广正面分进合击，同时进犯桂柳，踏我防广兵单之隙，使我处处无法应援，顾此失彼。

四、敌突破我一处后，即锐意扩张战果，大胆深入，适捕捉我军侧背感觉锐敏之缺憾，故能集中优势兵力于重点方面，以致成功及进展迅速。

五、以支队分别流窜，不顾后方，冒险深入，直扑战场要点及有利目标，以使主力方面作战容易，其指导及运用，俱较圆满。

六、敌利用中国民众运输粮弹，故虽道路破坏，仍可继续攻势，锐意前进。

七、敌之神经攻势，配合军事攻势，容易摇感我之军心、士气及民心。

乙、我军

一、我军初期以兵力劣势，在指挥方面，缺乏积极性，未能乘敌分离之际，予以打击，致敌各路轻易会合，完成包围态势。

二、桂林东北方一带之隘路口，事先未置适当兵力，以行扼守，致未获得余裕时间，影响桂柳工事构筑及作战准备，不少违背持久战之原则。

三、敌分进合击之势已成，我又图击破西江方面之敌，立案精神固佳，但为时已晚，无补战略上之缺憾。同时攻守方面，俱未达成任务，以致西江之敌畅然进犯，颓势不易挽回。

四、撤退过速，致我阵地尚未占领完毕，敌即跟踪追至。

五、一般指挥官缺乏必胜信念、旺盛精神，以致虽有完善计划及部署，无法遂行战斗。

六、军队一般精神不甚巩固，士气衰落，加之转战千里，疲劳过度，致不能发挥战力。

七、对散兵游勇及难民，事前未加妥善处理，影响前方士气、后方民心甚大。

八、交通状况十分恶劣，公私物资、车辆梗塞道途，前进后退，均受重大牵制，影响作战不小。

九、一般指挥官缺乏冒险果敢性，迭遇良好之侧击尾击时机，亦避不实施，致敌毫不顾虑，后方大胆抽兵，乃减少我方战略上之价值。

第二、一般战术方面

甲、敌军

一、敌在每一会战，必有其适合战场之编组及装备，在此次发现者为：

1.小支队之编组，轻装流窜，不要后方。如23BS由雷州半岛窜丹竹，19BS第一〇四师团之一部由怀集窜梧州是。

2.加强山地装备。由西江进犯思旺、金田村之敌，携带梯子、手套及绳索，故攀登较为便利。

3.配属大量之民伕及伪军，一方加强运输，一方虚张声势。

二、敌之战斗精神及意志，迄今尚未衰落，如蒙圩虽迭经我盟机大举轰炸，我陆军包围攻击逾周，始终顽抗不屈，可见一般。

三、敌惯于钻穴攻击，分遣小部队到处搜索，我之弱点，一经发觉，立即乘之，每每突破我阵地。

四、敌在各方面，惯用迂回包围，迭见不爽，此次亦然。

五、敌占领一地，必加强工事，立脚一稳，即不易攻克。

六、敌之伪装及防空纪律，特别讲求，对我盟机轰炸，减少不少损害。

七、因预想战场有不少河川，敌对渡河材料，准备特为充分，以致攻势进展丝毫不受影响。

八、敌因过去及现在知我防御配备，多注重公路及大道附近，故此次多循小径，每出我意外。

乙、我军

一、兵力薄，正面广，配备方面不求节约，及形成纵深据点，仍存处处防守之观念，一经被敌突破，即无法维持阵地。

二、各级司令部对陆空联络，不大确实，致盟机效力未能充分发挥。

三、各级干部掌握不确实，阵地被敌突破，即无法收容及连络，无形中战力削去大半。

四、各级干部对情报搜索，既不严密，情报判断，又不确实，道听途说，往往影响指挥官心理及决心。

五、渡河材料不充分，前进后退，困难特甚，影响作战不小。

第三、一般方面

一、政治不能适应军事要求，军队不能得民众协助。此次作战，各级政府多行迁移，一般民众率多避难，致军队运输方面，发生诸多困难。

二、地方政府既行迁移，各部队副食补给发生问题，军队为作战及给养关系，往往涉及民众物资，致军民感情不大融洽，合作方面发生缺憾。

三、战区之间，协同不力，未能发挥侧击及牵制之效，敌遂易于集中兵力。

四、各地方团队虽间或协助国军作战，但往往有劫取国军搜索斥候枪枝情事，致军队对派遣斥候有所顾虑，影响搜索及警戒不小。

五、国军多养成依赖空军惯性，一缺乏空军协助，战斗即感觉困难。当衡阳及桂柳以东之战斗，国军因受盟机之充分协助，战斗遂行容易。迨桂柳机场破坏，盟机撤至滇、黔后，国军战斗遂行困难。

六、有线及无线电信人员及器材，多不能追随指挥官行动，致各级司令部在移动间，通信中断，各高级司令部在行动间，多因交通困难，司令部主要人员乘车，通信人员大部徒步，不能追随行动，影响指挥及连络甚大。

〔国民政府国防部史政局及战史会档案〕

## 30. 军委会调查统计局为日军进犯黔南都匀惨遭大火情形公函

（1945年2月19日）

肇旭渝字第四一二号

国民政府军事委员会调查统计局公函　中华民国卅四年二月十九日

据报：敌寇犯黔南时，都匀各军政机关听信谣言，于十二月三日夜，悉数盲目撤退，都匀秩序顿入混乱状态。而混迹于难民散兵中之敌谍奸细，遂同时四处放火，致都匀精华之场坝市街，尽付一炬，人心更加惶惑，奸间则益肆活跃。同时在此纷乱之后、都匀城区民房，或成废墟，或成空舍，于是各难胞、散兵，纷纷据居。如沙包铺一地，共有民房五六十间，居民则遍地满屋，然而询遍全区，皆卅原住人户，而都匀大桥对岸平原，更有新房数十栋，亦尽由难民建筑。鉴于以前大火之起因，与谣言之风行，即可深信难民、散兵之中，必有奸细混迹其间无疑。以目前都匀散兵、难民之普遍居住，则奸细混迹，更属不免。等情。相应函请查照参考，转饬当地驻军就近整饬防范为荷。此致
军令部

〔国民政府国防部史政局及战史会档案〕

## 31．宋雪槎报告敌犯桂柳损失惨重等情电

（1945年8月）

（1）8月23日密电

渝部长徐：3211。谨将柳州情形电呈如下：一、敌侵占柳州后，均利用我固有，设于我伪县政府警察局等，均组织成立，反宣传标语，尚隐约可见。二、敌撤退时，与我军在拉堡街及飞机场进行较激烈战斗外，市区无甚抵抗，敌兵力约三千人。三、柳州南北两岸市区房屋，除一部系去年我撤退后被炸毁外，此次敌撤退前，四出纵火，焚毁市区，仅偶有一二完整房屋或残余一二间外，余悉被焚毁，形状至惨。但附郊房屋大多完整。待续。职宋雪槎叩。未梗。印。

（2）8月29日电

渝军令部长徐：谨将桂林视察情形呈次：一、敌侵占桂林后，于桂林西北险要山隘，构筑多数坚固据点工事，此次我军攻击，采越点强袭，放胆迂回战法。二、与我九十四军及廿九军在桂林外围作战之敌，番号复杂，初期兵力约万余，战斗亦较激烈。至迫近城郊时，敌不及二三千人，除南关外有抵抗及反扑外，市区无战斗。但九十四军未能迅速进出灵川以南，断敌退路歼灭之，□为此次作战之最大缺恨。同时指挥协同，亦欠周密。待续。职宋雪槎叩。未

艳一。印。

（3）8月29日密电

渝军令部徐：3211密。续未艳一电。三、获敌文件，到廿七集团在开始作战之命令，即为敌侦知，幸九十四军部署变更迅速，未为敌所乘。四、湘桂铁路衡桂段敌，仅利用铁辆汽车行驶，桂柳段未能利用。公路时有车辆往返。五、桂林但有伪维持会，市民有一二万，陆空放烟赌①，并设戏院。敌付〔？〕于城内及乡村，均以复兴队探之，每队三五人不等。妇女十九被其奸淫。待续。职朱雪槎。未艳二。印。

（4）8月29日电

渝军令部长徐：续未艳二电。六、桂林市区及郊区房屋，除一部被我城防军于去年焚毁及空军炸毁外，此次敌撤退前十日，即纵火焚毁。我军进入时，仅有余烬，颓垣断壁及满室乱草，成为废墟。据市政府调查，城区仅余房屋六七百间，城郊残余与完整者较多。七、市民已陆续回城者，据市政府估计，约有二三万人，难民收容千余，多外省籍，内多妇孺及疾病者。待续。职朱雪槎叩。未艳三。印。

（5）8月29日密电

渝军令部长徐：3211密。续未艳三电。市面除有小贩卖食物，与间有架设屋宇，短期难为恢复十之一二。八、敌于桂林遗留之军用品，多为我去年城防军所遗弃。九、桂林市民对去年城防军纪律之败坏及不战而溃，至今犹甚痛心。十、湘桂铁路全州以南之桥梁，均已爆破，枕轨尚完整，公路桥梁及渡船大部，以目前除政门桥或便桥，免〔勉〕可通行吉浦东，卡车在两月以内，实难通

① 原文如此。

行。有电信,现均不通。续完。职朱雪槎。未艳四。印。

〔国民政府国防部史政局及战史会档案〕

## 32. 第二十军参加桂柳会战战斗经过概要①

（1946年11月）

一、战斗前敌我形势概要

（一）长衡会战终止后迄十月上旬以来,敌兵约二万余,分布道县、江华、灌阳等地,一部千余人,进据龙虎关、麦岭各附近,有企图由湘桂边南犯平乐、荔浦进出柳州之样。

（二）军自五月下旬至九月下旬经长衡会战后，原有步兵约二十一营之战斗力,经此四阅月作战,【除】伤亡及新二十师被留九战区外,尚存战斗力约七营。九月下旬,奉令由道县以南地区经蓝山、恭城道向平乐附近转进。迄十月九日,到达平乐、荔浦间集结待命。十月十四日奉到第二十七集团军总部十月十日策定之荔浦附近反击作战计划,所示要旨如次:

1.由道县、江华、永明、灌阳窜据龙虎关之敌约二万余人,将以一部沿恭城以东大道经二塘墟,主力沿恭城经沙子街南犯;平南方面敌,或有北犯蒙山、威胁集团军右侧可能。

2.集团军以占领有利地区聚歼敌人之目的,于敌进犯时,以一部协力西江,击灭平南北犯之敌,一部守备阳朔，主力将敌包围于平东、荔浦间地区,与之决战。

3.第二十军先以一部在二塘墟、沙子街各附近占领阵地,主力集结栗木墟附近,构筑龙窝乡、中华村、普益乡以南之线,及栗木圩以东至西栗、文德村线之二线阵地,并对风田屯、同古屯间公路东侧亘银坑、石盘屯、三月屯、风凰坪附近之线各山隘,实施侦察，构筑必要之阻绝工事。

---

① 沿用原标题。

4.第二十六军先集结主力于荔浦以东地区，一部担任阳朔之城防守备，并对长洞、大塘岭、江口村、桥头屯、龙城屯、矮山街、田家河屯亘阳朔县城附近之线各山隘，实施侦察，构筑必要之阻绝工事。如敌突入平乐附近时，一部应确保阳朔县城，主力待命，由马岭圩出击于敌右侧，而包围攻击之。

5.第三十七军协力西江方面军作战后，集结于杜莫墟附近，于敌突入平乐附近时，待命自兴平圩出击，于敌左侧而包围攻击之。

军遵集团军之作战指导，其防御部署大要如次：

1.四〇一团（附无线电一班）为前进部队，以一部（一营）在二塘，主力在沙子街各附近，占领阵地，迟滞来犯之敌。

2.第一三三师占领凉亭坳、白马岭、鸡冠岭亘铜鼓岭之线，先以有力一部占领五行村、天堂岭、鼓坳山、狗藏岭各要点，为前进阵地。

3.第一三四师（欠四〇一团）连系一三三师占领银坑、石盘屯、三月屯、凤凰坪附近之线，先以一部占领普益乡附近要点，防碍敌人之渡河，并掩护前进部队（四〇一团）之渡河撤退。

军作上述之防御配备后，积极构筑工事，阻绝交通，加强战备。十月三十日正午，敌先头部队约一大队，已窜抵同安附近。当令赵副师长嘉模率军搜索营及平乐、荔浦自卫大队（共五个中队）为右侧支队，由栗木圩前往大扒圩、长滩街间阻击西窜之敌，同时将四〇一团主力由沙子街开至平乐南岸布防。迄三十一日，军当面之敌，约步骑二千人、炮数门，即由全安分向二塘圩南北之线进犯，战斗于焉开始。

二、战斗经过概要

甲、平乐附近战斗

三十三年十月三十一日八时许，由全安西进之敌，其先头约步骑七、八百人，在二塘南北之线，开始与我前进部队四〇一团阵营接触。迄晚，敌后续部队增至步骑约二千，炮数门，一部仍在二塘南北之线与我对峙，大部向二塘西南之柳塘村迂回。十月三十一日奉到副长官杨电话命令，其要旨如次：

1.桂平方面之敌，已窜抵武宣，另一股似有窜扰象城模样，铁道方面之敌，已窜抵永福，另一股已包围桂林城。

2.二十军以一部在平乐、荔浦间迟滞敌之前进，主力在修仁附近占领阵地。

3.二十六军部率四四师集结榴江，以四一师前往象县阻击敌人，掩护集团军之右侧背。

4.三十七军由蒙山取捷径，限江日前集结修仁待命。

军奉到上述命令，决心以主力即夜向修仁转移。其部署如次：

1.令右侧支队于十一月一日拂晓前，接替长滩街、平乐南岸迄牌头河之线，掩护军之撤退，务尽诸般手段迟滞敌人。

2.令四〇一团于十一月一日拂晓前交防完竣后，即经栗木墟、荔浦道向修仁附近转进。

3.令一三四师师长率五八团即往荔浦附近，对阳朔方向之警备待命，向修仁附近转近。

4.令一三三师即向修仁附近转进。

5.军指挥所于十一月一日拂晓开始由栗木墟移住修仁。

乙、修仁附近战斗

十一月一日傍晚，军部在修仁附近得知之状况如左：

1.大扒圩、长滩街间，本(一)日拂晓，已窜到敌约一千二百人。

2.经沙子街南窜之敌，其先头约步骑千余，本(一)日午已到平乐城。

3.我右侧支队刻仍在长滩街南岸亘牌头河之线，阻止西进之敌中。

同时军决定防御配备如次：

1.令一三四师刘师长率五八团、赵副师长率右侧支队，利用平荔间既设阵地，阻击敌人，迟滞其行动。

2.令一三四师四〇一团于二日十二时前占领老虎冲、闸门岭、三军岭402及其以北高地之线为主阵地，阻止西进之敌。

3.令一三三师于二日八时前接一三四师之左，占领911.8、大冲岭、苏山岭、料洞、屯六洞、龙隐岭之线为主阵地，阻止西进之敌。并派一营为前进部队，占领古侯岭341.4、300各高地之线，迟滞敌人之前进。

4.令炮十八团第一连归一三三师周师长指挥，先在烈士墓附近占领阵地，支援前进部队之战斗，尔后在八里塘、思平村间占领阵地，协力两地区队之战斗，限三日十时前完成射击准备。

5.军指挥所位置稻香村。

十一月三日拂晓，由栗木圩西进之敌，其先头约步骑千余、炮数门，向芝麻岭、张玉岭、荔浦城之线猛烈攻击。七时左右，敌一部攻入荔浦城。迄三日傍晚，其先头部队已窜抵江坪附近。四日拂晓，敌继续向我前进阵地古侯岭341.4、300高地之线攻击，古侯岭一度失守。经我军奋勇逆袭，当毙敌官兵十余名，夺获文件证明为第三师团3703部队。迄四日夜半，敌后续部队到达后，即乘风雨，向烈士墓、旧县村阵地猛烈攻击，战斗至为激烈。此时奉到副长官杨电话命令。其要旨如次：

1.西江及铁道两方面之敌，已攻陷武宣、永福，似有钳击我柳江模样。

2.二十军即以一师阻止修仁方面西进之敌，军部率一师兼程到柳江、新圩村附近集结待命。军遵即作如次之部署：

1.令一三三师留置闸门岭、苏山岭、龙隐岭之线，阻止敌之西进。

2.令一三四师将闸门岭方面阵地，于五日拂晓前交与一三三师，接替完竣后，即经四排圩、榴江道向雒容前进。

3.军部及直属部队于五日四时出发，经四排圩、榴江道向雒容前进。

十一月五日九时，军长行抵四排圩，得知之状况如左：

1.自五日一时以来，敌主力继续向烈士墓以西攻击，刻在八里塘、狗婁岭之线，与我一三三师反复争夺中。该师三九七团长彭泽生奋勇击敌，已在八里塘附近阵亡。其余官兵，伤亡惨重。

2.第一三三师部搜索连、特务连，均已加入战斗。

军得知上述状况后，即令一三四师以四〇一团在石墙口附近占领阵地，收容一三三师之撤退，并令一三三师由四排圩、榴江向雒容转进。同日十二时，军长在四排圩奉到副长官杨电话命令。其要旨如次：

1.沿铁道进犯之敌，已窜至矩鹿寨约五五公里之处。

2.二十军着即由四排圩附近改道，向柳江转进。

军遵即作如次之处置：

1.令一三三师经岔口路、桐木圩、运江向柳州前进，一三四师（欠五八团）由四排圩经运江道向柳江转进。

2.军部及直属部队与五八团用强行军，沿榴江、尘寨道，先向雒容前进。

由修仁西进之敌，经我一三三师及一三四师之四〇一团逐次抵抗，浴血奋战，迄六日八时，该两师大部已脱离敌踪，一三三师已通过那榜村，一三四师（缺五八团）通过四排圩，正向柳江前进中，一部在四排圩附近阻止敌之西进。同时，军部及直属部队与五八团大部已抵达雒容附近，准备继续向柳江前进。计修仁附近战斗，我阵亡团长彭泽生以下官兵三百余名，负伤官兵亦三百余，总计伤亡约七百余。

丙、柳江附近战斗

十一月八日傍晚，军部及一三三师、一三四师先后到达柳江西站南站各附近集结。八日二十时奉到副长官杨电话命令。其要旨如次：

1.二十军即以一部担任柳江西站亘新圩沿河之线防务，阻止西进之敌，以主力集结新圩附近待命。

2.我二十六军与敌在柳江城郊激战时，该军须派兵一营确保鹅山国防工事，协力二六军之作战。

军遵于八日二十一时下达防御配备命令。其要旨如次：

1.犯柳江之敌，其先头刻已分窜至东泉、鸬鸪江、三门江各附近。我二十六军固守柳江，我一八八师固守柳城。

2.军即在柳江城郊及其上游西岸，阻止敌人之前进。

3.一三四师于九日十时前占领鹅岗屯(含)迄水磨屯之线，利用河川阻止西进之敌。并以一营确保鹅山国防工事，协力二十六军之作战。师部位置青山岭。

4.一三三师以一部于九日十时以前，连系一三四师占领新圩、江门坪及其以北小河(含)之线，利用河川阻止西进之敌，主力集结于新圩附近，但先须在272.3葫芦、青山岭亘柳江我岸高地之线，积极建筑工事。师部位置新圩附近。

5.搜索营于九日十一时前占领江门坪北岸小河（不含）亘保隘岭我岸之线，利用河川阻止西进之敌。营部位置吉林村。

6.军部于九日六时后位置太阳村附近。

十一月九日二十时，军长在太阳村得知之状况如左：

1.进犯柳江之敌，其先头已分窜至杨和村、马草塘及兵营岭各附近，正向鸡拉街、窑埠村、兵营岭我二六军阵地猛攻中。

2.我三十七军主力刻在敬德街，其一部在岩中山、龙凤城之线阻击敌人。

九日二十一时，奉到副长官杨电话命令，着一三三师主力即开洛满圩集结待命。遵即转令周师长遵办去讫。十日十六时，军长在太阳村综合得之知状况如左：

1.九时左右，敌一股已窜据柳江飞机场。

2.十六时，另敌一股，由柳江南城窜至西站附近，正与我一三四师四〇一团激战中。

3.兵营岭方面之敌，向北移至黑石冲附近者，已千余人，似有由该处强渡模样。

4.由柳城西进之敌，刻已窜至南山村（洛满北五里）附近。

5.我右翼二六军之情况不明。

同时奉到副长官杨电话命令。其要旨如次：该军长应相机令所部逐次抵抗，向柳江西北地区转进。

军遵即作如次之转进部署：

1.令一三四师四〇一团即占领马安岭东西之线，阻止敌人，并非转进准备。

2.令一三四师五八团在青山岭东西之线阻止敌人，并作转进准备。

3.令一三三师三九八团（附搜索营）在新圩、古林村之线阻止敌人，并作转进准备。

4.令一三三师主力在洛满圩南北之线阻止敌人，并作转进准备。

各部队撤退之时机，另待命令。

十一月十一日四时，军长太阳村得知由保隘岭附近渡河之敌，其先头约四五百人，正向西急进中，似有迂回军左侧背之企图。乃令军部及直属部队沿铁道向石街附近转进。十八时三十分，军长到达石街，奉到副长官杨电话命令。其要旨如次：

1.二十军仨军务于本十一日晚通过流山圩，在三岔街附近北渡龙江，向宜山东北地区转进，阻止由柳城方面西进之敌。

2.该军明（十二）日午前在流山圩附近，须留置一部，掩护一八八师之撤退。

军遵即令一三三师三九七团在流山圩附近掩护一八八师撤退后，即到三岔街附近北渡龙江，其余部队依序转进。十一月十二日八时左右，敌先头部队窜至流山圩附近，与我一三三师三九七团激战。迄晚，该团始脱离敌踪，北渡龙江。军在柳江附近之战斗，至此遂告结束。

丁、宜山东北地区之战斗

十一月十二日拂晓，军长在石□奉到副长官杨命令。其要旨如次：

1.窜柳城之敌约一大队，刻在南山村附近，与我一八八师对战中。

2.集团军遵长官张真酉电话命令，担任龙江以北地区之作战。

3.二十军以一团在流山站西侧占领阵地，掩护一八八师明（十二日）拂晓前全部向理苗乡附近转进，归还建制，以主力于三岔街、肯洛村、下横水、岜老山、旧白马、东圩概要之线，连系黎军占领阵地，阻敌西窜。左与九九军连络。十二日八时三十分，军长即遵总部作战指导，决心由三岔北渡龙江占领阵地。其渡河部署如次：

1.命一三三师三九七团在流山圩附近掩护一八八师撤退后，即归还建制。

2.命一三三师（欠399R）以三九九团为渡河掩护队，于十二日午前占领六塘圩、鸡公山附近掩护军之渡河。

3.渡河序列：一三三师（欠397R、399R）、一三四师、军直属部队。

4.各部渡河后之集结位置：一三三师良村，一三四师岩茶，军直属部队罗屯各附近。

十二时十六时于三岔、龙江北岸得知之状况如次：

1.白沙岭西进之敌约四五百，十一日午前已窜抵大湾屯西溯江西犯模样。

2.有兵力未详之敌，本（十二）日午前八时，已窜抵中脉街附近。

3.我九九军在东圩以北地区。

十二日廿二时，军长在罗屯所知情况：由洛满西窜之敌，刻已至三岔附近，与我175D战斗中。此时军长决心先在六塘圩、中脉街南北之线占领阵地，立于优越态势，然后驱逐中脉街附近之敌，向总部指示占领之线推进。十二日二十三时下达变更部署之命令。要旨如次：

1.一三三师以三九八团（附三九七团一营）即占领良村、六塘圩、青村、长山之线，向东及向中脉街方向拒止敌人；以三九九团即占领阿九山、冲良、下坡之线，拒止敌人，掩护军主力通过三合圩；师部率三九七团（欠一营）位置谷里。

2.一三四师于明十三日三时收发，经庆谷里、三合圩、龙元村、冲角道，向冲峒村、大祈山之线前进。并须派队于波路山、冲峒村、两隘口阻击由中脉街窜犯之敌。师部位置龙塘村。

3.军部于明(十三)日四时出发，随一三四师之后，向龙元村前进。

十三日拂晓，军部由罗屯出发，拟经三合圩向龙元前进，初不知一三四师因响〔向〕导迷失方向，尚在军部之后行进。十三日八时许，军长行抵三合圩南端隘路我搜索营，即在隘路出口处，与步骑七八百、炮约二门之敌遭遇。此时军之战斗部署如次：

1.命搜索营占领三合圩南端隘口，掩护军主力之展开。

2.命一三四师以四〇一团展开于三合圩南端附近，连系攻击三合圩之敌，以主力经谷里、江村，展开于中和村附近，向三合圩西南之敌攻击。

3.命一三三师展开于六塘圩、阿九山之线，攻击当面之敌。

4.军部及直属部队，即由谷里、岩口道向白面前进。

十三日傍晚，军部到达白面附近，得知状况如次：

1.据获文件，当面之敌为十三师团之加强联队，经终日之激战，一部尚不断向我一部在江口村、中和猛攻中，一部转向龙元村方向移动。

2.龙江南岸敌炮声,向西移动。

3.我各师攻击,俱无进展。

同时军长决定变更部署如次:

1.令一三四师占领江口村、中和、太平(含)之线,阻止敌人西进。

2.一三三师占领龙坯、古泥岭、龙安村之线,阻敌西进。

3.军部即由白面、小龙头道向古隆村转进。

十四日十九时,军长在古隆村得知之状况如左:

1.总部十三日拂晓在龙元附近,遭约数百之敌袭击,我总部特务营奋勇迎击后,伤亡官兵三十余,刻副长官杨已安全到达天河。

2.沿铁道进犯之敌,刻在洛东站附近与我四六军激战中。

3.军当面之敌步骑二千余、炮数门,与我激战竟日,刻我一三三师及一三四师在岩口、白面、藕塘及其以西高地之线,继续与敌激战中。

同时奉到副长官杨电话命令,要旨如次:二十军应阻击由中脉街西进之敌,不使其窜扰宜山以北及威胁铁道正面四六军之作战。

军此际共有战力约五个营,遵即作如次之部署:

1.令一三四师占领蒙山、尖山200高地之线,阻敌向西向南窜犯。

2.令一三三师占领397.5高地、门冷寨、天桥圩之线,阻敌西进。

十四日晚,敌后续部队续有增援。十五日二时,敌开始向我一三三师397.5高地阵地猛攻,我敌在397.5高地、门冷寨、尖山、356、高地各要点反复争夺。迄晚二十一时,我仍在小龙乡、小长沙458高地以西隘口天斗隘、天桥圩之线,继续与敌激战中。此时军长在古隆村奉到副长官杨电话,告之情形如次:

1.宜山情况不明。

2.四六军位置不明。

十五日深夜迄十六日晨，敌军继续向我阵地猛攻数次，均未得逞。军会面敌大部向宜山方面前移动，当令一三四师侧击南窜之敌。十六日午后，敌因感受侧背威胁，复由宜山方面折回一部，约数百人，会同军当面留置千余之敌，继续向我小长沙458高地、300高地、天斗隘之线猛烈攻击。综计我军连日伤亡连排长十余，士兵三百余，军之战力，至此已不足五营。十七日四时，军长在古隆村奉到副长官杨电话命令，要旨如次：

1.怀远镇附近十六日酉时已发现敌踪。

2.总部即向思恩转进。

3.二十军应在小隘、啦杏屯、对河屯之线占领阵地，阻击敌人。

军遵即作如次之转进部署：

1.令一三四师以一团留置于古隆村附近，掩护军主力之转进，主力经祥贝乡、背坝村道，集结于索敢圩、拉路间地区待命。

2.令一三三师留置一部，拒止当面之敌，主力即经祥贝乡、鹿山圩道至安马圩、小隘、拉杏屯、莫村、5533高地之线占领阵地，阻击敌人。

3.军部及直属部队即经福好圩，向索敢圩转进。

十七日拂晓，各部遵令转进，敌步骑千余亦向我跟踪追击。迄十七日晚，敌先头已窜至祥贝乡东南地区，与我后卫一三四师之五八团战斗中，宜山东北地区战斗至此结束。

戊、德胜圩附近战闻

十一月十八日十七时，军长行抵索敢圩，奉到副长官杨口授命令，要旨如次：

1.约步七八百、炮四门之敌，刻在怀阳镇东岸与我二六军隔河对峙中。

2.二十军应遵长官张巧申电话，命令九柱、安马圩沿河西岸布防，阻敌西进，右与二六军切取连络。

军即作如次之布署：

1.令一三三师于明(十九)日拂晓，由棉洞、隘口、猪舟洞地区出发，经索敢圩附近渡河，在九柱、安马圩之线沿河西岸占领阵地，右与二六军之四四师，左与四六军之搜索营切取连络。

2.令一三四师于明(十九)日拂晓，由肯霸村、肯才地区出发，经索敢圩附近，含〔衔〕接一三三师末尾。渡河后，以一团位置于中间，其余位置于莲花附近。

十九日八时，军长在索敢圩得知之状况如左：

1.敌约四五百，昨(十八)日晚窜抵小隘、360高地地区，刻向我一三三师前进中。

2.四六军搜索营本(十九)日拂晓，已离隘底、索敢圩他去。

当令军搜索营先到隘底、北关、索敢圩、养冈之线布防，俟一三四师到达后，交与该师接替。同时分令一三四师刘师长以一团接替搜索营防务，其余位置庙底附近。十九日一五时，军长在欧村得知之状况如次：

1.午正，我一三三师正向马安圩、九柱之线前进，占领阵地，不意敌先头三百余已由马安圩附近渡河，先我占领外山、隘底之线，刻正与我一三三师先头部队激战中。

2.我一三四师四〇一团之一部，已到达拉弄附近，阻击敌人。

当令各部务尽诸般手段，驱逐西岸之敌。迄十九日傍晚，得知安马圩附近敌有后续部队到达，西岸之敌，仍在外山、隘底、拉弄南端之线，与我军激战中。怀阳镇方面之敌，亦正向我二六军右翼运动。二十日拂晓，西岸之敌已增至千余、炮数门，向拉弄、北关各要点猛攻。同时，拉冒附近集结敌三四百，似有由北关索敢间渡河直趋德胜圩之企图。我一三三师在九柱、辜独山、474.3高地之线，我一三四师在板会、北关、索敢圩、养峒之线，与敌激战。计十九日至二十一日早，我又伤亡官兵四百余。至此，军之战力，已不足四营。而当面之敌，此时已增至二千余，将我九歪、庙底一三四师阵地突破。军搜工两营，亦已加入战斗。二十一日四时，军长在笔正奉到副长官杨电话命令，要旨如次：

1．二六军应在五村、横岭、作揖山、红人山之线，暨羊角岭南北之线，占领两线阵地，阻敌西进。

2．二十军应在百山脚、人和乡之线暨洛平圩、思恩之线占领两线阵地，阻敌西进。

3．两军作战地境为温平乡、乐笑山、下韦之线，线上属二十军。

军遵即作如次之转进部署：

1．一三三师三九七团接替沟平岭南北之线搜工营阵地，掩护军主力之转进。

2．一三三师经德胜圩向思恩东南地区转进，以一部在下韦、麻村坪之线，主力在人连百山脚、进步村之线占领阵地，阻敌西进。

3．一三四师经麻村坪向思恩以东地区转进，以一部在坡羊、古利之线占领阵地，主力接一三三师之左亘下矮及其以北高地之线占领阵地，阻敌西进。

二十一日十四时，军长行抵思恩，得知如左之状况：

1．敌一股约五六百、炮二门，经百山脚，已窜抵九歪附近，与我一三三师激战中。

2．另敌一股，兵力未详，已通过麻村坪向我一三四师跟追中。

当令一三三师及一三四师在洛平圩、余邕之线阻敌西进。二十一日晚，敌后续部队增至二千余、炮数门，以主力猛攻洛平圩方面我一三三师阵地，以一部猛攻余邕方面我一三四师阵地，以有力一部向我左翼迂回。此时军长在思恩，奉到副长官杨电话告知之情况如次：

1.金城江附近，已发现敌踪。

2.总部即由温平乡折回水源北进。

二十二日拂晓，敌迂回部队到达思恩，与我一三四师一部发生激烈巷战，军乃向思恩西北地区转进，继续阻止敌人，并掩护总部之安全。德胜圩附近战斗，至此结束。

己、桂黔边区战闻

十一月二十二日一五时，军长在甫仪乡奉到副长官杨命令，要旨如次：

1.金城江、三江，昨二十一日先后被敌占领，四六军军部马辰在香炉村受敌袭击后，行动不明，刻我正图与长官部恢复连络。

2.我九七军已向南丹进出，其左侧支队已到达立门关、大沙坡。

3.二十军暂在妙石村、甫仪村地区整顿待命。

4.二六军应向北前进，希派人切联连络。

军遵于二十二日二十时下达如次之命令：

1.约以步兵一联队为基干之敌，本二十二日晨，已攻占思恩，其一部已在思恩下游渡河，尔后行动不明。

2.军奉命在思恩西北地区收容整顿。

3.一三四师以一营在和平村、平字亘大方之线占领阵地，以有力一部（一团欠一营）在独立亘叠石西北约五里高地之线占领阵地，阻止敌人。

4.一三三师集结甫仪村附近，整顿待命。

十一月二十三日，思恩之敌开始北进，当与我一三四师激战于后团村、洛阳圩之线。二十四日，与我一三三师激战于翻背岭、古宾村之线。二十五日，与我一三四师在李烈屯、驮敢之线激战。连日以来，敌对于隘路之攻略，其战法均先由两翼迂回，而后彻底集中优势兵力于正面，以行突入。军为达成迟滞消耗敌人之任务，不能不采取纵深配置，因众寡不敌，每阵地之沦陷，我守军均多作壮烈之牺牲。此际全军战力，共约三营，转战数省，历时六月，伤患载途，补给维艰。二十七日十时，军长在峒腊奉到副长官杨命令，要旨如次：

1.廿七日晨刻以来，立门关方面，我九七军一九七师五八七团之战况，渐趋激烈。

2.着该军即以两营由东向西攻击马安山以北地区之敌，使我五八七团作战容易。

军奉上述命令后，以当时一三四师在河屯东西之线，一三三师在大沙坡之线，正与敌对峙中。乃令搜索营经黄茆山攻击马安山方面之敌。该营于当日十九时攻占圆锥山，敌向马安山退却。此际军长到达久安乡，奉副长官杨电话命令，要旨如次：

1.敌已攻占立门关、正继续北窜中。

2.着二十军以一三四师迅经猺锁，占领洞究东西之线，阻敌北窜；以一三三师集结洞塘待命。

军遵令于二十八日六时正，经猺锁向洞究及洞塘转移中；我一三四师即在李公坪、毕机洞之线，与步骑千余、炮数门之敌激战中；乃令一三三师在洞塘附近占领阵地，积极赶筑工事。二十九日，北进之敌一股，向我一三三师必阜、白岩口之线猛攻，经洞塘山向蒙加隘迂回，企图遮断军之后方连络线，经我一三三师逐次在蒙加隘、永康、水扛穿洞各要点，韧强抵抗。迄十二月二日拂晓，始将穿洞阵地交与二六军四四师接替完竣。二日十六时，军长在荔波奉到副长官杨命命，要旨如次：

1.北进之敌，一部在穿洞，大部在巴灰附近，与我二六军激战中。另有约一师团之敌，已经宜北、三都，窜犯都匀。

2.集团军以攻击由宜北窜犯都匀之敌之目的，即向三都方向前进。

3.第二十军于本二日十七时出发，经周覃向三都前进。

4.第二六军于明(三)日在总部后两公里跟进。

5.余在二十军后尾行进。

军遵以一三三师、军部及直属部队一三四师之序列，向三都转进。十二月四日拂晓，军在三洞南端高地之线，与敌二百余遭遇，当令一三三师三九九团及搜索营掩护军主力向东转进。由三洞至坝街，须经一长约三十余里之隘路，两山壁立，小河蜿蜒于其中，俗称九十九道脚不干，有时并无路径，人马均从溪中前进，沿途并无炊爨与休息之所，夜暗风寒，军与二六军炮团及后方辎重、行李等，人马杂沓于山谷中。五日拂晓，由三都方向窜抵坝街西端高地之敌，步兵约五百余，炮二门，与军遭遇。当令一三三师三九八团（三九七团之一营）攻击【该】敌，掩护军主力向东转进，激战至傍晚，我一三四师及一三三师之三九九团以坝街、隘路被敌封锁，乃向南改道转进。六日，窜据坝街之敌一股百余，继续窜至八蒙附近。旋经我军派队驱逐，该敌遂回窜。此际军奉命向榕江转进，桂黔边区战斗至此结束。

三、经验教训、我敌优劣及改进意见，如另册所呈。

军长　　杨汉域

中华民国三十五年十一月　日

〔国民政府国防部史政局及战史会档案〕

# （二十一）滇缅会战

## 1．第六军司令部下达准备入缅作战命令

（1941年12月16日）

陆军第六军作命甲五号

第六军命令　十二月十六日十六时
　　　　　　于开远军司令部

一、敌情如贵官所知。

昆明防守任务改由七十一军陈瑞河部（欠第三十六师）接替，于三十一年元月十五日前完成昆明附近工事。

第五军交防后即开祥云、大理、保山地区集中，于三十一年元月十八日前集中完毕，准备入缅协力英军作战。

陈明仁部两师移驻昆明、祥云间地区，并以一师接替四九师防务，限三十一年元月二十三日前接替完毕。

杜聿明免去昆明防守司令兼职，第五军装甲兵团归昆明防守司令指挥。

二、军（欠九十三师及四十九师之一四七团）即向保山、芒市中间地区集中，九十三师（欠二七七团）即向车里附近地区集中，准备入缅。

三、军驻开远部队按五五师、军直属队之顺序于本（十二）月十八日开始由驻地向昆明用铁道输送，尔后徒步行军，沿滇缅公路向龙河、龙陵地区前进（详细驻地另令规定）。

四、四九师（欠一四七团）待陈明仁部接替防务后，即向芒市附近地区集中。

五、炮十三团第一营及炮五二团第五连速行准备汽油具报，待命向龙陵开动。

六、铁道输送概略计划如附表所示(如载运不了,得临时酌延日期)。昆明、龙陵间行军计划暂五五师自行订定(注意不得在昆明市郊定休息日)。

八、予在开远军司令部。

右令

军长甘丽初、参谋长林森木

下达法:油印分送。

〔国民政府国防部史政局及战史会档案〕

## 2. 戴安澜关于同古盟我部队位置及为独立作战提出请求数点与蒋介石往来密电

(1942年3月)

(1)戴安澜密电(3月15日)

委员长蒋:游密。甲、敌约千余名于寒晚占领羊列宾(NYALIUGLEIN)。现英缅军第一师撤至盆王钢(PENWEGON)、肯友莂(KANYUTKWIN)附近,拟待本军集中完毕即转至普罗美(PROME)附近。英缅第十七师现于沙拿瓦特(THARRAWADD)以南十英里地区,与敌对峙中。乙、职师现以两团于同古城郊,以一团控置于平蛮纳及押带西附近,以骑团推至皮尤(PYU)担任警戒。如敌不待军集中完毕迳向同古进犯时,决坚固据守以待军主力之到达。丙、职师距军主力约千公里,若敌跟踪英军进犯同古时,预想情况之发生应有下列二种:1.本师在同古占领阵地,而军之主力远在畹町、芒市之间,战斗开始而敌以降落部队占领曼德勒,阻断我后方交通。2.如战斗开始而敌机轰炸,在我阵地内之华侨、英人均逃避时,而致本师之给养、油料均发生困难。丁、上述预想情况本师有独立作战可能,为达到任务计,谨请四项:1.配属山野炮一团或一营,战车一营或一连。2.配属卡车一百辆,增强机动力及输送力。3.卫生机关应在平蛮纳、曼德勒各设后方医院一所，收容伤病官兵。4.补给机关请国内派出，预储粮弹于职师后方平蛮纳、曼德勒，以免英人逃避而致给养困难。是否之处，敬候钧裁。谨电奉闻。删酉。印。

（2）蒋介石复密电稿（3月25日）

腊戍林团长即转第二〇〇师戴师长：（一）删酉电悉。所请各项因□久迟到，已与目前情况不符，应勿庸议。（二）嗣后凡有请求应迳呈军部，因此间无法遥制也。中〇。寅有未。令一元明。

〔国民政府国防部史政局及战史会档案〕

### 3. 杜聿明等关于部队入缅情形文电

（1942年3月）

（1）杜聿明致蒋介石代电（15日）

重庆军委会委员长蒋钧鉴：谨将寅（三）月删（十五）日本军各部队行动分呈如次：（一）第二百师师部设于押带西（Yedashe），预备队位置于康岛（Kyudaw）附近，战斗指挥所设于郎房宾（Nlyang Fhonbin）。（二）新二十二师及第九十六师奉令即由遮放用汽车开始输至腊戍（Lashio），后改用火车向曼德勒（Mondalay）以东地区集中。（三）军部（含政治部）及特务营、通信营、高机营第五连、消防连在梅苗（Maymyo）。（四）军战斗指挥所一部人员及高机营（缺第五连）抵瓢背（Pyawbue）。上四项谨闻。第五军军长杜聿明叩。删午。萍。戎。

（2）杜聿明函呈（24日）

抄杜聿明三月二十四日函呈

报告入缅情形由

一、与英缅军督洽商事项：1.印制英中缅三种文字手簿，由英方供给材料印刷，本部派员编纂译述，其内容以缅甸风俗、民情、物产、地形、政治、经济概要等为主。2.在中国军队作战境内，成立军警地方联合稽查处，分驻各部队住地，维持地方治安，纠正军纪。3.由英方介绍各地方可以领导民众之缅人，随我军组训缅甸民众，以防奸类而期协力作战。

二、向亚力山大总司令请示及报告事项：

1.报告部队转移状况。甲、二百师附工兵团、骑兵团、平射炮营，已全部集中同古附近，正在加紧构筑工事中。乙、军直属部队正在分途运输中。丙、新二十二师及九十六师已奉史蒂威将军命令，在芒市附近停止待命。

2.请示作战方针。亚历山大所示如下：甲、判断敌人将以一师团向普罗美，一师团向同古方面攻击。乙、待本军集中后，拟将缅甸第一师由铁运输送向普罗美集中。丙、敌如向普罗美北犯时，拟将敌吸引于有利地形，以唐克车、装甲车约百辆击破之，以保护【叶】南阳之油田。

三、关于油料及食粮之补给，及刺探敌情办法。

1.油料已由本军在同古、平满纳至曼得勒间，接收三十二万加伦，足供一月应用，以后并可按月供给。叶南阳附近油田月产油百万加伦。2.食粮据英方负责人云，在上列地点，已储足一月，拟续存六个月军粮，然后将仓库移交本军。3.敌情因语言隔阂，情报网尚不能深入敌方，现拟利用基督教为掩护，派员深入敌方工作。

（3）军令部签呈(25日)

签呈　中华民国卅一年三月廿五日
于一厅二处

谕查报66A、2A、36D行军位置，N29D现在位置，26A、5RD开拔情形等因。兹查报如次：

1.66A令开后，除N28D先头已于本月十八日到达陆良、马街，N38D已于廿三日到达宜良。

2.2A本日据李军长马电称，以军部及9D移驻乐山，N33D移驻隆昌，76D移驻西昌，开拔日期及沿途情形另报。

3.36D令开祥云后，据张笃伦电称，该师有一部在宁南等县负铲烟苗，请候2A一部到达后再开。又据张马酉电请暂缓开。

4.N29D现仍驻大理。

5.26A、5RD令仍开三战区后，尚未据报。

〔国民政府国防部史政局及战史会档案〕

## 4. 史迪威报告致中国远征军作战命令

（1942年3月21日）

总长何、部长徐：

命令 三十一年三月廿一日下午十时于腊戍

一、由仰光北进之敌第三十三师团，截至三月十九日止，其先头在列特帕丹(L.ETPADAN)与英军一部战斗中。由培古北进之敌第五十五师团，截至现在止，其先头在派育(PYU)附近与我第五军骑兵战斗中。我第六军前面泰国境内之敌，大部分为泰军，其先头部队在泰缅国境各要道与我第六军警戒部队对峙中，其主力似集结于景莱(CHIENGRAI)、那公兰邦(LAMPANG)之线。另有日军第十八师团，似集结于景迈(CHIENGMAI)附近。

二、英军预定在普罗美(PROME)南方地区拒止由仰光北进之敌，其在同古及毛奇(MAWCHI)方面之部队，将陆续转用于普罗美地区。

三、我军决在同古附近拒止由培古方向北进之敌，并与英军协同作战。其兵力部署如下：

1.第二百师及第五军直属部队及第六军之第〔暂〕五十五师主力，归杜军长指挥，担任同古方面之作战。第六军第〔暂〕五十五师之主力应即由现在地向瓢背(PYAWBWE)附近输送，听候杜军长命令。

2.第五军之新二十二师即由曼德勒开唐得文伊(TAUNGDWINGYI)附近，归余直接指挥，准备支援普罗美方面英军之作战。

3.第六军方面，就现在部署，准备拒止由泰国方面来攻之敌。但对毛奇方面，仍应依照参谋团原定计划，派【暂】五十五师之一部接替缅第一师第十三旅之防务，并在该方面确实占领要点，构筑工事，拒止来犯之战，以掩护同古正面我军之左侧背。

4.第九十六师为总预备队，即开曼德勒附近，归余直接指挥。

5.余现在腊戌，今(廿一)日晚即进驻梅苗(MAYMYO)，尔后一切报告，均向梅苗及腊戌参谋团分别投递。

右令杜副长官聿明、甘军长丽初

史迪威(签署)

〔国民政府国防部史政局及战史会档案〕

### 5. 杜聿明肖毅肃等关于同古敌我战况文电

(1942年3月)

(1) 杜聿明密电(22日)

即到。渝委员长蒋：圜密。加表。(一)同古敌约千余，山野炮六、七门。连日以来，增加至二千余，并野、追炮数门，飞机多架协助，继续向我第二百师前进阵地鄂克春OKTSIN东西之线猛烈攻击。自拂晓至午，炮火之烈为数日以来所未有。敌我冲锋肉搏数次，双方伤亡均重。至本晚止，战斗仍在激战中。(二)我方伤亡连长以下官长十余员，士兵二百余，敌方倍之。迄发电时，战场附近敌便衣队甚多，不时出扰。昨、今两日，各有敌伞兵一名于平满纳附近降落，现仍在缉捕中。谨闻。瓢背副长官杜聿明叩。养亥。印。

（2）杜聿明密电（24日）

即刻到。委员长蒋：圜密。（表）1446军代。（一）同古正面之敌，于本辰展开大战，以炮空联合向我阵地猛攻，另以一部约五六百人，附小炮数门，于本日午前九时由铁道以西向同古以北地区，拟包围我戴师，企图作战在〔于〕飞机场。迄午后五时止，正面仍在鄂克春东西之线，侧后方仍在飞机场附近激战中。（二）昨晚戴部坚守，努力歼除外，并派骑兵一连及以装甲汽车输送步兵一团由北向南协攻，大挫迂回之敌。（三）自上午九时，我瓢背、同古间电话被截断，惟戴师无线电报随时可通。谨闻。瓢背职杜聿明叩。敬午。萍如。印。

限即到。cpm。委员长蒋：圜密。（加表）。（军代）。战报：（一）袭击同古机动〔场〕之敌，本下午五时后大量增援，攻势愈烈。我以伤亡惨重，午后八时机场卒告不守，且后方连络亦被截断。迄十二时止，全阵地仍在激战，并不断向机场反攻中。（二）除严限戴即日恢复机场及连络线外，并饬切实遵照钧座意旨，激励士气，抱与城共存亡之决心坚持矣。谨闻。瓢背代司令长官杜聿明叩。敬亥。萍光。印。

（3）甘丽初密电（25日）

急。TmL。委员长蒋、总长何：CyL主任龙：夷密。（表）。（1）同古戴师三面被围，本军暂五五师绕击（欠第一团及第二团之一营）眷伴，瓢背正面（YAWBWE）归杜副长官指挥，担任守备。（2）本军仍照前拟守备计划，努力袭击，并佯攻当面之敌，以分敌之兵力。谨闻。甘丽初叩。寅有。创惑。印。

（4）肖毅肃呈（26日）

总长何、部长徐钧鉴：寅有亥电计达钧览。兹谨将详情分陈如下：

（一）九六师之行动：该师二八六团于廿四日晚在腊戍上车，师部及直属部队廿五日晚在腊戍上车，二八八团及炮十八团一营预定今廿六日晚在腊戍上车，二八七团预定明廿七日晚在腊戍上车。以上各梯队自史迪威将军准许杜副长官将九六师调至平满纳后，已通知英方，先直开瓢背再续向平满纳输送。

（二）前方战况及我军运动状况：廿五日下午十一时四十分瓢背副长官电话称：

1.我同古前方之警戒阵地，已于廿四晚放弃。

2.廿五日上午四时至九时敌猛攻同古，九时以后渐趋沉寂，下午四时以后敌向我阵地断续炮击迂回，同古之敌刻仍占据同古北方约七英里之飞机场。该处敌兵共约六、七百人，步兵多，骑兵少，附炮二门，此敌仍系由同古以西迂回而来，并非降落部队。敌自同古南方起，向西转北至飞行场止，已对同古构成三面包围之态势，敌总兵力共约一个师团，但师炮兵未见增加。叶达西（YEDASHE）在同古北十五英里，并无敌人。

3.我200D在同古，我五军之两补充团原拟用于同古之两翼，刻补一团之一营强，已在同古城内，补二团及补一团之另一营强，在飞机场以西与敌作战。廿五日曾接戴师长无线电，谓士气旺盛，决能固守，并主张不轻用兵力，因此前方战况极有把握。

4.战车廿五日已到瓢背。炮兵团及N 22D正加速输送（英方停止其他一切输送），二十七日可全部到达平满纳。55D主力据英方通知，廿五日可在棠吉上车，向他希输送（职按：平满纳距同古约一百公里，即尚有三四日行程，平满纳以南能否继续维持通车，对于同古作战之关系甚大，已再向英方提出，英方允竭力照办）。

（三）我军决心：廿五日下午十一时，美庙林次长电话，谓我军仍决心击溃来攻同古之敌，其攻击日期仍为本月二十七日。史迪威将军在瓢背，本人决于明二十六日赶赴瓢背等语（职按：依N22D全部到平满纳之日期，及平满纳到同古附近之距离计算，我反攻日期恐将延缓）。

（四）空军行动，昨（二十五）日下午，职已派空军连络参谋刘翼之及航委会林代表连夜赶往雷允，询问美志愿队已否接到委座命令，并问能出若干飞机，并告以前方作战地区及攻击日期，同时认定最有危害于我之敌机，当在仰光及摩尔门附近之机场内，希望我志愿队能于二十七日拂晓起，能予该机场内之敌机以连续之攻击，使其大受损害，不能起飞。若此着办不到，则希望能于最紧要之时机掩护同古上空，使敌机不能对我地上部队加以危害。至于我机攻击敌之地上部队，则根本不要求，因陆空连络尚未办好，恐发生错误也。

本（二十六）日上午，英驻缅空军指挥官布罗奥BROUGHALL代将由马格威抵腊来晤，据称自马格威基地被袭后，英机五二架中全毁者二二架，受伤者八架，尚有二一架受轻伤，目前不能使用，但两天之后当有印度飞机两队到雷允及腊戍，计轰炸机十六架、驱逐机十六架等语。经告以我军企图后，当约定如下：

1.在印度之英空军尽可能速调来缅，俾能参加同古作战。

2.英空军之任务与美志愿队同。

3.由英空军指挥部留一空军连络参谋吉姆斯JAMES少校在腊担任连络，英空军到后，即使其进驻瓢背杜副长官司令部。

（五）关于缅甸铁路运输问题，自马丁表示欢迎我方派副司令及员工后，本二十六日又向英方提出七项问题，如附呈另纸，英方允请示后答覆（按此七项问题系沈昌调查后所拟）。

（六）普罗美方面英军前线仍在阿克坡OKPO，该方敌人行动不明。余容续陈。敬叩钧安。

职萧毅肃　谨呈

卅一、三、廿六下午五时于腊戍

（5）肖毅肃呈（31日）

总长何、部长徐钧鉴：二十八日下午五时函计达钧览。谨再将二十八日以后情况分陈如下：

（一）二十八日同古战况

1.是日晨敌主力步、炮、空协同对200D猛烈攻击，是晚并使用毒气弹，糜烂性甚大，我200D伤亡甚众。敌兵力似有增加，但战至下午，我阵地并未动摇，并卤获迫击炮七门、机枪六挺、步枪百余支，防毒面具及其他军用品甚多。廿八日晚敌袭击二百师司令部，经我击退。当时发见敌有力部队向其背后活动，乃稍稍转移（大约系向东北方移动）。

2.N200D由叶达西向南攻击，敌退入叶达西南方四英里之南阳Nang yun车站，又在南阳车站西南五、六英里有几个村庄被我占领，敌顽强抵抗，但敌炮兵退后，有二、三小时未闻炮声。又N22D正面丛林多，除道路外即不易行动，且敌利用工事固守，故前进迟缓。截至二十八日晚止毙敌三百余人，夺获机枪一挺，敌尸无番号。

（二）二十九日同古战况：

1.是日上午二时起，200D电台即与5A电台不通，下午八时许该师参谋长乃与杜军长通一电，略称该师师长在河东岸现与河西部队交通断绝，报未发完，亦即中断。

2.N22D继续对敌攻击，因敌机轰炸平满纳（损失不大），电话线炸断。迄半夜史迪威将军与杜军长由叶达西回瓢背，始知仅将南阳车站攻占一半，消灭敌大队部一个，获文件甚多，敌伤亡二百余人。另敌炮兵阵地被我袭击，获山炮一门（炮闩已被敌取去）。

又南阳车站共房屋五幢，甚坚固，我攻下两幢，敌尚占三幢。下午敌反击，敌我均无进展（按史迪威将军系回美庙后，又赶赴前方）。

3.平满纳以南有一村庄集合千余缅人，抢印度人之牛车，并杀死十二人，并有破坏铁道行动。

4.是晚我第五军补二团之一连占领同古飞机场，其一营在同古以西活动。

以上系综合前方电话，在大体上我军对敌构成包围态势，故马丁由瓢背电告后方英人，极为兴奋，竟谓我军业已包围敌。

（三）卅日之情况

1.是日下午十一时半美庙林次长电话：戴师长已带部队到叶达西东面之一渡口，未受甚大损失，仅炊爨器具及通信器材等多有损失。因司令部曾被袭击一次，故司令部之人员未归队。杜军长已令N 22D守正面，并以一部分守东面渡口，掩护200D退后整理，尔后拟改攻为守，判断敌人亦不敢积极来犯。

2.杜副长官对于后续部队之部署（按此系根据杜本人下午五时廿五分电话）。

工兵团及96D之一团位置于叶达西以南十英里之沙瓦swa构筑工事（已到达）。

96D主力位置于平满纳构筑工事（已到达），筑成后再推进至平满纳与沙瓦之间构筑工事，以便节节打击敌人。

55D主力现在黑河（棠古附近）车站待车，因客车出轨，大约今下午可修好，将来拟位置于他希及其以西地区。

（按右之部署似无防御重点，已请林次长注意。）

3.下午四时细胞（腊戍至曼德勒道上）降落五个降落伞，判断系放下奸细，尚未拿获。

（四）美志愿队之行动：二十八日里河机场（堂吉附近）被炸，投弹八十余。二十九日南桑机场（雷列姆附近）被炸，两跑道炸坏，而瓢背机场之加油设备迄未完成。以上皆为仅可使用之前进基地，故志愿队始终未能出动。

（五）英空军之消息：史迪威将军随员罗柏扩中校卅日前来密告，谓顷到英军司令部遇一低级军官，问英空军何日可到缅甸，据答称四星期以后，此语与其高级军官所言不符。同时周主任有电，只允借芒市机场给英空军用，不允借雷允机场给英空军用，而芒市机场设备不完。对于协助同古作战之事，我判断英空军原不想来，似此情形恐将借口说错误不在他们，请注意。等语。

（六）英陆军之位置及其行动之消息：据英方通知，廿八日印十七师在普罗美，装甲第七旅在普罗美之稍北，缅一师在阿兰模。ALLANMYO（即二百万分一图上之阿兰庙）及其东南地区。敌在明拉Minua、匝那瓦底间约三千人，约马斯山无敌踪。印十七师之第一线未说明（似即在普罗美附近）。查十余日来，敌似未向普罗美方面进攻。卅日据柏德扩中校密告，亚历山大将军确曾对普罗美之英军下令，使其进攻，但该军无动作，故亚极不高兴，欲派一指挥官去（并非与编成一军同一谣言）。此虽谣言，但我甚相信。等语。

（七）卅一日上午之情况：

1. 200D已到叶达西之东六、七公里河边整顿。

2. N22D正面有炮战（双方炮击）。

余容续陈，敬请钧安。

职肖毅肃呈。印。

卅一、三月卅一日正午十二时于腊戌。

〔国民政府国防部史政局及战史会档案〕

## 6. 杜聿明报告斯瓦一带战况密电

（1942年4月）

（1）杜聿明密电（10日）

部长徐：1138密。谨将本军本月五日至十日于斯瓦Swa附近作战经过概要呈述如左，自五日拂晓起，同古之敌开始以飞机掩护炮廿余门，战车十六辆，步骑联合之敌约一师团，向我廖师阵地猛烈进攻。嗣后每日不断以炽盛炮火及飞机多架更番轰炸，聚以滞速向我斯瓦主阵地右翼迂回，经我官兵咸抱与阵地共存亡之决心，虽伤亡甚重，仍坚守不退，英勇抵抗。迄本日止，当面之敌经我斯瓦东西之线猛烈反击，其攻势业已顿挫。作战六日来，计毙敌约二千余，俘敌猪川义雄一名；我伤亡营长三员，连长九员，士兵三千三百余名。刻仍在斯瓦附近与敌对战中。谨闻。副司令长官杜聿明叩。卯灰申。萍昆。印。

（2）杜聿明密电（17日）

渝委员长蒋：夷密。（加表）。谨将本军本月十日至十六日于斯瓦SWA、列威间作战经过概要呈述如左：四月十日拂晓起，斯瓦方面敌五十五师团复开始以飞机多架、炮廿余门、战车二辆掩护，进攻廖师斯瓦阵地，猛烈合击，并每日不断以炽盛炮火及飞机更番轰炸。我官兵虽伤亡惨重，仍能英勇抵抗，坚强固守。迄本月十六日止，已按照军预定计划，逐次抵抗，转移至平满纳西南侧山地新阵地。作战一周来，毙伤敌约二千五百余，我伤亡营长以下官兵千余人。现拟于平满纳附近以攻势防御，待敌攻击胶着时，转移攻势，歼灭当面之敌。谨闻。职杜聿明叩。筱午。萍昆。印。

〔国民政府国防部史政局及战史会档案〕

## 7. 杜聿明林蔚报告第六军战况密电

（1942年4月）

（1）杜聿明密电（14日）

S md。渝委员长蒋：干密。（表）。据甘军长元辰电称：（一）步骑连合之敌约八百，由毛奇经过数公里处向琴马瓢前进，同古通罗衣考道。(二)雅都ＹＡＤＯ敌人数百正向东北进出，有向雷高截击暂五十五师后路模样。等情。当经作如次之处置：一、着暂五十五师一部利用毛奇以【北】隘路据【险】扼【制】敌人，另于阵地远前方多设伏兵，阻击敌人装甲车、运输车，以迟滞毛奇之敌，以主力将雅都ＹＡＤＯ方面之敌于山岳内击灭之。二、特派装甲车一排经唐吉转雷高，归暂五十五师指挥。谨电鉴核。飘职杜聿明叩。卯寒子。汉昆。印。

(２) 林蔚密电(20日)

限二小时到。渝委员长蒋：〇密。加表。丽初巧，皓各电：(一)南柏ＮＡＭＰＥ，保拉克方面。巧十时敌增援攻击，陈师一、三两团因兵力过少，已撤至南柏北方高地，保拉克已陷敌手。第二团在土墙被围。(二)自皓丑起，军部与陈师连络隔断，据林参谋长皓六时卅分自罗衣考南方21英里处回来报告，该处已闻枪声。另据陈师司机报告，敌战车九辆，皓五时已冲至师部。(三)陈师兵力已全部消耗。吕师二七九团皓申以前于保拉克北方被围，其师部及二七八团尚远在景东，除彭师一四六团在罗衣考以北占领阵地外，余均不能转用，恐罗衣考即失。等语。查该师筱日在敌阵亡班长身上搜出文件，其番号为龙3733部队联队凡岗部队大队(川村队副中队)，此番号查不出。假定其为由仰光新增之兵力，则左路之敌亦必有积极之行动。职林蔚。卯智巳。参。印。

(３) 林蔚电(21日)

限二小时到。渝委员长蒋：(夷表)。据丽初智辰、智午电，自智拂晓起，我敌在罗衣考激战，我伤亡惨重。迄午已与罗衣考失连络。我敌现在罗衣考北七里附近激战。等情。详情另函肃。职林蔚。卯马巳。腊。参。印。

〔国民政府国防部史政局及战史会档案〕

## 8．林蔚报告远征军长官部人事复杂等情密电

（1942年4月16日）

即到。渝总长何：斌密。(加表)。军代删申令一电敬悉。此间人事情形复杂，但一切仍须钧座最后决定，职仅将见闻所及逐日面呈钧座，供参考而已。今新廿二师(秋)之主力已转进至平蛮纳本阵地之一部，局部酣战即将开始矣。谨闻。职林蔚。卯铣一。参。腊。印。

〔国民政府国防部史政局及战史会档案〕

## 9．罗卓英报告孙师仁安羌解救英军情形密电

（1942年4月20日）

渝军委会：hoB密。(加表)。委员长蒋：孙师原派乔克巴党之一一三团，筱日扫荡平河以北敌人后，进而救援在彦南扬破〔被〕围之英军。现据孙师长皓未报称：刘团经两昼夜激战，占彦南扬，救出被围英缅军第一师七千余人(情形狼狈，不复成军)，并由敌人手中夺获【之】英方辎重百余辆，悉数交还。敌向南退却，其死伤约五百余名，我亦伤亡百余。该团暂在彦南扬占领阵地。等语。查孙师刘团作战努力，除奖励外，谨闻，罗卓英。号巳。参。印。

〔国民政府国防部史政局及战史会档案〕

## 10．林蔚报告仰曼路正面激战情形密电

（1942年4月22日）

限一小时到。渝委员长蒋：夷。(表)。光亭养戌电：余师方面两日来战斗激烈，敌伤亡二千余人，我阵亡团长凌则民，负伤团长卜有道，及官兵一千余人。现已在大公TATKON（雅美丁南廿英

里）附近之线，与敌战斗中。等语。谨闻。职林蔚。卯梗巳。参。腊。印。

〔国民政府国防部史政局及战史会档案〕

## 11．林蔚关于日军攻占雷列姆等情密电

（1942年4月）

1）4月23日密电

[illegible]二小时到。重庆委员长蒋：夷密。（加表）。军代。钱高参养亥、丽初梗丑、光亭梗巳各电，汇报如下：（一）河邦阵地经激战后，伤亡较大，于养亥转移于猛旁MONGPAWN阵地待援。后续本日可到三连。（二）河邦附近之敌除久留米师团（48）联队外，又发现龙7640部队另一联队。（三）第〔暂〕五十五师已一度通电，但位置仍未说明。（四）棠吉方面已发现敌情。第二百师已进占黑河，迫近棠吉。（五）第九十六师现仍在达公TATKOK稍南之线与敌激战中。职林蔚。卯梗午。参。腊。印。

（2）4月24日密电

限二小时到。重庆委员长蒋：夷密。（加表）。丽初梗酉电：梗十二时雷列姆已入混战状态，现职暂移至雷列姆北六里之丙隆PANGLONG收容。情况急迫，腊雷公路，请速防范。等语。除令驻腊梁团之两营乘车向南急进，掩护丽初，并实施破路外，谨闻。职林蔚。卯迥丑。参。腊。印。

[illegible]

限一小时到。委员长蒋：慨密。加表。丽初现下无兵，昨晚六时至雷列姆之六里处。今早接电，据上午七时飞机侦察报告，有汽车约二百辆由河膀向雷列姆前进。戴部现在棠吉以西与敌接触中。谨闻。职林蔚。卯敬午。印。

〔国民政府国防部史政局及战史会档案〕

## 12. 林蔚报告日军迂回攻击腊戍等情密电

（1942年4月）

（1）4月25日密电

限二小时到。X 9 La。委员长蒋：夷密。加表。(一)顷据英美空军侦察报告称：本有午敌卡车五十辆正由雷列姆沿公路向北前进，又有敌卡车百辆正在腊戍南方一百七十公里公路交叉点之孔海坪KONGHAIPING向开西满爽KEHSIMAN前进。自开西满爽而北，尚未发现敌情。等语。我调往之两营正在腊戍南方之两条路上破路中。(二)光亭有巳电：棠吉街市之敌即可肃清。谨闻。职林蔚。卯有未。参。印。

（2）4月26日密电

限二小时到。渝委员长蒋：慨密。(加表)。谨将现在腊戍前方守备与破路情形陈报如下：(一)刘师梁团以一营配置细泡至雷列姆公路上之曼松MANSON警戒与破路，以一营配置腊戍至雷列姆公路上之寨可HSAIHKAO警戒与破路，以一营配置腊戍附近构筑工事，并作该团之预备队。(二)刘师彭营以两连守护机场，以一连配置市区、西南近郊，担任市区直接防卫。(三)张军直属部队已到之辎重团，大部配运工具，协助破路；工兵营担任细泡防守及工事。(四)由中印路局派员工二百人，协助破路。(五)前方两路桥梁，已分别炸毁或先完成破坏准备，惟地形平坦，破路仅在雨季始有价值。(六)曼松前线已于今早与敌接触。职林蔚。卯寝酉。腊。印。

（3）4月28日密电

限即刻到。重庆委员长蒋：慨密。(一)梁团派出前方两条公路之两营，右路一营已完全牺牲，左路一营感日起与敌接触

(迟到报)，已失连络。(二)刘伯龙现有之兵仅薛团一营半，梁团一营，刻已退至距腊戌七英里之处。马部之先头团因车辆发生故障，此刻仍未到齐。故张军长关心于腊戌外围及核心作战。(三)职决与俞部长于今晚移贵街，物资决于今晚点火焚毁，电台随职移动。谨闻。腊职林蔚。卯俭酉。参。印。

(4) 4月29日密电

限二小时到。委员长蒋：慨密。(表)。顷据新威张军长电话称，俭日下午五时半，敌一部绕袭刘伯龙司令部，经马维骥率军工兵营及步兵两营击退，往新腊【戌】东侧三英里布防。俭夜十一时，敌正式开始攻击，战至艳晨七时，发现敌炮十余门，战车、装甲车卅余辆，并有敌机十余架助战，对我猛攻，我伤亡惨重。此时刘师所部及孙师之彭营均已参战。迄十二时半，敌复由南面对老腊戌包围，我预备队与敌巷战。下午一时，遂放弃腊戌，并点火猛炸老腊戌北方之铁桥。刘、马两部共收容约两营，一部与敌保持接触，大部在新威集中。之〔此字衍〕掩护撤退时，在铁桥附近我新到之战防炮连曾毁敌战车六辆，该连之炮已被破坏三门。又本日作战，敌步兵兵力似约一联队，其番号不详，据土人云为敌四七师团。等语。职刻在贵介指导马师后续部队，随到随即开赴新威北方高地布防，并迳令第五军装甲兵团轻战车战防炮一连加强防务。但截至此刻止，马部后续部队到贵介者仅约一营。谨闻。职林蔚。卯艳申。参。

〔国民政府国防部史政局及战史会档案〕

## 13. 杜聿明报告远征军败退情形密电

(1942年4—6月)

(1) 4月26日密电

重庆部长徐：斌密。战报：(一)戴师仍由棠吉山地向逼归〔过〕罗爱姆方面之敌攻击中。(二)余、廖两师本黄昏起并用汽车、火车向曼得勒附近转进。（三）军部于有黄昏起向巧克西（KYAUKSE），本黄昏起复向曼德勒西北24里处转进，于本午后十时全部到达。谨闻。曼得勒。职杜聿明叩。寝戌。萍昆。印。

（2） 5月9日密电

机急。重庆委员长蒋：升密。（加表）。（一）八莫（BHAMO）及龙陵于江、微两日先后被敌占领，现正与吕师在怒江相持中。（二）戴师及黄游击司令并收容甘军两营、新廿八师一部已通过曼腊公路，经莫故哥（MYGOK）向八莫以东地区急进，占领皮特（PITA）、南坎（NANGKAM）各隘路口，遮断八莫敌之退路，并阻止其增援。余部本日可全部抵印道（INDAW），拟用汽车输送，急赴密支那河东岸占领阵地，掩护军主力进出。吕、张两部正向印道急进中，预计真午以前可全部通过印道继续北进。（三）本军虽经月余坚苦战斗，但各级干部掌握确实部队整肃，士气旺盛，全体将士奋斗决不顾任何牺牲，以报国家。谨闻。印道。职杜聿明叩。佳申。印。

即刻到。重庆委员长蒋：悦密。（加表）。史蒂威尔将军率长官罗及林总监、沈司令、卫士数十人均于七日分别经墨西（MANSI）徒步往印度燕飞儿（IMQCAL）。职派罗参谋追赶二日夜，未能追及。除再派员追赶并设法电请其返部外，谨闻鉴核。职杜聿明叩。佳申。印。

（3） 5月23日密电

特急。渝委员长蒋：养戌机渝电奉悉。升密。（一）前据戴师长电称：预计删抵奈榜，特转报鉴核。嗣后情况恶劣，且向导难觅，迷途森林内五日，致寒辰尚在郎秋。（二）该师已于灰日渡河，现电报可通，位置未据报。谨复。职杜聿明叩。梗未。萍。印。

（4） 6月15日密电

特急。渝委员长蒋：悦密。职辰卅由康地出发，原定五日到达大洛，中途大雨倾盆，山洪暴发，到处被阻。沿途杳无人烟，官兵绝粮八日，草根罗掘皆空，饥病交加，死亡甚重。经十五日始到达，购十日粮秣及将疾病落伍官兵收容后，即向指定地点前进。谨闻。职杜聿明叩。删未。萍。印。

〔国民政府国防部史政局及战史会档案〕

## 14. 林蔚等报告我军退守滇西激战及纷乱情形密电

（1942年4—5月）

（1）林蔚密电（4月26日）

限二小时到。渝委员长蒋：慨密（表）。有午机电奉悉。连日腊戍一切部署及破路、设防工作均遵钧座指示办理，凡非战斗人员及非战斗机关与侨胞等之疏散及物资抢运，及其破坏整备，以及英方准备移交之大量汽油、炸药紧急处理等事务，昨有午以前大体办理就绪。唯职本人事务繁杂，疏散调度部队颇有为难，必须指定部队等充任守备指挥，以专其事，职则唯有就事实之可能办到者而协助之而已。向北进之敌因戴师之向东猛攻及此间队工破路之努力，而其向北挺进之速度当可使其迟缓。假定北进之敌依然向腊戍猛进，在职个人当然力守，唯部队之行动运用仍应属于部队长之职权也。职林蔚。卯寝午。腊。印。

（2）林蔚密电（4月27日）

限二小时到。重庆委员长蒋：升密（加表）。关于腊戍、细泡之防卫，职已权嘱张翼之兄负责，其目的在保障远征军及后方之安全，其手段在竭力迟滞敌人接近，并相机击攘之胜，使我前方远征军有自由进退或另设新联络线余裕。假定被敌击破，则刘部预定以梅苗为后方，节节掩护前方主力军之侧背，马部则以畹町为后方，而阻敌于国境以外，藉以保障中缅路线之安全。马部宥日已到一营，并闻。职林蔚。卯感子。参。腊。印。

（3）林蔚密电（5月5日）

限二小时到。渝军令部、通信指挥部译呈委员长蒋：○密。职昨上午于龙陵命张军长率九十六师补充团余部在遮放监视敌人，并节节抵抗，万不得已时，向芒市、龙陵间山地撤退，将部队交与刘伯龙，作为以后尾击、断路之用。复命刘伯龙率中缅局警备大队之一部（因无兵可调）开龙陵、芒市间山俭〔险〕之地，掩护张军长，并实施破路。职于昨午后待张军长接到命令及刘伯龙出发，始离龙陵赴保山。沿途被数千辆汽车（各机关物资车及商车在内）所阻，费尽气力，始于今晨七时到达惠通桥，复命马崇六迅速装药准备爆桥，于装药工程将完时，忽被敌炮由桥彼岸之山顶射击。职考察枪炮声，约有七五口径者一门，山炮二、三门，重机枪二、三挺。此时尚有数百辆卡车未曾过桥，惟预料步兵营业已占领阵地，惟桥尚未炸，又以书面命令马崇六立即炸桥。十一时许，职离开山坡通过敌炮火封锁点，汽车先行，受伤人员无恙。本日下午四时距保山约七公里遇李师长，据悉其先头团之后续两营已出发，另一团已到保山，即命李师长监督先头团向惠通急进，并命再调两营。续判断惠通彼岸之敌不过骑兵部队，该敌由山顶至惠通桥需要三小时（约二、三十公里），且为数百辆汽车所阻，我炸桥、增防均有时间。本日黄昏职到达保山，见昨、今两日大轰炸后景象至为凄凉，但汽车拥塞及妨碍军队之军输如故。职已令人召集三六师副师长及滇军龙旅长，拟组织联合纠察队，连夜强迫疏散，因宪兵官长不甚得力也。张军长已到保山，据报拟明鱼赴下关。职译电室车落后（判断可出险），此电系由军令部、通信指挥部译呈，回电请用同样密本。保山。职蔚。辰微戌。参。印。

（4）龙云密电（5月8日）

特急。渝委员长蒋、总长何：字密。(一)据报渡过怒江之敌尚有二百余人，凭藉山险，尚未肃清。(二)着宋总司令严督所部协同空军将该敌克日彻底歼灭。着王司令官叔铭派遣飞机协同陆军作战，陆空联络自行用电协商。又在此期间，怒江以西之侦察及龙陵段公路之破坏工作，务须每日派飞机施行两次，并逐日详报。(四)第六旅着归宋总司令指挥。除电饬遵办外，谨闻。职龙云叩。辰齐酉。昆行。参机。印。

(5) 周至柔代电(5月8日)

重庆。军事委员会总长何核呈委员长蒋钧鉴：据昆明王兼司令叔铭06、09昆电称：(一)昨十九时三十分接萧专员健由保山来长途电话报称：今上午十时敌快速部队一小部分窜距惠通桥二十公里之处，于十一时在对面山上以炮向我对岸之运输车射击，亲闻炮声。(二)惠通【桥】已破坏，但江水甚浅，殊堪顾虑。(三)与林团长蔚文于昨十六时同抵保山。(四)保山情况惊慌万分，秩序大乱，各机关已纷纷撤退。(五)现36D仅两团驻保山。等语。除于昨晚即以电话报告钧座外，谨再电呈。等语。谨电呈察备查。航空委员会主任周至柔。(齐)。会参。壬渝。中华民国三十一年五月。

(6) 龙云密电(5月10日)

限即刻到。重庆委员长蒋：字密。宋总司令希濂电话报称，窜入惠通桥附近之敌(两营步兵为基干)经我歼灭大半，已于今日丑时退走，已令我卅六师之一团追歼。等语。谨闻。职龙云叩。灰午。参。印。

(7) 龙云密电(5月28日)

特急。渝委员长蒋、总长何：字密。(一)腾冲敌约二百人，来凤山有敌七、八百人，一部二百余人到海口(腾冲西北)。(二)我预二师第28团主力已到达飞凤山高山寺，一部在橄榄寨与敌（二百余）对峙中。该师杨团到达芒棒街。(三)八十八师二六四团到满散村，二六三团到滥坎寨，准备渡河，二六二团在菖蒲厂，师部在大水。(四)三十六师已派一营进驻镇康。(五)据佛海谍报，甘军长马午到佛海，刘支队仍在猛海、猛岭、公兴、大高一带掩护该军转进。谨闻。职龙云叩。辰养戌。昆行。参一。印。

〔国民政府国防部史政局及战史会档案〕

## 15. 林蔚等关于滇西国防部署与蒋介石往来文电

（1942年5—6月）

### (1) 蒋介石致林蔚密电稿（5月1日）

即到。畹町林团长：密。训令：一、第三十六师改开保山，归张军长轸指挥，负责布防。二、如当面敌情许可尚能保有畹町时，准将该师向畹町推进。三、第三十六师输送完毕后，继续输送第二预备师至下关、祥云填防。四、保山、畹町间桥梁应完成破坏准备。中〇。东亥。令一元。

### (2) 徐永昌致蒋介石呈（5月5日）

一、查腊戍东进之敌已迫近国境，故滇西国境作战亟应统一指挥，以应机宜。兹拟以第十一集团军总司令宋希濂负该方面指挥责任，并暂定其序列如左：

二、如滇西作战由宋希濂统一指挥，缅北第五军方面由罗长官指挥，则驻滇参谋团似可如最高幕僚会议决定撤回重庆。

右拟是否可行，伏乞钧裁。谨呈总长何转呈委员长蒋。职徐永昌呈。三十一年五月五日。

### (3) 林蔚致蒋介石密电（5月6日）

- 昆明行营
  - 第十一集团军总部
    - 第七一军（驻昆明）
      - 第七十七师 ┐
      - 第八十七师 ┘ 仍驻昆明
      - 第三十六师（开保山）
    - 第六十六军—（新二十八师、附新二十九师之一部）
    - 第六军
      - 第九十三师
      - 第四十九师
      - 暂五十五师一部
      - 第二百师
    - 第二预备师
    - 第五军装甲兵团之一部
    - 独立第六旅

限二小时到。重庆委员长蒋：冠密。鱼辰及辰鱼戌参保电谅达。（1）惠通桥之敌既续有增加，必企图由昆明突进，最少亦将以大理为目标，俾便以后由滇西、滇南会攻昆明。（2）此敌纯为快速部队，非我步兵由正面阻止，更非逐次抵抗、逐次增派及临时破路炸桥所能收效。（3）此敌若不消灭，恐短期间即将演成严重局面，惟在战术上必须以炮火（尤其战防炮）及装甲部队阻止其正面，另以步兵部队由两侧及其背后夹而攻之，并在地形上陷敌于长大隘路，方能达成歼敌之目的。且须预将必要兵力布置于可能到达之要地，切忌与敌争距离。（4）经研究，歼敌之地以下关、漾濞之间为宜，即相传武侯擒孟获处，在此地区可能调集预二师及七一军之两师，预先布置隘路之我端及两侧，三十六师则于节节抵抗之后，留置敌后永平、保山一带对敌尾击，追敌于隘路之彼端，四面围击，扑而歼灭之。（5）为求增加把握起见，必须发动滇西民众由畹町起实行大规模破路切断，增加破坏程度，以阻敌之退路。（6）滇南关集固应速抽两师开昆明为总预备队，并构筑外围工事。以上所【陈】与职鱼辰电请饬确保保山战略出入，盖鉴于敌之动作太速，而保山战不能行合围聚歼之布置，可否按照上陈意见，请迅予裁夺施行为祷。职林蔚。辰鱼亥。保山。印。

（4）军令部签呈稿（5月31日）

签呈　中华民国三十一年五月三十日

甲、林团长辰感亥参保电大意：

在敌寇未向印、澳进攻及对苏开战以前，我军必须预防其攻滇。刻滇西部队可战者仅三个师，几调全部使用于怒江以西地区之攻击，就态势言我实处于有利地位。唯惠通【桥】迄龙陵间之敌，现仍分段顽抗，而南天门之西又有敌增援，腾冲之敌亦未见摇动，我军如若欲解决此敌，恐须付与相当代价。以我军士气之旺盛、固可达此目的，然须牺牲二分一以上，始能占领腾、龙，则所余兵力势难继续作战，万一敌再增援进攻，击破我军，则保山以东迄楚雄止完全成为空虚地带，恐陷滇西于危局，影响全般作战。故对目前攻击似应定一限度，即我军牺牲三分一以下，即能达成目的，或南天门以一团兵力，能始终在我手中，则我应继续攻击，以免功亏一篑。反是则我应转攻为守，以保有实力，巩固怒江，积极破坏道路，阻敌进攻为第一要义。至守势配备则有两案：

甲案

（一）36D主力守备惠通桥我岸，2RD一部守备惠仁桥我岸，主力转至腾冲以北，以双虹桥至保山为后方，以防敌之迂回。

（二）88D一部守备攀枝花渡口（滥坝寨附近），主力在惠通、龙陵间设防，掩护南侧，牵制敌军。刘伯龙部整理后伸至龙陵以西游击。此乃守于彼岸之河川防御法，其攻势转移之际，争取不着痕迹，且可随时再转攻势。但保山无总预备队，一点被突破则无补救。

乙案

（一）36D主力守惠通我岸，一部守攀枝花渡口，刘伯龙部整理后进至敌后游击。

（二）88D主力控制保山附近为总预备队，一部守备功果桥。

（三）2 RD之配备与甲案同。此乃稳扎稳打之办法。惟敌怒江之彼岸之行动较为自由，是其不利，至于下关、祥云，无论何种时间均应先行控制部队。以上所陈，是否有当，乞核示。

乙、审核意见

一、查怒江西岸之敌，经我88 D主力及36 D一团又二营，于廿三日攻击以来，虽先后占领若干小据点，但毫无若何进展，而6 R/2 RD主力于十七日起围攻橄榄寨百余之敌，迄今十余日之久仍未攻占，现据守龙陵、腾街及惠通等处之敌虽经我两师之众攻击，但敌顽强抵抗毫无动摇之象，并于廿九日由畹町方面增援一联队，向放马桥反击中。

二、现我滇西兵力仅有此三师，如我继续攻击，因无攻坚武器，损失必大。如敌再集中相当兵力乘虚东犯，则滇西防务实属堪虑。林团长所拟停止攻击，核尚合理。如照“甲案”则保山无一控制部队，如照“乙案”则怒江西岸惠通至龙陵间，我又无部队，以为尔后转取攻势之地步。为巩固怒江东岸防务及尔后转取攻势容易，并接应我200D计，似将甲、乙两案并用，以88D主力控制保山，一部在怒江西岸，及2 RD之主力及刘伯龙部担任龙陵、腾冲道及龙陵、惠通通敌后之游击，并加强破路。其余36D及2 RD之一部，于怒江东岸各渡口加强防御。所拟当否，乞核示。

（5）蒋介石复林蔚密电稿（5月31日）

限即到。保山林团长：辰感亥参保电悉。密。关于滇西部署，希遵照以下指示：一、预二师及刘伯龙部在怒江西岸游击，并破坏龙陵、腾冲、惠通间公路。二、卅六师主力守备惠通桥及攀枝花两渡口。三、八十八师一部守备惠仁桥，主力控置于保山。四、以上各部除任游击者外，均须各就指定地区积极构筑工事，尤须注意以火力封锁渡口。五、此项部队移动及企图务须极力秘匿，以免为敌侦知。并希将此意转告宋总司令迅予遵办具报为要。中〇。辰世辰。令一元明。

（6）龙云致蒋介石密电（6月16日）

重庆委员长蒋：据黄军长维巳微辰电称：本军奉命接替第七十一军昆明附近防守任务，已饬十四师自支日开始接替。又钟军长巳齐代电称：昆明防守司令职务已于鱼日交替，八十七师鱼、虞等日车运西进，军直属部队佳日由昆出发，军部蒸日由安宁西进。各等情。谨闻。滇。职龙云。巳铣。昆行。参一。印。

〔国民政府国防部史政局及战史会档案〕

## 16. 高吉人报告第二百师缅甸作战及突围归国情形报告

（1942年7月11日）

报告　三十一年七月十一日　于昆明市

窃将本师此次在缅参战及率领各部队突围回国经过情形缕呈钧座鉴核。

一、查本师在缅同古（即东瓜）、棠吉两地与敌交战，被我打击甚重，敌伤亡四千以上，四月廿五日我完全克服棠吉。正拟扩张战果，嗣因腊戍失守过快，我军深陷重围，遂奉令转进。幸我官兵奋勇抗击，誓死不屈，始得屡次出险。

二、自罗列姆转进，循山地北上，且战且撤，越荒山，涉险水，绝粮饥病，七十余日之战备行军，尤敌于公路、河川、要隘等处层层包围封锁，企图歼灭我主力，我军则竭精筹谋，通过曼腊公路时与敌激战半日，此役我方无损伤。

三、五月十八日，我军抵达缅孢、麦司克间公路时，被敌约两大队扼险阻击，激战一昼夜，不幸海鸥师长腰负重伤，五九九团柳团长失踪，六〇〇团刘副团长吉汉阵亡，排连长伤亡多员，士兵亦众。

四、职当察此路，敌以扼险阻击，无法通过，即令五九八团，先撤至来路之广茂（距公路十一华里）占领阵地，派壮士八名，担架一副，师长先行，其余按师部直属部队，五九九团、六〇〇团之次序转进至广茂集结，并派兵一营掩护，另寻路线出国。五月二十一日改道通过此路，师长负伤，以中途医药缺乏，治疗艰难，更无静养时间，竟于同月二十六日在茅邦殉国。

五、此时，军心一时散靡，职于悲痛之余，即决然负起重任，掌握部队，安定军心，抚慰居民，筹备给养，搜索敌情，侦察路线，先试艰险，于五月二十七日安全渡过瑞丽江，六月二日越八莫、南坎间公路，除率领本师官兵五千余人归国外，并将友军四百余名附领回国，及本军平射炮一连（炮三门）亦负责带回。

六、入国之后，正值春夏之交，气候变更无常，又长途跋涉，饥疲之余，疾病复加，潜逃落伍，防不胜防，不仅普通官兵起病频多，即医务人员亦大半皆患重病，不能随军行动，职以竭尽精力，已将全师率领归驻云龙，刻又奉令开至大理待命整补。

七、于缅境时，经济方面，因与后方连络中断，不能接济，一切用费均系向军部友军及本师官兵饷津挪借维持，共计缅币约十五万盾。迨入国后，又因需局领款困难，例将后方所领缅币经费在银行兑换法币，应付现状。

八、本师此次在缅参战，损失甚大，尤以干部伤亡最巨，为将来参战杀敌致果起见，除已呈请开驻适当地区整补外，理合缕具上项情形呈请鉴核。谨呈

部长张

职高吉人呈

〔军事委员会政治部档案〕

## 17. 何应钦徐永昌等关于中美英联合反攻缅甸计划及洽商经过情形签呈

（1942年7—12月）

（1）何应钦致蒋介石签呈稿（7月23日）

签呈　七月二十三日于本会

据外事局商兼局长转来史蒂威尔呈钧座七月十八日备忘录，主题为“反攻缅甸计划”(原译文附呈)，谨核议意见如左：

反攻缅甸在政略及战略上均极有利，惟在战术及技术上应有左记之注意：

一、占领安达曼群岛掩护陆军在仰光上陆，以及尔后控制孟加拉湾、掩护运输舰在仰光起卸物资，均赖英国海空军绝大之努力，而英国有无此种余力，唯英政府可以答复，此首须预为征询并加以策动者。

二、美军一至三师协助英军由清德温江进攻斯威薄及曼德勒，对于印缅间道路开辟所需之时间须预为估计，积极办理，否则仅以轻兵器担任进攻，恐难奏功。

三、中国在滇西、滇南集中精锐二十师及所要炮兵，当勉可办到(计现有71A：36D、87D、88D，6A：49D、93D、N28D，5A：96D、200D、N39D，2RD，将来可增调2A：9D、76D、N33D，76A：24D、196D、T57D，及依情况可能使用54A)，并负担进攻腊戍之任务。惟鉴于我之装备及以往经验，预期可达成牵制缅甸方面敌人主力并与以一大打击之成果，至于攻坚披锐、夺取要地，苟非英、美空军有效之援助，殊无把握。又部队之集中及兵站补给之筹备与输送亦非容易之事，须有周到准备乃能适应战机。

总之，反攻缅甸之建议出于史蒂威尔，我国自应表示赞成，惟对于右述一、二、三项应加以注意，以期必胜。是否有当，理合呈请鉴核。谨呈

委员长蒋

委座手批：“照最近所定在前线空军最低之限度则不能奏效。”

附呈史蒂威尔七月十八日备忘录译文一件

职：何〇〇

附件：美国驻中缅印派遣军总司部　民国三十一年七月十八日备忘录译文

主题：反攻缅甸计划

送呈：蒋委员长

如本年夏季敌人无进犯云南之企图，我方应在此时决定一收复缅甸之计划，此事若不及时准备，则秋季数月之时间又将失去，而物资之到达又须迟延，盖重使军火经仰光而运入中国，乃为极端重要之事。

（一）此计划之实现有赖于美国陆军部之决定。若美方能在六个月期间继续不断每月拨三万吨军火运至仰光，则情况将大为改善（此项物资主要为大炮、小型军火、炸弹、枪、汽油、卡车、坦克车等）。

（二）若无英方之协助此项计划势难实践。故当请华盛顿方面设法使英方对此事予以合作，美国陆军到印之价值须郑重指出。如中、美部队准备就绪，开始行动，则英方亦势难袖手不动，盖此项行动乃为收复英方之领土也。

（三）中国对于此事应首先将计划明白说明，并声明如伦敦与华盛顿愿予合作，则中国方面将选择二十师劲旅并配以大炮以担任任务。英国方面则当：（一）以适当海军力量置于孟加拉湾以控制该湾。（二）由清德温江向缅甸之斯威薄(Shloebo)及曼德勒进攻。（三）在仰光设法登陆，中国方面则向腊戍进攻，再由该处向雷列姆(loilem)及曼德勒进击。如有美国部队则可协助英国部队由清德温江攻缅，或协助攻占仰光。在进攻斯威薄及曼德勒之战事尚未顺利进行以前，暂不向仰光进攻。而在进攻仰光前，须先将安达曼群岛占领。为有效协助此项作战起见，须在印度建立较强大之空军力量，在攻仰光时应有一降落伞部队以供调遣。

（四）若不采取积极行动以收复缅甸、重开通路，则任何美国援华之诺言均属徒然。如中国方面正式表示愿尽所能担任此项任

务，则美国陆军部亦势难拒绝华方之请求。附呈关于此事致美方信稿一件〔缺〕。敬请
钧核。史蒂威尔谨呈。

（2）何应钦致徐永昌函（9月15日）

次宸吾兄勋鉴：孙哲生先生提议：中国应向英、美要求向缅甸进攻，打通中印交通，请由军委会草拟具体方案，由总裁向威尔基提出。等语。即请查核拟办为荷。顺颂勋祺。弟：何应钦启。卅一、九、十五

（3）徐永昌签呈稿（9月30日）

徐永昌签呈　九月三十日于军令部

一、奉交下孙院长提议中国应向英、美要求向缅甸进攻，打通中印交通，请由军委会草拟具体方案，由总裁向威尔基提出等语，即请查照拟办等因。

二、查反攻缅甸就政略及战略上言，于盟国均属有利。此议前经史迪威提出（如附件），昨日魏菲尔亦声称在计划中（二十七日新德里路透电）。惟此案之实施，我国因滇境补给困难，交通、通信及其他作战准备均付缺如，似仅能担任助攻，主力方面仍须动员美、英之陆海空军。现威尔基来华，正宜运用于樽俎之间，使其策动英国协力进行，以期实现此项计划。兹谨拟呈应向其说明之理由及商讨之原则如左：

甲、反攻缅甸之理由

1.规复缅甸可建立反攻日本“本土”之基地，使盟国尔后攻势作战容易。

2.可巩固印度，彻底击破轴心国会师远东之企图。

3.打通中印交通，使美国援华物资大量输入，及早完成中国总反攻之准备。

4.牵制日本陆海空军，使不能再行增辟战场（如对苏对澳或袭击美国）。

乙、协同作战之原则

A.作战准备

1.美、英联合陆军应以能击破倭寇十个师团兵力为对象而准备之。因此，美国至少应以陆军七个师及所要之降落伞部队进入印度，俾与英国及中国留印部队联合作战。

2.英、美联合海军应以能击破倭寇南洋联合舰队为对象而准备之（即需以主力舰三一四艘、航空母舰六一八艘编成强大舰队，并须编入多量之潜水艇）。

3.美、英联合空军须以能击破倭寇二个空军师团（第一线飞机约一千架）为对象而准备之。

4.中国陆军准备以十至十五个师，主力向滇西，一部由滇南攻击敌人。

5.美国应设法加强中印空输力量，尽先输送中国出击部队所要之装备及其他必要之物资。

6.英国应迅速整备并开设印缅边境之交通线路。

B.作战指导大要

1.英、美联合空军先一举击毁缅、泰、越、马来敌空军根据地，获得优越之制空权，掩护海陆军之作战。

2.英、美联合海军先以强大潜艇、舰队进出中国海及爪哇海，截断敌海上交通，尔后以海军主力攻略安达曼群岛，控制孟加拉湾，掩护陆军在仰光登陆，包围攻击缅境之敌人。

3.美、英、中联合陆军应以主力渡清德温江向斯威薄、曼德勒方向，一部沿吉大港海岸向阿恰布、仰光方向攻击。

4.中国陆军在盟军空军掩护之下由滇西攻击敌人之侧背，并以一部向滇南出击，威胁敌之背后连络线。

丙、以上各项原则应获得英、美两国同意认为可能实施后，再由中、英、美三国军事当局协商，策定反攻缅甸之作战计划。右拟是否有当，敬乞鉴核。谨呈。

总长何　　　　　　　　　　　　　　　　　　　　　职徐○○

(4) 林蔚刘斐签呈(11月12日)

奉钧谕与史迪威研究反攻缅甸计划，遵于本月十日与史将军会晤。兹谨将谈话纪录并具申意见恭请鉴核。谨呈

总长何

委员长蒋

附谈话纪要及意见具申各一份。职林蔚、刘斐。

〔蒋批〕："可照谈话结果积极准备进行，但留守滇省与昆明防守部队必须增派一军，尤其要增强昆明之实力，必须要有三个军防守昆明，应即筹备在第六或第九战区再抽一军，限明年二月以前到达昆明。"

三十一年十一月十日与史将军谈话纪要

时间：三十一年十一月十日上午十时—十一时二十分。

地点：重庆嘉陵新村三号史将军官邸

出席：史迪威将军、林次长、刘次长、张厅长秉均、鲍参议静安(翻译)、刘参谋耀汉、陈参谋廷缜(纪录)。

刘次长：奉委员长谕与史将军交换关于反攻缅甸计划之意见。首为敌情判断。现在越、泰、缅、马来之敌情如图，共(11)个师，史将军当已知之(史将军曰然)。敌若攻滇或攻印，可能再增加(4)—(5)个师团。此兵力在东北方面，日、苏虽无作战征候，但东北敌军无论攻防均须如许兵力不能抽。在中国方面，可能抽调两、三师团。在日本国内最多能编17—18师团，除维持日本本土、朝鲜、台湾等约须10个师团外，尚须留总预备队五、六个师团，判断日本国内再能抽一两个师团。故合计泰、缅、越、马来战场敌可能

使用15—16个师。除马来、曼谷、西贡须留一部兵力外，判断敌可能使用攻滇、印者为10—12个师团。

敌空军：安南250架，泰400架以上，缅150架，共800架，必要时或能增加一两百架，合计1000架。敌机数及技术虽逐渐减退低落，1000架数字虽较夸大，但照此估计，较为安全。

敌海军：敌在金兰湾仅有一重巡洋舰、一轻巡、八驱逐、十补助舰。新嘉坡有四轻巡舰、二驱逐、十补助舰，槟榔屿四驱逐舰，阿恰布四驱逐舰，由上可见敌在本战场并无主力舰，敌海军似忙于应付所罗门海战，将来敌以主力舰一时转用于本战场有可能，但有无航空母舰开来则不知。

敌准备所需之时间：估计最大限两个月，敌可完成其部队、舰队等之调动。

敌之企图：我不攻敌，敌或暂不攻我。敌倘知我将攻敌，自须对付。敌对我国及印度情形甚稔，我印两方攻敌，则进攻方向与横断山脉成直角，进出须经过隘路，我在外线作战，甚不利。敌则有内线及交通方便之利，故敌之行动有左之数案：

甲、敌取守势，以八个师在北缅，两个师在泰，一个师在越拒守隘路。

乙、敌取攻势防御，乘联军进出隘路时反攻。

丙、之Ⅰ—对印度取守势，以二、三师攻滇西，以三、四师由越进击，夺取昆明，遮断入缅华军之后方公算最大。

Ⅱ、一如前述并同时以五、六师由缅攻印，四个师由海道攻印，如此则缅甸自得保全，此案实施亦属可能。

联军方面：印度情形不知，仅知印度能准备七个师，三个师用于第一线，四个师第二线，战斗价值不知能对抗若干敌军师。若就有形之装备、兵员、武器比较，可抵敌四个师，精神方面则难估计。中国原准备五个军共十五个师，现拟加强师之力量，改为五个军共十个师，估计可抵敌之四—五个师。总计联军在印可抵敌四个师，在华可抵敌五个师，合计约八—九个师。故发生下之弱点：(一)交通不便，完成各项准备须四—五个月，较敌集中为迟。（二）陆军兵力劣势。（三）在外线不利之地形对内线有利地形之敌人作战。

若就战略任务言，收复缅甸之利甚大，且攻击缅甸又势在必成。但如因图收复缅甸，反失昆明及印度，则为不利。

当前之问题：由上言之检讨可见，联军之弱点及兵力，与其欲达成之战略任务并不相称，而当如何补救，乃为最要之问题。余意必须用海空军补救。海军方面必须派主力舰，如海军不敷，则优势空军绝对必要。否则不易有胜算。最低限度印度及昆明之防守不能放松。因之，英、美方面盼望能于印度方面：(1)能有三、四艘主力舰进入印度洋；(2)否则须有飞机1000架，则数量纵不能胜日本，质量可望胜日本。又使用海军时，必须空军如此图所示。安达曼及其他红点均为敌机场，亦非优势空军掩护不可也。

我方准备：估计我国所需准备时间，连部队之编配、兵站之设施、道路之修补，共须四个月。编配内容准备以十个军在云南方面使用，计三个军守滇南，二个军守昆明，五个军攻缅甸，此项军队，滇南兵员实力约70%，昆明者在40%以下。四、五个月后可望完成各项兵员……之准备。现仅就攻缅五个军加以讨论。

攻缅(5)个军：现拟将原来之十五个师改为十个师，以原有之五个师人员充实保留十个师，使每军能有一炮兵团、一工兵团，及所需辎重部队。以一个师使用于景东、佛海方面，九个师使用于缅北方面。但中、印两个战场联系甚困难，故有二问题：(一)如何统一指挥。(二)如何配合作战。关于前者，史将军对英方情形知之甚悉，请史将军考虑，或交换意见，或呈报委员长均可。关于后者，现发表管见如次：

联络呼应有三案：(甲)准备完成后，中国先进攻。如敌不增援，或击灭之，直取曼德勒。如敌增援，则牵制之，俾英印军向曼德勒进攻容易。(乙)英印军先进攻，牵制敌人，俾中国军攻取曼德勒容易。(丙)中、印两方同时分头向曼德勒会师。(甲)(乙)两案均不利。因敌拒守隘路，能以少兵拒止多兵，且联军通过隘路作战，节节战斗所需补充兵员、弹药，消耗太大，不如(丙)案能适应战况，且可免中、英两方互相疑贰，以为对方不肯用力，意见不一。

附带问题：即攻缅甸时是否亦须同时对泰、越取攻势，以攻为守。吾人主张不攻，因：(1)此方面之敌防御工事甚强。(2)我方出击须越过障碍地带，故不利。(3)空军及炮兵已用于他方面。(4)如我不攻敌，则可利用此障碍地带而采攻势防御。(5)我不攻泰、越，则该方面之敌人仅为倭寇，我如攻泰、越，则将引起泰、越人之反抗，反而增强敌之力量。故决定对泰、越采取守势。

以上史将军卓见以为如何？

史将军：得刘次长详告，甚感谢。此事研讨极为仔细。(一)对泰、越取守势，对缅甸进攻【势】，甚是。(二)此次北非大捷后，开放地中海，英方可能将主力舰开至孟加拉湾，空军增加亦有可能。日在曼德勒有内线作战之利，但在缅日军主要交通线须经过仰光，而在印度东部之美重轰炸机能每日对仰光予以打击，并阻敌舰开至仰光。故仰光、曼德勒间敌交通线实最为敏感也。

刘次长：然。仰光以北之敌公路、铁道、河道运输均须予以破坏。

史将军：派至景东之一师可否改为两个师？

刘次长：极为同意，当报告委座，请再增一个师。本人原拟为派一个军，其理由为：(一)现以军为战略单位，故分割建制将使师之力量大减。(二)此方派出一个师，若仅能拒止敌军，则尚未完全达到目的。必我方出景东后，尚有一个师余力出棠吉，此时敌兵力弱，则我即出棠吉，威胁曼德勒敌人后方。若敌兵力大，使我不能出棠吉，则我适能达到牵制敌人兵力之目的。故本人主张此方用一个军。此时滇西方面尚有四个军，且该方面第一线因地形、交通障碍，亦只能展开三、四个师，如此则第二线尚有四个师左右预备也。

史将军：部队已选定否？

刘次长：已选定，仅细部部署等未决定。

史将军：甚好。

刘次长：本日谈话即在交换意见后，好照此准备进行。

史将军：后方勤务甚重要，但各单位似未十分组织完全，举凡补给、交通、械弹、卫生医药，均须切实整备。

刘次长：现代作战成败大部决于后方勤务之整否，对缅攻势尤为重要。

刘次长：此后关于汽油、物资……，在印度方面尚须史将军帮忙。

史将军：谁负后勤部之责？

刘次长：当由后勤部指定专人负责。

史将军：关于指挥权，在会师前尚无大困难。在会师后则甚困难，指挥官若非英人，则英人不愿受指挥，将来或者将缅甸划入中国战区，但英人以为缅甸属于英国范围，亦不甚愿。

刘次长：中国并不欲取缅甸也，由魏菲尔将军指挥若何？

史将军：魏菲尔将军在德里不能至前线也。

刘次长：由中国派一指挥官指挥中国方面进入缅甸之军队，英国派一指挥官指挥印度方面进入之军队，同时两方皆归委座指挥，而由史将军以中国战区参谋长资格在前线指导之若何？

史将军：若为18军(数师为军)长史立蒙或可以，若为东路军欧文(指挥第29、4军)则不可能。要须视指挥官为人如何。

史将军：中国将一军改为两师甚善。

林次长：中国方面指挥官宜早为选定，然否？

史将军：然。

刘次长：兵站负责者亦然。

史将军：当催请魏菲尔将军商谈由海路进攻仰光之计划，魏菲尔将军已有此意，但过去无实现工具。魏菲尔将军有一全为英国人之师，可用以攻仰光。现印军改编之计划进行甚速，计有2、7、14、16、18、23、24、26、32、34、38、70等12个师，已用者七个师，余均在改编中。

史将军：后勤部负责人员须早派，不久惠勒将军(美供应司令)将来渝，可与商谈。

刘次长：本日即在先交换意见，以便进行。

林次长：负责人指定后，即可知何者须请美国帮忙。

刘次长：史将军尚有何高见请考虑。

谈话经过极其融洽，意见一致，至此遂兴辞而出。

意见具申　　三十一年十一月十二日于军令部

综合与史迪威将军谈话经过，关于战略问题之意见大体一致，对于海空军之加强，史将军认为依全般状况判断似有可能，惟尚须由史将军与英方交涉后乃能确定。对于中、英两军统一指挥问题由史将军拟案呈钧核后，再与英方交涉。关于细部战术诸问题，应由攻缅军指挥官在现地依当面情况决定之，似无需且不能由后方在图上决定。惟滇西方面我攻缅军(五个军)指挥官及后勤负责专人之人选，拟请早日裁决，以便迅速着手筹备一切。余如攻缅军之改编及整补办法，正会同军政部签办中。〔蒋批〕“后勤负责人员应由俞部长主持可也。中正”。

(5) 徐永昌签呈(12月8日)

奉交下史迪威将军备忘录译文内钧座批示交军令部研究并陈述意见。等因。除已于十二月三日官邸会报时由刘次长面陈所见外，谨再□□□□如附表，恭请鉴核。谨呈

总长何转呈委员长蒋

对史迪威将军为反攻缅甸作战所提备忘录研究意见表一份。

史迪威将军备忘录译文一份

英国态度之估计：

英人不愿以全副力量作战似甚明显，察其行动，似欲缩小进攻范围，改由西、北两方前进，以达到亚恺—加利挖—嘉他—密支那(AKYAT—KALEWA—KATHA—MYITKYNA)线为止，而固守此线，以待明年秋季再作道理。故对于中国军队之参加作战不甚注意，且每每顾虑供应及交通之困难，夸张日人方面之便利及我方之障碍，遂认为沿胡坑山谷(HUKUONG VALLEY)反攻系不智之举，而对于云南方面中国军队是否能有成就及中国军队有无反攻能力，尤多怀疑。魏菲尔将军屡言我辈不应冒缅甸第二次失败之险，弦外之音，不言可喻。如英人之进攻计划系以达到上述防线为止，则收复中印交通线之责任完全需由中国负担，除非在拉加之军队能达到密支那，而云南军队达到腊戌，无论英军如何进行，黎都—密支那—八莫之运输交通线，仍属画饼。此项两军联合作战计划规模虽小，然足使日军忙于应付，其侵滇队伍必须抽调若干，以防庆特温(CHINDWIN)方面英军之威胁，即此已属有利于我方，或因此而打开一条交通线，亦意中事。故英方态度无论系诚挚或冷淡，其助我之力量无论大小，虽与我之希望悬殊，我方亦应接受。夫英人之态度既如上述，则我方之需倚靠自己力量及选拔最优将才，以指挥云南方面之军队，自不待言者矣。

美国态度之估计：

美国因船只缺乏及其他各战场之需要频繁，目前尚不能派遣陆军至中国、缅甸及印度。已经答应办理者，系在三月底之前将运输飞机之总数增至一百架，战斗机一百六十架，中型轰炸机五十七架，重型轰炸机三十五架。至于每月由美运印三千五百吨器材之计划，大抵可以继续进行，教练人才之派遣，亦已有成议，各部门之教练官约二百人，可于明年一月中旬左右到达训练地点。若北非之局势好转，则缅甸方面作战所需之轰炸机或可大量补充，但美国海军之援助一时尚难获得也。

美国民众亟望援助中国，惟陆军及海军两部现正从事北非及苏罗门群岛之严重作战，在该两方面战事未臻轻松之前，不愿分削其力量与中国。所期望者明春北非及苏岛之战事或稍轻松，使美国之力量可以分出一部分至东亚作战，此种期望衡以现状，似有实现之可能。

美国海军及陆军二部对于中国战场之重要性，比以前倍加明瞭。若中国能切实恢复交通，则该二部对于改善援华物资之供应，将感义不容辞。为维持中美之好感，为使美国海陆二部感觉改善援华物资之供应系义不容辞，及为证明不论物资多少，中国愿与美国合作到底起见，我方对于上述努力恢复交通一点，应尽量使其坚强及有效。

中国态度之估计：

中国抗战已越五年，所受损失极为重大，物资之补充须仰给于外国，然大量物资之输入有赖于缅甸之收复，急需之少数器材虽可以航空运输，但若欲数量增加，必须大规模扩充现有之航空设备。曩因其他战场告急，美国器材未克尽量运华，遂致中印航线及美国空军第十队未能扩充至更加有效之规模。但目下中国空军所需之器材已陆续交货，第十队空军在华作战已见效果，中印航运之效率已逐渐增加，中国之防空亦已获得相当保障，若缅甸交通恢复，则中国自可得到其改组军队所需之器材也。

在目前状态之下，中国策略似有两条路线可循，其一：听其自然，希望不须自身继续努力而日本被盟军击败，如此则战事结束时，中国将无战胜之威望，而中国军队目前不良情形，亦将仍旧存在。其二：为及时利用其物资，殚精竭虑，使中国之努力成为日本失败之重要因素。

余相信，中国所采择者为第二路线，且必努力使其实现。但此种努力切忌虚耗，既须出诸至诚，各部门又必须一致，而指挥其事者尤须为中国之最好领导者。应注意各事如下：

（一）指挥官之选择及任命

（二）对于指挥官、军需官及参谋官佐授以机宜，并说明此举之目的及执行时应敏捷而有效率。

（三）逼促英国使其空军及海军协助，并纠正其对于此举之疑惧观念，同时要求英方增强其驻阿克亚勃（AKYAB）之军队力量，并以此处为进攻延南容—麦迪拉（YENANGYAUNG—MEIKTILA）之主力攻点。

（四）解决指挥问题。若魏菲尔为最高指挥官，恐渠攻抵前述英军所希望之阵线时（译者按即亚恺—加利挖—嘉他—密支那线），即将停止进行。但作战系在渠权力所及之区域内发动，此区域内所有之海军、空军之半数及大部分陆军，包括在印度之中国军队，均为渠管辖，美国空军第十队之一大部分亦必须由印度供给及出动。在此情形之下，最好彼此洽商，俟中、英两军彼此衔接之时，然后由魏菲尔担任总指挥。如此则作战之初期彼此可以自由进行，如两军能衔接，已可得到相当成就矣。

（五）训示各单位使其尽量利用现有之美国教练官。

〔蒋批〕：抄交军令部研究，并陈述意见。中正。

七、意见表〔略〕。

〔国民政府国防部史政局及战史会档案〕

### 18. 林蔚关于缅甸战役中英联合作战计划嬗变经过报告①

（1942年9月30日）

〔上略〕

二月廿三日，在昆明奉钧座交下总长何丑皓酉令一亨电，节开如下：

1.本晨已令第五军由英方接运至同古、棠吉(TAUNGGYI)中间地区集中，因英方声请，该军各部入缅后之集中位置由彼计划，故未将部署纲领予以指示。兹遵电示，补令杜军长应以有力之两团进驻同古，占领阵地，确实掩护集中，其余主力部队可在他希(THAZI)集中，须待集中完毕后使用，切勿逐次加入作战。

2.第六军一师在景东，一师在芒乃(猛畔西北方)，一师在畹町待命，分散太甚。职意五、六两军最好担任萨尔温江或棠吉以东一方面作战，免与英印军混淆，使指挥连系困难。如杜军长必须向南使用时，亦应待全军集中完毕，再加入作战。现英方似有以师或团逐次使用之意。除面告丹尼斯注意外，拟请转告英方。

二月廿五日，接腊戍侯代表腾廿四日报告胡敦司令对于我入缅军部署情形，其内容如下：

1.第六军以【暂】五五师位置于罗衣考(LOIKAW)地区(毛奇北方)，四九师位置于猛畔地区，九三师位置于景东地区，任缅泰国境之守备(正面约三百余英里)，军直属队位置于雷列姆，军部位置于棠吉。

2.第五军以一师位置于棠吉，为第六军之预备队，一师位置于同古，一师位置于羊力宾(NYAUNGLEBIN同古南方七十五英里)，任缅第一师与印十七师撤退时之掩护，军部与直属队位置于同古以北地区。

3.胡敦司令拟即令第五军派兵两团先至同古。

4.他希附近之梅克提拉(MEIKTILA)与瓢背(PYAWBWE)两地，第五军不含，仍归英方驻防。

5.胡敦司令不同意派遣连络参谋分驻英师或旅部，经再三交

① 此件节选自昆明参谋团《缅甸战役作战经过及其失败原因与各部优劣评判报告书》。

涉，只允在缅第一师派一员。

6.第六军与缅第一师之作战地境为同古一毛奇公路以北之线，第五军无地境。

以上实为英方在缅最高军事长官对于联合军整个部署第一次所表示之具体意见。

…………。

二月廿六日，侯代表腾由腊戌飞回昆明，向钧座报告缅甸情况及胡敦司令之意见后，次日（廿七）下达命令，其要旨如下：

一、敌为夺取缅甸，威胁中印国际路线，将企图占领仰光，并继续向缅北曼德勒方面进犯。

二、我以摧破敌人企图之目的，第五、第六两军应即全部入缅，协同英军作战。

三、关于入缅部队之指挥系统及输送程序、集中位置，综合规定如下：

1.第五、六两军暂归杜军长统一指挥，杜军长受胡敦司令指挥。

2.第五军应不待第六军输送完毕，即开始输送。

3.第五军之二百师，应于三月一日由现地开始输送，急行入缅，在平满纳（PYINMANA）、同古间地区占领阵地，掩护该军主力集中。第五军主力应继二百师之后续行入缅，集中于杂泽（即他希）南北地区，准备协同英军迎击进犯之敌。

4.第六军应以九三师及刘支队任景东方面之守备，以四九师任猛畔方面之守备，以暂五五师为军预备队，控置于大靠（TAKAW）、可乌特（HKOVT）、外汪（HWEWAWN）间地区，军部及直属队位置于雷列姆附近。

四、中英两军之作战地境应协定为思戛村（NGAZVN）、敏乌里（MYINVHLE）、巴尼托特（PANITOTE）、密雅内特（MEYALETE）相连之线，线以东属中国军。曼德勒以南至同古间之铁道，应协定归第五军守备。

五、第六六军之新卅八师及宪兵第廿团第一营，在第五军之后输送入缅，任第五、六两军后方连络线之维持。第六六军主力即移驻保山附近，构筑边境国防工事，并准备必要时入缅作战。

…………。

三月一日，钧座在昆明下达寅东电令，其要旨如下：

1.查第六六军之新卅九师缺额太多，着暂在霑益、盘县间地区整补。

2.该军主力仍遵前令行动。

一日下午，钧座由昆飞腊〔腊戍，下同〕，职亦随同飞腊，……。

三月三日，钧座在腊召集职及杜、甘两军长训话，对作战上指示要点如下：

〔1略〕

2.三月十日为敌之陆军节，敌将企图于三月十日以前占领仰光，我之作战指导应视敌情而定，在：

第一情况，第五军之集中尚未完成，敌即已占领仰光时，我应视敌兵力之大小以决定我是否反攻。若敌兵力小，我可即行反攻；若敌在两师以内，我仍可反攻；若有三师，则我反攻不易，故第五军主力仍应在后方集中。

第二情况，第五军在集中期间敌人毫无行动，仍停滞西当河两岸时，则我应对塔古河东岸之敌攻击、歼灭之。

第三情况，我第五军主力业已集中，而敌对仰光进占时，如敌兵力为一师，我应对其反攻。

第四情况，我第五军主力尚未集中，敌即进攻同古时，二百师应死守同古。一俟第五军大部集中，即行反攻。

…………。

三月十三日，接到昆明本团阮副团长由行营转奉钧座佳申机渝电，其要旨如下：

1.我第五军未入缅部队暂缓开拔。

2.第六六军先开一师到祥云、保山守备，余两师仍在昆东地区待命。

(按：此项命令前方终未直接奉到，而此后数日内，第五军之新二二师及九六师因在芒市待车，事实上等于暂缓开拔。)

…………。

十八日晚，奉到钧座十六日八时手令，其最重要之指示如下：

1.第五军主力，仍集中曼德勒东北与美庙间。

2.如英军要求我防守曼德勒，则不妨先派部队协助其构筑核心工事，最多以一团兵力为限，曼德勒守备，最多不过二团兵力。

3.第六六军决不能再开，只能派一部到腊戍为止，第六六军主力势不能不无〔无字衍〕顾昆明，作为惟一之总预备队。

…………。

三月廿一日，……奉到钧座三月廿日十时、十一时及正午之手令三件，其重要指示如下：

1.派一师至东定吉(TAUNGDWINGYI，又译唐得文伊)、阿兰庙(ALLANMYO)间地区，作为普罗美方面之英军总预备队，专备反攻、增援之用，决不负为其防守防地之任务。如果敌军有一个师团向普罗美进攻，而英军无久守防地至二、三日之精神，则我军应在东定吉、阿兰庙所驻地区内固守待机。

2.对史参谋长之命令应绝对遵守。

3.凡在国外部队，以不轻进、不轻退二言为要诀。在前方全般情势有利于出击、反攻或捕捉战机时，则应决心出之以积极行动。

4.我军在同古、平满纳方面阵地之兵力，应以现有者为限。

5.我军决战地区必在曼德勒附进〔近〕之要旨，切不可忽略。

6.据杜军长十四日函称，亚历山大作战方针在保护叶南阳(即彦南阳）之油田。如果照此方针，则我军一师兵力不可到阿兰庙，只可到东定吉。

7.棠吉、罗衣考及其前方部队，仍应由【暂】五五师派一团担任，不必变更。

8.同古必须死守，英军在普罗美未撤退以前，我军决不能先撤同古阵地。

〔下略〕

〔国民政府国防部史政局及战史会档案〕

## 19. 国民党军反攻缅甸作战计划①

（1942年11月28日）

收复缅甸作战计划

第一　方针

一、国军以联合英、美反攻缅甸、恢复中印交通之目的，应于英、美由印发动攻势同时，先行攻略腾衡、龙陵，整备态势，尔后向密支那、八莫、腊戍、景东之线进出，保持主力于滇缅公路方面，与印度盟军协力歼灭缅北之敌，会师曼德勒。

二、作战准备须于明（卅二）年二月底以前完成之。

第二　指导要领

第一期　作战准备

三、滇西部队应赓续加强怒江西岸游击，侦察敌情及阵地状况，准备渡河器材，研究有效攻击方法，并增强怒江东岸工事，整顿态势，掩护我出征部队之集中。

四、滇南及桂南部队应确保现在态势，增强或补修工事，并严密侦察当面之敌情及阵地状况，准备予越境进犯之敌以歼灭之打击。

五、在攻击准备期间，敌如向我云南发动攻势时，应依前颁云

① 此系抄件。

南方面作战计划实行作战，务使不致影响我出征部队之攻击准备。

六、出征部队应先在现驻地改编完竣，即开滇境集中（集中计划如另纸要图〔图略〕），切实整顿，并将预期配属协同作战之特种部队及早拨配，使有联合战斗之时间。又关于防毒、通信、卫生等项器材及入缅必需之特种装备，应按照编制补充完竣。

七、预期入缅作战及现在滇西、滇南守备各部队，应举行参谋旅行、干部演习、各兵种联合演习及防空、防毒、对据点攻击等训练。

八、预期入缅甸工作之各机关与特别训练班，应即深入敌后，开始活动，积极汇集各项情报，准备协助国军之作战。

九、对出征部队粮秣、弹药、卫生器材等之补给与屯储及兵站辎重部队之充实，应确实周到准备。

第二期　作战进行

十、滇西方面：

1.保山方面以主力依怒江前岸部队之掩护，自右翼逐次由双虹桥、马料铺、惠通桥附近渡河，一举攻略腾冲、龙陵，扼守曩宋关、放马桥附近要隘，整备态势。尔后以一部分向密支那、八莫与驻印远征军会师，主力向畹町、腊戍方向攻击前进。

2.马面关、泸水方面应派出一部警戒、搜索，以掩护主力部队之侧背。

十一、镇康方面以一师对滚弄之敌，掩护我主力之左侧，另以一部破坏龙陵、芒市间交通，阻敌增援。俟保山方面之主力部队攻取龙陵后，再驱逐滚弄之敌，渡过萨尔温江，整顿态势，向腊戍方面攻击前进。

十二、车佛方面先以主力控置于□江、车佛地区，采取守势。俟保山方面攻取腾、龙后，以一师沿车景大道向景东，以另一师进出萨尔温江西岸，向雷列姆方面攻击，威胁敌之侧背，并掩护我之侧背。

十三、如敌由滚弄方面出击，企图威胁我主力之侧背时，我镇康方面部队应极力拒止，必要时则以□江控置之部队夹击之。

十四、滇南方面应照前颁之云南方面作战计划加强战备，如敌越境进犯时，即依预定计划实行作战。

十五、桂西方面应加强第一线守备，并控置有力之机动部队，阻击越境进犯之敌人。

第三　兵团部署

十六、攻略腾、龙之部署

1.第十一集团军以2A、71A、93A（每军两师编成）及怒江西岸游击部队编成之。

2.第2A应由双虹桥、马料铺附近渡河，依2RD之协力，一举攻略腾冲，尔后扼守腾冲以西诸要隘(该军编余之一师在永平、功果桥整补，并任该地守备)。

3.第71A应由惠仁桥附近渡河，一举攻略龙陵，尔后扼守放马桥附近要隘（该军编余之一师在保山、惠通桥整补，并任该地守备）。

4.第93A随第一线攻击部队之进展，适时向龙陵附近推进（该军编余之一师在合川整补）。

5.第32A（以两个师编成）应以一部向龙陵、芒市间游击及破坏交通，并对滚弄附近之敌严密监视（该军编余之一师在万县整补）。

6.第6A（以49D、93D编成）以一个师控置于□江附近，准备随时策应镇康方面之敌人①（该军编余之一师在云县整补）。

十七、腾冲、龙陵攻取后之部署。

第十一集团军攻取腾、龙后应先扼守曩宋关、放马桥之线，整顿态势，尔后依左述之部署行动：

1.第2RD以主力向密支那，一部向片马、拖角攻击前进。

2.第2A向八莫攻击前进。

3.第71A、93A先向畹町进出，尔后向腊戍攻击前进。

4.第32A驱逐滚弄附近敌人后，协同11AG主力向腊戍攻击前进。

5.第6A以控置□江之部队渡过萨尔温江，向雷列姆方向攻击前进。车佛方面之部队应攻略景东，尔后向泰境严密警戒。

十八、与盟军会师曼德勒之部署，依状况另订之。

十九、第1AG、9AG应确保现态势，增强工事，防敌人之进犯。

二十、各部队之作战地境(线上隶右)如左：

1AG
—仍旧
6A
—溇江—沧源—大曼粟—孟脑
32A
—昌宁—新成—蛮丙—南沙捞铺—腊戍(不含)。
11AG

二十一、昆明防守部队应增强工事，完成一切设施，并准备于入缅作战顺利时，以一部机动使用于主攻方面。

二十二、配属各部队之炮兵、工兵及其他特种部队，应于明(卅二)年元月底以前到达指定地点，归入所隶属之部队长指挥，其计划如另笺规定。

二十三、各部队应依本计划于明(卅二)年元月底以前拟具实施计划呈核。

第四　航空及防空

二十四、空军在外作战、准备期间，应确实掩护中印航路及我出征部队之集中，并以一部侦炸缅北、越北及滇西之敌人。在攻势开始时，应以主力协同同盟军，摧毁敌人在缅、泰、越之空军根据地，尔后协力滇西方面之作战。详细计划由空军指挥部拟订之。

---

① 原文如此，“敌人”二字当误。

二十五、防空部队应以一部配属入缅作战部队，担任战地防空，主力掩护滇西各重要桥梁及城市，其详细计划由防空总监部检讨原计划修订之。

第五　交通通信

二十六、攻击准备间，适应作战军之要求迅即修复及修整后方公路与必要之马骡大道，并须于野战军集中同时，将预为准备之人员、材料、器材等分别集结后，随攻势之进展，利用各种手段适时修复或修整各方面之交通，详细详划由该方面最高指挥官拟定之。

〔国民政府国防部史政局及战史会档案〕

## 20．蒋介石为缅甸侨胞归国受阻令驻军协助抢救密电稿

（1942年12月17日）

（有线电）大理宋总司令：○密。准振委会亥蒸渝乙救代电以据云南省救侨胞会报称：查由缅甸回国之侨胞被阻于保山、惠通桥两地以西者，现多集于八莫、密支那两处，计约两千余人。该地已为冰雪封锁，难侨死亡日众，乞迅赐救济方针。等情。查该地人迹稀少，又值天寒，侨胞宿雪餐风，其情至堪悯恻。除电饬该会迅组抢救队设法实施抢救外，拟请转饬当地驻军协助抢救工作，俾能早日载至昆明。等由。除电复外，希即转饬遵照，予以协助为要。中○。亥筱。令一元明。

〔国民政府国防部史政局及战史会档案〕

## 21．中英美联合反攻缅甸方案大纲

（1942年底）①

中英美联合反攻缅甸方案大纲

---

① 原件年月日不详，经考当为1942年底。

甲、反攻缅甸之理由

（1）规复缅甸可建立反攻日本之基地，使盟国尔后攻势作战容易。

（2）可巩固印度，彻底击破轴心国会师远东之企图。

（3）打通中印交通，使美国援华物资大量输入，及早完成中国总反攻之准备。

（4）牵制日本陆海空军，使不能再行增辟战场（如对苏对澳或袭击美国）。

乙、缅甸方面敌兵力判断

（1）陆军现约五师团，将来增加至十师团为最大限。

（2）海军现新嘉坡以西亘孟加拉湾似尚无主力舰，将来可增加至其全舰队四分之一为最大限。

（3）飞机现缅境约一百五十架，将来其第四飞行师团全部（约八百架）协力该方面作战为最大限。

丙、作战准备

（1）中国陆军以十五至二十个精锐师准备，以主力由滇西、一部由滇南攻击敌人，英、美陆军以五至七个师兵力及所要降落伞部队，与中国留印部队联合，准备以主力由印度陆正面、一部由仰光上陆，攻击敌人。

（2）英、美联合海军以主力舰三至四艘、航空母舰六至八艘为基干，特须编入多量潜水舰，准备确实控制孟加拉湾，掩护陆军在仰光上陆。

（3）英、美联合空军以能击破敌人一个空军师团为对象而准备之。

（4）美国应设法加强中印空输力量，尽先输送中国出击部队所要之装备及其他必要物资。

（5）英国应迅速准备并开设印缅边境之交通路。

丁、作战指导大要

（1）英、美联合空军先攻击敌空军根据地，夺取制空权，掩护海陆军作战。

（2）英、美联合海军先以有力潜艇舰队进出中国海及爪哇海，截断敌海上交通，尔后以海军主力攻略安达曼群岛，控制孟加拉湾，掩护陆军在仰光上陆。

（3）中国陆军在盟国空军掩护下，主力由滇西、一部由滇南向缅北之敌攻击。

（4）英、美、中联合陆军以主力渡清德温江向斯威堡、曼德勒方向，一部沿吉大港海岸向阿恰布、仰光方向攻击，另一部在海军掩护下由仰光上陆攻击敌人。

〔国民政府国防部史政局及战史会档案〕

## 22. 军令部编"缅战概要稿"

（1943年4月）

缅甸战斗

一、战斗前敌我之态势

倭敌自一九四二年三月八日攻陷仰光后，与英军相持于匝那瓦的及羊列宾间地区，积极准备，敌33D、55D先后开抵仰光、庇古附近，又集中泰军数万及18D之一部于泰缅边境，不待其主力集中完毕，企图先击破同古附近之我军，占领该地后再西取普罗美，控制下缅甸，整备尔后之作战。我第五军200D以广领缅南要地、策应英军作战并掩护军主力集中之目的，于三月七日开抵同古附近构筑阵地。

二、敌我兵力概况

敌略取仰光后，遂于缅南、泰北集结第五六、第十八、第三三、第五五诸师团，并配属大量飞机与战车，计共十余万众。我为确保中印连络线及与盟军协同作战起见，先后计派遣第五、第六、第六六各军及第三十六师等部队入缅参与作战。兹将各战役敌我参战兵力分述于后：

（一）仰同路同古方面战斗。敌为第五十五师团，我为第二百师及新二十二师。

（二）伊罗瓦底江东岸战斗。敌为第三十三师团，我为第九十六师及新三十八师各一部。

（三）仰曼路方面战斗。敌为第五十五师团及第十八师团之一部，我为新二十二师及九十六师。

（四）萨尔温江西岸战斗。敌为第五十六师团及第十八师团之一部，我为暂五十五师、新二十九师、第二百师及第九十三师、第四十九师、新二十八师各一部。

缅甸方面作战经过

（一）仰同路方面同古战斗

三月八日仰光陷落，敌与英军相持于匝那瓦的及羊力宾间地区。集结于仰光、培古之敌，企图先击破同古我军后，进取普罗美，以控置下缅甸。敌为达成其目的，于三月十八日其先头部队进至庇尤南约十二英里之大桥，遂与我警戒部队接触，十九日与我前哨在庇尤河对峙，二十日晨六时，敌继派步骑兵约五、六百人进犯庇尤，与我骑兵团接战，我即以步兵一连，骑兵团之一部由两翼出击，敌仓惶溃退，毙敌少尉以下官兵约二百余人，我亦伤亡士兵二、三十人。午后敌继续增加兵力，并以山炮四门与我对战入夜。二十一日，敌复增炮二门，我遂依预定计划撤退至鄂克春警戒阵地。是役敌伤亡三百人，我阵亡连长一员，士兵伤亡一百四十余名。二十二日晨八时，敌再度向我鄂克春前进阵地进犯未逞，其一部企图迂回我左翼，我派一部向敌后威胁，敌始退去。二十三日拂晓，敌步、炮、空联合向我鄂克春前进阵地攻击，炮火极为猛烈，是日敌机先后对我阵地投弹达六次之多，激战至十四时，敌复以装甲车七、八辆，汽车十八、九辆载步兵增援，反复猛扑，被我击毁敌装甲车及战车各二辆，焚毁汽车七辆，残敌向南逃窜。下午二十时许，敌复分小支队向我阵地两翼袭击，一部突入我阵地，与我彻夜战斗。本日双方死伤均极惨重。二十四日，敌竟日向我阵地猛攻，另一联队由右翼山地迂回叶达西南方八英里处，切断我后方交通，其一部五、六百人附小炮数门窜入同古机场，我五军补充团之二营被包围。激战至十七时仍在鄂克春以北成东西线（侧翼在飞机场附近）激战中。迂回机场之敌下午十七时后大量增援，战况至为激烈。我五军杜军长令二百师戴师长坚守阵地，并以在平满纳之新二二师一团及骑兵连急驰叶达西以南，协力夹击迂回之敌。至十二时，我以伤亡惨重，机场卒告不守，遂撤回鄂克春、坦塔宾之前进阵地，将阵线加以调整。二十五日拂晓，同古被敌三面环攻，昼夜激战，我戴师长沉着坚守。二十六日上午，敌主力指向同古西北角猛烈攻击，一部被敌突破，敌遂循突破口蜂拥突入，发生最激烈之巷战，我拚力抵抗，猛烈肉搏，激战迄晚，我二百师遂以一部固守东城，主力乘夜暗转移同古以东铁道附近，继续与【敌】对战。二十七日，敌亦转换正面，拚力猛攻我左翼，我二百师刘团伤亡甚重。二十八日晨，敌不断增援图攻同古，战况至为激烈，敌除以飞机更番轰炸我阵地、掩护其战车纵横进出外，并使用毒气弹，以炽盛火力对我正面左翼施行猛攻。我官兵奋勇抵抗，坚守不退，毙敌甚多。激战至夜，敌卒不得逞，乃以一部袭击戴师司令部，并以有力部队向我背后活动。我戴师因不胜压迫，二十九日晨开始向北转移。同时新二十二师由叶达西向南猛攻北窜之敌，将南洋车站进占一半，歼敌大部毙敌二百余，俘获武器、文件颇多。敌经此打击，不敢再进。尔后，敌我加紧构筑工事，形成对峙态势。是役敌虽陷我同古，但因我韧强抵抗，敌方损失甚大，以后即不敢强攻，而侧重普罗美方面之作战矣。

（二）伊罗瓦底江东岸战斗

敌三十三师团四月一日进占普罗美后，继续分犯，五日进犯蔡叶特模、克遥克拍当，经英军印十七师、缅一师节节抵抗，六日陷阿兰庙，七日又续北犯，十二日窜密格杨叶及沙斯瓦，为我九十六师一营及印十七师各部对沙斯瓦之敌施行阻击与侧击，敌不得逞，乃以主力由敏根渡茵河北犯，十四日围攻马格威，与缅一师激战竟日，十五日续向北进犯，与缅一师及装甲旅发生猛烈战斗，十六日陷彦南阳，状况紧急，我新三十八师之一团急驰赴援，经两昼夜激战，至十九日十四时完全克复彦南阳，敌向南溃退，并救出缅一师七千余人，辎重车百辆，毙敌五百余名。是役也，对友军协同之精神可以充分表现，惟以众寡悬殊，态势不利，二十一日我遂转进至宾河北岸与敌隔河对峙。

（三）仰曼路战斗

敌西路进出普罗美后，其第五五师团及第十八师团一部于四月五日拂晓向我叶达西新二十二师阵地进犯，敌一部千余人渡西当河迂回叶达西，激战至八日，我转移至斯瓦河北岸阵地。十日，敌藉炮火、飞机掩护，强渡斯瓦河，我主力遂转入斯瓦北第二线阵地。十一日，敌炮火向阵地轰击，十二日敌猛犯萨加雅阵地，经我新二十二师节节抵抗，激战迄十四日，我转移至叶尼阵地与敌战斗，十六日我逐次转进至平满纳本阵地。十七日，敌向我阵地右翼列那猛攻，被我九十六师击退。十八日，因决定放弃平满纳，遂令二百师、新二十二师向北转进，九十六师继续以持久抵抗迟滞当面之敌。十九日敌兵两联队向平满纳本阵地猛攻，二十日晨对我侧击之敌以猛烈炮火、战车掩护步兵向我九十六师阵地攻击，当被我二八八团击毁敌战车三辆、装甲车一辆，于午时转至平满纳以北附近再战。二十一、二十二两日敌我在开当岗激战竟日，毙敌二千余，我伤亡团长二员，官兵千余名。二十四、二十五两日，我逐次由六孔阵地转进至瓢背南，战况至为猛烈。二十六日，九十六师开曼德勒，新二十二师续对当面之敌行节节抵抗，迄五月一日转进至梅茵河与我〔敌〕对战二日。此时，因向腊戌前进之敌复以一部向曼德勒方面包围，我后方连络线感受威胁，杜军长聿明乃决心放弃曼德勒向弥支那转进。

(四)萨尔温江西岸战斗

敌攻陷同古后，即以第五十六师团之坂口兵团与一四八联队及第十八师团之一部，于四月六日窜毛奇，与我暂五十五师之一营激战，另一部五百人九日由同古窜雅多与暂五十五师搜索连接战。我第六军甘军长令暂五十五师一部利用毛奇隘路，以伏击迟滞毛奇之敌，暂五十五师一营开瓦列苦攻击窜雅多之敌。至十三日毛奇敌以八百窜琴马瓢，以三千窜南也黑，与暂五十五师第二团激战。雅多敌亦增至八百，十七日猛攻南拍，与我暂五十五师一、三两团激战竟日，保拉开陷入敌手。十八日，敌续向南拍以北猛犯，我暂五十五师第二团与九十三师之二七七团被围。十九日晨，敌战车五辆冲至暂五十五师师部。二十日拂晓，敌猛犯罗衣考，十二时被敌攻陷，我六军之一营与四十九师之一四六团之两营伤亡均极惨重。二十一日，棠吉缅奸四、五百人入市纵火，被我击退。我五军杜军长亲率二百师进出河邦，阻敌连络。我六军林参谋长以不足两营兵力在河邦东占领阵地。二十二日敌猛攻河邦，并以飞机三十六架轮番轰炸，工事尽被摧毁，当晚我向猛旁阵地转进。二十三日，敌陷雷列姆后，分犯孔海坪、大高，我新二十八师第八十二团向南急进，一营在曼松，一营在塞可阻敌，第六十六军之工兵营协助破路。我二百师经二十三、四两日激战，完全克复棠吉，敌寇大部就歼。二十五日敌增援反攻，亦被我击退。二十六日，敌窜曼松，我守军一营被围，在南洋守备之新二十八师第八十四团两营又为敌寇突破。二十八日，敌窜那马河，绕袭二十八师师部，新二十九师马师长亲率步工兵两营将敌击退。是夜十一时，敌开始猛攻腊戍，新二十八师、新二十九师、新三十八师之彭营均伤亡惨重。二十九日晨，敌兵一联队，战车、装甲车三十余辆，飞机十余架，对腊戍作猛烈攻击，敌我伤亡均大，迄午后一时，我放弃腊戌。是役击毁敌战车六辆，我新二十八师、新二十九师两部仅收容两营。五月一日十一时，新二十九师新威阵地又被敌攻占，复乘势猛攻贵街，激战迄二日午后二时，敌陷贵街，守军李团长阵亡。三日，敌复陷畹町。五日，敌步兵三、四千，战车十余辆与我三十六师在惠通桥激战。八日，敌竟先我杜军长经八莫占领密支那，十一日陷腾冲。我杜军长为牵制敌向我国境之急剧猛进，乃经八莫向密支那背后攻击，尔后并不断向敌游击，牵制其大军，使不能转用。于是进至滇边之敌已疲惫消耗，不能再越雷池一步，而整个在缅敌军实属瓮中之鳖，坐待我盟军他日之探手取之而已。

结论

缅甸既为我国际交通连络线，又为我盟军反攻之前进根据地，其重要性不言可知，我远征军为应盟邦英国之约，限于时间仓猝，以致准备未周，复限于季节、敌情、地形、连络种种关系，未达歼敌之效，吾人以为憾。但我以装备不全当倭寇之精锐，坚持至数月之久，业予敌以严重之打击，挫其锐气，削其实力，使我盟军从容整备印度防务，致【敌】不敢冒然西窥。此次我军在极度艰难情况下，以将士之用命，能力挫顽敌，所谓"精神胜于物质"者，益足证明其为真理。此真理终将战胜敌人。今后甚望我盟军加紧连系，切实协同，以粉碎暴日而争取最后胜利。

〔国民政府国防部史政局及战史会档案〕

## 23. 蒋介石为颁昆明行营作战计划大纲代电

（1943年8月16日）

急。昆明龙主任勋鉴：查前颁确保滇缅路作战计划，已与现况不符，亟需修正，兹特随电附发昆明行营作战计划大纲一份，仰即遵照，并速另拟详细计划报核。中正。未铣。令一元明。附昆明行营作战计划大纲一份。

## 昆明行营作战计划大纲

第一、方针

一、行营以确保滇南山地，屏障昆明，支援远征军作战之目的，以主力任滇南之防御，以一部守备昆明，期于滇南连山地带击灭进犯之敌，并随时作向越北出击之准备。

第二、指导要领

二、滇南部队应利用滇南山地及既设之工事，击灭进犯之敌于滇南连山地带，万不得已，亦须竭力固守，以待增援。

三、滇南部队除加强工事设施、准备韧强之防御作战而外，并须准备依状况之变化，向越北出击，以策应远征军之作战。

四、昆明防守部队，虽主任昆明之防守，但须有依状况、以其主力增援滇南或增援远征军之准备。

五、敌如以大部向远征军与行营之地境线上突入时，行营应以第一集团军派二师以上独立侧击之，以免牵制远征军之攻击力量。

六、敌如以大部向行营与第四战区地境线上突入时，行营与第四战区应各以有力之一部夹击之。

七、行营首须注意于滇南山地作战，但昆明之防守，仍须控制有力兵团为最后决战之准备，以备万一。其防守部队兼服本会控置部队之任务。

八、行营对滇南防御计划及昆明防守计划，即遵照本大纲之指示，并查前案整理报核。

第三、战斗序列及作战地境

九、战斗序列如现状不变

十、作战地境〔略〕

第四、其它

十一、交通、通信及后方诸计划，均由行营检讨前案报核。

〔国民政府国防部史政局及战史会档案〕

## 24. 美国驻中缅印军总部请即调一师赴印备忘录及军令部拟复签呈稿①

（1944年3月）

（1）美国驻中缅印军总部备忘录（3月19日）

美国驻中缅印军总部一九四四年三月十九日备忘录

主题：请立即抽调一师人赴印

送致：何总长

本年三月十六日，星期四，中美军事会报时，曾商定下列事项，特此函达，敬请核夺施行。

由于胡康山谷之战术情况及发展，至恳立即再派兵一师予史迪威将军。

星期四会报时，此一师人在列多区域之补给与维持问题，正由史迪威将军之参谋人员加以研究。事后即向本部保证，谓补给问题，能有办法。而史迪威将军亟盼获得此增加之兵力。

中国军队在胡康山谷现阶段战役中之成功，须要利用此种情况，应作大胆强力之进攻，欲求实现此项军事原则——即当在战况良好及敌人软弱时，应痛加攻击——则立即增援胡康山谷之中国军队，实为最合理、最适切之举动。

目前应迅速行动，以充分利用进攻部队之高涨士气，并乘此时之良好天气，继续采取攻势，是为至要。

增援之师，不必完全有经过战事训练之经验，只须有增援部队作为进攻部队之后备军时，其存在与威力，即可使指挥官充分使用其进攻部队矣。一方面将用一切方法严格训练增援之师，并给以足量训练用之弹药，以期训练完成后，于可能之最短时间内担任任务。

① 美军备忘录皆由军委会外事局译送军令部。

（2）军令部签呈稿（3月20日）

签呈 三十三年三月廿日<br>于重庆军令部

窃史迪威总指挥对驻印军作战之要求一案，遵已详加研讨，谨具申意见如次—参阅附图〔略〕

甲、驻印军继续向密支那进攻一节。

核议意见：

驻印军应于胡康地区选占有利之地形，准备尔后与英印军、远征军同时进攻。

理由：

一、现缅境敌有八个师团（14D、15D、18D、31D、33D、54D、55D、56D），若驻印军孤军深入，敌随时可以抽集优势兵力各个击破我军，我即攻下密支那亦难固守。

二、敌在缅占领区交通便利，由曼得勒至密支那铁路、公路、水路三者俱备，对大兵团之运动、补给均无困难，反之我军由滇西至密支那仅有极少之骡马道，由列多至猛拱亦仅一汽车路，兵力运用不易。

三、胡康地区距密支那尚有百公里，俱窄长之隘路，如无充分之力量，冒然前进，恐前功尽弃。

乙、由本国抽调二个师即行空运增加驻印军兵力一节。

核议意见：

驻印军兵力可增加一个师（由第五军抽派），惟有下述条件拟乞考虑：

一、我N30D尚未补齐，而N38D、N22D将因伤亡亦有缺额，似应以有训练之补充兵尽先予以补充，以免有名无实。

二、N30D补齐后，可再空运徒手之一师到印装备，但抽调及空运时间估计恐非一个月以上莫办，到印后之装备训练，则更须相当时间，目下距雨季（五月）仅有月余，难能参加雨季前之战斗，故增加兵力以之为尔后与英印军、远征军同时动作则有利，若即行注入现会战，则事实上似不许可。

三、加运一个师，因现在之师人数不足，即约须抽并二个师，并且此后之补充，似须请美方将体格标准降低，否则再经若干时日亦难补足缺额，而抽破四、五个师亦难新增一师。

四、于远征军或其他战区中挑选有力之一个师，似乎足以削弱反攻之力量，而敌人近于中南战场调动频繁，我亦不可不为积极准备，所以俱感抽调困难。

五、基于上述理由，除拟尽先补充缺额外，至于立即空运一个师或二个师，抑或仍选拨补训处于印度另成一师，二者何为有利，尚乞钧裁。

丙、由滇西以二个师——一师经片马、拖角、老康迂回密支那，一师任侧背掩护，以策应驻印军之攻击一节。

核议意见：

此种策应作战，如与英印军、远征军同时动作自属有利，若单独实施，成功之公算太少，拟缓议。

理由：

一、怒江西岸敌警戒深远，我部队运动不能出敌意表。

二、片马、拖角、固东街、密支那等地，现驻敌或不多，但由腾冲至茶山河及由腾冲至桥头，敌所筑汽车路均已通车，其增援、补给均远较我为易，若不与正面同时动作，则于前进途中必随时受敌优势截击。

三、滇西片马至密支那距离二百五十公里，中经横断山脉，高山峻岭，险阻无比，旅次行军亦须八日，现敌于各重要据点及要道均筑有坚固工事，我既不易打破前进之阻力，又受后方补给之限制，难望长途渗透，遂行远袭之企图。

右三项意见未知当否，恭乞核示祇遵。谨呈

总长何转呈

委员长蒋。　　　　　　　　　　　　　　　　职徐〇〇

〔国民政府国防部史政局及战史会档案〕

## 25．贺安转罗斯福请中国远征军出击与蒋介石往来电

（1944年3月）

（1）贺安转罗斯福致蒋介石电（3月20日）

贺安将军呈委座第一六三号备忘录

一九四四、三、二十

于重庆

委员长钧鉴：谨转罗斯福总统来电，呈候钧览。

缅北情况已达紧张阶段，此诚吾辈千载一时之机会，吾人如不能把握此机会，则或将陷于不利之逆境。

贵国军队在列多路线重创日敌，使敌人之人员、阵地及声望蒙受重大损失，诚属伟大之成就。史迪威指挥美军有方，同时运用重大压力加于敌人第十八师团，使其趋于崩溃，可称之一重要之胜利。

英国军队在阿拉坎海岸，曾对企图切断英军交通线之敌军予以重大之打击，其中最重要之战役，系以曾经特别训练而有组织之美国空军，输送受高度训练之英国远程挺进队与美军工兵队深入敌后约一百六七哩之卡道附近（滇缅泰越二十五万分一图，在温托车站南约二十五公里，着陆，并获得充分给养及大量高射炮、无线电、侦察飞机器、交通工具、驱逐机队及轰炸机队之援助，故得稳固阵地。该飞机队在一天之中，击毁在缅境敌机约百分之二十。该挺进队之出现，对于在列多路线敌军（第十八师团）之补给线予以意外之奇袭，并威胁云南方面敌军之补给线。

显而易见者乃奇袭敌之交通线，使敌军感到不安。苟敌军前进威胁伊姆法尔及中印空运之地面交通线，则形势颇为严重。因

此，奇袭之结果，照目前之状况而论，可能使敌军就歼。据史迪威将军报称，中国在列多作战之军队，已进至乍布坂，在最近数日内，可进至沙多浦。并云贵国军队富于战斗意志，在过去三星期中，环境虽然困难，仍能达成任务。彼以为贵国在滇境之军队，若能推进至腾冲或至龙陵，则列多方面之军队，可乘机推进至密支那。

虽然，史迪威率军深入丛林，并聚精会神于作战，对于目前良机认识之程度不无可疑，但据余所得之情报，除非敌之增援部队及时赶到，则十八师团之残余，定为我军所歼灭。敌之增援部队可能于现在云南方面之第五十六师团中抽调一团赴援。盖因有力之部队突现于卡道附近，使敌军不敢抽调对列多方面之任何后备队也。在阿拉坎及依姆法尔两线之剧烈战斗，及挺进队之向曼得勒及密支那间敌之交通线前进，可使敌军陷于纷乱之状态，并迫其退却，同时予我军以有利之机会。

但我军如不采取积极攻势，则敌军势必死灰复燃。

兹将拙见详细电达阁下，望即令云南方面之指挥官，协力同心，共赴此良好机会为幸。顺颂勋祺。

罗斯福　　　　　　　　　　　　　　　　贺安代启

（2）徐永昌签呈（3月28日）

案奉交贺安将军三月二十日所呈第一六三号备忘录一件饬核议，并拟复稿呈核等因。谨对该备忘录内所转罗斯福总统电请我远征军进攻腾冲或龙陵，俾列多方面军队乘机向密支那推进一节，具申意见于左：

查缅敌兵力有九个师团以上，现与英军及我驻印军作战者不过五个师团，仅约总兵力之半，尚拥有强大之控制兵团，可以随时机动使用，殆无可疑。且盟军未能在缅南沿海地区登陆，而缅、泰敌交通发达，尔后之增援补给，均甚便利。我远征军如于此际进攻腾、龙，不仅无胜算可操，且有遭敌优势兵力反击而徒受重大牺牲之虞。且雨季将届(约五月中旬以后)，在时间上亦不许可，似仍以待盟军全面反攻缅甸开始，再同时发动为有利。惟罗总统来电之主旨，在希望我远征军牵制敌五十六师团，俾我驻印军可歼灭敌十八师团之残部，并谓如我远征军能推进至腾冲或龙陵，则驻印军可乘机推进至密支那。等语。窃以滇西国军现状，推进至腾冲或龙陵虽有困难，而牵制敌五十六师团，使不能转用，似尚易行。可否令远征军加强怒江前岸兵力(现已有八个连在前岸游击)，积极活动，侦袭敌人，以资牵制之处，恭请钧核。并附对罗总统请求婉词谢绝电稿一件，如蒙准予牵制行动时，再将电稿酌加修正。当否并乞鉴核。

谨呈

总长何转呈

委员长蒋

附呈电稿一件

贺安将军转罗斯福总统勋鉴：由贺安将军转示尊电敬悉。列多方面贵我两国军队在极艰难环境下作战，竟获重大战果，诚如来示所云，为一伟大成就，至为欣慰。

承示阿拉干英军战况及英国远程挺进队在卡道着陆，予敌后方联络线以奇袭各节甚详，良深感荷。惟盟军未能同时在缅南沿海地区登【陆】，而缅、泰敌交通发达，兵力之移动及转【用】甚便利，即现在腊戍、曼得勒一带敌尚置有力兵团，增援甚易。且缅境雨季将届，我军进攻密支那、腾冲、龙陵实为□□所不许，尤以我滇省远征军因交通困难，人员补充不易，此时进攻腾、龙，将蒙受重大损失，影响尔后全面反攻，缅甸之作战更属不利。是以愚见仍以待雨季过后，各方面作战准备均告完成，再同时发动反攻为有利。想阁下鉴于上述原因，盱衡全局，当亦赞同也。谨此布复。诸维亮察。并致勋安。蒋〇〇、寅。

〔国民政府国防部史政局及战史会档案〕

## 26. 徐永昌拟远征军策应驻印军作战指导方案呈稿

（1944年4月20日）

前奉谕研究远征军策应驻印军作战方法，经拟具方案呈核，奉批照准在案。兹为补足其项方案，又因远征军部署变动，对于战斗序列亦有重加调整之必要，谨另拟远征军策应驻印军作战指导方案，随文赍呈，敬乞鉴核。谨呈总长何。转呈

委员长蒋

职徐○○

附呈远征军策应驻印军作战指导方案一份

远征军策应驻印军作战指导方案

方针

一、远征军以策应驻印军攻击密支那之目的，拟以53A（116D、130D）为第一线，54A（36D、198D）为第二线，于栗柴坝—双虹桥间地区超越防守部队，渡河攻击当面之敌，向固东街、江苴街之线进出，相机攻占腾冲。各部队作战准备，限四月底以前完成，待命开始攻击。

指导要领（参阅要图〔略〕）

二、第一线攻击部队对于渡河攻击之准备，应绝对秘密隐蔽，力求出敌意表。

三、攻击部队对少数敌所盘据之坚固据点，仅留必要兵力围攻或监视，其余仍向攻击目标超越前进，勿为所牵制、抑留。

四、攻击步骤：

第一步：渡河攻击开始，第一线攻击部队（53A）即以一部利用栗柴坝、双虹桥间各渡口一举强渡，于怒江西岸占领桥头堡阵地，掩护主力渡河。

第二步：第一线攻击部队主力渡河成功后，即极力进占当面

高黎贡山通陇川江谷地之各要道口，掩护第二线攻击部队(54A)渡河，并继续向桥头、林家铺之线进出，务求于高黎贡山西侧获得尔后攻击所要之展开地域。

第三步：第五十三军攻抵桥头、林家铺之线后，即占领有利阵地，一面构筑工事，一面为尔后攻击前进之准备，等待第五十四军到达，再向固东街、江苴街之线攻击。

第四步：攻占固东街、江苴街之线后，即构筑工事固守，并依状况调整部署，续向腾冲攻击。

五、原任怒江东岸防守各军(6A、71A、2A)之第一线师，应各派一营以上之兵力加强怒江西岸游击活动，牵制当面之敌，并设法破坏敌交通线，使攻击部队易于进展。

六、当我攻击部队攻击进展至固东街、江苴街各附近之线，而敌56D以其主力集中于腾北，企图向我攻击部队反击时，我第二军应相机以一个师之兵力由三江口以北地区渡河，乘虚奇袭龙陵，以策应腾冲之攻略。同时，第七十一军应以一个团之兵力由惠仁桥附近渡河攻击，以期与我腾北攻击部队合围腾冲之敌而歼灭之。

七、滇康缅特游区所部，应集中力量袭击片马、拖角，并相机向密支那挺进。

八、空军须派有力部队直接协力地面部队之攻击，并集中力量轰炸芒市、龙陵、腾冲、固东街、瓦甸街等地之敌及其间之交通线。

部署(含战斗序列)

九、20AG辖53A、54A两个军，由霍总司令揆彰负责指挥，担任攻击，而以53A为第一线攻击部队，54A为第二线攻击部队。

十、11AG辖2A、6A、71A三个军，由宋总司令希濂负责指挥，担任怒江第一线防务。

十一、8A开滇西后，归远征军直辖，控置于祥云附近地区，为总预备队。

十二、11AG副总司令方天(兼54A军长)与20AG(现任副总司令有梁华盛、施北衡两员)副总司令施北衡对调。

附记:详细攻击计划已饬远征军长官部拟具呈核。

〔国民政府国防部史政局及战史会档案〕

## 27. 美国驻中缅印军总部为远征军空中运输所需飞机事与蒋介石何应钦往来密电

(1944年4—6月)

(1)美国驻中缅印军总部备忘录(4月23日)

美国驻中缅印军总部一九四四年四月廿三日备忘录

主题:关于远征军供应问题

送呈:何总长

顷据窦恩少将报称:彼已自印度方面获得充分之供投掷物资之运输机,可用于辅助地面运输物资之准备工作,对于攻击作战物资之集中准备之运输工作,由此可以节省五、六日之时间。因物资运输方面,皆能早于限期完成,故远征军已定之作战计划,自可如期发动,无任何预见之障碍。

上顷情报,已于今日另行函呈委座鉴核。

至于阁下之地面运输物资,仍希继续努力,以期完善,使空运可保留以备急需之用为荷。

史迪威。费利斯代启

(2)卫立煌密电(5月18日)

即到。重庆委员长蒋:彭密。我八十八师及七六师之两加强团协攻平戛,于删日攻占,昨夜击退敌之反攻,目下已臻巩固。关于该两加强团以后之进出,无论系分向龙陵、芒市,抑或会攻要点,对由惠通桥沿江一带向其右侧背南下之敌均不能无顾虑,若行维护其后方补给线，势必减少前方作战兵力。若速行挺进，则粮弹补给必迅被敌人截断，且所有兵站建制输力已被攻击军用尽，而地方征雇伕马亦已尽最大努力。又目前态势，为确保马面关及平戛两方面既得之战果，而便尔后之战，则六库之预2师及镇康之第九师不能不准备参加，期能构成强大两翼，分向腾北及龙南进出，但此等部队已毫无兵站输力可用。此外，攻击集团之兵站伕马连日以来病倒者甚多，故各方面均不断要求从空中投送弹粮，尤以昨前两日七六师加强团在平戛之战屡请投送皆无以应。查美运输机问题迄今尚未解决，不但影响实际作战，且影响官兵冒险深入之精神。务恳迅促该项飞机即行来华，以应急需为祷。职卫立煌。辰巧申。赞。卯。

（3）何应钦密电稿（5月19日）

史迪威将军勋鉴：我滇西出击部队进展顺利，惟因地面运输困难，粮弹不继，尔后补给堪虞。前承兄派协助补给之运输机，务恳速派，以应急需为荷。何〇〇。辰(皓)。令一元远。

（4）费理斯函（5月22日）

美军总部费理斯将军五月廿二日来函　第614号

（为拨廿架运输机事）

何总长：阁下准备于至少有廿架美运输机拨到，以供协助攻击部队之给养投掷后，即可下令以九个师在怒江之线开始总攻一节，余已急电史将军报告矣。

兹已奉史将军复电云，于总攻开始时，彼将立即供给此项飞机。

谨再陈请阁下竭尽一切可能为渡过怒江西进之贵方部队组织一妥适之陆上补给系统，盖此对现在及尔后之作战，均属重要也。

专此。敬颂勋安。

史迪威。费理斯代启。

（5）蒋介石密电稿（5月23日）

急。保山卫长官：辰巧申赞电悉。所请美方运输机，经饬据史迪威将军复称，总攻开始时即可拨到。除再电催速派外，希就近请窦恩将军催派。中〇。辰梗。令一元远。

（6）何应钦密电稿（5月23日）

史迪威将军勋鉴：由费理斯将军本月廿二日第615号来函转示尊电敬悉。我远征军各项准备均已完成，并已下达攻击命令，只待贵方将投送粮弹之运输机（至少廿架）拨到，总攻即可开始。务盼即日拨派来昆，以利戎机为荷。何〇〇。辰梗。令一元远。

（7）费理斯函（5月29日）

美军总部副参谋长费理斯将军来函 第626号

何总长勋鉴：兹已接到史迪威将军答覆，谓已遵嘱饬令飞机二十架飞往中国，协助中国远征军作战。

同时昨日接到窦恩将军来电称：该项飞机中之七架业已到达，其他一俟天气晴朗均可飞来。

前阁下表示，一俟史迪威将军保证能将飞机拨到，即可下令远征军渡江大规模出击，现史迪威将军已提出保证矣。

至于其他未到达之飞机，敝部一俟接到各机到达之报告后，当立即奉闻。

关于出击之消息，请即通知敝司令部，以便报告史迪威将军，因彼对于此事特别关切也，此颂勋祺。

费理斯启。五月廿九日

（8）何应钦密电稿（6月1日）

史迪威将军勋鉴：五月廿九日费理斯将军转示来电敬悉。已承派运输机廿架协助我远征军作战，甚感。我远征军主力前因连日大雨，怒江水涨流急，渡河十分困难，现天气转晴，正加紧渡河中。特此奉闻。何〇〇。巳东。令一元远。

〔国民政府国防部史政局及战史会档案〕

## 28. 徐永昌提议远征军扩大战果呈

（1944年5月20日）

我远征军出击部队(53A、54A及76D、88D、N39D之各一团，自本月十一日开始强渡怒江以来，进展顺利，已先后攻占马面关、桥头、红木树、平戛等据点，并围攻斋公房、大塘子等地。又我驻印军一部(88R/N30D、150R/50D)配合美军支队复于昨(十八日)迂回至密支那，占领密支那机场，并随即以运输机、滑翔机运输增援部队在该机场降落。此际我远征军主力似应即乘机渡河，扩张战果，进攻腾冲、龙陵、芒市之敌而占领之。谨对此具申意见于左：

一、判决

我远征军应乘出击部队进展顺利及我驻印军一部奇袭密支那之机会，于敌增援部队未到达前，即以主力渡河，扩张战果，攻击腾冲、龙陵、芒市之敌而占领之。主力指向龙陵。渡河于准备完毕后即开始。

二、理由

（1）缅敌主力因进攻印度失败，损失甚重，进退维谷。卡萨附近之英、美远程突击队及我驻印军之奇袭密支那，又均为敌腹心之患。判断缅敌对滇西短时内难有大量部队增援，故此时适为我远征军反攻腾、龙、芒之好机。

（2）我远征军出击部队既获有良好进展，主力自应乘机渡河，扩张战果。

（3）占领腾冲、龙陵后，可能与驻印军会师于缅北，提前打通中印陆地交通线，甚有利于大局。

（4）占领腾冲、龙陵、芒市之线，可使尔后反攻缅甸之攻击发起较为便利。

三、处置

（1）令71A（欠一个师）向龙陵攻击。

（2）令2A（欠N33D又一个团）以主力向芒市攻击，截断敌后方连络线，一部协力71A攻击龙陵。

（3）令2RD/6A（欠一个营）由栗柴坝以北渡河，、经明光、固东街协力20AG攻击腾冲。

（4）令6A之N39D（欠116R）由惠仁桥经龙江桥，协力20AG攻击腾冲。

（5）令71A以一个师、2A以N33D（欠一个团）及另一个团，及6A之116R/N39D为防守部队，守备怒东原阵地各重要渡口，以防敌之袭击。

（6）令滇康缅特游区郑坡部（配属2RD之一个步兵营），经片马、牤角向密支那挺进。

（7）令荣1D/8A即用汽车输送至保山集结，为总预备队。

上列意见，是否有当，恭乞核示。谨呈

总长何转呈

委员长蒋

附呈要图一份（侍二组抽存）备考〔图略〕

昨十九日夜，与萧参谋长用电话商议，大体同意。

〔批语〕：照办。中正。五、廿一。

〔国民政府国防部史政局及战史会档案〕

## 29. 宋希濂卫立煌关于龙陵得而复失情形与蒋介石往来密电

（1944年6月）

（1）宋希濂密电(6月10日)

委员长蒋、总长何、卫戍总司令刘：2979密。此次我远征军渡江反攻，职奉命为左翼军，已于巳东开始行动，由职亲率七十一军及第二军主力，分别由毕寨渡、打黑渡渡过。我军向龙陵、梓市之【敌】攻击前进，沿途各地之敌均顽强抵抗，我军士气旺盛，连克腊猛、□□、【镇】安街各要点，鱼日迫近龙陵近郊，经分别围攻，于蒸申攻克龙陵。此后敌伤亡约数千人，遗尸三、四百具，卤获战利品正清查中。我伤亡团长以下官兵约数百人。剩残敌向龙陵西南溃退。除继续扫荡、确保战果外，谨电呈鉴。职宋希濂。巳蒸。甸参。龙。印。

（2）抄卫立煌电(6月17日)

本日下午，侍从室吕参谋由电话传达钧谕，饬即查明放弃龙陵系何人所下命令，迅速具报等因。下午十时，接到宋总司令巳筱未参一普代电一件，此电系该司令用无线电发至由旺总部，再由该总部写成代电，专车送至保山。其原文如下：职部自巳阳围攻龙陵，各官兵连日浴血苦战，逐渐将包围圈缩小，先后攻克猛林坡、广林坡、老东坡、南东敌〔坡〕、封家坡、桅杆坡、文壁坡脚、文营营〔？〕、赵家祠堂各据点，之敌不过二百人，仅凭西山坡、黄土坡、观音寺三据点，负隅顽抗。龙陵收复，本已指顾可期，惟敌工事坚固，决非步兵兵器所能摧毁，乃因连日天雨，飞机既未能输送弹药，又不能协力轰炸。兵站输力薄弱，亦不能及时追送粮弹，以致迁延数日，未能将敌防御核心迅速扫荡。又因二十集团军方面进展稍缓，未能同时进出腾冲附近，致腾敌抽出兵力二千余附大野山炮，用汽车输送南下增援。虽经我八十七师主力删日在邦乃以南高地占领阵地、激战两日，我以伤亡甚大，铣日黄昏被敌突破阵地左翼，冲入龙陵。各官兵目睹功败垂成，各个嘘声叹气。现腾敌主力已南移龙陵，难免不豕突狼奔，企图向我七十一军先行击破。为谋整顿态势，先事站稳脚步，即令七十一军除以一部固守现有阵地外，主力暂转移镇安街以西垡田坝、赵家寨、五四五〇高地及红木树之线，第二军除以一部连系我七十一军左翼，固守邦武山、象达各阵地外，主力暂位置于小黑山、大硝河各高地之线，一面向松山、平戛之敌严行肃清，然后再以二十集团军协力围攻龙陵。惟二十集团军主力应饬先行进出龙陵以北地区，俾使敌不敢继续东犯，并恳加派得力部队及大批飞机，协攻松山，期将该敌迅速肃清，俾尔后补给圆满，后顾无忧。以上部署，似与我军进战退守，均可运用自如，是否有当，敬乞裁决电示。等情。谨电鉴核。

（3）蒋介石复电(6月22日)

急。保山卫代长官、宋总司令、霍总司令：密。查反攻缅甸，打通国际路线，乃我国抗战胜利之关键，亦民族存亡之所系，故自远征军成立以来，装备补充不遗余力，国人、盟友期望均殷。乃此次渡河攻击，在盟军热心协力之下，以优势之兵力进攻劣势之敌，不特进展迟缓，且龙陵竟因少数敌之反攻得而复失，实有损国军荣誉。现我驻印军节节进展，缅北之敌行将就歼，该长官等宜督率所部积极进攻，排除困难，迅□□□□复腾冲、龙陵，协同驻印军〔以下残缺数字〕任务。如有作战不力，着由卫长官依法严惩。□□饬属一体遵照。中〇。巳养。令一元远。

〔国民政府国防部史政局及战史会档案〕

## 30. 卫立煌报告滇西我军作战部署密电

（1944年6月22日）

即到。渝委座蒋：6393密。兹已令：甲、十一集团军应立即集结主力，击破当面敌之攻势，至少亦须于黄草坝以西地区利用地形，站稳脚跟，拒止当面之敌，非有命令不得向东移动。乙、二十集团军应立即进出固东河之线，主力保持于左翼，乘敌主力由腾冲转向龙陵时，迅速南下，向腾冲之敌攻击而占领之。为避免敌人利用既设工事，迟滞我军前进，该集团应先以一部由左翼断行迂回，奇袭腾冲。谨电核备。职卫立煌。巳养午。诚金。印。

〔国民政府国防部史政局及战史会档案〕

## 31. 卫立煌为远征军伤亡惨重迭请增援与蒋介石往来密电

（1944年6—10月）

（1）卫立煌密电(6月22日)

限即刻到。渝委员长蒋：6393密。我廿集团军方面进展顺利，正准备围攻腾冲，十一集团军方面，现受敌反扑，该集团一再支持，在此情况下，亟须增强兵力，以保既得战果，尤便作攻略腾、龙之积极准备，故第二线兵团之第八军全部似应集中力量以赴有利战机。前该军留驻祥云之一〇三师，拟恳车运保山准备参战。当否，谨乞核示。卫立煌。巳养。诚金。印。

（2）蒋介石复密电稿(6月25日)

保山卫长官：密。巳养诚金电悉。第一百零三师准车运保山，惟仍须留一团守备云南驿机场。中〇。巳有。令一元远。

（3）卫立煌密电(9月7日)

限二小时到。渝委员长蒋：1730密。查敌第二师团已开芒市及其以北地区，顷据确报，敌昨晚又由遮放开芒市汽车二百余辆，今晨一部向龙陵北进。又敌卅三军部已进驻芒市，判断龙、芒地区将有更大战，自应积极准备，击溃增援之敌。惟自我军以四月以来之攻坚作战，伤亡特大，各战斗力均已失去十分之七、八。本日已攻下松山，最短时日亦可攻克腾冲，但第八军及廿集团军均已无力再战，确保既得战果，并确实击破增援之敌，以掩护中印公路之修筑。拟请即将第五军军部及九六师迅开滇西参战为祷。职卫立煌。申虞申。诚。印。

（4）蒋介石复密电稿(9月25日)

急。保山卫长官：密。申养诚电悉。一、滚弄方面敌情，希商请美方派机，并令新三三师确实侦察具报，并希遵照前启申筱令一元远令准备，适时调整部署。二、该战区缺额已饬军政部加紧补充。三、所请再拨老兵六千一节，现无补训处可调。以上各节，仰即遵照。中〇。申有。令一元远。

（5）蒋介石密电稿(10月13日)

特急。保山卫长官：〇密。查龙、芒残敌势已疲困，且无后续增援，希即就该战区现有兵力，迅速调整部署，积极发动攻势，以期一举克复龙、芒后，转取守势，确实掩护中印公路之修筑为要。中〇。酉元。令一元南。

〔国民政府国防部史政局及战史会档案〕

## 32. 何绍周报告围攻松山作战经过密电

（1944年9月10日）

总长何：4992密。本军围攻松山迄今两月，谨将战斗经过及摘要电呈：(1)松山扣惠通桥要塞司令部喉，距桥西北六公里许。其南北山麓、山腹棋布丘陵，滇缅公里自(785)公里至(801)公里依丘傍陵，环绕松山，复经宽不满(35)公尺之狭长起伏岗岭滚龙坡西入龙陵。敌即以松山、滚龙坡为其东西两大坚强支据点，互为犄角。其筑堡垒群则作有体系，散布于松山南北之密林丛草、复杂丘陵。及一一三联队欠第三大队及特种兵等大队连伤兵约二千余，轻、重炮十余门，由松山东端(785)至滚龙坡(801)公里间正面约四千余公尺，构成若干堡垒群为其主要阵地带。每一堡垒均构成其上有射击设备及交通壕、下为坑道式骑兵部。其掩体材分四层，由下至上，第一层中经四十至五十公分，第二层三十至四十公分，第三层廿五至卅五公分，第四层廿至廿五公分。其最上层均有辨〔钢〕板。周围则以大石油浸，三层装土为被履，并围以纵深四公尺之铁丝网数层。除重炮直接命中始有破坏效力外，山野炮均难破坏。故我最近战法，依炮火威力，常迫敌余〔于〕其堡垒内而聚歼之。(3)〔(2)〕敌藉其巧妙配备之堡垒与射击精确之技术、机动果敢之逆袭，常乘我冲入其阵内而后决战。故一再冲入其阵地，均因石〔此〕中断，伤亡惨重，不易凑〔奏〕功。尤以达到时间，深〔？〕得友军通报敌约三百余，均〔我〕于午支、微即向松山猛烈突击。讵两日成果，仅占领其北侧高地及山腹数处，即知攻坚挫锐，徒增伤亡。即转移阵地于较易接近之滚龙坡方面，始而威力搜索，继以主力猛攻，攻占虽易。迨及薄暮，潜伏于其复杂掩蔽部及坑道、交通壕之敌，立即四出以手榴弹、掷弹筒、轻机枪、刺刀、战刀等逆袭，我欲扩张战果甚难。此后，遂另定战法，实施近迫作业。蚕食攻击时，先以炮击迫敌于堡垒部内，步兵乃乘机射击之瞬间，一举跃入敌壕，而以手榴弹、冲锋【枪】、机枪、火焰放射器消灭敌于掩蔽部内。本此要领，于午文攻击，迄午寒，终将顽抗之滚龙坡敌完全肃清。(3)松山方面，拟先攻其南侧诸高地，尔后再围攻松山。惟因松山诸峰瞰射，常受重大【伤亡】，故〔方〕

达成果。哿午〔午哿〕已深入南北侧诸高地，直径千余公尺地区之敌完全肃清。惟残余仍据松山之北黄土坡及松山以西之堡垒群负隅顽抗。(4)自申江起,分别向松山北脉及其西侧扫荡中，迄现在止，【向】松山寨北进中。(5)作战两月，兵力由一个团迭次增至六【个】团,伤亡重大，干部伤亡殆尽，营、连、排长更迭有伤亡，甚感兵力不足。遂请求增加兵力,一面准备坑道爆破,先巅〔颠〕复〔覆〕松山正面，再图肃清其南【侧】诸高地。未哿丑爆炸准备已经完成而增兵未到，【为】防敌作业，[致] 我坑道矮室均于九时点火,十时即行占领正峰。敌复抽集兵力,再行反扑。经两昼夜血战,前仆后继,至未筱陈团到达,即以扩张战果,迄申东始将松山及其他之〔以下电文脱漏〕多数〔以下电文脱漏〕，团长重伤二员,不仅重火器业已抽编数□,杂兵、工、特诸部队亦已参战。详细经过除另行呈报外,谨先电鉴核。第8A军长何绍周叩。申鱼申。钉。印。

〔国民政府国防部史政局及战史会档案〕

## 33. 宋希濂报告所部作战经过密电

（1944年9月25日）

总长何:4992密。职负责指挥龙、芒地区之作战，为时四月。现奉命在陆大将官班受训,业于本（九月）梗日离前方指挥所。途首谨将作战四月来较为重要事项，缕呈如下:一、自六月十四日起至现在止，本集团军始终与敌主力对战。敌军屡次企图歼灭本集团军驻〔于〕龙陵东南地区，均为我军猛烈反击所粉碎。尤以八月感日以来,敌(56)师团主力及第(2)师团（16）联队全部、第(4)联队之一部共约五、六千人,沿龙芒公路北犯，来势凶猛,企图一举【歼灭】龙陵附近之我军,进而解救松山、腾冲之危。职当时严令各官兵抱战至最后一人之决心，予来犯之敌【以】痛击。经两旬恶战，卒将敌增援部队击溃，使友军对于松山、腾冲之围攻，得以顺利完成。二、与本集团军对战之敌军番号、兵力，计为(56)师团主力约七千人(连八月间新到之补充兵二千余名在内)，第二师团(16)联队全部及第四师团廿九联队各一部共约四千余名，(53)师团搜索联队及(119)联队之野中大队共约(1600)人，第(18)师团(114)联队猪濑大队约(700)人，第(15)师团(67)联队之秋叶中队约(150)人，总共一万三千人，其他印、缅军约二千余人，尚不在内。经我先后击毙者约九千人，遗尸有数稽者约三千(3129)具，大部经美国摄影者摄有照片。计俘虏敌军及印、缅军(326)名。卤获步枪(1189)支，轻机枪(81)挺，重机枪(20)挺，各种火炮(10)门，掷弹筒(54)具，及其他战利品甚多。三、本军集团〔集团军〕原奉令为防守军，所有兵站输力，概拨交廿集团军使用。及奉命渡江出击，临时征集地方输力，漫无组织，加以时值雨季，道路泥泞，补给线过长，适出人想象以外。飞机正式出动，则受气候之限制。而龙陵山多田少，产米甚微，仅足供全县五万人三月之食，无法就地征购，较之腾冲，即和顺乡，一般可供四币〔年〕二月之食，实有特殊之别。致各部队常发生绝食二、三日及弹药奇缺情形。马料则从未追送，骡马倒毙达三千匹以上。四、职所指挥各部，自作战以来截止九月廿一日止，计伤亡官长(1343)员，士兵(1)万(7207)名。每次作战补给之艰，伤亡之重，实为抗战八来年〔年来〕所仅见。查作战首要在求歼灭敌之野战军，我各官兵茹苦含辛，浴血奋战，所得之战果，实有优〔不〕容埋没者。除战斗详报另文赍呈外，谨电鉴核。职宋希濂。申有午。参。晋。印。

〔国民政府国防部史政局及战史会档案〕

## 34. 蒋介石为远征军补充事代电稿

（1944年9—12月）

（1）致军政部代电稿（9月25日）

军政部勋鉴：查远征军此次反攻，人员损失甚大，虽经拨第二补训处及第三十四补训处补充各部队缺额，然相差尚远。为保持战斗力以利尔后作战计，希对该战区新兵特别加强补充为要。中○。申有。令一元远。

（2）致军政部兵役部代电稿（12月19日）

军政部陈部长、兵役部鹿部长勋鉴：据卫长官亥删诚电称：滇西反攻伊始，所属各师缺额约十万有奇，经腾、龙、芒市等役，官兵伤亡又达六万余人，其间仅补充万余人（现各序列部队共缺十二万余），刻每师战斗兵多则千余，少至数百，敌寇反攻堪虑。恳即空运六万名补充兵，以期续歼倭寇。等语。除电兵役部迅速拨补外，仰即知照（对陈）。希速即拨补为要（对鹿）。中○。亥皓。令一元远。

〔国民政府国防部史政局及战史会档案〕

## 35. 第二十集团军腾冲战役战斗经过概要

（1944年9月）①

### 腾冲会战经过概要

本集团军奉令反攻滇西并策应密支那作战，遵于卯梗由弥渡、祥云间开始运动，至辰友于怒江东侧双虹桥、栗柴坝间地区集中完毕，保持重点于双虹桥，于真日黄昏后，分七处强渡怒江成功。次

① 系收文时间。

(文)晨与灰坡、唐习山、大塘子等据点之敌五六师团一四八联队主力及一四六联队一部展开要点争夺战。敌既死守，我亦猛攻，血战九日，敌不支溃退，我即分别攻占各该据点后，乘胜追击至南北斋公房附近。该两地为高黎贡山之顶点，海拔万余公尺，形势险峻，道路崎岖，气候恶劣，人烟绝迹，运动、补给极端困难，况敌军早经凭险设备坚强据点群，诚有一夫当关之概。我为迅速进出该山计，乃以有力一部牵制当面之敌，以主力向绝无道路可循之处，迂回攀登，艰难险苦，出死入生，冻饥致毙之人马，日以数百计。经十余日，始进出于桥头、马面关、瓦甸、江苴各附近之线，断敌归路。此时我围攻南北斋公房之部队，与迂回部队遥相呼应，开始隘路战。依当时情况，本可一举歼灭，旋因该敌陆续增援，113、114、116、56搜、56炮等五联队，猛烈反扑。幸我士气旺盛，锐不可当，歼彼顽寇，将达半数，敌遗尸遍野，抱头鼠窜，我乃攻占腾北咽喉之北斋公房，而超越险峻艰难之山顶隘路，并猛追败退之敌。追抵桥头、瓦甸、江苴时，敌又凭既设据点顽强抵抗，经廿二日之血战，顽敌不支，又复溃退。我当决心使敌无法脱离战斗，乃以向阳桥为轴，由又〔又由〕右翼桥头、瓦甸进出陇川江，向固东顺江左旋回，猛烈追击至固东河东西之线，一面扫荡固东以北至片马之残敌，一面整顿态势，准备腾冲会战。当残敌甫告肃清时，察觉当面之敌，纷纷向南溃退，我当乘机由固东河东西之线，发起猛烈攻势，即饬五三、五四两军分由向阳桥、固东两道，向腾冲迈进。沿途迭遇抵抗，均予节节击退，而追近腾城北郊。巳俭，我五四军以迅雷之势，攻占南北宝凤山。兹为出敌意表，于午东夜变更部署，将五三军主力由腾北上、下马坞转至腾东飞凤山附近，所遗阵地由五四军延伸。迄于江日，我五三军一举攻占飞凤山，五四军亦于同日攻占蜚凤山。于是，我已打破腾城屏障，三面迫近城郊矣。是时也，残敌一部仓皇南窜，其主力编成一个混成联队，由148联队长藏重大佐指挥，死守来凤山及腾城。该城为滇西最坚固之城池，兼有来凤山之屏障，并构筑坚固之工事及堡垒群，准备充分之粮弹，奉命困守至十月底，以待援军来到。我军既于微日迫近城郊后，除以五三军之一个师尾击溃敌，挺进至南甸、龙头街之线，并阻敌增援外，随即策定攻击腾冲及来凤山之计划。部署就绪，准备完成，于午宥在我空军掩护之下，以优势之兵力，向敌最后唯一之屏障来凤山四个堡垒群同时猛攻。官兵奋勇，前仆后继，血战竟日，迄傍晚止，歼敌大部，确占该山。复于次晨将腾城东南两城门外繁华市区之敌全部肃清。残敌退据城内，四门紧闭，深沟高垒，企图困斗。我当将该城四面包围，惟该城之墙概为坚石砌成，高而且厚，兼有大盈江及饮马水河环绕东面北面，形势天然，有险可凭，况城墙上端堡垒环列，其距离不过十公尺，而城之四角更有坚固堡垒侧仿〔防〕，欲求接近，良非易事。经月围困，攀登乏术，乃不时以空军猛烈轰炸，陆续炸成缺口十余处，我各部队即利用轰炸成果，冒敌浓密火网，先后登城，对城上之敌堡垒以对壕作业，逐次攻击。至未号始将东南西三面城墙上之敌大部肃清，于马晨开始向城内之敌攻击，我预二师、一九八师、卅六师、一一六师各部主力奋勇直前，由南面城墙下城，突入市区，激烈巷战于马展关。惟城内人烟稠密，房屋连椽，大都坚实难破。且顽敌家家设防，街巷堡垒，星列棋布，尺寸必争，处处激战。我敌肉搏，山川震眩，声折江河，势如雷电，尸填街巷，血满城沿。嗣以各部损耗惨重，而各级预备队，既早用罄，又无援兵以济急难，不得已将原任南甸、腾龙桥阻敌增援之一三〇师调入腾城，聊增实力。苦战廿余昼夜，所赖将士忠勇，克敌致果，业于九月十四日将困守腾城之敌全部歼灭。青白之旗乃复飘扬边陲重镇，万民鼓舞，同声庆幸。综合自渡江起，至克复腾冲止，所历大小战役四十余次，共生俘敌军官四员，士兵六十余名，营妓十八名，毙敌少将指挥官及藏重大佐联队长以下军官一〇〇余员，士兵六〇〇〇余名。卤获野山炮七门，步兵炮六门，迫击炮十门，重机枪十九挺，轻机枪四十七挺，步骑枪千余支，汽车十余辆，有、无线电机廿五部，及其它军品无算。我亦伤亡官佐一三三四员，士兵一七二七五名。是乃腾冲会战之概略情形。

〔国民政府国防部史政局及战史会档案〕

## 36．美国驻中缅印军总部关于请勿派邱清泉赴龙陵指挥事与何应钦往来函电

（1944年10月）

（1）美国驻中缅印总部函（10月11日）

美国驻中缅印军总部一九四四年十月十一日来函译文

主题：请勿派邱清泉将军至远征军工作

送致：何总长

承贵方通知，第五军邱清泉（译音）将军已奉命负责指挥龙陵区域之作战。

查指挥龙陵方面作战之华军军官现与驻该军之美军军官密切合作。本部认为此时倘另委一新司令官或副司令官加入此紧张之战斗，诚恐对此极端重要前线努力之成就有所妨碍。

职此之故，拟请贵方勿于此时派邱清泉将军往远征军工作，以免扰乱此合作已久之组织。此事敬希从速赐办为荷。

史迪威。贺安代启。

（2）何应钦复函稿（10月14日）

史迪威将军勋鉴：十月十一日第八一〇号大函敬悉。查邱军长之前往滇西，系协助第十一集团军黄代总司令杰指挥攻击龙陵据点者，彼并非一新委之司令官或副司令官，亦未奉命负责指挥龙陵区域之作战。查邱清泉将军为我国一级优秀之军官，一九四〇年桂南昆仑关之役曾予敌以重创，故对据点攻击颇具经验，此次前往龙陵前线，当可将其经验作一有价值之贡献也。专复，并颂勋

安。

何〇〇启。十月十四日。

〔国民政府国防部史政局及战史会档案〕

## 37. 卫立煌报告我军克复龙陵密电

（1944年11月3日）

限二小时到。渝委员长蒋：5738密。我军于九月间相继克复松山、腾冲并击退龙、芒敌人之反攻后，与敌相持月余，近复积极调整部署，充分准备，于酉艳日对龙陵再兴攻击。经五日之激战，将龙芒公路截断，并逐次攻略龙陵城区外围坚固据点，于戌江丑时我遂完全克复龙陵。查据守龙陵之敌军为五十六师团一四六联队余部及十八师团一一四联队、第二二九联队之各一部，被我歼灭大半，我俘获甚多。残敌仅余四、五百由小路突围向芒市逃窜，我正追击中。谨闻。职卫立煌。戌江午。诚。印。

〔国民政府国防部史政局及战史会档案〕

## 38. 宋希濂黄杰报告我军连克芒市遮放畹町等地密电

（1944年11月—1945年1月）

（1）1944年11月20日密电

即二小时到。渝委员长蒋：5738密。芒市之敌千余人，自戌皓开始经我一昼夜之猛烈围攻，连克其外围据点十余处，该敌伤亡颇重，于哿子开始向西南退却。哿寅，第二军第九师即将芒市老街、新街占领，同时各部队分别跟踪追击，扫荡残敌。迄哿申，芒市境内余敌悉被我肃清，芒市完全克复。卤获甚多，正清查中。刻我七一军正渡过芒止〔市〕大河，向三酉山（芒遮间之锁钥点）攻击，第六军及第二军分别向芒市西南及猛戛追击，五三军已向遮放阻截。谨闻。职宋希濂、黄杰。戌智酉。参一。雄。印。

（2）12月2日密电

总长何：5816密。龙、芒相继克复后，残敌并原有驻遮放之敌约二千人，据三台山（芒遮公路间之锁钥点）、白羊山、猛戛等要点及芒市大河北岸，继续凭坚顽抗。我军自戌养分四路开始围攻，赖官兵忠勇用命，再接再厉，苦战至戌艳，继续攻占其要点，迫近遮放外围。至是，该敌死伤重大，三面陷我包围，陷晚向西南溃退。我乘胜追击，亥东遮放完全被我克复。卤获甚多，正清查中。谨闻。职宋希濂、黄杰。亥冬辰。参一。雄。印。

（3）1945年1月20日密电

渝委员长蒋：5816密。我军自亥月俭日开始对畹町攻击以来，敌惟步步凭坚固守顽抗。赖我官兵前仆后继，奋勇搏斗，进展尚称得手。计亥陷克佛蚌，子冬克戛中及黑猛龙，子支克佛卯，子灰克回龙山，子寒克佛结，子删克信结，子巧克南虎，子皓克佛棒、九谷及其东南高地。至是，畹町之敌创亡惨重，三面陷我包围，乃于皓晚乘夜向南面突围，我军先后又将大黑山、黑山门及猛令各要点占领。迄智午，残敌肃清，畹町完全被我克复。卤获殊多，正清查中。谨闻。职宋希濂、黄杰。子智亥。参一。雄。印。

〔国民政府国防部史政局及战史会档案〕

### 39. 蒋介石饬远征军从速推进与何应钦卫立煌往来密电

（1944年11月—12月）

（1）蒋介石密电稿（11月27日）

即到。保山卫长官：5816密。我远征军此次相继克复龙、芒，迫近遮放，殊堪嘉慰。希乘胜积极向畹町推进为要。中〇。戌俭。

令一元远。

（2）蒋介石密电稿(12月12日)

限三小时。贵阳何总司令、保山卫长官：密。着远征军迅速攻击畹町之敌，限亥月养日以前占领畹町具报。中〇。文酉。令一元。

（3）何应钦复密电(12月13日)

渝委员长蒋：亥文酉令一元电奉悉。5816密。已饬卫长官遵办矣。职何应钦。亥元申。参五。印。

（4）卫立煌复密电(12月15日)

即到。渝委员长蒋：亥文酉令一元电奉悉。5816密。自应遵办，惟考虑对〔对字衍〕本军实力，审慎行动，谨申意见，恭请睿察：（一）滇西反攻伊始，所属各部缺额，约十万有奇。腾冲、芒市等役，官兵伤亡又达六万余，其间补充仅万余(各序列部队现共缺十二万余)。下级干部极为缺乏，现时作为战斗部队，各师战斗兵多则千余，少至数百。根据以往作战经验，我攻占敌之较大战略要点，兵力必须绝对优势。查畹町附近之敌为十八、五十三、四十九等师团各一部，共约七千余，轻、重炮数十门。黑山门一带阵地，扼畹町咽喉，地形险峻，工事坚强。就本军现有兵力，发动大规模攻势，实胜算难操，万一顿挫，反噬堪虞。（二）会战前粮弹、汽油筹屯，公路、桥梁抢修，交通工具(输力)调配，会战【时】兵站向前推进，粮弹追送，伤患后运，通信线路延伸，各种器材筹集，在在需时，限于实际，无法及时完成准备。（三）本军胜利与否，关系抗战至巨。不明其内容者，难保不生猜疑。但事实所在，不敢出以轻率从事，贻钧座南顾之忧。拟恳即令兵役部在最短期内设法空运补充兵六万名，并于〔予〕以训练时期，藉以完成一切作战准备，适机呼应驻印军，一并收复畹町，巩固中印路线。当否，乞核示祇遵。职卫立煌。亥删。诚。印。

(5) 蒋介石复密电稿(12月19日)

即到。保山卫长官：5816密。亥删诚电悉。查我驻印军已克八莫，进迫南坎，希仍遵前令，即向畹町攻击，以期早日会师。除饬兵役部迅速补兵外，仰遵照。中〇。亥(皓)。令一元远。

(6) 蒋介石密电稿(12月21日)

限二小时到。昆明何总长、保山卫长官：5816密。据报畹町敌军数目不大，且驻印新一军自攻克八莫后，继续推进，颇为顺利。希仍遵前令，从速进攻畹町，以期与驻印军早日会师。立着将开始进攻日期具报。中〇。亥(马)。令一元远。

(7) 卫立煌复密电(12月22日)

即到。重庆委员长蒋：1733密。亥皓、亥马令一元远及亥马侍机电钧奉悉，遵已部署进攻中。谨闻。职卫立煌。亥养。正诚守印。

〔国民政府国防部史政局及战史会档案〕

## 40. 孙立人报告所部攻取南坎作战经过密电

(1944年12月—1945年1月)

(1) 1944年12月23日电

主任龙钧鉴：兹将本军对南坎发动攻势迄十二月廿二日攻占南坎西北外围之锁钥止战况经过情形，概陈如次：(1)查八莫自为我军攻占后，瑞丽江上游、南坎河谷即为通往我国陆上交通线开放前唯一仅存之障碍。一般预料，敌为阻我与滇西国军会师，或将在此区以重兵死守，以争取战略上之价值，实属诚言。然南坎区地形为一狭长谷地，由东北畹町起，至西南之曼伟因（MANWING）止，长约四十英里，宽仅六英里不等，四面群山围拱，瑞曲河则湾〔弯〕回曲折贯流于其间，构成南坎部落沃野之区。因地质纯为粘土，下挖六尺后，即可得水，故谷内不利于工事之设施。故欲防守南坎河谷，则必确保外围之山地，苟四境山地不守，则此河谷将完全失去作战地形上之价值。故攻击南坎，仅须攻占其外围群山制高点，断其交通线，则南坎河谷，即整个在我瞰制中。故敌为防止我军乘胜沿公路南下，略取南坎，当屯驻其（56）师团(146)联队、(49)师团全部、(18)师团主力及其它特种兵数大队于南坎河谷，并分别于四境山地设防。该敌为拒止本军由八莫沿八南公路之深入，于河谷公路西北进口处，以（49）师团(168)联队及(18)师团(55)联队、炮兵一大队及战车部队等驻守，其外围阵地，则分设于谷地入口、西北廿三英里卡的克(KAIHITK)附近山地高阳之部，八南公路则为其后方主要交通连络线。又八莫至南坎间，即为一带纵深四十一英里、连绵起伏【之】山地所隔，形为两区间之支地。八南公路即攀绕此山区由西北向东南旁山倚水而下，为一极险峻之狭长隘路。由八莫至南坎全长七十一英里，由八莫区之曼西(MANSI)起即入隘口，至曼当洋(MADANGYANG)后山势更形险峻，公路湾〔弯〕绕曲折，急转而上，直至四十一英里路牌处之卡的克后，方转为绕回而下。故卡的克附近及其南北两侧地区，实为本山区之顶峰，亦即南坎西北外围锁钥之地，天险形成。（二）十一月十九日，正当本军新卅八师对八莫被围之敌猛烈围攻及乘敌先居而不盈、同时袭占曼西隘口之际，军为迅速攻占南坎，当不待八莫之敌肃清，以军第二线兵团新卅师主力对南坎同时发动攻势。该师当分三纵队，越过曼西，沿八南公路及其两侧山地长途深入，直迫南坎区之敌而攻击之。十二月六日，该师先头部队分抵八南公路卅九里路牌附近南北之线，在康曼(HKANGMA、SO2770)、南于(NAMYU、SO27.573.5)、拜家塘(BUMGAHTAWNG、SO3179)等地对敌南坎外围阵地攻击。时值八莫被围之敌二千五百人，因受我新卅八师主力连日来猛烈围攻，情势至为危殆。且我不待八莫之完全攻占，即另以生力军长途深入山地，对南坎发动攻势。敌感形势之严重，为解放八莫被围之原支队(敌称八莫守军为原支队)，及乘我对南坎攻击部队之进出隘路，遂于十二月七日以其(18)师团(55)联队全部、(49)师团(168)联队全部、附炮兵一大队及其它辎重兵、工兵等组成一混合支队，归五十五联队长山崎大佐指挥，由南坎西侧七英里曼伟因(MANWING)附近地区星夜出发，企图击破我深入山地之南坎攻击部队卅师(主力)后，以主力沿八南公路经曼当洋(MADANGYANG、SO1584)，一部经瓦拉蚌(WARABUM、SO2969)一康曼(HKA—NGMA、SO2790)一麦特(MAHTET、SO2375)一乌买(UMA、SO1774)一新的蚌(SINDIPUM、SO2375)，倾其全力向曼西(MANSI、SO1095)突进，以达解救八莫被围之原支队之目的。该敌之企图及任务，实异常积极。十二月十日，该敌即先后到达以上所述之线，与我南坎攻击部队发生激烈之接触，战斗之开始即异常惨烈，敌我伤亡续出(以上敌增援突进之事，由击毙敌(55)联队第八中队长岩村澄水遗尸身上搜获敌(55)联队长山崎大佐十二月六日于曼伟因下达之机要作战命令第83号中证实)。此时，我攻击部队全线因获得先制，已立于有利之态势，官兵奋勇，当予敌以惨痛打击。敌屡增援猛扑，均被击退，遂循用其惯技，施行猛烈之钻隙，由山间细流向我正面分四路渗透。现因时值干季，山间细流多能利用以潜行，加之山地战斗，山谷死角等地特多，便于小部队之潜匿行进。敌十二月十日晚及十一日间，我南于(NAMYU)公路正面攻击部队因敌之渗透及正面之猛攻，曾一度与敌陷于混战。结果因我军沉着应战，窜入之敌均遭我悉数围歼。十二月十一日，军已察知敌军之企图及兵力之雄厚，遂将新卅师全力增加第一线（按：新卅师八十九团十二月十日到达曼西，当夜出发，十一日到达该师师部，归还建制），并由八莫方面抽调新卅八师一加强团为军独立支队，对南坎方面之敌右侧作秘密深远迂回行动，对敌右后施行斩击。时敌亦察知我公路正面兵力之雄厚，且连日来之突击渗透均遭痛歼，乃极力避免正面沿公路攻击之不利，十二月十三日即改令其正面固守，转移主力向我右翼康马（HKANGMA）方面攻击，企图击破该方面之我军，袭击我右侧背，继续策应八莫被围之敌。时该翼我军已确占5938高地制高点，瞰制该方敌人，并用埋伏及包围。敌虽转移主力，数度猛扑，均被我击灭。我军为彻底全线击灭敌军，粉碎其向曼西突进之野望，争取主动，由十二月十三日，亦同时向敌最感痛苦之点实行左侧迂回。就切敌后方交通公路、将敌捕捉歼灭之部署，当以一团可期必胜之兵力，由左翼之拜家塘（BUMGAHTAWNG），利用既得之战果，行迅速大胆之迂回，向马支（MASI）攻击前进，切敌正面突击部队全纵深之公路交通线。正面及右翼之部队即令其确保已占领之地区，并向敌实行突击、牵制，与迂回部队协力，将敌前后夹击而歼灭之。十二月十七日，我迂回攻击部队以破竹之势击灭其当面之敌后，将马支（MASI）敌阵地据点完全攻占，切断敌公路主要连络线，正面之敌遂被我包围于八南公路隘路间。我继而向公路东西席卷，一面与正面夹击被困之敌，一面为扩大切断地区。十八、十九两日，复先后攻占卡的克（KAIHTIK、SO3074）、卡龙（HKALOM、SO3374）两地敌坚固阵地（按：卡龙系敌混合支队指挥所），廿日与正面攻击部队会合，将敌兵力两联队之众完全击溃。廿一日、廿二日两天，并攻占渣邦（ZAUBUNG）村落三处，将八莫至南坎间山地高阳地区，亦即南坎西北外围山地之锁钥，完全攻占。同时，军独立支队廿二日先头部队已渡过那王河（NAMWAN）向南坎北部压迫，一部在五十二英里路碑处切断公路，距南坎仅十九英里。从此，八莫至南坎间连绵起伏之山地全操于我，南坎河谷当不难于全部攻占。（三）以上各役，计毙敌已查知者有（49）师团（168）联队大队长野添少佐、松田少佐、伊藤中尉、岩村中尉等军官（28）员，士兵八百一十五名，均遗尸于阵内，伤者当在一倍以上。卤获重机枪五挺，轻机枪卅六挺，步枪四百五十支，掷弹筒廿六个，重迫击炮两门，卡车一辆，弹药车二百一十五辆，满载弹药，防毒面具一百卅五副及其它战利品甚多，造成南坎外围山地战之大捷。我亦伤亡营长王礼竑以下官兵六百一十一员名。本战役证实战纲第三百零四条：山地攻击，除直接攻击敌人外，并须力图用迂回方法以达成其目的，若状况许可时，则以一部牵制正面之敌，以主力行大规模之迂回之确立性，亦即孙子所谓：险形者我先居之，必居高阳以待敌，若敌先居之，引而去之勿从也。【谨】闻。新一军军长孙立人。亥梗。参一。

（2）1945年1月29日电

昆明行营龙主任：本军自卅三年十二月廿二日将南坎西北外围山地之锁钥卡的克（KAIHTIK）、卡隆（HKALUM）附近地区攻占后，即乘胜向南坎进击，迄元月廿七日止，先后将南坎及南坎迤南绵亘山地敌最后坚强地带占领，并将南畹公路通腊戍之锁钥芒友（MONGYU）攻占，与滇西国军会师。历时三五日，前进八五英里，略地二五〇〇余平方英里。兹将本军攻占南坎及会师经过，概陈如次：（一）南坎位于瑞丽河之南岸，西北距八莫七一英里，东北距畹町三九英里，南距腊戍一三四英里，与国界仅一水（瑞丽河）之隔。自国军进迫畹町，我军攻占八莫后，南坎即为中印公路唯一仅存之障碍，亦即敌人阻止我与滇西国军会师、迟滞我中印公路开通最后一个坚强据点，其南坎在战略上之价值，则不言而喻矣。公路西北通八莫，东北通芒友，御接滇缅公路，南出腊戍，北入畹町，敌人自占领后，为军事上之需要，又由南坎新筑公路直通南巴卡（NAMHPAKKA），与滇缅公路相御接，交通至为便利，实为中缅交界之惟一重镇。瑞丽河湾【弯】回曲折，贯流其间，南王河(NAMWAI)亦汇流于此，由东北向西南倾注于伊洛瓦底江。东加亲山脉以雄伟宽广之姿态，耸立于四周，高峰在七千英尺 平均拔海在五千尺左右，构成南坎为一狭长谷地，由东北苗西(MUSE)起，西至曼伟因(MANWING)止，长约卅余英里，宽五、六英里不等。惟因谷地低洼，不利于工事之设施。然四周崇山绵亘，形成外围天然理想之数地带持久阵地，尤以南面为最有利之防御地带，且因谷地平坦宽阔，既不能掩护部队之行动，复受诸高地之瞰制，更有瑞丽河环绕西北，形成天险，故南坎平地之占领，实在外围山地之夺取。欲从战术上取得战略上之效果，更须向西南作深广之占领，在作战地形上之价值始可保之无虞。(二)敌十八师团(55)联队及四九师团(168)联队，自为解救八莫被围之敌，沿八南公路及其两侧山地突进，为我新卅师主力在卡的克击败后，即退据八南公路两侧山地，凭既设阵地扼险固守，企图滞迟我之前进，并在八南公路及瑞丽河之三角地带，构筑坚强桥头堡阵地，倚河守备。南坎南侧山地，则为敌最后固守之主阵地带，在宽五、六英里纵深四英里之广大地区内，构筑坚固要塞，控制重兵，并囤积大量粮弹、医药，决心死守，并企图由正面及左侧翼转移攻势(敌之此项企图，在所获文件及敌机要作战要图内详载无余)。(三)本军新卅师主力，自卅年十二月廿二日先后将八莫公路(41)里南坎西北外围之锁钥卡的克、卡隆攻占后，即分两路由八南公路正面及公路右侧向南坎之敌加紧压追。同时，为策应正面之作战容易，以军独立支队渡过南王河，向南坎北部挺进。十二月廿五日各路向敌发动攻势，激战至廿七日，将公路(52)里以西及潘林(PANGLING)以北之敌全部肃清。其公路左侧之独立支队自偷渡南王河、越入国境钻隙突进后，一举攻占劳文(LOIWING)及其西北之飞行场、原中央飞机制造厂、医院等坚强据点，并将SO527737敌之主要交通线切断。又该支队另一部，自偷渡南王河后，向南秘密开路推进，廿七日一举袭占般康（PANGHKAM），并为扩大其既得战果，继以破竹之势，攻占江康（KANGHKAM）及二四八八高地，造成控制南坎谷地有利之形势。时敌为阻止我军进入南坎左侧山地及企图迟滞我正面攻击部队之迅速推进，乃在公路左侧山地南卡（NAMHKA）一带及狭长隘路，凭有利之地形及既设之阵地，分股扼险据守。惟是般康及潘林均入我手后，公路五二里以西及南侧山地之敌即陷入不利之状态。十二月廿九日，我即沿公路及崇山峻岭间，不避艰险，分别向敌猛攻，经六日之奋战，将六四里以西及南侧山地之敌全部击溃，攻占大小村落、据点三十余处，并为策应左侧独立支队之作战，另以一部攀登东面山地，袭占那浪（NALONG）。一月五日，在我山炮兵支援之下，全线向敌总攻，激战至一月九日，将瑞丽河以西、八南公路以北之地区及公路南侧曼孔（MANKANG）及拉生（LAPSING）诸据点攻占，并乘胜沿山岭间羊肠小道，向瑞丽河与八南公路三角地带敌最后之坚强据点茅塘（MAWTAWNG）攻击。时我为一举袭占南坎，乃以可期必胜之兵力（新三十师主力）于古当山脉崇岭间秘密迂回，攀山涉险，分别向西朗（SELONG）及曼孔（MANKANG）南面山地挺进，经数日之艰苦攀登，冒尽险阻，一月八日进抵西朗及曼孔南侧2631一带高地。时连日大雨，山洪暴发，山路崎岖泥泞，人马几不能行。江水骤涨，偷渡似更属不可能之事。然该迂回部队，以任务之重大，本义之所在须赴汤蹈火在所不辞之伟大精神，打破一切艰难险阻，以不可为而为之，终以迅雷骤雨之势，分别在西朗南面及SO465560附近，偷渡三百余公尺、洪流湍急之瑞丽河，向南坎左侧背丛山深壑间钻隙突进。一月十四日，进抵南坎南侧六千英尺以上之一带有利地带。时敌主力分散于瑞丽河东岸及西侧山麓之线，我乘敌尚未察觉之际，即星夜钻隙突进，元月十五日上午十一时一举将南坎袭占。自南坎被我袭占，将外围大部顽敌歼灭后，残敌狼狈乱窜，退据南畹公路沿线及南面绵亘山地，利用既筑之坚强工事，拒止我军之前进。时本军即以新三十师主力围攻南坎南面绵亘山地之敌，另以新三十八师主力沿南畹公路及其东南侧山地，分头进击。经旬日之激烈奋战，至廿七日，我新三十师主力已将南坎南面山地北自彭寿(PANGSIO)、南至曼宁(MONNING)西北地区之敌全部肃清，并另以奇兵将南（坎）腊(戍)公路八二里之路碑处切断。其沿南畹公路向东北及向东进击之新三十八师主力，于廿五日一部将扬班（YAWPHAN）、拉弄(NAMLUM)南北之线之一带山地完全占领。该线尽为五千英尺以上之高山，可瞰制南腊公路之一切行动，造成控制芒友(MONG YU)之有利态势。另以主力之大部将苗西（MUSE）攻占后，即以雷霆万钧之势，向南畹公路通腊戍之锁钥及中印公路惟一仅存之障碍芒友进击，经三日之激战，至廿七日上午十时，将该据点完全攻占，与国军第九师、八十八师、三十六师会师。溯本军自一九四三年十月从印缅边【境】发动攻势，奋战莽林，越高山，涉湍水，血洒胡康、孟拱两河谷。五月奇兵降密城，困敌顽斗，费时三月，始拔城池。此后此军乃一面南下八莫，另以第二线兵团进击南坎，迄一月廿七日，将芒友克复，与国军会师，全国上下所深切期望之国际路线，始告打通，本军所负之艰巨使命，于兹差告完成。

(四)以上诸役，敌遗尸于阵地内已查知者，有大队长以下五五员，士兵一七〇〇名，伤者当在一倍以上，俘敌玉山一男等十五名。卤获轻重机枪五四挺，步枪八五〇支，重迫击炮五门，速射炮五门，掷弹筒七〇个，大卡车十辆，小包车一辆，仓库十余座，其它弹药、粮服甚多，造成缅北攻击战中之大捷。本战役证实作战纲要草案四五〇条：在山地，防者正面通常坚固，不易攻略，故攻者须极力向敌侧背机动，以求战斗之有利发展。同时更须以迂回达成其目的，若状况许可，则以一部牵制当面之敌，主力行大规模之迂回，以收奇袭之效。【谨】闻。新一军军长孙立人。子艳。缅参一。

〔国民政府国防部史政局及战史会档案〕

## 41. 中国远征军第十一集团军进攻畹町作战命令

（1944年12月25日）

第十一集团军作命　第八八号

命令　十二月廿五日　上午十一时<br>于芒市总司令部

一、敌情如计划另纸要图所示。

二、集团军为彻底肃清滇西残敌，决于本（十二）月廿七日开始向畹町攻击，以主力保持左翼，将敌压迫包围于畹町坝内而歼灭之。

三、第五十三军应以一营以上之兵力守备五〇〇二高地、大石头、雷鱼图亘弄坎附近之既设阵地，俟第六军攻占黑山门后，即追随主力行动，主力于本（十二）月廿七日上午八时开始行动，先进占日岗、遮勒、南板附近，确实阻止猛卯之敌向畹町增援，尔后由蛮信至户弄间渡过龙川江，相机进出南托、龙卡附近地区，截断滇缅公路，协力主力军之作战。

四、第六军（附重迫炮营、第五军山炮营及七十一军战防炮之一连）应即展开于怕赖、天盆山、虎尾山亘拱撒附近，于本（十二）月二十八日上午九时开始向大黑山、回龙山、黑山门攻击而占领之。

五、第二军应展开于谢连、户古、猛街及其东南附近，于本（十二）月廿八日与第六军之攻击同时开始，向黑猛龙及南平、梁子之敌攻击，进出于畹町及其东南地区。

六、以上三部之作战地境规定如左：

五十三军<br>第 六 军｝自德下沿龙川江西岸经龙川江与畹町河之交叉点，再沿畹町河南岸至畹町南端之线上属五十三军。

第 六 军<br>第 二 军｝双坡—拱撒—回龙—弯棒—雷户之线，线上属第六军。

七、七十一军(欠山炮兵第四、五两连及战防炮一连)为总预备队，应于本(十二)月廿七日以前位置于小街至石门坎间地区。

八、炮兵第十团胡团长指挥该团第一营、炮七团混合营及七十一军山炮兵第四、五两连，应于本(十二)月廿六日在遮旺附近地区占领阵地，此时并指导第六军炮兵，主协力第六军之作战。尔后随战况之进展推进阵地至大黑山以南地区，主协力第二军对畹町之攻击。其火力运用，由该团长自行策定。

九、兵站应于本(十二)月廿七日以前在芒市飞机场，最少储备军粮五十万斤。

对五十三军之补给粮秣，发给三分之二代金，由该军就地采购，弹药于本(十二)月廿六日以前补足二基数，甚馀粮弹由空中投送补给之。对第二军应于本(十二)月廿七日以前补足粮秣二月份、弹药二基数。尔后以空中投送为主，兵站补给为副，并发给四分之一军粮代金就地采购。

十、兵站主地及末地应于本(十二)月廿六日前分别推进至遮放及小街，主担任第六军、七十一军及炮兵部队之补给，并于大石头及猛古街各设一分站，以补五十三军及第二军空中投送之不足。

十一、各部对畹町攻击得使用之弹药概数如附表所规定。

十二、伤患收容基地及收转基地应于本(十二)月廿六日前分别设置于怕底及小街，并于大石头及石门坎各设一伤运站，惟石门坎之伤运站应随状况之进展推进至猛古街。

十三、通九连应将原架设至猛戛之双铜话线延伸至猛古街，并在遮放及小街分别开设总机，即以小街为基点向大石头、遮旺及扫线构成各军及炮十团间之通信网，但第二军须由猛古街架一话线至扫线，统限于本(十二)月廿七日以前完成。

自本(十二)月廿七日起，除由五十三军及第二军各拨配本部无线电机一部担任连络外，该连应指定无线电两班，分别专任对各该军之通信。

十四、余现在芒市，预定于本(十二)月廿七日进至扫线指挥所。右令　总司令宋希濂

代总司令黄杰。

〔国民政府国防部史政局及战史会档案〕

## 42. 何应钦报告各部队作战部署密电

(1944年12月25日)

即到。渝委座蒋：0531密。关于所辖之战斗序列、作战地区及任务行动，经于昨今两日下达命令，其概要如下：甲、战斗序列：(一)远征军除抽调第八军外，其余暂不抽调。(二)滇越边区军第一、九两集团军及荣二师(该师属第九集团)。(三)第四战区辖第十六、第卅五、第廿七三个集团，但第廿七集团暂归本部直辖。(四)黔桂湘边区辖第廿四集团及第十集团副总司令夏楚中部，与第九、第十三、第廿九、第九十七、四个军。(五)第五集团军辖第五军(欠二百师)及四十七师、第八军。(六)新六军、第五十七军直辖本部。乙、作战地区及直辖部队之驻地：(一)远征军仍旧。(二)滇越边区暂就原第一、第九两集团所辖之地区合并。(三)第四战区仍旧。(四)黔桂湘边区暂仍旧，但王耀武及夏楚中两集团可否先在第六战区境内布防。(五)第五集团之第五军及四十八师驻昆明附近，第八军驻陆良、师宗、亨平地区。(六)新六军驻曲靖、霑益、平彝地区。(七)五十七军驻晴隆、安龙、兴仁、兴义地区。(八)第廿七集团军驻黄平、施秉、镇远地区，但应派两部驻榕江警戒黔桂边区。丙、任务及行动：(一)远征军应迅速攻占畹町，与驻印军会师。又应于畹町攻克后，在畹町、龙陵、腾冲、八莫间地区(限于国境线以内)选择要点构筑三个师之国防工事，以确保新辟之中印公路。(二)滇越边区应拒止由越南向北进攻之敌，并准备迎击由百色方面进犯之敌，并应控置有力一部，准备随时向百色方面使用。(三)

第四战区应确保百色要点，以有力部队于百色以南选择主要防线，构筑坚固阵地，阻止敌人的攻击。另以有力一部攻击河池、金城江，相机收复宜山。如敌增援反攻，则于田东至车河公路上之同乐以东选择主要地点，构筑坚固工事，拒止敌人。又对宜山、桂林以南之敌后交通线，应竭力设法破坏或截断之。(四)黔桂湘边区应以确保贵阳为目的，拒止敌人于远距离之外、对黔东路正在南退之敌，以一部自第四战区之夏集团攻击河池、金城江，相机收复宜山。但为防止敌由黔桂路反攻起见，应先以有力一部在上司、六寨间选择险要地形，占领阵地，构筑城郊工事。对桂穗路另以有力一部在通道附近地区选择险要地形，占领阵地，构筑坚固工事。对湘黔路则就原态势调整部署，仍选择险要地形构筑坚固工事。为使防务易臻巩固起见，对上司以南之攻防，使用一个军；对独山以北之都匀、麻江、马场坪地区，控置一个军，对通道地区之防御，使用一个军；对芷江、榆树湾地区，控置一个军。此外，另于贵阳及其附近地区，控置一个军。至九十七军因甚残破，应开遵义整训，以减取道各地区之负担。又在黄阳控置之一军，应在不妨碍整训之原则下，于贵阳地区构筑两个师之坚固阵地，准备敌向贵阳猛犯时使贵阳地区之会战容易。至于在镇遵、黄平、施东之第廿七集团军，必要时可参加汤部作战，但须先获批准。丁、关于补给问题，容与美方商定后再下令施行。以上各项，谨电鉴核。职何应钦。亥有。参一。印。

〔国民政府国防部史政局及战史会档案〕

## 43. 徐永昌为拟远征军驻印军会师后之使用腹案签呈

(1944年12月31日)

对远征军、驻印军于攻下畹町、南坎会师后之使用，谨拟腹案于左：

一、远征军以11AG(2A、6A、71A)留驻国境线内,实施补训,并构筑坚固防线,掩护中印公路,其余(53A、54A)调回。

二、驻印军(50D、N30D、N38D)继续推进至马宾、新维之线,停止整训,改取守势。

(理由)(1)远征军、驻印军会师后,中印公路打通,已达到国军在缅北作战之目的。

(2)缅敌总兵力共有十一个师团之多(28A:49D、54D、55D;15A:15D、31D、33D、53D、24BS、34BS;33A:2D、18D、56D),其目的在坚守战略要地,对盟军实施持久消耗战,在盟军对缅实施全面攻势前,国军单独深入,将适中敌消耗战略之阴谋,故应适可而止。

(3)国军深入缅境作战,英方疑忌甚多(已有事实征候表现),勉强行之,在政略上、战略上均属害多利少。

(4)以驻印军入缅,既可达成美方利用中国部队在印、缅获得有利地位,又可避免中英间直接冲突。

上拟腹案,是否有当,敬乞鉴核。谨呈

委员长蒋

〔批语〕:可如拟。中正。元、五。

〔国民政府国防部史政局及战史会档案〕

## 44. 卫立煌等报告远征军驻印军会师中印公路通车等情密电

(1945年1月)

(1)卫立煌致蒋介石密电(1月23日)

Smd。渝委员长蒋:子筱令一元远奉悉。5816密。查畹町已于子智攻克,养晨一一六师与驻印军新卅八师于木姐会师。谨复。职卫立煌。子漾。正诚守。印。

（2）董建勋致龙云等密电（1月30日）

特急。昆明行营主任龙、参谋长刘：我军于感日晨攻占芒友，于时是地完成大规模会师，双方高级将领互相慰劳，并举行会师仪式。又第一批运输队俭日经缪斯入我国境内，已完成军事、运输两大任务。谨呈。职董建勋叩。子陷。腾。印。

〔国民政府国防部史政局及战史会档案〕

## 45. 蒋介石令远征军撤回国内密电稿

（1945年1月24日）

提前即到。昆明间兼总司令、保山卫长官：△密。（一）远征军所有部队即撤至畹町或中缅边境北部地区。（二）扫荡公路残敌与占领腊戍任务，交由索尔登将军指挥之驻印军负责。特电遵照。中〇。子敬。令一元西。

〔国民政府国防部史政局及战史会档案〕

## 46. 蒋介石为驻印军伤兵逃兵散匿中印公路沿线滋扰饬核议办法电

（1945年2月1日）

军令部徐部长勋鉴：据NIA孙军长十二月卅日函呈节称：驻印军二年以来自胡康、孟拱河谷转战至密支那、八莫，其间曾有少数伤愈出院不肯归队及部队中潜逃之士兵，散匿新平洋、孟关一带深山密林中，最近已有数次劫杀案发生。现沿公路线四百余英里无驻防部队，仅少数特种部队担任运输及筑路工兵，宪兵亦不敷分配，未能彻底剿除，他日公路通车，恐将沿途掠夺，妨害交通。等语。希核议。中正。丑东。侍参。

〔国民政府国防部史政局及战史会档案〕

## 47. 孙立人报告所部攻击新维腊戍作战经过代电

（1945年3月9日）

昆明行营主任龙钧鉴：查新维HSENWI及腊戍LASHIO位占中、缅、越、泰四周边境之要冲，铁路由仰光北上直达腊戍，滇公路经腊戍、新维而深入中国，故不仅为缅京瓦城之屏障，且亦为滇缅公路通中国之孔道，虎视越、泰两国边境之前哨。一九四二年，国军远征缅中，敌以轻骑出唐奇、袭腊戍，促使战局改观，国军黯然转进，亦即造成敌寇吞占整个缅甸之主要成因。故新维、腊戍在战略上之价值，诚属重要。本军自完成打通中印公路之任务后，即沿滇缅公路继续南下，经三十八日之艰苦奋战，前进一百五十英里，迄三月八日止，将新维、腊戍先后完全攻占，使我青天白日旗重扬于腊戍领空。抚今追昔，感慨良多。兹敬将攻占新维、腊戍之战斗经过，略陈如下：（一）滇缅公路自畹町以南旋回于起伏丘陵之间，矮林密布，丛草遍野，两侧则高山峻岭，高达六千余尺。天干溪涸，饮水难求，且山径崎岖，部队行动甚受限制。贵街KUTKAI附近十数里，童山濯濯，草木不生。新维及曼牧MAN MAU隘路，有一夫当关、万夫莫敌之险。再南则有南育河横阻，新、老腊戍与火车站，天然之三大据点，形成犄角。而新维、腊戍居南而高，可以瞰制南育河两岸。又交通畅达，自腊戍东南有公路通泰国，西南有公路、铁路通曼德勒，故新维、腊戍遂为战略之要点，或得或失，足能影响整个缅甸战局。敌欲固守此区，以其五十六师团主力、第二师团第四联队主力及第十八师团五十五联队，利用沿滇缅公路之天险要隘，构筑坚强工事，层层布防，节节抵抗。当本军打通中印公路向南挺进袭占南巴卡NAMHPAKKA后，敌即在公路正面沿南开河左岸布置警戒阵地，企图阻止本军南下。我新卅师以一部以神奇迅速之行动，果敢冒险挺进，于上游迂回偷渡，侧击敌阵而摧破之。顽敌仍死守贵街以北旷地，施行抗拒，我官兵奋勇，澈夜激战，于二月十三日一举攻占贵街，残敌向南溃窜，我乘胜进击。于新维北十里处，敌复居隘路险要，重兵扼守，节节抵抗，敌我展开剧烈战斗，血战四昼夜，顽敌卒因我连续之猛烈攻击，伤亡泰半，城北险隘山地尽入我手。【我】迫近城郊，【敌】乃以大量战车、重炮掩护，反复冲击九次。我愈战愈奋，以雷霆万钧之势，利用月夜，突入城区，经一昼夜之激战，卒于二月廿日晨七时将新维完全攻占。敌守军除少数零星向南渡河逃窜外，余大部受歼。敌自贵街、新维先后被本军新卅师攻占后，即积极布置腊戍近郊阵地，仍图作最后据点之坚守。本军另以新卅八师主力，继续向腊戍进击。即以大无畏之精神，勇猛前进，将沿途顽抗之敌击溃。敌退据曼牧附近隘路，复扼险顽抗，我官兵英勇用命，经两日之惨烈奋战，终将敌阵攻破。死守腊戍之敌，乃以猛烈炮火，封锁南育河渡口两岸地区，拒止我军迫近腊戍。我将士感任务重大，乃冒险于三月六日在公路东侧附近施行强渡，继即向老腊戍进击，展开惨烈之城市争夺战，官兵奋不顾身，以一当十，于十四时攻占老腊戍，并乘胜分兵向车站及新腊戍猛攻。七日晨，攻占飞机场及火车站全部，更扑近新腊戍市郊，下午一时卅分，突破敌坚强据点工事，冲入市区。敌仍疯狂逆袭，展开白刃巷战，我官兵发挥最高度之忠勇精神，经澈夜之肉搏、格斗，卒将顽强守军悉数歼灭，于八日晨八时将腊戍完全攻占。(二)综计此次新维、腊戍二役，经月余之艰苦战斗，敌被我歼灭经查明证实者，有五十六师团一四八联队中队长以下官兵九一七员名。夺获山炮七门，迫击炮十二门，轻重机枪四十一挺，掷弹筒十七个，战车六辆，卡车三三辆，步枪五九一支，火车厢四十八节，机车三个，其它弹药、服装文件、机器、仓库无算，并生俘敌十八师团五十五联队上等兵浦岛光行等五名，我亦伤亡连长以下官兵四一一员名，敌遗弃兵工材料于腊戍附近价值以千万计。此二役乃证实孙子之言：敌我欲战，敌虽高垒深沟，不得不与我战者，攻其所不救也。其疾如风，其徐如林，不动如山，难知如阴，动如雷震，先知迂直之计者胜，此军争之法也。信哉！谨闻。新一军军长孙立人。寅佳。参一。

〔国民政府国防部史政局及战史会档案〕

## 48. 蒙巴顿与蒋介石关于我军续向南进牵制日军来往电

（1945年3—4月）

（1）蒙巴顿电（3月30日）

最密件　蒙巴顿将军致魏亚特将军急电，请将本电转陈委员长。

（一）由于继续向南推进之华军之帮助，吾军已于三月二十九日进入乔梅（Kyaukme），本人对于在此次胜利中华军所予之迅速合作，十分感激。

（二）在洛兰（Lailem）与乔梅间，尚有五十六师小股残敌，为防止此辈残敌参加瓦城与乔塞（Kyaukse）区之战事，李斯将军希望能迫使此辈残敌胶着于原地，不得抽身。

（三）苟委员长能令华军以巡回战之方式，与敌人接触（远到南面之洛兰），则本人将不胜感激矣。此举对于目前之大战，必有极大之影响。

（四）吾人决不使此辈华军与敌人作任何激战，而且其巡回战之任务，将不影响彼等之回返中国。

（五）苟委员长能再度予吾人以有价值之援助，吾人诚万分感激矣。电完。

（2）蒋介石复电（4月4日）

魏亚特将军请转蒙巴顿将军勋鉴：三月卅日尊电请求我驻印军派遣支队，与敌接触，活动于洛伦（Loi—lem）附近地区一节。

查洛伦(Loi—Lem)在西保以南百余英里，若我军进至该地，补给将成问题，实难照办，但我军可在奎梅(Kyankme)附近之洛伦(Loi—lam)活动。特复。蒋中正。

〔国民政府国防部史政局及战史会档案〕

## 49. 远征军反攻缅北战斗经过①

(1945年10月21日)

盘据滇缅边境之敌56D主力及16R/2D、29R/2D、119R/53D各一部，沿滇缅公路线上要点，利用地形构筑半永久工事，企图扼要固守，拒止国军南下，掩护缅东安全，并策应缅北之防御，以迟滞中印公路之打通。

### 第一期——强渡怒江

远征军为策应驻印军攻击密支那，打通中印公路之目的，以20AG为攻击集团，由栗紫〔柴〕坝、双虹桥间渡河，以腾冲为攻击目标，以11AG为防守【集团】，负怒江西岸防守之责，另以N39D、76D、88D各派一个加强团渡江攻击，策应20AG之攻击。20AG及各加强团五月十日完成攻击准备，十一日N39D之加强团由惠通桥附近渡河，十二日攻占红树木。五月十一日，76D、88D加强团分由三江口南北渡河，会攻平戛。十三日，残敌突围，窜往芒市。

甲、右翼198D/54A于五月十一日由栗柴坝渡河，其593R于十六日迂回攻占桥头、马面关。198D主力围攻北斋公房，敌148R凭险坚守。

乙、左翼36D/54A由双虹桥附近渡河成功，因伤亡太重，继以53A于五月十三渡河增援，十四日攻克大塘子，乘胜追击，越高黎贡山进抵瓦甸、江苴街以东之线。

---

① 沿用原标题。

## 第二期——围攻据点

渡河攻击各部队奏效后，统帅部见我驻印军一部已开始攻击密支那，敌于短期内难有大部队增援滇西，遂下令远征军应迅速攻占腾、龙，与驻印军会师缅北，打通中印公路，即以主力渡河，扩张战果。于是变更部署，以20AG配属2RD为右集团，攻击腾冲。11AG(欠2RD)为左集团，攻击龙陵、芒市。并限11AG各部队于五月底以前完成攻击准备。

甲、右集团20AG

A.右翼军。六月初，2RD渡河，接198D桥头、马面关防务。198D全力攻克北斋公房及大塘子后，36D即经北向瓦甸前进，准备进攻瓦甸。六月九日敌反扑，突破我桥头、马面关阵地，并与困守北斋公房之残敌取得联络。我军命36D一部监视瓦甸之敌，主力北援桥头，98D、2RD、36D协力于六月十四日攻克北斋公房，十六日再克桥头、马面关，残敌分田明光、瓦甸逃窜。我2RD先后攻占明光、固东街，六月底进抵腾冲西北。36D于廿日攻克瓦甸，六月底亦抵腾冲，准备攻击。

B.左翼军。53A于六月廿日攻占江苴街，尾敌前进，于六月底迫腾冲城，准备攻击。

乙、左集团——11AG

A.右翼军71A(配属N39D)。71A于六月一日由惠通桥、三江口间地区渡河，六月四日N28D攻克腊猛街，进围松山(113R、56R)，历久不下。87D渡河后，其一部六月九日克镇安街，其主力及88D于六月十日攻克龙陵。旋敌29R/2D由腾、芒增援，71A于六月十六日退据龙陵东北郊【拒】敌，并令N38D〔N39D〕由龙江桥南下掩护军之右侧。七月初旬，71A获H1D主力增援。八月中，对龙陵开始第二次围攻。

B.左翼军2A(欠N33D)。六月上旬渡江，以76D一团攻平戛，其余向象达、芒市前进。9D于六月廿四克象达，续向芒市推进。76D主力八月上旬攻克放马桥、截断敌龙、芒间公路。

第三期——攻克腾、龙

甲、右集团。20AG—围攻腾冲。七月初，116D、2RD攻迫腾冲城垣。八月上旬，我116D、36D、198D、130D先后攻入，九月十四日克腾冲，敌148R/56D尽数就歼。

乙、左集团11AG

A.右翼军。71A之87D、88D、N29D〔N28D〕及H1D、N39D围攻龙陵。八月中旬迫城垣。九月上旬，200D/5A由昆增援，迂回攻击敌龙、芒间连络线。十一月三日我攻克龙陵，向芒市追击

B.左翼军。2A(欠N33D)由象达攻芒市，71A、6A亦协同攻击。十一月廿日攻克芒市。

C.围攻松山。8A何军长指挥H1D、82D、103D之各一团攻松山，进展甚缓。八月下旬，复以主力/103D、一部/82D增加攻击，尽歼松山之敌，占领松山。

第四期——会师芒友

敌因兵力不足，遂采取逐次抵抗部署，除56D外，曾以16R/2D、29R/2D及119R/53D交互支援，掩护撤退。

左集团(11AG)攻克龙陵、芒市后，以53A、71A(主力)、2A(一部)及200D向遮放追击。十二月一日克遮放，一月廿日克畹町。一月廿二日我53A与N1A先头部队取得连络，一月廿七日会师芒友，中印公路完全打通。

经验教训

1.训练重于作战，细研我军缺点与错误太多，由于官兵训练不足，故今后国军官长应奉最高统帅“训练重于作战”、“平时多流汗，战时少流血”的训示，根据国军作战经验，参照最新各国兵学思想，努力研究，以求进步。对士兵则根据研究结果，勤加训练。

2.国军对于攻防观念拟应根据此次作战经验，予以修正。

A.攻击战术上对不准备侦察、不研究而尚以勇敢自命，徒耗国力之盲目硬攻等错误观念必须纠正。在技术上，须尽量利用各种火力配合，发挥各特种兵之性能。

B.防御须纠正过去线式阵地之错误观念，须尽量采取纵深据点阵地之编成。同时，须构筑模范阵地、使各部队多行演习。

〔3．敌军优劣点〕

A.敌军优点

（1）绝对奉行命令，高度发【扬】献身为国精神，善于独立作战，运用兵力灵活。

（2）准备周到，企图秘密，情报确实，搜索周祥〔详〕。

（3）阵地位置巧妙，能扼制要点。阵地编成良好，发挥高度火力。战斗技术优良，能以寡制众。

B.敌军劣点

(1)估计我军过低，认我军渡河仰攻，绝难奏效，又以松山、斋公房、龙陵、腾冲等皆非我军所能攻克。故作战指导与兵团部署，均欠正确。

(2)敌对我军企图判断错误。我攻腾北时，即判断我主力在腾北，目的在求与驻印军会师，遂以主力援腾北，故我军得乘虚直捣龙陵。

（3）敌忽略盟、我空军力量，故其工事位置多在山顶，是以轰炸多遭摧毁。

〔4．我军优劣点〕

A、我军之优点

（1）我军作战指导正确，先攻腾北，吸引敌主力，然后乘虚直捣龙陵。

（2）敌情判断正确，策应作战（第一期）部队渡河攻击奏效后，判断短期内难以增援，遂乘机扩张战果。

（3）渡河准备周到，一举成功。

（4）主宰战场，以绝对优势兵力及炮火与空军协同，猛烈反攻，并大胆包围、迂回，完全立于主动。

（5）官兵士气旺盛，作战奋勇。我军于极端困难之地形，向筑有坚固据点之敌攻击，耐严寒，忍匮乏，奋不顾身，克服万难，达成任务，士气之旺盛不难想象得之。

B、我军之劣点

（1）补给、医药、卫生均差，兵站输力不足，粮弹时虞匮乏，伤病官兵死亡甚众。

（2）据点攻击准备欠周，战前对敌坚固据点之侦察及攻击坚固据点之训练都欠缺，以【致】临阵盲目硬拚，旷日持久。

（3）疏于攻击筑城之重要，不知注重攻击筑城，以致蒙受过重牺牲。

（4）军机防护大〔太〕差，在俘供及文件中敌对我了如指掌。

（5）对特种战斗训练太差，敌屡乘夜暗、浓雾夺我据点。

〔国民政府国防部史政局及战史会档案〕

## 50. 中华民国驻印军缅北会战经过概要

（1945年？月）①

### 中华民国驻印军反攻缅北第一期作战经过概要

驻印军为反攻缅甸之目的，于一九四二年五月入印（蓝伽）整训，一九四三年秋（十月以前）集结于印度东北之列多（LEDO），待机出动。其时，我工兵部队（第十、十二团）得盟国（美工兵约两团及三个营）之协力，已以十阅月之努力，经丛山峻岭、人迹不到之野人山中，开辟军路，抵达能扬（NAWNG YANG）（由列多至新平洋之野人山公路自卅二年三月开，至卅三年十一月葶〔？〕

① 原件月日不详。

完成）。

十月底，雨季终止，行动称便，作战有利，反攻之时机已至。乃以先遣部队向胡康河谷(HOKAWNG VELLEY)前进，冀期占领大龙河(TARUNGHKA)、大奈河(TANAHKA)之线，藉以掩护中印公路之构筑，并为反攻缅甸集中准备。

驻印军指挥系统表如下：中国驻印军：新一军（新30师、新38师)、新六军(新22师、第14师、第50师)、军直属部队及驻印军直属部。美军：第36师第5332旅第475团。

## 第一　胡康河谷之推进

一九四三年十月底，驻印军以112R/N38D掩护筑路部队，由大加铺卡(TAGAPGA)向太洛(TARO)、新平洋(SHINGBWIYANG)、于邦加(YUBANGGA)、宁变(NINGBYEN)之线推进。十一月初，驱逐敌少数警戒部队，相继占领拉加苏(NGAIA-TEUP)、新平洋、宁变等地。惟于邦加之敌凭藉坚固工事顽抗，继且大量增援，向我反扑，我军奋战屡挫敌锋，惟以众寡悬殊，致我有一部被敌围困月余。当此期间，饮食断绝，官兵砍芭蕉树藤取水度日，于艰苦环境下，固守已得阵地。迨十二月下旬，114R/38D到达增援，自二十四日开始攻击，激战七昼夜，将该地之敌Ⅱ/△5iB全部歼灭。一九四四年一月初六，就河以西之敌完全肃清。此时N38D全部已先后到达大龙河西岸，中印公路亦通车至新平洋。大军使用已渐形容易，当以65R 1 N22D为军右翼，N38D为军之左翼，继续攻击前进。65R/N22D取道太洛河丛山密林中，斩荆披棘，辟路向太洛推进。其时太洛守军为冈田大队（Ⅲ/55iR)，但敌军预期我军将由大卡库(TAGAHKO)正面出击，其主力配置于该方面，仅留置一部于太洛附近，而太洛河东岸仅以一小队任侧翼警戒。我军出敌意表，辟路迂回，薄敌之弱点。行军一周后，敌犹未知。迨敌发觉，部署未竣，即为我三面包围。冈田大队(Ⅲ/55iR)终无法逃窜，全部被歼，一九四四年元月卅一日乘势夺取太洛。我右翼N38D主力分两路夹击太白家(TAIHPAGA)，亦于二月一日攻克该地。此时N22D全部已到达新平洋附近。

第二　攻占孟关

我军占领太洛、太白家后，即以N22D在右，N38D在左，以更的宛河为作战地境，续向孟关前进。我N22D以65R之一部越过宛托克山(WANTUKBUM)，师主力由坎道渡河进击漾邦加(YAW-NGBANGGA)。我N38D主力则驱逐大宛河(TAWANGHKA)东南方之敌，发生真面目之战斗。敌军由18师团长田中信一中将亲自指挥展开，55iR、56iR为左右两地区队，以Ⅱ/56iR为右侧掩护队，隰菊大队(师团直属队)为预备队。其作战方针，似采取固守一地之防御，利用大奈河一带之河川池沼及其既设阵地阻遏我军，而以优势之炮兵火力封锁各道路及渡口，使我军进攻困难，迟滞我军于大奈河北岸河谷。我军为避免正面攻击，由坎道直薄漾邦加。经激战后，二十一日占领该地，二十三日攻占拉征卡(LAKYENGA)，粉碎敌之左翼。此时我N38D已寻求敌之右翼，作大规模之迂回运动。此种钳形攻势，终于获得成功，先后占领拉安加(LADWNGA)、拉摘加(LAKMAWENGA)等据点。孟关外围要点，尽入我手。敌18D主力受创甚重，我乃乘胜进击，N22D由正面攻孟关，N38D向大奈河北岸之敌攻击，并以战车第一营协力，Ⅱ/66iR由孟关东侧绕道截击敌后，裁断其补给线及归路，使孟关攻击容易。经旬日激战，N38D迭占马高(MAKAW)、大会令加(TARINGGA)、拉树卡(LASHUGA)、瓦卡道(WAGAHTAWNG)等地，将大奈河北之敌完全肃清。N22D更以雷霆万钧之势，三面围攻孟关，激战甚烈，于三月五日攻克该地。战车营因在原始森林密布之地带中前进，进展稍形困难，亦已攻抵宁库卡(NINGHKUGA)。综合先后，毙敌一千四百余，俘获甚多，敌18D之主力已为我摧破矣。

当孟关战役将至决定阶段之际，敌企图再度退至瓦拉本地区集结兵力，相机转移攻势。此项退却命令为我军所卤获，我军遂以闪电行动分数路南进穷追败敌。其时美军一小部亦已于三月四日进抵瓦拉本(WALAWBUM)东北附近攻击，攻击久未得手，于六日后撤八哩。我113R1N38D历二昼夜之急行军进至该地围攻该敌，并以一部截其归路。N22D主力则沿公路南追，一部由般尼(HPUNGNYE)并进。战车第一营与步兵一营协力，由宁库卡南下，超越追击败退之敌。三月八日，战车队进抵瓦拉本西北十哩，与一股狼狈败窜该地之敌遭遇。我战车队即以炽盛之火力，纵横扫射，死尸累累，枕藉道途。当于遗尸中捡获18D师团司令部关防一颗，又18D作战课长及五六联队长等印章多枚。九日，各路继续猛攻，113R/N38D首先进入瓦拉本。未几，N22D及战车营亦先后追及，与N38D会合。此后，败残之敌，毫无斗志，节节溃退。我军进展异常顺利，继于三月十五日攻占丁高沙坎(TINGKAWKSAKAN)，从而将胡康河谷残敌扫数肃清。胡康区为我军解放矣。

## 第三　攻占坚布山

胡康河谷既为我军囊括，敌乃集结56iR，令部无署亦通于坚布山(TAWBUBUM)之隘路口，企图迟滞我军之南进，坚布山为缅北之隘路口，亦为胡康、猛拱两河谷之分水岭。计自隘路口北之丁高沙坎至南之沙杜渣(SHADUTEVD)，全长约十哩，道路经行山腹，两壁高地均有敌已设工事，所有近路全受其火力瞰制，而树木茂密，迂回困难，且在此狭隘之正面防御之敌56iR全部，此时已获得兵员补充并配有各式火炮达三十余门，我军仰攻深感不易。乃以N22D主力攻击正面之敌，以N38D一部从公路以东山地辟道，截敌后路。经一旬之艰苦跋涉，至三月二十八日，113R/N38D攻抵沙杜渣以南之拉班(LABAN)，旋即折而向北。N22D亦已突破坚布山、高鲁阳，向南疾下，南北夹击，三月廿九日攻占沙杜渣，敌遗尸遍野，斩获甚多，缅北天险之山隘遂为我突破，而进入猛拱河谷作战矣。

## 第四　猛拱河谷战斗

猛拱河谷纵长约七十五哩，平均宽度不及七哩，我军攻占坚布山后，攻进入猛拱河谷隘路，利用地形逐次抵抗，自迭经补充并获得146iR/56D之增援，抵抗力逐渐增强。我军徐徐推进，迄四月底，沿公路南下之N22D始攻迫马拉高，而公路以东山地之N38D则攻占高利(KAUKI)、奥溪(AUCHE)、马兰(WARONG)、曼平(MANPIN)等重要据点。五月三日，N22D协力战车第一营(轻中型TK五十余辆、美机卅二架)，在盟方飞机掩护下，对英格坎陶凭坚顽抗之敌作猛烈之攻击，一举突破其纵深阵地。残余之敌，狼狈南窜。五月以后，缅北渐入雨季，淫雨绵绵，行动渐形困难。但我为求迅速打通中印公路，仍冒恶劣气候，与敌开始加迈(KAMAIAING)之攻防战。我112R/N22D从丛山峻岭中秘密开路，向加迈以南迂回，其间冒大雨，忍饥渴，并程前进，倍尝艰辛，卒于五月二十七日渡过淫雨暴涨水流湍急之南高江(NAMKAWNG)，占领西汤(SE TON)，切断加迈猛拱公路长达四公里，出敌不意。六月初，N22D配属149R/56D，形成攻击重点。敌仓猝应战，并先后集中其18D直属队及16D、4iR/2D各一部，总兵力三倍于我，在各种炮火掩护下倾全力反扑，均为我官兵奋勇击退。敌伤亡惨重。同时我65R/N22D绕出马拉高敌阵地，从其西侧山地辟路南进，历一周之艰苦，于六月一日将加迈以西诸道路截断。该师主力(附149R/56D)则突破马拉高阵【地】，钻隙直迫加迈，113R/N38D亦由曼平向西南前进合围。至是加迈之敌，已陷入我重围中。六月十六日，孙师113R及廖师会合加迈，攻占该地。二十九日将该地区之敌，大部肃清。敌18D师团长亲率残部约一千五百余，辟路攀援雷邦山(SHAUBUM)向南逃窜。

## 第五　迂回猛拱之战斗

我军在未攻克加迈之前，为出敌意表，迅速占领猛拱计，以

114R/N38D沿猛拱山秘密迂回南下，历尽艰险，冒雨挺进，并击破沿途遭遇之敌，于六月十八日晨进抵猛拱东北。当时敌之兵力为18D、2D、53D各一部，其数量虽占绝对优势，惟慑于我军之威势，故我能以绝少之代价获得辉煌之战果。先是114R/N38D抵达猛拱城郊之际，附近英军一部约五百余人，在猛拱南二哩之处被敌攻击，我为支援友军计，乃冒万险强渡洪雨陡涨宽达四百呎以上之南高江，是晚全部渡河完毕，到达猛拱东北，展开攻势。自六月廿四日起，连续三昼夜之恶战，先后占领敌外围要点，将猛拱四面交通线完全切断，城区之敌，遂陷我包围中。旋突入城垣一角，复经二昼夜之巷战，击溃顽抗之敌，于二十五日将猛拱城完全占领。该军为使攻略猛拱容易，经先派113R/N38D进出猛拱西北地区，策应114R/N38D之作战，并截击增援之敌，当与六百余名增援之敌激战两昼夜，终将敌包围，并歼灭其大部，卤获甚多。

### 第六　奇袭密支那

当我军主力尚与敌在猛拱河谷相持之际，不待加迈、孟拱之攻下，即以奇袭密支那之目的，将88R/N30D、150R/50D及重炮团之一连，配合美军步兵两个营编成突击队。于四月初，由胡康河谷出发时，马拉高尚未攻下，加迈、孟拱犹在敌手，孤军挺进，从悬坡峻岭古木蔽日之大库芒山区修辟道路，深入百余哩之敌后，冒险前进，备历艰辛，经月余之努力，于五月十五日迫进密城附近。敌毫无所知，猝不及防，遂能一举攻占密支那机场，掩护空运部队之着陆。尔后，89R/N30D、90R/N30D、42R/14D及N22D之山炮兵一部，相继由空运抵密增援。又孙布拉板之英军一部，亦南下密支那协同作战。五月十七日开始向城内攻击，时城内敌计有Ⅱ Ⅲ/114iR、工兵队、机场守备队、宪兵队等共约三千余，凭据坚固建筑物及既设工事作困兽斗，相持月余，仍死守不退。惟密城四面之交通要道及可能增援之地点，皆为我军扼守，迨我军将加迈、孟拱先后攻克后，149R/50D亦抵密支那增加，始于八月三日将敌全部歼灭，克服密城。

【以下附表从略】

中华民国驻印军反攻缅北第二期战斗经过概要

我驻印军自攻占孟拱、密支那后，为求早日打通中印公路，乃于一九四四年（民国三十三年十月间）以两路继续向南推进。东路N/A（附重炮团第二连）沿密八公路向南推进，西路N22D/N6A（欠炮兵营）经和平向瑞如推进，50D/N6A、14D/N6A为总预备队，但各以一部担任侧翼掩护及警戒。

（一）八莫区围攻

当密支那被我攻陷之际，敌急由缅南抽调2D一部赶赴南坎、旋即以2D搜索联队为基干，附I/16iR，IBA/2D（炮兵一大部）、战车十辆，II/55iR/18D编成一支队，由搜索联队长原好三大佐指挥，疾驰八莫，担任该地区守备。八月十三日抵达市区，赶筑工事，并以一大队以上之兵力推进至庙提（MYOTHIT）（我最北端阵地）及其两侧山地设防，企图固守八莫，以待后援到达，转移攻势。

十月缅甸雨期将了，N1A即由密支那南下，以N38D为军第一线兵团，向南推进至那泡（NAHPAW）及丹邦阳（DUMBAYANG）地区集中，以N30D为第二线兵团，控置于宛貌（WAINGNAW）附近，尔后随第一线进展，待命推进。十月廿一日，N38D集中完毕，以主力沿密八公路向南攻击前进，一部由那泡经亚鲁本（AIAWBVM）向南进击。廿七日，主力先头部队未遭遇敌强力抵抗，进抵太平江北岸大利（TALI），左翼先头亦进抵亚鲁本。此时N38D主力由宛貌向那龙、丹邦阳地区推进警戒，十月廿九日N38D先头部队攻占庙提，将太平江北岸之敌完全肃清。十一月一日，主力全部进抵大利附近准备渡河，左翼部队向山地迂回南进。经连日之艰苦攀越标高65,750英尺以上之延超伏山地，在太平江上游（SJ3432）铁索桥渡过太平江，进抵不兰丹（PRANG HTUNG）。十一月三日，攻占柏坑（PHARAWN）亘北至太平江之线。此时我军因鉴于太平江河幅广阔水流湍急，正面之敌亦在沿河南岸构筑坚强工事，尤以庙提对岸高地更为险要，又各渡口均为敌火控制，且所有船只早经破坏，加以我岸地形平坦开阔，处处受敌瞰制，敌前渡河实感困难，遂决心利用左侧迂回部队既得成果，变更部署。十一月三日将N38D主力由大利以北地区秘密转移于左翼山地前进，保持重点于左，由（SJ3432）铁索桥渡河至不兰丹及新龙卡巴之线，向八莫、曼西作旋回行动。以一部仍在太平江北岸暂取佯攻，竭力吸引敌主力。而第二线兵团则继续向大利推进警戒。十一月六日，N38D转移之部队袭占新龙卡巴。八日，以破竹之势，进出山地。同日，莫马克以北至庙提间公路东侧敌军据点，完全被我攻占，造成有利态势。是晚，太平江北岸部队亦以一部偷渡袭占0807高地。九日，全部强渡太平江，获得成功后，即以一部沿密八公路南进，其余大部沿太平江南岸大道向八莫城猛进，经七昼夜之激战，迄十六日，攻抵市郊。

我N38D左翼主力攻击部队，自十一月八日进出山地，攻抵莫马克、庙提公路后，十日切断公路，南北席卷，十一日与由庙提南下之部队会合，扫荡该地区及附近丘陵残敌后，转而南下对莫马克据点围攻。同时以一团（113R）兵力，由莫马克东侧、沿山腹小路，向曼西斩击，以切断八莫、南坎公路，阻敌增援，十四日攻占沙王加荡（SAWANGAHTWNG），斩断八莫敌唯一之生命线。曼西之敌当以一部北上，向我切路部队疯狂反扑，企图挽救其垂危。经我军夹击，激战三日，卒将敌击溃并将曼西占领。从此，八莫已陷入我重重紧密包围中。莫马克之敌，自我军于十三日完成包围猛攻后，十四日将该地攻占，残敌向八莫逃窜，复为我军捕捉，包围于莫马克西北之丛林内，十九日全部就歼。自此，八莫之敌已失动作之自由，困守城区既设工事，顽强抵抗。十一月卅一日，我N38D除以一部兵力确保曼西外，当将主力全部调至八莫，加紧围攻。在陆空密切协同下，逐渐缩小包围圈。敌曾数度逆袭，利用战车反扑，均遭击退。同时我为防敌渡江向西逃窜，经派兵一部西渡八莫对岸设伏，至使欲乘黑夜偷渡渗出包围之敌，每遭歼灭。如是，敌我相持至十二月十四日，敌守城司令原大佐被我击毙，防御机构大部摧毁，军心亦为动摇，我乃乘势向敌腹廓阵地施行总攻，激战至十五日，遂将八莫城完全占领。残敌除仅六、七十名乘黑夜负创泅水逃窜外，余均悉数就歼。

N22D/N6A，十月十九日由和平经东南山地崎岖小径秘密南下，十一月一日进抵伊洛瓦底江北岸，二日占领叶支（KYAUKKY）及摩首（MOSSJT），三日主力进占丁八佛。因旋获得美方空运渡河器材之接济，五日，64R/N22D于叶支、因各附近分别渡过伊洛瓦底江，一举击破Ⅱ/16iR/2D及伪缅军一部之抵抗。七日由左右夹击，攻占瑞古。残敌向开勒支(NACNGLFT-GY）突围，继向八莫溃逃。十一月九日，我N22D以协力友军攻占八莫，而截断八莫敌之退路并阻敌增援之目的，向曼大攻击前进。十一月十一日，以64R/N22D守备瑞古及其附近要点，以主力分两纵队向曼大及其以北山地挺进。左纵队（65R/N22D）击溃西曼（SIMUM）之敌，十二日攻占曼大。十四日，右纵队到达曼大，当以一部攻占西口（SIKAW），另以L/65R向八莫方向前进，乘隙径薄八莫。十一月十七日，与我进攻八莫之113R/N38D所部在八莫市街南端公马哈（KDNMAHAT）会合。八莫之敌，被迫困守市区。该部旋即停止北进，归还建制。

（二）南坎区之攻略

当我N38D围攻八莫酣战曼西之际，为避免因敌死守八莫而受迟滞以致旷日持久，并为战略上争取主动计，不待八莫攻占，以第二线兵团N30D主力间道南坎，同时发动攻势。十一月终，完成前进诸准备，当以该师(欠89R)为军总预备队，位置于曼西，分三纵队沿八南公路及其两侧山地长驱深入。十二月三日，先头各部队分别在康马（HKANGMA）西北地区及南于(NAMYU)附近山地与敌发生激战。四、五两日，击退对我左侧攻击部队反扑之敌，攻占八南公路西侧之制高点△5338高地。先是，敌因八莫被我三面围攻，乃以55iR/18D、168iR/49D、246iR/56D、IA〔？〕/18D及其他辎重、工兵等大队，组成混合支队，归35iR山崎四郎大佐指挥，由曼温(MANWING)附近地区疾趋北上，图解八莫之围。十二月九日，与我N30D主力遭遇于南于附近，激战甚烈，至十一日战斗之演进有增无已。惟我早已获得先制，加以官兵奋勇，敌迄未得逞，乃施行其钻隙渗透之惯技，分兵四出窜扰。十四日，我南于附近攻击部队因敌之添进及正面猛攻，曾一度陷于混战，赖我官兵奋进沉着，卒将窜入之敌悉数歼灭。此时我军已移控置于曼西之89R/N30D增加于第一线，并由八莫方面抽调112R/N38D（加强团）为军左侧独立支队，对南坎方面之敌右侧作秘密深远之迂回行动。敌因正面我兵力加强，连日攻坚失利，十五日转移其主力于右翼，向我△5338高地猛扑，企图以最大代价夺取制高地带。但该地区附近有利地形，早入我手中，处处居高临下，得收瞰制之利，且并用伏击、包围或奇袭，卒将来犯之敌悉数击溃，敌遗尸山积，造成全般有利态势。先是，我军为彻底击灭当面之敌争取主动计，乃于十三日以88R/N30D（附山炮一连及工兵等），由左翼行大胆之包围，向马支（MASI)攻击前进，切断敌正面后方交通。十七日，88R以破竹之势，将马支据点攻占，继向公路东西席卷，与正面及侧面部队猛烈夹攻，十九日将卡提克、卡龙两据点攻占，残敌向南溃窜，廿一日乘胜攻占邦渣（EABUNG)。我军为把握战机，乘敌惨败喘息未定之际，即分两路由公路正面及其右侧向南进击，并以左侧独立支队继续向敌东南侧击，相机切断敌后方交通。廿二日，左侧独立支队（112R/N38D）主力越南王（NAMWAN）河进抵拉康附近地区与敌对峙，其一部沿南王河西岸向南猛进。廿三日，一举将八南公路切成数段，并将南开（NAMAKA）附近之敌包围。廿三至廿五日，正面攻击部队与切路部队策应，夹击南开附近之敌，并将企图解围来援之敌二中队击溃，遂肃清该敌，占领南开。廿六日，我右侧攻击部队将曼切姆（MACAYAM）及马王（MAWYN）分别攻占。我军曾将当面敌情及南坎西北外围地形综合观察，不适宜大军在狭长之隘路中战斗，乃决以左侧独立大队（112R/N38D）全力袭占南坎。当以其主力之一部极力牵制拉康附近地区之敌，大部则沿南王河北岸山地秘密辟路向劳文进袭，另以其一部（原切路部队）将其防务交由正面攻击部队接替后，由南王河南岸悬崖绝地蹈瑕突进，奇袭般康（PAMGHKAM），以策应主力之战斗。该支队主力由南王河南北两岸之丛山峻岭，历尽艰苦，涉险行动，廿七日一举将劳文机场及劳文攻占，廿八日复攻占般康，造成控制南坎谷地有利之形势，使八南公路正面之敌受严重威胁。十二月廿八日，我N30D公路正面及右侧山地攻击部队展开攻势，迄一月九日，相继将瑞丽河西岸各要点攻占，并继续向仅存之茅塘一坚固据点进攻。时我综合各方情报及卤获敌之文件与空中侦察之结果证明：南坎东南山地，东南自南曳拉（NAMSAKL）、西至曼梅（MANMAC）横宽六英里纵深五英里之广大地区构筑要塞、据点，并控置主力在旁散（HPASNG）附近地区，企图长时间之固守，并相机反击。我以正面攻击损害太大，徒耗时日，不易成功，乃决探取迂回、奇袭并用战法，以N30D一部继行正面攻击，抑留当面之敌，以军主力由南坎西南侧行大规模之迂回，钻隙突进，期一举攻袭南坎，以建战略战术上决胜之目的。一月五日，89R/N30D、114R/N38D先后在拉孔（NAHKAWNG）、丁家（TINGGA）集结完毕，即由古当山脉丛山峻岭间秘密迂回，分别向西郎（SETONG）南面挺进。七日进抵西郎附近。时天气骤变，大雨连续三日，山洪暴发，山路崎岖，泥泞没膝，人马几不能行。然该迂回部队凛于任务之艰巨，本大无畏之精神，打破一切艰难险阻，继续前进，先后于西郎附近偷渡瑞丽河，向南坎左侧背丛山深壑间钻隙突破，以一部继续猛攻茅塘，以90R/N30D主力秘密沿河南移，至十一日侵晨，大雾迷濛，在（SO45560）附近两岸悬崖偷渡瑞丽河，由东北包围，向南坎背出。一月十四日，包围迂回之部队均已进抵南坎西南侧六千英尺一带，荫蔽行动，星夜钻隙突进，于一月十五日上午十一时袭占南坎。瑞丽河东岸及西侧山麓之敌仓皇应战，经我南北猛烈夹击，几全部歼灭，仅极少数之残敌，零星溃撤。南坎地区全为我占领。

N22D/N6A于十一月十四日将防务交50D一部接替后，以一部控置于曼大，以主力沿曼大.当瓜间大道，于西于以南地区驱逐少数之敌后，廿一日攻占当瓜，并积极向南搜索前进。十一月廿八日，N6A有截断腊戍——畹町公路之任务，经令N22D配属148R/50D，迅速进出贵街，向敌后迂回和西（HUSI）地区，以阻止滇西及南坎敌之退却，并截击由腊戍方面来援之敌。十一月廿九日，该师先遣部队乘夜暗偷渡瑞丽河，先后攻占拉西（NGAWNSAI）及芒卡各要点。主力正急进中，旋奉令于十二月一日停止前进，集结待命。十二月七日，敌企图分袭当瓜、摩来，当与我IV/66R发生激战。经我军奋勇攻击，将敌击溃。此后，当瓜附近防务交由美军△435R接替，而我14D及N22D均奉调空运返国，归陆军总部直辖。

十二月廿八日，50D奉令攻击瑞利河南北岸之敌。该师当以148R/50D担任西于至芒卡一带防务，主力集结于西口、西于地区。一月一日向南进击，八日于万好（MWANHAWN）附近与敌激战。旋敌114iR/18D及113iR/56D各一部共八百余增援，扼险死守，阻滞我军南进。一月十二日，将敌截成三段，包围其主力于万好附近。十四日攻占该地，残敌向茂罗（MOLO）逃窜。我乘胜追击，并肃清瑞丽河北岸之敌。

（三）芒友会师

十〔一〕月十五日，我N30D主力袭占南坎后，敌退据南芒公路沿线之旁山险道及南坎南面老龙山地区既设工事，凭险顽抗。我为使中印公路提早通车之目的，决乘胜继续猛攻。十六日，N38D主力沿芒友公路进击，以N30D主力围歼老龙山地区之敌。十七日，N38D主力将南坎东北河套之残敌净清后，即以破竹之势，沿公路进击。同时为使主力攻击易于奏功计，另以一部钻入右侧山地，密切协同，即向东压迫。十九日将包兰（SELUM）及般鹤（PANGHOK）攻占时，盘据于南坎南面山地之敌，经我N30D主力连日猛攻，敌不支，退据老龙山核心阵地，凭坚顽抗。

廿一日，我向芒友（芒友现已成为中印公路上唯一之障碍）攻击之部队，先后将闹阳（NAWAGYAAG）、曼伟因（MANWWG）、苗西（MUSE）等据点攻占，与国军348R/116D所部取得连络。同时，我由般鹤向东北山地突进之一部，同日将南拉（NAMLUM）及△4561高地等要点攻占，芒友西南外围天然屏障已入我手中。敌仓皇纠集主力，分三路向△4561高地附近地区反扑，自廿三日起激战一昼夜，卒将敌击溃，并乘胜占领丹巴山（TUNGSENG），直逼公路，以切断敌后交通，使芒友之敌感受严重威胁。惟此时56D残部已由滇西撤至芒友，企图固守该地。我军鉴于当时状况，决心不待老龙山区核心阵地之敌肃清，即以有力之一部114R向南巴卡（NAMHPAKYA）附近地区蹈瑕突进，以斩断芒友敌后主要生命线。该团以一部沿南坎、南巴卡新汽车路南下，以主力从丛林中披荆斩棘前进。廿四日，我攻击芒友部队之一部，自占领丹巴山后，将摩塘（MUTAWNG）攻占，切断附近公路，造成有利态势，继续总攻，经两日激战，遂于一月廿七日全部攻占芒友，驻印军与滇西国军会师。至此，中印公路完全打通。

当芒友攻占之日，据守老龙山区核心阵地之敌经我N30D主力猛烈围攻，连续五日艰苦搏斗，卒将残敌全数歼灭。同时114R向南巴卡附近切路之部队，亦先后攻占康梳（KNWNGSOP）及八二哩路牌，将56D残部重重包围。一月廿八日，敌增援部队41iR/2D附重炮数门、战车八九辆与56D残部内外配合，向我八二哩路牌切路部队猛烈夹击，冀将该地区我军击破，以解56D残部之围。然我切路部队因凛于任务之重大，抱与公路共存亡之决心，当与南北两面之敌作殊死战，迄廿九日，卒将来犯之敌击溃。敌解围无望，复因我南下部队乘胜猛攻，经五日血战，56D残部除师团长松山佐三仅以身免外，全部就歼。我军于二月八日进占南巴卡，敌望风披靡，企图完全粉碎。

（四）新维之攻略

我军攻占南巴卡后，敌即退守贵街（KUTKA）、新维（HSEWWI）及其两侧山地，凭连绵之高山与南开河之天险，图阻我军攻势，以固腊戍。我军以占领新维进击腊戍之目的，乃以N30D主力沿滇缅公路及其西侧地区向新维攻击，以90R/N30D由公路左侧秘密攀登曼汶市（MANMUT）一带高山，钻隙向河劳（HONAWNG）突进。另以112R/N38D沿公路东侧地区进击，以策应正面之作战，并掩护军左侧背安全。二月八日，N30D主力在南巴卡附近集结完毕。十一日强渡南河，进入山地与敌激战，十二日攻占弄树（LONGHSO）。同时公路西侧部队88R/N30D亦将般尼（PANGNIM）攻占。90R/N30D由曼沫帝出发，攀山越岭，历经艰险，同日攻占河劳。十三日，公路两侧部队更进占桃笑。十四日，正面攻击部队发起总攻，于下午二时将贵街占领。

我占领贵街，敌新维外围据点已失，仅有其北面十余英里绵亘之丛岭石山可为天然屏障。我军乘胜向南压迫，十五日进抵南约温南面隘路之前，此时我两侧攻击部队已先后攻占曼文（MONG WOK）、曼爱（MANA）东西之线。我因正面对隘路敌阵地攻击不易奏功，乃决利用公路两侧部队既得战果，极力向敌侧背压迫。二月十七日，两侧部队以神速行动渡过南图河，分别攻占西乌及洛般（LA戍MON）。十八日，左侧攻击部队由西乌西进，击破敌之抵抗，到达新维市郊，敌屡反扑不逞，我军对新维以北之敌，已形成两翼包围态势。十九日，我正面部队乘敌军心动摇之际，一举将敌主阵地突破，残敌回窜市区。廿日拂晓，我复乘大雾迷濛冲入街区，苦战三小时，卒将守敌全部歼灭。腊戌北方重镇，遂全入我手中。

（五）腊戌之攻略

我军自攻占新维后，敌即以56D搜索联队（系由滚弄撤至此）增援新维南面山地闹亨（NAWGHENG）南北之线，拒止我之进击，以148iR/56D一部在芒利附近，以148iR/56D主力附战车一队在曼牧（MANMAU）三角地区，分别扼险凭河，企图长时期固守，而腊【戍】地区则以146iR/56D炮兵一个大队、战车一队分别构筑坚固工事，敷设各种障碍物及地雷，企作最后之支撑。

二月廿三日，我军已先后将沙靠（HSAIHKA）以北地区残敌肃清，惟新维至腊戌一带地形，为一卅余英里之绵亘山地，正面狭小。既为一险峻之隘路，易守难攻，乃决以N38D主力沿公路南下，以N30D各一部由路两侧山地突进，以策应公路正面之作战，并力求向敌侧背机动。廿四日，以破竹之势，分三路向敌进击。廿六日，公路正面攻占闹亨，进逼拉莠（NAHSAW）。同日，两侧攻击部队，113R/N38D进抵卡康姆（HKAKAWM），深入右侧山地，使芒利南北之敌，感受严重威胁。廿八【日】，我正面攻击部队，在战车掩护、轻重炮兵协力下，攻占拉莠及芒利。此后，我军为扩大东西两侧攻击部队之战果，使正面作战容易奏功起见，乃以西侧部队迅速击破当面之敌，进出南拉（NAMA）河，直趋曼提姆（MANHTAM），再由右翼旋回攻击，以公路东侧攻击部队迅速进击汉杜（HANTAU），直捣港康（KONGRONG），斩断腊戍通芒腰（MONGYAW）之交通，并以公路正面攻击部队之一部分向朋郎温塔背出，期使曼牧之敌不攻自溃。

二月廿七日，公路西侧攻击部队113R/N38D一举攻克南道后，即以急风迅雷之势，渡过南拉河。廿八日攻占曼提姆，旋即向右旋回攻击，当与敌发生激战。此时东侧部队88R/N30D亦已占领汉杜。三月二日，我正面部队攻占朋郎温塔，敌军心摇动。三日，占领曼牧，乘胜直逼南育河畔。五日晚，正面之主力由他旁偷渡，秘密向西突进。六日晨，进抵老腊戍街附近。在我战炮紧密协同下，奋勇冲击，占领该地。同时公路两侧部队已先后渡过南育河，向腊戍两翼突进，迫近汇约及印爱，完成对腊戍包围态势。七日，正面我军占领火车站。八日，冲入市区，并将守军扫数歼灭，腊戍全部为我军解放。从此滇缅公路、泰越边境之咽喉，均入我军掌握中。

（六）与英军会师乔梅

50D攻克芒卡及拉西后，分两路进攻南图。二月廿三日，攻克南图，复向细胞前进。三月十六日克细胞。三月卅日与英军会师乔梅。N1A克腊戍后，复以N38D向细胞推动。三月廿四日，与50D会师于细胞，以N30D向猛岩推进，三月廿七日克之。至此，我军所负作战任务，完全胜利达成，遂终止战斗。

〔国民政府国防部史政局及战史会档案〕

# 中華民國史檔案資料滙編

第四輯（一）

中國第二歷史檔案館編

鳳凰出版傳媒集團　鳳凰出版社

图书在版编目（CIP）数据

中华民国史档案资料汇编. 第4辑 / 中国第二历史档案馆编. -- 南京 : 凤凰出版社, 1991.6（2018.12重印）
ISBN 978-7-80519-229-1

Ⅰ. ①中… Ⅱ. ①中… Ⅲ. ①档案资料－汇编－中国－民国 Ⅳ. ①K258.063

中国版本图书馆CIP数据核字(2010)第085848号

| | |
|---|---|
| 书　　名 | 中华民国史档案资料汇编<br>第四辑　（共二册） |
| 编　　者 | 中国第二历史档案馆 |
| 责任编辑 | 陆钟琦　薛　飞 |
| 出版发行 | 凤凰出版社(原江苏古籍出版社)<br>发行部电话025-83223462 |
| 出版社地址 | 南京市中央路165号,邮编:210009 |
| 出版社网址 | http://www.fhcbs.com |
| 印　　刷 | 上海世纪嘉晋数字信息技术有限公司<br>上海市汇金路899号,邮编:201700 |
| 开　　本 | 850×1168毫米　1/32 |
| 印　　张 | 53.875 |
| 字　　数 | 1352千字 |
| 版　　次 | 1991年6月第1版　2018年12月第4次印刷 |
| 标准书号 | ISBN 978-7-80519-229-1 |
| 定　　价 | 450.00元<br>(本书凡印装错误可向承印厂调换,电话:021-69214197) |

孙中山先生像

孙中山就任陆海军大元帅像

孙中山偕宋庆龄北上在天津轮船上合影

（1924年）

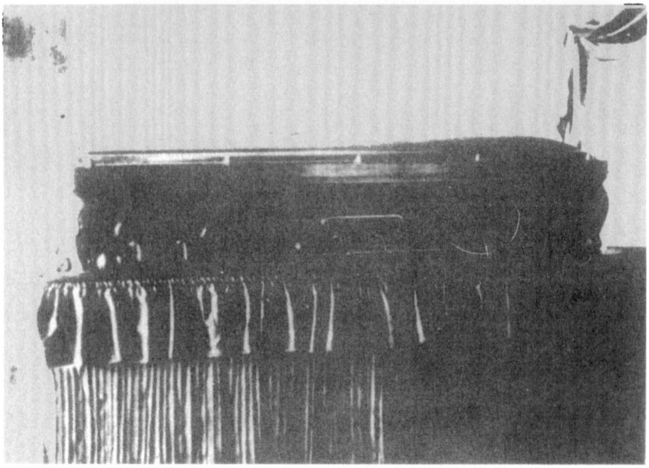

孙文逝世后用的铜棺

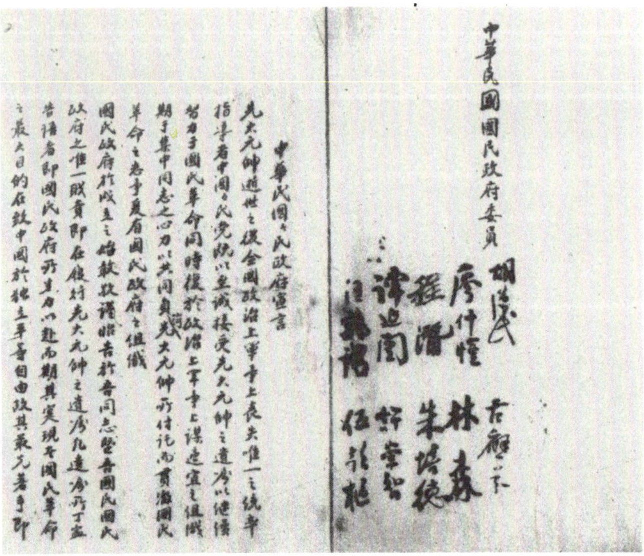
中華民國國民政府委員

胡漢民 廖仲愷 程潛 譚延闓 汪兆銘

林森 朱培德 許崇智 伍朝樞

中華民國國民政府宣言

中华民国国民政府宣言稿

（见本书 36 页）

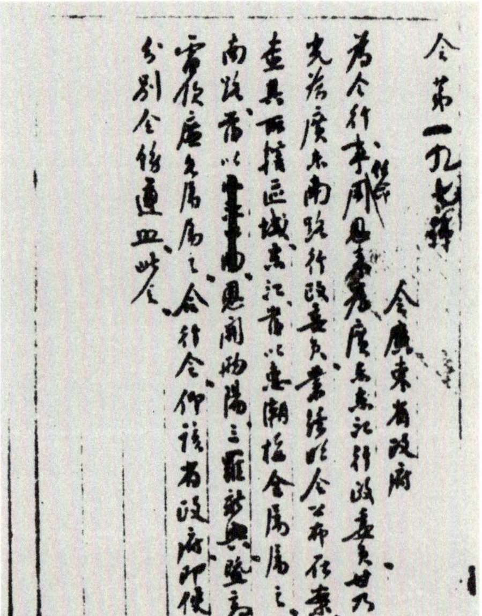
令第一九七號

令廣東省政府

国民政府令

（见本书 38 页）

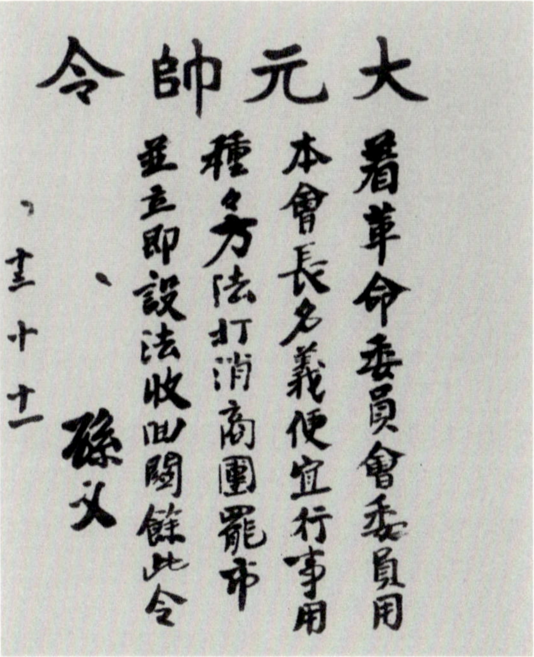

大元帥令

着革命委員會委員用本會長名義便宜行事用種々方法打消商團罷市並立即設法收回關餘此令

孫文

十三、十、十一

孫文令手迹

（见本书 791 页）

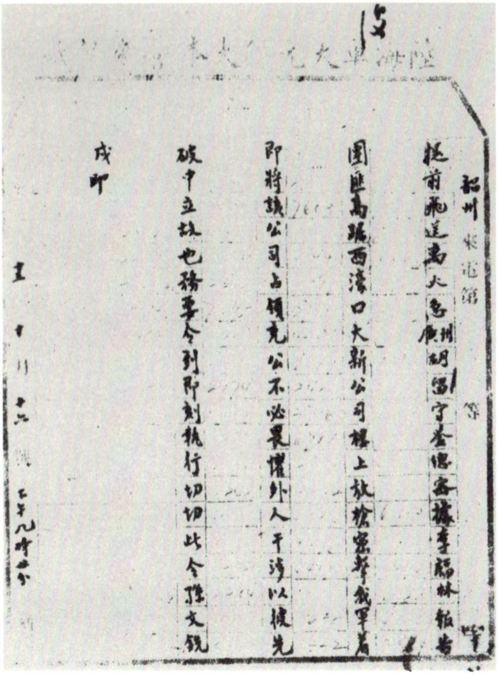

韶州來電

廣州胡留守鑒德密據李福林報告團匪盤據西濠口大新公司樓上放槍密擊我軍着即將該公司占領充公不必畏懼外人干涉以彼先破中立故也務要令到即刻執行切切此令孫文銑

戌印

孙文致胡汉民电令

（见本书 788 页）

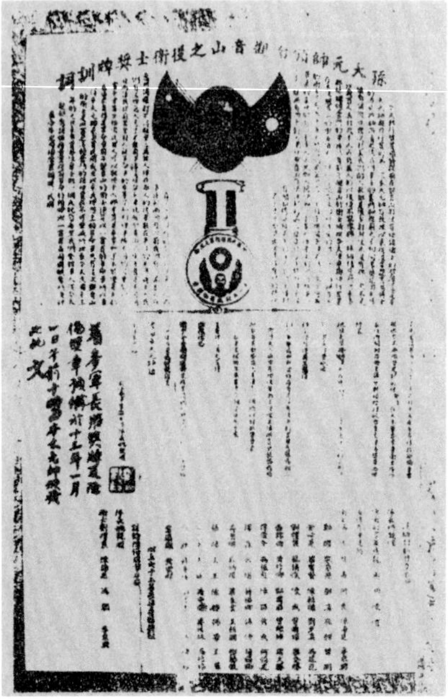

孙文在姚观顺等请奖呈牌上批示手迹

（见本书758页）

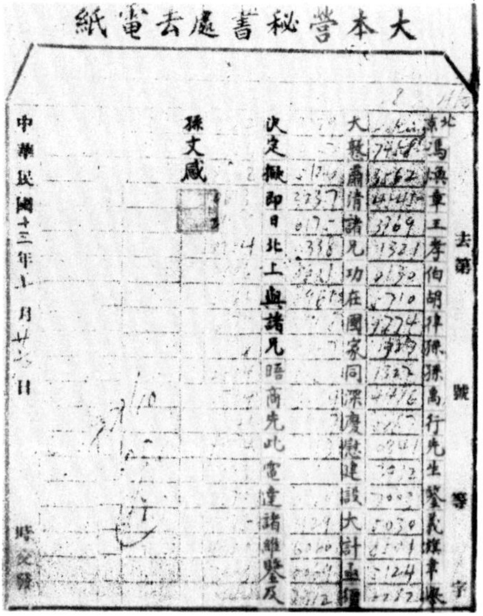

大本營秘書處去電紙

孙文致冯玉祥等电

（见本书261页）

# 说　明

为了适应中国近现代史的科学研究和教学工作的需要，我们就馆藏中具有一定史料价值的档案，在原我馆副馆长王可风同志生前主持编辑的《中国现代政治史资料汇编》(1919—1949年)初稿的基础上，加以修订，并补充一九一九年五四运动以前的档案资料，编辑成一套《中华民国史档案资料汇编》(1911—1949年)，供史学工作者和有关部门参考使用。

这一套历史档案资料，第一辑为《辛亥革命》(1911年)，第二辑为《南京临时政府》(1912年)，第三辑开始，按北洋政府和南京国民政府两个时期的政治、军事、经济、外交、文教、民众运动等大类分为若干辑，每辑分为若干册。自一九七九年起陆续出版。

这一套历史档案资料篇幅巨大，涉及面广。我们限于水平，在选材、加工、编排等方面，错误和缺点在所难免，敬请史学工作者提出批评和建议，帮助我们不断提高质量。

本辑《从广州军政府至武汉国民政府》(1917—1927年)为第四辑。

本辑从馆藏档案中选辑了有关政治、军事、财政经济、外交、文化教育等各方面档案和部分公报资料，共计708题,1091件，附图片10幅。在选编过程中选用了本馆陈长河同志所辑油印稿《孙中山统一两广进行北伐史料》的部分资料。

本辑选编者：蔡鸿源、李路、孙必有。　主编：唐彪、王涛。

# 编　例

一、本汇编所选资料，为保存原貌，一般原文照录。其中间有内容重复及与主题无关部分，则略加删节。原有对人民对革命的污蔑之词，不予改动。资料出处，在资料后说明。

二、本汇编所选资料，按类项并依形成时间先后顺序排列。凡属综合性或追述性的资料，按其内容，酌加调整。

三、本汇编所选资料，一般以一件为一题。凡同属一事彼此间又有直接联系的成组资料，以一事为一题。

四、本汇编所选资料，一般由编者另拟标题并另加标点。沿用原标题、原标点者，加注说明。

五、本汇编所选资料，在排印时一般用简体字，遇有可能引起文义歧异之处，保留原有的繁体字。

六、本汇编所选资料，遇有缺漏损坏或字迹不清者，以□号代之。错字、别字和衍文的校勘以及其他简单注释，均加在正文之内以〔　〕号标明。较长的注释列在正文之后。增补的字以【　】号标明。全段删节者，以…………号标明。段内部分删节者，以……号标明。

# 从广州军政府
# 至武汉国民政府

# 中华民国史档案资料汇编

## 第四辑

# 从广州军政府至武汉国民政府

# 目　录

## 一　政治

### 〔一〕政府的建立与人员任免

## 〔二〕政策法令及规章制度的制订

## 〔三〕重大的历史事件

### （一）护法和滇桂系的破坏

## (二)孙中山重返广州组织大元帅府

## (三)反对曹锟贿选



## (四)国民党改组和国共第一次合作

## （五）孙中山北上及逝世

## (六)廖仲恺被刺案

## (七)国民党"二大"及查办西山会议派

## （八）中山舰事件



## （九）迁都之争

## (十)国民党二届三中全会

## （十一）蒋介石"四一二"叛变

(十二)汪精卫叛变



〔四〕社团组织立案

## 〔五〕工农群众运动

### (一)关于群众运动的方针政策

## (二)“五卅”惨案省港大罢工和其它罢工运动

## (三)农民运动的发展与反动势力的摧残

## (四)声援北京"三一八"惨案和广州学联改选

# 二　军事

## 〔一〕军事机构设置和人员任免

## 〔二〕颁布军事法令

## 〔三〕重大的军事战役

### (一)粤桂之战和驱除岑陆

## (二)第一次北伐

## (三)讨伐陈炯明

## (四)讨伐沈鸿英

## (五)平定商团叛乱

## (六)第二次北伐

## (七)第一次东征

## （八）平定刘杨之乱



## （九）第二次东征

## （十）李宗仁统一广西

## (十一)北伐战争

## 〔四〕军费

## 三　财政经济

### 〔一〕财经机构设置

〔二〕财经法令章则

## 〔三〕财　政

### （一）收支状况



### （二）赋税和杂捐

## (三)公债



## 〔四〕金融

## 〔五〕工商业和邮电交通

# 四　外交

## 〔一〕政策法令与参加国际活动

## 〔二〕重大事件

### (一)关税自主斗争



### (二)反对关税会议

## （三）汉浔惨案



## （四）南京事件

# 五　文化教育

# 一　政　治

# 〔一〕政府的建立与人员任免

## 1 军政府组织系统表

（1917年）

军政府组织系统表

民国六年

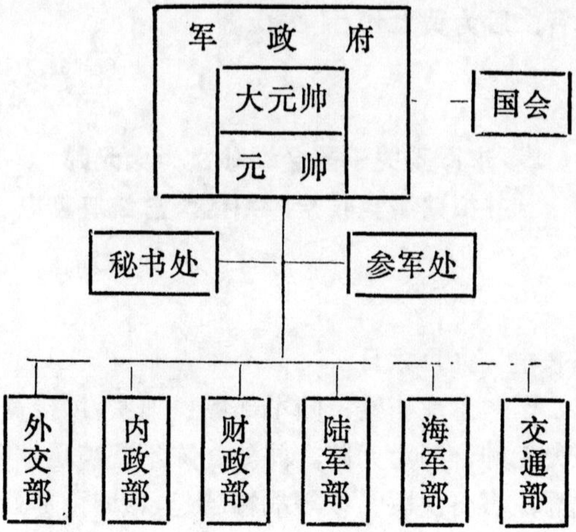


附注：民国六年黎元洪继任大总统，内阁总理段祺瑞以对德宣战问题免职，以伍廷芳代理。督军团倪嗣冲等宣布独立。总理于六月六日电两广巡阅使陆荣廷暨西南各省督军，共起讨逆救国。广东省长朱庆澜通电拥护，驻粤滇军师长张开儒、方声涛亦通电声讨督军团。旋北京政府徇督军团要求，下令解散国会，伍廷芳拒绝副署，改任江朝宗为国务总理以副署之。寻海军总长程璧光通电护法，率舰队南下抵广州。而国会议员百余人，于八月二十五日开国会非常会议于广州，三十一日公布中华民国军政府组织大纲。九月一日举总理为大元帅。次日举陆荣廷、唐继尧为元帅。九月十日总理就大元帅职。而非常会议又选举各部总长：唐绍仪任财政（未就职），伍廷芳任外交（未就任，后改任林森），孙洪伊任内政（未就任，后改任居正），张开儒任陆军，程璧光任海军（后林葆怿继任），胡汉民任交通（未就任）。至各部次长之人选：财政为廖仲恺，外交为戴传贤（与林森同时任命），内政为叶夏声。而秘书长先为章炳麟，后为徐谦、张伯烈、谢持、但焘、戴传贤，参军长先为许崇智，后为黄大伟。

〔国民政府档案〕

## 2　李厚基关于国会举孙文为大元帅并拟请调兵收拾广州致大总统等密电

（1917年9月5日）

福州李厚基来电　九月六日

大总统、国务总理钧鉴：陆军部鉴：辅密。顷接莫使支电称：国会举孙为大元帅，陆为元帅。闻陆、陈不甚满足，因之各存意见，双方戒严，事将决裂。彼等战端若起，拟即由尊处调兵前来，连同赴惠，一则遏其东窜，二则前后夹击，可以聚歼，三则乘势收拾广州。此系解决大局，戡定东南上策，时机已至，稍纵即逝，希速筹备，互策进行。又据检察员扣留广东国会非常会与陆巡阅使、谭、唐、陈、刘各督军电云：非常会议于八月三十一日议决军政府组织大纲，同时投票举孙文为大元帅，陆干卿、唐蓂赓为元帅各等语。粤乱已成，闽省不可不亟为筹备。惟新募之兵陆续到闽者不及千人，即使全数到齐，至速亦须训练一月始能出发。

臧旅贾团共编成备战队十二营，如此时即须前进，所遗防地无兵填扎。当此时机紧迫，迟恐贻误。究应如何办理，请迅示机宜，俾资遵守。李厚基叩。歌。印。

〔北洋政府陆军部档案〕

### 3　李耀汉关于孙文在粤就元帅职及粤局势致徐树铮函

（1917年9月11日）

久怀鱼陟，结想龙门，罕陈叙悃之笺。斗山景仰，弥系转心之毂，日月轮忙。寅维又铮次长肤绩匡时，指挥如意。缵青田之将，略豹蔚摛文，受黄石之兵书，龙骧经武，引詹裔采，曷罄愉忱。耀汉猥以鄙材，忝膺省寄，同袍愿赋，制锦增惭。既承嘘植，樗庸雕朽，敢安于自弃。惟望惠颁椝诲，擿暝犹冀乎知方。谨此泐达，藉鸣谢忱。敬请
台绥，诸希亮照不宣。

李耀汉谨上　九月十一日

敬再启者：陈君简甫回粤，备述钧旨，敬悉一是。汉此次仰承培植，忝膺重任，经于九月四日抵省，五日接事。因陈督军已宣布将前广东巡按使印封存，不生效力，故暂刊广东省长木印开用。惟粤事纠纷，亟待解决者，约有数端。汉原议必须以肇阳罗镇守使兼代省长，方敢就职。现中央明令，祗有署理字样，而无兼代之文，深恐镇缺另简他人，则窒碍良多。此节最关紧要，经已请黄孝觉道尹电京代为要求，以敝部下统领翟汪接署，未知能否邀准，伏乞鼎力维持。省署亲军本有二十营，陈君竞存实为总司令。子桥去后，陈督将司令部撤销，仍改为警卫军，归督军节制，而竞存则倡议改为海军陆战队，现正争持不下。然无论如何，

此二十营恐终非省署所有矣。党人方面，似易融洽，汉民、精卫等均接洽极欢。惟人杂言庞，内容叵测，窥测诚难。连日设政府，开非常会，孙文已于十日就元帅职。凡此举动，虽无价值，但将来纵肯让步，而其邀求条件如何，能否应付妥协，究难逆料。滇军日言出发，喧嚣索饷，即使事实不成，而月饷近十万元，支付不易。刻虽饮鸩止渴，以防务经费为支持之具，仍须设法安置，为一劳永逸之计，方策万全，否则终为粤心腹之患。总之，此次议会及党人、滇军均反对陈督甚力，陈督知难自立，故允肯让汉进步。汉亦思彼此协力，以挽粤危。一俟各方面调停得力，当请命中央，以归统一。现胡、汪诸人已面称，决不扰乱广东，止求得下场善法，以存体面。滇军所争在饷糈，李君协和为滇师领袖，亦已与汉携手，或不至另起波澜。汉身处艰危，智竭能索，祇以中央责任，又复谊切梓桑，责无逃贷，伏乞训示周详，俾资遵守。并将以上情形，转达合肥，藉通悃款，日间当请孝觉来京面述一切。汉又叩。

〔北洋政府陆军部档案〕

## 4 唐继尧为转录修正中华民国军政府组织大纲致刘祖武等电

(1918年5月22日)①

滇刘师长、由运使、唐参谋长、吴厅长、易、黄两厅长、张交涉员，大理孙司令，会理华指挥官，腾越由道尹，蒙自缪司令，临安李旅长，开化钱旅长，河口麻栗坡督办，思茅丁道尹，昭通蒋司令，资州顾军长，重庆黔军王总司令、黄总司令、卢副司令、田梯团长、巫山叶军长、何师长，潼川石总司令，保宁颜总司令、

注：①此件月份系据内容确定。外交部驻云南省特派员办公署收该电日期为7月16日。

陈副司令，自流井赵总司令、丁总司令，泸州赵军长，犍为李总司令，叙府何总司令、赵旅长均览：顷接广东国会非常会议通电，议决修正中华民国军政府组织大纲。其文曰：军兴以来，倏忽经年，对内既苦无统一之机关，对外亦难得友邦之承认，长此纷歧，漂摇无已。本会议员前鉴于时势之阽危，早有改组政府之成议，并向〔由〕本会征求护法各省同意。嗣承诸公来电赞助，以在进行，俾挽危局。即择会期，于本月十八日开会，将改组案逐条讨论，经众议决，并即宣布在案。兹订于二十日选举政务总裁，除俟选定后再行奉告外，合将修正中华民国【军政府】组织大纲录呈台览。其文曰：中华民国国会非常会议为保持护法之统一与发展，特修正中华民国军政府组织大纲，并宣告事：修正中华民国军政府组织大纲，七年五月十八日议决：第一条　中华民国军政府以护法各省、各军之联合为基础，新国会大总统之织〔职〕权不能行使期内，均本大纲之规定行使中华民国之行政权。第二条　军政府职权如左：一、关于和战事件；二、办理共同外交，宣立国约①；三、监督共同财政，办理内外公债之募集；四、议决省与省之争议事件；五、关于承认护法省区军队之加入事件；六、关于统筹军备及计划作战事件。但关于人民有负担之契约、内外公债告〔之〕募集及和平条件之提出　须经国会非常会议之同意或追认。第三条　军政府以由国会非常会议特选出之政务总裁七人，组织政务会议，行使其职权，政务会议以政务总裁一人为主席，由政务会议推定之。护法各省及政务会议承认之护法各军，得各派出代表一人．关于第二条所载第一、第二、第四、第六各款，得参预政务会议。第四条　军政府设立左列之各部，直隶政务会议，外交部、内政部、财政部、参谋部、陆军部、海军部、交通部、司法部。第五条　各部

---

注：① 原文如此。

事宜除由政务总裁兼管者外，得各设部长一人。第六条　部长由政务会议特任之。政务总裁有事故时，得委托部长一人代理。第七条　政务总裁得兼其他职务。第八条　凡关于政务之文书，由政务总裁连署公叙之①。第九条　政务会议内部附属机关之组织，另以条例定之。第十条　护法各省自主政府之职权一仍其旧，但现隶北京政府之机关，各省不能直接管辖者，军政府得收回之。第十一条　本大纲自宣布之日施行。第十二条　本大纲自国会大总统能行使其职权时废止。务恳诸公速电赞助，俾观厥成。谨此奉达，伏希明察。国会非常会议叩。巧。等语，合亟电闻。联军总司令唐。养。印。

〔外交部驻云南省特派员办公署档案〕

## 5　吴山吁求国会速行制宪速组正式政府通电

（1918年9月25日）

〔衔略〕：国无法不立，法无国不行。毁法卖国者吾仇，护法救国者吾友。利用卖国贼而欲邱墟我祖墓，奴辱我子孙，沉沦我华夏者，我四万万同胞当拼命流血，以拯救五千年之古国，为人人应尽之天职，不必依赖友邦，不能互相推诿。我不自振，虽被友邦拯出，立法终亦必亡。况欧战甫终，列强自顾犹且不暇，讵能牺牲其无限量之代价，为我扑灭卖国之元凶乎。今欲挽回浩劫，惟求国会速行制宪。速组正式政府，一面联省自治，一面顺从全国民意，诛戮毁法卖国之民贼。北洋将士中，除吴师长宣言，民贼不两立，西南不偏安，为中外人心所敬仰外，其未宣言表示救国之北军，谁非爱国健儿，讵肯背从卖国贼甘为亡国奴，反借用

---

注：① 原文如此。

卖国者之枪林弹雨，而痛击我护法救国之义士仁人者。乃从良心上推测，北方之海陆军人，决不忍其豆相煎，以斩绝我五千年不绝如缕之国命可断言也。若能倒戈杀贼，起义吉〔京〕津，先诛徐段，继戮云鹏、树铮、揖唐等以谢天下，则国人孰不箪壶欢迎、馨香顶祝犁庭扫穴之元勋，而为行政之首长。诚千载一时之良机，不可多得之运会也。孙总裁曰：护法，须护到国会确能完全自由行使职权为止。再则曰：救国，须救到无条件收回青岛及其他一切领土主权为止。若议救之军行使至半途即畏难苟安，忍弃永久和平，而求暂时和平，忍牺牲公众永久之权利幸福，而谋个人或一派暂时不正当且不永久之权利幸福，即中止者；又或互相猜忌，倾轧残害，不求根本团结，不能诚恳互助互让，口是心非，背道而驰，阳藉护法之名，实行违法之事；外标救国之帜，实酿亡国之祸者，其罪均与公然毁法卖国者相等，则迭次所高张之护法救国等旗帜，均为多事，不如痛痛快快直接投降国贼，间接投诚日本，早亡民国为完事。经云：上帝临汝，无贰尔心，忠也。忠为鞠躬尽瘁，无贰而已。从前种种如已死，今后事事本良心。护法救国之精神在是，流芳遗臭分别亦在是。迫切痛陈，国人原鉴。吴山叩。有。印。

〔外交部驻云南省特派员办公署档案〕

## 6 军政府组织系统表

（1920年）

军政府组织系统表

民国九年

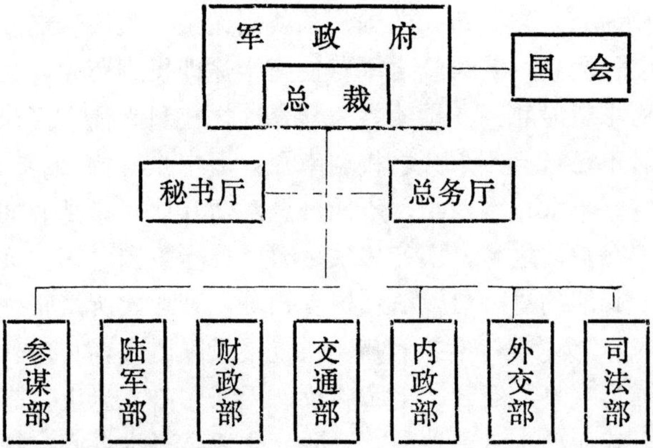


附注：民国七年，国会非常会议有改组军政府之议，总理乃于五月四日辞大元帅职。五月十八日，国会非常会议通过改组军政府案，二十日选举总理及伍廷芳、唐绍仪、唐继尧、陆荣廷、林葆怿、岑春煊为政务总裁，以岑春煊为主席，总理遂于二十一日离粤赴沪。自九年发见岑、陆私与北方政府议和，牺牲护法主张，遂与唐绍仪、伍廷芳、唐继尧共同宣言，声明无效。迨直皖纷争起，广东督军莫荣新借攻闽之名，欲乘机剷除陈炯明所部粤军，陈炯明由漳州誓师回粤，驱逐桂系。是年十一月，总理偕伍廷芳、唐绍仪两总裁仍回广州，恢复军政府。总理兼任内政部长，唐绍仪任财政部长（未就任），陈炯明任陆军部长，唐继尧任交通部长，未到任前，任王伯群署理。又令外交部长伍廷芳兼任财政部长，司法部长徐谦，参谋部长李烈钧，均照旧供职。李烈钧出差期中，以参谋次长蒋尊簋暂行代理部务。又任谢持为内政部次长，伍朝枢为财政部次长及总务厅长，程潜为陆军部次长，马君武为秘书长。

〔国民政府档案〕

## 7　岑春煊等关于解除军府职务通电

（1920年10月24日）

万火急。徐菊人先生、靳翼青先生、各部院、保定曹巡阅使、奉天张巡阅使、武昌王巡阅使、河南吴巡阅副使、各省督军、省长、都统、护军使、镇守使、省议会、总商会钧鉴：慨自段氏毁法，耀武川湘，我西南各省暨海军将士宣言护法，遂至南北相持，战祸绵延，经年不解。西南各省各军于是成立军府，原冀同心同德，捍卫大法，巩固国基。煊等德薄能鲜，应付无状，支撑两年，变幻百出。近者大势虽已启新机，而局部复日趋诘裂，军府匏系其间，澄清何俟，徒为统一之累，重贻中外以忧，中夜徬徨，罔知所措。兹者南京李巡阅使忧愤之余，竟以身殉，我全国人士应大彻大悟。煊等谨从良心所诏示，特取断然之处置，即日自决辞去总裁，解除军府职务，以期回复国家原状，而减愆由于万一。自今以后，当局应从全国军民愿望，依法召集国会，遵循法尢〔轨〕与民更始。西南诸省亦应顾念全局，迅速促成统一，妥筹善后，苏息民生，以免覆辙相寻舍〔？〕不已，而使一切祸乱无从缘附以行，尤望全国人士同心为国，相与维新。特此宣言，诸维公鉴。岑春煊、陆荣廷、林保怿、温宗尧。敬。印。

〔北洋政府陆军部档案〕

## 8　军政府裁撤广东督军令①

（1920年11月1日）

军政府令

广东督军缺，着即裁撤。此令。

中华民国九年十一月一日

〔外交部驻云南省特派员办公署档案〕

## 9　军政府特任陈炯明为广东省长兼粤军总司令令②

（1920年11月1日）

军政府令

特任陈炯明为广东省长兼粤军总司令，管理广东军务，全省所属陆海各军，均归节制调遣。此令。

中华民国九年十一月一日

〔外交部驻云南省特派员办公署档案〕

## 10　军政府令廖仲恺为广东财政厅长电③

（1920年11月）

（1）军政府令（11月4日）

军政府令

---

注：①此件载中华民国九年十二月四号《军政府公报》光字第一号。

②此件载中华民国九年十二月四号《军政府公报》光字第一号。

③此件载中华民国九年十二月四号《军政府公报》光字第一号。

任命廖仲恺为广东财政厅长。此令。

中华民国九年十一月四日

(2) 廖仲恺电(11月17日)

孙、伍、唐总裁钧鉴：本月四日奉电令：任命廖仲恺为广东财政厅长。此令。等因。奉此。并奉陈总司令① 行知，遵于五日接印视事。合电奉闻。广东财政厅长廖仲恺呈。(十一月十七日)

〔外交部驻云南省特派员办公署档案〕

## 11 军政府任命邹鲁为广东政务厅长令及邹辞职电②

(1920年11月)

(1) 军政府令 (11月 4 日)

军政府令

任命邹鲁为广东政务厅长。此令。

中华民国九年十一月四日

(2) 邹鲁辞广东政务厅长职电 (11月17日)

军政府各总裁鉴：鲁奉命任为广东政务厅厅长，汲深绠短，敬谨告辞。幸为允准，无任切祷。邹鲁。真。(十一月十七日)

〔外交部驻云南省特派员办公署档案〕

---

注：①陈总司令系指陈炯明。

②此件载中华民国九年十二月四号《军政府公报》光字第一号。

## 12　军政府特任林支宇为湖南省长令①

（1920年11月29日）

军政府令

特任林支宇为湖南省长。此令。

中华民国九年十一月二十九日

〔外交部驻云南省特派员办公署档案〕

## 13　军政府通告重开政务会议继续执行职务电②

（1920年12月1日）

各省省长、总司令、督军、省议会、各团体、各报馆均鉴：本军政府于十一月二十九日在广州重开政务会议，继续执行职务。特此通告。孙文、唐绍仪、伍廷芳、唐继尧。东。（十二月一日）

〔外交部驻云南省特派员办公署档案〕

## 14　军政府启用新刊“中华民国军政府印”令③

（1920年12月1日）

军政府令

军政府新刊印信一颗，文曰：“中华民国军政府印”，已于本年十二月一日启用。所有从前之军政府印，即行作废。此令。

中华民国九年十二月一日

〔外交部驻云南省特派员办公署档案〕

---

注：①此件载中华民国九年十二月四号《军政府公报》光字第一号。

②此系原标题。

③此件载中华民国九年十二月四号《军政府公报》光字第一号。

## 15　军政府任命马君武为军政府秘书厅长令①

（1920年12月6日）

军政府令

任命马君武为军政府秘书厅长。此令。

中华民国九年十二月六日

〔外交部驻云南省特派员办公署档案〕

## 16　军政府特任孙文等职务令②

（1920年12月7日）

军政府令

特任孙文为内政部长，唐绍仪为财政部长．唐继尧为交通部长，陈炯明为陆军部长。此令。

中华民国九年十二月七日

〔外交部驻云南省特派员办公署档案〕

## 17　军政府特任王伯群署理交通部长令③

（1920年12月7日）

军政府令

交通部长唐继尧未到任前，特任王伯群署理。此令。

中华民国九年十二月七日

〔外交部驻云南省特派员办公署档案〕

---

注：①此件载中华民国九年十二月八号《军政府公报》光字第二号。

②此件载中华民国九年十二月八号《军政府公报》光字第二号。

③此件载中华民国九年十二月八号《军政府公报》光字第二号。

## 18　军政府关于伍廷芳等照旧供职令①

（1920年12月7日）

军政府令

外交部长兼署财政部长伍廷芳、司法部长徐谦、参谋部长李烈钧，均照旧供职。此令。

中华民国九年十二月七日

〔外交部驻云南省特派员办公署档案〕

## 19　军政府任命李锦纶为外交部特派广东交涉员令②

（1920年12月7日）

军政府令

任命李锦纶为外交部特派广东交涉员。此令。

中华民国九年十二月七日

〔外交部驻云南省特派员办公署档案〕

## 20　军政府关于任命傅秉常为琼海关监督兼北海关事宜并兼琼州北海交涉员令③

（1920年12月7日）

### （1）令之一

军政府令

注：①此件载中华民国九年十二月八号《军政府公报》光字第二号。

②此件载中华民国九年十二月八号《军政府公报》光字第二号。

③此件载中华民国九年十二月八号《军政府公报》光字第二号。

任命傅秉常为琼海关监督兼管北海关事宜。此令。
中华民国九年十二月七日

（2）令之二

军政府令

外交部长伍廷芳陈请任命琼海关监督兼管北海关事宜，傅秉常兼琼州北海交涉员，应照准。此令。

中华民国九年十二月七日

〔外交部驻云南省特派员办公署档案〕

## 21 军政府任命黄强为粤海关监督令①

（1920年12月7日）

军政府令

任命黄强为粤海关监督。此令。

中华民国九年十二月七日

〔外交部驻云南省特派员办公署档案〕

## 22 军政府关于任命陈其尤为潮海关监督令②

（1920年12月7日）

（1）令之一

军政府令

任命陈其尤为潮海关监督。此令。

中华民国九年十二月七日

注：①此件载中华民国九年十二月八号《军政府公报》光字第二号。
②此件载中华民国九年十二月八号《军政府公报》光字第二号。

（2）令之二

军政府令

外交部长伍廷芳陈请任命潮海关监督陈其尤兼汕头交涉员，应照准。此令。

中华民国九年十二月七日

〔外交部驻云南省特派员办公署档案〕

## 23 军政府任命邹鲁为两广盐运使令①

（1920年12月7日）

军政府令

任命邹鲁为两广盐运使。此令。

中华民国九年十二月七日

〔外交部驻云南省特派员办公署档案〕

## 24 军政府任命廖仲恺等职务令②

（1920年12月8日）

军政府令

任命廖仲恺为财政部次长，程潜为陆军部次长，吕志伊为司法部次长。此令。

中华民国九年十二月八日

〔外交部驻云南省特派员办公署档案〕

---

注：①此件载中华民国九年十二月八号《军政府公报》光字第二号。

②此件载中华民国九年十二月八号《军政府公报》光字第二号。

## 25　军政府关于外交部次长伍朝枢照旧供职令①

（1920年12月8日）

军政府令

外交部次长兼总务厅长伍朝枢照旧供职。此令。

中华民国九年十二月八日

〔外交部驻云南省特派员办公署档案〕

## 26　中华民国政府组织系统表

（1921年）

中华民国政府组织系统表

民国十年

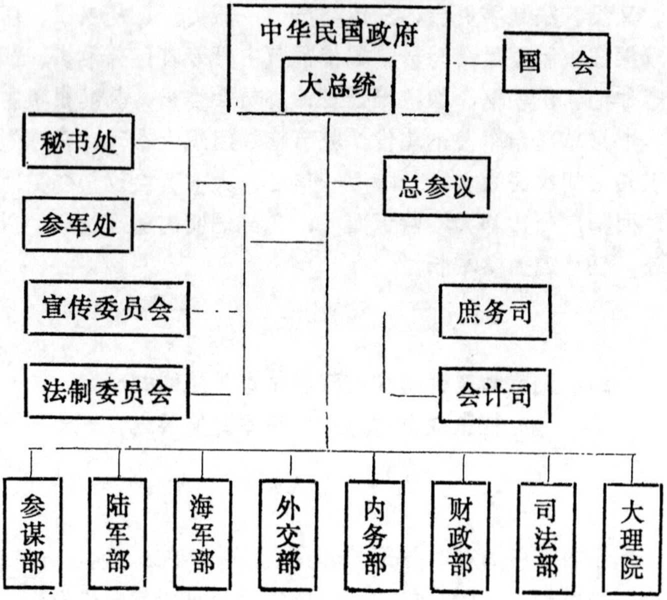


注：①此件载中华民国九年十二月八号《军政府公报》光字第二号。

附注：民国九年，军政府虽已恢复，然仍为总裁制，诸总裁不能同在政府办事，窒碍既多，外交团复拟收关余交旧军政府而不交新军政府。时北方徐世昌事事以总统名义行使职权及向外借款，益使南方有成立正式政府之必要。于是国会非常会议于四月七日在广州开参众两院联合会议，议决中华民国政府组织大纲，是日依组织大纲第二条之规定，选举总理为大总统，五月五日总理就大总统职于广州。任命各部分人员，外交部长为伍廷芳兼财政部长，陆军部长为陈炯明兼内务部长，海军部长为汤廷光，参谋部长为李烈钧，司法部长为徐谦，大理院未设院长，院务由司法部长处理，秘书长为马君武(后为谢持)，总参议为胡汉民。其时府内并设有会计、庶务两司，李海云任会计司长，郑螺任庶务司长。又设有法制委员会、宣传委员会，戴传贤、胡汉民、伍朝枢、覃振任法制委员会委员，戴传贤负主管专责；郭泰祺、胡汉民、廖仲恺、伍朝枢、徐谦等任宣传委员会委员，郭泰祺负主管专责。十月总理亲率大军北伐，驻节桂林组织大本营，以李烈钧为参谋长，胡汉民为文官长。十一年三月大本营会议，变更北伐计划，回师广州，移大本营于韶关，免陈炯明内务部长职，以居正继任，任吕超为参军长。

〔国民政府档案〕

## 27 湖南教育会等陈述废总裁选总统似非所宜主张联省自治致广东军政府等电

(1921年4月8日)

广东军政府各总裁、各部长、参众两院、陈总司令，云南顾总司令、周省长，贵阳卢总司令、任省长，重庆熊锦帆先生、刘、但两军长，长沙赵总司令，各省省议会、教育会、商会、农会、工会、各报馆均鉴：报载参众两院对于选举总统问题势将实行，是否出自传闻，殊播疑讶。总统为一国元首，选举程序，法律规定綦严，非简令手续所可通融。自国会迭经播迁，议员日形寥落，法定人数不足选数，草率举行，既损总统威严，尤开选举恶例。往者北方违法，西南反对于前，北方各省迺亦多击于后。覆辙在前，可为殷鉴。此不可行者一。各〔合〕议独裁，聚讼纷纭，现在之合议制，无论发生何项障碍，而成规具在，非得各方同意，未便自欲变更。此不可行者二。总裁人数虽多，意在吸收各方势力，团结内部精神。为废总裁而举总统，设于数总裁外另举一人，固不免另启纠纷，即于数总裁中仅举其一，使留者之势力益孤，去者之精神益涣，更非维持现状之道。此不可行者三。现在民治潮流震荡寰宇，联省自治实为解决时局唯一方针。如果省与省皆有自治决心，则联省政府成立之日，即为联省政府首领产出之时，凤鸣朝阳，为期不远，似不必断断于过渡时代之元首问题也。敬陈管见，伏候教言。湘南教育会、商会、农 会、工 会 同 叩。庚。印。

〔外交部驻云南省特派员办公署档案〕

## 28　李宗黄关于国会非常会议选举孙文为大总统致顾品珍等电

(1921年 4 月 9 日)

广东军政府来电　第二七号

云南顾总司令、周省长、省议会、各机关、各团体、各道尹、各卫戍司令、各报馆、洪江李部长、盛、杨、张旅长公鉴：国会非常会议于本月阳日议决正式政府组织大纲，选举大总统。孙总裁文以二百十八票当选，即日组织正式政府于西南。护法以来，一误于议和，再误于内斗。合法之统一，既难望于各方，合议之军府，每迁延于大计，致救国事业转难进行，而复辟阴谋行将实现。故此举实为应时势之必要者。况环顾国中元老，其足能大任定国是者，孙公外无第二人。故当选之时，海陆军警商民夹巷欢呼，热烈之情，得不曾有。吾滇主义相同，公等外同患难，对于此举，定表同情。特电奉达，尚希察及。李宗黄叩。青。印。

〔外交部驻云南省特派员办公署档案〕

## 29 王怀庆关于反对广州举孙文为大总统与王占元往来密电

（1921年4月）

（1）王怀庆致王占元密电稿（4月12日）

武昌王巡阅使鉴：春密。广州举孙文为大总统，非法行为，直同儿戏。彼既自揭护法之假面，则声罪致讨，我更有辞，且孙在广纵兵勒捐封产种种行动，早为粤人所厌愤。今有此举，直是自速其亡。读公上府院蒸电，极佩荩筹。闻张雨帅亦有电来，公义所在，人有同心。此间外交团皆认孙为非法。粤谋攻桂已久，接触恐即在目前。粤中非孙之各派，本已预备响应，因此或将自动。尊处如有新闻，希见示为幸。王〇〇叩。文。

（2）王占元复王怀庆密电（4月14日）

北京王统领懋宣仁仲鉴：春密。文电敬悉。孙文假冒名义，当为国人所共弃。凡属袍泽，自当一致进行，共筹对付之法。除密探该省消息随时电闻外，特复。王占元。寒。印。

〔北洋政府京畿卫戍司令部档案〕

## 30 曹锟等反对广州旧国会另拟政府组织大纲选举孙中山为总统通电

（1921年4月27日）

北京国务院，各部院，各省，各总司令，各镇守使、师旅长，各省议会，各教育会，各商会，各报馆均鉴：天祸民国，变故侵寻，俶扰纷纠，时逾三稔，中央本宁人息事之心，为讲信媾和之局，昭昭大义，默默苦衷，久为薄海所谅解。溯自军府还政中央，桂省取消自主，我大总统希望统一，开诚宣告，厌乱思治，心理大同。我同人或职任疆圻，或谊联袍泽，数年来殚心竭虑，瘏口哓音，诚以国事濒于危殆，国本不可动摇，但能急起而直追，庶可拨乱以反治，方谓我国事可逐渐解决，我民生可由此昭苏矣。不意孙文反野心思逞，由沪回粤，举动乖张，群情愤激。近日又号召少数党徒，另拟政府组织大纲，以二百十八票选伪总统。窃思共和国体，国会何等尊严，选举组织法何等详慎，而乃以曾经取消之旧国会，以曾经解散暴乱分子之少数众议员，任意私开选举。如是谓之选举，名则公选公推，实则自封自拜；如是谓之总统，是少数私党私认之总统，非全数公民公认之总统也。此其破坏法律，固已尽人而知之矣。自旧法新选之令下，法律问题当亦无所争议，孙文竟悍然而独出于此，一则假借名号，以掩其招亡纳叛，敲骨吸髓之恶，一则荧惑观听，以售其败坏选政，破裂和局之技，阳则树独立之旗，阴已成内乱之罪。试观今日民生如此凋敝，财源如此枯竭，边祸如此剧烈，外交如此艰难，国人皆日惧危亡而殷盼息争，彼则隐蓄欲念而甘冒不韪。上干天和，下违民意，外又不顾邻邦讪笑，内不恤国人讥弹。疾莫大于丧心，罪莫重于叛国，我同人志切宁息，难安缄默。用是摘发奸谋，申明正义，彼既自绝于国人，当与国人共弃之。特此宣言，诸维察鉴。曹锟、张作霖、王占元、刘承恩、陆荣廷、谭浩明、李静诚、陈光远、赵从蕃、卢永祥、沈金鉴、齐燮元、王瑚、田中玉、赵倜、张凤台、张文生、聂宪藩、李厚基、阎锡山、孙烈臣、吴俊陞、蔡成勋、杨增新、陈树藩、刘镇华、曹锐、姜桂题、张景惠、马福祥、陈炳焜、吴佩孚、何丰林。感。印。

〔北洋政府陆军部档案〕

## 31 孙文宣言就任大总统通电

（1921年5月5日）

广东来 第一二〇号

分送广东参众两院、陈总司令、陈省长、各军师旅长、省议会、各法团、各报馆，分送云南顾总司令、周省长、各军师旅长、省议会，分送贵阳卢总司令、任省长、各军师旅长、省议会，分送长沙赵总司令兼省长、各军师旅长、省议会，分送三原王总司令、张副司令、镇远李部长，分送重庆刘总司令、但军长、各师旅长，分送成都刘军长并转邓军长、各师旅长、省议会、各法团，分送各省省议会、各法团、各报馆鉴：文受国会付托之重，膺中华民国大总统之选，兹当就职，仅〔谨〕布所怀，以告国人。前清末季，文既愤异族之专政，国权之日落，并以民族、民权、民生三主义，提倡革命，赖国人之力，满清覆亡。文喜共和告成，战争可息，慨然辞总统职，以政权让袁世凯，而自尽力于铁路事业。不设知人不明，民国遂从此多事。帝制议起，舆论哗然。虽洪宪旋覆，而余孽尚存。军阀专擅，道德坠地，政治日窳，四分五裂，不可收拾，以至于今日。□□□〔文既为〕爱〔致〕力于创造民国之人，国会代表民意，复责文以戡乱图治，大义所在，其何敢辞？窃维破坏建设，其事非有后先，政制不良，则政治无术。集权专制，为自满清以来之猛政。今欲解决中央与地方永久之纠纷，惟有令各省人民完成自治，规定省宪法，自选省长，中央分权于各省，各省分权于各县，庶几既分离之民国，复以自治主义相结可〔合〕以归于统一，不必穷兵黩武，徒苦人民。至于重要经济事业，则由中央积极担任。发展实业，保护平民等，凡我中华民国之人民，不使受生计□〔压〕迫之痛苦。对于外交由中央负责，根本民意，讲信修睦，维持国际平等地位，保障远东永久和平。际兹拨乱返治之□〔始〕，事业万无〔端〕所望全国人才，各尽所能，协力合作，共谋国家文明之进步。文誓竭实〔志〕尽诚，以救民国，破除障碍，促成统一，巩固共和基础。凡我国人，幸共鉴之。孙文。歌。印。

〔外交部驻云南省特派员办公署档案〕

## 32　大本营组织系统表

（1923年）

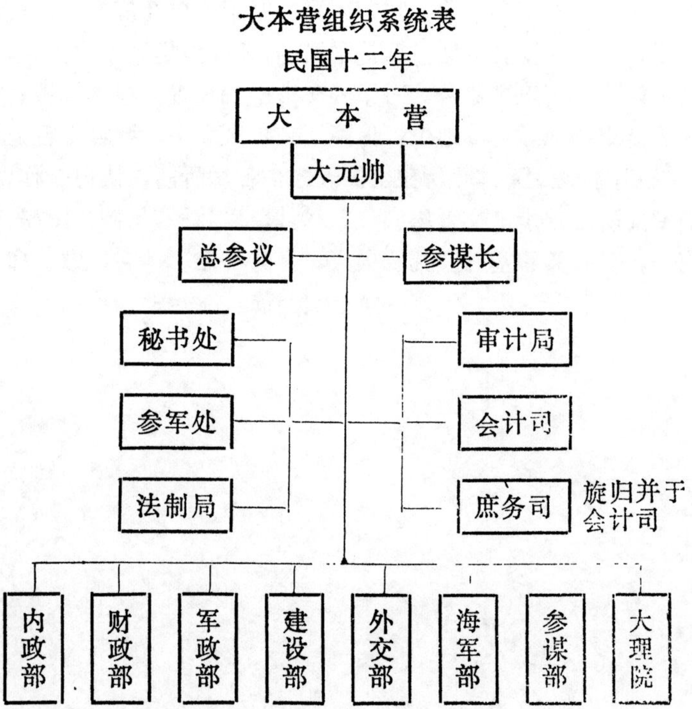


附注：民国十二年，讨贼军讨平陈逆炯明，迎总理还广州。总理于二月二十一日抵粤，致电段祺瑞、张作霖、卢永祥、黎元洪、张绍曾等，发布裁兵宣言。又以和平救国为不可缓，派胡汉民、孙洪伊、汪兆铭、徐谦驻沪，为办理和平统一事宜之全权代表。决定不复任总统，而各军不能无名义统率，乃设大本营，用大元帅名义以统率之。三月二日，大本营成立。内外机构先后组织略如右表。各部院人选：谭延闿任内政部长(后为徐绍桢继任)，廖仲恺任财政部长(未到任前邓泽如兼理，后为叶恭绰继任)，程潜任军政部长，邓泽如任建设部长(后为谭延闿、叶恭绰代林森继任)，伍朝枢任外交部长，汤廷光任海军部长，李烈钧任参谋长，赵士北任大理院长。至内部各职务人选：胡汉民任总参议，蒋中正任参谋长(因辞职未就，改任张开儒)，杨庶堪任秘书长，朱培德任参军长，古应芬任法制局长，刘纪文任审计局长，王棠任会计司长，陈兴汉任庶务司长。初时另有金库及军法处之设，林云陔任金库长，罗翼群任军法处长，未几即行裁撤，故表内不复列入。十三年冬，总理北上，胡汉民代行大元帅职权。十四年三月十二日总理逝世于北京，七月一日，国民政府成立，大本营遂告结束。

〔国民政府档案〕

## 33 北京国会护法议员拟来粤筹商大计函

(1923年1月28日)

大总统钧鉴：粤垣克复，正统重光，举国胪欢，群流企仰。侧闻众星北拱，台旌南旋，人望翕孚，奠安岭峤。神威远播，震慑中原，蠢兹小丑指日肃清矣。谨贺谨贺。自客岁国会移京开会，多数解职分子，强据议席，护法同人等惧法系之淆乱，愤正统之不明，爰立本社，合力与非法国会战，不为威屈，不为利诱，厉〔历〕半载如一日，谅早在洞鉴之中。惟社内经费均由同人等担任维持，毫未得它方援助。现已筋疲力竭，支柱维艰，将来作何收束，尚难预料。

台端莅粤，对于国家建设，必然成竹在胸。如需同人赴粤筹商大计，祈即赐电，以便定期集合起程。兹先推符君梦松赍函趋

谒崇辕，面陈一切，务恳纡尊赐见为幸。肃陈贺悃。敬颂
钧祺

国会护法议员谨启

一月二十八日

〔广州国民政府档案〕

## 34 朱晋经请恢复国会及枢府并声讨军阀函

(1923年2月22日)

广州孙大总统钧鉴：陈逆虽逃,广州复见天日。惟北方军阀，绝无救国思想，拥黎窃据总统如故，滥借外债如故，争权夺利如故。钧座若不速将国会及枢府恢复，履行总统职务，将所有恶军阀声罪致讨，明正典刑，实行尊著建国方略，吾恐国亡在即，遑言兵工政策及裁兵统一。际此拯溺图存千钧一发之秋，倘有不识大体，诋谌正义，反对恢复说者，职军训练有素，一可当十，誓率所部，以扑灭之。区区愚诚，敬祈采纳。民国幸甚。中央直辖讨贼第九军总指挥朱晋经叩。

中华民国十二年二月二十二日

〔孙文批〕不复。

〔广州国民政府档案〕

## 35 邹鲁等关于杨西岩匿印不交请予惩处致大元帅电

(1923年6月11日)

### (1)邹鲁电

广州来电

飞鹅岭刘总司令转博罗大元帅行营秘书处石龙大元帅 钧鉴：

成密。本日十时行礼接事，西岩人印两匿，抗不交代。在鲁任事，厕〔则〕迫于钧命□催，而西岩不交代，实堕政府之信甚。如何惩处之处，请钧座裁施。鲁。真。印。

(2)廖仲恺电

广州来电

探呈大元帅广州胡(代)行职权钧鉴：本日新任财政厅长邹鲁到厅接事，杨西岩匿印不交。现当军事紧急之际，似此儿戏，尚复成何事体。除由省长立饬杨西岩即办交代外，杨西岩违抗命令，应如何处分之处，出自钧裁。墨〔廖〕仲恺叩。真。印。

〔孙文批〕答电：应按法惩办，以警效尤。文。

〔广州国民政府档案〕

## 36 童杭时等要求孙中山复总统职电

(1923年6月15日)

广州孙大总统鉴：窃维我公为中华先觉，民国元勋，受国会之重托，负统治之大任。乃自黎氏复职，不问任期如何，我公谦德退让，甘愿敝屣尊称，自治岭表。不意都门变起，军警横行，黎氏被逼离京，匿居津埠。张阁解组，莫能依法摄政。法纪荡然，人民惶恐。窃念国家不可有二元首，然亦不可无统治之人。兹经多数同人，会同商榷，佥以政局纷乱，民心无系，累卵之危，在在堪虞。务祈我公速正名位，复总统职，昭告中外，慰亿兆云霓之望，延民国正朔之传。翘首南天，无任跂盼。国会议员童杭时、吕志伊、丁超五、李文治、萧锦辉、丁象谦、李希莲、焦易堂、田铭璋、杨大实、王用宾、陆祺、周震麟、徐可亭等四百七十五人叩。删。

〔陆海军大元帅大本营公报一九二三年第十八号〕

## 37 上海粤侨工界联合会等要求孙中山恢复政府行使总统职权电

（1923年6月27日）

孙大总统钧鉴：广州自北庭变起，黎、曹争总统于上，张舆争摄政于下。议员如猪，点口给败〔财〕，政局如沸，乱象已成。全国人士，创十年之乱阶，皆军阀所造孽，急谋另组政府，戡乱救亡，环愿〔顾〕国中，兆〔非〕公莫属。敝公团等，历经会议，佥以民国十年，公应国会之选，出任总统，继因陈逆作乱，职权虽失，大统犹存。今全局无主，险象环生。值以〔此〕存亡危急之秋，兆〔非〕公虚心自抑之日，务乞为国为民，毅然恢复政府，行使总统职权，国民与公同舟，必能为公后盾。至于委员制等，徒滋纷扰，度不至异仁人之聪听。时势急矣，失此俄顷，国将不国。望公勿以大名不居之小嫌，负急难相呼之众意，是为切盼。上海粤侨工界联合会、南洋烟草职工同志会、湖南劳工会、京汉铁路总工会、湖北工团联合会、海员工会、履业工会、上海机器工会、中国劳工同盟会船务栈房联合会、中华劳工联合会同志劝戒嗜好阅报社、旅沪广东自治会、工商友谊会等同叩。沁。

〔陆海军大元帅大本营公报一九二三年第十八号〕

## 38 中华民国学生联合会总会主张召集国民会议并要求孙中山重组政府电

（1923年9月）①

广州大元帅、各部长钧鉴：敝会在粤开会，前经电达，谅邀鉴

注：① 此系公报刊载时间。

察。开会以来，共议要案二十起，已于二十九日闭会。对于时局议案，主张亟由上海总商会等有力团体，会同敝会发起国民会议，本主权在民之旨，为根本澄清之图，举凡政府组织建国大计，一听国民会议解决，所有土匪式之北洋军阀割据之联省自治，及政学系黎、岑、唐等阴谋之中央委员制，誓不承认。在国民会议未召集以前，对外不能不有政府。孙公中山领袖革命垂四十年，往岁依法被选，中外同钦。在此时期，自非孙公莫属。敝会决请孙公重组政府，以维国交而平内乱，至国民大会集会时，再候公决。又敝会鉴于已往运动之漫无标准，爰议决以三民主义为今后运动之目标，以澄清政治为本会之唯一宗旨。对于外交，仍本"五四"以来之精神，反对英、美外债，反对路财共管，务达打倒国际帝国主义之目的而后已。关于旅大问题、收回汉口、天津租界事，长沙六一事件，均议有相当办法。此后对于教育独立问题、劳工问题、打倒军阀方法及敝会本身发展事件，皆有极详尽之议决，分别由敝会及各地分会尅期办理，容当编印成册，寄呈省览，共策进行。惟是绠短汲深，心余力绌，加以军阀官僚之摧残，政客策士之破坏，深恐坐言起行不克贯彻。诸公提倡民治，素具热忱，对于敝会救国方案，谅表同情，当祈鼎力主张，共伸正义，以弭乱源而维民治。临电神驰，伫候明教。中华民国学生联合会总会叩。全借印。

〔陆海军大元帅大本营公报一九二三年第二十八号〕

## 39　广东工商学各团体请求大元帅孙中山早定北伐大计及组织革命政府呈

（1923年10月22日）

为请愿事：窃曹琨〔锟〕以满清余孽　洪宪遗奸，复辟要犯，共和蠡贼，强据首都，私买议员，内蓄国蠹，外结奥援，实行北洋专政，拒绝和平统一。溯其恶迹，恒河沙数，纵兵掠京，肆部淹湘，惨杀路工，毒殴学子，蹂躏人权，摧残教育，借债丧权，媚外失地，私据内阁，盘踞铁路，祸国殃民，罪大恶极。近复西袭川湘，南祸闽粤，压抑人民意志，消灭国家生机。况现外力浸入弥深，军阀凭依益固，政治经济久失独立，举国潮流皆趋革命，且和平统一已被拒绝，和平会议实资利用。总之，旧势力不除，外力更借以侵略，民治益难实现。敬恳大元帅早定北伐大计，并组织革命政府，以革命统一中国，实现真正民主国家。特具呈请愿，仰祈赐鉴。此呈

孙大元帅

请愿人 广东工会联合会代表张瑞成

民权社代表阮绍元

广东民权运动大同盟代表冯菊坡

互助总社代表王德明

省教育会代表陈春圃

广东学生联合会代表伦湛恩

广东新学生社代表刘尔崧

广东女界联合会代表沈慧莲 李韵潇

执信学校

广州内河货艇工会

互助总社周日强

市立第五高等小学校

湖〔潮〕属八邑旅省高等小学校

市立第三十七国民学校

广东省教育会

国立广东高等师范学校

市立第廿六国民学校
市立第二女子高等学校
市立第四高等小学校
广高附师学生会
图强医学校
广东公立警监专门学校
广东女子师范学校
酒楼茶室工会
广东女界联合会
南洋华侨真相剧社
岭南学校
市立师范学校
广东轮渡船务总工会
觉悟通讯社
市立甲种商业学校
市立美术学校
市立第九高小学校
妇孺医学校
广州市立法政学校
广州第十高小学校
市立保姆学校
市立第一国民学校
广东省立法大学校
市立第七高小学校
市立第五国民学校
土木建筑工会
棉丝自动研究社梅坚许

佛山工会联合会代表梁敬
佛山理发工会
佛山制饼工会
广东铜铁工会
广东酒业工会邝孔
广州唐庄金银首饰工会代表梁镜秋
联义社海外交通部
广州肉行昭信工会
徽柔女学校
法大学校
黄沙陈馆联英乐社
志成高小女学校
市立卅一国民学校
海外华侨演说团
锦纶阖行
市立廿八国民学校
建国宣传团
广州药材工会
药材工会佛山支会
市立第四国民学校
市立第九国民学校
市立第十四国民学校
农专学校
市立第四女子高小学校
市立卅九国民学校
海员总会
工业学校

第二高小学校
第一高小学校
市立职业学校
市立第廿九国民学校
自强国民学校
体育女子学校
第五女子高小学校
工程学校
缝业工会
南海中学校
光华医学校

中华民国十二年十月二十二日

〔陆海军大元帅大本营公报一九二三年第三十五号〕

## 40　张继请解职兼除党籍电

（1924年10月14日）

先生钧鉴：自八月大会以来，共产派肆行无忌，继耻与为伍，请解继党职兼除党籍为叩。张继。寒。〔上海来电〕

〔广州国民政府档案〕

## 41 国民政府组织系统表

（1925年）

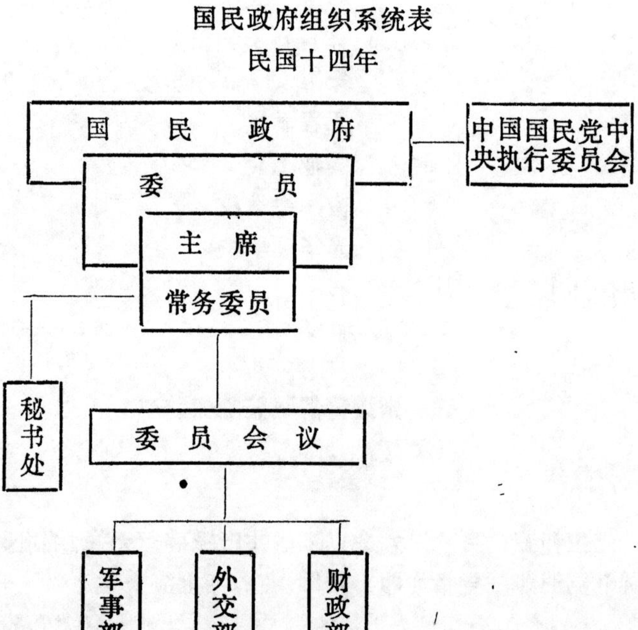


附注：

一、本表系根据民国十四年七月一日公布之国民政府组织法制成。

二、民国十四年总理逝世，大本营旋即颁布国民政府组织法，采用委员制。七月一日国民政府成立，其组织要点如下：(1)国民政府以委员若干人组织之，并于委员中推定一人为主席。(2)国民政府设常务委员五人，于委员中推定之。(3)国务由委员会议执行之。

〔国民政府档案〕

## 42 胡汉民宣布施行政府改组决议案电

(1925年6月24日)

本日发出宣言，兹诚谨接受中国国民党中央执行委员会关于政府改组议决案并宣布施行之。兹将原议案电达，即希查照。

中国国民党中央执行委员会关于政府改组议决案

自元首殂逝以来，本党既以诚实坚挚之决心，接受遗嘱，继续努力，以期完成国民革命之事业。同时对于政府改组，亦经郑重考虑，决定采用合议制，以期收集思广益之效。徒以当时反侧之徒，伏于肘腋，旦夕伺隙思逞，若假以事柄，无异授刃于敌，以助逆而长乱，故不得不留以有待。兹者政府内部叛乱分子悉数扫除，已有同心同德负荷责任之可能，且叛乱扫除之后，数年来政治上之障碍物已不复存在，正宜及时从事建设，俾本党之政纲得以次第实现，则尤有群策群力黾勉进行之必要。兹经决议如左：

一 设置国民政府，掌理关于全国之政务，以委员若干人组织会议，并于委员中推定常务委员五人，处理日常政务。并设置军事、外交、财政各部，每部设部长一人，以委员兼任之。如将来有添部之必要，经委员会议决行之。

一 设置军事委员会，掌理全国军务，以委员若干人组织会议，并于委员中推定一人为主席。凡关于军事之命令，由军事委员会主席及军事部长署名。在军事委员会内设军需等处，分掌职务。

一　设置监察部，以委员若干人组织之。监察政府各级机关官吏之行动，及考核款项之收支状况。

一　设置惩吏院，以委员若干人组织之。惩治官吏之贪污不法及不服从政府命令者。

一　设置省政府，掌理全省政务。分为内政、外交、财政等厅，每厅设厅长一人，并由各厅长联席会议推定主席一人。

一　设置市政委员会，在现代职业团体农会、工会、商会、教育会、自由职业团体时〔等〕六种团体中，各委任三人，合十八人为委员(现时暂用委任制将来再行选举制)，以组织市政委员会，并任命委员长一人，为市政委员会之主席。并设置财政、工务、公安、教育、卫生五局，每局委任局长一人。而以委员十八人，分为六种委员会，每会若干人，以监察之。

以上各种机关之详细组织，须于本年七月一日以前制定及公布之。各种机关均须于本年七月一日成立。

中华民国十四年六月廿四日

大本营总参议代行大元帅职权胡汉民

〔陆海军大元帅大本营公报1925年第十四号〕

## 43　中华民国国民政府宣言稿

(1925年7月1日)

中华民国国民政府宣言

先大元帅逝世之后，全国政治上、军事上丧失唯一之统率指导者。中国国民党既以至诚接受先大元帅之遗嘱，以继续努力于国民革命；同时复于政治上、军事上谋适宜之组织，期于集中同志之心力，以共同负荷先大元帅所付托，而贯彻国民革命之志事，爰有国民政府之组织。

国民政府于成立之始，敢敬谨昭告于吾同志暨吾国民：国民政府之唯一职责，即在履行先大元帅之遗嘱，凡遗嘱所丁宁告语者，即国民政府所悉力以赴而期其实现者。国民革命之最大目的，在致中国于独立、平等、自由，故其最先著手即在废除不平等条约。先大元帅毕生心力尽瘁于此，无论所遇若何困难，曾不少挠其志。而凡依〔倚〕赖帝国主义以龁龁国民革命者，虽暂得跳梁于一时，终必为国民革命之势力所摧锄以去。民国以来，自袁世凯以至曹锟，其失败之迹，如出一辙。先大元帅去岁北上之际，欲自此以后，永无依赖帝国主义以龁龁国民革命之人，故主张以废除不平等条约为统一之条件。盖惟废除不平等条约，然后可以言统一，非是则无统一之可能也。先大元帅虽赍志以没，而其所主张，则无时不显其效力。凡违背此主张者，终必为国民所唾弃。证之近事，陈炯明、杨希闵、刘震寰之徒，其始皆尝隶于先大元帅旗帜之下，及中道叛去，欲脱离国民革命而依附帝国主义以求自存，则皆不旋踵而败亡。而自五月三十日以来，上海、汉口等处反抗帝国主义之运动，日以剧烈，帝国主义者虽欲与其暴力抑国民革命方新之气，而自保其残喘，曾不知适足以自暴其罪恶而促其灭亡。六月二十三日，广州沙面惨杀事件，尤足使此等征象更为明显。故中国国民党六月二十二日至二十八日关于立即废除不平等条约之宣言，实为仰体大元帅之遗志，而激励国民革命之进行。国民政府之对外方针，必受成于此而不少变。先大元帅既提倡废除不平等条约，同时复发起国民会议，以为议决执行之枢机。盖中国之主权久已操于帝国主义及依附帝国主义以求生存之军阀之手，开国民会议，即欲自帝国主义及军阀之手中收已失之主权而还之国民，以符主权在民之旨。且帝国主义及军阀所加于国民之痛苦，惟国民知之最深，去之之念亦最切。故废除不平等条约之实行，不能不有所望于国民会议也。国民会议虽为北京临时执政者所阻挠，然国民若能以自动的集会而行使其职权，则国民政府必尽其力所能至，以为种种之保障。此则中国国民党既有宣言于前，国民政府必将履行之而不敢辞者也。

于此尚有言者：比年以来，丧乱频仍，中国国民党之党纲及政策，往往受环境之挟制而不能实施，目击人民之痛苦颠连而不能救，骄兵悍将横行跋扈而不能去，贪官污吏因缘为奸利而不能惩，此皆同志所引为深疚者。故夙夜黾勉，思所以扫除障碍，俾得著手于建设。最近东江及近郊两役，肘腋之患稍得清除，决当乘此时会，以从事于政治、军事之整理。然国民革命前途之障碍，往往伴国民革命之进步而发生，惟建设之念愈切，则从事于扫除愈不客懈，终必举一切障碍摧陷廓清之，使国民革命之进行得以活泼而无所濡滞。愿我国民深念今日孰为能代表国民利益者，孰为能为国民利益而奋斗者，对于国民政府务有以督责而维护之，是所望也。

中华民国十四年七月一日

中华民国国民政府委员【会】 胡汉民 廖仲恺 程 潜 谭延闿
汪兆铭 孙 科 古应芬 林 森
朱培德 许崇智 伍朝枢①

〔广州国民政府档案〕

## 44 国民党江苏省党部祝贺国民政府成立电

(1925年7月9日)

中华民国国民政府钧鉴：当此蛮夷暴行发挥兽性之时，我党本全国人民之需要与乎孙总理之遗志，成立此全民的国民政府，为打倒暴戾的帝国主义之中坚，全世界民族解放运动的领袖。属

注：①此名单系按原件签名次序排列。

部于热忱欢忭之余，敢代表全省同志谨祝政府诸公，在党之指挥之下，本就职誓言之精神，指导全国民众努力奋斗，于最短期内，护〔铲〕除国内军阀，打倒外国帝国主义，实现我党主张，而使中国民族得以自由平等。中华民族解放万岁！全世界被压迫民族解放万岁！中国国民党江苏省党部叩。佳。

〔广州国民政府档案〕

## 45 廖仲恺请任命范其务为禁烟督办及范辞职经过呈电

(1925年7—10月)

### (1) 廖仲恺致国民政府呈(7月22日)

为呈请事：窃查禁烟事项关系重大，种族之存亡，国家之盛衰，胥视夫烟禁之能否实行以为断。我政府成立伊始，锐意刷新，对于烟禁毅然厉行，预期禁绝。而办理禁烟之事，即不可不慎选其人。查前粤海关监督范其务操守廉洁，才具优长，历充要职，成绩卓著。迹其平日为党为国，靡不竭尽能力，虽至颠沛流离之际，犹能不易其所守，似此才德兼优，不可多得。若以之督办禁烟事务，决能收预期之效。部长为事择人起见，理合呈请政府任命范其务为禁烟督办，以重要政。伏祈准照施行，即加任命，实为公便。谨呈

国民政府

财政部长廖仲恺

中华民国十四年七月二十二日

### (2) 范其务致中央执行委员会等代电(8月20日)

中央执行委员会、国民政府军事委员会、财政部长、军事部长、外交部长、省政府钧鉴：各厅长、公安局长、各军长、各师、旅、团长

鉴：其务奉令督办禁烟，自维材轻任重，深惧弗胜。然仰体政府定期肃清烟患之意，敢不勉策进行。东日就职后，即布告严禁私种、私购、私运、私制、私卖、私藏、私吸鸦片烟；限期将收藏烟土、烟膏、烟灰缴署，发还价值；吸烟者来署领牌各在案。仍恐不肖之徒玩视功令，违犯政府颁行禁例，妨碍禁烟前途，其务自本月号日起，亲督侦缉长员，严密侦察，无论省河南北，一律会警查拿究办。请予饬属随时协助，藉匡不逮，至为切祷。督办范其务叩。号。印。

中华民国十四年八月二十日

## （3）范其务请辞去军需局长职呈(9月20日)

呈为呈请辞职事:窃职于九月二十日奉到钧府令，内开:任命范其务为军事委员会军需局长。此令。等因。奉此。理应即日遵令就职，祇以职任禁烟督办现职，对于收买烟土、烟灰，煮制烟膏，批判烟犯，及监视加盖烟土印花等事，皆应亲自经管，稍一放任，常虑受欺受愚，以致公则受收入之损失，私则受失察之罪咎，若再兼任军需局长，势必两难兼顾。再四思维，惟有将实在情形，并将钧令缴回，一并呈请钧府察核，准予辞去军需局长职务，另行委任贤能办理，实为公便。谨呈

中华民国国民政府

附缴命令一件〔缺〕

禁烟督办范其务

中华民国十四年九月二十日

## （4）范其务辞职呈(10月)

呈为呈请辞职事：窃职本愚庸，难任艰巨，无奈先廖部长降贵纡尊，屡加督责，退避无由，只得拜命。受任以来，虽事事躬

亲，未收寸效，午夜筹维，终无良策，若再尸位，贻误更深，迫得呈请钧府，俯悯愚诚，准予辞职，另简贤能，实为恩便。谨呈国民政府

禁烟督办范其务谨呈

中华民国十四年十月

〔广州国民政府档案〕

## 46 国民政府监察委员就职宣言

（1925年8月1日）

国民政府委员会胡部长、廖部长、许部长，粤军许总司令、梁军长、李军长，湘军谭总司令，攻鄂军程总司令，滇军朱总司令，豫军陈总指挥，广东省政府委员会，市政厅，伍委员长，惩吏院委员会，卫戍司令部蒋司令、吴司令，中央银行宋、黄、林各行长、邓运使，大理院林院长、卢总检察长，广东高等审判厅陈厅长、高等检察厅林厅长，广州地方审判厅陆厅长、地方检察厅区厅长，粤汉铁路局许总理，广三铁路局陈局长，广九铁路局黎局长，禁烟督办署范督办，海关监督署傅监督，市政委员会，电话局徐局长均鉴：国民政府成立，履行总理遗嘱，依照三民主义，五权宪法，建国大纲以建设中华民国。惟建设之首要，在扫荡一切恶劣之环境。故一面从事政治军事之整理，一面着手扫除积年腐化之障碍，为欲达此目的，故设立督察院，以实行总理五权宪法之始。窃自辛亥革命至今十四年，国民革命一蹶于袁世凯之帝制，二蹶于张勋之复辟，三蹶于段祺瑞之专政，四蹶于冯、徐之潜〔僭〕窃。中国军阀凭藉帝国主义之后援，割据自雄，或揭武力统一之名，或标联省自治之号。凡一政事无不贿成，任命官吏以贿，煽动军人亦以贿。革命政府数次失败，则以军人官吏受

北方金钱运动为之阶，巨浸一决，沧海横流，遂使清季末叶，贪污卑贱之行，龌龊钻营之私，不独不能随辛亥革命以澈底扫除，反随辛亥革命以变本加厉。奸商市侩动窃政纲，贩夫牧竖同膺民社。以国家行政之府，为商人谋利之场；以设官分职之机关，为买卖赃物之利器。粤中有陈、刘、杨诸逆相继背叛革命政府，制于肘腋之患，无暇为釜底抽薪之谋。因而污吏贪官愈益因缘为恶，或结托于军阀，或奔附于权门，牧令多剥民以自肥，法吏或枉法以自养。纲纪既替，民怨益深，使吾党之政纲与政策，亦受环境之挟持而不能实现。此政府与人民昕夕思之而痛心者也。现在大局敉平，政府与人民更始，于统一军民财政之外，着手扫除一切障碍。委员等受中国国民党之指挥监督，与国民政府之命令，责在扶植民权，职司监察，以为官吏之贪墨不去，则人民之痛苦不除，故对于吏治不唯于消极方面，严厉监督其行动，更于积极方面，以主义纪律训练其操守，使其遵守党规，忠心职务，并建立考试制度，使政府用人得其才，才得其用。对于财政，自刘、杨两逆敉平之后，军队已将财政交回，一切苛细杂捐亦已完全豁免。国民政府、省政府成立，财政已收统一之效。惟是财政整理之目的，不仅在统一，尤在统一之后能不断扫除其积弊。故本院除监察官吏非法行动之外，并严厉考核各机关对于公款之用途，稽查奸宄，使舞弊亏空者，无所倖脱。调查田赋、税契、盐务、海关及其税项，使政府得实施合于原理之税则，而人民亦得公平之负担。其次对于交通，交通为国民经济之枢纽，以便利迅速为其特效，而便利迅速与否，则依其营业管理状况有无进步为断。年来粤中邮电、航路各交通机关，类多不满人意。人民期望改善之念愈逼，则着手整理愈不容懈。故本院随时调查其营业状况之外，更严密监察各交通机关所用之材料有无浪费及浮报之情弊，一以期收交通迅速之效，一以使政府收入，不致缩短。凡此诸端所以求政府在今日财政状态之下，得符收支适合之原理，并同时使国民经济及一切生产力，得自由发展之机会。要而言之，国民政府建设计划，能否实施，当视病国殃民之蠡贼，能否尽杀。但人民之耳目，即为政府观察之所由，人民之喉舌，即为政府兴革之所寄。委员等就职伊始，当秉总理大公无我之遗规，破除情面，努力为人民除害。同时愿受人民一切痛苦之陈诉，使人民得实行总理所主倡之民权。深望人民与政府合作，并为本院之后盾，使贪官污吏无所遁逃，政治障碍早一日扫除，即吾党之政纲早一日实现。敢掬血悃，为此宣言。诸惟鉴察。国民政府监察院监察委员黄昌谷、林祖涵、甘乃光、陈秋霖叩。东。印。

〔广州国民政府档案〕

## 47 国民政府监察院委员林祖涵等就职任事呈

（1925年8月6日）

呈为呈报事：案奉中央执行委员会函开：本月七日政治委员会提出推定谢持、林祖涵、黄昌谷、甘乃光、陈秋霖为监察院委员，当经本会第九十三次会议议决，相应函达，敬祈刻日就职视事为盼。等因。随奉国民政府任命状开：任命谢持、林祖涵、黄昌谷、甘乃光、陈秋霖为监察院监察委员。此令。等因。各奉此。遵于八月一日就职任事，理合呈报察核。谨呈

国民政府委员会

监察院监察委员　黄昌谷　林祖涵

甘乃光　陈秋霖

中华民国十四年八月六日

〔广州国民政府档案〕

## 48 谢持因病请求辞职呈及国民政府批稿

（1925年8月）

### （1）谢持致国民政府呈（8月15日）

辞职书　　　　　　　　　　　　　　　　　　　　　谢持呈

敬陈者：七月十八日，在上海奉到中央执行委员会通知略开：由政治委员会推定谢持为国民政府监察院监察委员，经中央执行委员会议决，希即就职。旋于同月廿一日奉到国民政府委员会常务委员汪、胡、谭咸电开：国民政府任命谢持、黄昌谷、林祖涵、甘乃光、陈秋霖等为监察院监察委员，希即来粤就职。各等因。窃维本党于政府改组伊始，实行总理五权宪法之主张，特设监察院，关系之重，讵等寻常，而委员则责任所寄，允宜量而后进，庶大贻误要公。今者持以菲材，谬膺推任，义当努力，不恤其他。无如自去年大病后，体气大损，今年二月赴北京省侍总理以来，病且时作，日前到粤亦糖尿三日，顷虽小愈，其惫已甚，审维再四，如或勉强就职，必至精力不胜，旷职废事。持于本党时存奋斗之心，尤深陨越之惧，实不敢以在病之躬，轻率尝试，致碍进行。谨请准予辞去监察院监察委员之职，另简贤员继任，公私之便，无逾于此。持病完全愈时，即当竭尽所能，以图报称。除另文陈请中央执行委员会核示外，理合具书呈请核示，准予辞职，无任屏营。此呈

国民政府

谢持　　十四年八月十五日

### （2）国民政府批稿（8月19日）

国民政府批　第一八号

批监察院监察委员谢持

呈请辞职由。

呈悉。该委员尽心党国，叠著勤劳。值兹政府改组之初，自应勉为服务，以副先大元帅努力奋斗之遗旨。所称抱病，准予给假一月，俾资调养。所请辞职，应毋庸议。此批。

中华民国十四年八月十九日

〔广州国民政府档案〕

## 49 国民政府决定在虎门设领港机关令

（1925年9—10月）

### （1）国民政府令（9月12日）

中华民国国民政府令　第五九号

令粤海关监督傅秉常

为令饬事：着该海关监督照会税务司，政府决定在虎门附近组织领港机关，着令饬领港人员应驻在该处。此令。

民国十四年九月十二日

### （2）国民政府令（10月14日）

中华民国国民政府令　第120号

令广东交涉员傅秉常

为令饬事：昨因虎门一带，现已宣布戒严，并安设水雷，曾由政治委员会训令该交涉员通知各国领事：凡船舶入口，应先通报虎门要塞司令，派人领港、以保安全在案。兹复据海军局长将会商虎门要塞司令规定布防及检查船舶各办法报告前来，令即照钞原办法，令仰该交涉员，即行通知驻广州的各国领事照办为要。此令。

计抄发原办法一纸

民国十四年十月十四日

水雷敷设线，由虎门沙角起至南五海里止。江大、江巩两舰驻于雷线两端，如有船只经过则指导其由安全线通过。不论何国轮船进口，各舰须立即检查。

凡夜间不准船只航行。

凡出口船只驰向雷线者，至虎门炮台山上旗台侧之时，须取北一百六十七度半东方向航行，至三板洲灯塔侧之时，则取北一百五十八度东方向航行。

如发觉嫌疑船只时，各舰须放警炮三响，通告炮台。

〔广州国民政府档案〕

## 50 军政学农工商各界举行人民团结与政府合作建设大会通告

（1925年9月22日）

广东比年以来，丧乱频仍，骄兵悍将，横行跋扈，贪官污吏，因缘为奸，交通断绝，廛市凋零，驯致人民之生命、自由、财产无所保障。此实我各界人民所叹息痛恨，而革命政府所引为深疚者也。兹者大难相继削平，正当人民团结与政府合作建设之时，革命政府为期急速达到中国之自由平等，为求国家及军民之解放，已宣言：决心实力拥护工商联合之决议，务于最短期间，实行废除苛捐杂税，减少军备，肃清土匪，振兴商业，完成粤路，速筑黄埔商埠及其他公路，设法增加广东出入口货，使广州成为最富庶繁华之都市。我各界人民为使革命政府此种利国福民之主张得于早日实现，特定期于九月二十四日正午十二时，在文明路广东大学操场开“军政学农工商各界大会”，并举行各界大巡行，以表示人民一致团结，与政府合作，共致昇平。届时务请各界同胞踊跃赴会，并依照下列标语，自备旗帜传单，以唤起民众，而示民意，并于是日各工厂、商店、学校及政府机关一律放假一天，是为切盼。

军政学农工商各界大会筹备委员会

九月廿二日

---

一 标语

（一）人民团结与政府合作，实行废除苛捐杂税！

（二）人民团结与政府合作，实行减少军额！

（三）人民团结与政府合作，实行肃清土匪，实现和平！

（四）人民团结与政府合作，实行统一广东！

（五）人民团结与政府合作，扫除一切为军政、财政、民政统一的障碍物！

（六）人民团结与政府合作，使粤港罢工胜利后，工商业能够振兴！

（七）人民团结与政府合作，使广州变成一个富庶的繁华的和平的城市！

（八）人民是有力量的，国民政府是保护人民利益的，人民与政府联合起来，巩固国民革命的基础！

（九）人民团结与政府合作，务使粤港罢工胜利后一年之内广东出入口货增加一倍！

（十）人民团结与政府合作，完成粤汉铁路、黄埔商埠以及一切经济独立的计画！

（十一）国民党、国民政府、国民革命军与农工商各界一致团结，肃清内奸，抵制外侮！

（十二）凡反对军政、财政、民政统一者为人民之公敌，人民应与政府共同刬除之！

二　巡行路径

广东大学——中央党部——东堤——天字码头——永汉南北路——财政厅——国民政府——吉祥路——维新路——惠福西路——西瓜园散队

〔广州国民政府档案〕

## 51　国民政府任命周恩来甘乃光分任东江南路各属行政委员及其职权等令稿

（1925年11月）

### （1）21日令稿

中华民国国民政府令　第　号

任命周恩来为广东东江各属行政委员，甘乃光为广东南路各属行政委员。此令。

中华民国十四年十一月

### （2）21日令稿

中华民国国民政府令　第一九七号

令广东省政府

为令行事：任命周恩来为广东东江行政委员，甘乃光为广东南路行政委员，业经明令公布在案。查其所辖区域：东江当以惠、潮、梅全属属之；南路当以恩开、两阳、三罗、新兴暨高雷、钦廉各属属之。合行令仰该省政府即便分别令饬遵照。此令。

中华民国十四年十一月二十一日

### (3) 25日令稿

令　第二〇四号

令广东省政府

为令行事：广东东江、南路各行政委员职权，业经规定如下：(一)督率所属各县县长处理地方行政事宜；(二)对于所属各县县长，得先行任免，再报告于省政府。合行令仰该省政府即便分别转饬遵照。此令。

中华民国十四年十一月二十五日

〔广州国民政府档案〕

## 52　国民政府秘书处关于派陈公博等为广三铁路查办委员公函

(1925年11月)

公函　第四八八号

径启者：十一月二十八日，奉国民政府令：派陈公博、甘乃光、林祖涵、孙科、李作荣为广三铁路查办委员会委员，并以陈公博为主席。此令。等因。除公布外，相应函达查照。此致

陈委员公博

甘委员乃光

林委员祖涵

孙委员科

李委员作荣

民国十四年十一月

〔广州国民政府档案〕

## 53　国民政府任命古应芬宋子文分别兼任西江广州各属行政委员会令稿

（1925年11月30日）

中华民国国民政府令　第　　号

任命古应芬兼广东西江各属行政委员。此令。

任命宋子文兼广东广州各属行政委员。此令。

主　　席　汪兆铭

常务委员　汪兆铭

谭延闿

伍朝枢

中华民国十四年十一月三十日

〔广州国民政府档案〕

## 54　广东全省除盗安民委员会检送组织章程及秘书处细则请举出代表函

（1926年2月27日）

径启者：案查第一届中央执行委员会第一百廿六次会议，经决议通过广东全省除盗安民委员会组织章程及该会秘书处组织细则，并指定各机关团体举出代表为执行委员。又第二届中央执行委员会委务委员会第五次会议，经决议增加除盗安民委员会秘书处常务委员，除原有谭平山、谭桂萼、黎樾廷三同志外，并推黄旭昇、陈其瑗二同志，及军事委员会、政治训练部各派一人加入秘书处为常务委员。谭平山同志因事离粤，由杨匏安同志代理，并推定杨匏安同志为主席等因，各在案。兹依据上项决议，经于本月廿五日成立秘书处，开第一次常务委员会会议议决三月一日下午二时在广东省党部召集执行委员会会议，相应函请查照，希即举出代表一人，携带证书，依时出席为荷。此致

国民政府

广东全省除盗安民委员会秘书处

附广东全省除盗安民委员会组织章程及秘书处细则乙份

中华民国十五年二月廿七日

## 广东全省除盗安民委员会组织章程

（一）本会定名为广东全省除盗安民委员会。

（二）本会本人民与政府合作之宗旨，于最短期间筹划妥善方法，清除省内盗匪，同时发展人民经济，以清盗源。

（三）本会地址暂设在广仁路广东省党部。

（四）本会由下列各机关团体举出代表，组织执行委员会：

中央执行委员会代表一人

政治委员会代表一人

国民政府代表一人

省政府代表一人

军事委员会代表一人

政治训练部代表一人

省党部代表二人

省农民协会代表一人

广东总工会代表一人

广东省教育会代表一人

广东工人代表会代表一人

广东学生联合会代表一人

广州特别市党部代表一人

广东总商会代表一人

广州市商会代表一人

商民协会代表一人

商民联合会代表一人

广东报界公会代表一人

统一广东各界代表大会代表一人

（五）本会设常务委员七人，由执行委员会推定之，组织秘书处。秘书处组织法另行规定。

（六）本会分设宣传委员会、人民经济委员会，称为广东除盗安民某委员会。

（七）宣传委员会担任说明人民与政治合作，以实现除盗安民计画。

（八）人民经济委员会担任计画发展人民经济事宜，免使人民因经济困难流为盗贼。

（九）各分委员会由本会推定会员组织之，其组织法另行规定。

（十）本会每星期开常会一次，由秘书处召集之。如有特别事故，得召集临时会议。议决案以出席委员过半数通过行之。

（十一）常务委员之权责：

（1）掌理会务；

（2）拟定本会一切进行计画；

（3）执行本会议决事项；

（4）本委员会会议如出席委员不过半数，由常务委员执行会务。

（十二）常务委员会议每星期至少举行二次，议决案以出席常务委员过半数通过行之。

（十三）本会得指定各地方团体，依照本会宗旨及办法组织各地方分会。

附则

（十四）本会章程如有未妥善，得全会会员三分之二以上之同意即行修改。

## 广东除盗安民委员会秘书处组织细则

**第一条** 本处由常务委员秘书长、各科主任、科员组织之。

**第二条** 本处于常务委员之下，设秘书长一人，文书调查会计三科，每科设主任一人，科员若干人。

**第三条** 秘书长承常务委员之命，监督指挥本处一切事务。

**第四条** 文书科设主任一人，科员若干人，承常务委员及秘书长之命，管理左列各项事务：

一、草拟文稿；

二、监察收发文件；

三、编议事日程；

四、编会议录；

五、编造全会成绩报告；

六、掌理电报；

七、保存会内一切文件；

八、办理本会决议案件；

九、保管印信。

**第五条** 调查科设主任一人，科员若干人，承常务委员之命，管理左列各项事务：

一、调查地方经济情形；

二、审察人民对于政治之观念；

三、侦察盗匪聚集地点。

**第六条** 会计科设主任一人，科员若干人，承常务委员及秘书长之命，管理左列各项事务：

一、发给员役薪水；

二、保管存款。

**第七条** 本处一切庶务，由会计科分股办理，不另设一科。

**第八条** 凡本处所收文件，由收发员摘由登记，送常务委员批注，由秘书长分发文书科拟稿，经秘书长核改审定后，送常务委员签名发布。

**第九条** 调查科须每月月初，将上月调查所得各种情形，作一总报告，提交常务委员向执行委员会报告。

**第十条** 会计科须将收支状况，每月底造报提交常务委员，向执行委员会报告，其关于庶务事项采办物品，须以本处印条为凭。

**第十一条** 本细则有修改之必要时，由常务委员修改之。

## 广东全省除盗安民委员会宣传大纲

（一）自从一八四三年英帝国主义者强迫我们在虎门地方订定条约十七条，内有："领事裁判权，关税协定……"几种最酷的条文，其他各国援"利益均沾"之成例，也强迫我们定了许多同样丧失主权之条约。此后，影响所及，我们既不能将舶来品加抽重税而限制其入口，各项舶来品遂源源运到中国内地销售，我们手工业遂不能与之对抗。同时，农产品和各种商业品原料亦为其搜买而去，因此，各城市商店里的商品统统是舶来品了。简直〔单〕说一句，我国的农工商们，就变为帝国主义者的牛马，而为彼所驱使支配了。再换一句话说，宇宙间虽有多量的物质，但是，完全为帝国主义者所占夺。彼盈此缩，我们就觉得经济不能独立，事事须供〔仰〕给。那末，愚钝者流为饿莩，狡黠者变为盗贼，我们小的〔百〕姓于是不能一日安乐，现在我们提及"除盗安民"这个问题，应该联想及这就是帝国主义者所赐我们的特殊的恩惠。

（二）我们要知道伊犁条约赔款俄币九百万卢布，马关条约赔日本款二万万两，天津条约赔英法款一千六百万两，江宁条约赔英款二千一百万两，辛丑和约赔八国款银四万五千万两，芝罘条约赔英款二十万两。我们忍气吞声接受此项巨大的赔款，既不能向间接的关税取偿，当然要设法从各种直税弥补了。“抽剥愈大，民生愈困”，这是当然的通理。至抽无可抽时，又复借贷外债，“借债愈多，受制愈甚”，也是一成不变的例。那末，中央无力以保护外侨，地方无法以维持民众，“主权丧失”，“民生凋敝”，整个的弄成次殖民地的地位。因此，失业的民众，聚成伙匪，伙匪遇有相当的机会，摇身可以变为军队。这些无教育的土匪式军队，是不知有国家，不知有人民，只期拥兵自卫以掠夺国家和人民之利益的，结果成了一种军阀。其大者，藉口武力统一，把持中央；其小者，藉口联省自治，把持地方。人民处在这些压迫底下，怎能不穷且困呢？他省姑且不论，广东方面如龙济光、李耀汉、陆荣廷、陈炳焜、莫荣新、陈炯明、杨希闵、刘震寰、邓本殷…这些东西，都是榨取人民的膏血以自肥其身的怪物。在这个时候当中，凡是掳掠、抢劫、拉伕、苛捐、什税、敲榨，一概应有尽有，极其剥削的能事，使我的亲爱的同胞流为盗贼。人民怎样叫苦，他们充耳不闻。我们相信这些军阀，不特不为我们清除盗匪，还整天直接、间接和土匪勾结，咕嘬我们的血肉。现在广东土匪这样众多，这样厉害，原其究竟，当然系受龙济光……等小军阀之赐。我们现在谈及除盗安民这个问题，应当从受帝国主义者所赐的观念，而联想到受历年军阀所赐的观念了。

（三）我们知道，盗匪之产生，系由帝国主义者和军阀所赐的。但是我们要知道帝国主义者、军阀和土匪中间的投机主义者——土豪、劣绅、官僚、资本家、买办阶级，也与盗匪有极大的渊源，我们应该特别注意的。我们试想想土豪劣绅，在乡是不是豢养土匪以为爪牙，是不是供给土匪的军用品，是不是勾结军阀官僚，与土匪间通款曲，是不是假借军阀、官僚的气焰而榨取民脂民膏藉以分肥？是不是藉名办团，剥取地方公款，从而庇匪呢？官僚式的知事们是不是从事敲榨人民膏血，不理地方的治安，资本家是不是巧立名目承办苛捐什税，以供军阀官僚的挥霍，藉以分润呢？又是不是高利售与无产阶级而取其血汗资呢？买办阶级是不是专为帝国主义者经纪舶来品，乞其馂余以过其走狗生活呢？又是不是为帝国主义者间接、直接所驱使，与资本家共同操纵我们金融，而获厚利呢？从这几点归纳起来说一句，土豪劣绅、官僚、资本家、买办阶级可称是土匪的生殖器，也可称为土匪的保护者。因为他们掠夺人民经济直接和间接都是为土匪生产之机缘的。同时他们为维持自己的利益也会包庇土匪和利用土匪的，我们现在要谈除盗安民的问题，也应该从帝国主义者和军阀联想及土豪劣绅、官僚、资本家、买办阶级都是土匪的生殖器，和保护者啊！

（四）工友们：你们的工业，因不能与帝国主义者的机器生产品竞争，有些已为帝国主义者所豢养，而为其驱使了，有些失业者耐不住饥寒已流为盗贼了。农民们：你们同业中，间接受帝国主义的经济侵略和军阀、官僚、土豪、劣绅所剥削，直接受资本家、买办阶级的厚利贷，已由大农变为自耕农，由自耕农变为佃农，由佃农变为雇农，或土匪了。商友们：你们直接间接受帝国主义者、军阀、官僚之掠夺、抽剥、骚扰，已由资产阶级流为小资产阶级，由小资产阶级流为无产阶级，由无产阶级流为饿莩或土匪了。学界和一般智识阶级们：你们因为会社〔社会〕上工商业不能发展，但为要向社会讨生活，除了做教员、律师、官吏……外，真无法谋生了。现在的教员，律师，官吏……等有几许呢？以有限的教员、律师、官吏……等，安置无限的智识界，怎能尽量安插呢？因此，知识阶级有些变为政客、官僚，去做帝国主义者和军阀的走狗，有些走入匪窟而为土匪的师爷首领了。那末，盗匪愈聚愈多，愈多愈厉害，从前只鬼头鬼脑瑟瑟缩缩从夜里去乡间作些偷偷摸摸的行为，现在居然在白昼，在通衢大道、城镇市廛杀人越货了。我的亲爱同胞们，你们所受盗匪的痛苦，固然直接系由盗匪给赐你的，但是这种痛苦，还间接受帝国主义者、军阀、官僚、土豪、劣绅、买办阶级赐给你们的。你们都要认识清楚，大家共同去想一个方法，应付这个问题罢了。

（五）我们知道香港、澳门、广州湾是帝国主义者经济侵略的大本营，是广东土匪之逋逃薮。广东历次举行清乡，一般土匪必定走去香港、澳门、广州湾躲一躲，俟清乡工作完竣，他就跑回原来地方照样作恶。历次清乡没有好些成绩，就是这个原故。我们又知道土匪的枪械弹药，统统是由香港、澳门、广州湾运来的，故得源源不绝。我们如要清除盗匪，就治标方面来讲，当然要断绝盗匪的军用品之来源，还要使盗贼于搜捕紧急时无路可跑，无地容身。就治本的方面来讲，应该要使社会的组织健全，人民的经济安定和发展。但要土匪无地可容和人民经济发展两件事同时实现，一定要将香港、澳门、广州湾收回，或封锁他们，使化为荒岛。现在计划开辟黄埔商埠，使一切工业商业品，不必靠香港、澳门、广州湾为转输，就是要实现封锁他们的计划。所以黄埔开埠这回事，也是除盗安民之一种方法。

（六）现在已把东南两路陈邓二逆肃清，广东军政、民政、财政也能统一了，在广东全省地方，可算把军阀整个地扫除了。换句话说，土匪已失却军阀一个助手。同时我们省港的罢工工友，把香港、澳门、广州湾封锁到铁网似的一般不能通过，广东的盗匪，现在已无香港、澳门、广州湾军用品的接济和躲避的路。可以说一句，土匪也失却帝国主义者一个助手了。这真是根本清除广东土匪千载一时的机会。我们应该积极的去干这回事，不可错过啊！

（七）我们知道，清除盗匪这个问题，人人都知道重要的。但是，清除盗匪的方法，我们要群策群力认真去研究，才能达到我们最终清除盗匪之目的。我们要知道，旧式的军队，平时绝对不管绥靖的任务，简直可以说军队和盗匪各守各的防线，彼此不相侵犯，不相理会的。更有些不肖的军队，老实不客气和匪党通同合作，串劫串掳不在话，分赃合伙更是常事。遇着政府命令他们去缉匪的时候，他们就挂起清乡的招牌，暗示附近防线的盗匪跑向别处去。匪跑走了，他们就勒迫乡中父老交出盗匪，交匪不出，他们就勒索父老报效花红。所以匪患未除，乡中先受了兵患。同胞们：这种军队能够担任缉匪的任务么？这种清乡的方法是不对的。我们相信如果要认真去清乡除盗，首先要打倒这种与匪合作为患村乡的旧式军队，此后万不能令他们去再担任清除盗匪的重大任务。我们相信在廉洁政府之下，断不容有此种不肖的军队，但将来万一有这种情形时，甚望各界的民众，随时告诉本会，本会可以转告政府马上解散这种军队。同胞们，我们为谋群众的利益，是不必害怕的。

（八）国民政府是建筑在民众上面的政府，也是谋民众利益的政府。他现在和兵、农、工、学、商、自由职业、各阶级党部等，合组一个广东全省除盗安民委员会。他的使命是肃清广东全省的土匪，和把兵、农、工、学、商、自由职业界整个的安顿起来，各安其所。他已经预制调查地方经济情形、审察人民对于政治之观念、侦察盗匪聚集地点各种表册，听从民众随时填报，汇成一个确实可行的方案。他的计划是先把广州市近郊的盗匪肃清，再行肃清各江河道，和把各县的盗贼分别良歹而定去留。这些重大的事情，单纯靠政府的力量去干，必定效力薄弱。我们定要各界民众一致联合起来，协助政府侦缉盗匪，把帝国主义者、军阀、官僚、土豪、劣绅、资本家、大地主、买办阶级和土匪直接间接有关系者，一概打倒了，然后去谋经济独立．发展实业，这是我们的责任呀！

（九）所以关于除盗安民这一件工作的宣传，我们的口号是：

一、打倒帝国主义！

二、取消不平等条约！

三、打倒军阀！

四、铲除土豪劣绅！

五、铲除贪官污吏！

六、打倒资本家，大地主，买办阶级！

七、促进中国经济独主〔立〕！

八、封锁香港、澳门、广州湾！

九、促成开辟黄埔商埠！

十、肃清广东全省盗匪！

十一、发展广东全省实业！

十二、拥护国民政府！

十三、国民革命成功万岁！

十四、世界革命成功万岁！

〔广州国民政府档案〕

## 55、国民政府军委会公布军委会政治训练部组织大纲军法委员会组织大纲及国民革命军党代表条例令

（1926年3月19日）

国民政府军事委员会令

兹制定军事委员会政治训练部组织大纲、军法委员会组织大纲、国民革命军党代表条例公布之。此令。

中华民国十五年三月十九日

军事委员会主席　汪兆铭

军　事　部　长　谭延闿

### 军事委员会政治训练部组织大纲

#### 第一章　总则

**第一条**　政治训练部以指导国民革命军之党务、政治及文化工作为职责。

**第二条**　政治训练部受军事委员会之指挥，秉承其批准之计划及决议而工作之。

**第三条**　军事委员会主席同时为国民革命军总党代表，指导政治训练部处理日常工作。

**第四条**　政治训练部承中国国民党中央执行委员会及其政治委员会之指导，处理军队中之党务事宜（如特别区党部之组织党员入党及开除党籍、党员之教育等）。

**第五条**　政治训练部设立主任一员，同时为军事委员会委员。

**第六条**　政治训练部在军队及其他军事机关中之工作，经过相当之党代表及政治部而为间接之施行。

**第七条** 本部直辖机关如下：

一、各军党代表及独立师师党代表。

二、海军局及航空局党代表。

三、中央政治军事学校党代表。

四、参谋团及军需局党代表。

（注）现时某某军党代表及中央政治军事学校党代表由军事委员会主席兼任，但在此某某军中及中央学校中设代理党代表（或副党代表），以普通党代表之职权为根据，受政治训练部之指挥。

**第八条** 政治训练部对于前条直辖机关所发命令，须有军事委员会主席之署名及政治训练部主任之副署。

**第九条** 军队中一切党务、政治及文化工作，一律接【受】政治委员会之指导及计画而实施之。

**第十条** 军队中之一切社会政治组织，一如孙文主义学会、青年军人联合会等，均承政治训练部及相当党代表暨政治部之指导而工作。凡在政治训练部之监督及指导范围以外之各种组织，一律禁止其存在。

**第十一条** 军队中之一切党务工作员及其他政治工作员，仅受政治训练部及其所属政治机关之指挥。未得政治训练部之许可及同意，上示各种工作人员均不得委以职务离职或调往他处工作。

**第十二条** 政治训练部掌管军队中政治人员之选择及任命。关于党代表之任命法详载于“党代表之职权”中。

## 第二章 政治训练部之组织

**第十三条** 本部之组织分科如下：

（一）总务处（甲）文书科（乙）财务科（丙）收发科

（二）宣传处（甲）宣传科（乙）文化教育科（丙）统计调查科（丁）编辑科

（三）党务处（甲）党务科（乙）组织科

## 第三章　政治训练部所辖各处之职责

### 第一节　总务处

**第十四条**　总务处为政治训练部总务行政之机关。

**第十五条**　文书科掌管关于本部撰录、通报、登记、保管事宜。

**第十六条**　财务科掌管关于本部财政之出纳及材料之供给、编制本部预算决算并审核本部所辖各政治部之预算事宜。

**第十七条**　收发科掌管关于本部收发分配文书、命令、出版品等事宜。

### 第二节　宣传处

**第十八条**　宣传处编辑关于理论指导之材料，以作军队中党员及政治宣传员对士兵、学生与官长政治文化教育之材料，且为讨论军队中政治工作问题，得召集各种大小会议。

**第十九条**　宣传科拟定关于政治教育及各种定期政治宣传之计划、方针、宣传大纲等，并指导军队中之政治工作员施行之。

**第二十条**　文化教育科编撰关于识字学校、俱乐部及其他文化机关之教材，并掌管图书馆、体育会及其他游艺会、辩论会之组织，并指导此项工作在军队中之实施。

**第廿一条**　统计调查科掌管军队中政治工作员及党员之登记，并研究军队中政治工作发展之情形。

**第廿二条**　编辑科掌管本部一切之出版物如报纸、书籍、图画、小册、标语等之编辑并发行。此项出版品之分发，由宣传科长施行。

### 第三节　党务处

**第廿三条**　党务科掌管关于军队中党务之组织指导及计划，指导孙文主义学会及其他一切党的组织并召集大小党务会议。

**第廿四条**　党务科编拟关于党的工作及教育与各种定期宣传进行之计划及材料。

**第廿五条** 组织科掌管凡与军队中政治、军事、党务及文化教育有关之一切规程、条例并指导之。

**第四章**

**第廿六条** 政治训练部之下附设军法委员会，其组织法及职权另定之。

政治训练部人员编制表

| | |
|---|---|
| 主任 | 一人 |
| 副主任 | 一人 |
| 随从书记 | 一人 |
| 一　总务处 | |
| 总务处长 | 一人 |
| 甲　文书科 | |
| 文书科长 | 一人 |
| 干事员 | 二人 |
| 书记录事 | 三人 |
| 乙　财务科 | |
| 财务科长 | 一人 |
| 会计员 | 一人 |
| 书记 | 一人 |
| 丙　收发科 | |
| 收发科长 | 一人 |
| 收发员 | 一人 |
| 传达员 | 七人 |
| 二　宣传处 | |
| 宣传处长 | 一人 |
| 甲　宣传科 | |

| | |
|---|---|
| 宣传科长 | 一人 |
| 宣传指导员 | 二人 |
| 　乙　文化教育科 | |
| 文化教育科长 | 一人 |
| 学校及俱乐部文化教育指导员 | 二人 |
| 　丙　统计调查科 | |
| 统计调查科长 | 一人 |
| 统计员 | 一人 |
| 调查员 | 二人 |
| 书记 | 一人 |
| 　丁　编辑科 | |
| 编辑科长 | 一人 |
| 编辑员 | 一人 |
| 编辑委员会 | |
| 印刷所 | |
| 　三　党务处 | |
| 党务处长 | 一人 |
| 　甲　党务科 | |
| 党务科长 | 一人 |
| 指导员 | 二人 |
| 　乙　组织科 | |
| 组织科长 | 一人 |
| 指导员 | 二人 |

## 军法委员会组织大纲

### 总则

**第一条**　为维持国民革命军之军法、军纪、秩序，制止财政上之舞弊，消灭间谍、谋叛、反对政府、反对长官及其他罪恶等行为，特于国民革命军政治训练部之下设军法委员会。

**第二条** 军法委员会之责任在提高士兵之普通政治智识，对国民革命及政府与军队之一切敌人为严厉之惩罚机关。为此军法委员会之行为，应以最明了公开为原则。

**第三条** 军法委员会根据国民政府所颁之法令，承政治训练部之指导处理职务。

军法委员会之组织

**第四条** 军法委员会设主席一人，副主席一人，委员三人，副委员二人，秘书长一人。由政治训练部推荐，于中国国民党中央执行委员会政治委员会任命之。

**第五条** 军法委员会主席为理论之指导者，并统率该委员会所属人员，指挥处理一切行政事宜。

**第六条** 军法委员会全体委员及副委员组织军法委员会之军法会议，解决各问题，如增减及免刑、再审等军事法庭①。

**第七条** 军事法庭由军法委员会主席或副主席为主席及二委员组成之。若军法委员缺席时，由副委员充任之。秘书则任审判之记录。法庭人员须经军法委员会主席之批准。

**第八条** 军事法庭于各项问题决议中，须仅以有益于国民革命为原则。

**第九条** 对于犯人之刑罚，由委员多数同意决定之（即主席一人，委员二人）。

检察所

**第十条** 军法委员会设检察所，置检察长一人，检察员四人，其任命方法与军法委员会同。

---

注：①原文如此。

**第十一条** 检察所长承军法委员会主席或副主席之命而执行检察事务。

**第十二条** 被告人之罪状不成立时，其消案权在军法委员会之军法会议。

军法会议对于已检察案件认为欠明显时，有要求检查〔察〕所再行检查〔察〕之权。

**第十三条** 检察所长得分配各种案件于各检察员检察之，其检察之结果须提交军法会议审定之。检察所由军法委员会主席或副主席负责监督之。

总务处

**第十四条** 总务处管理关于军法委员会及检察所和卫队（直隶总务处长）等机关及人员之经济事宜。

**第十五条** 卫队负保护本会委员，守护本会屋宇、财产，维持秩序之责。卫队长管辖本会卫队，并为维持秩序起见，得出席各种审判会议。

拘留所

**第十六条** 军法委员会设立拘留所，监禁各种犯人。

**第十七条** 拘留所长或副所长及卫队长，秉政府、政治训练部主任及军法委员会主席或委员命令，而执行逮捕任务。

**第十八条** 所长或副所长在未受军法委员会主席或副主席之书面命令前，不得释放监押人犯。

**第十九条** 拘留所长只服从军法委员会主席或副主席之命令。

**附则**

甲、军法委员会委员或检察员对于有直接或间接亲属关系及其他关系之犯人，不得参加审理。

乙、卫队长工作细则另定之。

丙、拘留所内之秩序及其职员任务与守卫勤务之细则另定之。

**国民革命军军法委员会人员编制表**

| | | |
|---|---|---|
| 甲 | 军法委员会主席 | 一人 |
| | 副主席 | 一人 |
| | 委员 | 三人 |
| | 副委员 | 二人 |
| | 秘书长 | 一人 |
| | 秘书 | 一人 |
| 乙 | 检察所 | |
| | 检察长 | 一人 |
| | 检察员 | 四人 |
| | 秘书 | 一人 |
| 丙 | 总务处 | |
| | 处长 | 一人 |
| | 书记 | 二人 |
| | 差遣兵 | 若干 |
| 丁 | 卫队 | |
| | 军法委员会卫队长 | 一人 |
| | 副官 | 二人 |
| | 卫兵 | 一独立排 |
| 戊 | 拘留所内之人员 | |
| | 所长 | 一人 |
| | 副所长 | 一人 |
| | 值日管理员 | 三人 |
| | 会计庶务员 | 一人 |

| | |
|---|---|
| 办公处干事长 | 一人 |
| 录事 | 二人 |
| 差遣兵 | 若干 |
| 狱目 | 四人 |
| 狱员 | 十六人 |
| 监狱医生 | 一人 |
| 看护士 | 三人 |
| 看守兵 | 其编制另定之 |

## 国民革命军党代表条例

### 第一章　革命军部队之党代表

**第一条**　为贯输国民革命之精神，提高战斗力，巩固纪律，发展三民主义之教育起见，于国民革命军中设置党代表。

**第二条**　党代表在军队中为中国国民党之代表。关于军队中之政治情形及行为，党代表对党负完全责任。关于党的指导及高级军事机关之训令相助其实行，辅助该部队长官巩固并提高革命的军纪。

**第三条**　党代表为军队中党部之指导人，并施行各种政治文化工作。军队中一切普通组织之工作，如俱乐部、青年军人联合会、孙文主义学会、体育会等均受其指导，并指导其所辖各级党代表及政治部。

**第四条**　党代表应深悉所属部队中各长官及该部中一切日常生活情形，研究并考查官兵思想及心理。

**第五条**　党代表于工作中应设法改革其所发现之各种缺点及障碍，如改革此种缺点及障碍不可能时，得报告于其上级党代表。

**第六条**　党代表应推行党及政治势力于所属部队，并按上级党代表之意旨指导其政治工作，此项工作党代表应与其所属部队官长协商规定，以免时间上之冲突。

**第七条** 党代表为所属军队之长官，其所发命令与指挥官同，所属人员须一律执行之。

**第八条** 党代表有会同指挥、审查军队行政之权。

**第九条** 党代表不干涉指挥官之行政命令。

**第十条** 党代表于认为指挥官之命令有危害国民革命时，应即报告上级党代表，但于发现指挥官分明变命或叛党时，党代表得以自己的意见，自动的设法使其命令不得执行，同时应报告上级党代表及军事委员会主席。

**第十一条** 在战争时党代表须以自己无畏勇敢的精神感化官兵，为官兵之模范。

**第十二条** 党代表应注意该部队之经济生活，监查兵士能否按时得到食料，此项食料之性质是否清洁适宜，教导士兵节用国家之物力，并注意报纸杂志于时达到部队以及分配之适当。

**第十三条** 党代表于行军时应随地注意民众，毋令其受骚扰，并向士兵解释革命军人之目的在解除人民受帝国主义者之困迫。

**第十四条** 凡军队所驻之地，党代表须与该地党部及农工等团体发生密切之关系，务使人民与军队接近。

**第十五条** 党代表之工作应以党部为中心，指导党部施行一切巩固军队之工作。

**第十六条** 党代表之意见如与该部队之党部有歧异时，有停止该党部议决之权，但同时应将理由速行报告于上级党部及政治部。

**第十七条** 党代表须明了国民革命军之一切法规，尤须明了对该所属部队一切有关系之命令。

**第十八条** 党代表须每月至少报告其自己工作于上级党代表一次，此外于官长及政治工作人员会议上，亦得报告其工作及其所属部队之政治情形。

**第十九条** 本章全部规条仅适用于国民革命军各部队之党代表，如团、营、连队、军舰等。至国民革命军其他各机关，如军司令部、师司令部、海军局、参谋团、军需局、军医监、兵工厂等党代表之职权，另于第二章规定之。

## 第二章 国民革命军其他各机关之党代表

**第一条** 各司令部、各局及其他各军事机关党代表之权力，与该部、局及机关长官所有之权力相等。

**第二条** 党代表有监督其所属部、局中军事、政治及军需之权。

**第三条** 党代表与指挥官共同听阅各下级军官之报告、呈文，并决议问题；与指挥官共同署名一切命令及发出之公文，凡未经党代表共同署名者，概不发生效力。

**第四条** 党代表与指挥官意见不同时，必须签署命令，并同时报告于上级党代表，如指挥官有违法行动时，党代表当依第一章第十条办理。

## 第三章 党代表之任命

**第一条** 党代表以中国国民党党员曾经表示忠心于国民革命，政治程度优良及严守纪律者为合格。

**第二条** 自团以下及与其相当组织之党代表，由政治训练部任命之，任命状须有军事委员会主席之署名及政治训练部主任之副署。但遇紧急时，得由上级党代表先行派员代理，然后报告于政治训练部。

**第三条** 自师以至更高级军事组织之党代表，由政治训练部提出，经中国国民党中央执行委员会之通过，军事委员会任命之。但遇紧急时，得由军事委员会主席之署名及政治训练部主任之副署先行任命，然后依上项手续办理之。

〔国民政府公报1926年第28号〕

## 56　国民政府公布修正外交部组织法令

（1926年8月14日）

中华民国国民政府令

兹修正国民政府外交部组织法公布之。此令。

中华民国十五年八月十四日

委员会议主席　汪兆铭
常务委员　汪兆铭
常务委员　胡汉民
常务委员　谭延闿
常务委员　伍朝枢
常务委员　古应芬
常务委员　张人杰
常务委员　宋子文

### 修正国民政府外交部组织法

**第一条**　国民政府外交部直隶于国民政府，管理国际交涉及关于居留外人，并在外侨民事务，保护在外商业。

**第二条**　国民政府外交部置部长一人，承国民政府之命，管理本部事务及监督所属职员。

**第三条**　外交部长对于各地方最高级行政长官之执行本部主管事务，有监察指示之责。

**第四条**　外交部长于主管事务，对于各地方最高级行政长官之命令或处分，认为违背法令或逾越权限，得呈请国民政府取消之。

**第五条**　国民政府外交部置秘书长一人，承部长之命整理部务。

**第六条** 国民政府外交部置秘书若干人，承长官之命掌理机要事务。

**第七条** 国民政府外交部事务分下列五科办理之：

(一)公法交涉科 掌理：(甲)政治交涉事项；(乙)领土交涉事项；(丙)通商课税交涉事项；(丁)行船交涉事项；(戊)其他一切凡关系公法上交涉事项。

(二)私法交涉科 掌理：(甲)华洋诉讼交涉事项；(乙)国籍交涉事项；(丙)华侨保护事项；(丁)外人在中国营业之登记事项；(戊)其他关系私法交涉事项。

(三)翻译科 掌理翻译外国文件语言事项。

(四)调查科 掌理：(甲)调查外交事件及外交政策事项；(乙)编纂条约及关于外交书籍；(丙)编辑外交统计。

(五)总务科 掌理：(甲)文书收发；(乙)印信；(丙)会计；(丁)护照发给；(戊)及其他不属于各科事务。

以上五科，每科置科长一人，科员若干人。

科长得由秘书兼任之。

**第八条** 于国民政府外交部附设宣传局，掌理宣传政府外交政策及助进革命策略。

宣传局置局长一人，总理其事务。

宣传局之详细组织另定之。

**第九条** 国民政府外交部设参事会，置常任参事若干人，由外交部长聘任或委任之，讨论外交上、约章上各种难题。

有必要时，外交部长得邀请其他官厅职员出席外交部参事会，参加讨论。

参事会之详细组织由外交部长另定之。

**第十条** 国民政府外交部因缮写文件及其他特别事务，得酌用雇员。

**第十一条** 本法自公布日施行。

〔国民政府公报1926年第42号〕

## 57 国民政府公布侨务委员会组织条例令

（1926年8月21日）

中华民国国民政府令

兹制定国民政府侨务委员会组织条例公布之。此令。

中华民国十五年八月廿一日

委员会议主席 汪兆铭
常务委员 汪兆铭
常务委员 胡汉民
常务委员 谭延闿
常务委员 伍朝枢
常务委员 古应芬
常务委员 张人杰
常务委员 宋子文

### 国民政府侨务委员会组织条例

**第一条** 国民政府侨务委员会直隶于国民政府，专管理海外华侨事务如左：

（一）关于取缔、监督、移民海外事项。

（二）关于保护、奖励海外华侨事项。

（三）关于指导、监督海外华侨政治、经济、社会及教育等团体之组织进行事项。

（四）关于调查各国政府待遇华侨之政策、条例，海外华侨之户口、国籍、工、商、农、学之生活状况等事项。

(五)关于优待回国华侨之游历、参观，指导华侨子弟之回国就学，介绍回国华侨之投资兴办实业等事项。

(六)关于处理海外华侨之争执纠纷事项。

**第二条** 国民政府侨务委员会由国民政府任命委员五人组织之，并于委员中指定一人为主席委员。

**第三条** 国民政府侨务委员会所议决之案件，由主席委员署名执行之。

**第四条** 国民政府侨务委员会设秘书处、移民科、组织科、交际科、调查科。其职务如左：

(一)秘书处承侨务委员会之指挥，掌理秘书事务，下设文书、收发、会计、庶务各股。

(二)移民科掌理：(甲)关于取缔、监督移民海外事项。(乙)关于奖励保护海外华侨事项。

(三)组织科掌理关于指导、监督海外华侨各种社团、学校及报馆之组织、注册等事项。

(四)调查科掌理：(甲)关于调查各国待遇华侨政策及条例事项。(乙)调查关于海外华侨之户口、国籍、工、商、农、学之生活状况。

(五)交际科掌理：(甲)关于优待回国华侨游历、参观及招待事项。(乙)关于指导华侨子弟回国就学事项。(丙)关于介绍回国华侨投资兴办实业事项。(丁)关于处理海外华侨之争执纠纷事项。

**第五条** 国民政府侨务委员会各科之主任，由委员互推委员四人分任之。

**第六条** 国民政府侨务委员会秘书，由委员会荐请国民政府任命之。其余科员、办事员由委员会委任之。

**第七条** 国民政府侨务委员会设名誉顾问若干人，由委员会聘请熟悉侨务名望素孚者任之。

**第八条** 国民政府侨务委员会设名誉谘议若干人，由委员会就回国及居留海外华侨之热心国事著有劳绩者委任之。

**第九条** 国民政府侨务委员会于必要时得增设驻外侨务特派员及调查员。由委员会委任之，其权责以不与驻外使领职权抵触者为限。

**第十条** 凡华侨回国及出外时，须至侨务委员会注册，其注册章程另定之。

**第十一条** 经在侨务委员会注册之华侨，其本人或其家属遇有事故须向政府请求时，得直接呈由侨务委员会办理。

**第十二条** 关于华侨保护及褒奖专章及侨务委员会办事细则另定之。

**第十三条** 本条例有须修改时，得由委员会呈请修正之。

**第十四条** 本条例自公布日施行。

〔国民政府公报1926年第43号〕

## 58 国民政府任命邓泽如等为侨务委员令

（1926年9月4日）

中华民国国民政府令

任命邓泽如、陈友仁、彭泽民、曾养甫、周启刚为侨务委员会委员。此令。

中华民国十五年九月四日

委员会议主席 汪兆铭

常务委员 汪兆铭

常务委员 胡汉民

常务委员 谭延闿

常务委员　伍朝枢
常务委员　古应芬
常务委员　张人杰
常务委员　宋子文

〔国民政府公报1926年第44号〕

## 59　国民政府公布修正省政府组织法令

（1926年11月10日）

中华民国国民政府令

兹修正省政府组织法公布之。此令。

中华民国十五年十一月十日

委员会议主席　汪兆铭
常务委员　汪兆铭
常务委员　胡汉民
常务委员　谭延闿
常务委员　伍朝枢
常务委员　古应芬
常务委员　张人杰
常务委员　宋子文

### 修正省政府组织法

**第一条**　省政府于中国国民党中央执行委员会及省执行委员会指导、监督之下，受国民政府之命令，管理全省政务。

**第二条**　省政府职权，由国民政府任命省政府委员七人至十一人组织省政府委员会行使之。

**第三条**　省政府委员会设常务委员三人至五人，由省政府委员会推选之，并由常务委员互推一人为主席，常务委员会按照省政府委员会议决执行日常政务。

**第四条** 省政府一切命令及公文，须经全体常务委员并关系厅厅长之署名行之。

**第五条** 省政府得制定省单行法令，但不得违反党之决议及国民政府命令。

**第六条** 省政府得任免省内各机关荐任官吏。

**第七条** 省政府下分设民政、财政、建设、教育、司法、军事各厅，于必要时得增设农工、实业、土地、公益等厅，分管行政事务。

**第八条** 省政府各厅各设厅长一人，由国民政府任命省政府委员兼任之。但委员中可以有不兼厅者。

**第九条** 省政府设秘书处，由省政府任命秘书三人组织之，秉承省政府委员会之命，分任秘书事务。

**第十条** 省政府各厅之组织法另定之。

**第十一条** 省政府委员会会议规则另定之。

**第十二条** 省政府秘书处组织条例另定之。

**第十三条** 本法自公布日施行。

〔国民政府公报1926年第50号〕

## 60 孙科关于就国民政府军事委员会航空处处长职日期和启用印信函

（1927年4月2日）

径启者：现奉国民政府任命状开：任命孙科为国民政府军事委员会航空处长等因。并奉颁木质镶锡印信一颗，文曰：国民政府军事委员会航空处长印。奉此经于四月一日就职，启用印信，除

呈报分函外，相应函达查照。此致
国民政府财政部长宋

处长　孙科

中华民国十六年四月二日

〔武汉国民政府档案〕

## 61　谢晋关于就国民政府代理军事委员会经理处处长职和启用印信函

（1927年4月2日）

国民政府军事委员会经理处公函　第七号

径启者：案准国民政府军事委员会秘书处函开：本月二十四日本会第四次常会议决，派谢晋代理军事委员会经理处处长，并颁发木质方印一颗文曰：国民政府军事委员会经理处印。晋遵于三月二十六日开始办公，四月二日就职，并启用印信，除呈报国民政府军事委员会外，相应函达，即希查照为荷。此致
国民政府财政部
中华民国十六年四月二日

〔武汉国民政府档案〕

## 62　徐谦关于就革命军事裁判所所长职日期和启用印信函

（1927年4月7日）

径启者：现奉国民政府任命状开，任命徐谦兼国民政府军事委员会革命军事裁判所所长，并奉颁木质镶锡印信一颗，文曰：国民政府军事委员会革命军事裁判所印。经于四月六日就职，启用

印信，除呈报并分函外，相应函达查照。此致

国民政府财政部长宋

革命军事裁判所所长　徐谦

中华民国十六年四月七日

〔武汉国民政府档案〕

## 63　国民政府开除郭泰祺党籍等令

（1927年4月11日）

中华民国国民政府令　第二二号

令国民政府财政部长宋子文

为令饬事：现准中央执行委员会函开：径启者：本月二日中央执行委员常务委员会第五次扩大会议，关于郭泰祺擅自接受蒋总司令委任上海交涉员案。决议三项：(一)郭泰祺着永远开除党籍；(二)着国民政府明令通缉；(三)并严电申斥蒋总司令违背决议。相应函达，即希查照。等由。准此。应即照办。除一、三两项决议由中央党部核办并分令外，合行令布遵照，迅饬所属，即将郭泰祺一名严密缉拿，务获究办。切切。此令。

中华民国十六年四月十一日

常务委员　汪兆铭

谭延闿

徐　谦

孙　科

宋子文

〔武汉国民政府档案〕

## 64 徐谦关于就湖北省政府司法厅长职日期和启用印信函

（1927年4月15日）

湖北省政府司法厅公函　第一号

径启者：现奉国民政府命令，任命徐谦兼湖北司法厅厅长，并奉颁木质镶锡印信一颗，文曰：湖北司法厅印。经于四月十日就职，启用印信，除呈报并分函外，相应函达查照。此致

国民政府财政部长宋

湖北省政府司法厅厅长徐谦

中华民国十六年四月十五日

〔武汉国民政府档案〕

## 65 陈友仁等关于就武汉市政府委员职和启用印信咨

（1927年4月19日）

武汉市政委员会咨　第6号

为咨知事：案奉国民政府任命陈友仁、苏兆征、陈公博、何羽道、吴士崇、詹大悲、李国瑄、张国恩、向忠发、郑惠吾、周星堂等为武汉市政府委员，并颁发印信一颗，文曰：武汉市政府印各等因。奉此。遵于本月十六日就前汉口市政委员会旧址全体就职，同日启用印信，并推举陈公博、李国瑄、吴士崇等三人为常务委员，除分别呈报咨令布告外，相应备文咨达贵部，请烦查照为荷。此咨

国民政府财政部

武汉市政委员会委员

陈友仁　李国瑄

苏兆征　张国恩
陈公博　向忠发
何羽道　郑惠吾
吴士崇　周星堂
詹大悲

中华民国十六年四月十九日

〔武汉国民政府档案〕

## 66　国民政府秘书处抄送武汉保安委员会暂行条例公函

(1927年4月28日)

径启者：顷奉国民政府令开：兹经中央执行委员会政治委员会议决武汉保安委员会暂行条例，特公布之。此令。等因。奉此。除公布外，相应抄送武汉保安委员会暂行条例一份，函达查照。

此致

财政部

计送暂行条例一份

国民政府秘书处启

中华民国十六年四月廿八日

### 武汉保安委员会暂行条例

**第一章　组织之意义**

**第一条**　武汉保安委员会，以镇压暨肃清反革命派为主旨。

**第二章　组织**

**第二条**　武汉保安委员会，由国民政府外交部长，管理武昌、汉口各卫戍事宜，总工会纠察队代表，武汉市政委员会代表，武汉三公安局长组织之。

**第三条** 开会时须有委员过半数之出席方能开会。审判时须经出席委员过半数之表决方为有效。

**第三章 职权**

**第四条** 武汉保安委员会有审判及处决在武汉逮捕反革命犯之权，执行死刑案件须呈报国民政府军事委员会核准。

**第五条** 对于武汉法院羁押之反革命罪犯，为迅速处决起见，得随时调审判决执行。

**第六条** 武汉各公安局、特别区管理局羁押之反革命罪犯，应逐日造具一览表呈报，听候提审。

**第四章 会期**

**第七条** 会期每周三次，于一、三、五等日上午九时开会，但遇必要时得召集临时会议。

**第五章 审理**

**第八条** 审判时，须指定负责委员独任审讯，讯问终结后，报告常会或临时会议议决处刑。

**第九条** 对于反革命罪犯之处刑，应适用反革命条例反革命军刑法。

**第十条** 审判时，凡有关系人民团体者，得请其出席参审。

**第六章 执行机关**

**第十一条** 判处死刑罪犯交管理卫戍事宜处执行，判处徒刑罪犯交监狱执行。

**第七章 附则**

**第十二条** 本条例自公布日施行。

**第十三条** 本条例未尽事宜，得由委员随时提议修改，经议决后，呈由国民政府核准修正施行。

中华民国十六年四月二十七日

〔武汉国民政府档案〕

## 6　国民政府秘书处抄送劳工部农政部组织条例函

（1927年5月17日）

中华民国国民政府秘书处公函　第二一一号

径启者：现奉国民政府令开：兹经中央执行委员会议决国民政府劳工部组织条例，特公布之。此令。又奉令开：经中央执行委员会议决国民政府农政部组织条例，特公布之。此令。等因：奉此。除公布外，相应录令并检同条例各一份，函达查照，此致国民政府财政部

计送条例二件

中华民国十六年五月十七日

### 国民政府劳工部组织条例

**第一条**　国民政府劳工部直辖于国民政府，管理全国劳工事务，监督劳工有关系之各机关，执行国民政府保护劳工之政策。

**第二条**　国民政府劳工部设部长一个，管理本部事务及监督所属职员。

**第三条**　劳工部长于主管事务对于各省各地方最高行政长官之命令或处分，认为不合法或逾越权限，得呈请国民政府取消之。

**第四条**　国民政府劳工部设秘书处、劳工保险处、劳动监察处、失业救济处，秘书处掌管：

(一)关于起草劳工法令事项。

(二)关于宣传事项。

(三)关于工会罢工之登记事项。

(四)关于劳工图书编纂事项。

(五)关于撰核文书及收发公布文件事项。

(六)关于典守印信保存档案事项。

(七)关于本部经费之预算决算及会计事项。

(八)关于本部庶务及其他不属各处事项。

劳动保险处掌理：

(一)关于工资与物价指数之调查与统计事项。

(二)关于全国劳动之调查事项。

(三)关于监督并指导各地劳工保险局之工作事项。

(四)关于工厂设备改良事项。

失业救济处掌管：

(一)关于失业登记与统计事项。

(二)关于职业介绍事项。

(三)关于各地失业救济局之管理事项。

劳动监察处掌管：

(一)关于劳动检查事项。

(二)关于劳资纠纷事项。

(三)关于工厂违反劳动法之控诉与处理事项。

**第五条** 国民政府劳工部设秘书长一人，处长三人，秉承部长命令分掌各处事务。

**第六条** 国民政府劳工部设秘书若干人，秉承长官命令办理机要事务。

**第七条** 国民政府劳工部秘书处及各处视事务繁简，酌量分科，设科长、科员及技术人员，襄助秘书长及处长办事。

**第八条** 国民政府劳工部因监督劳工法令之实施，得派指导员及检查员若干人。

**第九条** 国民政府劳工部设参事会，置常任参事若干人，由劳工部长聘任或委任之，讨论劳工事务上各项重要问题。其详细组织法另定之。

**第十条** 国民政府劳工部因缮写文件及其他特别事务，得用录事及雇员若干人。

**第十一条** 劳工部办事细则，另以部令定之。

**第十二条** 本组织法自公布日施行。

## 国民政府农政部组织条例

**第一条** 国民政府农政部直辖于国民政府，管理全国农政事务，监督农政有关系之各机关执行国民政府保护农民之政策。

**第二条** 国民政府农政部设部长一人，管理本部事务及监督所属职员。

**第三条** 农政部长于主管事务对于各省、各地方最高行政长官之命令或处分，认为不合法或逾越权限，得呈请国民政府取消之。

**第四条** 国民政府农政部设秘书处及左列各处：

秘书处掌管：

(一)关于起草农政法案事项。

(二)关于宣传事项。

(三)关于农民组织登记事项。

(四)关于农政图书编纂事项。

(五)关于撰校文书及收发公布文件事项。

(六)关于典守印信保存档案事项。

(七)关于本部之经费预算、决算及会计事项。

(八)关于本部庶务及其他不属各处事项。

第一处掌理：

(一)关于县区乡自治机关事项。

(二)关于地方行政事项。

(三)关于行政区域事项。

（四）关于农政考成及赏罚事项。
（五）关于养成及训练地方自治人员事项。
第二处掌管：
（一）关于农民武装自卫事项。
（二）关于农村公安事项。
第三处掌管：
（一）关于土地之收管及分配事项。
（二）关于土地改良及水利事项。
（三）关于农业技术改进事项。
（四）关于雇农、佃农、小农等保护事项。
（五）关于增进农村经济、筹设农民银行、合作社等事项。
（六）关于农民失业救济事项。
第四处掌管：
（一）关于农政调查事项。
（二）关于农政统计事项。
（三）关于土地图志事项。
（四）关于国籍、户籍等事项。

**第五条** 国民政府农政部设秘书长一人、处长四人，秉承部长命令分掌各处事务。

**第六条** 国民政府农政部设秘书若干人，秉承长官命令办理机要事务。

**第七条** 国民政府农政部秘书处及各处视事务繁简，酌量分科，设科长、科员及技术人员，襄助秘书长及处长办事。

**第八条** 国民政府农政部因辅助乡村自治机关之建立，及督促农民政策之实施，得派遣指导员及视察员若干人。

**第九条** 国民政府农政部设参事会，置常任参事若干人，由农政部长聘任或委任之，讨论农政事务上各项重要问题。其详细组织法另定之。

**第十条** 国民政府农政部因缮写文件及其他特别事务，得酌用录事及雇员若干人。

**第十一条** 农政部办事细则另以部令定之。

**第十二条** 本组织法自公布日施行。

〔武汉国民政府档案〕

## 〔二〕政策法令及规章制度的制订

### 1 孙文等四总裁第一次宣言①

（1920年6月3日）

四总裁第一次宣言　九年六月三日

自政务总裁不足法定人数，而广州无政府；自参众两院同时他徙，而广州无国会。虽其残余之众，滥用名义，呼啸俦侣，然岂能掩尽天下耳目。即使极其诈术与暴力所至，亦终不出于两广，而两广人民之心理，初不因此而淹没。况云南、贵州、四川固随靖国联军总司令为进止，闽南、湘西、鄂西、陕西各处护法区域亦守义而弗渝，以理以势皆明白如此，固知护法团体决不因一二人之构乱而涣散也。慨自政务会议成立以来，徒因地点在广州，遂为一二人所把持。论战，则惟知拥兵通敌；论和，则惟知攘利分肥。以秘密济其私，以专擅逞其欲，遂有所谓五条办法者，护法宗旨久已为所牺牲，犹且假护法之名，行害民之实。烟苗遍地，赌馆满街，吮人民之膏血，以饱骄兵悍将之欲。军行所至，淫掠焚杀，乡里为墟，非惟国法所不容，【亦】直人类所不齿。文等辱与同列，委曲周旋，冀得一当，而终于忍无可忍，夫岂得已。惟既受国民付托之重，自当同心戮力，扫除危难，贯彻主张，兹已共同决议，移设军府。绍仪当受任议和总代表之始，以人心厌乱，外患孔殷，为永久平和计，对北方提出和议八条，尤以宣布密约及声明军事协定自始无效为要义。今继续任务，俟北方答复，相度

注：①此件载中华民国九年十二月四号《军政府公报》光字第一号。

进行。廷芳兼长外交、财政，去粤之际，所余关款，妥为管理，以充正常用途，其未收者，亦当妥为交涉。文与继尧倡率将士，共济艰难，苟有利于国家，惟力是视。谨共同宣言：自今以后，西南护法各省区，各军仍属军政府之共同组织。对于北方继续言和，仍以上海为议和地点，由议和总代表准备开议。其广州现在假托名义之机关，已自外于军政府，其一切命令、行动及与北方私行接洽之事，并抵押借款，概属无效。所有西南盐余及关余各款均应交于本军政府。在军政府移设未完备以前，一切事宜委托议和总代表分别接洽办理。希北方接受此宣言后，瞭然于西南公意所在，赓续和议，庶几国难敉平，大局早日解决。文等不胜厚望，惟我友邦及国人共鉴之。孙文、唐绍仪、伍廷芳、唐继尧。

〔外交部驻云南省特派员办公署档案〕

## 2 孙文等四总裁第二次宣言①

（1920年7月28日）

四总裁第二次宣言　九年七月二十八日

西南义师之起，原以护法救国为职志。故无论南北，苟与护法救国主义相容者，友之；苟与护法救国主义相反者，仇之。此文等所以有六月三日之宣言，冀国民与友邦了然于是非邪正之所在也。宣言书发表后，北方通电赞成者，只有段祺瑞及其部曲等。而段祺瑞漾日答复宣言之电，悔祸之心，露于言表。文等本以护法救国为标的，故和议条件注重于取销中日二十一条，及宣布民国六年六月十二日非法命令之无效。在和议未赓续前，须先宣布废止中日军事协定，以示决心，始有和之可言。于是北京边防处遂有决定废止中日军事协定之寒电，而对于二十一条之废止，亦

注：①此件载中华民国九年十二月四号《军政府公报》光字第一号。

有承认之表示。由是言之，彼方既有改变外交政策，不计后此利害之决心，则和议当然有续开之期。乃北方内讧由是而起，合法和议为之顿挫。文等特本国民公意，用再宣言：无论北方内讧如何结束，无论当局者为何派何人，惟我西南护法救国主张必始终贯彻。北方果有希望统一诚意，必须首先废止中日军事协定，并有宣布废止中日二十一条之表示，然后和议乃可赓续，而国本乃不至动摇。倘有违背护法救国主张，复假借名义，以谋个人权利者，不问南北，不问派别，当与国民共讨之。特此宣言。孙文、唐绍仪、伍廷芳、唐继尧。

〔外交部驻云南省特派员办公署档案〕

## 3　孙文等四总裁第三次宣言①

（1920年10月23日）

四总裁第三次宣言　九年十月二十三日

粤军回粤，两月以来，全省九十余县为粤军收复，及响应附义者计逾八十。就省会言如车歪炮台、中流砥柱等要塞，菁华所在之西关一带，河南全岛，及海防、江防全数舰队均隶粤军范围。莫荣新困守老城，负嵎抗拒。岑陆计穷力蹙，惧失地盘，先后派遣代表星夜晋京，促签条件，卑鄙龌龊，摇尾乞怜，殆欲趁此在粤生机垂尽之时，求与北方订约，冀律现在或今后之援助。以事实论，岑陆匪特不能代表西南，广东一省，已十九为粤军所有。以法理论，七总裁缺其四，广州已无军政府，岑陆私人签订之条件，直等废纸，绝对不生效力。倘或北方不察，贸然与签，固不能拘束西南，亦且贻笑中外。文等护法救国，矢志靡他，酷爱和平，岂在人后。北方果诚意谋和，不仅图纸上空文之统一，则固

注：①此件载中华民国九年十二月四号《军政府公报》光字第一号。

不必与秘密勾结暮夜乞怜之辈订定条件，应将一切法律事实问题，付之沪上和会公开解决。迭经文等郑重宣言，邦人君子其共鉴之。孙文、唐绍仪、伍廷芳、唐继尧。

〔外交部驻云南省特派员办公署档案〕

## 4 孙文等四总裁第四次宣言①

(1920年10月31日)

**四总裁第四次宣言 九年十月三十一日**

窃文等尝以南北搆争数年，海内困苦，而友邦劝告亦望早息兵争。文等夙爱和平，因而与北方开诚相见，企外交、法律一切问题得正当之解决。盖西南兴师，所以护法救亡，非有个人权利之见，故和会公开，将示天下无所私隐，中虽一度议无结果，然和会正式之机关并未废止。文等亦既于六月三日、七月二十八日、十月二十三日再三宣言，通告中外，以为北方苟有诚意谋和，决无有舍正式公开之和会，而与一二不负责任之人私相勾结，认为得当之理。最近粤军回粤，岑、莫败亡，乃相率逃窜之余，辄为取消自主之说，其情可怜，其事可笑。初不意北方竟引为口实，遽闻有伪统一之宣布，似此举动，过于滑稽儿戏，直无否认之价值。惟深察北方之用意，实思以伪统一之名义，希图借取外债，以延长其非法政府之命脉。文等用不惮烦，更为正式宣告，须知岑春煊早丧失地位资格，而军政府依然存在，初不因岑等个人反复致生问题。此次北方宣言，文等绝不承认。内而国民，外而友邦，勿为所欺。北方既毫无诚意，而用此种狡狯无聊之手段，使大局更起纠纷，咎有所在，为此，通告中外知之。孙文、唐绍仪、伍廷芳、唐继尧。

〔外交部驻云南省特派员办公署档案〕

---

注：①此件载中华民国九年十二月四号《军政府公报》光字第一号。

## 5　孙文等四总裁第五次宣言①

（1920年12月1日）

四总裁第五次宣言　十二月一日

文等前因北方军阀毁法祸国，乃在粤建立护法政府，中经奸人扰乱，致阻进行。兹则障碍既除，建设伊始，谨为宣言，以告国人曰：民国成立于兹九年，始以袁世凯称帝，继以督军团叛国，张勋复辟，祸乱相寻，建设事业，百未一举。今当以护法诸省为基础，励行地方自治，普及平民教育，利便交通，发展实业，统筹民食，刷新吏治，整理财政，废督裁兵，进国家于富强，谋社会之康乐。共和政治，民为主体，同力协作，有厚望焉。孙文、唐绍仪、伍廷芳、唐继尧。

〔外交部驻云南省特派员办公署档案〕

## 6　孙文等四总裁第六次宣言②

（1920年12月6日）

四总裁第六次宣言　十二月六日

三年以来，本政府欲以和平之方法，使毁法卖国之人厌乱悔祸，对内必使法律之效力胜武力，对外必使卖国条件悉行废弃，俾建设事业得以具举，是以停战言和。乃岑春煊等与北方暗中勾结，各谋私利，本政府乃令粤军返粤，将内乱之人，悉行驱除。今再宣言曰：北方频年行动，最有害于国者三：（一）利用军阀盗窃政权；（二）以善后赈灾等为名，欲欺骗新银行团，而得未经国民承

注：①此件载中华民国九年十二月四号《军政府公报》光字第一号。
②此件载中华民国九年十二月八号《军政府公报》光字第二号。

认之借款，擅加国民之负担；（三）宣布伪统一自认非法，而又以无国法上地位之机关，擅令各省举行伪国会选举。凡此三者，苟有其一，已足破坏和平，陷国家于危境。本政府乃盼北方速行屏除军阀，停止借款，取销伪令，庶可相见以诚，继续和会，为正当之解决，以副人民之希望。孙文、唐绍仪、伍廷芳、唐继尧。

〔外交部驻云南省特派员办公署档案〕

## 7　广东省长公署为制定全省民团统率处章程咨

（1924年9月15日）

广东省长公署为咨行事：照得全省民团，非设统率处不足以资整理而利进行。兹由本署制定广东全省民团统率处章程十四条，除公布及分别呈咨饬行外，相应抄录章程，咨送贵部请烦查照备案。此咨

大本营内政部

计抄送章程一份

广东省长廖仲恺

中华民国十三年九月十五日

### 广东全省民团统率处章程

**第一条**　广东全省民团统率处直辖于省长，掌理广东全省民团之编制、训练、指挥等事宜。

**第二条**　广东全省民团统率处置左列各科：

一　总务科；

二　训练科；

三　宣传科。

**第三条**　广东全省民团统率处置左列各员，

督办一人；

会办一人；

参议若干人；

秘书二人；

科长三人；

督察若干人；

科员若干人。

**第四条** 督办由省长委任，指挥、监督所属各职员，综理本处事务。

督办于必要时，得召集全省民团代表、团局、联团局代表及地方官代表，开团务会议。其章程另定之。

督办于必要时，得集中全省民团之一部或全部。施行检阅。其章程另定之。

**第五条** 会办由省长委任，协助督办。指挥、监督所属各职员，处理本处事务。督办不在职时，得代行其职权。

**第六条** 参议由督办呈请省长委任，承督办之命，参预团务。

**第七条** 秘书由督办呈请省长委任，承督办之命，办理机要事务。

**第八条** 科长由督办呈请省长委任，承督办之命，分掌各科事务。

**第九条** 督察由督办呈请省长委任，承督办之命，分赴各民团区考察一切。

督察规程另定之。

**第十条** 科员由督办委任，承长官之命，分任各科事务。

**第十一条** 为缮写文件，及襄理杂务起见，得酌用雇员。

**第十二条** 办事细则另定之。

**第十三条** 本章程如有未尽事宜 民团统率处得呈准省长修

正之。

**第十四条** 本章程公布日施行。

〔广州国民政府档案〕

## 8 广东省长公署呈送全省民团条例咨

(1924年9月30日)

广东省长公署为咨行事：照得本省各项团练，向未定有专章，以致办法纷歧，无从整理。兹特拟定全省民团条例二十九条，举凡农、工、商、乡各团，均包括在内。除公布及分别呈咨饬行外，相应抄录条例，咨送贵部请烦查照备案。此咨

内政部

广东省长廖仲恺

计抄送条例一份

中华民国十三年九月十三日

### 广东全省民团条例

**第一章 总则**

**第一条** 凡本省人民，为防御盗匪，正当自卫，得自备枪械、饷项，遵照本条例之规定，举办民团。

**第二条** 民团定为左列各种：

一、农团；

二、工团；

三、商团；

四、乡团。

**第三条** 凡民团皆归民团统率处统率，并同时受各该管地方官指挥、监督。民团统率处章程另定之。

**第四条** 凡民团组织成立时,应即呈报民团统率处,核准立案。

**第五条** 各地方有设置民团之必要时，民团统率处得令其迅速设置。

**第六条** 凡民团应随时受民团统率处派员教练，召集检阅。

**第七条** 民团对于地方军警发生轇轕事项，须即呈明该管地方官，并呈报民团统率处，静候处理。

**第八条** 民团内部发生纠纷，及团与团发生轇轕事项，须即呈报民团统率处，并该管地方官，静候处理。

## 第二章 资格

**第九条** 农、工、商团之团丁，限于真正之农、工、商、民、乡团之团丁，限于居住各该乡之乡民。

**第十条** 有左列情事之一者，不得充团丁，

一、曾犯徒形以上者；

一、有精神病者；

三、吸鸦片或嗜赌者；

四、游手无业者；

五、身体衰弱者；

六、年未满二十岁或逾五十岁者。

除前项各款外，地方官认为不得充当者，得随时禁止之。

## 第三章 编制

**第十一条** 各县民团，分为乡、区、县三级，以乡团为基本组织，各乡人民举办民团，应先设置乡团局(团局上如系农团,则冠以农字，工、商、乡团类推)，于区设区团局 于县设县团局。区团局由各乡团局代表组织之，县团局由各区团局代表组织之。

县团局直接于民团统率处。

**第十二条** 每乡如有两种以上民团，有应组织联合机关之必要时，得设立乡联团局。于区得设立区联团局，于县得设立县联

团局。乡联团局由乡各种团局代表组织之。区联团局由区团局代表及乡联团局代表组织之。县联团局由县团局代表及区联团局代表组织之。县联团局，直接于民团统率处。

**第十三条** 特别民团区之各民团，不隶属于县，应各另设团局。各该区各团局有组织联合机关之必要时，得各派代表组织联团局，各团局与联团局均直接于民团统率处。特别民团区现定为广州、佛山两处，其余各处有应划为特别民团区者，民团统率处得呈准省长指定之。

**第十四条** 县区乡及特别区之团局，与联团局之组织法及职权，另由民团统率处订定之。

**第十五条** 各民团每团丁十名，编为一分队，置分队长一员。三分队为一小队，置小队长一员。三小队为中队，置中队长一员。三中队为一大队，置大队长一员。三大队为一团，置团长一员。若干团为一总团，置总团长一员，由各该团局遴选。分队长以上各队团长，均须呈报民团统率处转呈省长委任。

**第十六条** 各民团所用之钤记，于呈报核准成立后，由民团统率处颁发。民团所用之旗帜、徽章，应遵照民团统率处，所订式样制用。

## 第四章 职务

**第十七条** 各民团以捍卫地方，防御盗贼为主要任务，惟政府不得调遣，以供军事战争之用。

**第十八条** 各民团在各该区内越境追缉，或分配防守事宜，除事机紧迫，得酌量处置外，应预先呈报民团统率处，及该管地方长官。

**第十九条** 凡民团追捕盗匪，应即通报当地军警及逾越区域之民团及得〔时〕请求协助，并应同时呈报民团统率处及该管官厅核办。

**第二十条** 凡民团捕获盗匪，应遵照下列各项办理。

一、应将盗匪备文解送地方官厅讯办，如有赃物应一并呈解；

二、解送盗匪赃物不得过十二小时；

三、不得行刑及自行释放或科罚。

**第二十一条** 各民团应于每年一月，将团丁名册，及团务状况，呈报民团统率处查考。

**第二十二条** 各区民团之联防办法 得各斟酌当地情形订定章程，呈报民团统率处核准。

## 第五章 饷械

**第二十三条** 各民团原有枪械子弹数目、种类，应册报民团统率处派员验明，编号发给护照。其不足时，得遵照民团领枪办法，备价呈请核准，给领该项枪弹；如有销耗，须随时呈报察核。

**第二十四条** 民团饷项之募集办法，得由各民团体察地方情形，募集之。但须先呈报统率处核准，方得举行，并须造具预决算册，每年一次汇报查核。

## 第六章 奖恤及惩罚

**第二十五条** 民团办理具有左列事情之一者，民团统率处得分别奖恤之：

一、缉获著匪及悬赏购缉之巨匪者；

二、缉获政府通缉之罪犯者；

三、协助政府或他团缉获盗匪者；

四、盗贼抢劫，当场捕获，或夺得赃物、枪械者；

五、破获盗匪机关者；

六、截获私运军械者；

七、境内无盗匪者；

八、制止械斗或救护灾害者；

九、因捕盗匪被伤亡者。

**第二十六条**　民团如有左列事情之一者，民团统率处得酌量情节轻重，分别施以惩戒，或解散并没收其枪械：

一、反抗政府者；

二、不遵照本条例者；

三、购买军械，接济盗匪者；

四、容匿盗匪，接收赃物者；

五、包庇私烟、私赌者；

六、截获盗匪军械赃物匿不呈报者；

七、境内发生盗劫追捕不力者；

八、盗匪抢劫邻境，坐视不救者；

九、鱼肉乡人，借端报复者；

十、侵吞团内公款者；

十一、不听命令者。

### 第七章　附则

**第二十七条**　第二条所列各项外之人民自卫团体，有应归民团统率处指挥监督者，民团统率处得临时呈准省长指定之。

**第二十八条**　本条例有未尽事宜，得随时呈准省长修改之。

**第二十九条**　本条例自公布日施行。

〔广州国民政府档案〕

## 9　大元帅关于制定江西地方暂行官吏任用条例训令

（1924年10月12日）

大元帅训令　部字第七号

令　各　军　长　官
　　赣南善后委员会委员长孔绍尧

为训令事：照得北伐大军入赣在迩，所有地方官吏极关重要，自应严定任用程序，以资考核。兹制定江西地方暂行官吏任用条例六条，除分令外，合行令仰该□即便遵照，并转饬所属一体遵照毋违。此令。

计发江西地方暂行官吏任用条例一份

## 江西地方暂行官吏任用条例

**第一条** 江西地方大小官吏，除简任职外，由江西善后委员会就左列人员中举择资格相当者，分别荐请大本营委署：

一、大元帅发交任用者；

二、各军从军官吏有相当资格学力劳绩者，但现职军官不得兼任；

三、在江西地方素著声望，曾在高等专门大学毕业，情殷为本军效力者。

**第二条** 凡官吏之不称职者，委员会得随时呈报大本营撤换。

**第三条** 官吏任期以十个月为一任。

**第四条** 官吏有贪赃枉法者，以军法惩治。

**第五条** 本条例如有未尽事宜，得随时呈请修正。

**第六条** 本条例于公布日施行。

中华民国十三年十月十二日

〔陆海军大元帅大本营公报1924年第二九号〕

## 10 孙文关于联合宣言宜慎不得由沪代表用名义致胡汉民密电

(1924年10月13日)

提前。广州胡留守鉴：总密。并电转科儿。侵电悉。联合宣言宜慎，须呈稿核准乃可，不得由沪代表用名义至要。孙文。元亥。印。

〔广州国民政府档案〕

## 11 大元帅公布工会条例（稿）

（1924年11月）

工会法条例　民国十三年十一月以大元帅令公布于广州

**第一条**　凡年龄在十六岁以上，同一职业或产业之脑力或体力之男女劳动者。家庭及公共机关之雇佣，学校教师职员，政府机关事务员，集合同一业务之人数在五十人以上者，得适用本法，组织工会。

**第二条**　工会为法人。

工会会员私人之对外行为　工会不负连带之责任。

**第三条**　工会与雇主团体立于对等之地位。于必要时，得开联席会议，计划增进工人之地位及改良工作状况，讨论及解决双方之纠纷或冲突事件。

**第四条**　工会在其范围以内，有言论、出版及办理教育事业之自由。

**第五条**　工会组织之区域范围，如有超过现行之行政区域者，须呈请高级行政官厅，指定管辖机关。

**第六条**　工会以产业组织为主，但因殊特之情形，经多数会员之同意，亦得设职业组织。

已设立之同一性质之工会，有两个或两个以上者，应组织工会联合会以谋联合或改组。

工会或工会联合会，得与别者或外国同性质之团体联合，或结合。

**第七条**　发起组织工会者，须由从事于同一之业务者五十人以上之连署，提出注册请求书，并附具章程及职员履历各二份于地方官厅请求注册。

注册之管辖为县公署或市政厅。

未经呈请注册之工人团体，不得享有本法〔条例〕所规定之权利及保障。

**第八条** 工会之章程内须载明下列各款：

一、名称及业务之性质。

二、目的及职务。

三、区域及所在地。

四、职员之名称职权及选任解任之规定。

五、会议组织及投票之方法。

六、经费征收额及征收之方法。

七、会员之资格限制及其权利义务。

**第九条** 工会每六个月，应将下列各项，造具统计表册。报告于主管之地方行政官厅。

一、职员之姓名及履历。

二、会员之姓名、人数、加入年月、就业处所及其就业、失业、变更职务、移动、死亡、伤害之状况。

三、财产状况。

四、事业经营成绩。

五、有无罢工或别种冲突事件及其事实之经过或结果。

**第十条** 工会之职务如左：

一、主张并拥护会员间之利益。

二、会员之职业介绍。

二、与雇主缔结团体契约。

四、为会员之便利或利益而组织之合作银行、储蓄机关及劳动保险。

五、为会员之娱乐而组织之各项娱乐事务，会员恳亲会及俱乐部。

六、为会员之便利或利益而组织之生产、消费、购买、住宅等各种合作社。

七、为增进会员之智识技能而组织之各项职业教育、通俗教育、劳工教育、讲演班、研究所、图书馆及其他定期不定期之出版物。

八、为救济会员而组织之医院或诊治所。

九、调解会员间之纷争。

十、关于工会或工会会员对雇主之争执及冲突事件，得对于当事者发表并征集意见，或联合会员作一致之行动，或与雇主之代表开联席会议执行仲裁，或请求雇主方面共推第三者参加主持仲裁，或请求主管行政官厅派员调查及仲裁。

十一、对于有关工业或劳工法制之规定、修改、废止等事项，得陈述其意见于行政官厅、法院及议会，并答复行政官厅、法院及议会之咨询。

十二、调查并编制一切劳工经济状况，及同业间之就业、失业暨一般生计状况之统计及报告。

十三、其他种种之有关于增进会员之利益，改良工作状况，增进会员生活及智识之事业。

**第十一条**　工会职员，由工会会员按照本工会选举法选出之职员充任之，对外代表本会，对会员负其责任。

**第十二条**　工会会员无等级之差别，但对于会费之收入，得按照会员之收入额而定征收之标准。

会员对工会负担之经常费，其额不得超过该会员收入百分之五，但特别基金及为会员利益之临时募集金或股份不在此限。

**第十三条**　工会会员于必要时得选派代表审核工会簿记，并调查财政状况。

**第十四条** 工会在必要时，得根据会员之多数决议宣告罢工，但不得妨害公共秩序之安宁，或加危害于他人之生命财产。

**第十五条** 工会对于会员工作时间之规定，工作状况及工场卫生事务之增进及改良，得对雇主陈述其意见，或选出代表与雇主方面之代表组织联席会议讨论及解决之。

**第十六条** 行政官厅对于管辖区域内之工会对雇主间发生争执或冲突时，得调查其冲突之原因，并执行仲裁，但不为强制执行。关于公用事业之工人团体与雇主冲突状况扩大或延长时，行政官厅经过公平审慎之调查及仲裁手续以后，如双方仍相持不下者，得执行强制判决。

**第十七条** 工会中关于保护会员利益之基金、劳动保险金、会员储金等之存贮于银行者，该银行破产时，此类存款得有要求优先赔偿之权利。

**第十八条** 工会及工会所管理之下列各项财产不得没收：

一、会所、学校；图书馆、俱乐部、医院、诊治所以及关于生产、消费、住宅、购买等等各项合作事业之动产及不动产。

二、关于拥护会员利益之基金、劳动保险金、会员储金等。

**第十九条** 关于本法〔条例〕第八条、第九条之事项，工会发起人及职员之呈报不实、不尽或不呈报者，该主管之行政官厅得命令其据实呈报或补报。在未据实呈报或补报以前，该工会之行动，不受本法〔条例〕之保障。

**第二十条** 凡刑律、违警律中所限制之聚众集会等条文不适用于本法〔条例〕。

**第二十一条** 本法〔条例〕自公布日施行。

工会条例草案理由书

在中国今日大机械工业尚极幼稚之时代，大部分之手工业工人,又多不感觉于组织团体之切要,故本草案注意之点,即首在确认劳工团体之地位,次在允许劳工团体以较大之权利及自由,三在打破其妨碍劳工运动组织及进行中之障碍，使劳工团体得渐有自由之发展。基于此种种理由,故对于本草案中,特列入十大要点如下：

(一)承认工会与雇主团体立于对等之地位。(第三条)

(二)承认工会以言论出版及办理教育事业之自由。(第四条)

(三)承认工会对雇主之团体契约权。(第十条第三款)

(四)承认工会对于与雇主争执事件发生时，有要求雇主开联席会议仲裁之权，并得请求主管行政官厅派员调查及仲裁。(第十条第十款)

(五)承认工会之罢工权。(第十四条)

(六)承认工会对雇主方面有参与规定工作时间，及改良工作状况与工场卫生之权。(第十五条)

(七)行政官厅对于非公用事业（草案中所指之公用事业。系指一切有关于日用交通如电灯、电话、煤气、自来水、电车、铁道航船等而言）之雇主或工人间冲突，祇任调查及仲裁，不执行强制判决，以养成工会自动之能力。(第十六条)

(八)予工会以公共财产之保障。(第十七、十八条)

(九)特别声明对于刑律及违警律中所禁止之聚众集会等条文，不得适用于工会法，以免法院警厅之比附。而妨碍工会之进行。(第二十条)

(十)工会以产业组织为主,但中国大部分之工业仍系手工业,故职业组织亦未绝对废止，以求事实上之适用。(第六条)

以上规定各点系按工会法上必要之条件，参以中国工业实际之情形以期得适合之应用与实施。

〔广州国民政府档案〕

## 12 广东全省民团统率处拟订县区乡团局章程呈

（1925年1月22日）

呈为奉准订定县、区、乡团局章程，刷印成帙送请察存备案事：窃查广东全省民团条例第十四条载：县、区、乡及特别区之团局，与联局之组织法及职权，另由民团统率处订定之。等语。遵经将县、区、乡团局章【程】，分别拟订，汇呈广东省长公署察核，嗣奉令饬，关于县团局章程第六条，区团局章程第五条，尚须修正，等因。又经遵照增订，折呈候核。旋奉广东省长公署第三八九四号指令内开：呈折均悉。查核修正条文尚属妥协，应准照办。仰即检齐县、区、乡三项章程，增入所修各节，刷印成帙，通饬所属，遵照办理，并录案分别呈咨，各军政机关查照，清折存。此令。等因。奉此。自当遵办。兹经将县区乡三项章程，增入所修各节，刷印成帙，校勘妥协，除通饬所属遵照，并分别呈咨外，合将县、区、乡团局章程刊本，呈缴钧部俯赐察存备案，实叨公便。谨呈

大本营内政部

附呈县区乡团局章程各壹本

广东全省民团统率处督办　李福林

会办　伍铨萃

会办　李　雍

中华民国十四年一月二十二日

### 广东全省县区乡民团章程

### 县团局章程

**第一章　总纲**

**第一条**　各县设县团局一所，名曰某某县县团局（如南海县，

则曰南海县县团局，余类推)，为该县团务之监督机关。

**第二条** 县团局得附设于县明伦堂，或适中公地。

**第三条** 县团局成立，应即造具职员团丁名册、预算草案、枪械清册，呈请民团统率处核准立案，并呈报县长公署备案。

**第四条** 县团局直辖于民团统率处，仍受该管县长之指挥监督。

**第二章 组织**

**第五条** 县团局之组织如左：

(一)总团长、团长、大队长、中队长、小队长、分队长；

(二)团董；

(三)督察；

(四)文牍；

(五)会计；

(六)团丁。

**第六条** 总团长或大队长一人，由团董互选，呈由民团统率处转呈省长委任，代表全局执行职务，并监督所属职员及各区团局。前项总团长、团长或大队长，指该局最高级之团丁领袖而言。例如团丁有八百一十人，则以团长为代表。团丁仅三、四百人，则以大队长为代表，倘最高级之团丁领袖为二人时，则由团董就二人中，选一人为代表，余类推。

中队长、小队长、分队长均由团局遴选，呈报民团统率处，转呈省长委任，督率团丁防御盗匪。

**第七条** 团董无定额，由县属区团局各举代表一人充之，监督团务议决预算，纠察职员。

前项职权，以局务会议之议决行之，会议时局内职员得一体列席，其主席以总团长、团长或大队长兼充之。非有职员过半数之列席，不得开议，非有列席人过半数之同意，不得议决。

**第八条** 督察四人，由团董选举县民之素孚乡望，精明强干者充之，有分赴区、乡考察团务之责，每月一次，报告于县团局。月报表另定之。

**第九条** 文牍一人，由团董选举文理优长，谙习公牍者充之。承总团长、团长或大队长之命，撰拟文牍，收发文件，掌管案卷。

**第十条** 会计一人，由团董选举熟谙算术，勤谨耐劳者充之。承总团长、团长或大队长之命，掌管团械、局款、会计、庶务。

**第十一条** 团丁无定额，由各区团局各选三名充之，仍照民团条例，第十五条之规定设置各职。团丁承总团长、团长或大队长之命，守望地方，缉捕盗匪。

**第十二条** 县团局职员二年一任，但得连选连任。

## 第三章 职权

**第十三条** 县团局职责，只在捍卫地方，防御盗匪，不供军事战争之用。

**第十四条** 县团局有联络各区，监督、指挥所属区团局之责。

**第十五条** 县属各区团局、乡团局发生团务轇轕事项，县团局有调处之权，如不服调处，应呈报该管地方长官，及民团统率处静候处理。

**第十六条** 县团局捕获盗匪，应遵照下列各项办理：

(一)应将盗匪备文解送地方官厅讯办，如有赃物应一并呈解；

(二)解送盗匪赃物，不得过十二小时；

(三)不得行刑及自行释放或科罚。

**第十七条** 县内如有劫案，县团局除分呈民团统率处，县长公署外，其团务状况，并应每季列表具报一次。季报表另定之。

**第十八条** 县团局及所属区团局团丁，每年举行大操一次，其时间及地点由局务会议议决，于两月以前通告之。

**第四章　经费**

**第十九条**　县团局职员团丁，除局董外，俱为有给职，其薪额、饷额由局务会议定之。

**第二十条**　县团局薪饷经费，以从前公局原有等费充之，不足再由县团局议决筹集，但须呈请民团统率处核准。

**第二十一条**　县团局开支经费，每月缮具清单一次，标贴门首，每年刊徵信录一次，呈报民团统率处、县长公署备案，并分送各区团局。

**第五章　赏恤及惩罚**

**第二十二条**　队长、团丁缉捕得力，具有下列情事之一者，除由县团局呈报民团统率处外，应依该县惯例分别奖恤之：

(一)缉获著匪及悬赏购缉之巨匪者；

(二)缉获政府通缉之罪犯者；

(三)协助政府或邻团缉获盗匪者；

(四)盗贼抢劫，当场捕获，或夺得赃物、枪械者；

(五)破获盗匪机关者；

(六)截获私运军械者；

(七)境内无盗匪者；

(八)制止械斗或救护灾区者；

(九)因捕盗匪被伤亡者。

**第二十三条**　队长团丁如有左列情事之一者，县团局除呈报民团统率处外，应依该县惯例分别惩戒之。

(一)反抗政府者；

(二)不遵本条例者；

(三)购买军械接济盗匪者；

(四)容匿盗匪、接收赃物者；

(五)包庇私烟、私赌者；

(六)截获盗匪军械、赃物，匿不呈报者；

(七)境内发生盗劫，追捕不力者；

(八)盗匪抢劫邻境坐视不救者；

(九)鱼肉乡人，借端报复者；

(十)侵吞团内公款者；

(十一)不听命令者。

**第六章　附则**

**第二十四条**　县团局办事细则，由局务会议定之，但不得与本章程相抵触。

**第二十五条**　本章程有未尽事宜，适用民团条例之规定，并得呈由民团统率处修改之。

**第二十六条**　本章程自公布日施行。

## 区团局章程

**第一章　总纲**

**第一条**　各区为御盗起见，应就原有之区域，或参酌地方情形，各设区团局一所，名曰某某县第某区团局，为各乡团局之监督机关。

**第二条**　区团局设于区内各乡之公共适中地点，得就公局、书院所改设。

**第三条**　区团局组织成立，应即将职员团丁名册、预算草案、枪械清册，呈请民团统率处核准立案，并呈报该管县长公署、县团局备案。

**第二章　组织**

**第四条**　区团局之组织如左：

(一)总团长、团长、大队长、中队长、小队长、分队长；

(二)团董；

（三）教练员；

（四）书记；

（五）会计；

（六）团丁。

**第五条** 总团长、团长或大队长一人，由团董互选之，呈由民团统率处，转呈省长委任，代表全局执行职务，监督指挥所属职员及各乡团局。

前项总团长、团长或大队长，指该局最高级之团丁领袖而言。例如团丁有八百一十人，则以团长为代表；团丁仅三、四百人，则以大队长为代表；倘最高级之团丁领袖为二人时，则由团董就二人中，选一人为代表，余类推。

中队长、小队长、分队长均由团局遴选，呈报民团统率处转呈省长委任、督率团丁，防御盗匪。

**第六条** 团董无定额，由各乡团局各举代表一人充之，监督团务，议决预算，纠察职员。

前项职权，以局务会议之议决行之，会议时局内职员得一体列席，其主席由总团长、团长或大队长兼充之。非经职员过半数之列席，不得开议，非经列席人过半数之同意，不得议决。

**第七条** 教练员一人，由该总团长、团长或大队长遴聘富有军事学识，而年壮力强者充之，就区内各乡团局巡回教练。教练章程另定之。

**第八条** 书记一人，由团董选举，承总团长、团长或大队长之命，撰拟文牍，收发文件，掌管案卷。

**第九条** 会计一人，由团董选举，承总团长、团长或大队长之命，掌管团械、局款、会计、庶务。

**第十条** 团丁无定额，由各区内乡团局各选四名或二名充之（例如区内有乡团局五所，则设团丁二十名或十名，余类推），仍照民团条例第十五条之规定设置各职。团丁承总团长、团长或大队长、董局之命，守望地方，缉捕盗匪。

**第十一条** 区团局职员二年一任，但得连选连任。

## 第三章 职权

**第十二条** 区团局职责，只在捍卫地方，防御盗匪，不供军事战争之用。

**第十三条** 区团局有联络各乡，监督指挥所属乡团局之责。

**第十四条** 区内有匪警，区团局得报，应即鸣锣救护，并派遣团丁分途兜截，如遇邻区有警亦应奋勇赴援，扼守险要，以免逃窜。

**第十五条** 区团局捕获盗匪，应遵照下列各项办理。

（一）应将盗匪备文解送地方官厅讯办，如有赃物应一律呈解；

（二）解送盗匪、赃物，不得过十二小时；

（三）不得行刑及自行释放或科罚。

**第十六条** 区内如有劫案，区团局除分呈民团统率处、县长公署、县团局外，其团务状况，并应每季列表具报一次。季报表另定之。

**第十七条** 区内各团局团丁，每年举行大操一次，其时间、地点由局务会议议决，于两月以前通告之。

## 第四章 经费

**第十八条** 区团局职员、团丁，除团董外，俱为有给职，其薪额、饷额由局务会议定之。

**第十九条** 区团局薪饷经费，以从前公局更练等费充之，不足再由局务会议议决筹集，但须呈请民团统率处核准。

**第二十条** 区团局开支经费，每月缮具清单一次，标贴门首，每年刊徵信录一次，呈报民团统率处、县长公署、县团局备案，并分送各乡团局。

## 第五章　赏恤及惩罚

**第二十一条**　队长、团丁缉捕得力，具有左列情事之一者，除由区团局呈报民团统率处外，应依该区惯例分别奖恤之：

(一)缉获著匪及悬赏购缉之巨匪者；

(二)缉获政府通缉之罪犯者；

(三)协助政府或邻区缉获盗匪者；

(四)盗贼抢劫，当场捕获，或夺得赃物、枪械者；

(五)破获盗匪机关者；

(六)截获私运军械者；

(七)境内无盗匪者；

(八)制止械斗或救护灾害者；

(九)因捕盗匪被伤亡者。

**第二十二条**　队长、团丁如有左列情事之一者，区团局除呈报民团统率处外，应依该区惯例分别惩戒之：

(一)反抗政府者；

(二)不遵民团条例及本章程者；

(三)购买军械接济盗匪者；

(四)容匿盗匪接收赃物者；

(五)包庇私烟、私赌者；

(六)截获盗匪军械、赃物，匿不呈报者；

(七)境内发生盗劫，追捕不力者；

(八)盗匪抢劫邻境，坐视不救者；

(九)鱼肉乡人，借端报复者；

(十)侵吞团内公款者；

(十一)不听命令者。

## 第六章　附则

**第二十三条**　区团局办事细则，由局务会议定之，但不得与本章程相抵触。

**第二十四条** 本章程有未尽事宜，适用民团条例之规定，并得呈由民团统率处修改之。

**第二十五条** 本章程自公布日施行。

## 乡团局章程

### 第一章 总纲

**第一条** 各乡为防御盗匪，保卫公安起见,应各举办乡团,名曰某某县第某区某某乡团局。

**第二条** 乡团组织成立时，应即造具职员、团丁名册、预算草案、枪械清册，呈请民团统率处核准立案，并呈报该管县长公署、县团局、区团局备案。

**第三条** 乡团局设附于乡适中或扼要地点之乡约公所、书院、祠堂、庙宇，但自愿筹款另建者听【便】。

### 第二章 组织

**第四条** 乡团局之组织如左：

(一)团长、大队长、中队长、小队长、分队长；

(二)团董，无定额；

(三)书记，一员得由团董兼任；

(四)会计，一员得由团董兼任；

(五)团丁，以人口为比例，每百人额设二名，能多设及愿设预备团丁者听【便】。

**第五条** 前条一、二、三、四各项职员,由乡民公意选举,选举章程另定之。

第一项并须由第二项呈请民团统率处转呈省长委任团丁由该管头目挑选。

**第六条** 乡团局职员二年一任，但得被选连任。

**第七条** 团长、队长以晓畅军事、有勇知方者为合格，团董以通达事理、乡望素孚者为合格；书记以粗通文义、能草公牍者为合格；会计以身家殷实、精于计算者为合格；团丁以该乡住民之年富力强、勇于缉捕者为合格。

**第八条** 有左列情事之一者不得充团丁：

(一)曾犯徒刑以上者；

(二)有精神病者；

(三)吸鸦片或嗜赌者；

(四)游手无业者；

(五)身体衰弱者；

(六)年未满二十岁或逾五十岁者；

(七)地方官认为不适者。

## 第三章 职权

**第九条** 乡团之职务，只在捍卫地方，不供军事战争之用。

**第十条** 团长执行团局议案，有主持局务，监督、指挥所属之权；其团丁人少不能设置团长者，以大队长或中队长或小队长或分队长执行之。

团局议案，以团长、队长及团董、书记、会计合组之，会议多数取决之。会议时以团长或大队长或中队长或小队长为主席。

**第十一条** 团长、队长有督率团丁，保卫治安之权。

**第十二条** 团董有监督团务，决议预算，纠察职员之权。

**第十三条** 书记撰写文件，掌管文牍，收发文件。

**第十四条** 会计掌管团局支应，及团械、局款，并预算决算。

**第十五条** 团丁有巡查、缉捕、保护该乡及闻警赴救邻乡之责。

**第十六条** 乡团局捕获盗匪应遵下列各项办理：

(一)应将盗匪备文解送地方官厅讯办，如有赃物应一律呈解；

（二）解送盗匪赃物不得过十二小时；

（三）不得行刑或自行释放或科罚。

**第十七条** 乡内如有劫案，乡团局除分呈民团统率处、县长公署、县团局、区团局外，其团务状况，并应每季列表具报一次。季报表另定之。

## 第四章 经费及购置

**第十八条** 团局经费分薪饷、杂支二种，以该乡公款充之，不足得募集之，惟须遵照民团条例之二十四条规定。

**第十九条** 团局各职除团董为名誉职外，余均有给职，其数目由团局议案定之。

**第二十条** 枪械、旗帜、徽章、雨帽、服装、草鞋、脚绑均由团局购置，枪械应编号烙印，旗帜、徽章应遵照民团统率处订定式样制用。

## 第五章 操练

**第二十一条** 团长、队长应督率团丁随时操练，农隙时尤宜勤习野操及射击，或联合各局乡团举行会操。

**第二十二条** 乡团应随时受民团统率处派员教练，召集检阅。

## 第六章 赏罚

**第二十三条** 乡团得力具有左列情事之一者，除民团统率处得查照民团条例第二十五条奖恤外，仍由团局照该乡惯例给以花红或恤金：

（一）缉获著匪及悬赏购缉之巨匪者；

（二）缉获政府通缉之罪犯者；

（三）协助政府或他团缉获盗匪者；

（四）盗匪抢劫，当场捕获，或夺得枪械、赃物者；

（五）破获盗匪机关者；

（六）截获私运军械者；

(七)境内无盗匪者；

(八)制止械斗或救护灾害者；

(九)因捕盗匪被伤亡者。

**第二十四条** 乡团如有左列情事之一者，除民团统率处得酌量情节轻重，照民团条例第二十六条办理外，团局仍照该乡惯例施行惩戒：

(一)反抗政府者；

(二)不遵本条例者；

(三)购买军械接济盗匪者；

(四)容匿盗匪，接收赃物者；

(五)包庇私烟、私赌者；

(六)截获盗匪军械、赃物，匿不呈报者；

(七)境内发生盗劫，追捕不力者；

(八)盗匪抢劫邻境，坐视不救者；

(九)鱼肉乡人，借端报复者；

(十)侵吞团内公款者；

(十一)不听命令者。

**第七章 附则**

**第二十五条** 本章程有未尽事宜，适用民团条例之规定，并得呈由民团统率处修改之。

**第二十六条** 团局办事细则，由团局斟酌地方情形，经局董会议通过，订定之，但不得与本章相抵触。

**第二十七条** 本章程自公布日施行。

〔广州国民政府档案〕

## 13　中国国民党对于时局宣言①

（1925年5月22日）

去年十一月十三日本党总理孙先生北行之际，以开国民会议及废除不平等条约宣告天下。盖开国民会议，在以国民革命之大任还付于国民全体。废除不平等条约，不但使帝国主义无所逞于中国，尤使依赖帝国主义以为生存之军阀，失其寄生之所。此正为国民革命第一重要工作。总理北行之际，揭此二义，固在唤起国民负荷革命之大任，而对于北京临时执政有无诚意与本党合作，亦以此为试验之资。盖总理固尝明白宣言，此战目的不仅在覆灭曹、吴，尤在曹、吴覆灭之后，永无同样继起之人。又尝明白宣言，此战目的不仅在推倒军阀，尤在推倒军阀所赖以生存之帝国主义。北京临时执政于民国九年秋间直皖战争失败以后，其所持言论对于军阀与帝国主义勾结为患之国内现象，虽似已有所觉悟。而坐言起行，不能不属望于就任临时执政之时。总理既怀与人为善之诚，躬自北行，与之商决国事，倘使北京临时执政肯以诚意与本党合作，接受总理所提倡之开国民会议及废除不平等条约两大原则，本党敢信，不但中国之政治的统一早已实现，而国民革命进步，亦必以一日千里之势克底于成。无如总理方提倡废除不平等条约，而北京临时执政则甘受驻京外交团之钓饵，以尊重不平等条约为承认临时执政之交换条件，置国民对于不平等条约之解放要求于不顾，且不恤以之为个人地位之牺牲。总理方提倡开国民会议，而北京临时执政则以善后会议为号召，虽经总理竭诚开导，但期于善后会议中能容纳人民职业团体代表，俾人民得于

---

注：①此件系沿用原标题。

会议中表现意思，贯彻主张，则不恤舍弃预备会议之名称，以赞同善后会议。而北京临时执政悍然不顾，仅置不完备之人民职业团体代表于专门委员之列，不予以表决权。结果人民对于善后会议，竟无权参与，惟听少数军阀政客自由处分。凡此二者，与总理北行之目的大相刺谬。本党认北京临时执政仍不外蹈袭历来北洋军阀之蹊径，与国民利益相背驰，而惟知依附帝国主义以求生存，决无与本党携手进行国民革命之可能。故决议本党党员不参加善后会议，且警告北京临时执政，勿再以善后会议制造国民代表会议，以重罪恶。而北京临时执政则于善后会议闭幕之后，仍从事于在国民代表会议之进行，且于此期间肆意与帝国主义相勾结，最近于北京学生举行国耻纪念之际，嗾使警察横加干涉，多所杀伤，其以帝国主义之鹰犬自居，尤有目共见。其他断送权利之事，尤不胜枚举。本党至此不得不郑重宣言：本党与北京临时执政之合作已完全绝望。此后本党惟有竭其能力为国民革命而奋斗。至于奋斗之第一目标，在根据总理遗嘱开国民会议及废除不平等条约，须于最短期间促其实现。而奋斗之方法，总理于遗嘱中亦已明示，须唤起民众及联合世界上以平等待我之民族共同奋斗。盖今日中国之民众在帝国主义与军阀两重压迫之下，而尤以农夫、工人所受压迫为尤甚。为解除此等压迫及恢复国民权利计，不得不一致结合全国民众，应认识本党之使命在为民众利益而努力，相与奋起以集于三民主义旗帜之下，以完成国民革命之工作。至于现在世界上以平等待我之民族，惟苏联始克当此称。去岁本党对于中俄协定已表示此意见。苏联一方取消历来中俄间所缔结之不平等条约，重订双方平等互尊主权之条约，一方扶助中国民众从事于废除一切不平等条约之运动。苏联既以其革命之力打破前俄帝国之帝国主义，复联合世界上被压迫之民族共同打破一切之帝国主义。总理遗嘱所指世界上以平等待我之民族，证之总理临终致苏联中央执行委员会书，可以灼见而无疑。本党对于革命先进之苏联乐与携手，为打破一切帝国主义之工作，以完成国民革命。至于其他各国苟以平等待我者，则我必以亲善报之。盖惟平等，乃可言亲善；不平等，则无亲善之可言也。于此尚有言者，中国之内乱，由依赖帝国主义以为生存之军阀所造成。本党前此已历举为国民告。军阀之大者，把持中央政柄，藉统一之名义，以迷惑国人；军阀之小者，割据地方，藉联省自治之名义，以迷惑国人。其名义虽不同，其为造成内乱则一。本党向持根本解决之旨，对于把持中央之大军阀，从事挞伐；其割据地方之小军阀，有敢凭陵自恣及窥伺革命政府根据地，受帝国主义之嗾使，以图倡乱者，本党必联合国民痛击之，毋使得逞。盖凡有为国民革命之梗者，则必为本党所不容，所无俟烦言者也。① 本党根据总理遗嘱，对于时局决定进行方针如此。谨此宣言。中国国民党第三次中央执行委员会全体会议。

中华民国十四年五月二十二日

〔陆海军大元帅大本营公报1925年第十四号〕

## 14 统一军民财政宣言②

(1925年6月2日)

自十一年陈逆叛国，义师东旋。其时南路小丑尚复跳梁，东江余孽依然负固，师行所至，或因军事之便，择要驻防，或因运输之艰，随地给养。充其流弊，凡军队所驻之地，动辄干涉行政，霸占收入，苛杂病民之税，任意征收，国家行政机关反同废置。强征民役，斥逐长官，甚至闭阻交通，梗塞航路，人民之生命失

注：①原文如此。

②此件系沿用原标题。

其保障，政府之命令等于弁髦。彼人民忍一时之痛，供革命以重大之牺牲，而政府未尝不夙夜疚心，时思所以补救之道，只以时当军事倥偬之候，一俟收束，再当为清源正本之谋。今则东江已告肃清，政府实责无旁贷。须知本政府为革命之政府，断无纵容少数佥壬假革命之旗帜为害民之行为，更不能坐视朝三暮四之军人，阳藉扶翊之名，阴行寇盗之实。而此次从义诸将士，类皆久从先大元帅，服膺主义，致力革命，频年转战，屡建殊勋，虽经前此混战之局，间有不得已之临时措施，然政府略迹原情，亦知诸将士与政府同具有怀莫白之痛。但现在余寇殄灭，正当从事于建设之途。政府方在力谋刷新之期会，亦应有相当之觉悟。要知拥护革命政府，断不能徒托空言，苟不见之实行，决不能有裨大局。夫军政不统一，微论平时给养人自为谋，易酿倾轧之风。一遇有事，军各为战，适足以促成自杀之道，而且命令杂出，训练困难，人民苦军队之横行，盗贼冒军队以劫掠，在政府则失威信，在军人则失令名，自保不能，遑言革命。政府为完成政治之训练，对于军政不能不力求统一者一。革命政府之本旨，首在完成三民主义之实现。自军兴以后，政出多门，军队所驻，俨同封殖。对于地方官长，或以意气为转移，或以豪猾为充数，中多不明主义，厚自敛民，既无政绩考成，又复不听命令，政府无下达之力，人民失上叩之途，不独与革命主旨大相悬殊，即推之万国，亦无此等政象。政府为完成主义之实施，对于民政不能不力求统一者二。粤东岁收垂五千万，养军行政本至裕如，今则一物数抽，轻微皆税，司农转有仰屋之叹，兵士时有枵腹之忧。此皆财政乏统一之方，所以预算失其调剂之效，脉胳一滞，全部尽僵。司法间有骫法以资维持，教育则直束手以待破产。在割地自霸者，固可拥肥自甘，而在被压迫之人民，则蒙隐痛无以昭雪。政府为完成建设之大业，对于财政不能不力求统一者三。然综核三端，尤以整饬军队为最要。政府自十二年以至今日，无日不以革命福国利民自期，亦无日不以实行三民主义，以与革命人民及诸将士同勖。今则衡诸施设，无不枘凿反躬自省，宁不疚怀。身隶统一旗帜之下，而迹类分封，名受革命政府指挥，而形同割据。长此宽纵，则是无政府，尚复姑息，则是无革命。明知忍痛，而人民之疾苦不可不除；不下决心，则蟊贼之滋蔓将不可杀。本政府为上慰先大元帅在天之灵，下慰人民喁喁向治之望，兹谨完全接受国民党整饬军队决议案，自后于最短时间，力求军民财政之统一。对于抗令者与以严厉之制裁；对于阳奉阴违者，与以严厉之惩罚。凡力所能至，决心以行，苟利国家，义无姑纵。尚望各界人民从义将士，以实力拥护政府，完此大功。各本良知，躬行实践。敢告有众，郑重宣言。

中华民国十四年六月二日

大本营总参议代行大元帅职权兼广东省长胡汉民

〔陆海军大元帅大本营公报1925年第十四号〕

## 15 胡汉民反对改高雷阳罗钦廉琼崖八属为特别区宣言

(1925年6月)

报载：段执政划分广东省辖之高、雷、阳、罗、钦、廉、琼、崖八属为特别区，任命邓本殷督办高雷阳罗钦廉琼崖八属善后事宜，黄志桓为民政处长。并据琼崖学会、琼崖改造同志会、琼崖反对借款救亡团、旅沪琼崖同学会、革进会、琼崖旅沪公民大会等通电宣言谓邓本殷私向美国银行团借款三千万，九折交款，以建筑琼崖码头、商埠、海港及开发铁路、森林、矿产权为交换条件等语。北京政府自袁世凯之称帝，张勋之复辟，冯国璋、徐世昌之毁法，曹锟、吴佩孚之窃位盗国，十余年来，无非非法之递嬗。是以孙大元帅北伐宣言谓目的不仅在覆灭曹、吴，尤在曹吴覆灭之后，永无同样继起之人，以继续反革命之恶势力。本党亦经宣言，主张召集国民会议以谋中国之统一与建设。是故国民会议未成立以前，本政府绝对不受其他势力之左右，即北京临时执政命令，亦绝对不认为有效。此不能不郑重宣言为全国告者也。本政府根据以上理由，对于段执政此种任命，认为滑稽举动，誓予反对。抑尚有应为吾粤人告者，高、雷、阳、罗、钦、廉、琼、崖八属，本广东省之一部分，省之区域，规定已久，历史、风俗、经济等均有相互之关系，如有变更之必要，应出于人民公意，亦须有一定手续，今遽以命令，划分疆域，是为乱法。高雷各属，未兴之利虽多，而较诸广潮则为贫瘠，向来所征赋税常不足供给地方行政之用，尚赖省政府补助，遽予划分，则增设机关必多，一切政费势必加取诸民，而森林、矿产等又为借款交换条件，其权操诸外人，是为害民。琼崖为欧洲航行东来之第一重门户，为国防计，应于榆林设立军港。年来以战事纠纷及财政困难，迄未着手。若将琼崖与广东分离，则贫瘠之区更难从事军港之建设，是为害国。至于借款，虽以建筑琼崖码头、商埠、海港及开发铁路、森林、矿产为口实，惟历年北京之借款，何莫非以振兴实业为名，拨充军费为实。邓本殷、黄志桓等欲得美国借款充军费，以害吾粤，遂不惜举琼崖种种利权以赠诸人，于是利用滑稽之任命，以遂其害民害国之举。本政府以拥护国民利益为职志，对此等违反主义之举动自有相当之处置。故特明白宣言，并冀吾粤民及早觉悟，了然于此次邓本殷、黄志桓等之举动，无非欲牺牲吾粤八属，以供个人之运动，而成此军阀与帝国主义者之勾结。故国民应起而与本党一致推倒军阀，并推倒军阀所赖以生存之帝国主义。此则本政府所期望于吾国民者也。

大本营总参议代行大元帅职权兼广东省长胡汉民

中华民国十四年六月二日

〔陆海军大元帅大本营公报1925年第十四号〕

## 16 实行国民党三民主义宣言①

(1925年6月)

中国国民党夙抱三民主义，民国十三年全国代表集会广州，明定政纲，揭橥三事：一、反对帝国主义，以求民族之解放；二、实行地方自治，以树民权之丕基；三、提高人民经济地位，以谋民生之发展。一年以来，政府力除险阻，惟日孜孜，冀与国人共相策勉。是以曹、吴覆灭之际，我孙大元帅本其为国牺牲之精神，重以北方将士之敦促，力疾北行，未尝瞻顾。离粤之日，发表宣言，以国民会议建设国民的政府解决国是。不幸中道薨逝，民失导师，然遗嘱具在，政训俱存，政府自信必能恪守成规，贯彻终始。自今以往，惟益奋励，以从事于中国民族之解放，及增高一般民众之地位。兹有为我国民正告者，我孙大元帅创立民国以来，帝国主义者日谋压迫吾党，间接以危害吾国。或嗾袁世凯以称帝，或诱溥仪以复辟，或助曹锟以窃位，十四年间，内乱环生，都缘外患，或者不察，致堕彀中。我孙大元帅不得已，有讨袁之役，护法之役，终至讨曹。虽大难屡平，而隐忧未已。我孙大元帅知非打倒帝国主义，中国民族断不足以图存。故前会预备收回管理关税权，近更主张废除不平等条约，事虽未成，政府必坚守遗嘱，唤起民众，联合世界上以平等待我之民族，共同奋斗，以求中国之自由平等，永脱帝国主义之羁轭。至对内政策，党纲规定凡十五

注：①此件沿用原标题。

条，首在划分中央与各省之权限，使国家统一与地方自治同时并进，各不相妨，并确定县为自治单位，以植民权之基，且以全力保障人民之自由，辅助农工商实业之发展，谋经济教育之发达。政府年来对于地方公共团体，无论农会、工会、商会、学会苟无悖于党纲，罔不力任扶持，促其进步。我孙大元帅于十三年出师北伐之际，宣示北伐之目的及其进行之顺序，条举六端，至为深切著明。是时军阀势力有增无减，良好政策未得实施，人民仍呻吟于水深火热之中，不能无憾。政府惟知恪守孙大元帅为一般民众请命，与万恶势力奋斗。故对于政府权力所及之地，务必扫除障碍，使地方自治次第实行，俾一般民众获得政治训练之机会，自用其组织能力，以从事于政治奋斗，尤必极力发展国民经济及一切生产力。政府已有决心于最短时期，实行清浚西江、东江河道，以免产业之损害；接筑广潮铁路，以谋交通之便利；尤锐意改良广东丝业，增加其产量，并提倡合作社，以杜绝外商之垄断。对于人民所最痛心疾首之苛细杂捐，更决定依据经济原理，租税原则，另组织委员会认真审查人民负担之能力，以定存废之标准。政府应于时势之要求，限于能力之所逮，誓必恪遵遗嘱，贯彻终始。前所列举，皆为最低限度之主张。政府深知实现此等主张，必须与民众接近，且必须建筑于民众利益之上，方有实现之可能。故政府对于人民政治上之自由，如集会、结社之自由，言论、出版之自由，罢工之自由等，苟无悖于党纲，必不加以丝毫之限制，而予以充分之保障。盖必政府与人民绝无隔阂，然后人民之利害与政府之利害方能一致。如是然后政府乃得完全建筑于民众利益之上，而民众痛苦乃得免除。愿我邦人父老昆弟姊妹，其熟思之。

大本营总参议代行大元帅职权兼广东省长胡汉民

〔陆海军大元帅大本营公报1925年第十四号〕

## 17 国民党中执会关于不许现任买办为行政官吏及各社团董事函令

（1925年7月）

（1）中央执行委员会函（7月9日）

径启者：案查本会九十一次会议，汪委员临时动议，请注重特别新兴工业，并不许现任买办为行政官吏及各社团董事案。决议通过并请政府检查各行政机关及社团。等因。相应函达，希烦查照办理为荷。此致

国民政府

中央执行委员会

中华民国十四年七月九日

（2）国民政府训令稿（7月13日）

中华民国国民政府训令　第十七号

令广东省政府

为令行事：现准中国国民党中央执行委员会函开：案查本会九十一次会议云云办理为荷等由。准此。应即照办。除函复外，合行令仰即查照办理。此令。

民国十四年七月十三日

〔广州国民政府档案〕

## 18 国民政府关于禁烟训令

（1925年7月21日）

中华民国国民政府训令　第八五号

令广东省政府

为令行事：查禁烟条例，业经制定公布在案。政府立法之意，在于四年之内用专卖之法收禁绝之效。所有广东省河南北及省外各属禁烟事宜，应由禁烟督办遵照条例，认真办理。无论何人，均不得私运私售，及有包庇情事。倘敢违犯，定照条例第十一条第十二条处罚，决不宽贷。除函军事委员会转令各军遵照外，合行令仰转饬所属，并布告人民一体遵照。此令。

民国十四年七月卅一日

〔广州国民政府档案〕

## 19　廖仲恺关于解释买办含义呈及国民政府批稿

（1925年8月）

（1）廖仲恺致国民政府委员会议呈（8月5日）

呈为呈请事：案奉广东省政府第一三七号训令开：现奉民国政府训令第一七号开：奉中国国民党中央执行委员会函开：案查本会第九十一次会议，汪委员临时动议，请注重新兴工业并不许现任买办为行政官吏及各社团董事案。议决通过并请政府检查各行政机关及各社团等因。相应函达，希烦查照办理为荷。等由。准此。应即照办。除函复外，合行令仰即查照办理。此令。等因。奉此。自应遵照办理。除通令外，为此令仰该厅长即行查照，转饬所属，并转饬各社团一体遵照。此令。等因。奉此。当经分别转行遵照去后，兹据广东全省商会联合会函称：查买办制度，虽始自西人，惟近今华人组织之船务、银行、洋行亦多有买办之设，原令只云现任买办，未悉系指广义的中、西行号买办而言，抑单指西行买办而论，函请明白见复等由。准此。查买办二字之解释，系指广义的中、西行号买办，抑狭义的西行买办，理合据情呈请察核，俯赐明白令复，以便转饬遵照，实为公便。谨呈

国民政府委员会议

兼广东省政府财政厅长廖仲恺

中华民国十四年八月五日

(2)国民政府批稿(8月8日)

中华民国国民政府　批第三十二号

兼广东财政厅长廖仲恺

呈请明白令复买办二字之解释，以便转饬遵照由。

呈悉。查前令所称买办二字，系专指外国船务、银行、洋行之买办。仰即转行知照。此批。

主席委员　○○○

国民政府常务委员　○○○

○○○

○○○

○○○

○○

民国十四年八月八日

〔广州国民政府档案〕

## 20　监察院监委林祖涵等拟具兼职条例草案请公布施行呈

(1925年8月14日)

呈为拟具兼职条例草案，请予察核公布施行事：窃国家设官分职，所以齐庶政而专责成，故无职务之繁简，各有专司，毋许诿卸，其有专门技术，必不得已而兼职者，究竟少数。近查各机关人员，多有以一身兼数职者，似应稍加限制，以杜浮滥，而

董考成。委员等经于本月九日第九次院务会议议决兼职条例凡五条，理合备文呈请察核，公布施行，实为公便。谨呈

国民政府委员会

计赍兼职条例草案一份

监察院监察委员　甘乃光

林祖涵

黄昌谷

陈秋霖

中华民国十四年八月十四日

**兼职条例草案**

**第一条**　本条例凡服务于国民政府暨国民政府所属各行政机关者，均适用之。

**第二条**　凡服务于政府机关人员，不论等级之高下，均以专任为原则，其有不得已而须兼任者，应由各该员声述理由，呈请本管官署转呈上级机关审定之。

**第三条**　凡服务政府各机关人员，须将有无兼职呈报该长官，如有改易姓名希图蒙混者，查出严行惩处。

**第四条**　凡服务于政府机关之人员而兼职者，不得兼薪。

**第五条**　本条例自公布日施行。

〔广州国民政府档案〕

## 21　广东省政府关于佛山市市政筹备处暂行条例草案呈及国民政府批

（1925年8－9月）

（1）广东省政府致国民政府呈（8月31日）

为呈请事：现据广东民政厅厅长古应芬呈称：案查本厅提议

将佛山商埠建设独立市，举办市政，并请委沈崧为佛山市市政筹备专员兼办佛山全市警察事宜，业奉钧府核明令准照委，并经本厅录令行知在案。现已饬该专员迅速遵令前赴佛山筹办，自应订定条例颁发，俾资遵守，并由本厅拟订佛山市市政筹备处暂行条例草案计共一十八条，是否有当，相应备文连同该条例草案一册呈请察核，提交会议议决施行等情。计呈佛山市市政筹备处暂行条例草案一册。据此。当经省务会议议决，呈国民政府鉴核示遵。除批复外，理合检同该佛山市市政筹备处暂行条例草案一册，呈请钧府鉴核示遵，实为公便。谨呈
国民政府

计呈原缴佛山市市政筹备处暂行条例草案一册

广东省政府省务会议　许崇智
古应芬
许崇清
孙　科
宋子文
陈公博

中华民国十四年八月三十一日

**佛山市市政筹备处暂行条例草案**

**第一条**　本条例为筹备佛山市政而设，适用于佛山市全部。

**第二条**　佛山市全部区域，由市政筹备处测绘详图报民政厅核明，转呈省政府核定。

**第三条**　佛山市为地方行政区域，直接隶属于省政府民政厅，不入县行政范围。

**第四条**　佛山市政在筹备期内，设专员一人，综理全市行政事务，专员由民政厅荐请省政府委任之。

**第五条** 市行政范围含左列各款：

(一)市财政及市公债。

(二)市公产之管理及处分。

(三)市街道沟濠、堤岸、码头、桥梁、建筑及其他关于土木工程事项。

(四)市交通、电力、电话、自来水、煤气及其他公用事业之经营及取缔。

(五)市公安及消防火灾、水患事项。

(六)市户口调查事项。

(七)市公共卫生及公共娱乐事项。

(八)市教育、风纪及慈善事项。

(九)国民政府及省政府委托办理事项。

**第六条** 前条第一至八款各事项应由专员体察本市地方情形，分别筹拟举办。所有筹拟办法，当随时呈报民政厅查核。

**第七条** 市行政事项，如与国家行政或省行政有重复或相抵触时，当随时停止，呈候依法解决。

**第八条** 市政筹备处为办理市行政事务，得设左列各科局：

(一)总务科。

(二)财政局。

(三)工务局。

(四)公安局。

**第九条** 各科局之职掌如左：

总务科：主管文牍及保管档案事项编辑印刷市政公报并各种市立条例及报告；掌理庶务及收发事项；其他不属各局事项。

财政局：办理第五条第一款及第二款事项。

工务局：办理第五条第三款及第四款事项。

公安局：办理第五条第五款、第六款及第七款事项。

**第十条** 各科局办事细则由专员定之。

**第十一条** 各科局各设主任一人，科员若干人。

**第十二条** 市政筹备处因办理机要事务，得设秘书一人。主任、秘书由专员荐请、民政厅委任，科员由专员委任。

**第十三条** 市政筹备处因缮写文件得酌用雇员。

**第十四条** 专员薪俸每月　　元。各科局薪水由专员分别酌拟，呈请民政厅核定，咨请财政厅备案。

**第十五条** 本市现有税捐属于市行政范围者，得由专员呈民政厅咨请财政厅拨归征收。

**第十六条** 每月收支预决算及各种收支单据，由专员分别编造清册，呈缴民政厅核销，转咨财政厅审查。

**第十七条** 本条例如有未尽事宜，得呈请民政厅提出，省务会议修改之。

**第十八条** 本条例自公布日施行。

(2)国民政府批(9月11日)

中华民国国民政府批　第87号

广东省政府省务会议

呈拟佛山市市政筹备处暂行条例草案请鉴核示遵由。

呈及草案均悉。业将此案提出第十六次委员会议议决照准，仰即转饬遵行。草案存。此批。

民国十四年九月十一日

〔广州国民政府档案〕

## 22 国民政府军委会为防止军人将来烟土案发生办法公函

(1925年9月11日)

国民政府军事委员会公函

径启者：案查防止军人将来烟土案发生办法，业经本会令饬参谋团拟候核准，并函财政部饬发禁烟督办取得同意。除令各军及各军事机关遵照办理外，所有防止军人将来烟土案发生方法，相应函请查照备案。此致

国民政府委员会

计函送防止军人将来烟土案发生办法一纸，计共七条

国民政府军事委员会

中华民国十四年九月十一日

参谋团拟具防止军人将来烟土案发生办法

(一)禁烟条例业经国民政府委员会制定公布，兹所定者为防止军人将来烟土案发生办法。

(二)根据禁烟条例第三条之规定，鸦片烟在未完全禁绝期内，除国民政府特设禁烟督办署得专卖外，无论何项人等及任何机关不准包庇贩卖或收藏烟土。

鸦片烟系包括罂粟、烟土、烟膏、烟灰及其他与鸦片同类之吗啡、高根、海洛等药品而言。

(三)责成各军及各军事机关最高长官严饬所属，对于禁烟条例出具确实遵守切结，汇报军事委员会备查。

(四)各军及各军事机关，各级官长，对于直接部下有违犯第二项之规定者，应负觉察责任，随时举发。若未经举发，而为高级长官察觉或被告发，该本管长官应受失察处分。

(五)各军及各军事机关，各级官佐，对于本管长官有违犯第二项之规定者得报告之。

(六)各军及各军事机关官佐，有违犯第二条之规定者，该本管长官，应即送交刑事特别法庭惩办。如与非军人有共犯嫌疑者，应即停职送归普通法院质讯，除宣告无罪准

其复职者外，仍解交刑事特别法庭惩办。

（七）如探得各军防地内藏有私烟，禁烟督办署或各属禁烟局派员督率侦缉员兵到目的地查缉搜捕时，各军应予协助。

〔广州国民政府档案〕

## 23　广东省大理院为核议赌盗会斗案件应一律移送法院审办呈及国民政府令

（1925年9—10月）

### （1）林翔致国民政府呈（9月23日）

呈为核议呈复事：本年九月十七日奉钧令第六三号开：案据广东省政府呈称：为呈请事：现据广东民政厅厅长古应芬呈称：案奉钧府训令，准军事委员会秘书处来函，七月八日军事委员会第八次会议议决，为保障人民身体自由起见，所有各军队及各军事机关，嗣后概不得擅自逮捕人民，及擅自执行刑罚。其已因事逮捕者，着即日送交地方法庭审理，如有违犯，无论何等军官概行严惩等因。仰见政府保障人权，尊重法律之至意。兹查赌、盗、会、斗四项罪犯，向由各县审理，现值政治革新与民更始之际，在各军事机关对于已获人犯尚须送交法庭裁判，则此等案犯似未便仍由各县受理，至侵法权。嗣后各属所有赌、盗、会、斗四项案件，应否援照军事委员会议议决办法，概行送交法庭，抑另设军法局审办之处，理合具文呈请钧府鉴核，提交省务会议议决施行等情。当经省务会议议决，呈国民政府鉴核施行。除批示知照外，理合具文呈请鉴核示遵，实为公便等情。据此。当经提出第十七次委员会议议决，应交司法行政事务处议复。除批示外，合行令仰遵照，妥议具复，以凭核夺等因。奉此。遵查赌、盗、会、斗案件，刑律载有专条，既隶刑事范围，自应归法院审理，非兼理司法之县长，原不得侵权裁判，本无疑问。前因广东地方发生此等案件，甲于全国，故划入军事范围，特订单行法规，只为广东独有。揆其立法初意，无非以赌、盗、会、斗之发生，为害极烈，而其势又极大。赌博无论矣。其如明火洗劫，往往数百人，联盗拜会者，或且倍之。至于械斗，动辄结连数村，相持累月，弹压剿办，自非绾有兵符者不为功。若司法机关，警卫无多，处理此等案件，事实上恐未能措置裕如，是以出此权宜之策。殊不思检察官吏，有指挥地方警察之权，县长兼司警政，依修正刑事诉讼律第四十七条及四十八条之规定，县长亦为司法警察之官，其侦查犯罪，正与地方检察长同其权限。关于前项犯罪，地方县长诚能遇事尽职，以协助检察官吏之进行，未始不可收肃清之效。否则以非法律出身之县长，而办理司法事务，处理稍涉轻率，其流弊曷可胜言。际此政治刷新与民更始之会，诚不宜有此稗政存在其间，该厅长所陈，不为无见，拟请钧府令行广东省政府通饬各县县长，嗣后遇有此等刑事人犯，一律移送法院审办。如有藉延，即予惩究。各该县长依法既为司法警察官吏，关于此等案件发生，仍应负禁止、弹压及侦查、缉捕之责，不得藉口无审判权限，因而放弃职务，用符钧府保障人权，尊重法律之至意。所有奉令核议缘由，理合具文呈复钧府鉴核施行。谨呈

国民政府委员会

代理院长兼管司法行政事务　林翔

中华民国十四年九月二十三日

### (2)国民政府令(10月16日)

中华民国国民政府令　第一三三号

令广东省政府

为令行事：案据代理大理院长兼管司法行政事务林翔呈称：为

核议呈复事，云云钧府鉴核施行等情。据此。当批：呈悉。云云。此批。等语。除批示印发外，合行令仰转饬遵照。此令。
民国十四年十月十六日

〔广州国民政府档案〕

## 24 国民政府委员会关于段祺瑞张作霖媚外卖国望勿为其效力致杨宇霆等电

（1925年11月5日）

徐州、天津探投杨邻葛、姜超六、天津李芳辰诸公均鉴：去岁诸公为段、张尽力，击败曹、吴。本党总理盱衡时局，发表宣言谓：此战之目的不谨〔仅〕在覆灭曹、吴，尤在曹、吴覆灭之后永无同样继起之人。故主张以国民会议划绝军阀之势力，以废除不平等条约划绝帝国主义之势力，欲以此打破军阀与帝国主义勾结之现状，而树国民革命军之先声。无如段、张此时已具决心为军阀之继承者，为帝国主义工具之继承者，故于本党总理之主张龂龁之惟恐不至，本党总理遂赍志以殁于京师。当此之时，天下已知段、张之必为国民革命之障碍物矣。五卅以还，外侮洊至，本党政府虽于主义及政策上无与段、张合作之可能，然为对外交一致进行计，不恤宣言与之联合战线，以从事于废除不平等条约之运动。乃段、张则变本加厉在上海等处恣其淫威，摧残农工运动，压迫各界爱国运动，以取媚于帝国主义。最近复遣北洋兵舰骚扰我沿海口岸，供帝国主义之驱使，以阻挠我交通独立之计划。凡此种种，实为自绝于中国，而为中国人民之公敌。故浙江兵起，国之人从而和之，莫不以推倒段、张为快。其失舆情，府众怨，较之去岁曹、吴破败时代犹将倍蓰过之。此理势所宜然，无足怪者。段、张之媚外卖国，其累累罪状，不特国之人能道之。即在其敌人亦知以此为声罪致讨之资，而因以博国人之同情。当此国民觉悟时代，段、张之必败，无可疑者。诸公身为军人，当知此身为国民之公仆，非段、张之家奴；当知所有之武力应为国家及民众之利益而奋斗，不当直接为军阀之走狗，间接为帝国主义之走狗，以戕贼国家及民众之利益。故诸公此时不当以拥护段、张自任，而当以拥护国家及民众之利益自任。其方法则在避免此无谓之战争，而使各方之武力皆集合于国民革命旗帜之下，为国民革命之目的而使用。其条件如次：一、建设能统一全国之真正国民的政府。二、此政府必于最短期间召集国民会议预备会议。三、此政府必于最短期间发起国际会议，以解决不平等条约。四、此政府必尽力保障人民集会、结社、出版言论之自由。苟以上诸条件而能实现，则国民革命于此可开一新纪元。诸公之有造于中华民国者，至伟且大，较之为张、段效力以获罪于国民，不可同日而误〔语〕矣。惟诸公图之。国民政府委员会。歌。

〔国民政府公报一九二五年第十四号〕

## 25　国民政府委员会关于吴佩孚等声讨段祺瑞张作霖媚外卖国特提出实现国民革命四条要求与萧耀南等往来电

（1925年11月）

### （1）国民政府委员会电（11月5日）

武昌吴子玉、萧衡珊，南京孙馨远诸公均鉴：诵诸公通电于段祺瑞、张作霖之媚外卖国，声罪致讨、良用慨然。本党总理去岁北行，即已灼见段、张之不能脱帝国主义之羁绊，故为防患未然计，主张以开国民会议及废除不平等条约为解决时局之方法。彼昏不知，必欲背道而驰，遂使中国人民如水益深，如火益烈。五卅以还，外侮洊至，本党政府虽于主义及政策上无与段、张合作之可能，然为外交一致进行计，不恤宣言与之联合战线，以从事于废除不平等条约之运动。乃段、张则变本加厉，在上海等处恣其淫威，摧残农工运动，压迫各界爱国运动，以取媚于帝国主义。最近复遣北洋兵舰骚扰我沿海口岸，供帝国主义之驱使，以阻挠我交通独立之计划。凡此种种，实为人民之公敌，中国之罪人。诸公举兵讨之，亦固其所。惟民国以来，国内战争所以未得良果，皆由于本源之地未尝解决，遂致以暴易暴，徒苦吾民。今诸公既知声段、张之罪而讨之，则宜善用其武力，务使诸公之武力与帝国主义绝缘，而与人民相结合，然后不致蹈段、张之覆辙。当此国民觉悟时代，段、张之必败已无可疑，欲使段、张败后更无与段、张同样继起之人，则不可不致力于以下诸端：其一，务建设能统一全国之真正国民政府。其二，此政府必于最短期间召集国民会议预备会议。其三，此政府必于最短期间发起国际会议，以解决不平等条约。其四，此政府必尽力保障人民集会、结社、言论、出版之自由。以上四者，为今日国民革命之必要条件。中国之能反抗帝国主义，以跻于平等自由，端赖于是。倘此战争而能得此结果，则此战争始为不虚。诸公果有意于此，则现时诸公武力所及之地，即当努力使军阀与帝国主义之势力归于消灭，同时对于人民之自由与以保障。庶几以上四者能次第实现，而不至悬为空谈。诸公若能深信此言，躬行实践，而本党政府敢信国民必为诸公之后援，而本党政府亦乐与诸公同济艰难也。掬诚相告，惟诸公图之。国民政府委员会。歌。

〔国民政府公报1925年第十四号〕

### （2）萧耀南电（11月16日）

武昌来电

广东国民政府委员会钧鉴：歌电敬悉。胡虏窃国，普天同愤。

诸公热心卫国，一致同仇，至深钦仰。承示各条，具见卓识，自当奉为圭臬，努力进行。翘望南天，不尽依依。萧耀南。铣。印。

### (3) 孙传芳电(11月21日)

徐州来电

广州国民政府委员会诸公钧鉴：奉读歌电，所以期勉之者良厚，感佩曷极。自张作霖勾结日本，势益横溢，奉、吉沦丧，直、鲁骚然，身受者伤心，闻之者酸鼻。传芳不忍斯民之困于水火，乃相见以兵戎，幸获小捷，虏氛少静，远辱赞许，弥滋感惭。十年以来，国基未固，盖以敛欲自恣者，每媚外以求荣，引虎自卫以遂其垄断，而外人亦乘机侵暴以宰割我者，厚殖其私，天下滔滔，乱斯极矣。承示建国四义，洵为对症之药石，救时之正轨。惟念障碍不除，则建设无从着手，必使武力与帝国主义澌灭无遗，然后真正民意始有发展之可能。传芳不敏，深愿群力于此，当亦诸公所乐闻也。东海南海，心同理同。引企羊城，尚祈赐教。孙传芳叩。马。印。

〔国民政府公报一九二五年第十六号〕

## 26 国民政府饬禁烟督办及筹饷局严禁惠城烟赌令

(1925年11月23日)

中华民国国民政府令　第二〇一号

令财政部长宋子文

为令饬事：现准军事委员会咨开：案据政治训练部主任陈公博呈称：顷据东征军总指挥部政治部主任周恩来、代主任熊雄呈称：查惠城久经逆敌盘据，民风固塞，烟赌流毒为祸尤烈。惟自我军克复以还，亟应扫清弊政，抚辑流亡，与民更始。乃近日以来，烟赌复渐开放，以致奸徒混迹，谣言四起，覆按东征诰诫，殊失民望。查此项收入，在惠城为数无几，如任驰禁，现当军事吃紧之际，倘有疏虞，不独使人民尽怀疑虑，影响革命前途，所关尤大。因此商得总指挥部胡参谋长谦、何总参议成濬同志即日下令严行禁绝。除缮发布告并分别令行外，合即备文呈请钧部，分别转呈政府存案，并行知筹饷局、禁烟局查照。自后惠城不得弛禁烟赌，藉维民信，以利戎机，实为至要。等情到部。查核该主任所称各节于政府显与人民合作之昭示关系纂重，应予准如所请，藉维信仰。据呈前情，除批准印发外，理合据情转呈钧会查照。并恳转咨国民政府分别令饬禁烟局、筹饷局遵照，嗣后于惠城烟赌禁令不得再行弛禁。是否有当，伏祈批示祗遵等情。据此。理合备文咨请贵政府查照，分别令饬遵照。等由。准此。合行令仰该部即便分别转饬禁烟督办及筹饷局遵照，惠城烟赌既经禁绝，嗣后不得弛禁为要。此令。

中华民国十四年十一月廿三日

委员会议主席　汪兆铭
常务委员　汪兆铭
常务委员　谭延闿
常务委员　林　森
常务委员　伍朝枢
常务委员　古应芬

〔国民政府公报集1925年第十六号〕

## 27 国民政府对时局宣言稿

(1926年2月25日)

比年以来，丧乱频仍，皆由帝国主义用军阀为傀儡，军阀用政客为羽翼，辗转勾结，成此厉阶，本党政府已屡举以为国民告。征之最近，张作霖于众叛亲离之际，藉帝国主义之余荫以苟延残喘，吴佩孚于张作霖败溃之余，昌〔倡〕言讨奉，及见其死灰复燃，则又亟与联合，以谋危国民军。现在鄂豫战事已起，范围必日益扩大。昔日吴张二凶，势成对峙，战争不息，以苦吾民。今则二凶合并，以从事于祸国殃民之行为，我全国民众及能为民众尽力之军队，不可不同心合力，共起而剪灭此二凶，然后军阀始得绝迹于国内，帝国主义始无所藉以行恶。至于无耻政客，平日逢迎军阀，为之巧立名义，文饰罪恶，是其唯一之生活。故有张作霖之拥兵自卫，则有政客以保境安民之说进；有吴佩孚之野心不死，则有政客以护宪护法之说进。其实所谓保境安民者，以东三省之土地人民视为张作霖个人之产业，至谬极戾，罪不容于死。所谓护法，无非欲剽窃六七年间广州政府所标揭之口号，以自炫而欺人。不知六七年间，国会议员能不屈服于北方军阀之解散命令，故人民乐为之后援，以抵抗军阀。及乎十二年间，所谓国会议员者，大多数已卖身军阀，沦为猪仔，以自绝于国家及人民。于此之时而言护法，无异获猪仔议员，人非至愚，谁能出此。至于所谓护宪，则直欲对于猪仔议员之卖身契约而加以拥护，尤为骇人听闻。总之，此等名号，皆无耻政客所捏造，欲苟以便军阀之私图，于国家及人民之利益，不惟渺无系属，且绝对冲突。国人有知，决不任其诪张为幻也。段祺瑞生存于军阀肘腋之下，喜则视同玩具，怒则弃如土苴，不自愧恧，犹欲假国民会议之名，为善后会议多增一重罪案。心劳日拙，更不值一驳。本党政府，以打倒帝国主义、打倒军阀为当前急务，当领导民众及统率与民众合作之军队，扫除此等障碍，以实现国民革命之目的。兹接受本党中央执行委员会之决议，以速开先总理所主张之国民会议及预备会议，为解决时局之唯一方针。盖处此时代与环境，惟有人民自动的夺回政权，舍此更无其他可采之手段也。愿共勉之。

中华民国国民政府委员会主席　汪兆铭

谭延闿

伍朝枢

民国十五年二月二十五日

〔广州国民政府档案〕

## 28　国民政府声讨段祺瑞宣言稿①

（1926年3月27日）

民国肇造，历十五稔，战乱相寻，民不聊生。推原其故，皆由帝国主义与军阀互相勾结，操纵政权为之厉阶，前年冬，直奉战事告终，先大元帅本其救国救民之素志，力疾北行，主张开国民会议及废除不平等条约，冀从帝国主义者及军阀之手中夺取得政权还诸人民，以永绝祸乱根源。乃国贼段祺瑞方欲谄事列强，取悦武夫，以巩固其临时执政地位，竟不惜违反全国人民公意，悍然发出保存不平等条约之宣言，并召集所谓善后会议以打消国民会议，致我先帅救国良谟，阻格不行，尔后段政府卖国自私，益复无忌。其尤著者，如承认金佛郎案，摧残五卅运动，及滥借外债，以供给军阀助长内乱，致使中部及北方十数省人民再罹锋镝。犹

注：①此件与《国民政府公报》一九二六年第二十八号刊载的《中华民国国民政府宣言》一文内容相同，无伍朝枢等三人署名。

复不知悛悔，阴结吴张，苟求固位。最近北京人民因大沽事件激于义愤，于三月十八日召集市民大会，向段祺瑞请愿宣布对外方针。段祺瑞因羞成愤，嗾使卫队向徒手巡行之群众开枪射击，死伤各数十人，生死未卜者又百余人。并下令逮捕诸爱国志士，欲图一网打尽，遂其阴谋，倒行逆施，竟至此极。不仅滥权杀人，干犯刑章，极其媚外，用意非陷中国于永劫不复之地位不止。似此凶残卖国之人，岂复能任其窃据高位以祸国殃民。本政府以打倒帝国主义，打倒军阀为职志，誓当领导民众，以为国家除此残贼，完成国民【革命】之使命。尤望全国人民及与人民合作之军队主张正谊，一致奋起，以驱除段祺瑞及一切卖国军阀，召集国民会议，解决国是。中国一线生机实在于此，愿共努力图之。

民国十五年三月二十七日

伍朝枢　谭延闿　古应芬

〔广州国民政府档案〕

## 29　国民政府公布修正统一军民财政及惩办盗匪奸宄特别刑事条例令

（1926年3月27日）

中华民国国民政府令

兹修正统一军民财政及惩办盗匪奸宄特别刑事条例公布之。此令。

中华民国十五年三月廿七日

委员会议主席　汪兆铭

常务委员　汪兆铭

常务委员　胡汉民

常务委员　谭延闿

常务委员　伍朝枢

常务委员　古应芬

修正统一军民财政及惩办盗匪奸宄特别刑事条例

**第一条**　本条例为统一军民财政及惩办盗匪奸宄之特别规定。

**第二条**　本条例于凡在政府所辖地内犯罪者，不问何人适用之。其在政府所辖地之中华民国船舰内犯罪者亦同。

**第三条**　本条例于凡在政府所辖地外犯罪者，不问何人适用之。

**第四条**　海陆军军人意图利已或害政府而反抗上官之命令或不服从者，处死刑、无期徒刑或一等有期徒刑；其情轻者处二等以下有期徒刑拘役。

**第五条**　无论何人不待命令，无故为战斗或自相残杀者，刑同前条。

**第六条**　擅委文武官吏者，处二等以下有期徒刑拘役，并科五千元以下罚金；其被委就职者处以三等以下有期徒刑拘役，并科三千元以下罚金。

**第七条**　官吏调任或撤差而抗不交代者，处三等以下有期徒刑拘役，或一千元以下罚金；教唆他人使之实施犯本条之罪者，依正犯之例处断。

**第八条**　擅自征收或截留租税及各项入款者，处三等至五等有期徒刑拘役。

系图利自已者，处二等至五等有期徒刑拘役，并科与征收或截留同额之罚金。

**第九条**　犯前条之罪，所征收或截留之租税及各项入款没收之，若全部或一部不能没收时，追征其价额。

**第十条** 犯内乱罪者，依刑律第一百零一条至第一百零七条处断。

**第十一条** 聚众械斗者，依左例处断：

一、首魁无期徒刑或二等以上有期徒刑。

二、执重要事务者，一等至三等有期徒刑，或一千元以下一百元以上罚金。

三、附和随行仅止助势者，四等以下有期徒刑拘役，或三百元以下罚金。

**第十二条** 于前条所列情形内犯杀伤、放火、决水、损坏及其他各罪者，援用所犯各条，分别首魁、教唆、实施，依刑律第二十三条之例处断。

**第十三条** 犯刑律第三百七十三条之罪者，得处死刑。

**第十四条** 犯左列各罪者，处死刑：

一、刑律第三百七十四条之罪。

二、刑律第三百七十六条之罪。

三、犯强盗之罪，故意放火者。

四、掳人勒赎者。

打单勒索者，处一等有期徒刑。

**第十五条** 无政治目的而犯左各款之罪者，处死刑、无期徒刑或二等以上有期徒刑：

一、意图妨害公安而制造、收藏或携带爆烈品者。

二、聚众掠夺公署之兵器、弹药、船舰、钱粮及其他军需品，或公然占据都市、城寨及其他军用地者。

**第十六条** 犯刑律第二百二十九条之罪者，得处死刑。

**第十七条** 于禁止粮食或其他必要品出口之际，未受政府允准而运输出口者，处无期徒刑，或一等以下有期徒刑拘役，或一千元以下罚金。

前项之品物没收之。

**第十八条** 以破坏爱国运动为目的而反抗群众一致之举动者，处无期徒刑、一等以下有期徒刑拘役或一千元以下罚金，因而酿成不利益于国家者处死刑。

**第十九条** 除前二条所列外，以其他行为将政治上之利益与外国或酿成政治上之不利益于国家者，得处死刑或无期徒刑；其情轻者，处一等以下有期徒刑拘役或一千元以下罚金。

**第二十条** 犯本条例之罪，宣告二等有期徒刑以上之刑者，褫夺公权；宣告五等有期徒刑以上之刑者，得褫夺之。

**第廿一条** 意图陷害而诬告他人犯本条例之罪者，处死刑、无期徒刑或三等以上有期徒刑；犯前项之罪未至确定判决而自白者，得减轻或免除其刑。

**第廿二条** 死刑得用枪毙。

**第廿三条** 凡死刑、无期徒刑非经司法行政委员会复准，不得执行。司法行政委员会认为有疑义者，得咨由特别刑事审判所再审。

**第廿四条** 本条例自公布日施行，其期限至军民财政统一盗匪肃清为止。

〔国民政府公报1926年第28号〕

## 30 国民政府为起草国民会议组织法致法制委员会令

（1926年3月31日）

中华民国国民政府令　　第一六〇号

令法制委员会

为令行事：据广东东江各属行政委员周恩来呈称：准东江各

属行政大会第十七次会议临时动议第七项决议案，请国民政府颁布国民会议组织法令，先由广东各地职业团体代表（依总理所规定）开人民代表会议，将来由县而省而国得尽力推行，以促成全国国民会议之实现一案。窃查中国近状，代议制度既经破产，职业团体代表会议实将代之而兴。去年总理北上，明白宣言召集以职业团体为单位之国民会议，各地人民闻风响应，一时国民会议促成会几遍见于全中国，总会亦成立于北京。卒因帝国主义及其工具军阀之嫉忌、压迫、摧残以至功亏一篑。总理已没，余痛犹存。今者北方时局混乱，帝国主义者、军阀自身均呈崩溃之象，全国人民复以自身环境之关系，需要真正统一之国民政府。而先总理所发起之国民会议，实为适应此需要之唯一手段。第以各地人民组织不一，指挥既难齐一，收效自当减少，既负人民自身之希望，复有愧于总理遗嘱中所指示须于最短期间促其实现之至意，而欲求组织整齐，指挥灵便，以〔必〕须有统一之法令或规程，方可收其成效。理合将请求颁布国民会议组织法令各缘由，备文呈请钧核。伏乞俯赐察核，从速颁布，俾得有所遵循。是否有当，乞批示祗遵。等情。据此。除批示外，合行令仰该委员会即将国民会议组织法起草呈候核定颁布。此令。

中华民国十五年三月三十一日

委员会议主席　汪兆铭
常务委员　汪兆铭
常务委员　胡汉民
常务委员　谭延闿
常务委员　伍朝枢
常务委员　古应芬

〔国民政府公报1926年第28号〕

## 31　国民政府发表关于北方政局陷入无政府状态要求国民自动召集国民会议夺取政权之对内宣言

（1926年4月20日）

中华民国国民政府对内宣言

民国十三年冬，奉直战争告终，直系军阀覆败。此诚人民夺取政权，建设统一政府之绝好时机。故先大元帅于其北上之际，提出召集国民会议，解决国是之主张，良以国民革命之目的，在求中国之自由平等，而军阀与帝国主义者互相勾结把持政权，实为达此目的之最大障碍。以军阀攻军阀，此灭彼兴，内乱循环，曷有已时。惟人民一致觉悟兴起，接受政权，庶可打消一切反动势力，永绝祸乱。宣言发出，大洽人心，一时通电赞成，及组织国民会议，促成会者风起云涌，遍于全国。是时，段祺瑞方受奉系军阀及帝国主义者之拥护，得为临时执政，深恐国民会议一开，不利其私，百计破坏，以冀入窃政柄，遂致救国良谟阻格不行。先帅赍志以殁，临终犹谆谆以此为嘱。年余以来，段政府及一般军阀之卖国自私及摧残压迫，适足以促起人民之觉悟，而坚固其组织。观于五卅事变以来，群众爱国运动之前仆后继，民气之勇往坚强及人民之知为本身利益奋斗，益信国民会议有于最近时期内实现之可能。现卖国残民之段祺瑞罪恶贯盈，已为国民军迫走张吴两军阀，虽由帝国主义之撮合暂时联合战线，而根本上彼此利害仍相冲突。关于倒段拥段主张各异，尤易促其分裂。目下北方政局事实上已陷于无政府地位，军阀崩溃之期亦将不远，所望全国各地方被压迫之人民乘时奋起组织坚固之团体，积极与军阀及帝国主义者抗争，自动的召集国民会议以取得政权。凡有觉悟之军人皆当取鉴于历来军阀之失败，使其武力与帝国主义绝缘，而与人民结合，以促国民会议之成功。本政府唯一之职责，即在奉行先帅遗嘱，实现国民会议，尤当尽其力之所能，及以为人民前驱。国家之命运在于国民之自决，愿我国人急起图之。

中华民国十五年四月二十日

〔国民政府公报1926年第三十号〕

## 32　国民政府公布广东全省各区警备司令设置条例令

（1926年8月10日）

中华民国国民政府令

兹制定广东全省各区警备司令设置条例公布之。此令。

中华民国十五年八月十日

委员会议主席　汪兆铭
常务委员　汪兆铭
常务委员　胡汉民
常务委员　谭延闿
常务委员　伍朝枢
常务委员　古应芬
常务委员　张人杰
常务委员　宋子文

### 广东全省各区警备司令设置条例

**第一条**　现在北伐期内，为图巩固后方治安，应付非常事变起见，暂将广东全省划分为七个警备区，每区设警备司令一员，负该管警备区治安全责。

**第二条**　各警备区域之划分如下：潮梅警备区、南韶连警备区、高雷钦廉警备区、肇罗阳五邑警备区、琼崖警备区、广属警备区、惠州警备区。

**第三条** 各警备区域应时机之必要，由总司令部随时改正之。

**第四条** 警备司令直辖于总司令部，禀承总司令之命令施行其职务。

**第五条** 警备司令有节制该警备区域内所有一切驻防军队及人民武装团体之权。但该区域内如驻有高级长官时，仍应商同办理。至民政长官，如市长、县长、公安局长等，如于绥靖警备事项有关时，亦得指挥之。

**第六条** 警备司令对于所辖区域内遇有非常事变须施行戒严时，应依戒严条例之规定，迅呈总司令行之。若因远隔总司令，或时机急迫，或因通信阻绝无由呈请时，得临时宣告戒严，但须迅呈总司令得其批准。

**第七条** 警备司令须将所辖区域内之地方治安情形，随时呈报总司令部查核。

**第八条** 各警备司令部附设于各警备司令原职机关内，办事职员亦由原职机关人员兼任，不另组织，以一事权而节公帑。但依情况，有必要添设人员时，应呈明总司令核准，可酌设之。

**第九条** 总司令认为无须设置警备司令时，以命令取销之，恢复原有状态。

**第十条** 本条例如有未尽事宜，随时由总司令部修正之。

**第十一条** 本条例自公布日施行。

〔国民政府公报1926年第41号〕

## 33 国民政府公布劳工仲裁会条例令

(1926年8月16日)

中华民国国民政府令

兹制定劳工仲裁会条例公布之。此令。

中华民国十五年八月十六日

委员会议主席　汪兆铭

常务委员　汪兆铭

常务委员　胡汉民

常务委员　谭延闿

常务委员　伍朝枢

常务委员　古应芬

常务委员　张人杰

常务委员　宋子文

## 国民政府劳工仲裁会条例

**第一条**　劳工仲裁会之设立，其宗旨在解决劳工组织间之争执。

**第二条**　劳工仲裁会由政府委仲裁代表一人及有关系之双方，或数方各派代表一人共同组织之。

**第三条**　劳工仲裁会解决下列各事项：(一)工人之纠纷；(二)决定工会范围；(三)其他纠纷或冲突。

**第四条**　农工厅不能解决工人争执时，当即在二十四小时内呈请国民政府设立仲裁会。

**第五条**　凡工人争执须在仲裁会解决，无论何时各方不得聚众携械斗殴，或有违犯警律，或危害公安之行动。

**第六条**　仲裁解决争执或纠纷案，应负下列各责：(一)调查争执原因；(二)调查关于争执之各工会之互相关系；(三)调查关于争执或纠纷之各事项；(四)研究各关系工会要求条件之曲直。上列各项须于最短时期调查完竣，然后公平解决。

**第七条**　对于仲裁会之判决，如一方或各方不满意，可上诉国民政府，国民政府所认为公平，或修改之判决，即为最后之判决，各方须遵依之。

**第八条** 两工会发生争执时,双方之行动不得危及第三方,无论何方违反此条，所有损失归其直接负责。

**第九条** 仲裁会之细则另订之。

**第十条** 本条例自公布日施行。

〔国民政府公报1926年第四二号〕

## 34 国民政府公布组织解决雇主雇工争执仲裁会条例令

（1926年8月16日）

中华民国国民政府令

兹制定组织解决雇主雇工争执仲裁会条例公布之。此令。

中华民国十五年八月十六日

委员会议主席 汪兆铭.
常务委员 汪兆铭
常务委员 胡汉民
常务委员 谭延闿
常务委员 伍朝枢
常务委员 古应芬
常务委员 张人杰
常务委员 宋子文

### 国民政府组织解决雇主雇工争执仲裁会条例

**第一条** 对于雇主、雇工间之争执,当设立仲裁会以解决之。

**第二条** 仲裁会由政府委仲裁代表一人及有关系之双方各派代表二人共同组织之。如属关系数方之争执，则双方之外其余各方得派代表一人或数人。

**第三条** 仲裁会解决雇主及雇工间各纠纷，如工值问题、补偿伤害问题、工作时间问题、雇工待遇问题及其他争执之问题，凡双方不能解决者。

**第四条** 雇主及雇工自己不能解决争执时，当由双方或单方将情由禀明农工厅，呈请案照本条例第二条组织仲裁会，农工厅当即转呈国民政府并代请组织仲裁会。此项仲裁，但经争执之一方呈请，及他一方必须承认。

**第五条** 仲裁会既按照本条例成立后，务当调查该关系雇工之生活状况，当地之经济状况及该种工业或商业之经济状况，然后公平解决。

**第六条** 对于公共事业或政府所办之企业发生之争执，如双方或一方不满意于仲裁会之判决，得上诉国民政府请求作最后判决。国民政府所视为公平，或所修改，或发还仲裁会，经仲裁会复审之判决，各关系方面应当遵守之。

**第七条** 凡雇主、雇工之纠纷已呈请仲裁，双方不得采取直接行动，如罢工或闭厂之举，惟在未请求仲裁之前发生之罢工或闭厂不在此内。

**第八条** 仲裁之细则另订之。

**第九条** 本条例自公布日施行。

〔国民政府公报1926年四二号〕

## 35 国民政府公布外交部特派交涉员暂行条例令

(1926年9月9日)

中华民国国民政府令

兹制定外交部特派交涉员暂行条例公布之。此令。

中华民国十五年九月九日

委员会议主席　汪兆铭
常务委员　汪兆铭
常务委员　胡汉民
常务委员　谭延闿
常务委员　伍朝枢
常务委员　古应芬
常务委员　张人杰
常务委员　宋子文

## 外交部特派交涉员暂行条例

**第一条**　各重要商埠或边界地方设特派交涉员。称曰外交部特派某埠或某地方交涉员，承外交部长之命，办理各该埠或各该地方外交行政事务。

**第二条**　特派交涉员于职务上所关事项。遇有必须经由地方政府或司法官厅或军队者，除呈报本部外，得随时商请各该主管机关办理。

**第三条**　特派交涉员办公处所，称曰外交部特派某埠或某地方交涉署。

**第四条**　交涉署以各该交涉员为署长，设左列各职员辅助之：

科长；

科员。

**第五条**　特派交涉员依其所管辖地方之繁简轻重。分别为三等，皆由外交部长呈荐国民政府任命之。

**第六条**　交涉署科长、科员由该署长呈报外交部长委任之。

**第七条**　至少具下列资格之一者，得任为特派交涉员：

一、在国内外专门以上学校法律科、或政治经济科、或商科毕业，兼通外国语文一种以上者；

二、曾任交涉事务五年以上，确有成绩者。

**第八条** 凡有委任文官之资格者，得任为交涉署委任官。

但担任交涉科事务之科长，必须通晓法律，有文书证明，或经外交部考试认可者。

**第九条** 科长员额一等署不得逾四人，三〔二〕等署不得逾三人，二〔三〕等署不得逾二人；

科员员额一等署不得逾十二人，二等署不得逾六人，三等署不得逾三人。

**第十条** 交涉署之事务分科如左：

(甲)公法交涉科；

(乙)私法交涉科；

(丙)翻译科；

(丁)总务科。

以上各科得依各处事务之繁简酌量合并之，如合并(甲)(乙)为交涉科，合并(丙)(丁)为总务科之类。

为经济上节省或人才上经济起见，署长即交涉员得自领一科或二科事务。

各署组织须呈候外交部长核准。

**第十一条** 交涉员及科长、科员之俸额，另以表定之。

**第十二条** 交涉署之公费额，另以表定之。

**第十三条** 科长、科员之办事得力勤劳卓著者，得由该署长酌给津贴，惟至多不得逾本俸五成。

**第十四条** 交涉署为缮写文件，办理庶务，得酌用雇员。

**第十五条** 交涉员得于本条例范围内拟订办理细则，呈请外交部长核定。

**第十六条** 本条例自公布日施行。

〔国民政府公报1926年第44号〕

## 36 国民政府公布国民党党员背誓罪条例令

（1926年9月22日）

中华民国国民政府令

兹制定党员背誓罪条例公布之。此令。

中华民国十五年九月廿二日

委员会议主席 汪兆铭
常务委员 汪兆铭
常务委员 胡汉民
常务委员 谭延闿
常务委员 伍朝枢
常务委员 古应芬
常务委员 张人杰
常务委员 宋子文

### 党员背誓罪条例

**第一条** 党员违背誓言而为不法行为者，分别情形按刑律加一等以上处罚之。

党员任官职而未宣誓者，以已宣誓论。

**第二条** 党员反革命图谋内乱者，不分既遂未遂，一律处死刑。

**第三条** 党员以职权操纵金融图利自己或他人者，处死刑并没收其财产。

**第四条** 党员舞弊，侵吞库款满一千元者，处死刑并没收其财产。但因公挪移未及弥补者，不适用本条。

**第五条** 在职党员违背党义而犯罪者，永远除名党籍。

**第六条** 知党员犯罪而不举发者，常人依违警法处罚，党员以从犯论。

**第七条** 党员犯处死刑各条之罪，由中央执行委员会组织临时法庭审判之。

**第八条** 本条例中央执行委员会议决，由国民政府公布施行。

〔国民政府公报1926年第四六号〕

## 37 国民政府关于任用文职委任武职尉官以上人员应为国民党党员令

（1926年9月28日）

中华民国国民政府令　第五二九号

令国民政府秘书长陈树人

为令饬事：现准中央执行委员会政治会议函开：据监察院委员陈孚木等呈称：呈为呈报事：案奉钧会函开：径启者：查本会第二次政治会议讨论事项第十一项，广东省党部函请非本党党员不得在行政机关服务一案。议决交由监察院规定详细办法，但事务人员不必人人入党等语在案。兹特将原件函送贵处，即希查照办理为荷。计送广东省党部原函一件。等因。奉此。职院遵将本案提出第二十九次院务会议。佥以本党以党治国，凡在各机关服务人员，自应以选任本党党员为原则。惟特定条例以限制之，恐于事实上容有窒碍之处，且恐开以入党为终南捷径之嫌，流弊所极，党员因而不尽纯粹，仕途因而益形芜杂，似不如政府通令各机关长官，一体遵照。嗣后对于任用人员，文职委任以上，武职尉官以上，务以本党党员为准，不必以特种条例限制，似此办法，较为适当而无流弊。当经一致议决。奉函前因，理合将拟议本案情形具文呈请钧会，俯赐察核施行，实为公便。等情。交办到府，准此。查该院所拟办法，尚属妥协。嗣后各机关对于任用人员，文职委任以上，武职尉官以上，应以本党党员为准。除分令并函请军事委员会转饬各军及各军事机关一体遵照外，合行令仰遵照办理。此令。

中华民国十五年九月二十八日

委员会议主席　汪兆铭
常务委员　汪兆铭
胡汉民
谭延闿
伍朝枢
古应芬
张人杰
宋子文

〔广州国民政府档案〕

## 38　国民政府关于销毁蒋介石印刷的宣传品令

（1927年5月14日）

中华民国国民政府令　第九八号

令财政部长宋子文

为令行事：现准中央执行委员会通告第七号内开：为通告事：案据总政治部宣传科陷电称：党权运动以前，本部虽属于总司令部，蒋逆中正独裁用事，心存叵测，每利用本部宣传员为拥护私人之工具。现本党中央执委业经揭破蒋贼背叛党国之罪，革职拿办，其伏诛之日不远。所望前此蒋逆所印行之反动宣传品，早经停止分发，并一律销毁。惟恐数月以前各处所领宣传品，不少仍有夹杂此项反动印刷物，亟盼各机关、各团体详细审查，停止散布，并设法销毁，以免引起民众误会，革命前途实利赖之。等情。前来。查蒋逆中正背叛党国，经由本会议决开除党籍缉拿在案。为此通告仰各党部团体机关，一体知照。嗣后如有该逆所印之宣传品，应即销毁为要。等由。准此。应即照办。除各级党部已由中央执行委员会通告外，合行令仰该部长，即便遵照办理。此令。

中华民国十六年五月十四日

常务委员　汪兆铭

谭延闿

徐　谦

孙　科

宋子文

〔武汉国民政府档案〕

## 39　国民政府财政部关于文武职员不得擅离职守令

（1927年5月20日）

国民政府财政部令　总字第526号

令本部泉币局

本年五月十二日奉国民政府第八五号令开：现当大军北伐之际，一切文武职员，均应尽心供职，如有不得已之理由而请假者，未得所管机关批准以前，不得离职。离职以后，未得所管辖机关批准，不得擅自迁地。如违，定按擅离职守，从重惩办。为此通令，仰即一体遵照毋违。此令，等因。奉此。除分行外，合亟令仰该局即便遵照。此令。

中华民国十六年五月廿日

部长　宋子文

〔武汉国民政府档案〕

# 〔三〕重大的历史事件

## (一)护法和滇桂系的破坏

### 1 李纯报告张开儒联合粤桂等六省出师护法电

(1917年6月15日)

特急。北京国务院、参谋本部、陆军部均鉴：中密。据报张开儒等联合粤、桂、黔、滇、川、湘六省，决定出师拥护约法，进窥武汉，分出赣、湘，直冲扬子江要隘。陈炯明、冯自由、李烈钧等担任筹饷，举陆为盟主。粤陈督已宣布戒严。又报滇军将经赣攻皖。又报李烈钧电告彭程万军队，将次向江西进发，粤军分途入闽，川军由湘攻鄂。又报张开儒调重兵赴南雄及与赣南毗连之万山、仙村等处，梅岭亦驻重兵。各等语。查以上消息，率非子虚，固国卫民，乃纯专责，惟当严密戒备，以维地方。李纯叩。删。印。

〔北洋政府陆军部档案〕

### 2 张开儒发表护法拥黎通电

(1917年6月21日)

北京黎大总统钧鉴：国务院、各部总长，南京冯副总统，上海孙中山、岑西林、唐少川、章太炎、伍秩庸、谭石屏诸先生，叙州府罗前督军，云南唐督军，湖南谭督军，南宁陆巡阅使、谭督军，浙江杨督军，广东督军、省长及各省省议会、各报馆均鉴：逆贼叛国，尚稽天诛，南中军民，无日不倚马枕戈，以俟明令。冀以兵□为大刑，枭彼贼人之头，悬诸藁阶之上，申国法于天下，振大宜于群黎，俾咸知作奸犯科者，国有常刑，然后悍将骄兵，有所戒惧。不谓跳梁小丑，日滋跋扈，而我政府不闻有一字一言之惩戒，惟以姑息养奸，优容致祸，遂使公道正谊，荡然无存。彼兹以还，何以立国。道路传说，多谓逆贼迫近京邑，祸在眉睫，救援莫及，始与委蛇，忍隐一时，以老贼计，一俟国军云集，乃张挞伐。此固大总统委曲求全之苦心，而我南中军民，日惟饮泣椎血，恨不生致贼人槛车，匝贼人槛车北首，为大总统雪此台也。乃世局变幻，超人意表。逆贼之罪，未正典刑。颠倒之施，竟出公府。解散国会见诸明令，等约法于弁髦，视民意如蔽屣。若谓令由己出，则自身犯法，元首之资格已失。若受制他人，则太阿倒持，统□之能力全无。武皆群逆挟黄陂以令天下，直接盗窃统治权也。我国民其可俯首听命乎！南中军民，共和旗下之军民也。共和命脉存诸国会，国会已去，共和之精神都亡。惟有以生死拥护共【和】，以生死恢复国会，兴师致讨，问罪江淮。凡自解散国会之日起，所有由总统名义发出命令，概不承认。先立军府，郑戴元首，以代执行统治权，必至救出总统于能行自由意志之地位，始得以总统名义传行中外。盖今日者总统明明受制于逆贼，发号施令，亦惟逆贼之命是听。服从总统之命令，直为服从逆贼之命令。逆贼今日可以总统令解散国会，逆贼变诈百出，异时以总统令取消民国，又异时以总统令将国寄赠与友邦，我国人亦从之而听之乎！今日惟有挹无贰，整我军旅，张我甲兵，恢复国会，恢复我大总统之自由。开儒誓师古滇，劲旅用作前锋，贯彻我南中军民之主张。此所以报国人，所以报我大总统也。陈词挥泪，不知所云。驻粤滇军第三师长兼南韶连镇守使张开儒叩。僪。印。

〔北洋政府陆军部档案〕

## 3　广西省议会吁请西南一致护法讨逆通电

（1917年6月25日）

万急。南宁陆巡阅使并转胡汉民先生、谭督军、刘省长，广东陈督军、朱省长、李协和先生、陈竞存先生，云南唐督军，贵阳刘督军，成都戴督军并转前罗督军、第一师长刘，长沙谭督军，并分送以上各省议会、各镇守使、师长、旅长、各司令、各统领、各报馆，上海岑西林、孙中山、唐少川、章太炎各先生钧鉴：倪逆倡乱皖中，北方各省群淆共和。举国士夫，对于干涉并惑于调停之论，致令元首尚主，逆焰益张，大总统受叛党迫胁，不得已遂下非法解散国会之命令。夫解散国会，虽为立宪国常有之事，然必国宪上承认此权，元首乃能依法使行。今约法向无解散权之规定，则元首当然不能行使此权。况制宪机关与立法机关不同，其地位其权力实轶出于立法、行政、司法各机关之上。立法机关尚依法解散，而制宪机关则绝对不容解散。群以宪法为国家之生命所由寄，须于制宪者以绝对之自由，此微独法家学说惟然，即商之各国，亦无解散制法之先例。今以制宪法机关不良为名，解散国会，是所解散者，为制宪机关之宪法会议，而变立法机关之国会明甚，此令一下直不啻将民宪制定根本取消，共和也国于何托命。此复再行改袭用袁氏另召集约法会议之故智，径行指派，尚难逆料。即依法改选，而议员处暴力之下，安有意思自由，操纵指挥，一惟叛党。故此后国会，将成为叛党之国会，即宪法亦成为叛党之宪法。民国前途，宁复有幸。丙辰之役，诸公首倡议恢复旧约法，召集旧国会，二义能召天下，曾不期年，而此艰难获得之约法、国会，竟破坏于少数叛党之手，前功尽弃，后患方长，自念及此，谁不扶持。现在总统地位备极孤危，纵能留任，已倾共和，况此辈势力，早满中外，必将师古权奸，挟天子以令诸侯之遗智，强总统以非法之行动，行复易置疆吏，遍布腹心。彼时拂之则无名，听之则非计。万一帝制复兴，而我西南诸省兵权已失，抗议无效，将何法以善其后？诸公纵不为身谋，独不为国计乎？故众口以为解散国会，在势万万不能承认。国报载李公协和、陈公舜琴青日通电：主张联合滇、黔、桂、粤、川六省同时举义，兴师剿逆，以遵守约法，拥护共和为始。现下沪之宗旨，词严义正，薄海同钦，盼诸公三复此宗旨，坚决进行，克日兴师，声罪致讨。一面宣言解散国会，违反约法，非出元首本意，碍难承认。救元首于绝地，收缔造之全功，则诸公仁闻义声，当与民国同其不朽。否则，竟承认解散国会，为就调停之计，则不独国体民权骤失保障，即我西南诸省，亦无复立足之余地，后患宁可忍言。或虑义师之兴，易召列国干涉。躬自倡乱者，每藉口内讧速亡，以钳制人。不知我国领土保全，实赖均势之局，正宜乘此机会，奠我邦基，但得早睹政体之清明，便可藉杜外人之觊觎。辛亥诸役，所以能得列国之承认者以此，故今日而筹救亡之道，舍护法讨逆外，别无他途。师出有名，何来干涉？诸公明达，谅鉴斯言。临电无任迫切屏营之至。广西省议会。径。印。

〔外交部驻云南省特派员办公署档案〕

## 4　李厚基关于朱庆澜与李烈钧等组织北伐队粤滇合兵攻闽电

（1917年6月25日）

北京大总统钧鉴：国务院、参谋本部、陆军部、海军部均鉴：中密。顷接厦门旅长唐国谟电称：兼署厦门道尹罗昌交来港友报告谓：朱庆澜现与李烈钧等组织北伐队，计划已定，粤滇合兵约两师之众，直攻福建。陆荣廷、陈炳焜本极反对，因朱庆澜、李烈钧互为利用，故力主用兵。汕头莫擎宇本无所为之人，初本中立，今为粤中陆军学生所运动，亦已附和朱、李矣。李福林向与滇军有隙，今亦自告奋勇北伐，魏邦平等亦然，□泊海军亦被运动。唐绍仪、温宗尧不日返粤组织新政府，实行分割主义。又据唐旅长电称：本日查得上海致广东明电一件，文曰：李总理定于午就职，能否无变难知。大总统不准萨上将军辞职，给假十日，闻驻淞六舰已往攻闽，璧光在港无所表示。又据沪友电称：接康南海函云：浩军拟由孙抚统全队往攻□港，并扰福州各等语。伏思以上三种报告，或系粤省故倡大言，意在恫惕〔喝〕，或系有此计划，未必确有其事，或系展转相传，从而加甚。譬如海军各舰，闽人十居其八，讵有闽人而甘糜烂闽省，置祖宗卢墓子孙田园于不顾，厚基之意，当无此理。不过事关重要，既有所闻，不敢不据实陈明，电请训示。厚基奉命督闽，保守闽疆，决不敢轻与开衅。万一粤军竟来犯闽，报告成为事实，究应如何对待，务乞迅赐机宜，俾资遵守。闽省幸甚，国家幸甚。又闽省防务，现均筹备就绪，驻扎漳泉军队人数，虽属无多，然皆久随厚基，历经战阵，粤省设有兵来，尚足以资抵御，堪慰廑系。福建督军兼省长李厚基叩。径。印。

〔北洋政府陆军部档案〕

## 5　臧致平关于张开儒方声涛筹备攻闽赣请添拨军队应援电

（1917年8月4日）

漳州臧致平来电　八月六日

总理钧鉴：正密。据广州密探报告：驻粤滇军师长张开儒、方声涛筹备进攻闽赣，拟定两师先行攻闽，筹画出发甚急。查职旅队伍分驻漳、诏两处，前后相距约三百里，有事时接应已属不易，左右皆有应守之要隘。左方沿宫口、东山县、漳浦县皆可登岸，右方老虎关、平和县皆有要道。各处分兵防守，兵力单薄，设如不分，倘一处失事，大局危险。闽省虽尚有三旅，除分防各处，即在内地办匪，有事时难以应调前方，恳请添拨军队来闽，以资援应，庶足以早戡粤乱，而除后患，实为幸甚。旅长默察粤省滇军，因被乱党暴烈分子鼓动成熟，久蓄阴谋，希冀澎涨实力，尽握大权，大有不达到目的不止之势。谨据实报告，以期有备无患，管蠡之见，是否有当，恭候钧裁。旅长臧致平叩。纸。印。

〔北洋政府陆军部档案〕

## 6　孙文关于张怀芝率兵到赣图粤请速准备电

(1918年4月8日)

电。汕头陈总司令鉴：存密。并转颂云、汝为、礼卿、介石、天仇诸兄鉴：闻张怀芝率大兵已到赣，不日恐有攻粤之事。又闻北兵二千余由海运至汕，闻登陆援龙。李厚基在闽兵力日月加增，吾党在闽预备响影〔应〕者机关日有破坏。潮梅东北为李张所逼，沿海无可防御，现已在三面包围之中，地位极为危险。此时敢冒险进攻则生，不敢冒险则必致坐困。以攻为守则士气壮，响影〔应〕多，敌胆寒，一进必收奇效。否则士气日丧，响影〔应〕日消，敌胆日壮。而我以可胜不可败之兵，据能进而不能退之地，必无幸免也。诸兄其速图之。文。

七年四月八日发

〔广州国民政府档案〕

## 7 唐继尧关于成立西南联合政府脱离北方政府致张翼枢令

（1918年6月14日）

云南督军省长公署训令 第二千一百十四号

令特派交涉员张翼枢

案照去岁段氏叛国，自组非法内阁，本省不得已宣布护法自主。凡省中各机关，均与北京非法政府断绝关系，公文之不相往还者，一载余矣。现在西南联合政府不日成立，除关于对德问题外，所有原日部辖机关，对于北京非法政府，尤应认真履行脱离非法关系，一切事宜应俟西南联合政府成立之后，禀承办理，以维国是，而昭统一。除分别函令外，合行令仰该员遵照。此令。
民国七年六月十四日

督军兼省长唐继尧

〔外交部驻云南省特派员办公署档案〕

## 8 唐继尧关于召开和平会议地点电稿

（1918年12月14日）

（1）唐继尧电稿（12月14日）

照抄督军电稿

北京钱干臣先生鉴：歌电悉。北京当局诸公容纳护法各省主张，允开和平会议，以解决法律、政治各问题，并于通令停战之后，筹议撤防，具见切望和平，实行弭兵之意。此间前奉军政府停战命令，亦已于本月江，转饬前敌各军一律遵照矣。此次会议为将来永久和平之基础，不能不使莅会诸人有从容商榷之余地。

故鄙意以会议地点在沪较为适宜，来电拟仍在南京，似亦无争持之必要。已电商军政府酌定，径电奉闻。至会议代表，亦俟遴派有人，由军政府电达可也。特此电复，即希查照。唐继尧。寒。印。

### (2)中国永久和平意见书

中国数千年来沿用君主专制政体，故国家治乱胥在于君主之一人。自改建共和，国体骤变。不幸而政府当局多系武人，袭专制之余风，缺法治之观念，往往以暴力摧残法律，复创武力统一之说，以压迫各地方，遂致政变迭兴，国家常陷于槷杌不安之境。现在人心厌乱，群趋和平，南北两方，已有各派代表开和平会议之举，时局纠纷或可由兹解决。然中国政治，非有根本救治之方，则一时虽告敉平，不旋踵而祸机复发，人民终无安枕之日，即国家亦永无进步之机。至所谓根本救治者何也。(一)中国宜力求统一，尊重国法，使国是民情归于一定。(二)宜采用民治主义，尊重人民团体，以发展人民自治的能力，企业的精神。(三)中央对于各省地方，宜采用分权制度，使各省地方政治有率从民意，自由发展之余地。(四)改定军制，裁汰冗兵，以固国防，而抒民困。(五)中央行政宜完全采用公布主义，对内对外不得有秘密行为，及阴谋操纵挑拨祸乱等事。(六)对于国交，宜采用一视同仁，相见以诚主义，以维持世界大和平。(七)国内重大事业以不侵害国权为限。采用开放政策之数者果能实行，庶可以立中国永久和平之基础。而欲达此希望，不能不于目前法律、政治各问题先求适当之解决。兹将关于解决各项问题意见，依次陈述如左：

(一)法律问题

中国宪法未制定以前，约法即为国家之根本法。而所以保障此约法者，则为国会。国会于约法上，大总统无解散之权。乃第一次被非法解散，而帝制发生。第二次被非法解散，而复辟又起。盖解散国会，直接为违背约法，间接即摇动国基。故以后欲谋国家安宁，宜先谋法律有巩固之保障。此次西南兴师护法，其主旨实在于此。若法律问题未解决，则一切皆无从进行。鄙意解决法律问题，惟在使国会完全自由行使其职权。质言之，即由旧国会制定宪法，选举总统，由新总统颁行新宪法，组织宪法上之国会是也。

（二）政治问题

甲、划分军区　自武人内阁假兵威以叛法，西南复因护法以兴师。军队骤增，国力益形凋敝。近日中外主张裁兵废督，盖亦有见于此。惟是废督裁兵，宜从划分军区入手。假令军区既分，则督军制实无存在之余地。而各军区之兵额确定，则冗兵自不能不按数悉裁。兹就中国形势，拟划全国为五大军区：

一、东北军区

二、西北军区

三、东南军区

四、西南军区

五、中部军区

中国幅员辽阔，边境袤长，故为国防计，则以划分五大军区为最适当。如因交通未便，统辖困难，目前骤难实行，则缩小范围，另订划为九军区。至划入省分，应参照下列说明各项行之：

一、每区内划入各省，以地理、民情、实力、财政、交通各项能互相联络，互相补助者为根据。

二、划分军区本为国防计，边地各区区域应较广，内地各区应较狭。

三、每区兵额应调查地方形势，分别配置，此时未能确定。但全国兵额，除保卫地方之警察、警备队、团兵外，至多不得过四十万人。

四、各区兵制宜有划一办法，将来拟均编为混成旅。如遇有战事，临时编成时，拟以三混成旅为一军。

五、各军队伍，宜募本军区内之人民充当，以为实行征兵制度之基础。

六、军区划定后，中央及各省不得另编他项军队及设军事机关，如西北边防之类，即行裁撤。

七、军区长宜择驻适宜地方，不必限于省会，并得斟酌本区情形设行署若干处。

八、政府及国会所在地点，应由南北军队内，共拣派两师或四混成旅作为警卫军，以资拱卫。

九、军区长不兼辖地方民政。

十、各区军饷由中央制定分拨，不得向地方自行提用。

十一、裁兵事宜组织全国监督机关，由南北派员会同办理。

十二、各区裁兵事宜，即责成该区军区长限期办理，如有违抗裁兵情事，即由裁兵监督机关及军队强制执行。至裁兵费，应由中央筹拨。

十三、在裁兵期实行以前，中央及各省均不得自行增兵。

十四、裁余军队，由国家另筹经费遣散归农，并使从事开垦荒地，举办实业及修建道路之业务。

十五、各军宜采用划一军械，并宜不分南北界限，平均补充。

乙、确定地方制度　军制改定，则裁兵废督自可实行，但中央军阀内阋【阁】尚存，则仍可操纵各军区，以蹂躏法制，而平民政治终莫由见诸实行。故此时一面宜限制军人组阁，一面宜实行地方分权。但地方制度未确立，则中央与地方之权限未清，而争端迭起以后，政潮时作，妨碍政治之进行。故确定地方制度，此时尤不可援。近顷军政府召集地方制度会议，已拟定暂行地方制度草案，大致尚属周妥，惟有应行商榷之处。兹将此间对于地方制度意见，略述如左：

一、地方制度采用虚三级制　暂行地方制度草案定为省县二级，此在政务可免承转之烦，而政费亦大可节省。惟中国区域太广，交通不便，仅设省县二级，殊不适于国情，应仍设道尹一职，以便督促地方政治之进行。

二、地方财政以能发展地方政务为主旨　暂行地方制度草案所列省之财源，为田赋、家屋、地价税、营业税、杂税等项。惟中国国家财政向以田赋为大宗，且田赋收入，各省赢绌不同。如以田赋划归地方，江浙等省自属充裕，而滇黔等省即有政费不敷之虞。故宜体查地方情形，分别酌剂，其划分款目，不能拘于定格。

三、地方因生产事业有自由募债之权　暂行地方制度草案规定各省得募集公债，但募集外债时，须得中央政府之许可。盖各省募集外债，流弊甚多。然因受中央政府之限制，而地方实业，无由开发。故对于生产事业，除损害国权者应加限制外，地方应有自由募集外债之权。

四、地方交通以不妨碍国家铁道为限，省政府有建筑之权，其国家划定铁道线路未能克期建筑时，各省得呈明中央集款建筑　暂行地方制度草案省内交通，各省有议决执行权，专以铁道支线、电报支线为限，则于铁路干线、电报干线，中央政府未暇修建时，必致妨碍交通。故于一定限度内，宜许地方有建筑之权，俟中央政府财力充裕时，仍可收归国有。

五、省政府以不抵触中央之法律为限，有订定单行法令之权。

六、各省得制造货币及度量衡，但须依中央法令之程式　暂行地方制度草案有各省不得制造货币，不得制造度量衡之规定，此为划一货币及度量衡起见，自属正当办法。惟中国地方辽阔，若一一须由中央颁发，则劳费不支，且亦无以应社会之需求，又必致自由造用。故货币一项，惟有中央制定划一形式、重量及成分，即度量衡亦宜规定划一之程式，颁行各省，依式制造，庶可通行。

（三）对外宣言事项

一、待遇各友邦，以公正和平为主，务期增进中国在国际间之地位。

二、以对等主旨修正条约，并删除含有势力范围及损害主权各条文。

三、前北京政府与外国所订密约，应即宣布废止，以后不再与各国缔结密约，交换权利。

四、修正海关税则，采取减轻土货成本主义。

五、分期收回各租借地，改为各国公共通商场，管理之权仍属于中国。

六、开放门户，输入外资，兴办全国路矿事业，以不损害中国主权为限。

七、修改民、刑、商、矿各法，尊重司法独立，改良监狱，使居留外人及外人与华人合办事业，均受法律之保障，并撤销领事裁判权。

八、中国已加入万国邮会同盟，各国在中国境内各邮局应撤销之。

九、中国国界未决悬案，交由国际同盟会附设之国际边界规定会以公理解决之，并将界线明白划定。

十、中国币制统一国家银行编〔徧〕设信用昭著后，各国银行在中国发行之银币、纸币应一律收回。

（四）善后事项

甲、军区未定以前，护法各省各军善后详细办法，由各省各军自行计划，电请军府汇办。

乙、善后借款，南北共同办理。

丙、国会解散后，北京政府各项借款，宜指出用途，非经国会通过，西南各省不能承认。

丁、前此围攻国会、迫胁总统、称兵入京、迭酿变乱之诸祸首，宜依法惩办。

以上各事，皆此次会议之重要问题，果能悉予解决，则祸本可除，而中国政治乃有刷新之机，不至俶扰不宁，为将来世界和平之障碍也。

〔外交部驻云南省特派员办公署档案〕

## 9　孙文发表护法宣言

（1919年5月）

南北交战，已过二年，将士劳苦，人民涂炭。今者两方将领已各有以救国为先之表示，无必以战争贯彻主张之意，而人民犹受因战争牺牲生命财产之苦。夫战争以求达目的，因致殃民，不得已也。无意于以战达目的，而徒以不知殃民，则大不可。今日为求救国，人民无不希望速得合法永久之和平，职是故也。而至今和议不成者，罪在不求之于国家组织之根本，而求之于个人权利之关系。

须知国内纷争，皆由大法不立。在法律，国会本不能解散，若不使国会复得完全自由行使其职权，则法律已失其力。根本先摇，枝叶何由纠正？内乱何由永绝？况国家以外患而致艰危，一切有损主权危及国脉之条约，其订立本未经国会之同意，故亦恢复国会完全自由行使职权，始能解除之。盖订约解约之权本在国会，擅订固属违法，不以未经国会同意为基础而言解约，亦无可解之理由。故和议初开，文即以恢复国会完全自由行使职权为唯一条件，必令此后南北两方蔑视合法国会之行动，一切遏绝，凡与合法国会不相容之机关组织悉归消灭，则和平立谈可致，外患内忧，皆不足虑也。国民对我主张，多数赞许，乃不幸议和数月，竟无结果。今虽日言续议，理固无由可成，抑且外交法律以言和平，其和平岂能永久，外患又何由可息哉？今日言和平救国之法，惟有恢复国会完全自由行使职权一途。

诸君虽处境不同，置籍于中华民国则一，栋折榱崩，岂能无惧。希以中华民国国民之资格，受此忠言，一致通电主张，共谋救国之业。苟使国会得恢复完全自由行使职权，永久合法之和平于焉可得，则文之至愿也。若有沮格此议，以便其私者，则和平破坏之责，自有所归。尤望诸公以救国之本怀，捐弃猜嫌，与文共达此重新改造中华民国之目的。国步方艰，时不待人，苟且迁延，为厉滋大，诸公爱国，幸速图之。孙文。

〔北洋政府陆军部档案〕

## 10 唐继尧关于废除督军制改为联军总司令函电稿

(1920年6月)

### (1)唐继尧通电稿（6月1日）

(衔略)自悍督称兵，国会解散，复辟继起，总统去职，法纪陵替，国本动摇。继尧蒿目时艰，深维治本，以为法律未能尊重，即国家无由奠安，爰及同人，宣言护法。乃武力统一主义与法治主义不相容，南北两方，遂至以兵戎相见，驯至国力益耗，民病益深。吾人鉴于战祸之不可久延，乃顺国民心理，而主张和议。继尧曾拟定条件，除于法律、外交两问题求正当之解决外，并拟裁兵废督，以弭争端。方冀和议告成，履行条件，庶可以拔除祸国之根本，导扬民治之精神，不意和议屡停，经年不决，南北内部愈益纠纷。在南方，则粤中事变方幸敉平，而川省战机又复勃发；在北方，则吴、赵争豫，陈、许争秦，而湘皖直奉之间，亦正磨刀相向。此外之祸机潜伏，待时而发者尚不知凡几。乱辙相寻，迄无止境，土崩鱼烂，可为寒心。其欧战告终，人心厌乱，群方趋重民治，以期恢复和平。而吾国乃日事同室操戈，以自取覆灭，推原祸始，皆由督军制为厉之阶。今既和议之成尚难预定，而海内汹汹，谗焉不可终日。此时惟有即行废督裁兵，为曲突徙薪之计。继尧遭国多故，忝握军符，既覩建国之坦途，尚复何心于权位，实行废督，请从尧始。兹已于六月一日，即行解除云南督军职务，云南督军一职即于是日废除。所有全省军政，划为三卫戍区域，由卫戍司令官分别担任。至全省民政事宜，概由省长主持办理。继尧暂以联军总司令名义保卫地方，并收束所部队伍，以免兵冗饷繁，贻国家以巨患，一俟裁兵事竣，即当解甲归农，退安田里。至督军制度积成藩镇割据之遗风，阻碍平民政治之实现，欲谋废此弊制，举国早有同情，亦望当局诸公为铜山洛钟之应，为国自损，当不后人。继尧首倡实行，原非徒为洁身计，当更就力量所能及之范围以内，贯彻此旨，力促其成。其有拥兵自卫抗此主张者，则是自便私图，不恤国脉，愿与同志共弃之。敬布悃忱，尚祈亮察。继尧。东。印。

(2)唐继尧致英法日领事照会稿（6月2日）

大中华民国滇川黔靖国联军总司令官

为照会事：窃维欧战告终，人心厌乱，世界各国，凡具有深谋远识者，莫不趋重民治，以图永久和平。乃我国自民国六年以来，悍督称兵，国会解散，复辟继起，总统去职，法纪陵替，国本动摇。继尧蒿目时艰，爰兴护法之师，以为靖国之计。然又不忍久延战祸，重苦吾民，迭经主张和议，拟定条件，除于法律、外交两问题求正当之解决外，并拟裁兵废督，以弭争端。讵意迁延两载，沪上和议未告成功，而各部纠纷，相寻无极，推原祸始，皆由督军制为厉之阶。自兹以往，欲发挥民治之精禅，永除祸国之根本，惟有先行废督，徐图裁兵。继尧已于六月一日解除云南督军职务，为天下倡。云南督军一职，即于是日废除，并通电全国各省军民长官，咸知此意。所有本省军政事宜，划为第一、第二、第三卫戍区域，由各卫戍司令官分别担任。至民政事宜，概由省长主持办理。继尧暂以联军总司令名义，保卫地方，亟求收束所部队伍，以息兵祸，而纾民困。除通令外，相应照会贵交涉员、总领事、领事官请烦查照。特此照会大英钦命驻滇总领事官奥、大法驻滇交涉员纳、大日本领事本田。唐〇〇

民国九年六月二日

〔外交部驻云南省特派员办公署档案〕

## 11 李烈钧在滇发表拥唐废督主张滇川黔联合巩固局势谈话和通电

(1920年7月)

### (1)谈话（7月3日）

李部长抵滇之谈话

李部长既抵滇，舍馆甫定，即于三日午后一时召集随从文武官佐会议于行馆，砥砺行修，严申约束。以为吾人不远千里而来，对国对滇均负有重要天职，宜如何竭智尽忠，以尽国民职责，纵横上下，洋洒数千言，随行僚属，靡不奉承惟谨。兹录其谈话之概要如左，以供留心国是之研察焉。

吾人多年奔走国事，虽鲜效可纪，此番来滇，国人对于吾人必有一种希望，滇中父老对于吾人亦必有一种期许。吾人对于此

种期许，当然思有以副之。中国虽大，黑暗处多。西南共称护法，而真正护法者只滇黔。现滇黔川既联为一气，唐会泽总揽师干。吾人对于会泽，亦当然善为赞助，先谋地方幸福，用坚护法基础，再进而图大局进步。辛亥改革，驱逐胡满，还我山河，中外称庆。然执政失人，大法未立，连年戎马，民生凋敝，方切隐忧。而滇省迭次首义，护国护法，造福于国家者固无量，人民不免加重负担，闾阎即深受其痛苦。故吾人对于护法首区，尤应常加之意。中世纪以还，迄于今兹，环顾各国，罔不采国家主义社会政策，以重民生，而立法行政亦莫不以民意为本。吾人欲使滇南放大光明，自应尊崇民意，注重民生。进行之法，社会与个人当然自尽其力，求本身之发达，而政府维持保护以促之。其有为人民社会之力所不逮者，则完全以政府之力求其安全与进步。第滇南地瘠民贫，交通复不便利，人民之力既薄，斯难产有力之政府。故就滇南讲民生，与他省不同，有不得不借重外省之力与国家之力以补助者。滇南援川援粤，卫国保民，其有裨于国家与他省者已多。此后稍稍受国家与他省之酬报，亦不为过。此吾人所当留意者。今滇南政府与人民咸重民生，正筹适当之法，以获此良果，实为至幸。苛政猛于虎。刘季入关，除秦苛法，约法三章，与民更始，而民困以苏。若政治不良，其予人民以痛苦，视自力薄弱为尤甚。故立国，首宜立良法，本良法以施良政治，而造福于人民。此法治国所由盛也。会泽贤明，爱国爱滇，主持大计，维系乡邦，久为国人所钦仰，亦为滇人所爱戴。省区行政，渐称完美。然河海不择细流，其有未完备之点，吾人自当详加研察，因时陈述，藉收集思广益之效，用副滇人之期许。我国形势至为复杂，但现时立国实最好机会。清政不纲，国人所最虑为印度、波兰之续者在外祸，自慈禧联俄劝日本还辽东半岛后，各国纷纷借地，而各种划定势力范围条约继续签订，国势以危。欧战甫息，大势一变，战败之国无论已，英、法诸国，用兵数年，胜获虽厚，牺牲亦巨，培植元气，整理藩属，尚费经营。且顾战事之残惨，亦颇动仁慈之念，故在昔号称文明诸国，今颇渐具真面孔。曩以自由、平等、博爱三大主义颂扬于世界之法兰西，与今之力倡民族自决之美利坚两共和国，固堪世人之敬仰；即英、日君主立宪诸国外交方针，亦一变其本来观。各国迩来，对于远东态度及两国之继续同盟，删除干预中华国事之条文，可以推知。北方各省受满清政府之流毒，腐败势力根蒂太深，不自觉悟。中部民气开通较早，癸丑失败，北军所至蹂躏，陷人民于水深火热之中，而不之恤。珠江流域民情强劲，交通便利，物产丰富，粤东复多贤哲，本为国家骨干，足以矜式群伦，共维国是。然今则粤局，为桂派所把持，无由自拔。吾人固不言省界者，时人多以桂派出自绿林，一切行动无异土匪，毫无道义可言。言之固不免过甚，然其智识见解，实在他省人士之下，无可掩讳，可为国运一叹。此外，足以维护国本，为前途露一线曙光者，决为滇、黔、川。虽地处西隅，交通未即完备，然民情物产各有所长，合力图强，讵可限量，况西出新藏、甘肃，可为之事尤多。故吾人今日欲融和西南局势，待北方悔悟，提携建树，宜从和洽整理三省入手。此时人所公认，会泽所孜孜不倦而吾人当共努力者。古人多重道义，今人则多背之。丙辰倡义，云阶潜赴肇庆，得桂助任都司令，而军务院之设立维持，则滇黔之力居多。丁巳之役，中山率海军南来，与滇军两师相策应，势力雄厚，帅府屹立，桂派本无可如何，然因解释纠纷，故国会倡改组之议，中山洁身以去。云阶来粤，陆、莫宁有诚意，特利以抵制粤人耳。尔后云阶得为主席、总裁，及军府之得以维系图进，实滇黔之力。换言之，即会泽与兴义之力，有以成就之。不然陆氏之艳电，已足置云阶于死，此云阶所自知者。曾几何时，竟日谋压倒滇黔。云阶在昔有刚正之名，不意其因人为善，因人作恶，而自鲜主宰。若此论数月前之局势，皆疑以云阶主持军府为最适宜。惜哉！龙氏寇滇，桂军拥兵后盾，云南护国第二军击龙军于皈朝、剥隘，挺进军黄总司令复击龙军于百色，而广西独立宣言以出。及滇军战败龙军于北江，收服龙军于高雷，规南雄，平粤难，所赐于桂人者讵少。而桂人之于滇军，则恒以怨报德。李印泉固素拥戴莫氏者，今则何如？若辈处世，夙来如此，本无足道，然不能不与世人一共粲之。癸丑后，余与锦帆、隐青、子奇、�生、振洲辈亡命南岛，游猎度日，本极无聊。会泽首义，以余之介绍，锦帆得以入滇，以会泽之任命，锦帆得以入川，以滇、黔之扶助，锦帆得以镇渝，得以督蜀。赖滇、黔两军之力，川人得以出水火，滇黔之造福于川人及锦帆者，不为不厚。而锦帆之事，滇黔则何如？此虽半为政学会所愚惑，亦可为世道人心慨也。冯华甫、段芝泉、王聘卿、陈二庵辈夙称项城死党，迨项城叛法，阴谋称帝，曾不瞬息，先后反颜，几成冰炭。朱益之、鲁梓栴、张君实、杨竹君固亦李印泉之高足弟子，而所恃以为羽翼者，假扰纲纪，崇尚阴谋，人咸耻之。会泽令下，而各师、旅、团长皆奉承惟谨。余与印泉交游素厚，亦素推重印泉，而印泉之用事，则恒踰意料。冷雨秋辈服务军府，其所以策云阶者，固足以误云阶，足以自误，然供奉颇能尽瘁，迨不见容于桂派及政学会，内部龃龉，则斥而去之，冷辈亦力谋反攻之法。人情若此，足征以私结党，不若以公合群。且以私结党，尤虑鸡鸣狗盗之出其门，志士之所以不至也。民主国与君主国殊，君主国家殆为个人所私有，共和国反是。故中央与地方行政，贤者在位，群材辐辏，同心一德，庶政易举。在上者无垄断之嫌，在下者无倾僭之渐。明系统，严秩序，纲纪不紊，熙皞可期。滇黔、川局势宏大，吾人当力赞会泽先立一好模范，庶足以慰国人，以副滇南父老期许，而自问亦复无愧。愿与诸君共勉之。

（2）通电（7月12日）

贵阳刘联军副司令，资州顾军长并转耿、项两旅长，内江探送赵军长并转金、朱两旅长，合川叶军长，自流井探送胡旅长，永川田梯团长，重庆王总司令、朱参谋长、袁总参议、黄总司令，顺庆石师长并转吕总司令、卢总指挥，绥定颜师长，会理华指挥官，湖南武冈探送滇军朱师长并转杨、张两旅长，湘潭湘乡探送鲁旅长，大理李总司令，蒙自秦总司令，云南抄送唐总司令，宣威探送杨纵队长，东川探送邓纵队长并滇川黔各军官均鉴：烈钧承蓂帅电邀，于冬日抵滇。此次由粤而沪，默察时局，知北方军阀黑幕重重，捭阖竞争，日趋破裂。关于顺应时势，尊崇民治之旨，毫无觉悟，即和平之几，亦相去甚远。连日得京友电，则段、徐二系已开始决斗，保定、南京均有战事，虽兵争胜负，或易终结，而政治整理，则更有长夜漫漫之慨也。西南因护法而自主，得外团之承认，最好及时自奋，努力于政治独立之一途，为建设国家之预备。惜二年以来，岑、陆诸君皆误以和平自利之说，不从正道以行，日以私党利益之交换，谋局部之苟和，联段不成，转而联直。唐帅因屡电反对苟和，复转而排滇，倾滇不遂，转而排川，遂致大好光阴轻轻抛弃，内部亦因以睽离，此诚可为之悼惜者也。滇川黔因地理上之关系，合则俱利，离则俱害。为外内兼顾，应付适宜计，则军政结合为一，民政分省而进，实为不二法门。唐、刘二帅宣布废督，尊崇民治，此诚国家根本之要图，海内望风倾服备至。烈钧愚见，则尚望唐、刘二帅及三省诸公对于国家根本及滇川黔内政之改进，可认废督为始导，不可认废督为终事，责任重大，实随废督而开始，谓三省军事尚宜更进一步，求联合一致，使局势巩固。对于北派之纷扰，来日方长，则以湘、鄂为门户，加以适当之保持，进固可以救国而有为，不进亦可休养生息，求内部之整理。如此，则军人既不失其护国护法之威声，完对外之职志。民政亦得因门户之巩固，从容求策进之方，庶几废督以崇民治之本旨，得以贯彻而不背，故敢望诸公进一步而谋之。且国家与地方有连带之关系，无割断之办法，粤桂当局既不足与共济时艰，则三省中心，尤宜及时自树。烈钧稍迟，当衔唐帅使命，绕道贵阳，亲来重庆，与诸公一商时局救济之方。敬布悃忱，诸希教益。烈钧叩。文。印。

〔外交部驻云南省特派员办公署档案〕

## 12 唐继尧等发表南北和平条件宣言通电

(1920年8月26日)

靖国联军唐总司令刘总司令宣言通电

西南护法于今三载，止兵言和亦已二周。因法律、外交两问题迄无正当解决之法，以致和会久经停顿，时局愈益纠纷。夫维持法纪，拥护国权，此吾辈夙抱之主张，亦国民应尽之天职，顾大义所在，虽晤若日星，而时势变迁，则冥意愈晦，是非莫辨，观听益殽。吾辈护法救国之初衷，将无以大白于天下。而佥壬假借得以自便私图，恐国家前途益败坏而不可挽救。吾辈为贯彻主张计，谨掬真诚郑重宣言，以冀我全国父老兄弟之共鉴。特列条件如下：（甲）关于收束时局之主张：一、南北和平办法，应由正式和会解决。二、议和条件，以法律、外交两问题为国本所关，须有正当之解决。（乙）关于刷新政治根本救国之主张：(一)〔一、〕宜将督军以及其他特设兼辖地方之各种军职，一律废除，单设师、旅长等统兵人员，直隶于陆军部，专任练兵及国防事务。二、全国军队应视国防、财政情形编为若干师旅，其余冗兵一律裁汰，裁兵事宜，特设军事委员会计画执行。三、实行民治主义，虽在宪法未定以前，宜先筹办各级地方自治，尊重人民团体，以确立平民政治之基础，而实现国民平等自由之精神。右列各条，继尧、显世谨决心矢志奉以周旋，邦人诸友其有与我同志者乎，吾辈当祝祷以求。至他方畛域党派异同，非所敢择也。敬布腹心，诸祈明教。继尧、显世。宥。印。

〔外交部驻云南省特派员办公署档案〕

## 13　李厚基报告陈炯明部返粤我省严守中立电

（1920年8月29日）

北京国务院钧鉴：各部院、步军统领、警察总监、京兆尹，保定曹巡阅使，奉天张巡阅使，蚌埠倪巡阅使，武昌王巡阅使，岑西林先生，陆上将，各省督军、省长、各都统、护军使，张督办，蓝总司令钧鉴：南北和平，日形接近。海内喁望，心理相同。闽处海疆，惟有力持镇静，保境安民，以代〔待〕解决。近日陈炯明忽将所部军队开赴粤境，发生战事原因何在，殊未之知。内部相争，实非局外所能干预。闽省谨当严守中立，维护治安，服从中央命令，共谋大局统一。庶上可报国家，下可对人民也。诚恐远道传闻，或生误会，谨布区区，伏乞鉴察。李厚基叩。艳。印。

〔北洋政府步军统领衙门档案〕

## 14　陈家鼎关于西南大计之通电

（1920年11月20日）

众议院议员前辛亥临时参议院议员陈家鼎关于西南大计之通电九月十一日智日录致竞公江电七事，咸电三事。

按此电广东全省总司令陈竞存省长接览后，经即裁覆云：即送本城海珠国会议员公寓陈汗园先生鉴：昨承惠电，感谢无既，并摅告各事，披读之余，具见崇论宏议，对于时事切中肯綮，真所谓大言炎炎，小儒昨〔咋〕舌矣。嘉拜莫名。炯明不敏，谨当循是以图，以期贯彻吾党实行民治之真义。此则炯明寤寐以求，不敢不勉者也。特此布复，诸希藻鉴。陈炯明覆。十八日。印。

上海孙总裁钧鉴：伍、唐各总裁，林、吴、王、褚各议长，参众两院同人，护法各省军代表，章太炎、张溥泉、胡展堂、徐固卿、孙伯兰、朱子桥、徐季龙、戴季陶诸先生，伍梯云、蒋伯器、谢慧生各次长，王代总裁、柏总指挥，探送李参谋部长、并转四川杨省长、吕总司令、黄、卢、石、颜各师长，粤侨联合会，申报、民国日报转各报馆，云南唐总裁、省议会、周省长、叶军长、唐高等厅长，贵阳刘总裁、省议会、王总司令，三原于总司令，鄂西黎总司令、蓝总司令，长沙谭省长、省议会、赵师长、林处长、张参谋长、各旅团长、张、吴、谢、陈、罗、李、蔡、刘、李、田、唐各区司令、彭议长、廖副议长、陈教育会长、吴雁老，陈树老、朱菊老、李懋老、曾凤冈、田凤丹、林伯先、胡经武、刘梅斋、袁雪安、左霖苍、周云翘、石醉六、李吟秋、萧叔康、唐心涤、罗柏苍、萧礼衡、曹子谷、唐荣阳、王荷亭、曹邵德、杨端六诸先生，宁乡现驻粤沪省县同邑洪湘臣镇使、黄幼蟾前督、周道腴参议、廖涧泉、齐朴农、陶伏年各省议员，陶仲登少将、童梅岑中将、鲁詠盦旅长、廖素孚旅长、贺桂年、叶劲秋、张柏生各团长、蒋盛先参谋长、蒋铁铮、詹燮畴各参谋、黄子秋前总办、成国学、隆海楼前统领、洪兰生司令、胡良翰厅长、童次山、朱剑帆、傅梅羹、刘蓉仙、成亚龙、吴炳灵、张吉辉、杨翌如、王伯度、张仲青、岳寿枬、廖麓樵、刘健三、饶谷音、曾福谦、邓子实、梅霓仙、戴兰阶、伍琦勋、黄仲范、陈次愚、童琢章诸先生，湘西林浴凡司令、探转滇军杨、朱、张各司令、湘边援粤讨桂各将领，广东江门陈督办、乐昌李梯团长、虎门吴要塞司令、琼崖陈继虞司令、何克夫司令、邓司令、滇军赵德裕司令、高州钟司令、汕头姚司令、尹司令、马总办、何会办、陈副运使、肇庆李子云军长、周苏群司令、翟浩庭司令、叶司令、廉州黄志桓督办、黄明堂司令、韶州关国雄司令、谢文炳司令、广州参众两院旅粤同人、粤军许军长、邓参谋长、黄总参议、蒋、罗、李、熊、梁、翁、邓、赖、李各支队正司令、警备队陈司令、义勇军邹司令、别动队夏司令、讨贼军吴总指挥、赣军彭司令、游击队黎司令、飞机队朱司令、第四路任司令、粤军新编钟、莫、钟各军长、第十五支队李司令、转各支队司令、李登同司令、魏丽堂处长、海军汤总长、林永谟司令暨各舰长、黄子荫前参军长、张澡林前陆军总长、赵越老、省议会宋议长、陈、曾两副议长、财政厅廖厅长、市政公所孙总办、兵工厂陈厂长、政务厅古厅长、交涉署李交涉员、前筹饷局李会办、汪精卫、胡毅生、冯自由诸先生、教育会、学生联合会、中华女界联合会、欧美留学生同学会、工会、总商会、七十二行商、九善堂院、海外国民党通讯处、全国报界联合会通讯处、各界联合会、互助社、民治会、粤军湘籍各将士、湖南旅粤学生会、改造广西同志会、华侨工业联合总会并转海外各华侨、报界公会并转各团体、各报馆公鉴：江日家鼎致竞公一电，文曰：粤军陈总司令鉴：我公首义讨贼，重奠护法首区，功在共和，岂惟一省。血战弥月，强敌始摧，巨鹿昆阳，无斯苦战，西南成败，约法存亡，在此一役。去年今日，家鼎请假回沪，以事面谒中山先生，商及西南时局。先生曰："根本大计，非下令驱逐盗系，规复广东，同人决无行使国会职权之余地，刻正在计画中。"家鼎询以师期，先生期以一年。时桂焰正张，人方附势，懦夫鲜不疑为大言。昔者裴晋公之奉命讨蔡，左湘阴之授钺征回，其距献捷犁庭时，均不逾预定师期之外。前史艳之，称为美谈。兹者中山先生伟画，得公一战成功，不出一年，果符此老豪语。粤中有志男子，家鼎夙推中山，今麾下又算一个矣。大勋既集，声施烂然，颂满佗城，名满禹域。三军旋凯，万众胪欢，粤人固箪食以迎，即家鼎等护法客侨，亦靡不额手称庆。兹当返旆，曷胜欢迎。惟家鼎所欢迎者，不在形式上之例贺，而在精神上之设施，略述七事，用当祝词。

（一）西南自主四年，土广民众，过于欧洲数国，约法国会在焉。而友邦终认北京为国际当局者，外人非有爱于北，而有慊于我也。以北有冯、徐，号称总统，高踞外交地位。我西南虽屡电各国，申明为假总统，而外人一诘我所谓真总统者，卒未见选在何处焉。由是外人明知北政府为假，而以国际利害关系，亦不得不与北交接，而置我于不顾焉。此西南历年失败之大因，吾人未尝不太息痛憾于间接助北，误国误法之总裁制也。家鼎与两院同志，两次谋就宪法会议人数，即举正式总统，均为岑陆及其与党所格，以不利于伊之通北，而有忌于民选大总统之登台也。宪法垂成，两被破坏，亦同此心也。今幸大军讨叛告成，陆岑失势，大梗既去，大法必完。家鼎与同人，誓以非常会议，作造法机关，内凭良心，外应时变。选举正副总统，组织责任内阁，行戡乱之大计，定经国之远谟，虽属两院职权，究须各方赞助。我公功高望重，应请联合西南，一致主张，促成大业。西南罪孽，衹在陆岑。此孽既除，祸源斯去。如欲中国统一，先使西南一致。大同团结，是为急图，尤请公以此意电知西南各帅，群策群力，一德一心，化除旧嫌，共建新国。勋名事业，传之无穷，民国前途，全恃此举。盖与其夜长梦多，讨生活于和议，法律密约，解决无期，徒使西南一日无元首，徐酋一日占便宜，不若奋发自雄，速举总副两座，产出正统政府，如辛亥南京临时非常办法，庶免三年筑室，群龙无首。此后对各国，对北方，名义实权均较总裁之现制为胜，且伪统一令，虽属滑稽，终乱内外人耳目,不无混淆。对抗之法,莫过此举。此举有利西南，有利国家，其不利者，徐酋而已。快刀斩乱麻，打蛇击要领，我公素明大势，望首赞焉。

（二）元首未举出，内阁未成立以前，军府仍关紧要。凡关国家行政，应听候孙、唐、伍、唐、刘五总裁同来，或派代表莅粤时，以政务会议行之，始定纲领，同时表示首崇国会，以重法统，始有办法。此间自大元帅府被迫胁改组，当时家鼎与两院同志，极力反对无效。孙先生毅然下野后，岑春煊以北庭坐探，效金人纵还秦桧之计，来窃军府主席，家鼎久不认西南有护法当局。自伍总裁今春去粤，家鼎久不认此间有法定人数之政务会议。自林、吴、褚及多数议员他适，家鼎久不认非驴非马之孙光庭、陈鸿钧等，为有僭称国会主席之资格。比在议坛痛斥，历次文电反对有案。彼附桂势，城狐社鼠，无奈敌何。幸公义旅一麾，群小四窜，岑莫途穷，行同无赖，惟有泄愤军府及自主，自绝于人类而已。今者国会不可一日中滞，政府不可一日虚悬。沪讯中山及各总裁不久即来，一俟联翩戾止，即开军府，接收民国行政权，徐谋以临时总统，建正统政府。而此次军府之是否再为空中阁楼，即视国家行政与地方行政之有无再混以为衡。公夙号尊法，请先作则，倡率护法各省，举财政（鹾政附）、军政（兵器厂附）、司法、外交四大行政权，原属共同国有者，悉以奉之军府（除财政分别国家地方外）。既不妨于自治，又不戾于护法，对内对外，始正观瞻。凡有国家，莫不如是（见各民治国现行行政政法总各论，及军府组织大纲第二第十条）。然有军府而无国会，仍不能跛足行动。吾故曰表示首崇国会，始有办法。今欲贯彻护法初衷，免使仇人快意，试问舍此，更有何策？

（三）报界言论自由权，学生爱国一切运动，及被劫于武力后之各项教育，并我公所首倡之西南大学等要端。下车后，应请首先注意及此，加以保障，并促成而助长之，以为新文化之倡导。行见漳州文治，普及全粤，足餍人民渴望之殷。自昔岭南文化，抗衡中原，徒以军阀摧残，不克自振，如得公首加爱护，树之风声，作育一方，模范全国，改造之业，自粤始矣。再者美国哲学者杜威博士（现偕诸名人，游吾湘讲演中）学术湛深，讲演宏开，颇关文化。杨永泰资格诚信，均属缺如，前虽电邀，迄勿果至，应请我公专电聘请该博士来粤讲演，并邀吴稚晖、蔡孑民、李石曾、胡适之诸公，偕同莅止。王莽初戮，东京即广聘博士，大开讲筵，蒲轮往来，不绝于道，是以东汉气节文风，称极盛焉。在昔专制且然，况在民国，戎马之后，泽以弦歌，战后治本之图，莫大乎是。又章太炎先生夙为一国泰斗，今为西南护法中坚，特请麾下专电礼请来粤，主持正气，有所矜式。又前参议院议长张君溥泉，新自巴黎归国，现游长沙，请一并电请前来，实于宣传新文化事业，大有关系焉。

（四）打破军阀，为当今潮流所趋向，入手之处，自废督裁兵始。西南自桂省以外，已无督军省分。广东督军一职，军府已有明令裁撤此缺。废督已不成问题，惟裁兵实为当务之急。桂未讨以前，粤兵患少，桂既倒以后，粤兵患多。而贼去关门、马后放炮之徒，事前未见一影，迄今乃收编桂遣一二残兵，意图拥卫，藉其头衔，骄示乡愚，自称某军总指挥，某军某司令，未尝军旅，未履行阵，健羡武阀，窃号自娱。此等弊风，尤不可长。公有节制全权，务请严行申禁。其讨桂有功各军，亦应次第设法裁减安置，庶俾商民免兵多之患，地方举民治之实。若不乘此时机，逐渐裁退，积之愈久，来者愈多，裁之愈难，不可向〔响〕迩。元年五年，此机一逸，全国万劫，其已事也。

（五）电告北京徐菊人、靳云鹏，申明陆、岑、莫自身难保，遑问西南自主。现岑、莫正被通缉，陆亦楚歌四面，早晚成擒，嘱北庭切勿为其所愚，与订私和条件，并警以如北庭强违西南公意，甘受若辈撞骗，则破坏西南和平，北方应负其责。又查岑氏之降也，曾由靳云鹏汇款五十万，有伪军府总务厅中人，亲见其一次交廿五万与岑手。莫氏临逃，通电取消自主，北方电汇受降费，数亦如之。而炸毁兵工厂一事，即为莫氏报效北庭条件之一。闻专为炸毁兵工厂一项，北方亦贿莫、马二人，为数甚巨焉。盖欲毁我西南武器，束手待毙，坐缚于北军，而达其取消自主之目的，计亦毒矣！岑之代表章某，以岑氏宣言取消军府，遂向北庭夸功，另索报酬费七十万。闻岑、莫均系藉拍卖国会名义，换得此数者。护法同人，对此妖孽，无不切齿。除经家鼎电请护法各省各军，就地申讨拿办外，应请有力如我公者，严厉捉拿，多发数电，通告护法各省各军，就近密缉，促将岑等公权，交附法司，永远削除。南方政学，北方安福，其罪一也。此次岑等各逃犯，应照北庭向日使索交安福系罪人办法，照会沪领，请其引渡于西南法庭，依法惩办，庶罪人斯得，足警效尤。如此彻底痛惩，似可为我公东电更进一筹，且益使四总裁所电讨者，发挥尽致矣！

（六）连年依草附木，寄牛〔生〕岑莫，力排民党，助桀为虐之与党，除孽首及有名领袖，罪大恶极，法所不赦者外，余均怜其无知，俟其自新，取胁从罔治之义。有才者，并量予录用，不咎已往，藉昭廓然，以示大反岑莫尽排异己之恶风，而学欧美政治有容之雅量。

（七）乘势进兵广西，略定桂穴。缘陆氏早降北庭，已非友省，广西一日不平定，即两粤伪巡阅使之扰乱，一日不能免除。西省平民，久思逐陆。驻湘滇军业抵桂境，协和亦正在进行。吾湘军界友人近日来函，据称湘人憾桂，士气激昂，以谓桂阀行为，不无影响湘省民治，行将下兵全柳，饮马桂林（家鼎昨且电催湘军速发）。

西南各省，现均一致护法，其别有肺肠，毁法北向，为吾内患者，陆氏一人而已。此人不去，挟北开衅，西南安枕，终不可得。欲求粤人自治，阻碍亦多。今幸得我公分派大兵，日向西北两江追剿。或主聊固吾圉，以便自治，肃清粤境而止。窃谓肇庆且下，急宜移兵援桂，乘战胜之威，直扑武鸣，生擒老盗，方告全功，非可肃清西北江已也。又桂人除盗系军阀以外，历史夙多英贤，今日不乏明智，有自起讨陆者，粤宜帮助之，则众叛亲离，事半功倍矣。合西南以讨大盗，非佳兵也。事定后，推桂省民党，自治桂事，纯然仗义，助人自立，非有害于各省自治主义也。桂省会城既下，武鸣老巢既破，即宜收兵。而入桂之师，尤戒妄杀，不嗜杀人者能一天下，况一此一省乎？此役之目的，非为报仇而战，为护法而战也。但兹事体大，匪异人任，非我公坚毅主持，援之以仁，出之以断，不能有成，因时人颇主只扫清西北江粤境为止，似无远援桂省之志，特请垂意焉。且现在各路军队，纷集广州，不易处置，安插之法，莫妙于分遣入桂，士免坐食，人思立功，一举两得，有要略焉。北方内变方殷，岑陆威信久失，谓入桂则北军援陆者，恐吓之词，必无之势。此西南自讨内部之事，亦犹北方历次政变，我未分兵出境一步也。此又无足虑也。其西征军费，则可就屠粤之存款，为援桂之军需。查莫、沈、马存贮沙面各银行款，据外人向家鼎所言，计桂人各黠者所存，现尚共有贰千余万元在此，皆粤民膏血也。家鼎按国际先例，欧战后德、奥、俄在华及在各国银行财权，均被战胜国取得，现桂人请领，各行扣发，应请由公从速正式照会沙面领事团，照先例饬银行截留交粤，必可办到。其用途一作北省赈灾，一作西征军饷。现粤中时论有主只扫清粤省西北边，不主远入桂地者，错也，故并论及此。以上七事，皆家鼎所欢迎于麾下者，聊贡鄙怀，余不什一。我公今乘百胜之势，为此举手之劳，坐言起行，较易实现。家鼎叨在多年同志，躬逢此日荣归，本应亲赴车站，迎候节旄，奈抱病经旬，艰于步履，未克走迓，良歉于怀，特此电闻，聊以贺捷。慨忆前清乙丙，家鼎事败出奔，追随孙公，从事讨满。百粤豪俊，遂多故交，历史既深，关怀自切。粤昔亡省，予心伤悲，粤今自由，予何不豫。兼以洪湘臣兄，家鼎同邑故人也，久共患难，夙谙韬钤，仗义同仇，随公转战，所部士卒，皆我宁乡健儿。神将之名，敌闻丧胆，粤获全胜，湘有余荣。具见八方英豪，乐为公用，遂集群益，大告武成，于国于湘，均关密切，公情私谊，皆大喜欢。昨者湘臣凯归，家鼎因病未往，烦公致意，并以奉干。临颖神驰，无任欣祝。陈家鼎叩。江(十一月三号)。等语。敬以奉闻，伏惟朗察。诸公或手创共和，或身系朝野，或为英年志士，或为各界名流，护法救国，煞费苦衷，徒以桂政专横，历年作梗，致令西南大业，付诸东流，世界新潮，遏之门外，几率人类，尽去衣冠，君子道消，天地为闭，今幸天夺其魄，群阴遁逃，大法有灵，千载一遇。鄙述七事，多可立行，民国安危，稍纵即逝，勖哉公等，时哉此机。尚乞一致主张，完此大任，粤局大局，两拜赐焉。愿闻教言，不胜延伫。陈家鼎叩。哿(十一月二十号)。

又家鼎于咸日(十一月十五号)为时事复致竞公一电，文曰：广州陈省长兼全省总司令鉴：读军政府东电特任公为广东省长兼粤军总司令，管理广东军务，全省所属陆海各军，均归节制调遣。执事功成不居，固辞不获，经于灰日电告就职等情。家鼎珂乡侨寓，珠海情深，逖听鸿音，曷胜雀跃。军府新猷，一令俾穗羊奠定；雄邦旧治，万家歌竹马重来。反戈竟扫内奸，雪武穆金牌之憾；破敌而归故里，无勾践锦衣之骄。宝汗河山，依然还我；珠江风月，异样宜人。赵清献守土清风，行李只余一鹤；黄初平满身仙骨，城廓重睹五羊。八公草木知名，坐镇东山之老谢；百粤人民自主，无假北省之臣佗。军民分权，不惮劳亦不辞责（二句本竟公灰日就职通电词旨）；文武兼统，不怕死亦不要钱。以百战归来之身，存一夫不获之志。每饭后而念遗孑，能毋慨然；扫阃外以属使君，可云专矣。过江兵马，都归王导指挥；半壁楼船，亦受周郎节制。全权在诸掌握，号令捷如影随。乘大兵大役之余，谋一邦一乡之福。好自去兵去杀，遣归十郡良家；分别治本治标，应有百年大觉。议和旧梦，如何唤醒；文化新潮，如何实践。大法如何恢复，小民如何乂安。众强汹汹，如何有国际和平之日；群儿碌碌，如何登世界人道之林。人类一日有不宁，吾侪寸心即未忍。而护法护国之业，即救人救世之基。良以吾族一遇万国潮流，四境空气，西则阻于陆盗，北即阨于徐酋，此蠹不除，斯文无幸。是以欧和若固，先擒威廉；鲁难欲清，在去庆父。理无或爽，事有固然者。赤帜来矣，国国失专制之魔；黄金铸之，家家绣自由之像。假公专征节钺，改造岭南；宏我护法旌旗，扫清漠北。普鲁士战绩独多，定为联邦之长；甘必大共和再造，群呼爱国之神。国家多难之秋，非一省偏安之计；斯世大同之日，即吾党息肩之时。抱兹葵忱，谨布芜祝。时方混混，特表区区。陈家鼎叩。咸。再有不能已于言者，前述江电七事，未尽所怀。今特续告三事，并录列后，惟垂鉴焉。

（一）六年之变，同人耻之，宣言护法。今总裁孙公首倡大义，邀同故海军总长程公璧光率舰南来，海军一方，隐然西南重镇。程公忠于所事，因被盗杀。海军继任当局，应如何同乃袍泽，复尔仇雠，岂意前人碧血未干，后人降表已递，反颜事敌，忘耻卖身，有如林葆怿者。查林葆怿近所发真（上月十一）日通电，道路喧传，代价实得三十万，公然宣言降北，与岑、陆、莫诸降虏，取一致行动。林葆怿身列护法政府总裁，竟敢电呼徐酋为大总统。现任海军部总长，竟复电认伪庭海军部。似此荒谬悖叛，实属有负国会委任。总裁资格，当然消除。迩者军府明令，着该海军部长免职，并免去本兼各职。闻者快之，无不颂新军府登台第一声。有此最惬人意之适当措置。两院同人，皆以林氏丧失总裁资格，不日即开非常会议。本军府组组〔织〕大纲、非常会议组织大纲之精神，将林、陆、岑等总裁职分一并取消。此就法律言之也。至若就事实而言，彼既宣言取消自主，彼即已自行取消总裁（查林等投北宣言，有即日自决，弃去总裁，解除军府职务，恢复国家原状等语）（见岑、陆、林、温四人敬日上月廿四日通电）。彼降志坚决，绝无他法羁縻。我虽欲再加彼以荣称，彼亦笑谢而不受矣。乃者尊处歌日（本月五号）通电，倘〔尚〕列有林总裁三字，一时远近阅者，为之哗然。佥曰：以公之明，当不有此。或曰：殆戎马仓皇，文书忙迫之误欤。我公护法柱石，万目具瞻，舆论视为从违，一言关乎兴丧，以后遇有文电，对于此等大体，慎审出之可也。简直不提及林氏，及类于林氏之人，亦无不可也。又贵州刘如舟总裁，系参众两院同人，今夏在云南依非常会议手续选出，曾经派员赴黔授受证书，明告西南有案。政系党徒，助桂为虐，以少数无聊之人，冒称选举，私拥刘、温、熊以尸总裁，家鼎比与两院旅粤同志宣告在法无效，文电反对在卷。嗣熊、温受伪职，刘则拒而不理。此公大节，可算懔然。无论刘已否愿就，而国会一日未许刘去职，即刘之总裁一日依然有效。今日西南内部，正宜划一整齐，而一国政府当局称呼之辨正，即其一端也。此后对刘文电，似应略副司令，而改呼总裁。内以免军府之补选，外以正世人之观瞻。否则事如奕棋，自相矛盾，不独西南以国会选举为儿戏，且使北庭笑西南行动为滑稽矣。以上二人，一为昌言降北罪人，与陆、岑、莫狼狈相依，在法已丧失总裁名分，乃不应称而称之；一为护法有功省分，与孙、唐、伍、唐旗鼓相应，在法已取得总裁资格，乃应称而不称。名器所关，良非浅鲜。是非颠倒，颇淆听闻。夫今日时局纷纠，不可收拾，欲求解决，其道颇难。窃尝论之，根本解决，惟有先正厥名一准诸法而已。名不正，而望事之有成；法不准，而欲国之不乱，鄙人固陋，未之前闻。质之高明，未审奚若？

（二）外交内治二者，宜急起兼顾，不可再误也。国际联盟会之开也，我国青岛死生，中日廿一条存废，祇争此一瞬。乃近以美国选举结果，该会形势一变，然新总统哈定一派，向以和会盲判青岛归日，为攻击威尔逊失败外交之大题。无论哈氏如何不信任联盟会，而援助鲁案之政策，必不变更，且较前在野时为益有力。我国人亟应乘时奋兴，以国民外交之精神，应世界难得之机会。而专委之北庭办理，失宜又多，应请立电军府各总裁，趁机先行加简王儒堂、伍梯云二君为我国派赴国际联盟会专使，且电唐总代表就便商诸北方，限于此次一致对外一事，南北协定，共加承认，克日持节西行，会同北使顾维钧等，共将去年拒未签字之山东三款，前年乘战协订之中日廿一条，相机应变，力争作废。又势力范围之领事裁判权、内江航行权、内国驻兵驻舰权、各埠邮电权、内地通商权、路矿筑采权，外币行使权，与夫税则自由、华侨苛待、庚子赔款、及一切不平等之条约、契约、商约，乘此嘉期，务令该专使严据国际法例，查察列强现势，诉诸各国舆论，运动侠义友邦，俾获一律收回，共跻于国际平等之班，分享此战后公道之赐。自德国败后，民族自决主义大昌，波兰、芬兰、犹太等已亡之国，尚皆乘时继兴。三韩五印，现亦奔驰四国，运动复邦。况我堂堂中华，现为国际团体之一大国，傥自强不息，内修政事，外结邻好，所失国家主权及权利利益，均未有不可争回者，是在国人之奋斗何如耳！又新银行团一事，关系我国存灭，国民稍不注意，即可召亡（家鼎于去年十月在两院联合会提议此事，演说该团与我国命脉之关系，主张国会对此表示意思，同人初有异议者，而卒赞成之，议遂决。予旋访伍总裁，面商办法，甚合予见，并蒙命公子梯云送以党书稿，备予参考，予撰有《论国人宜速筹应付新银行团策》一小册。今夏予在全国报界联合会演说此案利害，主用全国报界，通电唤起国论，鞭策当道，并由家鼎拟有应付此事之根本条件十条，全国各报代表韪之，照电南北外交当局，依议力争在卷，均另刊有详稿，兹限于本题，不及述一)。顷观该团近定投资办法九条，均极酷辣，第五条，且有地丁可作大借款之担保品一语。家鼎按北庭大借款交涉，正在进行中。而盐税关厘，均抵押殆尽，再言担保，只有地丁。查北庭以地丁出卖，酝酿已久，去秋八月徐酋世昌十九号教令，公布二万万八年公债条例，内有此项公债抵押买卖，不限内外国人，担保品以地丁充之各条。维时家鼎在众议院议事中，临时紧急动议，主张咨达军府（时军府各总裁尚完全无缺，孙、伍、滇唐均列名），请其严电北庭抗议。家鼎提案大意，有地丁者，人口也。今北庭拍卖至此，前则仅能卖国，今则简直卖人矣云云。全院赞成通过。照咨去后，旋据军府政务会议咨复到众议院内开：前准贵院陈议员家鼎临时动议，咨请严电北庭抗阻八年公债一案，当经照议向北庭严重电诘。去后，兹据靳云鹏复称：俭电悉。公债明令已颁，维持财政，事非得已。报纸难信，请纾疑虑。等语。请烦查照云。时家鼎以条例且已公布，犹复曰：报纸难信，似此官样诈语，益滋疑骇，遂约同院多人直电外交团及银行团严重抗议。申明该公债在法无效，反对地丁作抵甚力，继而舆论大哗，案亦旋搁矣。今者北庭益陷破产，借款之欲火日益中烧，除地丁外，又再无他品可押，所苦者，前年无受主耳。今新银团既允受押，则拍卖开国四千年之人口，为期在即，势必不免。加以近者岑、陆、莫、林等环请卖脸取消自主一事，以手无寸土，被逐出粤之降虏，久无自主资格，有何取消之可言！北庭之狡，讵不知此，乃公然受纳降书，据以发伪统一令者，岂有心为此滑稽耶？查其内幕，实欲借此涂饰外人耳目，以骗取大借款到手而已矣。缘新银行团规约，早经宣言非南北统一，不得贷款中国故也。欲打破北庭此项计画，惟有以西南名义，立向外交团、新银团，多致文电，告以为假统一，证其为真骗款，即可使外人了解真象，不敢交款矣。天下存亡，匹夫有责。当此外交危急，邦人君子，皆当以国民资格，起而抗争，况公勋伐赫然，外人信服，应请立电西南各帅，联衔电告北京外交团并转新银行团，严重申明，预先警告，急切图之，或可救济。其要者，尤在一面促成依照家鼎昨述江电第一事所主速选临时总统，根本对抗办法，则统一伪令，借款诈术，均不击自破。比电报申明，尤收实效。必如此速定主张，赞成自举元首，表示实地对抗，始有外交可言。而俄国劳农政府形势，如何仿照英、美对俄最近方针，调查俄情，以便接洽。日侵珲春事件，如何迎应学生热潮，一同反抗，力保国权，以及电贺法、美两新总统，抗议英、日两续同盟，注视世界经济会议，尊重国际劳工议案，均应急赴世运，立向产出于国会，基础于各省各军之护法政府，催其赶速办理，免使人为刀俎，我为鱼肉，坐昧大势，再误事机。凡此目前外交各问题，诸关国命，吾人稍不过问，势必凶于而国，害于而家。如曰军书旁午，未遑及此，则虽争得省回，而国又去矣。以公明达，惟速图之，此外交之大略也。若夫内治者，吾民党最短处也。证以三次已事，其言非诬。第一次辛亥之役，经十七回之失败，至此一战，驱满成功。孙先生正位南都，纯然同盟会内阁，发抒吾党抱负，宜若可为。乃吾旧同志诸人，毫无远略，偷安江左，群沮北征，有横扫帝京之机，而弃之不用，有廓清官阀之议，而用之不终，坐令中山壮怀，付诸流水。南朝呜咽，仍怨秦淮。从兹清袁祸根，不可拔去，官僚军阀，愈演愈凶。谁生厉阶，至今为梗，则以当日者同志参差，意见不一，主和主战，各执一心，都北都南，竟分两派，乘我弱点，卒误苟和。此一事也。第二次越在癸丑，民党五督，手握重兵，孙、黄二公，下野未久，席其余望，犹系人心，倘秣马厉兵，互相联结，仍带倒满时之雄气，而不存开国后之骄心，励精以图，修乃战备，则五督各典大邦，他省且多应援，袁军虽强，岂能飞渡？乃浔阳蹉跌，金陵继之，粤、湘、闽、皖次第土崩。北兵南来，如入空室。一败涂地，谁之过欤？吾同盟会之起也，尺土莫非清有，一民莫非清臣，党人手无一兵，非有五督之劲旅也。身无立锥，非有数省之大地也。而振臂一呼，遂有民国，抑何壮也。及其继也，以十倍之力，数万之众，敌一独夫，非小弱也。而赣宁一蹶，卒乃不振，则又何哉？各自为战，各不相谋，前后之势殊，而朝暮之气异也。此又一事也。亦越六年，实为三次，袁殂一载，国又大变，中山一怒，慷慨南中，国会海军，相率至粤，护法旗帜，炳若日星，国是至斯，为之一奠。凡属同舟，应如何剑及履及，一乃心德，共兹功名。当日粤中，不乏贤达。回粤某某三总长者，广东之大老也。以曾登揆席，手长海军，迭任阁员，著名全国之人。兼以某联师三次靖国，某部长百战知名，使在六年实行登台，就职元帅，担任总长，佥谓诸星聚首，声震八方。以此图功，事无不举，虽使北方慑服，列强承认可也。复何有于桂系，吾知桂系虽恶，必不自安，早已引归，奚至今日。乃衮衮诸公，高揖逊让，坐失机会，一味固辞，只惮强权，不敢扶弱。时家鼎被国会非常会议推为代表，日携公函，往劝群公大驾，衔命仆仆，不敢告劳，数往返海珠三总长之门（时三总长均寓海珠海军办事处），陈说帅府之成否，关系西南之安危，各部不可自行折〔拆〕台，群公不可旁观袖手。国会主张，不可受外干涉。武人暴力，不可从中长风。反复详陈，不稍顾忌，乃群公迄无要领答复。惟语家鼎以军府不改，则桂陆不来，大局不了云。先是六年秋国会开非常会议，组织军政府，选举中山先生为大元帅，唐萱〔蓂〕赓、陆干卿为元帅，协和长参谋，唐少川、伍秩庸、程玉堂三公等为军府各部总长，余人俱视三公就职与否为进退，称三总长焉。时陆氏横甚，藐抗帅府，乃因伊一人意见，均惮不上台。未半年，适有西南联合会成立，而改组议起。西南联合会者，西南武人特于国会军府以外，别立此干政机关。盖纯欲威逼改组帅府，实侵我非常会议权限，而家鼎当在会议所斥为南方督军团者也。予合同人，极端反对。乃诸公以予为反对最烈者，且劝予在议会缓和，不必坚持，以维大局而和桂系。一若岑、陆朝来，即可使西南夕奠者。家鼎至是，始慨此间亦有督军团，群公最无团结力也。予知要人倾惮桂系，惟个人始终反对而已。最后赴三总长海珠会议之招，是日所柬请者，皆西南各方重要人物，国会非常会议方面，被请来者十人，反对改组案及赞成者，各五名，予以反对派首名见招列席焉。因即席再发表意见，痛向座众，演说此不伦不类之多头制。对内对外，均呈奇观，从此大权旁落武人掌中。来日方艰，鲁难未已，必有求如今日中山时代而不可得者！诸公不群起就职，一致奋斗，以对抗武力派，反惟武人之马首是瞻，只谓帅府无实力，不得不迁就他派改组意思，以幻想统一西南，为此苟安之策，错矣！抑思今日之患，不在帅府之无统治实力，而在诸公之无任事决心，遂令军阀乘之，益加轻侮。总之，今不一致努力，共图此抵御军阀之大计，则西南团结未固，根本未清；改组后，外交必仍不承认，内部必仍不统一。法系一乱，纪纲不复，惟见有督军，不见有院府，甚或以北边奸细，素与护法无关之官僚(时岑氏在申来此主席之运动日亟)来主西南大政，藉军府之名义，为通北之机关，有辱我西南人格之一日，为可逆睹者云云。语颇沈痛，时院内外良心法律二派同人，相继反对改组，与予取一致行动，拥护大元帅政府改组案遂搁下。予亦以省母病返沪。不二阅月，该案复活，帅府卒因被动改组，国会自兹威信失坠。不待今春，放逐吴、林，驱走伍、李，草野之愚，早知有今日，惜当年诚信未孚，不克早使群公感悟也。桂系之背叛大法，蹂躏粤省，如此其久也。桂系之罪，而亦群公毫无团体，各不相援之罪，有以养成之，予敢断断言之者，此又一事也。统观三次结果，吾民党及其他名流，有开创之精神，有奋斗之气魄，历史具在，有不可抹煞者。而其弱点，则在无建设之毅力，无责任之恒心。若夫最大病源，尤尝在自讳自欺，自矜自喜，自侮自伐，自杀自戕。胜则相骄，败不相救。狃前代互攻之恶习，昧近世互助之美风。此其大缺点也。事实昭昭，良不可讳。今者军阀被挫，天日重光，发挥吾民党特长，斯其时矣！顾其短处，亦应痛予改良；后之视今，犹今视昔；不记往者，孰免将来。慎之哉！永保令名可也。今后之计，惟有恢张大度，不立门庭，屏绝小人，不许谗间。有百战百胜之绩，无一派一系之私。争利争权，其风自绝。有始有卒，此志不渝。趋近新思潮，气宇自然高尚；不遗旧同泽，意见自然消融。须有开国进取之壮心，而不可以守文自画；须有人类未宁之悲悯，而不可以成功自居。接物惟守一诚字，作事惟守一公字，赴机惟守一勇字，图成惟守一谨字，其庶几乎！否则楚患方去，晋人已起内讧；梁寇初平，后唐已兆腐败。千年公例，必不可逃。凡吾民党，尚慎旃哉！齐霸不忘在莒，吴沼不忘会稽，业业兢兢，可大可久矣！

（三）立时实行民选县知事制（民选条例，详此篇末，一朝夕可制出，不必因此羁延），以树宪政自治之基础。盖欲求纯粹之民主政治，则非普通直接选举不可；欲求纯粹之地方自治，则非以县为自治单位不可。夫如是，而民选县知事尚矣。顾炎午〔武〕曰：管官之官多，管民之官少，此中国所以治少而乱多。予按管民之官者，亲民之州县官也。夫以亲民之官，而不为民所选，一任大官政治操州县进退之权。而官民无以举相亲之实，此后世治少乱多之所由来也。是故古者周礼乡官，出自民选，秦并海内，此制荡然。而秦迄汉初之三老五更，类仿乡举里选，犹有古乡官遗意。家鼎早岁在校时，受课至宪法、行政法、地方自治制三科，比较各国成规，细察世界趋势，民选州吏一事，习见不少。如美，如瑞士，如英之加拿大，濠州各属，皆趋重此制。最近又查欧战已来，如俄苏维亚新共和国宪法，匈牙利新共和国宪法，均取直接劳动选举制。他如德国败后，新建之莱因河沿岸数个共和国宪法，无不注重新式文化，打破官式自治，非劳动者不能当选，非民选者不能办事。凡属百工皆由选举，县长民选，更无论矣！今世自治制，尚有一派学者主张以乡村为本位者说更圆满。惟中国地大丁多，以村乡为本位，一时似难速成。今取一制，便于与小民相亲，复便于与乡村相接者，惟县长有焉。然则今世乡村本位制，我既难行，民选县长制，我应采用，势有必然者。汉制重亲民之官，使之久于其位，往往出典郡县，入为公辅，内外互重，汉之吏美俗醇也以此。癸丑败后，家鼎尝谒中山先生于日本头山满邸次，与论地方自治制度，先生主县为自治本位，且主尊重县知事。凡曾任大总统、国务总理、国会议员、中央大员，皆可出为县长，大哉言乎，此汉后数千年特具之只眼也。落落数语，得真正自治之要领矣。家鼎谓如先生所主张，则县知事名位，须先加以特别尊荣，必也不由官派，纯归民选，庶乎其可。否则上述曾居要职之数项人物，谁屑受此地方长官任命？孙先生曾亦韪家鼎所言，而先生发挥此制特色，论更精透。今执事自规复潮汕，即宣告废去镇道，恢复县议会。此皆统一地方行政，尊重平民政治之要图。但县知事苟不由民选，则县知事仍无作事凭藉，镇道虽撤，无济也。县议会及其他县自治体，不选知事，则一县民意机关，等诸赘文，县议会虽复无济也，断非民选不可。予此稿既脱，后闻公亦有此意，但愿公毅然决然，急起实行，早观厥成也。外应世界民治之潮流，内举县民自治之实际，则粤真模范省也。家鼎与民党同人，自列席宪法会议以来，历年于地方制度，为吾民力争自由权利者屡矣。中经数次政变，而主张卒不变更。去岁家鼎复在宪法会议提案，力主省长、县长，一并规定民选，汎论吾国国情，各国趋势，为议颇辩，两院通人，多赞成之。卒因附桂之政系，别有用心，以其不利于北方所嘱，遂破坏而散。功败垂成，国人痛之。此后遇有复开宪法会议时，家鼎当仍本此旨，在院继续奋斗，不贯彻其主张，不敢自已也。现湖南暂拟地方自治制，亦有有识者，主张知事产出，参用此制者。如得我公大勇，先实行之，则宪法上，自治制不待发布，而粤之自治成绩，已灿然可观，有如英国立宪自治之美。不必成文法制定，而习惯法已优越千古，为宪政史上之佳话矣。此不朽之大业也。至选举法，当此地方制度未颁，可暂交第一届省议会议决一部广东省自治条例，而县长选举条例附焉。或径请愿国会，另以法律订之，尤便尤合。

以上续述三事，概举如斯，聊以相商，诸惟明察。陈家鼎再叩。咸(十五)。

〔外交部驻云南省特派员办公署档案〕

## 15 卢焘等关于黔省陆军节制整理事宜交由黔军总司令部继续担任并同西南各省一致护法与孙文等四总裁往来电①

(1920年11—12月)

(1)卢焘等致孙文等电(11月22日)

徐菊人先生、靳翼青先生、曹巡阅使、吴巡阅副使、孙、伍、唐各总裁、孙伯兰先生、章太炎先生、唐总裁、督军、省长、各

注：①此件载中华民国九年十二月八号《军政府公报》光字第二号。

报馆均鉴：黔省追随西南各省之后宣布护法，历有年所。现联军副司令刘公辞职归里，所有黔省陆军节制整理事宜，交由黔军总司令部继续担任。现在护法事业尚未告终，本军对于大局计划，仍与西南各省一致主张，决不至有所变更。谨此电闻。代总司令卢焘、混成旅旅长胡英、谷正伯、张敏、窦居仁同叩。养。印。（十一月二十二日）

### （2）孙文等复卢焘等电（12月2日）

贵阳卢代总司令暨胡、谷、张、窦各旅长鉴：养电悉。诸君出任艰巨，对于大局计划，仍与西南护法各省一致主张，甚为佩慰。望即本此决心，共策进行。孙文、唐继尧、伍廷芳、唐绍仪。冬。（十二月二日）

〔外交部驻云南省特派员办公署档案〕

## 16　张绍曾请孙中山同意召开国是会议通电

（1921年9月28日）

北京大总统、国务总理、各部总长、将军府各将军、王聘老、段芝老、周树老、田焕老、汪伯老、钱干老、梁燕老、荫午老、朱桂莘、张仲仁、张宝斋、李木斋、周子异、叶玉虎、张乾若、夏仲膺、萨鼎铭、孙慕韩、陆子兴、王铁珊、王幼山、谷九峰、张溶西、陈铎士、王懋宣、殷献丞、张子欣、王师山、刘子英诸先生，保定曹巡阅使、王孝伯师长，盛京张巡阅使，宜昌吴巡阅使，各省督军、省长、各蒙青藏办事长官、都统、各总司令、各司令、护军使、镇守使、海军各司令、各师旅长、各报馆、广东政府、省议会、农、工、商、教育会、各法团、各报馆、伍秩庸、唐少川、陈竞存、汪精卫、张薄〔溥〕泉、徐固卿、许汝为、魏丽堂、洪司令、邓师长、李登同、胡展堂、蒋伯器、林海军总司令诸先生暨各机关、各师旅长，天津黎黄陂、熊秉三、严范老、范静生、刘霖生、李实忱、饶秘丹、梁任公、张今颇、张绍轩、孟晴〔曙〕村、王子铭、李阶平诸先生，上海岑西林、谭组庵、康长素、孙伯兰、唐蓂庚、吴莲伯、褚慧丹、李印泉、莫日初、高定庵、张子玉、程颂云诸先生，南通州张季直先生，杭州张〔章〕太炎先生，长沙赵炎汗〔午〕、李协和、蒋雨崖、孔文掀、鲁军长、夏司令、宋司令、柏烈武诸先生、前敌各司令、师旅长，成都刘总司令、省长、各师旅长，重庆熊锦帆先生，云南顾总司令、省长、各师旅长，桂林沈总司令、省长、各师旅长，龙州□〔陆〕干聊、谭月波、陈舜卿、林俊廷，南郑刘积之、陈伯先先生，三原于佑任、胡丽生先生均鉴：绍曾于俭日致孙中山先生一电，其文曰：广州孙中山先生鉴：比以连年兵祸，民不聊生。华府会期迫在眉睫，国际共管之说既久，肆为啧言。国是未定之时，宁可不决诸公意。窃不自度量，妄拟国是会议，冀策群力，共挽沧胥。计自冬电发后，颇荷海内多数同情，讨论赞成，函电纷至。我公首创共和，群伦冠冕，爱民忧国之心久已昭示天下，计必有以絜而指导之。乃经历浃旬，稽奉德音，意者虑会议别有作用及结果之不良耶。夫果别有作用，应设法以防止之，结果不良应多制以倡导之。凡在国民同负此责，先开如公，宁忍放弃，且我公素重民权，斥绌武力，而于国民〔是〕会议声中默尔而息，毋乃与初衷相反欤。乃者道路传闻，报章纪载竟有会师武汉之说，悠悠之口亦何足据，果如所传，计亦太左，项城、合肥、徐老何如？纵公自修〔信〕有其能力，讵知外患已深，已无施展之余地与岁月耶。噫！中华共和，我公创之，尤望与国民共完成之。倘务趋极端于国是会议不能容纳，国家前途更不堪设想矣。再布悃诚，并候回示。张绍曾叩。俭。特此奉闻。张绍曾叩。勘。印。

〔北洋政府陆军部档案〕

## (二)孙中山重返广州组织大元帅府

### 1 齐燮元报告孙文由沪返粤行期中止致曹锟等密电

(1923年1月26—27日)

(1)26日密电

万急。保定曹巡阅使，洛阳吴巡阅使并转开封张督理，北京冯检【阅】使、王巡阅使，济南田督军并转熊省长，武昌肖督军，南昌蔡督理并转抚州孙总司令，西安刘督军，天津王省长，兰州陆督军，蚌埠马督理，归化马都统，张家口张都统均鉴：昌密。据报：孙文感日由沪回粤，并发宣言。虽以裁兵为统一之条件，而突然回粤，此后变化可推。谨闻。齐燮元。宥。印。

(2)27日密电

万急。保定曹巡阅使，洛阳吴巡阅使，开封张督理，北京王巡阅使，冯检阅使，济南田督军、熊省长，武昌肖督军，南昌蔡督理，抚州孙总司令，西安刘督军，天津王省长，兰州陆督军，蚌埠马督理，归化马都统，张家口张都统均鉴：昌密。顷接上海确报：孙文因今晨接粤电：魏邦平昨被沈鸿英枪毙，故孙文行期中止。特电飞达，即祈照察。齐燮元。感。印。

〔北洋政府边防镇守使署档案〕

### 2 张绍曾复孙中山关于南北和平统一及裁兵通电

(1923年1月31日)

北京各部院、参众两院，保定曹巡阅使，洛阳吴巡阅使，北京王巡阅使、冯检阅使，厦门刘镇抚使，各省督军、督理、省长、总司令、各镇守使、各师旅长，承德、张家口、归化都统，杭州卢上将军，兰州陆督办，下关杜总司令并转各舰司令，龙华护军使，上海岑西林、康南海、章太炎、蔡孑民、胡汉民、谭组庵、汪精卫、唐少川、孙伯兰、伍梯云，天津段芝泉、梁任公、严范荪、靳翼青，南通张季直，北京王聘卿、赵次珊、熊秉三、钱干丞、范静生、汪伯棠诸先生，各省议会、各法团、各报馆均鉴：顷复孙中山先生宥电，文曰：宥电奉悉。谠论名言，至深钦服。尊旨对于和平统一，允以助力，期于实现，尤洽所怀。慨自法统中断，国政失纲。历岁构兵，自寻纷扰。政见虽偶歧异，爱国具有同心。但能提携匡襄，似可不再派别，邦家多故，欲纾危难，端在群谋。受事之初，即已电陈此旨。希望各方推诚协商，平流共进。至裁兵节用，皆在必行。化兵为工，允为善举。唯兹事体大，似须召集全国军事会议协商一切，俾军事之收束与整顿，均得有正当之解决，所裁兵数，不必仅限一半也。再邀集法团监督，借重友邦佐理一节，似宜由会议决定，免滋误解。尊论所及，足警国人。绍曾不敏，自矢硁硁，坐言起行，力求实践，仍盼奋发鸿愿，宏济时艰。国家前途，实利赖之。掬诚奉答，请鉴悃忱。等语。特闻。张绍曾。世。印。

〔北洋政府边防镇守使署档案〕

## 3 孙文重莅广州实践裁兵宣言通电

（1923年2月24日）

北京参众两院议员及护法议员诸先生、黎宋卿先生、张敬舆先生、冯焕章先生、王亮畴先生，各部总次长，天津段芝泉先生，奉天张雨亭先生，保定曹仲珊先生，洛阳吴子玉先生，杭州卢子嘉先生，南京齐抚万先生，上海岑西林先生，何茂如先生、章太炎先生、蔡孑民先生，南通张季直先生，成都刘禹九先生，熊锦帆先生、云南唐蓂赓先生，湖南赵夷〔炎〕午先生，贵州袁鼎卿先生，南宁林莆田先生，各省省议会、省长、督军、总司令、各师、旅、团长并各省教育会、商会、工会、农会、各法团及各报馆均鉴：文曩在上海于一月二十六日宣言和平统一及裁兵纲要，并列举国内实力诸派，冀共提携，推诚相与，以酬国人殷殷望治之盛心。其后迭奉芝泉、雨亭、子嘉、宋卿、敬舆诸公先后复电，均荷赞同。文亦以叛陈既讨，统一可期，虽滇、桂、粤、海诸将及人民代表屡电吁请还粤主持，文仍迟回，思以其时为谋和平统一良好机会。又以沪上交通便利，各方接洽亦最适宜，故陈去已将弥月，而文之返粤，固尚未有期也。不图以统筹全国之殷，致小失抚宁一方之雅。江防司令部会议之变，哄动一时，黠者妄思，从而利用，间文心膂，飞短流长，以惑蔽国人耳目，以致黎、张南下代表，因而中止，其为浅薄，已可慨叹。文之谋国，岂或以一隅胜负，生〔坐〕其得失也。而直系诸将，据有国内武力之一，乃独于文裁兵主张，久付喑默怀疑之端，亦无表示。报纸所传，竟谓洛吴对于自治诸省，均欲以武力削平。以平昔信使往还推之，当世诸贤，不容独有此迷梦，贤者固不可测。文于今日犹未忍遽以不肖之心待之，而深冀其有最终之一悟也。抑文尚未孚于国人，致令此唯一救国之谟，或反疑为相对责难之举，藉非然者可推之浙卢、奉张而准，而于举国人心厌乱之时，复有一二军阀逆此潮流而趋，而邻于悍然不顾一切也。以文与西南护法诸将讨贼伐暴之初志，国有大梗，何难重整义师，与相周旋。顾国人苦兵久矣。频年牺牲，已为至巨，而代价复渺，然不可必得。文诚思之心悸，万不获已，唯有先行裁兵，以为国倡。古人言：请自隗始。以是之故，断然回粤，决裁粤兵之半，以昭示天下。文兹于今月二十一日重莅广州矣，于抚辑将士、绥靖地方外，首期践文裁兵之言。同时，复从事建设，以与吾民更始，庶几文数十年来苦心经营之建国方略，一一征诸实现，以吾地广人众之中华民国，卒与列强共跻于平等大同之域，共和幸福，乃非虚语。天相中国，能进而推之西南诸省以暨全国，其为闳愿，岂胜企仰。然一隅之与全国，渐进之与顿改，其图功之利钝，收效之速缓，昭然未可同日而语，称铢而计。故文之愚，尤以统一为能立供国民以福利，遂不惜举当世所矜之武力，以恩为攘窃权利之具者，躬自减削，以导国人，亦冀拥节诸公翻然憬悟，知今日而言图治，舍裁兵实无二途。文倡于前，诸公继之。吾民馨香之祷，岂有涯矣。若必恃暴力以国人，横决之来，殊可危惧。诸公之明，当不出此。披沥陈言，鹄候裁教。孙文。敬。

〔陆海军大元帅大本营公报1923年第一号〕

## 4 杨希闵欢迎孙总统演说词

(1923年2月)①

滇军杨总司令演说词云：今日总统回粤，希闵得率所部将士觐谒威仪，心中实深荣幸。顷蒙大总统优词奖励、谓此次讨逆之功，应以滇军居首。闻讯之下，致增惭汗。窃以陈氏叛国，人人皆欲得而诛之。此次奉命兴师，上赖总统之德威，下得友军之协助及人民之倾向，故能成功如此迅速，希闵无状，何敢妄贪天功以为己有。且希闵等去春奉命北伐，途次迁延。当总统被围于白鹅潭时，不能率师即来救援，致使北伐失败，总统蒙尘，希闵等误国之罪、实百身莫赎，更何功之敢言。惟当时情势，实有不得

注：①此件系广西新闻剪报，时间当在1923年2月。

已之苦衷。查我滇军自有历史以来，护国护法，血战十年，皆系遵从总统主义而行。去年北伐，假道桂省，因桂省各军不谅，四面围攻，到处作战，是以耽延岁月，贻误事机，南望粤海，五内如焚。今幸如天之福粤局敉平，总统回跸，日月重光，然此实总统之主义战胜，并非我联军武力战胜，不过使希闵等得追随诸军之后，藉此稍赎前愆，□□□□然粤局虽定，国步方艰，前日读总统和平统一宣言，诚为救时良药。默察近数年来，人心厌乱，南北均渐有觉悟之机，深望总统力倡和平统一主义，胞与为怀，潜移默化，先奠定西南，然后促全国之统一。希闵不敏，谨率部下三军，静候驱策，始终戴拥总统，以收统一之效，更愿总统此后勿重视我们军人，要重视政治家及实业家，勿行军阀主义，要厉行民治主义，使内力发展，国运兴隆，为人民造真正之幸福，为国家立巩固之根基，是则希闵所殷殷盼祷者也。总统万岁！中华民国万岁！

〔国民政府云南省政府档案〕

## 5　张作霖请饬各报更正奉天复辟谣诼与孙中山往来电

（1923年4月）

### （1）张作霖致孙中山电（4月10日）

广州孙中山先生鉴：近日报纸登载奉省有图谋复辟之说。此种无意识之谣诼，在稍有常识者见之不值一哂。唯市虎杯蛇，深恐引起一般误会，作霖素性光明磊落，但知爱护共和，顾念大局。我公夙所深悉，敬祈代为宣布，转饬各报更正，无任祷企。精卫兄已来奉，厚意至感，并谢。张作霖。蒸。叩。

### （2）孙中山复张作霖电（4月12日）

奉天张雨亭先生鉴：燕电辟复辟谣诼，并嘱宣布转饬各报更正，具见矢忠民国，曷胜钦佩。国建共和，十余稔矣，中经复辟之变，不旋踵而灭，国体既定，诚有非顽民所能颠复者。执事之明，岂或屑此不图，乃有以是为中伤者。人心之险，良可浩叹。执事通电明志，国人皆将喜闻此祥和之言，文亦将视力所及，勉为执事剖白之。更冀本爱护共和之初衷，进而为解决大局之盛举。文虽不敏，至愿与时贤共之也。孙文。侵。

〔陆海军大元帅大本营公报1923年第八号〕

## 6 陆金圃探报孙段张结为同盟反直活动致王怀庆禀呈

（1923年10月—1924年1月）

（1）致王怀庆禀（1923年10月8日）

巡帅钧鉴：敬禀者：安福党得悉合法当选功成，即在姚宅开会，撕闹不休。湖北议员陈邦燮等拼命要去三千元选举损失费始休。段氏左右本分两派，政治派李思浩、姚震为首，主张拆台，已完全失败。军人方面，以总统失败，主张再争总理。孙、段、卢、张合作（无黎），目前进行争总理初幕，五日内段决不发言，过此即有一篇主见文章发现，宣布后即赴沪，亦许先行后宣布，已派人秘集鲁省各路土匪，随时暴动。查段氏非黎氏可比，亟以严行监视。当请保定迅饬杨以德严秘监视，因杨有地方之责也。李思浩已秘派党徒侨〔乔〕装分赴京、保，刺害要人。凡乘电车下车后，务将车门落锁，如起行时，务宜令车先行数武，然后再乘，以防诡计。元首入都，外交团在站欢迎，有以鲜花抛击元首者，为极表欢迎之忱，预令防卫者，勿生误会。顷据山海关来人云：绥中一带已到奉军百数十车。肃此敬请钧安。伏乞垂鉴。咨议陆金圃谨禀。十月八日

附呈手折一扣

敬密呈者：窃据驻津法字秘探报称：孙、段携手计划，缮折恭呈帅鉴。

计开

(一)孙、段开诚实行携手（昔时曾六次往返磋商，并未成功）。

(二)双方开诚携手后，段先到龙华拉苏齐。保境安民后，浙皖联合作基本队(已派人去皖)。

(三)奉天方面交张作霖担任(前闻段氏出关非实)。

(四)段氏到沪后，双方开诚合托会议，由孙委段为长江以北全权收拾；再由段委孙为长江以南全权收拾。

(五)段氏目前委人赴皖外，并催徐、王速由日回沪，余军人勿来津，在沪集合，大约南下日期发表主见后，必去沪也。

(2)致王怀庆呈（10月20日）

敬密呈者：窃据零号探员报称：奉张，鲁郑、田等扰乱计画，缮折恭呈钧鉴。

计开

一、奉张派张宗昌为总指挥，由营口雇日轮两只潜行海运鲁省，由烟台西羊角沟、虎头崖等处登陆(烟台以西小口岸四五处均能泊轮近岸)，与山东土匪连合，占据山东。

一、奉张派参谋毕述澄、副官祝尚本、邱子厚常川驻青岛，毕、祝任指挥，邱任财政，运送军械购匪。

一、奉张雇日人五百名均服华服，由大连出发，布散内地，行刺兼任探谍，事成，以青永归日人为条件，已经驻奉日领签字。

一、田中玉、郑士琦均属安福党徒，久与奉张、浙卢秘密结合。前田北上时，曾集军官秘密会议，到京拟先行自辞。预料元首多年至交决不于伊难看，藉故回东，即暗守中立熊〔态〕度。迨浙卢有动作，奉军到东与土匪暴动时，彼即响应，不意免职令下，不准回东。现密派心腹到东，仍与鲁郑密议，仍照前议计画施行。

一、晋阎因地位摇动，已实行预备独立，与浙、鲁、奉一致行动。现已秘议决，奉正式由山海关进攻，晋由娘子关出兵，浙攻苏皖，助浙取苏，意尚骑墙。

(3)致王怀庆呈（10月23日）

敬密呈者：窃据法字探员报称：近日段氏在津与各方谈话，扰乱计画，缮折恭呈钧鉴。

计开

一、段派马良经沪往粤，惠州攻下，请孙到沪协商组织政府。

一、山西派徐一清来津谒段，询示时局。如各处动员，愿以三万人守疆域，能出四万人游击，并助军费三百万元。

一、安徽镇守使王普派乃弟王少舟到津请示动作，段嘱嗣后不必妄动，往返招人物议，时机到，必送计略。

一、段接攻下惠州电后，李思浩由京某外银行已汇沪二百万元，为组织政府用。

一、朱泮藻拉黄（大伟）、藏〔臧〕（致平）携手后。即同马良由青岛往济南，至时必是事机成熟。

一、王揖唐奉段招，日内由申来津后注意行动，斯时防段南下。

一、江苏宫（邦铎）、白（宝山）、马（育仁）俱受安系联络，至时苏齐恐受掣。

一、朱（泮藻）、马（良）到鲁，段到沪时，皖高（世读）、李（传业）、王（普）、鲁郑（士琦）、吴（长植）施（从滨）、张（培荣）联范匪担任东路，奉即由海道助之。

一、叶玉虎派人在长辛店联络工人，暗毁铁道，阻止我军运输。

一、吴（心田）、孔（繁锦）已受安系联络。

### （4）致王怀庆呈（1923年）

敬秘呈者：窃据法字秘探报称：奉张已经拒绝与直方和议。并与各代表开议决定，实行暗袭防线及南方乱党之计画。理合缮折恭呈钧鉴。

计开

一、奉张刻与高级军官及浙代表卢小嘉、孙代表叶恭倬〔绰〕、段代表吴光新开会议决（奉军官新旧系一制），决定腊间乘机实行开火暗袭。

一、南方乱党，刻经安福孽运动成熟，将来开火时，以湘军（由广东来者归鲁、宋两师所统、现抵赣边）及江西之两旅为内应，均归伪赣总司令李烈钧指挥，孙传方（芳）亦反戈攻赣，即假道北伐（孙传方〔芳〕已得安系运动费壹百万元，现假攻浙之词，向中央骗饷械）。江苏之朱熙、宫邦铎、白宝山等反戈攻齐沪，何响应，则联军北伐（请注意孙传方〔芳〕要求饷械）。

一、孙文任赵倜为伪鲁豫联军总司令，现由德州调段联武、田子青二人至汉口（现抵汉口，住车站附近金台宾馆），勾结豫匪，并调老洋人反豫集合，与鲁匪会合至津浦路附近，侯直方接济苏齐之机关枪及枪炮各子弹，俟上车开行至途中预备行抢（据匪云：津浦备四十吨车七辆，二十吨二辆，所装机关枪四十架、炮弹五千发、子弹贰百五拾万粒）。行抢日即为南北开衅之是日也。

（5）致王怀庆呈（1924年1月4日）

敬秘呈者：窃据法字秘探呈称：探得奉张派代表单某来津见段氏，报告奉接粤大本营来电称：粤计画及于去腊二十八日，粤湘军鲁涤平所部已克联山（译音）。当晚大本营即开军事会议，议决以杨希闵率军由博罗（译音），谭延闿由老龙（译音），双方夹攻陈军（炯明）（定元月三日开始）。若不能将陈全军击灭，陈被逼非退入汕头不可（别无去路）。陈军入汕头，即锁其口，陈即无力矣（查陈军内幕，因林虎、洪兆麟二人与陈宗旨不合。林、洪目的在联省自治，林、洪意不愿为直方用。又加刻孙文起用李烈钧，林、洪与交深，所以更不为陈所用也。故而陈军势减耳）。破陈军粤军即分头北伐：赵倜及其弟傑二人，事先到汉口集合，豫、鲁潜匪（一日已呈明汉口之煽惑土匪者及老洋人东来）为一支军。李烈钧由江西赣州进攻省城（该省内有两旅为内应），攻下省城，即分兵于湖口，助柏文蔚攻皖（王普为攻马督之内应，李传业、高世读由皖北响应），为一支军北伐。谭延闿一支军，由韶州大路进衡阳攻长沙（赵新收降刘叙彝一军，现正改编，刘系假降，而为谭之内应）。湘西叶巨猷为一支军北伐。川、填〔滇〕、黔联军破宜昌，顺流东下北伐。以上系粤电所称。北方南直隶、山东一带由安福孽姚震、傅良佐担任。煽惑鲁省军队及潜匪，俟奉方发难，彼则响应也。奉张计画，若腊间（近日）能得降雪，奉军即三面袭直军防线（若南军得手，北伐实行，彼则响应）。奉发难时，先期返津，著吴光新返津指挥一切，并请段氏发通电，宣布〇〇〇之罪状。现在奉军各方俱以齐备，专候时矣。该秘探呈报前来，理合缮折恭呈帅座钧鉴。谨呈。元月四日。

〔北洋政府边防镇守使署档案〕

## 7 四川省议会拥护孙中山和平统一及反对吴佩孚武力统一致孙中山电

（1923年6月29日）

广州孙大元帅钧鉴：吴氏勾结叛将，侵略吾川，叠经本会严词切责，通电声讨在案。讵意言者谆谆，听者藐藐，竟引其虎狼入我堂奥，动摇我省自治之根本，破坏国家和平之统一。更复利用盗匪，扰害闾阎，抽收烟捐，显干国禁。军纪之坏，尤异寻常，掳掠奸淫，无所不至，所过之处，闾里为墟。凡我川人，莫不切齿。夫吴氏之所以藉口图川者，不过谓吾省主张自治，破坏统一耳，行同割据耳。不知自治与割据有别，而自治并不背于统一。凡稍有政法常识者，类能知之，已无俟本会哓哓置辩。且默察吾国之现状及将来之趋势，亦惟有各省实行自治，始可以免除割据，促进统一。以今日各省尾大不掉之势，必事事受制于中央，既有所不能，而各省人民在法律上又无直接监督地方政府之权，故今所谓督军、巡阅使，即不免横梗于中央与地方之间，上不奉命，下不负责，阳奉统一之名，阴行割据之实。此民国以来之情形，无问南北而莫之或异者也。如欲除此弊患，废省存道，既为历史所不许，则非谋政治根本改造之不可。质言之，则非主张联省自治不可。而吴氏极端反对此种主张者，非此制之果不善，特不过与彼所持直系武力统一中国政策大相妨害耳。故主联省自治，并反对武力统一者，莫若西南各省；而为彼所嫉视，亟欲吞噬者，亦莫如西南各省。令粤、闽、川、黔不免同时罹于战祸，固不足怪也。且吴氏既以统一法统诸名词号召国人，即当以身作则风示天下。乃何以中央组阁，而阁员必由其支配，中央任命之疆吏，竟可随意拒绝到任。又何以国会制宪议及容纳省宪，即妄加干涉，竟敢联络直系军人通电反对。他如图闽扰粤，事前并未请命于中央，事后乃逼迫中央下令。即以此次侵川而论，并未经由内阁决议，奉有黄陂明令，纯属个人法外行动。据此种种，则今日之破坏统一者，孰若吴氏；今日之实行割据者，又孰若吴氏。岂必以督军总司令之资格仅仅割据一省者，方为割据，而以巡阅使之头衔割据数省者，反不得谓之为割据耶？至法统之说，尤为悖谬。查所谓法统者，不过指恢复国会及黄陂复职两事而言。夫国会自身，若从法律严格解释，已不无问题。至黄陂，则人皆认为事实上之总统，而不认为法律上之总统。其所谓法统者安在？即姑认为法统，而吴氏对于国会，对于黄陂，则又何尝实心崇奉耶?!总之，吴氏所谓统一，所谓法统，所谓服从中央，均属自欺欺人之具，不过假以遂其北洋正统宰制中国之利心而已。吾川杨森辈，【不】知之而为所利用，其愚可矜，若明知之，而又附和之，实无人格。以今日而言，服从中央，不如直截了当明言服从直系。夫杨森辈，以个人而为吴氏之奴，可也；必令吾川七千万人胥为吴氏之奴，则不可也。本会代表民意，誓全人格，义无反顾，尚祈西南各省与其他自治省分同仇敌忾，分道出兵，以期早日会师武汉，歼灭吴贼，实行联治主义，进谋国家真正之统一。至我川中将领，乃同时宣言自治之人，息坏〔壤〕在彼，不易改节。当此大敌当前，尤须懔祸至无日之戒，守师克在和之箴，捐嫌亲善，致果杀敌，安内攘外，在此一举。他如团防义勇，均有保卫桑梓之责，对于无人道、无公理之外寇，应分道堵截，合力兜剿。田塍地垠，均可作为战场。斩木揭竿，未始不为利器。总期翦除凶逆，勿令生还，张我民气，固我省防，打破吴氏武力统一之迷梦，实行孙公和平统一之宣言，则厚幸矣。四川省议会叩。艳。印。

〔陆海军大元帅大本营公报1923年第十八号〕

## 8　杨希闵关于粤局问题通电

（1924年2月9日）

杨希闵电云：（衔略）均鉴：陈逆祸国，元首蒙尘，讨贼军兴、环邻响应，希闵待罪行间，亦得执锐披坚，追随诸公之后。幸上赖总统之德威，下得友军之援助，将士用命，迭奏肤功，浦〔敷〕经浃旬，粤局大定。方冀吁请总统回跸，乾纲独断，奠此丕丕之基，俾希闵等得稍卸仔肩，暂资休养。乃自宥日江防会议，顿起波涛，险象环生，群情俶扰，以一部份之事，几至牵动全局。市上本来无虎，环中竟认有蛇，风云激宕，愈演愈奇。而纵横稗阖者流，因得造作非语，大肆挑拨，窥其用意，殆将乘机捣乱，粉碎西南。希闵此次客军远来，以服从总统为主旨，以保卫地方为天职，深恐各走极端，牵连大局，将何以对总统，何以对人民，何以竟讨贼之功，何以尽恤邻之义，眷念前途，凡是用尤，故不辞劳瘁，极力调停。今幸天心厌乱，暗潮渐消，耿耿精诚，双方谅解，情势日愈缓和，人心日愈平定，省垣秩序，近已恢复如常，粤局前途，渐呈佳象。希闵区区之愚，窃谓为今之计，应恳诸公迅即联电沪上，吁请总统早日南旋，主持大政，俾泰山在望，磐石不惊，旭日当空，阴霾尽扫，民生得以休养，庶政得以进行，纵使小有纠纷，何难迎刃而解。并望诸公于总统未到以前，严令所部军队，驻扎原防，保卫地方，不准擅行移动，致滋人民惊扰，所有防区，静候总统到来解决。希闵与诸公前为袍泽患难之交，令为唇齿辅车之势，感声援之厚谊，怀通好之真诚，此心此志，断不敢稍有轩轾于其间。惟不忍友军遽形决裂，尤不忍百粤重罹兵戎，利害之相权，即存亡之所系，苟牵一发而动全身，将合九洲而铸大错，必所谓危，不敢默尔。诸公爱国爱乡，夙所钦佩；扶持颠危，谅有同情。希闵恃在夙好，敢贡罪言。临电神驰，伏维垂鉴。滇军总司令杨希闵叩。青。(九)号。印。

〔国民政府云南省政府档案〕

## (三)反对曹锟贿选

### 1 四川省议会要求声讨曹锟吴佩孚并望从速组织政府致孙中山电

(1923年8月3日)

广州孙大元帅钧鉴：昨接黄陂蒸电，王承斌元电，国务院删电，具悉。曹吴嗾使军警，逼走黄陂。虽文词各异，而情实相同。直系奸谋，至斯毕露，法统之论，不攻自破。凡我邦人，当共声讨。讵意国务院与少数国会议员，竟不惜赴势趋炎，助纣为虐。一则摄行总统职权，直逼黄陂退位；一则主张改选总统，藉拥曹氏登台。人欲横流，廉耻道丧，国本不立，何以图存。查国务院，系由阁员组织而成。据闻旧阁员既已总辞职，而新内阁复未经成立，则该院向无人负责，何能摄行大总统职权。况黄陂寒电，该院盐电，久未宣布，中心有迫胁等情，不堪告人之隐，尚当索此电，列为罪状，以供声讨，而该院删电之主张，自当认为无效。查国会议员中尚多自好之士，而主张国宪完成后，再选总统者，亦不乏其人。少数议员主张，自难成为事实，万一成为事实，开会选举总统，而曹吴亦不能当选有效，非仅谓曹吴为现役军人，应在限制之列，实因此事曹吴明目张胆，以金钱武力谋窃大位，致酿政变，震惊海内。如彼亦当选总统，则此恶例一开，而军阀篡夺总统之举，必接踵而生，民国前途何堪设想。况国会自身尚有问题，任期早已逾限，复有民六议员诸非法分子杂糅其中，能否行使选举总统之职权，已属疑问，矧欲选举叛人曹吴而为总统乎。吾省宣布自治以来，对于北方之国会、总统均未承认。去岁黄陂复职，号为法统重光，本会曾经通电驳正。今以黄陂复职，而复主张声讨曹吴。诚以法统之说，虽属荒唐，而曹吴者，既以此号召国人，若能始终不渝，情犹可恕，乃何以去岁奉直战后，须利用黄陂出山，则尊之为法统，不惮再四派员往迎，而吴佩孚且有生死以之之语。曾几何时，遂视黄陂为寇雠，不惜假手军警，逼迫出走，复授意王承斌拘留新站，胁其交印，败法乱纪，莫斯为甚。岂曹吴之所谓法统，不妨自造自毁耶。今日有利于我，则可奉之若神明。明日有害于我，则可弃之若敝屣耶。狐埋狐搰，殆不足以喻之。嗟乎！年来曹吴戴此法统之假面具，以谋遂其北洋正统宰制中国之野心，西图黔蜀，南扰闽粤，而祸吾国家，其罪亦不可胜诛。今并此假面具，而亦破坏之，吾人安得不声罪致讨哉。数月以来，内忧外患，纷至沓来，旅大问题，未经解决，临城劫案，复又发生，此存〔仍〕国家危急存亡之秋也。以曹、吴之责大任重，不思所以御侮救亡，而及汲汲进行所谓最高问题，所谓大典筹备，斯已悖矣。且不择手段，不计利害，悍然冒大不韪而为之，有若中国可亡，而总统不可不争者，苟非丧心病狂，谁肯出此。今者，黄陂出奔，内阁瓦解，此北京政府消灭无形，而国会处于奸威之下，复不能本其自由意思以行使职权，则另行组织政府之举万不可缓。除请各省一致声讨曹吴外，并希从速组织政府，以奠国本，而系人心。迫切陈词，伫候明教。四川省议会。江。印。

〔陆海军大元帅大本营公报1923年第二十三号〕

## 2　胡汉民等反对曹锟贿选并要求全国军民自行奋起诛锄元恶致孙中山电

（1923年10月4日）

广州孙大元帅钧鉴：辛亥反对共和、北京兵变祸首，及洪宪率师入川、帝制祸首兼临城匪案祸首之曹锟，不日将令在北京国会议员，选其为总统，中外骇怪，以为奇闻。始无论贿选冒名，种种丑迹，贻羞世界。即使依法选举，亦必酿成革命，重苦吾民，天下汹汹，乱靡有极。各国论者，咸视吾人当此能否自决，以为吾国能否救药之征，国脉之延，殆悬一线。夫吾民之望和平久矣。徒以曹锟、吴佩孚狼狈为奸，比岁以还，逞其阴谋，屡生战祸，直皖、奉直之役，川湘之役，以迄粤、闽、桂、滇、黔各战事，无不由其挑衅而成，国民生命财产之损失，以数万万计，殆积岁不能复原。此次因欲谋僭大位，一面用其私人，组织非法伪阁，日日拍卖利权，盗窃民脂；一面输械增兵，力谋动乱，欲今长江及西南东北悉卷入战事漩涡。此贼不除，大局必无宁日，即和平断难实现。目下国会同人，为曹锟威劫利诱，已失自由，无从代表民意。我全国爱正义和平之军民同志，亟应自行奋起，共济时艰，障遏横流，诛锄元恶，庶垂危国脉，得以终延，民国前途，不至沦胥俱尽。我大元帅与芝泉先生志同道合，遐迩皆钦，为国为民，义无高蹈。所冀提挈主持，同伸大义，恢复和平，进行建设，更得各界名流硕彦，一致赞助进行，民困之苏，庶其有望。掬诚祈请，伫候明教。胡汉民、杨庶堪、程潜、伍朝枢、徐绍桢、叶恭绰、林森叩。支。印。

〔陆海军大元帅大本营公报1923年第三二号〕

## 3　大元帅关于讨伐曹锟并望全国将士不分南北共赴国难令

（1823年10月8日）

大元帅令

伪巡阅使曹锟贿诱议员，迫以非法僭窃中华民国大总统，其背叛民国罪迹，已为昭著。当贿选将行之顷，奉浙当局与西南诸将领暨海内名流硕彦，以及公私各团体，函电交争，冀阻非分。该逆充耳无闻，悍然不顾天下之是非，其怙恶不悛，甘心自绝于吾民，已可概见。年来于粤、蜀、湘、闽、桂诸省，犯顺侵疆，屡为贼害，虽被殄克，狼心未已。我同袍将士护国护法已历年所，岂能容庇国贼妄干大位。兹特宣布罪状，申命讨伐。我全国将士，无间南北，凡能一致讨贼者，悉以友军相视，共赴国难，以挽垂危之局。庶我先烈艰难缔造之国，不因逆贼而中斩，亿兆人民，实利赖之。此令。

中华民国十二年十月八日

〔陆海军大元帅大本营公报1923年第三二号〕

## 4　孙文反对曹锟僭窃总统请勿承认致列强宣言

（1923年10月9日）

关于北京日前举行之所谓总统选举会，余须特别唤起列强之注意者，即举国反对曹锟为中国总统是也。曹氏目不识丁，未受教育，今之反对及否认其为总统者，不独因其为一千九百十二年二月间劫掠北京之人，又不独因其为临城案，直鲁豫最高级军官之负责人，而实因其选举之种种非法与贿赂情形，玷辱有教化之国家太甚也。历史中污秽事迹甚多，而从来未有此次争夺权位无耻之甚者，国民若默认此种行为，则不复能自号为有人格之国家，以生存于世界。所以中国人民全体视曹锟之选举为僭窃叛逆之行为，必予以抵抗而惩伐之。吾国民此种决心，不日即有具体之表示，由足以代表人民之各首领，联合组织一中央政府。予今请列强与其驻京之代表，避免足使僭窃者可作为国际承认或赞助之任何行动。若列强果承认曹锟，则延长中国内乱与纷扰，使吾民对于破坏国家纪纲道德之行为，不得伸其真确之意志矣。孙文。

中华民国十二年十月九日

〔陆海军大元帅大本营公报1923年第三三号〕

## 5　孙中山通缉附逆议员令

（1923年10月18日）

此次国贼曹锟，输金国会议员，以贿成选，妄干大位，业经宣布罪状，申命讨伐。而所谓国会议员，多以非法分子滥行列席，秽德腥闻，彰播远迩。议员职责，在代表人民监督政府。乃贪赃受赂，危害国家，法律纪纲，斩焉俱尽，不有严惩重罚，无以禁贪邪而儆淫顽。着护法各省区长官，将此次附逆国会议员，一律查明通缉惩办，以昭炯戒，而立国纪。此令。

中华民国十二年十月十八日

〔陆海军大元帅大本营公报1923年第三三号〕

## 6　刘震寰反对曹锟贿选并要求孙中山速复总统职电

（1923年10月25日）

万急。广州大元帅钧鉴：国家不幸，妖异频仍。十稔共和，漂摇风雨。筹安宗社，接踵代兴。举凡法墨革命所经之程序，靡不依样新翻，筑竿随影。然国宪大防，奸雄奋气。观于当涂帝制，不敢遽为于癸丑元前，定武复辟，必待诸国会解散以后，约法庄严，凛然益见。不谓迁流今日，竟发生国会揑造大选人数，强举曹锟为总统之事，于揖让征诛而外，特开创局，肆无忌惮，一至于斯。论法律，则授受同科，究因果，则此贪彼赂。更无论曹锟一无知谬贩，秽迹彰闻，不足以妄玷元良。即使天命有归，而国会举措法律是循，以中外具瞻之巨典，乃投票出于利诱，人数纯任自为。恶例一开，永沦万劫。哀哀黎庶，托命何由。顾全国国民未尝稍负此辈，此辈胆敢于明目彰胆蔑视全国国民，公然作伪。此皆由国民平日对于国家政治得失，一听此辈所为，莫〔漠〕不加意。于是此辈始则利用国民倚赖惯性，徐受其欺，终乃视若固当，冥行罔顾，霜寒冰至，理势使然。故今日全国国民，对于国会曹锟私相交易之伪选，从违与否，实前路人禽之分界。且曹锟庸贼，何如袁氏。国会群狙，较当日劝进人物为孰愈，津保爪牙其行为顾虑，且又远逊于胜国归顽。而滇池起义，洪宪崩沮，马厂誓师，冲入避位。今日保阳运数，唯在全国国民自决之一念定之。愚亦知黄台再摘，抱蔓堪忧。第共和缔造，几许艰难，法纪信条，来从铁血。一旦为此辈以区区名位，货贿之私，仓皇断送，旁若无人，再事优容，充类至尽，必至举薄海含灵，殉其嗜欲，噬脐之悔，宁待陆沉。今日之事，我全国国民允当本能匡扶之义，清流士类，自不乏谠论名言，主持正谊。农、工、商、贾，爱国素不后人，正宜急起直追，以拒纳租税，遏绝盗粮。至吾属军人，身当思进，国事至此，生死以之，不容反顾。辄读卢、张两公感、东两电，剀切沈痛，容足警风雨而泣鬼神。凡属同胞，允当奉为模样，急赋偕行。夫取国会与国家比较，则国家为重。况回忆国会议员，自元初迄今之往事，有利害无是非；有爱憎无善恶。积极而隔篱学吠，偏诩纵横；消极而立仗噤声，随人坐起。朝秦暮楚，早绝于国民。国民亦何庸其爱惜，更进而以维持。百年大法与个人一时痛苦相催，则暂忍牺牲，力谋久远，始劳终逸，亦仁智所乐为。若夫国内各派，畴昔偶因门户意见，或有出入，要不过难虚蛮触之争。际此拍浪稽天，尚望较量轻重，乘时阙弃，携手偕行，为国民争回一线仅延之人格，亦以明公私恩怨之不容相紊。中国男子待罪行间，念此鞠凶，痛心何极。谨当追随全国英贤，相期挽救，一息尚存，义无容与。抑尤有进者，自直系造为法统重光之谬说，撮弄黄陂，以事实总统，诬民惑世，藉便阴私。复际我大元帅孙公，谦衷㧑抱，虚左待贤，神器久虚，遂使狡黠金壬，得以〔缘〕用时机，自埋自掘。夫莽移汉祚，白水中兴，闯治神京，南都崛起，值国命绝续之交，万不宜蹈袿拘迂，因循长寇。恳请孙公以大元帅权宜监国，速正大号，俾中外晓然于正统所在，然后胪列伪选情罪本末，昭告国人，不世之业，轩昊式凭，敬质邦人，伫候明教。中央直辖西路讨贼军总司令刘震寰呈叩。径。印。

〔陆海军大元帅大本营公报1923年第三六号〕

## 7　广东省会各学校反对曹锟贿选宣言电

（1923年10月26日）①

全国教育会、学校、报馆、团体均鉴：曹锟以直津贩夫，小站走卒，因缘时会，谬绾军符。民国初元焚掠京师，民国四年首倡帝制，受袁氏伪命，蹂躏川湘，破坏共和，背叛民国。罪迹昭彰，毋待瘴述，徒以逆势方盛，国法未伸。乃复乘国家多故之秋，首都纷乱之日，竟公然贿卖〔买〕非法议员，冒膺大选，僭窃名号，

注：①此系北京教育会收文日期。

擅立伪官，凡属国民，同深愤慨。同人等为纪纲计，为国法计，断不甘戴此罪魁为国元首，用特郑重宣言。须知北京一隅，昔为民国首都，今为叛党窟穴，其一切冒称民国政府之僭窃行为，早经一致宣言认为无效，则此次曹锟僭踞旧都，冒称总统之行为，亦当然无效。特此宣言，伏维公鉴。广东省立法科大学校校长黎庆恩、国立广东高等师范学校校长金曾澄、广东公立农业专门学校校长邓植仪、广东岭南大学副监督钟荣光、广东省立女子师范学校校长廖承筠、执信学校校长曾醒、私立广州法政专门学校校长邹永誉、广东省立第一中学校校长王仁宇、广东私立教忠师范学校校长汪兆铨、广州中学校校长卢乃潼、广州市立师范委员会、广州市立甲种商业学校校长黄典元、广州市立职业学校校长黄祖培、广州市立美术学校主任冯钢百、博文美术学校校长刘博文、图强产科专门学校伍伯良、番易〔禺〕县立师范学校校长陈善伯、培正学校监督黄启明、培正女校校长陈无诠、广州市立保姆学校校长成允琼、广州市立第一高小学校校长袁包、市立三高校长薛希之、市立四高校长黎勇前、市立七高校长王国民、校长张士傑、八高兼廿一国民校长范曾涣、市立十二高小学校校长张增秀、市立十三高小校长陈群、市立第四国民校长那图拉、第八国民校长董世经、市立第九国民代理校长苏炳林、市立第十国民校长简台起、市立十一国民校长卓雪峰、市立十二国民校长王安、市立十三国民校长吕韵泉、市立十四国民校长朱鸿鉴、市立十五国民校长梁格夫、市立廿四国民校长江鉴、市立廿九国民校长王严举、市立三十国民校长沈毅、市立四十一国民校长张韶玉、市立四十三国民校长徐家哲、市立第七国民校长杨绍煌叩。

〔北洋政府京畿卫戍总司令部档案〕

# (四)国民党改组和国共第一次合作

## 1　孙中山在中国国民党第一次全国代表大会上发言记录

(1924年1月)

### (1)开会词(1月20日)

各位同志、代表诸君：今天在此开中国国民党全国大会，这是本党自有民国以来的第一次，也是自有革命党以来的第一次。我们革命党用了三十年工夫，流了许多热烈的心血，牺牲无数的聪明才力，才推翻满清，变更国体。但在这三十年中，我们在国内从没有机会开全国国民党大会，所以今天这个盛会，是本党开大会的第一次，也是中华民国的新纪元。(鼓掌)

革命党推翻满清，第一次成功是在武昌。那天的日期是双十日，今天是民国十三年的一月双十日，所以这个会期同武昌起义的日期，都是民国很大的纪念。从前革命党虽然推翻满清，变更国体，但是十三年以来，革命主义还没有成功。其中最大的原因，是当时革命党，外面〔而〕见到外国富强，中国衰弱，被人凌辱；内而又受满清专制，做人奴隶，几几乎有亡国灭种之忧，一时发于天良，要想救国保种，只知道非革命不可，但不知道革命何时可以成功，并不想到成功以后，究竟用一个甚么通盘计划去建设国家，只由各人的良心所驱使，不管成败，各凭各的力量去为国奋斗，推翻满清，这种奋斗，所谓各自为战，没有集合，没有纪律，故满清虽然推翻，到了十三年以来还没有结果，这就是我们的革命仍然算失败。(鼓掌)

我们现在得了广州一片干净土，集合各省同志聚会一堂，是一个很难得的机会。从前我们没有想到要开这种大会，没有想到我们的党务究竟是如何进行，是因为受了满清官僚的欺骗。我们受了满清官僚甚么欺骗呢？因为一般同志头脑太简单，见得武昌起义以后，各省一致赞成革命，从前反对革命的官僚也赞成革命，由此少数的革命党，就被多数的官僚包围，那般官僚说“革命军起，革命党消”。当时的革命党也赞成这种言论，于是大家同声附和，弄到现在，只有军阀的世界，没有革命党的成绩，所以革命党至今仍失败。这就是我们失败的大原因。今天大家都觉悟了，知道这话不对，应该要说“革命军起，革命党成”。所以从今天起要把以前的革命精神恢复起来，把国民党改组。这都是由于我们知道，要改造国家，非有很大力量的政党，是做不成功的；非有很正确，共同的目标，不能够改造得好的。我从前见的中国太纷乱，民智太幼稚，国民没有正确的政治思想，所以便主张“以党治国”。但到今天想想，我觉得这句话还是太早。此刻的国家还是大乱，社会还是退步，所以现在革命党的责任还是要先建国。尚未到治国。从前革命党推翻满清，不过推倒了清朝的大皇帝，但大皇帝推倒之后，便生出了无数小皇帝，这些小皇帝仍旧专制，比较从前的大皇帝，还要暴虐无道，故中国现在还不能象英国、美国以党治国。今日民国的国基还没有巩固，我们必要另做一番工夫，把国家再造一次，然后民国的国基才能巩固。这个要国基巩固的事，便是我们今天的任务。此次各位同志来此开这个大会，和寻常的集会不同。今天这个大会，不是普通垦亲会，不是平常讨论会，也不是采集各地问题的会。这是一个甚么会呢？我们自十三年以来，在政治上得到了种种经验，发明了种种方法，看到中国国家虽然不好，国势虽然比从前退步，但知道中国还有办法，还可以建设得好。革命党三十年来，为良心所驱使，不论成败去革命，革命成功了，对于国家不知道用甚么方法去建设。至于现在，我们已经得到了办法，所以此次召集各省的同志来广州开这个大会，就是把这个方法公诸大家来采纳。在没有开这个大会之先，已经组织了一个临时中央执行委员会，在那个委员会中筹备了许久的时候，自今日起，想要把这个筹备的方法，逐日提出来，请大家来研究，要大家赞成这些方法，诸君得到了这些新方法，要带回各地方去实行。至于这些新方法的来源，是本总理把先进的革命国家和后进的革命国家在革命未成功之前、已经成功之后所得的种种革命方法用来参考，比较细心斟酌，才定出来的。当中不完备的地方，在所不免，所以还要开这个大会，请大家来研究。研究以后，便要请大家赞成到各地方去实行，同心协力，建设国家。此次国民党改组有两件事：第一件是改组国民党，要把国民党再来组织成一个有力量有具体的政党；第二件就是用政党的力量去改造国家。所以这次国民党改组，第一件是改组国民党的问题。第二件是改造国家的问题。这次大会只有十天。十天的时期很短少，我希望大家要爱惜光阴，明白这个大会的宗旨。如果大家有更好的意见，当讨论之时便贡献出来，参加在内。但是大家要知道，会期是很短的，必须爱惜光阴。当研究问题之时，必须各人虚心，不可以无意识的问题来挑拨意见。如果生出无谓的争论，会中的大问题就恐怕十天解决不了，我们这个会的成绩便不好，所以我们要提防，要警戒。

我们对于改组党和改造国家两件事以外，另外有一件事要大家注意，就是从前本党不能巩固的地方，不是有甚么敌人用大力量来打破我们，完全是由于我们自己破坏自己，是由于我们同志的思想见识过于幼稚，常生出无谓的误解，所以全党的团结力便非常涣散，革命常因此失败。我们以后便要团结一致，都要把自己的聪明才力贡献到党内来。自己的聪明才力不可归个人所用，要归党内所用。大家团结起来，为党为国同一目标，同一步骤，象这样做去，才可以成功。政党中最要紧的事，是各位党员有一种精神结合。要各位党员能够精神上结合，第一、要牺牲自由；第二、要贡献能力。如果个人能够牺牲自由，然后全党方能得自由，如果个人能贡献能力，然后全党才能有能力。等到全党有了自由，有了能力，然后才能担负革命的大事业，才能够改造国家。本党以前的失败，是各位党员有自由，全党无自由；各位党员有能力，全党无能力。中国国民党之所以失败，就是这个原因。我们今日改组，便先要除去这个毛病。

本党今日开全国代表大会，我希望各位代表要把自己的能力和各地方的能力都贡献到党内，合成一个大力量，用这个大力量去改造国家，那是一定可以成功的，一定在今年之内可以成功。今天这个大会是中华民国开国以来的第一次。这是中华民国将来国史中的大光荣。我希望诸君努力，在这十天之内，把应该要做的事，完全达到目的。

### （2）中国之现状及国民党改组问题（1月20日）

主席：现在的问题，是国民党改组问题。我们自办同盟会以来，有很大的力量表现出来，就是把满洲政府推倒，但推倒之后，官僚之流毒日益加甚，破坏虽成功，建设上却一点没有尽力。这十三年来，政治上、社会上种种黑暗腐败比前清更甚，人民困苦，日甚一日，故多数反革命派，即以此为口实而攻击革命党，谓只有破坏能力，而无建设能力。此种话我们革命党虽不肯承认，然事实上确是如此。这都是因为我们破坏后没有机会来建设。我们秉政时候的南京政府，只得三个月，到了北京政府的时候，政权都归于反革命党手内。此后革命党在政治上就没有建设的机会。不仅如此，且至于逃亡海外，在自己领土之内不能立足。自民国成立后，政权皆操之反革命派手内，故虽革命党对于政治上、社会上做了种种的破坏，而苦于无机会以建设。故从各方面看来，中国自革命后并无进步，反为退步。但此并非革命党之初心。今人民皆以此归咎于革命党，我党亦不能不受。在满洲未倒革命未成功以前，革命党之奋斗，重在宣传其主义于全国之人民。故人民均急希望革命之能成功，视革命二字为神圣，成功后，不能如其所期，顿便失望。此种事实，谁负其责？革命党不能不负其责。人民以各种痛苦归咎于我们，我们实难辞其责，要皆由于所用方法不对。今回想革命未成功以前，党人牺牲性命，为国效力，艰难冒险，努力奋斗，故能成功。武昌起义，全国响应，民国以成。而反对革命之人及杀革命党之人，均变为赞成革命之人，此辈之数日多于革命党何啻数十倍，故其力量大于革命党。乃此辈反革命派，即旧官僚，一方参加革命党，一方破坏革命党，故把革命事业弄坏，实因我们方法不善。若有办法，有团体来防范之，用对待满清之方法对待之，则反革命派当然〔无〕所施其伎俩。俄国有革命同志曾对我言，谓：中国反革命派之聪明本事，俄国反革命派实望尘莫及。俄国之反革命派为官僚与知识阶级，当革命党发难时，均相率逃诸外国，故俄国革命党能成功。而中国的反革命派聪明绝顶，不仅不逃避，反来加入，卒至破坏革命事业，而革命党人流离转徙，几至消灭。到了今日，只西南数省为一片干净土，余均为反革命派所得。由此观之，革命党有力量推倒满清，使反对者投入革命党之旗帜下。然何以革命不能成功，皆由于方法未善之过，使反革命派能乘隙以入，施其破坏而不觉，虽至失败，尚不知其所以失败的缘由。若当时有办法，有团体先事防范，继续努力奋斗下去，建设起来，则只需三年之时期，其效果已颇有可观，决不至如今日之一无成绩。中国革命六年后，俄国才有革命。俄国革命党不仅把世界最大威权之帝国主义推翻，且进而解决世界经济、政治诸问题。这种革命，真是彻底的成功，皆因其方法良好之故。方才俄国朋友对我所说的话，乃是旁视者清，当局的人尚设想不到。但俄之反革命派，并非真正不如中国反革命派之聪明、利害，且百倍过之，特俄国之革命党聪明利害，又百倍过于彼辈耳。中国之革命党经验不多，遂令反对派得尽其技，没有俄国那种好方法以防反革命派，使其不能从中破坏，故俄国虽迟我六年，革命而已成功；我虽早六年，革命而仍失败。此次改组，就是从今天起，重新做过。（鼓掌）古人有言：“以前种种，譬如昨日死，以后种种，譬如今日生。”（鼓掌）由今日起，将十三年前种种可宝贵，最难得的教训和经验来办以后的事。（鼓掌）以前有种种力量创设民国，以后便有种种力量改造政府。（鼓掌）由今天起，按照办法条理，合全国而为一，群策群力，努力而行，则将来成功必定更大。（鼓掌）此即为今后之第一大希望。此次改组，即本此意。改组之能成功与否，全凭各同志之能否负责联络与努力奋斗而定之。若能如此，则中国事业大有可为。我国人民身受十三年的痛苦，吾党此次应在最短时期内解决之，将国家障碍完全消灭。此次改组各种办法，已由临时中央执行委员会筹备许久。今提出中国国民党宣言案，请秘书长将原文朗读一过。此宣言案，系本总理所提出者。

### （3）对于组织国民政府之说明（1月20日）

总理对于组织国民政府【案】之说明：

现在此处已经是政府，不过不是如前年之护法政府。因前护法政府成立时，出师北伐，已至江西，进行极称胜利，忽遇后方陈炯明叛变，将护法政府推倒。当日南方已无政府，而北方军阀忽赞成护法，声言恢复国会。今年所谓国会，即在北京选举曹锟为总统，这便是护法的结果。今次本总理再回广州，不是再拿护法问题来做工夫。现在的政府为革命政府，为军事时期的政府，对于发展很有希望，广东地盘亦很巩固，北伐亦已筹备，克日前进。

近忽发生关余问题，各国派兵舰二十艘来粤示威。因其有如此大力量来示威，故决心以一种大力量去抵抗。有一时候几濒危险，要同他们即刻开仗，但我们总坚持到底。(鼓掌) 近各国见武力没有什么效果，乃用文字来战争。目前公使团由领事团转来一课文，谓：地方政府与公使团来往文书，须由领事团转达。我政府通谍驳之，谓：此处非地方政府，乃北京之对敌政府，最少亦有交战团资格。但虽如此说去，而各国之外交政策，其对于人国，总是于其己国有利益时，则承认之为政府；无利益时，则否认为政府。今日之事实，缘我们没有正式组织，没有明明白白与北方脱离关系，故组织国民政府，实为目前第一问题。(鼓掌)当公使团课文未来以前，我本来即想组织政府，曾派财政部长叶恭绰赴奉、浙两处征求组织政府方法。但现在被公使团轻视，皆因我们无政治地位之故。有了地位，始有政治行动可言。否则，反抗政府的举动甚多，例如地方暴动等事，都是反抗政府的举动，但他们的反抗政府就是土匪，为法律上所不容。现在有一种反抗政府的举动，不是土匪，也不犯法，就是革命。(鼓掌)何以言之，因我们已经宣布脱离，不承认彼为政府。(鼓掌)我们是政治上的行为，和他是对抗的。(鼓掌)但此必要有一地位，中国历史上有一习惯，所谓成则为王，败则为寇。但近代文明国家不是如此。若有一种政治上行动，即败后也不为寇。中国近来对世界上普通习惯尚不熟悉，做事总是避开名义，或后来始定称谓，但文明各国并不如是。如爱尔兰，当欧战时，忽对英宣告独立。此事英政府虽于二点钟内即平定之，但爱尔兰在此二点钟内之举动，各国均认为政治上举动，不是犯法举动，因彼于起事时即占有邮政局，在此处即宣布组织一完全政府，各部官员都经任命，虽其文告粘在壁上，浆糊未干，即已失败，党人均逃亡于美国军舰，而美舰亦即收留之。其后虽英政府要求引渡，亦遭拒绝。盖即因其曾有正式组织，为政治上的行动之故。否则，即为土匪暴动，安望美人之如此保护。现我们有广东、四川数省，土地之大，人民之多，四倍于日本，决不至两点钟内即至灭亡，为什么尚不敢有所表示，以组织一政府。(鼓掌)故本总理之意，以为此大会之目的有二：一、改组本党；一、〔二、〕建设国家。而于建设国家，尚有应研究之问题二：一、立即将大元帅政府变为国民党政府；二、先将建国大纲表决后，四出宣传，使人民了解其内容，结合团体，要求政府之实现。一省如是，各省如是，合全国民意，以与军阀奋斗，其效果必大。从前我们没有具体条理，今则有之。若以之宣传于士、农、工、商各界，则必表同情。由全国团结成为一体，为一大示威运动，则军阀安有不倒，革命安有不成。(鼓掌）以上两问题，随大会择定其一，皆无不可。现尚有一事可为我们模范，即俄国完全以党治，比英、美、法之政党握权更进一步。我们现在并无国可治，只可说以党建国。待国建好，再去治他。当俄革命时用独裁政治，诸事均不一致，只顾求革命成功，其最危险时期为十八面受敌，各国均派兵到俄国，其国内之反革命派亦深受各国援助，故俄国六年前之奋斗，均为民族主义的奋斗，当时我们尚不知道其为民族主义奋斗，今回顾起来，的确如此。故现在俄国对于赞成民族主义诸国，皆引为同调，常对波斯、阿富汗、土耳其诸国，劝其不可放弃民族主义。其最初之共产主义，亦由六年间之经验渐与民生主义相暗合。可见俄之革命，事实上实是三民主义。其能成功，即因其将党放在国上。我以为，今日是一大纪念日，应重新组织，把党放在国上。但此说，初听之，似甚骇人听闻，其实，现在我们何常有国，应该先由党造出一个国来，以后再去爱之。(鼓掌)如今日上海、广州常见之青草地上起洋楼，必先经过一棚寮时代。此棚寮，即用以储置建筑材料与工人聚居之所，由此乃可以建筑洋楼。中国现有好多人不明革命党之用意，即如羡慕洋楼者见棚寮而厌之，不知无此棚寮以储工具材料等物，则所羡慕之洋楼只是空中楼阁，永不能实现。故当洋楼尚未造成之前，此棚寮实为至可宝贵之物。(鼓掌)党之于国家，即如棚寮之于洋楼。党有力量可以建国，故大家应有此思想与力量以党建国。(鼓掌) 兹请进而研究建国的方略。(鼓掌)

### (4)对于宣言旨趣之说明(1月23日)

总理对于宣言旨趣之说明：

现在本党大会宣言已经表决，这是本党成立以来破天荒的举动。但是，我们表决宣言之后，大家必须依宣言而行，担负此项实行责任。此次宣言不只在场代表共同负责，就是各省及海外的同志均有负担此项革命的责任。我们从前革命，均未收到好结果，就是因为革命没有彻底成功。其原因，大都是我们同志担负责任没有始终如一，所以不能贯彻革命主义。现在，本党召集此次代表大会，发表此项宣言，就是表示以后革命与从前不同。前几次革命均因半途上与军阀官僚相妥协、调和，以至革命成功之后仍不免于失败。当袁世凯做皇帝的时候，本党的同志在山东，在广东，在四川，在福建，在长江一带的纷纷起事，用种种力量来抵抗袁氏的帝制，那时候并不用鲜明的革命旗帜，以后袁世凯自毙，总算我们反对袁世凯的成功。但是，按之革命的真精神，仍是失败。(鼓掌)后来护法之役，也没有把革命旗帜竖起，做了五六年的护法工夫，最后曹琨、吴佩孚也赞成护法，弄得护法的问题又归调和妥协。大抵我们革命在起初的时候，奋斗均极猛烈，到后来，结果无一次不是妥协。即举排满、倒袁、护法三役而言，我们做革命都是有头无尾，都是有始无终，所以终归失败。(鼓掌)此时我们通过宣言，就是从新担负革命的责任，就是计划彻底的革命，终要把军阀来推倒，把受压迫的人民完全来解放。(鼓掌)

这是关于对内的责任。至对外的责任，定要反抗帝国侵略主义，将全世界受帝国主义所压迫的人民来联络一致，共同动作，互相扶助；将世界受压迫的人民都来解放。（鼓掌）我们有此宣言，决不能又蹈从前之覆辙，做到中间又来妥协。（鼓掌）以后应当把妥协调和的手段，一概打销！（鼓掌）并且要知道妥协是我们做彻底革命的大错。（鼓掌）所以，今天通过宣言之后，必须大家努力前进，有始有终来做彻底成功的革命。（鼓掌）

### （5）紧急动议（1月25日）

主席：现在总理有紧急动议。

总理：方才得俄代表报告，俄国行政首领列宁先生已于前日去世，国民党的同志们当然非常哀悼，应该乘此次大会时正式表决，去一电报，以表哀忱。未表决之前，有几句话与诸君先说一下，大家都知道，俄国革命在中国之后，而成功却在中国之前，其奇功伟绩真是世界革命史上前所未有，其所以能至此的缘故，实全由其首领列宁先生个人之奋斗，及条理与组织之完善。故其为人，由革命观察点看起来，是一个革命之大成功者，是一个革命中之圣人，是一个革命中之最好的模范。彼今已逝世，我们对之有何种感想？受何种教训？我觉得于中国的革命党有很大的教训。什么教训呢？就是大家应把党基巩固起来，成为一有组织的、有力量的机关，和俄国的革命党一样。此次大会之目的，也是在此。现在俄国的首领列宁先生去世了，于俄国和国际上会生出什么影响来？我相信是决没有的，因为列宁先生之思想、魄力、奋斗精神，一生的工夫全结晶在党中，他的身体虽不在，他的精神却仍在，此即为我们最大之教训。本总理为三民主义之首创人，亦即中国革命党之发起人，我们的革命虽有几次成功，但均是军事奋斗的成功，革命事业并没有完成，就是因为党之本身不巩固的缘故。所以党中的党员，均不守党中的命令，各自为政，既没有盲从一致信服的旧道德，又没有活泼于自由中的新思想。二次失败，逃亡至日本的时候，我就想设法改组，但未成功。因为那时各同志均极灰心，以为我们已得政权，尚且归于失败，此后中国实不能再讲革命。我费了很多的时间和唇舌，其结果亦只是中国即要革命，亦应在二十年以后。那时我没有法子，只得我一个人肩起这革命的担子，从新组织一个中华革命党。凡入党的人，须完全服从我一个人，其理由即是鉴于前次之失败，也是因为当时国内的新思想尚未发达，由我一人督率起来，不易为力，到现在已经十年了，诸同志都已惯习了。有人以此次由总理制改为委员制，觉得不大妥当，但须知彼一时此一时。当前回大家灰心的时候，我没有法子，只得一人起来担负革命的责任。现在有很多有新思想的青年出来了，人民的程度也增高起来了，没有人觉得中国的革命应在二十年以后了。我们从事革命的事业，国民只以为太慢，不以为太快了。(鼓掌)故此次改组，即把本党团结起来，使力量加大，使革命容易成功，以迎合全国之民的心理。从前在日本，虽想改组，未能成功，就是因为没有办法。现在有俄国的方法以为模范，虽不能完全仿效其办法，也应仿效其精神，(鼓掌)才能学得其成功。(鼓掌)本党此次改组，就是本总理把个人担负的革命重大责任，分之众人。(鼓掌)希望大家起来奋斗，使本党不要因为本总理个人而有所兴废，如列宁先生之于俄国革命党一样，这是本总理的最大希望。(鼓掌)现在提出用本会名义致电莫斯科，对列宁先生之死，表示哀忱案，请大众表决。至于各行政机关，已由政府通令下旗三日。本会亦应休会三日，此三日内，每日下午，本总理均在此演述民族主义。此讲题，从前曾对高师学生演说过一次，再有二、三次，即可从大体讲完，若详细的讲演，非长久时间不可。今乘此机会，尽三天之内摘要把他讲完，诸位回去后，即可以之为宣传的资料，其余民权主义与民生主义，目前没有时间来讲，将来讲后，再刊为单行本，寄与诸位。现在请俄国代表鲍尔登先生讲列宁先生之为人。请伍朝枢君翻译，俟讲完后，我们再来表决本问题。

### (6) 闭会词（1月30日）

总理致闭会词：

同志诸君：今天是我们国民党全国代表大会开会的第十天，也是这次大会闭会的一天。这次开会以来所办的重要事项，秘书长刚才已经报告过了。至于会中所办最重要的事，即刻就要拿出去做宣传材料的，是中国国民党第一次全国代表大会宣言。宣言全体分作三段：第一〔段〕是讲中国国内的现状；第二段是解释本党的三民主义，这一段在宣言中，尤其重要，因为我们所主张的三民主义，是永远不变的，要大家自始至终去实行。这个主义，在同盟会没有成立以前，已经是确定了；成立同盟会，就是要实行这个主义，后来推翻满清以至于建立民国，也是为实行这个主义。但是自民国成立以至于今日，已经有了十三年，还没有完全达到这个主义的目的，原因是在甚么地方呢？一是由于我们的办法不完全；二是由于各位同志不能同心协力，一致行动。我们这次开全国代表大会，订一个完全办法，划一同志的步骤，并议定党中的纪律，就是要大家能够实行三民主义，把这个主义的言论，一定要做成事实。（鼓掌）推究这个主义的来源，是我从前和各位同志经过了许久的讨论与研究，然后才确定出来的。在革命党没有成立以前，便有少数同志很赞同去实行。后来革命党成立了，就有多数同志赞同去实行。到了今日，更有极多的先觉先知赞同去实行。由此便可见本党的三民主义，是始终都不改变的。（鼓掌）大家对于三民主义，以后要心悦诚服，完全担负实行的责任。（鼓掌)宣言中的第二〔三〕段是本党的政纲，是实行三民主义的节目。我们因为要实行三民主义，所以不得不照中国的现状，依人民的要求，来规定这个政纲。人民所做不到的，我们要替他们去做；人民没有权利的，我们要替他们去争。所以三民主义是为人民而设的，(鼓掌)是为人民求幸福的。(鼓掌)我们从前革命，为三民主义去牺牲，就是为人民求幸福而牺牲。(鼓掌)政纲既是依人民的要求来规定的，人民今年有甚么要求，我们便要规定一种甚么政纲；如果人民明年有别种要求，我们的政纲，便要依他们的新要求，重新去规定。但是人民的要求，在短时期中决无大变动，所以我们订定的政纲，至少也要维持一年。在这一年之中，便要大家遵守，一致行动，照所订定的条件去实行。我们在这次大会所订定的政纲，或者有见不到的地方，诸君以后对于已定的政纲以外，不能说没有新见解，所以这次所定出来的，不能说是完全周到，没有遗漏。但是诸君如果有了新见解，必须等到明年开第二次大会的时候，才去修改；在没有开第二次大会之先，我们对于这次大会所定的政纲，就万不可违背。(鼓掌)如果有了违背，便是乱大众的步骤。而且此次大会所定的政纲，是从前经过了临时中央执行委员会许多的研究，又再经过大会中诸君的聪明才力才订定出来。订定的条件，是预算在今年之内要实行的办法，我们在这一年中的言论行动，便要和这个办法相符合。如果不然，便是这个办法没有效力；这个办法没有效力，便是枉费了这次大会的工夫。(鼓掌)政纲和主义的性质，本来是不同的：主义是永远不能更改的，政纲是随时可以修正的。但是修改的时期，最少都要一年，除非遇了很重大事情，对于政纲是发生根本变动的，我们临时才可以召集特别大会去修改。由此便可知政纲的修改，是一定的时期，因为预定了一定时期，大家进行的步骤，才有秩序，不致纷乱。本党党员从前看见政纲有不对的地方，做事就立刻和政纲相矛盾，这是本党自乱的大毛病，此后大家必须要除去这个毛病。（鼓掌）各位同志以后纵然看见政纲有不合不对的地方，或者中途得了新见解，或者有特别聪明的人，一时便发现政纲中不合理的地方，都不可自作自为。（鼓掌）如果一、二人自作自为，便是乱了全党的一致行动。党员的奋斗，是和军队的奋斗一样。军队在奋斗的时候，如果司令官的命令一时不对，当士兵的都要服从，照原来命令去共同前进。若是都能前进，或者将错就错，也能打胜仗；如果一部分的军队看出了命令不对，便单独行动、以致牵动全军不能一致前进，弄到结果，不是首尾不能相顾、自乱阵线，便要被敌人各个击破，全军就要覆没了。本党党员从前常有自以为是的，便要独断独行，所以弄到全党的精神非常涣散，革命事业不能成功。以后要我们的革命事业完全成功，便要大家一致行动，团结精神。自根本上讲起来，革命事业是大家的事，不是一个人的事。（鼓掌）既是大家的事，必要大家同心协力，才可以实行；如果不能同心协力，便永远不能实行。（鼓掌）所以这次所定的政纲，是本党临时的号令，至少要行一年。在此一年之中，不是要一、两位党员去实行的，是要大家共同去实行的。大家共同去实行，便是一致行动。一致行动就是党员的好道德。（鼓掌）

我们这次在广州开会，是重新来研究国家的现状，重新来解释三民主义，重新来改组国民党的全体。从此以后，大家分散到各地方，便要希望一致去奋斗。奋斗的方法，在中央的有中央执行委员会，在各地方的大家要组织区委员会或各地方委员会，把我们国民党布满到全国。诸君此次不远千里万里而来，在此开了十日大会，议决了许多议案，是已经受了奋斗的任务，得了奋斗的材料，散会之后，带回到本地方去，应该分给本地的各位同志，教各位同志都要拿这种材料，分途去奋斗。（鼓掌）所以这次的大会，好像是一个大军事会议，定了种种作战计画，下了许多攻击命令，交各将领带回去实行作战一样。（鼓掌）又好像是一个大兵工厂，制了许多枪炮，出了很多子弹，诸君在此领了很多的枪炮子弹，回到本地方去，便要分给到各位同志去补充他们。（鼓掌）各位同志得了补充，便要他们实行攻击，不可空耗了这些补充。（鼓掌）到了实行攻击的时候，必须审查敌情，临机应变，对于敌人要能够收效，那才算是不枉费了这些补充。（鼓掌）这次的大会，是头一次试办，只决定了中央执行委员会去办理中央的事务；各地方委员会和地方上的事务，就要大家分途去办理。至于中央执行委员会的名单，是由多数同志推举，再交总理向今日大会中通过了的。大家不能说只有中央执行委员会的委员，便能够做事；也不能说只有本总理所提出来的人，便能够做事。各位同志中有很能够做事，在此次委员名单中没有提出来的，自然是很多的，大家如果知道了是很能够做事的，在下次大会中还可以推举出来。我们不能说做了委员的，才可以做事，不做委员的，便不能做事。只要大家各尽各的责任去实行，各尽各的能力去奋斗，都可以说是做事。（鼓掌）至于讲到做事的结果，此时更不能预定谁是能够做事，谁是不能够做事，必要各位有了成绩，贡献到党内，到来年再开大会的时候，才可以决定。（鼓掌）各位要将来的成绩如何，散会之后，便要努力去奋斗。到了来年开大会的时候，把自己奋斗的成绩，都报告到大会，让大家去比较；到了那个时候，我们才知道是谁的成绩顶好。（鼓掌）因为成绩是由于奋斗而来的。如果多数人不奋斗，当然不能有成绩；若是一个人尽力去奋斗，也可以得一个大成绩。（鼓掌）能奋斗不能奋斗，是在有没有武器。诸君从这次大会已经补充了很多的武器，回到各地方上尽力去奋斗，将来的成绩，一定是很好。在来年大会中，拿诸君的成绩去比较，知道了谁的成绩是顶好的，自然可以知道是谁的奋斗是顶多。(鼓掌)我们要本党全体的成绩都好，就要从今以后，大家一齐去奋斗。(鼓掌)现在已经是民国十三年，就是国民党在各地方公开奋斗了十三年。因为见到从前的奋斗尚不充分，所以这次要开大会，把全党改组。从前奋斗不充分的原因,是由于没有办法。从此以后，有了办法，就要诸君担负责任，拿这个办法去替国人发生一个新希望。(鼓掌)我们从前革命因为没有好办法，所以成功与失败，各有一半。从今以后，拿了好办法去革命，便可一往直前，有胜无败，(鼓掌)天天成功。(鼓掌)把三民主义、五权宪法宣布到全国的民众，在今年之内，一定可把革命事业做到彻底的大成功。(鼓掌)

〔国民党中央执行委员会档案〕

## 2 廖仲恺在中国国民党第一次全国代表大会上发言记录

(1924年1月)

### (1)1月20日发言

一百四十号廖仲恺：今日开中国国民党代表大会，开会的旨趣总理已言过，即改组本党和建设国家二个问题。各位同志对此二问题，想都十分清晰。本党何以要改组，国家何故此时再来建设，必先求其原理。此原理在本党宣言书与政纲中都已发表出来。前十余年，我们日言破坏与建设，或破坏后再建设，但破坏的是些什么？破坏的目标又在什么地方？建设的又是什么东西？凡此均应先行认清，否则虽闹来闹去，十年、二十年,甚至百余年,还是不能得有眉目，所以应先定目标，而后成功可期。一个党为什么要讲组织和方法，自然因为都是很紧要。但组织若无内容，则组织不成为组织，方法若无主义，则方法尽变为空虚，永远没有成功的希望。我们自讲三民主义以来，到底发挥了多少？实行了多少？以前的错误，我们不能不承认，也不应该不承认。以前本党之一再失败，而国家之乱源，亦由是不能廓清，其故既在于认识目标之不清。现在我们已有了宣言，目标算是已定，但其内容只为水平线上的表现，我们的希望，就不止此，应更提高之，使超出水平线之上。此为发表宣言后之希望。至于建国是当然的事情，不容讨论，只要先去从事宣传，遇有机会即能实现。

### （2）1月23日发言

一百四十号廖仲恺：本席对于宣言审查修正结果，认为满足。此次大会宣言全文及政纲，大致表现十分清晰。本席对此宣言有三种见解：第一层，本党之宣言及政纲，是革命的性质，实行打破一切军阀、官僚，产〔铲〕除一切发展的障碍，并且表现本党作事的精神，不可与普通的一般宣言同论；第二层，我国从前许多政党，均有洋洋大文发表，其实皆满纸空谈，一无价值，绝对不如本党，此次之宣言丝毫不假借，完全依照主义而实行；第三层，此次本党既发表切实之宣言，实将本党置于几何学之定点上，有了定点，才能前进，才能发展，如太阳升天，同一向上，发扬光大。此宣言不但代表本党大会诸君的意思，并且代表全国人民的要求，嗣后无论如何，必须以此宣言为奋斗进行之标准，努力前进，冀贯彻本党主义，完全达到目的。

### （3）1月30日发言

一百四十号廖仲恺登坛，说明提案旨趣：“一、租界制度于二十世纪之今日尚任其存在于中国，实为中国人民族之耻辱，应由中国收回管理；二、外国人在中国领土内应服从中华民国之法律；

三、庚子赔款当完全画作教育经费”。请大众讨论议决。

〔国民党中央执行委员会档案〕

## 3 全俄苏维埃代表鲍罗廷在“一大”会议上之演说词

（1924年1月25日）

全俄苏维埃代表鲍尔登君演说词。

主席、各位朋友、各位代表诸君：今天鄙人所讲的题目，非常困难。盖列宁先生的死亡，不但影响于俄国，且影响于全世界的优秀分子亦甚巨大。

诸君于此世界政潮争斗的战线、似乎距离稍远一点，或于列宁同志的死亡不觉得有深切的关系，但列宁同志是我们的领袖，是我们的指导人，亦是全世界受压迫、受利用的民族的良友。不但是良友，并且是替他们奋斗的一个人，而且是奋斗中的一个领袖，所以列宁同志的死亡，我们俄国所受的损失是无可计算的价值，亦是无可想法补救的。（鼓掌）

鄙人数十年来游历各国，遍及环球，认识的朋友不少，以我所见，觉得列宁同志之为人是很慈善的，且很讲人道的，且觉得他的慈善、人道比我所认识的人为尤真挚。因他很慈善、讲人道，而说他不好的人自一九一七年以来，将世界上一切不好的名词，极坯〔坏〕的批评，统统都加在列宁一人的身上，世界上被雇用的报纸及其他被收买的机关，亦均对列宁持同一臭味的论调。何以世界上被雇用的报纸及被收买的机关必以此种卑劣的批评加在这好人的身上？诸君有没有细细研究过？如未研究，待我来与诸君说说。盖列宁说过：“现在世界上有两种人：一种是二万五千万人；一种是十二万五千万人，其二万五千万人是压迫人的，十二万五千万人是被压迫的人”。因列宁敢讲这句话，所以才得到许多极卑劣

的批评。（鼓掌）

如果列宁死而有知，他或可以知道我讲的话，或竟不知道，但我不能不说，当一九一七年的时候，全世界是怎么样的情形呢？其时人类中有两种人：你打我，我打你。为什么彼此要相打呢？说是为公理、为民治、为正义。讲来何尝不冠冕堂皇，其实都是假话，譬之张一锦绣帷幕于地球上，而全世界种种无公理、无人道及其他一切卑污不堪入目之情状，都陈列在帷幕之下，唯列宁乃敢揭开之，且换以一清白乾净之帷幕。他曾说：世界真正的战斗，不过是受压迫的人与压迫的人战斗罢了。（鼓掌）

一九一七年列宁发现世界上社会的实在情形，他回到本国，将那发现世界的真理，对那俄国一万五千万的同胞说，待这个真理对他们说过之后，不但本国的人极以为然，深受感动，即对于世界上一般的人亦为之动听，故对于列宁之主张、列宁之地位、列宁之人格，均加以种种攻击、种种诬蔑。不但此也，且对于俄国的人民施以飞机炸弹，加以封销〔锁〕港口，威迫恐吓，无所不用其极，只要金钱所能购买的东西，都已做到，但其结果，列宁仍在俄国民族中为一胜利的人，而反对他的人，都已失败。（鼓掌）

如果诸君此刻到列宁遗体之傍〔旁〕，一定看见俄国许多的人民，不论男女老少极哀悼的情形；如诸君能看到别国，或到德国，或到伦敦，又可看见许多受压迫人民几万数，或几十万数，都表示哀悼之忱。所以列宁的死亡，彼被压迫的民族，不但失去一个良好朋友，并失去替他们奋斗的一个大将。（鼓掌）

平常之所谓伟大人物，亦已伙矣。有时候所谓伟大者，不过在图书馆内，有几本陈旧的书籍是他做的；有时所谓伟大，是他的孝子贤孙替他做点纪念，但均不是我所说的伟大人物。我之所谓伟大人物，是要他的意思，他的教训，深入人心，千古不磨，就是他死之后，依旧存在，长留世上。他的门徒于他死之后，还要将他的思想、教训，继续遵守、实行下去，仿佛是他活着一样，并变为鬼神，常常在他们的左右，督率进行他们所做的事，比他在世还要进步，因为有他在世，他们对于种种问题，以为有老头子，可以遇事推诿，减轻他的责任心；若老头子不在，大家就要负起责任来干了。但这些门徒并不是教曾〔会〕中的门徙〔徒〕，今天是礼拜，就到礼拜堂去祷告，受教训，明天礼拜一，所做的事情，又与礼拜日所受的教训不一样。这些门徒是要同老头子在世一样做事的，不是因首领死了，可以随便找一个别的主义的人来做他们的首领的。（鼓掌）

今天诸君对于列宁有表示哀悼的纪念，鄙人非常感激，并对于诸君表示谢意。列宁是东方被压迫民族的一个良友。可惜，他已死去了，但列宁人虽死去，而列宁的主义仍在世界。所以，列宁死后，关于解放东方被压迫的民族的国民党的责任加重一点，国民党首领的责任加重一点。列宁虽死，列宁的主义万岁。（鼓掌）

〔国民党中央执行委员会档案〕

### 4 中国国民党全国代表大会致哀悼列宁电

（1924年1月25日）

主席：现提议用大会全体全〔全系衍字〕名义发一电报，哀悼列宁先生并延会三日，电文如下："中华民国十三年一月廿五日中国国民党全国代表大会致北京苏俄代表加拉罕君。本日国民党全国代表大会通过下列议案，请转贵党本部及贵政府：列宁同志为新俄之创造人，此时本大会之目的为统一全国，在民治之下，增进国民之幸福，则其事业正为本大会之精神，本大会特休会三日，以志哀悼。中国国民党全国代表大会。"

主席：赞成本案者，请举手。（全体。可决。）

主席：请大众起立，向俄代表表示哀忱。（众起立向俄代表一鞠躬）

〔国民党中央执行委员会档案〕

## 5 国民党“一大”会议上关于跨党问题发言记录

（1924年1月28日）

一百零五号方瑞麟登坛发言，略谓：本党党员不得加入他党，应有明文规定，主张在第一章第二条之后增加一条，文为“本党党员不得加入他党”。

主席：以方君主张，咨询有无附议。（附议者在十人以上）

主席：现在审查委员李君守常有答覆方代表之言，并有声明，即请李君发言。

主席团李守常登坛发言，略谓：本人原为第三国际共产党员，此次偕诸同志加入本党，是为服从本党主义，遵守本党党章，参加国民革命事业，绝对不是想把国民党化为共产党，乃是以个人的第三国际共产党员资格加入国民革命事业，并望诸前辈同志指导一切。（详文另稿印布）

### 北京代表李大钊意见书

诸位同志们：兄弟深不愿在本党改造的新运中，潜植下猜疑与不安的种子；所以不能不就我个人及一班青年同志们加入本党的理由及其原委，并我们在本党中的工作及态度，诚恳的讲几句话。

兄弟们到广州来，承本党总理及党中先进诸同志欢悦的接受，令我们在国民革命的工作上得有尽其棉薄的机会，我等不能不敬服本党总理及党中先进诸同志热诚的促进负有国民革命的使命的国民党的精神。但有少数先进的同志终不免对于我等加入本党致其怀疑者，使此怀疑不能涣然冰释，则于本党改造的新机中，即预伏一种妨害将来发展的危机，此断非吾辈之所愿，想亦非先进诸同志之所愿。用是不能不将我等加入本党的理由，开诚布公的讲出来，以求得一共同的了解，而消除那方在潜萌的危机。

我们相信在今日列强的半殖民地的中国，也就是本党总理所说的次殖民地的中国，想脱除列强的帝国主义及那媚事列强的军阀的二重压迫，非依全国国民即全民族的力量去作国民革命运动不可。若想完成此国民革命的事业，非有一个统一而普遍的国民革命党不可。我们认在这种国民革命运动中，不宜使国民革命的势力分歧而不统一，以减弱其势力，而迟阻其进行，非以全民族之心力，集中于一党不可。我们环顾国中，有历史有主义有领袖的革命党，只有国民党；只有国民党可以造成一个伟大而普遍的国民革命党，能负解放民族、恢复民权、奠定民生的重任，所以毅然投入本党来。我们觉得刚是革命派的联合战线，力量还是不够用，所以要投入本党中，简直编成一个队伍，在本党总理指挥之下，在本党整齐纪律之下，以同一的步骤，为国民革命的奋斗。我等之加入本党，是为有所贡献于本党，以贡献于国民革命的事业而来的，断乎不是为取巧讨便宜，借国民党的名义作共产党的运动而来的。因为在今日经济落后沦为帝国主义下半殖民地的中国，只有国民革命是我民族唯一的生路，所以国民革命的事业，便是我们的事业，本党主张的胜利，即是我们的胜利。我们以此理由，不但自己愿来加入本党，并愿全国国民一齐加入本党。这种发展本党的责任，是要先进诸同志与我们共同担负的。

有一部分同志疑惑因为我们加入了本党，本党便成了共产党，这亦是一种的误会。我们加入本党是来接受本党的政纲，不是强本党接受共产党的党纲。试看本党新定的政纲，丝毫没有共产主义在内，便知本党并没有因为我们一部分人加入，便变成共产党了。

又有一部分同志提议：本党章程应规定不许党内有党，党员不许跨党。这或者亦是因为我们加入本党而起的。我们加入本党，是一个一个的加入的，不是把一个团体加入的，可以说我们是跨党，不能说是党内有党。因为第三国际是一个世界的组织，中国共产主义的团体，是第三国际在中国的支部，所以我们只可以一个一个的加入本党，不能把一个世界的组织纳入一个国民的组织。中国国民党只能容纳我们这一班的个人，不能容纳我们所曾加入的国际的团体。我们可以加入中国国民党去从事于国民革命的运动，但我们不能因为加入中国国民党便脱离了国际的组织。我们若脱离了国际的组织，不但于中国国民党没有利益，且恐有莫大的损失。因为现代的革命运动是国民的，同时亦是世界的，有我们在中国国民的组织与国际的组织的中间作个联络，作个连锁，使革命的运动，益能前进，是本党所希望的，亦是第三国际所希望的。由此说来，我们对于本党实应负着二重的责任：一种是本党党员普通的责任；一种是为本党联络世界的革命运动，以图共进的责任。所惧我们的才力不胜，不能担当此任，还望先进诸同志不吝指导而匡助之，是我们的欣幸。

总之，我们加入本党，是几经研究再四审慎而始加入的，不是胡里胡涂混进来的，是想为国民革命运动而有所贡献于本党的，不是为个人的私利，与夫团体的取巧而有所攘窃于本党的。土尔其的共产党人加入土尔其的国民党，于土尔其国民党不但无损而有益。美国共产党人加入美国劳动党，于美之劳动党不但无损而有益。英国共产党人加入英国劳动党，于英之劳动党亦是不但无损而有益。那么我们加入本党，虽不敢说必能有多大的贡献其为无损而有益，亦宜与土、美、英的先例一样。我们加入本党的时候，自已先从理论上、事实上作过详密的研究。本党总理孙先生亦曾允许我们仍跨第三国际在中国的组织，所以我们来参加本党而兼跨固有的党籍，是光明正大的行为，不是阴谋鬼祟的举动。不过我们既经参加了本党，我们留在本党一日，即当执行本党的政纲，遵守本党的章程及纪律；倘有不遵本党政纲、不守本党纪律者，理宜受本党的惩戒。我们所希望于先辈诸同志者，本党既许我们以参加，即不必对于我们发生疑猜，而在在加以防制。倘认我们参加本党为不合，则尽可详细磋商，苟有利于本党，则我们之为发展本党而来者，亦不难为发展本党而去；惟有猜疑防制，实为本党发展前途的障害，断断乎不可不于本党改造之日明揭而扫除之。自今以往，我们与先辈诸同志共事之日正长，我们在本党中的行为与态度，当能征验我们是否尽忠于国民革命的事业，即以尽忠于本党，愿我先辈诸同志提携而教导之。

主席：现请江代表伟藩发言。

一百零八号江伟藩登坛发言，反对李君之跨党主张，略谓：吾人既入一党，信仰此党之主义，遵守此党之党章，即应始终归服此党，尽忠党务，不能再兼外务。盖以一个人的精神材力而言，必如此而后可。且吾人从事国民革命事业，实为适应全体国人之心理，故先致力于民族主义，继则再努力于民权主义与民生主义。今看国人多数之心理，盼民治之实现，既殷且迫，故吾人应就民权主义旗帜下做我们的工夫，以求适应人民之要求。至社会主义，共产主义虽包括于民生主义，然其途径距离尚远也。特唤起李君注意。

主席：现请叶代表楚伧发言。

十四号叶楚伧登坛发言，反对方君瑞麟之提议，略谓：凡加入本党者，只要能行本党主义，能遵守本党党章，就是我们的同志。本党为甚要宣传？宣传即是使人知道联袂来归，今既有人来归，加入我们的团体，为甚又不要他？是否与宣传精神自相矛盾？请大家对于这几点注意。

主席：请李代表永声发言。

一百八十三号李永声登坛发言，反对方君之提议。略谓：我们现在制定章程，要定出一个革命的章程，不要定出一个被革命的章程。我们的宗旨，是要顺应世界的潮流，现在的章程草案适得其中，最合现在的环境，与共产党之主义亦差不多，尤希望有多数青年加入，无青年加入本党，是不会发达的。现在国中的社会党、无政府党诸激烈派皆无首领，惟本党在中国、在世界为有历史的、有主义的、有首领的革命党，希望他们都来加入才好。

主席团汪精卫登坛，略谓：现在不是以个人资格发言。本席是章程审查委员会主席，有应报告的事情，均须提出报告，此应向大众声明者。曩者吴稚晖、李石曾、张溥泉诸君都是无政府党，我们已承认他们为国民党员，如何对于共产党员又不允许他？这是什么道理？我曾记得戴君季陶说过一句狠警辟的话。他说：只有民族主义者不赞成民权主义或民生主义，断没有主张民生主义者不赞成民族主义与民权主义之理；亦未有赞成民生主义者不赞成社会主义、共产主义之理。且党章上已有纪律专章，对于党员违反党义有所制裁，则党员跨党一层亦可不必过虑，且从前既已许之，固经过慎重考量，矧共产党又系国际的团体，更何碍于本党乎？用将审查委员会意思及个人意思说明一下。

一百三十五号周自德提议，本问题不必付表决。

二十五号李希莲提议，修正方君之条文为“党员非经总理许可不得加入他党”。

一百五十九号王恒反对方君之提议。

五十号黄季陆：对于方君之提案表示相对的赞成，以为党员跨党一层应有一种明文规定。盖既入此党，又加入他党，认为这种事情应有一种适宜之规定。

二十四号李国瑞赞成汪君精卫之意思，对于党员加入他党不应加以限制。

主席：请廖君发言。

一百四十号廖仲恺登坛发言，略谓：对于方君之提案表示反对，吾人第一要问：我们的党是什么党？是不是国民党？第二要问：我们的党是否有主义的？是否要革命的？如对于我们的主义能服膺，革命能彻底，则一切皆可不生问题，且加入本党的人，我们只认他个人的加入，不认他团体的加入，只要问加入的人是否诚意来革命的？此外即不必多问。此次彼等之加入，是本党一个新生命。诸君如果不以为然，请先闭目静想其意何居，彼等亦不是来拖累我们的，是与我们同做国民革命工夫的。请大家思之重思之。

主席：现请林君森主席，本席：要发言。

主席团林森主席。

主席团胡汉民登坛，略谓：现听大家的议论，实际上并没有什么争执，不过讨论之焦点，在怕违反本党党义和违反党德、党章，但此种顾虑，只要在纪律上规定即可。在纪律已定有专章，似不必再在章程上用明文规定何种取缔条文，惟申明纪律可也。

三十九号毛泽东：请付表决。

主席：现在付表决。党员不得加入他党不必用明文规定于章程，惟申明纪律可也。赞成者，请举手。(大多数)。可决。

〔国民党中央执行委员会档案〕

## 6 "新民国报"刊载中国国民党筹开追悼列宁大会报道

（1924年2月22日）①

中国国民党中央执行委员会，定于二十四日在第一公园开会追悼苏俄领袖列宁。现已筹备开会，印发传单云：追悼俄国革命首领列宁！列宁死了，列宁的政策不死！中国被压迫人们团结起来呵！世界被压迫民族团结起来呵！打倒帝国主义！解放被压迫民族！中国国民党追悼列宁大会。

〔北洋政府京畿卫戍总司令部档案〕

## 7 刘汉超② 关于国民党联共改组后在沪秘密执行总部及各省分部组织活动情报

（1924年6月）

巡帅钧鉴：敬呈者，汉超复察民党自改组与共产派联合以来，随在上海法界环龙路设立秘密执行总部，推举胡汉民、谢持、戴季陶为南部执行主任，张继、陈独秀、王亚樵为北部执行主任，□□□部□□祥、纽〔钮〕永建为军事部长，王恒、陈独秀为宣传部长，戴季陶、孙韬为文书部长，王亚樵、徐镇庚为劳工部长，张秋白、孙道宣为党务交际部长，谢英伯、邹鲁为财务部长。总执行六部之外，而各省复密设分部，察已委派王立齐、彭养光为驻津执行委员，恩克巴图为驻京执行委员，□聘□为驻豫执行委员，康昭德为驻皖执行委员，□□部设立之大概。各委员专注重宣传主义，所有印刷发行均由民智书局办理，联络各处军、学、农、工

---

注：①此系《新民国报》登载日期。

②刘汉超系步军统领衙门稽查处女密探员。

无知好乱之徒，尤注意勾结军官毕业之学员，已赴粤派事者百有余人，与学校青年，铁路工厂之工人，农会工会之领袖，但其入党手续非常严重，须有五人以上之介绍盟誓□□□始准收入，发给三寸之手册，故侦察内容极不易得。闻近来研究□〔系〕之新文化派业已与之联合。因上海租界领事团取缔甚严，不许居留，察陈独秀已改名张继苏潜往英界张我华旧寓之房，王亚樵潜居法界铭德里十三号之房，均日卧夜出，行动非常诡密。至北京之党册密件均由国际党员法、俄两国特派委员收存，仿照俄国虚无党办法，新入党员非出差三次卓有成绩者，决不使知地点，□□之所在，故侦察亦殊困难。兹先将其所察总分部之概略，呈请鉴核，以备采择焉。肃此，谨呈钧鉴。

密探员刘汉超谨呈

民国十三年六月　日

〔北洋政府京畿卫戍总司令部档案〕

## 8　香港新闻报陈秋霖等发表加入国民党脱离陈炯明宣言

（1924年7月19日）①

（中央社）香港新闻报向为陈炯明机关报，人所共知。昨十九日该报社同人忽发表“我们的宣言”一篇，声叙非与国民党合作不可，其一种改过迁善不顾利害感情之真诚，满溢于字里行间，不能不令人心折。吾粤连年战争，与吾国民治之未能实现，由于陈党之误入迷途者半，由于国民不了解国民党之真相者亦半。今反对民党最力之陈党机关报竟有此大觉悟拥护三民主义，未始非吾国否泰剥复之机。特将该宣言全为录出，读者幸勿视为一纸宣论

注：①此系“中央通讯社”送新闻稿日期。

也。香港新闻报宣言云：民国十三年来，祸乱相乘，国运飘摇，可谓危险到极点了。可是我们这几年都是徘徊歧路，想不出一个正确可信的救国方法。我们诚然曾发表过一种具体的主张，我们也直认不讳，在今日以前，曾为现在东江之粤军效力，但我们到今日，已从思想之变化与良心之督责，有了一种新觉悟，认识了可信的一个救国方法，也寻得一个可靠能率领我们去救国的领袖。因此我们不怕以今日之我与昨日之我挑战，联合社内社外几位同志发表这篇宣言，以为我们今后革命救国事业的开始。一、我们从前相信解决中国的问题，要先零碎解决而后总解决。但是这种办法，实在有许多难行的地方。年来四川、湖南、广东的联省自治派之失败，已经证明这种主张之不对。这样的主张，不过是些畏难久安的政治家一种自欺欺人之说。我们现在明白了，相信造伟大事业而建造国家的，决不能分道扬镳各自为政的瞎干，应得有一个坚实不变的主张与计画和一个组织完密的团体。而适合这原则的，就是一个国民党。因此我们就觉得有加入国民党与他合作之必要。二、我们自始至终都认定中国非实行大规模革命不可，这凡是看过本报的，从本报出版五月来的言论已可以看出，但我们认定革命是群众的事业，不是一人一姓的事业。当国民党未改组以前，他的组织有许多是偏重于个人的，所以我们曾一度与国民党宣战。当其改组之初，我们也有许多误会之点，根据许多非事实的谣言，很激烈的反对国民党与孙中山。但我们经过数月的观察，终于给国民党的奋斗精神，与孙中山大公无我忠诚为国的人格感化了。我们反觉得我们以前所立的地位是偏重个人，尤其觉得拿空议论来反对有主张、有组织的革命党实在太无意义。我们更觉得我们不做事则已，如想替国家尽点本分，应该与那光明正大、有主义、有政策的政党合作，不能委屈了自己的才智与人格，长此干些徒劳无功的工作。所以便不顾利害与感情，自今日起，从新实地做我们革命的工作。三、我们相信国家一定要统一，但我们需要的是真正民权政治的统一，尤其希望有能适合民情，足与有为的统一，而不是畏难苟安，受军阀宰割的统一。像现在直派的武力统一政策，果能统一中国么？他们为争地盘而动干戈的统一政策，统一之后，果能不再分裂么？直系所组织之政府，果能适合民情，实行真正的民权政治么？他们那些卖国的行为，果足与图强么？惟其不然，所以我们觉得中国非经一回痛快彻底的政治革命，把一切军阀官僚廓清不可。要达到这目的，应得全国革命的同志捐弃一切，共同合作。举目国中，可称为革命党的只有国民党。我们既主张革命，不加入国民党尚有何道可从。四、我们相信凡能真诚为国的，应该有从善如流，嫉恶如仇的美德。我们数月来加了一番研究的工夫，对于国民党的三民主义，已由认识而入于信仰。我们认定能送中国之痼病的，只有国民党三民主义为最上选。我们认定中国非摆脱外强的压迫，不足以谋独立，非中华民族确能独立自由，民权是没由发展，非民国人民的民权能充分的发展，长此贴伏于官僚、帝孽、军阀宰割之下，人民的生活和社会的经济是没由改良的。我们由此信仰，故从今日始，便要努力为三民主义之拥护者。五、我们对于陈竞存，我们相信他的主张与我们相距并不甚远。他那朴素的品格与已往许多为国之劳绩，我们仍始终尊重。有人说他是投北，这是冤枉他的。我们可以保证他并没有这种思想。他不特没有这种思想，他痛恶北方政治的黑暗，比我们更彻底。至于他现在未能与国民党合作，也许自有他的苦衷。但我们为着个人私谊与国民前途计，都极希望他以及他的同志鼓其勇气，下大决心，于最近的将来重新加入国民党合作。六、我们相信革命的事业是要经过许多困难，所以我们假定国民党或许在政治上再经一度的失败。但所失败的是物质，而成功的在精神。也许他在广东失败后摆脱一切恶空气之包围，而愈得人民之同情。况且我们凡自认为有血性的人，决不因利害而改变主张。我们惟其知国民党曾失败，愈要加入去奋斗，成败利钝，非我们所及问。以上我们的真确旨趣，已举其大要以就正国人之前。此后纵的方面，我们惟有依此信仰与主张，努力与国民党向前工作。横的方面，我们希望全国的智识阶级一齐觉悟，负起了革命救国的责任，一同来归。陈秋霖、黄居素、陈孚木、古爱公。

〔北洋政府京畿卫戍总司令部档案〕

## 9 中国国民党第三次中执会全体会议关于党务方针与国共合作训令、

（1925年5月24日）

中国国民党训令　第十号

本党自改组以来，显呈活泼气象，其最重要之发展：（一）宣传能力之增加与宣传事业之扩大。（二）本党同志及全国民众认识本党主义及政策的程度，均有突飞的进步，而北方民众接受本党主义、政纲者日益加多之事实，更足证明本党以革命的方法统一中国之机运已将成熟。（三）民众受本党之感化，其民族的、政治的、经济的觉悟日渐明瞭，在觉悟的农民、工人中，因接受本党主义和政纲，在本党指导之下，其自身组织亦逐渐进步。（四）国内青年因受本党之感化而得一新觉悟，认识革命救国之必要，相携加入本党。本党得此无数的革命的后继者，前途益更光明。（五）全世界革命的民众一致注意本党，认本党为领袖最大的被压迫民族而为革命奋斗之唯一的政党。由以上五点，可以证明本党在改组以后所及于全国及世界之影响，实至多而且大。同时在党外和党内有足使吾人忧虑之事实：（一）帝国主义者因对本党生出绝大恐怖，其直接的压迫方法不易普遍行使，于是造作种种诬蔑与挑拨的谣言，企图离间中国国民的结合。在帝国主义者所占领的殖民地及租界之内，更藉其政治之〔的〕、经济的势力，尽量传播，一方面压伏中国国民① 正确的舆论使不易成立，大多数不了解真象的国民因而相惊伯〔怕〕，有自起恐慌，国内及〔反〕革命的恶势力更乘此国民之弱点，勾结帝国主义者助长诬蔑挑拨的谣言之传播，于是国民对于本党从新起一番疑虑。（二）吾党虽有廿余年之历史，然过去廿年间党员实缺乏政治训育及组织训练，因此之故，党员对于本党之主义及政纲不尽明瞭。改组以来，中央执行委员会虽继为最善之努力，然以人才缺乏及其他种种习惯一时未能尽革之故，尚未能收严密的组织之效。在四围诬蔑挑拨的簸荡之中，其不明瞭本党主义、政纲和实行策略之同志，尤易被其四围境遇所同化。一年以来，本党党员中公然敢于叛党者，如冯自由、马素、江伟藩等是。此外更有极忠实于本党之同志，因理论事实未尽明瞭之故，亦不免常发现左倾、右倾之状况。

以上五者，足以证明本党之发展及足使吾人忧虑之事实，此皆本党改组后之特殊现象。本党既努力于国民革命，凡我国民中之革命分子，自当来集于本党旗帜之下。然因容纳中国共产党分子加入本党之故，社会对于吾党之疑虑及吾党同志间之纠纷，由是引起前述二点，仅为其表象，实则所以发生此疑虑纠纷之故，约可分为五种：（一）帝国主义列强甚明瞭国民革命不利于彼等之侵略，及见吾党大集革命分子，实际上足以引起帝国主义者之恐慌。（二）军阀官僚其视国民革命为不利，亦与帝国主义者同一眼光，革命分子之加多，即革命力量之加大，故对于共产主义者之加入吾党，遂亦引为莫大之恐慌。（三）迴〔逥〕避革命之徒，早已视革命为

注：① 原文如此。

畏途而不敢涉足，对于本党惟求得避免奋斗，为可得个人之小安，及见共产主义者加入吾党即引为口实，以达其迴〔迴〕避革命之目的。(四)本党同志中夙受帝国主义者对于俄国革命之反宣传，自身对于本党主义且缺乏研究，自不能瞭解共产主义与三民主义之异同，由是徬徨疑为变态。(五)一般社会早已先入帝国主义者所谓洪水猛兽之宣传，任何阶级无不闻共产二字而却走，及见本党容纳中国共产党分子之加入，率惊恐相顾以为大祸之将临。综是五者，帝国主义与军阀实利用各个方面之弱点，以肆其分裂革命分子团结之阴谋，诬蔑挑拨之种种，实渊源于帝国主义者与军阀相勾连之利害。在帝国主义与军阀原为革命之敌，其攻击之手段何所择而不施，即于迴避革命之徒亦惟有听其自弃。但在忠实的本党同志未能完全瞭解国民革命之任务者，及一般社会之蒙昧未觉，本党皆负有振发之责任，在本党同志或因疑惑而长事纷纠，或因避免纠纷而流于消极，此皆非同志间应有之态度也。凡此状况，当总理在时，曾经屡次剀切晓谕，说明本党所以容纳共产党员加入之故。去年八月中央执行委员会第二次全体会议关于此事曾有决议其要如下：

一、现在中国处于半殖民地之下，各阶级中自有力求解放中国，要求独立，脱离帝国主义压迫之共同倾向。中国国民党即为代表此等阶级之共同倾向，从事于国民革命运动之三民主义政党，故凡属一切真正的革命分子，不问其阶级的属性为何，吾党皆应集中而包括之。

二、本党章程规定："凡志愿接收本党党纲，实行本党议决，加入本党所辖之党部，依时缴纳党费者，均得为本党党员。"故凡党员之行动并未违反此章程之规定者，本党殊无干涉之必要。至于行动违反党纲章程，不愿积极从事于三民主义之革命运动，既不反对军阀及帝国主义，又不赞助劳动平民者，则不问其思想上属何派别，概当以本党纪律绳之。

三、中国共产党并非出于何等个人之空想，亦非勉强造作，以人力移植于中国者。中国共产党乃中国正在发展之工业无产阶级自然的阶级斗争所涌现之政治组织。中国共产党之组织既系如此，则自不能不为国际无产阶级政治组织之一部。即使吾人能以人力解散现存之中国共产党，中国无产阶级必不能随之消灭，彼等必将另行组织。故中国国民党对于加入本党之共产主义者，只问其行动是否合于国民党主义、政纲，而不问其他。因本党无论在任何地点、任何时间只应就本党政纲与章程，以管理一切党员，共产主义者之接受本党党纲而加入本党，即当视为本党党员，以管理之。

我全体同志读此决议，便可明瞭中国共产党党员之加入中国国民党，系为接受本党之主义与政纲。而负实行国民革命之责任者。本党为使国民革命迅速成功，不能拒绝任何派别之革命主义者加入。从前中国革命同盟会时代即系如此，惟既加入本党者，在取得本党党籍中，其责任与义务完全与一般党员无殊，此则至为重要者也。

本党为民主的集权制之组织，但本党之为民主的集权制，有一最高原则，即本党乃总理孙先生所创立，总理所创行之三民主义为本党始终不渝的主义，而三民主义之理论与实施方针，更必须以总理自著之“三民主义”为标准。总理在时，党员之行动，一决于总理。总理既没，党之行动为有完全取决于总理之遗教。如党员之行动及言论有不遵奉总理遗教者，本党皆得一律以纪律裁制之，且以后无论何时，决不因党员之成分不同而动摇本党之最高原则，此则全体党员所应确实信守者也。

全体同志须知，我三民主义的国民革命，在世界革命史中有特殊的历史背景，有重大之历史的任务。占全世界四分之一的中国民族，因民族精神衰颓，而至于文化破产，经济落后，受压迫于帝国主义的列强。中国之国民革命，既含有民族的、政治的、经济的多方面之意义，而综合此种矛盾的历史事实，于最短时期中欲以一个统一组织的政党完成吾国民之历史的任务，则包容各阶级的革命分子一致进行，实为绝对的必要，且在全世界的进行中，任何一国的革命事业实皆为世界的革命事业之一部，离却世界革命的民众之互助提携，绝不能完成吾人历史的革命事业。吾国国民革命的成败，不特为全世界四分之一中国民族存亡所关，亦实全世界被压迫民众之安危所系。吾党负此伟大之历史的任务，且欲举一切政治的、经济的矛盾，同时解决之，惟有恪守总理之遗教，此外更无一最高原则能解决横互〔亘〕于吾民族之前之一切矛盾的事实也。

第三次中央执行委员会全体会议深切感受此责任之重大，认此义为吾党生命所在，曾决议发表完全接受总理遗教，努力以求贯彻的宣言，更决议关于接受遗教的训令，关于党、军队及军校训令。兹更郑重决议此训令，昭示我全体同志。

中国国民党第三次中央执行委员会全体会议

中华民国十四年五月廿四日

〔广州国民政府档案〕

## 10　大本营总参议代行大元帅职权兼广东省长胡汉民辟共产谣诼宣言

（1925年6月4日）

本政府为国民革命之政府，所信奉者先大元帅孙公之三民主义，所实行者中国国民党之党纲，迭经三令五申，阐明本旨。而年来依附本国军阀之走狗，奔走帝国主义之汉奸，妄肆谣言，造作蜚语，不曰本政府已赤化，即曰共产即将实行，浸且勾托外报，四出宣传，阴设机关,淆乱观听。揣其作用，无非欲破坏政府,遂其绳苟捣乱之私，阻绕革命，陷国家于万劫不复之地。本政府为正视听辟谣诼，兹特不惜恺切郑重重为国民言之。共产主义，倡自德之马克思。马氏目睹工业主义发展之偏枯，遂逆臆资本主义之自然崩坏，有剩余价值，而后无产阶级以生；有阶级斗争，而后社会革命以起。审是则经济落后之国，即无共产可能。中国全民无论有产无产，内压迫于军阀，外压迫于列强，国民革命尚未完成，社会主义乌从而始。而且共产之说,根据于私有产业过张，今日中国，试问有无伟大之铁路、森林、航运、矿山以及其他性质应需公有之生产。公厂生产之机关已乏，共产岂能实行。举凡国计民生，无不握于外人之手，所以今日只有造产，断无共产之可言。所以先大元帅内审国家经济之情形，外顺世界历史变迁之趋势，发明民生主义，节制资本，平均地权，不独可以调节经济之偏流，且可预防社会之革命。此稍洞明吾党主义及稍涉世界历史者，亦当知本政府为造产之政府，而非共产之政府。此国民不当误解者一也。造谣者又谓政府亲俄，即谓赤化，不知吾党主义首在完成国家之独立。举凡不以侵略为目的，以平等待我之民族，皆在可亲。此不独对俄为然，即英、美、法、日以及其他友邦，果以平等待我国民，无一而非挚友。若谓以平等待我者，当远之若仇敌，而压迫我者，当奉之如神明，此则甘心卖国者所优为，而非革命政府所当闻命。本政府凛遵先大元帅遗训,只知正义,无问亲疏，有利国家，决无成见。如谓俄为共产制度,即不可交,则英、法、日、意早已与俄通商，互派使臣，交订条约，国在今日，岂容闭关，人非至愚，谁能孤立。若谓共产可畏，则俄且引用新经济政策，共产尚未实行，以共产党执政之俄国，尚须期之百数十年，而谓三民主义之政府即将共产，此种谣诼，实至滑稽。以凭空搆煽之词，而少数人民乃漫无觉察，此则政府所大惑，而国人不当误解者二也。若谓共产党加入国民党，即为政府共产化之证明，不知共产党之接受孙文主义、国民党纲，正为完成国民革命而来，明知中国今日尚未到达社会主义时期，所以不得不先为国民革命之奋斗。如谓政府赤化，则国民党何以不接受共产党主义，而共产党必接受国民党党纲，政府之无共产事实，理至显明。如谓政府早已主张共产，不过有所趋避，故畏遁其词，则革命政府，不同阴柔捭阖之军阀，自先大元帅指导国民革命至今，凡四十余年，每次举义，无不旗帜鲜明，领导群众，果为有所趋避，早当屈服于军阀官僚，有所畏怯，早当投降于帝国主义。试问国民党之历史，有无一次放弃主义，而利用阴谋；有无一次摒斥党纲，而迁就妥协。此就共产党加入国民党，国人不当误解者三也。本政府所知者三民主义，所行者【国】民党党纲，舍此以处，不知其他，鞠躬尽瘁，始终为主义而战。不独无共产之事实，抑亦无共产之意思；不独共产为现在制度所不能行，抑亦为中国经济之所不许。诚恐国人妄自摇惑，不辨是非，用再宣言，以明政府真意。

大本营总参议代行大元帅职权兼广东省长胡汉民

中华民国十四年六月四日

〔陆海军大元帅大本营公报一九二五年第十四号〕

## 11 甘乃光请派舰接马林电

（1925年12月23日）

提前。万急。广州汪主席钧鉴：前电请饬派舰于二十六日到江门，现光偕马顾问提前于二十五日抵江，即日兼程来省，恳饬海军局即饬该舰于二十五日务必赶到江门为祷。甘乃光呈。梗。印。〔阳江来电〕

〔广州国民政府档案〕

## 12　汪精卫索取有关孙文亲笔批答容共文件致邓泽如函

（1925年）

泽如先生鉴：记得上年开第一次全国代表大会时，曾由先生上书先总理，关于容纳共产分子有所论列，经先总理亲笔详细批答。现中央执行委员会议决保存先总理遗物，以留纪念。此种手泽固当敬谨搜罗，而篇中所论尤关重要。敢请检出原信交国民政府，以便设法保存。倘尊处已有收藏善法，亦请将原文钞示，俾资奉行。如其中有不宜宣示之语，自当严守秘密。专此敬请

勋安

汪兆铭

〔广州国民政府档案〕

# （五）孙中山北上及逝世

## 孙文关于向津奉表明主义上决不敷衍致胡汉民电

（1924年10月8日）

广州胡留守鉴：总密。科量阳电悉。此间所持不在总统，而在建国大纲。许世英已面告之。可本此意向津奉各方表明，主义上决不敷衍。孙文。庚巳。印。

〔广州国民政府档案〕

## 2　孙文决定北上致冯玉祥等电

（1924年10月27日）

北京。冯焕章、王孝伯、胡律孙、孙禹行先生鉴：义旗聿举，大憝肃清，诸兄功在国家，同深庆慰。建设大计，亟须决定，拟即日北上与诸兄晤商，先此电达，诸维鉴及。孙文。感。

〔广州国民政府档案〕

## 3　大元帅孙中山北上命令

（1924年11月4日）

### （1）令之一

大元帅令

前以曹锟、吴佩孚祸国殃民，罪在必讨，故亲率诸军由韶入赣，以期北向中原，与天下共除残贼。连日迭接奉天张总司令捷电暨北京冯玉祥、王承斌、胡景翼、孙岳诸将领来电，知曹吴所凭藉武力摧残殆尽，友军义勇奋发，海内闻之，莫不欣慰。此时余孽未靖，固当悉予扫除，而根本之图，尤在速谋统一，以从事建设，庶几分崩离析之局，得以收拾，长治久安之策，得以实施。本大元帅权衡轻重，决定即日北上，共筹统一建设之方略。所有肃清余孽，绥靖地方一切事宜，仍责成留守暨各军总司令、广东省长妥善办理。仰军民人等一体知悉。此令。

中华民国十三年十一月四日

### （2）令之二

大元帅令

本大元帅现因统一建设等要务启行北上，除仍由大本营总参议胡汉民留守广州代行大元帅职权外，所有大本营关于北伐事宜，着由建国军北伐总司令谭延闿全权办理，北伐各军概归节制调遣。此令。

中华民国十三年十一月四日

〔陆海军大元帅大本营公报1924年第卅一号〕

## 4 国民党中执会关于广东国民会议促成会开会游行反对善后会议函

（1925年1月31日）

径启者：现准广东国民会议促成会函开：段祺瑞以执政府名义召集善后会议，欲藉此机会以延长军阀宰割人民之寿命，吾人于此会发生之始，既加以深切之考虑，即认此种办法断不足以解决国是，且或使中国纷扰加甚，即予极力之抨击，而主张及拥护孙中山先生提倡由人民代表组织之预备会议，实现国民会议。此种主张已得全国民众之同情，函电交驰，风起云涌，于此足见国民会议为民众之急切需要也。乃者段执政宣布善后条例，报章所载，无一不是违反人民公意，吾人对此更明白看出段祺瑞欲联合各军阀势力，回复从前割据之局的铁证。似此军阀分赃中国之实现，必引起国内军阀分赃不均而战争，人民痛苦尤烈，外而列强更因此而瓜分或共管中国。本会除极力主张民众利益，通电反对善后会议外，并确定具体办法，于本月廿七日执行委员会议决议通电全国，主张人民自动的举派代表组织全国国民会议促成会联合会于北京，实行监督政府，进而以民众力量解决国是。并定二月二日上午十二时在第一公园开国民大会，巡行示威。仍望各团体于是日提出本身利益条件，以备通电全国，一致主张。时机危迫，国民速起救亡。等由。并拟具是日应【用】标语及巡行路径一纸到会。准此。除通告及分函外，相应函请查照，通饬所属一体知照，届时参与大会巡行示威，至纫公谊。此致

计附是日应用标语及巡行路径一纸

中央执行委员会　一月卅一日

是日应用标语如下：

(一)反对美帝国主义在南京驻兵！

(二)反对外国军舰在中国水道游弋！

(三)速召国民会议以救危亡！

(四)反对列强恐吓中国人民之示威！

(五)反对军阀包办善后会议！

(六)要求人民代表参加善后会议！

(七)善后会议人民代表应占三分之二！

(八)人民有提出要求自身利益之机会！

(附：前第一次巡行标语仍适用)

巡行路径如下：

第一公园集合——维新路——惠福西路——西瓜园——西濠口——长堤——永汉路——省署——第一公园散队

〔广州国民政府档案〕

## 5　北京宪治通信社关于孙中山在京逝世新闻稿

(1925年3月12日)

### (1)孙中山先生昨日逝世(3月12日稿)

宪治通信社云：手创民国之孙中山先生，已于昨晨九时三十分逝世。兹据铁狮子行辕消息：前日中山虽饮食不进，然神气尚清明，旁晚曾询汪精卫广东战况，汪告以惠、潮、汕各处已肃清，

陈炯明孑身离粤云云。孙谓：余此次来京，以放弃地盘，谋和平统一，以国民会议，建设新国家，务使三民主义、五权宪法实现，死方瞑目。现我军既已获胜，应谕前方军队遵守纪律，勿扰害百姓，并盼望同志继续努力，以贯彻吾党最初之主张，言已泪已莹然。十二时略安眠。昨晨四时症象稍变，孙自知不起，遂嘱孙哲生等云：余之遗体须设法保存永久，将来葬地最好以南京之紫金山为宜云云。八时顷，症大变。九时以手招汪精卫到榻前，已舌僵不能言，有人谓段执政将亲来探视，孙首微摇，应谓不必，延至九时三十分，始溘然长逝。孙科、汪精卫、宋夫人等均围绕榻前号哭，一面由行馆中人电知执政府，一面将中山先生前日（十一）所补签之生前遗嘱（该遗嘱系于二日二十四日拟便）颁布。兹觅录原文如次：

国民党总理孙中山先生遗嘱

遗嘱一

余致力国民革命凡四十年，其目的在求中国之自由平等。积四十年之经验，深知欲达到此目的，必须唤起民众及联合世界上以平等待我之民族，共同奋斗。

现在革命尚未成功，凡我同志，务须依照余所著《建国方略》、《建国大纲》、《三民主义》及《第一次全国代表大会宣言》，继续努力，以求贯彻。最近主张开国民会议及废除不平等条约，尤须于最短期间促之实现。是所至嘱！

孙文　三月十一日补签

中华民国十四年二月二十四日

笔记人　汪精卫

证明者　宋子文　孙　科　戴季陶　戴恩赛　邵元冲

邹　鲁　吴敬恒　何香凝　孔祥熙

遗嘱二

余因尽瘁国事，不治家产，其所遗书籍、衣物、住宅等一切，均付吾妻宋庆龄，以为纪念。予之儿女已长成，能自立，望各自爱，以继余志。此嘱。

孙文　三月十一日补签

中华民国十四年二月二十四日

笔记者　汪精卫

证明者　宋子文　孙　科　戴恩赛　邵元冲　吴敬恒
何香凝　戴季陶　邹　鲁　孔祥熙

同时更由孙行辕发表三事如下：

甲．总理遗嘱遗体须设法保存永久，由哲生与协和医院设法保存，约须两三日，始能就绪。先将遗体安放临时棺具，一面电欧洲运来完备之棺具。

乙．停灵地点，闻执政府方面定先农坛，现尚未定。

丙．葬地遵总理遗嘱葬于南京紫金山。

昨日上午十一时，各阁员、各界代表及在京国民党同志、中外新闻记者、段执政代表卫兴武、梁鸿志均莅临吊唁。十一时十分，孙科等即遵中山遗嘱，将遗体送往协和医院，设法保存。并据医院声称：现尚准备未完，不能即洗涤遗体，乃由孙、汪等指定赵超、马兆骏〔超俊〕二人在医院看视遗体。孙等仍回行辕与各阁员商量治丧事宜。

又据行辕消息：昨晚八时，中央执行委员会议政治委员会在行辕饭厅开联席会议，到者一百余人，对于党务进行，加以讨论云。

(2)昨日之执政会议(3月12日稿)

宪治通信社云：昨日执政会议，除陆交□□□例外，余均到齐，正在开议时，突得孙中山凶讯，□□□谕令停止讨论其他案件。关于孙中山治丧事□□交内务部详细筹办，并派卫兴武、梁鸿志为代表，随各阁员赴铁狮子胡同吊唁。

又讯云：政府因孙中山业已逝世，关于治丧葬仪各项问题，均待拟妥，以便举办。昨日下午四时，内务部为此特召集特别会议，讨论一切云。

〔北洋政府京畿卫戍总司令部档案〕

## 6 胡汉民等继承孙中山遗志完成国民革命宣言

(1925年3月21日)

孙大元帅致力于国民革命凡四十载。汉民等服膺主义，追随奋斗，亦既有年。今孙大元帅不幸薨逝，汉民等痛丧国父，此后之责任益重，一惟秉承孙大元帅所著建国方略、建国大纲、三民主义、第一次全国代表大会宣言及遗嘱，努力继续进行，以期贯彻主义，无负在天之灵，而告无罪于民众。在国民会议未实现，中华民国合法政府未成立前，所有一切制度设施，汉民等仍敬谨赓续孙大元帅成规，戮力同心，并期有以发扬光大，以完成国民革命工作。凡有反革命行为，以及余孽蠢动，汉民等誓当廓清。一息尚存，此志不懈。皇天后土，实鉴临之。谨此宣言。胡汉民、杨希闵、谭延闿、许崇智、刘震寰、程潜、伍朝枢、古应芬。

中华民国十四年三月二十一日

〔陆海军大元帅大本营公报1925年第九号〕

## 7 黄昌谷报告俄送孙中山水晶棺抵北京及冯玉祥等态度密电

(1925年3月30日)

广州胡留守展堂先生钧鉴：黄密。海滨转尊电敬悉。俟送先生柩往西山后同海滨回粤。俄棺今午抵京。国民军冯、胡急需俄助，近与本党益亲切。昌谷。陷。叩。

〔广州国民政府档案〕

## 8 汪精卫在国民党"二大"会议上说明接受孙中山遗嘱经过记录

(1926年1月4日)

主席：请中央执行委员汪精卫说明提案理由，并报告中央执行委员会接受总理遗嘱之经过。

汪精卫同志：代表大会各同志：今天中央执行委员会、中央监察委员会共同向大会提出一个"接受总理遗嘱并努力履行之"的议案，委托兄弟把接受总理遗嘱的经过报告一下。自去年一月二十六日，总理在北京协和医院受手术后，已发现是一个不治之症，当时在北京的各同志听见这个不幸的消息，大家都觉得此后各位同志身上，要负一个很严重的责任，所以那天晚上即开政治委员会会议。这个政治委员会，原本是总理在广州时所组织，总理自己做主席的，但当总理将入医院的那一日，知道病势不轻，不能躬亲庶务，而许多政治委员都不在北京，胡汉民、廖仲恺诸同志在广州，戴季陶、邵元冲诸同志在上海，只兄弟一人随在北京，当日总理特加委于右任、吴稚晖、李大钊、李石曾、陈友仁做政治委员。那天晚上，政治委员会诸人商量了许久，都以为应该趁总理未临危之前，求他一个遗嘱，好交付同志遵守，大家对于这层意见，是经一致赞成的，但经过一月，这事还没有决定。因为大家对于总理的病总还有一线的希望。虽然经医生说过是完全没有希望，但大家还觉得总理的精神强固，抵抗力总比别人强，就令不能够完全痊愈，总可以抵抗久一点，或者能够延长一年半截，或两、三年的生命，也未可定，如果对他照直说明，是不治之症，使总理心上预备逝世，会消灭他许多抵抗的精神。因此，大家都决定非到最后的时间，不能够将他直说。由一月二十六日一直到二月二十四日，我们差不多天天都对医生说，如果觉得总理临危，须告诉我们，给我们进去说话，医生也是答应我们的。到二月二十四日的上半天，总理觉得很辛苦，已有些支持不住的样子。医生也告诉我们，如要问总理，就在这一两天要问他了。过此以后，恐怕他就要离开我们了。那时，我万不得已，止有先取得孙夫人之同意，请他出了病房，然后孙哲生、孔庸之、宋子文三位同志和兄弟四个人一同进了病房。总理当时见了我们四个人进去，就叫我们进前，似乎有一点觉得自己是不起的意思。随即问我们到来有什么话要讲。大家都是还不敢直说的。兄弟当时很委婉的对总理说："当一月二十六日那天，先生进了病院，许多同志，都责备我们，要请先生留些说话给我们。先生的病好了，便无所谓，设使不好，我们还可以听先生的教训。我们知道先生是能够和病魔抵抗的，我们是愿意帮助先生抵抗这些病魔的。不过也想在你精神好些的时候，请你留这说话给我们，在十年二十年之后，也可以受用。"总理当时回答的话是："我生是有说话的。我死便由你们去做，也不必我说了。"我们回答总理："还是愿意听先生的话。"总理说："我如果留下说话给你们，是于你们有许多危险的。现在许多敌人正在围困着你们，我死之后，他们更向你们进攻。如果你们强硬对他们，是危险很大的。我看还是不说的好，好教你们能够对付环境容易一点。我要说出，你们便很难对付险恶的环境了。”兄弟回答他：“我们晓得大部分同志，都能够听先生的话。什么危险，什么生死问题我们都不管。先生教训我们很久，也可以相信我们是不怕危险、不怕敌人的。”先生听了话说以后，闭着眼，点着头，表示赞成我们的意思。我们更对先生说：“你要说什么话：随便就好，也不必大费心。”总理说：“我已经著有许多书了。”兄弟答：“是的，你著的建国方略，建国大纲，三民主义，及第一次全国代表宣言，我们都要写上去的，但还想先生有些总括的话。”兄弟记得去年一月一日先生由天津进京时吩咐过几句话，那时先生精神尚很好，他亲口授兄弟写下的是“他四十年革命之目的，是求中国之独立、自由、平等”。这句话，是用传单替代演说，散给民众的。除这句话以外，先生此时还对我说明革命的方法，要特别注重两点：第(一)点是唤起民众；第(二)点是联合世界上以平待我之民族，共同奋斗。兄弟听了他这几句话，就马上把他记起来，因为时间紧急，又在他面前写起的缘故，所以所写的字，很是草率。读给先生听过，他点头道：“好呀。”又预备一张家事的遗嘱，一字字的由兄弟念过之后，总理也点头说：“好。”我们原想即时就请总理签字的，但孙夫人在房外，正在哭声很哀，总理就说：“你且暂时收起来罢，我总还有几天的生命的。”我们因此不敢再请总理签字，就把这张遗嘱折好，放在衣袋里，退了出来，随即到政治委员会报告。当时有各位委员在座，他们有些是早已在外面探望，都听见我们的说话的，就请他们一齐签字证明，由兄弟存在身边，等到他危急时候，才拿出来给他签字。自从这天以后，再过了几天，先生的病已绝对没有希望的了，不过大家同志还是希望未绝，有一点可以延长先生生命的法子，都无不用到，所以天天都进人参汤。这个时候，总理天天是这样的过去。直到了三月十日的晚上，先生病状大不好了，没有法子再支持了。到十一日早上，何香凝同志对兄弟说："现在不可不请先生签字了。但顶困难的是：有什么方法使孙夫人能忍耐些时呢？因为先生生平是最仁爱的，他若见了夫人在旁边哭，他一定是不肯签字，致令夫人伤心的。"因此何香凝、宋子文两位同志，都对夫人把这个意思说明，夫人那时也说："到了这个时候，我不特不愿意阻止你们，我还要帮助你们了。"何香凝同志，得了孙夫人答应之后，就赶快叫兄弟把两张遗嘱都拿出来，就用孙哲生同志身上的墨水笔交给先生。先生当时因为手力很弱，有些颤动不能自持的样子，夫人就用手托着先生的手腕，给先生容易签字。先生所写的字虽然腕力很弱，但却是写得很清楚的。两张遗嘱都这样签完了之后，另外还有英文秘书陈友仁同志，起草致苏俄同志的一封信，由宋子文同志读了一遍，先生听过后，再用英文签字。以上都【是】十一日早上，先生把遗嘱、遗书签字的情形。到了那天下午，先生还有很长的话对孙夫人、何香凝同志和几位同志说的，实际上原也和遗嘱一样不过没有先生的签字，故不能当作正式的遗嘱。至于他那天回答我们的话，兄弟已经报告于政治委员会的，不过因为没有签字，所以也不能当作正式的遗嘱。现在只能拿这一张先生亲笔字的遗嘱，做教训全体党员的最后说话了。十一日晚上八点钟，先生断断续续的还说了许多话，或用中文，或用英文，频频说的就是："和平"、"奋斗""救中国"这几句。到是【日】晚十二点钟，医生告诉我们，先生的脉已散，快就要去世了，你们要注意了。先生这时曾有一次似乎要说话的样子，孙夫人听得是叫兄弟，便立即叫我近前，我按着他的手，已是不能动弹了。到三月十二日早上，先生就果然弃我们去了。我们便把遗嘱用镜镶好，放在先生的灵前，叫大家共见。后来在北京理丧事完后，把这张遗嘱送回广州，在一处严密谨慎的地方，深深藏着。如果各位同志想看看的，可以和中央执行委员会商量，如想摄影，也可以的。自从得了总理遗嘱之后，到去年五月十六日开第三次执行委员全体会议，通过接受总理遗嘱，发出郑重宣言，并且通过各党部每次开会都要恭诵总理遗嘱，这就是本党通过接受遗嘱的经过。现在第二次全国代表大会既经开会。我们应该向大会报告的，还想请求大会对于接受总理遗嘱一件重大事情，有一个郑重的议决案。现在中央执行委员会和中央监察委员会共同提出议案的条文是："中国国民党第二次全国代表大会，谨以至诚接受总理遗嘱，并努力以履行之。"望各位同志加以通过。兄弟今天所说明的只是总理遗嘱经过，至于遗嘱的意义，不必兄弟说明了。

〔国民党中央执行委员会档案〕

## 9 孙科在国民党"二大"会议上报告孙中山葬事筹备经过发言记录

（1926年1月12日）

总理葬事筹备经过　　孙哲生同志报告

总理陵墓之筹备，始于去年四月。其时由本党中央执行委员会议决，委任张静江、汪精卫、戴季陶、叶楚伧、宋子文、林焕廷、陈去病等同志十二人，为总理葬事筹备委员，即设筹备处于上海，着手办理，并由筹备委员指定余为家族代表，有所议决进行之事，均由委员会与家族代表商定后，始行办理，以资审慎。计进行程序，最先着手者，为圈地。

圈地　遵照总理遗嘱，陵墓须在南京城外紫金山，其地点经委员会暨家族迭次察勘，最后决定在紫金山南坡之中茅山，距明孝陵之东约三四里，形势甚佳。地点指定后，乃向北京内务部及江苏省署交涉圈地。委员会原意本拟要求将紫金山全部尽定为总理纪念园林，以备造成一规模宏大之纪念森林。嗣以范围过广，恐不易成功，乃缩小圈地范围，西至孝陵，东至灵谷寺，南至钟汤路，北至山巅，计须圈地一万二千余亩，经函准北京内务部备案，并委托江苏陆军测量局担任测绘地图。此为去年六、七月间事。至八、九月间，着手实行圈地时，江苏省长郑谦，忽以范围太大，恐引起地方人士反对为词，请于内部备案指定范围中，再行缩小。交涉结果，乃分两步办法，以经内部备案之界，为未来造林地点，定为纪念森林界；现在所圈用之地，宜为陵园界，比原定范围减为六千余亩，其地分为三种：一为官荒，完全属于国有，不须补价，二为公地，属于地方政府或团体所有，如江苏第一造林场，及义农会等皆是，亦不须补价，但柴草利益，仍归原机关所有；三为民地，须补价收买，其未经垦者每亩值三数元，已垦者十元至二十元，目前属于此项民地，尚未补价收买，约一千二百亩，约值二万元。墓地圈定，筹备第二步，即为悬赏征求陵墓建筑图案。

绘图　征求图案，期限原定由去年六月起，至八月底止，嗣复展期至九月十五日截止。结果应征图案三十余种，得奖金三名，均中国人，首奖吕彦直，二千五百元，次奖范文照，一千五百元，三奖杨锡完一千元。现由委员会决定采用者，为首奖图案，式样采古制，以坚朴为主，墓与祭堂相连，墓为穹窿式，祭堂在墓之前，堂前为石阶，阶两旁有大空地，足站立五万人，陵墓形势，鸟瞰若木铎形，中外人士之评判者，咸推此图为第一。此次悬赏征求图案，在我国实为创举，有裨于我国艺术界不浅，故委员会特将征求经过及所得图案，编刊专册，以备国人览阅也。委员会于十月初聘吕彦直为建筑师，约定以陵墓建筑价伸算百分之四为酬劳金，比常例略减，建筑师请以两月期间制备工程详图，故延至十二月初，始布告召求包工投票。

投票　自十二月一日布告投票，至十二月十九日开票，应征者只得七家，最低价为十九万三千两，最高价为六十万两，均超出建筑师原预算。查其故盖以此项建筑属于政府委托办理，且调查委员会尚无备款，恐不稳当，或将来难于领款，沪上营造家，遂多不敢应征，而应征者开价均视普通工程为大，以泛开之数，作为一种保险也。委员会廉得其情，乃迭与姚新记、辛和记等直接交涉，要求减价。初以新义记取价三十九万四千两为最廉，颇拟允其承办，嗣查此确为新设字号，经验、资本、信用均差，乃转商诸其他。姚新记遂由原开价四十八万三千两，再次减至四十四万三千两，于十二月三十日签定承办合同，限于十四个月竣工，逾期每尺处罚五十两，付款则分五十期，于兴工后一个月始，每回付二万八千四百五十两，第十五期于完工后，三个月付四万四千七百两。合约中并声明依照委员会议决，承办人与委员及筹备处职员，均不得授扣佣，及有其他贿赂式的交易，违者处罚，墓工合同既已签定，本月中当可兴工建筑，故葬费拨款，不能不即指定，按月汇沪，以免延误。余所以不俟兴工急行返粤者，即以此故也。

预算　墓工承办价，虽为四十四万三千两，但全部预算并不止此数，其详细预算，经委员会最近核定者，计如下列：(一)陵墓祭堂及石级工程四十四万二千两。(二)铜瓦铜门铜窗十三万两。(三)建筑师费二万二千九百二十两。(四)造像五万两。(五)头门三万两。(六)碑亭一万两。(七)三合土马路二万两。(八)卫灵室一万两。(九)石碑及雕刻一万两。(十)全部围墙五万两。(十一)圈购民地及种树，一万五千两。(十二)筹备处一年经费一万两。合计八十万零九百二十两，伸算广东毫洋约共一百五十万元，较委员会成立时所拟定预算实超出一倍。当时预算全部经费，仅为大洋五十万元，约四十万两耳。但全部工程至速时期，仍须经过二年方能告竣，如政府能于两年内每年筹拨四十万两，则此项计画，自可按步实施，不至延误也。

其他　筹备事项，如修筑墓道马路，由中茅山坡南向直出连接钟福路，阔四丈，长六里，自十月兴工修筑，至去年十二月底，已全路竣工，所费仅七八千元，所以先修此路者，系为便利运输建筑材料计，路面现铺石子，俟墓工完成时，将改造三合土路面，以资耐久。祭堂中拟建立十四尺高全身石雕刻真像一座，半年前曾从事访聘美术雕刻师着手造像。查北京有留法美术家王君，上海有雕刻师李君，暨赤克师拉夫美术家高君，均愿担任造像，但所为模样，殊难毕肖，且高君索价十万元，造一石像，委员会以价昂，复恐不尽肖，磋商数月，卒未订约。最近议决仿悬赏征求陵墓案例，悬赏三千元，征求远东各雕刻师应征造像，以示公开，而求完善，征求期限，定六个月，希望将来所得结果必佳。造像费，委员会现拟定为五万两，所有雕刻及石座均在内。墓与祭堂全部建筑，为主久远计，俱以石料三合土及铜铁为之，所有木材及容易毁蚀之物均不用，故所费甚钜。至于陵墓必备之一切铭传记等文，委员会推定吴稚晖、张静江、汪精卫、胡展堂诸同志担任拟撰，并推定谭组安、于右任、张静江诸同志担任书字。此事关系颇重要，亦同志们所欲知者，故并报告于此。

〔国民党中央执行委员会档案〕

## (六)廖仲恺被刺案

### 1　国民党中执会秘书处郭威白关于廖仲恺被刺经过报告稿

(1925年8月20日)

中央执委员会秘书处郭威白报告

二十一〔二十〕日上午约九时半，忽闻本会门口枪声密如贯珠，约数十响，会内人初疑为放爆竹，后有人至门口探望，始知为发生暗杀，被刺者为廖仲恺先生。因本日九时系中央执行委员会第壹百〇六次会议之期，廖以故来会，遂受伤。廖系乘汽车来会，内坐三人，一其夫人，一陈秋霖。事后，据警察霍汉玉报告，先有数人在本会门内窥望，彼以为本〔本字衍〕系本会人员，未加注意。此数人见廖出汽车，迎面用手枪射击，廖遂中枪倒地，枪入肩下，伤势如何，因即往医院，未知其详，陈秋霖亦受伤，枪入腹部。霍又云，彼亲见一人，约卅岁，穿黑胶绸衣，用枪指彼，致被逃去。现凶手被邹海滨、邓泽如二先生卫队击伤一人，倒于本会门口马路上，穿白衣裤，年约廿余岁，在彼身上搜出红十字会广州分会会证一个，上填陈顺名字，系三七五号，枪照一张系南京一六号，十四年八月四日由建国粤军南路第一路司令梅光培发给者，上亦填陈顺名字，象牙有盒图章一个，上刻陈顺之印四篆字，名片九张，上只印陈顺二字，另有阜康押店当票一纸，用信笺抄写偷祭贵妃坟之一场三张，又拾得曲尺一枝，现存廖先生卫队处。

〔广州国民政府档案〕

## 2　国民政府监察院报告陈秋霖逝世函

(1925年8月23日)

敬肃者：职院陈委员秋霖，日前同廖委员仲恺赴中央执行委员会，被凶徒击伤，送往公医院治理，讵伤重罔效，于本日上午六时三十分钟逝世。贤良又殒，哀悼同深。用特呈报，乞察照。此呈

国民政府委员会

国民政府监察院谨呈

八月二十三日

〔广州国民政府档案〕

## 3　国民党中执会关于悬赏缉拿廖案正凶函

（1925年9月30日）

径启者：查本会第二次政治会议议决，悬赏叁万元，严缉廖案正凶朱卓文一项，昨经函请贵处查照在案。兹奉代主席谭面谕，当议决时尚有该凶首朱卓文至缉获时，无论生死，若验明确为正身，均赏洋叁万元等语。为此合行续函贵处迅予查照原案一并办理，是所至盼。

此致

国民政府

中央执行委员会政治会议

秘书　钮永键

中华民国十四年九月三十日

〔广州国民政府档案〕

## 4　中国国民党第二次全国代表大会关于查处廖案问题会议纪录

（1926年1月11—14日）

### （1）第十四号纪录（1月11日）

日期　元月十一日

时间　下午二时十分至五时

主席代表　一百八十七人

主　席　汪精卫

秘书长　吴玉章

纪　录　速记科

〔略〕

六、提案审查委员会报告审査处决廖案要犯问题案

(说明)仲恺同志为赞助总理改组本党之最得力者。于本党对于改组后除努力于反帝国主义运动，及实地参加工农运动外，军事、财政之统一及政府之改组，亦主张最力。因此死于帝国主义者及反动派之手，所幸凶手之一部分业已捕获。此一部分之凶手，大会认为国民政府应即从速从严分别罪之轻重，尽先处决，其余凶手捕获后，亦即按照大会决定之原则处决。处决后应即报告中央执行委员会，并通告全国。是否有当，乞公决。

主席：对本案有没有讨论?

二十八号何香凝同志：应定如何办法!

主席：由国民政府交省政府催促审判委员会从速处决如何!

三十二号于树德同志：本席认为应将此案处决情形报告大会。

(和议者廿人以上，无异议，通过。)

二十八号何香凝同志：应将处决办法报告大会后，然后可执行。

(和议者廿人以上，无异议，通过。)

五十九号高语罕同志：本席以为大会日期已促，应即从速办理。可由国民政府催促委员会限三日内将廖案处决并将方法报告大会。

主席：高同志提议将此案限三日内处决，赞成者，举手。(大多数通过)

七、提案审查委员会报告审查纪念廖仲恺同志案

(说明）查提议纪念廖仲恺同志者，计有许甦魂同志请将蕙〔惠〕阳改为仲恺县。冯品毅同志请以大会名义为仲恺同志建碑。李子峰同志请在廖同志被害之惠州会馆建碑。彭泽民同志请用大会名义泐石纪念仲恺同志。林黄卷同志请以大会名义在仲恺公园

建纪念碑。提案审查委员会认为此种提案可以成立。但几种提议性质大致相同，应并为一案。并责成第二届中央执行委员会于三月内办理妥善。特提报告，敬盼公决。

主席：照原案有无异议？

各无异议，通过。

### （2）第十五号纪录（1月13日）

日　期　十五年一月十三日

时　间　上午十时十分至十二时三十分

主　席　丁惟汾

出席代表　一百七十七人

秘书长　吴玉章

纪　录　速记科

〔略〕

主席宣告延长卅分钟，请杨匏安同志报告廖案经过。

六【号】杨匏安同志报告关于廖案意见

我前天因为有事告假不在场，所以不知道大会已议决关于廖案审判要在三天内报告大会的事。昨天知道以后，我马上去找其他二位审判委员，但是李章达和谭桂萼两同志因为出外调查廖案的真相,所以找不到,我因为是大会的议决案系重要的，不得不来报告一下。本来廖案审判委员会，国民政府先委李章达同志做审判委员，到去年十二月中旬，政治委员会又通知广东省执行委员会推举二人为审判委员，就是谭桂萼同志及本席二人。本席接到委任以后，即开始与李、谭两同志组织该委员会，但因为廖案非常重大，不敢草率，故至今仍未有判决。所以本席有个意见，就是不妨请大会选举几个人出来审判。不过在二三天内，亦恐怕不能判决罢。

主席：杨匏安同志意见，由大会另推人担任审判，各位以为如何。

五十号曾扩情同志：本席认为可由主席团推定三人，协同杨匏安同志等办理。

一百〇一号朱蕴山同志：本席认为大会推人是不妥的。因为大会中同志，对于廖案内容的案件，多不明瞭，故可仍交由国民政府酌量办理。

汪主席精卫：国民政府对于此案迟迟未办的原因，并不是有意不办这件事的。最大的原因是因为要拿到正凶朱卓文。至其余已拿获的，不过是朱卓文的帮凶和参谋长，其供词及证据，都已预备好了。国民政府已饬令公安局种种设法，李、谭两同志现在就是为了去侦探这件事情而离开广州的。国民政府对此事不但不敢疏忽，而且天天在那里进行。至于朱卓文一班人也还在那里进行他们的毒谋，去年月底，兄弟家里还是突然有六七个人来谋害我的。最近又听的胡毅生一班人还在香港想救朱卓文出来。所以政府迟迟办理此事的缘故，完全在要拿到朱卓文。并不是不办理这案的。那是不能不要来声明一下。

七十号李国瑞同志：本席认为此案自应严办，但为事实上便利，应交国民政府办理。

二十八号何香凝同志：前天大会决定期限，既经太短，可以延长。但必须有一个时期，因为若一年二年的拿不到朱卓文，这案就一年二年的不办吗？

三十二【号】于树德同志：前天决定的是三天以内报告判决罪名，并不是执行。但事实上若是还用他们来供口供，则他们已经被拿，对于外面的事，是已不知道的。以后的事如何，也绝对不能由他们探出，则恐以后也是审判不来的。

二十八号何香凝同志：请政府将已供各词，宣布大会。

二百零四【号】邵力子同志：本席认为三日时期实太短。但三日既办不到，以后定期也无用，因大会必已闭了。我以为应信任国民政府，不妨立一个议决案，督促国民政府于最短时期内严重办理便是。

主席：现在可否表决国民政府于三天内将供词宣市〔布〕大会，至以后何如办理，可催促国民政府，从速从严办理。如以为妥当，即附表决。（大众谓，不必附表决）

主席遂宣布时间已过，散会。

### （3）第十七号纪录（1月14日）

日　期　十五年一月十四日

时　间　上午十时二十分至十二时半

出席代表　一百九十三人

主　席　汪精卫

秘书长　吴玉章

纪　录　速记科

〔略〕

主席：现在时候无多，想略为变更议事日程，请陈公博同志报告廖案检察经过。

陈公博同志报告廖案检察经过

兄弟是廖案检察委员会之一人，现代表检察委员会，来将检察廖案经过情形向大会报告。但是全案供词一大束，在此简短时间，恐不能尽量报告，所以现在谨摘其中概要说说。查此次检察廖案，本由政府委派朱培德、陈树人、甘乃光、周恩来、岳森、吴铁城、陈孚木、李福林同志及兄弟九人，现在把检察所得的结果报告。先说人犯，大概分做两种

一、主要的——朱卓文　苏汉雄　吴培　冯灿　陈细　梁博

郭敏卿　黄基

二、间接关系的——梅培光　林直勉

现在我未将供词说出之前，先将廖案所以发生的原因说说。原来自国民政府组织后，有三种人不满意廖仲恺同志的：（一)失意军人如魏邦平、梁鸿楷可以代表。（二）无聊政客如林直勉、胡毅生可以代表。（三）败类同志如朱卓文等。他们最初组织一个俱乐部叫文华堂，天天在这里作破坏国民政府的事，胡毅生是文华堂的领袖，他们还揭橥说反共产的口号，随处劝人参加。说"你反共产吗，如反共产，请加入来。"他们又开办一国民新闻日报，里头发表许多反对廖、汪同志的文字。但不敢明说，止用旁敲侧击嬉笑怒骂的卑劣手段。出版第一天就登载征求反共产的文字。又硬要大本营和各机关的职员认股，先将股份在薪水扣除。至其旁敲侧击文字如纪载吴稚晖不就惩吏院委员职，他们就说从前汪精卫、李石曾、吴稚晖同志，是声明不做官的，现在监察院要请吴稚晖同志来补缺，吴同志因贯他个人不做官的主旨故不肯来，就是言外攻击汪同志负起国民政府任务的意思，用这种谣言来做反对政府的工具。他们又说廖先生老当益壮，年将五十，兼职十余，是暗指廖先生对于政府和党务用个人包办，所以他们要将汪精卫、廖仲恺、蒋介石杀害的消息就在八月时候越传越紧，已成了公开的秘密，几乎要马上实现的样子。但汪、廖、蒋三位同志，都不相信，所以他们往来出入，没有多带卫队。因为他们常和民众接近，如要杀他们时，大可在演说场上描准才〔射〕杀都可，所以他们也实在无法防避。到八月二十日九点钟，是中央执行委员会常会之期。委员会在惠州会馆，那天开会，先到者为邓泽如、邹鲁等同志，廖仲恺和陈秋霖同志后到，正在门口下车，登阶的时候，就被凶徒放枪扫射。廖仲恺同志身中三枪，当场毙命。廖同志有一卫兵，登即还枪向凶手轰击，当场击倒凶手陈顺，可惜同队卫兵随赶上前将凶手头部再击一枪，致受重伤。我们原想用种种方法调治凶手生命延长讯供，但可惜无效，并在凶徒身上搜出一条名单，系用新海珠酒店信笺记录的。内有吴培、梁博、陈细三人名字，又搜出一个红十字会证章，即饬公安局缉拿，又在凶手身上搜出枪照一张，查该枪照系梅光培当司令时发的，即将梅光培扣留。当时又往捕林直勉，并在他屋外捕出邹殿邦之仆人〇〇〇。后来又把梁士锋扣留在粤军总部，至于案的关系人，有朱卓文、梅光培、邹殿邦之仆人、王森如、黄英、梁体、梁博、郭敏卿、黄基、谭作、赵士伟、林星。现在把在押各犯供词摘要报告。

梅光培——据称："因为杨、刘时代，他当民军司令的时候，郭敏乡〔卿〕做他的参谋长，所有枪照，是由郭手发的。"他与凶手的枪照有关系，所以将他扣留，当讯时问他枪照的时候，他便要看看那枝枪，他后来看出是朱卓文的。他说："我一次看见朱卓文吸鸦片烟，睡在床上，将该枪放在床头。因为我记得该枪较别的左轮手枪为大，可以放射机关枪弹子的。"那末梅光培虽然不是打廖仲恺同志，不过枪照是由他发，而且他对于国民政府是表示不满意，所以扣留他交审判委员会办理。

郭敏卿——他和廖案极有关系。(一)枪照由他经手发给。(二)公安局捕他的时候，他还关闭铁闸拒捕。(三)第一次供词，他说朱卓文从北京回来便不见面。第二次供词，他说朱卓文曾到他家里住过两夜。(四)梁博供他与吴培等是廖案关系人。供词诡谲，所以认定他与廖案有重要关系。

梁博——他是公安局侦缉。在凶手身上搜出名单，他是在内的。据他说从前与陈顺相识，现在与他不和。又问他名单内有他的名字的缘故，并有四十元字样，据供从前和他们私运鸦片的数目，但据他的妻梁林氏说，"是日十二点他闻知廖仲恺被杀，便说这定是陈顺所为。"等语。从这点看来，可知他是有与谋。虽然是早在公安局签到簿上注明往西关办事，但为什么十二时在家中，便敢决定这事是陈顺所做呢。而且他也是做过朱卓文的部下，故他与案实极有关系。

林直勉——他供说："廖仲恺是共产党，他不应该做国民政府的官吏。所以要打倒他。但谋杀廖仲恺是不知情的。"他又说：自从听见人说香港政府用二百万运动推翻国民政府，他就不再与闻倒廖的事。

赵士伟——因他是国民新闻报的人，是诋诿政府的，虽然廖案与他没有多大关系，但他又犯诈欺取财罪的，因为香港罢工委员会，扣留了一只商船，那船主托赵士伟说项，赵说如果肯报效四千元与国民新闻报，他可以想方法将船放行的。故于廖案之外，还另犯刑事罪，故把他押候。

林星——是由公安局去将梁博姘妇梁刘氏传案讯问时，他嘱梁刘氏不可供认是认识陈顺。他说这话，所以把他押候。

朱卓文——他本来是廖案的主要人，凶手陈顺叠次供认其主谋贿买不讳，当初想把凶手医好叫他将详细情形供说出来的。不过凶手伤势沉重，不久便死，所以不得详细的供词。听说朱卓文于杀害廖同志之前一夜，先到河南听候消息，廖案发生后，他便雇乘电船，用枪指吓司机人，开足马力，往南海的乡下去。后来给匪首雷公荃掳去，所以知他现在还在广东境内。如果拿到他后，固然一定要严办，还要跟究他背后还有没有主谋人。所以非严缉不可。

现在押候的六人，是郭敏卿，林星，赵士伟，梅光培，林直勉，梁博，还有在逃的苏汉雄一干人等，是和凶手租屋的。凶手身上之新海珠酒店名单内也有他名的。

黄基——新海珠酒店名单内有名，又名十仔。据陈顺供，他原不认识那个廖仲恺，后来由黄来指示，方认识开枪。

吴培——是凶手被获后口中常叫他的名字。

谭卓——公安局报告他与廖案有关的。

此外还有……等十二人，都要缉获归案讯办的。检察结果大略是如此。

陈公博同志报告廖案检察经过既毕。

主席汪精卫同志：陈公博同志报告廖案经过已完了。但是这案是要各代表守秘密的。因为风声如果泄漏，则对于现在漏网的要犯，是很难逮捕的了。如苏汉雄这个犯人在去年十二月十七日，据密探报告尚在香港，并想乘某船到汕头行刺蒋中正同志。兄弟赶快就把这事电告蒋中正同志，可惜电报略迟，蒋同志接到电后马上派人到船去查，那个船已经到了汕头两天，犯人拿不着了。本来政府对于此案是不想在现在宣布的，不过为尊重大会起见，故托陈公博同志主席报告大概而已，望各同志注意注意。

主席：现在主席团接到何香凝同志的一个临时动议，连署者有二十人以上，是要求大会议决，函咨国民政府责成国民革命第五军及广州市公安局限于一月内拿朱卓文到案的。现在广东将近统一告成，各军已无十分重要战事，大家同心合力或者可以将朱拿到的。现在请问大众对于这个提案，意见怎样？

二十八号何香凝同志：朱卓文之杀害廖先生，实在是一个帝国主义及军阀之走狗。我们日言打倒帝国主义，打倒军阀。但这等走狗，也不能够先行打倒，何以对死者，何以对党？

七十号李国瑞同志：请托一位同志用广东话翻译。

五十九号高语罕同志：这件案关系很大，实在要秘密的。但现在楼上又有许多人旁听，而且难保代表中也有不知不觉泄漏出去的。本席以为此案还是不必再要报告为是。前天有人主张由大会举出几个人会同审判委员审判这案的，可否就在今大〔天〕举出几位熟悉此案始末的同志参加审判？

主席：宣告旁听退席。

二十八号何香凝同志：还有要问主席说明的是此案责成第五军及公安局限一月破案，如一月不能破案，也要有切实办法才可。

七十号李国瑞同志：本席以为此案应完全信任政府不必本大会再有讨论。

二十八号何香凝同志：究竟是请大会举出几人审判为好。

七十四号沈春两同志：廖先生为党而死，此案审判，应以党的意思为意思才对。故本席主张由大会派人参加审判。

六十号江董琴同志：赞成七十四号沈同志意见。

二十八号何香凝同志：请主席提出几人交大会认可。

主席：何香凝同志主张由主席指定几人交大会认可。大众对于这个办法有无异议。（无异议）

主席：现在本席荐林祖涵、王懋功、卢兴原三位同志加入廖案审判委员会。卢同志不是代表，但是法律专家，故特荐他。大众对于这几位同志加入廖案审判委员会，意见如何？（无异议，通过。）

二十八号何香凝同志：本席拟加荐朱培德同志加入。

主席：本席初时亦想请朱培德、陈公博两同志加入审判委员会的。但这两位都是廖案检察委员又加入审判委员会，似于法理上大不对，故遂作罢。

五十八号陈公博同志：朱培德同志是廖案检察委员会主席，将来廖案开审，朱为提起讼诉之原告人，当然有份列席的，故可以不必另举他了。

二十八号何香凝同志：现在本席改荐沈应时同志加入。

主席问众有无异议。

（无异议，通过。）

二十八号何香凝同志：究竟一月不能破案有何办法。

主席：这要看第五军和公安局接到公事后如何办理，才可以定。很难预先说明。因为要看他们办理这案努力怎样。如果已经努力而仍不能破案，我们要忍耐。止有再责成他们，不能现在就说定怎样严厉处分办法的。各位以为怎样？（众鼓掌表示，赞成。）

主席：现在时候已到，宣布散会。

〔国民党中央执行委员会档案〕

## 5 国民政府加派林祖涵等为廖案审判委员会委员令

（1926年1月14日）

中华民国国民政府令

日前派李章达、杨匏安、谭桂萼为廖案审判委员。兹接受中国国民党第二次全国代表大会议决，加派林祖涵、王懋功、卢兴原、沈应时为审判委员，并由委员中互选主席一人，迅速将案内人犯审讯判决，限本月内完毕勿延。此令。

中华民国十五年一月十四日

委员会议主席　汪兆铭
常务委员　汪兆铭
常务委员　谭延闿
常务委员　林　森
常务委员　伍朝枢
常务委员　古应芬

〔国民政府公报1926年第21号〕

## 6 国民政府责成李福林等将刺廖要犯朱卓文拿获归案讯办令

（1926年1月14日）

中华民国国民政府令　第十四号

令第五军军长　李福林
　广州市公安局长　吴铁城

兹接受中国国民党第二次全国代表大会议决，责成第五军军长李福林、广州市公安局长吴铁城，于一个月内将行刺故委员廖仲恺案内主谋要犯朱卓文拿获归案讯办，如因玩延致误限期，定即严惩。此令。

中华民国十五年一月十四日

委员会议主席　汪兆铭
常务委员　汪兆铭
常务委员　谭延闿
常务委员　林　森
常务委员　伍朝枢
常务委员　古应芬

〔国民政府公报1926年第21号〕

# （七）国民党"二大"及查办西山会议派

## 1 广州特别市党部执监委会拥护中央决定在广州召开"二大"致中执会等代电

（1925年11月28日）

中央执行委员会，各省各级党部，海外各总支部，本市各级党部同志均鉴：顷奉中央执行委员汪兆铭同志等感日通电，决定于十二月十一日在广州开第四次中央执行委员会全体会议，于十五年元旦开第二次全国代表大会。同人等对于决议一致尊重。盖吾党此两项会议，均于国民革命前途关系重大，万无舍弃革命根据地之广州，而改在军阀官僚根深蒂固之北京举行之理。无论就法理论，就纪律论，本党党员对于中央此项决议固应有全力拥护之责任。况现在帝国主义之势力及军阀之势力尚未扫除，即全党同志一德一心共同奋斗，尤虞未济，何可横生枝节，致败革命之大业。所望吾党海内外同志，顾念总理遗教，尊重本党纪律，蠲除意见，敛抑客感，迅速来粤开会，彼此咸以党国为前提，则何事不可解决者。人有言凡举事毋为亲厚者所痛，譬仇者所快。当此风雨同舟之日，愿各同志感念总理在天之灵，于此言三致意焉。谨此宣言，敬候明教。广州特别市党部执行委员会监察委员会。俭。

〔广州国民政府档案〕

## 2 国民党上海市第九区第二分部请严行制止西山会议派在北京召开一届四中全会代电

(1925年11月28日)

广州中央执委员会钧鉴：报载叛党同志俱乐部分子林森、邹鲁等，拟设筹备处在北京安福政府肘腋之下，召集中央执行委员会第四次全体会议，乃上海民国日报竟发表拥护之论文。彼等显系捣乱党务，阴谋分裂，应请严行制止，切实查办，以重纪律。中国国民党上海市第九区第二分部全体党员。俭。

〔广州国民政府档案〕

## 3　国民党军委会特别党部第四分部反对西山会议派在北京违案私擅集会代电

（1925年12月2日）

国民政府汪主席、各部、院长，中央执行委员会诸公钧鉴：各级党部分部同志均鉴：接诵党务报告，知旅京一部党员有违案私擅集会之号召，惊诧殊深。窃查中央执行委员会召集地点定在广州，前经本年五月第三次全体执行委员会议议决有案。伏思全国代表大会，为本党最高机关，凡议决各案，吾党应绝对服从。况北京为军阀政客盘踞地域，包围操纵，凡有会议，鲜得善果，征诸往事，足为殷鉴。广州为我党策源地，欲免除障碍，发挥党谊，舍此无由。且吾党第二次全国代表大会，刻经通告国内外，定期于民国十五年一月一日在广州召集开会，万不容别生歧异，致淆观听。至该一部分党员在北京违案开会，无论议决任何事件，当然不生效力，吾党决不公认。除中央执行委员会已严电纠正外，应请吾党各部联同严重宣告，以正观听，俾共翕从，不胜盼祷。军事委员会特别党部第四分部全体党员叩。冬。

中华民国十四年十二月二日

〔广州国民政府档案〕

## 4　国民党广东佛山市党部反对邹鲁等在北京开第四次全体中央委员会议代电

（1925年12月7日）

中央执行委员会，全国各省党部，海外各级党部同志均鉴：日前得阅邹鲁等通电，串同叛党党员，公然违反第三次全体中央委员会议所决定，拟在北京开第四次全体中央委员会议。本部全体同志阅悉之下，认定此举为悖叛本党之行为，同深愤慨。夫广州为革命根据地，为先总理奠定之首都，为国民政府之所在。现在南北尚未统一，则舍广州以外，无一处可以称中央；即无一处可以开全体中央委员会之地点。邹鲁等图便其个人之活动，不惜冒大不韪，悖叛本党，别辟畦町，丧心病狂，实为吾党之败类，本部全体同志一致反对，早下决心，第以党义关系，应视中央之指导为趋向。伏读本月四日中央党部对全国及海外各级党部同志之通告，期望各同志坚持先总理之主张，本部全体自然诚意服从，有死无二。兹特郑重宣言：所有邹鲁等在北京或其他地方一切叛党行为，本部全体积极反对，唯力是视，誓与奋斗。伏愿各地同志，仰体总理遗嘱之谆谆，认定真正革命之途径，对于此辈败类，严阵而待，鸣鼓而攻。本部全体同志只知设在广州之中央党部，为本党真正的中央党部，竭诚拥护，不知其他。海内外同志诸君既自承为先总理之信徒，当亦不渝此志也。佛山市党部全体党员叩。阳。

〔广州国民政府档案〕

## 5　虎门市党部拥护中央决议案并请查办林森邹鲁等宣言①

(1925年12月9日)

中国国民党各级党部均鉴：中央党部议决案，凡属同志概须拥护。乃林、邹等十五人胆敢违反中央决议案，擅自在北京用筹备会名义，召集中央执行委员会第四次全体会议，实属荒唐可恶

注：①此件系沿用原标题。(原标题下有“中华民国十四年十二月九日”字样。)

之至。查筹备会名义，为总章所无，彼等召集会议，又未经北京执行委员会同意。此应查办者一。广州系护法之区，革命发源之地；北京系狐鼠之区，万恶发源之地，即无中央党部决议案，亦不应在北京开会。况决议在前，该林、邹等非不知之，乃竟违反，其存心险恶，企图破坏党纲可知，非惩戒将何以维持法规而儆将来。此应查办者二。发起会议列名中，竟有未与国民党同志俱乐部脱离关系之石瑛、居正、石青阳等反革命份子。此应查办者三。本党部根据上述三项论点，谨为拥护中央决议案及查办林邹等之宣言。

〔广州国民政府档案〕

## 6　中国青年军人联合会国民革命军第二军军官学校分校干部全体会员请开除邹鲁等党籍代电

（1925年12月12日）

中央执行委员会及全国各级党部全体同志均鉴：慨自总理逝世后，吾党无日不处于惊涛骇浪中。幸同志能百折不回，竟于腥风血雨中，将反革命派次第肃清。方谓革命前途庶几有豸，乃素以革命自居之邹鲁、林森、沈定一、邵元冲、叶楚伧等，竟敢违反中央党部第三次全体会议决定第四次会议地点在广州之议案，而在卖国虐民之军阀执政府势力范围之下，召集在北京开第四次会议。在邹、林等辈为个人生活计，而不惜狗苟蝇营，献媚于军阀唾弃之余，固无足责。第此种违背党纪，丧心病狂之举，于革命前途不免大生影响。今敝会视此叛党分子，不能含默，应请中央执行委员会提交大会，援照开除马素、冯自由之例，将邹、林等一律开除本党党籍。凡我同志应一致声讨，以扫除此反革命派，俾国民革命早日实现，则本党幸甚，国民幸甚。

中国青年军人联合会国民革命军第二军军官学校分校干部全体会员叩。文。

〔广州国民政府档案〕

## 7 陆军军官学校入伍生总队第七连队党部全体国民党员请对戴季陶等叛党者严厉执行纪律以维党纪函

（1925年12月18日）

敬启者：十二月十五日本连队党部开全体党员大会，全体党员为誓遵总理遗嘱，恪守本党纪律起见，对于戴季陶、邵元冲、林森、邹鲁等在北京招集非法的第四次中央执行委员会全体会议，全体党员认此问题至为重要。以党的纪律言，是违反中央执行委员会第三次议决案——决定在广州开会。中央执行委员会为本党执行党务最高机关，他们既是违反中央执行委员会的议决案，便是反抗本党的组织。换言之，便是叛党。再证诸事实，北京为万恶军阀分赃所在，叛党党员——冯自由、马素、江维藩等所组织之北京同志俱乐部——的巢穴。冯自由、马素、江维藩等早经开除党籍在案，而北京同志俱乐部，中央党部亦曾有通告，凡列名于北京同志俱乐部的应于一定期内登报声明脱离关系，否则一律开除党籍在案。是中央党部已承认北京同志俱乐部为反革命的机关，叛党党员的大本营。今戴、林等竟舍弃革命根据地，国民政府所在地——广州开会，而反与反革命派相勾结，在北京招集非法的第四次中央执行委员会全体会议，是彼等既与反革命合作，则彼等即是反革命。在纪律上、事实上，明显的告诉我们，他们是叛党，是反革命。所以全体一致议决，反对戴、林等在北京招集非法的第四次中央执行委员会全体会议。本校为总理所手创，不独为革命军事的根据地，而且是本党全部革命事业的大本营。尤其是我们为完成革命，拥护总理遗留我们的国民党，对于他们的叛党反革命行动，更宜表示态度。当然我们不能赞成并不应守中立，而应积极的反对。据此。理合呈请中央党部，严厉执行纪律，以维党纪，而警将来，是所至盼。肃此即请汪党代表转

中央党部公鉴

陆军军官学校入伍生总队第一团第二营第七连队党部全体党员上

中华民国十四年十二月十八日

〔广州国民政府档案〕

## 8 国民党郑州市党部否认西山会议并加以驳斥代电

（1925年12月22日）

北京国民新报转中国国民党同志们：

我们读了广州中央执行委员会的感电后，当即正式开执行委员会讨论，经三小时的辩难，结果全体一致认为该通电所持理由及所据事实俱极正大，完全与以同意。同时并议决否认林森、邹鲁等私人召集的所谓第四次执行委员会及其一切议决案。理由是：

（一）召集会议，应由中央执行委员会秘书处通知，而此次由个人名义召集，实根本违反合议法。

（二）全国代表大会及中央执行委员会，或全体会议，只能在革命根据地及中央党部所在地之广州举行。本有决议在案。此次竟由少数分子决定在反革命的段政府的势力下开会，实为使用非法手段以取消成案，违反纪律。

（三）在发起通知开会者之个人中，有覃振、石瑛、居正、石青阳、茅祖权等，彼等并未与北京国民党同志俱乐部脱离关系。查该俱乐部早经国民党认为反革命与破坏国民党的军阀走狗机关，

且有决议在案。彼等既列名该俱乐部，又未声明与之脱离关系，显然是国民党的仇敌。今此所谓中央执行委员会全体会议，竟有彼等列名召集，凡属真正国民党同志，都应严重与以否认。

（四）开会只到十三人，若更除去已被开除之覃、石、居、茅等五人，则实际到会者仅八人，不足法定人数之会，自不能成会。

（五）熊克武因通敌被捕，听后审判，彼等竟拍电请其赴京，明目张胆地违反中央决议及政府命令。

（六）国民党第二次全国代表大会开会为期不远，各同志在工作中如有不同的意见，正好在此第二次大会中发表讨论，以图解决。今彼等舍此正当的手段，竟当革命工作南北吃紧之时，站在广州中央最高党部以外，站在国民政府以外，标榜异议，不惟违反党的纪律，而且实际上阻挠革命工作，破坏党的稳固。

（七）该会议的决议案中，有开除谭平山、林祖涵、张国焘等党籍及开除汪精卫党籍六个月一项，按中央执行委员无权开除中央执行委员，因为中央执行委员系由全国代表大会举定的。

（八）开除谭、林、张等委员及候补委员的理由是因为他们系共产派。按共产党员跨党是第一次全国代表大会所通过，又经孙总理同意。今林森、邹鲁等私人倡言开除他们，简直是公然违背本党最高机关——全国代表大会及孙总理。

（九）开除汪委员党籍六个月，并未声明理由。该会议更有停止汪委员在政府机关服务一项，这更是显然破坏国民政府，为那些被惩办的反动军阀杨希闵、刘振〔震〕寰、梁鸿楷、熊克武等复仇。

根据以上各点，该所谓第四次全体执行委员会及其决议案，实根本无效而彼林森、邹鲁等，不惟有意违反党的纪律，且实际上破坏革命及党，无异为帝国主义及军阀效力。总之，此次事件的发生，决不是同志们在革命工作中有意见上的不同，决不是【非】

共产派与共产派在行动上有歧异，乃是假革命分子，因个人的利益上的关系，向真革命分子攻击。我们只要把历来林森、邹鲁等在革命中的表现举出来一看，就可以明白了。这类冒牌的国民党员，凡真正国民党员都应一致声讨。因此，我们坚决地宣言：拥护广州中央执行委员会，否认北京西山会议及其一切议决案。

同志们：当此国民革命潮流高涨，帝国主义和军阀正预备联合战线向我们作最后的猛烈战斗之际，我们应更进一步地团结起来，肃清党中的反革命分子，坚固党的势力，才能完成本党总理中山同志未竟的工作！

打倒帝国主义及军阀！

肃清一切叛党的汉奸！

中国民族革命胜利万岁！

三民主义胜利万岁！

中国国民党郑州市党部

一九二五年十二月廿二日

〔广州国民政府档案〕

## 9 国民党农民运动讲习所特别区党部请严惩邹鲁等叛党行为代电

（1925年12月26日）

中国国民党各级党部全体同志均鉴：此次邹鲁等违背中央决议，擅自召集会议于北京西山，中央已有感电严斥其根本无效，各地党部亦先后通电否认。乃彼等不知改过自新，近更发表荒谬无稽之议决案，开除共派党籍和共派中央及候补执行委员，殊不知共派加入本党，乃第一次全国代表大会及总理所许，全体党员共见共闻。今彼等竟贸然开除之，是不啻违叛总理，推翻全国大会也。更有进者，彼等以中央执行委员资格，开除中央执行委员。但中央执行委员，乃全国代表大会所产生，为本党最高执行机关，若非大逆不道，定不以严厉手段处之。今彼等毫无根据，敢于蔑视全国代表大会，开除中央委员，尤属目无党纪，悖谬已极。至于开除汪精卫同志党籍六个月，停止汪同志在国民政府机关服务等，并不宣布理由和应惩戒之事实。盖彼等以为汪同志任本党最高职权，严厉执行党纪，肃清反革命派军阀，裁汰叛党殃民之官僚，使彼辈无所逞其阴谋。不然，则彼等何以用莫须有之罪名开除汪同志乎。斯则更是显然图谋破坏国民政府，摇动革命基础，为被惩办之反动军阀杨希闵、刘镇〔震〕寰、梁鸿楷、熊克武等报仇，其阴谋险狠，叛党卖国孰有甚于此者也。总之，邹鲁等叛逆昭彰，其荒谬本不值一驳，但叛党逆贼，苟不严予惩办，何以肃党纪而遏乱萌。特此电达，希一致申讨，共除党逆是幸。

中国国民党农民运动讲习所特别区党部叩

中华民国十四年十二月二十六日

〔广州国民政府档案〕

## 10 国民党夏城分部执委会否认西山会议派函①

（1926年1月2日）

国民政府汪委员精卫先生暨列位委员诸公钧鉴：敬肃者：敝分部自聆北京党部之谬误电告，特于十四年十二月廿七日开党员大会，提出讨论，全体议决拥护国民政府，以实行本党三民主义而竟革命全功。同时否认北京党部之举动，及否认北京有中央党部之设置。务望诸公勿为浮言所动，致懈初志，庶乎三民主义赖

注：①夏城即现在的古巴首都哈瓦那，原译为夏湾拿。

以进展而拯同胞于水深火热，俾早达民治、民有、民享之幸福，是则同人等之所日夕祷祝者也。临池引领，谨此并颂党祺。

夏城分部执行委员会区广常

司徒英佑叩

司徒润佑

文笔主任　司徒启光

中华民国十五年元月二日

〔广州国民政府档案〕

## 11　林祖涵报告国民党第二次全国代表大会筹备经过情形纪录

(1926年1月4日)

各位代表同志：

兄弟现在代表中央执行委员会，报告这一次筹备中国国民党第二次全国代表大会的经过情形。原来本党的全国代表大会。在总章上是规定一年一次的。溯自本党有史以来，革命的工作经过了好久的时期，但差不多卅年以来，没有开过大会，直到民国十三年，才召集第一次全国代表大会。依第一次代表大会通过的总章讲起来，到第二次全国代表大会，应该在十四年召集的。为什么十四年没有召集呢？原来本党自十三年在广州开了第一次代表大会之后，本党就从此改组。诸位都知道本党改组后种种奋斗的经过，虽未能完全达到目的，但确实有些进步。因为这个【已】经有进步的缘故，本党所受军阀及帝国主义的压迫愈甚，所受的困苦也愈多了。先总理看见这种情形，帝国主义者在东方的压迫一天一天的加紧，同时中国的民众，要求解放的意思也很显露起来了。为什么民众有这种的意思呢？因为他们觉悟到军阀和帝国主义者的压迫，非起来奋斗不可。环顾国内，领袖民众的只有本党。唯其如此，所以本党的宣传工作，也愈加增多，帝国主义者亦因之更加害怕。同时民众反抗帝国主义，亦更加厉害了。那时本党领袖孙总理鉴于全国民众的意向，就决定到北方及长江一带去宣传，以应民众的要求。又因北方民众已有觉悟，本党也决定要注重在北方宣传的工作。于是孙总理于十三年十二月毅然的北上了。总理的北上，既然是应北方民众的要求。所以总理到了上海之后，就把种种革命方略说明，宣布出来。但是总理的方略，不只是中国的问题，乃是东方的问题，所以顺便就到日本一行。十二月十二日，才由日本抵天津。到天津后，即觉得北方民众，实在困苦已极，而帝国主义的压迫，亦很厉害。他一方面虽努力设法，而一方面确非常痛苦。因之心里就常常怨郁，终于在十四年一月，成了不治之症。到了三月，就丢了我们的同志而逝世了。本党同志闻耗之下，当然异常悲痛，因此十四年一月至三月，就不能开会，并各地也不暇顾及了。不过我们同志，明瞭今后本党的重要，而仍在广东努力，这时候反动的势力非常猖獗，尤其以东江的事件为甚。但本党为全体努力及奉承遗嘱计，就赶快开第三次全体中央执行委员会议。第一是接受总理的遗嘱，继续奋斗。第二就是对于应召集的第二次全国代表大会，也议决了速即筹备，当时中央执行委员会就决定在八月十五日在广州召集。但是"五卅"上海事变及六月二十三日沙基惨案以后，时局又顿起变化，广东又有东江军事的再起，其时陈炯明虽败北，而余孽还继续不断的起来。英国帝国主义者则大大的利用买办阶级，给我们以不利。因此政治、军事的影响，都没有方法使开成这会。同时，又因为罢工的缘故，交通阻碍，来往很不便，海内外各处的党部，都要求展期。于是由八月十五，而展到十一月十五日，又因十一月十五日，在事实上不能开会的缘故，又展到了现在。总之，中央执行委员会为了军事、政治、交通这三个原因，才把这二次大会展缓了的。其经过情形，大概是这样。至于筹备时情形，则有秘书处办理一切，秘书处在一月已开始工作。但因种种的困难，也不能完善。其详细情形，再由秘书长来报告。兹因中央执行委员托我报告。所以略说一些如是。

〔国民党中央执行委员会档案〕

## 12　中国国民党第二次全国代表大会开幕典礼详记①

（1926年1月4日）

开会之盛况

一　会场布置——会场即在中央党部之礼堂内。会场外沿途有军警守卫，非有徽章及标记者不得入。门口高扎“卄”字形之松柏牌楼一座，中悬党旗及国旗，党旗下为松柏扎成之地球，以表党治及世界革命成功之意。旁将电灯嵌对联：“革命尚未成功，同志仍须努力。”走廊地上均铺松针，会场门口设签到处。场内墙之四周均满悬革命口号及政纲，台上则悬有先总理及其他革命先烈的遗像，下悬遗嘱，两旁则悬党徽及国徽，并有“奋斗”二大字置于旁，气慨浩然。至主席位在台之正中，秘书长席在主席台前，速记席在台下之中间及两旁。台之四周各置时花多盆，场中为代表席次，后方为各团体来宾。其旁听席则设于楼上，新闻记者席亦设楼上之两厢。全场灯彩辉煌，气象灿烂，党国二徽又飘扬于其中，诚令人振奋革命之勇气也。

一　开会情形——是日上午八时半，代表已陆续来到。先至签到处签到，后即由招待员发给红绸制之证章一枚，鲜花一朵，按次

注：① 此件沿用原标题。

入座。来宾之到者亦按次给发标记及鲜花。九时即摇铃开会，由秘书长报告，请汪主席精卫就席。旋即演说（演词另录）。各军队、各炮台亦于是时鸣炮致敬，并有飞机两架翱翔空中，散放纪念片。演说毕，全体代表即赴场之后方草地上合摄一影，以示亲善。十时半，即举行阅兵式，午后四时，由国民政府委员会公宴全体代表及秘书处职员，散席已晚间九时矣。

一　阅兵式之情形——是日上午九时，国民革命军各军队陆续赴东校场，由总指挥朱培德军长任总指挥。十时半，汪主席及全体代表由中央大礼堂出发，前有军乐队引导入场。场之西扎有阅兵台一座，各代表即就位于该处，有军界长官担任招待；场之南中为第二军各队伍，左为第三军，右为第一车〔军〕，场之东亦为第一军，场之西南则全为机关枪队及炮兵队。阅兵台之后为民众集合巡行之处。代表等入场后，即由总指挥传令致敬，并读总理遗嘱，各代表旋即巡行校阅一周。航空局亦于是时派出飞机二架翱翔空际，散发欢迎传单。一时许，由朱总指挥率队偕民众廿万人大巡行。

一　来宾之题名——是日大会典礼，已于日前发出请帖，邀请各界参与，故是日到者有李福林、伍朝枢、伍大光、谭延闿、朱培德、王懋功、宋子文、甘乃光、丁振亨、郑湘、高中禹、余浦南、林耀南、张国焘、严凤仪、连声海、罗汉英、泊那卜嘉抄维廉、高恬波、陈兆贞、梁国机、汪彬、汪婴、梁锦容、侯灿、杨日仪、陈湘君、何励贞、梁宇皋、何玉逵、陈舜贞、卫月朗、方君璧、陈璧君、曾仲鸣、萧为璜、刘树、郑周列、洪叶标、唐振铎、孔宪政、黄日奎、陈异杏、易寿铸、刘静之、方鱼、李朗如、朱世贵、袁绩熙、熊式辉、黄实、马湘、黄隆生、雷大同、周先觉、汤仲辅、刘乐脉、邓七平、卢兴原、卢恭然、吴照鲁、刁文德、张静愚、张治中、陈光昌、冯使民、罗加觉夫、杨静之、万井如、汪宗准、孙朴安等二百余人，其旁听人数，则有千余人云。

主席汪精卫先生演说词

第二次全国代表大会代表诸君：去年五月十六日，本党开第二〔三〕次中央执行委员会全体会议于广州，议决在八月十五日召集第二次代表大会，同时并议定组织法、选举法，通告海内外各党部。各地党部自从接到了这个通告以后，也早经按照组织法、选举法把代表选举出来。本来在去年八月十五日就可以开第二次全国代表大会的了，后来因为六月廿三日沙基惨案发生，各地交通不使〔便〕，各处党部许多有函电来请求展期，一展再展，直到今年的元旦，才在这里开第二次全国代表大会。我们由今天回溯十三年一月二十日第一次全国代表大会的那天，到现在已经两年，照党章规定原本是每年开大会一次的，为什么弄到两年才开大会一次呢？这并不是党务的弛缓，实在因为时局和环境的关系。当本党初召集第二〔一〕次全国代表大会时，也曾经有过宣言，这是大家都见过的。我们想起今天在这里开第二次全国代表大会，大家心上一定都感触非常的悲痛，因为第一次大会时，我们还有总理站在我们面前，他告诉我们一切，我们事事都有他的指导，我们止知跟着总理向前奋斗，就断断没有错了。可是现在第二次代表大会，我们已经不见我们的总理了，总理已经离却我们去了，我们现在能见着的，止有总理的遗像，能听着的，止有总理的遗嘱，这张遗嘱，就是总理最后告诉我们的话，要我们继续他的精神去做的了。回忆民国十三年这一年，我们也是在很痛苦很困难的环境中奋斗的，但是虽然痛苦困难，尚有总理同在，我们仍是很觉愉快的。自从去年三月十二日总理逝世后，我们遵依着他的遗嘱去努力，虽然未尝没有一点效果，但因为总理已经不在，我们在奋斗中，总抱着许多悲痛！所以今天我们晓得座中各位同志，从这第二次代表大会，一定也会想起第一次代表大会时总理的说话。各位还记得第一次代表大会开会中间，恰是接到了俄国革命领袖列宁先生逝世的凶耗。总理为着这件事，觉得非常哀痛。当时曾停会两天志哀，总理并且亲自出席演说，说明他哀痛列宁先生的感想。这个时候总理有几句话，很像是预兆一般的，他说："列宁先生虽死，列宁的党不死，俄国的革命事业也不死。我今天在这第一次全国代表大会，就是要将本党的责任，交付给全体同志。将来我纵然死了，本党却还是不死的。"这天总理的说话，今天座中同志，料想许多都是在座亲耳听见的。当时各同志听了这番说话以后，心灵上都起了非常的震动。都想不到到了今年，总理的话果然是真的！一点都没有错的！他真是死了！他真是离却我们去了！此后本党的死不死，就止有看现在没有死的同志是怎样了！如果各位同志都是听从总理的话的，就应当想到，究有什么方法能够使本党不死，能够使中华民国也不死！我相信总理虽死，总理的主义不死的！（鼓掌）不特是不死而已，而且还是一天一天的往前扩充到全国民众的。（鼓掌）总理的主义，就是总理的生命。总由〔理〕的主义是不死的，我们继续实行总理的主义，便是继续总理的生命，故此我们敢说总理实在不死！（鼓掌）总理在这第二次全国代表大会，和他在第一次全国代表大会是一样的！兄弟因此更想到去年本党的同志，因为遵照总理遗下我们的种种教训，种种政策，固然是已经得了一点进步，但其中有一位同志是帮助总理改组本党最出力的，又是和蒋介石同志一同接受总理的命令，同心合力去创办党军的廖仲恺先生，不幸也死了！

今天他也是和总理一起站在我们面前，要我们同志继续去奋斗。廖先生之死，大家明白是因为努力辅助总理改组本党而死的，是因为努力创造黄埔军官学校而死的。我们现在要想怎么样继续廖先生的工作，便要令到改组本党这一件大事不因为廖先生之死而停顿，便要令到廖先生苦心创造留下我们的党军，就是先和人民合作，后来再成为人民的军队，也不因廖先生之死而没有继续发展。这些说话兄弟固然觉得哀痛，但我相信这不是兄弟一个人的哀痛，仍是第二次全国代表大会诸同志人人心中共有的哀痛，不过由兄弟代表大众说出来就是了。原来第二次代表大会开会时，应该把第一次代表大会以后的各种经过情形报告的，但关于政治、军事、党务各项，几日以后当有更详细的报告。今天开会兄弟只有很简单的说话，就是“第二次全国代表大会和第一次全国代表大会一样，总理仍然在我们面前指导”。我们还是要继续总理的生命，要继续民国十四年我们努力奋斗的勇气。（鼓掌）我们还更要把民国十五年的乐观提起来。（鼓掌）因为我们对中国的前途是乐观的，我们相信中国的国民革命一定成功的。（鼓掌）总理已经找出了一条光明大路交给我们，这条大路是用他四十年的心血和经验从九死一生的痛苦中找出来的。他原本要带领我们同志一齐去走的，但不幸半途死了。我们曾经跟从他走上这条光明大路的，就止有继续总理的生命，仍然向着这唯一的光明大路猛向前进。（鼓掌）我相信座中各位同志都是不愿意落后的，都是勇猛向前的。我们这第二次全国代表大会，就是要从此以后，团结同志做一体，继续向这条光明大路前进的，第一步是先求中国革命的成功，第二步是更求世界革命的成功。（鼓掌）我们要牢记总理的遗嘱，一方唤起民众，一方联【合】世界上以平等待我之民族共同奋斗。打倒军阀！打倒帝国主义！兄弟现在敢高呼：

总理万岁！

中华民国万岁！

中国国民党万岁！

中国国民党第二次全国代表大会万岁！

## 附：国民政府欢迎第二次全国代表大会宴会详纪

与会者同志三百余人

主席汪精卫致欢迎词

大会秘书长吴玉章代表大会各代表答词

政治委员会高等顾问鲍罗庭演说

邓演达同志报告游历英德法俄诸国及此次返国过沪之经过

场中充满革命的空气。

开会时盛况大概：民国十五年元旦国民政府委员会为欢迎第二次全国代表大会，特于是日下午四时假中央党部礼堂，设筵款待。是夕除大会代表一体到会外，所有国民政府、省政、市政府各重要官员均有出席，女宾有鲍罗庭夫人、汪精卫夫人、伍梯云夫人、褚民谊夫人、廖冰筠、方君璧、何玉莲、廖梦醒等。新自俄国归国之邓演达同志亦邀请列席。入座者同志三百余人。五时半入席。首奏军乐，极悠扬顿挫之致，宴时间以军乐，尤形闹热。至席半，由主席精卫先生起立致欢迎词，大会秘书长吴玉章代表大会各代表致答词，次请政治委员会高等顾问鲍罗庭先生演说，次邓演达同志报告游历各国经过，最后殿以汪主席热烈的鼓励同志的说话，始尽欢而散。兹将各演说词另于下文依次记录如左：

### 主席汪精卫先生之欢迎词

第二次全国代表大会各位同志：今天是大会开会的第一天，国民政府委员会同人薄备杯酒和各位叙会，恭祝各位同志的健康。

兄弟现在受国民政府委员会同人的嘱托，敬致欢迎词于各代表们：我想起民国的成立到今天已是十五年。在这十五年中，元旦之最可纪念者，只有民国元年的元旦。民国元年的元旦，是先总理就临时大总统的那一天，那一天可说是革命政府成立很好的一个纪念。自过了民国元年的元旦以后，由民国二年至民国五年，中间历受袁世凯和帝国主义者互相勾结的惨害，没有什么可以纪念。由民国六年至民国十四年的元旦，又是北洋军阀和帝国主义互相勾结来压榨人民，人民受祸日深一日，也是没有什么可以纪念。惟有到民国十五年的元旦，我们在这里开本党第二次全国代表大会，兄弟敢说这个是同志们很可纪念的一个日子，(鼓掌)也是中国国民党很可纪念的一个日子，(鼓掌)也就是中华民国也很可纪念的一个日子。(鼓掌)我相信十五年的元旦，与元年的元旦，有同样可纪念的价值。(鼓掌)元年元旦，是总理成立革命政府的一个纪念日，十五年元旦是本党同志继承总理遗志去统一全中国的一个纪念日。(鼓掌)我们因此想起自元年至十四年，中华民国没有做好，究竟原因在什么地方，也很明白可以看见。我们不能说民元的革命是没有成就，最少已经革去满清政府的命，已经革去数千年专制的命，已经把中华民国的招牌高高挂起了。可是中华民国的基础却如实没有做好，因为当时对内则民众运动没有普遍，对外则打倒帝国主义目标，还没有完全决定，所以十四年来，国家不能做好，人民还在水深火热之中，而因为对外没有鲜明的目标，使一般民众对于反抗帝国主义的观念不能发生，更无从致中国于自由平等的地位，这实是中国革命未能成功的一个大原因。所以到民国十三年，总理虽然在十分艰难困苦的环境中，也要着手改组本党，并且决定了两个策略，第一个策略是唤起民众，因为农工就是中国大多数的民众，所以更特别注意于农工运动。自从十三年至今，民众运动的思潮一天高过一天，到现在差不多全国已经知道民众运动之必要。广东民众因为受总理的直接指导，更有一个光明灿烂的前途，这个民治的基础是总理已经亲手打好了。在十三年一年中，总理的实力虽然未出广州，但这个策略却已影响到全国。自从北上奋斗以后，全国的民众更差不多都举起头来了。第二个策略，是对帝国主义取无畏的精神去抵抗。因为这一层，致民国十三年帝国主义者加于我们的压迫，较从前愈加显露，但因此却制造成民国十四年中国民众反抗帝国主义的高潮，使帝国主义者都手忙脚乱起来了，这个对外的民族解放的基础，也是总理已经亲手做好了。由这两层观察，我们敢决十五年以后，中华民国的进步，与十五年以前一定是不同。(鼓掌)因为从此以后，中国对内对外的策略，各同志能够都遵照总理的遗嘱去做，是断没有不成功之理。(鼓掌)我们就回想到由第一次全国代表大会到现在这两年，因为同志仍然照总理的方针去努力，已经得了一点成绩，可见听从总理的话，是断没有错的。反之不听从总理的说话，也一定不免陷于错误。可是从前第一次代表大会时，还有总理亲身的指导，我们不会有错误，现在总理既逝，一班同志就要求第二次大会切实的指导了。这次大会最重要的就是要决定民国十五年本党努力的方案，我们十五年努力的成绩，可说就全在这次所定方案之如何，所以国民政府同人，对这回大会实有无限的希望，无限的颂祷。当今年七月一日国民政府成立，已经明白规定是受党的指挥监督，实行总理以党治国的政策的，故在第二次全国代表大会未开会之前，指导国民政府的是中央执行委员会，现在既开大会，就全靠此次大会的指导了。国民政府同人，愿拿至诚恳至纯洁的心事，敬求大会各同志，把本党工作和国民的关系如何，那一点对，那一点不对，都切实的考量其得失，估定其价值，然后决定种种的方针。国民政府同人是一定不顾一切，实行大会议决的方案的。大会所议决的方案，无论如何艰难，如何困苦，一定切实执行，期不负各位的希望。今天开幕时候，我们恪诵总理的遗嘱，大家的趋向是已经决定的。今天参观阅兵式，大家更可以看见广东民众对于第二次全国代表大会的热烈希望。但同时也就可以见得他们还是在一个痛苦的环境，是要我们努力奋斗去替他们解除的，我们能够解除全国人民的痛苦，也就是解除我们同志良心的痛苦了。故此兄弟可以说，这民国十五年全国人民的幸福，实全靠第二次全国代表大会各同志的努力，把一条光明大路指示给他们。兄弟现在谨代表国民政府委员同人再颂各位的健康，请求各位的指教，并请求大家就此各举一觞。

## 吴玉章秘书长代表大会全体答词

主席，各位同志：

今天是我们中国国民党第二次全国代表大会开幕之期，又是民国十五年元旦的大纪念日．国民政府委员会诸同志为我们代表开盛大的宴会，并承汪主席致极恳切的欢迎词，这真是千载一时的盛会，同人等非常荣幸。兄弟受代表诸同志的委托来致答词，虽不长于演说，也不能不说几句话。我们知道今天是本党全国第二次代表大会开幕之期，我们应该要知道本党现在所负的责任是何等的重大。本党所负的责任，就是代表大会的责任。第二次的全国代表大会的责任，是在我们代表的身上。所以我们代表所负的责任是非常重大，而尤其是现今民国十五年，其责任更为重大。刚才汪主席说，民国的元旦，只有民国元年的元旦和今年的元旦，才有纪念的价值。因为民国元年的元旦，是先总理就总统职，南京政府成立中华民国革命成功日子；今年的元旦，是本党第二次全国代表大会开幕，继往开来，涵有无穷的希望的日子。这语很沈痛而涵有极深厚的意义，兄弟以为这两个元旦虽然有同等价值，同时也要知道他们的分别。为甚么呢？因民国元年的革命虽然成功，而民众还未觉醒，一般革命党人，只知道十八世纪以来的民族主义、民权主义，所主张的不过是十八世纪法国式的革命，不过是一种政治革命。拿百年前的旧方法应付现在的新环境，当然是走不通的。当时我们总理以为要革命完全成功，必定要扫除革命障碍，根本改造，从政治革命更进到社会革命。(拍掌）从前成立同盟会的时候，总理用他博大精深的理论，内察我国的国情，外观世界的趋势，就决定了拿三民主义来作我们革命党的唯一政策。他在南京就总统职以后，本想照他的政策进行，并极力演说民生主义的精义，但是一般苟且偷安的人，极力谋调和妥协。总理知道这般人莫有国际头脑，莫有世界知识，群众尚沈迷不悟，他的主张必无法实现，就毅然退位，把政权交出，让主张和平的人去谋和平改革。那知道民国十四年来，他们不知〔但〕莫有和平改革的希望，反使内忧外患层出不穷，使人民越陷于水深火热的地位。总理自从退位以后，极力从宣传方面尽力。一面从事著述，发挥学理，一面训练党员，共同奋斗。十年以来，国民始稍稍认识三民主义，又加以俄国革命成功，为二十世纪革命社会开了一个新纪元，带了国际性、世界性的革命潮流，骤然增涨，中国的民众感受了这个潮流，就异常奋发。总理知道民众已觉悟，国民革命的时机已成熟，谋改造本党，来实行他的政策，所以本党自前年改组以来，实得了一个新生命。(大拍掌)我们拿两年本党的进步和前十年比较，真是有天渊之别。这固然是时势的要求，也是我们总理苦心孤诣的结果。我们甚希望总理引导我们，使中国的国民革命在最短期间完成，不幸总理去年北上，因劳成病竟舍我同志我民众而去，这不但是本党的不幸，是全国的不幸，并且是全世界的不幸。因我们总理是领导全世界的被压迫民族和被压迫的阶级，作世界革命的人。全国全世界忽然失了这个导师，他的损失是很大的，无论何人想到这一点，莫有不悲伤的。现在国内军阀张作霖的内溃，国外帝国主义者英国因我全国民众反抗的热烈、罢工的坚决，已表示屈服，假使总理还在，见这样的情况，对于今天的元旦，是何等的欢慰，对于现见的时局，必定有极好方略指导我们。可惜总理已经死了，莫有人指导我们人〔了〕，但是总理虽死，总理的精神不死。总理的精神为甚么不死，就是总理的精神已经入注我国全国民众和全世界被压迫的民众，所以不死。（大拍掌）我们总理将他宏大未竟之功交给我们同志，要于最短期间努力完成，我们的责任是何等重大。尤其是我们第二次全国代表大会的代表，是总理逝世后第一次大会，负有承先启后的责任，我们应该怎样努力，才能使民国十五年的元旦有纪念的价值。我们以为：

第一是认承总理的政策。凡政策莫有深厚的理论和合于时势的要求是莫有价值的。总理以四十年的经验，博考古今，参酌中外，集世界各种学说的大成而创为三民主义、五权宪法及种种对于时局的政策，实合于我国的国情，合于世界趋势，我们当奉承总理政策而努力奋斗。

第二是接受总理的遗嘱。有政策莫有实行的方法和步骤，也不能成功。总理临终的遗嘱实给我们实行政纲的方治〔法〕。为国民革命、世界革命计，根本上必定要团结民众和联合世界上被压迫的民族一致努力，才能有效，所以总理遗嘱，教我们必须唤起民众联合世界上以平等待我之民族共同奋斗。中国数十年来国内的纷争都是帝国主义者直接间接造成的，所以总理又给我们一个具体方法以打倒帝国主义，打倒军阀，所以遗嘱叫我们必须于最近期间要废除不平等条约和开国民会议。我们对于总理的遗嘱应当敬谨接受的！

第三是激励革命的精神。革命事业不是单靠政策可以成功的，必定要有革命的精神。革命党的精神是要坚〔艰〕苦卓绝、不屈不挠，是要绝灭一切图利营私、遇事利用的恶观念。我们革命党的光荣是总理四十年来的坚忍诚服和一般同志的高尚纯洁所得来的。但是民国以来也不少利用革命的招牌来作终南捷径的，来犯一切罪过的，所以使革命党受了无限的诬谤，尤其现在本党的反动派完全失了革命的精神，简直成了军阀和帝国主义的走狗，这是何等痛心的事。(大拍掌)我们惟有激励我们同志回复革命党的精神，拿总理的智仁勇来作模范，来保全我们革命党的人。

第四是决定进行方略。总理虽然给了我们很好的政策和方法，但是时局常常变化的，拿死方法来应付新环境，是不能适合的。所以我们应该随时势的变迁，决定进行的方略。现在国内的军阀正在崩溃的时代，外国的帝国主义者自五卅惨案以后，经全国民众的热烈的反抗，已成了强弩之末，我们应该怎样应付这个时局，是目前最急切的问题，这是我们应该努力，也是本党同志大家应该一齐努力的！

好在我们国民政府得当局诸同志数月来的奋斗，历尽了无数艰难，拿不调和、不妥协的精神，终究肃清了东江南路打倒了反革命的势力，使广东统一起来。革命的基础一经稳固，我国革命的成功，一定不远的。今天我们在广东开第二次全国代表大会，我们希望我国民政府继续努力，于最短时期间能统一全国，建设统一全国的国民政府，下次在北京开同样盛大的本党全国代表大会。(大拍掌)敬藉杯酒，并激励我们同志努力，祝政府诸委员同志的健康！

## 鲍罗庭先生演说词

今天我很欣喜看见第二次全国代表大会的各地代表同志，也很高兴与各位同志们谈话。因为两次的代表大会中，没有和全体谈过话，我对于同志们所接谈的，只是广东一部分的同志。现在能与各地来的同志见面、交谈，觉得是更荣幸的！

我是在二年前来广东的。在未来之前，我不知道我到底要到什么地方去，我不知道将要做什么工作，所以我到这里来，并不是我本来的志愿，但我终于来了！终于来的缘故，第一个原因是你们的领袖和我们的领袖间有一种谅解，第二个原因是因为这是我的一种义务。但是我二年前来南方时，并不是直接到中国南方广东来，我是先到上海，所以我们的订约就在上海，其时孙逸仙博士正为了反革命的势力扩张而避在上海，还没有回去，实在我的来广东，是我实行条约的第一步，但是没有做第二步的工作的时候，我们的领袖死了，现在你们的领袖也死了，那末我们要不要互相实行你我的义务呢？要不要实行同样的义务呢？是的！我们要实行！在你们的义务方面，你们应该联合起来，团结成一体去继续总理向有的辛苦！负一部分应尽的责任，这个责任是在联合起来反抗你的们〔们的〕仇敌！自然我们呢，也愿意实行我们一部分的责任，实行我们同样反抗仇敌的责任！不过在我们实行我们一部分的责任的时候，就是我初来广东的时候，一看见这里广州的情形，竟不堪设想，若是把他一切描写出来，或过于世界万恶集薮的地方，那是很不好的了！我们不能够把详细的情形说出来，不过简单的说一句话：就是国民与主义之间有很大的隔膜！差不多国民是国民，主义是主义，国民与主义二者，没有关系似的，而且假革命的人，其行为与主义不相融合，差不多主义是孙博士的好主义，而行为确不是孙博士的好行为。凡是看见过这种情形的人，在良心上是不是觉得行为与主义是可算相合的吗？老实说：是不可能的！是不会的！但是，当时也有同志跟着孙博士去做，我呢，也要做我的工作，可是不能够！因为在这不可能的空气里，环境太恶劣了！其时孙逸仙看见了这种情形，已经忧愁得很，因为主义与行为以二者是相离太远了的，这两方面相离太远的缘故，实能使他容易年老，至少也使他少活了几年！

我当时既经看见这种情形，那末，我到底怎么办呢。主义是好的，但是行为是不对的，主义与人民完全没有关系！那末要这种事实的现状下怎么办呢，我走吗，我还是留下在工作？不走留下，事实上不能做工作，要是去，我违背我的义务和责任。那末到底我怎么办呢？同志们，我不是普通的一个新闻记者，走进总理的办事室里谈话时，满口恭维和赞成，走出了室外，就背后说他是一个理想家这一般人的样子。但是我们做的工作是同志替国家做工作，是对民众做工作的！对国家和对民众，是为国家和民众的利益而做，决不是为一己而做。那末我就应该脱了我的衣服，丢了我一切而去工作。走好呢，工作好呢？当然的是工作！

孙逸仙博士委任我做政治顾问，我于是非常欣喜，我很愿意和他合作。我二年的工作，都是【以】他的主义和教训做材料，我只有这二种材料的工作，除了常常把主义和行为这二方面想拉在一起外，没有其他的工作。当我们在工作的时候，常常遇到了困难，遇到了挫折，我们就去请教总理的引导。我们依了他的引导去做的时候，我们得到的结果就不会十分错误的。然而他现在死了，我们失了一个指导师，犹如一个小孩子失了一个教育的母亲一样。在他活的时候，差不多他的生命完全在革命上面，不但他发明革命的新途径，而且他能有权力来摧残这些阻碍革命的东西，他实在是个有权威的人，是一个利害的领袖，如今他竟逝世了。他逝世后，我们遇到了种种的困难没有，我们遇到种种困难的时候，我们如何去解决，这此〔些〕才是第二次全国代表大会的各位同志们所要讨论和决定的。实在我们也只有二条路：我们屈服了，还是猛进。是的，我们要一直前去，把一切的力量拿出来，我们不管他的障碍，我们应当去战胜Overcome那些障碍才是！

同志们，我们所有的问题只是内部的问题，现在我们都明瞭了解的了，我们只知团结起来是对的，我知道大家都承认是对的，我们如果都认为对的，那就好了，纵或有些小问题，我们也可以讨论，不过在帝国主义者知道我们内部有了冲突的时候，他便用种种话来骗我们，然而我们反抗帝国主义者是一致的，是共同努力的。(鼓掌)至于废除不平等条约的一件事，我们也不该有二种意见，使这个重要的工作在未成功前就先自己分裂而得不到实际的利益。我们决不可使他们因为我们自己内部有了冲突而高兴，如果我们有分裂的现象，就是我们给帝国主义者的生命在中国多延长几年的寿期。(鼓掌)现在大家应当明瞭，我们应该赶快使自己的国家能独立自由。明白了这一层，我们就应当去努力前进，因为我们现在所做的，是继承总理的三民主义中的一部分，就是第一个民族主义。我们决不要看差了总理的工作是民生主义，我们现在没有到民生主义的时期。固然，三民主义是整个的，不能分开的，但是三民主义同时也有系统的、步骤的，我们不要误会，因为民族自由了，国家独立了，民权、民生才能实现，所以凡是我们革命的分子，就不应该有二种政见，不但不应该，且亦不可有！我们决不要为了将来的信仰不同，而在第一步同一工作的时候就争斗，其实即使党中有聪敏的人，也说不出将来不同的地方到底在什么，就是我们总理也不料将来有不同的纠纷，他决定这种主义和策略的时候，也不料有什么不同地方。我们当合在一起，为民众而牺牲，决不能现在下定第三时期的同异，若是我们不能把意见统一，那帝国主义者就不怕我们了！

所以我们从今后让我们大家决定，一致的联合起来革命，不妥洽，不畏惧，向帝国主义者冲锋，不要使他们可以干涉我们的成功。(鼓掌)我希望在这一次的第二次全国代表大会里，在关于这一点上，全体一致的决心求民族解放与独立奋斗，国民革命的成功当指日可待。就此祝国民党的成功万岁！

### 邓演达报告游历经过

各位同志，今天主席嘱托兄弟把游历各国经过情形向各位报告。兄弟此次到德国、俄国的时间原本很短，但这个时候，正是本党同志最努力革命的时候，是最牺牲奋斗，做最困苦工作的时候。兄弟离国两年中，虽然也做研究学问的工作，但不能和在国内努力的同志一起做牺牲苦斗的工作，这是我非常抱歉，非常负疚的。

现在先把兄弟此次游历各国的经过情形，及到莫斯科时见胡汉民同志的情形，以及归途过上海顺到湖州见戴季陶同志的情形，以〔依〕次报告于各位：

各同志都明白，本党改组以后，党的面目和党的工作都比之从前有大大的进步。但这个进步在什么地方呢？就是在乎能把我们奋斗的目标向着大多数痛苦的民众。此目标既定，党的组织工作和方法，便比前时不同，这就是本党改组的根本意义。自从改组以后，本党反抗帝国主义的旗帜，格外鲜明起来，为一般民众所认识，但却已引起了世界一切帝国主义者嫉视。记得兄弟离国，正在总理北上奋斗的时候，及到了欧洲，得以习知各帝国主义者对本党总理议论和态度。原来外国帝国主义者，一向以为中国是已经将要老死，不可救药的，万万不能再有抬头的日子了。因为他们已经用很长的时间，处心积虑，强迫中国订下了许多不平等的条约，中国政治的经济的运命〔命运〕，都早给他们决定了。帝国主义者更因为见得从来中国都没有民众的力量，更大胆断定中国没有法子再起。可是当总理北上奋斗的时候，得了群众热烈的欢迎，无论南北，都一致盼望总理的教训。群众也都因为总理的指导，发生了民族解放的觉悟。帝国主义者至是不能不怕起来。他们都想设种种方法，破坏总理的工作。但是他们的政府，都是离中国很远的，又有什么方法呢。他们于是又仍然【使】出他向来利用军阀压迫民众的惯伎，务使总理与民众隔离，不能接近。因此总理到天津时，民众要开会欢迎，他们也禁止不准。那些帝国主义的代理者军阀和官僚，可怜他还得意扬扬呢！及孙先生抱病入北京之后，病日加重，他们帝国主义者的议论，更是幸灾乐祸，无所不至了！那时我在英国，他们的报纸竟直说如果孙先生一死，中国的革命就定完全没有希望的。到孙中山死了之后，他们虽然在报纸上也有些表示悲哀的话，但骨子里实是表示他们的安慰快乐的。他们以为孙先生一死，中国民众便再不会起来，他们便可以安枕而卧。那里知得总理死了不久，本党的党军和革命的民众，竟能联络一起，把东江的陈家军扫除，海内外的中国人民和各国的革命民众，都大多数表同情于本党。中国的革命前途，不特不必悲观，而且更比前猛进。于是帝国主义者的报纸，又惶骇起来了。

及"五卅"惨案发生，帝国主义者在上海、汉口、重庆、青岛、广州各处明目张胆的惨杀我们的工人学生，就是他们想直用武力压迫中国民众的表示，我们由此更可以看见西欧帝国主义者对于我们中国的态度如何了。

我们知道，俄国是已走向革命成功的道路的国家，他从前的帝国主义已给他本国革命的民众推倒了，现在他们革命的民众且很热心想帮助中国的国民的革命。但西欧各国这种反帝国主义的革命，却还未成功。原本欧洲大战就是因为各国帝国主义者的发展，彼此生了冲突，无法解决，才诉之于大战的。照理，欧战停后，帝国主义者经过前回的教训应该有一致的觉悟。但是目下西欧的国家这样的冲突，却还没有解决，倒天天的加增困难。他们想解决这种矛盾，以缓和他本国的革命民众，就止有仍把东方的殖民地牢牢的握着不放，所以对我们的殖民地的中国就天天的愈加压迫了。

德、英、法三国都是工业发达的国家，帝国主义的要求比旁的国家还更热烈。德国现虽挫败，帝国主义的势力已经打消，但他们帝国主义的要求却依然存在的。英国、法国都是帝国主义的首领，他们不肯改变向来帝国主义的政策，【是】更不待言的。现在且不说别的，单说西欧各国政府对我们中国革命的态度是甚么样。

自从“五卅”惨案发生以后，在英国，革命的民众是很热烈的反对的，不止城市的人民为然，即在乡下也可以见得的。在帝国主义者那方面，却天天想设法愚弄民众，竟说中国当英人未到以前中国连衣服也没有得穿的，到〔等〕英人到了中国，中国人才有每日几角的入息，有饭可食，有衣可穿，英国人何尝亏负中国呢，中国人如今不想报答我们，还想仇杀我们，真是恩将仇报。你想英国帝国主义者侮蔑我们实到了如何的程度！他当我们的民众、我们的党是什么东西！但是我们的国民革命运动，已天天发展，民众因为有本党青年的指导，反抗帝国主义的决心愈加热烈，从此次香港罢工便可以证实。他们无论如何是不能逞其伎俩的。现在英国帝国主义者又改变了方策，把美国愚弄，和美国联络一起，因此才有什么司法调查的敷衍的办法；又举行关税会议，想拿些少便宜，把我们当小孩子一般来愚弄。这就是英国帝国主义者对我们的态度。次说法国，他原本一个共和国。我们从前以为共和国家不特是对国内的人民平等自由（记者按：法国国内人民，也没有得到真正的平等自由），就是对全世界各国，也是实行平等自由的，谁知事实上都大大不然。“五卅”以后，上海、广州的惨案都有法国人参加在内，他却还是一面想用滑头的手段把责任推给英国，一面却又是侮蔑我们的民众。他们说中国民众的反抗运动，是凡是欧洲人都要杀的。侨胞因此却起了非常的震怒，各位看报可以见得旅法华侨曾经包围公使陈箓，要他提出抗议，就是同情祖国民众的一种表示。法国帝国主义者知道中国民众革命热情的高涨，所以取高压政策，把侨胞一切革命的份子都驱逐或者监禁，他们的手段是如何的毒辣！

次说德国，因为欧战后海陆军备都受列强的限制，他已经同样的处在被压迫的地位，故政府中人也有一部分是对中国表同情的。但此次由“五卅”惨案对中国所表示的同情，都是利用作一种外交的策略。因为他受英法的压迫，承认许多不平等条约，失了许多殖民地，他是无日不想利用革命民众去反抗英法的，现在更想利用到东方半殖民地革命民众的反抗去挟制英法。他们是想英法把他们的损失交还他们，不然就要同时作反起来。他们实在想用中国革命做他们的工具。

以上所讲，就是英、法、德三国帝国主义者对我们中国态度。至于这三国的革命民众，对于中国的态度都是大相反的，容继续向各位再行报告。

说到各国革命民众赞助我们中国革命运动的热烈，实不由我们十分惭愧。因为我看中国的报纸，无论是北京、天津、上海、香港的报纸，除极少数能说些正义的话之外，大多数都是已经受了帝国主义的欺骗。但各国革命的民众，反大多数明白他们本国帝国主义者的狼〔狠〕毒，时时会发生热烈反抗的运动，这真令我们许多国人要羞死而无地自容！

如今先说德国的民众。他们对中国的革命不特是有十分热烈的同情，而且更有鲜明的表示。他们很多说恨不得到中国去参加革命的。在德国的政党原本分为三派：

（一）帝国主义派。就是从前封建时代遗下的贵族，以兴登堡为首领，现在虽然已失了许多势力，但无时不想再行恢复的。

（二）妥协派或调和派。可以社会民主党中央党为代表。他们口里说的是为大多数痛苦的民众，实则暗中和帝国主义互相勾结，以欺骗平民。道威斯计划和罗迦诺会议都是这派所赞成的。他们对中国的态度，第一则不加批评，第二则发些毫不相干的电报，藉以表示他的假仁假义。但他们自见了我们在德国的国民党同志，亲自到德国的民众中讲演，他们便对我们说了许多侮蔑的话，说我们到工人中演说的不是中国人，实是德国的无赖。

（三）革命的民众。这派大多数都属社会主义者。他们对中国表示十分同情。差不多每天都在报上有一大幅是登载我国惨杀案的消息，并发表他们对于此等不平等事件的主张。他们主张革命，主张把骗人的政党打倒，和中国被压迫的民众互相呼应，其中有好几百万的工人是为着中国革命事件到处演讲的。他们并且想派代表到中国，与中国民众联络起来。

次说英国的民众。也见〔是〕大多数表热烈的同情于我们国的革命的。“五卅”惨案以后，上海、香港、汕头许多英国大商家，打电【报】要求英政府出兵，英政府也想执行了。但是工人内部深深晓得即使压伏了中国的革命民众，还是不能使他们有利益的；不特没有利益，而且会愈加痛苦，他们宣言要是政府派兵到中国，他们就一致罢工。（鼓掌）由此看来，英国虽然是最著名的帝国主义的国家，但是也有许多热烈赞助被压迫民族的革命民众在。

次说法国的民众。自从去年“五卅”以后，中国民众都有反抗帝国主义的表示，法国政府为缓和他本国民众的革命，不知说了多少愚骗民众的话。但是大多数被压的工人，都仍然用种种方法帮助中国。他们特别要接近旅法华侨的革命分子，表示赞成贯彻我们的主张。可是因此愈更惹起法国政府的畏忌，所以许多华侨的革命分子，都给法政府递解回来了。

以上英、法、德三国的民众——尤其是德国的民众，都是赞成我们中国的革命党的。如今更说一说各国帝国主义者，自从见得他本国民众也有这样表示之后，究竟又用什么对付的方法？兄弟觉得他们有两个方法的：一个是对内的用恐吓煽骗的方法。如诬中国人如何排外，以引起民众狭隘的国家观念，鼓吹民众一致对外之类；都是他们的巧计，但一般工人大多数都不肯受骗了；二个是对外的用险狠毒辣的方法。他们是想永久把东方文化落后的国家通通压伏〔服〕，以维持他们帝国主义的威势的。他们尤其是想并吞了地大物博的中国。但他们想与其用武力去并吞，不如用阴谋去破坏中国民族的复兴运动。于是他们的机关，什么东方通讯社之类遂天天造谣，或说中国国民党实行共产，或说中国的爱国分子赤化。他们以为这样两法并用，不由中国不长在他们支配之下。不知革命之发生实由环境的需要，革命乃是客观的事实，并不是忽然而生，忽然而灭的。除非是西方被压迫的民众已经解放，东方被压迫的民族也已经解放，否则革命运动，任谁也不能把他停止。他们纵然日日造谣，但他西方的革命民众仍然是赞助我们的。我们的革命运动，也止有天天高涨，再没有跌落的。他们纵然尽量在西方收买政党的报纸，在东方收买冷血的买办和军阀，但到底结果是与其希望恰恰相反。(鼓掌)帝国主义者的伎俩是已穷的了。现在他们虽然用尽千方百计开什么罗迦诺会议，把一班帝国主义者联合起来，一面想压倒自己国内的革命，一面想压倒东方半殖民地——尤其是中国——的革命，但我们可以告诉他们，到头来一定适得其反。（鼓掌）

现在再报告在莫斯科的情形。胡汉民同志此次奉本党及国民政府之委托，到俄国及其他各国，其重大目的实要做国际的宣传工作。他此行的目的大概有三项：(一)把中国革命的真实意义宣传于各国民众。(二)联络各国凡表同情于我国的政党和民众，共同努力。(三)向海外侨胞宣传，使他们明白帝国主义者侵略我国的阴谋，不要再受他人的欺骗。胡先生近来所做的工作，就不外这几种。他每次发表文章，都有俄、德、英、法四国的文字转译，除掉最反动的报纸不计外，大多数都愿意把他的文章发表的。但他们对于胡先生都十分注意，以为这是中国革命的一个领袖，现在到西方来，是要切实和西方的民众联络的。但胡先生每到各地讲演，都是把中国革命的真象告诉听者，更常和德法各国的革命同志，研究解决中国问题的方法。兄弟到莫斯科时和胡先生住在一块，故和他谈话很多。他对于最近国内军阀争斗的意见，以为这固然是中国国民革命的好机会，但是我们党中同志，到底要自己努力革命的工作，再进一步去统一全国才是。至于他对党内最近发生的纠纷，在他看来是不成什么问题的。他止可惜许多同志受帝国主义宣传的影响，把国际的观念看不清楚，以致〔至〕不知中国国民革命在革命上之位置；不知与外国的革命党人和革命民众联合，是中国国民革命最重要的策略；不知革命的成功全靠拿最下层的民众做革命的基础。至现在同志中，许多不愿意受党的纪律的束缚，他以为这是一件很不幸的事。

至于胡先生之在莫斯科，实受俄国民众热烈的欢迎。当他下车时，顶少有三十万的民众，在铁栅外跻踊着要见胡先生的。俄政府因为恐怕有帝国主义者的侦探，或谋加害于胡先生，想要求民众另择日子再和胡先生相见。但民众总是不听，人人都还想和胡先生接一个吻，因为他们渴想见一见东方被压迫民族的一个领袖。胡先生自到莫斯科后，见得群众的情形这样，他就明白俄国革命的基础在什么地方了。同时并且看见俄国共产党员尊重党的纪律的严重，看见俄国革命前后的情形有什么的分别，看见中国国民革命与世界革命是有什么关系。这于胡先生他日回国时，当有很大的裨补的。他现在还很想用多些时间和俄国的民众接近，然后再到德国和土耳其去，然后回到中国。以上都是兄弟到俄国见胡先生的经过。

现在再说回国后由上海到湖州见戴季陶同志的谈话。戴先生在前几个月发表过两篇重要文章，他的本意，原是因为见得本党同志有些太过懦弱不振，有些不能认识革命的途径，故发愿把本党党员一齐唤起，一齐革命。后来有人骗他到北京开西山会议，这班人却是违背党纲，想利用他的文章去做不革命反革命的工作的。所以戴季陶先生到北京第二天便离京南下，把西山会议的事情，一概取消，一概不理。戴先生原是抱一腔革命的热情，苦心焦虑，想找出一点良好方法，能够大家一同走上革命的大道，那知他的苦心孤诣之作，却会被人利用，实觉得非常悲痛。他现在正在上海努力于反抗日本出兵这件事，向民众活动。我〔相〕信他在相当时间内一定能同革命的同志一起去做事的。以上都是戴先生和兄弟谈话所表现的态度。

兄弟今天虽然在这里发言，觉得非常庆幸，但自顾已放弃两年的工作，却十分抱愧。此后惟有更求各位同志的指导监督以期能够补从前之过，这就是兄弟至诚的盼望了。

〔国民党中执会档案〕

## 13 国民革命军独立第二师政治部反对西山会议派电

（1926年1月6日）

全国各团体、各报馆公鉴：报载林森、邹鲁等在北京召集国民党第四次中央全体会议，闻讯之下曷胜诧异。中国国民党领导国民革命与帝国主义及其走狗军阀为敌，因此帝国主义与军阀日伺进攻，以谋消灭中国国民党势力，使全国民众失其领导者。帝国主义与军阀始终狼狈为奸，尽量逞其压迫民众之能事。在此艰难险恶之环境当中，中国国民党同志应如何更加团结，更加努力，冲过难关，积极奋斗以完成中国国民党革命历史的使命。乃有少数反动分子林森、邹鲁辈，竟于革命潮流高涨之际，在北京召集之所谓第四次中央全体会议，希图破坏革命战线，延长帝国主义与军阀之生命。第三次中央全体会议议决，第四次中央全体会议，只能在革命根据地之广州开会，而林、邹等竟公然在帝国主义及军阀双重势力下之北京召集会议。第一即违反党之议决案。且中央全体会议均由秘书处召集。今林、邹等已〔竟〕未得秘书处之召集而私自开会。第二开会手续完全不合。又曾列名北京同志俱乐部，经中央通告须即退出，而不听命令伸明脱离之居正、石青阳辈，林、邹等亦居然召其列席会议。第三即藐视中央之前次通告，凡此种种罔知纪律，违背党纲之反动行为，同人等断难任其破坏革命进行，誓为反对，并以全力拥护广州中央党部之主张及国民政府之一切政策。望国人亦起来一致主张为荷。国民革命军独立第二师政治部叩。鱼。印。

〔广州国民政府档案〕

## 14 丁维汾在国民党"二大"会议上关于北方党务问题发言记录

(1926年1月7日)

主席：现在可照议事日程请丁维汾同志报告北方党务。

丁维汾同志：关于北京的党务已有书面报告，现在把其中几个要点说说。

北京党务不能发展的原因甚多，现在择其中三点来说：

一 北京政府的武力压迫。

二 经济的缺乏。

三 内部分子意见的不能一致。

有了以上三个原因，所以党务发展，极感困难。在这三个困难之中，觉得：(一)武力压迫，我们还可以秘密进行，避免这一点障碍。(二)经济缺乏，原本是一件困难的情形，但我们革命的工作，系和困难奋斗，在这困难中我们能够建设，才见得我们革命的精神。至于(三)内部的意见不能一致，真使我们的工作感受无限的痛苦。在这一点，我们不能不恨民治主义同志会那个反革命团体。民治主义同志会，民国十三年在北京成立，他成立以来，便天天作反宣传。第一次北京市党部执行委员会选举，他们因为不能入选，向中央党部控告同志怎样的选举不公。原来在北京地方的党务进行，是秘密的，当然手续上有不能完全之点，但决不至如他们诬控的事实。他们也明知是这样的，不过有意捣乱就是了。到了去年六月，又发生共产和反共产一个问题。共产和反共产，在别处确不成一个什么的问题。单在北京有他们那般民治主义同志会的造谣，便像煞有介事的，生出许多问题，作为反宣传的材料。十四年春间，冯自由、马素、邓家彦辈在北京组织国民党同志俱乐部，首先加入者，便是民治主义同志会。后来因为北京同志许多退出同志俱乐部，他们表面上也宣告脱离，但我们每次被人捣乱时，都是民治主义同志会的分子，暗中在内面活动。即如这回西山会议，向北京执行部捣乱，都是这班民治派的人物占多数。本来西山会议在北京的同志是没有人理会，独自民治主义同志会非常给他捧场的。民治同志会在北京便成了反对国民党和国民政府的大本营了。

自从总理北上之后，北京党务的进行，本来比较从前容易活动。但因为每次活动，都有民治派反动的运动，而且十分出力，所以独感困难。原来在北京的团体，从前反对过民治主义同志会的，有一个青年团。民治派斗青年团不过，才加入国民党和青年团反抗，原是想利用本党，来达到他不正当的目的的。当时系由谢慧僧同志介绍他们入党，后来他们对人说，国民党在北京不能够作公开的运动，不若把民治主义同志会这招牌拿出来，便容易活动。如果入国民党，只要先加入民治同志会。他们还想把民治同志会推广到各省区，这不是成了一个国民党的预备会吗？当时我在上海，谢慧僧便把这件事告诉我，我当时便不赞成。因为一个有系统、有组织的国民党，给他利用，将来介绍加入我们的，至多不过六成。但不能介绍的，还有四成。那四成便是反对我们的，我们何苦给他利用，反成立了一个反对我们的机关。谢慧僧当时听了我的话，便拿此事作罢论。因之他们亦不能推广到各省区，他们的总部，仍在北京，使我们感觉得十分痛苦。

现在北京许多青年，已经明白他们的真相，都不愿意加入。他们又改头换面，用孙文主义学会来号召。一般青年们不察，以为孙文主义学会这个名义是好的，便有许多人加入。不过他们实在仍旧做破坏我们党务的运动。今日我所以特别提出者，因有许多人未明白北京孙文主义学会的真相，故特别报告，请大家注意。其余党务之详细状况，兄弟有书面报告，请大家指教！

〔国民党中执会档案〕

## 15　张国焘在国民党“二大”会议上关于共产党问题发言记录

（1926年1月7日）

二十九号张国焘同志：刚才丁同志在北京党务报告中有关于共产派的问题，本席对于这个问题，有些意见，向各位同志一说：

自从共产党加入了国民党之后，就引起一般人的误解。在这许多的误会里，却是因为没有明瞭革命上一种重要的意义。所以我为了革命前途的努力计，来略略解释其时的情形。

从前共产党为什么加入国民党？我们要知道共产党第一次加入国民党的时候，正是民国十年孙先生受陈炯明叛变往上海的时候。当时共产党，已有第一次宣言，发表赞成国民革命工作。其时上海的舆论，已非常讥笑侮辱。共产党的同志便在上海极力帮助孙先生，为孙先生抱不平。这是共产党最早加入国民党之情形。但是，这时共产党在中国的思想界里，还是势力很小的。不过要各位知道，中国共产党是自有历史以来，并未帮助过任何一党，止有帮助国民党。许多人说共产党与吴佩孚合作，事实上完全不对。不过，共产党员有一人与吴佩孚秘书认识者，介绍见吴佩孚二次，这才是事实之真相。共产党员为何以私人资格见他呢？因想要在反革命分子里面，也努力谋求减少国民革命之障碍。后来见吴佩孚在京汉路擅杀工人，共产党便认识他为反革命，不单是不和他合作，且反对他。这件事实，也是孙先生知道的。可知共产党完全为革命而工作，并不是为和军阀妥协而工作，所以后来走到孙先生的国民党旗帜之下工作。因为共产党不单认国民党为革命党，还承认他是唯一革命的前辈，唯一革命的政党。国民党是好哥哥，共产党是好弟弟，哥哥弟弟应该一齐在革命战线上做工作。有人批评共产党人没有党德，或说他是跨党不好，还将一切诬捏的说话，加在共产党身上。他们不听得孙先生说，国民党应该包含一切革命分子，在革命旗帜之下。共产党工作，和国民党一样的。共产党加入国民党，要守国民党的纪律，同时还要守共产党的纪律，如果说到党德，这便算是最高的党德。

又有人说，共产党加入，将国民党分裂，故意造出反革命、假革命、不革命几派。其实自有革命以来，即有反革命、假革命，并不是共产党加入国民党以后才有的现象。孙先生未逝世以前，也有这样的事实。既然从前已有，便不是共产党造出来的了。而且不特国民党有这类事实，世界所有革命党，都有这类事实。又有人说，共产党主张阶级斗争，实与全民革命不对。因为现在的革命，是要人家共同起来革命，现在主张阶级斗争、岂不是离散革命吗？其实亦不然。因为人类有史以来，便有阶级。远的不说，且说近的。譬如现在有坐汽车的，也有拉手车的，有住洋楼不要做工而不忧衣食的，也有虽然整天做工，也不得饱饭吃。从有史以来，那阶级制度便分得清清楚楚了。若是在不同的利益中，要共同革命是不可能的。所以中国的共产党，要在不同阶级之中，找出一个经济上的共同的利益。假使阶级分离，不发生共同关系，便不能联合起来共同革命了。即如这回上海反对关税会议，一方面富人压迫工人，因为工人要求增加工价，所以我们对工人说，关税会议不是替工人争回利益，止是拿工人及小商人的血汗去担保一切国外资本主义者所借给我们的外债。所以共产党，是主张联合一切革命分子共同奋斗，不是主张分裂。换言之，主张集中革命的势力，不主张分散革命的势力。反革命的人，即是孙先生所说的帝国主义和军阀互相勾结，为革命进行之障碍的。大家须知中国革命的工作，是要打倒帝国主义，和废除不平等条约，是一个极困难的工作。但我们不要畏难，不要妥协，一致在艰难中奋斗。所以现在共产党和国民党联合工作，是中国唯一的革革〔命〕工作。

八十一号许卓然同志：今天原不是演说的时间，但本席对于张同志所说的话，也有些意见，可否也许本席登台发表意见。

主席：可以的。

〔国民党中执会档案〕

## 16　许卓然等在国民党“二大”会议上关于共产党加入问题发言记录

（1926年1月7日）

八十一号许卓然同志：今天本来是议事，不是演说。但我刚才说过，因于有一位同志提起共产党的话，所以我才发表意见。国民党容纳共产党员加入，这是总理所特许的，也是第一次代表大会决定的。凡是本党的党员，本来不应该反对，也没有反对的余地。但是同志们偏要发生种种的误会。兄弟以为凡是一个党，那末就要大家知道自己是一个党员，就是把党的利害为标准。我们国民党，既经是要革命，那末大家就去革命。革命的就是党员，不革命的不是党员。国民党的党员不革命，就不是真正的国民党党员。就是共产党的党员，既经为了国民革命而加入国民党，则凡是不做国民革命工作者，也不是真正的共产党。因为革命是为他的，不是为己的。譬如汪精卫先生，他是努力于革命，努力于党的，努力于国的。那末，我们不必去问他是国民党员是共产党员，我们总是拥护他。但是，近来听得兄弟在未赴大会之前，曾到上海、汕头两处，问过许多同志，为什么反对共产党？他们说："共产党加入本党后，是自己还有机关像党一样的。"又说："现在什么机关，大半为共产派所把持。不加入共产党，就不能有发展。但这是我由传闻而来的，不知是否事实。"本席希望同志们不要大家误会，不要存我是国民党，他是共产党的心。要知道我们所需要的是国民革命。要革命，大家去做，国民党也不要忌共产党。革命是为他的，不是为己的呀！

五十九号高语罕同志：刚才有一位同志，批评共产党，但是据他说是耳闻来的，不是确实知有其事，但是我们总要问一问："共产党加入国民党，是不是要为争位置而来的？争权利而来的？"不是的。他们绝对不为争位置和权利，而是为革命而来的。譬如汪精卫先生，在一般人看来，简直是中华民国的大总统。而在汪先生自己看来，则不过与黄包车夫或牛马一样。古人说："要分别有价值与否，不要单看分量，犹如辨别金子，不在看他的颜色而在质地一样。"共产党若是要争位置，何处不可争？还革什么命？我们要知道，革命只是一种义务！没有什么权利可言的！若是我们要位置，那也便当得很。什么中央执行委员会，你要做就做。但是能力不允许，我做的时候，或是人家不许你做的时候，而你偏要做，那这就是为自己谋权利。我们就可以拿手枪打死他。

我们就可以认他为反革命。但许多人误会了。所以，我略略提出二点来讲。

第一，我们要知道革命势力之下有共产党员的加入，不是中国特殊的情形。凡是世界上一切弱小民族的革命都如此。譬如土耳其、保加利亚、埃及、罗马尼亚、叙利亚等的国民革命的党中无不有共产党派的革命分子存在，和他合作。为什么共产党员要这样做法呢？这就是我们所谓列宁主义的一种特殊精神。我们因何叫他为列宁主义？而不叫他是为马克思主义呢？固然，列宁是一个马克思主义者。但列宁在这个反帝国主义运动里，发明了东方的国民革命的伟大的力量，同去反抗世界资本帝国主义，所以我们才叫他是列宁主义。而列宁尤其重视三民主义的成功。所以，自从俄国第三国际的革命成功之后，对于我们东方民族，就宣言取销一切不平等条约。我们只要拿事实来看什么呢？但是列宁的民族革命，与其他假冒的不同。因为马克思之后，有假的马克思主义者，是所谓第二国际。第二国际的民族观念怎样呢？大略有二点：第一，他们以为民族自决，只有欧洲的民族才有自决的权利，只有白种的文明才有政治上的权利，东方民族或有色人种是不能的。这是第二国际的贵族式的民族自决。但是列宁主义则不然。列宁主义以为凡是民族，都有自决的权利和政治上独立的权利。不问他文明不文明，不问他是黄种白种，只是民族，无论红黄蓝白黑五色的人种都可以的。什么文明不文明，列宁一概把他打销尽了。不然，那就是假革命，不革命，甚至于反革命了。这就是列宁主义所以能救出弱小民族的缘故。我们再看第二点，他们第二国际以为弱小民族只有在文化上、教育上，及其他方面可以享一点权利，只是政治则不能有份的。换言之，只有在白种帝国主义者压迫之下，才有文化上、教育上一部分的权利。但是，这都是欺人的话！这是想把弱小民族的思想低落下去，而消灭他的政治观念的。至若中山主义，主张革了命才有教育好说。要好教育，就不能不革命。政治不好，教育就无从说起。而列宁主义主张，不但文化上有绝对的自由，而政治上也有绝对的自由。这就是列宁主义和中山主义二个的特点。但是这二个特点有什么关系呢？在第三国际之下的纪律，是非常严明的。不但反对做官，并且反对官僚化。各种事务在他第三国际指挥之下，是不要感谢的，因为革命乃是一种义务，他们所做的工作一半是东方的国民革命，一半是世界的社会革命。所以他不能不如此。现在中国的问题，不只是中国的问题和东方的问题，实在是世界的问题。马克思主义者承认资本主义的国家发达到最后的阶段，是一定要革命的。因为在资本工业的社会制度里，资本家自身会冲突起来而崩裂。所以马克思当时看定英国是要革命的国家。然而为什么英国到现在还没有起来革命呢？这是因为他抢夺东方殖民地吸收中国工人的血汗，去延长他的生命，供他们对于自己国内麻醉工人的挥霍。所以我们要推倒帝国主义，当然非把英国资本帝国主义者和一切帝国主义者驱逐出去不可。然后他们不能来吸收。到那时候，不但中国的革命成功，世界的革命也成功了。所以这其中的关系是很明白的。我们不是要打倒军阀，打倒帝国主义和废除一切不平等条约的吗？那我们非联合世界被压迫民族共同起来奋斗不可。当时我们还记得中山先生曾有中、俄、德三国联盟的计划，就是后来被〔叛〕逆陈炯明所发表了的。其时中山和列宁都已看到负有解决世界上的问题的国家只有三处，就是中、俄、德三国。这三个国家形成三角形势。不但包含一切弱小民族，而且包含一切世界上的精华。讲科学和工实二业的专门人才，德国是最丰富的。差不多德国的科学，是全世界的领袖。俄国自从革命成功之后，一切也都积极能发展，他们的土地自然很大，差不多有一万万五千万的人民。有一次我在火车上碰见一个俄国的革命党的要人。他说，你看罢，西比〔伯〕利亚的土地多么广大，我们可以把世界上一切弱小民族革命党收养在西比〔伯〕利亚，培植他们革命的力量，以便回去革命，这个意义中山先生也是知道的。至于中国当然是“当仁不让”。可以说地大物博。若是大家努力起来，数年内，中国的国民革命成功了，日本的民众一定会起来，世界的一切弱小民族也一定会起来。那时候所谓洪水猛兽的阶级争斗，所谓社会革命，却又是一个意义，而不成什么问题了。你们不看中山先生的批评马克斯学说吗？但批评并不是反对。中山先生明明是主张阶级斗争的。而大家偏说国民党不应主张阶级斗争。中山先生不是说过，世界上只有二种阶级吗，一种是十二万万五千万人，一种是二万万五千万人。这二万万五千万人常常在那里向多数的民众压迫。所以中山先生虽不明说争斗，但事实上不能不争斗。现在敌人已打到大门口了，我们还在家里打吵吗？末了，我把吴稚晖先生的一段话来作结束。他说：“我觉得国民党的纪律与共产党一样的好，所以我便做好的。若是国民革命成功之后，共产党的好，我就做共产党；若是共产党成功之后，无政府好，我就做无政府党。”所以，我敢说国民党成功之后，共产党当然也欣喜得了不得了。

〔国民党中央执行委员会档案〕

## 17　宋庆龄在国民党“二大”会议上演说记录

（1926年1月8日）

宋庆龄同志：各位同志，我觉得很抱歉，因为种种的环境，不能早日来此参与盛会。现在承诸位的好意，推为主席，私心自问，非常惭愧，也非常感谢！我这次回到广东来，觉得有一件事是非常安慰的。因为此间一切的政治、军事都很有进步，而且比先生在的时候弄得更好。这不是我个人安慰，而且亦安慰了先生在天之灵。所以，我觉得前途是非常乐观，非常有希望。但是，我要希望诸位团结坚固，不要受人家的挑拨，不要因一、二人的私见便争意气。因为先生主义的成功不成功，全仗诸君的努力。如果诸位能大家合作，则先生的主义，一定是能够成功的，能够实现的。如其不能合作，则先生的主义决不能成功的。所以，我竭忱的希望诸位，要大家合作！

〔国民党中央执行委员会档案〕

## 18 国民党“二大”会议处分西山会议案记录

（1926年1月13日）

二、提案审查委员会报告处分西山会议案。（由路友于同志代表报告，陈公博同志翻译粤语。）全文如下：

关于弹劾西山会议审查报告书

（一）由秘书处交来各处弹劾案六十余件：

（甲）报告　件　（乙）文件　件　（丙）电　件

（二）审查结果：

（甲）谢持、邹鲁拟处以永远开除党籍处分。

（乙）居正、石青阳、石瑛、茅祖权、覃振、傅汝霖、沈定一拟处以暂时开除党籍之一年处分。

（丙）张继、林森、邵元冲、叶楚伧、张知本拟处以用书面警告处分。

（丁）戴季陶拟由大会训令促其猛省不可再误。

（三）理由

关于此次谢持、邹鲁等发起西山会议，大会接受各地报告之后，认定此等举动，纯属违法，并足以危害本党之基础，阻碍国民革命之前途，非加以严重之处分，不足以伸党纪而固吾党之团结。审查提案委员会接受秘书处交来各地弹劾案之后，认定此事为吾党成立以来，违背党纪之重大事实。但西山会议诸人，有主动最力而蓄意谋危本党之自身者，有无意捣乱而属于盲从附和者，有因一时之误解为人所愚而致引入歧途者，有因个人之主张不同而致为人利用者。情节既有主从之分，则处分自不能不有轻重之别。故本党叠次召集各委员审查，并征集主席团及各同志之多数意见，拟定其处分如上，并胪列处分诸人之理由：

1、谢持、邹鲁二人，自民国十二年即在京组织民治主义同志会，其意即欲于本党之外，自成私人团体，以谋一己之利益。此次在京发布种种反对国民政府言论，诬蔑同志，破坏党政府之信用，纵无西山会议，亦当处以严重处分。矧此次西山会议，谢、邹二人事前奔走联络，利用同志会之分子，捣乱北京执行部，更进而发起西山会议，事后又遣派党徒分赴各地运动联络，攘夺党部，所以，谢、邹二人，纯为主动之人，其违反党纪，亦当以二人为首。故审查之结果，对于谢、邹二人，拟处以永远开除党籍之处分。

2、居正、石青阳、石瑛、覃振、傅汝霖、沈定一、茅祖权，根据各地报告，此次均拥护谢、邹最力而捣乱亦最力，其蓄谋故意，殊与盲从者有别，惟与谢、邹比较，终有首从之分。故审查结果，拟处以暂时开除党籍处分。

3、林森，平日本无他，此次纯然受人包围；叶楚伧、邵元冲虽曾与会，究与居正等蓄谋故意者不同；张继则仅到会一次即大哭而退；至于张知本则始终并未到会。以上诸人，略迹原情，应予自新。故审查结果，拟处以用书面警告处分。

4、戴季陶，于去岁五月曾在第三次中央执行委员会全体会议起草关于容纳中国共产党分子加入本党之训令，乃曾未一月，即以个人名义发布《国民革命与中国国民党》一书，惹起党内纠纷，但于此次西山会议，始终并未与会，离京之日曾函吴稚晖同志表示悔悟。总核其个人言动，虽或出于整顿本党之热情，然因此致为反动分子利用，惟念戴同志始终为党奋斗，翊赞总理改组本党，殊有勋劳。审查结果拟由大会训令促其猛省，不可再误。

以上审查结果，皆于严整党律及对于本党之前途兼顾统筹，对于反动分子固严加制裁，而于此次错误之同志，但求可以自新之机，亦都顾念前功，概以宽大。至关于此次审查，仅限于西山会议一案，其尚有涉于别种弹劾者，再当并案合并声明。

路同志口头报告既毕。

〔国民党中央执行委员会档案〕

## 19 国民党"二大"会议弹劾西山会议决议案

(1926年1月16日)

弹劾西山会议决议案

关于本党少数中央委员及监察委员发起西山会议，大会接受各地报告之后，认定此等举动，纯属违法，并足以危害本党之基础，阻碍国民革命之前途，非加以严重之处分，不足以伸党纪而固吾之团结。大会聆悉关于本案之审查报告以后，认此事为吾党成立以来违背党纪之重大事实。但西山会议诸人，有主动最力而蓄意谋危本党者，有属于盲从附和因一时之误解为人所愚而致引入歧途者，有因个人之主张不同，而致为人利用者。情节既有主从之分，则处分自不能不有重轻之别。兹特按照各人之行为，判定其应得之处分如左。

(一)谢持、邹鲁二人，自民国十二年即在北京组织民治主义同志会，其意即欲于本党之外，自成私人团体，以谋一己之利益。此次在京发布种种反对国民政府言论，诬蔑同志，破坏党政府之信用，纵无西山会议，亦当处以严重处分。况此次西山会议，谢、邹二人事前奔走联络，利用同志会之分子，捣乱北京执行部，更进而发起西山会议。事后又派遣党徒从分赴各地运动联络，攘夺党部，故谢持、邹鲁二人，纯为主动之人，其违反党纪，以此二人为最。谢持、邹鲁应永远开除党籍。

（二）居正、石青阳、石瑛、覃振、傅汝霖、沈定一、茅祖权、叶楚伧、邵元冲、林森、张继、张知本等十二人，附和谢持、邹鲁，除张知本外，均参与西山会议，实属违背纪律。张知本虽未到会，然未声明与西山会议脱离关系，亦不能无附和之嫌。惟此十二人，并非西山会议之主谋，略迹原情，应予以自新之路。由大会用书面向上列十二人提出警告，指出其错误，责其改正，并限期两个月内具复于中央执行委员会。若此十二人中有不接受大会警告者，是甘心背判本党，而与谢持、邹鲁同趋，中央执行委员会应即执行纪律，开除此不接受大会警告者之党籍。

（三）戴季陶于去年五月，曾在第三次中央执行委员会全体会议起草关于容纳中国共产党分子加入本党之训令，乃曾未一月，未得中央执行委员会许可，即以个人名义发布《国民革命与中国国民党》一书，以致发生不良影响，惹起党内纠纷。但于此次西山会议，始终并未与会。离京之日，曾函吴稚晖同志表示悔悟。总核其个人言动，虽或出于爱护本党之热情，然因此致为反动分子利用成为破坏本党之工具，与戴同志原意适得其反。惟念戴同志为党奋斗有年，翊赞总理改组本党，颇有勋劳，应由大会予以恳切之训令促其猛省，不可再误。大会对于西山会议一案判决如此，其有与别案关涉者当另案办理。

〔国民党中央执行委员会档案〕

## 20 恽代英在国民党"二大"会议上演说记录

(1926年1月19日)

恽代英同志演说

今天是第二次全国代表大会闭幕的日子，我本无话可讲，因为所有的好话都给各位同志说完了。但是，由今天的情形回想到第一次的全国代表大会时候，我想不但我们同志承认，而且凡中国国民也都承认，我们的第一次全国代表大会，是在中国革命历史上有永远纪念价值的一个大会。因为现在中国国民党的发达，已比前不同了，全国革命的运动，比前进步得多了，这都是第一次全国代表大会的成绩，都是因为第一次大会以后同志们受总理的指导，决定了种种方策而能够努力工作的成绩。现在在这里的同志，应该想到要这回第二次大会像第一次大会一样的有价值；一样的在中国革命史上有永远纪念的价值。

要想使第二次大会在中国革命历史上有纪念的价值，我们就要怎么样呢？要说的话很多，现在单说两件事：

(一)第二次大会以后，我们的党要变成一个更有力量的党。我们的中央执行委员会要变成一个更有力量的中央执行委员会。我们的全国代表大会也要变成一个更有力量的全国代表大会。第一次大会虽然是好，但仍有许多缺点。最易见的还是缺乏森严的纪律。两年以来党中发见不少明白违背党的纪律分子，中央执行委员会毫无办法去制裁他们。这就表明我们第一届的中央执行委员会实在太没有力量，表明我们第一次的全国代表大会也太没有力量。大家都知我们议决了很多的议案不是要说空话，是要实行的。怎么样才能够实行呢？就要靠大家同志回去各地以后，把这种种议案，告诉给一切党员知道，训练他们，使他们每人都能够为这种决议案去奋斗。现在本党的内面，外面，都有许多人想妨害我们的决议案，我们同志应当加倍努力，要使第二次大会以后，本党比以往的两年更有力量，把应该做的事情，一一实现出来，不许甚么人能妨害我们。已往的我们不谈了，因为虽不很好，也不很坏。我们止是要本党以后更好。因为中国革命是很需要一个更有力量的党，很需要一个真实能够有严整的纪律，而能实践各种决议案为民众利益奋斗的革命党。

（二）第二次大会以后，我们同志要更加认清楚本党的主义。两年以来最妨害本党的进展的就是什么主义之争。比方有些人常说那班人是共产党员，那班人是纯粹国民党员。这种分门别户的办法是一点好处都没有的，止有使党员之间生出很大的隔阂。有那些存心破坏的人，说什么我们止要三民主义，我们要反共产。但究竟三民主义是什么东西，他们那里懂得么。很简单的说，讲三民主义的国民党，一定是反对帝国主义，一定是反对军阀，一定是要为平民——尤其是大多数的农工——的利益奋斗。必如此乃可以言国民党，不如此者决不配称做国民党。也有许多人见我说这话，又说我这是宣传共产主义了。不错，共产主义者亦要宣传这种道理，但我要反问三民主义者就要反对这种道理吗？

在这几天开会之时，最高兴的就是我们的党不特不因孙先生之死而涣散，反转更加团结；不特不因帝国主义者和军阀的反对而分散，反转更有精神、更有力量。从此以后，我们一定会见着本党一天一天的更加进步，三民主义也一天一天的更加明白，为一切被压迫的人们所了解、所信仰。最可怜也可笑的，是许多现在或者已经脱党的人，他们不知自己的主义是什么，天天说这个是共产党、那个是共产党。稍有一点意见和他不同，他马上就要说你共产党。一般老同志，常常说国民党如此下去，快就要亡党了，党给人家夺去了。如西山会议这班人，就是此种思想之代表。他们对于这回第二次大会的心理，就是说“在广东开会的党员通通都是赤化的，国民党在这一回一定给共产党拿去了”。但我问问各位同志，你们都是已经赤化了么？究竟有给共产党拿去了没有？实实在在的说，本党虽创立十多年一直到现在，才真实能为三民主义而奋斗，才真实是实行三民主义的革命党。他们说亡党，不错。冯自由、谢持、邹鲁的党确实是已经亡了！至于孙总理的党，不但未亡，而且到现在为全国人民所了解、所信仰。什么是孙总理之党，就是信仰而且实行三民主义的党。这个党是没有亡的。亡了冯自由之党，这有甚么可惜呢？我们正在剧烈反对冯自由、谢持、邹鲁的党。我们要每个同志都能够明瞭要真正为总理的主义来奋斗，那才是正〔真〕的国民党。至于有相信冯自由、谢持、邹鲁的主义的人，我们请他走开，我们希望第二次大会以后再没有这等人。各位请看，冯自由跑了，广东便好了，我们要冯自由这等人做甚么呢？他们不有真正忠心于总理，忠心于三民主义，忠心于本党的。今天上午我们把这些人开除了许多，亦只是为这个原因。那末，或者在第三次大会时亦许要把我开除掉。如果我到那时是反对打倒帝国主义、反对打倒军阀、反对为被压迫的农工奋斗的，我承认我是应当被开除的。不过这次我在上海是已给他们（西山会议派）开除过了的，他们这种伪中央执行委员会的开除，我却不能承认。因为他们完全没有开除我的理由，止说我是共产派。但姑无论我是不是共产派，我要请问共产派是违背了民族主义或民权主义，或民生主义吗？如果没有违背三民主义，便是一个共产派亦没有被开除的理由。我相信我始终是站在总理的三民主义这一边的（不过，绝对不是站在冯自由的甚么主义一边）。如果各位同志发现我真正有违背三民主义的行为，当然可以马上开除我，开除冯自由等一样。

那末，我当真是永远忠心于本党的事吗？也不一定。如果本党丢了三民主义，我便要反叛起来，这是没有什么客气的。我的入党是因为想做官吗，想认识某要人吗？我完全是因为国民党能反对帝国主义军阀，为被压迫农工利益奋斗所以来的。如果国民党会有一天和帝国主义妥协，和军阀勾结，和大多数的农工反对，这是冯自由的国民党，已经不是总理的国民党了，到那时，我一定起来反对，和现在反对上海的伪中央执行委员会一样。

总而言之，各位同志不要管我是共产派，止要问我是否实行三民主义，如果有违背三民主义去做反革命的事情，便马上可以拿去枪毙。如果没有，便不能开除我的理由，我在此地说得很明白了，如果你说我是共产派，我这个共产派便是这样主张的。

〔国民党中央执行委员会档案〕

## 21 鲍罗廷在国民党中执会欢宴第二次代表大会席上演说记录

（1926年1月19日）

鲍罗廷顾问在中央执行委员会欢宴

第二次代表大会席上之演词

同志们！第二次全国代表大会，今天是已经闭会了，你们在这二十天的大会中所经过的一切工作，在世界的革命史上是一个极有价值的纪念。你们此后所有的奋斗，在革命的战场上无论如何颠覆，其精神是永远不死的，犹如你们和我们的领袖不死一样。你们在这工作的历程中，犹如在一片沙漠之上，设计建筑一个坚固的基础，使中国和全世界的民族能得到有力的援助。今天的这一些不过是你们休工下来的一些甜味罢了。但是我们不单以为已成就了这个基础，还是想如何把这个基础高筑起来。我记得有一寓言上说："古时罗马城里有一雀，这雀能知这大城之危险与否？因为他知道有危险时，就叫起来，所以大家视这雀为预言家。

为了他有预兆，这不但是一句寓言，而且屡次的应验了，因此这个雀在历史上是非常重要的一件东西。后来这只雀的主人带他到市上去，卖给一间饭馆里去闭在笼里等杀，但那时候这只雀不能忍耐了，于是向这佣人说：‘你为什么这样的粗待我呢！我的祖上已救过了几次罗马城的危险了。’这个佣人回答他说：‘你祖上确是救过罗马城的，但是你现在要享幸福了，所以请你到市馆里来闻市肆之香。’”所以，我以为第二次全国代表大会是要想在世界努力一些革命，并在革命史上留一个很好的纪念，而也在继续往古的革命事业，绝不是来馆子里享幸福的。（大鼓掌）所以，我们要知道第二次全国代表大会，不但有绝大的希望，而且是把一切的力量来战胜前途的困苦和种种障碍。虽然有人说国民党是改变了面目，但我们知道决不向帝国主义方面走去，而且还要破坏帝国主义。当我们总理病的时候，敌人就有许多谣言说总理死了之后，国民党也就死了的。然而我们的精神和力量更团结起来向前努力，不但证明他们的猜度是差误，而还证明他们的野心。现在事实上，已确切由党军的胜利上知道革命的努力已扩张而将至于完成。不过党军之所以胜利，全由于各种革命努力和空气所助。因之，党的胜利与否不单是一部分军队所能，而确在党的本身，所谓党军只是为党而努力的一种强有力的表证。但我们在新闻纸上不论任何方面都可以看见帝国主义者之毁谤，而同时帝国主义者也在那里害怕，因为现在能救中国的只有国民党，扑灭帝国主义的走狗军阀也只有国民党的革命军队才能够。我们何以知道国民党是唯一救中国的党呢？因为他们能够引导民众，且为民众利益而奋斗，所以他不但受民众的拥护，且受世界革命党人的同情。因有一个革命的党，而尤其是受他领袖中山先生主义的熏陶，则这个党的成功一定不远的，所以我们希望此第二次全国代表大会闭会之后一年内的工作能够猛进，到了第三次全国代表大会是要在北京开的，至少也须在南京或武昌开会，但是我们决不肯在帝国主义保护或压迫之下开会。因为我们只要努力实行总理的主义和依照遗嘱的方针做去，则不但三次大会在南京开了会，而同时国民政府也迁到南京的，代表大会终在国民政府所在地举行，因为国民党与国民政府不能分离的。所以我们所谓在南京开的第三次全国代表大会，并不单是歌颂胜利，实在是要把他总理的方法和精神扩大起来，实行我们的决议案——实行建设中国的决议案。同志们！今天的会议实在是革命上一个很好的纪念日。留在这种军阀与帝国主义本身各自破裂的时候，我们能够满足一切的欲望。国内军阀为了本身利益的不闻而起了争权的血战，国外的帝国主义者也因有努力不匀而自己分裂起来，但谁使他们分裂的，是国民党的革命努力来使他们分裂的。(大鼓掌)所以我们不要自己分裂，而为他们造成一个恢复努力的机会，要知道自己分裂，不但是妨害了国民党的前途，实在是中国的致命伤。如果我们能一致团结，那一定能达到我们的目的，我们唯一要努力奋斗，一方面使革命成功，一方面使总理在泉下安慰。同志们：俄国革命的成功，我们拿经验来看起来，是全由于党的——领袖之下——精神和纪律，因为俄国的革命党不是没有叛徒，但这些的叛徒陆续应去的去了，革命党掌握政权的事实于是乃不致失。其所以你们应如何奋斗，如何达到国民革命的目的，要如此，就非执行革命的纪律不可，而尤其是革命的军队。因为一个革命的党，非有严密的纪律和有纪律的军队不可——但是要有纪律的军队，就非有党的指挥和训练不可！革命党的军队之基础，在民众之上的，革命党的军队，是要做一切军队的模样的，那末革命的党才能得民众的相信与拥护。国民党是为人民所需要而奋斗的，人民所需的是打倒军阀和打倒帝国主义，国民党就要去打倒军阀和打倒帝国主义，所以国民党是最高的机关，国民革命是他唯一的目的。所以希望今后的国民党能以纪律来支配工作，并引导其成功，在第三次全国代表大会时一定能够出些力量来统治了中国，愿同志藉杯酒以祝诸同志之健康！

〔国民党中央执行委员会档案〕

## 22 汪精卫在国民党“二大”会议上致闭会词记录

（1926年1月19日）

第二次全国代表大会闭会日汪精卫先生致闭会词

各位同志：今天是第二次全国代表大会闭幕的日子，这次开会，从元旦到现在，差不多有二十天的时候了。这回第二次代表大会和第一次代表大会所不同的是，这回没有总理在场的指导，但这二十天里头，总理的精神是时时刻刻在上头指导我们的。（鼓掌）然而这回的代表大会，却是真真〔正〕的全国代表大会，（鼓掌）除了十八省的代表以外，东三省、内蒙古三特别区域，通通都派出代表来出席，还有海外的代表从国外回来，所以说这次大会，是真真实实的全国代表大会。（鼓掌）这一年来的进步，就是第一次代表大会后的惨淡经营的结果，也是同志们奋斗努力得来的。（鼓掌）第一次全国代表大会，是十三年一月举行，到现在两年的工夫，已经有这种进步，因此可想将来第三次的全国代表大会，也由第二次全国代表大会的努力，一定得更大的进步了！（鼓掌）在这二十天当中，我们由我们所讨论的种种提案，实见着很好的精神表现出来，就是各位代表，都是一心一德，忠实诚笃的，来实行总理的主义，即总理在第一次代表大会手定最低限度的政纲，也是完全继续实行。所以第二次大会，对于第一次大会宣言内主义之解释及政纲没有修正，第二次大会的精神，就是在讨论实行第一次大会宣言内主义及政纲的方法。（鼓掌）

第二次大会所讨论可以分作两大部分：第一是接受各地党部的报告，就是把各地同志两年来的工作，一起审查，并做成决议案，这种决议案，就是指示党员工作的方针，告诉同志怎么去实行主义的方法。(鼓掌)

第二是讨论种种的提案。概括说来，我们所讨论的就是实行主义及党纲的方法。我们革命党人最大的痛苦，就是宣传与事实不能一致，尤其在第一次全国代表大会所感受最痛苦的，就是当时的事实与我们的宣传确实不能一致。不把事实来改变，是不能宣传的，但是把事实改变，却又必先努力于宣传。宣传自宣传，事实自事实，是我们觉得非常痛苦的事。但是，我们觉得第二次全国代表大会，从痛苦中感觉得的愉快就是由第一次代表大会以来的宣传，许多都已变成事实了。(鼓掌)固然我们现在所希望、所讨论和所宣传，还未能和事实全然一致，但今后我们也惟有不断的努力，使我们的宣传成为事实，这就是第二次全国代表大会的责任。我们知道自从第一次全国代表大会到现在，稍有使宣传成为事实的，就是全国各处同志努力的结果，因此才有这回第二次全国代表大会。现在既经闭会，以后我们便更要拿原有的事实做基础，把一切现在还未成事实的种种政策，一一实现起来！(鼓掌)在第一次全国代表大会以后至第二次全国代表大会以前，我们所做的工作，是巩固革命根据地的广东，在第二次全国代表大会以后至第三次全国代表大会以前，我们所做的工作，就是如何统一全国。(鼓掌)我们最少要在第三次全国代表大会以前，实行总理遗嘱中所说开国民会议和废除不平等条约这两件事。(鼓掌)现在因为我们全体党员动员的结果，已经发现了帝国主义者的裂痕，军阀的崩溃现象，这种裂痕，这种崩溃现象是什么人把他裂开令他崩溃的呢？就是我们全体党员把他裂开令他崩溃的。(鼓掌)我们又看见世界很多弱小民族的抬头，中国许多民众和军人的觉悟，是什么人使他抬头，使他觉悟呢？也就是我们全体党员使他抬头，使他觉悟的。（鼓掌）我们要在第三次全国代表大会以前，至少能够把长江流域、黄河流域，都放在本党主义领导之下。（鼓掌）我们第三次全国代表大会，也至少要在武昌、南京、北京举行。今天是闭会日了，大家就要分别了，我们希望第三次全国代表大会在南京、汉口、北京相见！（大鼓掌）

〔国民党中央执行委员会档案〕

## 23 中国国民党第二次全国代表大会宣言

（1926年1月）

中华民国十三年一月，本党总理孙先生召集本党第一次全国代表大会开会于广州。大会一致决议，通过总理提出之宣言。其宣言内容，首在说明中国之现状，次为三民主义之解释，次为最少限度之政纲。自第一次代表大会闭会以来，本党同志，在总理指导之下，努力奋斗。总理更于此时，制定建国大纲，完成民权民族民生主义之讲演；更于挺身北上之际，发布开国民会议及废除不平等条约之宣言，而殿以最后之遗嘱。凡总理之所宣言者，必以力见之于行。本党同志，以总理之言为轨范，以总理之行为表坊，无问生死，以迄于今。第二次全国代表大会，深念总理之遗教，综核第一次代表大会以来之事实，确信总理所定之主义及政纲，实为今日中国之唯一生路。谨按诸世界现状，中国现状，及本党努力之经过，宣言如左。

第一　世界之现状

总理遗嘱有言："余致力国民革命，凡四十年，其目的在求中国之自由平等。"国民革命之目的，在求中国之自由平等。孰使中国不自由不平等？曰不平等条约之束缚。孰使此不平等条约之束缚加于中国？曰帝国主义。故打倒帝国主义，实国民革命之第一工作。而打倒帝国主义之方法，总理于遗嘱中，亦已明告曰："唤起民众，及联合世界上以平等待我之民族共同奋斗"。所谓以平等待我之民族，有已能以其自力，打倒帝国主义，自致于平等，同时以平等待我者，如苏俄是，有与我国在帝国主义压迫之下，期相与努力，以打倒帝国主义者，如一切殖民地半殖民地之被压迫民族是。此等民族，对于平等之观念有二：(一)自求平等；(二)同时求他人之平等。合此二观念，故民族运动，与国际运动，实为相须。而民族主义，与国际革命主义，其内容实为一致。惟其如是，乃能与以不平等待我之帝国主义，作殊死战。本党既抱此目的，故对于苏俄，以诚意与之合作。虽受帝国主义者及其工具军阀官僚买办阶级土豪之种种诬蔑，种种挑拨离间，而继续进行，初不因之少挠。至于一切殖民地半殖民地之被压迫民族，地位相若观念相同之故，其联合实出于自然。且其联合之程度，亦日以密切。请析言之如下：

欧战以后，世界地图，实表示一幅人类被奴隶之可怖的写真。如世界全面积等于一万三千四百万方基罗米突，则属于帝国主义及被管辖于帝国主义之殖民地，其面积等于九千万方基罗米突。如世界人口为十七万万五千万，则其中有十二万万五千万为帝国主义之牛马奴隶。英国为帝国主义之巨擘，其本国面积仅三十一万四千方基罗米突，而其殖民地之面积，则为约四千万方基罗米突，盖百三十倍于其本国面积矣。法国本国人口，仅三千九百万，而其殖民地人口，则为五千四百万，甚至渺乎其小之比利时，其本国人口仅七百万，而其殖民地人口则一千七百万。日本之殖民地人口，几与其本国人口相等。此犹专就殖民地而言耳，至于半殖民地，如中国、暹罗等尚不在内。帝国主义者以极少数之本国人民，而能驾驭大多数之殖民地人民，其工具有三：

一、高度发展的工商业，庞大的资本积聚。此等资本积聚，能供给帝国主义者以伟大之信用。

二、强大的海军及航空队，能使所有殖民地半殖民地之民族，虽蓄怨望，谋反抗，而卒不能脱离其势力范围之外。

三、强有力的宣传机关，若千百种之新闻杂志，若千百所之学校，若教会及戴面具的慈善事业，若无数受薰陶于统治殖民地人民的精神之官吏，皆足以为帝国主义之喉舌与爪牙。对于殖民地半殖民地之奴隶，不特有摧残的能力，而且有麻醉的作用。对于一切帝国主义者，不特能幂蔽其罪恶，且能使人相与歌功颂德之不暇。

为此三者，帝国主义之历史，乃能趋于发荣滋长。以极少数之人类，乃能强制大多数之人类，而使之屈服。然而欧战以后，帝国主义之基础，已被动摇，其所以使之动摇之条件如左：

一、帝国主义之最庞大者俄罗斯帝国，已归于覆灭。其结果使世界六分之一的土地，脱离帝国主义之区域。同时使世界上一切被压迫民族，在自求解放的奋斗中，得一先进者以为之指导，此为帝国主义之一大损失。德意志帝国，本亦为帝国主义之极猛烈者，而以战败的关系，受其他各个帝国主义者所排斥，而处于被抑服之地位。此亦为帝国主义之一大损失。盖不啻帝国主义家庭中之分子，因减少之故，而即于衰微也。

二、各帝国主义者中，以利害冲突而互相妒忌，互相排拒。英国对于法国之陆军与航空队，极端猜疑，乃于近东及欧洲大陆，为不断的暗斗。例如洛加拿协定，即英国所设之圈套，欲使德国入其玄中，而即利用德国以对抗苏俄，并于相当时机对抗法国。此等帝国主义互相冲突，适足陷于美国的经济帝国主义之陷井中而莫能自拔。而东亚帝国主义之日本，则又以美国在太平洋与在中国之经济势力之增涨，认为相逼太甚，谋以海陆军之势力，摧挫而覆灭之。凡此各个帝国主义者间之互相冲突，皆所以自暴其弱点也。

三、在欧战中，殖民地与半殖民地之工业骤形发展，其天然结果，适为工人阶级之发展。工人阶级已以可惊之速度，而成为国民革命中有力的成分；同时更于民族解放运动中，取得领导的地位。

四、为帝国主义巨擘的英国，其殖民地虽广大，而于经济上已与本国脱离。由是其加于殖民地与半殖民地之缧绁，亦更为严紧。法国本国之领土，被毁于欧战中之枪林炮雨，则欲尽其力所能至，刮削殖民地，以为之补偿。于是此两帝国主义者之殖民地之奴隶，如水益深，如火益热，乃不得不铤而走险，为不断的骚动与反抗。

五、一切殖民地与半殖民地的民族，已于继续的民族运动中，表示其自觉，此等自觉，苏俄与土耳其之独立革命，与以暗示，且与以模范。其最大之主义，即为苏俄与土耳其能以民族群众的势力，而打倒强有力的帝国主义之军队也。

六、在帝国主义之本国以内，因劳动群众之失业，生活程度，日以低落，货币日以跌价，不得不陷于贫穷之境遇，而货币跌价，且使中等阶级，失其储蓄之资。此种经济上惨淡与恐慌，足使阶级斗争，更形激烈。其结果必至于将大多数民众驱入革命的战线以内。而此大多数民众，又必同情于世界上一切被压迫的民族，愿与之合作，为解放而斗争也。

由此种种，可断定帝国主义之基础，已被动摇，其崩溃之期，必不在远。而世界上一切被压迫的民族及民众，联合奋斗，实足为其致命之伤。中国之国民革命，由中国言之，为中国民族之自求解放。由世界言之，为一大部分人类自求解放。故中国之国民革命，实为世界革命之一大部分。中国人民从事于国民革命，决非孤军转战，若苏俄，若世界上一切殖民地半殖民地的民族，若帝国主义本国内之被压迫民众，皆与中国之革命民众，立于同一战线者也。试错举事实如下：

美国之夏威夷，墨西哥，古巴等国，其共和制度，为美国所蹂躏，其城市为美国海军所占据。其国民为美国所摧残，其宪法为美国所修改以适合美国银行家的利益，其自决权被拒绝，其独立被完全打销。此外尚有无数黑种人，为自命民主革进国所压迫所剥削所虐待。夫压力愈重，则反抗力愈大。故夏威夷之爱国团体，墨西哥之农工党，全美洲之反帝国主义大同盟，墨人之救国保种的组织，皆一致努力，以求某种族或民族的解放。

普通的观念，皆以为欧洲乃帝国主义的老巢，在此老巢中，必不至尚有被压迫的民族。按之实际，则殊不然。阿尔塞斯、罗伦，欧战以前，被德国帝国主义所压迫；欧战以后，被法国帝国主义所压迫。四十五年以来，法国以阿尔塞斯、罗伦由祖国沦于异域，引为莫大之悲哀，其实则法国工业为阿尔塞斯、罗伦之煤铁而悲哀也。一九一八年以来阿尔塞斯、罗伦，重归于所谓祖国，以尝试法国帝国主义之压迫，乃较德国帝国主义之压迫为尤甚。前以二十万操法语之民族受德国民族主义之压迫，今则以一百万操德语之民族受法国狭隘的爱国主义之压迫。法国政府，在学校，在官厅，在法庭，在商业上，禁止土人之操土语。法国政府所派遣之官僚，宪兵，警察等，所在充满，为严厉之监视。青年被强迫而在殖民地的军队中服务，工人运动，遭遇最严酷的摧残。于是阿尔塞斯、罗伦之人民，因工人与农民的团体之指导，已宣言自主。

其在墨西托尼亚(Macedonia)，有居民二百三十万，在其历史中，已以不断的奋斗，而求其民族之独立。乃凡尔赛条约，竟相与瓜分之。南斯拉夫(Jugoslavia)取其五，希腊取其四，布加利亚取其一。此等新兴之帝国主义，其对待墨西托尼亚，一如法国之对待阿尔塞斯、罗伦。对于所征服人民，务压抑之，或使之同化。此实为现在巴尔干半岛各国的共同政策。而此种政策，实受国际联盟所拥护。为是之故，墨西托尼亚之革命党人，已于联邦派指导之下，努力进行，以求实现其国家的独立，及为巴尔干半岛革命的联邦。

其在皮沙拉比亚(Bessarabia)，布哥维那(Bukovina)，西里西亚(Silesia)，克洛西亚(Croatia)诸地，其民族所受之待遇，与墨西托尼亚大略相同。故此等民族，已各准备其战斗能力，以求脱离奴隶之待遇。

其在斐洲，被压迫的民众，已由沉睡而即于猛醒。自地中海以至于好望角，反抗帝国主义之空气，涨漫于黑人及阿拉伯人的大陆。其民族革命运动之最显著者，为里夫(Rit)的战争，里夫民族，为数不及一百万，而能与世界上开拓殖民地最早的西班牙，及世界上陆军最强的法国，为勇猛的对抗。里夫民族革命运动之领袖，为阿白尔克里姆(Ab El Krim)，以所部兵六万五千，击败西班牙兵十万。继以法国之陆军六万，及航空队，铁甲车队，统以最善战之将领，战争半年，法国之陆军，死者万人，而里夫民族，仍能于艰难危苦之中，支持其勇气。至于阿尔及利亚(Algeria)、埃及等，其反帝国主义之运动，亦随时勃发。经一度之屈服，复为一度之反抗，且其反抗之程度，更烈于前。帝国主义者，已知非洲种人非复如曩日之易与矣。

其在亚洲，如波斯，在欧战以前，受英俄帝国主义双重的压迫。及俄国革命，波斯人民，已由俄国革命党人之手，解除俄帝国主义之羁绊，而受平等之待遇。波斯人民，受此刺激，更谋脱离英帝国主义之羁绊，使英帝国主义之工具波斯国王，碎于人民一击之下，而成立波斯民主的政府。如阿拉伯，其民族解放运动之思潮，已达于最高点，能以碎石击走波尔福勋爵 (Lord Balfour)于巴勒士登(Pales Tine)；最近更宣布政治的罢工，以表同情于叙利亚(Syria)同胞。如叙利亚，自去年七月二十四日以来，反抗法国帝国主义，法国之陆军，屡败于叙利亚爱国党人之手。其狼狈之态，不亚于在摩洛哥(Morocco)，而其野蛮之行为，亦较在摩洛哥为烈。杀戮妇孺，纵火掳掠，无所不为。此等野蛮行为，实足使叙利亚人奋斗之志，益以坚决。国民政府已于最近成立，叙利亚之爱国运动，虽一时或不免为法国陆军优越的势力所屈服，然终信最后之胜利，必操于叙利亚爱国党人之手也。如土耳其，在一般帝国主义者中，久已视为无问题之捕获物。谥之以近东病夫，加之以压迫基督教徒之罪名，刀俎鱼肉，一惟所命，而近则以土耳其国民党之努力，及苏俄之扶助，且脱离帝国主义者之压迫，而成为自由独立的国家。最近土耳其国民政府，因英国抢夺莫塞尔(M sul)，集合国民军，并与苏俄成立更密切的同盟，以准备保护其领土及其政治的经济的主权。如荷属东印度，其国民革命的奋斗，已积极进行。荷兰帝国主义者对待土人，与英法同其残暴。土人所有学校及种种团体，皆被封闭。一切集会及示威运动，皆被禁止。教授新闻记者，可以随意监禁。爱国党人，可以随意杀伤。一九二五年三月，荷兰警察，在爪哇枪击爱国党人一百有七人，伏尸枕藉。九月，复捕获爱国党人一百六十三人。此等残暴行为，适足使爪哇之国民党及农民，更坚固其团结力，及更增益其为国民革命而共同奋斗之决心与勇气而已，如印度自治党人，及共产党党人，正共同努力，以反抗英帝国主义。英帝国主义对之，虽以无人性之残暴，加以摧毁，而所谓不合作运动，经济的绝交，消极的不服从，进行如故。如菲律宾，安南，台湾，高丽，其民族革命之奋斗，或以公开，或以秘密，相与为不懈之努力。此等奋斗，终必使帝国主义所施与之桎梏，归于粉碎，综合此等错举之事实，可得结论如下：

一、被压迫的民族，已开始觉悟其所处地位之不平等，已认识帝国主义在政治上、经济上之种种压制及掠夺，故民族革命运动，已普及于全世界。此等民族革命运动，有已与帝国主义直接发生武装的冲突者，如里夫民族及叙利亚民族是。有其武装的冲突，已得胜利，使其民族于帝国主义压迫之下，已得解放者，如土尔其是。而其中尤当注意者，凡在殖民地半殖民地的革命运动与帝国主义者直接冲突之过程中，有一种历史的事实，能促进此过程。此事实为何？即殖民地半殖民地因工业发达而产生之无产阶级是已。此阶级在民族革命运动中能以渐立前线，而为民族革命运动之指导者。

二、凡民族革命运动，欲求成功，必须有广大的民众参加。而农工民众，尤为必须。过去民族革命运动之失败，由于参加者限于知识阶级，故不能得广大之基础，与广大之势力。于现在及将来，为民族革命运动，必须以其意义普及于田间与工厂，且必须使之组织于反抗帝国主义的奋斗中。

三、凡民族革命运动，必须明了共同之敌人为谁。对于共同之敌人，而共同奋斗，自助与互助，初无异致。所以世界上一切被压迫民族之革命运动，有联合战线之必要。

四、凡民族革命运动，必须排除狭隘的国家主义。此等狭隘的国家主义，常为帝国主义之诱因。纵使民族革命成功，亦徒成为新兴之帝国主义；故一切被压迫民族，相互之间，要求人以平等待我，同时亦要求我以平等待人。必如是，乃能联合世界上以平等待我之民族，共同奋斗。中国之国民革命，对于革命先进之苏俄，固共同奋斗，而对于一切被压迫之民族，亦共同奋斗。于此之时，彼此以平等相待，以期民族革命成功之后，同进于大同。

五、各个帝国主义者间之冲突，及帝国主义者本国内大多数人民之愤激与怨望，实为与世界上被压迫民族以推倒帝国主义完成民族独立之良好机会。凡从事于民族革命运动者，必须勿失此良好机会，务使一切革命的势力，皆得以集中，而活泼进行。

六、在民族革命运动进行中，必须看破帝国主义者的阴谋，及防止其一切包藏祸心的宣传。此等宣传，实含有挑拨离间之两种作用。帝国主义，为遮断其本国内大多数人民与东方被压迫民族联合，则倡黄祸之论，以为恐吓；为遮断东方被压迫民族中各阶级间之联合，则倡赤化共产之论，以为恐吓。此种恐吓手段，能使革命的势力，归于离散。故凡从事民族革命运动者，必当大声疾呼，以揭破其阴谋。同时益以诚意与帝国主义者本国内大多数被压迫人民及世界上被压迫民族，联合一致，向于共同敌人帝国主义者，猛烈进攻。

第二　中国之现状

如上所述，可知中国国民革命，实为世界革命之一大部分。其努力之目标，在打倒帝国主义。帝国主义所挟以为暴之工具，前以言之。然使中国以内，无为帝国主义之内应者，则帝国主义，亦无所施其技。试列举如下：

一、军阀：军阀之大者，藉口武力统一，把持中央。其小者，藉口联省自治，把持地方。其唯一目的，在掠夺国家及人民之利益。其唯一手段，在拥兵自卫。其所豢养之军队，不知有国家，不知有人民，只知为其受豢养之军阀而效死。顾其豢养之程度，乃至为微薄。军阀掠夺所得国家及人民之利益，只以自肥其身家，及分肥于同恶共济之将领，至于大多数之士兵，不过仰其所不屑之馂馀。故大多数之兵士，其生活至为困苦。战时则驱之死地，平时则不免于饥寒。由于大多数士兵，遂被迫为而盗贼之举动，以自绝于人民。而为将领者，则以军阀为终极之目的，惟知以相斫求其大欲，中国之内，于是兵戈相寻，而莫知所届。

二、官僚：凡民主之国家，所谓官吏，本人民之公仆。其自身实为人民，于执行国家之政务及事务时，乃为官吏。而中国之官僚，则于士农工商之外，别成一阶级。其结果惟有助军阀为虐，以掠夺国家及人民之利益，以肥军阀，且藉以自肥。

三、买办阶级：帝国主义者如虎，而买办阶级则为之伥，帝国主义恃之，对于中国国民，得以择肥而噬。而买办阶级则于无数中国国民被噬后之残尸中，咕嘬其血肉，以咽其下流之欲望。

四、土豪：此为封建制度之余孽。其在乡村间，自为刀俎，而以人民为鱼肉。其为厉于人民，甚于盗贼。

以上四者，在帝国主义者之心目中，实为应用之工具。盖帝国主义者，欲使中国永为其次殖民地，则其所采之方法，莫大于阻遏中国之国民革命运动；而欲阻遏中国之国民革命运动，则其所采之方法，又莫大于遮断国民间之各阶级的联合，尤莫大于摧残农工阶级之发展。盖不如是，则不能分散国民革命之势力也。而买办阶级与土豪，其性质上实为摧残农工商各阶级之利器，故必利用之，以垄断中国经济之利益，同时即以窒塞中国国民革命之生机、顾经济上之势力，必得政治上之势力，为之辅助，然后能活泼无碍，以日即于繁荣。故又必收军阀官僚以为己用。使政治上之势力，归于掌握。所以军阀官僚买办土豪之于帝国主义，实犹车之双轮，鸟之双翼。而军阀官僚与买办土豪，其生活之目的与条件，同为掠夺国家及人民之利益以自肥，于是四者之间，不期然而出于共同行动。帝国主义，得此工具，遂敢悍然破坏中国国民革命而无所惮。

徵之民国元二年间，五国银行团，不惜以二万万五千万之大借款，贷诸袁世凯，以助其驱除东南之革命党人。六七年间，日本又不惜以三万万之参战借款军械借款及种种借款，贷诸段祺瑞，以助其扫灭西南之护法军队。八九年以后，欧战终了，各国恢复其远东势力，则又相与痛抑日本，助曹锟、吴佩孚，以推倒段祺瑞。其各种借款，为额之巨，至今尚未能知其确数。而曹锟、吴佩孚则亦以摧破广州革命政府，为效忠于帝国主义之表示。盖帝国主义者，由借款而得之利益，不特经济方面而已，于政治方面，尤获有种种特权。而其最大作用，则为助军阀以镇压国民革命也。前岁秋冬之间，直奉再战，其结果曹锟、吴佩孚推倒，而段祺瑞、张作霖崛起，要不外易英美帝国主义之傀儡，为日本国帝国主义之傀儡而已。帝国主义得军阀为之傀儡，对于中国，遂得为所欲为。军阀得为帝国主义之傀儡，则亦有恃无恐，虽获罪于人民，亦恬然不以为意。前岁冬间，段祺瑞不惜以尊重不平等条约，为各国承认临时执政之交换条件。去岁五卅以还，张作霖之军队，在天津、上海，极力摧残各界人民之爱国运动。而于工人运动，尤遏抑不余遗力。军阀之甘为帝国主义之鹰犬，以咋噬人民，阻碍国民革命之进行，有如此著。

大军阀之把持中央者，受帝国主义之卵翼，为之效命，如上所述。小军阀之把持地方者，论者或以为其地位势力，尚不足当帝国主义之一顾，故把持地方之小军阀，其殃民之罪状，虽视大军阀为甚，而卖国之罪状，似反从未减。顾按之实际，则殊不然。徵之去岁夏间，唐继尧起兵，寇桂窃粤，语其内幕，乃在受日本帝国主义者之唆使，与法国帝国主义之怂勇。而十二年来，陈炯明等之得苟延残喘于东江，以为祸于广东，乃全恃帝国主义者为之后援。自去岁夏间以还，更公然以香港为其寇粤之大本营。运兵筹饷，皆以香港为策源地。北洋兵舰，集中于香港，以往来窥伺广东之沿海岸。复由香港输运军械，以接济南路诸贼。而陈炯明等更于海丰摧残农民运动，于汕头摧残工人爱国运动，务残害同胞，以取媚于帝国主义。呜呼！五卅以来，青岛、九江、上海、汉口、广州各处惨杀案相继而起，全国之爱国民众，方血肉狼藉于帝国主义枪刀之下，而陈炯明等乃忍心受其豢养，听其唆使，以危害国民革命运动。盖小军阀之末路，倒行逆施，久已枭獍之不若矣！

以上为各军阀与帝国主义勾结之现状。至于买办阶级，受帝国主义之颐指气使，以为厉于国民，其罪状亦擢发难数。大抵数年以来，北京之财政总长，几成为买办阶级之专利品。自王克敏以至李思浩，无非窃国币以纳诸外国银行，同时更以无数政治上、经济上之特权为之媵。至于各省巡阅使督军之属，其盗国病民之所得，莫不由买办阶级，为之置业于租界，以为其赃污之保障。财政现状之紊乱，政治现状之污浊，实以此为一大原因。买办阶级之罪恶，深足为国民所唾弃。而为罪恶之尤著者，莫如十三年秋间广州沙面汇丰银行买办陈廉伯之作乱。陈廉伯始则籍英帝国主义之资助，而得自由贩运军械，组织商团，以谋反抗广州革命政府。继则受英帝国主义之袒护，以类似哀的美敦之通牒，恐吓广州革命政府。其始末，于总理致英国前首相麦克端努之电报中及宣言中已群之。及乎作乱失败，仍得安居香港，终日从事于破坏广州革命政府之行为，醵资助贼，扰乱地方，视为当然，曾不稍怪。盖中国自有买办阶级，而国民人格，几于扫地以尽矣。

在军阀与帝国主义勾结之现状中，官僚则骏奔以为军阀之给事者。在买办阶级受帝国主义之颐指气使之现状中，土豪则蚁附以为买办阶级之应声者。不宁惟是，买办阶级及土豪，平日于经济上既占优越之地位；洎乎得帝国主义者之媒介，以与军阀官僚勾结，则进而于政治上亦占优越之地位。试观全国，商埠表面，虽似趋于繁荣，而其内幕，则不免受帝国主义及附庸者之支配。至于村落，则其困穷之象，每况愈下。盖商业为所操纵，新兴工业为所扼制，农业、手工业为所摧毁，农民、工人之利益为所吞蚀，更无待言。民穷财尽，悉由于此。加之各个军阀间，其互相冲突，在原则上，无可幸免。或为扩张地盘而战，或为保障地盘而战，或迭相雄长，或以下征上，数年必战，甚至数月必战。其破裂之期，可以预测而逆臆。有如前岁秋间，江浙之战，直奉之战，去岁冬间，江浙直鲁辽东之战，所杀伤者，人民之生命；所荡析者，人民之财产。盖人民至是，已岌岌然不能保其生存，更无生活程度之可言矣。

中国之现状具如此，吾人苟一体认，可知今日之中国，其当前待决之问题，实为求一生路。然所谓生路者，果如何乎？关于此点，第一次大会宣言中，曾列举立宪派，联省自治派，和平会议派，商人政府派之各种主张，而指示其谬误。近更有所谓国家主义派者，以为今日欲救中国，但当如日本之维新即能自致于富强。为此说者，不惟未知日本维新之际，倘留封建制度之余毒，以为害于其人民，且已生帝国主义之厉阶，以为害于世界。且其于日本维新之际时代与环境之关系若何，亦忽焉不察。日本维新之际，帝国主义正如旭日初升。故日本之仿摹，出于不知其然而然。若夫今日，帝国主义已近末路。其自然崩溃之期，已可以推算而得，尤而效之，适见其惑而已。至于所谓良心救国派，所倡导者，为性善，为自由，陈义不为不高，然其除恶不勇，其纪律不严。一方坐视率兽食人者之猖獗，咨磋扼腕，而不能邺。一方不能组织民众，既不能以纪律自绳，自亦不能以纪律绳人，遂使团体行动，散漫而无力，于此而欲求拨乱致治，亦徒见其幻想而已。凡此，皆坐不能体认中国之现状。故于求治之法，亦茫然莫知所措。吾人所指为中国之生路者则如下：

其一，对外当打倒帝国主义。其必要之手段：一曰联合世界革命之先进国，二曰联合世上一切被压迫之民族，三曰联合帝国主义者本国内大多数被压迫之人民。

其二，对内当打倒一切帝国主义之工具。首为军阀，次则官僚买办阶级土豪。其必要之手段：一曰造成人民的军队；二曰造成廉洁的政府；三曰提倡保护国内新兴工业；四曰保障农工团体，扶助其发展。

凡此对内对外之必要手段，约而言之，即总理遗嘱所谓唤起民众及联合世界上以平等待我之民族共同奋斗也。于此中国之现状为症发药之救治，观于以上所列举之事实，可灼然而无疑。

第三　本党努力之经过

吾人既深信总理所定之主义及政纲，为中国之唯一生路，故于第一次大会闭会之后，即服从于总理指导之下，以努力而进行。吾人非不知当时所处之环境，至为恶劣，所挟持之势力，亦至为微弱。弹丸之广州，已为香港帝国主义者，纳诸掌握之内，而北洋军阀，如曹锟、吴佩孚等，复耽耽然欲灭此而朝食，不惜百计以求逞。陈炯明等跳梁于东江，邓本殷等负嵎于南路，杨希闵、刘震寰等，更反侧于肘腋之下，吾人苟鲜明其主义及政纲，无异自树一的，以待此等敌人之共同进攻。况所谓官僚、买办阶级、土豪，正环绕于吾人前后左右，将以保护其不正当利益之故，而同心合力，务置吾人于死地。惟吾人则百无所畏，准备与之为殊死战。吾人于此四面包围之中，所艰难成立者，有中央及各级各地之党部，以宣传民众，组织民众。有陆军军官学校及党军，以造成与人民合作之军队，使进而为人民的军队。有各种工人的组织，及农民的组织，俾能保卫其利益，而发挥其能力。吾人曾与勾结北洋军阀之叛军战，曾与勾结帝国主义之商团战，其结果，此等敌人，不特不能困苦吾人，且使吾人益增长其气势，进而与北洋军阀曹锟、吴佩孚战，曹、吴推倒之后，总理挺身北上，以开国民会议，制军阀之死命；以废除不平等条约，制帝国主义之死命。事虽未成，而以身殉道之精神，已普及于全国民众，而深入其肺腑。去年五月三十日以后，青岛、上海、九江、汉口、广州等处之惨杀案，接踵而起。帝国主义穷凶极恶的面目，暴露无遗。而全国民众努力从事于国民革命之精神，已渐为世界所认识矣。最近北京民众之示威运动，又足以褫军阀之魄，使之与帝国主义勾结，非惟不能恃以为固，且适足以犯众怒而促其死亡。大河南北、大江南北及湖南湖北间，农工民众，团体组织，日以坚固，能力日以发达，其参加国民革命运动，亦日以热烈。吾人更于此时作巩固广州之革命根据地，肃清一切反革命分子，扫除东江南路一切叛徒，建立与人民合作之政府，及与人民合作之军队，以坦白真挚之精神，为民众谋利益。同时领导民众，从事于国民革命，虽受帝国主义者及其工具之重重压迫，屹然不为之动摇。且决其覆灭之期，必不在远，最后之胜利，终属之吾人。此吾人于第一次大会闭会之后至于第二次大会开会之前，努力之经过，所可为国人告者也。

第四　结论

世界之现状，中国之现状，及本党努力经过，综合而观察之，可得结论如下：

总理所提出于第一次大会之宣言，对于三民主义之解释，及最少限度之政纲，实为中国之唯一生路。吾人于第一次大会闭会以后，所努力者，仅为扫除障碍，以准备主义及政纲之实行，不独主义之自身，未能实现，即最少限度之政纲，亦未能施之实际。故第二次大会，对于主义固当继续努力，以求贯彻；即对政纲，亦无所修改，惟期其得见诸施行。前呼宣言，有建国方略，其后复有建国大纲，及民族、民权、民生之讲演，暨开国民废除不平等条约宣言，以迄于总理临终之遗嘱。凡此皆总理披荆斩棘，为中国开此生路。吾人循此路以前进，若总理时时指导于吾人之前，使吾人之热诚，弥以兴奋，吾人之信念，弥以坚固，吾人惟有一致遵守总理之遗嘱，以奋斗不懈。吾人敢举此信念与热诚，以昭告于世界民众及全国民众之前，吾人愿献此身以为一切民众之前驱，为一切民众而效死，吾人尤知欲为民众有所尽力，则不可不巩固吾人之组织，扩大吾人之能力，以期能负荷吾人所欲尽之责任。第一次大会，已于党员之纪律及训练加以注意，第二次大会更将使此纪律益以森严，训练益以精密。凡为革命党人者，不可不忠实诚笃，勇于改过。党员之间，互相亲爱以互相扶助，互相攻错。盖不扶助不足以为亲爱，不攻错尤不足以为亲爱也。

若过而不改，则不能不以铁的纪律，加诸其身。盖对于党员姑息，即对于党为不忠也。吾人必努力使党员成为革命团体化，以期不负总理之指导，不负民众之期望。

吾人大呼以祝：

中国国民党万岁！

世界革命万岁！

〔国民党中执会档案〕

## 24 王懋功关于未从孙文主义学会勾结西山会议派反共遭恨和表示忠于蒋中正致张静江函

（1926年3月7日）

静江先生同志大鉴：懋功来沪事，谅陈希曾兄已详达。此事因何发生，始终未奉介公明示，不敢悬断。但谋不利于功者，蓄谋已久，为先生详陈之。

凡熟悉黄埔情形者，莫不知有孙文主义学会。该会初则利用种种方法，说功入会，继则散布非学会份子不能指挥第二师之言，来相逼迫。功以为思想冲突问题，已成黄埔内部竞争焦点，我辈若不禀承校长意旨，以为转移，必致摇动党军根本，影响吾党前途，关系莫大，故力持大体，未允入会，该会对功也大不满意。及贺衷寒等到省开该会成立大会，谋以孙文主义学会作全国之运动，将学会与党并立，其种种不轨行为，如联合西山会议，联络各处反革命派之孙文主义学会，鼓动第□师全体武装加入巡游，反对第二次代表大会共产分子当选，为彰明较着之反共产行为，身□□，诸如汪先生、鲍罗廷同志等，莫不亲见亲闻。当时广州市人心惶惶，发现西山会议及赞成西山会议传单，二三两军亦为震动(汪先生言之)，并于广州市内发现倒蒋口号(此乃国民政府副官潘文治仓皇走告者)。功比时奉校长、党代表严厉制止该会巡游如违逮捕之命，且身任师长兼代卫戍，主持全军后方，责任何等重大。设若因巡游而危害本军，牵动本党大局，懋功何以对党，何以对介公及一般同志，故不得不□严重制裁之手段，解此危难举动措施虽无利于该会，但自问对本军以及本党非此不足以顾全大局，解决目前纠纷。而该会即以为功有意反对，即生杀功之心，嗾使惠东昇辈(第二师团长孙文主义学会分子)在外谣言，师长系共产党，故反对本会，应即杀之，云云。凡熟悉当时情形者，无不知之。及校长回省，汪先生及鲍罗廷同志等将该会经过情形尽情吐露，共谋挽救之法。功因其问题重大，从未敢妄置一辞。校长之大骂该会卖党并卖本军，不应与邹鲁等勾结，及痛责王茂如、惠东昇、贺衷寒等不应操纵学会，藉图个人名利，乃事势使然。该会则以为校长之设施，系功嗾使，含恨刺骨，谓功“把持军部，野心太大，不进入学会，欲利用共产派扩张势力，并排斥该会分子，使校长对该会失去信任”。最近惠东昇复敢跋扈要挟，不服命令(蒋团长曾亲见之)，事后懋功仅据实以告校长，并无他意。校长将惠调第一团，遗缺以郭俊继任，事前懋功丝毫未获与闻。该会复以为惠去郭来，系功排斥孙文主义学会分子，引用共产派之证，又以为将与共产派合作。乃秘密集议，对功下有组织之攻击，分布人员，四出造谣，谓功将于校长不利云云，以完成杀功之计。功虽非共产党，但为校长寄托心腹之人，思想设施自应以领袖意向为指归，岂能与若辈苟合，且个人在党地位无不由校长培植，校长朝去，功夕即不保，即纯为个人计，亦不致糊涂如此。不意该会不肖分子，含沙射影，出此陷害之手段也。

许老总之倒，凡明瞭本党及黄埔内容者，莫不额首称庆。发动之初，校长曾一度见商，功比时力劝慎重，并言须得政治同情，以防后来纠纷。至如何决定，系政府诸公之谋划，校长实坚决主张者也。乃本军本校不了解分子（即今之所谓孙文主义学会中坚者）至今仍认许为本党健全同志，谓党之纷争，系因倒许而起，系功在校长面前挑拨而成，且引利用第三师制老许死命为据，并请功得校长若干万元，若辈竟与老许党徒勾结，不能塌校长之台，则欲害功以图报复。至今此种势力仍遍布校长左右，外作忠义，以施其鬼蜮伎俩，此亦功被陷之由来也。

但是黄埔情况无一事一人可以长久蒙蔽校长者，校长之爱功信功始终未渝，此后功对校长仍当始终敬仰，对黄埔不非议一句，对其中内容绝对不加指摘或坪〔抨〕击，论公则为保持本党元气，不令外人看出党军破绽，论私则黄埔之有今日懋功亦曾随校长卖了几分气力，不愿作小人之行径，搭台拆台以泄私忿也。

功当始终遵重校长之设施，及汪先生之意见，改变气质，补充学问，增进思想，并认定诬陷功者，能排去懋功之肉体，不能排去懋功之精神，拼命奋斗，只要校长作革命群众领导者，本人不为彼辈暗害，相信在革命历史中蒋校长马前的健将我将□我一定还要作的，使一般不明瞭的分子不骂蒋校长瞎了眼睛，为我自己争气，更要为革命军首领的蒋校长争气。

公为吾党先觉，到沪后即欲将经过情形面陈，但因胃病大发，稍愈即当趋府面领训示也。专肃敬问党安。

王懋功叩　三月七日

〔张静江档案〕

## 25 叶楚伧申述参加西山会议等情致张静江函

(1926年3月18日)

静江先生惠鉴：日间备闻痛语，人孰无心，能弗于悲怆之后，继以悔疚。此两年中，上海党务悉集于一人之身，原应同负责任而声望资才德足以镇摄各方者，皆不负责任以去，独弟捉襟露肘，支此万不能胜之局。所谓右派者，日夕为无常识之捣乱，所谓共产分子者，日夕为有组织之侵凌，劝告既穷，调停无术，苦口婆心之报答，竟为双方攻击之目标，名为执行委员，已成守门仆厮。自念徒苦无益，适足误党。故于去年之冬，赴粤面陈一切，汪、廖诸公力督弟还沪，而又不能强原负沪执行部责任之戴、邵诸兄同来。弟辞职不成，诿责未敢，忍痛复归，枝节益多，驯至执行部亦生派别，党员之间水火益深，对外工作完全停顿，偶一举措，动露裂痕，力小任重，自问误党负总理，至此已极。平居默思，信两派已非空言所能调停，若能以好意分离，亦足收骖靳之效，成比较竞进之功，故经林、邹等来沪，即坦然赞成其议，寻即北行到会。当时弟意极简单，但求在此会内解决两派纠纷，至国民政府之政治、军事等仍当竭诚拥护。区区之心，可征诸稚晖、右任诸公者。乃不意双方激荡之后，风波四起，全局变色，未计前途之险恶，贸然欲为过渡之舟师，不度德不量力之咎，夫何敢辞。即兄谅及平生，不加谴责，扪心深夜，亦已备受心刑矣。今后之弟，惟有一方承认手签各案(凡四起：一、劝共产党分子好意分离宣言；二、修改代表大会选举法；三、整理党务训令；四、移中央执行部至上海案)，以存此次与会之人格，一方在此竭力防止极端之乱动，以慰不可欺之良心。至于同赴汕、粤一层，踌躇竟日，觉此次北京会议，虽非弟为主动，究应负相当责任，苟见汪、蒋诸先生，既不应作欺人之言，否认一切，又未必于先生之行，有所裨益。顷蒙以大义相促，敢竭诚拜受，愿以以后之事实，定弟平生之诚伪。弟办《民国日报》十年，办党务三年，中间屡为同志所不谅，但秉此区区真诚，亦屡得同志最后之谅解。大义自当懔遵，便此十年，守穷忍痛之微誉，亦未愿一举失之公私之间。先生当知弟最深，区区之心，不望求谅于人人，但冀先生之一顾耳。至于和缓此次风潮办法，弟本无成见。如先生与稚晖、石曾诸公有一言示及，弟无不遵行。万一非弟一人之力所及，则亦必不为餔糟啜醨之徒也。辱以知己相待，故敢备述鄙怀，惧口绌于言，先以函达，明日仍当走谒耳。专上藉颂刻祉。

弟叶楚伧上　十八日

〔张静江档案〕

## 26　国民政府制止西山会议派在北京上海等处召集代表会议令

（1926年3月18日）

中华民国国民政府令

去岁冬间，少数叛徒托庇军阀及帝国主义势力之下，在北京开西山会议，在上海开伪中央会议，蓄谋破坏本党基础，造谣煽乱，无所不至。第二次全国代表大会曲加矜恕，许其自新，稍有人心，当知悛悔。不图少数叛徒，倒行逆施，每况愈下，近更以三月二十九日开伪代表大会为号召，仍谋在西山集会，不遂，则在上海举行。似此公然叛乱，实属罪不容诛。政府谨接受中央执行委员会之决议，对于此等叛徒严厉惩治，特此布告，凡有敢在上海、北京等处假冒本党最高机关名义，以遂其叛党营私目的者，不分首从，一概拿交法庭，照叛逆论罪。此等叛徒或自诩托庇军阀及帝国主义势力之下，为政府权力所不及，得以肆无忌惮。惟政府必尽其力所能至，使此等叛徒依法递解，毋使幸免。兹特先行布告。凡列名伪会者，务于三月二十九日以前声明背签，否则届时定按名通缉，决不宽贷。其各凛之。此令。

中华民国十五年三月十八日

委员会议主席　汪兆铭
常务委员　汪兆铭
常务委员　胡汉民
常务委员　谭延闿
常务委员　伍朝枢
常务委员　古应芬

〔国民政府公报1926年第二十七号〕

## 27　中国国民党浙江平湖第二次全县党员大会为接受第二次全国代表大会决议案及拥护第二届中执会宣言①

(1926年4月6日)②

中国国民党第二次全国代表大会已于一月十九日闭幕矣。此次大会之重大成绩，为接受总理遗嘱，继续履行第一次全国代表大会所定之政纲及修改总章，开除叛党分子，与夫关于对北方时局宣言。政治、军事、财政、党务、工人、商人、农民运动、青年运动、妇女运动及对外政策等种种决议案，均以本党主义为根据，总理遗教为规范，为我国求自由平等唯一之方法。夫全国代表大会之代表，为本党全体同志公意所选出，故全国代表大会，即无异于本党五十万同志之全体大会。全国代表大会决之议案，亦

注：①此件沿用原标题。
②此系收文日期。

无异本党五十万同志公意之结晶，而由此大会所产生之中央执行委员会，自即为本党五十万同志公意之所选出者。以我全体同志公意所选出之委员，其必能领导我全体同志，秉承总理之遗训，执行党务，努力国民革命，可无疑义。本县全体党员，谨以至诚，发兹宣言。对于第二次全国代表大会之决议案，完全接受，并努力实行。对于第二届中央执行委员会，以无限之敬意，无限之热情，绝对拥护之。遵守其命令，服从其指导，一如往日之拥护第一届中央执行委员会者。凡有诬蔑或背叛我第二届中央执行委员会者，即为诬蔑或背叛我全体同志，亦即为诬蔑或背叛我总理，本县全体党员，誓当竭力清除，虽死勿顾。凡我同志，其共鉴诸。

〔广州国民政府档案〕

## 28 国民党中执会秘书处等严令缉拿西山会议派来粤人员函令

(1926年4—5月)

### (1)中执会秘书处函(4月6日)

径启者：案查本会第十八次会议陈公博同志提议，近闻上海伪中央执行委员会及伪第二次代表大会派人前来广州捣乱，应即缉拿严办，请公决案。当经决议，着国民政府严令军警一体缉拿归案惩办。相应录案函达查照，克日办理，至纫公谊。此致

国民政府

中央执行委员会秘书处

中华民国十五年四月六日

### (2)国民政府令稿(4月9日)

中华民国国民政府令

前闻有少数叛徒蓄谋破坏本党基础，拟于三月廿九日在上海

召集伪代表大会，以图藉名号召，遂其奸谋，政府为促其省悟起见，当经下令警告。乃该叛徒等犹不知悔，仍敢违法集会，并致电①各处造谣煽惑，复拟派人来粤肆其离间挑拨伎俩，似此甘心作乱，实属罪无可宥，着广东省内各军警一体严缉，遇有上海伪代表大会派人来粤煽乱，即予拿解交法庭照叛逆治罪，以肃法纪。此令。

民国十五年四月九日

伪中央代表名单

计　开

江　苏　茅祖权　蒋希曾

安　徽　阚培林　李宗邺②

江　西　孙镜亚　桂崇基　毛仲衡　曾宪明

湖　北　居励今

湖　南　王光辉　龙匀子　张禀臣

四　川　谢　持　张平江　黄复生　黄季陆

直　隶　李东园　张星洲

河　南　张善与　宋恒忠

黑龙江　傅汝霖

浙　江　沈定一

广　东　孙甄陶　谢英伯

贵　州　宋镇仑

上海市　何世桢　伏　彪

汉口市　张若柏　龚村榕　田　鹏　雷万钧

广州市　陈简民　任雷军

驻　日　马　彬　陈灿章

---

注：①致电二字下原有"蒋校长中正及孙文主义学会"等字，后被删去。

②1926年5月国民政府公报第三十四号所载国民政府第272号令文中作李敬邺。

驻　欧　黄　英
驻南洋　王振民
驻　美　梁楚三
港　澳　朱乃斌
以下尚有三十一名未知其籍贯者今列如下

| | | | | | | |
|---|---|---|---|---|---|---|
| 谭　赞 | 陈去病 | 汤仁溥 | 易国杞 | 唐启宇 | 黄范一 | 林　翔 |
| 高嶽生 | 张近芬 | 刘恺钟① | 周海帆 | 黄咏台 | 范冰雪 | 任西萍 |
| 孙　镜 | 萧　异 | 项东山 | 邹　鲁 | 沈素生 | 郑　观 | 张惠如 |
| 李翊东 | 梁庆杭 | 张耀德 | 张寅亮 | 吕子人 | 王寄一 | 薛广洪 |
| 李　鹤 | 丁常樵 | 王仲年 | | | | |

以上共计七十名

(3)中执会秘书处函(5月14日)

径启者：顷据政治委员会函称：现接上海特别市党部东电称：顷探得伪大会已派张平江、曾宪明、李敬邺、刘钟恺四人假孙文学会名义来粤，图谋不轨，请速严缉等情前来。当经本会议决，由贵会审查后，由政府通缉，相应函请查照办理等由。查伪大会纯系叛党分子，破坏革命无所不至。近竟敢潜行来粤密图不轨，自应严行拿办，以杜隐忧。现经本会常务会第二十七次会议议决，交国民政府令各机关密查拿办。特此函达贵府，请即日通令所属各机关遵照办理为荷。此致
国民政府

中央执行委员会秘书处

中华民国十五年五月十四日

注：①同上令文中作刘钟恺。

### （4）国民政府令稿（5月29日）

国民政府令　第二七二号

令 广东省政府
　 广州市公安局

为令饬事：现准中央执行委员会秘书处函开：径启者：云云遵照办理为荷。等由。准此。查上海伪代表大会，拟派人来粤煽乱，前经接受中央党部议决，通令严缉在案。准函前由，除分令外，合行令仰转饬全省警察所属一体严密查拿该张平江、曾宪明、李敬郧、刘钟恺等四名。务获解办，以肃党纪。切切。此令。

民国十五年五月廿九日

### （5）国民政府函稿（5月29日）

国民政府公函　第六二号

径启者：现准中央执行委员会秘书处函开：径启者：云云遵照办理为荷。等由。准此。除通令外，相应函请贵会查照，通令各军一体严密查拿该张平江、曾宪明、李敬郧、刘钟恺等四名。务获解办，以肃党纪。仍希见复为荷。此致

军事委员会

民国十五年五月廿九日

〔广州国民政府档案〕

## 29　田桐斡旋沪粤国民党两中央关系致蒋介石等函

（1926年9月27日）

静江、介石二兄鉴：自接来示后，与诸友各有商量，惟子超往庐山养病，□〔业〕已多日，刻已去函相约。昨日接陈树人来函，并洋壹千元，溥泉前已得兄接济，不需此款，单寄三百元付子超

矣。将所有情形及弟个人意见，述之如左：

一、此间同志意见，亦不甚同，普通皆觉缓和。谢慧生以刺激较深，尚有不平之意。广东同志亦复如之。汝为闻兄来信，特来与弟商量，约同人讨论，定于后日，弟拟约周道腴在席间恺切说明，并约意气平舒者赞助之，道腴热心奔走，较弟尤甚。

一、介石兄新就总司令之职，弟甚望大功告成，荡平全国。惟成功要素在宽大包容，消弥隐患。

一、关于以上办法，宜分三种：甲、专函敦请谢慧生、邹海滨、居觉生、黄复生、覃理鸣、刘群士及应请诸同志，不问其来与否。乙、两执行委员会之调和。以弟之见，宜采两委会合并策。丙、对于展堂、汝为二人之缓和。此策由二兄定。三者并行，弟等易于为力。

一、弟以斡旋此事为主，迟早赴粤，视事体如何，刻下未能定。

一、刻有陕西同志李仲三、史可轩、李养泉，河南同志刘觉民四人来粤，四人皆北方革命之有力者。李、史二人为同盟旧友，刘自前清即冒危险，民国亦入狱多年者，望优待为祷。

一、闻冯焕章之意，打开山西以后，在张家口组织政府。

一、湖北近日特别戒严，武汉捕人不少。

一、北京城内外奉直二方皆连日增兵，此为二方将来战争之导线。

余言续上，手此即维大安。弟桐上

廿七日

〔张静江档案〕

## 30 石青阳陈述为反共而参加西山会议及欲率部北伐致张静江函

（1926年11月5日）

静江老兄同志：

燕北回兰，匆匆一年，水云苍茫，寝兴结念。去腊旋沪竭陈未值，寻有回川之行，怅惘迄今。本党年来环境复杂，幸得铁肩担荷，扶疾膺剧，爱党忘身，慨执机缄，党务得集中有序。唯老成一人之力，孤诣奋斗，维持深远，政府倚其指导，军事资以进行，远近旧友固无不同情于深衷也。弟等感内外之交侵，欲吾圉之聊固，切臂割疽，心悲神恸，孤孽岂忘宗国，精禽唯思填海，拳拳党国之苦心，唯兄庶能谅解耳。去年西山会议之起因，本极繁重，中间自有失意于粤另图活动之人，弟当时亦能明白辨认，而以共派把持操纵，劣迹昭然，总理手创之大业殊有失望之虞，起而为清理党籍之运动，深冀本党同志愈坚团结，共派党人稍戢野心，此物此志可质天日。弟与政府当局当时私交颇深融洽，自信无失意捣鬼之嫌，吾兄庶亦见谅矣。川中自号左派同志中不少夙共患难之友，为三数共派虚声吓禁亦复随波逐流，每以反革命不革命等等恶名时加垢〔诟〕詈，随从总理效命二十年，茹苦含辛，而竟如此，言之滋痛。假若共派行为确是效忠本党，无一可指摘者，则弟西山会议之发动，以为狂妄，以为叛逆，虽负屈身死名裂，犹且甘心无悔，而事实俱在，何能以强力所加，掩尽天下耳目。西山议案所指罪名，业已罄竹莫尽。去年中山舰之变，使非介石同志处置周密，不知本党今日是何景象。近日革命军初有胜利，而拥某代蒋之风说，甚嚣尘上，川中遍传此说，无复忌讳，岂弟一人敢无端造作危词，而以不祥诅本党耶。但一年来因本党分裂之故，为人姗笑，且加利用，所受损失，殊不在小。弟爱本党爱吾兄与介石诸同志，私心窃愿对于共派早有办法，对于本党之分裂早有弥缝，苟于党国确有利益，虽糜身殒鉴〔命〕，所不敢恤，何有于客气与私见乎。此最沉痛之隐衷，不敢告人者。今于左右忍泪略陈其概，维垂念本党前途，幸加之以矜全也。本党顷与北方军阀喷血决战，军事自视一切为尤急，武装动员为同志全般之责务。弟于川黔各方已先辞其兵符，自见政府实行出兵，始重受今职以酬历年北伐未遂之志。此间党务早已听之同志，决于月底率部直趋湘鄂之间，牺牲奋斗于革命战神之前，承政府之指挥，冀分介石总司令万一之微劳。鼎卿本西南旧将，虽以处境关系，权宜一时，此去决能必其绝对一致北伐。近来旧日同志逐渐凋零，足增悲感。苍白去年欲得当局以图于西北及河南方面，遂据北方阁席，含恩未济，旋亦名毁。窃谓遇可为之人，有时或谅其心迹，宽缓其效，终亦见其慷愤激昂效命党国耳。弟部全属裹粮赴敌，事本艰苦，切盼指导时加，俾资循进，所不至于国民革命竟其全功者，义勿返旆。瞻望云天，予怀不尽。诸希鉴督。即颂党绥。

弟　石青阳顿首

十一月五号

〔张静江档案〕

## （八）中山舰事件

### 1　国民政府关于中山舰事件布告

（1926年3月）

国民政府布告

此次政府据报以海军局代理局长欧阳琳无故离职，舰队骤无统率，致中山舰发生不守纪律举动。政府为防患未然起见，特先将各嫌疑人拿办。现已处置妥当，一切如常，特此布告，俾各界明了真相，幸勿误听谣传，自贻纷扰。此布。

民国十五年三月

汪兆铭

〔广州国民政府档案〕

## 2 苏沪国民党两党部询问中山舰事件与国民政府来往电

（1926年4月）

(1)苏沪两部电（4月2日）

广州国民政府政委诸同志钧鉴：前电计达。广州二十日事变，据沪报所传，愈骇听闻。俄人及某派果有危及政府及谋害介石同志阴谋，自应惩办。倘无确据，亦未便仅据片面离间之言，致背总理联俄及容纳某派成规，以中反动派及外人之计。究竟真相如何，希迅即训示，以便决定宣传内容。苏沪两部均叩。冬。

因恐电报被扣，改作快邮。

法界望志路永吉里41号朱季恂

(2)国民党上海特别市党部等代电（4月2日）

广州国民政府政治委员会及国民党中央执行委员会诸同志钧鉴：二十日事变以来，此间谣传日加离奇，叛徒邹鲁、谢持等不但不遵国民政府命令，竟乞怜帝国主义者，在租界开所谓第二次全国大会，并且扬言彼等此次开会，曾得介石同志同意，二十日事变即是响应彼等之大会，由该大会传电嘉奖。现拟将该大会移往广州开会，并训令国民政府服从该大会议案，推翻广州第二次大会等云云。介石同志对党对国素矢忠贞，稍有头脑之同志，当然不为此等无稽之谣言所惑。惟虑此谣传播日广，不但党外群众，即党内幼稚党员，均滋误会。特此电告。并请介石同志迅速发电辟谣，以安党众之心，杜叛徒之口。此举似属必要，如何之处，尚希训知。

中国国民党上海特别市执行委员会启
中国国民党江苏省执行委员会启

中华民国十五年四月二日

### (3)国民政府委员会复电（4月16日）

上海法租界望志路朱季恂先生鉴：苏沪两部冬电悉。二十日镇压中山舰一事，纯系局部问题，沪报造谣，毫不足信，奸人乘机煽乱，尤属可恶。现由蒋介石同志通电披露一切。精卫同志实系因病请假，现已渐愈，知注并闻。国民政府委员会。铣。印。

〔广州国民政府档案〕

## 3 郭泰祺为李之龙被捕致谭延闿等函

（1926年4月14日）

组安、子文、精卫、湘芹<br>介石、哲生、梯云、益之先生惠鉴：李生之龙系弟前办外国语专门学校时之优秀学生，年来服务粤中，深蒙拔植。此次因事被拘，咎由自取，夫复何辞。惟其家属诸人忧惧异常，求为缓颊。用特函请诸公俯念该生久供驱策，力战经年，录其微劳，恕其愚昧，从宽处分，留其有用之身，该生感荷生存，当必立功自赎，图报诸公栽培之厚赐。推爱生全，同深纫感。临风翘首，无任驰

依。专此，敬请

勋安

弟郭泰祺谨启

四月十四日

〔广州国民政府档案〕

## (九)迁都之争

### 1 谭延闿关于国民政府迁移省政府改组等问题致蒋介石电

(1926年10月21日)

蒋总司令鉴：密。中央及省联席会议议题如下：(1)国民政府迁移；(2)省政府之改组；(3)省与国民政府之权限；(4)本党对时局方针。以上各项拟分别正讨论议案，以备提出大意。政府迁移须战事结束始可实行，先须巩固革命策源地，使广东基础稳固，党部与省政府确能负责。至省政府组织亦拟改委员制，并与中央划清权限，俟讨论起草后再详达。延闿叩。马。

〔张静江档案〕

### 2 蒋介石关于中央党部及政府迁移武昌喜惧交集之日记

(1926年11月24日)

接粤电：中央党部及政府决于下星期内迁武昌，喜惧交集。惧责任加重，不能兼顾广东根据地；喜党务与政治可以从此发展也。

〔国民政府档案〕

## 3 蒋介石在南昌召集国民党中执会宣布国民政府暂驻南昌通电

（1927年1月5日）

各省党部均鉴：江日（三号）政治会议临时会议议决，现因政治与军事发展便利起见，中央党部及国民政府暂驻南昌，待三月一日中央执行委员会全体开会公决中央党部及国民政府驻在地后，再行迁移。支日（四号）又在中央常务委员会第七次会议席上报告，无异议通过。特此布闻。中国国民党中央执行委员会。歌（五日）。印。（十六年一月十日重庆商务日报）

〔中华民国史料长篇稿〕

## 4 徐谦等为政府不迁汉消息暂宜秘密致蒋介石等电

（1927年1月6日）

蒋总司令、张主席，南昌谭主席：师密。支电□〔悉〕复。政府不迁汉消息，暂宜秘密。如宣布，民众必起恐慌，武汉大局将受影响。支电决议理由，即盼电示。弟徐谦、孙科。鱼。印。

〔国民政府档案〕

## 5 陈友仁等为不宜变更中执会迁鄂决定致蒋介石等密电

（1927年1月7日）

南昌蒋总司令、张主席、谭主席鉴：师密。微电奉悉。前在粤中央政治会及国民政府迁鄂，先头一部分委员来鄂，准备途出南昌，经牯岭谈话会，均认革命势力之集中及迁鄂为必要。弟等初到鄂时，时局颇感困难。但因人民对国民政府之信用，得将时局改造日趋稳定，外交地位顺利，军事消息日陞，财政大有气色。最近占领英租界之举，内顺民心，外崇威信，务希坚持到底，不独战争必须身先士卒，政治亦然。中央领袖必须亲临政治冲激之地，始能战胜敌人。弟等以为苟非有军事之急变，不宜变更决议，坐失时机。兹将会议地点问题及中央执行委员会全体 决 定，① 武汉政治有维持现状之必须，特此电陈，意解务求在南昌诸同志谅解是幸。陈友仁、孙宋庆龄、蒋作宾。阳。印。

〔国民政府档案〕

## 6　张治中关于南昌之政治会议临时会议议决由宋庆龄等十三人组织政治会议武昌分会藉以取消武汉联席会议致蒋介石电

（1927年1月10日）

国〔急〕。九江，南昌探呈总司令蒋钧鉴：师密。顷湖北临时政治会议秘书处函称：接中央政治会议秘书处阳电开：徐委员谦等鱼电敬悉。顷政治会议临时会议议决：由宋庆龄、宋子文、孙科、陈友仁、蒋作宾、陈铭枢、唐生智、邓演达、王法勤、李宗仁、刘骥、董用威十三人组织政治会议武昌分会，特录案电达，请查照等由到部。谨转呈察核。职张治中叩。灰午。

〔武汉国民政府档案〕

## 7　汉口特别市商民协会等欢迎国民政府迁鄂致蒋介石等电

（1927年1－2月）

（1）汉口特别市商民协会电（1月27日）

注：①原文如此。

蒋总司令钧鉴：皓电敬悉，无任欢愉。武汉为革命新根据地。中央党部暨国民政府迁此，早经中央联会决定，甚望即日迁移，镇慑中枢。临电神驰，不胜企祷。汉口特别市商民协会叩。感。

(2) 武昌总商会电(1月29日)

南昌蒋总司令、张代主席、谭主席钧鉴：国民政府迁鄂，屡电欢迎。武汉为全国中心，极称便利。现大局底定，急盼旗旌莅止，指导一切，谋商业之发展，朴全国之先声，民众鼓舞，毋任翘企。武昌总商会叩。艳。

(3) 湖南省农民协会暨全省总工会电(2月3日)

分逆南昌中国国民党中央党部、国民政府、蒋总司令，武昌唐总指挥钧鉴：武汉臬昔为形胜之地，今更成南北交通之枢纽，军事、政治之重心，在经济上为聚散货物之处，在历史上为先烈起义之区，首都迁此，实足以指挥南北，控驭中原。中央决议移都斯土，具见卓识鸿猷，莫名钦佩。近闻有暂都南昌之说，湘省工农群众以为国都迁移，关系重大，务恳维持原议；移都武昌，革命前途，实利赖之。临电不胜企祷之至。湖南省农民协会暨全省总工会同叩。

(4) 湖北省妇协会电(2月8日)

二月八日来电

急。南昌谭、张两主席、蒋总司令及中央各执行委员钧鉴：自闻中央党部及国民政府议决迁鄂，群情欢腾。近拟改迁南昌，闻之甚为惊惧。武汉地势险要，交通便利，政府奠部〔都〕于此，实为万便。望党部及政府火速迁鄂，以巩固革命新根据地为幸。湖北省妇协会叩。印。

(5) 李宗仁电(2月9日)

国。限即到。南昌蒋总司令钧鉴：亲译。师密。军事日趋紧急，而政治、外交、财政似有松懈停顿之势，揆在原因，实因中枢尚在游移不定，以至陷于无政府状态。值此千钧一发，措施稍一不慎，党国前途急殆实甚，恳请钧座审查理论事实，毅然决定中央政府迅速仍迁移武汉，党国前途实利赖之。至党务问题，一俟军事告一段落，再行严密整理较为妥当。一愚之见，冒昧电陈，伏乞裁察。宗仁呈。佳。

〔国民政府档案〕

### 8 顾孟余为中央政府迁鄂不可再缓祈开会发表以安人心致蒋介石等电

(1927年2月8日)

国急。南昌蒋总司令、谭主席、丁部长鉴：夔密。弟抵浔后，本拟转赴南昌，因候车稍久，夙疾复作，乃急返汉。中央政府迁鄂不可再缓，务祈即日开会正式决定发表，以安人心，至为感盼。孟馀叩。庚。

〔国民政府档案〕

## (十)国民党二届三中全会

### 1 国民党中执委第三次全会预备会议记录

(1927年3月7日)

地　点：汉口南洋大楼三楼

日　期：十六年三月七日

时　间：下午五时

列席者：经亨颐　彭泽民　恽代英　林祖涵　于树德　陈其瑗

许甦魂　江　浩　邓懋修　朱霁青　顾孟余　陈友仁

毛泽东　董用威　王法勤　夏　曦　吴玉章　孙　科

詹大悲　徐　谦　李烈钧　谭延闿　宋庆龄　陈公博

邓演达

临时主席：孙　科

书记长：陈其瑗　　记录：张振翱

主席恭读总理遗嘱，全体肃立。

主　席：自中央党部、国民政府离开了广东以后，各位同志差不多都感觉有许多迫切问题要讨论，要解决，而皆一致主张有召集全体会议之必要。本定三月一日开会，因南昌同志未到，所以展期至今日（七日），现在南昌同志来了五位，我们也就可以开会了！我们是表示极热烈的欢迎！现在就请谭组安同志、李协和同志，将南昌情形向大家报告。

谭延闿：各位同志：今天同何、丁、李、陈诸同志到此，我们昨天才由南昌动身今天始赶到。我们来得太迟，是非常抱歉的！自从中央党部、国民政府决定迁鄂以后，大家都早准备到武汉来啦。蒋介石同志曾经到武昌来过一次，此番本预备同来，可是又因为军事而耽搁了！在二月八日曾决定来鄂，复因江西省政府在廿日成立，在南昌稍事羁留，结果又不曾动身。武汉方面同志和南昌方面同志新近因有人挑拨与离间，故不免发生了少许误会，恐因此将要得一个不好的恶影响，后因陈公博同志之来到武汉，陈铭枢、谢晋两同志奉诸同志命同到南昌，将两方误会与意见经陈、陈、谢之沟通，大家误会都冰释了。武汉民众运动有许多很好的现象与成绩，将租界收回了，诸同志工作有如此之努力，我们是深深的感动与钦佩！蒋、朱同志本准备今日同来，因朱部出发在即，朱须到樟树亲自检阅部队，有一二天之耽搁，蒋等朱同到南昌，立即同来武汉参加大会。其所以迟来两天，因处置军事关系，并无其他意思，恐有人又以此而挑拨与离间。蒋、朱十号决定由赣起程，十一号可到鄂，可否稍等一、二天，候其亲来，则两方意思可以调和，事实上比较好些。至对此间提案，皆甚同意，而对提高党的威权尤无异议。南昌军事自杭州下后，即下上海，因安徽陈调元之输诚关系綦重，使其犹豫与考虑，故对皖不取以兵力压迫，而决定从浙着手以消灭孙逆传芳势力。而福建之何军移至浙江，因此对皖事迁延一月，现陈调元自廿二日起，军队即向前方输送。此次陈之参加，影响军事方面甚大，江右军则视奉天之如何动作而与之周旋。江右军自与陈协调战事已不成问题，不出五日，定可拿得上海，此时海军宣布与党军同立于联合战线，可以扑灭勃〔渤〕海舰队之势力。李宝章军队现所剩无多，将来会合江右军，先从事沪、宁之占领，能抄张宗昌之后路，如不将此打通，虽取得南京亦无大用。现上海之军事由白崇禧同志担任。不取猛攻政策，江右军程潜同志昨到大通，军队已在大通之前与陈军会合，占领南京为意中事，江右军既有二军（程、陈），则声势之浩大已可推知。在上海同志之有大罢工运动，与孙逆以极大打击。自嘉善起，沿铁路皆有极激烈之战事，自毕庶澄军队加入作战，在松江尤有激烈战事，在相当期间，上海工人总可加以援助，总起罢工。上海张逆军队加入松江战事，计二步团，到南京虽号称三万，实仅一万，我方连队陈军计有四万，可操胜利。上海有人来南昌要求计画作特别区者，皆经拒绝，其有临时投机，亦皆不允许其主张。外交统一，除外交部以外，不应有其他外交机关。至前方之战事如何变化，不日即可得知。

主　席：李同志有无报告？

李烈钧：希望国民革命早日成功，同志捐除意见。

主　席：关于提案委员会，是否须报告原委？

徐　谦：可以略为报告。刚才听谭同志报告谓：南昌武汉间，彼此稍有误会，希望以后固〔团〕结更须坚固，本席十分赞成。我想，考求怀疑点之所在，譬如联席会议，亦可算得一个误会之点。本来联席会议是适应革命需要，不能不有此临时办事处、国民政府、中央党部。在去年十二月五日于广州既宣布停止办公，是不能不有替代办法。否则，政府直变成中断现象，既看不见政府，更看不见党。在中央执行委员会之决议，应革命之需要而迁鄂，我等先到武汉来准备，道经南昌时曾与蒋同志谈话，迁鄂亦认为不成问题。盖武汉若无办法，则革命受政府停顿之影响甚大。至反革命之造谣，似无解释之必要，因武汉同志不忍使党与政府之中断，而有联席会议，讵意即以此而生误会。如最近见蒋同志在南昌总理纪念周演讲谓，联席会议已不遵党章，竟与西山会议同，并责谦为个人独裁，岂不可怪！既考联席会议成立之初，即报告南昌诸同志，蒋同志认为必要，并有贺词在后，蒋同志来鄂亦曾出席于联席会议，不知返南昌以后，何以又有此误会？始而赞成并出席，且有提议，今则反对之，谓为非法，岂不可异！联席会议本拟仅开两星期，以待政府党部之北来，以为此时政府党部总可以到武汉。不料十二月三十一日第二批北来同志到了南昌，即逗留不来，以致延至二月廿一日联席会议始行结束，诚非始料所及。联席会议之不能不在武汉开议，实为民众之迫切要求，而适应革命需要，其不能在南昌之种种理由，不必细述。及后南昌来电，属〔嘱〕将联席会议停止，并组织湖北政治分会，当时曾召集临时会议讨论组织政治分会问题，因有许多问题牵涉，断不能设立政治分会，而此间又不能不有政府最高机构，于是武昌、南昌将成为二个中心，到不如南昌同志速到武汉，政府、党部早日开始办公。外交部陈同志尤特别提出：此议谓如改分会，则交涉立陷停顿，于外交前途诚属不利。其他自财政上及种种立论，皆如此讲话，甚至有谓南昌方面乃怕英人而不敢来者。如此，则设立政治分会，于外交、财政，均属不利，故议决仍请南昌同志莅临武汉，暂时临时联席会议仍继续开会。旋接南昌复电，联席会议毋庸继续，当时恰在开会讨论，于是立刻改为谈话会，主席为何香凝同志，但讨论结果，觉得联席会议仍有续之必要。二月九日，南昌同志一致议决迁鄂，同时各同志皆有来鄂信息，民众亦已预备热烈欢迎。不料九日不到，改为十六，十六日复以廿日省政府之成立不能动身。至此，武汉同志非常惶惑！联席会议既不能视为永久机关，而南昌同志之来，又复遥遥无期，大家均以为应有正式办事地点，以副民众之仰望，故廿一日开扩大联席会议，一致表决，均认为中央党部、国民政府均应正式开始办公，以接续联席会议。而南昌又复通电否认，谓：中央并未移鄂，并通电各地党部停止开全体中央执行委员会议，此真不可解者也。其次，最大误会即在欢迎汪同志一事。他们以为此必是推倒某同志、拥戴某同志之伎俩，其实何尝有此种作用，倘使南昌同志来鄂一看，则固可恍然于应革命之需要，而有欢迎汪主席之举。吾意新自南昌来各同志，应追究挑拨者究系何人？联席会议本为应革命之需要而成立，本是最革命的，若强诬为反革命，然则反革命者到成为革命矣。我们不是从感情上说彼此相忍，然党的问题必须讨论，党务愈讨论愈坚固，怕不讨论，不怕讨论。故日前二十同志联名写信，将现在之提高与集中党权具体意思拟成纲领，交陈、谢、陈三同志带往，即此已可证明并无其他意思，并非空言解释。惟迄今并未直接得蒋同志答复(谭谓有电，徐答皆间接致电)，而所回答者为宣言、一般同志均旁皇绕室，皆觉此为制度问题，并非人的问题。自上年三月二十日至今，同志皆以军事重要，而党即随之迁就，竟至有今日之现象，此则同志对于制度上太迁就之过。为今之计，须赶紧纠正，此非对人有问题乃改正制度，使革命得最后之胜利而已。军事胜利非根本问题，必也党的权威提高，巩固统一。始能谓之真正之胜利，否则，不见是胜利。现因全体会议不能再缓，在南昌时，本有东南战事结束，即行开会之议，现在革命进行最紧张之际，如中央执行委员会全体会议再延不开，如何指导革命？因必有领导革命的机关，而后革命可以成功。本来开会定于三月一日系照南昌同志所定，展至今日(七日)，亦是顺南昌同志的要求。今日各同志来到，得开成会，大家同志，皆欢天喜地，党权即可集中，民众尤为十分欣慰！现在将提案内容略述一述。提案委员原定七人，为：孙科同志、宋子文同志、顾孟余同志、邓演达同志、吴玉章同志、陈友仁同志及本席。起草要点早寄南昌同志：（一）统一党的领导机关：即按照党章选举九人为常务委员，以常务委员三人组织秘书处，至政治委员会，除常务委员外，再加中央人员，在广州时已预备提出。此外，则根据党章较诸广州所拟者尤为完备。（二）军事问题：恢复军事委员会亦系依党章之特别委员会，而定军政与军令机关之划分。总司令为军事之指挥者，军事行政由军事委员会决定。（三）为外交政策之统一。（四）为财政政策之统一。（五）两党合作问题：民众运动在革命运动中是很重要的，而求民众运动之统一，即要两党合作，一致主张，不要一党拿权，一党站立旁观，要打成一片，合在一起，如此，民众运动一致，可将革命势力统一。此皆提案委员会认为重要问题，故先提出，其他次要问题，以后再说。

谭延闿：刚才听徐同志，有人挑拨，不知究系何入？我可以作一句答语：即可由蒋同志之演说词而推测知之。此间具体方案，南昌涣然冰释，因无回信，而以其漠视，此亦误会。在南昌政治会议，有议案可查，得知后，立即准备首途，未有来电，疏忽之处，所不敢辞。凡人皆有感情冲动，以后如有很好方法，纵有人挑拨，亦无计可售，但希望同志对于言语亦稍检点。南昌主张，诚有错误，愿受批评，然用意是使党能统一，同心协力，并不是敷衍，我希望大会亦能容纳南昌同志意见，使大会顺利，可否开会稍迟三数日，南昌同志得以加入，未来者赶快来，若得一致参与，俾意见一致，进行亦更顺利。这是兄弟所很希望的。

主　席：在这讨论之前，请唐同志报告临时要件。

唐生智：因军事之重要，由邓同志介绍，来会报告。武汉卫戍司令第十一军军长陈铭枢同志昨日忽然离职他往，卫戍司令由参谋长代拆代行。第十一军军长由第四师蒋师长暂代。并托生智报告，谓本人对于中央绝对服从多数，现愿将脑筋洗刷欲至欧美游学，此次纯因个人情感，不能不暂时离开云云。此事甚为重要，请国民政府注意！今日生智与邓同志立即召集该军军官士兵谈话，得知其绝对服从党的，以后听中央执行委员会、国民政府命令。现有辞呈在此，请公决！

邓演达：关于陈同志请假事，今晨接得陈信始知陈之辞职。

秘书长：朗读陈铭枢辞呈。

主　席：此系临时报告，有无讨论？

谭延闿：有人代理职务无变动，可暂缓议。

主　席：正式开会是否应展至十二日？候蒋、朱同来，提出讨论。

彭泽民：展至三月七日开会，曾报告各党部，及在报纸上发表，人人皆知今日开会。如俟南昌同志全来，则迁延又不开会，实属错误，现在口号打倒独裁、打倒个人专政，因蒋，朱之不能来，而再展期开会，岂不犯了个人独裁之嫌吗？

吴玉章：因必要而开会，可以开则开，况且既开了会，更可使未到者快来，不必专候一、二人来，方始开会。蒋、朱皆负军事责任，如届时军事万一紧急又不能来，会期又将延期吗？此为外面观听所系，不可不慎。革命是共同工作的，革命不能由一二人的意思来指挥，不可使蒋同志因此而生错误，若一展再展诚属非计，因革命同志皆抱有宏愿，迴非个人事业，应代表时代精神，今日到会人数既足，则应开会。

谭延闿：彭、吴同志之言甚当且确。此间同志已委屈求全，而一再展期，南昌同志因求党务进行顺利，而皆来参加，关系甚大，并不在一、二日之争执，希望不再生纠纷，最好容纳此意，再定某日开会，届时决不再展，请大家注意。

主　席：谘询有无其他意思发表？

于树德：卫戍司令辞职，恰在开会期间，其理由已经唐同志报告，尚未有解决，政府与党若不指定专人负责，则生差池，谁尸其咎，可否今日即作为正式会议，八、九日皆讨论提案，惟决议则俟蒋总司令来再决定。

彭泽民：自开会以来，决无等人来而始决议之先例。

徐　谦：今天本为谈话会，所要谈话，皆属商量问题。虽开会定今日，而仍延期，是很普通的，南昌同志已到来，固可开会，可是未开会以前，作非正式交换意见，以后能得完满解决。开会决非一、二日可了，最好议案能一致，则开会时自可迎刃而解，故未开会时，将提案内容讨论，意见交换，趋于一致是最好的。

毛泽东：因提案甚重，须有精细之讨论，讨论似属提案之责，而提案委员会之产生，由常务委员之推举，可否再加新同志，而得新意见，详细由提案会讨论，大会则决定今日开，不能再展。

恽代英：会期已宣布展过二次，今日开会，亦众见众闻，因有同志未来而再展，已尊重蒋同志意见，如再展，则在报发表似不好说，大家都感觉党权有提高之必要。

主　席：很多同志发表意见，本席要问各位，现在法定人数已足否？正式开会须经过开会式否？

彭泽民：已到有十六人。

主　席：开会以前，提案必有明了认识，则开会时，将重要问题必可解决。毛同志提议，加推提案委员，可否在预备会多添几位同志参加意见？于同志以为今日开会，八、九两日讨论，候南昌同志再决议，此时意见很多，是否继续讨论？

顾孟余：刚才几位同志说过，总括意见：（1）为不可再延，延则不好；（2）开会延期讨论，可以多所准备。本人以为，此次议案，甚关重要，从前提案委员会，由常务委员会产生，此外，对南昌同志未来，及新同志之要求，可与以参加机会：（1）正式开会不能再延。（2）提案委员会，今日重选。

谭延闿：各位同志发表意见，有些误会，所请延会并非专等一人，延闿可声明：两方表示，已无隔阂，南昌要求展期之理论上因不足，可是事实上亦须顾到。为爱党起见，使南昌同志得参加，亦可使开会之顺利，且与军事有关系甚多，现在短促决议，固无人敢置啄，惟能得全体参加，则解决自必顺利，延闿不愿党有裂痕，南昌之请求，请大家须注意。

徐　谦：顾同志之提议，有科学的意义，固然，讨论不在迫促之数日，可是先要问党之利益与革命利益，如足法定人数，则亦可开大会。大家同志，互相容纳，互相尊重，今日如足法定即开会，形式上可促未来同志之到来。已足人数，仍不开会，是不对的；应容纳而不容纳亦不对。不如先开了会，则未来的同志，亦可赶快来，两方面皆顾到：（1）能开会则今日开会；（2）明日提案讨论。

谭延闿：先声明非等人。未来之前，武汉曾有人电告，谓此间决定南昌同志不到亦开会，如能候蒋、朱之到来，则他人无从挑拨矣。

恽代英：谭同志之谓挑拨，此言甚奇怪，如谓不容纳，则召集开会时，何以打电登报！蒋同志初非因军事而不来，纵蒋不来，朱亦可来，徐同志提议甚多，因开会可以促同志之到来。

顾孟余：总合同志意见：延期为不好现象。本日仍作为正式会议，明日提案委员会本日加推提案委员二人，共为九人，由明日开提案委员会，将提案详细讨论，也许三、五日讨论成熟。余同志谓重在求一致的主张，甚表赞同。

主　席：谘询有无讨论？

江　浩：适才所论，不过谓今日开会，抑十二日开会，调和办法则今日为正式开会，以后两日则开讨论会。本会定期三月一日，如有一再延期，恐生误会，谭同志所争亦会期，究竟是内容问题？抑为会期问题？因迁就事实而纠纷，如再迁就，则所谓提高党权者何在？关于会期问题，亦望南昌同志稍事容纳。

谭延闿：江同志之言，似有误会。南昌对提案是同意的，亦已迁就在武昌开会，否则，不至来武汉开会矣。延闿不敢谓为个人请求，特为个人顾全甚大，并非好为辩论。

吴玉章：谭同志所言很明白，本席以为明日即开讨论会，徐、顾同志之调和，江同志已赞成，此即迁就事实，可否请主席付表决。

陈公博：今日开会，是无问题，惟一年来党弄到此种地步，不能谓无问题，本人不希望因小问题，而牵到大问题，请顾全事实。

主　席：付表决，先声明表决手续。

吴玉章：照党章候补执行委员可补正式委员，出席人数三分之一，有表决权，即是正式十五人，候补即可补上五人。

李烈钧：武汉、南昌两方面情形，皆知误会并不大，自当求完满解决，甚愿顾全大局，颇感于两方因小误会而起，彼此皆希望完满进行，又与诸同志多日未见，因开谈话会，否则，纵表决，亦无意义，请各位自行表决可也。

主　席：现在表决此为预备会，抑全体会议？是否表决权仅限中央执行委员？

徐　谦：当限于中央执行委员，不必补入候补。

主　席：今日是否作全体会议？请表决！

李烈钧：事实上人数不够，亦不能表决。

彭泽民：有正式委员十五人到，即可补候补五人，今日到者十六人，已是法定人数。

谭延闿：第一次会议列席者十八人。

吴玉章：第一次人数诚多，党章对于出席人数迄未明白规定，依理应该全到，实际上章程规定中央委员如不列席，可以候补补足之。

许甦魂：有一次全体会议仅有十四人，后将签名簿送往医院，请朱季恂同志签名于上，即作为十五人到会，于是即行开会，可见十五人为足法定人数，事实上已有前例。

谭延闿：要十九人到会，始得开会。

董用威：解释权在第三次全国代表大会，联席会议惯例，十六人亦可开会，今日为十六人，当然可开，许同志所言，本席赞成。

彭泽民：如执行委员会，不足法定，由候补补足五人，则有二十人，可足法定人数矣。

谭延闿：严格说，非过二分之一不可。

徐　谦：现到会者有十六人，今日确是足法定人数，不过候补何人，如何决定？谭同志不能以惯例拘束党章，本日开会，是足法定人数，况自革命上立论，固不必斤斤于人数问题。

主　席：是否付表决？

许甦魂：此不成问题。

谭延闿：西山会议，不足法定人数，吾人即以此驳斥之，请注意。

吴玉章：西山会议，是根本的不对，还是人数的不对？（谭：人数亦不对）今日会议绝对不能与西山相提并论，此种说话，甚为妨害彼此感情，今日大众到会，多数主张要开会的。我们革命党人，一面顾事实，一面顾革命。假如有变故，同志多被杀逐，只剩数人则又如何？试问此时我们尚开会否？谭同志以为我们不顾事实，本席以为我们真是顾事实，七日开会，公开宣布多时，是很光明正大的，不是突然中变，大家应通盘看，不应误会。

主　席：是否付表决？

李烈钧：退席。

主　席：宣布休息十五分钟。

主　席：宣布继续讨论，决定刚才讨论问题，在未表决以前，有几位同志意见是否继续讨论？

徐　谦：开会问题，无很多研究，已到同志，皆又足数，而未到同志两日可到，其重要精神在提案。武汉方面亦有未到同志，非等人与不等人之问题，今日为预备会，明日亦可为预备会，并非立刻开会才有意义。诚如顾同志所言，要将提案讨论一致，方宣告正式开会，所以今日开会与否，无关重要，惟既到而放弃或不出席，则有罪。

主　席：徐同志谓今日仍为预备会，明日仍为预备会，各位有无意见？

林祖涵：究竟提案委员会议，有无限定日期？

恽代英：提案可在全体会议讨论其大纲，南昌同志亦皆看过，何必再等。

主　席：是否根据徐同志意见？付表决。

毛泽东：须指定多少人数为提案委员会委员，并开讨论会之次数。

主　席：明日仍为提案委员会，准备好后，九日开全体审查会，十日开全体会议。延迟两、三日，可以候未到同志，到来参加。

许甦魂：十日仍未到如何？

主　席：亦不候。

顾孟余：明日是否仍全体会议？

徐　谦：明日系提案委员会。

徐　谦：明日提案多加几人，可加推谭延闿同志、恽代英同志二人。

决议：通过。

于树德：先表决今日为预备会，抑正式会？

主　席：以预备会议付表决。赞成者七人。不赞成者六人。

决议：通过今日为预备会。

主　席：明日为小组提案委员会开会，后日为全体审查委员会开会。

众无异议。通过。

主　席：以十日开正式会议，付表决。

决议：通过。

主　席：关于主席团，是否今日选出？

于树德：今日预备会，当然要选出。

主　席：从前在广州为三人，今日可否改为五人？（赞成五人者举手）

多数，通过。

主　席：宣布选举用双记名投票式，每票连书五人。

结果：徐　谦13票　谭延闿13票　孙　科11票　宋庆龄11票　顾孟余11票。

主　席：现在应推举秘书长。

吴玉章：推举陈其瑗同志。

主　席：有无异议？

众无异议，通过。

主　席：谘询十日开会，地点有无变更？

吴玉章：十日可在武昌。

于树德：似宜仍在南洋大楼。

决议：仍在南洋大楼。

毛泽东：在大会期间，政治会议停止开会，如有重大事故发生，应付与主席团全权办理。

于树德：此为当然，但事后对大会仍须报告。

主　席：以毛、于两同志提议付表决。

多数，通过。

主　席：孙夫人提议不能担任，请告辞。

彭泽民、吴玉章：已权定，不必告辞。

开会时间订：八日下午三时，小组提案委员会。九日下午二时，全体提案审查会。十日下午二时，全体正式会议。

〔国民党中执会档案〕

## 2　第二届中执会第三次全会通过统一革命势力案

（1927年3月13日）

中国国民党与中国共产党两党联席会议，须立时开会，讨论一般的合作办法，特别是以下各问题：

（一）统一民众运动，特别是农民与工人运动，共同指导。

（二）国内少数民族问题。

（三）共同担负政治责任问题——应由共产党派负责同志，加入国民政府及省政府。

（四）设法使第三国际及中国共产党与本党机关报关于两党相互之批评与记载不违背合作之精神。

两党联系会议之本党代表五人，即以中央之组织、宣传、工人、农民、青年五部长充之。

（五）本党应第三国际之邀请，应即派代表三人参加第三国际会议接洽中国革命根本问题，特别是中国革命的与世界革命的关系的问题。

〔国民党中执会档案〕

## 3 第二届中执会第三次全体会议宣言

（1927年3月16日）

同志们，同胞们！

我们反帝国主义与反封建军阀的国民革命运动，自北伐占领武汉以来，已到了一个新的时期。这个时期与以前的时期比较起来，有下列的特性：

（一）中国全国的一半，已经从帝国主义的同盟者与工具——军阀——的直接压迫之下解放出来了。

（二）帝国主义者，特别是英国，因为他们的联盟者吴佩孚、孙传芳的失败及革命民众的奋斗，不得不应允放弃他们几种剥削中国人民的特权。

（三）帝国主义者，特别是英国，一面对于国民政府作不重要的让步，一面却藉口虚造的事实，集中兵力于上海及其他各地，以援助北方的反革命势力目前对革命势力的战争，并藉此摧残中国民众方兴未艾的革命斗争。

（四）中国的工人、农民及城市中的广大的民众，已经逐日起来了，被压迫的民众已经渐渐的参加斗争了，这就是我们战胜帝国主义与国内反革命的稳固基础。

（五）同时，国民政府统治区内的一切反革命势力：反动派、买办、大地主、绅士、安福、交通、研究、外交各系正在设法牵制国民政府政策使不得行，并且用全力破坏革命的根据地。

（六）帝国主义者，特别是英国，除去侵略行动以外，还和他们奴仆——北方军阀——正在设法分化革命的战线。我们的敌人不能抵抗整个革命的势力，不得已采用这种分化方法，足以证明我们革命的力量已经大有增进，但是我们更要因此时时注意这种分化方法的危险，而预为防备。帝国主义者，最近的策略，是声明赞同中国人民的期望，愿意和中国革命运动中的稳健分子合作，只是反对激烈分子。这个策略，就是很明显的要想分化革命的战线。

（七）帝国主义者，特别是英国，要干涉中国，又顾虑欧美各国的反对，所以用他无数的宣传机关，传拌谣言，毁谤中国的革命运动。

（八）同时，英国的反动政府，正在用无理的文牒，恫吓中国革命的朋友苏联，目的在软化中国的革命意响，并且隔离中国革命与世界被压迫的民众与被压迫的国家。

（九）但是英国的和其他各国的被压迫的民众，还是对中国革命表同情的。虽然也有些反动派、投机派的领袖，谰言鼓惑，贬损中国革命的价值，却是各国被压迫民族与劳苦民众已渐渐的了解中国革命的真象了。

同志们！同胞们！

由上所解析的，我们的革命现状里，我们要找出行动的方针。本党的中央执行委员会全体会议，正在这个国民革命进行中的紧要时候，已经决定了中国国民革命的行动方针。现在郑重的向全国同胞宣言，我们为完成中国的国民革命，要实行以下的各项：

（一）国民党要用种种方法，继续援助工人、农民和城市中一般民众的革命运动，及改良他们本身生活的斗争。这种斗争，不但不违反国民革命的利益，并且正足以增加国民革命的力量，使他可以打倒帝国主义、军阀及一切国内反革命势力。我们就要设立农政部和劳工部实现本党的农工政策。我们同时要反对那些缓和民众运动的主张，我们要使民众运动充量的普遍的发展。

（二）我们要把一切行政立法权，集中在国民政府手里。国民政府一定可以实行民生主义，防止个人专政，或一部分人专政的倾向。只有由本党所表现出来的民众意志，才能确定国民政府的政策。

（三）我们要指导城市、乡村的民众作创作的革命工作。由乡村到城市，我们要把民众组织成自治委员会，代表民众，作国民政府的基础。

（四）我们要以革命的方法统一中国。这种统一，才是一个自由独立的民族的真统一。由这种统一得到政治，才是一个由上而下建设于民主主义基础上的政治。

（五）我们要继续的向帝国主义作战，直到我们达到目的；就是说，得到中国真正的政治的、经济的独立而后止。我们反对那些对于革命厌倦的人们，反对那些对帝国主义妥协的人们，这些人都是革命的敌人。我们要指出他们的误谬罪恶而打倒他们。但是，我们可以声明任何外国，但能对于中国国民的真正愿望容纳的，我们决不伤害他们的合法的经济利益与经济发展，他们是不用畏惧的。

（六）我们要继续对于北方军阀的革命战争，直到我们统一了中国，肃清了封建军阀的势力为止。

（七）我们要继续并且巩固我们对于苏联的关系，苏联是诚意援助我们国民革命、民主革命的国家。凡是愿意在民族平等原则之下与中国诚意合作的国家，一定愿意中国的统一与独立。

（八）有些人以为不要帮助革命民众，不要与世界被压迫民族合作，也可以继续革命，这是错误的。我们要在人民面前指明这个错误。这些人实在就是帮助帝国主义与反革命。他们是与我们的领袖孙中山先生的主义无关的。

（九）我们要帮助国内少数民族（蒙古、西藏、回族等）的自决与解放。

（十）这一年来，国民革命军勇敢的荣誉的为国民革命而奋斗，我们要承认他的功绩。我们并且要用种种方法巩固国民革命军，使他更能奋斗。我们要使人民与军队密切的结合起来。

同志们！同胞们！

我们郑重宣言，我们的党要领导民众朝着上述的纲领进行。任何人或任何部分的人，如果反对这些纲领，我们便要反对他们。国民革命必须成功。我们的国家必须独立。我们的人民必须自由。帝国主义的宰割，封建军阀的压迫剥削必须打倒。这便是三民主义的真意义。

中国国民革命万岁！

中国国民党万岁！

党的纪律与党的指导万岁！

革命势力统一万岁！

〔国民党中执会档案〕

## 4　第二届中执会第三次全会对农民宣言

（1927年3月16日）

对农民宣言

经济落后半殖民地的中国国民生活的大部分，还是农业，人口百分之八十以上是农民。中国农民受了帝国主义、军阀、地主阶级三重剥削，其困苦达于极点！自求解放之心十分迫切。因此，中国国民革命最大部分的目标，在于使农民得到解放，农民如不得到解放，国民革命断不能底于完成。中国国民党为领导国民革命之最大政党，负有完成国民革命之使命。民国十三年一月本党改组时，第一次全国代表大会并发布宣言，对于农民问题，特加注意。民国十五年一月第二次全国代表大会，又议决对于农民运动的纲要，同年十月中央各省联席会议，发布新政纲，关于拥护农民利益二十二条。三年以来，本党党员从事农民运动，组织农民协会，引导广大的农民群众，为拥护自身利益，参加国民革命，组织之广，几遍全国，使革命风潮，特别扩大，革命进行特别顺利，这都是农民受痛苦最深，求解放最切，党适能拥护其利益，扩大其组织，领导其行动，才有这样的结果。

最近，各地农民起来的形势至为迅猛。特别是湘、鄂、赣三省，短期间内，有极大的发展。长江下游及北方各省以北伐军的进展，农民必定迅速的起来，成为拥护革命的主要力量。农民参加革命的第一个行动，除参入战争，扶助革命军得胜利外，就是打倒土豪劣绅，推翻封建地主阶级在乡村特权。这个封建地主阶级，乃直接剥削农民最利害的一个特殊阶级，一切帝国主义、军阀、贪官、污吏对于农民的剥削，都凭附这个特殊阶级，才能达到目的。故封建地主阶级，乃帝国主义、军阀、贪官、污吏及一切反革命派之真实基础，不推翻这个特殊阶级的权力，则帝国主义、军阀、贪官、污吏及一切反革命派，虽有形式上之破败，其使之存在的实质，并未消灭，时常有使革命改变性质之可能。在农民方面，几千年来被统治于封建地主政权之下，不推翻封建地主在乡村的政权，则一切经济斗争：如减租减息等等，简直无从说起，因此革命的要求，需要一个农村的大变动；每一个农村里，都必须有一个大的变革，使土豪劣绅、不法地主及一切反革命派之活动，在农民威力之下，完全消灭。使农村政权，从土豪劣绅、不法地主及一切反革命派手中，移转到农民的手中，在乡村中建设农民领导的民主的乡村自治机关。这是完成民主政治的唯一道路，本党具有最大决心，将领导此种争斗，使得到最后的胜利。

本党为领导代表民主势力的农民与代表封建势力的土豪劣绅不法地主的争斗，并使这个争斗胜利得到保障，则农民得到武装，实为重要条件之一。农民应有自卫的武装组织，封建地主阶级的武装：如民团、保护团及团防局等均须解除交与农民。此外，本党尚须设法使农民廉价购得武装。总之，须使农民有足以保卫其自己利益的武器，这是农村的革命胜利，即民主势力推翻封建势力胜利之确实的保障。

农民在政治争斗胜利之后，经济争斗便随着开始。农民经济争斗的意义，为反抗帝国主义、军阀，特别是地主阶级的剥削，本党联席会议议决政纲有如下数条：一、减轻佃农田租百分之二十五。二、禁止重利盘剥，年利不得超过百分之二十。三、禁止上期租。四、禁止预征钱粮。五、禁止包佃制。此次全体会议决定佃农使用土地权，改良田税法则，并规定区乡自治机关，关于地方经济事务之各项主管权力。此皆属农民初步的经济争斗之纲领，本党必须领导此争斗，使继政治争斗而得胜利。在国民政府管辖区域内，常用政治力量，帮助农民达到目的。

不但如此，因为革命的进展，农民的要求，已是很迅速由初步达到了第二步：即在许多地方，已发生最重的土地问题。原来中国的农民问题，其内容即是一个贫农问题！贫农的数目，到近年愈扩大，完全无产的赤贫农民，与有产不多不够生活的次贫农民，占全体农民中之大部分。这个广大的贫农阶级之存在，乃一切纷扰变乱的根源；同时即为革命动力的要素，贫农问题不解决，一切纷扰变乱却不会平息，革命亦将终久没有完成的一日。贫农问题的中心问题：就是一个土地问题。现在国民政府管辖下的各省，特别是广东、湖南、湖北农民运动发展的地方，贫农对于土地的要求，已甚迫切；北方贫农群众的土地问题，也是极其严重。本党总理孙先生深见于此，二十年前即已提出“平均地权”为革命政纲。第一次全国代表大会宣言说到：“农民之失去土地，沦为佃户者，国家当给以土地，资其耕种”。总理并于民生主义讲演中提出“耕者有其田”的口号，此皆深知农民的最后要求，在于土地。不使农民得到土地，农民将不能拥护革命，至于最后之成功。因此本党决计拥护农民，获得土地之争斗，至于使土地问题完全解决而后止。

贫农不仅无土地，而且无资本。革命发展的结果，乡村富有阶级极端闭借，许多地方几乎断绝借贷关系，至使贫农社会惶惶不可终日，非有一具体政策，不足解决此资本缺乏问题。本党第一次全国代表大会宣言，有云：“农民之缺乏资本至高利借贷，负债终身者，国家为之筹设调剂机关，如农民银行等，供其匮乏”。中央各省联席会议政纲，亦以农民银行列为专条，并规定以年利百分之五贷款与农民。本党当于最短期间，在革命势力所及之地，使本党政府努力设立此等条件极低之贷款机关，以解决农民之资本缺乏问题。

总之，国民革命的完成，有赖于全国农民之兴起！本党始终站在农民利益方面，代表农民而奋斗！本党始终拥护农民一切合理的斗争，务使一切剥削农民的特殊阶级失去其凭藉，减轻其剥削！使每个受压迫的农民都得到切实的解放，这是本党历史的使命，本党当毫不犹疑的执行之。

〔国民党中执会档案〕

## 5 第二届中执会第三次全会通过对全体党员训令案

（1927年3月16日）

自本党顺应时局要求，出师北伐以来，因将士努力与其全国党员民众之共同奋斗，数月之间，迭获胜利。湘、鄂、川、黔、闽、浙、赣、皖各省以次归入国民政府之统治，河南、江苏将于最近完全归附青天白日旗帜之下。西北国军，亦得于此时奠定甘陕，出师潼关，全国革命之武装势力渐能于军事上联合一致，以与帝国主义及残余军阀作最后战争，向日盘据长江与英帝国主义勾结以鱼肉民众压迫爱国运动之孙传芳、吴佩孚诸逆，已次第破灭，其部属非屈服于革命势力之下即崩溃不能存在。奉系军阀虽尚负隅北方，时有与本党为敌之野心，然因革命潮流之高涨，已影响其内部使不能团结一致。在其势力压迫下之农民，更时时有崛起暴动之可能，故张作霖于军事行动颇表现其迟疑逡巡之能。但冀以政治之阴谋，流言之煽动，使本党自身分裂而已。帝国主义者向日在中国恃与军阀互相勾结，以保其由不平等条约而攫取之特权，亦遂发生动摇。汉口之"一三"惨案，在帝国主义者或将视为无足奇异之事，然其结果，竟致使英帝国主义失其汉口、九江之租界，帝国主义者均知南方革命势力之兴起，已经为中国外交史上开一新纪元。英国、日本等国家中之无产阶级已逼迫其政府立即承认国民政府真正代表中国民众之地位。中国革命势力在国际上实已具有伟大之权威，在世界社会主义革命大本营——第三国际与在各殖民地半殖民地被压迫民族联合组织之反帝国主义大同盟中，中国革命运动已经若起全世界之注意。在中国农民、工人生活于数千年压迫之下者，在此种革命运动之过程中，渐次苏醒。广东、湖南、湖北均已有数百万有组织之农民，彼等为自身利益而奋斗，造成乡村中普遍之革命现象。江西、福建等省农民之革命倾向亦日益显著。上海、广州、长沙、武汉之工人运动，其成就亦至足惊人。北方农民、工人渴望本党之军队早日莅临，协助彼等共谋解放。此等工人、农民势力之发展，足以使帝国主义军阀落魄发抖，一般封建社会之残留分子，已甚感其恶势力之不能存在。然而民众运动因获得本党之帮助与指导，其进步有沛然莫御之势。彼等将成为中国革命之基础，本党之三民主义，亦将利赖之完全实现于中国，盖有可断言者也

在此种局势之下，本党同志，不应以尺寸之功沾沾自喜，而应顾念目前革命之需要与自身之重要使命。本党以三民主义号召中国之革命运动，誓将根本铲除帝国主义军阀及其一切爪牙在中国之势力，建设民主政治，解除农工压迫。在今日革命势力虽有相当发展，然而距此目的之达到，尚遥遥不可以道里计。英帝国主义在中国南方屡受革命势力之打击，彼欲抵中国革命运动，特派遣大部军舰，至上海及其他中国内港，意欲藉故与中国开衅，又用种种方法，勾结并资助北方军阀，使延长中国之内乱，希冀由彼等以扑灭革命势力。张作霖以安国军之名义，集中一切反革命之武装势力，时谋进窥江苏、河南。在此内忧外患相逼而来之时，民众痛苦，自亦不易完全解除，而本党历次宣言许与民众之利益，自亦不易完全实现。在此次北伐胜利一段时期中，民众所得之利，只有职业团体如工会及农民协会等组织之自由，其他生活上之利益甚少实现，此皆本党同志所宜引为深疚者也。在此种

困难环境之下最使吾人忧虑者，乃本党内部组织之根本缺陷。本党自去年以来党内即多纠纷，中央执行委员会因外虑反动势力之纵横，内恐革命势力之分裂，屡次迁就事实，冀图能集合一切革命分子以保全中国微弱之革命根基。自北伐军兴，军事、政治、党务之集中个人，愈使政治之设施，不能受党的指导，而只受军事机关之支配。此种制度，弊害甚多，不但使党内之昏庸老朽分子盘据于内，官僚市侩及一切投机分子乘机而入，因此纵成个人独裁军事专政之谬误，妨害中央执行委员会在政治上之威权，形成党内投机腐化之倾向。且亦使军事呈纷争与复杂之象，而不能收整齐统一之效。盖国民革命至于今日已扩充至四十余军，非有党之最高机关，以绝对的威权，统一指挥，决不能在名义上与实际上悉纳于革命军统系之下也，且各地党部亦间有参杂投机分子为士绅把持与民众隔离之错误，与本党集中革命民众之旨背道而驰。中央执行委员会全体会议深感目前本党之危机，认为必须有切实挽救之方法，方足以副全国代表大会之委托。故详慎考虑决定将一切政治、军事、外交、财政等大权均集中于党。此等议案，乃为适合中国革命之需要，将藉此以防止党内投机腐化，与个人独裁军事专政之倾向。中央执行委员会毅然出此，乃基于民主集中制之观点，帮封建势力奋斗。决非对个人所爱憎，且坚绝反对一切因人爱憎而处理党务之行为，因以个人爱憎而处理党务，即违反民主制度之原则也。

中央执行委员会尤有应为同志告者，本党非仅为宣传主义之团体，乃为国民革命一切进行之领导者。本党之革命乃为数万万农民、工人之利益对于国内外一切反动势力之奋斗。此种奋斗决非恃少数人之能力所能获得成功。本党同志必须认定党之作用，在能吸收被压迫阶级中之革命分子，使此等分子能领导被压迫阶级群众而奋斗。本党以党治国的意义：乃在以党唤起民众、组织民众，俾能行使民权实施主义，并非徒以本党取得政权目的。同时必须遵守总理决定之革命策略，诚意的与世界革命战线上先进之苏俄亲密联合。故非使一切革命势力集中，非使全党同志均接受党的指导，一致努力领导群众，根据总理所决定之策略以奋斗，本党即无由以完成革命之使命。中央执行委员会此次确定党的最高权力，必须全国党员能深切了解此种意义，随时拥护中央执行委员会，与一切党内封建社会个人主义的倾向奋斗，方足以巩固党之威权。同时且必须在国内努力发展农工运动，在国外与世界革命势力相联结，使本党基础深入于农工群众之中，且成为国际革命阵线之一部分，方能获得广大之援助。党能亲密的与国际革命势力相结合，而且与农工群众之意志与力量形成一片，方足以使反革命之现象永远绝迹于党内。此重大意义悉皆总理之遗教而应为我同志忠实遵守者也。中国今日尤足引吾人之注意者为各省农民之兴起。农民居中国人口四分之三，其大半皆困苦不堪言状，土地之缺乏资本之不给，以及乡村土豪劣绅之压迫宰制，反动武装之袭击，使彼等欢迎革命之热情，较任何阶级为迫切，本党目前之使命，即在努力组织领导此等广大之农民，使与一切压迫彼等之势力奋斗。农民运动，在本党指导之下，普遍发展，自能助本党完成以党治国之主张，此乃吾人最后胜利之唯一保障也。农民解放以后，农民在政治上掌握乡村之自治，在经济上提高其生活，则乡村、城市之经济关系必日益繁密，工业品在乡村中销场既广，则工业自有振兴之望，而国内商业自有活动之机。农民解放实于工人、商人皆有莫大之利益，而为中国经济建设之前提，此又为本党同志所应彻底了解而切实宣传者也。

更有进者，本党已至以革命统一全国之时机，今后不但须使中华民族对外求到平等，且须使国内少数民族一律平等，以证实本党之民族主义为民族解放，非国家主义者之藐为外抗强权而内则压制弱小民族者所可比附。本党同志，当对于满、蒙、回、藏少数民族之解放力予援助，使能在本党统一之后相与自由联合，此又为本党同志所应注意者也。

中央执行委员会全体会议基于上述之意义：特发训令希望我全体同志切实认识本党之主张，团结一致，共同奋斗，以成我总理未竟之志，完成国民革命之伟大使命。

〔国民党中执会档案〕

## 6 第二届中执会第三次全会通过统一财政决议案

（1927年3月17日）

自军兴以来，统辖省治扩展甚多，而财政应付，至感困难，商务民生，亦呈萎顿。究其原因，则主要者，可概言也，其一，则关税、邮政、铁路等重要机关，均受帝国主义之束缚，以致国民政府治下之大宗贸易及交通上之收入，均不得挹注库收，而为帝国主义者所吸噬，以致民生凋敝也。其二，则各省前为军阀搜括再四，苛税暴征，遍地皆是，驯至民穷财尽。目前舍粤鄂两省外，财政长官，均就地委派，故中央财政管理，尚无统系可言也。其三，则农民向受土豪劣绅之敲剥，凡重租重息，以及种种额外需索，均足使农民阶级饮苦难伸，日就朘削，以致全国财源枯竭也。其四，则各省区县绝无强有力之地方行政组织，以致税外需索，无从稽核制止也。其五，则循行归法，大多数之捐税为间接税，加征于百货及需要之品，而绝少直接税，乃资本阶级对于革命之担负，并无牺牲也。其六，则鄂省周近及长江下游，战事进展，以致商业停顿，金融阻滞也。凡此数者，均为财政民生之绝大障碍，今欲扫除此种种恶因，应于财政上抱三种目标：收回海关交通管理权，及取消外国银行在华特殊权利，一也。集中各省财政管理权于国民政府财政部征收，凡百捐税，均由财政部集中、负责，取消一切苛征杂敛，以统一收支，二也。均摊捐税，收贫富各就其力，以抒国家负担，间接、直接税之征收，须不偏不倚，地税须改良，田亩附加须铲除，以抒农民之疾苦，三也。兹特决议如下：

(一)国民政府治下各省财政，急谋统一；各省财政主管人员，在正式省政府未成立前，由财政部选任，对财政部完全负责。凡收复省份，应即由部派员接收，所有财政一切建设，悉照本党第二次全国代表大会及中央执行委员会议决案办理。

(二)国民政府治下各省，非经财政部许可，不得征收新税，改变税率，组织新银行、新公债及钞票，或取消通行钞票之使用权。

(三)设立预算委员会审定国民政府预算；其委员由国民政府任命之。

(四)征收直接税，如所得税、资产税、遗产税等。

(五)改良地税，其税率须以现在农产之市价为标准。

(六)中央银行为国家之金融机关，调剂全国金融，并须积贮大宗准备金，以平准国外汇兑。

(七)改组关税管理机关，厘定进出口税率。

〔国民党中执会档案〕

## 7 第二届中执会第三次全会通过统一外交决议案

(1927年3月17日)

为实现去年十月中央委员会各省区代表联席会议议决之最近外交政策决议案，本党及政府应执行左列办法，以励行外交政策之统一，而防止帝国主义者破坏我国民革命势力集中之阴谋：

（一）本党党员对于外交方面，有擅自发表变更本党外交政策之主张，或直接、间接向帝国主义列强接洽任何条件者，以违背党纪论，应予除名处分。

（二）政府职员，非外交当局或未受外交部长之委托，私擅与帝国主义者为外交的接洽或进行秘密交涉者，一经发觉证实，应即免职查办。

（三）在国民政府统治下之地区，所有外交人员，均由外交部直接任免，地方政府及军事长官，不得再有任免交涉员之事。

〔国民党中执会档案〕

## （十一）蒋介石“四一二”叛变

### 1　江西民众各代表关于蒋介石摧残南昌九江党部经过报告①

（1927年3月19日）

#### （1）江西代表邓鹤鸣报告

江西代表邓鹤鸣同志：鹤鸣受南昌民众的委托，代表请愿。兹将最近江西反动派行为向中央执行委员会报告：江西省党部为张静江、陈果夫私人的党，收买教育界的反动分子、思想落后的青年，组织AB与总理三大政策完全相反，派人到各县党组织包办，如永丰等县，业已改选，下届尚未到期，复令重行改选，务期党务包办，变成段锡朋私党而后已。赣州的惨杀是国家主义的胜利，醒狮周报每期销数甚多。此次国家主义者日日在赣州挑拨民众感情，挑拨工人与商人感情，将总工会委员长陈赞贤杀死，人人愤激，向省党部请愿有十余万人。段锡朋则至总司令部请兵，

注：①本件摘自一九二七年三月十九日中国国民党中央执行委员会第二届常务委员会第一次扩大会议速记录。

解散民众请愿。最近南昌市党部筹备总理二周纪念大会，是南昌市民自动组织，计筹备有一月，是整个的纪念，而省党部与AB又复单独组织，破坏民众组织，仅演戏纪念。而演之剧多失总理精神。当时开会口号之提出，蒋至会场大为不满，问口号是谁提出，(咸谓民众意思)我有我的口号，就是拥护江西省党部，反对江西省党部的即应打倒。蒋是十五日离南昌，十六日解散南昌市党部，封闭贯彻日报(按贯彻日报不过比较多登些消息)，新闻记者被捕，并声明解散市党部、农协、工会，工人大愤，拟立与奋斗，由工会、农协负责同志力加劝止，目前不必抵抗，中央自有正当解决。十六日鹤鸣到九江、蒋亦抵九江。九江县党部收买土豪劣绅地痞流氓，将市党部、国民新闻、农协皆行捣毁，国民新闻被捕三人。又在南昌发行一千五百万公债，增加人民负担，以七百万买军械，添募省防军，养成军阀，又将南昌市同志皆行通辑。种种反革命行动，罄竹难书，张作霖、张宗昌所不致敢做者，蒋皆悍然为之。

南昌此次欢迎党军，牺牲三千余农民，房屋烧毁数千间，而所得报酬如此，言之尤为心痛。将江西变成白色恐怖，希望中央将省党部取消！鹤鸣此次亦参加省党部执监委员之改选，见其行为荒谬，遂行退出，十六日南昌情形，十七日九江情形，另由同志报告。

## (2)南昌市代表报告

南昌市代表：南昌市此次反对非法举动，十六日发生严重事变，派来向中央报告。南昌市之电报拍发不出，为反动派所把持。十五日晚封闭贯彻日报，市党部一闻此信，立加准备，恐有暴徒来袭，蒋临行时曾写信告段锡朋，谓一切不必操之过激，可与郭副主任商量。自得中央执行委员会改选江西省党部消息后，顿形恐慌，遂召集五百余人开会(教育界反动分子、国家主义者、流氓地痞等），仅由主席之报告、并无决议、谓实现中国国民党，必须打倒市党部，说要立即蜂拥至市党部。事前市党部已将文件搬出，未为搜得，遂将会计一人用绳捆绑，送至省党部，不二分钟由省党部某代表取出名单，按人拘拿。廿六晚，街市空气非常恐怖，必欲尽得市党部之执行委员而甘心。本定捣毁市党部并捣毁农民协会，总工会工友愤愤不平，遂向之质问，后经总工会代表极力劝止，然工友之愤激，实欲与之决一死斗，如维持稍松，则立演流血惨剧。现向中央请求，如不早日解决，则重演九江事变。

（3）农协代表报告

农协代表：自第三次非法选出后，对于各界民众皆希拉拢，冀博好感，尤其农民看穿此鬼蜮伎俩，不与合作，他们因着无民众之势力、遂翻然勾结土豪劣绅，到处牵掣农民运动使生纠纷，把持农运不使进展。其一切计画皆为党部主谋，拟自新建、赣州、九江起手，解散农协。当二月廿日开农协大会时，彼辈私〔开〕大会，垄断选举，以每票卅元之代价收买选举票，不意农民无一相信，结果一百四十票，彼方仅得七票。选举既失败，拟加推倒，以遂初衷。三月十日市党部未封之先，南昌第一区分部为土豪劣绅假中国国民党名义占领，农民到南昌皆不敢游行，回去恐有性命危险。及封闭市党部后，又将农协包围，对于省党部则派军警保护。现在南昌只见土豪劣绅日日兴起，农协常务委员推兄弟来报告，未到九江，即发生惨案。雇得多数流氓，自九江新建赣州开始摧残。自赣州农协陈赞贤被杀后，南昌已呈恐慌。一般人皆以为如省党部不早改选，必演成大流血。特来报告中央，赐予办法，江西民众幸甚。

（4）九江代表报告

九江代表：此次因惨案逃出，九江十七日之惨杀为空前所未有。自江西省党部非法改选后，执监各委员皆反动分子，反动派遂着手组织九江县党部筹备处，今各区党部解散。一面用土豪劣绅为党员，一面用地痞流氓捣毁九江市党部、农协，而由省党部取消之。所有标语皆为撕毁。自联络土豪劣绅、地痞流氓捣毁区党部、市党部、农协以后，其目的盖以先摧毁九江，其余乡间必可解体。国民新闻记者之被捕，兄弟亦在其内，由各团体之请愿，十三日始行释放，十七日流氓地痞持刀剑、棍棒将市党部、农协、总工会、国民新闻捣毁，市党部死三人，农协死一人，秘书与组织部长伤势甚重，现在也许已死，总工会死纠察一人，秘书、宣传伤势亦重，国民新闻捆去一人迄无下落。此惨案未发生以前，曾报蒋总司令，蒋答不能干涉，是人民的事，军队是人民的军队，于是置不闻问。工友大愤，拟打倒土豪劣绅，经负责同志劝止，并捉去同志六七十人，蒋将此六七十人解送总司令部，自十七晚得消息后，即至中央控告。本拟书面详细报告，因为文件为流氓地痞捣毁，仅口头报告，请中央从速赐予办法。

〔国民党中执会档案〕

## 2 赣州全体工人为总工会委员长陈赞贤无故被枪杀案请愿条件文

(1927年)

赣州全体工人为总工会委员长陈赞贤无故枪杀请愿团恳请俯纳之条件于后：

**第一条** 秘密枪毙陈赞贤之凶手倪弼、胡自儒、贺其燊三人请准予枪毙。按孙传芳枪毙刘华尚经过数次审判，倪弼比军阀更恶，不但为革命旗帜下所不容，即按之普通军纪亦甚不合。

**第二条** 郑承德、吕日奎、郭巩、朱鼎勋、王宪章、欧阳魁、刘甲第、黄葆元、熊谦甫、谢溥泉、臧源清、杜龙元、张家瑛等从倪弼等行凶，请依法严办。

**第三条** 此次陈烈士不但为工人而死，且为拥护中央，其中黑幕重重，非慎细讯问不可，请严令蒋总司令、江西省政府、新编第一师师长张与仁将一干凶犯交中央惩办。

**第四条** 请电问蒋总司令：(1)是否有令枪毙陈赞贤；(2)倪弼既在赣州实行摧残工会，何以令其复职；(3)反抗反革命倪弼而为工人主持公道之新一师下级军官何以撤换？

**第五条** 陈赞贤为革命而牺牲，家甚贫，尚有七十余岁之父母，未冠之儿女及寡妻幼弟等，请抚恤死者家属。

**第六条** 陈赞贤为革命而牺牲，请电令赣州各团体举行公葬。

**第七条** 新编第一师受反革命派倪弼等之指使摧残革命势力，完全失去革命军之真意义，请即实行改编并调其离赣。

**第八条** 赣州县党部、商民协会、妇女解放协会图谋惨杀工人领袖并反对中央党部，请电令解散，另派人从新组织。

**第九条** 江西省党部特派员贺其燊惨杀工人领袖，请速派员实行改组之。

**第十条** 请党及政府保障军队、官吏、党员以后绝对不再有摧残民众运动屠杀民众领袖之事发生，并严令军队、官吏保障民众运动及领袖不受反革命派之摧残。

**第十一条** 今年辞退之工友须由商民协会责成该东家恢复工作，在无故摧残及辞退之期间工资照给。

**第十二条** 请即日电令新一师退出总工会及各工会，并保障以后工会不再驻兵。

**第十三条** 请党及政府给予赣州工人武装自卫之权。

**第十四条** 省党部所派驻赣之特派员余龙、周佐尧、曹厚清等专做反革命宣传分裂工人势力，挑拨工人情感，此次又附和杀工人领袖，请从速撤职查办。

**第十五条** 此次赣州工人请愿代表团所用之经费，请政府令赣州商民协会反革命分子赔偿。

〔国民党中央党部档案〕

## 3 邓泽如等对武汉联席会议及其革命措施进行诬蔑电

（1927年4月9日）

汪主席并转全体同志鉴：本党半载以来，革命工作之发展一日千里，长江既全部肃清，帝国主义所盘踞的最大营垒之上海亦告克复。凡此基本之发展，足证民众热望本党之殷切，与本党同志此后工作之艰巨。不幸，当此时期，表面成功之迅速与内部重心之崩弛适成正比。党员工作感指导之无力，内外要政受无形之停滞，党的整个意思无由显明表达，党的机关权力莫能适当行使。内之百万党员准备奋斗，而不知听命之何从；外之受治于党之民众，对本党之中心失寄，渐次增加其惶惑。推原其故，不能不谓武汉联席会议以来种种措施为造成此局面之主因。本会为中央监察机关，当此重要时机，为顾全革命利益与巩固党基起见，未便放弃遵铎之职责，爰集会议，详加讨论，佥认以为武汉最近之动作，实有极危险之倾向。兹特酌举其错误之点，俾知事实所在，不容诬妄。查武汉中央执行委员与国民政府委员联席会议，系由到汉委员自由召集。据徐谦报告，系为“适合革命利益，应付革命时机，代表中央权力之必要组织”，其为临时机关可知。彼时中央党部近在南昌，理应提交追认，乃不唯不经此项手续，且于中央已有令改政治会议武汉分会，且令停止职权之后，仍复继续开会。以中央执行委员及国民政府委员而置中央之机关命令于不顾，将何以昭示中央威信于全党。联席会议既无适法根据，其由此产生之一切决议案之有无效力，更不问可知。此其不合者一也。于中央已有明令停止联会开会之后，复开扩大联席会议，决定召集中央执行委员会第三次会议。根据上述，其仍为毫无根据之自由召集可知。查主席及常务委员为第二次全体会议所产生，躬负重托，非至合法召集之第三次会议以后，不能解除职责。今武汉之第三次会议，既未经常务委员会之提议及同意，即常务委员之列席者，亦仅寥寥数人，而竟毅然不顾，宣布开会。中央执行委员会为代表大会未开时之最高权力机关，又适当本党北伐军苏皖战争最吃紧之时候，竟以若干委员之自由意志，出以如此草率浪漫之态度而开会。此其不合者二也。至于开会以后之行动，凡足以破坏革命利益，惹起党务纠纷者，尤为更仆难数，条而举之，有如下列：开会后，劈头第一事，即为"统一党的指导机关案"。夫本党为革命之政党，指导机关有无效率，以革命势力能否在此指导机关下发展为断。第二次全体会议产生之常务委员会成于北伐出师以前，在此机关指导之下，北伐军事以最困窘之给养，在最艰巨之工作，于极短之岁月，克极顽强之二大军阀，苟非指导得宜，得民众之信仰，与武装同志之奋勇效命，何以臻此。若非反对本党革命势力之发展别有肺肠，何至于前方最吃紧之时，破坏卓著功绩之指导机关。此可痛心者一也。当该会议开会武汉之时，正中东两军武装同志在苏皖肉搏疆场之日，政府即不悯念其忧劳，亦何忍加以妨害。枪械子弹为北伐之命脉，乃武汉联席会议三电粤兵工厂，令其停工，拆移机器于汉阳。此其垄断军械，阻碍北伐之阴谋已显然毕露。乃犹不止此，当国民革命军力攻苏浙时，连电请济子弹，汉方均置若罔闻，是实欲置国民革命军于死地，乃快厥心。此可痛心者二也。国民革命军受命北伐，义不容得一隅以自封，故自克鄂赣以后，即分道并进，规复东南。而该会议中，乃发军事进行过急之辞，以为只祺。甚至原定调赴东南之兵，亦为该会议所遮阻，逗留上游。及淞沪底定，汉口党报竟皇然诬国民革命军为匪军。该会岂无耳目，何竟绝不纠正。其掣肘于事前，诬毁于事后，用心积虑，昭然若揭。此可痛心者三也。国民革命军之有政治部，原以统一党的训练，使整个的军队成总理之信徒，为三民主义而作战。自为少数捣乱分子把持以后，纯粹之三民主义者，被排斥无余，甚至周纳罪名，拘幽满狱，是实欲中国国民党之党员绝迹于国民革命军中，而高呼提高党权者，至此又不发一言。此可痛心者四也。农工政策本为总理所贻留，指导农工，组织农工，为国民党党员之天职。乃自共产党分子加入以后，对国民党员之为农工运动者，尽量排斥，偶有组织，动遭摧残，中央对此不闻有纠正之事，而对农会、工会之幼稚行为，则又视为骄子，绝无指导制裁之权能。此可痛心者五也。广东省、市党部及江西省党部之组织，并无不合法之点，而两省党部之选举办法，系经中央政治会议第六次临时会议通过，此次列席武汉会议之各同志中，有多人皆曾亲自列席于该会议，一切经过均所亲见亲闻。今忽谓违背总章，勒令改选，不知究系违背总章之何章何节。各级党部均为指导本党同志革命工作之机关，今以在合法情形下产出之两个重要省分之党部，在本党革命势力发展之环境下，而横被取消，是本党各级党部在军阀势力下犹能冒死奋斗而存在，而在本党党内转成毫无保障之机关，一切党部均将寒心，下级属部，莫知秉承，妨碍党务之进展，实开重大之恶例。此可痛心者六也。特别党部原为应付特别情形以求革命势力能迅速发展之组织，且已定有条例。武汉会议不从修改条例入手，竟决定除军队及产业工人外，一律取消，且限制特别党部不得有同样选举第三次代表大会之代表之权。是不仅破坏本党之组织，亦启不平等的歧视之端，而妨党务之进行。此可痛心者七也。欲革命工作之完成，必须令各个党员于负责努力中有所保障。今乃毫无正当理由仅凭若干私人之爱憎，即可横加处分，如因赣案而开除为党努力同志之党籍，令热心者不敢负责，忠梗者人人自危，是为党员无保障。又如因一执行委员（彭泽民）之提议，不具确实证据，不经审查手续，立谈之际，而可停止中央执行委员（萧佛成）之职权。中央执行委员为代表大会所选出，如此摧残，于法何据，是中央执行委员亦无保障。又在该会议开会之武汉，凡为地面权力者所不慊之人，虽为党中任重要职务之同志，亦不免于任意被捕，任意拘留，该会议及政府丝毫不加以制止。是则自命为中央所在地之武汉，一般的人权，亦毫无保障，残忍惨剧，演成恐怖。此可痛心者八也。党报为宣传本党革命主义之机枢，亦即党治下一般民众视听之所寄托。乃汉口民国日报，一月以来之所揭载，大书深刻，莫非摇动革命基础，隳坏本党中心人物信仰之记录。如湖南省党部之通电中，有蒋同志密令李宗仁同志监视中央执行委员等毫无根据之谰言，影响所及，不独毁坏革命军人之令誉，且置中央执行委员之神圣名词于何等地位。又如吴玉章同志以负责之委员主席湖北省党部而发表极端恶意之演说，甚至有"军费占一千三百万，……但是我们武装同志还是饥寒交迫，……究不知他如何支配"等语。此等意存中伤之笼统诬蔑，虽敌人之反宣传，亦何以加兹，而竟公然宣传于会场，复大登特登于党报。若非蒋同志深得军队信仰，试问此等言论散布军中，将令前方发生如何影响。吴同志既不知检查如此，而中央宣传部对于党报竟任令登载，而不加管理，有意痴聋乎，溺弃职守乎。此可痛心者九也。武汉会议既无适法根据，其由此产出之中央机关，近来所发表之命令，尤多不顾党国利益，如江西省政府成立未久，正在努力办公，以赣省贫瘠之区，遭去岁兵燹之惨，休养劳来，方资擘画，武汉竟下解散之令，驯至忠实同志不敢负责，千万人民惶惑无主。当此全功未竟之时，唯省政府为最能负实际责任，以普乐利于人民。赣省如此，何能望各省政府安心负责，基础政治，颠覆是虞，人民徯苏之望，何由实现。此可痛心者十也。又本党为负责建国之唯一革命政党，亦为领导国内一切革命之势力，统一指挥之党。其旨趣已见于历届之决议案，及宣传所谓以党治国之精神，即为本党对世界，对中国民族毅然负起一切责任之表示。今观于武汉会议中所决定采用之统一革命势力案，竟有共同担负政治责任问题之一条，内称：应由共产党派负责同志加入国民政府及省政府。此种谬误之决议，大有背于本党以党治国之精神，极端毁灭本党组织之根本旨趣，减少群众对于本党之坚固信仰。乃于代表大会闭会期间，竟以若干中央委员非合法的会议中，为此重大之决定，亡党之责谁当负之。总理所辛苦建设之本党，不谓一部分之执行委员竟轻轻断送之而不稍惜。此其尤可痛心者十一也。如上所言，皆为武汉会议中所加于本党之根本创伤，致使革命势力发皇张大之本党有遍体疮痍之观。长此以往，不独北伐困难，而本党百万党员，与朝夕以求中国的自由平等之民众，亦将何所寄托。险象如此，讵能再安缄默。爰痛切陈词，望我全体同志，念党国之危机，凛丧亡之无日，被〔披〕发缨冠，共图匡济，扶危定倾，端视此举。披沥奉陈，敬候明教。中国国民党中央监察委员会委员邓泽如、黄绍雄、吴稚晖、李石曾、蔡元培、古应芬、张静江、陈果夫。青。

〔国民政府公报一九二七年〕

## 4 张学良等关于蒋介石拟联奉制赤联日制俄及沪工人第三次总罢工等情电

(1927年4月11日)

抄郑州来电

十万急。北京国务院、各部院、卫戍司令部、警察厅，太原阎百帅，盛京杨总参议、莫代省长，吉林张辅帅、诚代省长，齐齐哈尔吴兴帅、于省长，承德汤都统，绥远商都统，张家口高都统，哈尔滨于督办、张长官、第十七军荣胡军长，开封第十军于戢军长抄送第八军万军长均鉴：据探报赤党左右派分裂，在汉打倒蒋介石、张靖〔静〕江新右派、新军阀，唐、何、李、贺名声甚盛。蒋拟联奉制赤，联日制俄。赤窥其秘，则力抗。南北妥协，实行仇日。沪工人且将有第三次极激烈之总罢工，以倒蒋。现沪租界内纷扰不堪，居民异常恐慌。外兵戒备甚严，如临大敌，旅沪之英、美、日联合，拟由日抽队万二千人到沪，外舰来华者日多，稍一酝酿，即将引起国际严重交涉，蒋如不能应付，转眼便须失败。等语。特达。张学良、韩麟春。真戍。印。

中华民国十六年四月十三日

〔北京政府陆军部档案〕

## 5 郑振铎等为"四一三"惨案致上海临时政治分会书

(1927年4月13日)

闸北居民郑振铎、冯次行、章锡琛、胡愈之、周予同、吴觉农、李石岑等，因十三日宝山路工兵冲突惨剧，致上海临时政治分会委员蔡元培、李石曾、吴稚晖书。原文如下：孑民、石曾、稚晖先生：自北伐军攻克浙江，上海市民方自庆幸得从奉鲁土匪军队压迫下解放。昨日，闸北竟演空前之屠杀惨剧，受三民主义洗礼之军队竟向徒手群众开枪轰击，伤毙至百余人。“三一八”案段祺瑞卫队无此横暴，“五卅”案英国刽子手无此凶残，而我神圣之革命军人，乃竟忍心出之。此次事变，报纸记载，语焉不详，先生等或未能明白真相，弟等居闸寓北，目击其事，敢为先生等述之：四月十三日午后一时兴，闸北青云路市民大会散会后，群众排队游行，经由宝山路。当时群众秩序极佳，且杂有妇女、童工，工会纠察队于先一日已被解除武装，足证是日并未携有枪械。群众行至鸿兴路口，正欲前进至虬江路，即被鸿兴路口二十六军司令部门口守兵拦住去路。正在此时，司令部守兵即开放步枪，嗣又用机关枪向密集宝山路上之群众标〔瞄〕准扫射，枪历十五六分钟，至少当有五、六百发，群众因大队拥护，不及退避，伤毙甚众，宝山路一带百余丈之马路立时变为血海，群众所持青天白日旗遍染鲜血，弃置满地。据兵士自述：群众当场死亡约五、六十人，而兵士则无一伤亡者。事后兵士又闯入对面义品里居户捕得青布短衣之工人，即在路上枪毙。此为昨日午后宝山路所目睹之实况，弟等愿以人格保证，无一字之虚妄。国民革命军为人民之军队，为民族解放自由而奋斗，在吾国革命史上已有光荣之地位，今乃演此灭种〔绝〕人道之暴行，实为吾人初料之所不及。革命可以不讲，主义可以不问，若并正义人道而不顾，如此次之闸北屠杀惨剧，则凡一切三民主义、共产主义、无政府主义甚或帝国主义之信徒，皆当为之痛心。先生等主持正义和平负一时物望，且身任上海政治委员，负上海治安之最高责任，故敢为先生等道之。弟等以为对于此次闸北“四一三”惨案，至少应有以下之处置：第一，国民革命军最高当局应即严惩此次暴行中直接负责之官长兵士；第二，当局应保障军队不向徒手民众开枪射击，军队不干涉集会游行。党国大计，非弟等所愿过问，惟目睹此率兽食人之行为，则万不能苟安缄默。弟等诚不忍见闸北数十万之居民于遭李保章、毕庶澄残杀之余，复在青天白日旗下遭革命军队之屠杀，望先生等有以谅之。涕泣陈词，顺祝革命成功。（十六年五月十八日重庆商务日报）

〔中华民国史史料长编稿十六年四月〕

## 6 关于在广州捕杀粤汉路工人及农团军之报导

（1927年4月15日）

广州四月十五日大举肃清共产党。十四号下午六时，李总参谋、钱司令、邓公安局长召集各高级军官计画处置反动者。钱师长大钧任临时戒严司令，指挥一切海陆军，徐师长景唐担任石园塘及花地芳村一带，邓局长彦长担任市区搜索，海军处长担任河面警戒，李警长福林担任河南警戒。决议后，各军警长官遂集合部队分途行进。粤汉一路，因系反动者之大本营，事前集合有农团军数百人，该农团军联同路警及路工纠察队等共计千余人开枪抵抗，并于该站用机车两辆用作炮垒，各工人住所墙壁开有炮眼，故抵抗力极强。计第十五早五时起，互战至十二时止，始将该站攻破，缴获长短枪枝数百，捕百余人，党军方面死伤约二十余人，各路中以该路损伤最大。计由上午二时起，至正午十二时止，所有三铁路及反动机关，一律肃清完毕。是日，被党军包围及缴去枪械者计有广九、广三、粤汉三大铁路之工会。又闻宁阳路亦同时由江门十三师举行。省港罢工委员会、省港罢工委员会纠察部，中华海员工会广州分会济难会、中华全国总工会、妇女解放协会、河南驳载工会、中华全国铁联会办事处广州工人代表会暨所属之酒楼茶室及重要之各工会、中山大学、执信学校等共捕二千余人，

以南关戏院为收容所；有百数十名留押公安局。（十六年五月十七日重庆商务日报）

〔中华民国史史料长编稿十六年四月〕

## 7 国民政府为俞飞鹏等将中央在九江文件强运上海速行拿办令

（1927年4月19日）

中华民国国民政府令　第五三号

令国民政府财政部长宋子文

为令饬事：现准中央执行委员会函开：案查本会第二届常务委员会第六次扩大会议，林祖涵同志报告南京来电告：中央在九江文件，俞飞鹏等强迫运往上海，并捆绑虐待押运人员案，当经决议拿办俞飞鹏、黄文超并开除其党籍。除由本会公布开除其党籍外，相应函请查照，迅令所属严拿归案究办。至纫公谊。等由。准此。自应照办，除函复中央执行委员会并分令外，合行令仰该部长遵照迅行转饬所属，即将俞飞鹏、黄文超两名严密缉拿，务获归案究办。此令。

中华民国十六年四月十九日

常务委员　汪兆铭

谭延闿

孙　科

徐　谦

宋子文

〔武汉国民政府档案〕

## 8 国民政府为沈毅等私组伪总支部予以通缉令

(1927年4月20日)

中华民国国民政府令　第五四号

令国民政府财政部长宋子文

为令饬事：现准中央执行委员会函开：案据本会海外部函称：案奉中央第二届常务委员会第四次扩大会议，关于驻日总支部呈报反动分子沈毅、刘奋翘、陈访先等私组伪总支部，自刻图记，又路锡祉等潜逃南昌作叛党运动一案。决议交海外部办理。等因。查沈毅等胆敢私组伪总支部，并自刻图记，实属破坏党务，除已函驻日总支部转告所属党员勿为所愚外，再查路锡祉等潜逃南昌，作叛党运动，经驻日总支部查明有据，应请中央转令各军警，将沈毅、刘奋翘、陈访先、路锡祉等严令通缉归案究办。是否有当，理合呈请公决到会。案既查明有据，应即照准办理。为此据情函请查照办理。等由。准此。自应照办。除函复中央执行委员会转行海外部知照并分令外，合亟令仰该部长遵照，迅行转饬所属。即将沈毅、刘奋翘、陈访先、路锡祉等一体严令通缉，务获归案究办。此令。

中华民国十六年四月廿日

常务委员　汪兆铭
谭延闿
徐　谦
孙　科
宋子文

〔武汉国民政府档案〕

## 9 夏斗寅发表反共进攻武汉政府通电

(1927年5月13日)

国民政府、中央党部、蒋总司令、冯总司令、阎总司令钧鉴：各总司令、各总指挥、各军长、各师长、各独立旅长、各省政府、各级党部、各机关、各团体、各报馆并转全国父老昆季诸姑姊妹公鉴：慨自北伐军兴，不数月而江汉底定，长江流域渐次肃清，成功之速，罕有其俦。推其故，虽在我将士之一致效命，亦是我民众之拥护维殷，故得以合作之精神，收事半之功效。而民众之所以如此拥护之者，盖久为军阀淫威之摧残，帝国经济之压迫，而希冀我北伐军为之谋解放求和等，而我北伐军之昭示于民众者，亦是日为民众谋解放，为国际求平等而已。不料，军事日益发展，而共产党徒乘机窃发盘踞要津，藉口总理容共而喧宾奋〔夺〕主，以暴民政治扰乱我两湖。斗寅等因耳目所及，仅就我鄂人所受之痛苦言之：我鄂久处军阀铁蹄之下，民众憔悴于虐政者已非一日，望治之殷百倍于他省。当局者苟措置有方，因势利导，饥而食之，渴而饮之，收效之速，将如响斯应。而共产党徒董用威、徐谦、邓演达、詹大悲、张国恩、李汉俊辈一般宵小之徒，把持政柄，操纵时机，以法律赋予威权，为个人报恩报怨之具，不悉官吏为何物，政治为何事，谬托邪说，黩败纲常，举凡军阀所不敢为之钳制舆论而悍然为之，军阀所不忍行之苛捐细税而毅然行之。纵奸侩横行市场以害商，教流痞扰乱闾阎以病民，诛锄非种，强奸民意，变本加厉，无所不用其极。而犹文其奸，以号于人曰："提高党权，一切权力属于党。"所谓提高党权者，不过提高若辈宵小之权，所谓权力属于党者，亦是以所有权力属之若辈宵小之手。路人侧目，敢怒而不敢言。故数月间，商叹于市，农怨于野，百业萧条，游民日众，四境骚动，皇皇然如不可终日。本谋解放，反加之以痛苦，本求平等，反益之以不平。此诚有史以来未有之奇变，而为我北伐军始愿所不及也。夫一省，大器也，省政，大事也，秉省政，以平治一省，谈何容易，非有干济之才，不足以应变，非有远到之识，不可以因时。而若辈二、三宵小，才不及中人，识不踰臧获，一登舞台，丑态百出，以国家为试验之场，以民众为顽弄之具，天地之大，山川之高，远皆冥然而罔觉，言念及此，良用痛心。斗寅等寄迹邻封，十有余□，每抚剑而咨嗟，望故乡而出涕。去岁随军北伐，江汉波平，私心庆幸，以为所以慰初衷者在此，所以慰父老昆季之望者，亦在此。但军人干政，素诋其非，岂至此时胡忍躬蹈，故当时急率所部以赴疆场，对于政治绝无讥评，其期望若辈者不为不殷，而待若辈者不为不厚。而若辈倒行逆施，竟至此极，不独影响我北伐大计，而我将士我父老昆季之环泣，于斗寅等之左右者亦几户限为穿。如再因循，势必至水益深而火益热，而北伐终不竣工，而军阀终难消灭。斗寅等处此，忍无可忍。只有率我将士为民请命，班师东下，扑灭诸獠，去此害马，重建新政，继续北伐，以竣初功。不然岂惟无以谢我父老昆季，亦无以对我北伐将士也。抑犹有进者，革命因时势而勃兴，政治亦必因时势而制宜，期于平淡易行，不可纵言高论。三民主义为先总理心血之结晶，亦举世所公认为救世之良剂。此后设施，自应以此为鹄，于锄奸之余，尤愿与国人努力遵行者也。倚马陈词，诸希公鉴。国民革命军第十四独立师长夏斗寅、将领万耀煌、张森、潘祖信、卢本棠、夏鼎新、刘绳武、余式穀、叶蓬、蓝文蔚、赵友三、萧勋、沈廷桢、玉亚翘、郭恢依、夏气清、钱振亚、陈季平、余振华、熊斌、刘起汉、刘赓飏、宋国钧、罗伟烈、闵绍斌、姚德安、夏天民、万毓昆率全体官兵同叩。元。印。

〔国民政府公报一九二七年〕

## 10　汉阳兵工厂特别党部等声讨夏斗寅电

（1927年5月）

### （1）汉阳兵工厂特别党部电（5月18日）

中央执行委员会、国民政府、各省党部、各县市党部、各民众团体、各机关、各报馆均鉴：夏逆斗寅本反覆无常之徒，系赵逆恒惕走狗。自去年赵逆倒台，见我革命势力膨涨，投诚我军。我国民政府鉴其表示恳切，不为已甚，遂予以师长之职，令其驻守荆宜。不料该逆老猫不死，旧性还在，乘我大军此次北伐之际，效忠于蒋逆介石，勾结土匪杨森等，称兵犯顺，扰乱后方，屠杀农工，捣毁党部，逆军所至，十室九空。似此虺䖋〔蜮〕为心，甘作人民之公敌，凡我同胞，务望一致声罪致讨，驱除害马，扑灭此獠，以伸党纪，而张国法。临电不胜愤慨之至。汉阳兵工厂特别党部叩。巧。

### （2）武汉市政府电（5月19日）

中央执行委员会、国民政府、各省党部、各特别市党部、各民众团体、各机关、各报馆钧鉴：夏逆斗寅背叛党国，通敌作乱，希图袭击鄂垣，扰害革命新根据地，业经军事委员会事前发觉，派兵堵截，孤军深入，不难一鼓成擒。此种蠢动，本属无关大局，惟值我军北伐，该逆受党国寄托，胆敢中途叛变，必受蒋逆嗾使，毫无疑义。似此称兵犯顺，并闻沿途残杀工农，摧毁党部，勒索商民巨款，罪恶昭著，叛迹显然。凡我民众，务须一致奋起，歼除此獠，以申党纪，而安人心。临电不胜愤慨之至。武汉市政府叩。皓。印。

(3) 汉阳各界人民声讨夏斗寅大会呈(5月20日)

呈为呈请事：汉阳各界民众，恨夏逆斗寅背叛党国，甘心附逆，勾结残余军阀，掘断武长铁路，特于本月十九日下午二时在汉阳伯牙台球场开讨夏大会。到会者万余人，同仇敌忾，奋勇异常，并通过议案三条：(一)快邮代电全国各界同胞，一致申讨。(二)请中央党部、国民政府严办封锁金融，扰乱市面的反革命派。(三)请求中央党部、国民政府枪决以前所捉拿之反革命派。除通邮全国，并请中央党部鉴核外，理合呈请我国民政府，伏乞鉴核施行。谨呈

国民政府执行委员会

汉阳各界人民讨夏大会谨呈

中华民国十六年五月二十日

〔广州国民政府档案〕

## 11 李济深关于广东清党已办妥并请将武汉方面与德人购买黄药款取回致张静江函

(1927年5月19日)

静江主席钧鉴：此间清党事已算办妥，东北江虽小有蠢动，亦经先后肃清，请舒廑念。连日得报，武汉逆党受奉吴川黔压迫，似有窜粤之意，此间兵力较少，不无可虑耳。兵工试验厂近日成绩大佳，惟因前购黄药事由德人李斯与沈仲毅经手，现德人扣留此间已将三月，据说此事沈应负完全责任，故特派周工程处长前来向沈君交涉，将定款八万元取回。恐沈君与周君不熟，特介绍竭见钧座，请转知沈君，务竭力将定款八万元取回，以重公款为叩。余情由周处长详禀。肃此谨请钧安。

晚李济深呈

中华民国十六年五月十九日

〔张静江档案〕

## 12　湖北省政府声讨蒋介石叛变呈

(1927年5月)

呈为呈复事：案奉钧府祃日通电只悉。蒋中正已由反抗中央而进于自立中央，是见其平日逆谋蓄之已久，迹其蔑视民众，目无党纲，所行所为，实先总理之叛徒，应为民众所共弃。属府闻电之余，曷胜发指。爰于第四次会议议决，除谨录原电通行所属，令各晓然顺逆之分，以期共矢义愤，歼此凶顽外，所有属府在职人员，誓当奉行遗嘱，唤起民众，共诛蟊贼，拥护中央。理合具文呈复，伏祈鉴核。谨呈

国民政府

湖北省政府委员会常务委员　张国恩　孔　庚　董用威

中华民国十六年五月　日

〔武汉国民政府档案〕

## 13　四川省党部驻汉办事处声讨杨森扰鄂请予革除呈

(1927年5月)

呈为蓄谋扰鄂，叛迹昭著，恳予革职剿办，声罪致讨，以儆奸顽事：窃据四川新由渝、万来汉各同志报称：廿军军长杨森在万集中所部范师，令王兆奎为总指挥，有侵入宜昌之诡谋。行抵宜昌探闻，有已在青滩等处，与夏师防军接触之说。查杨森受政

府委充廿军军长，除改易旗帜更换外形外，革命工作毫无表现。去年钧会委朱玉阶同志，任该军党代表，到万两月，迄无诚意接受。旋于孙逆攻〔攻系衍字〕传芳攻南浔之际，竟乘鄂西兵力薄弱，进占宜沙，思与北洋军阀支配下卢金山等夺取武汉。嗣因南浔得胜，诡计未逞。冬间，政府用兵鄂西，杨森乃鼠窜返川，乞怜职部。钧会暨国民政府不念旧恶，予以自新之路，对于杨逆可谓宽厚之至。讵意该杨逆枭獍其行，豺狼成性，乘蒋逆介石叛党叛国，刘、赖摧残党部，屠杀民众之时，又复妄行倒戈，再谋〔萌〕故态。此等见利忘义，反覆无常之小人，若不严行剿办，何以重国威而彰党纪。应请钧会转饬国民政府，迅速明令革除杨森廿军军长之职，派兵拿案严惩，治以反革命之罪。伏查杨逆素以奸雄自负，所部官兵，屡受高压，不能统一指挥。该军五师师长郭汝栋、三师师长向时俊、十四师师长罗觐光，枪械犀利，对于党务及革命工作表示稍佳，即为杨逆所嫉视，故杨逆侵犯鄂西，只能以范绍增所率匪队，供其驱遣。钧会此时若于杨逆革职后，同时授郭汝栋以廿军军长之职，必能牵制杨逆后方，俾扑灭杨逆早日实现。再查四川虽遍反动局面，但刘逆湘所部之王治易、邓晋康所部之李其相、陈书农、刘文辉所部之冷寅冬、夏仲实各师长均视其长官如雠仇，且与暂编十五军军长刘伯承素有接洽。政府能授以相当之职，以分化之，则在成渝、万纵的反动势力下，可造一横的革命新势力，庶可以牵制东下之反动势力。以上所陈，为职部观察所得。为此，具文呈请钧会俯赐察核。是否有当，伏候钧裁示遵。

谨呈

中央执行委员会

中国国民党四川省党部驻汉办事处

中华民国十六年五月

〔武汉国民政府档案〕

## 14 武汉木船总工会请愿讨蒋代表团请愿书

（1927年7月11日）

为请愿事：窃查代表大资产阶级的新军阀蒋逆介石，自从利用工农兵和学生之牺牲流血，造成了他个人特殊地位以后，他就变过脸来公开的叛党叛国了。窃据东南，僭立政府，惨杀革命领袖，屠戮工农，摧残党部，解散农会、工会；更勾结帝国主义者，从上海派来兵舰三十余艘，以武力压迫中国革命，企图破坏革命根据地。并实行经济封锁，禁止运米来鄂，以制武汉民众的死命。居心险恶，言之痛心。目下的武汉商业凋敝，工厂毫无起色，工人失业者竟达十五万以上，日常用品亦异常缺乏，金融停滞，已达极点。街市上连铜元零用也无法周转。种种现象均是蒋介石阴谋之所致。更嗾使杨森、夏斗寅、于学忠等逆进攻武汉，并密派爪牙在武汉方面，造出种种谣言，冀惑人心，自命为总理的唯一信徒之蒋介石，而变为总理唯一叛徒之蒋介石了。种种罪恶，实在是罄竹难书。现在东南各省完全陷于白色恐怖之下，人民处在水深火热之中，讨伐蒋介石即是救出东南被压迫的民众，又是铲除反动势力的大本营。换句话说，打通长江，就是国民革命唯一的出路。务恳钧府立即出师讨伐，以解倒悬。敝会谨率数万工友，尽其所有力量，拥护钧府，担任后方运输，与武装同志一致行动，甘愿牺牲流血，共同奋斗，更望国共两党，继续亲密合作，依照总理三大政策，一致努力，以达到三民主义之实现。兹经敝会全体工友，公推代表组织请愿讨蒋代表团，吁词陈请，伏乞迅准所请，不胜迫切待命之至。谨呈

国民政府委员会

武汉木船总工会请愿讨蒋代表团呈

民国十六年七月十一日呈

〔武汉国民政府档案〕

## 15 武汉燃料业总工会代表团声讨蒋介石叛变呈

(1927年7月12日)

具呈请书武汉燃料业总工会代表团

为呈请事：窃蒋逆介石自背叛党国以来，盘踞南京和私立伪政府，招集流氓、土匪，荼毒东南；勾结帝国主义出兵华北，侧身右倾，冒充总理信徒，屠杀同胞，反说革命清党；妥协法西斯蒂，破坏工农团结，阻碍长江交通，谋危武汉民众；嗾使么魔小丑到处屠杀，白色恐布遍满东南；又勾结帝国主义实行经济封锁，间接压迫武汉人民。种种罪恶，擢发难数。敝会七千工人愤气填膺，爰举义旗，愿为前驱。伏祈中央速兴讨蒋之师，以靖东南之妖孽，使民众得一出路。革命幸甚。国民幸甚。为此呈请台前，伏祈迅予圆满答覆，实为幸甚。谨呈

国民政府

武汉燃料业总工会代表团谨呈

中华民国十六年七月十二日

〔武汉国民政府档案〕

## 16 江西吉安县商民代表大会声讨蒋介石等背叛党国代电

(1927年7月26日)

### (1)电之一

拥护武汉国民政府出师讨蒋通电

武汉中央党部、国民政府暨中央军事委员会钧鉴：蒋逆介石，判〔叛〕党卖国，勾结帝国主义，买动流氓地痞，屠杀工农群众，摧

残革命团体，事实昭彰，人非木石，谁能痛忍。最近窃据东南，逞其阴谋手段，乘机二次北伐过程当中，嗾使一班犹豫军队，捣乱后方，企图根本消灭中国革命势力，而置民众永处于水深火热之中。此贼不除，党国之害。现幸钧座俯念民意，出师讨逆，以解民众倒悬，此种救国救民之举，我等愿代表吉安万余商民，始终拥护，誓为钧座后盾，以期早日消灭蒋逆介石。临电之际，不胜愤慨之至。特此电闻。

吉安第二次全县商民代表大会全体电叩

（2）电之二

请求江西省政府及特别委员会出师讨钱通电

中央江西特别委员会、江西省党部、省政府钧鉴：钱逆大钧助桀为虐，反动异常，背叛武汉国民政府，而受叛党叛国蒋逆介石之主使，藉此二次北伐当中，扰乱边防，侵犯赣州，逮捕革命同志，摧残民众团体，尤其施以万恶手段，尽量剥削商民，种种蹂躏，实不堪言。恳请钧座体恤民困，克日出师赣南，以期早日歼灭钱逆，不但赣民得以再造之恩，而革命亦得早日成功矣。事关迫切不胜盼祷之至。

吉安第二次全县商民代表大会全体立叩

〔武汉国民政治档案〕

## （十二）汪精卫叛变

### 国民政府秘书处关于颁发保护共产党员个人身体自由等训令函件

（1927年7月26日）

径启者：顷奉中央执行委员会颁发保护共产党员个人身体自

由暨保护农工各训令。到处。奉谕分发各机关等因。相应函达查照为荷。此致

国民政府财政部

附保护共产党个人身体自由
　　　农工原训令共廿纸

国民政府秘书处启

中华民国十六年七月廿六日

中国国民党中央执行委员会保护共产党个人身体自由之训令

中国国民党之使命，在领导中国国民革命。中国国民党之目的，在建设三民主义国家。总理之容纳共产分子加入本党，原以其能服膺三民主义，努力国民革命。本党对于共产分子在党内之待遇与本党党员相同，党内之共产分子受党内之纪律亦与本党党员无异。一切党员之工作应受本党之指导，若其违反决议或执行不力者，应受本党之裁制。凡属有组织有训练之革命党，罔不尽同。自本党北伐以来，中央党部一时集中力量于军事问题，对于党的专政，未能加以深切注意，遂使过去工作弊病百出，为检阅已往之工作，纠正以前之错误，深觉非厉行党的专政，提高党的权威，必足以危害国民革命前途，摇动国民革命基本。本月十五日限制共产分子之提案，亦所以厉行党的专政，提高党的权威，俾中国国民革命得以早日完成，三民主义之国家得以早日实现。此种提案完全根据于革命利益，执行纪律，并非防〔妨〕害共产同志之个人身体自由。凡我同志务须体喻此意，为此训令各级党部、国民政府及军事委员会转饬各属，有对于共产分子压迫，防〔妨〕害其个人之身体自由，或诬指他人为共产分子，意图倾陷者，务即依法严办。此令。

中华民国十六年七月十六日　自武汉发

中国国民党中央执行委员会保护农工之训令

农工政策为本党总理确定之政策，亦为中国建设国家资本，以至于民生主义之唯一途径。自同盟会以至今日，中间组织虽迭改组，对于民生主义始终不渝，亦即对于农工政策始终拥护。且本党领导中国国民革命，无日不企图农工及商业者为深切之同盟。对于较困苦之农工阶级，尤注意于其利益，使不至落后于工商业者，俾得对于反帝国主义及反军阀之运动为一致之奋斗。是则农工政策在本党之历史，有长远之时期，在本党之主义有其确切之基础，并非因容纳共产党分子而始有农工政策之主张提【出】亦并不因制限共产党分子而停止农工政策之活动。诚恐少数党员误解中央党部制限共产党分子之案，连带怀疑农工，用特恺切训令各级党部、国民政府及军事委员会转饬所属，对于农工团体须极力保护，对于农工利益须加意维持，以期巩固农、工、商、学、兵之大联合，得于最短时期完成国民革命。若违背党义，少加摧残，本党维有执行革命纪律，决不宽贷。凡我同志其共勉之。

中华民国十六年七月十六日　自武汉发

〔武汉国民政府档案〕

## 2　北洋政府军事部参谋署关于宁汉双方合流通报

(1927年7—8月)

### (1)通报“常”第十一号(7月25日)

一、南京电：蒋介石对于讨伐汉赤颇费苦心，宁方对内对外均陷于穷境，故极力向中央无条件降伏。

二、汉赤讨蒋各军已达安庆附近。蒋部白崇禧、何应钦、李宗仁等军大部退回宁、浦一带，准备抵抗鄂军。

三、沪官厅在亨利轮船上拿获由鄂逃沪鲍之办事员俄、华、日人十二名。

……

以上系七月二十日上海电。

(2)通报“常”第十三号(7月26日)

……

三、宁、汉两方之动员纷忙，汉赤新编三军，令张发奎军满布九江，而宁蒋为应战计，除调南京军五万外，并调浙军周部向赣攻击。

四、宁蒋拟发行六千万盐余流通券，江浙人民反对甚烈，渴望孙部回师。

五、蒋冯徐州会议结果，蒋接济冯军费五十万，而冯复与汉赤结合。由朱培德、张发奎东下倒蒋，冯之阴险反复乃如此。

(3)通报“常”第十四号(7月28日)

一、鲍罗廷、加伦、陈友仁等已赴庐山。据外人言，仍指导武汉之政治与军事。

二、鄂省政府改组，李品仙、叶琪、李书堃俱为委员，共产党仍暗中活动。冯玉祥、徐谦电武汉政府，和蒋讨奉，驱共留唐。

以上系本署接汉口之电。

(4)通报“特”第十四号(7月28日)

……

二、据沪电：宁蒋拟发行爱国捐及盐余公债各三千万，沪市因之颇为恐慌。蒋复于江日来沪，寓租界私宅，概不见客并派李景林部下刘镐赴京津有重要任务。

三、汉赤领袖汪兆铭、孙科、唐生智等召集共产各军官说明国共分离理由，勉允讨蒋，现东征赤军五师集中赣北，蒋部由南京、芜湖向安庆方面集中。

四、蒋部讨赤军约二万集中安庆，并密派代表约冯玉祥协同攻击。武汉赤党汪兆铭、孙科提议调和宁汉，贯彻北犯。

（5）通报“特”第二十三号（8月6日）

……

二、蒋在宁召集军事会议，各将领均不到场，业将眷属送沪，宁垣混乱，恐慌情形已达极点。

（6）通报“常”第十九号（8月8日）

……

二、南京电：汉宁两军于二十五号在九江附近正式开火。朱培德已由赣南率所部回袭广东，宁蒋正在无所措手，国民党已成四分五裂之势矣。

〔北洋政府军事部档案〕

# （四）社团组织立案

## 1　广西全县万二乡请求设立团局呈

（1923年10—11月）

（1）广西全县万二乡团局致大本营大元帅呈（10月）

呈为设立团局恳请准予立案，并恳分别加给委状，以专责成而惟治安事：

窃敝境属广西省全县，地处偏陲，毗连湘省。比年以来，匪氛甚炽，民命不堪，而我境万二乡尤为受害甚烈。诚以该地崇山峻岭，土匪藏迹视以为常。彼来此去，此去彼留，吊羊杀人，掳谷抢货，毁室劫局，杀猪宰〔宰〕牛。凡此种种不法行为，无所不至。甚有内地地痞土棍，与匪通气，为虎作倡〔伥〕，助桀为虐，贻害良善士绅，流离失所，有业莫能管，有家不敢归。迭次呈请地官厅严为剿办，徒唤奈何。谦等再四思维，当此土匪浩劫，哭天无路，诉地无门，若不自谋卫计，睹此数万生灵，哀鸣嗷嗷，坐以待毙。特于前月初召集父老，开全体大会，议定办法简章，招募农兵，设立团局。众皆一致认可，同时并公举谦等为该局办事员。自惟力小任大，坚辞再三未获，始允，勉为其难。素仰我大元帅改造民团，备历艰辛，伐暴救民，不遗余力。除呈请全县知事公署核准立案，并出示给委颁发铃〔钤〕记外，相应备文，连同简章，呈赍钧座俯赐察核，准予立案。并恳分别加委谦为正局长，唐际熙为副局长，龚俭为参谋长，吕璜为军需长，以专责成，而利进行，伏候指令祗遵。谨呈

广东省大本营大元帅孙

## 计赉呈办法简章

**第一条** 本局局址设广西全县梅溪口，定名为全县第八区万二乡团练总局。

**第二条** 本局专以保境安民，剿匪为宗旨。

**第三条** 本局暂为招兵一连，俟经费有余再行扩充。

**第四条** 本局纯恃地方旧有之隘租为常年经费，余在地方田租每石抽捐二斗为之补助，余则扩充军队，不足会同父老议决加捐。

**第五条** 本局设局长一人，副局长一人，参谋长一人，军需长一人，呈请政府委任。文牍、书记、庶务、会计各一人，筹捐员四人，办事细则另订。

**第六条** 本局所有收入、开支数目，每逢阴历腊底，由正局长召集父老核算无讹后，通知军需长，饬会计造具四柱清册，张贴局门，以昭信守。

**第七条** 本简章如有未尽事宜，会同父老参议修改。

**第八条** 本简章自公布之日起，即发生效力。

全县第八区万二乡团练总局

正局长　　龚　谦

副局长　　唐际熙

参谋长　　龚　俭

军需长　　吕　璜

中华民国十二年十月

（2）大本营内政部批（11月8日）

大本营内政部批　第五三号

原具呈人广西全县乡民龚谦

呈一件为设立团局请准予立案，并恳分别加委由。

现准大本营秘书处奉大元帅交下该民呈一件，函部办理等因。原呈及简章均悉。查团练章程，本部现正筹备颁发。该县万二乡土匪充斥，现设团局，既经在该县公署立案，应准暂行试办。一俟部章颁布，仰再遵章办理可也。此批。

一批贴头门

一批邮寄广西全县梅溪口龚谦收

中华民国十二年十一月八日

〔大本营档案〕

## 2 谢英伯为组织法学共济会请立案呈

(1924年4—5月)

### (1)谢英伯呈(4月12日)

呈为组织法学共济会恳请立案事：窃维近世立国，首重法治。人类图存，端赖合群。法之编纂，有待乎学者之贡献；群之发展，必须乎智力之团结。民国十有三稔，尚未有一正式法典，其有待于编纂研究，固不待言。今欲张大国法治之徽帜，树士林法学之阶梯，以为完成法典之准备。自当内审历代格律之沿革变迁，外考列邦法令之异同得失，集中西学说，一炉共治，融夏虫井蛙之见，通东鹣西鹣之邮。以凭权度从违，作他日法规绳墨，是诚吾国法学之士，当今急务也。矧法律乃维持社会工具，社会情状变迁，法律亦因之而异，是故应时代之潮流，为适宜之规定，其研究固无穷期也。然而集思乃能广益，孤立必至寡闻，自非群策群力，共同切磋，不足以收研究实效。英伯等有见及此，爰集同志，组织法学共济会，以联络同志研究法学实行共济为宗旨。本研究学问为基础，进而为生活之共济。良以聚志同道合者于一堂，智识一方，既以合群互助为怀，推而广之，生活一方，亦采合群共济为助，则其效用益宏。更本其所学，出而为社会服务，使共济之旨，由一团体而及于社会，以期推已及人，爱无差等。拟由会中营律师业务者，设立法律救助团，凡工人及贫民权利受非法侵害时，于相当限度内，委托办理诉讼事件，不受报酬。庶几不谙法律之人，虽无资延请律师，亦得于法律范围内，主张权利，受相当保障。现已徵集会员九十余人，制定章程，照章选出职员，并择定广州市太平南路联益公司四楼为公址。所有法学共济会组织缘起及内容大致各缘由。理合具文连同章程一本、干事部职员表一纸〔略〕呈请钧部察核，伏乞准予立案，是为公便。谨呈

大本营内政部长徐

具呈人谢英伯

原籍梅县

住所太平南路联益公司四楼

中华民国十三年四月十二日

（2）大本营内政部　　批稿（6月2日）

大本营内政部批　　第150号

具呈人法学共济会主任谢英伯

呈一件为组织法学共济会恳请立案由。

呈悉。该会以研究法学实行共济为宗旨，用意良深嘉许，所拟章程亦尚妥协。应予备案。仰即知照。

章程及表均存。此批。

部长徐绍桢

〔广州国民政府档案〕

## 3　联义海外交通部为设立联义社请准予立案与大本营内政部往来文件

(1924年7月)

(1)谭达三致内政部呈(7月1日)

呈为呈请察核准予立案事：窃敝社自民国二年奉本党总理指令,命敝社社名为联义，因在海外设立，复命为联义海外交通部，系民党之特别机关，矢志拥护大元帅为宗旨。现总社设在香港，其余美洲、横滨、上海、广州均设有支社,而粤支社则设在广州市厂后街门牌六十三号。至社员名额，现在广东内地行动者有九百余名。际兹革命促进党政推行，若不呈请立案，将何以垂久远而昭核实。敝社有鉴于此，理合将办理情形,并附组【织】章程一纸,随文呈请钧部察核，准予立案，实为公便。谨呈

内政部部长徐

联义海外交通部总干事谭达三

附本社组织章程一纸

### 联义社总章

**第一条**　本社定名为联义社。

**第二条**　总社设于香港，支社设于美洲、横滨、上海、广州各埠，并酌设分部于往来各埠轮船。

**第三条**　本社以联络同志，推行义举为宗旨。

**第四条**　凡意志坚定，确守本社宗旨，有社员二人之介绍得填写志愿书加入本社。自加入日起，介绍人将其姓名、籍贯、职业标贴社内，经二十日无人攻讦者，得为本社社员。

**第五条**　社员纳基本金十元后，即发给证书，通告总社及各

支分部，其为本社特别任务不受薪水者，经本社公决后，即免纳当年常费。

**第六条** 社员每人每年纳经常费十元，得分期缴纳，如年在六十以上或废疾不能作工者，得免纳常费。

**第七条** 无论何人，不得在社内有宿娼聚赌等不规则行为。

**第八条** 社员违背本社约章有据，或入社后六个月不纳基金、或停纳常费二年，或自请出社者，由大会议决宣告除名。

**第九条** 社员不论由香港总社或各支社分部加入，俱得互享同等权利，其基金常费特别捐等亦得自由纳于总社及各支社分部。

**第十条** 各支社分部收入各项经费，均须汇缴总社，至各支社分部用费，由总社分别酌给。

**第十一条** 社员不论何人，俱有介绍、选举、提议、表决、稽核数目及失业扶助、仙游补助之权利。

**第十二条** 总社每月首一星期晚七点钟开常会一次，稽核本月数目，讨议来月进行事宜；每届年终开全体大会一次，稽核全年数目，讨议来年进行及选举职员事宜。

**第十三条** 凡有重要事项，由社长通信，各支社及分部徵集社员公意，本社接到覆函后，复交评议员评议，从多数取决。

**第十四条** 如有紧急事宜，有社员五人以上提出，得由主任人召集暂时会议。

**第十五条** 总社设社长一人、副社长一人。社长对外代表本社全体，对内监督职员办理一切事务。有事故时，副社长代理其职务。干事一人，专理社内一切庶务会计及执行一切议决事项。书记二人专理文牍事务，核数二人专理稽核数目事务。评议员十人，评议本社重要事务。以上职员由全体投票选举之，有必要时，得加多临时职员。

**第十六条** 职员选举每年一次，定于阳历十二月二十日开票，得票最多者当选，票数相同者抽签定之，连举连任，但不得连任本缺过五年。

**第十七条** 职员失职时，得由临时会议议决，轻则拟责，重则解职。所遗职务由公推临时职员代理之。

**第十八条** 干事一名。书记交际一名，常川驻社受薪水，余当义务。

**第十九条** 本社限存现款二百元，多则贮入工商银行生息。本总章如有未尽事宜，随时得提出修改之，本总章于公布之日发生效力。

联义社公订

中华民国十年七月一日

## (2)大本营内政部公函稿(7月)

大本营内政部公函　第37号

径启者：案据联义海外交通部总干事谭达三呈称：窃敝社自民团二年奉本党总理指令，命敝社社名为联义云云，合将办理情形并附组织章程随文呈请察核立案等情，据此。事关党务，所拟章程是否可行，应由本党高级机关审查认许，再行由部立案，以重党务。除指令外，相应照抄章程函送贵会。希为审查见复，以凭核办为荷。此致

中国国民党中央执行委员会

部长徐绍桢

中华民国十三年七月

## (3)大本营内政部指令稿(7月)

大本营内政部指令　第46号

指令联美海外交通部总干事谭达三

呈一件。为在广州设立支社，请立案由。

呈及章程均悉。所请在广州设立支社，章程是否妥协，事关党务，仰候函请中国国民党中央执行委员会审查核复，再行由部立案，以重党政。此令。

大本营内政部长徐〇〇

中华民国十三年七月

〔广州国民政府档案〕

## 4 广东省长公署为中华工学会请予备案咨暨大本营内务部复咨

（1924年11月）

（1）廖仲恺致大本营内政部咨（11月7日）

广东省长公署为咨行事：案据中华工学会总干事李敦化呈称：窃维富国之道，首重兴业，而产业之兴，端资技艺，年来海内识者感于西方物质文明之盛，群思所以提倡策进之法，顾今日之事，非徒空言可补。振兴产业要在有切实详尽之调查，与审虑周全之计划。爰本此旨，组织中华工学会，纠合国内专家，四方英俊，从事于实地的调查，系统的研究，务将所得结果，按期刊发报告，俾社会当局咸晓然于产业设施之要，与工厂经营之法，兼期于解决劳资问题，暨灌输科学智识上，有所贡献。同时并代理工业上各种设计，检查化验诸任务，以备政府民间不时之谘询。诚若此则行之期年必著明效。尝考欧美各邦，对于学术团体，靡不竭力奖励。如柏林之威廉研究所，巴黎之法兰西学院，伦敦之皇家学会，北美之夸涅几学社，日本之工业试验所，当其设立之初，皆赖执政诸公为之扶持援助，因蔚成今日之大观。素仰钧座关心学术，锐意兴业，用敢将组织学会缘由，渎陈清听，伏乞迅赐批准立案。

庶几吾国技术得所凭藉，以图发展，不惟他日与欧西学府，可望并驾齐驱，即国家百年大计，实利赖焉。附缴会章四份，恳予分别咨行内政部暨市政厅照章登录，不胜屏营待命之至。等情。查阅所拟组设中华工学会，系为振兴工业，提倡学术美举，据缴会章大致亦尚妥协，应准立案。除批饬切实进行，并将成立日期连同职员名册及所刊钤记摹印，呈候核明备案，暨令行广州市市政厅转饬公安局一体查照外，相应检同会章一份，咨送贵部请予备案为荷。此咨

大本营内政部

广东省长廖仲恺

附送会章一份

中华民国十二年十一月七日

## 中华工学会会章

一　名称　本会定名为中华工学会。

二　宗旨　本会以联络同志共策中国工业之进行及谋科学智识之普及为宗旨。

三　会址　本会暂设本部于广州市。

四　会务　本会会务如左：

甲　刊行杂志或会志；

乙　编译专门图书；

丙　促进工业设施；

丁　举行学术演讲；

戊　实地调查计划；

已　代行设计检查及化验；

庚　提倡职业教育；

辛　谋工厂能率之增高及工人生活之向上；

壬　答覆政府、民间关于工业上之咨询及建议条陈关于工业上之事项；

癸　尽介绍辅导之任务。

五　会员　分左例二种：

甲　会员　凡在国内外工业专门以上学校毕业或实地从事工业之工程师，有志辅佐本会事业之进行者，由本会会员二人以上之介绍，并经资格审查委员会认可者，得为本会会员；

乙　名誉赞助员　凡赞同本会宗旨而予本会以精神上或物质上援助者，经本会会员之介绍，得为本会名誉赞助员。

六　组织　本会为处理本会会务便宜上起见，暂分设左列各部：

一　总务部；

二　编辑部；

三　调查部；

四　检验部；

五　设计部。

七　职员　本会设置左列各职员：

一　总干事一人　统辖本会一切会务，如因事缺席时，得委托部主任一人代行其职权；

二　部主任五人　每部设部主任一人，处理各该部事务，但总务部主任由总干事兼任之；

三　干事若干人　按照各部事业之繁简，由会员中选举若干人为干事，分股掌理之；

四　通讯员　本会除前项职员之外，另设通讯员若干人于国内外，其人数及办法由职员会议酌定之。

本会总干事部主任暨各部干事均由会员总投票选举之，以得票比较多数者当选。

本会职员之任期定为一年，但得连选连任。

本会职员非经会员会议议决，不得中途退职。

本会职员有溺职行动时，得由会员会议议决辞退之。

八　会议　分下列二种：

一　会员会议　分常年会与临时会二种：

甲　常年会　每年举行一次，由总干事召集之，报告本会会务进行状况，并选举次任职员，其开会日期由前届常会预定之；

乙　临时会　遇必要时由全体会员五分之一以上之提议，或经职员会议议决时，请总干事召集之。

二　职员会议　为谋各部事业之联络起见，随时由总干事召集本会职员举行会议。

对于会务进行上，总干事认为有设置委员会之必要时，得徵求职员会议之同意设置之，其委员由职员会议指定。

九　经费　分下列各种：

甲　基本金　本会会员入会时须缴基本金五元；

乙　会费　本会会员每人每年负担经常费六元，得分二期交纳；

丙　募捐　本会遇有特别事故需用经费时，得由会员会议议决，临时募集捐款补充之。

十　附则　本会章经全体会员过半数之同意，得随时修改之。

本会各部办事细则，由各部主任自行酌定之，但以不致抵触本会会章者为限。

（2）大本营内务部咨稿（11月8日）

大本营内政部咨　第70号

为咨复事：现准贵省长大咨：拨中华工学会总干事李敦化呈为组织中华工学会一案。除原文有案，不复重叙外，后开、相应检同会章一份咨送请予备案。等由。准此。除将该中华工学会简

章一份备案外，相应咨复贵省长查照。此咨
广东省长廖

内政部长徐
总务厅长陈树人

中华民国十二年十一月八日

〔广州国民政府档案〕

## 5 邹鲁呈报学生军讲习所成立函

(1925年8月7日)

敬呈者：自沙基惨案发生后，职校救国会即有学生军讲习所之设立，以为全民武装一致对外之倡导。匝月已来，始克就绪。兹定于八月九日上午八时，在职校大礼堂举行成立典礼。用特敦请钧府届期派员莅会授旗，以昭隆重，实为德便。谨呈
国民政府委员会

国立广东大学救国会学生军
讲习所所长邹鲁谨具

民国十四年八月七日

〔广州国民政府档案〕

## 6 广东省政府转送中华国货促进会请求立案呈暨国民政府批

(1925年9—10月)

(1)广东省政府致国民政府呈（9月4日）

呈为转呈鉴核事：现据广州市市政委员长伍朝枢呈称：窃职厅现据公安局局长吴铁城呈报称：现据中华国货促进会会长杨公卫呈称：为组织中华国货促进会，以救国难，而裕民生，拟具简

章呈请批准立案事。慨自上海五卅惨案发生，而九江、青岛、镇江、汉口、长沙等处之巡行群众，叠遭帝国主义者之屠杀。近且及于革命首都之广州矣。国人痛国势之式微，恨强邻之无道，乃谋以经济绝交之手段，为政府外交之后援。日来抵制劣货，拒用外币之声甚嚣尘上，亦可见人心未死，而敌忾具有同情也。夫排斥外货之举，往岁尝试行之，卒以善后无方，成效莫睹。盖我自海通以来，所有日常需要物品类多仰给外人，国人习于奢侈，安于故常，厌故喜新，已成惯性。贪一时之便利，忘日后之隐忧。一旦绝其来源，不免顿形匮乏。况今世厉行帝国主义不止英、法、日三国为然，若抵制三国之货物，而推销他国之货物，利权仍为外溢，于我国亦岂得耶。查我国经济情形，向无详明统计，但就历年海关贸易报告以观，输入超过输出，近且增至二三万万以上。夫以无限利源，拱手让人。我日以贫，人日以富，菁华既尽，国且随之。纵无此次风潮，亦应求经济之独立，显自决之精神，不当依赖外人，长居债务者之地位。以我中国之地大物博，苟人人能知生利，则事事皆有可为。加以原料丰富，工金低廉，但求制造得宜，不患行销无路。今则物产徒供输出，制品转须外求，欲挽积重之颓风，以御后来之侵略，非有大规模之组织，广事提倡不为功。公卫等有见及此，爰拟乘此坚持未懈之时，亟求根本自救之策。用是合集同志，成立斯会，定名为中华国货促进会，积极的研究国货之如何进行，消极的外货之如何抵制。振兴农事，以增出产，提倡工艺，以精制造，扩充商业，以辟利源。他如科学智识之灌输，模仿发明之奖励，凡为本会能力所及，皆当竭蹶以图，使国人日用必需品物有充分之供给，恢复经济上之地位，抵制国际间之压迫，促进国货于外侮纷乘之际，运用资本于社会改造之中。本此宗旨，誓守不渝，亡羊补牢，事尤可及。为此拟具简章十一条，呈请钧座察核，俯赐批准立案，俾垂久远，实深德便等情，并缮具章程及发起人姓名、第一届职员名册、图章式样各三份，呈缴前来。据此查该会既系本救国之精神，抵抗帝国主义之经济侵略，促起国人振兴国货起见，宗旨尚无不合。复核所拟会章，大致亦尚妥协。至应否准予立案之处，理合备文连同缴来章册，呈请钧厅察核，并恳转呈省政府核令祗遵。计呈中华国货促进会章程、名册、暨图章式样各二份等情前来。除将章程、名册、图章式样各一份抽存备查外，其余各一份理合备文转呈钧府察核，应否准予该会立案之处，伏候批示饬遵，实为公便等情。计呈缴中华国货促进会章程、名册暨图章式样各一份到府。准此。当经省务会议议决，转呈国民政府核示，除批示外，理合检同该原缴中华国货促进会章程、名册暨图章式样各一份．呈请钧府鉴核，应否准予立案之处，并乞示遵实为公便。谨呈

国民政府

计呈原缴中华国货促进会章程、名册暨图章式样各一份

广东省政府省务会议　许崇智

古应芬

古应芬

许崇清

孙　科

宋子文

陈公博

中华民国十四年九月四日

## 中华国货促进会章程

缘起

顾亭林先生有言：国家兴亡，匹夫有责。今日外患亟矣。苟我国民犹复散漫如前，而不思振作，则其亡也可立而待。试观帝

国主义者之压迫如此其酷，用以侵略之手段如此其极。近且变本加厉，屠杀吾人，沪、浔、汉、粤惨案叠现，倘此后不亟澱雪，尤复靦颜安处，则真不知人间有羞耻事也。矧查税关出口比较，每年损失十余万万。即无此次惨案，若长此不已，经济被其侵略，膏血已尽，亦足以亡我而有余。昔者尝倡排货之议，不旋踵而息灭，致贻外人五分钟热度之讥。然则吾人果甘受耶，究亦国人团结之精神，未从根本组织有以致之耳。同人等蒿目时艰，心怀悚慓，用是纠合同志发起斯会，为永久之组织，作实际之后盾。举凡烟酒耗消品，衣服类日中所用者先行拒绝，其必须品物而无国货可代者，亦应设法倡造，并筹建伟大之国货陈列场，及国货调查处，使国人易于购用。惟兹事体大，必须群策群力，方克有济，热心君子，盍兴乎来。

本会简章

一、本会定名中华国货促进会。

二、本会以本救国之精神，抵抗帝国主义之经济侵略，促起国人振兴国货为宗旨。

三、本会设总会于广州，设支会于各地。办事处现设广州一德路五华公司二楼。

四、凡属中华国籍人民，不论男女，赞成本会宗旨者，均得入会。

五、凡入会者，概不收基本金。本会经常费，每年由会员自由捐助之。

六、本会设正会长一人，副会长二人，司库一人，各部主任每设一人，另评议员若干人，组织评议会，概当义务，不支薪金。其余理事若干，由会长协商定之。

七、本会对于进行各事，预设左列各专部。

甲、总务部；乙、宣传部；丙、文牍部；丁、调查部；

戊、介绍征销部；己、国货陈列部。

以上各部之组织规则另订之。

八、本会得随时聘请海内外热心同志为名誉会长、顾问、及调查员。

九、凡会员自入会日起，以后新买物品，应以国货为主，务使外货渐次绝迹于我国内；以符本会宗旨。(但国货无相当之代替，又属必需者，得暂用友国之货，俟国货之出品，足以同等用者，仍用国货。)

十、凡有发明国产货品，足与外货抵抗者，得由本会用全体之力以维持之，并代呈政府奖励，或请予免税专利等事。

十一、本章如有未尽事宜，得由会员大会修改之。

中华民国十四年七月廿六日

(2)国民政府批(9月9日)

国民政府批　第七八号

广东省政府

呈据广州市市政委员长伍朝枢呈，为中华国货促进会会长杨公卫呈，为组织中华国货促进会，拟具简章请批准立案，应否照准，请鉴核示遵由。

呈悉。准予立案。章程、名册暨图章式样存。此批。

民国十四年九月九日

(3)国民政府常务委员会致军事委员公函(10月21日)

国民政府常务委员会公函　第八四号

径启者：现据中华国货促进会呈称：吾国自与外国通商以来云云，录至用以表率民众，以为各界之倡，亦官民合作之实征也等情。据此。提倡国货，实为今日急务，该会所请令行军、政、警、学各机关，嗣后购置用物，以国货为主，自应照行。除通令

各行政机关外，相应函达贵会查照，并希转饬各军事机关一体遵照为荷。此致

军事委员会

民国十四年十月廿一日

### （4）广东省政府复国民政府呈（10月24日）

为呈复事：现奉钧府令第一四一号内开：现据中华国货促进会呈称：吾国自与外国通商以来，外人以机器生产盈余物品，巨舶装来，又恃以挟迫得来之不平等条约为护符，遂至外洋商品，如怒潮之澎湃，几使中国原日手工各业一扫无余，至令国计益穷，民生日困，倘长此因循，何堪设想。敝会同人夙夜思维，心长力短。尤幸我先大元帅指导吾民以取销不平等条约为自救之策，以三民五宪为建设之图，一线曙光全民有赖。同人等除竭诚拥护我政府外，仍恳我政府分别令行所属军、政、警、学各公立机关，自后所有公用应行设置购用物品，概以国货为主，刊牌悬挂以示不忘，务使多购一文国货即国家多留一分元气，用以表率民众，以为各界之倡，亦为官民合作之实证也。等情。据此。提倡国货实为今日急务，该会所请令行军、政、警、学各机关，嗣后购置用物以国货为主，自应照行。除分令外，合行令仰该省政府遵照，并转饬所属一体遵照。等因。奉此。卷查此案前据该会呈同前情，当经令行所属照办在案。兹奉令饬，理合具文呈复。伏祈鉴核。谨呈

国民政府

广东省政府省务会议　古应芬

宋子文

许崇清

孙　科

宋子文
陈公博

中华民国十四年十月二十四日

〔广州国民政府档案〕

## 7 广东雷州成立除盗安良会代电

（1926年1月26日）

中国国民党中央执行委员会、国民政府，省党部、省政府，各县党部，各报馆、各团体、各学校、各机关钧鉴：雷州久处邓本殷铁蹄践踏之下，压迫摧残无所不用其极，如迫种鸦片，鼓铸伪币，勒派军饷，预征钱粮，屋梁有捐，人头纳税，雷民之脂膏有限，邓逆之欲壑难填，痛苦颠连，已难忍受。而地方之劣绅土豪，又复助桀为虐，逞其鱼肉人民之惯技，敲诈讹索，为所欲为，遂使吾民如水益深，如火益热，壮者流为盗匪，老弱死于沟壑。数年内吾雷民流离失所者，固比比皆是，受压迫摧残而致死亡者不下四十万人，此种惨状，亘古所无。今我革命军率师南来，肃清邓逆，吾雷民始得重见天日。惟当兹战事初平，邓逆虽除，而余孽仍在，劣绅、土豪、土匪等其披猖如故，其横行如故，设非澈底澄清，则除恶未尽，雷民终难安枕。况民生凋敝已达极点，抚辑善良，安插失业，尤为刻不容缓。是以雷州各界，有广东雷州除盗安良会之组织，经于一月十二日正式成立。至于会务之进行，款项之筹措，尚望我各地各界热心人士锡〔赐〕以指南，助以实力，庶几垂死之雷阳或有复苏之希望。临电陨涕，不知所云。广东雷州除盗安良会叩。宥。

中华民国十五年一月　日

〔广州国民政府档案〕

## 8 广东虎门筹组农工商学联合会呈

（1926年6月28日）

呈为呈报事。窃敝会等，为联合虎门农工商学各阶级战线，一致努力国民革命起见，特发起组织虎门农工商学联合会，除由各界公推代表共同筹备外，理合备文呈报察核。谨呈

国民政府

虎门寨乡农民协会执行委员会

虎门工会联合会执行委员会

虎门市商民协会执行委员会

虎门太平商会

虎门学生联合会

中华民国十五年六月二十八日

〔广州国民政府档案〕

# （五）工农群众运动

## (一)关于群众运动的方针政策

### 1　大本营秘书处为大元帅批准农民协会章程致中央执行委员会函

（1924年6月24日）

大本营秘书处公函　第三四四号

径启者：顷奉大元帅交下贵会呈为拟订农民协会章程，乞批准施行呈一件，奉批照准。等因。奉此。相应录批函达，希即查照为荷。此致

中央执行委员会。

附原呈

为建议事：本会以为欲实现本党对内政策所列举之农民政策，一方固应由政府以政治之设施，为贫苦之农民实行解放，一方尤赖贫苦之农民能建立有组织有系统之团体，以自身之力量而拥护其自身之利益。爰为拟订农民协会章程，建议于政府批准施行，期使全国农民得悉在一个主义、一个组织之下而奋斗，则本党农民政策之实施，可以于此筑基础矣。此呈

大元帅

附农民协会章程一份

中国国民党中央执行委员会

中华民国十三年六月二十四日

## 农民协会章程

### 前　文

农民协会为本三民主义解放劳动阶级之志意，合全国受压迫之贫苦农民而组织之。其目的在谋农民之自卫，并实行改良农村组织，增进农人生活。其章如下：

### 第一章　总则

**第一条**　本章程所称为农民者，如左：

自耕农、半自耕农、佃农、雇农、农村之手工业者及在农村为体力的劳动者。

**第二条**　各级协会组织之程序：

先由任何农民联合同居一县之有会员资格者五十人以上，发起临时县农民协会。各发起人，最先须依章填写愿书，开一发起人会，共同审查资格，得发起人总数过半数之承认者，方得为会员，开组织会选举本章程所列县农民协会各项职员，成立临时县农民协会。县农民临时会成立后，即着手分别组织本县各乡农民协会。有三个乡民协会成立者，即组织区农民协会。三个区农民协会成立后，即组织县农民协会，接收临时县农民协会之任务。五个县农民协会成立后，即组织省农民协会。最先成立之省农民协会兼摄全国农民协会职权，俟三个省农民协会成立时，即组织全国农民协会。

### 第二章　农民协会会员

**第三条**　凡居中国之人，不论国别、性别，凡年满十六岁而愿履行第四条所列入会手续者，皆得为本会会员。但有左列条款之一者，得拒绝之：

（一）有田地百亩以上者。

（二）以重利盘剥农民者。

（三）为宗教宣教师者，如神甫、牧师、僧道、尼巫等类。

（四）受外国帝国主义操纵者。

（五）吸食鸦片及嗜赌者。

**第四条** 入会手续：

（一）填写入会志愿书。

（二）承认遵守本会章程。

（三）承认恪守本会纪律。

（四）缴纳入会金与月费。

**第五条** 凡农民入会之许可，应由该乡会员全体大会过半数之通过。如非农人请求入会，必须会员全体大会四分之三通过。但无论何种新会员入会，均须经区农民协会执行委员会之批准，始能正式发生效力。

**第六条** 开除会员，须由所属乡农民协会之纪律裁判委员会判决，经本乡农民协会全体会员大会四分之三通过行之。

## 第三章 会员之权利与义务

**第七条** 农民协会会员，在各级全体会员大会中，均有发言权、表决权及控告权。但所控告之案件，无论文书与口头，必须经过大会之审查，始能向上级提出。又如控告该会职员，或呈请察办军队骚扰，官吏、土豪专横等事，亦必由大会讨论通过，始能向上级提出。

**第八条** 会员于大会缺席时，不得由他人代表发言。

**第九条** 会员对于自己提出之议定，不得参加表决。

**第十条** 会员有依章选举或被选举为农民协会职员及代表之权。

**第十一条** 会员须遵守本会章程与纪律，并须服从本会之决议案。如有违背及破坏之者，均受纪律裁判委员会之审判。

**第十二条** 本会以乡农民协会为基本组织，自区协会层级而上，其组织系统如下：

（一）全国农民协会代表大会中央执行委员会。

（二）全省农民协会代表大会全省执行委员会。

（三）全县农民协会代表大会全县执行委员会。

（四）全区农民协会代表大会，或会员大会全区执行委员会。

（五）乡农民协会会员大会乡执行委员会。

**第十三条** 本会之权力机关如下：

（一）全国代表大会，但闭会期间为中央执行委员会管理全国。

（二）全省代表大会，但闭会期间为全省执行委员会管理全省。

（三）全县代表大会，但闭会期间为全县执行委员会管理全县。

（四）全区代表大会，或会员大会，但闭会期间为全区执行委员会管理全区。

（五）乡会员大会，但闭会期间为乡执行委员会管辖。

**第十四条** 各下级会执行委员会，须受上级会执行委员会管辖。

**第十五条** 各级会代表大会或会员大会，须选出执行委员会〔会字衍〕，组织执行委员会，执行委员会务，并选出候补执行委员。

**第十六条** 各级会开执行委员会，候补委员亦得列席，但只有发言权。

**第十七条** 各级会员之执行委员，遇故缺席或离任时，即以候补委员依次充任。

**第十八条** 各级会执行委员会均得聘请专门家为顾问，但区会以下不得过三人。

## 第五章　全国农民协会

**第十九条**　本会最高机关为全国代表大会常会，每年举行一次，但中央执行委员会认为必要，或有省会三分之一以上请求时，得召集临时全国代表大会。

**第二十条**　全国代表大会常会日期及重要议题，须于三个月前通告各会员。

**第二十一条**　全国代表大会之组织法、选举法及各地方应派代表之人数，由中央执行委员会规定之。

**第二十二条**　全国代表大会之职权如下

（一）接纳及采行中央执行委员会及其他中央各部之报告。

（二）修改本会章程。

（三）决定对于农民运动之计划。

（四）选举中央执行委员会及候补委员，并决定其员额。

**第二十三条**　中央执行委员会之职权如下：

（一）对外代表本会。

（二）组织各下级会并指导之。

（三）组织中央机关各部。

（四）支配会费及财政。

**第二十四条**　中央执行委员会每星期至少开会一次。

**第二十五条**　中央执行委员会互选委员长一人、副委员长一人、秘书一人，执行日常事务。

**第二十六条**　中央执行委员会得分设各部，分配职务及组织法，由中央执行委员会决定之。

**第二十七条**　全国代表大会闭会期间，中央执行委员会应召集各省执行委员会，及其他直辖县、区、乡执行委员会开联席会议，或代表会议一次。

**第二十八条**　中央执行委员会须将其活动经过情形通告各省

执行委员会及直辖县、区、乡会，每月一次。

**第二十九条** 中央执行委员会得遣派中央执行委员于指定地点，帮助该地农民组织农民协会。

## 第六章 省农民协会

**第三十条** 全省代表大会每年举行一次，但遇中央执行委员会训令，或所辖县执行委员会三分之一以上请求时，得召集临时全省代表大会。

**第三十一条** 全省代表大会组织法、选举法及人数，由省执行委员会审定后，经中央执行委员会核准施行。

**第三十二条** 全省代表大会接纳及采行省执行委员会及该委员会内各部之报告，决定本省会务进行之方策，选举执行委员会及候补委员，并选派赴全国代表会议之代表。

**第三十三条** 省执行委员会及候补委员之人数，由中央执行委员会规定之。

**第三十四条** 省执行委员会之职权如下：

（一）互选委员长一人、副委员长一人、秘书一人。

（二）设立全省各县、区、乡会，并指挥其活动。

（三）组织省执行委员会内各部。

（四）支配会费及财政。

**第三十五条** 省执行委员会每月须将活动经过情形，报告中央执行委员会一次。

**第三十六条** 省执行委员会每星期至少开会一次。

**第三十七条** 全省代表大会闭会期间，省执行委员会应召集各县委员会及其他直辖区、乡执行委员会开联席会议，或代表会议一次。

## 第七章 县农民协会

**第三十八条** 县代表大会每半年举行一次，若遇省执行委员会训令，或所属各区执行委员会三分之一请求时，得召集临时全县代表大会。

**第三十九条** 县执行委员会认为必要，或有该县会员半数之请求时，亦得召集临时全县代表大会。

**第四十条** 县代表大会之组织法、选举法及人数，由县执行委员会审定后，经省执行委员会核准施行。

**第四十一条** 县代表大会接纳及采行县执行委员会及该委员会内各部之报告，决定本县会务进行之方策，选举县执行委员及候补委员，并选派赴省代表会议之代表。

**第四十二条** 县执行委员及候补委员之人数，由直辖上级机关执行委员会规定之。

**第四十三条** 县执行委员会互选委员长一人、副委员长一人、秘书一人，执行会务。

**第四十四条** 县执行委员会设立全县各区、乡会，并指挥其活动，组织该委员会内各部(但须经省执行委员会之核准)，支配会费及财政。

**第四十五条** 县执行委员会须每两星期将其活动经过情形，报告省执行委员会一次。

**第四十六条** 县执行委员会每星期开会二次。

**第四十七条** 县代表大会闭会期间，县执行委员会应召集本县内各区执行委员会，及其他直辖乡执行委员会开联席会议，或代表会议若干次。

## 第八章 区农民协会

**第四十八条** 区之高级机关为全区会员大会，但因乡离区太远，或会员过多不能召集时，得召集全区代表大会，每半年举行一次。若遇上级机关训令，及所属乡执行委员会三分之一请求时，得召集临时大会。

**第四十九条** 区代表大会之组织法、选举法及人数，由区执行委员会审定后，经县执行委员会核准施行。

**第五十条** 区会员大会或区代表大会会务之范围如下：

(一)接纳及采行区执行委员会之报告。

(二)选举该区执行委员会委员及候补委员，与选派赴县代表会议之代表。

(三)核计及批准乡执行委员会之决算。

(四)训练会员之工作，并帮助乡会设立各种学校，及其他各种机关。

(五)讨论及批准乡农民协会本任期内之进行计划。

**第五十一条** 区执行委员会之职权如左：

(一)指挥本区内各组织之活动。

(二)召集全区会员大会，或全区代表大会。

(三)组织与批准本区内之乡民协会及各种机关。

(四)保管本区会员之登记与履历。

(五)发给本区会员证书。

(六)支配会费及财政。

**第五十二条** 区执行委员及候补委员之人数，由直辖上级机关执行委员会规定之。

**第五十三条** 区执行委员会互选委员长一人、副委员长一人、秘书一人，执行日常会务，每星期开会二次，并将每星期内活动经过情形报告县执行委员会。

**第五十四条** 区代表大会或会员大会闭会期间，区执行委员会应召集本区乡执行委员会，或乡执行委员会委员长开联席会议若干次，解决重要问题。

## 第九章 乡农民协会

**第五十五条** 乡农民协会为本会最重要基本组织，会员人数须在二十人以上。

**第五十六条** 乡农民协会为农民之直接机关，应亲向民间实行左列任务：

(一)实行协会之决议及口号。

(二)宣传三民主义之农民政策，并从事于三民主义建设的工作。

(三)说明农民与工商间经济之关系，及联络扶助之方法。

(四)提倡合作事业。

(五)厉行禁止烟赌。

**第五十七条** 全乡会员大会每月由乡执行委员会召集开会一次，决定本乡会务进行计画，选举该乡执行委员会委员，并选派区代表大会之代表。

**第五十八条** 乡执行委员至多不过三人。

**第五十九条** 乡执行委员会之职权如下：

(一)互选委员长一人、副委员长一人、秘书一人。

(二)指挥乡会员之活动。

(三)执行上级机关之命令。

(四)创设农民学校或冬期学校、夜校及其他文化机关。

(五)调查及统计乡中农民生活及教育之状况。

(六)征求新会员。

**第六十条** 乡执行委员会每星期开会二次，并将两星期内活动经过情形报告区执行委员会一次。

**第六十一条** 在各小乡会员不及二十人者，得组织一小组，互选组长一人，受附近乡农民协会之管辖，其会员有千人以上之大乡，得设特别区会。

**第六十二条** 乡农民协会遇有特别事件，得组织特殊团体以处理之。其大要如下：

（一）农民自卫团。

（二）农业改良部。

（三）雇农部。

（四）佃农部。

（五）手工业部。

## 第十章　纪律裁判委员会

**第六十三条**　为增加农民协会团结之实力，及维持内部之纪律与秩序起见，在各乡农民协会中应有纪律裁判委员会之组织。

**第六十四条**　纪律裁判委员会对于任何会员有破坏纪律者，均得审判之，并审查该级执行委员会之勤惰及财政之出入。

**第六十五条**　关于破坏会中纪律，可分下列数种：

（一）不能履行章程中各种规定。

（二）不能举〔执〕行会中之命令。

（三）赌博及吸鸦片。

（四）破坏本协会之根本原则者。

（五）作反革命运动者。

**第六十六条**　关于处罚之方法如下：

（一）判词之宣布。

（二）警告。

（三）除名：

甲、在定期内除名。

乙、永远除名。

丙、执行犹豫。

**第六十七条**　纪律裁判委员会之判决，须经乡会全体会员大会过半数之通过，及执行之。有不服判决者，准其上诉，上诉机关为区执行委员会。

**第六十八条**　纪律裁判委员会，如经两造愿意，得受理会员与非会员之仲裁案。

**第六十九条** 纪律裁判委员会裁判本乡案件，或两乡争执案件之细则，由省执行委员会规定之。

## 第十一章 任期

**第七十条** 代表于会期终了时，其任务即为□□，但须向所代表之该会报告大会之经过及结果。

**第七十一条** 中央执行委员、省执行委员、县执行委员任期为一年；区执行委员、乡执行委员任期为半年。

**第七十二条** 纪律裁判委员任期为半年。

## 第十二章 纪律

**第七十三条** 农民协会各级大会，或执行委员会之决议，经该大会或执行委员会多数公意之通过，会员须一致服从。

**第七十四条** 下级委员会须服从上级委员会，否则上级委员会得取消或改组之。

**第七十五条** 会员对于下级执行委员会决议有抗议时，有五分之一赞成者，得联署提出于上级委员会判决之。但在抗议期间，仍须服从各该下级委员会之决议。

## 第十三章 经费

**第七十六条** 农民协会经费如下：

(一)入会费。

(二)会员月费。

(三)会员所得捐。

(四)特别捐与借款。

**第七十七条** 会员入会费之多寡，及贫苦会员会费之减免，由省执行委员会议定之。

**第七十八条** 乡会收得之会费百分之六十用于本乡会，百分之四十用于其余高级各会。

### 第十四章　农民协会与他机关之关系

**第七十九条**　农民协会对于行政机关、立法机关、教育机关、合作社等应有相当的势力，以顾全农民之利益。

**第八十条**　农民协会会员在前条所列各机关中，有三人以上者，应组织会员团，以拥护农民协会之利益。

**第八十一条**　农民协会得派遣相当会员作代表到行政官厅及各机关以解决农民各种问题。

### 第十五章　章程之实施

**第八十二条**　本章程自公布日施行。

**第八十三条**　本章程有未尽妥善之处，得于广东第一次农民协会代表大会，或全国农民协会代表大会时修正之。

〔陆海军大元帅大本营公报一九二四年第十八号〕

## 2　陆海军大元帅大本营对于农民运动第二次宣言

（1925年3月）

本党第一次大会宣言，对于农民运动即主张以全力助其开展，辅助其经济，使日趋于发达，反抗不利于农民之特殊阶级，以谋农民之解放，而增进国民革命运动之实力。并于党纲对内政策上明白规定，严定田赋地税之法定额，禁止一切额外征收。如厘金等类，当一律废绝之。清查户口，整理耕地，调正粮食之产销，以谋民食之均足。改良农村组织，增进农人生活，由国家规定土地法、土地使用法、土地征收法及地价税。私人所有土地，由地主估价，呈报政府，国家就价征税，并于必要时得依报价收买之。本党政府自应遵照上列最低限度之党纲，以行使政权。中央执行委员会农民部即依据是项政纲，颁布组织农民协会章程，以促进农民自身之团结，并由政府发表第一次对农民运动宣言。未及匝月，各地农民协会即已次第成立。迄今为时未及一年，在广东已十五县有协会之组织，为区至五十余。于此可见，农民要求解决之情形如何迫切。然在此萌芽时期，一切反动势力，凭藉余威，横肆毒害，故凡有农民协会组织之区，即有当地豪绅仇视摧残之事。捣掠会所，杀害会员之案屡见，广宁、花县、东莞诸县则尤彰著。而地方官吏及驻防军警有时亦竟漠无所视，甚至有与劣绅土豪互相勾连，戕贼农民，因缘为利，以自肥者。凡此举措，均与本党主义及政纲背道而驰。依本党纪律绝对不允许党员，或在党政府下服务之官吏、军人有此违反主义，背叛党纲之行动。兹更复郑重宣言，阐明本党拥护农民利益之义，蕴以为一般未深喻本党主义者告，亦为一般服务于政府之官吏、军人告。

本党目的在实现三民主义，而三民主义之实现在有群众力量以拥护之，故本党主义实建在群众基础之上。查占有全国人口八成以上之群众厥为农民，且全国原料、食物之供给俱为农民是赖，自为国本，今昔皆然。矧在我国尤关重要。故本党主张农民之缺乏田地，沦为佃户者，国家当给以土地资具耕作，并为之整顿水利，移植荒徼，以均地力。谓必如是，然后最大多之群众得有所利，必如是，然后农民得资以为生也。今日我国农民之状况为何如耶？近年以来，农业户数及耕地面积日益减少，荒地面积日益加多。据最近调查，全国农业户数较前年减少达三千余万户，耕地减少达四万万余亩，荒地则增加四万万亩。于此可惊之数目，一方面表示全国生产力之减退，兵匪流氓遍于原野，重为农累；一方面证明农民生活之不安定，因而影响及于工商。如不急谋救济，则此种现象必将危及国本。此不能不分析其所以致此之由，而急求解决之道也。

农民所感受之痛苦不止一端，如有不肖军队之骚扰苛抽，贪官污吏之横征婪索，土豪之鱼肉，乡绅之凌侮，盗匪之掳掠，天灾之荐至。凡此均足使农民生活不安，而渐趋于穷困之境。然此特一时现象，非其主因，将来东江余孽肃清，盗贼匿迹，吏治澄明，军纪整顿，凡诸苦况，悉可蠲除。惟有田租过重，实为农民永远之致命伤。观上调查所得，近年农户锐减之数，可为明证。夫土地本由天赋而以养人，天下为公不应专属。且欲求土地之使用，莫善于自为地主，而自力耕耘。至地主不自耘其田，不劳而坐获多额之租，实为不当之利得。有资本者，若以田地收入无多，不置田产，则土地仍在。农得而耕，耕而获利，则耕者多而惰者少，农业发达，可以操券。若因买得土地，勒收贵租，而农产副业又以不敌外国物产无限量之输入而日渐趋于崩坏，农民不堪，必舍耕作，则地成荒坏，国以立贫。查广宁、花县等处，田租佃四主六，九龄稚子即操作田间，六十老翁犹荷重郊野，裈不蔽体，食杂芋薯，称贷输租，责偿倍蓰，高利盘剥，吮血吸膏，其他各县，大都如此。故近日减租之案屡见，是诚农民万不得已之要求。苟田主减租若干，尚不致累及生计，若农民耕作过苦，所得不足以为生，则强者必将弃农为匪，弱者亦将失业而为乞丐、流氓，虽有善者，无从施治。此岂独农民之不幸，抑亦国家根本之大故也。农民协会之组织，在植农村自治之基础，且以互相扶助，救济失耕，虽农民自觉或不为地主土豪所喜，然重农兴业为政府职责所关，苟再有从事仇视及摧残者，政府必从严办，不稍轻贷。

于此更有应为服务于政府之军人、官吏告者，农民协会之性质为完全独立之法定团体。乃根据政府对农民运动第一次宣言及中央党部颁发之章程而设，与商人之组织商会，工人之组织工会无殊。近日反对者，故作谣言，谓为实行共产，实为中伤政府之一种手段，自应厉行禁绝，并须在各该辖属地区，善为解释，毋使谣言荧惑，妨碍本党政策施行。如有不遵奉党纲，保卫农民利益者，政府即应褫夺官职永不叙用。

本政府为实行历史上之使命，谋最大多数人民之最大幸福起见，对于农民利益，自当竭力拥护党纲之规定，既如上述，凡吾党势力所及之地，当必以全力赴之，特再郑重宣言。

〔陆海军大元帅大本营公报一九二五年第七号〕

## 3 ⁄国民党“二大”会议关于工人运动决议案记录

（1926年1月16日）

### 关于工人运动决议案

一、本党参加工人运动之意义：

本党自改组后，即已注意于工人运动，在第一次全国代表大会宣言中曾反复说明其重要的意义，并且在对内政策中明白规定：“制定劳工法，改良劳动者之生活状况，保障劳工团体，并扶助其发展”之条文。盖以本党之国民革命事业原以唤起民众，团结民众，竖立民众之基础为根本要图，工人群众在各界民众中最为重要，若舍此不图，则所谓民众基础必无从巩固，甚至无从所〔取〕得。况工人群众因其所处之地位与所感之痛苦，受现社会制度下之经济的、政治的压迫特甚。其要求解放之情实至迫切，则其趋于革命亦必至为强烈。本党革命目的原为解除民众痛苦，为贯澈此目的计，对此受压迫最深、革命性最强之工人群众，一方面宜加以深切的援助，使其本身力量与组织日臻强大；一方面须用种种方法取得其同情，与之发生密切的关系，使本党在工人群众【中】树立伟大的革命基础。此先总理及第一次全国代表大会，对于工人运动之所以特别注意，大会认为吾党应遵守总理遗训及第一次全国代表大会宣言中之规定，对于各种工人运动均须切实努力参加之。

二、过去工作之批评

大会观察过去二年中，本党关于工人运动之工作已日有发展，工人群众之同情于本党者，已日益众多，惟在工作中所发现的缺憾亦不少。兹举其大者三点胪述于下：

(一)本党工人运动尚未能将改良工人生活状况之政纲向工人群众切实宣传，亦未能设法使之实现。

(二)有少数党员不明瞭党与工会在组织上之关系；常将党的组织与工会组织混而为一。一方面丧失党的活动之特殊意义，一方面使工人群众对党与工会观念模糊不清。

(三)各级工人部组织皆不甚健全。且工作缺乏经验，以致全部缺乏有系统之工作。

三、关于改良工人状况之具体事件

(一)制定劳动法。

(二)主张八小时工作制，禁止十小时以上的工作。

(三)最低工资之制定。

(四)保护童工、女工，禁止十四岁以下之儿童作工，请颁定学徒制，女工在生育期内应休息六十日，并照给工资。

(五)改良工场卫生，设置劳动保险。

(六)在法律上工人有集会、结社、言论、出版、罢工之绝对自由。

(七)主张不以资产及知识为限制之普通选举。

(八)厉行工人教育，补助工人文化机关之设置。

(九)切实赞助工人生产的消费的合作事业。

(十)取消包工制。

(十一)例假休息照给工资。

为求上列条件之实现，凡本党参加工人运动之党员，皆应切实负责，本党指挥下之政府更应渐次实行。在本党政府之下得设立由工人代表参加之检查机关，检查上列条件之执行，倘党政府下之企业机关对于上例各项条件不切实执行，或有所违背时，本党有时应立于工人群众利益方面纠正其错误。不应因其措施之失当，而不顾工人群众之利益。若在党政府势力范围外，则号召工人群众提出上列各项之要求条件，以为工人奋斗之目标，并应切实解释上列要求，非在国民革命成功之后不能具体实现。

四、党与工会之关系

(一)党为政治目的相同的组织，工会经济目的相同的组织，党对于工会在政治上立于指导地位，但不使工会失其独立性。

(二)工会中之党员，应做成工会之中心，其组织与党的组织不应混合，其经济尤须划分。

(三)党之政策可以影响于工会之政策，但不能工会全无政策失却民众之主张地位。

五、本党工人部之工作

(一)各级工人部之组织，须亟促其健全，于工人运动工作重要之地方，遇有必要时，可由党部选派负责工作党员，在党的工人部指导之下，组织工人运动委员会，以为研究工人运动方法之机关。

(二)关于工人运动之各种问题，中央工人部制定进行计划，指令后转令各负责工作之党员执行。

(三)中央工人部须出版一定期刊物及各种小册子，供给各地工人运动负责党员以各项资料，并得藉以互相讨论。

(四)各地工人部须向中央工人部作经常之报告，使中央工人部明瞭全国各地工人运动状况，并得以考察各地工人部工作情形。

(五)目前工人运动应注意之点

大会观察目前国内之工人运动状况，以为本党目前关于工人运动之工作，除了根据上列各项努力进行，以求其实现外，下列各点，亦须注意：

（一）自“五卅”运动后，国内工人群众已由本身经济斗争进到政治斗争，各地（特别是上海、广州）的反帝国主义运动，都有广大工人群众参加，并且处于重要的地位。本党应善用此种机会，在工中人群众于革命努力宣传的工作，使国内工人群众明瞭，政治斗争非一时的，乃长期的，以养成工人群众在政治斗争中的持久性。

（二）国内工人群众经过“五卅”运动，已得到相当之教训与经验，以全国观察，已有相当之进展，半年来，各地工人运动之勃兴及各地工人组织之发现，皆为中国工人群众团结力扩大之表征，吾党应趁此时机，予以伟大的帮助，促其发展，格外加速，使全国工人的总组织中华全国总工会，及各产业的各地方的总组织，成为健全的、独立的、且有系统的组织。

（三）帝国主义者及其工具（军阀与大商买办阶级等）目睹工人群众日趋觉悟，遂用种种残酷方法压迫及摧残工人群众及其团体，甚至无故残杀工人领袖，此种事实，已激起工人群众更激烈的反抗运动，吾党于此极力扶助之。

〔国民党中央执行委员会档案〕

## 4 国民党“二大”会议关于妇女运动决议案记录

（1926年1月16日）

### 妇女运动决议案

（一）本党今后应特别注意妇女运动之理由如左：

1．我们听了全国妇女运动报告之后，知道自“五卅”惨案发生以后，中国的妇女运动渐渐有倾向革命的可能。本党为扩大革命势力起见，应趁此时期猛进的跑入妇女群众中去，组织他们，训练他们，并团住此种力量，在本党旗帜之下发展而从事革命运动。

2. 根据此次妇女运动报告，又知道反革命的人们，已向妇女群众开始进攻，本党为防止妇女群众为反动分子所利用，应当从速的努力参加各种妇女组织去领导他们加入革命战线。

3. 中国妇女须有一部分的群众渐渐倾向革命运动，然尚有最大多数的妇女们，依然围困在那重重压迫的牢狱里面，他们离开社会活动实是太远了，一般的政治宣传不能深入他们的队里，故妇女运动应列为本党特殊工作中更当注意的工作。

(二)妇女运动的方针：注意领导妇女群众参加国民革命外，同时应注意妇女本身解放的工作。

理由：我们欲使妇女组织坚固，欲使妇女群众热烈的参加本党所领导的革命运动，决不是一种空洞的主义宣传能做到的，务必从他们本身的利益争斗中去帮助他们，领导他们，使他们对本党发生深切的同情上面着手。

(三)各地各级党部均应设立妇女部，并设专人负责，以图妇女运动之发展。

(四)各地各级党部应根据各该地妇女运动发展情形所需要的经费列入预算案。

查各地妇女部在过去均未有妇女运动经费之规定，故进行计划，往往因经费困难而不能举办。若遇事须仰仗募捐然后办理，则实有缓不济急之虞，并阻碍妇女运动发展。举例如下：

中央妇女部自十三年三月以至十四年十二月办理贫民医院，宣传党义，救济贫民及罢工工友之疾病者，女工之生产者，设罢工妇女工读传习所，援助女工，又组织广州妇女救护救伤队与慰劳伤兵，办劳工妇女学校等费用，俱是募捐办理，甚感困难。故谋妇女运动之进展，非确定经费不可。

(五)自中央以至各级党部的妇女部应发生密切关系。

(六)设立党妇女运动讲习所以造就从事妇女运动的专门人

才。

(七)各地各级党部应注意促进各种妇女团体的组织和发展，并须在各种组织中多吸收本党同志。

(八)本党应急于规定，专向妇女群众宣传的出版物。

(九)本党应督促国民政府从速依据党纲对内政策第十二条“于法律上、经济上、教育上、社会上确认男女平等之原则，助进女权之发展”实施下列各项：

甲．法律方面：

1．制定男女平等的法律。

2．规定女子有财产承继权。

3．从严禁止买卖人口。

4．根据结婚、离婚绝对自由的原则制定婚姻法。

5．保护被压迫而逃婚的妇女。

6．根据同工同酬，保护母性及童工的原则制定妇女劳动法。

乙．行政方面：

1．切实提高女子教育。

2．注意农工妇女教育。

3．开放各行政机关容纳女子充当职务。

4．各职业机关开放。

5．筹设儿童寄托所。

理由：

1．根据妇女运动的方针，国民政府应从速实施关于妇女解放的事业以引起全国妇女对本党的明瞭认识。

2．吾党党纲有助进女权发展之规定，但揆诸事实，妇女界现在所处地位与环境，多是不平等的，究其原因，实由法律不平等所致。夫畸形社会实足为国民革命之大障碍，故妇女界为谋自身解放，为谋民族解放，特要求将现行之法律制定，务使于法律上男女得平等待遇，以贯澈党纲。

3．本党对于女权的发展虽有对内政策第十二条的规定，但从实际观察，妇女现在何尝达到平等？即以法律上言，司法机关对于男女诉讼案，每有偏袒之弊，妇女因此常得不满意、不公平之处判，是以司法机关应开放，使妇女参加，收公平判决之效。且司法机关前者不能开放，由于人才问题，现在妇女多有习法律者，人才问题已解决，若有人才而不用，则使学习法律者学非所用，殊非培养人才，谋民众利益之道也。

4．我国人口男女均半，于国家事，自有通力合作的必要，但历观往事，女子参加工作者极少。在此全民革命的进行中，倘能与妇女以发展的机会，使知吾党实力助进女权，因此可以激起一般妇女热烈的参加本党所领导的革命运动。

5．妇女既同是人，则其受社会待遇，自应与男子同等，但职业机关之有妇女参加工作者，银行之顾〔雇〕员，电话局之女司机，火车之验票员而已，此外各大商业机关、政府机关，均未开放，似此而欲女权之发展，国民革命早日成功，岂非难事？故现在各机关，宜一律为妇女开放。

（十）中央妇女部扩大组织

谋妇女运动发展，中央妇女部应将组织扩大。兹将计划列后：

1．设部长佐理各一人，计画指导全部工作之进行。

2．在部长下设秘书、宣传、组织、监察四科，各科各设主任一人，其他若干人。

a．秘书科专司内外往来一切文件。

b．宣传科分为演讲、编辑、游艺三股。

c．组织科专司敦促各地妇女部之组织与进行，以及各种妇女团体之组织。

d．监察科专司监察女党员工作之勤怠，与纪律之遵守与否。

（十一）妇女运动适用的口号：

1. 男女教育平等！

2. 男女职业平等！

3. 男女在法律上绝对平等！

4. 男女工资平等！

5. 保护母性！

6. 保护童工！

7. 赞助劳工妇女的组织！

8. 打破奴隶女性的礼教！

9. 反对多妻制！

10. 反对童养媳！

11. 离婚结婚绝对自由！

12. 反对司法机关对于男女不平等的判决！

13. 提倡社会对于再婚妇不得蔑视虽〔应〕一律待遇！

14. 女子应有财产权与承继权！

15. 妇女应急起参加国民革命！

（妇女运动报告审查委员会）

〔国民党中央执行委员会档案〕

## 5 国民党"二大"会议关于青年运动决议案记录

（1926年1月16日）

### 青年运动决议案

青年具有勇敢牺牲的特性，实为国民革命的先锋军，在目前旧家庭制度束缚之下，封建军阀压迫之下，旧礼教思想统驭之下，买办厂主剥削苛待之下，帝国主义者经济、政治、文化种种侵略之下，青年的生活教育各方面都感受特殊的痛苦，所以青年革命的要求比其他民众更为热烈，本党为求革命势力的充实与扩大，对青年运动有特别注意的必要。大会审查过去两年间之青年运动，虽有相当成绩，然亦不少缺点，兹分述于下：

（一）广东在国民政府统治之下，一切革命运动都得着政府的提倡和帮助，青年运动自应和工农群众同样有长足的进步。但事实上每次民众示威运动，都由工农群众公开领导，不独没有多的青年学生出来参加，就是民党学生党员，亦多未与闻其事。在一方面看来，固然是工农运动进步的神速，在另一方面，却不能不承认青年运动的落后。

（二）在军阀势力之下各地方工农群众，受更严重的压迫，一切民众示威运动，多半在青年学生指导之下。青年运动成绩较好的要算北京、上海、湖北、湖南、四川等处。惟共通的毛病就是仅仅限于学生青年运动，而学生运动又多半只取得学生总会、学生联合会的职员，成为学生领袖运动。在地域上又只限于大都会，各县市乡村更十之八九还在睡眠状态中。

（三）海外各地党部多半没有单独的青年运动，更说不上缺点所在了。

（四）一般青年运动仅仅在偶发的政治问题中有所结合，没有持续性，没有在青年本身利益上促成其永久的强固的组织。

（五）关于青年宣传刊物绝少，教育方面亦没有顾及，与狭隘的国家主义，麻醉的基督教及封建时代的各种言论，把持教育界，浸入到一般平民脑海中，而没有指正的工具。

（六）中央青年部与各地青年部没有发生关系，各地高级党部所属地方之青年运动，未能尽力指导，致一切青年运动都是零碎而不统一，力量亦不集中。

根据上项缺点，大会议决以后青年运动方案如下：

1．在工农群众已经能够公开领导民众运动的地方，应极力促成工农学的联合组织，使学生青年赞助工农运动，不至脱离工农群众，成为落伍的形势。

2. 因青年与成年利益各不相同之故，各地青年部应分别与工人农民商人各部商酌，促成青年、农民、工人、店员、学徒等群众，而与青年学生团体发生关系，使青年运动不至成为单独的学生运动。

3. 对于学生青年，应注意各县各学校普遍的基础的组织；同时为求青年力量的集中与运动的一致，应促成全国青年的统一组织；并与各国青年革命党联络，与反帝国主义之少年国际发生关系。

4. 除对于政治斗争须设法保存其持续性外，应特别注意青年本身利益的要求，使其在实际利益奋斗中与本党接近。

5. 应设法引导学生青年，使成为社会工作之一员，不使成为特殊的智识阶级。

6. 在教育方面应使其革命化与平民化，并注意于平民学校的扩充。

7. 各地党部应有专门青年宣传刊物，在此类刊物中特别注意反动思想的驳斥，及革命的文化之建设。

8. 一切反基督教运动，应站在反帝国主义的观点上与教会学校学生联合，不应站在反对宗教的观点上与教会学生分离。在国民政府势力范围内尤应积极设法收回教育权。

〔国民党中央执行委员会档案〕

## 6 国民党"二大"会议关于农民运动议决案记录

（1926年1月18日）

### 关于农民运动议决案

（一）中国国民革命，必要联合全国国民共同奋斗，然后革命才可以成功。占全国人口百分之八十的是农民，农民就是全国最大多数的国民，中国国民革命，若不得占全国人口百分之八十的农民参加，则革命断不能成功，反之则成功必可立而待，因为革命必要最大多数的群众做基础，有了群众做基础，然后革命才可以进行而至于成功，否则不但不能成功，且必至于失败。观乎本党革命过去之历史，民国十四年来，革命未成功，就是因为未得大多数的农民群众参加，做本党革命基础，此无可讳言也。本党总理孙先生，深见于此，故毅然决然将本党改组，在全国第一次代表大会即决定农民政策，从事农民运动，并在中央执行委员会设立农民部，以负专责。

自本党改组，确立农民运动政策，中央执行委员会农民部即负专责从事农民运动，并由本党政府发表对于农民运动第一、第二两次宣言，于是本党农民政策实施，各地农民皆纷纷起来组织农民协会。本党是领导中国国民革命唯一的政党，而且是主张农民利益的政党，二年来得本党农民运动同志之努力，本党政府之扶助，农民群众之奋斗，其成绩已蔚然可观。在去年五月一日，广东省果有二十二县代表一百一十七人，有组织的农民二十一万，在本党革命首都的广州，与全国第二次劳动代表大会同时举行全省第一次农民代表大会，成立全省农民协会。

广东全省农民协会成立之后，全省农民已变成有系统的组织，指挥更加容易，认识本党更加清楚，而本党之农民运动同志，亦更加努力。从去年五月迄今，为期不过七月，而广东全省竟有三十七县有农民协会的组织，会员增至七十二万人，已成立县农民协会的有海丰、陆丰、潮安、五华、普宁、番禺、东莞、宝安、中山、顺德、花县、南海、惠阳、曲江、清远十六县，将成立县农民协会的，有澄海、紫金、增城、高要、德庆、罗定、郁南、鹤山、云浮、新会、台山、开平、英德、从化、翁源、惠来、揭阳、龙川、阳江、遂溪、海康，即在邓本殷势力压迫下之琼崖，亦有秘密中农民协会的组织；在广西、湖南、湖北、河南、山东、安徽、直隶各省，非本党政府势力所及，且受军阀摧残，亦有公开的秘密的农民协会的组织。此诚本党革命前途之好现象也。

广东自有农民运动以来，农民实际上已经参加国民革命，与拥护本党政府。在前年本党总理孙先生提师北伐时，广东全省农民自卫军，与全省工团军，卫护总理到韶关。双十广州商团变起，在广州之农民自卫军，与工团军死力拥护政府，而中山之农民自卫军亦武装阻止中山商团进攻广州政府，数日即将危害本党政府之英帝国主义走狗陈廉伯赶走。去年，东江第一次东征之役，东莞、宝安、海丰、陆丰各县农民一齐起来帮助本党东征党军，及本党政府所属军队，而番禺农民自卫军，清远农民输送队，且帮助党军军队进到广州，不半月即将危害本党政府之英日帝国主义之走狗杨、刘赶走。此次不法军队及东江逆【军】再次谋危害本党政府，而宝安东莞农民自卫军起来，赶走林树巍、郑润琦、莫雄等，海丰农民自卫军且进到广州，拥护本党政府，潮安、五华、陆丰各县农民自卫军皆一齐起来帮助国民革命军，反抗叛军。就最近、过去及现在事实观察，可以证明本党农民政策实施之适当，而农民群众之能够为革命之主力军也。

（二）广东农民运动，二年来所得之经验，深知农民群众最富于革命性，在中国国民革命进程中占了一个最重要的位置，本党必须得到农民群众帮助，才能完成国民革命，事实上已可以证明。然而农民群众在政治上，经济文化上，所受种种痛苦，甚为惨酷，而为本党所亟应设法解决，盖本党是代表农民群众利益而奋斗，不只是希望农民群众之帮助本党革命而毫不顾及农民群众本身之利益。且农民群众之帮助本党革命亦是为本身利益而来，本党在理论上、事实上、责任上，都已认定中国国民革命运动，必要占全国人口百分之八十的农民群众参加，故对于农民群众本身所受种种之痛苦，不能不设法为之解决，且必须为之设法解决，然后才能得农民群众对于本党之同情而增进其革命力量，因为大会根据农民运动，二年来过去之经验，及现在之事实，为求解决农民群众，在政治上、经济上、文化上所受种种痛苦，以助其组织之发展，决议如左：

（甲）政治问题——农民在政治上所受痛苦，最惨酷、最切肤、而且为农民运动之最大障碍的，就是民团。因为民团是土豪、劣绅、地主合伙的组织，他们是利用民团武装，与吸食农民血液，以保护及培养自已，查民团经济来源完全是取之乡村公产、公款，或苛抽农民的，就是广东宝安一县来说，土豪、劣绅、地主们，只借一间联团局（西路联团局）搜括农民脂膏，一年至十万元，竟抽至人头税，无论贫富老幼，每丁每年抽银六毫。东莞怀德乡之乡团局，其剥削农民之苛捐田亩，每亩二毫，共收一千五百余元，田租捐（自耕农）每石每年三毫，收入共三千三百余元，还有猪捐、猪肉捐、鸡鸭捐、薯芋捐等，不下二十余种，每年总收不下数万元，完全为民团收入，徒饱土豪劣绅大地主们私囊，做一年怀德乡团局长，可以得数万元中饱。也如中山、南海、番禺各县，完全是与宝安、东莞一样剥削农民，他们不但不保护农民，反而用武装来压迫农民。在未有农民运动以前，他们是很自在的坐办团局，鱼肉农民，而农民亦很恭顺的，在他们宰割下，过了惨淡无味的生活，不敢想法子以抵抗；有了农民运动，得了本党党纲的保护，起来组织协会，脱离他们反抗他们苛抽，即感觉不安，利用民团原有势力，或勾结驻防军队，或勾结地方官吏，以屠杀农民，进攻农民协会，所以广东农民运动，不过两、三个月的时期，便看见民团摧残农民协会之事件发生，如前年五、六月间，广宁劣绅地主，民团的武装拆毁江屯、谭团两区农民协会；同年七、八月间，南海南浦农团，亦被民团勾结防军摧残；同年一月间，东莞第三区农民协会，亦被土豪、劣绅、地主用武装民团捣乱会址，拘捕会员，十二月间，第一区农民协会执行委员亦被民团买凶杀害，同年十二年间，花县农会亦被土豪、劣绅、地主用民团武装拆毁会所，焚掠会员家屋，并杀毙副执行委员长，番禺第一区农民协会亦遭同一厄运，执行委员长被杀。嗣后接连不断的土豪、劣绅、地主，利用民团武装，勾结驻防军或地方官摧残农民协会，拘捕会员的事件发生。广宁为减租运动，劣绅、土豪、地主居然以民团武装与本党政府军队对抗，血战数月，刘杨叛变，广宁农民自卫军到江屯实力拥护本党政府，防堵叛军西窜，而劣绅、土豪、地主又居然纠率民团，并招买阳山、清远土匪来屠农民自卫军，解散农民协会，又居然收编清远土匪为民团坐食江屯，苛抽农民，去年五月间，东莞厦冈乡农民协会，被莲溪土豪劣绅用莲溪联团武装勾结驻军进攻，焚掠全乡，杀毙会职员十人，全乡妇女自十四岁以上五十岁以下，执被奸淫，同年八月间，宝安农民自卫军，为实行自卫，并拥护本党政府收缴不法军队枪械，而土豪、劣绅、地主，居然用民团武装帮不法军队，以攻击农民，杀毙农民协会会员；十月间，宝安土豪、劣绅、地主又居然用民团武装联合土匪不法军队县长，武装袭击农民自卫军，杀毙人命无数，淫掠数乡，捕禁农民协会会员，勒索巨款；同年十二年廿七日，中山德能都区农民自卫军队被张家边乡民团杀毙；同年十二月卅日中山第三区麻绩乡农民协会执行委员长，被该乡劣绅串同民团杀毙灭尸，本年一月元旦，南海第四区堤田乡农民自卫军列队致祭农友被石湾三约民团拦阻枪伤三名，一月七日中山第二区农民协会被试区涌头乡保卫团，民团挟恨，涌边、涌头、原山等乡，迭次对于呈究去年十一月廿一日枪伤农军及追究去年十二月廿日被强夺农旗强缴农军枪枝事，有秘密结合本县长军堂匪贼，尽缴三乡农军枪枝之举，一月二日、三日，迄八日、九日高要第一区农民协会，被劣绅、土豪、大地主纠率高要、德庆、广宁三县民团，联合三县土匪屠杀被焚十余乡，杀毙农民协会会员二百余人，伤百余人，农民逃亡于山岭间者数千人，他如顺德、清远、新会、鹤山各县，自有农民运动一直到今，被土豪、劣绅、地主利用民团，勾结防军地方官，以捣毁会所，捕杀会员，更为记不胜记。根据以上事实，证明民团完全是专为压迫农民。况且民团多是容纳土匪、游民，如中山、顺德各县民团，事实上纵不专为压迫农民，都不能维持乡村治安。不但止此，民团在事实上并做出许多危害政府的反革命行为。如前年东江之役，湘军行经新丰，被民团截击，损失枪枝不少，联军为缩短防线退石牌之时，石龙附近各乡民团皆手持白旗欢迎叛军；商团之役，南海民团悉供叛徒陈恭受驱役；去年十月间，国民革命军进剿九江叛军，而九江民团竟恃众抗兵，致死伤枕藉，糜烂市场。此确为本党农民政策实施之一大障碍。故为解除痛苦起见，凡有农民组织之地方，大多数之农民已能起来团结自卫，足以保农村而有余，根据过去，及现在事实，而且足以拥护政府，巩固本党革命基础，应由本党政府命令取消民团，而统率民团之广东民团统率处，为本党政府在政治上措施之一大矛盾，更应从速取消，由农民协会依据章程及本党政府对农民运动宣言，组织农民自卫军，一以实行本党政府武装农民之意志，一以实际维持乡村自治，至于沿海各县，如中山、顺德、东莞、宝安之沙田自卫局所设之民团护沙勇，大半是勾通土匪，压迫农民更较利害，尤应取消，归由农民协会自筹自卫。

农民在政治上所受痛苦，除了民团之外，就是本党政府治下之驻防军队与地方官吏。这种军队与地方官，他们表面上虽是挂名革命，且到处自称老党员，但是他们都是想升官发财，不奉行本党党纲，不遵守本党纪律，到处勾结土匪、劣绅，以压迫农民摧残农会，本党农民运动所得之结果，几乎为若辈摧陷殆尽。一年来根据过来及现在之事实，如广宁之粤军第三师，与县长蔡鹤鹏、李绮奄勾结土豪、劣绅、地主，以压迫农民，农民与地主两次血战，即完全由他们负责；顺德福军与县长邓雄，勾结土豪劣绅，以压迫农民李教乡、裕涌乡、李地基乡、云路乡、大洲乡、蒲州之血案，即他们之直接行动，中山之第三警备司令吴泽理，第二师新编团□□□暨福军，勾结土豪劣绅假借剿匪为名，焚掠波头沙、牛冈沙、大有园、抱沙、马鞍沙、金斗湾三十余乡，捣毁会所，拘捕会员，而县长卢家驹假装聋哑；番禺之福军勾结劣绅土豪拘捕农会会员，收缴农民自卫军枪械，而崇文两堡联团苛抽农民田亩捐，并杀毙农会职员，县长罗邦竟置之不理；花县县长谭永声勾结田主维持会，纠率民团、商团、土匪进攻农会，焚掠九湖、元田各乡，并杀毙农会职员，东莞防军谭启秀勾结莲溪联团，屠杀怀德、厦冈、宵边各乡农民，捣毁会所，而县长梁楚三一屁不响；宝安防军谭启秀，县长钟思治勾结西路联团，蹂躏罗田燕川楼村各乡农民；最近国民革命第一军，新编补充团长张我东与县长梁树熊，勾结民团、土匪、土豪、劣绅袭击农民自卫军，焚掠数乡，杀毙会员多名；惠阳之防军林海山亦是一样摧残农会压迫农民。凡有农民运动地方，几完全发生此种现象。如此行为，徒使农民对本党发生怀疑，亦为本党农民政策实施之一大障碍，故为解除农民痛苦，并使农民信仰本党，与本党合作，对于此种挂名本党，假称革命的军队与地方官应严办，其余各县土豪劣绅之勾结防军与地方官包办乡政，剥削农民，亦应严办，务使农民组织发展，而实现本党之农民政策。

至于地方行政、司法、教育，及剿匪绥靖自治各种机关，农民应得临时参加，以主张其本身利益，本党政府更应从速制定农民保护法，以保障农民之利益。

（乙）经济问题——农民在经济上所受之痛苦最利害，而且最共同的：第一是高利债。计债主放银通是加一九扣，九出十三归，而利息之重，广东各县几完全是每月每两纳利三分；至在高要方面，竟每月每两纳利六分；雷州方面，每两纳利九分。尤惨的，又是父债子还，迫成累代破产，第二是当押店东之重利盘剥。计各县当押通是每月每两三分。第三是买办阶级之居奇垄断。凡农民卖出之农产品，一经他们的手，必要低价，且必要大秤大斗买入之，消费品（肥料、农具）一经他们之手，必要高价，且必要小秤小斗，最可惨的又是高提米价。第四是一切苛细杂捐及额外征收。除此之外，雇农、佃农、自耕农，尚各有特别的痛苦状况，分述如左：

（1）在雇农方面，他们一年到晚用了许多劳力，做了许多苦工，其所得工资至多不过一百元，至青年雇农及女雇工的工作，与成年雇农一样，其所得之工资，比较成年绝少，青年雇农的有一个长年一文工钱都没有。

（2）在佃农方面，所纳的租至少是佃四主六（广宁花县）。当批承时地主所要的押租额（批头），在广宁花县方面，每亩四十元；在中山方面，禾田每亩至少十元，桑田每亩至少二十元。其批承契约内规定：每造除纳租之外，要纳田信鸡、田信鸭、田信米、信酒，租多半是纳上期（以银代谷）。宝安、中山、东莞即是如此，若不纳上期，交租时要佃客不计工资，将谷送交地主，而成立契时，佃客又要设席请地主来饮食一大餐（以上统称不平等条约）。至纳租时，地主又要用最大的斗，或最大的秤（广宁海丰用斗，花县用秤），来大量大衡剥削佃户，当荒年失收，地主硬要完纳原定租额。此外，还要随时加租，随时调田，且要佃户替其缴纳钱粮税捐，农民收入不能填补支出，因此各县农民为维持其生活，多提出向地主要求减租，且因要求减租，而引起武装斗争。广宁花县之斗争，即从减租而起，他如海丰前此农民协会之被解散，亦是因要求减租。

佃农方面，还有一件最痛苦的是包农制(二路田主)。这种包农制，在中山、顺德、东莞方面最利害，尤以中山方面为利害。在中山方面的包农制用许多资本组织许多公司，先由他们公司向地主方面包承田地，然后再由公司转批佃农，或者佃农已先向地主方面批得田地，他们公司又硬向佃农夺去归他们公司手上，转批其租额。若直接向地主承批，则每亩一年只要十二元，若直向包农制公司承批，则每亩一年要纳租十六元(指禾田租额)。试举中山第九区罗伍沙以证，该沙由几个资本家(东莞人占多数)，以十六万元资本组织一个兴业公司、农业公司，这两个公司完全是向农民方面夺去田地专归公司包批，致使佃农失业不知凡几，凡就龙古乡农民协会会员，已有大半因此失业。

(3)在自耕农方面，虽自已有田地可耕，除每年总纳正式田赋之外，但在田赋上目前的附加捐，如中山方面，计有军费、北伐费、自治费、保安队费、游击队费、疯人口粮费、民团费、庚子赔款费、保卫团费、自卫总局费、自卫分局费、更夫费、沙捐费、捕费、附看费、沙骨费、沙夫(沙田)鸭埠费、果木费，不下三十种，而额外征收，又有厘金等等之多。各县尚有预征钱粮，在海丰、雷州方面，竟预征到民国十九年；征收无地钱粮，在宝安方面无地钱粮，几与有地钱粮相等。

总计农民在经济上所受痛苦，有共同的，有特别的。为解除农民目前痛苦，共同的就是取缔高利贷、高利押，废除父债子还，取消旧租，取缔买办阶级垄断物价，取消一切苛细杂捐及额外征收；创办农民银行(或叫信用合作社)，创办购买合作社、贱卖合作社、农业合作社；整顿水利，救济灾荒，改良农业。

分开的就是：雇农方面，第一，应该增加工资；第二，应该要求减少工作时间，第三应该改良待遇，至青年雇农及女雇工，应该工资待遇与成年平等。佃农方面，第一，应该废除包农制；第二，应规定最高限度租额；第三，应该规定公用量衡；第四，应该取消押租额与上期租，并一切租额外附加送品；第五，应该荒年免租，其生产费额并由地主补偿；第六，应该禁止地主无故加租，无故换田，地主应纳之钱粮税捐，由地主缴纳。自耕农方面，第一，应该取消田赋正额以外的加捐，及一切额外征收，严定田赋法定额；第二，应该制止预征钱粮；第三，应该取消无地钱粮，整理田土经界。此外，农村之民团、保卫团、乡团、护沙局一此占夺去一切公款公产，应由各县农民协会报请本党政府，下令一概收归各该县协会自己管理及支配；举办一切有益农民之事业。至于各县之官荒公地，应由本党政府下令拨给各该县协会开垦造林，而一切贫苦无地农民应由本党政府下令给以耕地。

（丙）农村教育问题一依据现在农村社会的状况，农民在农村教育方面，可谓绝无他的地位。【农】村中大多数的农民类皆于不识字的情况，而成简单的劳动机械。普通一般贫农子女都是被排除于教育之外。农民愈无知识，则愈无民族国家的觉悟，与战斗能力，而且很容易为反革命派所收买与利用，故现在革命运动当中，最要紧的是筹设农村教育。

农村教育，可分补习教育与义务教育两种。所谓补习教育即是对失学农民谋补救。现在农村中大多数失学的农民，应该急速设法补救，是努力于特殊的识字教育运动，务使一般失学者能读能写能思索，以启发其民族的国家觉悟与战斗能力。主要的方法，就在利用农间，或晚间假乡村学校，或公社公庙，多开设补习学校，或通俗讲习所。义务教育即为目前普通一般贫农子女，谋普遍的教育，给他们以社会生活相适应的普通知识，以图将来长大成人能了解对于国家社会的任务，促进本身的自觉，增进本身的利益。

欲图上列两种教育实现，即应由本党政府将义务教育推广，及于农村指定的款，为农村教育基金，并应一面通令各地农民，痛陈教育之重要，令其自动的努力筹办，不可任令子女闲散失学，至好将农村之一切庙宇祠堂公款公产，指定为农村教育经费。

此外，帝国主义者之在农村羁占田庄建设教堂，并设立各种教会学校以诱惑农民子弟，最足使一般头脑简单的农民走入他们的圈套，以失其民族观念，应从严取缔。各乡之私塾固蔽农民子弟之死物，无此教育还胜于有；应从严取缔。

（三）本党目前工作，为求解决农民痛苦使其组织扩大起来，以促进革命成功。这个责任，非常重大，对于内部工作之筹画尤刻不容缓。大会对于二年来农民运动之经过，认为有相当之进步，此后更当继续努力，并为内部工作之筹划规定如左：

（1）各省区党部应设立农民部并与中央农民部发生密切关系——本党二年来农民运动之工作，只限于广州中央执行委员会的农民部，各省区市党部，并未有若何之努力，且多未有农民部之设立，此虽限于环境，然亦可说为未甚明瞭本党农民运动工作之重要。各省区党部其中如直隶、察哈尔、山东、河南、安徽、湖南、湖北、广西虽有从事农民运动，且多没有农民部，然各省区农民部与中央农民部毫无发生关系，致各省区之农民运动工作，中央农民部不知其状况不能予以指导，此为一大缺憾。此后各省区党部应一律设立农民部努力农民运动，而各省区之农民部尤应与中央农民部发生最密切的关系，使中央农民部能随时予以指导而收统一进步之效。

（2）扩充农民运动人材——广州中央前曾设立农民运动讲习所以造就农民运动人材，且办致第五届，并招致各省区学生到广州学习，已得到相当成绩。但本党势力日大，领域日广，而农民运动之工作日见重大对于农民运动人材不能不求加扩充。因此，中央在广州开办之农民运动讲习所应继续开办，并于可能时在中、北二部增设农民运动讲习所。因为中北二部到广州交通不便，非如此仍不能普遍的造就全国农民运动人材。但此种讲习所无论设在何处均须直辖中央，以便经济人才易于筹画，理论方法见诸统一。

（3）确定并扩大农民运动经费——在过去二年间，本党对于农民运动，仍未能积极发展，其最大原因实由于中央党部未能确定农民运动经费所致，此后中央应确定各级党部农民运动经费。

（4）各省区党部宣传部须与该省区党部农民部发生密切关系，尤其是与中央农民部发生密切关系，因为宣传工作直接影响到农民运动工作，若宣传部不与农民部发生密切关系，则言论与行动不能归于统一。

〔国民党中央执行委员会档案〕

## 7 国民党“二大”会议关于商民运动决议案记录

（1926年1月18日）

### 商民运动决议案

国民革命为谋全国各阶级民众之共同的利益，全国民众均应使之一致参加，共同奋斗。商民为国民之一分子，而商民受帝国主义与军阀直接之压迫较深，故商民实有参加国民革命之需要与可能，本党对于商民运动向未重视，故商民运动之进行较农工运动之进行为缓。商民运动又属创作，其进行亦较农工运动为难。然本党自十三年十一月设立商民部后，经一年来运动之结果，在本党执政下之广东商人，大多数已能打破其不问政治之心理，进而为参加改革政治之行动，更已多数明瞭商人所受之痛苦为帝国主义者与军阀所给与，起而与农工群众一致联合，努力参加打倒帝国主义与打倒军阀之运动。但以前本党对于商民运动之理论仍未确立，本党商民运动之范围亦只限于广东，未能普及于各省，故商民运动之进行仍未能有伟大之进展。兹根据一年来商民运动工作之经验与观察国内外商民之情势，特制定商民运动之决议案八条如下：

一、商民运动之范围：商民运动在使商民参加国民革命之运动。然就商民之中而分析之，商民中有不革命者，有可革命者，如买办商人、洋货商人、中外合办银行商人，此等商人与帝国主义者发生密切之关系，拾帝国主义者馂馀以自肥。此为不革命之商人。如中国银行商人、土货商人、侨商手工业商人、机器工业商人、交通商人、小贩商人、此等商人以其受帝国主义者显明之压迫，多接近革命，此为可革命者。商民运动之进行，对于此种不革命之商人，当揭发其勾通帝国主义者之事实，使彼辈不敢过于放恣作恶，更引起其他商人对于彼辈之仇视；而对于可革命之商人，则当用特殊事实，向之宣传，更扶助其组织团体，使之参加政治运动。对于一般商人运动之方略，当注意多引起其对于政治之斗争，减少其对于经济之斗争，以打破商民在商言商，不问政治心理，并使彼从政治斗争上所得之经验，促其有与农工阶级联合战线之觉悟。

二、对于现在商会之态度：现在商会均为旧式商会，因其组织之不良，遂受少数人之操纵，其对商人则以少数压迫多数之意思，只谋少数人之利益。其对于军阀与贪官污吏则与之互相勾结，一方藉军阀与贪官污吏之助力，以操纵会务；一方面则藉军阀与贪官污吏之势力，在社会活动，以攫取权利（如包揽词讼、承办捐务等是），甚或与买办阶级相联合，受帝国主义者与军阀之利用，作反革命之行动，使一般之买办阶级每利用此种商会为活动之工具。对待此种商会应取之态度：(一)须用严厉的方法以整顿之，对在本党治下之区域，须由政府从新颁布适宜的商会组织法，以改善其组织，更严厉执行本党不许现在买办为各社团董事之议决案，使一般之买办阶级不能藉此种商会活动。(二)须即令各地组织商民协会，以监视其进行，以分散其势力，并作其整顿之规模。

三、对于新兴工业家运动之方式：新兴工业家为接近革命之商人。盖彼以受外国工业之压迫与其关税之障碍，厘金之苛抽，内乱之影响，其直接受帝国主义与军阀压迫之痛苦较甚，其革命之需要愈急。本党前经有扶助新兴工业家之议决案，对于此种新兴工业家运动之方式有三：(一)宣传帝国主义与军阀压迫新兴工业之事，并举出本党之收回关税与裁厘等主张与彼辈利益之关系；(二)须扶助其组织各地团体，使之互相团结，以增加其革命实力；(三)须扶助其组织全国大会使全国之新兴工业家有一致之团结而易于运动。

四、对于与帝国主义相勾结之工商业家之态度：中国自从鸦片战争失败，海关权丧失，受帝国主义经济侵略之结果，国内一切原有的手工业和旧商业逐渐崩坏，同时在帝国主义势力底下之场所，发生一种畸形发达之工商业家。若辈专做帝国主义之走狗，一方替帝国主义者开拓市场，深入中国内地，打倒内地一切手工业商，土著商；一方替帝国主义收罗与垄断廉价的原料，以压迫中国之新兴工业家，而助帝国主义榨取中国人之血肉，而分其残余以自肥，故彼实为商民之大敌，中国之罪人。不独如此，当其利害与本党冲突剧烈时，更不惜假帝国主义之势力以图消灭吾党，去年广东商团事件，则若辈为厉之阶也。以是本党对之当采下列态度：

(一)本党势力下之各地剥削其公权——去年商团事件之后，

本党曾有“现任买办不得为行政官吏及各社团董事”之决议。现在当扩大此决议之用意，并切实执行之。即凡与帝国主义勾结之工商业家，在本党势力之下，不得充当一切公共机关之职员，不得享有选举、罢免、创制、复决权及集会、结社、言论、出版之自由权。

(二)向民众宣布其罪状——除剥削其公权之外，本党更当严定其罪状、搜集其恶史，向各阶级民众宣布，尤其要向商民宣布使一般商民明了其与自身利益之冲突，并打破其崇拜之心理。

五、对海外侨商运动之方法：辛亥革命推倒满清，海外侨商与有大力焉。诚以海外侨商经商异国，亲受帝国主义者之歧视与压迫，眼见他国之富强，祖国之贫弱，故其革命情绪之发生，常较早较易，及其归国之后又常受军阀、土匪、贪官污吏、劣绅土豪之鱼肉与欺凌，故其革命的要求更加强烈。本党于此当应用下列方法极力向其宣传，使其继续劳力，以参加国民革命。

(一)派人赴各国宣传——海外同志类多忙于生活工作，欲使其牺牲全副精神及时间以从事于此项工作殆为难极，且商民运动为创举，尤非明白其理论及方法不成，故为求发生伟大效力计，本党亟当派遣干员分赴各国专任此项工作；

(二)组织国内侨商团体——国内侨商散处各地，类多毫无组织各自为政，每一遇事呼吁无门，一任其敌人之鱼肉欺凌，故本党亟当为之组织团体，直接以保障其自身利益，间接即以使其参加革命工作。

六、对于现在商团之态度：

中国国民革命乃世界革命之一部分，世界革命之最后目的，在乎使资本主义永远不能奴隶世界。本党民生主义之效用，亦在乎坠中国尚未完全发达之资本主义之胎，节制之，逐渐消灭之。为使本党主义得贯彻计，对于资本阶级之武装，无论其为大资产阶级，或小资产阶级，皆认定其为有障碍革命工作之危险。同时，在此种工商业畸形发达之中国资产阶级中，其领袖多为买办阶级与大绅，或直接间接受其指挥者，故其危险程度殊高，稍一驾御失法，则在在足为革命之障碍。去年广东商团事件，可为殷鉴，以是本党对于商团问题当采下列态度：

(一)在本党政府下不准从新设立商团——根据上述原则，为避免此项障碍工作之事件复发，当不准商团从新设立，况在本党政府之市场，本党更可以运用军队之力、政治之力，以肃清土匪，肃清贪官污吏，保障一切商场之治安，商民更无武装之必要，故不准其从新设立商团，实为必要与可能。

(二)利用在本党势力外之已设立商团——不特在本党政府下之不准商团重新设立，在本党势力以外之场所亦当贯彻此主张，而实施之。然已设立者，则对彼可以利用之，以为反抗苛捐什税之武器，反抗军阀之武器，反抗土匪之武器。但须注意，务使此种武力成为保卫城市中多数被压迫的小商家的工具，而勿为少数资本家把持利用张大其气焰，以为压迫工农群众之武器也。盖吾人深信在本党势力外，任何商民无不饱受军阀土匪之压迫，苛捐什税之抽剥，其反抗之为当有之自卫行动。在此种情形之下，其为有利于国民革命无疑，反之使张其气焰，必不免对工农压迫，且不独对于工农压迫，小商人及未加入商团之其他商民，恐亦不免受其压迫也。

七、组织全国商民协会：

本党商民运动之目的，在乎使商民为拥护其自身利益而参加国民革命。要使商民参加国民革命，当使商民明了国民革命之需要，不独使其明了而已，更当引导其实际参加，团结为一切群众参加国民革命之唯一方法。商民者，不能外乎此。盖惟有组织的团体，方能集中其伟大之力量，方能保护其自身利益也。商民在各阶级民众中似较早有团结，然一察其内容，则大多已腐败不堪，大多数之旧式商会，不独不参加革命，且为反革命；不独不拥护大多数商民之利益，且违反之。其最大作用，不过只供少数会长、会董升官发财之利用。所谓会长、会董事者，流不为买办阶级，则为前清遗老，或恶商劣绅。若辈一方凭藉商民势力，以勾结军阀、官僚或帝国主义者；一方凭藉军阀、官僚等之势力，以压迫大多数商民，从中渔利，则间有稍为商民争利益者，亦只能代表所谓大商人之利益矣，于小商人，则完全不理焉。此种商会已实处于不革命、反革命之地位，故本党当决然毅然号召全国商民打倒一切旧商会，引导全国商民为有组织的、平民的团结，重新组织可以代表大多数商民利益之商民协会，使此商民协会得普遍于全国，以完成其国民革命中所负之使命。此商民协会之组织有三个重要之原则：

（一）能代表大多数商民之利益——一般之旧商会大多为会长独裁，以致会务每为少数人所把持，会员与会无密切之关系，其入会费常过十元以上，尤为中小商人所不能负担。商民协会则当反之，采取委员制，会费减至最低限度，酌量各地各种商民之经济能力，由彼自定会费之多寡，如是大多数商人之痛苦有伸诉之余地，大多数商民之意思有发表机会，大多数之商民有入会之可能，方足以代表大多数商民之利益也。

（二）组织严密的——组织越严密，则势力越集中，运用越敏捷，一切团体皆如是。故商民协会之组织当于各地设一总机关，总会之下分行组织各行商民协会，每县有县商民协会，全省有全省商民协会，全国有全国商民协会，使成为严密的有系统之组织。

（三）革命的——此商民协会，一方固当广罗大多数商民之加入，一方面则须严格限制反革命之商民——与帝国主义军阀官僚勾结的商民之加入，以免为所操纵。同时，为求易于指挥起见，凡有本党同志或党部所在地之商民协会，当以党员为基本会员，该地之商民协会须直辖于该地党部之商民部。

商民协会之必要及组织上所当注之重要原则，既如上述。为使此商民协会得以普遍于全国，及成为本党一有系统的民众势力起见，本党当制定商民协会之组织法，并正式颁布全国以归划一。

八、商人运动与农工运动关系之解释：

国民革命为各阶级民众之共同的革命，故在国民革命之进行中包容各阶级的革命分子一致进行，实为绝对的必要。本党现在一方注重于农工运动，一方又注重于商民运动，少数党员每以农工运动与商民运动不能相容，二者并行未免矛盾，实则商民运动与农工运动并不发生冲突，且有共同注重之必要。其理由：(一)在国民革命进行中，各阶级民众有联合战线之必要。商民与农工宜一致联合，共同努力，故本党不能只注重于农工运动，而置商民运动于不顾。(二)在商民运动与农工运动二者进行之中，遇有双方利益冲突时，须以国民大多数之利益为前提，而站在被压迫的方面，主张其利益，则商民与农工自不发生冲突，此为商民运动与农工运动之关系点，本党应以此为对于商民运动与农工运动关系应取之方针。

〔国民党中央执行委员会档案〕

## 8 国民政府为颁布妇女运动决议案令

(1926年5月29日)

国民政府令　第二八六号

令国民政府秘书长陈树人

为通令事：现据广西各界妇女联合会呈称：呈为请愿颁布议

案，以助进女权发展事：窃我国人口男女均平，国民责任，自应共负，况际此全民革命时代，助进女权，尤为急务。查国民党党纲对内政策第十二条有助进女权发展之规定，但现在妇女界所处地位与环境，事实上仍多黑暗，究其原因实由各地行政机关，对于党纲规定尚未切实施行所致。夫此畸形社会不特妇女界之痛苦，抑亦为国民革命之大障【碍】。用特恳请钧府依据国民党对内政策第十二条助进女权之原则，迅将国民党第二次全国代表大会妇女运动决议案颁布，各地行政机关切实施行，俾全国妇女得由解放，而致力于国民革命，以竟全功。所有请愿颁布妇女解放议决案缘由，理合具文呈请鉴察，伏乞俯予施行。国家幸甚。妇女幸甚。等情。据此。除批准并分令外，合行抄发原决议案第九项，令仰转饬所属切实施行。此令。

计抄发第二次全国代表大会妇女运动决议案第九项全文一纸

中华民国十五年五月廿九日

委员会议主席　汪兆铭

常务委员　汪兆铭

胡汉民

谭延闿

伍朝枢

古应芬

第二次全国代表大会妇女运动议决案

(九)本党应督促国民政府，从速依据党纲对内政策第十二条“于法律上经济上教育上社会上确认男女平等之原则助进女权之发展”实施下列各项：

甲　法律方面：

一、制定男女平等的法律。

二、规定女子有财产承继权。

三、从严禁止买卖人口。

四、根据结婚离婚绝对自由的原则，制定婚姻法。

五、保护被压迫而逃婚的妇女。

六、根据同工同酬，保护母性及童工的原则，制定妇女劳动法。

乙　行政方面：

一、切实提高女子教育。

二、注意农工妇女教育。

三、开放各行政机关，容纳女子职务。

四、各职业机关开放。

五、筹设儿童寄托所。

理由：

一、根据妇女运动的方针，国民政府应从速实施关于妇女解放的事业，以引起全国妇女对本党的明瞭认识。

二、吾党党纲有助进女权发展之规定，但揆诸事实，妇女界现在所处地位与环境多是不平等的，究其原因实由法律不平等所致。夫畸形社会实足为国民革命之大障碍。故妇女界为谋自身解放，为谋民族解放，特要求将现行之法律制定，务使于法律上男女得平等待遇，以贯彻党纲。

三、本党对于女权的发展，虽有对内政策第十二条的规定，但从实际观察，妇女现在何尝达到平等。即以法律上言，司法机关对于男女诉讼案，每有偏袒之弊，妇女因此常得不满意不公平之处判。是以司法机关应开放使妇女参加，收公平判决之效。且司法机关前者不能开放，由于人才问题，现在妇女多有习法律者，人才问题已解决，若有人才而不用，则使学习法律者学非所用，殊非培养人才谋民众利益之道也。

四、我国人口男女均平，于国家事自有通力合作的必要。但历观往事，女子参加工作者极少，在此全民革命的进行中，倘能与妇女以发展的机会，便知吾党实力助进女权，因此可以渐起一般妇女热烈的参加本党所领导的革命运动。

五、妇女既同是人，则其受社会待遇自应与男子同等。但职业机关之有妇女参加工作者，银行之雇员，电话局之司机，火车之验票员而已。此外，各大商业机关、政府机关均未开放，似此而欲女权之发展，国民革命早日成功，岂非难事。故现在各机关宜一律为妇女开放。

〔广州国民政府档案〕

## 9 国民政府对农民运动第三次宣言

(1926年5月7日)

两年前，革命政府曾向农民作第一次宣言，不久又曾有第二次之宣言，今国民政府更以诚恳之态度，对农民作第三次之宣言。

当总理在生之时，国民党及革命政府已提出其重要目的在领导中国全体民众，尤其是农民群众参加革命，以推翻帝国主义及军阀，致中国于自由平等。盖深知我国欲求弭内讧，御外侮，铲除一切之敌人，非与我受痛苦被压迫之民众联合不可也。以是之故，革命政府曾于第一次宣言中勉励农民，使扩大其力量，革命政府欲使农民改善其生活状况，于是与以组织各级农会及武装自卫之权。自第一次宣言后，农民组织颇有进步，然政府施行此种之政策，结果非仅使农民阶级独享其利，实使全国民众溥受其益，而尤以革命政府所得之援助为多。

自农民组织团体之后，对于政府、社会有绝大之援助，其重要者，即反对一般反动及贪利之军阀是也。东江之役，政府讨陈令下，各县农会纷纷起而援助东征军，或断绝陈逆与香港之交通，或阻碍其党羽之行动，故政府能于最短期间肃清逆党。在南路战事中所得农民之援助亦不亚于东江杨刘之役，各县农民复一致蝈起援助政府讨平叛逆。廖部长被刺后，各县农民及其他阶级民众纷纷通电，誓为廖部长复仇，打倒一切反革命分子，东莞及宝安农军更以实力协助革命军队，驱逐郑润琦及林树巍之反革命势力。农民之援助政府，略如上述。试观广东今日之能实行统一及国民革命基础之日臻巩固，亦可知其收效之宏伟矣。

农民之参加国民革命，不仅此也。彼等并曾极力援助吾人反抗帝国主义之斗争，拥护香港罢工，即其明证。盖农民对于香港罢工，除召集各种会议，予罢工工人以精神上之援助外，并实行参预对香港帝国主义者经济绝交之行动也。

因农民曾实行参加国民解放运动，遂成为革命主要势力之一，且农民曾在反对军阀斗争中屡显其能，且曾屡次为此种斗争而牺牲其性命，此足为其有政治觉悟及愿效忠于国民政府之表示。农民与政府既能如此密切合作，则政府政策之适当，可得一完满之新证明。而吾人国民革命之毕竟成功，与孙总理主义之终当实现，亦可获一保证矣。然农民虽曾尽力予国民政府以伟大之援助，并不惜牺牲为吾国自由及独立奋斗，而彼等所受之痛苦与艰难，则仍一切如故，未尝稍减。

农民除受尽由帝国主义者之经济侵略，及残酷地主与其他压迫阶级之经济压迫，所生之痛苦外，生活程度之高涨，高额之田租，反动军阀及帝国主义者构成之战事，复时降祸灾于农民之家庭，而农民苦况遂不堪问矣。现今广东之势力日渐扩张，此种情形对于农民之担负亦有绝大关系焉。

农人以政府之协助，获得组织农民协会最微之权利，于是土豪劣绅、贪官污吏对于农民协会仇视甚深，有势不两立之慨。陈、邓、杨、刘诸叛逆虽经讨灭，而反对官僚及小军阀遍布全省，每伺隙而动，以恢复其既失之地位，利用土匪杀戮农民，欲以销灭农会之组织，以至各属土匪围攻村乡事，时有所闻。乡民缺乏自卫能力，往往为匪所害。反动派等不但欲破坏农民之组织，以减少国民政府之势力，且直欲根本打破人民与政府之合作。故政府特于此第三次宣言中明白表示，政府自始至终实行已往之宣言，尽力保护农民之利益，协助其组织之发展。于此宣言之中，国民政府敢决然再宣告于民众曰：国民政府当永远领导民众与人民之公敌奋斗，务求革命成功而后已。迨国民革命成功，国民政府势力扩张之后，国民政府当竭力为农民改良其经济状况，当遵先总理之遗嘱，设法解决土地问题，务使农民能自由使用田土。同时政府当援助农民奋斗，使其能减低借贷之利率及免除不合法之盘剥。政府复当援助农民反对贪官污吏，参加乡村统治权，以改善农民之政治状况。

国家之贫富，视乎农民之贫富而定。故一切不平等之事件，影响于农民者当清除之。

农民亦当继续奋斗，援助政府肃清内外敌人。此时政府当联合各阶级，如农民、工人、商民及智识界共同奋斗，以期得到最后之成功，贯彻先总理之三民主义。

国民政府万岁！

国民政府与人民联合万万岁！

中华民国十五年九月七日

〔国民政府公报1926年第四四号〕

## 10 武汉各机关服务工会章程及职员表①

（1927年4月23日）

### 武汉各机关服务工会章程

#### 第一章　总纲

**第一条**　本会定名为武汉各机关服务工会。

**第二条**　本会以联络工友感情，改善生活，增进地位，参加革命战线，共谋工人阶级之利益为宗旨。

**第三条**　凡在武汉各机关服务之工友，均得为本会会员。

**第四条**　本会为武汉各机关服务工友总会、分会应受总会之指导。

**第五条**　本会会址（暂设省党部）。

#### 第二章　组　织

**第六条**　本会基本组织为支部

（一）每一机关有十人以上者成立一支部公推一人为支部书记，负该支部之责。

（二）各机关有二十人以上者得组织支部干事会，由三人至五人组织之，分担文书、组织、宣传，办理该部一切事宜。

（三）各机关有三十人以上者成立干事会，举一干事长。在干事会之下，成立小组，以十人为一组，推一组长，负该组之责。

（四）凡各机关之工友不够十人者，则联合就近机关工友成立支部。

**第七条**　支部干事会及支部书记之任务如下：

（一）执行工会命令及议决案。

---

注：①原文如此。

（二）受工会之指导，领导该支部工友作一切行动。

（三）解决该支部之小问题，及处决临时发生之紧急问题（但须即刻报告本工会）。

（四）讨论该支部一切问题，或工会一切问题，并建议工会。

（五）征收会员会费。

（六）分发工会刊物，张贴工会标语。

（七）召集支部会员大会。

（八）解释工友对于工会之误会。

（九）向会员作各种报告及讲演（如政治报告、会务报告、财政报告及各种理论的主义的讲演等），训练工友。

（十）传达工会命令。

（十一）支部干事会及支部会员大会开会时，应先报告工会执行委员会派人参加。

**第八条** 各支部每会员十人以上者，得选代表一人，二十人以上者，得选二人，以下每十人增加代表一人，为工会最高机关。

**第九条** 代表会设主席三人，一人为委员长，二人由代表中推举之，开会时轮流主席。

**第十条** 代表会有下列之职权：

通过及修改工会章程，宣告工会之成立或解散，或与其他工会合并，决定工会进行计划，决定工友之要求，宣告罢工及复工，通过工会经费预算及审查决算，并决定征收常月捐或基金之数目，通过工会驻会职员及人数，选举及撤换执行委员，惩戒工会职会及会员，接受执行委员会方面之报告，执行上级总会之命令，及选派参加上级总工会代表大会之代表，议决其他重要问题。

**第十一条** 代表会之任务系代表会员意见，支配工会各代表干事征求会员意见，同时须将工会情形及代表会议情形，向会员报告。代表会之议决，少数代表如有意见不同，仍须绝对服从多数。

**第十二条** 由代表大会选举执行委员十五人，组织执行委员会，候补委员五人，正式执行委员缺额时，由候补委员递补之。代表大会闭会时，执行委员会为本会最高机关，执行代表之议决案，并决议本会一切进行事项。

**第十三条** 执行委员会之组织及职权如左：

(一)委员三人，推委员长一人，经理本会一切事项。

(二)文书部主任一人，管理本会一切文件，并助委员长进行会务。

(三)组织部主任一人，管理本会一切组织事宜。

(四)宣传部主任一人，管理本会一切教育事宜。

(五)经济部主任一人，管理本会银钱收支出纳账目事宜。

(六)交际部主任一人，管理本会一切交际调查事宜。

(七)纠察部主任一人，管理工友一切不正当行为。

**第十四条** 各部事务之繁简，酌设办事员若干人，帮助各科事务。

**第十五条** 如有特别事故发生时，执行委员会得设立各种临时特别委员会以办理之。

**第十六条** 委员长、各部主任及股员，由执行委员会互推或聘委之。执行委员会并得聘请热心赞助本会之人为顾问，聘请之员须由上级工会之考查。

**第十七条** 本会代表大会执行委员会支部干事会组长及各办事人，均每半年改选一次，但得连选连任。

## 第三章 会议

**第十八条** 本会之定期常会如左：

(一)支部干事会每一星期开会一次，由干事长召集。

(二)支部会员大会每月开会一次，由干事会召集。

(三)执行委员会每星期开会一次，由委员长召集。

(四)代表会每月开会一次，由执行委员会召集。

(五)会员大会每半年开会一次，由执行委员会召集。

(六)各部主任及办事人，每月应有定期联席。

## 第四章　会务

**第十九条**　本会按照经济力量依次举下列各事：

(一)青年补习学校、工人子弟学校。

(二)俱乐部或游艺会。

(三)图书馆或阅报室。

(四)会员互济所。

(五)演讲会或新剧团。

(六)职业介绍所(章程另订)。

## 第五章　会员之权利与义务

**第二十条**　凡属本会会员均有发言权、提议权、表决权、选举权及享受本会各种事业之权利。

**第二十一条**　凡属本会会员，均有遵守章程、缴纳会费及服从本会命令与各种议决案之义务。

## 第六章　纪律

**第二十二条**　本会会员应服从本会章程决议案，不得假借本会名义在外招摇生事及破坏本会一切举动。

**第二十三条**　本会会员须按月缴纳常月费。

**第二十四条**　凡犯以上各项，经执行委员会议决，轻则警告，重则除名。

## 第七章

**第二十五条**　本会经费之收入分下列三项：

(一)入会费　会员入会时，须向本会交入会金五角，方得为本会会员。

(二)常月费　会员每月须向本会交纳月费。(半日工资)

（三）特别捐　本会如举办特别事业或会内经费缺欠时，经代表会之议决，得征收特别捐。

（四）本会每月须缴纳常月费百分之四十为本会用费，百分之十为全省总工会之用费，百分之二十为全省总工会之基金，百分之十为会员救济费，百分之二十为分会之用费。

**第八章　附则**

**第二十六条**　本章程如有不善之处，得由代表大会通过修改之。

**第二十七条**　本章程经代表大会通过及全省总工会核准后施行之。

武汉各机关服务工友工会职员姓名表

执行委员长　卢森

副执行委员长　田福亭

周楚南

执行委员　何有翔　兼组织部主任

李展才　兼交际部主任

杨安福　兼纠察部主任

闵清澄

夏迎祥　兼经济部主任

赵瑞峰

罗寿生

戴碧波　兼文书部主任

周锦章

袁光禹　兼宣传部主任

黄杰生

赵玉峰　无此人

候补执行委员　　李炳臣　已辞职赴江西

杨纽巨　已补正

陈振武

胡炳南

赵玉坤

中华民国十六年四月廿三日

〔武汉国民政府档案〕

## （二）"五卅"惨案省港大罢工和其它罢工运动

### 1 廖仲恺关于沙面华工罢工非政府所能制止复法领事函

（1924年7月20日）

（中央社）沙面法领事，以沙面华工罢工，于种种均极大碍，特致函省署，请设法制止。昨十九日廖省长以此次罢工风潮非政府所能制止，特复函法领事云。径复者：现接大函，以沙面发生罢工风潮，嘱设法制止等由。查罢工之举，亦各国所恒有，非政府所能制止，证以欧美各邦之情形，及中国现在之民气，可以知之矣。且地属沙面租界工部局之华人，系沙面洋人所雇用，在沙面时复处英法警权范围之下，今因愤激而起风潮，本省政府实无从预为防范。乃来函所言，粤官不先预防，殊不近理。此次沙面工人罢工，全由沙面英法工部局颁布新例所激动而成，倘若辈于广州市内有越轨行为，本省官厅自当力为制止，本省长早经饬令市公安局派遣警兵前往弹压矣。抑尤有言者，沙面租界在本国警权之外，如贵领事官嗣后允许本省武装警察随时进沙面协助，或可防患于未然也。用特函复，即希查照。顺颂时祺。此致法领事。

〔北洋政府京畿卫戍总司令部档案〕

## 2 旅港侨胞救国团反对沙面苛例电

（1924年7月20日）

（中央社）昨十九日有旅港侨胞救国团，为反对沙面苛例致电广州各社团、各学校、各报馆云：外人欺凌我族，蔑视主权，不自今日矣。近者广州沙面洋人设立种种苛例，强我国遵守，丧权辱国，莫此为甚。所有沙面洋务同胞，不甘虐待，联合罢工，牺牲奋斗，以争人格，态度坚决，至为钦佩。在罢工期内，尚希坚持正义，务达目的。除代请广州各界援助并派专员赴省慰问外，本团谨约全体团员，誓作后盾。专此电闻。旅港侨胞救【国】团电。

〔北洋政府京畿卫戍总司令部档案〕

## 3 大元帅关于粤汉铁路工人罢工经过及解决情形指令

（1925年4月29日）

大元帅指令　第三三九号

令管理粤汉铁路事务林直勉

呈报此次罢工经过情形并陈明该路工人所发传单全非事实，请俯予彻查由。

呈及附件均悉。既陈明罢工风潮已解决，工人所发传单全非事实，所请俯予彻查之处，着勿庸议。附件存。此令。

中华民国十四年四月二十九日

附原呈

呈为呈报事：窃直勉奉令管理粤汉铁路事务，深维该路居北江孔道，当军事要冲，且车利收入，每日提拨四成支付军政各费，关系既属匪轻，整顿自不容缓。查职路积习过重，百弊丛生，而尤以滥设冗员，虚糜薪款为最，早经帅座洞悉，饬令前管理厉行裁减，以节虚糜而清锢习。前管理迁延日久，未敢奉行，管理抵任后，不辞劳怨，不计利害，悉心考核，兼顾统筹，毅然奉行。计共裁去冗员一百七十八名，连同减薪，每月计省一万二千五百八十四元五毫，业经呈报帅座在案。至车站上工务各处，亦严行查察，其有不能称职者，即行酌予更换，罔敢瞻徇。差幸冗员全裁，积弊日少，核计车利业已加增，各机关薪饷经费得以照拨。前任欠薪十万余元，又经呈准加收车费，以之清理，足征事尚可为，成效可观。至于全路枕木，十坏其九，行车时有出轨之虑，车辆每感不敷分配。路务既形如此，收入安可畅旺。复经先后呈明，将夜车车利，与加收车费，除清薪以外之余款，暨拟息借款项，陆续购办枕木，添置货车，修理机头，鼓励职工，以期按程而进，逐渐整顿，则路基稳固，收入自多，此固可期必能之事。不料遵令裁员，切实办理，乃风潮即从此而生。此次罢工，系由本月十七日早突然而起。其宣言以更换黎洞轨道监工刘湘帆为口实。查刘监工湘帆干犯赌禁，违背路章，经饬工务处长查复属实，将其撤差，调英德修路监工陈咏章补之，又调黄沙轨道监工张业补陈咏章之遗缺，加薪六元，所遗张业之差，另委谢毅民接充，减少薪水六元，实支月薪二十五元，职务不过如此，薪给尤属无多，且已预与该管处长容祺勋商定，然后委用。讵工人藉口以谢毅民系属新人，要求更换，管理以事属轻微，无关重要，业徇其请，准予调回，并饬工务处长容祺勋遴员兼理。此乃因事择人，别无他见，讵竟发生风潮。其宣言系以更换监工为口实，实则以要求加薪为目的。查职路自开办以来，念余年矣。对于工人方面，各前总理虽曾酌加，然数均微。现在生活程度倍高，工人困苦，本所深知，加薪问题，早在计划，特以欠薪尚未全数清完，枕木又须赶速购换，财力支绌，兼顾未遑。倘工人要求加薪，如果预为提出，管理本诸扶植劳工之主旨，自当酌量核加。不意在于宣告罢工之后，始将条件提出，以致阻碍交通，损失车利，实为可惜，且为万国工人罢工所无之新例，洵属奇特。而细核所列十一条件，泰半要求增加工薪，确为理应维持之件。管理即经详加审酌，其中如第三条开：机器厂、木厂实行八小时制度一节。查从前均系九小时，现在要求缩短钟点一小时，似属无甚问题。第四条开：放假日一律补工，开工者作双工计一节。查工务处职工放假日并无补工，只车务、机务两处放假日仍须作工者，则补工、工务同为工人，要求一律补工，自应照准。第五条开：路面工人，每日加工二毫，站夫、电信差每月支足十四元，机器厂、木厂、机车、油漆各大小工人，每日工银一元以下者加三，在一元半以下者加二，在二元以上者加一一节。查全路站夫，每名月支十元，电报信差除黄沙站三名，月各支十二元外，其余一律月支十元。站夫、信差执役甚劳，今求一律支足十四元，自可照准。至各大小工人分级加工一层，原拟答复条件中业已详及。第六条开：战事期内，在路上作工者，每日给三工一节。查职公司向来无此规定，然就情势而论，扶植劳工确不可少。第八条后开：车守、司机、司炉、挂钩及车上人员，一律二十二点钟外，照给双工一节。查车守、挂钩属于车务处，如过二十二点钟外，前时已有补工；司机、司炉属于机务处，如过二十二点钟外，遇有战事，则补工，平时则不补工。惟既属同为工人，同一服务，彼此有无，究欠持平。第九条开：职工患病，由公司医治，照给薪工；因公毙命，给恤五百元；病故者给薪水三个月一节。查职工患病，前时已由公司医治，照给薪水。至因公毙命，给恤五百元一层，按照成例，只酌给薪水一月或三月，间有例外多给者，亦居少数。该职工等既已提出上列条件，自应分别核定，并声明对于增加公司支出，应由总协理函董事局答复办理。合注明，其第一、第十两条系在工人利益范围之外，并予修改，指派代表，逐一答复，并将意见面请帅座训示。奉谕：现准中央执行委员会来函，以粤路罢工，其原因在于工人生活非常痛苦，工作时间过长，工钱过少，且工人职业无所保障。粤路隶属本党政府管辖之下，待遇工人，尤宜优厚，以免工人对于本党政策发生反感，等由。谆嘱管理妥为办理，等因。自应仰体中央执行委员会维持工人之至意，将各条再复研究复荷。中央执行委员会工人部冯秘书菊波、邓运使泽如、邓君汉兴，亲到职局，即于十八日召集各代表，再三讨论，工人方面则仍坚持条件。嗣经互商协议，乃将第一、第十两条各有退让，并将有与大元帅裁员命令抵触之处，一律修正。直至是日午后八时，始行互相签字，十九日午前五时，即已全体开工，照常通车，计共停两日，车利完全无收。兹谨将此次罢工经过情形，连同提出暨答复及协议各条件，抄录全份，呈请帅座察核。再直勉管理路务四月于兹，综计收入确有增多，倘非适值淡月，其数当不止此。其整理虽未至于尽善，但已大有起色。乃工人提出要求加工条件，遍发传单，有谓所裁减者皆属党籍职工，所换补者无非权门走狗，引用桂系，藉便营私，取缔脚伕，诈财三万。新委监工、站长，从未乘车，卖卡索贿，取回专利。大借款，扣佣自肥，购洋煤，回头过十，等语。据该传单所胪列之文，按之事实，全非真象。查管理为整顿路务起见，曾有更换往日不能称职之员司，然仍于平素相得热心党务者以之充任，量材器使，并无成见，何得谓为皆无党籍、权门走狗。至于引用桂系藉便营私，究竟所引者何人？营者何事？取缔脚伕，诈财三万，有何实据？新委监工、站长从未乘车，究系何人？卖卡索贿，取回专利，证据何在。又云：大借款，扣佣自肥，购洋煤，回头过十两事，更属任意诬蔑，凭空捏造。用将传单粘呈，伏乞帅座俯予彻查，以明真相，实为德便。

合并陈明。谨呈大元帅。

计呈录呈提出暨答复及协议各条件全份一张传单二张〔原缺〕

管理粤汉铁路事务林直勉印

中华民国十四年四月二十五日

〔陆海军大元帅大本营公报1925年第十二号〕

## 4 广东土木建筑总工会罢工第二次宣言

（1925年5月28日）

罢工第二次宣言

我等幸在国民政府之下，罢工可以自由。但我等罢工，不幸交由公安局警务课长潘歌雅先生处置，而致迟延至今，尚未解决。兹特将此前情报告如下：

敝会罢工理由，经于前次罢工宣言说得很详明，不用再说了。其最简单最明瞭的，就是生活程度日高，工友难以度活，于是要求加薪，东家不恤，迫于罢工。旧历四月十五日，是敝会实行总罢工之日期，每日派出纠察队以防止东家协迫工友上工，及十九二十两日，突被东家走狗在大市路广九站两处挟枪持械痛殴敝会工友，重轻伤者二十余人，除向政府呈报外，并廿二日派佘广等，公安局长吴铁城切实保护，吴局长闻报赫然震怒，与警务课长潘歌雅磋商，手令吴侦缉课长，严拿挟枪持械拦途击人之东家走狗。当时这位潘歌雅先生，竟说此辈挟枪持械，均有枪照，如何严拿云云。以为有枪照便可杀人不问，冀以阻止命令。及四月三十日敝会向省署举行大请愿，希望革命政府，召集东西两家调处，及早解决罢工风潮。当时蒙胡省长令公安局于五月三日（统以旧历算），召集双方调处。及四日，敝会接第三区分署传票，传往公安局司法课，敝代表佘广等，往公安局久候两小时，不惟不见东家，并不见潘歌雅先生，迫得往见吴局长。吴局长答："我定星期一(七日)函请你们到客厅调处。"及星期一到了，佘广代表等往见潘先生，潘先生答谓："至迟星期四。"可是星期四也来了，而消息渺然，佘广代表又往叩以辨法，潘先生于是决定星期五日。是日果有传票来了，敝代表依时到局，潘先生见面即问卢东明等有到否，敝代表愕然，问过明白，才晓得潘先生并不是传东家，乃是传东家走狗某工会职员到局，但这班走狗也不来，敝代表见此情形，于是详细辨说，潘先生始允廿四日传东家来。传期又到了，敝代表依时往，潘先生即拿一函来给敝代表等看，是某工会十一日寄来的函内说："卢东明等因事往深圳去了。"代表看后，即转问潘先生，甚么这回也不是传东家，潘先生佯为恍然，最后代表等问他的办法，他说我没有甚么办法。贵工会有什么办法。

呀，我们知道了，所谓召集双方调处，其结果就是这样呵。这种分明是一个敷衍的办法。呵，这种无形压迫欺诈手段，明明白白排在我们目前了，所谓政府的调人，原来会这样居心吧。现在我们无处可以告诉，可谓我们认这种是十分难承受，我们惟有决心自行设法解除我们的痛苦，同时请各界作正义上之援助。

我们罢工若不解决，则马上失业者计数千人，试问国民政府何以处此。置之死地呢？或置之生天呢？潘先生乃国民党员，而且是市党部之执行委员，对于一切工潮，应当负责解决，为工人谋利益。现在使工人数千人失业，嗷嗷待哺，今而知所谓保护劳工者就如此，国民党之保护劳工政策若如此，则我等更复何言，若非如此，则国民政府其何以保护我等劳工也。

广东土木建筑总工会启

十四年五月廿八日

〔广州国民政府档案〕

## 5 胡汉民对上海租界暴行宣言

（1925年6月7日）

近日，上海租界当局嗾使巡捕对于徒手巡行之学生开枪射击，致当场殒命者多人，因伤致死者累日不绝。连日复以同样行为，施于徒手巡行之工人，综计数日之内，死者数十，伤者数百。帝国主义者此等残暴凶忍之行为，足证其已自外于人道，犹复鼓其簧舌，谓工人、学生宣传过激。姑无论此次巡行目的昭然，绝与宣传过激无涉，即使有此等宣传过激之事实，在彼辈国内已成数见不鲜，彼辈极其忮刻所至。对于认为宣传过激之群众，亦未闻指麾大帮武装巡捕，对于徒手巡行者恣其屠戮。彼辈于其国内，若有几微类似此等之举动，则其暴行，早已引起其一般国人之公愤，与各国一致拼击，此暴行之政府，早已不能存在于其国内，及保留国家人格于国际。今以此暴行，行之于彼辈心目中所谓殖民地、次殖民地，则夷然若无足异。彼辈平日以正义人道相标榜之报纸舆论等，且为此等暴行作袒护掩饰之词，尤足证彼辈平日对于所谓殖民地、次殖民地之人民，向不以平等相待，惟知以暴力诈术，诈取财产，以遂其经济侵略之欲，于其生命及人格毫无所顾恤。彼辈之为此暴行，适足使世界上一切被压迫之民族对于帝国主义者之暴戾，恣睢更得极深刻且显著之印象。同时尤足使中国人民，迴溯自鸦片战争以来所受之惨酷待遇，而坚其卧薪尝胆之志趣。本政府兹郑重宣布：上海租界当局，此等暴行实为人道之蟊贼，及中国国家暨国际之非常损失与侮辱。救治之道，不当仅注意道歉、惩办、抚恤等枝节问题，尤当从废除不平等条约，收回租界着手，以谋根本解决。同时，并郑重宣布：帝国主义者敢于在中国境内指使所蓄养之鹰犬，为此白昼杀人于道之事，皆由前此北京政府阘茸媚外所造成；而最近段祺瑞以尊重不平等条约，交换临时执政，尤足使帝国主义者养骄长傲，无所顾忌；张作霖于此次战胜以后，依赖帝国主义者之信念益坚，亦为造成此次暴行之原因。此等军阀与帝国主义相勾结之现象，本政府誓秉承大元帅之遗教，努力奋斗，必使之消灭然后止。愿我全体国民共起图之。

大本营总参议代行大元帅职权兼广东省长胡汉民

中华民国十四年六月七日

〔陆海军大元帅大本营公报1925年第十四号〕

## 6 国民党中执会就沙基惨案发表重要通告

（1925年6月23日）

国民党中央执行委员会发出同胞注意一文云：我们不是排斥一切外国人，我们只是反抗帝国主义残杀迫害我们的外国人。兹分别如左：(一)俄国对于中国已自动的取消不平等条约，且对于中国国民革命热诚相助，我们应该与之亲善；(二)德、奥两国自欧战后，对于中国已取消不平等条约，我们应该以平等相待；(三)美、葡、荷等国虽然没有取消不平等条约，但于此次沙面惨杀事件并无直接参加，我们应该分别清楚。对于美、葡、荷等国，固然要从事于不平等条约之运动取消，但不可以沙面惨杀事件之责任加于彼等；(四)英、法为此次沙面事件之行凶者，英、日为上海、汉口等处惨杀事件之原动者，我们对之引为深恨，除以取消不平等条约为根本解决方法外，并应课以此次事件之责任，但切不可出于狭隘的复仇手段。中国国民党中央执行委员会。六月二十三日。

〔陆海军大元帅大本营公报一九二五年第十四号〕

## 7 广东省政府为沙基惨案提出抗议文电

(1925年6月23日)

### (1) 胡汉民致各国领事照会

大中华民国广东省长胡为照会事：本月二十三日十二时，广州工人、农民、商民、大中小学男女学生及军官学校学生，齐集东郊场，开上海惨杀事件追悼大会，通过中华民国国民党中央执行委员会决议案。该决议案系指明此次上海事件之所以发生，由于中国受种种不平等条约之束缚，故以取消一切不平等条约为根本解决之方法，希望国人一致督责政府，迅速实行。当时群众以满场一致，通过此次议决案，即从事巡行。其所持之标语，皆以此议案为中心，而巡行秩序亦务求合于此次决议案之精神，和平肃穆，绝无可以引起误会之处。不料于三时十分行经沙面对岸，突有沙面外国兵警，发枪向巡行群众射击，继以机关枪扫射，又继以外国兵舰之大炮。起事仓猝，路狭人稠，以致死伤枕藉。现时所知，巡行群众死伤之数，已百余人，其中有幼童及女学生，路人为流弹所毙及被挤落水者，尚不胜计。群情痛惜，已达极点。自五月三十日上海租界惨杀事件发生以来，汉口租界等处对于上海被惨杀之同胞而表示同情者，莫不遭帝国主义者之同样惨杀。广州此次巡行群众所经行地，与沙面尚隔一水，且闸门紧闭，绝无阑入之虞。乃沙面外国兵警，竟向在内地巡行之中国民众，肆行射击，多所杀伤，较之上海、汉口租界事，尤为暴戾。现由国民党组织调查委员会，对于此次事件为严密之调查，并已决定，对于此次事件，不依恃武力及其他狭隘的复仇手段，而惟以和平正当之方法，进行原有之目的，即取销不平等条约，是深望各国人民对此事件主张公道。盖凡自命为人类者，必不容此等惨杀事件继续发现于世界也。特此照会贵领事官，请通告贵国人民知照为盼。须至照会者。右照会各国驻广州领事官。

### (2) 胡汉民向英法两国领事提出严重抗议照会

为照会事：本日各界为沪案列队巡行，路经沙基，巡行队已将过尽，而沙面英界兵警，猝然以机关枪、步枪向隔河巡行之群众轰击，法界兵警闻声亦同时发枪，复有葡国兵舰相继施放大炮，死伤达百数人之多。查此次巡行纯系因沪案迫于义愤，作文明之表示。乃英、法、葡兵警军舰，竟为此蔑绝人道之蛮横举动，且此种残杀，亦系事前之蓄意阴谋。本省长闻悉之余，至深骇异。亟应先行提出严重之抗议，并声明此次事件应由英、法、葡兵警军舰及有关系之文武长官负完全责任。至屠杀情形，死伤人数，现正着手调查，俟调查清楚，再行提出正当办法也。须至照会者。右照会英、法、葡驻广州领事官。

### (3) 胡汉民所颁布告

省长公署布告云：为布告事。本日广州民众，因援助上海五卅案，联合游行。其宗旨在促帝国主义者之觉悟，为废除不平等条约之运动。复恐民众激于义愤，或有越轨行为，业经国民党中央执行委员会通告游行各团体，特别注意。本省长并特别咨行军警各机关，对于外国官民，切实保护各在案。乃各民众行经沙基，经英兵突由沙面发枪向游行群众射击，并以机关枪扫射，法兵继之，葡舰复发大炮轰击，致伤毙多人，显系蓄谋杀害，磨牙吮血，实现其帝国主义之面目。群众痛愤，到署请愿，政府有保护人民之责，对于此等惨杀事件，自必提出严重之抗议。现经组织调查委员会先为严密之调查，并经国民党中央执行会议决，对于此次事件，不依恃武力及其他狭隘之复仇手段，而惟以和平正当之方法，为取消不平等条约之进行。尚望全粤人民一致努力，协助政府，以期贯彻主张，不宜稍有越轨行动，别生枝节，而陷帝国主义者之阴谋，则必可得最后之胜利。政府有厚望焉。合行布告，一体遵照。此布。中华民国十四年六月廿三日省长胡汉民。

〔陆海军大元帅大本营公报1925年第十四号〕

## 8 广东交涉署为沙基惨案复英法领事照会

(1925年6月26日)

交涉署照会英总领事、法领事云：为照复事：现奉外交部长省长面谕：接到廿三日、廿四日贵总领事照会，经已阅悉。本省长于二十三日沙基惨变发生后，即召集法、警、工、农、商、学各界暨美、俄、德各国领事，共同组织调查委员会。兹据调查委员会常务委员第一次报告，沙面方面向巡行群众首先开枪射击，以致死伤多人，已得确实证明，毫无疑义。兹列举其要点如下：(一)是日巡行秩序，首工人，次农民，次商民，次各大中小学男女生，最后为军官学生，除军官学生外，均不携武器。当岭南学生行至西桥口，即被沙面射来枪弹当场击毙教员区励周及学生许耀章，重伤者二人，轻伤者无数。岭南学生之后，尚有坤维女学、第二高等小学校学生亦均遭枪击，最后始及军官学生。以距离言之，岭南学生与军官学生之间至少相隔有数十丈。当岭南学生受枪伤毙之际，军官学生尚未行至西桥口。证之事后检尸报告，岭南教员区励周、学生许耀章尸体均在西桥以西，而军官学生尸体则皆在沙基口，距离西桥尚远。是则沙面方面，先向行经西桥口无武装之学生群众开枪射击，肆行虐杀，东桥方面亦遂应声夹击，以至巡行群众死伤枕藉，波及路人，情状历历在目。(二)是日沿长堤一带以至沙基，除巡行群众外，尚有警察多人，手持白旗，站立岸旁维持秩序。而沿岸市民林立参观，为数甚众。且巡行群众亦无丝毫戒备，故以稠密之群众，向狭长之马路徐徐行进。若如英、法领事所言，军官学生首先开枪，且若如英国海军军官史葛所言，开枪至百响之多，沙面方还枪，则军官学生开枪以前，势必挥散路旁站立之人群，俾不虞波及，且亦必俟前行群众度过沙基之后，始肯开枪，况开枪至百响之多，则其时一切参观人群及同行群众，必避开沙面，还枪之际，死伤者应全为军官学生。何以证之实际学生及路人死伤如此之多。据此以言，则英、法领事所谓军官学生首先开枪，实为虚诬。(三)是日沙面方面早已架设沙包及为种种军事上之设备，而军官学生则无丝毫戒备，故随工、农、商、学各界之后，四人一列，整队而行，若军官学生有意启衅，断无以密集队伍向前进行，自招重大损失之理。当岭南学生行至西桥口枪声暴发之际，军官学生在沙基口队伍尚未散开，则其事前绝无启衅之意，及闻前行群众猝遭不测，始向前救援，尤属显而易见。(四)据各校学生报告，皆谓沙面方面以机关枪向人丛射后，即见有外国士兵数人，手持武器欲启桥上闸门，向人丛冲击。幸军官学生适于此时行至，外国兵士始仍闭闸门，向后退却。据此，则当时若无军官学生前来掩护，巡行群众死伤之数，必尚不止此，何得反诬军官学生为首先开枪。以上四点，皆合当时在场男女学生所申述目击情形，其为沙面方面首先开枪杀伤我巡行群众，证据确凿。况沙面所用系属机关枪猛烈射击，诸人伤口洞成巨穴，枪弹迥异寻常，尤为惨无人道。乃沙面之内造作种种谣言，至今尚未息。事前既有种种谣言，如英总领事来函所云，但至二十四日，闻英总领事仍有通告云：本日十二时黄埔学生将攻击沙面。此种谣言，到现在尚有发生。尚有人相信，诚不知是何居心。本政府受此重大刺激，仍然对于外人施以周密之保护。前英、法领事官来函，请保护外人生命财产。关于此点，本部长经已声明在先，本省长于惨案发生后，即晚亦于答复美、德等国领事函内，声明保护各国外人生命财产，复布告人民用和平正当方法，以取消不平等条约，不用其他狭隘的复仇手段。廿四日，又有命令禁止军人无论结队，或个人携带武器在沙基及附近沙面地方来往。似此可以证明，本政府对于外人生命财产尽力保护。但如果外人方面此时尚增加兵力，则小之激动民众，使本政府难于平国民之气，大之可认为英、法对于广州要继续前次之攻击。是以英、法领事官方面应该先行声明，不再增加兵力，如军队军舰之类不复增加，以便磋商此案。查此次华人惨被杀害，实属灭绝人道，为世界公理所不容。兹特提出要求条件如下：(一)此案如有关系国应派大员向广东政府谢罪。(二)惩办关系长官。(三)除两通报舰外，所有驻粤各关系国兵舰一律撤退。(四)将沙面租界交回广东政府接管。(五)赔偿此次被毙及受伤之华人。以上五条，应请英、法领事官转呈英、法驻华公使及英、法外部查照答复，并即转知英、法领事于收到此文后如何办理，先为见告。等因。奉此。相应照会台端查照办理。须至照会者。右照会大英国驻广州总领事官倮、大法国驻广州领事官吕。十四年六月二十六日。

〔陆海军大元帅大本营公报1925年第十四号〕

## 9 临时执政府军务厅派驻北京电报局检查处检扣关于沙基惨案新闻电

(1925年6月)

### (1) 查扣北京发重庆新闻电(6月26日)

香港公安局检查，被英兵戕杀者百二十人以上，伍向领团严重抗议，覆文拒绝。传舰开时，观音山炮台曾开炮远击，毁沙面洋房数幢，华商议决全罢业。东方电：粤中英冲突已入交战状态，双方均布置军队，安格联在英伦鼓吹共管中国，漾日各界游行示威，沙面英租巡捕开机枪毙华人数十，华兵开枪保群众退回，忽有泊珠江英兵舰，开炮击。死伤长堤市民千余。使馆某外人谈，日人此次诚意单独解决纱厂者，恐风潮扩大，变成世界远东与黄白人种问题。英始终强硬，以实行经济绝交，英必收回在华债权资产，中国必无此财力，并中国军人勇于私斗，怯于公战，非至人夺其地盘，决不轻动，一致对外，事实难能。修改条约，政府已电驻外各使提出交涉。使团对此，已各分电各本国请示。预料将来必同声藉口我无坚强政府，民智未开，司法腐败暂从缓议搁置。沪提十三条，议决驳覆界限，究系商各界意旨，抑系政府主张。沪交涉员已派定颜、王、蔡。沪示威，司令阻无效。卢将来京。

(2) 查扣上海来北京新闻电(6月27日)

本日全埠开市。粤电伍向领团抗议沙面案，并要求赔偿被拒，双方积极备战。某领愿调停。港政府严查电报。

〔临时执政府军务厅档案〕

## 10 国民党中执会对"五卅"事件宣言

(1925年6月28日)

五月三十日，中华民国爱国之学生与工人为人民争主权，为上海市民争自由，为被杀无告工人鸣不平，赤手空拳出而演讲，上海英租界捕房，竟蔑视中国国权，世界人道，对此无抵抗之群众，开放排枪，杀伤人命至数十人之多，演古今中外所未有之惨剧。中国之国威，英国之人格，二十世纪人类之文明，皆随此排枪之声而俱消灭。此不特为中华民国人民之奇耻大辱，亦自命文化进步之不列颠人之奇耻大辱，世界各国人民睹此帝国主义者惨无人道之行，不能起而为华人仗义主张公道者，为亦将蒙同一之耻辱。乃英捕房又于六月一日更演第二次之惨剧，杀我独立、自由之中华民国人民，竟同蝼蚁。天日犹存，黑暗至此，人类前途，何堪设想。中国国民党谨大声疾呼，正告中华民国同胞与全世界主张公道之民众曰：五月三十日之惨剧，英捕房以对待贼匪敌军之枪弹，对待我争自由，保主权，无抵抗之学生、工人与市民，其残酷蛮横，视庚子年之拳匪行动尤甚。乃犹强以排外赤化名词污辱华人，淆惑世界观听。其言行，应为崇奉耶教爱自由独立之撒克逊人所羞。为吾人当知：此次上海人民以讲演、文字，乃至罢市、罢工，所争者，乃为保障人权，拥护国威。中华民国人民，非亡国之民，上海英租界，非英国殖民地。英捕房以对待牛马所不忍之手段，对待同是人类之华人，是曰无人道；以对待盗匪敌军之枪弹，对待赤手无抵抗之学生、工人，是曰无公理；以侨寓中国之外人，任意杀戮在中国之中国人民，是曰污辱中国国威，蹂躏中国人权。此而可忍，孰不可忍。中国国民党愿助全中国之爱国、爱平等自由之民众，对此惨无人道之行为及其所代表之武力侵略政策，以全力奋斗，伸张人权，恢复国威。夫民心未死，公理犹存，中华民国争自由独立平等之人民，终必获最后之胜利。中国国民党。

〔陆海军大元帅大本营公报一九二五年第十四号〕

## 11　广东南雄对外协会等关于沙基惨案电

(1925年7月)

### (1) 广东南雄对外协会电(7月3日)

广州国民党中央执行委员会胡代帅、省长、各部长、各总司令、各团体、各学校、各报馆、各省……军民长官、各团体、各学校、各报馆均鉴：漾日广州各团体为援助上海五卅案举行大巡行，经过沙基时，被沙面英法兵警以机关枪各〔和〕步枪向我赤手空拳之民众扫射，而法国兵舰亦相继施放大炮，以致血肉横飞，死伤枕藉，现据实查考，计百有余人，其屠杀情形较之沪汉各处尤为惨烈，噩耗传来，普一〔天〕同愤。万恶帝国主义者蔑视我中华民族一至于此，是而可忍，国将沦丧，爰联合各界组织对外协会，誓与帝国主义者奋斗，务达胜利之目的，以先实行经济绝交，预备实力对外，谨先奉闻。诸公感国同情，务请坚持到底为盼。广东南雄对外协会叩。江。印。

(2) 许崇智等电（7月8日）

统唐乡先生均鉴：八〔六〕月二十三日粤省各界为援助沪案列队巡行，路经沙基，突被沙面英、法兵警用步枪机关枪向巡行群众扫射。驻河外舰，又继续施放大炮轰击。事起仓卒，路狭人稠，毙命及受伤者数百余人，死伤枕藉，较沪各案尤为凶残。查此次巡行次序，首工人，次农民，次商民，次学生，最后为军官学生，巡行途径，系沿长堤一带，以至沙基，所经行地完全为中国领土，与沙面尚隔一水，巡行队伍亦均严守秩序，而沙面是日则早已架设沙包，为军事上种种之设施，一似实行其帝国主义以灭绝人道，为任情害杀吾民之预备，稍有人心，同深愤痛。现经提出最严重抗议，据理交涉，提出五条件：一、此案各有关系国应派大员向广东政府谢罪。二、惩办关系长官。三、除两报告舰外，所有驻粤各有关系国兵舰一律撤退。四、将沙面租界交回广东政府接管。五、赔偿此次毙命及受伤之华人。并依据本党中央执行委员会所定方针，不依执〔恃〕武力及其他狭隘的复仇手段，唯以和平正当之方法，为取消不平等条约之履行，诸君乡邦宏达，梓桑休戚，愈荷关怀。尚希一致援助，俾获最后胜利。远道恐传闻失实，谨此电达。广东省政府省务会议主席兼军事厅厅长许崇智、民政厅厅长古应芬、财政厅厅长廖仲恺、教育厅厅长许崇清、建设厅厅长孙科、商务厅厅长宋子文、农工厅厅长陈公博叩。庚。印。

〔北洋临时执政府军务厅档案〕

## 12 广东电话总局为工人要求加薪罢工及解决情况呈

(1925年7月4日)

呈为呈报事：窃职局工人因请求加薪，久延未决，经于本月三日晨间，全体罢工。而职适于是日午后到局就职，目睹情形，觉于本局及用户工人各方面均感不便，爰亟召集工人代表垂询种切。据所陈困状尚属实情，即所提各条件亦复言之近理，用特反复开导，详细磋商，且有机器总工会派人到场调处，因得圆满解决，共订条约，互存为据。现已全体复工，照常服务。虽此次增加薪工，月达千余，然揆之现时生计维艰，在工人方面亦殊出于不得已，且得于最短时间，解此纠纷，于本局营业及用户消息，尚幸两无防碍。兹谨将此次解决情形，并抄录新订条约一纸，备文呈请察核，准予备案，是幸。除呈报省政府外，谨呈

中华民国国民政府

广东电话总局局长徐苏中

附呈新订条件一纸

中华民国十四年七月四日

修正请求条件六款列下

计开：

(一)原日工人每日工金一元以下加四，一元至一元五毫加三，一元五毫至二元加二，二元以外加一。

(二)逢星期日休息。

（三）如工人有病不能作工者，应给假调治，其调治期内不得扣除工金。如因病身故者，须给恤一次过九个月薪金，按其月薪多寡为率，一次给足，不得分期发给。

（四）凡工人因公受伤，由局设法医愈，在医治期内，仍须每月照给工食。倘因伤而致残废者，应每月发给长粮，照原日工食支给至死为限。如因公毙命者，除由局发给壹佰伍拾元作殡葬费外，并须给恤一次过年半薪金，按其月薪多寡为率，一次过给足，不能延长发给。

（五）每日工作时间仍旧。

（六）所有罢工期内薪金照给。

广东电话局局长　徐苏中

广东电话局工人兢进俱乐部全体工人代表　李　元　郑　庆　郑　龙

见证人中国机器总会代表　陈镜如　李宗汉

十四年七月三日

〔广州国民政府档案〕

## 13　国民政府关于支持省港工人罢工运动与省港罢工委员会往来函

（1925年7—11月）

（1）国民政府致省港罢工委员会函（7月8日）

径启者：国民政府为维持省港罢工工人起见，经常务委员七月七日会议，议决办法八条，除已由国民政府分别令行广东省政府、军事委员会外，相应抄录议决案函达，即希查照，分向军事

委员会、广东建设厅· 商务厅、广州市公安局接洽办理为荷。此致省港罢工委员会

计抄发议决案壹纸〔议决案原缺〕

国民政府秘书处启

民国十四年七月　　日

（2）罢工委员会复国民政府函（7月10日）

敬复者：顷奉钧函，欣悉我国民政府为扶助省港罢工工人起见，议决办法七条，丰筹卓见，超炳寰瀛，卫国护民，笃符党旨：敝会俟开大会时候当敬谨宣布，并勖勉敝会全体工友，誓死为我政府后盾，务必实现先大元帅废除一切不平等条约之主张，达到中华民族完全之解放而后已。耑此奉闻，不胜感祷之至。谨上国民政府委员会

省港罢工委员会

中华民国十四年七月十日

〔汪精卫批〕存查发表。铭

（3）罢工委员会致国民政府函（7月11日）

径启者：敝会负指挥沙面香港等处罢工之责任，每月发电之费为数不资，前经恳请政府转饬电政监督，凡属敝会所发之电准予免费拍发，并经汪委员转函电政监督照办在案。兹准电政监督函开：水线拍电，不能免费，如欲免费，须从陆线拍发，等语。据此。窃查陆线拍发，到达甚缓，倘有紧急电报，到达过迟，影响甚大。为此，恳请仍饬电政监督，凡敝会电报一概免费由水线拍发，以利罢工前途，以促国民革命成功。至纫公谊。此致国民政府委员会

省港罢工委员会

中华民国十四年七月十一日

(4)国民政府秘书处致罢工委员会复函(7月15日)

中华民国国民政府秘书处公函　第八十号

径启者：贵会请饬电政监督，凡贵会电报一概免费，并由水线拍发一案。经国民政府常务委员于七月十四日会议议决：国民政府电报室已裁并广东省政府，以后贵会关于发电事宜，应请直接与广东省政府交涉。等由。相应函复查照。此致

省港罢工委员会

民国十四年七月十五日

(5)罢工委员会致国民政府函(8月7日)

径启者：现据侨港景源印务工社主任黄天伟函开：敝会同人为援助沪汉惨案，故率回国，力图抵抗帝国主义，屈指计之，已历月余之久，虽处贫苦期内，仍极力坚持。但工友均乏盈余私蓄，经济现状未免陷于困境，仰事俯蓄，应付缺如，群向弟等商量维持办法。弟等身为代表，不得不竭力筹划。现查广东官印刷局，大可容纳敝会罢工工友。前阅报载，国民政府将该局收归中央党部办理。该局向来办事人员皆非谙于印务事业之人，历年成绩已有目共睹。弟等有见及此，以为敝会同人罢工回省，苟能以会中诸谙此业之人，整顿一切，一则可为国民政府发展事业，二则可维持敝会间同人之生活现状，此乃一举而两得者也。敝会同人，此次罢工回省会友，计六百一十余人，对于印务事业，皆已研究有素。若用以为国民政府谋印刷事业之发展，力图革新，固绰绰有余裕，年就各县呈纸(即状纸)、印花税票(石印)及党部、军部、学界宣传品，已足维持敝会同人六七十名之生活，若能多接各公共机关之印刷品，又能多用百人有奇。党部苟能将该局大加扩充，或

从事整顿，妥为办理，以敝会同人之有经验者为之策划，定当大有可观，公私交受其益。现查各公共机关年中印刷品多向市内各商店购造，若一旦收归该局办理，尤为利便妥当，洵两全之美举。等情，前来。查该会主任所陈各节，理由殊为充足，且情词恳切，条理井然，对于印务事业之振兴，实能挈领提纲。本爱国之热诚而发兴业之志愿，对于政府经济独立方略，尤为适合。用特转呈察核，采纳施行，实纫公谊。此致

国民政府

省港罢工委员会叩

中华民国十四年八月七日

（6）国民政府批（9月8日）

中华民国国民政府批　第六〇号

省港罢工委员会委员长苏兆征

呈报会同广州总商会等四团体决议取销特许证后公布善后条例，请予备案，并乞饬公安局按日发足六千元，以维火食由。

呈及条例均悉，准予备案。至请饬公安局按日发足六千元一节，候令行广东省政府转饬照办可也。仰即知照。条例存。此批。

中华民国十四年九月八日

委员会议主席　汪兆铭

常务委员　汪兆铭

谭延闿

林　森

胡汉民

许崇智

〔汪精卫批〕取消。铭　九·十一

（7）国民政府致罢工委员会复函（九月廿六日）

径复者：顷接贵会第一六一七号来函，备悉一切。已令行建设厅迅饬广九铁路局特开专车一次，将所备米石运圳，并将旅圳难民运载回省。相应函复查照。此致

省港罢工委员会

民国十四年九月廿六日

（8）国民政府致罢工委员会批（10月9日）

国民政府批　一七七号

省港罢工委员会

呈请迅饬民财两厅转饬各县县长认真劝募绅富捐由

呈悉。准如所请办理，候令行广东民政、财政两厅转饬各县县长遵照。此批。

民国十四年十月九日

（9）国民政府致罢工委员会复函（10月23日）

国民政府秘书处公函　第三六九号

径启者：贵会值日委员曾子严呈，准香港机工联合会十一工团函请准予该会选派代表参加赴港磋商复工条件，应否照准，请察核祗遵一案。经国民政府常务委员十月二十一日议决，俟香港代表团到省察其人数多寡再行酌定。相应录案函达查照，并希转知香港机工联合会十一工团知照为荷。此致

省港罢工委员会

民国十四年十月廿三日

（10）罢工委员会致国民政府呈（10月26日）

为呈请事：昨奉钧府秘书处第三六九号公函，关于机工联合会请求派代表参加磋商复工条件一案，经钧府议决，俟香港代表团到省，察其人数多寡，再行酌定。等因。奉此。经即照转该会知照。去后。兹复据该会暨广州船主司机工会派代表面称：此次罢工已受莫大牺牲，其目的在拯国家于独立、自由地位。幸数月以来，帝国主义已有屈服之势，因而提出解决罢工问题。该会工友逖闻之下，亦同抱无限希望，日夕企盼进行消息。又适因选举代表时，该工会未曾与闻，自不胜其有触然之感，所以有派代表参加请求，但其参加代表不必一定有发言表决权，但求得列席旁听，以便将所得报告各工友而已。等语。请敝会再为代恳。敝会察其词意殷勤，未可缓却，迫得再据情转呈钧府察核，恳乞准予香港机工联合会暨广州船主司机工会各派代表一人到解决罢工委员会旁听，用慰群情，而昭大公。仍候指令示遵。实叨公使。谨呈

国民政府

省港罢工委员会委员苏兆征

中华民国十四年十月廿六日

(11)王懋功致国民政府秘书处复函(11月4日)

敬复者：顷准贵处函开：据省港罢工委员会代电称：该会工人百余名任东征军挑夫，现多在汕尾患病，缺乏火食，请设法救济一案。经国民政府常务委员议决，交第一军司令部王参谋长懋功迅为妥办。等由，准此。当即转呈蒋总指挥饬属查明，妥为医治，并接济火食，毋令失所，一俟战事结束，即行运送回省，以重劳工，并令知运输站转令各输送队切实维护优待外，相应函请贵处查照。此致

国民政府秘书处

王懋功谨复十一月四日

〔陈树人批〕转知罢工会。树十一·五

〔国民政府档案〕

## 14 省港罢工委员会关于审理破坏罢工案件情形致国民政府呈

(1925年7—10月)

### (1)罢工委员会呈(7月19日)

径启者：顷见报端载有检察厅长呈国民政府一文，阅之甚为诧异。查犯人林和记作恶多端，港人同愤。此次承帝国主义者之命，招海员返工，破坏罢工，直认不讳。群众愤怒，皆曰可杀。会审处以其案情重大，特请各工会代表共同会审，迄今尚未举行，何有于死刑之判决，更何有于死刑之执行。该检察厅长不考事实，竟疑敝会有不呈报政府执行国家刑罚之举，实属误会。该案审问之后，自当将人犯连同证据、口供解送政府，听候处断，决无如该检察厅长所虑之事发生。除函该检察厅长说明事实外，特将真情上呈清听，幸垂察焉。顺颂公祺

附抄致检察厅长函一件

中华全国总工会省港罢工委员会

〔原批〕复以函中解释，函为明允，已饬卢总检察厅长知照。

铭

兴原厅长先生鉴：据昨日报载先生对敝会会审处未决定之林和记一案，具呈政府，恳予制止，阅之不胜诧异。先生职司检察，履行尊重法律，保障人权之义务，敝会深为欣佩。惟先生对于事实不免有太欠明瞭之处，不能不为先生陈之。查林和记作恶多端，

港人同愤，近更承帝国主义之命，招海员返工，破坏反帝国主义之罢工战线，群情忿激，皆曰可杀。敝会会审处以其案情重大，拟邀请各工会代表共同审讯，无非以昭大公，而免冤抑，且审问之后，自当将犯人、证据、口供连同解送政府，秉公处断。此种手续，敝会虽愚，何至不知。先生观会审处呈报，只言审得林和记招海员返工，理宜处以死刑。所谓理宜云云者，乃未定之辞也，尚说不到判决，更何有于执行国家之刑罚。先生不加细察，竟武断敝会不呈请政府处断，似不免有神经过敏之诮。虽然先生此种抗议，吾人决不因其武断，认为恶意而不乐予接受。惟望先生嗣后于此等事件，最好先行到敝会询问明白，再行发表意见，庶免摇惑社会观听，而陷反帝国主义之爱国工人于不义。总之，此次我省港工友为援助同胞，拯救国家起见，不惜冒重大牺牲，以罢工手段与帝国主义奋斗，侠情义举，似有足多，对于破坏罢工之徒加以防范，以免营阵动摇，实乃正当之行为。凡属国人，料无不表同情，即或群众，为爱国热忱所驱使，对此等破坏之徒，不免稍加殴辱，敝会犹复三令五申，加以制止。可见敝会保障人权，并不后人。况此等人犯为英国帝国主义者竭力效忠，现吾国已与英国帝国主义者立于敌对地位，此种人犯似不应与普通人犯相提并论，因彼名虽藉属同胞，实为祖国祸水，似中国法律，此辈不应享受之权利也。质之全国同胞，当不以此言为谬误。现该犯林和记尚未经各工会代表共同审讯，请先生放心，敝会自知职责之所在也。专此布达，伏惟明察。并颂

公安

中华全国总工会省港罢工委员会

（2）国民政府批（8月8日）

中华民国国民政府批　第三号

省港罢工委员会苏兆征

呈请饬令广东商务厅将扣留奸商偷运货物一律充公由

呈悉。查载米入口，非经政府特许，不得起卸，前经令行有案。嗣据广东商务厅呈拟粤省禁止出口物品，列举前来，复经议决米粮柴两项，应绝对禁止出口，其倏原案六项，亦应仿照前令特许入口办法，发给特许出口证书，分别行知各在案。兹查商务厅布告，核发起卸货物特许证，与前令所列情事如有不同，办理有无不合，候令行广东省政府详加审查具报，再行核夺。此批。

民国十四年八月　日

(3) 罢工委员会致国民政府电(8月7日)

国民政府各委员钧鉴：我粤港二十万工友为反抗帝国主义者而罢工，迄今将及二月，香港损失垂二万万，加以封锁其港口，断绝其粮食，壮严灿烂之香港，一变而为荒凉凄惨之孤岛，行见帝国主义者将屈服于我们。讵邓贼本殷不顾全国公愤，受香港政府八十万元之运动，不惜与帝国主义者相互勾结，接济香港粮食，助长敌国凶焰，更欲出兵扰乱广东，以消灭吾人反抗帝国主义之运动。鸣呼！邓贼果具何心，为祸琼崖八属之不足，复欲断送中华全国之生机。此贼不除，国难不已。敢请我国民政府迅颁明令，出便剿灭。尚希国人一致申罪讨伐，庶内部巩固，得以全力对外。国家幸甚。民族幸甚。中华全国总工会省港罢工委员会叩。阳。

中华民国十四年八月七日

〔原批〕发表。

(4) 广东省政府致国民政府呈(10月3日)

为呈请事。窃前奉钧府函开：本会于九月九日第五十四次会议，罢工委员会呈报纠察总队部截获邓本殷运轮〔粮〕接济香港华山轮船一艘，请核示遵一案，业经议决交省政府办理。等由。并检原呈一件，准此。当经省务会议议决，交商务厅办理在案。现据呈复：案奉钧府令开：奉政治委员会函开：本会于九月九日第五十四次会议，罢工委员会呈报纠察总队部截获邓本殷运粮接济香港华山轮船一艘，请核示遵一案，业经议决交省政府办理，应将原呈检交查照办理。等因。当经省务会议议决，令商务厅议定办法呈核。为此，令仰该厅长即便遵照，迅将该办法议定具报。等因。奉此。遵即派委职厅第二科科长姜和椿前往调查此案情形。兹据该员呈复：奉令前赴各方面调查本案情形，据罢工委员会副会长何耀全称：日前探闻邓本殷用华山轮船载运粮食接济香港，正在切实调查间，旋接本会纠察总队部所辖第一大队队长陈卓报称：本月五日下午一时奉命督同武装小轮二艘出洋，截缉私运粮食接济港澳之船只。在距香港四十余里海线内，执获华山轮船一艘，系由广州湾私运粮食往港。船内载有大小猪只五百头，蒜头一百箩、糖一百二十桶、草包九百枝、牛只一百八十头，鲜蛋二十箩，鸡约千余只，并搭客货客等。现将该船拖回省河天字码头，请予核办。等情。经由会议决，将华山轮所载之牲口先交栏发沽，其余货物亦经交由本会拍卖所拍卖，搭客、货客现仍扣留在委员会。至该轮昨奉国民政府令拨交海军局遣用，已于九月十七日照交该局，现泊在省河革命纪念会对开河面。等语。科长复查无异，惟当第一大队武装小轮将驶近该轮截缉时，所有船主大车等知无幸免，均凫水逃遁，未能截获。据何副会长称：该船是否为邓本殷私运粮食往港，未有确切证明。此调查本案之情形也。等情。据此。查本案缉获之华山轮船一艘，经奉国民政府令，拨交海军局遣用，其该轮所载货物亦经罢工委员会分别发沽拍卖，是关于处分轮船及货物问题，已有决定办法，自应毋庸置议。惟该轮所载搭客、货客既尚拘留罢工委员会候讯，如讯无违法情事，似应准予分别保释，以免拖累。所有奉令拟议华山轮船一案各办法情形，是否有当，理合备文呈复察核施行。等情。据此。自应转呈。钧府核示，理合备文呈请察核，应否准照该厅所议办理之处，敬候批示祗遵。实为公便。谨呈

国民政府

广东省政府省务会议　古应芬

宋子文

许崇清

孙　科

陈公博

中华民国十四年十月三日

〔原批〕准如所议办理，候令罢工委员会知照。

〔国民政府档案〕

## 15　广东省政府为广东信差罢工与国民政府来往文件

（1925年8月7日）

### （1）广东省政府呈（8月7日）

为呈请鉴核事：现据广东建设厅厅长孙科呈称：现据广东邮务管理局邮务长阿良禧呈称：关于本局信差罢工一事，业经先后于本月二十四日及二十七日呈明钧座察核。并于昨二十八日晋谒钧座时，将对于邮差工会所提条件办法，逐条当面陈明。兹谨将该工会所提要求条件六条，抄呈察阅，并再将对于各条面陈办法列明于下，伏祈鉴察。一、该条件第一条所称恢复制服上中华邮政标志一节，查中华邮局于客邮未撤销以前，所有信差制服，均标有中华邮政四字，以资识别。自华府会议实行撤销客邮后，特

减去中华二字，因中国国内只有中华邮政，无须再用中华二字之必要，且系属政府令行全国一律办理。至该工会所称关系国体，未免误会。至将制服上中华二字恢复与否，应由邮政总局总办，秉承政府命令办理。二、该条件第二条所称各差役每月工辛〔薪〕一律加五元一节。查现在地方生活程度日高，该差等未经要求，邮务长早已筹及，业经呈准邮务总局总办，于本年七月一日每差一律每月加给辛〔薪〕工壹元。现各差再请每月加给五元，此节邮务长因无权办理，应候呈邮政总局核夺。三、该条件第三条所称，减少派信次数，每日作工限八小时一节。查所定各差派信时间，系按照火车轮船渡船到埠时刻而定，原为谋快捷便利公众起见，故派信时间颇难规定，亦不能俾其永无变更。惟将来所定派信次数及时间，总使各差利便，并每日工作不逾八小时为度。四、该条件第四条所称请假，不得留难一节。查各差因故请假向无留难，如确因故请假，时期不逾过应给假期者，自可照准。惟各差不得多数同时告假，俾公务上月有所滞碍，致难支配。五、该条件第五条所称，巡差不得施行上官式的干涉，巡员不得当街任意检查一节。关于此事将来必令饬各巡员、巡差对于各差怀虑各节，加以注意，务使不为外界所讥笑。六、该条件第六条所称，罢工人一律照原日职位段号复职，并照现行局例待遇一节。如该差等立即返局服务，当可照办。倘仍复迟疑不返，邮务长能维持其从前权利与否，邮务长实难保证。因将来此事或不由邮务长处理也。再据该工会代表昨日到局声称：欲于此条之下加多，如有犯事须由本会审查会审查属实，方可依章办理字样。此项欲加多之条件，系属额外要求，实难办到。以上六条除第三、四、五、六条邮务长允为酌办外，其第一、二两条须呈候邮政总局总办核准到局，方能办理。再现因各处罢工，交通不便，上开各条办法虽呈请邮务总局总办核示，惟往返需时，约需一月内方能获有答复，始克正式办理。至上开办法，仍须所有各差速行返局服务，方可照办。尚恳钧座俯念交通，迅赐设法，先使各差返局服务，听后办理。兹并将各差役辛〔薪〕工列左，祈为鉴察。一、信差每月大洋一十五元七毫五分；二、邮差每月大洋一十四元五毫；三、听差每月大洋一十五元；四、杂差每月大洋一十五元，按照上开所列，系属各差役初入局时辛〔薪〕工。照章各差役一年或二年按其资格递升。再邮局公务，若照现时情形继续受其牵制，将来无法转环，则惟有将邮局关闭而已。此层亦经当面陈明。事关重大，理合具文呈请钧座察核办理，实为公便。计抄附邮差工会原呈一份，等情。据此。伏查邮差罢工一案，经奉政治委员会于第四十次会议议决，令省政府转令邮务管理局承认邮差要求之条件等因。职厅奉文后，经即转饬遵照，妥办具复。据呈前情。除指令外，理合具文，并附邮差工会原呈一份，呈请钧府察核，伏候指令饬遵，实为公便。等情。计抄附邮差工会原呈一件到府，当经省务会议议决，呈国民政府鉴核在案。除指令该建设厅知照外，理合具文并抄录邮差工会原呈，呈请钧府鉴核示遵。谨呈

国民政府

广东省政府省务会议　许崇智

古应芬

廖仲凯

许崇清

孙　科

宋子文

陈公博

计呈抄该邮差工会原呈一件

中华民国十四年八月七日

## 照录广东邮差工会全体同人来呈

具呈人广东邮差工会全体同人，窃同人等作工过苦，钟点太长，恳求改良办法，加以生活程度日高，薪金微薄，不能仰事俯蓄，乞予酌加等因。兹由同人议决条件六条，提出请求，准阳历七月廿五号正午十二时答复，兹将条件列后呈电。

谨将同人等要求条件列下：

一、恢复制服上中华邮政的标志。现在之邮局，虽由外人管理，但仍为中华邮政局，原日制服上之徽章标有中华邮政等字样，现邮务局忽改变徽章，将中华二字删去，吾等中国工人对此有辱国体之事，誓不承认。故须将现用徽章一律取消，恢复原日中华邮政的标志。

二、所有广东邮政局，在广州市之各差役，每月工金一律加五元。

三、改良投派次数。信差投派次数应将第六次取消，其余五次照已定钟点投派，不得改变时间。星期放假日出派第一、二、四次，共三次，将第三次取销，其余各项差每日限作工八小时。

四、订定请假条例，每职差如有婚丧疾病告假时，不得留难，超过假期乃得扣薪。

五、现设立之巡差，原为辅助各差力有不逮而设，须改为辅助差，不得施行上官式的干涉。巡员不得当街任意检查，致启旁人侮辱。所有函件应由局长负责。

六、所有罢工工人，一律照原日职位、段号复职，并照现行局例待遇，不得歧视。

广东邮差工会全体同人谨呈

中华民国十四年七月二十三日

### （2）国民政府批稿（8月）

中华民国国民政府批　第40号

广东省政府

呈据建设厅呈，据广东邮务管理局邮务长呈报办理信差罢工經过情形，并抄附邮差工会原呈请鉴核示遵由。

呈悉仰即转饬农工，建设两厅，向邮务局及邮差工会切实调处，仍将调处情形随时报查。附件存。此批

民国十四年八月　　日

〔广州国民政府档案〕

## 16　省港罢工委员会关于对港九加强封锁及英帝反抵制活动与国民政府等往来函件

(1925年8—12月)

(1) 罢工委员会致国民政府函(8月12日)

径启者：顷闻沙面有即日开放、容纳工人返工并通行省港轮船消息，敝会不胜骇异。盖沙基惨案一日未解决，则对于沙面、香港交通及粮食各项，敝会自应严行断绝，以制帝国主义之死命，而雪同胞被杀之奇冤。今冤仇未雪，而帝国主义者竟欲将沙面开放，恢复省港交通，似此行为，直接有意破坏罢工，间接即是蔑视我国民政府，故敝会为罢工胜利计，为政府前途计，均应筹相当手段，预为对付。但以兹事重大，诚恐策虑未周，谨将敝会所拟对付办法四案：

1．各横街小巷，即日雇棚匠用竹搭密，并用封条封锁之，敝会并派纠察二人看守；

2．各大街用警察二名会同纠察八名严守之，至芳村紧要路口，均照此办法；

3，水上如有艇家接渡搭客，须将其全艇用火油烧之；

4．沙基铺家如在界外出入，须即要领证而杜流弊。

及该地地图一纸，请我国民政府察核，迅予施行为要。此致

国民政府

中华全国总工会省港罢工委员会启

中华民国十四年八月十二日

〔汪精卫批〕阅。铭

（2）罢工委员会致国民政府呈（9月7日）

呈为呈请事：现澳门葡政府勾结香港政府破坏罢工，殊属可恶。查澳门只靠银坑水为饮料，若制其水，华侨必须回内地，而澳门必成废地矣。是否可行，专候裁夺，并请示复。此呈

中华民国国民政府

省港罢工委员会

中华民国十四年九月七日

〔汪精卫批〕存。铭九·八

（3）军事委员会致国民政府秘书处函（10月7日）

国民政府军事委员会公函　第三六号

径复者：案准贵处第三零一号函开：径启者：省港罢工委员会呈请饬令前山湾仔等处防军协助纠察队切实封锁，严密防止私运粮食出口一案，经国民政府常务委员九月廿九日议决：交军事委员会办理。相应检同原件函达查照。等由。附原函一件到会。准此。除令行第四军军长遵照办理外，准函前由，相应函复查照。此致

国民政府秘书处

中华民国十四年十月五日

〔原批〕以秘书处名义函知罢工委员会。

（4）国民政府秘书处致罢工委员会复函（10月8日）

国民政府秘书处公函　第三二七号

径启者：前日贵会呈请国民政府迅派军队驻防深圳一案，经常务委员议决：交军事委员会办理。去后。现接军事委员会函开：此案经本会十月一日第廿九次会议议决：交东征总指挥核办。除令行外，相应复请查照转知。等由。准此。相应函达查照。此致

省港罢工委员会

民国十四年十月八日

（5）罢工委员会致国民政府函（1月9日）

敬启者：现据敝会交通部报称：为报告事：交通部主任谭海山顷查河南船，连次两水由港来粤，运载犀利军械，起卸沙面，内有驳壳三千余杆、毒烟快枪二千余杆。帝国主义连日暗派奸细四出，在本市地面运动不良之辈，直入沙面充作警备军，以为陈贼炯明之内应，谋危国民政府。又闻帝国主义运动本市地面商号，拒绝中央纸币，或任意低折。此等奸细，不惟丧心，甘作无耻。似此情形，若不从速设法防范，后患不堪设想。合行呈报前来，恳请会长迅即转呈国民政府从速设法杜渐防微，以维治安，而破奸谋，实纫公谊。伏乞察核。等情。据此。查该部所称各节，适与本日卫戍司令来文所开，尚无太差异之处，足征系属实情。兹除饬纠察队暨特务调查，严密侦缉，以杜奸谋外，相应抄附交通部报告，函复钧府察核。请并案饬属严防，用肃奸宄，而缉地方。此上

国民政府

省港罢工委员会启
值日委员　李棠

中华民国十四年十月九日

〔汪精卫批〕交政治委员会。铭　十·十二

(6) 罢工委员会致国民政府函(10月9日)

径启者：现据敝会纠察队本部报称：现据第四大队长刘泳銮报告：本月六日据第十四支队长詹行旭报称：本日上午十时，见有英人二名身穿西装，来寓黄埔海关，行踪诡秘，形迹可疑。并据驻洪福市特务调查员报告相同。据情转报前来。究应如何办理，相应函请贵会查核指示办法。等情。前来。查核所称，关系敌方侦察国情，危害政府，且适当各方密告阴谋之会，乃发生此种事实，若不设法杜防，诚恐养成巨患，但若冒昧从事，又虞牵涉外交问题。兹除饬该纠察严密侦查其行动，随时报告外，应即函达钧府察核，请即指示办法，以便转饬遵循，庶绝阴谋，而奠大局。此上
国民政府

省港罢工委员会启
值日委员　麦捷成

中华民国十四年十月九日

〔原批〕交政治委员会。铭　十·十二

### (7) 罢工委员会通告(10月7日)

为通告事：现探得香港政府确实消息，窃效我省港罢工委员会之办法，有通过证条例之所设，凡属华人欲往广州省者，要有殷实店铺盖章担保，携原人像片贰张，方准发给规定限期七天返港缴销通过证，如不遵章办理，定然严重惩罚。等情。拟此诚恐军、政、学、商、农、工各界同胞未知其详，一但由省赴港，或无店铺盖章担保，返省不特望洋兴叹之悲，亦难免被英帝国主义苛虐之惨。此种情形，经有同胞鉴及于此，敝部为各界同胞安全计，不得不由谨奉尺书，敬达台端，伏乞鉴察，是所厚盼马〔焉〕。

此致

先生钧鉴

中华全国总工会
省港罢工委员会　　交通部上谭海山十月七日

### (8) 罢工委员会通告(10月13日)

径启者：昨日敝部接到国民革命第三军政治部暨驻防深圳纠察报告：香港华人，近因鉴于国民政府已逐渐将反革命派肃清，知罢工方面益发坚持，且纠察队截缉粮食，尤日见严密，香港将有绝食之虞。故华人纷纷回内地，港政府见状，大为恐惧。若华人一去，则香港势成荒岛，乃采纳一般走狗之策，亦依照我省港罢工委员会计划，发行通过证。凡领证回省者，须店章担保，并限七日回港撤消，以限制华人离港，已于昨日实行云。敝部据报之后，即日停发前往港澳通过证，无论何人请领，均严询拒绝，并饬深圳纠察队严密防范，不许客货粮食越界一步，以制帝国主义者之死命。为此，相应函达台端，希为察照。此致

先生钧鉴

中华全国总工会
省港罢工委员会交通部长谭海山

〔原批〕交政治委员会。铭　十·十四
应芬

(9) 广东妇女解放协会通电(10月18日)

各报馆各团体及全民众公鉴:"五卅"惨杀血迹未干,而帝国主义者和北方军阀摧残民众之第二步行为又现。上海二十余万工人托命之所,领导中国一切被蹂躏的民众齐向国际帝国主义者奋斗不休,抵抗到底的上海总工会,竟被他们封闭了;且进而驱逐逮捕工会职员。此耗传来,凡我同人莫不发指!

虽然帝国主义者及其走狗——北方军阀张作霖,此时压迫工人阶级,封闭工会,不过先用毒手以破坏民族解放运动的先锋队,他的淫威不久便将及于各界民众了。我全民的爱国运动从此将冰消云散的危险到了。

同胞们!我们誓作上海工会的后援,愿各界努力联合起来,共讨此次封闭上海工会之主谋者,俾廿余万之穷苦工人得其所依,反帝国主义运动能继续前进。此祝努力,不胜幸甚!

广东妇女解放协会叩　十月十八日

(10) 广东妇女解放协会通电(10月18日)

同胞们!最凶暴的帝国主义者——英国香港政府,现在又无故拘留广东学生了,这是证明帝国主义者仍然接续着"五卅"沙基惨杀行为,这是证明他压迫中国民众,无论工人、农民、学生都是一样的。

帝国主义者知到〔道〕中国最革命的民众,是工人与农人,而能为工农联合战线者，就是革命的青年学生。这次香港政府拘留广东学生，是想打断工农联合战线的表现。这样阴险的机谋，是中国国民革命潮流高涨时必然发生的一件事。我们不可轻看这件事，应打起我们的革命精神，团结一致，向这最野蛮的帝国主义进攻，打倒一切不平等条约，使国民革命之成功实现，洗去被压迫的痛苦和羞辱。

同胞们！请快起来预备着做最后一次的战争！

打倒一切反革命派！

打倒一切帝国主义！

广东妇女解放协会叩　十月十八日

(11)　广东妇女解放协会宣言(10月27日)

自“五卅”之役起，帝国主义者连续在各地向我们中国民众施行大屠杀之后，激动全民众的忿愤，一致起来作大规模的反帝国主义运动。省港卅万工友，为援助被杀同胞，谋民族解放起见，举行大罢工，更得革命政府政治上、经济上及各界同胞之帮助，使罢工能坚持数月之久，给帝国主义以绝大的致命伤——经济上的打击，而我们再接再厉，绝〔不〕会松懈退却之机〔机系衍字〕。这次省港大罢〔工〕之目的。是为援助各种被害同胞，即向帝国主义抗议。而造成此次“五卅”大惨杀的原因，实为历年来帝国主义侵略中国所缔结的一切不平等条约所造成。此外，则因为帝国主义者每每设立惨无人道的苛例，以宰割中国侨民。因此这次省港大罢工之目的：一是为根本的废除一切不平等条约；二是解决各地惨案；三是这次罢工为赔偿及取消各地虐待宰割华人的苛例。但是我们知道，这次帝国主义者屠杀各地民众，是向中国全民众的进攻，而一切不平等条约又为这次屠杀的祸始，所以我们要集中全国民众的力量以与帝国主义者抗，非我省港方面得以单独解决所能收效。北上代表团唯一的组织和使命，就是要联合全国民众的力量，以达到废除不平等条约及解决各地惨杀案为目的。至其他如罢工损失之赔偿及取消苛例等，则省港罢工委员会已经提出解决条件向帝国主义者要求，敝会细察罢工委员会所提出之要求，均属确当。此等条件，虽是罢工工友所提出，而非工人的单独利益，实中国全民众之共同要求，凡是中国民众皆当尽力拥护，使帝国主义者得以履行。敝会同人一致决议拥护此项条件，并深望全国同胞，明白此次省港工友大罢工之目的与此次解决罢工条件的内容，一致要求帝国主义履行，以全力为其后盾。此次，则不独省港大罢工得早日解决，达到胜利，而中国民族并当由此得着解放之途径。谨此宣言。

〔原批〕发表。铭　十·廿七
枢
应芬

(12)　傅秉常致国民政府电(10月30日)

国民政府钧鉴：国民党中央执行委员会妇女部长、革命青年联合会、广州学生联合会、香港学生联合会、广东各界对外协会钧鉴：汕头学生前来广州，路经香港，无辜被英人扣留一案，迭经提向英领事严重交涉在案。兹接英领复称：关于香港拘捕华人学生一事，接本月八日、十四日、二十日、二十二日各大函，经将各函转交香港政府。现将香港政府本月二十一日公文一通抄录送上，并希查照。等由。附抄港督原函，学生名表前来，用特邮达，即祈察照。广东交涉员傅秉常呈。秉常卯。陷。印。

抄送港督原函，学生名表

中华民国十四年十月三十日

〔原批〕存。铭　十一、二
枢
应芬

抄译香港总督致英领事函

径复者：本月十日、十六日得接由贵署付来广东交涉员两译函，关于香港拘留华人学生一事者，兹附上该生等姓名表一纸，并将本处警署办理情形一一注明。缘此等群众，系具有组织的计划以破坏香港商务之最力者，殊难准其停留本处。又以罢工纠察队之不法举动，拦阻铁路交通及制止赴轮上省行客登陆之故，是以多数学生不能径抵其目的地，彼等大半由本政府遣回汕头，令其搭直头船往广州。至学生之拘留，亦不甚久，只欲免彼等在本处行其不轨举动，且并未将之放于牢狱，不过留在警署之拘留室而已。现欲为交涉员指明者，广州政府苟能了结罢工者之干涉，省港如常交通，则学生欲往广州者，当不难矣。此颂
日祉

史塔启　十月二十一日

一九二五年九月二十八日在香港截留学生表：

由汕头海宁轮船来，于九月二十九日由开特兰治（译音）轮船遣回汕头：

谢达标（译音），广东大学生，路经此地，往继续学业者。

周铭山（译音），协和神道院学生，往广州白鹤洞。

肖昭元（译音），梅县人，在广东大学习美术科。

陈伟壮（译音），在广东大学习美术科。

梁基（译音），梅县人，广东大学学生。

张履珍(译音)，龙华(译音)县人，广东大学学生。

唐克光(译音)，梅县人，广东大学学生。

余兆霖(译音)，广东大学学生，拟返校者。

郑长宾(译音)，广东高等师范学校学生。

魏炯伟(译音)，广东高等师范学校学生。

尤文珍(译音)，广东大学法科学院学生。

罗茂昌(译音)，广东大学法科学院学生。

陈鼎杰(译音)，广东大学法科学院学生。

张履祥(译音)，广州培正学校学生。

罗秀士(译音)，广州工业学校学生。

由汕头启佐(译音)丸九月三十日来，十月一日由海宁(译音)轮船遣回：

陈武□(译音)，潮州人，曾在汕头充当衣匠，拟往广州大学，路经此地者。

顾云祥(译音)，五华县人，回广州法官学校肄业。

顾学文(译音)，回广州法官学校肄业。

顾志文(译音)，回广州警监学校。

十月七日由汕头开特兰治(译音)轮船来，于十月九日遣往广州：

黄敦予(译音)，广州岭南学生，拟返省继续肄业者。

肖聚元(译音)，广州岭南学生。

尤伟新(译音)，此二人于九月二十八日在海宁轮船，为帮办山能(译音)所捕，以彼等带有煽惑文件也。已于十月一日由海宁轮遣送回汕头。

黄珍生(译音)，陆丰县人，拟往广州，为陆丰教育局聘请教员，十月一日由海宁轮船回汕头。

方志隆(译音)，二十岁，潮州人，曾在厦门集美学校卒业，拟往广州。

齐厚真(译音)，实业学校，十月十四日由河南轮船遣往广州。

〔国民政府档案〕

## 17 中国机器总会为自来水厂要求加薪罢工函

(1925年8月17日)

径启者：自来水厂职工同人，要求加薪，及改良待遇一事，业经敝会举派代表，先后向自来水公司磋商数次，未蒙谅解。现经水厂职工同人决议，于本月十七日一致罢工，静候解决。查此次水厂职工工人要求加薪，及改良待遇，实为自身利益计，不得已而致罢工。素仰钧座爱护劳工，主持正谊，伏望予以援助，俾促解决，曷胜幸甚。此颂台祺。

中国机器总会

中华民国十四年八月十七日

〔广州国民政府档案〕

## 18 省港罢工委员会请设特别法庭处理偷运案犯与国民政府往来函

(1925年8—11月)

### (1)罢工委员会致国民政府函(8月28日)

径启者：顷据穗生祥商号函称：小号被留之火油至今将及两月，迭次函请愿将货发还，奉复，着候特别法庭成立,乃能核夺。惟日候一日，成立尚属无期。窃小号生意细小，资本无多，自该货被留之后，周转不活，极感困难，以至生意停顿，此中苦况，实不堪言。是以不辞烦渎，叠次请求恳予特别体恤，将案提出委员会迅赐核夺，早日将货发还，万分感德。等情。据此。窃自罢工以后，商家感觉痛苦，自属实情。惟该货是否劣货，只以特别法庭久未成立，不经审讯，无从辨明。现在敝会似此案件堆积如山。为此，亟应函请我国民政府迅将特别法庭组织成立，俾积案早清，以恤商难〔艰〕。实为公使〔便〕。此上国民政府常务委员会

省港罢工委员会

中华民国十四年八月廿八日

〔原批〕阅。铭 九·四

### (2)罢工委员会致国民政府呈(9月7日)

为呈请事：查敝会事务日益繁冗，截缉奸细偷运日多，现拥此等犯人多众，几有无地容纳之患，惟敝会现无处办之权。前经国民政府议决组设特别法庭，以便专办此等案犯,议决迄今日久，理合具文呈请察核，恳乞早日开办，以免积压，而清手续。并请即示复，实为公便。谨呈

国民政府

省港罢工委员会委员长苏兆征

中华民国十四年九月七日

〔原批〕下次讨论。铭九·八

现正筹备，缓复。铭　九·十一

（3）国民政府秘书处致罢工委员会复函（10月26日）

国民政府秘书处公函　第三八〇号

径启者：贵会呈请转饬特别法庭从速将积搁各案及太平奸商惨杀纠察队事，妥为解决一案，经国民政府常务委员十月廿四日议决，交特别刑事审判所办理。除检同原呈函达特别刑事审判所外，相应函复贵会查照。此致

省港罢工委员会

民国十四年十月　　日

（4）国民政府致罢工委员会函（11月11日）

径启者：查特别刑事审判所业经成立，在此罢工期内，应由贵会派员三人陪审，其职权以关于罢工案件为限。除分别令行司法行政处特别刑事审判所知照外，特此函达查照。此致

省港罢工委员会

民国十四年十一月十一日

〔国民政府档案〕

## 19　苏兆征为纠察队员陈锡请按沙基烈士办法国葬呈

（1925年9月6日）

为呈请事：窃查此次帝国主义者残忍惨杀我国同胞，侮辱我国体，神人共愤。敝会数千万工人，出于热诚救国罢工回省。奉

政府明令以和平忍耐之手段，与之经济绝交，断绝通运，欲收效果，不能不严厉截缉。是故组织纠察队，分派各通商口岸，而港政府衔恨更深，立志屠杀。兹查有海员工会会员，现充敝会纠察队第三大队第九支队第三班队员烈士陈锡，此次出发巡查至深圳华界，被英差隔岸放枪，无辜轰毙，殊深痛惜。查核烈士陈锡平日热诚爱国，办事认真，殊为可嘉。此次因公出差死于帝国主义者之手，正与沙基各烈士同样情形，舍身殉国。拟请钧座爰照沙基殉难烈士办法，将陈锡遗骸共同国葬，以扬忠烈而励将来，实为公便。谨呈

国民政府

省港罢工委员会委员长　苏兆征

中华民国十四年九月六日

〔批示〕十六次会议议决准其衬葬沙基殉难烈士之墓铭九·八

〔广州国民政府〕

## 20　国民政府秘书处为旅圳难民请派车接回省致省港罢工委员会函

（1925年9月23日）

径启者：奉常务委员交下旅圳难民等电，请派车来圳载民回省一案。奉谕着函知罢工委员会迅将此事实在情形查明奉复等因。相应抄送原电函达查照，并希迅为见复是荷。此致

省港罢工委员会

附送抄电一件

国民政府秘书处启

民国十四年九月廿三日

广州国民政府、中央执行委员会、蒋卫戍司令、许军事厅长，罢工委员会、九善堂、报界公会钧鉴：自皓日由省来圳车停驶，侨港民回省连日困圳，进退维谷，港政禁银出口，难民困圳多天，费用已尽，多露宿车站等处，伤心惨目，罄笔难书，再留多天，民等饿毙不知几许。夙仰钧座爱民若赤，难民集资拍电泣求钧座，乞派车来圳，备民回省，不胜急切待命之至。伏为电复。旅圳难民等六百余人泣叩。祃。(深圳来电)

〔广州国民政府档案〕

## 21 国民政府关于香港桅船及联沙自卫勇枪击我国纠察队员饬广东省政府究办令

(1925年9月26日)

中华民国国民政府令　第七六号

令广东省政府

为令行事：据省港罢工委员会呈称：现据敝会纠察队长黄金源函称：现据第一大队长陈卓呈称：第四支队长黄开呈称：该队第三班队员杜祥因伤毙命事，窃该队特别调查员郭维新报告：顺德黄蕨涌地方对面大窝沙，有大帮香港桅船，载货私运出口，接济敌人，本队立即派员一十八名，协同郭维新于十八日下午三时，在大良城租艇仔三只，开赴黄蕨涌大窝沙处检查。行至将近下午五点余钟，不料被香港船十余只一齐放枪，连土炮、抬枪等联发，均有数百响。我队员见势不佳，一齐落水埋岸，又被该处大窝沙包运出口之联沙自卫勇开枪向我队员射来，时队伍大乱，各顾生命。是晚失踪者一，受伤者杜祥一名连伤六枪。该处之联沙自卫勇见我队员身受重伤，恐有株连，用绳绑其手足抬回我艇，后我队员见此情形即请医生调治，至十八日夜十一点钟，因伤毙命。后各队员至递日早九点余钟郭维新四处访问，方能寻回集合，收队回部，经顺德县派员来验尸存案，由本队买棺收殓，暂寄大良金榜汶义庄有船出省，然后运回。查我纠察队乃徒手之人，不应将我队员如此残杀。为此，呈请即派大队武装革命党军前往歼灭此等小丑，以利进行。等情。据此。理合转呈钧部察核，等情。相应据情转达贵会察核，应何办理之处，希即迅赐示复为荷。等情。据此。查香港船私运粮食出口，接济帝国主义，不独不受检查，竟胆敢向我纠察轰击，而大窝沙之联沙自卫勇见此情形，既不加援助，亦竟助纣为虐，开枪射来，致我纠察队员受伤毙命，实属不法已极。理合转呈钧府查核，伏望将该港船及联沙自卫勇等严行究办，以儆凶残，等情。据此。合行令仰该省政府查明究办，仍将办理情形呈报。此令。

中华民国十四年九月二十六号

委员会议主席　汪兆铭
常务委员　汪兆铭
常务委员　谭延闿
常务委员　林　森
常务委员　伍朝枢
常务委员　古应芬

〔国民政府公报1925年第十号〕

## 22　省港罢工委员会请整顿纸币究办奸民来往函件

（1925年9—10月）

（1）省港罢工委员会致国民政府函（9月26日）

敬启者：现据敝会交通部呈称：为呈报事：现查广州市面竟

有少数商店，胆敢将中央纸币任意低折，间有押当行拒绝不用，此种流弊。路闻港商甘为帝国走狗，赴省运动破坏罢工，未悉是否属实。似此情形不特市面金融大有阻碍，且兼罢工前途带有莫大关系，应否防范，特具报委员会可否转报政府，设法整顿，恳请卓夺，伏乞察核等情。据此。事关政府信用，相应函达钧府设法防范，并密缉从中破坏之奸民，严行究办，以儆效尤，而伸国纪。此上

国民政府

省港罢工委员会

（2）广东省政府省务会议致国民政府复呈（10月7日）

为呈复事：现奉钧府令第九零号开：现接省港罢工委员会函称：据该会交通部呈报，广州市面有少数商店，胆敢将中央纸币任意低折，〔略〕等由。查商店竟将国币低折或拒用，实属不法，合亟令仰广东省政府转令广州市公安局，速行查明严禁。此令。等因。奉此。自应遵照办理，当经令行广州市公安局速行查明严禁在案。奉令前因，合将转饬查禁情形具文呈复钧府察核。谨呈

中华民国国民政府

广东省政府省务会议　古应芬
宋子文
许崇清
孙　科
陈公博

中华民国十四年十月七日

〔广州国民政府档案〕

## 23　马芳昌等关于援助广东电报工人罢工的呈电

（1925年9月）

### （1）前广东电政同志会代表马芳昌等致国民政府呈（9月26日）

为呈明事：窃电报工人惨受压迫，先后胪列事实，分向主管机关呈诉，并承四十余团体主持公道，代吁维持，久无解决办法。复经两会同人，一再联队请愿，蒙中央执行委员会各委员群推廖部长主持办理，当蒙面允，即觅妥员接任广东电报局长，并将失业人员妥为安置。不料廖部长猝遭反革命派暗杀，案致中悬。而同人失业日久，未见维持，在职工友日受鱼肉，心怀愤激，屡欲自动，节经呈报中央工人部，荷蒙函达省政府暨政治委员会设法维持。忽于本月廿四日，应农工厅陈厅长之召，同到建设厅磋商解决办法。到时未见建设厅派员接洽，而陈厅长以非主管机关，竟有爱莫能助之势。同人含冤两月，至今莫白。敝会等呼吁无效，工团救援无效，中央工人部维持无效，山穷水尽，坐毙何能。代表等再无力维系，自应即日解除代表职责，以谢同人。除登报声明外，谨以党员资格渎呈钧府，尚望予以维持，勿使工人陷于绝地，曷胜厚幸。谨呈

国民政府

前广东电政同志会代表马芳昌谨呈

前广东电报职工维持会代表罗策兼谨呈

中华民国十四年九月廿六日

### （2）建设厅孙科致军委会代电（9月28日）

国民政府军事委员会，广东省政府钧鉴：广东农工厅长鉴：

现据本厅视察陈肇勋呈称：本日上午奉面谕，据电报局代理局长李卓峰面称：本日晨，忽有人用电报罢工委员会名义，散派罢工通电、传单。在局外包围，阻止职员报生出入。除分别函报卫戍司令部及公安局外，特请核示等语。仰该员刻即前往查明，并即请农工厅设法处理等因。遵即前赴农工厅谒见陈厅长，即由该厅下令着包围电报局，罢工工人解散，静候国民政府解决，并派员前往劝导视察。旋即赴电报局查察。查得此次电报罢工，系在今晨发生，由巡线工头工人与被黄前局长撤调差委之电报生主持，用广东电报罢工委员会名义，绝早派有纠察队二、三十人在电报局包围，禁止该局职工返局，及标出电报罢工停止交易字样纸标。昨晚轮值夜班之报生，在报房视察，询以是否同情罢工，各皆否认。复据该报生等面称：今早已不能收发电报，定必被人截断电线所致，等语。复询据该站立该局门外之罢工纠察队称：罢工理由已有通电发表，对于农工厅今日着即解散，静候政府解决之命令，已向该厅派来委员说明，要求该厅将解决办法，明白宣布，认为满意，方能撤退等语。并据交来广东电报罢工通电一纸。查电报关系交通，至为重要，亟应从速恢复，利便一切。奉谕调查，理合将所有查得情形，连同该罢工通电一纸，备文呈报察核。等情。据此。除另派员会同该局局长调解工潮，设法恢复原状，续行报告外，合将派员调查本案情形，先行电达。广东建设厅长孙科叩。俭印。

广东电报罢工通电

△援助失业工友

△铲除电报工贼

广州中央执行委员会各部长、政治委员会、特别委员会、国民政府各部长、省政府各厅长、各机关、苏俄代表、中华全国总工会、工代表会、工联会、总工会、工团总会、各工会、各商会、各报馆、各社团、各电局钧鉴：窃我电报工会，为黄桓串同蹂躏电报工人，为黄桓无理压迫电报职业，为黄桓私人争夺电报公款，为黄桓凭庇侵蚀，犹复包藏祸心，欲置失业群众于绝地，迫得胪列事实，先后呈控。虽蒙建设、农工两厅答允维持，并无解决办法。迨工代表会、工联会暨粉面酒业、派报、同德、锦纶酒楼、茶室、辗谷、人力车、唐装、金银首饰、驳艇省港船主、司机、集贤西餐，饼干、洋务、广九路工人、女司机、油业、土木、建筑、粤汉铁路、盐运、轮渡、船务、广三铁路、伦宝纸业，乐行工业、车衣、铁路车务同业，制墨、杂务、铜、铁、缝业、牛油、洋烛、扎作、驻省泥水各工会通电，主持正谊，加以援助。黄桓知虽有凭藉，而众怒难犯，始用蝉脱狡谋，交李卓峰代行代折〔拆〕，而宰割工人之手段，犹间接施行，致失业工人，迄难复职。因念交通事业，未便猝尔罢工，致遭责备。故于八月十七日，联同失业工友，再向中央党部请愿维持。承中央执行委员会各委员，群推廖部长主持办理，当蒙面示，即觅妥员接任电报局长，并将失业人员妥为安置，同人当静候解决。随奉省政府训令，着将压迫情形及失业人名原职，详细呈复核办。当将实在情形，切实呈核，方谓党部与政府爱护工人，解决之期弗远。不料廖部长猝遭反革命派暗杀，案致中悬。昨忽奉省政府批令，以黄桓离职，置而不议。当即呈明电局，此时虽以李卓峰代行代折〔拆〕，仍以黄桓名义行使职权，乞予秉公澈究。同时省政府接工人部函，请妥为解决电潮，曾令建设厅妥为安置，而建设厅竟凭电局一方面之言，谓失业同人并非无辜。失业已令同人失望，而我巡线工人，近且奉卢菊墀、林良弼面示，谓奉令裁人，如嫌工食微薄，即自行辞退。我巡线工人按日工作，每逾十时，年来工资未蒙照加，而反日减，今更继失业同人之后，坐受宰割，压迫纷来，难再忍受。当呈诉中央工人部，作最后之呼吁。当蒙即据情转请政治委员会妥为解决。复于本月二十三日，随同农工厅长陈公博，同赴建设厅磋商解决条件。虽陈厅长情意殷殷，而所开列之最低条件，竟谓因环境阻碍，难于照办，只允酌量办理。而事隔多日，亦无完满答覆，自应将前开条件宣布撤销。窃我电报同人，迭次奋不顾身，为我革命政府效力，年前沈鸿英变乱，敌党迫诱电界罢工，我同人挺身而出维持通报。近如杨刘之役，奉中央工人部命，冒险罢工，以阻敌消息，事实彰彰，犹可覆按。纵不获待遇优殊，当蒙保障职业。讵不被摧残于敌党枭雄，而被压迫于青天白日旗帜下局长之手。工人请救无济，工团援助无济，中央工人部维持无济，能不令人寒栗。同人自救救人，迫得联合罢工，促悬案解决。所有商人电报，统交邮政递寄，并一面将电线改通电话，以利戎机。我同人服膺党国，素矢赤诚，今因不得已而奋斗，绝非受人利用。查工人原有绝对罢工自由，载在吾党党纲，今失业工人，经多次请愿，呼吁无效，而巡线工人，继续且被压迫，始而迫出此罢工下策。当蒙中外各界所鉴谅。望建设厅尊重无〔党〕纲，爱护劳工，即将黄桓及所举代行代诉〔拆〕之李卓峰罢免，并将黄桓鹰犬卢菊墀、林良弼等撤换，即择妥员分别继任，维持失业工人复职。改良巡线工人待遇，保障生活，俾安心职业。当此环境不良，尤冀我无产阶级各会工友主持正谊，共起救援，防范暴力压迫，败类破坏，而助工人达最后胜利，使交通早日恢复，曷胜殷望。迫切陈词，恭候明教。广东电报罢工委员会叩。俭。

〔广州国民政府档案〕

## 24 国民政府关于严缉淡水资敌奸商以维省港罢工令

（1925年11月25日）

中华民国国民政府令　第二〇三号

令东征军总指挥部

为令行事：现据省港罢工委员会值日委员曾子严呈称：现准惠阳县党部略开：据敝部第二区党部报称：近日淡水奸商，由香港办有大批洋货，从黄鱼涌、澳头各海口运入淡水，并有数十人身穿便服，手持短枪者沿途护送。又驻在沙鱼涌地方纠察队，自惨被逆军罗坤杀死及缴去枪枝后，每日均有香港电船来往大埔、沙鱼涌之间，输运仇货入口，转载粮食回港，以久延英帝国主义者生命。敝区党部迭经函约当地防军、警察会同农民协会职员等到四围城门截缉，以杜绝奸商私运仇货及接济香港粮食。惟是当地防军、警察不独不执行职务，实行制止奸商行动，并且暗中与奸商勾结，保护运输，至深痛恨。敝区党部对于奸商行动，久拟设法制阻，无奈反动势力浩大，无从办理。惟有呈报钧部设法制止等情。据报前情，细查实属。仇货运动，正在厉行，该处奸商竟敢公然运售劣货及以粮食接济敌人，而该地防军、警察并敢与奸商暗中勾结，直接危害罢工，间接破坏国民运动。此人人之所同忿，其罪过实不可逃。依据前情，转告贵会请迅派得力纠察队前往制止该处奸商行动，以制帝国主义者死命而促进国民革命成功，致纫公谊。等由。准此。事关破坏罢工，藐视法令，理合据情转呈钧府察核，伏乞迅予转饬该处防军官厅严行截缉，以杜流弊，而维罢工，等情到府。合行令仰该部查照办理。此令。

中华民国十四年十一月廿五日

委员会议主席　汪兆铭

常务委员　汪兆铭
常务委员　谭延闿
常务委员　林　森
常务委员　伍朝枢
常务委员　古应芬

〔国民政府公报一九二五年第十六号〕

## 25　中华全国总工会请拨款补助第三次劳动大会经费公函

(1926年5—7月)

### (1)全国总工会致国民政府公函(5月)

径启者：第三次全国劳动大会，业在钧府领导之下开会完毕，并蒙派员指导，无任钦荣。但此次大会原定预算约八千六百余元，后因会期延长，代表人数增加，加以建筑廖仲恺先生及职工运动死难诸烈士两纪念碑，以至开支浩大，超过预算约四千一百余元。敝会素以经费拮据，无法弥补，素仰钧府扶助工农之政策，我全国工农久所爱戴，对于此次大会所亏之款，万望更予鼎力维持，使大会得以早日结束大会一切急待进行之事，则不特敝会受赐不浅，即全国工人亦感激无既矣。谨此奉函，尚祈惠复，无任企祷。

此致

国民政府

中华全国总工会启

中华民国十五年五月　　日

### (2)国民政府秘书处致中华全国总工会公函(7月)

径启者：接贵会来函，以第三次全国劳动大会，因会期延长，代表人数增加，及建筑纪念碑，致经费超过预算嘱为拨款补助。

等由。准此。现经决定捐助第三次全国劳动大会经费壹千五百元，望于日内派员到本府秘书处领取可也。此致

中华全国总工会

民国十五年七月

〔广州国民政府档案〕

## 26　广东邮务总工会两次宣言

（1926年7月17日）

### （1）广东邮务总工会第一次重要宣言

大凡天下之事，不平则鸣。待遇分歧，人心愈愤。查我粤东邮务得有今日之发达，推原其故，无非全体员工不分畛域，黾勉从公，有以致之，固非蓝墨水一部份人员所能奏功，亦非独劳心者所能收效。去年次级文员公会及邮差工会，提出改善待遇条件，当时邮局藉口收入不敷，区区要求，靳而不与。其实我粤东邮政，年有盈余，在外界人士，探索未清，难免评论吾人要求过当，殊不知本年四月，邮局高级人员之薪工，则大加特加，计其一月所加之薪额，足抵吾人十年之推升，待遇不平，孰有过此。窥其用意，无非视吾辈为牛马，以吾辈挥汗滴血之金钱，供其意气挥霍，不啻夺贫者之衣食，以与富豪。从前所谓收入不敷，以掩外界耳目者，至今假面尽揭，忍心害理，言之发指。是以本年六月，吾人激于义愤，团结一致，组织邮务总工会，以谋解决自身一切痛苦。经开全省代表大会，议决提出改善待遇十一条，已于六月廿五日，呈请邮局于三星期内切实答复，并呈请主管各机关察核备案。现在限期已满，倘邮局仍置之不恤，则全体会员，难免激动公愤，以致阻碍交通，我工会同人，必不肯受其咎。各界人士，尚祈亮察，谨此宣言。

中华民国十五年七月十七日

(2)广东邮务总工会第二次宣言

窃自前清末叶，外交失败以后，邮政大权，旁落他人之手，致吾辈邮政工人，无日不在帝国主义者淫威之下，所受不平之待遇，与夫无理之压迫，既达极点。敝会同人隐忍处此，数十年于兹矣。其初尤以为可以待其觉悟也，庸讵知彼帝国主义者，冥顽不灵，经过如许年月，不但无丝毫之改善，反益增其压迫之程度。敝会同人因此迫不得已，于前月召集全省代表大会议决，要求改善条件十一项，旋于是月廿五日呈请邮局限其二十一天切实答复。当时敝会以为此项要求，按诸事实，原属最低限度，绝非苛求，自易得其体谅，而予以完满之解决。殊不知逾期多日，不见答复，乃即致函询问，旋据复称“未得邮政总办批示到局”为词。查敝会所定日期非不少，在此交通利便之时，往还自有余日，断不致如是之久，即或有之，然亦应将理由通知，不宜置之不问。究其所言，显系藉故狡脱，希图迁延，疏懈人心，以遂其破坏之毒计。本拟依正议案，宣布罢工，以资应付。嗣念际此国民政府北伐之时，凡属革命工人，自应实力拥护，共同奋斗，以期达到革命之胜利，取消不平等之条约，而谋我中华民族之完全解放。我辈工人尤其是在广东革命策源地之工人，非至万不得已时，不宜过事株〔诛〕求，更不宜因一部份之利害为利害，而误大局之安危。职是之故，所以本会对于此次提出条件之后，一再呈请官厅设法维持，同时并一再展期至本月卅一号。倘在卅一号以前，如有完满之解决，固属敝会之愿望，否则敝会迫于万不得已时，惟有采取最后手段，力筹对待方法，实行坚持到底，务达目的而后已。伏愿各界予以实力之援助，谨再宣言。还祈鉴谅。

兹将本会向邮局要求改善待遇条件开列

第一条　凡属会员工资，照现有工资之元数，一律改为两数（例如十元改为十两）。所有津贴全省一律照数发给，划入正工资内，以昭公允。

理由　因邮局邮务员薪金，已以两为本位，则邮务生以下各差役之工资亦应以两为本位，不宜分彼分此，畸轻畸重。根据此项理由所以有本条之提出。

第二条　凡在邮局服务有一年者，应给年赏薪水二个月，不足一年者照算。

理由　查邮局邮务员服务每满七年者，给薪水一全年，邮务官每服务满六年者，给薪水一全年，均以是年最终之月薪计算发给，若以每年给两个月年赏计，仍未及每六年七年给一全年之优益。

第三条　凡星期日及例假日，如必要会员工作时，应照本人薪额按日补给薪工。

第四条　凡有会员在服务时期内因公毙命者，应由邮局补回丧葬费壹千元，致伤而成废疾者，照其每月工薪一半，按月发给至终生止，所有医药费用概由邮局负担。

理由　因会员系为邮局尽职而致伤毙，邮局宜有酬恤以资鼓励而安人心。

第五条　凡会员如有服职邮局至二十年者，准其告老休息，每月按其人工金二分之一按月发给，至终身为止。

理由　按照外国邮局及外国政府机关办法。

第六条　凡防后金资助金以及保证书之额时，应取消保证书，如调任管局存底公款超过防后金之数，则照所超过之数另具保证书。

理由　查此项防后金、资助金均系邮局每月按照会员所得之工金提存十分之一存在邮局，是为现金则存至足以相抵保证金之数时，宜将保证书交还本人注销。

第七条　凡在会内服职之员役，不得调遣，及调遣会员时，须得本人同意。

理由　本会会员为群众所信仰，被选举在会内办事，为热心会务，而故意调离本会，无异破坏耳。

第八条　凡各项假期，应与邮务员一律平等，邮务生派充巡员及局长，所有津贴费用应一律与邮务员同。

第九条　凡薪水升级，应照邮局现定薪水表，递升时期最迟以一年六个月为限。

理由　查邮局现定之升级最快者一年一级，最迟者二年一级，惟升级之迟快或被挟限，而致数年不得一升者有之，故须酌定执中期限。

第十条　工作时间，每日日班不得超过八小时，夜班不得超过六小时之工作。

理由　根据世界劳动法则。

第十一条　邮局现设查差，应由本会公众选举，亦以六个月为期，不得连任。

理由　查差为监察信差而设，非得会内声望素孚众人信仰者，不克当此。

〔广州国民政府档案〕

## 27　中华全国总工会请救济反奉中死伤的北方铁路工友函

(1926年8—9月)

(1) 中华全国总工会致国民政府函(8月5日)

径启者：关于北方铁路工友在反奉战争中之奋斗死伤失业情形，前经敝会详细呈报钧府，并承钧府复函嘉勉慰问，亦经敝会转达北方各工友在案。北方各铁路工友，自经此次奋斗后，益遭反动派之注目，一切自由利益均被剥夺外，最近郑州机厂复开除活动工友三十余人，其余各站及京奉津浦等路，亦复革除逮捕工人不止。现因工会被封，活动困难，死者家属不能得到丝毫救济，伤者医药无着，失业者流离失所，饥苦情形，惨不忍睹。前经敝会发起募捐，藉此资救济，但以人数过众，得款无多，实难救济于万一。惟念钧府担负国民革命重责，对于该等革命先锋，为革命而奋斗牺牲之工友，必能予以有力之扶助与救济。为此函呈钧府，务恳慨予捐助洋叁千元，以救济北方各铁路之死伤被捕失业工友，是不独该工友等及其家属感恩不尽，即于中国革命前途之补益亦为至巨。谨此代为恳求，望即惠复为祷。此致

国民政府

中华全国总工会　　启

中华民国【十五】年八月五日

(2) 国民政府批稿(9月)

国民政府批　第六七四号

中华全国总工会

函呈北方各铁路工友死伤被捕失业各情形，请捐助救济由。

呈悉。查北方铁路工人在反奉战争中极力为民族利益奋斗，致遭军阀摧残死伤失业，情殊可悯，所请捐款救济，自应照准。仰候令饬财政部迅拨大洋叁千元发交该会具领，妥为抚恤可也。此批

民国十五年九月

〔广州国民政府档案〕

## 28 国民政府允准邮务总工会提出复工四项补充条件令

（1926年8月13日）

中华民国国民政府令　第四三五号

令国民革命军总司令蒋中正
　广　东　省　政　府

为令饬事：本月十三日准中央执行委员会政治会议函开：径启者，本月六日据建设厅厅长孙科呈称：呈为呈报事：窃于八月三日奉钧会议决调解邮务罢工办法三条，经于四日召集邮务总工会全体会员在中央党部，由职厅协同工人部陈部长力为劝导，当时因议论纷歧，未能解决，当将办理情形具报察核在案。职厅仍一面向该总工会切实设法调处。现据广州工人代表大会执行委员会到厅，转述关于邮务总工会工友复工问题，提出补充条件四项如下：(一)由政府补助邮务罢工损失约二千元；(二)由中央党部、国民政府、工人代表大会盖搭牌楼二座：一在邮务总工会门前，一在邮局门前，书明欢送邮务工人临时复工字样；(三)各地邮务工人由国民政府通令各地党部及军政机关欢送复工；(四)由邮务总工会明日登报宣言，准于下星期一日全体复工。等语。职厅为促成解决，恢复交通计，业经允予照办。除经函致邮务总工会知照外，理合具文呈报钧会察核，俯赐议决，由中央党部及国民政府分别通令照办。是否有当，伏候批示祗遵。实为公便。等情，前来。现经本会第五次政治会议议决照办，除函复该厅长，并请中央党部通令办理外，相应函达贵政府迅予查明办理。无任盼切。等由。准此。除分令外，

合行令仰转饬 广东省内各地 驻 军<br>广东省内各地行政长官 一体遵照。此令。

中华民国十五年八月十三日

委员会议主席　汪兆铭

常务委员　汪兆铭

常务委员　胡汉民

常务委员　谭延闿

常务委员　伍朝枢

常务委员　古应芬

常务委员　张人杰

常务委员　宋子文

〔国民政府公报1926年第42号〕

## 29　谭延闿关于英舰退出强泊码头及罢工问题自行解决致蒋介石电稿

（1926年10月）

### （1）10月电稿

蒋总司令鉴：密。英舰强泊码头事已可能解决，罢工问题亦有复开会议趋势，政府对英帝国主义及现在应取态度，已商由鲍罗廷详电嘉伦转达。

### （2）10月21日电稿

蒋总司令鉴：密。英舰泊占码头，虽已退出，罢工纠察，不能执行，封锁政策已停顿，且英人挑衅，蓄意甚深，为避免冲突计，期将杯葛办法于十月十号取消，并自行解决罢工问题，拟增出入口税，以资挹注。事由自动，不为屈服，人亦无可藉口，现正在部署中。特闻。马。

〔张静江档案〕

## 30 国民政府饬广东省政府等录用省港罢工中洋务工会领袖令

(1926年11月9日)

中华民国国民政府令　第六三〇号

令财　政　部<br>广东省政府

为令饬事：现据省港罢工委员会呈称：案据汕头罢工委员会函称：汕头罢工已遵本党新政策于十月十日撤退纠察，停止封锁，失业工人亦拟渐次复工，大概可以不生重大问题，惟间有洋务工会领袖约百余人左右，因此次罢工运动多所努力，深中帝国主义之忌，事实上已无复工之可能。现在无可安插，正费踌躇，拟请转呈国民政府令行东江各行政机关酌量录用，俾藉资生活，而昭鼓励。等情前来，查据所称，尚属实情，理合据情转呈察核，伏乞俯准转行东江民财行政机关尽先因才酌用，仍候批饬祇遵，实为公便。等情。据此。除批示及分令外，合行令仰转饬东江财政行政各机关量予录用。此令。

中华民国十五年十一月九日

委员会议主席　汪兆铭<br>常务委员　汪兆铭<br>常务委员　胡汉民<br>常务委员　谭延闿<br>常务委员　伍朝枢

常务委员　古应芬

常务委员　张人杰

常务委员　宋子文

〔国民政府公报1926年第50号〕

## 31　汉口银行行员工会在外国银行之中国职员要求改善待遇罢工呈

（1927年3月19日）

敬呈者：窃敝工会中外各银行行员，虽处于银行界地位，而生活待遇极感痛苦，徒以处于积威之下，未能反抗。幸我革命军师次武汉，解除一切压迫，敝工会同时提出改善待遇，提高生活各条件于中外银行行主。中国银行方面仰赖政府援助，特派汉口市刘市长组织仲裁委员会，即日圆满解决，敝工会曷胜感戴。而外国银行方面，亦迭蒙外交部陈部长竭立援助，召集外国银行团代表谈判。乃该银行团代表，毫无诚意，虽敝工会一再让步，陈部长竭力解说，该银行团代表，始终不承认敝工会所提条件，反提出极苛刻条件五项，约束外国银行行员。自条件提出至今，时间已逾三月，谈判已到三次，结果毫无。敝工会外国银行行员，非常愤激，屡欲罢工，予彼外国资本家以打击。敝工会深悉银行地位非他种产业可比，一旦实行罢工，则影响于社会经济者至大且巨，故虽在万分愤激之中，当能秉承政府之意旨及总工会之指导，严守秩序，未敢暴动。乃外国银行行主毫不觉悟，最后竟拒绝外交部陈部长之调解。对于要求条件，不过为敝工会外国银行行员生活待遇问题，尚属小事，而拒绝外交部之调解，蔑视华员之人格，实属有损我国国际地位。若任其强硬，不予以重大之打击，则以后华人服务外人之下者，将任其宰割，不敢呻吟，长此以往，何堪设想。是以敝工会一致议决，所有外国银行中国行员，自本月二十一日起一律停止工作，不得圆满解决，誓不复工。除已呈请湖北省行员工会批准，克日实行，并呈报外交部外，理合缕陈详情，呈请鉴核，实为公便。此呈

财政部

汉口银行行员工会启

民国十六年三月十九日

〔武汉国民政府档案〕

## 32 陆克华关于广州工会状况报告①

(1927年9月)

广州工会的数目，综计有二百多个，还有最近所组织的不在其内。工会大都在这二年中成立的，他们可算社会中极有兴趣的运动。广州工会速进的情形，与别国不同，他们在极短时间中已成为有生气，活泼，有权力的组织，我预料将来必能有更大的权力。

读最近由广州市政厅调查委员所出的报告，颇可明瞭广州劳工运动的真相。调查范围，包括一百八十个工会，此一百八十个工会，有会员二十九万另六百二十人，所代表各行职工人数，约有四十八万五千二百六十八人，可见一半工人，已经正式加入工会。工会的会员，大都是广州城内的工人，城外或许有之，但不能知其确数。在一个约计百万居民的城市，有这样大范围的组织，其势力之大，可以想见。

一百八十个工会，只有十一个会报告他们与一二个劳工联会

---

注：①本篇系EdwardH。Lockward所著。

有连属关系，其余未曾声明。二个联合：一曰劳工总会，一曰劳工代表会。成立二个联会的原因，由于一九二五年劳工间的破裂。最初只有一个联会，但因领袖的争执，使小部分的工会会员脱离，另去组织一个工会代表联合会。破裂的原因，简言之有二：(一)会员对于工会经费的用途，意见不同。(二)对于共产问题，意见不同。由大众的观察，工代表的态度，十分倾向于苏俄的政策，并且表示非完全打倒资本主义不行。工总会因有极守旧但有效力的机器工会做领袖，所以极力反对共产制度。与工总会有关系的工会，只有三十九个；与工代会有关系的，共一百三十九个。但与工代会有关系的工会，用公正的观察，对于共产观念，不一定抱同一的态度。

工会大概都实行委员制，只有十二个工会行会长制。每种联会由二个委员所管治：一是由每一工会派代表一人所组织；一是由工会人数的多寡派代表组织之，这二种是立法委员。关于执行事务，则由这几个团体所选举的委员充任。

工会会员的教育程度，由调查所得，大概一万八千六百另六人能看日报，这个数目表明广州工会运动的分子与世界各国相较，没有正当受教育的机会。由这种十九人只有一人能看日报的情形，试问为〔会〕产生什么结果？我们若没有经过欧战，看过像能看报的美国人尚且怎样受着误会，我们恐怕必欲遽下种种臆断。其实对于此项问题识字与不识字者有什么区别，我们的评论非慎重不可。广州的工会虽不能以文字的能力影响工人，想必能用其他的方法去促进稳固。

一百八十个工会的会员，每四人中一人系国民党员。所以广州的劳工运动，表示完全与国家主义的精神相融洽。七万七千八百三十二个工党联合会会员占有较大的势力，因工会的领袖，在他们之下，有一较商人、学生更巩固的团体。他的势力，虽政治界亦不能置之忽略。

二个工会系在满清时所组织的：一为打包工会，一为机器工会。在民国十年以前，只有十几个工会，余多皆系此后所组织。从前工会皆在省政府注册，现今则在市政厅注册。工会在政府立案，并不与美国的劳工运动——对政府的责任和要求政府的保护——相同，七十二个工会均由七十二个旧同行所产生，在广州好多工会，成立初年，皆由工友与雇主所共同组织的——中世纪的公所。

工会的工作时间，调查甚不容易，因在广州有好多工会的会员，大概在家庭中做包工，或者苦力，往常自己规定他们的时间，所以只得约计的数目：二十六个工会做六小时一天，三十四个十小时，二十三个十三小时，十个十六小时，二个十八小时，二个十九小时，二个二十小时。各个工会工作时间不同的原因，由于中国工人有特殊不同的情形。譬如煤业苦力，只做六小时的工作，因他们的工作机会不多，若有工作，必须由工人大家分任。又如派报工会，一天作二十小时的工作，因工友大都自食其力，如工作时间延长，则所得代价，亦必较多；又如制针工会做二十小时，因他们只有一季的工作，一季内甚忙，其他几月，或者甚至没有工作可做。

工金问题，调查亦甚困难。因广州工人多是自由操作，所以工资多寡，亦以工人的努力而定；间亦有由雇主给膳食，作为工金的一部分，其值亦不易计算。由工会的报告，平均每个工人，每人可得二十三元二角五仙。有十三个工会报告，最高薪金，每月自一百元至五百元。

按报告——工会共有二十九万另六百二十个会员，其中百分之二十（六万另七百四十四人）为失业工人。衣服工会，打包工会与其他六十七个工会报告失业的原因，是由于商业冷淡，二十二个工会由于罢工，十七个工会由于抵制香港，六个工会由于工会的冲突，四个由于旺淡月的影响，三个由于新输的机器，三个由于缺乏原料，伶界工会则由土匪充斥，不能旅行。

工会有二种经常费，多由会员征集而来，内分基金及常费二种：基金由工友入会时所缴纳，为一次的征收；常费则由入会日起，按月征收，以供会中之用。基金数目多寡，分列如后：七十八个工会由三角至一元，四十八个工会由一元至二元，三十四个工会由二元二角至五元，十个由六元至十五元，又六个由二十元至四十元，三个工会没有基金，一个工会只向工友收一日的进款。

工会的常费，由二分至二角者一百十个工会，其中抽二角者九十七个，由三角至五角者三十七个，由八角五分至一元五角者八个，抽买卖佣钱而作月费者八个，每月抽一日工资者五个，收半日工资者一个，抽一月工资百分之五者二个，百分之三者 四 个，百分之一者一个，近在广州售书多征百分之二十以充工会财库。

少数工会，除基金月费外，尚征其他进款：如派报工会付教育费十元，咖啡工会付入会费七元，刺绣工会十元，此外女子织袜工会，摄影工会，柴炭工会，亦有少数的入会费。

工会会费最有兴趣的例子，算是车夫工会，在广州有七千步〔部〕车子，共有一万四千个车夫，日夜轮班，每名车夫每日付工会铜元一枚，则其捐款亦有一百四十元一天，达四千元一月。对工会运动有兴趣的人们，怀疑工会有几个职员或许有滥用此项经费，但没有可疑的，有好多领袖，若希望工会不因此而失败，他们必须坚拒此种引诱。

工会运动对于中国有什么贡献，现时尚难逆料。它能造成好的贡献，但是也能造就恶的影响。工会在广州曾帮助增加工人的工资与闲暇，但是它的不祥现象，便是工会易成专横，因没有训练，易使滥用权利，所以世界的劳工运动曾证明，要有聪慧不自私的领袖才好。中国的劳工正能表示世界他们如何能与资本家合作，但或者更可把中国变成一个更险恶的经济的景象。希望全国热心于劳工运动的人士，能揣摩侦知一般工会人们的思想，所得效果，于劳工运动前途，不无裨益。

末了，广州市政厅委派调查委员调查工会一切状况，殊属佳兆，委员会的主任系广州青年会总干事李应林先生，及其他有经验的助手襄助一切，所得报告，颇有价值。本篇取材于此者颇多，关于本文的其他参考资料，亦多系一九二二年以后的著作，调查委员的组织，得力于前广州市政厅厅长孙科者不少。

〔北洋政府京畿卫戍总司令部档案〕

## (三)农民运动的发展与反动势力的摧残

### 1 广东省长廖仲恺为农民自卫军工团军立案致大本营内政部咨

(1924年8月27日)

(1) 8月27日咨

广东省长公署为咨请事：现据广州市郊农民协会呈缴农民自卫军组织详细章程，请予立案等情。当经核明，尚属妥协，应予照准。该农民自卫军为拥护政府之团体，系用带斜挂胸前，蓝布白字，书明农民自卫军字样。除分别咨行令遵外，相应咨请贵部查照，并祈转饬所属一体知照，以免误会。此咨

大本营内政部

广东省长廖仲恺

中华民国十三年八月二十七日

（2） 8 月27日咨

广东省长公署为咨请事：现据广州工人代表会执行委员会呈缴工团军组织详细章程，请予立案，等情。当经核明，尚属妥协，应予照准。该工团军为拥护政府之团体，系用带斜挂胸前，蓝布白字，书明广东工团军字样。除分别咨行令遵外，相应咨请贵部长查照，并祈转饬所属一体知照，以免误会。此咨
大本营内政部部长徐

广东省长廖仲恺

中华民国十三年八月二十七日

〔广州国民政府档案〕

## 2 潘匡时等关于启用广西容县农民协会办事处钤记电

（1925年 7 月17日）

广州中国国民党中央监察委员会、执行委员会、国民政府，省农民协会，南宁中国国民党监察委员会、执行委员会，省政府农民部长，省农民协会筹备处钧鉴：各县市、县党部、各县农民协会筹备处，各机关、各团体、各报馆均鉴：匡时等承县党部监察、执行两会联席会议推举为容县农民协会办事处委员，并奉省农民协会筹备处委任，令仰即会同依章组织办事处等因。奉此。谨于本月十六日就职，成立农民协会办事处。自刊钤记一颗，文曰：容县农民协会办事处之印。即日启用。除分别呈报外，谨电奉闻。容县农民协会办事处委员潘匡时、梁启新、曾广贤、何中泽、黄金马、韩鑫、梁立中叩。篠印。

〔广州国民政府档案〕

## 3 广东兴宁县成立农民协会筹备处代电

(1926年1月3日)

广州国民政府、中央执行委员会农民部，省政府农工厅，省执行委员会、农民协会，汕头蒋总指挥、周行政委员、何督办、罗总参议，梅县程纵队长，兴宁潮梅军政治部罗主任、罗县长、县党部筹备处陈常务委员钧鉴：县属农民协会，自前筹备员黄公雅等筹办以来，成立乡农民协会七十五处，临时区农民协会六处，会员五千九百八十六人，均经缮造名册，填具愿书，先后函请本处派员监选成立在案。前筹备员黄公雅等，以乡农民协会既成立多处，拟先成立临时县农民协会，以资统率，而利进行。即于冬日召集各乡、区农民协会代表大会，选举执行委员。计是日到会代表一百六十九人，旋有代表五人动议，照章未能正式成立，不若仍存筹备处名义，以省手续，而免纷更。当经多数赞同表决。惟前筹备员黄公雅等以事务纷繁，势难兼顾，力向各代表辞职，乃当场投票改选振寰、介予、选梧、德武、百谦、蕙根、纶杰、汉驹、渠寰、义谦、超元、虚谷等为筹备员，业于江日接办，继续积极进行。除将各乡、区农民协会会员名册及志愿书另文呈缴省农民协会，并请派员监视正式成立外，理合电呈察核，伏乞训示祇遵。兴宁县农民协会筹备员陈振寰、曾介予、罗选梧、廖德武、陈百谦、伍蕙根、刘纶杰、刘汉驹、李渠寰、王义谦、王超元、张虚谷呈叩。江。

中华民国十五年一月三日

〔广州国民政府档案〕

## 4 广西龙茗县成立农民协会筹备处代电

（1926年5月1日）

〔衔略〕：案准中国国民党龙茗县执行委员会函开：查本县农民协会筹备处亟应遴员筹备，以期早日成立。经于四月十八日开第十七次常会，公推梁斌为主任，苏辅廷、杜桂芬、马镇武、冯史臣、王曰佐、覃立纲、李若球为筹备员。除分函外，相应函达，希即查照办理，克日组织成立，分别具报为盼，等由。准此。梁斌等当于本月东日成立县农民协会筹备处，自刊钤记一颗，文曰：龙茗县农民协会筹备处钤记，即日启用就职。除函覆外，谨电奉闻。龙茗县农民协会筹备处呈叩。东。印。

中华民国十五年五月一日

〔广州国民政府档案〕

## 5 广西贺县成立农民协会办事处代电

（1926年6月6日）

〔衔略〕均鉴：五月十九日，案准中国国民党贺县县党部执行委员会函开：敝党部开联席会议，议决组织农民协会筹备处，公推台端为筹备处委员，除分函外，相应函达知照，希即克日就职为荷。等由。准此。牧九等经将筹备处组织成立后，正在分电呈报，复准贺县党部函开：顷奉广西省农民协会筹备委员会公函内开：于各地未有乡、区各级农民协会组织之前，先行组织各县农民协会办事处，其以前经有筹备处筹备委员等组织者，仍应依照改组，以归划一等语。希为查照办理为盼等由。准此。牧九等当即依照改组，分股办事，经于本日组织成立县农民协会办事处，并刊刻印信一颗，文曰：贺县农民协会办事处之印，即日启用。除分电呈报外，谨此奉闻。贺县农民协会办事处委员梁牧九、陈寿全、梁绥丞、赖云竞、李泽民同叩。鱼。印。

中华民国十五年六月六日

〔广州国民政府档案〕

## 6 广西蒙山县成立农民协会筹备处代电

(1926年6月7日)

广州中国国民党中央执行委员会农民部，国民政府，南宁中国国民党广西省执行委员会农民部、军务署、民政署、省农民协会筹备委员会钧鉴：案准中国国民党蒙山县执行委员会函开：敝党部议决设农民协会筹备处，公推黄凤翥、黄耀勋、钟兆勋、韦颂三、李荣锦、韦振安、梁俊智、黄鸿基、李承芳、王绍荣等为筹备员。除分函外，希即就职，规划进行等由。准此。凤翥等当于本月七日就职，成立县农民协会筹备处，并推举黄凤翥为主任，自刊木质钤记一颗，文曰：蒙山县农民协会筹备处钤记，即日启用。谨电奉闻。蒙山县农民协会筹备处呈。虞。钤。

民国十五年六月七日

〔广州国民政府档案〕

## 7 广西贵县报告成立农民协会办事处代电

(1926年6月8日)

〔衔略〕均鉴：案奉省党部执行委员会农民部灰代电开：查农民协会为拥护农民利益之重要机关，亟应筹备组织，以符本党扶助农民之意旨。组织手续业经本部提出省执行委员会第五次常会议决，由各县先组织筹备处，参照广西农民协会章程，从事筹备等因。奉此。遵于六月四日经县党部执行监察委员联席会议，推定丘子材、刘敏初、李远香、卢演宗、杨斗光、李剑堂、黄澄波等七人，为贵县农民协会办事处筹备员，即于六月五日就职，并组织成立农民协会办事处，对于农民运动先从事宣传及指导。除呈报广西省农民协会筹备委员会备案外，谨此电闻，伏冀时赐教言，以匡不逮，是所切祷。贵县农民协会办事处。庚。叩。

中华民国十五年六月八日

〔广州国民政府档案〕

## 8　广东省农民协会呈送辟谣宣言致国民政府函件

(1926年6月)

(1)广东农民协会执委会致国民政府函(6月10日)

敬启者：吾粤农民所受痛苦甲于全国，故求解放之观念，比较各省为尤切。两年以来，遵照钧府所颁布之农民协会章程而组织农民协会者凡六十六县，入会会员凡六十余万人，成绩之高，为各省冠。举凡北伐、剿匪、肃清反动派，援助大罢工诸役，无不参加，牺牲尤巨。至因要求自己阶级之解放，为各种革命运动而牺牲者，亦难悉数。因此之故，遂更为帝国主义、军阀暨一切反动派所嫉忌，非以武力对待，即制造种种谣言，以达其中伤之目的。在农会主张纯正，初不因此而自馁，顾愿者不察，为所荧惑，随声附和，驯至积非成是，众口铄金，小之固足以妨碍农民运动之进行，大之于地方治安革命基础，均不免受其影响，所关甚巨，原非细故。属会惩前毖后，杜渐防微，特发表一种重要宣言，以辟谣诼。除分送各机关团体暨各级农民协会外，兹特具函检同宣言三份，呈送钧府察核，恳即转饬所属，一体知照，以明真相。

并请严令各地防军，克日大举清乡，扫除匪党，实现政府与人民合作，除盗安民之政策，而免农民协会再蒙为匪劫掳不白之冤，治安、农运两受裨益。人民幸甚。党国幸甚。此上

国民政府

计呈重要宣言三份

广东省农民协会执政委员会常务委员

罗绮园　阮啸仙

彭　湃　周其鉴

蔡如平

## 广东省农民协会重要宣言

吾粤受帝国主义之侵略最早，民众之被其毒害也最深。香港、澳门、广州湾既失，屏藩尽丧。帝国主义者旦夕窥伺于旁，伎俩百出；金融物价，任所操纵，外资外货，深入乡鄙。更复明结军阀，暗输盗械，构煽内争，助长匪势。以香港、澳门、广州湾为一切反动派之大本营，容纳穷凶巨憝，供其鞭策，乘间作乱，士农工商，胥受其害，而以我农民为尤烈。每年损失生命财产，不可胜数。此帝国主义者不独为摇动农村根本之原动力，更为吾粤每次祸乱发酵之毒素也。

次则军阀之造祸于我农民者亦大。远者不具论。辛亥革命以还，吾粤惨被外来军阀所统治，龙济光、陆荣廷、陈炳坤、谭浩明、莫荣新、马济、沈鸿英、杨希闵、刘震寰诸酋，以及本省之军阀，如陈炯明、邓本殷、魏邦平、梁鸿楷、郑润琦、莫雄、林树巍诸逆，此去彼来，迭相宰割。军阀凭陵于上，贪官污吏肆毒于下，狼狈为奸，纲纪尽废，拉夫勒诈，暴敛横征，烟赌公开，奸淫妇女，无辜被杀，盗贼满山，商旅戒途，四民失业。当此之时，我农民庐舍为军匪所焚劫，妇女为军匪所淫辱，生命为军匪所残

害，而欲与之偕亡者，比比然也。

次则土豪劣绅，平日或假藉功名，或恃其财势，勾结官府，包庇盗匪，盘踞团局，把持乡政，侵吞公款，鱼肉良民。凡诸所为，俨同封殖。政府既不能保护农民，而农民又无能力以抵抗，忍气吞声，含冤莫诉。比年以来，我农民因此而死亡者，又不知其几千万。

夫我农民受帝国主义、军阀、土匪、贪官污吏、土豪劣绅所宰制之结果，农村组织，根本崩坏，农民生活，失所保障，老弱转乎沟壑，少壮挺而走险，失业众多，流氓遍野。各地农村，均发生空前之纷扰、不安之现象，影响遂及于工商，而摇动于国本。

孙总理远瞩世界大势，近察国情，深知欲图国民革命之成功，必先打倒帝国主义、军阀及一切反动派。欲打倒帝国主义、军阀及一切反动派，必先谋农民之解放。而解放农民，必须使农民群众，有合法之组织，始能共同努力，不致涣散。故于前年颁布农民协会章程，并以吾粤为全国倡。自时厥后，农民乃得一求解放之正途，纷纷组织农民协会，以谋自救。

农民协会之组织，其目的在谋农民群众生活之改善，减轻农民群众之痛苦。而予农民以莫大之痛苦者，实为帝国主义、军阀、土匪、贪官污吏、土豪劣绅。故我农民为欲改善其生活，必先扫除此种生活上之魔障。故农民协会必然的主张，为打倒帝国主义、军阀及一切反动势力。必然的参加国民革命，在中国国民党领导之下，努力奋斗。盖必待国民革命之成功，然后可以解除农民原有之束缚也。故农民协会之一切行动及主张，完全与国民革命之目的相符契，从而对于领导国民革命之中国国民党，及国民政府，亦必誓死拥护，始终如一。证诸两年来农民协会所造之事业，一遵斯旨，无或携贰。自民选市长，出师韶关，双十节之喋血，叛团之变乱，二月东江之役，六月刘杨之役，“五卅”事起，而酿成大罢工，廖案发生，而肃清反革命派，戡定东南，统一全粤，在广东省农民协会所领导之农民群众，无不亲与其役，一视其力之所能至，以从事巩固革命基础之工作。此盖不独为国民政府计，亦即为自身利害计，不得不然也。

然因此遂大触一般藉剥削农民利益以生存之帝国主义、军阀及一切反革命派之忌恨。因农民群众一旦有坚强的组织，参加国民革命，国民革命有农民群众为之基础，革命事业遂得有持续而健全之发展。实际上可以摇撼敌人之存在，及其所有一切之利益与特权。而贪官污吏及勾结土匪以自固之军队，又因协会监视于旁，未能便其私图，势不得不各个的联合的加紧向农民协会进攻，谋覆没革命群众之势力，凡用以破坏国民政府及罢工之手段，一一施之于农民协会，且更残酷。或利用民团，或纠集逆党，或勾结贪官污吏，或贿买军队土匪，直接间接以达其武装摧残，政治高压之目的。至于收回田地，革除乡籍，买凶暗杀，凡所以压迫农民协会者无所不用其极。两年以来，我农民因此而断脰剖腹，产破家亡，牺牲之巨，为有目者所共睹。不特此也。除从正面利用不规则的武力摧残之外，复以种种离间挑拨之卑污手段。制造谣言，淆惑视听，冀引起各界对农民协会之憎恶，以售其奸。不曰“农民协会实行共产”，则曰“农民协会勾结土匪”，流言所播，销骨铄金。谤书讦词，雪片飞至。此帝国主义及一切反动派中伤、分裂革命势力之阴谋，竟不幸而大收厥效。在农民协会初不因此而自馁，而荆棘载途，痛心何极。共产之谣，难逃明眼，自不足辩。至土匪之诬，为反动派攻击农民协会唯一之口头禅。一般人尚疑信参半，不得不辞而辟之者也。

土匪之发生，实由帝国主义者、军阀及一切反动派压迫所酿成，帝国主义者及逆党，更或资助金钱、军械，使之煽动内乱，与土豪劣绅同为帝国主义之有力工具，形成一种反动势力，扰乱统一，为革命进行之梗。农民协会参加革命工作，拥护国民政府，出于自觉，革命胜利，即农民胜利，对于革命之障碍物，在所必除，而谓能容纳反革命者以自戕杀耶？此又必无之理也。

广东第二次全省农民协会代表大会，洞知广东匪患，如不谋正当解决，则国民政府一切之设施，必生困阻，不独匪势所及，屠掠农民而已。故大会对于除盗安良一事，至为留意，一致议决请求政府实行，并联合工商学各界共同申请。然则农民除盗之切，概可想见。其在事实上之表征，为人人所共见共闻者，如广宁则农民自卫军更与各界一体合作，担任疏通河道。一月以来，与匪鏖战，农军死伤逾百。礤洞一带，遭匪焚烧十余村。他如东莞、中山、惠阳、海陆丰、高要、花县各县农民协会，亦多受匪党摧残，书不胜书。是则我农民方生活于匪党扰乱之下，同受匪党淫掠屠戮，展转呻吟，倒悬待救。复被反动派锡以“匪党”之恶名，以图中伤，外界不察，多为所惑，不平之事，孰甚于此。彼反动派之阴谋毒计，亦诚狠矣。

夫农民协会自成立迄今，时仅两年，会员人数，已逾八十万。此广大群众之集团，在目前农村不安定之状态中，在恶劣之生活环境中，在帝国主义、军阀、土匪、贪官污吏、土豪劣绅无间断之榨取掠夺中，失业之数与时俱长。从前加入农民协会，今日流为盗匪者，此种事实，或不能免。故八十万会员中，本会不敢保证绝无一、二盗匪窃迹其间。然其非普遍现象，则可断言。非如是，固与农民协会之宗旨相刺谬，亦为各级农民协会纪律所不容也。

且农民协会之组织，系统显然，各县、区、乡农民协会之行动，绝对受省农民协会之监督与指导。各级农民协会有违背农民协会之命令及不遵守决议者，省农民协会必以最严之纪律绳之，绝不宽假。如各级农民协会果有土匪存在，而为患闾阎者，省农民协会查明属实，断不曲为庇纵，在所必除，使各个农民在统一的运动之下，尽力国民革命及为本身利益而奋斗。乃查近日报章所载，竟有匪徒假冒农民自卫军入乡掳劫之事，一切反动派更利用此为宣传资料，以冀达其破坏农民协会之阴谋。本会除严重训令各县农民协会，暨农民自卫军，检阅全体会员队员，肃清一切不肖份子外，并敢正告各界，所有外间谣传农军抢劫之事，绝非其实。盖在此统一组织森严纪律之下，断不能有此类事实发生之可能也。故非为假冒者之嫁祸，即为造谣者之中伤。总之，不脱反动派之图谋破坏民众组织，摇动国民革命基础之阴谋而已。并望政府诸公勿堕匪人奸计。虽各县农民协会举动，或有时过激，口号或有时过高，然此全出于拥护国民政府热诚，其过当之处当然可加以纠正。我农民历经连年不断之外侮内乱，创巨痛深，望治之殷，至为迫切。其所要求者为和平，而所厌恶者为战乱。对于一切和平之障碍物，如帝国主义、军阀、土匪、贪官污吏、土豪劣绅，誓必集合农民群众力量，追随国民政府诸公，与工农商学各界之后，努力前进，以完成国民革命之工作。谨此郑重宣言，伏维垂察。

中华民国十五年六月一日

广东省农民协会执行委员会常务委员

罗绮园　周其鉴

阮啸仙　彭　湃

蔡如平

（2）国民政府秘书处公函稿（6月）

国民政府秘书处公函　第九九号

径启者：奉常务委员发下广东省农民协会函，呈辟谣宣言，请饬属知照，并请令各地防军大举清乡一案。奉谕所发宣言。既经由会分送各机关团体，可无庸再由政府转饬。至除盗安民一事，政府前接受农工商学联合会请愿，已明令由军事委员会分别令饬各处防军，限一个月肃清河道，两个月肃清全省，并令财政部筹拨经费五十万元专供剿匪之用矣。等因。相应函达查照。此致
广东省农民协会
中华民国十五年六月

〔广州国民政府档案〕

## 9　广西上思县农民协会筹备处改为办事处代电

(1926年6月17日)

〔衔略〕本会依章组织县农民协会筹备处，经电呈成立在案。旋奉省农民协会筹备委员会指令后开：查各地未有乡、区农民协会以前，应先设立县农民协会办事处。现该筹备处组织名称均未符，应即查照改组呈报，再行核办。此令。等因。奉此。兹遵于本月寒日改组，另行依式刊用印信一颗，文曰：上思县农民协会办事处之印。至上思县农民协会筹备处钤记，并同日取消。除通告外，谨电奉闻。上思县农民协会办事处呈叩。篠。印。
中华民国十五年六月十七日

〔广州国民政府档案〕

## 10　广东省农民协会揭发三水县民团摧残南区杭岗乡农民协会情形电

(1926年6月17日)

中国国民党中央执行委员会政治委员会、国民政府军事委员会、团务委员会、国民革命军总司令部、各军军长，广东省执行

委员会、广东省政府农工厅、民政厅、各机关、各团体、各报馆均鉴：万急。本月十三日早，据中央农民部特派员宋华同志报告：十二日正午十二时，三水南区杭岗乡农民协会成立，职奉命参加指导。正当开幕之际，忽有并无标识，类似民团队兵数百人开到，将该乡包围，并用排枪猛烈射击，该乡农民迫得鸣锣集队抵御，至午后三时迄未解围，现正在万分危急之中。职以事出意外，立即绕道逃出，赶程报告，恳即设法分别制止，以免演出焚村杀人惨剧。等情。经即分别函电三水县杨县长，咨饬营警，严行制止双方暴动，静候政府查办，并派该特派员宋华同志亲身赍函县署，面商一切。旋据宋华同志回省报告：十四日上午九时到三水县署，屡次求见县长，均不接见，最后始派总务科长出而周旋。据称：此事完全不知。职以茫无头绪，遂即退出。临行时，又目击县署附近之游击队五六十人，装身出发。追到河边时，又亲见摆卖农民衣服家私什物者十余处，路人争买。当即赶回三水南区各乡调查惨案真相。所到各乡，均各无限荒凉，并惊悉杭岗乡已于十三日被团队数百人攻入，全村二百余户，悉被抢掠一空，损失甚巨，枪伤农民数人，缴枪多杆，更派大队纷向木棉、葛坑、小黄冈、大黄冈、梅村、保鱼塘、小陆坑、麦冈、黄塘等卅余乡继续搜劫，收缴枪械，拘去木莲乡区党部职员四人，捣毁党旗、国旗、总理遗像及一切文件器具。各被害农民流离失所情形，颇为惨痛等情，报告前来。查杭岗乡农民，因被该处民团惨设苛例，每一农民，每月须缴纳团费六毫，牛捐六毛，每六十人须买七九枪一枝，交团局使用，如无枪，则每月须交枪费八元，伙食八元，分向各乡勒交，其余类此之特别捐更无限量。农民因过受压迫之故，起而组织农会，以求改善。不料遂为民团所嫉忌，演此惨剧。并闻县署游击队兵，有被诱加入嫌疑，迭据报告前情，合亟通电，务请政府克日派员查办，一面令县制止围攻，取销民团所设各种苛例，以免重演惨剧。并望各界洞悉此中真相，一致援助，为公正之主张。农会幸甚。地方幸甚。广东省农民协会叩。篠。印。

径启者：本局自前召集会议，所办实力民团一部，业经局内各乡遵章派出团丁来局供职，经于夏历四月十二日编练成绩在案。恭维盛乡董事，自应出席协办实力之事，策划进行，以坚团体。请于本月十八日齐集来局领取证章，以昭郑重，而承职责。既承职责，倘若缺席者，一体公同默认处分。该董事之缺席，嗣蒙贵董事携出团丁伙食一月，每名八元，亦在众议取决之先。凡有欠交者，准四月初十清缴，与及有应缴枪租者，应先交租枪之费。惟现核计贵董事之乡，除来外，尚欠交枪租，退清交团丁伙食费，希即清缴，顺携来局，以符原议。是为至祷。此致四股葛坑乡董事台鉴。

三水中区附城廿四乡民团总局启（木戳）

民国十五年阳/夏历五/四月廿六/十五日

〔广州国民政府档案〕

## 11　广西马平县农民协会成立代电

（1926年6月28日）

〔衔略〕：顷准县党部第二十次执行委员会议公推石毓芝、康静山、覃子达为马平农民协会筹备员，兹于本月二十八日正式组织成立，从事运动工作。谨电奉闻。马平县农民协会筹备处呈叩。勘。印。

中华民国十五年六月二十八日

〔广州国民政府档案〕

## 12 广东省农民协会揭发郁南县土劣嗾使民团摧残农民协会情形电

（1926年6月29日）

国民政府鉴：现据郁南县农民协会代电称：第六区民团于本月十八日早，率领大队围攻六区农会，危在旦夕。又接该会来电：郁南五区桂圩于本月十一晚被土匪七、八十名洗劫，全墟焚烧铺户数十间，死伤百余人。当匪攻入桂圩时，扬言水扢丁队。查水扢丁队系五区民团局长黎玙璋堂侄。而该区民团，亦系土匪落山，素与水扢丁联络，故无防范，至令该匪攻破，任意焚杀劫掠，占据三日夜。该民团，连同别区民团，二千有奇，四面围绕，竟任该匪自由退去，岂能辞责。自匪去后，事隔两日，该区大地主劣绅李灵镇等督率四、五、六区游击团，会同该区民团，带领该区著匪韦金相匪队，连日将新寨乡、埇路乡、双源乡、脚田乡、峡塘乡五处农村洗劫净尽，劫后一律放火焚烧，千余户口化为平地，甚至割去农民头颅，断其手足，男女老幼伤死逃亡不计其数。且该区大地主、劣绅以剿匪为名，蹒请桂七军十二团驰至五区，不见匪踪，即在该区劣绅村乡石龙岗地方驻扎。该劣绅承势督率民团及韦金相匪帮，向农村进攻，农民更加死无死所。正在核办间，复接该会十二日代电：郁南五区农村被该民团焚杀劫掠，男女老幼流离失所。本月十八日，避难至区男女老幼二百余口，路经六区半村乡，适遇六区协会自卫军，询问来由明白，即护送到六区农会。刚到松木咀地方，即被劣绅李光夏、何柄槐、莫超庶、钟亨初、左廷贵等嗾使民团开枪射击，重伤农团二名。同时，有劣绅苏树春起大队民团进攻六区农会，擒获农民自卫军一名，会员一名，缴去长枪二杆，解往四、五、六区联团局锁押。并函呼封川第二区凤村墟劣绅黄花寿、平岗墟劣绅莫左南带领民团六百余名，越境围攻六区农会。而六区民团局竟以剿匪为名，瞒报国民革命军第四军十三师三十七团二营派队前往六区助攻。幸得该军连长王彦瑞深明革命党纲，及到境时，知系民团无理攻围农会，即下令停止，静候解决。及至二十日，该劣绅土豪跃跃欲动，又思召集大队，再行围攻。旋又据该会电称：郁南都城民团局长胡钊常唆使民团拥入四区农会，撕烂农旗，捣乱会址，焚毁总理遗像，情急势危，请派兵驰救。续再接该会六月二十四日代电：本日接郁南六区农会来电：二十三日，六区农会派自卫军出四区承平约乡，接中央农民部陈特派员钧权，回至六区代村乡之上蛇尾地方，被平台庙民团预行埋伏，阻击归路。斯时，该民团劣绅复鸣锣召集大队民团，向农民自卫军袭击，幸得各乡农军快捷救援，始得夺路奔返农会。现劣绅积极向六区农会进攻，情急势危，恳转电政府切实维持，严办劣绅等情。据此。查六区土豪劣绅，久有破坏农会之心，故屡此〔次〕纠合大队民团，轰击农会，袭击农民自卫军，摇动革命基础，迫得电请钧会转电国民政府派兵严办该区民团局董及为首土豪劣绅，解散该区民团。地方幸甚。农民幸甚，各等情，先后到会。据此。查农会、民团同是革命政府指挥之下人民团体，当此土匪猖獗时期，自应通力合作，以维护地方治安，并经团务委员会三令五申，不得互相吞并，如违严办。况农会为国民政府郑重宣言领导扶植之农民团体，而农工厅亦经布告严令不得任意摧残各在案。乃该团胆敢勾结土匪，不遵政府功令，任意摧残农会，杀戮农民，焚毁农村，实属不法已极。况本会纪律素严，断不容有此不守纪律分子搀杂农会之间，纵使该处农会有不合之处，该团尽可呈请政府，或报告本会依法办理，以谋根本解决。乃竟直接行动，公然违反政府公令，衡情酌理，法所难容。除分电查究援助，并令西江办事处选派干员驰往查办，先行制止农军不得暴动外，用特电请钧府设法维持，先行制止，双方均不准轻举妄动，以免惨祸蔓延，殃及无辜。谨为农民请命，不胜急切之至。临电神驰，无任企祷。广东省农民协会。艳。印。

〔广州国民政府档案〕

## 13　广西镇边县成立农民协会筹备处代电

(1926年7月18日)

〔衔略〕均鉴：案奉省党部执行委员会农民部灰代电，仰各县先组织农民协会筹备处，参照广东协会章程，从事筹备等因。奉此。遵于本月篠日，经县党部执行、监察委员会联席会议，推举张朝勷为正主任，简竹君为副主任，黄卓伦、农先业、梁铨章、邹建中等为农民协会筹备处筹备委员，即于是日就职。并呈验启用自刊钤记一颗，文曰：广西镇边县农民协会筹备处钤等字样，照章组织成立镇边县农民协会筹备处，从事农民运动。谨电驰陈，伏候指示，俾资遵循。镇边县农民协会筹备处呈叩。巧。印。

中华民国十五年七月　日

〔广州国民政府档案〕

## 14　广西省农民部长陈协五调查兰农惨案报告书

(1926年8月)

一、调查经过之大略　行抵东兰武篆区之翌日，为六月十四日。据访该区之弄内、庭槐、板面、板拉、板别、板墨、未往、那俄、那立、那汉、板乐、板川等农村，计被焚掠勒索者二百五十五家。加害者乃杜琨选、杜珠选、龙显云、陈继虞、龚团长。时日为旧历去腊二十三日，损失除粮食、衣物、猪、羊等畜不计外，牛马三百三十五头，索款三千三百一十四元五毫。十五日，赴中和墟县农民大会，既而访旧州村陈守和同志之亲族两家，房屋略有拆毁，被勒索款项不过十元，家畜衣物损失在二百元左右。十六日，据访圻筹、小龙金、隆为、隆仁、大龙金、隆更各峒，计被焚掠勒索者三十三家。加害者除前数人外，并有黄守先、陈聘三、韦昧邦等，损失牛马百六十头，索款四百零三元，被杀害者七人。十七日，据访隆麻、下麻、廷母、隆宁、圻依、隆洼、朝马、高仰、隆通、凰山之茶磨各峒，计被焚掠勒索者二十家，被掳掠勒索者一十六家。加害者除前列人等外，并有陈毓光、毓华、毓琮、毓位、毓超、刘介敏、龙达文、达先、达怡、唐贤荣等。损失黄牛百二十头，索款九百四十元，被杀害者三人。十八日，往访下隆、隆岩、卜上、隆严、家鸾、隆腊、隆洋、隆蕊各峒。被焚掠勒索者三十八家，加害者都是前列人等。损失黄牛四十一头，索款二百一十八元，被杀害者三人。十九日，据访板东、辅弼、那马、色固、大隆裕、小隆裕等农村，计被焚掠勒索者五十家，被掳掠勒索者一十七家，加害者龙显云、韦昧邦、陈儒珍、杜琨选、陈继虞、黄德兴、龙显登、龙先达、王朝杰、潘培楠、黄仲宪、黄海龙、杨载宽、黄恒周、黄守先、龚寿仪等。时日旧历十一月六日，正月六日，二月十六日，损失牛马百日六十一头，索款四千七百三十七元，被杀害者七人。二十日，据访过江、廷植、外廷植、讲法、国院、孟仪、约里等村，隆福、长峒、隆植、隆磨等峒，计被焚掠勒索者一家，被掳掠勒索者百九十五家。加害者同前列人等，损失黄牛七头，索款八千四百五十元。二十一日，往兰木，据访拉月、定桃、那咸、泗怀、登龙等村，隆混、隆屯、拉棒、巴累、梦无、隆文、弄踏等峒，计被焚掠勒索者三十二家，被掳掠勒索者四十九家。加害者黄衡球、黄祖魁、黄祖封、韦钟璜、韦立言、黄守先、黄智渊、龚寿仪等。时日旧历十一月十九日、十二月十五日、十八日、二十八日，二月、四月二十八日，损失牛马百一十五头，索款一千零九十九元，被害者二人。二十二日，因雨在兰木休息。据砦封、黑石、洛爱等村面报，计被掠勒索者七家，加害者韦钟璜、韦立言、黄衡球、黄祖魁、龚寿仪等。时日去腊二十四日、二十八日，三月初二日，损失牛马十八头，索款四百五十元。廿三日，据访平上，安马、哥们、隆楷、莫安、权头、巴朝、打槐、竿对、孝峒、隆内、奉山之墨勒各峒，计被焚掠勒索者五家，被掳掠勒索者一十七家。加害者黄祖魁、黄钟璜、韦立言、黄永基，韦立品、黄衡球、黄祖封、杜琨选、杜珠选、龚寿仪等。时日旧历正月十三日、三月十三日、十六日、四月十三日，损失牛马八十二头，索款一千三百一十三元，被杀害者三人。是日，泗孟墟有陈儒珍部约百余人，由城来犯农军之戒备。二十四日，据访及面报统计，隆混、漏牙、隆荞、拖箭、隆兰、隆罗、隆荐、隆成、隆辉、隆岩、隆苗、勇很、弄危、长洞、上长洞、雍开、弄龙、隆卧、隆农、隆齐、厚仪、香曹、甘屯、隆福、隆共、隆歪、隆韵、古隆、磨冬、隆延、隆牙、寒雨、墨秀、龙门、隆觊、隆乐、兰亭、简关、隆东、隆笃、隆怀、凰山属之隆乃、牙慧、波腊、牙边各峒，被焚掠勒索者六十九家，被掳掠勒索者七十三家。加害者韦钟璜、韦立言、韦立常、黄衡球、黄祖魁、黄祖封、黄永基、韦立品、韦立才、龚寿仪，并勾结有土匪彭老凤、王士魁等。时日旧三月十六日、四月三日、十三日、损失牛二百零二头，索款一千七百八十六元七毫，被杀害者八人。二十五日，据访简腊，观感、交浉、申峒、达朝、长峒、隆累、福桑、福常、隆鸦、节怀各峒，计被焚掠勒索者四家，掳掠勒索者三十三家。加害者同前人等。损失牛九十七头，索款三百八十元。二十六日，折回兰木，据黑石、坡梨、拉乙、立拔、节色、此若、六峒石等村，龙篆、隆累、弄勒、香朝、那弄、桥勒各峒面报，计被焚掠勒索者五家，被掳掠勒索者二十六家。加害者韦钟璜、韦立言、黄衡球、黄祖魁、刘开明、鲜明邦、鲜朝思、韦立品、黄永基、杜琨选、杜杰、黄祖封、黄守先。时日去腊十五日、十六日、十八日、廿一日、正月廿九日、二月十五日、十六日、三月十六日、十八日、二十五日、四月初八日，损失牛马四十九头，索款一千六百九十四元二毫，被杀害者三人。廿七日，据六峒石，岩石、定桃、坡梨、岩罡、那咸、隆从、巴拉等村，官仓、弄雷、龙浓、央交，弄海、波茶、弄莫、乜佚、隆丰等峒面报，被焚掠勒索者一家，被掳掠勒索者七十四家。加害者韦钟璜、韦立言、黄衡球、黄祖魁、黄祖封、杜琨选、杜珠选、杨天和、王士魁、黄宗培、黄守先、龚寿仪等，时日旧去腊十二日、十五日、十八日、三月十六日、二十日、二十三日、四月十三、二十五日、损失牛马百零六头，索款二千五百六十元，被杀害者二人。二十八日，据拉沙洞杨莫氏面报，被掳掠勒索。加害者韦钟璜、韦立言、黄衡球、黄祖魁、黄祖封。时日三月十二日。损失牛马六头索款六十元。二十九日，往泗孟墟巴拉，腾长、泗孟、弄怀、那火、板凰等村面报，计被焚掠勒索者二家，被掳掠勒索者八十六家。加害者韦钟璜、韦立言、黄衡球、黄祖封、黄宗培、韦佩琮、黄守先、龚寿仪。时日旧去腊十四日、正月初八日、二月十四日、三月十七日。损失黄牛十头，索款六百九十九元，被杀害者一人。嗣是拟向长江、隘峒两区进行调查，因雨滞留。至七月二日，距泗孟二十五里之六峒，被韦调元部掳去牛马四十余头，农军赴救，追至巴拉，彼方退劳石。三日，并有韦志、陈儒珍部，由城来夹击农军，农军退守巴拉后山，彼方乘机洗掠。是日遂决意折回武篆之中和墟，拟取道太平墟，向都彝区一行。长江、隘峒两区，则托陈守和同志往查。七日，据报黄冕旒、杜琨选部，掳掠东院区块石腾达村黄冕纲家，杀害会员黄日升一名，并掳劫拉京村韦卜则家，德文村韦廷高家，牛畜粮食衣物一空。八日，又掳劫隆棉峒张日扬家，是日农军在劳石，与韦调元部决斗。韦部退太平洋墟，沿途抄掠那梢、那袿等农村。九日，据报农军与韦调元、黄绍宣、黄冕旒等部于太平墟决斗，韦、黄等部复退回城。十日，据报覃宝宣、覃宝瑜狙击陈守和、覃孔贤两同志于都彝区切桑村之覃宝璋家。十一日，据报陈儒瑾、覃梦麟、韦仁齐等部，抄击大洞农军。十二日，韦钟璜、韦立言、黄宗培、黄衡球、黄善猷、黄骏猷等部，围攻泗孟农军，掳腾长、那火二村，杀害会员黄琮兴、黄卷章、黄卷文三名，拉生五名。十三日，韦钟璜、韦立言、黄衡球等部，掳劫长江之兰阳墟，长江区农军与之决斗于兰阳之权甲地方。十六日，黄绍宣、黄冕旒、韦调元、韦春元等部，重掳那梢、那袿等村。十七日，前部又掳掠望村一带，及巴拉全村，拉生五人。十八日，由中和墟起程回邕。统计调查所得之结果，武篆、兰泗二区之被焚掳勒索者五百一十五家，被掳掠勒索者五百九十九家，损失牛马一千五百零九头，索款二万八千一百零四元，被杀害者三十九人。又据武篆、兰泗两区各农民所投递之书面报告，合计被焚掠勒索者六十四家，被掳掠勒索者三百六十一家，损失牛马四百一十五头，索款一万九千二百七十四元，被杀害者七十一人。两数相加，被焚掠勒索者五百七十九家，被掳掠勒索者九百六十家，损失牛马一千九百二十四头，索款四万七千三百七十八元，被杀害一百一十人。再据陈守和同志调查长江区之所得，计被焚掠勒索者三十五家，被掳掠勒索者二百四十家，纯被勒索者四千三百一十八家，损失牛马四百六十头，索款一万九千六百二十四元，被杀害者二十一人。又据东院区各农民书面报告，计被掳掠勒索者二百八十六家，损失牛马八十三头，索款一万六千六百八十一元，被杀害者九人。若以此两数与前总数相加，则被焚掠勒索者六百一十四家，被掳掠勒索者五千八百零四家，损失牛马二千四百六十七头，索款八万三千六百八十三元，被杀害者百四十人。此数在都彝、隘峒两区固未及，即长江区之所查得者，亦不过三分之一。故欲得此案之详确，固尚有待于兰农会之调查报告也。至其勒索之法，对已焚掠者，大都指为免死赎金，对未焚者，则指为家屋保险料，而一般的勒索方法，则龚团长之良民门牌，黄知事之自新证券，固皆能窥破农民心理上弱点，而行之果收奇效者也。要其焚之掠之勒索之，对省政府则曰匪也匪也，对农民则简单直捷两句话，曰：汝归拔党、汝入农会而已。尚忆归途至凰山界之盘阳，护送农军有向途人恶作剧者，指问之曰：汝何处人？汝是否归拔党？曾否入农会？则皇遽失色弹声而答之曰：我我不不是。拔党二字，邻境之民，尚有余怖也。

附兰农惨案报告表：

| 区域 | 调查手续 | 焚掠勒索 | 掳掠勒索 | 损失牛马 | 勒索款项 | 杀害农民 |
|---|---|---|---|---|---|---|
| 武篆兰泗 | 亲访面告 | 五一五家 | 五九九 | 一五〇九头 | 二八一〇四元 | 三九人 |
| 同前 | 农民呈报 | 六四 | 三六一 | 四一五 | 一九二七四 | 七一 |
| 长江 | 陈守和查报 | 三五 | 四五五八 | 四六〇 | 一九六二四 | 二一 |
| 东院 | 农民呈报 | | 八三六 | 八三 | 一六六八一 | 九 |
| 合计 | | 六一四 | 五八〇四 | 二四六七 | 八三六八三 | 一四〇 |

二、兰农惨案之缘起　韦拔群诸同志，自民九组织改造东兰同志会，派出演讲团，发布社会革命各宣传品时即惹起韦有伦之反对。至于勾结著匪覃云龙，分驻各区以为障碍。诸同志因有武

篆国民自卫军之组织，而杜琨选、龙显德等，又把持公款公枪以阨之。民十一，向杜琨选、陈继虞、黄若金等清算公款，勒交公枪，同年又反对韦钟璜之勾结自治军窃据县长权位。民十二，易改造东兰同志会为公民会，反对刘日福令派东兰之一万元收束费，自治军黄琦之每牌六元军饷，蒙元良之每牌百斛军米，蒙仁潜之强迫公债。是年，有吾隘劳农社会党出现，杜琨选、陈儒珍遂以捏入诸同志之罪。民十三，诸同志以政府通缉而逃亡黔滇，韦拔群、陈伯民则赴粤入农民运动讲习所，韦达候、黄子衡回兰联络韦钟藩、牙玉玑、韦界新、黄孟儒等，赴城改组参议会，恢复公民会。而黄鸿举、韦钟璜等则怂恿黄瑶琼知事，威迫解散。至黄守先接任，又反对其以自治会督催田赋之举。民十四，黄守先解散武篆区自治会，又藉口刘旅递步哨费用，布告取消所有田土婚姻案之罚款。时适韦拔群、陈伯民由粤回，为中央农部特派员，遂群起与之诘难，一面着手农民运动，成立各级农会。适蒙仁潜委杜琨选为东兰知事，黄守先又奉刘旅电抗不交代，于是有太平墟民选县长之举。嗣是复开办农民运动讲习所于武篆之北帝岩，学生近三百人。十月，城厢开县党员大会，育才高小校及农所学生均赴会，县署司法科黄德声、黄守先之弟黄智渊率警登山拦阻，学生不惧，直到县署前演讲，高呼打倒帝国主义、军阀、贪官、劣绅、土霸等口号。十一月，黄守先遂与龙显云、陈儒珍、潘建章围攻农民运动讲习所，而兰农惨案殆从此始。农军遂于十二月围攻蒙仁潜，战斗方酣时，突受龚团之射击，而武篆、兰泗两区农民，遂以拔党，农会员等罪名，而构成今日之一路哭。

三、兰农之激烈举动　兰农之有暗杀的激烈举动，自民十四十月末旬，在武篆区盘桓村暗杀龙显云始，为其调送陈家言于韩军案而报复也。至十二月三十一日，一在武篆德灭峒，施之于承充黄守先购缉线眼之保董陈继恩，一在长江巴傲村，施之于平素鱼肉农民之乡绅韦龙翔。至民十五正月，武篆凡四起：一施之于纳论村保董韦文周，一施于板表村队长韦昧邦，一施于板表村武篆区议长韦翠裘，长江区一起，施之于巴傲村乡绅廖熙霖。至二月，武篆二起：一施之韦文周，一施之节巴峒甲长程礼仪，牌长黄太元。兰泗二起：一施于定桃村乡绅韦钟璜、韦立言，一施于龙会峒保董黄堃元。东院二起：一施于腾达村乡绅黄冕旒，一施于腾香村团总黄绍宣。三月，武篆一起：施于江峒村乡绅杜琨选。东院一起：施于巴朝村保董韦大勋。四月，武篆二起：一施于龙显云，一施于拉更村乡绅黄德清。都彝二起：一施于大峒墟保董韦家隆，一施于板和村班长韦显纶。五月，兰泗一起：施于波梨村团总黄骏猷。以上调查所得之农民暗杀举动，五区共二十一起，死者八。而皆基于助黄、龚残害农民之唯一原因。且此种举动，均在民十四十二月后，孰为致之，当为之平心考虑也。

四、兰农之现况　东兰民族，分土、客、傜三种。土人来历，相传系从狄青来，居征服者地位，多住田洞，均操僮话；客人则原籍属于湖南、江西、贵州等省，多住山洞，均操国语，土人向耻与伍；若傜人则纯是被征服者，另操一种傜话，多住悬崖陡壁间，年中尚须向土人纳贡也。以是虽属平民，显分阶级，而绅董沿袭土司遗制，更常擅用私刑，以武断乡曲，故土人中之贫弱族姓，所受者一重压迫，而客、傜则须受二重、三重，其要求解放之迫切，所以比之他处农民而特甚也。兰农经济现状，尚在农业的自给自足时代，土纱家机布，瓦盏茶油灯，比户皆是。惟地主与佃农人之关系，则比之他处而更不平，地主有至于取三分二或五分三者。借贷上，银利每百元年七十二元，谷利则视本谷之一倍，加以官绅苛索，兰农益以憔悴，故一闻省政府主张农民利益，许其成立协会，便如鱼之得渊而归，雀之得丛而入，则以有鹯獭为之殴也。据六月十五日，武篆中和墟之县农民大会现象以观，是日大雨滂【沱】，潦涨陟增，交通半阻，而农会员之到会者尚不下五千人，且在风雨中，秩序整然，毫无喧哗纷扰状态，并能提议决议关于农会的善后事宜，如恢复各级农会案，恢复农民运动讲习所案，呈请省政府惩办黄先守、龚寿仪及各劣绅，并提充劣绅财产兴办教育案等等，均属目前切要之图。廿七日，兰木区农民大会，会员到会者亦二千人，秩序不减于中和墟之大会，而议决此后农会员一致与劣绅断绝关系案，及举办农会案，尤为特色，此足见兰农觉悟力之一般矣。农军卒系会员充当，军费亦系会员供给，虽在官军大力摧残后，而给养一名额每月六元之三百余农军，兰农之自治力，于此更可想见。又闻县城米价，自兰木开农民大会后，壹筒（十二两）已增至二毫。盖因一般仇视农民之绅董麕集县城，故各区农民均与城断绝交易，其团体之一致，尤足惊异。而更有两事出人意表者：一为驻在兰木农军，遇一为官绅奔走残害农民之人，即行捆送团部，结果乃当众布该人罪状，并告戒一番，即行释放；其一则系韦钟璜之一部下，由城脱离回兰，不敢露面，农军知之，即行召来团部，当面解释，任其自由行动。而其布告中，且有“关于官绅前此残害我农民之案，一意信赖政府，今后对于一切与前案有关系之各个人，概不仇视”等语。兰农当此横被摧残后，而能独除忿恨，以和平处理各种事宜，以视城间各绅，时出掳掠，不谓之劣，实令人不知所云。

〔国民政府档案〕

## 15　广东省农民协会抗议刘纪文包庇田主阻止曲江农民减租情形代电

（1926年9月13日）

中国国民党中央执行委员会、国民政府、国民革命军总司令，广东省党部执行委员会、省政府、团务委员会、各机关、各团体钧鉴：此次曲江全属旱魃为灾，上造禾稼失收，农民奔走呼号而求救于县农民协会。爰于八月一日召集全体执行员、各区代表、北江办事处主任、中央农民部特派员等开一扩大会议。报告结果，七成交租，一致通过。而田主方面杌陧不安，纠纷难免，北江办事处暨各界人士惄然忧之。于是联合军、政、党、农、工、商、学、业佃各代表于八月五日组织曲江各界救济旱灾委员会，以县长钟忠先生为该会常务委员主席，其他各界代表或为常务委员，或为委员，共肩解纷维持之重责，派员宣传调查，以为解决之本。经即分报中央农民部、省政府、曲江县署备案，一面通电周知，俾明真相。正在进行间，突有少数不肖田主，号称所谓曲江全属田土业佃维持会，于效日，即八月十九日通电各机关团体，诬蔑县会冀图破坏。委员会洞烛其奸，于二十二日召集开会，由该会常务委员田主代表何祖乡即席证明，维持会系少数不良份子所组织，绝非全体田主公意，佃农方面更不认其存在。旋由委员会于敬日即八月二十四日通电声辩，明辟其谬。二十七日委员会开会，综合调查报告所得平均总数为六一三，即众议以此为本造交租之标准。旋以此田主方面要求仍照农民大会七成交租决议办理，询请佃农方面，亦无异议，遂一致通过。委员会于二十八日通电报告结束，将案交由地方官厅执行，业佃间酝酿待发之风潮并消于一旦，四民鼓舞，共庆平安。讵广东农工厅长刘纪文不知是何用意，对于此案，并不加以考察，装聋作聩，偏听所谓曲江全属田土业佃维持会效日，即八月十九日邮电，突然下令制止，县农会减租，须俟政府核准。一时影响所及，在田主，则食言背约，设分会以抑农民；在农民，则侧目痛心，竭死力以抗。田主危机复起，一发千钧，设有疏虞，谁尸厥咎。窃以田主加租，向不根据何种理由，更无有取得佃农同意，未闻政府加以何种制裁，何居乎农工厅独于农民因灾减租而靳之。且此事早已由曲江军、政、党、农、工、学、业佃各界代表共同组织之救济旱灾委员会主持，且有地方长官为主席，先经报告省政府，通电各机关有案，复经省报登载，则救灾运动已非农会所为，彰彰可考，农工厅长为省政府底下属吏，岂真一无闻见。兹仅据少数不肖田主之谎词责备农会，毅然下制止减租命令，斯真百思不得其解。本会认定农工厅此举，不但是办事颟顸，代少数不肖田主压迫多数穷苦之农民，实是甘冒不韪，为曲江全属人民之公敌，挑拨业佃间重大纠纷，摇动北伐后方治安，违背本党扶植农民政策决议及国民政府第一、二、三次农民运动宣言，违反政府与人民合作之本旨，损失人民对于政府之威信。除呈请中央执行委员会政治会议提议撤究，解散曲江全属田土业佃维持会，关于交租办法，仍请按照决议议案办理，一面由本会令行北江办事处饬县会通告各农友，静候解决，毋得暴动，分函曲江各机关团体查照代致谢忱外，特将此事始末宣之国人，以求公正之裁判。务希军、政、党、农、工、商、学各界同志认明此事，不只是曲江业佃问题，实为曲江全属人民及军、政、党各界问题；不只是曲江全属人民及军、政、党各界问题，实为全省人民及军、政、党各界问题。盖此事如被农工厅推翻，将来各县民意，农工厅均可置诸不闻不问，而任意横行。并望一致主张正义，竭力援助，俾不肖官吏知所警惕，而政治或有修明之日也。广东省农民协会叩。元。印。

〔国民政府档案〕

## 16 广东省农民协会执行委员会请剿办摧残农民协会之花县反动民团并提出七项要求呈

(1926年9月14日)

为呈请事：查花县民团长江侠庵等督率土匪民团六百余人，于八月廿六日围攻焚杀杨村乡，摧残该乡农民协会及国民党区分部。而后连日将该县凡有国民党区分部、农会组织之乡村，概行焚杀围攻，掳掠奸淫，无所不至，冤惨弥天。迭由该县农民协会及该县党部暨职会呈电，要求极力维持在案。当蒙中国国民党中央执行委员会政治会议议决，并由总司令部派出第一军第二十师第六十团第二营驰赴该县制止，并由中央农民部、总司令部、团务委员会、广东省党部、广东省农民协会各派委员协同军队调查实况在案。查此次花县惨案肇祸，完全系花县反动派陈炯明死党，及去年一月间惨杀花县县农民协会副执行委员长王福三案祸首，现充花县民团长江侠庵等，勾结土匪逆团，凭藉民团政治势力，乘我革命军会师武汉，后方似乎空虚，香港帝国主义蓄意压迫广州之际，突然施行焚杀掳掠之手段。接受香港指示，破坏革命力量，扰害后方治安，摇动政府根基，意义至为严重。而此次祸源虽为反革命派原有计划，惟江逆等蓄谋之初，前花县县长（现充农工厅秘书）汪嵚竟曲为庇纵，臾诬农会党部为匪，公然为之张目。故民团土匪以有所恃，横行愈甚，不惜藉故挑拨，截击农军，以实行其破坏革命民众组织之企图。现复接该县农会迭次报告，当九月二日总部参事伍观琪已先函知民团及农会，谓军队已到，毋得再战，且极力担任民团决不开枪抗拒，雷营长乃率队协同伍参事前往肇事地点着手查办。方抵田螺湖乡宿营，据探报称：土匪民团约二百人，仍在天和墟肆意劫掠墟场商店数十家，即先遣连长带队一连，前往该墟。该匪团等竟敢开枪抗拒，一面搬运赃物牛只。我军以时至黄昏，不便追击，且以总部参事伍观琪谓民团决不抗拒军队，故暂时军队收回田螺湖乡。县长、营长及各机关派来专员都不直民团抢掠天和墟商店所为，决定民团系属土匪，且不服总部制止布告，不遵伍参事函饬停止攻击办理，非严从剿办，解散民团不可。乃伍参事极力反对，结果已定：此后无论何处民团，有敢向军队开枪抗拒者，决将该村尽数缴械解散。此时伍参事仍向各专员及军队方面请求悉依彼意，明日往平山乡调查，妥订解决方法，并承认军村〔队〕所经民团村乡，决不再有开枪攻打革命军情事。同时更由李县长亲往，往劝各村民团，伍参事仍复亲笔函饬民团知照。旋雷营长率队协同伍参事及各专员前往平山，路经洛场乡，该乡系团匪麕聚所在，突然开枪数十响，向军队射击，伤军士一名。该军队大喝，我们系奉令前往平山调查，并无偏袒。民团大声回复，谓今日民团要打衰革命军，此刻就系孙文复生，亦必一战，并齐声大呼：打倒党军。军队大怒，至此不能再忍，遂还枪轰击。伍参事至是已无法阻止，乃潜退后方休息。匪团与军队力战至下午五时，卒被革命军冲入，平毁民团炮楼数座，始行收队，不能更往平山。四日，更定查办方法，如何达到平山调查，及勒令洛场民团缴械。此时民团一面集中平山洛场一带，并飞函召集各地土匪民团约一千人，决意顽抗。各专员正在设法，乃伍参事提出，偕关专员往平山，自谓民团不打我，并可担保关君无事。五日在平山，伍参事召集一班大地主劣绅土豪，谓此次我们民团做错许多计划，第一、不应该给军队看见抢掠天和市；第二、不应见军队仍复开枪；第三、不应见我两次亲笔书函置若罔闻，我是尽力为民团设法补救。我在总部接国民政府命令派兵时，已经设尽许多方法。及到花县，又复多方函告。我今已无别法，枪是要缴的。但是勒你们缴，是很难的事。总之，缴不缴由你们。我明天再单独往省为诸君设法。各处民团土匪最好暂行离开，以免同归于尽。等语。此时，民团在政治方面，既隐有所恃，胆气更壮。声称：已得香港陈炯明接济，与增城土匪同期举事，克期围缴军队枪枝，尽杀国民党员及农民协会会员，掘断粤汉铁路。更大肆谣言谓红毛大兵不日入广州，南雄失守等谎。并远在江村、高塘一带暗施步哨。其尤足怪者，则竟至谓伍参事系民团长江侠庵知己，属民团边人，担任设法调回军队，保无后事，等语。九月五日，伍参事派随员魏尧励同志协同彭专员湃等切实调查各乡农民损失，行至洛场，魏尧励竟被民团轰伤毙命。同日，关专员行至该乡，被团匪瞄准开枪，幸不命中，幸伪称江侠庵、伍观琪派往弹压军队，始行脱险。现伍参事已回省报告，雷营长更有电报告急，附近民团，各商场及各乡农民异常震恐。连日查得民团方面，调查各处土匪民团，确有先行围剿军队，尽灭党部、农会，直出掳掠，沿铁路掘断北伐后方铁路交通之势，情形紧张，应请即由钧会克日转报最高党部及军政上级机关设法维持，等情。职会窃以为，此次花县反动派，号召土匪民团焚杀抢掠农民、商人，抗拒革命军队，不遵政府命令，不服总部制止，不惜扰乱北伐后方，摧毁党部、农会，焚杀革命民众，勾结帝国主义、军阀，其胆大妄为，显系恃有奥援。而总部参事伍观琪，即民团养成所所长，与祸首江侠庵素称莫逆。此次庇护匪团，助长反动凶焰，故匪团胆敢抗拒官军，肆意凶杀总部职员魏尧励，团务委员会科长关元庄亦几不免于难。连日集中团匪，立意抗拒，贼势如此，他日农民、商人受祸更不知伊于胡底。而伍参事尚不悔悟，仍复亲对团匪，曲为维护，欲使农、商、党部受祸无穷，冤沉海底，其罪实与祸首江侠庵等同科。兹为扑灭后方反动计，为扫除内部叛乱计，为整饬党纪官规计，为安慰后方人心计，为保存革命民众力量计，为巩固革命政府基础计，为表示切实施行政府对于农民运动第一、二、三次宣言计，应请政府加派得力军队前往剿办。同时，职会对于此案，特提出七项要求：(一)由中央党部、省党部、总司令部第二十师团务委员会、省农民协会各派代表组织委员会，授以办理此案全权。(二)由委员会审查祸首罪魁，通缉归案严办。(三)解散肇祸团匪，并缴其枪械。(四)查封祸首家产，优恤农民伤亡。(五)赔偿各农村损失。(六)将前花县县长现充农工厅秘书汪嵚及现充总司令部民团养成所所长伍参事观琪褫职查办，开除党籍。(七)改组花县未附逆之民团。以上七项要求，请迅赐决定施行。农运幸甚。地方幸甚。除分呈外，谨呈国民政府

广东省农民协会执行委员会常务委员

罗绮园　阮啸仙

彭　湃　周其鉴

蔡如平

中华民国十五年九月十四日

〔广州国民政府档案〕

## 17　广西农民讲习所学生会等揭发东兰县知事黄祖瑜勾结土劣摧残东兰农民武装情形代电

(1926年9月)

### (1)广西农民讲习所学生会代电(9月16日)

广州中国国民党中央党部、国民政府、监察院，南宁广西省党部、广西省政府黄主席、第七军司令部、民政厅、财政厅、教育厅、建设厅、印花烟酒局、柳州伍旅长、百色刘旅长、南宁市工联会、各级党部、省教育会、总商会、各工会、梧州广西学生会、东兰韦拔群同志、各县知事、各级党部、各县农民协会、各工会、各商民协会、各学生会、各教育局、各团务局、各财务局、

各教育会、各团体、各机关、各报馆、各地同胞均鉴:阅报载:东兰知事黄祖瑜电呈当道，请剿东兰农军，其荒谬虽满清官蠹，亦为鲜见。查黄祖瑜历任陆、谭时之差委，其头脑陈腐，本无足怪。最可异者，去年本省召集全省代表大会时，黄竟溷迹党中，复肆其钻营伎俩，滥竽代表，应如何涤面洗心，效忠党国，洎乎前东兰知事黄守先蹂躏兰农，我政府本扶助农工之政策，将黄撤换，此时黄祖瑜见有机可乘，多方夤缘，获权是篆。其未接任之初，黄并自告奋勇，四处扬言，誓与农民一致，肃清劣绅土棍；不图莅兰方始，即与土豪劣绅勾结野合，朋比为奸。敝会同人初尚取引人为善之意，冀其省悟，故前此发表援助东兰农民宣言时，并未涉及黄之事实，此真留其自新之路，乃黄更变本加厉，益形悖谬。近据兰民所言，黄受土豪贿赂数千金，许以征服兰农为条件，此事虽未证实，而黄之屡次朦禀政府，历指农民为匪抢劫，蛛丝马迹，可见其欲盖弥彰。及昨观五隘督察委员范瑞麟所上黄主席灰电，不啻黄贪赃之明证，不然黄非丧心病狂，果欲造成东兰第二次之惨剧为乐耶，抑为金钱魔力所驱使耶。观于此孰实孰虚，明若观火。尤可鄙者，黄祖瑜历次电文中，均自称党员，并扛出其代表之头衔，而吾党绝无不明党义，党同土豪劣绅之党员。黄之用心，竟欲以贪鄙枉法之名，力诸本党耶，抑欲淆惑社会之观听，希图掩饰耶。不然岂有诬陷农民，行同反动，而有冒名党籍之理。总观黄之各种行为，无处不与本党政府爱民政策相违背，应请我政府撤任查办，以贯澈本党之农工政策，其影响所及，当不仅东兰已也。抑尤有进者，敝会同人以在党言党之责，则党员之责任，确非昔比，而党员之浮滥，又甚于昔，断不能优容假托之份子溷迹其间，扰乱革命之秩序。今黄祖瑜行动即其明证。况丁兹帝国主义之包围掠夺较前更甚，国内军阀未尽铲除，北伐之师方今在途，民众利益尤应兼顾。若不为事实之宣传，必起民众之疑点。关于此属，极望本党政府诸当局格外注意，俾人民有拥护本党北伐之诚心，则三民五宪之宏规，不难实现。前途光大，当无限量。中国国民党党立广西农民讲习所学生会叩。铣。印。

附五隘督察委员范瑞麟灰电

南宁省政府黄主席钧鉴：截劫麟受伤，乃系劣绅韦调元所为，曾电申明，巧电饬刘旅进剿兰农，实属无辜。现尚荷武篆农会医治，请收回成命为祷。田南督察局五隘分卡委员范瑞麟。灰。叩。

（2）恩隆县农民运动讲习所等代电（9月26日）

中国国民党中央执行委员、国民政府，省政府黄主席，各报社公鉴：东兰农民历遭劣绅土豪之荼毒烧杀，流离失所，遍野啼号，伤心惨目，不堪言状。前于七月间，督察局委员范瑞麟因赴吾隘，中途被劫，该劣绅土豪韦调元等，遂颠倒是非，藉端诬陷，唆使黄祖瑜电呈政府派兵剿办，意欲置兰农于死地。兽性阴险，手段酷辣，莫此为甚。嗟我兰农，痛深创巨，哀斯孑遗，宁堪再摘。且事实具在，经范委员通电证明，事已大白。查现在军队，已开到兰境，人心惶惶，莫知所措。恳请政府轸念兰农痛苦，迅赐制止到兰队伍，暂勿进剿，静待解决。并乞派员查明核办，免东兰劫余灾黎再遭屠杀。临电待命。恩隆县农民运动讲习所恩隆县农民协会办事处敬上。寝。

广西田南农民运动筹备委员会

〔国民政府档案〕

## 18 广东省农民协会西江办事处等揭发高要县第六区土霸梁印渠嗾使民团摧残农会杀戮农民情形电

(1926年9月—10月)

(1)广东省农民协会西江办事处电(9月19日)

中国国民党中央执行委员会、中央农民部、国民政府，国民党广东省党部、省政府，国民革命军总司令部、革命军第四军十三师徐师长、三十七团云团长、团务委员会，广东省农会，高要李县长，各军长、各报馆、各社团钧鉴：农民反被受压迫，随处皆然，而尤以高要第六区千余下户农民之被受压迫为特甚。下户农民云者，即所谓农奴子孙，世世俱为上户牛马奴隶。服役作工，既无工金，田地室宇，皆其主人（上户）所有，耕者以六成纳租，婚姻喜事，复扎乘舆，奏乐行路，亦被干预。曲尽阿媚奉承，则可苟延残喘，方一稍有拂意于主人拳脚又至，甚至枪弹横加，视英、日帝国主义之奴隶印度、朝鲜人有过而甚之。此种无人道惨残酷之待遇，闻者伤心，言之随泪。自党政府提倡扶植发展农民协会组织之后，处在几重地狱之万数千下户农民，互相额手，起而组织协会，图其自身痛苦之解除，讵因此而招其主人之忌，始则危词恫吓，继则利用民团、乡团以摧残。五月间，桂岭上户农民周恩仔凌辱下户农妇不已，复利用勾结民团，殴击重伤梁甲孙等五人，经高要地方检察厅传讯拘究有案。在后，又挟此嫌怨，斩去恃以为生之柑桔树二百余株。未几，碌冈乡团又缴农民自卫军枪枝四杆，并枪击农民，捕去农民七人。又未几，沙浦东上户农民，又殴伤农民陈进。苏坑上户农民，又利用民团，钉封农民盆伦住宅，百般凌虐，无一不是民团所为。而六区民团局长梁印渠于数日前，并在沙浦东乡筑堆沙包，准备向农会屠杀各案，均经分别函呈主管官厅究办。为旧案未结，新案接起，咄咄迫来，冤抑莫伸，使农民口不敢言农会，足不履会所。该区农会既被迫散，而已成立之七乡农会，亦仅存沙浦一乡。近日，该乡土霸梁印渠藉第六区民团局长之势焰，更欲彻底摧残，调集各处民团筑垒架炮，节节备战，所有在沙浦东乡各下户农民尽行驱逐，四散无依。除令该乡严密防守外，诚恐战衅一开，该沙浦全乡农民及万数千下户农民惨遭焚杀，特急电恳列宪迅赐设法制止民团，毋得养痈，及严令县长将土恶梁印渠撤职究办。并盼各界予以援助，曷胜盼祷之至。广东省农民协会西江办事处。皓。印。

（2）广东省农民协会南路办事处电(10月4日）

广州分送中国国民党中央执行委员会、政治委员会、国民政府军事委员会，省党部、省政府、省农会，国民革命军蒋总司令、第四军第十三师长、各军长、各师长，高要县长钧鉴：顷据高要第六区沙浦乡农民协会急电称：该区东乡土霸梁印渠既于五月时，指令团董谢鉴希率领民团殴伤农友梁甲孙等五人，斩去柑桔树二百余株；六月时朱镜仁又缴去农军枪枝四杆，捕去农友七人；七月又殴伤农友陈进，并封闭农友住宅。他们如此摧残虐待，犹以为未足，近更愈弄愈凶，民团经过农户，则用大石抛掷农屋，猪牲家畜予取予携，蔬菜、芋薯摘掘净尽，农友出入，见即殴打，而且联合七区各区民团，希图举事，看读之下不胜愤激。窃思我国民政府为扶植农工起见，才许农民有农会之组织。现土霸梁印渠辈妒忌农会，杀戮农友，显系违背政府，反对政府之举动。况且现在北伐时期，该土霸等竟然筑垒架炮，联合各乡民团挑衅，尤为有意扰乱北伐后方治安，反动显然。倘不幸一旦发生战端，固属农民直接受害，而于大局方面亦受莫大之影响。现在为肃清反动，巩固后方，维持农会计，非将该土霸梁印渠严办，将该区民团解散，无以息纷争，而维政府农工政策。为此，通电恳请政府严办，并请各机关一致援助，使高要亲爱的农友不致为虎狼的土霸梁印渠无辜杀戮。不胜迫切企望之至。广东省农民协会南路办事处叩。支。印。

〔广州国民政府档案〕

## 19　黄植桐等关于广西恩隆县农民运动组织情况报告

（1926年10月29日）

敬启者：处在偏僻地位之恩邑农民，外受帝国主义经济之侵略，内受横暴军阀贪官之摧残，痛苦极矣。然欲逃出此重重压迫，非联合被压迫农民群众加入国民革命共同奋斗，必不能达到此目的。但农民换〔涣〕散，智识薄弱，革命主旨难全了解，苟非切实宣传，不足以唤醒其醉梦。爰于本年五月间组织恩隆农民协会办事处，内有委员九人，分为秘书、宣传、组织三股。自成立后，即派宣传及组织股员前往县属各乡村从事农民运动工作。查乡农民协会现报到者已达六十余乡，会员计有六千左右。在六十余乡之间，组织手续完备者二十余乡，经由职处转报广西省农民部恳请批准在案。其余农民未组织之乡农协会，现尚积极宣传，使其觉悟，方可收效。此恩邑农民运动经过之大略情形也。现并设立县农民运动讲习所一所，招收男女学员入所学习，养成农民智议〔识〕，努力国民革命工作，以期打倒革命敌人，俾我国民众得享真正自由之幸福。伏念钧府为中国国民革命之中坚，首先着眼于农民本身之利益，根据农民利益，而谋其解放，实为全国农民所拥护。兹为扶助恩邑农民被压迫起见，特于第五次常会提出会议，推举韦同志义光前赴晋谒钧府，报告一切，恳乞迅予指导，俾有遵循。无任叩祷。谨上

中国国民政府

叶伯涵　覃广斋　廖肇赓

广西恩隆县农民协会办事处职员　黄植桐　陆子明　黄雨亭

黄镇臣　陈汉三　韦克生

〔国民政府档案〕

## 20　广东英德县成立农民协会筹备处代电

（1926年11月2日）

中央执行委员会，广东省党部执行委员会、广东省农民协会，国民政府、广州省政府钧鉴：驻县建国湘军第六军第三师刘师长，国民革命军第三军第二师朱师长，英德王县长勋鉴：本县党部于本月一日开党员大会，计到会者五十二人，即席议决组织县农民协会，选举职员，设办事处于本筹备处。所有筹备期间之经费，暂由本筹备处垫支。当即投票选举筹备委员九人，结果以康祝年十七票，卢寿椿十四票，刘善卿十三票，王震东十二票，江寿山十二票，廖锦洲十一票，郑瑞熊十票，曾宪桐十票，罗焕英十票。刘善卿当众告辞，即以候补第一，李六厘九票顶补。除卢寿椿、江寿山、曾宪桐、罗焕英等四员均有本党任务在乡未到，另制通知书敦促就职外，所有当选县农民协会筹备委员，即日就职宣誓，设处办事，理合通呈鉴核。中国国民党英德县党部筹备委员会叩。冬。印。

〔广州国民政府档案〕

# 21 张自强关于广东农民运动情况报告

(1927年9月)

我将我的报告划分三段：一、农民运动之发展。二、农民运动之政策。三、农民运动之问题。

一、发展广东农民运动，起始于一九二一年。其时在东江几区有农会之组织，但组织不良，所有事工，除减除田租外，别无所有，屡因引起地主与佃农之冲突，卒为政府或本处官厅所解散。此后静寂，直至一九二四年国民党重组后，又形活动。

(1)农民部　国民党紧要政策之一，即与农民和劳工表示兴趣。第四次执行会议表决，在总部应设立一农民部，实行农民政策，聘德人福兰康(Frank)为顾问，他甚有策划大规模运动的才能，惜不久因病辞职。

(2)农民运动讲习所　一九二四年五月五日中央农民运动委员会成立，藉以协助农民部的工作。廖仲恺、戴季陶、谭平山等为委员。由委员会的建议，农民部始组织农民运动讲习所，学生入学者，皆得免费，且可领得津贴，每月三元。

十月间廖仲恺被举为部长，他是农民运动最热心的领袖，更因Voinflinsky、Volin、Yold等顾问的协助，农民运动进行极速。

(3)广东农民第一次代表大会　由调查所得，大概二十多区，约有二十万农民，曾已加入协会。在一九二五年劳工日，始召集第一次农民代表大会，在会中通过即速组织省农民协会，依一九二五年国民政府所定第一条律令管治农民协会，“农民协会完全独立，不受任何机关或组织势力的管治。”

(a)协会的组织极简单，只有六个干事，组织一委员会，施行职权。

(b)直至九月，省农民协会又通过一议案，因欲求更便利的方法，全省分为七区，每区有指导员一人，干事一人，管理各区之活动。

(4)广东农民第二次代表大会。一年后在五月同一日期，又举行第二次代表大会，通过下列议案：

(a)组织重新改订如下(表附后)。

(b)职员之数，因会员人数增至六十三万，故亦须增多。

(c)经费自每月一百二十元增至六千元以上。

现今除下列事项外，对于全省农民运动的工作，均由中央农民部移交于省农民协会：

(1)筹商全省农民协会经费。

(2)派遣调查员调查各处乡村情形。

(3)扩大农民运动讲习所。由一九二六年的报告，一期六个月，须款六万四千九百六十元。

二、政策　农民运动取何种政策，似难确实报告，表面上大概悉听农民自择，其实若用仔细的考察，皆为少数农会运动专家所操纵，利用协会，谋个已利益。他们的政策只为要推广此种运动的势力。

(1)农民大都目不识丁，他们只在宣传时取用各种所预备的标语和图画。

(2)县官或其他地方官员，每有因不赞成协会之注册，或反对他们的活动而黜职。

(3)每处组织一协会，即有减租运动，故易引起地主剧烈的反响。入协会的农民常时暗中运动其他农民入会，或另在邻村组织协会。

三、问题　问题可分二类：(一)由公家土地所起的问题。(二)由私人土地所起的问题。

（1）省中公家土地极多，概可分为二种：

(a)祀田　属于祠堂，其产费充作祭祀之用。

(b)乡村公田　属于乡村庙宇。

所有问题：

(a)经手人　因此种土地属于公家，必有少数人为之经手，大概皆系乡绅，他们难免染指。

(b)租借　公田往往田亩甚大，小农夫或中等农夫屡不克租到，于是有租赁经理，转租佃户，以获渔利。

(c)进款之用途　由农民协会的调查，大概三分之一的土地为公地，广东约有三万万亩田地，则一万万亩系公地，每亩以十元一年计算，则每年收入当有一亿元。如此巨款，当如何用法？确是一个问题。

（2）私人土地问题：

(a)租借方法：

(一)书面契约。

(二)口头接洽——地主往往苛求租价，倘在丰年，即或收回其田。如此农民不愿加壅肥料，土地便成贫瘠。

(b)偿付方法：

(一)偿付现钱。

(二)偿付食谷——最为普通，因地主能表显所主有田亩之广，且谷价年复增高。

乡村经济之困难，可于几种借款上见之：(一)普通借款均以一分三分之利息，按月计算。(二)逋桥利，每元一角五分利息，一日计算，必须于五日内归还，过期则以复利计算。(三)农夫由商人处借款，但其物产必须卖与该商人，利益归与商人。

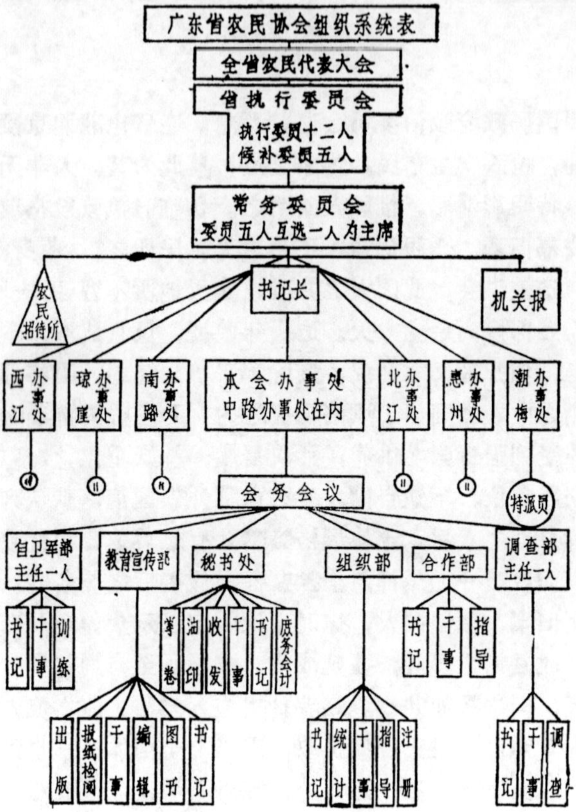
广东省农民协会组织系统表
全省农民代表大会
省执行委员会
执行委员十二人
候补委员五人
常务委员会
委员五人互选一人为主席
农民招待所
书记长
机关报
西江办事处
琼崖办事处
南路办事处
本会办事处
中路办事处在内
北江办事处
惠州办事处
潮梅办事处
特派员
会务会议
自卫军部
主任一人
书记
干事
训练
教育宣传部
出版
报纸检阅
干事
编辑
图书
书记
秘书处
掌卷
油印
收发
干事
书记
庶务会计
组织部
书记
统计
干事
指导
注册
合作部
书记
干事
指导
调查部
主任一人
书记
干事
调查

## (四)声援北京“三一八”惨案和广州学联改选

### 1 国民党浙江永嘉县党部声讨段祺瑞枪杀学生罪行代电

(1926年3月19日)

广州国民政府政治委员会鉴：万急。连日电载北京段氏阻止国民运动，枪杀学生市民，惨酷乏道，莫此为甚。人非无心，莫不眦裂，特昭彰罪恶，惟国人共明之。伪临时执政段祺瑞者，北洋首阀安福旧孽，恶积祸盈，不自惩灭。民四之役，荣身卖国，藐视民意，迭散议会，此国人之共耻，实天地所不容，万夫所指，不寒而栗，残部携离余党方灭。迨去年政变，反直战竣，本先总理奋身北上，倡开国民之会议，废除不平等之条约，固将拯民生于水深火热之中，救国体于风雨飘摇之内。乃段贼内持无耻军人之拥戴，外受列强帝国之供养，死灰复燃，神妖重出，数日之间，遽尔入京窃居首位，不知自勖，竟敢电称外崇国信，默认列强之酷例，违背总理之素旨，遂使形格势禁，有志莫逮，积忧致疾，病没行辕。而段贼一无忌惮，猖獗益甚，假善后之美名，盗铃掩耳，决佛即之旧案，鬻国媚人，逾时不让，何以示众。老马恋栈，难能毕命。故复沟通军阀，蔓延战祸，戎马所至，荆棘横生，民命等于虫议，国法视如儿戏。迩者日本炮轰津沽，曲在彼方，事实昭昭，凿有明证。段氏身躬执政，固当上全国体，下收民意，严重反抗，以图完善，而一意媚外，唯恐不周，老羞成怒，杀人见志。彼所以效忠异类者，无所不至，而所以摧残民意者，得未曾已。此古今中外之所未闻，不幸觏之我国。我华夏神州之大陆，黄帝轩辕之子孙，不忍见祖国河山送于贼獠之手，胡骄异丑，来登大夏之门。匹夫怀怒，异响同声，诛此巨奸，以正国法。吾国民政府上承先总理之遗志，下受亿万民之使命，兴师叩逆，直捣巢穴，大军所向，有征无战，凡吾帮人孰不壶浆迎道，距跃三百，以从其后者。斯盖则内求统一，外抗强邻，肇建政府，扩展民权，然后从事于新建设，为人民造乐利，为世界谋和平，斯真男儿，所当有事，固不宜卸却仔肩也。僴僴临电，不胜愤激之至。

中国国民党浙江永嘉县党部一区三分部同叩

中华民国十五年三月十九日

〔广州国民政府档案〕

## 2 国民党中山县执委会萧常委声讨段祺瑞等制造"三一八"惨案宣言

（1926年3月21日）

中国国民党中山县执行委员会常务委员萧干老为段贼祺瑞惨杀爱国同胞宣言

诛日本帝国主义者及卖国贼段祺瑞、张作霖！

我最亲爱之农、工、商、学、兵、妇女联合起来、加入国民革命！

打倒日本帝国主义及万恶军阀！

溯自民国肇造以来，历十五稔，祸乱相寻，生民憔悴。帝国主义者勾结军阀，助长我国战事，操纵政权，以压迫我国民众。前年冬，奉直战事告终，本党总理中山先生本救国救民之素志，扶病入京，提倡国民会议，及废除不平等条约，为四万万民众争回政权，以解除一切国是，而永绝祸乱根源。乃卖国贼段祺瑞，媚外性成，取悦武夫，以肇固其执政地位，不惜违反民意，竟发出保全不平等条约之宣言，并召集所谓各省及全国名流善后会议，希图打消国民会议，以致中山先生之救国政策阻止不行，加以昊天不吊，赍志而终。呜呼痛哉！而段贼祺瑞更复横行无忌，承认金佛郎案，摧残五卅运动，滥借外债，供给军阀，以延长中国战祸，以致中国四万万民众，陷于水深火热之中，备受一切压迫痛苦。日本帝国主义，更庇奉为虐，公然派兵掩护奉舰，进攻大沽炮台，反向北京政府下哀的美敦书抗议，限期答复。北京爱国民众，不忍帝国主义之欺凌，军阀之残暴，激于义愤，特联合各界示威巡行，藉以唤醒民众，而促进政府对外方针。无如段逆祺瑞，不特不恤民意，反率卫队乱枪扫射，爱国群众百余人，死伤狼藉，血肉横飞，群众何辜，遭此荼毒。此种卖国残民行为，竟出诸于堂堂执政之手，我最亲爱同胞若不速起而诛之，则亡国之惨，悬诸眉睫，干老闻讯之下，悲痛不胜，未能驰赴京畿以杀段贼，尚望爱〔国〕同胞速联合起来，共灭此獠，以救国难。推倒北京政府，另组全国统一之国民政府，打倒日本帝国主义及卖国贼，以替死者复仇，实行中山先生主义，务达到中华民国解放目的，召集国民会议，以解决国是。中国前途，实利赖之。谨以最诚意的高呼：

速开国民会议！

建设人民统一的国民政府！

废除不平等条约！

打倒日本帝国主义及万恶军阀！

中山先生主义万岁！

中国国民党万岁！

萧干老刊送　十五·三·廿一

〔广州国民政府档案〕

### 3　上海大学北京惨案后援会声讨段祺瑞代电

（1926年3月24日）

国民政府公鉴：日舰助奉炮击大沽，辛丑条约国反向我提出最后通牒，北京政府既不自动抗议，迨市民向彼请愿，非但不理，且竟敢开枪杀伤至百数十人。如此，帝国主义勾结军阀联合向我进攻，段祺瑞明目张胆为其走狗，闻者无不发指。默察此间民意，莫不对于帝国主义及卖国段政府痛心疾首，一致希望国民政府北伐，建设统一全国的国民政府务望克日兴师，打倒勾结帝国主义之卖国军阀吴佩孚、张作霖等。援救北方几千百万水深火热之被压迫民众。一面迅派专员北上，督促国民军拘留段祺瑞、章士钊等，与此次惨案有关之人，听候国民会议审判，并即时组织临时中央政府，共同发起国民会议，废除一切不平等条约，以消灭此次发生惨案之根本原因，则死难烈士之血为不虚流矣。临电不胜迫切企盼之至。上海大学北京惨案后援会。敬。叩。

上海大学北京惨案后援会

〔广州国民政府档案〕

## 4 上海中山学院学生会请早日北伐以讨伐段祺瑞代电

（1926年3月26日）

国民政府诸同志均鉴：此次北京同胞以大沽事件请愿，否认八国通牒暨辛丑条约，竟为媚外国贼段祺瑞肆行屠杀百余人之多，噩耗传来，薄海同愤。窃念吾党总理救国方针，早有废除一切不平等条约之指示，辛丑条约实为此次日舰轰击大沽口之导火线，侮我国体至此已极。国民据理力争，势所当然，乃段氏甘心媚外，横加杀戮，虐民苛政，罪不容诛，长此以往，民何以堪。我国民政府诸同志为全民革命之先导，对此惨杀似未便漠然坐视，充耳不闻，敢布腹心，立请予以实力之援助，早揭北伐之帜，藉慰总理在天之灵。临电神驰，不胜悲愤待命之至。上海中山学院学生会叩。寝。

〔广州国民政府档案〕

## 5 潮州学生联合会为北京惨案声讨段祺瑞代电

（1926年3月27日）

广州国民政府，省政府，中央执行委员会，北京国民军全国学生总会，上海、北京、汉口、广州各地学生会、各团体、各机关、各学校并转全国同胞公鉴："五卅"事件，日本帝国主义者实为戎首，近竟公然派兵援助万恶军阀张作霖，杀死郭松龄，国人之痛恨已极矣。今再派舰强驶入大沽口，炮击驻防国民军炮台。此国际帝国主义者联合进攻之先兆。凡属爱国同胞莫不与之抗争。北京民众本自由平等之决心，于巧日举行示威运动，竟遭卖国媚外成性之段祺瑞，嗾使其卫队开放排枪，当场惨死者数十，而伤者不计。此种残酷行为较诸五卅案尤为毒恶。嗟乎志士血溅都门，噩耗传来，发眦俱裂。当此国家危急之时，正我国民存亡之关，愿全国同胞急起讨贼，作北京民众之声援。一面急恳国民政府迅出师北伐，并促国民军与北京民众合作，共同打倒帝国主义者之走狗段祺瑞，本会同人等誓死愿为后盾。临电曷胜迫切翘盼之至。潮州学生联合会。感。叩。

〔广州国民政府档案〕

## 6 广州法专学校学生会援助北京学生惨案通电

（1926年3月31日）

援助北京学生惨案通电

政府为人民之保障，法律有集会之自由。蠢尔段逆，罪恶滔天，不思匿迹藏踪，反事摧残屠杀，近更倚恃张、吴军阀，甘作英、日傀儡，压迫我青年，惨戮我群众，流血京畿，叠尸成垅笑传四表，满布愁云。呜呼，“五卅”惨案，犹谓杀自外人，此次摧残，乃竟出诸同类，此而可忍，孰不可忍。况塘沽事变，曲直自易分明，凡有血气，莫不悲愤填膺，严厉对抗。不图段贼媚外成性，甘为虎伥，嗾使其爪牙卫队，枪杀我爱国同胞，以冀保存其固有地位。夫以政府积弱，不敢据理抗争，人民迫于公愤，自有示威运动。赤手巡行，原属民气之表征，各国微独向无厉禁。且恐掖之不暇，奈何段逆箝掣之惟不及，蹂躏之若草芥耶。吾民何辜，饲此反噬之狗，养此害主之仆，使靦然人面，存于人世间耶。务望同胞一致奋起，敦促我国民政府，早日出师，北奠中原，锄此庆父，与民更张。临电迫切无任祷盼。广州法专学校学 生 会。世。叩。

〔广州国民政府档案〕

## 7 北京师大学生会为“三一八”惨案告全国代电

（1926年3月）

上海学生总会、总工会、总商会，广州国民政府，全国各报馆、各团体公鉴：此次日本帝国主义者攻击我大沽口，明目张胆帮助奉系军阀，以压迫我全国民众，公使团反向我国提出最后通牒。凡属血气之伦，莫不愤慨。北京各团体特于本月十八日，在天安门开国民大会，到者十余万人，足见我国民气之激昂。会毕，大队即到执政府请愿。卖国贼段祺瑞不惟不出面接见，反嗾使其卫队向群众开枪。于是世界空前之惨剧，便发生于所谓北京政府矣。当群众抵执政府时，列队于围场之中，秩序井然，执政府卫队却取四面包围形势，将群众重重包围，群众推举代表入内，又被卫兵拦阻。当时即有人主张转赴吉兆胡同段宅，前队方将移动，枪声即轰轰而起。当时伏地避弹者有之，饮弹而倒者有之，向外奔逃者亦有之。惟各门均被事先堵塞，仅有一门得出。女同学及小孩皆被挤倒于门前，后来者即倒于其上，层层相压，而后面枪声又轰轰不已。一时哭声震天，闻之酸鼻。约一点余钟，群众方始走尽。计是役当场毙命者二十六人，死于医院者十余人，重伤者二百余人，轻伤者无数。敝校死者范士融，重伤者李如锦、周开庆、郝家麟三君。政府枪杀同胞以后，即用薄棺掩盖，几经交涉始将范君尸身找到，然全身衣服已被剥得赤条条矣。政府之惨酷，于此可以概见。夫国民为外交问题，向政府请愿，各文明国家皆有先例，未闻政府有以武力压迫者。而卖国之安福罪魁段祺瑞盘据之北京政府，竟开世界未有之先例，演世界未有之惨剧，不惜惨杀我爱国同胞，以见好于帝国主义。全国同胞试一思之，北京政府尚能代表中华民国乎？真不过帝国主义者之一看家狗而已。去岁，五卅之役，上海、沙基等处之同胞，被帝国主义者直接屠杀，此次北京同胞又被帝国主义者唆使其走狗屠杀，我同胞之生命尚有安全之保障乎！尚望我全国同胞积极援助，抵死反抗八国最后通牒，惩办安福祸首，打倒卖国政府，庶死难诸烈士以安慰于地下，即敝校同学亦感激无涯矣。涕泣陈词、不胜翘望之至。北京师大学生会叩。

〔广州国民政府档案〕

## 8 广西梧州工会联合会抗议段祺瑞枪杀爱国学生并请出师北伐推翻北京卖国政府电

(1926年4月1日)

广州国民党中央执行委员会、国民政府、中华全国总工会，广东省农民协会，上海全国学生总会，北京学生联合会均鉴：此次北京学生为日本帝国主义舰队炮击我重要国防大沽案，赴执政府请愿抗议，段祺瑞竟敢纵命卫队开枪扫射请愿学生群众，当场击死五十七人，伤无数，空前惨剧重演首都。段贼此举，显与帝国主义“五卅”屠杀同其步调，惨兹血肉横飞之下，已明白诏示吾人，以帝国主义与军阀联合战线之对我革命民众进攻，再无妥协之余地。处此严重局势之下，生路死关，其间已不能容发，临头危机，更何所用其踌躇。所望北京学生同胞，继续奋斗，坚持到底，以求得最后之胜利。尚希全国革命民众奋起援助，坚固国民革命战线，加紧努力促成国民会议，并一致请愿国民政府出师北伐，务达推翻安福系之卖国北京政府，打倒段祺瑞而后已。国民革命前途实利赖之。广西梧州工会联合会叩。东。印。

〔国民政府公报1926年第二十九号〕

## 9 国民党广州制弹厂区分部党员请联合一致讨段代电

（1926年4月1日）

广州中国国民党中央执行委员会、国民政府军事委员会，北京外交代表团，全国各团体、各报馆钧鉴：日本帝国主义此次进攻大沽，压迫国民军，北京民众激于义愤，于本月十八日联合各界巡行示威。讵段贼祺瑞对于此种热诚爱国举动，不特不为赞助，反率卫队乱枪轰击。可怜徒手民众伤毙百数十人。噩耗传来，闻者发指。查段贼祺瑞窃取执政经年，媚敌残民，丧权辱国，以致变乱纷乘，民无宁日。去岁总理孙先生北上，提倡国民会议及废除不平等条约，乃段贼祺瑞对此建国大计，诸多阻挠，日以外崇国信，尊重不平等条约。于是帝国主义者利用此种工具，至有上海、沙基、青岛等处惨案发生。可见段贼一日不去，足使中国危亡。愿我国同胞即速起来，联合一致，诛锄段贼，打倒帝国主义，取消不平等条约，实行孙总理遗嘱，开国民会议，中国前途实利赖之。中国国民党军事委员会广州制弹厂区分部全体党员叩。东。印。

〔广州国民政府档案〕

## 10 广东各界声讨段祺瑞残杀北京爱国民众示威大会声讨段祺瑞呈

(1926年4月2日)

为段贼祺瑞卖国残民，呈请实行出兵讨伐，以伸国法而救民于水火事：窃段祺瑞本为北洋军阀首领，迹其一生卖国殃民之历史，久为国人所共弃。自前年伪窃执政以来，初则宣言尊重不平等条约，以取媚于帝国主义，继则解决金佛郎案，以取媚于军阀。五卅惨案发生，又纵令奉直军阀，摧残民众爱国运动，实属罪不容诛。近更愈弄愈凶，竟于三月十八日当北京市民请愿，拒绝使团无理通牒之际，嗾令卫队枪杀爱国民众至数十人，伤者百余人之多。似此凶暴残民，甘心媚外，尤属罪恶通天，苟不及早声讨，民无噍类，国将不国矣。民众等痛军阀之横暴，哀同胞之被杀，用特联合各界开会示威。业经一致议决，呈请全民仰望之我国民政府，刻日实行出师北伐，推翻北京卖国政府，严惩卖国军阀，建设全国统一国民政府，召集国民会议，取消不平等条约，出国民于水火之中，跻国家于独立自由。不胜迫切待命之至。谨呈国民政府

广东各界声讨段祺瑞惨杀北京爱国民众示威大会二十万民众同叩

中华民国十五年四月二日

〔广州国民政府档案〕

## 11　中国济难会广东省总会干事会请拨款援助“三一八”惨案受难者呈

（1926年4月）

（1）中国济难会广东省总会干事会致国民政府委员会呈（4月）

呈为请求慨拨巨款援助北京惨案之被难者及其家属事：窃以前月十八日，北京学生工人及一般市民，为日本帝国主义者帮助卖国军阀张作霖暗率奉舰，自大沽口向接近人民之武力国民军进攻，以剥削我中国主权最甚之辛丑条约，以压迫我中国。人民起而反抗英、日帝国主义者和军阀之残暴手段无理通牒，向段祺瑞请愿，竟被英、日帝国主义者御用之老走狗、老洋奴——段祺瑞，嗾使其爪牙执政府卫队开枪两次，杀死伤之学生、工人及其他市民直达百人之多。即我国民政府北上之代表团代表，亦被杀死二人。帝国主义者此种暴行，段祺瑞此种杀中国人以讨好帝国主义者之罪恶，我们誓拥护我革命之国民政府，出师北伐，以扫荡之，而建立一个全国的国民政府，保障中国人民生命利益之安全。同时对于此次北京惨案被难者，待葬之遗骸，待治之创伤及其嗷嗷待哺之家属，亦需吾人予以物质上之援助。职会自从得此消息后，即一面先汇百金去北京救急，一面再向各界募捐，以图深厚之援助。惟我国民政府前曾通令各机关及机关之个人不得自由捐款，如有必要捐款，只能由国民政府总捐。在政府命令之下，细审此种为救国民革命运动牺牲者之捐款，又为事实之不可少者，因此敢请我国民政府慨捐二千元，用资赈济，以安慰我们过去牺牲者及鼓励后来继起奋斗者之精神，革命前途实深利赖。谨呈

国民政府委员会

中国济难会广东省总会干事会

中华民国十五年四月

(2) 国民政府秘书处致中国济难会广东省总会干事会函(4月8日)

径启者：现奉国民政府常务委员发下贵会呈为援助北京惨案被难者及其家属，请慨捐巨款二千元，用资赈济呈一件。奉谕照准。等因。相应备函连同毫洋二千元，送请贵会查收，并希掣回收据备案为荷。

中国济难会广东省总会干事会

计送毫洋二千元

中华民国十五年四月八日

秘书长　陈树人

〔广州国民政府档案〕

## 12　广州学生联合会第四届执委会改选大会通电

(1926年4月12日)

国民政府、中国国民党中央执行委员会、中华民国学生联合会总会及工农商学兵团体、各报馆均鉴：敝会兹于四月十一日在广州市立师范学校举行各校代表大会，改选职员。当经举出陈兴华、朱耀渠、张汉儒、毕磊、何桂卿、冯子良、严翼敏、冼少高、郭淑贞、李振、赖琯、许庆松、黄俊民、陈心月、李振坤、邓季凯、沈裕民、彭展义、林纯煦、陈嗣琰、罗兆修共二十一人为执行委员。以后自当尽忠职责，服从党义，努力奋斗。兹于就职之始，聊陈数义，伏希垂察而指正之：

一、中国现处于被压迫之地位，帝国主义者及其走狗军阀官僚政客互相勾结利用，几置吾人于死地。在此种严重形势之下，唯有革命是唯一生路。故吾人誓领导数十万学生群众，努力于国民革命，以达到中国民族之自由平等。

二、国民党为倡导国民革命之唯一政党，总理孙中山先生尤为吾青年之模范。中山先生虽死，而其遗言遗训所指示于吾人者，至深正确。吾人唯有在孙先生主义及政策指导之下，服从党的指挥，努力一切工作。

三、吾人之责任，既如此重大，则学生力量之团结，尤为重要。根据历来之事实，深觉内部之不可分裂。盖吾人之团结，即敌人之厄运。吾人之分裂，即敌人之胜利也。因此之故，吾人誓依照第二次全国代表大会关于青年运动之决议案，努力统一学生运动，于最短期间，肃清一切反革命派。

四、学生在社会、政治上既受帝国主义及军阀之压迫，即在学校内亦受一班反动的专制的教育所压迫。故吾人在革命进程中，所负之责任既如上述，而吾人尤须解除其在学校所受之痛苦，拥护其本身之利益。必如是，然后始能巩固学生联合会也。

上述四点，为吾人一切工作之方针。吾人惟有整齐队伍，努力奋斗，以谋组织之集中，意志之统一，以担负学生应尽之责任。吾人惟一之目标，在组织能为学生谋利益及为国民革命而奋斗的学生联合会，统一学生运动。

广州学生联合会第四届执行委员会

中华民国十五年四月十二日

〔广州国民政府档案〕